Master the Past, Conquer the Future

SSC CPO SI

Delhi Police / BSF / CISF / CRPF / ITBP / SSB

परीक्षा 2025

Master the Past, Conquer the Future

SSC CPO SI

Delhi Police / BSF / CISF / CRPF / ITBP / SSB

परीक्षा 2025

लेखकगण
प्रदीप श्रीवास्तव, संजीव दीक्षित,
सुशील सिंह, दिपाली

पिछले वर्षों के 20 सर्वश्रेष्ठ सेट

Master the Past, Conquer the Future

SSC CPO SI

Delhi Police / BSF / CISF / CRPF / ITBP / SSB

परीक्षा 2025

ISBN 97893-7078-716-2

अरिहन्त पब्लिकेशन्स (इण्डिया) लिमिटेड

सर्वाधिकार सुरक्षित

Published by Arihant Publications (India) Ltd.
'अरिहन्त' की पुस्तकों के बारे में अधिक जानकारी के लिए हमारी वेबसाइट www.arihantbooks.com पर लॉग इन करें या info@arihantbooks.com पर सम्पर्क करें।

Follow us on...  

रजि. कार्यालय
'रामछाया' 4577/15, अग्रवाल रोड, दरिया गंज,
नई दिल्ली- 110002
फोन: 011-47630600, 43518550

मुख्य कार्यालय
कालिन्दी, टी.पी. नगर, मेरठ (यूपी)– 250002
फोन: 0121-7156203, 7156204

शाखा कार्यालय
आगरा, अहमदाबाद, बरेली, बंगलुरु, चेन्नई, दिल्ली, गुवाहाटी, हैदराबाद, जयपुर, झाँसी, कोलकाता, लखनऊ, नागपुर तथा पुणे

PO No. : TXT-59-T067410-09-25

मूल्य ₹ 465.00

विषय-सूची

सॉल्वड पेपर्स

पेपर-1

Paper-2

पेपर-1

Paper-2

Exam Pattern & Syllabus

PAPER I

Part	Subject	Number of Ques./ Max. Marks	Time Duration
I	General Intelligence and Reasoning	50/50	2 Hrs
II	General Knowledge and General Awareness	50/50	
III	Quantitative Aptitude	50/50	
IV	English Comprehension	50/50	

PAPER II

Subject	Number of Ques./ Max. Marks	Time Duration
English language & Comprehension	200/200	2 Hrs

- Questions in both papers will be of Objective Multiple Choice Type. Questions will be set in Hindi and English in Parts-I, II and III of Paper-I. There will be negative marking of 0.25 marks for each wrong answer in Paper-I & Paper-II. Candidates are, therefore, advised to keep this in mind while answering the questions.

Syllabus for Computer Based Mode Examination:

PAPER-I

- **General Intelligence and Reasoning** It would include questions of both verbal and non-verbal type. This component may include questions on analogies, similarities and differences, space visualization, spatial orientation, problem solving, analysis, judgment, decision making, visual memory, discrimination, observation, relationship concepts, arithmetical reasoning and figural classification, arithmetic number series, non-verbal series, coding and decoding, statement conclusion, syllogistic reasoning etc. The topics are, Semantic Analogy, Symbolic/ Number Analogy, Figural Analogy, Semantic Classification, Symbolic/ Number Classification, Figural Classification, Semantic Series, Number Series, Figural Series, Problem Solving, Word Building, Coding & de-coding, Numerical Operations, symbolic Operations, Trends, Space Orientation, Space Visualization, Venn Diagrams, Drawing inferences, Punched hole/ pattern-folding & un-folding, Figural Pattern- folding and completion, Indexing Address matching, Date & city matching Classification of centre codes/ roll numbers, Small & Capital letters/ numbers coding, decoding and classification, Embedded Figures, Critical thinking, Emotional Intelligence, Social Intelligence, etc.
- **General Knowledge and General Awareness** Questions in this component will be aimed at testing the candidates general awareness of the environment around him and its application to society. Questions will also be designed to test knowledge of current events and of such matters of every day observations and experience in their scientific aspect as may be expected of any educated person. The test will also include questions relating to India and its neighboring countries especially pertaining to History, Culture, Geography, Economic Scene, General Polity, Indian Constitution, scientific Research etc.

- **Quantitative Aptitude** The questions will be designed to test the ability of appropriate use of numbers and number sense of the candidate. The scope of the test will be computation of whole numbers, decimals, fractions and relationships between numbers, Percentage, Ratio and Proportion, Square roots, Averages, Interest, Profit & Loss, Discount, Partnership Business, Mixture and Allegation, Time and distance, Time & work, Basic algebraic identities of School Algebra and Elementary surds, Graphs of Linear Equations, Triangle and its various kinds of centres, Congruence and similarity of triangles, Circle and its chords, tangents, angles subtended by chords of a circle, common tangents to two or more circles, Triangle, Quadrilaterals, Regular Polygons, Circle, Right Prism, Right Circular Cone, Right Circular Cylinder, Sphere, Hemispheres, Rectangular Parallelepiped, Regular Right Pyramid with triangular or square base, Trigonometric ratio, Degree and Radian Measures, Standard Identities, Complementary angles, Heights and Distances, Histogram, Frequency polygon, Bar diagram & Pie chart.
- **English Comprehension** Candidates' ability to understand correct English, his/ her basic comprehension and writing ability, etc. would be tested.

PAPER-II

- **English Language and Comprehension** Questions in this components will be designed to test the candidates understanding and knowledge of English Language and will be based on error recognition, filling in the blanks (using verbs, preposition, articles etc), Vocabulary, Spellings, Grammar, Sentence Structure, Synonyms, Antonyms, Sentence Completion, Phrases and Idiomatic use of words, comprehension etc.

The Indispensable Role of PYQs *in SSC Exam Success*

एसएससी परीक्षाओं में पिछले वर्ष के प्रश्नों (PYQs) का महत्त्व एसएससी (कर्मचारी चयन आयोग) की विभिन्न परीक्षाओं की तैयारी के दौरान, पिछले वर्षों के प्रश्न पत्र (Previous Year Questions-PYQs) एक अत्यंत महत्त्वपूर्ण भूमिका निभाते हैं। ये प्रश्न पत्र अभ्यर्थियों को परीक्षा के स्वरूप, कठिनाई स्तर और महत्त्वपूर्ण विषयों को समझने में मदद करते हैं। इनका महत्त्व निम्नलिखित बिंदुओं में स्पष्ट किया गया है:

01

परीक्षा पैटर्न और संरचना की समझ (Understanding Exam Pattern and Structure):

पिछले वर्षों के प्रश्न पत्रों को हल करने से अभ्यर्थियों को वास्तविक परीक्षा के पैटर्न, जैसे कि प्रश्नों की संख्या, अनुभागों का विभाजन और अंकों के वितरण की जानकारी मिलती है। इससे उन्हें पता चलता है कि परीक्षा ऑनलाइन होगी या ऑफलाइन और प्रत्येक अनुभाग के लिए कितना समय आवंटित किया जाएगा।

02

महत्त्वपूर्ण विषयों और दोहराए जाने वाली अवधारणाओं की पहचान (Identifying Important Topics and Repeated Concepts)

PYQs का विश्लेषण करने पर, अभ्यर्थी उन महत्वपूर्ण विषयों और अवधारणाओं की पहचान कर सकते हैं जिनसे बार-बार प्रश्न पूछे जाते हैं। यह जानकारी उन्हें अपनी तैयारी को सही दिशा में केंद्रित करने और उच्च अंक वाले क्षेत्रों पर अधिक ध्यान देने में मदद करती है। कई बार एसएससी परीक्षाओं में पिछले वर्षों के प्रश्नों को सीधे या थोड़े बदलाव के साथ भी पूछ लिया जाता है।

03

समय प्रबंधन कौशल का विकास (Developing Time Management Skills)

एसएससी परीक्षाओं में समय सीमित होता है और सभी प्रश्नों को दिए गए समय में हल करना महत्त्वपूर्ण है। PYQs को समयबद्ध तरीके से हल करने का अभ्यास करने से अभ्यर्थियों का समय प्रबंधन कौशल विकसित होता है। वे यह सीखते हैं कि किस प्रश्न को कितना समय देना है और परीक्षा के दौरान समय का बेहतर उपयोग कैसे करना है।

04

प्रश्नों के प्रकार और प्रारूप से परिचित होना (Familiarising with Questions Types and Formats)

PYQs अभ्यर्थियों को विभिन्न प्रकार के प्रश्नों, जैसे कि बहुविकल्पीय प्रश्न (MCQs), त्रुटि पहचान, रिक्त स्थान भरना आदि से परिचित कराते हैं। इससे परीक्षा के दिन अनपेक्षित आश्चर्यों से बचाव होता है और विभिन्न प्रकार के प्रश्नों को हल करने में आत्मविश्वास बढ़ता है।

05

कठिनाई स्तर का आकलन (Gauging the Difficulty Level)

PYQs को हल करने से अभ्यर्थियों को परीक्षा के कठिनाई स्तर का वास्तविक अंदाजा लगता है। इससे उन्हें अपनी तैयारी के स्तर का मूल्यांकन करने और यह समझने में मदद मिलती है कि उन्हें और कितनी मेहनत करने की आवश्यकता है।

06

आत्म-मूल्यांकन और कमजोर क्षेत्रों की पहचान (Self-Assessment and Identifying Weak Areas)

PYQs को हल करने के बाद, अभ्यर्थी अपने प्रदर्शन का विश्लेषण कर सकते हैं और अपनी ताकत और कमजोरियों की पहचान कर सकते हैं।
जिन क्षेत्रों में वे कमजोर हैं, उन पर अधिक ध्यान केंद्रित करके वे अपनी तैयारी को और बेहतर बना सकते हैं।

07

वास्तविक परीक्षा के माहौल का अनुभव (Simulating the Real Exam Environment)

PYQs को वास्तविक परीक्षा के माहौल में हल करने से अभ्यर्थियों को परीक्षा के दबाव और वातावरण का अनुभव होता है। इससे परीक्षा के प्रति उनका डर और घबराहट कम होती है और वे अधिक आत्मविश्वास के साथ परीक्षा दे पाते हैं।

08

सटीकता और गति में सुधार (Enhancing Accuracy and Speed)

नियमित रूप से PYQs का अभ्यास करने से प्रश्नों को हल करने की गति और सटीकता दोनों में सुधार होता है। अभ्यर्थी सामान्य गलतियों से बचने और प्रभावी समस्या-समाधान तकनीकों को विकसित करने में सक्षम होते हैं।

09

परीक्षक की मानसिकता को समझना (Understanding the Examiner's Mindset)

PYQs का विश्लेषण करके, अभ्यर्थी परीक्षक की मानसिकता को समझ सकते हैं अर्थात् वे किस प्रकार के प्रश्नों को प्राथमिकता देते हैं और किस स्तर के ज्ञान की अपेक्षा रखते हैं।

10

आत्मविश्वास में वृद्धि (Boosting Confidence)

PYQs में लगातार अच्छा प्रदर्शन करने से अभ्यर्थियों का आत्मविश्वास बढ़ता है जो उन्हें अधिक उत्साह के साथ अपनी तैयारी जारी रखने के लिए प्रेरित करता है।

निष्कर्ष:

संक्षेप में, एसएससी परीक्षाओं की तैयारी के लिए पिछले वर्ष के प्रश्न पत्र केवल अभ्यास सामग्री नहीं हैं, बल्कि ये एक महत्त्वपूर्ण मार्गदर्शक हैं। इनका गहन अध्ययन और अभ्यास करके अभ्यर्थी परीक्षा के स्वरूप को अच्छी तरह से समझ सकते हैं, अपनी कमजोरियों को पहचान सकते हैं और अपनी सफलता की संभावनाओं को काफी हद तक बढ़ा सकते हैं। इसलिए सभी एसएससी परीक्षा के उम्मीदवारों को पिछले वर्षों के प्रश्न पत्रों को गंभीरता से हल करना चाहिए।

पेपर-1

SSC CPO SI सॉल्वड पेपर

29 जून 2024 (शिफ्ट III)

निर्देश

1. इस पेपर में 200 प्रश्न हैं।
2. इसमें 4 भाग हैं, **भाग 1** सामान्य बुद्धि एवं तर्कशक्ति, **भाग 2** सामान्य ज्ञान एवं सामान्य जागरुकता, **भाग 3** मात्रात्मक योग्यता और **भाग 4** अंग्रेजी
3. प्रत्येक प्रश्न **1 अंक** का है।

अधिकतम अंक : 200 समय : 2 घण्टे

भाग 1

सामान्य बुद्धि एवं तर्कशक्ति

1. एक निश्चित तर्क का अनुसरण करते हुए, 24, 8 से सम्बन्धित है। उसी तर्क का अनुसरण करते हुए, 54, 20 से सम्बन्धित है। उसी तर्क का उपयोग करते हुए निम्नलिखित में से कौन-सी संख्या 18 से सम्बन्धित है?

(a) 63 (b) 26
(c) 42 (d) 12

2. यदि 'I' का अर्थ '×' है, 'J' का अर्थ '+' है, 'K' का अर्थ '÷' है और L का अर्थ है '–', तो निम्नलिखित समीकरण में प्रश्नचिह्न (?) के स्थान पर क्या आएगा?

(40 J 32 K4) I 5 L 155 J7I9 =?

(a) 156 (b) 148
(c) 134 (d) 126

3. दिए गए विकल्पों में से उस आकृति की पहचान कीजिए, जिसे '?' के स्थान पर रखने पर शृंखला तार्किक रूप से पूर्ण हो जाएगी।

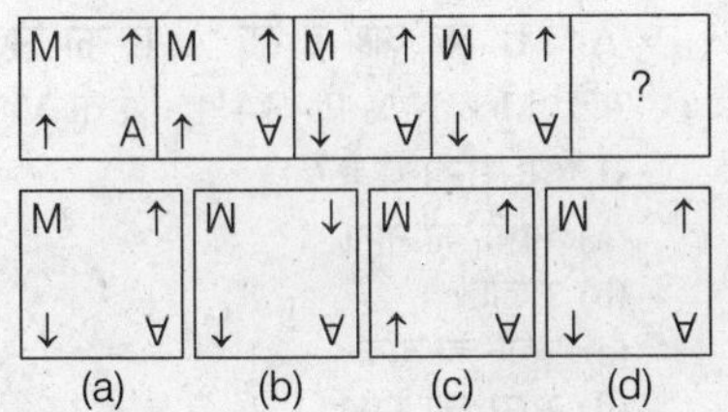

4. दो कथन दिए गए हैं, जिसके बाद तीन निष्कर्ष I, II और III दिए गए हैं। कथनों को सत्य मानते हुए, भले ही वे सामान्य रूप से ज्ञात तथ्यों से भिन्न प्रतीत होते हों, निर्णय लीजिए कि कौन-सा/से निष्कर्ष कथनों का तार्किक रूप से अनुसरण करता है/करते हैं।

कथन

सभी स्कैनर, प्रिण्टर हैं।
कुछ स्कैनर, कॉपियर हैं।

निष्कर्ष

I. कुछ प्रिण्टर, कॉपियर हैं।
II. कोई कॉपियर, प्रिण्टर नहीं है।
III. कुछ प्रिण्टर, स्कैनर हैं।

(a) निष्कर्ष I और II अनुसरण करते हैं
(b) निष्कर्ष I और III अनुसरण करते हैं
(c) निष्कर्ष II और III अनुसरण करते हैं
(d) सभी निष्कर्ष अनुसरण करते हैं

5. उस समुच्चय का चयन करें, जिसमें दी गई संख्याएँ आपस में उसी प्रकार सम्बन्धित हैं, जिस प्रकार प्रश्न में दिए गए समुच्चय की संख्याएँ आपस में सम्बन्धित है।
(**नोट** संख्याओं को उनके घटक अंकों में तोड़े बिना, पूर्ण संख्याओं पर गणितीय संक्रियाएँ की जानी चाहिए। जैसे, 13 के मामले में— 13 पर की जाने वाली विभिन्न गणितीय संक्रियाएँ, जैसे— 13 में जोड़ना/घटाना। गुणा करना आदि 13 पर की जा सकती हैं। लेकिन, 13 को 1 और 3 में तोड़ने और फिर 1 और 3 पर गणितीय संक्रियाएँ करने की अनुमति नहीं है।)

(599, 236, 363)
(481, 145, 336)

(a) (641, 314, 327) (b) (426, 159, 287)
(c) (612, 278, 344) (d) (547, 217, 310)

6. एक कूटभाषा में, 'KIRAT' को 50-40-85-0-95 के रूप में कूटबद्ध किया जाता है और 'WASIM' को 110-0-90-40-60 के रूप में कूटबद्ध किया जाता है। उसी भाषा में, 'MRINAL' को किस प्रकार कूटबद्ध किया जाएगा?

(a) 55-60-45-65-0-85
(b) 60-85-40-65-0-55
(c) 75-50-60-55-0-65
(d) 85-40-50-75-0-65

7. दिए गए विकल्पों में से उस आकृति का चयन कीजिए, जो निम्नलिखित शृंखला में प्रश्नचिह्न (?) को तार्किक रूप से प्रतिस्थापित कर सकती है।

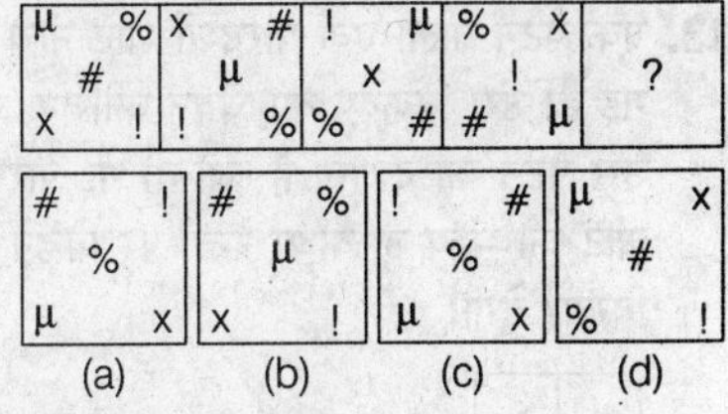

8. उस विकल्प का चयन करें, जो पाँचवें अक्षर-समूह से उसी प्रकार सम्बन्धित है, जिस प्रकार दूसरा अक्षर-समूह पहले अक्षर-समूह से और चौथा अक्षर-समूह, तीसरे अक्षर-समूह से सम्बन्धित है।

ABIDE : GFKDC :: CHARM : OTCJE :: BLOOM : ?

(a) OPQND (b) OQQND
(c) OQQDN (d) DNQQO

9. गणितीय चिह्नों का निम्नलिखित में से कौन-सा परस्पर विनिमय दिए गए समीकरण को सही (सन्तुलित) कर देगा?

$3 - 15 + 10 \div 2 \times 7 = 43$

(a) ÷ और × (b) – और ×
(c) – और + (d) + और ×

10. जब दर्पण को नीचे दर्शाए गए अनुसार, MN पर रखा जाता है, तो दी गई आकृति के सही दर्पण प्रतिबिम्ब का चयन कीजिए।

M
hYRawK
N

(a) ꓘwɒЯYh (b) ꓘwɒYЯh
(c) ꓘwɒꓤ⅄ɥ (d) ꓘʍɒЯYh

11. कागज़ के एक टुकड़े को मोड़ने का क्रम और मोड़े गए कागज़ को काटने का तरीका नीचे दर्शाया गया है। उस आकृति का चयन कीजिए, जो कागज के खुले हुए रूप से सबसे अधिक मिलती-जुलती हो।

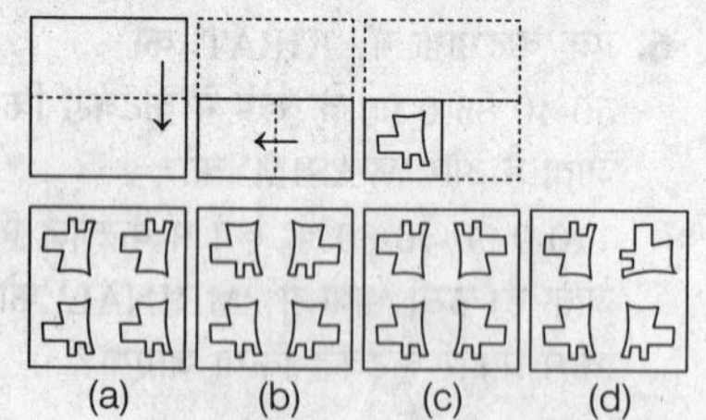

12. यदि + का अर्थ – है, – का अर्थ × है, × का अर्थ ÷ है, ÷ का अर्थ + है, तो दिए गए समीकरण में प्रश्नचिह्न (?) के स्थान पर क्या आएगा?

$60 + 378 \times 18 \div 23 - 2 = ?$

(a) 57 (b) 58
(c) 75 (d) 85

13. एक पैटर्न वाली एक पारदर्शी शीट नीचे दी गई है। उस विकल्प का चयन कीजिए, जो उस पैटर्न को दर्शाता है, जो दी गई पारदर्शी शीट को मध्य ऊर्ध्वाधर रेखा पर मोड़ने पर दिखाई देगा।

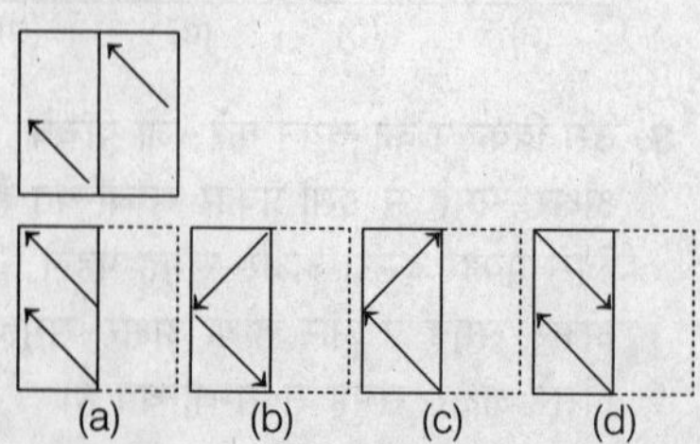

14. निम्नलिखित में से कौन-सा अक्षर-समूह दी गई श्रृंखला में प्रश्नचिह्न (?) को प्रतिस्थापित करेगा?

aaabccccccc, aaabbcccc, aaabbbbcc,?

(a) aaabbbbbbbbc
(b) aaabbbbbbbcc
(c) aaabbbbbbccc
(d) aabbbbbbbbc

15. यदि + का अर्थ – है, – का अर्थ × है, × का अर्थ ÷ है, ÷ का अर्थ + है, तो दिए गए समीकरण में प्रश्नचिह्न (?) के स्थान पर क्या आएगा?

$180 \times 60 - 33 \div 1 + 50 = ?$

(a) 50 (b) 40
(c) 51 (d) 55

16. एक निश्चित कूटभाषा में 'bring the bags' को 'nd sm pf' लिखा जाता है और 'bags of gold' को 'rg tx sm' लिखा जाता है। दी गई भाषा में, 'bags' को किस प्रकार लिखा गया है?

(a) pf (b) sm (c) nd (d) rg

17. उस विकल्प का चयन कीजिए, जो दिए गए शब्दों के उस सही क्रम को दर्शाता है, जिस क्रम में वे अंग्रेजी शब्दकोश में दिखाई देते हैं।

1. Junction 2. Jupiter
3. Jungle 4. Jump
5. Juncture

(a) 1, 5, 4, 2, 3 (b) 1, 5, 3, 2, 4
(c) 4, 5, 1, 3, 2 (d) 4, 1, 5, 3, 2

18. अजय बिन्दु A से गाड़ी चलाना शुरू करता है और उत्तर की ओर 10 किमी गाड़ी चलाता है। फिर वह दाएँ मुड़ता है, 3 किमी गाड़ी चलाता है, दाएँ मुड़ता है और 15 किमी गाड़ी चलाता है। फिर वह दाएँ मुड़ता है और 8 किमी गाड़ी चलाता है। वह अन्तिम बार दाएँ मुड़ता है, 5 किमी गाड़ी चलाता है और बिन्दु P पर रूकता है। बिन्दु A पर फिर से पहुँचने के लिए उसे कितनी दूर (न्यूनतम दूरी) और किस दिशा में गाड़ी चलानी चाहिए? (सभी मोड़ केवल 90° वाले मोड़ हैं।)

(a) पश्चिम की ओर 5 किमी
(b) पश्चिम की ओर 3 किमी
(c) पूर्व की ओर 5 किमी
(d) पूर्व की ओर 3 किमी

19. छः विद्यार्थी P, Q, R, S, T और U एक गोल मेज के परित: केन्द्र की ओर अभिमुख होकर बैठे हैं।

Q, U के बाएँ से दूसरे स्थान पर बैठा है। T, P के दाएँ से तीसरे स्थान पर बैठा है। Q और U का निकटतम पड़ोसी P है। S, U का पड़ोसी नहीं है।

निम्नलिखित में से कौन U और T दोनों का पड़ोसी है?

(a) P (b) R (c) S (d) Q

20. यदि + का अर्थ – है, – का अर्थ × है, × का अर्थ ÷ है, ÷ का अर्थ + है, तो दिए गए समीकरण में प्रश्नचिह्न (?) के स्थान पर क्या आएगा?

$99 \times 33 - 70 \div 90 + 100 = ?$

(a) 201 (b) 100
(c) 300 (d) 200

21. नीचे दो कथन और दो निष्कर्ष दिए गए हैं। कथनों को सत्य मानें, भले ही वे सर्वज्ञात तथ्यों से भिन्न हों और निर्णय लें कि कौन-सा/से निष्कर्ष दिए गए कथनों का अनुसरण करता है/करते हैं?

कथन

सभी प्लास्टिक, फाइबर हैं।
कुछ फाइबर, चमड़े हैं।

निष्कर्ष

I. कुछ प्लास्टिक, चमड़े हैं।
II. कुछ फाइबर, प्लास्टिक हैं।

(a) केवल निष्कर्ष I अनुसरण करता है
(b) दोनों निष्कर्ष I और II अनुसरण करते हैं
(c) केवल निष्कर्ष II अनुसरण करता है
(d) न तो निष्कर्ष I अनुसरण करता है और न ही II अनुसरण करता है

22. एक निश्चित कूटभाषा में 'BYE' को '32' और 'ANGER' को '45' के रूप में लिखा जाता है। उस भाषा में 'LOVE' कैसे लिखा जाएगा?

(a) 39 (b) 37 (c) 46 (d) 54

23. निम्नलिखित में से कौन-सा अक्षर-समूह प्रश्नचिह्न (?) का स्थान लेगा और दी गई श्रृंखला को पूरा करेगा?

TEKS, YLBD, ?, IZJZ, NGAK

(a) FGCW (b) JKDO
(c) DXTO (d) DSSO

24. एक निश्चित कूटभाषा में,

'A × B' का अर्थ है कि 'A, B का पुत्र है,
'A – B' का अर्थ है कि 'A, B का भाई है',
'A + B' का अर्थ है कि 'A, B की पत्नी है,
'A % B' का अर्थ है कि 'A, B का पिता है'।

यदि 'M × N % P – S + T' है, तो M का T से क्या सम्बन्ध है?

(a) भाभी का नाना
(b) साला
(c) पत्नी का नाना
(d) ससुर का मामा

25. निम्नलिखित में से कौन-सा पद दी गई शृंखला में प्रश्नचिह्न (?) को प्रतिस्थापित करेगा?

DIQ, EJR, FKS, ?

(a) GLT (b) DKO
(c) DLS (d) ETH

26. एक निश्चित कूटभाषा में, 'NODE' को '6297' के रूप में कूटबद्ध किया गया है और 'BONE' को '9716' के रूप में कूटबद्ध किया गया है। उसी भाषा में, 'D' के लिए कूट क्या है?

(a) 6 (b) 7 (c) 2 (d) 1

27. जब दर्पण को MN पर रखा जाता है, तो दी गई आकृति के सही दर्पण प्रतिबिम्ब का चयन कीजिए।

Yh4g7b M N

(a) d7g4hY (b) d7g4hY
(c) d7g4hY (d) d7g4hY

28. निम्नलिखित आकृतियों में एक कागज़ को मोड़ने का क्रम और मुड़े हुए कागज़ को काटने का तरीका दर्शाया गया है। खोले जाने पर यह कागज कैसा दिखाई देगा?

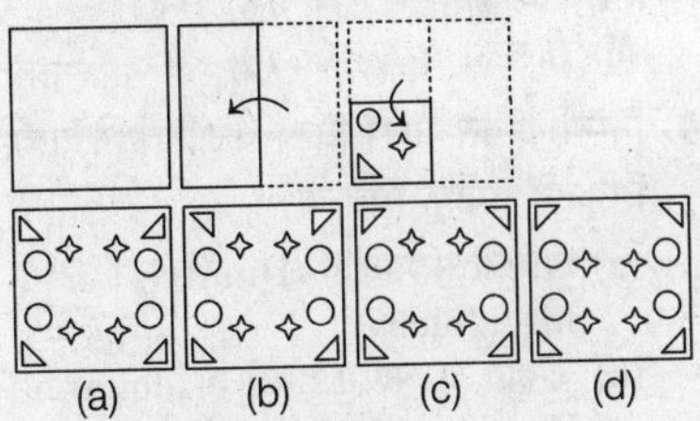

29. एक निश्चित तर्क का अनुसरण करते हुए, 824, 329 से सम्बन्धित है। उसी तर्क का अनुसरण करते हुए, 271, 505 से सम्बन्धित है। उसी तर्क का उपयोग करते हुए निम्नलिखित में से कौन-सी संख्या 408 से सम्बन्धित है?

(a) 612 (b) 434 (c) 822 (d) 325

30. दिए गए समीकरण को सही बनाने के लिए कौन-से दो चिह्नों को परस्पर बदलना चाहिए?

$30 + 3 \times 990 - 11 \div 63 = 237$

(a) + और − (b) − और ×
(c) ÷ और − (d) × और +

31. निम्नलिखित में से कौन-सी संख्या दी गई शृंखला में प्रश्नचिह्न (?) का स्थान लेगी?

167, 117, ?, 47, 27

(a) 107 (b) 37 (c) 87 (d) 77

32. दिए गए विकल्पों में से उस संख्या का चयन करें, जो निम्नलिखित शृंखला में प्रश्नचिह्न (?) के स्थान पर आ सकती है।

22, 27, 37, 52, 72, ?

(a) 95 (b) 92 (c) 100 (d) 97

33. विकल्पों में दी गई उस आकृति को पहचानिए, जिसे प्रश्नचिह्न (?) के स्थान पर रखने पर शृंखला तार्किक रूप से पूर्ण हो जाएगी।

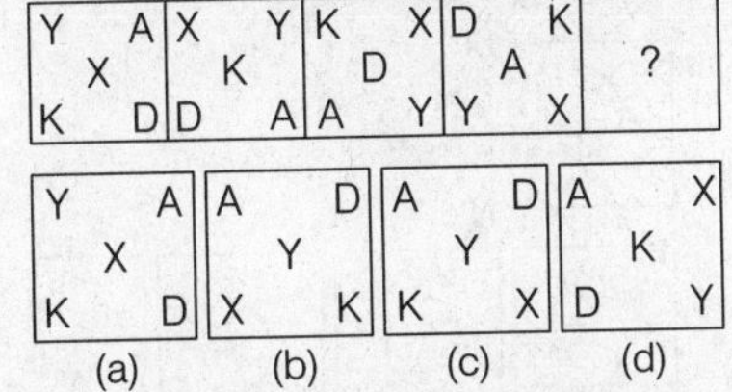

34. एक कूटभाषा में, 'SERIES' को 87 के रूप में कूटबद्ध किया जाता है और 'DISMAY' को 91 के रूप में कूटबद्ध किया जाता है। उसी भाषा में 'SPRINT' को किस प्रकार कूटबद्ध किया जाएगा?

(a) 71 (b) 66 (c) 57 (d) 52

35. यदि + और − को आपस में बदल दिया जाए, साथ ही 8 और 16 को भी आपस में बदल दिया जाए, तो प्रश्नचिह्न (?) के स्थान पर क्या आएगा?

$3 \times 6 + 16 - 8 \div 2 = ?$

(a) 18 (b) 19
(c) 20 (d) 17

36. उस वेन आरेख का चयन कीजिए, जो निम्नलिखित वर्गों के बीच सम्बन्ध को सर्वोत्तम रूप से दर्शाता है।

चित्रकार, पुरुष, महिलाएँ

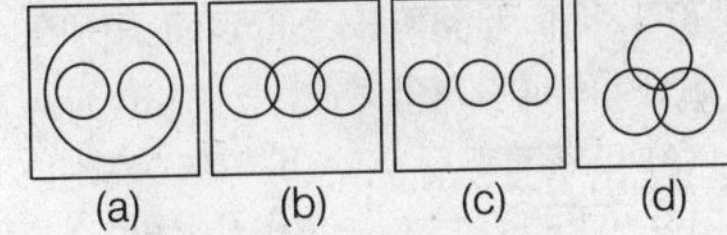

37. कागज की एक शीट को बिन्दीदार रेखा के साथ-साथ दर्शाई गई दिशाओं के अनुदिश क्रमिक रूप से मोड़ा जाता है और फिर अन्त में छेद किया जाता है। खोलने पर यह कागज कैसा दिखेगा?

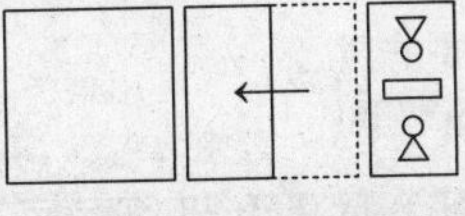

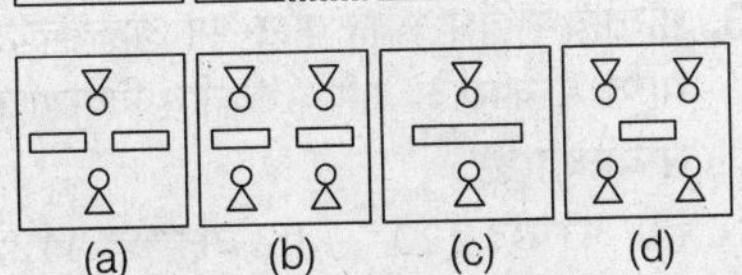

38. उस विकल्प का चयन कीजिए, जिसमें संख्याएँ वही सम्बन्ध साझा करती है, जो संख्याओं के दिए गए युग्म द्वारा साझा किया जाता है।

50 – 130

(a) 60 – 120 (b) 30 – 80
(c) 35 – 120 (d) 75 – 110

39. जब दर्पण को नीचे दर्शाए गए अनुसार MN पर रखा जाता है, तो दी गई आकृति के सही दर्पण प्रतिबिम्ब का चयन कीजिए।

Gry4d7 M N

(a) 7d4yrG (b) 7d4yrG
(c) 7d4yrG (d) 7d4yrG

40. कियारा बिन्दु A से ड्राइव करना आरम्भ करती है, जो बिन्दु Z के उत्तर में 6 किमी पर है। बिन्दु A से, वह पूर्व की ओर मुड़ती है और 8 किमी ड्राइव करती है। फिर वह दाएँ मुड़ती है और 9 किमी ड्राइव करती है। अन्त में, वह दाएँ मुड़ती है और 15 किमी ड्राइव करके बिन्दु B पर रूक जाती है। बिन्दु Z के सन्दर्भ में बिन्दु B किस दिशा में है?

(a) उत्तर-पूर्व (b) उत्तर-पश्चिम
(c) दक्षिण (d) दक्षिण-पश्चिम

41. अंग्रेजी वर्णमाला क्रम पर आधारित, निम्नलिखित चार अक्षर-समूहों में से तीन किसी निश्चित तरीके से समान हैं और इस प्रकार एक समूह बनाते हैं। किस अक्षर-समूह का सम्बन्ध उस समूह से नहीं है?
(**नोट** असंगत अक्षर-समूह, व्यंजनों/स्वरों की संख्या या इस अक्षर-समूह में उनकी स्थिति पर आधारित नहीं है।)

(a) IFM (b) TQX
(c) GDK (d) OLR

42. उस विकल्प का चयन कीजिए, जो दिए गए शब्दों के उस सही क्रम को दर्शाता है, जिस क्रम में वे अंग्रेजी शब्दकोश में दिखाई देते हैं।

1. Larkiness 2. Larcenist
3. Larceners 4. Lariated
5. Laryngal 6. Largely

(a) 3, 2, 4, 1, 6, 5 (b) 3, 2, 1, 6, 4, 5
(c) 3, 2, 6, 4, 1, 5 (d) 3, 2, 1, 4, 6, 5

43. दो कथन दिए गए हैं, जिनके बाद दो निष्कर्ष I और II दिए गए हैं। कथनों को सत्य मानते हुए, भले ही वे सामान्य रूप से ज्ञात तथ्यों से भिन्न प्रतीत होते हों, निर्धारित करें कि कौन-सा/से निष्कर्ष कथनों का तार्किक रूप से अनुसरण करता है/करते हैं?

कथन
सभी कैरम, लूडो हैं।
सभी लूडो, स्क्रैबल हैं।
निष्कर्ष
I. कुछ कैरम, स्क्रैबल नहीं हैं।
II. कुछ स्क्रैबल, कैरम हैं।
(a) केवल निष्कर्ष II अनुसरण करता है
(b) निष्कर्ष I और II दोनों अनुसरण करते हैं
(c) केवल निष्कर्ष I अनुसरण करता है
(d) न तो निष्कर्ष I अनुसरण करता है और न ही II अनुसरण करता है

44. एक कूटभाषा में, 'TREE' को 'WSHF' के रूप में लिखा जाता है और 'BALL' को 'EBOM' के रूप में लिखा जाता है। इसी कूटभाषा में, 'WALL' को कैसे लिखा जाएगा?
(a) ZOMB (b) MOZB
(c) ZBOM (d) OZBM

45. उस विकल्प का चयन करें, जो पाँचवें अक्षर-समूह से उसी प्रकार सम्बन्धित है, जिस प्रकार दूसरा अक्षर-समूह पहले अक्षर-समूह से और चौथा अक्षर-समूह तीसरे अक्षर-समूह से सम्बन्धित है।
DIETY : CJFSX :: GRACE : FQBBF :: GLORY : ?
(a) FKPSX (b) FKMQX
(c) FKPQX (d) FKRQX

46. उस समुच्चय का चयन करें, जिसकी संख्याएँ उसी तरह से सम्बन्धित हैं, जिस तरह निम्नलिखित समुच्चयों की संख्याएँ सम्बन्धित हैं।
(**नोट** संख्याओं को उसके घटक अंकों में तोड़े बिना, पूर्ण संख्याओं पर संक्रियाएँ की जानी चाहिए। उदाहरण के लिए संख्या 13 को लें – 13 पर संक्रियाएँ, जैसे कि 13 में जोड़ना/घटाना/गुणा करना आदि, की जा सकती हैं। 13 को 1 और 3 में तोड़ने और फिर 1 और 3 पर गणितीय संक्रियाएँ करने की अनुमति नहीं है)
(112, 56, 8)
(196, 98, 14)
(a) (294, 147, 21) (b) (294, 149, 21)
(c) (292, 147, 21) (d) (294, 147, 19)

47. निम्नलिखित में से कौन-सी संख्या दी गई शृंखला में, प्रश्नचिह्न (?) को प्रतिस्थापित करेगी?
10, 50, 250, 1250, 6250, ?
(a) 91250 (b) 21250
(c) 31250 (d) 61250

48. दिए गए विकल्पों में से उस संख्या का चयन कीजिए, जो निम्नलिखित शृंखला में, प्रश्नचिह्न (?) के स्थान पर आ सकती है।
53, 62, 77, 98, ?
(a) 121 (b) 123
(c) 125 (d) 122

49. जब दर्पण को नीचे दर्शाए गए अनुसार MN रेखा पर रखा जाता है, तो दी गई आकृति के सही दर्पण प्रतिबिम्ब का चयन कीजिए।

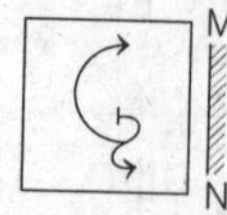

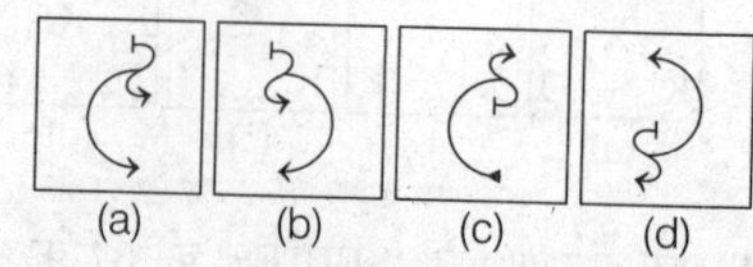

50. एक निश्चित कूटभाषा में,
A + B का अर्थ है 'A, B की माँ है',
A – B का अर्थ है 'A, B का भाई है',
A × B का अर्थ है 'A, B की पत्नी है' और
A ÷ B का अर्थ है 'A, B का पिता है'
उपर्युक्त के आधार पर, यदि 'U – P × Q ÷ R + S – T' है, तो R का U से क्या सम्बन्ध है?
(a) साली (b) भान्जी
(c) बहन (d) पुत्री

भाग 2

सामान्य ज्ञान एवं सामान्य जागरुकता

51. दिसम्बर, 2022 तक की प्राप्त जानकारी के अनुसार, भारत के किस राज्य की सरकार द्वारा कला के क्षेत्र में 'कालिदास सम्मान' पुरस्कार दिया गया है?
(a) तमिलनाडु (b) मध्य प्रदेश
(c) तेलंगाना (d) राजस्थान

52. निम्नलिखित भरतनाट्यम नर्तकियों में से किसे तिरुमाला तिरुपति देवस्थानम मन्दिर द्वारा अस्थाना नर्तकी (निवासी नर्तकी) की उपाधि से सम्मानित किया गया था?
(a) पद्म सुब्रमण्यम
(b) रीवा गांगुली
(c) इन्द्राणी रहमान
(d) यामिनी कृष्णमूर्ति

53. भारतीय संविधान का कौन-सा अनुच्छेद भारत सरकार के वार्षिक वित्तीय विवरण से सम्बन्धित है?
(a) अनुच्छेद 120 (b) अनुच्छेद 112
(c) अनुच्छेद 110 (d) अनुच्छेद 116

54. विशेष आहरण अधिकार को .... के नाम से भी जाना जाता है?
(a) गोल्डन पेपर्स
(b) गोल्ड पेपर्स
(c) पेपर गोल्ड
(d) अन्तर्राष्ट्रीय रिजर्व मनी

55. 'चाणक्या चैंट' (Chanakya's Chant) पुस्तक निम्नलिखित में से किसने लिखी?
(a) अश्विन सांघी
(b) अमीश त्रिपाठी
(c) समित बसु
(d) नोबोनील चक्रवर्ती

56. निम्नलिखित में से कौन-सा क्रान्तिकारी अनुशीलन समिति से जुड़ा था?
(a) राजगुरु
(b) भगत सिंह
(c) सुखदेव
(d) जतिन्द्र मोहन सेनगुप्ता

57. पुलकेशिन II, निम्नलिखित में से किस राजवंश से सम्बन्धित था?
(a) चालुक्य (b) पाण्ड्य
(c) राष्ट्रकूट (d) चेर

58. खजुराहो में कन्दरिया महादेव मन्दिर निम्नलिखित में से किस राजवंश के समय में बनाया गया था?
(a) राष्ट्रकूट (b) चन्देल
(c) सोलंकी (d) चेर

59. निम्नलिखित में से किस वैज्ञानिक ने तत्वों को त्रिक में वर्गीकृत किया?
(a) दिमित्री मेण्डेलीव (Dimitri Mendeleev)
(b) जोहान वोल्फगैंग डोबेरेनर (Johann Wolfgang Dobereiner)
(c) हेनरी मोसले (Henry Moseley)
(d) जॉन न्यूलैण्ड्स (John Newlands)

60. ब्यूटेन का रासायनिक सूत्र क्या होता है?
(a) C_4H_8 (b) C_4H_{10}
(c) C_2H_{10} (d) C_2H_6

61. वर्ष 2011-12 में भारतीय कार्यबल का कितना प्रतिशत द्वितीयक क्षेत्र में लगा हुआ था?
(a) 30.0% (b) 24.3%
(c) 60.4% (d) 15.8%

62. धर्मपाल को बिहार में भागलपुर के पास निम्नलिखित में से किस विश्वविद्यालय की स्थापना के लिए जाना जाता है?
(a) नालन्दा (b) विक्रमशिला
(c) वल्लभी (d) तक्षशिला

63. भारत में निम्नलिखित में से किसे इस्पात नगरी (steel city) कहा जाता है?
(a) पटना (b) जमशेदपुर
(c) मुम्बई (d) रांची

64. भारतीय संविधान के अनुसार राज्यपालों की विशेष शक्तियों के सम्बन्ध में निम्नलिखित में से कौन-सा कथन सही है?

A. नागालैण्ड के राज्यपाल के पास राज्य में कानून व्यवस्था से सम्बन्धित विशेष जिम्मेदारी होगी।

B. मणिपुर के राज्यपाल राज्य में पहाड़ी क्षेत्रों के प्रशासन पर राष्ट्रपति को एक विशेष वार्षिक रिपोर्ट प्रस्तुत करेंगे।

C. सिक्किम के राज्यपाल के पास शान्ति व्यवस्था और विभिन्न वर्गों की सामाजिक और आर्थिक उन्नति सुनिश्चित करने के लिए समान व्यवस्था के लिए विशेष जिम्मेदारी होगी।

D. अरुणाचल प्रदेश के राज्यपाल की अरुणाचल प्रदेश राज्य में कानून और व्यवस्था के सम्बन्ध में विशेष जिम्मेदारी होगी।

(a) B, C और D
(b) A, B और C
(c) A, B, C और D
(d) A, C और D

65. निम्नलिखित में से किसे ब्रिटिश शासन के दौरान भारतीयों के लिए व्यापक रूप से 'स्वर्गीय सेवा' माना जाता था?

(a) भारतीय सिविल सेवा या आई.सी.एस.
(b) ब्रिटिश भारतीय सेना
(c) भारतीय न्यायिक सेवा
(d) बर्मा मोर्चे पर सैन्य सेवा

66. विशाल भारतीय मरुस्थल/थार मरुस्थल निम्नलिखित में से किस पर्वत श्रृंखला के पश्चिमी किनारे पर स्थित है?

(a) अरावली पर्वतमाला
(b) पूर्वी घाट
(c) विन्ध्य पर्वतमाला
(d) सतपुड़ा पर्वतमाला

67. अन्तर्राष्ट्रीय सेना खेल (International Army Games) – 2021, 22 अगस्त से 4 सितम्बर तक निम्नलिखित में से किस देश में आयोजित किए गए थे?

(a) उज्बेकिस्तान (b) रूस
(c) बेलारूस (d) भारत

68. निम्नलिखित में से किसने एक सिद्धान्त की खोज की, जो बताता है कि किसी वस्तु पर उत्प्लावन बल वस्तु द्वारा विस्थापित द्रव के भार के बराबर होता है?

(a) आइजैक न्यूटन
(b) आर्किमिडीज
(c) नील्स बोहर
(d) गैलीलियो गैलीली

69. निम्नलिखित में से कौन-सा कथन हरित क्रान्ति के सन्दर्भ में सत्य नहीं है?

(a) खेती अधिक विस्तृत प्रकृति की हो गई।
(b) प्रकृति में खेती अधिक सघन हो गई।
(c) इसके दूसरे चरण में भारत के शुष्क और अर्द्ध-शुष्क क्षेत्रों में सूखी से गीली (सिंचित) खेती की ओर बदलाव हुआ।
(d) इसके दूसरे चरण में, फसल पद्धति और उगाई जाने वाली फसलों के प्रकार में बदलाव हुआ।

70. भारत की प्रसिद्ध गायिका बेगम अख्तर निम्नलिखित में से किस विधा के लिए जानी जाती हैं?

(a) सूफी संगीत (b) लोक संगीत
(c) कर्नाटक संगीत (d) गजल संगीत

71. निम्नलिखित में से कौन-सा विकल्प सही सुमेलित नहीं है?

(a) वुलर झील - जम्मू-कश्मीर
(b) चिल्का झील - ओडिशा
(c) वेम्बनाड झील - केरल
(d) सरदार सरोवर झील- कर्नाटक

72. उस संरचना की पहचान करे, जो पुतली के आकार को नियन्त्रित करती है।

(a) काँचयुक्त हास्य (b) कॉर्निया
(c) आइरिस (d) सिलिअरी माँसपेशियाँ

73. निम्नलिखित में से कौन 'मेकिंग इण्डिया औसम' पुस्तक का लेखक है?

(a) विक्रम सेठ (b) अरविन्द अडिगा
(c) सिद्धार्थ मुखर्जी (d) चेतन भगत

74. एक मानक टेबल टेनिस गेंद का आकार क्या होता है?

(a) 42 mm (b) 41 mm
(c) 39 mm (d) 40 mm

75. यदि नकद आरक्षित अनुपात का मूल्य/प्रतिशत गिरता है, तो धन गुणक का मूल्य

(a) स्थिर रहता है (b) गिरता है
(c) बढ़ता है (d) इनमें से कोई नहीं

76. नवरात्रि और दुर्गा पूजा के अन्त में कौन-सा त्योहार आता है?

(a) पोगल (b) होली
(c) दशहरा (d) क्रिसमस

77. दीपा करथा ········ नृत्य से सम्बन्धित है।

(a) मणिपुरी (b) कथक
(c) ओडिसी (d) सत्रिया

78. जनगणना 2011 के अनुसार भारत में ग्रामीण जनसंख्या का प्रतिशत कितना है?

(a) 65.2% (b) 59.3%
(c) 52.4% (d) 68.8%

79. भारत में कृषि कैलेण्डर के सन्दर्भ में 'औस', 'अमन' और 'बोरो' शब्द क्या दर्शाते हैं?

(a) गुजरात में पारम्परिक कुओं के प्रकार
(b) असम में फसल उत्सव के प्रकार
(c) गंगा के मैदानों में जलोढ़ मृदा के प्रकार
(d) पश्चिम बंगाल में चावल की बुआई के मौसम के प्रकार

80. उस जीव की पहचान करो जो बायोलुमिनसेंस दर्शाता है

(a) यकृत पणाभि (b) फैसिओला
(c) समुद्री अखरोट (d) फीता क्रमि

81. राज्य नीति के निदेशक सिद्धान्त किस अनुच्छेद के अन्तर्गत आते हैं?

(a) अनुच्छेद 12-35 (b) अनुच्छेद 34-50
(c) अनुच्छेद 14-35 (d) अनुच्छेद 36-51

82. वॉलीबॉल नेट पर प्रयुक्त एण्टीना का रंग कैसा होता है?

(a) हरा और सफेद (b) काला और सफेद
(c) लाल और सफेद (d) पीला और काला

83. भारतीय संविधान का कौन-सा अनुच्छेद यह प्रावधान करता है कि राज्य के राज्यपाल को किसी विधेयक को राष्ट्रपति के विचारार्थ आरक्षित करने का अधिकार है?

(a) अनुच्छेद 190 (b) अनुच्छेद 181
(c) अनुच्छेद 207 (d) अनुच्छेद 200

84. सूची A को सूची B के साथ मिलाएँ।

सूची A	सूची B
A. नींबू	1. टार्टरिक अम्ल
B. दूध	2. साइट्रिक अम्ल
C. सिरका	3. लैक्टिक अम्ल
D. इमली	4. ऐसीटिक अम्ल

ABCD ABCD
(a) 2 1 3 4 (b) 2 3 4 1
(c) 1 2 3 4 (d) 4 3 2 1

85. डाल्टन के अनुसार, निम्नांकित में से कौन-सी आकृति फॉस्फोरस तत्व का निरूपण करती है?

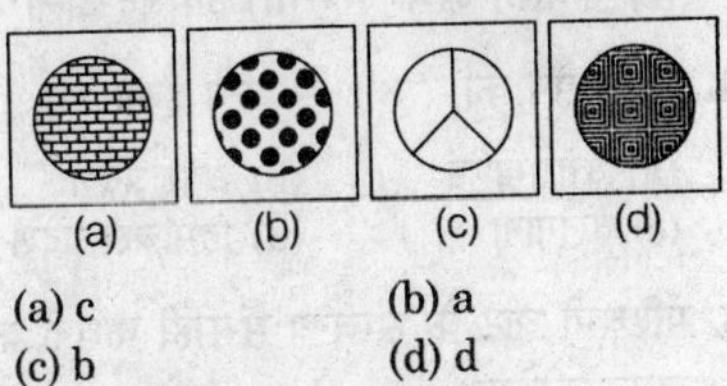

(a) c (b) a
(c) b (d) d

86. 42वें संविधान संशोधन अधिनियम, 1976 द्वारा कितने मौलिक कर्त्तव्य जोड़े गए?

(a) 12 (b) 14
(c) 10 (d) 8

87. नियोजन युग के दौरान आर्थिक विकास को मापने के लिए किस उपकरण का उपयोग किया गया था?
(a) राष्ट्रीय आय
(b) प्रति व्यक्ति सकल घरेलू उत्पाद
(c) प्रति व्यक्ति आय
(d) सकल घरेलू उत्पाद

88. निम्नलिखित में से कौन-सा कारक एक बैंक को अन्य वित्तीय संस्थानों से अलग करता है?
(a) ऋण और उधार स्वीकार करना
(b) जमा स्वीकार करना
(c) दीर्घकालीन ऋण प्रदान करना
(d) ऋण देना

89. निम्नलिखित में से किसने पश्चिमी शिक्षा के प्रसार के लिए अलीगढ़ में मोहम्मडन एंग्लो-ओरिएण्टल कॉलेज की स्थापना की थी?
(a) सैय्यद अमीर अली
(b) मौलाना अबुल कलाम आजाद
(c) बदरुद्दीन तैयबजी
(d) सर सैयद अहमद खान

90. अम्ल और पानी को मिलाने का सही तरीका क्या है?
(a) मिलाने से पहले पानी को गर्म करना चाहिए।
(b) पानी को अम्ल में मिलाया जाना चाहिए।
(c) मिलाने से पहले अम्ल को गर्म करना चाहिए।
(d) अम्ल को धीरे-धीरे पानी में मिलाना चाहिए।

91. निम्नलिखित में से कौन वर्ष 2001 में लता मंगेशकर के साथ भारत रत्न का सह-विजेता था?
(a) बिस्मिल्लाह खान (b) रविशंकर
(c) भीमसेन जोशी (d) आशा भोसले

92. विश्व स्तर पर उपलब्ध कुल जल मात्रा में से कितने प्रतिशत जल मीठे पानी के संसाधनों से प्राप्त होता है?
(a) 3.5% (b) 2.5%
(c) 4.5% (d) 0.5%

93. द फोर्टी मिनट्स राग .... द्वारा रचित एक एल्बम है।
(a) अली अकबर खान (b) हरिप्रसाद चौरसिया
(c) भीमसेन जोशी (d) अमजद अली खान

94. लक्ष्य सेन का .... में जन्म हुआ था।
(a) उत्तराखण्ड (b) उत्तर प्रदेश
(c) तेलंगाना (d) हिमाचल प्रदेश

95. पश्चिमी घाट के सम्बन्ध में सही कथनों का चयन कीजिए।
a. पश्चिमी घाट की ऊँचाई उत्तर से दक्षिण की ओर उत्तरोत्तर बढ़ती जाती है।
b. महेन्द्रगिरि पश्चिमी घाट की सबसे ऊँची चोटी है।
c. पश्चिमी घाट पूर्वी घाट से ऊँचे हैं।
d. पश्चिमी घाट की ऊँचाई उत्तर से दक्षिण की ओर उत्तरोत्तर घटती जाती है।
(a) a और c (b) b, c और d
(c) a और b (d) c और d

96. निम्नलिखित में कौन-सा जीव अनावृत चट्टानों में भी पारिस्थितिक उत्तराधिकार आरम्भ कर सकता है।
(a) एस्परगिलोसिस (b) लिली
(c) आर्किड (d) लाइकेन

97. निम्नलिखित में से हिन्दू कैलेण्डर के किस महीने में होली का त्योहार मनाया जाता है?
(a) आषाढ़ (b) माघ
(c) फाल्गुन (d) श्रावण

98. सीमित सरकार की अवधारणा नागरिकों के .... की सत्तारूढ़ सरकारों से रक्षा करने के लिए एक प्रमुख प्रयास है।
(a) शक्ति का विभाजन
(b) मौलिक अधिकार
(c) नियन्त्रण और सन्तुलन
(d) मौलिक कर्त्तव्यों

99. भारत के निम्नलिखित में से किस भाग में काँटेदार वन और गुल्म वन पाए जाते हैं?
(a) दक्षिण-पश्चिमी भारत
(b) उत्तर-पूर्वी भारत
(c) उत्तर-पश्चिमी भारत
(d) दक्षिण-पूर्वी भारत

100. निम्नलिखित में से किसे संगीत नाटक अकादमी पुरस्कार (मणिपुरी नृत्य में उनके योगदान के लिए) से सम्मानित किया गया था?
(a) उर्मिला नागर (b) कलावती देवी
(c) मल्लिका साराभाई (d) निर्मला रामचन्द्रन

भाग 3

मात्रात्मक योग्यता

101. एक मिठाई में एक तिहाई चीनी है। यदि चीनी की कीमत अब पिछले कीमत की $\frac{7}{6}$ है, तो मिठाई की लागत में प्रभावी प्रतिशत वृद्धि कितनी है?
(a) $\frac{200}{9}\%$ (b) $\frac{100}{3}\%$
(c) $\frac{100}{9}\%$ (d) $\frac{100}{18}\%$

102. यदि $\cos A = \frac{4}{5}$ है, तो $(8+\sin A)(3-\tan A)$ का मान ज्ञात कीजिए।
(a) $\frac{373}{20}$ (b) $\frac{381}{20}$ (c) $\frac{387}{20}$ (d) $\frac{367}{20}$

103. यदि एक कार 60 किमी/घण्टा की चाल से चलती है और एक निश्चित दूरी तय करने में 180 मिनट का समय लेती है, तो समान दूरी को 40 किमी/घण्टा की चाल से तय करने में उसे कितना समय लगेगा?
(a) 4 घण्टे 30 मिनट (b) 3 घण्टे 45 मिनट
(c) 3 घण्टे 15 मिनट (d) 3 घण्टे

104. एक छात्र साइकिल से अपने स्कूल जाता है। उसके घर से स्कूल की दूरी 5 किमी है और वह इस दूरी को 1 घण्टे में तय करता है। जाते समय वह दो बार 5-5 मिनट के लिए रुकता है। उसकी औसत चाल (किमी/घण्टा में) ज्ञात कीजिए।
(a) 5.5 (b) 6 (c) 4.5 (d) 6.5

105. $15 - 16 \div [4 + (5 + 7) \div 3]$ का मान निम्न में से किसके बराबर होगा?
(a) 17 (b) 13 (c) 11 (d) 18

106. एक समबाहु त्रिभुज की एक भुजा की लम्बाई 18 सेमी है। त्रिभुज के परिवृत्त और अन्त-वृत्त के बीच स्थित क्षेत्रफल (सेमी^{2} में) कितना है?
($\pi = \frac{22}{7}$ का उपयोग कीजिए)
(a) $254\frac{3}{7}$ (b) $254\frac{1}{7}$
(c) $254\frac{4}{7}$ (d) $254\frac{2}{7}$

107. निम्नलिखित को सरल कीजिए।
$8.16 \times 5.35 + 17.9 - 19.5$ का $\frac{1}{15}+\frac{1}{5}$
(a) 57.426 (b) 70.225
(c) 60.456 (d) 65.234

108. सुमित और राजीव, मिलकर काम करते हुए, किसी काम को 20 घण्टे में कर सकते हैं, जबकि सुमित अकेले उसी काम को 25 घण्टे में कर सकता है। राजीव अकेले उस काम को कितने घण्टे में पूरा कर सकता है?
(a) 90 (b) 100
(c) 70 (d) 80

109. $\dfrac{61+\frac{2}{5}\times 75\div 6-\left(3\times 6\div\frac{1}{3}\right)\times\frac{1}{6}}{5+\frac{2}{3}\times(58-37)}$ का मान क्या है?
(a) 3 (b) 11
(c) 19 (d) 57

110. $45 \div 5 \times 5 + 10 - 5$ को सरल कीजिए।
(a) 50 (b) 40
(c) 60 (d) 30

111. $\sin^2 15° + \sin^2 25° + \sin^2 35° + \sin^2 45° + \sin^2 55° + \sin^2 65° + \sin^2 75°$ का मान ज्ञात कीजिए।

(a) $\frac{7}{3}$ (b) 4
(c) 7 (d) $\frac{7}{2}$

112. नीचे दिया गया दण्ड आरेख पिछले कुछ वर्षों में चार कम्पनियों W, X, Y और Z के सीमेण्ट के उत्पादन (लाख टन में) को दर्शाता है।

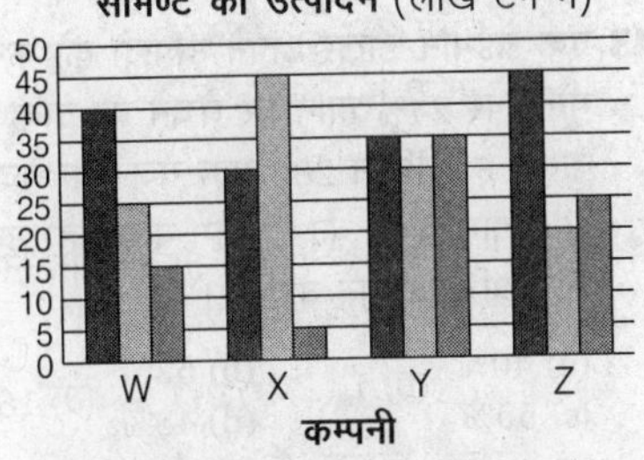

2020 में कम्पनी X द्वारा सीमेण्ट का उत्पादन और 2022 में कम्पनी Z द्वारा सीमेण्ट का उत्पादन कुल मिलाकर 2021 में कम्पनी W द्वारा उत्पादन का कितना प्रतिशत है?

(a) 180 (b) 220
(c) 250 (d) 275

113. दिए गए व्यंजक को सरल कीजिए।

$55\frac{1}{3} \div \left[3\frac{1}{5} + \left\{2\frac{1}{2} - \left(2\frac{1}{3} + \frac{3}{5}\right)\right\}\right]$

(a) 20 (b) 35
(c) 15 (d) 25

114. $250 + [100 - \{50 - (30 + 15)\}]$ को सरल कीजिए।

(a) 345 (b) 280
(c) 360 (d) 255

115. 110 मी और 140 मी की लम्बाई वाले दो ट्रेन क्रमश: P और Q विपरीत दिशाओं में समानान्तर पटरियों पर चल रही हैं। ट्रेन P, 70 किमी/घण्टा की चाल से चल रही है और ट्रेन Q को पार करने में 5 सेकण्ड का समय लेती है। ट्रेन Q की चाल ज्ञात कीजिए।

(a) 120 किमी/घण्टा (b) 90 किमी/घण्टा
(c) 100 किमी/घण्टा (d) 110 किमी/घण्टा

116. यदि $x^2 - 6x - 1 = 0$, तो $x^2 + \frac{1}{x^2} - 8$ का मान ज्ञात करें।

(a) 28 (b) 30
(c) 32 (d) 34

117. एक वृत्त में जीवा AB और CD एक-दूसरे को बिन्दु L पर (आन्तरिक रूप से) काटती हैं। यदि $AL = 8$ सेमी, $LB = 6$ सेमी और $LD = 5$ सेमी है, तो CL का मान ज्ञात कीजिए।

(a) 9.6 सेमी (b) 7.6 सेमी
(c) 8.6 सेमी (d) 10.6 सेमी

118. यदि $a = (\sqrt{2} - 1)^{\frac{1}{3}}$ है, तो $\left(a - \frac{1}{a}\right)^3 + 3\left(a - \frac{1}{a}\right)$ का मान ज्ञात कीजिए।

(a) -2 (b) $\sqrt{2}$ (c) 2 (d) $-\sqrt{2}$

119. निम्नलिखित तालिका में चार गाँवों P, Q, R और S में हुए पंचायत के चुनावों की जानकारी दी गई है।

गाँव	कुल मत (हजार में)	डाले गए मत (% में)	वैध मत (% में)
P	40	80	90
Q	50	90	80
R	60	75	80
S	80	80	85

गाँव P के अवैध मतों और गाँव S के अवैध मतों का अनुपात ज्ञात कीजिए।

(a) 1:2 (b) 1:3 (c) 3:4 (d) 2:3

120. दूध और जल के मिश्रण में दूध की मात्रा मिश्रण के आयतन का $\frac{4}{5}$ है। 5 लीटर मिश्रण में 1 लीटर दूध मिलाने के बाद, मिश्रण में जल का प्रतिशत कितना होगा?

(a) $\frac{100}{6}$% (b) 17.5%
(c) $\frac{200}{6}$% (d) 15%

121. एक विक्रेता एक वस्तु पर ₹ 500 का मूल्य अंकित करता है और उसे 25% की छूट पर बेचता है। वह ₹ 65 का उपहार भी देता है। यदि वह फिर भी 24% लाभ कमाता है, तो वस्तु का लागत मूल्य/क्रय मूल्य (₹ में) ज्ञात करें।

(a) 320 (b) 250 (c) 270 (d) 280

122. एक दुकानदार डेयरी उत्पादों पर 10% की छूट देता है और फिर भी 20% लाभ कमाता है। ₹ 420 के अंकित मूल्य वाले डेयरी उत्पाद की दुकानदार के लिए वास्तविक कीमत (₹ में) कितनी है?

(a) 325 (b) 340
(c) 315 (d) 350

123. एक दुकानदार ने ₹ 2800 प्रत्येक घड़ी के हिसाब से 3 कलाई घड़ियाँ बेची। यदि उसने ये घड़ियाँ क्रमश: 40%, 25% और 12% लाभ पर बेची है, तो उसका कुल लाभ प्रतिशत ज्ञात करें (दशमलव के बाद दो स्थानों तक गणना करें)।

(a) 0.2455 (b) 0.2463
(c) 0.2419 (d) 0.2475

124. एक व्यक्ति अपने घर से प्रदर्शनी मैदान तक एक ऑटो से 30 किमी/घण्टा की गति से कुछ दूरी तय करता है और 50 किमी/घण्टा की गति से कैब से लौटता है। उसकी औसत गति (किमी/घण्टा में) क्या है?

(a) 28 (b) 37.5 (c) 40 (d) 38

125. यदि किसी घनाभ की लम्बाई और चौड़ाई में क्रमश: 6% और 8% की वृद्धि की जाती है, तो इसके आयतन में प्रतिशत वृद्धि (दो दशमलव स्थान तक पूर्णांकित) है

(a) 12.96% (b) 13.96%
(c) 14.48% (d) 11.48%

126. यदि एक गोले की त्रिज्या में 20% की वृद्धि कर दी जाती है, तो इसके आयतन में प्रतिशत वृद्धि की गणना करें।

(a) 70.6% (b) 68.5%
(c) 72.8% (d) 75.5%

127. निम्नलिखित पाई-चार्ट एक वर्ष के दौरान एक शहर में रिलीज हुई फिल्मों के आँकड़ों को दर्शाता है।

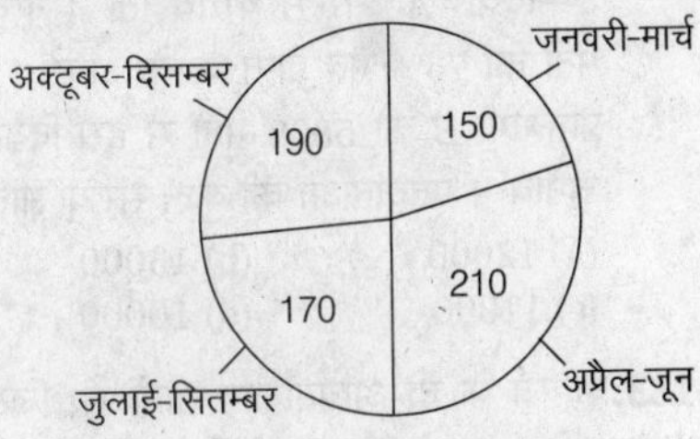

जनवरी-मार्च और जुलाई-सितम्बर द्वारा बनाया गया संयुक्त कोण, अप्रैल-जून और अक्टूबर-दिसम्बर द्वारा बनाए गए संयुक्त कोण से .... है।

(a) 40° अधिक (b) 40° कम
(c) 80° कम (d) 80° अधिक

128. एक व्यक्ति ने साधारण ब्याज की समान दर पर 3 वर्ष के लिए ₹ 29000 और 5 वर्ष के लिए ₹ 45000 उधार लिए। यदि उसने ब्याज के रूप में कुल ₹ 62400 का भुगतान किया, तो ब्याज दर कितनी थी?

(a) 20% (b) 18%
(c) 27% (d) 25%

129. दी गई तालिका का अध्ययन करें और निम्नलिखित प्रश्न का उत्तर दें।
तालिका में 1989 से 1994 तक एक कम्पनी द्वारा पाँच विभिन्न प्रकार की कारों के उत्पादन को दर्शाया गया है।

वर्ष → टाईप ↓	1989	1990	1991	1992	1993	1994	कुल
P	8	20	16	17	21	6	88
Q	16	10	14	12	12	14	78
R	21	17	16	15	13	8	90
S	4	6	10	16	20	31	87
T	25	18	19	30	14	27	133
कुल	74	71	75	90	80	86	476

किस वर्ष में सभी प्रकार की कारों का उत्पादन उस अवधि के दौरान हुए कुल उत्पादन के औसत के लगभग बराबर था?

(a) 1990 (b) 1991
(c) 1993 (d) 1992

130. $[16 \div 2 - 7 \times 15 \div 3 + \{(1+4) \times 5\} + 4 \times 3 - 10]$ का मान ज्ञात कीजिए।

(a) 4 (b) 2 (c) – 2 (d) 0

131. $\frac{[(\sin x + \sin y)(\sin y - \sin x)]}{[(\cos x + \cos y)(\cos y - \cos x)]}$ का मान क्या है?

(a) – 1 (b) 0 (c) 2 (d) 1

132. एक चुनाव में कुल मतदाताओं में से 95% ने मतदान किया। इस चुनाव में केवल दो उम्मीदवार A और B थे। विजेता A ने कुल मतों का 75% मत प्राप्त करके अपने प्रतियोगी B को 5500 मतों से हरा दिया। चुनाव में मतदाताओं की कुल संख्या ज्ञात करें।

(a) 12000 (b) 13000
(c) 11000 (d) 10000

133. कागज के दो आयताकार शीटों से, जिसमें से प्रत्येक 60 सेमी × 36 सेमी के हैं, से एक शीट को बड़ी भुजा के अनुदिश और दूसरे शीट को छोटी भुजा के अनुदिश मोड़कर दो लम्बवृत्तीय बेलन बनाए जाते हैं। इस प्रकार बने दोनों बेलनों के आयतन का अनुपात ज्ञात करें।

(a) 5 : 6 (b) 5 : 3
(c) 8 : 3 (d) 7 : 4

134. एक ΔPQR की भुजा PR को S तक इस प्रकार बढ़ाया जाता है, ताकि $QR = RS$ हो। यदि $\angle PRQ = 86°$ है, तो $\angle PSQ$ का मान ज्ञात कीजिए।

(a) 54° (b) 86°
(c) 43° (d) 94°

135. एक वृत्त का क्षेत्रफल 256π सेमी^{2} है। इसकी सबसे लम्बी जीवा की लम्बाई (सेमी में) कितनी होगी?

(a) 32 (b) 36 (c) 34 (d) 16

136. रमेश ने दीवाली की खरीदारी पर ₹ 30000 और टी. वी. सेट खरीदने पर ₹ 45000 खर्च किए और शेष 40% राशि उसके पास नकद के रूप में थी। कुल राशि (₹ में) कितनी थी?

(a) 122000 (b) 135000
(c) 125000 (d) 110000

137. दिए गए व्यंजक को सरल कीजिए।

$$\frac{53 - \frac{2}{7} \text{ का } 63 - 9}{77 - \frac{2}{5} \text{ का } (96 - 31)}$$

(a) $\frac{7}{23}$ (b) $\frac{26}{23}$
(c) $\frac{11}{23}$ (d) $\frac{13}{23}$

138. एक शंकु की तिर्यक ऊँचाई और ऊँचाई का अनुपात 4 : 3 है। यदि शंकु का वक्रपृष्ठीय क्षेत्रफल $4\sqrt{7}\pi$ वर्ग इकाई है, तो शंकु की त्रिज्या ……… इकाई है।

(a) $\frac{\sqrt{7}}{7}$ (b) $7\sqrt{7}$
(c) $\sqrt{7}$ (d) 7

139. यदि 12 व्यक्ति 540 समान पुस्तकों को 10 दिनों में मुद्रित कर सकते हैं, तो 8 दिनों में ऐसे 720 पुस्तकों को मुद्रित करने के लिए कितने और व्यक्तियों की आवश्यकता होगी?

(a) 8 (b) 6
(c) 12 (d) 4

140. निम्नांकित पाई–चार्ट एक परिवार के प्रतिमाह खर्च के विवरण को प्रदर्शित करता है। पाई–चार्ट का ध्यानपूर्वक अध्ययन कीजिए और निम्नलिखित प्रश्न का उत्तर दीजिए।

प्रतिमाह व्यय का विवरण

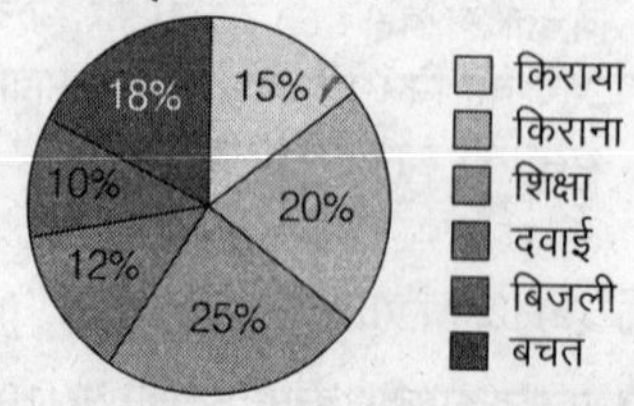

किराया, दवाइयों और बिजली पर एकसाथ मिलकर कुल व्यय, किराने का सामान और शिक्षा पर एकसाथ मिलकर कुल व्यय का कितना प्रतिशत है?

(a) 80.22% (b) 82.22%
(c) 70.82% (d) 76.52%

141. $\frac{17}{\sec^2\theta} + 10\sin^2\theta + \frac{7}{1+\cot^2\theta}$ का मान क्या होगा?

(a) 20 (b) 17
(c) 19 (d) 34

142. एक विषमबाहु त्रिभुज ABC की दो भुजाओं की माप क्रमशः 3.8 सेमी और 6 सेमी हैं। निम्नलिखित में से कौन–सी इसकी तीसरी भुजा की माप (सेमी में) नहीं हो सकती है?

(a) 2.4 (b) 2.2
(c) 2.7 (d) 3.0

143. एक बेईमान डीलर अपने उत्पादों को क्रय मूल्य पर 24% हानि पर बेचने का दावा करता है, लेकिन 200 ग्राम वजन के बजाय 100 ग्राम वजन का उपयोग करता है। उसका लाभ प्रतिशत ज्ञात कीजिए।

(a) 40% (b) 52%
(c) 55% (d) 48%

144. नीचे दी गई तालिका में वर्ष 2016-2020 के दौरान शोरूमों द्वारा बेचे गए मोबाइल फोन की संख्या दर्शाई गई है।

वर्ष/शोरूम	P	Q	R	S	T	U
2016	220	230	250	280	240	260
2017	310	300	320	340	330	350
2018	400	380	410	420	440	430
2019	450	350	380	420	410	430
2020	420	430	410	440	400	420

वर्ष 2020 में सभी शोरूमों द्वारा बेचे गए मोबाइल फोन की औसत संख्या कितनी होगी?

(a) 410 (b) 420
(c) 415 (d) 405

145. यदि $2a + 2b + c = 0$ है, तो $\frac{4a^2 + 4b^2 + 4c^2}{5c^2 - 8ab}$ का मान ज्ञात करें।

(a) – 1
(b) $2\sqrt{3}$
(c) $-2\sqrt{3}$
(d) 1

146. एक नाव की गति तथा धारा की गति का अनुपात 35 : 8 है। नाव धारा के अनुकूल 5 घण्टे 10 मिनट में जाती है। नाव को वापस आने में कितना समय लगेगा?

(a) 8 घण्टे 13 मिनट 48 सेकण्ड
(b) 6 घण्टे 45 मिनट 10 सेकण्ड
(c) 9 घण्टे 30 मिनट 49 सेकण्ड
(d) 5 घण्टे 15 मिनट 58 सेकण्ड

147. एक मिश्रधातु में धातु A, B और C का अनुपात $2:3:1$ हैं और दूसरी मिश्रधातु में धातु B, C और D का अनुपात $5:4:3$ है। यदि दोनों मिश्र धातुओं के बराबर वजन को एक साथ मिलाकर एक तीसरी मिश्रधातु बनाई जाती है, तो नई मिश्रधातु में धातु B का कितना भाग होगा?

(a) $\frac{1}{8}$ (b) $\frac{1}{6}$ (c) $\frac{3}{24}$ (d) $\frac{11}{24}$

148. निम्नलिखित व्यंजक $3\frac{1}{7} \div 1\frac{4}{7} + 3$ का $2\frac{2}{3} + 2.5 \times 2.4 \div 3\frac{1}{3} - 4$ का 3 को सरल कीजिए।

(a) $-\frac{1}{5}$ (b) $-\frac{4}{5}$
(c) $-\frac{3}{5}$ (d) $-\frac{2}{5}$

149. निम्नतालिका से माध्य ज्ञात कीजिए। (दशमलव के दो स्थानों तक पूर्णांकित)

स्कोर	बारम्बारता
15	2
18	3
21	4
22	1
19	5
23	1
24	2

(a) 18.44 (b) 20.82
(c) 19.78 (d) 17.56

150. किसी शहर की जनसंख्या 15000 है। यदि जनसंख्या में पहले वर्ष में 15%, दूसरे वर्ष में 25% की वृद्धि होती हो और तीसरे वर्ष में प्रदूषणवश जनसंख्या 6% घट जाती हो, तो 3 वर्षों के बाद इसकी जनसंख्या कितनी (पूर्णांकित संख्या में उत्तर दीजिए) होगी?

(a) 28269 (b) 15269
(c) 20269 (d) 25269

भाग 4

अंग्रेजी

151. Select the most appropriate antonym of the underlined word from the given options.
The new government allowed all the corrupt ministers to feel the <u>sufficiency</u> of money by banning the specific currency.

(a) indeficiency (b) plenty
(c) enough (d) dearth

152. Select the most appropriate option to substitute the underlined part of the given sentence. All the <u>kith and kin</u> of my deceased landlady were present to attend her funeral.

(a) office colleagues
(b) secret enemies
(c) special students
(d) blood relatives

153. Select the option that can be used as a one-word substitute for the given group of words.
Modesty or shyness resulting from a lack of self-confidence

(a) Assurance
(b) Determination
(c) Conviction
(d) Diffidence

154. Select the option that will improve the underlined part of the given sentence. In case no improvement is needed, select 'No improvement required'.
What <u>flavour ice-cream</u> do you want?

(a) No improvement required
(b) flavours ice-cream
(c) flavour of ice-cream
(d) ice-cream flavoured

155. Three segments of the following sentence have been underlined and given as options.One of them may contain an error. Select the option that contains the error. If you don't find any error, mark 'No error' as your answer.
<u>Although there is no proven data</u>, the <u>Centre for Policy Research estimate</u> that <u>India has the largest stock</u> of iron-ore in the world.

(a) Although there is no proven data,
(b) Centre for Policy Research estimate
(c) No error
(d) India has the largest stock

156. Select the most appropriate option that can substitute the highlighted words in the given sentence.
The serenity of the river was <u>a sight to behold</u>.

(a) confusing for all
(b) ready to be sold
(c) inviting for boating
(d) pleasant to see

157. Select the most appropriate synonym of the word in brackets to fill in the blank.
Her million-dollar wedding was a .... display of wealth. (pompous)

(a) prestigious (b) outrageous
(c) mock (d) pretentious

158. Parts of the following sentences have been given as options. Select the option that contains a grammatical error.
Mr. Prabhakar was first man to arrive at the venue.

(a) was first man (b) Mr. Prabhakar
(c) to arrive (d) at the venue

159. Select the most appropriate option to substitute the underlined segment in the given sentence to make it a meaningful sentence. If no substitution is required, select 'No substitution'.
The quality of students <u>of an educational institute is of great importance and a crucial starting point</u>.

(a) The quality of students in an educational institute is in great importance and a crucial starting point.
(b) The quality of students in an educational institute is of great importance and a crucial starting point.
(c) No substitution
(d) The quality of students in an educational institute is of great importance and is a crucial start point.

160. Parts of the following sentence have been given as options. Select the option that contains a spelling error.
Grievances cannot be redresed unless they are known.

(a) Grievances cannot
(b) be redresed
(c) unless they
(d) are known

161. Parts of the following sentence have been given as options. Select the option that contains an error.
For the past / three years, / my uncle is /away from home.

(a) three years,
(b) For the past
(c) my uncle is
(d) away from home.

162. Choose the most appropriate meaning of the given idiom.
Back to back
(a) Present and discuss the details of something.
(b) Do something very fast or with great energy.
(c) Something follows immediately after something else.
(d) Try to get something

163. Select the most appropriate meaning of the given idiom.
Spill the beans
(a) To have an excuse
(b) To be in a state of shock
(c) To have happy period of your life
(d) To expose a secret

164. Select the option that rectifies the spelling error in the given sentence.
She is going to resiev a package in the mail today.
(a) reseive (b) receive
(c) resieve (d) recieive

165. Select the word from the sentence below, which is an antonym for the word 'dishearten'. Many of the world's greatest art pieces are encouraged by kings and are inspired by nature and society.
(a) Greatest
(b) Pieces
(c) Inspired
(d) Encouraged

166. Select the incorrectly spelt word.
(a) Interogative
(b) Auditions
(c) Interference
(d) Greengrocers

167. In the question four alternatives are given for the underlined word in the sentence. Choose the alternative which best expresses the opposite meaning of the word.
We <u>embraced</u> each other overjoyed at our success, then I took photograph of Tenzing holding aloft the flags of Great Britain, Nepal, the United Nations and India."
(a) Cradled (b) Junked
(c) Contained (d) Limited

168. Select the most appropriate synonym of the given word.
Destitute
(a) Broken (b) Corrupt
(c) Broke (d) Firm

169. Select the incorrectly spelt word.
(a) obscurity (b) schedule
(c) assasination (d) buoyant

170. The following sentence has been divided into parts. One of them contains an error. Select the part that contains the error from the given options.
Mr. Raghav / brushes his / teeth four / times the day.
(a) brushes his (b) times the day
(c) Mr. Raghav (d) teeth four

171. Select the most appropriate synonym of the given word.
Prudent
(a) Precious (b) Diffident
(c) Judicious (d) Doubtful

172. Select the most appropriate meaning of the given idiom.
Up the ante
(a) Increase demands
(b) Cost cutting
(c) Mediocre
(d) Expensive

173. Select the most appropriate antonym of the underlined word in the given sentence.
Her <u>sarcastic</u> comment earned a few chuckles from the audience, who understood the irony in her words.
(a) Unsavoury (b) Courteous
(c) Sardonic (d) Humorous

174. In the following sentence, four words are underlined, out of which one word is misspelt. Select the misspelt word.
Everyone admired her because of her <u>charesma</u>, but she was a <u>narcissist</u> full of <u>self-admiration</u> and <u>treachery</u>.
(a) treachery (b) self-admiration
(c) charesma (d) narcissist

175. Select the most appropriate option to fill in the blank and make the sentence the meaningful.
Rathna is known for .... tears.
(a) student's (b) babies'
(c) animal's (d) crocodile

176. Select the most appropriate option that can substitute the underlined segment in the given sentence. If there is no need to substitute it, select 'No substitution'.
He is feeding <u>a male dog and female dog</u>.
(a) a dog and puppy
(b) a dog and a bitch
(c) a male dog and lady dog
(d) No substitution

177. Select the most appropriate antonym of the underlined word in the following sentence.
The woman in the crowd broke down in <u>hysterics</u>.
(a) Aghast (b) Cray
(c) Calm (d) Insanity

178. Select the most appropriate option that can substitute the underlined segment in the given sentence.
She asked me where my <u>hometown is</u> and where I worked.
(a) hometown has been
(b) hometown would be
(c) hometown were
(d) hometown was

179. The following sentence has been split into four segments. Identify the segment that contains a grammatical error.
Raveena has made / up her mind to/ carried minimum / luggage with her.
(a) Raveena has made
(b) up her mind to
(c) carried minimum
(d) luggage with her.

180. Select the incorrectly spelt word.
(a) Matriculation (b) Prohibition
(c) Humorous (d) Addmission

181. Select the most appropriate meaning of the underlined segment in the following sentence.
Don't you think that the <u>cat's in the cradle</u> ? You never make time for me.
(a) Newly married life
(b) Busy in your work
(c) Complicated relationship
(d) Busy in minting money

182. Select the option that is similar in meaning to the underlined word in the following sentence.
Chameleon usually <u>disguises</u> itself to avoid predators.
(a) changes (b) camouflages
(c) transposes (d) swaps

183. Select the most appropriate option that can substitute the underlined segment in the given sentence. If there is no need to substitute it, select 'No substitution'.
Inspite mother's milk is vital to a child's health, a number of FMCG companies wrongly advertise artificially prepared infant formulas as being the best for the child.
(a) Mother's milk
(b) No substitution
(c) Though mother's milk
(d) Despite mother's milk

184. Select the most appropriate option that can substitute the underlined words in the given sentence.
My grandmother helps us in all the problems. She has a remedy for all the diseases.
(a) Service (b) Panacea
(c) Fanatic (d) Heretic

185. Select the option that can be used as a one-word substitute for the given group of words.
A person who is a lover of women.
(a) Philologist (b) Monogamist
(c) Philogynist (d) Misogynist

186. Select the option that can be used as a one-word substitute for the given group of words.
A person who is critical of the motives of others
(a) Cynic (b) Interviewer
(c) Chauffeur (d) Curator

187. Select the most appropriate idiom to fill in the blank.
The team always .... to come up with unique advertisements for all its clients.
(a) thinks outside the box
(b) throw caution to the winds
(c) take a back seat
(d) turn the tables

188. Select the most appropriate option that can substitute the underlined words in the given sentence.
Ice melts fastly, in the sun.
(a) melts fastest (b) melt fastly
(c) melt fast (d) melts fast

189. Select the most appropriate idiom that can substitute the underlined segment in the given sentence. I sometimes accept excess work to please my manager, so I take more responsibilities than one can manage.
(a) bite off more than I can chew
(b) get a taste of my own medicine
(c) burn my boats
(d) hear it straight from the horse's mouth

190. Select the most appropriate meaning of the given idiom.
Make waves
(a) To cause difficulty
(b) To give up
(c) To take it easy
(d) To have patience

Directions (Q. Nos. 191-195) *In the following passage, some words have been deleted. Read the passage carefully and select the most appropriate option to fill in each blank.*

Literature is a reflection of society and often ...(1)... insight into the human experience. Through various forms like novels, poems and plays, literature allows us to ...(2)... different emotions and perspectives. It can serve as a ...(3)... for social issues, shedding light on topics that need attention. Reading literature not only enhances our language skills but also ...(4)... empathy by helping us understand the feelings of characters. In a rapidly changing world, literature ...(5)... a timeless portal to diverse worlds and cultures.

191. Select the most appropriate option to fill in blank number 1.
(a) denies (b) suggests
(c) offers (d) garners

192. Select the most appropriate option to fill in blank number 2.
(a) explain (b) exploit
(c) explore (d) exclaim

193. Select the most appropriate option to fill in blank number 3.
(a) planking (b) plank
(c) platform (d) planks

194. Select the most appropriate option to fill in blank number 4.
(a) withers (b) avoids
(c) cultivates (d) provokes

195. Select the most appropriate option to fill in blank number 5.
(a) became (b) becomes
(c) become (d) becoming

Directions (Q. Nos. 196-200) *Read the given passage and answer the questions that follow.*

Several major airlines have pledged to reach net-zero carbon emissions by mid-century to fight climate change. It's an ambitious goal that will require an enormous ramp-up in sustainable aviation fuels, but that alone won't be enough, the latest research shows.

The idea of jetliners running solely on fuel made from used cooking oil from restaurants orcorn stalks might seem futuristic, but it's not that far away.

Airlines are already experimenting with sustainable aviation fuels, including bio fuels made from agriculture residues, trees, corn and used cooking oil and synthetic fuels made with captured carbon and green hydrogen.

United Airlines, which has been using a blend of used oil or waste fat and fossil fuels on some flights from Los Angeles and Amsterdam, recently announced plans to power 50,000 flights a year between its Chicago and Denver hubs using ethanol-based sustainable aviation fuels by 2028. The airline also launched a US$100 million fund on 21 February 2023, with Air Canada, Boeing, GE Aerospace, JP Morgan Chase and Honeywell to invest in sustainable aviation fuel start-ups to expand the industry.

196. Biofuels are not made from ....
(a) agricultural residue
(b) cooking oil
(c) coal
(d) trees

197. Why have major airline companies pledged to reach net-zero carbon emissions by mid-century?
(a) To moderate expenditure
(b) To create better revenue
(c) To reduce traffic jam
(d) To fight climate change

198. Select the most suitable word from the passage which means 'empirical'.
(a) Ambitious
(b) Sustained
(c) Latest
(d) Enormous

199. What is the tone of the speaker?
(a) Depressing (b) Casual
(c) Worried (d) Hopeful

200. Identify the most suitable title for the passage.
(a) Success Story of Airline Companies
(b) Threats of Climate Changes
(c) Biofuels Vs Synthetic Fuels
(d) One Good Turn from the Aviation Industry

जानें सही उत्तर

1 (a)	2 (b)	3 (b)	4 (b)	5 (a)	6 (b)	7 (a)	8 (b)	9 (b)	10 (a)
11 (c)	12 (d)	13 (c)	14 (a)	15 (a)	16 (b)	17 (d)	18 (c)	19 (b)	20 (d)
21 (c)	22 (d)	23 (d)	24 (b)	25 (a)	26 (c)	27 (a)	28 (c)	29 (c)	30 (c)
31 (d)	32 (d)	33 (b)	34 (b)	35 (a)	36 (b)	37 (b)	38 (a)	39 (c)	40 (d)
41 (d)	42 (c)	43 (a)	44 (c)	45 (c)	46 (a)	47 (c)	48 (c)	49 (d)	50 (b)
51 (b)	52 (d)	53 (b)	54 (c)	55 (a)	56 (d)	57 (a)	58 (b)	59 (b)	60 (b)
61 (b)	62 (b)	63 (b)	64 (c)	65 (a)	66 (a)	67 (b)	68 (b)	69 (a)	70 (d)
71 (d)	72 (c)	73 (d)	74 (d)	75 (c)	76 (c)	77 (b)	78 (d)	79 (d)	80 (c)
81 (d)	82 (c)	83 (d)	84 (b)	85 (a)	86 (c)	87 (d)	88 (b)	89 (d)	90 (d)
91 (a)	92 (b)	93 (a)	94 (a)	95 (a)	96 (d)	97 (c)	98 (b)	99 (c)	100 (b)
101 (d)	102 (c)	103 (a)	104 (b)	105 (b)	106 (c)	107 (c)	108 (b)	109 (a)	110 (a)
111 (d)	112 (b)	113 (a)	114 (a)	115 (d)	116 (b)	117 (a)	118 (a)	119 (b)	120 (a)
121 (b)	122 (c)	123 (b)	124 (b)	125 (c)	126 (c)	127 (b)	128 (a)	129 (c)	130 (d)
131 (a)	132 (c)	133 (b)	134 (c)	135 (a)	136 (c)	137 (d)	138 (c)	139 (a)	140 (b)
141 (b)	142 (b)	143 (b)	144 (b)	145 (d)	146 (a)	147 (d)	148 (a)	149 (c)	150 (c)
151 (d)	152 (d)	153 (d)	154 (c)	155 (b)	156 (d)	157 (d)	158 (a)	159 (d)	160 (b)
161 (c)	162 (c)	163 (d)	164 (b)	165 (d)	166 (a)	167 (c)	168 (c)	169 (c)	170 (b)
171 (c)	172 (a)	173 (b)	174 (c)	175 (d)	176 (b)	177 (c)	178 (d)	179 (c)	180 (d)
181 (c)	182 (b)	183 (c)	184 (b)	185 (c)	186 (a)	187 (a)	188 (d)	189 (a)	190 (a)
191 (c)	192 (c)	193 (c)	194 (c)	195 (b)	196 (c)	197 (d)	198 (d)	199 (d)	200 (d)

प्रश्नों के सही हल

1. (a) जिस प्रकार,

$24, 8 \Rightarrow 2 \times 4 = 8$

तथा $54, 20 \Rightarrow 5 \times 4 = 20$

उसी प्रकार, $63 \Rightarrow 6 \times 3 = 18$

2. (b) दिया गया व्यंजक

(40 J 32K4) I5L 155 J 7I9 = ?

प्रश्नानुसार चिह्न रखने पर,

$? = (40 + 32 \div 4) \times 5 - 155 + 7 \times 9$
$= (40 + 8) \times 5 - 155 + 7 \times 9$
$= 48 \times 5 - 155 + 7 \times 9$
$= 240 - 155 + 63$
$= 303 - 155 = 148$

3. (b) प्रत्येक अगली आकृति दाएँ तरफ के नीचले कोण के चिह्न प्रारम्भ करते हुए दक्षिणावर्त दिशा में चिह्न अपने जल प्रतिबिम्ब से परिवर्तित हो रहा है।

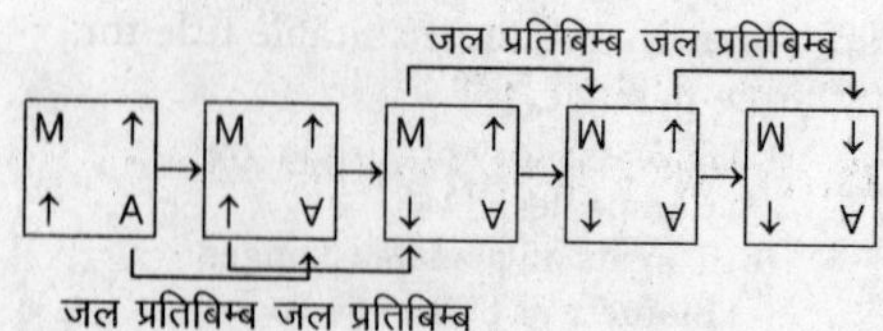

4. (b) कथनानुसार,

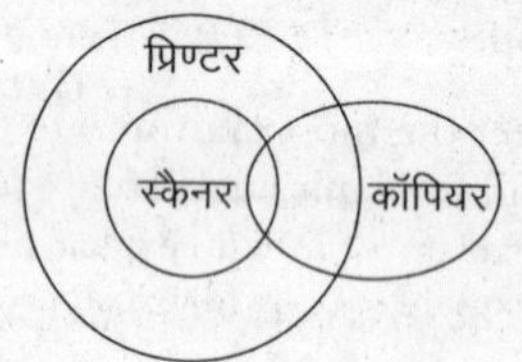

निष्कर्ष I. (✓) II. (✗) III. (✓)

अत: केवल निष्कर्ष I और III अनुसरण करते हैं।

5. (a) जिस प्रकार,

$(599, 236, 363) \Rightarrow 599 - 236 = 363$

तथा $(481, 145, 336) \Rightarrow 481 - 145 = 336$

उसी प्रकार,

$(641, 314, 327) \Rightarrow 641 - 314 = 327$

6. (b) जिस प्रकार,

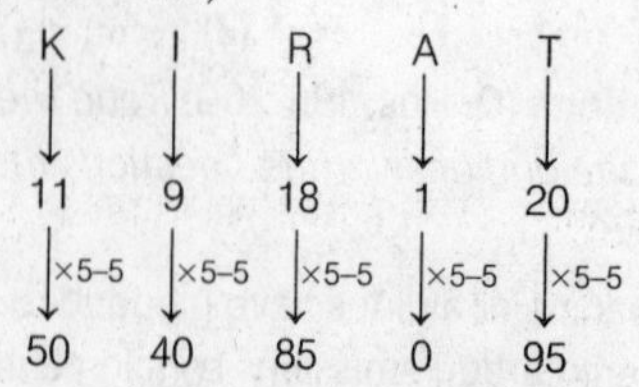

तथा

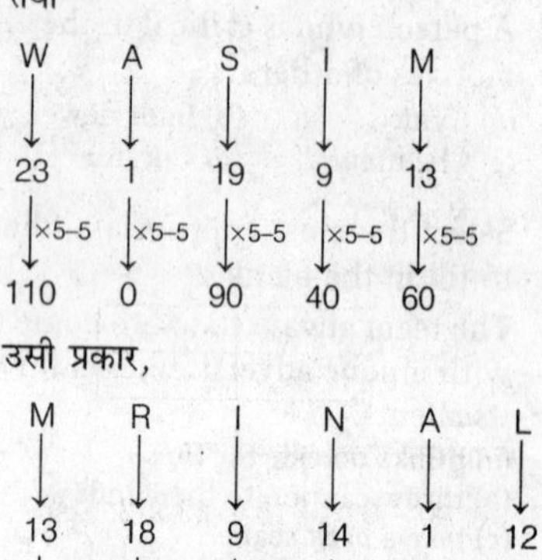

7. (a) प्रश्न में दी गई आकृति शृंखला निम्न पैटर्न पर आधारित है,

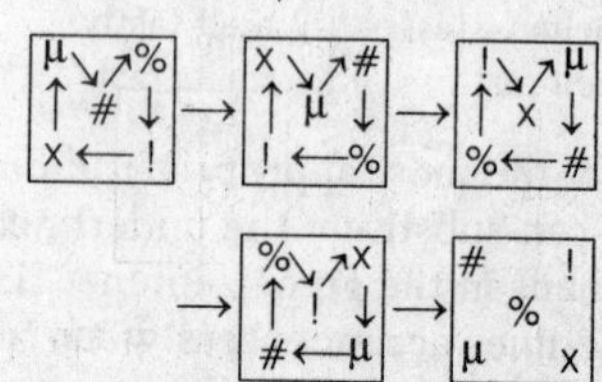

8. (b) जिस प्रकार,

तथा

उसी प्रकार,

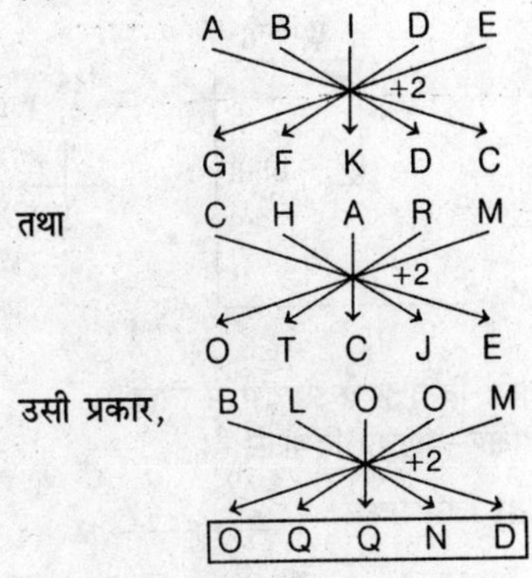

9. (b) दिया है,

$3 - 15 + 10 \div 2 \times 7 = 43$

विकल्प (b) से चिह्न बदलने पर,

$3 \times 15 + 10 \div 2 - 7 = 43$

$\Rightarrow \quad 3 \times 15 + 5 - 7 = 43$

$\Rightarrow \quad 45 + 5 - 7 = 43$

$\Rightarrow \quad 50 - 7 = 43$

$\Rightarrow \quad 43 = 43$

10. (a) विकल्प आकृति (a), प्रश्न आकृति का सही दर्पण प्रतिबिम्ब है।

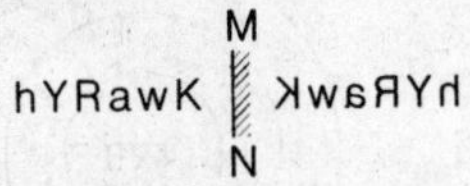

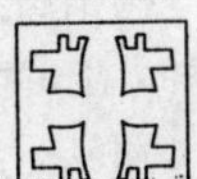

11. (c) प्रश्न में दिए गए कागज के टुकड़े को खोलने पर यह विकल्प आकृति (c) की तरह दिखाई देगा।

12. (d) दिया है,

$60 + 378 \times 18 \div 23 - 2$

$+ \longrightarrow -$	$- \longrightarrow \times$
$\times \longrightarrow \div$	$\div \longrightarrow +$

प्रश्नानुसार, चिह्न बदलने पर,

$60 - 378 \div 18 + 23 \times 2$

$= 60 - 21 + 23 \times 2$

$= 60 - 21 + 46$

$= 106 - 21 = 85$

13. (c) विकल्प आकृति (c) उस पैटर्न को दर्शाता है, जो दी गई पारदर्शी शीट के मध्य ऊर्ध्वाधर रेखा पर मोड़ने पर दिखाई देगा।

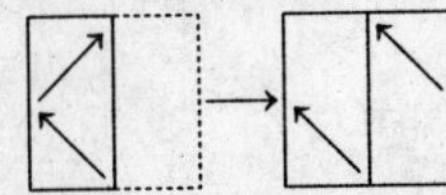

14. (a) aaabccccccc के दाएँ ओर से चार c घटाने और बीच में एक b जोड़ने पर aaabbcccc प्राप्त होता है।

aaabbcccc के दाएँ ओर से दो c घटाने और बीच में दो b जोड़ने पर aaabbbbcc प्राप्त होता है।

अत: aaabbbbcc के दाएँ ओर से एक c घटाने और बीच में 4 'b' जोड़ने पर aaabbbbbbbbc प्राप्त होगा।

15. (a) दिया है,

$180 \times 60 - 33 \div 1 + 50$

$+ \longrightarrow -$	$- \longrightarrow \times$
$\times \longrightarrow \div$	$\div \longrightarrow +$

चिह्न बदलने पर,

$180 \div 60 \times 33 + 1 - 50$

$= 3 \times 33 + 1 - 50$

$= 99 + 1 - 50$

$= 100 - 50 = 50$

16. (b) प्रश्नानुसार,

bring the (bags) ⇒ nd (sm) pf

(bags) of gold ⇒ rg t x (sm)

अत: bags ⇒ sm

17. (d) अंग्रेजी शब्दकोश के अनुसार शब्दों का क्रम निम्न है

Jumb (4) → Junction (1) → Juncture (5) → Jungle (3) → Jupiter (2)

18. (c) प्रश्नानुसार,

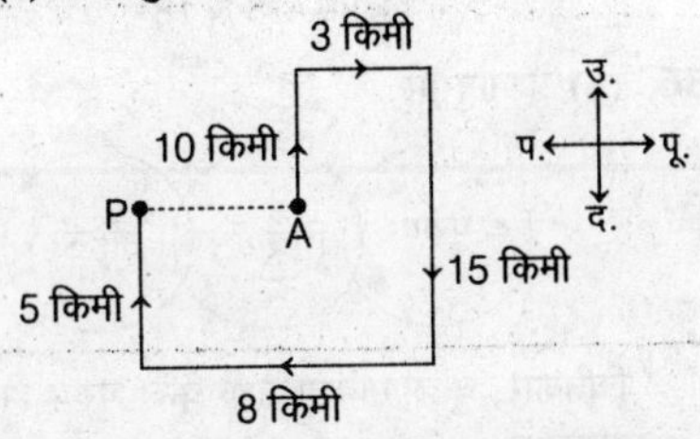

A और P के बीच की दूरी = (8 – 3) किमी

= 5 किमी

अत: P से बिन्दु A पर फिर से पहुँचने के लिए अजय को गाड़ी 5 किमी पूर्व दिशा में चलानी होगी।

19. (b) प्रश्नानुसार,

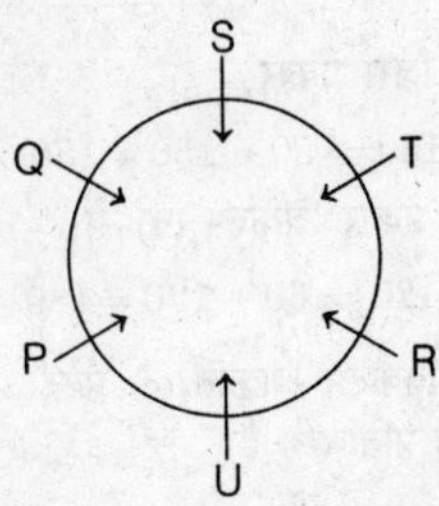

अत: U और T दोनों का पड़ोसी R है।

20. (d) दिया है,

$99 \times 33 - 70 \div 90 + 100$

$+ \longrightarrow -$	$- \longrightarrow \times$
$\times \longrightarrow \div$	$\div \longrightarrow +$

प्रश्नानुसार चिह्न बदलने पर,

$99 \div 33 \times 70 + 90 - 100$

$= 3 \times 70 + 90 - 100$

$= 210 + 90 - 100$

$= 300 - 100 = 200$

21. (c) कथनानुसार,

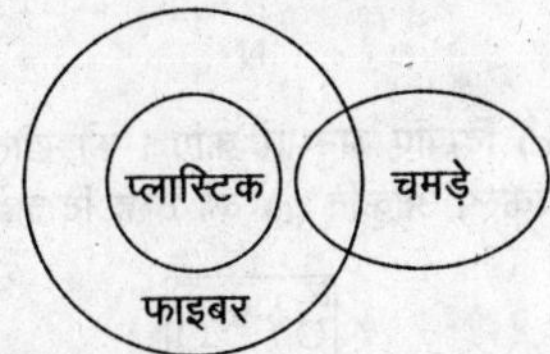

निष्कर्ष I. (✗) II. (✓)

अत: केवल निष्कर्ष II अनुसरण करता है।

22. (d) जिस प्रकार,

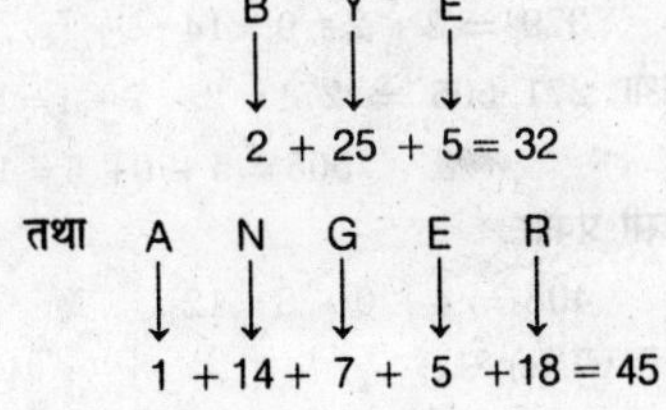

B Y E

↓ ↓ ↓

2 + 25 + 5 = 32

तथा A N G E R

↓ ↓ ↓ ↓ ↓

1 + 14 + 7 + 5 + 18 = 45

उसी प्रकार,

L O V E

↓ ↓ ↓ ↓

12 + 15 + 22 + 5 = 54

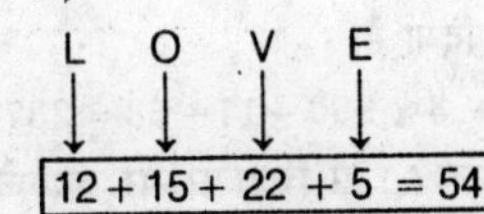

23. (d) प्रश्न में दी गई शृंखला निम्न प्रकार है,

T $\xrightarrow{+5}$ Y $\xrightarrow{+5}$ D $\xrightarrow{+5}$ I $\xrightarrow{+5}$ N

E $\xrightarrow{+7}$ L $\xrightarrow{+7}$ S $\xrightarrow{+7}$ Z $\xrightarrow{+7}$ G

K $\xrightarrow{-9}$ B $\xrightarrow{-9}$ S $\xrightarrow{-9}$ J $\xrightarrow{-9}$ A

S $\xrightarrow{+11}$ D $\xrightarrow{+11}$ O $\xrightarrow{+11}$ Z $\xrightarrow{+11}$ K

24. (b) प्रश्नानुसार,

M × N % P – S + T

सम्बन्ध आरेख बनाने पर,

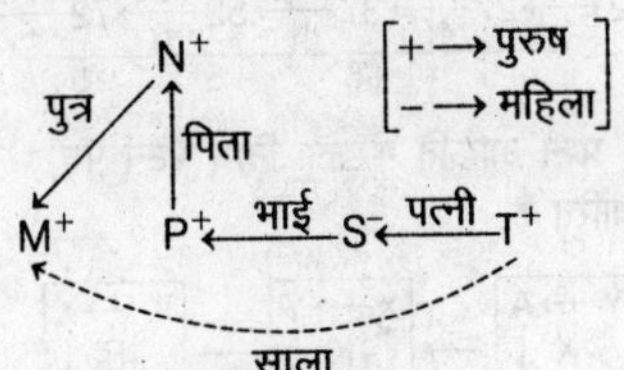

अत: M, T का साला है।

25. (a) प्रश्न में दी गई शृंखला निम्न प्रकार है,

D $\xrightarrow{+1}$ E $\xrightarrow{+1}$ F $\xrightarrow{+1}$ G

I $\xrightarrow{+1}$ J $\xrightarrow{+1}$ K $\xrightarrow{+1}$ L

Q $\xrightarrow{+1}$ R $\xrightarrow{+1}$ S $\xrightarrow{+1}$ T

26. **(c)** प्रश्नानुसार,

N O D E ⇒ 6 2 9 7

B O N E ⇒ 9 7 1 6

अत: D = 2

27. **(a)** विकल्प आकृति (a) दी गई प्रश्न आकृति का सही दर्पण प्रतिबिम्ब है।

Yh4g7b | (दर्पण प्रतिबिम्ब) (M ऊपर, N नीचे)

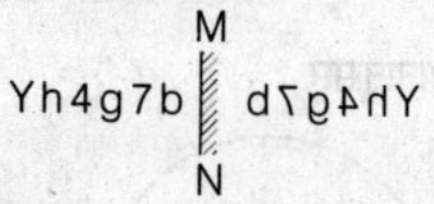

28. **(c)** दिखाए अनुसार कागज को खोलने पर वह विकल्प आकृति (c) की तरह दिखाई देगी।

29. **(c)** जिस प्रकार,

824, 329 ⇒ 824 ⇒ 8 + 2 + 4 = 14

329 ⇒ 3 + 2 + 9 = 14

तथा, 271, 505 ⇒ 271 = 2 + 7 + 1 = 10

505 = 5 + 0 + 5 = 10

उसी प्रकार,

408 ⇒ 4 + 0 + 8 = 12

विकल्प (c) से,

822 ⇒ 8 + 2 + 2 = 12

30. **(c)** दिया है,

$30 + 3 \times 990 - 11 \div 63 = 237$

विकल्प (c) से चिह्न परस्पर बदलने पर,

$30 + 3 \times 990 \div 11 - 63 = 237$

⇒ $30 + 3 \times 90 - 63 = 237$

⇒ $30 + 270 - 63 = 237$

⇒ $300 - 63 = 237$

⇒ $237 = 237$

31. **(d)** प्रश्न में दी गई श्रृंखला निम्न प्रकार है,

167 —(−50)→ 117 —(−40)→ 77 —(−30)→ 47 —(−20)→ 27

32. **(d)** प्रश्न में दी गई श्रृंखला निम्न प्रकार है,

22 —(+5)→ 27 —(+10)→ 37 —(+15)→ 52 —(+20)→ 72 —(+25)→ 97

(अंतर: +5, +5, +5, +5)

33. **(b)** प्रश्न आकृति श्रृंखला निम्न पैटर्न पर आधारित है,

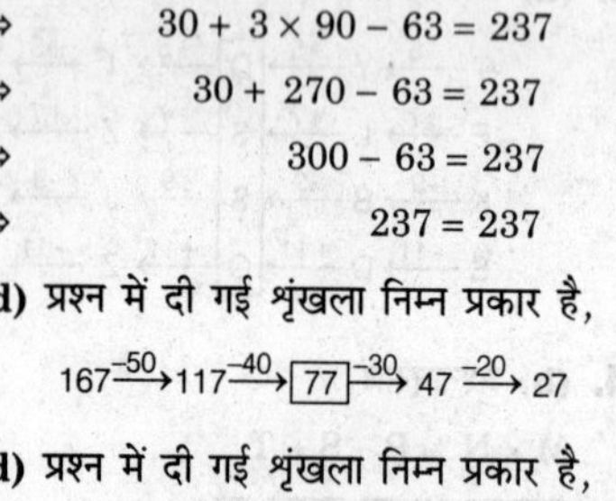

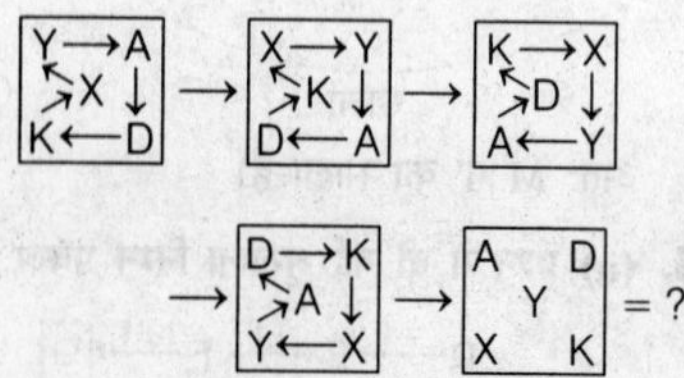

34. **(b)** जिस प्रकार,

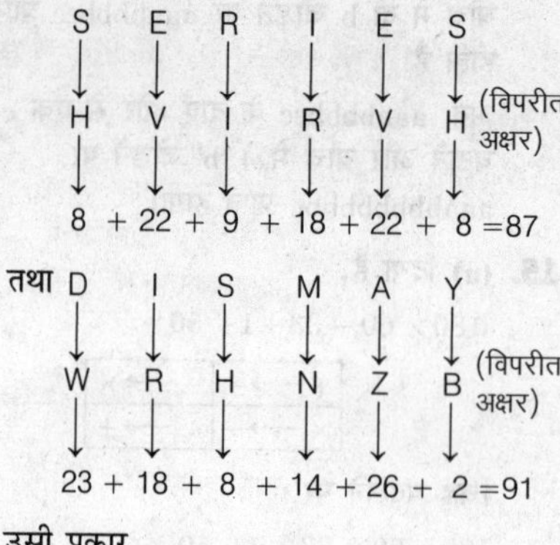

S E R I E S → H V I R V H (विपरीत अक्षर)

8 + 22 + 9 + 18 + 22 + 8 = 87

तथा D I S M A Y → W R H N Z B (विपरीत अक्षर)

23 + 18 + 8 + 14 + 26 + 2 = 91

उसी प्रकार,

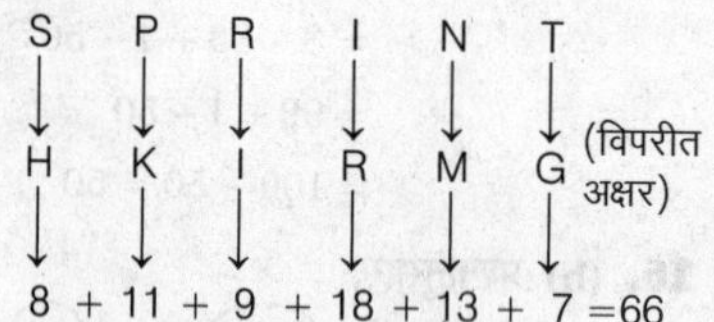

S P R I N T → H K I R M G (विपरीत अक्षर)

8 + 11 + 9 + 18 + 13 + 7 = 66

35. (a) दिया है,

$3 \times 6 + 16 - 8 \div 2 = ?$

प्रश्नानुसार चिह्न + तथा − और संख्या 8 तथा 16 को आपस में बदलने पर,

$3 \times 6 - 8 + 16 \div 2$

$= 3 \times 6 - 8 + 8$

$= 18 - 8 + 8$

$= 26 - 8 = 18$

36. **(b)** प्रश्नानुसार,

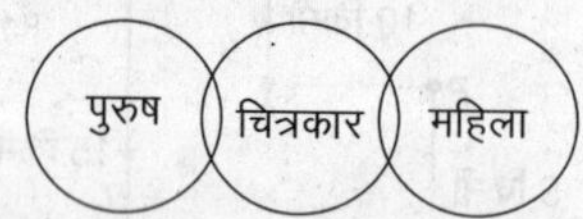

चित्रकार, कुछ महिला तथा कुछ पुरुष हो सकते हैं।

37. **(b)** प्रश्न में दिए कागज के टुकड़े को खोलने पर वह विकल्प आकृति (b) की तरह दिखाई देगा।

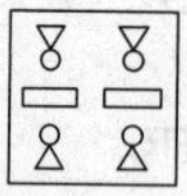

38. **(a)** जिस प्रकार,

50 : 130 ⇒ 50 + 130 = 180

उसी प्रकार विकल्प (a) से,

60 : 120 ⇒ 60 + 120 = 180

39. **(c)** विकल्प आकृति (c) प्रश्न आकृति का सही दर्पण प्रतिबिम्ब है।

Gry4d7 | (दर्पण प्रतिबिम्ब) (M ऊपर, N नीचे)

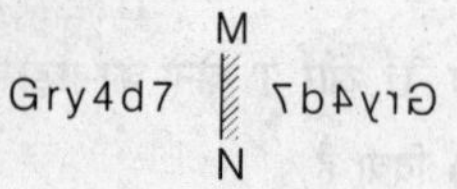

40. **(d)** प्रश्नानुसार,

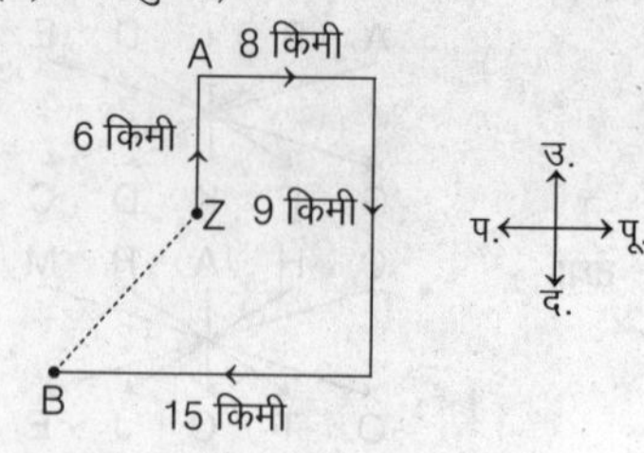

अत: बिन्दु Z के सन्दर्भ में बिन्दु B दक्षिण-पश्चिम दिशा में है।

41. **(d)** जिस प्रकार, I —(−3)→ F —(+7)→ M

T —(−3)→ Q —(+7)→ X

G —(−3)→ D —(+7)→ K

परन्तु O —(−3)→ L —(+6)→ R

42. **(c)** अंग्रेजी शब्दकोश के अनुसार शब्दों का सही क्रम निम्न प्रकार है

Larceners (3) → Larcenist (2) → Largely (6) → Lariated (4) → Larkiness (1) → Laryngal (5)

43. **(a)** कथनानुसार,

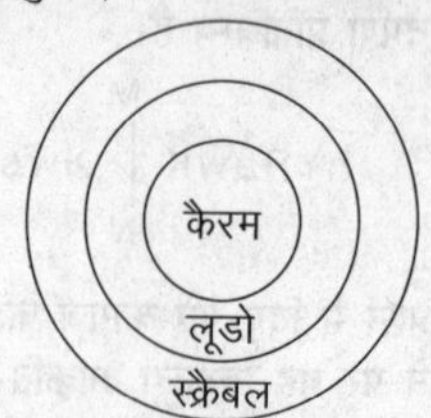

निष्कर्ष I. (✗) II. (✓)

अत: केवल निष्कर्ष II अनुसरण करता है।

44. **(c)** जिस प्रकार, T R E E —(+3, +1, +3, +1)→ W S H F

तथा B A L L —(+3, +1, +3, +1)→ E B O M

उसी प्रकार, W A L L —(+3, +1, +3, +1)→ Z B O M

45. **(c)** जिस प्रकार, D I E T Y —(−1, +1, +1, −1, −1)→ C J F S X

तर्क (स्वर + 1, व्यंजन − 1)

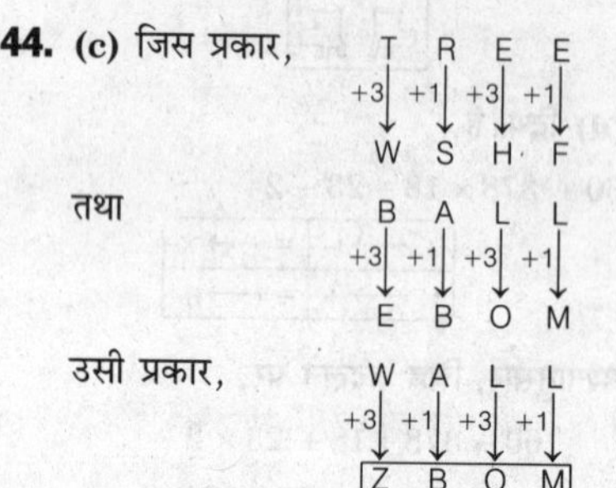

तथा G R A C E —(−1, −1, +1, −1, +1)→ F Q B B F

उसी प्रकार, G L O R Y —(−1, −1, +1, −1, −1)→ F K P Q X

46. **(a)** जिस प्रकार,

$(112, 56, 8) \Rightarrow 8 \times 7 = 56$

$56 \times 2 = 112$

तथा $(196, 98, 14) \Rightarrow 14 \times 7 = 98$

$98 \times 2 = 196$

उसी प्रकार,

$(294, 147, 21) \Rightarrow 21 \times 7 = 147$

$147 \times 2 = 294$

47. **(c)** प्रश्न में दी गई श्रृंखला निम्न प्रकार है,

$10 \xrightarrow{\times 5} 50 \xrightarrow{\times 5} 250 \xrightarrow{\times 5} 1250 \xrightarrow{\times 5} 6250 \xrightarrow{\times 5} \boxed{31250}$

48. **(c)** प्रश्न में दी गई श्रृंखला निम्न प्रकार है,

$53 \xrightarrow{+9} 62 \xrightarrow{+15} 77 \xrightarrow{+21} 98 \xrightarrow{+27} \boxed{125}$

+6 +6 +6

49. **(d)** विकल्प आकृति (d) दी गई आकृति का सही दर्पण प्रतिबिम्ब है।

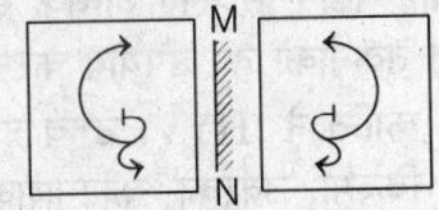

50. **(b)** प्रश्नानुसार,

$U - P \times Q \div R + S - T$

रक्त सम्बन्ध आरेख बनाने पर

$U^{+} \xleftarrow{\text{भाई}} P^{-} \xleftarrow{\text{पत्नी}} Q^{+}$ [+ → पुरुष, – → महिला]

माँ, पिता, R^{-}, माँ, $S^{+} \xleftarrow{\text{भाई}} T$

अत: R, U की भान्जी है।

51. **(b)** मध्य प्रदेश सरकार द्वारा कला के क्षेत्र में 'कालिदास सम्मान' पुरस्कार प्रदान किया जाता है।

- यह सम्मान, शास्त्रीय संगीत, शास्त्रीय नृत्य और रंगमंच के क्षेत्र में विशिष्ट योगदान के लिए दिया जाता है।
- यह पुरस्कार वर्ष 1980 में स्थापित किया गया था और यह भारत के सर्वोच्च साहित्यिक पुरस्कारों में से एक माना जाता है।
- वर्ष 2023-24 का कालिदास सम्मान रघुपति भट्ट को मिला है।

52. **(d)** पद्म विभूषण यामिनी कृष्णमूर्ति को तिरुमाला तिरुपति देवस्थानम मन्दिर द्वारा अस्थाना नर्तकी (निवासी नर्तकी) की उपाधि से सम्मानित किया गया था।

- नृत्य के क्षेत्र में उनके उत्कृष्ट योगदान के लिए उन्हें कई प्रतिष्ठित पुरस्कार मिले हैं, जिनमें पद्मश्री वर्ष 1968, पद्म भूषण 2001 और पद्म् विभूषण 2016।
- पद्म सुब्रह्मण्यम, एक भारतीय शास्त्रीय भरतनाट्यम नर्तक है।
- रीवा गांगुली दास एक सेनानिवृत्त भारतीय सिविल सेवक हैं, जो भारतीय विदेश सेवा कैडर से सम्बन्धित हैं।
- इन्द्राणी रहमान एक प्रसिद्ध भारतीय शास्त्रीय नृत्यांगना थीं। उन्होंने भरतनाट्यम, कुचिपुड़ी, कथकली और ओडिसी जैसे नृत्य रूपों में अपनी कला प्रस्तुत की।

53. **(b)** अनुच्छेद 112 को 'भारत का वार्षिक वित्तीय विवरण' (Annual Financial Statement) कहा जाता है। यह भारत सरकार के बजट से सम्बन्धित प्रावधान करता है।

- वार्षिक वित्तीय विवरण को प्रत्येक वित्तीय वर्ष की शुरुआत में संसद के दोनों सदनों (लोकसभा और राज्यसभा) में प्रस्तुत किया जाता है। इसे सामान्यत: केन्द्रीय बजट कहा जाता है।
- इस अनुच्छेद के तहत, सरकार राजस्व प्राप्ति, व्यय, चालू वित्तीय वर्ष के लिए अनुमानित खर्च और अगले वित्तीय वर्ष की योजनाओं और कार्यक्रमों के लिए वित्तीय आवण्टन प्रस्तुत करती है।
- अनुच्छेद 120, संसद की कार्यवाही में भाषाओं के उपयोग से सम्बन्धित है। अनुच्छेद 110-धन विधेयक (Money Bill) परिभाषा से सम्बन्धित है और अनुच्छेद 116-संसद द्वारा अस्थायी अनुदान (Vote on Account) और अनुदानों की व्यवस्था से सम्बन्धित है।

54. **(c)** विशेष आहरण अधिकार (Special Drawing Right, SDR) अन्तर्राष्ट्रीय मुद्रा कोष (IMF) द्वारा निर्मित एक अन्तर्राष्ट्रीय आरक्षित परिसम्पत्ति है।

- इसे 'पेपर गोल्ड' के नाम से भी जाना जाता है, क्योंकि यह किसी भौतिक सम्पत्ति (जैसे सोना) पर आधारित नहीं हैं
- यह एक कृत्रिम मुद्रा है, जो IMF के सदस्य देशों को उनकी विदेशी मुद्रा जरूरतों को पूरा करने के लिए दी जाती है। SDR की स्थापना वर्ष 1969 में की गई थी।
- SDR की मूल्य गणना IMF द्वारा पाँच प्रमुख मुद्राओं के आधार पर की जाती है, जिसमें अमेरिकी डॉलर (USD), यूरो (EUR), चीनी युआन (CNY), जापानी येन (JPY) और ब्रिटिश पाउण्ड (GBP) शामिल हैं।
- SDR को IMF सदस्य देशों के बीच अन्तर्राष्ट्रीय भुगतान सन्तुलन सुधारने और विदेशी मुद्रा भण्डार बढ़ाने के लिए उपयोग किया जाता है। यह कोई वास्तविक मुद्रा नहीं है और यह केवल एक खाते की इकाई के रूप में कार्य करता है।

55. **(a)** चाणक्य चैट (Chanakya's Chant) भारतीय लेखक अश्विन सांघी द्वारा लिखित एक प्रसिद्ध, ऐतिहासिक और राजनीतिक थ्रिलर उपन्यास है। यह वर्ष 2010 में प्रकाशित हुआ था और भारतीय राजनीति एवं कूटनीति पर आधारित एक प्रभावशाली पुस्तक मानी जाती है।

- यह पुस्तक राजनीति, रणनीतिक, कूटनीति और सत्ता संघर्ष को रोचक तरीके से प्रस्तुत करती है और दिखाती है कि कैसे चाणक्य की नीतियाँ आज भी प्रासंगिक हैं।
- अश्विन सांघी भारत के सबसे प्रसिद्ध थ्रिलर और ऐतिहासिक फिक्शन लेखकों में से एक है।
- उनकी अन्य प्रसिद्ध किताबों में, 'द रोजाबल लाइन' (The Rozabal Line), 'द कृष्णा की' (The Krishana Key) और 'कीपर ऑफ द कैलाचक्र' (Keeper of the Kalachakra) आदि शामिल हैं।

56. **(d)** जतिन्द्र मोहन सेनगुप्ता क्रान्तिकारी अनुशीलन समिति से जुड़े थे।

- वे अनुशीलन समिति के एक सक्रिय सदस्य थे और उन्होंने वर्ष 1913 में बंगाल में गवर्नर ओड्वायर की हत्या का प्रयास किया था।
- उन्हें वर्ष 1915 में फाँसी दे दी गई थी।
- भगत सिंह, सुखदेव और राजगुरु, हिन्दुस्तान सोशलिस्ट रिपब्लिकन एसोसिएशन (HSRA) से जुड़े थे।

57. **(a)** पुलकेशिन II चालुक्य वंश के सबसे महान शासकों में से एक था। वह बादामी चालुक्य राजवंश (Early Chalukya Dynasty) का राजा था और उसका शासनकाल 610 ईस्वी से 642 ईस्वी तक रहा।

- पुलकेशिन II ने उत्तर भारत के शक्तिशाली शासक हर्षवर्धन (वर्धन वंश) को नर्मदा नदी के तट पर युद्ध में पराजित किया। इस घटना का उल्लेख एहोल अभिलेख में मिलता है।
- पुलकेशिन II के शासनकाल में चालुक्य वंश की राजधानी बादामी (कर्नाटक में) थी और यह काल राजनीतिक और सांस्कृतिक उन्नति के लिए प्रसिद्ध था।

58. **(b)** खजुराहो का प्रसिद्ध कन्दरिया महादेव मन्दिर चन्देल राजवंश के शासनकाल में बनाया गया था।

- यह मन्दिर, जो भगवान शिव को समर्पित है, 10वीं शताब्दी में राजा विद्याधर द्वारा बनवाया गया था।
- यह मन्दिर अपनी भव्य वास्तुकला, शानदार मूर्तियों और कामुक मूर्तियों के लिए जाना जाता है।
- कन्दरिया महादेव मन्दिर को वर्ष 1986 में यूनेस्को द्वारा विश्व धरोहर स्थल घोषित किया गया है और यह भारत के सबसे महत्त्वपूर्ण पर्यटन स्थलों में से एक है।

59. (b) तत्वों को त्रिक (triads) में वर्गीकृत करने वाले वैज्ञानिक जोहान वोल्फगैंग डोबेरेनर थे।

- 1829 ई. में उन्होंने तत्त्वों के समूहों को तीन-तीन के सेट में वर्गीकृत किया, जिन्हें डोबेरेनर त्रिक के रूप में जाना जाता है।
- इन त्रिकों में मध्य तत्त्व का परमाणु भार अन्य दो तत्वों के परमाणु भार के औसत के करीब होता था और उनके रासायनिक गुण भी समान होते थे।

60. (b) ब्यूटेन का रासायनिक सूत्र C_4H_{10} होता है।

- यह एक संतृप्त हाइड्रोकार्बन है, जिसका अर्थ है कि इसमें सभी कार्बन परमाणु एक-दूसरे के साथ एकल सहसंयोजक बन्धों से जुड़े होते हैं और हाइड्रोजन परमाणुओं से जुड़े होते हैं।
- ब्यूटेन एक रंगहीन गैस है, जो कमरे के तापमान पर तरल अवस्था में नहीं आती है।
- यह ज्वलनशील होती है और इसका उपयोग हीटिंग, खाना पकाने और वाहनों को चलाने के लिए ईंधन के रूप में किया जाता है।

61. (b) वर्ष 2011-12 में भारत के कार्यबल का 24.3% द्वितीयक क्षेत्र (जिसे विनिर्माण, निर्माण और बिजली उत्पादन भी कहा जाता है) में कार्यरत था।

- द्वितीयक क्षेत्र आर्थिक गतिविधियों का वह हिस्सा है, जिसमें कच्चे माल को उपयोगी उत्पादों में परिवर्तित किया जाता है। इसमें निर्माण कार्य, उद्योग और विभिन्न प्रकार के उत्पादन और प्रसंस्करण कार्य शामिल हैं।
- इस क्षेत्र में कार्यरत लोग औद्योगिक विकास और आर्थिक समृद्धि में महत्त्वपूर्ण योगदान देते हैं।

62. (b) धर्मपाल को बिहार में भागलपुर के पास विक्रमशिला विश्वविद्यालय की स्थापना के लिए जाना जाता है।

- यह विश्वविद्यालय 8वीं से 12वीं शताब्दी तक बौद्ध शिक्षा का एक प्रमुख केन्द्र था।
- धर्मपाल, जो पाल राजवंश के एक शक्तिशाली राजा थे। इन्होंने 783 ईस्वी में इस विश्वविद्यालय की स्थापना की थी।
- विक्रमशिला विश्वविद्यालय नालन्दा विश्वविद्यालय के बाद भारत का दूसरा सबसे महत्त्वपूर्ण बौद्ध विश्वविद्यालय था।
- यह विश्वविद्यालय महायान बौद्ध धर्म की शिक्षा के लिए प्रसिद्ध था और इसमें दुनिया भर से विद्वान और छात्र आते थे।
- विक्रमशिला विश्वविद्यालय 12वीं शताब्दी में तुर्कों के आक्रमण से नष्ट हो गया था।

63. (b) भारत में जमशेदपुर को इस्पात नगरी टाटानगर (steel city) के नाम से जाना जाता है।

- यह झारखण्ड राज्य में स्थित एक शहर है। यह टाटा स्टील कम्पनी के मुख्यालय के रूप में जाना जाता है। टाटा स्टील भारत की सबसे बड़ी निजी क्षेत्र की स्टील कम्पनी है और जमशेदपुर में इसका सबसे बड़ा स्टील प्लाण्ट है।
- यह प्लाण्ट वर्ष 1907 में स्थापित किया गया था और यह भारत का पहला स्टील प्लाण्ट है।

64. (c) राज्यपालों की विशेष शक्तियों के सम्बन्ध में सभी कथन सही हैं।

- संविधान में अनुसूचित क्षेत्रों और जनजातीय क्षेत्रों के संरक्षण और विकास के लिए पाँचवीं और छठीं अनुसूची का उल्लेख है।
- पाँचवीं अनुसूची के तहत राज्यपाल यह निर्देश दे सकता है कि संसद या राज्य विधानमण्डल का कोई अधिनियम अनुसूचित क्षेत्रों में लागू होगा या नहीं।

65. (a) ब्रिटिश शासन के दौरान भारतीय 'सिविल सेवा (आई.सी.एस.) को भारतीयों के लिए स्वर्गीय सेवा' माना जाता था।

- भारतीय सिविल सेवा (ICS) ब्रिटिश शासन के दौरान भारत में प्रशासनिक व्यवस्था का सबसे महत्त्वपूर्ण और प्रतिष्ठित अंग था। इसे भारतीय प्रशासनिक प्रणाली की रीढ़ माना जाता था।
- सिविल सेवा में सफल होने वाले प्रथम भारतीय सत्येन्द्र नाथ टैगोर (1863 ई.) था।
- 1853 और 1858 ई. के अधिनियमों सिविल सेवाओं में सुधार किए गए और अन्तत: 1858 ई. के बाद भारतीय सिविल सेवा (ICS) को औपचारिक रूप दिया गया था।

66. (a) विशाल भारतीय मरुस्थल/थार मरुस्थल, अरावली पर्वत श्रृंखला के पश्चिमी किनारे पर स्थित है।

- यह राजस्थान और गुजरात राज्यों के कुछ हिस्सों में फैला हुआ है और पाकिस्तान के सिन्ध प्रान्त में भी इसका विस्तार होता है।
- अरावली पर्वत श्रृंखला थार मरुस्थल को दिल्ली और गंगा के मैदानों से अलग करती है और यह मरुस्थल में रेत के टीलों के निर्माण में महत्त्वपूर्ण भूमिका निभाती है।
- यह पर्वत श्रृंखला मानसून हवाओं को रोकती है, जिसके कारण मरुस्थल में कम वर्षा होती है।
- अरावली पर्वत श्रृंखला लगभग 700 किमी तक फैली हुई है और भारत की सबसे पुरानी पर्वत श्रृंखलाओं में से एक है।

67. (b) अन्तर्राष्ट्रीय सेना खेल (International Army Games)-2021, 22 अगस्त से 4 सितम्बर, 2021 तक रूस में आयोजित किए गए थे।

- यह आयोजन एलाबुगा, रूस में अलाबिनो प्रशिक्षण मैदान में हुआ था।
- इसमें 73 देशों की 34,000 से अधिक सेनाओं ने भाग लिया था।
- वर्ष 2023-24 में यूक्रेन पर रूसी आक्रमण से उत्पन्न कमी के कारण यह खेल आयोजित नहीं किया गया।

68. (b) आर्किमिडीज ने एक सिद्धान्त की खोज की, जो बताता है कि किसी वस्तु पर उत्प्लावन बल वस्तु द्वारा विस्थापित द्रव के भार के बराबर होता है।

- यह सिद्धान्त हाइड्रोस्टैटिक्स का एक महत्त्वपूर्ण सिद्धान्त है, जो तरल पदार्थों के सन्तुलन और गति का अध्ययन करता है।
- आर्किमिडीज एक प्राचीन ग्रीक गणितज्ञ, भौतिक विज्ञानी, इंजीनियर और आविष्कारक थे, जिन्हें इतिहास के सबसे महान वैज्ञानिकों में से एक माना जाता है।

69. (a) हरित क्रान्ति के सन्दर्भ में विकल्प (a) सत्य नहीं है।

- हरित क्रान्ति का मुख्य उद्देश्य खेती की पैदावार बढ़ाने के लिए अधिक सघन और उन्नत तकनीकों का उपयोग करना था।
- हरित क्रान्ति ने (HYV) उच्च उपज देने वाली किस्मों, उर्वरकों, कीटनाशकों और सिंचाई तकनीकों के उपयोग को बढ़ावा दिया, जिससे खेती अधिक सघन हो गई।
- इसके दूसरे चरण में भारत के शुष्क और अर्द्ध-शुष्क क्षेत्रों में सूखी से गीली (सिंचित) खेती की और बदलाव हुआ।
- हरित क्रान्ति के दूसरे चरण में फसल विविधीकरण और फसल चक्र परिवर्तन पर ध्यान दिया गया।

70. (d) बेगम अख्तर, जिन्हें 'गजल की मल्लिका' भी कहा जाता है, हिन्दुस्तानी शास्त्रीय संगीत की गजल विधा के लिए प्रसिद्ध थीं।

- बेगम अख्तर ने गजल को शास्त्रीय संगीत से लोकप्रिय संगीत में बदलने में महत्त्वपूर्ण भूमिका निभाई।
- उन्होंने कई भाषाओं में गजलें गाईं, जिनमें हिन्दी, उर्दू, पंजाबी और फारसी शामिल हैं।
- उनकी कुछ प्रसिद्ध गजलों में ''मेरे महबूब क्या हु'', ''आज मेरे दिल में''. ''कजरा मोहब्बत वाला'' और ''दिल-ए-नादान तुझे हुआ क्या है'' आदि शामिल हैं।

71. (d) विकल्प (d) सही सुमेलित नहीं है।

- **सरदार सरोवर झील** यह भारत की एक मानव निर्मित झील है, जो गुजरात में स्थित है।
- **वुलर झील** यह भारत की सबसे बड़ी मीठे पानी की झील है, जो जम्मू-कश्मीर के श्रीनगर शहर में स्थित है।
- **चिल्का झील** यह भारत की दूसरी सबसे बड़ी खारे पानी की झील है, जो ओडिशा में स्थित है।
- **वेम्बनाड झील** यह झील केरल में स्थित है।

72. (c) पुतली के आकार को नियन्त्रित करने वाली संरचना परितारिका (Iris) है।
- परितारिका आँख का रंगीन भाग होता है, जो पुतली (Pupil) को घेरता है।
- यह माँसपेशियों से बना होता है, जो संकुचित और फैल सकती हैं, जिससे पुतली का आकार बदल जाता है।
- इस बदलाव के माध्यम से आँख में प्रवेश करने वाले प्रकाश की मात्रा को नियन्त्रित किया जाता है। पुतली प्रकाश की तीव्रता के अनुसार स्वचालित रूप से समायोजित होती है।
- कम रोशनी में पुतली बड़ी हो जाती है, ताकि अधिक प्रकाश आँख में प्रवेश कर सके।
- तेज रोशनी में पुतली छोटी हो जाती है, ताकि कम प्रकाश आँख में प्रवेश करे।

73. (d) चेतन भगत 'मेकिंग इण्डिया औसम' पुस्तक के लेखक हैं।
- यह पुस्तक वर्ष 2011 में प्रकाशित हुई थी और भारत में युवाओं के बीच बहुत लोकप्रिय हुई थी।
- इस पुस्तक में भारत के सामाजिक, राजनीतिक और आर्थिक मुद्दों पर अपनी व्यक्तिगत राय और विचार साझा करते हैं।
- चेतन भगत की अन्य प्रसिद्ध रचनाएँ हैं—फाइव प्वॉइण्ट समवन (Five point some one), हॉफ गर्लफ्रैण्ड (Half girlfriend), 2 स्टेट्स आदि।

74. (d) एक मानक टेबल टेनिस गेंद का आकार होता है
- **व्यास** 40 मिमी (1.57 इंच)
- **वजन** 2.7 ग्राम (0.098 औंस)
- **रंग** नारंगी या सफेद (सामान्यत: नारंगी)
- **सामग्री** प्लास्टिक (सेल्युलाइड)

75. (c) यदि नकद आरक्षित अनुपात (CRR) का मूल्य/प्रतिशत गिरता है, तो धन गुणक का मूल्य बढ़ जाएगा।
- नकद आरक्षित अनुपात (CRR) यह प्रतिशत है, जो वाणिज्यिक बैंकों को केन्द्रीय बैंक के पास जमा के रूप में रखना होता है।
- धन गुणक वह संख्या है, जिससे जमा राशि को गुणा करके अर्थव्यवस्था में कुल धन की गणना की जा सकती है।

76. (c) नवरात्रि और दुर्गा पूजा के अन्त में दशहरा आता है।
- इस दिन, भगवान श्रीराम ने रावण का वध किया था।
- पोंगल दक्षिण भारत का एक प्रमुख फसल उत्सव है, जो मकर संक्रान्ति के दिन मुख्यत: तमिलनाडु में मनाया जाता है।
- क्रिसमस का पर्व प्रत्येक वर्ष 25 दिसम्बर को, जो यीशु मसीह के जन्मदिन के रूप में मनाया जाता है।

77. (b) दीपा करथा एक प्रसिद्ध नृत्यांगना है, जो मुख्य रूप से कथक नृत्य में विशेषता रखती है।
- उन्होंने अपने कथक नृत्य का प्रशिक्षण गुरू पार्वती दत्ता जैसे प्रमुख गुरुओं से प्राप्त किया है, जो पण्डित बिरजू महाराज की परम्परा से सम्बन्धित है।
- कथक भारत के शास्त्रीय नृत्य रूपों में से एक है, जो अपनी भावपूर्ण अभिव्यक्ति, जटिल फुटवर्क और घूमने की तकनीकों के लिए जाना जाता है।
- मणिपुरी, यह मणिपुर का शास्त्री नृत्य रूप है, जो रासलीला पर आधारित हैं। ओडिसी, यह ओडिशा का शास्त्रीय नृत्य है, जो मन्दिर नृत्य परम्परा से विकसित हुआ है। सत्रिया, यह असम का शास्त्रीय नृत्य रूप है।

78. (d) 2011 की जनगणना के अनुसार, भारत में ग्रामीण जनसंख्या का प्रतिशत 68.8% था। शेष 31.2% जनसंख्या शहरी क्षेत्रों में रहती थी।
- वर्ष 1951 में ग्रामीण जनसंख्या 82.18 थी, जो वर्ष 2011 में घटकर 68.8% हो गई।
- यह शहरीकरण की बढ़ती दर को दर्शाता है, क्योंकि अधिक से अधिक लोग बेहतर अवसरों की तलाश में शहरों में स्थानान्तरित हो रहे हैं।

79. (d) भारत में कृषि कैलेण्डर में 'औस', 'अमन' और 'बोरो' शब्द चावल की बुआई के तीन मुख्य मौसमों का प्रतिनिधित्व करते हैं, जो पश्चिम बंगाल सहित पूर्वी भारत के कई राज्यों में प्रचलित हैं।
- **औस (Aus)** यह चावल की प्रारम्भिक फसल होती है, जिसकी बुआई गर्मियों के दौरान अप्रैल-मई में की जाती है और इसकी कटाई जुलाई-अगस्त में की जाती है।
- **अमन (Aman)** यह चावल की प्रमुख और सबसे बड़ी फसल होती है। इसकी बुआई मानसून के दौरान जून-जुलाई में की जाती है और कटाई नवम्बर-दिसम्बर में की जाती है।
- **बोरो (Boro)** यह चावल की शीतकालीन फसल होती है। इसकी बुआई नवम्बर-दिसम्बर में की जाती है और कटाई अप्रैल-मई में की जाती है।

80. (c) समुद्री अखरोट (Ctenophora) बायोलुमिनेसेंस दिखाने वाला एक प्रसिद्ध जीव है। इसे सामान्यत: कंब जेली (Comb Jelly) भी कहा जाता है।
- बायोलुमिनसेंस वह प्रक्रिया है, जिसमें कोई जीव रासायनिक अभिक्रियाओं के माध्यम से प्रकाश उत्पन्न करता है। यह कई समुद्री जीवों में पाया जाता है।
- बायोलुमिनसेंस का उद्देश्य, यह जीव रक्षा तन्त्र, शिकार को आकर्षित करने या साथी को आकर्षित करने के लिए चमकते हैं।

81. (d) राज्य नीति के निदेशक सिद्धान्त (Directive Principles of State Policy) भारतीय संविधान के अनुच्छेद 36 से 51 के अन्तर्गत आते हैं। ये सिद्धान्त संविधान के भाग IV में उल्लिखित हैं और ये भारतीय राज्य के लिए शासन के दिशा-निर्देश प्रदान करते हैं।
- इन सिद्धान्तों का उद्देश्य एक कल्याणकारी राज्य की स्थापना करना है, जिसमें नागरिकों के सामाजिक, आर्थिक और राजनीतिक अधिकारों की रक्षा और उन्नति की जा सकें।

82. (c) वॉलीबॉल नेट पर प्रयोग किए जाने वाले एण्टीना का रंग लाल और सफेद होता है।
- यह रंग अन्तर्राष्ट्रीय वॉलीबॉल महासंघ (FIVB) द्वारा निर्धारित की गई है।
- एण्टीना 1.8 मीटर लम्बे और 10 मिलीमीटर व्यास वाले होते हैं और वे नेट के दोनों सिरों से जुड़े होते हैं।
- एण्टीना के शीर्ष भाग में 80 सेमी लम्बी लाल और सफेद धारियाँ होती हैं।

83. (d) भारतीय संविधान का अनुच्छेद 200 यह प्रावधान करता है कि राज्य के राज्यपाल को किसी विधेयक को राष्ट्रपति के विचारार्थ आरक्षित करने का अधिकार होता है।
- राज्यपाल कभी-कभी बिना अनुमति दिए या अनिश्चित काल के लिए विधेयक को पुनर्विचार के लिए वापस किए बिना सुरक्षित रख सकता है।
- अनुच्छेद 155 के अनुसार, राज्यपाल की नियुक्ति राष्ट्रपति के द्वारा प्रत्यक्ष रूप से की जाएगी, किन्तु वास्तव में राज्यपाल की नियुक्ति राष्ट्रपति के द्वारा केन्द्रीय मन्त्रिमण्डल की सिफारिश पर की जाती है।

84. (b) सही विकल्प A-2, B-3, C-4, D-1 है।
- नींबू (Lemon) – b. साइट्रिक अम्ल
- दूध (Milk) – c. लैक्टिक अम्ल
- सिरका (Vinegar) – d. ऐसीटिक अम्ल
- इमली (Tamarind) – a. टॉर्टरिक अम्ल

85. (a) विकल्प (c) में दी गई आकृति डॉल्टन के अनुसार, फॉस्फोरस तत्व को निरूपित करती है।
- फॉस्फोरस (P) एक रासायनिक तत्व है, जिसका परमाणु क्रमांक 15 है।
- फॉस्फोरस कैल्शियम के साथ मिलकर हड्डियों और दाँतों को मजबूती प्रदान करता है।

86. (c) वर्ष 1976 के 42वें संविधान संशोधन अधिनियम द्वारा, 10 मौलिक कर्त्तव्यों की सूची को संविधान में शामिल किया गया था।
- 86वें संविधान संशोधन अधिनियम, 2002 द्वारा एक और मौलिक कर्त्तव्य जोड़ा गया था। अब भारतीय संविधान में 11 मौलिक कर्त्तव्य हैं।
- मूल संविधान में मौलिक कर्त्तव्यों की कोई सूची नहीं थी।

87. (d) नियोजन काल (1950-1990) के दौरान, भारत में आर्थिक विकास को मापने के लिए सफल घरेलू उत्पाद (जीडीपी) का उपयोग प्राथमिक उपकरण के रूप में किया जाता था।
- जीडीपी एक निर्धारित अवधि (आमतौर पर एक वर्ष) में किसी देश द्वारा उत्पादित सभी वस्तुओं और सेवाओं का बाजार मूल्य का योग होता है।
- यह देश की आर्थिक गतिविधि का एक व्यापक माप प्रदान करता है और इसका उपयोग विभिन्न देशों के बीच आर्थिक प्रदर्शन की तुलना करने के लिए किया जा सकता है।

88. (b) 'जमा स्वीकार करना' एक बैंक को अन्य वित्तीय संस्थानों से अलग करते हैं।
- यह बैंक के विशेष कार्यक्षेत्रों को दर्शाते हैं, जहाँ वह विशिष्ट प्रकार के वित्तीय सेवाएँ प्रदान करता है।

89. (d) सर सैयद अहमद खान ने पश्चिमी शिक्षा और संस्कृति के प्रसार के लिए अलीगढ़ में मोहम्मडन एंग्लो-ओरिएण्टल कॉलेज (एमएओ कॉलेज) की स्थापना की थी।
- एमएओ कॉलेज की स्थापना 1875 ई. में हुई थी और यह भारत का पहला आधुनिक मुस्लिम शैक्षणिक संस्थान था।
- एमएओ कॉलेज पश्चिमी विज्ञान, गणित और दर्शन के साथ-साथ इस्लामी धर्मशास्त्र और कानून में शिक्षा प्रदान करता था।
- एमएओ कॉलेज वर्ष 1920 में अलीगढ़ मुस्लिम विश्वविद्यालय में परिवर्तित हुआ।

90. (d) अम्ल और पानी को मिलाने का सही तरीका है कि आप अम्ल को धीरे-धीरे पानी में मिलाएँ।
- इससे अम्ल और पानी का मिश्रण सही रूप से होता है और अच्छे से मिल जाता है।
- अम्ल नीले लिटमस को लाल कर देता है।
- अम्ल वर्षा में सल्फर डाइऑक्साइड और नाइट्रोजन ऑक्साइड होते हैं।

91. (a) उस्ताद बिस्मिल्लाह खान को वर्ष 2001 में भारत रत्न से सम्मानित किया गया था।
- वह इस सम्मान से सम्मानित होने वाले पहले शास्त्रीय संगीतकार थे।
- उन्हें शहनाई वादन में उनके अद्वितीय योगदान के लिए सम्मानित किया गया था।
- लता मंगेशकर को भी वर्ष 2001 में भारत रत्न से सम्मानित किया गया था।
- वह इस सम्मान से सम्मानित होने वाली पहली महिला गायिका थीं।

92. (b) विश्व स्तर पर उपलब्ध कुल जल मात्रा में से मीठे पानी का प्रतिशत केवल 2.5% है।
- अधिकांश पानी (लगभग 97.5%) खारा पानी है, जो समुद्रों और महासागरों में पाया जाता है।
- मीठे पानी के अधिकांश स्रोत ग्लेशियरों, बर्फ की चादरों, भूमिगत जल और नदियों में पाए जाते हैं। पृथ्वी पर मौजूद 1.4 बिलियन क्यूबिक किमी पानी में से 35 मिलियन या कुल मात्रा का लगभग 2.5% मीठा पानी है।
- इस मीठे पानी का केवल 0.3% ही मनुष्यों के उपयोग के लिए आसानी से उपलब्ध है, बाकी पानी ग्लेशियम के रूप में है या भूमिगत है।

93. (a) **द फोर्टी मिनट्स रागा** यह एल्बम सितार वादक अली अकबर खान द्वारा रचित है।
- यह वर्ष 1962 में रिलीज हुआ था और इसे कॉम्पैक्ट डिस्क और डिजिटल डाउनलोड सहित विभिन्न प्रारूपों में उपलब्ध कराया गया है।
- यह एल्बम रागों की एक शृंखला प्रस्तुत करता है, जो भारतीय शास्त्रीय संगीत की एक पारम्परिक संरचना है।

94. (a) लक्ष्य सेन का जन्म 16 अगस्त, 2001 को भारत के उत्तराखण्ड राज्य के अल्मोड़ा में हुआ था।
- उन्होंने वर्ष 2017 में बैडमिण्टन में अण्डर-18 एशियाई चैम्पियनशिप जीती और वर्ष 2018 में अण्डर-19 विश्व चैम्पियनशिप में रजत पदक जीता।
- लक्ष्य सेन राष्ट्रमण्डल खेल, 2022 के बर्गिंघम में पुरुष एकल में स्वर्ण पदक और मिश्रित टीम में रजत पदक जीता।

95. (a) पश्चिमी घाट के सम्बन्ध में केवल कथन (a) और (c) सही है।
- पश्चिमी घाट की ऊँचाई उत्तर से दक्षिण की ओर बढ़ती है, जबकि पूर्वी घाट की ऊँचाई दक्षिण से उत्तर की ओर बढ़ती हैं।
- पश्चिमी घाट की सबसे ऊँची चोटी केरल में स्थित अनामुडी शिखर है। महेन्द्रगिरि पूर्वी घाट में ओडिशा राज्य में स्थित पर्वत है।
- पश्चिमी घाट, पूर्वी घाट से ऊँचें है। पश्चिमी घाट की औसत ऊँचाई 915 से 1220 मी है तथा पूर्वी घाट की औसत ऊचाँई 600 से 610 मी तक है।
- पश्चिमी घाट तापी नदी से कन्याकुमारी केप तक 1600 किमी की दूरी तक फैले हुए हैं। इसकी औसत ऊँचाई 1200 मी है।

96. (d) लाइकेन जीव अनावृत चट्टानों में भी पारिस्थितिक उत्तराधिकार आरम्भ कर सकता है।
- ये जीव संगठन चट्टानों पर रहते हैं और अपने वायुमण्डलीय अनुक्रम के द्वारा उनमें मौजूद भिन्न प्रकार के वनस्पति के विकास को आरम्भ करते हैं।
- इसके बाद अन्य पौधों और जीवों का आगमन होता है, जिससे चट्टनों पर एक समृद्ध जैव-विविधता का विकास होता है।

97. (c) हिन्दू कैलेण्डर के अनुसार, होली का त्योहार फाल्गुन महीने में मनाया जाता है।
- यह बसन्त ऋतु का आगमन दर्शाता है और बुराई पर अच्छाई की विजय का प्रतीक है।
- फाल्गुन महीना ग्रेगोरियन कैलेण्डर के फरवरी या मार्च महीने के साथ मेल खाता है।
- माघ माह में मकर संक्रान्ति और बसन्त पंचमी आदि त्योहार मनाए जाते हैं।
- आषाढ़ माह में जगन्नाथ यात्रा, देवशयनी एकादशी और गुरू पूर्णिमा आदि जैसे त्योहार मनाए जाते हैं।

98. (b) सीमित सरकार की अवधारणा और मौलिक अधिकार नागरिकों की सुरक्षा और स्वतन्त्रता के लिए अत्यन्त महत्त्वपूर्ण हैं।
- सीमित सरकार का अर्थ है कि सरकार की शक्तियाँ संविधान द्वारा निर्धारित सीमाओं के अधीन होती हैं।
- यह शक्तियों का दुरुपयोग और न्यायसंगत तरीके से शासन न करने से सरकार को रोकता है।
- मौलिक अधिकार नागरिकों को कुछ बुनियादी अधिकार प्रदान करते हैं, जैसे कि जीवन का अधिकार, स्वतन्त्रता का अधिकार और शोषण के खिलाफ अधिकार।
- ये अधिकार सरकार को नागरिकों की स्वतन्त्रता में हस्तक्षेप करने से रोकते है और उन्हें मानवीय जीवन की गरिमा के साथ जीने का अधिकार देते हैं।

99. (c) काँटेदार वन और गुल्म वन मुख्य रूप से भारत के उत्तर-पश्चिमी भागों में पाए जाते हैं, जिसमें राजस्थान, गुजरात, पंजाब, हरियाणा और दिल्ली शामिल हैं।
- यह क्षेत्र कम वर्षा और उच्च तापमान के लिए जाना जाता है, जो इन वनों के विकास के लिए अनुकूल परिस्थितियाँ प्रदान करते हैं।
- काँटेदार वन कठोर, सूखा प्रतिरोधी पेड़ों और झाड़ियों की विशेषता है, जिनमें प्राय: काँटे होते हैं। इन वनों में आम पेड़ों में कीकर, बबूल और खेजड़ी आदि शामिल हैं।

100. (b) कलावती देवी को (मणिपुरी नृत्य में उनके योगदान के लिए) संगीत नाटक एकादमी पुरस्कार से सम्मानित किया गया था।
- मणिपुर के नाम्बोल गाँव में वर्ष 1948 में जन्मी श्रीमती कलावती देवी ने श्रीमती खेत्री ओमबी देवी, श्रीमती आइगा कुमारी देवी और गुरू बिपिन सिंह से मणिपुरी नृत्य सीखा।
- वर्ष 1972 में उन्होंने कलकत्ता में मणिपुरी नृत्यालम की एक शाखा स्थापित की।
- उन्हें वर्ष 2003 में मणिपुर राज्य कला अकादमी द्वारा सम्मानित किया गया।

101. (d) माना चीनी की पहले कीमत थी = ₹ x

$\frac{1}{3}$ भाग चीनी की पहले कीमत थी

$= ₹\, \frac{1}{3} \times x = \frac{x}{3}$

चीनी की नई कीमत $= \frac{7}{6}x$

$\frac{1}{3}$ भाग चीनी की नई कीमत

$= \frac{7}{6}x \times \frac{1}{3} = \frac{7x}{18}$

लागत में प्रभावी प्रतिशत वृद्धि

$= \frac{\frac{7x}{18} - \frac{x}{3}}{x} \times 100$

$= \frac{\frac{7x - 6x}{18}}{x} \times 100$

$= \frac{x}{x \times 18} \times 100 = \frac{100}{18}\%$

102. (c) $\cos A = \frac{4}{5}$

$\therefore \quad \sin A = \sqrt{1 - \frac{16}{25}} = \frac{3}{5},$

$\left(\because \tan A = \frac{\sin A}{\cos A}\right)$

अब, $(8 + \sin A)(3 - \tan A)$

$= \left(8 + \frac{3}{5}\right)\left(3 - \frac{3}{4}\right)$

$= \frac{43}{5} \times \frac{9}{4} = \frac{387}{20}$

103. (a) माना कार द्वारा चली गई दूरी = x किमी

कार द्वारा दूरी तय करने में लिया गया समय

= 180 मिनट $= \frac{180}{60}$ घण्टे = 3 घण्टे

कार की चाल = 60 किमी/घण्टा

$\therefore$ चाल $= \frac{\text{दूरी}}{\text{समय}}$

$60 = \frac{x}{3}$

$\therefore \quad x = 180$ किमी

कार की नई चाल = 40 किमी/घण्टा

कार द्वारा 40 किमी/घण्टा की चाल से 180 किमी की दूरी तय करने में लगा समय

$= \frac{180}{40} = \frac{9}{2} = 4\frac{1}{2}$ घण्टे

= 4 घण्टे 30 मिनट

104. (b) दूरी = 5 किमी

5 किमी की दूरी तय करने का निर्धारित समय

= 60 − 10 = 50 मिनट

अभीष्ट गति/चाल $= \frac{5 \times 60}{50}$

= 6 किमी/घण्टा

105. (b) $15 - 16 \div [4 + (5 + 7) \div 3]$

$= 15 - 16 \div [4 + 12 \div 3]$

$= 15 - 16 \div [4 + 4]$

$= 15 - 16 \div 8$

$= 15 - 2 = 13$

106. (c) समबाहु Δ की भुजा की लम्बाई (a) = 18 सेमी

समबाहु Δ की परिवृत्त की त्रिज्या

$(r_1) = \frac{a}{\sqrt{3}} = \frac{18}{\sqrt{3}}$ सेमी

समबाहु Δ की अन्त:वृत्त की त्रिज्या

$(r_2) = \frac{a}{2\sqrt{3}} = \frac{18}{2\sqrt{3}}$

$= \frac{9}{\sqrt{3}}$ सेमी

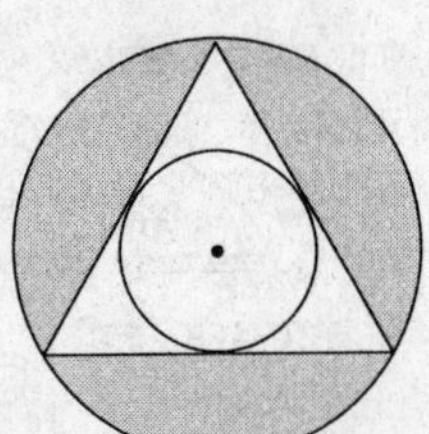

मध्य भाग का क्षेत्रफल = परिवृत्त का क्षेत्रफल − अन्त:वृत्त का क्षेत्रफल

$= \pi r_1^2 - \pi r_2^2$

$= \pi[r_1^2 - r_2^2]$

$= \frac{22}{7}\left[\left(\frac{18}{\sqrt{3}}\right)^2 - \left(\frac{9}{\sqrt{3}}\right)^2\right]$

$= \frac{22}{7}\left[\frac{324}{3} - \frac{81}{3}\right]$

$= \frac{22}{7}[108 - 27]$

$= \frac{22}{7} \times 81 = \frac{1782}{7}$

$= 254\frac{4}{7}$ सेमी^{2}

107. (c) $8.16 \times 5.35 + 17.9 - 19.5$ का $\frac{1}{15} + \frac{1}{5}$

$= 8.16 \times 5.35 + 17.9 - \frac{19.5}{15} + \frac{1}{5}$

$= 8.16 \times 5.35 + 17.9 - \frac{6.5}{5} + \frac{1}{5}$

$= 8.16 \times 5.35 + 17.9 - \left(\frac{6.5 - 1}{5}\right)$

$= 8.16 \times 5.35 + 17.9 - \frac{5.5}{5}$

$= 8.16 \times 5.35 + 17.9 - 1.1$

$= 8.16 \times 5.35 + 16.8$

$= 43.656 + 16.8$

$= 60.456$

108. (b) 1 घण्टे में सुमित द्वारा किया गया कार्य $= \frac{1}{25}$

माना राजीव द्वारा किसी कार्य को करने के लगा समय = x घण्टे

$\therefore$ 1 घण्टे में राजीव द्वारा किया गया कार्य $= \frac{1}{x}$

प्रश्नानुसार,

$\frac{1}{25} + \frac{1}{x} = \frac{1}{20}$

$\Rightarrow \quad \frac{1}{x} = \frac{1}{20} - \frac{1}{25}$

$\Rightarrow \quad \frac{1}{x} = \frac{5 - 4}{100}$

$\Rightarrow \quad \frac{1}{x} = \frac{1}{100}$

$\therefore \quad x = 100$

109. (a) $\frac{61 + \frac{2}{5} \times 75 \div 6 - \left(3 \times 6 \div \frac{1}{3}\right) \times \frac{1}{6}}{5 + \frac{2}{3} \times (58 - 37)}$

$= \frac{61 + \frac{2 \times 75}{5 \times 6} - (3 \times 6 \times 3) \times \frac{1}{6}}{5 + \frac{2}{3} \times 21}$

$= \frac{61 + 5 - 9}{5 + 14} = \frac{66 - 9}{19} = \frac{57}{19} = 3$

110. (a) $45 \div 5 \times 5 + 10 - 5$

$= \frac{45}{5} \times 5 + 10 - 5 = 9 \times 5 + 5$

$= 45 + 5 = 50$

111. (d) $\sin^2 15° + \sin^2 25° + \sin^2 35° + \sin^2 45° + \sin^2 55° + \sin^2 65° + \sin^2 75°$

$= \sin^2 15° + \sin^2 25° + \sin^2 35° + \left(\frac{1}{\sqrt{2}}\right)^2$

$+ \sin^2 (90° - 35°) + \sin^2 (90° - 25°) + \sin^2 (90° - 15°)$

$= \sin^2 15° + \sin^2 25° + \sin^2 35°$

$+ \frac{1}{2} + \cos^2 35° + \cos^2 25° + \cos^2 15°$

$= (\sin^2 15° + \cos^2 15°) + (\sin^2 25° + \cos^2 25°) + (\sin^2 35° + \cos^2 35) + \frac{1}{2}$

$= 1 + 1 + 1 + \frac{1}{2}$

$= 3 + \frac{1}{2} = \frac{7}{2}$

112. (b) 2020 में कम्पनी X द्वारा सीमेण्ट का उत्पादन = 30 लाख टन

2022 में कम्पनी Z द्वारा सीमेण्ट का उत्पादन = 25 लाख टन

2021 में कम्पनी W द्वारा सीमेण्ट का उत्पादन = 25 लाख टन

अभीष्ट प्रतिशत $= \frac{(30+25)}{25} \times 100$

$= \frac{55}{25} \times 100 = 220\%$

113. (a) $55\frac{1}{3} \div \left[3\frac{1}{5} + \left\{2\frac{1}{2} - \left(2\frac{1}{3} + \frac{3}{5}\right)\right\}\right]$

$= \frac{166}{3} \div \left[\frac{16}{5} + \left\{\frac{5}{2} - \left(\frac{7}{3} + \frac{3}{5}\right)\right\}\right]$

$= \frac{166}{3} \div \left[\frac{16}{5} + \left\{\frac{5}{2} - \left(\frac{35+9}{15}\right)\right\}\right]$

$= \frac{166}{3} \div \left[\frac{16}{5} + \left\{\frac{5}{2} - \frac{44}{15}\right\}\right]$

$= \frac{166}{3} \div \left[\frac{16}{5} + \frac{75-88}{30}\right]$

$= \frac{166}{3} \div \left[\frac{16}{5} - \frac{13}{30}\right]$

$= \frac{166}{3} \div \left(\frac{96-13}{30}\right)$

$= \frac{166}{3} \div \frac{83}{30} = \frac{166}{3} \times \frac{30}{83} = 20$

114. (a) $250 + [100 - \{50 - (30+15)\}]$

$= 250 + [100 - \{50 - 45\}]$

$= 250 + [100 - 5]$

$= 250 + 95 = 345$

115. (d) ट्रेन P की लम्बाई $(D_1) = 110$ मी

ट्रेन Q की लम्बाई $(D_2) = 140$ मी

ट्रेन P की चाल $(S_1) = 70$ किमी/घण्टा

$= 70 \times \frac{5}{18}$ मी/से

माना ट्रेन Q की चाल $(S_2) = x$ मी/से

समय $= \frac{\text{कुल दूरी}}{\text{सापेक्ष चाल}} = \frac{D_1 + D_2}{S_1 + S_2}$

$\Rightarrow \quad 5 = \frac{110+140}{\frac{350}{18} + x}$

$\Rightarrow \quad 5 = \frac{250 \times 18}{350 + 18x}$

$\Rightarrow \quad 1 = \frac{50 \times 18}{350 + 18x}$

$\Rightarrow 350 + 18x = 900$

$\Rightarrow \quad 18x = 900 - 350 = 550$

$\therefore \quad x = \frac{550}{18}$ मी/से

$= \frac{550}{18} \times \frac{18}{5}$ किमी/घण्टा

$= 110$ किमी/घण्टा

116. (b) $x^2 - 6x - 1 = 0$

$\Rightarrow \quad x - 6 - \frac{1}{x} = 0$

$\Rightarrow \quad x - \frac{1}{x} = 6$

दोनों ओर वर्ग करने पर,

$\left(x - \frac{1}{x}\right)^2 = 6^2$

$x^2 + \frac{1}{x^2} - 2.x.\frac{1}{x} = 36$

$x^2 + \frac{1}{x^2} - 2 = 36$

$x^2 + \frac{1}{x^2} - 2 - 6 = 36 - 6$

$\therefore \quad x^2 + \frac{1}{x^2} - 8 = 30$

117. (a) माना $CL = x$ सेमी

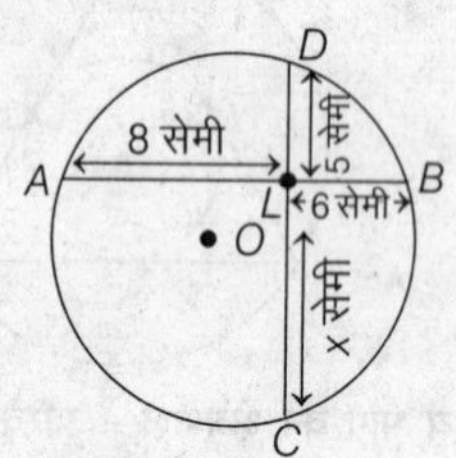

$\therefore \quad AL \times LB = CL \times LD$

$8 \times 6 = x \times 5$

$\Rightarrow \quad x = \frac{48}{5}$

$\therefore \quad x = 9.6$

अत: CL = 9.6 सेमी

118. (a) $a = (\sqrt{2} - 1)^{\frac{1}{3}}$

$a^3 = \sqrt{2} - 1$

अब, $\left(a - \frac{1}{a}\right)^3 + 3\left(a - \frac{1}{a}\right)$

$= a^3 - \left(\frac{1}{a}\right)^3 - 3 \times a \times \frac{1}{a}\left(a - \frac{1}{a}\right) + 3\left(a - \frac{1}{a}\right)$

$= (\sqrt{2} - 1) - \frac{1}{\sqrt{2} - 1}$

$= \sqrt{2} - 1 - \frac{1}{\sqrt{2} - 1} \times \frac{\sqrt{2} + 1}{\sqrt{2} + 1}$

$= \sqrt{2} - 1 - \left(\frac{\sqrt{2} + 1}{2 - 1}\right)$

$= \sqrt{2} - 1 - \sqrt{2} - 1 = -2$

119. (b) गाँव P में अवैध मतों की संख्या

$= 40000 \times \frac{80}{100} \times \frac{10}{100}$

$= 4 \times 800 = 3200$

गाँव S में अवैध मतों की संख्या

$= 80000 \times \frac{80}{100} \times \frac{15}{100}$

$= 8 \times 80 \times 15 = 8 \times 1200 = 9600$

अभीष्ट अनुपात $= \frac{3200}{9600} = \frac{32}{96} = \frac{1}{3} = 1:3$

120. (a) दूध व जल का अनुपात = 4 : 5

5 ली. मिश्रण में दूध की मात्रा

$= \frac{4}{5} \times 5 = 4$ लीटर

5 ली. मिश्रण में जल की मात्रा

$= \frac{1}{5} \times 5 = 1$ लीटर

प्रश्नानुसार, 1 लीटर दूध मिलाने पर मिश्रण की कुल मात्रा = 5 + 1 = 6 लीटर

$\therefore$ जल का प्रतिशत $= \frac{1}{6} \times 100 = \frac{100}{6}\%$

121. (b) दिया है, वस्तु का अंकित मूल्य = ₹ 500

छूट की दर = 25%

अत: छूट $= 500 \times \frac{25}{100} =$ ₹ 125

उपहार का मूल्य = ₹ 65

लाभ प्रतिशत = 24%

माना वस्तु का लागत मूल्य = ₹ x

$\Rightarrow$ वस्तु का विक्रय मूल्य $= x \times \frac{124}{100}$

$= \frac{62}{50}x =$ ₹ $\frac{31x}{25}$

प्रश्नानुसार, $\frac{31x}{25} = 500 - 125 - 65$

$\Rightarrow \quad \frac{31x}{25} = 310$

$\therefore \quad x =$ ₹ 250

वस्तु का लागत मूल्य = ₹ 250

122. (c) माना उत्पाद की वास्तविक कीमत = ₹ x

प्रश्नानुसार,

$x \times \left(\frac{100+20}{100}\right) = 420 - 420 \times \frac{10}{100}$

$\Rightarrow \quad \frac{120x}{100} = 420 - 42$

$\Rightarrow \quad \frac{6x}{5} = 378$

$\Rightarrow \quad x = 63 \times 5 = 315$

वस्तु की वास्तविक कीमत = ₹ 315

123. (b) 3 कलाई घड़ियों का कुल विक्रय मूल्य

$= 3 \times 2800 =$ ₹ 8400

तीनों कलाई घड़ियों का कुल क्रय मूल्य

$= \left(\frac{2800 \times 100}{140} + \frac{2800 \times 100}{125} + \frac{2800 \times 100}{112}\right)$

= ₹(2000 + 2240 + 2500) = ₹6740

लाभ = ₹(8400 − 6740) = ₹1660

लाभ प्रतिशत $= \frac{1660 \times 100}{6740}$

$= 24.62\% \approx 0.2463$

124. (b) औसत गति $= \dfrac{2ab}{a+b}$

$= \dfrac{2\times 30\times 50}{30+50}$

$= \dfrac{2\times 30\times 50}{80}$

$= 37.5$ किमी/घण्टा

125. (c) लम्बाई में वृद्धि = 6%

चौड़ाई में वृद्धि = 8%

आयतन में प्रतिशत वृद्धि

$= \left(x+y+\dfrac{xy}{100}\right)\%$

$= \left(6+8+\dfrac{6\times 8}{100}\right)\%$

$= 14.48\%$

126. (c) माना गोले की त्रिज्या $= r$

त्रिज्या में वृद्धि = 20%

अत: नई त्रिज्या $(R) = \dfrac{120}{100}r = \dfrac{6}{5}r$

आयतन में प्रतिशत वृद्धि

$= \dfrac{\left(\dfrac{4}{3}\pi R^3 - \dfrac{4}{3}\pi r^3\right)}{\dfrac{4}{3}\pi r^3}\times 100$

$= \dfrac{(R^3 - r^3)}{r^3}\times 100$

$= \dfrac{\left(\dfrac{6}{5}r\right)^3 - r^3}{r^3}\times 100$

$= \dfrac{\left(\dfrac{216}{125}-1\right)}{1}\times 100$

$= \dfrac{91}{5}\times 4\% = \dfrac{364}{5}\% = 72.8\%$

127. (b) कुल फिल्म रिलीज

$= 190 + 150 + 170 + 210 = 720$

जनवरी-मार्च तथा जुलाई-सितम्बर में रिलीज फिल्मों का कोण

$= \dfrac{\theta_1}{360°}\times 720$

$\Rightarrow \quad 150 + 170 = \dfrac{\theta_1}{36}\times 72$

$\Rightarrow \quad 320 = \theta_1 \times 2$

$\Rightarrow \quad 160° = \theta_1$

अप्रैल-जून और अक्टूबर-दिसम्बर में रिलीज फिल्मों को कोण $= \dfrac{\theta_2}{360}\times 720$

$\Rightarrow \quad 210 + 190 = \theta_2 \times 2$

$\Rightarrow \quad 400 = 2\theta_2$

$\Rightarrow \quad 200 = \theta_2$

$\Delta\theta = \theta_2 - \theta_1$

$= 200° - 160° = 40°$

128. (a) कुल ब्याज $= SI_1 + SI_2$

$= \dfrac{P_1\times r\times t_1}{100} + \dfrac{P_2\times r\times t_2}{100}$

$\therefore 62400 = \dfrac{29000\times 3\times r}{100} + \dfrac{45000\times 5\times r}{100}$

$\Rightarrow 62400 = 290\times 3r + 450\times 5\times r$

$\Rightarrow 2080 = 29r + 15\times 5r$

$\Rightarrow 2080 = 29r + 75r$

$\Rightarrow 2080 = 104r$

$\therefore \quad r = 20\%$

129. (c) कुल उत्पादन का औसत $= \dfrac{476}{6}$

$= 79.33 \approx 1993$ में कुल उत्पादन

130. (d) $[16 \div 2 - 7\times 15 \div 3 + \{(1+4)\times 5\} + 4\times 3 - 10]$

$= [8 - 7\times 5 + \{5\times 5\} + 12 - 10]$

$= [8 - 35 + 25 + 2]$

$= 35 - 35 = 0$

131. (a) $\dfrac{(\sin x + \sin y)(\sin y - \sin x)}{(\cos x + \cos y)(\cos y - \cos x)}$

$= \dfrac{\sin^2 x - \sin^2 y}{\cos^2 x - \cos^2 y}$

$= \dfrac{1-\cos^2 x - (1-\cos^2 y)}{\cos^2 x - \cos^2 y}$

$= \dfrac{\cos^2 y - \cos^2 x}{\cos^2 x - \cos^2 y} = -1$

132. (c) माना कुल मतदाताओं की संख्या $= x$

95% वह मतदाता, जिन्होंने मतदान किया की संख्या $= \dfrac{95}{100}x$

प्रश्नानुसार,

विजेता A को प्राप्त मत $= B$ को प्राप्त मत $+ 5500$

$x\times\left(\dfrac{75}{100} - \dfrac{25}{100}\right) = 5500$

$\Rightarrow \quad x\times\dfrac{1}{2} = 5500$

$\therefore \quad x = 11000$

कुल मतदाताओं की संख्या = 11000

133. (b)

60 सेमी

36 सेमी

चौड़ाई के अनुदिश मोड़ने पर (I) लम्बाई के अनुदिश मोड़ने पर (II)

बड़ी भुजा के अनुदिश मोड़ने पर,

बेलन I की ऊँचाई $(h_1) = 36$ सेमी

बेलन I की परिधि = 60 सेमी

$2\pi r_1 = 60$

$\Rightarrow \quad \pi r_1 = 30$ सेमी

$\therefore \quad r_1 = \dfrac{30}{\pi}$ सेमी

छोटी भुजा के अनुदिश मोड़ने पर,

बेलन II की ऊँचाई $(h_2) = 60$ सेमी

परिधि = 36 सेमी

$\therefore$

$\Rightarrow \quad 2\pi r_2 = 36$

$\Rightarrow \quad \pi r_2 = 18$

$\Rightarrow \quad r_2 = \dfrac{18}{\pi}$ सेमी

$\therefore \quad \dfrac{\text{बेलन (I) का आयतन}}{\text{बेलन (II) का आयतन}} = \dfrac{\pi r_1^2 h_1}{\pi r_2^2 h_2}$

$= \dfrac{\left(\dfrac{30}{\pi}\right)^2\times 60}{\left(\dfrac{18}{\pi}\right)^2\times 36}$

$= \dfrac{30\times 30\times 60}{18\times 18\times 36}$

$= \dfrac{15}{9} = \dfrac{5}{3}$

134. (c)

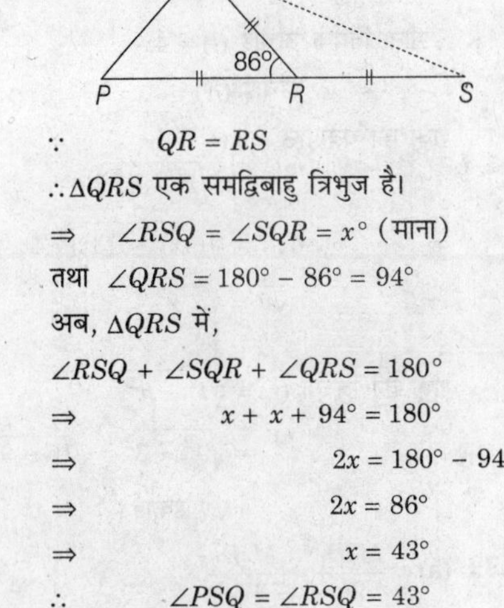

$\because \quad QR = RS$

$\therefore \Delta QRS$ एक समद्विबाहु त्रिभुज है।

$\Rightarrow \quad \angle RSQ = \angle SQR = x°$ (माना)

तथा $\angle QRS = 180° - 86° = 94°$

अब, ΔQRS में,

$\angle RSQ + \angle SQR + \angle QRS = 180°$

$\Rightarrow \quad x + x + 94° = 180°$

$\Rightarrow \quad 2x = 180° - 94°$

$\Rightarrow \quad 2x = 86°$

$\Rightarrow \quad x = 43°$

$\therefore \quad \angle PSQ = \angle RSQ = 43°$

135. (a) माना वृत्त की त्रिज्या $= r$ सेमी

वृत्त की लम्बी जीवा = व्यास $= 2r$ सेमी

प्रश्नानुसार,

वृत्त का क्षेत्रफल $= 256\pi$ सेमी^{2}

$\Rightarrow \quad \pi r^2 = 256\pi$

$\Rightarrow \quad r^2 = 256$

$\therefore \quad r = 16$ सेमी

वृत्त की सबसे लम्बी जीवा $= 2r = 2\times 16 = 32$ सेमी

136. (c) कुल खर्च = ₹ (30000 + 45000)

= ₹ 75000

माना कुल धनराशि = ₹ x

प्रश्नानुसार,

$x - 75000 = x \times \frac{40}{100}$

$\Rightarrow \quad x - 75000 = \frac{4x}{10}$

$\Rightarrow 10x - 750000 = 4x$

$\Rightarrow \quad 6x = 750000$

$\Rightarrow \quad x = \frac{750000}{6}$

$\therefore \quad x = ₹\ 125000$

137. (d) $\frac{53 - \frac{2}{7} \text{ का } 63 - 9}{72 - \frac{2}{5} \text{ का } (96 - 31)}$

$= \frac{53 - \frac{2}{7} \times 63 - 9}{72 - \frac{2}{5} \times 65}$

$= \frac{53 - 18 - 9}{72 - 26}$

$= \frac{26}{46} = \frac{13}{23}$

138. (c) $\frac{\text{शंकु की तिर्यक ऊँचाई } (l)}{\text{शंकु की ऊँचाई } (h)} = \frac{4}{3}$

∴ माना तिर्यक ऊँचाई $(l) = 4x$

ऊँचाई $(h) = 3x$

शंकु का वक्रपृष्ठ $= \pi rl$

$4\sqrt{7}\pi = \pi\sqrt{l^2 - h^2}\ l$

$\Rightarrow \quad 4\sqrt{7} = \sqrt{(4x)^2 - (3x)^2}\ 4x$

$\Rightarrow \quad \sqrt{7} = \sqrt{7}\ x^2$

$\therefore \quad x = 1$

शंकु की त्रिज्या $(r) = \sqrt{l^2 - h^2}$

$= \sqrt{4^2 - 3^2} = \sqrt{16 - 9}$

$= \sqrt{7}$ इकाई

139. (a) $\because \frac{M_1D_1}{W_1} = \frac{M_2D_2}{W_2}$

माना, अतिरिक्त व्यक्तियों की संख्या $= x$

$\therefore \frac{12 \times 10}{540} = \frac{(12 + x) \times 8}{720}$

$\Rightarrow \quad \frac{12 \times 10}{540} = \frac{(12 + x)}{90}$

$\Rightarrow \quad 12 + x = \frac{12 \times 10 \times 90}{540} = 20$

$\therefore \quad x = 20 - 12 = 8$

140. (b) किराया, दवाईयों एवं बिजली पर एक साथ कुल व्यय = 15% + 12% + 10%

= 37%

किराने का सामान तथा शिक्षा पर एकसाथ मिलाकर कुल व्यय = 20% + 25% = 45%

अभीष्ट प्रतिशत $= \frac{37\%}{45\%} \times 100 = 82.22\%$

141. (b) $\frac{17}{\sec^2\theta} + 10\sin^2\theta + \frac{7}{1 + \cot^2\theta}$

$= 17\cos^2\theta + 10\sin^2\theta + \frac{7}{\text{cosec}^2\theta}$

$= 17\cos^2\theta + 10\sin^2\theta + 7\sin^2\theta$

$= 17\cos^2\theta + 17\sin^2\theta$

$= 17(\cos^2\theta + \sin^2\theta)$

$= 17 \times 1 = 17$

142. (b) त्रिभुज के किन्हीं दो भुजाओं का योग तीसरी भुजा के बराबर नहीं हो सकता है।

त्रिभुज की बड़ी भुजा ≠ अन्य भुजाओं का योग

$\Rightarrow \quad 6 \neq 3.8 + x$

$\Rightarrow \quad 6 - 3.8 \neq x$

$\therefore \quad x \neq 2.2$

143. (b) हानि प्रतिशत = 24%

गलत भार = 100 ग्राम

सही भार = 200 ग्राम

माना 200 ग्राम का क्रय मूल्य = ₹ x

$\Rightarrow$ 100 ग्राम का क्रय मूल्य = ₹ $\frac{x}{200} \times 100$

$= ₹\ \frac{x}{2}$

100 ग्राम का विक्रय मूल्य

$= x \times \frac{(100 - 24)}{100}$

$= x \times \frac{76}{100} = \frac{76}{100}x$

लाभ $= \frac{76x}{100} - \frac{x}{2}$

$= \frac{76x}{100} - \frac{50x}{100} = \frac{26x}{100}$

लाभ प्रतिशत $= \frac{\frac{26x}{100}}{\frac{x}{2}} \times 100$

$= 26 \times 2 = 52\%$

144. (b) 2020 में सभी शोरूम द्वारा बेचे गए मोबाइल फोन का औसत

$= \frac{420 + 430 + 410 + 440 + 400 + 420}{6}$

$= \frac{2520}{6} = 420$

145. (d) यदि, $2a + 2b + c = 0$

$\Rightarrow \quad 2a + 2b = -c$

$\therefore \frac{4a^2 + 4b^2 + 4c^2}{5c^2 - 8ab}$

$= \frac{4a^2 + 4b^2 + 8ab - 8ab + 4c^2}{5c^2 - 8ab}$

$= \frac{(2a + 2b)^2 - 8ab + 4c^2}{5c^2 - 8ab}$

$= \frac{(-c)^2 - 8ab + 4c^2}{5c^2 - 8ab}$

$= \frac{5c^2 - 8ab}{5c^2 - 8ab} = 1$

146. (a) माना नाव की गति $= 35x$

धारा की गति $= 8x$ तथा माना दूरी $= D$

प्रश्नानुसार,

$\frac{D}{35x + 8x} = 5 + \frac{10}{60}$

$\Rightarrow \quad \frac{D}{43x} = \frac{31}{6}$

$\Rightarrow \quad D = \frac{31 \times 43x}{6}$

∴ नाव को वापस आने में लगा समय

$= \frac{D}{35x - 8x}$

$= \frac{\frac{31 \times 43x}{6}}{27x} = \frac{31 \times 43}{6 \times 27}$

$= \frac{1333}{162} = 8\frac{37}{162} = 8 + \frac{37}{162} \times 60$

$= 8 + 13\frac{114}{162}$ मिनट

$= 8 + 13$ मिनट $+ \frac{114}{62} \times 60$ सेकण्ड

= 8 घण्टे 13 मिनट 48 सेकण्ड

147. (d) एक मिश्रधातु में A : B : C = 2 : 3 : 1

दूसरी मिश्रधातु में,

B : C : D = 5 : 4 : 3

माना, प्रत्येक मिश्रधातु का वजन = 12 इकाई

∴ पहले मिश्रधातु में B का भाग

$= \frac{3}{6} \times 12 = 6$ इकाई

दूसरे मिश्रधातु में B का भाग

$= \frac{5}{12} \times 12 = 5$ इकाई

नई मिश्रधातु में B का भाग

$= \frac{6 + 5}{12 + 12} = \frac{11}{24}$ भाग

148. (a) $3\frac{1}{7} \div 1\frac{4}{7} + 3$ का

$2\frac{2}{3} + 2.5 \times 2.4 \div 3\frac{1}{3} - 4$ का 3

$= \frac{22}{7} \div \frac{11}{7} + 3 \times \frac{8}{3} + 6.00 \times \frac{3}{10} - 12$

$= \frac{22}{7} \times \frac{7}{11} + 8 + \frac{9}{5} - 12$

$= 2 + 8 + \frac{9}{5} - 12$

$= 10 - 12 + \frac{9}{5} = \frac{9}{5} - 2$

$= \frac{9 - 10}{5} = -\frac{1}{5}$

149. (c) माध्य $(x) = \frac{\Sigma fx}{\Sigma f}$

$$= \frac{15 \times 2 + 18 \times 3 + 21 \times 4 + 22 \times 1 + 19 \times 5 + 23 \times 1 + 24 \times 2}{2 + 3 + 4 + 1 + 5 + 1 + 2}$$

$$= \frac{30 + 54 + 84 + 22 + 95 + 23 + 48}{10 + 8}$$

$$= \frac{356}{18} = \frac{178}{9} = 19.78$$

150. (c) पहले वर्ष में वृद्धि = 15%

दूसरे वर्ष में वृद्धि = 25%

तीसरे वर्ष में कमी = 6%

अत: तीन वर्ष बाद शहर की जनसंख्या

$= 15000 \times \frac{115}{100} \times \frac{125}{100} \times \frac{94}{100}$

$= 20268.75 \approx 20269$

151. (d) The correct antonym for 'sufficiency' is 'dearth'. So in the given sentence, the new government allowed corrupt ministers to feel the lack of money by banning the specific currency.

152. (d) The most suitable replacement for 'kith and kin' in the sentence would be 'blood relatives'.

153. (d) The term 'diffidence' serves as a one word substitute for 'modesty or shyness resulting from a lack of self-confidence'. It describes a lack of assertiveness due to insecurity or self-doubt.

154. (c) The given option makes the sentence grammatically correct reposition 'of' connects the two words 'flavour' and 'ice-cream' showing the relationship between them.

155. (b) The error is in the phrase 'Centre for Policy Research estimate.' The subject 'Centre for Policy Research' is singular, so the verb should be in the singular form.
Therefore, it should be 'Centre for Policy Research estimates that India has the largest stock of iron-ore in the world'.

156. (d) The original sentence 'The serenity of the river was a sight to behold' is already meaningful. However, the most appropriate option to substitute the highlighted words is option (d). This choice maintains the intended meaning and improves the sentence.

157. (d) The word 'pompous' means self-important or arrogant, which does not fit the context of a million-dollar wedding.
The most appropriate synonym for 'pompous' in this context is 'pretentious.
So, the sentence would read 'Her million-dollar wedding was a pretentious display of wealth.'

158. (a) The grammatical error is in the phrase 'was first man'. It should be 'was the first man'. Therefore, the correct answer is option (a).

159. (d) The original sentence lacks a parallel structure. The second phrase 'and a crucial starting point' is missin a verb. Option (d) fixes this error.

160. (b) The spelling error is in the word 'redresed'. The correct spelling is 'redressed'.

161. (c) The error is in the phrase 'my uncle is'. It should be 'my uncle has been' to indicate an action that started in the past and continues into the present.

162. (c) The idiom 'Back to back' means something follows immediately after something else.

163. (d) The idiom 'Spill the beans' means to expose a secret.

164. (b) The spelling error in the sentence 'She is going to resiev a package in the mail today' is the word 'resiev'. The correct spelling is 'receive'.

165. (d) The antonym for the word 'dishearten' is 'encouraged'.

166. (a) The incorrectly spelled word is 'Interogative' The correct spelling is 'Interrogative'.

167. (c) The underlined word 'embraced' means held closely or hugged warmly. 'Contained' is the best opposite as it means hold back or not showing affection openly.

168. (c) The most appropriate synonym for the word 'Destitute' is 'Broke'. The word 'destitute' means extremely poor or having no money. 'Broke' means the same as 'destitute'.

169. (c) The incorrectly spelled word is 'assasination'. The correct spelling is 'assassination'.

170. (b) The error is in the phrase 'times the day'. It should be 'four times a day' to indicate frequency.

171. (c) The word 'prudent' means showing good judgement and being cautious. The most appropriate synonym for it is 'judicious'. It means showing good judgement or being wise.

172. (a) The idiom 'Up the ante' means to increase the stakes or level of risk. It is often used in contexts related to gambling or negotiations.

173. (b) The word 'sarcastic' refers to using irony or mocking humour. The antonym for this would be 'courteous'. It means polite, respectful and showing manners.

174. (c) The misspelt word in the sentence is 'charesma'. The correct spelling is 'charisma'.

175. (d) The phrase 'crocodile tears' refers to insincere or fake display of emotion. It is often used to describe someone pretending to be upset or sympathetic.

176. (b) The sentence mentions 'a male dog and female dog' which is incorrect. Male dog is called 'dog' and its female is called 'bitch'.

177. (c) The word 'hysterics' refers to extreme emotional reactions, often involving uncontrollable laughter or crying. The antonym for this would be 'calm'.

178. (d) The most appropriate option to substitute the underlined segment is 'hometown was'. This maintains the correct tense and makes the sentence grammatically accurate.

179. (c) The segment that contains a grammatical error in the sentence is 'carried minimum'. The correct phrase should be 'carry minimum' to indicate a specific amount of luggage.

180. (d) The incorrectly spelled word is 'Addmission'. The correct spelling is 'Admission'.

181. (c) The phrase 'cat's in the cradle' is often used to refer to situations in which one person doesn't make enough time for the other. It describes a relationship where someone neglects another.

182. (b) The word 'disguises' means to change appearance or behaviour to avoid detection. The most appropriate synonym for this is 'camouflages'.

183. (c) 'Inspite mother's milk' is incorrect and it should be replaced by a subordinating conjunction 'Though'.

184. (b) The underlined phrase means a solution or cure for a problem. The most appropriate one word substitute for this is 'panacea'.

185. (c) A person who is a lover of women is called a 'philogynist'.

186. (a) A person who is critical of the motives of others is called a 'cynic'

187. (a) The idiom 'thinks outside the box' means to approach problems or tasks in an unconventional or creative way.

188. (d) The word 'fastly' is incorrect, it should be 'fast'.

189. (a) The idiom 'bite off more than I can chew' means to take on more responsibilities or tasks than one can handle.

190. (a) The idiom 'make waves' means to cause difficulty or create a disturbance.

191. (c) The correct option to fill blank no. 1 is 'offers'.

192. (c) The correct option to fill blank no. 2 is 'explore'.

193. (c) The correct option to fill blank no. 3 is 'platform'.

194. (c) The correct option to fill biank no. 4 is 'cultivates'.

195. (b) The correct option to fill blank no. 5 is 'becomes'.

196. (c) Biofuels are not made from coal. The correct answer is option (c).

197. (d) Major airline companies have pledged to reach net-zero carbon emissions by mid-century to fight climate change.

198. (d) The most suitable word from the passage that means 'empirical' is 'Enormous'.

199. (d) The tone of the speaker in the passage is hopeful.

200. (d) The most suitable title for the passage is 'One Good Turn from the Aviation Industry'.

CPO SI P-1 SP 02

पेपर-1

SSC CPO SI सॉल्वड पेपर

29 जून 2024 (शिफ्ट II)

निर्देश

1. इस पेपर में 200 प्रश्न हैं।
2. इसमें 4 भाग हैं, **भाग 1** सामान्य बुद्धि एवं तर्कशक्ति, **भाग 2** सामान्य ज्ञान एवं सामान्य जागरुकता, **भाग 3** मात्रात्मक योग्यता और **भाग 4** अंग्रेजी
3. प्रत्येक प्रश्न **1 अंक** का है।

अधिकतम अंक : 200 **समय : 2 घण्टे**

भाग 1

सामान्य बुद्धि एवं तर्कशक्ति

1. एक निश्चित कूटभाषा में, 'FROM' को 'HSNK' लिखा जाता है और 'WAKE' को 'YBJC' लिखा जाता है। दी गई भाषा में 'JUMP' को किस प्रकार लिखा जाएगा?
(a) MULM (b) LTKN
(c) LVLN (d) MTKN

2. दिए गए विकल्पों में से उस संख्या का चयन करें जो निम्नलिखित श्रृंखला में प्रश्नचिह्न (?) के स्थान पर आ सकती है।
228, 209, 192, 179, 168, ?
(a) 160 (b) 162
(c) 161 (d) 165

3. यदि 'A' का अर्थ '+' है, 'B' का अर्थ '−' है, 'C' का अर्थ '×' है और 'D' का अर्थ '÷' है, तो निम्नलिखित समीकरण में प्रश्नचिह्न (?) के स्थान पर क्या आएगा?
80 B 12 C 5 A 27 D 9 = ?
(a) 19 (b) 23
(c) 25 (d) 27

4. एक कूटभाषा में 'CRAB' को 'YTWD' के रूप में लिखा जाता है और 'CALM' को 'YCHO' के रूप में लिखा जाता है। इसी कूटभाषा में 'ZOOM' को कैसे लिखा जाएगा?
(a) KVOQ (b) KOVQ
(c) VKOQ (d) VQKO

5. उस विकल्प का चयन कीजिए, जो दिए गए शब्दों के सही क्रम को निरूपित करता है, जैसे कि वे अंग्रेजी शब्दकोश में दिखाई देते हैं।
1. Unfaithful 2. Unfamiliar
3. Uneasiness 4. Undone
5. Understand
6. Undetermined
(a) 5, 6, 4, 2, 1, 3 (b) 5, 6, 4, 3, 1, 2
(c) 5, 6, 1, 2, 4, 3 (d) 5, 6, 4, 3, 2, 1

6. दो कथनों के बाद I और II से संख्यांकित दो निष्कर्ष दिए गए हैं। कथनों को सत्य मानते हुए, भले ही वे सामान्य रूप से ज्ञात तथ्यों से भिन्न प्रतीत होते हों, तय करें कि दिए गए निष्कर्षों में से कौन-सा/से निष्कर्ष कथनों का तार्किक रूप से अनुसरण करता है/करते हैं।

कथन
कोई प्लेट, प्याला नहीं है।
सभी प्लेट, गिलास हैं।

निष्कर्ष
I. कोई गिलास, प्लेट नहीं है।
II. कुछ गिलास, प्याले हैं।
(a) न तो निष्कर्ष I और न ही II अनुसरण करता है
(b) या तो निष्कर्ष I या II अनुसरण करता है
(c) केवल निष्कर्ष I अनुसरण करता है
(d) केवल निष्कर्ष II अनुसरण करता है।

7. उस समुच्चय का चयन करें, जिसकी संख्याएँ उसी प्रकार से सम्बन्धित हैं, जिस प्रकार निम्नलिखित समुच्चयों की संख्याएँ आपस में सम्बन्धित हैं।
(**नोट** संख्याओं को उसके घटक अंकों में तोड़े बिना, पूर्ण संख्याओं पर संक्रियाएँ की जानी चाहिए। उदाहरण के लिए संख्या 13 को लें 13 पर संक्रियाएँ, जैसे कि 13 में जोड़ना/घटाना/गुणा करना आदि. की जा सकती हैं। 13 को 1 और 3 में तोड़ने और फिर 1 और 3 पर गणितीय संक्रियाएँ करने की अनुमति नहीं है।
(21, 63, 378)
(23, 69, 414)
(a) (26, 81, 486)
(b) (27, 81, 486)
(c) (27, 80, 486)
(d) (27, 81, 476)

8. एक कूटभाषा में, 'COOL' को '180' के रूप में कूटबद्ध किया जाता है और 'MAN' को '84' के रूप में कूटबद्ध किया जाता है। उसी कूटभाषा में 'QUIET' को कैसे कूटबद्ध किया जाएगा?
(a) 56 (b) 284
(c) 360 (d) 36

9. उस विकल्प का चयन कीजिए, जो पाँचवें पद से उसी प्रकार सम्बन्धित है, जिस प्रकार दूसरा पद, पहले पद से और चौथा पद, तीसरे पद से सम्बन्धित है।
DRIVE : RDEVI :: STOCK : TSKCO :: MOULD: ?
(a) OMLUD (b) OMULD
(c) OMDLU (d) MODLU

10. एक निश्चित कूटभाषा में,
A+ B का अर्थ है 'A, B की माँ है'
A – B का अर्थ है 'A, B का भाई है'
A × B का अर्थ है 'A, B की पत्नी है'
A ÷ B का अर्थ है 'A, B का पिता है'
उपर्युक्त के आधार पर, यदि
P – Q + R – S ÷ T × U है, तो T का Q से क्या सम्बन्ध है?
(a) साली (b) नातिन
(c) पोती (d) बहन

11. निम्नलिखित में से कौन-सी संख्या, दी गई शृंखला में प्रश्नचिह्न (?) के स्थान पर आएगी?
101, 103, 107, 109, ?, 127, 131, 137
(a) 123 (b) 125 (c) 113 (d) 111

12. यदि '+' और '–' को आपस में बदल दिया जाए और '×' और '÷' को आपस में बदल दिया जाए, तो निम्नलिखित समीकरण में प्रश्नचिह्न (?) के स्थान पर क्या आएगा?
$76 \div 6 + 18 \times 6 - 49 = ?$
(a) 596 (b) 524 (c) 502 (d) 569

13. एक पैटर्न वाली एक पारदर्शी शीट नीचे दी गई है। उस विकल्प का चयन कीजिए, जो उस पैटर्न को दर्शाता है, जो दी गई पारदर्शी शीट को मध्य ऊर्ध्वाधर रेखा पर मोड़ने पर दिखाई देगा।

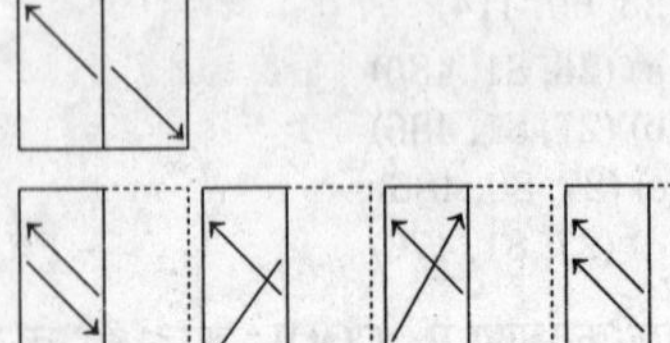

14. यदि + का अर्थ – है, – का अर्थ ÷ है, × का अर्थ + है और ÷ का अर्थ × है, तो निम्नलिखित व्यंजक का मान क्या होगा?
$16 \times 9 + 5 \div 4 - 2 = ?$
(a) 15 (b) 40 (c) 35 (d) 20

15. दिए गए विकल्पों में से उस आकृति की पहचान कीजिए, जिसे '?' के स्थान पर रखने पर शृंखला तार्किक रूप से पूर्ण हो जाएगी।

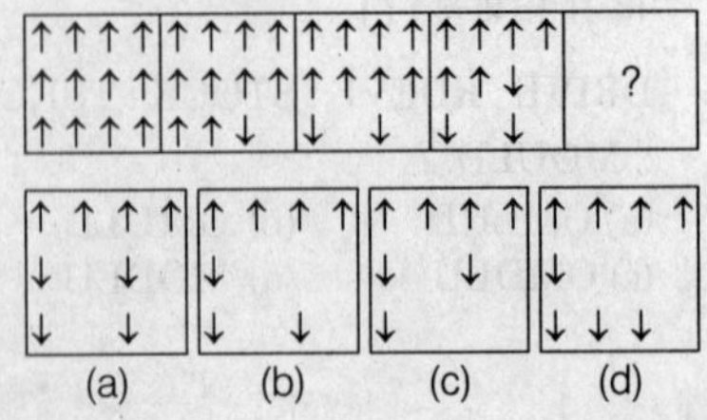

16. विकल्पों में से उस आकृति की पहचान करें, जिसे प्रश्नचिन्ह (?) के स्थान पर रखे जाने पर शृंखला तार्किक रूप से पूर्ण हो जाएगी।

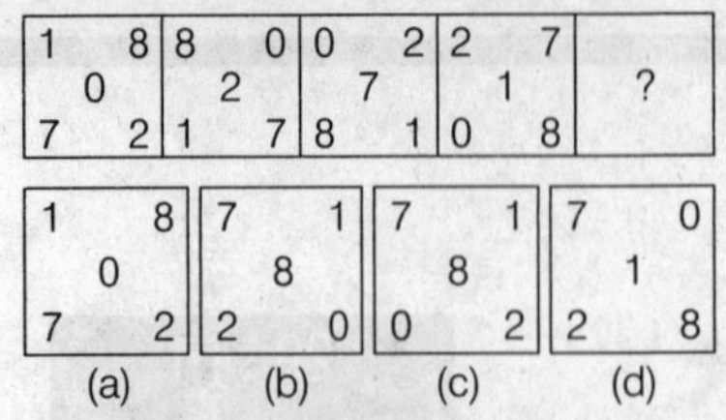

17. एक निश्चित कूटभाषा में 'BEDROOM' को '28' और 'MOON' को '16' के रूप में लिखा जाता है। उस कूटभाषा में 'CHAIN' कैसे लिखा जाएगा?
(a) 26 (b) 24 (c) 20 (d) 23

18. निम्नलिखित में से कौन-सी संख्या दी गई, शृंखला मे प्रश्नचिह्न (?) का स्थान लेगी?
8, 9, 13, 22, ?
(a) 32 (b) 42 (c) 48 (d) 38

19. उस वेन आरेख का चयन कीजिए, जो निम्नलिखित वर्गों के बीच सम्बन्ध को सर्वोत्तम रूप से दर्शाता है।
जानवर, शेर, सियार

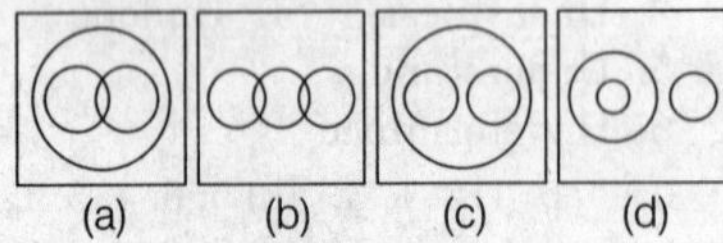

20. उस समुच्चय का चयन करे जिसमें दी गई, संख्याएँ आपस में उसी प्रकार सम्बन्धित है, जिस प्रकार, प्रश्न में दिए गए समुच्चय की संख्याएँ आपस में सम्बन्धित है।
(**ध्यान दें** संख्याओं को उनके घटक अंकों में तोड़े बिना, पूर्ण संख्याओं पर गणितीय संक्रियाएँ की जानी चाहिए। जैसे, 13 के मामले में 13 पर की जाने वाली विभिन्न गणितीय संक्रियाएँ जैसे 13 में जोड़ना। घटाना / गुणा करना आदि 13 पर की जा सकती है। लेकिन 13 को 1 और 3 में तोड़ने और फिर 1 और 3 पर गणितीय संक्रियाएँ करने की अनुमति नहीं है।)
(18, 3, 9)
(36, 6, 18)
(a) (78, 14, 39) (b) (72, 13, 36)
(c) (72, 14, 39) (d) (78, 13, 39)

21. निम्नलिखित समीकरण में '?' के स्थान पर क्या आएगा, यदि '+' और '–' को आपस में बदल दिया जाए तथा '×' और '÷' को भी आपस में बदल दिया जाए?
$11 \div 12 - 78 \times 6 + 54 = ?$
(a) 91 (b) 104 (c) 86 (d) 99

22. एक पैटर्न वाली एक पारदर्शी शीट नीचे दी गई है। उस विकल्प का चयन कीजिए जो उस पैटर्न को दर्शाता है, जो दी गई पारदर्शी शीट को मध्य ऊर्ध्वाधर रेखा पर मोड़ने पर दिखाई देगा।

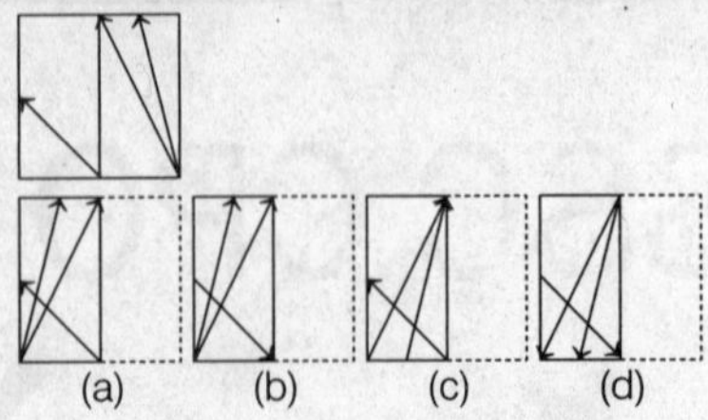

23. निम्नलिखित में से कौन-सा पद दी गई शृंखला में प्रश्नचिह्न (?) का स्थान लेगा?
GXMA, IVOY, KTQW, MRSU, ?
(a) OPVS (b) OPUS
(c) OQVS (d) OQUT

24. यदि 'A' का अर्थ '÷' है 'B' का अर्थ '×' है, 'C' का अर्थ '+' है और 'D' का अर्थ '–' है तो निम्नलिखित समीकरण में प्रश्नचिह्न (?) के स्थान पर क्या आएगा?
96 A 4 D 5 B 7 C 20 = ?
(a) 2 (b) 4 (c) 7 (d) 9

25. जब दर्पण को नीचे दर्शाए गए अनुसार MN रेखा पर रखा जाता है तो दी गई, आकृति के सही दर्पण प्रतिबिम्ब का चयन कीजिए।

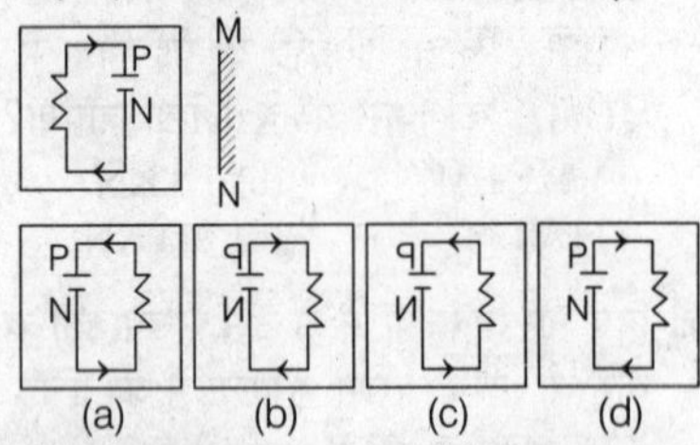

26. उस वेन आरेख का चयन कीजिए जो निम्नलिखित वर्गों के बीच सम्बन्ध को सर्वोत्तम रूप से दर्शाता है।
महिला, माँ, अभिनेता

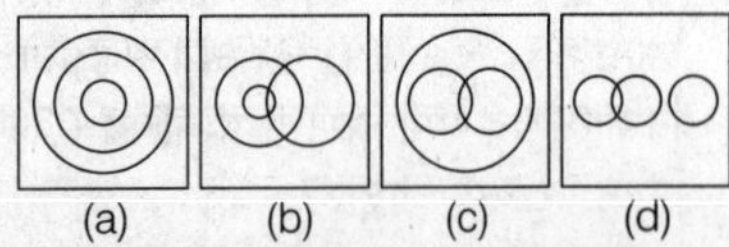

27. जब दर्पण को नीचे दर्शाए गए अनुसार MN रेखा पर रखा जाता है तो दी गई आकृति के सही दर्पण प्रतिबिम्ब का चयन कीजिए।

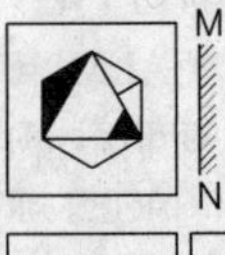

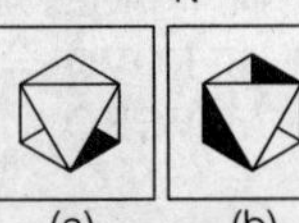
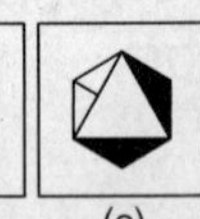
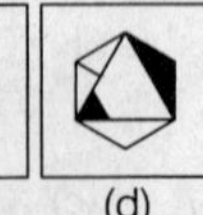

(a) (b) (c) (d)

28. उस वेन आरेख का चयन कीजिए जो निम्नलिखित वर्गों के बीच सम्बन्ध को सर्वोत्तम रूप से दर्शाता है।
फर्नीचर, कुर्सी, मेज

(a) C T F (b) C T F
(c) C T F (d) T F C

29. बिन्दु B, बिन्दु A से 35 मी पूर्व में है। बिन्दु C, बिन्दु A से 26 मी उत्तर में है। बिन्दु C, बिन्दु D से 15 मी पश्चिम में है। बिन्दु E, बिन्दु D से 13 मी दक्षिण में है। बिन्दु F, बिन्दु E से 20 मी पूर्व में है। बिन्दु F से बिन्दु B किस दिशा में है?
(a) दक्षिण (b) दक्षिण-पूर्व
(c) पश्चिम (d) उत्तर-पश्चिम

30. निम्नलिखित में से कौन-सा पद दी गई श्रृंखला में प्रश्नचिह्न (?) का स्थान लेगा?
NBRY, PZSX, ?, TVUV, VTVU
(a) RYTW (b) SXTW
(c) SYTW (d) RXTW

31. उस विकल्प का चयन करें, जो तीसरे शब्द से उसी प्रकार सम्बन्धित है, जिस प्रकार दूसरा शब्द, पहले शब्द से सम्बन्धित है। (शब्दों को अर्थपूर्ण/हिन्दी शब्दों के रूप में माना जाना चाहिए और इन्हीं शब्द में अक्षरों की संख्या/व्यंजनों की संख्या/स्वरों की संख्या के आधार पर एक-दूसरे से सम्बद्ध नहीं किया जाना चाहिए)
कंकोलॉजी : शैल :: पैलेओटोलॉजी : ?
(a) जीवाश्म (b) मृदा
(c) ग्रह (d) धातु

32. A, B, C, D, E और F एक वृत्ताकार मेज के चारों ओर केन्द्र की ओर मुख करके बैठे हैं। A और F के बीच केवल दो व्यक्ति बैठे हैं। F और E के बीच केवल एक व्यक्ति बैठा है। C, D के ठीक बाए बैठा है C, A का निकटतम पड़ोसी नहीं है। F के ठीक बाएँ कौन बैठा है?
(a) B (b) A
(c) E (d) D

33. दिए गए समीकरण को सही बनाने के लिए कौन से दो चिह्नों को परस्पर बदलना चाहिए?
$7 \div 255 + 5 \times 3 - 20 = 140$
(a) + और − (b) − और ÷
(c) × और + (d) ÷ और +

34. जब दर्पण को नीचे दर्शाए गए अनुसार MN पर रखा जाता है, तो दी गई आकृति के सही दर्पण प्रतिबिम्ब का चयन कीजिए।

E%y95A M N

(a) ∀ƧɘʎꟹƎ (b) AƨɘʎꟹƎ
(c) AƨɘʎꟹE (d) ∀Ƨ6ʎ%Ǝ

35. एक निश्चित कूटभाषा में,
'A × B' का अर्थ है कि 'A, B का पुत्र है,'
'A − B' का अर्थ है कि 'A, B का भाई है'
'A+ B' का अर्थ है कि 'A, B की पत्नी है'
'A% B' का अर्थ है कि 'A, B का पिता है'
यदि 'M+ N − P × S%T' है तो M का T से क्या सम्बन्ध है?
(a) मामा की पुत्री (b) चाचा की पुत्रवधू
(c) साली (d) भाभी

36. यदि + और − को आपस में बदल दिया जाए, तो प्रश्नवाचक चिन्ह (?) के स्थान पर क्या आएगा?
$8 - 3 \times 4 + 16 \div 2 = ?$
(a) 14 (b) 10 (c) 12 (d) 11

37. एक निश्चित तर्क का अनुसरण करते हुए 9, 90 से सम्बन्धित है। उसी तर्क का अनुसरण करते हुए, 12, 156 से सम्बन्धित है। उसी तर्क का उपयोग करते हुए निम्नलिखित में से कौन-सी संख्या 72 से सम्बन्धित है?
(a) 8 (b) 7 (c) 9 (d) 6

38. उस विकल्प का चयन करें, जो दिए गए शब्दों के उस सही क्रम को दर्शाता है, जिसमें वे अंग्रेजी शब्दकोश में दिखाई देंगे।
1. Purposively 2. Pursuit
3. Purgatory 4. Purify
5. Purports 6. Purchased
(a) 4, 5, 6, 3, 1, 2 (b) 6, 3, 4, 5, 1, 2
(c) 6, 3, 1, 5, 4, 2 (d) 4, 5, 3, 1, 6, 2

39. दी गई श्रृंखला को पूरा करने के लिए कौन-सा अक्षर समूह प्रश्नचिह्न (?) के स्थान पर आ सकता है?
UBIG, PDKL, ?, FHOV, AJQA
(a) JEMQ (b) KFMQ
(c) KEMR (d) LEMR

40. एक कूटभाषा में 'BEST' को 'GKXZ' के रूप में लिखा जाता है और 'EDGE' को 'JJLK' के रूप में लिखा जाता है। इसी कूटभाषा में 'WIND' को कैसे लिखा जाएगा?
(a) BSJO (b) JSOB
(c) SJBO (d) BOSJ

41. दिए गए विकल्पों में से उस आकृति का चयन कीजिए, जो निम्नलिखित श्रृंखला में प्रश्नचिह्न (?) को तार्किक रूप से प्रतिस्थापित कर सकती है।

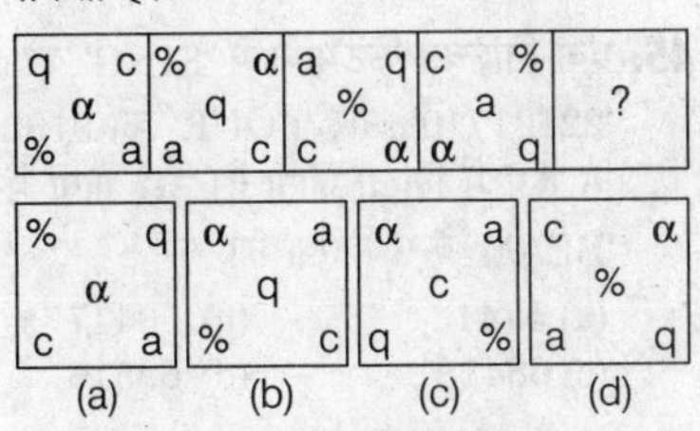

42. उस समुच्चय का चयन करें जिसमें दी गई संख्याएँ आपस में उसी प्रकार सम्बन्धित है, जिस प्रकार प्रश्न में दिए गए समुच्चय की संख्याएँ आपस में सम्बन्धित है।
(**ध्यान दें** संख्याओं को उनके घटक अंकों में तोड़े बिना, पूर्ण संख्याओं पर गणितीय संक्रियाएँ की जानी चाहिए। जैसे, 13 के मामले में 13 पर की जाने वाली विभिन्न गणितीय संक्रियाएँ जैसे 13 में जोड़ना / घटाना / गुणा करना आदि 13 पर की जा सकती हैं। लेकिन 13 को 1 और 3 में तोड़ने और फिर 1 और 3 पर गणितीय संक्रियाएँ करने की अनुमति नहीं है।)
(16, 20, 80)
(12, 16, 64)
(a) (11, 15, 70) (b) (19, 23, 82)
(c) (18, 22, 88) (d) (20, 25, 100)

43. मुकेश अपने कार्यालय से सीधे 12 किमी चला। फिर वह 45° दाएँ मुड़ता है और 8 किमी चलता है। यहाँ से वह बाएँ मुड़ता है। और 7 किमी चलता है ओर अन्त में बाएँ मुड़कर 11किमी चलता है। यदि वह अन्त में उत्तर-पश्चिम की ओर जा रहा था, तो उसने अपने कार्यालय से किस दिशा में चलना शुरू किया?
(a) उत्तर (b) पश्चिम
(c) दक्षिण (d) पूर्व

44. उस समुच्चय का चयन करें, जिसकी संख्याएँ उसी प्रकार सम्बन्धित है, जिस प्रकार प्रश्न में दिए गए समुच्चयों की संख्याएँ आपस में सम्बन्धित है।
(**ध्यान दें** संख्याओं को उनके घटक अंकों में तोड़े बिना, पूर्ण संख्याओं पर गणितीय संक्रियाएँ की जानी चाहिए। जैसे, 13 के मामले में 13 पर की जाने वाली विभिन्न गणितीय संक्रियाएँ जैसे 13 में जोड़ना। घटाना / गुणा करना आदि 13 पर की जा सकती है। लेकिन 13 को 1 और 3 में तोड़ने और फिर 1 और 3 पर गणितीय संक्रियाएँ करने की अनुमति नहीं है।)

(84, 28, 4)
(147, 49, 7)
(a) (231, 77, 11) (b) (241, 77, 11)
(c) (231, 77, 13) (d) (231, 67, 11)

45. एक निश्चित कूटभाषा में 'SING' को '22121710' और 'FOUR' को 9182421' के रूप में लिखा जाता है। उस भाषा में 'BEAN' कैसे लिखा जाएगा?
(a) 57413 (b) 58417
(c) 68418 (d) 69516

46. जब दर्पण को नीचे दर्शाए गए अनुसार MN पर रखा जाता है, तो दी गई आकृति के सही दर्पण प्रतिबिम्ब का चयन कीजिए।

NAm52 (M / N)

(a) 52mAИ (b) ƧƧmAИ
(c) ƧƧɯAИ (d) ƧƼmVИ

47. अंग्रेजी वर्णमाला क्रम पर आधारित, निम्नलिखित चार अक्षर-समूहों में से तीन किसी निश्चित तरीके से समान हैं और इस प्रकार एक समूह बनाते हैं। किस अक्षर-समूह का सम्बन्ध उस समूह से नहीं है?
(**नोट** असंगत अक्षर-समूह, व्यंजनों/स्वरों की संख्या या इस अक्षर-समूह में उनकी स्थिति पर आधारित नहीं है।)
(a) QUS (b) OSP
(c) SWT (d) UYV

48. निम्नलिखित विकल्पों में से कौन-सी संख्या दी गई श्रृंखला में प्रश्नचिह्न (?) के स्थान पर आएगी?
46, ?, 81, 100, 120, 141
(a) 59 (b) 66 (c) 61 (d) 63

49. उस विकल्प का चयन कीजिए, जिसमें दी गई आकृति (X) उसके भाग के रूप में सन्निहित है। (घूर्णन की अनुमति नहीं है)

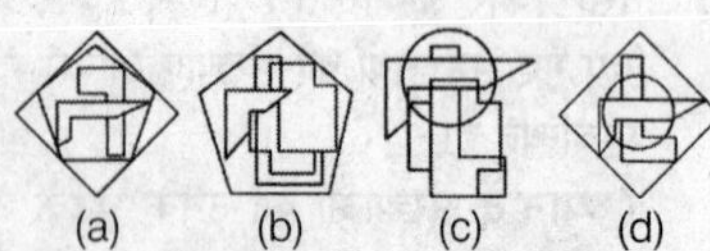

(a) (b) (c) (d)

50. नीचे एक ही पासे की तीन अलग-अलग स्थितियाँ दर्शाई गई हैं। संख्या '1' दर्शाने वाले फलक के विपरीत फलक की संख्या ज्ञात कीजिए।

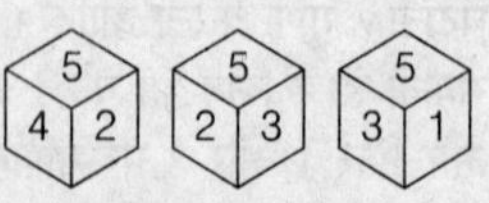

(a) 2 (b) 3 (c) 5 (d) 6

भाग 2

सामान्य ज्ञान एवं सामान्य जागरुकता

51. यो-यो के रिलीज होने से पहले उसमें किस प्रकार की ऊर्जा होती है?
(a) रासायनिक ऊर्जा (b) गतिज ऊर्जा
(c) प्रकाश ऊर्जा (d) स्थितिज उर्जा

52. निम्नलिखित में से कौन-से एक गायक नहीं है?
(a) पं. कुमार गन्धर्व (b) पं. भीमसेन जोशी
(c) गंगूबाई हंगल (d) पं. शिवकुमार शर्मा

53. संगीत मजूमदार को निम्नलिखित में से किस भारतीय शास्त्रीय नृत्य में उनके योगदान के लिए कासा डे ला, स्पेन द्वारा सम्मानित किया गया था?
(a) कथक (b) भरतनाट्यम
(c) मोहिनीअट्टम (d) कुचिपुड़ी

54. मोहन वीणा वादक पण्डित विश्व मोहन भट्ट ने वर्ष ……… में ग्रैमी पुरस्कार जीता था।
(a) 1996 (b) 1990 (c) 1994 (d) 1992

55. निम्नलिखित में से कौन-सा खाद्य पदार्थ रक्तचाप बढ़ा सकता है?
(a) प्रोटीन से भरपूर भोजन
(b) कम नमक और कम चीनी वाला भोजन
(c) फाइबर से भरपूर भोजन
(d) नमक, चीनी और संतृप्त या ट्रांस वसा से भरपूर भोजन

56. उत्तराखण्ड के किस जिले की दूधाटोली पर्वतमाला में से रामगंगा नदी निकलती है?
(a) अल्मोड़ा (b) चमोली
(c) चम्पावत (d) पौड़ी गढ़वाल

57. भारत की वर्ष 2011 की जनगणना के अनुसार किस केन्द्रशासित प्रदेश की साक्षरता दर सबसे कम है?
(a) दादरा और नगर हवेली
(b) लक्षद्वीप
(c) दिल्ली
(d) अण्डमान और निकोबार द्वीप समूह

58. नृत्य और संगीत के क्षेत्र में निम्नलिखित में से कौन-सा पुरस्कार नहीं दिया जाता है?
(a) महरी पुरस्कार
(b) कालिदास सम्मान
(c) द्रोणाचार्य पुरस्कार
(d) संगीत नाटक अकादमी पुरस्कार

59. निम्नलिखित में से कौन-से कथन भारतीय संविधान के सन्दर्भ में सही हैं?
1. सरकार के तीन प्रमुख अंग होते हैं, जिनके नाम विधायिका, कार्यपालिका और न्यायपालिका हैं।
2. शक्तियों के अपेक्षा कार्यों का पृथक्करण किया जाता है।
3. सरकार के सभी अंग स्वतन्त्र होते हैं।
(a) 1 और 2 (b) 2 और 3
(c) 2 और 3 (d) 1 और 3

60. सोडियम सल्फेट और बेरियम क्लोराइड की अभिक्रिया में बनने वाले श्वेत अवक्षेप का नाम लिखिए।
(a) सोडियम क्लोराइड
(b) बेरियम सल्फेट
(c) सोडियम ऑक्साइड
(d) बेरियम हाइड्रोक्साइड

61. ……… को प्राय: ग्रीक अक्षर ρ (rho) द्वारा दर्शाया जाता है।
(a) विद्युत प्रतिरोधकता (b) आवेशों का प्रवाह
(c) विद्युत चालकता (d) धारा

62. पिछले चार बर्षों की अवधि में क्रीडा और खेलों में उत्कृष्ट प्रदर्शन के लिए और नेतृत्व, खेल कौशल और अनुशासन की भावना दिखाने के लिए ……… दिए जाते हैं।
(a) मौलाना अबुल कलाम आजाद (MAKA) ट्रॉफी
(b) द्रोणाचार्य पुरस्कार
(c) अर्जुन पुरस्कार
(d) राष्ट्रीय खेल प्रोत्साहन पुरस्कार

63. निम्नलिखित में से किस शास्त्रीय नृत्य की शुरुआत वैष्णव सन्त श्रीमन्त शंकरदेव ने की थी?
(a) ओडिसी (b) मणिपुरी
(c) सत्रिया (d) कथक

64. वर्ष 2011 की जनगणना के अनुसार भारत की साक्षरता दर क्या है?
(a) 16.68% (b) 8214%
(c) 72.98% (d) 65.46%

65. कौन-सा विटामिन लाल रक्त कोशिकाओं के निर्माण, तन्त्रिकीय कार्य-प्रणाली और डीएनए संश्लेषण से जुड़ा हुआ है?
(a) विटामिन K (b) विटामिन B7
(c) विटामिन E (d) विटामिन B12

66. बुन्दू खान दिल्ली घराने के एक ···· वादक थे।
(a) बाँसुरी (b) सारंगी
(c) सन्तूर (d) सरोद

67. भूकम्प के बारे में दिए गए सत्य या असत्य कथनों की पहचान कीजिए।
कथन 1 जब कोर पर प्रतिबल, घर्षण से आगे बढ़ जाता है, तो भूकम्प होता है, जो तरंगों में ऐसी ऊर्जा छोड़ता है, जो भू-पर्पटी से गुजरती है और ऐसे कम्पन का कारण बनती है, जिसे हम महसूस करते हैं।

कथन 2 भूकम्प की पूर्वकम्प के रूप पहचान तब तक नहीं की जा सकती, जब तक कि उसी क्षेत्र में बड़ा भूकम्प न आ जाए।
(a) केवल कथन 2 सत्य है
(b) केवल कथन 1 सत्य है
(c) कथन 1 और 2 दोनों असत्य हैं
(d) कथन 1 और 2 दोनों सत्य हैं

68. लहसुन किसका अच्छा स्रोत है?
(a) मैंगनीज और सेलेनियम
(b) एल्युमीनियम और कोबाल्ट
(c) लोहा और ताँबा
(d) जिंक और कोबाल्ट

69. 'अलॉन्ग द रेड रिवर: ए मेमॉयर' (Along The Red River: A Memoir) निम्नलिखित में से किसके जीवन के बारे में लिखी गई पुस्तक है।
(a) मित्रा फुकन (b) निरुपमा बोरगोहेन
(c) सबिता गोस्वामी (d) पुष्पलता दास

70. निम्नलिखित में से कौन-से नेता चम्पारण में किसानों की दुर्दशा देखने के लिए महात्मा गाँधी को आमन्त्रित करने लखनऊ गए थे?
(a) हसन मोहानी (b) राजेन्द्र प्रसाद
(c) राजकुमार शुक्ला (d) जे. बी. कृपलानी

71. मुगल काल में लड़ी गई निम्नलिखित लड़ाइयों को सही कालानुक्रम में व्यवस्थित कीजिए।
i. खानवा का युद्ध
ii. पानीपत का प्रथम युद्ध
iii. घाघरा का युद्ध
iv. चौसा का युद्ध
(a) ii, i, iii, iv (b) iv, i, ii, iii
(c) iii, i, iv, ii (d) i, iii, ii, iv

72. आरबीआई अधिनियम, आरबीआई मौद्रिक-नीति समिति (MPC) में कितने सदस्यों के लिए प्रावधान करता है?
(a) 6 (b) 8 (c) 4 (d) 5

73. वर्ष 1991 में आर्थिक सुधारों के लिए निम्नलिखित में से कौन-सा कारक नहीं था?
(a) अर्थव्यवस्था में मुद्रा स्फीति थी।
(b) देश के राजकोषीय घाटे में वृद्धि हुई थी।
(c) भारत के विदेशी भण्डार में गिरावट आई थी।
(d) अर्थव्यवस्था में मन्दी थी।

74. वर्ष 2022 तक प्राप्त जानकारी के अनुसार, निम्नलिखित में से कौन-सा भारत का सबसे लम्बा राष्ट्रीय जलमार्ग है?
(a) कोट्टापुरम-कोल्लम खण्ड
(b) गोदावरी-कृष्णा खण्ड
(c) इलाहबाद- हल्दिया खण्ड
(d) सदिया-धुबरी खण्ड

75. स्थलमण्डल, वायुमण्डल और जलमण्डल के माध्यम से जल के निरन्तर संचलन के लिए एक शब्द ...... है।
(a) जल परिसंचरण
(b) जलीय चक्र
(c) तरल स्थैतिक साम्यावस्था
(d) जल साम्यावस्था वक्र

76. भारत में समुद्री परिवहन के लिए कितने प्रमुख बन्दरगाह हैं?
(a) 13 (b) 21 (c) 18 (d) 15

77. निम्नलिखित में से कौन-सी नदी भूमध्य रेखा के दक्षिण से निकलती है और उत्तर-पूर्वी अफ्रीका से होकर भूमध्य सागर में गिरती है?
(a) कांगो नदी (b) एमेजन नदी
(c) नील नदी (d) लीना नदी

78. भारतीय संविधान के किस अनुच्छेद में राज्य विधानमण्डल की सदस्यता के लिए योग्यता का उल्लेख है?
(a) अनुच्छेद 180 (b) अनुच्छेद 171
(c) अनुच्छेद 173 (d) अनुच्छेद 179

79. भारत के संविधान का अनुच्छेद 50 ...... को सन्दर्भित करता है।
(a) राज्यपाल की नियुक्ति
(b) प्रारम्भिक शिक्षा के अधिकार
(c) न्यायापालिका के कार्यपालिका से पृथक्करण
(d) सीटों के आरक्षण

80. पर्वतीय वनों (Mountains forests) में, निम्नलिखित में से किस प्रकार की वन्यजीव प्रजातियाँ पाई जाती हैं?
(a) बिच्छू (b) स्लॉथ
(c) याक (d) घोंघा

81. विकास, जैसा कि पंचवर्षीय योजनाओं में परिकल्पना की गई है, का तात्पर्य है
(a) देश में समता की स्थिति में सुधार
(b) देश में शिक्षा एवं प्राथमिक स्वास्थ्य के स्तर में सुधार
(c) देश के भीतर वस्तुओं और उत्पादन की क्षमता में वृद्धि
(d) अपनी भौगोलिक सीमाओं के भीतर अपनी आवश्यकता की सभी वस्तुओं और सेवाओं के उत्पादन में आत्मनिर्भरता

82. कौन-सा त्योहार भगवान कृष्ण के जन्म के रूप में मनाया जाता है?
(a) जन्माष्टमी (b) गणेश चतुर्थी
(c) नवरात्रि (d) दीपावली

83. मान्यखेट या मालखेड निम्नलिखित में से किस साम्राज्य की राजधानी थी?
(a) शक (b) कुषाण
(c) सातवाहन (d) राष्ट्रकूट

84. बेरिलियम में उपस्थित प्रोटॉनों की संख्या कितनी है?
(a) 1 (b) 3 (c) 2 (d) 4

85. वर्ष 1936 में 'गोदान' पुस्तक ...... द्वारा लिखी गई थी।
(a) महात्मा गाँधी (b) मुल्कराज आनन्द
(c) मुंशी प्रेमचन्द (d) जवाहरलाल नेहरू

86. रस के सम्बन्ध में दिए गए कथनों के आधार पर सही विकल्प का चयन करें।
कथन I यह एक कलात्मक प्रस्तुति का आनन्द लेने के दौरान प्राप्त होने वाला सौन्दर्यपरक अनुभव है।
कथन II यह दर्शक या सौन्दर्यप्रेमी में मानवीय भावनाओं के निर्माण से सम्बन्धित है।
(a) न तो कथन I और न ही कथन II सत्य है।
(b) केवल कथन I सत्य है।
(c) कथन I और कथन II दोनों सत्य हैं।
(d) केवल कथन II सत्य है।

87. यदि कर योग्य आधार में वृद्धि के साथ कर की दर घट जाती है, तो इस प्रकार के कराधान को कहा जाता है।
(a) प्रतिगामी (regressive)
(b) ह्रासमान आरोही (degressive)
(c) वर्धमान (increasing)
(d) प्रगामी (progressive)

88. भारतीय संविधान के अनुसार, देश के लिए कानून और नीतियाँ बनाने की शक्ति किसके पास होती है?
(a) राजनीतिक दलों
(b) राजनीतिक दबाव समूह
(c) संसद
(d) प्रधानमन्त्री

89. भारत सरकार में भारतीयों की भागीदारी का विस्तार करने के लिए यूनाइटेड किंगडम की संसद द्वारा पारित भारत सरकार अधिनियम, 1919 के तहत राज्य परिषद् में कितने सदस्य (निर्वाचित और मनोनीत) थे?
(a) 60 (b) 50 (c) 75 (d) 70

90. निम्नलिखित मे से किसने मानवीय और सामाजिक कार्य करने के लिए रामकृष्ण मिशन की स्थापना की?
(a) देवेन्द्रनाथ टैगोर (b) ईश्वरचन्द्र विद्यासागर
(c) अरबिन्दो घोष (d) स्वामी विवेकानन्द

91. कौन-सी तरंग ध्वनि तरंग की गति के समानान्तर दोलन करती है?
(a) अनुदैर्ध्य तरंग (b) अनुप्रस्थ तरंग
(c) यान्त्रिक तरंग (d) विद्युत चुम्बकीय तरंग

92. अशोक ने अपने पुत्र महेन्द्र और पुत्री संघ मित्रा को धम्म का प्रचार करने के लिए निम्नलिखित में से किस देश में भेजा था?
(a) बर्मा (b) अफगानिस्तान
(c) श्रीलंका (d) चीन

93. निम्नलिखित में से किसे भारत में हरित क्रान्ति में उनके योगदान के लिए भारत रत्न से सम्मानित किया गया था?
(a) ए.पी.जे अब्दुल कलाम
(b) गोविन्द बल्लभ पन्त
(c) पी. वी. काणे
(d) सी. सुब्रमण्यम

94. अन्तर्राष्ट्रीय ओलम्पिक समिति की स्थापना वर्ष ...... में हुई थी।
(a) 1890 ई. (b) 1892 ई.
(c) 1894 ई. (d) 1896 ई.

95. भारतीय संविधान के अनुसार, राज्य में मन्त्रिपरिषद् की न्यूनतम संख्या .... है।
(a) 13 (b) 12
(c) 14 (d) 15

96. निम्नलिखित में से कौन टोक्यो ओलम्पिक 2020 में एकल ओलम्पिक में सात पदक जीतने वाली पहली महिला तैराक थी?
(a) एमा मैकियन (b) रेगन स्मिथ
(c) मेरी हन्ना (d) काइली मास

97. .... पहले तेज गेंदबाज थे, जो भारतीय टेस्ट टीम के कप्तान थे।
(a) जहीर खान
(b) जसप्रीत बुमराह
(c) जवागल श्रीनाथ
(d) कपिल देव

98. हिन्दू पंचाग के चैत्र मास के पहले दिन, उगादी मुख्य रूप से निम्नलिखित में से किस राज्य में मनाया है?
(a) उत्तराखण्ड (b) ओडिशा
(c) कर्नाटक (d) असम

99. भारतीय संविधान का कौन-सा अनुच्छेद संघीय कार्यपालिका से सम्बन्धित है?
(a) अनुच्छेद 80 से 86
(b) अनुच्छेद 52 से 78
(c) अनुच्छेद 38 से 50
(d) अनुच्छेद 112 से 118

100. निम्नलिखित में से कौन-सी घटना, भारत में मानसून से सम्बन्धित नहीं है?
(a) अरब सागर शाखा
(b) बादल फटना
(c) पश्चिमी विक्षोभ
(d) वर्षा अन्तराल

भाग 3

मात्रात्मक योग्यता

101. एक आदमी 48 किमी नाव चलाता है और 48 घण्टे में वापस आता है। वह धारा के अनुकूल 4 किमी की दूरी उतने ही समय में तय कर सकता है जितने समय में धारा के विपरीत 3 किमी की दूरी तय करता है। धारा की चाल (किमी/घण्टा में) ज्ञात करें।
(a) $\frac{7}{24}$ (b) $\frac{3}{29}$
(c) $\frac{7}{21}$ (d) $\frac{5}{21}$

102. 3 इकाई त्रिज्या वाली धातु की गेंद को पिघलाकर 27 समान पासे और 1 इकाई त्रिज्या की एक गेंद बनाई जाती है। पासे की भुजा कितनी है?
(a) 1.6 इकाई (b) 1.4 इकाई
(c) 1.5 इकाई (d) 1.7 इकाई

103. निम्नलिखित व्यंजक का मान ज्ञात कीजिए।
$(1+\tan\theta+\sec\theta)\times(1+\cot\theta-\operatorname{cosec}\theta)$
(a) 1 (b) $\tan\theta$
(c) $\cos\theta\sin\theta$ (d) 2

104. दो स्टेशनों A और B के बीच की दूरी 800 किमी है। एक ट्रेन A से B तक की दूरी 90 किमी/घण्टा की चाल से तय करती है और 65 किमी/घण्टा की एकसमान चाल से A पर वापस आती है। पूरी यात्रा के दौरान ट्रेन की औसत चाल (किमी/घण्टा में) कितनी थी?
(a) 75.48 (b) 80.50
(c) 70.45 (d) 82.36

105. एक त्रिभुज का क्षेत्रफल 486 सेमी^{2} है और इसकी भुजाएँ 3:4:5 के अनुपात में है। त्रिभुज की परिधि ज्ञात करें।
(a) 308 सेमी (b) 108 सेमी
(c) 218 सेमी (d) 105 सेमी

106. एक व्यापारी अपने सामान पर 40% की छूट देता है। इसके अतिरिक्त, वह उस सामान पर 20% की अतिरिक्त छूट देता है। इन दो क्रमिक छूटों के समतुल्य एकल छूट ज्ञात कीजिए।
(a) 50% (b) 30%
(c) 60% (d) 52%

107. यदि $x+\cfrac{1}{1+\cfrac{1}{3+\cfrac{1}{2}}}=1$ है, तो x का मान कितना होगा?
(a) $\frac{7}{9}$ (b) $\frac{3}{7}$ (c) $\frac{2}{9}$ (d) $\frac{1}{7}$

108. छेदक रेखा CD वृत्त को E पर प्रतिच्छेदित करती है और CF वृत्त पर F पर स्पर्श रेखा है। यदि छेदक रेखा CD की लम्बाई 20 सेमी है और स्पर्श रेखा CF की लम्बाई 15 सेमी है, तो जीवा DE की लम्बाई ज्ञात कीजिए।
(a) 3.75 सेमी
(b) 11.25 सेमी
(c) 8.75 सेमी
(d) 9.25 सेमी

109. दी गई तालिका का अध्ययन करें और निम्नलिखित प्रश्न का उत्तर दें।
तालिका में 1989 से 1994 तक एक कम्पनी द्वारा पाँच विभिन्न प्रकार की कारों के उत्पादन को दर्शाया गया है।

वर्ष / प्रकार	1989	1990	1991	1992	1993	1994	योग
P	8	20	16	17	21	6	88
Q	16	10	14	12	12	14	78
R	21	17	16	15	13	8	90
S	4	6	10	16	20	31	87
T	25	18	19	30	14	27	133
कुल	74	71	75	90	80	86	476

1993 में सभी प्रकार की कारों के कुल उत्पादन का 25% भाग किस प्रकार की कार का था?
(a) Q (b) S (c) P (d) R

110. $\frac{1}{2^2}+\frac{1}{2^3}\div\left(\frac{1}{2}+\frac{1}{2}\div1\right)+3\frac{1}{3}\div\frac{5}{2}\times\frac{3}{4}\div6\frac{2}{3}\times\frac{7}{6}$ का मान क्या है?
(a) $\frac{11}{30}$ (b) $\frac{21}{20}$ (c) $\frac{11}{20}$ (d) $\frac{7}{40}$

111. निम्नलिखित तालिका वर्ष 2016-2020 के दौरान एक गाँव में पुरुषों, महिलाओं, शिक्षित पुरुषों और शिक्षित महिलाओं की संख्या प्रदर्शित करती है। तालिका का ध्यानपूर्वक अध्ययन करें और प्रश्न का उत्तर दें।

वर्ष	2016	2017	2018	2019	2020
पुरुष	1050	1200	1250	1300	1400
महिला	900	1000	1020	1100	1200
शिक्षित पुरुष	850	1000	1100	1150	1200
शिक्षित महिला	600	820	950	980	1000

सभी वर्षों में शिक्षित महिलाओं की कुल संख्या का कुल महिलाओं की संख्या से प्रतिशत ज्ञात कीजिए। (2 दशमलव स्थानों तक)
(a) 86.23 (b) 89.23
(c) 83.33 (d) 92.33

112. निम्नलिखित तालिका मुम्बई राजस्थान, उत्तर प्रदेश और उत्तराखण्ड स्टॉक एक्सचेजों में क्रय-विक्रय (ट्रेड) किए गए शेयरों को दर्शाती है।

कम्पनी का नाम	मुम्बई		उत्तराखण्ड		राजस्थान		उत्तर प्रदेश	
	उच्च दर	निम्न दर	उच्च दर	निम्न दर	उच्च दर	निम्न दर	उच्च दर	निम्न दर
आटा टी	540	395	450	4255	320	510	440	310
कोलगेट	34	57	60	42	25	60	20	70
जम्बुजा सीमेंट	150	155	120	125	160	135	145	170

जम्बुजा सीमेन्ट के लिए, शेयर की उच्च दर और निम्न दर का अनुपात किस स्टॉक एक्सचेंज में अधिकतम है?

(a) उत्तर प्रदेश (b) उत्तराखण्ड (c) मुम्बई (d) राजस्थान

113. उस वृत्त के त्रिज्यखण्ड का क्षेत्रफल कितना है। जिसकी त्रिज्या 35 सेमी है और जिसकी चाप वृत्त के केन्द्र पर 72° का कोण अन्तरित करती है? $\left(\pi = \frac{22}{7}\right)$

(a) 610 सेमी^{2} (b) 770 सेमी^{2} (c) 810 सेमी^{2} (d) 970 सेमी^{2}

114. निम्न तालिका पाँच वर्षों में एक कम्पनी का सकल टर्नओवर (करोड़ों में) दर्शाती है,

वर्ष	सकल टर्नओवर
2015	13
2016	20
2017	15
2018	23
2019	25

2017 का सकल टर्नओवर 2019 के सकल टर्नओवर का कितना प्रतिशत है?

(a) 6 (b) 16 (c) 60 (d) 0.06

115. एक इलेक्ट्रॉनिक स्टोर में, एक इमर्शन रॉड का अंकित मूल्य ₹ 900 है। स्टोर इसकी बिक्री पर 12% की छूट प्रदान करता है। ग्राहक इसे इलेक्ट्रॉनिक स्टोर से किस कीमत पर (₹ में) खरीद सकता है?

(a) 792 (b) 787 (c) 782 (d) 797

116. $\frac{7+8\times8\div8 \text{ का } 8+8\div8\times5}{4\div4 \text{ का } 4+4\times4\div4-4\div4}$ का मान ज्ञात कीजिए।

(a) 3 (b) 4 (c) 2 (d) 1

117. $(12+18)\div2-11+16\times4-28+13(-18+15)$ का मान ज्ञात कीजिए।

(a) 1 (b) 0 (c) 2 (d) 3

118. दिए गए पाई-ग्राफ का अध्ययन कीजिए और निम्नलिखित प्रश्न का उत्तर दीजिए। इस पाई-आरेख में किसी निश्चित कम्पनी में, वार्षिक बजट के विभिन्न क्षेत्रों के लिए ₹ 7200 करोड़ का आवण्टन दर्शाया गया है।

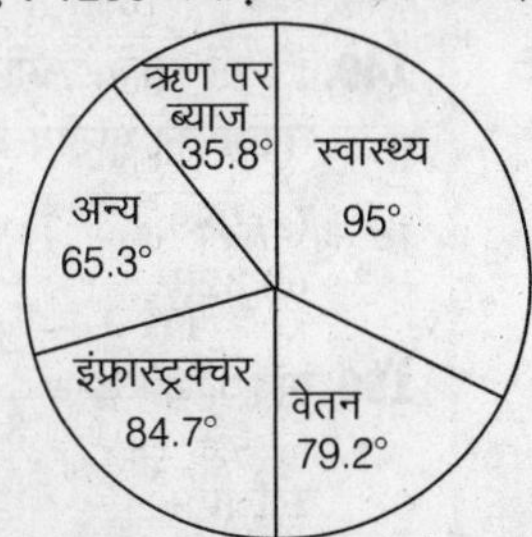

इन्फ्रास्ट्रक्चर पर व्यय (₹ में) है।

(a) ₹ 1694 करोड़ (b) ₹ 6098 करोड़
(c) ₹ 1649 करोड़ (d) ₹ 6089 करोड़

119. राजन और रजत किसी कार्य को क्रमश 64 दिन और 48 दिन में पूरा कर सकते है। रजत से शुरू करते हुए, दोनों एकान्तर दिनों में बारी-बारी से कार्य करते है। कार्य कितने दिनों में पूरा होगा?

(a) $55\frac{3}{4}$ (b) 54 (c) 55 (d) $54\frac{3}{4}$

120. $63-[15+\{17-(9-7+1)\}]$ को सरल कीजिए।

(a) 34 (b) 44 (c) 40 (d) 30

121. दी गई तालिका का अध्ययन कीजिए और नीचे दिए गए प्रश्न का उत्तर दीजिए।

तालिका तीन अलग-अलग केन्द्रों A, B, C पर मतदाताओं की संख्या दर्शाती है।

केन्द्र	पंजीकृत मतदाताओं की कुल संख्या	मतदान करने वाले लोगों का प्रतिशत (पंजीकृत मतदाताओं की कुल संख्या में से)
A	4600	78
B	5400	70
C	6500	85

केन्द्र पर मतदान नहीं करने वालों की संख्या, केन्द्र C पर मतदान नहीं करने वालों की संख्या से कितने प्रतिशत अधिक है?

(a) $66\frac{2}{13}$% (b) $66\frac{3}{13}$% (c) $66\frac{1}{13}$% (d) $66\frac{5}{13}$%

122. $\frac{\tan 71^\circ + \tan 19^\circ}{1-\tan 71^\circ \tan 19^\circ}$ को सरल कीजिए।

(a) 0 (b) $\sqrt{3}$
(c) 1 (d) ज्ञात नहीं किया जा सकता

123. दी गई तालिका का अध्ययन करें और निम्नलिखित प्रश्न का उत्तर दें। तालिका में 1985 से 1989 तक पाँच अलग-अलग कारखानों (P, Q, R, S और T) में स्कूटरों का वार्षिक उत्पादन (हजार में) दर्शाया गया है।

कारखानें	1985	1986	1987	1988	1989
P	20	15	24	13	17
Q	16	23	41	20	15
R	14	21	30	16	12
S	25	14	15	12	22
T	40	32	39	41	35
कुल	115	108	149	102	101

1985 में फैक्ट्री P और फैक्ट्री T द्वारा स्कूटरों के उत्पादन का अनुपात क्या है?

(a) 2 : 3 (b) 1 : 2 (c) 3 : 2 (d) 2 : 1

124. $\frac{(275\times275\times275+725\times725\times725)}{(275\times275+725\times725-725\times275)} \times \frac{(275\times275\times275-725\times725\times725)}{(275\times275+725\times725+725\times275)}$ का मान ज्ञात करें।

(a) 45000 (b) −450000 (c) 450000 (d) −45000

125. एक घनाभ के आयतन में कुल प्रतिशत परिवर्तन क्या है, यदि इसकी लम्बाई और चौड़ाई में क्रमश: 15% और 25% की कमी की जाती है, जबकि इसकी ऊँचाई में 60% की वृद्धि की जाती है?

(a) 5% की वृद्धि (b) 5% की कमी
(c) 2% की वृद्धि (d) 2% की कमी

126. पानी और जूस को 9:7 के अनुपात में मिलाकर एक पेय बनाया जाता है। यदि 160 लीटर पेय में x लीटर पानी और $2x$ लीटर जूस मिलाया जाता है, तो नया अनुपात 13:15 हो जाता है। पेय की मात्रा (लीटर में) ज्ञात करें।

(a) 240 (b) 280 (c) 300 (d) 260

127. निम्नलिखित को सरल कीजिए।

$27 \div 4$ का

$6 \times [16 \div 8 \times (12 - 8)] - (14 \div 7 \times 28)$

(a) –47 (b) –51 (c) 27 (d) 62

128. स्वाति ₹ 40000 कमाती है, जिसमें से वह 25% बचाती है। वह शेष राशि भोजन और शिक्षा पर 3:2 के अनुपात में खर्च करती है। उसकी कुल आय में शिक्षा पर किए गए व्यय का प्रतिशत कितना है?

(a) 20% (b) 40% (c) 30% (d) 60%

129. एक कक्षा के 18 विद्यार्थियों ने एक प्रश्नोत्तरी में भाग लिया। यदि लड़कियों की संख्या, लड़कों की संख्या से 8 अधिक है, तो लड़कों और लड़कियों की संख्या का गुणनफल ज्ञात करें।

(a) 63 (b) 65 (c) 56 (d) 36

130. एक शहर की जनसंख्या में प्रति वर्ष 20% की वृद्धि होती है। यदि उसकी वर्तमान जनसंख्या 80 लाख हो, तो 3 वर्ष पूर्व की, और 2 वर्ष पूर्व की जनसंख्या के बीच का अन्तर ज्ञात कीजिए।

(a) 65592.6 (b) 85592.6
(c) 75592.6 (d) 925925.93

131. यदि $x^2 + 4y^2 + 2x + 1 = 0$ है, तो $x^{39} + y^{36}$ का मूल्य ज्ञात कीजिए।

(a) 1 (b) 2 (c) –2 (d) –1

132. 234 मी लम्बी एक ट्रेन विपरीत दिशा में 9 किमी/घण्टा की चाल से चल रहे एक व्यक्ति को 6 सेकण्ड में पार कर जाती है। ट्रेन समान दिशा में 23.4 किमी/घण्टा की चाल से चल रहे एक अन्य व्यक्ति को कितने समय में (सेकण्ड में) पार कर लेगी?

(a) 8.4 (b) 8 (c) 7.2 (d) 7.8

133. एक छात्रावास में एक महीने के लिए 300 विद्यार्थियों के लिए भोजन की व्यवस्था थी। 20 दिनों के बाद 50 विद्यार्थियों ने छात्रावास छोड़ दिया। बचा हुआ खाना कब तक चलेगा? (1 महीना = 30 दिन)

(a) 12 दिन (b) 16 दिन
(c) 10 दिन (d) 14 दिन

134. एक त्रिभुज की अन्त:त्रिज्या 8 सेमी है और इसकी भुजाओं की लम्बाइयों का योग 125 सेमी है। त्रिभुज का क्षेत्रफल (सेमा^{2} में) क्या है?

(a) 250 (b) 500 (c) 480 (d) 1000

135. एक बेईमान विक्रेता क्रय मूल्य पर 10% हानि पर एक वस्तु बेचता है लेकिन 50 ग्राम के स्थान पर 40 ग्राम का बाँट उपयोग करता है। उसके लाभ प्रतिशत की गणना करें।

(a) 10.0% (b) 18.4%
(c) 11.5% (d) 12.5%

136. $264 \div 8 - 1 - 32 \times 2 + 80 \div 5 \times 40 \div 20$ का मान ज्ञात कीजिए।

(a) 1 (b) 2 (c) 0 (d) 3

137. 2 सेमी, 5 सेमी, 7 सेमी और 8 सेमी लम्बाई वाले रेखाखण्डों में से किन्हीं तीन रेखाखण्डो को लेने पर, बनने वाले त्रिभुजों की संख्या .... होगी।

(a) 2 (b) 4 (c) 3 (d) 1

138. राकेश की तुलना में सपना दोगुनी कुशल है। यदि वे दोनों एक परियोजना पर एकसाथ कार्य करते हैं और इसे 48 दिन में पूरा करते हैं, तो सपना अकेले उस परियोजना को कितने दिन में पूरा कर सकती है?

(a) 52 (b) 68 (c) $69\frac{1}{2}$ (d) 72

139. एक आयताकार लॉन की चौड़ाई 8% कम की जाती है और इसकी लम्बाई में 15% की वृद्धि की जाती है। लॉन के क्षेत्रफल में प्रतिशत परिवर्तन ज्ञात कीजिए।

(a) 5.8% की कमी (b) 5.8% की वृद्धि
(c) 8.5% की कमी (d) 8.5% की वृद्धि

140. धारा की दिशा में यात्रा करते समय एक नाव की गति 33 किमी/घण्टा है, जबकि धारा के प्रतिकूल दिशा में यात्रा करते समय यह 27 किमी/घण्टा है। शान्त जल में नाव की गति क्या है?

(a) 12 किमी/घण्टा (b) 60 किमी/घण्टा
(c) 30 किमी/घण्टा (d) 6 किमी/घण्टा

141. यदि $\sin(x + y) = \cos\{3(x + y)\}$ है, तो $\cot\{2(x + y)\}$ का मान .... होगा।

(a) 1 (b) –1 (c) 2 (d) –2

142. यदि $a + b + c = 13$ और $ab + bc + ca = 22$ है, तो $a^3 + b^3 + c^3 - 3abc$ का मान ...... है।

(a) 1911 (b) 1225
(c) 1339 (d) 1625

143. दिए गए व्यंजक को सरल कीजिए।

$12.3 - [7 + 0.8$ का $(5.6 - 3.8 \times 103)]$

(a) 3.9512 (b) 7.8539
(c) 5.2314 (d) 1.2368

144. 18 सेमी त्रिज्या वाले एक अर्द्धगोले का आयतन (सेमी^{2} में) ज्ञात कीजिए। ($\pi = \frac{22}{7}$ उपयोग करें) (दशमलव के दो स्थानों तक पूर्णांकित)

(a) 18750.23
(b) 12219.43
(c) 11250.25
(d) 12200.43

145. एक बेलन की ऊँचाई 8 सेमी है और इसके आधार का क्षेत्रफल 20 सेमी^{2} है। इसका आयतन ज्ञात करें।

(a) 80 सेमी^{3} (b) 180 सेमी^{3}
(c) 160 सेमी^{3} (d) 100 सेमी^{3}

146. यदि एक निश्चित धनराशि पर 20 महीने के लिए 19.2% की वार्षिक दर से प्राप्त साधारण ब्याज, उसी राशि पर 15 महीने के लिए 11.2% की वार्षिक दर से प्राप्त साधारण ब्याज से ₹ 2920 अधिक है, तो धनराशि (₹ में, निकटतम सैकड़े तक पूर्णांकित) कितनी है?

(a) 16620 (b) 12660
(c) 16660 (d) 16200

147. $\frac{2\cos 15^\circ \sin 15^\circ}{\cos^2 15^\circ - \sin^2 15^\circ}$ का मान ज्ञात कीजिए।

(a) $\sqrt{3}$ (b) $\frac{1}{\sqrt{3}}$
(c) ∞ (d) $\frac{\sqrt{5}-1}{\sqrt{5}+1}$

148. एक व्यक्ति ने ₹ 11520 में दो भैंसें खरीदीं। एक भैंस को 15% की हानि पर बेचा और दूसरी भैंस को 19% के लाभ पर बेचा। यदि दोनों भैंसों का विक्रय मूल्य बराबर है, तो पहली भैंस का क्रय मूल्य ज्ञात कीजिए।

(a) ₹ 6700 (b) ₹ 6720
(c) ₹ 6710 (d) ₹ 6715

149. 11 मी लम्बे, 7 मी चौड़े और 4 मी ऊँचें घनाभ का पृष्ठीय क्षेत्रफल (मी में) ज्ञात करें।

(a) 289 (b) 298
(c) 320 (d) 249

150. यदि $\frac{5x + 3y}{5x - 3y} = \frac{7}{3}$ है, तो $x : y$ का मान ज्ञात कीजिए।

(a) 3 : 2 (b) 3 : 5
(c) 2 : 3 (d) 5 : 3

भाग 4

अंग्रेजी

151. Select the most appropriate antonym of the underlined word in the following sentence.
The teacher praised the student for his diligent work and consistent effort.
(a) Frazzle (b) Persistent
(c) Lazy (d) Squander

152. Select the most appropriate synonym of the underlined word.
will strive to win the race.
(a) trouble (b) Support
(c) Assume (d) Attempt

153. Select the most appropriate antonym of the given word.
Pitiable
(a) Eradicate (b) Pleasant
(c) Grievous (d) Aggregate

154. Identify from the given options the word which is similar in meaning to the following word.
Efface
(a) Hidden (b) Makeup
(c) Daily (d) Destroy

155. Select the most appropriate synonym of the underlined word.
I was astonished to know the truth.
(a) Stunned (b) Awesome
(c) Blindsided (d) Sickened

156. When our principal said she was leaving the company, I played out the opportunity to fill the job.
(a) glided at the opportunity
(b) jumped at the opportunity
(c) started at the opportunity
(d) ran to the opportunity

157. The following sentence has been split into four segments. Identify the segment that contains a grammatical/spelling error.
The sons of the old farmer / fell off after their father / breathed his last / in the village.
(a) in the village.
(b) breathed his last.
(c) The sons of the old farmer
(d) fell off after their father

158. Select the most appropriate option with correct usage of the preposition to substitute the underlined segment in the given sentence.
The core part in Artificial Intelligence (AI) is knowledge engineering, machine learning, machine perception and robotics.
(a) The core part on Artificial Intelligence
(b) The core part of Artificial Intelligence
(c) The core part from Artificial Intelligence
(d) The core part with Artificial Intelligence

159. Select the most appropriate antonym of the given word.
Quaint
(a) Brisk (b) Ridiculous
(c) Ordinary (d) Distinct

160. Select the sentence that has the correct use of words and spellings from the options given below.
(a) The profesional athlete pushed her body to the limit, surpassing all expectations and acheiving a new personal record.
(b) The profesional athlete pushed her body to the limit, surpasing all expectasions and achieving a new personal record.
(c) The professional athlete pushed her body to the limit, surpasing all expectations and acheving a new personal record.
(d) The professional athlete pushed her body to the limit, surpassing all expectations and achieving a new personal record.

161. Select the most appropriate antonym of the given word.
Languid
(a) Exceptional (b) Lazy
(c) Loyal (d) Energetic

162. Select the most appropriate meaning of the idiom in the given sentence.
She's feeling under the weather today.
(a) She's feeling happy and energetic.
(b) She's feeling adventurous and ready for a challenge.
(c) She's feeling worried about something.
(d) She's not feeling well or is a bit sick.

163. Select the option that can be used as a one-word substitute for the given group of words.
Madness or obsession with males
(a) Polygamy (b) Loquacious
(c) Misandrist (d) Andromania

164. Select the incorrectly spelt word.
(a) Assimilation (b) Pluckiness
(c) Accumulation (d) Exestenalism

165. Select the most appropriate option that can substitute the underlined segment in the given sentence. If no substitution is required, select 'No substitution'.
Not a word didnt they speak to the others about the sad turn of events.
(a) did they speak (b) No substitution
(c) do they speak (d) had they speak

166. Select the most appropriate meaning of the given idiom.
A vicious cycle
(a) a situation in which one problem causes another one, making the original problem impossible to solve.
(b) a situation in which one problem causes another one, making the first one easy to solve.
(c) a situation in which one problem creates another one, making the original problem easy to forget.
(d) a situation in which several problems merge and become one extremely complex problem.

167. The following sentence has been divided into parts. One of them may contain an error.
Select the part that contains the error from the given options. If you don't find any error, mark 'No error' as your answer.
I had done/my cooking when/ Vishnu came to see me.
(a) No error
(b) I had done
(c) Vishnu came to see me
(d) my cooking when

168. Select the option that can be used as a one-word substitute for the given group of words.
A mythological animal with one horn on its forehead.
(a) Unicameral (b) Unipod
(c) Unific (d) Unicorn

169. Select the most appropriate segment to substitute the underlined words in the given sentence.
Mr. Patel is likely to win the elections in the sweeping majority.
(a) elections by a sweeping majority
(b) elections on a sweeping majority
(c) elections of a sweeping majority
(d) elections at a sweeping majority

170. Select the option that can be used as a one-word substitute for the given group of words.
One who does not express himself freely.
(a) Approachable (b) Immodest
(c) Introvert (d) Outgoing

171. Select the most appropriate meaning of the given idiom.
The best of both worlds
(a) Everyone gets a chance
(b) Stay strong in a difficult situation
(c) Do a perfectly good job
(d) Good in every way

172. Select the most appropriate idiom that can substitute the underlined words in the given sentence.
I have been <u>living without a lot of money</u> since I lost my job.
(a) receiving a kickback
(b) living hand to mouth
(c) keeping my chin up
(d) as genuine as a three-dollar bill

173. Identify the incorrect spelt word in the given sentence.
Thousands of years ago, great masters of Ayurveda, notebly Sushrut and Charaka, discussed in detail the use of spices for culinary and medical purpose.
(a) parpose (b) notably
(c) discused (d) cullinary

174. Identify the incorrectly spelt word in the given sentence and select the option that rectifies the spelling error.
The veteran footballer was <u>expected for reach here</u> by 10 o clock, the notice said.
(a) expected on reach here
(b) expected to reach here
(c) expected of reach here
(d) expected by reach here

175. The boys seem irresponsibly <u>insaucient</u> about bullying the juniors.
(a) insoucient (b) insuociant
(c) insouciant (d) insouceant

176. Underlined word in the sentence is not spelt correctly. Identify the correct spelling from the options given below. 'At the last hour'
(a) half (b) eleventh
(c) sixth (d) twelfth

177. Select the most appropriate option that can substitute the underlined word in the given idiom.
The Sumo wrestler seemed to be <u>incapable in being tired</u>.
(a) incapable of being tired
(b) incapable from being tired
(c) incapable to being tired
(d) incapable by being tired

178. Select the most appropriate option that can substitute the underlined segment in the given sentence.
Ratul's capability of being <u>able to speak two languages</u> is apt for this post.
(a) bilingual (b) bicultural
(c) bidialectical (d) lingual

179. There are four tributaries / of Ganga and it / is ranked as the fifth / most polluted river of the world.
(a) is ranked as the fifth
(b) of Ganga and it
(c) There are four tributaries
(d) most polluted river of the world

180. Select the most appropriate meaning of the given idiom.
Bite the bullet
(a) To avoid a situation
(b) To help someone achieve their goals
(c) To eat something unpleasant
(d) To face a difficult situation

181. Select the incorrectly spelt word in the given sentence.
Mount Vesuvius is a volcano that erapts hot ashes which fall from the sky like a blizzard.
(a) erapts (b) blizzard
(c) ashes (d) volcano

182. Select the most appropriate antonym of the given word.
Suspend
(a) Extend (b) Terminate
(c) Project (d) Resume

183. Select the word which means the same as the group of words underlined in the given sentence.
Today, <u>a man who betrayed his own country</u> in exchange for money was the topic of every news report.
(a) Gangster (b) Terrorist
(c) Traitor (d) Conman

184. Select the most appropriate meaning of the given idiom.
Beat around the bush
(a) To avoid talking about what is important
(b) To await an explanation
(c) To take on a task that is way too big
(d) To do something without any hesitation

185. The artists abstract painting was <u>enigmatic</u> to the viewers.
(a) Mysterious (b) Instigating
(c) Clear (d) Thrilling

186. Select the most appropriate meaning of the given idiom.
Through thick and thin
(a) Always supporting someone even if there are problems or difficulties
(b) Sometimes thin, sometimes thick
(c) Never giving up a friendship
(d) Never giving up on a goal

187. The road is too busy for elderly people <u>that they cannot cross safely</u>.
(a) that it is difficult to cross.
(b) to cross safely.
(c) that it cannot be crossed properly.
(d) that it is impossible for them to cross.

188. Rectify the sentence by selecting the correct spelling of the underline word from the option.
The baby smiled and laughed at the <u>pickaboo</u> game.
(a) peakaboo (b) pikaboo
(c) peekaboo (d) pekaboo

189. The given sentence is divided into four segments. Identify the segment that contains a grammatical error.
Had you been/working regularly/ you had completed/the project yesterday.
(a) Had you been
(b) the project yesterday
(c) you had completed
(d) working regularly

190. Select the most appropriate option that can substitute the underlined segment in the given sentence.
Before she began, she asked the teacher whether <u>she write</u> with a pen or a pencil.
(a) she can write (b) she wrote
(c) she should write (d) she did write.

Directions (Q. Nos. 191-195) *In the following passage, some words have been deleted. Read the passage carefully and select the most appropriate option to fill in each blank.*

Childhood is an important phase in a person's life. Children are free from worries, tensions and stresses so they lead a very .....(1)..... life. This is the only reason they create golden and beautiful memories during this period which are ......(2)...... in their adulthood. It is the responsibility of parents and guardians to shape the future of a child as he is very ......(3)...... and can drift in any direction. If they have made any mistakes, we should ......(4)...... them instead of misbehaving with them. How we have behaved with them will be ......(5)...... on their minds which will reflect in later stages.

191. Select the most appropriate option to fill in blank number 1.
(a) carefree (b) careful
(c) stressful (d) cautious

192. Select the most appropriate option to fill in blank number 2.
(a) cherished (b) blocked
(c) dumped (d) neglected

193. Select the most appropriate option to fill in blank number 3.
(a) mature (b) innocent
(c) crafty (d) guilty

194. Select the most appropriate option to fill in blank number 4.
(a) damage (b) create
(c) design (d) rectify

195. Select the most appropriate option to fill in blank number 5.
(a) published (b) bleached
(c) imprinted (d) coloured

Directions (Q. Nos. 196-200) *In the following passage, some words have been deleted. Read the passage carefully and select the most appropriate option to fill in each blank.*

Have you ever taken the time to stop and consider the dirt under your feet? Leonardo da Vinci said, "We know more about the movement of celestial bodies than about the soil underfoot." Yet, our very survival as humans - and life on this planet - is intimately linked with the health of a thin layer of soil enveloping the Earth.

Soil provides society with essential food, feed, fibre and raw materials, as well as being home to a quarter of the earths biodiversity. Soils are also the largest organic carbon reservoir on Earth and although highly dynamic, are very fragile. Chop a forest down and it might grow back in 50 years, but lose 10 cm of soil and get ready to wait 1,000 years to get it back. Without soil, our planet would be unrecognisable to us, and more like the barren and inhospitable surface of the Moon or Mars.

Until recently, we did not even know how deep the soil is below our feet. Like the best mysteries, a bit of digging is required for soils to be fully understood and for their history to be laid bare.

When they are visible, a range of questions arise. What does the variation in colour with depth mean? How much carbon is stored? Is the soil dense or light, damaged or healthy? Answering these questions is important, but presents a significant challenge and may require years of training.

196. Select the most suitable word from the passage which means difficult to stay or live in.
(a) Inhospitable (b) Dense
(c) Barren (d) Essential

197. How many years are required to renew the loss of 10 cm of soil?
(a) 1,00,000 (b) 1,000
(c) 100 (d) 10,000

198. What is the tone of the speaker?
(a) Derisive (b) Dogmatic
(c) Sarcastic (d) Alarming

199. Identify the most suitable title for the given passage.
(a) Moon and Mars Expedition
(b) Necessity of Mining
(c) The Uninhabitable Universe
(d) Mysteries Under Man's Feet

200. Mankind's survival, according to the passage, solely depends on
(a) inventions (b) celestial bodies
(c) soil (d) reproduction

जानें सही उत्तर

1 (c)	2 (c)	3 (b)	4 (d)	5 (b)	6 (a)	7 (b)	8 (c)	9 (c)	10 (c)
11 (c)	12 (c)	13 (b)	14 (a)	15 (a)	16 (b)	17 (c)	18 (d)	19 (c)	20 (d)
21 (a)	22 (a)	23 (b)	24 (d)	25 (c)	26 (b)	27 (d)	28 (d)	29 (a)	30 (d)
31 (a)	32 (a)	33 (d)	34 (b)	35 (d)	36 (c)	37 (a)	38 (b)	39 (b)	40 (d)
41 (c)	42 (c)	43 (d)	44 (a)	45 (b)	46 (b)	47 (a)	48 (d)	49 (d)	50 (a)
51 (d)	52 (d)	53 (a)	54 (c)	55 (d)	56 (d)	57 (a)	58 (c)	59 (a)	60 (b)
61 (a)	62 (c)	63 (c)	64 (c)	65 (d)	66 (b)	67 (d)	68 (a)	69 (c)	70 (c)
71 (a)	72 (a)	73 (d)	74 (c)	75 (b)	76 (a)	77 (c)	78 (c)	79 (c)	80 (c)
81 (d)	82 (a)	83 (d)	84 (d)	85 (c)	86 (c)	87 (a)	88 (c)	89 (a)	90 (d)
91 (a)	92 (c)	93 (d)	94 (c)	95 (b)	96 (a)	97 (d)	98 (c)	99 (b)	100 (c)
101 (a)	102 (a)	103 (d)	104 (a)	105 (b)	106 (d)	107 (c)	108 (c)	109 (b)	110 (c)
111 (c)	112 (d)	113 (b)	114 (c)	115 (a)	116 (b)	117 (a)	118 (a)	119 (d)	120 (a)
121 (a)	122 (d)	123 (b)	124 (b)	125 (c)	126 (b)	127 (a)	128 (c)	129 (b)	130 (d)
131 (d)	132 (d)	133 (a)	134 (b)	135 (d)	136 (c)	137 (a)	138 (d)	139 (b)	140 (c)
141 (a)	142 (c)	143 (a)	144 (b)	145 (c)	146 (d)	147 (b)	148 (b)	149 (b)	150 (a)
151 (c)	152 (d)	153 (b)	154 (d)	155 (a)	156 (b)	157 (d)	158 (b)	159 (c)	160 (d)
161 (d)	162 (d)	163 (d)	164 (d)	165 (a)	166 (a)	167 (a)	168 (d)	169 (a)	170 (c)
171 (d)	172 (b)	173 (b)	174 (b)	175 (c)	176 (b)	177 (a)	178 (a)	179 (b)	180 (d)
181 (a)	182 (d)	183 (c)	184 (a)	185 (c)	186 (a)	187 (b)	188 (c)	189 (c)	190 (c)
191 (a)	192 (a)	193 (b)	194 (d)	195 (c)	196 (a)	197 (b)	198 (d)	199 (d)	200 (c)

प्रश्नों के सही हल

1. (c) जिस प्रकार, F R O M → (+2, +1, −1, −2) → H S N K

तथा W A K E → (+2, +1, −1, −2) → Y B J C

उसी प्रकार, J U M P → (+2, +1, −1, −2) → [L V L N]

2. (c) दी गई शृंखला का क्रम निम्न प्रकार है,

$228 \xrightarrow{-19} 209 \xrightarrow{-17} 192 \xrightarrow{-13} 179 \xrightarrow{-11} 168 \xrightarrow{-7} \boxed{161}$

(उल्टे क्रम में क्रमश: अभाज्य संख्या घटाने पर अगली संख्या प्राप्त होती है)

3. (b) दिया है,

$A \to +$,	$B \to -$
$C \to \times$,	$D \to \div$

समीकरण ⇒ 80 B 12 C 5 A 27 D 9

चिह्न रखने पर,

$80 - 12 \times 5 + 27 \div 9$

$= 80 - 12 \times 5 + 3$

$= 80 - 60 + 3$

$= 83 - 60 = 23$

4. (d) जिस प्रकार, C R A B → (−4, +2, −4, +2) → Y T W D

तथा C A L M → (−4, +2, −4, +2) → Y C H O

उसी प्रकार, Z O O M → (−4, +2, −4, +2) → [V Q K O]

5. (b) अंग्रेजी शब्दकोश के अनुसार शब्दों का क्रम निम्न प्रकार है,

5. Understand
↓
6. Undetermined
↓
4. Undone
↓
3. Uneasiness
↓
1. Unfaithful
↓
2. Unfamiliar

⇒ 5, 6, 4, 3, 1, 2

6. (a) कथनानुसार,

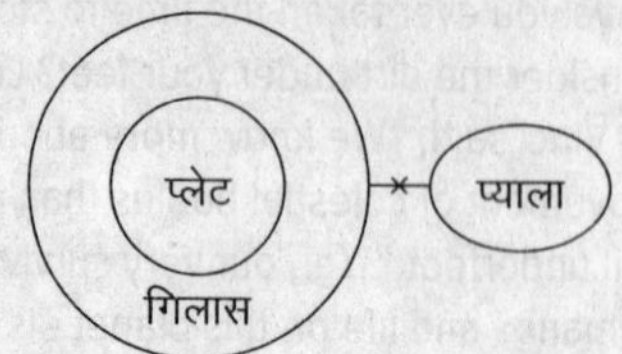

निष्कर्ष

I. (✗) II. (✗)

अत: न तो निष्कर्ष I और न ही II अनुसरण करता है।

7. (b) जिस प्रकार,

$(21, 63, 378) \Rightarrow 21 \times 3 = 63$

$63 \times 6 = 378$

तथा $(23, 69, 414) \Rightarrow 23 \times 3 = 69$

$69 \times 6 = 414$

उसी प्रकार,

$(27, 81, 486) \Rightarrow 27 \times 3 = 81$

$81 \times 6 = 486$

8. (c) जिस प्रकार,

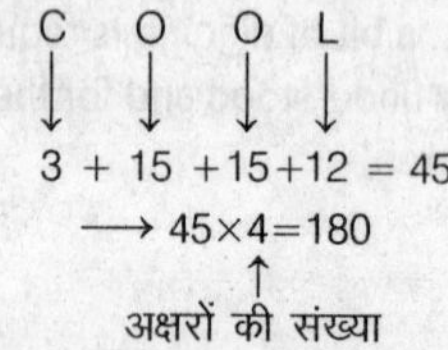

तथा

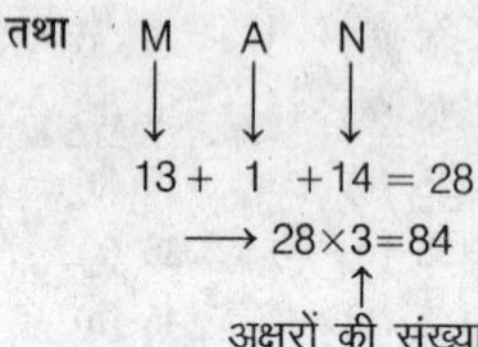

उसी प्रकार,

Q U I E T

17+ 21+ 9 + 5 +20 = 72

⟶ 72×5=360

↑

अक्षरों की संख्या

9. (c) जिस प्रकार,

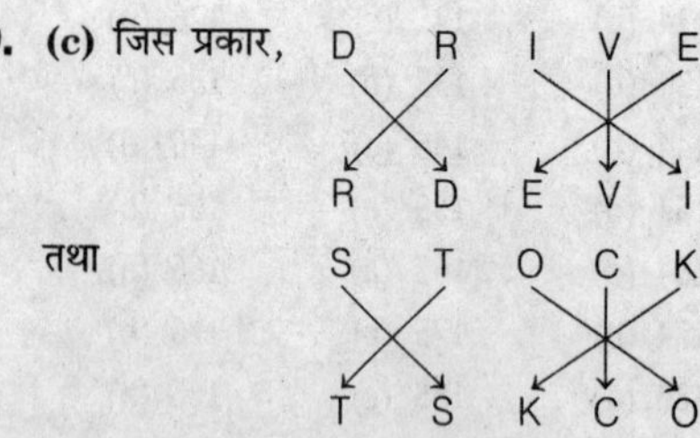

उसी प्रकार,

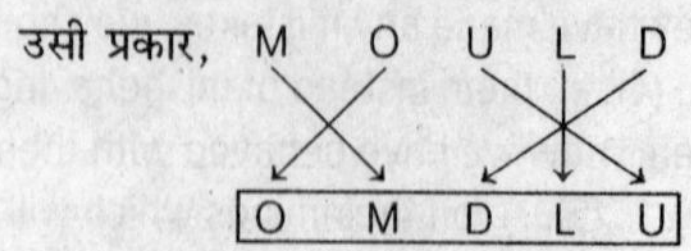

10. (c) प्रश्नानुसार,

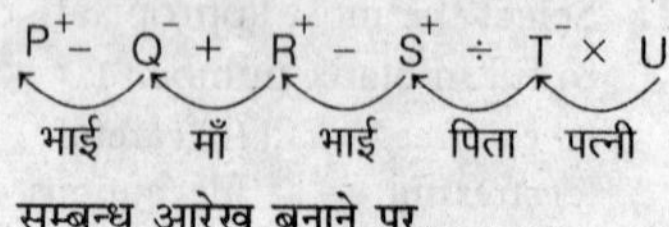

सम्बन्ध आरेख बनाने पर,

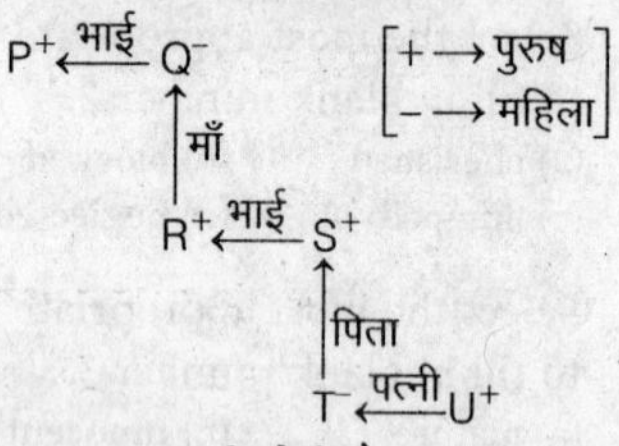

अत: T, Q की पोती है।

11. (c) प्रश्न में दी गई शृंखला क्रमश: अभाज्य संख्या की शृंखला है, जो 101 से शुरू होती है।

101, 103, 107, 109, [113], 127, 131, 137

12. (c) दिया है,

$+ \Leftrightarrow -, \times \Leftrightarrow \div$

$76 \div 6 + 18 \times 6 - 49$

प्रश्नानुसार चिह्न बदलने पर,

$76 \times 6 - 18 \div 6 + 49$

$= 76 \times 6 - 3 + 49$

$= 456 - 3 + 49$

$= 505 - 3 = 502$

13. (b) विकल्प आकृति (b) उस पैटर्न को दर्शाता है, जो दी गई पारदर्शी शीट को मध्य ऊर्ध्वाधर रेखा पर मोड़ने पर दिखाई देगा।

14. (a) दिया है,

$+ \Rightarrow -$	$- \Rightarrow \div$
$\times \Rightarrow +$	$\div \Rightarrow \times$

$16 \times 9 + 5 \div 4 - 2$

चिह्न बदलने पर,

$16 + 9 - 5 \times 4 \div 2$

$= 16 + 9 - 5 \times 2$

$= 16 + 9 - 10$

$= 25 - 10 = 15$

15. (a) प्रत्येक अगली आकृति में नीचे से ऊपर की ओर बढ़ने पर एक तीर हटा दिया जाता है तथा उसके ठीक बगल वाले तीर को पलट दिया जाता है। अत: विकल्प आकृति (a) शृंखला की अगली आकृति है।

16. (b) दी गई आकृति शृंखला में निम्न क्रम का अनुसरण हो रहा है।

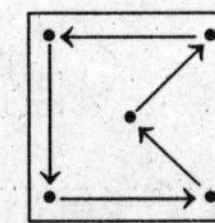

अत: इसी क्रम का अनुसरण करते हुए विकल्प आकृति (b) शृंखला को पूरा करेगी।

17. (c) जिस प्रकार,

BEDROOM $\Rightarrow$ अक्षरों की संख्या $\times 4$
$= 7 \times 4 = 28$

तथा MOON $\Rightarrow 4 \times 4 = 16$

उसी प्रकार,

CHAIN $\Rightarrow 5 \times 4 = 20$

18. (d) प्रश्न में दी गई शृंखला निम्न प्रकार है,

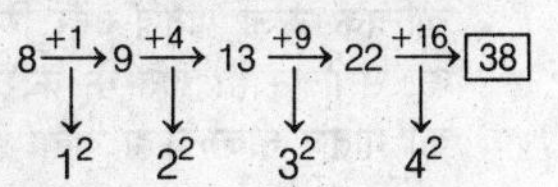

19. (c) प्रश्नानुसार,

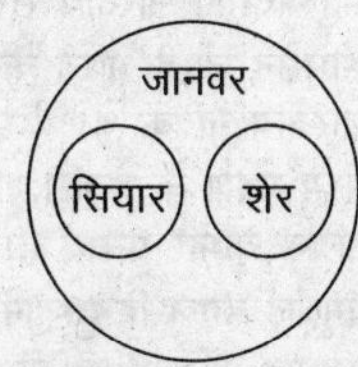

∴ शेर तथा सियार दोनों जानवर हैं।

20. (d) जिस प्रकार,

$(18, 3, 9) \Rightarrow \frac{18}{6} = 3$ तथा $3 \times 3 = 9$

तथा

$(36, 6, 18) \Rightarrow \frac{36}{6} = 6$ तथा $6 \times 3 = 18$

उसी प्रकार,

$(78, 13, 39) \Rightarrow \frac{78}{6} = 13$ तथा $13 \times 3 = 39$

21. (a) दिया है, $[+ \Leftrightarrow -, \ \times \Leftrightarrow \div]$

$11 \div 12 - 78 \times 6 + 54$

प्रश्नानुसार, चिह्न बदलने पर,

$11 \times 12 + 78 \div 6 - 54$

$= 132 + 13 - 54$

$= 145 - 54 = 91$

22. (a) विकल्प आकृति (a) उस पैटर्न को दर्शाता है जो दी गई पारदर्शी शीट को मध्य ऊर्ध्वाधर रेखा पर मोड़ने पर दिखाई देगा।

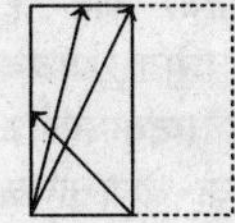

23. (b) प्रश्न में दी गई शृंखला निम्न प्रकार है,

G $\xrightarrow{+2}$ I $\xrightarrow{+2}$ K $\xrightarrow{+2}$ M $\xrightarrow{+2}$ O

X $\xrightarrow{-2}$ V $\xrightarrow{-2}$ T $\xrightarrow{-2}$ R $\xrightarrow{-2}$ P

M $\xrightarrow{+2}$ O $\xrightarrow{+2}$ Q $\xrightarrow{+2}$ S $\xrightarrow{+2}$ U

A $\xrightarrow{-2}$ Y $\xrightarrow{-2}$ W $\xrightarrow{-2}$ U $\xrightarrow{-2}$ S

24. (d) प्रश्नानुसार,

$A \Rightarrow \div, B \Rightarrow \times, C \Rightarrow +, D \Rightarrow -$

96 A 4 D 5 B 7 C 20

चिह्न रखने पर,

$96 \div 4 - 5 \times 7 + 20$

$= 24 - 5 \times 7 + 20$

$= 24 - 35 + 20$

$= 44 - 35 = 9$

25. (c) विकल्प आकृति (c) प्रश्न आकृति का सही दर्पण प्रतिबिम्ब है,

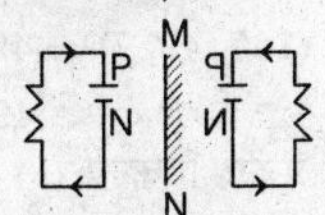

26. (b) प्रश्नानुसार,

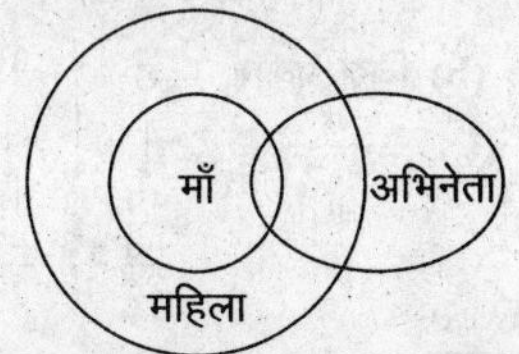

27. (d) विकल्प आकृति (d) प्रश्न आकृति का सही दर्पण प्रतिबिम्ब है।

28. (d) प्रश्नानुसार,

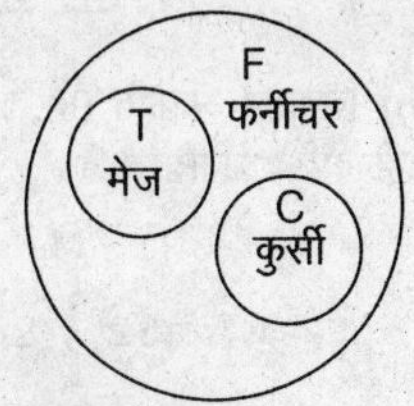

मेज और कुर्सी दोनों ही अलग-अलग प्रकार के फर्नीचर हैं।

29. (a) प्रश्नानुसार,

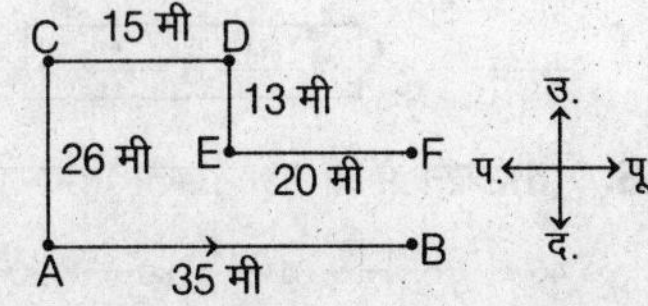

अत: बिन्दु F से बिन्दु B दक्षिण दिशा में है।

30. (d) दी गई शृंखला का क्रम निम्न प्रकार है,

N $\xrightarrow{+2}$ P $\xrightarrow{+2}$ R $\xrightarrow{+2}$ T $\xrightarrow{+2}$ V

B $\xrightarrow{-2}$ Z $\xrightarrow{-2}$ X $\xrightarrow{-2}$ V $\xrightarrow{-2}$ T

R $\xrightarrow{+1}$ S $\xrightarrow{+1}$ T $\xrightarrow{+1}$ U $\xrightarrow{+1}$ V

Y $\xrightarrow{-1}$ X $\xrightarrow{-1}$ W $\xrightarrow{-1}$ V $\xrightarrow{-1}$ U

31. (a) जिस प्रकार शैल के अध्ययन को कंकोलॉजी कहते हैं, उसी प्रकार जीवाश्म के अध्ययन को पैलेओंन्टोलॉजी कहते हैं।

32. (a) प्रश्नानुसार,

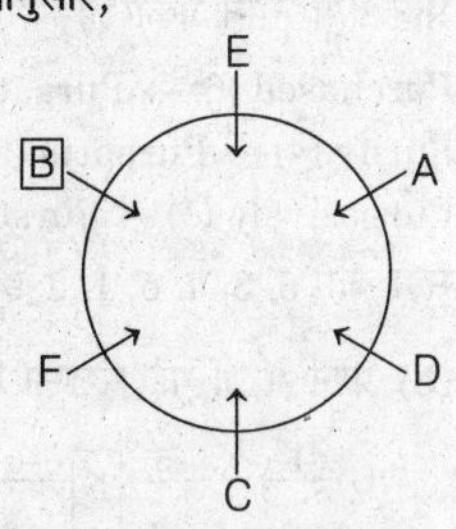

F के ठीक बाएँ ओर B बैठा है।

33. (d) दिया है,

$7 \div 225 + 5 \times 3 - 20 = 140$

विकल्प (d) से चिह्न को आपस में बदलने पर,

$7 + 255 \div 5 \times 3 - 20 = 140$

$\Rightarrow 7 + 51 \times 3 - 20 = 140$

$\Rightarrow 7 + 153 - 20 = 140$

$\Rightarrow 160 - 20 = 140$

$\Rightarrow 140 = 140$

34. (b) विकल्प आकृति (b) प्रश्न आकृति का सही दर्पण प्रतिबिम्ब है।

M

E%y95A | A59y%E (दर्पण प्रतिबिम्ब)

N

35. (d) प्रश्नानुसार,

M + N – P × S % T

पत्नी भाई पुत्र पिता

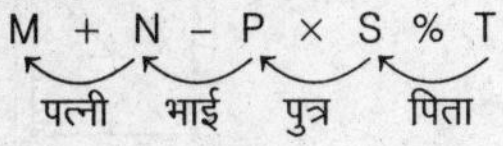

सम्बन्ध आरेख बनाने पर

[+ → पुरुष
– → महिला]

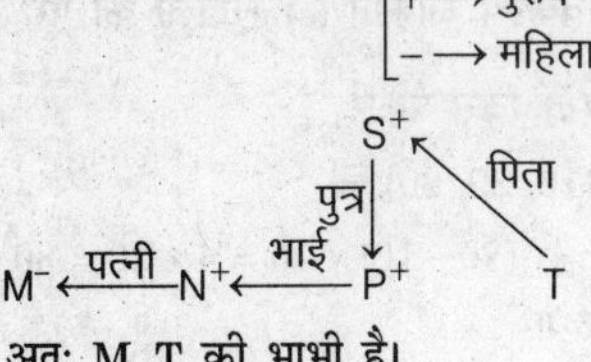

अत: M, T की भाभी है।

36. (c) $8 - 3 \times 4 + 16 \div 2$

$(+ \leftrightarrow -)$

प्रश्नानुसार चिह्न बदलने पर,

$8 + 3 \times 4 - 16 \div 2$

$= 8 + 3 \times 4 - 8$

$= 8 + 12 - 8 = 12$

37. **(a)** जिस प्रकार,

$9, 90 \Rightarrow 9^2 + 9 = 81 + 9 = 90$

तथा

$12, 156 \Rightarrow (12)^2 + 12 = 144 + 12 = 156$

उसी प्रकार,

$?, 72 \Rightarrow ?^2 + ? = 72$

$8^2 + 8 = 72$

अत: $? = 8$

38. **(b)** अंग्रेजी शब्दकोश के अनुसार शब्दों का सही क्रम निम्न प्रकार है,

Purchased (6) → Purgatory (3) → Purify (4) → Purports (5) → Purposively (1) → Pursuit (2)

सही क्रम 6, 3, 4, 5, 1, 2 है।

39. **(b)** प्रश्न में दी गई शृंखला निम्न प्रकार है,

$U \xrightarrow{-5} P \xrightarrow{-5} \boxed{K} \xrightarrow{-5} F \xrightarrow{-5} A$

$B \xrightarrow{+2} D \xrightarrow{+2} \boxed{F} \xrightarrow{+2} H \xrightarrow{+2} J$

$I \xrightarrow{+2} K \xrightarrow{+2} \boxed{M} \xrightarrow{+2} O \xrightarrow{+2} Q$

$G \xrightarrow{+5} L \xrightarrow{+5} \boxed{Q} \xrightarrow{+5} V \xrightarrow{+5} A$

40. **(d)** जिस प्रकार,

B	E	S	T
↓+5	↓+6	↓+5	↓+6
G	K	X	Z

तथा

E	D	G	E
↓+5	↓+6	↓+5	↓+6
J	J	L	K

उसी प्रकार,

W	I	N	D
↓+5	↓+6	↓+5	↓+6
B	O	S	J

41. **(c)** दी गई आकृति शृंखला में निम्न क्रम का अनुसरण हो रहा हैं।

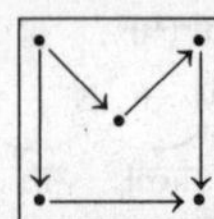

अत: इसी क्रम का अनुसरण करते हुए विकल्प आकृति (c) शृंखला को पूरा करेगी।

42. **(c)** जिस प्रकार,

$(16, 20, 80) \Rightarrow$

$(20 - 16) \times 20 = 4 \times 20 = 80$

तथा

$(12, 16, 64) \Rightarrow$

$(16 - 12) \times 16 = 4 \times 16 = 64$

उसी प्रकार,

$(18, 22, 88) \Rightarrow$

$(22 - 18) \times 22 = 4 \times 22 = 88$

43. **(d)** प्रश्नानुसार,

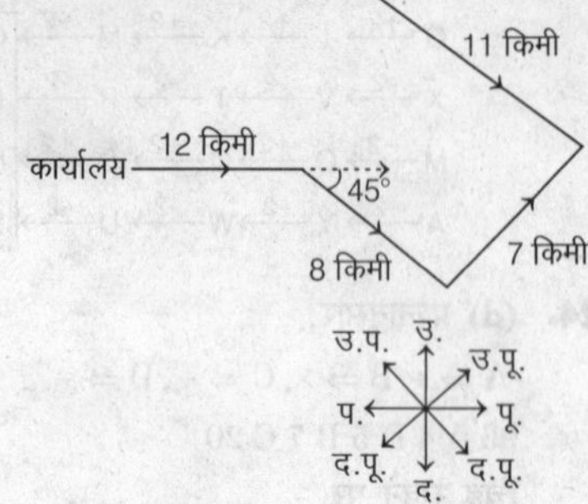

अन्त में वह उत्तर-पश्चिम की ओर जा रहा था, अत: उसने अपने कार्यालय से पूर्व दिशा में चलना शुरू किया था।

44. **(a)** जिस प्रकार,

$(84, 28, 4) \Rightarrow 28 \times 3 = 84$

$28 \div 7 = 4$

तथा $(147, 49, 7) \Rightarrow 49 \times 3 = 147$

$49 \div 7 = 7$

उसी प्रकार विकल्प (a) से,

$(231, 77, 11) \Rightarrow 77 \times 3 = 231$

$77 \div 7 = 11$

45. **(b)** जिस प्रकार,

S	I	N	G
19	9	14	7
+3	+3	+3	+3
22	12	17	10

तथा

F	O	U	R
6	15	21	18
+3	+3	+3	+3
8	18	24	21

उसी प्रकार,

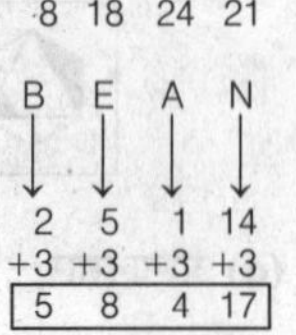

B	E	A	N
2	5	1	14
+3	+3	+3	+3
5	8	4	17

46. **(b)** विकल्प आकृति (b), प्रश्न आकृति का सही दर्पण प्रतिबिम्ब है।

M

NAm52 | NAm52 (दर्पण प्रतिबिम्ब)

N

47. **(a)** यहाँ,

$O \xrightarrow{+4} S \xrightarrow{-3} P$

$S \xrightarrow{+4} W \xrightarrow{-3} T$

$U \xrightarrow{+4} Y \xrightarrow{-3} U$

परन्तु, $\boxed{Q \xrightarrow{+4} U \xrightarrow{-2} S}$

48. **(d)** प्रश्न में दी गई शृंखला निम्न प्रकार है,

$46 \xrightarrow{+17} \boxed{63} \xrightarrow{+18} 81 \xrightarrow{+19} 100 \xrightarrow{+20} 120 \xrightarrow{+21} 141$

49. **(d)** प्रश्न आकृति (X), विकल्प आकृति (d) में सन्निहित है।

50. **(a)** पासे की स्थिति II तथा III में 5 और 3 दोनों उभयनिष्ठ हैं, तो दोनों पासे पर शेष बची दोनों संख्याएँ एक-दूसरे के विपरीत होंगे। अत: संख्या 1 दर्शाने वाले फलक के विपरीत फलक पर संख्या 2 होगी।

51. **(d)** यो-यो के रिलीज होने से पहले उसमें स्थितिज ऊर्जा होती है।

- स्थितिज ऊर्जा वह शक्ति है, जो किसी वस्तु द्वारा शून्य बिन्दु के सापेक्ष अपनी स्थिति के परिणामस्वरूप उसमें संचित की गई होती है।
- किसी रासायनिक पदार्थ के आवेशों में संचित ऊर्जा को उसकी रासायनिक ऊर्जा कहते हैं।
- यान्त्रिक ऊर्जा गतिज और स्थितिज ऊर्जा का संयोजन है। गति के कारण उत्पन्न ऊर्जा को गतिज ऊर्जा कहा जाता है।

52. **(d)** पण्डित शिवकुमार शर्मा गायक नहीं है, अपितु प्रख्यात भारतीय सन्तूर वादक है।

- भीमसेन जोशी भारत के एक प्रसिद्ध शास्त्रीय गायक थे।
- मध्य प्रदेश के देवास शहर के सुप्रसिद्ध गायक कुमार गन्धर्व है।
- गंगूबाई हंगल हिन्दुस्तानी शास्त्रीय संगीत की प्रख्यात गायिका थी। गंगूबाई हंगल का सम्बन्ध किराना घराने से था।

53. **(a)** संगीता मजूमदार को कथक नृत्य में उनके योगदान के लिए कासा डे ला, स्पेन द्वारा सम्मानित किया गया था।

- वह भारतीय सांस्कृति सम्बन्ध परिषद् (ICCR) की सूचीबद्ध कलाकार भी हैं।
- कथक भारत के 9 शास्त्रीय नृत्यों में से प्रमुख है, जिसकी उत्पत्ति मुख्य रूप से उत्तर भारत में हुई है।
- इसके तीन प्रमुख घराने हैं-जयपुर घराना, लखनऊ घराना और वाराणसी घराना।

54. **(c)** मोहन वीणा वादक पण्डित विश्व मोहन भट्ट ने वर्ष 1994 में ग्रैमी पुरस्कार जीता था।

- विश्व मोहन भट्ट एक हिन्दुस्तानी शास्त्रीय संगीत वादक हैं।
- इस वाद्ययन्त्र का नामकरण संगीतज्ञ ठाकुर जयदेव सिंह द्वारा किया गया, जो तब ऑल इण्डिया रेडियो में मुख्य निर्माता थे।
- ग्रैमी पुरस्कार, 2024 में पाँच भारतीयों ने जीता।
- **तबलावादक**-जाकिर हुसैन, **बाँसुरी वादक**-राकेश चौरसिया, **गायक**-शंकर महादेवन, **वायलिन वादक**-गणेश राजगोपालन, **तालवादक**-सेला गणेश विनायकराम

55. (d) नमक, चीनी और संतृप्त या ट्रांस वसा से भरपूर भोजन रक्तचाप को बढ़ा सकती है।
- सामान्य रक्तचाप की सीमा 120/80 मिमी है।
- रक्तचाप को एक उपकरण द्वारा मापा जाता है, जिसे स्फिग्मोमैनोमीटर के रूप में जाना जात है।
- रक्त के अध्ययन को हेमेटोलॉजी के रूप में जाना जाता है।

56. (d) गंगा नदी की सहायक नदी रामगंगा उत्तराखण्ड के पौड़ी गढ़वाल जिले में दूधाटोली पर्वत से निकलती है।
- यह जिम कॉर्बेट नेशनल पार्क से होकर बहती है तथा कालागढ़ से मैदानी भागों में प्रवेश करती है।
- रामगंगा नदी भारत के उत्तराखण्ड एवं उत्तर प्रदेश राज्य में प्रवाहित होती है।

57. (a) वर्ष 2011 की जनगणना के अनुसार, केन्द्रशासित प्रदेश दादरा और नगर हवेली की साक्षरता दर सबसे कम 76.2% है।
- केन्द्रशासित प्रदेशों में लक्षद्वीप की साक्षरता दर सबसे अधिक 9185% है।
- वर्ष 2011 की जनगणना के अनुसार, लक्षद्वीप की जनसंख्या 64429 है।

58. (c) द्रोणाचार्य पुरस्कार खेल के क्षेत्र में प्रदान किया जाता है। जबकि महारी पुरस्कार, कालिदास सम्मान पुरस्कार, संगीत नाटक अकादमी पुरस्कार नृत्य एवं संगीत के क्षेत्र में दिया जाता है।
- वर्ष 1985 में शुरू किया गया द्रोणाचार्य पुरस्कार खेल में उत्कृष्ट कोचों को प्रदान किया जाता है।
- महारी पुरस्कार गुरू पंकज चरण ओडिसी रिसर्च फाउण्डेशन द्वारा स्थापित एक पुरस्कार है।
- कालिदास सम्मान पुरस्कार वर्ष 1980 से कला के क्षेत्र में प्रदान किया जा रहा है।
- संगीत नाटक अकादमी पुरस्कार कला के क्षेत्र में प्रदान किया जाता है।
- द्रोणाचार्य पुरस्कार 2024, **श्री सुभाष राणा**-पैरा शूटिंग, **श्री दीपाली देशपाण्डेय**-शूटिंग, **श्री संदीप सांगवान**-हॉकी

59. (a) भारतीय संविधान के सन्दर्भ में केवल कथन 1 और 2 सही है।
- भारत के संविधान के अनुसार, सरकार के तीन अंग हैं-विधायिका, कार्यपालिका और न्यायपालिका।
- संविधान ने शक्तियों के पृथक्करण के माध्यम से कार्यों का विभाजन किया है।
- विधायिका हमारे निर्वाचित प्रतिनिधियों की सन्दर्भित करती है।
- कार्यपालिका उन लोगों का एक छोटा समूह है, जो कानूनों को लागू करने और सरकार चलाने के लिए जिम्मेदार है।
- न्यायपालिका इस देश में न्यायालयों की व्यवस्था को सन्दर्भित करती है।

60. (b) सोडियम सल्फेट और बेरियम क्लोराइड की अभिक्रिया में बनने वाले श्वेत अवक्षेप का नाम बेरियम सल्फेट है।
- जब बेरियम क्लोराइड अपने जलीय घोल के रूप में सोडियम सल्फेट के साथ मिलता है, तो बेरियम सल्फेट का एक सफेद अवक्षेप बनता है। जो पानी में अघुलनशील होता है।
- प्रतिक्रिया से सोडियम क्लोराइड (नमक) भी बनता है, जो पानी में घुल जाता है और देखा नहीं जा सकता है।
- $BaCl_2 + NaSO_4 \rightarrow BaSO_4 + 2NaCl$

61. (a) विद्युत प्रतिरोधकता को प्राय: ग्रीक अक्षर ρ(rho) द्वारा दर्शाया जाता है।
- विद्युत प्रतिरोधकता की SI इकाई ओम-मीटर (Ωm) है।
- प्रतिरोधकता किसी पदार्थ का एक मौलिक विशिष्ट गुण है, जो उसके विद्युत प्रतिरोध को मापता है।

62. (c) पिछले चार वर्षों की अवधि में क्रीडा और खेलों में उत्कृष्ट प्रदर्शन के लिए और नेतृत्व, खेल कौशल और अनुशासन की भावना दिखाने के लिए अर्जुन पुरस्कार दिए जाते हैं।
- अर्जुन पुरस्कार की स्थापना वर्ष 1961 में हुई थी।
- अर्जुन पुरस्कार, 2024 में 32 खिलाड़ियों को दिया गया, जिसमें से 17 पैरा-एथलीट शामिल हैं।
- पुरस्कार प्राप्त विजेताओं को अर्जुन की एक प्रतिमा एक प्रमाण-पत्र तथा नकद पुरस्कार प्रदान किया जाता है।

63. (c) सत्रिया शास्त्रीय नृत्य की शुरुआत वैष्णव सन्त श्रीमन्त शंकरदेव ने की थी।
- 15वीं शताब्दी ईस्वी में असम के महान वैष्णव सन्त और सुधारक श्रीमन्त शंकरदेव द्वारा सत्रिया नृत्य को वैष्णव धर्म के प्रचार हेतु एक शक्तिशाली माध्यम के रूप में परिचित कराया गया।
- सत्रिया नृत्य भारत के 9 शास्त्रीय नृत्य रूपों में से एक है।
- इसे वर्ष 2000 में संगीत नाटक अकादमी द्वारा शास्त्रीय नृत्य के रूप में मान्यता दी गई थी।

64. (c) प्रश्नानुसार विकल्प (c) सही है, परन्तु वास्तविक में वर्ष 2011 की जनगणना के अनुसार, भारत की साक्षरता दर 74.4% है।
- भारतीय जनगणना में जनसांख्यिकीय, सामाजिक और आर्थिक जानकारी शामिल है।
- यह प्रत्येक दसवें वर्ष के बाद समय-समय पर आयोजित किया जाता है।
- पहली बार जनगणना लॉर्ड मेयो के शासन काल में 1872 ई. में हुई थी।

65. (d) विटामिन B12 लाल रक्त कोशिकाओं के निर्माण, तन्त्रिकीय कार्य-प्रणाली और डीएनए संश्लेषण से जुड़ा हुआ है।
- विटामिन B12 को कोबालामिन भी कहा जाता है।
- यह एकमात्र धातु युक्त विटामिन है।
- विटामिन B12 में कोबाल्ट धातु होती है।
- यह एक अत्यधिक जटिल आवश्यक विटामिन है।

66. (b) उस्ताद बुन्दू खान दिल्ली घराने के एक सारंगी वादक थे।
- सारंगी उत्तर भारत में प्रचलित एक तन्तु वाद्ययन्त्र है, जिसे तुन की लकड़ी से बनाया जाता है।
- सारंगी के कुछ प्रसिद्ध वादक हैं-पण्डित राम नारायण, उस्ताद सुल्तान खान, उस्ताद शकूर खान, उस्ताद गोपाल मिश्र आदि।

67. (d) जब कोर पर प्रतिबल, घर्षण से आगे बढ़ जाता है, तो भूकम्प होता है, जो तरंगों में ऐसी ऊर्जा छोड़ता है, जो भू-पपर्टी से गुजरती है और ऐसे कम्पन का कारण बनती है, जिसे हम महसूस करते हैं, उसे भूकम्प कहते हैं। अत: कथन (1) सत्य है।
- भूकम्प की पूर्वकम्प के रूप पहचान तब तक नहीं की जा सकती, जब तक कि उसी क्षेत्र में बड़ा भूकम्प न आ जाए। अत: कथन (2) सत्य है।
- भूकम्प पृथ्वी की सतह का एक तेज कम्पन है, जो तब होता है, जब सतह के नीचे चट्टानो या प्लेटो में संगृहीत ऊर्जा निकल जाती है।

68. (a) लहसुन मैंगनीज और सेलेनियम का सबसे अच्छा स्रोत है।
- लहसुन कैल्शियम, फॉस्फोरस आदि का भी स्रोत है।
- लहसुन का वैज्ञानिक नाम एलियम सैटिवम है।

69. (c) 'अलॉन्ग द रेड रिवर : ए मेमॉयर' सबिता गोस्वामी की आत्मकथा है।
- मित्रा फुकन भारतीय लेखिका हैं, जिसकी कृति 'द कलेक्टर्स वाइफ' है।
- निरुपमा बोरगोहेन असमिया भाषा के विख्यात साहित्यकार हैं, इनके द्वारा रचित उपन्यास अभियात्री है।
- पुष्पलता दास एक सामाजिक कार्यकर्ता एवं स्वतन्त्रता सेनानी थीं।

70. (c) राजकुमार शुक्ला ने चम्पारण के किसानों की दुर्दशा देखने के लिए महात्मा गाँधी को आमन्त्रित करने लखनऊ आए थे।
- चम्पारण सत्याग्रह 19 अप्रैल, 1917 को हुआ था। चम्पारण बिहार राज्य का एक जिला है।
- चम्पारण सत्याग्रह भारत में महात्मा गाँधी का पहला सत्याग्रह था।
- चम्पारण आन्दोलन से जुड़े प्रमुख नेता राजेन्द्र प्रसाद, मजरूल हक-नरहरि, पारेख, जेबी कृपलानी आदि थे।

71. (a) सही कालानुक्रम ii, i, iii, iv है।
- पानीपत का प्रथम युद्ध 21 अप्रैल, 1526 को बाबर और इब्राहिम लोदी के बीच लड़ा गया। इस युद्ध में मुगल शासक बाबर की विजय हुई।
- खानवा का युद्ध 16 मार्च, 1527 को बाबर एवं राणा सांगा के मध्य लड़ा गया था।
- घाघरा का युद्ध 1529 में महमूद लोदी और मुगल बादशाह बाबर के बीच लड़ा गया।
- चौसा युद्ध वर्ष 1939 में हुमायूँ और शेरशाह सूरी के बीच लड़ा गया था। इसमें शेरशाह ने हुमायूँ को पराजित किया।

72. (a) RBI अधिनियम, आरबीआई मौद्रिक-नीति समिति (MPC) में 6 सदस्यों के लिए प्रावधान करता है।
- मौद्रिक-नीति समिति में 3 सदस्य RBI से तथा 3 सदस्य केन्द्र सरकार द्वारा नियुक्त किए जाते हैं।
- संशोधित भारतीय रिजर्व बैंक अधिनियम, 1934 की धारा 45ZB एक छ: सदस्यीय मौद्रिक नीति समिति का प्रावधान करती है।
- समिति की बैठक वर्ष में कम-से-कम 4 बार होती है।
- इस समिति का मुख्य कार्य मुद्रास्फीति लक्ष्य को प्राप्त करने के लिए आवश्यक नीतिगत ब्याज दर निर्धारित करना है।

73. (d) वर्ष 1991 में आर्थिक सुधारों के लिए अर्थव्यवस्था में मुद्रा स्फीति, राजकोषीय घाटे में वृद्धि और भारत के विदेशी भण्डार में गिरावट जैसे कारक जिम्मेदार थे।
- विदेशी मुद्रा आस्तियों में इस हद तक गिरावट आई कि यह मुश्किल से दो सप्ताह के आयात को वित्त पोषित करने के लिए पर्याप्त था।
- अगस्त, 1991 में मुद्रा स्फीती की वार्षिक दर 16.7% तक पहुँच गई।
- वर्ष 1991 के आर्थिक सुधार को एलपीजी के उदारीकरण, निजीकरण एवं वैश्वीकरण के नाम से जाना जाता है।

74. (c) वर्ष 2022 तक प्राप्त जानकारी के अनुसार, इलाहाबाद-हल्दिया खण्ड भारत का सबसे लम्बा राष्ट्रीय जलमार्ग (NW-1) है।
- इसकी लम्बाई करीब 1620 किमी है।
- इसे गंगा-भागीरथी-हुगली नदी प्रणाली के रूप में भी जाना जाता है।
- भारत में राष्ट्रीय जलमार्गों की संख्या 111 है।
- भारत में सबसे लम्बा राष्ट्रीय राजमार्ग NH-44 है, इसे पहले राष्ट्रीय राजमार्ग-7 के रूप में जाना जाता था।

75. (b) स्थलमण्डल, वायुमण्डल और जलमण्डल के माध्यम से जल के निरन्तर संचलन के लिए एक शब्द जलीय चक्र है।
- जल चक्र का तात्पर्य पृथ्वी के स्थलमण्डल, जलमण्डल तथा वायुमण्डल के बीच होने वाले जल के चक्रीय प्रवाह से है।
- जल एक चक्र के रूप में महासागर, से धरातल पर और धरातल से महासागर तक पहुँचता है।
- जलचक्र में वाष्पीकरण, वाष्पोत्सर्जन, संघनन वर्षण, अन्त: स्पंदन अपवाह तथा संग्रहण की प्रक्रिया शामिल हैं।

76. (a) भारत में समुद्री परिवहन के लिए 13 प्रमुख बन्दरगाह हैं।
- जल परिवहन सबसे सस्ता और सबसे पुराना साधन है।
- **पूर्वी घाट के प्रमुख बन्दरगाह** भारत के पूर्वी तटीय मैदान पूर्वी घाट और बंगाल की खाड़ी के बीच में तमिलनाडु, आन्ध्र प्रदेश, ओडिशा और पश्चिम बंगाल राज्यों में फैला हुआ है।
- पश्चिमी तट के प्रमुख बन्दरगाह भारत का पश्चिमी तटीय मैदान उत्तर में गुजरात से लेकर दक्षिण में केरल तक, महाराष्ट्र कर्नाटक और गोवा राज्यों में फैला हुआ है।

77. (c) नील नदी भूमध्य रेखा के दक्षिण से निकलती है और उत्तर-पूर्वी अफ्रीका से होकर भूमध्य सागर में गिरती है।
- नील नदी विश्व की सबसे लम्बी नदी है और इसे अफ्रीकी नदियों का पिता कहा जाता है।
- इसकी लम्बाई करीब 4132 मील है।
- नील नदी एक धनुषाकार डेल्टा बनाती है, जो भूमध्य सागर में गिरती है।
- त्रिकोणीय या पंखे के आकार वाले डेल्टा को धनुषाकार डेल्टा कहा जाता है।

78. (c) भारतीय संविधान का अनुच्छेद 173 में राज्य विधानमण्डल की सदस्यता के लिए योग्यता का उल्लेख है।
- संविधान के अनुच्छेद-173 के अनुसार, किसी भी व्यक्ति के राज्य विधानसभा में नामांकन के लिए निम्नलिखित अहर्ताएँ बताई गई हैं
  - वह भारत का नागरिक हो। उसकी आयु कम-से-कम 25 वर्ष होनी चाहिए।
  - मानसिक रूप से असमर्थ और दिवालिया नहीं होना चाहिए।

79. (c) भारत के संविधान का अनुच्छेद 50 न्यायपालिका के कार्यपालिका से पृथक्करण को सन्दर्भित करता है।
- अनुच्छेद 50 में बताया गया है कि राज्य की सार्वजनिक सेवाओं में न्यायपालिका को कार्यपालिका से असम्बद्ध करने के लिए राज्य कार्रवाई करेगा।
- अनुच्छेद 50 मुख्य रूप से न्यायिक नियुक्तियों में न्यायपालिका को कार्यपालिका से स्वतन्त्र रखने के लिए राज्य को एक निर्देश प्रदान करता है।

80. (c) पर्वतीय वनों में **याक** प्रकार की वन्यजीव प्रजातियाँ पाई जाती हैं।
- पर्वतीय ढालों पर पाए जाने वाले वन पर्वतीय वन कहलाते हैं।
- पर्वतीय वनों में कस्तूरी मृग, लाल पांडा, हिम तेन्दुआ, हिमालयी ताहर और कई तीतरों की प्रजातियाँ पाई जाती हैं।

81. (d) पंचवर्षीय योजनाओं की परिकल्पना अपनी भौगोलिक सीमाओं के भीतर अपनी आवश्यकता की सभी वस्तुओं और सेवाओं के उत्पादन में आत्मनिर्भरता से की गई है।
- पंचवर्षीय योजनाओं का सामान्य विचार है कि भारत सरकार अपनी ओर से दस्तावेज तैयार करती है, जिसमें अगले पाँच वर्षों के लिए उसकी आय और व्यय की योजना होती है।
- प्रथम पंचवर्षीय योजना ने भारत में आर्थिक विकास पर बल दिया।
- वर्ष 2014 के बाद भारत में पंचवर्षीय योजना के स्थान पर नीति आयोग द्वारा नीति के अन्तर्गत विभिन्न योजनाओं और राजनीतियों को लागू किया जा रहा है, जो विकास के लक्ष्यों को प्राप्त करने पर केन्द्रीत हैं।

82. (a) जन्माष्टमी का त्योहार भगवान श्रीकृष्ण के जन्म के रूप में मनाया जाता है।
- गणेश चतुर्थी हिन्दुओं का एक प्रमुख त्योहार है। पुराणों के अनुसार इसी दिन भगवान श्री गणेश का जन्म हुआ था।
- नवरात्रि में दुर्गा के नौ रूपों की पूजा आराधना की जाती है।
- दीपावली अन्धकार पर प्रकाश की, बुराई पर अच्छाई की और अज्ञान पर ज्ञान की आध्यात्मिक विजय का प्रतीक है।

83. (d) मान्यखेट या मालखेड राष्ट्रकूट साम्राज्य की राजधानी थी।
- राष्ट्रकूट साम्राज्य ने 10वीं शताब्दी के अन्त तक लगभग 200 वर्षों तक दक्कन पर प्रभुत्व जमाया और विभिन्न समयों पर उत्तर और दक्षिण भारत के क्षेत्रों पर भी नियन्त्रण किया।
- दन्तिदुर्ग राष्ट्रकूट वंश के संस्थापक थे।
- राष्ट्रकूट का सबसे महान राजा अमोघवर्ष प्रथम था, जिसने मान्यखेट में एक नई राजधानी की स्थापना की थी।

84. (d) बेरिलियम में उपस्थित प्रोटॉनों की संख्या 4 है।
- बेरिलियम का रासायनिक प्रतीक Be है। यह एक अपेक्षाकृत दुर्लभ विषैला तत्त्व है।
- यह गन्धहीन भूरे रंग का सफेद धातु का पाउडर है, जो ठण्डे पानी में अघुलनशील है, लेकिन गर्म पानी में थोड़ा घुलनशील है।
- इसमें उत्कृष्ट तापीय चालकता होती है।
- इसका उपयोग परमाणु रिएक्टरों में इसके कम तापीय न्यूट्रॉन अवशोषण के साथ-साथ इसकी पारदर्शिता के कारण एक्स-रे टयूबों और उपकरणों में भी किया जाता है।

85. (c) वर्ष 1936 में मुंशी प्रेमचन्द द्वारा गोदान पुस्तक लिखी गई थी।
- गोदान मुंशी प्रेमचन्द द्वारा लिखित एक हिन्दी उपन्यास है।
- मुंशी प्रेमचन्द का वास्तविक नाम धनपत राय था। इनका जन्म 31 जुलाई, 1880 को वाराणसी के पास लमही में हुआ था।
- निर्मला, रंगभूमि, गबन आदि प्रेमचन्द की प्रसिद्ध उपन्यास है।

86. (c) रस के सम्बन्ध में कथन I और II दोनों सही हैं।
- रस का शाब्दिक अर्थ 'आनन्द' होता है। यह एक कलात्मक प्रस्तुति का आनन्द लेने के दौरान प्राप्त होने वाला सौन्दर्यपरक अनुभव होता है तथा साथ ही यह दर्शक या सौन्दर्यप्रेमी में मानवीय भावनाओं के निर्माण से सम्बन्धित होता है।
- काव्य में रस का वही स्थान है, जो शरीर में आत्मा का है। जिस प्रकार आत्मा के अभाव में प्राणी का अस्तित्व सम्भव नहीं है, उसी प्रकार रसहीन कथन को काव्य नहीं कहा जा सकता है।
- रस, छन्द और अलंकार काव्य रचना के आवश्यक अवयव हैं।

87. (a) यदि कर योग्य आधार में वृद्धि के साथ कर की दर घट जाती है, तो इस प्रकार के कराधान की प्रतिगामी कर कहा जाता है।
- प्रतिगामी कर में कर योग्य राशि बढ़ने पर कर की दर कम हो जाती है।
- प्रगतिशील कर वह है, जो सबसे अधिक धनी समाज पर पड़ता है। आय के साथ औसत कर का बोझ बढ़ता है।
- अप्रत्यक्ष कर एक मध्यस्थ द्वारा उस व्यक्ति से एकत्र किया गया कर है, जो कर का अन्तिम आर्थिक बोझ वहन करता है।

88. (c) भारतीय संविधान के अनुसार, देश के लिए कानून और नीतियाँ बनाने की शक्ति संसद के पास है।
- संसद राष्ट्रपति, राज्यसभा और लोकसभा से मिलकर बनते हैं।
- प्रधानमन्त्री मन्त्रिपरिषद् का प्रमुख होता है और मन्त्रिमण्डल का प्रमुख होता है और राष्ट्रपति के मुख्य सलाहकार के रूप में कार्य करता है।

89. (a) भारत सरकार में भारतीयों की भागीदारी का विस्तार करने के लिए यूनाइटेड किंगडम की संसद द्वारा पारित भारत सरकार अधिनियम, 1919 के तहत राज्य परिषद् में 60 सदस्य (निर्वाचित और मनोनीत) होते थे।
- भारत सरकार अधिनियम, 1919 को मोण्टेग्यू चेम्सफोर्ड सुधार के नाम से जाना जाता है।
- यह भारत सरकार में भारतीयों की भागीदारी का विस्तार करने के लिए पारित किया गया था।
- इस अधिनियम द्वारा प्रान्तों में द्वैध शासन प्रणाली की शुरुआत की गई थी।

90. (d) स्वामी विवेकानन्द ने मानवीय और सामाजिक कार्य करने के लिए रामकृष्ण मिशन की स्थापना की।
- रामकृष्ण मिशन की स्थापना 1897 ई. में विवेकानन्द द्वारा कलकत्ता में की गई थी।
- इसका उद्देश्य सन्त रामकृष्ण के जीवन में सन्निहित वेदान्त की शिक्षाओं का प्रसार करना था।
- स्वामी विवेकानन्द के जन्मदिन को राष्ट्रीय युवा दिवस (12 जनवरी) के रूप में मनाया जाता है।

91. (a) अनुदैर्ध्य तरंग ध्वनि तरंग की गति के समानान्तर दोलन करती है।
- अनुदैर्ध्य तरंग वह तरंग जिसमें कणों की गति ऊर्जा की गति के समानान्तर होती है, अनुदैर्ध्य तरंग कहलाती है।
- ध्वनि तरंग अनुदैर्ध्य तरंग का एक उदाहरण है।
- विद्युत चुम्बकीय तरंगें विद्युत क्षेत्र और चुम्बकीय क्षेत्र के बीच कम्पन के कारण उत्पन्न होती है और इसे गति करने के लिए किसी माध्यम की आवश्यकता नहीं होती है, इसे विद्युत चुम्बकीय तरंग कहा जाता है।

92. (c) अशोक ने अपने पुत्र महेन्द्र और पुत्री संघ मित्रा को धम्म का प्रचार करने के लिए श्रीलंका भेजा था।
- सम्राट अशोक ने धम्म सिद्धान्तों का प्रसार करने के लिए विभिन्न स्थानों पर बौद्ध धर्म के प्रचारको को भेजा था।
- महेन्द्र को श्रीलंका में थेरवाद बौद्ध धर्म शुरू करने का श्रेय दिया जाता है।
- संघमित्रा ने अनुराधापुरा में पवित्र बोधि वृक्ष का एक पौधा भी लाया था।
- अशोक एक महत्त्वकांक्षी शासक था, जिसने पाटलिपुत्र पर शासन किया और उज्जैन तथा तक्षशिला में कई विद्रोह लड़े थे।
- कलिंग युद्ध के बाद अशोक ने युद्ध और हिंसा को त्याग दिया और गौतम बुद्ध की शिक्षाओं को अपनाया।

93. (d) सी. सुब्रमण्यम को भारत में हरित क्रान्ति में उनके योगदान के लिए भारत रत्न से सम्मानित किया गया था।
- खाद्य एवं कृषि मन्त्री के रूप में इन्होंने एमएस स्वामीनाथन, बी. शिवरामन के साथ मिलकर भारत में हरित क्रान्ति की शुरुआत की।
- भारत की हरित क्रान्ति के जनक एम.एस. स्वामीनाथन ने भारत को कृषि में आत्मनिर्भर बनाने के साथ आधुनिक बनाया।
- नॉर्मन बोरलॉग के साथ उच्च उपज देने वाली (Hyv) गेहूँ और चावल की किस्में विकसित की, जिससे 1960 से 70 के दशक में भारत में कृषि में क्रान्ति हुई।

94. (c) अन्तर्राष्ट्रीय ओलम्पिक समिति की स्थापना 1894 ई. में हुई थी।
- इसकी स्थापना पियरे डे कोबर्टिन ने की थी।
- आधुनिक ओलम्पिक खेलों का आयोजन पहली बार 1896 ई. में एथेंस, ग्रीस में आयोजित किया गया था।
- यह एक गैर-लाभकारी स्वतन्त्र अन्तर्राष्ट्रीय संगठन है, जो खेल के माध्यम से एक बेहतर दुनिया के निर्माण के लिए प्रतिबद्ध है।
- यह ओलम्पिक खेलों के नियमित आयोजन को सुनिश्चित करता है, सभी सम्बद्ध सदस्य संगठनों का समर्थन करता है और उचित तरीकों से ओलम्पिक मूल्यों को बढ़ावा देता है।

95. (b) भारतीय संविधान के अनुसार, राज्यें में मन्त्रिपरिषद् की न्यूनतम संख्या 12 होती है।
- 91वें संविधान संशोधन अधिनियम के अनुसार, किसी राज्य में मन्त्रिपरिषद् की न्यूनतम संख्या 12 एवं अधिकतम संख्या विधानसभा का 15% हो सकती है।
- संविधान के अनुच्छेद 163 के अनुसार, राज्यपाल को सहायता व सलाह देने के लिए मन्त्रिपरिषद् का प्रावधान करता है।

96. (a) टोक्यो ओलम्पिक, 2020 में एकल ओलम्पिक में सात पदक जीतने वाली पहली महिला तैराक एमा मैकियन थीं।
- पेरिस ओलम्पिक 2024 का आयोजन फ्रांस में 26 जुलाई से 11 अगस्त, 2024 तक हुआ था।
- इसमें भारत 1 रजत और 5 कांस्य पदक के साथ 71वें स्थान पर था।
- वर्ष 2028 का ग्रीष्मकालीन ओलम्पिक संयुक्त राज्य अमेरिका में आयोजित होगा।

97. (d) पहले तेज गेंदबाज कपिल देव थे, जो भारतीय टेस्ट टीम के कप्तान थे।
- भारतीय क्रिकेट टीम को वर्ष 1983 में एक दिवसीय अन्तर्राष्ट्रीय क्रिकेट शृंखला में विश्व विजेता बनाने का श्रेय कपिल देव को जाता है।
- कपिल देव की आत्मकथा 'बाई गॉडस डिक्री' है।

98. (c) हिन्दू पंचाग के चैत्र मास के पहले दिन उगादी मुख्य रूप से कर्नाटक राज्य में मनाया जाता है।
- यह त्योहार दक्षिण भारत के आन्ध्र प्रदेश, तेलंगाना, कर्नाटक एवं गोवा राज्य में नए वर्ष के रूप में मनाया जाता है।
- यह त्योहार हमें प्रकृति के बहुत करीब लाता है और इस दिन पपड़ी नामक पेय बनाया जाता है, जो बहुत स्वास्थ्यवर्द्धक होता है।

99. (b) भारतीय संविधान का अनुच्छेद 52-78 संघीय कार्यपालिका से सम्बन्धित है।
- ये अनुच्छेद संविधान के भाग V में आते हैं, जो संघ की कार्यपालिका से सम्बन्धित है।
- भारतीय संविधान का अनुच्छेद 52 में कहा गया है कि भारत का एक राष्ट्रपति होगा।
- अनुच्छेद 53 इस बारे में बात करता है कि संघ की कार्यकारी शक्ति राष्ट्रपति में निहित होगी और उसके द्वारा प्रयोग की जाएगी।
- अनुच्छेद 56 राष्ट्रपति के कार्यकाल की अवधि को पाँच वर्ष तक परिभाषित करता है।

100. (c) पश्चिमी विक्षोभ की घटना भारतीय मानसून से सम्बन्धित नहीं है।
- पश्चिमी विक्षोभ भूमध्यसागरीय क्षेत्र में उत्पन्न होने वाली एक बाह्य उष्णकटिबन्धीय तूफान है।
- यहाँ सर्दियों में भारतीय उपमहाद्वीप के पश्चिमोत्तर भागों में अकस्मात वर्षा कराती है।
- यह एक गैर-मानसूनी वर्षा का स्वरूप है, जो पछुआ पवन द्वारा संचालित होता है।

101. (a) माना नाव की चाल = x किमी/घण्टा
तथा धारा की चाल = y किमी/घण्टा
पहली स्थिति से,

$$\frac{48}{x+y}+\frac{48}{x-y}=48$$
$$\frac{1}{x+y}+\frac{1}{x-y}=1$$
$$\frac{2x}{x^2-y^2}=1$$
$$2x=x^2-y^2 \quad \ldots(i)$$

दूसरी स्थिति से,

$$\frac{4}{x+y}=\frac{3}{x-y}$$
$$4x-4y=3x+3y$$
$$x=7y$$

समी (i) से,

$$2\times 7y=(7y)^2-y^2$$
$$14y=49y^2-y^2$$
$$14y=48y^2$$
$$y=\frac{7}{24} \text{ किमी/घण्टा}$$

102. (a) माना पासे की भुजा = x इकाई
पासों की संख्या = 27
बड़ी गेंद का आयतन = 27 × पासे का आयतन + छोटी गेंद का आयतन

$$\frac{4}{3}\pi R^3=27\times x^3+\frac{4}{3}\pi r^3$$
$$\frac{4}{3}\times\frac{22}{7}\times 3\times 3\times 3=27\times x^3+\frac{4}{3}\times\frac{22}{7}\times 1\times 1\times 1$$
$$\frac{4}{3}\times\frac{22}{7}\times 3^3-\frac{4}{3}\times\frac{22}{7}\times 1=27x^3$$
$$\frac{4}{3}\times\frac{22}{7}\times[3^3-1]=27x^3$$
$$\frac{4}{3}\times\frac{22}{7}\times(27-1)=27x^3$$
$$\frac{4}{3}\times\frac{22}{7}\times 26=27x^3$$
$$x=16$$

103. (d) $(1+\tan\theta+\sec\theta)(1+\cot\theta-\operatorname{cosec}\theta)$

$$=\left[1+\frac{\sin\theta}{\cos\theta}+\frac{1}{\cos\theta}\right]\left[1+\frac{\cos\theta}{\sin\theta}-\frac{1}{\sin\theta}\right]$$
$$=\left(\frac{\cos\theta+\sin\theta+1}{\cos\theta}\right)\left(\frac{\sin\theta+\cos\theta-1}{\sin\theta}\right)$$
$$=\frac{(\cos\theta+\sin\theta)^2-1}{\cos\theta\sin\theta}$$
$$=\frac{\cos^2\theta+\sin^2\theta+2\cos\theta\sin\theta-1}{\cos\theta\sin\theta}$$
$$=\frac{1+2\cos\theta\times\sin\theta-1}{\cos\theta\sin\theta}=\frac{2\cos\theta\sin\theta}{\cos\theta\sin\theta}=2$$

अत: विकल्प (d) सही है।

104. (a) स्टेशन A से स्टेशन B के बीच की दूरी (D) = 800 किमी
ट्रेन की स्टेशन A से B तक की दूरी तय करने में चली गई चाल (s_1) = 90 किमी/घण्टा
ट्रेन की स्टेशन B से A तक की दूरी तय करने में चली गई चाल (s_2) = 65 किमी/घण्टा

$$\text{औसत चाल}=\frac{\text{कुल दूरी}}{\text{कुल समय}}=\frac{D+D}{t_1+t_2}$$
$$=\frac{2D}{\frac{D}{s_1}+\frac{D}{s_2}}=\frac{2\times 800}{\frac{800}{90}+\frac{800}{65}}$$
$$=\frac{2\times 800}{\frac{80}{9}+\frac{160}{13}}=\frac{2\times 800\times 9\times 13}{13\times 80+9\times 160}$$
$$=\frac{2\times 800\times 9\times 13}{1040+1440}=\frac{2\times 800\times 9\times 13}{2480}$$
$$=\frac{80\times 9\times 13}{124}=\frac{40\times 9\times 13}{62}$$
$$=\frac{20\times 9\times 13}{31}=75.48 \text{ किमी/घण्टा}$$

स्पीडी विधि

$$\text{औसत चाल}=\frac{2s_1s_2}{s_1+s_2}=\frac{2\times 90\times 65}{90+65}$$
$$=\frac{2\times 90\times 65}{155}=\frac{11700}{155}$$
$$=75.48 \text{ किमी/घण्टा}$$

105. (b) Δ का क्षेत्रफल (A) = 486 सेमी^{2}
Δ की भुजाओं का अनुपात = 3:4:5

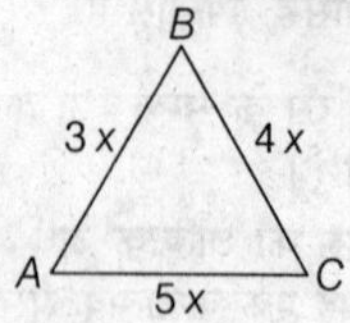

$$s=\frac{a+b+c}{2}$$
$$=\frac{3x+4x+5x}{2}=\frac{12x}{2}=6x$$

ΔABC का क्षेत्रफल

$$=\sqrt{s(s-a)(s-b)(s-c)}$$
$$486=\sqrt{6x(6x-4x)(6x-5x)(6x-3x)}$$
$$486=\sqrt{6x\times 2x\times x\times 3x}$$
$$486\times 486=6x\times 2x\times 3x\times x$$
$$81\times 81=x^4\Rightarrow 3^4\times 3^4=x^4$$
$$3^8=x^4\Rightarrow 3^2=x$$
$$x=9 \text{ सेमी}$$

∴ Δ की परिधि

$$=a+b+c=3x+4x+5x$$
$$=12x=12\times 9=108 \text{ सेमी}$$

106. (d) समतुल्य छुट

$= \left[1 - \left(\frac{100-40}{100}\right) \times \left(\frac{100-20}{100}\right)\right] \times 100$

$= \left[1 - \frac{60}{100} \times \frac{80}{100}\right] \times 100$

$= \left[1 - \frac{48}{100}\right] \times 100$

$= \left(\frac{100-48}{100}\right) \times 100 = \frac{52}{100} \times 100 = 52\%$

अतः विकल्प (d) सही है।

107. (c) $x + \cfrac{1}{1 + \cfrac{1}{3 + \cfrac{1}{2}}} = 1$

$x + \cfrac{1}{1 + \cfrac{1}{\frac{6+1}{2}}} = 1$

$x + \cfrac{1}{1 + \frac{2}{7}} = 1$

$x + \cfrac{1}{\frac{7+2}{7}} = 1$

$x + \frac{7}{9} = 1$

$x = 1 - \frac{7}{9} = \frac{9-7}{9}$

$x = \frac{2}{9}$

108. (c) दिया गया है,

छेदक रेखा, CD वृत्त को E पर प्रतिच्छेद करती है।

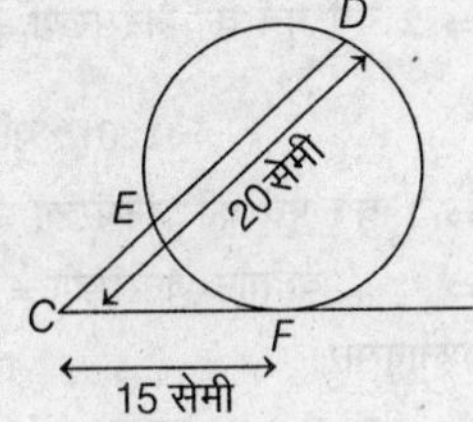

CF, F पर वृत्त की एक स्पर्श रेखा है।

$CD = 20$ सेमी

$CF = 15$ सेमी

प्रयुक्त अवधारणाएँ

$CD \times CE = CF^2$

$20 \times CE = (15)^2$

$CE = \frac{225}{20} = 11.25$ सेमी

$CD = CE + DE$

$20 = 11.25 + DE = 8.75$ सेमी

अतः जीवा DE की लम्बाई 8.75 सेमी है।

109. (b) वर्ष 1993 में सभी प्रकार की कारों का कुल उत्पादन = 80

80 का 25% $= 80 \times \frac{1}{4} = 20$

$= S$ प्रकार की कार

110. (c) $\frac{1}{2^2} + \frac{1}{2^3} \div \left(\frac{1}{2} + \frac{1}{2} \div 1\right) + 3\frac{1}{3} \div \frac{5}{2} \times \frac{3}{4} \div 6\frac{2}{3} \times \frac{7}{6}$

$= \frac{1}{4} + \frac{1}{8} \div \left(\frac{1}{2} + \frac{1}{2}\right) + \frac{10}{3} \times \frac{2}{5} \times \frac{3}{4} \times \frac{3}{20} \times \frac{7}{6}$

$= \frac{1}{4} + \frac{1}{8} \div 1 + \frac{2}{3} \times 2 \times \frac{3}{4} \times \frac{1}{20} \times \frac{7}{2}$

$= \frac{1}{4} + \frac{1}{8} + \frac{7}{40} = \frac{2+1}{8} + \frac{7}{40} = \frac{3}{8} + \frac{7}{40}$

$= \frac{15+7}{40} = \frac{22}{40} = \frac{11}{20}$

111. (c) शिक्षित महिलाओं की कुल संख्या

$= 600 + 820 + 950 + 980 + 1000$

$= 4350$

कुल महिलाओं की संख्या

$= 900 + 1000 + 1020 + 1100 + 1200$

$= 5220$

प्रतिशत $= \frac{4350}{5220} \times 100$

$= \frac{435}{522} \times 100 = 83.33\%$

112. (d) मुम्बई में उच्च व निम्न दर का अनुपात

$= 150:155 = 30:31$

उत्तराखण्ड में उच्च व निम्न दर का अनुपात $= 120:125 = 24:25$

राजस्थान में उच्च व निम्न दर का अनुपात

$= 160:135 = 32:27$

उत्तर प्रदेश में उच्च व निम्न दर का अनुपात

$= 145:170 = 29:34$

अतः जम्बुजा सीमेण्ट के लिए अभीष्ट अनुपात राजस्थान में है।

113. (b) वृत्त की त्रिज्या $(r) = 35$ सेमी

चाप द्वारा वृत्त के केन्द्र पर अन्तरित कोण $(\theta) = 72°$

त्रिज्यखण्ड का क्षेत्रफल $= \frac{\theta}{360} \times \pi r^2$

$= \frac{\theta}{360} \times \frac{22}{7} \times 35 \times 35$

$= \frac{72}{360} \times 22 \times 5 \times 35$

$= \frac{8}{40} \times 22 \times 5 \times 35$

$= \frac{1}{5} \times 22 \times 5 \times 35$

$= 22 \times 35 = 770$ सेमी^{2}

114. (c) 2017 का सकल टर्नओवर, 2019 के टर्नओवर का प्रतिशत $= \frac{15}{25} \times 100 = \frac{3}{5} \times 100$

$= 3 \times 20 = 60\%$

115. (a) इमर्शन रॉड का अंकित मूल्य = ₹900

इमर्शन रॉड पर छुट $= 12\% = 900 \times \frac{12}{100}$

= ₹108

विक्रय मूल्य = 900 − 108 = ₹792

116. (b) $7 + 8 \times 8 \div 8$ का $8 + 8 \div 8 \times 5$

$4 \div 4$ का $4 + 4 \times 4 \div 4 - 4 \div 4$

$= \dfrac{7 + 8 \times 8 \div (8 \times 8) + \frac{8}{8} \times 5}{4 \div 4 \times 4 + 4 \times \frac{4}{4} - \frac{4}{4}}$

$= \dfrac{7+1+5}{\frac{4}{16} + 4 - 1} = \dfrac{13}{\frac{1}{4} + 3} = \dfrac{13 \times 4}{13} = 4$

117. (a) $(12 + 18) \div 2 - 11 + 16 \times 4 - 28 + 13(-18 + 15)$

$= \frac{30}{2} - 11 + 64 - 28 + 13(-3)$

$= 15 - 11 + 64 - 28 - 39$

$= 4 + 64 - 67 = 68 - 67$

$= 1$

118. (a) कुल आवण्टित धनराशि = ₹7200 करोड़

इंफ्रास्ट्रक्चर पर व्यय $= 7200 \times \frac{84.7}{360}$

= ₹1694 करोड़

119. (d) राजन और रजत अकेले एक कार्य को क्रमशः 64 और 48 दिनों में पूर्ण कर सकते हैं।

∴ 2 दिनों में राजन और रजत द्वारा किया गया कार्य $= \frac{1}{64} + \frac{1}{48} = \frac{7}{192}$

54 दिनों में किया गया कार्य

$= \frac{7}{192} \times 27 = \frac{189}{192}$

∴ कार्य का शेष हिस्सा

$= 1 - \left(\frac{189}{192}\right) = \frac{3}{192} = \frac{1}{64}$

55वें दिन पर रजत की बारी है।

रजत द्वारा 1 दिन में कार्य का 1/48 भाग किया जाता है।

∴ कुल लिया गया समय $= 54 + \frac{1}{64} \times 48$

$= 54 + \frac{3}{4}$

$= 54\frac{3}{4}$ दिन

120. (a) $63 - [15 + \{17 - (9 - 7 + 1)\}]$

$= 63 - [15 + (17 - 3)]$

$= 63 - (15 + 14)$

$= 63 - 29 = 34$

अतः विकल्प (a) सही है।

121. (a) B पर मतदान नहीं करने वालों की संख्या

$= 5400 \times \frac{(100-70)}{100}$

$= 5400 \times \frac{30}{100} = 1620$

C पर मतदान नहीं करने वालों की संख्या

$= 6500 \times \frac{(100-85)}{100}$

$= 65 \times 15 = 975$

अधिक $= 1620 - 975 = 645$

अधिकता (% में)

$= \frac{645}{975} \times 100 = \frac{129}{195} \times 100$

$= \frac{129}{39} \times 20 = \frac{43}{13} \times 20$

$= \frac{860}{13} = 66\frac{2}{13}\%$

122. (d) $\left[\frac{\tan 71° + \tan 19°}{1 - \tan 71° \tan 19°}\right] = \tan(71° + 19°)$

$\left[\because \tan(A+B) = \frac{\tan A + \tan B}{1 - \tan A \tan B}\right]$

$= \tan 90°$

$= \infty =$ ज्ञात नहीं कर सकते

123. (b) 1985 में फैक्ट्री (P : T) = 20:40

= 1:2

124. (b) $\left(\frac{275 \times 275 \times 275 + 725 \times 725 \times 725}{275 \times 275 + 725 \times 725 - 725 \times 275}\right)$

$\times \left(\frac{275 \times 275 \times 275 - 725 \times 725 \times 725}{275 \times 275 + 725 \times 725 + 725 \times 275}\right)$

$= \left[\frac{(275)^3 + (725)^3}{275^2 + 725^2 - 725 \times 275}\right]$

$\times \left[\frac{275^3 - 725^3}{275^2 + 725^2 + 725 \times 275}\right]$

$= (275 + 725) \times (275 - 725)$

$= 1000 \times (-450)$

$[\because a^3 - b^3 = (a-b)(a^2 + b^2 + ab)$

$a^3 + b^3 = (a+b)(a^2 + b^2 - ab)]$

$= -450000$

125. (c) माना घनाभ की लम्बाई (l), चौड़ाई (b) तथा ऊँचाई (h) है।

$\therefore$ घनाभ का आयतन $(v) = lbh$

प्रश्नानुसार, नई लम्बाई

$(l) = \left(\frac{100-15}{100}\right)l = \frac{85}{100}l$

नई चौड़ाई $(b) = \left(\frac{100-25}{100}\right)b = \left(\frac{75}{100}\right)b$

नई ऊँचाई $(h) = \left(\frac{100+60}{100}\right)h = \frac{160}{100}h$

नए घनाभ का आयतन $(V_2) = L \times B \times H$

$= \frac{85}{100}l \times \frac{75}{100}b \times \frac{160}{100}h$

$= \frac{17}{20}l \times \frac{3}{4}b \times \frac{8}{5}h$

$= \frac{17}{20}l \times 3b \times \frac{2}{5}h$

$= \frac{102}{100}lbh$

आयतन में परिवर्तन (वृद्धि) $= V_2 - V_1$

$= \frac{102}{100}lbh - lbh$

$= \frac{102lbh - 100lbh}{100}$

$= \frac{2lbh}{100}$

आयतन में प्रतिशत परिवर्तन

$(\Delta V) = \frac{2lhb}{100 \times lbh} \times 100$

= 2% (वृद्धि)

स्पीडी विधि

$l \times b \times h =$ आयतन

पहले $= 20 \times 4 \times 5 = 400$

बाद $= 17 \times 3 \times 8 = 408$

आयतन में वृद्धि $= \frac{8}{400} \times 100\%$

= 2% वृद्धि

126. (b) 160 लीटर पेय में पानी की मात्रा

$= 160 \times \frac{9}{16}$

$= 10 \times 9 = 90l$

160 लीटर पेय में जूस की मात्रा

$= 160 \times \frac{7}{16}$

$= 10 \times 7 = 70l$

प्रश्नानुसार,

$\frac{90+x}{70+2x} = \frac{13}{15}$

$1350 + 15x = 910 + 26x$

$1350 - 910 = 26x - 15x$

$440 = 11x$

$40 = x$

पेय में मिलाए गए पानी की मात्रा

$= x = 40l$

पेय में मिलाए गए जूस की मात्रा

$= 2x = 80l$

कुल पेय की मात्रा $= 160 + 40 + 80$

$= 280l$

127. (a) $27 \div 4$ का $6 \times [16 \div 8 \times (12-8)]$

$-(14 \div 7 \times 28)$

$= \frac{27}{24} \times \left[\frac{16}{8} \times 4\right] - \left(\frac{14}{7} \times 28\right)$

$= \frac{27}{24} \times 2 \times 4 - 2 \times 28$

$= 9 - 56 = -47$

128. (c) स्वाति की कुल आय = ₹ 40000

स्वाति द्वारा की गई बचत $= 40000 \times \frac{25}{100}$

$= 400 \times 25 =$ ₹ 10000

स्वाति द्वारा व्यय धनराशि

$= 40000 - 10000$

= ₹ 30000

भोजन व शिक्षा पर खर्च में अनुपात = 3:2

शिक्षा पर व्यय

$= \frac{2}{3+2} \times 30000 = \frac{2}{5} \times 30000$

$= 2 \times 6000 =$ ₹ 12000

शिक्षा पर व्यय (प्रतिशत में)

$= \frac{12000}{40000} \times 100$

$= \frac{120}{4} = 30\%$

129. (b) माना लड़कों की संख्या $= x$

$\therefore$ लड़कियों की संख्या $= x + 8$

कुल विद्यार्थी = 18

$\therefore x + x + 8 = 18$

$2x = 10$

$x = 5$

$\therefore$ लड़कों की संख्या = 5

तथा लड़कियों की संख्या $= 5 + 8 = 13$

लड़कों व लड़कियों की संख्या का गुणनफल

$= 5 \times 13 = 65$

अत: विकल्प (b) सही है।

130. (d) माना 3 वर्ष पूर्व की जनसंख्या = 100

$\Rightarrow$ 2 वर्ष पूर्व की जनसंख्या $= 100 \times \frac{120}{100}$

$= 120$ [$\because$ वृद्धि दर = 20%]

$\Rightarrow$ 1 वर्ष पूर्व की जनसंख्या = 144

$\Rightarrow$ वर्तमान जनसंख्या = 172.8

प्रश्नानुसार,

172.8 = 80 लाख

1 = 46296.296 लाख

अन्तर $= 120 - 100 = 20$

अभीष्ट अन्तर

$= 20 \times 46296.296 = 925925.93$

131. (d) $x^2 + 4y^2 + 2x + 1 = 0$

$2x^2 + 2x + 1 + 4y^2 = 0$

$(x+1)^2 + 4y^2 = 0$

$\Rightarrow \quad x + 1 = 0,\ 4y^2 = 0$

$x = -1,\ y = 0$

$\Rightarrow \therefore \quad x^{39} + y^{36} = (-1)^{39} + 0$

$= -1$

132. (d) माना ट्रेन की चाल = x मी/से

ट्रेन की लम्बाई = 234 मी

विपरीत दिशा में व्यक्ति की चाल

$= 9$ किमी/घण्टा $= \frac{9 \times 5}{18}$ मी/से

प्रश्नानुसार, चाल $= \frac{\text{दूरी}}{\text{समय}}$

$$x + 9 \times \frac{5}{18} = \frac{234}{6}$$

$$x + \frac{5}{2} = \frac{78}{2}$$

$$x = \frac{78}{2} - \frac{5}{2} = \frac{73}{2} = 36.5 \text{ मी/से}$$

समान दिशा में व्यक्ति की चाल = 23.4 किमी/घण्टा

$= 23.4 \times \frac{5}{18}$ मी/से

पुन: प्रश्नानुसार,

$$x - 23.4 \times \frac{5}{18} = \frac{234}{t}$$

$$\frac{73}{2} - \frac{117}{18} = \frac{234}{t}$$

$$36.5 - 6.5 = \frac{234}{t}$$

$$30 = \frac{234}{t}$$

$$t = \frac{234}{30} = \frac{78}{10}$$

$t = 7.8$ सेकण्ड

133. (a) दिया है,

दिनों की संख्या = 30 दिन

20 दिनों के बाद छात्रावास खाली करने वाले छात्रों की संख्या = 50 छात्र

तब, कुल उपलब्ध भोजन = $300 \times 30 = 9000$

20 दिन में प्रयुक्त भोजन = $300 \times 20 = 6000$

शेष उपलब्ध भोजन = $9000 - 6000 = 3000$

शेष छात्रों की संख्या = $300 - 50 = 250$

अत: अभीष्ट दिनों की संख्या $= \frac{3000}{250}$

$= 12$ दिन

134. (b) दिया है,

त्रिभुज की अन्त: त्रिज्या = 8 सेमी

इसकी भुजाओं की लम्बाई का योग

= 125 सेमी

तब, त्रिभुज का अर्द्ध परिमाप $= \frac{125}{2}$ सेमी

त्रिभुज का क्षेत्रफल = अन्त: त्रिज्या $\times \frac{125}{2}$

$= 8 \times \frac{125}{2} = 500$ सेमी^{2}

135. (d) दिया है,

हानि प्रतिशत = 10%

गलत भार = 40 ग्राम

सही भार = 50 ग्राम

$$SP = CP \times \frac{(100 - L\%)}{100}$$

$$P = SP - CP$$

माना 50 ग्राम का CP = $100x$

चूँकि 40 ग्राम का CP $= \frac{100x}{50} \times 40$

$= 80x$

40 ग्राम का SP $= 100x \times \frac{90}{100} = 90x$

लाभ $= 90x - 80x$

$= 10x$

लाभ प्रतिशत $= \frac{10x}{80x} \times 100$

$= \frac{100}{8} = 12.5\%$

136. (c) $264 \div 8 - 1 - 32 \times 2 + 80 \div 5 \times 40 \div 20$

$= 33 - 1 - 64 + 16 \times 2$

$= 32 - 64 + 32$

$= 64 - 64 = 0$

अत: विकल्प (c) सही है।

137. (a) 2 सेमी, 5 सेमी, 7 सेमी तथा 8 सेमी में से केवल (5 सेमी, 7 सेमी तथा 8 सेमी) और (2 सेमी, 7 सेमी तथा 8 सेमी) द्वारा केवल 2 त्रिभुज बनाए जा सकते है।

138. (d) माना कि राकेश द्वारा लिया गया समय $2x$ दिन और सपना द्वारा लिया गया समय x दिन है।

तब, $\frac{1}{x} + \frac{1}{2x} = \frac{1}{48}$

$\Rightarrow \frac{3}{2x} = \frac{1}{48}$

$\Rightarrow 2x = 48 \times 3$

$x = \frac{48 \times 3}{2} = 72$

अत: सपना द्वारा लिया गया समय = 72 दिन

139. (b) माना आयताकार लॉन की लम्बाई = l

आयताकार लॉन की चौड़ाई = b

$\therefore$ आयताकार लॉन का क्षेत्रफल $(A_1) = l \times b$

प्रश्नानुसार,

लम्बाई में वृद्धि = 15%

चौड़ाई में कमी = 8%

$\therefore$ नई लम्बाई $(L) = \left(\frac{100 + 15}{100}\right) l = \frac{115l}{100}$

तथा नई चौड़ाई $(B) = \left(\frac{100 - 8}{100}\right) b$

$= \frac{92}{100} b$

$\therefore$ नया क्षेत्रफल $(A_2) = \frac{115}{100} l \times \frac{92}{100} b$

$= \frac{23l}{20} \times \frac{46}{50} b = \frac{1058lb}{1000}$

क्षेत्रफल में वृद्धि $= \frac{1058lb}{1000} - lb = \frac{58lb}{1000}$

लॉन के क्षेत्रफल में प्रतिशत वृद्धि

$= \frac{58lb}{1000 \times lb} \times 100 = 5.8\%$

140. (c) माना शान्त जल में नाव की चाल = x किमी/घण्टा

तथा धारा की चाल = y किमी/घण्टा

धारा के प्रतिकूल दिशा में चाल = 33 किमी/घण्टा

$x - y = 33$ .... (i)

धारा के समान दिशा में चाल = 27 किमी/घण्टा

$x + y = 27$ .... (ii)

समी (i) + समी (ii) से,

$2x = 60$

$x = 30$ किमी/घण्टा

141. (a) $\sin(x + y) = \cos\{3(x + y)\}$

$\because \sin A = \cos(90° - A)$

$\sin(x + y) = \cos\{3(x + y)\}$

$\cos(90° - (x + y)) = \cos(3x + 3y)$

$90 - (x + y) = 3x + 3y$

$90 = 3x + 3y + x + y$

$90 = 4x + 4y$

$x + y = \frac{90}{4} = 22.5°$

$\cot\{2(x + y)\} = \cot\{2 \times 22.5\} = \cot 45°$

$\because \cot 45° = 1$

142. (c) $a^3 + b^3 + c^3 - 3abc = (a + b + c)[(a + b + c)^2 - 3(ab + bc + ca)]$

$= 13[13^2 - 3 \times 22]$

$= 13[169 - 66]$

$= 13 \times 103 = 1339$

143. (a) $12.3 - [7 + 0.8 \times (5.6 - 3.8 \times 1.03)]$

$= 12.3 - [7 + 0.8 \times (5.6 - 3.914)]$

$= 12.3 - [7 + 0.8 \times 1.686]$

$= 12.3 - (7 + 1.3488)$

$= 12.3 - 8.3488 = 3.9512$

144. (b) अर्द्धगोले की त्रिज्या $(r) = 18$ सेमी

अर्द्धगोले का आयतन $= \frac{2}{3} \pi r^3$

$= \frac{2}{3} \times \frac{22}{7} \times 18 \times 18 \times 18$

$= 2 \times \frac{22}{7} \times 6 \times 18 \times 18$

$= \frac{44 \times 6 \times 324}{7}$

$= \frac{85536}{7} = 12219.43$ सेमी^{3}

145. **(c)** बेलन की ऊँचाई $(h) = 8$ सेमी

बेलन के आधार का क्षेत्रफल

$= (\pi r)^2 = 20$ सेमी^{2}

बेलन का आयतन $= \pi r^2 h$

$= 20 \times 8 = 160$ सेमी^{3}

146. **(d)** हम जानते हैं,

साधारण ब्याज $= \dfrac{P \times R \times T}{100}$

माना राशि $= ₹ P$

तब, $\left[P \times \dfrac{20}{12} \times \dfrac{19.2}{100} - P \times \dfrac{15}{12} \times \dfrac{11.2}{100}\right]$

$= 2920$

$\left[\dfrac{384P}{1200} - \dfrac{168P}{1200}\right] = 2920$

$0.32P - 0.14P = 2920$

$0.18P = 2920$

$P = \dfrac{2920}{0.18} = 16222.22$

अतः मूलधन $= ₹\ 16200$

147. **(b)** $\dfrac{2\cos 15° \sin 15°}{\cos^2 15° - \sin^2 15°} = \dfrac{\sin 2 \times 15°}{\cos 2 \times 15°}$

$[\because \sin 2A = 2 \sin \cos A$

$\cos 2A = \cos^2 A - \sin^2 A]$

$= \dfrac{\sin 30°}{\cos 30°} = \tan 30° = \dfrac{1}{\sqrt{3}}$

148. **(b)** माना 15% हानि पर बेची गई भैंस का क्रय मूल्य $= ₹ x$

तथा 19% लाभ पर बेची गई भैंस का क्रय मूल्य $= ₹ (11520 - x)$

प्रश्नानुसार, $x \times \dfrac{85}{100} = (11520 - x) \times \dfrac{119}{100}$

$85x = 11520 \times 119 - 119x$

$\Rightarrow \quad 204x = 11520 \times 119$

$\Rightarrow \quad x = \dfrac{11520 \times 119}{204} = 6720$

अतः पहली भैंस का क्रय मूल्य = 6720

149. **(b)** घनाभ की लम्बाई $(l) = 11$ मी

घनाभ की चौड़ाई $(b) = 7$ मी

घनाभ की ऊँचाई $(h) = 4$ मी

घनाभ का पृष्ठीय क्षेत्रफल

$= 2(lb + bh + hl)$

$= 2[11 \times 7 + 7 \times 4 + 4 \times 11]$

$= 2[77 + 28 + 44]$

$= 2[149] = 298$ मी^{2}

150. **(a)** $\because \dfrac{5x + 3y}{5x - 3y} = \dfrac{7}{3}$

$3(5x + 3y) = 7(5x - 3y)$

$15x + 9y = 35x - 21y$

$9y + 21y = 35x - 15x$

$30y = 20x = 3y = 2x$

$x : y = 3 : 2$

151. **(c)** 'Diligent' means showing careful and persistent effort in doing something; hard-working. Hence, its antonym is 'Lazy'.

152. **(d)** The word 'strive' means to make great efforts or attempt; to struggle or work hard towards achieving something.

153. **(b)** 'Pitiable' means deserving or arousing pity; pathetic. Hence, its antonym is 'Pleasant'.

154. **(d)** The word 'Efface' means to erase or destroy completely; to make oneself inconspicuous.

155. **(a)** The word 'Astonished' means feeling shocked or surprised. Hence, its synonym is 'stunned.'

156. **(b)** The phrase/idiom that will improve the underlined part of the sentence is 'jumped at the opportunity.' This idiom means to eagerly accept or seize an opportunity. It fits well in the context of being proactive in filling a job position after the principal's departure.

157. **(d)** Part 'fell off after their father' contains an error. The use of 'fell off' is incorrect in the sentence. We need to use 'fell apart' which mean destroyed.

158. **(b)** The underlined part of the sentence contains an error. Use 'The core part of Artificial Intelligence'. Prepositions 'of' is commonly used to show possession or association.

159. **(c)** 'Quaint' refers to attractively unusual or old-fashioned. Hence, its nearest antonym is 'Ordinary'.

160. **(d)** Sentence given in option (d) has correct spellings and grammatical structure.

161. **(d)** 'Languid' displaying or having a disinclination for physical exertion or effort; slow and relaxed. Hence, its antonym is 'Energetic'.

162. **(d)** The idiom 'under the weather' means that someone is not feeling well or is slightly sick.

163. **(d)** 'Andromania' is madness or obsession with males.

164. **(d)** 'Exestenalism' is incorrectly spelt word. The correct spelling is 'existentialism'.

165. **(a)** The underlined part of the sentence contains an error. To correct this, we should use the affirmative form of the sentence, which is 'did they speak.'

166. **(a)** The idiom 'a vicious cycle' refers to a situation where one problem or negative factor exacerbates another, leading to a worsening or self-perpetuating cycle.

167. **(a)** The given sentence is grammatically correct and contextually meaningful.

168. **(d)** A 'unicorn' is a mythological animal with one horn on its forehead.

169. **(a)** The underlined part of the sentence contains an error. 'By a sweeping majority' correctly indicates the manner in which Mr. Patel is likely to win the elections, emphasising the magnitude or extent of the majority.

170. **(c)** 'Introvert' means a shy, reticent person.

171. **(d)** The idiom 'the best of both worlds' means to have the advantages or benefits of two different things at the same time, usually where one might expect to have to choose between them.

172. **(b)** The most appropriate idiom that can substitute the underlined words is 'living hand to mouth'.
This idiom means living with just enough money to cover basic needs, without any surplus. It accurately describes the situation of living without a lot of money.

173. **(b)** The correct spelling is 'notably'.

174. **(b)** The underlined part of the sentence contains an error. Use 'to' in place of 'for' to correct the sentence.

175. **(c)** The correct spelling is 'insouciant'. It means free from concern, worry or anxiety.

176. **(b)** The idiom 'at the eleventh hour' typically means doing something at the very last possible moment or just before a deadline.

177. **(a)** The underlined part of the sentence contains an error. The phrase 'incapable of being tired' is the correct expression. It means that the Sumo wrestler does not seem to get tired.

178. **(a)** The correct substitution is 'bilingual', which refers to someone who can speak two languages fluently. It fits perfectly with the context of the sentence.

179. (b) Part 'of Ganga and it' contains an error. The use of 'it' is incorrect in the sentence as plural pronoun is used. Hence, use 'they are' in place of 'it is.'

180. (d) 'To face a difficult situation', The idiom 'bite the bullet' means to bravely face something painful or unpleasant that is unavoidable.

181. (a) 'Erapts' is the incorrectly spelt word. The correct spelling is 'erupts'.

182. (d) 'Suspend' means to temporarily prevent from continuing or being in force or effect. Hence, its antonym is 'Resume'.

183. (c) A person who betrays their country for personal gain is called a 'traitor', making it the correct one-word substitute.

184. (a) To avoid talking about what is important - 'Beat around the bush' means to dodge the main topic or not speak directly about something important.

185. (c) 'Enigmatic' means something that is mysterious, puzzling or difficult to understand. Hence, its antonym is 'Clear'.

186. (a) Always supporting someone even if there are problems or difficulties 'Through thick and thin' refers to unwavering loyalty or support, no matter the circumstances.

187. (b) The underlined part of the sentence contains an error. The most appropriate option to substitute the underlined words is answer. 'to cross safely' as the correct structure is 'too…to'.

188. (c) The correct spelling is 'peekaboo'. It is the name of a game.,

189. (c) The segment 'you had completed' contains a tense error. It should be 'you would have completed' to match the conditional structure 'Had you been working...'

190. (c) The underlined part of the sentence can be substituted with option (c) 'she should write'. The sentence is in past tense and 'should' is appropriate when asking permission or seeking guidance.

191. (a) 'Carefree' means without worries, fitting the context of children leading a carefree life.

192. (a) 'Cherished' means valued or loved, fitting the context of cherishing memories in adulthood.

193. (b) 'Innocent' means without guilt, fitting the context of a child being innocent.

194. (d) 'Rectify' means to correct, fitting the context of rectifying children's mistakes.

195. (c) 'Imprinted' means fixed in the mind, fitting the context of behaviour being imprinted on children's minds.

196. (a) The word 'Inhospitable' refers to a place or environment that is difficult or unpleasant to live in.

197. (b) The passage states that if 10 cm of soil is lost, it can take upto 1,000 years to regenerate that amount of soil naturally.

198. (d) The speakers tone is alarming as they emphasise the critical importance of soil for human survival and the fragile nature of soil resources.

199. (d) The most suitable title for the passage is 'Mysteries Under Man's Feet.'
This title reflects the theme of exploring and understanding the soil beneath our feet, which the passage discusses as an essential yet often overlooked aspect of our environment.

200. (c) The passage explicitly states that our survival as humans and life on this planet are intimately linked with the health and preservation of soil. Soil provides essential resources for human existence, including food, fiber and raw materials and supports biodiversity.

पेपर-1

SSC CPO SI सॉल्वड पेपर

29 जून 2024 (शिफ्ट I)

निर्देश

1. इस पेपर में 200 प्रश्न हैं।
2. इसमें 4 भाग हैं, **भाग 1** सामान्य बुद्धि एवं तर्कशक्ति, **भाग 2** सामान्य ज्ञान एवं सामान्य जागरुकता, **भाग 3** मात्रात्मक योग्यता और **भाग 4** अंग्रेजी
3. प्रत्येक प्रश्न **1 अंक** का है।

अधिकतम अंक : 200 | समय : 2 घण्टे

भाग 1

सामान्य बुद्धि एवं तर्कशक्ति

1. उस विकल्प का चयन कीजिए, जिसमें दी गई आकृति (X) उसके भाग के रूप में सन्निहित है। (घूर्णन की अनुमति नहीं है)।

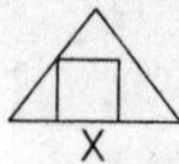
X

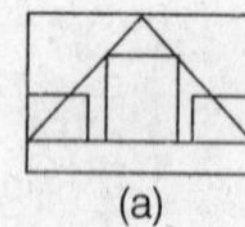
(a)

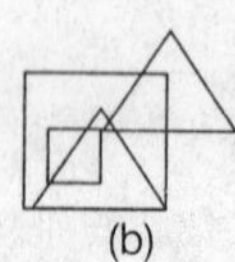
(b)

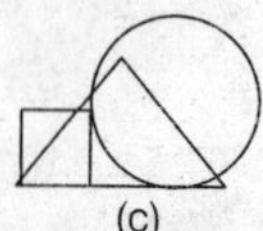
(c)

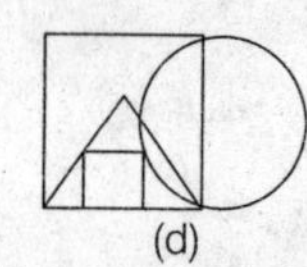
(d)

2. छ: विद्यार्थी एक गोल मेज के परित: इसके केन्द्र की ओर अभिमुख होकर बैठे हैं। वेन, ल्यूक के बाईं ओर दूसरे स्थान पर बैठा है। ल्यूक, रूथ और मैक्स दोनों के ठीक बगल में बैठा है। ज्यूड, वैन के बाईं ओर दूसरे स्थान पर बैठा है। रूथ, ल्यूक और वेन दोनों के ठीक बगल में बैठा है। कौन ज्यूड और ल्यूक दोनों के ठीक बगल में बैठा है

(a) रूस (b) टेस (c) मैक्स (d) वेन

3. उस समुच्चय का चयन करें, जिसकी संख्याएँ उसी तरह से सम्बन्धित हैं। जिस तरह निम्नलिखित समुच्चयों की संख्याएँ सम्बन्धित हैं।

(नोट संख्याओं को उसके घटक अंकों में तोड़े बिना, पूर्ण संख्याओं पर संक्रियाएँ की जानी चाहिए। उदाहरण के लिए संख्या 13 को लें 13 पर संक्रियाएँ, जैसे कि 13 में जोड़ना/घटाना/गुणा करना आदि, की जा सकती हैं। 13 को 1 और 3 में तोड़ने और फिर 1 और 3 पर गणितीय संक्रियाएँ करने की अनुमति नहीं है)

(15, 60, 10)
(21, 84, 14)

(a) (33, 134, 22)
(b) (33, 132, 24)
(c) (33, 132, 22)
(d) (31, 132, 22)

4. यदि 'A' का अर्थ '÷' है, 'B' का अर्थ '×' है, 'C' का अर्थ '+' है और 'D' का अर्थ '–' है, तो निम्नलिखित समीकरण में प्रश्नचिह्न (?) के स्थान पर क्या आएगा?

228 B 5 C 89 D 328 A4 = ?

(a) 1474 (b) 1174
(c) 1774 (d) 1147

5. उस विकल्प का चयन कीजिए, जिसका तीसरे शब्द से ठीक वही सम्बन्ध हो, जो सम्बन्ध दूसरे शब्द का पहले शब्द से है। (शब्दों को सार्थक अंग्रेजी/हिन्दी शब्द माना जाना चाहिए और इन्हें शब्द में अक्षरों की संख्या/व्यंजनों/स्वरों की संख्या के आधार पर परस्पर सम्बन्धित नहीं होना बाहिए।)

औस: किलोग्राम :: क्वार्ट?

(a) लीटर (b) तरल
(c) पत्थर (d) औस

6. दो कथन और उनके बाद दो निष्कर्ष I और II दिए गए हैं। कथनों को सत्य मानते हुए, भले ही वे सामान्य रूप से ज्ञात तथ्यों से भिन्न प्रतीत होते हों, निर्णय लें कि कौन-सा/से निष्कर्ष कथनों का तार्किक रूप से अनुसरण करता है/करते हैं।

कथन
सभी नेटवर्क, फाइबर हैं।
कुछ फाइबर, तार हैं।

निष्कर्ष
I. सभी नेटवर्क कभी तार नहीं हो सकते हैं।
II. कुछ नेटवर्क, तार हैं।

(a) केवल निष्कर्ष I अनुसरण करता है
(b) निष्कर्ष I और II दोनों अनुसरण करते हैं
(c) केवल निष्कर्ष II अनुसरण करता है
(d) न तो निष्कर्ष I है और न ही II अनुसरण करता है

7. यदि '+' का अर्थ '–' है, '–' का अर्थ '×' है, '×' का अर्थ '÷' है और '÷' का अर्थ '+' है, तो निम्नलिखित समीकरण में '?' के स्थान पर क्या आएगा?

$59 \div 6 - 28 \times 7 + 30 = ?$

(a) 58 (b) 53
(c) 49 (d) 67

8. दिए गए विकल्पों में से उस संख्या का चयन करें, जो निम्नलिखित शृंखला में प्रश्नचिह्न (?) के स्थान पर आ सकती है।

1024, 899, 835, 808, 800,?

(a) 795 (b) 798
(c) 799 (d) 797

9. दिए गए विकल्पों में से उस आकृति का चयन कीजिए, जो निम्नलिखित शृंखला में प्रश्नचिह्न (?) को तार्किक रूप से प्रतिस्थापित कर सकती है।

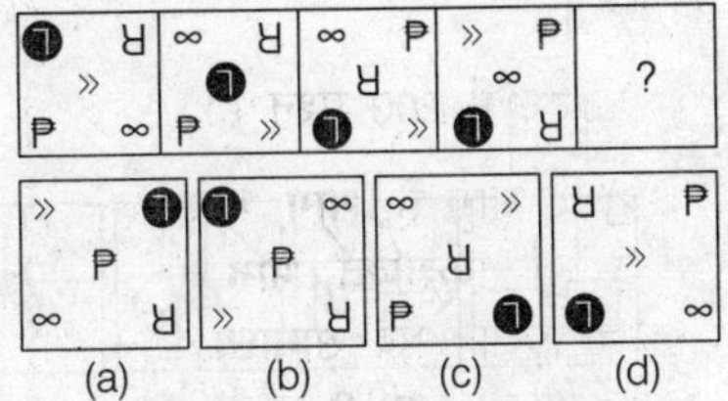

10. निम्नलिखित में से कौन-सा पद दी गई शृंखला में प्रश्नचिह्न (?) को प्रतिस्थापित करेगा?

MLV, NMW, ONX, ?

(a) FJM (b) GNM
(c) EFG (d) POY

11. निम्नलिखित में से कौन-सा अक्षर समूह प्रश्नचिह्न (?) का स्थान लेगा और दी गई शृंखला को पूरा करेगा?

PFBR, MKUA, ?, GUGS, DZZB

(a) QYGC (b) JPNJ
(c) JLEJ (d) HKPE

12. उस विकल्प का चयन कीजिए, जो दिए गए शब्दों को उस सही क्रम को दर्शाता है। जिसे क्रम में वे अंग्रेजी शब्दकोश में दिखाई देते हैं।

1. Circle 2. Cinema
3. Circus 4. Circumference
5. Cipher

कूट

(a) 5 2 4 1 3 (b) 2 5 1 4 3
(c) 2 1 5 4 3 (d) 5 4 3 1 2

13. दो कथन दिए गए हैं, जिसके बाद दो निष्कर्ष I और II दिए गए हैं। कथनों को सत्य मानते हुए, भले ही वे सामान्य रूप से ज्ञात तथ्यों से भिन्न प्रतीत होते हों, निर्धारित करें कि कौन-सा/से निष्कर्ष कथनों का तार्किक रूप से अनुसरण करता है/करते हैं।

कथन

कुछ कपड़े, साड़ी हैं। सभी साड़ी, सिल्क हैं।

निष्कर्ष

I. कुछ कपड़े, सिल्क हैं।
II. कुछ सिल्क, साड़ी हैं।

(a) न तो निष्कर्ष I और न ही II अनुसरण करता है
(b) केवल निष्कर्ष II अनुसरण करता है
(c) निष्कर्ष I और II दोनों अनुसरण करते हैं
(d) केवल निष्कर्ष I अनुसरण करता है

14. दिए गए विकल्पों में से उस आकृति का चयन कीजिए, जो निम्नलिखित शृंखला में प्रश्नचिह्न (?) को तार्किक रूप से प्रतिस्थापित कर सकती है।

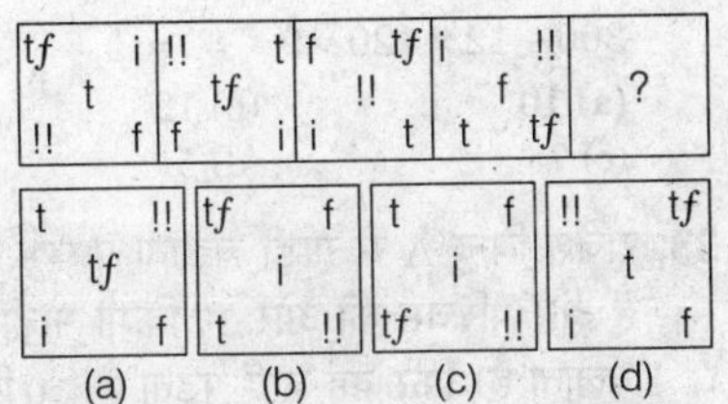

15. एक निश्चित कूटभाषा भाषा में 'BELT' को '78' के रूप में लिखा जाता है और 'CASH' को '62' के रूप में लिखा जाता है। उसी कूटभाषा में 'DISC' को किस प्रकार लिखा जाएगा?

(a) 70 (b) 92 (c) 86 (d) 82

16. एक निश्चित कूटभाषा में,
'A @ B' का अर्थ है कि 'A, B की पुत्री है',
'A # B' का अर्थ है कि 'A, B का भाई है',
'A + B' का अर्थ है कि 'A, B की पत्नी है',
'A% B' का अर्थ है कि 'A, B का पिता है'।
यदि 'M #N @ P + S% T' है, तो M का T से क्या सम्बन्ध है?

(a) मामा (b) पति
(c) भाई (d) पिता

17. एक कूटभाषा में, 'DILIP' को 46-36-30-36-22 के रूप में कूटबद्ध किया जाता है और 'PRINCE' को 22-18-36-26-48-44 के रूप में कूटबद्ध किया जाता है। उसी कूटभाषा में 'FIROZ' को किस प्रकार कूटबद्ध किया जाएगा?

(a) 42-36-18-24-2
(b) 56-36-18-32-52
(c) 48-36-18-36-6
(d) 2-36-18-42-52

18. एक निश्चित कूटभाषा में 'print the cards' को 'cd fm px' और 'cards for sales' को 'nt px ym' लिखा जाता है। दी गई भाषा में 'cards' कैसे लिखा जाता है?

(a) px (b) fm
(c) nt (d) cd

19. निम्नलिखित समीकरण को सही करने (सन्तुलित करने) के लिए किन दो गणितीय चिह्नों को आपस में बदलना होगा?

$9 + 8 \times 4 - 8 \div 2 = 11$

(a) ÷ और × (b) − और +
(c) ÷ और − (d) + और ÷

20. निम्नलिखित में से कौन-सी संख्या दी गई संख्या में प्रश्नचिह्न (?) के स्थान पर आएगी?

2, 6, 12, 20, ?, ?, 56, 72

(a) 30, 38 (b) 32, 44
(c) 30, 42 (d) 36, 40

21. एक पासे के फलकों पर 11, 12, 13, 14, 15 और 16 संख्याएँ अंकित हैं। उसी पासे की दो स्थितियाँ नीचे दी गई है। 14 वाले फलक के विपरीत कौन-सा फलक है?

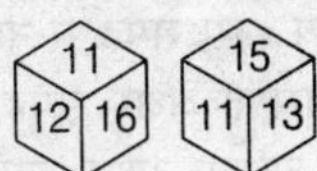

(a) 16 (b) 11 (c) 15 (d) 12

22. एक पासे के फलकों को प्रतीक α, β, θ, γ, π और δ द्वारा चिह्नित किया गया है। एक ही पासे की दो स्थितियाँ नीचे दी गई है। कौन-सा फलक, फलक β के विपरीत है?

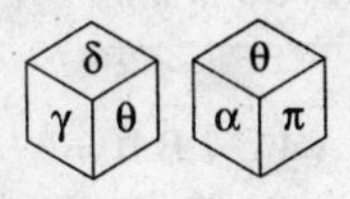

(a) θ (b) α (c) γ (d) δ

23. जब दर्पण को नीचे दर्शाए गए अनुसार MN पर रखा जाता है, तो दी गई आकृति के सही दर्पण प्रतिबिम्ब का चयन कीजिए।

6Tpe3w M|N

(a) wƐɘd⊥9 (b) we3qT∂
(c) wƐɘqT∂ (d) ʍƐeqT∂

24. दी गई शृंखला को पूरा करने के लिए कौन-सा अक्षर समूह प्रश्नचिह्न (?) के स्थान पर आ सकता है?

TCVH, RETJ, ?, NIPN, LKNP

(a) PGRL (b) PFRL
(c) MFSK (d) MGSK

25. निम्नलिखित में से कौन-सी संख्या दी गई शृंखला में प्रश्नचिह्न (?) को प्रतिस्थापित करेगी?

67, 78, 103, 118, ?

(a) 184 (b) 171 (c) 147 (d) 241

26. एक कूटभाषा में 'ROCK' को 'PKAG' के रूप में लिखा जाता है और 'CLUB' को 'AHSX' के रूप में लिखा जाता है। इसी कूटभाषा में 'SHOP' को कैसे लिखा जाएगा?

(a) MQDL (b) QMDL
(c) QDML (d) QMLD

27. एक निश्चित कूटभाषा में 'revise the lesson' को 'rx cd st' लिखा जाता है और 'the lesson plan' को 'cd nq rx' लिखा जाता है। दी गई भाषा में 'revise' कैसे लिखा जाता है?

(a) nq (b) st (c) cd (d) rx

28. अंग्रेजी वर्णमाला क्रम पर आधारित, निम्नलिखित चार अक्षर-समूहों में से तीन किसी निश्चित तरीके से समान हैं और इस प्रकार एक समूह बनाते हैं। किस अक्षर-समूह का सम्बन्ध उस समूह से नहीं है?
(**नोट** असंगत अक्षर-समूह, व्यंजनों/ स्वरों की संख्या या इस अक्षर-समूह में उनकी स्थिति पर आधारित नहीं है।)

(a) NSP (b) RWT (c) PUR (d) TYU

29. यदि 'A' का अर्थ '+' है 'B' का अर्थ '–' है 'C' का अर्थ '×' है और 'D' का अर्थ '÷' है, तो निम्नलिखित समीकरण में प्रश्नचिह्न (?) के स्थान पर क्या आएगा?

69 D 3 A 4 C 7 B 10 = ?

(a) 39 (b) 35 (c) 41 (d) 37

30. उसी विकल्प का चयन करें, जो दिए गए शब्दों के उस सही क्रम को दर्शाता है, जिसमें वे अंग्रेजी शब्दकोश में दिखाई देंगे।

1. Winterish 2. Wingspread
3. Windblast 4. Wintertide
5. Windscreen 6. Winkling

कूट
(a) 3 5 2 6 1 4 (b) 3 5 2 4 6 1
(c) 3 5 2 4 1 6 (d) 3 5 4 2 6 1

31. दो कथन दिए गए हैं, जिसके बाद दो निष्कर्ष I और II दिए गए हैं। कथनों को सत्य मानते हुए, भले ही वे सामान्य रूप से ज्ञात तथ्यों से भिन्न प्रतीत होते हों, निर्धारित करें कि कौन-सा/से निष्कर्ष कथनों का तार्किक रूप से अनुसरण करता है/करते हैं।

कथन
सभी कागज, पेड़ हैं।
कुछ कागज, पत्ते हैं।

निष्कर्ष
I. कुछ पेड़, पत्ते हैं।
II. कुछ पेड़, कागज हैं।

कूट
(a) केवल निष्कर्ष I अनुसरण करता है
(b) केवल निष्कर्ष II अनुसरण करता है
(c) निष्कर्ष I और II दोनों अनुसरण करते हैं
(d) न तो निष्कर्ष I और न ही II अनुसरण करता है

32. यदि + का अर्थ – है, – का अर्थ × है, × का अर्थ ÷ है, ÷ का अर्थ + है, तो दिए गए समीकरण में प्रश्नचिह्न (?) के स्थान पर क्या आएगा?

$300 - 12 \times 120 \div 9 + 32 = ?$

(a) 10 (b) 12
(c) 7 (d) 5

33. राजेश बिन्दु A से गाड़ी चलाना प्रारम्भ करता है और पश्चिम की ओर 17 किमी गाड़ी चलाता है। फिर वह बाएँ मुड़ता है, 10 किमी गाड़ी चलाता है, बाएँ मुड़ता है और 40 किमी गाड़ी चलाता है। फिर वह बाएँ मुड़ता है और 30 किमी गाड़ी चलाता है। वह अन्तिम बार बाएँ मुड़ता है, 23 किमी गाड़ी चलाता है और बिन्दु Q पर रुकता है। अब बिन्दु A पर दोबारा पहुँचने के लिए उसे कितनी दूर (न्यूनतम दूरी) और किस दिशा की ओर गाड़ी चलानी चाहिए? (सभी मोड़ केवल 90° वाले मोड़ हैं।)

(a) दक्षिण की ओर 20 किमी
(b) दक्षिण की ओर 15 किमी
(c) उत्तर की ओर 15 किमी
(d) उत्तर की ओर 20 किमी

34. नीचे दर्शाए गए अनुसार, दर्पण को MN पर रखे जाने पर, दी गई आकृति की सही दर्पण छवि का चयन कीजिए।

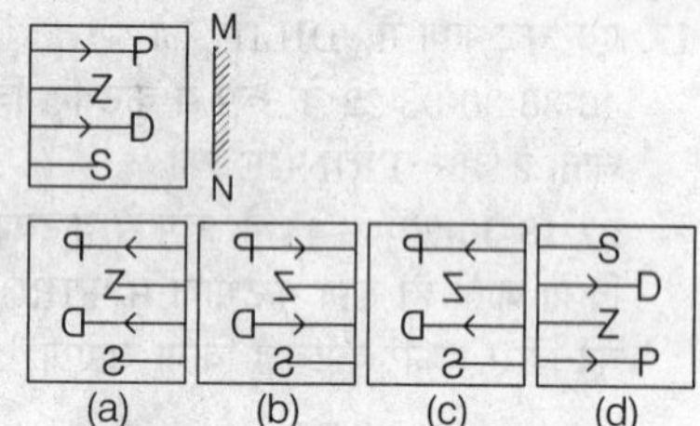

35. निम्नलिखित विकल्पों में से कौन-सी संख्या दी गई श्रृंखला में प्रश्नचिह्न (?) के स्थान पर आएगी?

43, 48, 46, ?, 49, 54, 52

(a) 51 (b) 50
(c) 52 (d) 47

36. यदि '+' का अर्थ '–' हो, '–' का अर्थ '×' हो, '×' का अर्थ '÷' हो, '÷' का अर्थ '+' हो तो निम्नलिखित समीकरण में प्रश्नचिह्न (?) के स्थान पर क्या आएगा?

$42 \times 3 - 16 \div 9 + 11 = ?$

(a) 227
(b) 240
(c) 222
(d) 232

37. विकल्प वाली उस आकृति का चयन कीजिए, जिसमें दी गई आकृति उसके एक भाग के रूप में अन्तर्निहित हो (घुमाने की अनुमति नहीं है)।

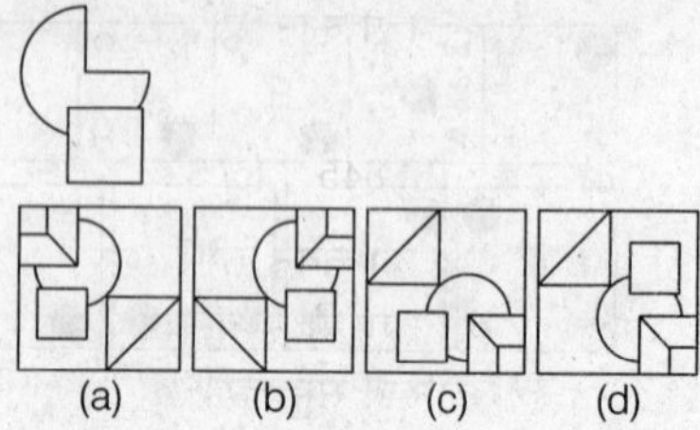

38. दो कथन दिए गए हैं, जिसके बाद दो निष्कर्ष I और II दिए गए हैं। कथनों को सत्य मानते हुए, भले ही वे सामान्य रूप से ज्ञात तथ्यों से भिन्न प्रतीत होते हों, निर्धारित कीजिए कि कौन-सा निष्कर्ष कथनों का तार्किक रूप से अनुसरण करता है?

कथन
सभी नोटबुक, इरेज़र हैं।
सभी इरेज़र, पेन हैं।

निष्कर्ष
I. सभी नोटबुक, पेन हैं।
II. कुछ पेन, नोटबुक हैं।

(a) केवल निष्कर्ष I अनुसरण करता है
(b) न तो निष्कर्ष I और न ही II अनुसरण करता है
(c) केवल निष्कर्ष II अनुसरण करता है
(d) निष्कर्ष I और II दोनों अनुसरण करते हैं

39. एक निश्चित कूटभाषा में 'COOL' को, '45' और 'TREE' को '48' के रूप में लिखा जाता है। उस कूटभाषा में 'WELL' कैसे लिखा जाएगा?

(a) 46 (b) 36 (c) 52 (d) 51

40. निम्नलिखित आकृतियों में एक कागज को मोड़ने का क्रम और मुड़े हुए कागज को काटने का तरीका दर्शाया गया है। खोले जाने पर यह कागज कैसा दिखाई देगा?

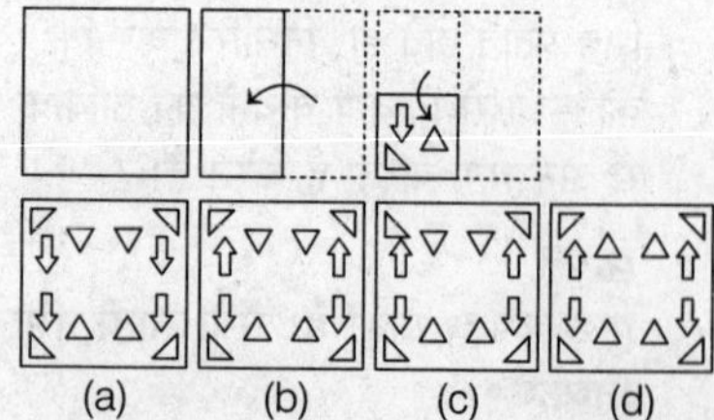

41. उस युग्म का चयन कीजिए, जो एक-दूसरे से उसी प्रकार सम्बन्धित है। जिस प्रकार नीचे दिया गया युग्म सम्बन्धित है

72 : 25

(a) 68 : 8 (b) 46 : 14
(c) 54 : 30 (d) 28 : 36

42. एक निश्चित तर्क का अनुसरण करते हुए 254, 524 से सम्बन्धित है। उसी तर्क का अनुसरण करते हुए 912,642 से सम्बन्धित है। उसी तर्क का उपयोग करते हुए निम्नलिखित में से कौन-सी संख्या 188 से सम्बन्धित है?

(a) 840 (b) 845 (c) 825 (d) 900

43. उस समुच्चय का चयन करें जिसकी संख्याएँ उसी तरह से सम्बन्धित हैं। जिस तरह निम्नलिखित समुच्चयों की संख्याएँ सम्बन्धित हैं।

(**नोट** संख्याओं को उसके घटक अंकों में तोड़े बिना, पूर्ण संख्याओं पर संक्रियाएँ की जानी चाहिए। उदाहरण के लिए संख्या 13 को लें 13 पर संक्रियाएँ, जैसे कि 13 में जोड़ना/घटाना/गुणा करना आदि, की जा सकती हैं। 13 को 1 और 3 में तोड़ने और फिर 1 और 3 पर गणितीय संक्रियाएँ करने की अनुमति नहीं है)

(104, 26, 13)
(168, 42, 21)

(a) (216, 54, 29) (b) (216, 54, 27)
(c) (210, 54, 27) (d) (216, 52, 27)

44. यदि + का अर्थ – है, – का अर्थ × है, × का अर्थ ÷ है, ÷ का अर्थ '+' है, तो दिए गए समीकरण में प्रश्नचिह्न (?) के स्थान पर क्या आएगा?

$1200 \times 3 - 1 \div 100 + 499 = ?$

(a) 5 (b) 1
(c) 2 (d) 3

45. विकल्पों में दी गई उस आकृति को पहचानिए, जिसे (?) के स्थान पर रखने पर शृंखला तार्किक रूप से पूर्ण हो जाएगी।

P A S T O	T P O S A	S T A O P	O S P A T	?

A T S O P	A O T S P	A O T P S	P A S T O
(a)	(b)	(c)	(d)

46. उस समुच्चय का चयन करें जिसमें दी गई संख्याएँ आपस में उसी प्रकार सम्बन्धित हैं, जिस प्रकार प्रश्न में दिए गए समुच्चय की संख्याएँ आपस में सम्बन्धित हैं।

(**ध्यान दें** संख्याओं को उनके घटक अंकों में तोड़े बिना, पूर्ण संख्याओं पर गणितीय संक्रियाएँ की जानी चाहिए। जैसे, 13 के मामले में 13 पर की जाने वाली विभिन्न गणितीय संक्रियाएँ जैसे 13 में जोड़ना/घटाना/गुणा करना आदि 13 पर की जा सकती हैं। लेकिन 13 को 1 और 3 में तोड़ने और फिर 1 और 3 पर गणितीय संक्रियाएँ करने की अनुमति नहीं है।)

(145, 76)
(182, 113)

(a) (153, 74) (b) (174, 112)
(c) (149 172) (d) (163, 94)

47. हरिनी एक कैफे से चलना शुरू करती है और दक्षिण दिशा की ओर 4 किमी चलती है। वह फिर दाएँ मुड़ती है और 2 किमी चलती है, फिर से दाएँ मुड़ती है और 4 किमी चलती है, और फिर बाएँ मुड़ती है और 4 किमी चलती है। इस बिन्दु से सीधे कैफे तक पहुँचने के लिए हरिनी को कितने किलोमीटर पैदल चलना पड़ेगा?

(a) 4 किमी (b) 2 किमी
(c) 8 किमी (d) 6 किमी

48. एक निश्चित कूटभाषा में,

'A + B' का अर्थ है कि 'A, B की माता है',
'A – B' का अर्थ है कि 'A, B का पति है',
'A × B' का अर्थ है कि 'B, A की बहन है', और
'A ÷ B' का अर्थ है कि 'A, B का पिता है'।

उपरोक्त जानकारी के आधार पर, यदि 'R ÷ S – V + Q × T' है, तो R का T से क्या सम्बन्ध है?

(a) बेटा (b) पिता
(c) भाई (d) दादा

49. उस विकल्प का चयन करें, जो तीसरे शब्द से उसी प्रकार सम्बन्धित है। जिस प्रकार दूसरा शब्द, पहले शब्द से सम्बन्धित है। (शब्दों को अर्थपूर्ण अंग्रेजी/हिन्दी शब्दों के रूप में माना जाना चाहिए और इन्हें शब्द में अक्षरों की संख्या/ व्यंजनों की संख्या/स्वरों की संख्या के आधार पर एक-दूसरे से सम्बद्ध नहीं किया जाना चाहिए।)

हंस: सिग्नेट :: कुत्ता ?

(a) सर्वाहारी (b) पप्पी
(c) काफ़ (d) पालतू पशु

50. एक ही पासे की तीन अलग-अलग स्थितियाँ नीचे दर्शाई गई हैं। 6 अंक वाले फलक के विपरीत फलक पर कौन-सा अंक होगा?

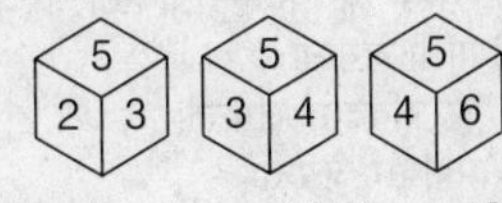

(a) 4 (b) 1 (c) 3 (d) 5

भाग 2

सामान्य ज्ञान एवं सामान्य जागरुकता

51. गंगा नदी के बारे में निम्नलिखित में से कौन-सा कथन सही नहीं है?

(a) भारत में गंगा नदी 2500 किमी से अधिक लम्बी है और दुनिया में सबसे अधिक आबादी वाली नदी बेसिन है।
(b) गंगा नदी और इसके नदी बेसिन बहुत सारे अद्भुत वन्य जीवन का समर्थन करते हैं, विशेष रूप से नदी डॉल्फिन, ऊदबिलाव, मीठे पानी के कछुए और घड़ियाल।
(c) गंगा नदी का जल स्तर कभी भी मानसून और हिमालय की जलवायु स्थिति पर निर्भर नहीं करता है।
(d) गंगा नदी हिमालय से बहती हुई बंगाल की खाड़ी तक जाती है

52. नेत्रगोलक (आईबॉल) का आकार कैसा होता है?

(a) बेलनाकार (b) अण्डाकार
(c) गोलाकार (d) वृत्तीय

53. निम्नलिखित में से किसे 'तूती-ए-हिन्द' के नाम से जाना जाता है?

(a) सूरदास (b) नौबत खान
(c) तानसेन (d) अमीर खुसरो

54. भारत का कौन-सा एक ऐसा उन्नत मौसम उपग्रह है, जिसे उन्नत प्रतिबिम्बन प्रणाली (इमेजिंग सिस्टम) और वायुमण्डलीय ध्वनित्र (साउण्डर) के साथ तैयार किया गया है?

(a) RS-D1 (b) GSAT-7A
(c) INSAT-3D (d) SROSS-2

55. भारत किस वर्ष आईसीसी पुरुष अन्तर्राष्ट्रीय विश्व कप क्रिकेट का आयोजन करेगा?

(a) 2030 (b) 2031 (c) 2025 (d) 2027

56. निजीकरण के बारे में निम्नलिखित में से कौन-सा कथन गलत है?

(a) मारुति उद्योग लिमिटेड, 1991 के आर्थिक सुधारों से पहले एक सार्वजनिक क्षेत्र का उद्यम था।
(b) वर्ष 1991 के पूर्व की अवधि की तुलना में वर्ष 1991 के आर्थिक सुधारों के बाद विनिवेश के मामलों में वृद्धि हुई।
(c) निजीकरण के बाद निजी कम्पनियों द्वारा एकाधिकार शक्ति के दोहन की कोई सम्भावना नहीं है।
(d) बेहतर प्रदर्शन निजीकरण के लाभों में से एक है।

57. राज्य का मुख्य कार्यकारी प्रमुख कौन होता है?

(a) राज्यपाल (b) राष्ट्रपति
(c) प्रधानमन्त्री (d) मुख्यमन्त्री

58. भारतीय संगीतकार, रचयिता और गायिका शुभा मुद्गल को वर्ष 2000 में ········ में सम्मानित किया गया था।
(a) पद्मश्री
(b) संगीत नाटक अकादमी
(c) पद्म भूषण
(d) पद्म विभूषण

59. दोज प्राइसी ठाकुर गर्ल्स (Those Pricey Thakur Girls) पुस्तक की लेखिका निम्नलिखित में से कौन हैं?
(a) अनीता नायर (b) प्रीति शेनॉय
(c) अनुजा चौहान (d) प्रतिभा राय

60. स्वर्ण सिंह समिति ने मौलिक कर्त्तव्यों के ········ बिन्दु कोड तैयार किए थे।
(a) 11 (b) 9
(c) 8 (d) 7

61. प्राणि जगत के सबसे बड़े संघ की पहचान कीजिए
(a) मोलस्का (b) एनीलिडा
(c) प्लेटीहेल्मिन्थीज (d) आर्थ्रोपोडा

62. वित्तीय संसाधनों के निम्नलिखित में से किस स्रोत के लिए वित्तीय मध्यस्थता की आवश्यकता नहीं हो सकती है?
(a) बैंकों से उधार
(b) सार्वजनिक निर्गम के माध्यम से इक्विटी जुटाना
(c) अखिल भारतीय विकास वित्तीय संस्थानों से उधार
(d) पारिवारिक निधियाँ

63. प्रोफेसर एम यूनुस ने किस वर्ष नोबेल शान्ति पुरस्कार जीता?
(a) 2001 में (b) 2002 में
(c) 2004 में (d) 2006 में

64. संघ (फायलम) ········ का शरीर अखण्डित और पृष्ठीय रूप से चपटा होता है।
(a) मोलस्का (b) सीलेण्टरेटा
(c) आर्थ्रोपोडा (d) प्लेटिहेल्मिन्थीज

65. निम्नलिखित में से किस भारतीय शास्त्रीय नृत्यांगना को राष्ट्रीय नृत्य शिरोमणि पुरस्कार, 2022 प्राप्त हुआ है?
(a) शोभना नारायण (b) संगीता मजूमदार
(c) अपर्णा सतीसन (d) अदिति मंगलदास

66. मेण्डलीफ की आवर्त सारणी के अनुसार, किस तत्त्व के गुण ईका-एल्युमीनियम के साथ उल्लेखनीय रूप से मेल खाते हैं?
(a) टाइटेनियम (b) स्कैंडियम
(c) जर्मेनियम (d) गैलियम

67. निम्नलिखित में से कौन-सा शास्त्रीय नृत्य रूप सामान्यत: तरंगम के साथ सम्पन्न होता है?
(a) कथकली (b) ओडिसी
(c) कुचिपुड़ी (d) सत्रिया

68. सत्यशोधक समाज (टुथ सीकर सोसाइटी) की स्थापना निम्नलिखित में से किस समाज सुधारक द्वारा की गई थी?
(a) ज्योतिबा फूले
(b) भीमराव रामजी अम्बेडकर
(c) महादेव गोविन्द रानाडे
(d) महात्मा गाँधी

69. सामान्यत: निर्देशक सिद्धान्त ········ होते हैं।
(a) सकारात्मक निर्देशन
(b) मनमानी कार्रवाइयाँ
(c) नकारात्मक निर्देशन
(d) प्रकृति में निषेधात्मक

70. दिल्ली में निम्नलिखित में से किस शहर की स्थापना गयासुद्दीन तुगलक ने की थी?
(a) तुगलकाबाद (b) जहाँपनाह
(c) सिरी (d) किला-ए-राय पिथौरा

71. निम्नलिखित में से अशोक के कौन-से शिलालेख में पशु बलि पर प्रतिबन्ध की घोषणा की गई थी?
(a) प्रमुख शिलालेख I
(b) प्रमुख शिलालेख IV
(c) प्रमुख शिलालेख II
(d) प्रमुख शिलालेख III

72. निम्नलिखित में से कौन-सी पुस्तक रवीन्द्रनाथ टैगोर द्वारा लिखी गई है?
(a) दा वे टु गॉड (The Way to God)
(b) नॉन-वायलेण्ट रेजिस्टेंस (Non-Violent Resistance)
(c) नेशनलिज्म (Nationalism)
(d) द एसेन्शियल राइटिंग्स (The Essential Writings)

73. परिवहन के साधन के रूप में पाइपलाइनों की देखभाल भारत सरकार के ········ द्वारा की जाती है।
(a) रेल मन्त्रालय
(b) पेट्रोलियम एवं प्राकृतिक गैस मन्त्रालय
(c) गृह मन्त्रालय
(d) सड़क परिवहन एवं राजमार्ग मन्त्रालय

74. भारत में अन्तर्राष्ट्रीय अहिंसा दिवस को ········ के रूप में भी मनाया जाता है।
(a) स्वामी विवेकानन्द जयन्ती
(b) गाँधी जयन्ती
(c) गुरु रविदास जयन्ती
(d) महावीर जयन्ती

75. निम्नलिखित में से कौन-सी घटना वर्ष 1950 में घटी थी?
(a) योजना आयोग की स्थापना की गई।
(b) प्रथम राष्ट्रीय कृषि नीति अपनाई गई।
(c) प्रथम पंचवर्षीय योजना प्रारम्भ की गई।
(d) औद्योगिक नीति संकल्प अपनाया गया।

76. वैश्विक भुखमरी सूचकांक, 2022 के अनुसार, कौन-सा पड़ोसी देश 127 देशों में से 109 रैंक के साथ भारत से पीछे है?
(a) नेपाल (b) बांग्लादेश
(c) पाकिस्तान (d) अफगानिस्तान

77. निम्नलिखित में से कौन-सा, भारत में संयुक्त क्षेत्र उद्यम (joint sector industry) है?
(a) नालको
(b) डाबर
(c) टिस्को
(d) ऑयल इण्डिया लिमिटेड

78. ········ ने 67वें राष्ट्रीय फिल्म पुरस्कारों में सर्वश्रेष्ठ पुरुष पार्श्वगायक का पुरस्कार जीता।
(a) बी. प्राक (b) अरिजीत सिंह
(c) शान (d) सोनू निगम

79. केलुचरण महापात्रा निम्नलिखित में से किस नृत्य शैली से सम्बन्धित हैं?
(a) भरतनाट्यम (b) ओडिसी
(c) मणिपुरी (d) कथक

80. भारतीय संविधान के किस अनुच्छेद में यह उल्लेख है कि "प्रत्येक राज्य के लिए एक उच्च न्यायालय होगा"?
(a) अनुच्छेद 245 (b) अनुच्छेद 275
(c) अनुच्छेद 214 (d) अनुच्छेद 125

81. 59°F सेल्सियस में कितना होगा?
(a) 59°C (b) 30°C
(c) 15°C (d) 45°C

82. एएमटी जैक्सन की हत्या के सह-अपराधी के रूप में किसे फाँसी दी गई थी?
(a) हेमू कालाणी (b) खुदीराम बोस
(c) मातंगिनी हाजरा (d) कृष्णाजी गोपाल कर्वे

83. भारत के निम्नलिखित भू-आकृतिक विभाजनों में से किसमें व्यापक जलोढ़ मृदा भण्डार है?
(a) विशाल भारतीय मरुस्थल
(b) उत्तरी भारतीय मैदान
(c) द्वीप समूह
(d) हिमालय पर्वतमाला

84. बेसबॉल में खिलाड़ियों की संख्या कितनी होती है?
(a) 6 (b) 8 (c) 9 (d) 7

85. वर्ष 2021 में पद्मश्री के प्राप्तकर्ता राधेश्याम बारले निम्नलिखित में से किस नृत्य शैली के प्रतिपादक हैं?

(a) पन्थी (b) पाली (c) दिवारी (d) कर्मा

86. तारीख-ए-मुबारक शाही के लेखक, याह्या सरहिन्दी का दावा है कि दिल्ली सल्तनत के ······ राजवंश के संस्थापक पैगम्बर मुहम्मद के वंशज थे।

(a) सैयद (b) खिलजी (c) लोदी (d) मामलुक

87. निम्नलिखित में से किस टीम ने वर्ष 2023 में पुरुषों के लिए आइस हॉकी एसोसिएशन ऑफ इण्डिया (IHAI) की राष्ट्रीय आइस हॉकी चैम्पियनशिप का 12वाँ संस्करण जीता?

(a) भारत-तिब्बत सीमा पुलिस (आईटीबीपी)
(b) जम्मू और कश्मीर ब्लू टीम
(c) रिमो क्लब लेह
(d) लद्दाख स्काउट्स

88. निम्नलिखित में से किसमें निकोटिन अधिक मात्रा में पाया जाता है?

(a) लाइम सोडा (b) तम्बाकू
(c) छाछ (d) चाय

89. संसद के दोनों सदनों में पहली बार किस वर्ष राष्ट्रीय खेल नीति पर एक प्रस्ताव रखा गया था?

(a) 1984 (b) 2000 (c) 2014 (d) 1948

90. राष्ट्रीय बहु-आयामी गरीबी सूचकांक रिपोर्ट, 2023 के अनुसार, निम्नलिखित में से किस केन्द्रशासित प्रदेश में गरीबी दर सबसे कम है?

(a) लद्दाख (b) पुदुचेरी
(c) जम्मू-कश्मीर (d) लक्षद्वीप

91. निम्नलिखित में से किस समिति ने मौलिक कर्त्तव्यों की अनुशंसा की थी?

(a) बलविन्दर सिंह समिति
(b) अशोक मेहता समिति
(c) स्वर्ण सिंह समिति
(d) नेहरू समिति

92. कोयले की खानों और दलदली जगहों में निम्नलिखित में से कौन-सी गैस पाई जाती है?

(a) ओजोन
(b) भाप
(c) मीथेन
(d) नाइट्रोजन डाइऑक्साइड

93. भारत सरकार के पेट्रोलियम एवं प्राकृतिक गैस मन्त्रालय के अनुसार 2022 तक भारत में कुल कितनी तेल रिफाइनरियाँ हैं?

(a) 15 (b) 23
(c) 35 (d) 21

94. दन्त प्लाक (dental plaque) बनने के कारण की पहचान कीजिए।

(a) जब अम्ल दाँतों में चिपक जाता है।
(b) जब जीवाणु शर्करा पर क्रिया करके अम्ल उत्पन्न करते हैं।
(c) तार, मज्जा (pulp) से चिपक जाती है।
(d) बहुत सारी जीवाणु कोशिकाएँ भोजन के कणों के साथ मिलकर दाँतों में चिपक जाती हैं।

95. कौन-सा त्योहार रंगों के त्योहार के रूप में लोकप्रिय है?

(a) जन्माष्टमी (b) महाशिवरात्रि
(c) दीपावली (d) होली

96. भारतीय संविधान के किस अनुच्छेद में उल्लेख है कि किसी राज्य की सरकार की समस्त कार्यपालिका कार्रवाई राज्यपाल के नाम से हुई व्यक्त की जाएगी?

(a) अनुच्छेद 164 (1)
(b) अनुच्छेद 165 (1)
(c) अनुच्छेद 163 (1)
(d) अनुच्छेद 166 (1)

97. वर्ष 1956 की औद्योगिक नीति को किस पंचवर्षीय योजना में अपनाया गया?

(a) पहली पंचवर्षीय योजना
(b) तीसरी पंचवर्षीय योजना
(c) दूसरी पंचवर्षीय योजना
(d) चौथी पंचवर्षीय योजना

98. भारतीय राष्ट्रीय कांग्रेस ने औपचारिक रूप से वर्ष 1905 के बनारस अधिवेशन में ······ की अध्यक्षता में स्वदेशी आह्वान किया।

(a) जवाहरलाल नेहरू (b) गोपालकृष्ण गोखले
(c) राजेन्द्र प्रसाद (d) मोतीलाल नेहरू

99. सूची A का सूची B से मिलान करें।

सूची A	सूची B
A. एल्केन	1. ईथेन
B. एल्कीन	2. ब्यूटाइन
C. एल्काइन	3. प्रोपीन
D. एल्डिहाइड	4. मेथेनल

	A	B	C	D
(a)	1	3	2	4
(b)	3	4	2	1
(c)	4	3	2	1
(d)	1	3	4	2

100. निम्नलिखित में से कौन-सी खारे पानी की झीलें हैं?

1. साम्भर झील 2. डल झील
3. वूलर झील 4. चिल्का झील

(a) 1 और 4 (b) 1 और 3
(c) 3 और 4 (d) 1 और 2

भाग 3

मात्रात्मक योग्यता

101. दी गई तालिका का अध्ययन कीजिए और दिए गए प्रश्न का उत्तर दीजिए।

5 विद्यार्थियों द्वारा विभिन्न विषयों में प्राप्त अंकों का प्रतिशत

विषय →	इतिहास	गणित	अर्थशास्त्र	हिन्दी	अंग्रेजी
विद्यार्थी ↓	250	200	250	150	150
विकास	60	80	90	60	95
श्याम	90	70	80	70	40
सोहन	70	90	95	80	75
मोहन	80	60	70	95	80
मोहित	90	50	85	85	80

सोहन द्वारा गणित में प्राप्त किया गया अंक, श्याम द्वारा गणित में प्राप्त किए गए अंकों से ········· हैं।

(a) 40 अधिक (b) 30 कम
(c) 40 कम (d) 30 अधिक

102. रनिता की साप्ताहिक आय का 42% भास्कर की साप्ताहिक आय के 56% के बराबर है। यदि भास्कर की साप्ताहिक आय में ₹ 200 की वृद्धि होती, जबकि रनिता की साप्ताहिक आय में कोई परिवर्तन नहीं होता, तो रनिता और भास्कर की साप्ताहिक आय का अनुपात क्रमश: 5 : 4 है। रनिता की साप्ताहिक आय (₹ में) क्या है?

(a) 3000 (b) 4000
(c) 3600 (d) 4200

103. यदि $a + b + c = 15$ और $ab + bc + ca = 35$ है, तो $a^3 + b^3 + c^3 - 3abc$ का मान ज्ञात करें।

(a) 1500 (b) 2100
(c) 1200 (d) 1800

104. $(\operatorname{cosec}\theta - \sin\theta)(\sec\theta - \cos\theta)(\tan\theta + \cot\theta)$ का मान ········· होगा।

(a) 1 (b) $\sec\theta \operatorname{cosec}\theta$
(c) -3 (d) 3

105. निम्न को हल कीजिए।

$(\tan\theta + \sec\theta + 1)(\cot\theta - \operatorname{cosec}\theta + 1) = ?$

(a) 0 (b) -1 (c) 1 (d) 2

106. दिए गए व्यंजक को सरल कीजिए।

$4 \times 5 \div 4$ का $5 \times 4 \div (6 + 6 \times 6 \div 6$ का $6 - 6 \div 6 \times 6)$

(a) 2 (b) 20
(c) 4 (d) 12

107. 140 मी और 120 मी लम्बी दो रेलगाड़ियाँ क्रमश: 60 किमी/घण्टा और 78 किमी/घण्टा की चाल से एक ही दिशा में चल रही हैं। कितने समय में वे एक-दूसरे को पूरी तरह से पार कर लेगी?

(a) 48 सेकण्ड (b) 52 सेकण्ड
(c) 65 सेकण्ड (d) 58 सेकण्ड

108. दी गई तालिका का अध्ययन करें और नीचे दिए गए प्रश्न का उत्तर दें।
तालिका 6 अलग-अलग स्कूलों की 6 अलग-अलग कक्षाओं में पढ़ने वाले विद्यार्थियों की संख्या दर्शाती है।

स्कूल	V	VI	VII	VIII	IX	X
P	152	160	145	156	147	144
Q	148	166	150	155	157	143
R	161	152	140	145	143	165
S	159	142	149	140	142	168
T	147	144	158	163	154	150
U	150	160	162	160	161	140
कुल	917	924	904	919	904	910

स्कूल U से कक्षा VII में पढ़ने वाले विद्यार्थियों की संख्या, उस स्कूल से सभी कक्षाओं के विद्यार्थियों की कुल संख्या का लगभग कितना प्रतिशत है?

(a) 21% (b) 17% (c) 19% (d) 15%

109. निम्नलिखित व्यंजक का मान ज्ञात कीजिए।
$2 \times 8 \div 4 - 5$ का $3 + 6 \div 3 \times 2 - 6$ का $3 + 5$

(a) – 20 (b) 15 (c) – 15 (d) 20

110. एक 320 लम्बी ट्रेन विपरीत दिशा से आ रही 240 मी लम्बी ट्रेन को y सेकण्ड में पूरी तरह से पार कर जाती है। यदि पहली ट्रेन 44 किमी/घण्टा की गति से यात्रा कर रही है, और दूसरी ट्रेन 56.8 किमी/घण्टा की गति से यात्रा कर रही है, तो y का मान क्या है?

(a) 18 (b) 22
(c) 21 (d) 20

111. दिया गया बार ग्राफ चार अलग-अलग वर्षों के दौरान एक कम्पनी के कर्मचारियों की संख्या (लाख में) दर्शाता है।

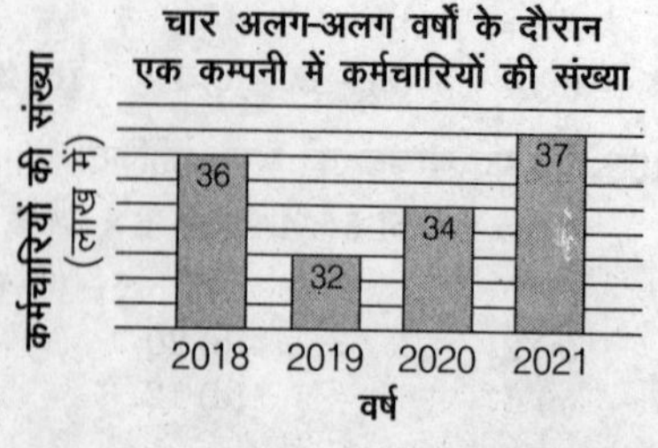

2019 की तुलना में 2020 में कर्मचारियों की संख्या में कितने प्रतिशत की वृद्धि हुई?

(a) $6\frac{3}{4}\%$ (b) $6\frac{1}{4}\%$ (c) $5\frac{1}{4}\%$ (d) $4\frac{3}{4}\%$

112. एक समकोण त्रिभुज की दो लम्बवत् भुजाओं के बीच का अन्तर 2 सेमी है और इसका क्षेत्रफल 24 सेमी^{2} है। त्रिभुज का परिमाप (सेमी में) क्या है?

(a) 16 (b) 24 (c) 18 (d) 14

113. निम्न तालिका चार विद्यार्थियों द्वारा चार अलग-अलग विषयों में 100 में से प्राप्त अंकों को दर्शाती है।

विद्यार्थी	हिन्दी	गणित	विज्ञान	समाज-शास्त्र
अर्नव	83	87	90	92
रौनक	75	89	79	82
शिवम	88	95	90	87
सोनू	92	85	90	88

सभी विषयों में रौनक द्वारा प्राप्त किए गए कुल अंक, शिवम, सोनू, अर्नव द्वारा सभी विषयों में प्राप्त किए गए कुल अंकों का कितना प्रतिशत है?

(a) 34.63% (b) 44.46%
(c) 40.63% (d) 30.46%

114. $(x - 5)$ से पूर्णत: विभाज्य बहुपद प्राप्त करने के लिए $(x^3 - 3x^2 + 4x - 75)$ में क्या जोड़ा जाना चाहिए?

(a) 5 (b) 6 (c) 2 (d) 4

115. $\left(2\frac{1}{2} + 1\frac{3}{4} - \frac{1}{6}\right) \times 16 \div 49$ का मान ज्ञात कीजिए।

(a) $\frac{3}{9}$ (b) $\frac{4}{7}$ (c) $2\frac{3}{4}$ (d) $1\frac{1}{3}$

116. एक कम्पनी में काम करने वाली एक महिला को प्रत्येक 14 सेमी व्यास और 20 सेमी ऊँचाई वाली बेलनाकार मोमबत्तियाँ तैयार करने के लिए 70 सेमी, 44 सेमी और 20 सेमी की विमाओं वाला मोम का एक आयताकार ठोस (घनाभ आकृति) दिया गया। निर्मित मोमबत्तियों की संख्या ज्ञात कीजिए।

(a) 20 (b) 30
(c) 15 (d) 10

117. एक स्कूल में लड़कों की कुल संख्या, लड़कियों की कुल संख्या से 20% अधिक है। स्कूल में लड़कों की संख्या और लड़कियों की संख्या का अनुपात कितना है?

(a) 6 : 5 (b) 5 : 6
(c) 5 : 3 (d) 4 : 5

118. निम्नलिखित व्यंजक को हल कीजिए।

$$\frac{\left(2\frac{1}{7} + 6\frac{1}{7}\right) \div \frac{9}{7}}{1\frac{1}{9} \div \left\{\frac{7}{9} + \left(\frac{4}{9} \div \frac{4}{3}\right)\right\}}$$

(a) $\frac{53}{9}$ (b) $\frac{58}{9}$ (c) $\frac{56}{9}$ (d) $\frac{55}{9}$

119. अमिता उतने ही समय में एक कमरा बना सकती है, जितने समय में बीना और सीता एकसाथ मिलकर उसे बना सकती हैं। यदि अमिता और बीना एकसाथ मिलकर इसे 25 दिन में कर सकती हैं और सीता अकेले 35 दिन में कर सकती हैं, तो बीना को अकेले उसी कार्य को करने में कितने दिन लगेंगे?

(a) 175 दिन (b) 152 दिन
(c) 180 दिन (d) 165 दिन

120. क्रमश: 3 सेमी और 2 सेमी त्रिज्याओं वाले दो वृत्तों के केन्द्रों के बीच की दूरी 13 सेमी है। एक अनुप्रस्थ उभयनिष्ठ स्पर्श रेखा की लम्बाई (सेमी में) क्या होगी?

(a) 16 सेमी (b) 18 सेमी
(c) 9 सेमी (d) 12 सेमी

121. निम्नलिखित को सरल कीजिए।

$$\left[\left(7\frac{1}{4}\right)^2 - \left(5\frac{4}{5}\right)^2\right] \div 5\frac{4}{5} \times \frac{16}{9}$$

(a) 5.8 (b) 7.4 (c) 9.3 (d) 3.1

122. एक दुकानदार ₹ 2000 मूल्य वाले उत्पाद बेचना चाहता था। लेकिन उसके पास दो विकल्प थे, प्रत्येक 10% की तीन क्रमिक छूट देना या 28% की एकल छूट देना। छूट के दोनों विकल्पों में कितना अन्तर था (₹ में)?

(a) 22 (b) 16 (c) 28 (d) 18

123. त्रिभुज ABC में, $AB = AC$ और $\angle A = 70°$ है। $\angle C$ का मान ज्ञात कीजिए।

(a) 65° (b) 45° (c) 75° (d) 55°

124. निम्नलिखित तालिका में गणित में 10 लड़के और 10 लड़कियों की उपलब्धि दी गई हैं। तालिका का अध्ययन कीजिए और सही कथन का चयन कीजिए।

लड़के	लड़कियाँ
56	35
75	88
34	95
49	99
89	67
99	82
94	97
59	63
82	79
79	81

(a) दिया गया डेटा कोई सार्थक निष्कर्ष निकालने के लिए अपर्याप्त है।
(b) लड़कों और लड़कियों की औसत उपलब्धि समान है।
(c) लड़कों की औसत उपलब्धि लड़कियों की तुलना में अधिक है।
(d) लड़कियों की औसत उपलब्धि लड़कों की तुलना में अधिक है।

125. A, B से 25% अधिक है और B, C से 30% कम है। यदि C, D से 20% अधिक हो, तो A, D से कितना प्रतिशत अधिक है?
(a) 3% (b) 6% (c) 2% (d) 5%

126. $a = 2$ और $b = 3$ के लिए गुणनफल $(4a + 3b)(16a^2 - 12ab + 9b^2)$ का मान निर्धारित कीजिए।
(a) 1241 (b) 1131 (c) 1231 (d) 1141

127. यदि $m \times 7 + 4 - 6 \div 3 - 7 + 45 \div 5 \times 4 + 49 = 87$ है, तो m का मान ज्ञात कीजिए।
(a) 0 (b) 14 (c) 7 (d) 1

128. एक नाव 52 मिनट में धारा के अनुकूल 16.9 किमी की यात्रा कर सकती है। यदि धारा की गति 3 किमी/घण्टा है, तो नाव को धारा के प्रतिकूल 84 किमी की दूरी तय करने में कितना समय (घण्टों में) लगेगा?
(a) 6.22 (b) 7.5 (c) 6 (d) 13.5

129. दो वस्तुओं का क्रय मूल्य बराबर है। एक वस्तु को 12% के लाभ पर और दूसरी वस्तु को पहली वस्तु से ₹ 3600 अधिक में बेचा जाता है। यदि कुल लाभ $15\frac{27}{51}$% है, तो प्रत्येक वस्तु का क्रय मूल्य क्या है?
(a) ₹ 50990 (b) ₹ 50000
(c) ₹ 51000 (d) ₹ 52150

130. नीचे दी गई तालिका गणित, भौतिकी और रसायन विज्ञान विषयों में 5 परीक्षाओं में एक विद्यार्थी के अंक (प्रत्येक विषय के लिए 100 में से) दर्शाती है। तालिका का अध्ययन करें और निम्नलिखित प्रश्न का उत्तर दें।

परीक्षाएँ	गणित	भौतिकी	रसायनिक विज्ञान
1	80	69	91
2	94	79	85
3	88	81	95
4	92	76	90
5	96	90	84

विद्यार्थी द्वारा परीक्षा 2 में प्राप्त औसत अंकों का सभी परीक्षाओं में गणित में प्राप्त औसत अंकों से अनुपात ज्ञात कीजिए।
(a) 4 : 7 (b) 43 : 45
(c) 4 : 3 (d) 21 : 25

131. 100 किमी की यात्रा में, S की औसत चाल 40 किमी/घण्टा है। वह पहले 60 किमी को 40 मिनट में और अगले 20 किमी को 50 मिनट में तय करता है। तो बताइए कि अन्तिम 20 किमी में उसकी चाल (किमी/घण्टा में) क्या है?
(a) 30 (b) 25
(c) 20 (d) 40

132. किसी वस्तु की 25% और 25% की दो क्रमिक मूल्य वृद्धि निम्नलिखित में से किस एकल मूल्य वृद्धि के बराबर है?
(a) 56.25% (b) 50.25%
(c) 48.50% (d) 52.25%

133. तिर्यक ऊँचाई 4.2 इकाई के एक शंकु का पार्श्व पृष्ठीय क्षेत्रफल 13.2 इकाई^2 है। आधार की त्रिज्या ज्ञात कीजिए।
(a) 1 इकाई (b) 2.5 इकाई
(c) 1.5 इकाई (d) 2 इकाई

134. सीता ₹ 35000 का ऋण, वार्षिक रूप से चक्रवृद्धि होने वाली 10% वार्षिक चक्रवृद्धि ब्याज दर पर लेती है। वह 2 वर्षों में दो समान किश्तों में अर्थात् प्रत्येक वर्ष के अन्त में एक किश्त का भुगतान करने के लिए सहमत है। प्रत्येक किश्त की राशि ज्ञात कीजिए। (उत्तर को निकटतम पूर्णांक तक पूर्णांकित करें।
(a) ₹ 30167 (b) ₹ 40167
(c) ₹ 10167 (d) ₹ 20167

135. ₹ 25 प्रति किग्रा और ₹ 40 प्रति किग्रा कीमत वाले दो प्रकार के चावलों को 3 : 2 के अनुपात में मिलाया जाता है, तो परिणामी मिश्रण की प्रति किग्रा कीमत की गणना करें।
(a) ₹ 30 (b) ₹ 31
(c) ₹ 33 (d) ₹ 32

136. एक स्कूल में दो आयताकार खेल के मैदान हैं, जो आकृति में समान है। यदि पहले खेल के मैदान की लंबाई और चौड़ाई क्रमश: 224 मी और 160 मी दी जाती है, तो निम्नलिखित में से कौन-सा विकल्प दूसरे खेल के मैदान की विमाएँ नहीं हो सकता है?
(a) लम्बाई = 210 मी, चौड़ाई = 150 मी
(b) लम्बाई = 343 मी, चौड़ाई = 225 मी
(c) लम्बाई = 273 मी, चौड़ाई = 195 मी
(d) लम्बाई = 168 मी, चौड़ाई = 120 मी

137. यदि $\sin^4\theta + \cos^4\theta = 2\sin^2\theta\cos^2\theta$ है और $0° < \theta < 90°$ है, तो $\cot\theta$ का मान ज्ञात कीजिए।
(a) 1 (b) $\frac{1}{3}$ (c) $\frac{1}{\sqrt{2}}$ (d) $\frac{1}{2}$

138. $\left(\frac{3}{4}+\frac{5}{4}\right)\times\left(\frac{9}{5}-\frac{4}{5}\right)\div\left(\frac{3}{2}+\frac{1}{2}\right)$ को सरल कीजिए।
(a) – 2 (b) – 1
(c) 1 (d) 2

139. दिए गए व्यंजक को सरल कीजिए।
$\left(7.2 \times 4.1 \div 12.3 + 22.5 \text{ का } \frac{1}{25} - \frac{1}{10}\right)$
(a) 4.9 (b) 3.2
(c) 7.4 (d) 9.6

140. 3 सेमी त्रिज्या और 4 सेमी ऊँचाई वाले शंकु का वक्रपृष्ठीय क्षेत्रफल (सेमी^{2} में) ज्ञात करें।
(a) 7π (b) 14π
(c) 12π (d) 15π

141. एक कमरे की चौड़ाई उसकी ऊँचाई की दो गुनी और लम्बाई की आधी है। कमरे का आयतन 1728 मी^{3} है। कमरे की लम्बाई ज्ञात करें।
(a) 24 मी (b) 20 मी (c) 28 मी (d) 34 मी

142. $\tan^4 A + \tan^2 A$ का मान किसके बराबर है?
(a) $\sec^2 A - \sec^4 A$
(b) $-(\sec^2 A + \sec^4 A)$
(c) $\sec^4 A + \sec^2 A$
(d) $\sec^4 A - \sec^2 A$

143. निम्न तालिका विभिन्न कम्पनियों द्वारा थैली के वार्षिक उत्पादन (हजार में) को दर्शाती है।

कम्पनी	2012	2013	2014	2015
A	29	37	38	42
B	30	38	40	39
C	35	30	45	43
D	37	35	42	45

दिए गए वर्षों में कम्पनी A का कुल उत्पादन दिए गए वर्षों में कम्पनी D के कुल उत्पादन का कितना प्रतिशत है?
(a) 89.21% (b) 98.21%
(c) 91.82% (d) 82.91%

144. यदि त्रिभुज PQR का एक कोण अन्य दो कोणों के योग से बड़ा है, तो त्रिभुज PQR .... त्रिभुज होगा।
(a) अधिक कोण
(b) समकोण
(c) न्यून कोण
(d) समबाहु

145. निम्नलिखित को सरल कीजिए।
$72 \div 8 \times 4 + 40 - 35 \div 5 + 15$
(a) 48 (b) 84
(c) 9 (d) 24

146. आकाश और विकास एक कार्य को क्रमशः 40 दिन और 60 दिन में पूरा कर सकते हैं। आकाश से शुरू करते हुए यदि वे एकान्तर दिनों में बारी-बारी से कार्य करते हैं, तो सम्पूर्ण कार्य कितने दिनों में पूरा हो जाएगा?
(a) 50 (b) 48
(c) 42 (d) 52

147. एक शंक्वाकार भण्डारण टंकी की ऊँचाई और त्रिज्या क्रमशः 9 फीट और 7 फीट है। टंकी में आ सकने वाले जल का आयतन ज्ञात कीजिए?
$\left(\pi = \frac{22}{7}\text{ लें}\right)$
(a) 462 क्यूबिक फीट
(b) 1423 क्यूबिक फीट
(c) 1386 क्यूबिक फीट
(d) 527 क्यूबिक फीट

148. एक व्यापारी किसी वस्तु को उसके क्रय मूल्य से 16% कम मूल्य पर बेचता है। यदि उसने इसे ₹ 192.20 अधिक में बेचा होता, तो उसे 15% का लाभ प्राप्त होता। वस्तु का नया विक्रय मूल्य (₹ में) क्या है?
(a) 713 (b) 742 (c) 724 (d) 731

149. ₹ 48500 का एक हिस्सा 15% प्रति वर्ष के साधारण ब्याज पर निवेश किया जाता है। पहले निवेश के 2 वर्ष बाद, शेष धनराशि 10% वार्षिक साधारण ब्याज की दर से निवेश की जाती है। पहली धनराशि के निवेश के समय से 5 वर्ष बाद, ब्याज का अनुपात 5: 3 है। 10% साधारण ब्याज की दर पर निवेश किया गया दूसरा हिस्सा (₹ में) कितना है?
(a) 20940 (b) 19400
(c) 29100 (d) 24900

150. एक दुकानदार अंकित मूल्य पर 24% की छूट देता है। एक विशेष बिक्री दिवस पर, वह पहली छूट के बाद अतिरिक्त 30% छूट का कूपन प्रदान करता है। यदि वस्तु ₹ 7700.70 में बेची गई, तो वस्तु का अंकित मूल्य (₹ में) कितना है?
(a) 17745 (b) 14745
(c) 17475 (d) 14475

भाग 4

अंग्रेजी

151. Select the most appropriate synonym of the given word.
Habitual
(a) Diverse (b) Pertinent
(c) Considerate (d) Continuous

152. Select the most appropriate synonym of the given word.
Unhappiness
(a) Willing
(b) Wicked
(c) Wilful
(d) Woe

153. Select the sentence that has a grammatical error.
(a) I could be deriving into town later on.
(b) I will be drive into town later on.
(c) I will be driving into town later on.
(d) I might drive into town later on.

154. Select the most appropriate synonym of the given word.
Insipid
(a) Obscure
(b) Tasteless
(c) Dismal
(b) Idle

155. Select the option that can be used as a one-word substitute for the given group of words.
A person who is filled with excessive enthusiasm
(a) Extrovert
(b) Horiticulturial
(c) Introvert
(d) Narcissist

156. The following sentence has been split into four segments. Identify the segment that contains a grammatical error.
Most of the committee / are here to / decide the fate of/ this ancient building.
(a) decide the fate of
(b) this ancient building
(c) are here to
(d) Most of the committee

157. Select the most appropriate meaning of the underlined segment in the given sentence.
I sent the agreement over for them to sign so <u>the ball is now in their court</u>.
(a) It is time for someone to deal with a problem or make a decision, because other people have already done as much as they can.
(b) A time when after which programmes for older audiences may be aired on TV.
(c) An approach that uses traditional ideas that have previously worked.
(d) Better to be satisfied with what you have than risk losing it by trying to get something.

158. Select the most appropriate idiom to fill in the blank.
She now has more than a year as minister ....
(a) down for the count
(b) on her thin ice
(c) under her belt
(d) in the fast lane

159. Select the option that rectifies the spelling error in the given sentence.
They broght their dog to the park for a walk.
(a) bruaght
(b) brahgt
(c) brought
(d) braoght

160. Select the most appropriate meaning of the given idiom.
See eye to eye
(a) To agree with someone
(b) To do something pointless
(c) To get upset with something
(d) To ignore someone

161. Select the option that is similar in meaning to the underlined word in the following sentence.
Looking after small children is a real <u>conundrum</u> for working parents.
(a) pacification (b) peace
(c) plan (d) problem

162. Select the incorrectly spelt word.
(a) Ambigous
(b) Luminous
(c) Gregarious
(d) Nostalgia

163. Select the most appropriate option that can substitute the underlined segment in the given sentence.
Had I known that you were planning to visit me, <u>I should have done</u> all the necessary arrangements.
(a) I must have made
(b) I would have made
(c) I would have do
(d) I should have made

164. Select the most appropriate option that can substitute the highlighted words in the given sentence.
His interpretation of the facts was impressive.
(a) understood of realities
(b) understand of realities
(c) understanding of realities
(d) understands of realities

165. Select the incorrectly spelt word.
(a) Vagabond (b) Gallantry
(c) Notation (d) Witharing

166. Select the option that can be used as a one-word substitute for the underlined group of words.
The liberal leadership simply joined the ranks of the existing government by the few.
(a) Democracy (b) Oligarchy
(c) Autocracy (d) Plutocracy

167. Select the most appropriate option that can substitute the underlined segment in the given sentence. If there is no need to substitute it, select 'No substitution'.
If his father will give money, he will buy a sports bike.
(a) No substitution
(b) If his father gave money
(c) If his father gives money
(d) If his father give money

168. Select the most appropriate antonym of the given word.
Cowardice
(a) Hazard (b) Boldness
(c) Abundance (d) Vigour

169. Select the most appropriate option that can substitute the underlined segment in the given sentence.
He wanted to visiting the Golden Temple in Amritsar.
(a) wanted to visitor
(b) wanted to be visit
(c) wanted to visit
(d) wanted to visited

170. Select the most appropriate antonym of the underlined word.
Her behaviour was consistent even in challenging situations.
(a) appreciative (b) enthusiastic
(c) standard (d) unpredictable

171. Select the most appropriate meaning of the given idiom.
From cradle to grave
(a) Buying something very cheap or very expensive
(b) During the whole span of one's life
(c) Giving directions and telling someone to follow
(d) To achieve something you needed

172. Select the most appropriate meaning of the given idiom.
Chip on the shoulder
(a) Happy (b) Offended
(c) Elated (d) Emotional

173. Select the most appropriate option that can substitute the underlined segment in the given idiom.
A piece of biscuit
(a) cake (b) pastry
(c) tart (d) toast

174. In the following question a statement has been given with highlighted text. You are required to replace the text with correct phrase given in the options.
His intriguing mastery of the English language allowed him to write eloquently.
(a) master
(b) wellness known skill
(c) captivating expertise
(d) least known talent

175. Select the most appropriate antonym of the underlined word in the given sentence.
Recession fettered the company from any further investments.
(a) depended (b) valuable
(c) concealed (d) liberated

176. Select the most appropriate antonym of the underlined word.
The reports of the medical tests done are now accessible on phone.
(a) free (b) invisible
(c) restricted (d) useless

177. Select the most appropriate article to fill in the blank (ϕ-no article).
.... SDO is the head of the sub-division of ...... government organisation.
(a) ϕ; a (b) a; a (c) an; a (d) an; ϕ

178. Select the option that can be used as a one-word substitute for the underlined words.
I do not like him because he always disapproves the things or opinions of others.
(a) is jealous of other people
(b) is critical of others
(c) is a hate monger
(d) is insensitive of others feelings

179. Select the option that can be used as a one-word substitute for the given group of words.
During vacations, Geeta saw a saltwater lake separated from the sea by rocks and sand where she did kayak for the first time.
(a) river (b) lagoon
(c) sea (d) ditch

180. The meaning of which of the following options is 'Good luck'?
(a) Break a leg (b) Hang in there
(c) All wet (d) Second banana

181. Select the most appropriate synonym of the given word.
Indigent
(a) Affluent (b) Bust
(c) Impoverished (d) Low

182. The following sentence has been divided into parts. One of them may contain an error. Select the part that contains the error from the given options. If you don't find any error, mark 'No error' as your answer.
When Ramu was working / as a clerk, / he asked me money.
(a) No error
(b) as a clerk
(c) When Ramu was working
(d) he asked me money

183. Identify the proper explanation of the error in the given sentence.
Mohan insisted to go there.
(a) Error is in the sentence formation. Preposition and gerund are required. The correct sentence should read like this: Mohan insisted on going there.
(b) Error is with the verb. The correct sentence should read like this: Mohan insist to going there.
(c) Error is with the tense. The correct sentence should read like this: Mohan insisting to go there.
(d) Error is with the preposition. The correct sentence should read like this: Mohan insisted go there.

184. Select the most appropriate meaning of the given idiom.
Spill the beans
(a) Accomplish a lot
(b) Tremble at possibilities
(c) Reveal a secret
(d) Cornered by someone

185. The following sentence has been divided into parts. One of them contains an error. Select the part that contains the error from the given options.
Mrs. Rani / works for/a international / school.
(a) Mrs. Rani
(b) school
(c) a international
(d) works for

186. Select the incorrectly spelt word.
(a) Buraeucracy (b) Miscellaneous
(c) Acquaintance (d) Rhinoceros

187. Select the most appropriate meaning of the given idiom.
Nip in the bud
(a) To suppress something at an early stage
(b) To publicise a long-kept secret
(c) To complete a prolonged or unfinished work
(d) To stop something from growing beyond limit

188. Select the option that correctly rectifies the spelling error in the given sentence.
The movie is just beggining.
(a) Beginning (b) Beginnig
(c) Biginning (d) Begining

189. Select the most appropriate option that can substitute the underlined segment in the given sentence.
What exactly have the teachers being doing wrong?
(a) teachers being done
(b) teachers been doing
(c) teachers are doing
(d) teachers have been doing

190. Select the option that can be used as a one-word substitute for the given group of words.
A soldier who fights for the sake of money
(a) Veteran (b) Marine
(c) Mercenary (d) Admiral

Directions (Q. Nos. 191-195) *In the following passage, some words have been deleted. Read the passage carefully and select the most appropriate option to fill in each blank.*

It was an unusual dark night. In the ...(1)... of an enjoyable dream, Jim thought he heard his dog ...(2)... loudly. He groaned and glanced ...(3)... his clock sleepily. 12 O'clock the green fluorescent ...(4)... of his clock read. Suddenly, Jim ...(5)... hushed voices outside his house. He immediately became alert and jumped out of bed. As his parents had gone on a holiday, Jim was alone at home. He decided to look who was outside.

191. Select the correct option to fill in blank no. 1.
(a) end (b) between
(c) middle (d) side

192. Select the correct option to fill in blank no. 2.
(a) dancing (b) shouting
(c) barking (d) jumping

193. Select the correct option to fill in blank no. 3.
(a) on (b) in
(c) at (d) upon

194. Select the correct option to fill in blank no. 4.
(a) light (b) points
(c) hands (d) dial

195. Select the correct option to fill in blank no. 5.
(a) saw (b) heard
(c) thought (d) listened

Directions (Q. Nos. 196-200) *Read the given passage and answer the questions that follow.*

The story of Joanne Kathleen Rowling's near magical rise to fame is almost as well-known as the characters she creates.

Rowling was constantly writing and telling stories to her younger sister Dianne. " The first story I ever wrote down was about a rabbit called Rabbit." Rowling said in an interview. "He got the measles and was visited by his friends including a giant bee called Miss Bee. And ever since Rabbit and Miss Bee, I have always wanted to be a writer, though I rarely told anyone. So, however, my parents, both of whom come from impoverished backgrounds and neither of whom had been to college, took the view that my overactive imagination was an amusing personal quirk that would never pay a mortgage or secure a pension.

A writer from the age of six, with two unpublished novels in the drawer, she was stuck on a train when Harry walked into her mind fully formed. She spent the next five years constructing the plots of seven books, one for every year of his secondary school life. Rowling says, she started writing the first book, Harry Potter and the Sorcerer's Stone, in Portugal, where she was teaching English.

At first nobody wanted to publish Harry Potter. She was told that the plot was too complex. Refusing to compromise, she found a publisher.

In 1997, Rowling received her first royalty cheque. By book three, she had skyrocketed to the top of the publishing world. A row of zeros appeared on the author's bank balance and her life was turned upside down. Day and night she had journalists knocking on the unanswered door of her flat.

Rowling's quality control has become legendary, as is her obsession with accuracy. She's thrilled with Stephen Fry's taped version of the books and outraged that an Italian dust jacket showed Harry minus his glasses. "Don't they understand that the glasses are the clue to his vulnerability?"

196. Select an appropriate title for the passage.
(a) Rowling's Life
(b) The Publishing Journey
(c) The Craft of Writing
(d) Rowling's Mystery

197. What is the tone of the passage?
(a) Mystical (b) Anxious
(c) Gloomy (d) Informative

198. What quality do we get to know about JK Rowling that helps her become a successful writer?
(a) Flexibility (b) Perseverance
(c) Humility (d) Focus

199. What was Rowling doing when she started writing 'Harry Potter and the Sorcerer's Stone'?
(a) Accounting
(b) Teaching
(c) Writing full-time
(d) Designing

200. Select the word from the passage that is the antonym for 'Conformity'.
(a) Constantly (b) Secure
(c) Quirky (d) Amusing

जानें सही उत्तर

1 (d)	2 (c)	3 (c)	4 (d)	5 (a)	6 (d)	7 (b)	8 (c)	9 (a)	10 (d)
11 (b)	12 (b)	13 (c)	14 (c)	15 (a)	16 (c)	17 (a)	18 (a)	19 (c)	20 (c)
21 (b)	22 (a)	23 (c)	24 (a)	25 (c)	26 (c)	27 (b)	28 (d)	29 (c)	30 (a)
31 (c)	32 (c)	33 (a)	34 (c)	35 (a)	36 (c)	37 (b)	38 (d)	39 (c)	40 (b)
41 (d)	42 (b)	43 (b)	44 (b)	45 (c)	46 (d)	47 (d)	48 (d)	49 (b)	50 (c)
51 (c)	52 (c)	53 (d)	54 (c)	55 (b)	56 (c)	57 (a)	58 (a)	59 (c)	60 (c)
61 (d)	62 (d)	63 (d)	64 (d)	65 (c)	66 (d)	67 (c)	68 (a)	69 (a)	70 (a)
71 (a)	72 (c)	73 (b)	74 (b)	75 (a)	76 (d)	77 (d)	78 (a)	79 (b)	80 (c)
81 (c)	82 (d)	83 (b)	84 (c)	85 (a)	86 (a)	87 (a)	88 (b)	89 (a)	90 (b)
91 (c)	92 (c)	93 (b)	94 (d)	95 (d)	96 (d)	97 (c)	98 (b)	99 (a)	100 (a)
101 (a)	102 (b)	103 (d)	104 (a)	105 (d)	106 (c)	107 (b)	108 (b)	109 (a)	110 (d)
111 (b)	112 (b)	113 (d)	114 (a)	115 (d)	116 (a)	117 (a)	118 (b)	119 (a)	120 (d)
121 (a)	122 (d)	123 (d)	124 (d)	125 (d)	126 (a)	127 (d)	128 (a)	129 (c)	130 (b)
131 (c)	132 (a)	133 (a)	134 (d)	135 (b)	136 (b)	137 (a)	138 (c)	139 (b)	140 (d)
141 (a)	142 (d)	143 (c)	144 (a)	145 (b)	146 (b)	147 (a)	148 (a)	149 (c)	150 (d)
151 (d)	152 (d)	153 (b)	154 (b)	155 (*)	156 (c)	157 (a)	158 (c)	159 (c)	160 (a)
161 (d)	162 (a)	163 (b)	164 (c)	165 (d)	166 (b)	167 (c)	168 (b)	169 (c)	170 (d)
171 (b)	172 (b)	173 (b)	174 (c)	175 (d)	176 (c)	177 (d)	178 (b)	179 (b)	180 (a)
181 (c)	182 (d)	183 (a)	184 (c)	185 (c)	186 (a)	187 (a)	188 (a)	189 (d)	190 (c)
191 (c)	192 (c)	193 (c)	194 (d)	195 (b)	196 (b)	197 (d)	198 (b)	199 (b)	200 (c)

प्रश्नों के सही हल

1. **(d)** प्रश्न आकृति विकल्प आकृति (d) में सन्निहित है।

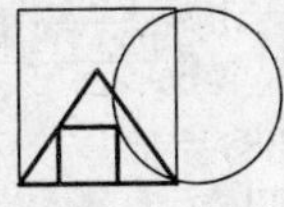

2. **(c)** प्रश्नानुसार,

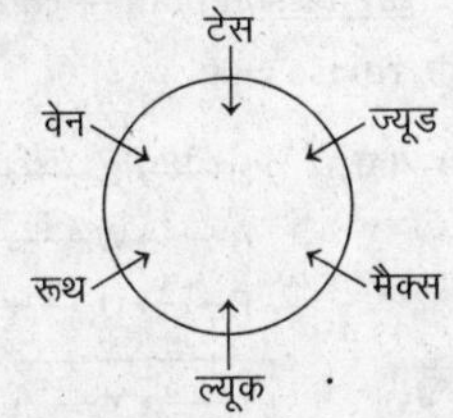

अत: मैक्स, ज्यूड और ल्यूक दोनों के ठीक बगल में बैठा है।

3. **(c)** जिस प्रकार,

$(15, 60, 10) \Rightarrow 15 \times 4 = 60$

$60 \div 6 = 10$

तथा $(21, 84, 14) \Rightarrow 21 \times 4 = 84$

$84 \div 6 = 14$

उसी प्रकार,

$(33, 132, 22) \Rightarrow 33 \times 4 = 132$

$132 \div 6 = 22$

4. **(d)** दिया है,

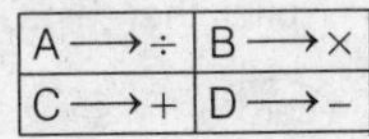

A ⟶ ÷	B ⟶ ×
C ⟶ +	D ⟶ −

228 B 5 C 89 D 328 A 4

प्रश्नानुसार, अक्षरों के स्थान पर चिह्न प्रतिस्थापित करने पर,

$228 \times 5 + 89 - 328 \div 4$

$= 228 \times 5 + 89 - 82$

$1140 + 89 - 82 = 1147$

5. **(a)** जिस प्रकार, औस और किलोग्राम को भार मापने के लिए उपयोग किया जाता है। उसी प्रकार, क्वार्ट और लीटर को तरल पदार्थ मापने के लिए उपयोग किया जाता है।

6. **(d)** कथनानुसार,

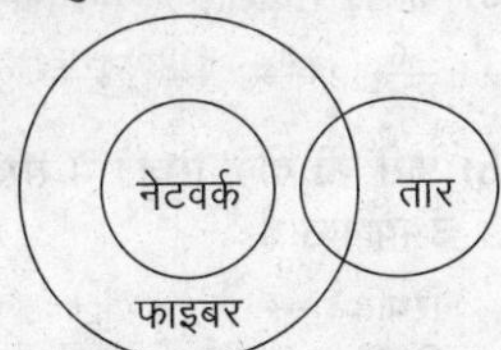

निष्कर्ष I. (✗) II. (✗)

अत: न तो निष्कर्ष I और न ही II अनुसरण करता है।

7. **(b)** दिया है,

+ ⟶ −	− ⟶ ×
× ⟶ ÷	÷ ⟶ +

$59 \div 6 - 28 \times 7 + 30$

चिह्न बदलने पर,

$59 + 6 \times 28 \div 7 - 30$

$= 59 + 6 \times 4 - 30$

$= 59 + 24 - 30$

$= 83 - 30 = 53$

8. **(c)** दी गई श्रृंखला का क्रम निम्न प्रकार है,

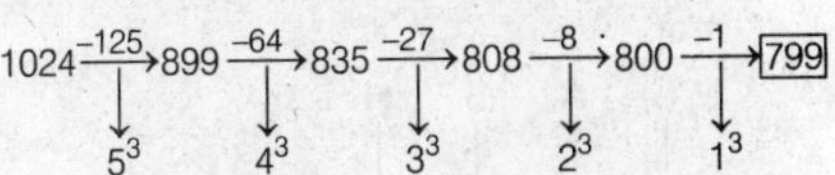

9. **(a)** दी गई आकृति श्रृंखला में एकान्तर क्रम में निम्न पैटर्न है।

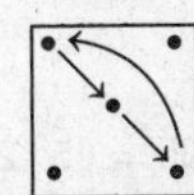

आकृति (i) से (ii) तथा (iii) से (iv) में

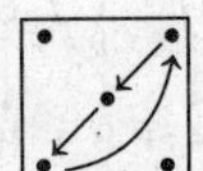

आकृति (ii) से (iii) तथा (iv) से (v) में

इस प्रकार श्रृंखला में प्रश्नचिह्न के स्थान पर विकल्प (a) की आकृति होगी।

10. (d) दी गई श्रृंखला का क्रम निम्न प्रकार है,

M $\xrightarrow{+1}$ N $\xrightarrow{+1}$ O $\xrightarrow{+1}$ [P]

L $\xrightarrow{+1}$ M $\xrightarrow{+1}$ N $\xrightarrow{+1}$ [O]

V $\xrightarrow{+1}$ W $\xrightarrow{+1}$ X $\xrightarrow{+1}$ [Y]

11. (b) दी गई श्रृंखला का क्रम निम्न प्रकार है,

P $\xrightarrow{-3}$ M $\xrightarrow{-3}$ [J] $\xrightarrow{-3}$ G $\xrightarrow{-3}$ D

F $\xrightarrow{+5}$ K $\xrightarrow{+5}$ [P] $\xrightarrow{+5}$ U $\xrightarrow{+5}$ Z

B $\xrightarrow{-7}$ U $\xrightarrow{-7}$ [N] $\xrightarrow{-7}$ G $\xrightarrow{-7}$ Z

R $\xrightarrow{+9}$ A $\xrightarrow{+9}$ [J] $\xrightarrow{+9}$ S $\xrightarrow{+9}$ B

12. (b) अंग्रेजी शब्दकोश के अनुसार शब्दों का क्रम निम्न प्रकार है,

Cinema → Cipher → Circle
(2) (5) (1)
→ Circumference → Circus
(4) (3)

⇒ 2, 5, 1, 4, 3

13. (c) कथनानुसार,

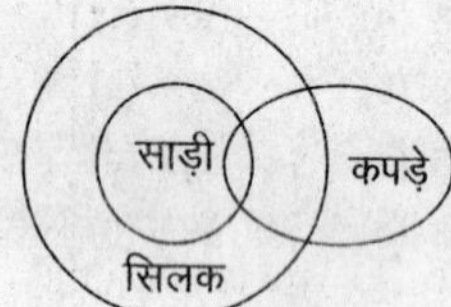

निष्कर्ष I. (✓) II. (✓)

अतः निष्कर्ष I और II दोनों अनुसरण करते हैं।

14. (c) दी गई आकृति श्रृंखला के प्रत्येक अगली आकृति में निम्न पैटर्न अनुसरण करते हैं।

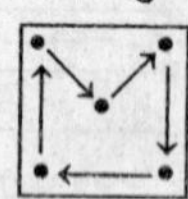

इस प्रकार श्रृंखला में प्रश्नचिह्न के स्थान पर विकल्प आकृति (c) होगा।

15. (a) जिस प्रकार,

B E L T
↓ ↓ ↓ ↓
2 + 5 + 12 + 20 = 39 ⇒ 39×2=78

तथा

C A S H
↓ ↓ ↓ ↓
3 + 1 + 19 + 8 = 31 ⇒ 31×2=62

उसी प्रकार,

D I S C
↓ ↓ ↓ ↓
4 + 9 + 19 + 3 = 35 ⇒ 35×2=70

16. (c) प्रश्नानुसार,

$\overset{+}{M}$ # $\overset{-}{N}$ @ $\overset{-}{P}$ + $\overset{+}{S}$ % T^{-}
भाई पुत्री पत्नी पिता

रक्त सम्बन्ध आरेख बनाने पर,

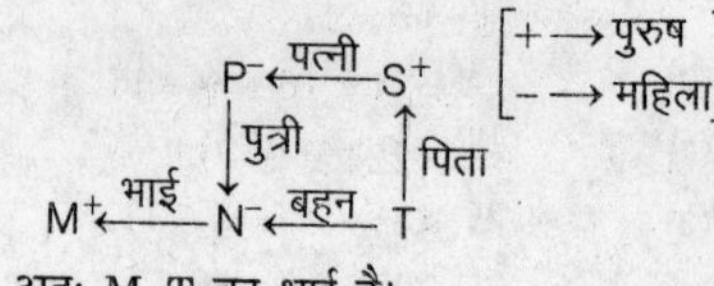

अतः M, T का भाई है।

17. (a) जिस प्रकार,

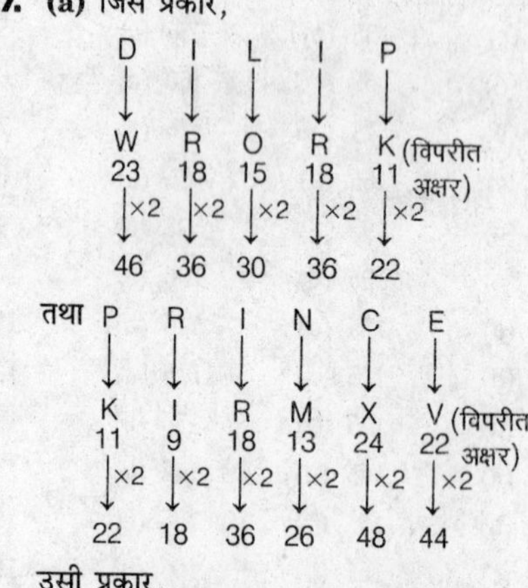

उसी प्रकार,

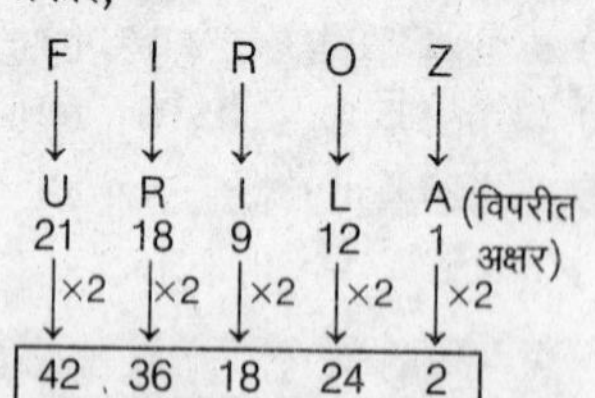

18. (a) प्रश्नानुसार,

print the (cards) → cd fm (px)

(cards) for sales → nt (px) ym

अतः cards ⇒ px

19. (c) दिया है,

$9 + 8 \times 4 - 8 \div 2 = 11$

विकल्प (c) से चिह्न बदलने पर, (÷ ↔ –)

$9 + 8 \times 4 \div 8 - 2 = 11$

$\Rightarrow 9 + 8 \times \frac{4}{8} - 2 = 11$

$\Rightarrow 9 + 4 - 2 = 11$

$\Rightarrow 13 - 2 = 11$

$\Rightarrow 11 = 11$

20. (c) दी गई श्रृंखला का क्रम निम्न प्रकार है,

2 $\xrightarrow{+4}$ 6 $\xrightarrow{+6}$ 12 $\xrightarrow{+8}$ 20 $\xrightarrow{+10}$ [30] $\xrightarrow{+12}$ [42] $\xrightarrow{+14}$ 56 $\xrightarrow{+16}$ 72

21. (b) पासे की दोनों स्थिति में संख्या 11 उभयनिष्ठ है,

∴ स्थिति I → 11 16 12

स्थिति II → [11] 15 13
↓
14

अतः 14 वाले फलक के विपरीत फलक पर संख्या 11 होगा।

22. (a) पासे की दोनों स्थिति में प्रतीक 'θ' उभयनिष्ठ है।

∴ स्थिति I → θ γ δ

∴ स्थिति II → [θ] π ∞
↓
β

अतः फलक β के विपरीत फलक θ होगा।

23. (c) विकल्प आकृति (c) प्रश्न आकृति का सही दर्पण प्रतिबिम्ब है।

M
6Tpe3w | w3eqT6
N

24. (a) दी गई श्रृंखला का क्रम निम्न प्रकार है,

T $\xrightarrow{-2}$ R $\xrightarrow{-2}$ [P] $\xrightarrow{-2}$ N $\xrightarrow{-2}$ L

C $\xrightarrow{+2}$ E $\xrightarrow{+2}$ [G] $\xrightarrow{+2}$ I $\xrightarrow{+2}$ K

V $\xrightarrow{-2}$ T $\xrightarrow{-2}$ [R] $\xrightarrow{-2}$ P $\xrightarrow{-2}$ N

H $\xrightarrow{+2}$ J $\xrightarrow{+2}$ [L] $\xrightarrow{+2}$ N $\xrightarrow{+2}$ P

25. (c) दी गई श्रृंखला का क्रम निम्न प्रकार है,

67 $\xrightarrow{+11}$ 78 $\xrightarrow{+25}$ 103 $\xrightarrow{+15}$ 118 $\xrightarrow{+29}$ [147]

+14 –10 +14

26. (c) जिस प्रकार,

R O C K
–2 –4 –2 –4
P K A G

तथा

C L U B
–2 –4 –2 –4
A H S X

उसी प्रकार,

S H O P
–2 –4 –2 –4
[Q D M L]

27. (b) प्रश्नानुसार,

[revise] <u>the lesson</u> → <u>rx cd</u> [st]

<u>the lesson</u> plan → <u>cd</u> nq <u>rx</u>

अतः revise = st

28. (d) यहाँ,

N $\xrightarrow{+5}$ S $\xrightarrow{-3}$ P

R $\xrightarrow{+5}$ W $\xrightarrow{-3}$ T

P $\xrightarrow{+5}$ U $\xrightarrow{-3}$ R

परन्तु, [T $\xrightarrow{+5}$ Y $\xrightarrow{-4}$ U]

29. (c) दिया है,

A → +	B → –
C → ×	D → ÷

69D3A4C7B10 = ?

चिह्न प्रतिस्थापित करने पर,

$69 \div 3 + 4 \times 7 - 10$

$= 23 + 4 \times 7 - 10$

$= 23 + 28 - 10$

$= 51 - 10 = 41$

30. (a) अंग्रेजी शब्दकोश के अनुसार शब्दों का क्रम,
Windblast → Windscreen →
(3) (5)
Wingspread → Winkling →
(2) (6)
Winterish → Wintertide
(1) (4)
⇒ 3, 5, 2, 6, 1, 4

31. (c) कथनानुसार,

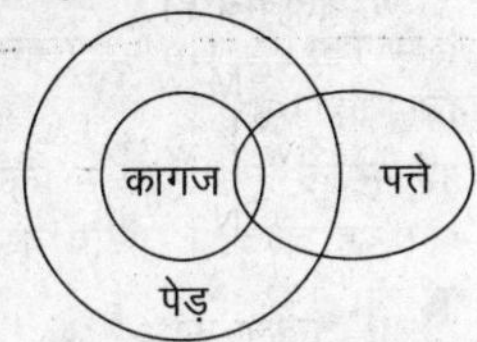

निष्कर्ष I. (✓) II. (✓)
अत: दोनों निष्कर्ष I और II दोनों अनुसरण करते हैं।

32. (c) दिया है,
$300 - 12 \times 120 \div 9 + 32$

+ ⟶ −	− ⟶ ×
× ⟶ ÷	÷ ⟶ +

प्रश्नानुसार चिह्न बदलने पर,
$300 \times 12 \div 120 + 9 - 32$
$= 300 \times \frac{12}{120} + 9 - 32$
$= 30 + 9 - 32$
$= 39 - 32 = 7$

33. (a) प्रश्नानुसार,

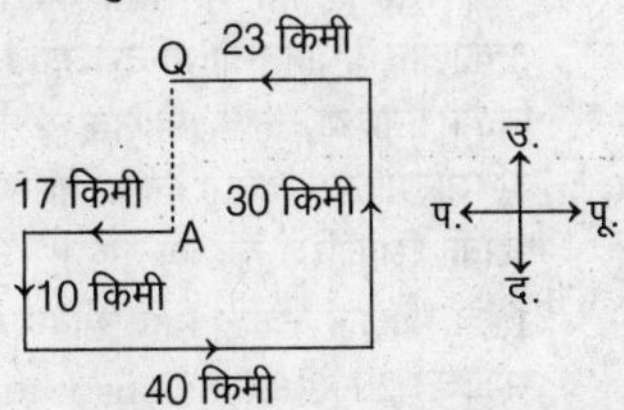

A से Q की दूरी = (30 − 10) किमी
= 20 किमी
अत: राजेश को दोबारा A पर पहुँचने के लिए 20 किमी दक्षिण में गाड़ी चलानी चाहिए।

34. (c) विकल्प आकृति (c), प्रश्न आकृति का सही दर्पण प्रतिबिम्ब है।

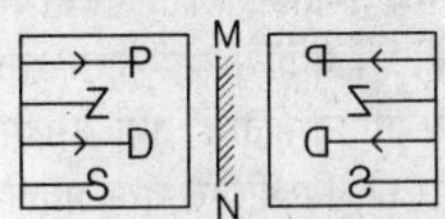

35. (a) दी गई श्रृंखला का क्रम निम्न प्रकार है,
$43 \xrightarrow{+5} 48 \xrightarrow{-2} 46 \xrightarrow{+5} \boxed{51} \xrightarrow{-2} 49 \xrightarrow{+5} 54 \xrightarrow{-2} 52$

36. (c) दिया है,
$42 \times 3 - 16 \div 9 + 11$

+ ⟶ −	− ⟶ ×
× ⟶ ÷	÷ ⟶ +

चिह्न बदलने पर,
$42 \div 3 \times 16 + 9 - 11$
$= 14 \times 16 + 9 - 11$
$= 224 + 9 - 11$
$= 233 - 11 = 222$

37. (b) प्रश्न आकृति, विकल्प आकृति (b) में अन्तर्निहित है।

38. (d) कथनानुसार,

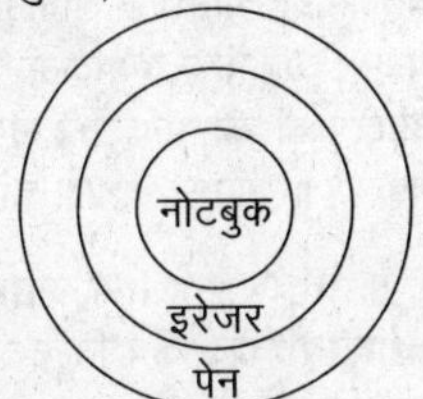

निष्कर्ष
I. (✓) II. (✓)
अत: निष्कर्ष I और II दोनों अनुसरण करते हैं।

39. (c) जिस प्रकार,
C O O L
↓ ↓ ↓ ↓
3 + 15 + 15 + 12 = 45
तथा
T R E E
↓ ↓ ↓ ↓
20 + 18 + 5 + 5 = 48
उसी प्रकार,
W E L L
↓ ↓ ↓ ↓
23 + 5 + 12 + 12 = 52

40. (b) प्रश्न में दिए गए कागज के टुकडे को खोलने पर वह विकल्प आकृति (b) की तरह दिखाई देगा।

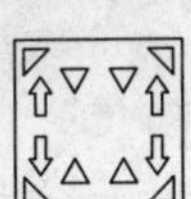

41. (d) जिस प्रकार,
$72 : 25 \Rightarrow (7-2)^2 = 5^2 = 25$
उसी प्रकार,
$28 : 36 \Rightarrow (8-2)^2 = 6^2 = 36$

42. (b) जिस प्रकार,
254, 524 ⇒ 254 ⇒ 2 + 5 + 4 = 11
524 ⇒ 5 + 2 + 4 = 11
तथा 912, 642 ⇒ 912 ⇒ 9 + 1 + 2 = 12
642 ⇒ 6 + 4 + 2 = 12
उसी प्रकार विकल्प (b) से,
188 ⇒ 1 + 8 + 8 = 17
845 ⇒ 8 + 4 + 5 = 17

43. (b) जिस प्रकार,
$(104, 26, 13) \Rightarrow 26 \times 4 = 104$
$26 \div 2 = 13$
तथा $(168, 42, 21) \Rightarrow 42 \times 4 = 168$
$42 \div 2 = 21$
उसी प्रकार,
$(216, 54, 27) \Rightarrow 54 \times 4 = 216$
$54 \div 2 = 27$

44. (b) दिया है,
$1200 \times 3 - 1 \div 100 + 499 = ?$

+ ⇒ −	− ⇒ ×
× ⇒ ÷	÷ ⇒ +

चिह्न बदलने पर,
$1200 \div 3 \times 1 + 100 - 499$
$= 400 \times 1 + 100 - 499$
$= 500 - 499 = 1$

45. (c) दी गई आकृति श्रृंखला के प्रत्येक अगली आकृति में निम्न पैटर्न अनुसरण करते हैं।

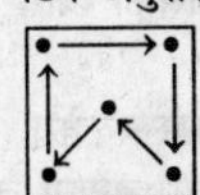

इस प्रकार श्रृंखला में प्रश्नचिह्न के स्थान पर विकल्प (c) की आकृति होगी।

46. (d) जिस प्रकार,
$(145, 76) \Rightarrow 145 - 69 = 76$
तथा $(182, 113) \Rightarrow 182 - 69 = 113$
उसी प्रकार,
$(163, 94) \Rightarrow 163 - 69 = 94$

47. (d) प्रश्नानुसार,

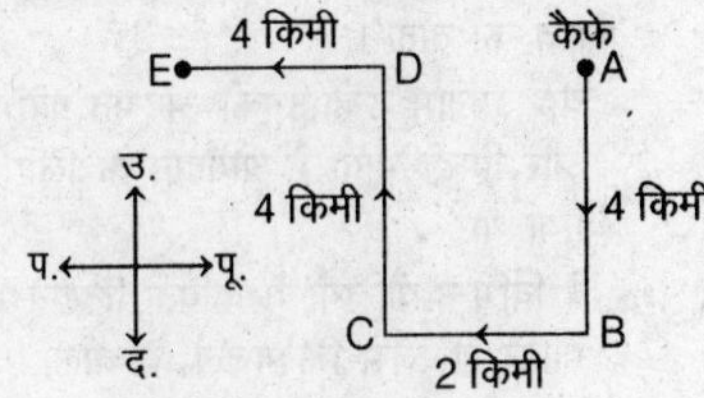

EA = ED + CB = (4 + 2) = 6 किमी
अत: हरिनी को वापस कैफे पहुँचने के लिए सीधे 6 किमी चलना होगा।

48. (d) प्रश्नानुसार,

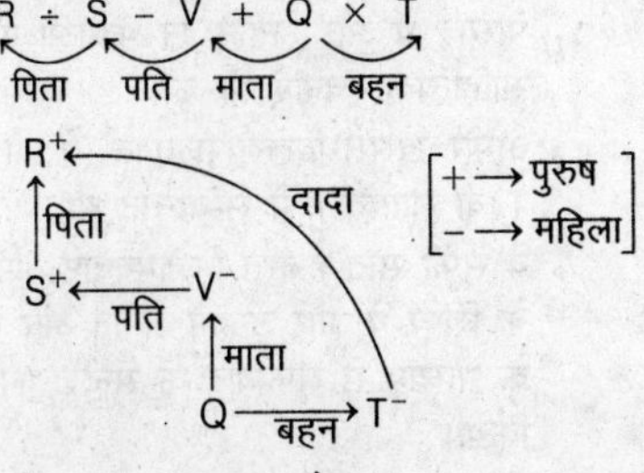

अत: R, T का दादा है।

49. (b) जिस प्रकार, हंस के बच्चे को सिग्नेट कहा जाता है। उसी प्रकार, कुत्ते के बच्चे को पप्पी कहा जाता है।

50. (c) पासे की स्थिति II तथा III में 5 और 4 उभयनिष्ठ है। अत: दोनों पासे पर शेष बची संख्या एक-दूसरे के विपरीत होगी। अत: 6 अंक वाले फलक के विपरीत 3 अंक वाला फलक होगा।

51. (c) गंगा नदी के सन्दर्भ में विकल्प (c) सही नहीं है।
- गंगा नदी का जल स्तर मानसून और हिमालय की जलवायु से अत्यधिक प्रभावित होता है। मानसून के दौरान भारी बारिश गंगा नदी में पानी की मात्रा को बढ़ा देती है, जिससे जलस्तर में वृद्धि होती है।
- हिमालय से बर्फ पिघलने से भी नदी में जल की मात्रा में वृद्धि होती है, जिसके परिणामस्वरूप जल स्तर में वृद्धि होती है।

52. (c) नेत्रगोलक का आकार लगभग गोलाकार होता है, जिसका व्यास औसतन 2.3 सेमी होता है।
- यह आकार स्क्लेरा (Sclera) नामक सफेद ऊतक द्वारा बनाया जाता है, जो नेत्रगोलक का बाहरी आवरण होता है।
- गोलाकार आकार प्रकाश को सही ढंग से केन्द्रित करने में सहायता करता है, जिससे स्पष्ट छवि बनती है।
- यदि नेत्रगोलक का आकार असामान्य होता है, तो इससे दृष्टि समस्याएँ हो सकती हैं, जैसे कि निकट दृष्टि या दूर दृष्टि दोष।

53. (d) अमीर खुसरो को 'तूती-ए-हिन्द' के नाम से जाना जाता है, जिसका अर्थ है 'भारत का तोता'।
- यह उपनाम उन्हें उनकी अद्‌भुत प्रतिभा और हिन्दी भाषा में योगदान के लिए दिया गया था।
- वे विभिन्न शैलियों में कविता लिखने में माहिर थे, जैसे कि गजल, कव्वाली, दोहा, मसनवी और रुबाई।
- उन्होंने सितार और तबला जैसे कई नए संगीत वाद्ययन्त्रों का आविष्कार किया और हिन्दुस्तानी शास्त्रीय संगीत के विकास में महत्त्वपूर्ण योगदान दिया।
- वे हिन्दी, फ़ारसी और तुर्की भाषाओं में पारंगत थे और उन्होंने इन भाषाओं में साहित्यिक रचनाएँ भी कीं।
- अमीर खुसरो दिल्ली सल्तनत (13वीं और 14वीं शताब्दी) से सम्बन्धित थे।
- वे सूफी सन्त हज़रत निज़ामुद्दीन औलिया के शिष्य थे और उन्होंने संगीत और कविता के माध्यम से सूफीवाद के सन्देश का प्रसार किया।

54. (c) भारत का INSAT-3D एक उन्नत मौसम उपग्रह है, जिसे उच्च प्रतिबिम्बन प्रणाली (इमेजिंग सिस्टम) और वायुमण्डलीय ध्वनित्र (साउण्डर) के साथ तैयार किया गया है।
- यह उपग्रह भारतीय अन्तरिक्ष अनुसन्धान संगठन (इसरो) द्वारा विकसित किया गया था और इसे 26 जुलाई, 2013 को सफलतापूर्वक लॉन्च किया गया था।
- INSAT-3D भारत के मौसम विज्ञान और पृथ्वी विज्ञान कार्यक्रमों का एक महत्त्वपूर्ण हिस्सा है।
- यह उपग्रह मौसम के पूर्वानुमान को बेहतर बनाने, प्राकृतिक आपदाओं को कम करने और पृथ्वी की सतह की निगरानी करने में महत्त्वपूर्ण भूमिका निभाता है।

55. (b) भारत वर्ष 2031 में आईसीसी पुरुष अन्तर्राष्ट्रीय विश्व कप क्रिकेट का आयोजन करेगा। यह टूर्नामेण्ट बांग्लादेश के साथ मिलकर आयोजित किया जाएगा।
- भारत वर्ष 2023 में पुरुष क्रिकेट विश्व कप का मेजबान भी था, जो अक्टूबर-नवम्बर 2023 में आयोजित किया गया था। यह पहली बार था जब भारत ने अकेले पुरुष क्रिकेट विश्व कप की मेजबानी की थी।
- अक्टूबर, 2029 में चैम्पियन्स ट्रॉफी का आयोजन भारत में किया जाएगा।

56. (c) निजीकरण के बाद निजी कम्पनियों द्वारा एकाधिकार शक्ति के दोहन की कोई सम्भावना नहीं। यह कथन गलत है।
- यदि निजीकरण के बाद कोई कम्पनी किसी विशेष बाजार में अत्यधिक प्रभुत्व हासिल कर लेती है, तो वह एकाधिकार शक्ति का प्रयोग कर सकती है।
- इसका अर्थ है कि वह ऊँची कीमतें वसूल सकती है, कम गुणवत्ता वाले उत्पाद या सेवाएँ प्रदान कर सकती है और नवाचार को कम कर सकती है।

57. (a) राज्यपाल राज्य का कार्यकारी प्रमुख होता है।
- वह राज्य सरकार के प्रमुख और राज्य की कार्यकारी शक्ति का प्रतिनिधित्व करता है।
- भारतीय संविधान के अनुच्छेद 153 से 162 तक राज्यपाल के कार्यालय, नियुक्ति, कार्य और शक्तियों का विवरण दिया गया है।
- राज्यपाल का मुख्य कार्य यह सुनिश्चित करना है कि राज्य सरकार संविधान के अनुसार कार्य करें।

58. (a) संगीतकार, रचयिता और गायिका शुभा मुद्‌गल को वर्ष 2000 में पद्मश्री से सम्मानित किया गया था।
- शुभा मुद्‌गल को यह सम्मान हिन्दुस्तानी शास्त्रीय संगीत, भारतीय पॉप और तमिल सिनेमा में उनके अद्वितीय योगदान के लिए दिया गया था।
- वह ख्याल, ठुमरी, दादरा जैसी शैलियों में गाती हैं और उन्हें अपनी मधुर आवाज व अभिव्यंजक गायन के लिए जाना जाता है।

59. (c) 'दोज प्राइसी ठाकुर गर्ल्स' (Those Pricey Thakur Girls) पुस्तक की लेखिका अनुजा चौहान हैं।
- यह पुस्तक वर्ष 2013 में प्रकाशित हुई थी और यह जल्द ही राष्ट्रीय बेस्टसेलर बन गई थी।
- यह कहानी दिल्ली के एक धनी परिवार की पाँच बेटियों के इर्द-गिर्द घूमती है। यह एक मनोरंजक और हृदयस्पर्शी कहानी है, जो परिवार, प्यार, दोस्ती और जीवन के उतार-चढ़ावों का पता लगाती है।
- अनुजा चौहान एक प्रसिद्ध भारतीय लेखिका हैं, जिन्होंने कई लोकप्रिय उपन्यास लिखे हैं, जिनमें 'द जोया फैक्टर', 'बैटल फॉर बिट्टोरा' और 'द हाउस दैट बीजे बिल्ट' शामिल हैं।

60. (c) स्वर्ण सिंह समिति ने संविधान में आठ मौलिक कर्त्तव्यों को शामिल करने का सुझाव दिया था, परन्तु 42वें संविधान संशोधन अधिनियम (1976) में दस मौलिक कर्त्तव्यों को शामिल किया गया।
- स्वर्ण सिंह समिति का गठन वर्ष 1976 में तत्कालीन प्रधानमन्त्री इन्दिरा गाँधी द्वारा किया गया था, ताकि मौलिक कर्त्तव्यों की अवधारणा पर विचार किया जा सके और इसकी सिफारिशें की जा सकें।
- 11वाँ मौलिक कर्त्तव्य 86वें संविधान संशोधन 2002 (86th Constitutional Amendment, 2002) के द्वारा जोड़ा गया था।

61. (d) प्राणि जगत का सबसे बड़ा संघ आर्थ्रोपोडा (Arthropoda) है, जिसमें 10 लाख से अधिक प्रजातियाँ शामिल हैं। यह संघ पृथ्वी पर सभी ज्ञात प्रजातियों का 80% हिस्सा बनाता है।
- लगभग दो-तिहाई जाति पृथ्वी पर आर्थ्रोपोडा की ही हैं। क्योंकि इनमें अंग-तन्त्र स्तर का शरीर संगठन होता है तथा ये द्विपार्श्व समिति, त्रिकोरकी, विखण्डित तथा प्रगुही प्राणी हैं।
- आर्थ्रोपोडा के प्राणियों का शरीर काइटीनी बहिकंकाल से ढ़का होता है। इनका शरीर सिर, वक्ष एवं उदर में विभक्त होता है।
- इनमें सन्धियुक्त पाद (Jointed Legs) होते हैं, जो विभिन्न कार्यों के सम्पादन हेतु अनुकूलित होते हैं।

62. **(d)** पारिवारिक निधियों के मामले में सामान्यत: वित्तीय मध्यस्थता की आवश्यकता नहीं होती है।

- पारिवारिक निधि सामान्यत: व्यक्तिगत बचत या उधार से प्राप्त होती है, जो सीधे उधारकर्ता द्वारा नियन्त्रित होती है।
- पारिवारिक निधियों का उपयोग व्यक्तिगत या घरेलू खर्चों के लिए किया जाता है, न कि व्यावसायिक उद्देश्यों के लिए।
- पारिवारिक निधियों की राशि सामान्यत: छोटी होती है, जिसके लिए औपचारिक वित्तीय मध्यस्थता की आवश्यकता नहीं होती है।

63. **(d)** प्रोफेसर मुहम्मद यूनुस को वर्ष 2006 में नोबेल शान्ति पुरस्कार से सम्मानित किया गया था।

- उन्हें यह पुरस्कार गरीबी उन्मूलन के प्रयासों के लिए विशेष रूप से ग्रामीण बांग्लादेश में गरीबों को छोटे ऋण प्रदान करने के लिए स्थापित 'ग्रामीण बैंक' के माध्यम से माइक्रोफाइनेन्स की अवधारणा को विकसित करने और उसे सफलतापूर्वक लागू करने के लिए दिया गया था।

64. **(d)** प्लेटिहेल्मिन्थीज़ (Platyhelminthes) संघ का शरीर अखण्डित और पृष्ठीय रूप से चपटा होता है।

- इस संघ में समतल कीड़े (flatworms) जैसे प्लानारियन्स, फ्लूक्स और टैपवर्म्स शामिल हैं।
- प्लेटिहेल्मिन्थीज़ के शरीर की संरचना सरल होती है और इनका शरीर सामान्यत: तीन परतों से बना होता है: एक बाहरी एपिडर्मिस, एक मध्य मेसोडर्म और एक आन्तरिक गैस्ट्रोडर्मिस।
- इनकी कोई शारीरिक गुहा (coelom) नहीं होती और इनका शरीर बिल्कुल चपटा होता है, जिससे वे अपने पर्यावरण में आसानी से घुल-मिल सकते हैं।

65. **(c)** श्रीमती अपर्णा सतीसन को राष्ट्रीय नृत्य शिरोमणि पुरस्कार 2022 से सम्मानित किया गया था।

- यह पुरस्कार उन्हें कुचिपुड़ी और भरतनाट्यम दोनों नृत्य शैलियों में उनके उत्कृष्ट योगदान के लिए दिया गया था।
- वह गुरु वैजयन्ती काशी की शिष्या हैं, जो कुचिपुड़ी नृत्य की एक प्रसिद्ध गुरु थीं।

66. **(d)** मेण्डलीफ की आवर्त सारणी के अनुसार, गैलियम (Gallium) के गुण ईका-एल्युमीनियम के साथ उल्लेखनीय रूप से मेल खाते हैं।

- मेण्डलीफ ने अपनी आवर्त सारणी में कई तत्त्वों की भविष्यवाणी की थी, जिनमें से एक 'ईका-एल्युमीनियम' था।
- बाद में, जब गैलियम की खोज हुई, तो यह पाया गया कि इसके गुण मेण्डलीफ द्वारा भविष्यवाणी किए गए ईका एल्युमीनियम के गुणों के साथ बहुत मेल खाते हैं।

67. **(c)** तरंगम, कुचिपुड़ी नृत्य का एक विशेष और महत्त्वपूर्ण हिस्सा है।

- तरंगम शब्द का अर्थ 'लहरें' होता है, जो समुद्र या नदी की लहरों की गतिविधियों को प्रतिबिम्बित करता है।
- इसमें नर्तक पीतल की थाली के किनारे पर नृत्य करते हुए लयबद्ध दृश्य प्रस्तुत करता है, साथ ही अपने सिर पर पानी का एक बर्तन (पीतल) को भी सन्तुलित रखता है।
- तरंगम नृत्य भक्ति, शक्ति और नृत्यांगना की कौशल का प्रतीक है।

68. **(a)** ज्योतिराव गोविन्दराव फूले, जिन्हें ज्योतिबा फूले के नाम से भी जाना जाता है, सत्यशोधक समाज के संस्थापक थे।

- यह सामाजिक सुधार सोसाइटी 24 सितम्बर, 1873 को पुणे, महाराष्ट्र में स्थापित किया गया था।
- सत्यशोधक समाज का उद्देश्य जातिवाद, अस्पृश्यता और लिंगभेद जैसी सामाजिक बुराइयों के खिलाफ लड़ना था।
- इसने शिक्षा, सामाजिक न्याय और महिलाओं के अधिकारों को बढ़ावा दिया।

69. **(a)** सामान्यत: निर्देशक सिद्धान्त (Directive Principles) सकारात्मक निर्देशन होते हैं।

- भारतीय संविधान में निर्देशक सिद्धान्त राज्य के नीति-निदेशक तत्त्व (Directive Principles of State Policy) के रूप में शामिल किए गए हैं, जो संविधान के भाग IV (अनुच्छेद 36-51) में वर्णित हैं।
- ये सिद्धान्त राज्य के द्वारा शासन में अपनाए जाने वाले आर्थिक और सामाजिक नीतियों के मार्गदर्शन के लिए हैं, ताकि एक न्यायसंगत समाज का निर्माण हो सके।

70. **(a)** तुगलकाबाद, जिसे गयासुद्दीन तुगलक ने 1321 ई. में स्थापित किया था, दिल्ली का एक ऐतिहासिक शहर है।

- यह दिल्ली सल्तनत की राजधानी थी, जो 1325 से 1354 ई. तक चली थी।
- तुगलकाबाद अपने मजबूत किले, विशाल महलों और जल संरचनाओं के लिए जाना जाता है।
- यह शहर पर्शियन और इस्लामिक स्थापत्य कला का एक उत्कृष्ट उदाहरण है।
- दिल्ली के अन्य ऐतिहासिक शहरों में लाल किला, पुराना किला, हौज खास और निज़ामुद्दीन दरगाह शामिल हैं।

71. **(a)** अशोक के शिलालेखों में से प्रमुख शिलालेख I में पशु बलि पर प्रतिबन्ध की घोषणा की गई थी।

- यह शिलालेख राज्याभिषेक के 12 वर्ष बाद 269 ईसा पूर्व में जारी किया गया था।
- इसमें अशोक ने हिंसा और क्रूरता के प्रति अपनी निन्दा व्यक्त की और नैतिक जीवन जीने की अपनी प्रतिबद्धता की घोषणा की।
- अशोक के अन्य प्रमुख शिलालेख निम्न हैं
  - शिलालेख IV : धम्मघोष पर बल
  - शिलालेख V : धम्म महामात्र की नियुक्ति
  - शिलालेख XIII : कलिंग युद्ध का वर्णन

72. **(c)** 'नेशनलिज्म' (Nationalism) पुस्तक रवीन्द्रनाथ टैगोर द्वारा लिखी गई है।

- यह वर्ष 1917 में प्रकाशित एक निबन्ध संग्रह है, जिसमें राष्ट्रवाद के विषय पर टैगोर के विचार शामिल हैं।
- इस पुस्तक में, टैगोर आधुनिक राष्ट्रवाद की आलोचना करते हैं, जिसे वे विभाजनकारी और विनाशकारी मानते हैं।
- इनकी अन्य प्रमुख रचनाएँ-गीताजंलि, काबुलीवाला, शेषेर कविता, द पोस्ट ऑफिस आदि हैं।

73. **(b)** भारत में परिवहन के साधन के रूप में पाइपलाइनों की देखभाल और उनके प्रबन्धन की जिम्मेदारी पेट्रोलियम एवं प्राकृतिक गैस मन्त्रालय द्वारा की जाती है।

- यह मन्त्रालय तेल और गैस पाइपलाइनों के निर्माण, रख-रखाव और संचालन से सम्बन्धित सभी नीतियों और विनियमों का निर्धारण करता है।
- यह मन्त्रालय राज्य के स्वामित्व वाली पाइपलाइन कम्पनियों की देख-रेख करता है, जैसे कि इण्डियन ऑयल कॉर्पोरेशन लिमिटेड (IOCL), गेल इण्डिया लिमिटेड (GAIL) और हिन्दुस्तान पेट्रोलियम कॉर्पोरेशन लिमिटेड (HPCL)।

74. **(b)** भारत में, अन्तर्राष्ट्रीय अहिंसा दिवस को गाँधी जयन्ती के रूप में भी मनाया जाता है।

- यह 2 अक्टूबर को महात्मा गाँधी के जन्मदिन के उपलक्ष्य में मनाया जाता है, जो अहिंसा के प्रबल समर्थक थे।
- गाँधीजी का मानना था कि हिंसा कभी भी समाधान नहीं है और सभी संघर्षों को शान्तिपूर्ण तरीके से सुलझाया जा सकता है।
- उन्होंने भारत के स्वतन्त्रता संग्राम का नेतृत्व अहिंसक सविनय अवज्ञा के माध्यम से किया और दुनियाभर के लोगों को प्रेरित किया।

75. (a) योजना आयोग की स्थापना 15 मार्च, 1950 को की गई थी, जिसका उद्देश्य भारत में सामाजिक और आर्थिक विकास के लिए पंचवर्षीय योजनाओं का निर्माण और कार्यान्वयन करना था।
- योजना आयोग का गठन प्रधानमन्त्री जवाहरलाल नेहरू की अध्यक्षता में किया गया था। इसका मुख्य कार्य देश की संसाधनों का सर्वोत्तम उपयोग सुनिश्चित करना और समग्र विकास की दिशा में नीतियों को लागू करना था।
- 1 जनवरी, 2015 को योजना आयोग के स्थान पर नीति आयोग का गठन किया गया है।

76. (d) वैश्विक भुखमरी सूचकांक, 2022 के अनुसार, अफगानिस्तान 127 देशों में से 109वें स्थान पर है, जो भारत (107वें स्थान) से पीछे है।
- अफगानिस्तान को गम्भीर भुखमरी वाले देश के रूप में वर्गीकृत किया गया है, जबकि भारत को मध्यम भुखमरी वाले देश के रूप में वर्गीकृत किया गया है।
- वैश्विक भुखमरी सूचकांक वर्ष 2024 में भारत 127 देशों में 105वें स्थान पर है।
- वर्ष 2024 के सूचकांक में नेपाल-68, श्रीलंका-56, बांग्लादेश-84, अफगानिस्तान-116वें स्थान पर है।

77. (d) ऑयल इण्डिया लिमिटेड (OIL) भारत में एक संयुक्त क्षेत्र उद्यम (joint sector industry) है।
- यह भारत सरकार और भारतीय पेट्रोलियम कॉर्पोरेशन लिमिटेड (IOCL) के बीच एक संयुक्त उद्यम है।
- संयुक्त क्षेत्र उद्यम एक प्रकार का व्यवसाय है, जो सरकार और निजी क्षेत्र के बीच साझेदारी में स्थापित किया जाता है।
- OIL को वर्ष 1959 में स्थापित किया गया था और यह भारत सरकार के पेट्रोलियम और प्राकृतिक गैस मन्त्रालय के प्रशासनिक नियन्त्रण के अधीन है।

78. (a) बी. प्राक ने 67वें राष्ट्रीय फिल्म पुरस्कारों में सर्वश्रेष्ठ पुरुष पार्श्व गायक का पुरस्कार जीता था।
- राष्ट्रीय फिल्म पुरस्कार देश का सबसे प्रतिष्ठित फिल्म पुरस्कार है, जिसका आयोजन केन्द्रीय सूचना एवं प्रसारण मंत्रालय द्वारा किया जाता है।
- इस पुरस्कार की शुरूआत वर्ष 1954 में की गई थी।
- 70वें राष्ट्रीय फिल्म पुरस्कार 2024 में विजेताओं की सूची निम्नलिखित है-
  – सर्वश्रेष्ठ अभिनेता-ऋषभ शेट्टी (कंतारा)
  – सर्वश्रेष्ठ अभिनेत्री-नित्या मेनन (तिरूचित्राबालम), मानसी पारेख (कच्छ एक्सप्रेस)
  – सर्वश्रेष्ठ निर्देशक-सूरज बड़जात्या (ऊँचाई)
  – बेस्ट फीचर फिल्म-अट्टम

79. (b) केलुचरण महापात्रा (8 जनवरी, 1926-7 अप्रैल, 2004) एक प्रसिद्ध भारतीय शास्त्रीय नर्तक, गुरु और ओडिसी नृत्य के प्रतिपादक थे।
- जिन्हें 20वीं शताब्दी में इस शास्त्रीय नृत्य शैली के पुनरुद्धार और लोकप्रिय बनाने का श्रेय दिया जाता है।
- पद्म विभूषण (2000) सहित कई राष्ट्रीय और अन्तर्राष्ट्रीय पुरस्कार प्राप्त किए।
- वे ओडिशा से पद्म विभूषण पाने वाले पहले व्यक्ति हैं।

80. (c) भारतीय संविधान का अनुच्छेद 214 यह स्थापित करता है कि प्रत्येक राज्य के लिए एक उच्च न्यायालय होगा।
- उच्च न्यायालयों की स्थापना संसद द्वारा पारित कानून के माध्यम से की जाती है।
- प्रत्येक उच्च न्यायालय में मुख्य न्यायाधीश और अन्य न्यायाधीश होते हैं, जिनकी नियुक्ति राष्ट्रपति द्वारा की जाती है।
- वर्तमान (मार्च 2025) में भारत में कुल 25 उच्च न्यायालय हैं। 25वाँ उच्च न्यायालय आन्ध्र प्रदेश के अमरावती में स्थापित किया गया है।

81. (c) 59°F सेल्सियस में 15°C होगा।
- यह रूपान्तरण करने के लिए हम निम्नलिखित सूत्र का उपयोग कर सकते हैं
  °C = (°F-32) * 5/9
- इस सूत्र में 59°F मान डालने पर
  °C = (59 – 32) * 5/9 = 27 * 5/9 = 15°C
- अतः, 59°F सेल्सियस में 15°C होगा।

82. (d) एएमटी जैक्सन की हत्या के सह-अपराधी के रूप में कृष्णाजी गोपाल कर्वे को फाँसी दी गई थी।
- एएमटी जैक्सन नासिक के जिला कलेक्टर (वर्ष 1909) थे, जिन्हें भारतीय क्रान्तिकारी अनंत लक्ष्मण कन्हरे ने गोली मार दी थी।
- कृष्णाजी गोपाल कर्वे नासिक में अभिनव भारत सोसाइटी के सदस्य थे।

83. (b) भारत के उत्तरी भारतीय मैदान में व्यापक जलीय मृदा भण्डार पाए जाते हैं। यह क्षेत्र जलोढ़ मिट्टी के लिए प्रसिद्ध है, जो सिन्धु, गंगा, ब्रह्मपुत्र और उनकी सहायक नदियों द्वारा जमा की गई है।
- यह मिट्टी उपजाऊ, गहरी और धान की खेती के लिए आदर्श है। यही कारण है कि उत्तरी भारत को धान का कटोरा माना जाता है।
- सिन्धु, गंगा, ब्रह्मपुत्र और उनकी सहायक नदियाँ सदियों से मिट्टी जमा करती रही हैं, जिससे मोटी और उपजाऊ जलोढ़ मिट्टी का निर्माण हुआ है।
- नदियों में बाढ़ आने से भी मिट्टी का जमाव होता है, जिससे जलीय मृदा भण्डार में वृद्धि होती है।

84. (c) बेसबॉल में, प्रत्येक टीम में एक समय में मैदान पर नौ खिलाड़ी होते हैं।
- हालाँकि, प्रत्येक टीम के रोस्टर में अतिरिक्त खिलाड़ी हो सकते हैं, जिन्हें खेल के दौरान प्रतिस्थापित किया जा सकता है।
- अन्य प्रमुख खेलों में खिलाड़ियों की संख्या निम्नलिखित है-
  पोलो-4, क्रिकेट-11 वॉलीबॉल-6, बास्केटबॉल-5, कबड्डी-7, खो-खो-9, फुटबॉल-11, रग्बी फुटबॉल-15

85. (a) डॉ. राधेश्याम बारले वर्ष 2021 में पद्मश्री से सम्मानित छत्तीसगढ़ के प्रसिद्ध पन्थी नृत्य कलाकार हैं।
- यह नृत्य बाबा गुरू घासीदास के जीवन और शिक्षाओं पर आधारित है, जो 18वीं शताब्दी के सन्त थे।
- पन्थी नृत्य अपनी ऊर्जावान प्रस्तुति, रंगीन वेशभूषा और आकर्षक मुद्राओं के लिए जाना जाता है।
- उन्हें छत्तीसगढ़ राज्य कलाकार सम्मान और सन्त गुरू घासीदास राष्ट्रीय सम्मान से भी सम्मानित किया गया है।

86. (a) तारीख-ए-मुबारक शाही के लेखक, याह्या सरहिन्दी का दावा है कि दिल्ली सल्तनत के सैयद वंश के संस्थापक पैगम्बर मुहम्मद के वंशज थे।
- यह दावा वंशावली पर आधारित है, जो सरहिन्दी ने अपनी पुस्तक में प्रस्तुत किया है।
- राजवंश के सदस्यों ने अपना शीर्षक, सैय्यद या इस्लामी पैगम्बर मुहम्मद के वंशज, इस दावे के आधार पर प्राप्त किया कि वे उनकी बेटी फातिमा के माध्यम से उनके वंश से सम्बन्धित हैं।

87. (a) भारत-तिब्बत सीमा पुलिस (आईटीबीपी) ने वर्ष 2023 में पुरुषों के लिए आइस हॉकी एसोसिएशन ऑफ इण्डिया (IHAI) की राष्ट्रीय आइस हॉकी चैम्पियनशिप का 12वाँ संस्करण जीता था।
- यह लगातार तीसरी बार था, जब आईटीबीपी ने यह खिताब जीता था। उन्होंने फाइनल में हिमाचल प्रदेश पुलिस को 6-2 से हराया था।
- 13वाँ राष्ट्रीय आइस हॉकी चैम्पियनशिप वर्ष 2024 में लाहौल स्पीति में हुआ जिसमें पुरुष वर्ग विजेता यूटी लद्दाख तथा महिला वर्ग में विजेता आईटीबीपी थी।

88. (b) तम्बाकू में निकोटिन की मात्रा सबसे अधिक होती है।
- तम्बाकू के पौधे में निकोटिन प्राकृतिक रूप से पाया जाता है।
- यह एक प्रकार का एल्कालॉइड है, जो उत्तेजक और नशे की लत का प्रभाव डालता है।
- तम्बाकू के विभिन्न उत्पादों में निकोटिन की मात्रा भिन्न होती है, लेकिन सामान्यत: सिगरेट में निकोटिन की मात्रा सबसे अधिक होती है।

89. (a) राष्ट्रीय खेल नीति पर एक संकल्प अगस्त, 1984 में संसद के दोनों सदनों में रखा गया था। यह नीति भारत में खेलों के विकास और प्रोत्साहन के लिए एक महत्त्वपूर्ण कदम था।
- इस नीति का उद्देश्य भारतीय खिलाड़ियों को अन्तर्राष्ट्रीय स्तर पर प्रतिस्पर्द्धा करने के लिए सक्षम बनाना और देश में खेल संस्कृति को बढ़ावा देना था।
- राष्ट्रीय खेल नीति को वर्ष 1991, 1994, 2001, 2011 और 2017 में संशोधित किया गया था।

90. (b) राष्ट्रीय बहुआयामी गरीबी सूचकांक (MPI) रिपोर्ट, 2023 के अनुसार, पुदुचेरी में सभी केन्द्रशासित प्रदेशों में सबसे कम गरीबी दर है। इस रिपोर्ट में पुदुचेरी का MPI 0.047 है, जो देश में सबसे कम है।
- अण्डमान और निकोबार द्वीप समूह सबसे अधिक गरीब केन्द्रशासित प्रदेश है, जिसका MPI 0.281 है।
- वैश्विक बहुआयामी गरीबी सूचकांक, 2024 की रिपोर्ट का विषय-"संघर्ष के बीच गरीबी" है।
- वैश्विक बहुआयामी गरीबी सूचकांक वार्षिक आधार पर यूएनडीपी और OPHI द्वारा संयुक्त आधार पर जारी की जाती है, वहीं राष्ट्रीय बहुआयामी गरीबी सूचकांक नीति आयोग द्वारा जारी की जाती है।

91. (c) स्वर्ण सिंह समिति ने मौलिक कर्त्तव्यों की अनुशंसा की थी।
- भारतीय संविधान में मौलिक कर्त्तव्यों को वर्ष 1976 में 42वें संशोधन द्वारा जोड़ा गया था।

92. (c) कोयले की खानों और दलदली जगहों में मीथेन गैस सबसे अधिक पाई जाती है।
- यह एक प्राकृतिक गैस है, जो कार्बनिक पदार्थों के अपघटन से उत्पन्न होती है।
- कोयला मृत पौधों और जानवरों से बना होता है, जो लाखों वर्षों से दबाव और तापमान के फलस्वरूप परिवर्तित हैं।
- मीथेन एक ज्वलनशील गैस है और इसका उपयोग ईंधन के रूप में किया जा सकता है।
- यह प्राकृतिक गैस का एक महत्त्वपूर्ण घटक भी है। मीथेन एक ग्रीनहाउस गैस भी है।

93. (b) वर्ष 2022 में भारत में कुल 23 तेल रिफाइनरियाँ थी।
- इनमें से 18 सार्वजनिक क्षेत्र की 3 निजी क्षेत्र की और 2 संयुक्त उद्यम की रिफाइनरियाँ शामिल है। (वार्षिक रिपोर्ट-2022-23)
- भारत सरकार देश में रिफाइनिंग क्षमता बढ़ाने के लिए कई कदम उठा रही है। इसका लक्ष्य वर्ष 2025 तक देश को तेल और गैस का शुद्ध निर्यातक बनाना है।
- रिफाइनिंग क्षमता में संयुक्त राज्य अमेरिका, चीन और रूस के बाद भारत का चौथा स्थान है।

94. (d) दन्त प्लाक बनने के मुख्य कारण बहुत सारी जीवाणु कोशिकाएँ भोजन के कणों के साथ मिलकर दाँतों में चिपक जाती हैं।
- हमारे मुँह में लगभग 700 प्रकार के बैक्टीरिया होते हैं। जिनमें से कुछ प्लाक बनाने वाले बैक्टीरिया होते हैं।
- जब हम खाते हैं, तो भोजन के टुकड़े हमारे दाँतों पर चिपक जाते हैं।
- प्लाक बनाने वाले बैक्टीरिया इन भोजन कणों को अपना भोजन मानते हैं और उन्हें तोड़ने लगते हैं।
- इस प्रक्रिया में, बैक्टीरिया एसिड का उत्पादन करते हैं, जो दाँतों को नुकसान पहुँचा सकता है।
- समय के साथ, ये बैक्टीरिया और भोजन के कण एकसाथ मिलकर चिपचिपी परत बनाते हैं, जिसे दन्त प्लाक कहा जाता है।

95. (d) होली रंगों का त्योहार के रूप में लोकप्रिय है।
- यह वसन्त ऋतु के आगमन और बुराई पर अच्छाई की जीत का जश्न मनाने का समय है।
- जन्माष्टमी श्रावण माह के कृष्ण पक्ष की अष्टमी को मनाया जाता है।
- महाशिवरात्रि फाल्गुन महीने में कृष्ण पक्ष के चतुर्दशी को भगवान शिव और माता पार्वती के विवाह स्वरूप मनाया जाता है।

96. (d) भारतीय संविधान का अनुच्छेद 166 (1) यह प्रावधान करता है कि किसी राज्य सरकार की समस्त कार्यपालिका कार्रवाई राज्यपाल के नाम से हुई व्यक्त की जाएगी। इसका अर्थ है कि राज्य सरकार द्वारा किए जाने वाले सभी कार्य राज्यपाल के नाम से किए जाएँगे, भले ही वास्तविक निर्णय मन्त्रिमण्डल द्वारा लिए गए हों।
- यह प्रावधान राज्यपाल को राज्य में कार्यपालिका शक्ति का औपचारिक प्रमुख बनाता है। हालाँकि, राज्यपाल एक सांकेतिक प्रमुख होता है और उनकी वास्तविक शक्तियाँ मन्त्रिमण्डल द्वारा सीमित होती हैं।
- अनुच्छेद 166 (2) यह भी स्पष्ट करता है कि राज्यपाल को राज्य सरकार की ओर से सभी अनुबन्धों पर हस्ताक्षर करने का अधिकार है।
- यह प्रावधान राज्य सरकार को कानूनी रूप से बाध्यकारी अनुबन्ध करने में सक्षम बनाता है।

97. (c) वर्ष 1956 की औद्योगिक नीति को भारत सरकार द्वारा वर्ष 1956 में दूसरी पंचवर्षीय योजना (1956-1961) के हिस्से के रूप में अपनाया गया था।
- यह नीति भारतीय अर्थव्यवस्था में सार्वजनिक क्षेत्र की भूमिका को बढ़ाने पर केन्द्रित थी।
- इस नीति ने उद्योगों को तीन श्रेणियों में वर्गीकृत किया।
  - **अनुसूची A** सार्वजनिक क्षेत्र के लिए आरक्षित।
  - **अनुसूची B** निजी क्षेत्र में स्थापित किया जा सकता है, लेकिन सरकारी नियन्त्रण के अधीन।
  - **अनुसूची C** निजी क्षेत्र में स्थापित किया जा सकता है, लेकिन सरकारी लाइसेन्स की आवश्यकता होती है।

98. (b) भारतीय राष्ट्रीय कांग्रेस ने आधिकारिक रूप से वर्ष 1905 के बनारस अधिवेशन में स्वदेशी आन्दोलन की शुरुआत की थी, जिसकी अध्यक्षता गोपालकृष्ण गोखले ने की थी।
- इस प्रस्ताव में ब्रिटिश सामानों के बहिष्कार को आगे रखा गया और राष्ट्रवादी आदर्शों को बढ़ावा देने के लिए एक भावुक अपील की गई।
- इस अधिवेशन में स्वदेशी आन्दोलन के महत्त्वपूर्ण प्रस्तावों का समर्थन किया गया और इनसे भारतीय राष्ट्रीय कांग्रेस ने भारतीय जनता के स्वावलम्बन और स्वतन्त्रता के लिए एक महत्त्वपूर्ण उद्देश्य का संकल्प लिया।

99. (a) सही सुमेलन A-1, B-3, C-2, D-4 है।
- एल्केन संतृप्त हाइड्रोकार्बन होते हैं। इनमें केवल कार्बन-कार्बन एक बन्ध पाया जाता है।
- मीथेन, इथेन, प्रोपेन, ब्यूटेन आदि कार्बनिक यौगिक एल्केन हैं।
- प्रोपीन (Propene) एक असंतृप्त कार्बनिक यौगिक है, जिसका रासायनिक सूत्र C_3H_6 है। यह एल्कीन श्रेणी के हाइड्रोकार्बनों में दूसरा सबसे सरल यौगिक है।
- ब्यूटाइन (C_4H_6) सबसे सरल एल्काइन है, जिसका अर्थ है कि इसमें एक कार्बन शृंखला में कम-से-कम एक तिहरा कार्बन-कार्बन बन्ध होता है।
- मेथेनल (CH_2O), जिसे फॉर्मेल्डिहाइड के नाम से भी जाना जाता है, सबसे सरल एल्डिहाइड है। एल्डिहाइड कार्बनिक यौगिक होते हैं।

100. (a) प्रश्न में से सांभर और चिल्का खारे पानी की झील हैं।

- साम्भर झील राजस्थान में स्थित भारत की सबसे बड़ी खारे पानी की झील है। यह झील जयपुर से लगभग 80 किमी दूर स्थित है और इसका क्षेत्रफल लगभग 5702 वर्ग किमी है।
- यह झील अपनी 'नमक की खानों' के लिए प्रसिद्ध है और यहाँ से भारत का अधिकांश नमक उत्पादित होता है।
- चिल्का झील ओडिशा में स्थित भारत की दूसरी सबसे बड़ी खारे पानी की झील है। यह झील भुवनेश्वर से लगभग 105 किमी दूर स्थित है और इसका क्षेत्रफल लगभग 1165 वर्ग किमी है।
- यह झील अपनी प्राकृतिक सुन्दरता और जैव-विविधता के लिए प्रसिद्ध है।

101. (a) सोहन द्वारा गणित में प्राप्त अंक

$= 90 \times 200/100 = 180$

श्याम द्वार गणित में प्राप्त अंक

$= \dfrac{70 \times 200}{100} = 140$

अन्तर $= 180 - 140 = 40$

102. (b) माना रनिता की साप्ताहिक आय = ₹ x

माना भास्कर की साप्ताहिक आय = ₹ y

प्रश्नानुसार, $x \times \dfrac{42}{100} = y \times \dfrac{56}{100}$

$3x = 4y$ ...(i)

तथा $\dfrac{y + 200}{x} = \dfrac{4}{5}$

$5y + 1000 = 4x$

$4x - 5y = 1000$ ...(ii)

समी (i) व (ii) से,

$x =$ ₹ 4000

103. (d) दिया है, $a + b + c = 15$

$ab + bc + ca = 35$

$\because a^3 + b^3 + c^3 - 3abc$

$= (a + b + c)[(a + b + c)^2 - 3(ab + bc + ca)]$

$= 15[15^2 - 3 \times 35]$

$= 15[225 - 105]$

$= 15 \times 120 = 1800$

104. (a) $(\text{cosec}\theta - \sin\theta)(\sec\theta - \cos\theta)(\tan\theta + \cot\theta)$

$= \left(\dfrac{1}{\sin\theta} - \sin\theta\right)\left(\dfrac{1}{\cos\theta} - \cos\theta\right)\left(\dfrac{\sin}{\cos\theta} + \dfrac{\cos\theta}{\sin\theta}\right)$

$= \left(\dfrac{1 - \sin^2\theta}{\sin\theta}\right)\left(\dfrac{1 - \cos^2\theta}{\cos\theta}\right)\left(\dfrac{\sin^2\theta + \cos^2\theta}{\cos\theta \sin\theta}\right)$

$= \dfrac{\cos^2\theta}{\sin\theta} \cdot \dfrac{\sin^2\theta}{\cos\theta} \cdot \dfrac{1}{\sin\theta \cdot \cos\theta} = 1$

105. (d) $(\tan\theta + \sec\theta + 1)(\cot\theta - \text{cosec}\theta + 1)$

$= \left(\dfrac{\sin\theta + 1 + \cos\theta}{\cos\theta}\right)\left(\dfrac{\cos\theta - 1 + \sin\theta}{\sin\theta}\right)$

$= \dfrac{(\sin\theta + \cos\theta)^2 - 1}{\sin\theta \cos\theta}$

$= \dfrac{\sin^2\theta + \cos^2\theta + 2\sin\theta\cos\theta - 1}{\sin\theta\cos\theta}$

$= \dfrac{1 + 2\sin\theta\cos\theta - 1}{\sin\theta\cos\theta}$

$= \dfrac{2\sin\theta\cos\theta}{\sin\theta\cos\theta} = 2$

106. (c) $4 \times 5 \div 4$ का $5 \times 4 \div (6 + 6 \times 6 \div 6$ का $6 - 6 \div 6 \times 6)$

$= 4 \times 5 \div 20 \times 4 \div (6 + 6 \times 6 \div 36 - 6 \div 6 \times 6)$

$= \dfrac{4 \times 5}{20} \times 4 \div \left(6 + \dfrac{36}{36} - 6 \div 6 \times 6\right)$

$= 1 \times 4 \div (6 + 1 - 1 \times 6)$

$= 4 \div (7 - 6)$

$= 4 \div 1 = 4$

107. (b) दो रेलगाड़ियों की क्रमशः लम्बाई

$= 140$ मी व 120 मी

दो रेलगाड़ियों की क्रमशः चाल

$= 60$ व 78 किमी/घण्टा

$\because$ दोनों रेलगाड़ी एक ही दिशा में चल रही है।

$\therefore$ समय $= \dfrac{\text{दूरी}}{\text{चाल}} = \dfrac{140 + 120}{(78 - 60) \times \dfrac{5}{18}}$

$= \dfrac{260}{18 \times \dfrac{5}{18}}$

$= \dfrac{260}{5} = 52$ सेकण्ड

108. (b) अभीष्ट प्रतिशत

$= \dfrac{162 \times 100}{150 + 160 + 162 + 160 + 161 + 140}$

$= \dfrac{16200}{933} = 17.36\% \approx 17\%$

109. (a) $2 \times 8 \div 4 - 5$ का $3 + 6 \div 3 \times 2 - 6$ का $3 + 5$

$= 2 \times 2 - 15 + 2 \times 2 - 18 + 5$

$= 4 - 15 + 4 - 18 + 5$

$= 13 - 33 = -20$

110. (d) दोनों ट्रेन की क्रमशः लम्बाई = 320 मी तथा 240 मी

दोनों ट्रेन की क्रमशः चाल = 44 तथा 56.8 किमी/घण्टा

$\because$ दोनों ट्रेन विपरीत दिशा में गतिमान हैं।

$\therefore$ समय $= \dfrac{\text{दूरी}}{\text{चाल}}$

$y = \dfrac{320 + 240}{(44 + 56.8)\dfrac{5}{18}}$

$= \dfrac{560 \times 18}{100.8 \times 5} = \dfrac{10080}{504} = 20$

111. (b) 2019 में कर्मचारियों की संख्या

= 32 लाख

2020 में कर्मचारियों की संख्या = 34 लाख

वृद्धि प्रतिशत $= \dfrac{(34 - 32)}{32} \times 100$

$= \dfrac{200}{32}\% = 6\dfrac{1}{4}\%$

112. (b) दिया है,

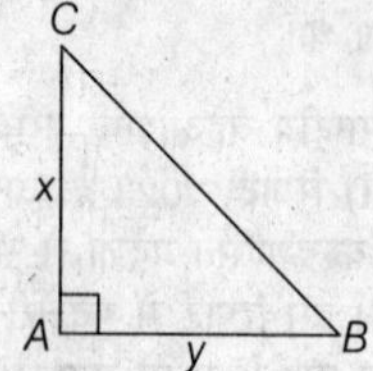

$x - y = 2$ सेमी ...(i)

ΔABC का क्षेत्रफल $= \dfrac{1}{2} \times$ आधार $\times$ ऊँचाई

$24 = \dfrac{1}{2} \times x \times y$

$48 = xy$

$\Rightarrow (x + y)^2 = (x - y)^2 + 4xy$

$= 2^2 + 4 \times 48$

$= 4 + 192 = 196$

$x + y = 14$ ...(ii)

समी (i) व (ii) से,

$\Rightarrow x = 8$ तथा $y = 6$

समकोण ΔABC में,

$BC^2 = AB^2 + AC^2$

$= 8^2 + 6^2$

$= 64 + 36 = 100$

$BC = 10$ सेमी

अत: त्रिभुज का परिमाप

$= 8 + 6 + 10 = 24$ सेमी

113. (d) सभी विषयों में रौनक द्वारा प्राप्त अंक

$= 75 + 89 + 79 + 82 = 325$

शिवम, सोनू तथा अर्नव द्वारा सभी विषयों में प्राप्त अंक = 1067

अभीष्ट प्रतिशत $= \dfrac{325}{1067} \times 100 = 30.46\%$

114. (a) बहुपद $p(x) = x^3 - 3x^2 + 4x - 75$

$g(x) = x - 5 \Rightarrow x - 5 = 0 \Rightarrow x = 5$

$x = 5$, $P(c)$ में रखने पर,

$P(x) = (5)^3 - 3\times(5)^2 + 4\times 5 - 75$

$= 125 - 75 + 20 - 75$

$= 145 - 150 = -5$

अत: 5 जोड़ने पर बहुपद $p(x), g(x)$ से पूर्णत: विभाजित हो जाएगा।

115. (d) $\left(2\frac{1}{2} + 1\frac{3}{4} - \frac{1}{6}\right) \times 16 \div 49$

$= \left(\frac{5}{2} + \frac{7}{4} - \frac{1}{6}\right) \times 16 \div 49$

$= \left(\frac{10+7}{4} - \frac{1}{6}\right) \times 16 \div 49$

$= \left(\frac{17}{4} - \frac{1}{6}\right) \times 16 \div 49$

$= \frac{(102-4)}{4\times 6} \times \frac{16}{49}$

$= \frac{98}{6} \times \frac{4}{49} = \frac{4}{3} = 1\frac{1}{3}$

116. (a) मोमबत्तियों की संख्या

$= \frac{\text{आयताकार ठोस का आयतन}}{\text{एक मोमबत्ती का आयतन}}$

$= \frac{l \times b \times h}{\pi r^2 h^1} = \frac{70 \times 44 \times 20}{\frac{22}{7} \times 7 \times 7 \times 20}$

$= \frac{70 \times 44 \times 7}{22 \times 7 \times 7} = 10 \times 2 = 20$

117. (a) माना लड़कों की संख्या $= x$

तथा लड़कियों की संख्या $= y$

प्रश्नानुसार, $x = y \times \left(\frac{100+20}{100}\right)$

$x = y \times \frac{120}{100}$

$x = y \times \frac{6}{5} \Rightarrow \frac{x}{y} = \frac{6}{5}$

$x : y = 6 : 5$

118. (b) $\dfrac{\left(2\frac{1}{7} + 6\frac{1}{7}\right) \div \frac{9}{7}}{1\frac{1}{9} \div \left\{\frac{7}{9} + \left(\frac{4}{9} \div \frac{4}{3}\right)\right\}}$

$= \dfrac{\left(\frac{15}{7} + \frac{43}{7}\right) \times \frac{7}{9}}{\frac{10}{9} \div \left\{\frac{7}{9} + \left(\frac{4}{9} \times \frac{3}{4}\right)\right\}}$

$= \dfrac{\frac{58}{7} \times \frac{7}{9}}{\frac{10}{9} \div \left\{\frac{7}{9} + \frac{1}{3}\right\}} = \dfrac{\frac{58}{9}}{\frac{10}{9} \div \left(\frac{7+3}{9}\right)}$

$= \dfrac{\frac{58}{9}}{\frac{10}{9} \div \frac{10}{9}} = \frac{58}{9}$

119. (a) सीता को एक कार्य पूर्ण करने में लगा समय = 35 दिन

1 दिन में सीता द्वारा किया गया कार्य $= \frac{1}{35}$

माना बीना को एक कार्य पूर्ण करने में लगा समय $= t$ दिन

1 दिन में बीना द्वारा किया गया कार्य $= \frac{1}{t}$

1 दिन में अमिता द्वारा किया गया कार्य

$= \frac{1}{t} + \frac{1}{35}$

प्रश्नानुसार, $\frac{1}{t} + \frac{1}{35} + \frac{1}{t} = \frac{1}{25}$

$\frac{2}{t} + \frac{1}{35} = \frac{1}{25}$

$\frac{2}{t} = \frac{1}{25} - \frac{1}{35}$

$\frac{2}{t} = \frac{7-5}{175}$

$\frac{2}{t} = \frac{2}{175} \Rightarrow t = 175$ दिन

120. (d) अनुप्रस्थ उभयनिष्ठ स्पर्श रेखा की लम्बाई

$= \sqrt{(\text{केन्द्रों के बीच की दूरी})^2 - (r_1 + r_2)^2}$

$= \sqrt{13^2 - (3+2)^2} = \sqrt{169 - 25}$

$= \sqrt{144} = 12$ सेमी

121. (a) $\left[\left(7\frac{1}{4}\right)^2 - \left(5\frac{4}{5}\right)^2\right] \div 5\frac{4}{5} \times \frac{16}{9}$

$= \left[\left(\frac{29}{4}\right)^2 - \left(\frac{29}{5}\right)^2\right] \div \frac{29}{5} \times \frac{16}{9}$

$= \left(\frac{29}{4} - \frac{29}{5}\right)\left(\frac{29}{4} + \frac{29}{5}\right) \div \frac{29}{5} \times \frac{16}{9}$

$= \left(\frac{29}{20}\right)\left(\frac{29 \times 9}{20}\right) \times \frac{5}{29} \times \frac{16}{9}$

$= \frac{29 \times 9}{20 \times 4} \times \frac{16}{9} = \frac{29 \times 4}{20}$

$= \frac{29}{5} = 5.8$

122. (d) उत्पाद का अंकित मूल्य = ₹ 2000

प्रत्येक क्रमिक छूट = 10%

इस प्रकार उत्पाद का विक्रय मूल्य

$(S_1) = 2000 \times \left[\frac{90}{100} \times \frac{90}{100} \times \frac{90}{100}\right]$

= ₹ 1458

28% की एकल छूट के बाद उत्पाद का विक्रय मूल्य

$(S_2) = 2000 \times \frac{(100-28)}{100}$

$= 2000 \times \frac{72}{100} =$ ₹ 1440

अत: अभीष्ट अन्तर

= 1458 − 1440 = ₹ 18

123. (d) $\because AB = AC$

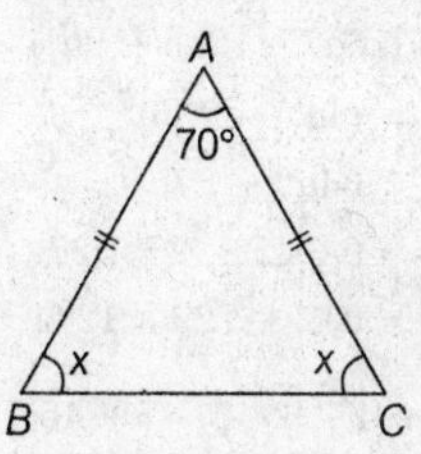

$\therefore \quad \angle B = \angle C = x°$

$\Rightarrow \angle A + \angle B + \angle C = 180°$

$70° + x + x = 180°$

$2x° = 180 - 70$

$2x° = 110°$

$x° = 55°$

$\angle C = 55°$

124. (d) लड़कियों का औसत

$= \frac{35 + 88 + 95 + 99 + 67 + 82 + 97 + 63 + 79 + 81}{10}$

$= \frac{786}{10} = 78.6$

लड़कों का औसत

$= \frac{56 + 75 + 34 + 49 + 89 + 99 + 94 + 59 + 82 + 79}{10}$

$= \frac{716}{10} = 71.6$

अत: लड़कियों की औसत उपलब्धि लड़कों की तुलना में अधिक है।

125. (d) $A = B \times \frac{125}{100}$

$\frac{A}{B} = \frac{125}{100} = \frac{5}{4}$

$\Rightarrow \quad A : B = 5 : 4$

तथा $B = C \times \frac{70}{100}$

$\frac{B}{C} = \frac{70}{100} = \frac{7}{10} \Rightarrow B : C = 7 : 10$

तथा $C = D \times \frac{120}{100} \Rightarrow \frac{C}{D} = \frac{120}{100} = \frac{6}{5}$

$\Rightarrow \quad C : D = 6 : 5$

$\therefore \quad A : B : C : D$

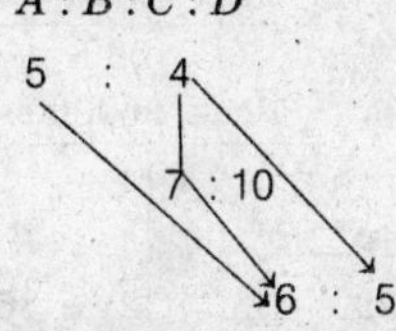

$5\times7\times6 : 4\times7\times6 : 4\times10\times6 : 4\times10\times5$

= 210:168:240:200

अत: अभीष्ट प्रतिशत $= \frac{210 - 200}{200} \times 100$

= 5%

126. (a) $\because a = 2, b = 3$

$\therefore (4a + 3b)(16a^2 - 12ab + 9b^2)$

$= (4a)^3 + (3b)^3$

$= 64a^3 + 27b^3$

$= 64 \times 8 + 27 \times 27$

$= 512 + 729 = 1241$

127. (d) $m \times 7 + 4 - 6 \div 3 - 7 + 45 \div 5 \times 4 + 49 = 87$

$7m + 4 - 2 - 7 + 9 \times 4 + 49 = 87$

$\Rightarrow 7m + 4 - 9 + 36 + 49 = 87$

$\Rightarrow 7m + 4 + 27 + 49 = 87$

$\Rightarrow 7m + 31 + 49 = 87$

$\Rightarrow 7m + 80 = 87$

$\Rightarrow 7m = 7$

$m = 1$

128. (a) माना नाव की गति = x किमी/घण्टा

धारा की गति = 3 किमी/घण्टा

प्रश्नानुसार,

$\frac{52}{60} = \frac{16.9}{x + 3}$

$52x + 156 = 1014$

$52x = 1014 - 156$

$52x = 858$

$x = 16.5$ किमी/घण्टा

धारा के प्रतिकूल 84 किमी दूरी तय करने में नाव द्वारा लगा समय

$= \frac{84}{16.5 - 3} = \frac{84}{13.5}$

$= 6.22$ घण्टे

129. (c) माना प्रत्येक वस्तु का क्रय मूल्य = ₹ x

पहली वस्तु का लाभ $(P_1) = x \times \frac{12}{100}$

$= \frac{12x}{100}$

दूसरी वस्तु का विक्रय मूल्य

$= x \times \frac{112}{100} + 3600$

$= \frac{112x + 360000}{100}$

दूसरी वस्तु का लाभ

$(P_2) = \frac{112x + 360000}{100} - x$

$= \frac{12x + 360000}{100}$

कुल लाभ = $P_1 + P_2$

$2x \times \frac{792}{5100} = \frac{12x}{100} + \frac{12x + 360000}{100}$

$x \times \frac{792}{5100} = \frac{6x}{100} + \frac{6x + 180000}{100}$

$\frac{792x}{51} = 6x + 6x + 180000$

$\frac{264x}{17} = 12x + 180000$

$264x = 204x + 3060000$

$60x = 3060000$

$x = ₹ 51000$

130. (b) परीक्षा 2 में प्राप्त औसत अंक $(\bar{x}_1)$

$= \frac{94 + 79 + 85}{3}$

$= \frac{258}{3} = 86$

गणित में औसत अंक $(\bar{x}_2)$

$= \frac{80 + 88 + 94 + 92 + 96}{5}$

$= \frac{450}{5} = 90$

$\therefore \frac{\bar{x}_1}{\bar{x}_2} = \frac{86}{90} = \frac{43}{45} = 43 : 45$

131. (c) 100 किमी की यात्रा को पूरा करने में S द्वारा लिया गया समय

$= \frac{100}{40} = 2.5$ घण्टे = 150 मिनट

$\therefore$ अन्तिम 20 किमी में उसकी चाल

$= \frac{20}{\frac{(150 - 40 - 50)}{60}}$

$= \frac{20 \times 60}{60} = 20$ किमी/घण्टा

132. (a) वस्तु का एक मूल्य वृद्धि

$= 25 + 25 + \frac{25 \times 25}{100}$

$= 50 + 6.25$

$= 56.25\%$

133. (a) शंकु की तिर्यक ऊँचाई $(l) = 4.2$ इकाई

शंकु का वक्रपृष्ठ = πrl

$13.2 = \frac{22}{7} \times r \times 4.2$

$132 = 22 \times r \times 6$

$6 = 6r$

$\Rightarrow r = 1$ इकाई

134. (d) माना प्रत्येक वार्षिक किस्त = ₹ x

कुल वर्तमान मूल्य

$= \frac{x}{\left(1 + \frac{10}{100}\right)} + \frac{x}{\left(1 + \frac{10}{100}\right)^2}$

$35000 = \frac{x}{\frac{11}{10}} + \frac{x}{\left(\frac{11}{10}\right)^2}$

$35000 = \frac{10x}{11} + \frac{100x}{121}$

$35000 \times 121 = 110x + 100x$

$35000 \times 121 = 210x$

$x = \frac{35000 \times 121}{210}$

$x = ₹ 20167$ (लगभग)

135. (b) माना I प्रकार के चावल की मात्रा = $3x$

माना II प्रकार के चावल की मात्रा = ₹ $2x$

I प्रकार के चावल का मूल्य = ₹ 25 प्रति किलो

II प्रकार की चावल का मूल्य = ₹ 40 प्रति किलो

अत: परिणामी मिश्रण की कीमत

$= \frac{25 \times 3x + 40 \times 2x}{3x + 2x}$

$= \frac{75x + 80x}{5x} = \frac{155x}{5x}$

= ₹ 31 प्रति किलो

136. (b) पहले खेल के मैदान की लम्बाई = 224 मी

पहले खेल के मैदान की चौड़ाई = 160 मी

पहले खेल के मैदान की लम्बाई और चौड़ाई का अनुपात $= \frac{224}{160} = \frac{7}{5}$

$\therefore$ दूसरे खेल के मैदान की लम्बाई और चौड़ाई का अनुपात भी $\frac{7}{5}$ होगा।

$\therefore$ लम्बाई = 343 मी और चौड़ाई = 225 मी

दूसरे खेल के मैदान की विमाएँ नहीं हो सकती है।

137. (a) $\sin^4\theta + \cos^4\theta = 2\sin^2\theta\cos^2\theta$

$\sin^4\theta + \cos^4\theta - 2\sin^2\theta\cos^2\theta = 0$

$(\sin^2\theta - \cos^2\theta)^2 = 0$

$\sin^2\theta - \cos^2\theta = 0$

$\sin^2\theta = \cos^2\theta$

$\theta = 45°$

$\therefore \cot\theta = \cot 45° = 1$

138. (c) $\left(\frac{3}{4} + \frac{5}{4}\right) \times \left(\frac{9}{5} - \frac{4}{5}\right) \div \left(\frac{3}{2} + \frac{1}{2}\right)$

$= \frac{8}{4} \times \frac{5}{5} \times \frac{2}{4} = 2 \times 1 \times \frac{1}{2} = 1$

139. (b) $7.2 \times 4.1 \div 12.3 + 22.5$ का $\frac{1}{25} - \frac{1}{10}$

$= \frac{7.2 \times 4.1}{12.3} + 22.5 \times \frac{1}{25} - \frac{1}{10}$

$= \frac{7.2}{3} + 0.9 - 0.1$

$= 2.4 + 0.9 = 3.2$

140. (d) शंकु का पृष्ठीय क्षेत्रफल = πrl

$= \pi \times 3 \times \sqrt{h^2 + r^2}$

$= \pi \times 3 \times \sqrt{4^2 + 3^2}$

$= 3\pi\sqrt{16 + 9} = 3\pi\sqrt{25}$

$= 3\pi \times 5 = 15\pi$

141. (a) माना कमरे की चौड़ाई = x मी

माना कमरे की लम्बाई = $2x$ मी

तथा कमरे की ऊँचाई = $\frac{x}{2}$ मी

$\because$ कमरे का आयतन = 1728 मी^{3}

$$l \times b \times h = 1728 \text{ मी}^3$$

$$\frac{x}{2} \times x \times 2x = 1728 \text{ मी}^3$$

$$x^3 = 1728$$

$$x = 12 \text{ मी}$$

$\therefore$ कमरे की लम्बाई = $2x = 2 \times 12 = 24$ मी

142. (d) $\tan^2 A + \tan^4 A$

$$= \tan^2 A\,(1 + \tan^2 A)$$

$$= \tan^2 A \sec^2 A$$

$$= (\sec^2 A - 1) \sec^2 A$$

$$= \sec^4 A - \sec^2 A$$

143. (c) अभीष्ट प्रतिशत

$$= \frac{A \text{ का कुल उत्पादन}}{D \text{ का कुल उत्पादन}} \times 100$$

$$= \frac{29 + 37 + 38 + 42}{37 + 35 + 42 + 45} \times 100$$

$$= \frac{146}{159} \times 100 = 9182\%$$

144. (a) यदि त्रिभुज PQR का एक कोण अन्य दो कोणों के योग से बड़ा है, तो त्रिभुज PQR अधिक कोण त्रिभुज है।

40° 120° 20°

145. (b) $72 \div 8 \times 4 + 40 - 35 \div 5 + 15$

$$= 9 \times 4 + 40 - 7 + 15$$

$$= 36 + 40 + 8 = 84$$

146. (b) आकाश का 1 दिन का कार्य = $\frac{1}{40}$

विकास का 1 दिन का कार्य = $\frac{1}{60}$

दोनों का २ दिन का कार्य

$$= \frac{1}{40} + \frac{1}{60} = \frac{3+2}{120} = \frac{5}{120} = \frac{1}{24}$$

दोनों द्वारा कार्य करने में लगा कुल संय

$$= 24 \times 2 = 48 \text{ दिन}$$

147. (a) शंक्वाकार टंकी का आयतन ऊँचाई

$$= \frac{1}{3}\pi r^2 h = \frac{1}{3}\pi \times 7^2 \times 9$$

$$= 49\,\pi \times 3 = 147\pi$$

$$= 147 \times \frac{22}{7} = 21 \times 22$$

$$= 462 \text{ क्यूबिक फीट}$$

148. (a) माना वस्तु का क्रय मूल्य = ₹ x

वस्तु का विक्रय मूल्य = $x \times \left(\frac{100-16}{100}\right)$

$$= ₹\ \frac{84x}{100}$$

प्रश्नानुसार,

$$\frac{84x}{100} + 192.20 = x \times \frac{115}{100}$$

$$\frac{115x}{100} - \frac{84x}{100} = 192.20$$

$$\frac{31x}{100} = 192.20$$

$$31x = 19220$$

$$x = ₹\ 620$$

$\therefore$ वस्तु का नया विक्रय मूल्य = $115 \times \frac{620}{100}$

$$= ₹\ 713$$

149. (c) माना 10% साधारण ब्याज की दर पर निवेश धनराशि = ₹x

$\therefore$15% साधारण ब्याज की दर पर निवेश धनराशि = $(48500 - x)$

प्रश्नानुसार,

$$\frac{\frac{(48500-x) \times 5 \times 15}{100}}{\frac{x \times 10 \times 3}{100}} = \frac{5}{3}$$

$$\frac{(48500-x) \times 5 \times 15}{x \times 10 \times 3} = \frac{5}{3}$$

$$\frac{(48500-x) \times 3}{x \times 2} = 1$$

$$145500 - 3x = 2x$$

$$145500 = 5x$$

$$29100 = x$$

150. (d) माना अंकित मूल्य = ₹ x

विक्रय मूल्य

$$= x \times \left(\frac{100-24}{100}\right) \times \left(\frac{100-30}{100}\right)$$

$$7700.70 = x \times \frac{76}{100} \times \frac{70}{100}$$

$$77007000 = 76x \times 70$$

$$x = ₹\ 14475$$

151. (d) The most appropriate synonym of the given word 'Habitual' is 'Continuous'. 'Habitual' refers to something done regularly or repeatedly.

152. (d) The most appropriate synonym of the given word 'Unhappiness' is 'Woe', which means a feeling of sadness or misery. 'Unhappiness' refers to a state of being unhappy or sorrowful.

153. (b) The sentence that has a grammatical error is 'I will be drive into town later on'. The correct phrase should be 'I will be driving into town later on'.

154. (b) The most appropriate synonym of the given word 'Insipid' is 'Tasteless'. 'Insipid' refers to lacking flavour or interest.

155. (*) None of the given options is a suitable one-word substitute for the given group of words.
Extrovert means someone who is outgoing and social.
Horticultural is a misspelt word.
Introvert is someone who is shy or reserved.
Narcissist is a person who is excessively self-obsessed.

156. (c) The segment that contains a grammatical error in the sentence is 'are here to' . The correct phrase should be 'is here to'.

157. (a) The most appropriate meaning of the underlined segment in the given sentence is 'It is time for someone to deal with a problem or make a decision, because other people have already done as much as they can'.

158. (c) The most appropriate idiom to fill in the blank is 'under her belt'. This idiom means having experience or achievement in a particular field.

159. (c) The option that rectifies the spelling error in the given sentence is 'brought'.

160. (a) The most appropriate meaning of the given idiom 'See eye to eye' is 'To agree with someone'.

161. (d) The option that is similar in meaning to the underlined word in the sentence is 'problem' . A conundrum refers to a difficult or confusing problem.

162. (a) The incorrectly spelt word is 'Ambigous'. The correct spelling is 'Ambiguous'.

163. (b) The most appropriate option that can substitute the underlined segment in the given sentence is 'I would have made'.

164. (c) The most appropriate option that can substitute the highlighted words in the given sentence is 'understanding of realities'.

165. **(d)** The incorrectly spelt word is 'Witharing'. The correct spelling is 'Withering'.

166. **(b)** The option that can be used as a one-word substitute for the underlined group of words is 'Oligarchy'. 'Oligarchy' refers to a system of government where power is concentrated in the hands of a small group of people.

167. **(c)** The most appropriate option that can substitute the underlined segment in the given sentence is 'If his father gives money'.

168. **(b)** The most appropriate antonym of the given word 'Cowardice' is 'Boldness'. 'Cowardice' refers to a lack of courage or fearfulness.

169. **(c)** The correct option to substitute the underlined segment in the sentence is 'wanted to visit'. The sentence should read. "He wanted to visit the Golden Temple in Amritsar."

170. **(d)** The most appropriate antonym of the underlined word 'consistent' in the sentence is 'unpredictable'. 'consistent' means unchanging or reliable, while, 'unpredictable' means not following a pattern.

171. **(b)** The most appropriate meaning of the given idiom 'From cradle to grave' is 'During the whole span of one's life'. It signifies the entirety of a person's life from birth to death.

172. **(b)** The most appropriate meaning of the given idiom 'Chip on the shoulder' is 'Offended'. It refers to someone who is easily offended or harbours resentment.

173. **(b)** The most appropriate option that can substitute the underlined segment in the given idiom 'A piece of biscuit' is 'cake'. 'A piece of cake' means something that is easy to do.

174. **(c)** The most appropriate phrase that can replace the highlighted text in the sentence is 'captivating expertise'.

175. **(d)** The most appropriate antonym of the underlined word 'fettered' in the sentence is 'liberated'. 'Fettered' means restricted or restrained.

176. **(c)** The most appropriate antonym of the underlined word 'accessible' in the sentence is 'restricted'. 'Accessible' means easily available or reachable.

177. **(d)** The most appropriate article to fill in the blank is 'an; ϕ'.

178. **(b)** The option that can be used as a one-word substitute for the underlined words is 'is critical of others'.

179. **(b)** The option that can be used as a one-word substitute for the given group of words is 'lagoon'.

180. **(a)** The meaning of the option 'Break a leg' is 'Good luck'. It is a common expression used to wish someone well before a performance or event.

181. **(c)** The synonym for 'Indigent' is 'Impoverished'. It refers to someone who is poor or lacking financial resources.

182. **(d)** The error in the sentence 'When Ramu was working as a clerk, he asked me money' lies in the phrase 'he asked me money.' The correct version should be 'he asked me for money.' The preposition 'for' is needed after the verb 'asked' to indicate what he requested.

183. **(a)** The correct explanation for the error in the sentence 'Mohan insisted to go there' is that the preposition 'on' should be used. The sentence should read 'Mohan insisted on going there' to express his strong recommendation or desire.

184. **(c)** The idiom 'spill the beans' means 'to reveal a secret'. So, 'reveal the secret' is the correct choice.

185. **(c)** The error in the sentence article 'a.' It should be 'an' because the word 'international' begins with a vowel sound. The corrected sentence is 'Mrs Rani works for an international school'.

186. **(a)** The incorrectly spelled word is 'Buraeucracy'. The correct spelling is 'Bureaucracy'.

187. **(a)** The idiom 'Nip in the bud' means 'to suppress something at an early stage'. So, 'to supress something at an early stage' is the correct choice.

188. **(a)** The correct spelling is 'beginning'. The sentence should be 'The movie is just beginning' to indicate the start of the movie.

189. **(d)** The most appropriate option to substitute the underlined segment in the sentence is 'teachers have been doing'. The corrected sentence reads 'What exactly have the teachers been doing wrong?'.

190. **(c)** The word that represents 'a soldier who fights for the sake of money' is 'mercenary'.

191. **(c)** The correct option to fill in blank no. 1 is 'middle'.

192. **(c)** The correct option to fill in blank no. 2 is 'barking'.

193. **(c)** The correct option to fill in blank no. 3 is 'at'.

194. **(d)** The correct option to fill in blank no. 4 is 'dial'.

195. **(b)** The correct option to fill in blank no. 5 is 'heard'.

196. **(b)** The most suitable title for the passage is 'The Publishing Journey'. The passage discusses Joanne Kathleen Rowling's journey to fame and her experiences as an author.

197. **(d)** The tone of the passage is 'Informative'. It provides factual information about Rowling's life, writing process and challenges she faced.

198. **(b)** The quality we learn about JK Rowling that helped her become a successful writer is 'Perseverance'. Despite initial rejections, she persisted and found a publisher for her work.

199. **(b)** When she started writing 'Harry Potter and the Sorcerer's Stone,' Rowling was 'Teaching' English in Portugal.

200. **(c)** The antonym for 'Conformity' in the passage is 'Quirky'. Rowling's overactive imagination and desire to be a writer were seen as an amusing personal quirk by her parents.

CPO SI P-1 SP 04

पेपर-1

SSC CPO SI

सॉल्वड पेपर

28 जून 2024 (शिफ्ट III)

निर्देश

1. इस पेपर में 200 प्रश्न हैं।
2. इसमें 4 भाग हैं, **भाग 1** सामान्य बुद्धि एवं तर्कशक्ति, **भाग 2** सामान्य ज्ञान एवं सामान्य जागरुकता, **भाग 3** मात्रात्मक योग्यता और **भाग 4** अंग्रेजी
3. प्रत्येक प्रश्न **1 अंक** का है।

अधिकतम अंक : 200 **समय : 2 घण्टे**

भाग 1

सामान्य बुद्धि एवं तर्कशक्ति

1. अंग्रेजी वर्णमाला क्रम पर आधारित, निम्नलिखित चार अक्षर-समूहों में से तीन किसी निश्चित तरीके से समान हैं और इस प्रकार एक समूह बनाते हैं। किस अक्षर-समूह का सम्बन्ध उस समूह से नहीं है? (**नोट** असंगत अक्षर-समूह, व्यंजनों/स्वरों की संख्या या इस अक्षर-समूह में उनकी स्थिति पर आधारित नहीं है।)

(a) QNR (b) KHM
(c) TQV (d) NKP

2. एक निश्चित तर्क का अनुसरण करते हुए 12, 16 से सम्बन्धित है। उसी तर्क का अनुसरण करते हुए, 18, 24 से सम्बन्धित है। उसी तर्क का उपयोग करते हुए निम्नलिखित में से कौन-सी संख्या 28 से सम्बन्धित है?

(a) 24 (b) 21
(c) 22 (d) 23

3. निम्नलिखित में से कौन-सा पद दी गई शृंखला में प्रश्नचिह्न (?) को प्रतिस्थापित करेगा?

RJO, SKP, TLQ, ?

(a) HKL (b) GRS
(c) UMR (d) MRW

4. जब दर्पण को नीचे दर्शाए गए अनुसार, MN पर रखा जाता है, तो दी गई आकृति के सही दर्पण प्रतिबिम्ब का चयन कीजिए।

Merga52 (M / N)

(a) Merga52 (b) Merga52
(c) Merga52 (d) Merga52

5. एक कूटभाषा में 'MARS' को 'KXPP' के रूप में लिखा जाता है और 'BODY' को 'ZLBV' के रूप में लिखा जाता है। इसी कूटभाषा में 'TEST' को कैसे लिखा जाएगा?

(a) RQBQ (b) QQRB
(c) QRQB (d) RBQQ

6. निम्नलिखित में से कौन-सी संख्या, दी गई शृंखला में प्रश्नचिह्न (?) के स्थान पर आएगी?

6, 10, 15, 21, ?, 36, 45

(a) 31 (b) 26
(c) 28 (d) 30

7. एक पासे के फलकों को प्रतीक θ, δ, ω, ε, η और % द्वारा चिह्नित किया गया है। उसी पासे की दो स्थितियाँ नीचे दी गई हैं। % वाले फलक के विपरीत कौन-सा फलक है?

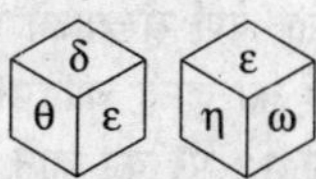

(a) ε (b) ω (c) η (d) θ

8. एक कूटभाषा में, 'HOPE' को 'FRRL' और 'TAIL' को 'MKDX' के रूप में कूटबद्ध किया जाता है। उसी भाषा में 'STORY' को कैसे कूटबद्ध किया जाएगा?

(a) ZTRXX (b) ZTRYY
(c) ZRTXX (d) ZRTYY

9. उस विकल्प का चयन कीजिए, जो दिए गए शब्दों को सही क्रम को दर्शाते हैं, जिस क्रम में वे अंग्रेजी शब्दकोश में दिखाई देते हैं।

1. Perplex 2. Peroration
3. Perpetrate 4. Perpetuity
5. Perpetual

(a) 4, 2, 5, 3, 1
(b) 1, 2, 4, 3, 5
(c) 3, 2, 4, 5, 1
(d) 2, 3, 5, 4, 1

10. दिए गए विकल्पों में से उस संख्या का चयन करें, जो निम्नलिखित शृंखला में प्रश्नचिह्न (?) के स्थान पर आ सकती है।

45, 46, 50, 59, 75, ?

(a) 90 (b) 100
(c) 105 (d) 95

11. निम्नलिखित विकल्पों में से कौन-सी संख्या दी गई शृंखला में प्रश्नचिह्न (?) के स्थान पर आएगी?

192, 185, 171, ?, 122, 87

(a) 147 (b) 149
(c) 150 (d) 151

12. गणितीय चिह्नों का निम्नलिखित में से कौन-सा परस्पर विनिमय दिए गए समीकरण को सही (सन्तुलित) कर देगा?

$40 + 45 \times 5 - 12 \div 4 = 1$

(a) – और + (b) + और ×
(c) ÷ और × (d) – और ×

13. अनिल स्थान A से आरम्भ करके उत्तर की ओर 8 किमी ड्राइव करता है। फिर वह दाएँ मुड़ता है, 2 किमी ड्राइव करता है, फिर दाएँ मुड़ता है और 11 किमी ड्राइव करता है। फिर वह दाएँ मुड़ता है और 5 किमी ड्राइव करता है। वह अन्तिम बार दाएँ मुड़ता है, 3 किमी ड्राइव करता है और स्थान P पर रुकता है। स्थान A पर फिर से पहुँचने के लिए उसे कितनी दूर (न्यूनतम दूरी) और किस दिशा की ओर ड्राइव करना चाहिए? (सभी मोड़ 90 डिग्री के मोड़ हैं, जब तक कि निर्दिष्ट न किए गए हों।)

(a) 3 किमी उत्तर की ओर
(b) 2 किमी पश्चिम की ओर
(c) 3 किमी पूर्व की ओर
(d) 2 किमी पूर्व की ओर

14. निम्नलिखित में से कौन-सा अक्षर समूह प्रश्नचिह्न (?) का स्थान लेगा और दी गई शृंखला को पूरा करेगा?

YFJW, BJEC, ?, HRUO, KVPU

(a) ENZI (b) NWRF
(c) TDFI (d) EHSI

15. उस समुच्चय का चयन करें, जिसकी संख्याएँ उसी तरह से सम्बन्धित हैं, जिस तरह निम्नलिखित समुच्चयों की संख्याएँ सम्बन्धित हैं। (**नोट** संख्याओं को उसके घटक अंकों में तोड़े बिना, पूर्ण संख्याओं पर संक्रियाएँ की जानी चाहिए। उदाहरण के लिए संख्या 13 को लें - 13 पर संक्रियाएँ, जैसे कि 13 में जोड़ना/घटाना/गुणा करना आदि, की जा सकती हैं। 13 को 1 और 3 में तोड़ने और फिर 1 और 3 पर गणितीय संक्रियाएँ करने की अनुमित नहीं है)

(195, 65, 13)
(255, 85, 17)

(a) (285, 95, 21) (b) (285, 90, 19)
(c) (285, 95, 19) (d) (280, 95, 19)

16. उस समुच्चय का चयन करें, जिसकी संख्याएँ उसी तरह से सम्बन्धित हैं, जिस तरह निम्नलिखित समुच्चयों की संख्याएँ सम्बन्धित हैं।
(**नोट** संख्याओं को उसके घटक अंकों में तोड़े बिना, पूर्ण संख्याओं पर संक्रियाएँ की जानी चाहिए। उदाहरण के लिए संख्या 13 को लें - 13 पर संक्रियाएँ, जैसे कि 13 में जोड़ना/ घटाना/गुणा करना आदि, की जा सकती हैं। 13 को 1 और 3 में तोड़ने और फिर 1 और 3 पर गणितीय संक्रियाएँ करने की अनुमित नहीं है)

(16, 48 , 4)
(24, 72, 6)

(a) (20, 60, 5) (b) (21, 60, 5)
(c) (20, 60, 6) (d) (21, 60, 6)

17. एक निश्चित कूटभाषा में,

'A + B' का अर्थ है, 'A, B का पिता है'
'A − B' का अर्थ है, 'B, A की बहन है'
'A × B' का अर्थ है, 'A, B की पत्नी है'
'A ÷ B' का अर्थ है, 'A, B की माता है'

उपर्युक्त के आधार पर, यदि 'N × M − K ÷ L + P' है, तो L किस प्रकार K से सम्बन्धित है?

(a) भाई (b) पिता
(c) माता (d) पुत्र

18. दो कथनों के बाद I और II से संख्यांकित के दो निष्कर्ष दिए गए हैं। कथनों को सत्य मानते हुए, भले ही वे सामान्य रूप से ज्ञात तथ्यों से भिन्न प्रतीत होते हों, तय करें कि दिए गए निष्कर्षों में से कौन सा/से निष्कर्ष कथनों का तार्किक रूप से अनुसरण करता है/करते हैं।

कथन
सभी कार्ड, प्लास्टिक हैं।
कुछ प्लास्टिक, लकड़ी हैं।

निष्कर्ष
I. कुछ कार्ड, लकड़ी हैं।
II. कोई कार्ड, लकड़ी नहीं है।

(a) न तो निष्कर्ष I और न ही II अनुसरण करता है
(b) या तो निष्कर्ष I या II अनुसरण करता है
(c) केवल निष्कर्ष II अनुसरण करता है
(d) केवल निष्कर्ष I अनुसरण करता है।

19. उस समुच्चय का चयन करें, जिसमें दी गई संख्याएँ आपस में उसी प्रकार सम्बन्धित हैं, जिस प्रकार प्रश्न में दिए गए समुच्चय की संख्याएँ आपस में सम्बन्धित हैं।

(**नोट** संख्याओं को उनके घटक अंकों में तोड़े बिना, पूर्ण संख्याओं पर गणितीय संक्रियाएँ की जानी चाहिए। जैसे 13 के मामले में 13 पर की जाने वाली विभिन्न गणितीय संक्रियाएँ जैसे 13 में जोड़ना/घटाना/गुणा करना आदि 13 पर की जा सकती हैं। लेकिन 13 को 1 और 3 में तोड़ने पर फिर 1 और 3 पर गणितीय संक्रियाएँ की अनुमति नहीं है।)

(128, 62, 190)
(114, 86, 200)

(a) (102, 73, 165)
(b) (106, 69, 195)
(c) (98, 68, 146)
(d) (95, 54, 149)

20. दिए गए समीकरण को सही बनाने के लिए कौन-से दो चिह्नों को परस्पर बदलना चाहिए?

$16 \times 121 \div 11 + 4 - 10 = 50$

(a) + और – (b) – और ÷
(c) + और × (d) ÷ और +

21. यदि 'A' का अर्थ '+' है, 'B' का अर्थ '–' है, 'C' का अर्थ '× है और D का अर्थ ÷ है, तो निम्नलिखित समीकरण में प्रश्नचिह्न (?) के स्थान पर क्या आएगा?

74 A (17 C 2 B 24) D 2 A 16 C 3 B 8 = ?

(a) 128 (b) 134
(c) 119 (d) 109

22. उस विकल्प का चयन कीजिए, जो दिए गए शब्दों के उस सही क्रम को दर्शाता है, जिस क्रम में वे अंग्रेजी शब्दकोश में दिखाई देते हैं।

1. Breathable 2. Brevetting
3. Breakfast 4. Breviaries
5. Breacher 6. Breakthrough

(a) 6, 3, 5, 1, 2, 4
(b) 5, 6, 3, 1, 4, 2
(c) 6, 5, 3, 1, 4, 2
(d) 5, 3, 6, 1, 2, 4

23. एक ही पासे की तीन अलग-अलग स्थितियाँ दर्शाई गई हैं। '4' दर्शाने वाले फलक के विपरीत वाले फलक पर कौन-सी संख्या होगी?

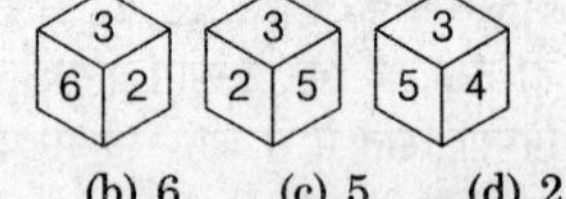

(a) 1 (b) 6 (c) 5 (d) 2

24. दिए गए विकल्पों में से उस आकृति की पहचान कीजिए, जिसे प्रश्नचिह्न (?) के स्थान पर रखने पर शृंखला तार्किक रूप से पूर्ण हो जाएगी।

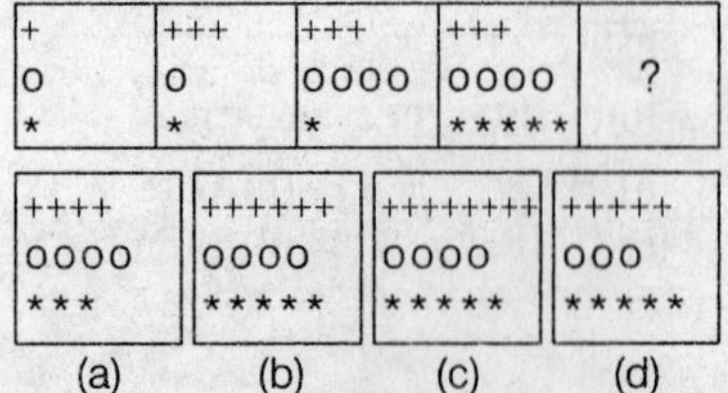

25. एक निश्चित कूटभाषा में,
'A × B' का अर्थ है कि 'A, B का पुत्र है',
'A − B' का अर्थ है कि 'A, B का भाई है',
'A + B' का अर्थ है कि 'A, B की पत्नी है',
'A % B' का अर्थ है कि 'A, B का पिता है'।
यदि 'M × N + P − S % T' है तो M का T से क्या सम्बन्ध है?
(a) पत्नी का चाचा
(b) मामा
(c) चाचा का पुत्र
(d) माँ का मामा

26. बिन्दु A, बिन्दु B से 35 मी पूर्व में है। बिन्दु C, बिन्दु A से 48 मी उत्तर में है। बिन्दु D, बिन्दु C से 23 मी पूर्व में है। बिन्दु D, बिन्दु E से 14 मी उत्तर में है। बिन्दु E, बिन्दु F से 48 मी पूर्व में है। बिन्दु A से बिन्दु F किस दिशा में है?
(a) पूर्व (b) उत्तर-पूर्व
(c) उत्तर (d) उत्तर-पश्चिम

27. एक पासे के फलकों को B, C, D, R, S और T अक्षरों से नामित किया गया है। उसी पासे की दो स्थितियाँ नीचे दी गई हैं। R वाले फलक के विपरीत कौन-सा फलक होगा?

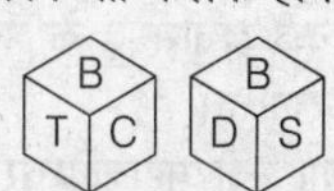

(a) S (b) T
(c) D (d) B

28. एक निश्चित कूटभाषा में, 'god is great' को 'tg so rf' के रूप में कूटबद्ध किया जाता है और 'we love god' को 'ae rf xd' के रूप में कूटबद्ध किया जाता है। उसी भाषा में 'god' को किस रूप में कूटबद्ध किया जाता है?
(a) rf (b) tg (c) ae (d) xd

29. दिए गए विकल्पों में से उस आकृति का चयन कीजिए, जो निम्नलिखित श्रृंखला में प्रश्नचिह्न (?) को तार्किक रूप से प्रतिस्थापित कर सकती है।

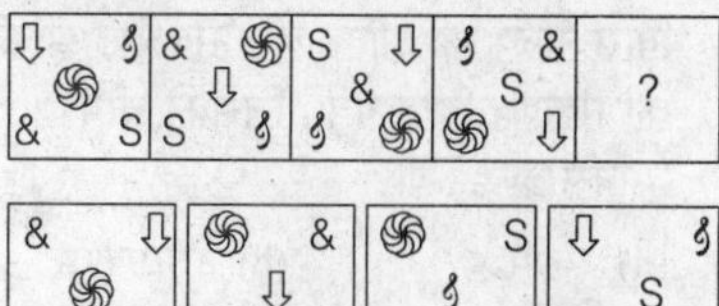

30. विकल्पों में दी गई उस आकृति को पहचानिए, जिसे प्रश्नचिह्न (?) के स्थान पर रखने पर श्रृंखला तार्किक रूप से पूर्ण हो जाएगी।

31. यदि 'A' का अर्थ '÷' है, 'B' का अर्थ '×' है, 'C' का अर्थ '+' है और 'D' का अर्थ '−' है, तो निम्नलिखित समीकरण में प्रश्नचिह्न के स्थान पर क्या आएगा?
8 B 9 C 49 A 7 D 25 = ?
(a) 52 (b) 44 (c) 56 (d) 54

32. छः विद्यार्थी A, B, C, D, E और F − एक गोल मेज के परित: केन्द्र की ओर अभिमुख होकर बैठे हैं।
E और F दोनों का निकटतम पड़ोसी A है। B, E के दाएँ से दूसरे स्थान पर बैठा है। D, F के बाएँ से तीसरे स्थान पर बैठा है। B और F दोनों का निकटतम पड़ोसी C है। निम्नलिखित में से कौन A और D दोनों का निकटतम पड़ोसी है?
(a) B (b) E (c) C (d) F

33. निम्नलिखित समीकरण को सही करने (सन्तुलित करने) के लिए किन दो गणितीय चिह्नों को आपस में बदलना होगा?
6 + 3 × 8 − 12 ÷ 4 = 4
(a) + और ÷ (b) ÷ और ×
(c) ÷ और − (d) − और +

34. नीचे दर्शाए गए अनुसार, दर्पण को MN पर रखे जाने पर, दी गई आकृति की सही दर्पण छवि का चयन कीजिए।

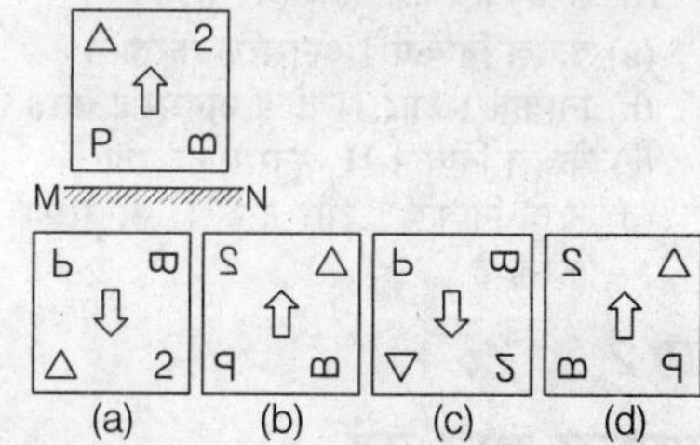

35. उस विकल्प का चयन कीजिए, जिसका तीसरे शब्द से ठीक वही सम्बन्ध हो, जो सम्बन्ध दूसरे शब्द का पहले शब्द से है।
(शब्दों को सार्थक अंग्रेजी/हिन्दी शब्द माना जाना चाहिए और इन्हें शब्द में अक्षरों की संख्या/व्यंजनों/स्वरों की संख्या के आधार पर परस्पर सम्बन्धित नहीं होना चाहिए।)
बुलाना : पुकारना :: बिखेरना : ?
(a) गायब होना (b) निकालना
(c) चारों ओर से घेरना (d) फैलाना

36. उस वेन आरेख का चयन कीजिए, जो निम्नलिखित वर्गों के बीच के सम्बन्ध को सर्वश्रेष्ठ रूप से दर्शाता है।
शिक्षक, गिटारवादक, वकील

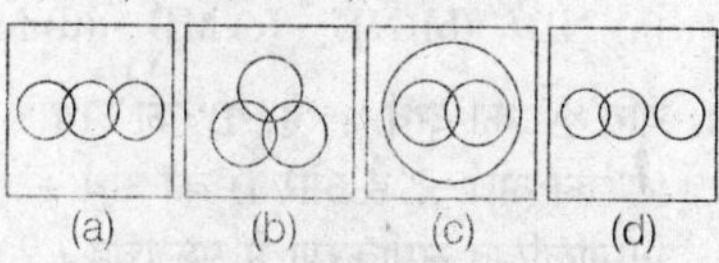

37. एक निश्चित कूटभाषा में 'FEED' को '24' के रूप में लिखा जाता है और 'ACCOUNT' को '42' के रूप में लिखा जाता है। उसी भाषा में 'PIZZA' को किस प्रकार लिखा जाएगा?
(a) 38 (b) 40
(c) 36 (d) 30

38. जब दर्पण को नीचे दर्शाए गए अनुसार, MN रेखा पर रखा जाता है, तो दी गई आकृति के सही दर्पण प्रतिबिम्ब का चयन कीजिए।

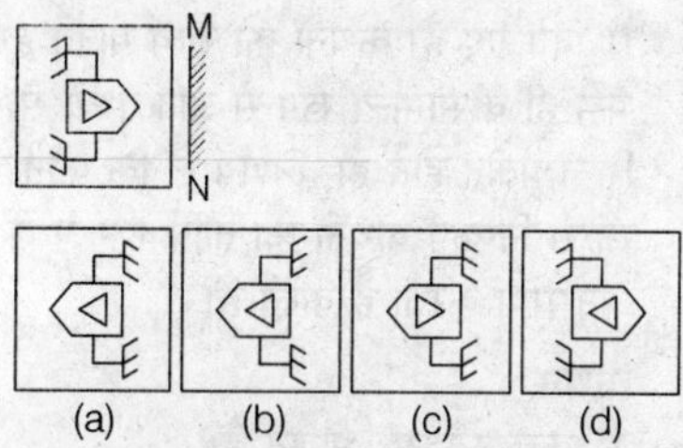

39. निम्नलिखित आकृतियों में एक कागज़ को मोड़ने का क्रम और मुड़े हुए कागज़ को काटने का तरीका दर्शाया गया है। खोले जाने पर यह कागज़ कैसा दिखाई देगा?

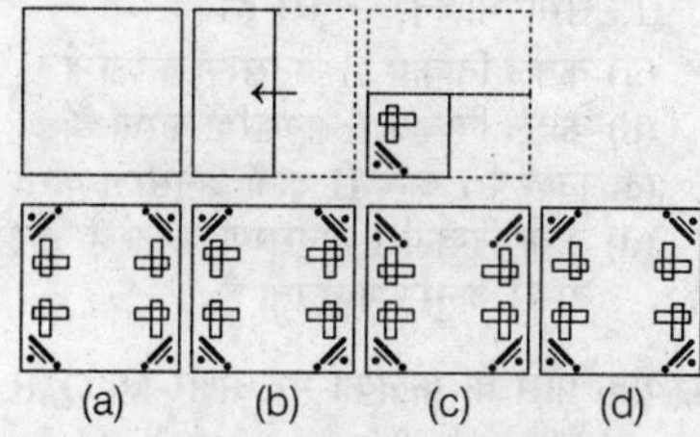

40. निम्नलिखित में से कौन-सी संख्या दी गई श्रृंखला में प्रश्नचिह्न (?) को प्रतिस्थापित करेगी?
80, 101, 120, ?, 168
(a) 149 (b) 143
(c) 147 (d) 145

41. एक कूटभाषा में 'GOOD' को 'HMPB' के रूप में लिखा जाता है और 'HALL' को 'IYMJ' के रूप में लिखा जाता है। इसी कूटभाषा में 'TOOL' को कैसे लिखा जाएगा?
(a) PUMJ (b) UMPJ
(c) JUMP (d) UPJM

42. निम्नलिखित में से कौन-सा अक्षर-समूह दी गई श्रृंखला में प्रश्नचिह्न (?) को प्रतिस्थापित करेगा?

AM, DK, GI, JG, ?

(a) ND (b) NE (c) MD (d) ME

43. यदि 'A' का अर्थ '+' है, 'B' का अर्थ '–' है, 'C' का अर्थ '×' है और D का अर्थ ÷ है, तो निम्नलिखित समीकरण में प्रश्नचिह्न (?) के स्थान पर क्या आएगा?

6 C 7 C 8 B 71 A 11 B 32 C 2 = ?

(a) 228 (b) 192 (c) 198 (d) 212

44. उस युग्म का चयन कीजिए, जो एक-दूसरे से उसी प्रकार सम्बन्धित है, जिस प्रकार नीचे दिया गया युग्म सम्बन्धित है

72 : 27

(a) 48 : 24 (b) 56 : 33
(c) 27 : 45 (d) 32 : 14

45. दो कथन और उनके बाद दो निष्कर्ष I और II दिए गए हैं। कथनों को सत्य मानते हुए, भले ही वे सामान्य रूप से ज्ञात तथ्यों से भिन्न प्रतीत होते हों, निर्णय लें कि कौन सा/से निष्कर्ष कथनों का तार्किक रूप से अनुसरण करता है/करते हैं।

कथन

1. कुछ स्नैक्स, भोजन हैं।
2. सभी जूस, स्नैक्स हैं।

निष्कर्ष

I. सभी जूस कभी भी भोजन नहीं हो सकते हैं।
II. सभी भोजन, स्नैक्स हैं।

(a) केवल निष्कर्ष II अनुसरण करता है
(b) केवल निष्कर्ष I अनुसरण करता है
(c) निष्कर्ष I और II दोनों अनुसरण करते हैं
(d) न तो निष्कर्ष I अनुसरण करता है और न ही II अनुसरण करता है

46. एक पासे के फलकों पर अक्षर M, Q, R, S, T और V हैं। नीचे एक ही पासे की दो अलग-अलग स्थितियाँ दी गई हैं। उस अक्षर का चयन करें, जो V वाले फलक के विपरीत फलक पर होगा।

(a) Q (b) T
(c) M (d) S

47. यदि 'A' का अर्थ '÷' है, 'B' का अर्थ '×' है, 'C' का अर्थ '+' है और 'D' का अर्थ '–' है, तो निम्नलिखित समीकरण में प्रश्नचिह्न (?) के स्थान पर क्या आएगा?

8 B 9 C 49 A 7 D 25 = ?

(a) 62 (b) 25
(c) 57 (d) 54

48. एक निश्चित कूटभाषा में, 'APPLE' को 250 के रूप में कूटबद्ध किया जाता है और 'BERRY' को 340 के रूप में कूटबद्ध किया जाता है। उसी भाषा में 'LITCHI' को किस रूप में कूटबद्ध किया जाएगा?

(a) 350 (b) 330
(c) 305 (d) 306

49. उस विकल्प का चयन कीजिए, जो पाँचवें अक्षर-समूह से उसी प्रकार सम्बन्धित है, जिस प्रकार दूसरा अक्षर-समूह पहले अक्षर-समूह से सम्बन्धित है और चौथा अक्षर-समूह तीसरे अक्षर-समूह से सम्बन्धित है।

UNREAL : MCHVSA :: CREATE : FVDIWI :: AROUND : ?

(a) EPXSWG (b) FPXSWF
(c) EPXSXE (d) FQXSWG

50. दो कथन दिए गए हैं, जिसके बाद दो निष्कर्ष I और II दिए गए हैं। कथनों को सत्य मानते हुए, भले ही वे सामान्य रूप से ज्ञात तथ्यों से भिन्न प्रतीत होते हों, निर्धारित करें कि कौन-सा/से निष्कर्ष कथनों का तार्किक रूप से अनुसरण करता है/करते हैं।

कथन

कुछ धाराएँ, नदियाँ हैं।
कुछ नदियाँ, महासागर हैं।

निष्कर्ष

I. कुछ धाराएँ, महासागर हैं।
II. सभी नदियाँ, महासागर हैं।

(a) केवल निष्कर्ष I अनुसरण करता है
(b) निष्कर्ष I और II दोनों अनुसरण करते हैं
(c) केवल निष्कर्ष II अनुसरण करता है
(d) न तो निष्कर्ष I और न ही II अनुसरण करता है

भाग 2

सामान्य ज्ञान एवं सामान्य जागरुकता

51. निम्नलिखित में से कौन राष्ट्रीय कानूनी सेवा प्राधिकरण के तहत निःशुल्क कानूनी सहायता के लिए पात्र हैं?

A. अनुसूचित जाति या अनुसूचित जनजाति का सदस्य।
B. मानव तस्करी का शिकार या संविधान के अनुच्छेद 23 में G उल्लिखित भिखारी।
C. एक औद्योगिक कर्मकार।
D. अभाव की परिस्थितियों में एक व्यक्ति जैसे कि एक सामूहिक आपदा का शिकार होना।
E. सुप्रीम कोर्ट में कोई भी मुकदमा दायर करने के लिए यदि किसी व्यक्ति को मुफ्त कानूनी सहायता की आवश्यकता है, तो व्यक्ति की वार्षिक आय 10 लाख से कम होनी चाहिए।

(a) A, B, C और D
(b) B, C और D
(c) A, B, C, D और E
(d) A, B और E

52. निम्नलिखित में से कौन-सी भारत की सबसे लम्बी राजमार्ग सुरंग (2022 तक की स्थिति के अनुसार) है?

(a) कार्बुडे सुरंग (b) अटल सुरंग
(c) जवाहर सुरंग (d) पीर पंजाल सुरंग

53. प्रायद्वीपीय नदियों के सम्बन्ध में सही कथनों का चयन कीजिए।

A. नर्मदा नदी मालवा के पठार से निकलती है।
B. गोदावरी नदी नासिक के निकट पश्चिमी घाट की ढलान से निकलती है।
C. महानदी छत्तीसगढ़ के पर्वतीय भू-भागों से निकलती है।
D. कृष्णा नदी महाबलेश्वर के निकट एक झरने से निकलती है।

(a) A, B और C (b) A, C और D
(c) B, C और D (d) A, B, C और D

54. निम्नलिखित में से हरित क्रान्ति का कौन-सा सामाजिक प्रभाव गलत बताया गया है?

(a) मुख्य रूप से मध्यम एवं बड़े किसानों को लाभ हुआ
(b) सेवा जाति समूह का विस्थापन हुआ
(c) भूमिहीन और सीमान्त किसानों की हालत बदतर हो गई
(d) केवल निर्वाह कृषि में लगे किसानों को ही लाभ हुआ

55. गणतन्त्र दिवस, 2023 पर निम्नलिखित में से किस राज्य की झाँकी को 'सर्वश्रेष्ठ झाँकी' का खिताब दिया गया, जिसकी थीम 'मानसखण्ड' थी?

(a) असम (b) उत्तराखण्ड
(c) बिहार (d) झारखण्ड

56. प्रसिद्ध सन्तूर वादक पं. शिव कुमार शर्मा मूल रूप से किस राज्य/केन्द्रशासित प्रदेश के निवासी हैं?

(a) लक्षद्वीप (b) जम्मू और कश्मीर
(c) असम (d) हिमाचल प्रदेश

57. 35वें राष्ट्रीय खेलों का आयोजन .... राज्य में किया गया था।
(a) झारखण्ड (b) केरल
(c) गुजरात (d) असम

58. कौन-सा पर्व प्रकाश पर्व के नाम से जाना जाता है?
(a) दिवाली (b) होली
(c) नवरात्रि (d) बिहु

59. कर्नाटक शास्त्रीय गायक और भारत रत्न पुरस्कार प्राप्त करने वाली पहली संगीतकार, जिन्हें 'गीतों की रानी' के रूप में भी जाना जाता है, ... हैं।
(a) गंगूबाई हंगल (b) एम.एस. सुब्बुलक्ष्मी
(c) शुभा मुद्गल (d) गिरिजा देवी

60. रक्त चूसने वाली जोंक किस संघ से सम्बन्धित है?
(a) प्लेटीहेल्मिन्थीज़ (b) ऐस्केलमिन्थीज
(c) निडारिया (d) एनीलिडा

61. कन्नौज की लड़ाई शेर शाह सूरी और .... के नेतृत्व में मुगलों के बीच लड़ी गई थी।
(a) औरंगजेब (b) जहाँगीर
(c) हुमायूँ (d) अकबर

62. दलखाई निम्नलिखित में से किस राज्य का प्रसिद्ध लोकनृत्य है?
(a) बिहार (b) ओडिशा
(c) पंजाब (d) उत्तर प्रदेश

63. मुम्बई और गोवा के बीच पश्चिमी तटीय मैदान के उत्तरी भाग का क्या नाम है?
(a) कोरोमण्डल तट (b) कोंकण तट
(c) मालाबार तट (d) कन्नड़ मैदान

64. उस विकल्प की पहचान कीजिए, जिसमें ह्रासमान औसत वार्षिक वर्षा के सन्दर्भ में भारतीय राज्यों का सही क्रम है।
(a) असम > बिहार > राजस्थान
(b) राजस्थान > असम > बिहार
(c) उत्तर प्रदेश > बिहार > पश्चिम बंगाल
(d) हरियाणा > बिहार > राजस्थान

65. नेशनल बीच सॉकर चैम्पियनशिप का उद्घाटन संस्करण 2023 में .... में आयोजित किया गया था।
(a) दीव (b) सूरत (c) दमन (d) गोवा

66. एंटोनी लेवोजियर ने निम्नलिखित में से किस वर्ष में द्रव्यमान संरक्षण के नियम की खोज की और प्रतिपादित किया कि एक रासायनिक अभिक्रिया में द्रव्यमान संरक्षित रहता है?
(a) 1789 (b) 1788 (c) 1786 (d) 1787

67. राष्ट्रीय बहुआयामी गरीबी सूचकांक रिपोर्ट 2023 के अनुसार, बहुआयामी गरीबी सूचकांक में निम्नलिखित में से किस राज्य की जनसंख्या सघनता (population concentration) सबसे कम है?
(a) सिक्किम (b) गोवा
(c) तमिलनाडु (d) केरल

68. निम्नलिखित में से किसने वर्ष 1902 में कहा था, "भारत पर उसके लाभ के लिए शासन नहीं किया गया, बल्कि उसके विजेताओं के लाभ के लिए शासन किया गया"?
(a) ऐनी बेसेण्ट
(b) सरोजिनी नायडू
(c) बाल गंगाधर तिलक
(d) लाला लाजपत राय

69. निम्नलिखित में से कौन मोहिनीअट्टम नृत्य शैली की प्रसिद्ध हस्ती है?
(a) सुनन्दा नायर
(b) सितारा देवी
(c) पण्डित बिरजू महाराज
(d) दमयन्ती जोशी

70. 'द ओथ ऑफ द वायुपुत्र' (The Oath of the Vayuputras) पुस्तक के लेखक निम्नलिखित में से कौन हैं?
(a) अमीश त्रिपाठी
(b) रवि सुब्रमण्यम
(c) इन्द्रप्रमित दास
(d) विक्रम चन्द्रा

71. भारत की जनगणना 2011 के अनुसार राष्ट्रीय पुरुष श्रमबल भागीदारी दर क्या है?
(a) 52.26% (b) 51.26%
(c) 50.26% (d) 53.26%

72. एल्युमीनियम सल्फेट $Al_2(SO_4)_3$ के एक मोल में .... रहते हैं।
(a) ऑक्सीजन परमाणुओं के 12 मोल
(b) ऑक्सीजन परमाणुओं के 6 मोल
(c) ऑक्सीजन परमाणुओं के 3 मोल
(d) ऑक्सीजन परमाणुओं के 4 मोल

73. भारत का निम्नलिखित में से कौन-सा पर्वत चाय और कॉफ़ी उत्पादन के लिए प्रसिद्ध है?
(a) अरावली (b) हिमालय
(c) नीलगिरि (d) विध्यांचल

74. राष्ट्रीय आय में मध्यवर्ती वस्तुओं को क्यों शामिल नहीं किया जाता है?
(a) मध्यवर्ती वस्तुएँ आय में वृद्धि करती हैं।
(b) दोहरे लेखांकन से बचने के लिए
(c) मध्यवर्ती वस्तुएँ आय को घटाती हैं।
(d) मध्यवर्ती वस्तुएँ विश्वसनीय नहीं होती हैं।

75. ए फ्लाइट ऑफ़ पिजन्स (A Flight of Pigeons) .... द्वारा लिखित एक प्रसिद्ध पुस्तक है।
(a) विक्रम सेठ (b) खुशवंत सिंह
(c) रस्किन बांड (d) सलमान रुश्दी

76. आन्ध्र प्रदेश में निम्नलिखित में से किसने महाभारत के कुछ भागों का तेलुगू में अनुवाद किया?
(a) टिक्काना (Tikkanna)
(b) नन्नय (Nanniah)
(c) पम्पा (Pampa)
(d) कम्बन (Kamban)

77. निम्नलिखित में से कौन-सा अनुच्छेद, भारतीय संविधान में संशोधन की प्रक्रिया को निर्दिष्ट करता है?
(a) अनुच्छेद 368
(b) अनुच्छेद 366
(c) अनुच्छेद 365
(d) अनुच्छेद 367

78. निम्नलिखित में से, किस मौर्य राजा को देवानांप्रियदर्शी के नाम से जाना जाता था?
(a) बिन्दुसार (b) सम्प्रति
(c) शतधन्वन (d) अशोक

79. भारतीय शास्त्रीय नृत्य एक व्यापक विषय है, जिसके नीचे उन विभिन्न कलाओं का प्रदर्शन किया जाता है, जिनके सिद्धान्त और अभ्यास को .... द्वारा रचित मूलभूत संस्कृति ग्रन्थ नाट्यशास्त्र में खोजा जा सकता है।
(a) पाणिनी (b) भरत मुनि
(c) भास (d) पतंजलि

80. द्विफोकसी लेंस का कौन-सा भाग निकट दृष्टि सुगम बनाता है?
(a) अवतल लेंस वाला ऊपरी भाग
(b) उत्तल लेंस वाला निचला भाग
(c) उत्तल लेंस वाला ऊपरी भाग
(d) अवतल लेंस वाला निचला भाग

81. किस वर्ष खेल विभाग को युवा मामले एवं खेल विभाग में परिवर्तित किया गया था?
(a) 1984 (b) 1985
(c) 1983 (d) 1982

82. भारतीय संविधान के किस अनुच्छेद में किसी राज्य की विधानसभा और विधानपरिषद् के सदस्यों के वेतन और भत्तों के बारे में उल्लेख है?
(a) अनुच्छेद 195 (b) अनुच्छेद 198
(c) अनुच्छेद 194 (d) अनुच्छेद 199

83. 1674 ई. में किसने शैवाल स्पाइरोगाइरा का वर्णन किया और चर जीवों का नाम ऐनिमलक्यूल्स रखा, जिसका अर्थ है छोटे जानवर?
(a) रॉबट रेमक
(b) एण्टोन वैन ल्यूवेनहोक
(c) मौरिस विल्किंस
(d) बार्थेलेमी डूमॉर्टियर

84. शोभना नारायण को किस भारतीय नृत्य शैली में उनके योगदान के लिए पद्मश्री से सम्मानित किया गया है?
(a) कथकली (b) कुचिपुड़ी
(c) कथक (d) ओडिसी

85. निम्नलिखित में से कौन-सा लौंग के तेल का प्रमुख सक्रिय तत्त्व है?
(a) टारटरिक अम्ल (b) कुरकुमा
(c) मेलिक अम्ल (d) यूजेनॉल

86. मृदा और तलछट में संदूषकों की सान्द्रता को मापने के लिए किस इकाई का उपयोग किया जाता है?
(a) DPMO (b) PPBB
(c) TDS (d) PPM

87. 2-मिथाइलप्रोपेन-2-ऑल को सामान्यत: किस रूप में जाना जाता है?
(a) मेथनॉल
(b) टर्ट-ब्यूटाइल एल्कोहल
(c) एथिल एल्कोहोल
(d) प्राइम-प्रोपिल एल्कोहल

88. 19वीं सदी के भारतीय समाज सुधारकों के बारे में निम्नलिखित में से कौन-सा कथन गलत है?
(a) दयानन्द सरस्वती ने 1875 ई. में आर्य समाज की स्थापना की।
(b) अलीगढ़ आन्दोलन की शुरुआत 1875 ई. में सर सैयद अहमद खान ने की थी।
(c) ईश्वरचन्द्र विद्यासागर ब्रह्म समाज के संस्थापक थे।
(d) महादेव गोविन्द रानाडे पूना सार्वजनिक सभा के संस्थापकों में से एक थे।

89. पेयजल, सिंचाई, मत्स्य पालन और वनीकरण के लिए पानी के संरक्षण के लिए केन्द्र सरकार द्वारा ग्रामीणों के लिए .... परियोजना का शुभारम्भ किया गया है।
(a) चिपको आन्दोलन (b) अरवरी पानी संसद
(c) हरियाली (d) नीरू-मीरू

90. भारतीय संविधान के 42वें संशोधन (1976) में कहा गया है कि भारत एक .... राष्ट्र है।
(a) धर्मनिरपेक्ष (b) कुलीन
(c) पूँजीवादी (d) कुलीनतन्त्र

91. निम्नलिखित में से भारतीय ओलम्पिक संघ के संस्थापक अध्यक्ष कौन थे?
(a) एजी नोहरेन (b) जमशेदजी टाटा
(c) दोराबजी टाटा (d) दादाभाई नौरोजी

92. वर्ष 1965 में कृषि मूल्य आयोग की स्थापना का मुख्य उद्देश्य था?
(a) किसानों द्वारा भुगतान की जाने वाली उर्वरक और बिजली की कीमतों का निर्धारण करना
(b) सरकार द्वारा खरीदे गए विभिन्न कृषि उत्पादों की कीमतों का निर्धारण करना
(c) कृषि में प्रयोग होने वाले बीजों की कीमतों का निर्धारण करना
(d) खुले बाजार में बिक्री के लिए विभिन्न कृषि उत्पादों की कीमतों का निर्धारण करना

93. भारतीय जलवायु के सन्दर्भ में, लू हवाओं के सम्बन्ध में, निम्नलिखित में से कौन-सा कथन सही है?
(a) ये वर्षा ऋतु में चलती हैं।
(b) ये शीत ऋतु एवं वर्षा ऋतु में चलती हैं।
(c) ये ग्रीष्म ऋतु में चलती हैं।
(d) ये शीत ऋतु में चलती हैं।

94. तत्त्वबोधिनी पत्रिका ने किस भाषा में भारत के अतीत को बढ़ावा दिया?
(a) बंगाली (b) संस्कृत
(c) हिन्दी (d) अंग्रेजी

95. डॉ. बी.आर. अम्बेडकर के विचारों के अनुसार, निम्नलिखित में से कौन-सी संविधान के निदेशक सिद्धान्तों की प्रमुख विशेषता है?
(a) मूलभूत विशेषता (b) अनिवार्य विशेषता
(c) मूलभूत कानून (d) नवीन विशेषता

96. किस जीवाणु में पेप्टीडोग्लाइकन और टाइकॉइक अम्ल की कई परतों के साथ मोटी कोशिका भित्ति होती है?
(a) स्टेफिलोकॉकस ऑरियस (Staphylococcus aureus)
(b) एशरिकिआ कोलाई (Escherichia coli)
(c) स्यूडोमोनास एरुगिनोसा (Pseudomonas aeruginosa)
(d) साल्मोनेला एण्टरिका (Salmonella enterica)

97. निम्नलिखित से कौन-सा निजीकरण का लाभ नहीं था?
(a) कम प्रतिस्पर्द्धा
(b) कुल मिलाकर बेहतर प्रदर्शन
(c) सरकार के लिए राजस्व का अतिरिक्त स्रोत
(d) राजनीतिक उद्देश्यों का कम हस्तक्षेप

98. भारतीय संविधान के किस अनुच्छेद में उल्लेख है कि एक व्यक्ति को दो या दो से अधिक राज्यों के राज्यपाल के रूप में नियुक्त किया जा सकता है?
(a) अनुच्छेद 151 (b) अनुच्छेद 150
(c) अनुच्छेद 152 (d) अनुच्छेद 153

99. मुद्रा (MUDRA) की पूँजी में कितना प्रतिशत सिडबी (SIDBI) द्वारा योगदान दिया जाता है?
(a) 90 (b) 50 (c) 75 (d) 100

100. बृज भूषण काबरा को भारतीय शास्त्रीय संगीत के क्षेत्र में निम्नलिखित में से किस वाद्ययन्त्र में निपुण माना जाता था?
(a) वीणा (b) वायलिन (c) गिटार (d) संतूर

भाग 3

मात्रात्मक योग्यता

101. A द्वारा 4 किमी/घण्टा की चाल से 8 घण्टे और 8 किमी/घण्टा की चाल से 4 घण्टे की यात्रा की गई। यात्रा की औसत चाल (किमी/घण्टा में) क्या है?
(a) $4\frac{2}{3}$ (b) $5\frac{1}{3}$ (c) $4\frac{1}{3}$ (d) $5\frac{2}{3}$

102. नीचे दी गई तालिका 5 वर्ष की अवधि में 5 अलग-अलग शहरों में एक कम्पनी के कर्मचारियों को दर्शाती है।

वर्ष	शहर				
	हैदराबाद	पंजाब	पुणे	कोलकाता	दिल्ली
2016	520	325	152	425	545
2017	680	475	250	765	645
2018	874	850	179	857	820
2019	745	780	375	856	765
2020	954	822	425	880	923

नोट सभी आँकड़े काल्पनिक हैं। 2018 में पुणे के कर्मचारी, उस वर्ष सभी शहरों के कुल कर्मचारियों का कितना प्रतिशत है?
(a) 4% (b) 6% (c) 5% (d) 3%

103. एक सब्जी विक्रेता ने ₹ 19 प्रति क्रिग्रा की दर से 100 किग्रा आलू खरीदे और गाड़ी-भाड़े पर ₹ 100 खर्च किए। उसने 60 किग्रा आलू 50% लाभ पर और शेष माल का आधा हिस्सा 40% लाभ पर बेचा। इसके बाद उसने बचे हुए आलुओं में से आधे आलू 25% लाभ पर बेच दिए। 42% का समग्र लाभ प्राप्त करने के लिए उसने बचे आलुओं को बेचते समय कितने लाभ प्रतिशत का लक्ष्य रखना होगा?
(a) 12% (b) 16% (c) 15% (d) 10%

104. यदि A, B और C, ΔABC के आन्तरिक कोण हैं, तो $\left\{\tan\frac{A}{2} + \text{cosec}\frac{B+C}{2}\right\}$ $\left\{\tan\frac{A}{2} - \text{cosec}\frac{B+C}{2}\right\}$ का मान क्या है?
(a) 2 (b) −2 (c) −1 (d) 1

105. 5 सेमी की त्रिज्या वाले तीन वृत्त एक-दूसरे को स्पर्श करते हैं। उनके बीच आन्तरित क्षेत्रफल (सेमी^{2} में) कितना होगा?

(a) $25\left(\sqrt{3}+\frac{\pi}{2}\right)$ (b) $25\left(2\sqrt{3}-\frac{\pi}{2}\right)$
(c) $50\left(\sqrt{3}-\frac{\pi}{2}\right)$ (d) $25\left(\sqrt{3}-\frac{\pi}{2}\right)$

106. यदि $56 \div 4 + p \times 3 - 24 \div 12 + 4 = 21 \div 3 + 3$ है, तो p का मान ज्ञात कीजिए।

(a) −2 (b) −1 (c) 1 (d) 2

107. 12 सेमी ऊँचाई और 7 सेमी त्रिज्या वाले एक ठोस धातु के बेलन को पिघलाया जाता है और ऊँचाई 12 सेमी रखते हुए 1 : 2 के अनुपात (आयतन) में दो शंकुओं में ढाला जाता है। पहले और बाद में समतल पृष्ठीय क्षेत्रफल में कितने प्रतिशत का परिवर्तन होगा? $\left[\pi = \frac{22}{7}\right.$ का उपयोग कीजिए$\left.\right]$

(a) 35% (b) 20% (c) 50% (d) 45%

108. $22.0625 - [15 + 0.25 \times (4.78 - 15 \times 3.02)]$ को हल कीजिए।

(a) 7.0 (b) 7.2 (c) 7.1 (d) 7.3

109. P, R और S के बीच एक चुनाव में डाले गए कुल मतों में से $\frac{1}{10}$ मत अमान्य हैं। R और S के पक्ष में डाले गए मत कुल डाले गए मतों के आधे हैं और उन्हें बराबर मत मिलते हैं। मशीन में खराबी के कारण, S के आधे मत और अमान्य मतों के आधे अतिरिक्त रूप से R के पक्ष में गिने जाते हैं। गलती के कारण R द्वारा प्राप्त मतों का कुल प्रतिशत कितना है?

(a) 37.55% (b) 38.50% (c) 42.50% (d) 41.55%

110. निम्नलिखित तालिका चार्ट का ध्यानपूर्वक अध्ययन कीजिए और नीचे दिए गए प्रश्न का उत्तर दीजिए।

केन्द्र	पंजीकृत मतदाताओं की कुल संख्या	मतदान करने वाले लोगों का प्रतिशत
केन्द्र 1	26000	70%
केन्द्र 2	28000	60%
केन्द्र 3	25000	80%
केन्द्र 4	30000	76%

तब सबसे अधिक मत कौन-से केन्द्र पर डाले गए थे?

(a) केन्द्र 4 (b) केन्द्र 2 (c) केन्द्र 1 (d) केन्द्र 3

111. एक लम्बवृतीय शंकु का आयतन 150π सेमी^{3} है और इसकी ऊँचाई 18 सेमी है। इसकी तिर्यक ऊँचाई (सेमी में) ज्ञात करें (दशमलव के बाद 2 स्थानों तक गणना करें)।

(a) 28.68 (b) 25.35 (c) 15.25 (d) 18.68

112. यदि $\sin(x+y) = 1$ और $\cos(x-y) = \frac{\sqrt{3}}{2}$ है, तो y का मान ज्ञात कीजिए।

(a) 30° (b) 90° (c) 20° (d) 60°

113. एक समलम्ब चतुर्भुज की समान्तर भुजाओं के बीच की दूरी 18 सेमी है। यदि समलम्ब चतुर्भुज का क्षेत्रफल 1188 सेमी^{2} है, तो समान्तर भुजाओं की लम्बाई का योग क्या है?

(a) 115 सेमी (b) 150 सेमी (c) 132 सेमी (d) 126 सेमी

114. 15 सेमी व्यास वाला एक गियर, 21 सेमी व्यास वाले गियर को घुमा रहा है। छोटे गियर के 105 चक्कर लगाने पर बड़े गियर ने कितने चक्कर लगाए हैं?

(a) 75 (b) 90 (c) 85 (d) 100

115. दिए गए व्यंजक को सरल कीजिए।

$$\frac{13 \div \{6 - 6 \div (7-9) \times 8 + 9\}}{5 + 5 + 5 \div 5 \text{ का } 5}$$

(a) 39 (b) $\frac{1}{2}$ (c) 13 (d) $\frac{1}{18}$

116. यदि $x = 11$ है, तो $(x^5 - 12x^4 + 12x^3 - 12x^2 + 12x - 1)$ का मान बताइए।

(a) 10 (b) 9 (c) 14 (d) 8

117. यदि S, T का 75% है, तो S और T के बीच का अनुपात कितना है?

(a) 4 : 3 (b) 75 : 1 (c) 3 : 4 (d) 2 : 3

118. निम्नलिखित अनुपातों को आरोही क्रम में व्यवस्थित कीजिए।

3 : 4, 3 : 5, 2 : 11, 7 : 2

(a) 3 : 5 < 2 : 11 < 3 : 4 < 7 : 2 (b) 2 : 11 < 3 : 5 < 3 : 4 < 7 : 2
(c) 3 : 4 < 3 : 5 < 2 : 11 < 7 : 2 (d) 7 : 2 < 3 : 4 < 3 : 5 < 2 : 11

119. $\frac{3 \div 3 \times 2 - 6 \div 3 + 7}{5 \div 5 \times 6 \div 6 + 3 + 3}$ का मान ज्ञात कीजिए।

(a) $\frac{8}{7}$ (b) 2 (c) 1 (d) $\frac{6}{7}$

120. यदि किसी नगर में स्कूल जाने वाले बच्चों की संख्या 64000 हैं और इसमें प्रतिवर्ष 10% की वृद्धि हो रही है, तो 3 वर्ष के अन्त में नगर में स्कूल जाने वाले बच्चों की संख्या कितनी होगी?

(a) 85100 (b) 85000 (c) 80000 (d) 85184

121. एक ट्रेन 40 मिनट में 72 किमी की दूरी तय करती है। उसी गति से यात्रा करते हुए ट्रेन 6 सेकण्ड में कितने मीटर की दूरी तय करेगी?

(a) 192 (b) 180 (c) 174 (d) 210

122. निम्नलिखित तालिका में एक विश्वविद्यालय में कर्मचारियों की विभिन्न श्रेणियों में भर्ती किए गए नए कर्मचारियों की संख्या और इन श्रेणियों में प्रत्येक वर्ष विश्वविद्यालय छोड़ने वाले कर्मचारियों की संख्या को दर्शाया गया है

	प्राध्यापक		सहायक प्राध्यापक		सह-प्राध्यापक		चपरासी	
	नए	छोड़ने वाले	नए	छोड़ने वाले	नए	छोड़ने वाले	नए	छोड़ने वाले
2018	80	—	100	—	90	—	60	—
2019	100	60	150	40	110	30	80	10
2020	150	40	160	30	140	40	70	20
2021	180	60	200	50	190	50	80	30
2022	200	80	220	60	220	60	90	40

वर्ष 2019 से 2022 के दौरान विश्वविद्यालय में भर्ती किए गए प्राध्यापकों की कुल संख्या और विश्वविद्यालय में भर्ती किए गए सह-प्राध्यापकों की कुल संख्या के बीच कितना अन्तर है?

(a) 30 (b) 50 (c) 40 (d) 120

123. 13 सेमी, 12 सेमी और 5 सेमी भुजाओं वाले त्रिभुज का परिमाप ज्ञात कीजिए।

(a) 5 सेमी (b) 30 सेमी (c) 25 सेमी (d) 15 सेमी

124. यदि a एक धनात्मक संख्या है और $b = \frac{4}{a}$ है, तो a और b का माध्यानुपाती क्या होगा?

(a) 2 (b) a (c) 4 (d) 3

125. दी गई तालिका का अध्ययन करें और निम्नलिखित प्रश्न का उत्तर दें।

तालिका में 1985 से 1989 तक पाँच अलग-अलग कारखानों (P, Q, R, S और T) में स्कूटरों का वार्षिक उत्पादन (हजार में) दर्शाया गया है।

अलग-अलग कारखानों में स्कूटर का वार्षिक उत्पादन (हजारों में)

कारखाना	1985	1986	1987	1988	1989
P	20	15	24	13	17
Q	16	23	41	20	15
R	14	21	30	16	12
S	25	17	15	12	22
T	40	32	39	41	35
कुल	115	108	149	102	101

किस वर्ष सभी कारखानों के स्कूटरों का कुल उत्पादन 1985 से 1989 तक स्कूटरों के कुल उत्पादन का 20% था।

(a) 1989 (b) 1986 (c) 1985 (d) 1988

126. $\left[9 + 3 - 2 \times \left\{\left(4 \div \frac{1}{4}\right) - 4\right\} + 81 \div 9 + 81 \div 9 + 3 - 9\right] + 9$ का मान ज्ञात कीजिए।

(a) 0 (b) 9 (c) 3 (d) 6

127. दो रेलगाड़ियाँ 60 किमी/घण्टा और 42 किमी/घण्टा की चाल से एक ही दिशा में चल रही हैं। तेज़ चलने वाली रेलगाड़ी, धीमी चलने वाली रेलगाड़ी में बैठे एक व्यक्ति को 36 सेकण्ड में पार करती है। तेज़ चलने वाली रेलगाड़ी की लम्बाई ज्ञात कीजिए।

(a) 185 मी (b) 175 मी (c) 180 मी (d) 195 मी

128. एक व्यापारी 32% लाभ पर दाल बेचता है और वास्तविक वजन से 20% कम वजन का उपयोग करता है। उसका लाभ प्रतिशत ज्ञात करें।

(a) 62% (b) 58% (c) 72% (d) 65%

129. एक बर्तन में 5 : 1 के अनुपात में दूध और पानी का 18 लीटर मिश्रण है। यदि बर्तन में 3 लीटर दूध मिलाए जाए, तो बर्तन में कितना पानी (लीटर में) मिलाया जाना चाहिए, जिससे दूध और पानी का अनुपात 9 : 2 हो जाए?

(a) 0.5 (b) 1 (c) 2 (d) 1.5

130. किसी मेज का अंकित मूल्य ₹ 5980 है। यदि दुकानदार 18% की छूट प्रदान करता है, तो उसका विक्रय मूल्य (₹ में, निकटतम रुपये तक पूर्णांकित) कितना है?

(a) 4094 (b) 4490 (c) 4904 (d) 4940

131. एक शंकु का वक्र पृष्ठीय क्षेत्रफल 308 सेमी^{2} है और इसकी तिर्यक ऊँचाई 28 सेमी है। इसके आधार की त्रिज्या ज्ञात कीजिए।

[$\pi = \frac{22}{7}$ का उपयोग कीजिए]

(a) 2.8 सेमी (b) 3.5 सेमी (c) 3.0 सेमी (d) 2.5 सेमी

132. यदि $\frac{a}{b} + \frac{b}{a} = 1, a \neq 0, b \neq 0$ है, तो $\frac{a^3 + b^3}{3ab}$ का मान ज्ञात करें।

(a) 2 (b) 0 (c) 3 (d) – 3

133. किसी एक त्रिभुज की किन्हीं दो भुजाओं का योग कितना होता है?

(a) तीसरी भुजा के बराबर (b) तीसरी भुजा से कम या उसके बराबर
(c) तीसरी भुजा से अधिक (d) तीसरी भुजा से कम

134. $72 \div 8 - 210 \div 15 - 5 + 2 \times 5$ का मान ज्ञात कीजिए।

(a) 2 (b) 1 (c) 0 (d) 3

135. एक स्कूल में कक्षा X के विद्यार्थियों के चार वर्ग A, B, C, D हैं। नीचे दी गई तालिका में अर्द्धवार्षिक और वार्षिक परीक्षाओं के परिणाम दर्शाए गए हैं

परिणाम	विद्यार्थियों की सुख्या			
	वर्ग A	वर्ग B	वर्ग C	वर्ग D
दोनों परीक्षाओं में अनुत्तीर्ण होने वाले विद्यार्थी	25	22	18	20
अर्द्धवार्षिक परीक्षा में अनुत्तीर्ण होने वाले लेकिन वार्षिक परीक्षा में उत्तीर्ण होने वाले विद्यार्थी	20	25	24	12
अर्द्धवार्षिक परीक्षा में उत्तीर्ण होने वाले लेकिन वार्षिक परीक्षा में अनुत्तीर्ण होने वाले विद्यार्थी	12	15	8	10
दोनों परीक्षाओं में उत्तीर्ण होने वाले विद्यार्थी	15	20	22	18

स्कूल में कक्षा X के कितने विद्यार्थी हैं?

(a) 286 (b) 256 (c) 226 (d) 206

136. यदि बहुपद $(2x^3 + ax^2 + 3x - 5)$ और $(x^3 + x^2 - 2x + a)$ को $(x - 2)$ से विभाजित करने पर समान शेषफल प्राप्त होता है, तो शेषफल ज्ञात करें।

(a) 5 (b) 4 (c) 3 (d) 2

137. P एक कार्य को 30 दिन में और Q, 40 दिन में कर सकता है। वे 4 दिन तक मिलकर कार्य करते हैं और फिर Q छोड़ देता है। शेष कार्य को पूरा करने में P को कितने दिन लगेंगे?

(a) 28 दिन (b) 7 दिन (c) 23 दिन (d) 30 दिन

138. निम्नलिखित व्यंजक को सरल कीजिए।

(4.2 का 2.5 ÷ 3.5) – (3.6 ÷ 2.4 + 2.5 का 3 ÷ 7.5) + (6 – 3 का 2 + 4 का 3 ÷ 6)

(a) 4.5 (b) 1.5 (c) 2.5 (d) 3.5

139. एक परीक्षा में पाँच अलग-अलग विषयों में छः विद्यार्थियों द्वारा प्राप्त अंकों का प्रतिशत और प्रत्येक विषय में अधिकतम अंक (कोष्ठक में) निम्नलिखित तालिका में दिए गए हैं।

विद्यार्थी	हिन्दी (150)	अंग्रेजी (100)	भूगोल (175)	गणित (120)	भौतिकी (75)
P	85	56	65	82	90
Q	76	84	52	84	76
R	89	98	67	60	56
S	82	64	56	70	80
T	58	68	78	68	71
U	64	75	94	64	60

सभी पाँच विषयों में S द्वारा प्राप्त अंकों का कुल योग कितना था?

(a) 356 (b) 405 (c) 324 (d) 429

140. सरल कीजिए।
$13.5 - [5 + 0.5 \times (9 - 3 \times 2)]$
(a) 5 (b) 6 (c) 7 (d) 8

141. 20 फीट ऊँचाई वाले और 30π फीट की परिधि के वृत्तीय आधार वाले एक लम्ब वृत्तीय शंक्वाकार तम्बू को खड़ा करने के लिए आवश्यक कैनवास कपड़े का क्षेत्रफल ज्ञात करें।
(a) 589π वर्ग फीट (b) 470π वर्ग फीट
(c) 375π वर्ग फीट (d) 455π वर्ग फीट

142. संपीडित प्राकृतिक गैस (CNG) का मूल्य प्रति लीटर 65% बढ़ गया है। मनीष को CNG का उपभोग कितने प्रतिशत कम करना चाहिए, ताकि उसका व्यय न बढ़े? (दो दशमलव स्थानों तक)
(a) 25.39% (b) 39.39%
(c) 30.13% (d) 45.13%

143. तरुण किसी का कार्य को कराने में तृप्ति से दोगुना कार्यकुशल है। दोनों एकसाथ मिलकर एक कार्य को 16 दिनों में पूरा कर सकते हैं। तृप्ति अकेले उस कार्य को कितने दिनों में पूरा कर सकती है?
(a) 48 (b) 24
(c) 50 (d) 25

144. निम्नांकित मान ज्ञात कीजिए।
$$\frac{2\left\{3+3\left(\frac{1}{4}\div\frac{15}{20}+2\right)-18\times\frac{1}{3}\right\}}{2\,(4+20\div 4)}$$
(a) $\frac{11}{18}$ (b) $\frac{7}{18}$ (c) $\frac{5}{9}$ (d) $\frac{4}{9}$

145. सरल कीजिए $\frac{\sin^3 A + \cos^3 A}{\sin A + \cos A}$
(a) $1 - \cos A \cot A$ (b) $1 - \tan A \sec A$
(c) $1 - \sin A \tan A$ (d) $1 - \sin A \cos A$

146. नीचे दी गई तालिका में P, Q और R इस प्रकार की गतिविधियों की एक निश्चित संख्या के आँकड़ों को शहरों B, C, D और K की कुल गतिविधियों के प्रतिशत में विचार कीजिए।

गतिविधि \ शहर	B	C	D	K
P	45	30	25	35
Q	25	30	35	30
R	30	40	40	35

यदि B और C की कुल गतिविधियाँ क्रमश: 500 और 400 हैं, तो B और C की गतिविधि R में अन्तर ज्ञात कीजिए।
(a) 20 (b) 30 (c) 15 (d) 10

147. एक निश्चित राशि पर 4 वर्षों के लिए 14% प्रति वर्ष की दर से साधारण ब्याज समान राशि पर 8 वर्षों के लिए समान दर से साधारण ब्याज से ₹ 6160 कम है। राशि ज्ञात कीजिए।
(a) ₹ 12000 (b) ₹ 11000
(c) ₹ 9000 (d) ₹ 10000

148. एक दुकानदार ने एक वस्तु का अंकित मूल्य ₹ 500 रखा। उसने इसे 10% और 20% की छूट स्कीम पर बेचा और 25% का लाभ प्राप्त किया। वस्तु का क्रय मूल्य क्या था?
(a) ₹ 384 (b) ₹ 482
(c) ₹ 288 (d) ₹ 188

149. $\left(\frac{2\cos^3\theta - \cos\theta}{\sin\theta - 2\sin^3\theta}\right)^2 + 1$ का मान ज्ञात कीजिए जहाँ $\theta \neq 45°$ है।
(a) $\text{cosec}^2\theta$ (b) $\cot^2\theta$
(c) $\sin^2\theta$ (d) $\sec^2\theta$

150. आशीष बाइक से 45 किमी/घण्टा की चाल से 72 किमी, साइकिल से 4 किमी/घण्टा की चाल से 28 किमी और कार से 20 किमी/घण्टा की चाल से 160 किमी की दूरी तय करता है। पूरी यात्रा के दौरान उसकी औसत चाल (किमी/घण्टा में) ज्ञात कीजिए। (दो दशमलव स्थानों तक पूर्णांकित)
(a) 25.25 (b) 28.33
(c) 27.65 (d) 15.66

भाग 4

अंग्रेजी

151. Select the option that can be used as a one-word substitute for the given group of words.
Referring to something from the past of high quality
(a) Epoch (b) Vintage
(c) Outdated (d) Culture

152. Select the most appropriate antonym of the given word.
Accolade
(a) Criticism (b) Tribute
(c) Promotion (d) Assurance

153. Select the most appropriate synonym of the given word.
Eagerly
(a) Stringently (b) Dubiously
(c) Keenly (d) Playfully

154. Select the option that can be used as a one-word substitute for the given group of words.
The approach or style of teaching
(a) Pedagogy (b) Media
(c) Philology (d) Platform

155. Select the most appropriate option to fill in the blank.
She .... her painting by this time next week.
(a) will have finished
(b) will finish
(c) finishes
(d) finished

156. Select the most appropriate synonym of the given word.
Entail
(a) Assume
(b) Necessitate
(c) Eliminate
(d) Flaw

157. Select the option that best explains the underlined idiom in the given sentence.
A team's captain always <u>keeps a level head</u>, even in the most challenging situations.
(a) Prefers to keep his head covered with a cap
(b) Maintains an equal number of players on the field
(c) Remains calm and composed
(d) Keeps his head protected with a helmet

158. Select the most appropriate synonym of the underlined word.
The <u>hypothesis</u> that the police believed in led to a lot of chaos.
(a) speculation
(b) breakthrough
(c) trepidation
(d) encounter

159. Select the incorrectly spelt word.
(a) Irritate (b) Necessitate
(c) Reciept (d) Hindrance

160. Select the most appropriate synonym of the given word.
Grisly
(a) Pleasant (b) Atrocious
(c) Glorious (d) Dire

161. Select the most appropriate option to substitute the underlined segment in the given sentence.
Amit is also <u>a chip off the old block</u> like his brother, Tandon.
(a) getting ready for the future endeavours
(b) planning things ahead neatly
(c) talking to others tough like a stone
(d) resembling his parents in character and appearance

162. Select the option that can be used as a one-word substitute for the given group of words.
The original inhabitants of a country
(a) Primitive (b) Citizens
(c) Aborigines (d) Aliens

163. The following sentence has been split into four segments. Identify the segment that contains an error.
Ramesh licked (A) / honey and (B) / said that (C) / it tasted sweetly. (D)
(a) D (b) A
(c) B (d) C

164. Select the most appropriate idiom that can substitute the underlined segment in the given sentence.
Even after becoming bankrupt, Charlie is able to maintain an outward show.
(a) bring down the house
(b) keep up appearances
(c) bell the cat
(d) cut a sorry figure

165. Select the incorrectly spelt word.
(a) Dictionary (b) Reference
(c) Infurmary (d) Ordinary

166. Select the most appropriate antonym of the underlined word.
Maria thinks the animals that live in freedom have a sad look in their eyes.
(a) Carefree (b) Liberty
(c) Surrendered (d) Captivity

167. Select the most appropriate synonym of the given word.
Concordant
(a) Certain (b) Unanimous
(c) Abnormal (d) Harmonious

168. Select the option that can be used as a one-word substitute for the given group of words.
A news article that reports the recent death of a person.
(a) Culinary (b) Obituary
(c) Centenary (d) Mortuary

169. Select the most appropriate meaning of the given idiom.
Get itchy feet
(a) Judge something primarily on appearance
(b) Learn something by memorising it without a thought to what is being learnt
(c) To start to want to travel or do something different
(d) Join a popular trend or activity

170. The following sentence has been divided into four segments. Identify the segment that contains an adverbial usage error.
Mr. Sukesh and / his family / ate the / food greedy.
(a) ate the (b) Mr. Sukesh and
(c) his family (d) food greedy.

171. Choose the most appropriate meaning of the underlined phrase.
He's still keeping his chin up despite all his health problems.
(a) To keep one's chin clean and moist
(b) To stay safe during difficulty
(c) To stay cheerful during difficult times
(d) To save others during difficult times

172. Select the option that can be used as a one-word substitute for the given group of words.
Words inscribed on a tomb.
(a) Epitaph (b) Prologue
(c) Epilogue (d) Post-script

173. Select the sentence that has the correct use of words and spellings from the options given below.
(a) The scientiest meticulously analysed the complex data, uncovering ground-breaking insights that would revolutionice the field.
(b) The scientist meticulusly analysed the complex data, uncovering ground-breaking insights that would revaulutionise the field.
(c) The scientist meticulously anelysed the complex data, uncovering ground-breaking insights that would revolutionise the feild.
(d) The scientist meticulously analysed the complex data, uncovering ground-breaking insights that would revolutionise the field.

174. The following sentence has been divided into four segments. One of them contains an error. Select the segment that contains the error from the given options.
The people of / Jammu and Kashmir / has emphasised and / appreciated transparency.
(a) appreciated transparency
(b) The people of
(c) has emphasised and
(d) Jammu and Kashmir

175. Select the most appropriate option that can substitute the underlined segment in the given sentence. If there is no need to substitute it, select 'No substitution'.
The woman to who I sold my house was a criminal.
(a) No substitution (b) to whom I sold
(c) to whom I sell (d) to whom sold

176. Select the option that can be used as a one-word substitute for the given group of words.
Fertile watery place in a desert
(a) Obsolete (b) Obscure
(c) Ode (d) Oasis

177. Select the most appropriate meaning of the given idiom.
On thin ice
(a) In a risky position
(b) Communicating with friends
(c) On a summer vacation
(d) On an investigating job

178. Identify the incorrectly spelt word in the given sentence and select the option that rectifies the misspelling.
There are difficult times too, especially when the economy takes a dip and we have to lai people off.
(a) Economie (b) Dificult
(c) Lay (d) Dipe

179. Identify the most appropriate antonym of the underlined word in the given sentence.
The door was ajar and a faint wisp of smoke floated through it.
(a) Itchy (b) Lot
(c) Trickle (d) Wind

180. Select the most appropriate meaning of the given idiom.
Keep your pants on
(a) To wear the dress neatly
(b) To keep calm and quiet
(c) To make things proper
(d) To work like a tailor

181. Select the most appropriate idiom that can substitute the underlined segment in the given sentence.
Reena decided not to go to work today because she was feeling sick.
(a) under the weather
(b) fit as a fiddle
(c) sitting on the fence
(d) going down in flames

182. Select the most appropriate meaning of the given idiom.
Bread and butter
(a) Breakfast (b) Sharing
(c) Livelihood (d) Party

183. Underlined word in the sentence is not spelt correctly. Identify the correct spelling from the options given below.
He was a benaevolent young man who would help his colleagues.
(a) Benavolent (b) Benevolent
(c) Benevalant (d) Banevolent

184. Parts of the following sentence have been given as options. Select the option that contains an error.
Himalayas include the highest mountains in the world and feed almost 20% of the earth's population.
(a) almost 20% of the earth's population.
(b) highest mountains in
(c) the world and feed
(d) Himalayas include the

185. Select the option that can be used as a one-word substitute for the given group of words.
Someone who speaks more than one language
(a) Heretic (b) Fatalist
(c) Polyglot (d) Insolvent

186. Select the most appropriate option that can substitute the underlined segment in the given sentence. If there is no need to substitute it, select 'No substitution'.
Half of the Property given to his sons by the businessman last year.
(a) No substitution
(b) Half of the property is given
(c) Half of the property was given
(d) Half of the property has been given

187. Select the most appropriate synonym of the given word.
Fabulous
(a) Remarkable (b) Resourceful
(c) Regrettable (d) Restful

188. Select the incorrectly spelt word in the given sentence.
Large-scale hunting scenes and slaugter of wild animals is a heinous crime.
(a) Slaugter (b) Heinous
(c) Scenes (d) Hunting

189. Select the most appropriate option that can substitute the underlined words in the given sentence.
We should not underestimate the signification of female education.
(a) underestimate the significance
(b) underestimate at signification
(c) underestimate on signification
(d) underestimate signification

190. Select the most appropriate option that can substitute the underlined segment in the given sentence. If no substitution is required, select 'No substitution'.
A sharp fall in the price of jute have led the poor jute farmers to the brink of starvation.
(a) have lead the poor jute farmers
(b) have led the poor farmers
(c) has led the poor jute farmers
(d) No substitution

Directions (Q. Nos. 191-195) *In the following passage, some words have been deleted. Read the passage carefully and select the most appropriate option to fill in each blank.*

It is important to ...(1)... a healthy lifestyle to maintain good physical and mental wellbeing. Regular ...(2)... helps improve cardiovascular health and boosts the immune system. Eating a balanced diet rich in ...(3)... vitamins and minerals is crucial for overall health. Additionally, ...(4)... stress through activities like yoga or meditation can enhance mental clarity. Getting an adequate amount of ...(5)... each night is essential for restorative activity and optimum bodily functions.

191. Select the most appropriate option to fill in blank number 1.
(a) adopt (b) adeptly
(c) adapt (d) adept

192. Select the most appropriate option to fill in blank number 2.
(a) exalt (b) exclaim
(c) exertion (d) exercise

193. Select the most appropriate option to fill in blank number 3.
(a) necessarily (b) necessity
(c) necessitate (d) essential

194. Select the most appropriate option to fill in blank number 4.
(a) managing (b) manages
(c) management (d) managed

195. Select the most appropriate option to fill in blank number 5.
(a) resting (b) relax
(c) slumber (d) sleep

Directions (Q. Nos. 196-200) *Read the following passage and answer the questions that follow*

Facial recognition is based on AI technology that recognizes human faces. In fact, the technology considers a number of factors for face recognition: jawline length, the form of the cheekbones, eye sockets depth, and so on. A majority of these factors assist the technology "recall" who's the proprietor of the face. Other than unlocking your phone, facial identification brings different advantages to the agencies: The primary component to start with is surveillance. With the assistance of face recognition technology , it will likely be less complicated to catch any burglars, thieves, or different trespassers. On the governmental level, facial recognition can help us to find out terrorists or other criminals. Face recognition is the most effective means in today's world. The procedure of recognizing a face takes a second or much less. Considering that facial recognition is almost instant, it offers a quick and successful verification of a person.

196. Based on your reading of the passage, select the most appropriate antonym of excessive:
(a) Accurate (b) Lavish
(c) Extreme (d) Moderate

197. Read the following line from the passage and select the most appropriate option that describes it :
Considering that facial recognition is almost instant, it offers a quick and successful verification of a person.
(a) Face recognition is uneasy and verifies a person successfully.
(b) Face recognition is easy and verifies a person unsuccessfully.
(c) Face recognition is not on spot and verifies a person partly.
(d) Face recognition is fast and verifies a person successfully.

198. As per the passage which facial factors are not recognized with face recognition?
(a) Jawline length
(b) Face shape
(c) Cheekbones structure
(d) Eye sockets

199. Select the most appropriate title for the given passage:
(a) Hacking and Safety
(b) AI interface
(c) Face Recognition
(d) Human Face

200. What is the primary component of face recognition?
(a) Surveillance
(b) Verification
(c) Identification
(d) Locking

जानें सही उत्तर

1 (a)	2 (b)	3 (c)	4 (a)	5 (d)	6 (c)	7 (a)	8 (a)	9 (d)	10 (b)
11 (c)	12 (c)	13 (c)	14 (a)	15 (c)	16 (a)	17 (d)	18 (b)	19 (d)	20 (c)
21 (c)	22 (d)	23 (d)	24 (c)	25 (c)	26 (d)	27 (d)	28 (a)	29 (c)	30 (b)
31 (d)	32 (b)	33 (c)	34 (c)	35 (d)	36 (b)	37 (d)	38 (a)	39 (a)	40 (d)
41 (b)	42 (d)	43 (d)	44 (b)	45 (d)	46 (d)	47 (d)	48 (c)	49 (a)	50 (d)
51 (a)	52 (b)	53 (c)	54 (d)	55 (b)	56 (b)	57 (b)	58 (a)	59 (b)	60 (d)
61 (c)	62 (b)	63 (b)	64 (a)	65 (b)	66 (a)	67 (d)	68 (a)	69 (a)	70 (a)
71 (d)	72 (a)	73 (c)	74 (b)	75 (c)	76 (b)	77 (a)	78 (d)	79 (b)	80 (b)
81 (b)	82 (a)	83 (b)	84 (c)	85 (d)	86 (d)	87 (b)	88 (c)	89 (c)	90 (a)
91 (c)	92 (b)	93 (c)	94 (a)	95 (d)	96 (a)	97 (a)	98 (d)	99 (d)	100 (c)
101 (b)	102 (c)	103 (c)	104 (c)	105 (d)	106 (a)	107 (c)	108 (a)	109 (c)	110 (a)
111 (d)	112 (a)	113 (c)	114 (a)	115 (d)	116 (a)	117 (c)	118 (b)	119 (c)	120 (d)
121 (b)	122 (a)	123 (b)	124 (a)	125 (c)	126 (b)	127 (c)	128 (d)	129 (b)	130 (c)
131 (b)	132 (b)	133 (c)	134 (c)	135 (a)	136 (a)	137 (c)	138 (c)	139 (d)	140 (c)
141 (c)	142 (b)	143 (a)	144 (d)	145 (d)	146 (d)	147 (b)	148 (c)	149 (a)	150 (d)
151 (b)	152 (a)	153 (c)	154 (a)	155 (a)	156 (b)	157 (c)	158 (a)	159 (c)	160 (b)
161 (d)	162 (c)	163 (a)	164 (b)	165 (c)	166 (d)	167 (d)	168 (b)	169 (c)	170 (d)
171 (c)	172 (a)	173 (d)	174 (c)	175 (a)	176 (d)	177 (a)	178 (c)	179 (b)	180 (b)
181 (a)	182 (c)	183 (b)	184 (d)	185 (c)	186 (c)	187 (a)	188 (a)	189 (a)	190 (c)
191 (a)	192 (d)	193 (d)	194 (a)	195 (d)	196 (d)	197 (d)	198 (b)	199 (c)	200 (a)

प्रश्नों के सही हल

1. (a) यहाँ,

$K \xrightarrow{-3} H \xrightarrow{+5} \boxed{M}$

$T \xrightarrow{-3} Q \xrightarrow{+5} \boxed{V}$

$N \xrightarrow{-3} K \xrightarrow{+5} \boxed{P}$

परन्तु, $Q \xrightarrow{-3} N \xrightarrow{+4} R$

2. (b) जिस प्रकार,

$12, 16 \Rightarrow \frac{12}{3} \times 4 = 16$

तथा $18, 24 \Rightarrow \frac{18}{3} \times 4 = 24$

उसी प्रकार,

$?, 28 \Rightarrow \frac{?}{3} \times 4 = 28$

$? = \frac{28 \times 3}{4} = \boxed{21}$

3. (c) में दी गई श्रृंखला का क्रम निम्न प्रकार है

$R \xrightarrow{+1} S \xrightarrow{+1} T \xrightarrow{+1} \boxed{U}$

$J \xrightarrow{+1} K \xrightarrow{+1} L \xrightarrow{+1} \boxed{M}$

$O \xrightarrow{+1} P \xrightarrow{+1} Q \xrightarrow{+1} \boxed{R}$

4. (a) विकल्प आकृति (a) प्रश्न आकृति का सही दर्पण प्रतिबिम्ब है।

M

Merga52 | ƧƨɒgɿɘM

N

5. (d) जिस प्रकार, M A R S → (−2, −3, −2, −3) → K X P P

तथा B O D Y → (−2, −3, −2, −3) → Z L B V

उसी प्रकार, T E S T → (−2, −3, −2, −3) → $\boxed{R\ B\ Q\ Q}$

6. (c) दी गई श्रृंखला का क्रम निम्न प्रकार है

$6 \xrightarrow{+4} 10 \xrightarrow{+5} 15 \xrightarrow{+6} 21 \xrightarrow{+7} \boxed{28} \xrightarrow{+8} 36 \xrightarrow{+9} 45$

7. (a) पासे के दोनों स्थिति में 'ε' उभयनिष्ठ है।

पासा I. ε − θ − δ

पासा II. ε − ω − η

अत: % के विपरीत शेष बचा हुआ चिह्न ε होगा।

8. (a) जिस प्रकार,

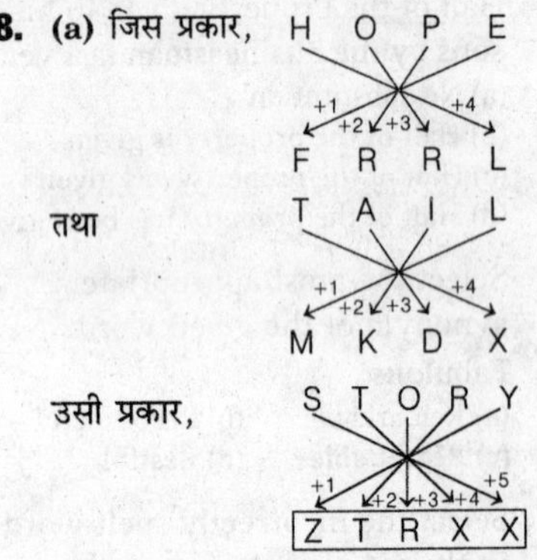

9. (d) अंग्रेजी शब्दकोश के अनुसार, शब्दों का सही क्रम निम्न प्रकार है,

Peroration (2) → Perpetrate (3) → Perpetual (5) → Perpetuity (4) → Perplex (1)

$\Rightarrow 2, 3, 5, 4, 1$

10. (b) दी गई श्रृंखला का क्रम निम्न प्रकार है,

$45 \xrightarrow{+1} 46 \xrightarrow{+4} 50 \xrightarrow{+9} 59 \xrightarrow{+16} 75 \xrightarrow{+25} \boxed{100}$

$1^2 \quad 2^2 \quad 3^2 \quad 4^2 \quad 5^2$

11. (c) दी गई श्रृंखला का क्रम निम्न प्रकार है,

$192 \xrightarrow{-7} 185 \xrightarrow{-14} 171 \xrightarrow{-21} \boxed{150} \xrightarrow{-28} 122 \xrightarrow{-35} 87$

12. (c) व्यंजक $40 + 45 \times 5 - 12 \div 4 = 1$

विकल्प (c) का चिह्न बदलने पर,

$40 + 45 \div 5 - 12 \times 4 = 1$

$\Rightarrow \quad 40 + 9 - 12 \times 4 = 1$

$\Rightarrow \quad 40 + 9 - 48 = 1$

$\Rightarrow \quad 49 - 48 = 1$

$\Rightarrow \quad 1 = 1$

LHS = RHS

13. (c) प्रश्नानुसार,

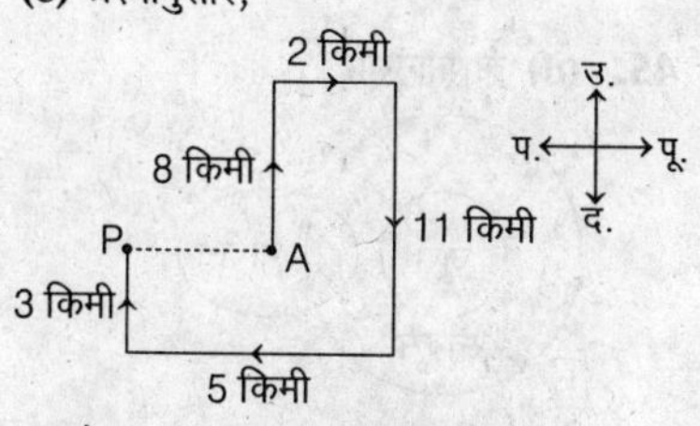

P और A के बीच की दूरी

$= (5 - 2)$ किमी $= 3$ किमी

अत: अनिल को स्थान A पर वापस पहुँचने के लिए 3 किमी पूर्व की ओर जाना होगा।

14. (a) दी गई श्रृंखला का क्रम निम्न प्रकार है,

$Y \xrightarrow{+3} B \xrightarrow{+3} \boxed{E} \xrightarrow{+3} H \xrightarrow{+3} K$

$F \xrightarrow{+4} J \xrightarrow{+4} \boxed{N} \xrightarrow{+4} R \xrightarrow{+4} V$

$J \xrightarrow{-5} E \xrightarrow{-5} \boxed{Z} \xrightarrow{-5} U \xrightarrow{-5} P$

$W \xrightarrow{+6} C \xrightarrow{+6} \boxed{I} \xrightarrow{+6} O \xrightarrow{+6} U$

15. (c) जिस प्रकार,

$(195, 65, 13) \Rightarrow \frac{195}{3} = 65, \frac{65}{5} = 13$

तथा (255, 85, 17)

$\Rightarrow \frac{255}{3} = 85, \frac{85}{5} = 17$

उसी प्रकार, विकल्प (c) से,

$(285, 95, 19) \Rightarrow \frac{285}{3} = 95, \frac{95}{5} = 19$

16. (a) जिस प्रकार,

$(16, 48, 4) \Rightarrow 16 \times 3 = 48, \frac{48}{12} = 4$

तथा $(24, 72, 6) \Rightarrow 24 \times 3 = 72, \frac{72}{12} = 6$

उसी प्रकार, विकल्प (a) से,

$(20, 60, 5) \Rightarrow 20 \times 3 = 60, \frac{60}{12} = 5$

17. (d) प्रश्नानुसार,

$N^- \times M^+ - K^- \div L + P$

पत्नी बहन माता पिता

$N^- \xleftarrow{\text{पत्नी}} M^+ \xrightarrow{\text{बहन}} K^-$

K^- ↑ माता L^+ ↑ पिता P

[+ → पुरुष, − → महिला]

अत: L, K का पुत्र है।

18. (b) कथनानुसार,

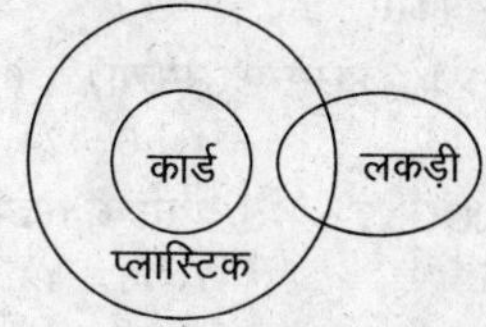

निष्कर्ष I. (✗) II. (✗)

या

अत: या तो निष्कर्ष I या II अनुसरण करता है।

19. (d) जिस प्रकार,

$(128, 62, 190) \Rightarrow 128 + 62 = 190$

तथा $(114, 86, 200) \Rightarrow 114 + 86 = 200$

उसी प्रकार,

$(95, 54, 149) \Rightarrow 95 + 54 = 149$

20. (c) $16 \times 121 \div 11 + 4 - 10 = 50$

विकल्प (c) से चिह्नों को परस्पर बदलने पर,

$16 + 121 \div 11 \times 4 - 10 = 50$

$\Rightarrow \quad 16 + 11 \times 4 - 10 = 50$

$\Rightarrow \quad 16 + 44 - 10 = 50$

$\Rightarrow \quad 60 - 10 = 50 \Rightarrow 50 = 50$

21. (c) दिया है,

74 A (17 C 2 B 24) D 2 A 16 C 3 B 8 = ?

A ⇒ +	B ⇒ −
C ⇒ ×	D ⇒ ÷

चिह्न प्रतिस्थापित करने पर,

$74 + (17 \times 2 - 24) \div 2 + 16 \times 3 - 8$

$= 74 + (34 - 24) \div 2 + 16 \times 3 - 8$

$= 74 + 10 \div 2 + 16 \times 3 - 8$

$= 74 + 5 + 16 \times 3 - 8$

$= 74 + 5 + 48 - 8$

$= 127 - 8 = 119$

22. (d) अंग्रेजी शब्दकोश के अनुसार, शब्दों का सही क्रम निम्न प्रकार है,

Breacher → Breakfast →
(5) (3)

Breakthrough → Breathable →
(6) (1)

Breavething → Breviaries
(2) (4)

23. (d) पासे की स्थिति II तथा III में संख्या 3 और 5 उभयनिष्ठ है। दोनों स्थिति पर शेष बचे दोनों फलक संख्या एक-दूसरे के विपरीत होगी। अत: '4' दर्शाने वाले फलक के विपरीत फलक पर संख्या '2' होगी।

24. (c) पहली आकृति से दूसरी आकृति में दो + बढ़ गए हैं। दूसरी से तीसरी आकृति में तीन 'O' बढ़ गए हैं। तीसरी आकृति से चौथी आकृति में चार '*' बढ़ गए हैं।

अत: पाँचवीं आकृति में पाँच, + जुड़ जाएँगे।

अत: विकल्प (c) आकृति श्रृंखला की अगली आकृति है।

25. (c) प्रश्नानुसार,

$M^+ \times N^- + P^+ - S^+ \% T$

पुत्र पत्नी भाई पिता

[+ → पुरुष, − → महिला]

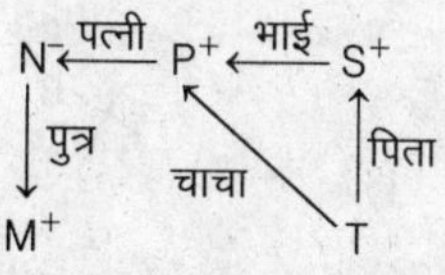

अत: M, T के चाचा का पुत्र है।

26. (d) प्रश्नानुसार,

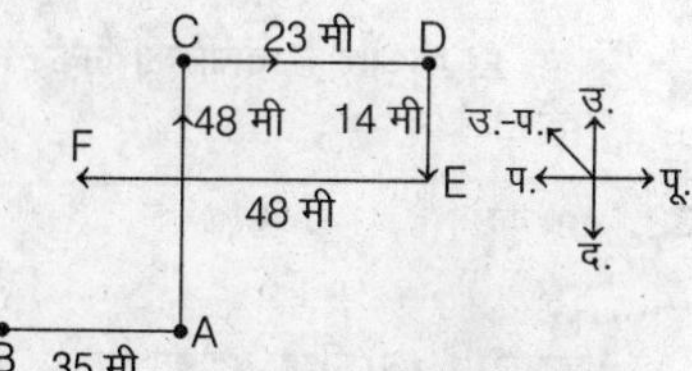

अत: F, A से उत्तर-पश्चिम दिशा में है।

27. (d) पासे की दोनों स्थिति में B उभयनिष्ठ है।

स्थिति I. → B—C—T

स्थिति II. → $\boxed{B}$—S—D
R

अत: R वाले फलक के विपरीत फलक पर B होगा।

28. (a) प्रश्नानुसार, दी गई कूटभाषा में

(god) is great = tg so (rf)

we love (god) = ae (rf) xd

अत: god = rf

29. (c) दी गई आकृति श्रृंखला निम्न पैर्टन पर आधारित है,

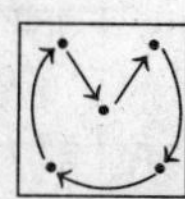

इस प्रकार श्रृंखला के प्रश्नचिह्न के स्थान पर विकल्प आकृति (c) आएगी।

30. (b) दी गई आकृति शृंखला निम्न पैटर्न पर आधारित है,

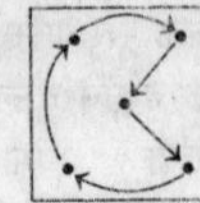

इस प्रकार शृंखला के प्रश्नचिह्न के स्थान पर विकल्प आकृति (b) आएगी।

31. (d) दिया है, 8 B 9 C 49 A 7 D 25

A ⇒ ÷	B ⇒ ×
C ⇒ +	D ⇒ −

चिह्न प्रतिस्थापित करने पर,

$8 \times 9 + 49 \div 7 - 25$

$= 8 \times 9 + 7 - 25$

$= 72 + 7 - 25 = 79 - 25 = 54$

32. (b) प्रश्नानुसार,

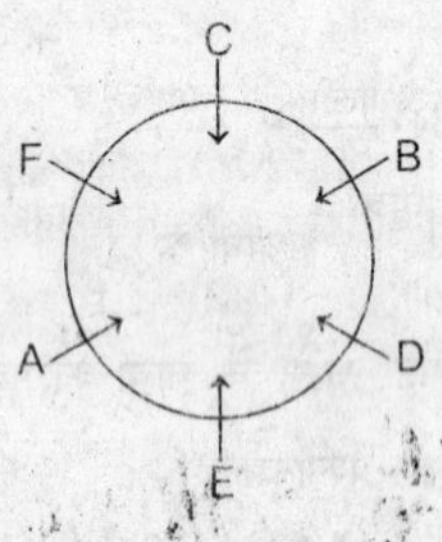

अत: E, A और D दोनों का निकटतम पड़ोसी है।

33. (c) दिया है,

$6 + 3 \times 8 - 12 \div 4 = 4$

विकल्प (c) से चिह्न बदलने पर,

$6 + 3 \times 8 \div 12 - 4 = 4$

$\Rightarrow \quad 6 + 3 \times \frac{8}{12} - 4 = 4$

$\Rightarrow \quad 6 + 2 - 4 = 4$

$\Rightarrow \quad 8 - 4 = 4 \Rightarrow 4 = 4$

34. (c) विकल्प आकृति (c), प्रश्न आकृति का सही दर्पण प्रतिबिम्ब है।

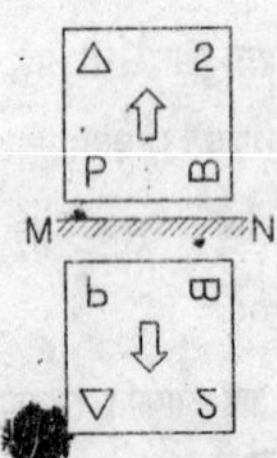

35. (d) जिस प्रकार, बुलाना का समानार्थी पुकारना है।

उसी प्रकार, बिखेरना का समानार्थी फैलाना है।

36. (b) प्रश्नानुसार,

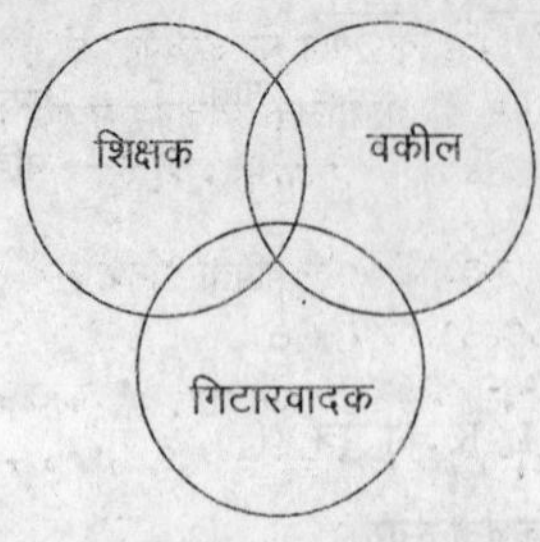

37. (d) जिस प्रकार,

FEED ⇒ 4 (अक्षरों की संख्या) × 6

$= 4 \times 6 = 24$

तथा ACCOUNT ⇒ 7 (अक्षरों की संख्या) × 6

$= 7 \times 6 = 42$

उसी प्रकार,

PIZZA ⇒ 5 (अक्षरों की संख्या) × 6

$= 5 \times 6 = 30$

38. (a) विकल्प आकृति (a), प्रश्न आकृति का सही दर्पण प्रतिबिम्ब है।

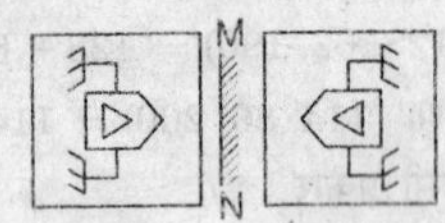

39. (a) प्रश्न में दिए गए कागज के टुकड़े को खोलने पर, वह विकल्प आकृति (a) की तरह दिखाई देगा।

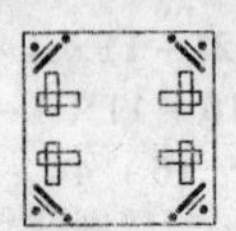

40. (d) दी गई शृंखला का क्रम निम्न प्रकार है,

80	101	120	145	168
↓	↓	↓	↓	↓
9^2-1	10^2+1	11^2-1	12^2+1	13^2-1

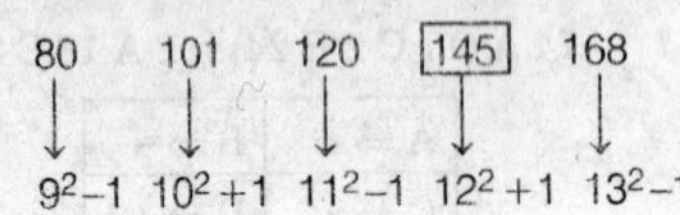

41. (b) जिस प्रकार,

G O O D → (+1, −2, +1, −2) → H M P B

तथा

H A L L → (+1, −2, +1, −2) → I Y M J

उसी प्रकार,

T O O L → (+1, −2, +1, −2) → U M P J

42. (d) दी गई शृंखला का क्रम निम्न प्रकार है,

$A \xrightarrow{+3} D \xrightarrow{+3} G \xrightarrow{+3} J \xrightarrow{+3} \boxed{M}$

$M \xrightarrow{-2} K \xrightarrow{-2} I \xrightarrow{-2} G \xrightarrow{-2} \boxed{E}$

43. (d) दिया है,

6 C 7 C 8 B 71 A 11 B 32 C 2

A ⟶ +	B ⟶ −
C ⟶ ×	D ⟶ ÷

चिह्न को प्रतिस्थापित करने पर,

$6 \times 7 \times 8 - 71 + 11 - 32 \times 2$

$= 336 - 71 + 11 - 64$

$= 347 - 135 = 212$

44. (b) जिस प्रकार,

$72 : 27 \Rightarrow (7 + 2) \times 3 = 9 \times 3 = 27$

उसी प्रकार, विकल्प (b) से,

$56 : 33 \Rightarrow (5 + 6) \times 3 = 11 \times 3 = 33$

45. (d) कथनानुसार,

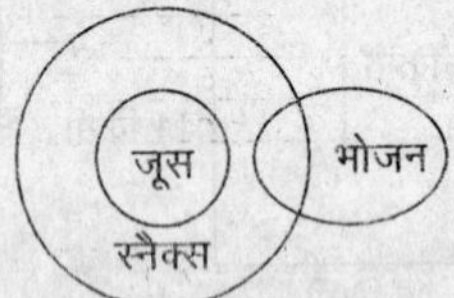

निष्कर्ष I. (✗) II. (✗)

अत: न तो निष्कर्ष I और न ही II अनुसरण करता है।

46. (d) पासे की दोनों स्थिति में M उभयनिष्ठ है तो,

स्थिति I ⟶ M R [V]

स्थिति II ⟶ M T [S]

∴ V वाले फलक के विपरीत फलक पर S होगा।

47. (d) दिया है,

8B9C49A7D25

A ⟶ ÷	B ⟶ ×
C ⟶ +	D ⟶ −

चिह्न को प्रतिस्थापित करने पर,

$8 \times 9 + 49 \div 7 - 25$

$= 8 \times 9 + 7 - 25$

$= 72 + 7 - 25 = 79 - 25 = 54$

48. (c) जिस प्रकार,

A	P	P	L	E
↓	↓	↓	↓	↓
1	16	16	12	5

$1 + 16 + 16 + 12 + 5 = 50$

$\Rightarrow 50 \times 5 = 250$

तथा

B	E	R	R	Y
↓	↓	↓	↓	↓
2	5	18	18	25

$2 + 5 + 18 + 18 + 25 = 68$

$\Rightarrow 68 \times 5 = 340$

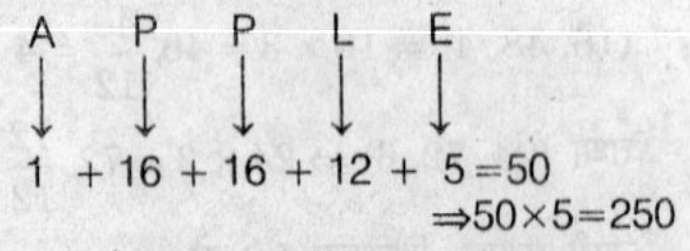

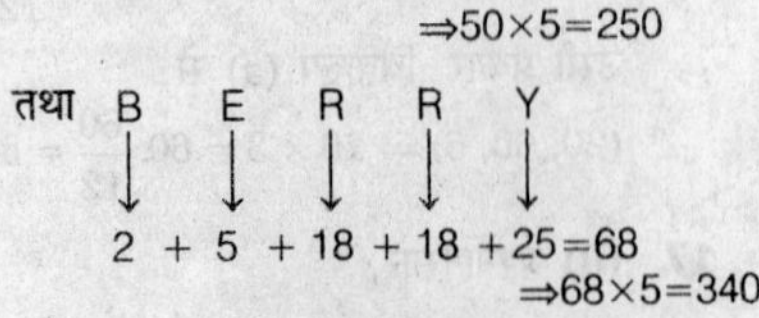

उसी प्रकार,

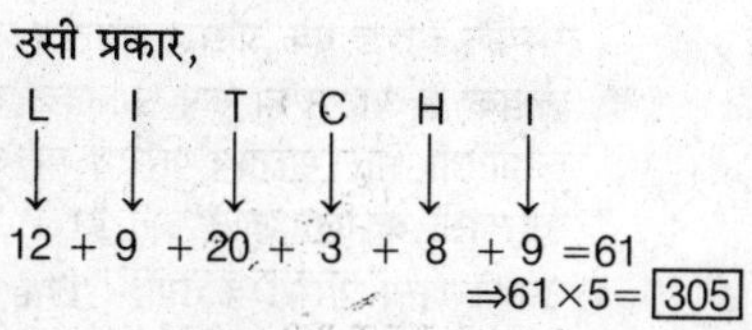

49. (a) जिस प्रकार,

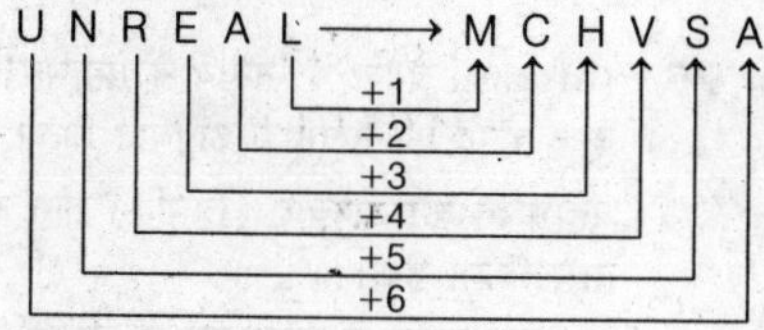

तथा

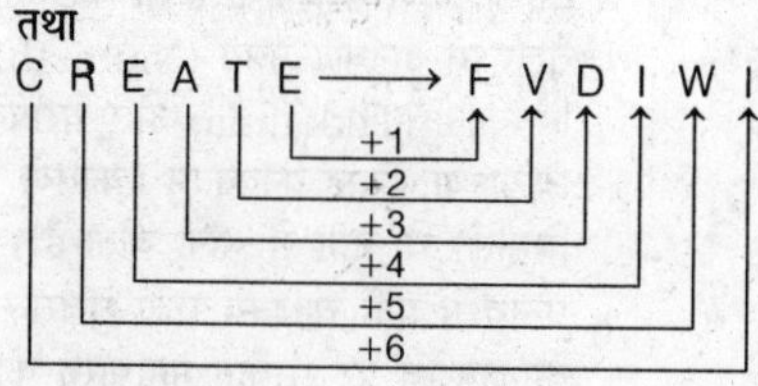

उसी प्रकार,

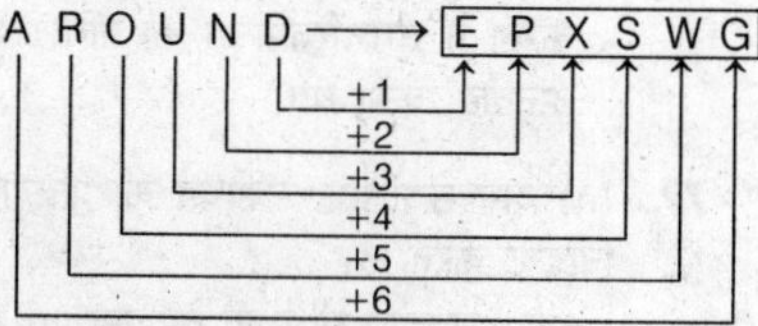

50. (d) कथनानुसार,

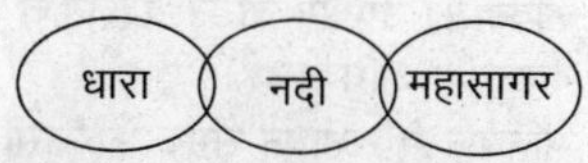

निष्कर्ष I. (✗) II. (✗)

अत: न तो निष्कर्ष I और न ही II अनुसरण करता है।

51. (a) राष्ट्रीय कानूनी सेवा प्राधिकरण (NALSA) के तहत नि:शुल्क कानूनी सहायता के लिए अनुसूचित जाति या जनजाति, मानव तस्करी का शिकार, भिखारी, औद्योगिक कामगार, महिलाएँ, बच्चे, विकलांग व्यक्ति, आपदा के शिकार, हिरासत में लिए गए व्यक्ति और अन्य जरूरतमन्द व्यक्ति पात्र हैं

- भारतीय संविधान के अनुच्छेद 39A राज्य को सभी के लिए 'नि:शुल्क कानूनी सहायता' प्रदान करने का निर्देश देता है।

NALSA का उद्देश्य

- समाज के कमजोर वर्गों को मुफ्त कानूनी सेवाएँ प्रदान करना और विवादों के सौहार्दपूर्ण समाधान के लिए लोक अदालतों का आयोजन करना
- **हेल्पलाइन** राष्ट्रीय विधिक सहायता हेल्पलाइन (15100) घरेलू हिंसा की रिपोर्ट करने के लिए

52. (b) अटल सुरंग भारत की सबसे लम्बी सुरंग है। (2022 की स्थिति के अनुसार)।

- ये लेह को मनाली से जोड़ती है।
- ये घोड़े के नाल के आकार की है।
- राष्ट्र के भौगोलिक विकास में सुरंगें अपनी महत्त्वपूर्ण भूमिका निभाती हैं।

53. (c) प्रायद्वीपीय नदियों के सम्बन्ध में कथन B, C और D सत्य हैं।

- **नर्मदा नदी** अमरकण्टक से निकलती है।
- **गोदावरी**, नासिक के पश्चिमी ढलान से निकलती है।
- **महानदी** छत्तीसगढ़ के पर्वतीय भू-भाग से निकलती है।
- **कृष्णा नदी** महाबलेश्वर से निकलती है।
- प्रायद्वीपीय नदियाँ गोदावरी, कृष्णा, कावेरी और महानदी पूर्व की ओर बढ़ती है तथा नर्मदा और ताप्ती नदी पश्चिम की ओर बहती हैं।

54. (d) हरित क्रान्ति से केवल निर्वाह कृषि में लगे किसानों को ही लाभ नहीं हुआ बल्कि मुख्य रूप से मध्यम एवं बड़े किसानों को भी लाभ हुआ था।

- भारत में हरित क्रान्ति के जनक एम. एस. स्वामीनाथन थे।
- भारत में हरित क्रान्ति की शुरुआत वर्ष 1965-68 के बीच हुई थी।
- हरित क्रान्ति, कृषि क्षेत्र में हुए शोध-विकास और तकनीकी बदलावों का एक अभियान था, इसका उद्देश्य भारत में खाद्यान्न उत्पादन बढ़ाकर देश को आत्मनिर्भर बनाना था।

55. (b) उत्तराखण्ड की झाँकी को गणतन्त्र दिवस 2023 को सर्वश्रेष्ठ झाँकी का खिताब दिया गया।

- इस झाँकी की थीम **मानसखण्ड** थी।
- इस झाँकी ने यह प्रथम पुरस्कार जीता था।
- वर्ष 2024 के गणतन्त्र दिवस में ओडिशा की झाँकी को सर्वश्रेष्ठ झाँकी का पुरस्कार मिला था।
- **वर्ष 2025** में **उत्तर प्रदेश** की सर्वश्रेष्ठ झाँकी का पुरस्कार मिला।

56. (b) प्रसिद्ध सन्तूर वादक प. शिवकुमार शर्मा जम्मू-कश्मीर के निवासी हैं।

- सन्तूर एक कश्मीरी लोक वाद्य होता है।
- इन्होंने 1986 में संगीत नाटक अकादमी पुरस्कार, 1991 में पद्मश्री और 2001 में पद्म विभूषण से सम्मानित किया गया था।

57. (b) 35वें राष्ट्रीय खेलों का आयोजन केरल में हुआ।

- इसका शुभंकर 'अम्मू' था।
- ये खेल केरल में दूसरी बार, वर्ष 1987 के बाद हुए।
- 35वाँ राष्ट्रीय खेल वर्ष 2015 में खेला गया।
- इसमें 91 स्वर्ण पदक के साथ सर्विसेज पहले नम्बर पर रहा।
- 38वें राष्ट्रीय खेलों का आयोजन वर्ष 2024 में उत्तराखण्ड में होगा।
- 39वें राष्ट्रीय खेलों का आयोजन मेघालय (2025) में किया जाएगा।

58. (a) दीवाली को प्रकाश पर्व के नाम से जाना जाता है।

- होली फाल्गुन माह के पूर्णिमा को मनाया जाता है।
- नवरात्री चैत्र और आश्विन महीने में मनाया जाता है।
- बिहू भारत के असम में एक प्रमुख फसल उत्सव है, जिसे कृषि चक्र के विभिन्न चरणों को चिह्नित करने के लिए वर्ष में तीन बार मनाया जाता है।

59. (b) कर्नाटक की शास्त्रीय गायक और भारत रत्न पुरस्कार प्राप्त करने वाली पहली संगीतकार एम.एस सुब्बुलक्ष्मी हैं।

- वह भारत रत्न से सम्मानित होने वाली पहली महिला संगीतकार हैं।
- वह पहली भारतीय थीं, जिन्होंने वर्ष 1966 में संयुक्त राष्ट्र में प्रदर्शन किया था।

60. (d) रक्त चूसने वाली जोंक एनीलिडा संघ से सम्बन्धित है।

- इसका वैज्ञानिक नाम हिरुडिनेरिया ग्रैनुलोसा है। ये समुद्र में तथा नम मिट्टी में पाए जाते हैं।
- एनिलिडा की विशिष्ट विशेषता उनका खण्डित शरीर है, जिसके प्रत्येक खण्ड में समान अंगों का समूह होता है।

61. (c) कन्नौज की लड़ाई शेरशाह सूरी और हुमायूँ के बीच 17 मई, 1540 को लड़ी गई थी।

- इसे **बिलग्राम** के युद्ध के नाम से भी जाना जाता है।
- इस युद्ध में शेरशाह सूरी ने हुमायूँ को पराजित किया था।
- इस युद्ध के पश्चात् शेरशाह सूरी आगरा और दिल्ली का शासक बना।

62. (b) दलखाई ओडिशा का प्रसिद्ध लोकनृत्य है।

- यह नृत्य सम्बलपुर के आदिवासियों का पारम्परिक लोकनृत्य है।
- यह दशहरा, फागुन पुनी के त्योहारों पर मनाया जाता है।
- इस नृत्य में राधा-कृष्ण, रामायण और महाभारत की कहानियों को दर्शाया जाता है।

63. (b) मुम्बई व गोवा के बीच पश्चिम तटीय मैदान के उत्तरी भाग को कोंकण तट कहते हैं।

- ये 720 किमी लम्बा समुद्री तट है।
- कोंकण में महाराष्ट्र व गोआ के तटीय जिले आते हैं। इसका उल्लेख सह्याद्री खण्ड में किया गया है।

64. (a) असम, बिहार राजस्थान में वार्षिक वर्षा का सही क्रम है।
- यहाँ दक्षिण-पश्चिम मानसून से अधिक वर्षा होती है।
- मानसून मूलत: हिन्द महासागर एवं अरब सागर की ओर से भारत के दक्षिण पश्चिमी तट पर आने वाली हवाओं को कहते हैं।

65. (b) नेशनल बीच सॉकर चैम्पियनशिप का उद्घाटन संस्करण सूरत में आयोजित किया गया।
- ये ऑल इण्डिया फुटबॉल फेडरेशन द्वारा आयोजित भारत में एक वार्षिक टूर्नामेण्ट हैं, जो केरल द्वारा जीती गई।
- वर्ष 2024 की राष्ट्रीय बीच सॉकर चैम्पियनशिप गोवा में आयोजित की जाएगी।

66. (a) 1789 ई. में एंटोनी लेवोजियर ने द्रव्यमान संरक्षण के नियम की खोज की।
- उन्होंने प्रतिपादित किया कि रासायनिक क्रिया में द्रव्यमान संरक्षित रहता है।
- ये फ्रांसीसी अभिजात व रसायनज्ञ थे।

67. (d) राष्ट्रीय बहुआयामी गरीबी सूचकांक, 2023 के अनुसार बहुआयामी गरीबी सूचकांक में केरल की जनसंख्या संघनता सबसे कम है।
- इस सूचकांक के तीन आयाम हैं, स्वास्थ्य, शिक्षा तथा जीवन स्तर।
- देश का सबसे गरीब राज्य बिहार है।
- केरल राज्य की स्थिति अच्छी अवस्था में है।
- राष्ट्रीय बहुआयामी गरीबी सूचकांक के द्वारा किसी देश में गरीबी की स्थिति का आकलन किया जाता है।

68. (a) वर्ष 1902 में ऐनी बेसेण्ट ने कहा था कि भारत पर उसके लाभ के लिए शासन नहीं किया गया, बल्कि उसके विजेताओं के लिए शासन किया गया।
- ऐनी बेसेण्ट ने स्वतन्त्रता आन्दोलन में महत्त्वपूर्ण भूमिका निभाई।
- वर्ष 1917 में भारतीय राष्ट्रीय कांग्रेस की पहली महिला अध्यक्ष बनी।

69. (a) सुनन्दा नायर मोहिनीअट्टम नृत्य शैली की प्रसिद्ध हस्ती है।
- उन्होंने नालन्दा नृत्य कला महाविद्यालय म नृत्य शैली में अपनी मास्टर डिग्री प्राप्त की।
- सुनन्दा प्रख्यात मोहिनीअट्टम कलाकार पद्म भूषण डॉ. (श्रीमती) कनक रेले की शिष्य हैं, जिन्हें केरल की इस शास्त्रीय नृत्य शैली के पुनरुद्धार और लोक प्रियकरण का श्रेय दिया जाता है।
- सितारा देवी, पण्डित बिरजू महाराज, दमयन्ती जोशी प्रसिद्ध कथक नर्तक थे।

70. (a) 'द ओथ ऑफ द वायुपुत्र' के लेखक अमीश त्रिपाठी थे।
- अमीश त्रिपाठी भारतीय पौराणिक कथाओं पर आधारित उपन्यासों के लिए प्रसिद्ध हैं।
- उनकी शिव त्रयी में शामिल पुस्तकें- The Immortals of Meluha (2010), The Secret of the Nagas (2011), The Oath of the Vayuputras (2013)

71. (d) भारत की जनगणना 2011 के अनुसार, राष्ट्रीय पुरुष श्रम बल भागीदारी दर 53.26% है।
- ये दर कुल श्रम बल को कुल कर्मशील आयु जनसंख्या से विभाजित करने का अनुपात है।
- 2011 की जनगणना के अनुसार- कुल श्रम बल भागीदारी दर: 39.8% (पुरुषों के लिए: 53.26%, महिलाओं के लिए: 25.51%)
- पुरुषों और महिलाओं के श्रमबल भागीदारी दर में महत्त्वपूर्ण अन्तर देखा गया, जो सामाजिक और आर्थिक कारकों को दर्शाता है।

72. (a) एल्युमीनियम सल्फेट के एक मोल में ऑक्सीजन परमाणु के 12 मोल रहते हैं।
- एल्युमीनियम सल्फेट के एक मोल में सल्फर परमाणु के 3 मोल होंगे।
- एल्युमीनियम सल्फेट एक अकार्बनिक यौगिक है, जिसका रासायनिक सूत्र $Al_2(SO_4)_3$ है।
- यह जल में विलेय है और इसका पेय जल के शुद्धीकरण के लिए उपयोग किया जाता है।

73. (c) भारत का नीलगिरि पर्वत चाय व कॉफी के लिए प्रसिद्ध है।
- भारत में चाय उत्पादन में असम राज्य प्रथम स्थान पर आता है एवं कॉफी का उत्पादन सर्वाधिक कर्नाटक राज्य में होता है
- नीलगिरि पश्चिमी घाट की एक पर्वत शृंखला है।

74. (b) राष्ट्रीय आय में मध्यवर्ती वस्तुओं को शामिल नहीं किया जाता है, क्योंकि ऐसा करने से दोहरी गणना हो सकती है।
- अन्तिम वस्तुओं के मूल्य में उत्पादन के सभी कारकों की लागत शामिल होती है, जिसमें मध्यवर्ती वस्तुओं का मूल्य भी शामिल होता है।
- राष्ट्रीय आय से अभिप्राय, किसी देश के निवासियों द्वारा एक वित्तीय वर्ष में अर्जित सभी आय का योग है।

75. (c) 'ए फ्लाइट ऑफ प्रिजन्स' रस्किन बाण्ड की रचना है।
- यह पुस्तक 1857 ई. के भारतीय विद्रोह (सिपाही विद्रोह) की घटनाओं पर केन्द्रित है।
- रस्किन बाण्ड एक प्रसिद्ध भारतीय-अंग्रेज़ी लेखक हैं, जो मुख्य रूप से बच्चों की कहानियों और भारतीय परिवेश पर आधारित उपन्यासों के लिए जाने जाते हैं।
- उनकी अन्य प्रसिद्ध कृतियाँ:- The Room on the Roof, Rusty Series, The Blue Umbrella

76. (b) आन्ध्र प्रदेश में, नन्नय ने महाभारत के कुछ भागों का तेलुगू में अनुवाद किया था। महाभारत का अनुवाद (त्रिमूर्ति) तीन कवियों द्वारा किया गया।
- आन्ध्र प्रदेश में महाभारत के कुछ भागों का तेलुगू में अनुवाद नन्नय (Nanniah), टिक्काना (Tikkanna) और येर्राप्रगदा ने किया था, जिन्हें कवित्रतम (कवियों की त्रिमूर्ति) के नाम से जाना जाता है।
- नन्नय ने पूर्वी चालुक्य राजा राजराज नरेन्द्र के अनुरोध पर संस्कृत महाभारत का तेलुगू में अनुवाद करना शुरू किया।
- कंबन ने रामचरितमानस का तमिल में अनुवाद किया था।

77. (a) अनुच्छेद 368 संशोधन की प्रक्रिया को निर्दिष्ट करता है।
- यह अनुच्छेद संविधान के भाग 20 में है।
- अनुच्छेद 368 के तहत संसद को अपनी शक्ति का उपयोग जोड़ने बदलने व निरस्त करने का अधिकार है।
- संविधान में संशोधन संसद के किसी भी सदन से शुरू किया जा सकता है।

78. (d) अशोक को देवानाप्रियदर्शी के नाम से जाना जाता है।
- उन्होंने 268 से 232 ईसा पूर्व तक शासन किया और उनका साम्राज्य पश्चिम में अफगानिस्तान से लेकर पूर्व में बांग्लादेश तक फैला हुआ था।
- उनके सामाज्य का राजधानी पाटलिपुत्र (वर्तमान पटना) थी तथा तक्षशिला और उज्जैन प्रांतीय राजधानियाँ थी।
- अशोक ने सीलोन (आधुनिक श्रीलंका) और एशिया के अन्य भागों में बौद्ध धर्म का प्रचार करने के लिए अपनी पुत्री संघमित्रा और पुत्र महिन्दा सहित अन्य मिशनरियों को भेजा था।

79. (b) नाट्यशास्त्र की रचना भरत मुनि द्वारा की गई थी।
- यह ग्रन्थ संगीत, नृत्य और नाटक की आधारशिला माना जाता है।
- इसमें नवरस (नौ भावनाएँ) और अभिनय की विधाएँ वर्णित हैं।

80. (b) द्विफोकसी लेन्स का उत्तल लेन्स वाला निचला भाग दृष्टि को सुगम बनाता है। ये प्रकाश अपवर्तन के सिद्धान्त पर कार्य करता है।

81. (b) वर्ष 1985 में खेल विभाग को युवा मामले एवं खेल विभाग में परिवर्तित किया गया।
- इस विभाग की योजना सरकार ने वित्तीय मदद के लिए की थी।
- वर्तमान (2025) मनसुख मण्डाविया खेलमन्त्री हैं।

82. (a) अनुच्छेद 195 में किसी राज्य की विधानसभा और विधानपरिषद् के सदस्यों के वेतन व भत्ते के बारे में उल्लेख है।
- अनुच्छेद 194 राज्य विधानमण्डल के अध्यक्ष और उपाध्यक्ष के पद से सम्बन्धित है।
- अनुच्छेद 198 धन विधेयक से सम्बन्धित है।
- अनुच्छेद 199 राज्य विधानमण्डल की शक्तियों और विशेषाधिकारों से सम्बन्धित है।
- ये सम्बन्धित राज्य विधानसभाओं द्वारा दिए जाते हैं।

83. (b) 1674 ई. में एण्टोन वैन ल्यूवेनहोक ने शैवाल स्पाइरोगाइरा का वर्णन किया और चर जीवों का नाम ऐनिमलक्यूल्स रखा, जिसका अर्थ है छोटे जानवर होता है
- उन्होंने पानी की एक बूँद में जीवाणु और प्रोटोजोआ जैसी संरचनाएँ देखीं।
- रॉबर्ट रेमक ने कोशिका विभाजन (cell division) पर शोध किया था।
- मौरिस विल्किंस ने DNA संरचना की खोज में योगदान दिया था।
- बार्थेलेमी डूमोर्टियर ने स्पाइरोगाइरा शैवाल के प्रजनन पर अध्ययन 19वीं सदी में किया था

84. (c) शोभना नारायण कत्थक शैली की नृत्यांगना हैं, जिन्हें पद्मश्री पुरस्कार से सम्मानित किया गया है।
- इनके गुरू बिरजू महाराज हैं।
- वे लखनऊ घराने की प्रमुख नृत्य कलाकारों में से एक हैं।
- **कथकली** केरल की नृत्य शैली, जिसमें नाटकीय हाव-भाव होते हैं।
- **कुचिपुडी** आन्ध्र प्रदेश की नृत्य शैली, जिसमें नृत्य और अभिनय का मेल होता है।

85. (d) यूजेनॉल लौंग के तेल का सक्रिय तत्त्व है।
- ये एनेस्थेटिक और जीवाणु रोधी ऐजेण्ट के रूप में कार्य करता है।
- ये सूजनरोधी व एण्टीफंगल है।

86. (d) मृदा व तलछट में सन्दूषकों की सान्द्रता को मापने के लिए PPM का प्रयोग किया जाता है।
- ये मात्राओं के छोटे मूल्यों का वर्णन करता है।
- उदाहरण मोल, अंश, द्रव्यमान।
- मुद्रा और समुद्री जीवों की सान्द्रता का सम्बन्ध मृदा pH, पोषक तत्वों और पानी के सन्तुलन से होता है।

87. (b) 2-मिथाइलप्रोपेन-2-ऑल को सामान्यत: टर्ट-ब्यूटाइल एल्कोहल के रूप में जाना जाता है।
- मिथाइल प्रोपेन ब्यूटेन का एक आइसोमर है।
- ब्यूटेन का रासायनिक सूत्र (C_4H_{10}) है। इसमें दो संरचना वाले आइसोमर्स हैं।

88. (c) ईश्वरचन्द्र विद्यासागर ब्रह्म समाज के संस्थापक नहीं थे। राजा राममोहन राय ब्रह्म समाज के संस्थापक थे।
- ईश्वरचन्द विद्यासागर ने 1841 ई. में बंगाल सोशल सर्विस सोसाइटी की स्थापना की थी।
- दयानन्द सरस्वती ने 1875 ई. में आर्य समाज की स्थापना की।
- अलीगढ़ आन्दोलन 1875 ई. में सैयद अहमद खाँ ने शुरू किया।
- महादेव गोविन्द रानाडे पूना सार्वजनिक सभा के संस्थापक थे।

89. (c) हरियाली योजना केन्द्र सरकार द्वारा ग्रामीणों के लिए आरम्भ की गई।
- पेयजल, सिंचाई मत्स्य पालन और वनीकरण के लिए पानी के संरक्षण के लिए आरम्भ की गई।
- भारत सरकार द्वारा ग्रामीण क्षेत्रों में जल संरक्षण के लिए शुरू की गई एक योजना है।
- इस परियोजना का उद्देश्य पेयजल, सिंचाई, मत्स्य पालन और वनीकरण के लिए जल संसाधनों का बेहतर प्रबन्धन करना है।
- इसे राजीव गाँधी राष्ट्रीय पेयजल मिशन के तहत वर्ष 2003 में शुरू किया गया था।

90. (a) 42वें संविधान संशोधन वर्ष 1976 में कहा गया कि भारत एक धर्मनिरपेक्ष राष्ट्र है।
- 42वें संविधान संशोधन को लघु संविधान की संज्ञा दी गई।
- इसमें समाजवादी, धर्मनिरपेक्ष, लोकतान्त्रिक शब्द को जोड़ा गया।

91. (c) दोराबजी टाटा ओलम्पिक संघ के संस्थापक अध्यक्ष थे। ये एक भारतीय उद्योगपति थे।
- इन्हें वर्ष 1910 में ब्रिटिश भारत में उद्योग के लिए उन्हें नाइट की उपाधि दी गई।
- वर्तमान में भारतीय ओलम्पिक संघ के अध्यक्ष पी.टी. उषा है।

92. (b) कृषि मूल्य आयोग की स्थापना वर्ष 1965 में हुई, इसका उद्देश्य कृषि उत्पादों की कीमतों का निर्धारण करना है।
- ये भारत सरकार की विकेन्द्रीत एजेन्सी है।
- वर्तमान में इसका नाम कृषि लागत व मूल्य आयोग है।

93. (c) भारत में गर्मी के समय लू (गर्महवाएँ) ग्रीष्म ऋतु में चलती हैं।
- ये मरुस्थल की ओर से चलने वाली हवाएँ हैं।
- इस हवा से तापमान बहुत बढ़ जाता है।
- इसका तापमान 40° से अधिक हो सकता है।

94. (a) तत्त्वबोधिनी पत्रिका बंगाली भाषा में है। इसकी स्थापना देवेन्द्रनाथ टैगोर ने की थी।
- 1843 ई. में कोलकाता में इसका प्रकाशन हुआ था।
- इसने महिला शिक्षा, धार्मिक सुधार और विज्ञान सहित सामाजिक सुधार पहलों का समर्थन किया।

95. (d) डॉ. बी. आर. अम्बेडकर के अनुसार नीति-निदेशक तत्त्वों की प्रमुख विशेषता नवीन विशेषता है।
- ये तत्त्व सामाजिक कल्याण के लिए हैं।
- ये न्याय योग्य नहीं है।
- ये अनुच्छेद 36 से 51 तक समाहित हैं।

96. (a) स्टेफिलोकॉकस ऑरियस एक जीवाणु है।
- इस जीवाणु में पेप्टीडोग्लाइकान और टाइकॉइक अम्ल की कई परतों के साथ कोशिका भित्ति पाई जाती है।
- बैक्टीरिया की कोशिका भित्ति दो प्रकार की होती है
- **ग्राम-पॉजिटिव बैक्टीरिया** इनकी कोशिका भित्ति मोटी होती है और इनमें पेप्टीडोग्लाइकन की कई परतें होती हैं।
- **ग्राम-नेगेटिव बैक्टीरिया** इनकी कोशिका भित्ति पतली होती है और बाहरी झिल्ली (Outer Membrane) होती है।
- Escherichia coli (E. coli) ग्राम-नेगेटिव बैक्टीरिया, जिसकी कोशिका भित्ति पतली होती है।
- Pseudomonas aeruginosa ग्राम-नेगेटिव बैक्टीरिया, जो पर्यावरण में आम पाया जाता है।
- Salmonella enterica यह भी ग्राम-नेगेटिव बैक्टीरिया है और खाद्य जनित संक्रमण का कारण बनता है।

97. (a) कम प्रतिस्पर्द्धा निजीकरण का लाभ नहीं है।
- बेहतर प्रदर्शन निजीकरण के लाभ हैं।
- सरकार के लिए राजस्व का अतिरिक्त स्रोत राजनैतिक हस्तक्षेपों का कम होना।

98. (d) अनुच्छेद 153 के तहत एक व्यक्ति दो या दो से अधिक राज्यों का राज्यपाल बनाया जा सकता है।
- **अनुच्छेद 150** भारत के नियन्त्रक एवं महालेखा परीक्षक (CAG) द्वारा बनाए गए खातों से सम्बन्धित है।
- **अनुच्छेद 151** भारत के नियन्त्रक एवं महालेखा परीक्षक की रिपोर्ट संसद और राज्य विधानमण्डल में प्रस्तुत करने से सम्बन्धित है।
- **अनुच्छेद 152** राज्यों के सन्दर्भ में परिभाषा और विशेष प्रावधानों से सम्बन्धित है।

99. (d) मुद्रा की पूँजी में 100% सिडबी का योगदान दिया जाता है।

- इसकी स्थापना वर्ष 1990 में हुई।
- सिडबी की स्थापना संसद अधिनियम के तहत की गई।
- ये सूक्ष्म लघु मध्यम उद्यमों का विकास करता है।

100. (c) बृज भूषण काबरा गिटार वाद्ययन्त्र में निपुण माना जाता है।

- वर्ष 1983-84 में इन्हें राजस्थान संगीत अकादमी पुरस्कार से सम्मानित किया गया।
- वर्ष 2005 के लिए राष्ट्रीय संगीत अकादमी पुरस्कार प्राप्त किया।
- इन्होंने भारतीय शास्त्रीय संगीत में हवाईयन गिटार (लैप स्टील गिटार) को लोकप्रिय बनाया।

101. (b) औसत चाल $= \dfrac{\text{कुल दूरी}}{\text{कुल समय}}$

$$= \frac{4 \times 8 + 8 \times 4}{8 + 4}$$

$$= \frac{32 + 32}{12} = \frac{64}{12}$$

$$= \frac{16}{3} = 5\frac{1}{3} \text{ किमी/घण्टा}$$

102. (c) 2018 में पुणे के कर्मचारियों की संख्या = 179

2018 में सभी शहरों में कर्मचारियों की कुल संख्या = 874 + 850 + 179 + 857 + 820 = 3580

अत: अभीष्ट प्रतिशत $= \dfrac{179 \times 100}{3580} = 5\%$

103. (c) आलू का क्रय मूल्य $= 19 + \dfrac{100}{100}$

= ₹ 20 प्रति किग्रा

आलू की मात्रा = 100 किग्रा

60 किग्रा आलू का विक्रय मूल्य

$= 60 \times 20 \times \dfrac{150}{100} =$ ₹ 1800

शेष आलू की मात्रा = 100 − 60 = 40 किग्रा

20 किग्रा आलू का विक्रय मूल्य

$= 20 \times 20 \times \dfrac{140}{100} =$ ₹ 560

अब शेष बचे आलू की मात्रा = 20 किग्रा

10 किग्रा आलू का विक्रय मूल्य

$= 10 \times 20 \times \dfrac{125}{100} =$ ₹ 250

माना शेष 10 किग्रा आलू का विक्रय मूल्य = ₹ $10x$

100 किलो आलू का समग्र 42% लाभ पर

विक्रय मूल्य $= 100 \times 20 \times \dfrac{142}{100} =$ ₹ 2840

$\therefore \quad 2840 = 1800 + 560 + 250 + 10x$

$$2840 - 2610 = 10x$$

$$230 = 10x$$

$$x = 23$$

शेष आलू के लिए प्रतिशत लाभ

$$= \frac{23 - 20}{20} \times 100 = 15\%$$

104. (c) $\left(\tan\dfrac{A}{2} + \text{cosec}\,\dfrac{B+C}{2}\right)\left(\tan\dfrac{A}{2} - \text{cosec}\,\dfrac{B+C}{2}\right)$

$$= \left[\tan\frac{A}{2} + \text{cosec}\left(\frac{\pi - A}{2}\right)\right]\left[\tan\frac{A}{2} - \text{cosec}\left(\frac{\pi - A}{2}\right)\right]$$

$$= \left(\tan\frac{A}{2} + \sec\frac{A}{2}\right)\left(\tan\frac{A}{2} - \sec\frac{A}{2}\right)$$

$$= \tan^2\frac{A}{2} - \sec^2\frac{A}{2} = -1$$

105. (d)

A 5 5 B, 5 5, 5 5, C

त्रिभुज की एक भुजा = 5 × 2 = 10 सेमी

तीन वृत्त के बीच आन्तरिक क्षेत्रफल

= ΔABC का क्षेत्रफल − 3 × त्रिज्यखण्ड का क्षेत्रफल $= \dfrac{\sqrt{3}a^2}{4} - 3 \times \dfrac{\theta}{360^\circ}\pi r^2$

$$= \frac{\sqrt{3}}{4} \times 10 \times 10 - 3 \times \frac{60}{360} \times \pi \times 5^2$$

$$= \frac{\sqrt{3}}{4} \times 100 - \frac{1}{2}\pi \times 25$$

$$= 25\sqrt{3} - \frac{\pi}{2} \times 25 = 25\left[\sqrt{3} - \frac{\pi}{2}\right]$$

106. (a) $56 \div 4 + p \times 3 - 24 \div 12 + 4 = 21 \div 3 + 3$

$$14 + 3p - 2 + 4 = 7 + 3$$

$$16 + 3p = 10$$

$$3p = -6$$

$$p = -2$$

107. (c) दिया है, बेलन की त्रिज्या = 7 सेमी तथा ऊँचाई = 12 सेमी

बेलन का आयतन $= \pi r^2 h$

$$= \frac{22}{7} \times 7 \times 7 \times 12$$

$= 1848$ सेमी^{3}

छोटे शंकु का आयतन

$= \dfrac{1848 \times 1}{(2 + 1)} = 616$ सेमी^{3}

$$\frac{1}{3}\pi r^2 h = 616$$

$$\frac{1}{3} \times \frac{22}{7} \times r^2 \times 12 = 616$$

$$r^2 = \frac{616 \times 3 \times 7}{22 \times 12} = 49$$

$r = \sqrt{49} = 7$ सेमी

बड़े शंकु का आयतन

$= \dfrac{1848}{3} \times 2 = 1232$ सेमी^{3}

$$\frac{1}{3}\pi R^2 h = 1232$$

$$\frac{1}{3} \times \frac{22}{7} \times R^2 \times 12 = 1232$$

$$R^2 = \frac{1232 \times 3 \times 7}{22 \times 12} = 98$$

$R = 7\sqrt{2}$ सेमी

बेलन का समतल पृष्ठीय क्षेत्रफल $= 2\pi r^2$

$= 2 \times \pi \times 7^2 = 98\pi$ सेमी^{2}

दोनों शंकु का पृष्ठीय क्षेत्रफल $= \pi r^2 + \pi R^2$

$$= \pi \times 7^2 + \pi(7\sqrt{2})^2$$

$= 49\pi + 98\pi = 147\pi$ सेमी^{2}

प्रतिशत वृद्धि $= \dfrac{(147\pi - 98\pi)}{98\pi} \times 100$

$$= \frac{49\pi}{98\pi} \times 100 = 50\%$$

108. (a) $22.0625 - [15 + 0.25 \times (4.78 - 1.5 \times 3.02)]$

$$= 22.0625 - [15 + 0.25 \times (4.78 - 4.53)]$$

$$= 22.0625 - [15 + 0.25 \times 0.25]$$

$$= 22.0625 - [15 + 0.0625]$$

$$= 22.0625 - 15.0625 = 7$$

109. (c) माना कुल मत $= x$

अमान्य मत $= \dfrac{x}{10}$

मान्य मत $= x - \dfrac{x}{10} = \dfrac{9x}{10}$

S व R को मिले मत $= \dfrac{1}{2} \cdot \dfrac{x}{2} = \dfrac{x}{4}$

प्रश्नानुसार,

R को गलती से प्राप्त कुल मत

$$= \frac{1}{2} \times \frac{x}{4} + \frac{1}{2} \times \frac{x}{10} + \frac{x}{4} = \frac{x}{8} + \frac{x}{20} + \frac{x}{4}$$

$$= \frac{5x + 2x + 10x}{40} = \frac{17x}{40}$$

R को प्राप्त मत (प्रतिशत) $= \dfrac{\frac{17x}{40}}{x} \times 100$

$$= \frac{1700}{40} = \frac{170}{4} = 42.5\%$$

110. (a) केन्द्र 1 पर डाले गए मत

$= 26000 \times \frac{70}{100} = 260 \times 70 = 18200$

केन्द्र 2 पर डाले गए मत

$= 28000 \times \frac{60}{100} = 280 \times 60 = 14800$

केन्द्र 3 पर डाले गए मत

$= 25000 \times \frac{80}{100} = 20000$

केन्द्र 4 पर डाले गए मत

$= 30000 \times \frac{76}{100} = 300 \times 76 = 22800$

अत: केन्द्र 4 पर सबसे अधिक मत डाले गए थे।

111. (d) दिया है,

शंकु की ऊँचाई (h) = 18 सेमी

शंकु का आयतन = 150π सेमी^{3}

माना शंकु की त्रिज्या = r सेमी

$\therefore \quad \frac{1}{3}\pi r^2 h = 150\pi$

$\frac{1}{3} r^2 \times 18 = 150$

$r^2 = \frac{150 \times 3}{18}$

$r^2 = \frac{150}{6} \Rightarrow r = 5$ सेमी

तिर्यक ऊँचाई $(l) = \sqrt{h^2 + r^2}$

$= \sqrt{18^2 + 5^2}$

$= \sqrt{324 + 25}$

$= \sqrt{349} = 18.68$ सेमी

112. (a) $\sin(x + y) = 1$

$\sin(x + y) = \sin 90°$

$x + y = 90°$ ...(i)

तथा $\cos(x - y) = \frac{\sqrt{3}}{2}$

$\cos(x - y) = \cos 30°$

$x - y = 30°$ ...(ii)

समी (i) + (ii) से,

$2x = 120$

$x = 60°$

अत: समी (i) से,

$\therefore \quad y = 30°$

113. (c) समान्तर चतुर्भुज की समान्तर भुजाओं के बीच की दूरी (h) = 18 सेमी

समान्तर चतुर्भुज का क्षेत्रफल

$= \frac{1}{2}$ (भुजाओं का योग) $\times h$

प्रश्नानुसार, $1188 = \frac{1}{2}$

(भुजाओं की लम्बाई का योग) $\times 18$

$\frac{1188}{9}$ = भुजा की लम्बाई का योग

132 सेमी = भुजा की लम्बाई का योग

114. (a) बड़े गियर द्वारा तय की गई दूरी = छोटे गियर द्वारा तय की गई दूरी

माना बड़े गियर द्वारा लगाए गए चक्करों की संख्या x_1

$x_1 \times 2\pi r_1 = x_2 \times 2\pi r_2$

$x_1 \times \frac{21}{2} = 105 \times \frac{15}{2}$

$x_1 = \frac{105 \times 15}{21}$

$x_1 = 5 \times 15$

$x_1 = 75$

115. (d) $\frac{13 \div \{6 - 6 \div (7 - 9) \times 8 + 9\}}{5 + 5 \times 5 \div 5 \text{ का } 5}$

$= \frac{13 \div \{6 - 6 \div (-2) \times 8 + 9\}}{5 + 5 \times 5 \div 25}$

$= \frac{13 \div \{6 + 3 \times 8 + 9\}}{5 + 1}$

$= \frac{13 \div (6 + 24 + 9)}{6}$

$= \frac{13 \div 39}{6} = \frac{1}{3 \times 6} = \frac{1}{18}$

116. (a) $x^5 - 12x^4 + 12x^3 - 12x^2 + 12x - 1$

$= x^3(x^2 - 12x + 12) - 12x(x - 1) - 1$

$= 11^3(11^2 - 12 \times 11 + 12) - 12 \times 11(11 - 1) - 1$

$= 1331(121 - 132 + 12) - 1320 - 1$

$= 1331 \times 1 - 1321 = 10$

117. (c) $\because S = T \times 75\%$

$S = T \times \frac{75}{100}$

$S = T \times \frac{3}{4}$

$\therefore \quad \frac{S}{T} = \frac{3}{4} = 3 : 4$

118. (b) $\frac{3}{4} \times \frac{55}{55} = \frac{165}{220}$

$\frac{3}{5} \times \frac{44}{44} = \frac{132}{220}$

$\frac{2}{11} \times \frac{20}{20} = \frac{40}{220}$

$\frac{7}{2} \times \frac{110}{110} = \frac{770}{220}$

आरोही क्रम

$\frac{40}{220} < \frac{132}{220} < \frac{165}{220} < \frac{770}{220}$

$\therefore \frac{2}{11} < \frac{3}{5} < \frac{3}{4} < \frac{7}{2}$

$\therefore 2:11 < 3:5 < 3:4 < 7:2$

119. (c) $\frac{3 \div 3 \times 2 - 6 \div 3 + 7}{5 \div 5 \times 6 \div 6 + 3 \div 3}$

$= \frac{1 \times 2 - 2 + 7}{1 \times 1 + 6} = \frac{7}{7} = 1$

120. (d) स्कूल जाने वाले बच्चों की वर्तमान संख्या (p)

$= 64000$

वृद्धि दर $(r) = 10\%$

समय $(t) = 3$ वर्ष

3 वर्ष के अन्त में स्कूल जाने वाले बच्चों की संख्या

$= p\left[\left(1 + \frac{r}{100}\right)^t\right] = 64000\left[\left(1 + \frac{10}{100}\right)^3\right]$

$= 64000 \times \frac{11}{10} \times \frac{11}{10} \times \frac{11}{10}$

$= 64 \times 121 \times 11$

$= 64 \times 1331 = 85184$

121. (b) $d_1 = 72$ किमी

$= 72 \times 1000$ मी

$t_1 = 40$ मिनट $= 40 \times 60$ सेकण्ड

चाल (s) $= \frac{d_1}{t_1} = \frac{72000}{40 \times 60} = \frac{720}{4 \times 6}$

$= \frac{120}{4} = 30$ मी/सेकण्ड

अत: 6 सेकण्ड में तय की गई दूरी

$= 6 \times 30 = 180$ मी

122. (a) 2019 से 2022 तक विश्वविद्यालय में भर्ती प्राध्यापकों की कुल संख्या

$= 100 + 150 + 180 + 200$

$= 300 + 330 = 630$

2019 से 2022 तक विश्वविद्यालय में भर्ती सह-प्राध्यापकों की कुल संख्या

$= 110 + 140 + 190 + 220 = 660$

अत: अभीष्ट अन्तर $= 660 - 630 = 30$

123. (b) त्रिभुज का परिमाप = भुजाओं की लम्बाई का योग $= 13 + 12 + 5 = 30$ सेमी

124. (a) दिया है, $b = \frac{4}{a}$

a व b का मध्यानुपाती $= \sqrt{a \cdot b}$

$\sqrt{a \cdot \frac{4}{a}} = 2$

125. (c) कुल उत्पादन

$= 115 + 108 + 149 + 102 + 101 = 575$

575 का 20% $= 575 \times \frac{20}{100} = 115$

अत: वर्ष 1985 में स्कूटरों का उत्पादन कुल उत्पादन का 20% था।

126. (b) $\left[9 + 3 - 2 \times \left\{\left(4 \div \frac{1}{4}\right) - 4\right\} + 81 \div 9 + 81 \div 9 + 3 - 9\right] + 9$

$= [9 + 3 - 2 \times \{16 - 4\} + 9 + 9 + 3 - 9] + 9$

$= [9 + 3 - 2 \times 12 + 12] + 9$

$= [12 - 24 + 12] + 9$

$= 24 - 24 + 9 = 9$

127. (c) तेज चलने वाली रेलगाड़ी की लम्बाई = सापेक्ष चाल × समय

$= (60 - 42) \times \frac{5}{18} \times 36$

$= 18 \times 5 \times 2 = 180$ मी

128. (d) माना 100 ग्राम दाल का क्रय मूल्य = ₹ 100

32% लाभ पर 100 ग्राम दाल का विक्रय मूल्य

$= 100 \times \frac{132}{100} =$ ₹ 132

अगर वजन में 20% की कमी की गई है, तो वास्तविक वजन = 80 ग्राम

वास्तविक दाल का क्रय मूल्य = ₹ 80

लाभ = ₹ (132 − 80) = ₹ 52

अत: अभीष्ट लाभ% $= \frac{52}{80} \times 100$

$= 65\%$

129. (b) दूध की मात्रा $= \frac{5}{6} \times 18 = 15$ लीटर

पानी की मात्रा $= \frac{1}{6} \times 18 = 3$ लीटर

माना, मिलाए गए पानी की मात्रा = x लीटर

प्रश्नानुसार,

$\frac{15 + 3}{3 + x} = \frac{9}{2}$

$\frac{18}{3 + x} = \frac{9}{2}$

$\frac{2}{3 + x} = \frac{1}{2}$

$4 = 3 + x$

$x = 1$ लीटर

130. (c) दिया है,

मेज का अंकित मूल्य = ₹ 5980

तथा छूट प्रतिशत = 18%

अत: मेज का विक्रय मूल्य

$= 5980 \times \frac{(100 - 18)}{100}$

$= \frac{5980 \times 82}{100}$

$= 4903.6 =$ ₹4904

131. (b) दिया है,

शंकु की तिर्यक ऊँचाई (l) = 28 सेमी

शंकु का वक्रपृष्ठ क्षेत्रफल = 308 सेमी^{2}

$\therefore \quad \pi r l = 308$

$\frac{22}{7} \times r \times 28 = 308$

$\frac{22}{7} \times r = 11 \Rightarrow r = \frac{7}{2}$

$r = 3.5$ सेमी

132. (b) दिया है, $\frac{a}{b} + \frac{b}{a} = 1$

$\frac{a^2 + b^2}{ab} = 1$

$a^2 + b^2 = ab \quad \text{...(i)}$

$\therefore \quad \frac{a^3 + b^3}{3ab} = \frac{(a + b)(a^2 + b^2 - ab)}{3ab}$

$= \frac{(a + b)(ab - ab)}{3ab}$ {समी (i) से}

$= 0$

133. (c) त्रिभुज की किन्ही दो भुजाओं का योग सदैव तीसरी भुजा से अधिक होता है।

134. (c) $72 \div 8 - 210 \div 15 - 5 + 2 \times 5$

$= 9 - 14 - 5 + 10$

$= 19 - 19 = 0$

135. (a) कक्षा X में विद्यार्थियों की संख्या

$= 25 + 20 + 12 + 15 + 22 + 25 + 15 + 20 + 18 + 24 + 8 + 22 + 20 + 12 + 10 + 18 = 286$

136. (a) $2x^2 + (4 + a)x + (11 + 2a)$

$\therefore \quad x - 2 \overline{)\, 2x^3 + ax^2 + 3x - 5}$

$2x^3 - 4x^2$

$- \quad +$

$4x^2 + ax^2 + 3x$

$4x^2 + ax^2 - 8x - 2ax$

$- \quad - \quad + \quad +$

$11x + 2ax - 5$

$11x + 2ax - 22 - 4a$

$- \quad + \quad + \quad +$

$4a + 17$

$x^2 + 3x + 4$

तथा $x - 2 \overline{)\, x^3 + x^2 - 2x + a}$

$x^3 - 2x^2$

$- \quad +$

$3x^2 - 2x$

$3x^2 - 6x$

$- \quad +$

$4x + a$

$4x - 8$

$- \quad +$

$8 + a$

$\because$ शेषफल समान है।

$4a + 17 = 8 + a$

$3a = -9$

$a = -3$

$\therefore$ अभीष्ट शेषफल $= 8 + a$

$= 8 - 3 = 5$

137. (c) 1 दिन में P द्वारा किया गया कार्य $= \frac{1}{30}$

1 दिन में Q द्वारा किया गया कार्य $= \frac{1}{40}$

4 दिन में $(P + Q)$ द्वारा किया गया कार्य

$= \left(\frac{1}{30} + \frac{1}{40}\right) \times 4$

$= \left(\frac{4 + 3}{120}\right) \times 4 = \frac{7}{30}$

शेष कार्य $= 1 - \frac{7}{30} = \frac{23}{30}$

शेष कार्य को P द्वारा करने में लगा समय

$= \frac{23}{30} \times 30 = 23$ दिन

138. (c) (4.2 का 2.5 ÷ 3.5) − (3.6 ÷ 2.4 + 2.5 का 3 ÷ 7.5) + (6 − 3 का 2 + 4 का 3 ÷ 6)

$= \frac{10.5}{3.5} - \left(1.5 + \frac{7.5}{7.5}\right) + \left(6 - 6 + \frac{12}{6}\right)$

$= 3 - 2.5 + 2$

$= 3 - 0.5 = 2.5$

139. (d) S का कुल अंक

$= 150 \times \frac{82}{100} + 100 \times \frac{64}{100} + 175 \times \frac{56}{100} + 120 \times \frac{70}{100} + 75 \times \frac{80}{100}$

$= 123 + 64 + 98 + 84 + 60 = 429$

140. (c) $13.5 - [5 + 0.5 \times (9 - 3 \times 2)]$

$= 13.5 - [5 + 0.5 \times 3]$

$= 13.5 - (5 + 1.5)$

$= 13.5 - 6.5 = 7$

141. (c) शंक्वाकार तम्बू की ऊँचाई (h) = 20 फिट

शंक्वाकार तम्बू के आधार की परिधि = 30π फिट

$2\pi r = 30\pi$ फिट

$\therefore \quad r = 15$ फिट

शंक्वाकार तम्बू का वक्रपृष्ठीय $= \pi r l$

$= \pi \times r \times \sqrt{h^2 + r^2} \quad [\because l = \sqrt{h^2 + r^2}]$

$= 15\pi \sqrt{20^2 + 15^2}$

$= 15\pi \sqrt{400 + 225}$

$= 15\pi \sqrt{625} = 15\pi \times 25$

$= 375\pi$ वर्ग फिट

142. (b) माना CNG का प्रति लीटर मूल्य = ₹ x

मनीष द्वारा CNG उपभोग की मात्रा = y

कुल व्यय = ₹ xy

माना CNG का उपभोग कम करना = $a\%$

नया व्यय = $x \times \frac{165}{100} \times y \times \left(\frac{100-a}{100}\right)$

प्रश्नानुसार,

$$xy = \frac{165}{100} x \times y \left(\frac{100-a}{100}\right)$$

$$100 \times 100 = 165\,(100 - a)$$

$$20 \times 100 = 33(100 - a)$$

$$2000 = 3300 - 33a$$

$$33a = 3300 - 2000$$

$$33a = 1300$$

$$a = \frac{1300}{33}$$

$$a = 39.39\%$$

143. (a) तरुण और तृप्ति की कार्य क्षमता का अनुपात = 2 : 1

कुल कार्य = 16 × (2 + 1) = 16 × 3 = 48

अतः तृप्ति द्वारा कुल कार्य करने में लगा समय = $\frac{48}{1}$ = 48 दिन

144. (d) $\dfrac{2\left\{3 + 3\left(\frac{1}{4} \div \frac{15}{20} + 2\right) - 18 \times \frac{1}{3}\right\}}{2(4 + 20 \div 4)}$

$$= \frac{\left[3 + 3\left(\frac{1}{4} \times \frac{20}{15} + 2\right) - 6\right]}{4 + 5}$$

$$= \frac{3 + 3\left(\frac{1}{3} + 2\right) - 6}{9}$$

$$= \frac{3 \times \frac{7}{3} - 3}{9} = \frac{7 - 3}{9} = \frac{4}{9}$$

145. (d) $\dfrac{\sin^3 A + \cos^3 A}{\sin A + \cos A}$

$[\because \sin^2 A + \cos^2 A = 1]$

$$= \frac{(\sin A + \cos A)(\sin^2 A + \cos^2 A - \sin A \cos A)}{(\sin A + \cos A)}$$

$[\because a^3 + b^3 = (a + b)\,(a^2 + b^2 - ab)]$

$$= 1 - \sin A \cos A$$

146. (d) शहर B में R की गतिविधियाँ

$$= 500 \times \frac{30}{100} = 150$$

शहर C में R की गतिविधियाँ

$$= 400 \times \frac{40}{100} = 160$$

अतः अभीष्ट अन्तर = 160 − 150 = 10

147. (b) प्रश्नानुसार, $S_1 - S_2 = 6160$

$$\frac{P \times 8 \times 14}{100} - \frac{P \times 14 \times 4}{100} = 6160$$

$$\frac{P \times 14 \times 2}{100} - \frac{P \times 14}{100} = 1540$$

$$\frac{2P}{100} - \frac{P}{100} = 110$$

$$P = 110 \times 100$$

$$P = ₹\ 11000$$

148. (c) दिया है, अंकित मूल्य = ₹ 500

क्रमिक छुट = 10% तथा 20%

लाभ प्रतिशत = 25%

माना, वस्तु का क्रय मूल्य = ₹ x

प्रश्नानुसार,

$$x \times \frac{125}{100} = 500 \times \frac{90}{100} \times \frac{80}{100}$$

$$\frac{5}{4} x = 5 \times 9 \times 8$$

$$x = 4 \times 9 \times 8$$

$$x = ₹\ 288$$

149. (a) $\left[\dfrac{2\cos^3\theta - \cos\theta}{\sin\theta - 2\sin^3\theta}\right]^2 + 1$

$$= \left[\frac{\cos\theta(2\cos^2\theta - 1)}{\sin\theta\,(1 - 2\sin^2\theta)}\right]^2 + 1$$

$$= \frac{\cot^2\theta \cdot \cos^2 2\theta}{\cos^2 2\theta} + 1 = \cot^2\theta + 1$$

$$= \operatorname{cosec}^2\theta$$

150. (d) औसत चाल

$$= \frac{72 + 28 + 160}{\frac{72}{45} + \frac{28}{4} + \frac{160}{20}}$$

$$= \frac{260}{\frac{8}{5} + 7 + 8} = \frac{260}{16 + 15}$$

$$= \frac{260}{16.6} = 15.66 \text{ किमी/घण्टा}$$

151. (b) Vintage means belonging to the past but having very high quality and value.

152. (a) Accolade refers to an award or honour given as a mark of recognition or approval. Hence, its antonym is 'Criticism' which is the expression of disapproval of someone or something based on perceived faults or mistakes

153. (c) The word 'Eagerly' in a manner showing keen interest or enthusiasm; eagerly implies a strong desire or enthusiasm for something.

154. (a) Pedagogy is to the method of how teachers teach, in theory and in practice.

155. (a) 'will have finished' is the correct future perfect tense used to indicate that the action (painting) will be completed before a specific time in the future.

156. (b) The word 'Entail' means to involve something as a necessary part or consequence.

157. (c) The idiom 'keeps a level head' means to remain calm and composed, especially during difficult or stressful situations.

158. (a) The word 'Hypothesis' refers to a supposition or proposed explanation made on the basis of limited evidence as a starting point for further investigation. Hence, its synonym is 'speculation' which refers to Ideas or guesses about something without firm evidence.

159. (c) The incorrectly spelt, word is 'reciept' correct spelling is 'receipt'.

160. (b) The word 'grisly' means something that is extremely unpleasant or shocking, often involving death or injury. Hence, its synonym is 'atrocious' which means extremely wicked, brutal or cruel; appalling.

161. (d) 'resembling his parents in character and appearance' A chip off the old block' means someone who is very similar to their parent in character or appearance.

162. (c) 'Aborigines' word refers to the original or earliest known inhabitants of a country or region.

163. (a) The segment that contains the error is answer (D). The correct adverbial form should be 'sweet', not 'sweetly.' Therefore, the corrected segment should be 'it tasted sweet.'

164. (b) The idiom 'keep up appearances' means 'to maintain an outward show.' It refers to maintaining a facade of normalcy despite underlying difficulties.

165. (c) The correct spelling is 'infirmary'. It refers to a hospital.

166. (d) 'Captivity' means the condition of being imprisoned or confined. Hence, it is the correct antonym of 'Freedom'.

167. (d) The word 'Concordant' refers to something that is in agreement or harmony, especially in music or opinions.

168. (b) An 'obituary' is a news article that reports the recent death of a person.

169. (c) The idiom 'get itchy feet' means to start to want to travel or do something different, often due to a desire for change or adventure.

170. (d) Part 'Food greedy' contains an error. The correct adverbial form should be 'greedily.' Therefore, the corrected segment should be 'ate the food greedily.'

171. (c) The underlined phrase 'keeping his chin up' means to stay cheerful and optimistic during difficult times or adversity.

172. (a) An 'epitaph' are the words that are inscribed on a tomb.

173. (d) The sentence with correct spelling is : 'The scientist meticulously analysed the complex data, uncovering ground-breaking insights that would revolutionise the field.' 'Revolutionise' is correctly spelled, meaning change something radically or fundamentally.

174. (c) Part 'has emphasised and' contains an error. The correct verb form should agree with the plural subject 'people,' so it should be 'have emphasised and.' Therefore, the corrected sentence would be 'The people of Jammu and Kashmir have emphasised and appreciated transparency'.

175. (a) The underlined part is grammatically and contextually correct.

176. (d) An 'oasis' is a small area in a desert where water and plants are found.

177. (a) 'On thin ice' describes being in a situation where one is at risk of causing trouble or facing consequences.

178. (c) The correct spelling is 'lay'.

179. (b) A wisp refers to a thin, delicate strand or fragment, often used to describe a faint trace of something, like smoke in this case. Hence, its antonym is 'Lot' which refers to a large quantity or amount.

180. (b) The idiom 'keep your pants on' means to remain patient and composed.

181. (a) The idiom 'under the weather' means 'feeling sick.' It describes someone who is not feeling well.

182. (c) 'Livelihood' The idiom 'bread and butter' refers to a person's main source of income or means of living.

183. (b) The correct spelling of the given word is 'benevolent'. It means kind.

184. (d) Part 'himalayas include the' contains an error. The correct form should be 'The Himalayas include,' as 'Himalayas' is a plural noun and requires a plural verb form. Therefore, the corrected sentence would be 'The Himalayas include the highest mountains in the world and feed almost 20% of the earths population.'

185. (c) A 'polyglot' is someone who can speak more than one language.

186. (c) The underlined part of the sentence contains an error. As the sentence refers to past, the past tense form 'was given,' making the sentence grammatically correct and meaningful.

187. (a) The word 'Fabulous' means something that is extremely good or impressive; often used to describe something wonderful or amazing. Hence, its synonym is 'remarkable.'

188. (a) The correct spelling is 'slaughter'. It means to kill.

189. (a) 'Underestimate the significance' The correct word is 'significance', not signification. The sentence means we should not undervalue the importance of female education.

190. (c) The underlined part of the sentence contains an error.
The subject 'a sharp fall' is singular, so the verb should agree with it in singular form. 'Has led' is the correct form of the verb to match with a singular subject.

191. (a) 'Adopt' means to take up or start, fitting the context of adopting a healthy lifestyle.

192. (d) 'Exercise' means physical activity, fitting the context of improving cardiovascular health.

193. (d) 'Essential' means necessary, fitting the context of a balanced diet rich in essential vitamins and minerals.

194. (a) 'Managing' means to control or handle, fitting the context of managing stress through activities.

195. (d) 'Sleep' means rest, fitting the context of getting an adequate amount of sleep each night.

196. (d) The word 'excessive' implies something beyond what is necessary or normal.
Hence, its antonym is 'moderate' which means within reasonable limits or not extreme.

197. (d) The passage states that facial recognition is almost instant and provides quick and successful verification of a person's identity.

198. (b) The passage mentions factors like jawline length, the form of cheekbones and eye sockets depth as considerations for facial recognition. However, it does not explicitly mention 'face shape' as a factor that the technology considers.

199. (c) The passage primarily discusses facial recognition technology, its workings, and its benefits.

200. (a) According to the passage, the primary component of facial recognition is surveillance. Facial recognition technology aids in surveillance by helping to identify individuals for various purposes, including catching criminals and enhancing security measures.

CPO SI P-1 SP 05

पेपर-1

SSC CPO SI सॉल्वड पेपर

28 जून 2024 (शिफ्ट II)

अधिकतम अंक : 200 समय : 2 घण्टे

निर्देश

1. इस पेपर में 200 प्रश्न हैं।
2. इसमें 4 भाग हैं, **भाग 1** सामान्य बुद्धि एवं तर्कशक्ति, **भाग 2** सामान्य ज्ञान एवं सामान्य जागरुकता, **भाग 3** मात्रात्मक योग्यता और **भाग 4** अंग्रेजी
3. प्रत्येक प्रश्न **1 अंक** का है।

भाग 1

सामान्य बुद्धि एवं तर्कशक्ति

1. यदि + का अर्थ − है, − का अर्थ × है, × का अर्थ ÷ है और ÷ का अर्थ + है, तो निम्नलिखित व्यंजक का मान क्या होगा?

$20 \times 5 - 7 \div 4 + 3 = ?$

(a) 18 (b) 29
(c) 35 (d) 25

2. उस विकल्प का चयन कीजिए, जो दिए गए शब्दों को उस सही क्रम को दर्शाता है जिस क्रम में वे अंग्रेजी शब्दकोश में दिखाई देते हैं।

1. Incest 2. Inception
3. Incense 4. Incapacity
5. Incentive

(a) 5, 3, 2, 1, 4 (b) 5, 4, 3, 2, 1
(c) 4, 3, 5, 2, 1 (d) 4, 5, 3, 2, 1

3. एक कूटभाषा में 'ACID' को 'XDFE' के रूप में लिखा जाता है और 'HAND' को 'EBKE' के रूप में लिखा जाता है। इसी कूटभाषा में 'ZEST' को कैसे लिखा जाएगा?

(a) PUWF (b) WPUF
(c) UWPF (d) WFPU

4. एक निश्चित कूटभाषा में, 'HEN' को '9' के रूप में कूटबद्ध किया जाता है और 'AFTER' को '25' के रूप में कूटबद्ध किया जाता है। उसी भाषा में 'SMALLEST' को किस प्रकार कूटबद्ध किया जाएगा?

(a) 64 (b) 81 (c) 31 (d) 56

5. उस वेन-आरेख का चयन कीजिए, जो निम्नलिखित वर्गों के बीच के सम्बन्ध को सर्वोत्तम रूप से दर्शाता है।

अंगूर, सेब, फल

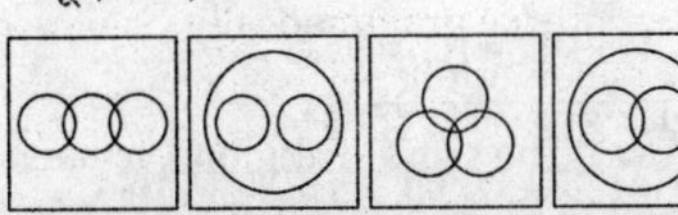

(a) (b) (c) (d)

6. एक निश्चित तर्क का अनुसरण करते हुए 15, 20 से सम्बन्धित है। उसी तर्क का अनुसरण करते हुए, 6, 8 से सम्बन्धित है। उसी तर्क का उपयोग करते हुए निम्नलिखित में से कौन-सी संख्या 12 से सम्बन्धित है?

(a) 7 (b) 10
(c) 9 (d) 8

7. दिए गए विकल्पों में से उस आकृति का चयन कीजिए, जो निम्नलिखित शृंखला में प्रश्नचिह्न (?) को तार्किक रूप से प्रतिस्थापित कर सकती है।

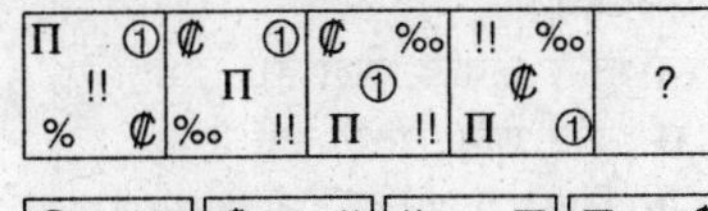

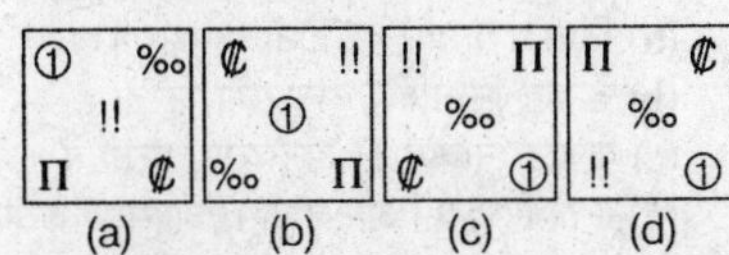

(a) (b) (c) (d)

8. उस वेन आरेख का चयन कीजिए, जो निश्चित वर्गों के बीच सम्बन्ध को सर्वोत्तम रूप से दर्शाता है।

बाघ, साँप, हाथी

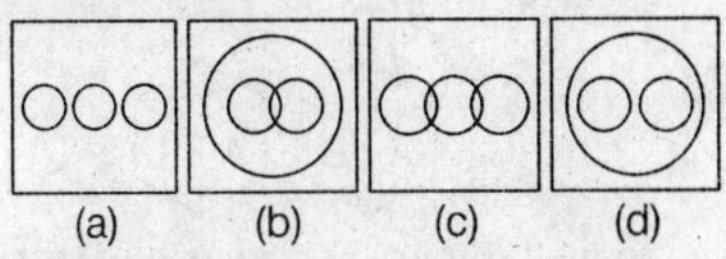

(a) (b) (c) (d)

9. दिए गए चित्र के सही दर्पण प्रतिबिम्ब का चयन कीजिए, जब दर्पण को नीचे दर्शाए अनुसार MN पर रखा गया है।

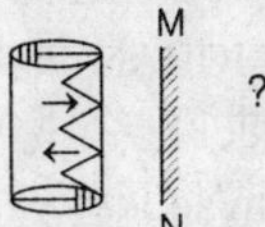

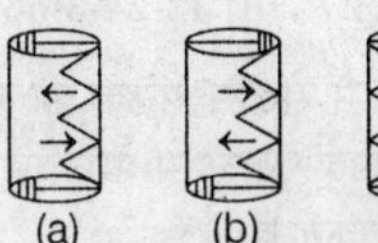

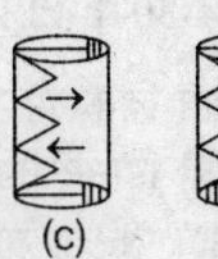

(a) (b) (c) (d)

10. निम्नलिखित में से कौन-सी संख्या दी गई शृंखला में प्रश्नचिह्न (?) के स्थान पर आएगी?

78, 86, 258, 322, ?

(a) 1610 (b) 1360
(c) 1420 (d) 1288

11. प्रिया, बिन्दु A से शुरू करती है और उत्तर की ओर 9 किमी ड्राइव करती है। फिर वह दाएँ मुड़ती है, बिन्दु B तक पहुँचने के लिए 4 किमी ड्राइव करती है। फिर वह दाएँ मुड़ती है, 10 किमी ड्राइव करती है और बिन्दु C पर रूक जाती है। बिन्दु A के सन्दर्भ में बिन्दु C किस दिशा में है?

(a) दक्षिण (b) दक्षिण-पूर्व
(c) उत्तर-पूर्व (d) उत्तर-पश्चिम

12. शिवानी 17 किमी उत्तर की ओर ड्राइव करती है, फिर 9 किमी पूर्व की ओर ड्राइव करती है और फिर 17 किमी दक्षिण की ओर ड्राइव करती है। जब एक सीधी रेखा में विचार किया जाता है तब शिवानी प्रारम्भिक बिन्दु से कितनी दूर है?

(a) 9 किमी (b) 12 किमी
(c) 26 किमी (d) 17 किमी

13. एक निश्चित कूटभाषा में, 'PANDA' को 33-78-39-69-78 के रूप में कूटबद्ध किया जाता है और 'SNAKE' को 24-39-78-48-66 के रूप में कूटबद्ध किया जाता है। उसी भाषा में 'ZEBRA' को किस रूप में कूटबद्ध किया जाएगा?

(a) 6-46-63-38-78 (b) 5-66-71-29-78
(c) 7-46-65-13-78 (d) 3-66-75-27-78

14. एक पासे के फलकों पर अक्षर A, B, C, R, S और T हैं। नीचे एक ही पासे की दो अलग-अलग स्थितियाँ दी गई हैं। उस अक्षर का चयन करें, जो A वाले फलक के विपरीत फलक पर होगा।

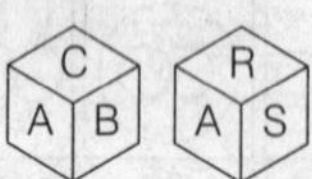

(a) T (b) S (c) R (d) C

15. एक निश्चित कूटभाषा में, 'HEMANT' को 24-15-39-3-42-60 और 'VINAY' को 66-27-42-3-75 के रूप में कूटबद्ध किया जाता है। उसी भाषा में 'MOHAN' को किस रूप में कूटबद्ध किया जाएगा?

(a) 39-45-24-3-42 (b) 36-3-41-24-39
(c) 24-39-4-42-27 (d) 43-24-3-56-7

16. दिए गए विकल्पों में से उस संख्या का चयन करें, जो निम्नलिखित श्रृंखला में प्रश्नचिह्न (?) के स्थान पर आ सकती है।

125, 150, 177, 207, 242, ?

(a) 282 (b) 290
(c) 280 (d) 284

17. एक पैटर्न वाली एक पारदर्शी शीट नीचे दी गई है। उस विकल्प का चयन कीजिए जो उस पैटर्न को दर्शाता है जो दी गई पारदर्शी शीट को मध्य ऊर्ध्वाधर रेखा पर मोड़ने पर दिखाई देगा।

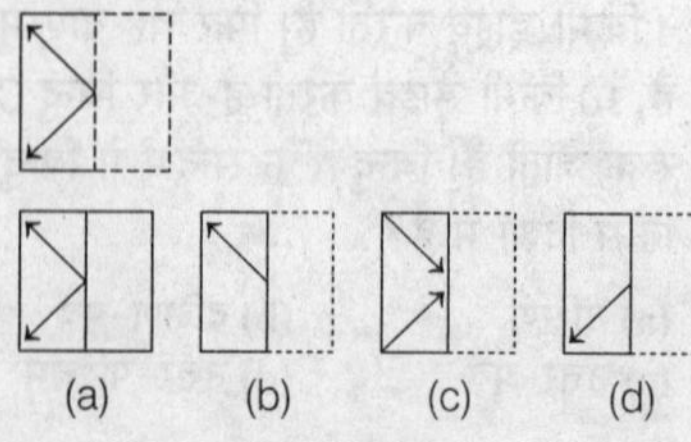

18. उस विकल्प आकृति को पहचानिए, जिसे प्रश्नचिह्न (?) के स्थान पर रखने पर श्रृंखला तार्किक रूप से पूर्ण हो जाएगी।

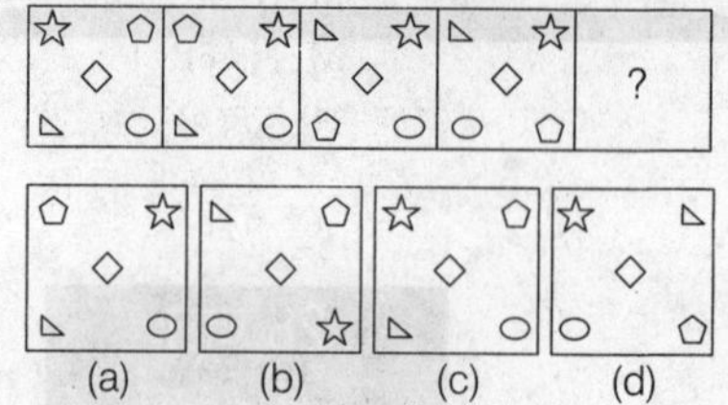

19. निम्नलिखित में से कौन-सा पद दी गई श्रृंखला में प्रश्नचिह्न (?) को प्रतिस्थापित करेगा?

ADO, DGR, GJU, ?

(a) RCB (b) JMX
(c) JCB (d) LON

20. नीचे दो कथन और दो निष्कर्ष दिए गए हैं। कथनों को सत्य मानें, भले ही वे सर्वज्ञात तथ्यों से भिन्न हों और निर्णय लें, कि कौन-सा/से निष्कर्ष दिए गए कथनों का अनुसरण करता है/करते हैं।

कथन सभी ट्रेन, बस हैं।
कुछ बस, कार हैं।

निष्कर्ष
I. सभी कार, बस हैं।
II. कुछ बस, ट्रेन हैं।

(a) दोनों निष्कर्ष अनुसरण करते हैं
(b) केवल निष्कर्ष II अनुसरण करता है
(c) केवल निष्कर्ष I अनुसरण करता है
(d) न तो निष्कर्ष I और न ही II अनुसरण करता है।

21. दो कथन दिए गए हैं, जिसके बाद दो निष्कर्ष I और II दिए गए हैं। कथनों को सत्य मानते हुए, भले ही वे सामान्य रूप से ज्ञात तथ्यों से भिन्न प्रतीत होते हों, निर्धारित करें कि कौन-सा/से निष्कर्ष कथनों का तार्किक रूप से अनुसरण करता है/करते हैं।

कथन
सभी कंकड़, पत्थर हैं।
कोई पत्थर, शेल नहीं है।

निष्कर्ष
I. कुछ कंकड़, शेल हैं।
II. कोई शेल, पत्थर नहीं है।

(a) निष्कर्ष I और II दोनों अनुसरण करते हैं
(b) केवल निष्कर्ष I अनुसरण करता है
(c) केवल निष्कर्ष II अनुसरण करता है
(d) न तो निष्कर्ष I और न ही II अनुसरण करता है।

22. उस विकल्प का चयन कीजिए, जिसमें संख्याएँ वही सम्बन्ध साझा करती हैं, जो संख्याओं के दिए गए युग्म द्वारा साझा किया जाता है।

23-27

(a) 11-55 (b) 11-33
(c) 15-25 (d) 15-45

23. जब दर्पण को नीचे दर्शाए गए अनुसार MN पर रखा जाता है, तो दी गई आकृति के सही दर्पण प्रतिबिम्ब का चयन कीजिए।

MaGe4 M N

(a) 4ɘGɒM (b) 4ɘGɒM
(c) 4ɘGɒW (d) ɘ4GɒM

24. एक निश्चित तर्क का अनुसरण करते हुए 20, 30 से सम्बन्धित है। उसी तर्क का अनुसरण करते हुए, 30, 45 से सम्बन्धित है। उसी तर्क का उपयोग करते हुए निम्नलिखित में से कौन-सी संख्या 120 से सम्बन्धित है?

(a) 60 (b) 80
(c) 70 (d) 75

25. नीचे दी गई समीकरण को सही करने के लिए किन दो संख्याओं को आपस में बदलना चाहिए?

$71+32\times2-63\div7+[(81)^{\frac{1}{4}}]\times3-22=113$

(a) 2 और 3 (b) 32 और 22
(c) 3 और 7 (d) 71 और 22

26. एक पासे के फलकों पर संख्याएँ 2,3, 4, 5, 8 और 9 हैं। नीचे एक ही पासे की दो अलग-अलग स्थितियाँ दी गई हैं। उस संख्या का चयन करें, जो 3 वाले फलक के विपरीत फलक पर होगी।

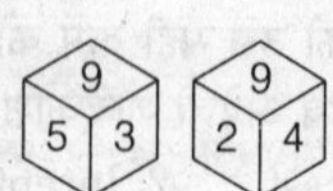

(a) 8 (b) 4 (c) 5 (d) 2

27. J, K, L, M, O और P एक वृत्ताकार मेज के चारों ओर केन्द्र की ओर मुख करके बैठे हैं। L और M दोनों J के निकटतम पड़ोसी हैं। M और P के बीच केवल एक व्यक्ति बैठा है। O, J के दाएँ से दूसरे स्थान पर बैठा है। O, L का निकटतम पड़ोसी नहीं है। K के ठीक दाएँ कौन बैठा है।

(a) J (b) P (c) L (d) O

28. उस विकल्प आकृति का चयन कीजिए जिसमें दी गई आकृति (X) उसके एक भाग के रूप में अन्तर्निहित है। (घुमाने की अनुमति नहीं है)।

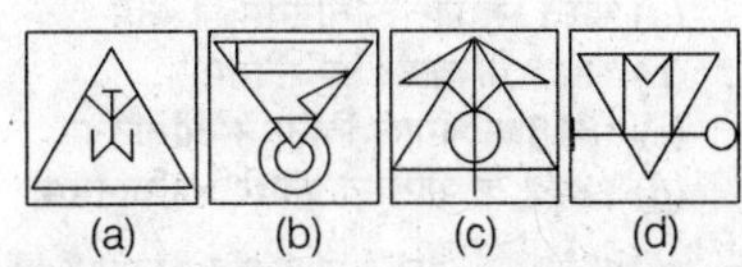

29. निम्नलिखित में से कौन-सी संख्या दी गई श्रृंखला में प्रश्नचिह्न (?) को प्रतिस्थापित करेगी?

$-32, -8, -2, ?, -\frac{1}{8}$

(a) −1 (b) $-\frac{1}{2}$ (c) $-\frac{1}{4}$ (d) −4

30. एक निश्चित कूटभाषा में, 'MARCH' को 'LBQDG' लिखा जाता है और 'TAXAS' को 'SBWBR' लिखा जाता है। दी गई भाषा में 'PIECE' को किस प्रकार लिखा जाएगा?

(a) OJDED (b) QJDDF
(c) QHCED (d) OJDDD

31. निम्नलिखित समीकरण में '?' के स्थान पर क्या आएगा, यदि '+' और '−' को आपस में बदल दिया जाए तथा '×' और '÷' को भी आपस में बदल दिया जाए?

$53 - 48 \times 6 \div 9 + 11 = ?$

(a) 129 (b) 107
(c) 101 (d) 114

32. निम्नलिखित समीकरण में '?' के स्थान पर क्या आएगा, यदि '+' और '−' को आपस में बदल दिया जाए तथा '×' और '÷' को भी आपस में बदल दिया जाए?

$47 \div 3 - 126 \times 6 + 18 = ?$

(a) 144 (b) 138
(c) 156 (d) 149

33. अंग्रेजी वर्णमाला क्रम पर आधारित, निम्नलिखित चार अक्षर-समूहों में से तीन किसी निश्चित तरीके से समान हैं और इस प्रकार एक समूह बनाते हैं। किस अक्षर-समूह का सम्बन्ध इस समूह से नहीं है?
(**नोट** असंगत अक्षर-समूह, व्यंजनों/स्वरों की संख्या या उस अक्षर-समूह में उनकी स्थिति पर आधारित नहीं है।)

(a) FLI (b) RXU (c) MSQ (d) IOL

34. यदि 'I' का अर्थ '×' है, 'J' का अर्थ '+' है, 'K' का अर्थ '÷' है और L का अर्थ − है, तो निम्नलिखित समीकरण में प्रश्नचिह्न (?) के स्थान पर क्या आएगा?

17 I (11 L 8 J 4) L 148 K 4 J 22 = ?

(a) 128 (b) 98
(c) 104 (d) 114

35. एक निश्चित कूटभाषा में,

M & N का अर्थ है 'M, N का पति है'।
M @ N का अर्थ है 'M, N का भाई है'।
M $ N का अर्थ है 'M, N का पिता है'।
M # N का अर्थ है 'M, N की माता है'।
उपरोक्त के आधार पर, यदि 'F & G # H @ I $ J' है, तो F, J से किस प्रकार सम्बन्धित है?

(a) बहन (b) नाना
(c) दादा (d) माता

36. एक निश्चित कूटभाषा में,

'A × B' का अर्थ है कि 'A, B का पुत्र है'।
'A − B' का अर्थ है कि 'A, B का भाई है'।
'A + B' का अर्थ है कि 'A, B की पत्नी है'।
'A % B' का अर्थ है कि 'A, B का पिता है'।
यदि 'M + N × P % S − T' है, तो M का T से क्या सम्बन्ध है?

(a) पत्नी की दादी (b) नानी
(c) भाभी की दादी (d) भाभी

37. जब दर्पण को नीचे दर्शाए गए अनुसार, MN पर रखा जाता है, तो दी गई आकृति के सही दर्पण प्रतिबिम्ब का चयन कीजिए।

MdF37A | M N

(a) ∀⅂ƐℲpM (b) 7AƐFbꟽ
(c) A⅃ƐꟻbM (d) A7Ɛꟻbꟽ

38. उस विकल्प का चयन करें, जो पाँचवें अक्षर-समूह से उसी प्रकार सम्बन्धित है, जिस प्रकार दूसरा अक्षर-समूह, पहले अक्षर-समूह से सम्बन्धित है और चौथा अक्षर-समूह, तीसरे अक्षर-समूह से सम्बन्धित है।

TRUTH : IVXVY :: SIMPLE : FNSQNY :: AROUND : ?

(a) EPXSRA (b) DNUORA
(c) EOVPSB (d) EPXSWG

39. दिए गए विकल्पों में से उस आकृति का चयन कीजिए, जो निम्नलिखित श्रृंखला में प्रश्नचिह्न (?) को तार्किक रूप से प्रतिस्थापित कर सकती है।

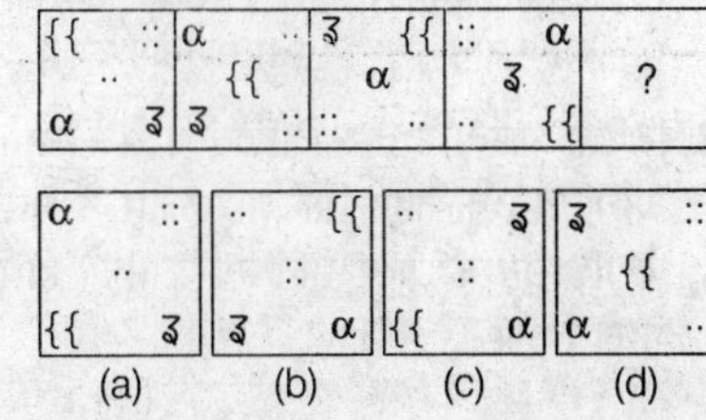

40. उस विकल्प का चयन करें, जो पाँचवें अक्षर-समूह से उसी प्रकार सम्बन्धित है जिस प्रकार दूसरा अक्षर-समूह, पहले अक्षर-समूह से सम्बन्धित है और चौथा अक्षर-समूह, तीसरे अक्षर-समूह से सम्बन्धित है।

NAPE : MZOD :: DULL : CTKK :: KIND : ?

(a) IFLB (b) JHMC
(c) LHOC (d) LJOE

41. उस विकल्प का चयन करें, जो दिए गए शब्दों के उस सही क्रम को दर्शाता है, जिसमें वे अंग्रेजी शब्दकोश में दिखाई देंगे।

1. Dinnerware 2. Dingiest
3. Dinosaurs 4. Dinucleotide
5. Dinkier 6. Dingling

(a) 5, 2, 3, 6, 1, 4 (b) 2, 6, 3, 5, 1, 4
(c) 2, 6, 5, 1, 3, 4 (d) 5, 2, 6, 3, 1, 4

42. यदि 'A' का अर्थ '÷' है, 'B' का अर्थ '×' है, 'C' का अर्थ '+' है और 'D' का अर्थ '−' है, तो निम्नलिखित समीकरण में प्रश्नचिह्न (?) के स्थान पर क्या आएगा?

342 A 2 C 125 B 1 D 43 = ?

(a) 251 (b) 250
(c) 252 (d) 253

43. निम्नलिखित में से कौन-सा अक्षर-समूह दी गई श्रृंखला में प्रश्नचिह्न (?) को प्रतिस्थापित करेगा?

ICE, LGJ, OKO, ?

(a) QPT (b) ROT
(c) RPT (d) SPT

44. निम्नलिखित में से कौन-सी संख्या दी गई श्रृंखला में प्रश्नचिह्न (?) को प्रतिस्थापित करेगी?

324, 361, 400, 441, 484; ?

(a) 586 (b) 592
(c) 567 (d) 529

45. निम्नलिखित आकृतियों में एक कागज को मोड़ने का क्रम और मुड़े हुए कागज को काटने का तरीका दर्शाया गया है। खोले जाने पर यह कागज कैसा दिखाई देगा?

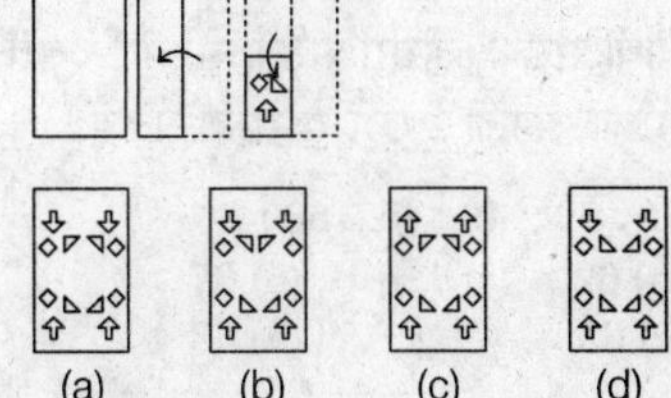

46. उस समुच्चय का चयन करें जिसमें दी गई संख्याएँ आपस में उसी प्रकार सम्बन्धित हैं, जिस प्रकार प्रश्न में दिए गए समुच्चय की संख्याएँ आपस में सम्बन्धित हैं।
(**नोट** संख्याओं को उनके घटक अंकों में तोड़े बिना, पूर्ण संख्याओं पर गणितीय संक्रियाएँ की जानी चाहिए। जैसे, 13 के मामले में -13 पर की जाने वाली विभिन्न गणितीय संक्रियाएँ जैसे 13 में जोड़ना/घटाना/गुणा करना आदि 13 पर की जा सकती हैं। लेकिन 13 को 1 और 3 में तोड़ने और फिर 1 और 3 पर गणितीय संक्रियाएँ करने की अनुमति नहीं है।)
(54, 51, 48)
(46, 40, 34)
(a) (50, 42, 28)
(b) (58, 47, 36)
(c) (48, 53, 38)
(d) (42, 45, 32)

47. यदि '+' और '–' को आपस में बदल दिया जाए और '×' और '÷' को आपस में बदल दिया जाए, तो निम्नलिखित समीकरण में प्रश्नचिह्न (?) के स्थान पर क्या आएगा?
$712 \div 6 - 15 \times 3 + 15 = ?$
(a) 4256 (b) 4262
(c) 4263 (d) 4265

48. निम्नलिखित में से कौन-सा अक्षर समूह प्रश्नचिह्न (?) का स्थान लेगा और दी गई श्रृंखला को पूरा करेगा?
RDLS, VKBF, ?, DYHF, HFXS
(a) FHWR (b) ZTTS
(c) KBET (d) ZRRS

49. एक कूटभाषा में 'BEAM' को 'AFZN' के रूप में लिखा जाता है और 'BILL' को 'AJKM' के रूप में लिखा जाता है। इसी कूटभाषा में 'WELL' को कैसे लिखा जाएगा?
(a) VKMF (b) MVKF
(c) VFKM (d) KMVF

50. उस विकल्प का चयन कीजिए, जो पाँचवीं संख्या से उसी प्रकार सम्बन्धित है,जिस प्रकार चौथी संख्या, तीसरी संख्या से और दूसरी संख्या, पहली संख्या से सम्बन्धित है।
76 : 69 :: 49 : 45 :: 69 : ?
(a) 62 (b) 67
(c) 65 (d) 63

भाग 2

सामान्य ज्ञान एवं सामान्य जागरुकता

51. निम्नलिखित में से कौन-सा शब्द गर्मियों के दौरान भारत के उत्तर और उत्तर-पश्चिमी हिस्सों में चलने वाली सामान्य स्थानीय पवन के लिए एक शब्द है?
(a) फोहन (b) बोरा (c) लू (d) चिनूक

52. उपहार कर, सम्पत्ति कर आदि जैसे करों को किस प्रकार के कर कहा जाता है?
(a) रिच कर (b) प्रत्यक्ष कर
(c) कागजरहित कर (d) कागजी कर

53. निम्नलिखित में से कौन-सा विदेशी बाजार में प्रवेश करने का सबसे पारम्परिक माध्यम है?
(a) पूर्ण स्वामित्व वाली विनिर्माण कारखाने की स्थापना
(b) विलय और अधिग्रहण
(c) पोर्टफोलियो निवेश उपक्रम
(d) निर्यात

54. 21 जुलाई, 2021 को आई.ओ.सी. द्वारा ओलम्पिक- 2032 की मेजबानी के लिए किस शहर का चयन किया गया है?
(a) सिडनी (b) मास्को
(c) ब्रिस्बेन (d) न्यूयॉर्क

55. अटल बिहारी वाजपेयी पर्वतारोहण और सम्बद्ध खेल संस्थान (Atal Bihari Vajpayee Institute of Mountaineering and Allied Sports) कहाँ स्थित है?
(a) उत्तरकाशी, उत्तराखण्ड
(b) दार्जिलिंग, पश्चिम बंगाल
(c) मनाली, हिमाचल प्रदेश
(d) पहलगाम, जम्मू और कश्मीर

56. सुप्रसिद्ध ······· नृत्यांगना सितारा देवी को रवीन्द्रनाथ टैगोर द्वारा कथक की रानी के रूप में सम्मानित किया गया था।
(a) मणिपुरी (b) कथक
(c) ओडिसी (d) सत्रिया

57. निम्नलिखित में से किसने ग्रिमस (Grimus) उपन्यास लिखा था?
(a) अमिताव घोष (b) अरविन्द अडिगा
(c) विक्रम सेठ (d) सलमान रुश्दी

58. ब्रिटिश भारत के निम्नलिखित में से किस अधिनियम के तहत ब्रिटिश सरकार ने भारत के प्रशासन का प्रत्यक्ष नियन्त्रण अपने हाथों में ले लिया?
(a) भारत सरकार अधिनियम, 1858
(b) 1813 के चार्टर अधिनियम
(c) 1818 के बंगाल विनियम अधिनियम
(d) 1872 के भारतीय संविदा अधिनियम

59. मान लें कि आरक्षित नकदी निधि अनुपात का मान 25% है। मुद्रा गुणक का मान क्या होगा?
(a) 3 (b) 2
(c) 4 (d) 5

60. भारत के सर्वोच्च न्यायलय में ······न्यायाधीश और मुख्य न्यायाधीश होते हैं।
(a) 30 (b) 35
(c) 28 (d) 33

61. निम्नलिखित में से कौन-सी सिन्धु नदी की एक सहायक नदी है?
(a) लोहित (b) दिबांग
(c) बेतवा (d) श्योक

62. शरीर से अपशिष्ट पदार्थ के बाहर निकलने के लिए जिम्मेदार पेशी की पहचान कीजिए।
(a) ऋजुपेशी (b) गैस्ट्रॉनिमियस
(c) अंसपेशी (d) संकोचकपेशी

63. मल्लिका साराभाई निम्नलिखित में से किस नृत्य के लिए प्रसिद्ध हैं?
(a) सत्रिया (b) कथक
(c) कुचिपुड़ी (d) ओडिसी

64. कौन-सी हेयरपिन-जैसी संरचना टिक के मुखांग को उसके परपोषी की त्वचा से जोड़ने और स्थिर करने एवं तरल पदार्थों के आदान-प्रदान के माध्यम का काम करती है?
(a) ट्रंक (b) हाइपोस्टोम
(c) पेडंकल (d) सब्स्ट्रेटम

65. टोक्यो ओलम्पिक, 2020 में महिला मुक्केबाजी में कांस्य पदक किसने जीता?
(a) अदिति अशोक
(b) एम.सी. मेरी कॉम
(c) लवलीना बोर्गोहेन
(d) मीराबाई चानू

66. एक यौगिक के IUPAC नाम में ······ यौगिक से सम्बन्धित सबसे लम्बी कार्बन श्रृंखला में उपस्थित कार्बन परमाणुओं की कुल संख्या को दर्शाता है।
(a) सफिक्स (b) इन्फ्रिक्स
(c) रूट (d) प्रीफिक्स

67. निम्नलिखित में से कौन-सा कृषि आधारित उद्योग नहीं है?
(a) उर्वरक (b) जूट
(c) चीनी (d) खाद्य तेल

68. वर्ष 2023 में भारत सरकार की आर्थिक मामलों की कैबिनेट समिति (CCEA) के निर्णय के अनुसार धान (सामान्य) के लिए एमएसपी (MSP) पिछले सीजन की तुलना में...... अधिक तय किया गया है।
(a) 7% (b) 9%
(c) 8% (d) 5%

69. निम्नलिखित में से किस अधिनियम ने ब्रिटिश भारतीय सरकार को बिना किसी मुकदमे के किसी को भी गिरफ्तार करने का अधिकार दिया?
(a) भारतीय प्रेस अधिनियम
(b) पिट्स इण्डिया एक्ट
(c) रोलेट एक्ट
(d) भारतीय गुलामी अधिनियम

70. निम्नलिखित में से हर्षचरित पुस्तक के रचयिता कौन हैं?
(a) हरिषेण (b) वररुचि
(c) अमरसिम्हा (d) बाणभट्ट

71. पर्वतीय क्षेत्र विकास कार्यक्रम की शुरुआत किस पंचवर्षीय योजना अवधि में हुई?
(a) चौथी पंचवर्षीय योजना
(b) पाँचवीं पंचवर्षीय योजना
(c) छठी पंचवर्षीय योजना
(d) आठवीं पंचवर्षीय योजना

72. निम्नलिखित में से कौन-सा एक खुली श्रृंखला वाला कार्बनिक यौगिक है?
(a) बेंजीन
(b) टेट्राहाइड्रोफ्यूरान
(c) टालुईन
(d) एसीटैल्डिहाइड

73. राज्य विधानसभाओं के सम्बन्ध निम्नलिखित में से कौन-सा/से कथन सत्य है/हैं?
A. भाग XVII में किसी बात के होते हुए भी, किन्तु अनुच्छेद 348 के प्रावधानों के अधीन रहते हुए, किसी राज्य के विधानमण्डल में कामकाज राज्य की राजभाषा/राजभाषाओं या हिन्दी या अंग्रेजी में किया जाएगा।
B. विधानसभा के अध्यक्ष या विधानपरिषद् के सभापति किसी भी सदस्य को अपनी मातृभाषा में बोलने की अनमति दे सकते हैं।
C. केवल सर्वोच्च न्यायालय को राज्य-विधानमण्डल की कार्रवाई की जाँच करने का अधिकार है।
(a) A, B और C (b) A और C
(c) A और B (d) B और C

74. हिमालय, निम्नलिखित में से किस भूअभिनति (geosyncline) से ऊपर उठा है?
(a) अरावली भूअभिनति (Aravalli geosyncline)
(b) टेथिस भूअभिनति (Tethys geosyncline)
(c) ऐपालेशियन भूअभिनति (Appalachians geosyncline)
(d) कैलेडोनियन भूअभिनति (Caledonian geosyncline)

75. निम्नलिखित में से कौन-सा यौगिक एक ऐलिसाइक्लिक यौगिक है?
(a) एसीटिक अम्ल (b) एथेन
(c) साइक्लोप्रोपेन (d) आइसोब्यूटेन

76. पण्डित अच्छन महाराज निम्नलिखित में से किस घराने के कथक दिग्गज थे?
(a) लखनऊ (b) बनारस
(c) रायगढ़ (d) जयपुर

77. प्रधानमन्त्री रोजगार सृजन कार्यक्रम (PMEGP) कब शुरू किया गया था?
(a) 2009 (b) 2006 (c) 2012 (d) 2008

78. निम्नलिखित में से कौन-सी पुस्तक चित्रा बनर्जी दिवाकरूनी द्वारा लिखी गई थी?
(a) द पैलेस ऑफ इल्लुजंस
(b) द फीस्ट ऑफ रोजेज
(c) ए फाइन बैलेंस
(d) मालगुड़ी डेज

79. महात्मा गाँधी राष्ट्रीय ग्रामीण रोजगार गारण्टी अधिनियम किस वर्ष पारित हुआ?
(a) 2004 (b) 2003 (c) 2006 (d) 2005

80. विजयनगर के निम्नलिखित में से किस राजा ने यवन साम्राज्य के संस्थापक की उपाधि धारण की थी?
(a) कृष्ण देव राय (b) वीर नरसिंह राय
(c) सदा शिव राय (d) अच्युत देव राय

81. अनुच्छेद 21 निम्नलिखित में से किस मौलिक अधिकार से सम्बन्धित है?
(a) भाषण की स्वतन्त्रता
(b) प्राण और दैहिक स्वतन्त्रता का संरक्षण
(c) अल्पसंख्यकों की भाषा, संस्कृति का संरक्षण
(d) धार्मिक मामलों के प्रबन्धन की स्वतन्त्रता

82. निम्नलिखि में से किस वर्ष में इम्पीरियल लेजिस्लेटिव एसेम्बली चुनावों में मार्ले-मिण्टो सुधार के नाम पर पृथक् निर्वाचक मण्डल की शुरुआत की गई थी?
(a) भारतीय परिषद् अधिनियम, 1861
(b) भारतीय परिषद् अधिनियम, 1909
(c) भारत सरकार अधिनियम, 1935
(d) भारत सरकार अधिनियम, 1919

83. पृथ्वी के जल का कितना प्रतिशत भाग महासागरों से बनता है?
(a) 7% (b) 37% (c) 97% (d) 57%

84. एक परमाणु या कार्यात्मक समूह की इलेक्ट्रॉनों के एक साझा युग्म को अपनी ओर आकर्षित करने की प्रवृत्ति को क्या कहा जाता है?
(a) विद्युत आकर्षण (b) वैद्युत धनात्मकता
(c) वैद्युत ऋणात्मकता (d) इलेक्ट्रॉन बन्धुता

85. भारतीय संविधान के किस अनुच्छेद में उल्लेख है कि मन्त्रिपरिषद् सामूहिक रूप से राज्य की विधानसभा के प्रति उत्तरदायी होगी?
(a) अनुच्छेद 164 (2) (b) अनुच्छेद 164 (3)
(c) अनुच्छेद 164 (4) (d) अनुच्छेद 164 (1)

86. निम्नलिखित में से कौन पटियाला घराने से सम्बन्धित है?
(a) अब्दुल वाहिद खान
(b) नाथू खान
(c) अली बक्श खान
(d) छाजू खान

87. यान्त्रिक कार्य और ऊष्मा स्थानान्तरण के बीच सम्बन्ध स्थापित करने का श्रेय किस भौतिक विज्ञानी को जाना जाता है?
(a) जेम्स प्रेस्कॉट जूल (b) विलियम हेनरी
(c) हरमल हेल्महोल्ट्ज (d) जॉन डाल्टन

88. निम्नलिखित में से कौन हिन्दुस्तानी संगीत के किराना घराने के पथ प्रदर्शक और संस्थापक हैं?
(a) भीमसेन जोशी (b) फिरोज दस्तूर
(c) सवाई गन्धर्व (d) अब्दुल करीम खान

89. संविधान के अनुच्छेद 22 के प्रावधानों के तहत सलाहकार बोर्ड में ऐसे व्यक्ति शामिल होने चाहिए, जो ····· के रूप में नियुक्त है या नियुक्त किए जाने के योग्य हों।
(a) निचले न्यायालय के न्यायाधीश
(b) जिला न्यायालय के न्यायाधीश
(c) उच्च न्यायालय के न्यायाधीश
(d) सर्वोच्च न्यायालय के न्यायाधीश

90. वर्ष 2023 में भारत के गणतन्त्र दिवस समारोह में निम्नलिखित में से किस देश के राष्ट्रपति को मुख्य अतिथि के रूप में आमन्त्रित किया गया था?
(a) संयुक्त राज्य अमेरिका
(b) जापान
(c) रूस
(d) मिस्र

91. भारत सरकार के कृषि सांख्यिकी एक झलक 2022 के अनुसार, किस राज्य में बाजरे का सबसे अधिक उत्पादन दर्ज किया गया?
(a) महाराष्ट्र (b) मध्य प्रदेश
(c) राजस्थान (d) हरियाणा

92. यदि किसी गिरफ्तार किए गए व्यक्ति को गिरफ्तारी होने के समय से 24 घण्टे के भीतर न्यायाधीश के समक्ष पेश नहीं किया जाता है, तो वह ······ की रिट (writ) पर रिहा किए जाने का हकदार होता है।

(a) परम आदेश (Mandamus)
(b) अधिकार पृच्छा (Quo-warranto)
(c) बन्दी प्रत्यक्षीकरण (habeas Corpus)
(d) प्रतिषेध (Prohibition)

93. राष्ट्रकूट वंश के कृष्ण तृतीय ने चोल शासक परांतक प्रथम को पराजित करने के बाद दक्षिण भारत के किस शहर में एक विजय स्तम्भ और एक मन्दिर की स्थापना की?

(a) उदैयालुर (b) पूम्पुहार
(c) रामेश्वरम (d) तक्कोलम

94. टोक्यो ओलम्पिक- 2020 में नीरज चोपड़ा का विनिंग थ्रो ······ का था।

(a) 90.58 मी (b) 87.58 मी
(c) 80.00 मी (d) 90.00 मी

95. सर्वश्रेष्ठ संगीत निर्देशन के लिए 67वाँ राष्ट्रीय फिल्म पुरस्कार किसे मिला?

(a) ज्येष्ठपुत्रों (b) एम. जयचन्द्रन
(c) ए. आर. रहमान (d) गोपी सुन्दर

96. सादिर नृत्यांगना आर. मुथुकन्नमल को वर्ष 2022 में निम्नलिखित में से कौन-सा पुरस्कार प्राप्त हुआ है?

(a) पद्मश्री पुरस्कार
(b) पद्म विभूषण पुरस्कार
(c) भारत रत्न पुरस्कार
(d) पद्म भूषण पुरस्कार

97. आबादी (या उप-प्रजाति या जाति) जो स्थानीय पर्यावरणीय परिस्थितियों के अनुकूल होती है, क्या कहलाती है?

(a) इकोटाइप (b) जीवोम
(c) प्रोटोटाइप (d) निकेत

98. सुकेन्द्रकी जीव (यूकैरियोटिक) और साथ ही प्राक्केन्द्रकी जीव (प्रोकैरियोटिक) दोनों में पाए जाने वाले कोशिकांग की पहचान कीजिए।

(a) लाइसोसोम (b) एण्डोसोम
(c) राइबोसोम (d) माइटोकॉण्ड्रिया

99. निम्नलिखित विकल्पों मे से ऊर्जा के पारम्परिक स्रोत की पहचान कीजिए।

(a) सौर ऊर्जा
(b) मवेशियों का गोबर (Cattle dung)
(c) भूतापीय ऊर्जा
(d) परमाणु

100. ईसाइयों द्वारा ईसा मसीह के जन्म के रूप में कौन-सा त्योहार मनाया जाता है?

(a) गुड फ्राइडे (b) क्रिसमस
(c) ईद-उल-फितर (d) ईस्टर

भाग 3

मात्रात्मक योग्यता

101. निम्नलिखित को सरल कीजिए।

$$\left[3\frac{2}{5}\times\left\{2\frac{3}{4}+3.3\left(5\frac{1}{3}+3\frac{1}{3}-2\frac{1}{3}\right)\right\}\right]$$

(a) 53.25 (b) 70.25
(c) 46.29 (d) 80.41

102. $(4+4)\times(4\div4)\times(4\times4)$ को सरल कीजिए।

(a) 144 (b) 130
(c) 124 (d) 128

103. दो शहर P और Q परस्पर 275 किमी दूर हैं। एक मोटरसाइकिल सवार 25 किमी/घण्टा की चाल से सुबह 10:00 बजे (10:00 a.m.) P से Q की ओर चलना शुरू करता है। एक अन्य सवार Q से P की ओर उसी दिन दोपहर 12 बजे 20 किमी/घण्टा की चाल से चलना शुरू करता है। वे किस समय एक-दूसरे को पार करेगा?

(a) 4:30 p.m. (b) 3:00 p.m.
(c) 5:00 p.m. (d) 1:15 p.m.

104. दी गई तालिका का अध्ययन कीजिए और नीचे दिए गए प्रश्न का उत्तर दीजिए।

श्रेणी	2019	2020
कच्चा माल	5000	6000
बिजली और ईंधन	10000	12000
वेतन और मजदूरी	8000	12000
विज्ञापन	10000	20000

वर्ष 2019-2020 में न्यूनतम प्रतिशत वृद्धि और उच्चतम प्रतिशत वृद्धि के बीच अन्तर ज्ञात कीजिए।

(a) 50% (b) 70%
(c) 60% (d) 80%

105. $(1-\cos^2 A)\sec^2 A$ का मान क्या है?

(a) $\tan^2 A$ (b) $\cot^2 A$
(c) $\cos^2 A\cot^2 A$ (d) $\text{cosec}^2 A$

106. 14 सेमी त्रिज्या वाले एक वृत्त के एक त्रिज्यखण्ड का क्षेत्रफल 231 सेमी^{2} है। संगत केन्द्रीय कोण का डिग्री माप ज्ञात कीजिए।

($\pi=\frac{22}{7}$ का प्रयोग कीजिए)

(a) 125° (b) 140°
(c) 150° (d) 135°

107. एक कक्षा में 60 विद्यार्थी हैं। सम्पूर्ण कक्षा का औसत वजन 42 किग्रा है। यदि कक्षा में 36 लड़के हैं और सभी लड़कों का औसत वजन 50 किग्रा है, तो सभी लड़कियों का औसत वजन (किग्रा में) कितना है?

(a) 30 (b) 34 (c) 32 (d) 36

108. दी गई तालिका का अध्ययन कीजिए और नीचे दिए गए प्रश्न का उत्तर दीजिए।
तालिका उन लोगों की संख्या को दर्शाती है, जिन्होंने संगीत की अपनी पसन्दीदा शैली के बारे में एक सर्वेक्षण में प्रतिक्रिया दी है।

आयु	25-30	31-50	51+
शास्त्रीय	2	9	16
पॉप	10	16	8
हिप-हॉप	4	7	6
रॉक	14	17	14
परिवेशी	7	13	20
कुल	37	62	64

31-50 आयु वर्ग के कितने प्रतिशत उत्तरदाताओं ने पॉप संगीत के अलावा अन्य पसन्दीदा शैली होने का संकेत दिया है (दो दशमलव स्थान तक पूर्णांकित)?

(a) 74.19% (b) 78.20%
(c) 82.39% (d) 76.25%

109. एक बेईमान डीलर, अपने माल को क्रय मूल्य पर बेचने का दावा करता है, लेकिन 1 किग्रा के बजाय 950 ग्राम के गलत वजन का उपयोग करता है। उसका लाभ प्रतिशत क्या होगा?

(a) $7\frac{5}{19}$% (b) $5\frac{5}{19}$%
(c) $6\frac{5}{19}$% (d) $4\frac{5}{19}$%

110. एक व्यक्ति 7 किमी/घण्टा की चाल से 11 किमी, 10 किमी/घण्टा की चाल से 25 किमी और 20 किमी/घण्टा की चाल से 30 किमी की दूरी तय करता है। व्यक्ति की औसतन चाल क्या है?

(a) $11\frac{10}{13}$ किमी/घण्टा (b) $11\frac{11}{13}$ किमी/घण्टा
(c) $11\frac{7}{13}$ किमी/घण्टा (d) $11\frac{9}{13}$ किमी/घण्टा

111. क्रमश: 10 सेमी और 6 सेमी के बाहरी और आन्तरिक व्यास के एक खोखले गोले को पिघलाया जाता है और 10 सेमी के आधार व्यास वाले एक लम्बवृत्तीय शंकु के आकार में ढालकर एक और ठोस बनाया जाता है। शंकु की ऊँचाई ज्ञात कीजिए।

(a) 14.68 सेमी (b) 13.68 सेमी
(c) 16.68 सेमी (d) 15.68 सेमी

112. दो संख्याओं का योग 28 है और उनके वर्गों का योग 528 है। दोनों संख्याओं के गुणनफल का वर्गमूल ज्ञात करें।

(a) $6\sqrt{2}$ (b) $4\sqrt{2}$ (c) $2\sqrt{2}$ (d) $8\sqrt{2}$

113. एक ट्रेन 45 सेकण्ड में 850 मी की दूरी तय करती है। समान गति से यात्रा करते हुए ट्रेन एक घण्टे में कितने किलोमीटर की दूरी तय करेगी?

(a) 67.2 किमी/घण्टा (b) 68 किमी/घण्टा
(c) 69 किमी/घण्टा (d) 67.5 किमी/घण्टा

114. रौनक और रिया किसी कार्य को क्रमश: 12 और 18 दिनों में कर सकती हैं। उन्होंने 6 दिनों तक साथ कार्य किया और फिर रौनक कार्य छोड़कर चली गई। कार्य को पूरा करने के लिए रिया द्वारा लिया गया समय ज्ञात कीजिए।

(a) 7 दिन (b) 3 दिन
(c) 6 दिन (d) 5 दिन

115. यदि किसी गोले की त्रिज्या में 125% की वृद्धि की जाती है, तो इसके पृष्ठीय क्षेत्रफल में कितने प्रतिशत की वृद्धि (दो दशमलव स्थान तक पूर्णांकित) होगी?

(a) 506.25% (b) 509.54%
(c) 409.76% (d) 406.25%

116. यदि $x - y = 25$ और $xy = 444$ है, तो $x^3 - y^3$ के मान की गणना कीजिए।

(a) 28495 (b) 26725
(c) 42985 (d) 48925

117. निम्नलिखित तालिका लिंग के आधार पर वर्गीकृत पाँच अलग-अलग शहरों (A, B, C, D और E) की जनसंख्या (सैकड़ों में) दर्शाती है।

शहर	जनसंख्या	पुरुष : महिलाएँ
A	2340	1:2
B	900	3:1
C	1510	3:2
D	2010	2:3
E	1750	4:3

शहर A और शहर B में महिलाओं की कुल संख्या (सैकड़ों में) कितनी है?

(a) 1785 (b) 1998 (c) 1658 (d) 1898

118. निम्नलिखित तालिका 4 अलग-अलग कॉलेजों में कर्मचारियों की कुल संख्या और महिला कर्मचारियों और पुरुष कर्मचारियों का प्रतिशत दर्शाती है। तालिका का ध्यानपूर्वक अध्ययन कीजिए और निम्नलिखित प्रश्न का उत्तर दीजिए।

कॉलेज	कर्मचारियों की कुल संख्या	महिला कर्मचारियों का प्रतिशत	पुरुष कर्मचारियों का प्रतिशत
A	700	35%	65%
B	550	30%	70%
C	600	40%	60%
D	800	55%	45%

कॉलेज A और D में मिलाकर महिलाओं की संख्या, कॉलेज B और C में मिलाकर पुरुषों की संख्या का कितना प्रतिशत है (दो दशमलव स्थान तक पूर्णांकित मान)?

(a) 90.86% (b) 80.95%
(c) 80.84% (d) 91.95%

119. यदि $855 \div 15 - k + 32 \times 5 = 1152 \div 16 \times 111 \div 37$ हो, तो k का मान ज्ञात कीजिए।

(a) 3 (b) 0 (c) 2 (d) 1

120. एक आदमी, रेलगाड़ी द्वारा 80 किमी/घण्टा की चाल से 1200 किमी की दूरी तय करता है, जहाज द्वारा 40 किमी/घण्टा की चाल से 1600 किमी की दूरी तय करता है, हवाई जहाज द्वारा 400 किमी/घण्टा की चाल से 1000 किमी की दूरी तय करता है और कार द्वारा 50 किमी/घण्टा की चाल से 200 किमी की दूरी तय करता है। सम्पूर्ण दूरी के लिए औसत चाल कितनी है? (दो दशमलव स्थान तक पूर्णांकित)

(a) 72.40 किमी/घण्टा (b) 68.1 किमी/घण्टा
(c) 75.40 किमी/घण्टा (d) 65.04 किमी/घण्टा

121. ₹ 1000 के बिल पर लागू होने वाली, 40% की छूट और 36% तथा 4% की दो क्रमागत छूट के बीच का अन्तर कितना है?

(a) ₹ 14.40 (b) ₹ 144
(c) ₹ 15.40 (d) ₹ 154

122. A और B के बीच एक चुनाव में, डाले गए प्रत्येक पाँचवें मत को मशीन द्वारा अमान्य के रूप में चिह्नित किया गया। शेष मतों में, A, 2500 मतों के अन्तर से या डाले गए कुल मतों के 10% के अन्तर से B से चुनाव जीत जाता है। यदि अमान्य मतों में से 90 %, B के पक्ष में होते, तो निम्नलिखित में से कौन-सा विकल्प चुनाव का नतीजा होता?

(a) A, 3% से जीत जाता
(b) B, 3% से जीत जाता
(c) A, 8% से जीत जाता
(d) B, 8% से जीत जाता

123. एक शहर की जनसंख्या में 5% की वार्षिक दर से वृद्धि होती है। यदि शहर की जनसंख्या 16000 है, तो 2 वर्ष बाद जनसंख्या कितनी होगी?

(a) 17640 (b) 17700
(c) 17600 (d) 17000

124. यदि $\tan\theta + \cot\theta = 6$ है, तो $\tan^2\theta + \cot^2\theta$ का मान ज्ञात कीजिए।

(a) 20 (b) 34 (c) 22 (d) 24

125. दिए गए व्यंजक को सरल कीजिए।

$[\{9 \times 81 + (142 \div 2)\} + 350 - 155 + 5] \div [(25 \times 25) - 125]$

(a) 2 (b) −2 (c) −1 (d) 1

126. यदि $(a-18)^2 + (b-12)^2 + (c-6)^2 = 0$ है, तो $(a+b+c)^{\frac{1}{2}}$ का मान ज्ञात करें।

(a) ±4 (b) ±2 (c) ±6 (d) ±3

127. 7 सेमी त्रिज्या वाले एक वृत्त में जीवा PQ की लम्बाई (सेमी में) कितनी है, जहाँ व्यास AB और गैर-व्यासी जीवा PQ, बिन्दु C पर लम्बवत् रूप से प्रतिच्छेद करती है और AC तथा BC का अनुपात 4:3 है?

(a) $6\sqrt{3}$ (b) $4\sqrt{3}$ (c) $2\sqrt{3}$ (d) $8\sqrt{3}$

128. यदि $\sin x + \cos x = \sqrt{2}\sin x$ है, तो $\sin x - \cos x$ का मान ज्ञात करें।

(a) $2\sin x$ (b) $-\sqrt{2}\cos x$
(c) $\sqrt{2}\sin x$ (d) $\sqrt{2}\cos x$

129. 7 सेमी त्रिज्या वाले बेलन का वक्रपृष्ठीय क्षेत्रफल 2200 सेमी^{2} है। इसका सम्पूर्ण पृष्ठीय क्षेत्रफल ज्ञात कीजिए। ($\pi = \frac{22}{7}$ का उपयोग कीजिए)

(a) 2260 सेमी^{2} (b) 2550 सेमी^{2}
(c) 2508 सेमी^{2} (d) 1580 सेमी^{2}

130. यदि किसी त्रिभुज की भुजाएँ 7, 12 और x हैं और x एक पूर्णांक है, तो x के सम्भावित मानों की संख्या ज्ञात कीजिए।

(a) 13 (b) 14 (c) 15 (d) 12

131. रामनारायण के वेतन में $3\frac{1}{8}\%$ की कमी की गई और फिर, कम किए गए वेतन में $7\frac{2}{5}\%$ की वृद्धि की गई। उसका नया वेतन उसके मूल वेतन की तुलना में कितने प्रतिशत (दशमलव के दो स्थानों तक पूर्णांकित) अधिकतम है?

(a) 4.04% अधिक (b) 4.04% कम
(c) 3.03% कम (d) 3.03% अधिक

132. दिए गए व्यंजक को सरल कीजिए।

$1000 \times 100 - 1000 + 4000 \div 200$

(a) 99999 (b) 99980
(c) 99020 (d) 99235

133. $66 \div [34-(32$ का $2-4) \div (4\times 15)]$ का मान निम्न में से किसके बराबर होगा?

(a) 3 (b) 1 (c) 2 (d) 0

134. एक निश्चित धनराशि 4 वर्षों के लिए एक निश्चित साधारण ब्याज दर पर दी जाती है। यदि इसे समान समय के लिए 11% अधिक दर पर दिया जाता, तो ₹ 1320 अधिक प्राप्त होते। धनराशि (₹ में) ज्ञात कीजिए।

(a) 2500 (b) 3000 (c) 3240 (d) 4580

135. एक दुकानदार 10 किग्रा चीनी खरीदने पर 12% की छूट देता है। चीनी का क्रय मूल्य ₹ 30/किग्रा है और अंकित मूल्य ₹ 38/किग्रा है। दुकानदार की तौल मशीन खराब है और जब वास्तविक भार 900 ग्राम होता है, तो वह 1 किग्रा भार बताती है। दुकानदार का लाभ प्रतिशत (दशमलव के दो अंकों तक पूर्णांकित) ज्ञात करें।

(a) 12.5% (b) 30.18% (c) 23.85% (d) 22.25%

136. एक गोलाकार बक्शे का पृष्ठीय क्षेत्रफल 528 सेमी^{2} है। उस गोलाकार बक्से की त्रिज्या ज्ञात कीजिए।

(a) $\sqrt{42}$ सेमी (b) $\sqrt{29}$ सेमी (c) $\sqrt{35}$ सेमी (d) $\sqrt{37}$ सेमी

137. बेलन की त्रिज्या 7 सेमी है और इसका वक्र पृष्ठीय क्षेत्रफल 396 सेमी^{2} है। बेलन का आयतन क्या होगा?

(a) 1396 सेमी^{3} (b) 1381 सेमी^{3} (c) 1391 सेमी^{3} (d) 1386 सेमी^{3}

138. $5055-(1002\div 20.04)$ का सरलीकृत मान ज्ञात कीजिए।

(a) 50.05 (b) 5050 (c) 4050 (d) 5005

139. मनीष, नकुल और पिण्टू अकेले किसी काम को क्रमश: 21 दिन, 28 दिन और 15 दिन में पूरा कर सकते हैं। मनीष और पिण्टू ने एकसाथ काम शुरू किया जबकि नकुल ने 5 दिन के बाद उनके साथ काम करना शुरू किया और काम पूरा होने तक उनके साथ काम किया। नकुल ने कितने दिन तक काम किया?

(a) $5\frac{1}{2}$ (b) $2\frac{1}{2}$ (c) $2\frac{6}{7}$ (d) $3\frac{1}{2}$

140. शिया म्यूचुअल फण्ड में ₹ 153000 का निवेश करती है, जो उसकी वार्षिक आय का 30% है। उसकी मासिक आय (₹ में) ज्ञात करें।

(a) 45800 (b) 52300 (c) 42500 (d) 55600

141. एक विक्रेता अंकित मूल्य पर 10% छूट और ₹ 250 का कैशबैक प्रदान करता है। वह अभी भी 10% लाभ अर्जित करता है। यदि क्रय मूल्य ₹1200 है, तो अंकित मूल्य (दशमलव के दो स्थानों तक पूर्णांकित) ₹ ...... है।

(a) 1774.44 (b) 1777.44 (c) 1447.44 (d) 1744.44

142. निम्नलिखित व्यंजक को सरल कीजिए।

$(6+6$ का $5\div 5)\div 6$ का $5+$
$(24\div 2$ का $3-6$ का $5+4)$

(a) $-21\frac{3}{5}$ (b) $-17\frac{2}{5}$

(c) $-23\frac{1}{5}$ (d) $-26\frac{2}{5}$

143. 15% का $1.5+0.15\div 0.1+0.01$ का $11\times 0.5+2.5\times 25$ का मान ज्ञात कीजिए।

(a) 64.2305 (b) 62.2305 (c) 6.42305 (d) 77.2305

144. यदि $4\sin^2\theta = 3(1+\cos\theta), 0^\circ < \theta < 90^\circ$ है, तो $\sqrt{15}\tan\theta + \frac{4}{\sqrt{15}}\sin\theta + 2\sec\theta$ का मान क्या है?

(a) 8 (b) 24 (c) $\frac{8}{\sqrt{15}}$ (d) $4\sqrt{15}$

145. नीचे दी गई तालिका वर्ष 2018-2022 के दौरान लगाए गए 3 अलग-अलग फलों के पेड़ों की संख्या दर्शाती है। तालिका का ध्यानपूर्वक अध्ययन कीजिए और उसके आधार पर दिए गए प्रश्न का उत्तर दीजिए।

वर्ष	कटहल	आम	बटर फ्रूट
2018	35000	40000	55000
2019	38000	48000	58000
2020	42000	52000	62000
2021	45000	55000	65000
2022	48000	58000	68000

वर्ष 2018 में लगाए गए आम के पेड़ों की संख्या की तुलना में 2020 में लगाए गए आम के पेड़ों की संख्या में कितने प्रतिशत की वृद्धि हुई?

(a) 15% (b) 17.5% (c) 23.08% (d) 30%

146. यदि चार अलग-अलग धनात्मक संख्याएँ a, b, c और d दिए गए क्रम में समानुपात में हैं, तो निम्नलिखित में से कौन-सा विकल्प सही नहीं है?

(a) a, c, b और d दिए गए क्रम में समानुपात में हैं
(b) c, d, b और a दिए गए क्रम में समानुपात में हैं
(c) b, a, d और c दिए गए क्रम में समानुपात में हैं
(d) d, c, b और a दिए गए क्रम में समानुपात में हैं

147. दी गई तालिका का अध्ययन कीजिए और नीचे दिए गए प्रश्न का उत्तर दीजिए।

तालिका पाँच फार्मों में उत्पादित अण्डों की संख्या दर्शाती है।

वर्ष	फार्म				
	P	Q	R	S	T
2010	1020	1418	1630	1740	1580
2011	1260	1390	1460	1530	1620
2012	1120	1765	1480	1515	1640
2013	1465	1555	1746	1418	1545

वर्ष 2011 में फार्म P द्वारा उत्पादित अण्डों (दर्जन में) और फार्म T द्वारा उत्पादित अण्डों (दर्जन में) का सम्बन्धित अनुपात क्या है?

(a) 7:5 (b) 5:7 (c) 7:9 (d) 9:7

148. दी गई तालिका का अध्ययन करें और नीचे दिए गए प्रश्न का उत्तर दें।

तालिका शैक्षणिक वर्ष 2022-2023 के दौरान भारत के विभिन्न शहरों A, B, C, D और E में विभिन्न पाठ्यक्रमों में विद्यार्थियों की संख्या दर्शाती है।

शहर	एमबीए	विज्ञान	इंजीनियरिंग	आयुर्विज्ञान	एमसीए	कुल
A	1200	2560	4520	1100	960	10340
B	1350	2650	5100	1050	850	11000
C	1250	2640	4580	1120	750	10340
D	1960	1250	3500	1850	1600	10160
E	1200	2100	3500	1960	1540	10300
कुल	6960	11200	21200	7080	5700	

शहर A में आयुर्विज्ञान में विद्यार्थियों की संख्या एमबीए में विद्यार्थियों की संख्या का लगभग कितना प्रतिशत है?

(a) 87% (b) 92% (c) 89% (d) 85%

149. यदि किसी त्रिभुज की तीन भुजाएँ 12, 22 और m इकाई है, तो निम्नलिखित में से कौन-सा सही है?

(a) $10 < m \le 34$ (b) $10 \le m \le 34$
(c) $10 \le m < 34$ (d) $10 < m < 34$

150. एक वस्तु द्वारा यात्रा के दौरान तय की गई दूरी (d), समय (t) के अनुक्रमानुपाती है। एक ट्रेन 2 घण्टे में 72 किमी की दूरी तय करती है। d और t के बीच सम्बन्ध दर्शाने वाला समीकरण ज्ञात कीजिए।

(a) $d = t - 36$ (b) $d = t + 36$
(c) $d = \frac{t}{36}$ (d) $d = 36t$

भाग 4
अंग्रेजी

151. Select the option that can be used as a one-word substitute for the the given group of words.
A place for storage of arms and ammunition
(a) Monastery (b) Scullery
(c) Arsenal (d) Mint

152. Identify the incorrectly spelt word in the given sentence.
Generousity is a godly feature among many individuals on the Earth.
(a) Generousity (b) feature
(c) individuals (d) godly

153. Select the most appropriate option with correct usage of the preposition to substitute the underlined segment in the given sentence.
The Centre of Excellence for Data Analytics (CEDA) provides quality data analytic services to <u>various government departments on all levels</u> as well as to public sector units at the Centre and in States.
(a) various government departments through all levels
(b) various government departments from all levels
(c) various government departments in all levels
(d) various government departments at all levels

154. Select the most appropriate idiom from the options to replace the underlined segment in the given sentence.
After his business failed, he <u>had to reduce spending</u> and adjust to a frugal lifestyle.
(a) tighten his belt
(b) hit the nail on the head
(c) kick the bucket
(d) let the cat out of the bag

155. Select the most appropriate meaning of the given idiom.
Sacred cow
(a) Harmful (b) Hateful
(c) Unquestionable (d) Interrogate

156. Select the option that can be used as a one-word substitute for the given group of words.
One who does not believe in God
(a) Atheist (b) Reverent
(c) Catholic (d) Priest

157. Select the incorrect form of the verb.
(a) Struck (b) Stricken
(c) Strike (d) Strucken

158. Select the most appropriate option that can substitute the underlined segment in the given sentence. If there is no need to substitute it, select 'No substitution'.
In yesterday's fire accident, <u>her feets are</u> burnt badly.
(a) No substitution
(b) her feet was
(c) her feet were
(d) her foots were

159. Select the most appropriate meaning of the given idiom.
Black sheep
(a) Intelligent (b) Disreputable
(c) Miscreant (d) Naive

160. Select the sentence that uses the given idiom correctly.
Have your head in the clouds
(a) He had his head in the clouds during an important meeting.
(b) She had her head in the clouds by wearing a cloud-shaped hat.
(c) The pilot had his head in the clouds while flying a plane.
(d) They had their heads in the clouds by looking up at the sky during a meteor shower.

161. Select the most appropriate antonym of the given word.
Upright
(a) Immoral (b) Brave
(c) Ethical (d) Stout

162. Select the most appropriate synonym for the word in brackets to fill in the blank.
Emotional stimulation provides the necessary ... for creative imagination. (fecundity)
(a) force (b) freedom
(c) fulcrum (d) fertility

163. Parts of the following sentence have been given as options. Select the option that contains a spelling error.
My strength is as the strenght of ten because my heart is pure.
(a) as the strenght
(b) of ten because
(c) My strength is
(d) my heart is pure

164. Select the word segment that can substitute the bracketed word segment correctly and complete the sentence meaningfully.
The Minister promised to provide free laptops to the public if his (party came in power).
(a) he comes to a party
(b) he loses the election
(c) party forms the government
(d) party loses the election

165. Select the most appropriate option that can substitute the underlined word in the given idiom.
A <u>goose's</u> eye view
(a) hornet's (b) bird's
(c) fool's (d) dog's

166. Select the sentence that has the correct use of words and spellings from the options given below.
(a) The delicious arauma of freshly baked cookies waftad through the kitchen, making mouths water.
(b) The delicious arauma of freshely baked cookes wafted through the kitchen, making mouths water.
(c) The delicius aroma of freshely baked cookies wafted through the kitchen, making mouths water.
(d) The delicious aroma of freshly baked cookies wafted through the kitchen, making mouths water.

167. Select the most appropriate option that can substitute the underlined segment in the given sentence. If there is no need to substitute it, select 'No substitution'.
This is the group of leaders <u>in whom the ruling government</u> has placed its trust.
(a) No substitution
(b) in who the ruling government
(c) with who the ruling government
(d) on who the ruling government

168. Select the most appropriate idiom for the underlined part in the given sentence.
Amar was left in a difficult situation by his business partners.
(a) head and shoulders above
(b) heart and soul
(c) hard and fast
(d) high and dry

169. Select the option that can be used as a one-word substitute for the given group of words.
The patronage bestowed in consideration of family relationships and not of merit.
(a) Egotism
(b) Neologism
(c) Mannerism
(d) Nepotism

170. Select the incorrectly spelt word.
(a) Passage
(b) Supremecy
(c) Reconsidered
(d) Prevention

171. Based on the situation in the sentence, select the most appropriate idiom for the underlined segment.
He always takes up difficult tasks-those which are beyond his capabilities.
(a) Pull someone's leg
(b) Miss the boat
(c) No pain no gain
(d) Bite off more than you can chew

172. Select the most appropriate antonym of the underlined word.
The arrival of spring brings an ebullient feeling as flowers bloom and the weather warms.
(a) clamant (b) deciduous
(c) rude (d) weary

173. Select the correctly spelt word.
(a) Refridgerator
(b) Registration
(c) Litrature
(d) Allegater

174. Select the most appropriate segment to substitute the underlined words in the given sentence.
You have tears, prepare to shed them now.
(a) If you have tears
(b) Unless you have tears
(c) Until you have tears
(d) Yet you have tears

175. Select the most appropriate synonym of the given word.
Bind
(a) Disengage (b) Amuse
(c) Secure (d) Flourish

176. Select the most appropriate meaning of the given idiom.
When pigs fly
(a) Something that will get completed
(b) Something that will never happen
(c) Something that will never last-long
(d) Something that will never deviate

177. Identify the error in the verb form in the following sentence and choose the correct sentence from the given options (Present Tense).
The committee work diligently to ensure fair and unbiased decision.
(a) The committee has work diligently to ensure fair and unbiased decision.
(b) The committee is work diligently to ensure fair and unbiased decision.
(c) The committee works diligently to ensure fair and unbiased decision.
(d) The committee worked diligently to ensure fair and unbiased decision.

178. The following sentence has been divided into four segments. Identify the segment that has a grammatical error.
Soldiers in the Indian Armed Forces are / trained never to / fight cowardly.
(a) fight cowardly
(b) Soldiers in
(c) the Indian Armed Forces are
(d) trained never to

179. Three segments of the following sentence have been underlined and given as options. One of them may contain an error. Select the option that contains the error. If you don't find any error, mark 'No error' as your answer.
When my father will come, I will make sure that I discuss the possibilities of a new business venture with him.
(a) When my father will come
(b) I discuss the possibilities
(c) No error
(d) I will make sure

180. Select the most appropriate antonym of the given word.
Aggravate
(a) Humiliate (b) Ignorant
(c) Exasperate (d) Alleviate

181. Select the most appropriate antonym of the given word.
Tight
(a) Slack
(b) Comfortable
(c) Resilient
(d) Cordial

182. Select the option that can be used as a one-word substitute for the given group of words.
A doubtful look or examination of one's motives.
(a) Introspect
(b) Suspect
(c) Retrospect
(d) Circumspect

183. Select the most appropriate antonym of the underlined word in the following sentence.
The government is proposing to incinerate cattle carcasses at many sites, some of which are in populated areas.
(a) oxidise (b) extinguish
(c) blaze (d) combust

184. Select the option that can be used as a one-word substitute for the given group of words.
Dwarfed varieties of trees and shrubs in pots.
(a) Botanical (b) Bonsai
(c) Orchard (d) Bonafide

185. Select the option that can be used as a one-word substitute for the given group of words.
Vivacious and enthusiastic
(a) Effervescent
(b) Introverted
(c) Brazen
(d) Rowdy

186. Select the most appropriate antonym of the underlined word.
The brave knight set out to vanquish the fearsome dragon and protect the kingdom from its menace.
(a) measure (b) instill
(c) engage (d) liberate

187. Select the option that can be used as a one-word substitute for the given group of words.
Consonance of sounds
(a) Woodwinds
(b) Troupe
(c) Orchestration
(d) Symphony

188. Select the incorrectly spelt word.
(a) Dissapear
(b) Vicinity
(c) Entrepreneur
(d) Supersede

189. Select the option that expresses the meaning of the underlined segment.

Partly, it may be a desire <u>to stop</u> emotions in front of strangers.
(a) smash
(b) quiet
(c) quell
(d) put out

190. Select the most appropriate option that can substitute the underlined segment in the given sentence.

During the preparation for competitive exams, Meena <u>avoided</u> going to parties.
(a) whispered a secret
(b) fired a cracker
(c) cracked a joke
(d) steered clear of

Directions (Q. Nos. 191-195) *In the following passage, some words have been deleted. Read the passage carefully and select the most appropriate option to fill in each blank.*

Mowgli is a ...(1)... haracter from Rudyard Kipling's classic 'The Jungle Book' raised by wolves in the Indian jungle, Mowgli ...(2)... thrilling adventures and forms friendships with various animals, like Bagheera (the panther) and Baloo (the bear). Throughout the story, he ...(3)... the challenges of living among both humans and jungle creatures, all while learning essential life lessons. The Jungle Book continues to ...(4)... readers of all ages with its ...(5)... portrayal of Mowgli's remarkable journey of self-discovery and the beauty of the natural world.

191. Select the most appropriate option to fill in blank number 1.
(a) scorned
(b) beloved
(c) despised
(d) overlooked

192. Select the most appropriate option to fill in blank number 2.
(a) experiences
(b) enunciates
(c) excavates
(d) exaggerates

193. Select the most appropriate option to fill in blank number 3.
(a) coordinates
(b) navigates
(c) customises
(d) procures

194. Select the most appropriate option to fill in blank number 4.
(a) captivate
(b) register
(c) magnify
(d) manipulate

195. Select the most appropriate option to fill in blank number 5.
(a) surprising
(b) ordinary
(c) enchanting
(d) abnormal

Directions (Q. Nos. 196-200) *Read the given passage and answer the questions that follow.*

On 3rd September, 2016, a magnitude 5.8 earthquake struck just North-West of Pawnee, Oklahoma, causing moderate to severe damages in buildings near the epicentre. It was the largest ever recorded in the state.

The Pawnee earthquake followed the dramatic increase of seismic events in the Central United States beginning in 2009, associated with the increase of underground wastewater disposal by oil and gas operators. This and other events in the area raised public concerns and led governmental agencies to shut-down injection wells and establish new regulations regarding wastewater injections.

While, human-caused earthquakes have been documented for more than a century, their increasing number reported worldwide has drawn much scientific, social and political attention. Such earthquakes are related to industrial activities such as mining, construction of water dams, injection of liquids such as wastewater and carbon dioxide and extractions associated with oil and gas exploitation.

With the ever-increasing demand for energy and mineral supplies worldwide, the number of Human-caused earthquakes is expected to rise in the upcoming years. Some of the largest and more destructive earthquakes of the past few years have been related to man-made activities, such as the 2008 magnitude 7.9 Wenchuan (China) earthquake and the 2015 magnitude 7.8 Nepal earthquake.

In most of the cases, industrial activities do not induce earthquakes. But this becomes problematic when such activities are close to active faults. In this case, even small stresses underground caused by man-made activities can destabilise faults, inducing earthquakes.

196. Human-caused earthquakes are related to ....
(a) space expedition
(b) artificial intelligence
(c) population explosion
(d) industrial activities

197. What is the tone of the speaker?
(a) Cynical
(b) Dogmatic
(c) Apologetic
(d) Contemptuous

198. Select the most suitable word from the passage which means 'create'.
(a) increase (b) deplete
(c) destabilise (d) seismic

199. Why does the passage observe that more human-caused earthquakes are expected?
(a) It is due to the fragility of the Earth.
(b) It is due to the Greenhouse Effect.
(c) It is due to the over soil erosion.
(d) It is due to the demand for energy and minerals.

200. Identify the most suitable title for the passage.
(a) Man vs Man
(b) Industrial Threats
(c) How Safe Are We on This Earth
(d) Seismic Depression

जानें सही उत्तर

1 (b)	2 (c)	3 (d)	4 (a)	5 (b)	6 (c)	7 (c)	8 (a)	9 (d)	10 (a)
11 (b)	12 (a)	13 (d)	14 (a)	15 (a)	16 (d)	17 (a)	18 (b)	19 (b)	20 (b)
21 (c)	22 (c)	23 (b)	24 (b)	25 (c)	26 (b)	27 (c)	28 (d)	29 (b)	30 (d)
31 (d)	32 (a)	33 (c)	34 (c)	35 (c)	36 (d)	37 (c)	38 (d)	39 (c)	40 (b)
41 (c)	42 (d)	43 (b)	44 (d)	45 (a)	46 (b)	47 (b)	48 (d)	49 (c)	50 (d)
51 (c)	52 (d)	53 (d)	54 (c)	55 (c)	56 (b)	57 (d)	58 (a)	59 (c)	60 (d)
61 (d)	62 (d)	63 (c)	64 (b)	65 (c)	66 (c)	67 (a)	68 (a)	69 (c)	70 (d)
71 (b)	72 (d)	73 (c)	74 (b)	75 (c)	76 (a)	77 (d)	78 (a)	79 (d)	80 (a)
81 (b)	82 (b)	83 (c)	84 (c)	85 (a)	86 (c)	87 (a)	88 (d)	89 (c)	90 (d)
91 (c)	92 (c)	93 (c)	94 (b)	95 (a)	96 (a)	97 (a)	98 (c)	99 (b)	100 (b)
101 (d)	102 (d)	103 (c)	104 (d)	105 (a)	106 (d)	107 (a)	108 (a)	109 (b)	110 (b)
111 (d)	112 (d)	113 (b)	114 (b)	115 (d)	116 (d)	117 (a)	118 (d)	119 (d)	120 (d)
121 (a)	122 (d)	123 (a)	124 (b)	125 (a)	126 (c)	127 (d)	128 (d)	129 (c)	130 (a)
131 (a)	132 (c)	133 (c)	134 (b)	135 (c)	136 (a)	137 (d)	138 (d)	139 (c)	140 (c)
141 (d)	142 (a)	143 (a)	144 (b)	145 (d)	146 (b)	147 (c)	148 (b)	149 (d)	150 (d)
151 (c)	152 (a)	153 (d)	154 (a)	155 (c)	156 (a)	157 (d)	158 (c)	159 (b)	160 (a)
161 (a)	162 (d)	163 (a)	164 (c)	165 (b)	166 (d)	167 (a)	168 (d)	169 (d)	170 (b)
171 (d)	172 (d)	173 (b)	174 (a)	175 (c)	176 (b)	177 (c)	178 (a)	179 (a)	180 (d)
181 (a)	182 (d)	183 (b)	184 (b)	185 (a)	186 (d)	187 (d)	188 (a)	189 (c)	190 (d)
191 (b)	192 (a)	193 (b)	194 (a)	195 (c)	196 (d)	197 (a)	198 (c)	199 (d)	200 (b)

प्रश्नों के सही हल

1. **(b)** दिया है,

$20 \times 5 - 7 \div 4 + 3 = ?$

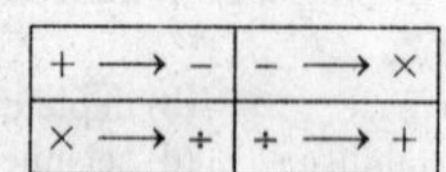

प्रश्नानुसार, चिह्न को बदलने पर,

$20 \div 5 \times 7 + 4 - 3$

$= 4 \times 7 + 4 - 3 = 28 + 4 - 3$

$= 32 - 3 = 29$

2. **(c)** अंग्रेजी शब्दकोश के अनुसार शब्दों का क्रम निम्न प्रकार है,

Incapacity (4) → Incense (3) → Incentive (5) → Inception (2) → Incest (1)

अत: अभीष्ट क्रम = 4, 3, 5, 2, 1

3. **(d)** जिस प्रकार,

तथा

उसी प्रकार,

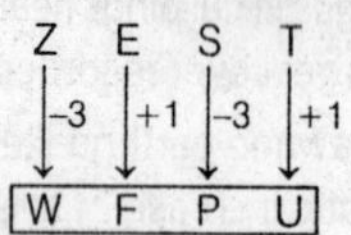

4. **(a)** जिस प्रकार,

HEN ⇒ 3 (अक्षरों की संख्या)

$= 3^2 = 9$

तथा AFTER ⇒ 5 (अक्षरों की संख्या)

$= 5^2 = 25$

उसी प्रकार,

SMALLEST ⇒ 8 (अक्षरों की संख्या)

$= 8^2 = \boxed{64}$

5. **(b)** अंगूर व सेब अलग-अलग प्रकार के फल है।

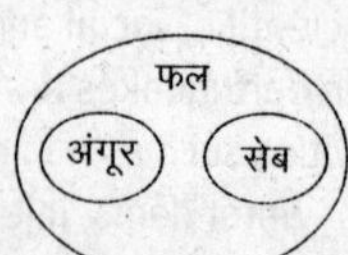

6. **(c)** जिस प्रकार,

$15 \Rightarrow 15 + \frac{15}{3} = 20$

तथा $6 \Rightarrow 6 + \frac{6}{3} = 8$

उसी प्रकार,

$x \Rightarrow x + \frac{x}{3} = 12$

$\Rightarrow \quad 4x = 36$

$\Rightarrow \quad x = \frac{36}{4} = 9$

∴ अभीष्ट संख्या = 9

7. **(c)** दी गई आकृति शृंखला में निम्न का एकान्तर क्रमों का अनुसरण हो रहा है।

आकृति (i) से आकृति (ii) और आकृति (iii) से आकृति (iv)

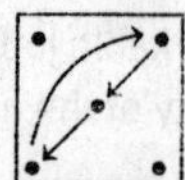

आकृति (ii) से आकृति (iii) तथा आकृति (iv) से आकृति (v)

इसी क्रम का अनुसरण करते हुए विकल्प (c) शृंखला को पूरा करेगी।

8. **(a)** प्रश्नानुसार,

बाघ और हाथी विभिन्न प्रकार के स्तनधारी जानवर हैं और साँप एक सरीसृप जानवर है।

9. (d) विकल्प आकृति (d), प्रश्न आकृति का सही दर्पण प्रतिबिम्ब है।

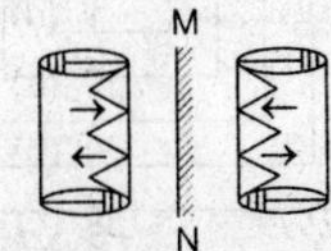

10. (a) दी गई श्रृंखला का क्रम निम्न प्रकार है,

$78 \xrightarrow{+(2)^3} 86 \xrightarrow{\times 3} 258 \xrightarrow{+(4)^3} 322 \xrightarrow{\times 5} \boxed{1610}$

11. (b) प्रश्नानुसार,

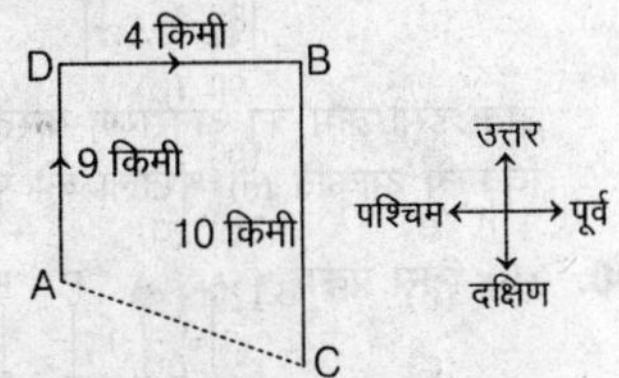

अत: बिन्दु A के सन्दर्भ में बिन्दु C दक्षिण-पूर्व दिशा में है।

12. (a) प्रश्नानुसार,

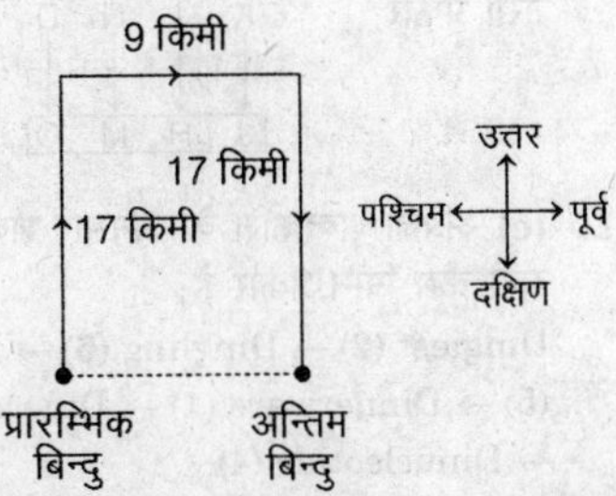

अत: सीधी रेखा पर शिवानी प्रारम्भिक बिन्दु से 9 किमी की दूरी पर है।

13. (d) जिस प्रकार,

P	A	N	D	A	
↓	↓	↓	↓	↓	
K	Z	M	W	Z	
11	26	13	23	26	(विपरीत अक्षर)
↓×3	↓×3	↓×3	↓×3	↓×3	
33	78	39	69	78	

तथा

S	N	A	K	E	
↓	↓	↓	↓	↓	
H	M	Z	P	V	
8	13	26	16	22	(विपरीत अक्षर)
↓×3	↓×3	↓×3	↓×3	↓×3	
24	39	78	48	66	

उसी प्रकार,

Z	E	B	R	A	
↓	↓	↓	↓	↓	
A	V	Y	I	Z	
1	22	25	9	26	(विपरीत अक्षर)
↓×3	↓×3	↓×3	↓×3	↓×3	
3	66	75	27	78	

14. (a) दोनों पासे में 'A' उभयनिष्ठ है, तो

पासा I - A C B

↕ ↕

पास II - A R S

अत: A के विपरीत फलक पर शेष बचा हुआ अक्षर 'T' होगा।

15. (a) जिस प्रकार,

H	E	M	A	N	T
8	5	13	1	14	20
↓×3	↓×3	↓×3	↓×3	↓×3	↓×3
24	15	39	3	42	60

तथा

V	I	N	A	Y
22	9	14	1	25
↓×3	↓×3	↓×3	↓×3	↓×3
66	27	42	3	75

उसी प्रकार,

M	O	H	A	N
13	15	8	1	14
↓×3	↓×3	↓×3	↓×3	↓×3
39	45	24	3	42

16. (d) दी गई श्रृंखला का क्रम निम्न प्रकार है,

$125 \xrightarrow{+25} 150 \xrightarrow{+27} 177 \xrightarrow{+30} 207 \xrightarrow{+35} 242 \xrightarrow{+42} \boxed{284}$

(अंतर: +2, +3, +5, +7)

17. (a) विकल्प आकृति (a), उस पैटर्न को दर्शाता है, जो दी गई पारदर्शी शीट को मध्य ऊर्ध्वाधर रेखा पर मोड़ने पर दिखाई देगा।

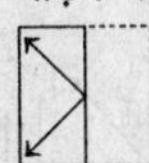

18. (b) दी गई आकृति श्रृंखला का क्रम निम्न प्रकार है,

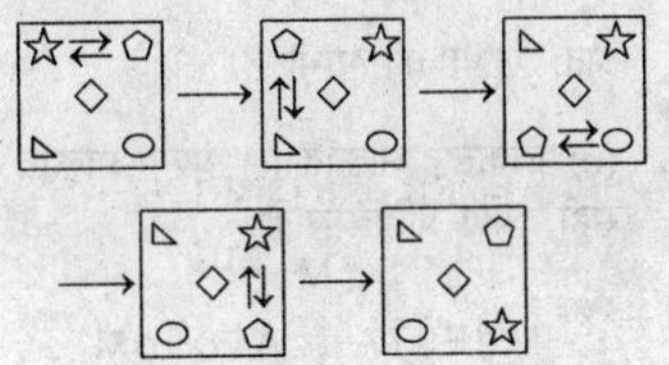

19. (b) दी गई श्रृंखला निम्न प्रकार है,

$A \xrightarrow{+3} D \xrightarrow{+3} G \xrightarrow{+3} \boxed{J}$

$D \xrightarrow{+3} G \xrightarrow{+3} J \xrightarrow{+3} \boxed{M}$

$O \xrightarrow{+3} R \xrightarrow{+3} U \xrightarrow{+3} \boxed{X}$

20. (b) कथनानुसार,

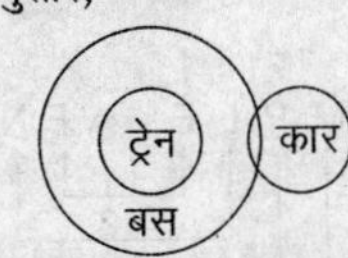

निष्कर्ष I. (✗) II. (✓)

अत: केवल निष्कर्ष II अनुसरण करता है।

21. (c) कथनानुसार,

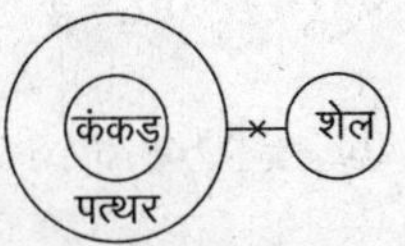

निष्कर्ष I. (✗) II. (✓)

अत: केवल निष्कर्ष (II) अनुसरण करता है।

22. (c) जिस प्रकार, 23-27 में दूसरी संख्या पहली संख्या से पूर्णत: विभाजित नही है।

उसी प्रकार, केवल विकल्प (c) में 25, 15 से पूर्णत: विभाजित नही है।

जबकि अन्य सभी विकल्पों में दूसरी संख्या पहली संख्या से पूर्णत: विभाजित है।

अत: 15-25 विषम है।

23. (b) विकल्प आकृति (b), प्रश्न आकृति का सही दर्पण प्रतिबिम्ब है।

M

MaGe4 | 4əGaM

N

24. (b) जिस प्रकार,

$20,\ 30 \Rightarrow 20 + \frac{20}{2} = 20 + 10 = 30$

तथा

$30,\ 45 \Rightarrow 30 + \frac{30}{2} = 30 + 15 = 45$

उसी प्रकार,

$x, 120 \Rightarrow x + \frac{x}{2} = 120$

$\Rightarrow \quad 3x = 240$

$\therefore \quad x = 80$

25. (c) दिया है,

$71 + 32 \times 2 - 63 \div 7 + [(81)^{\frac{1}{4}}] \times 3 - 22 = 113$

विकल्प (c) के अनुसार संख्या बदलने पर,

$71 + 32 \times 2 - 63 \div 3 + [(81)^{\frac{1}{4}}] \times 7 - 22 = 113$

$\Rightarrow 71 + 32 \times 2 - 21 + 3 \times 7 - 22 = 113$

$\Rightarrow 71 + 64 - 21 + 21 - 22 = 113$

$\Rightarrow \quad 135 - 22 = 113$

$\therefore \quad 113 = 113$

26. (b) दोनों पासे में 9 उभयनिष्ठ है,

पासा I. 9 से दक्षिणावर्त लिखने पर ⇒ 9 3 5

↕ ↕

पासा II. 9 से दक्षिणावर्त लिखने पर ⇒ 9 4 2

अत: संख्या 3 वाले फलक के विपरीत फलक पर संख्या 4 होगी।

27. (c) प्रश्नानुसार,

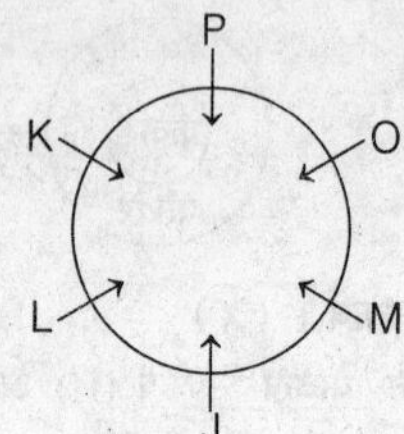

अतः L, K के ठीक दाएँ ओर बैठा है।

28. (d) प्रश्न आकृति, विकल्प आकृति (d) में अन्तर्निहित है।

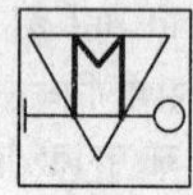

29. (b) दी गई श्रृंखला का क्रम निम्न प्रकार है,

$-32 \xrightarrow{\div 4} -8 \xrightarrow{\div 4} -2 \xrightarrow{\div 4} \boxed{-1/2} \xrightarrow{\div 4} -1/8$

30. (d) जिस प्रकार,

M	A	R	C	H
−1	+1	−1	+1	−1
L	B	Q	D	G

तथा

T	A	X	A	S
−1	+1	−1	+1	−1
S	B	W	B	R

उसी प्रकार,

P	I	E	C	E
−1	+1	−1	+1	−1
O	J	D	D	D

31. (d) दिया है,

$53 - 48 \times 6 \div 9 + 11 = ?$

$\boxed{+ \Leftrightarrow -, \times \Leftrightarrow \div}$

चिह्नों को आपस में बदलने पर

नया व्यंजक $= 53 + 48 \div 6 \times 9 - 11$

$= 53 + 8 \times 9 - 11$

$= 53 + 72 - 11$

$= 125 - 11 = 114$

32. (a) दिया है,

$47 \div 3 - 126 \times 6 + 18 = ?$

$\boxed{+ \Leftrightarrow -, \times \Leftrightarrow \div}$

चिह्नों को आपस में बदलने पर,

नया व्यंजक $= 47 \times 3 + 126 \div 6 - 18$

$= 47 \times 3 + 21 - 18$

$= 141 + 21 - 18$

$= 144$

33. (c) यहाँ, $F \xrightarrow{+6} L \xrightarrow{-3} I$

$R \xrightarrow{+6} X \xrightarrow{-3} U$

$I \xrightarrow{+6} O \xrightarrow{-3} L$

परन्तु, $M \xrightarrow{+6} S \xrightarrow{-2} Q$

34. (c) दिया है,

17 I (11 L 8 J 4) L 148 K 4 J 22 = ?

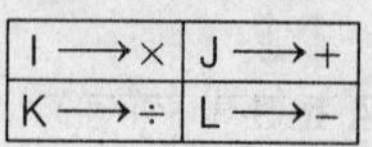

I → ×	J → +
K → ÷	L → −

चिह्नों को प्रतिस्थापित करने पर,

$17 \times (11 - 8 + 4) - 148 \div 4 + 22$

$= 17 \times 7 - 148 \div 4 + 22$

$= 17 \times 7 - 37 + 22$

$= 119 - 37 + 22$

$= 141 - 37 = \boxed{104}$

35. (c) प्रश्नानुसार,

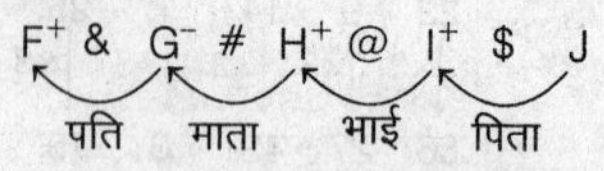

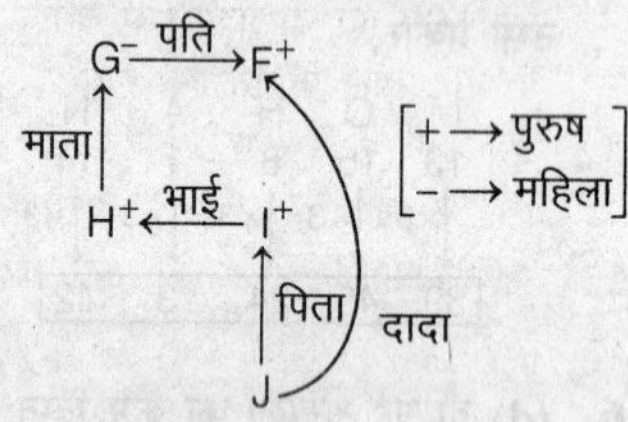

अतः F, J का दादा है।

36. (d) प्रश्नानुसार,

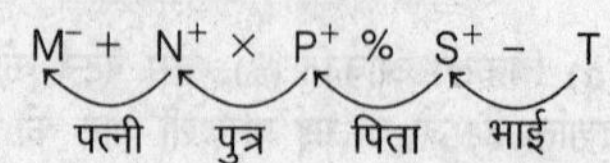

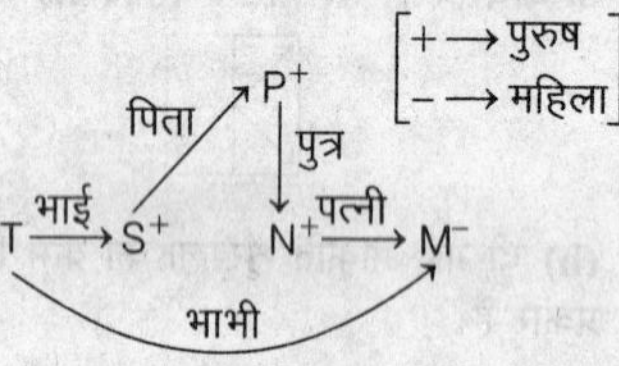

अतः M, T की भाभी है।

37. (c) विकल्प आकृति (c), प्रश्न आकृति का सही दर्पण प्रतिबिम्ब है।

M

MdF37A ‖ A7ƐꟻbM

N

38. (d) जिस प्रकार,

T R U T H → I V X V Y

+1, +2, +3, +4, +5

तथा

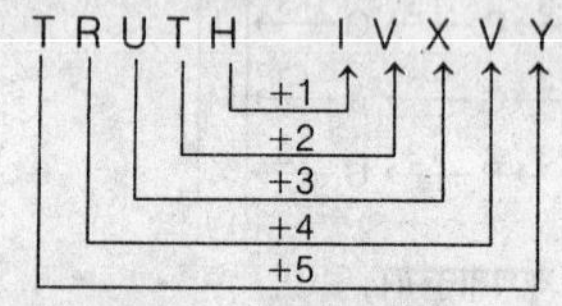

उसी प्रकार,

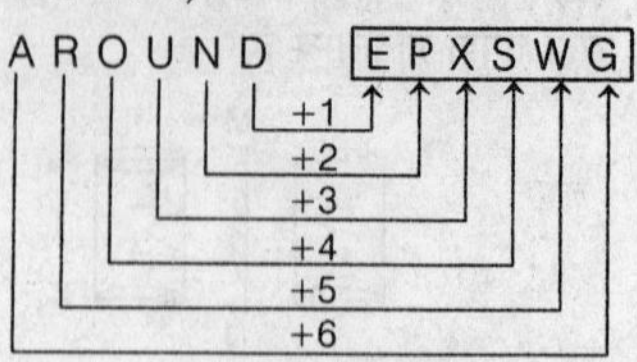

39. (c) दी गई आकृति श्रृंखला में निम्न क्रम का अनुसरण हो रहा हैं।

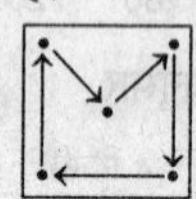

अतः इसी क्रम का अनुसरण करते हुए विकल्प आकृति (c) श्रृंखला को पूरा करेगी।

40. (b) जिस प्रकार,

N	A	P	E
−1	−1	−1	−1
M	Z	O	D

तथा

D	U	L	L
−1	−1	−1	−1
C	T	K	K

उसी प्रकार,

K	I	N	D
−1	−1	−1	−1
J	H	M	C

41. (c) अंग्रेजी शब्दकोश के अनुसार शब्दों का सही क्रम निम्न प्रकार है,

Dingiest (2) → Dingling (6) → Dinkier (5) → Dinnerware (1) → Dinosaurs (3) → Dinucleotide (4)

⇒ 2, 6, 5, 1, 3, 4

42. (d) दिया है,

342 A 2 C 125 B 1 D 43

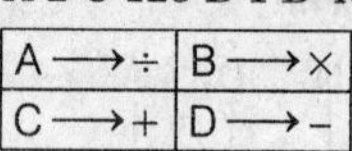

A → ÷	B → ×
C → +	D → −

चिह्नों को प्रतिस्थापित करने पर,

$342 \div 2 + 125 \times 1 - 43$

$= 171 + 125 \times 1 - 43$

$= 171 + 125 - 43$

$= 296 - 43 = 253$

43. (b) दी गई श्रृंखला का क्रम निम्न प्रकार है,

$I \xrightarrow{+3} L \xrightarrow{+3} O \xrightarrow{+3} \boxed{R}$

$C \xrightarrow{+4} G \xrightarrow{+4} K \xrightarrow{+4} \boxed{O}$

$E \xrightarrow{+5} J \xrightarrow{+5} O \xrightarrow{+5} \boxed{T}$

44. (d) दी गई श्रृंखला का क्रम निम्न प्रकार है,

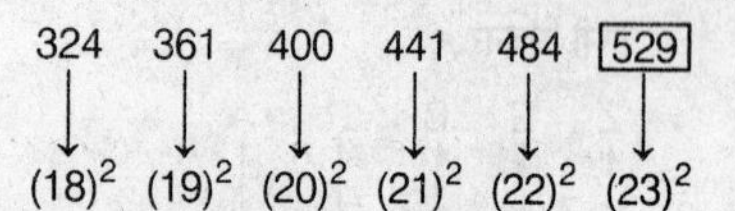

45. (a) प्रश्न आकृति में दिए गए कागज के टुकड़े को खोलने पर विकल्प आकृति (a) की तरह दिखाई देगा।

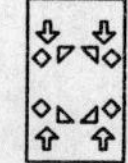

46. (b) जिस प्रकार,

$(54, 51, 48) \Rightarrow \frac{54+48}{2} = \frac{102}{2} = 51$

तथा

$(46, 40, 34) \Rightarrow \frac{46+34}{2} = \frac{80}{2} = 40$

उसी प्रकार,

$(58, 47, 36) \Rightarrow \frac{58+36}{2} = \frac{94}{2} = 47$

47. (b) $712 \div 6 - 15 \times 3 + 15 = ?$

प्रश्नानुसार, + और − तथा × और ÷ को आपस में बदलने पर,

व्यंजक $= 712 \times 6 + 15 \div 3 - 15$

$= 4272 + 5 - 15$

$= 4277 - 15 = \boxed{4262}$

48. (d) दी गई शृंखला का क्रम निम्न प्रकार है,

R $\xrightarrow{+4}$ V $\xrightarrow{+4}$ [Z] $\xrightarrow{+4}$ D $\xrightarrow{+4}$ H

D $\xrightarrow{+7}$ K $\xrightarrow{+7}$ [R] $\xrightarrow{+7}$ Y $\xrightarrow{+7}$ F

L $\xrightarrow{-10}$ B $\xrightarrow{-10}$ [R] $\xrightarrow{-10}$ H $\xrightarrow{-10}$ X

S $\xrightarrow{+13}$ F $\xrightarrow{+13}$ [S] $\xrightarrow{+13}$ F $\xrightarrow{+13}$ S

49. (c) जिस प्रकार,

B	E	A	M
↓ −1	↓ +1	↓ −1	↓ +1
A	F	Z	N

तथा

B	I	L	L
↓ −1	↓ +1	↓ −1	↓ +1
A	J	K	M

उसी प्रकार,

W	E	L	L
↓ −1	↓ +1	↓ −1	↓ +1
V	F	K	M

[VFKM]

50. (d) जिस प्रकार, 76 : 69 ⟶ 76−7=69

तथा 49 : 45 ⟶ 49−4=45

उसी प्रकार, 69 : ? ⟶ 69−6=[63]

51. (c) पश्चिम भारत में ग्रीष्म काल में चलने वाली गर्म शुष्क पवन लू-पवन कहलाती है।

- यह एक स्थानीय हवा है, जो राजस्थान में थार रेगिस्तान के तीव्र ताप के कारण होती है। जो कम दबाव का क्षेत्र बनाती है, जो आस-पास के क्षेत्रों से हवा खींचती है।
- फॉन या फोहेन आल्पस पर्वत के आस-पास के क्षेत्र में बहने वाली स्थानीय पवन है।
- चिनूक पवनें दो प्रकार की प्रचलित गर्म पवनें हैं, जो सामान्यत: पश्चिमी उत्तरी अमेरिका में बहने वाली पश्चिमी पवनें हैं।
- यूगोस्लाविया के एड्रियाटिक तट पर चलने वाली ठण्डी हवा बोरा है।

52. (d) सम्पत्ति कर और उपहार कर दोनों को कागजी कर के रूप में सन्दर्भित किया जाता है।

- सम्पत्ति कर को एक कागजी कर माना जाता है, क्योंकि किसी व्यक्ति की सम्पत्ति के सही मूल्य का आकलन करना मुश्किल होता है और अपततीय खातों या धन छिपाने के अन्य तरीकों से इससे बचा जाता है।
- उपहार कर एक कागजी कर माना जाता है, क्योंकि परिसम्पत्तियों को इस तरह से स्थानान्तरित करने से बचना अपेक्षाकृत आसान है, जिससे कर लागू नहीं होता है।

53. (d) विदेशी बाजारों में प्रवेश करने का पारम्परिक तरीका निर्यात है।

- घरेलू रूप से उत्पादित वस्तुओं और सेवाओं को दूसरे देशों में बेचने की क्रिया को निर्यात के रूप में जाना जाता है।
- निर्यात को दो प्रकारों में वर्गीकृत किया जाता है। प्रत्यक्ष निर्यात ऐसे लेन-देन होते हैं, जिनमें एक कम्पनी अपने उत्पाद सीधे किसी दूसरे देश में खरीदार को बेचती है।
- अप्रत्यक्ष निर्यात में लेन-देन की सुविधा के लिए तीसरे पक्ष के कौशल को काम पर रखना शामिल है।

54. (c) 21 जुलाई, 2021 को आई.ओ.सी. द्वारा ओलम्पिक-2032 की मेजबानी के लिए ब्रिस्बेन (ऑस्ट्रेलिया) शहर का चयन किया गया है।

- ब्रिस्बेन में 2032 ओलम्पिक और पैरालम्पिक खेलों के लिए आयोजन समिति के उद्घाटन CEO के रूप में अमेरिकी कार्यकारी सिण्डी हुक को नियुक्त किया गया है।
- आईओसी के एजेण्डा 2020 से भविष्य के ओलम्पिक खेलों के मेजबान शहरों को चुनने के नए प्रारूप के अनुसार वोट 10C के 80 प्रतिनिधियों के लिए एक जनमत संग्रह के रूप में था।

55. (c) अटल बिहारी वाजपेयी पर्वतारोहण और सम्बद्ध खेल संस्थान मनाली, हिमाचल प्रदेश में स्थित है।

- इसकी स्थापना वर्ष 1961 में की गई थी।
- वर्ष 2008 में इसका नाम अटल बिहारी वाजपेयी के नाम पर रखा गया।
- यहाँ पर्वतारोहण स्कीइंग और तैराकी का पाठ्यक्रम प्रदान किया जाता है।

56. (b) सुप्रसिद्ध कथक नृत्यांगना सितारा देवी को रवीन्द्रनाथ टैगोर द्वारा कथक की रानी के रूप में सम्मानित किया था।

- सितारा देवी का जन्म 8 नवम्बर, 1920 को कलकत्ता में हुआ था।
- इनका मूल नाम धन लक्ष्मी था।
- इन्हें वर्ष 1970 में पद्मश्री तथा वर्ष 1994 में राष्ट्रीय कालिदास सम्मान से सम्मानित किया गया था।

57. (d) 'ग्रिमस' वर्ष 1975 में सलमान रुश्दी द्वारा लिखा गया एक उपन्यास है।

- सलमान रुश्दी एक ब्रिटिश अमेरिकी उपन्यासकार और भारतीय मूल के निबन्धकार हैं।
- उन्होने अपनी उपन्यास 'मिडनाइट्स चिल्ड्रेसन' के लिए वर्ष 1981 में बुकर पुरस्कार जीता था।
- 'द सैटेनिक वर्सेज' द गोल्डन हाउस इनकी प्रमुख उपन्यास हैं।

58. (a) ब्रिटिश भारत के भारत सरकार अधिनियम, 1858 के तहत ब्रिटिश सरकार ने भारत के प्रशासन का प्रत्यक्ष नियन्त्रण अपने हाथों में ले लिया।

- भारत के गवर्नर-जनरल की उपाधि को वायसराय से बदल दिया गया, जिसने इस पद की प्रतिष्ठा को बढ़ा दिया।
- वायसराय को सीधे ब्रिटिश सरकार द्वारा नियुक्त किया जाता है।
- भारत के प्रथम वायसराय लॉर्ड कैनिंग थे।

59. (c) यदि आरक्षित नकदी निधि अनुपात का मान 25% है, तो मुद्रा गुणक का मान 4 होगा।

- मुद्रा गुणक मौद्रिक अर्थशास्त्र में एक प्रक्रिया को सन्दर्भित करता है। जहाँ अर्थव्यवस्था में क्रेडिट की पीढ़ी के माध्यम से पैसा बचाया जाता है।
- मैद्रिक गुणक धन गुणक का दूसरा नाम है। मुद्रा गुणक = 1/CRR = 1/0.25 = 4
- CRR के अन्तर्गत अनुसूचित बैंकों को एक निश्चित रकम जमा के रूप में RBI के पास रखनी होती है।

60. (d) भारत के सर्वोच्च न्यायालय में 33 न्यायाधीश और एक मुख्य न्यायाधीश होते हैं।

- भारतीय संविधान के अनुच्छेद 124 (3) के अनुसार, एक व्यक्ति को सर्वोच्च न्यायालय के न्यायाधीश के रूप में नियुक्त किया जा सकता है।
- भारत के सर्वोच्च न्यायालय में न्यायाधीश की नियुक्ति कोलेजियम की सिफारिश पर राष्ट्रपति द्वारा की जाती है।

61. (d) श्योक सिन्धु नदी की सहायक नदी है।

- श्योक नदी, रियो ग्लेशियर से निकलती है, जो सियाचिन ग्लेशियर की सहायक नदियों में से एक है।
- नब्रा नदी श्योक की एक सहायक नदी है, जो सियाचिन ग्लेशियर से निकलती है।
- सतलुज, व्यास, रावी, चिनाब और झेलम सिन्धु की अन्य सहायक नदियाँ हैं।
- सिन्धु नदी का उद्गम मानसरोवर झील के पास तिब्बत में होता है।
- सिन्धु नदी एशिया की सबसे लम्बी नदियों में से एक है।

62. (d) शरीर से अपशिष्ट पदार्थ के बाहर निकलने के लिए जिम्मेदार पेशी संकोचक पेशी है।
- शरीर से चयापचयी अपशिष्ट पदार्थों को निकाले जाने को उत्सर्जन कहा जाता है और उस प्रणाली को उत्सर्जन प्रणाली कहा जाता है।
- होमोस्टेसिस द्वारा उत्पादित नाइट्रोजन युक्त अपशिष्ट पदार्थ को हटाने के लिए उत्सर्जन प्रणाली जिम्मेदार है।

63. (c) मल्लिका साराभाई कुचिपुड़ी नृत्य के लिए प्रसिद्ध है।
- वह गुजरात की एक भारतीय शास्त्रीय नृत्यांगना हैं।
- वह अन्तरिक्ष वैज्ञानिक विक्रम साराभाई और शास्त्रीय नृत्यांगना मृणालिनी साराभाई की बेटी है।
- वह एक कुशल भरतनाट्यम और कुचिपुड़ी नर्तकी हैं।

64. (b) हाइपोस्टोम हेयरपिन- जैसी संरचना टिफ के मुखांग को उसके परपोषी की त्वचा से जोड़ने और स्थिर करने एवं तरल पदार्थों के आदान-प्रदान के माध्यम का काम करती है।
- हेनले का लूप या हेनले लूप समीपस्थ ने फ्रॉन और दूरस्थ ने फ्रॉन के बीच मौजूद एक हेयरपिन जैसी संरचना है।
- हेनले लूप में दो अंग होते हैं, अवरोही अंग और आरोही अंग।

65. (c) टोक्यो ओलम्पिक, 2020 में महिला मुक्केबाजी में कांस्य पदक लवलीना बोर्गोहेन ने जीता।
- इन्होंने टोक्यो 2020 में महिलाओं के 69 किग्रा वर्ग में कांस्य पदक जीतकर इतिहास रचा था।
- लवलीना ने वर्ष 2017 में एशियाई चैम्पियनशिप में कांस्य पदक और वर्ष 2017 में ही प्रेसीडेण्ट कप में शानदार प्रदर्शन करते हुए सभी का ध्यान अपनी ओर आकर्षिक किया था।
- वर्ष 2024 ओलम्पिक खेल में भारत ने 6 पदक (1 रजत, 5 कांस्य) जीता है।

66. (c) रूट यौगिक से सम्बन्धित सबसे लम्बी कार्बन शृंखला में मौजूद कार्बन परमाणुओं की कुल संख्या को दर्शाता है।
- उदाहरण के लिए Meth- 1 कार्बन परमाणु वाली शृंखला को सन्दर्भित करता है और Pent 5 कार्बन परमाणुओं वाली शृंखला को सन्दर्भित करता है।
- IUPAC नामकरण में जोड़े जाने वाले मूल शब्द और प्रत्यय नीचे दिए गए हैं।

कार्बन परमाणु	नाम
1	मेंथ
2	एथ
3	प्रोप
4	ब्यूट
5	पेण्ट

67. (a) उर्वरक कृषि आधारित उद्योग नहीं है। उर्वरक एक रासायनिक उद्योग का एक उत्पाद है।
- कृषि आधारित उद्योग में कपड़ा, जूट, चीनी, वनस्पति तेल से सम्बन्धित उद्योग शामिल हैं।
- कृषि आधारित उद्योग अपने कच्चे माल के रूप में पौधे और पशु-आधारित उत्पादों का उपयोग करते हैं।
- खाद्य प्रसंस्करण तेल, सूती वस्त्र, डेयरी उत्पाद और चमड़ा उद्योग कृषि आधारित उद्योगों का उदाहरण है।

68. (a) वर्ष 2023 में भारत सरकार की आर्थिक मामलों की कैबिनेट समिति (CCEA) के निर्णय के अनुसार धान के लिए एमएसपी (MSP) पिछले सीजन की तुलना में 7% अधिक तय किया गया है।
- कृषि लागत और मूल्य आयोग (सीएसीपी) की स्थापना वर्ष 1965 में केन्द्रीय कृषि और किसान कल्याण मन्त्रालय के तहत एक विशेषज्ञ समिति के रूप में की गई थी।
- धान का न्यूनतम समर्थन मूल्य (MSP) सामान्य धान के लिए ₹ 2300 प्रति क्विंटल और ग्रेड A धान के लिए ₹ 2320 प्रति क्विंटल है। यह मूल्य खरीफ विपणन सत्र 2024-25 के लिए निर्धारित किया गया है।

69. (c) रॉलेट एक्ट ने ब्रिटिश भारतीय सरकार को बिना किसी मुकदमे के किसी को भी गिरफ्तार करने का अधिकार दिया।
- वर्ष 1919 का असजक और क्रान्तिकारी अपराध अधिनियम, जिस रॉलेट एक्ट के रूप में जाना जाता है और जिसे 10 मार्च, 1919 को पारित किया गया था।
- वर्ष 1919 में सर सिडनी रॉलेट की अध्यक्षता वाली राजद्रोह समिति की सिफारिशों पर रॉलेट एक्ट परित किया गया।

70. (d) 'हर्षचरित' पुस्तक बाणभट्ट की कृति है।
- सातवीं शताब्दी के पूर्वार्द्ध में संस्कृत गद्य साहित्य के विद्वान सम्राट हर्ष के राजकवि बाणभट्ट द्वारा रचित इस ग्रन्थ से हर्ष के जीवन एवं हर्ष के समय में भारत के इतिहास पर व्यापक जानकारी प्राप्त होती है।
- हर्षचरित कन्नौज के शासक हर्षवर्धन की जीवनी है, जिसे उनके दरबारी कवि बाणभट्ट ने संस्कृत में लिखा है।
- इस कृति में उत्तरी भारत के बौद्ध सम्राट वर्ष के दरबार और समय को दर्शाया गया है।
- हर्षवर्धन का शासन काल 606 ई. से 647 ई. तक था।
- नागानंद, प्रियदर्शिका और रत्नावली पुस्तक हर्ष द्वारा लिखी गई।

71. (b) भारत में पाँचवीं पंचवर्षीय योजना के दौरान पहाड़ी क्षेत्र विकास कार्यक्रम (HADP) की शुरुआत की गई थी, जिसका लक्ष्य देश भर के विशिष्ट पहाड़ी जिलों की लक्षित करना था।
- पाँचवीं पंचवर्षीय योजना (1974-78) के पहले वर्ष में शुरू किया गया न्यूनतम आवश्यक कार्यक्रम, जिसका लक्ष्य बुनियादी न्यूनतम आवश्यकताएँ प्रदान करना था।
- लक्षित विकास दर 4.4% और वास्तविक विकास दर 4.8 थी।

72. (d) एसीटैल्डिहाइड एक खुली शृंखला वाला कार्बनिक यौगिक है।
- वह यौगिक जिनमें कार्बन परमाणु परस्पर जुड़कर शृंखला का निर्माण नहीं करते हैं खुली शृंखला यौगिक कहलाते हैं। एथेन एक खुली शृंखला वाला यौगिक का उदाहरण है।

73. (c) कथन A और B सही है। संविधान के भाग-17 में किसी बात के होते हुए भी, किन्तु अनुच्छेद 348 के उपबन्धों के अधीन रहते हुए, संसद में कार्य हिन्दी या अंग्रेजी में किया जाएगा।
- संविधान के अनुच्छेद 348 के उपबन्धों के अधीन रहते हुए राज्य के विधानमण्डल में कार्य राज्य की राजभाषा या राज्यभाषाओं या हिन्दी में या अंग्रेजी में किया जाएगा।
- विधानसभा के अध्यक्ष या विधानपरिषद् के सभापति किसी भी सदस्य को अपनी मातृभाषा में बोलने की अनुमति दे सकते हैं।
- कथन C सही नहीं है, क्योंकि सर्वोच्च न्यायालय और उच्च न्यायालय राज्य-विधानमण्डल की कार्रवाई की जाँच करने का अधिकार है।

74. (b) हिमालय टेथिस भूअभिनति के ऊपर उठा है।
- टेथिस के हिमालय के रूप में ऊपर उठने तथा प्रायद्वीपीय पठार के उत्तरी किनारे के नीचे धँसने के परिणामस्वरूप एक बड़ी द्रोणी का निर्माण हुआ।
- टेथिस भू-अभिनति के अवसादी चट्टान वलित होकर हिमालय तथा पश्चिम एशिया की पर्वतीय शृंखला के रूप में विकसित हो गए।

75. (c) साइक्लोप्रोपेन यौगिक एक ऐलसाइक्लिक यौगिक है।
- ऐलिसाइक्लिक यौगिक ऐसे यौगिक हैं, जिनमें एक या अधिक कार्बन वलय होते हैं।
- साइक्लोप्रोपेन तीन सदस्यीय वलय वाला एक ऐलिसाइक्लिक यौगिक है।
- आइसोब्यूटेन एक ऐल्केन है न कि एक ऐलिसाइक्लिक यौगिक है।

76. (a) पण्डित अच्छन महाराज लखनऊ घराने के कथन नर्तक थे। अच्छन महाराज जिनका मूल नाम जगन्नाथ महाराज था। वे पण्डित बिरजू महाराज के पिता और गुरू थे।
- उन्हें नृत्य के माध्यम से अभिव्यक्तिवाद के अपने ज्ञान के लिए याद किया जाता है।
- अच्छन महाराज शंभु महाराज के बड़े भाई थे।

77. (d) PMEGP देश के ग्रामीण और शहरी दोनों क्षेत्रों में रोजगार सृजन के लिए वर्ष 2008-09 में MSME मन्त्रालय द्वारा शुरू किया गया था।
- प्रधानमन्त्री रोजगार सृजन कार्यक्रम केन्द्र सरकार द्वारा शुरू की गई एक क्रेडिट लिंक्ड सब्सिडी योजना है।
- स्वरोजगार से जुड़े नए उपक्रमों/सुक्ष्म/उद्यमों/ परियोजनाओं के विकास को बढ़ावा देकर ग्रामीण और शहरी क्षेत्रों में रोजगार के अवसर प्रदान करना इसका मुख्य लक्ष्य है।

78. (a) 'द पैलेस ऑफ इल्लुजंस' चित्रा बनर्जी दिवाकरूनी द्वारा लिखी गई थी।
- भारतीय अमेरिकी लेखिका चित्रा बनर्जी दिवाकरूनी की दूसरी किताब रानी जिंदन कौर पर बनी 'द लास्ट क्वीन' है।
- 'द लास्ट क्वीन' को हार्पर कॉलिन्स इण्डिया द्वारा जनवरी, 2021 में रिलीज किया गया।
- इनकी एक और अन्य रचना 'एन अनकॉमन लव द अर्ली लाइफ ऑफ सुधा एण्ड नारायण मूर्ति' है।

79. (d) महात्मा गाँधी राष्ट्रीय ग्रामीण रोजगार गारण्टी योजना (मनरेगा) 25 अगस्त, 2005 को अधिनियमित किया गया था।
- मनरेगा योजना विश्व की एकमात्र ऐसी योजना है, जो नागरिकों को 100 दिन के रोजगार की गारण्टी देती है।
- देश के गरीब और बेरोजगार परिवारों को आजीविका के लिए इस योजना का आरम्भ किया गया है।
- वर्ष 2006 में नरेगा (राष्ट्रीय ग्रामीण रोजगार गारण्टी अधिनियम) को शुरू किया गया। वर्ष 2009 में इसका नाम परिवर्तित कर मनरेगा (महात्मा गाँधी राष्ट्रीय ग्रामीण रोजगार गारण्टी) कर दिया गया।

80. (a) विजयनगर के शासक कृष्णदेव राय ने यवन साम्राज्य के संस्थापक की उपाधि धारण की थी।
- कृष्णदेव राय तुलुव वंश का महानतम् शासक था। इसने अमुक्तमाल्यद नामक तेलुगू के प्रसिद्ध ग्रन्थ की रचना की थी। इस ग्रन्थ में कृष्णदेव राय की प्रशासनिक नीतियों और उसके राजनीतिक विचारों का उल्लेख किया गया है।
- इसके दरबार में तेलुगू के आठ विद्वान और कवि रहते थे।

81. (b) प्राण और दैहिक स्वतन्त्रता का संरक्षण संविधान के अनुच्छेद 21 से सम्बन्धित है।
- विभिन्न निर्णयों के माध्यम से शीर्ष न्यायालय ने अनुच्छेद 21 में शामिल किए गए कुछ अधिकारों की एक सूची प्रदान की है। वे इसके प्रकार हैं
  - मानवीय गरिमा के साथ जीने का अधिकार
  - आजीविका का अधिकार
  - एकान्ता का अधिकार
  - स्वास्थ्य का अधिकार
  - सोने का अधिकार आदि।
- भारतीय संविधान के अनुच्छेद 12-35 मौलिक अधिकार से सम्बन्धित है।

82. (b) भारत परिषद् अधिनियम, मार्ले-मिण्टो सुधार 1909 के माध्यम से भारत में पृथक् निर्वाचक मण्डल की शुरुआत की गई थी।
- इस अधिनिमय द्वारा चुनाव प्रणाली के सिद्धान्त को भारत में पहली बार मान्यता मिली।
- गर्वनर जनरल की कार्यकारी परिषद् में पहली बार भारतीयों को प्रतिनिधित्व मिला।

83. (c) पृथ्वी के जल का 97% भाग महासागरों से बना है, परन्तु इस जल का उपयोग सीमित है।
- 2.97% जल ग्लेशियर तथा 0.3% भूगत जल के रूप में संरक्षित है।

84. (c) एक परमाणु या कार्यात्मक समूह की इलेक्ट्रॉनों के एक साझा युग्म को अपनी ओर आकर्षित करने की प्रवृत्ति को वैद्युत ऋणात्मकता कहा जाता है।
- नायिक पर आवेशों की संख्या बढ़ने के कारण आवर्त में विद्युत ऋणात्मकता बढ़ती है।
- यह इलेक्ट्रॉनों के आबन्ध युग्मों को अधिक प्रबलता पूर्वक आकर्षित करता है।

85. (a) भारतीय संविधान के अनुच्छेद 164 (2) के तहत मन्त्रिपरिषद् सामूहिक रूप से राज्य की विधानसभा के प्रति उत्तरदायी होगी।
- संविधान के अनुच्छेद 164(1) के अनुसार, मुख्यमन्त्री की नियुक्ति राज्यपाल द्वारा की जाएगी और अन्य मन्त्रियों की नियुक्ति राज्यपाल द्वारा मुख्यमन्त्री की सलाह पर की जाएगी।
- अनुच्छेद 164 (3) के अनुसार, किसी मन्त्री द्वारा पद ग्रहण करने से पहले, राज्यपाल तीसरी अनुसूची में इस प्रयोजन के लिए दिए गए प्रारूपों के अनुसार उसको पद और गोपनीयता की शपथ दिलाएगा।

86. (c) अली बक्श खान पटियाला घराने से सम्बन्धित है।
- पटियाला घराना मिया कल्लू द्वारा स्थापित किया गया था।
- अली बक्श खान और फतेह अली खान ने पटियाला परम्परा को लोकप्रिय बनाया था।
- पटियाला घराना को दिल्ली घराने की एक शाखा के रूप में जाना जाता है।
- पटियाला घराना के अन्य प्रमुख कलाकार गुलाम अली, काले खाँ, कालू मियाँ आदि थे।

87. (a) यान्त्रिक कार्य और ऊष्मा स्थानान्तरण के बीच सम्बन्ध स्थापित करने का श्रेय जेम्स प्रेस्कॉट जूल को जाता है।
- अंग्रेजी भौतिक विज्ञानी जेम्स प्रेस्कॉट जूल ने संरक्षण सिद्धान्त के आधार को रेखांकित किया था।

88. (d) अब्दुल करीम खान हिन्दुस्तानी संगीत के किराना घराने के पथ प्रदर्शक और संस्थापक थे।
- किराना घराना सबसे प्रमुख भारतीय शास्त्रीय ख्याल घरानों में से एक है और ज्यादातर नोटों के सही स्वर के साथ जुड़ा हुआ है।
- घराना शब्द की उत्पत्ति उर्दू/हिन्दी शब्द 'घर' से हुई है, जिसका अर्थ है, घर या परिवार।
- एक घराना एक व्यापक संगीत सम्बन्धी विचारधारा को इंगित करता है और एक स्कूल को दूसरे से अलग करता है।

89. (c) संविधान के अनुच्छेद 22 के प्रावधानों के तहत सलाहकार बोर्ड में ऐसे व्यक्ति शामिल होने चाहिए, जो उच्च न्यायालय के न्यायाधीश के रूप में नियुक्त है या नियुक्ति किए जाने योग्य हैं।
- अनुच्छेद 22 के तहत गिरफ्तार या हिरासत में लिए गए व्यक्तियों को सुरक्षा प्रदान करता है। निरोध दो प्रकार का क्षेत्र है- दण्डात्मक और निवारण।
- दण्डात्मक निरोध का आशय किसी व्यक्ति को उसके द्वारा किए गए अपराध के लिए अदालत में मुकदमें और दोष सिद्धि के बाद दण्डित करने से है।
- निवारक निरोध का अर्थ किसी व्यक्ति को बिना किसी मुकदमा और अदालत द्वारा दोषसिद्धि के हिरासत में लेने से है।

90. (d) 26 जनवरी, 2023 को गणतन्त्र दिवस समारोह में मिस्र के राष्ट्रपति अब्देल फत्ताह अल सिसी मुख्य अतिथि थे
- मिस्र आधिकारित तौर पर अरब गणराज्य एक अन्तर महाद्वीपीय देश है, जो सिंचाई प्रायद्वीप द्वारा निर्मित एक भूमि पुल के माध्यम से अफ्रीका के पूर्वोत्तर कोने और एशिया के दक्षिण पश्चिम कोने में फैला हुआ है।

26 जनवरी, 2024 को गणतन्त्र दिवस समारोह में फ्रांस के राष्ट्रपति इमैनुएल मैक्रो मुख्य अतिथि रहे।

26 जनवरी, 2025 को गणतन्त्र दिवस समारोह में इण्डोनेशिया गणराज्य के राष्ट्रपति प्रबोवो सुबिआतो मुख्य अतिथि रहे।

91. (c) भारत सरकार के कृषि सांख्यिकी एक झलक 2022 के अनुसार, राजस्थान राज्य में बाजरे का सबसे अधिक उत्पादन दर्ज किया गया।

- इसकी खेती जून और अक्टूबर के बीच गर्म और शुष्क जलवायु में की जाती है।
- यह खरीफ की फसल है। बाजरा 25°-35°C के बीच तापमान वाले क्षेत्रों में उगाया जाता है।
- वर्ष 2024 में बाजरे का सबसे अधिक उत्पादन राजस्थान राज्य में हुआ तथा उसके बाद उत्तर प्रदेश और हरियाणा का स्थान है।

92. (c) गिरफ्तार व्यक्ति को गिरफ्तारी के 24 घण्टे के भीतर निकटतम मजिस्ट्रेट के समक्ष पेश किया जाना चाहिए यदि वह पेश नहीं किया जाता है, तो वह बन्दी प्रत्यक्षीकाल की रिट पर रिहा किए जाने का हकदार होता है।

- उच्च न्यायालय संविधान के अनुच्छेद 226 के तहत तथा सर्वोच्च न्यायालय 32 के तहत रिट जारी कर सकता है।

93. (c) राष्ट्रकूट वंश के कृष्ण तृतीय ने चोल शासक परांतक प्रथम को पराजित करने के बाद दक्षिण भारत में रामेश्वरम शहर में एक विजय स्तम्भ और एक मन्दिर की स्थापना की थी।

- दन्तिदुर्ग राष्ट्रकूट साम्राज्य के संस्थापक थे, जिन्होंने अपनी राजधानी मान्यखेत में स्थापित की थी।

94. (b) टोक्यो ओलम्पिक 2020 में नीरज चोपड़ा का विनिंग थ्रो 87.58 मी का था।

- नीरज चोपड़ा एक भारतीय ट्रैक और फील्ड एथलीट हैं, जो भाला फेंक स्पर्द्धा में प्रतिस्पर्द्धा करते हैं।
- वह ओलम्पिक में भाला फेंक में स्वर्ण जीतने वाले पहले एशियाई एथलीट हैं।
- वह भारतीय सेना में जूनियर कमीशंड ऑफिसर सूबेदार हैं।
- पेरिस ओलम्पिक, 2024 में नीरज चोपड़ा ने 89.45 मीटर भाला थ्रो करके रजत पदक जीता है।

95. (a) सर्वश्रेष्ठ संगीत निर्देशन के लिए 67वाँ राष्ट्रीय फिल्म पुरस्कार ज्येष्ठपुत्रों को मिला।

- 67वाँ राष्ट्रीय फिल्म पुरस्कार की घोषणा नई दिल्ली में की गई।
- राजू सुन्दरम ने 67वें राष्ट्रीय फिल्म पुरस्कारों में सर्वश्रेष्ठ कोरियोग्राफी का राष्ट्रीय फिल्म पुरस्कार जीता।
- 67वें राष्ट्रीय फिल्म पुरस्कार की घोषणा फिल्म समारोह निदेशालय द्वारा की गई थी, जो सूचना और प्रसारण मन्त्रालय के अन्तर्गत आता है।
- 70वाँ राष्ट्रीय फिल्म पुरस्कार में 'गंलमोहर' को सर्वश्रेष्ठ हिन्दी फिल्म का पुरस्कार दिया गया।

96. (a) सादिर नृत्यांगना आर. मुथुकन्नम्मल को वर्ष 2022 में पद्मश्री पुरस्कार से सम्मानित किया गया था।

- आर. मुथु कन्नम्मल भारतीय राज्य तमिलनाडु के सातवीं पीढ़ी के अनुभवी सादिर नर्तकी हैं।
- वर्ष 2025 में कुल 139 व्यक्तियों को पद्म पुरस्कार मिला, जिसमें 7 पद्म विभूषण, 19 पद्म भूषण और 113 पद्मश्री शामिल हैं।

97. (a) आबादी (या उप-प्रजाति या जाति) जो स्थानीय पर्यावरणीय परिस्थितियों के अनुकूल होती है, इकोटाइप कहलाती है।

- किसी भौगोलिक क्षेत्र में समस्त पारिस्थितिक तन्त्र एक साथ मिलकर एक और बड़ी इकाई का निर्माण करते हैं। जीवोम कहलाते हैं।
- प्रोटोटाइप किसी वस्तु या उत्पाद को बनाने से पहले बनाया गया उसका एक नमूना होता है।
- निकेत एक प्रजाति के लिए अद्वितीय होते हैं, जबकि कई प्रजातियों निवास स्थान झामा करती है। निकेत में कोई भी दो प्रजातियाँ समान नहीं हो सकती।

98. (c) सुकेन्द्रकी जीव और साथ ही प्राक्केन्द्रकी जीव दोनों में पाए जाने वाले कोशिकाएँ राइबोसोम हैं।

- सुकेन्द्रकी की जीव उन सभी जीवों को कहा जाता है, जिनकी कोशिकाओं के अन्दर केन्द्र कला से घिरा एक केन्द्रक है।
- सुकेन्द्रकी और प्राक्केन्द्रकी कोशिकाओं में सबसे बड़ा अन्तर यह होता है कि सुकेन्द्रकी कोशिकाओं में एक केन्द्रक होता है, जिनके अन्दर आनुवंशिक समान होता है।
- प्रोकैरियोटिक जीव में 705 टाइप का तथा यूकैरियोटिक में 805 टाइप का राइबोसोम पाया जाता है।

99. (b) कोयला, प्राकृतिक गैस, मवेशियों के गोबर ऊर्जा के पारम्परिक स्रोत है।

- ऊर्जा के स्रोत जो लम्बे समय से उपयोग में हैं। उन्हें ऊर्जा के पारम्परिक स्रोत कहा जाता है।
- ऊर्जा के दो प्रमुख स्रोतों को पारम्परिक स्रोत और गैर-पारम्परिक स्रोत में वर्गीकरण किया गया है।
- ऊर्जा के गैर-पारम्परिक स्रोत को ऊर्जा के नवीनकरणीय स्रोत के रूप में भी जाना जाता है।

100. (b) ईसाइयों द्वारा ईसा मसीह के जन्म दिवस की याद में क्रिसमस का त्योहार मनाया जाता है।

- गुड फ्राइडे ईस्टर के रविवार के पूर्व वाले शुक्रवार को यह त्योहार मनाया जाता है। इस दिन ईसा मसीह को सूली पर लटकाया गया था।
- ईस्टर त्योहार यीशु को मृतकों के पुनरुत्थान की याद दिलाता है और इसे ईसाई धर्म का पुनर्जन्म माना जाता है।
- गुड फ्राइडे को दुःख तपस्या और उपवास के दिन के रूप में ईसाइयों द्वारा मनाया जाता है।

101. (d) $\left[3\frac{2}{5}\times\left\{2\frac{3}{4}+3.3\left(5\frac{1}{3}+3\frac{1}{3}-2\frac{1}{3}\right)\right\}\right]$

$=\left[\frac{17}{5}\times\left\{\frac{11}{4}+3.3\left(\frac{16}{3}+\frac{10}{3}-\frac{7}{3}\right)\right\}\right]$

$=\left[\frac{17}{5}\times\left\{\frac{11}{4}+3.3\left(\frac{16+10-7}{3}\right)\right\}\right]$

$=\left[\frac{17}{5}\times\left\{\frac{11}{4}+3.3\times\frac{19}{3}\right\}\right]$

$=\left[\frac{17}{5}\times\left\{\frac{11}{4}+20.9\right\}\right]$

$=\left[\frac{17}{5}\times\left\{\frac{11+83.6}{4}\right\}\right]$

$=\left[\frac{17}{5}\times\frac{94.6}{4}\right]=80.41$

102. (d) $(4+4)\times(4\div4)\times(4\times4)$

$=8\times1\times16=128$

103. (c) दिया है,

शहर P और Q के बीच की दूरी = 275 किमी

P से Q की ओर जाने वाले मोटरसाइकिल सवार की चाल = 25 किमी/घण्टा तथा Q से P की ओर जानें वाले मोटरसाइकिल सवार की चाल = 20 किमी/घण्टा

सापेक्ष चाल = (25 + 20) किमी/घण्टा
= 45 किमी/घण्टा

10 बजे से 12 बजे तक पहले मोटरसाइकिल सवार द्वारा तय दूरी = (2 × 25) = 50 किमी

शेष दूरी = (275 − 50) किमी = 225 किमी

दोनों मोटरसाइकिल सवार को मिलने में लगा समय $=\frac{225}{45}=5$ घण्टे

अतः मिलने का समय = 12 : 00 + 5 : 00
= 5:00 p.m

104. (d) वर्ष 2019-2020 में,

कच्चा माल में वृद्धि प्रतिशत

$=\frac{6000-5000}{5000}\times100=20\%$

बिजली और ईंधन में वृद्धि प्रतिशत

$=\frac{12000-10000}{10000}\times100$

$=\frac{2000}{100}=20\%$

वेतन और मजदूरी में वृद्धि प्रतिशत

$=\frac{12000-8000}{8000}\times100$

$=\frac{4000}{8000}\times100=50\%$

विज्ञापन में वृद्धि प्रतिशत

$=\frac{20000-10000}{10000}\times100$

$=\frac{10000}{10000}\times100=100\%$

$\therefore$ अभीष्ट अन्तर = (100 − 20)% = 80%

105. (a) $(1-\cos^2 A)\sec^2 A = \sin^2 A \sec^2 A$

$= \sin^2 A \times \frac{1}{\cos^2 A} = \tan^2 A$

106. (d) दिया है,

वृत्त की त्रिज्या $(r) = 14$ सेमी

त्रिज्यखण्ड का क्षेत्रफल = 231 सेमी

त्रिज्यखण्ड का क्षेत्रफल $= \pi r^2 \frac{\theta}{360}$

$231 = \frac{22}{7} \times 14 \times \frac{14 \times \theta}{360°}$

$231 = 22 \times 2 \times 14 \times \frac{\theta}{360°}$

$\frac{231 \times 360}{22 \times 2 \times 14} = \theta$

$\theta = 135°$

अत: केन्द्रीय कोण का डिग्री माप 135° है।

107. (a) दिया है,

कुल विद्यार्थियों की संख्या = 60

लड़कों की संख्या = 36

तो लड़कियों की संख्या = 60 − 36 = 24

माना लड़कियों का औसत वजन = x किग्रा

प्रश्नानुसार,

$60 \times 42 = 36 \times 50 + 24 \times x$

$\Rightarrow 1800 + 24x = 2520$

$\Rightarrow 24x = 2520 - 1800$

$\Rightarrow 24x = 720$

$\Rightarrow x = \frac{720}{24} = 30$

अत: लड़कियों का औसत वजन 30 किग्रा है।

108. (a) 31-50 आयु वर्ग में कुल लोग = 62

31-50 आयु वर्ग में पोप संगीत के अलावा अन्य लोगों की संख्या = 62 − 16 = 46

अत: अभीष्ट प्रतिशत $= \frac{46}{62} \times 100 = 74.19\%$

109. (b) माना 1000 ग्राम माल का क्रय मूल्य = ₹ 1000

प्रश्नानुसार,

डीलर ने ₹ 950 का माल ₹ 1000 में बेचा है।

लाभ = ₹ (1000 − 950) = ₹ 50

लाभ प्रतिशत $= \frac{50}{950} \times 100$

$= \frac{100}{19} = 5\frac{5}{19}\%$

110. (b) कुल समय $= \frac{11}{7} + \frac{25}{10} + \frac{30}{20}$

$= \frac{11}{7} + \frac{5}{2} + \frac{3}{2}$

$= \frac{22 + 35 + 21}{14}$

$= \frac{78}{14} = \frac{39}{7}$ घण्टा

कुल दूरी = (11 + 25 + 30) = 66 किमी

औसत दूरी $= \frac{66}{39} \times 7$

$= \frac{154}{13} = 11\frac{11}{13}$ किमी/घण्टा

111. (d) खोखले गोले का बाहरी व्यास = 10 सेमी

तथा आन्तरिक व्यास = 6 सेमी

तो बाहरी त्रिज्या $= \frac{10}{2} = 5$ सेमी

आन्तरिक त्रिज्या $= \frac{6}{2} = 3$ सेमी

शंकु की त्रिज्या $= \frac{10}{2} = 5$ सेमी

माना शंकु की ऊँचाई = h सेमी

खोखले गोले का आयतन

= शंकु का आयतन

$\frac{4}{3}\pi(R^3 - r^3) = \frac{1}{3}\pi r_1^2 h$

$\Rightarrow 4(5^3 - 3^3) = 5^2 \times h$

$\Rightarrow 4 \times (125 - 27) = 5^2 \times h$

$\Rightarrow h = \frac{4 \times 98}{25} = 15.68$ सेमी

112. (d) माना दोनों संख्याएँ क्रमश: x और y हैं।

प्रश्नानुसार,

$x + y = 28$

$x^2 + y^2 = 528$

$(x + y)^2 = x^2 + y^2 + 2xy$

$(28)^2 = 528 + 2xy$

$\Rightarrow 2xy = 784 - 528 = 256$

$\Rightarrow xy = 128$

$\Rightarrow \sqrt{xy} = \sqrt{128} = 8\sqrt{2}$

113. (b) ट्रेन की चाल $= \frac{850}{45} = \frac{170}{9}$ मी/से

$= \frac{170}{9} \times \frac{18}{5} = 68$ किमी/घण्टा

अत: ट्रेन 1 घण्टे में 68 किमी दूरी तय करेगी।

114. (b) माना रौनक का एक दिन का कार्य $= \frac{1}{12}$

रिया का एक दिन का कार्य $= \frac{1}{18}$

दोनों का एक दिन का कार्य $= \frac{1}{12} + \frac{1}{18}$

$= \frac{3 + 2}{36} = \frac{5}{36}$

दोनों का 6 दिन का कार्य $= \frac{5}{36} \times 6 = \frac{5}{6}$

शेष कार्य $= 1 - \frac{5}{6} = \frac{1}{6}$

रिया द्वारा शेष कार्य करने में लगा समय

$= \frac{1}{6} \times 18 = 3$ दिन

115. (d) माना गोले की त्रिज्या = x

तो गोले का पृष्ठीय क्षेत्रफल $= 4\pi x^2$

गोले की त्रिज्या में 125% वृद्धि के बाद

त्रिज्या $= x \times \frac{225}{100} = \frac{9x}{4}$

तो गोले का पृष्ठीय क्षेत्रफल

$= 4\pi \times \left(\frac{9x}{4}\right)^2 = \frac{81\pi x^2}{4}$

वृद्धि $= \frac{81\pi x^2}{4} - 4\pi x^2$

$= \frac{65\pi x^2}{4}$

अभीष्ट वृद्धि प्रतिशत

$= \frac{65\pi x^2}{4} \times \frac{1}{4\pi x^2} \times 100$

$= \frac{65 \times 100}{16} = 406.25\%$

116. (d) दिया है,

$x - y = 25,\ xy = 444$

$(x - y)^3 = x^3 - y^3 - 3xy(x - y)$

$\Rightarrow (25)^3 = x^3 - y^3 - 3 \times 444 \times 25$

$\Rightarrow 15625 = x^3 - y^3 - 33300$

$\Rightarrow x^3 - y^3 = 15625 + 33300 = 48925$

117. (a) शहर A में महिलाओं की संख्या

$= 2340 \times \frac{2}{3} = 1560$

शहर B में महिलाओं की संख्या

$= 900 \times \frac{1}{4} = 225$

अभीष्ट महिलाओं की कुल संख्या

= 1560 + 225 = 1785

118. (d) कॉलेज A में महिलाओं की संख्या

$= 700 \times \frac{35}{100} = 245$

कॉलेज D में महिलाओं की संख्या

$= 800 \times \frac{55}{100} = 440$

कॉलेज B में पुरुषों की संख्या

$= 550 \times \frac{70}{100} = 385$

कॉलेज C में पुरुषों की संख्या

$= 600 \times \frac{60}{100} = 360$

कॉलेज A और D में मिलाकर महिलाओं की संख्या = 245 + 440 = 685

कॉलेज B और C में मिलाकर पुरुषों की संख्या = 385 + 360 = 745

अभीष्ट प्रतिशत $= \frac{685}{745} \times 100 = 91.95\%$

119. (d) $855 \div 15 - k + 32 \times 5$
$= 1152 \div 16 \times 111 \div 37$
$\Rightarrow 57 - k + 32 \times 5 = 72 \times 3$
$\Rightarrow 57 - k + 160 = 216$
$\Rightarrow 217 - k = 216$
$\Rightarrow k = 217 - 216$
$\therefore k = 1$

120. (d) कुल समय
$= \left(\frac{1200}{80} + \frac{1600}{40} + \frac{1000}{400} + \frac{200}{50}\right)$ घण्टे
$= (15 + 40 + 2.5 + 4) = 61.5$ घण्टे
कुल दूरी $= (1200 + 1600 + 1000 + 200)$
$= 4000$ किमी
औसत चाल $= \frac{4000}{61.5} = 65.04$ किमी/घण्टे

121. (a) बिल पर 40% छूट का
मूल्य $= 1000 \times \frac{40}{100} =$ ₹ 400
बिल पर 36% तथा 4% की क्रमागत छूट के बाद
विक्रय बिल $= 1000 \times \frac{64}{100} \times \frac{96}{100} =$ ₹ 614.4
छूट $= (1000 - 614.4) =$ ₹ 385.6
छूट अन्तर $= (400 - 385.6) =$ ₹ 14.40

122. (d) प्रश्नानुसार,
A ने B को 2500 मतों से या कुल मतों के 10% से हराया है।
$\therefore$ कुल मतों की संख्या
$= 2500 \times \frac{100}{10} = 25000$
प्रत्येक 5 वाँ मत अमान्य है, तो
कुल अमान्य मतों की संख्या
$= \frac{25000}{5} = 5000$
कुल मान्य मतों की संख्या
$= 25000 - 5000 = 20000$

पहली स्थिति
माना B को प्राप्त मत $= x$
तो A को प्राप्त मत $= x + 2500$
$x + x + 2500 = 20000$
$\Rightarrow 2x = 17500 \Rightarrow x = 8750$
B को प्राप्त मत $= 8750$
A को प्राप्त मत $= x + 2500$
$= 8750 + 2500 = 11250$

दूसरी स्थिति
अमान्य मतों का
$90\% = 5000 \times \frac{90}{100} = 4500$
तो B को अमान्य मतों का 90% प्राप्त करने के बाद कुल मतों की संख्या
$= 8750 + 4500 = 13250$

A और B के मतों का अन्तर
$= 13250 - 11250 = 2000$
अत: अभीष्ट प्रतिशत $= \frac{2000}{25000} \times 100 = 8\%$
अत: B, 8% मतों से जीत जाता है।

123. (a) शहर की जनसंख्या $= 16000$
2 वर्ष बाद शहर की जनसंख्या
$= 16000 \times \frac{105}{100} \times \frac{105}{100} = 17640$

124. (b) दिया है, $\tan\theta + \cot\theta = 6$
$(\tan\theta + \cot\theta)^2$
$= \tan^2\theta + \cot^2\theta + 2\tan\theta \times \cot\theta$
$6^2 = \tan^2\theta + \cot^2\theta + 2 \times \tan\theta \times \frac{1}{\tan\theta}$
$36 = \tan^2\theta + \cot^2\theta + 2$
$\tan^2\theta + \cot^2\theta = 36 - 2 = 34$

125. (a) $[\{9 \times 81 + (142 \div 2)\} + 350 - 155 + 5] \div [(25 \times 25) - 125]$
$= [\{9 \times 81 + 71\} + 350 - 155 + 5] \div [625 - 125]$
$= [\{729 + 71\} + 200] \div 500$
$= [800 + 200] \div 500$
$= 1000 \div 500 = 2$

126. (c) $(a - 18)^2 + (b - 12)^2 + (c - 6)^2 = 0$
अब, $(a - 18)^2 = 0 \Rightarrow a = 18$
$(b - 12)^2 = 0 \Rightarrow b = 12$
तथा $(c - 6)^2 = 0 \Rightarrow c = 6$
तो $(a + b + c)^{\frac{1}{2}} = (18 + 12 + 6)^{\frac{1}{2}}$
$= \pm\left(6^{2 \times \frac{1}{2}}\right) = \pm 6$

127. (d) दिया है, त्रिज्या = 7 सेमी

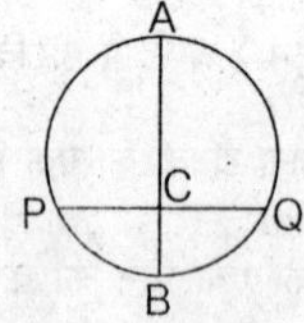

तो $AB = 7 \times 2 = 14$ सेमी
$AC : BC = 4 : 3$
$AC = \frac{14}{7} \times 4 = 8$ सेमी
$BC = \frac{14}{7} \times 3 = 6$ सेमी
$PC = CQ = x$ (माना)
$AC \times BC = PC \times CQ$
$8 \times 6 = x \times x \Rightarrow x^2 = 48$
$x = 4\sqrt{3}$ सेमी
अत: $PQ = 2 \times 4\sqrt{3} = 8\sqrt{3}$ सेमी

128. (d) दिया है,
$\sin x + \cos x = \sqrt{2}\sin x$
$\cos x = \sqrt{2}\sin x - \sin x$
$\cos x = \sin x(\sqrt{2} - 1)$ ...(i)
तो, $\sin x - \cos x = \sin x - \sin x(\sqrt{2} - 1)$
$= \sin x - \sqrt{2}\sin x + \sin x$
$= \sin x(1 - \sqrt{2} + 1)$
$= \sin x(2 - \sqrt{2})$
$= \sqrt{2}\sin x(\sqrt{2} - 1)$
$= \sqrt{2}\cos x$ [समी (i) से]

129. (c) दिया है, बेलन की त्रिज्या = 7 सेमी
वक्रपृष्ठीय क्षेत्रफल = 2200 सेमी^{2}
हम जानते है, बेलन का वक्रपृष्ठीय क्षेत्रफल
$= 2\pi rh$
प्रश्नानुसार,
$2 \times \frac{22}{7} \times 7 \times h = 2200$
$h = \frac{2200}{44} = 50$ सेमी
बेलन का सम्पूर्ण पृष्ठीय क्षेत्रफल
$= 2\pi r(r + h)$
$= 2 \times \frac{22}{7} \times 7(7 + 50)$
$= 44 \times 57 = 2508$ सेमी^{2}

130. (a) दिया है, भुजाएँ 7, 12 और x हैं।
$7 + x > 12$
तो x का न्यूनतम मान $= 6$
$7 + 12 > x$
$19 > x$
x का अधिकतम मान $= 18$
अत: x के सम्भावित मानों की संख्या
$= (18 - 6) + 1 = 13$

131. (a) माना रामनारायण का वेतन = ₹ 100
$3\frac{1}{8}\%$ कमी के बाद रामनारायण का वेतन
$= \frac{\left(100 - \frac{25}{8}\right)}{100} \times 100 =$ ₹ $\frac{775}{8}$
$7\frac{2}{5}\%$ वृद्धि के बाद रामनारायण का वेतन
$= \left(\frac{775}{8} \times \left(100 + \frac{37}{5}\right) \times \frac{1}{100}\right)$
$= \left(\frac{775}{8} \times \frac{537}{500}\right) =$ ₹ 104.043
मूल वेतन में वृद्धि = ₹ $(104.04 - 100)$
= ₹ 4.04
अभीष्ट प्रतिशत वृद्धि $= \frac{4.04}{100} \times 100 = 4.04\%$

132. (c) $1000 \times 100 - 1000 + 4000 \div 200$

$= 1000 \times 100 - 1000 + 20$

$= 100000 - 1000 + 20$

$= 99020$

133. (c) $66 \div [34 - (32$ का $2 - 4) \div (4 \times 15)]$

$= 66 \div [34 - (64 - 4) \div 60]$

$= 66 \div [34 - 60 \div 60]$

$= 66 \div [34 - 1]$

$= 66 \div 33 = 2$

134. (b) माना धनराशि = ₹ x

माना दर = r

प्रश्नानुसार,

$\frac{x \times (r + 11) \times 4}{100} - \frac{x \times r \times 4}{100} = 1320$

$\Rightarrow \frac{4rx + 44x - 4rx}{100} = 1320$

$\Rightarrow \frac{44x}{100} = 1320$

$\Rightarrow x = \frac{1320 \times 100}{44} = 3000$

अत: मूलधन = ₹ 3000

135. (c) दिया है,

चीनी का क्रय मूल्य = ₹ 30/किग्रा

अंकित मूल्य = 38/किग्रा

900 ग्राम चीनी का क्रय मूल्य

$= 30 \times \frac{900}{1000} =$ ₹ 27

1 किग्रा चीनी का विक्रय मूल्य

$= 38 \times \frac{88}{100} =$ ₹ 33.44

लाभ प्रतिशत $= \frac{33.44 - 27}{27} \times 100$

$= \frac{6.44}{27} \times 100 = 23.85\%$

136. (a) दिया है, गोलाकार बक्से का पृष्ठीय क्षेत्रफल = 528 सेमी^{2}

प्रश्नानुसार, $4\pi \times r^2 = 528$

$4 \times \frac{22}{7} \times r^2 = 528 \Rightarrow r^2 = 42$

$r = \sqrt{42}$ सेमी

137. (d) दिया है,

बेलन की त्रिज्या = 7 सेमी

पृष्ठीय क्षेत्रफल = 396 सेमी^{2}

माना बेलन की ऊँचाई = h सेमी

प्रश्नानुसार, $2\pi rh = 396$

$\Rightarrow 2 \times \frac{22}{7} \times 7 \times h = 396$

$\Rightarrow h = \frac{396}{44} = 9$ सेमी

बेलन का आयतन $= \pi r^2 h$

$= \frac{22}{7} \times 7 \times 7 \times 9$

$= 1386$ सेमी^{3}

138. (d) $5055 - (1002 \div 20.04)$

$= 5055 - 50 = 5005$

139. (c) मनीष $\longrightarrow$ 21 (+20)

नकुल $\longrightarrow$ 28 (+15) 420

पिण्टू $\longrightarrow$ 15 (+28)

(21, 28, 15 का ल. सं.)

कुल कार्य = 420

मनीष का 1 दिन का कार्य = 20

नकुल का 1 दिन का कार्य = 15

पिण्टू का 1 दिन का कार्य = 28

मनीष और पिण्टू का 5 दिन का कार्य

$= (20 + 28) \times 5 = 240$

शेष कार्य = 420 − 240 = 180

तीनों का 1 दिन का कार्य

$= 20 + 15 + 28 = 63$

शेष कार्य करने में लगा समय $= \frac{180}{63} = \frac{20}{7}$

अत: नकुल $2\frac{6}{7}$ दिन कार्य करता है।

140. (c) माना शिया की वार्षिक आय = ₹ x

$x \times \frac{30}{100} = 153000$

$x = \frac{153000 \times 10}{3} = 510000$

शिया की वार्षिक आय = ₹ 510000

मासिक आय $= \frac{510000}{12} =$ ₹ 42500

141. (d) दिया है, क्रय मूल्य = ₹ 1200

तो विक्रय मूल्य = ₹ $1200 \times \frac{110}{100} =$ ₹ 1320

कैशबैक के साथ क्रय मूल्य = (1320 + 250)

= ₹ 1570

अंकित मूल्य $= 1570 \times \frac{100}{90}$

= ₹ 1744.44

142. (a) $(6 + 6$ का $5 \div 5) \div 6$ का $5 +$

$(24 \div 2$ का $3 - 6$ का $5 + 4)$

$= (6 + 30 \div 5) \div 30 + (24 \div 6 - 30 + 4)$

$= (6 + 6) \div 30 + (4 - 30 + 4)$

$= 12 \div 30 - 22 = \frac{12}{30} - 22 = \frac{4}{10} - 22$

$= \frac{4 - 220}{10} = -\frac{216}{10} = -\frac{108}{5} = -21\frac{3}{5}$

143. (a) 15% का $1.5 + 0.15 \div 0.1 + 0.01$ का

$11 \times 0.5 + 2.5 \times 25$

$= \frac{15}{100} \times 1.5 + 0.15 \div 0.1 + 0.011$

$\times 0.5 + 2.5 \times 25$

$= 0.225 + 1.5 + 0.0055 + 62.5 = 64.2305$

144. (b) दिया है,

$4\sin^2\theta = 3(1 + \cos\theta)$

$\Rightarrow 4(1 - \cos^2\theta) = 3 + 3\cos\theta$

$\Rightarrow 4\cos^2\theta + 3\cos\theta - 1 = 0$

$\Rightarrow 4\cos^2\theta + 4\cos\theta - \cos\theta - 1 = 0$

$\Rightarrow (\cos\theta + 1)(4\cos\theta - 1) = 0$

$\therefore \cos\theta = \frac{1}{4}$ या $\cos\theta = -1$

$\because \cos\theta = \frac{1}{4}$

$\therefore \sin\theta = \sqrt{1 - \frac{1}{16}} = \frac{\sqrt{15}}{4}$

$\tan\theta = \sqrt{15}$

अब, $\sqrt{15}\tan\theta + \frac{4}{\sqrt{15}}\sin\theta + 2\sec\theta$

$= \sqrt{15} \times \sqrt{15} + \frac{4}{\sqrt{15}} \times \frac{\sqrt{15}}{4} + 2 \times 4$

$= 15 + 1 + 8 = 24$

145. (d) वर्ष 2018 में लगाए गए आम के पेड़ों की संख्या = 40000

वर्ष 2020 में लगाए गए आम के पेड़ों की संख्या = 52000

अभीष्ट प्रतिशत वृद्धि

$= \frac{52000 - 40000}{40000} \times 100$

$= \frac{12000}{40000} \times 100 = 30\%$

146. (b) यदि चार अलग-अलग धनात्मक संख्याएँ a, b, c और d दिए गए क्रम में समानुपात में है। अत: c, d, b और a दिए गए क्रम में समानुपात में नहीं होगा।

अत: विकल्प (b) सही नहीं है।

147. (c) वर्ष 2011 मे फार्म P द्वारा उत्पादित अण्डों की संख्या = 1260

वर्ष 2011 में फॉर्म T द्वारा उत्पादित अण्डों की संख्या = 1620

अभीष्ट अनुपात = 1260 : 1620 = 7 : 9

148. (b) अभीष्ट प्रतिशत $= \frac{1100}{1200} \times 100$

= 92% (लगभग)

149. (d) दिया है, त्रिभुज की तीनों भुजाएँ क्रमश: 12, 22 और m है।

$$12 + 22 > m$$
$$34 > m \quad ...(i)$$
$$12 + m > 22$$
$$m > 10 \quad ...(ii)$$

समी (i) तथा (ii) से,

$$10 < m < 34$$

150. (d) ट्रेन की चाल $= \frac{72}{2} = 36$ किमी/घण्टा

$$d = \text{चाल} \times \text{समय}$$
$$d = 36\,t$$

151. (c) The option that can be used as a one-word substitute for the given group of words 'A place for storage of arms and ammunition' is 'Arsenal'.

152. (a) The incorrectly spelt word in the given sentence is 'Generousity'. The correct spelling is 'Generosity'.

153. (d) The most appropriate option with correct usage of the preposition to substitute the underlined segment in the given sentence is 'various government departments at all levels'.

154. (a) The most appropriate idiom from the options to replace the underlined segment in the given sentence is 'tighten his belt'. This idiom conveys the idea of cutting down expenses.

155. (c) The most appropriate meaning of the given idiom 'Sacred cow' is 'Unquestionable'. A 'sacred cow' refers to an idea, custom or institution that is considered immune from criticism or questioning.

156. (a) The option that can be used as a one-word substitute for the given group of words 'One who does not believe in God' is 'Atheist'.

157. (d) The incorrect form of the verb is 'strucken'. The correct form is 'struck'.

158. (c) The most appropriate option to substitute the underlined segment in the given sentence is 'her feet were'.

159. (b) The most appropriate meaning of the given idiom 'Black sheep' is 'Disreputable'. A 'black sheep' refers to a person who is considered disreputable or behaves differently from the rest of a group.

160. (a) The sentence that uses the given idiom correctly is 'He had his head in the clouds during an important meeting'. The idiom 'have your head in the clouds' means to be 'daydreaming or not paying attention'.

161. (a) The most appropriate antonym of the given word 'Upright' is 'Immoral'. 'Upright' means honest and morally correct.

162. (d) The most appropriate synonym for the word in brackets is 'fertility'. 'Fecundity' refers to the ability to produce offspring or creative ideas.

163. (a) The part that contains a spelling error in the sentence is 'as the strenght'. It should be 'as the strength'.

164. (c) The word segment that can substitute the bracketed word segment correctly and complete the sentence meaningfully is 'party forms the government'.

165. (b) The most appropriate option that can substitute the underlined word in the given idiom is 'bird's'. The idiom refers to a high vantage point or perspective.

166. (d) The sentence that has the correct use of words and spellings is 'The delicious aroma of freshly baked cookies wafted through the kitchen, making mouths water'.

167. (a) There is no need to substitute the sentence.

168. (d) The most appropriate idiom for the underlined part in the given sentence is 'High and dry'.

Being 'left high and dry' means being abandoned or left in a difficult situation without help.

169. (d) The word 'Nepotism' means the practice among those with power or influence of favouring relatives or friends, especially by giving them jobs.

170. (b) The incorrectly spelt word is 'Supremecy'. The correct spelling is 'Supremacy'.

171. (d) Based on the situation in the sentence, the most appropriate idiom for the underlined segment is 'Bite off more than you can chew'. This idiom means attempting something that is too difficult or ambitious.

172. (d) The most appropriate antonym of the underlined word 'ebullient' in the sentence is 'Weary'. While, 'ebullient' means enthusiastic and lively, 'weary' means tired or lacking energy.

173. (b) The correctly spelt word is 'registration'.

174. (a) The most appropriate segment to substitute the underlined words in the given sentence is 'If you have tears'.

175. (c) The most appropriate synonym for the given word 'Bind' is 'Secure'. Both words imply holding something together or making it firm.

176. (b) The most appropriate meaning of the given idiom 'When pigs fly' is 'Something that will never happen'. It refers to an event or situation that is highly unlikely.

177. (c) The error in the verb form in the sentence is that it should be 'The committee works diligently to ensure fair and unbiased decision' in the present tense.

178. (a) In the given sentence 'cowardly' has been used as an adjective but here we need an adverb to qualify the verb 'fight'. Hence 'in a cowardly manner' will be used here.

179. (a) The option that contains an error in the sentence is 'When my father will come'. It should be 'When my father comes' to correct the verb tense.

180. (d) The most appropriate antonym of the given word 'Aggravate' is 'Alleviate'. While 'aggravate' means to make something worse, 'alleviate' means to make it better or relieve it.

181. (a) The antonym of 'Tight' is 'Slack'. When something is tight, it lacks looseness or room for movement, while 'slackness' implies a relaxed or loose state.

182. (d) The one-word substitute for 'A doubtful look or examination of one's motives' is 'Circumspect'. It refers to being cautious, considering all aspects before making a decision.

183. (b) The antonym of 'incinerate' in the sentence is 'extinguish'. While, incineration involves burning something completely, extinguishing means putting out a fire or stopping it.

184. (b) The one-word substitute for 'Dwarfed varieties of trees and shrubs in pots' is 'Bonsai'. 'Bonsai' refers to the art of growing miniature trees in containers.

185. (a) The one-word substitute for 'Vivacious and enthusiastic' is 'Effervescent'. It describes someone who is lively, bubbly and full of energy.

186. (d) The antonym of 'Vanquish' in the sentence is 'Liberate'. 'Vanquishing' means defeating or conquering, while liberating means setting free.

187. (d) The one-word substitute for 'Consonance of sounds' is 'Symphony'. It refers to a harmonious combination of musical sounds.

188. (a) The incorrectly spelled word is 'Dissapear'. The correct spelling is 'Disappear'.

189. (c) The option that expresses the meaning of the underlined segment is 'quell'. It means to suppress or calm down emotions.

190. (d) The most appropriate option that can substitute the underlined segment in the given sentence is 'steered clear of'.
It means avoiding something or staying away from it.

191. (b) The correct option to fill in blank number 1 is 'beloved'.

192. (a) The correct option to fill in blank number 2 is 'experiences'.

193. (b) The correct option to fill in blank number 3 is 'navigates'.

194. (a) The correct option to fill in blank number 4 is 'captivate'.

195. (c) The correct option to fill blank number 5 is 'enchanting'.

196. (d) Human-caused earthquakes are related to industrial activities such as mining, construction of water dams, injection of liquids like wastewater and carbon dioxide and extractions associated with oil and gas exploitation.

197. (a) The tone reflects concern and skepticism about the increasing human-induced earthquakes and the consequences of industrical activity. It warns about future risks and presents a some what critical viewpoint.

198. (c) The most suitable word from the passage that means 'create' is 'destabilise'.

199. (d) The passage observes that more human-caused earthquakes are expected due to the demand for energy and minerals worldwide.

200. (b) The most suitable title for the passage could be 'Industrial Threats'.

पेपर-1

SSC CPO SI

सॉल्वड पेपर

28 जून 2024 (शिफ्ट I)

निर्देश

1. इस पेपर में 200 प्रश्न हैं।
2. इसमें 4 भाग हैं, **भाग 1** सामान्य बुद्धि एवं तर्कशक्ति, **भाग 2** सामान्य ज्ञान एवं सामान्य जागरुकता, **भाग 3** मात्रात्मक योग्यता और **भाग 4** अंग्रेजी
3. प्रत्येक प्रश्न **1 अंक** का है।

अधिकतम अंक : 200 **समय : 2 घण्टे**

भाग 1

सामान्य बुद्धि एवं तर्कशक्ति

1. उस विकल्प का चयन कीजिए जो दिए गए शब्दों के उस सही क्रम को दर्शाता है जिस क्रम में वे अंग्रेजी शब्दकोश में दिखाई देते हैं।

1. Kibble 2. Kennel
3. Kettle 4. Kicker
5. Kernel

(a) 5, 2, 3, 1, 4 (b) 5, 3, 2, 1, 4
(c) 2, 3, 5, 4, 1 (d) 2, 5, 3, 1, 4

2. एक कूटभाषा में 'GAME' को 'KCQG' के रूप में लिखा जाता है और 'FARM' को 'JCVO' के रूप में लिखा जाता है। इसी कूटभाषा में 'TOWN' को कैसे लिखा जाएगा?

(a) AXQP (b) PAXQ
(c) XAPQ (d) XQAP

3. गणितीय चिह्नों का निम्नलिखित में से कौन-सा परस्पर विनिमय दिए गए समीकरण को सही (सन्तुलित) कर देगा?

$10+23-3\times 63\div 7=70$

(a) − और × (b) + और ×
(c) − और + (d) ÷ और ×

4. एक निश्चित कूटभाषा में 'stay for dinner' को 'px rn tf' लिखा जाता है और 'dinner is ready' को 'sq mv rn' लिखा जाता है। दी गई भाषा में 'dinner' को कैसे लिखा जाएगा?

(a) rn (b) sq (c) px (d) tf

5. निम्नलिखित समीकरण को सही करने (सन्तुलित करने) के लिए किन दो गणितीय चिह्नों को आपस में बदलना होगा?

$9+6\times 3-9\div 1=10$

(a) ÷ और −
(b) × और ÷
(c) ÷ और +
(d) − और +

6. दो कथनों के बाद I, II और III से अंकित तीन निष्कर्ष दिए गए हैं। कथनों को सत्य मानते हुए, भले ही वे सामान्यत: ज्ञात तथ्यों से भिन्न प्रतीत होते हों, निर्णय लें कि कौन-सा/से निष्कर्ष कथनों का तार्किक रूप से अनुसरण करता है/करते हैं।

कथन
सभी नीले, लाल हैं।
सभी हरे, नीले हैं।

निष्कर्ष
I. कोई लाल, नीला नहीं हैं।
II. कोई नीला, हरा नहीं है।
III. कोई हरा, लाल नहीं हैं।

(a) निष्कर्ष II और III दोनों अनुसरण करते हैं
(b) निष्कर्ष I और III दोनों अनुसरण करते हैं
(c) निष्कर्ष I और II दोनों अनुसरण करते हैं
(d) कोई भी निष्कर्ष अनुसरण नहीं करता है

7. यदि '+' का अर्थ '−' है, '−' का अर्थ '×' है, '×' का अर्थ '÷' है, '÷' का अर्थ '+' है, तो निम्नलिखित व्यंजक का मान क्या होगा?

$145\div 96\times 12+13=?$

(a) 170 (b) 185
(c) 120 (d) 140

8. एक निश्चित कूटभाषा में,
'A + B' का अर्थ है 'A, B की माँ है'
'A − B' का अर्थ है 'A, B का भाई है'
'A × B' का अर्थ है 'A, B की पत्नी है'
'A ÷ B' का अर्थ है 'A, B का पिता है'
उपर्युक्त के आधार पर, यदि 'A ÷ B − C + D − E × F' है, तो A का E से क्या सम्बन्ध है?

(a) पिता
(b) दादा
(c) भाई
(d) नाना

9. उस विकल्प का चयन कीजिए, जो तीसरे पद से उसी प्रकार सम्बन्धित है, जिस प्रकार दूसरा पद पहले पद से और छठा पद पाँचवे पद से सम्बन्धित है।

29 : 61 : : 47 : ? : : 15 : 33

(a) 108 (b) 89
(c) 76 (d) 97

10. उस विकल्प का चयन कीजिए, जो पाँचवें अक्षर-समूह से उसी प्रकार सम्बन्धित है, जिस प्रकार दूसरा अक्षर-समूह, पहले अक्षर-समूह से सम्बन्धित है और चौथा अक्षर-समूह, तीसरे अक्षर-समूह से सम्बन्धित है।

MAILED : DELMAI :: FABRIC : CIRFAB : : JACKET : ?

(a) TEKJAC
(b) TEKCAJ
(c) JKTACE
(d) JEKCAT

11. एक पासे के फलकों को L, M, N, V, W और X अक्षरों से नामित किया गया है। उसी पासे की दो स्थितियाँ नीचे दी गई हैं। X वाले फलक के विपरीत कौन-सा फलक होगा?

(a) L (b) M
(c) W (d) N

12. दिए गए विकल्पों में से उस संख्या का चयन करें जो निम्निलिखित श्रृंखला में प्रश्नचिह्न (?) के स्थान पर आ सकती है।

38, 40, 42, 46, 44, ?

(a) 52 (b) 48
(c) 54 (d) 50

13. निम्नलिखित में से कौन-सी संख्या दी गई श्रृंखला में प्रश्नवाचक चिन्ह (?) का स्थान लेगी?

5, 8, 13, ?, 29, 40

(a) 18 (b) 20
(c) 25 (d) 30

14. विकल्पों में से उस आकृति की पहचान करें, जिसे प्रश्नचिन्ह (?) के स्थान पर रखे जाने पर श्रृंखला तार्किक रूप से पूर्ण हो जाएगी।

$ 9 % 0 6	% $ 0 6 9	0 % 6 9 $	6 0 9 $ %	?

9 6 $ 0 %	9 6 $ % 0	9 6 % $ 0	$ 9 % 0 6
(a)	(b)	(c)	(d)

15. यदि 'A' का अर्थ '÷' है, 'B' का अर्थ '×' है, 'C' का अर्थ '+' है और 'D' का अर्थ '−' है, तो निम्नलिखित समीकरण में प्रश्नचिह्न (?) के स्थान पर क्या आएगा?

455 A 5 D 17 C 36 B 4 = ?

(a) 218 (b) 214
(c) 220 (d) 216

16. छः मित्र A, B, C, D, E और F किसी वृत्ताकार मेज के परित: मेज के केन्द्राभिमुख होकर बैठे हैं। D और C, A के ठीक समीपस्थ हैं। B, A के दाएँ से दूसरा है। F, E के ठीक समीपस्थ और D के बाएँ से चौथा है। E की स्थिति कहाँ है?

(a) C के ठीक बाएँ
(b) A के बाएँ से तीसरा
(c) D और F के ठीक पास
(d) A के दाएँ से दूसरा

17. दिए गए विकल्पों में से उस आकृति का चयन कीजिए, जो निम्नलिखित श्रृंखला में प्रश्नचिन्ह (?) को तार्किक रूप से प्रतिस्थापित कर सकती है।

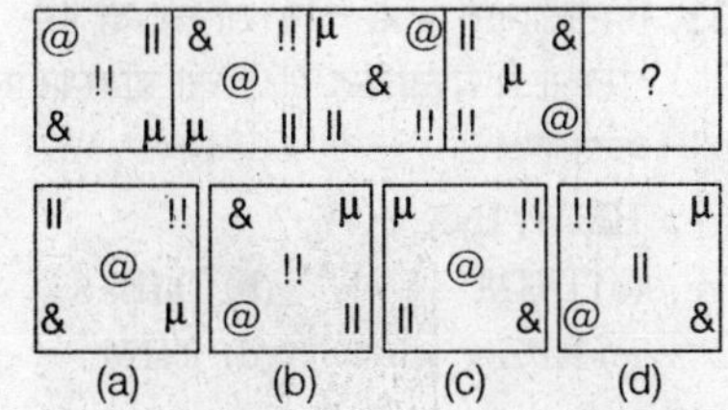

(a) (b) (c) (d)

18. एक निश्चित कूटभाषा में 'FLY' को '38' और 'NUT' को '26' के रूप में लिखा जाता है। उस भाषा में 'GOD' कैसे लिखा जाएगा?

(a) 34 (b) 55 (c) 28 (d) 46

19. जब दर्पण को MN पर रखा जाता हो तो दी गई आकृति के सही दर्पण प्रतिबिम्ब का चयन कीजिए।

hj52dR (M, N)

(a) Rb25jh (mirrored) (b) Rb52dR (mirrored)
(c) Rb52jh (mirrored) (d) Rb25jh (mirrored)

20. उस समुच्चय का चयन करें जिसकी संख्याएँ उसी तरह से सम्बन्धित हैं जिस तरह निम्निलिखित समुच्चयों की संख्याएँ सम्बन्धित हैं।

(**नोट** संख्याओं को उसके घटक अंकों में तोड़े बिना, पूर्ण संख्याओं पर संक्रियाएँ की जानी चाहिए। उदाहरण के लिए, संख्या 13 को लें-13 पर संक्रियाएँ, जैसे कि 13 में जोड़ना/घटाना/गुणा करना आदि, की जा सकती हैं। 13 को 1 और 3 में तोड़ने और फिर 1 और 3 पर गणितीय संक्रियाएँ करने की अनुमति नहीं है)

(21, 105, 35)
(27, 135, 45)

(a) (39, 185, 65)
(b) (39, 195, 65)
(c) (39, 195, 55)
(d) (37, 195, 65)

21. यदि 'P' का अर्थ '÷' है, 'Q' का अर्थ '×' हैं, 'R' का अर्थ '+' हैं, और 'S' का अर्थ '−' है, तो निम्नलिखित समीकरण में प्रश्नचिह्न (?) के स्थान पर क्या आएगा?

174 P 2 S 45 R (16 P 4) Q 5 S 26 = ?

(a) 36 (b) 32
(c) 48 (d) 44

22. उस विकल्प का चयन कीजिए जो तीसरे शब्द से उसी प्रकार सम्बन्धित है जिस प्रकार दूसरा शब्द पहले शब्द से सम्बन्धित है। (शब्दों को अर्थपूर्ण अंग्रेजी शब्दों के रूप में माना जाना चाहिए और शब्दों को अक्षरों की संख्या/व्यंजनों/स्वरों की संख्या के आधार पर एक-दूसरे से सम्बन्धित नहीं किया जाना चाहिए)

एपिसोड : सीरीज :: अध्याय : ?

(a) पुस्तक (b) लेखक
(c) पेज (d) नाटक

23. एक निश्चित तर्क का अनुसरण करते हुए 3, 2 से सम्बन्धित है। उसी तर्क का अनुसरण करते हुए, 9, 6 से सम्बन्धित है। उसी तर्क का उपयोग करते हुए निम्नलिखित में से कौन-सी संख्या 12 से सम्बन्धित है?

(a) 20 (b) 16
(c) 14 (d) 18

24. उस समुच्चय का चयन करें जिसकी संख्याएँ उसी तरह से सम्बन्धित हैं जिस तरह निम्निलिखित समुच्चयों की संख्याएँ सम्बन्धित हैं।

(**नोट** संख्याओं को उसके घटक अंकों में तोड़े बिना, पूर्ण संख्याओं पर संक्रियाएँ की जानी चाहिए। उदाहरण के लिए, संख्या 13 को लें — 13 पर संक्रियाएँ, जैसे कि 13 में जोड़ना/घटाना/गुणा करना आदि, की जा सकती हैं। 13 को 1 और 3 में तोड़ने और फिर 1 और 3 पर गणितीय संक्रियाएँ करने की अनुमति नहीं है)

(4, 12, 48)
(9, 27, 108)

(a) (13, 36, 156) (b) (13, 39, 156)
(c) (13, 39, 146) (d) (13, 36, 146)

25. निम्नलिखित में से कौन-सी संख्या दी गई श्रृंखला में प्रश्नचिन्ह (?) को प्रतिस्थापित करेगी?

9, 20, 42, 86, 174, ?

(a) 380 (b) 350
(c) 370 (d) 360

26. यदि 'A' का अर्थ '+' है, 'B' का अर्थ '−' है, 'C' का अर्थ '×' है और 'D' का अर्थ '÷' है, तो निम्नलिखित समीकरण में प्रश्नचिन्ह (?) के स्थान पर क्या आएगा?

29 A 37 B 14 C 3 A (84 D 4) A 46 = ?

(a) 78 (b) 83
(c) 91 (d) 97

27. निम्नलिखित विकल्पों में से कौन-सी संख्या दी गई श्रृंखला में प्रश्नचिन्ह (?) के स्थान पर आएगी?

55, 62, ?, 72, 75, 82

(a) 65 (b) 68 (c) 71 (d) 69

28. यदि '+' का अर्थ '–' है, '–' का अर्थ '×' है, '×' का अर्थ '÷' है, '÷' का अर्थ '+' है, तो दिए गए समीकरण में प्रश्नचिह्न (?) के स्थान पर क्या आएगा?

$180 \times 60 - 30 \div 30 + 20 = ?$

(a) 160 (b) 100 (c) 199 (d) 200

29. निम्नलिखित में से कौन-अक्षर समूह प्रश्नचिन्ह (?) का स्थान लेगा और दी गई श्रृंखला को पूरा करेगा?

WTNM, SYHT, ?, KIVH, GNPO

(a) HREK (b) UIDS
(c) OFHA (d) ODBA

30. दिए गए संख्या-युग्मों में, पहली संख्या पर कुछ गणितीय संक्रियाओं को लागू करके दूसरी संख्या प्राप्त की जाती है। ऐसे संख्या-युग्म का चयन कीजिए, जिसमें संख्याएँ ठीक उसी प्रकार सम्बन्धित हैं, जैसे दिए गए संख्या-युग्मों की संख्याएँ सम्बन्धित हैं।

(**नोट** संख्याओं को उनके घटक अंकों में तोड़े बिना संक्रियाएँ पूर्ण संख्याओं पर की जानी चाहिए। उदाहरण के लिए, 13 को लीजिए — 13 पर संक्रियाएँ जैसे कि 13 में जोड़ना/घटना/गुणा करना आदि की जा सकती है। 13 को 1 और 3 में तोड़ना तथा फिर 1 और 3 पर गणितीय संक्रियाएँ करना अनुमन्य नहीं है।)

(19, 200)
(15, 160)

(a) (23, 300) (b) (25, 250)
(c) (22, 230) (d) (18, 200)

31. एक निश्चित कूटभाषा में 'CITY' को '241872' के रूप में लिखा जाता है और 'DRUG' को '239620' के रूप में लिखा जाता है। उसी भाषा में 'GOLF' को किस प्रकार लिखा जाएगा?

(a) 18151215 (b) 20121521
(c) 7121521 (d) 7151212

32. दिए गए विकल्पों में से उस आकृति की पहचान कीजिए, जिसे '?' के स्थान पर रखने पर श्रृंखला तार्किक रूप से पूर्ण हो जाएगी?

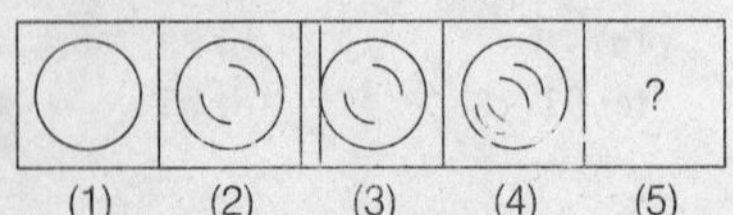

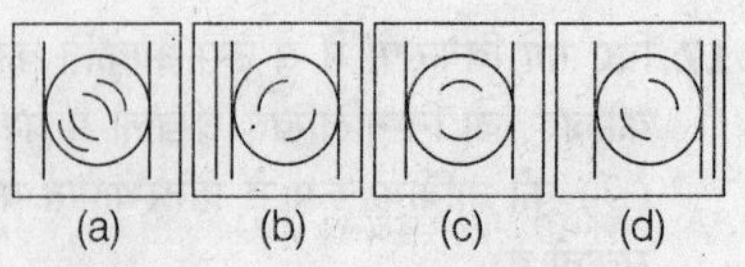

33. निम्नलिखित में से कौन-सा पद दी गई श्रृंखला में प्रश्नचिन्ह (?) को प्रतिस्थापित करेगा?

HMW, INX, JOY, ?

(a) DHM (b) DJB
(c) KPZ (d) EHM

34. वाणी, बिन्दु A से शुरू करती है और 6 किमी पश्चिम की ओर ड्राइव करती है। फिर वह बाएँ मुड़ती है और 8 किमी ड्राइव करती है। फिर वह बाएँ मुड़ती है और बिन्दु B तक पहुँचने के लिए 6 किमी ड्राइव करती है। बिन्दु A के सन्दर्भ में बिन्दु B किस दिशा में है?

(a) दक्षिण (b) उत्तर
(c) दक्षिण-पूर्व (d) दक्षिण-पश्चिम

35. एक निश्चित कूटभाषा में 'JAM' को '24' और 'GEL' को '24' के रूप में लिखा जाता है। उस भाषा में 'LAW' कैसे लिखा जाएगा?

(a) 28 (b) 36
(c) 32 (d) 24

36. एक पासे के फलकों के नाम अक्षर H, I, J, X, Y और Z में रखा गया है। एक ही पासे की दो स्थितियाँ नीचे दी गई हैं। कौन-सा फलक, फलक Y के विपरीत है?

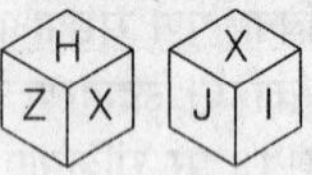

(a) Z (b) J (c) X (d) H

37. उस विकल्प का चयन कीजिए, जो दिए गए शब्दों के सही क्रम को निरूपित करता है, जैसे कि वे अंग्रेजी शब्दकोश में दिखाई देते हैं।

1. Infant 2. Indolent
3. Inert 4. Infamous
5. Inefficient 6. Ineffable

(a) 5, 4, 3, 2, 1, 6 (b) 2, 6, 5, 3, 4, 1
(c) 2, 5, 6, 1, 4, 3 (d) 5, 3, 4, 6, 2, 1

38. उस वेन आरेख का चयन कीजिए, जो निम्नलिखित वर्गों के बीच के सम्बन्ध को सर्वश्रेष्ठ रूप से दर्शाता है।

माँ, महिला, पति

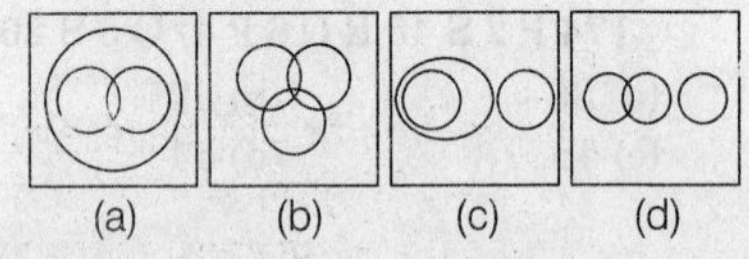

39. उस विकल्प आकृति का चयन करें, जिसमें नीचे दी गई आकृति उसके एक भाग के रूप में सन्निहित है।

(घुमाने की अनुमति नहीं हैं।)

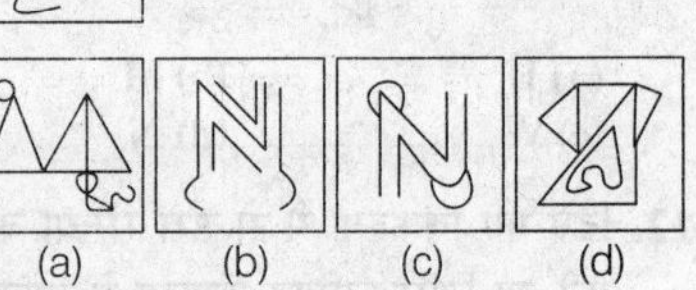

40. अंग्रेजी वर्णमाला क्रम पर आधारित, निम्नलिखित चार अक्षर-समूहों में से तीन किसी निश्चित तरीके से समान हैं और इस प्रकार एक समूह बनाते हैं। किस अक्षर-समूह का सम्बन्ध उस समूह से नही हैं।

(**नोट** असंगत अक्षर-समूह, व्यंजनों/स्वरों की संख्या या इस अक्षर-समूह में उनकी स्थिति पर आधारित नहीं हैं।)

(a) NUR (b) LSP
(c) JQM (d) OVS

41. दो कथन और उनके बाद दो निष्कर्ष I और II दिए गए हैं। कथनों को सत्य मानते हुए, भले ही वे सामान्य रूप से ज्ञात तथ्यों से भिन्न प्रतीत होते हों, निर्णय लें कि कौन-सा/से निष्कर्ष कथनों का तार्किक रूप से अनुसरण करता है/करते हैं।

कथन

1. सभी खेल, टूर्नामेण्ट हैं।
2. कुछ टूर्नामेण्ट, मैच हैं।

निष्कर्ष

I. सभी खेल, टूर्नामेण्ट हैं।
II. कोई खेल, टूर्नामेण्ट नहीं हैं।

(a) न तो निष्कर्ष I अनुसरण करता है और न ही II अनुसरण करता है
(b) केवल निष्कर्ष II अनुसरण करता है
(c) निष्कर्ष I और II दोनों अनुसरण करते हैं
(d) केवल निष्कर्ष I अनुसरण करता है।

42. कागज की एक शीट को बिन्दीदार रेखा के साथ-साथ दर्शाई गई दिशाओं के अनुदिश क्रमिक रूप से मोड़ता जाता है और फिर अन्त में छेद किया जाता है। खोलने पर यह कागज कैसा दिखेगा?

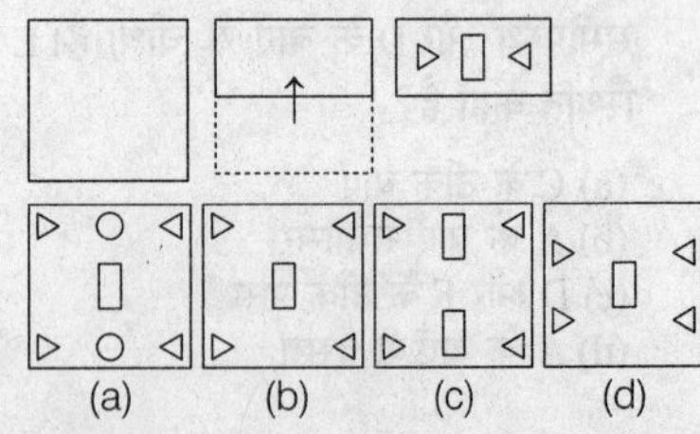

43. एक कूटभाषा में, 'PEN' को '70' और 'NEST' को '116' के रूप में कूटबद्ध किया जाता है। उसी भाषा में 'PEON' को कैसे कूटबद्ध किया जाएगा?

(a) 99 (b) 162 (c) 100 (d) 46

44. एक ही पासे की तीन अलग-अलग स्थितियाँ दर्शाई गई हैं। '6' दर्शाने वाले फलक के विपरीत वाले फलक पर कौन-सी संख्या होगी?

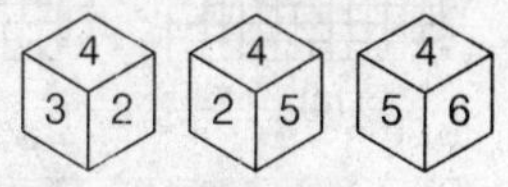

(a) 4 (b) 3
(c) 2 (d) 1

45. सुनील बिन्दु A से पश्चिम की ओर 5 किमी ड्राइव करता है। फिर वह बाएँ मुड़ता है और 6 किमी ड्राइव करता है। वह फिर से बाएँ मुड़ता है और 11 किमी ड्राइव करता है। फिर वह बाएँ मुड़ता है और 6 किमी ड्राइव करता है। अन्त में वह दाएँ मुड़ता है। और बिन्दु B पर पहुँचने के लिए 6 किमी ड्राइव करता है। बिन्दु A पर लौटने के लिए उसे कितना और किस दिशा में ड्राइव करना होगा?

(सभी मोड़ केवल 90° के मोड़ हैं।)

(a) पश्चिम दिशा में 12 किमी
(b) पूर्व दिशा में 10 किमी
(c) पश्चिम दिशा में 10 किमी
(d) पूर्व दिशा में 14 किमी

46. दो कथन दिए गए हैं, जिसके बाद दो निष्कर्ष I और II दिए गए हैं। कथनों को सत्य मानते हुए, भले ही वे सामान्य रूप से ज्ञात तथ्यों से भिन्न प्रतीत होते हों, निर्धारित कीजिए कि कौन-सा निष्कर्ष कथनों का तार्किक रूप से अनुसरण करता है?

कथन
सभी सड़क, मार्ग हैं।
सभी मार्ग पुल हैं।

निष्कर्ष
I. कुछ मार्ग, सड़क हैं।
II. सभी सड़क, पुल हैं।

(a) न तो निष्कर्ष I और न ही II अनुसरण करता है
(b) केवल निष्कर्ष II अनुसरण करता है
(c) केवल निष्कर्ष I अनुसरण करता है
(d) निष्कर्ष I और II दोनों अनुसरण करते हैं

47. किसी निश्चित कूटभाषा से,

'A × B' का अर्थ है कि 'A, B का पुत्र है'
'A – B' का अर्थ है कि 'A, B का भाई है'
'A + B' का अर्थ है कि 'A, B की पत्नी है'
'A % B' का अर्थ है कि 'A, B का पिता है'
यदि 'M × N + P % S – T' है, तो M का T से क्या सम्बन्ध है?

(a) पिता (b) मामा
(c) भाई (d) पति

48. जब दर्पण को नीचे दर्शाए गए अनुसार, MN पर रखा जाता है तो दी गई आकृति के सही दर्पण प्रतिबिम्ब का चयन कीजिए।

TarpeD7 (M / N)

(a) 7DeqraT (b) 7DerpaT
(c) 7DeqraT (d) 7DerpaT

49. कौन-सा अक्षर-समूह दी गई श्रृंखला को पूरा करेगा?

DHMX, GJKU, ..., MNGO

(a) IMIS (b) IMIR
(c) JLIS (d) JLIR

50. एक पैटर्न वाली एक पारदर्शी शीट नीचे दी गई है। उस विकल्प का चयन कीजिए जो उस पैटर्न को दर्शाता है जो दी गई पारदर्शी शीट को मध्य क्षैतिज रेखा पर मोड़ने पर दिखाई देगा?

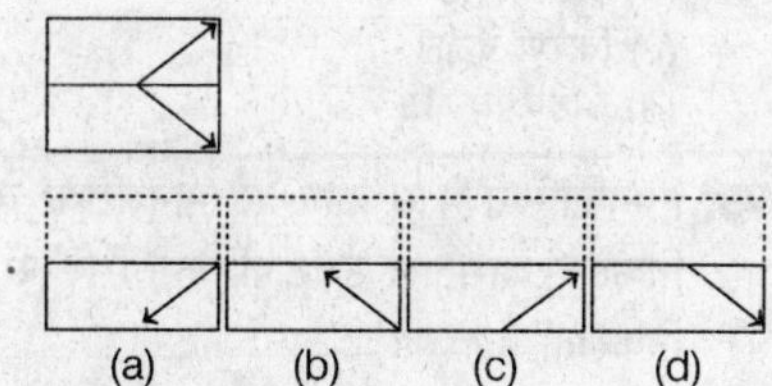

भाग 2

सामान्य ज्ञान एवं सामान्य जागरुकता

51. आधुनिक ओलम्पिक में पहली बार महिलाओं ने किस वर्ष भाग लिया था?

(a) 1916 में (b) 1896 में
(c) 1900 में (d) 1904 में

52. सियाराम तिवारी निम्नलिखित में से किस संगीत घराने से सम्बन्धित है?

(a) किराना (b) डगरी
(c) बेतिया (d) दरभंगा

53. यूट्रोफिकेशन को इस प्रकार परिभाषित किया जा सकता है

(a) घास के मैदान के पारिस्थितिकी तन्त्र में फास्फोरस, नाइट्रोजन और अन्य पौधों के पोषक तत्वों की सान्द्रता में क्रमिक वृद्धि
(b) रेगिस्तानी क्षेत्रों में फास्फोरस, नाइट्रोजन और अन्य पौधों के पोषक तत्वों की सान्द्रता में क्रमिक वृद्धि
(c) झील जैसे पुराने जलीय पारिस्थितिकी तन्त्र में फॉस्फोरस, नाइट्रोजन और अन्य पौधों के पोषक तत्वों की सान्द्रता में क्रमिक कमी
(d) झील जैसे पुराने जलीय पारिस्थितिकी तन्त्र में फॉस्फोरस, नाइट्रोजन और अन्य पौधों के पोषक तत्वों की सान्द्रता में क्रमिक वृद्धि

54. सलाल हाइड्रोइलेक्ट्रिक पावर स्टेशन, भारत के निम्नलिखित में से कौन-से केन्द्रशासित प्रदेश में स्थित है?

(a) जम्मू-कश्मीर (b) लद्दाख
(c) चण्डीगढ़ (d) लक्षद्वीप

55. लॉर्ड डलहौजी ने ब्रिटिश भारत में रेलवे लाइन किस वर्ष शुरू की थी?

(a) 1861 (b) 1870
(c) 1853 (d) 1849

56. उस पदार्थ की पहचान करें, जो कार्बन का अपरूप नहीं है।

(a) हीरा (b) ग्रेफाइट
(c) फॉस्फोरस (d) बकमिन्स्टर फुलरीन

57. नेशनल बोर्ड फॉर वर्कर्स एजुकेशन एण्ड डेवलपमेण्ट (National Board for Workers Education and Development) की स्थापना किस वर्ष की गई थी?

(a) 1849 (b) 1968
(c) 1978 (d) 1958

58. दन्तिवर्मन या दन्तिदुर्ग निम्नलिखित में से किस राजवंश के संस्थापक थे?

(a) राष्ट्रकूट (b) चेर
(c) प्रतिहार (d) पाल

59. निम्नलिखित में से किन तरीकों से किसानों को अधिक उपज देने वाली किस्म के बीजों का प्रयोग शुरू करने के लिए प्रोत्साहित किया गया?

(a) खाद्यान्नों की खेती के लिए किसानों को नकद में आर्थिक सहायता दी गई।
(b) सरकार ने बीज और अन्य निविष्टियाँ बाजार में प्रचलित कीमतों की तुलना में कम कीमतों पर प्रदान किए।
(c) खेतिहर मजदूरों को सीधे सरकार द्वारा मजदूरी का भुगतान किया जाता था।
(d) किसानों के बच्चों को सरकारी कॉलेजों और विश्वविद्यालयों में मुफ्त शिक्षा दी जाती थी।

60. उस भौतिक अभिलक्षण का क्या नाम है, जो भारत में लघु हिमालय और शिवालिक के बीच स्थित अनुदैर्ध्य घाटी है?

(a) भाबर (b) तराई
(c) दोआब (d) दून

61. दिसम्बर, 1886 में कलकत्ता में आयोजित भारतीय राष्ट्रीय कांग्रेस के दूसरे अधिवेशन का अध्यक्ष निम्नलिखित में से कौन बना?

(a) पी. आनन्द चार्लू (P. Ananda Charlu)
(b) विलियम वेडरबर्न (William Wedderburn)
(c) बदरुद्दीन तैयबजी (Brdruddin Tyabji)
(d) दादाभाई नौरोजी (Dadabhai Nauroji)

62. विदेशी निवेश बोर्ड की स्थापना किस वर्ष हुई थी?

(a) 1991 (b) 1965
(c) 1960 (d) 1968

63. निम्नलिखित में से कौन-सा बैंक भारत की बैंकिंग और मौद्रिक प्रणाली का प्रभारी है?

(a) आर.बी.आई (RBI)
(b) बी.ओ.बी (BOB)
(c) एस.बी.आई. (SBI)
(d) यूनियन बैंक

64. भारतीय संविधान के किस अनुच्छेद में राज्य विधानमण्डल में राज्य के महाधिवक्ता के बोलने के अधिकार के बारे में उल्लेख है?

(a) अनुच्छेद 181 (b) अनुच्छेद 183
(c) अनुच्छेद 179 (d) अनुच्छेद 177

65. कौन-सी नदी उत्तर में वुलर झील में और फिर बारामूला में बहती है?

(a) व्यास (b) रावी
(c) झेलम (d) सतलुज

66. विश्व एथलेटिक्स अण्डर-20 चैम्पियनशिप-2021 का आयोजन 18 से 22 अगस्त, 2021 तक ········ में किया गया था।

(a) अर्जेण्टीना (b) केन्या
(c) ब्राजील (d) दक्षिण अफ्रीका

67. जल में घुलनशील क्षार क्या कहलाते हैं?

(a) अल्कली (b) एल्कीन
(c) अम्ल (d) ऐल्केन

68. रमज़ान के महीने के बाद कौन-सा त्योहार मनाया जाता है?

(a) जमात उल विदा (b) मिलाद उन नबी
(c) ईद-उल-फितर (d) मुहर्रम

69. निम्नलिखित में से कौन ओडिसी नृत्यांगना नहीं हैं?

(a) अनीता रत्नम (b) कुमकुम मोहंती
(c) प्रोतिमा बेदी (d) सोनल मानसिंह

70. पं. जवाहरलाल नेहरू द्वारा उद्देश्य संकल्प प्रस्ताव (The Objective Resolution) कब पेश किया गया था?

(a) 15 अगस्त, 1947
(b) 16 नवम्बर, 1948
(c) 13 दिसम्बर, 1946
(d) 17 नवम्बर, 1946

71. दीवान-ए-कोही, मुहम्मद बिन तुगलक द्वारा शुरू किया गया ········ का विभाग था।

(a) कृषि (b) बाजार
(c) दान (d) सैन्य

72. वन्यजीव (संरक्षण) अधिनियम, 1972 की निम्नलिखित में से किस अनुसूची में भारत की सबसे आम जंगली बिल्ली फीलिस चाउस सूचीबद्ध है?

(a) अनुसूची III (b) अनुसूची I
(c) अनुसूची II (d) अनुसूची IV

73. निम्नलिखित में से कौन मुख्य रूप से भरतनाट्यम नृत्य के/की प्रतिपादक थे/थीं?

(a) गुरु बिपिन सिंह
(b) पण्डित बिरजू महाराज
(c) रुक्मिणी देवी अरुण्डेल
(d) केलुचरण महापात्र

74. वर्ष 1993 में ए सूटेबल बॉय (A suitable Boy) पुस्तक ········ द्वारा लिखी गई थी।

(a) डेविड डेविडर
(b) विक्रम सेठ
(c) किरण देसाई
(d) अरुन्धति रॉय

75. निम्नलिखित में से कौन-सी मानसरोवर के निकट 'राक्षसताल उत्तर पश्चिमी सिरे' से निकलती है?

(a) सतलज नदी (b) रावी नदी
(c) नर्मदा नदी (d) ताप्ती नदी

76. वर्ष 2019 में किस असमिया पार्श्व गायक को भारत रत्न से सम्मानित किया गया था?

(a) किशोर कुमार (b) लकी अली
(c) भूपेन हजारिका (d) उषा मंगेशकर

77. भारत सरकार ने हाल ही में राजीव गाँधी खेल रत्न पुरस्कार का नाम बदलकर ध्यानचन्द खेल रत्न पुरस्कार कर दिया, ध्यानचन्द ने भारतीय सेना में एक ········ के रूप में अपनी सेवाएँ दी थीं।

(a) फील्ड मार्शल (b) मेजर
(c) जनरल (d) मेजर जनरल

78. अनलेडीलाइक (Unladylike) किसका संस्मरण है?

(a) ऐश्वर्या मोहनराज
(b) सुप्रिया जोशी
(c) राधिका वाज
(d) अदिति मित्तल

79. कोजागिरी पूर्णिमा एक त्योहार है, जो मुख्य रूप से ········ में आश्विन माह की पूर्णिमा के दिन मनाया जाता है।

(a) महाराष्ट्र (b) बिहार
(c) केरल (d) आन्ध्र प्रदेश

80. निम्नांकित में से कौन सी आकृति आधुनिक आवर्त सारणी को दर्शाती है?

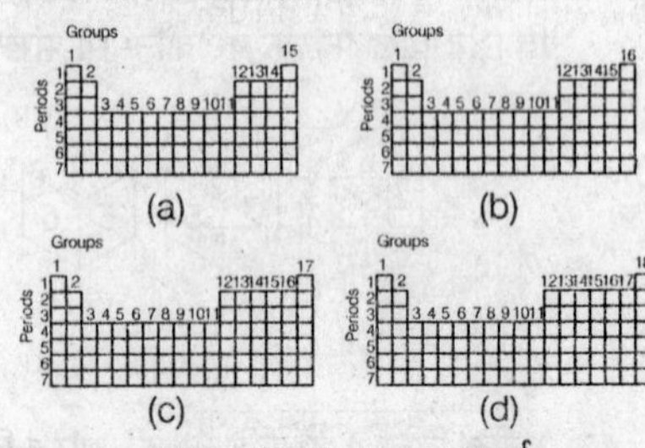

Group = समूह, Periods = आवर्त

(a) b (b) a
(c) d (d) c

81. मध्य प्रदेश के एक 'राई' नर्तक राम सहाय पाण्डे को 2022 में निम्नलिखित में से किस पुरस्कार से सम्मानित किया गया?

(a) सरस्वती सम्मान
(b) अर्जुन पुरस्कार
(c) पद्मश्री
(d) द्रोणाचार्य पुरस्कार

82. यदि राष्ट्रपति, राज्यपाल की रिपोर्ट से सन्तुष्ट है, तो वह अनुच्छेद 356 के तहत राष्ट्रपति शासन की घोषणा कर सकता है, लेकिन ऐसी उद्घोषणा (proclamation) प्रारम्भ में ········ की अवधि के लिए होती है।

(a) छः महीने (b) तीन महीने
(c) एक महीने (d) दो महीने

83. भोजन के एक गतिशील स्रोत की पहचान कीजिए।

(a) हिरन (b) मरी हुई गाय
(c) झाड़ी (d) घास

84. विकास के उच्च स्तर पर, अर्थव्यवस्था का कौन-सा क्षेत्र जीडीपी (GDP) में कम योगदान देता है?

(a) कृषि क्षेत्र
(b) औद्योगिक क्षेत्र
(c) सेवा क्षेत्र
(d) सेवा और कृषि दोनों क्षेत्र

85. शास्त्रीय संगीत के लिए कालिदास सम्मान वर्ष 2022 में किसे दिया गया?

(a) पण्डित वेंकटेश कुमार
(b) सेम्मनगुड़ी श्रीनिवास अय्यर
(c) मल्लिकार्जुन मंसूर
(d) के. जी. सुब्रमण्यन

86. निम्नलिखित में से कौन-सा विकल्प, विधानसभा की सदस्यता के लिए योग्य नहीं हैं?
(a) 25 वर्ष की आयु प्राप्त कर ली हो
(b) किसी लाभ के पद पर न हो
(c) राजनीति का ज्ञान हो
(d) भारत का नागरिक हो

87. गंगा घाटी में द्वितीय नगरीकरण का आरम्भ कब हुआ था?
(a) छठी शताब्दी ईसा पूर्व
(b) तीसरी शताब्दी ईसा पूर्व
(c) पाँचवीं शताब्दी ईसा पूर्व
(d) दूसरी शताब्दी ईसा पूर्व

88. आरबीआई द्वारा ब्राण्डों की बिक्री से मुद्रा आपूर्ति पर क्या प्रभाव होगा?
(a) घटेगी
(b) बढ़ेगी
(c) उतार चढ़ाव होगा
(d) ब्रॉण्ड बिक्री और मुद्रा आपूर्ति के बीच कोई सम्बन्ध नहीं है

89. निम्नलिखित में से भौतिकविदों और उनके योगदान/आविष्कार का कौन-सा युग्म गलत है?
(a) गैलीलियों गैलीली-प्रकाश का तरंग सिद्धान्त
(b) अल्बर्ट आइंस्टीन-फोटोइलेक्ट्रिक प्रभाव की व्याख्या
(c) माइकल फैराडे-विद्युत चुम्बकीय प्रेरण के नियम
(d) हेनरिक रूडोल्फ हर्ट्ज - विद्युत चुम्बकीय तरंगों की उत्पत्ति

90. भारत के, निम्नलिखित में से कौन-से राज्य/केन्द्रशासित प्रदेश में सर्वाधिक औसत वार्षिक वर्षा होती है?
(a) राजस्थान (b) दिल्ली
(c) लद्दाख (d) मेघालय

91. निम्नलिखित में से कौन-सी भारतीय संविधान की मूलभूत विशेषता नहीं है?
(a) सबसे लम्बा लिखित संविधान
(b) कठोरता और लचीलेपन का मिश्रण
(c) एक स्रोत से लिया गया
(d) संसदीय प्रणाली

92. बैरा सिउल बाँध निम्नलिखित में से किस जिले में स्थित है?
(a) मण्डी (b) बिलासपुर
(c) चम्बा (d) किन्नौर

93. अनुभवी कथक नृत्यांगना अदिति मंगलदास ने पुरस्कार जीता
(a) पद्म भूषण पुरस्कार, 2022
(b) भारत रत्न पुरस्कार, 2022
(c) महारी पुरस्कार, 2022
(d) पद्म विभूषण पुरस्कार, 2022

94. निम्नलिखित में से किसने गुलामगिरि लिखी थी?
(a) ज्योतिबा फुले
(b) महात्मा गाँधी
(c) बी.आर. अम्बेडकर
(d) बाल गंगाधर तिलक

95. स्तरित बालू और ग्रेवल की एक लम्बी, विसर्पी कटक को किस रूप में जाना जाता है?
(a) मोरेन (b) एक्विफायर
(c) एस्कर (d) इरेटिक

96. इलेक्ट्रॉन, प्रोटॉन और न्यूट्रॉन के आवेश के चिह्न क्रमशः ……… होते हैं।
(a) ऋणात्मक, उदासीन और धनात्मक
(b) ऋणात्मक, धनात्मक और उदासीन
(c) धनात्मक, ऋणात्मक और उदासीन
(d) उदासीन, धनात्मक और ऋणात्मक

97. जनगणना 2011 के अनुसार, निम्नलिखित में से कौन-सी भाषा भारत में सबसे कम जनसंख्या द्वारा बोली जाती है?
(a) कोंकणी (b) संस्कृत
(c) डोगरी (d) असमिया

98. m-डाइक्लोरोबेंजीन का IUPAC नाम निम्नलिखित में से कौन-सा है?
(a) 1, 2, 3-डाइक्लोरोबेंजीन
(b) 2, 3, 4-डाइक्लोरोबेंजीन
(c) 3, 1, 2-डाइक्लोरोबेंजीन
(d) 4, 1, 3-डाइक्लोरोबेंजीन

99. भारतीय संविधान के किस अनुच्छेद में उल्लेख है कि राज्य कृषि और पशुपालन को आधुनिक और वैज्ञानिक आधार पर संगठित करने का प्रयास करेगा?
(a) अनुच्छेद 43
(b) अनुच्छेद 46
(c) अनुच्छेद 42
(d) अनुच्छेद 48

100. बास्केटबॉल, में, जब एक रेफरी यह निर्धारित करने के लिए गेंद को सेण्टर सर्कल में ऊपर फेंकता है कि किस टीम को गेंद मिलेगी, उसे ……… कहा जाता है।
(a) डंक बॉल (b) हुक बॉल
(c) जम्प बॉल (d) हाई बॉल

भाग 3

मात्रात्मक योग्यता

101. एक त्रिभुज के कोणों का अनुपात 1:2:3 है, तो संगत भुजाओं का अनुपात ज्ञात कीजिए।
(a) $1:2:\sqrt{3}$ (b) $1:2:3$
(c) $1:\sqrt{2}:3$ (d) $1:\sqrt{3}:2$

102. एक शंकु के आधार की त्रिज्या और ऊँचाई क्रमशः 5 सेमी और 6 सेमी है, जबकि एक बेलन के आधार की त्रिज्या और ऊँचाई क्रमशः 2.5 सेमी और 3 सेमी है। शंकु के आयतन और बेलन के आयतन का अनुपात ज्ञात करें। (जहां, $\pi = \frac{22}{7}$)
(a) 8 : 3 (b) 9 : 4 (c) 8 : 5 (d) 3 : 5

103. $\frac{\cos 13^\circ + \sin 13^\circ}{\cos 13^\circ - \sin 13^\circ}$ का हल कीजिए।
(a) $\cos 26^\circ$ (b) $\tan 32^\circ$
(c) $\tan 58^\circ$ (d) $\cot 58^\circ$

104. निम्न तालिका 5 वर्षों में एक कम्पनी का सकल कारोबार (करोड़ मे) दर्शाती है।

वर्ष	सकल कारोबार
2016	12
2017	18
2018	25
2019	25
2020	30

2020 का सकल कारोबार, 2018 के सकल कारोबार से कितने प्रतिशत अधिक है?
(a) 20% (b) 5%
(c) 13% (d) 25%

105. $64 \div [44 - (8 \text{ का } 3 - 16) \div 4 \times 20]$ का मान निम्न में किसके बराबर होगा?
(a) 18 (b) 16
(c) 15 (d) 12

106. एक खुदरा विक्रेता अपने सामान का मूल्य 130% बढ़ाकर अंकित करता है और 25% की छूट देता है। यदि क्रय मूल्य ₹ 1600 है, तो विक्रय मूल्य (₹ में) क्या होगा?
(a) 3680 (b) 1765
(c) 2760 (d) 1980

107. $5\frac{1}{4}\left[3\frac{1}{2}-\left\{\frac{5}{6}+\left(\frac{3}{5}\times\frac{1}{10}\div\frac{4}{15}\right)\right\}\right]$ का मान कितना होगा?
(a) $1\frac{97}{120}$ (b) $2\frac{47}{120}$
(c) $2\frac{43}{120}$ (d) $1\frac{81}{120}$

108. एक दुकानदार ₹ 50 में 10 सन्तरे की दर से सन्तरे खरीदता है और उन्हें ₹ 74 में 12 सन्तरे की दर से बेचता है। उसका लाभ या हानि प्रतिशत ज्ञात कीजिए।
(a) $23\frac{1}{3}$% लाभ (b) $25\frac{1}{3}$% हानि
(c) 30% हानि (d) 25% लाभ

109. यदि $x = 110, y = 111, z = 112$ है, तो $x^3 + y^3 + z^3 - 3xyz$ का मान ज्ञात कीजिए।
(a) 995 (b) 991
(c) 999 (d) 997

110. निम्नलिखित तालिका में विभिन्न खेलों को खेलने वाले विभिन्न स्कूलों के विद्यार्थियों की संख्या की जानकारी दी गई है (एक विद्यार्थी केवल एक खेल खेलता है)

खेल/स्कूल	A	B	C	D	E
क्रिकेट	100	150	200	300	200
टेनिस	200	220	210	210	230
फुटबॉल	150	170	130	150	150
बास्केटबॉल	180	170	150	130	120
बैडमिण्टन	100	150	120	130	150

सभी स्कूलों से क्रिकेट खेलने वाले विद्यार्थियों की कुल संख्या और सभी स्कूलों से टेनिस खेलने वाले विद्यार्थियों की कुल संख्या के बीच का अन्तर ज्ञात कीजिए।
(a) 150 (b) 100 (c) 120 (d) 80

111. एक निश्चित धनराशि चक्रवृद्धि ब्याज पर 5 वर्षों में तीन गुना हो जाती है। उसे 9 गुना होने में कितने वर्ष लगेंगे?
(a) 8 वर्ष (b) 10 वर्ष
(c) 15 वर्ष (d) 25 वर्ष

112. $29 - [(48 \div 12) + 2 \times (8 \div 4 + 4)]$ का मान निम्न में से किसके बराबर होगा?
(a) 13 (b) 15
(c) 21 (d) 19

113. यदि $\frac{(\sec A + \tan A)}{(\sec A - \tan A)} = 2\frac{51}{79}$ है, तो $\sin A$ का मान कितना होगा?
(a) $\frac{61}{169}$ (b) $\frac{77}{144}$ (c) $\frac{87}{169}$ (d) $\frac{65}{144}$

114. $1 - \cfrac{1}{1 + \cfrac{1}{2 - \cfrac{1}{2 + \cfrac{1}{3}}}}$ का मान कितना होगा?
(a) $\frac{3}{11}$ (b) $\frac{3}{16}$
(c) $\frac{7}{15}$ (d) $\frac{7}{18}$

115. दो उम्मीदवारों के बीच एक चुनाव में, 35% मत प्राप्त करने वाला उम्मीदवार 15900 मतों से हार जाता है। डाले गए मतों की कुल संख्या ज्ञात करें।
(a) 45000 (b) 53000
(c) 43000 (d) 35000

116. एक नाविक धारा के अनुकूल 10 मिनट में 2 किमी और धारा के प्रतिकूल 2 घण्टे में 12 किमी नाव चलाता है। धारा की चाल ज्ञात कीजिए।
(a) 3 किमी/घण्टा (b) 3.5 किमी/घण्टा
(c) 4 किमी/घण्टा (d) 2.5 किमी/घण्टा

117. 14 सेमी व्यास वाले एक गोलाकार बर्तन को पेंट करने की लागत ₹ 21.560 है। प्रति वर्ग सेमी पैंटिंग की लागत (₹ में) क्या है? ($\pi = \frac{22}{7}$ उपयोग करें।)
(a) 28 (b) 30 (c) 32 (d) 35

118. दिया गया पाई-चार्ट एक परिवार द्वारा उनके मासिक खर्चों के लिए अनुमानित बजट को दर्शाता है। मासिक खर्च = ₹ 58000

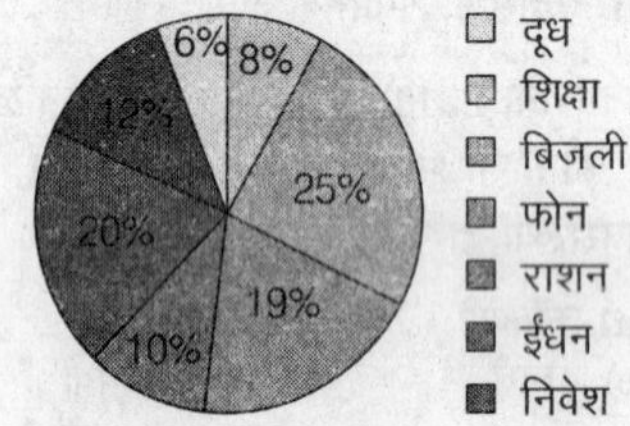

यदि परिवार ने वास्तव में किराने और बिजली दोनों पर ₹ 18875 खर्च किए हैं, तो किराना एवं बिजली के लिए बजट राशि तथा किराना एवं बिजली पर खर्च की गई राशि के बीच अन्तर ज्ञात कीजिए।
(a) ₹ 4573 (b) ₹ 4375
(c) ₹ 3745 (d) ₹ 3547

119. निम्नांकित बार ग्राफ 5 कम्पनियों A, B, C, D तथा E की माँग और उत्पादन (सैकड़े में) को प्रदर्शित करता है। X-अक्ष माँग और उत्पादन (सैकड़े में) को प्रदर्शित करता है और Y-अक्ष कम्पनियों को प्रदर्शित करता है। बार ग्राफ का ध्यानपूर्वक अध्ययन कीजिए और निम्नलिखित प्रश्न का उत्तर दीजिए।

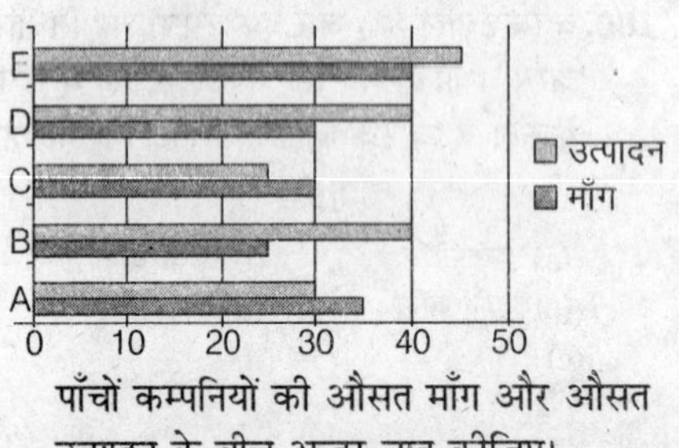

पाँचों कम्पनियों की औसत माँग और औसत उत्पादन के बीच अन्तर ज्ञात कीजिए।
(a) 400 (b) 1000 (c) 2000 (d) 500

120. यदि $a + 2b + 3c = 0$ है, तो $(a^3 + 8b^3 + 27c^3)$ का मान क्या है?
(a) 0 (b) $12abc$
(c) $18abc$ (d) $6abc$

121. 60° केन्द्रीय कोण वाले 21सेमी त्रिज्या के एक वृत्त के त्रिज्यखण्ड का क्षेत्रफल (सेमी^{2} में) ज्ञात कीजिए। ($\pi = \frac{22}{7}$ लीजिए।)
(a) 231 (b) 245
(c) 289 (d) 302

122. यदि $x[-5\{-4(-a)\}] + 6[-3\{-3(-a)\}] = 6a$ है, तो x का मान ज्ञात कीजिए।
(a) 2 (b) −3
(c) −1 (d) 0

123. A और B मिलकर किसी कार्य को 25 दिनों में पूरा कर सकते हैं, B और C मिलकर उसी कार्य को 36 दिनों में पूरा कर सकते हैं, जबकि C और A मिलकर उसी कार्य को 30 दिनों में पूरा कर सकते हैं। यदि A, B, C और D मिलकर इस कार्य को 18 दिनों में पूरा कर सकते हैं, तो D अकेला इस कार्य को कितने दिनों में पूरा कर सकता है?
(a) 225 (b) 200
(c) 210 (d) 180

124. एक नाव धारा के प्रतिकूल 24 किमी की दूरी और धारा के अनुकूल 36 किमी की दूरी 10 घण्टे में तय करती है, और धारा के प्रतिकूल 36 किमी की दूरी और धारा के अनुकूल 24 किमी की दूरी 12 घण्टे में तय करती है। धारा की चाल ज्ञात करें।
(a) $\frac{33}{13}$ किमी/घण्टा (b) $\frac{24}{7}$ किमी/घण्टा
(c) $\frac{26}{9}$ किमी/घण्टा (d) $\frac{25}{8}$ किमी/घण्टा

125. सरल कीजिए
$$1898 \div \left[\frac{13}{4} \times (35 + 45) - \frac{91}{4}\right]$$
(a) 12 (b) 4
(c) 16 (d) 8

126. भवानी अपनी आय का 68% खर्च करती है। उसकी आय में 15% की वृद्धि होती है और उसके व्यय में 10% की वृद्धि होती है। उसकी बचत में कितने प्रतिशत की वृद्धि हुई? (दो दशमलव अंकों तक ज्ञात कीजिए।)
(a) 25.62% (b) 24.80%
(c) 28.42% (d) 20.57%

127. निम्नलिखित दण्ड आरेख दो क्रमागत वर्षों 2021 और 2022 के दौरान एक प्रकाशन कम्पनी की छह शाखाओं (A, B, C, D, E और F) से पत्रिकाओं की बिक्री (हजारों में) को दर्शाता है।

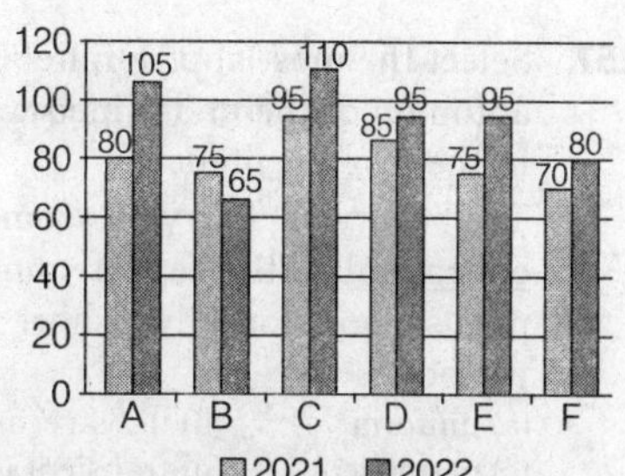

दोनों वर्षों के लिए शाखा C की कुल बिक्री, दोनों वर्षों के लिए शाखा F की कुल बिक्री का कितना प्रतिशत है? (अपने उत्तर को दशमलव के दो स्थानों तक पूर्णांकित कीजिए।)

(a) 73.17% (b) 65.21%
(c) 85.25% (d) 53.25%

128. एक घन की भुजा की लम्बाई 8 सेमी है। घन का आयतन ज्ञात करें।

(a) 564 सेमी^{3} (b) 664 सेमी^{3}
(c) 612 सेमी^{3} (d) 512 सेमी^{3}

129. जब संख्या 13 को 75 और 12 के माध्यानुपाती से घटाया जाता है, तो प्राप्त प्राकृतिक संख्या ज्ञात कीजिए।

(a) 27 (b) 30 (c) 14 (d) 17

130. एक संख्या पहले 10% घटाई जाती है, फिर 30% बढ़ाई जाती है और फिर 20% घटाई जाती है। संख्या में शुद्ध कमी प्रतिशत कितना है?

(a) $5\frac{3}{5}\%$ (b) $6\frac{2}{5}\%$ (c) $4\frac{1}{5}\%$ (d) $3\frac{4}{5}\%$

131. $\frac{1-\cot^2\theta}{\tan^2\theta-1}$ का मान ज्ञात कीजिए।

(a) $\cot\theta$ (b) $\cot^2\theta$
(c) $\tan\theta$ (d) $\tan^2\theta$

132. निम्नलिखित में से कौन-सा से कथन सही है/हैं?

A. एक त्रिभुज में सभी कोण 60° से कम हो सकते हैं।
B. एक त्रिभुज में एक अधिक कोण हो सकता है।
C. एक त्रिभुज में दो समकोण हो सकते हैं।
D. एक त्रिभुज में दो न्यून कोण हो सकते हैं।

(a) B (b) A
(c) B और D (d) A और C

133. किसी त्रिभुज के तीन कोणों में से एक कोण सबसे छोटे कोण का दोगुना है और दूसरा कोण सबसे छोटे कोण का तीन गुना है। सबसे छोटे कोण का मान ज्ञात करें।

(a) 45° (b) 30° (c) 65° (d) 60°

134. किसी वस्तु के लागत मूल्य में 7.5% की कमी होने पर एक दुकानदार ₹ 7400 की राशि से पहले की खरीदी जाने वाली वस्तु की तुलना में 15 किग्रा अधिक वस्तु खरीद सकता है। वस्तु के कटौती से पूर्व के क्रय मूल्य पर 32.5% का लाभ प्राप्त करने के लिए, वस्तु को किस मूल्य (₹ में) प्रति किग्रा पर बेचना होगा?

(a) 52 (b) 54
(c) 53 (d) 51

135. एक अर्द्धगोलीय कटोरे की त्रिज्या 9 सेमी है। कटोरे की क्षमता (आयतन) ज्ञात कीजिए। ($\pi = \frac{22}{7}$ लें।)

(a) 1428.78 सेमी^{3}
(b) 1527.43 सेमी^{3}
(c) 1625.37 सेमी^{3}
(d) 1821.47 सेमी^{3}

136. $20 \div 5$ का $4 \times 8 + 6 \div 24$ का $3 \times 48 - 6 \div 18 \times 9$ को सरल कीजिए।

(a) 1.125 (b) 6
(c) 4 (d) 9

137. कितने वर्षों के लिए ₹ 2500 का निवेश 12% वार्षिक साधारण ब्याज की दर से किया जाए, कि मिश्रधन ₹ 4900 के बराबर हो जाए?

(a) 2 (b) 4
(c) 8 (d) 6

138. यदि ग्राहक द्वारा खरीदे गए विभिन्न उत्पादों का कुल विक्रय मूल्य ₹ 3000 से कम है, तो एक विक्रेता 12% की छूट प्रदान करता है, और यदि सभी उत्पादों का कुल विक्रय मूल्य ₹ 3000 से अधिक है तो 15% की छूट प्रदान करता है। आनन्द को ₹ 900 मूल्य की एक शर्ट और 9% का मार्जिन अर्जित करने के बाद बेची गई और साथ ही ₹ 1900 क्रय मूल्य वाली एक जैकेट भी उसे 6% के मार्जिन के बाद बेची गई। बिल के निपटान के लिए आनन्द को कितना (₹ में) भुगतान करना होगा?

(a) 2645.60 (b) 3005.40
(c) 2635.60 (d) 2953.60

139. S अपनी कार चलाता है और 90 मिनट में 37 किमी और 500 मी की दूरी तय करता है। तो बताइए कि उसकी औसत चाल (किमी/घण्टा में) क्या है?

(a) 20 (b) 40
(c) 25 (d) 22.5

140. संस्कृत के एक कक्षा पाठ में अन्वेषा के अंक गलती से 66 के बजाय 99 दर्ज कर दिए गए थे। यदि कक्षा में 55 छात्र है, तो इस टाइपिंग त्रुटि के कारण संस्कृत में कक्षा के औसत अंकों में कितनी वृद्धि हुई है?

(a) 0.2 (b) 0.8 (c) 0.4 (d) 0.6

141. A के लिए समीकरण हल (डिग्री में) कीजिए

$$2\cos^2 A + 3\cos A - 2 = 0,\ 0 < A < 90°$$

(a) 80° (b) 45° (c) 30° (d) 60°

142. दी गई तालिका का अध्ययन कीजिए और नीचे दिए गए प्रश्न का उत्तर दीजिए।
तालिकाएँ चार अलग-अलग शहरों से एक प्रवेश परीक्षा में उपस्थित हुए उम्मीदवारों की संख्या (लाख में) तथा उसमें उत्तीर्ण और अनुत्तीर्ण हुए उम्मीदवारों का अनुपात दर्शाती है।

शहर	P	Q	R	S
उम्मीदवारों की संख्या	1.10	2.26	2.12	1.46

शहर के भीतर उत्तीर्ण और अनुत्तीर्ण हुए उम्मीदवारों का अनुपात

शहर	उत्तीर्ण	अनुत्तीर्ण
P	6	5
Q	3	7
R	5	7
S	3	5

शहर Q से परीक्षा में उत्तीर्ण हुए उम्मीदवारों की संख्या, सभी शहरों से एकसाथ उपस्थित हुए उम्मीदवारों की कुल संख्या का कितने प्रतिशत है (दो दशमलव स्थान तक पूर्णांकित)?

(a) 11.25% (b) 9.77%
(c) 10.70% (d) 12.93%

143. निम्नलिखित व्यंजक को सरल कीजिए

$$\frac{3.2 \times 3.2 - 0.2 \times 0.2}{0.2 \times 0.2 - 2 \times 0.2 \times 3.2 + 3.2 \times 3.2}$$

(a) $\frac{11}{15}$ (b) $\frac{13}{15}$ (c) $\frac{19}{15}$ (d) $\frac{17}{15}$

144. जीवन, प्रवीण और कानन के बीच ₹ 17600 की राशि इस प्रकार विभाजित की गई कि जीवन और प्रवीण को प्राप्त राशि का अनुपात 5 : 8 था, जबकि प्रवीण और कानन द्वारा प्राप्त राशि का अनुपात 3 : 2 था। जीवन को उसके हिस्से के रूप में कितनी राशि प्राप्त हुई?

(a) ₹ 4800 (b) ₹ 4900
(c) ₹ 4750 (d) ₹ 4850

145. $[25-(-4)\{9-(6-2)\}]\div[3\times\{6+(-3)\times(-3)\}]$ को सरल कीजिए।

(a) 6 (b) 4
(c) 1 (d) 2

146. 230 मी और 270 मी लम्बी दो रेलगाड़ियाँ क्रमश: 42 किमी/घण्टा और 48 किमी/घण्टा की चाल से विपरीत दिशाओं में चल रही हैं। वे एक-दूसरे को ……… में पार करेंगी।

(a) 20 सेकण्ड (b) 30 सेकण्ड
(c) 22 सेकण्ड (d) 25 सेकण्ड

147. निम्न तालिका एक परीक्षा में गणित और विज्ञान में विद्यार्थियों द्वारा प्राप्त अंकों के आधार पर 100 विद्यार्थियों के वर्गीकरण को दर्शाती है।

विषय	100 में से प्राप्त अंक				
	80 और इससे अधिक	60 और इससे अधिक	40 और इससे अधिक	20 और इससे अधिक	0 और इससे अधिक
गणित	12	35	80	94	100
विज्ञान	16	43	76	88	100
औसत (कुल योग)	14	39	78	91	100

कुल योग के रूप में 40% से कम अंक प्राप्त करने वाले विद्यार्थियों की संख्या ज्ञात करें।

(a) 24 (b) 28
(c) 26 (d) 22

148. 5 सेमी त्रिज्या वाला एक लड्डू एक दुकानदार का है। उसी एक ही लड्डू से 2.5 सेमी त्रिज्या के कितने लड्डू बनाए जा सकते हैं?

(a) 8 (b) 2
(c) 6 (d) 4

149. $[\{(82+48\div8\times3)+5\times6\}-7.5\times2]$ का मान ज्ञात कीजिए।

(a) 115 (b) 125
(c) 121 (d) 130

150. रवि और संजू एकसाथ मिलकर किसी कार्य को 2 दिन में कर सकते हैं, संजू और महेश इसे 4 दिन में कर सकते है, जबकि रवि और महेश इसे 2 दिन में कर सकते हैं। रवि को उसी कार्य को अकेले करने में कितने दिन लगेंगे?

(a) $\frac{8}{3}$ दिन (b) $\frac{5}{3}$ दिन
(c) 9 दिन (d) 4 दिन

भाग 4

अंग्रेजी

151. Select the option that can be used as a one-word substitute for the given group of words.
The period of time in a person's life when they are developing into an adult.
(a) Adolescence
(b) Adultery
(c) Teenage
(d) Childhood

152. The following sentence has been divided into parts. One of them contains an error. Select the part that contains the error from the given options.
Mr. Thomas / is going / to buy / horse.
(a) is going (b) Mr. Thomas
(c) to buy (d) horse

153. The following sentence has been divided into parts. One of them may contain an error. Select the part that contains the error form the given option. If you don't find any error, mark 'No error' as your answer.
By the time I reaching / the metro station, / the train had departed.
(a) No error
(b) the metro station
(c) the train had departed
(d) By the time I reaching

154. Select the most appropriate option to substitute the underlined segment in the given sentence.
Rajans caused <u>extremely painful</u> headaches.
(a) excruciating (b) horrible
(c) extreme (d) devastating

155. Select the most appropriate synonym of the given word.
Pacify
(a) Rebuke (b) Blame
(c) Strengthen (d) Soothe

156. Select the most appropriate option that can substitute the underlined segment in the given sentence.
The company plans <u>to expand</u> its business to the international market.
(a) to reduce (b) to contract
(c) to increase (d) to limit

157. Select the most appropriate antonym of the underlined word in the given sentence.
The beauty of cherry blossoms is <u>ephemeral</u>, as the delicate pink petals bloom for only a short period.
(a) uniform (b) unwavering
(c) permanent (d) transient

158. Select the most appropriate antonym of the underlined word.
Indians tend to be quite <u>conservative</u> in most aspects of life, particularly in rural areas.
(a) liberal (b) fantastic
(c) determined (d) authentic

159. Select the most appropriate meaning of the underlined idiom.
Despite multiple obstacles, she continued with her endeavour, demonstrating that she has <u>nerves of steel</u>.
(a) Extraordinary beauty
(b) An absence of fear or anxiety
(c) Relentless determination
(d) The capacity to maintain composure when stressed

160. Select the option that can be used as a one-word substitute for the italicised segment in the given sentence.
Tin is easy to shape in any desired form
(a) Malleable (b) Rigid
(c) Immutable (d) Gullible

161. Select the most appropriate synonym of the given word.
Dainty
(a) Vulgar (b) Fine
(c) Elegant (d) Sable

162. Select the most appropriate synonym of the given word.
Filthy
(a) Tidy (b) Visual
(c) Shiny (d) Dirty

163. Select the most appropriate idiom that can substitute the underlined word in the given sentence.
Its Christmas and everything looks so beautiful. It makes me believe that <u>life is wonderful and pleasant</u>.
(a) I'm up in the air
(b) I'm facing the music
(c) I'm changing my tune
(d) life is a bowl of cherries

164. Select the correctly spelt word.
(a) Directory (b) Dictionery
(c) Dispensery (d) Machinary

165. Select the most appropriate option to substitute the underlined part of the following sentence.
Mathew decided to complete the marathon to prove that he is still fit as a fiddle in his eighties.
(a) an owner of a fit horse
(b) a man of great qualities
(c) proud and unreliable
(d) a fit and energetic person

166. Select the most appropriate option to substitute the underlined segment in the given sentence.
The manager, decided at last to bring the stenographer to book for her illegal money transactions after trying to ignore it several times.
(a) bring her for a detailed investigation
(b) take her into great confidence
(c) place her in a safe supportive position
(d) make her accountable for her conduct

167. Identify the incorrectly spelt word in the given sentence and select the option that rectifies the spelling error.
The idea is to encourage tourism and allow visitors to enjoy the spectacular Rockies, but to ensure that it is done in hermony with the environment.
(a) Enssure (b) Harmony
(c) Encaurage (d) Touresm

168. Select the most appropriate option to fill in the blank.
Mihir's ability to think outside....... always gives our team the upper hand when tackling complex problems.
(a) the room (b) the cupboard
(c) the box (d) the bowl

169. Select the most appropriate option that can substitute the underlined words in the given sentence.
My son will carry out my business in my absence.
(a) carry at (b) carry on
(c) carry for (d) carry in

170. Select the option that can be used as a one-word substitute for the given group of words.
The study of Man
(a) Autobiography (b) Anthropology
(c) Biography (d) Biology

171. The following sentence has been divided into four segments. One of them contains an error. Select the segment that contains the error from the given options.
Last night I dreamed that / I am looking for the/ abominable snowman high / up in the Himalayas.
(a) abominable snowman high
(b) up in the Himalayas
(c) I am looking for the
(d) Last night I dreamed that

172. Select the most appropriate idioms that can substitude the underlined segment in the given sentence.
We need to make sure that criminals like these get more from the authorities than a very mild punishment.
(a) a slap on the wrist
(b) an axe to grind
(c) a blessing in disguise
(d) a taste of their own medicine

173. Select the option that can be used as a one-word substitute for the underlined group of words.
There was a huge fire for celebration on the occasion of Diwali.
(a) Lohri (b) Flash
(c) Bonfire (d) Firecracker

174. Select the incorrectly spelt word.
(a) Granary (b) Dictionary
(c) Directory (d) Chancellary

175. In question four alternative are given for the underlined Idiom / Phrases in the sentence. Choose the alternative which best expresses the meaning of the Idiom / Phrases.
In life, there will be many situations where you have to choose between the devil and the deep blue sea.
(a) To be in dilemma to choose
(b) To be in the deep sea
(c) To be in a good condition
(d) To choose wisely

176. Select the option that can be used as a one-word substitute for the given group of word.
A film shown during the day, especially in the afternoon.
(a) Dramatics (b) Matinee
(c) Cinema (d) Theatre

177. Select the option that expresses the meaing of the underlined segment.
The regulation bans any direct or indirect promotion through radio or television of supernatural practices.
(a) questionable (b) obtuse
(c) occult (d) evident

178. Select the most appropriate option to substitute the underlined segment in the given sentence.
It is a fact that the same judgement can often be taken by more than one way.
(a) be taken on more than
(b) be taken in more than
(c) be taken for more than
(d) be taken of more than

179. Parts of the following sentence have been given as options. Select the option that contains an error.
My father / is / comparatively better / today.
(a) comparatively better (b) is
(c) My father (d) today

180. Select the sentence that has the correct use of words and spellings from the options given below.
(a) The skilled surgeon delictly performed the intricate procedure, saving the patient's life with his stedy hands and unwavering focus.
(b) The skilled surgeon delicately performed the intrecate procedure, saving the patient's life with his steady hands and unwavering focus.
(c) The skiled surgeon delictly performed the intricate procedure, saving the patient's life with his stedy hands and unwavering focus.
(d) The skilled surgeon delicately performed the intricate procedure, saving the patient's life with his steady hands and unwavering focus.

181. Select the option that can be used as a one-word substitute for the given group of word.
A list of books
(a) Lexicon (b) Manuscript
(c) Bibliography (d) Catalogue

182. Select the most appropriate segment to substitute the underlined words in the given sentence.
He always used to say that he was not a beggar by choice and if someone could employ him, he would like to eat.
(a) love to work (b) listen to me
(c) linger at work (d) live to work

183. Select the most appropriate meaning of the given idiom.
Beat around the bush.
(a) To go around the bush.
(b) To live around the bush.
(c) To avoid talking about what is important.
(d) To talk about something important.

184. Select the most appropriate idiom that can substitute the underlined segment in the given sentence.
I don't know which career he will choose. He delays making strong decisions.
(a) Sits on the fence
(b) Is as clean as a whistle
(c) Turns a blind eye
(d) Spills the beans

185. The following sentence has been split into four segments. Identify the segment that contains a grammatical error.
If I have recovered from fever, / I will start going / for swimming classes / from tomorrow.
(a) I will start going
(b) for swimming classes
(c) from tomorrow
(d) If I have recovered from fever

186. Which of the following words has a similar meaning to the underlined word?
Numerous tremors without any tectonic plate movement have baffled geologists.
(a) Angered (b) Irritated
(c) Perplexed (d) Amused

187. Which is the right set of antonyms from the options for 'Confidential'?
(a) Familiar, Revealed
(b) Offstage, Sneaking
(c) Public, Concealed
(d) Hushed, Common

188. Select the most appropriate synonym of the given word.
Voracious
(a) Quenched (b) Appreciate
(c) Compensated (d) Greedy

189. Choose the incorrectly spelt word in the given sentence.
It may seem pretintious to say so but I cannot live without my essential articles.
(a) essential (b) cannot
(c) articles (d) pretintious

190. Select the incorrectly spelt word.
(a) Programe (b) Unexpected
(c) Pilgrimage (d) Campaign

Directions (Q. Nos. 191-195) *In the following passage, some words have been deleted. Read the passage carefully and select the most appropriate option to fill in each blank.*

"Can I come along with you on your fishing trip, please?" asked Millie. Her two elder brothers ......(1)...... at her scornfully. "Fishing is a mans ......(2)....... ," said her older brother, Derek. "Girls are not ......(3)...... at fishing." ......(4)...... a while, however, Millie managed to persuade her brothers to take her ......(5)....... When they reached the fishing pond, the two brothers wandered off by themselves.

191. Select the most appropriate option to fill in blank no. 1.
(a) looked (b) observed
(c) saw (d) watched

192. Select the most appropriate option to fill in blank no. 2.
(a) matches (b) gaming
(c) competition (d) sport

193. Select the most appropriate option to fill in blank no. 3.
(a) good (b) sound
(c) likeable (d) acceptable

194. Select the most appropriate option to fill in blank no. 4.
(a) Nearly (b) After
(c) Then (d) Before

195. Select the most appropriate option to fill in blank no. 5.
(a) among them (b) within
(c) along (d) with them

Directions (Q. Nos. 196-200) *Read the given passage and answer the questions that follow.*

New media is a catch-all term used for various kinds of electronic communications that are conceivable due to innovation in computer technology. In contrast to old media, which includes newspapers, magazines, books, television and other such non-interactive media, new media comprises websites, online video/audio streams, e-mails, online social platforms, online communities, online forums, blogs, internet telephony, web advertisements, online education and much more. It is not very easy to draw a line between the new and old media because the so-called old media has found new ways of representation in digital forms, leaving behind its conventional methods of representation.

New media is considered to be the multimedia and digital form of communication happening *via* desktop and laptop computers as well as phones, tablets and other devices. New media has introduced user interaction, rather than simply consuming media. New media can be customised to user's preferences and it can be selectively linked from one form of content to another.

196. Select the most appropriate synonym of the word 'Customise'.
(a) Personalise (b) Realise
(c) Generalise (d) Ritualised

197. Why is it not easy to draw a line between old media and new media?
(a) Because new media can be customised to user's preferences.
(b) Because new media is considered to be the multimedia and digital form of communication.
(c) Because both include various kinds of medium.
(d) Because old media has found new ways of representation in digital forms.

198. How does the passage distinguish new media from old media?
(a) New media includes user interaction, whereas, through old media, we only consume information.
(b) New media increases screen time and could be addictive and unhealthy, unlike old media.
(c) New media is fast and digitally based, whereas old media has never been beyond the conventional methods of representation.
(d) New media caters to a larger audience and is more popular than old media.

199. Which of the following is not a type/kind of new media?
(a) Web advertisements
(b) Television
(c) E-mails
(d) Online video streams

200. What does the term Catch-all mean?
(a) A category which includes all the types of media.
(b) A category that includes all the sources of information.
(c) A category that includes all the sources of entertainment.
(d) A category which includes many different things.

जानें सही उत्तर

1 (d)	2 (d)	3 (a)	4 (a)	5 (a)	6 (d)	7 (d)	8 (d)	9 (d)	10 (a)
11 (d)	12 (d)	13 (b)	14 (b)	15 (a)	16 (a)	17 (d)	18 (b)	19 (b)	20 (b)
21 (a)	22 (a)	23 (d)	24 (b)	25 (b)	26 (c)	27 (a)	28 (b)	29 (d)	30 (c)
31 (b)	32 (a)	33 (c)	34 (a)	35 (b)	36 (c)	37 (b)	38 (c)	39 (d)	40 (c)
41 (a)	42 (c)	43 (c)	44 (c)	45 (a)	46 (d)	47 (c)	48 (a)	49 (d)	50 (d)
51 (c)	52 (d)	53 (d)	54 (a)	55 (c)	56 (c)	57 (d)	58 (a)	59 (b)	60 (d)
61 (d)	62 (d)	63 (a)	64 (d)	65 (c)	66 (b)	67 (a)	68 (c)	69 (a)	70 (c)
71 (a)	72 (c)	73 (c)	74 (b)	75 (a)	76 (c)	77 (b)	78 (c)	79 (a)	80 (c)
81 (c)	82 (a)	83 (a)	84 (a)	85 (a)	86 (c)	87 (a)	88 (a)	89 (a)	90 (d)
91 (c)	92 (c)	93 (c)	94 (a)	95 (c)	96 (b)	97 (b)	98 (d)	99 (d)	100 (c)
101 (d)	102 (a)	103 (c)	104 (a)	105 (b)	106 (c)	107 (c)	108 (a)	109 (c)	110 (c)
111 (b)	112 (a)	113 (d)	114 (d)	115 (b)	116 (a)	117 (d)	118 (c)	119 (a)	120 (c)
121 (a)	122 (b)	123 (b)	124 (d)	125 (d)	126 (a)	127 (a)	128 (d)	129 (d)	130 (b)
131 (b)	132 (c)	133 (b)	134 (c)	135 (b)	136 (d)	137 (c)	138 (c)	139 (c)	140 (d)
141 (d)	142 (b)	143 (d)	144 (a)	145 (c)	146 (a)	147 (d)	148 (a)	149 (a)	150 (a)
151 (a)	152 (d)	153 (d)	154 (a)	155 (d)	156 (c)	157 (c)	158 (a)	159 (b)	160 (a)
161 (c)	162 (d)	163 (d)	164 (a)	165 (d)	166 (d)	167 (b)	168 (c)	169 (b)	170 (b)
171 (c)	172 (a)	173 (c)	174 (d)	175 (a)	176 (b)	177 (c)	178 (b)	179 (a)	180 (d)
181 (d)	182 (a)	183 (c)	184 (a)	185 (d)	186 (c)	187 (a)	188 (d)	189 (d)	190 (a)
191 (a)	192 (d)	193 (a)	194 (b)	195 (d)	196 (a)	197 (d)	198 (a)	199 (b)	200 (d)

प्रश्नों के सही हल

1. (d) अंग्रेजी शब्दकोश के अनुसार शब्दों का क्रम निम्न प्रकार है,

Kennel → Kernel → Kettle
(2) (5) (3)
→ Kibble → Kicker
(1) (4)

⇒ 2, 5, 3, 1, 4

2. (d) जिस प्रकार, G A M E

+4 +2 +4 +2

K C Q G

तथा F A R M

+4 +2 +4 +2

J C V O

उसी प्रकार, T O W N

+4 +2 +4 +2

X Q A P

3. (a) दिया है, $10+23-3\times 63\div 7=70$

विकल्प (a) से चिह्न बदलने पर,

$10+23\times 3-63\div 7=70$

$\Rightarrow \quad 10+69-9=70$

$\Rightarrow \quad 79-9=70$

$\Rightarrow \quad 70=70$

4. (a) प्रश्नानुसार,

stay for (dinner) ⟶ px (rn) tf

(dinner) is ready ⟶ sq mv (rn)

अत: dinner ⇒ rn

5. (a) दिया है,

$9+6\times 3-9\div 1=10$

विकल्प (a) से चिह्न बदलने पर,

$9+6\times 3\div 9-1=10$

$\Rightarrow 9+\frac{6\times 3}{9}-1=10$

$\Rightarrow \quad 9+2-1=10$

$\Rightarrow \quad 11-1=10$

$10=10$

6. (d) कथनानुसार,

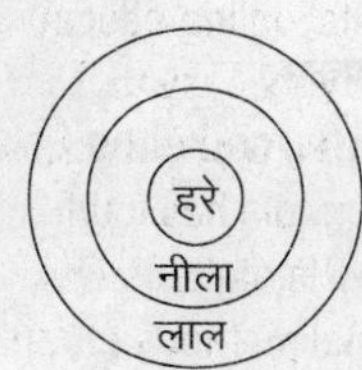

निष्कर्ष

I. (✗) II. (✗) III. (✗)

अत: कोई भी निष्कर्ष अनुसरण नहीं करता है।

7. (d) दिया है,

$145\div 96\times 12+13$

+ ⟶ −	− ⟶ ×
× ⟶ ÷	÷ ⟶ +

प्रश्नानुसार चिह्न बदलने पर,

$145+96\div 12-13$

$=145+8-13$

$=153-13=140$

8. (d) प्रश्नानुसार,

$A\div B-C+D-E\times F$

रक्त सम्बन्ध आरेख बनाने पर,

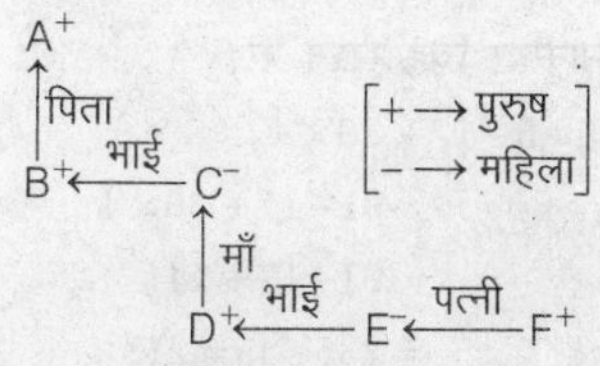

अत: A, E का नाना है।

9. (d) जिस प्रकार,

$29 : 61 \Rightarrow 29 \times 2 + 3 = 58 + 3 = 61$

तथा $15 : 33 \Rightarrow 15 \times 2 + 3 = 30 + 3 = 33$

उसी प्रकार,

$47 : ? \Rightarrow ? = 47 \times 2 + 3 = 94 + 3 = 97$

10. (a) जिस प्रकार,

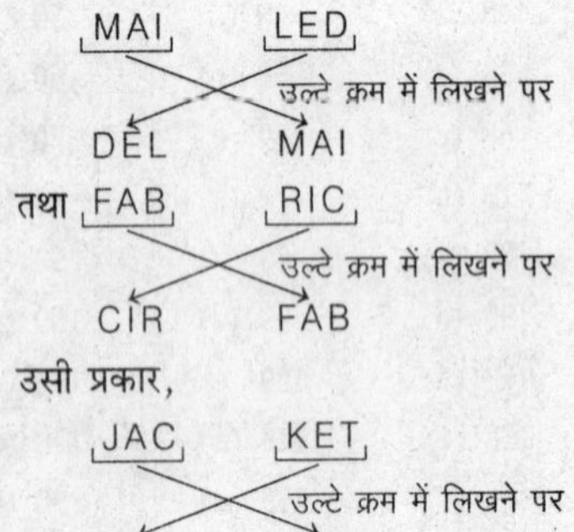

11. (d) पासे के दोनों स्थिति में 'N' उभयनिष्ठ है।
स्थिति I : N M V
स्थिति II : N L W
अत: शेष बचा अक्षर X वाले फलक के विपरीत फलक पर N होगा।

12. (d) दी गई शृंखला का क्रम निम्न प्रकार है,

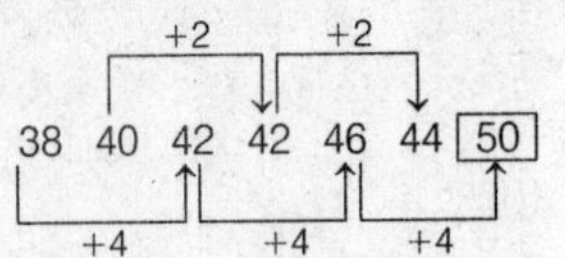

13. (b) दी गई शृंखला का क्रम निम्न प्रकार है,

$5 \xrightarrow{+3} 8 \xrightarrow{+5} 13 \xrightarrow{+7} \boxed{20} \xrightarrow{+9} 29 \xrightarrow{+11} 40$

+2 +2 +2 +2

14. (b) दी गई आकृति शृंखला के प्रत्येक अगली आकृति में होने वाला परिवर्तन निम्न प्रकार है,

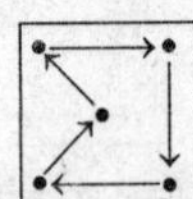

इस प्रकार शृंखला में प्रश्नचिह्न के स्थान पर विकल्प आकृति (b) होगी।

15. (a) दिया है,

455 A 5 D 17 C 36 B 4

A ⟶ ÷	B ⟶ ×
C ⟶ +	D ⟶ −

प्रश्नानुसार चिह्न रखने पर,

$455 \div 5 - 17 + 36 \times 4$

$= 91 - 17 + 36 \times 4$

$= 91 - 17 + 144$

$= 235 - 17 = 218$

16. (a) प्रश्नानुसार,

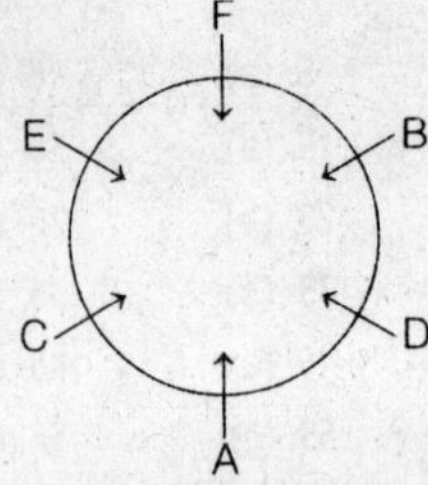

अत: E, C के ठीक बाएँ ओर बैठा है।

17. (d) दी गई आकृति शृंखला के प्रत्येक अगली आकृति में होने वाला परिवर्तन निम्न प्रकार है,

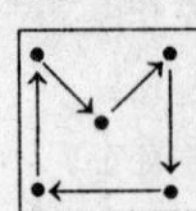

इस प्रकार शृंखला में प्रश्नचिह्न के स्थान पर विकल्प आकृति (d) होगी।

18. (b) जिस प्रकार,

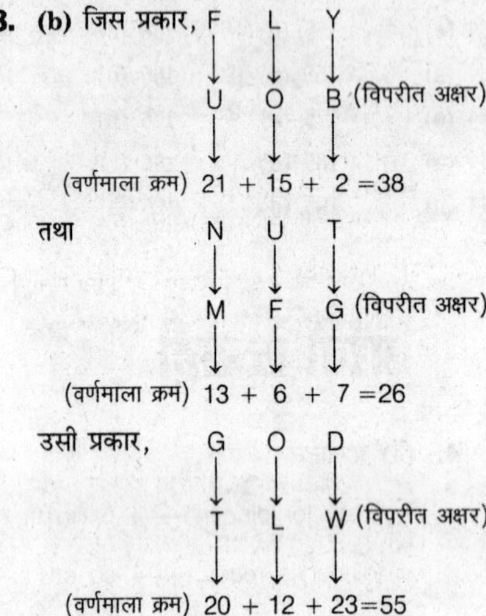

19. (b) विकल्प अक्षर संयोजन (b) प्रश्न अक्षर संयोजन का दर्पण प्रतिबिम्ब है।

M

hj52dR | Rb52jh

N

20. (b) जिस प्रकार,

$(21, 105, 35) \Rightarrow 21 \times 5 = 105$

$\Rightarrow \frac{105}{3} = 35$

तथा $(27, 135, 45) \Rightarrow 27 \times 5 = 135$

$\Rightarrow \frac{135}{3} = 45$

उसी प्रकार,

$(39, 195, 65) \Rightarrow 39 \times 5 = 195$

$\Rightarrow \frac{195}{3} = 65$

21. (a) दिया है,

174 P 2 S 45 R (16 P 4) Q 5 S 26

P ⟶ ÷	Q ⟶ ×
R ⟶ +	S ⟶ −

प्रश्नानुसार चिह्नों को प्रतिस्थापित करने पर,

$174 \div 2 - 45 + (16 \div 4) \times 5 - 26$

$= 87 - 45 + 4 \times 5 - 26$

$= 87 - 45 + 20 - 26$

$= 107 - 71 = 36$

22. (a) जिस प्रकार, एपिसोड को जोड़कर का सीरीज़ बनती है। उसी प्रकार, अध्यायों से मिलकर पुस्तक बनती है।

23. (d) जिस प्रकार,

$3, 2 \Rightarrow ? = 2 \times \frac{3}{2} = 3$

तथा $9, 6 \Rightarrow 6 \times \frac{3}{2} = 9$

उसी प्रकार,

$?, 12 \Rightarrow ? = 12 \times \frac{3}{2} = 18$

24. (b) जिस प्रकार,

$(4, 12, 48) \Rightarrow 4 \times 3 = 12$

$\Rightarrow = 12 \times 4 = 48$

तथा $(9, 27, 108) \Rightarrow 9 \times 3 = 27$

$\Rightarrow = 27 \times 4 = 108$

उसी प्रकार,

$(13, 39, 156) \Rightarrow 13 \times 3 = 39$

$\Rightarrow = 39 \times 4 = 156$

25. (b) दी गई शृंखला का क्रम निम्न प्रकार है,

$9 \xrightarrow{\times 2+2} 20 \xrightarrow{\times 2+2} 42 \xrightarrow{\times 2+2} 86 \xrightarrow{\times 2+2} 174 \xrightarrow{\times 2+2} \boxed{350}$

26. (c) दिया है,

29 A 37 B 14 C 3 A (84 D 4) A 46

A ⟶ +	B ⟶ −
C ⟶ ×	D ⟶ ÷

प्रश्नानुसार चिह्नों को प्रतिस्थापित करने पर,

$= 29 + 37 - 14 \times 3 + (84 \div 4) + 46$

$= 29 + 37 - 14 \times 3 + 21 + 46$

$= 29 + 37 - 42 + 21 + 46$

$= 133 - 42 = 91$

27. (a) प्रश्न में दी गई शृंखला का क्रम निम्न प्रकार है,

$55 \xrightarrow{+7} 62 \xrightarrow{+3} \boxed{65} \xrightarrow{+7} 72 \xrightarrow{+3} 75 \xrightarrow{+7} 82$

28. **(b)** दिया है,

$180 \times 60 - 30 \div 30 + 20$

$+ \longrightarrow -$	$- \longrightarrow \times$
$\times \longrightarrow \div$	$\div \longrightarrow +$

प्रश्नानुसार चिह्नों को प्रतिस्थापित करने पर,

$180 \div 60 \times 30 + 30 - 20$

$= 3 \times 30 + 30 - 20$

$= 90 + 30 - 20$

$= 120 - 20$

$= 100$

29. **(d)** प्रश्न में दी गई शृंखला का क्रम निम्न प्रकार हैं

$W \xrightarrow{-4} S \xrightarrow{-4} \boxed{O} \xrightarrow{-4} K \xrightarrow{-4} G$

$T \xrightarrow{+5} Y \xrightarrow{+5} \boxed{D} \xrightarrow{+5} I \xrightarrow{+5} N$

$N \xrightarrow{-6} H \xrightarrow{-6} \boxed{B} \xrightarrow{-6} V \xrightarrow{-6} P$

$M \xrightarrow{+7} T \xrightarrow{+7} \boxed{A} \xrightarrow{+7} H \xrightarrow{+7} O$

30. **(c)** जिस प्रकार, $(19, 200) \Rightarrow$
$(19 + 1) \times 10 = 20 \times 10 = 200$

तथा $(15, 160) \Rightarrow$
$(15 + 1) \times 10 = 16 \times 10 = 160$

उसी प्रकार, $(22, 230) \Rightarrow$
$(22 + 1) \times 10 = 23 \times 10 = 230$

31. **(b)** जिस प्रकार,

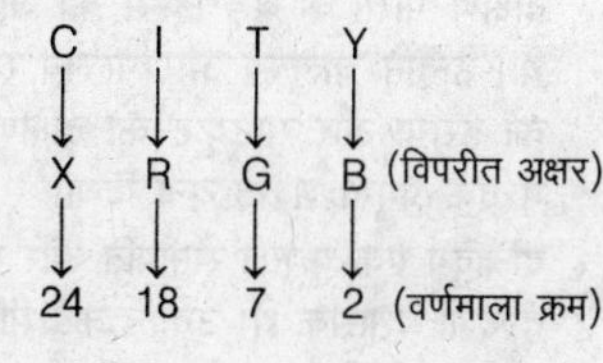

तथा

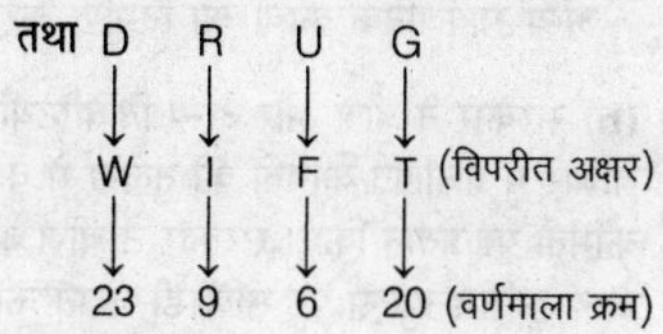

उसी प्रकार,

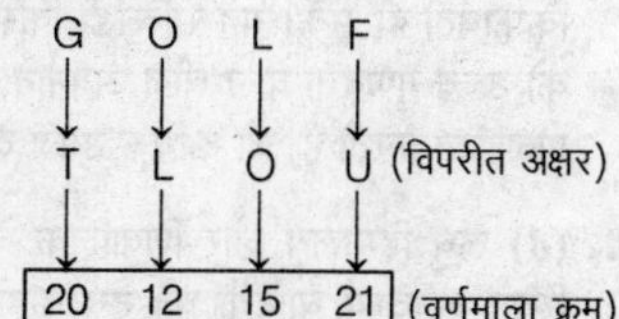

32. **(a)** दी गई आकृति शृंखला के प्रत्येक अगली आकृति में एकान्तर रूप से पहले दो वक्र रेखा वृत्त के अन्दर तथा फिर एक सीधी रेखा वृत्त के बाहर जोड़ी जा रही है इस प्रकार शृंखला की अगली आकृति विकल्प (a) की आकृति होगी।

33. **(c)** दी गई शृंखला का क्रम निम्न प्रकार है,

$H \xrightarrow{+1} I \xrightarrow{+1} J \xrightarrow{+1} \boxed{K}$

$M \xrightarrow{+1} N \xrightarrow{+1} O \xrightarrow{+1} \boxed{P}$

$W \xrightarrow{+1} X \xrightarrow{+1} Y \xrightarrow{+1} \boxed{Z}$

34. **(a)** प्रश्नानुसार,

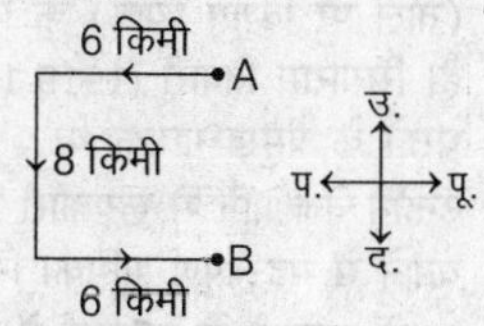

अत: A, के सन्दर्भ में बिन्दु B दक्षिण दिशा में है।

35. **(b)** जिस प्रकार,

J A M → (वर्णमाला क्रम) $10 + 1 + 13 = 24$

तथा G E L → (वर्णमाला क्रम) $7 + 5 + 12 = 24$

उसी प्रकार, L A W → (वर्णमाला क्रम) $12 + 1 + 23 = 36$

36. **(c)** प्रश्न में दिए गए पासे के दोनों स्थिति में X उभयनिष्ठ है।

स्थिति I ⟶ X Z H

स्थिति II ⟶ X I J

अत: फलक Y के विपरीत फलक पर X है।

37. **(b)** अंग्रेजी शब्दकोश के अनुसार शब्दों का क्रम निम्न प्रकार है,

Indolent → Ineffable → Inefficient →
(2) (6) (5)
Inert → Infamous → Infant
(3) (4) (1)

$\Rightarrow 2, 6, 5, 3, 4, 1$

38. **(c)** प्रश्नानुसार,

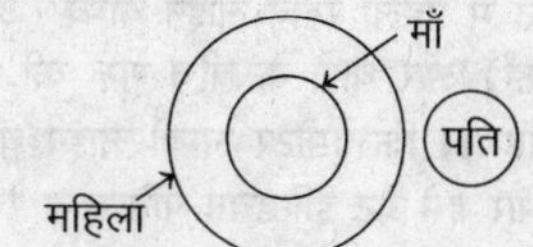

सभी माँ महिलाएँ होती हैं, परन्तु पति इनसे अलग हैं।

39. **(d)** प्रश्न आकृति विकल्प आकृति (d) में सन्निहित है।

40. **(c)** जिस प्रकार,

$N \xrightarrow{+7} U \xrightarrow{-3} R$

$L \xrightarrow{+7} S \xrightarrow{-3} P$

तथा $O \xrightarrow{+7} V \xrightarrow{-3} S$

परन्तु, $\boxed{J \xrightarrow{+7} Q \xrightarrow{-4} M}$

41. **(a)** कथनानुसार,

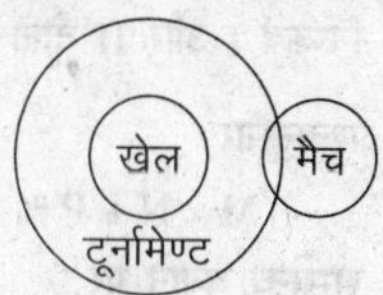

निष्कर्ष I. (✗) II. (✗)

अत: न तो निष्कर्ष I और न ही II अनुसरण करता है।

42. **(c)** प्रश्न में दिए गए कागज को निर्देश अनुसार मोड़ने और काटने के बाद खोलने पर वह विकल्प आकृति (c) की तरह दिखाई देगी

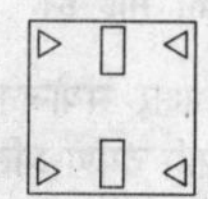

43. **(c)** जिस प्रकार,

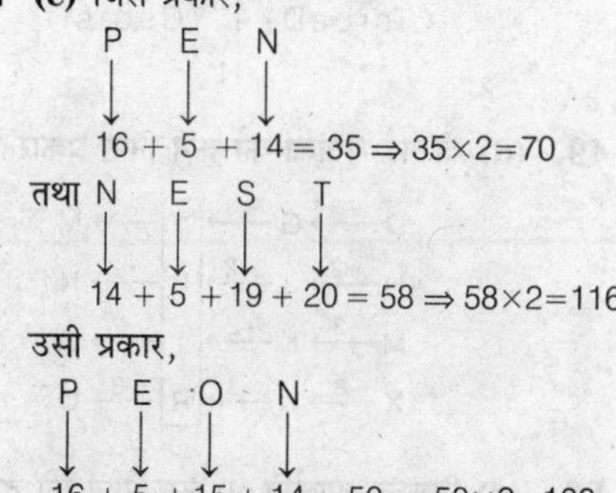

44. **(c)** प्रश्न में दिए गए पासे की स्थिति II तथा III में 4 और 5 उभयनिष्ठ है। दोनों पासे की स्थिति पर शेष बचे दोनों संख्या एक-दूसरे के विपरीत है।

अत: '6' दर्शाने वाले फलक के विपरीत वाले फलक पर '2' होगा।

45. **(a)** प्रश्नानुसार,

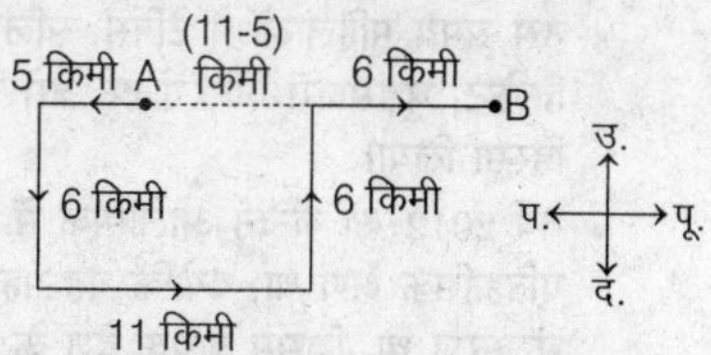

बिन्दु A और B के बीच की दूरी

$= 6 + (11 - 5)$ किमी

$= 6 + 6 = 12$ किमी

अत: बिन्दु A पर लौटने के लिए सुनील को 12 किमी पश्चिम दिशा में जाना होगा।

46. (d) कथनानुसार,

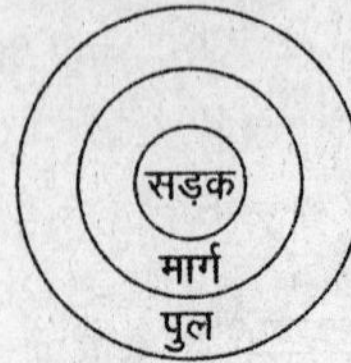

निष्कर्ष I. (✓) II. (✓)

अत: निष्कर्ष I और II दोनों अनुसरण करते हैं।

47. (c) प्रश्नानुसार,

$$M \times N + P \% S - T$$

रक्त सम्बन्ध बनाने पर,

N ← पत्नी — P^+ ; N —पुत्र→ M^+ ; S^+ —पिता→ P^+ ; T —भाई→ S^+ ; M^+ ←भाई— T

[+ → पुरुष, – → महिला]

अत: M, T का भाई है।

48. (a) विकल्प अक्षर संयोजन (a), प्रश्न अक्षर संयोजन का सही दर्पण प्रतिबिम्ब है।

TarpeD7 | M N (दर्पण)

49. (d) दी गई श्रृंखला का क्रम निम्न प्रकार है

D —+3→ G —+3→ J —+3→ M

H —+2→ J —+2→ L —+2→ N

M —–2→ K —–2→ I —–2→ G

X —–3→ U —–3→ R —–3→ O

50. (d) विकल्प आकृति (d) उस पैटर्न को दर्शाता है जो दी गई पारदर्शी शीट को मध्य क्षैतिज रेखा पर मोड़ने पर दिखाई देगा।

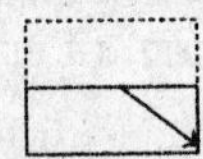

51. (c) आधुनिक ओलम्पिक खेलों में पहली बार महिलाओं ने वर्ष 1900 में भाग लिया था। यह ओलम्पिक पेरिस, फ्रांस में आयोजित हुआ था।

- उस समय महिलाओं ने टेनिस, सेलिंग, क्रिकेट, घुड़सवारी और गोल्फ जैसे खेलों में हिस्सा लिया।
- वर्ष 2012 का लन्दन ओलम्पिक में एक ऐतिहासिक क्षण था, क्योंकि यह पहला संस्करण था, जिसमें प्रत्येक देश के एथलीटों में एक महिला थी।
- 2024 पेरिस ओलम्पिक में महिला भागीदारी इतिहास में पहली बार लैंगिक समानता वाला खेल बन गया है, जहाँ महिला और पुरुष एथलीटों की संख्या लगभग समान है।

52. (d) सियाराम तिवारी दरभंगा घराने से सम्बन्धित थे।

- दरभंगा घराना हिन्दुस्तानी शास्त्रीय संगीत के ध्रुपद गायन की एक प्रसिद्ध शैली है।
- यह घराना अपनी ऊर्जावान प्रस्तुति, अलाप के बाद गाने का तरीका, और लयकारी (ताल पर विशेष ध्यान) के लिए जाना जाता है। सियाराम तिवारी (1919-1998) इस घराने के प्रमुख गायक थे।
- उन्होंने तेज गति से लयकारी को लोकप्रिय बनाने में महत्त्वपूर्ण भूमिका निभाई, जो 20वीं शताब्दी के उत्तरार्द्ध में विकसित हुई।
- उन्हें वर्ष 1971 में पद्मश्री और वर्ष 1984 में संगीत नाटक अकादमी फैलोशिप से सम्मानित किया गया था।

53. (d) यूट्रोफिकेशन एक प्राकृतिक प्रक्रिया है, जिसमें झीलों और अन्य जल निकायों में पोषक तत्त्वों (जैसे फॉस्फोरस और नाइट्रोजन) की धीमी और क्रमिक वृद्धि होती है।

- समय के साथ, ये पोषक तत्त्व जलीय पौधों, शैवाल और अन्य सूक्ष्मजीवों की वृद्धि को बढ़ावा देते हैं।
- यह अत्यधिक पौधों के विकास का कारण बन सकता है, जिसे **एल्गल ब्लूम** के रूप में जाना जाता है।

54. (a) सलाल हाइड्रोइलेक्ट्रिक पावर स्टेशन चेनाब नदी पर एक रन-ऑफ-द-रिवर हाइड्रोइलेक्ट्रिक सुविधा है।

- यह जम्मू-कश्मीर के रियासी जिले में स्थित है।
- यह सिन्धु जल सन्धि की शर्तों के तहत जम्मू-कश्मीर में भारत की पहली जलविद्युत परियोजना थी।
- इसकी क्षमता 690 मेगावाट है।
- इस परियोजना से लाभान्वित राज्य जम्मू-कश्मीर, चण्डीगढ़, दिल्ली, हिमाचल प्रदेश, हरियाणा और पंजाब।

55. (c) लॉर्ड डलहौजी ने 1853 ई. में ब्रिटिश भारत में पहली रेलवे लाइन बॉम्बे (अब मुम्बई) और थाणे के बीच शुरू की थी।

- यह 34 किलोमीटर लम्बी लाइन थी और इसे ग्रेट इण्डियन पेनिन्सुला रेलवे के (जीआईपीआर) द्वारा बनाया गया था।
- यह भारत में रेलवे के विकास का एक महत्त्वपूर्ण मील का पत्थर थी और इसमें ब्रिटिश शासन के दौरान आर्थिक विकास और सामाजिक परिवर्तन में महत्त्वपूर्ण भूमिका निभाई।
- डलहौजी ने 1856 ई. में अपने कार्यकाल के दौरान एक व्यापक रेलवे नेटवर्क बनाने की महत्वाकांक्षी योजना शुरू की थी।

56. (c) फॉस्फोरस कार्बन का एक अपरूप नहीं है, क्योंकि यह एक विभिन्न तत्त्व है। यह एक रासायनिक तत्त्व है, जिसका परमाणु क्रमांक 15 है और इसका प्रतीक P है। यह कई रूपों में पाया जाता है, जिनमें सफेद फॉस्फोरस, लाल फॉस्फोरस और काला फॉस्फोरस शामिल हैं।

- सफेद फॉस्फोरस सबसे सामान्य रूप है और यह जहरीला होता है।
- लाल फॉस्फोरस कम प्रतिक्रियाशील होता है और इसका उपयोग मैचों में किया जाता है।
- काला फॉस्फोरस एक अर्द्धचालक है और इसका उपयोग इलेक्ट्रॉनिक उपकरणों में किया जाता है।

57. (d) नेशनल बोर्ड फॉर वर्कर्स एजुकेशन एण्ड डेवलपमेण्ट (National Board for Workers Education and Development) की स्थापना वर्ष 1958 में की गई थी।

- इस बोर्ड का उद्देश्य श्रमिकों की शिक्षा और विकास को प्रोत्साहित करना है, ताकि वे अधिक जागरूक और कुशल बन सकें।
- यह सोसायटी पंजीकरण अधिनियम, 1860 के तहत पंजीकृत है।

58. (a) दन्तिवर्मन या दन्तिदुर्ग राष्ट्रकूट राजवंश के संस्थापक थे। दन्तिदुर्ग ने 8वीं शताब्दी में मालखेड (आधुनिक गुलबर्गा, कर्नाटक) में राष्ट्रकूट वंश की स्थापना की थी।

- वह एक शक्तिशाली शासक थे, जिन्होंने दक्षिण भारत के बड़े हिस्से को जीत लिया था। उन्होंने चालुक्य और पल्लव राजवंशों को हराया और राष्ट्रकूट को दक्षिण भारत में एक प्रमुख शक्ति बना दिया।
- दन्तिदुर्ग एक कुशल सेनापति और एक दूरदर्शी प्रशासक थे। उन्होंने कई मन्दिरों और अन्य सार्वजनिक कार्यों का निर्माण करवाया।

59. (b) सरकार ने बीज और अन्य निविष्टियाँ बाजार में प्रचलित कीमतों की तुलना में कम कीमतों पर प्रदान किए। सरकार ने बीज और अन्य कृषि इनपुट्स पर सब्सिडी प्रदान की है ताकि किसानों के लिए उन्हें खरीदना अधिक किफायती हो सके। यह सब्सिडी किसानों को उच्च गुणवत्ता वाले बीज अपनाने के लिए प्रोत्साहित करती है, जो अधिक उपज दे सकते हैं।

60. (d) लघु हिमालय और शिवालिक के बीच स्थित अनुदैर्ध्य घाटियों को **दून** कहा जाता है। इन घाटियों को दून कहा जाता है, क्योंकि वे नदियों द्वारा कटाव के कारण बनी हैं और चारों ओर से पहाड़ियों से घिरी हुई हैं।

- दून अपनी उपजाऊ मिट्टी और सुखद जलवायु के लिए जाने जाते हैं। ये कृषि और बागवानी के लिए महत्त्वपूर्ण केन्द्र हैं।
- दून कई पर्यटन स्थलों का भी घर हैं; जैसे कि **मसूरी**, **नैनीताल** और **ऋषिकेश**।

61. (d) दिसम्बर, 1886 में कलकत्ता में आयोजित भारतीय राष्ट्रीय कांग्रेस के दूसरे अधिवेशन के अध्यक्ष दादाभाई नौरोजी बने थे।

- दादाभाई नौरोजी भारतीय स्वतन्त्रता संग्राम के प्रमुख नेता और आर्थिक चिन्तक थे, जिन्हें 'भारतीय अर्थशास्त्र का जनक' भी कहा जाता है।
- इस अधिवेशन में 'स्वराज', स्वदेशी को बढ़ावा देने और विदेशी वस्तुओं के बहिष्कार के प्रस्ताव पारित किए गए।
- उन्हें भारत के वृहद पुरुष (Grand old Man of India) के नाम से भी जाना जाता है।

62. (d) विदेशी निवेश बोर्ड (Foreign Investment Board, FIB) की स्थापना वर्ष 1968 में की गई थी।

- इसका उद्देश्य भारत में विदेशी निवेश को प्रोत्साहित और नियन्त्रित करना था। हालाँकि, बाद में, वर्ष 1991 में इसे पुनर्गठित करके विदेशी निवेश संवर्द्धन बोर्ड (Foreign Investment Promotion Board, FIPB) बनाया गया। जिसका उद्देश्य उदारीकरण और आर्थिक सुधारों के तहत विदेशी निवेश को बढ़ावा देना था।

63. (a) भारतीय रिज़र्व बैंक (RBI) भारत की बैंकिंग और मौद्रिक प्रणाली का प्रभारी है।

- यह देश का केन्द्रीय बैंक है, जिसे वर्ष 1935 में स्थापित किया गया था।
- RBI मुद्रास्फीति को नियन्त्रित करने और देश की आर्थिक वृद्धि को बढ़ावा देने के लिए मौद्रिक नीति बनाता है।
- RBI यह सुनिश्चित करने के लिए बैंकों का विनियमन और पर्यवेक्षण करता है कि वे सुरक्षित और मजबूत तरीके से काम करें।
- RBI भारतीय रुपये को प्रिण्ट और जारी करता है। RBI भारत सरकार और अन्य बैंकों के लिए बैंकर के रूप में कार्य करता है।

64. (d) भारतीय संविधान का अनुच्छेद 177 राज्य विधानमण्डल में राज्य के महाधिवक्ता को बोलने का अधिकार प्रदान करता है।

- राज्य का महाधिवक्ता राज्य विधानमण्डल के किसी भी सदन की कार्यवाही में भाग ले सकता है और उसमें बोल सकता है, लेकिन उसे मतदान का अधिकार नहीं होगा।
- महाधिवक्ता को किसी भी मामले में राज्य सरकार की ओर से पेश होने का अधिकार है, जो उस सदन के समक्ष विचाराधीन है।
- राज्यपाल किसी ऐसे व्यक्ति को राज्य का महाधिवक्ता नियुक्त करता है, जो उच्च न्यायालय का न्यायाधीश बनने के योग्य हो।

65. (c) झेलम नदी उत्तर दिशा में बहती है और वूलर झील में गिरती है, जो जम्मू-कश्मीर के कश्मीर घाटी में स्थित भारत की सबसे बड़ी झील है।

- यह नदी वूलर झील से निकलकर दक्षिण की ओर बहती है और बारामूला शहर से होकर गुजरती है।
- यह नदी 724 किलोमीटर की कुल लम्बाई में से लगभग 160 किलोमीटर तक नौगम्य है।
- यह नदी कश्मीर घाटी के लिए जीवन रेखा है, क्योंकि यह सिंचाई, जल विद्युत उत्पादन और घरेलू उपयोग के लिए पानी प्रदान करती है।

66. (b) विश्व एथलेटिक्स अण्डर-20 चैम्पियनशिप, 2021 का आयोजन 18 से 22 अगस्त, 2021 तक केन्या के नैरोबी में कसारानी स्टेडियम में किया गया था।

- वर्ष 2024 विश्व एथलेटिक्स अण्डर-20 चैम्पियनशिप पेरू के लीमा में 27 से 31 अगस्त तक आयोजित की गई।
- इसमें 134 देशों के 1700 से अधिक एथलीटों ने भाग लिया था।
- इस चैम्पियनशिप में भारत ने 43 एथलीटों को भेजा था, जिसमें 23 पुरुष और 20 महिलाएँ शामिल थी।
- भारतीय दल एक पदक, कांस्य के साथ लौटा जिसे आरती ने U-20 राष्ट्रीय रिकॉर्ड के साथ जीता।

67. (a) जल में घुलनशील क्षारों को 'अल्कली' (alkali) कहा जाता है।

- अल्कली वे क्षार होते हैं, जो पानी में घुलकर क्षारीय (बेसिक) घोल बनाते हैं।
- सामान्यत: इनमें सोडियम हाइड्रॉक्साइड (NaOH) और पोटैशियम हाइड्रॉक्साइड (KOH) शामिल होते हैं।
- क्षारक की विशेषता लाल लिटमस पेपर को नीला करने और उनके फिसलन वाले स्पर्श की क्षमता है।

68. (c) रमजान के महीने के बाद ईद-उल-फितर का त्योहार मनाया जाता है।

- इसे मीठी ईद के रूप में भी जाना जाता है। वहीं, यह दिन रमजान के पवित्र महीने के अन्त का भी प्रतीक है।
- यह त्योहार इस्लाम के पाँच स्तम्भों में से एक, रोजा रखने के सफल समापन का प्रतीक है।
- इस त्योहार के दौरान लोग नए कपड़े पहनते हैं, एक-दूसरे को ईद की बधाई देते हैं, विशेष व्यंजन बनते हैं और नमाज अदा करते हैं।

69. (a) अनीता रत्नम ओडिसी नृत्यांगना नहीं हैं। वह भरतनाट्यम और कथकली जैसे अन्य भारतीय शास्त्रीय नृत्य शैलियों में प्रसिद्ध हैं।

- अनीता रत्नम ने अपना शुरुआती नृत्य प्रशिक्षण भरतनाट्यम गुरू, अडयार लालकृष्ण लक्ष्मण के तहत लिया।
- वह केरल के शास्त्रीय नृत्य भरतनाट्यम के साथ-साथ कथकली और मोहिनीअट्टम में भी प्रशिक्षित है।
- भरतनाट्यम -यामिनी कृष्णमूर्ति, सोनल मान सिंह, रुक्मिणी देवी, मृणालिनी साराबाई मोहनीअट्टम, कल्याणी अम्मा भारती शिवानी, रागिनी देवी, हेमामलिनी, श्रीदेवी, शान्ताराव।

70. (c) पं. जवाहरलाल नेहरू ने भारत की संविधान सभा में 13 दिसम्बर, 1946 को उद्देश्य संकल्प प्रस्ताव पेश किया था।

- यह प्रस्ताव भारत के संविधान की मूल भावनाओं को दर्शाता है और इसमें भारत को एक सम्प्रभु, समाजवादी, धर्मनिरपेक्ष, लोकतान्त्रिक गणराज्य बनाने का लक्ष्य निर्धारित किया गया था।
- उद्देश्य संकल्प प्रस्ताव को संविधान सभा द्वारा 22 जनवरी, 1947 को स्वीकार कर लिया गया था। यह प्रस्ताव भारतीय संविधान का प्रीएम्बल (प्रस्तावना) का आधार बना।
- उद्देश्य संकल्प प्रस्ताव का भारतीय राजनीति पर गहरा प्रभाव पड़ा है।
- यह प्रस्ताव भारत के राष्ट्रीय लक्ष्यों और आदर्शों को दर्शाता है और आज भी प्रासंगिक है।

71. (a) दीवान-ए-कोही विभाग की स्थापना सुल्तान मुहम्मद-बिन-तुगलक द्वारा 1327 ई. में की गई थी।

- यह विभाग कृषि से सम्बन्धित मामलों का प्रबन्धन करने के लिए जिम्मेदार था। दीवान-ए कोही का नेतृत्व दीवान-ए-अमीर-ए-कोही करता था, जिसे सुल्तान द्वारा नियुक्त किया जाता था।
- इस विभाग में अनेक अधिकारी और कर्मचारी कार्यरत् थे, जिनमें कर-संग्रहकर्ता, लेखक, जमींनदार और सिंचाई निरीक्षक शामिल थे।
- दीवान-ए कोही ने दिल्ली सल्तनत में कृषि को बढ़ावा देने में महत्त्वपूर्ण भूमिका निभाई।

72. (c) वन्यजीव (संरक्षण) अधिनियम, 1972 की अनुसूची 11 में भारत की सबसे आम जंगली बिल्ली फीलिस चाउस (Felis chaus) सूचीबद्ध है।

- इस अनुसूची में वन्यजीव जातियों को सूचीबद्ध किया गया है, जिनका संरक्षण, प्रबन्धन और संरक्षण किया जाता है।
- वन्यजीव (संरक्षण) अधिनियम, 1972 जंगली जानवरों और पौधों की विभिन्न प्रजातियों के संरक्षण, उनके आवासों के प्रबन्धन, जंगली जानवरों, पौधों तथा उनसे बने उत्पादों के व्यापार के विनियमन एवं नियन्त्रण के लिए एक कानूनी ढाँचा प्रदान करता है।
- यह अधिनियम उन पौधों और जानवरों की अनुसूचियों को भी सूचीबद्ध करता है, जिन्हें सरकार द्वारा अलग-अलग स्तर की सुरक्षा तथा निगरानी प्रदान की जाती है।

73. (c) रुक्मिणी देवी अरुण्डेल भरतनाट्यम की प्रतिपादक थीं।

- वह भारत की पहली महिला थीं, जिन्हें भारतीय संसद के ऊपरी सदन, राज्य सभा वर्ष 1952 के सदस्य के रूप में मनोनीत किया गया था।
- मन्दिर नर्तकियों, देवदासियों के बीच प्रचलित अपनी मूल 'सधीर' शैली से भरतनाट्यम के सबसे महत्त्वपूर्ण पुनरुत्थानकर्ता, उन्होंने पारम्परिक भारतीय कला और शिल्प की पुनर्स्थापना के लिए भी काम किया।
- भरतनाट्यम के अन्य नतर्क-यामिनी कृष्ण मूर्ति, सोनल मान सिंह, एस. के. सरोज, लीला सैमसन मृणालिनी साराभाई, मानविका सरदार

74. (b) वर्ष 1993 में 'ए सूटेबल बॉय' (A Suitable Boy) पुस्तक विक्रम सेठ द्वारा लिखी गई थी।

- यह अंग्रेजी भाषा में लिखा गया एक उपन्यास है, जिसे हिन्दी और कई अन्य भाषाओं में भी अनुवादित किया गया है।
- डेविड डेवियर के प्रमुख उपन्यास द हाउस ऑफ ब्लू मैंगोज (2002) द सॉलिट्यूड ऑफ एम्परर्स (2007) और इकाथा (2011)।
- किरण देसाई - हुल्लाबल्लु इन द गवाना ऑर्कैड (1998), द इनहैरिटेंस ऑफ लॉस (2006)
- अरुन्धति राय - द गॉड ऑफ स्मॉल थिंग्स (1997), द मिनिस्ट्री ऑफ अटमोस्ट हैप्पीनेस।

75. (a) सतलुज नदी तिब्बत में राक्षसताल झील के जलग्रहण क्षेत्र के पश्चिम में एक अल्पकालिक जलधारा में झरने के रूप में निकलती है।

- सतलुज नदी उत्तरी भारत और पाकिस्तान में पंजाब के ऐतिहासिक चौराहे क्षेत्र से होकर बहने वाली पाँच नदियों में से सबसे लम्बी है।
- सतलुज नदी को शतुद्री के नाम से भी जाना जाता है। यह सिन्धु नदी की सबसे पूर्वी सहायक नदी है।
- झेलम, चिनाब, रावी, व्यास और सतलुज सिन्धु की मुख्य सहायक नदियाँ हैं।

76. (c) वर्ष 2019 में, प्रसिद्ध असमिया पार्श्व गायक, गीतकार, संगीतकार और फिल्म निर्माता भूपेन हजारिका को मरणोपरान्त भारत रत्न से सम्मानित किया गया था।

- उन्हें 'सुधाकण्ठा' के नाम से भी जाना जाता था। हजारिका को 11 फरवरी, 2019 को भारत के सर्वोच्च नागरिक सम्मान से सम्मानित किया गया था।
- यह सम्मान उन्हें संगीत और कला में उनके अमूल्य योगदान के लिए दिया गया था।
- वर्ष 2019 भारत रत्न - भूपेन हाजारिका, नान देशमुख, प्रणव मुखर्जी।
- वर्ष 2024 भारत रत्न-कर्पूरी ठाकुर, लाल कृष्ण आडवानी, चौधरी चरण सिंह, पी. पी. नरसिम्हा राव, एम. एस. स्वामीनाथन।

77. (b) ध्यानचन्द ने भारतीय सेना में एक मेजर के रूप में अपनी सेवाएँ दी थीं। वर्ष 1922 में, 17 वर्ष की आयु में, ध्यानचन्द ने 1 गोरखा रेजिमेण्ट में सैनिक के रूप में भारतीय सेना में भर्ती हुए थे।

- अपनी हॉकी प्रतिभा के कारण उन्हें जल्दी ही पहचान मिल गई और उन्हें सेना की हॉकी टीम में शामिल कर लिया गया।
- उन्होंने वर्ष 1928, 1932 और 1936 के ओलम्पिक में भारत को स्वर्ण पदक दिलाने में महत्त्वपूर्ण भूमिका निभाई।
- उनकी असाधारण गोल करने की क्षमता और गेंद को नियन्त्रित करने के कौशल के लिए उन्हें 'हॉकी का जादूगर' उपनाम दिया गया था।

78. (c) अनलेडीलाइक राधिका वाज का संस्मरण है।

- वह एक अभिनेत्री, लेखिका और भारतीय स्टैण्ड-अप कॉमेडियन हैं।
- यह पुस्तक वर्ष 2015 में प्रकाशित हुई थी और यह वाज के जीवन के विभिन्न पहलुओं को दर्शाती है, जिसमें उनका बचपन, शिक्षा, करियर और व्यक्तिगत जीवन शामिल हैं।

79. (a) कोजागिरी पूर्णिमा का त्योहार मुख्य रूप से महाराष्ट्र में आश्विन माह की पूर्णिमा के दिन मनाया जाता है। इसे कोजागर या लक्ष्मी पूजन के नाम से भी जाना जाता है।

- यह त्योहार भगवान शिव और देवी पार्वती को समर्पित है और ऐसा माना जाता है कि इस दिन भगवान शिव और देवी पार्वती पृथ्वी पर भ्रमण करते हैं।
- कोजागिरी पूर्णिमा के दिन, लोग अपने घरों को साफ करते हैं, रंगोली बनाते हैं और दीप जलाते हैं।

80. (c) विकल्प (d) में दी गई आवर्त सारणी आधुनिक आवर्त सारणी को दर्शाती है।

- आधुनिक आवर्त सारणी में 18 समूह तथा 7 आवर्त है।
- आवर्त सारणी में तत्वों को परमाणु क्रमांक के आधार पर व्यवस्थित किया गया है।
- सारणी का उपयेाग तत्त्वों और उनके यौगिकों के गुणों की भविष्यवाणी करने के लिए किया जाता है।

81. (c) मध्य प्रदेश के प्रसिद्ध 'राई' नर्तक रामसहाय पाण्डे को वर्ष 2022 में पद्मश्री से सम्मानित किया गया था।

- यह भारत सरकार द्वारा दिया जाने वाला चौथा सर्वोच्च नागरिक सम्मान है।
- उन्हें यह सम्मान लोक कला, विशेष रूप से राई नृत्य के उनके अमूल्य योगदान के लिए दिया गया था।
- रामसहाय पाण्डे का जन्म वर्ष 1928 में सागर जिले, मध्य प्रदेश में हुआ था। उन्होंने 12 वर्ष की आयु से ही राई नृत्य सीखना शुरू कर दिया था।
- राई नृत्य मध्य प्रदेश का एक लोकप्रिय लोकनृत्य है, जो विशेष रूप से बेडिया समुदाय द्वारा किया जाता है।

82. (a) यदि राष्ट्रपति राज्यपाल की रिपोर्ट से सन्तुष्ट है, तो वह अनुच्छेद 350 के तहत राष्ट्रपति शासन की घोषणा कर सकता है, लेकिन ऐसी घोषणा प्रारम्भ में छः महीने की अवधि के लिए होती है।

- राष्ट्रपति शासन को संसद द्वारा अनुमोदित किया जाना चाहिए। यदि संसद अनुमोदन नहीं करती है, तो राष्ट्रपति शासन समाप्त हो जाता है।
- यदि संसद अनुमोदन करती है, तो राष्ट्रपति शासन एक वर्ष की अतिरिक्त अवधि के लिए जारी रह सकता है।
- अतिरिक्त छः महीने का विस्तार सम्भव है, लेकिन असाधारण परिस्थितियों में और लोकसभा द्वारा पारित एक प्रस्ताव द्वारा अनुमोदित किया जाना चाहिए।
- कुल मिलाकर, राष्ट्रपति शासन 3 वर्ष तक जारी रह सकता है।

83. (a) हिरन एक गतिशील स्रोत है, क्योंकि यह अपने भोजन के लिए विभिन्न प्रकार के वनस्पतियों और पौधों पर निर्भर करता है और विभिन्न पारिस्थितिक तन्त्रों में पाया जा सकता है।

- मरी हुई गाय एक स्थिर स्रोत है, झाड़ी और घास भी स्थिर स्रोत हैं, क्योंकि वे एक ही स्थान पर रहते हैं।

84. (a) विकास के उच्च स्तर पर, अर्थव्यवस्था का कृषि क्षेत्र जीडीपी (GDP) में कम योगदान देता है।

- जैसे-जैसे देश विकसित होता है, औद्योगिक और सेवा क्षेत्रों का योगदान जीडीपी में बढ़ता है, जबकि कृषि क्षेत्र का योगदान अपेक्षाकृत कम हो जाता है। इसका कारण यह है कि विकासशील और विकसित अर्थव्यवस्थाओं में औद्योगिक और सेवा क्षेत्रों का विस्तार होता है, जिससे कृषि का अनुपातिक योगदान घटता जाता है।
- वर्ष 2024-25 के नवीनतम अनुमानों से पता चलता है कि कुल भारतीय अर्थव्यवस्था में कृषि और सम्बद्ध क्षेत्रों के सकल मूल्य वर्धित (GVA) का हिस्सा 18% है।

85. (a) शास्त्रीय संगीत के लिए कालिदास सम्मान वर्ष 2022 में पण्डित वेंकटेश कुमार को दिया गया।

- पण्डित वेंकटेश कुमार एक प्रसिद्ध भारतीय शास्त्रीय गायक हैं। उन्हें हिन्दुस्तानी शास्त्रीय संगीत में उनके योगदान के लिए पहचाना जाता है।
- कालिदास सम्मान मध्य प्रदेश सरकार द्वारा दिया जाने वाला एक प्रतिष्ठित पुरस्कार है। इसकी शुरुआत वर्ष 1980 में हुई थी। इस पुरस्कार का नामकरण भारत के प्रसिद्ध संस्कृत लेखक कालिदास के नाम पर किया गया है।
- वर्ष 2024 कालिदास सम्मान रघुपति भट्ट को गंजिका कला के लिए दिया गया।

86. (c) राजनीति का ज्ञान न होना विधानसभा सदस्यता के लिए योग्यता शामिल नहीं है। विधान सभा की सदस्यता के लिए अन्य सभी योग्यताएँ हैं

- 25 वर्ष की आयु प्राप्त कर ली हो।
- किसी लाभ के पद पर न हो। भारत का नागरिक हो।
- उम्मीदवार को किसी भी दण्डनीय अपराध के लिए दोषी नहीं ठहराया गया होना चाहिए।
- उम्मीदवार को संविधान या कानून द्वारा निर्धारित किसी भी अन्य अयोग्यता से मुक्त होना चाहिए।

87. (a) गंगा घाटी में द्वितीय नगरीकरण का आरम्भ छठी शताब्दी ईसा पूर्व में हुआ था।

- इस काल को प्राचीन भारतीय इतिहास में महत्त्वपूर्ण माना जाता है, क्योंकि इस समय नए शहरों और नगरों का विकास हुआ, व्यापार और उद्योग में वृद्धि हुई और महाजनपदों का उदय हुआ।
- इस दौर में सामाजिक, आर्थिक और सांस्कृतिक परिवर्तनों ने भारतीय सभ्यता को नई दिशा प्रदान की।
- इस समय कौशाम्बी, श्रीवस्ती, अयोध्या, काशी, वैशाली, राजगीर और पाटलीपुत्र महत्त्वपूर्ण नगर थे।

88. (a) आरबीआई द्वारा ब्रॉण्ड खरीदने से मुद्रा आपूर्ति का नकारात्मक प्रभाव होता है।

- ब्रॉण्ड खरीदने से बैंकों के द्वारा रिजर्व बैंक में रुपयों की बन्दोबस्ती की जाती है, जिससे बैंकों के पास रुपये कम होते हैं।
- इस प्रकार, मुद्रा की आपूर्ति में कमी आती है और इससे मुद्रा की मूल्य में वृद्धि होती है।
- मुद्रा आपूर्ति कम होने से ब्याज दरें बढ़ सकती है। वहीं मुद्रा में कमी से बैंक कम उधार देता है।

89. (a) गैलीलियों गैलिली - प्रकाश तरंग सिद्धान्त गलत दिया गया है।

- गैलीलियों गैलिली (156A-1642) ने आधुनिक विज्ञान में महत्त्वपूर्ण योगदान दिया, खासकर भौतिकी और खगोल विज्ञान थे।
- उन्होंने दूरबीन का आविष्कार किया, जिसमें खगोलीय पिण्डों का अध्ययन करने में मदद मिली और उन्होंने जड़त्व गिरते हुए पिण्डों के नियम और परवलयिक प्रक्षेप पथ।
- अन्य महत्त्वपूर्ण खोज, की जैसे कि बृहस्पति के चन्द्रमा, शनि के छल्ले और शुक्र के चरण।
- उन्होंने हाइड्रोस्टेटिक सन्तुलन, थर्मोस्कोप, सैन्य कम्पास का आविष्कार किए थे।

90. (d) भारत के मेघालय राज्य में मासिनराम में सबसे अधिक वर्षा दर्ज की गई है। मासिनराम में उपोष्णकटिबन्धीय उच्चभूमि जलवायु है। मासिनराम में एक औसत वर्ष में लगभग 11,872 मिलीमीटर बारिश होती है।

- मासिनराम मेघालय के पूर्वी खासी हिल्स जिले में स्थित है।
- यह पहाड़ियों की हवा की ओर स्थित है और तीन ओर से पहाड़ियों से घिरी हुआ है।
- यह दक्षिण-पश्चिम मानसूनी हवाओं (बंगाल की खाड़ी शाखा) से वर्षा प्राप्त करता है, क्योंकि हवाएँ पहाड़ियों से टकराकर आगे नहीं बढ़ पाती है और संघनन के कारण भारी वर्षा होती है।

91. (c) 'एक स्रोत से लिया गया' यह भारतीय संविधान की मूलभूत विशेषता नहीं है।

- भारतीय संविधान की मूलभूत विशेषताएँ होती हैं; सबसे लम्बा लिखित संविधान, कठोरता और लचीलेपन का मिश्रण, संसदीय प्रणाली।
- भारतीय संविधान ब्रिटेन, अमेरिका, कनाडा, ऑस्ट्रेलिया, फ्रांस, दक्षिण अफ्रीका और जापान आदि कई देशों के संविधानों से प्रावधान लिए गए है।

92. (c) बैरा सिउल बाँध हिमाचल प्रदेश के चम्बा जिले में स्थित है।

- यह रावी नदी की सहायक नदियों बैरा, स्थूल और भलेद के संगम पर बनाया गया है।
- यह बाँध वर्ष 1980-1981 में बनाया गया था और यह 198 मेगावाट बिजली उत्पादन क्षमता वाला रन-ऑफ-द-रिवर पावर प्लॉण्ट है।
- बैरा सिउल बाँध न केवल बिजली उत्पादन का एक महत्त्वपूर्ण स्रोत है, बल्कि यह सिंचाई और बाढ़ नियन्त्रण के लिए भी महत्त्वपूर्ण है।

93. (c) अनुभवी कथक नृत्यांगना अदिति मंगलदास ने महारी पुरस्कार, 2022 में जीता। इस पुरस्कार में ₹ 50,000 का नगद

- इस पुरस्कार की स्थापना ओडिसी नृत्य के आदि गुरू स्वर्गीय पंकज चरण दास द्वारा स्थापित किया गया था।
- अदिति मंगलदास डांस कम्पनी के नाम से एक नृत्य संस्थान भी स्थापित की है, जहाँ वे कई छात्रों को प्रशिक्षण देती है।
- इन्होंने कुमुदिनी लाखिया (पदम् विभूषण-2025) और पण्डित बिरजू महाराज के मार्गदर्शन में कथक सीखा।

94. (a) 'गुलामगिरि' पुस्तक ज्योतिबा फुले द्वारा लिखी गई थी।

- यह पुस्तक 1873 ई. में प्रकाशित हुई थी और इसमें भारतीय समाज में व्याप्त जाति व्यवस्था और छुआछूत जैसी कुरीतियों की तीखी आलोचना की गई है।
- ज्योतिबा फुले ने इस पुस्तक में महिलाओं और शूद्रों के दमनकारी जीवन का चित्रण करते हुए उन्हें समान अधिकार और सामाजिक न्याय दिलाने की वकालत की थी।
  - महात्मा गाँधी - सत्य के प्रयोग
  - रामनामा हिन्द स्वराज - मेरे सपनों का भारत
  - बी. आर. अम्बेडकर - जाति विनाश, रुपये की समस्या, बुद्ध और उनका धर्म
  - बाल गंगाधर तिलक - गीता रहस्य, वेदों में आर्कटिक होम।

95. (c) स्तरित बालू और ग्रेवल की एक लम्बी, विसर्पी फटक को एस्कर के रूप में जाना जाता है।

- यह हिमनदों से जुड़ी एक भूगार्भिक विशेषता है, जो हिमयुग के दौरान ग्लेशियरों के पिघलने के पानी द्वारा जमा किए गए तलछट से बनती है।
- एस्कर सामान्यत: लम्बे, संकरे और घुमावदार होते हैं और इनकी ऊँचाई कुछ मीटर से लेकर कई दसियों मीटर तक हो सकती है।
- वे प्राय: माला जैसी संरचना में पाए जाते हैं, जिसमें कई एस्कर एक-दूसरे के समानान्तर होते हैं।

96. (b) इलेक्ट्रॉन, प्रोटॉन और न्यूट्रॉन का क्रम उनके विद्युत आवेश के आधार पर क्रमश: ऋणात्मक, धनात्मक और उदासीन होता है।

- सभी पदार्थ के नाभिक में प्रोटॉन व न्यूट्रॉन तथा नाभिक के चारों ओर इलेक्ट्रान होते हैं।
- इनमें प्रोटॉन पर धन आवेश, इलेक्ट्रान ऋण आवेश के कण होते हैं, जबकि न्यूट्रॉन उदासीन या आवेश रहित होता है।

97. (b) 2011 की जनगणना के आधार पर भाषा के आँकड़ों से पता चला है कि देश की 22 अनुसूचित भाषाओं में संस्कृत सबसे कम बोली जाती है।

- टाइम्स ऑफ इण्डिया के अनुसार, इसे अपनी मातृभाषा के रूप में सूचीबद्ध करने वाले वक्ताओं की संख्या 24,821 थी।
- बोलने वालों की संख्या की दृष्टि से बोडो, मणिपुरी, कोंकणी और डोगरी से पहले आता है।
- सर्वाधिक बोली जानी वाली भाषा हिन्दी, बंग्ला, मराठी, तेलुगु, तमिल, गुजराती आदि।

98. (d) m–डाइक्लोरोबेंजीन में क्लोरीन परमाणु बेंजीन रिंग के 1 और 3 नम्बर वाले कार्बन परमाणुओं से जुड़े होते हैं, इसलिए इसका IUPAC नाम 1,3–डाइक्लोरोबेंजीन है। IUPAC नामकरण सम्मेलनों के अनुसार, डाइक्लोरोबेंजीन के आइसोमरों का नामकरण करते समय, क्लोरीन परमाणुओं की स्थिति को उनके सम्बन्धित कार्बन परमाणुओं की संख्याओं का उपयोग करके दर्शाया जाता है।

99. (d) भारतीय संविधान के अनुच्छेद–48 में उल्लेख है कि राज्य कृषि और पशुपालन को आधुनिक और वैज्ञानिक आधार पर संगठित करने का प्रयास करेगा।

- इस अनुच्छेद के तहत, राज्य पर यह जिम्मेदारी है कि वह इन क्षेत्रों में सुधार और विकास के लिए आधुनिक तकनीकों और वैज्ञानिक तरीकों को अपनाए।

100. (c) बास्केटबॉल में, जब एक रेफरी यह निर्धारित करने के लिए गेंद को सेण्टर सर्कल में ऊपर फेंकता है कि किस टीम को गेंद मिलेगी, उसे जम्प बॉल कहा जाता है।

- खेल की शुरुआत में, दोनों टीमों के एक-एक खिलाड़ी सेण्टर सर्कल में खड़े होते हैं और रेफरी गेंद को ऊपर फेंकता है।
- जो खिलाड़ी गेंद को पहले छूता है, उसकी टीम को गेंद मिलती है।

101. (d) माना $\angle A = x$

$\angle B = 2x$

$\angle C = 3x$

तो, $x + 2x + 3x = 180°$

$6x = 180°$

$x = \frac{180}{6} = 30°$

$\angle A = 30°$

$\angle B = 2 \times 30° = 60°$

$\angle C = 3 \times 30° = 90°$

$a : b : c = \sin 30° : \sin 60° : \sin 90°$

$= \frac{1}{2} : \frac{\sqrt{3}}{2} : 1 = 1 : \sqrt{3} : 2$

102. (a) दिया है,

शंकु के आधार की त्रिज्या $(r) = 5$ सेमी

तथा ऊँचाई $(h) = 6$ सेमी

और बेलन के आधार की त्रिज्या $(r_1) = 2.5$ सेमी

तथा ऊँचाई $(h_1) = 3$ सेमी

हम जानते हैं, कि

शंकु का आयतन $= \frac{1}{3}\pi r^2 h$

तथा बेलन का आयतन $= \pi r_1^2 h_1$

अभीष्ट अनुपात $= \dfrac{\frac{1}{3}\pi \times 5 \times 5 \times 6}{\pi \times 2.5 \times 2.5 \times 3}$

$= \frac{2 \times 2 \times 2}{3} = \frac{8}{3} = 8:3$

103. (c) $\dfrac{\cos 13° + \sin 13°}{\cos 13° - \sin 13°}$

$= \dfrac{\cos 13°\left(1 + \dfrac{\sin 13°}{\cos 13°}\right)}{\cos 13°\left(1 - \dfrac{\sin 13°}{\cos 13°}\right)}$

$= \dfrac{1 + \dfrac{\sin 13°}{\cos 13°}}{1 - \dfrac{\sin 13°}{\cos 13°}} = \dfrac{1 + \tan 13°}{1 - \tan 13°}$

$= \dfrac{1 + \tan 13°}{1 - 1 \cdot \tan 13°} = \dfrac{\tan 45° + \tan 13°}{1 - \tan 45° \tan 13°}$

$\left[\tan(x + y) = \dfrac{\tan x + \tan y}{1 - \tan x \tan y}\right]$

$= \tan(45° + 13°) = \tan 58°$

104. (a) अभीष्ट प्रतिशत अधिकता

$= \frac{30 - 25}{25} \times 100$

$= 5 \times 4 = 20\%$

105. (b) $64 \div [44 - (8 \text{ का } 3 - 16) \div 4 \times 20]$

$= 64 \div [44 - (24 - 16) \div 4 \times 20]$

$= 64 \div [44 - 8 \div 4 \times 20]$

$= 64 \div [44 - 2 \times 20]$

$= 64 \div [44 - 40]$

$= 64 \div 4 = 16$

106. (c) दिया है,

वस्तु का क्रय मूल्य = ₹1600

तो अंकित मूल्य $= 1600 \times \frac{(100 + 130)}{100}$

$= 1600 \times \frac{230}{100} =$ ₹3680

25% छूट के बाद,

विक्रय मूल्य $= 3680 \times \frac{75}{100} =$ ₹2760

107. (c) $5\frac{1}{4} - \left[3\frac{1}{2} - \left\{\frac{5}{6} - \left(\frac{3}{5} \times \frac{1}{10} \div \frac{4}{15}\right)\right\}\right]$

$= \frac{21}{4} - \left[\frac{7}{2} - \left\{\frac{5}{6} - \left(\frac{3}{5} \times \frac{1}{10} \times \frac{15}{4}\right)\right\}\right]$

$= \frac{21}{4} - \left[\frac{7}{2} - \left\{\frac{5}{6} - \frac{9}{40}\right\}\right]$

$= \frac{21}{4} - \left[\frac{7}{2} - \left\{\frac{100 - 27}{120}\right\}\right]$

$= \frac{21}{4} - \left[\frac{7}{2} - \frac{73}{120}\right]$

$= \frac{21}{4} - \left[\frac{420 - 73}{120}\right]$

$= \frac{21}{4} - \frac{347}{120} = \frac{630 - 347}{120}$

$= \frac{283}{120} = 2\frac{43}{120}$

108. (a) दिया है,

10 सन्तरे का क्रय मूल्य = ₹50

12 सन्तरे का विक्रय मूल्य = ₹74

तो 1 सन्तरे का क्रय मूल्य $= \frac{50}{10} =$ ₹5

1 सन्तरे का विक्रय मूल्य $= \frac{74}{12} =$ ₹$\frac{37}{6}$

लाभ $= \left(\frac{37}{6} - 5\right) = \left(\frac{37 - 30}{6}\right) =$ ₹$\frac{7}{6}$

लाभ% $= \dfrac{\frac{7}{6}}{5} \times 100 = \frac{7}{30} \times 100$

$= \frac{70}{3} = 23\frac{1}{3}\%$

109. (c) दिया है,

$x = 110,\ y = 111$ तथा $z = 112$

हम जानते है, कि

$a^3 + b^3 + c^3 - 3abc = \frac{1}{2}(a + b + c)$
$[(a - b)^2 + (b - c)^2 + (c - a)^2]$

तो, $x^3 + y^3 + z^3 - 3xyz = \frac{1}{2}$
$(110 + 111 + 112)[(110 - 111)^2 + (111 - 112)^2 + (112 - 110)^2]$

$= \frac{1}{2} \times 333 \times [(-1)^2 + (-1)^2 + 2^2]$

$= \frac{1}{2} \times 333 \times 6 = 333 \times 3 = 999$

110. (c) सभी स्कूलों से क्रिकेट खेलने वाले विद्यार्थियों की कुल संख्या

$= 100 + 150 + 200 + 300 + 200 = 950$

सभी स्कूलों से टेनिस खेलने वाले विद्यार्थियों की कुल संख्या

$= 200 + 220 + 210 + 210 + 230 = 1070$

अभीष्ट अन्तर $= 1070 - 950 = 120$

111. (b) माना धनराशि = ₹ P

दर = r% वार्षिक

प्रश्नानुसार,

$$P\left(1+\frac{r}{100}\right)^5 = 3P$$

$$\left[\because A = P\times\left(1+\frac{r}{100}\right)^t\right]$$

$$\Rightarrow \left(1+\frac{r}{100}\right)^5 = 3 \quad ...(i)$$

माना धनराशि को 9 गुना होने में लगा समय = t वर्ष

$$P\left(1+\frac{r}{100}\right)^t = 9P$$

$$\left(1+\frac{r}{100}\right)^t = 9 = (3)^2$$

समी (i) से,

$$\left(1+\frac{r}{100}\right)^{5\times2} = \left(1+\frac{r}{100}\right)^t$$

तुलना करने पर,

$$t = 5\times2 = 10 \text{ वर्ष}$$

112. (a) $29-[(48\div12)+2\times(8\div4+4)]$

$= 29-[4+2\times(2+4)]$

$= 29-[4+2\times6]$

$= 29-[4+12]$

$= 29-16 = 13$

113. (d) $\frac{\sec A+\tan A}{\sec A-\tan A} = 2\frac{51}{79}$

$$\Rightarrow \frac{\frac{1}{\cos A}+\frac{\sin A}{\cos A}}{\frac{1}{\cos A}-\frac{\sin A}{\cos A}} = \frac{209}{79}$$

$$\Rightarrow \frac{1+\sin A}{1-\sin A} = \frac{209}{79}$$

$\Rightarrow 79+79\sin A = 209-209\sin A$

$\Rightarrow 288\sin A = 130$

$\Rightarrow \sin A = \frac{130}{288} = \frac{65}{144}$

114. (d) $1-\cfrac{1}{1+\cfrac{1}{2-\cfrac{1}{2+\frac{1}{3}}}}$

$$= 1-\cfrac{1}{1+\cfrac{1}{2-\frac{3}{7}}} = 1-\cfrac{1}{1+\frac{7}{11}}$$

$$= 1-\cfrac{1}{\frac{11+7}{11}} = 1-\frac{11}{18}$$

$$= \frac{18-11}{18} = \frac{7}{18}$$

115. (b) माना कुल मतों की संख्या = x

दिया है,

हारे हुए उम्मीदवार को प्राप्त प्रतिशत मत = 35%

तो, जीते हुए उम्मीदवार को प्राप्त प्रतिशत मत = (100 − 35)% = 65%

प्रश्नानुसार,

$$\frac{x(65-35)}{100} = 15900$$

$$\Rightarrow \frac{30x}{100} = 15900$$

$$\Rightarrow x = \frac{15900\times100}{30} = 53000$$

116. (a) माना नाविक की चाल = x किमी/घण्टा

तथा धारा की चाल = y किमी/घण्टा

प्रश्नानुसार,

$$x+y = \frac{2}{\frac{10}{60}} = 12 \text{ किमी/घण्टा} \quad ...(i)$$

$$\text{तथा } x-y = \frac{12}{2} = 6 \text{ किमी/घण्टा} \quad ...(ii)$$

समी (i) + (ii) से,

$2x = 18$

$x = 9$ किमी/घण्टा

तो $y = 9-6 = 3$ किमी/घण्टा

अतः धारा की चाल = 3 किमी/घण्टा

117. (d) दिया है,

गोलाकार बर्तन का व्यास = 14 सेमी

तो त्रिज्या = 7 सेमी

हम जानते हैं,

गोले का कुल पृष्ठीय क्षेत्रफल = $4\pi r^2$

तो बर्तन का पृष्ठीय क्षेत्रफल

$$= 4\times\frac{22}{7}\times7\times7 = 616 \text{ सेमी}^2$$

प्रश्नानुसार,

$\because$ 616 सेमी^{2} पेंटिंग करने की लागत ₹ 21560 है

$\therefore$ 1 सेमी^{2} क्षेत्र को पेंटिंग करने की लागत

$$= \frac{21560}{616} = ₹\,35$$

118. (c) दिया गया है,

परिवार का किराने और बिजली पर वास्तविक खर्च = ₹ 18875

परिवार का किराने और बिजली पर अनुमानित खर्च प्रतिशत = (19 + 20)% = 39%

परिवार का किराने और बिजली पर अनुमानित कुल खर्च = $58000\times\frac{39}{100}$ = ₹ 22620

अभीष्ट अन्तर = (22620 − 18875) = ₹ 3745

119. (a) पाँचों कम्पनियों की औसत माँग

$$= \frac{40+30+30+25+35}{5}$$

$$= \frac{160}{5} = 32 \text{ सैकड़ा}$$

पाँचों कम्पनियों की औसत उत्पादन

$$= \frac{45+40+25+40+30}{5}$$

$$= \frac{180}{5} = 36 \text{ सैकड़ा}$$

अभीष्ट अन्तर = $(36-32)\times100$

$= 4\times100 = 400$

120. (c) दिया है,

$a+2b+3c = 0$

हम जानते है,

$a+b+c = 0$

तो, $a^3+b^3+c^3 = 3abc$

अतः

$(a^3+(2b)^3+(3c)^3) = 3\times a\times2b\times3c$

$\Rightarrow a^3+8b^3+27c^3 = 18abc$

121. (a) दिया है,

वृत्त की त्रिज्या (r) = 21 सेमी

केन्द्रीय कोण (θ) = 60°

हम जानते हैं,

$$\text{वृत्तखण्ड का क्षेत्रफल} = \frac{\pi r^2\theta}{360°}$$

$$\text{अभीष्ट क्षेत्रफल} = \frac{22}{7}\times21\times21\times\frac{60}{360}$$

$$= 231 \text{ सेमी}^2$$

122. (b) $x[-5\{-4(-a)\}]+6[-3\{-3(-a)\}] = 6a$

$\Rightarrow x[-5\{4a\}]+6[-3\{3a\}] = 6a$

$\Rightarrow x\times[-20a]+6[-9a] = 6a$

$\Rightarrow -20ax-54a = 6a$

$\Rightarrow -20ax = 60a$

$\Rightarrow x = -\frac{60a}{20a} = -3$

123. (b) A और B का एक दिन का कार्य = $\frac{1}{25}$

B और C का एक दिन का कार्य = $\frac{1}{36}$

C और A का एक दिन का कार्य = $\frac{1}{30}$

A, B और C का एक दिन का कार्य

$$= \left(\frac{1}{25}+\frac{1}{30}+\frac{1}{36}\right)\times\frac{1}{2}$$

$$= \left(\frac{36+30+25}{900}\right)\times\frac{1}{2}$$

$$= \frac{91}{1800}$$

A, B, C और D का एक दिन का कार्य = $\frac{1}{18}$

D का एक दिन का कार्य

$$= \frac{1}{18}-\frac{91}{1800} = \frac{100-91}{1800}$$

$$= \frac{9}{1800} = \frac{1}{200}$$

D द्वारा अकेले कार्य पूरा करने में लगा समय = 200 दिन

124. (d) माना धारा के अनुकूल नाव की चाल $= u$ किमी/घण्टा

तथा धारा के प्रतिकूल नाव की चाल $= v$ किमी/घण्टा

प्रश्नानुसार, $\frac{36}{u}+\frac{24}{v}=10$

$\frac{18}{u}+\frac{12}{v}=5$ ...(i)

तथा $\frac{24}{u}+\frac{36}{v}=12$

$\Rightarrow \frac{2}{u}+\frac{3}{v}=1$ ...(ii)

समी (ii) × 4 से − (i),

$\Rightarrow \frac{18}{u}-\frac{8}{u}=1 \Rightarrow \frac{10}{u}=1$

$\Rightarrow u = 10$ किमी/घण्टा

समी (i) से,

$\frac{18}{10}+\frac{12}{v}=5$

$\Rightarrow \frac{12}{v}=5-\frac{9}{5}=\frac{16}{5}$

$v=\frac{12\times 5}{16}=\frac{15}{4}$ किमी/घण्टा

$\therefore$ धारा की चाल $=\frac{u-v}{2}=\frac{10-\frac{15}{4}}{2}$

$=\frac{25}{8}$ किमी/घण्टा

125. (d) $1898 \div \left[\frac{13}{4}\times(35+45)-\frac{91}{4}\right]$

$=1898\div\left[\frac{13}{4}\times 80-\frac{91}{4}\right]$

$=1898\div\left[260-\frac{91}{4}\right]$

$=1898\div\left[\frac{1040-91}{4}\right]$

$=1898\times\frac{4}{949}=8$

126. (a) पहली स्थिति,

माना भवानी की आय = ₹100

तो उसका खर्च $=100\times\frac{68}{100}=68$

बचत = ₹ (100 − 68) = ₹ 32

दूसरी स्थिति,

आय में 15 वृद्धि के बाद,

आय $=100\times\frac{115}{100}=$ ₹115

10% वृद्धि के बाद खर्च $=68\times\frac{110}{100}$

= ₹74.8

तो बचत = (115 − 74.8) = ₹40.2

बचत में वृद्धि = (40.2 − 32) = ₹8.2

बचत वृद्धि प्रतिशत $=\frac{8.2}{32}\times 100=25.62\%$

127. (a) दोनों वर्षों के लिए शाखा C की कुल बिक्री

$=95+110=205$

दोनों वर्षों के लिए शाखा F की कुल बिक्री

$=70+80=150$

अभीष्ट प्रतिशत $=\frac{150}{205}\times 100=73.17\%$

128. (d) दिया है,

घन की भुजा = 8 सेमी

घन का आयतन = (भुजा)^3

$=8^3=512$ सेमी^{3}

129. (d) 75 और 12 का माध्यानुपाती $=\sqrt{75\times 12}$

$=\sqrt{900}=30$

अभीष्ट प्राकृति संख्या = 30 − 13 = 17

130. (b) माना संख्या $= x$

तो नई संख्या $=x\times\frac{90}{100}\times\frac{130}{100}\times\frac{80}{100}$

$=\frac{936x}{1000}$

संख्या के शुद्ध कमी $=x-\frac{936x}{1000}=\frac{64x}{1000}$

शुद्ध % कमी $=\frac{64x}{1000}\times\frac{1}{x}\times 100$

$=\frac{32}{5}=6\frac{2}{5}\%$

131. (b) $\frac{1-\cot^2\theta}{\tan^2\theta-1}=\frac{1-\cot^2\theta}{\frac{1}{\cot^2\theta}-1}$

$=\frac{1-\cot^2\theta}{\frac{1-\cot^2\theta}{\cot^2\theta}}$

$=\frac{(1-\cot^2\theta)\cot^2\theta}{1-\cot^2\theta}=\cot^2\theta$

132. (c) कथन A से,

A एक त्रिभुज के सभी कोण 60° से कम होंगे तो सभी कोणों का योग कभी 180° नहीं होगा।

कथन B से,

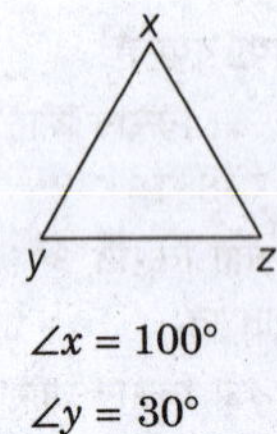

$\angle x=100°$

$\angle y=30°$

$\angle x=50°$

$\therefore \angle x+\angle y+\angle x=100°+30°+50°=180°$

अत: त्रिभुज के एक अधिक कोण हो सकता है।

कथन C से,

एक त्रिभुज में दो समकोण नहीं हो सकते हैं, क्योंकि दोनों कोण का योग 180° होगा और तीसरे कोण का मान 0°। अत: त्रिभुज बन ही नही सकते है।

कथन D से,

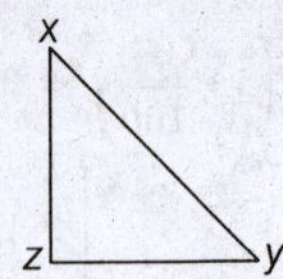

एक त्रिभुज में दो न्यून कोण हो सकते हैं।

$\angle x=45°$

$\angle y=45°$

$\angle z=90°$

अत: केवल कथन B और D सही है।

133. (b) माना सबसे छोटा कोण $= x°$

दूसरा कोण $= 2x°$

तथा तीसरा कोण $= 3x°$

प्रश्नानुसार,

$x+2x+3x=180°$

$6x=180°$

$x=30°$

अत: सबसे छोटे कोण का मान = 30°

134. (c) माना ₹7400 में कुल x किग्रा वस्तु खरीद सकते हैं।

$\therefore$ वस्तु की प्रति किग्रा मूल्य = ₹$\frac{7400}{x}$

प्रश्नानुसार,

$\left(\frac{7400}{x}\times\frac{92.5}{100}\right)\times(x+15)=7400$

$\frac{6845}{x}\times(x+15)=7400$

$6845x+6845\times 15=7400x$

$7400x-6845x=6845\times 15$

$555x=6845\times 15$

$x=\frac{6845\times 15}{555}=185$

वस्तु का प्रति किग्रा मूल्य

$=\frac{7400}{185}=$ ₹40

32.5% लाभ, पर वस्तु प्रति किग्रा विक्रय मूल्य $=\left(40\times\frac{132.5}{100}\right)=$ ₹53

135. (b) दिया है,

अर्द्धगोलीय कटोरे की त्रिज्या = 9 सेमी

अर्द्धगोले का आयतन $=\frac{2}{3}\pi r^3$

अत: कटोरे का आयतन

$=\frac{2}{3}\times\frac{22}{7}\times 9\times 9\times 9$

$=\frac{10692}{7}=1527.43$ सेमी^{3}

136. (d) $20 \div 5$ का $4 \times 8 + 6 \div 24$ का $3 \times 48 - 6 \div 18 \times 9$

$= 20 \div 20 \times 8 + 6 \div 72 \times 48 - 6 \div 18 \times 9$

$= \frac{20}{20} \times 8 + \frac{6}{72} \times 48 - \frac{6}{18} \times 9$

$= 8 + 4 - 3$

$= 12 - 3 = 9$

137. (c) दिया है,

मूलधन = ₹ 2500

मिश्रधन = ₹ 4900

ब्याज दर = 12%

ब्याज = ₹ (4900 − 2500)

= ₹ 2400

माना समय = t वर्ष

हम जानते है, कि

$$\text{SI} = \frac{P \times r \times t}{100}$$

$$\Rightarrow \frac{2500 \times 12 \times t}{100} = 2400$$

$$\Rightarrow t = \frac{2400}{25 \times 12} = 8$$

अभीष्ट समय = 8 वर्ष

138. (c) दिया है

शर्ट का मूल्य = ₹ 900

जैकेट का मूल्य = ₹ 1900

9% मार्जिन के बाद शर्ट का विक्रय मूल्य

$= \left(900 \times \frac{109}{100}\right) =$ ₹ 981

6% मार्जिन के बाद जैकेट का विक्रय मूल्य

$= \left(1900 \times \frac{106}{100}\right) =$ ₹ 2014

कुल बिल = ₹ (981 + 2014)

= ₹ 2995 < ₹ 3000

प्रश्न में दिया गया है, बिल ₹ 3000 से कम हो तो छूट = 12%

आनन्द द्वारा भुगतान की गई राशि

$= 2995 \times \frac{88}{100} =$ ₹ 2635.60

139. (c) दिया है,

कार द्वारा दूरी = 37.5 किमी

समय = 90 मिनट = 1.5 घण्टे

औसत चाल $= \frac{37.5}{1.5} = 25$ किमी/घण्टा

140. (d) अंक की त्रुटि = 99 − 66 = 33

कुछ छात्र = 55

अत: औसत अंक में वृद्धि $= \frac{33}{55} = 0.6$

141. (d) दिया है,

$2\cos^2 A + 3\cos A - 2 = 0, \ 0 < A < 90°$

माना $x = \cos A$

$2x^2 + 3x - 2 = 0$

$\Rightarrow 2x^2 + 4x - x - 2 = 0$

$\Rightarrow 2x(x + 2) - 1(x + 2) = 0$

$\Rightarrow x = \frac{1}{2}$ या −2

अत: $\cos A = \frac{1}{2} \ [0 < A < 90°]$

$= 60°$

142. (b) शहर Q में उत्तीर्ण हुए उम्मीदवारों की संख्या $= 2.26 \times \frac{3}{10} = 0.678$

सभी शहरों में कुल उम्मीदवारों की संख्या

$= 1.10 + 2.26 + 2.12 + 1.46$

$= 6.94$

अभीष्ट प्रतिशत $= \frac{0.678 \times 100}{6.94}$

$= 9.77\%$

143. (d) $\frac{3.2 \times 3.2 - 0.2 \times 0.2}{0.2 \times 0.2 - 2 \times 0.2 \times 3.2 + 3.2 \times 3.2}$

$\Rightarrow \frac{(3.2)^2 - (0.2)^2}{(0.2)^2 - 2 \times 0.2 \times 3.2 + (3.2)^2}$

$\Rightarrow \frac{(3.2 + 0.2)(3.2 - 0.2)}{(3.2 - 0.2)^2}$

$[\because a^2 - b^2 = (a + b)(a - b)]$

$= \frac{3.4}{3} = \frac{17}{15}$

144. (a) दिया है,

कुल राशि = ₹ 17600

प्राप्त राशि का अनुपात,

जीवन : प्रवीण = 5 : 8 (× 3)

प्रवीण : कानन = 3 : 2 (× 8)

जीवन : प्रवीण : कानन = 15 : 24 : 16

आनुपातिक योग = 15 + 24 + 16 = 55

जीवन का हिस्सा $= \frac{17600}{55} \times 15$

= ₹ 4800

145. (c) $[25 - (-4)\{(9 - (6 - 2)\}] \div [3 \times \{6 + (-3) \times (-3)\}]$

$= [25 - (-4)\{9 - 4\}] \div [3 \times \{6 + 9\}]$

$= [25 - (-4)(5)] \div [3 \times 15]$

$= [25 + 20] \div 45$

$= 45 \div 45 = 1$

146. (a) दिया है,

पहली रेलगाड़ी की लम्बाई = 230 मी

दूसरी रेलगाड़ी की लम्बाई = 270 मी

पहली रेलगाड़ी की चाल = 42 किमी/घण्टे

दूसरी रेलगाड़ी की चाल = 48 किमी/घण्टे

सापेक्ष चाल = (42 + 48) किमी/घण्टे

$= 90 \times \frac{5}{18} = 25$ मी/से

रेलगाड़ियों को एक-दूसरे को पार करने में लगा समय $= \frac{230 + 270}{25}$

$= \frac{500}{25} = 20$ सेकण्ड

147. (d) दिया है,

0 और इससे अधिक अंक प्राप्त करने वाले कुल विद्यार्थियों की संख्या = 100

40 और इससे अधिक अंक प्राप्त करने वाले कुल विद्यार्थियों की संख्या = 78

अत: 40 से कम अंक प्राप्त करने वाले विद्यार्थियों की संख्या = 100 − 78 = 22

148. (a) हम जानते है, गोले का आयतन $= \frac{4}{3}\pi r^3$

लड्डूओं की कुल संख्या

$= \frac{\text{बड़े लड्डू का आयतन}}{\text{छोटे लड्डू का आयतन}}$

$= \frac{\frac{4}{3}\pi \times 5 \times 5 \times 5}{\frac{4}{3}\pi \times 2.5 \times 2.5 \times 2.5}$

$= 2 \times 2 \times 2 = 8$

149. (a) $[\{82 + 48 \div 8 \times 3\} + 5 \times 6\} - 7.5 \times 2]$

$= [\{(82 + 6 \times 3) + 30\} - 7.5 \times 2]$

$= [\{(82 + 18) + 30\} - 7.5 \times 2]$

$= [\{(100 + 30\} - 15]$

$= [130 - 15] = 115$

150. (a) रवि और संजू का 1 दिन का कार्य $= \frac{1}{2}$

संजू और महेश का 1 दिन का कार्य $= \frac{1}{4}$

रवि और महेश का 1 दिन का कार्य $= \frac{1}{2}$

रवि, संजू और महेश का 1 दिन का कार्य

$= \left(\frac{1}{2} + \frac{1}{4} + \frac{1}{2}\right) \times \frac{1}{2}$

$= \left(\frac{2 + 1 + 2}{4}\right) \times \frac{1}{2} = \frac{5}{8}$

रवि का एक दिन का कार्य

$= \frac{5}{8} - \frac{1}{4} = \frac{5 - 2}{8} = \frac{3}{8}$

रवि द्वारा अकेले कार्य करने में लगा समय

$= \frac{8}{3}$ दिन

151. (a) Adolescence is the period of time in a person's life when they are developing into an adult.

152. (d) Part (d) 'horse' contains the error. The error lies in the omission of the article 'a' before the word 'horse.'

153. (d) Part (d) 'By the time I reaching' contains the error. The error lies in the incorrect verb form 'reaching.' It should be changed to 'reached' to match the past tense structure of the sentence.

154. (a) The word 'excruciating' means extremely painful.

155. (d) The word 'Pacify' means to calm or soothe someone who is angry, upset or agitated.

156. (c) 'To expand' means to increase.

157. (c) 'Ephemeral' means lasting for a very short time, fleeting or transient. Hence, its antonym is 'permanent'.

158. (a) Conservative refers to a tendency to preserve existing traditions and resist change.
Hence, its antonym is 'liberal' which means open to new behaviour or opinions and willing to discard traditional values.

159. (b) The idiom 'nerves of steel' is used for someone who can face situations without fear or anxiety, remaining calm and composed.

160. (a) 'Malleable' means (of a metal or other material) able to be hammered or pressed into shape without breaking or cracking.

161. (c) The word 'Dainty' is used for something delicate, elegant, fine and often small, especially in relation to food or objects.

162. (d) The word 'Filthy' means covered or smeared with dirt; disgustingly dirty.

163. (d) The idiom 'life is a bowl of cherries' means 'life is wonderful and pleasant.' It suggests that life is full of enjoyable moments and is often used to express contentment and happines.

164. (a) The correctly spelled word is 'directory'. The correct spelling of other words are dictionary, dispensary and machinery.

165. (d) The idiom 'fit as a fiddle' means a healthy, fit and energetic person.
It describes someone who is healthy and in excellent physical condition.

166. (d) The phrase 'bring to book' means to hold someone accountable for their actions.

167. (b) The correct spelling is 'harmony'.

168. (c) The correct phrase is 'think outside the box,' which means to think creatively or differently.

169. (b) The underlined part of the sentence contains an error.
Use the phrasal verb 'carry on' which means to continue doing something. It fits the context as it implies that the son will continue to manage or operate the business while the speaker is absent.

170. (b) Anthropology is the scientific study of humans, their behaviour, societies and cultures.

171. (c) Part (c) 'I am looking for the' contains the error. In reported speech or narrative past tense, the verb form 'am looking' should be changed to 'was looking' to maintain consistency with the past tense structure of the sentence.

172. (a) The idiom 'a slap on the wrist' means 'a very mild punishment.' It suggests that the punishment is not severe enough for the offence committed.

173. (c) A bonfire is a huge fire made during festivals or celebrations.

174. (d) The correct spelling is 'chancellery'. It refers to the position, court or department of a chancellor.

175. (a) The idiom 'between the devil and the deep blue sea' means to be faced with two equally difficult choices or options, often in a dilemma where neither choice is desirable.

176. (b) A Matinee is a film shown during the day, especially in the afternoon

177. (c) The word 'Occult' refers to supernatural practices, magic or mystical beliefs that are beyond ordinary understanding, often involving hidden or secret knowledge.

178. (b) The correct phrase is 'taken in more than one way, meaning something can have multiple interpretations.

179. (a) Part (a) 'comparatively better' contains an error. The word 'comparatively' is redundant here because the word 'better' already implies a comparison.

180. (d) The sentence with correct spelling is 'The skilled surgeon delicately performed the intricate procedure, saving the patient's life with his steady hands and unwavering focus.'

181. (d) A catalogue is a systematic list of items, especially books, often found in libraries or stores.

182. (a) The corrected sentence should read: 'if someone could employ him, he would love to work. It fits the context better than 'like to eat, which is awkward.

183. (c) The idiom 'beat around the bush' means to avoid getting to the main point or delaying the topic.

184. (a) The idiom 'sits on the fence' means 'delays making strong decisions.' It describes someone who is indecisive or avoids committing to a side.

185. (d) Part (d) 'If I have recovered from fever' contains an error.
The use of 'have recovered' is incorrect here because the sentence is in the future tense, indicating a condition that will happen in the future ('will start going'). Therefore, it should use the simple present tense ('If I recover from fever').

186. (c) 'Baffled' means confused or puzzled and 'perplexed' is the closest in meaning among the options.

187. (a) Confidential' means secretive. Hence, its antonyms are 'Familiar' which means well-known or easily recognised by someone and 'Revealed' which means made known or disclosed, especially after having been kept secret.

188. (d) The word 'Voracious' describes someone who has a very eager approach to an activity, often in an insatiable or greedy manner, especially related to consuming food or knowledge.

189. **(d)** The correct spelling is 'pretentious'.

190. **(a)** The correct spelling is 'programme'.

191. **(a)** 'Looked' means directed their eyes, fitting the context of her brothers looking at her scornfully.

192. **(d)** 'Sport' means an activity involving physical exertion, fitting the context of fishing being a man's sport.

193. **(a)** 'Good' means skilled, fitting the context of girls not being good at fishing.

194. **(b)** 'After' means following in time, fitting the context of Millie persuading her brothers after a while.

195. **(d)** The phrase 'take her with them' is grammatically and contextually correct, meaning she joined them on the trip.

196. **(a)** The word 'customise' means to modify or tailor something to meet individual preferences.

Hence, its synonym is 'personalise' as it also refers to making something specific to an individual's needs or preferences.

197. **(d)** The passage states that old media has adapted and found new ways of representation in digital forms, blurring the distinction between old and new media. This makes the differentiation between the two categories challenging.

198. **(a)** The passage highlights that new media involves user interaction, such as customisation and linking of content, whereas old media is characterised as non-interactive, where consumers primarily receive information without active participation.

199. **(b)** The passage categorises television under old media, contrasting it with new media that includes websites, online streams, e-mails and various digital platforms.

200. **(d)** In a broader sense, 'Catch-all' can refer to a category that includes a wide variety of different things or items. This interpretation aligns with the idea that new media encompasses diverse forms of electronic communications, covering everything from websites and social platforms to online video/audio streams and more.

CPO SI P-1 SP 07

पेपर-1

SSC CPO SI सॉल्वड पेपर

27 जून 2024 (शिफ्ट III)

निर्देश

1. इस पेपर में 200 प्रश्न हैं।
2. इसमें 4 भाग हैं, **भाग 1** सामान्य बुद्धि एवं तर्कशक्ति, **भाग 2** सामान्य ज्ञान एवं सामान्य जागरुकता, **भाग 3** मात्रात्मक योग्यता और **भाग 4** अंग्रेजी
3. प्रत्येक प्रश्न **1 अंक** का है।

अधिकतम अंक : 200 **समय : 2 घण्टे**

भाग 1

सामान्य बुद्धि एवं तर्कशक्ति

1. उस विकल्प का चयन कीजिए, जो पाँचवें अक्षर-समूह से उसी प्रकार सम्बन्धित है, जिस प्रकार दूसरा अक्षर-समूह, पहले अक्षर-समूह से सम्बन्धित है और चौथा अक्षर-समूह, तीसरे अक्षर-समूह से सम्बन्धित है।

ISLAND: ANDISL:: EITHER: HEREIT:: IMPACT:?

(a) TCAPMI (b) IPMCTA
(c) ACTIMP (d) ICAPMT

2. यदि 'P' का अर्थ है '÷', 'Q' का अर्थ' '×' है, 'R' का अर्थ '+' है और S का अर्थ '–' है, तो निम्नलिखित समीकरण में प्रश्नचिह्न (?) के स्थान पर क्या आएगा?

[(18S5) Q4] P2 R 22 Q3 S 24 R 9 =?

(a) 77 (b) 63
(c) 89 (d) 82

3. निम्नलिखित समीकरण में '?' के स्थान पर क्या आएगा, यदि '+' और '–' को आपस में बदल दिया जाए तथा '×' और '÷' को भी आपस में बदल दिया जाए?

$154 \times 11 - 24 \div 3 + 19 = ?$

(a) 71 (b) 62
(c) 67 (d) 54

4. उस समुच्चय का चयन करें, जिसकी संख्याएँ उसी तरह से सम्बन्धित हैं, जिस तरह निम्नलिखित समुच्चयों की संख्याएँ सम्बन्धित हैं। (**नोट** संख्याओं को उसके घटक अंकों में तोड़े बिना, पूर्ण संख्याओं पर संक्रियाएँ की जानी चाहिए। उदाहरण के लिए संख्या 13 को लें 13 पर संक्रियाएँ, जैसे कि 13 में जोड़ना/घटाना/गुणा करना आदि, की जा सकती हैं। 13 को 1 और 3 में तोड़ने और फिर 1 और 3 पर गणितीय संक्रियाएँ करने की अनुमति नहीं है)

(14, 28, 84) (17, 34, 102)

(a) (21,42,136) (b) (21,42 126)
(c) (20, 41, 126) (d) (20, 41, 136)

5. दिए गए संख्या-युग्मों में, पहली संख्या पर कुछ गणितीय संक्रियाओं को लागू करके दूसरी संख्या प्राप्त की जाती है। ऐसे संख्या-युग्म का चयन कीजिए, जिसमें संख्याएँ ठीक उसी प्रकार सम्बन्धित हैं, जैसे दिए गए संख्या-युग्मों की संख्याएँ सम्बन्धित हैं।

(**नोट** संख्याओ को उनके घटक अंकों में तोड़े बिना संक्रियाएँ पूर्ण संख्याओं पर की जानी चाहिए।
उदाहरण के लिए, 13 को लीजिए 13 पर संक्रियाएँ जैसे कि 13 में जोड़ना/घटाना/गुणा करना आदि की जा सकती हैं। 13 को 1 और 3 में तोड़ना तथा फिर 1 और 3 पर गणितीय संक्रियाएँ करना अनुमन्य नहीं है।)

(45,88) (26,50)

(a) (15,32) (b) (22,42)
(c) (21,41) (d) (18,36)

6. अजय बिन्दु A से गाड़ी चलाना शुरू करता है और दक्षिण की ओर 20 किमी गाड़ी चलाता है। फिर वह बाएँ मुड़ता है, और 5 किमी गाड़ी चलाता है फिर वह बाएँ मुड़ता है और 30 किमी गाड़ी चलाता है। फिर वह दाएँ मुड़ता है और 8 किमी गाड़ी चलाता है। अन्तिम बार वह दाएँ मुड़ता है और 10 किमी गाड़ी चलाता है और बिन्दु Q पर रुकता है। अब बिन्दु A पर दोबारा पहुँचने के लिए उसे कितनी दूरी (न्यूनतम दूरी) और किस दिशा की ओर गाड़ी चलानी चाहिए? (सभी मोड़ केवल 90° वाले मोड़ हैं।)

(a) पूर्व की ओर 13 किमी
(b) पश्चिम की ओर 13 किमी
(c) पश्चिम की ओर 5 किमी
(d) पश्चिम की ओर 8 किमी

7. यदि + और – को आपस में बदल दिया जाए, साथ ही 8 और 6 को भी आपस में बदल दिया जाए, तो प्रश्नवाचक चिह्न (?) के स्थान पर क्या आएगा?

$8 - 6 + 10 = ?$

(a) 6 (b) 4
(c) 7 (d) 5

8. निम्नलिखित में से कौन-सी संख्या दी गई शृंखला में प्रश्नचिह्न (?) को प्रतिस्थापित करेगी?

324, 722, 1200, ?, 2420

(a) 1632 (b) 1736
(c) 1764 (d) 1634

9. अदिति अपने घर से निकलती है और 38 मी पश्चिम की ओर चलती है और फिर दाएँ मुड़ती है और 19 मी चलती है। अब वह दाएँ मुड़ती है और 25 मी चलती है। फिर वह बाएँ मुड़ती है और 21मी चलती है। वह फिर से बाएँ मुड़ती है और 38 मी चलती है। वह अन्त में बाएँ मुड़ती है और स्थान X पर रुकने के लिए 25 मी चलती है। वह उस खम्भे से कितनी दूरी पर है जो उसके घर से 15 मी उत्तर में है? (मान लीजिए कि सभी मोड़ केवल 90° के मोड़ हैं।)

(a) 49 मी (b) 38 मी
(c) 57 मी (d) 51 मी

10. एक कूटभाषा में 'ROAD' को 'QKZZ' के रूप में लिखा जाता है और 'BAND' को 'AWMZ' के रूप में लिखा जाता है। इसी कूटभाषा में 'TASK' को कैसे लिखा जाएगा?

(a) SRGW (b) GRSW
(c) SWRG (d) RSWG

11. उस समुच्चय का चयन करें जिसकी संख्याएँ उसी तरह से सम्बन्धित हैं जिस तरह निम्नलिखित समुच्चयों की संख्याएँ सम्बन्धित हैं।

(**नोट** संख्याओं को उसके घटक अंकों में तोड़े बिना, पूर्ण संख्याओं पर संक्रियाएँ की जानी चाहिए। उदाहरण के लिए संख्या 13 को लें 13 पर संक्रियाएँ, जैसे कि 13 में जोड़ना/घटाना/गुणा करना आदि, की जा सकती हैं। 13 को 1 और 3 में तोड़ने और फिर 1 और 3 पर गणितीय संक्रियाएँ करने की अनुमति नहीं है)

(288, 144, 24) (432, 216, 36)

(a) (504, 250, 42) (b) (504, 252, 42)
(c) (504, 252, 44) (d) (506, 252, 42)

12. अंग्रेजी वर्णमाला क्रम पर आधारित, निम्नलिखित चार अक्षर-समूहों में से तीन किसी निश्चित तरीके से समान हैं और इस प्रकार एक समूह बनाते हैं। किस अक्षर-समूह का सम्बन्ध उस समूह से नहीं है?

(**नोट** असंगत अक्षर-समूह, व्यंजनों/स्वरों की संख्या या इस अक्षर-समूह में उनकी स्थिति पर आधारित नहीं है।)

(a) DGI (b) ORT (c) FIK (d) JMP

13. उस विकल्प का चयन करें जो पाँचवें अक्षर-समूह से उसी प्रकार सम्बन्धित है जिस प्रकार दूसरा अक्षर-समूह पहले अक्षर-समूह से सम्बन्धित है और चौथा अक्षर-समूह तीसरे अक्षर-समूह से सम्बन्धित है।

JOCK: GLZH:: HURT: EROQ:: SPIN: ?

(a) PNEL (b) ONFK
(c) QMEK (d) PMFK

14. एक कूटभाषा में, 'POET' को '14-13-3-18' और 'SOON' को '17-13-13-12' के रूप में कूटबद्ध किया जाता है। उसी भाषा में 'WRITE' को कैसे कूटबद्ध किया जाएगा?

(a) 19-16-7-18-5 (b) 19-16-5-18-3
(c) 21-16-7-9-3 (d) 21-16-7-18-3

15. यदि 'P' का अर्थ '÷' है, Q का अर्थ '×' है 'R' का अर्थ '+' है और S का अर्थ '–' है, तो निम्नलिखित समीकरण में प्रश्नचिह्न (?) के स्थान पर क्या आएगा?

(121 S 46) R 19 Q5 R 126 P 6 S 38 = ?

(a) 159 (b) 139 (c) 153 (d) 144

16. A, B, C, D, E और F एक परिवार के छः सदस्य है। परिवार में माता-पिता, उनके बच्चे और पोते-पोतियाँ हैं। A, C का पुत्र है और E, A की पुत्री है। D, F की पुत्री है, जो E की माता है। निम्नलिखित में से कौन-सा युग्म माता-पिता के पोते-पोतियों का है?

(a) A, E (b) A, D
(c) D, E (d) C, E

17. उस वेन आरेख का चयन करें जो निम्नलिखित वर्गों के बीच के सम्बन्ध को सर्वोत्तम रूप से दर्शाता है

भारत, तमिलनाडु, चेन्नई

(a)  (b) 

(c) 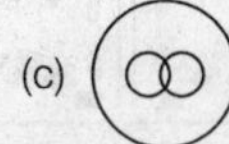 (d) 

18. जब दर्पण को नीचे दर्शाए गए अनुसार MN पर रखा जाता है तो दी गई आकृति के सही दर्पण प्रतिबिम्ब का चयन कीजिए।

G w B 7 4 A | M N

(a) A 4 B 7 w G
(b) A 4 B 7 w G
(c) A 4 B 7 w G
(d) A 4 B 7 w G

19. यदि 'A' का अर्थ '÷' है, 'B' का अर्थ '×' है, 'C' का अर्थ '+' है और 'D' का अर्थ '–' है, तो निम्नलिखित समीकरण में प्रश्नचिह्न (?) के स्थान पर क्या आएगा?

905 B 2 C 47 D 903 A 3 ?

(a) 1556 (b) 1655
(c) 1165 (d) 1155

20. उस समुच्चय का चयन करें जिसकी संख्याएँ उसी तरह से सम्बन्धित हैं जिस तरह निम्नलिखित समुच्चयों की संख्याएँ सम्बन्धित हैं। (**नोट** संख्याओं को उसके घटक अंकों में तोड़े बिना, पूर्ण संख्याओं पर संक्रियाएँ की जानी चाहिए। उदाहरण के लिए संख्या 13 को लें 13 पर संक्रियाएँ, जैसे कि 13 में जोड़ना/घटाना/गुणा करना आदि, की जा सकती हैं। 13 को 1 और 3 में तोड़ने और फिर 1 और 3 पर गणितीय सक्रियाएँ करने की अनुमति नहीं है)

(16, 4, 20) (28, 7, 35)

(a) (50, 13, 65) (b) (50, 13, 60)
(c) (52, 13,60) (d) (52, 13, 65)

21. यदि 'P' का अर्थ '÷' है, 'Q' का अर्थ '×' है, 'R' का अर्थ '+' है और S का अर्थ '–' है, तो निम्नलिखित समीकरण में प्रश्नचिह्न (?) के स्थान पर क्या आएगा?

45 R (26 Q2) P 4 R 19 S 32 = ?

(a) 40 (b) 45
(c) 35 (d) 50

22. एक कूटभाषा में, 'BASIC' को 101 के रूप में कूटबद्ध किया जाता है और 'MAGIC' को 102 के रूप में कूटबद्ध किया जाता है। उसी भाषा में 'LIGHT' को किस प्रकार कूटबद्ध किया जाएगा?

(a) 86 (b) 85 (c) 82 (d) 79

23. एक कूटभाषा में, 'PIG' को 29 के रूप में कूटबद्ध किया जाता है और 'COW' को 38 के रूप में कूटबद्ध किया जाता है। उसी भाषा में 'CAMEL' को किस प्रकार कूटबद्ध किया जाएगा?

(a) 31 (b) 27
(c) 29 (d) 22

24. दिए गए विकल्पों में से उस आकृति का चयन कीजिए, जो निम्नलिखित श्रृंखला में प्रश्नचिह्न (?) को तार्किक रूप से प्रतिस्थापित कर सकती है।

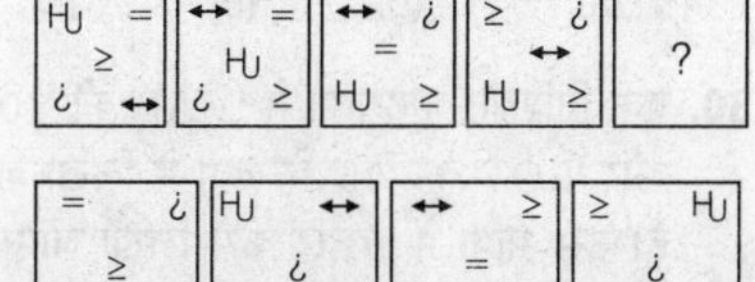

(a) (b) (c) (d)

25. कौन-सा अक्षर-समूह दी गई शृंखला को पूरा करेगा?

FPW, FFPPPWW, FFFFPPPPPWWW ....

(a) FFFFFFFFPPPPPPPWWWW
(b) FFFFFFPPPPPPWWWWWW
(c) FFFFFFPPPPPWWWW
(d) FFFFFFFFPPPPPPPPPWWWW

26. उस विकल्प का चयन करें, जो दिए गए शब्दों के उस सही क्रम को दर्शाता है, जिसमें वे अंग्रेज़ी शब्दकोश में दिखाई देंगे।

1. Dermatology
2. Derogation
3. Derivative
4. Derailed
5. Dermestid
6. Deregulation

कूट

(a) 4, 3, 2, 1, 5, 6
(b) 4, 6, 3, 2, 1, 5
(c) 4, 6, 1, 5, 3, 2
(d) 4, 6, 3, 1, 5, 2

27. निम्नलिखित में से कौन-सी संख्या दी गई शृंखला में प्रश्नचिह्न (?) को प्रतिस्थापित करेगी?

29, 30, 26, 35, 19, ?

(a) 42 (b) 44 (c) 43 (d) 41

28. निम्नलिखित में से कौन-सा पद दी गई शृंखला में प्रश्नचिह्न (?) को प्रतिस्थापित करेगा?

CJS, DKT, ELU, ?

(a) DRT (b) DHB
(c) FMV (d) DLO

29. उस विकल्प आकृति की पहचान कीजिए जिसे प्रश्न चिह्न (?) के स्थान पर रखने पर शृंखला तार्किक रूप से पूरी हो जाएगी।

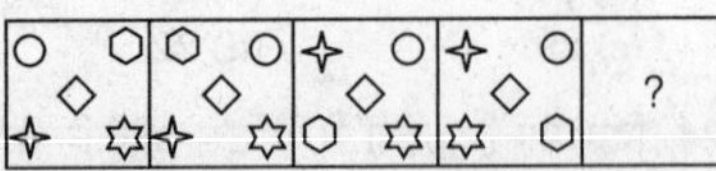

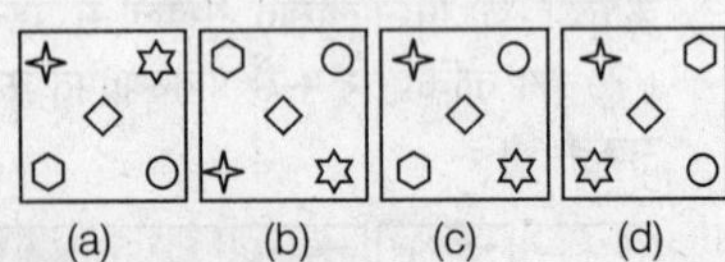

30. एक निश्चित कूटभाषा में 'MAP' को '102' और 'ROT' को '56' के रूप में लिखा जाता है। उस भाषा में 'SEC' कैसे लिखा जाएगा?

(a) 112 (b) 84 (c) 98 (d) 108

31. जब दर्पण को नीचे दर्शाए गए अनुसार MN रेखा पर रखा जाता है तो दी गई आकृति के सही दर्पण प्रतिबिम्ब का चयन कीजिए।

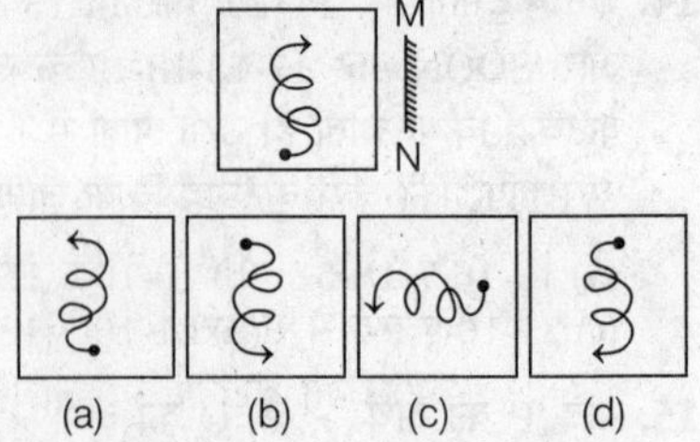

32. निम्नलिखित आकृतियों में एक कागज़ को मोड़ने का क्रम और मुड़े हुए कागज़ को काटने का तरीका दर्शाया गया है। खोले जाने पर यह कागज कैसा दिखाई देगा?

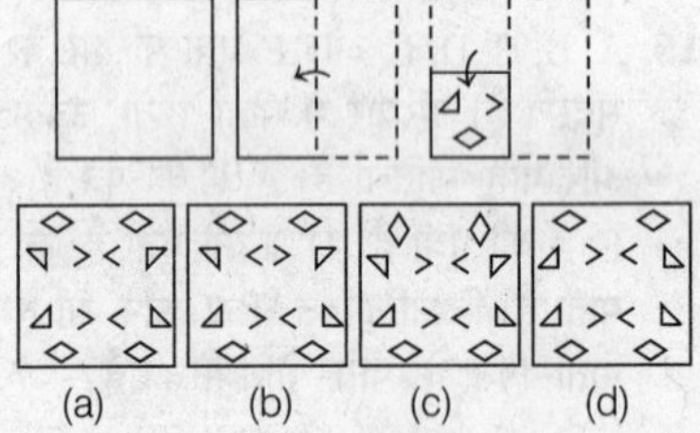

33. निम्नलिखित आकृतियों में एक कागज़ को मोड़ने का क्रम और मुड़े हुए कागज़ को काटने का तरीका दर्शाया गया है। खोले जाने पर यह कागज कैसा दिखाई देगा?

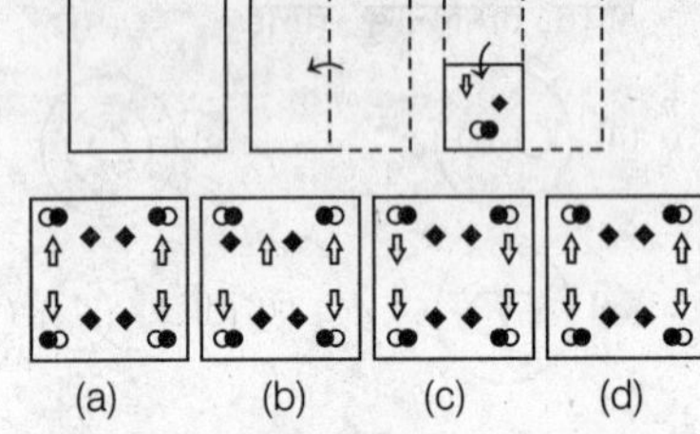

34. निम्नलिखित में से कौन-सा अक्षर समूह प्रश्नचिह्न (?) का स्थान लेगा और दी गई शृंखला को पूरा करेगा?

TDQR, SFNV, ?, QJHD, PLEH

(a) IDBZ (b) FJCQ
(c) RGJZ (d) RHKZ

35. गणितीय चिह्नों का निम्नलिखित में से कौन-सा परस्पर विनिमय दिए गए समीकरण को सही (सन्तुलित) कर देगा?

$56 \div 8 - 14 \times 2 + 12 = 23$

(a) + और × (b) − और +
(c) − और × (d) ÷ और ×

36. उस वेन आरेख का चयन कीजिए जो निम्नलिखित वर्गों के बीच सम्बन्ध को सर्वोत्तम रूप से दर्शाता है।

मैकेनिक, चपरासी, वकील

(a) (b)

(c) (d)

37. दो कथन दिए गए है, जिनके बाद दो निष्कर्ष I और II दिए गए हैं। कथनों को सत्य मानते हुए, भले ही वे सामान्य रूप से ज्ञात तथ्यों से भिन्न प्रतीत होते हों, निर्धारित करें कि कौन-सा/से निष्कर्ष कथनों का तार्किक रूप से अनुसरण करता है। करते हैं।

कथन

सभी पंख, सफेद हैं।
कोई सफेद, छड़ी नहीं है।

निष्कर्ष

I. कुछ पंख, छड़ी हैं।
II. कोई छड़ी, सफेद नहीं है।

(a) न तो निष्कर्ष I और न ही II अनुसरण करता है
(b) निष्कर्ष I और II दोनों अनुसरण करते हैं
(c) केवल निष्कर्ष II अनुसरण करता है
(d) केवल निष्कर्ष I अनुसरण करता है

38. P, Q, R, S, T और U एक वृत्ताकार मेज के चारों ओर केन्द्र की ओर मुख करके बैठे हैं। T और R के बीच केवल एक व्यक्ति बैठा है। केवल एक व्यक्ति R और U के बीच बैठा है। U और Q के बीच केवल दो व्यक्ति बैठे हैं। S, T के ठीक बाएँ बैठा है। P के बाएँ से दूसरे स्थान पर कौन बैठा है?

(a) S (b) R
(c) U (d) Q

39. एक निश्चित कूटभाषा में, 'FOX' को '14' के रूप में कूटबद्ध किया जाता है और 'GOAT' को '21' के रूप में कूटबद्ध किया जाता है। उसी भाषा में 'TOMMY' को किस प्रकार कूटबद्ध किया जाएगा?

(a) 45 (b) 35
(c) 25 (d) 30

40. उस विकल्प का चयन कीजिए, जिसमें दी गई आकृति (X) उसके भाग के रूप में सन्निहित है। (घूर्णन की अनुमति नहीं है।)

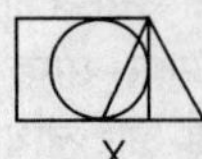

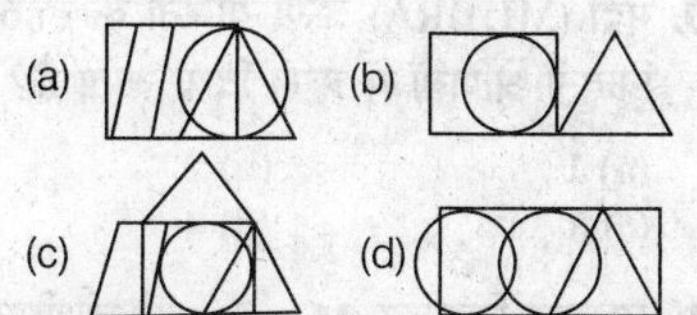

41. दिए गए विकल्पों में से उस आकृति का चयन कीजिए, जो निम्नलिखित शृंखला में प्रश्नचिह्न (?) को तार्किक रूप से प्रतिस्थापित कर सकती है।

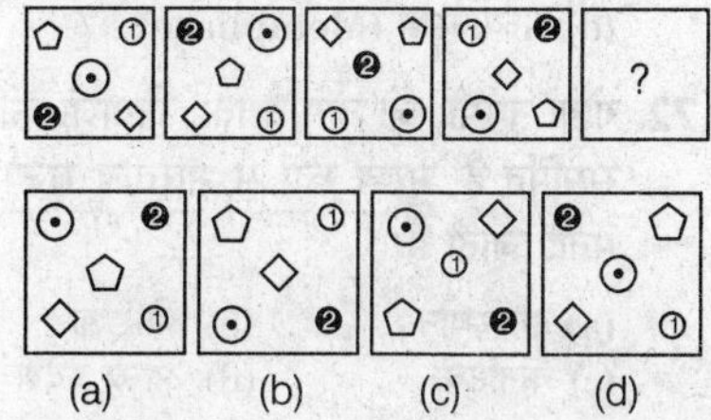

42. एक ही पासे की तीन अलग-अलग स्थितियाँ दिखाई गई हैं। '2' दर्शाने वाले फलक के विपरीत फलक पर संख्या ज्ञात कीजिए।

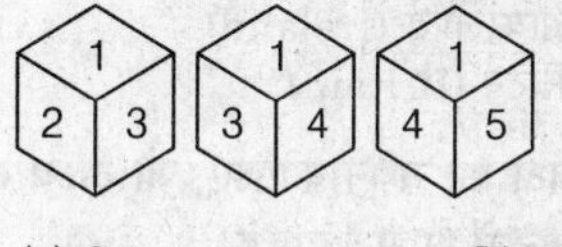

(a) 6 (b) 1
(c) 4 (d) 5

43. उस विकल्प आकृति का चयन कीजिए जिसमें दी गई आकृति उसके एक भाग के रूप में अन्तर्निहित हो (घुमाने की अनुमति नहीं है)।

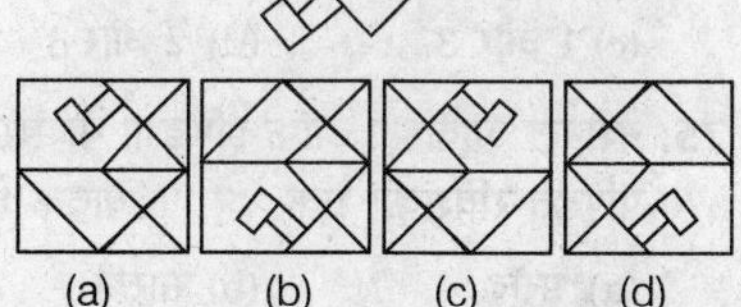

44. उस समुच्चय का चयन करें जिसकी संख्याएँ उसी तरह से सम्बन्धित हैं जिस तरह निम्नलिखित समुच्चयों की संख्याएँ सम्बन्धित हैं। (**नोट** संख्याओं को उसके घटक अंकों में तोड़े बिना, पूर्ण संख्याओं पर संक्रियाएँ की जानी चाहिए। उदाहरण के लिए संख्या 13 को लें-13 पर सक्रियाएँ, जैसे कि 13 में जोड़ना/घटाना/गुणा करना आदि की जा सकती हैं। 13 को 1 और 3 में तोड़ने और फिर 1 और 3 पर गणितीय संक्रियाएँ करने की अनुमति नहीं है)

(21, 3, 15)
(49, 7, 35)

(a) (85, 13, 60) (b) (84, 12, 62)
(c) (85, 12, 60) (d) (84, 12, 60)

45. उस विकल्प का चयन कीजिए, जो दिए गए शब्दों के सही क्रम को निरूपित करता है, जैसे कि वे अंग्रेजी शब्दकोश में दिखाई देते हैं।

1. Temperament 2. Tenure
3. Tenant 4. Tender
5. Temptation 6. Temperature

कूट

(a) 1, 6, 5, 2, 4, 3 (b) 1, 6, 5, 3, 4, 2
(c) 1, 6, 5, 2, 3, 4 (d) 1, 6, 5, 3, 2, 4

46. दिए गए विकल्पों में से उस संख्या का चयन करें जो निम्नलिखित शृंखला में प्रश्नचिह्न (?) के स्थान पर आ सकती है।

115, 140, 160, 175, 185, ?

(a) 192 (b) 193 (c) 195 (d) 190

47. निम्नलिखित में से कौन-सी संख्या दी गई शृंखला में प्रश्नचिह्न (?) को प्रतिस्थापित करेगी?

12, 13, 30, 99, 412, ?

(a) 2065 (b) 2055
(c) 2085 (d) 2075

48. एक पासे के फलकों पर 2, 4, 6, 8, 10 और 12 सख्याएँ अंकित हैं। उसी पासे की दो स्थितियाँ नीचे दी गई हैं। 4 वाले फलक के विपरीत कौन-सा फलक है?

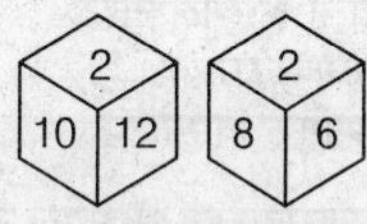

(a) 6 (b) 10 (c) 2 (d) 12

49. एक निश्चित कूटभाषा में, 'A + B' का अर्थ है 'A, B की माता है' 'A – B' का अर्थ है 'A, B का पति है' 'A × B' का अर्थ है 'B, A की बहन है' 'A ÷ B' का अर्थ है 'A, B का पिता है'

उपर्युक्त के आधार पर, यदि 'D ÷ E – C + A × B' है, तो B किस प्रकार E से सम्बन्धित है?

(a) माता (b) पुत्र
(c) पुत्री (d) पत्नी

50. उस वेन आरेख का चयन कीजिए जो निम्नलिखित वर्गों के बीच सम्बन्ध को सर्वोत्तम रूप से दर्शाता है।

मनुष्य, चित्रकार, पुरुष

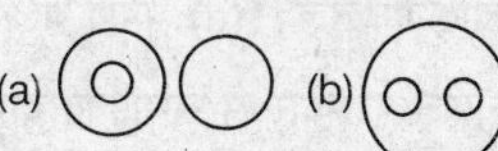

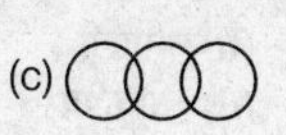

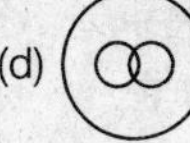

भाग 2

सामान्य ज्ञान एवं सामान्य जागरुकता

51. पादप कोशिका में उपस्थित उस कोशिकांग की पहचान कीजिए, जो जन्तु कोशिका में नहीं होता है।

(a) न्यूरॉन
(b) कोशिका द्रव्य
(c) प्लास्टिड
(d) केन्द्रक

52. निम्नलिखित में से किस अधिनियम में कलकत्ता के स्थान पर दिल्ली को ब्रिटिश भारत की राजधानी घोषित किया गया था?

(a) मार्ले-मिण्टो अधिनियम, 1909 (Morley Minto Act, 1909)
(b) मोण्टेग्यू-चेम्सफोर्ड अधिनियम, 1919 (Montagu Chelmsford Act, 1919)
(c) भारत सरकार अधिनियम, 1858 (Government of India Act, 1858)
(d) भारत सरकार अधिनियम, 1935 (Government of India Act, 1935)

53. निम्नलिखित में से कौन-सा/से कथन प्रकाश वर्ष के सन्दर्भ में सत्य है/हैं?

1. प्रकाश वर्ष, दूरी की इकाई है।
2. प्रकाश, समय की इकाई है।
3. प्रकाश वर्ष वह दूरी है, जो प्रकाश एक पृथ्वी वर्ष में तय करता है।
4. प्रकाश वर्ष प्रकाश की तीव्रता का माप है।

(a) 1 और 3 सही हैं
(b) केवल 2 सही है
(c) केवल 1 सही है
(d) 1 और 4 सही हैं

54. भारत सरकार के कृषि सांख्यिकी एक झलक 2022 के अनुसार, किस राज्य में गन्ने का सबसे अधिक उत्पादन दर्ज किया गया?

(a) गुजरात (b) उत्तर प्रदेश
(c) महाराष्ट्र (d) कर्नाटक

55. निम्नलिखित में से कौन-सी नदी दक्षिण में चम्बल नदी से मिलती है?

(a) कोसी (b) गंगा
(c) तीस्ता (d) यमुना

56. भारतीय विमानपत्तन प्राधिकरण के अनुसार, 2022 तक की स्थिति के अनुसार भारत में अन्तर्राष्ट्रीय हवाई अड्डों की कुल संख्या कितनी है?

(a) 14 (b) 17
(c) 16 (d) 13

57. भारत के सर्वोच्च न्यायालय के क्षेत्राधिकार के सम्बन्ध में निम्नलिखित में से कौन-से कथन सही हैं?

A. मूल क्षेत्राधिकार भारत सरकार और एक या अधिक राज्यों के बीच या भारत सरकार और किसी राज्य या राज्यों और दूसरी तरफ एक या अधिक राज्यों के बीच या दो या अधिक राज्यों के बीच किसी भी विवाद तक विस्तृत है।

B. अपीलीय अधिकार क्षेत्र का विस्तार तब होता है, जब संघ और कुछ राज्य विवाद के एक तरफ होते हैं और कुछ अन्य राज्य दूसरी तरफ होते हैं।

C. संविधान के अनुच्छेद 129 और 142 के तहत सर्वोच्च न्यायालय में अदालत की अवमानना के लिए दण्डित करने की शक्ति निहित है।

D. अभी तक, सर्वोच्च न्यायालय में अन्तर्राष्ट्रीय वाणिज्यिक मध्यस्थता शुरू नहीं की जा सकती है।

(a) A और C (b) A, B, C और D
(c) B और D (d) A और B

58. कथकली नृत्य के कलाकारों के लिए कितने प्रकार के शृंगार (वेषम) का उपयोग किया जाता है?

(a) 5 (b) 7
(c) 11 (d) 9

59. गुड फ्राइडे किससे सम्बन्धित है?

(a) सिखों (b) जैन
(c) ईसाइयों (d) हिन्दुओं

60. निम्नलिखित में से कौन-सा कार्बनिक यौगिक एक बेन्जीनॉइड है?

(a) ऐसिटैल्डिहाइड (b) हेक्सेन
(c) ऐनिलीन (d) प्रोपेन

61. 1800 ई. में निम्नलिखित भौतिक विज्ञानियों में से किसने आधुनिक बैटरी के पूर्वगामी वोल्टेइक पाइल का आविष्कार किया था?

(a) एलेसेंड्रो वोल्टा (Alessandro Volta)
(b) टैंस क्रिश्चियन ओर्स्टेड (Hans Christian Oersted)
(c) जॉर्ज साइमन (George Simon)
(d) आन्द्रे-मैरी एम्पीयर (Andre-Marie Ampere)

62. भारतीय संविधान के किस अनुच्छेद में राज्यसभा के सभापति व उपसभापति और लोकसभा अध्यक्ष व उपाध्यक्ष के वेतन और भत्तों का उल्लेख है?

(a) अनुच्छेद 95 (b) अनुच्छेद 94
(c) अनुच्छेद 97 (d) अनुच्छेद 92

63. भारतीय संविधान के निम्नलिखित में से किस अनुच्छेद में उल्लेख है कि भारत के उप-राष्ट्रपति राज्यसभा के पदेन सभापति होंगे?

(a) अनुच्छेद 92 (b) अनुच्छेद 89
(c) अनुच्छेद 91 (d) अनुच्छेद 90

64. गर्मी के मौसम में आने वाले स्थानीय तूफानों के सन्दर्भ में नोर वेस्टर्स (Nor Westers) क्या है?

(a) दिल्ली और पटना के बीच उच्च तीव्रता के साथ पंजाब से बिहार तक उत्तरी मैदानी इलाकों में चलने वाली गर्म, शुष्क और दमनकारी हवाएँ
(b) बंगाल और असम में शाम के समय चलने वाली भयानक आँधियाँ
(c) केरल में कॉफी के फूलों को ब्लो करने (खिलाने) वाली नजदीकी हवा
(d) मानसून से पहले की बारिश, जो केरल और कर्नाटक के तटीय क्षेत्रों में होने वाली एक सामान्य घटना है

65. उदारीकरण के भाग के रूप में उद्योगों के प्रगतिशील डिलाइसेंसिंग के साथ निम्नलिखित में से किस उद्योग को लाइसेंस की आवश्यकता से हटा दिया गया है?

(a) तम्बाकू के सिगार और सिगरेट तथा निर्मित तम्बाकू के विकल्प
(b) कोयला और लिग्नाइट
(c) खतरनाक रसायन
(d) औद्योगिक विस्फोटक

66. किसके शासनकाल में मुगल साम्राज्य ने अपनी सबसे बड़ी क्षेत्रीय सीमाएँ प्राप्त कीं?

(a) शाहजहाँ
(b) अकबर
(c) औरंगजेब
(d) बहादुरशाह द्वितीय

67. निम्नलिखित में से किस संगीतकार ने अनूप रागविलास नामक पुस्तक लिखी है?

(a) पण्डित दिनकर कैकिनी
(b) पण्डित जसराज
(c) पण्डित कुमार गन्धर्व
(d) पण्डित बिरजू महाराज

68. निम्नलिखित में से कौन-सा बल केवल किसी वस्तु के सम्पर्क में आने पर ही लगाया जा सकता है?

(a) स्थिर वैद्युत बल (b) चुम्बकीय बल
(c) गुरुत्वाकर्षण बल (d) घर्षण बल

69. 57वें ज्ञानपीठ पुरस्कार से सम्मानित दामोदर मौऊजो, मुख्य रूप से एक ········ लेखक हैं।

(a) ओडिया (b) बंगाली
(c) मैथिली (d) कोंकणी

70. मुद्रा (MUDRA) ऋण योजना के तहत कितनी श्रेणियों में ऋण दिया जाता है?

(a) 1 (b) 2
(c) 3 (d) 4

71. समसूत्री विभाजन (Mitosis) की चौथी अवस्था क्या है जिसमें गैर-काइनेटोकोर तर्कुतन्तु कोशिका को लम्बी करती है और बढ़ाती है?

(a) पश्चावस्था (Anaphase)
(b) अन्त्यावस्था (Telophase)
(c) पूर्वावस्था (Prophase)
(d) मध्यावस्था (Metaphase)

72. गोगा नवमी, जो नाग देवता, गोगाजी को समर्पित है, मुख्य रूप से भारतीय राज्य ······· मनाई जाती है।

(a) राजस्थान (b) ओडिशा
(c) कर्नाटक (d) आन्ध्र प्रदेश

73. भारत में राज्य नीति के निदेशक सिद्धान्त किस देश के संविधान से लिए गए हैं?

(a) सोवियत संघ (USSR)
(b) संयुक्त राज्य (The US)
(c) आयरलैण्ड (Ireland)
(d) ब्रिटेन (Britain)

74. उन तटों का चयन कीजिए, जो अरब सागर के किनारों से सटे हुए हैं।

1. उत्तरी सरकार
2. मालाबार
3. कोंकण
4. कोरोमण्डल

(a) 1, 2 और 3 (b) 2, 3 और 4
(c) 1 और 3 (d) 2 और 3

75. नेशनल आर्केस्ट्रा ऑफ इण्डिया के संस्थापक पण्डित रविशंकर एक ········ वादक थे।

(a) सरोद (b) सारंगी
(c) सितार (d) बाँसुरी

76. एपिलिम्नेटिक, मेटालिम्नेटिक और हाइपोलिम्नेटिक जल स्तर किसके उदाहरण हैं?

(a) एक झील के विशिष्ट तापीय स्तरीकरण के
(b) भूमिगत जल की विभिन्न परतों के
(c) विभिन्न पारिस्थितिक चरणों के
(d) कठोर चट्टान की विशिष्ट परतों के

77. गोविन्द चन्द्र पाल को वर्ष 2022 के लिए संगीत नाटक अकादमी अमृत पुरस्कार से सम्मानित किया गया है। उन्होंने निम्नलिखित में किस क्षेत्र में योगदान दिया है?

(a) रंगमंच (अभिनय)
(b) कठपुतली
(c) ओडिसी नृत्य (गोटीपुआ)
(d) नृत्य (कथक)

78. छ: पीढ़ियों से 'कथकली' से जुड़े प्रसिद्ध कवंगल परिवार के प्रतिष्ठित और अनुभवी वंशज निम्नलिखित में से कौन हैं?
(a) चतुन्नी पणिक्कर
(b) मीनाक्षी सुन्दरम पिल्लई
(c) पद्मा सुब्रमण्यम
(d) अम्मानूर माधव चक्यार

79. ……… के कारण प्रत्येक योजना में लक्ष्यों का चयन किया गया है।
(a) असीमित संसाधन
(b) विकल्पों की सीमा
(c) संसाधनों की सीमा
(d) असीमित जनशक्ति

80. किस वर्ष मूल सूची में चार नए निदेशक सिद्धान्त जोड़े गए?
(a) 1977 (b) 1976
(c) 1975 (d) 1980

81. कौन-सा एक अभिन्न मेम्ब्रेन प्रोटीन है, जो टेट्रामर बनाता है और सेल्युलर मेम्ब्रेन में जल और कुछ छोटे, अपरिवर्तित विलेयों के विसरण को सुविधाजनक बनाता है?
(a) एक्वापोरिन्स (Aquaporins)
(b) म्यूकिन्स (Mucins)
(c) इम्युनोग्लोबुलिन (Immunoglobulins)
(d) ट्रांसफेरिन (Transferri)

82. 15वाँ पुरुष हॉकी विश्व कप 2023 का खिताब किस देश ने जीता है?
(a) जर्मनी (b) बेल्जियम
(c) भारत (d) पाकिस्तान

83. वैश्विक भुखमरी सूचकांक 2022 के अनुसार, 121 देशों में से पड़ोसी देश बांग्लादेश का कौन-सा स्थान है?
(a) 107वाँ (b) 99वाँ
(c) 84वाँ (d) 109वाँ

84. वन्स अपॉन ए लाइफ बर्न्ट करी एण्ड ब्लडी रेग्स (Once Upon a Life: Burnt Curry and Bloody Rags) किसका संस्मरण है?
(a) इस्ट्राइन कीर (Easterine Kire)
(b) पेट्रीसिया मुकीम (Patricia Mukim)
(c) तेमसुला आओ (Temsula Ao)
(d) जेनिस परिएट (Janice Pariat)

85. 1596 ई. में किसने अपनी कृति 'थिसॉरस ज्योग्राफिक्स' में यह उल्लेख किया है कि पृथ्वी के महाद्वीप हमेशा अपनी वर्तमान स्थिति में स्थित नहीं थे?
(a) डैन पीटर मैकेंजी
(b) अब्राहम ऑर्टेलियस
(c) जॉर्जेस कुवियर
(d) लुइस अगासिज

86. निम्नलिखित में से कौन-सा शहर पाण्ड्य साम्राज्य का बन्दरगाह था?
(a) विरुधुनगर
(b) तेन्कासी
(c) कोरकाई
(d) डिंडिगुल

87. निम्नलिखित में से कौन-सा विकल्प सही ढंग से सुमेलित है?
(a) सुल्तान खान-सारंगी
(b) हरिप्रसाद चौरसिया - सरोद
(c) जाकिर हुसैन सितार
(d) बिस्मिल्ला खाँ-तबला

88. निजाम-उल-मुल्क ने 1724 ई. में किस राज्य की स्थापना की थी?
(a) अवध (b) मैसूर
(c) बंगाल (d) हैदराबाद

89. भारत के निम्नलिखित में से कौन-से राज्य में प्रारम्भिक वर्षा, मानसून की अरब सागर शाखा के द्वारा होती है?
(a) मिज़ोरम (b) केरल
(c) असम (d) तमिलनाडु

90. बहमनी साम्राज्य के अधीन प्रान्तों को ….. द्वारा प्रशासित किया जाता था।
(a) अमीर (b) खलीसा
(c) तरफदार (d) अफाकी

91. भारत की जनगणना 2011 के अनुसार, देश की जनसंख्या में अन्य धर्मों और मतों' का कितना प्रतिशत हिस्सा है?
(a) 1.7 (b) 0.7 (c) 2.3 (d) 0.4

92. निम्नलिखित में से कौन-सा चयनात्मक उधार-पत्र (selective credit instrument) है?
(a) परिवर्तनीय आरक्षित अनुपात
(b) सी. आर.आर. (CRR)
(c) क्रेडिट राशनिंग
(d) बैंक दर

93. वर्ष 2026 के शीतकालीन ओलम्पिक ……. में आयोजित किए जाएँगे।
(a) अमेरिका (b) इटली
(c) यूके (d) जापान

94. ब्रिटिश भारत के निम्नलिखित गवर्नर जनरलों में से कौन स्वतन्त्र प्रेस के पक्ष में था और उसने 1823 ई. के प्रेस विनियमों को निरस्त कर दिया था?
(a) लॉर्ड मेटकॉफ (Lord Metcalfe)
(b) लॉर्ड रिपन (Lord Ripon)
(c) लॉर्ड लिटन (Lord Lytton)
(d) लॉर्ड एलेनबरो (Lord Ellenborough)

95. निम्नलिखित में से सही कथन/कथनों का चयन कीजिए।
1. दसवीं योजना अवधि में भारतीय अर्थव्यवस्था 7.7% प्रति वर्ष की दर से बढ़ी।
2. ग्यारहवीं पंचवर्षीय योजना के लिए लक्षित वृद्धि 9% प्रति वर्ष थी।
3. नौवीं योजना अवधि में भारत ने 7.5% प्रति वर्ष की वृद्धि दर्ज की।

कूट
(a) 2 और 3 (b) 1 और 2
(c) 1 और 3 (d) केवल 3

96. भारतीय संविधान के किस अनुच्छेद में उपाधियों के उन्मूलन का उल्लेख है?
(a) अनुच्छेद 13 (b) अनुच्छेद 24
(c) अनुच्छेद 18 (d) अनुच्छेद 23

97. कथक के बनारस घराने का प्रतिनिधित्व करने वाली अनुभवी नर्तक कमलिनी अस्थाना और नलिनी अस्थाना को वर्ष 2022 मे निम्नलिखित में से किस पुरस्कार से सम्मानित किया गया?
(a) पद्म भूषण
(b) संगीत नाटक अकादमी
(c) पद्मश्री
(d) पद्म विभूषण

98. निम्नलिखित में से किसे बीसीसीआई (BCCI) का 36वाँ अध्यक्ष चुना गया है?
(a) रोजर बिन्नी (b) अनिल कुम्बले
(c) सौरव गांगुली (d) चेतन शर्मा

99. विद्युत परिपथ में प्रतिरोध को बदलने के लिए प्रयुक्त उपकरण की पहचान कीजिए।
(a) धारा नियन्त्रक (Rheostat)
(b) ऐमीटर (Ammeter)
(c) विद्युत चालक (Conductor)
(d) वॉल्टमीटर (Voltmeter)

100. निम्नलिखित में से कौन-सा देश विश्व बैडमिण्टन चैम्पियनशिप इवेण्ट, 2026 की मेजबानी करेगा?
(a) भारत (b) जापान
(c) चीन (d) इण्डोनेशिया

भाग 3

मात्रात्मक योग्यता

101. निम्नलिखित व्यंजक को सरल कीजिए।

$$\frac{(525+175)^2-(525-175)^2}{(525\times 175)}$$

(a) 2 (b) 4
(c) 350 (d) 700

102. $x = \sin A + \cos A$, $y = \sec A + \operatorname{cosec} A$ होने पर निम्नलिखित में से कौन-सा विकल्प सत्य होगा?

(a) $y - 2x = x^2y$ (b) $y(1-2x^2) = x$
(c) $y + 2x = x^2y$ (d) $y(1+x^2) = 2x$

103. एक पंसारी ने ₹ 700 में 10 किग्रा चावल खरीदे। वह परिवहन पर कुछ राशि व्यय करता है और फिर इसे ₹ 1400 में बेच देता है। यदि पंसारी द्वारा अर्जित लाभ प्रतिशत 30% है, तो वह परिवहन पर कितनी राशि (₹ में) व्यय करता है? (निकटतम पूर्णांक तक पूर्णांकित कीजिए)

(a) 377 (b) 350
(c) 380 (d) 300

104. 18 कर्मचारी एक कार्य को 96 दिनों में पूरा कर सकते हैं। वे एक एकसाथ काम करना शुरू करते हैं और 26 दिनों के बाद 10 और कर्मचारी उनके साथ जुड़ जाते हैं। कार्य को कुल मिलाकर कितने दिनों में पूरा किया जाएगा?

(a) 72 (b) 70
(c) 71 (d) 69

105. यदि A का 40% = B का 60% = C का 1/6 है, तो A:B:C का अनुपात जात करें।

(a) 10:15:36 (b) 15:10:36
(c) 36:10:15 (d) 15:10:18

106. एक बेईमान डीलर अपने सामान को क्रय मूल्य पर 20% हानि पर बेचता है, लेकिन एक दोषपूर्ण वजन का उपयोग करता है जिसका वजन 25% कम होता है। उसका लाभ या हानि प्रतिशत (दो दशमलव स्थानों तक पूर्णांकित) ज्ञात कीजिए।

(a) 3.33%, हानि (b) 6.67%, हानि
(c) 6.67%, लाभ (d) 3.33%, लाभ

107. यदि दो गोलों के पृष्ठीय क्षेत्रफल 9:49 के अनुपात में है, तो उनके आयतन का अनुपात ज्ञात करें (जहाँ $\pi = \frac{22}{7}$)।

(a) 27 : 343 (b) 16 : 216
(c) 49 : 363 (d) 25 : 512

108. मिश्र धातु A और B में, लेड और टिन का अनुपात क्रमशः 5:3 और 3:1 है। एक नई मिश्र धातु बनाने के लिए, 80 किग्रा मिश्र धातु A और 100 किग्रा मिश्र धातु B को एक साथ मिलाया जाता है। नई मिश्र धातु में टिन की मात्रा (किग्रा में) कितनी होगी?

(a) 90 (b) 55
(c) 68 (d) 81.3

109. धातु की एक आयताकार शीट 60 सेमी × 25 सेमी है। 5 सेमी भुजा वाले समान वर्गों को कोनों से काट दिया जाता है और शेष को मोड़कर एक खुला आयताकार बक्सा बनाया जाता है। बक्से का आयतन ज्ञात कीजिए।

(a) 8750 सेमी^{3} (b) 2750 सेमी^{3}
(c) 3750 सेमी^{3} (d) 4750 सेमी^{3}

110. यदि $x + \frac{1}{x} = 2$ है, तो $\left(x^4 + \frac{4}{x^4}\right)\left(x^3 - \frac{4}{x^3}\right)$ का मान जात करें।

(a) 10 (b) – 15
(c) 15 (d) – 10

111. एक व्यक्ति ने साधारण ब्याज पर कुछ धनराशि बैंक में जमा की। 20 वर्षों के बाद, धनराशि जमा की गई धनराशि से नौ गुना हो गई। यदि ब्याज दर समान रहे तो कितने वर्षों में धनराशि 13 गुना हो जाएगी?

(a) 23 (b) 25
(c) 28 (d) 30

112. एक जल निकासी टाइल 42 सेमी लम्बा एक बेलनाकार खोल है। आन्तरिक और बाह्य व्यास क्रमशः 8 सेमी और 14 सेमी है। टाइल के लिए आवश्यक मिट्टी का आयतन (सेमी^{3} में) कितना है? $\left(\text{जहाँ}, \pi = \frac{22}{7}\right)$

(a) 4881 (b) 4125
(c) 5241 (d) 4356

113. मीतू एक काम को 12 घण्टे में पूरा कर सकती है, इसी काम को टीटू और सीटू एक साथ मिलकर 2 घण्टे में कर सकते हैं, तथा मीतू और सीटू एक साथ मिलकर 3 घण्टे में कर सकते हैं। टीटू को अकेले इस काम को पूरा करने में कितना समय लगेगा?

(a) 7 घण्टे (b) 8 घण्टे
(c) 6 घण्टे (d) 4 घण्टे

114. एक व्यक्ति 12 किमी/घण्टा की चाल से कुछ दूरी तय करता है और 8 किमी/घण्टा की चाल से वापस आता है। यदि उसके द्वारा लिया गया कुल समय 3 घण्टे और 45 मिनट है, तो तय की गई कुल दूरी (किमी में) ज्ञात करें।

(a) 24 (b) 32 (c) 42 (d) 36

115. शान्त जल में एक व्यक्ति की चाल, धारा की चाल से 4 किमी/घण्टा अधिक है। यदि वह व्यक्ति धारा की अनुकूल दिशा में 45 किमी और धारा की प्रतिकूल दिशा में 35 किमी की दूरी तय करने में कुल 10 घण्टे लेता है, तो शान्त जल में व्यक्ति की चाल कितनी है?

(a) 15 किमी/घण्टा (b) 20 किमी/घण्टा
(c) 18 किमी/घण्टा (d) 22 किमी/घण्टा

116. एक ट्रेन 35 मिनट में 56 किमी की दूरी तय करती है। उसी गति से यात्रा करते हुए, ट्रेन कितने सेकण्ड में 720 मी की दूरी तय करेगी?

(a) 27 (b) 32
(c) 30 (d) 24

117. $35 - [30 + \{10 + (12 - 10 - 4)\}]$ को सरल कीजिए।

(a) 3 (b) – 3
(c) 2 (d) – 2

118. A और B के अंकों का अनुपात 3 : 4 है और B और C के अंकों का अनुपात 4 : 5 है। यदि C और A के अंकों के बीच का अन्तर 30 है, तो B को कितने अंक प्राप्त हुए?

(a) 64 (b) 60
(c) 52 (d) 56

119. $22 \times 10 \div 5 \times 2 + 12$ को सरल कीजिए।

(a) 101 (b) 100
(c) 102 (d) 103

120. $9 \times 9 + 9 \div 9 - 9 \times 9 + 9 + 9 \times 9 - 9 - 9 \times 9$ का मान ज्ञात कीजिए।

(a) 81 (b) 9
(c) 0 (d) 1

121. ΔABC में, कोण $BAC = 30°$ और कोण $BCA = 60°$ है। यदि $AC = 13$ सेमी और $AB = 12$ सेमी है, तो BC निम्न में से किसके बराबर है?

(a) 4 सेमी (b) 7 सेमी
(c) 6 सेमी (d) 5 सेमी

122. $1 + \cfrac{1}{1 + \cfrac{1}{5 + \cfrac{1}{2 + \cfrac{1}{3}}}}$ का मान कितना होगा?

(a) $1\frac{13}{45}$ (b) $2\frac{11}{45}$
(c) $2\frac{17}{45}$ (d) $1\frac{38}{45}$

123. ΔXYZ और ΔLMN दो समरूप त्रिभुज हैं। यदि (ΔXYZ) का क्षेत्रफल = 16 सेमी^{2}, (ΔLMN) का क्षेत्रफल = 25 सेमी^{2} और $YZ = 2.4$ सेमी है, तो MN की माप क्या है?

(a) 4 सेमी
(b) 2 सेमी
(c) 1 सेमी
(d) 3 सेमी

124. दी गई तालिका का अध्ययन करें और नीचे दिए गए प्रश्न का उत्तर दें। तालिका शैक्षणिक वर्ष 2022-2023 के दौरान भारत के विभिन्न शहरों A, B, C, D और E में विभिन्न पाठ्यक्रमों में विद्यार्थियों की संख्या दर्शाती है।

शहर	एमबीए	विज्ञान	इंजीनियरिंग	आयुर्विज्ञान	एमसीए	कुल
A	1200	2560	4520	1100	960	10340
B	1350	2650	5100	1050	850	11000
C	1250	2640	4580	1120	750	10340
D	1960	1250	3500	1850	1600	10160
E	1200	2100	3500	1960	1540	10300
कुल	6960	11200	21200	7080	5700	

शैक्षणिक वर्ष 2022-2023 के दौरान सभी शहरों में मिलाकर विज्ञान पाठ्यक्रम में विद्यार्थियों की औसत संख्या कितनी थी?

(a) 2220 (b) 2200
(c) 2250 (d) 2240

125. किसी उत्पाद को अंकित मूल्य पर 10% की व्यापारिक छूट देकर बेचा जाता है। 10% की नकद छूट देने के बाद, उत्पाद को ₹ 7290 में बेचा गया। अंकित मूल्य (₹ में) क्या है?

(a) 8.510 (b) 900
(c) 720 (d) 9000

126. *R* घर से 30 मिनट से कार्यालय पहुँचता है और 20 मिनट से वापस आता है। घर से उसके कार्यालय की दूरी 12.5 किमी है। बताइए कि घर से कार्यालय तक जाने और फिर घर वापस आने में उसकी औसत चाल (किमी/घण्टा में) क्या है?

(a) 25 (b) 30 (c) 20 (d) 60

127. दी गई तालिका का अध्ययन करें और नीचे दिए गए प्रश्न का उत्तर दें। तालिका शैक्षणिक वर्ष 2022-2023 के दौरान भारत के विभिन्न शहरों A, B, C, D और E विभिन्न पाठ्यक्रमों में विद्यार्थियों की संख्या दर्शाती है।

शहर	एमबीए	विज्ञान	इंजीनियरिंग	आयुर्विज्ञान	एमसीए	कुल
A	1200	2560	4520	1100	960	10340
B	1350	2650	5100	1050	850	11000
C	1250	2640	4580	1120	750	10340
D	1960	1250	3500	1850	1600	10160
E	1200	2100	3500	1960	1540	10300
कुल	6960	11200	21200	7080	5700	

सभी शहरों में कुल मिलाकर विज्ञान के विद्यार्थियों और सभी शहरों में कुल मिलाकर एमबीए के विद्यार्थियों के बीच कितना अन्तर है?

(a) 4340 (b) 4540 (c) 4240 (d) 4440

128. 28 सेमी व्यास वाले एक गोले का पृष्ठीय क्षेत्रफल (सेमी^{2} में) ज्ञात कीजिए। ($\pi = \frac{22}{7}$ उपयोग करें)

(a) 2856 (b) 1724 (c) 2464 (d) 1731

129. निम्नलिखित तालिका चार कॉलेजों में शिक्षकों (पुरुष और महिला) की संख्या और उनमें प्रशिक्षित शिक्षकों का प्रतिशत दर्शाती है।

कॉलेज	पुरुष		महिला	
	शिक्षकों की संख्या	प्रशिक्षित शिक्षकों का %	शिक्षकों की संख्या	प्रशिक्षित शिक्षकों का %
A	225	44	175	40
B	250	30	128	25
C	290	55	100	45
D	350	60	150	30

कॉलेज A में गैर-प्रशिक्षित पुरुष शिक्षकों और कॉलेज B में गैर-प्रशिक्षित महिला शिक्षकों की कुल संख्या कितनी है?

(a) 224 (b) 222 (c) 228 (d) 230

130. $5 + [6 + (3 + 5) \div 2] \div 2$ का मान निम्न में से किसके बराबर होगा?

(a) 8 (b) 14 (c) 10 (d) 12

131. यदि एक गोले की त्रिज्या में 40% की वृद्धि कर दी जाती है,तो इनके पृष्ठीय क्षेत्रफल में प्रतिशत वृद्धि की गणना करें।

(a) 92% (b) 96% (c) 85% (d) 88%

132. यदि 24 व्यक्ति 25 दिनों में 90 समान दीवारें बना सकते हैं, तो ऐसी 162 दीवारों को बनाने में 27 व्यक्तियों को और कितने दिन लगेंगे?

(a) 14 (b) 13 (c) 16 (d) 15

133. यदि $\tan\theta = \frac{3}{10}$ है, तो $\frac{(1+\sin\theta)(1-\sin\theta)}{(1+\cos\theta)(1-\cos\theta)}$ का मान ज्ञात कीजिए।

(a) $\frac{100}{3}$ (b) $\frac{50}{3}$ (c) $\frac{100}{9}$ (d) $\frac{100}{7}$

134. निम्नलिखित को सरल कीजिए।

$$\frac{92736}{(274+830) \text{ का } \frac{7}{4}} + 513$$

(a) 574 (b) 546 (c) 526 (d) 561

135. एक स्टोर में, ₹ 82500 अंकित मूल्य वाली एक वस्तु बट्टाकृत मूल्य पर ₹ 79200 में उपलब्ध है। उस वस्तु पर कितने प्रतिशत की छूट की गई है?

(a) 3% (b) 4% (c) 1% (d) 2%

136. दो उम्मीदवारों के बीच एक चुनाव में 10% मतदाताओं ने वोट नहीं डाले और 75 वोट अमान्य पाए गए। विजेता को अपेक्षित कुल वोटों के 50% वोट मिले और वह 170 वोटों से जीत गया। मतदाता सूची में कितने मतदाताओं का नाम दर्ज है?

(a) 850 (b) 855 (c) 950 (d) 800

137. $(4^2)^2 + 4 \times 4 \div 4 - 4$ का मान ज्ञात कीजिए।

(a) 4^2 (b) 4^4 (c) 4^3 (d) 4^0

138. यदि $16x^4 + \frac{1}{16x^4} = 14159$ है, तो $2x + \frac{1}{2x}$ का मान कीजिए।

(a) 9 (b) 15 (c) 12 (d) 11

139. त्रिभुज DEF एक समबाहु त्रिभुज है जिसकी भुजा की लम्बाई 12 सेमी है। यदि बिन्दु G भुजा DE का मध्य बिन्दु है, तो भुजा FG की लम्बाई (सेमी में) क्या है?

(a) $6\sqrt{3}$ (b) $3\sqrt{6}$ (c) 12 (d) 6

140. दी गई तालिका का अध्ययन करें और नीचे दिए गए प्रश्न का उत्तर दें।

तालिका एक कम्पनी द्वारा वर्ष 1989 से 1994 तक पाँच प्रकार की कारों, P, Q, R, S और T के उत्पादन को दर्शाती है।

कारों के प्रकार	1989	1990	1991	1992	1993	1994	कुल
P	8	20	16	17	21	6	88
Q	16	10	14	12	12	14	78
R	21	17	16	15	13	8	90
S	4	6	10	16	20	31	87
T	25	18	19	30	14	27	133
कुल	74	71	75	90	80	86	476

किस वर्ष में P और Q प्रकार की कारों का कुल उत्पादन R और S प्रकार की कारों के कुल उत्पादन के बराबर था?

(a) 1991 (b) 1989
(c) 1993 (d) 1992

141. यदि 35 सेमी और 25 सेमी त्रिज्या वाले दो वृत्त एक-दूसरे को बाह्य रूप से स्पर्श करते हैं, तो उभयनिष्ठ स्पर्श रेखा की लम्बाई (सेमी में) क्या है? (2 दशमलव स्थानों तक पूर्णांकित)

(a) 59.16 (b) 60.00
(c) 45.29 (d) 52.25

142. निम्नलिखित बार-ग्राफ विभिन्न वर्षों में किसी विशेष विभाग के कर्मचारियों की भर्ती को दर्शाता है।

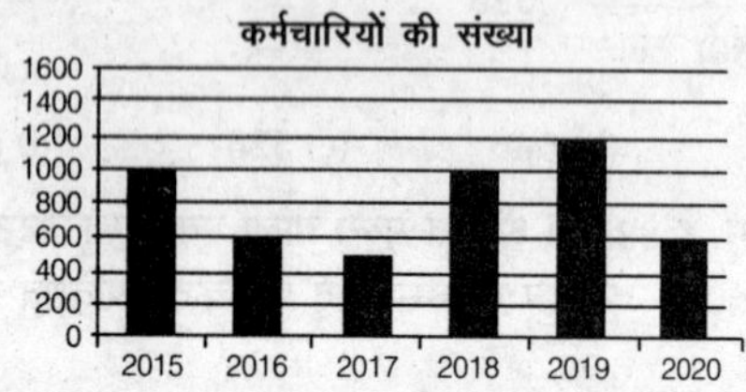

2017 से 2018 तक कर्मचारियों की भर्ती में प्रतिशत वृद्धि कितनी है?

(a) 100% (b) 150%
(c) 130% (d) 120%

143. यदि $\tan\theta = 7/24$ है, तो $(\cos^2\theta - \sin^2\theta)$ का मान ज्ञात कीजिए।

(a) $\frac{520}{625}$ (b) 1
(c) $\frac{527}{625}$ (d) $\frac{576}{550}$

144. $[\{38-(-6)\}\times\{9-(8-1)\}]\div[4\times\{6+(-4)\}]$ को सरल कीजिए।

(a) 11 (b) 14
(c) 22 (d) 18

145. $(19\sin\theta + 6\cot\theta\sin\theta)$ का अधिकतम मान ज्ञात कीजिए।

(a) $\sqrt{197}$ (b) $\sqrt{497}$ (c) $\sqrt{397}$ (d) $\sqrt{297}$

146. निम्न तालिका छह अलग-अलग वर्षों के दौरान पाँच अलग-अलग कम्पनियों में शामिल होने वाले वितरण भागीदारों (हजारों में) की संख्या दर्शाती है।

वर्ष	कम्पनियाँ				
	एमेजन	क्लिपकार्ट	द्विगी	टोमेटो	पित्रा
2016	2.4	4.5	1.2	0.9	4.2
2017	1.8	5.4	1.5	1.2	5.6
2018	3.2	7.2	2.4	2.1	6.3
2019	3.9	5.6	2.8	2.7	6.5
2020	4.2	6.4	3.2	3.3	7.0
2021	5.0	7.2	3.6	3.6	7.2

यदि एमेजन डिलीवरी भागीदारों को औसतन ₹ 21000 का वेतन देने का फैसला करता है और 2022 में उसी के लिए ₹ 13.44 करोड़ आवंटित करता है, तो 2021 से 2022 तक डिलीवरी भागीदारों की संख्या में होने वाली प्रतिशत वृद्धि ज्ञात कीजिए।

(a) 22.5% (b) 20% (c) 28% (d) 25%

147. $\frac{1}{4}+\frac{2}{5}\div\left[\left\{2\frac{1}{5}-2\right\}\times 5\right]-\frac{2}{3}$ का $\frac{3}{5}$ का मान ज्ञात कीजिए।

(a) $\frac{1}{4}$ (b) $\frac{2}{3}$ (c) $\frac{3}{5}$ (d) $\frac{5}{6}$

148. एक चुनाव में A को 27% और B को 1,25,982 वोट प्राप्त हुए। 19% ने मतदान नहीं किया। A द्वारा प्राप्त कुल वोटों की संख्या ज्ञात कीजिए।

(a) 57827 (b) 88973
(c) 62991 (d) 44327

149. एक कस्बे की जनसंख्या में प्रति वर्ष 8% की वृद्धि होती है। यदि इसकी वर्तमान जनसंख्या 142560 है, तो एक वर्ष पूर्व जनसंख्या कितनी थी?

(a) 131000 (b) 134000
(c) 133000 (d) 132000

150. एक परिवार की एक महीने में विभिन्न मदों में की गई बचत और व्यय को दिए गए पाई-चार्ट में दर्शाया गया है। यह परिवार हर महीने ₹ 8000 की बचत करता है।

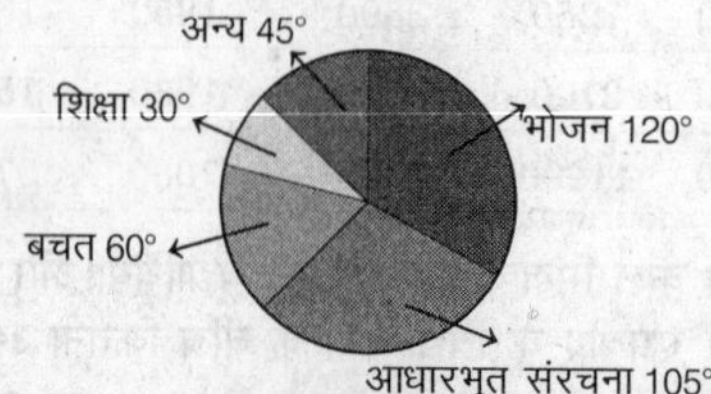

परिवार का कुल मासिक व्यय (₹ में) ज्ञात कीजिए।

(a) 35000 (b) 30000
(c) 25000 (d) 40000

भाग 4

अंग्रेजी

151. Select the most appropriate idiom for the given situation focusing on the underlined words.
I invited them to my anniversary dinner but they had other plans, so they decided to politely decline with the implication that they may come at a later date.
(a) took it with a grain of salt
(b) to take a rain check
(c) to spoil a moment
(d) call it a day

152. Select the option that can be used as a one-word substitute for the underlined words.
He was promoted to a higher position in the first year due to his careful nature and hard-working efforts.
(a) diligence
(b) business mindedness
(c) extraordinary
(d) elegance

153. Select the option that can be used as a one-word substitute for the given group of words.
A lively, cheerful outgoing person
(a) Ambivert (b) Introvert
(c) Orator (d) Extrovert

154. Select the option that can be used as a one-word substitute for the given group of words.
Weak and cowardly
(a) Meek
(b) Pusillanimous
(c) Anxious
(d) Timid

155. Select the most appropriate idiom that can substitute the underlined segment in the given sentence.
The players like the coach because he is honest, realistic and practical in dealing with them.
(a) by and large
(b) sick and tired
(c) far and wide
(d) down to earth

156. Select the most appropriate idiom that can substitute the underlined segment in the given sentence and complete the sentence correctly.
It is important to take this opportunity to make a name for yourself- beat around the bush.
(a) bare the foot
(b) strike while the iron is hot
(c) pass with flying colours
(d) fight tooth and claw

157. The following sentence has been divided into parts. One of them contains an error. Select the part that contains the error from the given options.
Mr. Vinu / has never / slept in / a Igloo.
(a) a Igloo (b) slept in
(c) has never (d) Mr. Vinu

158. Select the most appropriate option that can substitute the underlined segment in the given sentence.
No sooner had she finished her breakfast that she had received a phone call from her boss, informing her that she needed to come to work immediately.
(a) than she received
(b) that she receives
(c) that she received
(d) than she receives

159. Select the word from the sentence below, which is an antonym for the word 'advance'.
Clive is a travel blogger who believes that with even an elementary or intermediate knowledge of the local language, you can enjoy your travel more.
(a) Destination (b) knowledge
(c) Believes (d) Elementary

160. Select the most appropriate idiom that can substitute the underlined segment in the given sentence.
Popular cosmetics brands in India are very expensive
(a) take it with a pinch of salt
(b) up in arms
(c) cost an arm and a leg
(d) flog a dead horse

161. Underlined word in the sentence is not spelt correctly. Identify the correct spelling from the options given below.
Raman had been living a reklusive life since he had lost his job.
(a) Reslusive (b) Reclusive
(c) Recslusive (d) Reclucive

162. Select the most appropriate option that can substitute the underlined words in the given sentence.
Though very informative, Shweta's article was mercilessly rejected of the editor.
(a) was mercilessly rejected of
(b) was mercilessly rejected by
(c) was mercilessly rejected each
(d) was mercilessly rejected on

163. What is the most appropriate Antonym of the word 'fluctuate'?
(a) Deflect (b) Stabilise
(c) Vacillate (d) Fickle

164. Select the most appropriate option that can substitute the underlined segment in the given sentence.
Last night, I failed to sleep because of some familiar issues that couldn't be avoided.
(a) incapable (b) unthinkable
(c) unsolvable (d) unavoidable

165. Identify the most appropriate antonym of the given word.
Rapid
(a) Smart (b) Active
(c) Slow (d) Lately

166. Select the most appropriate idiom to fill in the blank.
When I went to Egypt and lost my wallet and passport, I was ......
(a) putting my nose to the grindstone
(b) working my fingers to the bone
(c) up in a creek without a paddle
(d) rolling up my sleeves

167. Select the incorrectly spelt word.
(a) Mystery (b) Bycycle
(c) Justice (d) Academy

168. Select the most appropriate meaning of the given idiom.
Gift of the Gab
(a) A talent for speaking
(b) A gift for a person named Gab
(c) A talent for singing
(d) A talent for lying

169. Select the option that can be used as a one-word substitute for the given group of words.
A lover of mankind
(a) Recluse
(b) Philanthropist
(c) Cynic
(d) Psychiatrist

170. Parts of the following sentence have been given as options. Select the option that contains an error.
My neighbours were serious injured in the car accident.
(a) serious injured
(b) the car accident
(c) in
(d) My neighbours were

171. Parts of the given sentence have been underlined. One of them contains an error.Select the option that has the segment with a grammatical error.
The art historian argued that the painting's value has been greatly underestimated, and that its unique style and technique deserved recognition from the Art community and the public alike
(a) has been greatly underestimated
(b) and the public alike
(c) recognition from the art community
(d) its unique style and technique

172. Select the most appropriate antonym of the given word.
Confound
(a) Discern (b) Suppress
(c) Assure (d) Expire

173. Select the most appropriate option that can substitute the underlined segment in the given sentence. If there is no need to substitute it, select 'No substitution'.
If I was very rich, I would spend all my time and money for the poor.
(a) If I were very rich
(b) No substitution
(c) If I have much riches
(d) If I am very rich

174. Select the incorrectly spelt word.
(a) Perseverance
(b) Hierarchy
(c) Knowledgeable
(d) Neccessity

175. Select the most appropriate segment to substitute the underlined words in the given sentence.
After he leave, we discussed his suggestion.
(a) he had left
(b) he will be leaving
(c) he was leaving
(d) he has left

176. Select the option that can be used as a one-word substitute for the given group of words.
An area/place in which dead bodies are buried
(a) Clementi (b) Cemetery
(c) Mansion (d) Demise

177. The following sentence has been split into four segments. Identify the segment that contains a spelling error.
The dried raisons / have an intoxicating /effect on humans as / well as flora and fauna.
(a) The dried raisons
(b) well as flora and fauna.
(c) have an intoxicating
(d) effect on humans as

178. Select the most appropriate synonym of the given word.
Mourn
(a) Dread (b) Amuse
(c) Grieve (d) Approve

179. Select the most appropriate meaning of the given idiom.
To leave no stone unturned
(a) To treat someone/something as if of no importance
(b) To do everything possible to achieve something
(c) To control a person completely
(d) To win everything that is available

180. Select the incorrectly spelt word in the given sentence.
Every season the river overflows its banks and when it goes down it leaves silt for crops to be gruwn.
(a) Silt
(b) Gruwn
(c) Season
(d) Overflows

181. Select the most appropriate antonym of the given word.
Oral
(a) Dejected (b) Verbal
(c) Obligatory (d) Inscribed

182. Select the option that rectifies the spelling error in the given sentence.
The phone rang, but nobody awnsered.
(a) answorod
(b) awmsered
(c) answered
(d) ansvered

183. Select the most appropriate antonym of the given word.
Convalesce
(a) Corrupt (b) Collapse
(c) Confront (d) Conceal

184. The following sentence has been divided into four segments. Identify the segment that has a grammatical error.
I am working with him since 2002, / but even today / I am unable / to understand his motives.
(a) but even today
(b) I am working with him since 2002
(c) I am unable
(d) to understand his motives.

185. Select the word from the sentence below, which is an antonym for the word 'resolve'.
My cousin Nisha's curiosity about life will never be satisfied because no one knows all the answers to all her questions.
(a) Satisfied
(b) About
(c) Questions
(d) Knows

186. Select the most appropriate idiomatic expression that can substitute the underlined segment in the given sentence.
He is very strict with his students but good-natured.
(a) his eyes are bigger than his stomach
(b) his heart misses a beat
(c) he has a big mouth
(d) his heart is in the right place

187. Select the most appropriate idiom to fill in the blank.
John was always ...... about becoming a millionaire without doing any hard work.
(a) a storm in a tea cup
(b) building castles in the air
(c) eating like a horse
(d) having an ace up his sleeve

188. Select the option that will improve the underlined part of the given sentence.
My friend vanished when the goons came to fight with me.
(a) attacked when the thugs arrived
(b) mobilised when the thugs arrived
(c) disappeared when the thugs arrived
(d) condemned when the thugs arrived

189. Select the most appropriate synonym of the underlined word in the given sentence.
The environmental organisation issued a statement to condemn the deforestation happening in the protected area.
(a) Persuade
(b) Compel
(c) Foster
(d) Censure

190. Parts of the following sentences have been given as options. Select the option that contains a grammatical error.
Ms. Malathi is living lonely in an apartment.
(a) Ms. Malathi (b) an apartment
(c) is living (d) lonely in

Directions (Q. Nos. 191-195) *In the following passage, some words have been deleted. Read the passage carefully and select the most appropriate option to fill in each blank.*

Why do people yawn? No one seems to know the exact ...(1).... Some people believe that we yawn ...(2)... we do not have enough oxygen in our bodies. In ...(3)... words, we yawn to breathe in ...(4)... oxygen. People also believe that yawning is associated ...(5)... boredom.

191. Select the correct option to fill the blank no. 1.
(a) reality (b) explanation
(c) reason (d) basis

192. Select the correct option to fill blank no. 2.
(a) when (b) why
(c) while (d) as

193. Select the correct option to fill blank no. 3.
(a) some (b) other
(c) rather (d) new

194. Select the correct option to fill blank no. 4.
(a) much (b) less
(c) more (d) little

195. Select the correct option to fill blank no. 5.
(a) in (b) with
(c) on (d) by

Directions (Q. Nos. 196-200) *Read the given passage and answer the questions that follow.*

Ahoy there, matey! Today, we're going to talk about something near and dear to my heart:pirates. You know, those swashbuckling scallywags who pillage and plunder on the high seas.

Now, when you think of pirates, you might picture them as these tough, intimidating figures.But let me tell you, there's a lot more to these buccaneers than meets the eye. For one thing,have you ever noticed that pirates seem to have an unusual fondness for parrots? I mean,come on. They're birds. What use could a pirate possibly have for a bird?

And then there's the whole eyepatch thing. Yes, pirates are known for wearing eye patches,but did you ever stop to wonder why? Some people think it's because they lost an eye in battle, but the real reason is much simpler: it's so they can switch the patch from eye to eye and maintain night vision in both eyes. Genius, right ?

But my favourite pirate quirk has got to be their love of treasure. I mean, who doesn't love a good treasure hunt? But the way pirates go about it is just hilarious. They'll spend months,even years, searching for that one elusive chest of gold, only to bury it on some deserted island and forget where they put it. It's like they're playing an eternal game of hide and seek with themselves.

And let's not forget about their vocabulary. Pirates have a whole language all their own, full of terms like 'shiver me timbers', 'avast', and 'yo-ho-ho'. I mean, what does any of that even mean? It's like they're speaking a different language entirely.

So, there you have it, folks. Pirates might be fierce, but they're also pretty darn funny. Who knows? Maybe we could all learn a thing or two from these salty dogs.

196. Which of the following would be the most appropriate title for this passage ?
(a) The Humorous Quirks of Pirates
(b) The Mysterious Language of Pirates
(c) The Fierce and Intimidating Pirate Culture
(d) The Serious World of Pirates

197. Which of the following options best describes the tone of the passage?
(a) Angry (b) Serious
(c) Sarcastic (d) Humorous

198. Why do pirates wear eyepatches?
(a) Because they lost an eye in battle
(b) To intimidate their enemies
(c) To cover up an embarrassing birthmark
(d) To maintain night vision in both eyes

199. What is a common phrase used in pirate language?
(a) Shiver me timbers
(b) Howdy, partner!
(c) Yo, dude!
(d) Greetings, friend!

200. What is one of the pirate quirks mentioned in the passage?
(a) Their fondness for cats
(b) Their love of gardening
(c) Their love for basketball
(d) Their tendency to forget where they buried their treasure.

जानें सही उत्तर

1 (c)	2 (a)	3 (c)	4 (b)	5 (b)	6 (b)	7 (b)	8 (c)	9 (d)	10 (c)
11 (b)	12 (d)	13 (d)	14 (d)	15 (c)	16 (c)	17 (b)	18 (b)	19 (a)	20 (d)
21 (b)	22 (d)	23 (c)	24 (d)	25 (a)	26 (d)	27 (b)	28 (c)	29 (d)	30 (d)
31 (a)	32 (a)	33 (d)	34 (d)	35 (b)	36 (c)	37 (c)	38 (d)	39 (d)	40 (c)
41 (c)	42 (c)	43 (a)	44 (d)	45 (b)	46 (d)	47 (c)	48 (c)	49 (c)	50 (d)
51 (c)	52 (a)	53 (a)	54 (b)	55 (d)	56 (b)	57 (a)	58 (a)	59 (c)	60 (c)
61 (a)	62 (c)	63 (b)	64 (b)	65 (b)	66 (c)	67 (c)	68 (d)	69 (d)	70 (c)
71 (a)	72 (a)	73 (c)	74 (d)	75 (c)	76 (a)	77 (c)	78 (a)	79 (c)	80 (b)
81 (a)	82 (a)	83 (c)	84 (c)	85 (b)	86 (c)	87 (a)	88 (d)	89 (b)	90 (c)
91 (b)	92 (c)	93 (b)	94 (a)	95 (b)	96 (c)	97 (c)	98 (a)	99 (a)	100 (a)
101 (b)	102 (c)	103 (a)	104 (c)	105 (b)	106 (c)	107 (a)	108 (b)	109 (c)	110 (b)
111 (d)	112 (d)	113 (d)	114 (d)	115 (b)	116 (a)	117 (b)	118 (b)	119 (b)	120 (d)
121 (d)	122 (d)	123 (d)	124 (d)	125 (d)	126 (b)	127 (c)	128 (c)	129 (b)	130 (c)
131 (b)	132 (d)	133 (c)	134 (d)	135 (b)	136 (c)	137 (b)	138 (d)	139 (a)	140 (c)
141 (a)	142 (a)	143 (c)	144 (a)	145 (c)	146 (c)	147 (a)	148 (c)	149 (d)	150 (d)
151 (b)	152 (a)	153 (d)	154 (b)	155 (d)	156 (b)	157 (a)	158 (a)	159 (d)	160 (c)
161 (b)	162 (b)	163 (b)	164 (d)	165 (c)	166 (c)	167 (b)	168 (a)	169 (b)	170 (a)
171 (b)	172 (c)	173 (a)	174 (d)	175 (a)	176 (b)	177 (a)	178 (c)	179 (b)	180 (b)
181 (d)	182 (c)	183 (b)	184 (b)	185 (c)	186 (d)	187 (b)	188 (c)	189 (d)	190 (d)
191 (c)	192 (a)	193 (b)	194 (c)	195 (b)	196 (a)	197 (d)	198 (d)	199 (a)	200 (d)

प्रश्नों के सही हल

1. (c) जिस प्रकार,

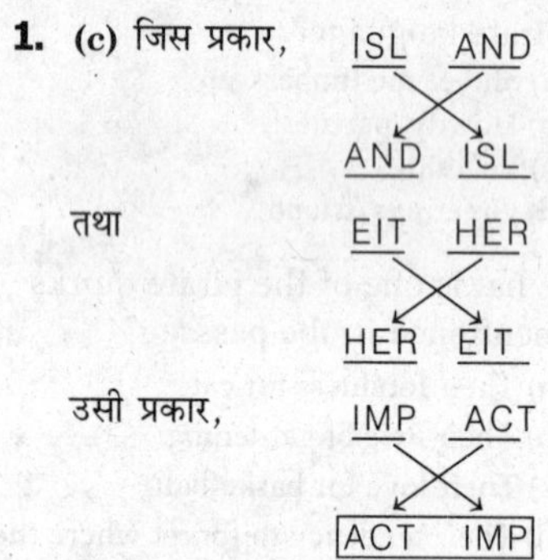

2. (a) दिया है,

[(18 S5) Q4] P 2R 22Q3S24R9

अक्षरों के स्थान पर चिह्न रखने पर,

$P \Rightarrow \div,\ Q \Rightarrow \times,\ R \Rightarrow +$ तथा $S \Rightarrow -$

$= [(18-5)\times 4] \div 2 + 22 \times 3 - 24 + 9$

$= 52 \div 2 + 66 - 24 + 9$

$= 26 + 66 - 24 + 9$

$= 26 + 66 + 9 - 24$

$= 101 - 24 = 77$

3. (c) दिया है,

$154 \times 11 - 24 \div 3 + 19$

परस्पर चिह्न बदलने पर नया व्यंजक,

$+ \Leftrightarrow -$ तथा $\times \Leftrightarrow \div$

$= 154 \div 11 + 24 \times 3 - 19$

$= 14 + 24 \times 3 - 19$

$= 14 + 72 - 19$

$= 86 - 19 = 67$

4. (b) जिस प्रकार,

$14 \times 2 = 28$ तथा $28 \times 3 = 84$

तथा $17 \times 2 = 34$ तथा $34 \times 3 = 102$

उसी प्रकार, विकल्प (b) से,

$21 \times 2 = 42$ तथा $42 \times 3 = 126$

अभीष्ट समुच्चय = (21, 42, 126)

5. (b) जिस प्रकार,

$(45 \times 2) - 2 = 90 - 2 = 88$

तथा $(26 \times 2) - 2 = 52 - 2 = 50$

उसी प्रकार, विकल्प (b) से,

$(22 \times 2) - 2 = 44 - 2 = 42$

अभीष्ट संख्या युग्म = (22, 42)

6. (b) प्रश्नानुसार,

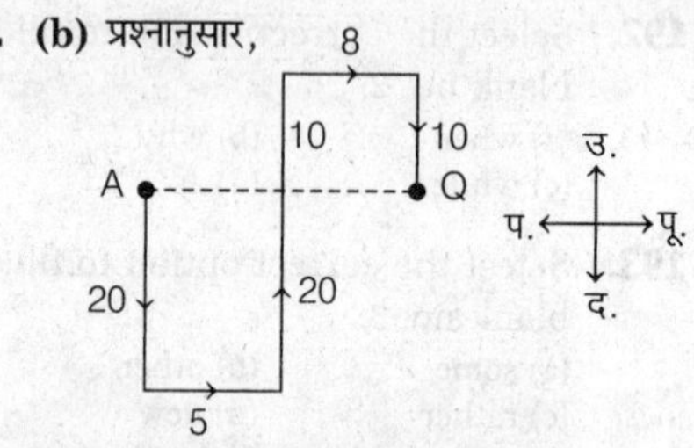

AQ = 5 + 8 = 13 किमी

अत: Q से A तक जाने में अजय को 13 किमी पश्चिम की ओर गाड़ी चलानी चाहिए।

7. (b) दिया गया व्यंजक $= 8 - 6 + 10$

चिह्न और संख्या परस्पर बदलने पर,

$+ \Leftrightarrow -$ तथा $8 \Leftrightarrow 6$

नया व्यंजक $= 6 + 8 - 10 = 14 - 10 = 4$

8. **(c)** दी गई संख्या शृंखला का क्रम निम्नवत् है,

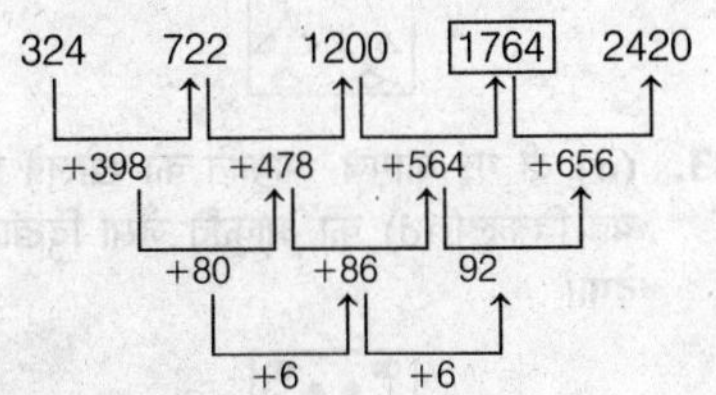

अत: अभीष्ट संख्या = 1764 .

9. **(d)** प्रश्नानुसार,

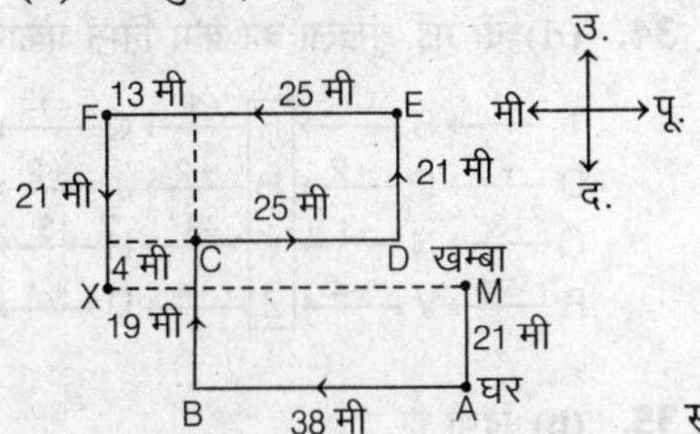

पष्टत: XM = 13 + 25 + (38 − 25)

= 13 + 25 + 13 = 51

अत: अभीष्ट दूरी = 51 मी

10. **(c)** जिस प्रकार,

R O A D → (−1, −4, −1, −4) → Q K Z Z

तथा B A N D → (−1, −4, −1, −4) → A W M Z

उसी प्रकार,

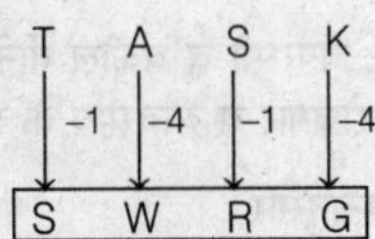

11. **(b)** जिस प्रकार,

24 × 6 = 144 तथा 144 × 2 = 288

तथा 36 × 6 = 216 तथा 216 × 2 = 432

उसी प्रकार,

विकल्प (b) से,

42 × 6 = 252 तथा 252 × 2 = 504

अभीष्ट समुच्चय = (504, 252, 42)

12. **(d)** जिस प्रकार,

D —+3→ G —+2→ I

तथा O —+3→ R —+2→ T

तथा F —+3→ I —+2→ K

लेकिन J —+3→ M —+3→ P

अत: JMP अन्य विकल्पों के अक्षर-समूह से भिन्न है।

13. **(d)** जिस प्रकार,

J O C K → (−3, −3, −3, −3) → G L Z H

तथा

H U R T → (−3, −3, −3, −3) → E R O Q

उसी प्रकार,

S P I N → (−3, −3, −3, −3) → P M F K

14. **(d)** जिस प्रकार,

16 15 5 20
P O E T → (−2, −2, −2, −2) → 14 13 3 18

तथा

19 15 15 4
S O O N → (−2, −2, −2, −2) → 17 13 13 12

उसी प्रकार,

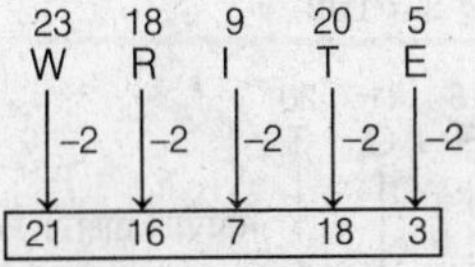

15. **(c)** मूल व्यंजक

= (121S46) R 19Q5R126P6S38

चिह्न प्रतिस्थापित करने पर,

P ⇒ ÷, Q ⇒ ×, R ⇒ + तथा S ⇒ −

= (121 − 46) + 19 × 5 + 126 ÷ 6 − 38

= 75 + 19 × 5 + 126 ÷ 6 − 38

= 75 + 95 + 21 − 38

= 191 − 38 = 153

16. **(c)** प्रश्नानुसार,

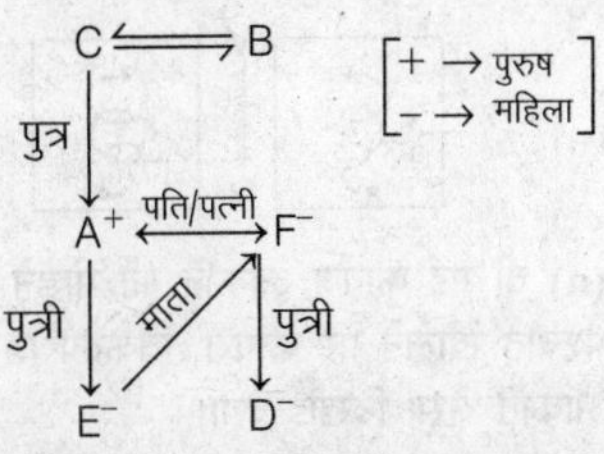

स्पष्टत: D, E अभीष्ट युग्म है।

17. **(b)** प्रश्नानुसार,

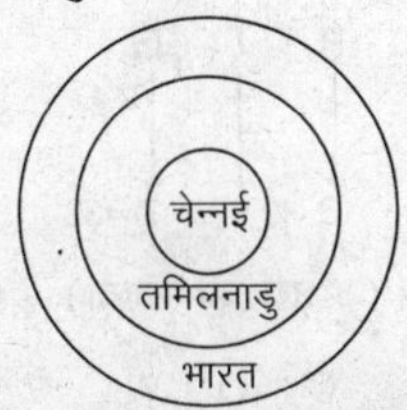

चेन्नई, तमिलनाडु राज्य में स्थित हैं तथा तमिलनाडु भारत के अन्तर्गत आने वाला एक राज्य है।

18. **(b)** दी गई आकृति का सही दर्पण-प्रतिबिम्ब विकल्प (b) की आकृति है।

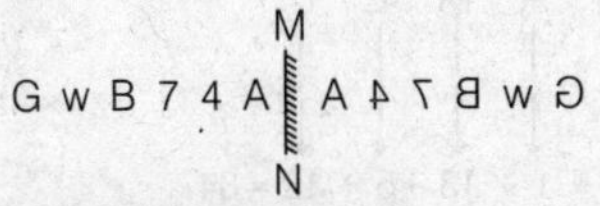

M
G w B 7 4 A | A 7 4 B w G
N

19. **(a)** दिया है,

905 B 2C47D 903A3

अक्षरों को चिह्नों में बदलने पर,

A ⇒ ÷, B ⇒ ×, C ⇒ + तथा D ⇒ −

नया व्यंजक = 905 × 2 + 47 − 903 ÷ 3

= 905 × 2 + 47 − 301

= 1810 + 47 − 301

= 1857 − 301 = 1556

20. **(d)** जिस प्रकार,

16 ÷ 4 = 4 तथा 4 × 5 = 20

तथा 28 ÷ 4 = 7 तथा 7 × 5 = 35

उसी प्रकार, विकल्प (d) से,

52 ÷ 4 = 13 तथा 13 × 5 = 65

अभीष्ट समुच्चय = (52, 13, 65)

21. **(b)** दिया है,

व्यंजक = 45R(26Q2)P4R19S32

अक्षरों को चिह्नों में बदलने पर,

P ⇒ ÷, Q ⇒ ×, R ⇒ + तथा S ⇒ −

नया व्यंजक

= 45 + (26 × 2) ÷ 4 + 19 − 32

= 45 + 52 ÷ 4 + 19 − 32

= 45 + 13 + 19 − 32

= 77 − 32 = 45

22. **(d)** जिस प्रकार,

BASIC के अक्षरों के विपरीत अक्षरों के स्थानों के क्रमांक का योग

= 25 + 26 + 8 + 18 + 24 = 101

तथा MAGIC के अक्षरों के विपरीत अक्षरों के स्थानों के क्रमांक का योग

= 14 + 26 + 20 + 18 + 24 = 102

उसी प्रकार, LIGHT

= 15 + 18 + 20 + 19 + 7 = 79

अत: LIGHT का कोड = 79

23. **(c)** जिस प्रकार,

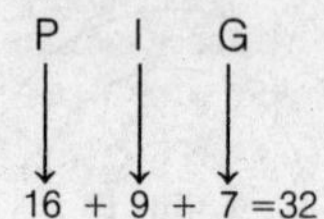

32 – 3 (अक्षरों की संख्या) = 29

तथा

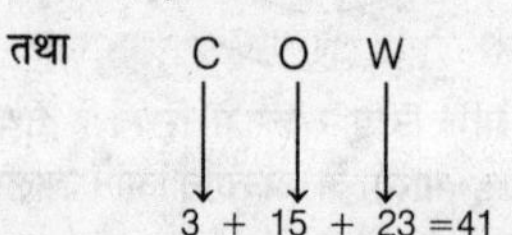

41 – 3 (अक्षरों की संख्या) = 38

उसी प्रकार,

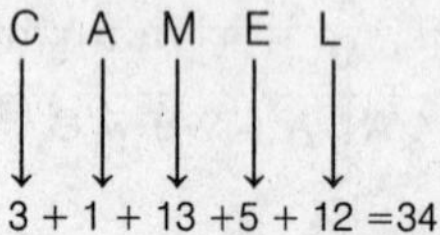

तथा 34 – 5 (अक्षरों की संख्या) = 29

24. **(d)** दी गई आकृति शृंखला में निम्न दो एकान्तर क्रमों का अनुसरण हो रहा है।

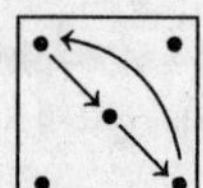

आकृति (i) से आकृति (ii) और आकृति (iii) से आकृति (iv)

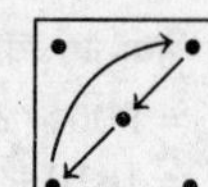

आकृति (ii) से आकृति (iii) तथा आकृति (vi) से आकृति (v)

इसी क्रम का अनुसरण करते हुए विकल्प (d) शृंखला को पूरा करेगी।

25. **(a)** दी गई अक्षर शृंखला निम्न प्रकार है,

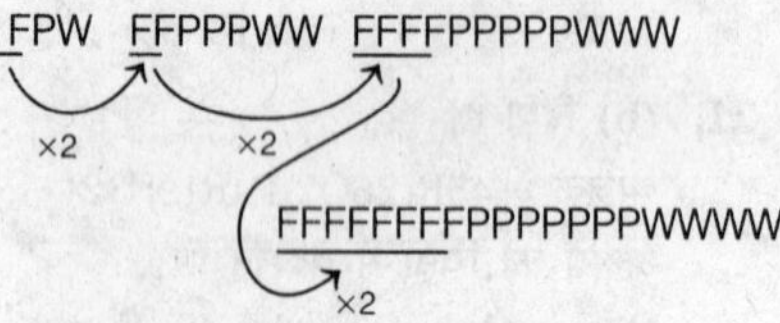

यहाँ F की संख्या दुगुनी हो रही है।

P की संख्या में क्रमशः दो की वृद्धि हो रही है। तथा W की संख्या में क्रमशः एक की वृद्धि हो रही है।

अतः अभीष्ट अक्षर-समूह विकल्प (a) का समूह है।

26. **(d)** अंग्रेजी शब्दकोश के अनुसार शब्दों का क्रम है,

Derailed → Deregulation → Derivative
(4) (6) (3)
→ Dermatology → Dermestid → Derogation
(1) (5) (2)

अभीष्ट क्रम 4, 6, 3, 1, 5, 2

27. **(b)** दी गई संख्या-शृंखला का क्रम निम्न है,

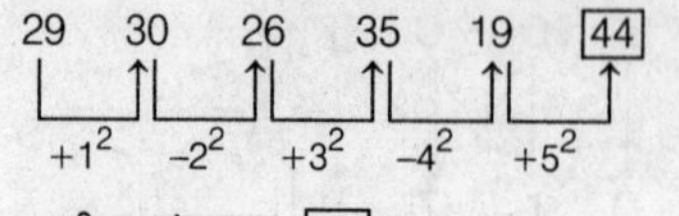

अभीष्ट संख्या = 44

28. **(c)** दी गई शृंखला का क्रम निम्न प्रकार है,

C —+1→ D —+1→ E —+1→ F
J —+1→ K —+1→ L —+1→ M
S —+1→ T —+1→ U —+1→ V

29. **(d)** आकृति शृंखला में दो संकेतों का परस्पर स्थान परिवर्तन वामावर्त दिशा में निम्न प्रकार हो रहा है।

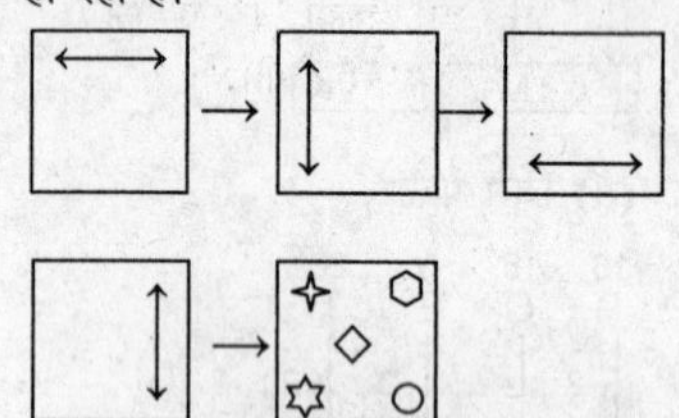

अतः शृंखला की अगली आकृति विकल्प (d) की आकृति होगी।

30. **(d)** जिस प्रकार,

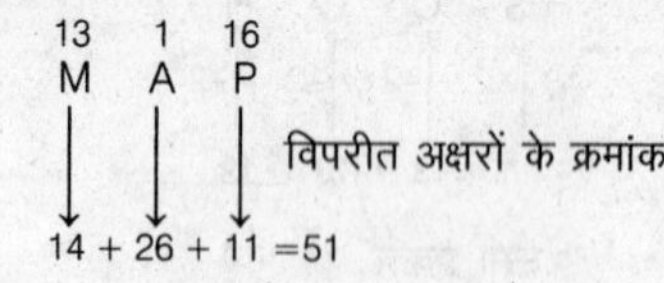

⇒ 51 × 2 = 102

तथा

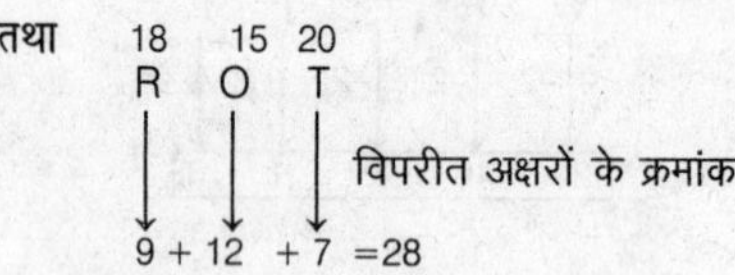

⇒ 28 × 2 = 56

उसी प्रकार,

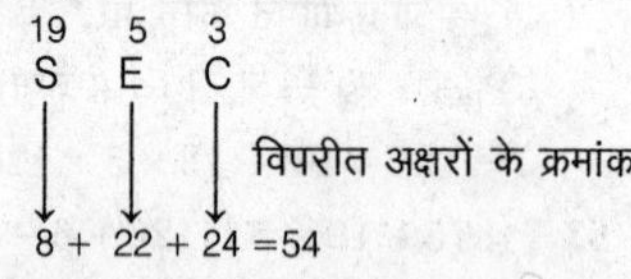

⇒ 54 × 2 = 108

31. **(a)** दी गई आकृति का सही दर्पण प्रतिबिम्ब विकल्प (a) की आकृति है।

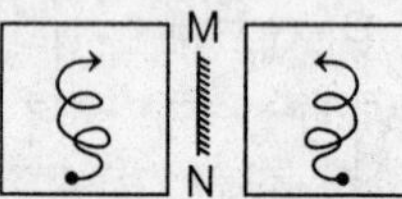

32. **(a)** दी गई कागज आकृति को मोड़ने के पश्चात् खोलने पर कागज, विकल्प (a) की आकृति जैसा दिखाई देगा।

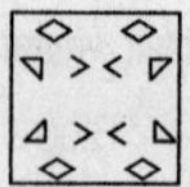

33. **(d)** दी गई कागज-आकृति को खोलने पर यह विकल्प (d) की आकृति जैसा दिखाई देगा।

34. **(d)** दी गई शृंखला का क्रम निम्न प्रकार है,

T —–1→ S —–1→ R —–1→ Q —–1→ P
D —+2→ F —+2→ H —+2→ J —+2→ L
Q —–3→ N —–3→ K —–3→ H —–3→ E
R —+4→ V —+4→ Z —+4→ D —+4→ H

35. **(b)** दिया है,

$56 \div 8 - 14 \times 2 + 12 = 23$

समीकरण में '+' तथा '–' के चिह्नों को परस्पर बदलने पर,

$$\begin{aligned} \text{LHS} &= 56 \div 8 + 14 \times 2 - 12 \\ &= 7 + 14 \times 2 - 12 \\ &= 7 + 28 - 12 \\ &= 35 - 12 \\ &= 23 = \text{R.H.S.} \end{aligned}$$

36. **(c)** प्रश्नानुसार,

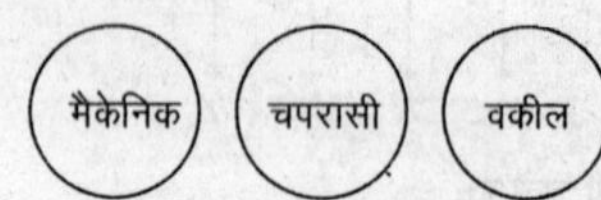

मैकेनिक, चपरासी व वकील तीनों अलग-अलग तरह के रोजगार व व्यवसाय के प्रकार हैं।

37. **(c)** कथनानुसार,

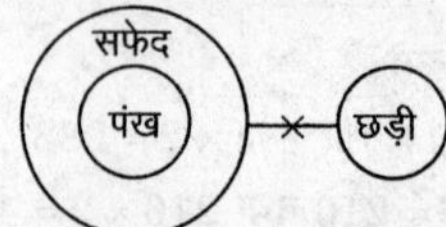

I. (✗) II. (✓)

अतः केवल निष्कर्ष II अनुसरण करता है।

38. **(d)** प्रश्नानुसार,

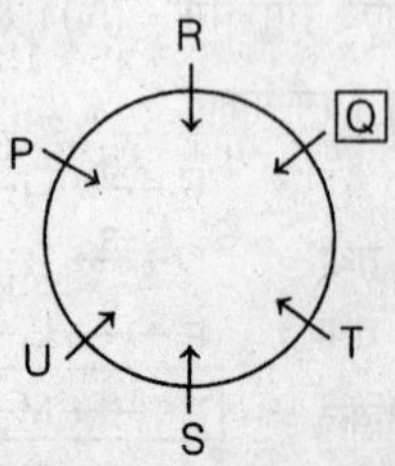

स्पष्टतः P के बाएँ दूसरे स्थान पर Q बैठा है।

39. **(d)** जिस प्रकार, FOX = 14

$(3)^2 + 5 = 9 + 5 = 14$

↓

दिए गए शब्द में अक्षरों की संख्या

तथा GOAT = 21

$(4)^2 + 5 = 16 + 5 = 21$

↓

अक्षरों की संख्या

उसी प्रकार, TOMMY

$(5)^2 + 5 = 25 + 5 = 30$

40. **(c)** दी गई आकृति (X) विकल्प आकृति (c) में सन्निहित है।

41. **(c)** दी गई आकृति शृंखला में निम्नांकित पैटर्न का अनुसरण हो रहा है, इस प्रकार प्राप्त शृंखला की अगली आकृति विकल्प **(c)** की आकृति होगी।

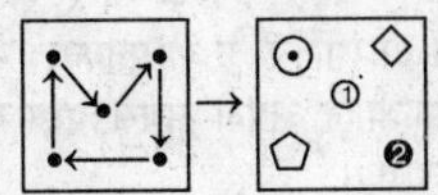

42. **(c)** पासे की पहली तथा दूसरी स्थिति में स्पष्टत: फलक 1 तथा 3 उभयनिष्ठ फलक हैं। अत: शेष बचे हुए फलक एक-दूसरे के विपरीत फलक पर होंगे।

स्पष्टत: फलक '2', फलक '4' के विपरीत फलक पर है।

43. **(a)** दी गई प्रश्न आकृति, विकल्प आकृति (a) में अन्तर्निहित है।

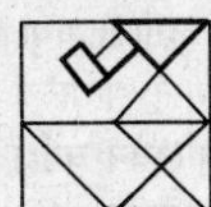

44. **(d)** जिस प्रकार,

$3 \times 7 = 21$ तथा $3 \times 5 = 15$

तथा $7 \times 7 = 49$ तथा $7 \times 5 = 35$

उसी प्रकार, विकल्प (d) से,

$12 \times 7 = 84$ तथा $12 \times 5 = 60$

अभीष्ट समुच्चय = (84, 12, 60)

45. **(b)** अंग्रेजी शब्दकोष के अनुसार शब्दों के क्रम इस प्रकार है,

Temperament → Temperature →
(1) (6)

Temptation → Tenant →
(5) (3)

Tender → Tenure
(4) (2)

शब्दों का सही क्रम 1, 6, 5, 3, 4, 2 है।

46. **(d)** दी गई संख्या शृंखला का क्रम निम्न है,

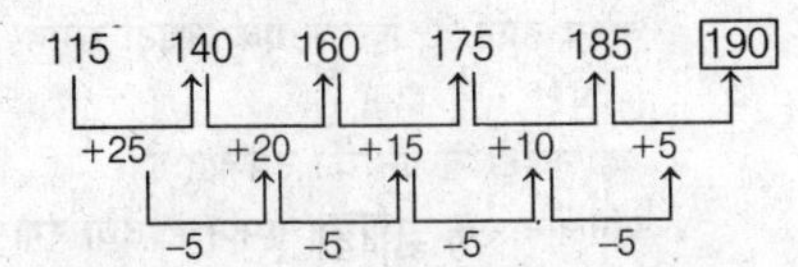

47. **(c)** दी गई संख्या शृंखला का क्रम निम्न है,

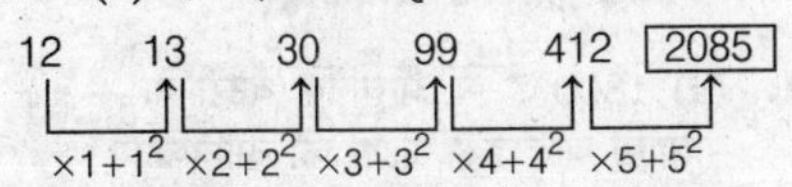

48. **(c)** पासे की दोनों स्थितियों से स्पष्ट है कि फलक '2' के आसन्न फलक पर संख्या 6, 8, 10 तथा 12 है।

अत: बची हुई संख्या '4', फलक '2' के विपरीत फलक पर होगी।

49. **(c)** प्रश्नानुसार,

D ÷ E – C + A × B
पिता पति माता बहन

सम्बन्ध आरेख बनाने पर

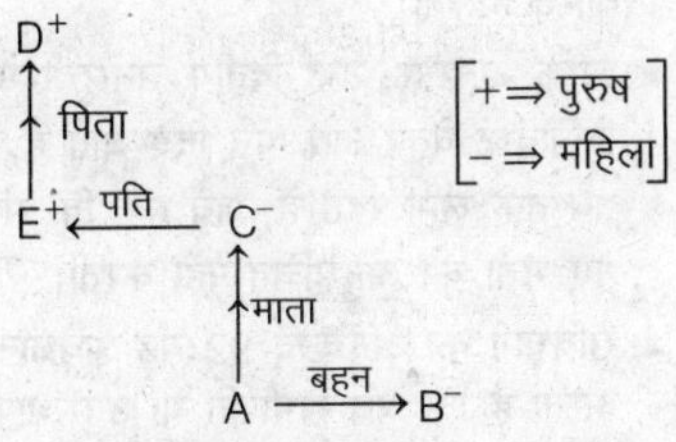

अत: B, E की पुत्री है।

50. **(d)** प्रश्नानुसार,

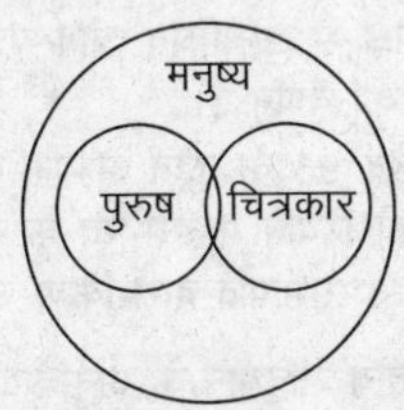

सारे पुरुष, मनुष्य होते हैं तथा कुछ पुरुष, चित्रकार हो सकते हैं।

51. **(c)** प्लास्टिड पादप कोशिका में उपस्थित एक महत्त्वपूर्ण कोशिकांग है, जो जन्तु कोशिका में नहीं पाया जाता है।

- प्लास्टिड विभिन्न प्रकार के होते हैं, जिनमें से सबसे महत्त्वपूर्ण क्लोरोप्लास्ट होता है।
- क्लोरोप्लास्ट हरे रंग के होते हैं और इनमें क्लोरोफिल नामक वर्णक होता है, जो प्रकाश संश्लेषण की प्रक्रिया में महत्त्वपूर्ण भूमिका निभाता है।
- प्रकाश संश्लेषण के दौरान क्लोरोप्लास्ट सूर्य के प्रकाश का उपयोग कार्बन डाइऑक्साइड और पानी को ग्लूकोज (शर्करा) में परिवर्तित करने के लिए करते हैं, जो पौधों के लिए भोजन के रूप में कार्य करता है।

52. **(a)** मार्ले-मिण्टो अधिनियम, 1909 (Morley-Minto Reforms Act, 1909) में कलकत्ता के स्थान पर दिल्ली को ब्रिटिश भारत की राजधानी घोषित किया गया था।

- मार्ले-मिण्टो अधिनियम, 1909 भारत में प्रशासनिक सुधार लाने के लिए ब्रिटिश सरकार द्वारा पारित किया गया एक महत्त्वपूर्ण कानून था।
- इस अधिनियम ने भारतीयों को प्रान्तीय विधान परिषदों में अधिक प्रतिनिधित्व प्रदान किया, लेकिन वास्तविक शक्ति अभी भी ब्रिटिश हाथों में ही रही।
- मिण्टो अधिनियम के माध्यम से मुस्लिमों के लिए पृथक निर्वाचक मण्डल का प्रावधान किया गया।

53. **(a)** कथन 1 और 3 सही हैं। प्रकाश वर्ष, यह दूरी की एक इकाई है, जिसका उपयोग ब्रह्माण्डीय पैमाने पर दूरी को मापने के लिए किया जाता है। यह निर्वात में प्रकाश द्वारा एक वर्ष में तय की गई दूरी के बराबर होती है।

- प्रकाश वर्ष समय की इकाई नहीं है। यह दूरी को तय करने के लिए प्रयुक्त गति की मात्रा को दर्शाता है।
- एक प्रकाश वर्ष लगभग 9.46 ट्रिलियन किलोमीटर (5.88 ट्रिलियन मील) के बराबर होता है।
- प्रकाश वर्ष प्रकाश की तीव्रता का माप नहीं है। प्रकाश की तीव्रता को लुमेन या कैण्डेला जैसी इकाइयों में मापा जाता है।

54. **(b)** भारत सरकार के कृषि सांख्यिकी और सूचना विभाग (DESI) द्वारा वर्ष 2022 के लिए जारी गन्ने के उत्पादन के आँकड़ों के अनुसार, उत्तर प्रदेश भारत में सबसे अधिक गन्ना उत्पादन करने वाला राज्य था।

- कृषि सांख्यिकी एक झलक, 2023 के अनुसार वर्ष 2022-23 में उत्तर प्रदेश ने 224.25 मिलियन टन गन्ने का उत्पादन किया, जो देश के कुल उत्पादन का 45.71% है।
- दूसरे स्थान पर महाराष्ट्र (123.97 मिलियन टन) और तीसरे स्थान पर कर्नाटक (59.35 मिलियन टन) रहा।

55. **(d)** दिए गए प्रश्न के अनुसार, यमुना नदी के दक्षिण से चम्बल नदी मिलती है।

- चम्बल नदी मध्य प्रदेश में इन्दौर जिले के **जानापाव** (महु) (विंध्यन क्षेत्र) नामक स्थान से निकलती है।
- यह उत्तर दिशा की ओर बहती है। मध्य प्रदेश से बहते हुए राजस्थान में दक्षिण से पूर्वी दिशा में उत्तर प्रदेश में प्रवेश करती है, जो बाद में यमुना नदी में मिल जाती है।
- चम्बल नदी की प्रमुख सहायक नदी शिप्रा, कालीसिंध, बनास, पार्वती आदि।

56. (b) भारतीय विमानपत्तन प्राधिकरण के अनुसार, 2022 तक की स्थिति के अनुसार भारत में अन्तर्राष्ट्रीय हवाई अड्डों की कुल संख्या 17 है।
- इन्दिरा गाँधी अन्तर्राष्ट्रीय हवाई अड्डा 5495 एकड़ में बना सबसे बड़ा अन्तर्राष्ट्रीय हवाई अड्डा है।
- भारत के केरल में कोचीन अन्तर्राष्ट्रीय हवाई अड्डा विश्व का पहला पूर्णत: सौर ऊर्जा चालित हवाई अड्डा है।

57. (a) केवल कथन A और C सही है।
- अनुच्छेद 131 के तहत सर्वोच्च न्यायालय की मूल क्षेत्राधिकार शक्ति का प्रावधान है।
- अनुच्छेद 129 और 142 के तहत सर्वोच्च न्यायालय में अदालत की अवमानना के लिए दण्डित करने की शक्ति निहित है।
- कथन B औ D सही नहीं है, क्योंकि अपीलीय अधिकार के तहत अधीनस्थ न्यायालय के फैसले को उच्चतम न्यायालय में अपील करने की शक्ति निहित है।
- मध्यस्थता एवं सुलह अधिनियम, 1996 के तहत भारत के सर्वोच्च न्यायालय में अन्तर्राष्ट्रीय वाणिज्यिक मध्यस्थता शुरू की जा सकती है।

58. (a) कथकली नृत्य में पाँच मुख्य प्रकार के शृंगार (वेषम) का उपयोग किया जाता है।
- **पच्चा** यह हरा शृंगार सदाचारियों, देवताओं और राजाओं का प्रतिनिधित्व करता है।
- **कत्ती** यह और सफेद शृंगार दुष्ट चरित्रों का प्रतिनिधित्व करता है।
- **ताड़ी** यह शृंगार वनवासियों, ऋषियों और राक्षसों का प्रतिनिधित्व करता है।
- मिनुक्क यह स्त्री शृंगार स्त्रियों और देवियों का प्रतिनिधित्व करता है।
- **करी** यह काला शृंगार शिकारी, दानव और राक्षसों का प्रतिनिधित्व करता है।

59. (c) गुड फ्राइडे ईसाई धर्म का एक महत्त्वपूर्ण त्योहार है, जो ईसा मसीह के सूली पर चढ़ने और बलिदान की याद में मनाया जाता है।
- ऐसा माना जाता है कि जब यहूदी शासकों ने ईसा मसीह को तमाम शारीरिक और मानसिक यातनाएँ देने के बाद सूली पर चढ़ाया था, उस दिन **शुक्रवार** था।
- इस घटना के तीन दिन बाद सण्डे को यीशू फिर से जीवित हो गए थे, जिसे **ईस्टर संडे** के रूप में मनाते हैं।
- क्रिसमस ईसा मसीह के जन्मदिन के उपलक्ष्य **में 25 दिसम्बर** को मनाया जाता है।

60. (c) एनिलीन (Aniline) एक बेन्जीनॉइड है।
- बेन्जीनॉइड वे कार्बनिक यौगिक होते हैं, जिनमें छ: सदस्यीय बेंजीन वलय होता है, जो तीन दोहरे बन्धनों द्वारा परस्पर जुड़े होते हैं।
- एनिलीन ($C_6H_5NH_2$) में एक बेंजीन वलय होता है, जिसमें एक नाइट्रो समूह ($-NH_2$) भी होता है।
- यह नाइट्रो बेंजीन का उपजात है।
- एनिलीन एक सुंगधित एमीन है तथा रंगों, दवाओं और प्लास्टिक के निर्माण में एक प्रमुख प्रारम्भिक सामग्री है।

61. (a) 1800 ई. में आधुनिक बैटरी के पूर्वगामी वोल्टेइक पाइल का आविष्कार इतालवी भौतिक विज्ञानी **एलेसेण्ड्रो वॉल्टा** ने किया था।
- यह आविष्कार विद्युत विज्ञान के क्षेत्र में एक क्रान्तिकारी उपलब्धि थी और इसने बैटरी, टेलीग्राफ और अन्य विद्युत उपकरणों के विकास का मार्ग प्रशस्त किया।

62. (c) अनुच्छेद 97 में यह प्रावधान है कि राज्यसभा के सभापति और उपसभापति तथा लोकसभा के अध्यक्ष और उपाध्यक्ष के वेतन और भत्ते के बारे में संसद द्वारा विधि द्वारा निर्धारित होते हैं।
- इसके अनुसार, उन्हें द्वितीय अनुसूची में विनिर्दिष्ट वेतन और भत्ते दिए जाते हैं, जो तब तक लागू रहते हैं, जब तक कि संसद नए भत्तों को अनुसूचित नहीं करती।
- संविधान का अनुच्छेद 92 यह प्रावधान करता है कि जब सभापति या उपसभापति को पद से हटाने का कोई प्रस्ताव विचाराधीन हो, तब वे पीठासीन नहीं रहेंगे।
- अनुच्छेद 94 लोकसभा के अध्यक्ष और उपाध्यक्ष से सम्बन्धित त्याग-पत्र, पद रिक्ति आदि का वर्णन है।
- अनुच्छेद 95 के तहत अध्यक्ष का पद रिक्त होने की स्थिति में उस पद के कर्त्तव्यों का पालन उपसभापति द्वारा किया जाएगा।

63. (b) भारतीय संविधान के अनुच्छेद 89 में उल्लेख है कि भारत के उप-राष्ट्रपति राज्यसभा के पदेन सभापति होंगे।
- राज्यसभा, यथाशीघ्र, अपने किसी सदस्य को अपना उपसभापति चुनेगी और जब-जब उपसभापति का पद रिक्त होता है, तब-तब राज्यसभा किसी अन्य सदस्य को अपना उपसभापति चुनेगी।
- भारत में उप-राष्ट्रपति का पद राष्ट्रपति के बाद कार्यकारिणी में दूसरा सबसे बड़ा पद होता है।
- वर्तमान (अप्रैल, 2025) में भारत के 14वें उप-राष्ट्रपति श्री जगदीप धनखड़ हैं।

64. (b) नॉरवेस्टर्स, जिन्हें 'काल बैशाखी' भी कहा जाता है।
- बंगाल और असम में गर्मी के मौसम (विशेष रूप से अप्रैल और मई में) के दौरान शाम के समय आने वाले अचानक और तीव्र तूफान होते हैं।
- ये तूफान प्राय: गरज, बिजली, तेज हवाओं और भारी बारिश लाते हैं, जिससे व्यापक क्षति और जानमाल का नुकसान हो सकता है।

65. (b) उदारीकरण के तहत, भारत सरकार ने कई उद्योगों को लाइसेंस की आवश्यकता से मुक्त कर दिया है, जिससे उन्हें अधिक स्वतन्त्रता और लचीलापन प्रदान किया गया है।
- कोयला और लिग्नाइट खनन उद्योग उन उद्योगों में से एक है, जिन्हें लाइसेंस मुक्त कर दिया गया है।
- वर्ष 1993 में सरकार ने कोयला खनन (विकास और विनियमन) अधिनियम, 1957 में संशोधन करके लाइसेंसिंग आवश्यकताओं को हटा दिया।
- इसके परिणामस्वरूप निजी कम्पनियों को अब कोयला और लिग्नाइट का खनन और बिक्री करने के लिए सरकार से लाइसेंस प्राप्त करने की आवश्यकता नहीं है।

66. (c) औरंगजेब के शासनकाल में मुगल साम्राज्य ने अपनी सबसे बड़ी क्षेत्रीय सीमाएँ प्राप्त कीं।
- 1658 ई. में गद्दी सँभालने के बाद, औरंगजेब ने अपने पूरे जीवनकाल में लगातार युद्धों और विस्तार अभियानों के माध्यम से साम्राज्य का विस्तार किया।
- उसके शासनकाल में मुगल साम्राज्य ने उत्तर में कश्मीर से लेकर दक्षिण में दक्कन के बड़े हिस्सों तक, पूर्व में बंगाल से लेकर पश्चिम में अफगानिस्तान के कुछ हिस्सों तक फैला था।
- यह अनुमान लगाया गया है कि अपनी चरम सीमा पर, मुगल साम्राज्य का क्षेत्रफल लगभग 4 मिलियन वर्ग किलोमीटर था, जो भारतीय उपमहाद्वीप के अधिकांश भाग को कवर करता था।

67. (c) अनूप राग विलास नामक पुस्तक 'पण्डित कुमार गन्धर्व' द्वारा लिखी गई है।
- पण्डित कुमार गन्धर्व एक प्रसिद्ध भारतीय शास्त्रीय गायक थे और उन्होंने भारतीय शास्त्रीय संगीत में महत्त्वपूर्ण योगदान दिया है।
- गन्धर्व ने गायन के अन्य रूपों जैसे निर्गुणी भजन (भक्ति गीत), लोकगीत और रागों और प्रस्तुति दोनों के साथ प्रयोग किया, अक्सर एक ही राग में तेज़ से धीमी रचनाओं की ओर बढ़ते रहे।
- गन्धर्व को वर्ष 1977 में पद्म भूषण और वर्ष 1990 में भारत के दूसरे सर्वोच्च नागरिक सम्मान पद्म विभूषण से सम्मानित किया गया।

68. (d) घर्षण बल दो सतहों के बीच सम्पर्क में आने पर ही उत्पन्न होता है।
- जब एक सतह दूसरी सतह पर गति करती है, तो उनके बीच अनियमितताओं और आकर्षण बलों के कारण घर्षण बल उत्पन्न होता है।
- यह बल गति का विरोध करता है और वस्तुओं को धीमा करता है।

69. (d) गोवा के लघु कथा लेखक, उपन्यासकार, आलोचक और कोंकणी में पटकथा लेखक दामोदर माऊजो को भारत के सर्वोच्च साहित्यिक सम्मान 57वें ज्ञानपीठ पुरस्कार से सम्मानित किया गया।
- माऊजो की पहली लघु कहानी, 'द एण्ड ऑफ द नाइट', वर्ष 1965 में प्रकाशित हुई थी। तब से उन्होंने उपन्यास, लघु कथा संग्रह और निबन्ध सहित 25 से अधिक पुस्तकें प्रकाशित की हैं।
- 59वाँ ज्ञानपीठ पुरस्कार 2024 विजेता छत्तीसगढ़ के विनोद कुमार शुक्ला को दिया गया है, जो हिन्दी साहित्य के 12वें व्यक्ति हैं।
- उनके काम का अंग्रेजी, फ्रेंच, पुर्तगाली और अन्य भाषाओं में अनुवाद किया गया है।

70. (c) मुद्रा (MUDRA) ऋण योजना के तहत ऋण तीन श्रेणियों में दिया जाता है।
- **शिशु योजना** इस योजना के तहत ₹ 50,000 तक का ऋण दिया जाता है।
- **किशोर योजना** इस योजना के तहत ₹ 50,001 से ₹ 5,00,000 तक का ऋण दिया जाता है।
- **तरुण योजना** इस योजना के तहत ₹ 5,00,001 से ₹ 10,00,000 तक का ऋण दिया जाता है।
- केन्द्रीय बजट, 2024-25 में मुद्रा ऋण की सीमा को बढ़ाकर ₹ 20 लाख कर दिया गया है। इसके तहत् तरूण प्लस के तहत ₹ 18 लाख से ₹ 20 लाख तक का ऋण दिया जाएगा।
- यह नई सीमा 24 अक्टूबर, 2024 से प्रभावा है।

71. (a) सूत्री विभाजन (Mitosis) की चौथी अवस्था, जिसे पश्चावस्था (Anaphase) कहते हैं, में गैर-काइनेटोकोर माइक्रोट्यूब्यूल्स कोशिका को लम्बी करते हैं और बहिर्वेशन की प्रक्रिया में भाग लेते हैं।
- इस अवस्था में काइनेटोकोर माइक्रोट्यूब्यूल्स क्रोमेटिड्स को विपरीत ध्रुवों की ओर खींचते हैं, जिससे प्रत्येक ध्रुव पर एकसमान संख्या में क्रोमोजोम्स पहुँचते हैं।
- सूत्री विभाजन की अन्य अवस्थाएँ है-
  - पूर्वावस्था (Prophase) इसमें गुणसूत्र संघनित होने लगता है।
  - मध्यावस्था (Metaphse) इसमें गुणसूत्र कोशिका के मध्य में एक रेखा में व्यस्थित होते हैं।
  - पश्चावस्था (Anaphase)
  - अंत्यावस्था (Telophase) इसमें गुणसूत्र विपरीत ध्रुवों पर पहुँच जाते हैं और केन्द्रक झिल्ली एवं केन्द्रिकाएँ फिर से दिखाई देने लगती है।

72. (a) गोगा नवमी, जो नाग देवता गोगाजी को समर्पित एक भारतीय त्योहार है, मुख्य रूप से भारतीय राज्य राजस्थान में मनाई जाती है।
- गोगाजी को 'गोगा वीर' या 'गोगा जी महाराज' के नाम से भी जाना जाता है और उन्हें विशेष रूप से राजस्थान, हरियाणा, उत्तर प्रदेश, मध्य प्रदेश और गुजरात में सम्मानित किया जाता है।
- गोगा नवमी भाद्रपद महीने में कृष्ण पक्ष की नवमी तिथि को मनाई जाती है और इस दिन लोग गोगाजी के मन्दिरों में जाकर पूजा-अर्चना करते हैं।

73. (c) भारत में राज्य नीति के निदेशक सिद्धान्त (Directive Principles of State Policy) आयरलैण्ड के संविधान से प्रेरित होकर लिए गए हैं।
- भारतीय संविधान के भाग IV (अनुच्छेद 36-51) में ये सिद्धान्त सम्मिलित हैं और उनका उद्देश्य एक कल्याणकारी राज्य की स्थापना करना है।
- ये सिद्धान्त सरकार को अपने नीतिगत निर्णयों और कानून बनाने में मार्गदर्शन करते हैं, हालाँकि वे न्यायालय में प्रवर्तनीय नहीं हैं।

74. (d) **मालाबार** यह तट केरल और कर्नाटक के किनारे स्थित है और अरब सागर से सटा हुआ है।
- **कोंकण** यह तट महाराष्ट्र और गोवा के किनारे स्थित है और अरब सागर से सटा हुआ है।
- **उत्तरी सरकार** यह बंगाल की खाड़ी में स्थित पूर्वी तटीय मैदान का वह भाग है, जो महानदी और कृष्णा नदियों के बीच स्थित है। यह आन्ध्र प्रदेश और ओडिशा राज्यों में फैला है।
- **कोरोमण्डल** यह भी बंगाल की खाड़ी से सटा हुआ है, जो तमिलनाडू और आन्ध्र प्रदेश के पूर्वी तट पर स्थित है।

75. (c) नेशनल आर्केस्ट्रा ऑफ इण्डिया के संस्थापक, पण्डित रविशंकर, एक प्रसिद्ध सितार वादक थे।
- उन्हें 20वीं शताब्दी के सबसे महान संगीतज्ञों में से एक माना जाता है और उन्होंने भारतीय शास्त्रीय संगीत को दुनिया भर में लोकप्रिय बनाने में महत्त्वपूर्ण भूमिका निभाई।
- पण्डित रविशंकर को वर्ष 1981 में पद्म विभूषण, 1967 में पद्म भूषण और वर्ष 1999 में भारत रत्न से सम्मानित किया गया था।

76. (a) एपिलिम्नियन, मेटालिम्नियन और हाइपोलिम्नियन जल स्तर एक झील के विशिष्ट तापीय स्तरीकरण (thermal stratification) के उदाहरण हैं।
- **एपिलिम्नियन (Epilimnion)** यह ऊपरी परत होती है, जो गर्म होती है और आमतौर पर सूर्य के प्रकाश से गर्म होती है। यह परत हवा के साथ अच्छे सम्पर्क में होती है, जिससे इसमें ऑक्सीजन की मात्रा अधिक होती है।
- **मेटालिम्नियन (Metalimnion)** इसे **थर्मोकलाइन** (thermocline) भी कहा जाता है। यह मध्य परत होती है, जहाँ तापमान तेजी से घटता है। इस परत में तापमान में एक तेज गिरावट होती है।
- **हाइपोलिम्नियन (Hypolimnion)** यह निचली परत होती है, जो ठण्डी होती है और जिसमें तापमान अपेक्षाकृत स्थिर रहता है। यह परत गर्मियों में अधिक ठण्डी और सर्दियों में गर्म रहती है।

77. (c) गोविन्द चन्द्र पाल को वर्ष 2022 के लिए संगीत नाटक अकादमी अमृत पुरस्कार से ओडिसी नृत्य (गोटीपुआ) के लिए सम्मानित किया गया।
- गोटीपुआ ओडिसी नृत्य की एक पारम्परिक शैली है, जिसमें युवा लड़के महिलाओं के वेश में नृत्य प्रस्तुत करते हैं।
- गोविन्द चन्द्र पाल ने इस कला को प्रोत्साहित करने और उसे संरक्षित रखने में महत्त्वपूर्ण योगदान दिया है।
- संगीत नाटक अकादमी अमृत पुरस्कार एक राष्ट्रीय सम्मान है, जो प्रदर्शन कला वे क्षेत्र के कलाकारों के साथ-साथ शिक्षकों और विद्वानों को भी प्रदान किया जाता है।

78. (a) चतुन्नी पणिक्कर कथकली से जुड़े प्रसिद्ध कवंगल परिवार के प्रतिष्ठित और अनुभवी वंशज में से एक हैं।
- उन्होंने कथकली कला में अपना महत्त्वपूर्ण योगदान दिया है और उनका नाम कावंगल परिवार में विशिष्ट रूप से उल्लिखित है।
- कथकली केरल में प्रचलित एक प्रमुख शास्त्रीय नृत्य है।
- कथकली रामायण और महाभारत के महाकाव्यों पर आधारित होता है।
- कथकली-उदयशंकर, कृष्णनायर, शांता राव, मृणालिनी साराभाई, आनन्द शिवशमन, कृष्ण कुट्टी आदि।

79. (c) प्रत्येक योजना में लक्ष्यों का चयन संसाधनों की सीमा के कारण किया जाता है।
- यहाँ 'संसाधनों की सीमा' से तात्पर्य उन संसाधनों से है, जो एक योजना को पूरा करने में उपलब्ध होते हैं; जैसे-मानव संसाधन, वित्तीय संसाधन, समय, तकनीकी ज्ञान आदि।

- योजना के लक्ष्यों का चयन इन संसाधनों की उपलब्धता, प्रभावी उपयोग और अनुमानित प्राप्ति के आधार पर किया जाता है, ताकि योजना को संसाधनों की सीमा में अनुकूल बनाया जा सके।

80. (b) भारत के संविधान में चार नए निदेशक सिद्धान्त 1976 में 42वें संविधान संविधान संशोधन अधिनियम द्वारा जोड़े गए थे।
- यह संशोधन 39, 39A, 43A और 48A के रूप में चार नए अनुच्छेद जोड़कर राज्य के नीति निदेशक सिद्धान्तों (DPSP) की सूची का विस्तार करता है।
- **अनुच्छेद 39** बच्चों के स्वस्थ विकास के लिए अवसर सुनिश्चित करना
- **अनुच्छेद 39A** समान न्याय और मुफ्त कानूनी सहायता प्रदान करना
- **अनुच्छेद 43A** उद्योगों के प्रबन्धन में श्रमिकों की भागीदारी
- **अनुच्छेद 48A** पर्यावरण की रक्षा एवं सवर्द्धन करना तथा वनों एवं वन्यजीवों की सुरक्षा करना

81. (a) एक्वापोरिन्स (Aquaporins) वे प्रोटीन हैं, जो सेल्युलर मेम्ब्रेन में पाए जाते हैं और विशेष रूप से जल के पारदर्शी आदान-प्रदान करने में मदद करते हैं।
- ये प्रोटीन्स टेट्रामर (tetramer) रूप में व्याप्त होते हैं, जिससे वे सेल में जल और अन्य अपरिवर्तित विलेयों के विसरण को सुविधाजनक बनाते हैं।
- एक्वापोरिन कई प्रकार के होते हैं, जिनमें से प्रत्येक विभिन्न प्रकार के अणुओं के लिए विशिष्ट होता है।
- कुछ एक्वापोरिन केवल पानी के लिए पारगम्य होते हैं, जबकि अन्य पानी और अन्य छोटे अणुओं, जैसे ग्लिसरॉल या यूरिया के लिए पारगम्य होते हैं।

82. (a) 15वें पुरुष हॉकी विश्व कप-2023 का खिताब **जर्मनी** ने जीता था।
- यह टूर्नामेण्ट 13 से 29 जनवरी, 2023 तक भारत के ओडिशा राज्य में स्थित भुवनेश्वर और राउरकेला में आयोजित किया गया था।
- फाइनल मुकाबले में जर्मनी ने बेल्जियम को पेनल्टी शूटआउट में हराकर अपना तीसरा विश्व कप खिताब जीता था।
- जर्मनी के निकलास वेलेन को टूर्नामेण्ट का सर्वश्रेष्ठ खिलाड़ी घोषित किया गया था।
- 16वाँ पुरुष हॉकी विश्व कप का आयोजन, 2026 में बेल्जियम और नीदरलैण्ड में संयुक्त रूप से होगा।

83. (c) वैश्विक भूखमरी सूचकांक, 2022 के अनुसार बांग्लादेश का स्थान 84वाँ है।
- वैश्विक भूखमरी सूचकांक (GHI) कंसर्न वर्ल्ड वाइड और वेल्टहंगरहिल्फ द्वारा वार्षिक आधार पर प्रकाशित किया जाता है।
- वैश्विक भूखमरी सूचकांक, 2024 में 127 देशों में प्रमुख देशों का स्थान निम्न हैं-
  - भारत → 105वाँ
  - श्रीलंका → 56वाँ
  - नेपाल → 68वाँ
  - बांग्लादेश → 84वाँ
- वैश्विक भूखमरी सूचकांक 4 आयामों अल्पपोषण, शिशु मृत्यु दर, बाल बोनापन और शिशु दुर्बलता पर निकाला जाता है।

84. (c) वन्स अपॉन ए लाइफ : बर्न्ट करी ब्लडी रेग्स "Once Upon a Life: Burnt Curry and Bloody Rags" **तैमसुला आओ** (Temsula Ao) द्वारा लिखा गया एक संस्मरण है।
- यह पुस्तक 1970 के दशक में नागालैण्ड में उनके बचपन के अनुभवों पर आधारित है। इसमें आओ अपने परिवार और समुदाय के जीवन का वर्णन करती हैं, जो उस समय राजनीतिक अशान्ति और हिंसा का सामना कर रहा था।

85. (b) 1596 ई. में अपनी कृति 'थिसॉरस ज्योग्राफिक्स' में **अब्राहम ऑर्टेलियस** ने उल्लेख किया था कि पृथ्वी के महाद्वीप हमेशा अपनी वर्तमान स्थिति में नहीं थे।
- ऑर्टेलियस ने महाद्वीपीय बहाव के सिद्धान्त का पूर्ण रूप से समर्थन नहीं किया था, जैसा कि बाद में अल्फ्रेड वेगेनर ने किया था। लेकिन, उन्होंने 'भूस्खलन' नामक एक प्रक्रिया का प्रस्ताव रखा, जिसमें महाद्वीपों को विनाशकारी बाढ़ और भूकम्पों द्वारा अपनी वर्तमान स्थिति में स्थानान्तरित किया गया था।
- उन्होंने तर्क दिया कि दक्षिण अमेरिका और अफ्रीका एक समय में जुड़े हुए थे और उनके तटरेखाओं का मिलान इस बात का प्रमाण था।

86. (c) कोरकाई पाण्ड्य साम्राज्य का एक महत्त्वपूर्ण बन्दरगाह शहर था।
- यह तमिलनाडु के वर्तमान तूतीकोरिन जिले में स्थित था।
- कोरकाई प्राचीन काल से ही एक महत्त्वपूर्ण व्यापारिक केन्द्र रहा है और यह रोमन साम्राज्य, मिस्र और चीन सहित कई देशों के साथ व्यापार करता था।
- यह शहर मोती, मसालों और कपड़े के निर्यात के लिए जाना जाता था।
- पाण्ड्य साम्राज्य (300 ईसा पूर्व 920 ईसवी) दक्षिण भारत का एक शक्तिशाली साम्राज्य था।
- इसकी राजधानी मदुरै थी।

87. (a) सुल्तान खान एक प्रमुख सारंगी वादक थे, जिनका महानतम योगदान संगीत की दुनिया में था।
- उन्होंने सारंगी को नए ऊँचाइयों तक ले जाने में अपनी विशेषता दिखाई।
- हरिप्रसाद चौरसिया को बाँसुरी वादन में महारत हासिल है, जिन्हें **बाँसुरी का जादूगर** कहा जाता है।
- जाकिर हुसैन को तबला वादन के लिए जाना जाता है, जिन्हें **तबले का सम्राट** के रूप में जाना जाता है।
- बिस्मिल्लाह खाँ को शहनाई वादन में महारत हासिल थी, जिन्हें 'शहनाई वादक' के रूप में जाना जाता है।

88. (d) निज़ाम-उल-मुल्क ने 1724 ई. में हैदराबाद राज्य की स्थापना की थी।
- यह राज्य दक्षिण भारत में स्थित था और इसकी राजधानी **हैदराबाद** शहर था।
- निज़ाम-उल-मुल्क मुगल सम्राट मुहम्मद शाह के प्रधानमन्त्री थे, लेकिन उन्होंने धीरे-धीरे अपनी शक्ति और स्वतन्त्रता बढ़ा ली।
- निजाम-उल-मुल्क को चिन किलिच खाँ के नाम से भी जाना जाता है।

89. (b) मानसून की अरब सागर शाखा केरल राज्य में प्रारम्भिक वर्षा लाती है।
- दक्षिण-पश्चिम मानसून की अरब सागर शाखा सबसे पहले भारत के तटीय राज्य केरल के पश्चिमी घाट से टकराती है, इस प्रकार यह क्षेत्र दक्षिण-पश्चिम मानसून से बारिश प्राप्त करने वाला भारत का पहला राज्य बन जाता है।
- यह शाखा जून की शुरुआत में केरल के तट पर पहुँचती है और राज्य में भारी वर्षा करती है।
- यह वर्षा केरल की कृषि के लिए बहुत महत्त्वपूर्ण है, विशेषकर चावल की खेती के लिए।
- केरल एवं कर्नाटक में मानसून-पूर्व वर्षा को आम्रवर्षा कहा जाता है।

90. (c) बहमनी साम्राज्य में प्रान्तों को 'तरफदार' द्वारा प्रशासित किया जाता था।
- तरफदार (जिसे 'तराफ' का शासक भी कहा जाता था) बहमनी साम्राज्य के प्रान्तीय गवर्नर थे।
- वे सुल्तान के प्रतिनिधि थे और उनके शासन की सफलता उनके प्रदर्शन पर निर्भर करती थी।
- बहमनी साम्राज्य 14वीं से 16वीं शताब्दी तक दक्षिण भारत में फैला हुआ था।
- तरफदारों को सुल्तान द्वारा नियुक्त किया जाता था और वे अपने-अपने पोल (प्रांतों) के प्रशासन के लिए जिम्मेदार होते थे।

91. (b) भारत की जनगणना 2011 के अनुसार, 'अन्य धर्मों और मतो' श्रेणी का जनसंख्या में कुल 0.7% हिस्सा था।

- जनगणना 2011 के अनुसार, विभिन्न धर्मों की आबादी और कुल आबादी में हिस्सा निम्नलिखित हैं-
  - हिन्दु $\rightarrow$ 96.63 करोड़ (78.8%)
  - मुस्लिम $\rightarrow$ 17.22 करोड़ (14.2%)
  - ईसाई $\rightarrow$ 2.78 करोड़ (2.3%)
  - सिख $\rightarrow$ 2.08 करोड़ (1.7%)
  - बौद्ध $\rightarrow$ 0.84 करोड़ (0.7%)
  - जैन $\rightarrow$ 0.45 करोड़ (0.4%)
  - अन्य $\rightarrow$ 0.79 करोड़ (0.7%)
- जनगणना के आँकड़े 16 भाषाओं में एकत्र किए गए थे और प्रशिक्षण मैनुअल 18 भाषाओं में तैयार किया गया था।

92. (c) केवल 'क्रेडिट राशनिंग' चयनात्मक उधार-पत्र (selective credit instrument) के रूप में वर्गीकृत किया जा सकता है।

- चयनात्मक उधार-पत्र वे ऋण उपकरण होते हैं, जिनका उपयोग विशेष उद्देश्यों के लिए
- धन प्रदान करने के लिए किया जाता है।
- ये ऋण सामान्यत: उन उधारकर्ताओं को प्रदान किए जाते हैं, जो विशिष्ट आवश्यकताओं को पूरा करते हैं और जिनके पास मजबूत ऋण चुकाने की क्षमता होती है।

93. (b) वर्ष 2026 के शीतकालीन ओलम्पिक इटली के दो शहरों, **मिलान और कोर्टिना डी अम्पेज़ो** में आयोजित किए जाएँगे।

- यह आयोजन 6 फरवरी से 22 फरवरी, 2026 तक चलेगा।
- यह 25वाँ शीतकालीन ओलम्पिक होगा और यह पहली बार होगा जब इटली शीतकालीन ओलम्पिक की मेजबानी करेगा।
- 24वाँ शीतकालीन ओलम्पिक वर्ष 2022 में चीन के बीजिंग में आयोजित किया गया था।
- ओलम्पिक मुख्य रूप से 4 प्रकार के होते हैं- ग्रीष्मकालीन, शीतकालीन, पैरालम्पिक और यूथ ओलम्पिक।

94. (a) लॉर्ड चार्ल्स थिओबाल्ड मेटकॉफ (Lord Charles Theobald Metcalfe) वास्तव में ब्रिटिश भारत में स्वतन्त्र प्रेस के प्रबल समर्थक थे और उन्होंने 1835 ई. में प्रेस विनियमों (Press Regulations) को निरस्त करने में महत्त्वपूर्ण भूमिका निभाई।

- लॉर्ड मेटकॉफ ने 1835-36 ई. तक भारत के कार्यवाहक गवर्नर जनरल के रूप में कार्य किया।
- चार्ल्स मेटकॉफ कार्यवाहक गवर्नर जनरल (1835-36) ने 1823 ई. के घृणित अध्यादेश को निरस्त कर दिया और 'भारतीय प्रेस के मुक्तिदाता' की उपाधि अर्जित की।
- इस उदार प्रेस नीति स्तर की नीतियों का परिणाम जो 1865 ई. तक अपरिवर्तित रही, पूरे देश में समाचार-पत्रों का तेजी से विकास हुआ।

95. (b) कथन 1 और 2 सही है।

- दसवीं पंचवर्षीय योजना में लक्षित विकास दर 8% था, किन्तु मात्र 7.7% की वृद्धि दर से वृद्धि हुई।
- ग्यारहवीं पंचवर्षीय योजना में लक्षित वृद्धि 9% थी, जिसमें 8% की वृद्धि दर हासिल की गई।
- कथन 3 सही नहीं है, क्योंकि नौवीं पंचवर्षी योजना में 6.5% विकास लक्ष्य के सापेक्ष 5.6% वृद्धि दर्ज की गई ।

96. (c) संविधान का अनुच्छेद 18 उपाधियों के उन्मूलन का उल्लेख करता है।

- इस सम्बन्ध में निम्नलिखित प्रावधान करता है- कोई भी उपाधि, चाहे वह सैन्य या शैक्षणिक सम्मान न हो, राज्य द्वारा प्रदान नहीं की जाएगी।
- इस अनुच्छेद का उद्देश्य ब्रिटिश राज के दौरान दी गई जागीरी और उपाधियों की समाप्ति करना था।
- भारत का कोई भी नागरिक किसी भी विदेशी राज्य से कोई उपाधि स्वीकार नहीं करेगा।

97. (c) कथक के बनारस घराने का प्रतिनिधित्व करने वाली अनुभवी नर्तक कमलिनी अस्थाना और नलिनी अस्थाना को वर्ष 2022 में पद्मश्री पुरस्कार से सम्मानित किया गया।

- पद्मश्री भारत का चौथा सर्वोच्च नागरिक सम्मान है।
- कमलिनी अस्थाना और नलिनी अस्थाना उत्तर प्रदेश के आगरा की एक बहन जोड़ी हैं, जो कथक की बनारस घराना शैली के अपने शानदार प्रदर्शन के लिए जानी जाती हैं
- कथक उत्तर भारत का एक शास्त्रीय नृत्य है। इसमें प्रमुख घराने निम्नलिखित हैं-जयपुर घराना, लखनऊ घराना, बनारस घराना, रामगढ़ घराना आदि।
- कथक नृत्य के प्रमुख कलाकार पण्डित बिरजू महाराज, लच्छू महाराज, सितारा देवी, शम्भू महाराज आदि है।

98. (a) राजर बिन्नी को 18 अक्टूबर, 2022 को भारतीय क्रिकेट कण्ट्रोल बोर्ड (BCCI) का 36वाँ अध्यक्ष चुना गया था।

- उन्होंने पूर्व भारतीय कप्तान सौरव गांगुली की जगह ली, जिन्होंने वर्ष 2019 से इस पद पर कार्यभार सँभाला था।
- बिन्नी वर्ष 1983 क्रिकेट विश्व कप विजेता भारतीय टीम के सदस्य थे और उस टूर्नामेण्ट में सबसे ज्यादा विकेट लेने वाले गेंदबाज भी थे।
- वह कर्नाटक राज्य क्रिकेट संघ के अध्यक्ष और राष्ट्रीय चयन समिति के सदस्य के रूप में भी कार्यरत रह चुके हैं।
- उनके अध्यक्ष पद का कार्यकाल 3 वर्ष का होगा।

99. (a) विद्युत परिपथ में प्रतिरोध को बदलने के लिए मुख्य रूप से धारा नियन्त्रक (Rheostat) का उपयोग किया जाता है।

- यह एक परिवर्ती प्रतिरोधक होता है, जिसका उपयोग एक चल तार (sliding contact) द्वारा प्रतिरोध के मान को क्रमिक रूप से बदलने के लिए किया जाता है।

100. (a) भारत वर्ष 2026 में विश्व बैडमिण्टन चैम्पियनशिप की मेजबानी करेगा। यह टूर्नामेण्ट बैडमिण्टन वर्ल्ड फेडरेशन (BWF) द्वारा आयोजित किया जाता है।

- यह प्रत्येक वर्ष आयोजित होने वाला एक प्रतिष्ठित बैडमिण्टन टूर्नामेण्ट है।
- भारत पहले वर्ष 2009 में हैदराबाद में इस टूर्नामेण्ट की मेजबानी कर चुका है और यह दूसरी बार होगा जब वे इस प्रतियोगिता का आयोजन करेंगे।
- वर्ष 2025 में विश्व बैडमिण्टन चैम्पियनशिप का आयोजन फ्रांस के पेरिस में 25-31 अगस्त तक आयोजित होगा।

101. (b) व्यंजक

$$= \frac{(525+175)^2 - (525-175)^2}{(525 \times 175)}$$

माना $a = 525$ तथा $b = 175$

अब, व्यंजक $= \dfrac{(a+b)^2 - (a-b)^2}{ab}$

$$= \frac{a^2 + 2ab + b^2 - a^2 + 2ab - b^2}{ab}$$

$$= \frac{4ab}{ab} = 4$$

102. (c) दिया है,

$x = \sin A + \cos A$

तथा $y = \sec A + \operatorname{cosec} A$

माना $A = 45°$

तब $x = \sin 45° + \cos 45°$

$\therefore x = \dfrac{1}{\sqrt{2}} + \dfrac{1}{\sqrt{2}} = \dfrac{2}{\sqrt{2}} = \sqrt{2}$

$y = \sec 45° + \operatorname{cosec} 45°$

$\therefore y = \sqrt{2} + \sqrt{2} = 2\sqrt{2}$

विकल्प (c) से,

$y + 2x = x^2 y$

$\text{LHS} = y + 2x = 2\sqrt{2} + 2\sqrt{2} = 4\sqrt{2}$

$\text{RHS} = x^2 y = (\sqrt{2})^2 \times 2\sqrt{2}$

$= 2 \times 2\sqrt{2} = 4\sqrt{2}$

अत: LHS = RHS

$\therefore \quad y + 2x = x^2 y$

103. (a) दिया है,
चावल का क्रय मूल्य = ₹ 700
चावल का विक्रय मूल्य = ₹ 1400
लाभ = 30%
∴ परिवहन व्यय के साथ चावल का मूल्य
$= 1400 \times \frac{100}{130}$
= ₹ 1076.92 ≃ ` 1077
∴ परिवहन व्यय = (1077 − 700) = ₹ 377

104. (c) हम जानते है,
$M_1D_1 = M_2D_2$
यहाँ $M_1 = 18, D_1 = 96$
कुल कार्य = 18 × 96
26 दिनों में किया गया कार्य = 18 × 26
शेष कार्य = 18 (96 − 26) = 18 × 70
10 कर्मचारी के आने के बाद कर्मचारियों की संख्या = 18 + 10 = 28
शेष कार्य समाप्त होने में लगा समय
$= \frac{18 \times 70}{28} = 45$ दिन
पूरे कार्य को समाप्त होने में लगा समय
= 26 + 45 = 71 दिन

105. (b) A का 40% = B का 60% = C का $\frac{1}{6}$
$\Rightarrow A \times \frac{40}{100} = B \times \frac{60}{100} = C \times \frac{1}{6}$
$\Rightarrow A \times \frac{2}{5} = B \times \frac{3}{5} = \frac{C}{6}$
$\Rightarrow \frac{2A}{5} = \frac{3B}{5} = \frac{C}{6}$
अब, $\frac{2A}{5} = \frac{3B}{5}$
$\frac{A}{B} = \frac{3}{2} \Rightarrow A : B = 3 : 2$
तथा $\frac{3B}{5} = \frac{c}{6} \Rightarrow \frac{B}{C} = \frac{5}{18}$
$B : C = 5 : 18$
अत: $A : B : C = 3 \times 5 : 2 \times 5 : 2 \times 18$
$= 15 : 10 : 36$

106. (c) माना, बेईमान डीलर ₹ 100 में 1000 ग्राम वस्तु खरीदता है।
∴ क्रय मूल्य = ₹ 100
गलत वजन $= 1000 \times \frac{75}{100} = 750$ ग्राम
वस्तु का विक्रय मूल्य $= 100 \times \frac{80}{100} =$ ₹80
अर्थात् 750 ग्राम का विक्रय मूल्य = ₹80
∴ 750 ग्राम का क्रय मूल्य = ₹ 75
लाभ % $= \frac{80 - 75}{750} \times 100$
$= \frac{500}{75} = 6.67\%$

107. (a) ∵ गोले का पृष्ठीय क्षेत्रफल $= 4\pi r^2$
माना दोनों गोलों की त्रिज्या क्रमश: r_1 और $r2$ है।
प्रश्नानुसार,
$\frac{4\pi r_1^2}{4\pi r_2^2} = \frac{9}{49} \Rightarrow \frac{r_1}{r_2} = \sqrt{\frac{9}{49}} = \frac{3}{7}$
गोलों के आयतन का अनुपात
$= \frac{4}{3}\pi r_1^3 : \frac{4}{3}\pi r_2^3$
$\therefore (r_1 : r_2)^3 = (3 : 7)^3 = 27 : 343$

108. (b) मिश्रधातु A में,
लेड : टिन = 5 : 3
∴ टिन की मात्रा $= \frac{80}{8} \times 3 = 30$ किग्रा
मिश्रधातु B में,
लेड : टिन = 3 : 1
टिन की मात्रा $= \frac{100}{4} \times 1 = 25$ किग्रा
दोनों मिश्रधातु को मिलाने पर,
टिन की कुल मात्रा = (30 + 25) = 55 किग्रा

109. (c) प्रश्नानुसार, बीच के भाग के लिए,
शेष लम्बाई = 60 − 2 × 5
= 60 − 10 = 50 सेमी
शेष चौड़ाई = 25 − 2 × 5
= 25 − 10 = 15 सेमी
ऊँचाई = 5 सेमी
बक्से का आयतन $= l \times b \times h$
= 50 × 15 × 5
= 3750 सेमी^{3}

110. (b) $x + \frac{1}{x} = 2$
$x^2 + 1 = 2x$
$x^2 - 2x + 1 = 0$
$(x - 1)^2 = 0$
$[(a - b)^2 = a^2 + b^2 - 2ab]$
∴ $x = 1$
अब, $\left(x^4 + \frac{4}{x^4}\right)\left(x^3 - \frac{4}{x^3}\right)$
$= (1 + 4)(1 - 4)$
$= 5(-3) = -15$

111. (d) माना, जमा राशि अर्थात् मूलधन = P
20 वर्षों बाद, मिश्रधन = $9P$
ब्याज = $9P - P = 8P$
दर $= \frac{8P \times 100}{P \times 20} = 40\%$
पुन: राशि का 13 गुना = $P \times 13 = 13P$
ब्याज = $13P - P = 12P$
समय $= \frac{12P \times 100}{P \times 40} = 12 \times \frac{5}{2} = 30$ वर्ष

112. (d) दिया है, ऊँचाई (h) = 42 सेमी
$r_1 = \frac{8}{2} = 4$ सेमी, $r_2 = \frac{14}{2} = 7$ सेमी
टाइल के लिए आवश्यक मिट्टी का आयतन
$= \pi (r_2^2 - r_1^2) \times h$
$= \frac{22}{7} \times (7^2 - 4^2) \times 42$
$= \frac{22}{7} \times 11 \times 3 \times 42 = 4356$ सेमी^{3}

113. (d) मीतू के 1 घण्टे का कार्य $= \frac{1}{12}$
(टीटू + सीटू) का 1 घण्टे का कार्य $= \frac{1}{2}$
(मीतू + सीटू) का 1 घण्टे का कार्य $= \frac{1}{3}$
अब सीटू का 1 घण्टे का कार्य
$= \frac{1}{3} - \frac{1}{12} = \frac{4-1}{12} = \frac{3}{12} = \frac{1}{4}$
∴ टीटू का 1 घण्टे का कार्य
$= \frac{1}{2} - \frac{1}{4} = \frac{2-1}{4} = \frac{1}{4}$
अत: टीटू को अकेले कार्य करने में 4 घण्टे लगेगें।

114. (d) दिया है,
व्यक्ति की चाल = 12 किमी/घण्टा
माना, एक ओर की दूरी = x
प्रश्नानुसार,
$\frac{x}{12} + \frac{x}{8} = 3\frac{45}{60} = \frac{15}{4}$
$\Rightarrow \frac{2x + 3x}{24} = \frac{15}{4} \Rightarrow \frac{5x}{24} = \frac{15}{4}$
$\therefore x = \frac{15 \times 6}{5} = 18$
कुल दूरी = $x + x = 2x$
= 2 × 18 = 36 किमी

115. (b) माना शान्त जल में व्यक्ति की चाल
= x किमी/घण्टा
∴ धारा की चाल = $(x - 4)$ किमी/घण्टा
प्रश्नानुसार,
$\frac{45}{x + (x - 4)} + \frac{35}{x - (x - 4)} = 10$
$\Rightarrow \frac{45}{2x - 4} + \frac{35}{4} = 10$
$\Rightarrow \frac{45}{2x - 4} = 10 - \frac{35}{4} = \frac{5}{4}$
$\Rightarrow 10x - 20 = 180 \Rightarrow 10x = 200$
$\therefore x = \frac{200}{10} = 20$
अत: शान्त जल में व्यक्ति की चाल
= 20 किमी/घण्टा

116. (a) ट्रेन की गति = $\frac{56 \text{ किमी}}{35 \text{ मिनट}}$

$= \frac{56}{35} \times 60 \times \frac{5}{8}$

$= 96 \times \frac{5}{18}$ मिनट/सेकण्ड

$\therefore$ 720 मी तय करने में लगा समय

$= \frac{18 \times 720}{96 \times 5} = 27$ सेकण्ड

117. (b) $35 - [30 + \{10 + (12 - 10 - 4)\}]$

$= 35 - [30 + \{10 + (-2)\}]$

$= 35 - [30 + \{10 - 2\}]$

$= 35 - [30 + 8]$

$= 35 - 38 = -3$

118. (b) दिया है,

$A : B = 3 : 4$

$B : C = 4 : 5$

$\therefore A : B : C = 3 : 4 : 5$

C और A के अंकों का अन्तर = 30

अर्थात् $5 - 3 = 2 \equiv 30$

$\therefore B$ का प्राप्तांक $= \frac{30}{2} \times 4 = 60$

119. (b) $22 \times 10 \div 5 \times 2 + 12$

$= 22 \times \frac{10}{5} \times 2 + 12$

$= 22 \times 2 \times 2 + 12$

$= 88 + 12 = 100$

120. (d) $9 \times 9 + 9 \div 9 - 9 \times 9 + 9 + 9 \times 9 - 9 - 9 \times 9$

$= 9 \times 9 + 1 - 9 \times 9 + 9 + 9 \times 9 - 9 - 9 \times 9$

$= 81 + 1 - 81 + 9 + 81 - 9 - 81$

$= 1 + 9 - 9 = 1$

121. (d)

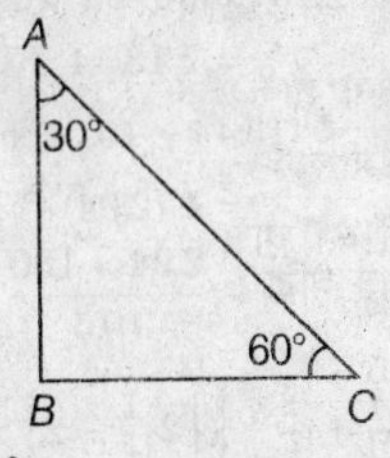

$\therefore \Delta ABC$ में,

$\angle ABC = 180° - (\angle BAC + \angle BCA)$

$= 180° - (30° + 60°) = 90°$

अत: ΔABC एक समकोणक त्रिभुज है।

$\therefore BC = \sqrt{(AC)^2 - (AB)^2}$

$= \sqrt{(13)^2 - (12)^2}$

$= \sqrt{(13 + 12)(13 - 12)}$

$= \sqrt{25} = 5$

अत: $BC = 5$ सेमी

122. (d) $1 + \cfrac{1}{1 + \cfrac{1}{5 + \cfrac{1}{2 + \cfrac{1}{3}}}}$

$= 1 + \cfrac{1}{1 + \cfrac{1}{5 + \cfrac{3}{7}}} = 1 + \cfrac{1}{1 + \cfrac{1 \times 7}{38}}$

$= 1 + \frac{1 \times 38}{45} = 1 + \frac{38}{45} = 1\frac{38}{45}$

123. (d) $\Delta XYZ \sim \Delta LMN$

$\therefore \frac{(\Delta XYZ) \text{ का क्षेत्रफल}}{(\Delta LMN) \text{ का क्षेत्रफल}} = \left(\frac{YZ}{MN}\right)^2$

$\Rightarrow \frac{16}{25} = \left(\frac{2.4}{MN}\right)^2$

$\Rightarrow \frac{2.4}{MN} = \sqrt{\frac{16}{25}} = \frac{4}{5}$

$\therefore MN = \frac{5 \times 2.4}{4}$ सेमी

$= \frac{120}{4 \times 10} = 3$

124. (d) शैक्षणिक वर्ष 2022-2023 में सभी शहरों में विज्ञान के विद्यार्थियों कुल संख्या = 11200

कुल शहरों की संख्या = 5

अभीष्ट औसत $= \frac{11200}{5} = 2240$

125. (d) 10% तथा 10% की छूट के पश्चात् एकल समतुल्य छूट

$= \left(10 + 10 - \frac{10 \times 10}{100}\right)\%$

$= (20 - 1)\% = 19\%$

उत्पाद का अंकित $= \frac{7290}{(100 - 19)} \times 100$

$= \frac{7290}{81} \times 100 = 90 \times 100 = ₹9000$

126. (b) घर के कार्यालय की दूरी = 12.5 किमी

घर से कार्यालय जाने में R की चाल (x)

$= \frac{12.5}{30} \times 60 = 25$ किमी/घण्टा

कार्यालय से घर वापस आने में R की चाल (y)

$= \frac{12.5}{20} \times 60 = 37.5$ किमी/घण्टा

औसत चाल $= \frac{2xy}{x + y} = \frac{2 \times 25 \times 37.5}{(25 + 37.5)}$

$= \frac{50 \times 37.5}{62.5} = 30$ किमी/घण्टा

127. (c) सभी शहरों में कुल मिलाकर विज्ञान के विद्यार्थियों की संख्या = 11200

सभी शहरों को मिलाकर एमबीए के विद्यार्थियों की संख्या = 6960

अभीष्ट अन्तर = (11200 − 6960) = 4240

128. (c) दिया है,

गोले का व्यास = 28 सेमी

तो गोले की त्रिज्या $= \frac{28}{2} = 14$ सेमी

गोले का पृष्ठीय क्षेत्रफल $= 4\pi r^2$

$= 4 \times \frac{22}{7} \times 14 \times 14 = 2464$ सेमी^{2}

129. (b) कॉलेज A में गैर-प्रशिक्षित पुरुष शिक्षकों की संख्या $= 225 \times \frac{(100 - 44)}{100}$

$= 225 \times \frac{56}{100} = 126$

कॉलेज B में गैर-प्रशिक्षित महिला शिक्षकों की कुल संख्या $= 128 \times \frac{(100 - 25)}{100}$

$= 128 \times \frac{75}{100} = 96$

अभीष्ट संख्या = 126 + 96 = 222

130. (c) $5 + [6 + (3 + 5) \div 2] \div 2$

$= 5 + [6 + 8 \div 2] \div 2 = 5 + [6 + 4] \div 2$

$= 5 + 10 \div 2 = 5 + 5 = 10$

131. (b) गोले की त्रिज्या में वृद्धि = 40%

पृष्ठीय क्षेत्रफल में अभीष्ट वृद्धि

$= \left(a + b + \frac{ab}{100}\right)\%$

$= \left(40 + 40 + \frac{40 \times 40}{100}\right)\%$

$= (80 + 16)\% = 96\%$

132. (d) हम जानते है,

$\frac{M_1 D_1}{W_1} = \frac{M_2 D_2}{W_2}$

$\Rightarrow \frac{24 \times 25}{90} = \frac{27 \times D_2}{162}$

$\Rightarrow D_2 = \frac{24 \times 25 \times 162}{90 \times 27} = 40$

$\therefore D_2 = 40$ दिन

अतिरिक्त दिनों की संख्या

$= 40 - 25 = 15$ दिन

133. (c) $\tan\theta = \frac{3}{10}$

अब व्यंजक $= \frac{(1 + \sin\theta)(1 - \sin\theta)}{(1 + \cos\theta)(1 - \cos\theta)}$

$= \frac{(1 - \sin^2\theta)}{(1 - \cos^2\theta)}$

$\left[\begin{array}{c} \because (a + b)(a - b) = a^2 - b^2 \\ \because \sin^2\theta + \cos^2\theta = 1 \end{array}\right]$

$= \frac{\cos^2\theta}{\sin^2\theta} = \cot^2\theta = \frac{1}{\tan^2\theta}$

$= \frac{1}{\left(\frac{3}{10}\right)^2} = \frac{100}{9}$

134. (d) $\dfrac{92736}{(274+830) \text{ का } \frac{7}{4}} + 513$

$= \dfrac{92736}{(1104)\times\frac{7}{4}} + 513$

$= \dfrac{92736 \times 4}{1104 \times 7} + 513$

$= 48 + 513 = 561$

135. (b) वस्तु का अंकित मूल्य = ₹ 82500

छूट के बाद वस्तु का मूल्य = ₹ 79200

छूट = ₹ (82500 − 79200)

= ₹ 3300

$\therefore$ छूट% = $\dfrac{\text{छूट} \times 100}{\text{अंकित मूल्य}}$

$= \dfrac{3300 \times 100}{82500} = 4\%$

136. (c) कुल मतों का भाग = 100%

10% मतदाताओं ने मत नहीं डाले,

$\therefore$ मत देने वाले मतदाताओं का भाग = 90%

जीतने वाले उम्मीदवार को प्राप्त मतों का भाग = 50%

$\therefore$ हराने वाले उम्मीदवार को प्राप्त मतों का भाग = (90 − 50)% = 40%

प्रश्नानुसार, 75 वोट अमान्य है

$\therefore (50\% - 40\%) \equiv 170 - 75 = 95$

$\therefore 100\% \equiv \dfrac{95}{10} \times 100 = 950$

अत: मतदाता सूची में मतदाताओं की संख्या = 950

137. (b) $(4^2)^2 + 4 \times 4 \div 4 - 4$

$= (16)^2 + 4 \times 4 \div 4 - 4$

$= 256 + 4 \times 1 - 4$

$= 256 + 4 - 4$

$= 260 - 4 = 256 = 4^4$

138. (d) दिया है,

$16x^4 + \dfrac{1}{16x^4} = 14159$

$\Rightarrow (4x^2)^2 + \dfrac{1}{(4x^2)^2} = 14159$

$\Rightarrow \left(4x^2 + \dfrac{1}{4x^2}\right)^2 = 14159 + 2 = 14161$

$\Rightarrow 4x^2 + \dfrac{1}{4x^2} = \sqrt{14161} = 119$

$\Rightarrow (2x)^2 + \dfrac{1}{(2x)^2} = 119$

$\Rightarrow \left(2x + \dfrac{1}{2x}\right)^2 = 119 + 2 = 121$

$\therefore 2x + \dfrac{1}{2x} = \sqrt{121} = 11$

139. (a) ΔDEF एक समबाहु त्रिभुज है।

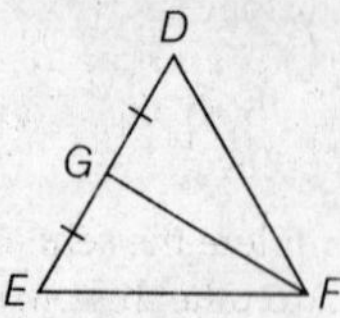

$\therefore DE = EF = DF = 12$ सेमी

G, DE का मध्य बिन्दु है।

$\therefore DG = GE = \dfrac{DE}{2} = \dfrac{12}{2} = 6$ सेमी

समबाहु त्रिभुज की ऊँचाई = $\dfrac{\sqrt{3}}{2} \times$ भुजा

$= \dfrac{\sqrt{3}}{2} \times 12 = 6\sqrt{3}$ सेमी

140. (c) वर्ष 1991 में कार P तथा Q का उत्पादन = 16 + 14 = 30

वर्ष 1991 में कार R और S का उत्पादन = 16 + 10 = 26

अत: $30 \neq 26$

वर्ष 1989 में कार P तथा Q का उत्पादन = 8 + 16 = 24

वर्ष 1989 में कार R तथा S का उत्पादन = 21 + 4 = 25

अत: $24 \neq 25$

वर्ष 1993 में कार P तथा Q का उत्पादन = 21 + 12 = 33

वर्ष 1993 में कार R तथा S का उत्पादन = 13 + 20 = 33

$\because 33 = 33$

अत: वर्ष 1993 में (P तथा Q) और (R तथा S) कारों का उत्पादन आपस में बराबर था।

141. (a) प्रश्नानुसार,

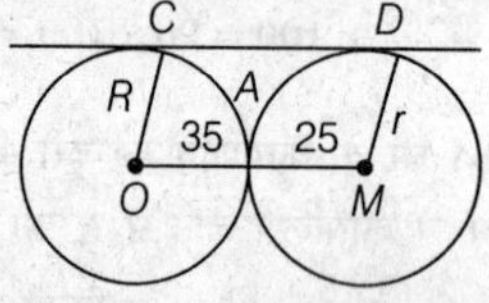

दिया है, $OA = 35$ सेमी, $AM = 25$ सेमी

उभयनिष्ठ स्पर्श रेखा CD की लम्बाई

$= 2\sqrt{OA \times AM} = 2\sqrt{35 \times 25}$

$= 2 \times 5\sqrt{35} = 10\sqrt{35}$

$= 10 \times 5.916 = 59.16$ सेमी

142. (a) वर्ष 2017 में कर्मचारियों की संख्या = 500

वर्ष 2018 में कर्मचारियों की संख्या = 1000

कर्मचारियों की संख्या में वृद्धि = 1000 − 500 = 500

अभीष्ट वृद्धि प्रतिशत = $\dfrac{500 \times 100}{500} = 100\%$

143. (c) $\tan\theta = \dfrac{7}{24}$

अब, $\cos^2\theta - \sin^2\theta$

$= \cos^2\theta - (1 - \cos^2\theta)$

$= 2\cos^2\theta - 1 = \cos 2\theta$

$\because \cos 2\theta = \dfrac{1 - \tan^2\theta}{1 + \tan^2\theta}$

$= \dfrac{1 - \left(\frac{7}{24}\right)^2}{1 + \left(\frac{7}{24}\right)^2} = \dfrac{(24)^2 - (7)^2}{(24)^2 + (7)^2}$

$= \dfrac{(24+7)(24-7)}{576 + 49} = \dfrac{31 \times 17}{625} = \dfrac{527}{625}$

$\therefore (\cos^2\theta - \sin^2\theta) = \dfrac{527}{625}$

144. (a) व्यंजक

$= [\{38 - (-6)\} \times \{9 - (8-1)\}] \div [4 \times \{6 + (-4)]$

$= [\{38 + 6\} \times \{9 - 7\}] \div [4 \times \{6 - 4\}]$

$= [44 \times 2] \div [4 \times 2] = 88 \div 8 = 11$

145. (c) $\because (a\sin\theta + b\cos\theta)$ का अधिकतम मान $= \sqrt{a^2 + b^2}$

अब, $19\sin\theta + 6\cot\theta\sin\theta$

$= 19\sin\theta + 6\dfrac{\cos\theta}{\sin\theta} \times \sin\theta$

$= 19\sin\theta + 6\cos\theta$

$\therefore (19\sin\theta + 6\cos\theta)$ का अधिकतम मान

$= \sqrt{19^2 + 6^2} = \sqrt{361 + 36} = \sqrt{397}$

146. (c) वर्ष 2021 में अमेजन डिलीवरी भागीदारों की संख्या = 5 × 1000 = 5000

भागीदारों का कुल वेतन = 5000 × 21000

= ₹ 10.5 करोड़

वर्ष 2022 में आवण्टित वेतन

= ₹ 13.44 करोड़

वृद्धि = ₹ (13.44 − 10.5) करोड़

= ₹ (2.94) करोड़

प्रतिशत वृद्धि = $\dfrac{2.94 \times 100}{10.5} = 28\%$

147. (a) $\dfrac{1}{4} + \dfrac{2}{5} \div \left[\left\{2\dfrac{1}{5} - 2\right\} \times 5\right] - \dfrac{2}{3}$ का $\dfrac{3}{5}$

$= \dfrac{1}{4} + \dfrac{2}{5} \div \left[\left\{\dfrac{11}{5} - 2\right\} \times 5\right] - \dfrac{2}{3}$ का $\dfrac{3}{5}$

$= \dfrac{1}{4} + \dfrac{2}{5} \div \left[\dfrac{1}{5} \times 5\right] - \dfrac{2}{3}$ का $\dfrac{3}{5}$

$= \dfrac{1}{4} + \dfrac{2}{5} \div 1 - \dfrac{2}{3}$ का $\dfrac{3}{5}$

$= \dfrac{1}{4} + \dfrac{2}{5} \div 1 - \dfrac{2}{5}$

$= \dfrac{1}{4} + \dfrac{2}{5} - \dfrac{2}{5} = \dfrac{1}{4}$

148. (c) माना कुल मतों की संख्या = x

19% मत नहीं डाले गए।

अत: डाले गए मतों की संख्या

$= x \times \frac{81}{100} = \frac{81x}{100}$

A द्वारा प्राप्त मत $= \frac{27x}{100}$

B द्वारा प्राप्त मत $= \frac{81x}{100} - \frac{27x}{100} = \frac{54x}{100}$

प्रश्नानुसार, $\frac{54x}{100} = 125982$

$\therefore \quad x = \frac{125982 \times 100}{54} = 233300$

$\therefore$ A द्वारा प्राप्त मतों की संख्या

$= 233300 \times \frac{27}{100} = 62991$

149. (d) कस्बे की वर्तमान जनसंख्या = 142560

जनसंख्या वृद्धि = 8% प्रतिवर्ष

1 वर्ष पूर्व कस्बे की जनसंख्या

$= \frac{142560}{(100 + 8)} \times 100$

$= \frac{142560}{108} \times 100 = 132000$

150. (d) प्रति महीने बचत = ₹ 8000

बचत = आय − व्यय

$\therefore$ बचत = 60°

$\therefore$ आय $= \frac{8000}{60} \times 360 =$ ₹ 48000

अत: परिवार की कुल मासिक व्यय

= (48000 − 8000) = ₹ 40000

151. (b) The most fitting idiom for this situation is 'to take a rain check'. It implies that they are declining the invitation now but may consider attending at a later time.

152. (a) For the phrase 'careful nature and hard-working efforts, the most fitting one-word substitute is 'diligence'. It encapsulates the quality of being both careful and persistent in one's work or duties.

153. (d) To describe a lively, cheerful and outgoing person, we can use the term 'Extrovert'. An extrovert thrives on social interactions and enjoys being around others.

154. (b) For the words 'weak and cowardly', the suitable one-word substitute is 'Pusillanimous'. It precisely conveys the idea of lacking courage or being timid.

155. (d) The idiom that best fits the sentence 'The players like the coach because he is honest, realistic and practical in dealing with them' is 'down to earth'. This expression describes someone who is genuine, unpretentious and practical in their approach, which aligns with the coach's qualities.

156. (b) To complete the sentence 'It is important to take this opportunity to make a name for yourself - beat around the bush', the appropriate idiom is 'strike while the iron is hot'. This means seizing an opportunity promptly without hesitation or delay.

157. (a) The error in the divided sentence 'Mr. Vinu / has never / slept in /a igloo' lies in the phrase 'a igloo'. The correct form should be 'an igloo' because the indefinite article 'an' is used before words starting with a vowel sound (like 'igloo').

158. (a) The correct option to substitute the underlined segment in the sentence is 'than she received'.

159. (d) The antonym for the word 'advance' is 'Elementary'. In the context of Clive's travel blog, having only basic or elementary knowledge of the local language can still enhance the travel experience.

160. (c) The idiom that can substitute the underlined segment in the sentence 'Popular cosmetics brands in India are very expensive' is 'cost an arm and a leg'. This idiom emphasises high costs or exorbitant prices.

161. (b) The correct spelling of the underlined word is 'Reclusive'. It means seeking solitude or retiring from society.

162. (b) To replace the underlined segment in the sentence 'Though very informative, Shweta's article was mercilessly rejected of the editor,' the appropriate option is 'was mercilessly rejected by'. This phrase conveys that the editor rejected the article.

163. (b) The antonym of the word 'fluctuate' is 'stabilise'. While 'fluctuate means to vary or change irregularly, 'stabilise' implies maintaining a steady state or preventing fluctuations.

164. (d) The most appropriate option to substitute the underlined segment in the sentence 'Last night, I failed to sleep because of some familiar issues that couldn't be avoided, is 'unavoidable'. This word conveys the same meaning as 'couldn't be avoided and fits well in the context.

165. (c) The most appropriate antonym for the word 'rapid' is 'slow'. 'Rapid refers to something happening at great speed', while 'slow' denotes a lack of speed or a leisurely pace.

166. (c) Option (c) is the correct idiom that fits in the blank. When I went to Egypt and lost my wallet and passport, I was 'up in a creek without a paddle'. This idiom conveys being in a difficult or challenging situation without any means of help or support.

167. (b) The incorrectly spelled word is 'Bycycle'. The correct spelling is 'Bicycle'.

168. (a) The meaning of the idiom 'Gift of the Gab' is 'A talent for speaking'. It refers to the ability to speak eloquently and persuasively.

169. (b) The one-word substitute for the given group of words 'A lover of Mankind' is 'Philanthropist'. A philanthropist is someone who actively promotes the welfare of others and supports charitable causes.

170. (a) The error in the divided sentence 'My neighbours were serious injured in the car accident' lies in the phrase 'serious injured'. The correct form should be 'seriously injured'.

171. (b) The correct form should be 'and the public' because the word 'alike' is redundant when used with 'the public' since it already includes everyone.

172. (c) The antonym of the word 'confound' is 'assure'. While 'confound' means to cause surprise, confusion, or bewilderment, 'assure' means to give confidence or certainty.

173. (a) The most appropriate option to substitute the underlined segment in the sentence 'If I was very rich, I would spend all my time and money for the poor' is 'If I were very rich'. The subjunctive mood requires using 'were' instead of 'was' in this hypothetical condition.

174. (d) The incorrectly spelled word is 'neccessity'. The correct spelling is 'necessity'.

175. (a) The most appropriate segment to substitute the underlined words in the sentence 'After he leave, we discussed his suggestion' is 'he had left'. This corrects the tense and maintains proper grammar.

176. **(b)** The one-word substitute for 'An area/place in which dead bodies are buried' is 'cemetery'. A cemetery is a place where deceased individuals are interred.

177. **(a)** The segment with the spelling error in the sentence 'The dried raisons have an intoxicating effect on humans as well as flora and fauna' is 'raisins'. The correct spelling should be 'raisins'.

178. **(c)** The most appropriate synonym for the word 'mourn' is 'grieve'. It means to feel or show deep sorrow or regret for someone or something.

179. **(b)** The idiom 'To leave no stone unturned 'means' 'To do everything possible to (achieve something)'. When someone leaves no stone unturned, they make every effort, explore all options, and exhaust all possibilities to achieve their goal.

180. **(b)** The incorrectly spelled word in the sentence 'Every season the river overflows its banks and when it goes down it leaves silt for crops to be gruwn' is 'gruwn'. The correct spelling is 'grown'.

181. **(d)** The antonym of the word 'oral' is 'inscribed'. While 'oral' refers to spoken communication, 'inscribed' relates to written or engraved words.

182. **(c)** The correct spelling to rectify the error in the sentence 'The phone rang. but nobody awnsered is 'answered'. So the corrected sentence would be 'The phone rang, but nobody answered'.

183. **(b)** The antonym of the word 'convalesce' is 'collapse'. While 'convalesce' means to recover or recuperate, 'collapse' refers to a sudden failure or breakdown.

184. **(b)** The phrase 'since 2002' indicates an action that started in the past and continous to the present. For such situations, we use the present perfect continuous tense, not the present continuous. So the correct sentence is 'I have been working with him. ......'.

185. **(c)** 'Resolve' means to settle or find a solution to something. Questions (as a verb or noun) implies doubt, incertainty, or lock of resolution, which is the opposite of 'resolving'.

186. **(d)** The idiomatic expression that can substitute the underlined segment in the sentence 'He is very strict with his students but good-natured' is 'his heart is in the right place'. This expression conveys that despite being strict, he has good intentions.

187. **(b)** The most appropriate idiom to fill in the blank in the sentence 'John was always about becoming a millionaire without doing an hard work' is 'building castles in the air'. It means having unrealistic dreams or plans.

188. **(c)** To improve the underlined part of the sentence 'My friend vanished when the goons came to fight with me,' the option that works best is 'disappeared when the thugs arrived'. This choice maintains clarity and conciseness.

189. **(d)** The synonym for the underlined word in the sentence is 'censure'. It means expressing strong disapproval or criticism.

190. **(d)** The segment that contains a grammatical error in the sentence is 'lonely in'. The correct form should be 'alone in' to convey the intended meaning.

191. **(c)** The correct option to fill the blank no. 1 is 'reason'.

192. **(a)** The correct option to fill the blank no. 2 is 'when'.

193. **(b)** The correct option to fill the blank no. 3 is 'other'.

194. **(c)** The correct option to fill the blank no. 4 is 'more'.

195. **(b)** The correct option fill the blank no. 5 is 'with'.

196. **(a)** The most appropriate title for this passage would be 'The Humorous Quirks of Pirates'. The passage highlights various amusing aspects of pirates, making this title fitting.

197. **(d)** The tone of the passage is 'Humorous'. The author playfully discusses pirate quirks and language, creating a lighthearted atmosphere.

198. **(d)** Pirates wear eyepatches not because they lost an eye in battle, but rather 'to' maintain night vision in both eyes'. The passage explains this practical reason behind the eyepatch tradition.

199. **(a)** A common phrase used in pirate language is 'Shiver me timbers'. This expression is part of their unique vocabulary.

200. **(d)** One of the pirate quirks mentioned in the passage is 'their tendency to forget where they buried their treasure'. Despite spending significant time searching for gold, they often end up misplacing it.

पेपर-1

SSC CPO SI सॉल्वड पेपर

27 जून 2024 (शिफ्ट II)

निर्देश

1. इस पेपर में 200 प्रश्न हैं।
2. इसमें 4 भाग हैं, **भाग 1** सामान्य बुद्धि एवं तर्कशक्ति, **भाग 2** सामान्य ज्ञान एवं सामान्य जागरुकता, **भाग 3** मात्रात्मक योग्यता और **भाग 4** अंग्रेजी
3. प्रत्येक प्रश्न **1 अंक** का है।

अधिकतम अंक : 200 **समय : 2 घण्टे**

भाग 1

सामान्य बुद्धि एवं तर्कशक्ति

1. उस विकल्प का चयन करें, जो पाँचवें अक्षर-समूह से उसी प्रकार सम्बन्धित है। जिस प्रकार, दूसरा अक्षर-समूह, पहले अक्षर-समूह से सम्बन्धित है और चौथा अक्षर-समूह, तीसरे अक्षर-समूह से सम्बन्धित है।

PURE : IDGT :: COOL : VJJM :: LIPS : ?

(a) MPIF (b) RKHO
(c) PIEM (d) KHOR

2. उस विकल्प का चयन कीजिए, जिसमें दी गई आकृति (X) उसके भाग के रूप में सन्निहित है। (घूर्णन की अनुमति नहीं है।)

प्रश्न आकृति

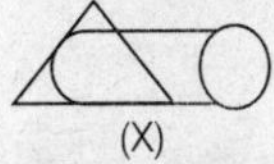

उत्तर आकृतियाँ

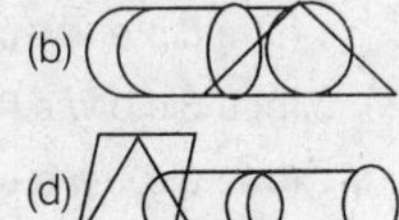

3. उस वेन-आरेख का चयन कीजिए, जो निम्नलिखित वर्गों के बीच के सम्बन्ध को सर्वोत्तम रूप से दर्शाता है।

पिता, पायलट, महिलाएँ

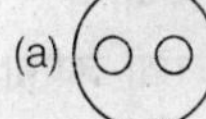

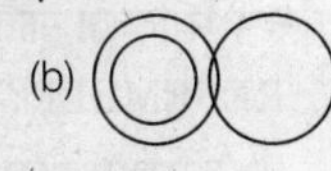

4. यदि '+' और '–' को आपस में बदल दिया जाए और '×' और '÷' को आपस में बदल दिया जाए, तो निम्नलिखित समीकरण में प्रश्नचिह्न (?) के स्थान पर क्या आएगा?

$110 \times 10 - 175 \div 5 + 29 = ?$

(a) 589 (b) 856
(c) 857 (d) 599

5. दिए गए विकल्पों में से उस संख्या का चयन करें, जो निम्नलिखित शृंखला में प्रश्नचिह्न (?) के स्थान पर आ सकती है।

1, 2, 4, 8, 10, 20, ?

(a) 22 (b) 42 (c) 24 (d) 40

6. जब दर्पण को नीचे दर्शाए गए अनुसार MN पर रखा जाता है, तो दी गई आकृति के सही दर्पण प्रतिबिम्ब का चयन कीजिए।

प्रश्न आकृति

उत्तर आकृतियाँ

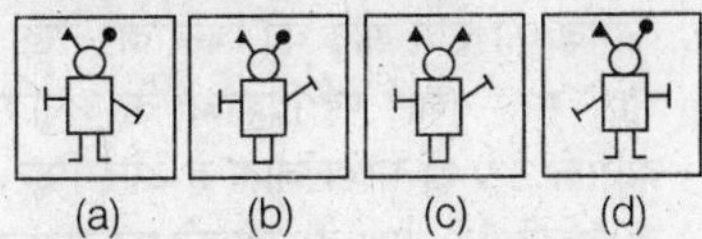

7. एक निश्चित कूटभाषा में, 'WHILE' को '2167103' और 'DEPTH' को '2314186' के रूप में लिखा जाता है। उस भाषा में, 'ROUND' कैसे लिखा जाएगा?

(a) 18, 15, 21, 15, 4 (b) 15, 11, 20, 21
(c) 17, 15, 20, 14, 5 (d) 16, 13, 19, 12, 2

8. अमन बिन्दु A से दक्षिण की ओर 5 किमी ड्राइव करता है। फिर वह बाएँ मुड़ता है और 5 किमी ड्राइव करता है। फिर वह दाएँ मुड़ता है और 5 किमी ड्राइव करता है। वह फिर से दाएँ मुड़ता है और 10 किमी ड्राइव करता है। अन्त में वह दाएँ मुड़ता है और बिन्दु B तक पहुँचने के लिए 10 किमी ड्राइव करता है। बिन्दु A पर लौटने के लिए उसे कितना और किस दिशा में ड्राइव करना होगा? (सभी मोड़ केवल 90° के मोड़ हैं)

(a) उत्तर दिशा में 5 किमी
(b) पश्चिम दिशा में 5 किमी
(c) दक्षिण दिशा में 5 किमी
(d) पूर्व दिशा में 5 किमी

9. अंग्रेजी वर्णमाला क्रम पर आधारित, निम्नलिखित चार अक्षर-समूहों में से तीन किसी निश्चित तरीके से समान हैं और इस प्रकार एक समूह बनाते हैं। किस अक्षर-समूह का सम्बन्ध उस समूह से नहीं है? (**नोट** असंगत अक्षर-समूह, व्यंजनों/स्वरों की संख्या या इस अक्षर-समूह में उनकी स्थिति पर आधारित नहीं है।)

(a) GKI (b) KON
(c) MQO (d) CGE

10. दिए गए विकल्पों में से उस आकृति का चयन कीजिए, जो निम्नलिखित शृंखला में प्रश्नचिह्न (?) को तार्किक रूप से प्रतिस्थापित कर सकती है।

प्रश्न आकृतियाँ

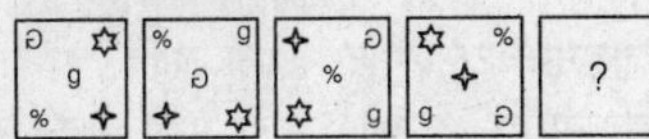

उत्तर आकृतियाँ

(a) (b) (c) (d)

11. निम्नलिखित में से कौन-सा पद दी गई शृंखला में प्रश्नचिह्न (?) को प्रतिस्थापित करेगा?

AFM, DIP, GLS, ?

(a) FHG (b) JOV
(c) REW (d) OST

12. उस विकल्प का चयन कीजिए, जो दिए गए शब्दों के सही क्रम को निरूपित करता है, जैसे कि वे अंग्रेजी शब्दकोश में दिखाई देते हैं।

1. Ferocious 2. Fervor
3. Fiction 4. Faith
5. Feign 6. Ferment

(a) 6, 5, 2, 1, 4, 3 (b) 4, 5, 6, 1, 2, 3
(c) 4, 6, 5, 2, 1, 3 (d) 6, 4, 5, 3, 2, 1

13. M, N, O, P, Q और R एक वृत्ताकार मेज के चारों ओर केन्द्र की ओर मुख करके बैठे हैं। O, M का निकटतम पड़ोसी है। O और Q के बीच केवल दो व्यक्ति बैठे हैं। P, R के बाएँ से दूसरे स्थान पर बैठा है। N, P का निकटतम पड़ोसी है। M के दाएँ से दूसरे स्थान पर कौन बैठा है?

(a) R (b) N
(c) Q (d) P

14. एक निश्चित कूटभाषा में,
'A + B' का अर्थ है कि 'A, B का पिता है';
'A − B' का अर्थ है कि 'B, A की बहन है';
'A × B' का अर्थ है कि 'A, B की पत्नी है' और
'A ÷ B' का अर्थ है कि 'A, B की माता है'।
उपरोक्त जानकारी के आधार पर, यदि 'R × S − T ÷ P + V' है, तो T का V से क्या सम्बन्ध है?

(d) दादा (b) दादी
(c) माता (d) बहन

15. उस समुच्चय का चयन करें, जिसकी संख्याएँ उसी तरह से सम्बन्धित हैं। जिस तरह निम्नलिखित समुच्चयों की संख्याएँ सम्बन्धित हैं।

(**नोट** संख्याओं को उसके घटक अंकों में तोड़े बिना, पूर्ण संख्याओं पर संक्रियाएँ की जानी चाहिए। उदाहरण के लिए संख्या 13 को लें −13 पर संक्रियाएँ, जैसे कि 13 में जोड़ना/घटाना/गुणा करना आदि, की जा सकती हैं। 13 को 1 और 3 में तोड़ने और फिर 1 और 3 पर गणितीय संक्रियाएँ करने की अनुमति नहीं है)

(108, 27, 9)
(132, 33, 11)

(a) (190, 45, 15) (b) (180, 45, 10)
(c) (180, 55, 15) (d) (180, 45, 15)

16. यदि + का अर्थ × है, − का अर्थ ÷ है, × का अर्थ − है और ÷ का अर्थ + है, तो निम्नलिखित व्यंजक का मान क्या होगा?

$9 + 7 \times 15 - 5 \div 5 = ?$

(a) 55 (b) 52
(c) 60 (d) 65

17. दिए गए विकल्पों में से उस आकृति की पहचान कीजिए, जिसे (?) के स्थान पर रखने पर श्रृंखला तार्किक रूप से पूर्ण हो जाएगी।

प्रश्न आकृतियाँ

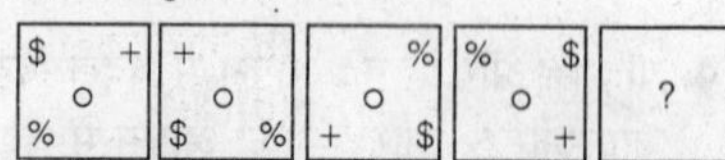

उत्तर आकृतियाँ

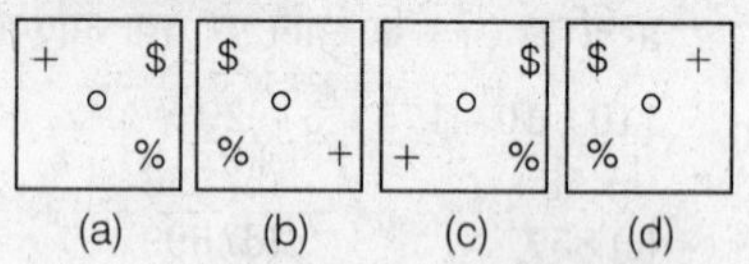

18. मनीष बिन्दु A से गाड़ी चलाना शुरू करता है और 12 किमी पूर्व की ओर गाड़ी चलाता है। फिर वह बाएँ मुड़ता है, 5 किमी गाड़ी चलाता है, बाएँ मुड़ता है और 30 किमी गाड़ी चलाता है। फिर वह बाएँ मुड़ता है और 20 किमी गाड़ी चलाता है। वह अन्तिम बार बाएँ मुड़ता है, 18 किमी गाड़ी चलाता है और बिन्दु Q पर रुकता है। बिन्दु A पर फिर से पहुँचने के लिए उसे कितनी दूर (न्यूनतम दूरी) और किस दिशा में गाड़ी चलानी चाहिए? (सभी मोड़ केवल 90° मोड़ वाले हैं)

(a) उत्तर की ओर 15 किमी
(b) दक्षिण की ओर 15 किमी
(c) दक्षिण की ओर 10 किमी
(d) उत्तर की ओर 10 किमी

19. कागज की एक शीट को बिन्दीदार रेखा के साथ-साथ दर्शाई गई दिशाओं के अनुदिश क्रमिक रूप से मोड़ा जाता है और फिर अन्त में छेद किया जाता है। खोलने पर यह कागज कैसा दिखेगा?

प्रश्न आकृतियाँ

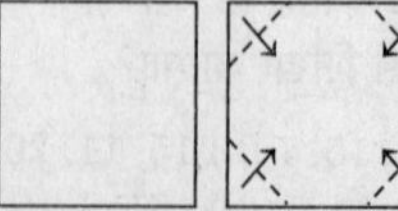

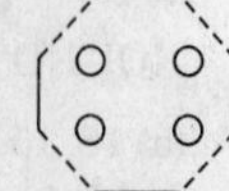

उत्तर आकृतियाँ

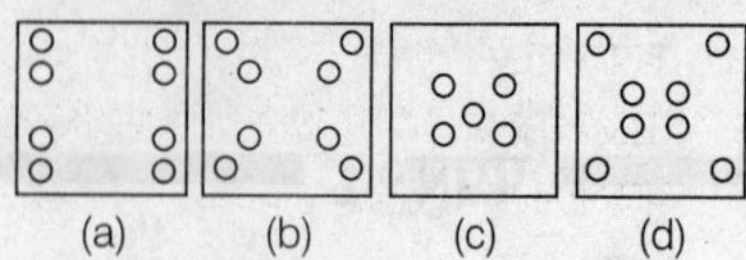

20. एक निश्चित कूटभाषा में, 'join the class' को 'yq pt dm' और 'the music class' को 'rj yq dm' लिखा जाता है। दी गई भाषा में 'music' को कैसे लिखा जाता है?

(a) yg (b) dm (c) pt (d) rj

21. एक कूटभाषा में, 'COOL' को 'EMQJ' के रूप में लिखा जाता है और 'CARD' को 'EYTB' के रूप में लिखा जाता है। इसी कूटभाषा में, 'STAR' को कैसे लिखा जाएगा?

(a) URCP (b) UCPR
(c) PCUR (d) URPC

22. दर्पण को चित्र में दिखाए अनुसार MN पर रखे जाने पर दी गई आकृति के सही दर्पण प्रतिबिम्ब का चयन करें।

प्रश्न आकृति

M
7GJ3de
N

उत्तर आकृतियाँ

(a) (b)
(c) (d)

23. जब दर्पण को नीचे दर्शाए गए अनुसार MN पर रखा जाता है, तो दी गई आकृति के सही दर्पण प्रतिबिम्ब का चयन कीजिए।

प्रश्न आकृति

M
Jawpe3s
N

उत्तर आकृतियाँ

(a)
(b)
(c)
(d)

24. एक निश्चित कूटभाषा में, 'FAVORITE' को 'ETIROVAF' के रूप में लिखा जाता है और 'MINIMIZE' को 'EZIMINIM' के रूप में लिखा जाता है। उसी भाषा में, 'RESEMBLE' को कैसे लिखा जाएगा?

(a) ERESLMBE (b) ELBRESEM
(c) ERLBMESR (d) ELBMESER

25. एक कूटभाषा में, 'HAND' को 'GYMB' के रूप में लिखा जाता है और 'FOOD' को 'EMNB' के रूप में लिखा जाता है। इसी कूटभाषा में "TEXT" को कैसे लिखा जाएगा?

(a) SWRC (b) SCRW
(c) RWSC (d) SCWR

26. एक निश्चित तर्क का अनुसरण करते हुए 36, 70 से सम्बन्धित है। उसी तर्क का अनुसरण करते हुए, 41, 80 से सम्बन्धित है। उसी तर्क का उपयोग करते हुए निम्नलिखित में से कौन-सी संख्या 76 से सम्बन्धित है?

(a) 37 (b) 38 (c) 42 (d) 39

27. एक पासे के फलकों पर संख्याएँ 4, 8, 12, 16, 20 और 24 अंकित हैं। एक ही पासे की दो स्थितियाँ नीचे दी गई हैं। कौन-सा फलक, फलक 16 के विपरीत है?

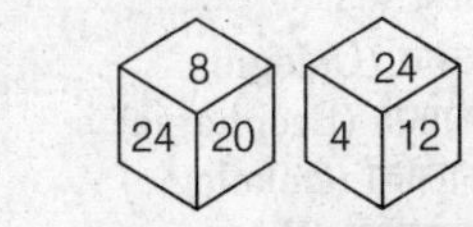

(a) 12 (b) 4 (c) 8 (d) 24

28. दो कथन दिए गए हैं, जिसके बाद दो निष्कर्ष I और II दिए गए हैं। कथनों को सत्य मानते हुए, भले ही वे सामान्य रूप से ज्ञात तथ्यों से भिन्न प्रतीत होते हों, निर्धारित करें कि कौन-सा/से निष्कर्ष कथनों का तार्किक रूप से अनुसरण करता है/करते हैं।

कथन
सभी टैबलेट, दवाएँ हैं।
कुछ दवाएँ, मरहम हैं।

निष्कर्ष
I. कुछ टैबलेट, मरहम हैं।
II. सभी मरहम, दवाएँ हैं।

(a) निष्कर्ष I और II दोनों अनुसरण करते हैं
(b) केवल निष्कर्ष II अनुसरण करता है
(c) केवल निष्कर्ष I अनुसरण करता है
(d) न तो निष्कर्ष I और न ही II अनुसरण करता है

29. उस समुच्चय का चयन करें, जिसकी संख्याएँ उसी तरह से सम्बन्धित हैं, जिस तरह निम्नलिखित समुच्चयों की संख्याएँ सम्बन्धित हैं।

(**नोट** संख्याओं को उसके घटक अंकों में तोड़े बिना, पूर्ण संख्याओं पर संक्रियाएँ की जानी चाहिए। उदाहरण के लिए संख्या 13 को लें — 13 पर संक्रियाएँ, जैसे कि 13 में जोड़ना/घटाना/गुणा करना आदि, की जा सकती हैं। 13 को 1 और 3 में तोड़ने और फिर 1 और 3 पर गणितीय संक्रियाएँ करने की अनुमति नहीं है)

(144, 12, 24)
(216, 18, 36)

(a) (320, 27, 54) (b) (324, 29, 54)
(c) (324, 27, 54) (d) (324, 27, 50)

30. निम्नलिखित में से कौन-सी संख्या दी गई शृंखला में प्रश्नचिह्न (?) को प्रतिस्थापित करेगी?

49, 90, 154, ?, 347

(a) 273 (b) 248
(c) 239 (d) 256

31. एक निश्चित कूटभाषा में,
'A + B' का अर्थ है 'A, B का पिता है',
'A – B' का अर्थ है 'A, B का पति है',
'A × B' का अर्थ है 'A, B की माँ है',
'A ÷ B' का अर्थ है 'A, B का भाई है'।
यदि 'P + Q – R × S ÷ T' है, तो P का T से क्या सम्बन्ध है?

(a) मामा (b) चाचा/ताऊ
(c) दादा (d) नाना

32. दो कथन दिए गए हैं, जिनके बाद दो निष्कर्ष I और II दिए गए हैं। कथनों को सत्य मानते हुए, भले ही वे सामान्य रूप से ज्ञात तथ्यों से भिन्न प्रतीत होते हों, निर्धारित करें कि कौन-सा/से निष्कर्ष कथनों का तार्किक रूप से अनुसरण करता है/करते हैं।

कथन
सभी अनानास, पपीते हैं।
सभी पपीते, नाशपाती हैं।

निष्कर्ष
I. सभी अनानास, नाशपाती हैं।
II. कुछ नाशपाती अनानास हैं।

(a) न तो निष्कर्ष I अनुसरण करता है और न ही II अनुसरण करता है
(b) निष्कर्ष I और II दोनों अनुसरण करते हैं
(c) केवल निष्कर्ष I अनुसरण करता है
(d) केवल निष्कर्ष II अनुसरण करता है

33. उस विकल्प का चयन कीजिए, जिसमें संख्याएँ वही सम्बन्ध साझा करती हैं, जो संख्याओं के दिए गए युग्म द्वारा साझा किया जाता है।

40 – 9

(a) 100-6 (b) 90-4
(c) 120-4 (d) 60-5

34. दिए गए समीकरण को सही बनाने के लिए कौन-से दो चिह्नों को परस्पर बदलना चाहिए?

$5 + 156 - 12 \times 15 \div 15 = 185$

(a) + और × (b) × और –
(c) – और + (d) ÷ और –

35. एक कूटभाषा में, 'HELLO' को 83 के रूप में कूटबद्ध किया जाता है और 'SHELL' को 79 के रूप में कूटबद्ध किया जाता है। उसी भाषा में, 'MATCH' को किस प्रकार कूटबद्ध किया जाएगा?

(a) 92 (b) 90 (c) 96 (d) 87

36. उस समुच्चय का चयन करें, जिसमें दी गई संख्याएँ आपस में उसी प्रकार सम्बन्धित हैं, जिस प्रकार प्रश्न में दिए गए समुच्चय की संख्याएँ आपस में सम्बन्धित हैं।

(**ध्यान दें** संख्याओं को उनके घटक अंकों में तोड़े बिना, पूर्ण संख्याओं पर गणितीय संक्रियाएँ की जानी चाहिए। जैसे, 13 के मामले में # 13 पर की जाने वाली विभिन्न गणितीय संक्रियाएँ जैसे 13 में जोड़ना/घटाना/गुणा करना आदि 13 पर की जा सकती हैं। लेकिन, 13 को 1 और 3 में तोड़ने और फिर 1 और 3 पर गणितीय संक्रियाएँ करने की अनुमति नहीं है।)

(76, 152, 38)
(84, 168, 42)

(a) (84, 178, 42) (b) (62, 132, 33)
(c) (68, 136, 34) (d) (96, 184, 46)

37. यदि 'A' का अर्थ '÷' है, 'B' का अर्थ '×' है, 'C' का अर्थ '+' है और 'D' का अर्थ '–' है, तो निम्नलिखित समीकरण में प्रश्नचिह्न (?) के स्थान पर क्या आएगा?

70 D 11 B 5 C 45 A 9 = ?

(a) 20 (b) 25
(c) 15 (d) 10

38. निम्नलिखित में से कौन-सी संख्या, दी गई शृंखला में प्रश्नचिह्न (?) के स्थान पर आएगी?

2, ?, ?, 17, 26, 37, 50, 65, 82

(a) 5, 10 (b) 3, 4
(c) 2, 5 (d) 3, 5

39. निम्नलिखित में से कौन-सा अक्षर समूह प्रश्नचिह्न (?) का स्थान लेगा और दी गई शृंखला को पूरा करेगा?

TWEZ, XBYG, ?, FLMU, JQGB

(a) TWKN (b) TWEH
(c) BJEN (d) BGSN

40. यदि + का अर्थ – है, – का अर्थ × है, × का अर्थ ÷ है, ÷ का अर्थ + है, तो दिए गए समीकरण में प्रश्नचिह्न (?) के स्थान पर क्या आएगा?

$168 \times 14 - 8 + 90 \div 4 = ?$

(a) 10 (b) 15 (c) 20 (d) 18

41. उस वेन आरेख का चयन कीजिए, जो निम्नलिखित वर्गों के बीच के सम्बन्ध को सर्वश्रेष्ठ रूप से दर्शाता है।
संगीत वाद्ययन्त्र, कथक, जाइलोफोन।

(a) 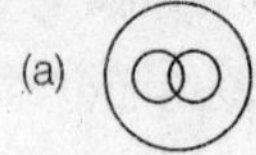 (b) 

(c)  (d)

42. निम्नलिखित में से कौन-से अक्षर दी गई श्रृंखला में प्रश्नचिह्न (?) को क्रमिक रूप से प्रतिस्थापित करेंगे?

G, Z, I, X, K, V, ?, ?

(a) Q, R (b) L, N
(c) M, S (d) M, T

43. जब दर्पण को नीचे दर्शाए गए अनुसार MN पर रखा जाता है, तो दी गई आकृति के सही दर्पण प्रतिबिम्ब का चयन कीजिए।

प्रश्न आकृति

M

R p 3 7 a w

N

उत्तर आकृतियाँ

(a) w ɒ ٢ Ɛ q Я
(b) ʍ ɐ 3 ⅃ d ᴚ
(c) ʍ ɒ ٢ Ɛ q R
(d) w ɒ 3 7 q Я

44. एक पासे के फलकों पर 5, 6, 7, 8, 9 और 10 संख्याएँ अंकित हैं। उसी पासे की दो स्थितियाँ नीचे दी गई हैं। 6 वाले फलक के विपरीत कौन-सा फलक है?

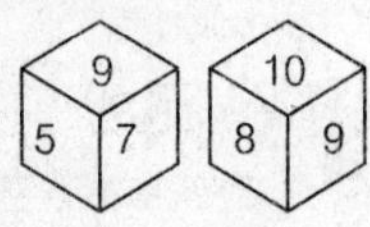

(a) 10 (b) 8
(c) 9 (d) 5

45. उस विकल्प का चयन कीजिए, जो दिए गए शब्दों के उस सही क्रम को दर्शाता है, जिस क्रम में वे अंग्रेजी शब्दकोश में दिखाई देते हैं।

1. Elate 2. Election
3. Elbow 4. Elastic
5. Electoral

(a) 1, 3, 4, 2, 5 (b) 1, 4, 5, 2, 3
(c) 4, 1, 3, 2, 5 (d) 4, 3, 2, 1, 5

46. विकल्पों में से उस आकृति की पहचान करें, जिसे प्रश्नचिह्न (?) के स्थान पर रखे जाने पर श्रृंखला तार्किक रूप से पूर्ण हो जाएगी।

प्रश्न आकृतियाँ

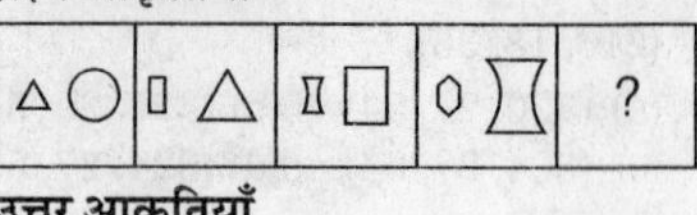

उत्तर आकृतियाँ

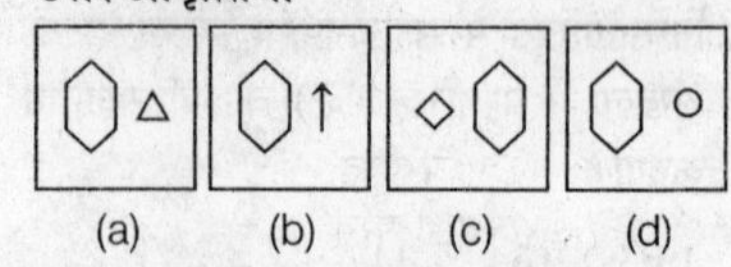

47. गणितीय चिह्नों के उस सही संयोजन का चयन कीजिए, जिसे क्रमिक रूप से * चिह्नों के स्थान पर रखने पर दिया गया समीकरण सन्तुलित हो जाएगा।

16 * 17 * 14 * 2 * 3 * 251

(a) ×, –, ÷, ×, = (b) ×, –, +, ×, =
(c) –, –, ÷, ×, = (d) ×, –, ÷, –, =

48. निम्नलिखित में से कौन-सी संख्या दी गई श्रृंखला में प्रश्नचिह्न (?) को प्रतिस्थापित करेगी?

31, 33, 37, 43, 51, ?

(a) 61 (b) 81 (c) 71 (d) 51

49. यदि + और – को आपस में बदल दिया जाए, साथ ही 5 और 18 को भी आपस में बदल दिया जाए, तो प्रश्नचिह्न (?) के स्थान पर क्या आएगा?

5 – 18 + 12 = ?

(a) 13 (b) 12 (c) 10 (d) 11

50. उस विकल्प का चयन करें, जो पाँचवें अक्षर-समूह से उसी प्रकार सम्बन्धित है, जिस प्रकार दूसरा अक्षर-समूह, पहले अक्षर-समूह से सम्बन्धित है और चौथा अक्षर-समूह, तीसरे अक्षर-समूह से सम्बन्धित है।

FREE : GTHI :: GAPS : HCSW :: SOAR : ?

(a) TQDU (b) TQEV
(c) TRDV (d) TQDV

भाग 2

सामान्य ज्ञान एवं सामान्य जागरुकता

51. निम्नलिखित में से कौन-सा विकल्प सही ढंग से सुमेलित है?

(a) शाकाहारी - द्वितीयक उपभोक्ता
(b) सर्वाहारी - हरे पौधे
(c) माँसाहारी - प्राथमिक उपभोक्ता
(d) अपघटक - बैक्टीरिया

52. टेस्ट मैच क्रिकेट में एक ओवर में सर्वाधिक रन बनाने वाला खिलाड़ी कौन है?

(a) जसप्रीत बुमराह (b) ब्रायन लारा
(c) विराट कोहली (d) कपिल देव

53. निम्नलिखित में से कौन-सा लोकनृत्य गोवा से सम्बन्धित नहीं है?

(a) धनगर (b) घुमुरा
(c) दशावतार (d) देखनी

54. निम्नलिखित में से कौन-सा/से कथन निजी वस्तुओं के सम्बन्ध में सत्य है/हैं?

I. खपत में प्रतिद्वन्द्विता
II. गैर-बहिष्कृतता
III. ऋणात्मक सीमान्त लागत

कूट

(a) केवल I (b) केवल II
(c) केवल III (d) II और III दोनों

55. 1866 ई. में अर्न्स्ट हेक्केल (Ernst Haeckel) द्वारा पहली बार किस ग्रीक शब्द का उपयोग कार्बनिक और अकार्बनिक पर्यावरण दोनों के साथ जन्तुओं वे सम्बन्ध को सन्दर्भित करने में किया गया था?

(a) ऊलोजी (Oologie)
(b) इकोफेगी (Ecophagie)
(c) एकोलॉजी (Oekologie)
(d) एथनोलॉजी (Ethnologie)

56. ए लाइफ अपार्ट (A Life Apart) किसकी आत्मकथा है?

(a) प्रभा खेतान (b) मन्नू भण्डारी
(c) विनीता अग्रवाल (d) बिन्दु भट्ट

57. गाजर में मौजूद प्रो-विटामिन A या कैंसररोधी यौगिक क्या कहलाता है?

(a) डेल्टा-टरपीन्स (b) अल्फा-रेजिन
(c) बीटा-कैरोटीन (d) अल्फा-टरपीनॉयड

58. निम्नलिखित में से कौन-सा कथन हरित क्रान्ति के सन्दर्भ में सत्य है?

(a) इसकी खेती की विधि में पानी की कम मात्रा की आवश्यकता होती है
(b) इसमें जैविक उर्वरकों और कीटनाशकों का उपयोग शामिल था
(c) इसमें अधिक उपज देने वाले किस्म के बीजों का उपयोग शामिल था
(d) इसका लक्ष्य मुख्य रूप से दलहन उत्पादक क्षेत्र थे

59. 'PM-SYM' का पूर्ण रूप क्या है?

(a) Pradhan Mantri Shrestha Yojana Mulyankan (प्रधानमन्त्री श्रेष्ठ योजना मूल्यांकन)
(b) Pradhan Mantri Mukhiya Suraksha Yojana (प्रधानमन्त्री मुखिया सुरक्षा योजना)
(c) Pradhan Mantri Sanyukt Yojana Man-dhyan (प्रधानमन्त्री संयुक्त योजना मन-ध्यान)
(d) Pradhan Mantri Shram Yogi Maan-dhan (प्रधानमन्त्री श्रम योगी मान-धन)

60. भारत में उष्णकटिबन्धीय सदाबहार वन निम्नलिखित में से किस क्षेत्र में पाए जाते हैं?

(a) पूर्वी घाट (b) थार मरुस्थल
(c) पश्चिमी घाट (d) कच्छ का रण

61. भारतीय संविधान के किस अनुच्छेद में राज्य विधानमण्डल के सदन (या सदनों) में अभिभाषण करने और सन्देश भेजने के राज्यपाल के अधिकार के बारे में उल्लेख है?

(a) अनुच्छेद 175 (b) अनुच्छेद 171
(c) अनुच्छेद 172 (d) अनुच्छेद 176

62. कौन-सा क्षेत्र अर्थव्यवस्था में आधुनिकीकरण और स्थिर रोजगार को बढ़ावा देता है?

(a) ऊर्जा क्षेत्र (b) कृषि क्षेत्र
(c) सेवा क्षेत्र (d) औद्योगिक क्षेत्र

63. भारत में एक राजनीतिक दल के रूप में मान्यता प्राप्त करने के लिए आवश्यक शर्तों के सम्बन्ध में निम्नलिखित में से कौन-सा/से कथन सही है/हैं?

A. यदि किसी राजनीतिक दल को चार या अधिक राज्यों में एक मान्यता प्राप्त राजनीतिक दल के रूप में माना जाता है, तो इसे पूरे भारत में एक राष्ट्रीय दल के रूप में जाना जाएगा।
B. यदि किसी राजनीतिक दल को चार से कम राज्यों में एक मान्यता प्राप्त राजनीतिक दल के रूप में माना जाता है, तो इसे उस राज्य या राज्यों में एक राज्य दल के रूप में जाना जाएगा, जिसमें/जिनमें इसे मान्यता प्राप्त है।
C. राष्ट्रीय दलों को नामांकन दाखिल करने के लिए केवल एक प्रस्तावक की आवश्यकता होती है और वे मतदाता सूची के दो सेट मुफ्त पाने के भी हकदार होते हैं।

कूट

(a) B और C (b) A और C
(c) A और B (d) A, B और C

64. 16 अगस्त, 1904 को साप्ताहिक पत्रिका इत्तेहाद में प्रकाशित देशभक्ति गीत 'सारे जहाँ से अच्छा हिन्दोस्तान हमारा' किसने लिखा था?

(a) चन्द्रशेखर आज़ाद (b) सरदार भगत सिंह
(c) रवीन्द्रनाथ टैगोर (d) मुहम्मद इकबाल

65. 'टुथ, लव एण्ड ए लिटिल मैलिस' (Truth, Love and a Little Malice) किसकी आत्मकथा है?

(a) सत्यजीत रे (b) अर्जुन सिंह
(c) फूलन देवी (d) खुशवन्त सिंह

66. लिबेरो (libero) शब्द का प्रयोग ………… में किया जाता है।

(a) वॉलीबॉल (b) बास्केटबॉल
(c) स्नूकर (d) बैडमिण्टन

67. निम्नलिखित में से कौन-सी एपिलिमनियन की विशेषता है?

(a) तालाब की मध्य परत
(b) झील की निचली परत
(c) नदी की निचली परत
(d) ऊष्मीय रूप से स्तरीकृत झील में सबसे ऊपरी परत

68. भारतीय संविधान के निम्नलिखित में से किस भाग को सामान्यत: 'भारत का मैग्नाकार्टा' कहा जाता है?

(a) भाग III (b) भाग I
(c) भाग IV (d) भाग II

69. भारतीय संविधान के किस अनुच्छेद में उल्लेख है कि सर्वोच्च न्यायालय द्वारा घोषित कानून भारत के राज्यक्षेत्र के भीतर सभी अदालतों पर बाध्यकारी होगा?

(a) अनुच्छेद 151 (b) अनुच्छेद 141
(c) अनुच्छेद 137 (d) अनुच्छेद 147

70. निम्नलिखित में से किसने दरबार में 'सिजदा' (साष्टांग प्रणाम) और 'पैबोस' (सम्राट के पैर चूमना) की रस्म शुरू की?

(a) अलाउद्दीन खिलजी (b) मुहम्मद-बिन-तुगलक
(c) गयासुद्दीन बलबन (d) इल्तुतमिश

71. लॉर्ड डलहौजी द्वारा अवध का विलय किस वर्ष किया गया था?

(a) 1856 (b) 1858 (c) 1857 (d) 1850

72. आइस हॉकी एसोसिएशन ऑफ इण्डिया (IHAI) के पुरुषों के लिए राष्ट्रीय आइस हॉकी चैम्पियनशिप (2023) का 12वाँ संस्करण ……… में आयोजित किया गया था।

(a) लद्दाख (b) जम्मू और कश्मीर
(c) हिमाचल प्रदेश (d) उत्तराखण्ड

73. आरक्षित निधि अनुपात और मुद्रा आपूर्ति में ………. है।

(a) एक रैखिक सम्बन्ध
(b) कोई सम्बन्ध नहीं
(c) एक सममित सम्बन्ध
(d) एक नकारात्मक सम्बन्ध

74. निम्नलिखित में से कौन-सा पॉलीहैलोजन यौगिक फ्रीऑन रेफ्रिजरेंट R-22 के उत्पादन में उपयोग किया जाता है?

(a) डाइक्लोरोडाइफेनिलट्राइक्लोरोइथेन
(b) क्लोरोफार्म
(c) मेथिलीन क्लोराइड
(d) कार्बन टेट्रा क्लोराइड

75. $CaCO_3$ और अन्य सामग्रियों का वह निक्षेपण पैटर्न क्या कहलाता है, जो चूना पत्थर की गुफा के तल से ऊपर की ओर बढ़ता है?

(a) ड्रिपस्टोन (b) स्टेलक्टाइट
(c) हेटेक्टाइट (d) स्टेलग्मटाइट

76. भारत में, 'वसन्त', 'ग्रीष्म' और 'वर्षा', ……. के नाम हैं।

(a) स्थानीय तूफ़ानों (b) स्थानीय हवाओं
(c) चक्रवातों (d) पारम्परिक ऋतुओं

77. जून, 2023 तक प्राप्त जानकारी के अनुसार, निम्नलिखित में से कौन-सा भारत का सबसे लम्बा रेलमार्ग है?

(a) डिब्रूगढ़-कन्याकुमारी
(b) जम्मू तवी-कन्याकुमारी
(c) गुवाहाटी-त्रिवेन्द्रम
(d) अमृतसर- कोचुवेली

78. जून, 2023 तक, कुल यात्रियों की संख्या के मामले में निम्नलिखित में से कौन-सा भारत का सबसे बड़ा हवाई अड्डा है?

(a) मुम्बई का छत्रपति शिवाजी अन्तर्राष्ट्रीय हवाई अड्डा
(b) सरदार वल्लभभाई पटेल अन्तर्राष्ट्रीय हवाई अड्डा
(c) इन्दिरा गाँधी अन्तर्राष्ट्रीय हवाई अड्डा
(d) नेताजी सुभाषचन्द्र बोस अन्तर्राष्ट्रीय हवाई अड्डा

79. संगीत नाटक अकादमी पुरस्कार, 2003 प्राप्त करने वाली थियम सूर्यमुखी देवी को ……… में उनके योगदान के लिए जाना जाता है।

(a) ओडिसी नृत्य (b) मणिपुरी नृत्य
(c) गोटीपुआ नृत्य (d) कथक नृत्य

80. हैलोजन के बाह्यतम कोश में पाए जाने वाले इलेक्ट्रॉनों की संख्या की पहचान कीजिए।

(a) सात (b) एक (c) दो (d) पाँच

81. ब्रिटिश भारत में 1833 के चार्टर अधिनियम के अन्तर्गत, निम्नलिखित में से किस देश के साथ व्यापार पर ईस्ट इण्डिया कम्पनी का एकाधिकार समाप्त कर दिया गया था?

(a) चीन (b) श्रीलंका
(c) बर्मा (d) नेपाल

82. निम्नलिखित में से किसका प्रयोग 1 एम्पीयर का मान निर्धारित करने के लिए किया जाता है?

(a) A = 1C/s (b) A = 2 C/s
(c) C = A x 2s (d) C = A/2s

83. भारत के निम्नलिखित में से किस राज्य में फसल उत्सव, ओणम मुख्य रूप से मनाया जाता है?

(a) ओडिशा (b) केरल
(c) मध्य प्रदेश (d) सिक्किम

84. भारत के द्वीपों के सम्बन्ध में सही कथनों का चयन कीजिए।

1. लक्षद्वीप द्वीप समूह प्रवाल द्वीपों से बने हैं।
2. अण्डमान और निकोबार द्वीप समूह प्रवाल द्वीपों से बने हैं।
3. ऐसा माना जाता है कि लक्षद्वीप द्वीपसमूह अन्त समुद्री पर्वतों का एक उच्चस्तरीय भाग है।
4. ऐसा माना जाता है कि अण्डमान और निकोबार द्वीप समूह अन्त:समुद्री पर्वतों का एक उच्चस्तरीय भाग है।

कूट

(a) 2 और 3 (b) 1 और 4
(c) 1 और 2 (d) 3 और 4

85. भारतीय संविधान के मौलिक कर्त्तव्यों का उल्लेख किस अनुच्छेद में किया गया है?

(a) अनुच्छेद 42 A (b) अनुच्छेद 42
(c) अनुच्छेद 51 (d) अनुच्छेद 51 A

86. क्रिकेट के खेल में मैदान से स्टम्प की ऊँचाई कितनी होती है?

(a) 25 इंच (b) 27 इंच (c) 28 इंच (d) 26 इंच

87. निम्नलिखित में से कौन-सी वैश्वीकरण की एक विशेषता है?

(a) आत्मनिर्भरता
(b) आयात लाइसेंसिंग का उदारीकरण
(c) सार्वजनिक क्षेत्र के विस्तार पर प्रतिबन्ध
(d) विनिवेश

88. दी गई आकृति में ऐरोमैटिक यौगिक का नाम क्या है?

(a) ट्रोपोन (b) नैफ्थैलीन
(c) साइक्लोहेक्सीन (d) टेट्राहाइड्रोफ्यूरेन

89. निम्नलिखित पद्म विभूषण पुरस्कार विजेताओं में से कौन कथक के कालका-बिन्दादीन घराने से सम्बन्धित है?

(a) सितारा देवी (b) केलुचरण महापात्र
(c) दमयन्ती देवी (d) बिरजू महाराज

90. पद्मश्री पुरस्कार से सम्मानित भजन सोपोरी एक ····· वादक हैं।

(a) तबला (b) सन्तूर
(c) वायलिन (d) सितार

91. निम्नलिखित में से किस संविधान से भारतीय संविधान में 'मौलिक अधिकारों के चार्टर' का विचार अपनाया गया है?

(a) संयुक्त राज्य अमेरिका का संविधान
(b) ब्राजील का संविधान
(c) स्पेनिश संविधान
(d) फ्रांसीसी संविधान

92. निम्नलिखित में से किसे बहमनी शासक, हुमायूँ शाह द्वारा व्यापारियों के प्रमुख या मलिकुत-तुज्जर की उपाधि प्रदान की गई थी?

(a) अहमद तृतीय
(b) यूसुफ आदिल शाह
(c) अलादीन इमाद शाह
(d) महमूद गवाँ

93. ऋग्वैदिक संहिता में कितने मण्डल हैं?

(a) 20 (b) 10 (c) 12 (d) 11

94. वर्ष 1905 में, थॉमस चेम्बरलेन के साथ किसने यह निष्कर्ष निकाला था कि सौर मण्डल के ग्रहों की उत्पत्ति सूर्य और एक-दूसरे तारे के बीच टकराव से हुई है?

(a) चार्ल्स लियेल (b) इंगे लेहमन
(c) फॉरेस्ट मौलटन (d) जेम्स हटन

95. भारत की जनगणना 2011 के अनुसार राष्ट्रीय महिला श्रमबल भागीदारी दर (female workforce participation rate) क्या है?

(a) 30.02% (b) 53.26%
(c) 53.03% (d) 25.51%

96. हाइड्रोजन अणु के K कोश में कितने इलेक्ट्रॉन होते हैं?

(a) 4 (b) 2
(c) 3 (d) 1

97. निम्नलिखित में से किसे मणिपुरी नृत्य में उनके योगदान के लिए पद्मश्री पुरस्कार से सम्मानित किया गया है?

(a) शोभना नारायण (b) मृणालिनी साराभाई
(c) दर्शना झावेरी (d) अदिति राव हैदरी

98. अम्बुबाची मेला (Ambubachi fair) निम्नलिखित में से किस राज्य में मनाया जाता है?

(a) मिजोरम (b) मणिपुर
(c) असम (d) नागालैण्ड

99. निम्नलिखित भारतीय संगीतकारों में से कौन हिन्दुस्तानी संगीत के क्षेत्र में रागों को दस थाटों में वर्गीकृत करने के लिए उनके योगदान के लिए जाना जाता है?

(a) अलाउद्दीन खान
(b) पण्डित विष्णु नारायण भातखण्डे
(c) अब्दुल करीम खान
(d) पण्डित विष्णु दिगम्बर पलुस्कर

100. विजय किचलू ········ से सम्बन्धित हैं।

(a) पटियाला घराना
(b) ग्वालियर घराना
(c) आगरा घराना
(d) भिण्डी बाजार घराना

भाग 3

मात्रात्मक योग्यता

101. निम्नलिखित को सरल कीजिए।

$9^{18} \div 3^{14}$ का $27^3 \times \sqrt{6561}$

(a) 3^{18} (b) 3^{16} (c) 3^{15} (d) 3^{17}

102. अरविन्द, सुरेश से 4 गुना तेजी से काम करता है। यदि सुरेश स्वतन्त्र रूप से किसी कार्य को 20 दिन में पूरा कर सकता है, तो अरविन्द और सुरेश मिलकर उस कार्य को कितने दिन में पूरा कर सकते हैं?

(a) 4 (b) 5 (c) 3 (d) 6

103. एक कक्षा में लड़कों और लड़कियों की संख्या का अनुपात 3 : 5 हैं। कक्षा में लड़कों का प्रतिशत कितना है?

(a) 12.5% (b) 37.5%
(c) 42.5% (d) 60%

104. एक परिवार की एक महीने में विभिन्न मदों में की गई बचत और व्यय को दिए गए पाई चार्ट में दर्शाया गया है। यह परिवार प्रतिमाह ₹ 8000 की बचत करता है।

एक परिवार का मासिक व्यय

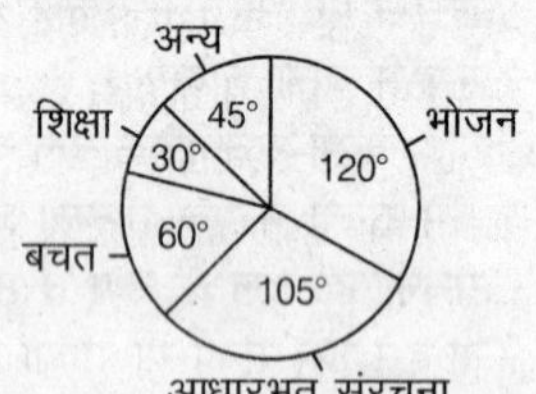

शिक्षा पर किया गया व्यय (₹ में) ज्ञात कीजिए।

(a) 2500 (b) 3000
(c) 4000 (d) 3500

105. आशु शान्त जल में 7.5 किमी प्रति घण्टा की गति से नाव चला सकता है। वह पाता है कि उसे धारा के प्रतिकूल नाव चलाने में, धारा के अनुकूल नाव चलाने में लगने वाले समय से चार गुना अधिक समय लगता है। धारा की गति ज्ञात कीजिए।

(a) 3.5 किमी/घण्टा (b) 2.5 किमी/घण्टा
(c) 1.5 किमी/घण्टा (d) 4.5 किमी/घण्टा

106. $(1 + \cot A - \operatorname{cosec} A)(1 + \tan A + \sec A) - 3(\sin^2 A + \cos^2 A)$ का मान ज्ञात कीजिए।

(a) –1 (b) 2 (c) – 2 (d) 1

107. एक घन का आयतन, एक घनाभ के आयतन का चार गुना है। यदि घनाभ की भुजाएँ 32 सेमी 8 सेमी और 4 सेमी हैं, तो घन के कुल पृष्ठीय क्षेत्रफल और घनाभ के कुल पृष्ठीय क्षेत्रफल का अनुपात ज्ञात कीजिए।

(a) 24 : 13 (b) 23 : 13
(c) 22 : 13 (d) 21 : 13

108. $8.2 + 2.6 + 3.2 - 4.5 \div 0.9 \times 1.2$ को सरल कीजिए।

(a) 10 (b) 6
(c) 4 (d) 8

109. यदि $x = 3y + 4$ है, तो $(x^3 - 27y^3 - 36xy)$ का मान क्या है?

(a) 8 (b) 1
(c) 64 (d) 27

110. $\text{cosec}\theta(1 - \cos\theta)(\text{cosec}\,\theta + \cot\theta)$ का मान ज्ञात कीजिए।

(a) 0 (b) – 1
(c) 1 (d) 2

111. एक चुनाव में सूची में सभी मतदाताओं के 46% द्वारा विजेता का समर्थन किया गया था और उसे अपने एकमात्र प्रतिद्वन्द्वी से 410 वोट अधिक मिले। मतदाता सूची के 10% मतदाताओं ने वोट नहीं डाले और 60 मतदाताओं ने अपने मतपत्र खाली डाल दिए। सूची में कितने मतदाता थे?

(a) 15750 (b) 17445
(c) 16550 (d) 17500

112. कोरोना वायरस के कारण एक गाँव की 5% जनसंख्या की मृत्यु हो गई। शेष जनसंख्या में से 20% भय के कारण गाँव से भाग गई। यदि वर्तमान जनसंख्या 4655 है, तो कोरोना आक्रमण से पहले गाँव की जनसंख्या कितनी थी?

(a) 6125 (b) 5985
(c) 5995 (d) 6000

113. आरव के पास ₹ 10000 की कीमत की एक घड़ी है। वह इसे 15% के लाभ पर भाविन को बेचता है। कुछ दिनों के बाद, भाविन इसे 15% हानि पर आरव को वापस बेच देता है। आरव को होने वाला प्रतिशत लाभ या हानि ज्ञात करें।

(a) 17.25% हानि (b) 17.25% लाभ
(c) 18.75% हानि (d) 18.25% लाभ

114. एक घनाकार कमरे में रखी जाने वाली छड़ की अधिकतम सम्भावित लम्बाई $42\sqrt{3}$ मी है। घनाकार कक्ष के भीतर फिट होने वाले गोले का अधिकतम सम्भावित पृष्ठीय क्षेत्रफल (मी^{2} में) क्या होगा?
[$\pi = \frac{22}{7}$ लीजिए]

(a) 4589 (b) 5544
(c) 3590 (d) 2564

115. एक स्कूल की छात्र संख्या प्रत्येक एकान्तर वर्ष में 15% बढ़ती और घटती है। यदि वृद्धि की शुरुआत 2012 में हुई, तो 2012 की तुलना में, 2015 की शुरुआत में स्कूल की छात्र संख्या में .... (दो दशमलव स्थान तक सही) हुई।

(a) 13.85 % की कमी (b) 13.85 % की वृद्धि
(c) 12.41% की कमी (d) 12.41 % की वृद्धि

116. 12 सेमी व्यास वाले ताँबे के एक गोले को 4 मिमी व्यास वाले एक तार के रूप में खींचा जाता है। तार की लम्बाई (सेमी में) क्या है?
($\pi = \frac{22}{7}$ लीजिए)

(a) 8342 (b) 7823
(c) 9000 (d) 7200

117. निम्नलिखित व्यंजकों को सरल कीजिए।
$25 \times 25 + 9 \times 9 + 6 \times 6 + 2 \times 25 \times 9 + 2 \times 9 \times 6 + 2 \times 25 \times 6$

(a) 1600 (b) 1200
(c) 900 (d) 2500

118. $\dfrac{12 + 3\frac{2}{3} \div \left[1\frac{3}{4} \div \left\{5\frac{1}{4} \times \left(3\frac{3}{5} \div 4\frac{1}{2}\right)\right\}\right]}{1\frac{1}{3} \times 5\frac{1}{3}}$
का मान ज्ञात कीजिए।

(a) 1 (b) 3 (c) 2 (d) 5

119. उस वृत्त के चाप की लम्बाई कितनी है, जिसकी त्रिज्या 35 सेमी है और जिसकी चाप वृत्त के केन्द्र पर 72° का कोण अन्तरित करती है?

(a) 44 सेमी (b) 56 सेमी
(c) 38 सेमी (d) 28 सेमी

120. 10, 12 और 15 का चतुर्थानुपाती ज्ञात कीजिए।

(a) 18 (b) 20 (c) 22 (d) 16

121. यदि $\sin\alpha = \frac{5}{13}$ है, तो
$\cos\alpha \cdot \text{cosec}\alpha \cdot \cot\alpha$ का मान क्या होगा?

(a) $\frac{25}{144}$ (b) $\frac{144}{25}$ (c) $\frac{5}{12}$ (d) $\frac{12}{5}$

122. केन्द्र B और D वाले दो वृत्तों की त्रिज्याएँ क्रमशः $DA = 8$ सेमी और $BC = x$ सेमी हैं। AC दोनों वृत्तों की स्पर्श रेखा है। यदि DB और AC, बिन्दु E पर प्रतिच्छेद करते हैं, $AE = 12$ सेमी और $EC = 18$ सेमी है, तो x का मान (सेमी में) ज्ञात कीजिए।

(a) 10 (b) 11
(c) 13 (d) 12

123. दिया गया पाई-चार्ट 5 अलग-अलग दुकानों में गणित की पुस्तक का प्रतिशत वितरण दर्शाता है।

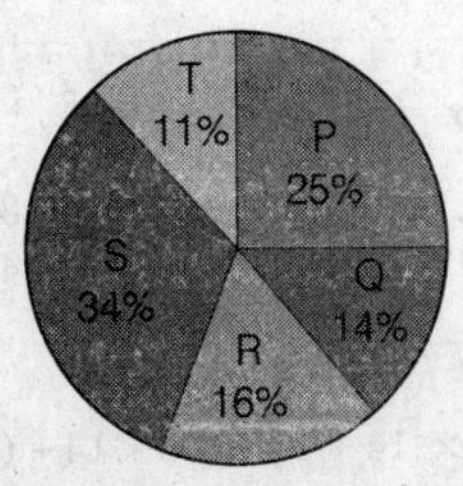

स्टोर S में पुस्तक का केन्द्रीय कोण ज्ञात कीजिए।

(a) 107.3° (b) 117.5°
(c) 122.4° (d) 118.9°

124. दो कार क्रमशः 45 किमी/घण्टा और 55 किमी/घण्टा की चाल से एक स्थान तक चलती हैं। यदि यात्रा में दूसरी कार, पहली कार से 40 मिनट कम समय लेती है, तो यात्रा की लम्बाई (किमी में) कितनी है?

(a) 180 (b) 145
(c) 165 (d) 99

125. 3 वर्षों में 10% साधारण ब्याज पर देय ₹ 10192 के ऋण को कितने रूपये की वार्षिक किस्त से चुकाया जाएगा?

(a) ₹ 3088.48 (b) ₹ 3044.48
(c) ₹ 3144.48 (d) ₹ 3188.48

126. दी गई तालिका पाँच छात्रों A, B, C, D और E द्वारा एक परीक्षा में पाँच विषयों में प्राप्त अंकों को दर्शाती है। प्रत्येक विषय के लिए पूर्णांक 100 है।

छात्र	अंग्रेजी	गणित	भौतिकी	रसायन विज्ञान	सूचना प्रौद्योगिकी
A	94	100	97	100	100
B	87	93	85	96	95
C	92	100	98	95	100
D	79	92	91	76	97
E	77	85	94	99	98

कितने विषयों में छात्रों ने 100% अंक प्राप्त किए हैं?

(a) 3 (b) 5
(c) 4 (d) 2

127. किसी वस्तु का अंकित मूल्य उसके क्रय मूल्य से 35% अधिक है। यदि 15% की छूट दी जाती है, तो लाभ प्रतिशत कितना होगा?

(a) $10\frac{1}{4}$% (b) $13\frac{2}{3}$%
(c) $12\frac{3}{4}$% (d) $14\frac{3}{4}$%

128. एक व्यापारी ने ₹ 9000 प्रत्येक में दो घड़ियाँ खरीदीं। उसने एक घड़ी 10% की हानि पर बेची। कुल मिलाकर 18% का लाभ अर्जित करने के लिए उसे दूसरी घड़ी किस कीमत पर (₹ में) बेचनी चाहिए?

(a) 14130 (b) 13410
(c) 13140 (d) 14310

129. सरल कीजिए।

$5 \times [14 \div 13 \times \{13 \times 14 \div (14 \times 14)\}]$

(a) 5 (b) 20 (c) 15 (d) 10

130. दिए गए व्यंजक का मान ज्ञात कीजिए।

$\frac{1}{4} \times \frac{4}{3} \div \frac{5}{3} + \frac{1}{2}$

(a) 1.3 (b) 2.1 (c) 1.5 (d) 0.7

131. एक गुड़िया पर ₹ 2500 अंकित है। एक ग्राहक इसके लिए ₹ 1800 का भुगतान करता है। यदि ग्राहक को दो छूट की एक शृंखला मिली है और पहली छूट की दर 10% है, तो दूसरी छूट की दर ज्ञात करें।

(a) 20% (b) 15%
(c) 25% (d) 18%

132. 255 मी लम्बी एक रेलगाड़ी 72 किमी/घण्टा की चाल से चल रही है। यह 745 मी लम्बाई के एक प्लेटफॉर्म को ……… में पार करेगी।

(a) 40 सेकण्ड (b) 53 सेकण्ड
(c) 50 सेकण्ड (d) 51 सेकण्ड

133. ताँबे और टिन के 750 किग्रा मिश्रधातु के मिश्रण में 25% टिन है। कितना टिन मिलाया जाना चाहिए, ताकि यह मिश्रण का 70% हो जाए?

(a) 1097 किग्रा (b) 895 किग्रा
(c) 1125 किग्राा (d) 956 किग्रा

134. दी गई तालिका का अध्ययन करें और निम्नलिखित प्रश्न का उत्तर दें।

तालिका में 1985 से 1989 तक पाँच अलग-अलग कारखानों (P, Q, R, S और T) में स्कूटरों का वार्षिक उत्पादन (हजार में) दर्शाया गया है।

अलग-अलग कारखानों में स्कूटर का वार्षिक उत्पादन (हजार में)

कारखानें	1985	1986	1987	1988	1989
P	20	15	24	13	17
Q	16	23	41	20	15
R	14	21	30	16	12
S	25	17	15	12	22
T	40	32	39	41	35
कुल	115	108	149	102	101

किस वर्ष सभी कारखानों के स्कूटरों का उत्पादन, 1985 से 1989 तक उत्पादित स्कूटरों की वार्षिक औसत संख्या के बराबर था?

(a) 1985 (b) 1987 (c) 1986 (d) 1988

135. $(13.49 + 12.51) \times 13$ का मान ज्ञात कीजिए।

(a) 138 (b) 238 (c) 438 (d) 338

136. $3 + 2 \times [7 + (5 + 7) \div 2]$ का मान निम्न में से किसके बराबर होगा?

(a) 39 (b) 65 (c) 29 (d) 47

137. $30 + 180 \div 30 \times 6 - 15 - 16 - 60 \div 3 - 15$ का मान ज्ञात कीजिए।

(a) 0 (b) 3 (c) 1 (d) 2

138. A और B एक कार्य को क्रमशः 13 दिन और 26 दिन में पूरा कर सकते हैं। यदि A से प्रारम्भ करते हुए वे एकान्तर दिनों (बारी-बारी से एक दिन) में कार्य करते हैं, तो कार्य कितने दिनों में पूरा होगा?

(a) 13 (b) 16 (c) 14 (d) 17

139. उस वृत्त के लघु त्रिज्यखण्ड का क्षेत्रफल ज्ञात कीजिए, जिसकी परिधि 88 सेमी है और इसके लघु चाप की लम्बाई 22 सेमी है। ($\pi = \frac{22}{7}$ लीजिए)

(a) 154 सेमी^{2} (b) 451 सेमी^{2}
(c) 415 सेमी^{2} (d) 145 सेमी^{2}

140. $1 - \cfrac{7}{1 - \cfrac{1}{1 + \cfrac{7}{1-7}}}$ का मान कितना होगा?

(a) −1 (b) 0
(c) 2 (d) 1

141. निम्नलिखित तालिका के आधार पर, जो 1992 की पहली छमाही के दौरान एक कम्पनी द्वारा स्कूटरों की संख्या का उत्पादन दर्शाती है, पूछे गए प्रश्न का उत्तर दीजिए।

प्रकार/माह	जनवरी	फरवरी	मार्च	अप्रैल	मई	जून
X	25	25	18	40	20	15
Y	25	27	50	45	30	20
Z	25	27	15	25	30	20
T	25	26	25	0	30	35
योग	100	105	108	110	110	90

किस माह में, कम्पनी ने सभी प्रकार के स्कूटरों का उत्पादन बराबर संख्या में किया?

(a) जनवरी (b) जून
(c) मार्च (d) मई

142. दिए गए पाई–चार्ट का अध्ययन करें और आगे दिए गए प्रश्न का उत्तर दें।

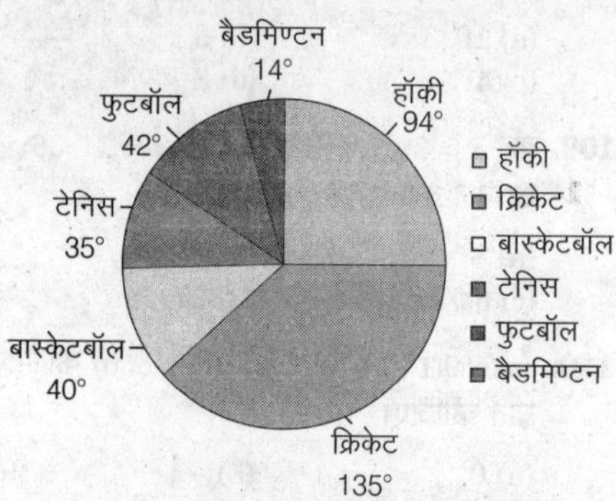

पाई–चार्ट में एक विशिष्ट वर्ष में स्कूल प्रशासन द्वारा विभिन्न खेलों पर खर्च की गई राशि (₹ में) दिखाई गई है (डिग्री में)। स्कूल प्रशासन द्वारा एक विशिष्ट वर्ष में विभिन्न खेलों पर खर्च की गई राशि (₹ में) (डिग्री में)।

यदि फुटबॉल पर ₹ 21000 खर्च किए गए, तो टेनिस और बास्केटबॉल पर खर्च की गई कुल धनराशि, हॉकी और क्रिकेट पर खर्च की गई कुल धनराशि का कितना प्रतिशत (2 दशमलव स्थानों तक पूर्णांकित) है?

(a) 23.50% (b) 47.25%
(c) 39.65% (d) 32.75%

143. यदि $(\sin x + \sin y) = a$ और $(\cos x + \cos y) = b$ है, तो $(\sin x \sin y + \cos x \cos y)$ का मान ज्ञात कीजिए।

(a) $\frac{a^2 - b^2 - 2}{2}$ (b) $\frac{a^2 + b^2 + 2}{2}$

(c) $\frac{a^2 + b^2 - 2}{2}$ (d) $\frac{a^2 + b^2 - 1}{2}$

144. तीन लड़कों की औसत आयु 25 वर्ष हैं और उनकी आयु का अनुपात 3 : 5 : 7 है। सबसे छोटे लड़के की आयु ज्ञात कीजिए।

(a) 12 वर्ष (b) 15 वर्ष
(c) 24 वर्ष (d) 21 वर्ष

145. एक बस अपनी यात्रा के पहले 50 किमी की दूरी को 40 मिनट में तय करती है और शेष 75 किमी की दूरी को 40 मिनट में तय करती है। बस की औसत चाल (किमी/घण्टा में) क्या है?

(a) $93\frac{3}{4}$ (b) $105\frac{3}{4}$ (c) $95\frac{1}{4}$ (d) $101\frac{1}{4}$

146. यदि $\alpha + \beta + \gamma = 0$ है, तो $\frac{3\beta^2 + \alpha^2 + \gamma^2}{2\beta^2 - \alpha y}$ का मान कितना होगा?

(a) $\frac{1}{2}$ (b) 2 (c) $\frac{1}{4}$ (d) 1

147. दो गोलों के आयतन 512 : 3375 के अनुपात में हैं। उनके पृष्ठीय क्षेत्रफल का अनुपात ज्ञात करें।
(b) 68 : 125 (b) 49 : 325
(c) 27 : 144 (d) 64 : 225

148. दी गई तालिका का अध्ययन कीजिए और नीचे दिए गए प्रश्न का उत्तर दीजिए।
तालिका गरीबी रेखा से नीचे चार राज्यों की प्रतिशत जनसंख्या तथा पुरुष और महिला का अनुपात दर्शाती है।

राज्य	गरीबी रेखा से नीचे जनसंख्या का प्रतिशत	पुरुष और महिला का अनुपात	
		गरीबी रेखा से नीचे पुरुष : महिला	गरीबी रेखा से ऊपर पुरुष : महिला
A	36	5 : 3	3 : 4
B	27	6 : 7	4 : 7
C	46	2 : 3	3 : 1
D	32	1 : 2	2 : 7

यदि A और D प्रत्येक राज्य की जनसंख्या 18000 है, तो इन राज्यों में गरीबी रेखा से नीचे महिलाओं की कुल संख्या कितनी है?
(a) 6050 (b) 6250 (c) 6120 (d) 6270

149. 11 सेमी. त्रिज्या वाले अर्द्धगोले का कुल पृष्ठीय क्षेत्रफल ज्ञात करें।
(a) 313π सेमी^{2} (b) 363π सेमी^{2}
(c) 242π सेमी^{2} (d) 273π सेमी^{2}

150. यदि L, XYZ की भुजा YZ का मध्य-बिन्दु है, और XYL का क्षेत्रफल 13 सेमी^{2} है, तो XYZ का क्षेत्रफल (सेमी^{2} में) .... है।
(a) 24 (b) 22 (c) 26 (d) 20

भाग 4

अंग्रेजी

151. Select the most appropriate meaning of the given idiom.
Go down in flames
(a) To fail spectacularly
(b) To destroy completely
(c) To crash and burn
(d) To burn down completely

152. Select the most appropriate meaning of the underlined idiom in the given sentence.
Only those having <u>blue blood</u> can dethrone the evil autocrat and restore equilibrium.
(a) Political ideology
(b) Vigilant nature
(c) Aristocratic lineage
(d) Bitter relations

153. Parts of the following sentence have been given as options. Select the option that contains an error.
We were driving home when suddenly a deer runs across the road.
(a) home
(b) We were driving
(c) a deer runs across the road
(d) when suddenly

154. Select the most appropriate synonym of the given word.
Condemn
(a) Uphold (b) Elevate
(c) Tolerate (d) Denounce

155. Select the option that can be used as a one-word substitute for the underlined group of words.
Rahul has done a study of statistics that contributed to the research.
(a) Demography (b) Choreography
(c) Cartography (d) Cinematography

156. Select the incorrectly spelt word.
(a) Disseminate (b) Enterpreneur
(c) Dilemma (d) Accommodate

157. The following sentence has been divided into four segments. Identify the segment that has a grammatical error.
His energetic attitude / showed that he had / soundly slept / the previous night.
(a) His energetic attitude
(b) showed that he had
(c) the previous night.
(d) soundly slept

158. Select the most appropriate synonym of the underlined word in the given sentence.
The <u>cacophony</u> in the theatre was too much for us.
(a) silence (b) smell
(c) noise (d) laughter

159. In the question four alternatives are given for the underlined word in the sentence.
Choose the alternative which best expresses the opposite meaning of the word.
"Well, what if it is? You are not afraid of anything, you know," returned the boy, looking <u>wicked</u>.
(a) Clean (b) Evil
(c) Righteous (d) Improper

160. Select the most appropriate option to substitute the underlined segment in the given sentence.
Though Kalpana listened to Sheetal carefully, she knew that she should take it with a <u>grain of salt</u>.
(a) accept it as really useful and worthy
(b) move according to the trend
(c) regard it as exaggerated and not completely true
(d) be do it meticulously as taking salt

161. Identify the incorrectly spelt word in the given sentence and select the option that rectifies the spelling error.
Many promote bamboo planting for erosion prevention and to riverse the effects of global warming.
(a) Reverse (b) Bambboo
(c) Efeccts (d) Prevension

162. Select the option that can be used as a one-word substitute for the given group of words.
The doctor who deals with the female reproductive system.
(a) Ophthalmologist (b) Orthodontist
(c) Cardiologist (d) Gynaecologist

163. Select the option that can be used as a one-word substitute for the given group of words.
An open space usually rectangular and enclosed in a building
(a) Quadruped (b) Quinton
(c) Quadrangle (d) Quintessential

164. Select the most appropriate synonym of the underlined word in the given sentence.
Mr. Satterthwaite was shrewd enough to penetrate her meaning.
(a) Aged (b) Funny
(c) Innocent (d) Smart

165. Choose the most appropriate meaning of the given idiom.
At the drop of a hat
(a) Consecutively (b) Eventually
(c) Certainly (d) Immediately

166. Identify the meaning of the idiom in the given situation.
I will always stand by my friend.
(a) Be in a queue
(b) Stand next to
(c) Support in difficult situation
(d) Work together

167. Select the most appropriate option that rectifies the error(s) in the following sentence.
One must do his/her duty proparly.
(a) One must do one's duti proprly.
(b) One must do ones duty properly.
(c) One must do one's duty properly.
(d) One must do once duty proparly.

168. Underlined word in the sentence is not spelt correctly. Identify the correct spelling from the options given below.
A congragation of monks reached Shimla for the convention.
(a) Congregetion (b) Cangregation
(c) Congretettion (d) Congregation

169. Select the most appropriate option that can substitute the underlined word in the given sentence.
The culprit had been shot from the back by the police inspector.
(a) to (b) in (c) by (d) off

170. Select the most appropriate idiom that can substitute the underlined segment in the given sentence.
Read the books of APJ Abdul Kalam, who was a scholar.
(a) a queer fish (b) a man of letters
(c) a dare devil (d) a man of straw

171. Select the most appropriate synonym of the word in brackets to fill in the blank.
Queen Gulnaar of Arabia mourned her .... beauty. (waning)
(a) false (b) frightening
(c) fading (d) futile

172. Identify the most appropriate antonym of the given word.
Summary
(a) Abrupt (b) lengthy
(c) elliptical (d) significant

173. Select the phrase/idiom that will improve the underlined part of the given sentence.
After two hours of wandering in the desert, we realised we were on a wild horse race.
(a) wild goose chase
(b) wild jackal hunt
(c) wild carpet rug
(d) wild shadow chase

174. The following sentence has an error in its tense. Identify the error and select the correct sentence from the given options.
I will be arrange all the necessary materials for the programme.
(a) I was arrange all the necessary materials for the programme.
(b) I would arranging all the necessary materials for the programme.
(c) I is arrange all the necessary materials for the programme.
(d) I will be arranging all the necessary materials for the programme.

175. The following sentence has been divided into four segments. Identify the segment that contains an adverbial usage error.
Mrs. Gomathi was / that tired and weak / that she could / scarcely walk.
(a) Mrs. Gomathi was
(b) that she could
(c) scarcely walk.
(d) that tired and weak

176. Select the most appropriate synonym of the underlined word.
Ramya is an ardent follower of secularism.
(a) committed (b) forced
(c) temporary (d) unhappy

177. Select the option that can be used as a one-word substitute for the given group of words.
A deal of agreement done in a company or firm.
(a) Concurrence (b) Acceptance
(c) Contract (d) Conformity

178. Select the most appropriate option that can substitute the underlined segment in the given sentence.
The author's writing style is characterised by its poetic language.
(a) lyrical language
(b) simple language
(c) lucid language
(d) prosaic language

179. Select the most appropriate synonym for the given word.
Immune
(a) Resistant (b) Asleep
(c) Variable (d) Safe

180. The following sentence has been split into four segments. Identify the segment that contains a grammatical error.
It is a cheap reasonably / restaurant in this part of the town / where you can eat / delicious food.
(a) delicious food
(b) restaurant in this part of the town
(c) It is a cheap reasonably
(d) where you can eat

181. Select the option that can be used as a one-word substitute for the given group of words.
The act or process of going from the simple or basic to the complex or advanced.
(a) Wither (b) Ennoblement
(c) Evolution (d) Flourishing

182. Select the option that can be used as a one-word substitute for the given group of words.
One who believes in the existence of God.
(a) Fatalist (b) Atheist
(c) Theist (d) Protagonist

183. Based on the situation in the sentence, select the most appropriate idiom for the underlined segment.
After the Pandemic, his business crumbled and he is in a difficult situation.
(a) Bolt from the blue
(b) Give a cold shoulder
(c) Pull the last straw
(d) Be in a tight corner

184. Select the option that can be used as a one-word substitute for the given group of words.
An unpleasant mixture of loud sounds.
(a) Harmony (b) Hegemony
(c) Irony (d) Cacophony

185. Select the incorrectly spelt word.
(a) Cheerfull (b) Tsunami
(c) Efficient (d) Responsibilities

186. Select the most appropriate meaning of the given idiom.
Ignoring his father's warnings, he said, "an elephant in the room" to his mother.
(a) The elephant got stuck in the room
(b) There is an obvious problem
(c) Someone begins to suspect
(d) Someone hiding in the room

187. Select the option that can be used as a one-word substitute for the given group of words.
A story intended to teach moral lessons
(a) Parboil (b) Parable
(c) Parole (d) Parasite

188. Select the most appropriate antonym of the given word.
Mighty
(a) Weak (b) Forcible
(c) Forceful (d) Haughty

189. Select the incorrectly spelt word in the given sentence.
The islands of Japan were connected to the Asian landmass about 12,000 years ago; the first Japanese travelled across the water in serch of animals to hunt.
(a) Landmass (b) Serch
(c) Connected (d) Islands

190. Select the option that can be used as a one-word substitute for the given group of words.
Feeling of being in a place before having already experienced the present situation
(a) Deja-vu (b) Illusion
(c) Spirituality (d) Delusion

Directions (Q. Nos. 191-195) *In the following passage, some words have been deleted. Read the passage carefully and select the most appropriate option to fill in each blank.*

A series of ...(1)... of shell or ivory or thin metal clothed her left upper arm all the way down to her fingers. A necklace ...(2)... three pendants bunched together and a few bangles above the elbow and ...(3)... on the right hands display an almost modern art. She speaks of the ...(4)..., ever hopeful human spirit. She reminds us that it is important to visit museums in our country to experience the ...(5)... that a work of art leaves on our senses, to find among all the riches one particular vision of beauty that speaks to us alone.

191. Select the most appropriate option to fill in blank no. 1.
(a) bangles (b) toe-rings
(c) anklets (d) ear-rings

192. Select the most appropriate option to fill in blank no. 2.
(a) by (b) with (c) upon (d) in

193. Select the most appropriate option to fill in blank no. 3.
(a) toe (b) wrist (c) waist (d) ankle

194. Select the most appropriate option to fill in blank no. 4.
(a) unbelievable (b) ungrateful
(c) unsafe (d) undaunted

195. Select the most appropriate option to fill in blank no. 5.
(a) affect (b) result
(c) blow (d) impact

Directions (Q. Nos. 196-200) *Read the given passage and answer the questions that follow.*

Every minute, the equivalent of one garbage trucks worth of plastic is dumped into our ocean. Plastic pollution is a global problem. Approximately 7 billion of the 9.2 billion metric tonnes of plastic produced from 1950-2017 became plastic waste, ending up in landfills or being dumped. Plastic pollution can alter habitats and natural processes, reducing ecosystems ability to adapt to climate change, directly affecting millions of livelihoods, food production capabilities and social well-being.

UNEPs body of work demonstrates that the problem of plastic pollution doesn't exist in a vacuum. The environmental, social, economic and health risks of plastics need to be assessed alongside other environmental stressors, like climate change, ecosystem degradation and resource use

196. Which of the following is the best description of the tone of the passage?
(a) Populist (b) Laudatory
(c) Informative (d) Patronising

197. Which of the following represents the structure of the passage?
(a) Definition (b) Sequence
(c) Cause-effect (d) Time order

198. Select the most appropriate antonym of the given word.
Exist
(a) Prevail (b) Cease
(c) Imprint (d) Resent

199. Which of the following most accurately states the main idea of the passage?
(a) Plastic pollution (b) Climate change
(c) Plastic waste (d) UNEP

200. Select the most appropriate antonym of the given word.
Alter
(a) Alight (b) Change
(c) Preserve (d) Absorb

जानें सही उत्तर

1 (a)	2 (c)	3 (d)	4 (c)	5 (a)	6 (d)	7 (d)	8 (d)	9 (b)	10 (d)
11 (b)	12 (b)	13 (b)	14 (b)	15 (d)	16 (d)	17 (d)	18 (a)	19 (b)	20 (d)
21 (a)	22 (d)	23 (d)	24 (d)	25 (d)	26 (d)	27 (d)	28 (d)	29 (c)	30 (c)
31 (c)	32 (b)	33 (b)	34 (d)	35 (b)	36 (c)	37 (a)	38 (a)	39 (d)	40 (a)
41 (b)	42 (d)	43 (a)	44 (c)	45 (c)	46 (c)	47 (a)	48 (a)	49 (d)	50 (d)
51 (d)	52 (a)	53 (b)	54 (a)	55 (c)	56 (a)	57 (c)	58 (c)	59 (d)	60 (c)
61 (a)	62 (d)	63 (d)	64 (d)	65 (d)	66 (a)	67 (d)	68 (a)	69 (b)	70 (c)
71 (a)	72 (a)	73 (d)	74 (b)	75 (d)	76 (d)	77 (a)	78 (c)	79 (b)	80 (a)
81 (a)	82 (a)	83 (b)	84 (b)	85 (d)	86 (c)	87 (b)	88 (b)	89 (d)	90 (b)
91 (a)	92 (d)	93 (b)	94 (c)	95 (d)	96 (d)	97 (c)	98 (c)	99 (b)	100 (c)
101 (d)	102 (a)	103 (b)	104 (c)	105 (d)	106 (a)	107 (a)	108 (d)	109 (c)	110 (c)
111 (d)	112 (a)	113 (b)	114 (b)	115 (d)	116 (d)	117 (a)	118 (b)	119 (a)	120 (a)
121 (b)	122 (d)	123 (c)	124 (c)	125 (a)	126 (a)	127 (d)	128 (c)	129 (a)	130 (d)
131 (a)	132 (c)	133 (c)	134 (a)	135 (d)	136 (c)	137 (a)	138 (d)	139 (a)	140 (b)
141 (a)	142 (d)	143 (c)	144 (b)	145 (a)	146 (b)	147 (d)	148 (d)	149 (b)	150 (c)
151 (a)	152 (c)	153 (c)	154 (d)	155 (a)	156 (b)	157 (d)	158 (c)	159 (c)	160 (c)
161 (a)	162 (d)	163 (c)	164 (d)	165 (d)	166 (c)	167 (c)	168 (d)	169 (b)	170 (b)
171 (c)	172 (b)	173 (a)	174 (d)	175 (d)	176 (a)	177 (c)	178 (a)	179 (a)	180 (c)
181 (c)	182 (c)	183 (d)	184 (d)	185 (a)	186 (b)	187 (b)	188 (a)	189 (b)	190 (a)
191 (a)	192 (b)	193 (b)	194 (d)	195 (d)	196 (c)	197 (c)	198 (b)	199 (a)	200 (c)

प्रश्नों के सही हल

1. (a) जिस प्रकार,

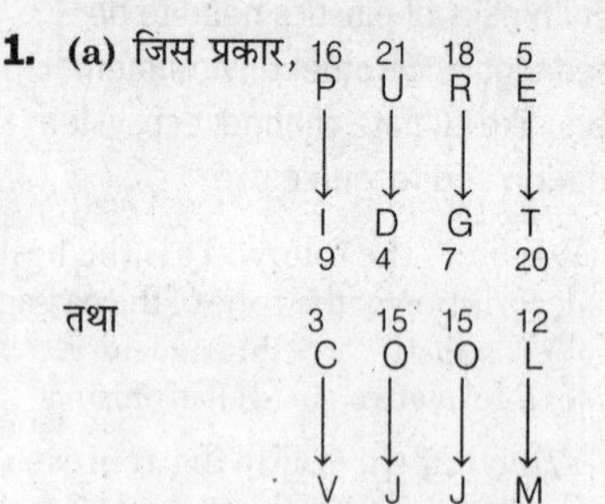

नोट सम्बन्धित अक्षरों के स्थानों का योगफल 25 है।

उसी प्रकार,

12	9	16	19
L	I	P	S
↓	↓	↓	↓
M	P	I	F
13	16	9	6

2. (c) स्पष्टतः दी गई आकृति (X) विकल्प (c) की आकृति में सन्निहित है।

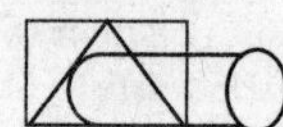

3. (d) पिता व महिलाएँ दोनों पायलट हो सकती हैं, जबकि महिलाएँ, पिता अथवा पिता, महिला नहीं हो सकती है।

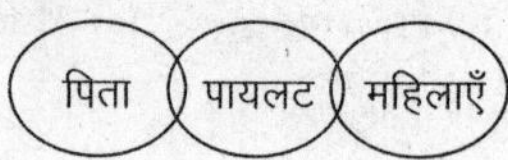

4. (c) प्रश्नानुसार,

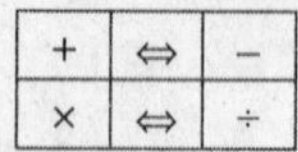

+	⇔	−
×	⇔	÷

दिया गया व्यंजक

$110 \times 10 - 175 \div 5 + 29 = ?$

चिह्नों को परस्पर बदलने से,

नया व्यंजक $= 110 \div 10 + 175 \times 5 - 29$

$= 11 + 175 \times 5 - 29$

$= 11 + 875 - 29$

$= 886 - 29 = 857$

5. (a) दी गई श्रृंखला का क्रम निम्न प्रकार है,

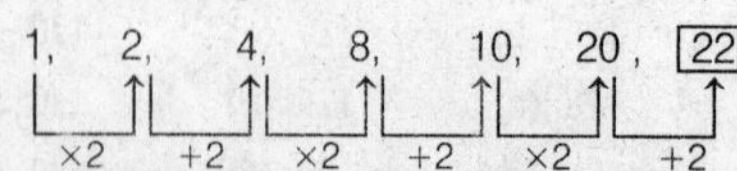

6. (d) दी गई आकृति का सही दर्पण प्रतिबिम्ब विकल्प (d) की आकृति है।

7. (d) जिस प्रकार,

23	8	9	12	5
W	H	I	L	E
↓ −2	↓ −2	↓ −2	↓ −2	↓ −2
21	6	7	10	3

तथा

4	5	16	20	8
D	E	P	T	H
↓ −2	↓ −2	↓ −2	↓ −2	↓ −2
2	3	14	18	6

उसी प्रकार,

18	15	21	14	4
R	O	U	N	D
↓ −2	↓ −2	↓ −2	↓ −2	↓ −2
16	13	19	12	2

8. (d) प्रश्नानुसार,

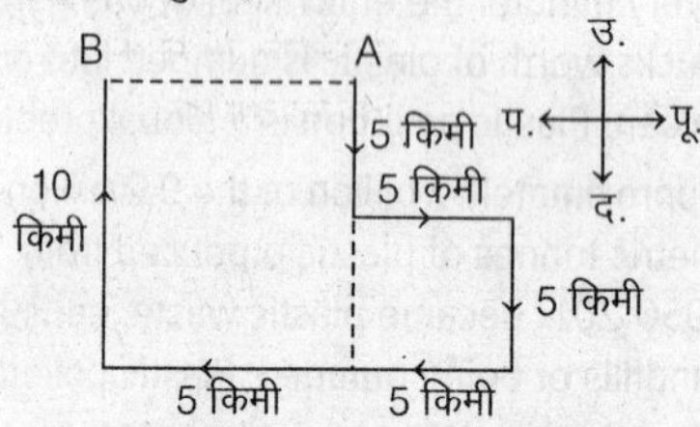

AB = 10 − 5 = 5 किमी

अतः अमन को बिन्दु 'B' से A पर लौटने के लिए 5 किमी, पूर्व दिशा में ड्राइव करना होगा।

9. (b) जिस प्रकार,

$G \xrightarrow{+4} K \xrightarrow{-2} I$

$M \xrightarrow{+4} Q \xrightarrow{-2} O$

$C \xrightarrow{+4} G \xrightarrow{-2} E$

परन्तु, $K \xrightarrow{+4} O \xrightarrow{-1} N$

अतः KON दिए गए अन्य विकल्पों से असंगत है।

10. (d) इस प्रकार श्रृंखला में प्रश्नचिह्न के स्थान पर विकल्प आकृति (d) आएगी।

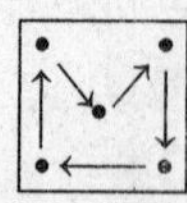

11. (b) दी गई श्रृंखला का क्रम निम्न प्रकार है,

$A \xrightarrow{+3} D \xrightarrow{+3} G \xrightarrow{+3} J$

$F \xrightarrow{+3} I \xrightarrow{+3} L \xrightarrow{+3} O$

$M \xrightarrow{+3} P \xrightarrow{+3} S \xrightarrow{+3} V$

12. (b) अंग्रेजी शब्दकोश के अनुसार शब्दों का क्रम निम्न है,

Faith → Feign → Ferment → Ferocious
(4) (5) (6) (1)
→ Fervor → Fiction
(2) (3)

अतः शब्दों का क्रम 4, 5, 6, 1, 2, 3 हैं।

13. (b) प्रश्नानुसार,

M, R, O, Q, N, P

स्पष्टतः 'M' के दाएँ से दूसरे स्थान पर 'N' बैठा है।

14. (b) प्रश्नानुसार,

$R^{-} \times S^{+} - T^{-} \div P^{+} + V$

पत्नी बहन माता पिता

रक्त सम्बन्ध को आरेख द्वारा प्रदर्शित करने से,

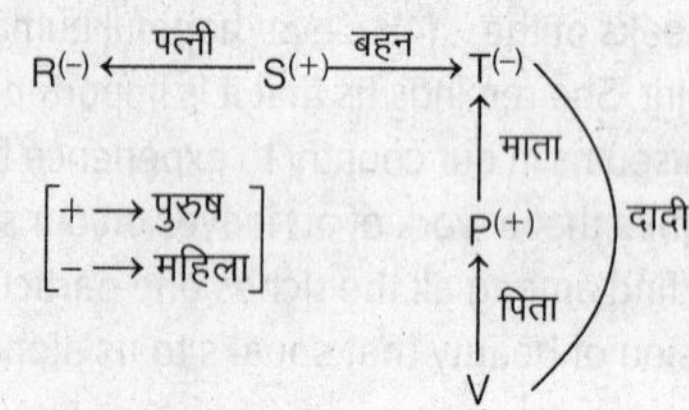

अतः स्पष्टतः T, V की दादी है।

15. (d) जिस प्रकार,

$108 \div 4 = 27$ तथा $27 \div 3 = 9$

तथा $132 \div 4 = 33$ तथा $33 \div 3 = 11$

उसी प्रकार, विकल्प (d) से,

$180 \div 4 = 45$ तथा $45 \div 3 = 15$

अतः अभीष्ट समुच्चय = (180, 45, 15)

16. (d) प्रश्नानुसार,

$+ \Rightarrow \times, - \Rightarrow \div, \times \Rightarrow -$ तथा $\div \Rightarrow +$

मूल व्यंजक $= 9 + 7 \times 15 - 5 \div 5$

चिह्नों को बदलने से,

नया व्यंजक $= 9 \times 7 - 15 \div 5 + 5$

$= 9 \times 7 - 3 + 5$

$= 63 + 5 - 3 = 68 - 3 = 65$

17. (d) दी गई आकृति श्रृंखला में बीच का संकेत/ चिह्न (O) अपरिवर्तित रहता है, जबकि अन्य संकेत 90° वामावर्त दिशा में स्थानान्तरित हो रहा है। इस प्रकार प्राप्त अगली आकृति विकल्प (d) की आकृति होगी।

18. (a) प्रश्नानुसार,

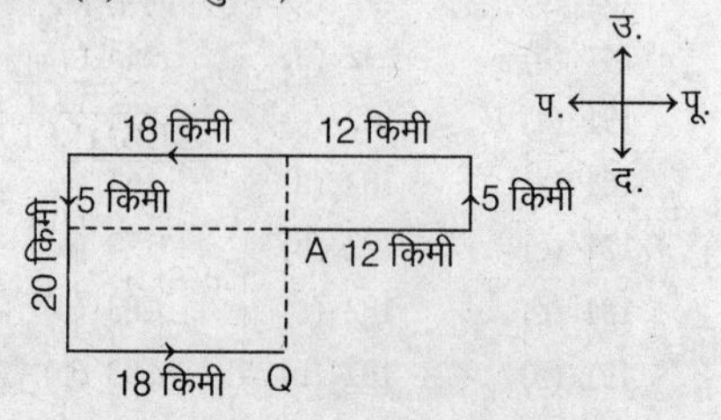

अत: AQ = 20 − 5 = 15 किमी

अत: मनीष को बिन्दु Q से A पर आने में 15 किमी, उत्तर की ओर गाड़ी चलानी होगी।

19. (b) प्रश्न में दर्शाए गए अनुसार, कागज को खोलने पर यह विकल्प (b) की आकृति जैसा दिखाई देगा।

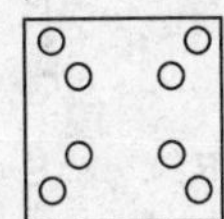

20. (d) प्रश्नानुसार,

join [the class] ⟶ [yq] pt [dm]

[the] music [class] ⟶ rj [yq dm]

स्पष्टत: music का कूट rj है।

21. (a) जिस प्रकार,

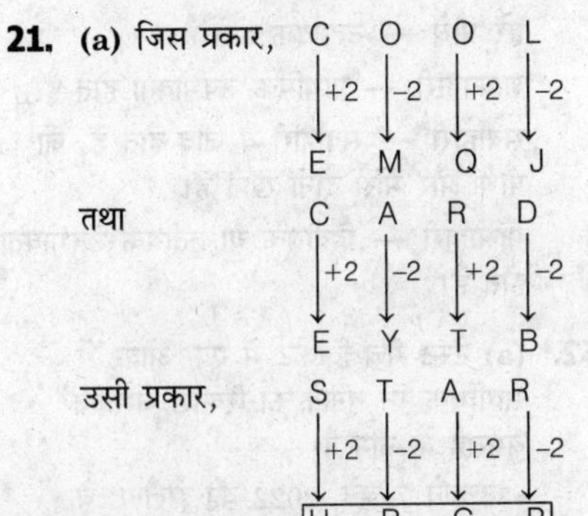

22. (d) दी गई आकृति का सही दर्पण प्रतिबिम्ब विकल्प (d) की आकृति है।

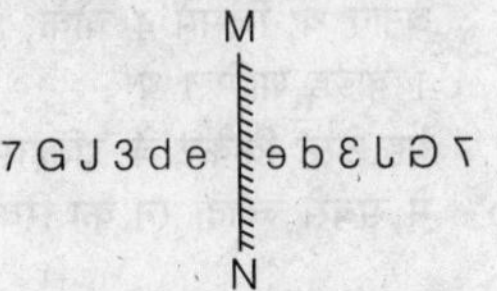

23. (d) दी गई आकृति का सही दर्पण प्रतिबिम्ब विकल्प (d) की आकृति है।

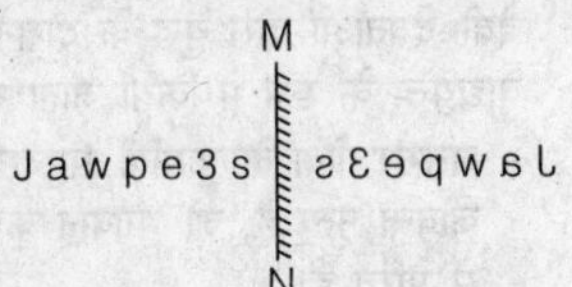

24. (d) जिस प्रकार,

FAVORITE —विपरीत क्रम→ ETIROVAF

तथा

MINIMIZE —विपरीत क्रम→ EZIMINIM

उसी प्रकार, RESEMBLE —विपरीत क्रम→ [ELBMESER]

25. (d) जिस प्रकार,

H A N D → (−1, −2, −1, −2) → G Y M B

तथा F O O D → (−1, −2, −1, −2) → E M N B

उसी प्रकार, T E X T → (−1, −2, −1, −2) → [S C W R]

26. (d) जिस प्रकार,

$36 \rightarrow (36 \times 2) - 2 = 72 - 2 = 70$

तथा $41 \rightarrow (41 \times 2) - 2 = 82 - 2 = 80$

उसी प्रकार, $x \rightarrow (x \times 2) - 2 = 76$

$\Rightarrow \quad 2x = 78$

$\therefore \quad x = \frac{78}{2} = \boxed{39}$

27. (d) पासे की दोनों स्थितियों में '24' उभयनिष्ठ है। 24 के दक्षिणावर्त दिशा में संगत फलक एक दूसरे के विपरीत होंगी।

स्थिति I ⟶ [24] 8 20

स्थिति II ⟶ [24] 12 4

स्पष्टत: शेष बची संख्या '16', फलक '24' के विपरीत फलक पर है।

28. (d) कथनानुसार,

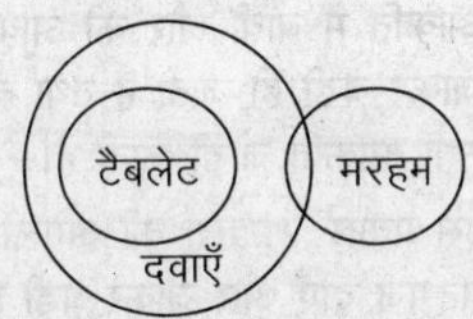

कथन I. (✗) II. (✗)

अत: न तो निष्कर्ष I और न ही II अनुसरण करता है।

29. (c) जिस प्रकार,

(144, 12, 24) ⇒

24 × 6 = 144 तथा 24 ÷ 2 = 12

तथा (216, 18, 36) ⇒

36 × 6 = 216 तथा 36 ÷ 2 = 18

उसी प्रकार,

विकल्प (c) से,

54 × 6 = 324 तथा 54 ÷ 2 = 27

अत: अभीष्ट समुच्चय = (324, 27, 54)

30. (c) दी गई संख्या-शृंखला का क्रम निम्न है,

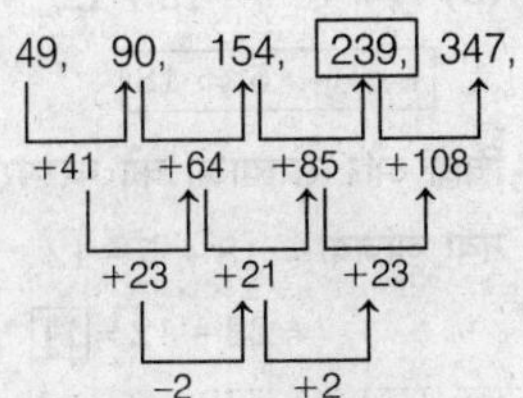

31. (c) प्रश्नानुसार,

$P^+ + Q^+ - R^- \times S^+ \div T$

पिता पति माँ भाई

सम्बन्ध आरेख बनाने पर

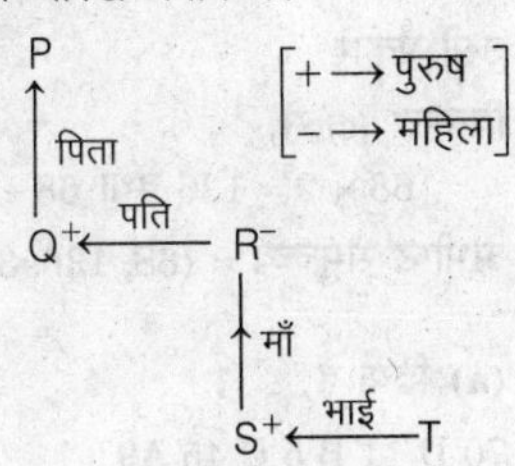

स्पष्टत: P, T का दादा है।

32. (b) कथनानुसार,

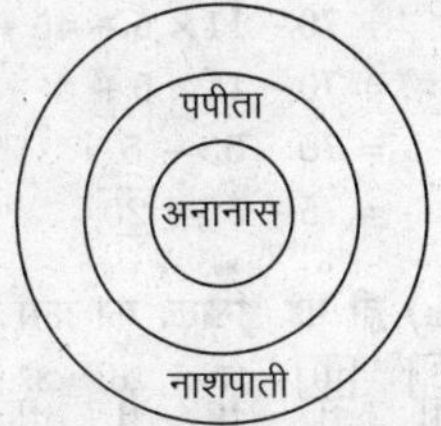

कथन I. (✓) II. (✓)

अत: दोनों निष्कर्ष I और II अनुसरण करते हैं।

33. (b) जिस प्रकार, 40 − 9

40 × 9 = 360

उसी प्रकार, 90 − 4

90 × 4 = 360

34. (d) दिया गया समीकरण है,

5 + 156 − 12 × 15 ÷ 15 = 185

विकल्प (d) से चिह्न ÷ और − को परस्पर बदलने से,

⇒ 5 + 156 ÷ 12 × 15 − 15 = 185

⇒ 5 + 13 × 15 − 15 = 185

⇒ 5 + 195 − 15 = 185

⇒ 185 = 185

LHS = RHS

35. (b) जिस प्रकार,

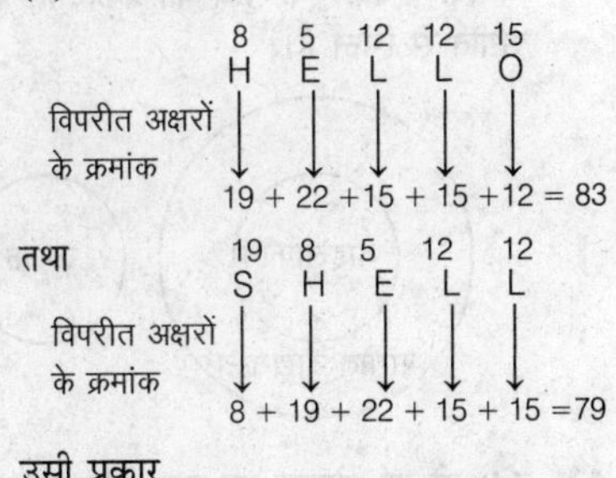

उसी प्रकार,

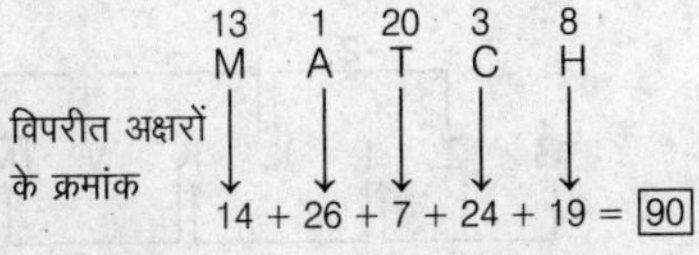

36. (c) जिस प्रकार, (76, 152, 38)

$76 \times 2 = 152$

$76 \div 2 = 38$

तथा (84, 168, 42)

$84 \times 2 = 168$ तथा $84 \div 2 = 42$

उसी प्रकार,

विकल्प (c) से,

$68 \times 2 = 136$ तथा $68 \div 2 = 34$

अभीष्ट समुच्चय = (68, 136, 34)

37. (a) दिया है,

70 D 11 B 5 C 45 A9

$A \Rightarrow \div, B \Rightarrow \times, C \Rightarrow +, D \Rightarrow -$

चिह्नों को प्रतिस्थापित करने से,

$= 70 - 11 \times 5 + 45 \div 9$

$= 70 - 11 \times 5 + 5$

$= 70 - 55 + 5$

$= 75 - 55 = \boxed{20}$

38. (a) दी गई शृंखला का क्रम निम्न प्रकार है,

2, [5], [10], 17, 26, 37, 50, 65, 82

+3 +5 +7 +9 +11 +13 +15 +17

39. (d) दी गई शृंखला का क्रम निम्न प्रकार है,

T —+4→ X —+4→ B —+4→ F —+4→ J

W —+5→ B —+5→ G —+5→ L —+5→ Q

E —−6→ Y —−6→ S —−6→ M —−6→ G

Z —+7→ G —+7→ N —+7→ U —+7→ B

40. (a) दिया है,

$168 \times 14 - 8 + 90 \div 4$

$+ \Rightarrow -, - \Rightarrow \times, \times \Rightarrow \div$ तथा $\div \Rightarrow +$

चिह्नों को बदलने पर,

नया व्यंजक $= 168 \div 14 \times 8 - 90 + 4$

$= 12 \times 8 - 90 + 4$

$= 96 + 4 - 90$

$= 100 - 90 = \boxed{10}$

41. (b) जाइलोफोन एक संगीत वाद्ययन्त्र है, जबकि कथक एक नृत्य का प्रकार है, जो संगीत से भिन्न है।

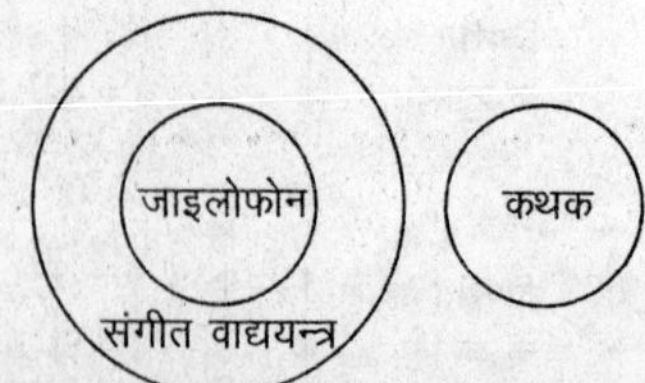

42. (d) दी गई शृंखला का क्रम निम्न प्रकार है,

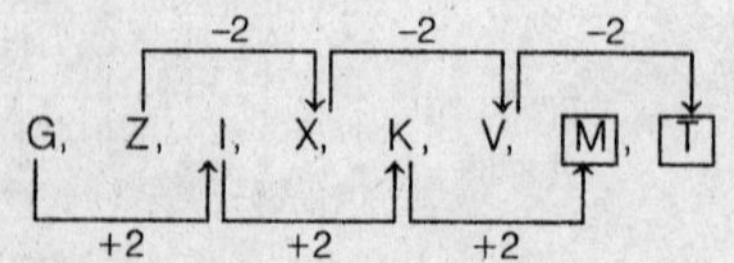

43. (a) दी गई आकृति का सही दर्पण प्रतिबिम्ब विकल्प (a) की आकृति है।

M

Rp37aw | wa7Ɛqᴙ

N

44. (c) पासे के दोनों स्थितियों में संख्या '9' उभयनिष्ठ है।

9 के दक्षिणावर्त में संगत फलक एक दूसरे के विपरीत है।

स्थिति I ⟶ [9] 7 5

स्थिति II ⟶ [9] 8 10

अत: शेष संख्या '6', फलक '9' के विपरीत फलक पर होगी।

45. (c) अंग्रेजी शब्दकोश के अनुसार शब्दों का क्रम इस प्रकार है,

Elastic → Elate → Elbow → Election → Electoral

(4) (1) (3) (2) (5)

अत: शब्दों का सही कम 4, 1, 3, 2, 5 हैं।

46. (c) दी गई आकृति शृंखला में प्रत्येक अगली आकृति में बायीं ओर की आकृति दायीं ओर जाकर बड़ी हो जाती है तथा बाएँ ओर एक नयी आकृति जोड़ी जाती है।

इस प्रकार, शृंखला की अगली आकृति में षट्भुज दाएँ ओर जाकर बड़ी हो जाएगी, जो विकल्प (c) की आकृति में है।

47. (a) व्यंजक = 16 * 17 * 14 * 2 * 3 * 251

विकल्प (a) के चिह्नों के * के स्थान पर प्रतिस्थापित करने से,

नया व्यंजक $= 16 \times 17 - 14 \div 2 \times 3 = 251$

$\Rightarrow 16 \times 17 - 7 \times 3 = 251$

$\Rightarrow 272 - 21 = 251$

$\Rightarrow 251 = 251$

48. (a) दी गई शृंखला का क्रम निम्न प्रकार है,

31, 33, 37, 43, 51, [61]

+2 +4 +6 +8 +10

+2 +2 +2 +2

49. (d) दिया है, 5 − 18 + 12,

$+ \Leftrightarrow -,\ 5 \Leftrightarrow 18$

चिह्नों और संख्याओं को परस्पर बदलने से,

नया व्यंजक = 18 + 5 − 12

$= 23 - 12 = \boxed{11}$

50. (d) जिस प्रकार, F R E E —(+1, +2, +3, +4)→ G T H I

तथा G A P S —(+1, +2, +3, +4)→ H C S W

उसी प्रकार, S O A R —(+1, +2, +3, +4)→ [T Q D V]

51. (d) बैक्टीरिया अपघटक होते हैं और वे मृत जीवों और कार्बनिक पदार्थों को विघटित करते हैं।

हरे पौधे — उत्पादक होते हैं।

शाकाहारी — प्राथमिक उपभोक्ता होते हैं।

सर्वाहारी — सर्वाहारी वे जीव होते हैं, जो पौधे और माँस दोनों खाते हैं।

माँसाहारी — द्वितीयक या तृतीयक उपभोक्ता होते हैं।

52. (a) टेस्ट मैच क्रिकेट में एक ओवर में सर्वाधिक रन बनाने का रिकॉर्ड जसप्रीत बुमराह के नाम है।

- उन्होंने 7 जून, 2022 को इंग्लैण्ड के खिलाफ लॉर्ड्स में खेले गए टेस्ट मैच के दौरान यह रिकॉर्ड बनाया था।
- उन्होंने स्टुअर्ट ब्रॉड के ओवर में 35 रन बनाए थे, जिसमें 4 चौके, 3 छक्के और 1 वाइड शामिल थे।
- यह टेस्ट क्रिकेट के इतिहास में एक ओवर में सबसे ज्यादा रन का रिकॉर्ड है।

53. (b) घुमरा नृत्य भारतीय राज्य **ओडिशा** के कालाहाण्डी जिले का एक लोकनृत्य है। महाभारत के अनुसार, घुमरा का उपयोग देवी-देवताओं द्वारा युद्ध के दौरान एक संगीत वाद्ययन्त्र के रूप में किया जाता था।

- **धनगर** गोवा के कुर्मावी समुदाय का एक जीवन्त नृत्य है, जो भगवान कृष्ण के जीवन से प्रेरित है।
- **दशावतार** यह भगवान विष्णु के दस अवतारों का चित्रण करने वाला एक नाट्य नृत्य है।
- **देखनी** यह रंगीन पोशाक और मुखौटों वाला नृत्य, गोवा के लोकनृत्यों का एक महत्त्वपूर्ण हिस्सा है।

54. (a) कथन I सत्य हैं। निजी वस्तुओं की खपत में प्रतिद्वन्द्विता होती है।

- इसका अर्थ है कि एक व्यक्ति द्वारा वस्तु का उपभोग दूसरे व्यक्ति के उपभोग को कम करता है।

- उदाहरण के लिए, यदि आप एक सेब खाते हैं, तो अब वह सेब किसी अन्य व्यक्ति के लिए उपलब्ध नहीं है।
- कथन II सत्य नहीं है, क्योंकि निजी वस्तुएँ भी बहिष्कृत होती हैं अर्थात् जिन वस्तुओं का भुगतान नहीं किया गया है, उनका उपभोग करने से रोकना सम्भव है।
- कथन III सत्य नहीं है, क्योंकि निजी वस्तुओं की उत्पादन की सीमान्त लागत सामान्यत: सकारात्मक होती है।

55. (c) 1866 ई. में अर्न्स्ट हेक्केल (Ernst Haeckel) द्वारा पहली बार 'एकोलॉजी' (Oekologie) शब्द का उपयोग कार्बनिक और अकार्बनिक पर्यावरण दोनों के साथ जन्तुओं के सम्बन्ध को सन्दर्भित करने के लिए किया था।

- 'Ecology' इकोलॉजी ग्रीक शब्द 'Oekologie' से बना है।
- इकोलॉजी वह विज्ञान है, जो जीवों और उनके पर्यावरण के बीच अन्त:क्रियाओं का अध्ययन करता है।

56. (a) 'ए लाइफ अपार्ट' ('A Life Apart') प्रसिद्ध भारतीय **लेखक**, अनुवादक और सामाजिक कार्यकर्ता प्रभा खेतान की आत्मकथा है।

- यह पुस्तक वर्ष 1991 में प्रकाशित हुई थी और इसमें लेखक ने अपने जीवन के विभिन्न पहलुओं, व्यावसायिक सफलता से लेकर पारिवारिक जीवन और सामाजिक कार्यों तक, के बारे में विवरण दिया है।
- जस्टिस फॉर द जज (Justice for the Judge) रंजन गोगोई की आत्मकथा है।
- मन्नू भण्डारी की आत्मकथा **एक कहानी यह भी** है।
- विनीता अग्रवाल एक भारतीय कवि, सम्पादक है। उन्हें उनके कविता संग्रह **द सिल्क ऑफ हंगर** के लिए वर्ष 2018 में रवीन्द्रनाथ टैगोर साहित्य पुरस्कार से सम्मानित किया गया था।
- बिन्दु भट्ट एक गुजराती उपन्यासकार है। उनके उपन्यास **अखेपातर** को वर्ष 2003 का साहित्य अकादमी पुरस्कार मिला।

57. (c) गाजर में मौजूद प्रो-विटामिन A या कैंसररोधी यौगिक को बीटा कैरोटीन (Beta Carotene) कहा जाता है।

- बीटा कैरोटीन एक प्रकार का कैरोटेनॉइड है, जो शरीर में विटामिन A में परिवर्तित होता है।
- इसमें एण्टीऑक्सीडेण्ट गुण होते हैं, जो कैंसर जैसी बीमारियों से बचाव में मदद कर सकते हैं।
- **विटामिन A** की कमी से **रतौंधी** नामक रोग होता है।

58. (c) उच्च उपज वाले बीजों (HYV) का उपयोग यह हरित क्रान्ति की सबसे महत्त्वपूर्ण विशेषताओं में से एक थी।

- HYV बीजों को वैज्ञानिकों द्वारा विकसित किया गया था, जो रोगों और कीटों के प्रतिरोधी थे।
- हरित क्रान्ति भारत के कृषि इतिहास में एक क्रान्तिकारी कदम था।
- उच्च उपज वाले बीजों का उपयोग, रासायनिक उर्वरकों का उपयोग, सिंचाई सुविधाओं में सुधार और कृषि ऋण इस क्रान्ति के मुख्य घटक थे।

59. (d) 'PM-SYM' का पूर्ण रूप प्रधानमन्त्री श्रमयोगी मानधन योजना है।

- यह योजना असंगठित क्षेत्र के श्रमिकों के लिए एक पेंशन योजना है, जिसका उद्देश्य उन्हें बुढ़ापे में वित्तीय सुरक्षा प्रदान करना है।
- इसके तहत सरकार ₹15 हजार से कम इनकम वाले मजदूरों को 60 वर्ष की आयु के बाद ₹ 3000 प्रतिमाह की पेंशन देगी।

60. (c) भारत में उष्णकटिबन्धीय सदाबहार वन पश्चिमी घाट क्षेत्र में पाए जाते हैं।

- यह भारत की पश्चिमी तटरेखा के साथ फैली एक पर्वत श्रृंखला है। यह भारी वर्षा और उष्ण, आर्द्र जलवायु के कारण उष्णकटिबन्धीय सदाबहार वनों के लिए एक आदर्श वातावरण प्रदान करता है।
- सदाबहार वनों में वर्षभर हरे-भरे पेड़-पौधे पाए जाते हैं और वे कई दुर्लभ और स्थानिक प्रजातियों के घर हैं।
- पश्चिमी घाट के अतिरिक्त, उष्णकटिबन्धीय सदाबहार वन अण्डमान और निकोबार द्वीपसमूह, पूर्वी हिमालय और पूर्वोत्तर भारत के कुछ हिस्सों में भी पाए जाते हैं।

61. (a) अनुच्छेद 175 भारतीय संविधान में राज्यपाल को राज्य विधानमण्डल के सदन (या सदनों) में अभिभाषण देने और सन्देश भेजने का अधिकार प्रदान करता है।

- राज्यपाल का अभिभाषण सामान्यत: सरकार की नीतियों और कार्यक्रमों की रूपरेखा तैयार करता है।
- राज्यपाल द्वारा भेजे गए सन्देश विधानमण्डल के समक्ष किसी भी मामले पर विचार करने के लिए प्रस्तावित किए जा सकते हैं।
- राज्यपाल द्वारा विधानसभा के प्रत्येक साधारण निर्वाचन के बाद प्रथम सत्र के आरम्भ में और प्रत्येक वर्ष के प्रथम सत्र के आरम्भ में सम्बोधित करता है।

62. (d) औद्योगिक क्षेत्र अर्थव्यवस्था में आधुनिकीकरण और स्थिर रोजगार को बढ़ावा देने में महत्त्वपूर्ण भूमिका निभाता है।

- औद्योगिक क्षेत्र नई तकनीकों और प्रौद्योगिकियों को अपनाने को बढ़ावा देता है, जिससे उत्पादकता और दक्षता में वृद्धि होती है।
- यह नए उत्पादों और सेवाओं के विकास को भी प्रेरित करता है, जो अर्थव्यवस्था को अधिक विविधतापूर्ण बनाता है।
- औद्योगिकीकरण मानव पूँजी के विकास को भी बढ़ावा देता है, क्योंकि श्रमिकों को नए कौशल सीखने और विकसित करने की आवश्यकता होती है।
- वित्त वर्ष 2025 में औद्योगिक क्षेत्र में 6.2% की बढ़ोतरी का अनुमान है।

63. (d) तीनों कथन A, B और C सही हैं।

- मान्यता प्राप्त राजनीतिक दलों को चुनाव आयोग द्वारा कुछ विशेषाधिकार का निर्धारण किया जाता है; जैसे-चुनाव चिह्न का आवण्टन टेलीविजन और रेडियों स्टेशनों पर राजनीतिक प्रसारण आदि।
- राष्ट्रीय दल को आवण्टित चुनाव चिह्न पूरे देश में विशिष्टत: उसी के लिए आरक्षित होता है।
- राज्य दल को आवण्टित चुनाव चिह्न विशेष रूप से उस राज्य/राज्यों में इसके उपयोग के लिए आरक्षित है, जिसमें इसे मान्यता प्राप्त है।

64. (d) देशभक्ति गीत 'सारे जहाँ से अच्छा हिन्दोस्तान हमारा' 16 अगस्त, 1904 को साप्ताहिक पत्रिका इत्तेहाद में प्रकाशित हुआ था और इसे मोहम्मद इक़बाल ने लिखा था।

- मोहम्मद इकबाल को मुफक्किर-ए-पाकिस्तान और हकीम-उल-उम्मत के नाम से भी जाना जाता है।
- सारे जहाँ से अच्छा हिन्दोस्तां हमारा भारत में ब्रिटिश शासन के विरोध का एक गान बन गया।

65. (d) 'Truth, Love and a Little Malice' खुशवन्त सिंह की आत्मकथा है।

- खुशवन्त सिंह एक प्रसिद्ध भारतीय लेखक, पत्रकार और इतिहासकार थे, जो अपनी स्पष्टवादिता और बेबाकी के लिए जाने जाते थे।
- यह पुस्तक वर्ष 2002 में प्रकाशित हुई थी और अंग्रेजी भाषा में लिखी गई थी।
- इस पुस्तक में, खुशवन्त सिंह अपने जीवन के विभिन्न पहलुओं, अपने बचपन से लेकर अपने करियर और व्यक्तिगत जीवन तक का वर्णन करते हैं।
- उनकी कुछ प्रसिद्ध रचनाओं में 'द ट्रेन टू पाकिस्तान', 'मालिक का कुत्ता', 'लाजो' और 'आधे हंगामे' शामिल हैं।

66. (a) लिबेरो (Libero) शब्द का प्रयोग वॉलीबॉल में किया जाता है।

- यह टीम का एक विशेष खिलाड़ी होता है, जो रक्षात्मक भूमिका निभाता है।

- लिबेरो को वर्ष 1998 में अन्तर्राष्ट्रीय वॉलीबॉल नियमों में रक्षा को बढ़ावा देने और खेल को अधिक रोमांचक बनाने के लिए पेश किया गया था।
- वॉलीबाल से सम्बन्धित अन्य प्रमुख शब्द है- स्पाइक, ब्लॉक, डिग, लेट आदि।

67. (d) एपिलिमनियन एक ऊष्मीय रूप से स्तरीकृत झील में सबसे ऊपरी परत होती है।
- यह गर्मियों के महीनों में सबसे गर्म परत होती है, क्योंकि यह सूर्य के प्रकाश से सीधे तौर पर गर्म होती है।
- एपिलिमनियन झील पारिस्थितिकी तन्त्र का एक महत्त्वपूर्ण हिस्सा है।
- यह जीवन के लिए आवश्यक भोजन और ऑक्सीजन प्रदान करता है और जलवायु को नियन्त्रित करने में भी भूमिका निभाता है।

68. (a) संविधान के भाग III अनुच्छेद-12-35 को सामान्यतः 'भारत का मैनाकार्टा' कहा जाता है।
- यह भाग मौलिक अधिकारों से सम्बन्धित है, जो नागरिकों को कुछ बुनियादी स्वतन्त्रता और अधिकार प्रदान करते हैं।
- इन अधिकारों को न्यायिक समीक्षा के अधीन रखा गया है, जिसका अर्थ है कि न्यायालय यह सुनिश्चित कर सकते हैं कि सरकार इन अधिकारों का उल्लंघन न करे।

69. (b) भारतीय संविधान का अनुच्छेद 141 यह निर्धारित करता है कि सर्वोच्च न्यायालय द्वारा घोषित कानून भारत के राज्यक्षेत्र के भीतर सभी अदालतों पर बाध्यकारी होगा।
- इसका अर्थ यह है कि उच्च न्यायालयों सहित सभी निचली अदालतों को सर्वोच्च न्यायालय द्वारा दिए गए निर्णयों और फैसलों का पालन करना होगा।
- अनुच्छेद 137 सर्वोच्च न्यायालय को अपने किसी भी निर्णय या आदेश की समीक्षा करने की शक्ति प्रदान करता है।

70. (c) गयासुद्दीन बलबन ने दरबार में 'सिजदा' (साष्टांग प्रणाम) और 'पैबोस' (सम्राट के पैर चूमना) की रस्म शुरू की थी।
- बलबन दिल्ली सल्तनत का पाँचवा सुल्तान था, जिसने 1246 से 1287 ई. तक शासन किया।
- 'सिजदा' और 'पैबोस' की रस्म बलबन द्वारा अपनी शक्ति और प्रतिष्ठा को बढ़ाने के लिए शुरू की गई थी।
- बलबन ने फारसी त्योहार नवरोज की शुरुआत की।
- बलबन ने राजत्व का सिद्धान्त दिया, जिसके मुताबिक ईश्वर के बाद सुल्तान का स्थान होता है।

71. (a) लॉर्ड डलहौजी ने 1856 ई. में अवध का विलय ब्रिटिश ईस्ट इण्डिया कम्पनी में कर दिया था।
- डलहौजी ने अवध के नवाब वाजिद अली शाह पर कुशासन का आरोप लगाकर उसे हटा दिया।
- डलहौजी एक महत्त्वाकांक्षी गवर्नर-जनरल थे, जो भारत में ब्रिटिश शासन का विस्तार करना चाहता था।
- उन्होंने **व्यपगत सिद्धान्त** का उपयोग करते हुए कई रियासतों को ब्रिटिश साम्राज्य में मिला लिया।
- लॉर्ड डलहौजी द्वारा विलियम नीति के तहत अन्य प्रान्तों का विलय किया गया, जो निम्नलिखित है-
- सतारा (1848 ई.), जैतपुर और सम्बलपुर (1849 ई.) उदयपुर (1852 ई.), झाँसी (1853 ई.), नागपुर (1854 ई.) आदि।

72. (a) आइस हॉकी एसोसिएशन ऑफ इण्डिया (IHAI) के पुरुषों के लिए राष्ट्रीय आइस हॉकी चैम्पियनशिप (2023) का 12वाँ संस्करण लेह के लद्दाख में आयोजित किया गया था।
- राष्ट्रीय आइस हॉकी चैम्पियशिप, 2024 का आयोजन हिमाचल प्रदेश के केलांग/काजा में 19-24 जनवरी, 2024 को हुआ।
- इसमें पुरुष वर्ग में लद्दाख विजेता और महिला वर्ग में आईटीबीपी विजेता रहा।

73. (d) आरक्षित रिज़र्व अनुपात और मुद्रा आपूर्ति में नकारात्मक सम्बन्ध है।
- आरक्षित रिज़र्व अनुपात बढ़ने पर बाजार में मुद्रा आपूर्ति में कमी होती है, वहीं रिजर्व अनुपात कम होने पर मुद्रा आपूर्ति में वृद्धि होती है।
- **आरक्षित रिज़र्व अनुपात** यह बैंक की जमाराशि का वह प्रतिशत है. जिसे उसे केन्द्रीय बैंक के पास रिजर्व के रूप में रखना होता है।
- **मुद्रा आपूर्ति** यह अर्थव्यवस्था में परिचालित होने वाली मुद्रा की कुल राशि है।

74. (b) क्लोरोफार्म ($CHCl_3$) फ्रीऑन रेफ्रिजरेंट R-22 ($CHClF_2$) के उत्पादन में उपयोग किया जाता है।
- R-22 एक हाइड्रोक्लोरोफ्लोरोकार्बन (HCFC) है, जिसे क्लोरोफ्लोरोकार्बन (CFC) के विकल्प के रूप में विकसित किया गया था।
- CFCs को ओजोन परत को नुकसान पहुँचाने के लिए जाना जाता है, इसलिए उन्हें वर्ष 1987 के मॉण्ट्रियल प्रोटोकॉल के तहत प्रतिबन्धित कर दिया गया था।
- R-22 का उत्पादन क्लोरोफार्म और हाइड्रोजन फ्लोराइड (HF) के संयोजन से होता है।

75. (d) चूना पत्थर की गुफाओं में $CaCO_3$ और अन्य सामग्रियों का जो निक्षेपण पैटर्न तल से ऊपर की ओर बढ़ता है, उसे स्टेलग्माइट कहा जाता है।
- स्टेलक्टाइट खनिज के रूप में जमा होते हैं, जो चूना पत्थर की गुफाओं की छत से लटकते हुए बनते हैं।
- वे गुफा की दीवारों से नीचे की ओर बहने वाले पानी से बनते हैं, जो खनिजों से संतृप्त होता है।

76. (d) भारत में, 'वसन्त', 'ग्रीष्म' और 'वर्षा' ये नाम पारम्परिक ऋतुओं (traditional seasons) के हैं, जो भारत में मौसम के परिवर्तन को व्यक्त करते हैं।
- **वसन्त ऋतु** (वसन्त) यह ऋतु फरवरी और मार्च महीनों में आती है। इस ऋतु में मौसम सुहावना होता है, दिन बड़े होते हैं और फूल खिलते हैं।
- **ग्रीष्म ऋतु** (गर्मी) यह ऋतु अप्रैल और मई महीनों में आती है। इस ऋतु में मौसम गर्म होता है, दिन सबसे बड़े होते हैं और लू चलती है।
- **वर्षा ऋतु** (बरसात) यह ऋतु जून से सितम्बर तक रहती है। इस ऋतु में अधिक वर्षा प्राप्त होती है, नदियाँ भर जाती हैं और खेती होती है।

77. (a) जून, 2023 तक उपलब्ध जानकारी के अनुसार, डिब्रूगढ़-कन्याकुमारी भारत का सबसे लम्बा रेलमार्ग (वर्तमान अप्रैल, 2025 में भी यही है।) है।

यह 4,364 किलोमीटर (2,711 मील) लम्बा है और 9 राज्यों से होकर गुजरता है।

यह विवेक एक्सप्रेस ट्रेन द्वारा सेवा प्रदान की जाती है, जो डिब्रूगढ़ से कन्याकुमारी तक चलती है। यह देश के पूर्वी और पश्चिमी भागों को जोड़ता है और माल ढुलाई और यात्री परिवहन के लिए महत्त्वपूर्ण है।

78. (c) जून, 2023 तक भारत का सबसे बड़ा व प्रमुख और सबसे व्यस्त अन्तर्राष्ट्रीय हवाई अड्डा इन्दिरा गाँधी अन्तर्राष्ट्रीय हवाई अड्डा (IGIA) है। यह दिल्ली शहर में स्थित है।
- क्षेत्रफल के अनुसार राजीव गाँधी अन्तर्राष्ट्रीय हवाई अड्डा (हैदराबाद) 2,224 हेक्टेयर (5,496 एकड़) में फैला भारत का सबसे बड़ा हवाई अड्डा है।
- इन्दिरा गाँधी अन्तर्राष्ट्रीय हवाई अड्डा के दबाव को कम करने के लिए नोएडा में जेवर अन्तर्राष्ट्रीय हवाई अड्डा का विकास किया जा रहा है।

79. (b) संगीत नाटक अकादमी पुरस्कार, 2003 प्राप्त करने वाली थियम सूर्यमुखी देवी को उनके मणिपुरी नृत्य में असाधारण योगदान के लिए जाना जाता है।

- थियम सूर्यमुखी देवी को मणिपुरी नृत्य की 'रानी' माना जाता है। उन्हें वर्ष 2025 में पद्मश्री से सम्मानित किया गया।
- मणिपुरी एक शास्त्रीय नृत्य है। इनके प्रमुख कलाकार गुरू विपिन सिंह, दर्शना झावेरी, निर्मला मेहता, नयना, सुवर्णा आदि है।

80. (a) हैलोजन के बाह्यतम कोश में पाए जाने वाले इलेक्ट्रॉनों की संख्या सात होती है।

- सात इलेक्ट्रॉन उनके सबसे बाहरी कोश में होते हैं, जो उन्हें अत्यधिक प्रतिक्रियाशील बनाता है।
- हैलोजन मानक तापमान और दाब (STP) पर तीनों अवस्थाओं (ठोस, तरल और गैस) में पाए जाते हैं।
- ये अत्यधिक प्रतिक्रियाशील होते हैं और जैविक जीवों के लिए हानिकारक या घातक हो सकते हैं।
- ये उच्च वैद्युत ऋणात्मकता और उच्च प्रभावी परमाणु आवेश रखते हैं।
- ये इलेक्ट्रॉन ग्रहण करके अन्य तत्त्वों के साथ यौगिक बनाते हैं।

81. (a) 1833 के चार्टर अधिनियम के तहत, ब्रिटिश भारत में ईस्ट इण्डिया कम्पनी का चीन के साथ व्यापार पर एकाधिकार समाप्त कर दिया गया था।

- यह अधिनियम चीन के साथ व्यापार को सभी ब्रिटिश नागरिकों के लिए खोल दिया गया था, जिससे ईस्ट इण्डिया कम्पनी की व्यापारिक शक्ति कम हो गई।
- 1833 के चार्टर अधिनियम के तहत भारत में चाय के व्यापार पर कम्पनी के एकाधिकार को समाप्त कर दिया गया।
- इस अधिनियम के तहत बंगाल के गवर्नर जनरल को भारत का गवर्नर जनरल बना दिया गया तथा सिविल सेवकों के चयन के लिए खुली प्रतियोगिता की व्यवस्था की गई।

82. (a) किसी परिपथ में एक सेकण्ड में एक कूलॉम आवेश का प्रवाह होना 1 एम्पियर कहलाता है।

एम्पियर विद्युत धारा को मापने की इकाई है।

यदि आवेश $Q = 1$, $t = 1$ सेकण्ड

तब, 1 एम्पियर = 1 कूलॉम/सेकण्ड

$$1\text{A} = 1\text{C/S}$$

83. (b) भारत में फसल उत्सव 'ओणम' मुख्य रूप से केरल राज्य में मनाया जाता है।

- यह 10 दिनों तक चलने वाला उत्सव चिंगम महीने में आता है (यह सामान्यत: अगस्त-सितम्बर में होता है)।
- यह त्योहार भगवान विष्णु के वामन अवतार और राजा महाबली के शासनकाल की याद में मनाया जाता है।
- ओडिशा का प्रमुख फसल त्योहार नुआखाई है। यह ओडिशा में भाद्रपद शुक्ल पंचमी को मनाया जाता है।
- मध्य प्रदेश में मुख्य रूप से सांची महोत्सव, खजुराहों नृत्य महोत्सव आदि मनाए जाते हैं।
- सिक्किम का प्रमुख फसल त्योहार लोसूंग (Lhosung) है। यह फसल कटाई के मौसम का अन्त और तिब्बती नववर्ष की शुरुआत का प्रतीक है।

84. (b) कथन 1 और 4 सही हैं।

- लक्षद्वीप द्वीप समूह प्रवाल भित्तियों और ज्वालामुखी विस्फोटों से बने प्रवाल द्वीपों का एक समूह है।
- अण्डमान और निकोबार द्वीप समूह अराकान योमा पर्वत शृंखला का उत्तरी विस्तार माना जाता है, जो एक अन्त: समुद्री पर्वत है।
- कथन 2 और 3 सही नहीं हैं।
- अण्डमान निकोबार द्वीपसमूह ज्वालामुखी विस्फोटों और पृथ्वी के क्रस्ट के टूटने से बने ज्वालामुखी द्वीपों का समूह है।
- लक्षद्वीप द्वीपसमूह अन्त: समुद्री पर्वतों का उच्चस्तरीय भाग नहीं है।
- 8 चैनल लक्षद्वीप के मिनिकॉय द्वीप को मालदीव से अलग करता है।

85. (d) भारतीय संविधान के मौलिक कर्त्तव्यों का उल्लेख अनुच्छेद 51A में किया गया है। यह अनुच्छेद 42वें संविधान संशोधन अधिनियम, 1976 द्वारा 1977 में संविधान में जोड़ा गया था।

- भारतीय संविधान में मौलिक कर्त्तव्य को स्वर्ण सिंह समिति की सिफारिशों पर 42वें संविधान संशोधन अधिनियम, 1976 के माध्यम से शामिल किया गया था।
- मौलिक कर्त्तव्य नागरिकों के लिए नैतिक दायित्व हैं, जिनका पालन करना उनका कर्त्तव्य है।

86. (c) क्रिकेट के खेल में मैदान से स्टम्प की ऊँचाई 28 इंच (71.1 सेण्टीमीटर) होती है।

- यह ऊँचाई अन्तर्राष्ट्रीय क्रिकेट परिषद् (ICC) द्वारा निर्धारित मानक है और सभी अन्तर्राष्ट्रीय और घरेलू क्रिकेट मैचों में इसका पालन किया जाता है।
- क्रिकेट में गेंद का वजन 155.9 ग्राम से 163 ग्राम के बीच होना चाहिए।

87. (b) आयात लाइसेंसिंग का उदारीकरण वैश्वीकरण की एक विशेषता है।

- आयात लाइसेंसिंग में उदारीकरण का अर्थ है— सरकार द्वारा आयात पर लगाए गए प्रतिबन्धों को कम करना।
- इसमें शुल्कों को कम करना, कोटा को हटाना और आयात आवश्यकताओं को सरल बनाना शामिल हो सकता है।
- वैश्वीकरण विभिन्न देशों के बीच आर्थिक, सामाजिक और सांस्कृतिक सम्बन्धों में वृद्धि की प्रक्रिया है।
- यह व्यापार, निवेश, प्रौद्योगिकी हस्तान्तरण और लोगों की आवाजाही में वृद्धि के माध्यम से होता है।

88. (b) दी गई आकृति में ऐरोमैटिक यौगिक का नाम नैफ्थैलीन एक सफेद रंग का ठोस पदार्थ होता है। जिसकी गन्ध बहुत तेज होती है।

- नैफ्थैलीन एक हाइड्रोकार्बन है, जिसका अणुसूत्र $C_{10}H_8$ है।
- नैफ्थैलीन एक ज्वलनशील और कैंसरकारी पदार्थ है, जो हवा के साथ विस्फोटक मिश्रण बना सकती है।

89. (d) बिरजू महाराज पद्म विभूषण पुरस्कार विजेताओं में से एक हैं, जो कथक के कालका- बिन्दादीन घराने (लखनऊ घराना) से सम्बन्धित हैं।

- पण्डित बिरजू महाराज, जिन्हें भागवत और बिरजू प्रसाद के नाम से भी जाना जाता था, एक प्रसिद्ध भारतीय कथक नर्तक, गायक, संगीतकार और गुरू थे।
- उन्हें वर्ष 1986 में पद्म विभूषण से सम्मानित किया गया था, जो भारत का तीसरा सर्वोच्च नागरिक सम्मान है।

90. (b) पद्मश्री पुरस्कार से सम्मानित पण्डित भजन सोपोरी एक प्रसिद्ध सन्तूर वादक थे।

- उन्हें वर्ष 2004 में भारत सरकार द्वारा संगीत (शास्त्रीय) के क्षेत्र में उनके योगदान के लिए पद्मश्री से सम्मानित किया गया था।
- सन्तूर एक समलम्बाकार तन्तू वाद्ययन्त्र है, जिसे मुख्य रूप से अखरोट की लकड़ी से बनाया जाता है।
- प्रमुख सन्तूरवादक निम्नलिखित हैं–
- पण्डित शिवकुमार शर्मा, पण्डित तरुण भट्टाचार्य, डॉ. वर्षा अग्रवाल आदि।

91. (a) भारतीय संविधान में 'मौलिक अधिकारों के चार्टर' का विचार अमेरिकी संविधान से प्रेरित है।

- भारत के संविधान के भाग III (अनुच्छेद 12-35) में निहित मौलिक अधिकार नागरिक स्वतन्त्रता की गारण्टी देते हैं।
- इन अधिकारों को 'मौलिक' के रूप में जाना जाता है, क्योंकि वे सर्वांगीण विकास अर्थात् भौतिक, बौद्धिक, नैतिक और आध्यात्मिक विकास के लिए सबसे आवश्यक हैं और देश के मौलिक कानून अर्थात् संविधान द्वारा संरक्षित हैं।

- भारतीय संविधान में अमेरिका के संविधान से मौलिक अधिकार, न्यायिक समीक्षा, न्यायपालिका की स्वतन्त्रता, संविधान की प्रस्तावना आदि प्रेरित है।
- भारतीय संविधान में ब्रिटेन के संविधान से संसदीय शासन प्रणाली, विधि का शासन, एकल नागरिकता आदि ली गई है।

92. (d) महमूद गवाँ बहमनी शासक हुमायूँ शाह द्वारा व्यापारियों के प्रमुख या मलिकुत- तुज्जर की उपाधि प्रदान की गई थी।
- महमूद गवाँ एक प्रसिद्ध प्रशासक, सेनापति और विद्वान थे, जिन्होंने 15वीं शताब्दी में बहमनी सल्तनत में महत्त्वपूर्ण भूमिका निभाई थी। उन्होंने 1461 ई. में हुमायूँ शाह के शासनकाल में मलिकुत-तुज्जर का पद ग्रहण किया और 1481 ई. में अपनी मृत्यु तक इस पद पर रहे।
- मलिकुत-तुज्जर के रूप में, महमूद गवाँ बहमनी सल्तनत के व्यापार और अर्थव्यवस्था के लिए जिम्मेदार थे।

93. (b) ऋग्वैदिक संहिता में कुल 10 मण्डल हैं।
- इन मण्डलों में सूक्त (स्तोत्र) होते हैं, जिनमें ऋचाएँ (मन्त्र) होती हैं।
- ऋग्वेद में कुल 1028 सूक्त और 10,462 ऋचाएँ हैं।
- ऋग्वेद के तीसरे मण्डल में गायत्री मन्त्र का उल्लेख है।
- ऋग्वेद के दसवें मण्डल से वर्ण व्यवस्था का उल्लेख मिलता है।

94. (c) वर्ष 1905 में, थॉमस चेम्बरलेन के साथ फॉरेस्ट मौलटन ने यह निष्कर्ष निकाला था कि सौरमण्डल में ग्रहों की उत्पत्ति सूर्य और एक-दूसरे तारे के बीच टकराव से हुई है।
- यह सिद्धान्त बताता है कि चन्द्रमा का निर्माण तब हुआ, जब पृथ्वी से टकराने वाले एक विशाल क्षुद्रग्रह के मलबे से चन्द्रमा बना।
- इस सिद्धान्त को चैम्बरलिन - मौलटन प्लेनेटेसिमल परिकल्पना के नाम से जाना जाता है।

95. (d) भारत की जनगणना 2011 के अनुसार, राष्ट्रीय महिला श्रमबल भागीदारी दर 25.51% थी।
- यह दर्शाता है कि प्रत्येक 100 महिलाओं में से केवल 25.51 महिलाएँ श्रमबल में भाग ले रही थीं।
- यह दर पुरुषों की श्रमबल भागीदारी दर (52.34%) की तुलना में काफी कम है।
- ग्रामीण क्षेत्रों में महिला श्रमबल भागीदारी दर 24.8% थी, जबकि शहरी क्षेत्रों में यह दर 30.29% थी।

96. (d) हाइड्रोजन अणु के K कोश में 1 इलेक्ट्रॉन होता है।
- हाइड्रोजन परमाणु (जिससे हाइड्रोजन अणु बनता है) में केवल 1 इलेक्ट्रॉन होता है, और यह K कोश में स्थित होता है।
- K कोश परमाणु के केन्द्र के सबसे निकट होता है और इसमें अधिकतम 2 इलेक्ट्रॉन हो सकते हैं।
- चूँकि हाइड्रोजन में केवल 1 इलेक्ट्रॉन होता है, इसलिए यह K कोश में पूरी तरह से समायोजित हो जाता है।

97. (c) दर्शना झावेरी को मणिपुरी नृत्य में उनके योगदान के लिए वर्ष 2002 में पद्मश्री पुरस्कार से सम्मानित किया गया था।
- वर्ष 2018 में इन्हें कालिदास सम्मान से सम्मानित किया गया था।
- उन्होंने अपनी नृत्य शिक्षा अपनी माँ, प्रसिद्ध मणिपुरी नृत्यांगना रमा झावेरी से प्राप्त की।
- मणिपुरी नृत्य के अन्य प्रमुख कलाकार हैं-गुरू बिपिन सिंह, नयना, रंजना, सुवर्ण देवयानी चालिया आदि।

98. (c) अम्बुबाची मेला असम राज्य में मनाया जाता है।
- यह कामाख्या मन्दिर में प्रत्येक वर्ष जून महीने में चार दिनों तक आयोजित किया जाता है।
- यह हिन्दू धर्म का एक प्रमुख त्योहार है और देवी कामाख्या की मासिक धर्म चक्र का प्रतिनिधित्व करता है।
- असम में प्रचलित अन्य प्रमुख मेले हैं—परशुराम मेला, जोनबिल मेला, दोल जात्रा मेला, अशोकष्टमी मेला आदि।

99. (b) पण्डित विष्णु नारायण भातखण्डे को हिन्दुस्तानी संगीत के क्षेत्र में रागों की दस थाटों में वर्गीकृत करने के लिए उनके योगदान के लिए जाना जाता है।
- उन्हें 'हिन्दुस्तानी संगीत के जनक' के रूप में भी जाना जाता है।
- पण्डित भातखण्डे ने 12 स्वरों के 10 अद्वितीय संयोजनों को वर्गीकृत करके थाटों का निर्माण किया था।

100. (c) पण्डित विजय कुमार किचलू आगरा घराने से सम्बन्धित थे।
- आगरा घराना हिन्दुस्तानी शास्त्रीय संगीत की एक प्रमुख शैली है।
- यह अपनी मधुरता, भावपूर्णता और विशेष गायन तकनीकों के लिए जाना जाता है।
- उन्होंने अपने गुरू पण्डित विनायक राव चान्देकर से शास्त्रीय संगीत की शिक्षा प्राप्त की।
- उन्हें पद्मश्री और संगीत नाटक अकादमी पुरस्कार सहित कई पुरस्कारों से सम्मानित किया गया था।
- आगरा घराने के संस्थापक हाजी सुजान खान थे। इस घराने के अन्य प्रमुख कलाकारों में उस्ताद फैयाज खान, उस्तान विलायत हुसैन खान, दिनकर काकिनी आदि थे।

101. (d) व्यंजक = $9^{18} \div 3^{14}$ का $27^3 \times \sqrt{6561}$

$= 9^{18} \div 3^{14}$ का $3^9 \times \sqrt{6561}$

$= 9^{18} \div 3^{23} \times \sqrt{6561}$ $(\because a^m . a^n = a^{m+n})$

$= 3^{36} \div 3^{23} \times \sqrt{6561}$ $(\because a^m \div a^n = a^{m-n})$

$= 3^{13} \times 81$ $(\because a^m . a^n = a^{m+n})$

$= 3^{13} \times 3^4 = 3^{17}$

102. (a) सुरेश का 1 दिन का कार्य $= \frac{1}{20}$

अरविन्द, सुरेश से 4 गुना तेजी से काम करता है।

$\therefore$ अरविन्द का 1 दिन का कार्य $= \frac{4}{20} = \frac{1}{5}$

अरविन्द व सुरेश दोनों का मिलाकर 1 दिन का कार्य

$$= \frac{1}{20} + \frac{1}{5} = \frac{1+4}{20} = \frac{1}{4}$$

अत: अरविन्द व सुरेश द्वारा मिलकर कार्य समाप्त करने में लगा समय = 4 दिन

103. (b) माना कक्षा में लड़कों व लड़कियों की संख्या क्रमश: $3x$ तथा $5x$ हैं।

कुल विद्यार्थियों की संख्या $= 3x + 5x = 8x$

लड़कों का प्रतिशत $= \frac{3x}{8x} \times 100 = 37.5\%$

104. (c) दिया है,

परिवार की प्रतिमाह बचत = ₹ 8000

शिक्षा पर व्यय = 30°, बचत = 60°

$\therefore$ 60° = ₹ 8000

तो 30° = ₹ 4000

अत: शिक्षा पर व्यय = ₹ 4000

105. (d) शान्त जल में नाव की गति = 7.5 किमी/घण्टा

माना धारा की गति = x किमी/घण्टा

माना दूरी = d सेमी

प्रश्नानुसार,

$$\frac{d}{7.5 + x} = \frac{d}{(7.5 - x)} \times \frac{1}{4}$$

$\Rightarrow (7.5 - x) \times 4 = 7.5 + x$

$\Rightarrow 30 - 4x = 7.5 + x$

$\Rightarrow 5x = 30 - 7.5 = 22.5$

$\therefore x = \frac{22.5}{5} = 4.5$

अत: धारा की गति = 4.5 किमी/घण्टा

106. (a) $(1+\cot A-\operatorname{cosec} A)(1+\tan A+\sec A)-3(\sin^2 A+\cos^2 A)$

$$=\left(1+\frac{\cos A}{\sin A}-\frac{1}{\sin A}\right)\left(1+\frac{\sin A}{\cos A}+\frac{1}{\cos A}\right)-3\times 1$$

$$=\frac{(\sin A+\cos A-1)(\cos A+\sin A+1)}{\sin A\cos A}-3$$

$$=\frac{[(\sin A+\cos A)-1][\sin A+\cos A+1]}{\sin A\cos A}-3$$

$$=\frac{(\sin A+\cos A)^2-(1)^2}{\sin A\cos A}-3;\quad [\because (a+b)(a-b)=a^2-b^2]$$

$$=\frac{\sin^2 A+\cos^2 A+2\sin A\cos A-1}{\sin A\cos A}-3$$

$$=\frac{2\sin A\cos A}{\sin A\cos A}-3$$

$=2-3=-1$

107. (a) घनाभ का आयतन $= l\times b\times h$

$=32\times 8\times 4=1024$ सेमी^{3}

प्रश्नानुसार,

घन का आयतन $=4\times$ घनाभ का आयतन

$=4\times 1024=4096$ सेमी^{3}

$\Rightarrow$ घन की भुजा (a) $=\sqrt[3]{4096}=16$ सेमी

$\therefore$ घन का कुल पृष्ठीय क्षेत्रफल $=6a^2$

$=6\times 16\times 16=1536$ सेमी^{2}

घनाभ का कुल पृष्ठीय क्षेत्रफल

$=2(lb+bh+hl)$

$=2(32\times 8+8\times 4+4\times 32)$

$=2(256+32+128)$

$=2\times 416=832$ सेमी^{2}

अत: अभीष्ट अनुपात

$=1536:832=24:13$

108. (d) व्यंजक

$=8.2+2.6+3.2-4.5\div 0.9\times 1.2$

BODMAS के नियम से,

$=8.2+2.6+3.2-5\times 1.2$

$=8.2+2.6+3.2-6$

$=14-6=8$

109. (c) दिया है,

$x=3y+4$

$\Rightarrow\quad x-3y=4$

$\Rightarrow\quad (x-3y)^3=(4)^3$

$\Rightarrow (x)^3-(3y)^3-3(x)(3y)(x-3y)=64$

$\Rightarrow x^3-27y^3-9xy\times 4=64$

$\therefore\quad x^3-27y^3-36xy=64$

110. (c) त्रिकोणमितीय व्यंजक है,

$\operatorname{cosec}\theta(1-\cos\theta)(\operatorname{cosec}\theta+\cot\theta)$

$$=\operatorname{cosec}\theta(1-\cos\theta)\times\frac{1}{(\operatorname{cosec}\theta-\cot\theta)}$$

$(\because \operatorname{cosec}^2\theta-\cot^2\theta=1)$

$$=\frac{\operatorname{cosec}\theta(1-\cos\theta)}{\left(\operatorname{cosec}\theta-\frac{\cos\theta}{\sin\theta}\right)}$$

$$=\frac{\operatorname{cosec}\theta(1-\cos\theta)\times\sin\theta}{(\sin\theta\operatorname{cosec}\theta-\cos\theta)}$$

$$=\frac{\operatorname{cosec}\theta.\sin\theta(1-\cos\theta)}{(1-\cos\theta)}$$

$$\left(\because \sin\theta=\frac{1}{\operatorname{cosec}\theta}\right)$$

$=\sin\theta\operatorname{cosec}\theta=1$

111. (d) माना कुल मतों की संख्या = 100%

10% मतदाताओं ने मत नहीं डाले,

अर्थात् शेष मतों की संख्या

= 100 – 10 = 90%

जीतने वाले उम्मीदवार के मतों की संख्या

= 46%

$\therefore$ हारने वाले उम्मीदवार के मतों की संख्या

= 90 – 46 = 44%

60 मतदाताओं ने खाली मतपत्र डाले

प्रश्नानुसार,

$(46-44)\%\equiv 410-60=350$

$\Rightarrow\quad 2\%\equiv 350$

$\therefore\quad 100\%\equiv\frac{350}{2}\times 100=17500$

अत: सूची में मतदाताओं की संख्या = 17500

112. (a) माना कोरोना से पहले गाँव की जनसंख्या $=x$

कोरोना वायरस से मरने वालों की संख्या

$$=x\times\frac{5}{100}=\frac{x}{20}$$

शेष जनसंख्या $=x-\frac{x}{20}=\frac{19x}{20}$

भय के कारण भागों वालों की संख्या

$$=\frac{19x}{20}\times\frac{20}{100}=\frac{19x}{100}$$

प्रश्नानुसार,

$$\frac{19x}{20}-\frac{19x}{100}=4655$$

$$\Rightarrow\quad\frac{95x-19x}{100}=4655$$

$\Rightarrow\quad 76x=4655\times 100$

$$\therefore\quad x=\frac{4655\times 100}{76}=6125$$

अत: कोरोना से पहले गाँव की जनसंख्या

= 6125

113. (b) आरव की घड़ी की कीमत = ₹ 10000

भाविन का क्रयमूल्य

$$=10000\times\frac{115}{100}=₹\ 11500$$

आरव का पुन: क्रयमूल्य

$$=11500\times\frac{85}{100}=₹\ 9775$$

अत: आरव का लाभ

= ₹(11500 – 9775) = ₹ 1725

$$\text{लाभ प्रतिशत}=\frac{1725\times 100}{10000}=17.25\%$$

114. (b) छड़ की अधिकतम लम्बाई $=42\sqrt{3}$ मी

अर्थात् घन का विकर्ण $=\sqrt{3}a=42\sqrt{3}$

$\therefore\quad a=42$ मी

अत: गोले का व्यास = 42 मी

$\therefore$ गोले की त्रिज्या $(r)=\frac{42}{2}=21$ मी

गोले का पृष्ठीय क्षेत्रफल $=4\pi r^2$

$$=4\times\frac{22}{7}\times 21\times 21$$

$=5544$ मी^{2}

115. (d) +15% तथा – 15% के लिए,

$$\text{समतुल्य प्रतिशत}=\left(15-15-\frac{15\times 15}{100}\right)\%$$

= – 2.25%

अब, – 2.25% तथा 15% के लिए,

समतुल्य प्रतिशत

$$=\left(-2.25+15-\frac{2.25\times 15}{100}\right)\%$$

= (15 – 2.25 – 0.3375)%

= (15 – 2.5875)%

= 12.4125% ≈ 12.41%

अत: 2015 की शुरूआत में छात्रों की संख्या में 12.41% की वृद्धि हुई।

116. (d) गोले की त्रिज्या $(r)=\frac{12}{2}=6$ सेमी

तार का व्यास $(D)=4$ मिमी $=0.4$ सेमी

$\therefore\quad R=0.2$ सेमी

गोले का आयतन $=\frac{4}{3}\pi r^3$

बेलन का आयतन $=\pi R^2 h$

प्रश्नानुसार, $\frac{4}{3}\pi r^3=\pi R^2 h$

$$\Rightarrow\frac{4}{3}\times 6\times 6\times 6=0.2\times 0.2\times h$$

$$\therefore h=\frac{6\times 6\times 8}{2\times 2}\times 100=7200\ \text{सेमी}$$

117. (a) व्यंजक

$= 25 \times 25 + 9 \times 9 + 6 \times 6 + 2 \times 25 \times 9 + 2 \times 9 \times 6 + 2 \times 25 \times 6$

माना $a = 25$, $b = 9$ तथा $c = 6$

$\therefore\ a^2 + b^2 + c^2 + 2ab + 2bc + 2ca$

$= (a + b + c)^2 = (25 + 9 + 6)^2$

$= (40)^2 = 1600$

118. (b) व्यंजक

$$= \frac{12 + 3\frac{2}{3} \div \left[1\frac{3}{4} \div \left\{5\frac{1}{4} \times \left(3\frac{3}{5} \div 4\frac{1}{2}\right)\right\}\right]}{1\frac{1}{3} \times 5\frac{1}{5}}$$

$$= \frac{12 + \frac{11}{3} \div \left[\frac{7}{4} \div \left\{\frac{21}{4} \times \left(\frac{18}{5} \div \frac{9}{2}\right)\right\}\right]}{\frac{4}{3} \times \frac{26}{5}}$$

$$= \frac{12 + \frac{11}{3} \div \left[\frac{7}{4} \div \left\{\frac{21}{4} \times \frac{18}{5} \times \frac{2}{9}\right\}\right]}{\frac{104}{15}}$$

$$= \frac{12 + \frac{11}{3} \div \left[\frac{7}{4} \div \frac{21}{5}\right]}{\frac{104}{15}}$$

$$= \frac{12 + \frac{11}{3} \div \left[\frac{7}{4} \times \frac{5}{21}\right]}{\frac{104}{15}}$$

$$= \frac{\left(12 + \frac{11}{3} \div \frac{5}{12}\right) \times 15}{104}$$

$$= \frac{\left(12 + \frac{11}{3} \times \frac{12}{5}\right) \times 15}{104}$$

$$= \frac{\left(12 + \frac{44}{5}\right) \times 15}{104} = \frac{104 \times 15}{5 \times 104} = 3$$

119. (a) दिया है,

वृत्त की त्रिज्या $(r) = 35$ सेमी

$\theta = 72°$

$\because\ l = \frac{\theta}{360} \times 2\pi r$

$= \frac{72}{360} \times 2 \times \frac{22}{7} \times 35$

$= \frac{1}{5} \times 44 \times 5 = 44$ सेमी

अत: वृत्त के चाप की लम्बाई = 44 सेमी

120. (a) माना चतुर्थानुपाती $= x$

$\therefore 10 : 12 :: 15 : x$

$\Rightarrow\ \frac{10}{12} = \frac{15}{x}$

$\therefore\ x = \frac{15 \times 12}{10} = \frac{180}{10} = 18$

121. (b) $\sin\alpha = \frac{5}{13} = \frac{p}{h}$

$\therefore\ b = \sqrt{h^2 - p^2} = \sqrt{13^2 - 5^2}$

$= \sqrt{169 - 25} = \sqrt{144}$

अब, $\cos\alpha \cdot \text{cosec}\ \alpha \cdot \cot\alpha$

$= \cos\alpha \cdot \frac{1}{\sin\alpha} \cdot \frac{\cos\alpha}{\sin\alpha}$

$= \left(\frac{\cos^2\alpha}{\sin^2\alpha}\right) = \left(\frac{\cos\alpha}{\sin\alpha}\right)^2 = (\cot\alpha)^2$

$= \left(\frac{12}{5}\right)^2 = \frac{144}{25}$

122. (d) प्रश्नानुसार,

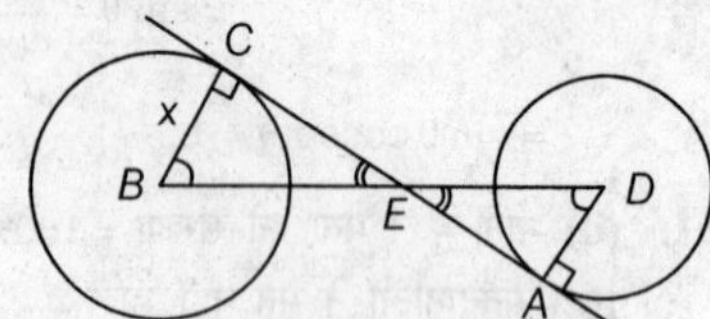

दिया है, $DA = 8$ सेमी, $BC = x$ सेमी

$AE = 12$ सेमी, $EC = 18$ सेमी

$\angle BCA = \angle DAE = 90°$

$\Delta BCE \sim \Delta DAE$

$\therefore\ \frac{BC}{DA} = \frac{BE}{ED} = \frac{CE}{AE}$

$\Rightarrow\ \frac{x}{8} = \frac{18}{12} \Rightarrow x = \frac{18 \times 8}{12} = \frac{144}{12} = 12$

123. (c) स्टोर 'S' का भाग = 34%

स्टोर 'S' का केन्द्रीय कोण

$= \frac{360° \times 34}{100} = 122.4°$

124. (c) माना यात्रा की कुल दूरी $= x$ किमी

प्रश्नानुसार,

$\frac{x}{45} - \frac{x}{55} = \frac{40}{60} = \frac{2}{3}$

$\Rightarrow \frac{55x - 45x}{45 \times 55} = \frac{2}{3}$

$\Rightarrow\ 10x = \frac{45 \times 55 \times 2}{3}$

$\therefore\ x = \frac{45 \times 55 \times 2}{3 \times 10} = \frac{45 \times 11}{3} = 165$

अत: यात्रा की लम्बाई = 165 किमी

125. (a) मिश्रधन $(A) = ₹\ 10192$

समय $(t) = 3$ वर्ष, दर $(r) = 10\%$

किस्त $(I) = \frac{100 \times A}{100t + \frac{rt(t-1)}{2}}$

$= \frac{100 \times 10192}{300 + 30 \times \frac{2}{2}} = \frac{100 \times 10192}{300 + 30}$

$= \frac{100 \times 10192}{330} = ₹\,3088.48$

अत: वार्षिक किस्त = ₹ 3088.48

126. (a) छात्रों ने गणित, रसायन विज्ञान तथा सूचना-प्रौद्योगिकी में 100% अंक प्राप्त किए।

अत: अभीष्ट विषयों की संख्या = 3

127. (d) माना वस्तु का क्रयमूल्य = ₹ 100

वस्तु का अंकित मूल्य = (100 + 35) = ₹135

15% छूट के बाद,

वस्तु का विक्रय मूल्य $= 135 \times \frac{85}{100}$

$= ₹\ 114.75$

लाभ = ₹(114.75 − 100) = ₹14.75

लाभ प्रतिशत = 14.75%

$= \frac{1475}{100} = \frac{59}{4}\% = 14\frac{3}{4}\%$

128. (c) दोनों घड़ियों का कुल क्रय मूल्य

$= ₹\ 9000 \times 2 = ₹\ 18000$

10% हानि पर,

एक घड़ी का विक्रय मूल्य

$= 9000 \times \frac{90}{100} = ₹8100$

कुल पर 18% लाभ के बाद,

विक्रय मूल्य $= 18000 \times \frac{118}{100} = ₹\ 21240$

दूसरी घड़ी का विक्रय मूल्य

$= ₹(21240 - 8100) = ₹\ 13140$

129. (a) व्यंजक

$= 5 \times [14 \div 13 \times \{13 \times 14 \div (14 \times 14)\}]$

$= 5 \times [14 \div 13 \times \{13 \times 14 \div 196\}]$

$= 5 \times [14 \div 13 \times \frac{13}{14}]$

$= 5 \times \left[\frac{14}{13} \times \frac{13}{14}\right] = 5 \times 1 = 5$

130. (d) व्यंजक $= \frac{1}{4} \times \frac{4}{3} \div \frac{5}{3} + \frac{1}{2}$

$= \frac{1}{4} \times \frac{4}{3} \times \frac{3}{5} + \frac{1}{2}$

$= \frac{1}{5} + \frac{1}{2} = \frac{2+5}{10} = \frac{7}{10} = 0.7$

131. (a) गुड़िया का अंकित मूल्य = ₹ 2500

गुड़िया का विक्रय मूल्य = ₹ 1800

माना दूसरी छूट की दर $x\%$ है।

प्रश्नानुसार,

$2500 \times \frac{90}{100} \times \frac{(100 - x)}{100} = 1800$

$\Rightarrow\ 225(100 - x) = 18000$

$\Rightarrow\ 22500 - 225x = 18000$

$\Rightarrow 225x = 22500 - 18000 = 4500$

$\therefore\ x = \frac{4500}{225} = 20\%$

अत: दूसरी छूट की दर = 20%

132. (c) रेलगाड़ी की लम्बाई = 255 मी

प्लेटफॉर्म की लम्बाई = 745 मी

रेलगाड़ी की चाल = 72 किमी/घण्टा

$= 72 \times \frac{5}{18} = 20$ मी/से

अभीष्ट समय $= \frac{\text{कुल दूरी}}{\text{चाल}} = \frac{255 + 745}{20}$

$= \frac{1000}{20} = 50$ सेकण्ड

133. (c) मिश्रधातु का वजन = 750 किग्रा

टिन की मात्रा $= 750 \times \frac{25}{100} = 187.5$ किग्रा

ताँबे की मात्रा = 750 − 187.5 = 562.5 किग्रा

माना मिलाई गई टिन की मात्रा = x किग्रा

मिश्रण का 70% टिन $= 750 \times \frac{70}{100}$

= 525 किग्रा

ताँबा की मात्रा = 750 − 525 = 225 किग्रा

प्रश्नानुसार,

$\frac{562.5}{187.5 + x} = \frac{225}{525}$

$\Rightarrow 42187.5 + 225x = 295312.5$

$\Rightarrow \quad 225x = 295312.5 - 42187.5$

$= 253125$

$\therefore \quad x = \frac{253125}{225} = 1125$ किग्रा

134. (a) 1985 से 1989 तक,

उत्पादित स्कूटरों की वार्षिक औसत

$= \frac{115 + 108 + 149 + 102 + 101}{5}$

$= \frac{575}{5} = 115$ हजार

वर्ष 1985 में स्कूटरों का कुल उत्पादन

= 115 हजार

अत: अभीष्ट वर्ष = 1985

135. (d) $(13.49 + 12.51) \times 13 = 26 \times 13$

$= 338$

136. (c) व्यंजक $= 3 + 2 \times [7 + (5 + 7) \div 2]$

$= 3 + 2 \times [7 \times 12 \div 2]$

$= 3 + 2 \times [7 + 6]$

$= 3 + 2 \times 13$

$= 3 + 26 = 29$

137. (a) व्यंजक $= 30 + 180 \div 30 \times 6 - 15$

$- 16 - 60 \div 3 - 15$

$= 30 + 6 \times 6 - 15 - 16 - 20 - 15$

$= 30 + 36 - 66$

$= 66 - 66 = 0$

138. (d) A का 1 दिन का कार्य $= \frac{1}{13}$

B का 1 दिन का कार्य $= \frac{1}{26}$

A तथा B का एक साथ 1 दिन का कार्य

$= \frac{1}{13} + \frac{1}{26} = \frac{2+1}{26} = \frac{3}{26}$

एकान्तर दिनों में A तथा B कार्य करते हैं।

अत: 2×8 अर्थात् 16 दिनों का कार्य

$= \frac{8 \times 3}{26} = \frac{24}{26}$

शेष कार्य $= 1 - \frac{24}{26} = \frac{2}{26} = \frac{1}{13}$

शेष कार्य A द्वारा 1 दिन में समाप्त होगा।

सम्पूर्ण कार्य समाप्त होने में लगा समय

= 16 + 1 = 17 दिन

139. (a) वृत्त की परिधि = 88 सेमी

$\Rightarrow \quad 2\pi r = 88$

$\Rightarrow \quad r = \frac{88}{2 \times 22} \times 7 = 14$ सेमी

लघु चाप की लम्बाई = 22 सेमी

$\because \quad \theta = \frac{l}{r}$

$\Rightarrow \quad \theta = \frac{22}{14} = \frac{11}{7}$ रेडियन

$\therefore$ 2π रेडियन के कोण पर वृत्त का क्षेत्रफल

$= \pi r^2$

$\therefore$ $\frac{11}{7}$ रेडियन के कोण पर वृत्त का क्षेत्रफल

$= \frac{\pi r^2}{2\pi} \times \frac{11}{7} = \frac{r^2}{2} \times \frac{11}{7}$

$= \frac{14 \times 14 \times 11}{14} = 154$ सेमी^{2}

140. (b) $1 - \cfrac{7}{1 - \cfrac{1}{1 + \cfrac{7}{1-7}}}$

$= 1 - \cfrac{7}{1 - \cfrac{1 \times (-6)}{-6+7}} = 1 - \cfrac{7}{1 - \cfrac{(-6)}{1}}$

$= 1 - \frac{7}{1+6}$

$= 1 - \frac{7}{7}$

$= 1 - 1 = 0$

141. (a) तालिका से स्पष्ट है कि जनवरी माह में कम्पनी ने सभी प्रकार के स्कूटरों का उत्पादन बराबर संख्या (25) में किया।

142. (d) फुटबॉल पर खर्च = ₹ 21000

टेनिस व बास्केटबॉल का कुल केन्द्रीय कोण

$= 40° + 35° = 75°$

हॉकी और क्रिकेट का केन्द्रीय कोण

$= 94° + 135° = 229°$

अभीष्ट प्रतिशत $= \frac{75}{229} \times 100\%$

$= 32.751\% \approx 32.75\%$

143. (c) $(\sin x + \sin y) = a$ ...(i)

$(\cos x + \cos y) = b$ ...(ii)

दोनों समीकरणों के वर्गों को जोड़ने से,

$(\sin^2 x + \sin^2 y + 2\sin x \sin y)$
$+ \cos^2 x + \cos^2 y + 2\cos x \cos y$
$= a^2 + b^2$

$\Rightarrow (\sin^2 x + \cos^2 x) + (\sin^2 y + \cos^2 y)$
$+ 2(\sin x \sin y + \cos x \cos y) = a^2 + b^2$

$\Rightarrow 2 + 2(\sin x \sin y + \cos x \cos y)$
$= a^2 + b^2$

$\therefore \quad (\sin x \sin y + \cos x \cos y)$
$= \frac{a^2 + b^2 - 2}{2}$

144. (b) तीन लड़कों की कुल आयु

= 25 × 3 = 75 वर्ष

तीनों की आयु का अनुपात = 3 : 5 : 7

अनुपातिक योग = 3 + 5 + 7 = 15

सबसे छोटे लड़के की आयु

$= \frac{3}{15} \times 75 = 15$ वर्ष

145. (a) यात्रा की कुल दूरी

= 50 + 75 = 125 किमी

कुल समय = 40 + 40 = 80 मिनट

$= \frac{80}{60} = \frac{4}{3}$ घण्टे

औसत चाल $= \frac{\text{कुल दूरी}}{\text{कुल समय}}$

$= \frac{125}{4} \times 3 = \frac{375}{4} = 93\frac{3}{4}$ किमी/घण्टा

146. (b) दिया है, $\alpha + \beta + \gamma = 0$

माना $\alpha = 1, \beta = -1$ तथा $\gamma = 0$

अब, $\frac{3\beta^2 + \alpha^2 + y^2}{2\beta^2 - \alpha y}$

व्यंजक में, α, β तथा γ का मान रखने से,

$\frac{3 \times (-1)^2 + (1)^2 + (0)^2}{2 \times (-1)^2 - 1 \times 0} = \frac{3+1}{2} = \frac{4}{2} = 2$

147. (d) गोले का आयतन $= \frac{4}{3}\pi r^3$

प्रश्नानुसार,

$\frac{\frac{4}{3}\pi r_1^3}{\frac{4}{3}\pi r_2^3} = \frac{512}{3375}$

$\Rightarrow \left(\frac{r_1}{r_2}\right)^3 = \frac{512}{3375}$

$\therefore \quad r_1 : r_2 = 8 : 15$

दोनों गोले के पृष्ठीय क्षेत्रफल का अनुपात

$= \frac{4\pi r_1^2}{4\pi r_2^2} = \left(\frac{r_1}{r_2}\right)^2 = \left(\frac{8}{15}\right)^2 = 64 : 225$

148. (d) A राज्य की जनसंख्या = D राज्य की जनसंख्या = 18000

राज्य A में गरीबी रेखा से नीचे जनसंख्या

$= 18000 \times \frac{36}{100} = 6480$

राज्य A में गरीबी रेखा से नीचे महिलाओं की जनसंख्या $= \frac{3}{8} \times 6480 = 2430$

राज्य D में गरीबी रेखा से नीचे की जनसंख्या

$= 18000 \times \frac{32}{100} = 5760$

राज्य D में गरीबी रेखा से नीचे महिलाओं की जनसंख्या $= \frac{2}{3} \times 5760 = 3840$

अतः अभीष्ट कुल जनसंख्या

$= 2430 + 3840 = 6270$

149. (b) अर्द्धगोले की त्रिज्या (r) = 11 सेमी

अर्द्धगोले का कुल पृष्ठीय क्षेत्रफल $= 3\pi r^2$

$= 3\pi \times (11)^2 = 363\pi$ सेमी^{2}

150. (c) प्रश्नानुसार,

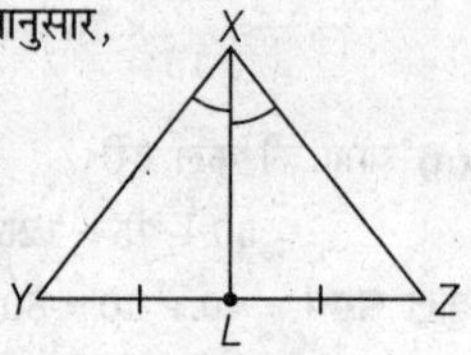

ΔXLY तथा ΔXLZ में,

$\angle YXL = \angle ZXL$

(समान भुजा का सम्मुख कोण)

$YL = LZ$ तथा $XL = XL$ (उभयनिष्ठ भुजा)

$\therefore \quad \Delta XYL \cong \Delta XZL$

$\therefore$ ar (XYL) = ar(ΔXZL) = 13 सेमी^{2}

$\therefore$ ar (XYZ) = 2 × 13 = 26 सेमी^{2}

151. (a) To go down in flames means to 'to fail spectacularly; to end suddenly and completely; be utterly ruined or wrecked'.

152. (c) The idiom **blue blood** refers to someone of noble or aristocratic lineage.

153. (c) Part (c) 'A deer runs across the road' contains an error. As the sentence is in past tense, 'ran' should be used.

154. (d) The synonym of 'Condemn' is Denounce, which means to criticise of speak against something strongly. Other options do not convey disapproval.

155. (a) **Demography** is the study of statistical changes in numbers of births, deaths, marriages and cases of disease in a community over a period of time.

156. (b) The correct spelt word is 'entrepreneur'.

157. (d) Part (d) 'soundly slept' contains an error. The correct phrase should be 'slept soundly' to maintain proper adverb placement as adverb of manner is placed after the verb.

158. (c) The word 'Cacophony' means a harsh, discordant mixture of sounds noise.

159. (c) Wicked' means moral wrongdoing or mischievous behaviour. Hence, its antonym is 'Righteous' which means morally upright, virtuous and adhering to ethical principles.

160. (c) The idiom 'to take it with a grain of salt' means regard something as exaggerated; believe only part of something.

161. (a) The correct spelling is 'reverse'.

162. (d) A **gynaecologist** is a specialist doctor who manages conditions that affect the female reproductive system.

163. (c) A **quadrangle** is an open space usually rectangular and enclosed in a building.

164. (d) The word 'Shrewd' means having or showing sharp powers of judgement; smart.

165. (d) The idiom 'at the drop of a hat' means to do something immediately or without hesitation.

166. (c) The idiom 'stand by' in the context of the given situation means to support someone, especially in difficult times.

167. (c) This is the correct form. One must be follwed by one's for consistency and properly is the correct spelling.

168. (d) The correct spelling is 'congregation'.

169. (b) The underlined part of the sentence contains an error. Use 'in' in place of 'from' to correct the sentence.

170. (b) The idiom **a man of letters** refers to 'someone who is a scholar or well-educated in literature and scholarly works.'

171. (c) **Waning** means to decrease in size, extent or degree; to diminish gradually in power, intensity or importance. Hence, its synonym is 'Fading' which means to gradually becoming less bright, intense or clear; synonymous with 'waning.'

172. (b) **Summary** is short description of a story. Hence, its antonym is 'lengthy'.

173. (a) The correct idiom to improve the underlined part of the given sentence is 'wild goose chase,' which means a futile or hopeless pursuit.

174. (d) The error in the original sentence is in the tense used. 'I will be arrange' is incorrect because it combines 'will be' (future continuous tense) with 'arrange' (which should be in the present participle form 'arranging' for future continuous tense).

The correct sentence from the options provided is 'I will be arranging all the necessary materials for the programme.' This option correctly uses the future continuous tense ('will be arranging') to indicate an action that will be ongoing in the future.

175. (d) Part (d) 'that tired and weak' contains an adverbial usage error. The correct adverbial usage should be 'so tired and weak that she could scarcely walk.'

176. (a) The word 'Ardent' means passionate, enthusiastic or dedicated. Hence, its synonym is 'committed' which means devoted or dedicated to a cause, belief or activity.

177. (c) A **contract** is a deal of agreement done in a company or firm.

178. (a) The underlined part of the sentence contains an error.

This sentence maintains the sense that the authors writing style is characterised by using language that is poetic or expressive in nature. 'Lyrical' suggests a style that is melodious, expressive and artistic, similar to 'poetic.'

The most appropriate option that can substitute the underlined segment is 'lyrical language.'

179. (a) The word **Immune** refers to being resistant to or protected against a disease or condition.

180. (c) Part (c) 'It is a cheap reasonably' contains the error. The correct phrase should be 'reasonably priced' instead of 'cheap reasonably.'

Ms. Malathi is living lonely in an apartment.

181. (c) **Evolution** refers to the process of changing or going from the simple or basic to the complex or advanced.

182. (c) A *Theist* is someone who believes in the existence of God. An *Atheist* does not and *Fatalist* believes in fate, not necessarily in God.

183. (d) The idiom **be in a tight corner** means 'to be in a difficult situation.' It describes a scenario where someone is facing problems or challenges that are hard to overcome.

184. (d) A **cacophony** is an unpleasant mixture of loud sounds.

185. (a) The correct spelt word is 'cheerful'.

186. (b) The idiom 'an elephant in the room' refers to an obvious problem or issue that everyone is aware of but chooses to ignore or avoid discussing.

187. (b) A **parable** is a simple story used to illustrate a moral or spiritual lesson.

188. (a) **Mighty** means possessing great power or strength. Hence, its antonym is 'Weak'.

189. (b) The correct spelling is 'search'.

190. (a) **Deja-vu** refers to the feeling of being in a place before having already experienced the present situation.

191. (a) 'Bangles' means circular bracelets, fitting the context of bangles on her upper arm.

192. (b) 'With' means accompanied by, fitting the context of a necklace with three pendants.

193. (b) 'Wrist' means the joint connecting the hand with the forearm, fitting the context of bangles on the wrist.

194. (d) 'Undaunted' means not intimidated, fitting the context of the ever hopeful human spirit.

195. (d) 'Impact' means a strong effect, fitting the context of the impact a work of art leaves on our senses.

196. (c) The passage has an informative tone.

197. (c) The passage discusses the causes (plastic pollution) and its effects (altering habitats, affecting livelihoods, etc.).

198. (b) The word 'exist' means to have actual being. Hence, its opposite is 'cease' which means to come to an end or to stop existing.

199. (a) The passage primarily discusses the issue of plastic pollution, including its scale, impact on ecosystems and human life and the need for comprehensive assessment alongside other environment issues.

200. (c) The word 'alter' means to change or modify something. Hence, its antonym is 'preserve' which means to maintain or keep something unchanged.

CPO SI P-1 SP 09

पेपर-1

SSC CPO SI सॉल्वड पेपर

27 जून 2024 (शिफ्ट I)

निर्देश

1. इस पेपर में 200 प्रश्न हैं।
2. इसमें 4 भाग हैं, **भाग 1** सामान्य बुद्धि एवं तर्कशक्ति, **भाग 2** सामान्य ज्ञान एवं सामान्य जागरुकता, **भाग 3** मात्रात्मक योग्यता और **भाग 4** अंग्रेजी
3. प्रत्येक प्रश्न **1 अंक** का है।

अधिकतम अंक : 200 **समय : 2 घण्टे**

भाग 1

सामान्य बुद्धि एवं तर्कशक्ति

1. एक पासे के फलकों पर संख्याएँ 2, 3, 5, 6, 7 और 8 हैं। नीचे एक ही पासे की दो अलग-अलग स्थितियाँ दी गई हैं। उस संख्या का चयन करें जो 8 वाले फलक के विपरीत फलक पर होगी।

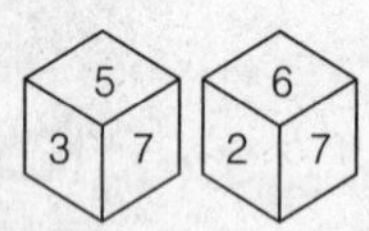

(a) 2 (b) 3 (c) 7 (d) 6

2. उस वेन-आरेख का चयन कीजिए, जो निम्नलिखित वर्गों के बीच के सम्बन्ध को सर्वोत्तम रूप से दर्शाता है।

केले, सेब, अंगूर

(a) 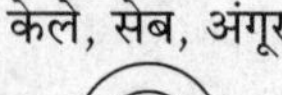 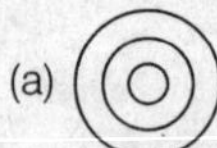 (b)  

(c) (d) 

3. एक निश्चित तर्क का अनुसरण करते हुए 15, 45 से से सम्बन्धित है। उसी तर्क का अनुसरण करते हुए, 25,125 से सम्बन्धित है। उसी तर्क का उपयोग करते हुए निम्नलिखित में से कौन-सी संख्या 80 से सम्बन्धित है?

(a) 20 (b) 18
(c) 21 (d) 22

4. निम्नलिखित में से कौन-सी संख्या दी गई शृंखला में प्रश्नचिह्न (?) को प्रतिस्थापित करेगी?

7, 16, 43, 124, 367, ?

(a) 1066 (b) 1096
(c) 1076 (d) 1086

5. गणितीय चिह्नों के उस सही संयोजन का चयन कीजिए, जिसे * चिह्नों के स्थान पर रखने पर समीकरण सन्तुष्ट हो जाएगा।

13 * 7 * 12 * 4 * 15 * 65

(a) −, +, ÷, ×, = (b) +, ÷, ×, +, =
(c) +, +, ÷, ×, = (d) +, ×, ÷, ×, =

6. यदि '+' का अर्थ '−' है, '−' का अर्थ '×' है, '×' का अर्थ '÷' है, '÷' का अर्थ '+' है, तो दिए गए समीकरण में प्रश्नचिह्न (?) के स्थान पर क्या आएगा?

$22 \times 11 - 450 \div 50 + 500 = ?$

(a) 550 (b) 450
(c) 350 (d) 650

7. एक कूटभाषा में LAND को 'IWKZ' के रूप में लिखा जाता है और 'GOLD' को 'DKIZ' के रूप में लिखा जाता है। इसी कूटभाषा में 'TEAM' को कैसे लिखा जाएगा?

(a) JXQB (b) XJQB
(c) QAXI (d) QXJB

8. निम्नलिखित में से कौन-सी संख्याएँ दी गई शृंखला में प्रश्नचिह्न (?) के स्थान पर आएगी?

1, 6, 15, 28, ?, ?, 91

(a) 40, 60 (b) 45, 66
(c) 44, 54 (d) 42, 54

9. जब दर्पण को नीचे से दर्शाए गए अनुसार MN पर रखा जाता है, तो दी गई आकृति के सही दर्पण प्रतिबिम्ब का चयन कीजिए।

M
L27Aef
N

(a) feA27⅃
(b) feA72⅃
(c) feA72ꓶ
(d) feA72⅃

10. एक शादी के रिसेप्शन में, एक व्यक्ति ने दूल्हे की ओर इशारा किया और दूल्हे को अपने दादा के पुत्र के पुत्र का भाई बताया। दूल्हा उस आदमी का क्या लगता है?

(a) पिता (b) चाचा
(c) साला/जीजा (d) भाई

11. उस विकल्प का चयन करें जो पाँचवें अक्षर-समूह से उसी प्रकार सम्बन्धित है जिस प्रकार दूसरा अक्षर-समूह पहले अक्षर-समूह से सम्बन्धित है और चौथा अक्षर-समूह तीसरे अक्षर-समूह से सम्बन्धित है।

CARS : HFWX :: BOAT: GTFY :: FUSE : ?

(a) LASXJ (b) KZXJ
(c) KZWI (d) LAYK

12. एक निश्चित कूटभाषा में,

'A+B' का अर्थ है 'A, B के भाई की पत्नी है',
'A − B' का अर्थ है 'A, B की बहन है',
'A × B' का अर्थ है 'A, B की पत्नी है',
'A ÷ B' का अर्थ है 'A, B की पुत्री है',

उपरोक्त के आधार पर, यदि G + K – L ÷ M × 'Q' है तो G, Q से किस प्रकार सम्बन्धित है?

(a) बहन (b) साली
(c) पुत्रवधू (d) पुत्री

13. निम्नलिखित समीकरण को सही करने (सन्तुलित करने) के लिए किन दो गणितीय चिह्नों को आपस में बदलना होगा?

$2 + 10 \times 12 - 4 \div 24 = 8$

(a) – और + (b) ÷ और +
(c) ÷ और – (d) × और ÷

14. दी गई श्रृंखला को पूरा करने के लिए कौन-सा अक्षर समूह प्रश्नचिह्न (?) के स्थान पर आ सकता है?

FDKI, GCMG, ?, IAQC

(a) HBNF (b) HBLE
(c) HBPF (d) HBOE

15. विकल्प वाली उस आकृति का चयन कीजिए जिसमें दी गई आकृति, उसके एक भाग के रूप में अन्तर्निहित हो (घुमाने की अनुमति नहीं है)।

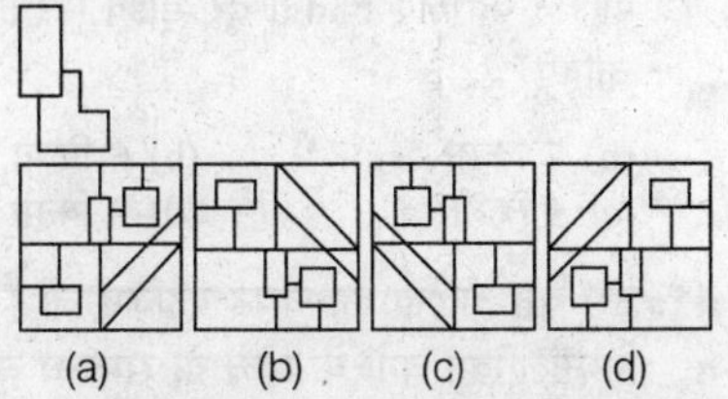

(a) (b) (c) (d)

16. छ: विद्यार्थी–अमन, बॉबी, चिंटू, गीता, प्रणय और राम–एक गोल मेज के परित: केन्द्र की ओर अभिमुख होकर बैठे हैं।

राम, गीता के दाएँ से दूसरे स्थान पर बैठा है है। गीता और बॉबी का निकटतम पड़ोसी प्रणय है। अमन, गीता के दाएँ से तीसरे स्थान पर बैठा है। निम्नलिखित में से कौन राम और बॉबी दोनों का निकटतम पड़ोसी है?

(a) गीता (b) अमन
(c) प्रणय (d) चिंटू

17. एक कूटभाषा में 'RACE' को 'VWGA' के रूप में लिखा जाता है और 'BANK' को 'FWRG' के रूप में लिखा जाता है। इसी कूटभाषा में 'STEM' को कैसे लिखा जाएगा?

(a) WIIP (b) WIPI
(c) WPII (d) IIWP

18. दिए गए विकल्पों में से उस संख्या का चयन करें जो निम्नलिखित श्रृंखला में प्रश्नचिह्न (?) के स्थान पर आ सकती है।

25, 40, 70, 115, 175, ?

(a) 225 (b) 250
(c) 200 (d) 275

19. दिए गए विकल्पों में से उस आकृति का चयन कीजिए, जो निम्नलिखित श्रृंखला में प्रश्नचिह्न (?) को तार्किक रूप से प्रतिस्थापित कर सकती है।

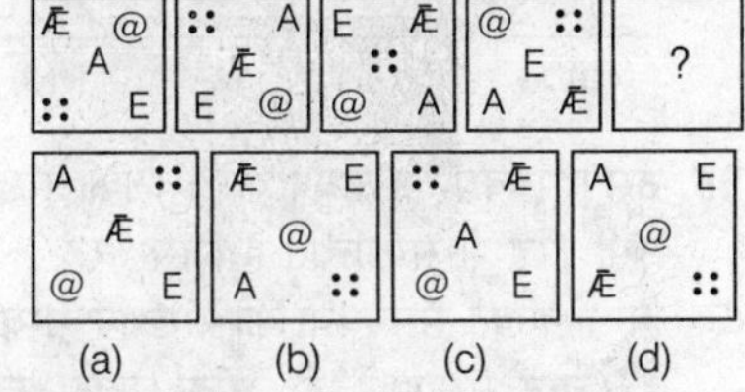

(a) (b) (c) (d)

20. दिए गए विकल्पों में से उस आकृति की पहचान कीजिए, जिसे '?' के स्थान पर रखने पर श्रृंखला तार्किक रूप से पूर्ण हो जाएगी।

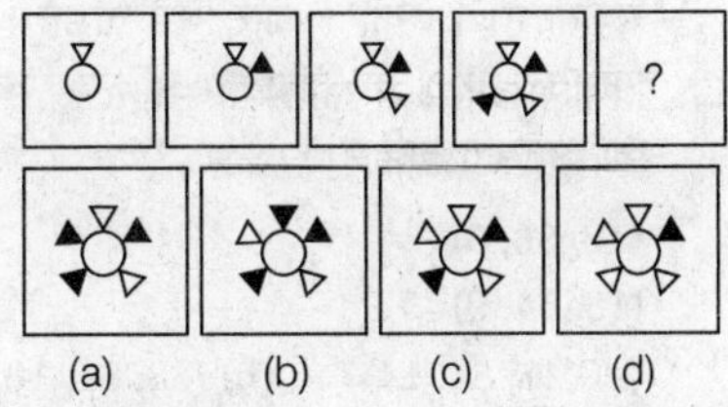

(a) (b) (c) (d)

21. उस वेन आरेख का चयन कीजिए जो निम्नलिखित वर्गों के बीच सम्बन्ध को सर्वोत्तम रूप से दर्शाता है।

कुत्ता, बिल्ली, लैब्राडोर

(a) 

(b) L D C

(c) C D L

(d) L D C

22. अंग्रेजी वर्णमाला क्रम पर आधारित, निम्नलिखित चार अक्षर-समूहों में से तीन किसी निश्चित तरीके से समान हैं और इस प्रकार एक समूह बनाते हैं। किस अक्षर-समूह का सम्बन्ध उस समूह से नहीं है?

(**नोट** असंगत अक्षर-समूह, व्यंजनों/स्वरों की संख्या या इस अक्षर-समूह में उनकी स्थिति पर आधारित नहीं है।)

(a) SPU (b) PMS
(c) URX (d) JGM

23. उस विकल्प आकृति की पहचान कीजिए, जिसे प्रश्नचिह्न (?) के स्थान पर रखने पर श्रृंखला तार्किक रूप से पूरी हो जाएगी।

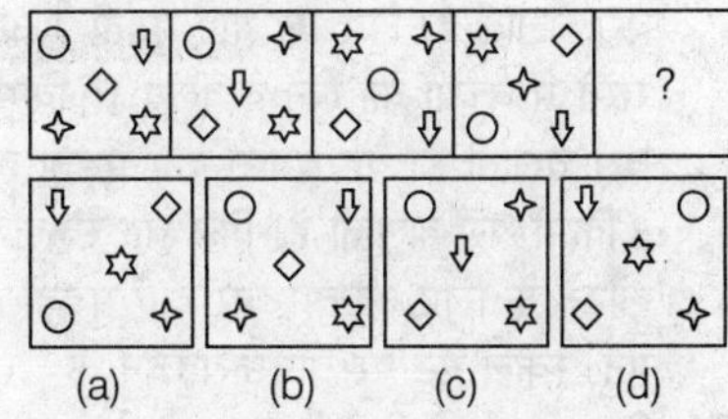

(a) (b) (c) (d)

24. उस विकल्प का चयन कीजिए, जो पाँचवें अक्षर-समूह से उसी प्रकार सम्बन्धित है, जिस प्रकार दूसरा अक्षर-समूह, पहले अक्षर-समूह से सम्बन्धित है और चौथा अक्षर-समूह, तीसरे अक्षर-समूह से सम्बन्धित है।

ABUSE : ASUBE :: BEGIN : BIGEN :: OTHER : ?

(a) OHTER (b) OTHRE
(c) OEHTR (d) ORTHE

25. दिए गए समीकरण को सही बनाने के लिए कौन-से दो चिह्नों को परस्पर बदलना चाहिए?

$10 \div 63 \times 7 + 90 - 80 = 100$

(a) × और ÷ (b) – और ÷
(c) × और – (d) + और –

26. निम्नलिखित संख्या श्रृंखला में प्रश्नचिह्न (?) के स्थान पर आने वाली संख्या का चयन करें।

1, 1, 2, 3, 5, 8, 13, ?

(a) 24 (b) 20
(c) 21 (d) 22

27. जब दर्पण को नीचे दर्शाए गए अनुसार MN पर रखा जाता है तो दी गई आकृति के सही दर्पण प्रतिबिम्ब का चयन कीजिए।

M
RkgEyw
N

(a) wγƎgkЯ
(b) wʎEgʞЯ
(c) ʍγEgʞЯ
(d) γwƎgʞR

28. निम्नलिखित में से कौन-सा अक्षर समूह प्रश्नचिह्न (?) का स्थान लेगा और दी गई श्रृंखला को पूरा करेगा?

HEWC, KIRI, ?, QQHU, TUCA

(a) PRZO (b) NMMO
(c) NBTO (d) JLSO

29. सैली एक मिनी स्कूल बस चलाती है। वह स्कूल गेट से शुरू करती है और अपनी पहली सवारी लेने के लिए 7 किमी उत्तर की ओर बस चलाती है। फिर वह दाएँ मुड़ती है और रास्ते में बच्चों को लेने के लिए 10 किमी बस चलाती है। वह दुबारा दाएँ मुड़ती है और 5 किमी बस चलाती है। फिर वह स्कूल लौटने के लिए अन्तिम बार दाएँ मुड़ती है। पुन: स्कूल गेट पर वापस पहुँचने के लिए सैली को कितनी दूर तक बस चलानी पड़ेगी?

(a) 12 किमी (b) 22 किमी
(c) 10 किमी (d) 17 किमी

30. निम्नलिखित में से कौन-सा पद दी गई शृंखला में प्रश्नचिह्न (?) को प्रतिस्थापित करेगा?

CHO, DIP, EJQ, ?

(a) FKR (b) HMR
(c) EJL (d) DIL

31. एक निश्चित कूटभाषा में, 'FIND' को 'CLFB' और 'HOW' को 'VME' के रूप में लिखा जाता है। उसी भाषा में 'WILL' कैसे लिखा जाएगा?

(a) KSFJ (b) SJFK
(c) SFJK (d) KJFS

32. निम्नलिखित आकृतियों में एक कागज़ को मोड़ने का क्रम और मुड़े हुए कागज को काटने का तरीका दर्शाया गया है। खोले जाने पर यह कागज कैसा दिखाई देगा?

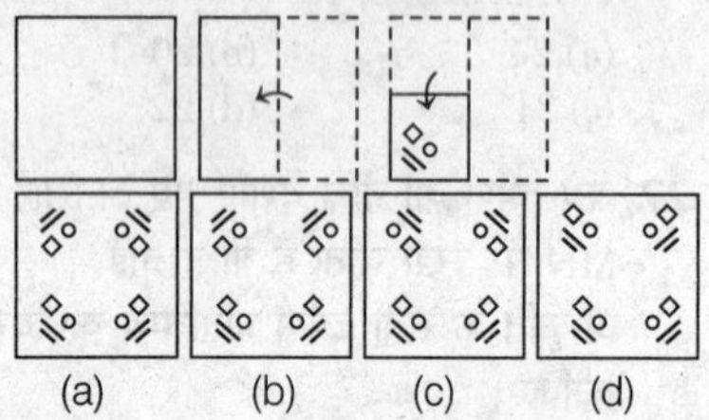

33. एक कूटभाषा में, 'DINESH' को 12-27-42-15-57-24 के रूप में कूटबद्ध किया जाता है और 'VIRAT' को 66-27-54-3-60 के रूप में कूटबद्ध किया जाता है। उसी भाषा में 'GAUTAM' को किस प्रकार कूटबद्ध किया जाएगा?

(a) 24-7-61-34-5-31
(b) 29-9-55-47-8-28
(c) 21-3-63-60-3-39
(d) 26-7-25-67-4-37

34. विकल्प वाली उस आकृति का चयन कीजिए जिसमें दी गई आकृति, उसके एक भाग के रूप में अन्तर्निहित हो (घुमाने की अनुमति नहीं है)।

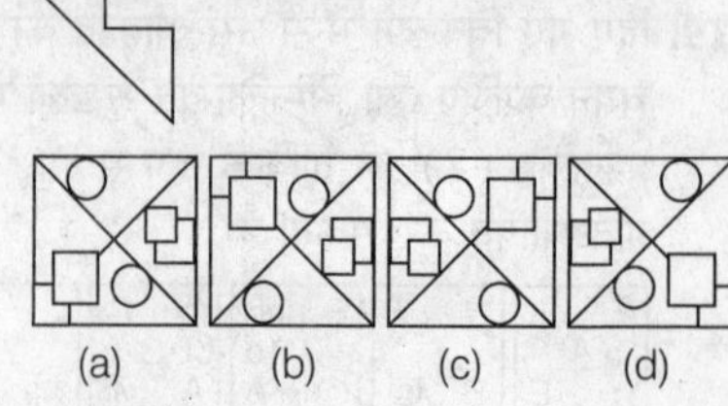

35. उस समुच्चय का चयन करें जिसकी संख्याएँ उसी तरह से सम्बन्धित हैं जिस तरह निम्नलिखित समुच्चयों की संख्याएँ सम्बन्धित हैं। (**नोट** संख्याओं को उसके घटक अंकों में तोड़े बिना, पूर्ण संख्याओं पर संक्रियाएँ की जानी चाहिए। उदाहरण के लिए, संख्या 13 को लें-13 पर संक्रियाएँ, जैसे कि 13 में जोड़ना/घटाना/गुणा करना आदि की जा सकती हैं। 13 को 1 और 3 में तोडने और फिर 1 और 3 पर गणितीय संक्रियाएँ करने की अनुमति नहीं है।)

(12, 36, 6)
(18, 54, 9)

(a) (26, 84, 14) (b) (28, 84, 16)
(c) (28, 84, 14) (d) (26, 84, 14)

36. गणितीय चिह्नों के उस सही संयोजन का चयन कीजिए जिसे * चिह्नों के स्थान पर रखने पर समीकरण सन्तुष्ट हो जाएगा।

10 * 2 * 1 * 8 * 11 * 8

(a) ÷, −, ×, +, = (b) ÷, −, −, +, =
(c) +, −, ×, +, = (d) ÷, −, ×, −, =

37. यदि '+' और '×' को आपस में बदल दिया जाए '−' और '÷' को आपस में बदल दिया जाए, तो निम्नलिखित समीकरण में प्रश्नचिह्न (?) के स्थान पर क्या आएगा?

$14 - 7 \times 10 \div 1 + 7 = ?$

(a) 5 (b) 77
(c) 45 (d) 26

38. उस समुच्चय का चयन करें जिसमें दी गई संख्याएँ आपस में उसी प्रकार सम्बन्धित हैं, जिस प्रकार प्रश्न में दिए गए समुच्चय की संख्याएँ आपस में सम्बन्धित हैं। (**नोट** संख्याओं को उनके घटक अंकों में तोड़े बिना, पूर्ण संख्याओं पर गणितीय संक्रियाएँ की जानी चाहिए। जैसे, 13 के मामले में 13 पर की जाने वाली विभिन्न गणितीय संक्रियाएँ जैसे 13 में जोडना/घटाना/गुणा करना आदि 13 पर की जा सकती हैं। लेकिन 13 को 1 और 3 में तोड़ने और फिर 1 और 3 पर गणितीय संक्रियाएँ करने की अनुमति नहीं है।)

(9, 36, 12)
(12, 48, 16)

(a) (21, 84, 28) (b) (21, 84, 24)
(c) (21, 81, 28) (d) (21, 81, 24)

39. उस वेन-आरेख का चयन कीजिए, जो निम्नलिखित वर्गों के बीच के सम्बन्ध को सर्वोत्तम रूप से दर्शाता है।

आलू, सब्जियाँ, अंगूर

(a)  (b) 

(c)  (d) 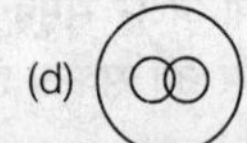

40. प्रीति, बिन्दु A से शुरू करती है और 7 किमी दक्षिण की ओर ड्राइव करती है। यहाँ से, वह बाएँ मुड़ती है और 9 किमी ड्राइव करती है। फिर वह अन्तिम बार बाएँ मुड़ती है और बिन्दु B तक पहुँचने के लिए 7 किमी ड्राइव करती है। प्रीति को बिन्दु B से बिन्दु A तक पहुँचने के लिए कितनी दूर ड्राइव करनी चाहिए?

(a) 7 किमी (b) 6 किमी
(c) 8 किमी (d) 9 किमी

41. उस वेन आरेख का चयन कीजिए जो निम्नलिखित वर्गों के बीच के सम्बन्ध को सर्वश्रेष्ठ रूप से दर्शाता है।

'चीता, पक्षी, चील

(a)  (b) 

(c) 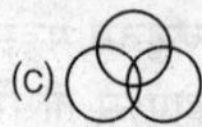 (d) 

42. एक कूटभाषा में 'CUTE' को 'FQWA' के रूप में लिखा जाता है और 'BLUE' को 'EHXA' के रूप में लिखा जाता है। इसी कूटभाषा में 'VOTE' को कैसे लिखा जाएगा?

(a) YKWA (b) YKAW
(c) AYWK (d) YWAK

43. एक ही पासे की दो अलग-अलग स्थितियाँ नीचे दर्शाई गई है। 1 दर्शाने वाले फलक के विपरीत फलक पर कौन-सी संख्या होगी?

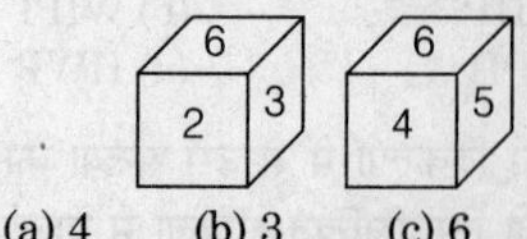

(a) 4 (b) 3 (c) 6 (d) 2

44. एक निश्चित कूटभाषा में, 'DICE' को 'EKFI' और 'PLAN' को 'QNDR' के रूप में लिखा जाता है। भाषा में 'LUDO' को कैसे लिखा जाएगा?

(a) NWES (b) MXES
(c) NXES (d) MWGS

45. उस विकल्प का चयन कीजिए जो दिए गए शब्दों को उस सही क्रम को दर्शाता है जिस क्रम में वे अंग्रेजी शब्दकोश में दिखाई देते हैं।

1. Literacy 2. Literature
3. Litany 4. Listen
5. Lithograph

(a) 4, 1, 3, 5, 2 (b) 3, 4, 1, 2, 5
(c) 4, 3, 1, 2, 5 (d) 1, 4, 3, 2, 5

46. उस समुच्चय का चयन करें जिसमें दी गई संख्याएँ आपस में उसी प्रकार सम्बन्धित हैं, जिस प्रकार प्रश्न में दिए गए समुच्चय की संख्याएँ आपस में सम्बन्धित हैं।

(**नोट** संख्याओं को उनके घटक अंकों में तोड़े बिना, पूर्ण संख्याओं पर गणितीय संक्रियाएँ की जानी चाहिए। जैसे, 13 के मामले में- 13 पर की जाने वाली विभिन्न गणितीय संक्रियाएँ जैसे 13 में जोड़ना। घटाना/गुणा करना आदि 13 पर की जा सकती हैं। लेकिन 13 को 1 और 3 में तोड़ने और फिर 1 और 3 पर गणितीय संक्रियाएँ करने की अनुमति नहीं है।)

(247,349)
(261,363)

(a) (294, 396) (b) (253, 258)
(c) (282, 382) (d) (265, 369)

47. एक निश्चित तर्क का अनुसरण करते हुए 12, 40 से सम्बन्धित है। उसी तर्क का अनुसरण करते हुए, 9, 31 से सम्बन्धित है। उसी तर्क का उपयोग करते हुए, 16 निम्न में से किससे सम्बन्धित है?

(a) 52 (b) 51
(c) 63 (d) 61

48. उन गणितीय चिह्नों के सही संयोजन का चयन करें जिन्हें नीचे दिए गए रिक्त स्थानों में क्रमिक रूप से बाएँ से दाएँ रखने पर दिया गया समीकरण सन्तुलित हो जाएगा।

6_2_0_8 = 20

(a) −, ×, +
(b) +, ×, ÷
(c) +, +, ×
(d) ×, +, +

49. एक पासे के फलकों पर 10, 20, 30, 40, 50 और 60 संख्याएँ अंकित हैं। उसी पासे की दो स्थितियाँ नीचे दी गई हैं। 50 वाले फलक के विपरीत कौन-सा फलक है?

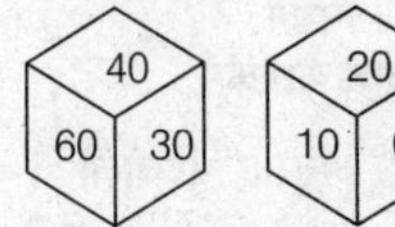

(a) 10 (b) 30
(c) 40 (d) 60

50. उस विकल्प का चयन कीजिए, जो दिए गए शब्दों के सही क्रम को निरूपित करता है, जैसे कि वे अंग्रेजी शब्दकोश में दिखाई देते हैं।

1. Consistence 2. Conscience
3. Conflagration 4. Consequence
5. Considerable 6. Consignment

(a) 4, 3, 2, 5, 6, 1 (b) 3, 4, 2, 5, 6, 1
(c) 4, 2, 3, 5, 1, 6 (d) 3, 2, 4, 5, 6, 1

भाग 2

सामान्य ज्ञान एवं सामान्य जागरुकता

51. 'द गाइड (The Guide)' पुस्तक के लेखक निम्नलिखित में से कौन हैं?

(a) विक्रम चन्द्रा (b) आर. के. नारायण
(c) रोहिटन मिस्त्री (d) शशि थरूर

52. अनाज में कौन-सा प्रोटीन पाया जाता है?

(a) आर्जिनिन (b) गम प्रोटीन
(c) ग्लूटेन (d) डेल्टा प्रोटीन

53. प्रसिद्ध संगीतकार भूपेन हजारिका को निम्नलिखित में से किस वर्ष भारत रत्न से सम्मानित किया गया था?

(a) 2017 (b) 2011
(c) 2015 (d) 2019

54. निम्नलिखित में से कौन-सा कारक किसी स्थान की जलवायु को नियन्त्रित नहीं करता है?

(a) सागर की लहरें
(b) दो शहरों के बीच की दूरी
(c) उच्चावच आकृतियाँ
(d) अक्षांश

55. संरचनात्मक सूत्र

$CH_3 — CH_2 — CH_2 — CH_2 — CH_2 — CH_3$ के साथ हाइड्रोकार्बन के नाम का चयन करें।

(a) 2-मिथाइलपेंटेन
(b) 2.2-डाइमिथाइल ब्यूटेन
(c) 3-मिथाइल हेक्सेन
(d) एन-हेक्सेन

56. बैड मैन (Bad Man) किस अभिनेता की आत्मकथा है?

(a) आशीष विद्यार्थी (b) रजा मुराद
(c) अमरीश पुरी (d) गुलशन ग्रोवर

57. निम्नलिखित में से कौन-सा विरामावस्था में जड़त्व का उदाहरण नहीं है?

(a) कपड़े को झाड़ते समय धूल के कणों का नीचे गिरना
(b) वाहन के अचानक चल पड़ने पर पीछे की ओर गिरना
(c) किसी वाहन में अचानक ब्रेक लगाना
(d) झटकों के कारण पत्तियों/फलों का टूट जाना

58. बैगा समुदाय के आदिवासी नर्तक ······· को 2022 में पद्मश्री पुरस्कार मिला।

(a) अर्जुन सिंह धुर्वे
(b) एस बालेश भजंत्री
(c) लौरेम्बम बिनो देवी
(d) श्याममणि देवी

59. उस्ताद असद अली खान ······· के उस्तादों में से एक थे।

(a) तानपुरा (b) मृदंगम
(c) सारंगी (d) रुद्र वीणा

60. मणिपुरी नृत्य में लास्य और ताण्डव तत्त्वों के अनुरूप दो मुख्य भाग कौन-से हैं?

(a) जागोई और चोलोम
(b) भंगी और स्त्री
(c) वीरा और टोडा
(d) वर्णम और परण

61. निम्नलिखित में से कौन-सा पर्वत शिखर काराकोरम रेंज में स्थित है?

(a) नन्दा देवी (b) त्रिशूल
(c) K_2 (d) कामेट

62. निम्नलिखित में से कौन महाराष्ट्र में विधवा पुनर्विवाह के प्रवर्तक थे और उन्होंने अपनी पत्नी के साथ पूना में लड़कियों का एक स्कूल भी खोला था?

(a) बी. आर. अम्बेडकर
(b) ज्योतिराव गोविन्दराव फुले
(c) महात्मा गाँधी
(d) गोपाल हरि देशमुख लोकहितवादी

63. जिन शैलेन्द्र राजाओं का भारतीय शासकों के साथ नजदीकी सम्पर्क था, वे निम्नलिखित में से किस धर्म के अनुयायी थे?

(a) शैव धर्म (Shaivism)
(b) बौद्ध धर्म (Buddhism)
(c) वैष्णव धर्म (Vaishnavism)
(d) जैन धर्म (Jainism)

64. निम्नांकित में से कौन-सी आकृति पदार्थ की तीन अवस्थाओं के अन्तर-रूपान्तरण को सटीक रूप से दर्शाती है?

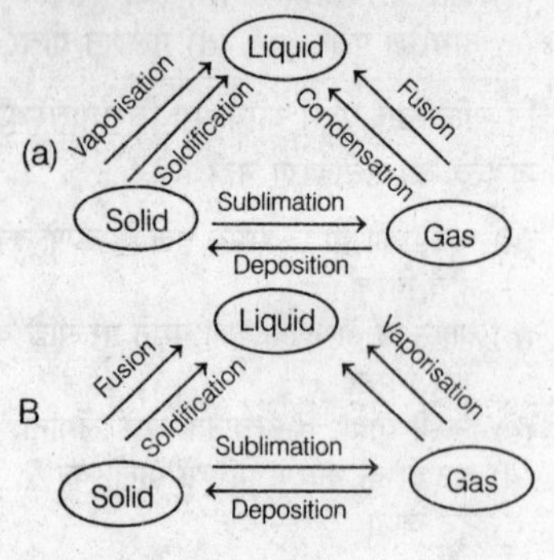

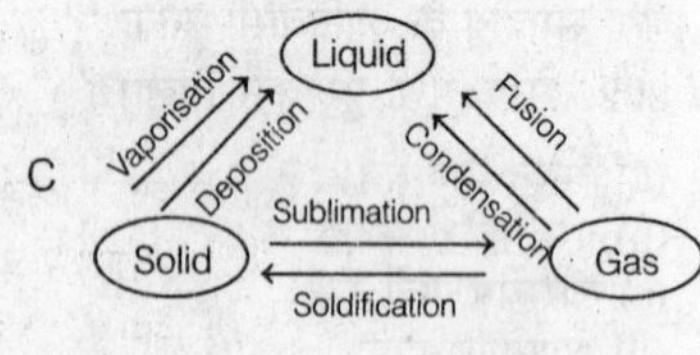

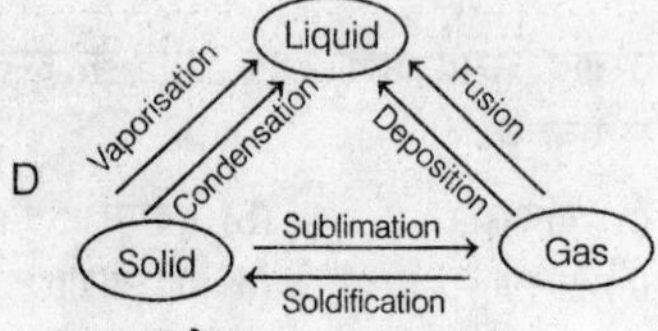

Solid = ठोस, Liquid = तरल, Gas = गैस Vaporisation = वाष्पीकरण, Solidification = पिंडीकरण, Fusion = संलयन, Condensation = संघनन, Sublimation = ऊर्ध्वपातन, Deposition = निक्षेपण

(a) C (b) A (c) D (d) B

65. वास्कोडीगामा, जिसने यूरोप से भारत तक के समुद्री मार्ग की खोज की, किस देश के थे?

(a) पुर्तगाल (b) स्पेन
(c) इंग्लैण्ड (d) जर्मनी

66. भारत के पूर्वी घाट की औसत ऊँचाई कितनी है?

(a) 600 मीटर (b) 900 मीटर
(c) 200 मीटर (d) 400 मीटर

67. सुकन्या समृद्धि खाता योजना के तहत एक वित्तीय वर्ष में न्यूनतम कितनी धनराशि जमा करने की आवश्यकता है?

(a) ₹ 100 (b) ₹ 200
(c) ₹ 250 (d) ₹ 150

68. किस चक्र में तलछटी और गैसीय चक्र होते हैं?

(a) जैव-गैसीय चक्र
(b) जैव-भू चक्र
(c) जैव-रासायनिक चक्र
(d) जैव-भू-रासायनिक चक्र

69. निम्नलिखित में से कौन-सा कार्यक्रम दसवीं पंचवर्षीय योजना का भाग नहीं है?

(a) राष्ट्रीय बागवानी मिशन
(b) सूक्ष्म सिंचाई कार्यक्रम
(c) जूट प्रौद्योगिकी मिशन
(d) सूखा प्रवण क्षेत्र कार्यक्रम

70. हिन्दू कैलेण्डर के अनुसार, दिवाली निम्नलिखित में से किस महीने में आती है?

(a) माघ (b) कार्तिक (c) अश्विन (d) चैत्र

71. MUDRA योजना में M का क्या अर्थ है?

(a) माइक्रो (b) मेजर (c) मैक्रो (d) मनी

72. निम्नलिखित आन्दोलनों को उनके सम्बन्धित संस्थापकों के साथ सुमेलित करें

A. फरा-ए-जी आन्दोलन	1. रायबरेली के सैय्यद अहमद
B. मोहम्मडन लिटरेरी सोसायटी	2. सर सैय्यद अहमद खान
C. इण्डियन पैट्रियोटिक एसोसिएशन	3. नवाब अब्दुल लतीफ
D. वहाबी आन्दोलन	4. हाजी शरियातुल्ला

A B C D A B C D
(a) 3 4 2 1 (b) 1 2 3 4
(c) 2 1 4 3 (d) 4 3 2 1

73. भारतीय संविधान के किस अनुच्छेद में उल्लेख है कि, जहाँ एक ही व्यक्ति को दो या दो से अधिक राज्यों के राज्यपाल के रूप में नियुक्त किया जाता है, उसे देय परिलब्धियाँ और भत्ते उन राज्यों के बीच आवण्टित किए जाएँगे?

(a) अनुच्छेद 160
(b) अनुच्छेद 155
(c) अनुच्छेद 157
(d) अनुच्छेद 158

74. भारत में स्वयं सहायता समूह बैंक सहबद्धता कार्यक्रम (SHG-BLP) किस वर्ष शुरू किया गया था?

(a) 1992 में (b) 1984 में
(c) 2000 में (d) 1996 में

75. सेल्यूकस प्रथम द्वारा चन्द्रगुप्त मौर्य के दरबार में निम्नलिखित में से कौन-सा दूत भेजा गया था?

(a) अल-बरूनी (b) मेगस्थनीज
(c) फाह्यान (d) डाइमाचस

76. भारत की 2011 की जनगणना के अनुसार निम्नलिखित में से किस राज्य की साक्षरता दर सबसे कम है?

(a) ओडिशा (b) झारखण्ड
(c) बिहार (d) तमिलनाडु

77. निम्नलिखित बाँधों को उन नदियों के साथ सुमेलित कीजिए, जिन पर वे बने हुए हैं।

(A) हीराकुड बाँध	1. चम्बल नदी
(B) नागार्जुन सागर बांध	2. नर्मदा नदी
(C) सरदार सरोवर बांध	3. कृष्णा नदी
(D) टिहरी बांध	4. महानदी
(E) राणा प्रताप सागर बांध	5. भागीरथी नदी

A B C D E A B C D E
(a) 3 4 2 5 1 (b) 4 3 2 5 1
(c) 4 3 2 1 5 (d) 1 3 2 5 4

78. जनसंख्या घनत्व के घटक के सम्बन्ध में निम्नलिखित में से कौन-सा एक राज्य असंगत है?

(a) अरुणाचल प्रदेश (b) उत्तर प्रदेश
(c) तमिलनाडु (d) बिहार

79. दक्षिणी आन्ध्र प्रदेश का कौन-सा जीवमण्डल प्रसिद्ध लाल चंदन और स्लेंडर लोरिस सहित कई स्थानिक प्रजातियों का घर है?

(a) अगस्त्यमलाई (b) शेषचलम
(c) पंचमढ़ी (d) शीत मरुस्थल

80. निम्नलिखित में से किस खेल में 'ड्रिबलिंग (Dribbling) शब्द का प्रयोग किया जाता है?

(a) बास्केटबॉल (b) क्रिकेट
(c) वालीबॉल (d) बेसबॉल

81. निम्नलिखित में से कौन-सा नृत्य उड़िया संस्कृति का हिस्सा नहीं है?

(a) पाइका (b) दलखाई
(c) कथकली (d) गोटीपुआ

82. निम्नलिखित में से कौन-सा पंचवर्षीय योजनाओं के चार प्राथमिक स्पष्ट लक्ष्यों में से एक नहीं है?

(a) आत्मनिर्भरता (b) शिक्षा
(c) विकास (d) समता

83. भारत के उत्तरी राज्यों में खरीफ फसल के मौसम में उगाई जाने वाली फसल की पहचान कीजिए।

(a) चना (b) सरसों
(c) चावल (d) जौ

84. भारत सरकार द्वारा जैव-विविधता अधिनियम, 2002 पारित किया गया था। यह भारत के संविधान में राज्यों के नीति-निदेशक सिद्धान्तों के किस अनुच्छेद के आदर्शों के अनुरूप है?

(a) अनुच्छेद 49
(b) अनुच्छेद 48
(c) अनुच्छेद 48A
(d) अनुच्छेद 47

85. भारतीय संविधान के अनुच्छेद ········ के अनुसार मन्त्रिपरिषद् सामूहिक रूप से लोकसभा के प्रति उत्तरदायी होता है।

(a) 75(3) (b) 72(1) (c) 73(2) (d) 74(1)

86. दशहरा हिन्दू पंचांग के ······· मास में मनाया जाता है।

(a) आषाढ़ (b) चैत्र
(c) कार्तिक (d) आश्विन

87. वर्ष 2023 में खेलो इण्डिया यूथ गेम्स के 5वें संस्करण में 5,000 से अधिक एथलीटों ने ········ खेलों में 1,936 पदकों के लिए प्रतिस्पर्द्धा की।

(a) 26 (b) 25 (c) 24 (d) 27

88. भारतीय संविधान का कौन-सा अनुच्छेद मौलिक कर्त्तव्यों से सम्बन्धित है?

(a) अनुच्छेद 51-A (b) अनुच्छेद 52-A
(c) अनुच्छेद 53-A (d) अनुच्छेद 50-A

89. निम्नलिखित में से कौन-सी आकृति मेंडेलीव की उस आवर्त सारणी का निरूपण करती है, जो 1872 में एक जर्मन जर्नल में प्रकाशित हुई थी?

(a)
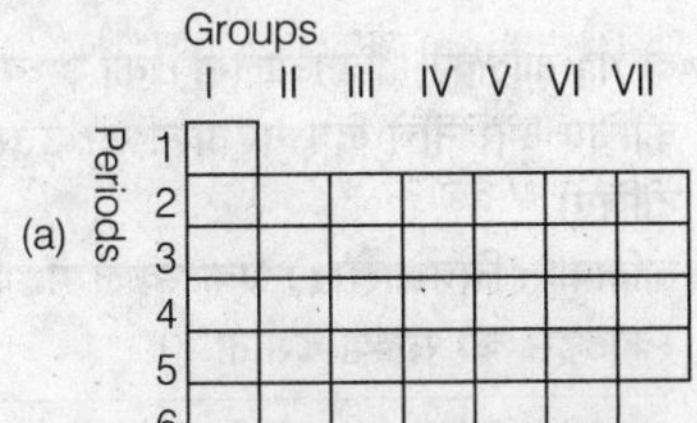

(b)
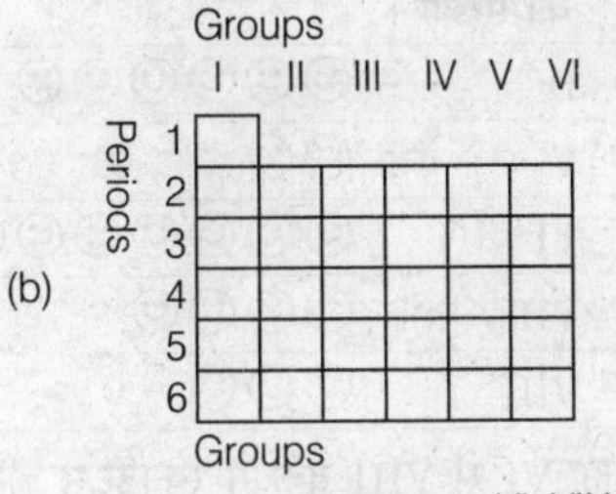

(c)
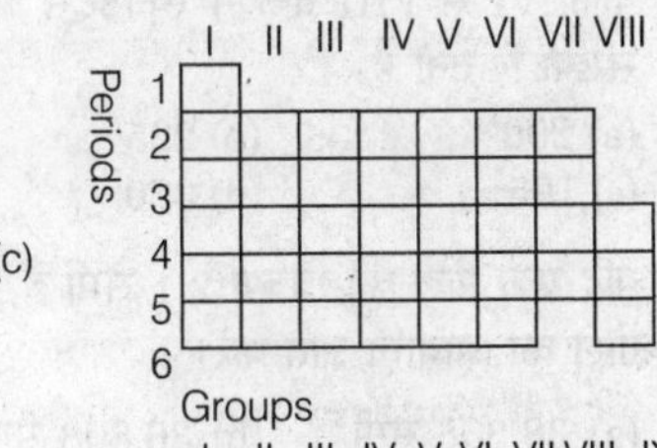

(d)
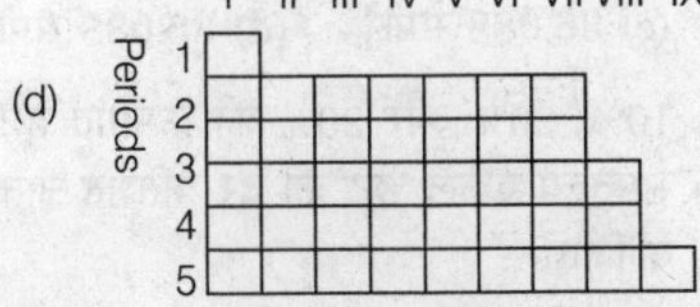

Group = समूह, Periods = आवर्त

(a) *a* (b) *d* (c) *c* (d) *b*

90. कॉमनवेल्थ फेंसिंग चैम्पियनशिप, 2022 की मेजबानी किसके द्वारा की गई?

(a) कनाडा (b) भारत
(c) ऑस्ट्रेलिया (d) यूनाइटेड किंगडम

91. केन्द्र सरकार ने वर्ष ········ में राष्ट्रीय वायु खेल नीति (NationalAir Sports Policy) शुरू की।

(a) 2021 (b) 2020
(c) 2022 (d) 2019

92. कौन-सी परिघटना पिण्डन के विपरीत है?

(a) संलयन (b) वाष्पन
(c) संघनन (d) ऊर्ध्वपातन

93. निम्नलिखित में से कौन-सा भारतीय नागरिक का मौलिक कर्त्तव्य नहीं है?

(a) अपनी समग्र संस्कृति की समृद्ध विरासत को महत्त्व देना और संरक्षित करना
(b) सार्वजनिक सम्पत्ति की रक्षा करना और हिंसा का त्याग करना
(c) सार्वजनिक चुनाव में मतदान करना
(d) भारत की सम्प्रभुता एकता और अखण्डता को बनाए रखना और उसकी रक्षा करना

94. राष्ट्रीय राजमार्ग प्राधिकरण (NHAI) द्वारा निर्मित स्वर्णिम चतुर्भुज की कुल लम्बाई कितनी है?

(a) 5978 किमी (b) 5846 किमी
(c) 4658 किमी (d) 5790 किमी

95. चित्रा विश्वेश्वरन निम्नलिखित में से किस नृत्य शैली की प्रसिद्ध नृत्यांगना है?

(a) सत्रिया (b) भरतनाट्यम
(c) कथकली (d) कुचिपुड़ी

96. श्यामामणि देवी को ········ संगीत में उनके योगदान के लिए 2022 में पद्मश्री पुरस्कार से सम्मानित किया गया था।

(a) तमिल (b) मलयाली
(c) ओडिसी (d) गुजराती

97. भारत के वित्त आयोग का उल्लेख किस अनुच्छेद में दिया गया है?

(a) अनुच्छेद 375 (b) अनुच्छेद 280
(c) अनुच्छेद 370 (d) अनुच्छेद 292

98. गतिशील जीवाणु कोशिकाओं की कोशिका भित्ति में पाए जाने वाले पतले तन्तुमय विस्तार (filamentous extensions) क्या कहलाते हैं?

(a) पिली (b) फिम्ब्री
(c) कशाभिका (d) लामेली

99. निम्नलिखित में से कौन स्वस्थ भोजन के लिए इण्डियन फूड गाइड पिरामिड में शामिल नहीं है?

(a) दूध, मांस और उत्पाद
(b) वसा और शर्करा
(c) दालें और फलियाँ
(d) मादक पेय

100. कथासरित्सागर एक साहित्यिक कृति मूल रूप से निम्नलिखित में से किस भाषा में रची गई थी?

(a) प्राकृत (b) तमिल (c) संस्कृत (d) पाली

भाग 3

मात्रात्मक योग्यता

101. $24 \div (3 - 8 \times 3 + 27) + 3$ का मान ज्ञात कीजिए।

(a) $\frac{3}{2}$ (b) 7 (c) $\frac{6}{5}$ (d) $\frac{1}{2}$

102. एक कार एक घण्टे के पहले एक चौथाई भाग में 20 किमी दूसरे एक चौथाई भाग में 25 किमी और तीसरे एक चौथाई भाग में 15 किमी की दूरी तय करती है। पूरी यात्रा के दौरान कार की औसत चाल (किमी/घण्टा में) क्या है?

(a) 65 (b) 75 (c) 80 (d) 70

103. यदि $\tan(t) + \cot(t) = 1$ तो व्यंजक $\frac{1}{\sin(t) + \cos(t)}$ का एक मान .... है।

(a) $\frac{1}{\sqrt{3}}$ (b) $\sqrt{3}$ (c) $\frac{2}{\sqrt{3}}$ (d) $\frac{\sqrt{3}}{2}$

104. दो उम्मीदवारों के बीच एक चुनाव में, एक को कुल वैध मतों का 60% प्राप्त हुआ। 25% मत अवैध थे। यदि कुल मतों की संख्या 15000 थी, तो दूसरे उम्मीदवार को मिले वैध मतों की संख्या ज्ञात करें।

(a) 4500 (b) 5000 (c) 6750 (d) 5500

105. यदि $x + y + z = 1, xy + yz + zx = -1$ और $xyz = -1$ है, तो $(x^3 + y^3 + z^3)$ का मान ज्ञात कीजिए।

(a) 3 (b) 0 (c) 2 (d) 1

106. रनिता की साप्ताहिक आय का 57% भास्कर की साप्ताहिक आय के 76% के बराबर है। यदि रनिता की साप्ताहिक आय ₹ 400 कम कर दी जाती, जबकि भास्कर की साप्ताहिक आय अपरिवर्तित रहती, तो रनिता और भास्कर की साप्ताहिक आय का अनुपात क्रमश: 6 : 5 है। भास्कर की साप्ताहिक आय (₹ में) क्या है?

(a) 3000 (b) 4000 (c) 3200 (d) 2800

107. $35 - [28 - (60 \div 4 + 26 \div 13)]$ का मान निम्न में से किसके बराबर होगा?

(a) 26 (b) 22 (c) 27 (d) 24

108. दी गई तालिका का अध्ययन करें और नीचे दिए गए प्रश्न का उत्तर दें।
तालिका 6 अलग-अलग स्कूलों की 6 अलग-अलग कक्षाओं में पढ़ने वाले विद्यार्थियों की संख्या दर्शाती है।

स्कूल	V	VI	VII	VIII	IX	X
P	152	160	145	156	147	144
Q	148	166	150	155	157	143
R	161	152	140	145	143	165
S	159	142	149	140	142	168
T	147	144	158	163	154	150
U	150	160	162	160	161	140
कुल	917	924	904	919	904	910

स्कूल P से कक्षा X में पढ़ने वाले विद्यार्थियों की संख्या, सभी स्कूलों से मिलाकर कक्षा X में पढ़ने वाले विद्यार्थियों की कुल संख्या का लगभग कितना प्रतिशत है?

(a) 8% (b) 32% (c) 24% (d) 16%

109. एक ट्रेन 80 किमी/घण्टा की चाल से 60 किमी, 90 किमी/घण्टा की चाल से 100 किमी और 120 किमी/घण्टा की चाल से अन्य 140 किमी की दूरी तय करती है। पूरी यात्रा के लिए औसत चाल ज्ञात कीजिए। (निकटतम पूर्णांक तक पूर्णांकित कीजिए)।

(a) 105 किमी/घण्टा (b) 80 किमी/घण्टा
(c) 115 किमी/घण्टा (d) 99 किमी/घण्टा

110. $\left[18 - 3\times\left\{\begin{matrix}3-3\times\left(3\div\frac{1}{3}-3\right)\\+3\div\frac{1}{3}+3\end{matrix}\right\}-4\times 2\right]$

का मान ज्ञात कीजिए।

(a) 18 (b) 15 (c) 19 (d) 12

111. एसिड और जल के 12 लीटर विलयन में 30% एसिड है। 20% एसिड वाला विलयन प्राप्त करने के लिए कितना जल (लीटर में) मिलाना होगा?

(a) 6 (b) 4 (c) 3 (d) 5

112. A अकेले किसी कार्य को 200 दिनों में पूरा कर सकता है, जबकि B उसी कार्य को अकेले 100 दिनों में पूरा कर सकता है। प्रत्येक तीन-दिवसीय चक्र में पहले दिन A और B दोनों काम करते हैं, दूसरे दिन केवल A काम करता है और तीसरे दिन केवल B काम करता है। यह चक्र, कार्य पूरा होने तक जारी रहता है। दोनों मिलकर कार्य को पूरा करने में कितने दिन लेते हैं?

(a) $100\frac{1}{2}$ (b) $99\frac{2}{3}$ (c) 100 (d) $100\frac{1}{3}$

113. दिए गए आरेख का अध्ययन करके निम्नलिखित प्रश्न का उत्तर दीजिए। निम्न दण्ड आरेख पाँच विभिन्न वर्षों के दौरान एक कम्पनी में कर्मचारियों की संख्या (लाखों में) दर्शाता है।

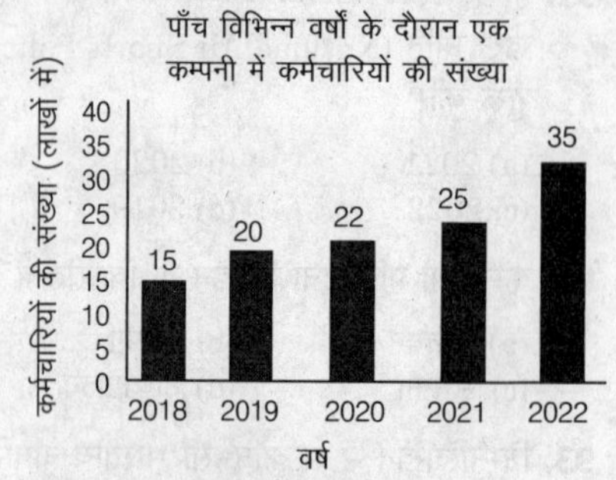

वर्ष 2019 की तुलना में वर्ष 2022 में कर्मचारियों की संख्या में कितने प्रतिशत की वृद्धि हुई थी?

(a) 70% (b) 25% (c) 20% (d) 75%

114. दो संख्याएँ 3 : 7 के अनुपात में हैं। यदि प्रत्येक में से 11 घटा दिया जाए, तो संख्याओं के बीच का अनुपात 7 : 20 हो जाता है। छोटी संख्या ज्ञात कीजिए।

(a) 39 (b) 21 (c) 36 (d) 27

115. A किसी कार्य को 20 दिन में और B उसी कार्य को 30 दिन में कर सकता है। यदि वे 2 दिन तक मिलकर इस कार्य को करते हैं, तो कितना कार्य शेष रह जाएगा?

(a) $\frac{5}{7}$ (b) $\frac{5}{6}$ (c) $\frac{3}{5}$ (d) $\frac{5}{8}$

116. एक शंक्वाकार तम्बू बनाने में कितने मीटर कपड़े की आवश्यकता होगी, जिसके आधार की त्रिज्या 21 मी और ऊँचाई 28 मी है। कपड़े की चौड़ाई 5 मी है।
(जहाँ, $\pi = \frac{22}{7}$)

(a) 470 (b) 462 (c) 456 (d) 478

117. निम्न तालिका एक परीक्षा में गणित और विज्ञान में विद्यार्थियों द्वारा प्राप्त अंकों के आधार पर 100 विद्यार्थियों के वर्गीकरण को दर्शाती है।

विषय	100 में से प्राप्त अंक				
	80 और इससे अधिक	60 और इससे अधिक	40 और इससे अधिक	20 और इससे अधिक	0 और इससे अधिक
गणित	12	35	80	94	100
विज्ञान	16	43	46	88	100
औसत	14	39	78	91	100
कुल योग					

विज्ञान में कट-ऑफ अंकों के रूप में 60 अंक के साथ उत्तीर्ण होने वाले विद्यार्थियों और कुल योग में कट-ऑफ अंकों के रूप में 60 अंक के साथ उत्तीर्ण होने वाले विद्यार्थियों की संख्या के बीच का अन्तर कितना है?

(a) 4 (b) 3 (c) 5 (d) 6

118. ΔABC में, AD, $\angle A$ का आन्तरिक द्विभाजक है, जो भुजा BC से D पर मिलता है। यदि $BD = 5$ सेमी, $BC = 7.5$ सेमी तो $AB : AC$ क्या है?

(a) 3 : 1 (b) 1 : 3 (c) 2 : 1 (d) 1 : 2

119. सरल कीजिए
$(1+\tan^2 A)+\left(1+\frac{1}{\tan^2 A}\right)$

(a) $\frac{1}{\cot^2 A - \tan^4 A}$
(b) $\frac{1}{\sin^2 A - \sin^4 A}$
(c) $\frac{1}{\sin^2 A - \cos^4 A}$
(d) $\frac{1}{\cos^2 A - \sin^4 A}$

120. दी गई तालिका (चित्रआलेख) का अध्ययन कीजिए और नीचे दिए गए प्रश्न का उत्तर दीजिए।
तालिका (चित्रआलेख) एक स्कूल में स्काउट्स की संख्या दर्शाता है।

कक्षा/स्काउट्स की संख्या	☺ = 15 स्काउट्स
IV	☺☺☺☺☺☺
V	☺☺
VI	☺☺☺☺☺☺☺☺
VII	☺☺☺☺
VIII	☺☺☺

कक्षा VI से VIII तक में स्काउट्स की कुल संख्या कितनी है

(a) 200 (b) 225
(c) 195 (d) 320

121. यदि एक गोले की त्रिज्या 2.1 सेमी है, तो गोले का आयतन ज्ञात करें।

(a) 38.808 सेमी^{3} (b) 36.808 सेमी^{3}
(c) 36.088 सेमी^{3} (d) 38.088 सेमी^{3}

122. 10%, 20% और 20% की क्रमागत छूट के समतुल्य एकल छूट की दर प्रतिशत ज्ञात कीजिए।

(a) 42.4% (b) 50%
(c) 40% (d) 54.6%

123. $3\frac{2}{3} \div 2\frac{1}{5} \times \frac{1}{4} \times \left(1 + \frac{3}{1 - \frac{2}{5}}\right)$ का मान ज्ञात कीजिए।

(a) $1\frac{3}{4}$ (b) $3\frac{1}{2}$ (c) $2\frac{1}{4}$ (d) $2\frac{1}{2}$

124. एक दुकानदार अपने ग्राहकों को छूट की 3 योजनाएँ प्रदान करता है। निम्नलिखित में से किस योजना से न्यूनतम छूट प्रतिशत प्राप्त होगी?

A. 24% और 27% की दो क्रमिक छूट।
B. 5 खरीदें, तीन मुफ्त पाएँ।
C. 6 खरीदें और 10 पाएँ।

(a) A (b) A और C दोनों
(c) B (d) C

125. एक बाह्य बिन्दु A से, केन्द्र O वाले वृत्त पर स्पर्श रेखाएँ AP और AQ खींची जाती हैं। यदि $\angle APQ = 40°$ है, तो $\angle POQ$ ज्ञात कीजिए।

(a) 80° (b) 60° (c) 100° (d) 110°

126. 4, a और $16a$ का चतुर्थानुपाती 81 है। a का मान क्या है?

(a) $\frac{5}{2}$ (b) $\frac{13}{2}$ (c) $\frac{11}{2}$ (d) $\frac{9}{2}$

127. 7 किमी/घण्टा की गति से भाग रहे एक चोर का पीछा एक पुलिसकर्मी करता है, जिसकी गति 12 किमी/घण्टा है। यदि चोर पुलिस वाले से 280 मी आगे है, तो पुलिसकर्मी को चोर को पकड़ने में कितना समय लगेगा?

(a) $4\frac{9}{25}$ मिनट (b) $3\frac{9}{25}$ मिनट
(c) $3\frac{1}{25}$ मिनट (d) $3\frac{2}{25}$ मिनट

128. एक अर्द्धगोलाकार कटोरे की किनारी 88 सेमी है। इसे भरा हुआ मानते हुए, इससे कितने लोगों को अर्द्धगोलाकार गिलासों में परोसा जा सकता है, यदि गिलास के शीर्ष का व्यास 7 सेमी है? (जहाँ, $\pi = \frac{22}{7}$)

(a) 74 (b) 64 (c) 70 (d) 68

129. $\frac{(143 \div 13 \times x - 3 \times 3)}{(6^2 - 7 \times 5 + x^2)} = 1$ को सन्तुष्ट करने वाले x का सम्भव मान क्या होगा?

(a) 4 (b) 2 (c) 1 (d) 3

130. दिए गए बार-ग्राफ का अध्ययन करें और उसके बाद आने वाले प्रश्न का उत्तर दे। बार ग्राफ चार वर्षों में कम्पनी Z की बिक्री और लाभ (दोनों करोड में) दर्शाता है।

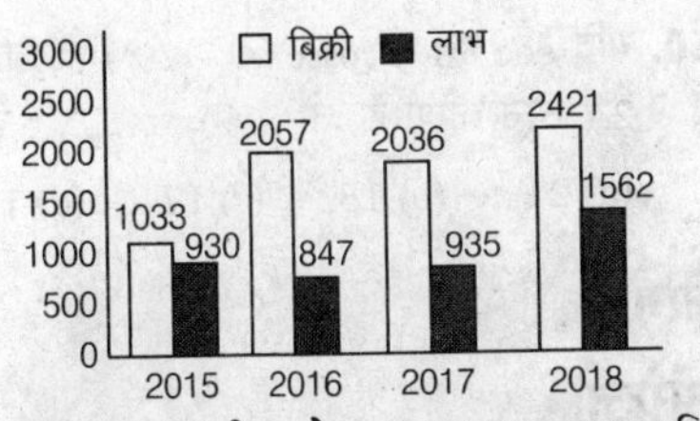

2016 कम्पनी Z के राजस्व पर लाभ मार्जिन का अनुमानित प्रतिशत क्या था?

(a) 41.18% (b) 54.64%
(c) 60% (d) 70%

131. दो संख्याओं x और y (जहाँ x, y से बड़ी है) का योग उनके अन्तर के चार गुने के बराबर है। $\frac{5xy}{3(x^2 - y^2)}$ का मान ज्ञात करें।

(a) $\frac{25}{16}$ (b) 16 (c) $2\frac{3}{16}$ (d) 25

132. एक शंकु का कुल पृष्ठीय क्षेत्रफल कितना है, जिसकी त्रिज्या $\frac{r}{4}$ है और तिर्यक ऊँचाई $4l$ है?

(a) $4\pi r(1 + r)$ (b) $\pi r\left(1 + \frac{r}{4}\right)$
(c) $\pi r\left(l + \frac{r}{16}\right)$ (d) $8\pi r(1 + r)$

133. ΔABC में, AB पर एक बिन्दु P इस प्रकार है कि $PB : AP = 3 : 4$ है और PQ, AC के समान्तर है। यदि AR और QS, PC के लम्बवत् हैं और $QS = 9$ सेमी है, तो AR की लम्बाई (सेमी में) कितनी है?

(a) 14 (b) 28 (c) 35 (d) 21

134. दिए गए व्यंजक को सरल कीजिए।

$25 \div 5 \times 7$ का $(5 + 7) - 13\ (6 \times 4)$

(a) 112 (b) 108 (c) 138 (d) 126

135. $12 + 24 \div 2 - 7 \times 30 \div 6 + (5 + 4) \times 8 + 8 \div 8 - 8$ का मान ज्ञात कीजिए।

(a) 58 (b) 45 (c) 85 (d) 54

136. रमन्ना ने एक उत्पाद के निर्माण के लिए एक निश्चित कीमत पर कच्चा माल खरीदा। हालाँकि, कामगारों की कमी के कारण, 22.5% कच्चे माल का उपयोग नहीं किया जा सका और वह खराब हो गया। उपयोग किए गए कच्चे माल की लागत का 80% निर्माण लागत के रूप में जोड़ा गया था। यदि रमन्ना 20% की छूट देने के बाद 20% का समग्र लाभ अर्जित करने के लिए अपना उत्पाद बेच सकता है, तो उत्पाद का अंकित मूल्य, खरीदे गए कच्चे माल की कुल लागत का कितना गुना था?

(a) 2.44 गुना (b) 2.40 गुना
(c) 2.43 गुना (d) 2.42 गुना

137. एक निश्चित कारखाने द्वारा एक वर्ष में उत्पादित विभिन्न ब्राण्डों के टायरों की संख्या का प्रतिशत वितरण दिए गए पाई-चार्ट में दिखाया गया है। बेचे गए टायरों की कुल संख्या 1350 है।

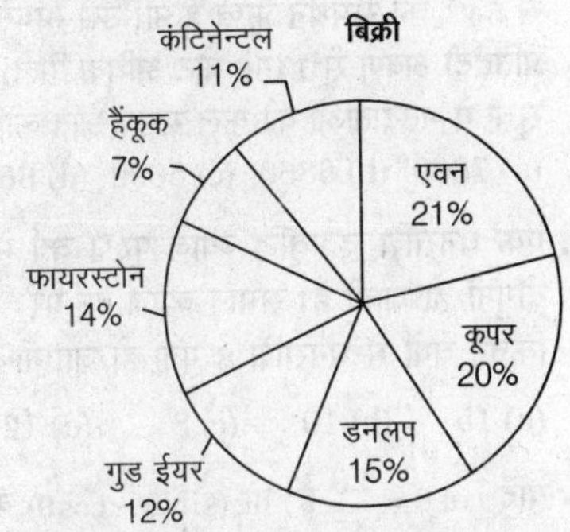

एकसाथ बेचे गए एवन और फायरस्टोन टायरों की औसत संख्या और एकसाथ बेचे गए गुड ईयर और डनलप टायरों की औसत संख्या के बीच क्या अन्तर है?

(a) 55 (b) 54
(c) 46 (d) 45

138. एक पुरुष नदी के पानी में 1 किमी की दूरी तय करना चाहता है। शान्त जल में इस दूरी को तय करने में उसे 12 मिनट लेकिन बहती नदी में 13 मिनट लगते हैं। नदी के बहते पानी की चाल ज्ञात करें।

(a) $\frac{7}{12}$ किमी/घण्टा (b) 22 किमी/घण्टा
(c) $\frac{5}{13}$ किमी/घण्टा (d) 25 किमी/घण्टा

139. 36 वस्तुओं का क्रय मूल्य N वस्तुओं के विक्रय मूल्य के बराबर है। यदि लाभ 20% है, तो N का मान ज्ञात कीजिए।

(a) 42 (b) 40 (c) 25 (d) 30

140. नीचे दिए गए आँकड़ों का अध्ययन कीजिए और निम्नलिखित प्रश्न का उत्तर दीजिए

भागीदार	वर्तमान % शेयर
सिंह	10
पाण्डे	5
अनिल	15
सुनील	25
वर्मा	30
राजेश	15

यदि कम्पनी ने अपने 6 भागीदारों के बीच 8 लाख शेयर जारी किए हैं और यदि वर्मा, पाण्डे को अपने 10000 शेयर बेचने की पेशकश करता है, तो पाण्डे के पास कितने शेयर हो जाएँगे?

(a) 30000 (b) 20000
(c) 50000 (d) 40000

141. एक चुनाव में, मतदाता सूची में शामिल 12% मतदाताओं ने अपना वोट नहीं डाला, जबकि 84 मतदाताओं ने अपने मतपत्र खाली डाले। केवल दो उम्मीदवार, रामाज्ञा और श्रवण थे। विजेता रामाज्ञा को सूची के सभी मतदाताओं में से 54% का समर्थन प्राप्त हुआ। उसे अपने प्रतिद्वंदी श्रवण से 1456 वोट अधिक मिले। सूची में मतदाताओं की कुल संख्या ज्ञात कीजिए।
(a) 7860 (b) 6860 (c) 5690 (d) 6670

142. एक धनराशि चक्रवृद्धि ब्याज पर 4 वर्ष में दोगुनी हो जाती है। समान ब्याज दर पर कितने वर्षों में धनराशि 8 गुना हो जाएगी?
(a) 15 (b) 10 (c) 8 (d) 12

143. यदि $\cot\theta = \frac{28}{45}$ है, तो $(\sin\theta - \cos\theta)$ का मान ज्ञात कीजिए।
(a) $\frac{7}{53}$ (b) $\frac{45}{28}$ (c) $\frac{17}{53}$ (d) $\frac{28}{53}$

144. निम्नलिखित व्यंजक $3\frac{1}{5}$ का
$2\frac{3}{4} \div \frac{11}{3} + \left(2\frac{1}{5} \div 1\frac{2}{5}\text{ का } 1\frac{3}{7} - 2\frac{1}{3}\right)$
(a) $2\frac{1}{6}$ (b) $3\frac{1}{6}$ (c) $4\frac{1}{6}$ (d) $1\frac{1}{6}$

145. $52 - [18 \div 3 + 3 + (18 - 11)$ का $4]$ का मान निम्न में से किसके बराबर होगा?
(a) 22 (b) 18 (c) 21 (d) 15

146. एक व्यक्ति ने 6% वार्षिक दर से ₹ 1760 और 9% वार्षिक दर से ₹ 2240 समान अवधि के लिए साधारण ब्याज पर उधार लिए। उसे ब्याज के रूप में कुल मिलाकर ₹ 1536 चुकाने पड़े। समय (वर्ष में) ज्ञात कीजिए।
(a) 4 (b) 2 (c) 3 (d) 5

147. किसी वृत्त के चाप पर बनी जीवा की लम्बाई वृत्त की त्रिज्या के बराबर है। यदि वृत्त की त्रिज्या 21 इकाई है, तो चाप की लम्बाई .... (इकाई में) है। ($\pi = \frac{22}{7}$ मानिए)
(a) 24 (b) 22 (c) 21 (d) 20

148. यदि दो संख्याओं x और y का योग 12 है और उनका गुणनफल 27 है, तो उनके घनों का योग ज्ञात करें।
(a) 756 (b) 576 (c) 657 (d) 765

149. एक समान्तर चतुर्भुज का आधार उसकी ऊँचाई का दोगुना है। यदि समान्तर चतुर्भुज का क्षेत्रफल 338 सेमी^{2} है, तो इसकी ऊँचाई (सेमी में) ज्ञात करें।
(a) 11 (b) 13 (c) 14 (d) 12

150. यदि $\sec 6A = \text{cosec}(A - 29°)$ है, जहाँ $2A$ न्यून कोण है, तो $\angle A$ = ...° होगा।
(a) 21 (b) 18 (c) 17 (d) 19

भाग 4

अंग्रेजी

151. Select the word from the sentence below, which is an antonym for the word 'uniformity'
A great variety of birds is found in the sanctuaries of India.
(a) Great (b) Variety
(c) Found (d) Sanctuaries

152. Select the most appropriate meaning of the given phrase.
Hit the sack
(a) Running on the beach
(b) Cracking the exams
(c) Going to sleep
(d) Making money quickly

153. Select the incorrectly spelt word.
(a) Mountan (b) Weekend
(c) Dessert (d) Journey

154. Select the incorrectly spelt word.
(a) Equally (b) Unwilling
(c) Argument (d) Occured

155. Select the option that can be used as a one-word substitute for the given group of words.
Attempting to impress by affecting greater importance or merit than is actually possessed
(a) Pretentious (b) Imperious
(c) Airy (d) Glorious

156. Select the incorrectly spelt word.
(a) Ettiquete (b) Rationalisation
(c) Elopement (d) Occasion

157. The following sentence has been divided into four segments. One of them contains an error. Select the segment that contains the error from the given options.
I am understanding;/ you like her/ because she has /a generous nature.
(a) you like her
(b) I am understanding
(c) a generous nature
(d) because she has

158. Select the most appropriate antonym of the underlined word.
The repetitive and <u>monotonous</u> task of data entry made the work seem incredibly long and tedious.
(a) pious (b) interesting
(c) precarious (d) threatening

159. Parts of the following sentence have been given as options. Select the option that contains a spelling error.
Joe was so tired that he could scarely stand.
(a) he could (b) so tired that
(c) scarely stand (d) Joe was

160. Select the option that can be used as a one-word substitute for the given group of words.
A woman having more than one husband at the same time
(a) Endogamy (b) Polymathy
(c) Polyandry (d) Monogamy

161. Select the most appropriate idiom for the underlined part in the given sentence.
Sohan was <u>very much perplexed</u> to find that his younger brother Mohan had taken poison.
(a) At any rate
(b) At his wit's end
(c) At logger heads
(d) At his disposal

162. Select the most suitable expression that can substitute the underlined part of the sentence without any change in meaning.
Planning to go for a movie just before the final-year examination is nothing but <u>skating on thin ice</u>.
(a) doing hard work
(b) being in a risky situation
(c) enjoying the moment
(d) going to hill stations

163. Select the word which means the same as the group of words given.
A society or company provides these convenient features.
(a) Equipment (b) Facilitate
(c) System (d) Amenities

164. Select the most appropriate antonym of the underlined word in the given sentence.
The speaker delivered <u>a profound</u> speech that left the audience deeply moved.
(a) Deep (b) Inventive
(c) Shallow (d) Occult

165. Select the most appropriate synonym of the underlined word in the following sentence.
He behaved <u>ruthlessly</u> with his junior, to say the least.
(a) Unexpectedly (b) Inhumanly
(c) Weirdly (d) Politely

166. Select the most appropriate antonym of the highlighted word
The worker is known to **exert** himself a lot.
(a) crouch
(b) emerge
(c) relax
(d) stress

167. Select the most appropriate segment to substitute the underlined words in the given sentence.
The referee declared that the participant who will score the highest points in the tally will take away the cash prize of .50 lakh.
(a) who can score the highest point
(b) who scores the highest point
(c) who could score the highest point
(d) who settles scores the highest point

168. Select the most appropriate option that can substitute the underlined segment in the given sentence.
My friends are on a trip to the world.
(a) in the world
(b) by the world
(c) within the world
(d) around the world

169. Select the most appropriate meaning of the given idiom.
Yeoman's service
(a) Excellent work done
(b) A thankless and tedious job
(c) Working under a cruel master
(d) Fraudulent service

170. Select the most appropriate option that can substitute the underlined segment in the given sentence.
The Government must strive to provide a/an fair and square deal to the citizen of its country.
(a) exclusive and unreal
(b) honest and straightforward
(c) violent and immoral
(d) forward and backward

171. The following sentence has been divided into four segments. Identify the segment that has a grammatical error.
When he resigned, / the company offered him / a huge sum of money but / he refused to agree to it.
(a) a huge sum of money but
(b) When he resigned,
(c) he refused to agree to it.
(d) the company offered him

172. Three segments of the following sentence have been underlined and given as options. One of them may contain an error. Select the option that contains the error. If you don't find any error, mark 'No error' as your answer.
Since his son has not yet completed the age of eighteen, he was reluctant to fulfil his son's demand of getting a motorbike.
(a) of getting a motorbike
(b) No error
(c) to fulfil his son's demand
(d) he was reluctant

173. Identify the most appropriate antonym of the given word.
Freezing
(a) Summery (b) Brisk
(c) Gnawing (d) Tropical

174. In the following sentence, four words are underlined, out of which one word is misspelt. Select the misspelt word.
The shedule followed by my sister ultimately leads to stress and other adverse effects.
(a) ultimately (b) adverse
(c) followed (d) shedule

175. Select the option that can be used as a one-word substitute for the given group of words.
A professional rider in horse races
(a) Jockey
(b) Stuntman
(c) Southpaw
(d) Batsman

176. Select the most appropriate option to substitute the underlined segment in the given sentence.
An awkward neither grammatically accurate sentence is the result of centre implanting.
(a) awkward but grammatically
(b) awkward either grammatically
(c) awkward beyond grammatically
(d) awkward unless grammatically

177. Parts of the following sentence have been given as options. Select the option that contains an error.
Can we go visit a Statue of Liberty on our trip to the United States?
(a) on our trip to
(b) Can we go
(c) the United States?
(d) visit a Statue of Liberty

178. Select the option that is similar in meaning to the underlined word in the following sentence.
A good critic should also be a person of great candour.
(a) will (b) resolution
(c) honesty (d) power

179. Select the word which means the same as the group of words underlined in the given sentence.
These glass windows are so old and one can't even see through them, they need to be replaced.
(a) Opaque
(b) Dirty
(c) Transparent
(d) Black

180. The following sentence has been split into four segments. Identify the segment that contains a spelling error.
The precarious case of juvenile / deliquency against him / was dismissed by the / jury in the first hearing.
(a) The precarious case of juvenile
(b) jury in the first hearing.
(c) deliquency against him
(d) was dismissed by the

181. Select the most appropriate meaning of the given idiom.
By leaps and bounds
(a) Unknowingly
(b) Normally
(c) Slowly
(d) Rapidly

182. Select the sentence that uses the given idiom correctly.
Skating on thin ice
(a) They were on thin ice when they skated on the frozen lake.
(b) She was on thin ice while trying to balance on a tightrope.
(c) He was on thin ice after making a controversial statement.
(d) They were on thin ice due to the icy conditions on the road

183. Select the most appropriate segment to substitute the underlined words in the given sentence.
Youth is the time when the seeds of character is sown.
(a) the seeds of character will have been sowing
(b) the seeds of character had been sown
(c) the seeds of character were sown
(d) the seeds of character are sown

184. Select the most appropriate antonym of the given word from the following sentence.
Confusing
The stars twinkled in the dark sky, guiding travellers on their journey.
(a) Guiding
(b) Twinkled
(c) Travellers
(d) Journey

185. Select the most appropriate option that can substitute the underlined segment in the given sentence.
I prefer <u>walking than riding</u>.
(a) walking to riding
(b) walking above riding
(c) walking from riding
(d) walking with riding

186. Parts of the following sentence have been given as options. Select the option that contains an error.
We were grateful for a book they gave us.
(a) they gave us
(b) We were
(c) grateful for
(d) a book

187. Select the most appropriate meaning of the given idiom.
Be in seventh heaven
(a) To be ignored
(b) To start performing better
(c) To be in a state of extreme happiness
(d) To avoid talking about what's important

188. Select the most appropriate option that can substitute the underlined segment in the given sentence.
Shakespeare <u>is great than</u> any other English poet.
(a) was great than (b) was greater than
(c) is greater than (d) is greatest than

189. Select the most appropriate synonym of the given word.
Reckon
(a) Merit (b) Assess
(c) Count (d) Imagine

190. Identify the most appropriate meaning of the given idiom.
Bread and butter
(a) Comfortable living
(b) Means of livelihood
(c) The breakfast
(d) Money making

Directions (Q. Nos. 191-195) *In the following passage, some words have been deleted. Read the passage carefully and select the most appropriate option to fill in each blank.*

Superheroes are fictional characters with ...(1)... powers who use their powers to fight crime and protect the public. Some popular superheroes include Superman, Batman, Spider- Man and Wonder Woman. Superheroes often have backstories that ...(2)... how they have gained their powers, ...(3)... being born with special powers, being bitten by a radioactive spider or being exposed to cosmic radiation. They usually have a specific outfit or clothing that they wear to hide their identity and protect ...(4)... while fighting crime. Superheroes have been a staple of popular culture ...(5)... decades, appearing in comics, movies, television shows, and video games.

191. Select the most appropriate option to fill in blank no. 1.
(a) extraordinary (b) pragmatic
(c) hereditary (d) familiar

192. Select the most appropriate option to fill in blank no. 2.
(a) explaining (b) was explain
(c) explain (d) had explain

193. Select the most appropriate option to fill in blank no. 3.
(a) therefore (b) subsequently
(c) instead (d) such as

194. Select the most appropriate option to fill in blank no. 4.
(a) themselves (b) ourselves
(c) herself (d) himself

195. Select the most appropriate option to fill in blank no. 5.
(a) for (b) on
(c) under (d) above

Directions (Q. Nos. 196-200) *Read the passage given below and answer the questions that follow*

There are no ancient nations anywhere in the world. All nations are modern. Ancient Greece, ancient Egypt, ancient India – all of them may have had great civilizations whose architecture, art, and literature are objects of admiration. But they are not nations. To realize this truth, you will have to forget for the time being the history you were taught at school. Because it is that history, drilled into your heads from the time you were children, and constantly renewed by national festivals and ceremonies, the speeches of your leaders, and novels, films, and television serials, that make it seem obvious to you that your nation is ancient. In actual fact, it is not true. Your nation is not – indeed no nation on earth is – ancient. Only modern people can imagine that way.

196. Find out the correct antonym of the following word.
Realise
(a) Misunderstand (b) Understand
(c) Comprehend (d) Grasp

197. Which of the following statements is correct?
(a) Only modern people can imagine the existence of ancient nations.
(b) History books should be read again and again because they celebrate ancient nations.
(c) Ancient India is an ancient civilisation but not an ancient nation.
(d) Novels, films and speeches of leaders celebrate the modernity of nations

198. Find out the correct synonym of the following word.
Obvious
(a) Dubious (b) Clear
(c) Ambiguous (d) Doubtful

199. Why does the author of the passage ask us to forget the history that we were taught at school?
(a) Because the history book taught us that our nation is ancient.
(b) Because only the modern people can imagine that way.
(c) Because the history book taught us that there are no ancient nations in the world.
(d) Because the history book asks us to celebrate festivals which make us believe that our nation is modern.

200. What does the expression 'drill into your heads' mean?
(a) Make someone learn or understand something by repeating it.
(b) Threaten someone repeatedly drill machine.
(c) Force someone to move his/her head in a particular direction.
(d) Repeatedly question someone regarding a certain issue.

जानें सही उत्तर

1 (c)	2 (c)	3 (a)	4 (b)	5 (c)	6 (b)	7 (c)	8 (b)	9 (d)	10 (d)
11 (b)	12 (c)	13 (c)	14 (d)	15 (b)	16 (b)	17 (c)	18 (b)	19 (d)	20 (c)
21 (b)	22 (a)	23 (a)	24 (c)	25 (a)	26 (c)	27 (a)	28 (b)	29 (a)	30 (a)
31 (d)	32 (a)	33 (c)	34 (a)	35 (c)	36 (a)	37 (a)	38 (a)	39 (c)	40 (d)
41 (b)	42 (a)	43 (c)	44 (d)	45 (c)	46 (a)	47 (a)	48 (d)	49 (d)	50 (d)
51 (b)	52 (c)	53 (d)	54 (b)	55 (d)	56 (d)	57 (c)	58 (a)	59 (d)	60 (a)
61 (c)	62 (b)	63 (b)	64 (d)	65 (a)	66 (a)	67 (c)	68 (d)	69 (d)	70 (b)
71 (a)	72 (d)	73 (d)	74 (a)	75 (b)	76 (c)	77 (b)	78 (a)	79 (b)	80 (a)
81 (c)	82 (b)	83 (c)	84 (c)	85 (a)	86 (d)	87 (d)	88 (a)	89 (c)	90 (d)
91 (c)	92 (a)	93 (c)	94 (b)	95 (b)	96 (c)	97 (b)	98 (c)	99 (d)	100 (c)
101 (b)	102 (c)	103 (a)	104 (a)	105 (d)	106 (a)	107 (d)	108 (d)	109 (d)	110 (c)
111 (a)	112 (b)	113 (d)	114 (a)	115 (b)	116 (b)	117 (a)	118 (c)	119 (b)	120 (b)
121 (a)	122 (a)	123 (d)	124 (c)	125 (a)	126 (d)	127 (b)	128 (b)	129 (c)	130 (a)
131 (a)	132 (c)	133 (d)	134 (b)	135 (d)	136 (c)	137 (b)	138 (c)	139 (d)	140 (c)
141 (b)	142 (d)	143 (c)	144 (d)	145 (d)	146 (d)	147 (b)	148 (a)	149 (b)	150 (c)
151 (b)	152 (c)	153 (a)	154 (d)	155 (a)	156 (a)	157 (b)	158 (b)	159 (c)	160 (c)
161 (b)	162 (b)	163 (d)	164 (c)	165 (b)	166 (c)	167 (b)	168 (d)	169 (a)	170 (b)
171 (c)	172 (d)	173 (d)	174 (d)	175 (a)	176 (a)	177 (d)	178 (c)	179 (a)	180 (c)
181 (d)	182 (c)	183 (d)	184 (a)	185 (a)	186 (d)	187 (c)	188 (c)	189 (d)	190 (b,d)
191 (a)	192 (c)	193 (d)	194 (a)	195 (a)	196 (a)	197 (c)	198 (b)	199 (a)	200 (a)

प्रश्नों के सही हल

1. **(c)** पासे की दोनों स्थितियों में संख्या '7' उभयनिष्ठ है।

स्थिति I ⟶ 7 3 5

स्थिति II ⟶ 7 2 6

स्पष्टत: शेष बची हुई संख्या '8', संख्या '7' के विपरीत फलक पर होगी।

2. **(c)** केले, सेब व अंगूर विभिन्न प्रकार के फल हैं।

3. **(a)** यहाँ, दूसरी संख्या, पहली संख्या से पूर्णत: विभाजित है।

जिस प्रकार, $45 \div 15 = 3$

तथा $125 \div 25 = 5$

उसी प्रकार, $80 \div 20 = 4$

क्योंकि विकल्प में दी गई संख्याओं में केवल '20', 80 को पूर्णत: विभाजित करता है।

4. **(b)** दी गई श्रृंखला का क्रम निम्न प्रकार है,

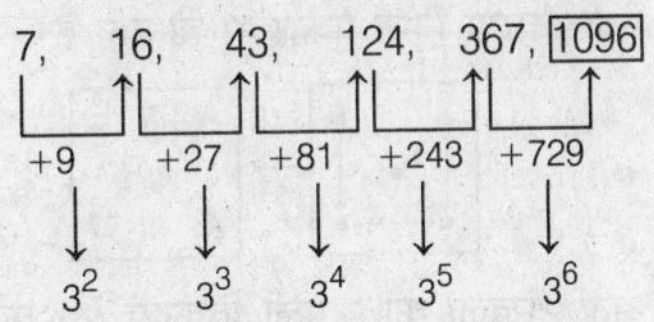

5. **(c)** दिया है, 13 * 7 * 12 * 4 * 15 * 65

विकल्प (c) के चिह्नों को व्यंजक में प्रतिस्थापित करने से,

नया व्यंजक $= 13 + 7 + 12 \div 4 \times 15 = 65$

$\text{LHS} = 13 + 7 + 12 \div 4 \times 15$

$= 13 + 7 + 3 \times 15$

$= 20 + 45 = 65 = \text{RHS}$

6. **(b)** दिया है,

$22 \times 11 - 450 \div 50 + 500$

चिह्न को परस्पर बदलने पर,

$+ \Rightarrow -, - \Rightarrow \times, \times \Rightarrow \div, \div \Rightarrow +$

$= 22 \div 11 \times 450 + 50 - 500$

$= 2 \times 450 + 50 - 500$

$= 900 + 50 - 500$

$= 950 - 500 = 450$

7. **(c)** जिस प्रकार, L A N D —(−3, −4, −3, −4)→ I W K Z

तथा G O L D —(−3, −4, −3, −4)→ D K I Z

उसी प्रकार, T E A M —(−3, −4, −3, −4)→ Q A X I

8. **(b)** दी गई श्रृंखला का क्रम निम्न प्रकार है,

1, 6, 15, 28, 45, 66, 91

+5 +9 +13 +17 +21 +25

+4 +4 +4 +4 +4

9. **(d)** दी गई आकृति का सही दर्पण प्रतिबिम्ब विकल्प (d) की आकृति होगी।

M

L27Aef | ʇəA72⅃

N

10. (d) प्रश्नानुसार,

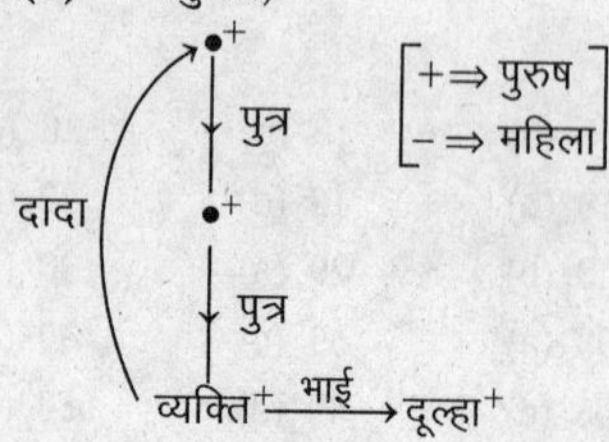

स्पष्टत: दूल्हा उस आदमी का भाई है।

11. (b) जिस प्रकार,

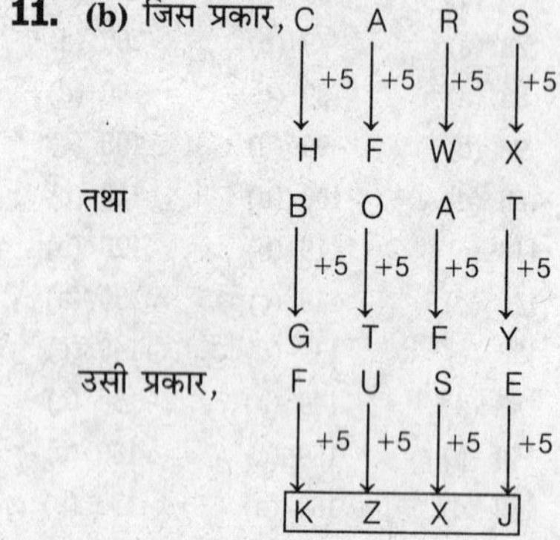

12. (c) प्रश्नानुसार,

G + K - L ÷ M × Q

भाई की पत्नी, बहन, पुत्री, पत्नी

सम्बन्ध आरेख बनाने पर,

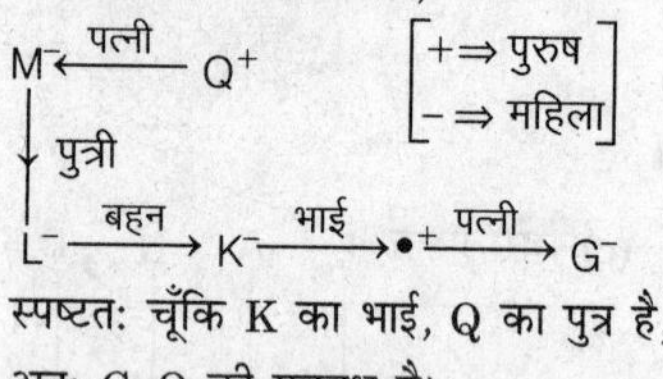

स्पष्टत: चूँकि K का भाई, Q का पुत्र है, अत: G, Q की पुत्रवधू है।

13. (c) दिया गया समीकरण है,

$2 + 10 \times 12 - 4 \div 24 = 8$

विकल्प (c) से चिह्न '÷' और '–' को परस्पर बदलने से,

$LHS = 2 + 10 \times 12 \div 4 - 24$
$= 2 + 10 \times 3 - 24$
$= 2 + 30 - 24$
$= 32 - 24 = 8 = RHS$

14. (d) दी गई शृंखला का क्रम निम्न प्रकार है,

F →(+1) G →(+1) [H] →(+1) I
D →(–1) C →(–1) [B] →(–1) A
K →(+2) M →(+2) [O] →(+2) Q
I →(–2) G →(–2) [E] →(–2) C

15. (b) दी गई प्रश्न आकृति, विकल्प आकृति (b) में अन्तर्निहित है।

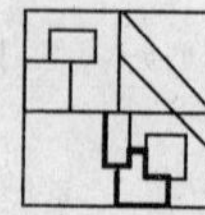

16. (b) प्रश्नानुसार,

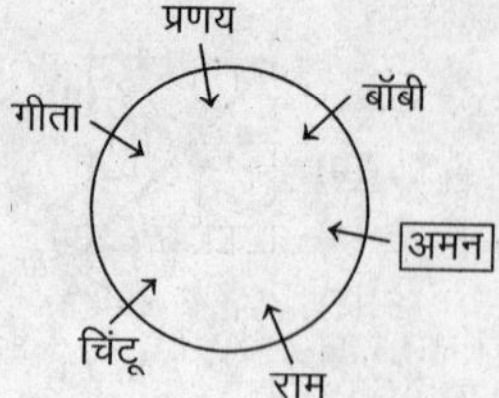

स्पष्टत: अमन, राम और बॉबी का निकटतम पड़ोसी है।

17. (c) जिस प्रकार,

R A C E
+4 –4 +4 –4
V W G A

तथा

B A N K
+4 –4 +4 –4
F W R G

उसी प्रकार,

S T E M
+4 –4 +4 –4
[W P I I]

18. (b) दी गई शृंखला का क्रम निम्न प्रकार है,

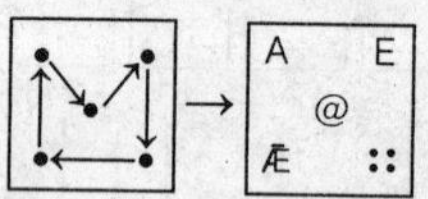

19. (d) दी गई आकृति शृंखला में चिह्नों का स्थानान्तरण निम्न प्रकार से हो रहा है

A E
@
Æ ::

अत: शृंखला की अगली विकल्प (d) की आकृति होगी।

20. (c) आकृति शृंखला में प्रत्येक अगली आकृति में वृत्त की परिधि पर बाहर की ओर से एक त्रिभुज अछायांकित व पुन: अगली आकृति में एक छायांकित त्रिभुज जुड़ रही है।

अत: अगली आकृति में एक अछायांकित त्रिभुज जुड़ेगी ओर विकल्प (c) की आकृति आएगी।

21. (b) लेब्राडोर, कुत्ते की एक प्रजाति है जबकि बिल्ली इनसे अलग है।

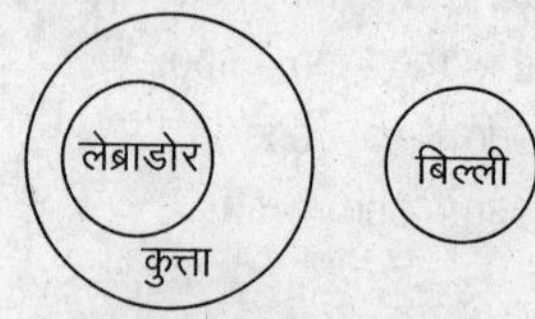

22. (a) यहाँ,

P →(–3) M →(+6) S
U →(–3) R →(+6) X
J →(–3) G →(+6) M

परन्तु, [S →(–3) P →(+5) U]

23. (a) दी गई आकृति शृंखला में वैकल्पिक रूप से चिह्नों के स्थानान्तरण का क्रम निम्नांकित है

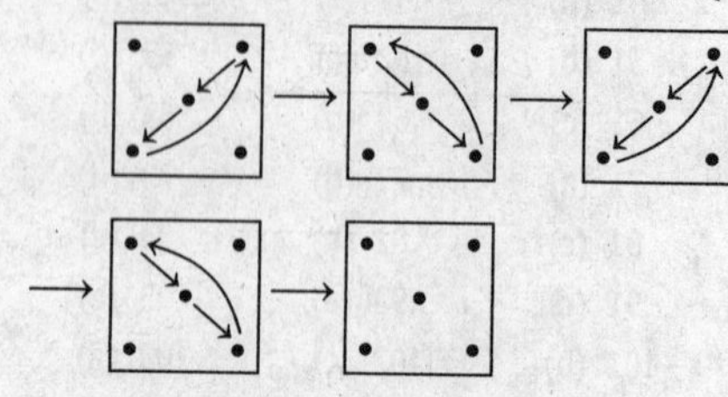

अत: अभीष्ट अगली आकृति, विकल्प आकृति (a) होगी।

24. (c) जिस प्रकार,

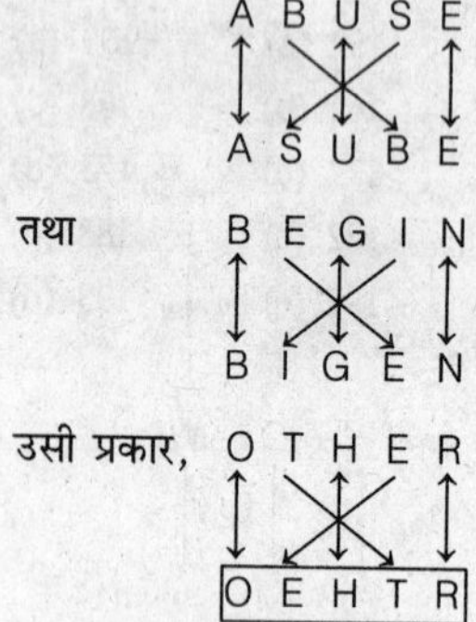

25. (a) दिया है,

$10 \div 63 \times 7 + 90 - 80 = 100$

समीकरण में '×' और '÷' का चिह्न परस्पर बदलने से,

$LHS = 10 \times 63 \div 7 + 90 - 80$
$= 10 \times 9 + 90 - 80$
$= 90 + 90 - 80$
$= 180 - 80 = 100 = RHS$

26. (c) दी गई शृंखला का क्रम निम्न प्रकार है,

$1 + 1 = 2$
$1 + 2 = 3$
$2 + 3 = 5$
$3 + 5 = 8$
$5 + 8 = 13$
$8 + 13 = \boxed{21}$

27. (a) दी गई आकृति का सही दर्पण प्रतिबिम्ब विकल्प (a) की आकृति है।

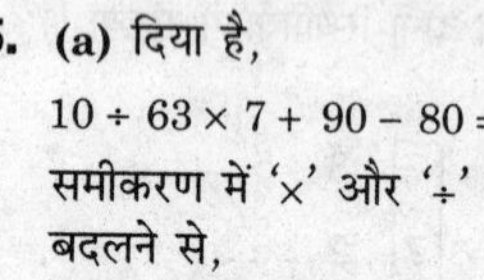

M
RkgEyw | wyƎgʞR
N

28. (b) दी गई शृंखला का क्रम निम्न प्रकार है,

H —+3→ K —+3→ N —+3→ Q —+3→ T
E —+4→ I —+4→ M —+4→ Q —+4→ U
W —−5→ R —−5→ M —−5→ H —−5→ C
C —+6→ I —+6→ O —+6→ U —+6→ A

29. (a) प्रश्नानुसार,

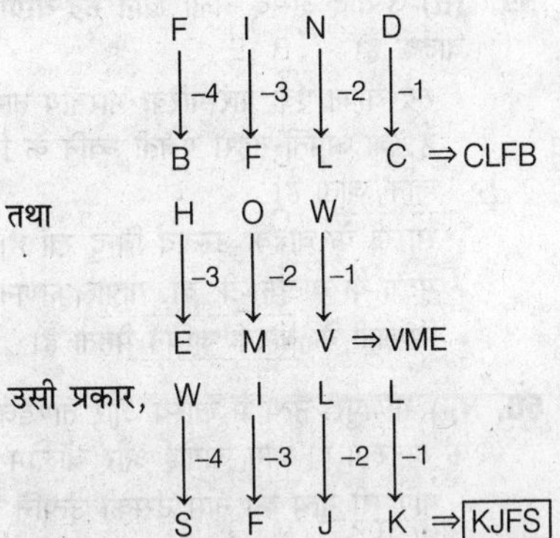

$\therefore$ अभीष्ट दूरी = 10 + 2 = 12 किमी

30. (a) दी गई शृंखला का क्रम निम्न प्रकार है,

C —+1→ D —+1→ E —+1→ F
H —+1→ I —+1→ J —+1→ K
O —+1→ P —+1→ Q —+1→ R

31. (d) जिस प्रकार,

F I N D
−4 −3 −2 −1
B F L C ⇒ CLFB

तथा H O W
−3 −2 −1
E M V ⇒ VME

उसी प्रकार, W I L L
−4 −3 −2 −1
S F J K ⇒ KJFS

32. (a) दी गई आकृतियों में कागज को खोले जाने पर यह विकल्प आकृति (a) की तरह दिखाई देगी।

33. (c) जिस प्रकार,

4 9 14 5 19 8
D I N E S H
×3 ×3 ×3 ×3 ×3 ×3
12 – 27 – 42 – 15 – 57 – 24

तथा

22 9 18 1 20
V I R A T
×3 ×3 ×3 ×3 ×3
66 – 27 – 54 – 3 – 60

उसी प्रकार,

7 1 21 20 1 13
G A U T A M
×3 ×3 ×3 ×3 ×3 ×3
21 – 3 – 63 – 60 – 3 – 39

34. (a) दी गई आकृति विकल्प आकृति (a) में अन्तर्निहित है।

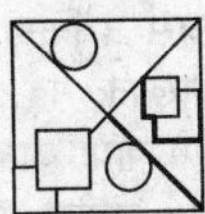

35. (c) जिस प्रकार, (12, 36, 6) ⇒

$12 \times 3 = 36$ तथा $36 \div 6 = 6$

तथा (18, 54, 9) ⇒

$18 \times 3 = 54$ तथा $54 \div 6 = 9$

उसी प्रकार, विकल्प (c) से,

$28 \times 3 = 84$

तथा $84 \div 6 = 14$

अभीष्ट समुच्चय = (28, 84, 14)

36. (a) दिया है,

10 * 2 * 1 * 8 * 11 * 8

विकल्प (a) से चिह्नों को प्रतिस्थापित करने से,

$10 \div 2 - 1 \times 8 + 11 = 8$

$\Rightarrow 5 - 1 \times 8 + 11 = 8$

$\Rightarrow 5 + 11 - 8 = 8$

$\Rightarrow 16 - 8 = 8$

$\therefore 8 = 8$

37. (a) दिया है,

$14 - 7 \times 10 \div 1 + 7$

प्रश्नानुसार, चिह्न परस्पर बदलने पर,

$+ \Leftrightarrow \times, - \Leftrightarrow \div$

$= 14 \div 7 + 10 - 1 \times 7$

$= 2 + 10 - 7 = 12 - 7 = 5$

38. (a) जिस प्रकार, (9, 36, 12) ⇒

$9 \times 4 = 36$ और $36 \div 3 = 12$

तथा (12, 48, 16)

$12 \times 4 = 48$ और $48 \div 3 = 16$

उसी प्रकार,

विकल्प (a) से, $21 \times 4 = 84$ और $84 \div 3 = 28$

$\therefore$ अभीष्ट समुच्चय = (21, 84, 28)

39. (c) हम जानते हैं आलू एक प्रकार की सब्जी है, जबकि अंगूर एक फल है, जो सब्जी से अलग है। उपयुक्त आरेख निम्न है, जो तीनों के सम्बन्धों को निरूपित करता है।

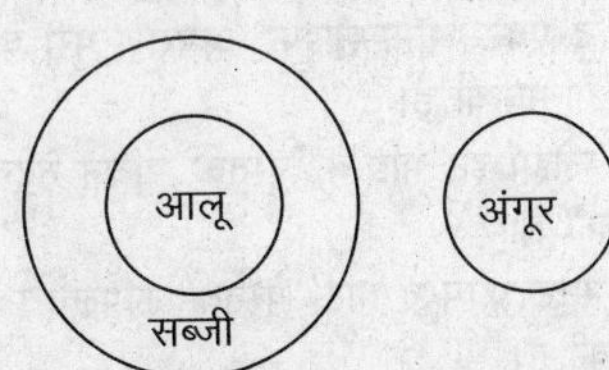

40. (d) प्रश्नानुसार,

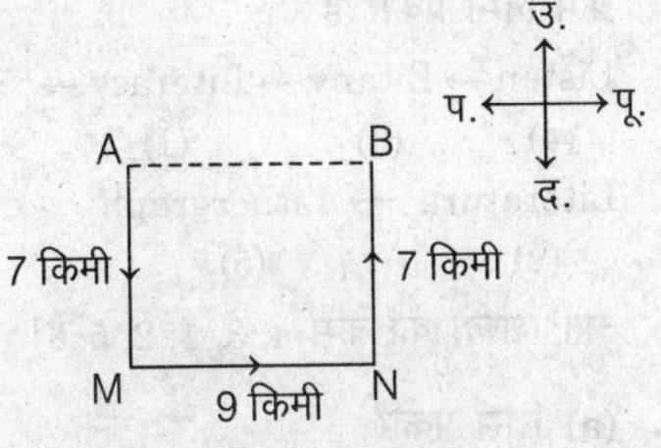

$\therefore$ AB = 9 किमी

अत: प्रीति को बिन्दु A से B तक पहुँचने में 9 किमी ड्राइव करनी चाहिए।

41. (b) चील एक प्रकार पक्षी है जबकि चीता एक पशु है जो पक्षी से भिन्न है।

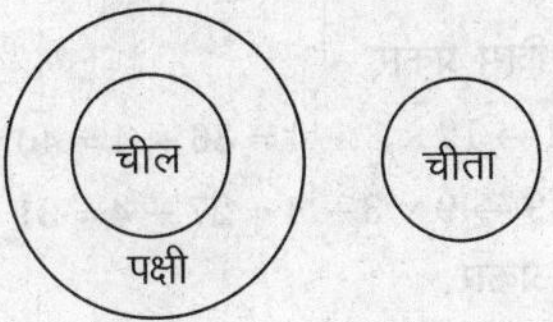

42. (a) जिस प्रकार,

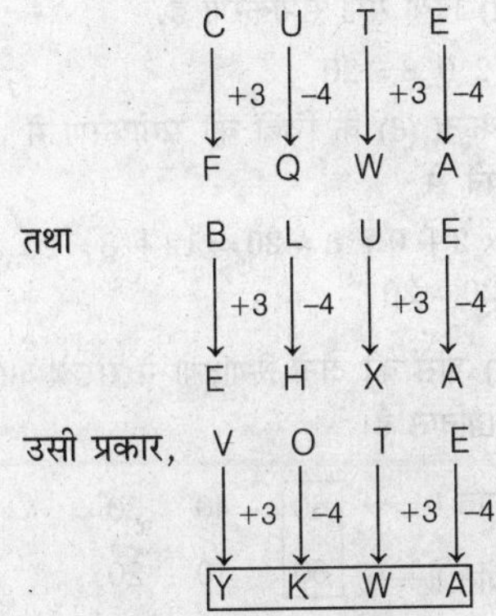

43. (c) पासे की दोनों स्थितियों में संख्या '6' उभयनिष्ठ है।

स्थिति I ⟶ 6 3 2
स्थिति II ⟶ 6 5 4

अत: बची हुई संख्या '1' दर्शान वाले फलक के विपरीत फलक पर संख्या '6' होगी।

44. (d) जिस प्रकार,

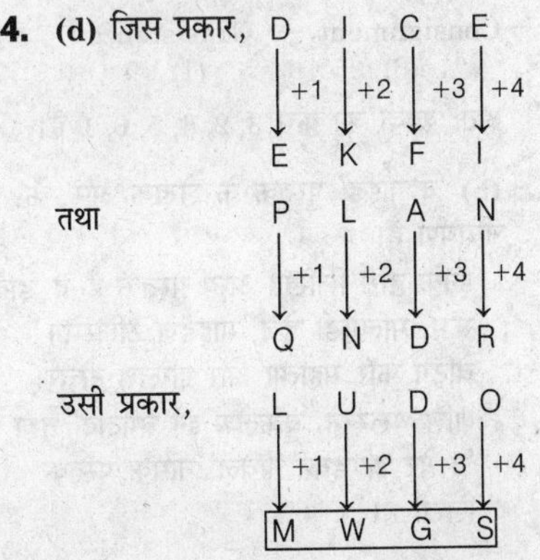

45. (c) अंग्रेजी शब्दकोश के अनुसार शब्दों का क्रम निम्न प्रकार है

Listen → Litany → Literacy →
(4) (3) (1)
Literature → Lithorgraph
(2) (5)

अत: शब्दों का क्रम 4, 3, 1, 2, 5 है।

46. (a) जिस प्रकार,

$(247, 349) \Rightarrow 349 - 247 = 102$

तथा $(261, 363) \Rightarrow 363 - 261 = 102$

उसी प्रकार, विकल्प (a) से,

$(294, 396) \rightarrow 396 - 294 = 102$

अत: अभीष्ट समुच्चय = (294, 396)

47. (a) जिस प्रकार,

$12 \rightarrow 12 \times 3 + 4 = 36 + 4 = 40$

तथा $9 \rightarrow 9 \times 3 + 4 = 27 + 4 = 31$

उसी प्रकार,

$16 \rightarrow 16 \times 3 + 4 = 48 + 4 = \boxed{52}$

48. (d) दिया गया समीकरण है,

6_2_0_8 = 20

विकल्प (d) के चिह्नों को समीकरण में रखने से,

$6 \times 2 + 0 + 8 = 20 \Rightarrow 12 + 8 = 20$

$\therefore 20 = 20$

49. (d) पासे की दोनों स्थितियों में संख्या '60' उभयनिष्ठ है।

स्थिति I ⟶	60	40	30
स्थिति II ⟶	60	10	20

अत: बची हुई संख्या '50', संख्या 60 के विपरीत फलक पर होगी।

50. (d) अंग्रेजी शब्दकोश के अनुसार शब्दों का क्रम निम्न प्रकार है

Conflagration → Conscience →
(3) (2)
Consequence → Considerable →
(4) (5)
Consignment → Consistence
(6) (1)

अत: शब्दों का क्रम 3, 2, 4, 5, 6, 1 है।

51. (b) 'द गाइड' पुस्तक के लेखक आर. के. नारायण हैं।

- इनके द्वारा लिखित अन्य पुस्तकें हैं-द डार्क रूम, मालगुडी डेज, माइडेज टेलिस्मैन, वेटिंग फॉर महात्मा और इंग्लिश टीचर।
- शशि थरूर ने 'बुकलेश इन बगदाद' तथा 'द ग्रेट इण्डियन नॉवेल' नामक पुस्तक लिखी है।

52. (c) अनाज में ग्लूटेन प्रोटीन पाया जाता है।

- प्रोटीन शब्द का सर्वप्रथम प्रयोग जे. **बर्जेलियस** ने किया था।
- ग्लूटेन मुख्यत: गेहूँ, जौ और राई जैसे अनाजों में पाया जाता है।
- प्रोटीन 20 अमीनो अम्ल से मिलकर बने होते हैं।
- सभी प्रोटीन में नाइट्रोजन पाया जाता है।
- दवा के रूप में प्रयुक्त कैप्सूल आवरण स्टार्च/जिलेटिन प्रोटीन का होता है।

53. (d) प्रसिद्ध संगीतकार भूपेन हजारिका (असम) को वर्ष 2019 में भारत रत्न से सम्मानित किया गया था।

- उन्हें सुधाकण्ठ के नाम से जाना जाता था।
- वर्ष 2019 में ही प्रणव मुखर्जी एवं नानाजी देशमुख को भी भारत रत्न प्रदान किया गया था।
- वर्ष 2024 में पाँच लोगों को भारत रत्न प्रदान किया गया था। पी. वी. नरसिम्हा राव, चौधरी चरणसिंह, एम. एस. स्वामीनाथन, लाल कृष्ण आडवाणी एवं कर्पूरी ठाकुर।
- भारत रत्न का प्रावधान वर्ष 1954 में शुरू किया गया था।

54. (b) दो शहरों के बीच की दूरी किसी स्थान की जलवायु को नियन्त्रित नहीं करती है।

- जलवायु का निर्धारण तापमान, वायुमण्डलीय दाब, पवन, आर्द्रता व वर्षा आदि के तत्त्वों के आधार पर किया जाता है।
- इसके अतिरिक्त जलवायु को किसी स्थान की अक्षांशीय स्थिति, समुद्र तट से दूरी, प्रचलित पवन, ढाल प्रवणता आदि कारक प्रभावित करते हैं।
- जलवायु तीन प्रकार की होती हैं उष्ण कटिबन्धीय जलवायु, शुष्क जलवायु और सम शीतोष्ण जलवायु

55. (d) संरचनात्मक सूत्र $CH_3—CH_2—CH_2—CH_2—CH_2—CH_2$ के साथ हाइड्रोकार्बन के नाम एन हेक्सेन है।

- एल्केन श्रेणी का सामान्य सूत्र C_nH_{2n+2} होता है।
- एल्कीन श्रेणी का सामान्य सूत्र C_nH_{2n} होता है।
- एल्काइन का सामान्य रासायनिक सूत्र C_nH_{2n-2} होता है।

56. (d) 'बैड मैन' गुलशन ग्रोवर की आत्मकथा है।

- 'द एक्ट ऑफ लाइफ' अमरीश पुरी की आत्मकथा है।
- 'प्लेइंग इट माइ वे' पुस्तक सचिन तेंदुलकर की है।
- 'स्ट्रेट फ्राम द हार्ट' पुस्तक कपिलदेव की है।

57. (c) किसी वाहन में अचानक ब्रेक लगना जड़त्व का उदाहरण नहीं है।

- **जड़त्व के उदाहरण** 1. ठहरी हुई मोटर या रेलगाड़ी के अचानक चल पड़ने पर उसमें बैठे यात्री पीछे की ओर झुक जाते हैं।
- 2. चलती हुई मोटरकार के अचानक रुकने पर उसमें बैठे यात्री आगे की ओर झुक जाते हैं।
- 3. कम्बल को हाथ में पकड़कर डण्डे से पीटने पर धूल कण झड़कर गिर पड़ते हैं।

58. (a) बैगा समुदाय के आदिवासी नर्तक अर्जुन सिंह धुर्वे को वर्ष 2022 में पद्मश्री पुरस्कार मिला।

- बैगा (जिसका अर्थ है जादूगर) विशेष रूप से कमजोर जनजातीय समूहों (पीवीटीजी) में से एक है।
- ये मुख्यत: छत्तीसगढ़, झारखण्ड, बिहार, ओडिशा, पश्चिम बंगाल, मध्य प्रदेश और उत्तर प्रदेश में रहते है।
- **गोदना बनाना** बैगा संस्कृति का एक अभिन्न अंग है।

59. (d) उस्ताद असद अली खान **रुद्र वीणा** के वादक हैं।

- रुद्र वीणा एक पारम्परिक भारतीय तार वाद्य है, जो अपनी गहरी गूँजती ध्वनि के लिए जाना जाता है।
- सारंगी के वादक उस्ताद बिन्दु खाँ है।
- मृदंग के वादक टी. वी. गोपालकृष्णन है।
- सिम्फ़नी के वादक ज़ुबिन मेहता है।

60. (a) मणिपुरी नृत्य में लास्य और ताण्डव तत्त्वों के अनुरूप दो भाग जागोई और चोलोम है।

- मणिपुरी नृत्य का नाम उसकी उत्पत्ति स्थल के नाम पर पड़ा है।
- राधा-कृष्ण की प्रेम कहानी (रास-लीला) इस नृत्य के गायन का आवर्ती विषय है।
- इसमें **जयदेव** एवं **चण्डीदास** की रचनाओं का व्यापक रूप से उपयोग किया जाता है।

61. (c) K_2 या गॉडविन ऑस्टिन पर्वत शिखर काराकोरम की सर्वोच्च चोटी है। इसकी ऊँचाई 8611 मी है।

- नन्दा देवी, कॉमेठ, त्रिशूल वृहद् हिमालय की महत्त्वपूर्ण चोटियाँ हैं।
- लघु या मध्य हिमालय श्रेणी में पीरपंजाल, धौलाधर, मसूरी, नागटिब्बा एवं महाभारत श्रेणियाँ है।

62. (b) ज्योतिराव गोविन्दराव फुले महाराष्ट्र में विधवा पुनर्विवाह के प्रवर्तक थे।

- 1851 ई. में ज्योतिबा फुले ने अपनी पत्नी के साथ बालिका विद्यालय स्थापित किया था।
- 1873 ई. में इन्होंने सत्यशोधक समाज की स्थापना की थी। इन्होंने 'गुलामगिरि' नामक पुस्तक भी लिखी थी।

63. (b) जिन शैलेन्द्र राजाओं का भारतीय शासकों के साथ नजदीकी सम्पर्क था। वे बौद्ध धर्म के अनुयायी थे।
- जावा के शैलेन्द्रवंशी शासक बालपुत्रदेव के अनुरोध पर देवपाल ने उसे नालन्दा में एक बौद्ध विहार बनवाने के लिए पाँच गाँव दान में दिए थे।
- शैलेन्द्र राजवंश बौद्ध वस्तुकला में अपने महत्त्वपूर्ण योगदान के लिए जाना जाता है, जिसमें इण्डोनेशिया के मध्य जावा में बोरोबुपुर मन्दिर का निर्माण किया था।
- देवपाल ने ओदन्तपुरी के प्रसिद्ध बौद्धमठ का निर्माण करवाया था।

64. (d) पदार्थ की तीन भौतिक अवस्थाओं में निम्न रूप से साम्य होता है ठोस → द्रव → गैस, उदाहरण **जल**
- जल तीनों भौतिक अवस्था में रह सकता है।
- कुछ पदार्थ गर्म करने पर सीधे ठोस रूप से गैस बन जाते हैं, इसे ऊर्ध्वापतन कहते हैं; जैसे-आयोडीन, कपूर आदि।

65. (a) वास्कोडिगामा, जिसने यूरोप से भारत तक के समुद्री मार्ग की खोज की पुर्तगाल देश के थे।
- ये 17 मई, 1498 में भारत के पश्चिमी तट पर स्थित कालीकट बन्दरगाह पहुँचे थे।
- इस यात्रा में इनका सहयोग गुजरातीपथ प्रदर्शक कानजी मालम ने किया था।
- वास्कोडिगामा के नेतृत्व में तीन जहाजों का कालीकर में उतरना था जिसका नेतृत्व अब्दुल मजीद नामक एक गुजराती पायलट कर रहा था।
- 1505 ई. में फ्रांसिस्को द आल्मेडा भारत में प्रथम पुर्तगाली वायसराय बनकर आया था।

66. (a) भारत के पूर्वी घाट की औसत ऊँचाई 600 मी है।
- पूर्वी घाट के उत्तर में महानदी (ओडिशा) से दक्षिण में बैगाई नदी (तमिलनाडु) तक लगभग 1131 किमी तक विस्तृत है।
- यह ओडिशा, आन्ध्र प्रदेश, तेलंगाना, कर्नाटक और तमिलनाडु से होकर गुजरती है।
- पूर्वी घाट की सबसे ऊँची चोटी झिंडागडा (1690 मी) है, जो विशाखापत्तनम, आन्ध्र प्रदेश में स्थित है।

67. (c) सुकन्या समृद्धि खाता योजना के तहत एक वित्तीय वर्ष में न्यूनतम 250 धनराशि जमा करने की आवश्यकता है।
- यह योजना **22 जनवरी, 2015** में शुरू की गई।
- इसमें एक वित्तीय वर्ष में अधिकतम ₹ 1.5 लाख जमा कर सकते हैं।
- उसमें 10 वर्ष से कम आयु की बालिका के माता-पिता या कानूनी अभिभावक बालिका के नाम पर अकाउण्ट खोल सकते हैं।

68. (d) जैव-भू रासायनिक चक्र में तलछटी और गैसीय चक्र होते हैं।
- प्रकृति में नाइट्रोजन, फॉस्फोरस, कार्बन इत्यादि तत्त्वों के जैव-भू-रासायनिक चक्र पाए जाते हैं।
- ये मुख्यत: दो प्रकार के होते हैं
  1. **गैसीय चक्र** कार्बन, ऑक्सीजन, नाइट्रोजन और जल चक्र
  2. **अवसादीय चक्र** फॉस्फोरस, सल्फर और चट्टान चक्र

69. (d) सूखा प्रवण क्षेत्र कार्यक्रम दसवीं पंचवर्षीय योजना का भाग नहीं है।
- दसवीं पंचवर्षीय योजना का समय वर्ष 2002-2007 है।
- सूखा प्रवण क्षेत्र कार्यक्रम वर्ष 1973-74 में शुरू किया गया था।
- इस योजना की विशेषताएँ समावेशी तथा समान विकास को बढ़ावा देना था।

70. (b) हिन्दू कैलेण्डर के अनुसार, दिवाली कार्तिक महीने में आती है।
- हिन्दू कैलेण्डर में महीने हैं- चैत्र, वैशाख, ज्येष्ठ, आषाढ़, श्रावण, भाद्रपद, आश्विन, कार्तिक, मार्गशीर्ष, पौष, माघ, फाल्गुन।
- हिन्दू कैलेण्डर का पहला महीना 29 मार्च से होता है।

71. (a) मुद्रा (MUDRA) योजना में M का अर्थ Micro (माइक्रो) है।
- यह योजना वर्ष 2015 में गैर-कॉर्पोरेट, गैर-कृषि छोटे/सूक्ष्म उद्यमों को ₹ 20 लाख तक ऋण प्रदान करने हेतु लॉन्च की गई थी।
- MUDRA अर्थात् माइक्रो यूनिट्स डेवलपमेण्ट एण्ड रिफाइनेंस एजेन्सी लिमिटेड।
- मुद्रा ऋण तीन श्रेणियों में प्रदान किए जाते हैं- शिशु, किशोर, तरुण प्लस।

72. (d) A-4, B-3, C-2, D-1 सही मिलान है।

आन्दोलन	संस्थापक	वर्ष
1. फरा-ए-जी आन्दोलन	हाजी शरियातुल्ला	1838-57
2. मोहम्मडन लिटरेरी सोसायटी	नवाब अब्दुल लतीफ	1863
3. इण्डियन पैट्रियोटिक एसोसिएशन	सर सैय्यद अहमद खान	1888
4. वहाबी आन्दोलन	रायबरेली के सैय्यद अहमद	1830

73. (d) **अनुच्छेद** 158 में उल्लिखित है कि एक ही व्यक्ति दो या दो से अधिक राज्यों के राज्यपाल के रूप में नियुक्त किया जा सकता है।
- दो या दो से अधिक राज्यों के लिए नियुक्त किए जाने के पश्चात् उसके लिए देय छूट और भत्ते सम्बन्धित राज्यों द्वारा ऐसे अनुपात में साझा किए जाते हैं जैसे कि राष्ट्रपति द्वारा निर्धारित किया जाता है।
- अनुच्छेद 155 राज्यपाल की नियुक्ति।
- अनुच्छेद 157 राज्यपाल नियुक्त होने के लिए अर्हताएँ।
- अनुच्छेद 160 कुछ आकस्मिकताओं में राज्यपाल के कृत्यों का निर्वहन।

74. (a) भारत में स्वयं सहायता समूह बैंक सहायता कार्यक्रम वर्ष 1992 में शुरू किया गया था।
- एसएचजी बीएलपी परियोजना नाबार्ड द्वारा वर्ष 1992 में शुरू की गई थी।
- यह विश्व की सबसे बड़ी माइक्रोफाइनेंस परियोजना है।
- इस कार्यक्रम के अन्तर्गत बैंकों को स्वयं सहायता समूहों के लिए बचत खाते खोलने की अनुमति दी गई।

75. (b) सेल्यूकस प्रथम द्वारा चन्द्रगुप्त मौर्य के दरबार में मेगस्थनीज दूत भेजा गया था।
- मेगस्थनीज द्वारा लिखी गई पुस्तक इण्डिका है।
- चन्द्रगुप्त के 305 ई. पू. में सेल्यूकस निकेटर को हराया।
- सेल्यूकस निकेटर ने अपनी पुत्री **कार्नेलिया** (हेलेना) की शादी चन्द्रगुप्त मौर्य के साथ कर दी।

76. (c) भारत की जनगणना वर्ष 2011 के अनुसार बिहार राज्य की साक्षरता दर सबसे कम है
- 2011 की जनगणना के अनुसार बिहार का साक्षरता दर 61.80% है, जिसमें पुरुष साक्षरता दर 7120% एवं महिला साक्षरता दर 5150% है।
- 2011 की जनगणना के अनुसार साक्षरता दर 74.04% है।
- सबसे अधिक साक्षरता केरल (94%) राज्य की है।
- भारत में पुरुषों की साक्षरता 80.9% तथा महिला की साक्षरता 64.6% है।

77. (b) A-4, B-3, C-2, D-5, E-1 सही मिलान है।

बाँध	नदी
हीराकुड बाँध	महानदी
नागार्जुन सागर बाँध	कृष्णा
सरदार सरोवर बाँध	नर्मदा
टिहरी बाँध	भागीरथी
राणा प्रताप सागर बाँध	चम्बल

78. (a) जनसंख्या घनत्व के घटक के सम्बन्ध में अरुणाचल प्रदेश राज्य दिए गए अन्य राज्यों से असंगत है, क्योंकि अरुणाचल प्रदेश का जनसंख्या घनत्व सबसे कम है, अन्य का सर्वाधिक है।
- सर्वाधिक जनघनत्व वाले राज्य हैं- बिहार (1106), पश्चिम बंगाल (1028), केरल (860), उत्तर प्रदेश (829), तमिलनाडु (555)

- न्यूनतम जनघनत्व वाले राज्य हैं- अरुणाचल प्रदेश (17), मिजोरम (52), सिक्किम (86), मणिपुर (115)।
- 2011 की जनगणना के अनुसार भारत का जनघनत्व 382 व्यक्ति प्रति वर्ग किमी है।

79. (b) दक्षिणी आन्ध्र प्रदेश का शेषचलम जीवमण्डल प्रसिद्ध लाल चन्दन और स्लेंडर लोरिस सहित कई स्थानिक प्रजातियों का घर है।
- लाल चन्दन और स्लेडर लोरिस एक मूल्यवान और दुर्लभ वृक्ष प्रजाति है।
- शेषचलम पहाड़ियों को 2010 में भारत सरकार द्वारा बायोस्फीयर रिजर्व के रूप में नामित किया गया था।

80. (a) बास्केटबॉल खेल में 'ड्रिबलिंग' शब्द का प्रयोग किया जाता है।
- इस खेल की अन्य शब्दावली हैं- रिंग गार्ड प्वॉइण्ट, डेड बॉल, बास्केट हैंगिग, लीड पास, गोल, सेण्टर, लाइन, फ्रण्ट कोर्ट, पिनोट, की होल आदि।
- इस खेल का आविष्कार जेम्स स्मिथ ने 1891 ई. में अमेरिका में किया।
- इसका पहला विश्व चैम्पियन मैच वर्ष 1950 में आयोजित हुआ।

81. (c) कथकली नृत्य उड़िया संस्कृति का हिस्सा नहीं है।
- उडिया (ओडिशी) नृत्य एक शास्त्रीय नृत्य शैली है।
- यह नृत्य शैली सम्भवत: नाट्यशास्त्र में वर्णिता ओडू नृत्य पर आधारित है।
- इस नृत्य को जैन राजा खारवेल का संरक्षण प्राप्त था।
- यह नृत्य रूप जल तत्त्व को प्रतीकबद्ध करता है।
- **कथकली** केरल की शास्त्रीय नृत्य शैली है।

82. (b) पंचवर्षीय योजनाओं में आत्मनिर्भरता, विकास एवं समता लक्ष्यों को लक्षित किया जाता है।
- **प्रथम पंचवर्षीय योजना** का मुख्य उद्देश्य है, अर्थव्यवस्था के संतुलित विकास की प्रक्रिया आरम्भ करना।
- **द्वितीय पंचवर्षीय योजना** का मुख्य उद्देश्य है समाजवादी समाज की स्थापना।
- **तृतीय पंचवर्षीय योजना** का उद्देश्य है अर्थव्यवस्था को आत्मनिर्भर बनाना।

83. (c) भारत के उत्तरी राज्यों में खरीफ फसल के मौसम में उगाई जाने वाली फसल चावल है।
- खरीफ फसल- बाजरा, मक्का, रागी, अरहर, उड़द, मूँगफली आदि।
- रबी फसल- गेहूँ, जौ, चना, मसूर, सरसों, कुसुम आदि।
- भारत में कृषि वर्ष 1 जुलाई से 30 जून माना जाता है।

84. (c) भारत सरकार द्वारा जैव-विविधता अधिनियम 2002 में पारित किया गया था।
- यह भारत के संविधान में राज्यों के नीति-निदेशक सिद्धान्तों के अनुच्छेद 48A के आदर्शों के अनुरूप है।
- राष्ट्रीय जैव विविधता प्राधिकरण का मुख्यालय चेन्नई में वर्ष 2003 में बनाया गया।
- भारत में सबसे अधिक जैव-विविधता सम्पन्न क्षेत्र पश्चिमी घाट है।

85. (a) भारतीय संविधान के अनुच्छेद 75 (3) के अनुसार मन्त्रिपरिषद् सामूहिक रूप से लोकसभा के प्रति उत्तरदायी होता है।
- अनुच्छेद 75 के अनुसार प्रधानमन्त्री की नियुक्ति राष्ट्रपति करेगा और अन्य मन्त्रियों की नियुक्ति राष्ट्रपति प्रधानमन्त्री की सलाह पर करेगा।
- अनुच्छेद 75 (2) के अनुसार मन्त्री, राष्ट्रपति के प्रसादपर्यन्त पद धारण करेंगे।

86. (d) दशहरा हिन्दू पंचांग के अश्विन मास में मनाया जाता है।
- दीवाली, कार्तिक मास में मनाया जाता है।
- होली, फाल्गुन मास में मनाया जाता है।
- हिन्दू पंचांग में चैत्र मास प्रथम महीना होता है।

87. (d) वर्ष 2023 में खेलो इण्डिया यूथ गेम्स के 5वें संस्करण में 5000 से अधिक एथलीटों ने 27 खेलों में 1936 पदकों के लिए प्रतिस्पर्द्धा की।
- खेलो इण्डिया यूथ गेम्स वर्ष 2023 का आयोजन मध्य प्रदेश में हुआ था।
- खेलो इण्डिया यूथ गेम्स वर्ष 2024 का आयोजन तमिलनाडु में हुआ था।
- खेलो इण्डिया यूथ गेम्स 2025 का 7वाँ संस्करण 4 से 15 मई तक बिहार में आयोजित किया जाएगा।

88. (a) भारतीय संविधान का अनुच्छेद 51-A मौलिक कर्त्तव्यों से सम्बन्धित है।
- इसे संविधान के भाग-4(क) में रखा गया है।
- मौलिक कर्त्तव्यों को सरदार स्वर्ण सिंह समिति की अनुशंसा के द्वारा जोड़ा गया।
- संविधान के 42वें संशोधन 1976 के द्वारा संविधान में इसे जोड़ा गया।

89. (c) मेण्डेलीव ने तत्त्वों तथा उनके यौगिकों के तुलनात्मक अध्ययन से एक नियम प्रस्तुत किया, जिसे मेण्डेलीव का आवर्त नियम कहते हैं।
- इस आवर्त सारणी में नौ वर्ग और सात आवर्त थे।
- इस नियम के अनुसार 'तत्त्वों' का मौलिक एवं रासायनिक गुण उनके परमाणु भारों का आवर्त फलन होते हैं।

90. (d) कॉमनवेल्थ फेंसिग चैम्पियनशिप, 2022 की मेजबानी यूनाइटेड किंगडम द्वारा की गई।
- पहली राष्ट्रमण्डल तलवारबाजी चैम्पियनशिप वर्ष 1974 में आयोजित की गई थी।
- प्रत्येक चार वर्ष में यह प्रतियोगिता आयोजित की जाती है, जो राष्ट्रमण्डल खेल महासंघ द्वारा मान्यता प्रदान की जाती है।
- भारतीय फेंसर भवानी देवी ने वर्ष 2022 में स्वर्ण पदक जीता था।
- कॉमन वेल्थ फेंसिंग चैम्पियनशिप (CFF) वर्ष 2026 में **नाइजीरिया** में आयोजित किया जाएगा।
- यह प्रतियोगिता तलवारबाजी को बढ़ावा देने और विश्व स्तर के खेलों को प्रोत्साहित करता है।

91. (c) केन्द्र सरकार ने वर्ष 2022 में राष्ट्रीय वायु खेल नीति की शुरुआत की।
- इस नीति के तहत 2030 तक भारत को शीर्ष खेल राष्ट्र बनाना है।
- यह नीति नागरिक उड्डयन मन्त्रालय ने लॉन्च की है।
- इस नीति का उद्देश्य वायु खेल संस्कृति को बढ़ावा देना है।

92. (a) संलयन परिघटना पिण्डन के विपरीत है।
- वाष्पन किसी द्रव के सतह के कणों का गैस में बदलने की वह प्रक्रिया है, जिसमें द्रव की सतह के ठीक ऊपर स्थित गैस संतृप्त न हो।
- **संघनन** वह प्रक्रिया है, जिसके द्वारा गैस (जलवाष्प) अपने कणों की ऊर्जा में कमी के कारण वापस तरल में बदल जाती है।

93. (c) सार्वजनिक चुनाव में मतदान करना मौलिक कर्त्तव्य नहीं है।
- मतदान का अधिकार एक संवैधानिक अधिकार है।
- मौलिक कर्त्तव्य रूस के संविधान से लिया गया है। मौलिक कर्त्तव्यों की संख्या 11 है।
- यह संविधान के भाग 4 (क) में अनुच्छेद 51 (क) के तहत रखा गया है।

94. (b) राष्ट्रीय राजमार्ग प्राधिकरण द्वारा निर्मित स्वर्णिम चतुर्भुज की लम्बाई 5846 किमी है।
- स्वर्णिम चतुर्भुज योजना के अन्तर्गत राष्ट्रीय राजमार्ग द्वारा चार महानगरों दिल्ली, मुम्बई, चेन्नई और कोलकाता को जोड़ा गया है।
- यह भारत के लगभग 13 राज्यों से होकर गुजरता है।
- इस योजना की घोषणा 24 अक्टूबर, 1998 को हुई थी।
- इस योजना के तहत चार अथवा छ: मार्गीय सड़क बनाई जाएगी।

95. (b) चित्रा विश्वेश्वरन भरतनाट्यम नृत्य शैली की प्रसिद्ध नृत्यांगना है।
- भरतनाट्यम के प्रमुख कलाकार हैं- यामिनी कृष्णमूर्ति, लक्ष्मी विश्वनाथन, पद्मा सुब्रह्मणयम, मृणाल साराभाई, मल्लिका साराभाई, अलर्मेल वल्ली इत्यादि।
- इस नृत्य कला को वैश्विक पहचान दिखाने का श्रेय रुक्मिणी देवी अरुण्डेल को है।
- इसे प्राय: अग्नि नृत्य के नाम से भी जाना जाता है।

96. (c) श्यामामणि देवी को **ओडिसी संगीत** में उनके योगदान के लिए **वर्ष 2022 में** पद्म श्री पुरस्कार से सम्मानित किया गया था।
- ओडिसी नृत्य के कुछ प्रमुख प्रतिपादक हैं- गुरु पंकज चरण दास, गुरु केलू चरण महापात्र, सोनलमान सिंह, शेरॉन लोवेन, अनांदिनी दास इत्यादि।
- यह नृत्य शैली सम्भवत: नाट्यशास्त्र में वर्जिता ओड्रा नृत्य पर आधारित है।
- ओडिसी नृत्य भगवान कृष्ण को समर्पित है।

97. (b) भारत के वित्त आयोग का उल्लेख अनुच्छेद 280 में दिया गया है।
- वित्त आयोग एक संवैधानिक संस्था है।
- इसका गठन राष्ट्रपति द्वारा प्रत्येक पाँच वर्ष पर किया जाता है।
- इसमें एक अध्यक्ष तथा चार अन्य सदस्य होते हैं।
- 31 दिसम्बर 2023 को **डॉ. अरविन्द पनगढ़िया की अध्यक्षता में 16 वें वित्त** आयोग का गठन किया गया।

98. (c) गतिशील जीवाणु कोशिकाओं की तन्तु कोशिका भित्ति में पाए जाने वाले पतले तन्तुमय विस्तार को कशाभिका कहते हैं।
- कोशिका भित्ति केवल पादप कोशिका में पाया जाता है।
- कोशिका झिल्ली लिपिड की बनी होती है।
- कोशिका झिल्ली में **प्रोटीन व कार्बोहाइड्रेट** पाया जाता है।

99. (d) स्वस्थ भोजन के लिए भारतीय खाद्य मार्गदर्शिका पिरामिड में मादक पेय पदार्थ को शामिल नहीं किया गया है।
- स्वस्थ भोजन के लिए इण्डिया फूड गाइड पिरामिड में शामिल है- दूध मांस, वसा, शर्करा, दालें व फलियाँ आदि।
- खाद्य मार्गदर्शिका पिरामिड एक पहचाना जाने वाला पोषण उपकरण था, जिसे वर्ष 1992 में यूएसडीए द्वारा प्रस्तुत किया गया था।
- पहला पिरामिड वर्ष 1974 में **स्वीडन** में प्रकाशित हुआ था।

100. (c) कथासरित्सागर एक साहित्यिक कृति मूल रूप से संस्कृत भाषा में लिखी गई थी।
- इसके लेखक सोमदेव थे।
- इसे 21,388 पद्य और 124 तरंगों में बाँटा गया है।
- सोमदेव कश्मीर के राजा अनन्तदेव के दरबारी कवि थे।

101. (b) व्यंजक $= 24 \div (3 - 8 \times 3 + 27) + 3$
$= 24 \div (3 - 24 + 27) + 3$
$= 24 \div (30 - 24) + 3$
$= 24 \div 6 + 3 = 4 + 3 = 7$

102. (c) कार द्वारा पहले 15 मिनट में तय दूरी = 20 किमी
कार द्वारा दूसरे 15 मिनट में तय दूरी = 25 किमी
कार द्वारा तीसरे 15 मिनट में तय दूरी = 15 किमी
कुल तय दूरी = 20 + 25 + 15 = 60 किमी
कुल समय = 15 × 3 = 45 मिनट

$$\text{औसत चाल} = \frac{\text{कुल दूरी}}{\text{कुल समय}}$$
$$= \frac{60}{45} \times 60 = 80 \text{ किमी/घण्टा}$$

103. (a) $\tan(t) + \cot(t) = 1$

$$\Rightarrow \frac{\sin t}{\cos t} + \frac{\cos t}{\sin t} = 1$$
$$\Rightarrow \frac{\sin^2 t + \cos^2 t}{\sin t \cdot \cos t} = 1 \quad [\because \sin^2\theta + \cos^2\theta = 1]$$
$$\Rightarrow \frac{1}{\sin t \cdot \cos t} = 1$$

$\sin t \cdot \cos t = 1$
अब, $(\sin t + \cos t)^2$
$= \sin^2 t + \cos^2 t + 2\sin t \cdot \cos t$
$\Rightarrow (\sin t + \cos t)^2 = 1 + 2 \times 1 = 3$
$\therefore \sin t + \cos t = \sqrt{3}$

$$\therefore \frac{1}{\sin t + \cos t} = \frac{1}{\sqrt{3}}$$

104. (a) मतों की कुल संख्या = 15000
वैध मतों की संख्या

$$= 15000 \times \frac{75}{100} = 11250$$

हारने वाले उम्मीदवार को प्राप्त वैध मतों की संख्या $= 11250 \times \frac{40}{100} = 4500$

105. (d) दिया है,
$x + y + z = 1$
$xy + yz + zx = -1$
तथा $xyz = -1$

$$\because x^3 + y^3 + z^3 - 3xyz = (x + y + z)[(x + y + z)^2 - 3(xy + yz + zx)]$$
$$\Rightarrow x^3 + y^3 + z^3 = 3xyz + (x + y + z)[(x + y + z)^2 - 3(xy + yz + zx)]$$
$$= 3(-1) + 1[(1)^2 - 3 \times (-1)]$$
$$= -3 + [1 + 3] = 4 - 3 = 1$$

106. (a) दिया है,
रनिता की आय का $\frac{57}{100}$ = भास्कर की आय का $\frac{76}{100}$
⇒ रनिता की आय × 3 = भास्कर की आय × 4
माना, भास्कर की आय = ₹ $3x$
∴ रनिता की आय = ₹ $4x$
प्रश्नानुसार,

$$\frac{(4x - 400)}{3x} = \frac{6}{5}$$
$$\Rightarrow 20x - 2000 = 18x$$
$$\therefore \quad x = \frac{2000}{2} = 1000$$

∴ भास्कर की साप्ताहिक आय
$= 3x = 3 \times 1000 =$ ₹ 3000

107. (d) $35 - [28 - (60 \div 4 + 26 \div 13)]$
$= 35 - [28 - (15 + 2)]$
$= 35 - [28 - 17]$
$= 35 - 11 = 24$

108. (d) स्कूल P से कक्षा X में पढ़ने वाले विद्यार्थियों की संख्या = 144
सभी स्कूलों से कक्षा X में पढ़ने वाले विद्यार्थियों की संख्या = 910

$$\text{अभीष्ट प्रतिशत} = \frac{144}{910} \times 100 = 16\% \text{ (लगभग)}$$

109. (d) ट्रेन द्वारा 60 किमी जाने में लगा समय $= \frac{60}{80} = \frac{3}{4}$ घण्टे
ट्रेन द्वारा 100 किमी जाने में लगा समय $= \frac{100}{90} = \frac{10}{9}$ घण्टे
ट्रेन द्वारा 140 किमी जाने में लगा समय $= \frac{140}{120} = \frac{7}{6}$ घण्टे

$$\text{कुल समय} = \frac{3}{4} + \frac{10}{9} + \frac{7}{6}$$
$$= \frac{27 + 40 + 42}{36} = \frac{109}{36} \text{ घण्टे}$$

कुल दूरी = 60 + 100 + 140 = 300 किमी

$$\text{औसत चाल} = \frac{\text{कुल दूरी}}{\text{कुल समय}}$$
$$= \frac{300}{109} \times 36 \text{ किमी/घण्टा}$$
$$= 99.08 \approx 99 \text{ किमी/घण्टा}$$

110. (c) व्यंजक

$= [18 - 3 \times \{3 - 3 \times \left(3 \div \frac{1}{3} - 3\right) + 3 \div \frac{1}{3} + 3\} - 4 \times 2]$

$= \left[18 - 3 \times \left\{3 - 3 \times 6 + 3 \div \frac{1}{3} + 3\right\} - 4 \times 2\right]$

$= [18 - 3 \times \{3 - 18 + 9 + 3\} - 4 \times 2]$

$= [18 - 3 \times \{-3\} - 4 \times 2]$

$= [18 + 9 - 4 \times 2]$

$= [18 + 9 - 8] = 19$

111. (a) विलयन की मात्रा = 12 लीटर

एसिड की मात्रा $= 12 \times \frac{30}{100} = 3.6$ लीटर

जल की मात्रा $= 12 - 3.6 = 8.4$ लीटर

माना, मिलाए गए जल की मात्रा = x लीटर

प्रश्नानुसार,

$\frac{3.6}{8.4 + x} = \frac{20}{80} = \frac{1}{4} \Rightarrow 14.4 = 8.4 + x$

$\therefore \quad x = 14.4 - 8.4 = 6$

अतः मिलाए गए जल की मात्रा = 6 लीटर

112. (b) A (200) +1, B (100) +2 → 200 (कुल कार्य)

A तथा B की कार्यक्षमता $= 1 + 2 = 3$

तीन दिन में किया गया कुल कार्य

$= 1 + 2 + 3 = 6$

$\therefore 3 \times 33$ दिन में किया गया कार्य

$= 6 \times 33 = 198$

शेष कार्य $= 200 - 198 = 2$

अर्थात् शेष कार्य करने में $(A + B)$ द्वारा लगा समय $= \frac{2}{3}$ दिन

सम्पूर्ण कार्य समाप्त होने में लगा समय

$= 99 + \frac{2}{3} = 99\frac{2}{3}$ दिन

113. (d) वर्ष 2019 में कर्मचारियों की संख्या = 20 लाख

वर्ष 2022 में कर्मचारियों की संख्या = 35 लाख

अभीष्ट वृद्धि प्रतिशत $= \frac{(35 - 20)}{20} \times 100$

$= \frac{15}{20} \times 100 = 75\%$

114. (a) माना संख्याएँ, क्रमशः $3x$ तथा $7x$ है।

प्रश्नानुसार,

$\frac{3x - 11}{7x - 11} = \frac{7}{20} \Rightarrow 60x - 220 = 49x - 77$

$\Rightarrow \quad 11x = 220 - 77 = 143$

$\therefore \quad x = \frac{143}{11} = 13$

अतः छोटी संख्या $= 3x = 3 \times 13 = 39$

115. (b) A का 1 दिन का कार्य $= \frac{1}{20}$

B का 1 दिन का कार्य $= \frac{1}{30}$

A का B का एक साथ 2 दिन का कार्य

$= 2 \times \left(\frac{1}{20} + \frac{1}{30}\right) = 2 \times \left(\frac{3 + 2}{60}\right)$

$= 2 \times \frac{5}{60} = \frac{1}{6}$

$\therefore$ शेष बचा कार्य $= 1 - \frac{1}{6} = \frac{5}{6}$

116. (b) शंकु के आधार की त्रिज्या $(r) = 21$ मी

ऊँचाई $(h) = 28$ मी

$\therefore \quad l = \sqrt{h^2 + r^2} = \sqrt{28^2 + 21^2}$

$= \sqrt{784 + 441}$

$= \sqrt{1225} = 35$ मी

$\because$ शंकु का वक्र पृष्ठीय क्षेत्रफल $= \pi rl$

तथा कपड़े की चौड़ाई = 5 मी

$\therefore$ आवश्यक कपड़ों की मात्रा $= \frac{\pi rl}{5}$

$= \frac{22 \times 21 \times 35}{7 \times 5}$

$= 66 \times 7 = 462$ मी

117. (a) अभीष्ट अन्तर $= 43 - 39 = 4$

118. (c) दिया है,

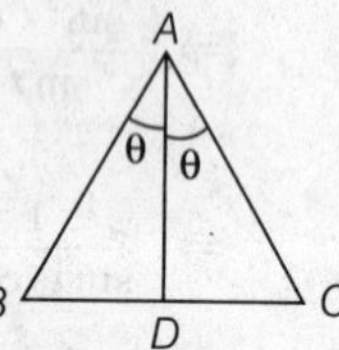

$BD = 5$ सेमी

$BC = 7.5$ सेमी

$\therefore \quad CD = 7.5 - 5$

$= 2.5$ सेमी

कोण समद्विभाजक प्रमेय से,

$\therefore \frac{AB}{AC} = \frac{BD}{DC} = \frac{5}{2.5} = \frac{2}{1}$

$\therefore AB : AC = 2 : 1$

119. (b) $(1 + \tan^2 A) + \left(1 + \frac{1}{\tan^2 A}\right)$

$\sec^2 A + (1 + \cot^2 A) = \sec^2 A + \text{cosec}^2 A$

$[\because \sec^2 A - \tan^2 A = 1]$

विकल्प (b) से,

$\frac{1}{\sin^2 A - \sin^4 A} = \frac{1}{\sin^2 A\,(1 - \sin^2 A)}$

$= \frac{1}{\sin^2 A \cdot \cos^2 A}$

$= \text{cosec}^2 A \cdot \sec^2 A$

हम जानते हैं,

$\sec^2 A + \text{cosec}^2 A = \sec^2 A \cdot \text{cosec}^2 A$

$\therefore (1 + \tan^2 A) + \left(1 + \frac{1}{\tan^2 A}\right)$

$= \frac{1}{\sin^2 A - \sin^4 A}$

120. (b) कक्षा VI में स्काउट्स की कुल संख्या

$= 8 \times 15 = 120$

कक्षा VII में स्काउट्स की संख्या

$= 4 \times 15 = 60$

कक्षा VIII में स्काउट्स की संख्या

$= 3 \times 15 = 45$

कक्षा VI से VIII तक स्काउट्स की कुल संख्या $= 120 + 60 + 45 = 225$

121. (a) गोले की त्रिज्या $(r) = 21$ सेमी

गोले का आयतन $= \frac{4}{3}\pi r^3$

$= \frac{4}{3} \times \frac{22}{7} \times (2.1)^3$

$= \frac{4}{3} \times \frac{22}{7} \times \frac{21}{10} \times \frac{21}{10} \times \frac{21}{10}$

$= \frac{38808}{1000} = 38.808$ सेमी^{3}

122. (a) 10% तथा 20% का एकल छूट

$= \left(a + b - \frac{ab}{100}\right)\%$

$= \left(10 + 20 - \frac{10 \times 20}{100}\right)\%$

$= 30 - 2 = 28\%$

पुनः 28% तथा 20% का एकल समतुल्य छूट

$= \left(28 + 20 - \frac{28 \times 20}{100}\right)\%$

$= (48 - 5.6)\% = 42.4\%$

123. (d) $3\frac{2}{3} \div 2\frac{1}{5} \times \frac{1}{4} \times \left(1 + \frac{3}{1 - \frac{2}{5}}\right)$

$= \frac{11}{3} \div \frac{11}{5} \times \frac{1}{4} \times \left(1 + \frac{15}{3}\right)$

$= \frac{11}{3} \div \frac{11}{5} \times \frac{1}{4} \times 6$

$= \frac{11}{3} \times \frac{5}{11} \times \frac{1}{4} \times 6$

$= \frac{5}{2} = 2\frac{1}{2}$

124. (c) योजना (A) से,

एकल छूट $= \left(24 + 27 - \frac{24 \times 27}{100}\right)\%$

$= (51 - 6.48)\% = 44.52\%$

योजना (B) से, छूट प्रतिशत

$= \frac{3}{(5 + 3)} \times 100\%$

$= \frac{3}{8} \times 100\% = 37.5\%$

योजना (C) से,

छूट प्रतिशत $= \frac{4}{10} \times 100 = 40\%$

अतः न्यूनतम छूट योजना 'B' में प्राप्त होगा।

125. (a)

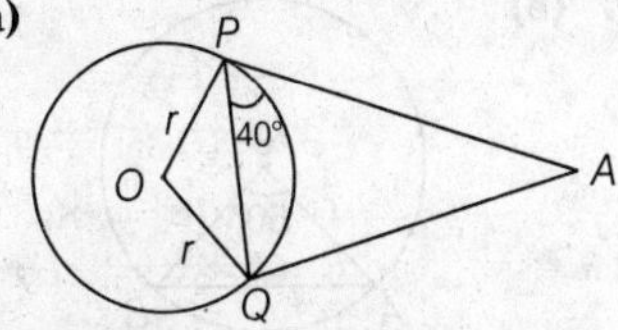

$\because \quad OP \perp PA$

$\therefore \quad \angle OPQ = 90° - 40° = 50°$

तथा $\angle OPQ = \angle OQP = 50°$

(समान भुजा के सामने के कोण समान होते है।)

$\therefore \quad \angle POQ = 180° - (50° + 50°)$

$= 180 - 100° = 80°$

126. (d) प्रश्नानुसार, $4 : a :: 16a : 81$

$\Rightarrow \quad \frac{4}{a} = \frac{16a}{81} \Rightarrow 16a^2 = 4 \times 81$

$\Rightarrow \quad a^2 = \frac{4 \times 81}{16} = \frac{81}{4} \Rightarrow a = \sqrt{\frac{81}{4}} = \frac{9}{2}$

127. (b) चोर की गति = 7 किमी/घण्टा

पुलिस की गति = 12 किमी/घण्टा

सापेक्षिक गति = 12 − 7 = 5 किमी/घण्टा

280 मी जाने में लगा समय

$= \frac{60}{5000} \times 280 = \frac{3}{25} \times 28$

$= \frac{84}{25} = 3\frac{9}{25}$ मिनट

अत: अभीष्ट समय = $3\frac{9}{25}$ मिनट

128. (b) प्रश्नानुसार, $2\pi r = 88$

$\Rightarrow \quad 2 \times \frac{22}{7} \times r = 88$

$\therefore \quad r = \frac{88 \times 7}{44} = 14$ सेमी

अर्द्धगोले का आयतन = $\frac{2}{3}\pi r^3$

गिलास के शीर्ष की त्रिज्या $(R) = \frac{7}{2}$ सेमी

माना अर्द्धगोलाकार गिलासों की संख्या = x

पुन: प्रश्नानुसार,

$\frac{2}{3}\pi r^3 = x \times \frac{2}{3}\pi(R^3)$

$\Rightarrow \quad (14)^3 = x \times \left(\frac{7}{2}\right)^3$

$\therefore \quad x = \left(\frac{14}{7} \times 2\right)^3 = 64$

129. (c) दिया है, $\frac{(143 \div 13 \times x - 3 \times 3)}{(6^2 - 7 \times 5 + x^2)} = 1$

$\Rightarrow \quad \frac{11x - 9}{1 + x^2} = 1$

$\Rightarrow x^2 + 1 - 11x + 9 = 0$

$\Rightarrow \quad x^2 - 11x + 10 = 0$

$\Rightarrow \quad x^2 - 10x - x + 10 = 0$

$\Rightarrow x(x - 10) - 1(x - 10) = 0$

$\Rightarrow \quad (x - 1)(x - 10) = 0$

$\therefore \quad x = 1$ या 10

विकल्प से, x का सम्भव मान = 1

130. (a) 2016 में लाभ = 847 करोड़

2016 में बिक्री = 2057 करोड़

अभीष्ट प्रतिशत = $\frac{847}{2057} \times 100$

$= 41.176\% \approx 41.18\%$

131. (a) दिया है, $x > y$

प्रश्नानुसार, $\quad x + y = 4(x - y)$

$\Rightarrow \quad x + y = 4x - 4y$

$\Rightarrow \quad 3x = 5y$

$\therefore \quad x : y = 5 : 3$

माना $x = 5k$ तथा $y = 3k$

अब व्यंजक $= \frac{5xy}{3(x^2 - y^2)}$

$= \frac{(5 \times 5 \times 3)k^2}{3 \times (5^2 - 3^2)k^2}$

$= \frac{5 \times 5 \times 3}{3 \times 16} = \frac{25}{16}$

132. (c) शंकु की त्रिज्या = $\frac{r}{4}$

तिर्यक ऊँचाई = $4l$

शंकु का कुल पृष्ठीय क्षेत्रफल

$= \pi r(r + l) = \pi \times \frac{r}{4}\left(\frac{r}{4} + 4l\right)$

$= \frac{\pi r}{4}\left(\frac{r + 16l}{4}\right) = \pi r\left[\frac{1}{4} \times \left(\frac{r + 16l}{4}\right)\right]$

$= \pi r\left[\frac{r}{16} + l\right] = \pi r\left(l + \frac{r}{16}\right)$

133. (d) दिया है,

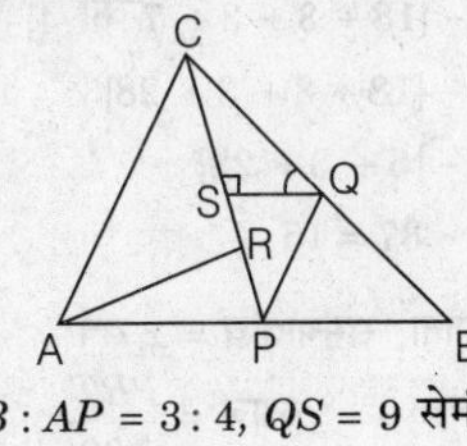

$PB : AP = 3 : 4$, $QS = 9$ सेमी

$\therefore \quad PQ \parallel AC$

$\therefore \Delta BQP \sim \Delta BCA$

$\frac{BQ}{BC} = \frac{QP}{CA} = \frac{BP}{AB} = \frac{3}{7}$

ΔACR तथा QSP में,

$\angle ARC = \angle QSP = 90°$

$\angle ACR = \angle QPS$ (एकान्तर कोण से)

$\angle CAR = \angle SQP$

अत: $\Delta ARC \sim \Delta QSP$

($A \cdot A \cdot A$ समरूपता से)

$\therefore \quad \frac{AR}{QS} = \frac{RC}{SP} = \frac{AC}{QP}$

$\Rightarrow \quad \frac{AR}{QS} = \frac{AC}{PQ}$

$\Rightarrow \quad AR = \frac{7}{3} \times 9 = 21$ सेमी

134. (b) व्यंजक = 25 ÷ 5 × 7 का (5 + 7) − 13 (6 × 4)

= 25 ÷ 5 × 7 का 12 − 13 × 24

= 25 ÷ 5 × 84 − 13 × 24

= 5 × 84 − 13 × 24

= 420 − 312 = 108

135. (d) दिया गया व्यंजक है,

12 + 24 ÷ 2 − 7 × 30 ÷ 6 + (5 + 4) × 8 + 8 ÷ 8 − 8

= 12 + 12 − 7 × 5 + 9 × 8 + 1 − 8

= 12 + 12 − 35 + 72 + 1 − 8

= 97 − 43 = 54

136. (c) माना रमन्ना ने ₹ 100 में 100 किग्रा कच्चा माल खरीदा।

22.5% कच्चे माल का उपयोग नहीं हुआ।

∴ शेष कच्चे माल की मात्रा

= 100 − 22.5 = 77.5 किग्रा

77.5 किग्रा कच्चे माल का क्रय मूल्य

= ₹ 77.5

निर्माण की लागत = $77.5 \times \frac{80}{100}$ = ₹ 62

कुल क्रय मूल्य = 100 + 62 = ₹ 162

20% लाभ के लिए विक्रय मूल्य

= $162 \times \frac{120}{100}$ = ₹ 194.4

अंकित मूल्य = $194.4 \times \frac{100}{80}$ = ₹ 243

$\therefore \quad \frac{243}{100} = 2.43$

अत: उत्पाद का अंकित मूल्य, कुल लागत का 2.43 गुना था।

137. (b) टायरों की कुल संख्या = 1350

एवन व फायरस्टोन की औसत संख्या

$= \frac{1350\,(21 + 14)}{100 \times 2} = \frac{1350 \times 35}{200} = 236.25$

गुड ईयर और डनलप टायरों की औसत संख्या $= \frac{1350\,(12 + 15)}{100 \times 2}$

$= \frac{1350 \times 27}{200} = 182.25$

अभीष्ट अन्तर = 236.25 − 182.25 = 54

138. (c) शान्त जल में पुरुष की गति

$= \frac{1}{12} \times 60 = 5$ किमी/घण्टा

बहती नदी में पुरुष की गति

$= \frac{1}{13} \times 60 = \frac{60}{13}$ किमी/घण्टा

धारा की गति $= \left(5 - \frac{60}{13}\right)$ किमी/घण्टा

$= \frac{65-60}{13} = \frac{5}{13}$ किमी/घण्टा

139. (d) 36 वस्तुओं का क्रय मूल्य = N वस्तुओं का विक्रय मूल्य

$\Rightarrow 36 \times CP = N \times SP$

$\Rightarrow \frac{CP}{SP} = \frac{N}{36}$

लाभ $= 36 - N$

लाभ प्रतिशत $= \frac{(36-N) \times 100}{N}$

$\Rightarrow 20 = \frac{(36-N) \times 100}{N}$

$\Rightarrow 20N = 3600 - 100N$

$\Rightarrow 120N = 3600$

$\therefore N = \frac{360}{12} = 30$

140. (c) शेयरों की संख्या = 8 लाख

पाण्डे के पास वर्तमान शेयरों की संख्या

$= 8$ लाख $\times \frac{5}{100} = 40$ हजार $= 40000$

वर्मा द्वारा 1000 शेयर पाण्डे को बचने के बाद,

पाण्डे के पास शेयरों की संख्या

$= (40000 + 10000) = 50000$

141. (b) माना कुल मतदाताओं की संख्या = x

कुल डाले गए मत $= x \times \frac{88}{100} = 0.88\%$

रामाज्ञा को प्राप्त मत $= 0.54x$

सवाण का प्राप्त मत $= 0.54x - 1456$

कुल डाले गए मत = रामाज्ञा को प्राप्त मत + श्रवण को प्राप्त मत + अवैध मत

$0.88x = 0.54x + (0.54x - 1456) + 84$

$0.88x = 1.08x - 1372$

$0.2x = 1372 \Rightarrow x = \frac{1372}{0.2} = 6860$

142. (d) हम जानते है,

$A = P\left(1 + \frac{r}{100}\right)^n$

प्रश्नानुसार,

$2P = P\left(1 + \frac{r}{100}\right)^4$ ...(i)

पुन: $8P = P\left(1 + \frac{r}{100}\right)^n$ ...(ii)

$\Rightarrow \left(1 + \frac{r}{100}\right)^4 = 2$

तथा $\left(1 + \frac{r}{100}\right)^n = 8 = 2^3$

अब, $\left(1 + \frac{r}{100}\right)^{4 \times 3} = 2^3 = \left(1 + \frac{r}{100}\right)^n$

$\therefore n = 12$ वर्ष

143. (c) $\cot\theta = \frac{28}{45} = \frac{b}{p}$

$\therefore h = \sqrt{28^2 + 45^2} = \sqrt{784 + 2025}$

$= \sqrt{2809} = 53$

$\therefore \sin\theta = \frac{P}{h} = \frac{45}{53}$

तथा $\cos\theta = \frac{b}{h} = \frac{28}{53}$

अब, $(\sin\theta - \cos\theta) = \frac{45}{53} - \frac{28}{53} = \frac{17}{53}$

144. (d) $3\frac{1}{5}$ का $2\frac{3}{4} \div \frac{11}{3}$

$+ \left(2\frac{1}{5} \div 1\frac{2}{5}\right.$ का $\left.1\frac{3}{7} - 2\frac{1}{3}\right)$

$= \frac{16}{5}$ का $\frac{11}{4} \div \frac{11}{3} + \left(\frac{11}{5} \div \frac{7}{5}\right.$ का $\left.\frac{10}{7} - \frac{7}{3}\right)$

$= \frac{16 \times 11}{20} \div \frac{11}{3} + \left(\frac{11}{5} \div 2 - \frac{7}{3}\right)$

$= \frac{16 \times 11}{20} \times \frac{3}{11} + \left(\frac{11}{10} - \frac{7}{3}\right)$

$= \frac{48}{20} + \left(\frac{33-70}{30}\right) = \frac{48}{20} - \frac{37}{30}$

$= \frac{144-74}{60} = \frac{70}{60} = 1\frac{1}{6}$

145. (d) व्यंजक निम्न प्रकार है,

$52 - [18 \div 3 + 3 + (18 - 11)$ का $4]$

$= 52 - [18 \div 3 + 3 + 7$ का $4]$

$= 52 - [18 \div 3 + 3 + 28]$

$= 52 - [6 + 3 + 28]$

$= 52 - 37 = 15$

146. (d) माना, समयावधि = x वर्ष

ब्याज $= \frac{PRT}{100}$

प्रश्नानुसार,

$\frac{1760 \times 6 \times x}{100} + \frac{2240 \times 9 \times x}{100} = 1536$

$\Rightarrow 1056x + 2016x = 15360$

$\Rightarrow 3072x = 15360$

$\therefore x = \frac{15360}{3072} = 5$

अत: समयावधि = 5 वर्ष

147. (b)

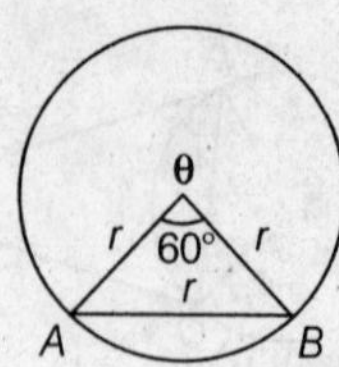

प्रश्नानुसार,

$OA = OB = AB = r = 21$ इकाई

अत: ΔOAB एक समबाहु त्रिभुज है।

$\therefore \angle AOB = \angle OAB = \angle ABO = 60°$

चाप की लम्बाई $= \frac{2\pi r\theta}{360°}$

$= 2 \times \frac{22}{7} \times 21 \times \frac{60}{360}$

$= 22$ इकाई

148. (a) प्रश्नानुसार,

$x + y = 12$ ...(i)

$xy = 27$ ...(ii)

$(x + y)^3 = x^3 + y^3 + 3xy(x + y)$

$\Rightarrow (12)^3 = x^3 + y^3 + 3 \times 27 \times (12)$

(समी (i) व (ii) से)

$\Rightarrow x^3 + y^3 = 1728 - 972$

$\therefore x^3 + y^3 = 756$

149. (b)

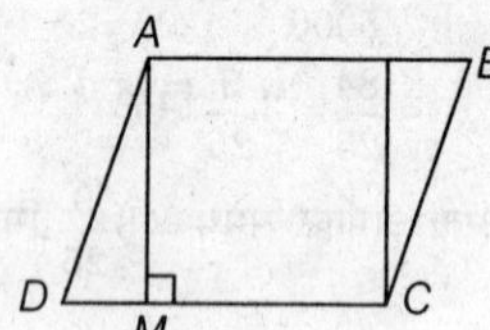

समान्तर चतुर्भुज $ABCD$ में,

माना, CD = आधार $= 2h$

AM = ऊँचाई $= h$

समान्तर चतुर्भुज का क्षेत्रफल

= आधार × ऊँचाई

$\Rightarrow 2h \times h = 338$

$\Rightarrow h^2 = \frac{338}{2} = 169$

$\therefore h = \sqrt{169} = 13$ सेमी

समान्तर चतुर्भुज की ऊँचाई = 13 सेमी

150. (c) दिया है, $\sec 6A = \operatorname{cosec}(A - 29°)$

$\Rightarrow \operatorname{cosec}(90° - 6A) = \operatorname{cosec}(A - 29°)$

$[\because \operatorname{cosec}(90° - \theta) = \sec\theta]$

$\Rightarrow 90° - 6A = A - 29°$

$\Rightarrow 7A = 90° + 29° = 119°$

$\therefore A = 17°$

अत: $\angle A = 17°$

151. (b) The word 'Uniformity' means 'similarity between all things'. Hence, its antonym is 'Variety' which means 'different'.

152. **(c)** The idiom 'Hit the sack' means 'to go to sleep.' It implies going to bed and resting.

153. **(a)** The incorrectly spelt word is 'Mountan' The correct spelling of the word is 'Mountain'.

154. **(d)** The incorrectly spelt word is 'occured'. The correct spelling of the word is 'occurred'.

155. **(a)** **Pretentious** means attempting to impress by affecting greater importance or merit than is actually possessed.

156. **(a)** The incorrectly spelt word is 'etiquette'.

157. **(b)** Part (b) 'I am understanding' contains an error. Use 'I understand' to correct the sentence.

158. **(b)** **Monotonous** means repetitive and boring. Hence, its antonym is 'Interesting'.

159. **(c)** The word 'scarely' in the given sentence is incorrect. It is a misspelling of scarcely which means barely or almost not.

160. **(c)** **Polyandry** refers to the phenomenon of a woman having more than one husband at the same time.

161. **(b)** The idiom 'at his wit's end' means 'to be completely puzzled and perplexed, not knowing what to do. .

162. **(b)** The idiom 'skating on thin ice' means to be doing something that is dangerous or involves risks.

163. **(d)** 'Convenient features' provided by society or company are called amenities.

164. **(c)** **Profound** means deep and thoughtful. Hence, its antonym is 'Shallow' which means not deep.

165. **(b)** The underlined word **ruthlessly** means 'rudely and harshly'. Hence, its synonym is 'inhumanly' which means lacking warmth and love.

166. **(c)** **Exert** means to force or stress. Hence, its antonym is 'to relax'.

167. **(b)** The underlined part of the sentence contains error. The use of future tense is incorrect in the underlined part. It should be 'who scores the highest point'.

168. **(d)** The underlined part of the sentence contains error. Use 'around' in place of 'to'.

169. **(a)** The idiom 'yeoman's service' means very good, hard and valuable work that someone does especially to support a cause, to help a team, etc.

170. **(b)** The idiom 'fair and square' means in an honest way and without any doubt.

171. **(c)** Part (c) 'he refused to agree to it' contains an error.
The use of 'agree to' is incorrect in the context of the sentence. It should be 'accept.'

172. **(d)** Part (d) 'he was reluctant' contains an error. As the given sentence is in present tense, 'is' should be used in place of 'was.'

173. **(d)** The antonym of 'Freezing' is 'Tropical' which means characteristic of a region or climate that is frost-free with temperatures high enough to support year-round plant growth given sufficient moisture.

174. **(d)** The incorrectly spelt word is 'shedule'. The correct spelling of the word is 'schedule'.

175. **(a)** A **jockey** is a professional rider in horse races.

176. **(a)** The underlined part of the sentence contains error. Use 'awkward but grammatically'.

177. **(d)** Part (d)'visit a Statue of Liberty' contains an error. As 'Statue of Liberty' is a unique monument, article 'the' will be used with it.

178. **(c)** The underlined word **candour** means the quality of being open and honest.

179. **(a)** The word that correctly substitutes the given phrase is 'opaque'.

180. **(c)** Part (c) contains a spelling error. The word 'deliquency' is incorrectly spelt. The correct spelling is 'delinquency'.

181. **(d)** The idiom 'by leaps and bounds' means 'quickly and rapidly.' It describes a significant progress or increase made at a fast pace.

182. **(c)** 'Skating on thin ice' is an idiom which means someone is in a risky or dangerous situation, often because of their actions. Sentence (c) correctly uses the idiom.

183. **(d)** The underlined part of the sentence contains an error. As the subject 'seeds' is plural, plural verb 'are' should be used.

184. **(a)** The antonym of 'Confusing' in the sentence is 'Guiding'.

185. **(a)** The underlined part of the sentence contains error. We use preposition 'to' with the word 'prefer'.

186. **(d)** Part (d) 'a book' contains an error. As we are referring to a specific book, article 'the' will be used with it.

187. **(c)** The idiom 'be in seventh heaven' means 'to be in a state of extreme happiness.' It expresses a feeling of great joy and bliss.

188. **(c)** The underlined part of the sentence contains error. Use 'is greater than' as the sentence refers to comparison between two categories.

189. **(d)** The word **reckon** means 'imagine consider or think about'.
Assess means to test.

190. **(b,d)** The idiom 'bread and butter' means the way of earning a livelihood or money.

191. **(a)** 'Extraordinary' means very special, fitting the context of superheroes having extraordinary powers.

192. **(c)** 'Explain' means to make clear, fitting the context of backstories explaining how superheroes gained their powers.

193. **(d)** 'Such as' means for example, fitting the context of examples of how superheroes gained their powers.

194. **(a)** 'Themselves' means the persons referred to, fitting the context of superheroes protecting themselves while fighting crime.

195. **(a)** 'For' indicates duration, fitting the context of superheroes being a staple of popular culture for decades.

196. **(a)** The word 'realise' means to understand. Hence, its antonym is 'misunderstand'.

197. **(c)** The given passage indicates that no nation can be called ancient. It is only the thinking of the modern people which can think of any nation as ancient.

198. **(b)** The word 'obvious' means clear and direct.

199. **(a)** The author of the given passage wants us to forget what we have read in history in schools because these books teach us that our nation can be ancient.

200. **(a)** The phrase 'drill into your heads' indicates to make someone learn or understand something by repeating it.

CPO SI P-2 SP 10

PAPER-2

SSC CPO SI SOLVED PAPER

8 March 2025 (Shift I)

Instructions

1. This paper contains **200** questions.
2. This paper is based on **English Language and Comprehension.**
3. Each question carries **1 marks.**
4. There will be a negative marking of **0.25 marks** for each wrong answer.

MM : 200 **Time** : 2 hr

Directions (Q. Nos. 1-10) *In the following passage, some words have been deleted. Read the passage carefully and select the most appropriate option to fill in each blank.*

Located 10 miles off Scotland's North-Eastern coast, the Orkney islands are a treasure trove of history. When I visited one of Orkney's famous pre-historic ...(1)..., the Maeshowe tomb, my first impression was of an unremarkable green mound ...(2)... by a ditch. Despite its appearance, this 5,000-year-old ...(3)... place is actually a masterpiece of ...(4)... design and engineering, and a testament ...(5)... the skill of Orkney's pre-historic residents. That's because, ...(6)... around three weeks either side of the winter solstice (which takes ...(7)... on 21st or 22nd December, each year), visitors have the chance to see something truly magical ...(8).... here. During this time of year, the narrow passage into the ...(9)... becomes more than just an entrance: it was deliberately designed ...(10)... with the setting of the midwinter Sun. Just as the last rays start to disappear – which is at around 15:10 at this deepest, darkest time of midwinter – a shaft of light creeps down the passageway, slips across the floor of the tomb and illuminates the back wall like a golden, glowing doorway to another world.

1. Select the most appropriate option to fill in blank no. 1.
(a) sights (b) sites
(c) scenes (d) seats

2. Select the most appropriate option to fill in blank no. 2.
(a) surround
(b) surrounding
(c) surrounded
(d) surrounds

3. Select the most appropriate option to fill in blank no. 3.
(a) burying (b) burry
(c) buried (d) burial

4. Select the most appropriate option to fill in blank no. 4.
(a) chronological (b) historical
(c) antiquated (d) ancient

5. Select the most appropriate option to fill in blank no. 5.
(a) at (b) by
(c) on (d) to

6. Select the most appropriate option to fill in blank no. 6.
(a) with (b) about
(c) in (d) for

7. Select the most appropriate option to fill in blank no. 7.
(a) room (b) abode
(c) place (d) home

8. Select the most appropriate option to fill in blank no. 8.
(a) retire (b) perform
(c) occur (d) arise

9. Select the most appropriate option to fill in blank no. 9.
(a) memorial (b) graveyard
(c) grave (d) tomb

10. Select the most appropriate to fill in blank no. 10.
(a) aligning (b) align
(c) to align (d) aligned

Directions (Q. Nos. 11-20) *In the following passage, some words have been deleted. Read the passage carefully and select the most appropriate option to fill in each blank.*

Air India showcased its first A350 to the world on Thursday (18th January) at the Begumpet Airport in Hyderabad as part of the ongoing air show Wings 2024. The first aircraft of a ...(1)... of 20 arrived on 23rd December, 2023 from Toulouse in France and was ...(2)... for the first time on 18th January. Five more ...(3).... premium passenger aircrafts are scheduled ...(4)... by March this year. This makes Air India ...(5)... first Indian carrier to be operating the A350. Commercial operations for the same are scheduled to begin ...(6)... 22nd January later this month. With the induction of the A350, Air India is ...(7)... to overhaul its image and service to the passengers. The A350 comes equipped ...(8)... a powerful and fuel-efficient Rolls-Royce Trent xwb engine. Once you ...(9)... inside the aircraft, you can immediately ...(10)...the three-class cabin configuration: business, premium economy and economy spread across 316 seats.

11. Select the most appropriate option to fill in blank no. 1.
(a) batch (b) gang
(c) team (d) flock

12. Select the most appropriate option to fill in blank no. 2.
(a) showcase (b) showcased
(c) showcasing (d) showcases

13. Select the most appropriate option to fill in blank no. 3.
(a) such (b) as
(c) same (d) so

14. Select the most appropriate option to fill in blank no. 4.
(a) to arrive (b) arrival
(c) arriving (d) arrived

15. Select the most appropriate option to fill in blank no. 5.
(a) the (b) an
(c) a (d) one

16. Select the most appropriate option to fill in blank no. 6.
(a) to (b) on
(c) at (d) in

17. Select the most appropriate option to fill in blank no. 7.
(a) hoping (b) believing
(c) supposing (d) accepting

18. Select the most appropriate option to fill in blank no. 8.
(a) in (b) with
(c) for (d) to

19. Select the most appropriate option to fill in blank no. 9.
(a) step (b) forward
(c) skip (d) advance

20. Select the most appropriate option to fill in blank no. 10.
(a) see (b) watch
(c) look (d) get

Directions (Q. Nos. 21-25) *In the following passage, some words have been deleted. Read the passage carefully and select the most appropriate option to fill in each blank.*

Organic farming ...(1)... that nature stays clean and rich. If we visit an organic farm, we will notice a ...(2)... of animal, bird and insect activity. Research shows that around 30% more wildlife and plants thrive ...(3)... ecologically produced fields compared to conventional farming. This is because there are no pesticides, and fertiliser is used ...(4)... . Covid-19 pandemic has changed the ...(5)... of organic food, with the spotlight now on safety and healthy food that is nutritious to build a strong immune system.

21. Select the most appropriate option to fill in blank no. 1.
(a) cherish (b) envy
(c) contradict (d) ensures

22. Select the most appropriate option to fill in blank no. 2.
(a) loathe (b) jog
(c) buzz (d) sense

23. Select the most appropriate option to fill in blank no. 3.
(a) up (b) out
(c) downstairs (d) near

24. Select the most appropriate option to fill in blank no. 4.
(a) far away (b) far better
(c) far less (d) far off

25. Select the most appropriate option to fill in blank no. 5.
(a) argument (b) evolution
(c) perception (d) practice

Directions (Q. Nos. 26-30) *Read the given passage and answer the questions that follow.*

In 1600, the East India Company acquired a charter from the ruler of England, Queen Elizabeth I, granting it the sole right to trade with the East. This meant that no other trading group in England could compete with the East India Company. With this charter, the Company could venture across the oceans, looking for new lands from which it could buy goods at a cheap price and carry them back to Europe to sell at higher prices. The Company did not have to fear competition from other English trading companies. Mercantile trading companies in those days made profit primarily by excluding competition, so that they could buy cheap and sell dear. The Royal Charter, however, could not prevent other European powers from entering the Eastern markets. By the time the first English ships sailed down the West coast of Africa, round the Cape of Good Hope, and crossed the Indian Ocean, the Portuguese had already established their presence in the Western coast of India, and had their base in Goa. In fact, it was Vasco da Gama, a Portuguese explorer, who had discovered this sea route to India in 1498. By the early 17th century, the Dutch too were exploring the possibilities of trade in the Indian Ocean. Soon the French traders arrived on the scene.The problem was that all the companies were interested in buying the same things. The fine qualities of cotton and silk produced in India had a big market in Europe. Pepper, cloves, cardamom and cinnamon too were in great demand. Competition amongst the European companies inevitably pushed up the prices at which these goods could be purchased, and this reduced the profits that could be earned. The only way the trading companies could flourish was by eliminating rival competitors. The urge to secure markets, therefore, led to fierce battles between the trading companies.

26. How did Mercantile companies make profit in the 17th century?
(a) They traded with the East.
(b) They fought wars with other companies.
(c) They discovered new countries to trade with.
(d) They eliminated competition to buy cheap goods and sell them at higher prices.

27. What did East India Company do in India to exclude competition with other European companies?
A. Fought fierce battles with them.
B. Bought goods at higher prices than them.
(a) Both A and B are false
(b) Both A and B are true
(c) A is true and B is false.
(d) B is true and A is false

28. Which Europeans came first to India to trade?
(a) The Dutch (b) The French
(c) The English (d) The Portuguese

29. This passage is mainly about
(a) the coming of East India Company to India.
(b) the discovery of India by Vasco da Gama.
(c) the elimination of rivals by different companies.
(d) the trading mechanism of the foreign companies.

30. The charter of 'the sole right to trade with the East' meant for the East India Company that
(a) among the English companies, only East India Company could trade in the East.
(b) other English companies could trade in the East along with the East India Company.
(c) the East India Company could trade in certain specified goods only in the East.
(d) no other European company except for the East India Company could trade in the East.

Directions (Q. Nos. 31-35) *Read the given passage and answer the questions that follow.*

Rock paintings, which could be four to six thousand years old, have been discovered in a pre-historic cave in the Berinag sub-division of Uttarakhand's Pithoragarh district, an Archaeological Survey of India (ASI) official said. Eleven human figures, both men and women, can be seen in the cave paintings, the official said. "The rock paintings seem over four to six thousand years old like the ones first discovered in the Lakhu Udiyar pre-historic caves near Almora in the year 1965," regional archaeological officer in Almora, Chandra Singh Chauhan said.

This is the first cave with rock paintings to be found in the Pithoragarh district, he said. "Nine such caves in Almora, one in Nainital and three in Garhwal region have been found earlier. They bear testimony to the presence of humans in the Himalayan region in pre-historic times," Chauhan said.

Chauhan said he has received pictures of the rock paintings in the newly discovered cave and will soon visit it to gather more information about them. The cave and the paintings on its walls were discovered by Tarun Mehra, a young adventure tourism entrepreneur.

During a rock climbing expedition, Mehra and his team saw a tunnel-like structure and went inside it out of curiosity.

"When we went inside the cave after discovering it on a hill near PG College Berinag, we were surprised to see rock paintings on its walls in various colours," Mehra said.

A cup mark has also been spotted some 20 feet up the hill, he said. A wild animal has also been depicted below the paintings of the 11 humans the wall, Mehra said.

"Presence of wide space inside the cave also indicates that it was used by pre-historic human groups as their habitation", he said.

31. The passage is mainly about
(a) the discovery of pre-historic rock paintings in a cave in Pithoragarh.
(b) the pre-historic human beings in Himalayan regions.
(c) the rock- climbing expedition of Tarun Mehra.
(d) the caves found in Almora, Nainital and Garhwal regions.

32. What shows that the cave discovered in Pithoragarh was also used as living space by pre-historic human groups?
(a) The paintings of human beings
(b) The presence of rock paintings in the cave
(c) The presence of wide space in the cave
(d) A cup mark

33. Which of the following is not a part of the paintings found in the cave in Pithoragarh?
(a) Wild animal
(b) Female figures
(c) Cup mark
(d) Male figures

34. Where were the first caves found with paintings in Uttarakhand?
(a) Almora (b) Pithoragarh
(c) Garhwal (d) Nainital

35. Identify the option that arranges the following events in the correct sequence.
a. Finding a tunnel.
b. Discovering a cup mark on the hill
c. Exploring the cave
d. Climbing the rocks near the PG College, Berinag
e. Discovering the colourful rock paintings
(a) d c b a e (b) d a c e b
(c) b d c e a (d) a c e d b

Directions (Q. Nos. 36-40) *Read the given passage and answer the questions that follow.*

New Delhi : Forty-two per cent of children in the age group of 14 to 18 years in rural India cannot read easy sentences in English, while more than half of them struggle with simple division problems, according to the Annual Status of Education Report (ASER) 2023 released on Wednesday.

The ASER 2023 'Beyond Basics' survey was conducted in 28 districts across 26 states, reaching a total of 34,745 youths in the age group 14-18 years. One rural district was surveyed in each major state. The annual report published by the Pratham Foundation found that more than half of the students in the 14-18 age group struggle with division problems. About 25 per cent of this age group still cannot read a Class 2 level text fluently in their regional language. More than half struggle with division (3-digit by 1-digit) problems. Only 43.3 per cent of 14-18-year olds are able to do such problems correctly. This skill is usually expected in class 3 and 4.

ASER reports are also used by the government while formulating policies. Across enrollment categories, females (76 per cent) do better than males (70.9 per cent) in reading a Class 2 level text in their regional language. In contrast, males do better than their female counterparts in arithmetic and English reading. The report says that around 45 per cent of the students surveyed could calculate the number of hours a child had slept based on the time she went to bed at night and woke up in the morning.

In another everyday task of measuring an object with a scale, 85 per cent of those surveyed could calculate the length of an object correctly if it was placed at the '0' mark on the ruler. But, when the object was moved and placed elsewhere on the ruler, less than 40 per cent could give the right answer. Two-thirds of the surveyed youths (65.1 per cent) were able to read functional instructions on a packet of ORS solution, the report said.

According to the report, low levels of foundational numeracy affect the ability of youth in tackling everyday calculations where they need to apply measurement or use the unitary method in practical situations, or even do simple financial computations (managing a budget, applying a discount or calculating interest rates or repayment of a loan).

36. According to ASER 2023, how much percentage of 14-18 year olds could divide a three-digit number by a one-digit number correctly?
(a) 25 per cent
(b) 65.1 per cent
(c) 45 per cent
(d) 43.3 per cent

37. Which of the following is better done by girls than boys, according to the passage?
(a) Reading a Class 2 level text in their regional language
(b) Carrying out a simple division sum
(c) Calculating arithmetical problems
(d) Reading simple English sentences

38. The survey was conducted mainly to know
(a) the reading abilities of Class 3 to 4 children.
(b) the simple calculation skills of boys and girls.
(c) the reading level and numeracy abilities of 14-18 year olds.
(d) the level of foundational numeracy among the youth.

39. How many youths could calculate the length of an object correctly if it was placed at the '0' mark on the ruler?
(a) 85 per cent (b) 40 per cent
(c) 45 per cent (d) 76 per cent

40. The given passage is
(a) a news report about an educational survey.
(b) the executive summary of the Annual Status of Education Report.
(c) a press release by Pratham Foundation.
(d) a survey report on rural districts.

Directions (Q. Nos. 41-45) *Read the given passage and answer the questions that follow.*

I had four notes of introduction in London: to Dr. PJ Mehta, to Sjt. Dalpatram Shukla, to Prince Ranjit Singhji and to Dadabhai Naoroji. Someone on board had advised us to put up at the Victoria Hotel in London. Sjt. Mazmudar and I accordingly went there. Dr. Mehta, to whom I had wired from Southampton, called at about 8 o'clock the same evening. He gave me a hearty greeting. As we were talking, I casually picked up his top-hat, and trying to see how smooth it was, passed my hand over it the wrong way and disturbed the fur. Dr. Mehta looked somewhat angrily at what I was doing and stopped me. But the mischief had been done. The incident was a warning for the future. This was my first lesson in European etiquette, into the details of which Dr. Mehta humorously initiated me. "Do not touch other people's things," he said. "Do not ask questions as we usually do in India on first acquaintance; do not talk loudly; never address people as 'sir' whilst speaking to them as we do in India; only servants and subordinates address their masters that way." And so on and so forth. He also told me that it was very expensive to live in a hotel and recommended that I should live with a private family. We deferred consideration of the matter until Monday.

Sjt. Mazmudar and I found the hotel to be a trying affair. It was also very expensive. There was, however, a Sindhi fellow-passenger from Malta who had become friends with Sjt. Mazmudar, and as he was not a stranger to London, he offered to find rooms for us. We agreed, and on Monday, as soon as we got our baggage, we paid up our bills and went to the rooms rented for us by the Sindhi friend. I remember my hotel bill came to £3, an amount which shocked me. And I had practically starved in spite of this heavy bill! For I could relish nothing. When I did not like one thing, I asked for another, but had to pay for both just the same. The fact is that all this while I had depended on the provisions which I had brought with me from Bombay.

41. The main theme of the passage is
(a) expensive hotel stay in London.
(b) appreciating European etiquette.
(c) craving for home food in foreign land.
(d) the author's early days in London.

42. Why did Dr. Mehta get a little irritated with the author?
(a) He was late in coming to meet him.
(b) He asked irrelevant questions.
(c) He was talking too loudly.
(d) He touched his hat the wrong way.

43. Who initiated the author in European manners?
(a) Sjt. Majumdar
(b) Dr. PJ Mehta
(c) Sjt. Dalpatram Shukla
(d) Dadabhai Naoroji

44. After reading the above passage it can be inferred that it is an extract from
(a) a biography
(b) an article
(c) a travelogue
(d) an autobiography

45. How did the Author survive during his first day in London?
(a) He ordered and ate food at the hotel.
(b) He ate at Indian restaurants.
(c) He got food from friends.
(d) He used the food he had brought from Bombay.

Directions (Q. Nos. 46-50) *Read the given passage and answer the questions that follow.*

Rivers in the heart of the Amazon rainforest in Brazil fell to their lowest levels in over a century on Monday as a record drought upends the lives of hundreds of thousands of people and damages the jungle ecosystem.

The port of Manaus, the region's most populous city, at the meeting of the Rio Negro and the Amazon River, recorded 13.59 metres (44.6 feet) of water on Monday, compared to 17.60 a year ago, according to its website.

That is the lowest level since records began in 121 years ago in 1902, passing a previous all-time low set in 2010.

Rapidly drying tributaries to the mighty Amazon have left boats stranded, cutting-off food and water supplies to remote villages, while high water temperatures are suspected of killing more than 100 endangered river dolphins.

Some areas of the Amazon have seen the least rain from July to September since 1980, according to the Brazilian Government disaster alert centre, Cemaden.

Brazil's Science Ministry blames the drought on the onset of the El Niño climate phenomenon this year, which is driving extreme weather patterns globally. In a statement earlier this month, the ministry said it expects the drought will last until at least December, when El Niño's effects are forecast to peak.

Underlying El Niño is the long-term trend of global warming, which is leading to more frequent and more intense extreme weather events, like drought and heat.

The drought has affected 4,81,000 people as of Monday, according to the Civil Defence Agency in the state of Amazonas, where Manaus is located.

Late last week, workers from Brazilian NGO Fundacao Amazonia Sustentável fanned out across the parched region near Manaus to deliver food and supplies to vulnerable villages.

The drought has threatened their access to food, drinking water and medicines, which are usually transported by river.

46. The passage is mainly about
(a) the lives of people living in the rainforest of Amazon.
(b) the damage to the jungle's ecosystem.
(c) the El Niño climate phenomenon.
(d) the worst drought conditions in Amazon rainforest area.

47. Which of the following statements is not true?
(a) Food, drinking water and medicines are delivered to remote villages of the rainforest region by boats.
(b) On Monday, the lowest water level since 1902 in the Amazon river was recorded at 17.60 metres.
(c) High water temperatures are suspected of killing more than 100 endangered river dolphins.
(d) Port of Manaus is the most populated city of the Amazon rainforest region.

48. "Workers from Brazilian NGO Fundação Amazônia Sustentável fanned out across the parched region." Here 'fanned out' means
(a) found fans in the area
(b) distributed fans
(c) cooled the area with fans
(d) spread apart in the area

49. Identify the option that arranges the following in the correct sequence.
A. Boats stranded
B. Tributaries dried
C. Food and water supply to remote villages cut-off
D. Very less rain in the Amazon region
(a) ABCD (b) BDAC
(c) DBAC (d) DACB

50. After reading the given passage, it can be inferred that it is
(a) a news report
(b) a research report
(c) a scientific report
(d) a survey report

51. Select the most appropriate option to fill in the blank.
If the weather forecast proves accurate, we .... heavy snowfall in the region tomorrow.
(a) should have (b) need to have
(c) must have (d) are having

52. Select the option that expresses the given sentence in passive voice.
The director organised a meeting to discuss the upcoming projects.
(a) A meeting was organised by the director to discuss the upcoming projects.
(b) A meeting has been organised by the director to discuss the upcoming projects.
(c) A meeting is organised by the director to discuss the upcoming projects.
(d) The upcoming projects were organised by the director to discuss the meeting.

53. Select the most appropriate option to fill in the blank.
She meticulously followed the intricate instructions; ...., the delicate balance of the experiment would have been irreversibly disrupted.
(a) in case (b) otherwise
(c) so that (d) moreover

54. Select the most appropriate option to fill in the blank.
After the storm ...., the explorers realised that their campsite had been completely flooded.
(a) had subsided (b) was subsiding
(c) subsides (d) is subsiding

55. Select the option that expresses the given sentence in active voice.
Let a statement addressing the recent controversy be issued by the company.
(a) The company can issue a statement addressing the recent controversy.
(b) The company is issuing a statement addressing the recent controversy.
(c) The company should issue a statement addressing the recent controversy.
(d) Let the company issue a statement addressing the recent controversy.

56. Select the option that will improve the underlined part of the given sentence. In case no improvement is needed, select 'No improvement required'.
<u>In case</u> everybody has left the office, Ashutosh is still busy at his laptop.
(a) Even though
(b) In spite of
(c) But for
(d) No improvement required

57. Select the option that expresses the given sentence in direct speech.
They exclaimed sadly that India had lost the match in the World Cup finals.
(a) They said, "They are so sorry! India has lost the match in the World Cup finals."
(b) They said, "Hurrah! India has lost the match in the World Cup finals."
(c) They said, "India has sadly lost the match in the World Cup finals."
(d) They said, "What a loss! India has lost the match in the World Cup finals."

58. Select the option that expresses the given sentence in active voice.
A state-of-the-art software program is being designed by our team to enhance the efficiency of our business operations.
(a) Our team is designing a state-of-the-art software program to enhance the efficiency of our business operations.
(b) Our team has designed a state-of-the-art software program to enhance the efficiency of our business operations.
(c) Our team will be designing a state-of-the-art software program to enhance the efficiency of our business operations.
(d) Our team has been designing a state-of-the-art software program to enhance the efficiency of our business operations.

59. Select the option that will improve the underlined part of the given sentence. In case no improvement is needed, select 'No improvement required'.
The schoolroom into which he took me was the most forlorn and desolate place <u>I am ever seeing.</u>
(a) No improvement required
(b) I have ever seeing
(c) I have ever seen
(d) I am ever seen

60. Parts of the following sentence have been given as options. Select the option that contains an error.
The Board of Directors held a meeting sorting out the issue of the NPAs of the bank.
(a) the NPAs of the bank.
(b) the issue of
(c) The Board of Directors held
(d) a meeting sorting out

61. Select the option that expresses the given sentence in active voice.
This cake was baked by Mary for your birthday.
(a) Mary has baked this cake for your birthday.
(b) Mary baked this cake for your birthday.
(c) Mary bakes this cake for your birthday.
(d) Mary has been baking this cake for your birthday.

62. Select the option that expresses the given sentence in passive voice.

The author wrote a compelling novel, weaving together multiple storylines that captivated readers until the last page.

(a) A compelling novel has been written by the author, weaving together multiple storylines that captivated readers until the last page.
(b) A compelling novel was written by the author, weaving together multiple storylines that captivated readers until the last page.
(c) A compelling novel was written by the reader, weaving together multiple storylines that captivated the author until the last page.
(d) A compelling novel was writing the author, weaving together multiple storylines that captivated readers until the last page.

63. Select the option that will improve the underlined part of the given sentence. In case no improvement is needed, select 'No improvement required'.

Mine grandmother need a helper to keep her terrace garden in order.

(a) Mine grandmother needed
(b) No improvement required
(c) My grandmother needs
(d) Mine grandmother needs

64. Parts of the following sentence have been given as options. Select the option that contains an error.

I was with the impression that I had returned the books that I had borrowed from you.

(a) that I had returned
(b) I was with the impression
(c) the books that I had
(d) borrowed from you

65. Select the option that expresses the given sentence in reported speech.

Mother said to Rahul, "Don't forget that the last date for geo-tagging our apartment is tomorrow."

(a) Mother reminded Rahul that the last date for geo-tagging their apartment is the next day.
(b) Mother told Rahul that do not forget that the last date for geo-tagging their apartment was the next day.
(c) Mother reminded Rahul that the last date for geo-tagging their apartment was the next day.
(d) Mother told Rahul not to forget that the last date for geo-tagging our apartment is tomorrow.

66. Select the option that expresses the given sentence in direct speech.

Mohit told his father that he could not solve that sum as it was very difficult.

(a) Mohit said to his father, "I cannot solve this sum as it is very difficult.
(b) Mohit said to his father, "I cannot solve that sum as it had been very difficult."
(c) Mohit said to his father, "He could not solve that sum as it was very difficult."
(d) Mohit said to his father, "You cannot solve that sum as it was very difficult."

67. Select the option that expresses the given sentence in indirect speech.

The tourist said to me, "Can you give me the directions to the temple?"

(a) The tourist asked me if you could give me the directions to the temple.
(b) The tourist asked me if I could give him the directions to the temple.
(c) The tourist asked me if you could give him the directions to the temple.
(d) The tourist asked me if I can give him the directions to the temple.

68. Select the option that expresses the given sentence in passive voice.

Do we have to accept this deal?

(a) This deal has to be accepted?
(b) Does this deal have to be accepted?
(c) Why is this deal to be accepted?
(d) Is this deal to be accepted?

69. Select the option that expresses the given sentence in passive voice.

The company will launch a new product next month.

(a) A new product will be launched by the company next month.
(b) A new product should be launched by the company next month.
(c) A new company will be launched by the product next month.
(d) A new product is to be launched by the company next month.

70. Parts of the following sentence have been given as options. One of them may contain an error. Select the part that contains the error from the given options. If you don't find any error, mark 'No error' as your answer.

My mother give me fresh carrot juice every evening.

(a) No error
(b) fresh carrot juice
(c) My mother give me
(d) every evening

71. Select the option that expresses the given sentence in reported speech.

Sandhya said to me, "Would you like to have some herbal tea?"

(a) Sandhya asked me if I would like to have some herbal tea.
(b) Sandhya told me that she would give me some herbal tea.
(c) Sandhya told me to have some herbal tea.
(d) Sandhya asked me that would you like to have some herbal tea.

72. Select the option that expresses the given sentence in indirect speech.

"Let's go for a walk in the park," he said.

(a) He suggested that they should go for a walk in the park.
(b) He requested that we should go for a walk in the park.
(c) He said that let's go for a walk in the park.
(d) He told us to go for a walk in the park.

73. Select the option that expresses the given sentence in reported speech.

Aditya said to Kavya, "What do you prefer to do in your free time – painting or basketball practice?"

(a) Aditya asked Kavya that what you prefer to do in your free time – painting or basketball practice.
(b) Aditya asked Kavya what does she prefer to do in her free time – painting or basketball practice.
(c) Aditya asked Kavya what she preferred to do in her free time – painting or basketball practice.
(d) Aditya asked Kavya what did she prefer to do in her free time – painting or basketball practice.

74. Select the option that expresses the given sentence in indirect speech.

She said, "I am going to the park."

(a) She said that she is going to the park.
(b) She said she will go to the park.
(c) She said that she was going to the park.
(d) She said she may be going to the park.

75. Select the option that expresses the given sentence in reported speech.
Avika says, "I have completed the math assignment."
(a) Avika says that she had completed the math assignment.
(b) Avika says that I have completed the math assignment.
(c) Avika says that she has completed the math assignment.
(d) Avika said that she has completed the math assignment.

76. Select the option that will improve the underlined part of the given sentence. In case no improvement is needed, select 'No improvement required'.
Since last evening, the boy has been complaining <u>with</u> pain in his legs.
(a) from (b) of (c) for
(d) No improvement required

77. Select the option that expresses the given sentence in indirect speech.
My daughter said, "I might go out to the Mall with my friends tonight."
(a) My daughter said that I might go out to the Mall with her friends tonight.
(b) My daughter said that she may go out to the Mall with her friends that night.
(c) My daughter said that she might go out to the Mall with her friends that night.
(d) My daughter said that she might go out to the Mall with my friends tonight.

78. Select the option that expresses the given sentence in reported speech.
She said, "I don't want to attend the meeting."
(a) She said that she doesn't want to attend the meeting.
(b) She told that she did not want to attend the meeting.
(c) She said that she did not want to attend the meeting.
(d) She said that I don't want to attend the meeting.

79. Select the option that expresses the given sentence in passive voice.
The mechanic did not fix the car yesterday.
(a) The mechanic was not fixed by the car yesterday.
(b) The car had not been fixed by the mechanic yesterday.
The car was not fixed by the echanic yesterday.
car did not fix by the mechanic sterday.

80. Select the option that expresses the given sentence in passive voice.
Are the students discussing the upcoming exam in the library?
(a) Has the upcoming exam been discussed by the students in the library?
(b) Is the upcoming exam being discussed by the students in the library?
(c) What upcoming exam is being discussed by the students in the library?
(d) Was the upcoming exam being discussed by the students in the library?

81. The following sentence has been split into four segments. Identify the segment that contains a grammatical error.
Imagine taking a trip to Northern India / a century or so before the Common Era / using the recently discovering technology / of time travel.
(a) using the recently discovering technology
(b) of time travel
(c) Imagine taking a trip to Northern India
(d) a century or so before the Common Era

82. Select the option that will improve the underlined part of the given sentence. In case no improvement is needed, select 'No improvement required'.
A questionnaire <u>will distributing</u> to all the participants at the end of the session.
(a) will distribute
(b) will be distributed
(c) will be distributing
(d) No improvement required

83. Parts of the following sentence have been given as options. One of them may contain an error. Select the part that contains the error from the given options. If you don't find any error, mark 'No error' as your answer.
We had coffee to the university café last evening.
(a) to the university café
(b) last evening.
(c) We had coffee
(d) No error

84. Select the most appropriate option to fill in the blanks.
He walked .... the park and later strolled .... the riverbank.
(a) besides; about
(b) over; through
(c) against; across
(d) through; along

85. Select the option that expresses the given sentence in reported speech.
Mother said to Amayra, "Did you finish your homework?"
(a) Mother asked Amayra if she had finished her homework.
(b) Mother asked Amayra if she has finished her homework.
(c) Mother asked Amayra have you finished your homework.
(d) Mother asked Amayra did you finished your homework.

86. Select the most appropriate option to fill in the blanks.
.... team of two girls succeeded in reaching .... top of K2, the second highest mountain in the world.
(a) A; the
(b) A; a
(c) The; No word required
(d) The; a

87. Select the most appropriate option to fill in the blanks.
He gave .... the gift before .... left for the airport.
(a) I; she (b) her; she
(c) her; her (d) she; her

88. Select the option that expresses the given sentence in passive voice.
The chef prepared a delicious meal for the guests.
(a) A delicious meal was prepared for the guests by the chef.
(b) A delicious meal is prepared for the guests by the chef.
(c) A delicious meal was preparing for the guests by the chef.
(d) A delicious meal was being prepared for the guests by the chef.

89. Select the option that expresses the given sentence in direct speech.
Mother asked Rubani if she was sorry for what she had done.
(a) Mother said to Rubani, "Are you sorry for what she did?"
(b) Mother said to Rubani, "Were you sorry for what you have done?"
(c) Mother said to Rubani, "Are you sorry for what you have done?"
(d) Mother said to Rubani, "Do you feel sorry for what you are doing?"

90. Select the option that expresses the given sentence in indirect speech.

"I love the way you have decorated the room," she said, smiling warmly.

(a) Smiling warmly, she said that she had loved the way I had decorated the room.
(b) Smiling warmly, she said that I love the way you decorated the room.
(c) Smiling warmly, she said that she loves the way I decorated the room.
(d) Smiling warmly she said that she loved the way I had decorated the room.

91. Select the option that expresses the given sentence in indirect speech.

"Don't forget to bring your umbrella," he said to her.

(a) He told her don't forget to bring her umbrella.
(b) He reminded her to bring her umbrella.
(c) He reminded her not to forget to bring your umbrella.
(d) He told her to bring your umbrella.

92. Parts of the following sentence have been given as options. Select the option that contains an error.

The ancient trees of this forest did not propagate in the release of seeds.

(a) the release of seeds
(b) this forest did not
(c) The ancient trees of
(d) propagate in

93. The following sentence has been divided into parts. One of them may contain an error. Select the part that contains the error from the given options. If you don't find any error, mark 'No error' as your answer.

She use to eat / a lot of chocolates / when she was a child.

(a) when she was a child
(b) No error
(c) a lot of chocolates
(d) She use to eat

94. Select the most appropriate option to fill in the blank.

She decided .... the challenging task of learning a new language during her summer break.

(a) undertook
(b) to undertake
(c) undertake
(d) to undertaking

95. Select the option that expresses the given sentence in direct speech.

Rahul asked his mother if she had prepared the carrot halwa for him.

(a) Rahul said to his mother, "Have you prepared the carrot halwa for me?
(b) Rahul said to his mother, "Had she prepared the carrot halwa for him?
(c) Rahul said to his mother, "Are you preparing the carrot halwa for him?
(d) Rahul told to his mother, "Has she prepared the carrot halwa for me?

96. Select the option that will improve the underlined part of the given sentence. In case no improvement is needed, select 'No improvement required'.

<u>No sooner as I saw</u> the boy running across the road, I applied the brakes.

(a) As soon as I saw
(b) No improvement required
(c) No soon as I saw
(d) No sooner I see

97. Select the option that will improve the underlined part of the given sentence. In case no improvement is needed, select 'No improvement required'.

The movie was not only interesting <u>but also it was very suspenseful.</u>

(a) but also very suspenseful
(b) but also it is very suspenseful
(c) but also was more suspenseful
(d) No improvement required

98. The following sentence has been divided into parts. One of them may contain an error. Select the part that contains the error from the given options. If you don't find any error, mark 'No error' as your answer.

Kavya finishes / her homework / before having dinner.

(a) her homework
(b) Kavya finishes
(c) before having dinner
(d) No error

99. Select the most appropriate option to fill in the blank.

Anna decided to embark on a challenging journey to learn Mandarin, hoping .... the language fluently within a year.

(a) for speaking (b) to speak
(c) to speaking (d) to have spoken

100. Parts of the following sentence have been given as options. One of them may contain an error. Select the part that contains the error from the given options. If you don't find any error, mark 'No error' as your answer.

There were frequent landslides in the Jammu-Srinagar Highway during the monsoons.

(a) There were frequent landslides
(b) during the monsoons
(c) in the Jammu-Srinagar Highway
(d) No error

101. The following sentence has been split into four segments. Identify the segment that contains a grammatical error.

The teacher asked the class / to be quiet while she / explained the new assignment, / but nobody is listening.

(a) to be quiet while she
(b) explained the new assignment
(c) but nobody is listening
(d) The teacher asked the class

102. Select the option that expresses the given sentence in reported speech.

They say, "We are working on a new project."

(a) They say that we are working on a new project.
(b) They say that they are working on a new project.
(c) They say that they were working on a new project.
(d) They say that we were working on a new project.

103. Select the option that expresses the given sentence in indirect speech.

The mother said, "I am busy today".

(a) The mother said that she was busy that day.
(b) The mother said that she is busy today.
(c) The mother told that I am busy today.
(d) The mother told that she was busy today.

104. Select the option that expresses the given sentence in passive voice.

The courier gave my parcel to my neighbour in my absence.

(a) My parcel needs to be given to my neighbour by the courier in my absence.

(b) My neighbour was given to my parcel by the courier in my absence.
(c) My parcel was given to my neighbour by the courier in my absence.
(d) My parcel had been given to my neighbour by the courier in my absence.

105. Select the option that expresses the given sentence in direct speech.
I told my daughter that I would pick her up from school that week.
(a) I said to my daughter, "I would pick her up from school that week."
(b) I said to my daughter, "I will pick you up from school this week."
(c) I said to my daughter, "I will pick her up from school that week."
(d) I said to my daughter, "I will be picking her up from school this week."

106. Select the option that will improve the underlined part of the given sentence. In case no improvement is needed, select 'No improvement required'.
Linguists say that <u>this method helps accelerate</u> language learning.
(a) this method helping accelerating
(b) this method help accelerate
(c) No improvement required
(d) this method helps accelerated

107. Select the option that expresses the given sentence in active voice.
All the arrangements will have been completed by the hotel staff by the time the PM reaches here.
(a) The hotel staff have completed all the arrangements by the time the PM reaches here.
(b) The hotel staff will have completed all the arrangements by the time the PM reaches here.
(c) The hotel staff will complete all the arrangements by the time the PM reaches here.
(d) The hotel staff will be completing all the arrangements by the time the PM reaches here.

108. Select the option that will improve the underlined part of the given sentence. In case no improvement is needed, select 'No improvement required'.
<u>I saw that movie</u> last week and it was really interesting.
(a) I see that movie
(b) No improvement required
(c) I was seeing that movie
(d) I seen that movie

109. Select the option that expresses the given sentence in passive voice.
The scientist conducted a series of ground-breaking experiments, revealing new insights into the nature of dark matter.
(a) A series of ground-breaking experiments are conducted by the scientist, revealing new insights into the nature of dark matter.
(b) A series of ground-breaking insights were conducted by the scientist, revealing new experiments into the nature of dark matter.
(c) A series of ground-breaking experiments were conducted by the scientist, revealing new insights into the nature of dark matter.
(d) A series of ground-breaking experiments have been conducted by the scientist, revealing new insights into the nature of dark matter.

110. Select the option that expresses the given sentence in active voice.
Was the food finished by Kavya?
(a) Does Kavya finish the food?
(b) Has Kavya finished the food?
(c) Had Kavya finished the food?
(d) Did Kavya finish the food?

111. Select the option that expresses the given sentence in active voice.
The dinner will have been prepared by my sisters.
(a) My sisters will have prepared the dinner.
(b) My sisters will be preparing the dinner.
(c) The dinner will have prepared my sisters.
(d) My sisters will prepare the dinner.

112. The following sentence has been split into four segments. Identify the segment that contains a grammatical error.
India's coastline stretches / for over 7,500 kilometres, / to offer a plethora of / must visit beaches and coastal destinations.
(a) for over 7,500 kilometres
(b) must visit beaches and coastal destinations
(c) India's coastline stretches
(d) to offer a plethora of

113. Select the option that will improve the underlined part of the given sentence. In case no improvement is needed, select 'No improvement required'.
She <u>runs more faster than</u> her brother in the track events.
(a) runs fast than
(b) No improvement required
(c) runs faster than
(d) runs more fast than

114. Select the option that will improve the underlined part of the given sentence. In case no improvement is needed, select 'No improvement required'.
She had hoped that she <u>would be able qualifying</u> the CAT with a high percentile, but something went amiss.
(a) No improvement required
(b) would be able to be qualifying
(c) would be able to qualify
(d) will be able to qualify

115. Select the option that expresses the given sentence in passive voice.
The gardener is planting flowers in the garden.
(a) Flowers will be planted in the garden by the gardener.
(b) Flowers are planted in the garden by the gardener.
(c) Flowers have been planted in the garden by the gardener.
(d) Flowers are being planted in the garden by the gardener.

116. Select the option that expresses the given sentence in active voice.
Yesterday all the culprits were arrested.
(a) Yesterday the police were arresting all the culprits.
(b) Yesterday the police was arresting all the culprits.
(c) Yesterday the police had arrested all the culprits.
(d) Yesterday the police arrested all the culprits.

117. Select the option that will improve the underlined part of the given sentence. In case no improvement is needed, select 'No improvement required'.
<u>When I received</u> the appointment letter from the college of Arts and Humanities, I was exhilarated.
(a) While I received
(b) When I receive
(c) No improvement required
(d) When I have received

118. Select the option that will improve the underlined part of the given sentence. In case no improvement is needed, select 'No improvement required'.
Each of the students were asked to submit the project by the following day.
(a) Every of the students was asked
(b) No improvement required
(c) Each of the student was asked
(d) Each of the students was asked

119. Select the option that expresses the given sentence in indirect speech.
Avika said to her father, "I have to stay back at school for dance practice today."
(a) Avika told her father that I have to stay back at school for dance practice today.
(b) Avika told her father that she had to stay back at school for dance practice that day.
(c) Avika told her father that she will have to stay back at school for dance practice that day.
(d) Avika told her father that she has to stay back at school for dance practice today.

120. Select the option that expresses the given sentence in active voice.
This book was loved by the students.
(a) The students are loving this book.
(b) The students have loved this book.
(c) The students love this book.
(d) The students loved this book.

121. Select the option that expresses the given sentence in direct speech.
The teacher asked the students which lines of the poem they had not understood.
(a) The teacher said to the students, "Which lines of the poem they had not understood?"
(b) The teacher said to the students, "Which lines of the poem had you not understood?"
(c) The teacher said to the students, "Which lines of the poem you have not understood?"
(d) The teacher said to the students, "Which lines of the poem have they not understood?"

122. Select the option that expresses the given sentence in passive voice.
My grandmother called me to the worship place.
(a) The worship place was called by me to the grandmother.
(b) I called my grandmother to the worship place.
(c) I was called by my grandmother to the worship place.
(d) The grandmother was called by me to the worship place.

123. The following sentence has been split into four segments. Identify the segment that contains a grammatical error.
Most than half of / the 14-18 year old children / in rural India can't solve / a simple division problem.
(a) Most than half of
(b) the 14-18 year-old children
(c) a simple division problem
(d) in rural India can't solve

124. Select the option that expresses the given sentence in indirect speech.
She said, "I will meet you at the cafe at 3 pm".
(a) She told me that she will meet you at the cafe at 3 pm.
(b) She asked me if she would meet me at the cafe at 3 pm.
(c) She told me that she would meet me at the cafe at 3 pm.
(d) She told me that I will meet you at the cafe at 3 pm.

125. Select the option that expresses the given sentence in direct speech.
The official from the Metrological Department predicted that there would be heavy fog in Delhi the next day.
(a) The official from the Metrological Department said, "Delhi will experience heavy fog tomorrow."
(b) The official from the Metrological Department said, "Heavy fog will descend in Delhi tomorrow."
(c) The official from the Metrological Department said, "There would be heavy fog in Delhi the next day."
(d) The official from the Metrological Department said, "There will be heavy fog in Delhi tomorrow."

126. Select the option that will improve the underlined part of the given sentence. In case no improvement is needed, select 'No improvement required'.
He asked the speaker some questions until the session.
(a) during
(b) through
(c) No improvement required
(d) while

127. Select the option that will improve the underlined part of the given sentence. In case no improvement is needed, select 'No improvement required'.
The teacher along with the students were crossing the river, when the boat capsized.
(a) as well as the students were crossing
(b) with the students were crossing
(c) No improvement required
(d) along with the students was crossing

128. Select the option that expresses the given sentence in passive voice.
Open the window to let in some fresh air.
(a) The window is to be open to let in some fresh air.
(b) Let the window be opened to let in some fresh air.
(c) Let the window open to let in some fresh air
(d) You can open the window to let in some fresh air.

129. Select the option that will improve the underlined part of the given sentence. In case no improvement is needed, select 'No improvement required'.
Last evening I have gone to the theatre to see a performance.
(a) No improvement required
(b) I was going
(c) I am gone
(d) I went

130. The following sentence has been split into four segments. Identify the segment that contains a grammatical error.
People under eighteen / do not have / the right to vote, / don't they?
(a) don't they?
(b) People under eighteen
(c) do not have
(d) the right to vote

131. Select the option that expresses the given sentence in indirect speech.
The little girl said to her friend, "I have brought a chocolate for you."
(a) The little girl told her friend that I have brought a chocolate for you.
(b) The little girl told her friend that she has brought a chocolate for you.
(c) The little girl told her friend that I had brought a chocolate for her.
(d) The little girl told her friend that she had brought a chocolate for her.

132. The following sentence has been divided into parts. One of them may contain an error. Select the part that contains the error from the given options. If you don't find any error, mark 'No error' as your answer.

You may discussing / your problem / in tomorrow's meeting.

(a) in tomorrow's meeting
(b) You may discussing
(c) your problem
(d) No error

133. Select the option that expresses the given sentence in active voice.

The complex math problem was being explained to the students by the teacher.

(a) The teacher explained the complex math problem to the students.
(b) The teacher has explained the complex math problem to the students.
(c) The teacher will be explaining the complex math problem to the students.
(d) The teacher was explaining the complex math problem to the students.

134. Select the option that will improve the underlined part of the given sentence. In case no improvement is needed, select 'No improvement required'.

Shimla is <u>the more beautiful</u> hill station in Himachal Pradesh.

(a) a more beautiful
(b) No improvement required
(c) the very beautiful
(d) a very beautiful

135. Select the option that will improve the underlined part of the given sentence. In case no improvement is needed, select 'No improvement required'.

John was absent from the meeting because he was sick, <u>nor did he inform anyone</u>.

(a) nor did he informed anyone
(b) No improvement required
(c) and did not he inform anyone
(d) but he did not inform anyone

136. Parts of the following sentence have been given as options. One of them may contain an error. Select the part that contains the error from the given options. If you don't find any error, mark 'No error' as your answer.

Her parents did not allowed her to learn western music.

(a) No error
(b) Her parents
(c) to learn Western music
(d) did not allowed her

137. Select the option that expresses the given sentence in reported speech.

"Please listen carefully to what I am teaching," said Madam Mahima to the students.

(a) Madam Mahima asked the students to listen carefully to what she is teaching.
(b) Madam Mahima requested the students to listen carefully to what she has been teaching.
(c) Madam Mahima told the students to listen carefully to what she was teaching.
(d) Madam Mahima said to the students please listen carefully to what I am teaching.

138. Select the option that will improve the underlined part of the given sentence. In case no improvement is needed, select 'No improvement required'.

Traffic <u>is always remaining</u> heavy in this part of Delhi.

(a) No improvement required
(b) have always remained
(c) has always been remaining
(d) always remains

139. The following sentence has been split into four segments. Identify the segment that contains a grammatical error.

A ground-breaking discovery has been made / in a deserting quarry near New York, / where researchers have unearthed / the planet's most ancient forest.

(a) A ground-breaking discovery has been made
(b) where researchers have unearthed
(c) in a deserting quarry near New York,
(d) the planet's most ancient forest.

140. Parts of the following sentence have been given as options. Select the option that contains an error.

It is estimating that this forest once covered an area of approximately 400 km.

(a) approximately 400 km
(b) It is estimating that
(c) covered an area of
(d) this forest once

141. Select the option that expresses the given sentence in active voice.

A remarkable discovery in Paestum, an ancient Greek city, has been made by archaeologists.

(a) Archaeologists made a remarkable discovery in Paestum, an ancient Greek city.
(b) Archaeologists are making a remarkable discovery in Paestum, an ancient Greek city.
(c) Archaeologists make a remarkable discovery in Paestum, an ancient Greek city.
(d) Archaeologists have made a remarkable discovery in Paestum, an ancient Greek city.

142. Select the option that expresses the given sentence in passive voice.

The team completed the project ahead of schedule.

(a) The project had completed ahead of schedule by the team.
(b) The project has been completed ahead of schedule by the team.
(c) The schedule was completed ahead of project by the team.
(d) The project was completed ahead of schedule by the team.

143. The following sentence has been split into four segments. Identify the segment that contains a grammatical error.

Akasa Air planning to acquire /150 Boeing 737 planes in order to / expand the airline's reach in / both domestic and international operations.

(a) 150 Boeing 737 planes in order to
(b) both domestic and international operations
(c) expand the airline's reach in
(d) Akasa Air planning to acquire

144. Select the option that expresses the given sentence in indirect speech.

I said to Bhawna, "Have the monkeys eaten up our cauliflowers?"

(a) I asked Bhawna that have the monkeys eaten up our cauliflowers.
(b) I asked Bhawna if the monkeys had eaten up our cauliflowers.
(c) I asked Bhawna if the monkeys have eaten up our cauliflowers.
(d) I asked Bhawna if the monkeys had eaten up their cauliflowers.

145. Select the most appropriate option to fill in the blank.
If you diligently study the intricacies of the language, you ...... that your proficiency in it improves significantly.
(a) will be finding (b) found
(c) have found (d) will find

146. Select the option that expresses the given sentence in active voice.
The concert will be attended by us.
(a) We are attending the concert.
(b) We will have attended the concert.
(c) We will attend the concert.
(d) We have attended the concert.

147. Select the option that expresses the given sentence in passive voice.
The manager gave the employee a bonus.
(a) The employee was given the manager by the bonus.
(b) The employee had been given a bonus by the manager.
(c) The bonus was given to the employee by the manager.
(d) The employee was given a bonus by the manager.

148. Select the option that expresses the given sentence in direct speech.
Manya said that she didn't want any breakfast.
(a) Manya said, "You didn't want any breakfast."
(b) Manya says, "She doesn't want any breakfast."
(c) Manya said, "I don't want any breakfast."
(d) Manya said, "She didn't want any breakfast."

149. Select the option that will improve the underlined part of the given sentence. In case no improvement is needed, select 'No improvement required'.
<u>She is allergic from peanuts</u>, so she always checks food labels carefully.
(a) She is allergic to peanuts
(b) No improvement required
(c) She is allergical from peanuts
(d) She is allergic with peanuts

150. Parts of the following sentence have been given as options. Select the option that contains an error.
Traditional practices are ways of knowing, learning and to generate a distinct experience of the world around us.
(a) and to generate a distinct experience
(b) ways of knowing, learning
(c) of the world around us
(d) Traditional practices are

151. The following sentence has been divided into parts. One of them may contain an error. Select the part that contains the error from the given options. If you don't find any error, mark 'No error' as your answer.
Human activity often / has a negatively effect / on the ecosystem of wetlands.
(a) Human activity often
(b) No error
(c) has a negatively effect
(d) on the ecosystem of wetlands

152. Select the option that expresses the given sentence in indirect speech.
"The Sun is shining brightly today", he said, looking out of the window.
(a) Looking out of the window, he said that the Sun is shining brightly today.
(b) Looking out of the window, he said that the Sun was shining brightly today.
(c) Looking out of the window, he says that the Sun is shining brightly that day.
(d) Looking out of the window, he said that the Sun was shining brightly that day.

153. Select the option that will improve the underlined part of the given sentence. In case no improvement is needed, select 'No improvement required'.
<u>She don't like</u> chocolate, so I bought a vanilla cake for her birthday.
(a) She don't likes
(b) She doesn't like
(c) She don't liked
(d) No improvement required

154. Select the option that will improve the underlined part of the given sentence. In case no improvement is needed, select 'No improvement required'.
The doctor <u>prescribes</u> antibiotics and a cough syrup to me when I had severe cough and cold.
(a) was prescribing
(b) prescribed
(c) No improvement required
(d) are prescribing

155. Select the most appropriate antonym of the given word.
Mitigate
(a) Diminish (b) Alleviate
(c) Intensify (d) Weaken

156. Select the most appropriate synonym of the given word.
Exuberance
(a) Lethargy (b) Excitement
(c) Depression (d) Indifference

157. Select the most appropriate antonym of the given word.
Extravagant
(a) Restrained (b) Enrich
(c) Lavish (d) Righteous

158. Select the option that can be used as a one-word substitute for the given group of words.
A complete, usually alphabetical list of items, often with notes giving details.
(a) Catalogue (b) Brochure
(c) Pamphlet (d) Monograph

159. Select the most appropriate option to complete the given idiom.
Spill the ....
(a) beads (b) beans
(c) tea (d) milk

160. Select the option that can be used as a one-word substitute for the given group of words.
Not able to be changed or adapted.
(a) Austere (b) Rigid
(c) Permissive (d) Harsh

161. Select the most appropriate synonym of the given word.
Devour
(a) Receive (b) Preserve
(c) Consume (d) Abstain

162. Select the incorrectly spelt word.
(a) Irregular (b) Irresponsible
(c) Irrelevent (d) Irritable

163. Select the most appropriate option to fill in the blank and complete the given idiom.
Piece of ....
(a) cake (b) bread
(c) sweet (d) apple

164. Select the most appropriate synonym of the given word.
Frigid
(a) Futile (b) Facile
(c) Flexible (d) Freezing

165. Select the most appropriate meaning of the given idiom.
Be in apple-pie order
(a) Be in a happy mood
(b) Be in chronological order
(c) Be perfectly arranged and tidy
(d) Be extra sweet to people

166. Select the most appropriate antonym of the given word.
Oaf
(a) Smart (b) Simpleton
(c) Blockhead (d) Magnificient

167. Select the option that can be used as a one-word substitute for the given group of words.
The person who presents and coordinates a show on stage or television.
(a) Reporter (b) Anchor
(c) Jockey (d) Broadcaster

168. Select the option that can be used as a one-word substitute for the given group of words.
Lasting for a very short while
(a) Perpetual (b) Reliable
(c) Eternal (d) Ephemeral

169. Select the most appropriate synonym of the given word.
Feasible
(a) Practical (b) Worthless
(c) Energetic (d) Tentative

170. Select the most appropriate synonym of the given word.
Munificence
(a) Shrewdness (b) Generousness
(c) Quietness (d) Liveliness

171. Select the option that can be used as a one-word substitute for the given group of words.
Not active but has the ability to be active anytime later.
(a) Jubilant (b) Dormant
(c) Ambiguous (d) Conscious

172. Select the most appropriate option to complete the given idiom.
Sitting on the ....
(a) boundary (b) wall
(c) tree (d) fence

173. Select the option that can be used as a one-word substitute for the given group of words.
Protect from a danger, risk or unpleasant experience.
(a) Scare (b) Sever
(c) Seize (d) Shield

174. Select the most appropriate meaning of the given idiom.
Be on the same page
(a) Having the same understanding
(b) Doing things with a partner
(c) Staying in the same place
(d) Reading something together

175. Select the incorrectly spelt word.
(a) Hurdle (b) Humour
(c) Hundred (d) Hungery

176. Select the most appropriate meaning of the given idiom.
To get someone's goat
(a) To have affection for somebody
(b) To steal something
(c) To make one feel good
(d) To irritate someone

177. Select the most appropriate option to fill in the blank and complete the given idiom.
Bite the ....
(a) bread (b) bullet (c) barb (d) bean

178. Select the incorrectly spelt word.
(a) Obstinate (b) Odorous
(c) Occasional (d) Observence

179. Select the most appropriate synonym of the given word.
Genesis
(a) Inception (b) Symbolism
(c) Conclusion (d) Infatuation

180. Select the most appropriate meaning of the given idiom.
Split one's sides
(a) To roar with laughter
(b) To overeat
(c) To undergo surgery
(d) To scream in agony

181. Select the most appropriate meaning of the given idiom.
Cut from the same cloth
(a) To share resources
(b) To have very similar qualities
(c) To belong to the same family
(d) To have the same origin

182. Select the most appropriate option to fill in the blank and complete the given idiom.
Hit the ....
(a) bag (b) head
(c) bay (d) sack

183. Select the option that can be used as a one-word substitute for the given group of words.
An eloquent and skilled public speaker.
(a) Elector (b) Orator
(c) Spokesperson (d) Leader

184. Sentences of a paragraph are given below. While the first and the last sentences (A and F) are in the correct order, the sentences in between are jumbled up. Arrange the sentences in the correct order to form a meaningful and coherent paragraph.
A. The races were something of a disappointment.
B. As we left the grounds, Dad said with satisfaction: It'll be good to get back to the hotel and relax.
C. Dad was not eager.
D. But we were going to the botanical gardens, Mother reminded him.
E. I'd like to have just a peek at them.
F. Those places cover a lot of territory, you know, he said.
(a) ECDB (b) BCED
(c) BDEC (d) CBED

185. Sentences of a paragraph are given below. While the first and the last sentences (A and F) are in the correct order, the sentences in between are jumbled up. Arrange the sentences in the correct order to form a meaningful and coherent paragraph.
A. When I joined the B.Sc. degree course at St. Joseph's, I was unaware of any other option for higher education.
B. Nor did I have any information about career opportunities available to a student of science.
C. I could have joined the Engineering course long ago, right after finishing my Intermediate course.
D. Only after obtaining a B.Sc. did I realise that physics was not my subject.
E. I had to go into engineering to realise my dreams.
F. Better late than never, I told myself as I made the detour, applying for admission into the Madras Institute of Technology (MIT), regarded as the crown jewel of technical education in South India at that time.
(a) CBED (b) BDEC
(c) BCED (d) ECDB

186. Sentences of a paragraph are given below. While the first and the last sentences (A and F) are in the correct order, the sentences in between are jumbled up. Arrange the sentences in the correct order to form a meaningful and coherent paragraph.

A. Whenever I teach my class, I make sure that everyone participates in the question-answer session.

B. Sometimes their questions are so difficult that I am not able to answer.

C. Many times I have learnt a lot from my students during these sessions.

D. I normally teach for forty minutes and keep the last twenty minutes open for debates, questions and answers.

E. This way, students learn to express their opinions in front of others and the teacher also understands how much the students have learnt.

F. Then I tell them that I will refer to my books and answer the next day.

(a) CBED (b) DECB
(c) DCBE (d) ECDB

187. Sentences of a paragraph are given below. While the first and the last sentences (A and F) are in the correct order, the sentences in between are jumbled up. Arrange the sentences in the correct order to form a meaningful and coherent paragraph.

A. When I was a child, I had a teacher called Gowramma.

B. She used to teach us Sanskrit.

C. She was kind and warm and always cheerful.

D. Students usually took Sanskrit as an optional language, in order to score marks like math.

E. She was a great teacher and would tell lots of stories in the class.

F. They only wanted to get good grades and were not interested in Gowramma's old epics.

(a) CBED (b) ECDB
(c) CBDE (d) BDEC

188. Given below are six sentences of a paragraph. Sentence A is the beginning whereas sentence F is the last sentence of the para. The middle four sentences (B-E) are jumbled up. Select the option that gives their correct order forming a meaningful and coherent paragraph.

A. A youngster quit Facebook in December after spending over three years on the social networking site.

B. Like almost everyone from his 'friend's circle', the 20-year-old was a regular on the site.

C. Last week a new feature on Facebook called Timeline forced him to reconsider the pros and cons of being on the networking site.

D. With that one act, he bid a silent adieu to more than 300 contacts that he had added to his account during the period.

E. He visited it every day to post photos and status updates.

F. "Everyone has some skeletons in their closet and I am just not comfortable with Facebook digging up and displaying all the facets of my life on a bulletin board", said the youngster.

(a) CEBD (b) EDBC
(c) BCDE (d) DBEC

189. Sentences of a paragraph are given below. While the first and the last sentences (A and F) are in the correct order, the sentences in between are jumbled up. Arrange the sentences in the correct order to form a meaningful and coherent paragraph.

A. There are about eighty houses in the village, which is the seat of two district governors who administer thirty villages.

B. We were told that we were the first Europeans who had ever come to Kyirong, and the inhabitants watched our entry with astonishment.

C. This time we were quartered in the house of a farmer, which reminded me of our Tyrolese houses.

D. The only difference was that instead of chimneys, the roofs of the houses were decorated with prayer flags.

E. As a matter of fact, the whole of the village might have been transplanted from the Alps.

F. These were always in the five colours, which represented different aspects of life in Tibet.

(a) BDEC (b) CBED
(c) ECDB (d) BCED

190. Sentences of a paragraph are given below in jumbled order. Arrange the sentences in the correct order to form a meaningful and coherent paragraph.

A. 'Who goes there?' shouted the Hodja.

B. One night, Hodja Nasreddin awoke, thinking he had heard a strange noise outside his window.

C. Hearing no reply, Nasreddin reached for his bow, set an arrow to the string, took aim and shot in the direction of the mysterious figure.

D. Looking out, he saw a suspicious white figure.

(a) CBAD (b) BCAD
(c) BDAC (d) ACDB

191. Sentences of a paragraph are given below. While the first and the last sentences (A and F) are in the correct order, the sentences in between are jumbled up. Arrange the sentences in the correct order to form a meaningful and coherent paragraph.

A. Some twelve or fifteen years ago there lived in his own house in the main street of the town a certain official by the name of Gromov, a steady well-to-do man.

B. Sergei, after completing three years of study at the University, contracted galloping consumption and died and this death was the beginning of a series of disasters which overtook the Gromov family.

C. He had two sons: Sergei and Ivan.

D. His house and property were sold at auction, and Ivan Dmitrich and his mother were left without any means of support.

E. A week after Sergei's funeral the old man was sued for forgery and embezzlement, and died soon after of typhus in the prison hospital.

F. While his father was alive Ivan Dmitrich lived in Petersburg, studying at the University, and receiving 60 or 70 roubles from home every month.

(a) BDEC (b) ECDB
(c) CBDE (d) CBED

192. Sentences of a paragraph are given below. While the first and the last sentences (A and F) are in the correct order, the sentences in between are jumbled up. Arrange the sentences in the correct order to form a meaningful and coherent paragraph.

A. Soon, we were treated like members of the family.

B. Once she invited us to come into her room and look at her jewels.

C. Mrs. Thangme talked over her problems with us and was delighted when we paid her compliments on her good looks and good taste.

D. Her treasures were worth looking at.

E. These she kept in a great chest in which her treasures were stored either in small jewel cases or in fine silk wrappings.

F. She had a glorious tiara of corals, turquoise and pearls and many rings as well as diamond earrings and some little Tibetan amulet lockets, which are hung round the neck by a coral chain.

(a) BDEC (b) CDBE
(c) CBED (d) ECDB

193. Sentences of a paragraph are given below in jumbled order. Arrange the sentences in the correct order to form a meaningful and coherent paragraph.

A. Leo Tolstoy, a great Russian novelist, was born in the village of Yasnaya Polyana in Russian Empire, on 9th September, 1828.

B. His mother died before Tolstoy turned two, and his father died in 1837.

C. His parents, Count Nikolay Ilich Tolstoy and Princess Mariya Nikolaevna Volkonskaya, came from distinguished families of the Russian nobility.

D. After his grandmother and an aunt died, Tolstoy and his four siblings were raised by another aunt in Western Russia.

(a) ADBC (b) CDBA
(c) BDAC (d) ACBD

194. Sentences of a paragraph are given below. While the first and the last sentences (A and F) are in the correct order, the sentences in between are jumbled up. Arrange the sentences in the correct order to form a meaningful and coherent paragraph.

A. When I had a house in Sri Lanka, my parents came out one winter to see me.

B. Originally, I had felt some qualms about encouraging their visit.

C. Any one of several things – the constant heat, the unaccustomed food and drinking water, even the presence of a leprosy clinic a quarter of a mile from the house – might easily have an adverse effect on them in one way or another.

D. They claimed not to mind the lack of running water in the bathrooms and regularly praised the curries prepared by Appuhami, the resident cook.

E. But I had underestimated their resilience; they made a greater show of adaptability than I had thought possible and seemed entirely content with everything.

F. Both of them being in their seventies, they were not tempted by the more distant or inaccessible points of interest.

(a) CBED (b) BCED
(c) BDEC (d) ECDB

195. Sentences of a paragraph are given below. While the first and the last sentences (A and F) are in the correct order, the sentences in between are jumbled up. Arrange the sentences in the correct order to form a meaningful and coherent paragraph.

A. Swaminathan and Mani were nervously walking up the short drive leading to Rajam's house.

B. A policeman in uniform cried to them to stop and came running towards them.

C. The policeman asked what they were doing there.

D. Swaminathan felt like turning and fleeing on seeing him.

E. He appealed to Mani to speak to the policeman.

F. Mani replied in a tone in which overdone carelessness was a trifle obvious: If Rajam is in the house, we are here to see him.

(a) CBED (b) ECDB
(c) BDEC (d) BCED

196. Sentences of a paragraph are given below in jumbled order. Arrange the sentences in the correct order to form a meaningful and coherent paragraph.

A. He usually spent such an interval in running round the school or in playing the Digging Game under the huge Tamarind tree.

B. But to-day he sat apart sunk in thought.

C. Next day, Swaminathan was at school early.

D. There was still half an hour before the bell.

(a) BDAC (b) ACBD
(c) CDAB (d) CABD

197. Sentences of a paragraph are given below. While the first and the last sentences (A and F) are in the correct order, the sentences in between are jumbled up. Arrange the sentences in the correct order to form a meaningful and coherent paragraph.

A. Colombo, where all the people I knew lived, was less than a hundred miles away from my place.

B. These weekends in the city were hot and exhausting, and my parents were always happy to get back to the house, where they could change into comfortable clothing.

C. One Sunday not long before they were due to return to America, we decided to take in the horse races at Gintota, where there are also some botanical gardens that Mother wanted to see.

D. There we had tea on the wide verandas of certain houses in Cinnamon Gardens, and sat at dinners with professors from the university, Protestant ministers, and assorted members of the government.

E. Several times me and my parents (who had come from America to visit me) went up for weekends, which I arranged with friends by telephone beforehand.

F. I engaged rooms at the New Oriental in Galle and we had lunch there before setting out to see the botanical gardens.

(a) CBDE (b) ECDB
(c) BDEC (d) EDBC

198. Sentences of a paragraph are given below in jumbled order. Arrange the sentences in the correct order to form a meaningful and coherent paragraph.

A. "I'll forget it for sure", said the Hodja, "Write it on a piece of paper for me."

B. Hodja Nasreddin purchased a piece of meat at the market, and on his way home he met a friend.

C. The friend obliged him, and the Hodja continued on his way, the piece of meat in one hand and the recipe in the other.

D. Seeing the Hodja's purchase, the friend told him an excellent recipe for stew.

(a) BDAC (b) BCAD
(c) ACDB (d) CBAD

199. Sentences of a paragraph are given below. While the first and the last sentences (A and F) are in the correct order, the sentences in between are jumbled up. Arrange the sentences in the correct order to form a meaningful and coherent paragraph.

A. In 1928, Salim Ali went to Germany and trained under Professor Erwin Streseman at the Zoological Museum of Berlin.

B. Then, suddenly one day the female arrives and takes possession of a husband and the half-finished home!

C. Here, he studied the breeding biology of baya birds which won him recognition as a world class ornithologist.

D. He found that it is the male baya which builds the nest.

E. In 1930, finding no suitable employment he moved to Kihim a coastal village near Mumbai.

F. He found that the thousands of baby bayas were fed on soft bodied insects as the young are incapable of digesting hard grain.

(a) CBDE (b) ECDB
(c) EDBC (d) BDEC

200. Sentences of a paragraph are given below in jumbled order. Arrange the sentences in the correct order to form a meaningful and coherent paragraph.

A. He reflected for a while, dipped the pen in ink, and wrote the address: To Grandfather in the Village.

B. Then he scratched his head and thought for a while, and added the words: Konstantin Makarich.

C. Vanka twice folded the sheet of paper and then he put it in an envelope bought the previous day for a kopeck.

D. Pleased because no one interrupted him when he was writing, he threw on his cap, and without troubling to put on a coat, he ran out into the street in his shirt sleeves.

(a) BDAC (b) ACBD
(c) CDBA (d) CABD

Know Correct Answers

1 (b)	2 (c)	3 (d)	4 (d)	5 (d)	6 (d)	7 (c)	8 (c)	9 (d)	10 (c)
11 (a)	12 (b)	13 (a)	14 (a)	15 (a)	16 (b)	17 (a)	18 (b)	19 (a)	20 (a)
21 (d)	22 (c)	23 (d)	24 (c)	25 (c)	26 (d)	27 (c)	28 (d)	29 (a)	30 (a)
31 (a)	32 (c)	33 (c)	34 (a)	35 (b)	36 (d)	37 (a)	38 (c)	39 (a)	40 (a)
41 (d)	42 (d)	43 (b)	44 (d)	45 (d)	46 (d)	47 (b)	48 (d)	49 (c)	50 (a)
51 (a)	52 (a)	53 (b)	54 (a)	55 (d)	56 (a)	57 (d)	58 (a)	59 (c)	60 (d)
61 (b)	62 (b)	63 (c)	64 (b)	65 (c)	66 (a)	67 (b)	68 (b)	69 (a)	70 (c)
71 (a)	72 (a)	73 (c)	74 (c)	75 (a)	76 (b)	77 (c)	78 (a)	79 (c)	80 (b)
81 (a)	82 (b)	83 (a)	84 (d)	85 (a)	86 (a)	87 (b)	88 (a)	89 (c)	90 (d)
91 (b)	92 (d)	93 (d)	94 (b)	95 (a)	96 (a)	97 (a)	98 (d)	99 (b)	100 (c)
101 (c)	102 (c)	103 (a)	104 (c)	105 (b)	106 (c)	107 (b)	108 (b)	109 (c)	110 (d)
111 (a)	112 (d)	113 (c)	114 (c)	115 (d)	116 (d)	117 (c)	118 (d)	119 (b)	120 (d)
121 (b)	122 (c)	123 (a)	124 (c)	125 (d)	126 (a)	127 (d)	128 (b)	129 (d)	130 (a)
131 (d)	132 (b)	133 (d)	134 (a)	135 (d)	136 (d)	137 (c)	138 (d)	139 (c)	140 (b)
141 (d)	142 (d)	143 (d)	144 (b)	145 (d)	146 (c)	147 (d)	148 (c)	149 (a)	150 (a)
151 (c)	152 (d)	153 (b)	154 (b)	155 (c)	156 (b)	157 (a)	158 (a)	159 (b)	160 (b)
161 (c)	162 (c)	163 (a)	164 (d)	165 (c)	166 (a)	167 (b)	168 (d)	169 (a)	170 (b)
171 (b)	172 (d)	173 (d)	174 (a)	175 (d)	176 (d)	177 (b)	178 (d)	179 (d)	180 (a)
181 (b)	182 (d)	183 (b)	184 (c)	185 (b)	186 (b)	187 (a)	188 (d)	189 (d)	190 (c)
191 (d)	192 (c)	193 (d)	194 (b)	195 (c)	196 (c)	197 (d)	198 (a)	199 (b)	200 (d)

Answer & Solutions

1. (b) The word 'sites' refers to specific locations of historical, archaeological or cultural significance. In the passage, the Maeshowe tomb is being described as a historical location, making 'sites' the most appropriate choice.

2. (c) The word 'surrounded' is the correct form here as it is the past participle of 'surround' used to describe something that is enclosed or enclosed by something else. The green mound is enclosed by a ditch and 'surrounded' fits this context.

3. (d) The word 'burial' is a noun and refers to the act or process of burying something, especially a body or an object. In this context, 'burial' correctly describes the act of placing the tomb in the ground. The sentence is referring to the place being used for burial, so 'burial' fits best.

4. (d) The word 'ancient' refers to something that is very old, often with historical significance. In this context, the tomb is 5,000 years old, making 'ancient' the most appropriate choice to describe the place. The word emphasises the age and historical depth of the tomb, fitting well with the passage's context.

5. (d) The phrase 'a testament to' is a common expression used to indicate that something serves as proof or evidence of something else, in this case, the skill of Orkney's pre-historic residents. 'To' correctly links the 'testament' to the skill being demonstrated.

6. (d) The word 'for' is used here to indicate the duration of time. The phrase 'for around three weeks' correctly expresses the period of time during which the phenomenon occurs around the winter solstice. It implies that this period extends on either side of the solstice.

7. (c) The word 'place' is the most fitting option because it refers to a location or area, which aligns with the context of the passage discussing a historical site, the Maeshowe tomb. 'Place' is commonly used to refer to a specific geographical location, making it the most appropriate word to describe the tomb.

8. (c) The word 'occur' means 'to happen' or 'to take place', which is the most appropriate choice in this context. The passage is describing a phenomenon that happens during the winter solstice, making 'occur' the correct term to describe this event.

9. (d) The word 'tomb' is the most appropriate choice as it refers to a place where a person is buried, which fits the context of the Maeshowe tomb in the passage. The passage describes a pre-historic burial site and 'tomb' is the correct term to describe such a place.

10. (c) The phrase 'designed to align' is the most appropriate choice. The infinitive form 'to align' is used after 'designed' to indicate the purpose of the design. In this context, the passage is explaining that the passage was intentionally designed with the purpose (or intention) of aligning with the setting of the midwinter Sun.

11. (a) The word 'batch' refers to a group of items or people that are treated or produced together. In this context, 'batch of 20' refers to a group of 20 aircrafts arriving together. This is a common usage when discussing a quantity of items produced or delivered in one go.

12. (b) The word 'showcased' is the correct past tense form of the verb 'showcase', which is used here to indicate that the aircraft was presented or displayed for the first time on 18th January. The sentence is describing a past event, so the past tense 'showcased' is appropriate.

13. (a) The word 'such' is used to refer to a specific type or category of something, often implying the uniqueness or significance of the item. In this context, it emphasises that the five more aircrafts are of the same kind or type as the first A350. The phrase 'such premium passenger aircrafts' correctly points to a specific type of aircraft, highlighting their premium nature.

14. (a) The phrase 'scheduled to arrive' is grammatically correct because it uses the infinitive form to express a planned or expected event. In this context, it refers to the aircraft's scheduled arrival.

15. (a) 'The' is the correct definite article because we are referring to a specific first Indian carrier, which is Air India. The article 'the' points to a unique entity.

16. (b) The preposition 'on' is used to refer to specific dates and days, such as 22nd January in this case.

17. (a) The word 'hoping' is used here because it indicates a desire or expectation for something to happen. The sentence suggests that Air India is expecting to overhaul its image and service.

18. (b) The correct preposition is 'with' because it indicates that the A350 is equipped with a powerful engine. 'With' is used to express the tools or features something has.

19. (a) The word 'step' is the correct option, meaning to move or enter into the aircraft. The phrase 'step inside' is commonly used when describing entering a space.

20. (a) The word 'see' is the most appropriate choice, meaning to observe or notice something. It is commonly used in contexts where something is visually perceived.

21. (d) The word 'ensures' is correct because it means to make certain that something happens. In the context of the passage organic farming guarantees that nature stays clean and rich.

22. (c) The word 'buzz' is correct here as it refers to the sound or activity made by animals, birds and insects, commonly associated with a lively, active environment like an organic farm.

23. (d) The word 'near' is most appropriate here, meaning in close proximity. The phrase suggests that wildlife and plants thrive close to ecologically produced fields, indicating a positive impact on the surrounding area.

24. **(c)** The phrase 'far less' correctly indicates a significantly lower usage of fertiliser in organic farming compared to conventional farming. It emphasises that less fertiliser is used in organic farming.

25. **(c)** The word 'perception' refers to how something is viewed or understood by people. In this context, it reflects how organic food is now perceived differently, focusing more on safety and health due to the pandemic.

26. **(d)** Mercantile companies during the 17th century made profits primarily by excluding their competitors. By eliminating competition, these companies could buy goods at a cheaper price and sell them at higher prices, thus ensuring their profitability. This practice was central to their business strategy.

27. **(c)** The East India Company excluded competition by fighting fierce battles with other European companies to secure markets. However, it did not buy goods at higher prices than its competitors. Instead, it sought to buy cheap goods and sell them at higher prices, which is the core of mercantile profit-making strategies.

28. **(d)** The Portuguese were the first Europeans to establish a presence in India for trade, having set up their base in Goa. Vasco da Gama, a Portuguese explorer, was the one who discovered the sea route to India in 1498.

29. **(a)** The passage discusses the role of the East India Company in the context of trade with the East, including the exclusive rights granted to the company, its venture across the oceans and its rivalry with other European powers. The focus is on the East India Company's establishment and its monopoly in trading, which is the main theme of the passage.

30. **(a)** The Royal Charter granted the East India Company the exclusive right to trade with the East, meaning no other English company could compete with it in the Eastern markets.

31. **(a)** The passage primarily focuses on the discovery of pre-historic rock paintings in a cave in Pithoragarh district. The paintings are described as being thousands of years old and the discovery is highlighted as a significant find in the region.

32. **(c)** The passage indicates that the wide space inside the cave is a clue that suggests the cave was used as a habitation by pre-historic human groups.

33. **(c)** The passage mentions that a cup mark was spotted 20 feet up the hill, which is not part of the rock paintings inside the cave.

34. **(a)** The passage mentions that nine caves in Almora, one in Nainital and three in the Garhwal region were found with rock paintings before the discovery in Pithoragarh. However, the first caves with paintings in Uttarakhand were discovered in Almora, not Pithoragarh.

35. **(b)** This sequence correctly reflects the flow of events as described in the passage.

36. **(d)** The passage mentions that "Only 43.3 per cent of 14-18-year olds are able to do such problems correctly". These problems involve dividing a three-digit number by a one-digit number, which is a skill expected around Class 3 and 4.

37. **(a)** The passage mentions that "females (76 per cent) do better than males (70.9 per cent) in reading a Class 2 level text in their regional language". This clearly shows that girls outperform boys in reading fluency in their regional language.

38. **(c)** The passage describes how the ASER 2023 survey assessed both reading abilities and numeracy skills among 14-18-year-olds, specifically their ability to read Class 2 level texts and perform basic division, making this the primary focus of the survey.

39. **(a)** The passage states that "85 per cent of those surveyed could calculate the length of an object correctly if it was placed at the '0' mark on the ruler". This refers to the ability to measure objects accurately when they are placed at the '0' mark.

40. **(a)** The passage provides detailed information about the findings from the ASER 2023 survey, which is a report on educational status in rural India. The passage discusses the survey's findings on the reading abilities and numeracy skills of 14-18-year-olds in rural India.

41. **(d)** The passage details the author's initial experiences in London, including his first lessons in European etiquette, staying at an expensive hotel and adjusting to the new environment. These events depict the author's early days in London.

42. **(d)** Dr. Mehta got irritated when the author picked up his top-hat and disturbed the fur by passing his hand over it the wrong way. This incident led to the author's first lesson in European etiquette.

43. **(b)** Dr. Mehta is the one who humorously initiated the author into European manners and etiquette, as indicated in the passage.

44. **(d)** The passage is written in a personal narrative style where the author recounts specific personal experiences from their early days in London. This fits the characteristics of an autobiography, where an individual reflects on their own life and experiences.

45. **(d)** The passage mentions that the author had depended on the provisions brought from Bombay during his early days in London, as he found the hotel food unappetising.

46. **(d)** The passage describes the significant impact of the record drought in the Amazon, focusing on how it has affected rivers, wildlife and human lives, marking the worst drought in over a century. This is the main theme of the passage.

47. **(b)** The passage states that on Monday, the port of Manaus recorded a water level of 13.59 metres, which is the lowest since records began in 1902. The statement in option (b) about the water level being 17.60 metres on Monday is incorrect.

48. **(d)** The phrase 'fanned out' means to spread out in different directions or over an area. In this context, it refers to the workers from the NGO who distributed themselves across the region to deliver food and supplies.

49. **(c)** The sequence begins with the least rain in the Amazon region (D), followed by drying tributaries (B), boats being stranded (A) and food and water supplies being cut-off (C).

50. **(a)** The passage is reporting on the current situation regarding the Amazon drought, the environmental impacts and the government's response, which is typical of a news report.

51. **(a)** The sentence discusses a weather forecast that predicts a future event (heavy snowfall). When expressing an expectation or prediction about something in the future, we often use the phrase 'should have' to indicate what is expected or likely to happen.

Grammar Concept The phrase 'should have' is used to express a prediction or expectation about a future event, which fits the context of the weather forecast. It suggests that the snowfall is something expected, based on the forecast.

52. **(a)** This sentence is in passive voice, where the focus is shifted from the doer of the action (the director) to the action itself (the organisation of the meeting). In passive voice, the subject of the sentence receives the action rather than performing it. The structure of a passive sentence is

[Object] + [Auxiliary Verb] + [Past Participle] + [by + Subject]

In the active voice, the sentence is 'The director organised a meeting'.

In the passive voice, it becomes 'A meeting was organised by the director'.

53. **(b)** 'Otherwise' is used to indicate the consequence of not doing something. In this sentence, it explains what would have happened if the person had not followed the instructions.

Grammar Concept 'Otherwise' is a conjunctive adverb that introduces an alternative or result. It is used to indicate that if one action is not done, something undesirable will happen. 'Otherwise' connects the two clauses by showing cause and effect.

54. **(a)** In this sentence, we are referring to two actions that occurred in the past. The storm subsiding (ceasing or becoming less intense) happened before the explorers realised the flood. This is why the past perfect tense (had subsided) is the correct choice.

55. **(d)** This sentence is an example of the active voice where the subject (the company) is doing the action (issuing a statement). The phrase 'Let the company issue' correctly expresses the active voice in an imperative form, asking or allowing the company to take action.

Grammar Concept In the active voice, the subject of the sentence performs the action. 'Let' is used to suggest or allow someone to do something. The structure is Let + Subject + Base form of verb.

56. **(a)** 'Even though' is used to show contrast. The sentence suggests that despite the fact that everyone left the office, Ashutosh was still working. 'Even though' introduces the contrast between the two clauses (everybody leaving the office and Ashutosh still being busy).

57. **(d)** This sentence in direct speech expresses an exclamation about the loss. 'What a loss!' correctly reflects the sadness or disappointment in the context of the World Cup finals.

Grammar Concept Direct speech is used to quote someone's exact words. In direct speech, punctuation marks like commas and quotation marks are important. The exclamation 'What a loss!' is appropriate for expressing strong feelings of disappointment, fitting the context of the sentence.

58. **(a)** In the active voice, the subject 'Our team' is performing the action. The present continuous tense (is designing) is used because the action (designing the software) is happening at the present moment. This tense is appropriate for ongoing actions.

Grammar Concept The present continuous tense is used to describe actions that are happening now or around the present time. It is formed with 'am/is/are' + the base form of the verb + '-ing'.

59. **(c)** The correct phrase is 'I have ever seen' because it correctly uses the present perfect tense. The present perfect tense is used to talk about experiences in life up until now. The word 'ever' indicates that the experience is something that has happened at any point in the past, but it is relevant now.

Grammar Concept The present perfect tense is formed using 'have/has' + the past participle of the verb. In this case, the verb 'see' changes to its past participle form 'seen'. 'Ever' is used to refer to any time before now.

60. **(d)** The phrase 'a meeting sorting out' is incorrect because it uses a gerund (sorting out) as a noun modifier, which sounds awkward. The correct expression should be 'a meeting to sort out', where 'to sort out' is an infinitive verb that describes the purpose of the meeting.

Grammar Concept When we describe the purpose of something (in this case, the meeting), we typically use an infinitive verb (to + base form of the verb). The phrase 'sorting out' as a gerund does not fit naturally in this context.

61. **(b)** In this question, the sentence is converted from passive to active voice. Voice in grammar indicates whether the subject performs the action or receives it.

- **Passive voice** The subject (cake) is the recipient of the action (baked by Mary).
- **Active voice** The subject (Mary) performs the action (baked).

The sentence 'This cake was baked by Mary for your birthday' is in passive voice.

To convert it to active voice, we change the focus from the object (the cake) to the subject (Mary) and adjust the verb accordingly.

The past tense verb 'was baked' is changed to 'baked' to make it active. Therefore, the correct active voice is 'Mary baked this cake for your birthday'.

62. **(b)** In this sentence, passive voice is used. Passive voice focuses on the action (what happened) or the recipient of the action, instead of the person performing it.

- In active voice, the subject (the author) performs the action (wrote a compelling novel).
- In passive voice, the object (the compelling novel) becomes the subject of the sentence and the verb 'was written' is used to indicate the action.

Thus, to convert from active to passive

- The object of the action (a compelling novel) becomes the subject of the sentence.
- The verb is changed to a form of the verb 'to be' + the past participle of the main verb (was written).

63. **(c)** This question involves the possessive pronoun 'mine' vs. the possessive adjective 'my'.

- Possessive pronouns (mine, yours, hers, etc.), replace a noun and stand alone.
- Possessive adjectives (my, your, his, etc.), modify a noun and describe ownership.

In the sentence 'Mine grandmother needs a helper', the use of 'Mine' is incorrect. The correct form is 'My grandmother', as 'my' is the possessive adjective modifying 'grandmother'.

64. **(b)** This sentence contains an idiomatic expression 'under the impression', which means 'believing something'.

The correct phrase is 'under the impression', not 'with the impression'. The sentence should be

- 'I was under the impression that I had returned the books..'.
- 'With' is used to show physical proximity or association, but 'under' is the correct preposition in this idiomatic phrase.

65. **(c)** In direct speech, we quote the exact words spoken

"Don't forget that the last date for geotagging our apartment is tomorrow".

- In indirect speech, we change the pronouns, verb tense and sometimes the time expressions
  - 'tomorrow' changes to 'the next day'.
  - 'Is' changes to 'was' (since we are reporting something in the past).

The reported speech version is

"Mother reminded Rahul that the last date for geo-tagging their apartment was the next day".

66. **(a)** This is a case of direct speech, where the speaker's exact words are quoted. In direct speech, the words spoken are enclosed in quotation marks.

In direct speech, we report what someone said without changing the tense or pronouns.

The original direct speech is

Mohit said to his father, 'I cannot solve this sum as it is very difficult'.

The correct option directly conveys the speaker's words without any change in meaning or structure.

67. **(b)** This is indirect speech (or reported speech). In indirect speech, we report what someone said without using their exact words.

- In direct speech, the question is 'Can you give me the directions to the temple?'
- In indirect speech, we change the word 'can' to 'could' (for past tense) and adjust pronouns accordingly (from 'me' to 'him' and 'you' to 'I').

Thus, the correct indirect speech version is

'The tourist asked me if I could give him the directions to the temple'.

68. **(b)** In this question, we are looking at passive voice in a question structure. Let's break it down

Active voice 'Do we have to accept this deal?' (The subject 'we' is performing the action 'accept').

Passive voice The subject (the deal) is now the focus of the sentence and the action (accepting) is done to it. The correct passive construction is 'Does this deal have to be accepted?'

In passive voice, we use 'does' (because the subject 'deal' is singular) and the structure 'have to be accepted' is correct for a passive construction of the verb phrase.

So, the correct transformation into passive voice is

'Does this deal have to be accepted?' This sentence shifts the focus from the action performed by the subject (we) to the action done to the object (the deal).

69. **(a)** In this question, we are looking at passive voice.

- In active voice, the subject performs the action 'The company will launch a new product next month'.
- In passive voice, the object (new product) becomes the subject and the verb is adjusted accordingly

'A new product will be launched by the company next month'.

The correct passive voice form uses the auxiliary verb 'will be' and the past participle 'launched'.

70. **(c)** The error in this sentence is with the verb 'give'. The correct form is 'gives' because the subject 'my mother' is singular. In English, the verb must agree with the subject in number (singular or plural).

71. **(a)** This is a question in reported speech. In reported speech, the question is often transformed by changing the structure of the sentence.

- **In direct speech** 'Would you like to have some herbal tea?'
- **In reported speech** The question becomes a statement where we use 'if' to introduce the reported question.

So, the correct transformation is 'Sandhya asked me if I would like to have some herbal tea'.

This is because the sentence is a yes/no question, so 'if' is used to join the reported speech.

72. **(a)** In indirect speech, when reporting a suggestion made by someone, we often use the verb 'suggest' followed by a clause with 'that'.

- **The direct speech** 'Let's go for a walk in the park'.
- **The indirect speech becomes** 'He suggested that they should go for a walk in the park'.

73. **(c)** In reported speech, a question that is asked about preferences should use the appropriate past tense form. The correct transformation would be

- **Direct speech** 'What do you prefer to do in your free time - painting or basketball practice?'
- **Indirect speech** 'Aditya asked Kavya what she preferred to do in her free time - painting or basketball practice'.

The word 'do' changes to 'preferred' in the reported speech as the verb tense changes to the past tense.

74. **(c)** In reported speech, when the verb in the direct speech is in the present continuous tense, we change it to the past continuous tense in the indirect speech.

- **Direct speech** 'I am going to the park'.
- **Indirect speech** 'She said that she was going to the park'.

This change happens because the action is in progress and is being reported in the past.

75. (a) The sentence in the direct speech is in the present perfect tense (I have completed). In reported speech, if the reporting verb is in the present tense (in this case, 'says'), the present perfect in direct speech remains unchanged. Therefore, the correct conversion is

- **Direct speech** 'I have completed the math assignment'.
- **Indirect speech** 'Avika says that she had completed the math assignment'.

This shows that the action (completion of the assignment) is recent and still relevant at the time of speaking.

76. (b) In this sentence, the preposition 'of' is the correct one to use. 'Complaining of' is the correct expression when referring to experiencing or suffering from pain or illness.

- 'Complaining of' is the correct preposition to use when talking about experiencing pain, discomfort or other issues.

77. (c) In reported speech, when converting a sentence that uses the word 'might' in the direct speech, the tense remains the same. Additionally, time expressions like 'tonight' change to 'that night' when moving to indirect speech.

78. (a) This is a reported speech conversion. The sentence in direct speech is in the present tense (I don't want to). In reported speech, when the reporting verb is in the past tense, the present tense in the direct speech usually shifts to the past tense. However, if the statement is still true in the present context, we sometimes retain the present tense in reported speech.

79. (c) In passive voice, the subject of the sentence (the car) becomes the focus, and the action is done by the agent (the mechanic).The auxiliary verb 'was' is used to show the past tense and the action is done to the object 'the car'.

80. (b) In passive voice, we focus on the action being done to the object (the exam) and the auxiliary verbs are used appropriately.Notice the use of 'being discussed' to show the ongoing action in passive voice.

81. (a) The error in the sentence lies in the use of 'discovering' instead of the correct form 'discovered'.

Concept Present Participle v/s Past Participle

- Present Participle (discovering) is used to describe an ongoing action (e.g., 'She is discovering new things').
- Past Participle (discovered) is used to describe a completed action (e.g., 'She has discovered new things').

In this case, since 'technology' is already discovered and the phrase is referring to the completed discovery, the past participle form 'discovered' should be used.

82. (b) The sentence describes an action that will happen in the future and it is written in the passive voice.

Concept Passive Voice in Future Tense

In passive voice, the subject of the sentence is the receiver of the action rather than the doer.

The future tense passive voice uses the structure 'will be' followed by the past participle of the verb.

83. (a) The error is in the preposition 'to' used after the verb 'had coffee'.

Concept Prepositions with Verbs of Eating/Drinking

After verbs like 'have', 'eat' and 'drink', the correct preposition to use is 'at' when referring to the location where the activity occurs.

- **Correct Usage** 'I had coffee at the café'.
- **Incorrect Usage** 'I had coffee to the café'. (This is not correct because 'to' suggests movement towards a place, which is not applicable here.)

Hence, the correct sentence is 'We had coffee at the university café'.

84. (d) The choice of prepositions is based on the specific movement and location described in the sentence.

Concept Prepositions of Movement

- 'Through' is used when moving within a place or space, such as walking through a park, a forest, etc.
- 'Along' is used when moving next to or beside a line, such as a riverbank, a road, etc.

85. (a) This sentence involves a yes/no question that has been transformed into reported speech.

Concept Reporting Yes/No Questions in Reported Speech

When reporting yes/no questions, we use 'if' or 'whether' to introduce the reported speech. Also, the verb tense changes according to the reporting verb

Direct Speech 'Did you finish your homework?'

Reported Speech 'Mother asked Amayra if she had finished her homework'.

The change from 'did' (present tense) to 'had' (past perfect tense) is necessary because we are reporting a question that happened in the past.

86. (a) In this sentence, we are dealing with the use of articles in English. There are two types of articles in English: the indefinite article (a, an) and the definite article (the).

- 'A' is used when referring to something non-specific or general. In this case, the phrase 'a team' refers to one team, but not a specific or previously identified one.
- 'The' is used when referring to something specific or already known. The phrase 'the top of K2' refers to a particular location that is well known, making it specific.

87. (b) The sentence involves the use of pronouns in the correct grammatical form.

Concept Pronouns - Objective v/s Subjective Case

- 'Her' is the objective case of the pronoun, used when the pronoun is the receiver of the action.
- 'She' is the subjective case, used when the pronoun is the doer of the action.

88. (a) This is a passive voice construction.

Concept Passive Voice

In passive voice, the focus is on the action or the recipient of the action, not on the doer. The structure for past tense in passive voice is

Subject + was/were + past participle + by + agent (if mentioned).

89. **(c)** This is a direct speech sentence.

Concept Direct Speech

In direct speech, we quote the exact words spoken by the speaker, using quotation marks. The structure typically includes

- Reporting verb (e.g., said)
- The quoted words (exactly as spoken)
- The sentence punctuation and capitalisation are also important.

The sentence 'Mother asked Rubani if she was sorry for what she had done' can be converted into direct speech as 'Mother said to Rubani, 'Are you sorry for what you have done?'

90. **(d)** This sentence involves reported speech and uses a backshift of tenses because the reporting verb (said) is in the past tense.

Concept Reported Speech - Backshift of Tenses

In reported speech, when the reporting verb is in the past tense, we shift the tense of the direct speech one step back (called 'backshifting')

- Present simple → Past simple
- Present continuous → Past continuous
- Present perfect→ Past perfect
- Will → Would

91. **(b)** This question involves reported speech where the direct speech is 'Don't forget to bring your umbrella.' When transforming imperative sentences (commands, requests or suggestions) into reported speech, the verb 'reminded' is used to indicate that someone is being prompted to do something. Additionally, the infinitive form 'to bring' is used after 'reminded.'

In reported speech, commands often use 'told', 'asked', or 'reminded'. Followed by an infinitive verb (e.g., to do, to bring, etc.).

92. **(d)** The error in the sentence lies in the phrase 'propagate in the release of seeds.' The correct preposition to use with the verb 'propagate' in this context is 'by', not 'in'.

- 'Propagate by' is used when referring to the method by which something is spread or reproduced. The word 'in' is not appropriate here, as it changes the meaning and does not follow the expected grammatical structure.
- Thus, the correct phrase should be
- 'The ancient trees of this forest did not propagate by the release of seeds.'

93. **(d)** This error involves the use of the verb 'use' in the past tense. The correct form of the verb is 'used to' when referring to past habitual actions.

In English, 'used to' is the correct expression to describe something that was done regularly in the past but no longer happens. It is often followed by the base form of the verb.

94. **(b)** In this sentence, the verb 'decided' is followed by the infinitive form of the verb. When verbs like 'decide', 'plan', 'want', etc., are used, they are typically followed by 'to' + base form of the verb.

The correct form here is 'to undertake', as it correctly follows the verb 'decided'.

95. **(a)** This question involves direct speech. The sentence 'Rahul asked his mother if she had prepared the carrot halwa for him' is in reported speech. To convert this back into direct speech, we need to ensure that the question remains in its original interrogative form.

- "The direct speech question 'Have you prepared the carrot halwa for me?" The correct format for the question in direct speech is Rahul said to his mother, 'Have you prepared the carrot halwa for me?'

96. **(a)** This question involves the expression 'No sooner'. The structure for 'No sooner' is No sooner + auxiliary verb + subject + main verb. It is used in sentences that indicate one action happened immediately after another.

The correct form here is 'As soon as I saw' because it follows the correct word order.

97. **(a)** This question involves the coordinating conjunction 'not only... but also.' In English, 'not only' is used to introduce one idea and 'but also' is used to add another idea that is related but different.

The correct form is 'but also very suspenseful' because 'it' should be omitted after 'but also'.

98. **(d)** The sentence 'Kavya finishes her homework before having dinner' is grammatically correct.

99. **(b)** In this sentence, the verb 'hoping' is followed by an infinitive verb. After verbs like 'hope', we use the infinitive form (e.g., 'to speak') to show the purpose or intention behind the action.

100. **(c)** The error in this sentence is the preposition 'in'. When referring to a road or highway, we use the preposition 'on', not 'in.'

101. **(c)** The error in the sentence lies in the phrase 'but nobody is listening'. The subject of the sentence refers to an event in the past (the teacher's instruction to be quiet), but the verb tense used is present continuous (is listening), which is not consistent with the rest of the sentence. Since the rest of the sentence is in the past tense (the teacher asked), the correct tense should also be in the past tense.

The correct version should be 'but nobody was listening'.

This ensures the sentence is consistent in tense, specifically the past continuous tense.

102. **(c)** The sentence 'They say, 'We are working on a new project' is a statement in the present tense. When reporting this in indirect speech, we need to shift the verb 'are working' (present continuous) to 'were working' (past continuous), since the reporting verb 'say' is in the present tense but the action is being reported from the past.

Thus, the indirect speech is 'They say that they were working on a new project.'

Concept Reported Speech - Backshift of Tenses

When reporting a statement in reported speech, we follow these rules

- Present continuous changes to past continuous.
- Present simple changes to past simple.
- Present perfect changes to past perfect.
- Will changes to would.

In this case, the present continuous (are working) becomes past continuous (were working).

103. **(a)** In reported speech, when the reporting verb (e.g., 'said') is in the past tense, we apply backshifting of tenses. This means that the present tense used in direct speech changes to past tense in reported speech.

In this case, 'I am busy today' becomes 'she was busy that day'.

This involves two changes

- The present tense 'am' becomes past tense 'was'.
- 'Today' changes to 'that day' because we are reporting what was said on a different day.

104. **(c)** In passive voice, the object of the active sentence becomes the subject of the passive sentence. The sentence 'The courier gave my parcel to my neighbour in my absence' is an active voice sentence and to change it to passive, we need to make the object 'my parcel' the subject and adjust the verb accordingly.

- The active voice verb 'gave' is changed to the passive form 'was given'.
- The original subject 'the courier' becomes the agent in the passive sentence, introduced by 'by'.

105. **(b)** In direct speech, the speaker's exact words are quoted. The sentence 'I would pick her up from school that week' is reported speech and the original speech was made in the present tense (I will pick).

In direct speech, we maintain the original tense. So, 'I will pick her up from school' is the correct expression. Additionally, in direct speech, the pronouns should also reflect the speaker's intent. Since the speaker is referring to 'my daughter', the correct pronoun here should be 'you'.

106. **(c)** The sentence 'Linguists say that this method helps accelerate language learning.' is grammatically correct.

Concept Subject-Verb Agreement and Verb Usage In this sentence, 'helps' is correctly used as the third-person singular form of the verb and it is correctly followed by the base verb 'accelerate'. This is a typical structure for sentences using 'help' followed by another verb in its base form.

107. **(b)** The sentence describes an event that will be completed in the future, before another future event takes place. This requires the future perfect tense.

The future perfect tense is used to show that an action will be completed before a certain time in the future. In this case, the hotel staff will have completed the arrangements by the time the PM reaches.

Thus, the correct form is

' The hotel staff will have completed all the arrangements by the time the PM reaches here.'

Concept Future Perfect Tense

The future perfect tense is formed using 'will have' + the past participle of the verb. It is used to describe actions that will be completed at some point in the future before another action or event occurs.

108. **(b)** The sentence 'I saw that movie last week and it was really interesting' is grammatically correct.

Concept Tense Usage and Conjunctions

The past simple tense 'saw' is correctly used to describe a completed action in the past. The conjunction 'and' properly connects two related ideas, making the sentence clear and coherent.

109. **(c)** The sentence is in the passive voice, so the object 'A series of ground-breaking experiments' becomes the subject and the verb 'were conducted' is in the past tense.

- The correct passive voice construction is

'A series of ground-breaking experiments were conducted by the scientist.'

This maintains proper grammatical structure for passive voice and ensures the sentence remains clear and correct.

Concept Passive Voice

When converting from active to passive voice, the object of the active sentence (here 'a series of ground-breaking experiments') becomes the subject of the passive sentence. The verb is changed to the correct form of 'to be' + the past participle and the subject of the active voice sentence becomes the agent (here 'by the scientist').

110. **(d)** In this sentence, we are converting a passive voice question into its active voice form. The original sentence 'Was the food finished by Kavya?' is in the passive voice and to convert it to the active voice, we follow these steps

1. The subject (in this case, Kavya) becomes the subject of the sentence.
2. The verb 'was finished' (past tense) changes to 'finish' (simple past tense) to form the active voice.
3. The sentence structure changes to form a proper question 'Did Kavya finish the food?'

Thus, the correct active voice form is

'Did Kavya finish the food?'

111. **(a)** In active voice, the subject performs the action. In the passive sentence 'The dinner will have been prepared by my sisters', the subject is the object (dinner). To convert this into active voice, we place the subject 'my sisters' before the verb 'will have prepared' and remove the auxiliary 'been'.

The correct active voice form is

'My sisters will have prepared the dinner.'

112. **(d)** The error lies in the phrase 'to offer a plethora of.' The correct phrase should be 'offering a plethora of', as 'stretches' (which is in the present tense) is followed by an 'ing' verb form when used to show an ongoing action or purpose.

Thus, the correct version is

'India's coastline stretches for over 7,500 kilometres, offering a plethora of must-visit beaches and coastal destinations.'

Concept Parallel Structure and Verb Forms

In this sentence, parallel structure needs to be maintained. After a verb like 'stretches', we use the '-ing' form of the verb when describing what is happening simultaneously. The incorrect form 'to offer' is in the infinitive, which disrupts the parallel construction.

113. **(c)** The error in the sentence is in the comparison structure 'more faster'. The comparative form of 'fast' is 'faster' and it should not be used with the word 'more'.

Thus, the correct phrase is 'runs faster than'.

The sentence should read

'she runs faster than her brother in the track events.'

Concept Comparative Adjectives

In English, when we make comparisons, we use the comparative form of the adjective

- If the adjective is a one-syllable word, we generally add '-er' (e.g., fast → faster).
- For adjectives with two or more syllables, we typically use more (e.g., beautiful → more beautiful), but in this case, 'fast' is a one-syllable adjective, so we use 'faster' without 'more'.

114. (c) The error lies in the use of 'able qualifying'. The correct phrase should be 'able to qualify' because after 'able to', we need the base form of the verb (in this case, 'qualify').

Thus, the sentence should read 'She had hoped that she would be able to qualify the CAT with a high percentile.'

Concept Modals and Infinitives

When using the phrase 'able to', it is followed by the base form of the verb (infinitive). This structure is used to express ability or possibility in a future context. The word 'able' is followed by 'to' and the verb in its base form.

115. (d) In the passive voice, we focus on the action being done to the object rather than who is performing the action. The original sentence 'The gardener is planting flowers in the garden' is in the active voice. To convert it to passive voice

- The object 'flowers' becomes the subject.
- The verb 'is planting' is converted into 'are being planted', which is the present continuous form in passive voice.
- The agent 'by the gardener' is included at the end of the sentence.

116. (d) The sentence 'Yesterday all the culprits were arrested' is in the passive voice. To convert it to the active voice

- Subject 'the police' becomes the subject of the sentence.
- The verb 'were arrested' becomes 'arrested' in the active voice, maintaining the past tense.
- The sentence is then

'Yesterday the police arrested all the culprits'.

117. (c) The sentence 'When I received the appointment letter from the college of Arts and Humanities, I was exhilarated'. is grammatically correct.

- 'When I received' is correct because the sentence talks about an event that happened in the past.
- 'I was exhilarated' also uses the correct past tense to indicate the feeling after receiving the letter.

118. (d) The error is in 'Each of the students were asked'. The phrase 'Each of' requires the singular form of the verb, not plural. The correct form is 'was' instead of 'were'.

Thus, the correct sentence is 'Each of the students was asked to submit the project by the following day'.

Concept Subject-Verb Agreement

When the subject is 'each', it is treated as singular. Therefore, the verb that follows should also be singular. Even though 'students' is plural, the subject 'each' requires a singular verb.

119. (b) The original sentence is in the present tense 'I have to stay back', but since the reporting verb 'told' is in the past tense, we apply backshifting to the present verb 'have', changing it to the past form 'had'.

Additionally, 'today' is changed to 'that day' to indicate that the statement was made in the past.

120. (d) In active voice, the subject performs the action. The original passive sentence 'This book was loved by the students' can be changed to active voice by making 'The students' the subject and using the verb 'loved' in the simple past tense.

Thus, the active voice version is 'the students loved this book'.

121. (b) In reported speech, when transforming questions from direct to indirect, the word order changes and the subject and auxiliary verb are inverted. In this case, the original direct speech question is

'Which lines of the poem you have not understood?'

In reported speech, we apply the correct question word order

- The subject (you) and the auxiliary verb (have) are inverted.
- The present perfect 'have understood' becomes past perfect 'had understood' due to the backshift of tenses.

122. (c) In passive voice, we focus on the action and the receiver of the action rather than the performer. The sentence 'My grandmother called me to the worship place' in the passive voice should be

'I was called by my grandmother to the worship place.'

Concept Passive Voice Construction

To convert an active voice sentence into passive voice

1. The object of the active sentence becomes the subject in the passive sentence.
2. The verb is changed into the appropriate form (e.g., 'called' becomes 'was called').
3. The agent (performer) is introduced using 'by' if needed.

123. (a) The error in the sentence lies in 'Most than half of'. The correct phrase should be 'More than half of' because 'more' is used in comparisons, especially when comparing amounts or numbers.

Concept Comparative Form of 'More'

In English, 'more' is used when comparing quantities, amounts or numbers. We use 'more' with comparative adjectives or nouns, while 'most' is used in superlative forms.

124. (c) The sentence 'She said, 'I will meet you at the cafe at 3 pm' is in direct speech, but in indirect speech, we need to apply the backshift of tense. The present 'will' becomes 'would' in reported speech and the time expression 'tomorrow' becomes 'that day.'

Concept Reported Speech - Backshift of Tenses

In reported speech, when the reporting verb is in the past tense, the verb in the reported speech typically shifts one tense back. For instance

- Will changes to would.
- Present simple changes to past simple.
- Present continuous changes to past continuous.

125. (d) Concept Direct Speech - Reporting Future Events

In direct speech, when reporting something that is expected or predicted to happen in the future, we use 'will' (present simple for future tense) in the direct speech. The time expression 'the next day' changes to 'tomorrow' to keep it in the present context.

126. **(a)** The sentence 'He asked the speaker some questions until the session' uses the word 'until', which implies a time up to a point, but the word 'during' would be more appropriate when referring to an event or action happening throughout a specific period. The correct sentence should read, 'He asked the speaker some questions during the session'.

Concept Prepositions of Time

In this case, we are dealing with prepositions that denote time periods. 'During' is used when referring to an action that takes place at any point in a given time frame. 'Until' is used when referring to an action that stops at a certain point in time, not something that happens throughout. Therefore, during is the correct preposition here to indicate that the questions were asked while the session was ongoing.

127. **(d)** The sentence involves a subject 'the teacher along with the students', and in English, when the phrase 'along with' is used, the verb must agree with the main subject, which is 'the teacher' (singular). Therefore, the correct verb form is 'was crossing', not 'were crossing'.

Concept Subject-Verb Agreement

When compound subjects are joined by 'along with', 'as well as' or similar expressions, the verb agrees with the main subject (not the noun that follows the conjunction). Here, 'the teacher' is the main subject and so the singular verb 'was' is required.

128. **(b)** The sentence uses an imperative structure. In passive voice, the action (opening the window) is directed towards the subject (the window). In this case, 'Let the window be opened' is the correct passive form because we are focusing on the action being done to the subject (the window). The verb 'open' changes to 'be opened' to maintain the passive voice structure.

129. **(d)** The sentence 'Last evening I have gone to the theatre to see a performance' contains an incorrect tense usage. The phrase 'have gone' is the present perfect tense, which is used for actions that have relevance to the present. Since the sentence clearly refers to a completed action in the past (last evening), the simple past tense 'went' is required.

Concept Tense Consistency

When referring to a completed action in the past, we use the simple past tense (e.g., 'I went'). The present perfect tense is used when the action has a connection to the present moment or when the exact time of the action is not specified. Here, since 'last evening' is a specific time in the past, we should use the simple past tense.

130. **(a)** The sentence 'People under eighteen do not have the right to vote, don't they?' contains an error in the tag question. The correct form for the tag question should be 'do they?' because the main sentence is negative and tag questions for negative sentences are positive.

Concept Tag Questions

Tag questions are added to the end of a statement to confirm or check information.

If the main sentence is positive, the tag question is negative and if the main sentence is negative, the tag question is positive.

Since the main sentence is negative (do not have), the tag question should be positive (do they?). Hence, the correct tag question is 'do they?' and not 'don't they?'

131. **(d)** When converting direct speech into indirect speech, the pronouns and tenses must be adjusted accordingly. The direct speech 'I have brought a chocolate for you' becomes 'she had brought a chocolate for her' in indirect speech, where 'I' changes to 'she' and 'you' changes to 'her'. Additionally, the present perfect tense (have brought) shifts to the past perfect tense (had brought) in reported speech.

Concept Reported Speech - Pronoun and Tense Change

In reported speech, pronouns change based on the perspective of the speaker. Moreover, the tense usually shifts backward. For example

- Present perfect becomes Past perfect.
- 'I' changes to 'she' (or the third person) and 'you' changes to 'her' (or the third person in the object form).

132. **(b)** The sentence 'You may discussing your problem in tomorrow's meeting' contains an error in the verb form. The correct form of the verb after 'may' is the base form (infinitive form) of the verb. Therefore, 'discussing' should be changed to 'discuss'.

Concept Modal Verbs and Base Form of Verb

When using modal verbs like may, can, must, should, etc., the verb that follows the modal must always be in its base form (the infinitive form without 'to').

Modal verbs do not require the use of the present participle (the '-ing' form) or the past tense form. In this case, 'may discuss' is the correct form.

133. **(d)** The sentence 'The complex math problem was being explained to the students by the teacher' is in passive voice and the question asks for a conversion into active voice. To change the sentence into the active voice, the subject (the teacher) becomes the doer of the action and the object (the complex math problem) becomes the receiver of the action. The verb 'was being explained' is converted into the active voice form 'was explaining', which is in the past continuous tense. The correct sentence is 'The teacher was explaining the complex math problem to the students.'

Concept Active Voice

In active voice, the subject of the sentence performs the action. The structure for active voice sentences is subject + verb + object. Here, the subject (the teacher) performs the action of explaining the math problem to the students.

The past continuous tense (was explaining) is used to describe an action that was ongoing in the past. In active voice, the focus is on the subject performing the action, as opposed to passive voice, where the focus is on the object receiving the action.

134. **(a)** The original sentence uses 'the more beautiful' which is incorrect. We do not use article 'the' with comparative degree of adjectives. Comparative degree is used to compare two specific things.

Concept Degree of adjective

Degrees of adjectives are used to make comparison. They have specified rules followed in each degree- positive, comparative, superlative. 'The' is not used with comparative degree of adjectives.

135. **(d)** The sentence 'John was absent from the meeting because he was sick, nor did he inform anyone' contains a problem with the conjunction. The conjunction 'nor' is typically used to continue a negative idea after another negative clause. However, it should be paired with a positive auxiliary or verb ('but' is more suitable here).

Concept Conjunctions in Negative Sentences

In negative sentences, 'nor' is used after a negative clause to connect ideas or actions that both share a negative quality. The use of 'but' is appropriate when connecting a negative statement with a contradiction, especially when it indicates that the second part of the sentence contrasts with the first part. Here, 'but he did not inform anyone' properly connects with the previous statement.

136. **(d)** The sentence 'Her parents did not allowed her to learn western music' contains an error in the verb form. After the auxiliary verb 'did', the main verb should always be in the base form (i.e., allow), not the past tense form 'allowed'.

Concept Verb Form After 'Did'

When 'did' is used as an auxiliary verb in the past tense, the main verb must be in its base form (infinitive form). The auxiliary verb 'did' already conveys the past tense, so it is incorrect to use the past form of the main verb. The correct form is 'did not allow', not 'did not allowed.'

137. **(c)** The sentence 'Please listen carefully to what I am teaching', said Madam Mahima to the students is an example of a command or request in direct speech. In indirect speech, commands or requests are generally reported using 'told' or 'asked' followed by 'to' and the verb in the base form (listen). Additionally, the tense changes (present continuous 'am teaching' changes to past continuous 'was teaching').

Concept Reported Speech - Commands and Requests

When reporting a command or request, we generally use the verb 'tell' or 'ask' followed by the infinitive form (e.g., 'to listen'). The pronoun and verb tense in the direct speech also change to reflect the backshift of tenses. In this case, the verb 'am teaching' changes to 'was teaching'.

138. **(d)** The sentence 'Traffic is always remaining heavy in this part of Delhi' contains an error because the verb 'remaining' is not used correctly with 'is always'. The correct form should be 'remains' since we are describing a state of being that is generally true and ongoing, not an action that is happening continuously.

Concept Verb Forms for State of Being

The verb 'remain' is used to describe a continuing state or condition. When referring to something that is always true, we use the present simple tense (e.g., 'remains'). The continuous form (-ing) is not appropriate here because 'remain' is not an action but a state or condition. Therefore, 'always remains' is the correct expression.

139. **(c)** The sentence 'A ground-breaking discovery has been made in a deserting quarry near New York' contains an error with the word 'deserting'. The correct word should be 'deserted', which means 'abandoned or empty', as opposed to 'deserting', which refers to an action (someone leaving something behind).

140. **(b)** The sentence 'It is estimating that this forest once covered an area of approximately 400 km' contains a grammatical error because 'estimating' is not used correctly. The correct form should be 'It is estimated that'. The subject 'it' refers to the passive construction, meaning the action is being done by an unspecified agent.

Concept Passive Voice in Reporting Verbs

In sentences that report something that is being estimated, predicted or considered, the passive voice is often used. For example, 'It is estimated' is a standard passive construction. The verb 'estimate' in this context should be in the passive form 'is estimated' because the action is being performed on the subject (the forest), not by the subject.

141. **(d)** The sentence 'A remarkable discovery in Paestum, an ancient Greek city, has been made by archaeologists' is in the passive voice, but we need to convert it into the active voice. In the active voice, the subject (archaeologists) performs the action. The correct transformation is 'Archaeologists have made a remarkable discovery in Paestum, an ancient Greek city.' The verb 'have made' is in the present perfect tense, as the discovery is recent.

Concept Active Voice

In active voice, the subject of the sentence performs the action. The active voice form of a sentence is structured as Subject + verb + object. In this case, 'archaeologists' is the subject, 'have made' is the verb and 'a remarkable discovery' is the object. Converting passive to active voice often requires changing the order of the sentence and adjusting the verb tense accordingly.

142. **(d)** The sentence 'The team completed the project ahead of schedule' is in the active voice, and we are asked to convert it to the passive voice. In passive voice, the object (the project) becomes the subject and the verb 'completed' is changed to the past tense 'was completed'. The subject (the team) is retained at the end, introduced by 'by'. The correct passive voice construction is 'The project was completed ahead of schedule by the team'.

Concept Passive Voice

In passive voice, the subject receives the action rather than performing it. The passive voice structure is subject + form of 'be' + past participle of verb + (by + agent). In this case, 'the project' becomes the subject, 'was completed' is the passive form and 'by the team' is the agent performing the action.

143. **(d)** The sentence 'Akasa Air planning to acquire 150 Boeing 737 planes' contains a grammatical error. The correct form should be 'Akasa Air is planning to acquire', as the auxiliary verb 'is' is required to form the present continuous tense. The present continuous tense is used to describe an ongoing action or future plan. The verb 'planning' needs to be accompanied by the auxiliary verb 'is.'

Concept Present Continuous Tense

Thepresent continuous tense is used to describe actions that are currently happening or planned for the future. The structure for the present continuous tense is Subject + am/is/are + verb(-ing). In this case, 'Akasa Air' is the subject, 'is' is the auxiliary verb and 'planning' is the main verb in the -ing form. This construction expresses an action that is ongoing or happening in the near future.

144. **(b)** The sentence 'I said to Bhawna, 'Have the monkeys eaten up our cauliflowers?' is a direct question. When converting this to indirect speech, we follow the rules for reporting questions. In indirect speech, the verb tense in the question changes (backshifting) and the question is not introduced with 'if' or 'whether'. In this case, 'Have' changes to 'had' because the reporting verb 'said' is in the past tense and the reported question needs to reflect this.

Concept Indirect Speech - Questions

In indirect speech, questions are typically reported by using 'if' or 'whether' for yes/no questions. Additionally, the verb tense shifts one step back (known as backshifting). Here, 'have eaten' (present perfect) becomes 'had eaten' (past perfect) because the reporting verb is in the past tense. The structure is [reporting verb] + [if/whether] + [subject] + [verb in past tense].

145. **(d)** The sentence 'If you diligently study the intricacies of the language, you .... that your proficiency in it improves significantly' involves a first conditional. The first conditional is used to talk about real and possible situations in the present or future. In the first conditional, the main clause uses will + base verb. The correct form here is 'will find' because it indicates a result of the action in the condition.

Concept First Conditional

Thefirst conditional is used to talk about possible future events or actions that depend on a condition. It follows the structure If + present simple, + will + base verb. This form is used when the outcome is likely or possible. In this case, 'If you study', the expected result is that 'you will find' the improvement in proficiency.

146. **(c)** The sentence 'The concert will be attended by us' is in the passive voice, and we need to convert it into the active voice. The subject in the active voice becomes 'we' (the doers of the action) and the verb 'will attend' is used in its base form. The active voice construction is 'We will attend the concert'. This change correctly reflects that 'we' are doing the action of attending the concert.

Concept Active Voice

In active voice, the subject performs the action. The structure of an active voice sentence is Subject + verb + object. In this case, 'we' is the subject, 'will attend' is the verb in future tense and 'the concert' is the object. The passive voice sentence is converted by making the object of the passive sentence (the concert) the subject in the active sentence.

147. **(d)** The sentence 'The manager gave the employee a bonus' is in the active voice and we need to convert it to the passive voice. In passive voice, the object (the bonus) becomes the subject of the sentence. The verb 'gave' changes to 'was given', and the agent (the manager) is introduced by 'by'. The correct passive voice construction is 'The employee was given a bonus by the manager'.

Concept Passive Voice

In passive voice, the focus shifts from the subject performing the action to the object receiving the action. The passive voice structure is subject (object in active voice) + form of 'be' + past participle of verb + (by + agent). In this case, 'the employee' is the subject, 'was given' is the passive verb and 'by the manager' is the agent performing the action.

148. **(c)** The sentence 'Manya said that she didn't want any breakfast' is reported speech. To change it into direct speech, we need to use quotation marks to directly report Manya's words. The correct form is 'I don't want any breakfast', as this is how Manya expressed her desire in the present tense.

Concept Direct Speech

In direct speech, the exact words of the speaker are quoted and the sentence is enclosed in quotation marks. The verb tense remains the same as in the original spoken words.

In this case, the present tense (don't want) is retained in the direct speech and it is placed within quotation marks to reflect the exact speech of the speaker.

149. **(a)** The sentence 'She is allergic from peanuts, so she always checks food labels carefully' contains an error in the preposition. The correct preposition used with 'allergic' is 'to', not 'from'. The correct sentence is 'She is allergic to peanuts'.

Concept Prepositions with Adjectives

Certain adjectives are followed by specific prepositions. 'Allergic' is one such adjective and it is always followed by the preposition 'to'. This usage is standard and conveys the idea that someone has an allergy to something, such as peanuts. Using 'from' is incorrect in this context. Other common examples include 'interested in,'good at' and 'afraid of'.

150. **(a)** The sentence 'Traditional practices are ways of knowing, learning and to generate a distinct experience of the world around us' contains a grammatical error in the phrase 'and to generate a distinct experience'. The error lies in the use of 'to generate', which does not parallel the earlier verbs 'knowing' and 'learning' in the list. The verb forms should all be consistent in their structure. Therefore, 'to generate' should be changed to 'generating' to maintain parallelism in the list of verbs.

Concept Parallel Structure

Parallel structure (also called parallelism) refers to the use of the same grammatical structure in a list or series. When multiple actions are listed, all the verbs in the series must be in the same form. In this case, 'knowing' and 'learning' are in the gerund (verb+ing) form, so 'to generate' must be changed to 'generating' to match the structure of the other verbs. The corrected structure ensures grammatical consistency and clarity in the sentence.

151. **(c)** The error in this sentence lies in the phrase 'has a negatively effect'. The word 'negatively' is an adverb, but it is incorrectly used here. What is needed is the adjective form, 'negative', to modify the noun 'effect'. The correct form should be 'has a negative effect'.

Concept Adjective vs Adverb

In English, adverbs and adjectives have distinct roles

- Adjectives modify nouns (e.g., 'The negative effect').
- Adverbs modify verbs, adjectives or other adverbs (e.g., 'She sings beautifully').

Here, 'effect' is a noun, so it requires an adjective to describe it, not an adverb. Therefore, the correct phrase is 'has a negative effect'.

152. (d) **Concept** Reported Speech (Tense Backshift)

In reported speech, when the reporting verb is in the past tense (as in 'said'), the tenses in the reported speech typically shift one step back .

- Present simple → Past simple
- Present continuous → Past continuous
- Present perfect → Past perfect
- 'Will' → 'Would'

In this case, 'is shining' becomes 'was shining' and 'today' becomes 'that day'.

153. (b) The sentence contains the incorrect form 'She don't like'. The verb 'do' is an auxiliary verb and in the third person singular (she/he/it), we use 'doesn't' (not 'don't'). The correct form is 'She doesn't like'.

Concept Subject-Verb Agreement

In English, the subject and verb must agree in number and person

- For singular third-person subjects (he, she, it), we use 'does' (and 'doesn't' for negative sentences) with the base form of the main verb.
- For plural subjects and I/you/we (e.g., 'I don't like'), we use 'do' (and 'don't' for negatives).

154. (b) In the sentence 'The doctor prescribes antibiotics and a cough syrup to me when I had severe cough and cold', the tense is incorrect. The sentence starts in the present tense (prescribes), but then shifts to the past tense (had).

Since the action of the doctor prescribing the antibiotics happened at the same time as the past event (having a severe cough and cold), the correct verb tense for the prescription should be the simple past tense 'prescribed'.

Concept Tense Consistency

When narrating a sequence of events in the past, the tenses should remain consistent unless there is a specific reason for a shift.

Here, the doctor's action (prescribing) and the state of the illness (having a severe cough) both occurred in the past, so 'prescribes' should be changed to 'prescribed' to maintain tense consistency.

155. (c) The word 'mitigate' means to make something less severe or to reduce its impact. Therefore, its antonym would be a word that means to increase or worsen something. The word 'intensify' fits as it means to make something stronger or more intense, which is the opposite of mitigating or reducing something.

- **Mitigate** to lessen or reduce.
- **Intensify** to make something stronger or more intense, which is the opposite of reducing.

156. (b) The word 'exuberance' refers to the quality of being full of energy, excitement and cheerfulness. Its synonym would be a word that conveys similar meaning. 'Excitement' matches this definition, as it also refers to a state of enthusiasm and high energy.

157. (a) The word 'extravagant' refers to someone or something characterised by excessive or lavish spending, behaviour or appearance. The antonym would be a word that describes something moderate or controlled. 'Restrained' fits this definition, as it refers to something that is held back, controlled or not excessive.

- Extravagant means excessive, while
- Restrained means controlled or moderate.

158. (a) The given definition describes something that is 'a complete, usually alphabetical list of items, often with notes giving details'. This is exactly what a 'catalogue' is - a complete list of items with detailed descriptions, typically in an ordered format.

159. (b) The idiom 'Spill the beans' means to accidentally reveal a secret or disclose something that was meant to be kept confidential.

It is a widely known idiom and is used when someone reveals a piece of information they were not supposed to.

160. (b) The phrase 'Not able to be changed or adapted' refers to something that is inflexible, unyielding or not subject to change. The word 'rigid' fits this definition as it means something that is stiff or fixed and cannot be easily changed or adapted.

- Rigid means stiff and unchanging.
- Other options like 'austere', 'permissive' and 'harsh' don't quite match the idea of being unchangeable or fixed.

161. (c) The word 'devour' means to eat something eagerly and in large amounts. Its synonym would therefore be 'consume', which also means to eat or drink something, often in a large quantity or with great eagerness.

- Devour and consume both refer to eating or taking in something eagerly.
- Preserve, receive and abstain are not synonyms for devour, as they imply saving, getting or refraining from something, which is opposite in meaning.

162. (c) The word 'irrelevant' is spelled incorrectly in 'irrelevent'. The correct spelling is 'irrelevant' with only one 'e' after the 'r'. The term means something that is not related or pertinent to the matter at hand.

163. (a) The idiom 'Piece of cake' means something that is very easy to do. It is often used to describe tasks or activities that are simple and require little effort.

164. (d) The word 'frigid' means extremely cold and its most appropriate synonym is 'freezing', which also refers to something very cold, often below freezing point.

- Frigid and freezing both refer to extreme cold.
- Futile, facile and flexible do not convey the meaning of 'cold' in any way.

165. (c) The idiom 'Be in apple-pie order' means to be perfectly organised or tidy. It is used to describe something that is neat, well-arranged or in good order.

166. (a) The word 'oaf' refers to a clumsy, foolish or awkward person. Its antonym would be someone who is 'smart', meaning clever, intelligent or well-dressed.

- Oaf is a term used for someone who is clumsy or foolish.
- Smart means someone who is intelligent or well-dressed, making it the opposite of 'oaf'.

167. (b) The group of words 'The person who presents and coordinates a show on stage or television' refers to someone who introduces or leads a broadcast, typically known as an 'anchor'. An anchor is a person who presents news or entertainment programs on TV or stage.

- Anchor refers specifically to someone who presents or hosts shows, whether on television, radio or live events.
- Reporter and broadcaster can be related, but they are not as specific as anchor in the context of someone presenting and coordinating a show.

168. (d) The phrase 'lasting for a very short while' refers to something that is brief or temporary. The word 'ephemeral' perfectly matches this definition, as it means lasting for a very short time.

- Ephemeral means something that is short-lived or fleeting.
- Perpetual, reliable and eternal all suggest something long-lasting or permanent, which is the opposite of the given description.

169. (a) The word 'feasible' means something that is possible, practical or achievable. 'Practical' is the best synonym because it refers to something that is doable or sensible in real-world situations.

- Feasible and practical both suggest that something is achievable and workable.
- Worthless, energetic and tentative have different meanings and do not align with 'feasible'.

170. (b) The word 'munificence' refers to the quality of being very generous, especially with money or resources. Therefore, its synonym is 'generousness', which means the quality of being willing to give or share.

- Munificence and generousness both relate to the act of being generous or giving.
- Shrewdness, quietness and liveliness are unrelated to munificence and do not fit the definition.

171. (b) The phrase 'Not active but has the ability to be active anytime later' refers to something that is currently inactive but has the potential to become active at any time. The correct term for this is 'dormant', which means temporarily inactive or asleep but capable of becoming active in the future.

- Dormant refers to something that is not currently active but has the potential to become active.
- Jubilant, ambiguous and conscious do not fit the meaning of something being temporarily inactive.

172. (d) The idiom 'Sitting on the fence' means to be undecided or not taking sides in a situation. It is commonly used when someone avoids making a decision or taking a stance on an issue.

173. (d) The phrase 'Protect from a danger, risk or unpleasant experience' refers to something that guards or defends against harm. The correct one-word substitute is 'shield', which means to protect or defend from harm or danger.

- Shield is something that protects or guards against danger or unpleasant experiences.
- Scare, sever and seize do not fit the context of protection.

174. (a) The idiom 'Be on the same page' means to have a shared understanding or agreement about something. It is commonly used to indicate that everyone is thinking in the same way or has the same perspective.

175. (d) The word 'hungry' is spelled incorrectly as 'hungery'. The correct spelling is 'hungry', which refers to the feeling of needing food.

- 'Hurdle', 'humour' and 'hundred' are spelled correctly.

176. (d) The idiom 'To get someone's goat' means to irritate or annoy someone. It is commonly used when someone's actions or behaviour are causing irritation or frustration.

177. (b) The idiom 'Bite the bullet' means to endure something painful or unpleasant that is unavoidable. It originates from the historical practice of soldiers biting a bullet during surgery to endure pain.

178. (d) The word 'observence' is incorrectly spelled. The correct spelling is 'observance', which refers to the act of following or adhering to a rule, law or tradition.

- 'Observence' is an incorrect form of 'observance'.
- 'Obstinate' (stubborn), 'odorous' (having a smell) and 'occasional' (happening from time to time) are all correctly spelled words.

179. (d) The word 'genesis' refers to the origin or beginning of something, often used in contexts such as the creation or emergence of ideas, movements or even life. The correct synonym for 'genesis' in this case is 'inception', which means the starting point of something. However, 'infatuation' is an incorrect choice because it refers to an intense but short-lived feeling of love or attraction, which is unrelated to the meaning of 'genesis'.

- 'Inception' is the most appropriate synonym because it signifies the origin or start of something, just like 'genesis'.
- 'Symbolism' refers to the use of symbols to represent ideas, which is unrelated to 'genesis'.
- 'Conclusion' refers to the end or closing part of something, which contrasts with the meaning of 'genesis'.
- 'Infatuation' refers to intense but often short-term feelings of love or passion, which does not relate to 'genesis' in any way.

180. (a) The idiom 'Split one's sides' means to laugh very hard or uncontrollably, often due to something extremely funny. It is usually used when someone is laughing so hard that they feel as though their sides might burst.

181. (b) The idiom 'Cut from the same cloth' means that two people or things are very similar, often in terms of characteristics, behaviour or nature. It suggests that they share the same qualities, almost as if they were made from the same fabric.

182. **(d)** The idiom 'Hit the sack' means to go to bed or to go to sleep. It is commonly used when someone is tired and ready to sleep.

183. **(b)** An 'orator' is a skilled public speaker who is known for giving eloquent speeches.
The description 'An eloquent and skilled public speaker' matches the definition of an orator perfectly.

- Elector (a voter), spokesperson (a representative) and leader (someone in charge) are not the best substitutes for 'eloquent public speaker'.

184. **(c)** This sequence correctly reflects the flow of events as described in the passage.

185. **(b)** This sequence correctly reflects the flow of events as described in the passage.

186. **(b)** This sequence correctly reflects the flow of events as described in the passage.

187. **(a)** This sequence correctly reflects the flow of events as described in the passage.

188. **(d)** This sequence correctly reflects the flow of events as described in the passage.

189. **(d)** This sequence correctly reflects the flow of events as described in the passage.

190. **(c)** This sequence correctly reflects the flow of events as described in the passage.

191. **(d)** This sequence correctly reflects the flow of events as described in the passage.

192. **(c)** This sequence correctly reflects the flow of events as described in the passage.

193. **(d)** This sequence correctly reflects the flow of events as described in the passage.

194. **(b)** This sequence correctly reflects the flow of events as described in the passage.

195. **(c)** This sequence correctly reflects the flow of events as described in the passage.

196. **(c)** This sequence correctly reflects the flow of events as described in the passage.

197. **(d)** This sequence correctly reflects the flow of events as described in the passage.

198. **(a)** This sequence correctly reflects the flow of events as described in the passage.

199. **(b)** This sequence correctly reflects the flow of events as described in the passage.

200. **(d)** This sequence correctly reflects the flow of events as described in the passage.

पेपर-1

SSC CPO SI

5 अक्टूबर 2023 (शिफ्ट III)

सॉल्वड पेपर

अधिकतम अंक : 200

समय : 2 घण्टे

निर्देश

1. इस पेपर में 200 प्रश्न हैं।
2. इसमें 4 भाग हैं, **भाग 1** सामान्य बुद्धि एवं तर्कशक्ति, **भाग 2** सामान्य ज्ञान एवं सामान्य जागरुकता, **भाग 3** मात्रात्मक योग्यता और **भाग 4** अंग्रेजी
3. प्रत्येक प्रश्न **1** अंक का है।

भाग 1

सामान्य बुद्धि एवं तर्कशक्ति

1. उस विकल्प का चयन करें, जो तीसरे शब्द से उसी प्रकार सम्बन्धित है, जिस प्रकार दूसरा शब्द पहले शब्द से सम्बन्धित है। (शब्दों को अर्थपूर्ण शब्दों के रूप में माना जाना चाहिए और इन्हें शब्द में अक्षरों की संख्या/व्यंजनों की संख्या/स्वरों की संख्या के आधार पर एक-दूसरे से सम्बद्ध नहीं किया जाना चाहिए)।

दाब : बैरोमीटर : : विद्युत : ?

(a) मल्टीमीटर (b) बोलोमीटर
(c) साइक्लोट्रॉन (d) ऑडियोमीटर

2. एक निश्चित कूटभाषा में 'PIN' को 9 के रूप में कूटबद्ध किया जाता है और 'CHARGER' को 49 के रूप में कूटबद्ध किया जाता है। उसी कूटभाषा में 'CABLE' को किस प्रकार कूटबद्ध किया जाएगा?

(a) 36 (b) 48
(c) 27 (d) 25

3. Q, S के पूर्व में है। E, S के दक्षिण में है। P, Q के उत्तर-पूर्व में और T के उत्तर में है। यदि T, Q के दक्षिण-पूर्व में है, तो T के सापेक्ष S की स्थिति क्या है? (सभी स्थितियों को ग्रिड पैटर्न में व्यवस्थित किया गया है।)

(a) उत्तर-पश्चिम (b) दक्षिण-पश्चिम
(c) दक्षिण-पूर्व (d) पश्चिम

4. एक निश्चित कूटभाषा में 'MOBILE' को 'NQEMQK' लिखा जाता है और 'BISHOP' को 'CKVLTV' लिखा जाता है। उसी कूटभाषा में 'CHARGE' को किस प्रकार लिखा जाएगा?

(a) DJDVLK (b) DJDWLK
(c) DJEVLJ (d) DJDVKL

5. स्टैनली स्थान A से साइकिल चलाना शुरू करता है। वह पश्चिम की ओर X किमी साइकिल चलाता है और फिर दाएँ मुड़ता है और 3 किमी साइकिल चलाता है। वह फिर से दाएँ मुड़ता है और

X + 1 किमी साइकिल चलाता है। वह फिर से दाएँ मुड़ता है और 2X + 1 किमी साइकिल चलाता है। वह अन्तिम बार दाएँ मुड़ता है, और 1 किमी साइकिल चलाकर स्थान B पर रूकता है। स्थान B, स्थान A से 6 किमी दक्षिण में है। X का मान क्या है?

(a) 9 (b) 3
(c) 5 (d) 4

6. उस विकल्प का चयन कीजिए, जो दिए गए शब्दों के उस सही क्रम को दर्शाता है, जिस क्रम में वे अंग्रेजी शब्दकोष में मौजूद होते हैं।

1. Brochure 2. Brine
3. Bright 4. Brief
5. Brocade

(a) 1, 2, 3, 4, 5
(b) 3, 2, 5, 4, 1
(c) 1, 2, 3, 5, 4
(d) 4, 3, 2, 5, 1

7. दिए गए समीकरण को सही बनाने के लिए किन दो गणितीय चिह्न को आपस में बदला जाना चाहिए?

$(45 \times 2) \div 15 - (6 \times 3) + 10 - (63 \div 21) = 17$

(a) + और × (b) − और +
(c) × और − (d) ÷ और +

8. यदि A का अर्थ '+' हो, B का अर्थ '×' हो, C का अर्थ '−' हो और D का अर्थ '÷' हो, तो निम्नलिखित समीकरण का मान कितना होगा?

11 B 12 C 144 D 24 A 57 = ?

(a) 180 (b) 183
(c) 160 (d) 186

9. चार अक्षर-समूह दिए गए हैं जिनमें से तीन किसी प्रकार से आपस में सम्बन्धित हैं, जबकि कोई एक उनसे असंगत है। असंगत अक्षर-समूह का चयन कीजिए।

(a) SRWX (b) POTU
(c) DBGH (d) HGLM

10. उस विकल्प का चयन कीजिए जिसमें दी गई आकृति सन्निहित है (घुमाने की अनुमति नहीं है।)

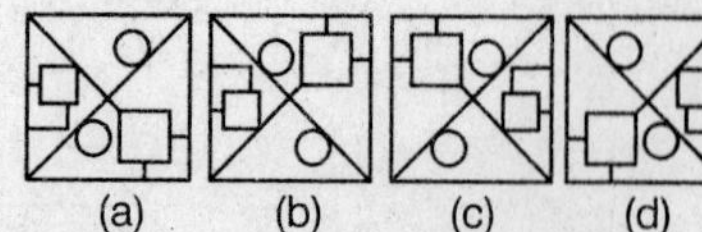

11. निम्नलिखित में से कौन-सी आकृति दी गई शृंखला में 5वें स्थान पर रखे जाने पर पहली चार आकृतियों द्वारा निर्मित शृंखला को जारी रखेगी?

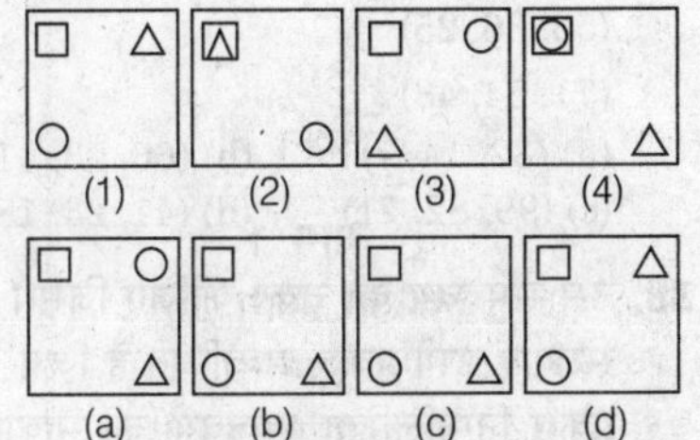

12. उस विकल्प का चयन कीजिए, जो तीसरे शब्द से उसी प्रकार सम्बन्धित है, जिस प्रकार दूसरा शब्द, पहले शब्द से सम्बन्धित है। (शब्दों को अर्थपूर्ण शब्दों के रूप में माना जाना चाहिए, और वह शब्द में अक्षरों की संख्या/व्यंजनों/स्वरों की संख्या के आधार पर एक-दूसरे से सम्बन्धित नहीं होना चाहिए।

केन्द्र : केन्द्रबिन्दु :: मुहल्ले का पादरी : ?

(a) इमारत (b) धर्माचार्य
(c) पहेली (d) जीवन

13. एक कागज को नीचे दिखाए गए अनुसार मोड़ा और काटा जाता है। खोले जाने पर यह कैसा दिखाई देगा?

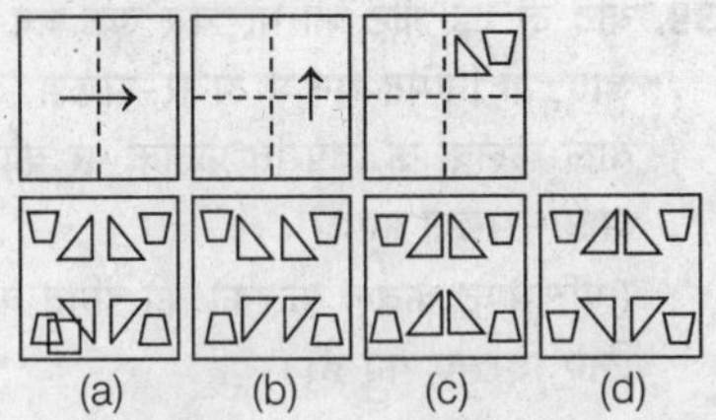

14. निम्नलिखित आकृतियों में कागज के एक टुकड़े को मोड़ने का क्रम और मुड़े हुए कागज को काटने का तरीका दर्शाया गया है। कागज की तह खुलने पर यह कैसा दिखाई देगा?

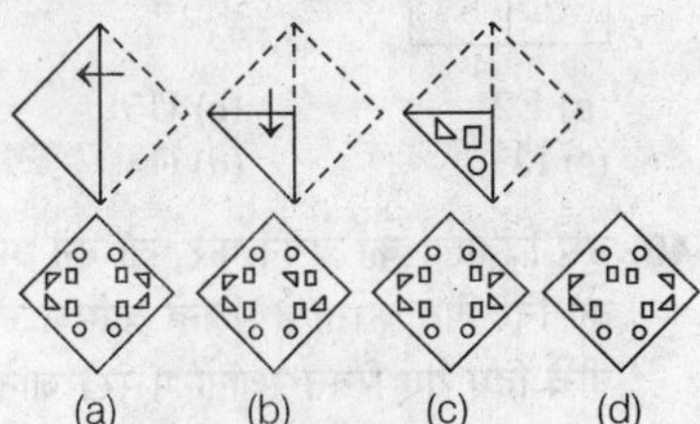

15. 'T + U' का अर्थ है कि 'T, U की माता है'।
'T – U' का अर्थ है कि 'T, U का पिता है'।
'T $ U' का अर्थ है कि 'T, U का पति है'।
'T # U' का अर्थ है कि 'T, U की पुत्री है'।
यदि A # C $ V + X है, तो A का X से क्या सम्बन्ध है?

(a) भाई (b) पिता
(c) पुत्री (d) बहन

16. दिए गए समीकरण को सही बनाने के लिए किन दो चिह्नों को आपस में बदला जाना चाहिए?

$42 \div 7 + 11 \times 87 - 12 = 141$

(a) – और ×
(b) ÷ और –
(c) + और ÷
(d) × और +

17. सात व्यक्ति A, B, C, D, E, F और G उत्तर की ओर मुख करके एक सीधी पंक्ति में बैठे हैं। D के दाईं ओर केवल 2 व्यक्ति बैठे हैं। G, D के ठीक बगल में बैठा है। A और G के बीच में केवल 3 व्यक्ति बैठे हैं। B और C के बीच में केवल 2 व्यक्ति बैठे हैं। E, C के ठीक बगल में नहीं है। F, G के दाईं ओर ठीक बगल में बैठा है।
A के बाईं ओर ठीक बगल में कौन बैठा हुआ है?

(a) B (b) C
(c) E (d) D

18. यदि M का अर्थ '–' है, N का अर्थ '÷' है, O का अर्थ '×' है और P का अर्थ '+' है, तो निम्नलिखित समीकरण में '?' के स्थान पर क्या आएगा?

$21 \text{ O } 5 \text{ P } 69 \text{ N } 3 \text{ P } \sqrt{225} \text{ M } 88 = ?$

(a) 55 (b) 50
(c) 61 (d) 65

19. दो कथन दिए गए हैं, जिसके बाद दो निष्कर्ष I और II दिए गए हैं। कथनों को सत्य मानते हुए, भले ही वे सामान्य रूप से ज्ञात तथ्यों से भिन्न प्रतीत होते हों, निर्णय लें कि कौन-से निष्कर्ष कथनों का तार्किक रूप से पालन करते हैं?

कथन
सभी नदियाँ, झीलें हैं।
कुछ समुद्र, नदियाँ हैं।

निष्कर्ष
I. कुछ समुद्र, झीलें हैं।
II. सभी झीलें, नदियाँ हैं।

(a) न तो निष्कर्ष I और न ही II पालन करता है
(b) निष्कर्ष I और II दोनों पालन करते हैं
(c) केवल निष्कर्ष II पालन करता है
(d) केवल निष्कर्ष I पालन करता है

20. एक पासे के अलग-अलग फलकों पर छह अक्षर/अंक A, B, C, 1, 2 और 3 लिखे गए हैं। इस पासे की दो स्थितियाँ दी गई आकृतियों में दिखाई गई हैं।
3 अंक वाले फलक के विपरीत फलक पर कौन-सा अक्षर/अंक है?

(a) B (b) 1 (c) 2 (d) C

21. उस विकल्प आकृति का चयन करें जिसमें उसके भाग के रूप में दी गई आकृति सन्निहित है। (आकृति को घुमाने की अनुमति नहीं है।)

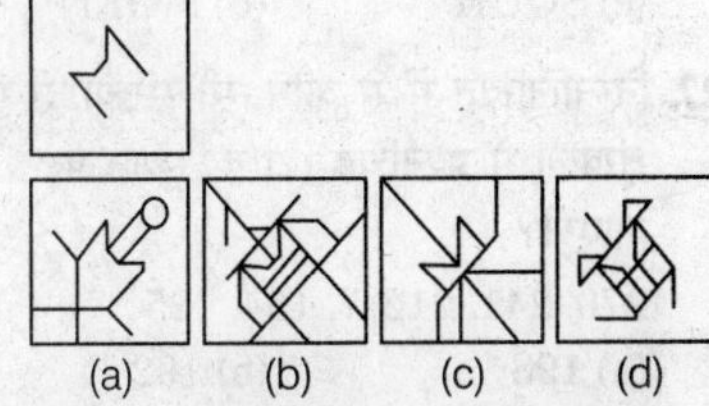

22. दिए गए अक्षर-समूहों में से कौन-सा, दी गई शृंखला में प्रश्नचिह्न (?) के स्थान पर आकर शृंखला को पूर्ण करेगा?

BRCQ, EPFO, ?, KLLK, NJOI

(a) HINO (b) GINO
(c) GNMI (d) HNIM

23. एक पासे के अलग-अलग फलकों पर छह अक्षर/अंक A, B, C, 1, 2 और 3 लिखे गए हैं। इस पासे की दो स्थितियाँ दी गई आकृति में दिखाई गई हैं। C अक्षर वाले फलक के विपरीत फलक पर कौन-सा अक्षर/अंक है?

(a) A (b) B (c) 2 (d) 3

24. यदि '+' का अर्थ '–' है, '–' का अर्थ '×' है, '×' का अर्थ '÷' है और '÷' का अर्थ '+' है, तो निम्नलिखित समीकरण में '?' के स्थान पर क्या आएगा?

$79 \div 64 \times 8 - 7 + 12 = ?$

(a) 123 (b) 117 (c) 147 (d) 138

25. उस समुच्चय का चयन कीजिए जिसमें संख्याएँ एक-दूसरे से उसी प्रकार सम्बन्धित है जिस प्रकार निम्नलिखित समुच्चय की संख्याएँ आपस में सम्बन्धित हैं।

(**नोट** संख्याओं को उसके घटक अंकों में विभाजित किए बिना, पूर्ण संख्याओं पर गणितीय संक्रियाएँ की जानी चाहिए।

उदाहरण के लिए 13-संख्या 13 पर गणितीय संक्रियाएँ जैसे कि जोड़ना/घटाना/गुणा करना आदि को 13 में किया जा सकता है 13 को 1 और 3 में तोड़ना और फिर 1 और 3 पर गणितीय संक्रियाएँ करने की अनुमति नहीं है।)

(5, 4, 2)

(9, 9, 3)

(a) (5, 2, 6) (b) (24, 43, 34)
(c) (17, 6, 5) (d) (21, 39, 1)

26. निम्नलिखित चार अक्षर-समूहों में से तीन किसी निश्चित तरीके से संगत हैं और एक असंगत है। असंगत का चयन कीजिए।

(a) CEAX (b) GIET
(c) SQUH (d) MOKN

27. निम्नलिखित में से कौन-सी संख्या दी गई श्रृंखला में प्रश्नचिह्न (?) के स्थान पर आएगी?

270, 241, 212, ?, 154, 125

(a) 198 (b) 192
(c) 183 (d) 186

28. दिए गए समीकरण को सही बनाने के लिए किन दो चिह्नों को आपस में बदला जाना चाहिए?

$39 \div 3 - 11 + 57 \times 29 = 171$

(a) − और × (b) + और −
(c) ÷ और + (d) − और +

29. दी गई श्रृंखला को पूर्ण करने के लिए कौन-सा अक्षर-समूह प्रश्न चिह्न (?) के स्थान पर आएगा?

FOHV, CKER, ?, WCYJ, TYVF

(a) AFCP (b) XHBM
(c) AHCO (d) ZGBN

30. एक निश्चित कूटभाषा में, 'Live long' को 'mu ae' के रूप में कूटबद्ध किया जाता है, 'Road is long' को 'ae si du' के रूप में कूटबद्ध किया जाता है और 'Game is live' को 'si mu zt' के रूप में कूटबद्ध किया जाता है। शब्द 'Game' के लिए कूट क्या होगा?

(a) zt (b) mu
(c) ae (d) si

31. निम्नलिखित में से कौन-सी संख्या दी गई श्रृंखला में प्रश्नचिह्न (?) का स्थान लेगी?

5, 20, 60, 240, 720, ?

(a) 2880 (b) 2675
(c) 2580 (d) 2160

32. यदि निम्नलिखित आकृति श्रृंखला को जारी रखा जाए, तो दिए गए विकल्पों में से कौन-सी आकृति प्रश्नचिह्न (?) को प्रतिस्थापित करेगी?

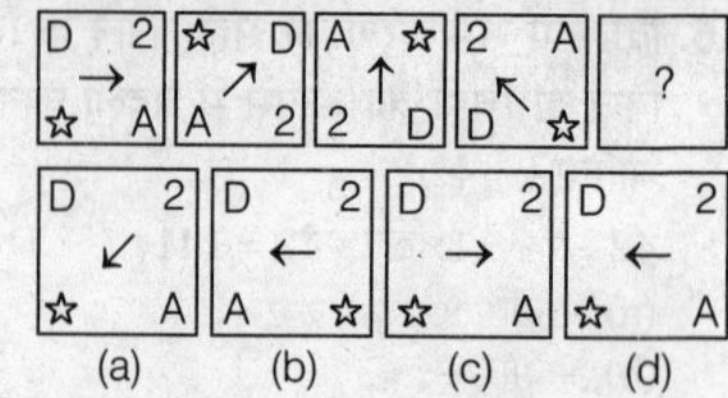

33. उस वेन आरेख का चयन करें, जो निम्नलिखित वर्गों के बीच के सम्बन्ध को सर्वोत्तम ढंग से दर्शाता है।

कपड़े, जूते, शर्ट

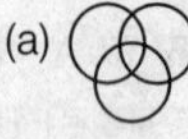

34. एक निश्चित कूटभाषा में 'SPAM' को '36' और 'JUG' को '27' के रूप में कूटबद्ध किया जाता है। उसी कूटभाषा में 'FROCK' को किस प्रकार कूटबद्ध किया जाएगा?

(a) 45 (b) 72
(c) 48 (d) 90

35. दिए गए विकल्पों में से वह संख्या चुनिए, जो निम्नलिखित श्रृंखला में प्रश्नचिह्न (?) को प्रतिस्थापित कर सके।

144, 171, 200, ?, 264

(a) 231 (b) 240
(c) 256 (d) 225

36. Q + J का अर्थ है 'Q, J का पति है',
Q − J का अर्थ है 'Q, J का पिता है',
Q × J का अर्थ है 'Q, J की माता है',
Q * J का अर्थ है 'Q, J की पुत्री है।'
यदि D * V + B × U है, तो D का U से क्या सम्बन्ध है?

(a) भाई (b) बहन
(c) पुत्री (d) माता

37. उस समुच्चय का चयन कीजिए जिसमें संख्याएँ आपस में उसी प्रकार सम्बन्धित हैं जिस प्रकार निम्नलिखित समुच्चयों की संख्याएँ आपस में सम्बन्धित हैं।

(**नोट** संख्याओं को उसके घटक अंकों में विभाजित किए बिना, पूर्ण संख्याओं पर गणितीय संक्रियाएँ की जानी चाहिए। उदाहरण के लिए 13 - गणितीय संक्रियाएँ जैसे कि जोड़ना/घटाना/गुणा करना इत्यादि 13 में किया जा सकता है। 13 को 1 और 3 में विभाजित करना और फिर 1 और 3 पर गणितीय संक्रियाएँ करने की अनुमति नहीं है।)

(53, 36, 25)

(71, 54, 43)

(a) (32, 14, 7) (b) (66, 53, 41)
(c) (99, 82, 71) (d) (41, 23, 18)

38. उस समुच्चय का चयन कीजिए जिसमें संख्याएँ उसी प्रकार सम्बन्धित हैं जिस प्रकार निम्नलिखित समुच्चयों की संख्याएँ सम्बन्धित हैं।

(**नोट** संख्याओं को उसके घटक अकों में विभाजित किए बिना, पूर्ण संख्याओं पर संक्रियाएँ की जानी चाहिए। उदाहरण के लिए 13 - इसमें 13 पर जोड़ने/घटाने /गुणा करने आदि जैसी संक्रियाओं को 13 में किया जा सकता है। 13 को 1 और 3 में विभाजित करने और फिर 1 और 3 पर गणितीय संक्रियाएँ करने की अनुमति नहीं है।)

(112, 327, 215)

(98, 254, 156)

(a) (105, 347, 322)
(b) (126, 268, 142)
(c) (108, 209, 184)
(d) (281, 490, 309)

39. यदि दी गई शीट को मोड़कर एक घन बनाया जाए, तो निर्मित घन में अक्षर-संख्या 'A1' वाले फलक के विपरीत फ़लक पर कौन-सी अक्षर-संख्या होगी?

(एलिमेण्ट केवल फलकों को इंगित करने के लिए दिखाए गए हैं।)

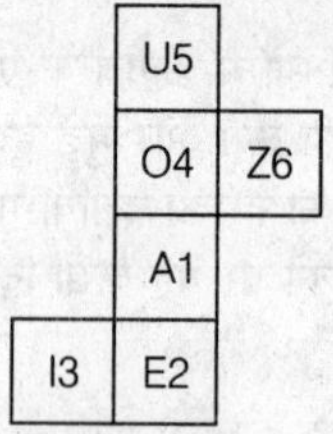

(a) E2 (b) U5
(c) I3 (d) O4

40. उस विकल्प का चयन करें, जो उन अक्षरों को निरूपित करता है, जिन्हें क्रमिक रूप से नीचे दिए गए रिक्त स्थानों में रखे जाने पर वे अक्षर-श्रृंखला को पूर्ण करेंगे।

a, b, a, b, b, _ , a, b, a, b, _ , a, a, b, a, b, b, _

(a) b, a, b (b) b, b, b
(c) a, b, a (d) a, a, a

41. उस वेन आरेख का चयन करें, जो निम्नलिखित वर्गों के बीच के सम्बन्ध को सर्वोत्तम ढंग से दर्शाता है।

जानवर, जंगल, जंगली जानवर

(a)  (b) 

(c)  (d) 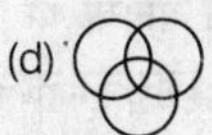

42. नीचे आकृति में दिखाए गए अनुसार एक कागज को मोड़ा और काटा जाता है। खोले जाने पर यह कैसा दिखेगा?

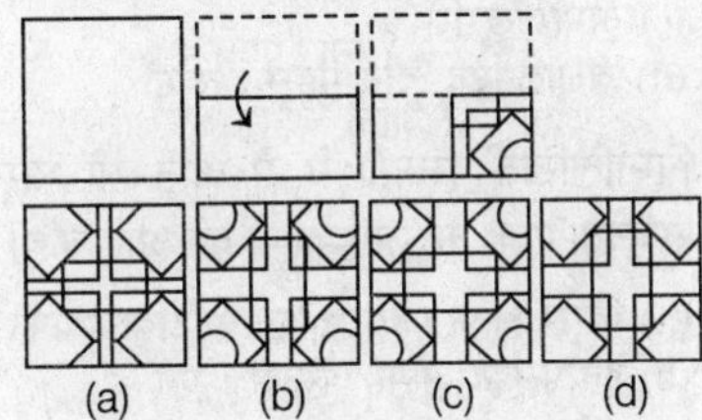

43. छः विद्यार्थी मीरा, जिज्ञासा, तरुण, नैना, शाम्भवी और अवनी एक वृत्ताकार मेज के परितः केन्द्र की ओर मुख करके बैठे हैं (उनका इसी क्रम में होना अनिवार्य नहीं है।) शाम्भवी, जिज्ञासा और अवनी दोनों के ठीक बगल में है। तरुण, जिज्ञासा के बाईं ओर तीसरे स्थान पर बैठा है। मीरा, अवनी के दाईं ओर दूसरे स्थान पर बैठी है। जिज्ञासा के बाईं ओर दूसरे स्थान पर कौन बैठा/बैठी है?

(a) मीरा (b) अवनी
(c) नैना (d) तरुण

44. दो कथनों के बाद तीन निष्कर्ष I, II और III दिए गए हैं। कथनों को सत्य मानते हुए, भले ही वे सामान्य रूप से ज्ञात तथ्यों से भिन्न प्रतीत होते हों, यह निर्णय लीजिए कि कौन-से निष्कर्ष कथनों का तार्किक रूप से पालन करते हैं?

कथन सभी चाबियाँ ताले हैं।
कोई दरवाजा ताला नहीं है।

निष्कर्ष
I. कुछ ताले दरवाजें हैं।
II. कुछ ताले चाबियाँ हैं।
III. कोई भी चाबी दरवाजा नहीं है।

(a) निष्कर्ष I और II दोनों पालन करते हैं
(b) निष्कर्ष I, II और III पालन करते हैं
(c) निष्कर्ष II और III दोनों पालन करते हैं
(d) निष्कर्ष I और III दोनों पालन करते हैं

45. उस विकल्प का चयन कीजिए जो तीसरे पद से उसी प्रकार सम्बन्धित है जैसे दूसरा पद, पहले पद से और छठा पद, पाँचवें पद से सम्बन्धित है।

25 : 18 :: 37 : ? : : 49 : 36
(a) 27 (b) 29 (c) 32 (d) 30

46. निम्नलिखित में से कौन-सी संख्या दी गई शृंखला में प्रश्न चिह्न (?) का स्थान लेगी?
69, 65, 67, 63, ?, 61
(a) 65 (b) 64 (c) 60 (d) 62

47. एक निश्चित कूटभाषा में 'BLOCK' को LBCON के रूप में कूटबद्ध किया जाता है, और 'CABIN' को ACIBQ के रूप में कूटबद्ध किया जाता है। उसी कूटभाषा में 'SUITE' को किस प्रकार कूटबद्ध किया जाएगा?

(a) USHTI (b) UTSEH
(c) ETHUS (d) USTIH

48. उस सही विकल्प का चयन कीजिए, जो दिए गए शब्दों के उसी क्रम में व्यवस्थापन को दर्शाता है, जिस क्रम में वे अंग्रेजी शब्दकोश में मौजूद होते हैं।

1. Warehouse 2. Warden
3. Warship 4. Wardrobe
5. Warrant 6. Warfare

(a) 2, 4, 6, 5, 1, 3 (b) 4, 2, 1, 6, 5, 3
(c) 2, 4, 1, 5, 6, 3 (d) 2, 4, 1, 6, 5, 3

49. निम्नलिखित आकृति शृंखला में आगे आने वाली आकृति का चयन करें।

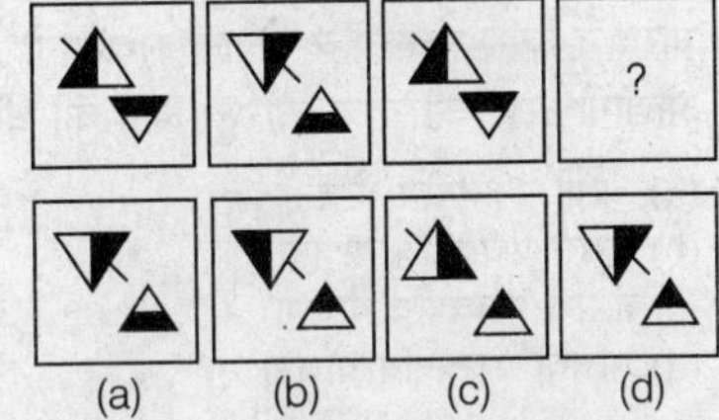

50. यदि '+' का अर्थ '–', '–' का अर्थ '×', '×' का अर्थ '÷', '÷' का अर्थ '+' है, तो निम्नलिखित समीकरण में (?) के स्थान पर क्या आएगा?

$39 \times 3 - 11 \div 57 + 29 = ?$
(a) 185 (b) 190 (c) 163 (d) 171

भाग 2

सामान्य ज्ञान एवं सामान्य जागरुकता

51. मणिपुरी शास्त्रीय नृत्य के मर्दाना पहलू (masculine aspect) को किसके रूप में जाना जाता है?

(a) परेंग (Pareng)
(b) रास (Ras)
(c) चोलोम (Choloms)
(d) माईबा (Maiba)

52. भारतीय संविधान के किन अनुच्छेदों में मूल अधिकारों का वर्णन है?

(a) अनुच्छेद-5 से 11
(b) अनुच्छेद-12 से 35
(c) अनुच्छेद-36 से 51
(d) अनुच्छेद-52 से 62

53. पश्चिमी घाट में स्थानान्तरित कृषि (shifting agriculture) को ……… के नाम से जाना जाता है।

(a) कोमन (b) दहिया
(c) वाल्ट्रे (d) कुमारी

54. निम्नलिखित में से किस वर्ष से राजपथ को गणतन्त्र दिवस परेड के लिए एक स्थायी स्थल बनाने का निर्णय लिया गया था?

(a) 1958 (b) 1951
(c) 1955 (d) 1959

55. थियोसोफिकल सोसायटी के संस्थापक कौन थे?

(a) एच. पी. ब्लावत्स्की और कर्नल ओल्कोट
(b) मैडम भीकाजी कामा
(c) ऐनी बेसेण्ट
(d) चार्ल्स डब्ल्यू. लीडबीटर और एमिली लुट्यन्स

56. घनकान्त बोरा बोरबायन (Ghanakanta Bora Borbayan) को निम्नलिखित में से किस क्षेत्र में उनके योगदान के लिए पद्मश्री पुरस्कार से सम्मानित किया गया है?

(a) बागुरुम्बा (b) भोरताल
(c) सत्रीया (d) छऊ

57. स्मार्ट सिटी मिशन के शुभारम्भ के समय, इस योजना के तहत कितने शहरों को शामिल करने का प्रस्ताव था?

(a) 100 (b) 75
(c) 50 (d) 25

58. ठुमरी संगीत निम्नलिखित में से किस नृत्य शैली से सम्बन्धित है?

(a) सत्रीया (b) कथक
(c) भरतनाट्यम (d) कथकली

59. 18वीं शताब्दी में सात वर्षों का युद्ध ब्रिटेन और ……… के बीच लड़ा गया था।

(a) स्पेन (b) फ्रांस
(c) पुर्तगाल (d) जर्मनी

60. आप उस ग्लाइकोकैलिक्स (Glycocalyx) को क्या कहेंगे, जो एक ढीली आच्छद प्रकार की है?

(a) कैप्सूल (Capsule)
(b) नलिका (Tubules)
(c) अवपक परत (Slime layer)
(d) मीसोसोम (Mesosomes)

61. भारतीय संविधान का कौन-सा अनुच्छेद राज्य विधानमण्डल के सम्बन्ध में मन्त्रियों के अधिकारों को सन्दर्भित करता है?
(a) अनुच्छेद 177 (b) अनुच्छेद 175
(c) अनुच्छेद 176 (d) अनुच्छेद 178

62. भारत की जनगणना 2011 के अनुसार, निम्नलिखित राज्यों में से किस राज्य की कुल जनसंख्या में हिन्दू जनसंख्या का प्रतिशत सर्वाधिक है?
(a) हरियाणा (b) उत्तर प्रदेश
(c) हिमाचल प्रदेश (d) मध्य प्रदेश

63. वर्ष 1928 में निष्पादित कौन-सा समीकरण एक सापेक्ष गति पर गतिमान इलेक्ट्रॉन के व्यवहार का वर्णन करने के लिए काण्टम सिद्धान्त और विशिष्ट आपेक्षिकता को संयोजित करता है?
(a) हेल्महोल्ट्ज समीकरण
(b) डिराक समीकरण
(c) बरनौली समीकरण
(d) लॉरेन्ज समीकरण

64. रासायनिक सूत्र $C_6H_4\,(OH)_2$ वाले बेंजीनडियोल (benzenediol) के 1, 3 आइसोमर (या मेटा आइसोमर) का नाम क्या है?
(a) कैटेकोल (Catechol)
(b) रेसोर्सिनोल (Resorcinol)
(c) ग्लिसरॉल (Glycerol)
(d) m-क्रिसोल (m-Cresol)

65. निम्नलिखित में से कौन-सा एक अप्रत्यक्ष कर है?
(a) मृत्यु शुल्क (b) ब्याज कर
(c) पूँजी लाभ कर (d) वस्तु एवं सेवा कर

66. लावणी निम्नलिखित में से किस राज्य का पारम्परिक नृत्य है?
(a) महाराष्ट्र (b) उत्तर प्रदेश
(c) मध्य प्रदेश (d) हिमाचल प्रदेश

67. बॉल बैडमिण्टन के खेल में गेंद का रंग क्या होना चाहिए?
(a) लाल (b) पीला
(c) गुलाबी (d) हरा

68. भारत में स्थित एक प्रसिद्ध मीनार और उसके निर्माण वर्ष के गलत युग्म का चयन कीजिए।
(a) चारमीनार-1664 ई.
(b) शहीद मीनार-1828 ई.
(c) चाँद मीनार-1435 ई.
(d) झूलता मीनार-1452 ई.

69. हॉकी की गेंद का मानक वजन कितना होता है?
(a) 160 ग्राम - 156 ग्राम
(b) 162 ग्राम - 156 ग्राम
(c) 163 ग्राम - 156 ग्राम
(d) 161 ग्राम - 156 ग्राम

70. शस्त्र अधिनियम ……… में पारित किया गया था, जिसने भारतीयों को उचित लाइसेन्स के बिना हथियार रखने से रोका था।
(a) 1897 (b) 1878
(c) 1912 (d) 1909

71. दिहांग और लोहित निम्नलिखित में से किस क्षेत्र की नदियाँ हैं?
(a) सिक्किम और मणिपुर
(b) जम्मू-कश्मीर
(c) पंजाब और हिमाचल
(d) अरुणाचल प्रदेश और असम

72. पृथ्वी के इतिहास के कितने प्रतिशत समय तक पृथ्वी पर जीव (Living organisms) मौजूद रहे हैं?
(a) 80% (b) 40%
(c) 20% (d) 60%

73. निम्नलिखित में से किस वैज्ञानिक ने अष्टक सिद्धान्त (Law of Octaves) प्रदान किया?
(a) मैरी क्यूरी (b) माइकल फैराडे
(c) गैलीलियो गैलिली (d) जॉन न्यूलैण्ड्स

74. निम्नलिखित में से कौन बहमनी सुल्तान क्रूरता के लिए विख्यात था और इसलिए उसे 'ज़ालिम' की उपाधि मिली?
(a) मुजाहिदशाह (b) हुमायूँ
(c) फिरोजशाह (d) अहमदशाह

75. भारत ने किस पंचवर्षीय योजना से अपनी औद्योगीकरण की यात्रा की शुरुआत की थी?
(a) चौथी पंचवर्षीय योजना
(b) दूसरी पंचवर्षीय योजना
(c) तीसरी पंचवर्षीय योजना
(d) पाँचवीं पंचवर्षीय योजना

76. भारतीय संविधान के किस अनुच्छेद में उल्लेख है कि भारत के राज्यक्षेत्र के सभी प्राधिकारी दीवानी (सिविल) और न्यायिक (ज्यूडिशियल), उच्चतम न्यायालय की सहायता में कार्य करेंगे?
(a) अनुच्छेद 141 (b) अनुच्छेद 143
(c) अनुच्छेद 144 (d) अनुच्छेद 142

77. हरित क्रान्ति के सम्बन्ध में निम्नलिखित में से कौन-से कथन सही हैं?
I. हरित क्रान्ति की शुरुआत 1960 के दशक में हुई।
II. बीज की उच्च-उपज वाली किस्मों (HYV) ने हरित क्रान्ति को सफल बनाया।
III. मवेशियों का व्यापक उपयोग भी हरित क्रान्ति का एक घटक था।
(a) केवल II (b) II और III
(c) केवल I (d) I और II

78. 'ड्रिबल (Dribble)' शब्द सामान्यत: पर ……… से सम्बन्धित है।
(a) टेनिस (b) बेसबॉल
(c) क्रिकेट (d) बास्केटबॉल

79. भारत में सल्तनत काल के निम्नलिखित शास्त्रीय कवियों में से किसने कव्वाली को लोकप्रिय बनाया था, जो संगीत की एक ऐसी शैली है, जिसका नाम अरबी शब्द 'कौल (qaul)' से लिया गया है, जिसका अर्थ है 'बोलना'?
(a) निज़ामुद्दीन औलिया
(b) शामुद्दीन मुहम्मद हाफिज
(c) अमीर खुसरो
(d) जलाल-उद्-दीन मुहम्मद रूमी

80. निम्नलिखित पुस्तकों में से कौन-सी भारतीय राजनेता एल. के. आडवाणी की आत्मकथा है?
(a) विंग्स ऑफ फायर : एन ऑटोबायोग्राफी
(b) इन पर्सूइट ऑफ जस्टिस : एन ऑटोबायोग्राफी
(c) माई कण्ट्री माई लाइफ
(d) माय टाइम्स : एन ऑटोबायोग्राफी

81. नीरुस्वामी पिल्लई और राजारतनम पिल्लई किस वाद्ययन्त्र के प्रतिपादक (exponents) हैं?
(a) सारंगी (b) मृदंगम
(c) मैण्डोलिन (d) नादस्वरन

82. 'महाद्वीपीयता (Continentality) से सम्बन्धित सही कथनों का चयन कीजिए
a. समुद्र जलवायु पर मध्यम प्रभाव डालता है।
b. जैसे-जैसे समुद्र से दूरी बढ़ती है, लोगों को चरम मौसम स्थितियों का अनुभव होता है।
c. जैसे-जैसे कोई पृथ्वी की सतह से अधिक ऊँचाई वाले स्थानों की ओर जाता है, वायुमण्डल कम सघन होता जाता है और तापमान कम होता जाता है।
(a) 'a' और 'b' (b) केवल c
(c) 'b' और 'c' (d) 'a' और 'c'

83. दिल्ली के निम्नलिखित में से किस सुल्तान को सुल्तान बनने से पहले अमीर-ए-तुजुक (मास्टर ऑफ सेरेमनीज़) नियुक्त किया गया था?
(a) मुहम्मद-बिन-तुगलक
(b) बलबन
(c) इल्तुतमिश
(d) अलाउद्दीन खिलजी

84. कोपेन के वर्गीकरण के अनुसार, किन क्षेत्रों में कम अवधि के ग्रीष्मकाल के साथ ठण्डी आर्द्र शीत ऋतु (Cold humid winter) होती है?
(a) पश्चिमी राजस्थान (b) गोवा के दक्षिण में
(c) अरुणाचल प्रदेश (d) उत्तरी मध्य प्रदेश

85. निम्नलिखित में से किस राज्य में एक वर्ष में ऑस, बोरो और अमन, धान की फसलें उगाई जाती हैं?
(a) पंजाब (b) हरियाणा
(c) ओडिशा (d) उत्तराखण्ड

86. निम्नलिखित में से कौन-सा आयरन की कमी से होने वाली रक्ताल्पता/एनीमिया (IDA) का प्रकटीकरण नहीं है?
(a) नरम तालु (Soft palate)
(b) अन्धापन (Blindness)
(c) आँखों की नेत्रश्लेष्मला (conjunctive) का पीलापन
(d) सामान्य पाण्डुता (General pallor)

87. वर्ष 1932 में पॉज़िट्रॉन की खोज किसने की, जो एक ऐसा कण है, जिसे धनात्मक आवेश धारण किए होने के रूप में वर्णित किया गया है, परन्तु उसके द्रव्यमान का परिमाण उसी कोटि का है, जो सामान्यत: एक मुक्त ऋणात्मक इलेक्ट्रॉन का होता है?
(a) कार्ल एण्डरसन (b) अर्नेस्ट रदरफोर्ड
(c) नील्स बोर (d) पॉल डिराक

88. निम्नलिखित में से कौन-सा अधिकार 14 वर्ष से कम आयु के बच्चों को खतरनाक कार्यों में नियोजित करने पर रोक लगाता है?
(a) संवैधानिक उपचारों का अधिकार
(b) स्वतन्त्रता का अधिकार
(c) शोषण के विरुद्ध अधिकार
(d) समानता का अधिकार

89. कम-से-कम 3 महीने तक आहार में पर्याप्त विटामिन-सी नहीं लेने के कारण कौन-सी बीमारी होती है, जिसमें कमजोरी, रक्ताल्पता, मसूड़ों की बीमारी और त्वचा सम्बन्धी समस्याएँ होती हैं?
(a) बेरी-बेरी (b) पेलाग्रा
(c) स्कर्वी (d) रिकेट्स

90. 2011 की जनगणना के अनुसार, किस राज्य की साक्षरता दर सबसे कम दर्ज की गई?
(a) झारखण्ड (b) आन्ध्र प्रदेश
(c) बिहार (d) अरुणाचल प्रदेश

91. निम्नलिखित में किस मौर्य राजा ने श्रवणबेलगोला में आमरण अनशन किया और उसकी मृत्यु हो गई थी?
(a) चन्द्रगुप्त मौर्य (b) अशोक
(c) बिन्दुसार (d) दशरथ

92. भारत के संविधान का निम्नलिखित में से कौन-सा अनुच्छेद संघ और राज्यों के लिए लोक सेवा आयोगों की स्थापना का प्रावधान करता है?
(a) अनुच्छेद 318 (b) अनुच्छेद 316
(c) अनुच्छेद 317 (d) अनुच्छेद 315

93. किसी वस्तु को किसी अक्ष के परित: घुमाने वाले बल की माप को क्या कहा जाता है?
(a) शक्ति (b) अभिकेन्द्र बल
(c) जड़त्व आघूर्ण (d) बलाघूर्ण

94. निम्नलिखित में से कौन-सी जीव संघ एपिकॉम्पलेक्सा (Apicomplexa) से सम्बन्धित है?
(a) फ़ाइसेलिया (Physalia)
(b) हाइड्रा (Hydra)
(c) प्लाज्मोडियम (Plasmodium)
(d) स्पंज (Sponge)

95. नई दिल्ली मे गणतन्त्र दिवस परेड के दौरान सलामी कौन लेता है?
(a) राष्ट्रपति (b) राज्यपाल
(c) मुख्य न्यायाधीश (d) प्रधानमन्त्री

96. बॉल बैडमिण्टन में, खिलाड़ी प्रत्येक गेम में किसी भी साइड द्वारा पहले ……… के अतिरिक्त अन्य सभी स्कोर करने पर अपने छोर बदल लेते हैं।
(a) 11 (b) 27
(c) 18 (d) 9

97. भारतीय संविधान की द्विसदनात्मक विधायिका (bicameral legislature) क्या है?
(a) यह तीन सदनों वाला विधायी निकाय है।
(b) यह दो सदनों वाला विधायी निकाय है।
(c) यह एक सदन वाला विधायी निकाय है।
(d) यह चार सदनों वाला विधायी निकाय है।

98. देश की जीडीपी (GDP) वृद्धि, बाह्य शेष (external balance) और राजकोषीय शेष (fiscal balance) का आकलन, बजट दस्तावेज के किस भाग में प्रस्तुत किया जाता है?
(a) वृहद आर्थिक रूपरेखा विवरण
(b) विनियोग विधेयक
(c) राजकोषीय नीति कार्य योजना विवरण
(d) मध्यावधिक राजकोषीय नीति विवरण

99. ''द सोल ऑफ ए बटरफ्लाई : रिफ्लेक्शन्स ऑन लाइफ्स जर्नी'' (The Soul of a Butterfly : Reflections on Life's Journey) पुस्तक के लेखक कौन हैं?
(a) मोहम्मद अली
(b) यूजीन जे बुलार्ड
(c) जेक लामोट्टा
(d) रॉबर्टो ड्यूरॉन

100. ……… नदी में उपयोग करने योग्य जल भण्डारण क्षमता सबसे कम है।
(a) गंगा (b) कृष्णा
(c) ब्रह्मपुत्र (d) गोदावरी

भाग 3

मात्रात्मक योग्यता

101. एक व्यक्ति एक निश्चित दूरी को बाइक से तय करता है। यदि वह उस दूरी का 25% भाग 25 किमी/घण्टा की चाल से, उस दूरी का 50% भाग 50 किमी/घण्टा की चाल से, और शेष दूरी 12.5 किमी/घण्टा की चाल से तय करता है, तो पूरी यात्रा के दौरान उसकी औसत चाल ज्ञात कीजिए।
(a) 35 किमी/घण्टा (b) 30 किमी/घण्टा
(c) 25 किमी/घण्टा (d) 20 किमी/घण्टा

102. एक दुकानदार ने एक वस्तु पर ₹ 15000 मूल्य अंकित किया और उस पर 5%, 10% और 20% की क्रमिक छूटें दी गई। विक्रय मूल्य कितना होगा?
(a) ₹ 13520 (b) ₹ 11520
(c) ₹ 9850 (d) ₹ 10260

103. दिए गए पाई-चार्ट का अध्ययन करें और निम्नलिखित प्रश्न का उत्तर दें।
पाई-चार्ट में वर्ष 2021 के दौरान विभिन्न मदों में एक परिवार द्वारा किए गए खर्च और उनकी बचत को दर्शाया गया है।

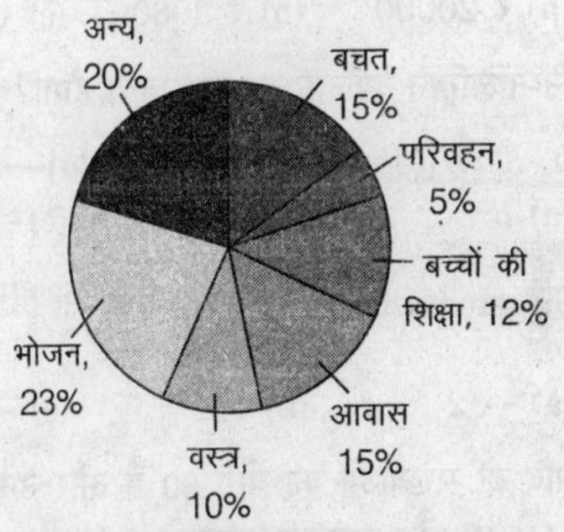

यदि वर्ष की कुल आय ₹ 100000 थी, तो आवास और परिवहन के बीच खर्चों में अन्तर (₹ में) कितना था?
(a) 10500 (b) 9000
(c) 10000 (d) 9500

104. दो प्रतिच्छेदी वृत्तों की उभयनिष्ठ जीवा की लम्बाई 24 सेमी है। यदि वृत्तों के व्यास 30 सेमी और 26 सेमी हैं, तो केन्द्रों के बीच की दूरी (सेमी में) होगी
(a) 14 सेमी (b) 16 सेमी
(c) 12 सेमी (d) 18 सेमी

105. दिए गए व्यंजक का मान क्या होगा?
$$(x-2y)(y-3x)+(x+y)(x-y)+(x-3y)(2x+y)$$
(a) $2y(x \div 3y)$ (b) $2x(x \div 3y)$
(c) $2y(x-3y)$ (d) $2x(x-3y)$

106. दिए गए पाई-चार्ट का ध्यानपूर्वक अध्ययन कीजिए और निम्नलिखित प्रश्न का उत्तर दीजिए। एक महीने में एक परिवार के व्यय का डिग्री-वार विवरण

एक महीने में खर्च की गई कुल राशि = ₹ 56800

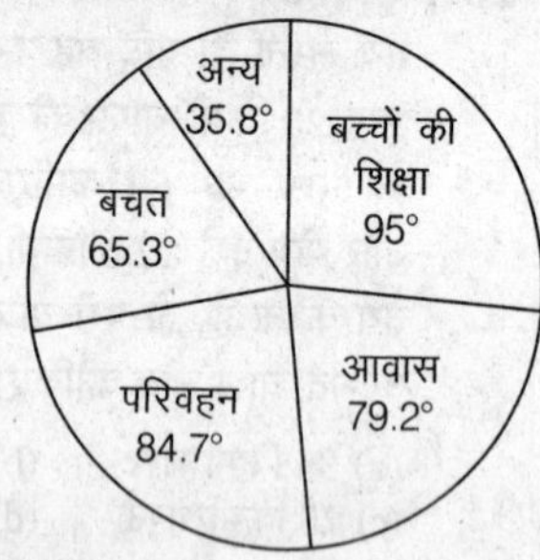

परिवार द्वारा आवास पर कितनी राशि खर्च की गई है?

(a) ₹ 11814 (b) ₹ 6248 (c) ₹ 12496 (d) ₹ 10615

107. आयुष एक राशि का 25% बीमा पॉलिसी पर, 26% भोजन पर, 23% बच्चों की शिक्षा पर और 19% मनोरंजन पर खर्च करता है। वह शेष ₹ 26600 बैंक में जमा करता है। वह भोजन और मनोरंजन पर कुल कितनी राशि (₹ में) खर्च करता है?

(a) ₹ 171000 (b) ₹ 195000 (c) ₹ 183000 (d) ₹ 162000

108. एक वस्तु 25% की छूट पर बेची जाती है और नकद भुगतान पर 28% की अतिरिक्त छूट अनुमन्य है। यदि रामेन्द्र ने ₹ 10800 नकद देकर वह वस्तु खरीदी, तो उस वस्तु का अंकित मूल्य कितना था?

(a) ₹ 20000 (b) ₹ 20800 (c) ₹ 18000 (d) ₹ 19800

109. निम्नलिखित व्यंजक का मान क्या होगा?

$b + 2a - [(3b + a) - (2a + b) + 2a] - a$

(a) b (b) $-b$ (c) $-a$ (d) a

110. यदि $\sin\theta + \cos\theta = \sqrt{2}\cos\theta$ है, तो $\frac{\sin\theta - \cos\theta}{\sin\theta}$ ज्ञात कीजिए।

(a) $-\sqrt{2}$ (b) 1 (c) −1 (d) $\sqrt{2}$

111. यदि दो संख्याओं का योग 60 है और उनके महत्तम समापवर्तक (HCF) और लघुत्तम समापवर्त्य (LCM) क्रमश: 5 और 60 हैं, तो संख्याओं के व्युत्क्रमों का योग क्या होगा?

(a) $\frac{1}{11}$ (b) $\frac{1}{4}$ (c) $\frac{1}{6}$ (d) $\frac{1}{5}$

112. एक व्यक्ति की मासिक आय और व्यय का अनुपात 7 : 3 है। यदि उसका व्यय ₹ 5400 है, तो उसकी मासिक आय ज्ञात कीजिए।

(a) ₹ 12600 (b) ₹ 13300 (c) ₹ 11500 (d) ₹ 10400

113. 8, 12 और 18 का लघुत्तम समापवर्त्य ज्ञात कीजिए।

(a) 36 (b) 72 (c) 24 (d) 80

114. $2\tan^2 45° + \cos^2 30° - \sin^2 60°$ का मान क्या होगा?

(a) -2 (b) 1 (c) -1 (d) 2

115. एक वॉशिंग मशीन का मूल्य 3 वर्ष में ₹ 40960 से घटकर ₹ 21970 हो गया। मूल्यह्रास की वार्षिक दर ज्ञात कीजिए।

(a) 25% (b) 18.75% (c) 16.25% (d) 20%

116. प्लास्टिक से बनी एक खोखली बेलनाकार नली 3 सेमी मोटी है। यदि इसका बाह्य व्यास 20 सेमी और ट्यूब की लम्बाई 49 सेमी है, तो प्लास्टिक का आयतन ज्ञात कीजिए।

(a) 7644 सेमी^{3} (b) 7238 सेमी^{3} (c) 7546 सेमी^{3} (d) 7854 सेमी^{3}

117. चार अंकों की वह बड़ी-से-बड़ी संख्या ज्ञात कीजिए, जो 15, 25, 40 और 75 से विभाज्य है।

(a) 9200 (b) 9500 (c) 9600 (d) 9000

118. दो संख्याओं का महत्तम समापवर्तक और लघुत्तम समापवर्त्य क्रमश: 9 और 126 है। यदि संख्याओं का अनुपात 2 : 7 है, तो बड़ी संख्या ज्ञात कीजिए।

(a) 21 (b) 63 (c) 77 (d) 42

119. किसी वृत्त की जीवा, उसकी त्रिज्या के बराबर है। वृत्त के लघु चाप और दीर्घ चाप पर इस जीवा द्वारा अन्तरित कोणों के बीच का अन्तर ज्ञात कीजिए।

(a) 120° (b) 60° (c) 30° (d) 150°

120. दी गई तालिका का अध्ययन करें और नीचे दिए गए प्रश्न का उत्तर दें।

बच्चों की संख्या	परिवारों की संख्या
0	4
1	22
2	15
3	6
4	2

प्रति परिवार बच्चों की औसत संख्या क्या है?

(a) 1.72 (b) 1.47 (c) 1.23 (d) 1.59

121. धातु की एक गोलाकार गेंद की त्रिज्या 3 सेमी है। यदि धातु की इस गेंद को पिघलाया जाता है, और इसकी त्रिज्या के आधे के बराबर त्रिज्या वाले x अर्द्धगोलों के रूप में पुन: ढाला जाता है, तो x का मान ज्ञात कीजिए।

(a) 14 (b) 16 (c) 15 (d) 13

122. दी गई तालिका का अध्ययन करें, और नीचे दिए गए प्रश्न का उत्तर दें। निम्न तालिका शैक्षणिक वर्ष 2022-2023 के दौरान भारत के विभिन्न शहरों A, B, C, D और E में विभिन्न पाठ्यक्रमों में विद्यार्थियों की संख्या को दर्शाती है।

शहर	एमबीए	विज्ञान	इन्जीनियरिंग	आयुर्विज्ञान	एमसीए	कुल
A	1200	2560	4520	1100	960	10340
B	1350	2650	5100	1050	850	11000
C	1250	2640	4580	1120	750	10340
D	1960	1250	3500	1850	1600	10160
E	1200	2100	3500	960	540	8300

शैक्षणिक वर्ष 2022-2023 के दौरान किस शहर में विद्यार्थियों की संख्या सर्वाधिक थी?

(a) D (b) A (c) C (d) B

123. पाँच अंकों की वह छोटी-से-संख्या कौन-सी है, जो 9, 12, 15, 25 और 27 से पूर्णत: विभाज्य है?

(a) 10800 (b) 10700 (c) 10250 (d) 10450

124. एक दुकानदार चीनी को ₹ 40/किग्रा की दर से बेचता है, जिसे उसने ₹ 36/किग्रा की दर से खरीदा था। उसकी तौल मशीन खराब है और बेचते समय उसका वजन मात्र 800 ग्राम तौलती है। उसका प्रतिशत लाभ (2 दशमलव स्थानों तक) .... है।

(a) 38.89% (b) 37.58%
(c) 40% (d) 39.28%

125. 720 विद्यार्थियों वाले एक स्कूल में लड़कों और लड़कियों का अनुपात 3 : 5 है। यदि 18 नई लड़कियों को स्कूल में प्रवेश दिया जाता है, तो कितने नये लड़कों को स्कूल में प्रवेश दिया जाना चाहिए, जिससे लड़कों और लड़कियों का अनुपात बदलकर 2 : 3 हो जाए?

(a) 38 (b) 42 (c) 50 (d) 44

126. 1200 मी की दौड़ में, राकेश 36 सेकण्ड में और राजेश 40 सेकण्ड में अन्तिम बिन्दु तक पहुँचता है। राकेश, राजेश को कितनी दूरी से हराता है?

(a) 130 मी (b) 120 मी
(c) 150 मी (d) 140 मी

127. 22, 66 और 11 का चतुर्थानुपाती ज्ञात कीजिए।

(a) 17 (b) 23 (c) 39 (d) 33

128. $\Delta PQR, Q$ पर इस प्रकार समकोण है, कि $PQ = (x-y), QR = x$ और $PR = (x+y)$ हैं। S, QR पर इस प्रकार स्थित एक बिन्दु है कि $QS = PQ$ है। x और y के किसी भी मान के लिए अनुपात $QS : SR$ क्या होगा?

(a) 1 : 2 (b) 1 : 3 (c) 3 : 1 (d) 2 : 1

129. A, B और C एक कार्य क्रमशः 11 दिन, 20 दिन और 55 दिन मे पूरा करे सकते हैं। यदि B से शुरू करते हुए, एक-एक दिन छोड़कर बारी-बारी से B और C द्वारा A की सहायता की जाती है, तो कार्य कितना जल्दी पूरा किया जा सकता है?

(a) 8 दिन (b) $9\frac{1}{2}$ दिन
(c) 9 दिन (d) $8\frac{1}{2}$ दिन

130. 6 सेमी व्यास के गोलाकार आकृति वाले कुछ बर्फ के टुकड़ों को एक बेलनाकार कण्टेनर में डाला जाता है, कण्टेनर में कुछ जूस भरा हुआ है और बर्फ के टुकड़े इसमें पूरी तरह से डूब जाते हैं। यदि कण्टेनर का व्यास 18 सेमी है और जूस का स्तर 40 सेमी बढ़ जाता है, तो कण्टेनर में कितने बर्फ के टुकड़े डाले गए हैं?

(a) 95 (b) 85 (c) 80 (d) 90

131. यदि $\frac{2\sin A - \cos A}{\sin A + \cos A} = 1$ है, तो $\cot A$ का मान क्या होगा?

(a) $\frac{1}{3}$ (b) 1 (c) $\frac{1}{2}$ (d) 2

132. यदि एक शंकु की तिर्यक ऊँचाई 29 सेमी और ऊँचाई 20 सेमी है, तो इसके सम्पूर्ण पृष्ठीय क्षेत्रफल और आयतन के परिमाणों का अनुपात ज्ञात कीजिए।

(a) 3 : 14 (b) 5 : 14
(c) 3 : 7 (d) 7 : 15

133. राकेश 50 संकाय सदस्यों वाले एक कोचिंग संस्थान को संचालित करता है। 35 संकाय सदस्यों का औसत मासिक वेतन ₹ 37500 है। यदि सभी 50 संकाय सदस्यों का औसत मासिक वेतन ₹ 30000 पाया गया हो, तो अन्य 15 संकाय सदस्यों का औसत मासिक वेतन (₹ में) कितना होगा?

(a) 12500 (b) 13000
(c) 13500 (d) 12000

134. दी गई तालिका का अध्ययन कीजिए और नीचे दिए गए प्रश्न का उत्तर दीजिए।

तालिका तीन वर्षों के दौरान तीन संगठनों में कर्मचारियों की संख्या दर्शाती है।

संगठन/वर्ष	2018	2019	2020
P	75	69	85
Q	96	81	74
R	85	63	90

2019 में संगठन P और R में एकसाथ मिलाकर कर्मचारियों की कुल संख्या और 2020 में संगठन Q और R में एकसाथ मिलाकर कर्मचारियों की कुल संख्या के बीच क्रमशः अनुपात क्या है?

(a) 41 : 31 (b) 33 : 23
(c) 33 : 41 (d) 23 : 41

135. मुम्बई की एक तेज़ लोकल 150 किमी की यात्रा के लिए एक धीमी लोकल की तुलना में 45 मिनट कम समय लेती है। यदि तेज लोकल की चाल, धीमी लोकल की चाल से 10 किमी/घण्टा अधिक है, तो धीमी लोकल ट्रेन की चाल (किमी/घण्टा में) ज्ञात करें।

(a) 40 (b) 30
(c) 35 (d) 45

136. यदि $\cot^2\theta = 1 - e^2$ है, तो $\text{cosec}\,\theta + \cot^3\theta\sec\theta$ का मान .... है।

(a) $(2-e^2)^{\frac{3}{2}}$ (b) $(1-e^2)^{\frac{3}{2}}$
(c) $(1-e^2)$ (d) $(2-e^2)\frac{1}{2}$

137. अंकिता ने तीन खिलौने बेचे। पहला खिलौना 25% के लाभ पर ₹ 1500 में बेचा गया; दूसरा खिलौना 50% की हानि पर ₹ 2800 में बेचा गया और तीसरा खिलौना 25% के लाभ पर ₹ 3500 में बेचा गया। उसका कुल प्रतिशत लाभ या हानि ज्ञात कीजिए।

(a) 15.25% हानि
(b) 18.75% लाभ
(c) 15.25% लाभ
(d) 18.75% हानि

138. 8 सेमी, 9 सेमी और 12 सेमी भुजाओं वाले ΔABC में सबसे बड़े कोण का कोण समद्विभाजक सम्मुख भुजाओं को दो खण्डों में विभाजित करता है। छोटे खण्ड की लम्बाई कितनी होगी?

(a) $4\frac{11}{17}$ सेमी (b) $3\frac{9}{17}$ सेमी
(c) $5\frac{11}{17}$ सेमी (d) $6\frac{13}{17}$ सेमी

139. यदि अरुण किसी कार्य का $\frac{2}{3}$ भाग 12 दिनों में पूरा कर सकता है, तो वह उसी कार्य का $\frac{1}{6}$ भाग कितने दिनों में पूरा करेगा?

(a) 5 (b) 4
(c) 3 (d) 2

140. यदि रवि की आय का 30%, सुरेश की आय के 40% के बराबर है, तो रवि की आय का 50%, सुरेश की आय के कितने प्रतिशत के बराबर होगा?

(a) $66\frac{2}{3}\%$ (b) $66\frac{1}{3}\%$
(c) $33\frac{1}{3}\%$ (d) $33\frac{2}{3}\%$

141. निम्न तालिका किसी कम्पनी द्वारा पिछले कुछ वर्षों में बेची गई विभिन्न प्रकार की बैटरियों की संख्या प्रदान करती है। (संख्या सैकड़ा में)।

वर्ष/बैटरी का प्रकार	7AH	32AH	35AH	55AH
2018	20	30	40	50
2019	40	35	45	45
2020	50	40	40	40
2021	40	50	50	45
2022	45	45	35	55

2021 और 2022 में बेची गई 7AH बैटरियों की संख्या में कितना अन्तर है?

(a) 700 (b) 300
(c) 200 (d) 500

142. दिया गया ग्राफ़ एक परिवार की आय और व्यय को दर्शाता है। दिए गए ग्राफ का अध्ययन कीजिए और निम्नलिखित प्रश्न का उत्तर दीजिए।

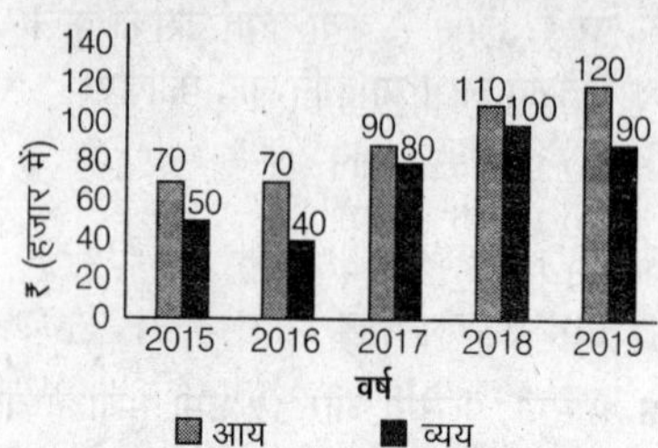

2017 से 2018 तक परिवार का व्यय .... बढ़ गया।

(a) 25% (b) 20%
(c) 11% (d) 22%

143. दो संख्याओं का लघुत्तम समापवर्त्य (LCM), उनके महत्तम समापवर्तक (HCF) का पाँच गुना है। यदि दोनों संख्याओं का गुणनफल 20480 है, तो उनका महत्तम समापवर्तक (HCF) और लघुत्तम समापवर्त्य (LCM) क्रमश: ज्ञात कीजिए।

(a) 48 और 240 (b) 64 और 320
(c) 46 और 230 (d) 56 और 280

144. A और B समान रूप से कार्यकुशल हैं और प्रत्येक अकेले किसी कार्य को 36 दिन में पूरा कर सकता है, यदि किसी ने कोई अवकाश न लिया हो। A और B ने इस कार्य पर एकसाथ मिलकर कार्य करना शुरू किया, लेकिन A ने हर पाँच दिन कार्य करने के बाद एक दिन का अवकाश लिया, जबकि B ने हर सात दिन कार्य करने के बाद एक दिन का अवकाश लिया। यदि दोनों ने 1 जुलाई, 2021 को कार्य शुरू किया था, तो कार्य किस तिथि को पूरा हुआ?

(a) 19 जुलाई, 2021 (b) 20 जुलाई, 2021
(c) 22 जुलाई, 2021 (d) 21 जुलाई, 2021

145. एक स्टोर में, अरुण के पास मोबाइल फोन खरीदने के लिए दो विकल्प हैं, या तो वह ₹ 2500 की पूरी राशि का भुगतान कर सकता है, या वह एक किशत योजना यानी ₹ 520 की डाउन पेमेण्ट और चार समान किश्तों में मोबाइल खरीद सकता है, जिसमें 25% वार्षिक की दर से साधारण ब्याज वसूल किया जा रहा है। अरुण किश्त योजना पर एक मोबाइल फोन खरीदता है। अरुण की मासिक किश्त कितनी है?

(a) ₹ 510 (b) ₹ 550
(c) ₹ 520 (d) ₹ 530

146. 32 सेमी व्यास वाले एक ठोस धातु के गोले से बनाई जा सकने वाली ऐसी गेंदों की संख्या ज्ञात कीजिए, जिनमें से प्रत्येक का व्यास 4 सेमी हो।

(a) 1024 (b) 64
(c) 256 (d) 512

147. प्रथम छह अभाज्य संख्याओं का औसत ज्ञात करें।

(a) $6\frac{1}{3}$ (b) $6\frac{2}{3}$
(c) $6\frac{5}{6}$ (d) $6\frac{1}{6}$

148. 125, 250 और 750 का महत्तम समापवर्तक (HCF) ज्ञात कीजिए।

(a) 125 (b) 75
(c) 25 (d) 50

149. दिए गए बार ग्राफ का ध्यानपूर्वक अध्ययन कीजिए और निम्नलिखित प्रश्न का उत्तर दीजिए।

चार कर्मचारियों की मई, जून और जुलाई महीनों में हुई वेतन-वृद्धि (₹ में)।

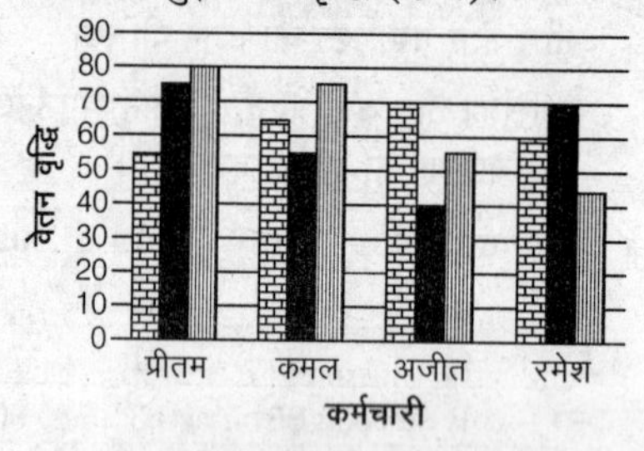

तीन महीनों में कमल की कुल औसत वेतन-वृद्धि कितनी है?

(a) ₹ 75 (b) ₹ 70
(c) ₹ 65 (d) ₹ 60

150. निम्न तालिका वर्ष 2022 में 4 अलग-अलग महीनों में 5 दुकानों द्वारा बेचे गए स्कूटरों की संख्या दर्शाती है।

माह/दुकान	A	B	C	D	E
जनवरी	212	168	173	182	190
फरवरी	312	250	212	175	182
मार्च	280	275	265	255	245
अप्रैल	270	280	290	305	275

जनवरी में दुकान A और B द्वारा कुल मिलाकर बेचे गए स्कूटरों की कुल संख्या और मार्च में दुकान D और E द्वारा कुल मिलाकर बेचे गए स्कूटरो की कुल संख्या के बीच का अनुपात ज्ञात करें।

(a) 18 : 23 (b) 17 : 25
(c) 19 : 25 (d) 20 : 23

भाग 4

अंग्रेजी

151. Select the most appropriate option that can substitute the underlined segment in the given sentence.
The concert was filled with <u>rapt</u> teenage listeners.

(a) really fashionable
(b) boldly dressed
(c) truly energetic
(d) fully attentive

152. Select the most appropriate antonym of the given word.
Decline

(a) Escape (b) Ascend
(c) Demonstrate (d) Traverse

153. Select the most appropriate option that can substitute the underlined segment in the given sentence. If there is no need to substitute it, select 'No substitution required'.
It was <u>a quite</u> afternoon so, Dan decided to take a nap.

(a) an quiet
(b) an quite
(c) No substitution required
(d) a quiet

154. Select the most appropriate option to fill in the blank.
This is not .... exhaustive list of words.

(a) many (b) an
(c) a (d) No word required

155. Select the most appropriate meaning of the highlighted idiom in the given sentence.
She said she liked my hair but it turned out to be a left handed compliment.

(a) A joke (b) A flattery
(c) An insult (d) A praise

156. Select the most appropriate antonym of the given word.
Redemption

(a) Salvation (b) Blasphemy
(c) Corrugation (d) Conjunction

157. Parts of the following sentence have been underlined and given as options. Select the option that contains an error.
<u>Have</u> they <u>been work</u> in that particular shop <u>for</u> several years?

(a) work (b) been
(c) for (d) Have

158. Select the correct spelling of the incorrectly spelt word.
He had a round face made jovial by bright, almost boyish eyes and eyebrows ridiculusly small for a man his size.
(a) ridicolusly (b) jouvial
(c) juvial (d) ridiculously

159. Select the word segment that substitutes (replaces) the bracketed word segment correctly and completes the sentence meaningfully.
Unless you (do will not prepare) well you will not perform well.
(a) would not prepare
(b) prepare
(c) will do not prepare
(d) will prepare

160. Select the most appropriate meaning of the given idiom.
Bite the bullet
(a) Decide to do what is good
(b) To bite something very hard
(c) Decide to do the inevitable which you were avoiding
(d) Decide to take the easier way out

161. Select the most appropriate antonym of the given word.
Resolute
(a) Serious
(b) Wavering
(c) Steadfast
(d) Brave

162. The following sentence has been split into four segments. Identify the segment that contains a grammatical error.
Roger went / to an United Kingdom / with his wife / to celebrate Christmas.
(a) Roger went
(b) to an United Kingdom
(c) to celebrate Christmas
(d) with his wife

163. Some words in the following sentences have been underlined and given as options. Select the option that contains a spelling error.
Why is <u>everyone</u> so, dressed up? What's the <u>occaseon</u>? Is it a <u>wedding</u>?
(a) wedding
(b) occaseon
(c) everyone
(d) dressed

164. Select the option that can be used as a one-word substitute for the given group of words.
To restrain or compel a person to do something by force.
(a) Convoy (b) Consensus
(c) Coerce (d) Casualty

165. Select the most appropriate option that can substitute the underlined segment in the given sentence.
Health insurance are important today since, anyone can face a medical emergency without warning.
(a) will be important
(b) has been important
(c) was important
(d) is important

166. Select the most appropriate meaning of the given idiom.
Spill the beans
(a) To make anything visible
(b) To reveal secret information
(c) To ruin someone's plan
(d) To talk randomly

167. Select the option that will improve the underlined part of the given sentence.
People <u>say different things at different times.</u>
(a) should say fanciful things at different times.
(b) says delectable things at different times.
(c) says whimsical things at different times.
(d) say diverse things at different times.

168. Select the most appropriate antonym of the given word.
Together
(a) Apart (b) United
(c) Freight (d) Engulf

169. Select the most appropriate antonym of the given word.
Magnificent
(a) Impressive (b) Peaceful
(c) Quiet (d) Modest

170. Select the most appropriate idiom to fill in the blank.
I have all the technical and communication skills necessary to crack any interview; it will be ..... .
(a) a storm in a tea cup
(b) a chip on my shoulder
(c) a hard nut to crack
(d) a piece of cake for me

171. Select the most appropriate idiom for the underlined word segment.
He seems <u>to be undecided</u> about whether to move to another city for better prospects.
(a) Bouncing off the walls
(b) Running out of steam
(c) Sitting on the fence
(d) Counting down the days

172. The following sentence has been split into four segments. Identify the segment that contains a grammatical error.
I have a dog and a cow. / A dog is black / but the cow is / black and white.
(a) A dog is black
(b) black and white
(c) but the cow is
(d) I have a dog and a cow

173. Select the most appropriate synonym of the underlined word.
Improved rail transport is <u>essential</u> for business.
(a) Recommended (b) Trivial
(c) Crucial (d) Technical

174. Select the most appropriate synonym of the given word.
Desolate
(a) Fortunate (b) Sturdy
(c) Depressive (d) Hopeful

175. Select the option that can be used as a one-word substitute for the given group of words.
An act of exchanging information
(a) Collaboration
(b) Communication
(c) Touch
(d) Hold

176. Select the correct spelling of the incorrectly spelt word.
They were more often abnoxious than not, impatient with me because my services had been essentially imposed upon them.
(a) obnoxious (b) impatint
(c) servises (d) essentialy

177. Select the most appropriate antonym of the underlined word in the given sentence.
All members of the association <u>adhere</u> to a strict code of practice.
(a) observe (b) cling
(c) flout (d) comply

178. Select the most appropriate antonym for the highlighted word.
She has a penchant for art and craft.
(a) anxiety (b) hatred
(c) fear (d) joy

179. Select the most appropriate option that can substitute the underlined segment in the given sentence.
The team leader tried to remain positive or optimistic in the situation, even though they were facing tough competition and limited resources.
(a) to put a strong hand forward
(b) to put on a strong exterior
(c) to put a strong desire in front of
(d) to put a brave face on

180. Select the most appropriate antonym of the given word.
Superb
(a) Infallible (b) Incorrigible
(c) Inferior (d) Splendid

181. Choose the most appropriate meaning of the underlined phrase.
He was carried off his feet when he was declared to have won the prize.
(a) Was wild with excitement
(b) Was dizzy
(c) Became delirious
(d) Danced on his toes

182. Select the most appropriate phrasal verb to fill in the blank.
It took seven years for Harish to .... his migraine.
(a) shake down
(b) shake up
(c) shake out
(d) shake off

183. Select the most appropriate meaning of the underlined idiom that can be substituted in the following sentence.
The new routine will suit you to a T.
(a) nicely (b) a little bit
(c) exactly (d) very poorly

184. Select the most appropriate meaning of the given idiom.
Spill the beans
(a) Sound familiar
(b) Fail to make an impact
(c) To be very expensive
(d) Give away a secret

185. Replace the underlined segment with the most appropriate idiom/phrase from the following options.
This is the critical point of the issue. One should always be focused on it.
(a) Chip off the old block
(b) A black sheep
(c) The crux of the matter
(d) Don't cry over spilt milk

186. Select the most appropriate option that can substitute the underlined segment in the given sentence.
I like all games instead of cricket.
(a) rather (b) exclude
(c) object (d) except

187. Select the option that can be used as a one-word substitute for the given group of words.
Requiring exceptional skill or caution in performance or handling
(a) Blunt (b) Tricky
(c) Sustainable (d) Abstract

188. The following sentence has been divided into parts. One of them may contain an error. Select the part that contains the error from the given options. If you don't find any error, mark 'No error' as your answer.
(1) He could / (2) be pass his exams / (3) if he studied harder. / (4) No error
(a) 2 (b) 1
(c) 3 (d) 4

189. Select the most appropriate option that can substitute the underlined word which has been incorrectly spelt.
They have begun to study in sepparate rooms.
(a) saperate (b) separate
(c) seprate (d) saparate

190. Select the sentence that has a spelling error.
A. One has to understand the rudimentery fact that intelligence and intellect are at two opposite poles.
B. An intellectual person may have all the knowledge of the world but won't know how to give it a shape.
C. Knowledge will plague the individual if he does not have the intelligence to express it.
D. Without basic intelligence, an individual is trapped within himself manifesting conflicts and ignorance in the external world.
(a) Without basic intelligence, an individual is trapped within himself, manifesting conflicts and ignorance in the external world.
(b) An intellectual person may have all the knowledge of the world but won't know how to give it a shape.
(c) Knowledge will plague the individual if he does not have the intelligence to express it.
(d) One has to understand the rudimentery fact that intelligence and intellect are at two opposite poles.

Directions (Q. Nos. 191-195) *In the following passage, some words have been deleted. Read the passage carefully and select the most appropriate option to fill in each blank.*

Rabindranath Tagore founded a small school at Santiniketan in 1901 and Kala Bhavan, an art school, in 1919 which ...(1)... became a part of the Visvabharati University founded in 1921. Located in an ...(2).... village some distance from the city of Calcutta, Kala Bhavan presented an alternative methodology of art training, in which studio based practice was ...(3)... in favour of learning through observation and living as a part of nature. The natural surroundings with the ...(4)... of bare red earth dotted with trees, the colours of the changing seasons, the animals and birds ...(5)... inspiration to students.

191. Select the most appropriate option to fill in blank no. 1.
(a) better (b) later
(c) faster (d) slower

192. Select the most appropriate option to fill in blank no. 2.
(a) normal (b) magical
(c) reliable (d) idyllic

193. Select the most appropriate option to fill in blank no. 3.
(a) accepted (b) rejected
(c) investigated (d) aspired

194. Select the most appropriate option to fill in blank no. 4.
(a) vistas (b) murk
(c) haze (d) band

195. Select the most appropriate option to fill in blank no. 5.
(a) groomed (b) refused
(c) provided (d) agreed

Directions (Q. Nos. 196-200) *Read the given passage carefully and answer the questions that follow.*

Mountains occupy about a quarter of the Earth's land, harbour most of its biodiversity hotspots and supply fresh water to an estimated half of humanity. Present on every continent, mountains include a multitude of ecosystems holding many unique species such as snow leopards and mountain gorillas. They are also home to great cultural diversity among people adapted to the challenges of mountain life. Their special traditions and breath-taking scenery attract ever-growing numbers of tourists.

Mountain regions are particularly sensitive to degradation from both human pressures and climate change. Steep slopes mean the clearing of forest for farming, settlements or infrastructure can cause serious soil erosion as well as the loss of habitat. Erosion and pollution harm the quality of water flowing downstream. Climate change threatens the quantity and timing of water supplies to farms, cities, industry and power stations. Fast-rising temperatures are forcing mountain species, ecosystems and the people that depend on them to adapt or migrate.

196. What is the antonym for the word 'Diversity' from the passage?
(a) Block
(b) Dilemma
(c) Uniformity
(d) Heritage

197. What is the antonym for the word 'Migrate' from the passage?
(a) Stay (b) Run
(c) Die (d) Assume

198. Which is the best description of the tone of the passage?
(a) Laudatory (b) Emotional
(c) Biased (d) Humanistic

199. Which of the following represents the structure of the passage?
(a) Chronological
(b) Definition
(c) Compare and contrast
(d) Cause-effect

200. Which of the following most accurately states the central idea of the passage?
(a) Pollution
(b) Mountain Ecosystem
(c) Bio-degradation
(d) Climate change

जानें सही उत्तर

1 (a)	2 (d)	3 (a)	4 (a)	5 (d)	6 (d)	7 (b)	8 (b)	9 (c)	10 (c)
11 (d)	12 (b)	13 (a)	14 (a)	15 (d)	16 (d)	17 (b)	18 (a)	19 (d)	20 (b)
21 (b)	22 (d)	23 (c)	24 (a)	25 (d)	26 (c)	27 (c)	28 (a)	29 (d)	30 (a)
31 (a)	32 (d)	33 (b)	34 (a)	35 (a)	36 (b)	37 (c)	38 (b)	39 (b)	40 (c)
41 (c)	42 (c)	43 (a)	44 (c)	45 (a)	46 (a)	47 (d)	48 (d)	49 (a)	50 (d)
51 (c)	52 (b)	53 (d)	54 (c)	55 (a)	56 (c)	57 (a)	58 (b)	59 (b)	60 (c)
61 (a)	62 (c)	63 (b)	64 (b)	65 (d)	66 (a)	67 (b)	68 (a)	69 (c)	70 (b)
71 (d)	72 (a)	73 (d)	74 (b)	75 (b)	76 (c)	77 (d)	78 (d)	79 (c)	80 (c)
81 (d)	82 (c)	83 (d)	84 (c)	85 (c)	86 (b)	87 (a)	88 (c)	89 (c)	90 (c)
91 (a)	92 (d)	93 (d)	94 (c)	95 (a)	96 (a)	97 (b)	98 (a)	99 (a)	100 (c)
101 (c)	102 (d)	103 (c)	104 (a)	105 (c)	106 (c)	107 (a)	108 (a)	109 (b)	110 (a)
111 (d)	112 (a)	113 (b)	114 (d)	115 (b)	116 (d)	117 (c)	118 (b)	119 (a)	120 (d)
121 (b)	122 (d)	123 (a)	124 (a)	125 (b)	126 (b)	127 (d)	128 (c)	129 (a)	130 (d)
131 (c)	132 (b)	133 (a)	134 (c)	135 (a)	136 (a)	137 (d)	138 (c)	139 (c)	140 (a)
141 (d)	142 (a)	143 (b)	144 (d)	145 (c)	146 (d)	147 (c)	148 (a)	149 (c)	150 (c)
151 (d)	152 (b)	153 (d)	154 (b)	155 (c)	156 (b)	157 (a)	158 (d)	159 (b)	160 (c)
161 (b)	162 (b)	163 (b)	164 (c)	165 (d)	166 (b)	167 (a)	168 (d)	169 (d)	170 (d)
171 (c)	172 (a)	173 (c)	174 (c)	175 (b)	176 (a)	177 (c)	178 (b)	179 (d)	180 (c)
181 (a)	182 (d)	183 (c)	184 (d)	185 (c)	186 (d)	187 (b)	188 (a)	189 (b)	190 (d)
191 (b)	192 (d)	193 (b)	194 (a)	195 (c)	196 (c)	197 (a)	198 (d)	199 (d)	200 (b)

प्रश्नों के सही हल

1. (a) जिस प्रकार, दाब को मापने के लिए बैरोमीटर का उपयोग किया जाता है।
उसी प्रकार, विद्युत को मापने के लिए मल्टीमीटर का उपयोग किया जाता है।

2. (d) जिस प्रकार, PIN = 9
अक्षरों की संख्या = 3 $\Rightarrow (3)^2 = 9$
तथा CHARGER = 49
अक्षरों की संख्या = 7 $\Rightarrow (7)^2 = 49$
उसी प्रकार, CABLE
अक्षरों की संख्या = 5
$\Rightarrow \quad (5)^2 = \boxed{25}$

3. (a) प्रश्नानुसार,

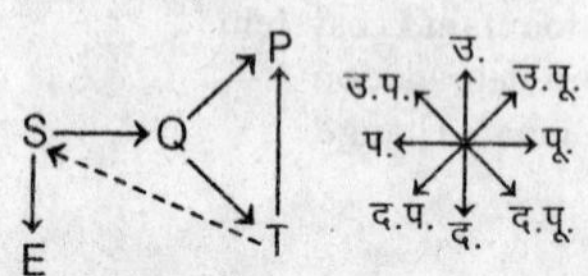

उपरोक्त से स्पष्ट है कि S, T के सापेक्ष उत्तर-पश्चिम में है।

4. (a) जिस प्रकार,

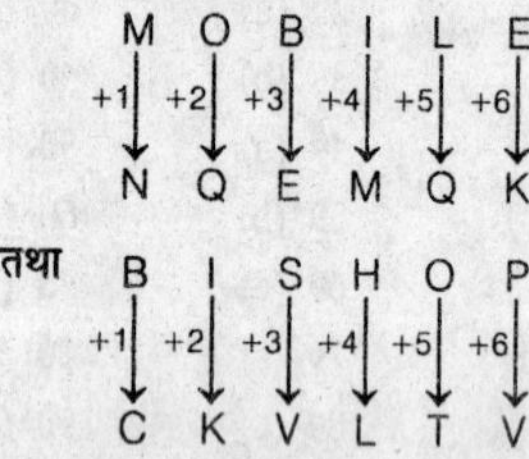

उसी प्रकार,

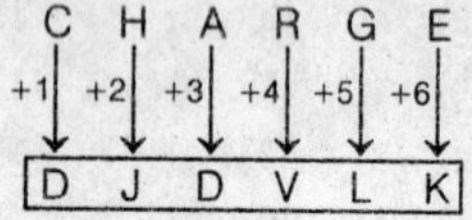

5. (d) प्रश्नानुसार,

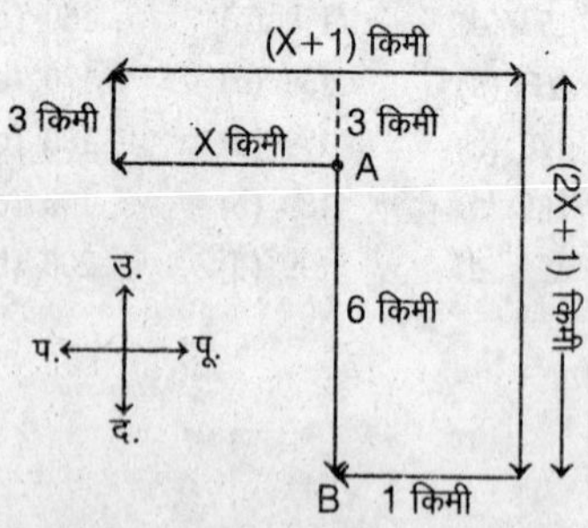

उपरोक्त आरेख के अनुसार,

$$6 + 3 = 2X + 1$$
$$9 - 1 = 2X \Rightarrow 8 = 2X$$
$$\therefore \quad X = 4$$

6. (d) प्रश्नानुसार, शब्दों को अंग्रेजी शब्दकोष के अनुसार व्यवस्थित करने पर
Brief → Bright → Brine → Brocade → Brochure
सही क्रम ⇒ 4, 3, 2, 5, 1

7. (b) प्रश्नानुसार,
$(45 \times 2) \div 15 - (6 \times 3) + 10 - (63 \div 21) = 17$
विकल्प (b) से,
– और + के चिह्नों को आपस में बदलने पर,
$(45 \times 2) \div 15 + (6 \times 3) - 10 + (63 \div 21)$
$= 90 \div 15 + 18 - 10 + 3$
$= 6 + 18 - 10 + 3 \quad = 27 - 10 = 17$
= LHS = RHS

8. (b) 11 B 12 C 144 D 24 A 57 = ?
अक्षरों को चिह्नों से प्रतिस्थापित करने पर,

A ⇒ +	B ⇒ ×
C ⇒ –	D ⇒ ÷

$= 11 \times 12 - 144 \div 24 + 57$
$= 132 - 6 + 57 = 189 - 6 = 183$

9. (c) यहाँ, $S \xrightarrow{-1} R \xrightarrow{+5} W \xrightarrow{+1} X$
$P \xrightarrow{-1} O \xrightarrow{+5} T \xrightarrow{+1} U$
$H \xrightarrow{-1} G \xrightarrow{+5} L \xrightarrow{+1} M$
परन्तु, $D \xrightarrow{-2} B \xrightarrow{+5} G \xrightarrow{+1} H$
अत: विकल्प (c) असंगत अक्षर समूह है।

10. (c)

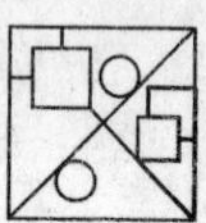

विकल्प (c) की आकृति में प्रश्न आकृति सन्निहित है।

11. (d) दी गई शृंखला में प्रत्येक चरण में प्रतीक '□' अपना स्थान परिवर्तित नहीं करता है और प्रतीक '△' और '○', वामावर्त दिशा में एक कोने से दूसरे कोने में स्थानान्तरित हो रहे हैं।
अत: विकल्प (d) की आकृति, दी गई आकृति शृंखला को पूरा करेगी।

12. (b) जिस प्रकार, केन्द्र, केन्द्रबिन्दु का पर्यायवाची शब्द है। उसी प्रकार, मुहल्ले का पादरी, धर्माचार्य का पर्यायवाची शब्द है।

13. (a) प्रश्न में दिए गए कागज को खोलने पर यह विकल्प आकृति (a) जैसा दिखाई देगा।

14. (a) प्रश्न में दिए गए कागज को खोलने पर यह विकल्प आकृति (a) जैसा दिखाई देगा।

15. (d) प्रश्नानुसार,

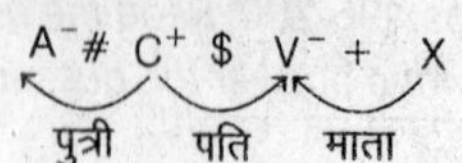

$C_{(+)}$ ⟺ पति-पत्नी ⟺ $V_{(-)}$; पुत्री ↓ $A_{(-)}$; माता ↑ X; $A_{(-)}$ ← बहन — X
[+ ⟶ पुरुष; – ⟶ महिला]

A, X की बहन है।

16. (d) प्रश्नानुसार,
$42 \div 7 + 11 \times 87 - 12 = 141$
विकल्प (d) से, × और + चिह्नों को आपस में बदलने पर,
$42 \div 7 \times 11 + 87 - 12 = 141$
$\Rightarrow \quad 6 \times 11 + 87 - 12 = 141$
$\Rightarrow \quad 66 + 87 - 12 = 141$
$\Rightarrow \quad 153 - 12 = 141$
LHS = RHS

17. (b) प्रश्नानुसार,

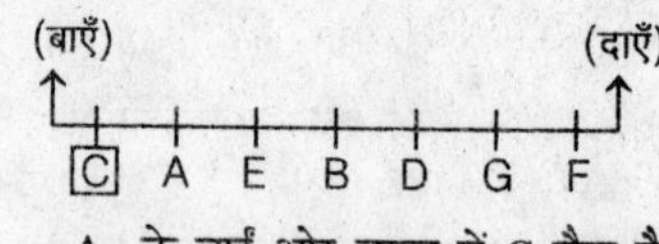

∴ A के बाईं ओर बगल में C बैठा है।

18. (a) दिया गया समीकरण
$21 \text{ O } 5 \text{ P } 69 \text{ N } 3\text{P } \sqrt{225} \text{ M } 88 = ?$
प्रश्नानुसार,

M ⇒ –	N ⇒ ÷
O ⇒ ×	P ⇒ +

चिह्नों को प्रतिस्थापित करने पर,
$= 21 \times 5 + 69 \div 3 + \sqrt{225} - 88$
$= 105 + 23 + 15 - 88 = 55$

19. (d) कथनानुसार,

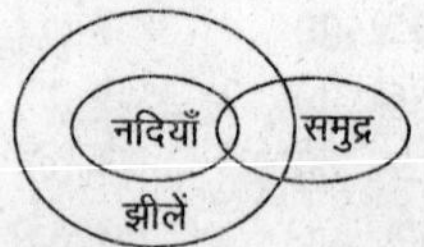

निष्कर्ष I. (✓) II. (✗)
अत: केवल निष्कर्ष I पालन करता है।

20. (b) प्रश्नानुसार,

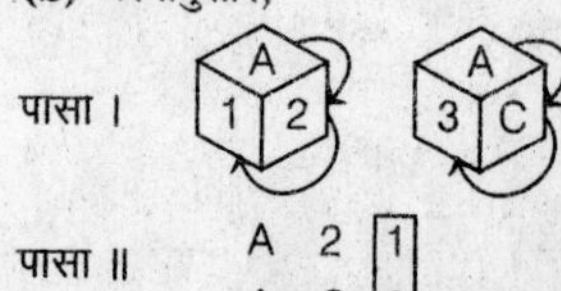

पासा II

A	2	1
A	C	3

अत: '3' अंक वाले फलक के विपरीत फलक पर अंक '1' होगा।

21. (b) दी गई आकृति विकल्प (b) आकृति में सन्निहित है।

22. (d) दी गई शृंखला का क्रम निम्न प्रकार है,

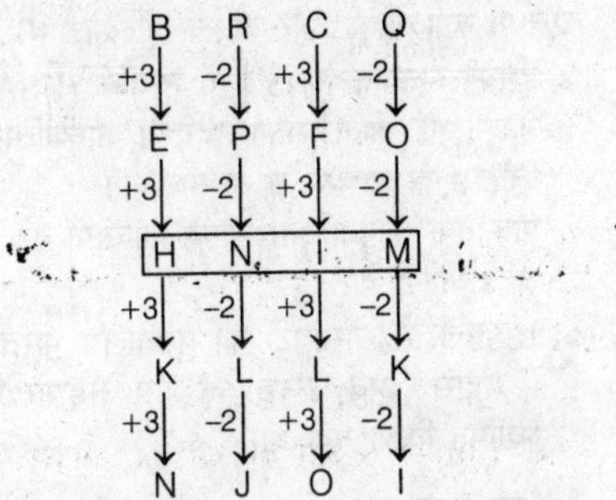

23. (c) प्रश्नानुसार,

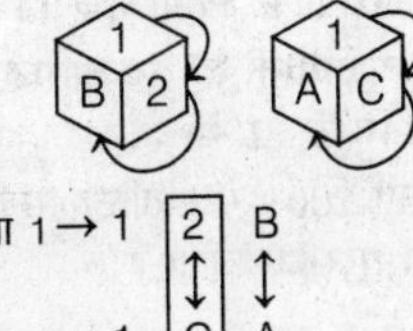

पासा 1 → 1 | 2 B

पासा 2 → 1 | C A

अत: 'C' अक्षर वाले फलक के विपरीत फलक पर अंक '2' होगा।

24. (a) दिया गया समीकरण

$79 \div 64 \times 8 - 7 + 12 = ?$

चिह्नों को प्रतिस्थापित करने पर,

+ ⇒ −	− ⇒ ×
× ⇒ ÷	÷ ⇒ +

$= 79 + 64 \div 8 \times 7 - 12$

$= 79 + 8 \times 7 - 12$

$= 79 + 56 - 12 = 123$

25. (d) जिस प्रकार, (5, 4, 2)

$(5 \times 2) - (2 \times 3) = 10 - 6 = 4$

तथा (9, 9, 3)

$(9 \times 2) - (3 \times 3) = 18 - 9 = 9$

उसी प्रकार विकल्प (d), (21, 39, 1)

$(21 \times 2) - (1 \times 3) = 42 - 3 = 39$

26. (c) यहाँ, C E —(−4)→ A X (विपरीत)

G I —(−4)→ E T (विपरीत)

M O —(−4)→ K N (विपरीत)

परन्तु, S Q —(+4)→ U H (विपरीत)

27. (c) दी गई शृंखला का क्रम निम्न प्रकार है,

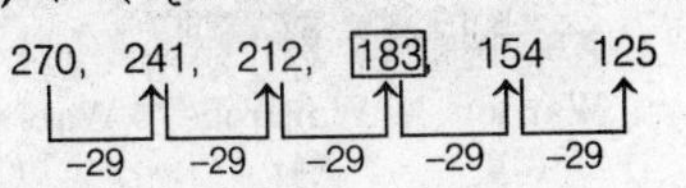

28. (a) दिया गया समीकरण,

$39 \div 3 - 11 + 57 \times 29 = 171$

विकल्प (a) से,

– और × के चिह्नों को आपस में बदलने पर,

$39 \div 3 \times 11 + 57 - 29 = 171$

$\Rightarrow 13 \times 11 + 57 - 29 = 171$

$\Rightarrow 143 + 57 - 29 = 171$

$\Rightarrow 200 - 29 = 171$

$\Rightarrow 171 = 171$

$\Rightarrow$ LHS = RHS

29. (d) दी गई शृंखला का क्रम निम्न प्रकार है,

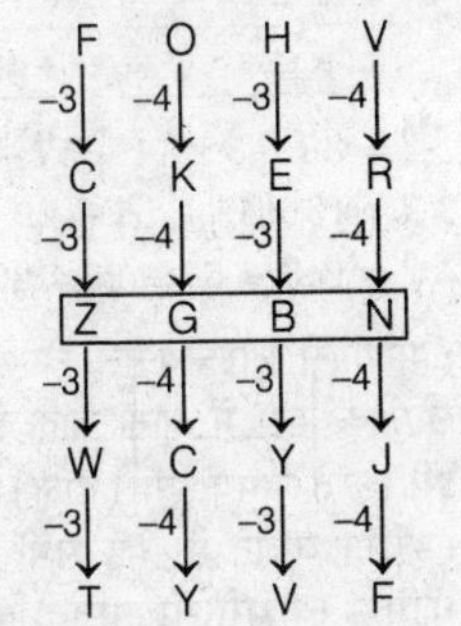

30. (a) प्रश्नानुसार,

Live Long = mu ae

Road is Long = ae si du

Game is Live = si mu zt

Game को कूट भाषा में zt लिखा गया है।

31. (a) दी गई शृंखला का क्रम निम्न प्रकार है,

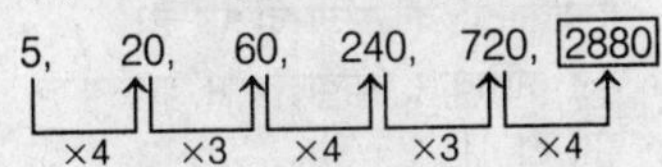

32. (d) प्रत्येक अगली आकृति में चिह्न निम्न प्रकार से स्थान परिवर्तित कर रहे हैं।

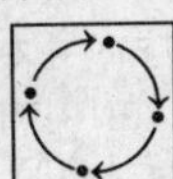

तथा बीच का तीर (→) 45° वामावर्त दिशा में घूम रही है।

अत: विकल्प आकृति (d) शृंखला की अगली आकृति है।

33. (b) प्रश्नानुसार,

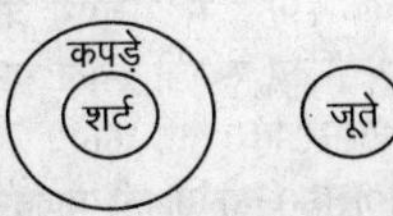

शर्ट, कपड़े से बनती है और जूते इनसे अलग है।

34. (a) जिस प्रकार, SPAM = 36

अक्षरों की संख्या = 4

$4 \times 9 = 36$

तथा, JUG = 27

अक्षरों की संख्या = 3

$3 \times 9 = 27$

उसी प्रकार, FROCK

अक्षरों की संख्या = 5

$5 \times 9 = \boxed{45}$

35. (a) दी गई शृंखला का क्रम निम्न प्रकार है,

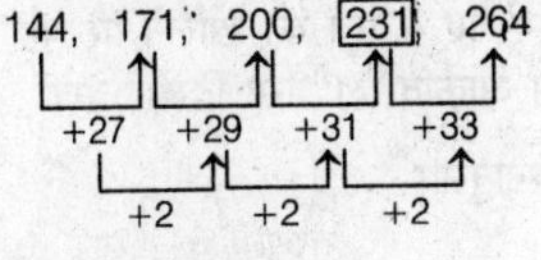

36. (b) प्रश्नानुसार,

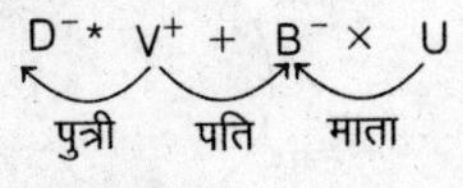

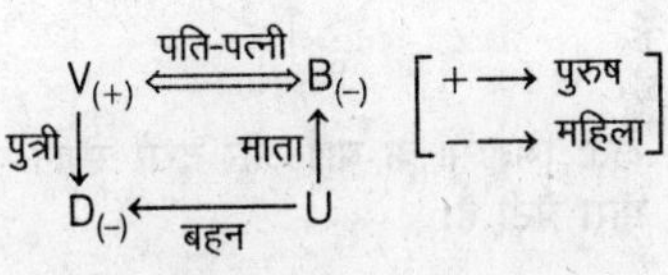

∴ D, U की बहन है।

37. (c) जिस प्रकार, (53, 36, 25)

$53 - 17 = 36$

$36 - 11 = 25$

और (71, 54, 43)

$71 - 17 = 54$

$54 - 11 = 43$

उसी प्रकार, (99, 82, 71)

$99 - 17 = 82$

$82 - 11 = 71$

38. (b) जिस प्रकार, (112, 327, 215)

$112 + 215 = 327$

तथा (98, 254, 156)

$98 + 156 = 254$

उसी प्रकार, (126, 268, 142)

$126 + 142 = 268$

39. (b) प्रश्नानुसार,

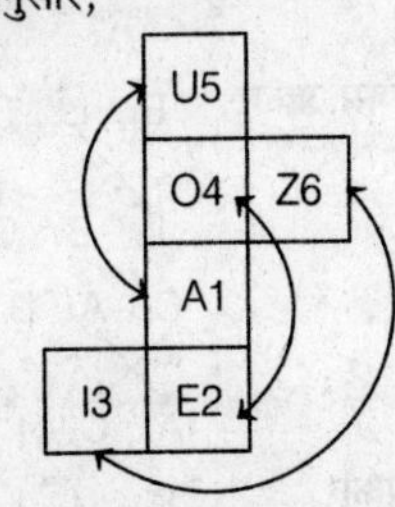

अत: A1, U5 के विपरीत है।

40. (c) दी गई शृंखला का क्रम निम्न प्रकार से है
a, b, a, b, b, a/a, b, a, b, b, a/a, b, a, b, b, a
अभीष्ट अक्षर ⇒ a, b, a

41. (c) प्रश्नानुसार,

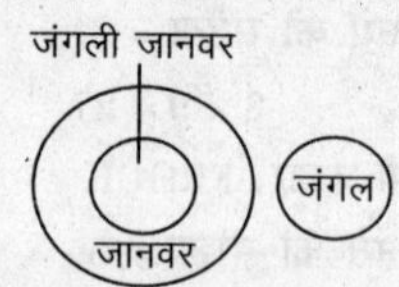

सभी जंगली जानवर, जानवर है, परन्तु जंगल इनसे अलग है।

42. (c) दिए गए कागज को खोलने पर यह विकल्प आकृति (c) जैसा दिखाई देगा।

43. (a) प्रश्नानुसार,

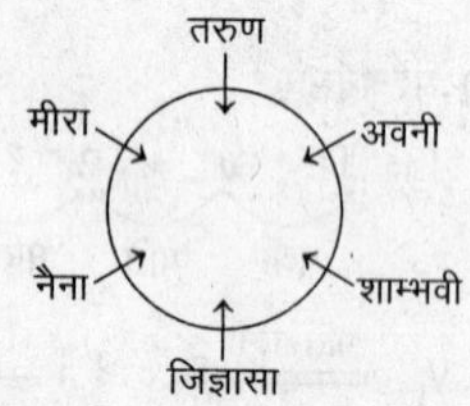

अत: जिज्ञासा के बाईं ओर दूसरे स्थान पर मीरा बैठी है।

44. (c) कथनानुसार,

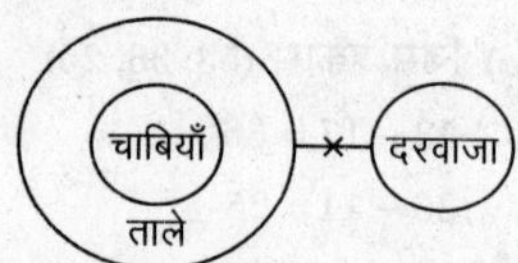

निष्कर्ष I. (✗) II. (✓) III. (✓)
अत: निष्कर्ष II और III दोनों पालन करते हैं।

45. (a) जिस प्रकार,
25 : 18
25 − (2 + 5) = 25 − 7 = 18
तथा 49 : 36
49 − (4 + 9) = 49 − 13 = 36
उसी प्रकार, 37 : ?
? = 37 − (3 + 7) = 37 − 10 = 27

46. (a) दी गई शृंखला का क्रम निम्न प्रकार है
69, 65, 67, 63, 65, 61
−4, +2, −4, +2, −4

47. (d) जिस प्रकार,

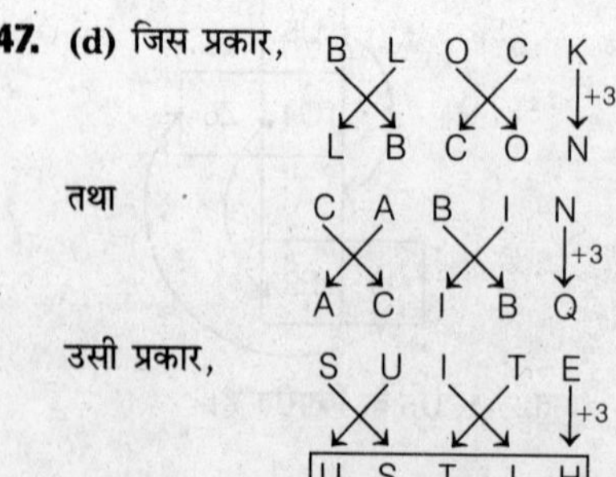

48. (d) वर्णमाला क्रमानुसार दिए गए शब्दों का क्रम निम्न प्रकार है
Warden (2) → Wardrobe (4) → Warehouse (1) → Warfare (6) → Warrant (5) → Warship (3)

49. (a) जिस प्रकार, पहली आकृति के दोनों त्रिभुजों को 180° दक्षिणावर्त दिशा में घुमाने पर दूसरी आकृति प्राप्त होती है।
उसी प्रकार, तीसरी आकृति के दोनों त्रिभुजों को 180° दक्षिणावर्त दिशा में घुमाने पर विकल्प (a) की आकृति प्राप्त होगी।

50. (d) दिया गया समीकरण
$39 \times 3 - 11 \div 57 + 29 = ?$
चिह्नों को आपस में बदलने पर,

+ ⇒ −	− ⇒ ×
× ⇒ ÷	÷ ⇒ +

$? = 39 \div 3 \times 11 + 57 - 29$
$? = 13 \times 11 + 57 - 29$
$? = 143 + 57 - 29 = 200 - 29 = 171$

51. (c) मणिपुरी शास्त्रीय नृत्य के मर्दाना पहलू को चोलोम के रूप में जाना जाता है।
- इसे करते समय पुंग (ढोल) और करताल (झांझ) बजाते हैं। यह सभी सामाजिक और धार्मिक त्योहारों पर प्रस्तुत किया जाता है।
- यह नृत्य मणिपुर में रासलीला की शुरुआत में किया जाता है।
- मणिपुरी नृत्य में खम्बा थोईबी और जागोई जैसे अन्य नृत्य रूप भी शामिल हैं।

52. (b) भारतीय संविधान के अनुच्छेद 12 से 35 में मूल अधिकारों का वर्णन है।
- संविधान के भाग III को 'भारत का मैग्नाकार्टा' की संज्ञा दी गई है।
- मूल अधिकार न्यायालय में वाद योग्य होते हैं।
- मौलिक अधिकार अमेरिका के संविधान से लिया गया है।

53. (d) पश्चिमी घाट में स्थानान्तरित कृषि को 'कुमारी' के नाम से जाना जाता है।
- स्थानान्तरित खेती में भूमि के भूखण्डों पर अस्थायी रूप से खेती की जाती है, फिर भूमि को स्वतन्त्र छोड़ दिया जाता है।
- स्थानान्तरित कृषि दहिया, वाल्ट्रे एवं कोमन क्रमश: मध्य प्रदेश, राजस्थान एवं उड़ीसा में की जाती है।

54. (c) वर्ष 1955 से राजपथ को गणतन्त्र दिवस परेड के लिए स्थायी स्थल बनाने का निर्णय लिया गया था।
- वर्ष 1950 की पहली गणतन्त्र दिवस परेड इर्विन स्टेडियम में हुई थी, जिसे आज 'नेशनल स्टेडियम' कहा जाता है।
- राजपथ जिसका वर्ष 2022 में नाम **कर्त्तव्य पथ** पर दिया गया।
- राजनाथ, राष्ट्रपति भवन से इण्डिया गेट लम्बाई 3 किमी था, जो अब कर्त्तव्य पथ राष्ट्रपति भवन से इण्डिया गेट से आगे नेता सुभाषचन्द्र बोस की प्रतिमा तक हो गया है।

55. (a) थियोसोफिकल सोसायटी के संस्थापक एच.पी ब्लावत्स्की और कर्नल ओल्कोट थे।
- इसकी स्थापना 1875 ई. में न्यूयॉर्क (USA) में की गई थी, जिसका उद्देश्य आध्यात्मिक विकास के माध्यम से अस्पष्टीकृत प्राकृतिक कानूनों और मानव शक्तियों की जाँच करना था।
- 1882 ई. में सोसायटी का मुख्यालय भारत में मद्रास (अब चेन्नई) के पास अड्यार में स्थापित किया गया था।

56. (c) घनकान्त बोरा बोरबायन को सत्रीया नृत्य के क्षेत्र में विशेष योगदान के लिए पद्मश्री पुरस्कार से सम्मानित किया गया है।
- नृत्य के अतिरिक्त वह एक प्रसिद्ध वाद्ययन्त्र वादक और लेखक भी हैं।
- उन्होंने वर्ष 2001 में प्रतिष्ठित संगीत नाटक अकादमी पुरस्कार जीता है।

57. (a) स्मार्ट सिटी मिशन (2015) के शुभारम्भ के समय, इस योजना के तहत 100 शहरों को शामिल करने का प्रस्ताव था।
- इसे शहरी विकास मन्त्रालय द्वारा कार्यान्वित किया गया।
- स्मार्ट सिटी मिशन का उद्देश्य सतत और समावेशी विकास के माध्यम से नागरिकों के जीवन की गुणवत्ता में सुधार लाना है।

58. (b) ठुमरी संगीत कथक नृत्य शैली से सम्बन्धित है।
- ठुमरी, भारतीय शास्त्रीय संगीत की एक गायन शैली है।
- इसमें रस, रंग और भाव की प्रधानता होती है।
- कथक शास्त्रीय नृत्य का एकमात्र रूप है, जो हिन्दुस्तानी या उत्तर भारतीय संगीत से सम्बन्धित है।
- ठुमरी गायन शैली के कलाकार रसूलन देवी, सिद्धेश्वरी देवी गौहर जान, बेगम अख्तर, शोभा गुर्टू, नूरजहाँ और प्रभा आत्रे शामिल हैं।

59. (b) 18वीं शताब्दी में सात वर्षों का युद्ध ब्रिटेन और फ्रांस के मध्य 1756 से 1763 ई. के मध्य लड़ा गया।
- इसे सप्तवर्षीय युद्ध की संज्ञा दी जाती है।
- 1763 ई. में पेरिस की सन्धि के साथ युद्ध समाप्त हुआ था।

60. (c) ढीली आच्छद (loose Sheath) प्रकार की ग्लाइकोकैलिक्स अवपक परत (Sline layer) कहलाती है।

- यह ढ़ीली रूप से जुड़े ग्लाइकोप्रोटीन अणुओं की बनी होती है।
- यह एक पतली व चिकनी परत है, जो कुछ जीवाणुओं में कोशिका भित्ति को घेरे रहती है।
- यह आधार से चिपकने, निर्जलीकरण से बचाने व पोषकों की क्षति को रोकने का कार्य करती है।

61. (a) भारतीय संविधान का अनुच्छेद 177 राज्य विधानमण्डल के सम्बन्ध में मन्त्रियों महाधिवक्ता के अधिकारों को सन्दर्भित करता है।
- इन अधिकारों में वोट देने के अधिकार के बिना, कार्यवाही में बोलने और भाग लेने का अधिकार है।
- भारतीय संविधान, 1950 का अध्ययन III राज्य विधायिका से सम्बन्धित विवरण (अनुच्छेद 168 से 177) से सम्बन्धित है।

62. (c) भारत की जनगणना, 2011 के अनुसार हिमाचल प्रदेश की कुल जनसंख्या में हिन्दू जनसंख्या का सर्वाधिक (95.17%) है।
- 2011 जनगणना के धर्म के अनुसार हिन्दु (79.8%) मुस्लिम (14.2%), ईसाई (2.3%), सिख (1.7%) बौद्ध (0.7%), जैन (0.4%) अन्य धर्म (0.7%) हैं।
- भारत की पहली सम्पूर्ण जनगणना 1881 ई. में हुई।
- जनगणना प्रत्येक 10 वर्ष में आयोजित की जाती है।
- 1872 ई. में पहली जनगणना ब्रिटिश वायसराय लॉर्ड मेयो के अधीन कराई गई थी।
- दशकीय जनगणना गृह मन्त्रालय के महापंजीयक और जनगणना आयुक्त के कार्यालय द्वारा आयोजित की जाती है।

63. (b) वर्ष 1928 में निष्पादित डिराक समीकरण एक सापेक्ष गति पर गतिमान इलेक्ट्रॉन के व्यवहार का वर्णन करने के लिए क्वाण्टम सिद्धान्त और विशिष्ट आपेक्षिकता सिद्धान्त को संयोजित करता है।
- इस समीकरण का उपयोग प्रतिकणों के अस्तित्व की भविष्यवाणी करने के लिए किया जाता है।
- डिराक समीकरण स्पिन $\frac{1}{2}$ कणों, कणों जैसे इलेक्ट्रॉनों का विवरण प्रदान करता है।

64. (b) रासायनिक सूत्र $C_6H_4(OH)_2$ वाले बेन्जीनडियोल (Benzelnediol) के 1, 3 आइसोमर (या मेटा आइसोमर) का नाम रेसोर्सिनोल (Resorcinol) के नाम से जाना जाता है।
- रेसोर्सिनॉल एक कार्बनिक यौगिक है, जिसका रासायनिक सूत्र $C_6H_6O_2$ है।
- यह एक संवेदी और एरिथ्रोपोइटिन अवरोधक के रूप में कार्य करता है।

65. (d) वस्तु और सेवा कर एक अप्रत्यक्ष कर है।
- यह कर वस्तुओं और सेवाओं पर उस ग्राहक तक पहुँचने से पहले अधिरोपित किया जाता है, जो अन्ततः खरीदे गए सामान या सेवा के बाजार मूल्य के हिस्से के रूप में भुगतान होता है।
- जीएसटी को 101वें संविधान संशोधन अधिनियम, 2016 के माध्यम से पेश किया जाता है।
- GST का सुझाव विजय केलकर समिति (2002) ने दिया था।
- GST का स्वरूप असीम दास गुप्ता समिति ने बनाया था।

66. (a) लावणी महाराष्ट्र राज्य का एक पारम्परिक नृत्य है।
- लावणी गीत, नृत्य और अभिनय का त्रिवेणी संगम है।
- लावणी नृत्य की शुरुआत 18वीं और 19वीं शताब्दी में हुई थी।
- मूल रूप से इसका उपयोग थके हुए सैनिकों के मनोरंजन और मनोबल बढ़ाने के रूप में किया जाता था।
- महाराष्ट्र के अन्य पारम्परिक नृत्य कोली नृत्य, तमाशा, पोवाडा, लेझिम, दही कला, डिंडी नृत्य, राधा नाच आदि।

67. (b) बॉल बैडमिण्टन के खेल में गेंद का रंग **पीला** होना चाहिए।
- यह भारत का मूल खेल है, जिसकी शुरुआत 1856 ई. में तमिलनाडु के तंजौर में शाही परिवार द्वारा की गई थी।

68. (a) चारमीनार का निर्माण 1591 ई. में कुतुबशाही वंश के पाँचवें शासक सुल्तान मुहम्मद कुली कुतुबशाह द्वारा करवाया गया था।
- शहीद मीनार को 1828 ई. में पं. बंगाल के कोलकाता में डॉ. डेविड ऑक्टरलोनी की याद में बनवाया गया था।
- चाँद मीनार को 1435 ई. में राजा अलाउद्दीन बहमनी द्वारा बनवाया गया था।
- झूलता मीनार 1452 ई. में सुल्तान अहमदशाह के एक गुलाम सिदी बशीर ने बनवाया था।

69. (c) हॉकी की गेंद का मानक वजन 163 ग्राम-156 ग्राम होता है।
- इस खेल में 2 टीमें होती हैं।
- प्रत्येक टीम में 11 खिलाड़ी होते हैं।
- यह खेल आयताकार मैदान पर खेला जाता है, जिसकी लम्बाई और चौड़ाई क्रमशः 91.40 मी और 55 मी होती है।

70. (b) शस्त्र अधिनियम, 1878 ई. में पारित किया गया, जिसके अनुसार किसी भारतीय नागरिक के लिए बिना लाइसेन्स शस्त्र/हथियार रखना अथवा उसका व्यापार करना एक दण्डनीय अपराध था।
- यह ब्रिटिश भारत के वायसराय लॉर्ड लिटन की दमनकारी नीतियों में से एक प्रमुख कार्य था।
- यह नियम अंग्रेजों पर लागू नहीं हुआ था।

71. (d) दिहांग और लोहित नदी अरुणाचल प्रदेश और असम क्षेत्र की नदियाँ हैं।
- यारलुंग त्सांगपों (दक्षिणी तिब्बत) में बहने वाली नदी अरुणाचल प्रदेश में प्रवेश करती है, इसे दिहांग नाम से जाना जाता है।
- सदिया के पश्चिम में दिहांग नदी दक्षिण-पश्चिम की ओर मुड़ जाती है और लोहित नदी से मिल जाती है।
- ब्रह्मपुत्र नदी तिब्बत में मानसरोवर झील के पास चेमायुडुंग ग्लेशियर से निकलती है।
- बांग्लादेश में ब्रह्मपुत्र को जमुना नाम से जाना जाता है।

72. (a) पृथ्वी के इतिहास के 80% समय तक पृथ्वी पर जीव मौजूद रहे हैं।
- पृथ्वी की कुल अनुमानित आयु 4.5 अरब वर्ष है।
- पृथ्वी के इतिहास के पहले अरब वर्षों के भीतर जीवों का विकास महासागरों में हुआ और बाद में पृथ्वी के वायुमण्डल और सतह से प्रभावित हुए, जिससे अवायवीय जीव और बाद में, वायवीय जीवों का प्रसार हुआ।

73. (d) जॉन न्यूलैण्ड्स ने (1865 ई.) में अष्टक सिद्धान्त (Law of Octaves) को प्रतिपादित किया था।
- अष्टक सिद्धान्त के अनुसार, जब तत्त्वों को उनके बढ़ते परमाणु भार के अनुसार, व्यवस्थित किया जाता है, तो प्रत्येक आठवें तत्त्व में पहले तत्त्व के समान गुण होते हैं।
- अष्टक नियम का एक उदाहरण लीथियम सोडियम और पोटेशियम है, जो समान भौतिक और रासायनिक गुणों को सांझा करते हैं।
- उन्होंने 56 तत्वों को अष्टक कलाकृति किया।

74. (b) बहमनी सुलतान हुमायूँ (अलाउद्दीन का पुत्र) क्रूरता के लिए विख्यात था और इसलिए उसे 'जालिम' की उपाधि मिली।
- इसे दक्कन का नीटो भी कहा जाता था।
- बहमनी साम्राज्य की स्थापना 1347 ई. में अलाउद्दीन बहमनशाह ने की थी।
- बहमनी साम्राज्य 1347 - 1526 ई. के बीच शासन किया था।

75. (b) भारत में औद्योगीकरण की शुरुआत दूसरी पंचवर्षीय योजना में हुई।
- इस योजना का मुख्य उद्देश्य आधारभूत और भारी उद्योगों के विकास पर विशेष बल देने के साथ-साथ तेजी से औद्योगीकरण था।
- इसमें नेहरू-महालनोबिस मॉडल को अपनाया गया था।

- दूसरी पंचवर्षीय योजनाकाल (1956-61) में स्थापित कारखाना
  - भिलाई इस्पात संयन्त्र-1955-सोवियत संघ
  - हिन्दुस्तान स्टील लि. राउरकेला-1959-पश्चिमी जर्मनी
  - हिन्दुस्तान स्टील लि. दुर्गापुर-1956-ब्रिटेन

76. (c) भारतीय संविधान के अनुच्छेद 144 में उल्लेख है कि भारत के राज्यक्षेत्र के सभी प्राधिकारी दीवानी (सिविल) और न्यायिक (ज्युडिशियल), उच्चतम न्यायालय की सहायता करेंगे।

- अनुच्छेद 144 संघ न्यायपालिका सम्बन्धित है।
- सर्वोच्च न्यायालय, उच्च न्यायालय, जिला न्यायालय या अधीनस्थ न्यायालय और मजिस्ट्रेट न्यायालय भारत की न्यायिक प्रणाली का गठन करते हैं।

77. (d) 1960 के दशक से शुरू हुई हरित क्रान्ति को सफल बनाने में HYV अर्थात् बीजों की उच्च उपज वाली किस्मों का योगदान था।

- हरित क्रान्ति के प्रमुख घटक सिंचाई, कृषि भूमि मशीनीकरण, विपणन आदि थे।
- एम.एस. स्वामीनाथन को भारत में हरित क्रान्ति का जनक कहा जाता है।

78. (d) ड्रिबल, बास्केटबॉल से सम्बन्धित है।

- बास्केटबॉल से जुड़े अन्य शब्द हैं— बॉल, बास्केट, ब्लॉकिंग, ड्रिबल, फ्री थ्रो, हेल्ड बॉल, होल्डिंग, जम्प बॉल, मल्टीपल थ्रो, पिवट आदि।
- बास्केटबॉल एक टीम खेल है, जिसमें पाँच-पाँच खिलाड़ियों की दो टीमें होती है।

79. (c) अमीर खुसरो ने सल्तनत काल के समय कव्वाली को लोकप्रिय बनाया।

- कव्वाली शब्द, अरबी भाषा के शब्द कौल से लिया गया है।
- उन्हें कव्वाली का जनक भी जाना जाता है।
- वह सूफी सन्त निजामुद्दीन औलिया के शिष्य बन गए।
- अमीर खुसरो ने उर्दू भाषा में रचना-नुह. सिपेहर, तुगलक नामा, खजैन-उल-फुतुह की थी।
- कव्वाली सूफियों द्वारा धार्मिक भक्ति और ईश्वर के प्रति अध्यात्मिक निकटता की भावना को प्रेरित करने के लिए किया जाने वाला संगीत का एक रूप है।

80. (c) 'माई कण्ट्री माई लाइफ' एक भारतीय राजनीतिज्ञ लालकृष्ण आडवाणी की आत्मकथा है।

- यह पुस्तक भारत के 11वें राष्ट्रपति अब्दुल कलाम द्वारा विमोचित की गई थी।
- लालकृष्ण आडवानी वर्ष 2002 से 2004 तक भारत के उप-प्रधानमन्त्री।
- 'विंग्स ऑफ फायर : एन ऑटोबायोग्राफी' भारत के 11वें राष्ट्रपति ए.पी.जे. अब्दुल कलाम की आत्मकथा है।
- 'इन पर्सूइट ऑफ जस्टिस : एन ऑटोबायोग्राफी' पूर्व न्यायधीश राजिन्दर सच्चर की आत्मकथा है।
- 'माय टाइम्स : एन ऑटोबायोग्राफी' जे.बी. कृपलानी की आत्मकथा है।

81. (d) नीरूस्वामी पिल्लई और राजारतनम पिल्लई नादस्वरन वाद्ययन्त्र के प्रतिपादक हैं।

- इस यन्त्र का प्रयोग तमिलनाडु, आन्ध्र प्रदेश, कर्नाटक और केरल में पारम्परिक शास्त्रीय वाद्ययन्त्र के रूप में किया जाता है।

82. (c) महाद्वीप के सम्बन्ध में समुद्र से दूरी बढ़ने पर मौसम का तीव्र अनुभव होता है और समुद्र जलवायु पर मध्यम प्रभाव डालता है।

- पृथ्वी की सतह से अधिक ऊँचाई पर जाने से वायुदाब कम होता है।
- वायु के अणुओं का प्रसार होता है, जिससे तापमान में कमी आती है।

83. (d) जलालुद्दीन का भतीजा और दामाद 'अलाउद्दीन खिलजी' को सुल्तान बनने से पूर्व अमीर-ए-तुजुक (समारोह का मास्टर) नियुक्त किया गया था।

- जुलाई, 1296 में वह सुल्तान जलालुद्दीन की हत्या कर स्वयं सुल्तान बन गया।
- अलाई दरवाजे का निर्माण अलाउद्दीन खिलजी द्वारा करवाया गया था।

84. (c) जलवायु वैज्ञानिक ब्लादिमीर कोपेन के जलवायु वर्गीकरण प्रणाली के अनुसार भारत के अरुणाचल प्रदेश के क्षेत्र में कम अवधि के ग्रीष्मकाल के साथ ठण्डी आर्द्र शीत ऋतु होती है।

- बाद में इस प्रणाली में रूडोल्क गीजर द्वारा बदलाव करने के बाद इसे कोपेन-गीजर जलवायु वर्गीकरण कहा जाने लगा।
- यह प्रणाली जलवायु और वनस्पति के मध्य अनुभवजन्य सम्बन्ध पर आधारित है।

85. (c) असम, ओडिशा, पश्चिम बंगाल जैसे राज्यों में एक वर्ष में तीन फसलें ऑस, अमन और बोरो उगाई जाती हैं।

- अमन, ऑस और बोरो चावल की किस्में हैं।
- चावल की खेती के लिए उच्च तापमान और उच्च आर्द्रता की आवश्यकता होती है साथ ही वार्षिक वर्षा 200 से 300 मीटर से अधिक होती है।

86. (b) अन्धापन आयरन की कमी से होने वाले एनीमिया (IDR) का लक्षण / प्रकटीकरण नहीं है।

- यह विटामिन-A की कमी के कारण होता है।
- IDA के प्रमुख लक्षणों में तालु का नरम होना, त्वचा का सामान्य पाण्डुता / पीलापन और नेत्र की श्लेष्मला का पीला पड़ना शामिल है।

87. (a) वर्ष 1932 में कार्ल एण्डरसन (Carl Anderson) ने पॉजिट्रॉन की खोज की थी।

- पॉजिट्रॉन पर धनात्मक आवेश होता है।
- इसके गुण इलेक्ट्रॉन के समान होते हैं और इसका द्रव्यमान भी इलेक्ट्रॉन के समान होता है।

88. (c) भारतीय संविधान में वर्णित भाग III में मौलिक अधिकार के अनुच्छेद 23 से 24 शोषण के विरुद्ध अधिकार प्रदान करते हैं।

- अनुच्छेद 23 (मानव के दुर्व्यावहार और बलता श्रम पर प्रतिबन्ध)
- अनुच्छेद 2A (बालको के नियोजन का प्रतिभेद)
- यह मानव दुर्व्यापार, बलात् श्रम, 14 वर्ष से कम आयु के बच्चों को खतरनाक कार्यों में नियोजित होने से रोकता है।

89. (c) कम से कम 3 महीने तक आहार में पर्याप्त विटामिन-सी नहीं लेने के कारण स्कर्वी नामक बीमारी होती है, जिससे कमजोरी रक्ताल्पता मसूड़ों की बीमारी और त्वचा सम्बन्धी समस्याएँ होती है।

- विटामिन -C जल में घुलनशील विटामिन है, जो शरीर मे संचित नहीं होता है।
- यह विटामिन मुख्यत: खट्टे फलों में पाया जाता है।

90. (c) 2011 की जनगणना के अनुसार, बिहार राज्य की साक्षरता दर सबसे कम दर्ज की गई है (61.80%)।

- सबसे अधिक साक्षरता दर केरल की है (93.91%)।
- भारत में साक्षरता दर (74.04%) है।

91. (a) जैन ग्रन्थों के अनुसार अपने जीवन के अन्तिम समय में चन्द्रगुप्त मौर्य ने जैन परम्परा के अनुसार श्रवणबेलगोला में आमरण अनशन कर देह त्याग दिया।

- इस प्रथा को दिगम्बर जैन परम्परा में संस्लेखना कहा जाता है, जबकि श्वेताम्बर परम्परा में इसे सन्थारा कहते हैं।
- श्रवणबेलगोला भारत के कर्नाटक राज्य में स्थित एक प्रसिद्ध जैन तीर्थ है।

92. (d) भारतीय संविधान का अनुच्छेद 315 संघ और भारत के राज्यों हेतु लोक सेवा आयोग के गठन का प्रावधान करता है।

- इस अनुच्छेद 315 के अनुसार, दो या दो से अधिक राज्यों की आपसी सहमति से राज्यों के उस समूह के लिए एक लोक सेवा आयोग का गठन किया जा सकता है।

- अनुच्छेद 316 लोक सेवा आयोग के सदस्यों की नियुक्ति और कार्यकाल का प्रावधान करता है।
- अनुच्छेद 317 के अन्तर्गत लोक सेवा आयोग के सदस्यों को हटाया या निलम्बित किया जा सकता है।
- अनुच्छेद 318 में आयोग के सदस्यों और कर्मचारियों की सेवा शर्तों के बारे में विनिमय बनाने की शक्ति है।

93. (d) किसी वस्तु को किसी अक्ष के परितः घुमाने वाले बल की माप को बलाघूर्ण कहा जाता है।

- इसका मान वस्तु पर लगे बल के परिमाण तथा निश्चित बिन्दु से बल की क्रिया रेखा को लम्बवत् दूरी के गुणनफल के बराबर होता है अर्थात् $\tau = F \times d$

94. (c) एपिकॉम्पलेक्सा संघ के अन्तर्गत प्लाज्मोडियम आता है।

- यह एक एककोशिकीय प्रोटोजोअन (प्रोटिस्ट) है, जो मलेरिया रोग उत्पन्न करता है।
- संघ एपिकॉम्पलेक्सा में 6000 से अधिक अविकल्पी परजीवी प्रोटिस्ट आते हैं।
- ये सभी कशेरूकी व अकशेरूकी जीवों में अन्त: परजीवी होते हैं।

95. (a) नई दिल्ली में गणतन्त्र दिवस (26 जनवरी) परेड के दौरान राष्ट्रपति सलामी लेते हैं।

- परेड में सैन्य शक्ति और सांस्कृतिक समृद्धि का प्रदर्शन किया जाता है।
- राष्ट्रपति भारत का प्रथम व्यक्ति है और अनुच्छेद 53(2) के अनुसार, रक्षाबलों की सर्वोच्च कमान राष्ट्रपति में निहित होती है।
- 26 जनवरी को प्रत्येक वर्ष गणतन्त्र दिवस मनाया जाता है। इसी दिन भारतीय संविधान को लागू किया गया था।
- वर्ष 2025 में भारत का 76वाँ गणतन्त्र मनाया गया, जिसमें इण्डोनेशिया के राष्ट्रपति प्रबोवों सुवियांतो मुख्य अतिथि थे।

96. (a) बॉल बैडमिण्टन में खिलाड़ी प्रत्येक गेम में किसी भी साइड द्वारा पहले 11 के अतिरिक्त अन्य सभी स्कोर (9, 18, 27वें प्वॉइण्ट) पर छोर में बदलाव करते है।

- इस खेल का प्रणेता भारत है, इसकी शुरुआत तमिलनाडु के तंजौर से हुई।

97. (b) द्विसदनात्मक विधायिका से तात्पर्य है—दो सदनों का विधायी निकाय।

- इस विधि को द्विसदन पद्धति कहते हैं।
- भारत में संसद के दो सदन हैं—लोकसभा और राज्यसभा।
- भारत में यह व्यवस्था ब्रिटेन से प्रेरित है।

98. (a) देश की GDP वृद्धि, बाह्य शेष और राजकोषीय शेष का आकलन बजट के वृहद आर्थिक रूपरेखा विवरण भाग में प्रस्तुत किया जाता है।

- संविधान के अनुच्छेद 112 के अनुसार, एक वर्ष के केन्द्रीय बजट को वार्षिक वित्तीय विवरण कहा जाता है।
- सकल घरेलु उत्पाद (GDP) एक निश्चित अवधि के दौरान किसी देश में वस्तुओं और सेवाओं के उत्पादन के माध्यम से बनाए गए मूल्य वर्धन का मानक माप है।

99. (a) "द सोल ऑफ ए बटरफलाई : रिफ्लेक्शन्स ऑन लाइफ्स जर्नी", के लेखक 'मोहम्मद अली' हैं।

- यह पुस्तक इनकी आत्मकथा है। मोहम्मद अली एक पूर्व हैवीवेट मुक्केबाज थे, जो तीन बार विश्व हैवीवेट चैम्पियन रह चुके हैं।

100. (c) ब्रह्मपुत्र नदी में उपयोग करने योग्य जल भण्डारण क्षमता सबसे कम है।

- ब्रह्मपुत्र नदी हिमालय के उत्तर में तिब्बत के निकट मानसरोवर झील से निकलती है।
- यह तिब्बत, भारत और बांग्लादेश से होकर बहती है।
- भारत में यह नदी अरुणाचल प्रदेश में प्रवेश करती है।
- ब्रह्मपुत्र की लम्बाई 2900 किमी (भारत में 916 किमी) है।
- इसकी सहायक नदी दिबांग, लोहित, कोमेंग, सुबनसिरी, मानस, पुथीमारी, धनसिटी, तीस्ता आदि हैं।

101. (c) माना कुल दूरी = 100 किमी

प्रश्नानुसार,

100 किमी की 25% दूरी = 25 किमी

100 किमी की 50% दूरी

$$= 100 \times \frac{50}{100} = 50 \text{ किमी}$$

शेष दूरी = 100 − (25 + 50) = 25 किमी

25 किमी की दूरी 25 किमी/घण्टा की गति तय करने में लगने वाला समय

$$= \frac{25}{25} = 1 \text{ घण्टा}$$

50 किमी की दूरी 50 किमी/घण्टा की गति से तय करने में लगने वाला समय

$$= \frac{50}{50} = 1 \text{ घण्टा}$$

शेष 25 किमी की दूरी 12.5 किमी/घण्टा की गति से तय करने में लगने वाला समय

$$= \frac{25}{12.5} = 2 \text{ घण्टा}$$

$$\text{अत: औसत गति} = \frac{\text{कूल दूरी}}{\text{कुल लगने वाला समय}}$$

$$= \frac{100}{1+1+2} = \frac{100}{4} = 25 \text{ किमी/घण्टा}$$

102. (d) दिया है, अंकित मूल्य, MP = ₹ 15000

अत: विक्रय मूल्य,

$$SP = MP \times \frac{(100 - D_1\%)}{100} \times \frac{(100 - D_2\%)}{100} \times \frac{(100 - D_3\%)}{100}$$

$$SP = 15000 \times \left(\frac{100-5}{100}\right) \times \left(\frac{100-10}{100}\right) \times \left(\frac{100-20}{100}\right)$$

$$SP = 15000 \times \frac{95}{100} \times \frac{90}{100} \times \frac{80}{100}$$

विक्रय मूल्य, (SP) = ₹ 10260

103. (c) आवास और परिवहन के खर्चों का अन्तर

$$= \frac{(15-5)}{100} \times 100000$$

$$= \frac{10}{100} \times 100000 = ₹\ 10000$$

104. (a) व्यास $D_1 = 30$, त्रिज्या $r_1 = 15$ सेमी

व्यास $D_2 = 26$, त्रिज्या $r_2 = 13$ सेमी

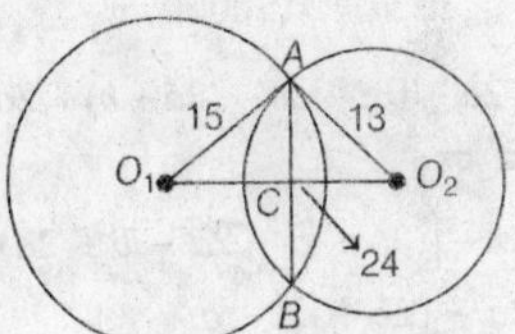

ΔO_1AC में, $AC = 12, O_1A = 15$

$$O_1C = \sqrt{15^2 - 12^2} = \sqrt{225 - 144} = \sqrt{81} = 9 \text{ सेमी}$$

इसी प्रकार, O_2C

$$= \sqrt{13^2 - 12^2} = \sqrt{169 - 144} = \sqrt{25} = 5 \text{ सेमी}$$

अत: $O_1O_2 = O_1C + O_2C$

$= 9 + 5 = 14$ सेमी

अत: केन्द्रों के बीच की दूरी = 14 सेमी

105. (c) $(x - 2y)(y - 3x) + (x + y)(x - y) + (x - 3y)(2x + y)$

$= xy - 3x^2 - 2y^2 + 6xy + x^2 - y^2 + 2x^2 + xy - 6xy - 3y^2$

$= 3x^2 - 3x^2 - 6y^2 + 2xy = 2xy - 6y^2$

$= 2y(x - 3y)$

अत: सही उत्तर $2y(x - 3y)$ होगा।

106. (c) महीने में खर्च की गई कुल राशि

= ₹ 56800

∴ आवास पर खर्च की गई कुल राशि

$$= \frac{79.2°}{360°} \times 56800$$

= ₹ 12496

107. (a) माना कुल आय = ₹ 100
आयुष द्वारा कुल किया गया खर्च
$= 26 + 23 + 19 + 25 =$ ₹ 93
तब, आयुष द्वारा कुल बचत
$= (100 - 93) =$ ₹ 7
प्रश्नानुसार,
भोजन व मनोरंजन पर कुल खर्च राशि
$= \frac{26600}{7} \times 45 = 3800 \times 45 =$ ₹ 171000

108. (a) माना वस्तु का अंकित मूल्य = ₹ 100
वस्तु पर 25% व 28% अतिरिक्त छूट देने के बाद क्रय मूल्य
$= 100 \times \left(\frac{100-25}{100}\right) \times \left(\frac{100-28}{100}\right)$
$= 100 \times \frac{75}{100} \times \frac{72}{100} =$ ₹ 54
प्रश्नानुसार, क्रय मूल्य = ₹ 10800 (दिया है)
तब, अंकित मूल्य $= \frac{10800}{54} \times 100$
= ₹ 20000

109. (b) $b + 2a - [(3b + a) - (2a + b) + 2a] - a$
हल करने पर,
$= b + 2a - [(3b + a - 2a - b + 2a)] - a$
$= b + 2a - (2b + a) - a$
$= b + 2a - 2b - a - a$
$= 2a - 2a - b = -b$

110. (a) दिया है, $\sin\theta + \cos\theta = \sqrt{2}\cos\theta$
$\Rightarrow \sin\theta = \sqrt{2}\cos\theta - \cos\theta$
$\Rightarrow \sin\theta = (\sqrt{2} - 1)\cos\theta$
दोनों पक्षों को $\sqrt{2} + 1$ से गुणा करने पर,
$\Rightarrow (\sqrt{2}+1)\sin\theta = (\sqrt{2}+1)(\sqrt{2}-1)\cos\theta$
$\Rightarrow \sqrt{2}\sin\theta + \sin\theta = (2-1)\cos\theta$
$\Rightarrow \sqrt{2}\sin\theta = \cos\theta - \sin\theta$
$\Rightarrow \cos\theta - \sin\theta = \sqrt{2}\sin\theta$
अब, $\frac{\sin\theta - \cos\theta}{\sin\theta} = \frac{-\sqrt{2}\sin\theta}{\sin\theta} = -\sqrt{2}$

111. (d) माना दो संख्याएँ क्रमशः a तथा b हैं।
$\because$ दोनों संख्याओं का गुणनफल = दोनों संख्या का HCF × LCM
$ab = 5 \times 60$
$ab = 300$ ...(i)
दोनों संख्याओं का योग
$a + b = 60$ ..(ii)
प्रश्नानुसार, संख्याओं के व्युत्क्रमों का योग
$= \frac{1}{a} + \frac{1}{b} = \frac{a+b}{ab}$ ...(iii)
$= \frac{60}{300}$ समी (i) व (ii) से,
$\therefore$ व्युत्क्रमों का योग $= \frac{1}{5}$

112. (a) माना व्यक्ति की मासिक आय = ₹ $7x$
व्यक्ति का मासिक व्यय = ₹ $3x$
प्रश्नानुसार, $3x = 5400 \Rightarrow x = 1800$
अतः व्यक्ति की मासिक आय
$= 7x = 7 \times 1800 =$ ₹ 12600

113. (b) ल.स. (8, 12, 18)

2	8, 12, 18
2	4, 6, 9
2	2, 3, 9
3	1, 3, 9
3	1, 1, 3
	1, 1, 1

ल.स. (8, 12, 18)
$= 2 \times 2 \times 2 \times 3 \times 3 = 72$

114. (d) $2\tan^2 45° + \cos^2 30° - \sin^2 60°$
$= 2(1)^2 + \left(\frac{\sqrt{3}}{2}\right)^2 - \left(\frac{\sqrt{3}}{2}\right)^2$
$\left[\because \tan 45° = 1, \cos 30° = \frac{\sqrt{3}}{2}, \sin 60° = \frac{\sqrt{3}}{2}\right]$
$= 2 \times 1 = 2$

115. (b) वाशिंग मशीन का तीन वर्ष पहले का मूल्य, $P =$ ₹ 40960
वाशिंग मशीन का वर्तमान मूल्य,
$A =$ ₹ 21970
समय $(T) = 3$ वर्ष
माना मूल्यह्रास की वार्षिक दर r% प्रति वर्ष है।
$\Rightarrow A = P\left(1 - \frac{r}{100}\right)^3$
$\Rightarrow 21970 = 40960\left(1 - \frac{r}{100}\right)^3$
$\Rightarrow \sqrt[3]{\frac{21970}{40960}} = 1 - \frac{r}{100}$
$\Rightarrow 1 - \frac{13}{16} = \frac{r}{100}$
$\Rightarrow \frac{3}{16} \times 100 = r$
$r = 18.75\%$

116. (d) दिया है, लम्बाई $(h) = 49$ सेमी,
बाह्य त्रिज्या $(R) = \frac{20}{2}$ सेमी = 10 सेमी
आन्तरिक त्रिज्या $(r) = 10 - 3$
$r = 7$ सेमी

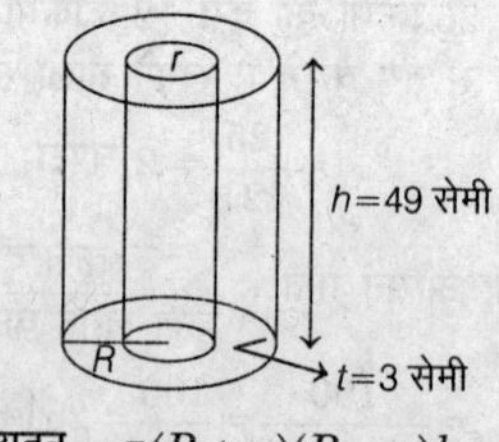

$\therefore$ आयतन $= \pi(R + r)(R - r)h$
$= \frac{22}{7}(10 + 7)(10 - 7) \times 49$
$= \frac{22}{7} \times 17 \times 3 \times 49$
$= 22 \times 17 \times 3 \times 7 = 7854$ सेमी^{3}

117. (c) ल.स. (15, 25, 40, 75)

5	15, 25, 40, 75
5	3, 5, 8, 15
3	3, 1, 8, 3
8	1, 1, 8, 1
	1, 1, 1, 1

ल.स. (15, 25, 40, 75) $= 5 \times 5 \times 3 \times 8$
$= 600$
चार अंकों की सबसे बड़ी संख्या = 9999
जब 9999 को 600 से विभाजित करेंगे, तब शेषफल 399 प्राप्त होगा।
अतः अभीष्ट संख्या = 9999 − 399 = 9600

118. (b) दिया है, दो संख्याओं का म.स. = 9
दो संख्याओं का ल.स. = 126
संख्याओं का अनुपात = 2 : 7
माना संख्याएँ $2x$ तथा $7x$ हैं।
दो संख्याओं का गुणनफल = म.स. × ल.स.
$\Rightarrow 2x \times 7x = 9 \times 126$
$\Rightarrow x^2 = \frac{9 \times 126}{14} = 81 \Rightarrow x = 9$
तब, दोनों संख्याएँ $\Rightarrow 2x = 2 \times 9 = 18$
$7x = 7 \times 9 = 63$
अतः बड़ी संख्या = 63

119. (a) वृत्त की जीवा, उसकी त्रिज्या के बराबर है तो त्रिभुज समबाहु होगा, जिसका प्रत्येक कोण 60° का होता है।

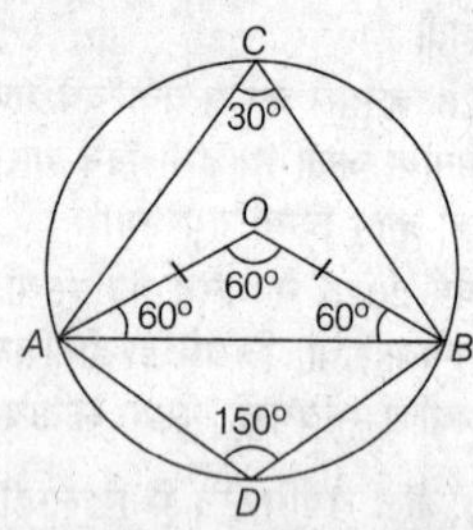

$\because$ वृत्त के केन्द्र पर बना कोण परिधि पर बने कोण का दोगुना होता है। तब,
$\angle ACB = \frac{\angle AOB}{2} = \frac{60°}{2} = 30°$
$\square ACBD$ एक चक्रीय चतुर्भुज होगा, जिसकी आमने-सामने के कोणों का योग 180° होगा, तब
$\angle ADB = 180° - 30° = 150°$
प्रश्नानुसार, वृत्त के लघु चाप व दीर्घ चाप पर जीवा द्वारा अन्तरित कोणों के बीच का अन्तर
$= \angle ADB - \angle ACB$
$= 150° - 30° = 120°$

120. (d) दी गई तालिका का अध्ययन करने पर, प्रति परिवार बच्चों की औसत संख्या

$$= \frac{0 \times 4 + 1 \times 22 + 2 \times 15 + 3 \times 6 + 4 \times 2}{4 + 22 + 15 + 6 + 2}$$

$$= \frac{0 + 22 + 30 + 18 + 8}{49} = \frac{78}{49} = 159$$

121. (b) $\because \frac{\text{धातु की एक गेंद का आयतन}}{\text{बने अर्द्ध गोलों का आयतन}}$ = बनें अर्द्धगोलों की संख्या (x)

$\Rightarrow \quad \frac{\frac{4}{3}\pi r^3}{\frac{2}{3}\pi R^3} = x$

(यहाँ, r = धातु की गेंद की त्रिज्या
R = अर्द्धगोले की त्रिज्या)

$\Rightarrow \quad \frac{2r^3}{R^3} = x$

$\Rightarrow \quad \frac{2 \times (3)^3}{\left(\frac{3}{2}\right)^3} = x$

$\left[\text{दिया है, } r = 3 \text{ सेमी, } R = \frac{3}{2} \text{ सेमी}\right]$

$\Rightarrow x = \frac{2 \times 27 \times 8}{27} = 16$

122. (d) दी गई तालिका का अध्ययन करके शहर B में विद्यार्थियों की कुल संख्या 11000 सर्वाधिक है।

123. (a) $\because$ ल.स. (9, 12, 15, 25, 27)

3	9, 12, 15, 25, 27
3	3, 4, 5, 25, 9
3	1, 4, 5, 25, 3
4	1, 4, 5, 25, 1
5	1, 1, 5, 25, 1
5	1, 1, 1, 5, 1
	1, 1, 1, 1, 1

ल.स. = 3 × 3 × 3 × 4 × 5 × 5 = 2700

अब सभी विकल्पों की जाँच करने पर यह ज्ञात होता है कि 10800 ही 2700 का गुणज है अर्थात् 10800 ही पाँच अंकों की वह छोटी से-छोटी संख्या है जो 9, 12, 15, 25, 27 से पूर्णत: विभाज्य होगी।

124. (a) 1000 ग्राम चीनी का क्रय मूल्य = ₹ 36

तौल मशीन होने के कारण बेची गई चीनी की मात्रा = 800 ग्राम

800 ग्राम चीनी का क्रय मूल्य

$= \frac{36 \times 8}{10}$ = ₹ 28.8

विक्रय मूल्य = ₹ 40

लाभ = ₹ (40 − 28.8) = ₹ 11.2

लाभ% $= \frac{11.2}{28.8} \times 100 = 38.89\%$

125. (b) दिया है, लड़कों व लड़कियों का अनुपात = 3 : 5

माना लड़कों की संख्या = $3x$

व लड़कियों की संख्या = $5x$

कुल विद्यार्थियों (लड़कों + लड़कियों) की संख्या = 720

$\Rightarrow \quad 3x + 5x = 720$

$\Rightarrow \quad 8x = 720$

$\Rightarrow \quad x = 90$

लड़कों की संख्या = $3x = 3 \times 90 = 270$

लड़कियों की संख्या = $5x = 5 \times 90 = 450$

माना y लड़कों ने स्कूल में प्रवेश किया

तब,

$\Rightarrow \quad \frac{270 + y}{450 + 18} = \frac{2}{3}$

$\Rightarrow \quad 3y + 810 = 936$

$\Rightarrow \quad 3y = 936 - 810$

$\Rightarrow \quad 3y = 126$

$\Rightarrow \quad y = \frac{126}{3} = 42$

126. (b) यहाँ दूरी समान है अर्थात्

समय $\propto \frac{1}{\text{चाल}}$ या चाल $\propto \frac{1}{\text{समय}}$ होगा

	राकेश		राजेश
समय =	36 सेकण्ड	:	40 सेकण्ड
चाल =	40 (मी/से)	:	36 (मी/से)

राकेश से राजेश की दूरी

$= \frac{1200}{40} \times 4 = 120$ मी

127. (d) $\because$ चतुर्थानुपाती $= \frac{bc}{a}$

यहाँ, $b = 66, c = 11, a = 22$

चतुर्थानुपाती $= \frac{66 \times 11}{22} = 33$

128. (c)

P, Q, S, R; $x-y$, $x+y$, x

समकोण होने पर,

माना $QR = 4 \Rightarrow x = 4$

तब, $PR = 5 \Rightarrow x + y = 5$

व $PQ = 3 \Rightarrow x - y = 3$

$QS = PQ = x - y = 3$

$SR = QR - QS$

$= x - (x - y)$

$= 4 - 3 = 1$

$\therefore QS : SR = 3 : 1$

129. (a) A का 1 दिन का कार्य $= \frac{1}{11}$

B का 1 दिन का कार्य $= \frac{1}{20}$

C का 1 दिन का कार्य $= \frac{1}{55}$

तीनों का 3 दिन का कार्य

$= \frac{1}{11} + \frac{1}{11} + \frac{1}{20} + \frac{1}{55}$

$= 2 \times \frac{20 + 11 + 4}{220} = \frac{55}{220} = \frac{1}{4}$

8 दिन का कार्य $= \frac{1}{4} \times 4 = 1$

अत: तीनों मिलकर कार्य को 8 दिन में पूरा करेंगे।

130. (d) बर्फ के टुकडे की त्रिज्या,

$r = \frac{d}{2} = \frac{6}{2} = 3$ सेमी

कण्टेनर की त्रिज्या, $R = \frac{D}{2} = \frac{18}{2} = 9$ सेमी

कण्टेनर की ऊँचाई, $h = 40$ सेमी

$\therefore$ बर्फ के टुकड़ों की संख्या

$n = \frac{\text{कण्टेनर का आयतन}}{\text{बर्फ के एक टुकड़े का आयतन}}$

$n = \frac{\pi R^2 h}{\frac{4}{3}\pi r^3}$

$n = \frac{3 \times 9 \times 9 \times 40}{4 \times 3 \times 3 \times 3}$

$n = 9 \times 10$

$n = 90$

अत: 90 बर्फ के टुकड़े डाले जाते हैं।

131. (c) $\frac{2\sin A - \cos A}{\sin A + \cos A} = 1$

$\Rightarrow 2\sin A - \cos A = \sin A + \cos A$

$\Rightarrow 2\sin A - \sin A = \cos A + \cos A$

$\Rightarrow \sin A = 2\cos A$

$\Rightarrow \sin A \times \frac{1}{\cos A} = 2$

$\Rightarrow \tan A = 2 \quad \left[\because \frac{\sin A}{\cos A} = \tan A\right]$

$\Rightarrow \cot A = \frac{1}{2} \quad \left[\because \tan A = \frac{1}{\cot A}\right]$

132. (b) दिया है, तिर्यक ऊँचाई, $l = 29$ सेमी

ऊँचाई, $h = 20$ सेमी

हम जानते हैं कि त्रिज्या, $r = \sqrt{l^2 - h^2}$

$= \sqrt{(29)^2 - (20)^2} = \sqrt{841 - 400}$

$r = \sqrt{441} \Rightarrow r = 21$ सेमी

अभीष्ट अनुपात,

$= \frac{\text{शंकु का सम्पूर्ण पृष्ठीय क्षेत्रफल}}{\text{शंकु का आयतन}}$

$= \dfrac{\pi r(r+l)}{\frac{1}{3}\pi r^2 h} = \dfrac{3(r+l)}{h \times r}$

$= \dfrac{3(21+29)}{20 \times 21} = \dfrac{3 \times 50}{20 \times 21} = \dfrac{5}{14} = 5:14$

अत: सही उत्तर 5 : 14 होगा।

133. (a) औसत $= \dfrac{\text{कुल वेतन}}{\text{कुल संख्या}}$

∴ 15 संकाय सदस्यों का औसत मासिक वेतन

$= \dfrac{(50 \text{ संकाय सदस्यों का वेतन}) - (35 \text{ संकाय सदस्यों का कुल वेतन})}{15}$

$= \dfrac{50 \times 30000 - 35 \times 37500}{15}$

$= \dfrac{1500000 - 1312500}{15}$

$= \dfrac{187500}{15} = 12500$

134. (c) दी गई तालिका का अध्ययन करने पर, 2019 में P व R में एक साथ मिलकर कर्मचारियों की संख्या = 69 + 63 = 132

2020 में Q व R में एक साथ मिलकर कर्मचारियों की संख्या = 74 + 90 = 164

अभीष्ट अनुपात = 132 : 164 = 33 : 41

135. (a) माना धीमी लोकल ट्रेन की चाल = x किमी/घण्टा

तेज लोकल ट्रेन की चाल = $(x + 10)$ किमी/घण्टा

कुल दूरी = 150 किमी

प्रश्नानुसार,

$\Rightarrow \dfrac{150}{x} - \dfrac{150}{x+10} = \dfrac{45}{60}$

$\Rightarrow \dfrac{150(x+10-x)}{x(x+10)} = \dfrac{3}{4}$

$\Rightarrow \dfrac{50 \times 10}{x^2 + 10x} = \dfrac{1}{4}$

$\Rightarrow x^2 + 10x - 2000 = 0$

$\Rightarrow x^2 + 50x - 40x - 2000 = 0$

$\Rightarrow x(x+50) - 40(x+50) = 0$

$\Rightarrow (x-40)(x+50) = 0$

$\Rightarrow x = 40, x = -50$

धनात्मक मान लेने पर

$x = 40$ किमी/घण्टा

136. (a) $\cot^2\theta = 1 - e^2$

$[\because \cot^2\theta = \text{cosec}^2\theta - 1]$

$\Rightarrow \text{cosec}^2\theta - 1 = 1 - e^2$

$\Rightarrow \text{cosec}^2\theta = 2 - e^2$

$\Rightarrow \text{cosec}\,\theta = (2 - e^2)^{\frac{1}{2}}$ ...(i)

$\therefore \text{cosec}\,\theta + \cot^3\theta \sec\theta$

$= \text{cosec}\,\theta + \dfrac{\cos^3\theta}{\sin^3\theta} \times \dfrac{1}{\cos\theta}$

$\left[\because \cot\theta = \dfrac{\cos\theta}{\sin\theta}, \sec\theta = \dfrac{1}{\cos\theta}\right]$

$= \dfrac{1}{\sin\theta} + \dfrac{\cos^2\theta}{\sin^3\theta}$ $\left[\because \text{cosec}\,\theta = \dfrac{1}{\sin\theta}\right]$

$= \dfrac{\sin^2\theta + \cos^2\theta}{\sin^3\theta}$ $[\because \sin^2\theta + \cos^2\theta = 1]$

$= \dfrac{1}{\sin^3\theta} = \text{cosec}^3\theta = (2 - e^2)^{3/2}$

137. (d) हम जानते है,

$\text{CP} = \dfrac{\text{SP}}{(100 \pm P/L\%)} \times 100$

पहले खिलौने का क्रय मूल्य

$= \dfrac{1500}{125} \times 100 = ₹\ 1200$

दूसरे खिलौने का क्रय मूल्य

$= \dfrac{2800}{100-50} \times 100 = \dfrac{2800}{50} \times 100$

$= ₹\ 5600$

तीसरे खिलौने का क्रय मूल्य

$= \dfrac{3500}{(100+25)} \times 100$

$= \dfrac{350000}{125} = ₹\ 2800$

तीनों खिलौनों का कुल क्रय मूल्य

= 1200 + 5600 + 2800 = ₹ 9600

तीनों खिलौनों का कुल विक्रय मूल्य

= ₹ 1500 + 2800 + 3500 = ₹ 7800

स्पष्ट है कि हानि हुई है तब

कुल हानि %

$= \dfrac{\text{क्रय मूल्य} - \text{विक्रय मूल्य}}{\text{क्रय मूल्य}} \times 100$

$= \dfrac{9600 - 7800}{9600} \times 100$

$= \dfrac{1800}{9600} \times 100\%$

हानि% = 18.75%

138. (c)

AD, $\angle A$ का समद्विभाजक है।

माना $BD = a$ सेमी,

तब DC, $(12 - a)$ सेमी है।

अत: $\dfrac{AB}{BD} = \dfrac{AC}{CD} \Rightarrow \dfrac{9}{a} = \dfrac{8}{12-a}$

$\Rightarrow 9(12 - a) = 8a$

$\Rightarrow 108 - 9a = 8a$

$\Rightarrow a = \dfrac{108}{17}$

बड़ी भुजा $= 12 - \dfrac{108}{17}$

$\Rightarrow CD = \dfrac{204 - 108}{17}$

$\Rightarrow CD = \dfrac{96}{17}$

$\Rightarrow CD = 5\dfrac{11}{17}$ सेमी

139. (c) अरुण किसी काम का $\dfrac{2}{3}$ भाग 12 दिन में करता है। तब अरुण पूरा काम

$\Rightarrow \dfrac{3}{2} \times 12 = 18$ दिन में करेगा।

अरुण को पूरे काम का $\dfrac{1}{6}$ भाग पूरा करने में लगा समय $= 18 \times \dfrac{1}{6} = 3$ दिन

140. (a) माना रवि की आय ₹ x व सुरेश की आय ₹ y है।

प्रश्नानुसार, रवि की आय का 30% = सुरेश की आय का 40%

$x \times \dfrac{30}{100} = y \times \dfrac{40}{100}$

$\Rightarrow \dfrac{x}{y} = \dfrac{4}{3} \Rightarrow x = 4, y = 3$

तब, $4 \times 50\% = 4 \times \dfrac{50}{100} = 2$

रवि की आय का 50% = 2

सुरेश की आय = 3

∴ अभीष्ट प्रतिशत $= \dfrac{2}{3} \times 100$

$= \dfrac{200}{3}\% = 66\dfrac{2}{3}\%$

141. (d) दी गई तालिका द्वारा,

2021 में बेची गई 7AH बैटरियों की संख्या = 4000

2022 में बेची गई 7 AH बैटरियों की संख्या = 4500

∴ अभीष्ट अन्तर = 4500 ~ 4000 = 500

142. (a) दिए गए ग्राफ द्वारा,

2017 में परिवार का कुल व्यय = ₹ 80000

2018 में परिवार का कुल व्यय = ₹ 100000

व्यय में प्रतिशत बढ़ोत्तरी

$= \dfrac{100000 - 80000}{80000} \times 100\%$

$= \dfrac{20000}{80000} \times 100\% = \dfrac{1}{4} \times 100\% = 25\%$

अत: 2017 से 2018 तक परिवार का व्यय 25% बढ़ गया।

143. (b) माना म.स. = x, तब, ल.स. = $5x$

$\because$ दो संख्याओं का गुणनफल = HCF × LCM

$\Rightarrow 20480 = x \times 5x \Rightarrow 5x^2 = 20480$

$\Rightarrow x^2 = \frac{20480}{5} \Rightarrow x^2 = 4096$

$\therefore x = 64$

अत: म.स. = x = 64

ल.स. = $5x = 5 \times 64 = 320$

144. (d) माना कुल कार्य 36 यूनिट है। तब A की कार्य क्षमता 1 यूनिट प्रतिदिन व B की भी कार्य क्षमता 1 यूनिट प्रतिदिन होंगी।

प्रश्नानुसार,

A ने पाँच दिन में 5 यूनिट कार्य किया व छठे दिन छुट्टी ली। उसी प्रकार B ने सात दिन में 7 यूनिट कार्य किया व एक दिन की छुट्टी ली।

इस प्रकार,

A द्वारा 18 दिन में किया गया कार्य (3 अवकाश)

= 15 यूनिट

B द्वारा 18 दिन में किया गया कार्य (2 अवकाश)

= 16 यूनिट

$\therefore$ शेष कार्य = 36 – (15 + 16) = 5 यूनिट

अब शेष कार्य 3 दिन में पूरा हो जाएगा।

$\therefore$ कार्य पूर्ण होने में लगा समय = 21 दिन

कार्य 1 जुलाई, 2021 को शुरू हुआ था तो 21 दिन लगेंगे। अर्थात् 21 जुलाई, 2021 को कार्य सम्पन्न होगा।

145. (c) दिया है, मोबाइल फोन का कुल मूल्य

= ₹ 2500

डाउन पेमेण्ट = ₹ 520

$\therefore$ शेष भुगतान राशि = 2500 – 520 = 1980

चूँकि शेष राशि चार समान मासिक किस्तों में भुगतान करता है

अब $P = 1980$, $r = 25\%$ वार्षिक दर

$= \frac{25}{12}\%$ मासिक, $t = 4$ माह

$\therefore$ चार माह में देय राशि

$= 1980 + \frac{1980 \times 25 \times 4}{100 \times 2}$ $\left[\because \text{SI} = \frac{Prt}{100} \text{ से}\right]$

= 1980 + 165 = ₹ 2145

अब माना प्रत्येक मासिक किस्त राशि = ₹ x

तब $x + \left(x + \frac{x \times \frac{25}{12} \times 1}{100}\right) + \left(x + \frac{x \times \frac{25}{12} \times 2}{100}\right) + \left(x + \frac{x \times \frac{25}{12} \times 3}{100}\right) = 2145$

$\Rightarrow x + x + \frac{x}{48} + x + \frac{x}{24} + x + \frac{x}{16} = 2145$

$\Rightarrow 4x + \frac{x + 2x + 3x}{48} = 2145$

$\Rightarrow 4x + \frac{6x}{48} = 2145$

$\Rightarrow \frac{32x + x}{8} = 2145$

$\Rightarrow x = \frac{2145 \times 8}{33} = ₹\ 520$

146. (d) गेंदों की संख्या

$n = \frac{\text{एक ठोस धातु के गोले का आयतन}}{\text{एक छोटी गेंद का आयतन}}$

$n = \frac{\frac{4}{3}\pi R^3}{\frac{4}{3}\pi r^3} \Rightarrow n = \frac{R^3}{r^3}$

(यहाँ $R = \frac{32}{2} = 16$ सेमी गोले की त्रिज्या

$r = \frac{4}{2} = 2$ गेंद की त्रिज्या)

$n = \frac{(16)^3}{(2)^2} = \frac{4096}{8}$

$n = 512$

147. (c) प्रथम छ: अभाज्य संख्या

= 2, 3, 5, 7, 11, 13

औसत = $\frac{\text{कुल संख्याओं का योग}}{\text{कुल संख्या}}$

$= \frac{2 + 3 + 5 + 7 + 11 + 13}{6}$

$= \frac{41}{6} = 6\frac{5}{6}$

अत: सही उत्तर $6\frac{5}{6}$ होगा।

148. (a) म.स. (125, 250, 750)

$125 = \boxed{5} \times \boxed{5} \times \boxed{5}$

$250 = \boxed{5} \times \boxed{5} \times \boxed{5} \times 2$

$750 = \boxed{5} \times \boxed{5} \times \boxed{5} \times 3 \times 2$

म.स. (125, 250, 750) = 5 × 5 × 5 = 125

149. (c) दिए गए बार ग्राफ द्वारा तीनों महीनो (मई, जून, जुलाई) में कमल की कुल वेतन-वृद्धि = 65 + 55 + 75 = 195

औसत वेतन = $\frac{\text{कुल वेतन वृद्धि}}{\text{कुल महीनों की संख्या}}$

$= \frac{195}{3} = ₹\ 65$

150. (c) तालिका का अध्ययन करने पर,

प्रश्नानुसार,

जनवरी में दुकान A व B द्वारा कुल बेचे गए स्कूटरों की संख्या = 212 + 168 = 380

मार्च में दुकान D व E द्वारा कुल बेचे गए स्कूटरों की संख्या = 255 + 245 = 500

संख्या के बीच अनुपात,

= 380 : 500 = 19 : 25

151. (d) The term 'rapt' typically means fully attentive or completely engrossed in something.

152. (b) The word 'decline' typically means to decrease or to move downward. The antonym of 'decline' would be 'Ascend' that means to increase or to move upward.

153. (d) The word 'quite' is incorrect in the context of the sentence. It should be replaced with 'quiet' which is an adjective that means making little or no noise, which correctly describes the afternoon in the sentence.

154. (b) The indefinite article 'an' is used before words that begin with a vowel sound like 'exhaustive'.

155. (c) A 'left-handed compliment' is an idiom used to describe a statement that, despite being superficially complimentary, actually carries a hidden insult or criticism.

156. (b) The word 'Redemption' refers to the act of being saved or rescued from sin, error, or evil. Its antonym is 'blasphemy' which refers to the act of speaking disrespectfully or irreverently about sacred things.

157. (a) As the given sentence is in present perfect continuous tense, the correct form should be 'working' instead of 'work'.

158. (d) The correct spelling is option (d), 'ridiculously'.

159. (b) In the given sentence, the phrase 'do will not prepare' is incorrect. The correct construction should be 'prepare' '(do will not prepare)' to make the sentence grammatically correct and meaningful.

160. (c) The idiom 'Bite the bullet' means to bravely endure a difficult or unpleasant situation, especially when there is no other choice.

161. (b) The word 'Resolute' means to be firmly determined or steadfast in purpose. The most appropriate antonym for 'resolute' would be 'wavering' as it conveys indecision or lack of determination.

162. (b) The part containing the error is 'to an United Kingdom'. We use 'the' with the names of places which comprises more than one country.

163. **(b)** The incorrectly spelt word is 'occaseon'. The correct spelling is 'occasion'.

164. **(c)** The word 'coerce' means to persuade or compel (someone) to do something by using force or threats.

165. **(d)** In the given sentence, the verb should agree with the subject 'health insurance', which is singular. Therefore, the correct form of the verb is 'is'. Additionally, the sentence is discussing the present importance of health insurance so, the present tense 'is important' is the most appropriate option.

166. **(b)** The idiom 'spill the beans' means to reveal secret or confidential information.

167. **(a)** The given sentence is already clear and grammatically correct. However, to enhance the sentence, the word 'diverse' can be used instead of 'different' to add a bit more sophistication and specificity to the statement.

168. **(d)** The antonym of 'together' is 'apart.'

169. **(d)** The antonym of'magnificent', which means splendid or grand, would be 'modest', which means humble or simple.

170. **(d)** The idiom 'a piece of cake' means something that is very easy to do.

171. **(c)** The person is undecided about moving to another city, hesitating to make a decision, which is described figuratively as 'sitting on the fence'.

172. **(a)** 'A dog is black' is grammatically incorrect. The correct form would be 'The dog is black' as article 'the' is used with nouns already mentioned.

173. **(c)** The word 'essential' in the given sentence means absolutely necessary or extremely important. A synonym for essential in this context is 'crucial', as it also means extremely important or indispensable.

174. **(c)** The word 'desolate' means barren, empty or bleak, often describing a place that is deserted or showing signs of abandonment. A synonym for 'desolate' would be 'depressive', which conveys a similar sense of emptiness or bleakness.

175. **(b)** Communication is the process of exchanging information or ideas between individuals or groups.

176. **(a)** The correct spelling is 'obnoxious', not 'abnoxious'.

177. **(c)** The word 'adhere' means to stick to or follow closely. Therefore, the antonym for 'adhere' would be 'flout' which means to disregard or disobey.

178. **(b)** The word 'penchant' refers to a strong liking or preference for something. An antonym for 'penchant' would be a word indicating a strong dislike or aversion to something. Among the given options, 'hatred' fits this definition best.

179. **(d)** The phrase 'to put a brave face on' means to try to appear cheerful and confident despite difficulties or adversity. In the given sentence, the team leader is trying to remain positive and optimistic despite facing tough competition and limited resources. This aligns with the meaning of 'to put a brave face on', making it the most appropriate option to substitute the underlined segment in the sentence.

180. **(c)** The antonym of 'superb', which means excellent or outstanding, would be 'inferior', which means of lower quality or standard

181. **(a)** The phrase 'carried off his feet' means to be overwhelmed with excitement or emotion.

182. **(d)** The phrasal verb 'shake off' means to get rid of something unwanted or unpleasant. In the given sentence, Harish is trying to get rid of his migraine so, the appropriate phrasal verb to fill in the blank would be 'shake off'.

183. **(c)** The idiom 'to a T' means exactly or precisely suited to someone or something. Therefore, option (c), 'exactly', is the most appropriate meaning for the underlined idiom in this context.

184. **(d)** The idiom 'spill the beans' means to give away a secret or disclose confidential information, often unintentionally or without permission.

185. **(c)** The phrase 'the crux of the matter' refers to the central or most important point of an issue or situation.

186. **(d)** The most appropriate option to substitute the underlined segment in the given sentence is 'except' to make the sentence contextually meaningful and correct.

187. **(b)** The word 'tricky' means something that is difficult to deal with or requires careful handling due to its complexity or unpredictability. Therefore, it accurately captures the meaning of the given group of words.

188. **(a)** The use of 'be' is incorrect in 'Be pass his exam'. Remove it to correct the sentence.

189. **(b)** The incorrectly spelt word is 'sepparate'. The correct spelling is 'separate'.

190. **(d)** The word with incorrect spelling is - One has to understand the rudimentery fact that intelligence and intellect are at two opposite poles. The correct spelling is rudimentary.

191. **(b)** The word 'later' fits appropriately in the context of the passage, indicating the sequence of events.

192. **(d)** The word 'idyllic' means extremely pleasant, beautiful or peaceful. In the context of the passage, it describes the village where Kala Bhavan, the art school, is located.

193. **(b)** In the context of the passage, the sentence describes an alternative methodology of art training where studio-based practice was rejected in favour of learning through observation and living as a part of nature. Therefore, 'rejected' accurately conveys the idea that studio-based practice was not chosen or preferred in this approach.

194. **(a)** The most appropriate option to fill in the blank is 'vistas'.

195. **(c)** The word 'provided' indicates that these elements offer inspiration to the students.

196. **(c)** The antonym for the word 'diversity' from the passage is 'Uniformity'.

197. **(a)** The word 'migrate' means to move to a different place for better opportunities. Its antonym is 'stay'.

198. **(d)** The given passage presents the need to protect mountain ecosystems. It takes a humanistic tone to present how mountain ecosystems are facing problems in the current situation of climate change.

199. **(d)** The passage discusses how mountains, as ecosystems, are affected by human pressures and climate change, leading to various consequences such as soil erosion, habitat loss, water pollution and changes in water supply.
It outlines the causes (human pressures and climate change) and their effects (degradation of mountain ecosystems, threats to water quality and quantity and impacts on species and people).
This cause-effect structure is evident throughout the passage, making option (d) the most appropriate choice.

200. **(b)** The passage primarily focuses on the significance of mountain ecosystems.

CPO SI P-1 SP 12

पेपर-1

SSC CPO SI
सॉल्वड पेपर

5 अक्टूबर 2023 (शिफ्ट II)

अधिकतम अंक : 200

समय : 2 घण्टे

निर्देश

1. इस पेपर में 200 प्रश्न हैं।
2. इसमें 4 भाग हैं, **भाग 1** सामान्य बुद्धि एवं तर्कशक्ति, **भाग 2** सामान्य ज्ञान एवं सामान्य जागरुकता, **भाग 3** मात्रात्मक योग्यता और **भाग 4** अंग्रेजी
3. प्रत्येक प्रश्न **1 अंक** का है।

भाग 1

सामान्य बुद्धि एवं तर्कशक्ति

1. जब दर्पण को रेखा MN पर रखा जाता है, तो दी गई आकृति का सही दर्पण प्रतिबिम्ब ज्ञात कीजिए।

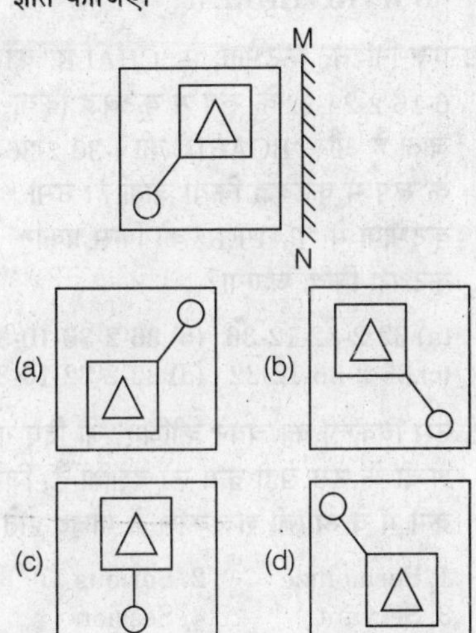

2. निम्नलिखित में से कौन-सा, पद दी गई शृंखला में प्रश्नचिह्न (?) का स्थान लेगा?

EQUE, ? GOWC, HNXB, IMYA

(a) FEVD (b) FPVD
(c) FIVD (d) FDVD

3. यदि '+' का अर्थ '−' है, '−' का अर्थ '÷' है, '÷' का अर्थ '×' है और '×' का अर्थ '+' है, तो दिए गए समीकरण में प्रश्नचिह्न (?) के स्थान पर क्या आएगा?

$300 - 2 + 50 \times 3 \div 2 = ?$

(a) 106 (b) 61
(c) 23 (d) 661

4. एम्स्टर्डम, बार्सिलोना के दक्षिण में स्थित है। म्यूनिख, एम्स्टर्डम के पश्चिम में स्थित है। डेट्रॉइट, म्यूनिख के पूर्व में स्थित है। टोरंटो, डेट्रॉइट के दक्षिण में और बार्सिलोना के दक्षिण-पूर्व में स्थित है। डेट्रॉइट के सापेक्ष एम्स्टर्डम की स्थिति क्या है?

(a) पश्चिम (b) उत्तर
(c) दक्षिण (d) पूर्व

5. दो कथन दिए गए हैं, जिसके बाद दो निष्कर्ष I और II दिए गए हैं। कथनों को सत्य मानते हुए, भले ही वे सामान्य रूप से ज्ञात तथ्यों से भिन्न प्रतीत होते हों, निर्णय लें कि कौन-सा/से निष्कर्ष दिए गए कथनों का तार्किक रूप से पालन करता/करते है/हैं?

कथन

सभी कार्डियोलॉजिस्ट, डॉक्टर हैं।
कुछ कार्डियोलॉजिस्ट, न्यूरोलॉजिस्ट हैं।

निष्कर्ष

I. कुछ डॉक्टर, कार्डियोलॉजिस्ट हैं।
II. कुछ डॉक्टर, न्यूरोलॉजिस्ट हैं।

(a) केवल निष्कर्ष I पालन करता है
(b) केवल निष्कर्ष II पालन करता है
(c) निष्कर्ष I और II दोनों पालन करते हैं
(d) न तो निष्कर्ष I और न ही II पालन करता है

6. नीचे आकृति में दिखाए गए अनुसार एक कागज को मोड़ा और काटा जाता है। खोले जाने पर यह कैसा दिखेगा?

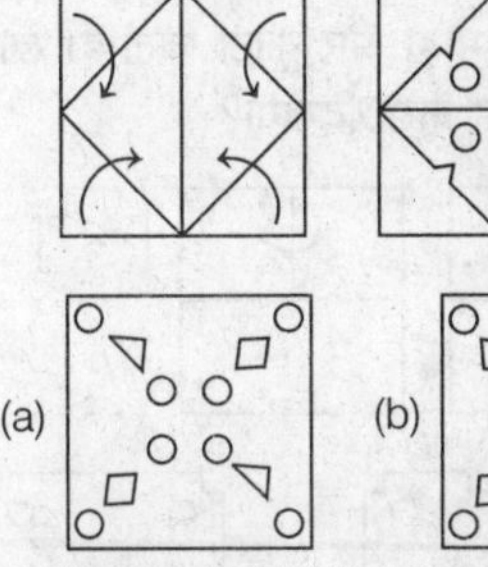

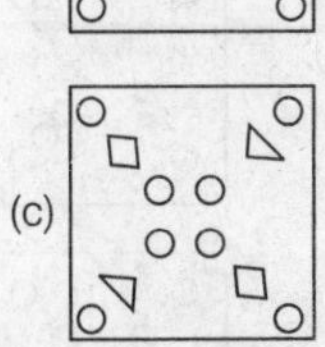

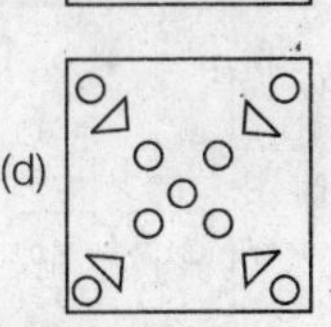

7. यदि A का अर्थ '+' है, B का अर्थ '×' है, C का अर्थ '−' है और D का अर्थ '÷' है, तो निम्नलिखित समीकरण का मान कितना होगा?

17 B 3 A 14 D 7 C 5 = ?

(a) 57 (b) 48
(c) 38 (d) 29

8. उस विकल्प का चयन करें, जो तीसरे शब्द से उसी प्रकार सम्बन्धित है, जिस प्रकार दूसरा शब्द, पहले शब्द से सम्बन्धित है। (शब्दों को अर्थपूर्ण शब्दों के रूप में माना जाना चाहिए और इन्हें शब्द में अक्षरों की संख्या/व्यंजनों की संख्या/स्वरों की संख्या के आधार पर एक-दूसरे से सम्बन्ध नहीं किया जाना चाहिए।)

पेन्सिल : लीड :: पेन : ?

(a) स्याही (b) गैस
(c) पानी (d) काला

9. जब दर्पण को रेखा MN पर रखा जाता है, तो दी गई आकृति का सही दर्पण प्रतिबिम्ब ज्ञात कीजिए।

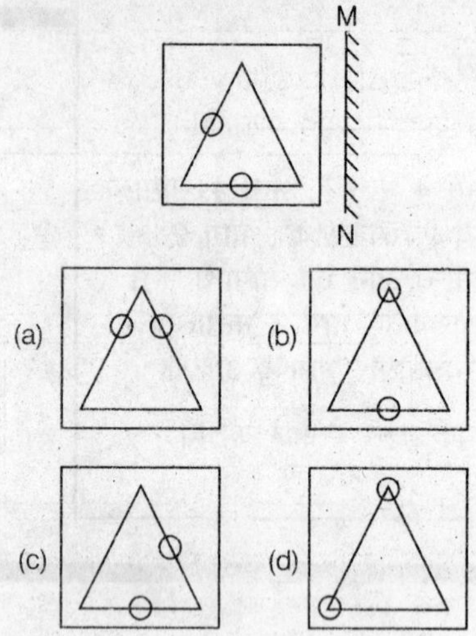

10. नीचे आकृति में दिखाए गए अनुसार एक कागज को मोड़ा और काटा जाता है। खोले जाने पर यह कैसा दिखेगा?

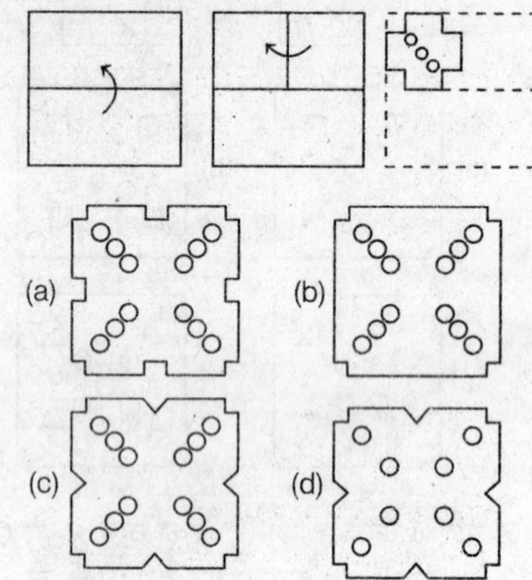

11. छ: छात्र P, Q, R, S, T और U किसी वृत्ताकार मेज के परित: केन्द्र की ओर मुख करके बैठे हैं। R, T और U दोनों के ठीक बगल में है। P, U के दाईं ओर तीसरे स्थान पर बैठा है। Q, S के बाईं ओर ठीक बगल में बैठा है। S, P के दाईं ओर दूसरे स्थान पर बैठा है। R और S दोनों के ठीक बगल में कौन बैठा है?

(a) P (b) T (c) U (d) Q

12. निम्नलिखित में से कौन-सी संख्या दी गई शृंखला में प्रश्नचिह्न (?) का स्थान लेगी?

$96, 12, \frac{3}{2}, ?, \frac{3}{128}$

(a) $\frac{3}{64}$ (b) $\frac{1}{128}$ (c) $\frac{3}{12}$ (d) $\frac{3}{16}$

13. उस समुच्चय का चयन कीजिए, जिसमें संख्याएँ आपस में उसी प्रकार सम्बन्धित हैं, जिस प्रकार निम्नलिखित समुच्चयों की संख्याएँ आपस में सम्बन्धित है।

(**नोट** संख्याओं को उसके घटक अंकों में विभाजित किए बिना, पूर्ण संख्याओं पर गणितीय संक्रियाएँ की जानी चाहिए। उदाहरण के लिए 13– गणितीय संक्रियाएँ जैसे कि जोड़ना/घटाना/गुणा करना इत्यादि 13 में किया जा सकता है। 13 को 1 और 3 में विभाजित करना और फिर 1 और 3 पर गणितीय संक्रियाएँ करने की अनुमति नहीं है।)

(12, 14, 38)
(6, 23, 35)

(a) (19, 9, 38) (b) (4, 5, 20)
(c) (16, 11, 43) (d) (8, 10, 24)

14. एक निश्चित कूटभाषा में "BAKED" को "CCNII" लिखा जाता है और "COOK" को "DQRO" लिखा जाता है। उसी कूटभाषा में "EATING" को किस प्रकार लिखा जाएगा?

(a) FDVMRM (b) FCWMSM
(c) GDXNTN (d) FCWMTM

15. निम्नलिखित में से कौन-सी संख्याओं (अंक नहीं) की अदला-बदली दिए गए समीकरण को सही बनाएगी?

$16 \times 5 \div 20 + 6 + 50 = 40$

(a) 20, 40 (b) 40, 50
(c) 6, 40 (d) 5, 40

16. दो कथन दिए गए हैं, जिसके बाद दो निष्कर्ष I और II दिए गए हैं। कथनों को सत्य मानते हुए, भले ही वे सामान्य रूप से ज्ञात तथ्यों से भिन्न प्रतीत होते हों, निर्धारित करें कि कौन-सा/से निष्कर्ष दिए गए कथनों का तार्किक रूप से पालन करता/करते है/हैं?

कथन
सभी अभिनेता, गायक हैं।
कुछ संगीतकार, नर्तक हैं।

निष्कर्ष
I. सभी नर्तक, संगीतकार हैं।
II. कुछ गायक, अभिनेता हैं

(a) केवल निष्कर्ष I पालन करता है
(b) निष्कर्ष I और II दोनों पालन करते हैं
(c) केवल निष्कर्ष II पालन करता है
(d) न तो निष्कर्ष I और न ही II पालन करता है

17. "A # B" का अर्थ है कि "A, B का भाई है"।
"A * B" का अर्थ है कि "A, B की पत्नी है"।
"A $ B" का अर्थ है कि "A, B की पुत्री है"।
"A = B" का अर्थ है कि "A, B का पिता है"।
यदि P * V # D $ B = Z है, तो B का P से क्या सम्बन्ध है?

(a) ससुर (b) पिता (c) भाई (d) पत्नी

18. यदि P का अर्थ '×' है, Q का अर्थ '÷' है, R का अर्थ '+' है और S का अर्थ '–' है, तो निम्नलिखित समीकरण में प्रश्नचिह्न (?) के स्थान पर क्या आएगा?

$\sqrt{256}$ P 3 S 6 6 Q 1 1 P 5 R 4 3 = ?

(a) 69 (b) 72 (c) 58 (d) 61

19. एक निश्चित कूटभाषा में 'RING' को 64 के रूप में कूटबद्ध किया जाता है और 'WATCH' को 125 के रूप में कूटबद्ध किया जाता है। उसी कूटभाषा में 'BRACELET' को किस प्रकार कूटबद्ध किया जाएगा?

(a) 512 (b) 504
(c) 478 (d) 343

20. एक निश्चित कूटभाषा में "CANADA" को "XZMZWZ" और "AFRICA" को "ZUIRXZ" के रूप में कूटबद्ध किया जाता है। उसी कूटभाषा में "DEPRESSION" को किस प्रकार कूटबद्ध किया जाएगा?

(a) WVKIVGGPLM
(b) XVKIVGGRLM
(c) XVKIVGGPLM
(d) WVKIVHHRLM

21. एक निश्चित कूटभाषा में "CHALK" को 6-16-2-24-22 के रूप में कूटबद्ध किया जाता है और "BOARD" को 4-30-2-36-8 के रूप में कूटबद्ध किया जाता है। उसी कूटभाषा में "PAPER" को किस प्रकार कूटबद्ध किया जाएगा?

(a) 32-2-32-12-36 (b) 36-2-36-10-32
(c) 36-2-36-12-32 (d) 32-2-32-10-36

22. उस विकल्प का चयन कीजिए, जो दिए गए शब्दों के उस सही क्रम को दर्शाता है, जिस क्रम में वे अंग्रेजी शब्दकोश में मौजूद होते हैं।

1. Sermonize 2. Serious
3. Servant 4. Session
5. Serrated

(a) 3, 2, 5, 1, 4 (b) 2, 1, 5, 3, 4
(c) 2, 3, 5, 1, 4 (d) 3, 1, 5, 2, 4

23. परम, बिन्दु A से उत्तर की ओर 8 किमी ड्राइव करता है। वह दाएँ मुड़ता है और 8 किमी ड्राइव करता है। वह फिर से दाएँ मुड़ता है और 4 किमी ड्राइव करता है। अन्त में वह दाएँ मुड़ता है और बिन्दु B तक पहुँचने के लिए 8 किमी. ड्राइव करता है। फिर से बिन्दु A पर पहुँचने के लिए उसे

कितनी दूर और किस दिशा में ड्राइव करना चाहिए?

(a) 5 किमी उत्तर की ओर
(b) 4 किमी दक्षिण की ओर
(c) 6 किमी पूर्व की ओर
(d) 3 किमी पश्चिम की ओर

24. दो कथनों के बाद तीन निष्कर्ष I, II और III दिए गए हैं। कथनों को सत्य मानते हुए, भले ही वे सामान्य रूप से ज्ञात तथ्यों से भिन्न प्रतीत होते हों, निर्धारित करें कि कौन-सा/से निष्कर्ष दिए गए कथनों का तार्किक रूप से पालन करता/करते है/हैं?

कथन
सभी चाकू, बन्दूकें हैं।
कुछ बुलेट, चाकू हैं।

निष्कर्ष
I. कुछ बन्दूकें, बुलेट हैं।
II. कोई भी बुलेट, बन्दूक नहीं है।
III. कुछ बन्दूकें, चाकू हैं।

(a) निष्कर्ष II और III दोनों पालन करते हैं
(b) निष्कर्ष I, II और III पालन करते हैं
(c) निष्कर्ष I और III दोनों पालन करते हैं
(d) निष्कर्ष I और II दोनों पालन करते हैं

25. A @ B का अर्थ है "A, B का पति है"
A & B का अर्थ है "A, B की माता है"
A # B का अर्थ है "A, B की पुत्री है"
यदि J # L @ Y & K @ Z है, तो J का Z से क्या सम्बन्ध है?

(a) ननद (b) बहनोई
(c) माता (d) भाभी

26. छः मित्र एक वृत्ताकार मेज के परित: बैठे हैं। विनी, ऊर्जा और तन्वी केन्द्र की ओर मुख करके बैठी है तथा अभय, बाला और चान में से दो, केन्द्र की ओर मुख करके नहीं बैठे हैं। विनी, चान के बाईं ओर दूसरे स्थान पर बैठी है। ऊर्जा, अभय के दाईं ओर दूसरे स्थान पर बैठी है। बाला, तन्वी के बाईं ओर तीसरे स्थान पर बैठी है। चान, तन्वी के दाईं ओर दूसरे स्थान पर बैठा है। अभय, विनी के बगल में बैठा है।
चान के दाईं ओर चौथे स्थान पर कौन बैठा/बैठी है?

(a) विनी (b) बाला (c) तन्वी (d) ऊर्जा

27. निम्नलिखित में से तीन अक्षर-समूह किसी-न-किसी तरह से संगत है और एक असंगत है। असंगत अक्षर-समूह का चयन करें।

(a) QSRT (b) NPOQ
(c) XZYA (d) PKQJ

28. निम्नलिखित में से कौन-सी संख्या दी गई श्रेणी में प्रश्नचिह्न (?) के स्थान पर आएगी?

28, 30, ?, 188, 754, 3772

(a) 120 (b) 60 (c) 122 (d) 62

29. निम्नलिखित आकृति शृंखला में आगे आने वाली आकृति का चयन करें।

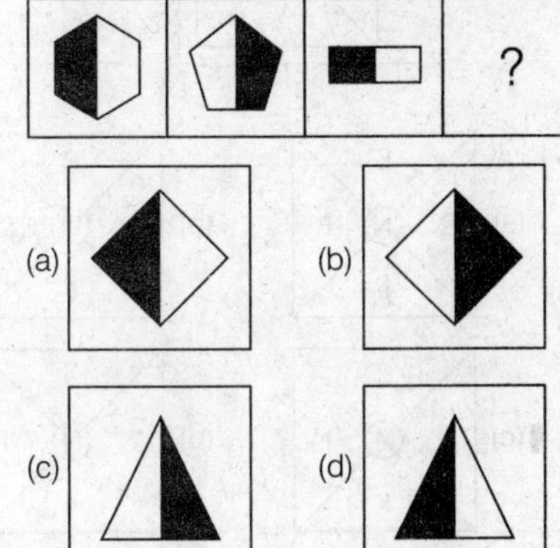

30. यदि '+' का अर्थ '÷' है, '–' का अर्थ '+' है, '×' का अर्थ '–' है और '÷' का अर्थ '×' है, तो दिए गए समीकरण में प्रश्नचिह्न (?) के स्थान पर क्या आएगा?

$5 \div 2 - 20 + 5 \times 2 = ?$

(a) 12 (b) 15 (c) 20 (d) 10

31. यदि '+' का अर्थ '–' है, '–' का अर्थ '×' है, '×' का अर्थ '÷' है और '÷' का अर्थ '+' है, तो निम्नलिखित समीकरण में प्रश्नचिह्न '?' के स्थान पर क्या आएगा?

$137 \div 80 \times 5 - 4 + 34 = ?$

(a) 167 (b) 184 (c) 141 (d) 235

32. नीचे तीन कथन और उसके बाद I, II और III क्रमांक वाले तीन निष्कर्ष दिए गए हैं। यह मानते हुए कि कथनों में दी गई जानकारी सत्य है, भले ही ये कथन सामान्य रूप से ज्ञात तथ्यों से भिन्न प्रतीत होते हों, यह निर्णय कीजिए कि कौन सा/से निष्कर्ष इन कथनों का तार्किक रूप से पालन करता/करते है/हैं?

कथन
सभी हाथी, मछलियाँ हैं।
कोई मछली, बाघ नहीं है।
कुछ हिरण, हाथी हैं।

निष्कर्ष
I. कुछ मछलियाँ, हिरण हैं।
II. कोई हाथी, हिरण नहीं है।
III. कुछ बाघ, मछलियाँ हैं।

(a) निष्कर्ष I और II दोनों पालन करते हैं
(b) निष्कर्ष I और III दोनों पालन करते हैं
(c) केवल निष्कर्ष II पालन करता है
(d) केवल निष्कर्ष I पालन करता है

33. वह आकृति चुनें, जो नीचे दी गई आकृति शृंखला में प्रश्नचिह्न (?) के स्थान पर आएगी।

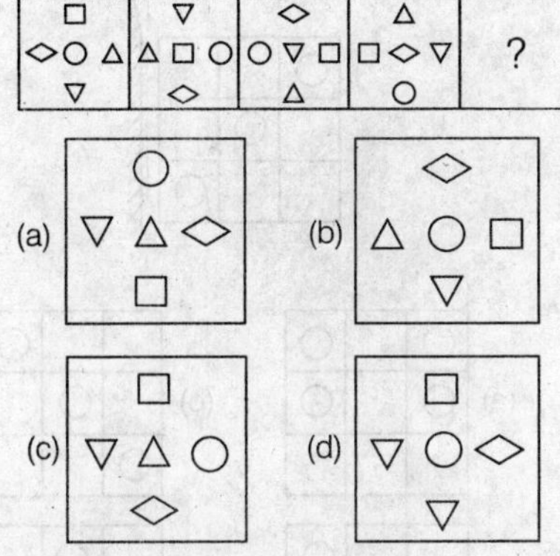

34. उस विकल्प का चयन करें, जो चौथे पद से उसी प्रकार सम्बन्धित है, जिस प्रकार पहला पद, दूसरे पद से सम्बन्धित है और पाँचवाँ पद, छठे पद से सम्बन्धित है।

7 : 40 :: ? : 667 :: 39 : 1512

(a) 47 (b) 26
(c) 25 (d) 34

35. निम्नलिखित में से कौन-सी संख्या दी गई शृंखला में प्रश्नचिह्न (?) को प्रतिस्थापित करेगी?

98, 126, 165, 216, 280, ?

(a) 348 (b) 358
(c) 344 (d) 356

36. उस समुच्चय का चयन कीजिए जिसमें संख्याएँ आपस में उसी प्रकार सम्बन्धित हैं, जिस प्रकार निम्नलिखित समुच्चयों की संख्याएँ आपस में सम्बन्धित है।
नोट संख्याओं को उसके घटक अंकों में विभाजित किए बिना, पूर्ण संख्याओं पर गणितीय संक्रियाएँ की जानी चाहिए। उदाहरण के लिए 13– संख्या 13 पर गणितीय संक्रियाएँ जैसे कि जोड़ना/घटाना/गुणा करना आदि को 13 से किया जा सकता है। 13 को 1 और 3 में विभाजित करना और फिर 1 और 3 पर गणितीय संक्रियाएँ करने की अनुमति नहीं है।)

(6, 15, 1) (5, 6, 3)

(a) (12, 46, 5) (b) (15, 21, 8)
(c) (7, 42, 5) (d) (5, 32, 7)

37. कौन-सा अक्षर-समूह प्रश्नचिह्न (?) के स्थान पर आकर दी गई शृंखला को पूर्ण करेगा?

FMQX, DJSA, ?, ZDWG, XAYJ

(a) BFUC (b) BEDF
(c) BGDU (d) BGUD

38. जब दर्पण को रेखा MN पर रखा जाता है, तो दी गई आकृति का सही दर्पण प्रतिबिम्ब ज्ञात कीजिए।

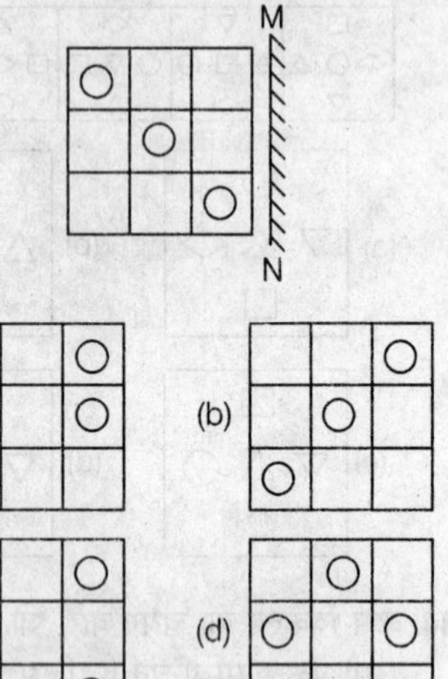

39. निम्नलिखित में से कौन-सी आकृति दी गई श्रृंखला में 5वें स्थान पर रखे जाने पर पहली चार आकृतियों द्वारा निर्मित श्रृंखला को जारी रखेगी?

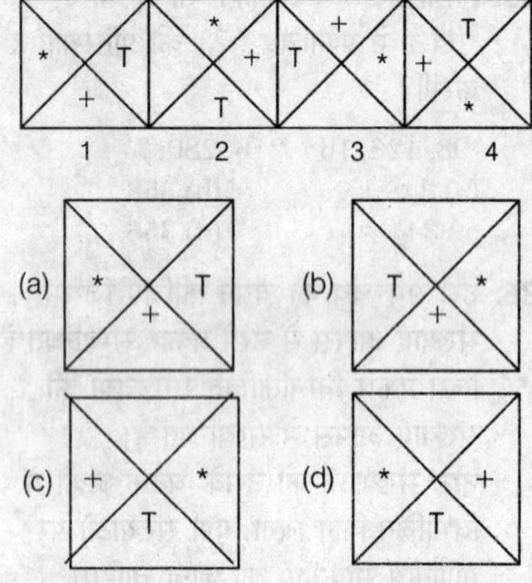

40. एक निश्चित कूटभाषा में "BABY" को "29" और "GENDER" को "52" के रूप में कूटबद्ध किया जाता है। उसी कूटभाषा में "CRIPPLE" को किस प्रकार कूटबद्ध किया जाएगा?

(a) 84 (b) 88
(c) 78 (d) 74

41. यदि '+' का अर्थ × है, '×' का अर्थ '–' है, '–' का अर्थ ÷ है और '÷' का अर्थ '+' है, तो दिए गए समीकरण में प्रश्नचिह्न (?) के स्थान पर क्या आएगा?

$150 - 5 + 3 \div 23 \times 3 = ?$

(a) 155 (b) 111
(c) 145 (d) 110

42. दर्पण को नीचे चित्र के अनुसार 'MN' पर रखे जाने पर दिए गए संयोजन के सही दर्पण प्रतिबिम्ब का चयन करें।

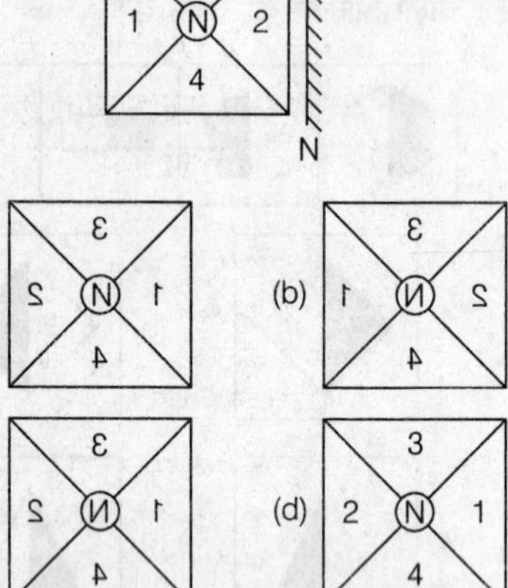

43. निम्नलिखित में से तीन अक्षर-समूह किसी-न-किसी तरह से संगत हैं और एक असंगत है। असंगत अक्षर- समूह का चयन करें।

(a) UPTQ (b) AZBY
(c) ZUYV (d) FAEB

44. निम्नलिखित आकृतियों में कागज के एक टुकड़े को मोड़ने का क्रम और मुड़े हुए कागज को काटने का तरीका दर्शाया गया है। कागज की तह खुलने पर यह कैसा दिखाई देगा?

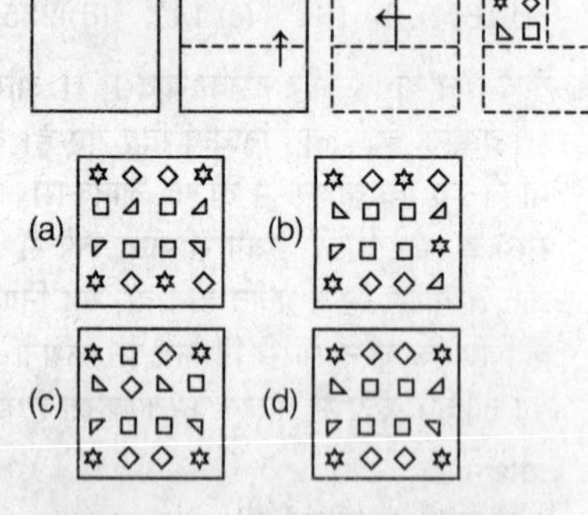

45. उस विकल्प का चयन करें, जो तीसरे शब्द से उसी प्रकार सम्बन्धित है, जिस प्रकार दूसरा शब्द पहले शब्द से सम्बन्धित है। (शब्दों को अर्थपूर्ण शब्दों के रूप में माना जाना चाहिए, और वह शब्द में अक्षरों की संख्या/व्यंजनों/ स्वरों की संख्या के आधार पर एक-दूसरे से सम्बन्ध नहीं होना चाहिए।)

लाड़-प्यार करना : सन्तुष्ट करना :: नष्ट करना : ?

(a) प्राप्त करना (b) विध्वंस करना
(c) परहेज करना (d) निर्माण करना

46. निम्नलिखित में से कौन-सी संख्या दी गई श्रृंखला में प्रश्नचिह्न (?) का स्थान लेगी?

$18, 6, 2, ?, \frac{2}{9}$

(a) $\frac{2}{3}$ (b) $\frac{1}{9}$ (c) 1 (d) $\frac{1}{3}$

47. उस विकल्प आकृति का चयन करें, जो दी गई आकृति में उसके भाग के रूप में सन्निहित है। घुमाने (रोटेशन) की अनुमति नहीं है।

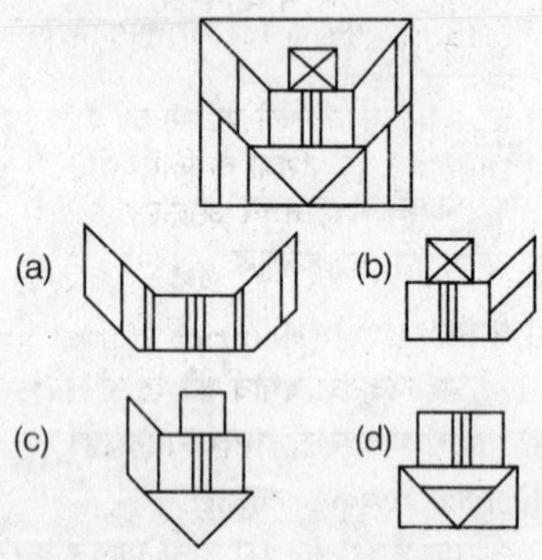

48. निम्नलिखित में से कौन-सा अक्षर दी गई श्रृंखला में प्रश्नचिह्न (?) के स्थान पर आएगा?

B, D, G, K, P, ?

(a) V (b) Q (c) R (d) S

49. उस विकल्प का चयन कीजिए, जो तीसरे पद से उसी प्रकार सम्बन्धित है, जिस प्रकार दूसरा पद, पहले पद से और छठा पद पाँचवें पद से सम्बन्धित है।

98 : 115 :: 74 : ? :: 67 : 84

(a) 80 (b) 85 (c) 91 (d) 95

50. उस सही विकल्प का चयन कीजिए, जो दिए गए शब्दों के उसी क्रम में व्यवस्थापन को दर्शाता है, जिस क्रम में अंग्रेजी शब्दकोश में मौजूद होते हैं।

1. Channel 2. Chariot
3. Charcoal 4. Chapel
5. Chamber 6. Chance

(a) 5, 6, 1, 4, 3, 2 (b) 5, 1, 6, 4, 3, 2
(c) 5, 6, 1, 4, 2, 3 (d) 5, 1, 6, 4, 2, 3

भाग 2

सामान्य ज्ञान एवं सामान्य जागरुकता

51. एम. बालमुरलीकृष्ण का सम्बन्ध संगीत की किस शैली से है?

(a) लोक संगीत (b) हिन्दुस्तानी संगीत
(c) कर्नाटक संगीत (d) हवेली संगीत

52. सार्वत्रिक गुरुत्वाकर्षण नियम (universal law of gravitation) के सम्बन्ध में गलत कथन की पहचान करें।

(a) यह वह बल है, जो सूर्य के चारों ओर ग्रहों की गति को बनाए रखता है
(b) यह तारों और पृथ्वी के कारण ज्वार-भाटा उत्पन्न करने वाला बल है
(c) यह वह बल है, जो पृथ्वी के चारों ओर चन्द्रमा की गति में सहायता करता है
(d) यह वह बल है, जो हमें पृथ्वी से बाँधकर रखता है

53. निम्नलिखित में से कौन-सी घटना 1398 ई. में हुई थी?

(a) बाबर का दिल्ली पर आक्रमण
(b) हुमायूँ की पर्शिया के लिए उड़ान
(c) तैमूर का भारत पर आक्रमण
(d) हल्दीघाटी का युद्ध

54. हेनरिक हट्‌र्ज (Heinrich Hertz) ने कब फोटोइलेक्ट्रिक प्रभाव की खोज की और यह पाया कि इलेक्ट्रोडों पर चमकदार पराबैंगनी प्रकाश, उनके बीच वोल्टेज में परिवर्तन का कारण बनता है?

(a) 1887 में (b) 1916 में
(c) 1902 में (d) 1990 में

55. उगादी ...... नव वर्ष है, जो मार्च के महीने में मनाया जाता है।

(a) पंजाबी (b) मराठी
(c) तेलुगू (d) बंगाली

56. नौरोज़/नवरोज़ (Nauroz) भारत में निम्नलिखित में से किस समुदाय द्वारा मनाया जाता है?

(a) बौद्ध (b) सिख
(c) पारसी (d) जैन

57. कौन-सी रिपोर्ट मौलिक अधिकारों से सम्बन्धित नहीं है?

(a) जे.बी. कृपलानी रिपोर्ट
(b) तेज बहादुर सप्रू रिपोर्ट
(c) मोतीलाल नेहरू रिपोर्ट
(d) सरकारिया आयोग की रिपोर्ट

58. अक्टूबर, 2022 में जम्मू और कश्मीर के उपराज्यपाल कौन थे?

(a) मनोज सिन्हा
(b) एन.एन. वोहरा
(c) सत्यपाल मलिक
(d) गिरीश चन्द्र मुर्मू

59. .... को प्रचुर मात्रा में घुलित ऑक्सीजन, सूर्य के प्रकाश, पोषक तत्त्वों, सामान्यत: उच्च तरंग ऊर्जाओं और जल की गति और अन्तर्ज्वारीय उपक्षेत्र (Intertidal Subzone) में, बारी-बारी से जलमग्नता (Submergence) और अनावृत्तता (Exposure) के आधार पर वर्णित किया जाता है।

(a) सरोजीवी क्षेत्र (The Lentic Zone)
(b) वेलांचल (The Littoral Zone)
(c) सरोवरी क्षेत्र (The Limnetic Zone)
(d) नितलस्थ क्षेत्र (The Benthic Zone)

60. निम्नलिखित में से किसने 'द डार्क रूम' लिखी थी, जिसमें एक भारतीय महिला को पुरुष वर्चस्व का सख्त विरोध करते हुई दर्शाया गया है?

(a) कुलदीप नैयर
(b) आर. के. नारायण
(c) मुल्कराज आनन्द
(d) काज़ी नज़रुल इस्लाम

61. निम्नलिखित में से किस स्थान पर सर्दियों में अत्यधिक ठण्ड और गर्मियों में सुहावने मौसम का अनुभव होता है?

(a) अमृतसर (b) लेह
(c) चेन्नई (d) नई दिल्ली

62. ...... को भू-पृष्ठीय जल (Surface Water) नहीं माना जाता है।

(a) महासागरों (b) झीलों
(c) जलभृतों (d) नदियों

63. निम्नलिखित में से कौन-सा नीतिगत उपाय उदारीकरण की दिशा में एक कदम नहीं है?

(a) कुछ उद्योगों के लिए पंजीकरण की आवश्यकता को हटाना
(b) विदेशी निवेश की इक्विटी सीमा में वृद्धि
(c) कुछ उद्योगों के लिए औद्योगिक लाइसेंसिंग को हटाना
(d) टैरिफ में वृद्धि

64. उस्ताद असद अली खान ध्रुपद के निम्नलिखित में से किस शैली के वादक के रूप में प्रसिद्ध हैं?

(a) गौरी (b) नौहर
(c) डागर (d) खण्डार वाणी

65. कनक राजू को निम्नलिखित में से किस लोकनृत्य के लिए वर्ष 2021 में पद्मश्री से सम्मानित किया गया है?

(a) गुसाड़ी (Gussadi)
(b) फुगड़ी (Fugdi)
(c) गणगौर (Ganagor)
(d) भवाई (Bhavai)

66. अलूना काबुइनी (Aluna Kauini) निम्नलिखित में से किस नृत्य से सम्बन्धित हैं?

(a) मोहिनीअट्टम (b) सत्रीया
(c) मणिपुरी (d) कथक

67. राष्ट्रीय सांख्यिकी कार्यालय (NSO) के आँकड़ों के अनुसार, 2021 में भारत की औसत साक्षरता दर ...... थी।

(a) 70.50% (b) 76.70%
(c) 77.70% (d) 78.71%

68. जीवाणु कोशिका की लम्बाई कितनी होती है?

(a) 1 से 40 μm (b) 0 से 3 μm
(c) 30 से 50 μm (d) 3 से 5 μm

69. शर्करा में मौजूद खाद्य घटक क्या होता है?

(a) वसा
(b) विटामिन
(c) प्रोटीन
(d) कार्बोहाइड्रेट

70. गुरुत्वाकर्षण के बारे में सही कथन का चयन कीजिए।

(a) गुरुत्वाकर्षण (g) की इकाई वेग की इकाई के समान
(b) गुरुत्वाकर्षण (g) की इकाई घर्षण वेग की इकाई के समान है
(c) गुरुत्वाकर्षण (g) की इकाई त्वरण वेग की इकाई के समान है
(d) गुरुत्वाकर्षण (g) की इकाई द्रव्यमान की इकाई के समान है

71. जब नदियाँ किसी झील या गर्त में सभी दिशाओं से अपने जल का निर्वहन करती हैं, जैसा कि मणिपुर में लोकटक झील के मामले में होता है, ऐसी स्थिति में बनने वाले अपवाह तन्त्र (Drainage System) को ...... कहा जाता है।

(a) जलायुक्त (Trellis)
(b) अभिकेन्द्री (Centripetal)
(c) रेडियल (Radial)
(d) द्रुमाकृतिक (Dendritic)

72. भरतनाट्यम पारम्परिक रूप से किस प्रकार के संगीत के लिए किया जाता है?

(a) लावणी (b) कर्नाटक
(c) बाउल (d) हिन्दुस्तानी

73. भारतीय संविधान में मौलिक अधिकार निम्नलिखित में से किस देश के अधिकार-पत्र (Bill of Rights) से प्रेरित हैं?

(a) यूएसएसआर (USSR)
(b) जापान
(c) ऑस्ट्रेलिया
(d) यूएसए (USA)

74. 'विंग्स ऑफ फायर' ...... की आत्मकथा है।

(a) जाकिर हुसैन
(b) ए. पी. जे. अब्दुल कलाम
(c) के. आर. नारायण
(d) राजेन्द्र प्रसाद

75. बिना अनुमति के संसद से कितने दिनों की अनुपस्थिति के बाद कोई सांसद अयोग्य हो जाएगा?

(a) 60 दिन (b) 50 दिन
(c) 30 दिन (d) 20 दिन

76. बास्केटबॉल खेल में, किसी भी समय एक टीम के कितने खिलाड़ी कोर्ट पर खेलते हैं?

(a) 5 (b) 4
(c) 7 (d) 6

77. भारतीय संविधान के अनुच्छेद 36 से 51 का सम्बन्ध निम्नलिखित में से किससे है?

(a) मूल कर्त्तव्य
(b) मूल अधिकार
(c) राज्य के नीति-निदेशक तत्त्व
(d) भारतीय संविधान की प्रस्तावना

78. निम्नलिखित में से कौन-सा कर राजस्व का स्रोत है?

(a) दण्ड (Penalties)
(b) सीमा शुल्क (Customs)
(c) लाभ (Profit)
(d) अनुदान (Grants)

79. वर्ष 2021 में भारत से निर्यात होने वाली प्रमुख वस्तु निम्नलिखित में से कौन-सी थी?

(a) आभूषण (b) औषधीय
(c) ऑटोमोबाइल (d) पेट्रोलियम उत्पाद

80. निम्नलिखित आँकड़ों में दी गई उपादान लागत पर जीडीपी की गणना करें।

बाजार मूल्य पर GDP = 600 करोड़
अचल पूँजी (Fixed Capital) की खपत = 100 करोड़
अप्रत्यक्ष कर = 200 करोड़
सब्सिडी = 50 करोड़

(a) 950 करोड़ (b) 350 करोड़
(c) 850 करोड़ (d) 450 करोड़

81. दिल्ली का वह सुल्तान कौन था, जिसकी घोड़े से गिरने पर लगी चोटों के कारण मृत्यु हो गई थी?

(a) बलबन (b) बेहरामशाह
(c) कुतुबुद्दीन ऐबक (d) इल्तुतमिश

82. निम्नलिखित में से कौन केन्द्र में लोक कार्मिकी की भर्ती और सेवा शर्तों से सम्बन्धित विवादों को निपटाने के लिए उत्तरदायी है?

(a) प्रतिस्पर्धा अपीलीय न्यायाधिकरण
(b) संयुक्त प्रशासनिक न्यायाधिकरण
(c) केन्द्रीय प्रशासनिक न्यायाधिकरण
(d) निपटान और अपीलीय न्यायाधिकरण

83. 2 सितम्बर, 1946 को बनी अन्तरिम सरकार में लियाकत अली खान को किसका प्रभार दिया गया था?

(a) गृह मन्त्रालय (b) विदेश मन्त्रालय
(c) रक्षा मन्त्रालय (d) वित्त मन्त्रालय

84. अलीवर्दी खान के बाद बंगाल का नवाब कौन बना?

(a) सिराजुद्दौला (b) मीर कासिम
(c) मीर जाफर (d) शौकत जंग

85. ब्रिटेन और फ्रांस के बीच 1763 ई. में हस्ताक्षरित ······की सन्धि द्वारा वाण्डीवाश के युद्ध के बाद भारत में फ्रांसीसी स्वामित्व को बहाल कर दिया गया था।

(a) तोर्देसिलास (b) पेरिस
(c) पुरन्दर (d) सूरत

86. निम्नलिखित में से कौन-सा कथन सही है?

(a) जिंक ऑक्साइड, जंग का एक रूप है।
(b) रासायनिक रूप से, जंग जलयोजित (Hydrated) फेरिक ऑक्साइड होता है।
(c) रासायनिक रूप से, जंग गैर-जलयोजित (non-hydrated) फेरिक ऑक्साइड होता है।
(d) कॉपर भी जलयोजन (Hydration) होने पर जंग में बदल सकता है।

87. ······ पंचवर्षीय योजना लैंगिक मुद्दों, महिला सशक्तिकरण और राज्यों के बीच बढ़ती असमानताओं और अन्तर-क्षेत्रीय असमानताओं पर ध्यान केन्द्रित करने वाली पहली योजना थी।

(a) चौथी (b) पाँचवीं (c) छठी (d) तीसरी

88. स्तम्भों का मिलान कीजिए।

बन्दरगाह	राज्य
A तूतीकोरिन बन्दरगाह	1. पश्चिम बंगाल
B हल्दिया बन्दरगाह	2. तमिलनाडु
C मंगलौर बन्दरगाह	3. कर्नाटक

A B C A B C
(a) 3 2 1 (b) 1 2 3
(c) 3 1 2 (d) 2 1 3

89. इल्तुतमिश का मकबरा किस वर्ष बनाया गया था?

(a) 1388 ई. (b) 1199 ई.
(c) 1235 ई. (d) 1458 ई.

90. हरित क्रान्ति के सन्दर्भ में निम्नलिखित में से कौन-सा कथन गलत है?

(a) यह कृषि आधुनिकीकरण का एक सरकारी कार्यक्रम था।
(b) इसे वर्षा-पोषित क्षेत्रों में लागू किया गया था।
(c) इसका लक्ष्य मुख्यत: गेहूँ और चावल उत्पादक क्षेत्र थे।
(d) इसे अन्तर्राष्ट्रीय एजेन्सियों द्वारा वित्त पोषित किया गया था।

91. एलिल ब्रोमाइड (Ally Bromide) का मुख्य IUPAC नाम क्या है?

(a) 1-ब्रोमोपेण्टीन (b) 2-ब्रोमोप्रोपीन
(c) 3-ब्रोमोब्यूटीन (d) 3-ब्रोमोप्रोपीन

92. वर्ष 2011 की जनगणना के अनुसार, भारत में निम्नलिखित में से किस राज्य की साक्षरता दर सबसे कम है?

(a) आन्ध्र प्रदेश (b) ओडिशा
(c) हरियाणा (d) बिहार

93. हर्षचरित संस्कृत में ······ द्वारा लिखा गया था।

(a) हर्षवर्द्धन (b) नागसेना
(c) बाणभट्ट (d) हरिसेना

94. अन्तर-उष्णकटिबन्धीय अभिसरण क्षेत्र (ITCZ) के सम्बन्ध में निम्नलिखित में से कौन-से कथन सही हैं?

1. ITCZ भूमध्यरेखीय अक्षांशों में निम्न दाब वाला एक विस्तृत गर्त है।
2. यह वह स्थान है, जहाँ उत्तर-पूर्वी और दक्षिण-पूर्वी व्यापारिक पवनें अभिसरित होती हैं।
3. ITCZ एक विषुवतीय गर्त है, जो सामान्यत: भूमध्य रेखा से लगभग 5°N पर स्थित होता है और पूरे वर्ष यही बना रहता है।
4. ITCZ गर्मियों में गंगा के मैदान पर चला जाता है।

(a) 1, 2 और 3 (b) 1 और 3
(c) 2 और 3 (d) 1, 2 और 4

95. वह कौन-सा एकमात्र पारिस्थितिकी तन्त्र है, जो सौर ऊर्जा पर नहीं पनपता है?

(a) पादप प्लवक (Phytoplanktons)
(b) गहरे समुद्र में पाया जाने वाला जल-तापीय पारिस्थितिकी तन्त्र (Deep Sea Hydro-Thermal Ecosystem)
(c) नाइट्रोजन स्थिरीकरण जीवाणु (Nitrogen Fixing Bacteria)
(d) समुद्री जीव (Marine Organisms)

96. टेस्ट मैच क्रिकेट में, एक टीम एक दिन में न्यूनतम कितने ओवर खेल सकती है?

(a) 70 (b) 80
(c) 90 (d) 60

97. निम्नलिखित में से कौन अपरद (Detritus) को सरल अकार्बनिक पदार्थों में निम्नीकृत कर सकता है?

(a) कवकीय एन्जाइम (b) शैवाल
(c) पादपप्लवक (d) लाइकेन

98. मध्य प्रदेश सरकार ने चेन्नई के एक प्रसिद्ध ······ धनंजयन दम्पत्ति को वर्ष 2019-20 के लिए प्रतिष्ठित राष्ट्रीय कालिदास सम्मान से सम्मानित किया।

(a) सत्रीय (b) भरतनाट्यम
(c) कथकली (d) कुचिपुड़ी

99. विश्व एथलेटिक्स चैम्पियनशिप में पदक जीतने वाले पहले भारतीय ······ है।

(a) अन्जू बॉबी जॉर्ज (b) नीरज चोपड़ा
(c) अन्नू रानी (d) मुरली श्रीशंकर

100. वर्ष ········ में इम्पीरियल क्रिकेट कॉन्फ्रेंस (ICC) के गठन के साथ ही क्रिकेट एक अन्तर्राष्ट्रीय खेल बन गया है।

(a) 1921 (b) 1909
(c) 1947 (d) 1951

भाग 3

मात्रात्मक योग्यता

101. दो वृत्त एक-दूसरे को बाह्य रूप से C पर स्पर्श करते हैं। AB दोनों वृत्तों की सीधी उभयनिष्ठ स्पर्श रेखा है, A और B सम्पर्क-बिन्दु हैं और $\angle CAB = 55°$ है, तो $\angle ACB$ का मान ज्ञात कीजिए।

(a) 45° (b) 55°
(c) 90° (d) 35°

102. 15 सेमी की ऊँचाई वाले एक ठोस बेलन का वक्रपृष्ठीय क्षेत्रफल 660 सेमी^{2} है। बेलन का आयतन (सेमी^{3} में) ज्ञात कीजिए। $\left(\pi = \frac{22}{7} \text{ ले}\right)$

(a) 2310 (b) 2060
(c) 2540 (d) 3210

103. $\sin(50° + A) - \cos(40° - A)$ का मान क्या होगा?

(a) 1 (b) 0
(c) −1 (d) 2

104. 45 संख्याओं का औसत 39 पाया गया। बाद में, यह पता चला कि एक संख्या 65 को गलती से 56 पढ़ लिया गया था। दी गई संख्याओं का सही औसत ज्ञात कीजिए।

(a) 39.2 (b) 36.2
(c) 38.2 (d) 37.2

105. यदि $\frac{x}{4y} = \frac{3}{4}$ है, तो $\frac{2x + 3y}{x - 2y}$ का मान क्या होगा?

(a) 7 (b) 9
(c) 6 (d) 8

106. केन्द्रों P और Q वाले दो वृत्त, जिनकी त्रिज्याएँ क्रमश: 6 सेमी और 4 सेमी हैं, एक दूसरे को आन्तरिक रूप से स्पर्श करते हैं। यदि PQ का लम्ब समद्विभाजक, बड़े वृत्त बिन्दुओं A और B पर मिलता है, तो AB का मान ज्ञात करें।

(a) $2\sqrt{35}$ सेमी (b) $\sqrt{5}$ सेमी
(c) $\sqrt{35}$ सेमी (d) $2\sqrt{5}$ सेमी

107. $x^2 - 8x + 15$ और $x^2 - 5x + 6$ का लघुत्तम समापवर्त्य (LCM) ...... है।

(a) $(x + 5)(x - 2)(x - 3)$
(b) $(x + 5)(x + 2)(x + 3)$
(c) $(x - 5)(x - 2)(x - 3)$
(d) $(x - 2)(x - 3)^2(x - 5)$

108. एक मेज को ₹ 1596 में बेचने पर आरव को 24% की हानि होती है। 24% का लाभ प्राप्त करने के लिए उसे इस मेज को किस मूल्य पर (₹ में) बेचना चाहिए?

(a) 3196 (b) 1979 (c) 2604 (d) 3024

109. तीन उम्मीदवारों ने एक चुनाव लड़ा और क्रमश: 1136, 7636 और 11628 मत प्राप्त किए। जीतने वाले उम्मीदवार को कुल मतों के कितने प्रतिशत मत प्राप्त हुए?

(a) 33 (b) 45 (c) 57 (d) 49

110. किसी कर्मचारी की मासिक आय ₹ 26500 थी और उसका मासिक व्यय ₹ 22000 था। अगले वर्ष उसकी आय में 20% की वृद्धि हुई और उसके व्यय में 15% की वृद्धि हुई। उसकी बचत में हुई वृद्धि का प्रतिशत ज्ञात कीजिए।

(a) $44\frac{5}{9}\%$ (b) $44\frac{8}{9}\%$
(c) $44\frac{7}{9}\%$ (d) $44\frac{4}{9}\%$

111. रॉबर्ट एक कार्य को पूरा करने में टॉम से दोगुना और जॉर्ज से तीन गुना समय लेता है। यदि एकसाथ कार्य करते हुए, वे इस कार्य को 23 घण्टे में पूरा कर सकते हैं, तो टॉम को उस कार्य को पूरा करने में कितना समय लगेगा?

(a) 11 घण्टे (b) 39 घण्टे
(c) 46 घण्टे (d) 69 घण्टे

112. 0.15, 0.18 और 0.45 का लघुत्तम समापवर्त्य (LCM) क्या है?

(a) 0.81 (b) 0.9 (c) 0.09 (d) 0.6

113. धातु की दो गेंदें P और Q इस प्रकार हैं कि P का व्यास, Q के व्यास का चार गुना है। P और Q के आयतनों का अनुपात क्या होगा?

(a) 8 : 1 (b) 64 : 1 (c) 32 : 1 (d) 16 : 1

114. 20, 30, 45 और 65 का लघुत्तम समापवर्त्य (LCM) ज्ञात कीजिए।

(a) 180 (b) 2340 (c) 2000 (d) 2240

115. एक सर्वेक्षण में 200 उत्तरदाताओं से पूछा गया कि क्या उनके पास एक वाहन है या नहीं। उनके उत्तर नीचे सारणीबद्ध हैं। कितने प्रतिशत उत्तरदाताओं के पास कार नहीं है?

		पुरुष	महिला
स्वयं का वाहन	स्कूटर	30	20
	कार	25	10
	दोनों	15	5
स्वयं का वाहन नहीं है		50	45

(a) 65% (b) 75%
(c) 68.5% (d) 72.5%

116. A एक निश्चित कार्य को पूरा करने में, B और C द्वारा मिलकर उस कार्य को पूरा करने में लगने वाले समय से 2.4 गुना समय लेता है। यदि A और B मिलकर उक्त कार्य 27 दिन में कर सकते हैं और C अकेले उसी कार्य को 75 दिन में कर सकता है, तो B अकेले इस कार्य को कितने दिनों में पूरा करेगा?

(a) 42 (b) 45 (c) 54 (d) 48

117. विपिन किसी कार्य को 2 दिनों में कर सकता है, वैभव उसी कार्य को 3 दिनों में कर सकता है और चिराग उसी कार्य को 6 दिनों में कर सकता है। यदि वे एकसाथ कार्य करना आरम्भ करते हैं, तो उन्हें कार्य को पूरा करने में कितने दिन लगेंगे?

(a) 5 (b) 3 (c) 1 (d) 4

118. यदि ₹ 6500 की राशि, अर्द्धवार्षिक चक्रवृद्धि आधार पर गणनीय, 10% वार्षिक चक्रवृद्धि ब्याज की दर पर 2 वर्षों के लिए उधार ली जा रही है, तो अवधि की समाप्ति पर मिश्रधन (केवल पूर्णांक मान) ज्ञात कीजिए।

(a) ₹ 7650 (b) ₹ 8250
(c) ₹ 7900 (d) ₹ 81500

119. ₹ 5000 पर 30% की छूट और इसी राशि पर 15% और 25% की दो क्रमिक छूटों के बीच का अन्तर ज्ञात करें।

(a) ₹ 315.50 (b) ₹ 350.50
(c) ₹ 312.50 (d) ₹ 412.50

120. यदि $\sin\theta + \cos\theta = \frac{\sqrt{11}}{3}$ है, तो $\sin\theta - \cos\theta$ का मान क्या होगा?

(a) $\frac{\sqrt{7}}{4}$ (b) $\frac{\sqrt{5}}{2}$
(c) $\frac{\sqrt{7}}{3}$ (d) $\frac{\sqrt{5}}{3}$

121. राम के पास 12 मुर्गियाँ और 5 गाय हैं, श्याम के पास 18 मुर्गियाँ और 9 गाय हैं, प्रीतम के पास 4 मुर्गियाँ और 8 गाय हैं और विनय के पास 10 मुर्गियाँ और 7 गाय हैं। मुर्गियों और गायों का सबसे बड़ा अनुपात किसके पास है?

(a) विनय (b) श्याम
(c) प्रीतम (d) राम

122. दी गई तालिका का अध्ययन करें और नीचे दिए गए प्रश्न का उत्तर दें।

निम्न तालिका पाँच अलग-अलग संस्थाओं A, B, C, D और E में विभिन्न विभागों में कर्मचारियों की संख्या को दर्शाती है।

विभाग↓ संस्था→	A	B	C	D	E
एचआर	1050	1015	976	888	1004
वित्त	1017	960	786	1025	963
विपणन	1382	1384	1275	1300	1290
उत्पादन	1542	1545	4550	1570	1580
लेखा	786	745	801	800	735
विधि	48	54	36	30	53
कुल	5825	5703	5424	5613	5625

किस संस्था में कर्मचारियों की संख्या सर्वाधिक है?

(a) A (b) B (c) E (d) D

123. यदि $\tan\theta + \cot\theta = 2$ है, θ एक न्यूनकोण है, तो $2\tan^{25}\theta + 3\cot^{20}\theta + 5\tan^{30}\theta\cot^{15}\theta$ का मान ज्ञात कीजिए।

(a) 12 (b) 10 (c) 8 (d) 6

124. एक गोले और एक अन्य ठोस अर्द्धगोले के पृष्ठीय क्षेत्रफल बराबर हैं। उनके आयतनों का अनुपात ज्ञात कीजिए।

(a) $3\sqrt{3} : 8$ (b) $\sqrt{3} : 4$
(c) $2\sqrt{3} : 8$ (d) $3\sqrt{3} : 4$

125. 30% और 20% की दो क्रमिक छूटें किस एकल छूट के समतुल्य हैं?

(a) 45% (b) 50% (c) 52% (d) 44%

126. निम्नलिखित पाई-चार्ट का अध्ययन करें और नीचे दिए गए प्रश्न का उत्तर दें।

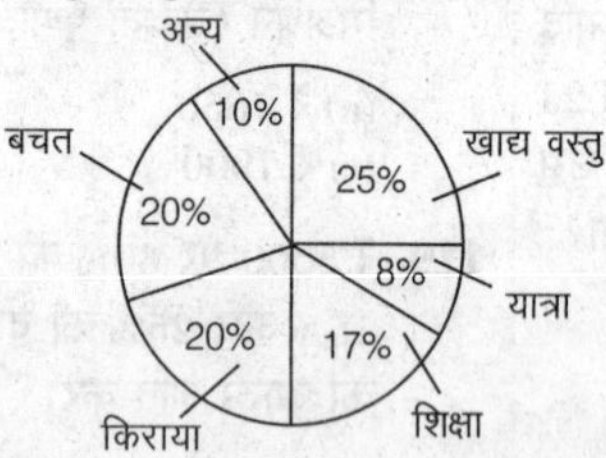

किराए पर व्यय, अन्य व्यय की तुलना में कितना प्रतिशत अधिक है?

(a) 50% (b) 100% (c) 10% (d) 150%

127. निम्नलिखित का मान ज्ञात कीजिए।

$9 \times 2 \div 3$ का $24 - 3 \div 2 \times (6 - 7) \times 2 + 3 \div 3$ का 5

(a) $\frac{69}{20}$ (b) $\frac{9}{20}$ (c) 3 (d) 4

128. निम्न तालिका 5 विद्यार्थियों द्वारा 5 विभिन्न विषयों में 100 में से प्राप्त अंकों को दर्शाती है।

विद्यार्थी	हिन्दी	अंग्रेजी	गणित	विज्ञान	समाज-शास्त्र
रवि	78	84	88	75	79
अभिषेक	84	86	78	89	80
आयुष	88	80	90	82	85
रोहित	72	85	88	89	78
आर्यन	86	88	77	79	89

आयुष ने सभी विषयों में कुल कितने अंक प्राप्त किए?

(a) 425 (b) 445 (c) 435 (d) 465

129. दिए गए तालिका चार्ट का ध्यानपूर्वक अध्ययन कीजिए और निम्नलिखित प्रश्न का उत्तर दीजिए।

दी गई तालिका 2019, 2020, 2021 और 2022 में पाँच अलग-अलग संगठनों, अर्थात् A, B, C, D और E में कर्मचारियों की संख्या दर्शाती है।

संगठन	वर्ष			
	2019	2020	2021	2022
A	4000	7800	2600	5200
B	3800	9200	9100	7300
C	4500	5500	7800	3250
D	7000	3800	8000	4650
E	6600	6200	7600	2880

2019 में संगठन D और E में कर्मचारियों की संख्या और 2021 में समान संगठनों में कर्मचारियों की संख्या का अनुपात क्या है?

(a) 39 : 34 (b) 9 : 14 (c) 14 : 9 (d) 34 : 39

130. 180 मी लम्बी ट्रेन 500 मी लम्बी सुरंग को पार करने में 40 सेकण्ड का समय लेती है। ट्रेन की चाल किमी/घण्टा में कितनी है?

(a) 52.5 (b) 61.2 (c) 71.2 (d) 80.5

131. 96, 132 और 438 का लघुत्तम समापवर्त्य (LCM) क्या है?

(a) 77088 (b) 67055 (c) 85046 (d) 86084

132. $\frac{\sin^2 39^\circ + \sin^2(90^\circ - 39^\circ)}{\cos^2 35^\circ + \cos^2(90^\circ - 35^\circ)} + 3\tan 25^\circ \tan 75^\circ$ का मान ज्ञात कीजिए।

(a) 4 (b) 2 (c) 3 (d) 1

133. एक धावक 750 मी की दौड़ 54 सेकण्ड में पूरी करता है। धावक की चाल (किमी/घण्टा में) ज्ञात कीजिए।

(a) 40 (b) 50 (c) 30 (d) 14

134. ऐसे चतुर्भुजाकार भूखण्ड का क्षेत्रफल क्या होगा, जिसका एक विकर्ण 20 मी है और इसके सम्मुख शीर्षों से उस पर खींचे गए लम्बों की लम्बाइयाँ क्रमश: 12 मी और 18 मी है?

(a) 300 मी^{2} (b) 400 मी^{2} (c) 200 मी^{2} (d) 250 मी^{2}

135. निम्नांकित तालिका का ध्यानपूर्वक अध्ययन कीजिए और उसके आधार पर पूछे गए प्रश्नों के उत्तर दीजिए।

तालिका 2010 से 2015 के बीच चार विनिर्माताओं द्वारा निर्मित वाहनों की घरेलू बिक्री को दर्शाती है।

विनिर्माता	2010	2011	2012	2013	2014	2015
A	560000	580000	600000	620000	650000	680000
B	540000	590000	570000	630000	710000	550000
C	610000	580000	620000	680000	690000	630000
D	630000	570000	700000	690000	700000	640000

निम्नलिखित में से किस संयोजन के सन्दर्भ में दी गई अवधि में वाहनों की बिक्री न्यूनतम है?

(a) A, 2011 (b) A, 2010 (c) B, 2010 (d) B, 2015

136. दी गई तालिका का अध्ययन कीजिए और उसके बाद दिए गए प्रश्न का उत्तर दीजिए।

तालिका छ: अलग-अलग स्कूलों की छ: अलग-अलग कक्षाओं में पढ़ने वाले विद्यार्थियों की संख्या को दर्शाती है।

स्कूल	कक्षा V	कक्षा VI	कक्षा VII	कक्षा VIII	कक्षा IX	कक्षा X
P	152	160	145	156	147	144
Q	148	166	150	155	157	143
R	161	152	140	145	143	165
S	159	142	149	140	142	168
T	147	144	158	163	154	150
U	150	160	162	160	161	140
योग	917	924	904	919	904	910

स्कूल U से कक्षा VII में पढ़ने वाले विद्यार्थियों की संख्या, उस स्कूल की सभी कक्षाओं के विद्यार्थियों की कुल संख्या का कितना प्रतिशत है (दशमलव के 2 स्थानों तक पूर्णांकित)?

(a) 17.36% (b) 18.25% (c) 15.63.% (d) 16.48%

137. निम्न तालिका पोर्टलैण्ड हाई स्कूल के 10वीं कक्षा के छात्रों का डेटा दर्शाती है।

	लड़के	लड़कियाँ
विज्ञान में नामांकित	25	20
विज्ञान में नामांकित नहीं	20	30

पोर्टलैण्ड हाई स्कूल के 10वीं कक्षा के उन लड़कों का अनुमानित प्रतिशत क्या है, जो विज्ञान में नामांकित नहीं हैं?

(a) 55.55% (b) 33.33% (c) 44.44% (d) 22.22%

138. एक समबाहु ΔPQR में, S भुजा QR पर इस प्रकार स्थित एक बिन्दु है कि $QR = 3QS$ है । यदि $PQ = 9$ सेमी है, तो PS की लम्बाई (सेमी में) कितनी होगी?

(a) $\sqrt{61}$ (b) $\sqrt{60}$ (c) $\sqrt{62}$ (d) $\sqrt{63}$

139. 3 मी 15 सेमी, 5 मी और 6 मी 85 सेमी की लम्बाइयों को पूर्णत: मापने के लिए उपयोग की जा सकने वाली बड़ी-से-बड़ी सम्भव लम्बाई ज्ञात कीजिए।

(a) 11 सेमी (b) 9 सेमी (c) 5 सेमी (d) 7 सेमी

140. साधारण ब्याज की एक निश्चित वार्षिक दर पर एक राशि 4 वर्षों में ₹ 7656 और 5 वर्षों में ₹ 8120 हो जाती है। ब्याज दर कितनी है?

(a) 3% (b) 7% (c) 8% (d) 4%

141. निम्नलिखित में से कौन-सा अनुपात सबसे बड़ा है?

(a) 7 : 10 (b) 1 : 3 (c) 2 : 5 (d) 5 : 6

142. यदि $a - \frac{1}{a} = 4$ है, तो $a + \frac{1}{a}$ का मान क्या होगा?

(a) $4\sqrt{5}$ (b) $2\sqrt{5}$ (c) $3\sqrt{5}$ (d) $5\sqrt{5}$

143. एक व्यक्ति ने ₹ 60000 प्रत्येक में दो कारें बेचीं। एक पर उसे 20% का लाभ हुआ, जबकि दूसरे पर उसे 20% की हानि हुई। उसके लाभ या हानि का प्रतिशत ज्ञात कीजिए।

(a) न लाभ और न हानि (b) 2% हानि
(c) 4% हानि (d) 4% लाभ

144. जूली और सोमा एक ही स्थान से चलना आरम्भ करते हैं और विपरीत दिशाओं में चलते हैं। जूली, सोमा से 4 किमी/घण्टा तेज चलती है। 4 घण्टे बाद, वे एक-दूसरे से 40 किमी दूर हैं। प्रत्येक की चाल कितनी थी?

(a) जूली - 9 किमी/घण्टा; सोमा-5 किमी/घण्टा
(b) जूली - 8 किमी/घण्टा; सोमा-4 किमी/घण्टा
(c) जूली - 7 किमी/घण्टा; सोमा-3 किमी/घण्टा
(d) जूली - 10 किमी/घण्टा; सोमा-6 किमी/घण्टा

145. एक परिवार ₹ 75,000 कमाता है, जिसमें से 10% की बचत होती है। खर्च का 30% शिक्षा पर खर्च होता है, जबकि ₹ 30,375 स्वास्थ्य पर खर्च होता है और शेष राशि भोजन पर खर्च की जाती है। कुल आय में, भोजन पर होने वाले खर्च का प्रतिशत कितना है?

(a) 22.5% (b) 20% (c) 21.5% (d) 32.5%

146. वह छोटी-से-छोटी संख्या क्या होगी, जिसे दोगुना करने पर वह 12, 14, 16 और 18 से पूर्णत: विभाजित हो जाएगी?

(a) 636 (b) 428 (c) 504 (d) 226

147. अरबिन्द के पास 650 किग्रा गेहूँ है। जिसमें से एक भाग को वह 9% के लाभ पर बेचता है और शेष को 19% के लाभ पर बेचता है ताकि उसे पूरे गेहूँ पर 15% का लाभ प्राप्त हो सके। अरबिन्द द्वारा 9% लाभ पर बेचे गए गेहूँ की मात्रा (किग्रा में) कितनी है?

(a) 260 (b) 390 (c) 195 (d) 455

148. 3 सेमी त्रिज्या और 4 सेमी ऊँचाई वाले शंकु का सम्पूर्ण पृष्ठीय क्षेत्रफल ज्ञात कीजिए।

(a) $\frac{528}{7}$ सेमी^{2} (b) $\frac{475}{8}$ सेमी^{2} (c) $\frac{501}{9}$ सेमी^{2} (d) $\frac{425}{7}$ सेमी^{2}

149. दो संकेन्द्रित वृत्तों में से, बाह्य वृत्त की त्रिज्या 6 सेमी है और इसकी 10 सेमी लम्बाई वाली जीवा PQ आन्तरिक वृत्त की स्पर्श रेखा है। आन्तरिक वृत्त की त्रिज्या (सेमी में) ज्ञात कीजिए।

(a) $\sqrt{13}$ (b) $\sqrt{7}$ (c) 4 (d) $\sqrt{11}$

150. दिए गए पाई-चार्ट का अध्ययन करें और निम्नलिखित प्रश्न का उत्तर दें। पाई-चार्ट दुकान में एक दिन में विभिन्न फलों की बिक्री को दर्शाता है।

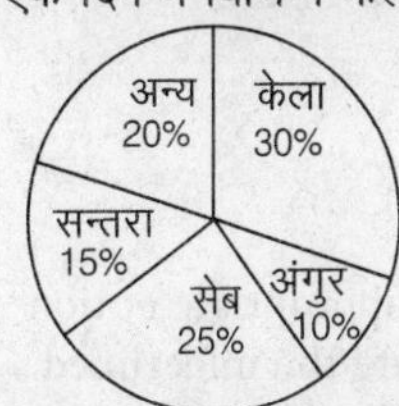

यदि एक दिन में कुल 1200 किग्रा फल बेचे गए, तो अंगूर और सन्तरे की बिक्री (किग्रा में) के बीच का अन्तर ज्ञात कीजिए।

(a) 60 (b) 45 (c) 65 (d) 55

भाग 4

अंग्रेजी

151. Select the most appropriate antonym for the highlighted word.
They drank some **spurious** drink and fainted.
(a) curious (b) artificial
(c) nefarious (d) genuine

152. Select the option that can be used as a one-word substitute for the underlined group of words.
Children and adolescents with a morbid compulsion to steal experience a growing sense of tension just before stealing, followed by pleasure, relief or gratification during or just after stealing.
(a) Pyromania (b) Kleptomania
(c) Dipsomania (d) Megalomania

153. Select the most appropriate idiom for the given situation focusing on the underlined segment.
I know every detail of his accident because I heard the facts directly from him.
(a) Speak of the devil
(b) Get something out of your system
(c) Pour one's heart out
(d) Straight from horse's mouth

154. Select the option that can be used as a one-word substitute for the given group of words.
Study of coins
(a) Philately (b) Antiquary
(c) Numismatics (d) Apothecary

155. Select the most appropriate option that can substitute the underlined segment in the given sentence. If there is no need to substitute it, select 'No substitution'.
The teacher asked the students to be quite during the exam.
(a) No substitution
(b) be quiet
(c) have quiet
(d) been quiet

156. Select the most appropriate option that can substitute the underlined segment in the given sentence.
The platter was insipid, so we refused to pay the bill.
(a) full of flavours (b) filled with dirt
(c) full of spices (d) lacking taste

157. Select the most appropriate meaning of the underlined idiom.
Doctors are raising hue and cry against the RTH bill.
(a) Enquire (b) Protest
(c) Postpone (d) Abandon

158. Select the most appropriate meaning of the underlined idiom.
Technology has become a part and parcel of modern lifestyle.
(a) an obstacle
(b) a myth
(c) a useless part
(d) an integral part

159. Select the most appropriate synonym of the given word.
Major
(a) Diligent (b) Shallow
(c) Considerable (d) Creviced

160. Select the most appropriate option to fill in the blank.
Being courteous .... costs you nothing.
(a) No article required
(b) an
(c) a
(d) the

161. Select the most appropriate meaning of the given idiom.
Hear someone out
(a) Let someone complete what they are saying
(b) Hear from far away
(c) Dismiss someone from listening to you
(d) Keep someone out

162. Select the most appropriate antonym of the given word.
Ethical
(a) Discord (b) Joyous
(c) Mourning (d) Immoral

163. Select the most appropriate synonym of the given word.
Vagrancy
(a) Vagueness (b) Exploration
(c) Vagabond (d) Fragrance

164. Select the most appropriate meaning of the given idiom.
Build castles in the air
(a) To make useless efforts
(b) To talk pointlessly
(c) To make imaginary schemes
(d) To build a palatial house

165. Select the most appropriate meaning of the given idiom.
Bite your tongue
(a) To scold someone verbally
(b) To drink very heavily
(c) To avoid saying something
(d) To have something explored

166. Select the option that will improve the underlined part of the given sentence. In case no improvement is needed, select 'No improvement required'.
Lily has dedicate her life towards becoming a doctor.
(a) had dedicate
(b) is dedicate
(c) No improvement required
(d) has dedicated

167. Select the most appropriate synonym of the given word.
Diabolical
(a) Malicious (b) Sycophant
(c) Celestial (d) Sophisticated

168. Select the incorrectly spelt word
(a) Legitimate (b) Exagerate
(c) Propagate (d) Promulgate

169. Select the most appropriate antonym of the underlined word in the given sentence.
The court absolved the defendant of all charges due to lack of evidence.
(a) accused (b) condemned
(c) attacked (d) criticised

170. Select the correctly spelt sentence.
(a) The country's GDP bloomed despite the ongoing war situation.
(b) The country's GDP bloomed dispete the ongoing war situation.
(c) The country's GDP bloomed despete the ongoing war sitution.
(d) The country's GDP bloomed dispite the ongoing war situation.

171. Select the most appropriate antonym of the given word.
Calm
(a) Turbulent (b) Shocked
(c) Variable (d) Confused

172. Select the most appropriate option that can substitute the underlined segment in the given sentence. If there is no need to substitute it, select 'No substitution required'.
The cat climbed a tree and perched itself on a branch.
(a) parched
(b) No substitution required
(c) perked
(d) perished

173. Select the incorrectly spelt word from the underlined words in the following sentence.
But he waited with the inconceivable patience and persistancy of the race; besides, he was certain, the cat was a creature of absolute convictions and his faith in his deductions never wavered.
(a) inconceivable
(b) deductions
(c) convictions
(d) persistancy

174. The following sentence has been divided into parts. One of them may contain an error. Select the part that contains the error from the given options. If you don't find any error, mark 'No error' as your answer.
I am sure Helena / would passes / with flying colours.
(a) would passes
(b) No error
(c) I am sure Helena
(d) with flying colours

175. Select the most appropriate option that can substitute the underlined segment in the given sentence.
The manager noticed a discrepancy between the two audit reports.
(a) deliberate mistake
(b) selfish interest
(c) major difference
(d) great similarity

176. Select the most appropriate option that can substitute the underlined segment in the given sentence. If there is no need to substitute it, select 'No substitution required'.
Despite of an injury, he won the match.
(a) No substitution required
(b) In spite off
(c) Despite
(d) In despite of

177. Identify the error in tense and choose the correct form of the verb in present tense from the following options.
My teacher often forget the name of students.
(a) was forgetting
(b) have been forgetting
(c) forgot
(d) forgets

178. Select the most appropriate idiom to fill in the blank and complete the meaning of the sentence.
Most of the ministers are concerned with the .... of office than the service of man.
(a) leaps and bounds
(b) loaves and fishes
(c) wear and tear (d) Herculean task

179. Select the most appropriate meaning of the given idiom.
To let the cat out of the bag
(a) To hide the truth
(b) To be in a hurry
(c) To be careful
(d) To reveal a secret

180. Select the most appropriate antonym of the given word.
Sluggish
(a) Abnormal (b) Utterly
(c) Swift (d) Slow

181. Select the most appropriate meaning of the given idiom.
Pull yourself together
(a) Feel agitated
(b) Encourage the rich
(c) Calm down after an upsetting incident
(d) Discourage the orph

182. The following sentence has been divided into parts. One of them may contain an error. Select the part that contains the error from the given options. If you don't find any error, mark 'No error' as your answer.
He are very thirsty / Give him / a little water to drink.
(a) Give him
(b) a little water to drink
(c) He are very thirsty
(d) No error

183. Select the most appropriate meaning of the underlined idiom.
I did not even listen to him; he was only talking through his hat.
(a) Talking non-stop
(b) Talking garrulously
(c) Talking nonsense
(d) Talking ignorantly

184. Select the option that can be used as a one-word substitute for the given group of words.
A person who eats too much
(a) Glutton (b) Garrulous
(c) Greedy (d) Gullible

185. Select the most appropriate antonym of the given word.
Profane
(a) Perverse (b) Immaterial
(c) Divine (d) Barnyard

186. Select the most appropriate option that can substitute the underlined segment in the given sentence.
Fifty rupees feels too much for such a pen.
(a) looks (b) minds
(c) price (d) seems

187. Select the most appropriate antonym of the given word.
Hideous
(a) Attractive (b) Restorative
(c) Lament (d) Healthful

188. Identify the option that rectifies the underlined spelling error in the given sentence.
Mountainering is now looked upon as the king of sports.
(a) Mounteineering
(b) Mountainearing
(c) Mountaineering
(d) Mountainouring

189. The following sentence has been split into four segments. Identify the segment that contains a grammatical error.
One of their freighters, / a Neptune, / will be leaving/ in two weeks.
(a) One of their freighters
(b) will be leaving
(c) in two weeks
(d) a Neptune

190. Select the incorrectly spelt word.
(a) Commission (b) Comutter
(c) Committee (d) Camouflage

Directions (Q. Nos. 191-195) *In the following passage some words have been deleted. Read the passage carefully and select the most appropriate option to fill in each blank.*

The concept of motivation focuses on explaining what 'moves' behaviour. In fact, the term ...(1)... is derived from the Latin word 'movere', referring to movement of activity. Most of our everyday explanation of ...(2)... is given in terms of motives. Motives also help in making ...(3)... about behaviour. A person will work hard in school, in sports, in business, in music and in many other situations, if he/she has a very strong need for ...(4)... . Hence, motives are the general states that enable us to make predictions about behaviour in many different situations. In other words, motivation is one of the ...(5)... of behaviour. Instincts, drives, needs, goals and incentives come under the broad cluster of motivation.

191. Select the most appropriate option to fill in blank no. 1.
(a) psychology
(b) human behaviour
(c) instinct
(d) motivation

192. Select the most appropriate option to fill in blank no. 2.
(a) behaviour (b) goal
(c) incentive (d) motivation

193. Select the most appropriate option to fill in blank no. 3.
(a) clarifications (b) predictions
(c) directions (d) decisions

194. Select the most appropriate option to fill in blank no. 4.
(a) achievements (b) motivation
(c) desire (d) grow

195. Select the most appropriate option to fill in blank no. 5.
(a) meaning
(b) causes
(c) ways
(d) determinants

Directions (Q. Nos. 196-200) *Read the given passage carefully and answer the questions that follow.*

The rise of social media has undoubtedly changed the way we communicate with one another. It has connected people from all over the world and provided a platform for voices that were once silenced. However, as with any form of communication, social media has its down sides.

One of the most significant down sides is the spread of misinformation. With the rise of social media, anyone can become a content creator, which me that anyone can share information without fact-checking or considering the consequences. This has led to a proliferation of false information, from conspiracy theories to hoaxes, that can quickly spread and cause harm.

One recent example of this is the COVID-19 pandemic. Social media has played a significant role in the spread of misinformation about the virus and the vaccines. False claims about the safety and effectiveness of the vaccines have caused many people to be hesitant or outright refuse to get vaccinated. This, in turn, has led to the prolongation of the pandemic and the loss of many lives.

The spread of misinformation on social media is not a new phenomenon. In fact, it has been around for centuries. However, the speed and ease with which misinformation can spread on social media have made it a particularly pernicious problem in our modern world.

Throughout history, misinformation has been used to sow discord and manipulate people. For example, during World War II, the Nazi regime used propaganda to spread false information about Jews, Roma and other targeted groups in order to justify their persecution and ultimately their extermination. Similarly, during the Cold War, both the United States and the Soviet Union used propaganda to demonise one another and sway public opinion.

The difference now is that social media has made it easier than ever to spread false information. A single post or tweet can reach millions of people within seconds and it can be difficult to counteract the effects of that misinformation once it has spread. So, what can we do about it? The answer is not simple, but it starts with education.

We need to teach people how to think critically, how to fact-check and how to discern between credible sources and fake news. We also need to hold social media companies accountable for the content on their platforms and ensure that they are doing their part to combat the spread of misinformation.

In short, the rise of social media has given us a powerful tool for communication, but we must use it wisely. We must be vigilant against the spread of misinfor- mation and work together to ensure that the information we consume and share is accurate and reliable.

196. What is the antonym of the word 'accurate', as used in the passage?
(a) Correct (b) Inexact
(c) Precise (d) Reliable

197. Identify the main theme of the passage.
(a) The role of education in combating misinformation.
(b) The dangers of spreading false information on social media.
(c) The significance of propaganda and misinformation.
(d) The benefits of social media for communication.

198. According to the passage, which of the following is not a cause of the spread of false information on social media?
(a) Lack of education and critical thinking skills among social media users.
(b) Inability to discem between credible sources and fake news.
(c) Social media companies 'failure to regulate false information on their platforms.
(d) The desire of people to engage in controversial and sensational content.

199. What is the author's opinion of social mecia in this passage?
(a) Social media was has had a mostly positive impact on society, despite some drawbacks.
(b) Social media is responsible for the spread of false information, but its impact on society is otherwise neutral.
(c) Social media has changed the way we communicate, but has also brought about significant negative consequences.
(d) Social media is a powerful tool for communication that has many benefits.

200. What is the author's purpose is writing this passage?
(a) To warn readers of the dangers of spreading false information on social media.
(b) To provide an in-depth analysis of the benefits of social media for communication.
(c) To explain the history of propaganda and misinformation and its impact on society.
(d) To persuade readers to delete their social media accounts.

जानें सही उत्तर

1 (b)	2 (b)	3 (a)	4 (a)	5 (c)	6 (a)	7 (b)	8 (a)	9 (c)	10 (a)
11 (c)	12 (d)	13 (c)	14 (b)	15 (b)	16 (c)	17 (a)	18 (d)	19 (a)	20 (d)
21 (d)	22 (b)	23 (b)	24 (c)	25 (a)	26 (a)	27 (d)	28 (d)	29 (c)	30 (a)
31 (a)	32 (d)	33 (a)	34 (b)	35 (b)	36 (b)	37 (d)	38 (b)	39 (a)	40 (c)
41 (d)	42 (c)	43 (b)	44 (d)	45 (b)	46 (a)	47 (c)	48 (a)	49 (c)	50 (a)
51 (c)	52 (b)	53 (c)	54 (a)	55 (c)	56 (c)	57 (d)	58 (a)	59 (b)	60 (b)
61 (b)	62 (c)	63 (d)	64 (d)	65 (a)	66 (c)	67 (c)	68 (d)	69 (d)	70 (c)
71 (b)	72 (b)	73 (d)	74 (b)	75 (a)	76 (a)	77 (c)	78 (b)	79 (d)	80 (d)
81 (c)	82 (c)	83 (d)	84 (a)	85 (b)	86 (b)	87 (c)	88 (d)	89 (c)	90 (b)
91 (b)	92 (d)	93 (c)	94 (d)	95 (b)	96 (c)	97 (a)	98 (b)	99 (b)	100 (b)
101 (c)	102 (a)	103 (b)	104 (a)	105 (b)	106 (a)	107 (c)	108 (c)	109 (c)	110 (d)
111 (d)	112 (b)	113 (b)	114 (b)	115 (d)	116 (b)	117 (c)	118 (c)	119 (c)	120 (c)
121 (d)	122 (a)	123 (b)	124 (d)	125 (d)	126 (b)	127 (a)	128 (a)	129 (d)	130 (b)
131 (a)	132 (a)	133 (b)	134 (a)	135 (c)	136 (a)	137 (c)	138 (d)	139 (c)	140 (c)
141 (d)	142 (b)	143 (c)	144 (c)	145 (a)	146 (c)	147 (a)	148 (a)	149 (d)	150 (a)
151 (d)	152 (b)	153 (d)	154 (c)	155 (b)	156 (d)	157 (b)	158 (d)	159 (c)	160 (a)
161 (a)	162 (d)	163 (c)	164 (c)	165 (c)	166 (d)	167 (a)	168 (b)	169 (a)	170 (a)
171 (a)	172 (b)	173 (d)	174 (a)	175 (c)	176 (c)	177 (d)	178 (b)	179 (d)	180 (c)
181 (c)	182 (c)	183 (c)	184 (a)	185 (c)	186 (d)	187 (a)	188 (c)	189 (d)	190 (b)
191 (d)	192 (a)	193 (b)	194 (a)	195 (d)	196 (b)	197 (b)	198 (d)	199 (c)	200 (a)

प्रश्नों के सही हल

1. **(b)** दी गई आकृति का सही दर्पण प्रतिबिम्ब विकल्प आकृति (b) है

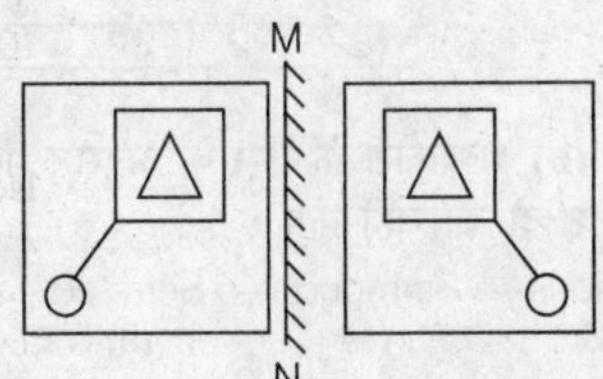

2. **(b)** दी गई श्रृंखला का क्रम निम्न प्रकार है,

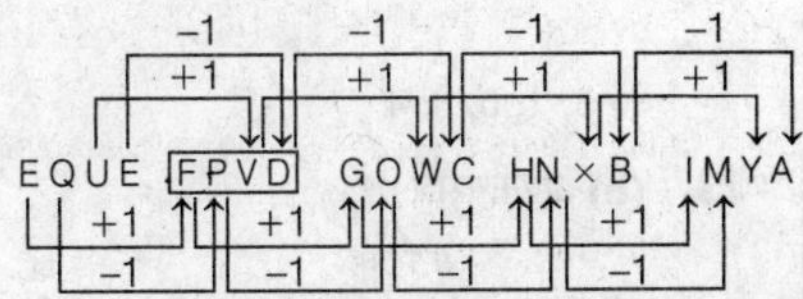

3. **(a)** दिया है, $300 - 2 + 50 \times 3 \div 2 = ?$

+ ⇒ −	− ⇒ ÷
÷ ⇒ ×	× ⇒ +

प्रश्नानुसार चिह्नों को प्रतिस्थापित करने पर,

$300 \div 2 - 50 + 3 \times 2 = ?$

$\Rightarrow \; 100 + 6 = ?$

$\therefore \; 106 = ?$

4. **(a)** प्रश्नानुसार,

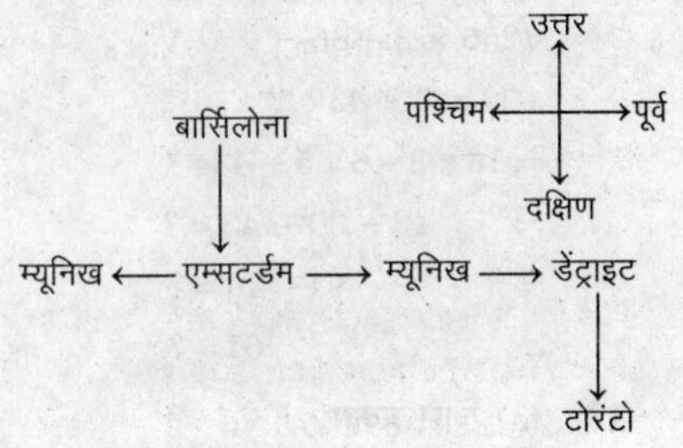

इस प्रकार, डेट्राइट के सापेक्ष, एम्सटर्डम पश्चिम दिशा में है।

5. **(c)** कथनानुसार,

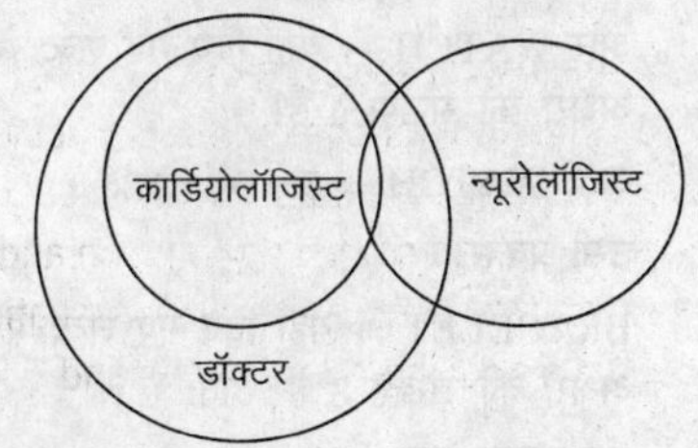

निष्कर्ष I. (✓) II. (✓)

अत: निष्कर्ष I और II दोनों पालन करते हैं।

6. **(a)** दिए गए कागज को प्रश्नानुसार, मोड़े एवं काटे जाने पर यह निम्न प्रकार से प्रदर्शित होगा।

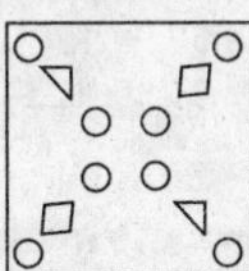

7. **(b)** दिया है, 17 B 3 A 14 D 7 C 5 = ?

A ⇒ +	C ⇒ −
B ⇒ ×	D ⇒ ÷

प्रश्नानुसार, अक्षरों को प्रतिस्थापित करने पर,

$17 \times 3 + 14 \div 7 - 5 = ?$

$\Rightarrow \; 51 + 2 - 5 = ?$

$\Rightarrow \; 53 - 5 = ?$

$\therefore \; 48 = ?$

8. **(a)** जिस प्रकार, 'पेन्सिल' का लिखने वाला भाग 'लीड' होता है।

उसी प्रकार, पेन का लिखने वाला भाग स्याही होता है।

9. **(c)** दी गई आकृति का सही दर्पण प्रतिबिम्ब विकल्प आकृति (c) है

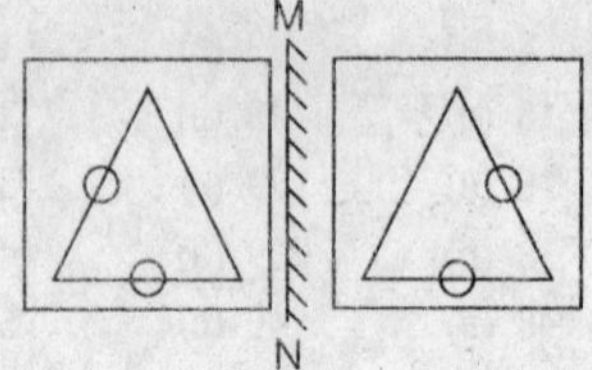

10. **(a)** दिए गए कागज को प्रश्नानुसार, मोड़े एवं काटे जाने पर यह निम्न प्रकार प्रदर्शित होगा

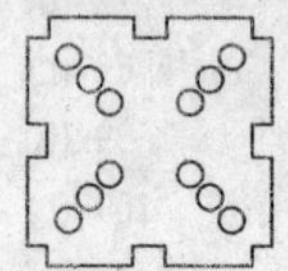

11. **(c)** प्रश्नानुसार,

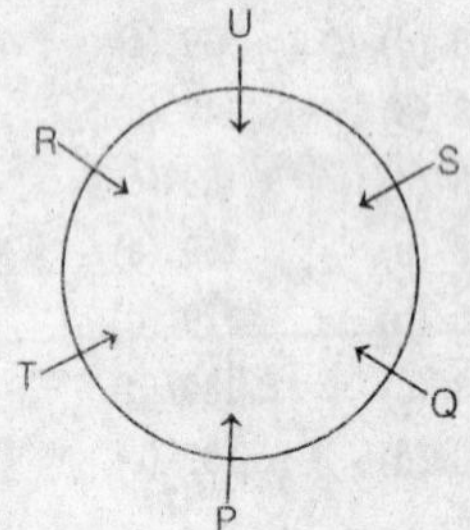

उपरोक्त व्यवस्था से ज्ञात होता है कि, 'U', R और S दोनों का पड़ोसी है।

12. **(d)** दी गई शृंखला का क्रम निम्न प्रकार है,

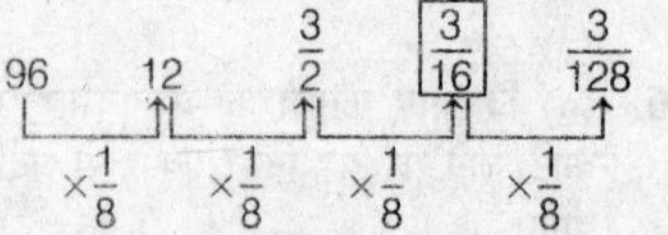

13. **(c)** जिस प्रकार, 12 14 38

12 + 14 +12

और 6 23 35

6 + 23 + 6

उसी प्रकार, 16 11 43

16 + 11 + 16

14. **(b)** जिस प्रकार,

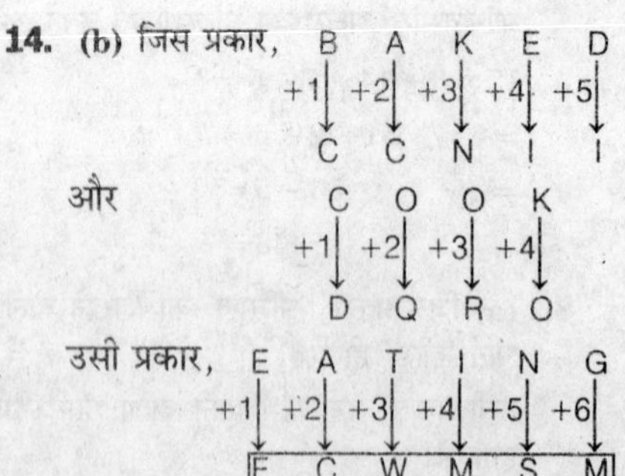

15. **(b)** विकल्प (b) के अनुसार, संख्याओं को प्रतिस्थापित करने पर,

$16 \times 5 \div 20 + 6 + 40 = 50$

$4 + 6 + 40 = 50$

$50 = 50$

16. **(c)** कथनानुसार,

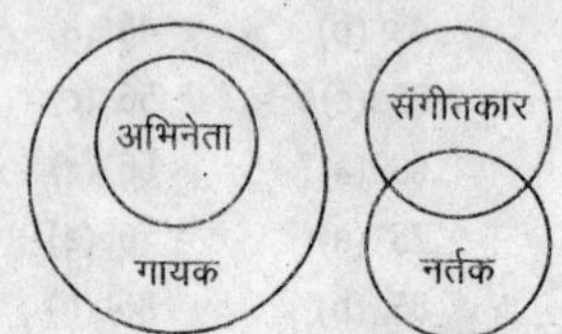

निष्कर्ष I. (✗) II. (✓)

अत: केवल निष्कर्ष II पालन करता है।

17. **(a)** दिया गया है

प्रश्नानुसार, P * V # D $ B = Z

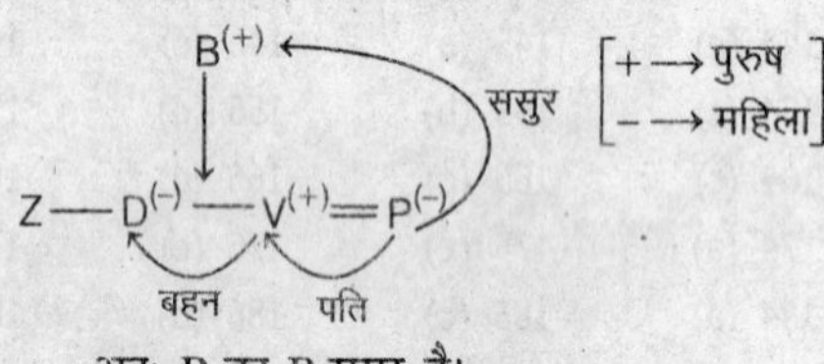

अत: B का P ससुर है।

18. **(d)** दिया है,

$\sqrt{256}$ P 3 S 66 Q 11 P 5 R 43 = ?

R ⇒ +	S ⇒ –
P ⇒ ×	Q ⇒ ÷

प्रश्नानुसार, चिह्नों को प्रतिस्थापित करने पर,

$\sqrt{256} \times 3 - 66$

$\div 11 \times 5 + 43 = ?$

$\Rightarrow 16 \times 3 - 6 \times 5 + 43 = ?$

$\Rightarrow \quad 48 - 30 + 43 = ?$

$\Rightarrow \quad 91 - 30 = ?$

$\therefore \quad 61 = ?$

19. **(a)** जिस प्रकार,

RING → यहाँ दिए गए शब्द में अक्षरों की संख्या 4 है।

अत: RING ⇒ $4 = 4^3 = 64$

और WATCH → यहाँ दिए गए शब्द में अक्षरों की संख्या 5 है।

अत: WATCH ⇒ $5 = 5^3 = 125$

उसी प्रकार,

BRACELET ⇒ यहाँ दिए गए शब्द में अक्षरों की संख्या 8 है। अत:

BRACELET = $8 = 8^3 = 512$

अत:, BRACELET को 512 के रूप में कूटबद्ध किया जाएगा।

20. **(d)** जिस प्रकार,

C A N A D A
↓ (विपरीत अक्षर)
X Z M Z W Z

और

A F R I C A
↓ (विपरीत अक्षर)
Z U I R X Z

उसी प्रकार,

D E P R E S S I O N
↓ (विपरीत अक्षर)
W V K I V H H R L M

21. **(d)** जिस प्रकार,

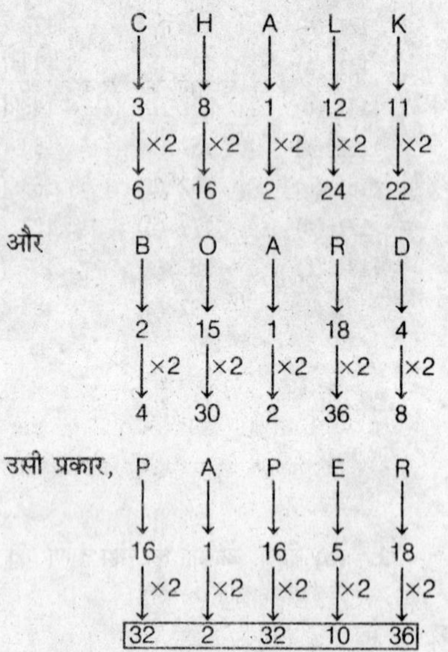

22. **(b)** शब्दकोश के क्रम के अनुसार, दिए गए शब्दों का सही क्रम है

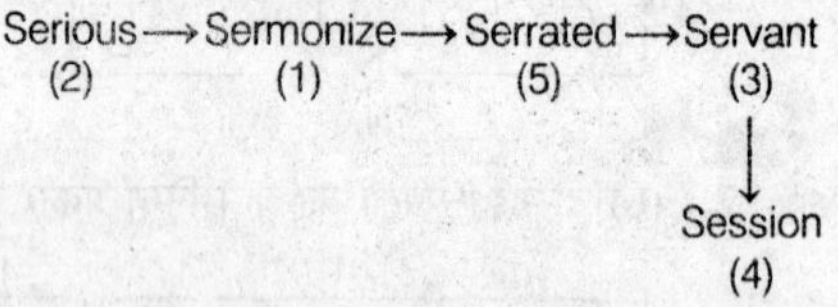

⇒ 2, 1, 5, 3, 4

23. **(b)** प्रश्नानुसार,

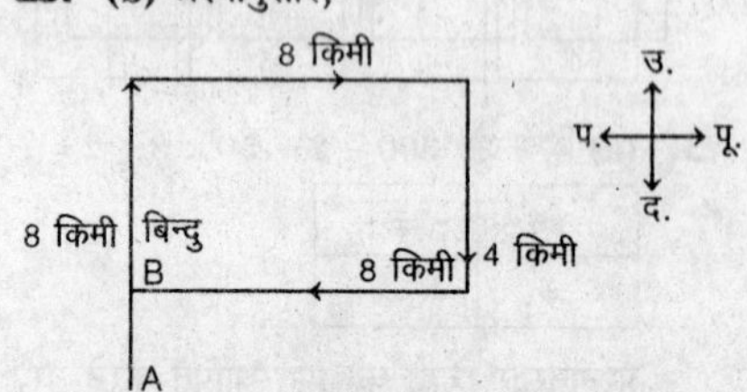

परम को बिन्दु B से बिन्दु A तक पहुँचने के लिए 4 किमी दक्षिण की ओर ड्राइव करना होगा।

24. (c) कथनानुसार,

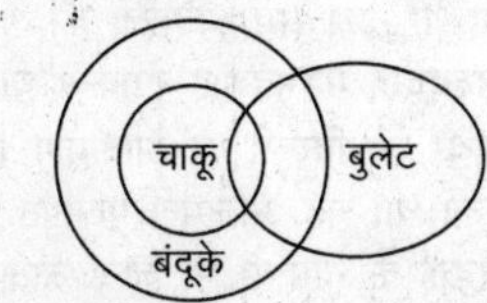

निष्कर्ष I. (✓) II. (✗) III. (✓)

अत: निष्कर्ष I और III दोनों पालन करते हैं।

25. (a) दिया है,

J # L @ Y & K @ Z

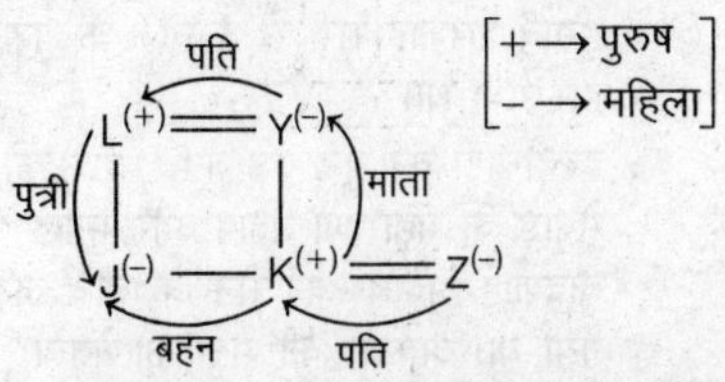

अत: J, Z के पति की बहन अर्थात् ननद है।

26. (a) प्रश्नानुसार,

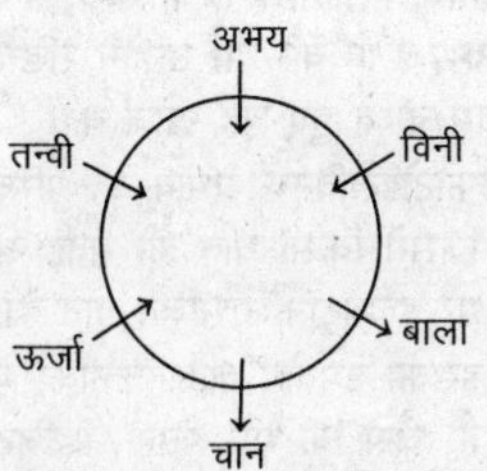

विनी, चान के दांईं ओर चौथे स्थान पर बैठी है।

27. (d) जिस प्रकार,

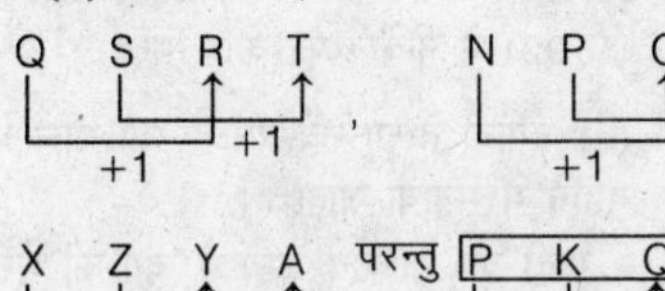

28. (d) दी गई शृंखला का क्रम निम्न प्रकार है,

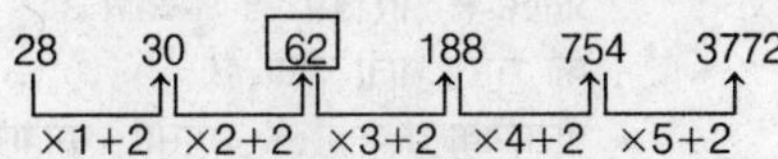

29. (c) उपरोक्त आकृति शृंखला में आगे आने वाली प्रत्येक आकृति में एक भुजा की कमी हो रही है और छायांकित भाग एकान्तर क्रम में बाईं एवं दाईं ओर स्थित है।

30. (a) दिया गया है,

$5 \div 2 - 20 + 5 \times 2 = ?$

+ ⇒ ÷	– ⇒ +
× ⇒ –	÷ ⇒ ×

प्रश्नानुसार, चिह्नों को परिवर्तित करने पर,

$5 \times 2 + 20 \div 5 - 2 = ?$

$10 + 4 - 2 = ?$

$14 - 2 = ?$

$12 = ?$

31. (a) दिया है,

$137 \div 80 \times 5 - 4 + 34 = ?$

+ ⇒ –	– ⇒ ×
× ⇒ ÷	÷ ⇒ +

प्रश्नानुसार, चिह्नों को परिवर्तित करने पर,

$137 + 80$

$\div 5 \times 4 - 34 = ?$

$\Rightarrow 137 + 16 \times 4 - 34 = ?$

$\Rightarrow 137 + 64 - 34 = ?$

$\Rightarrow 201 - 34 = ?$

$\therefore 167 = ?$

32. (d) कथनानुसार,

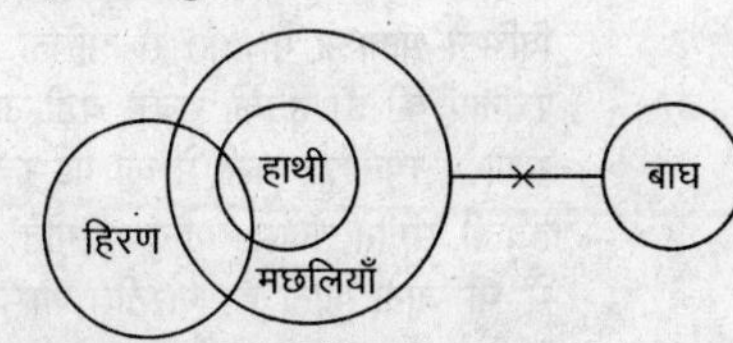

निष्कर्ष I. (✓) II. (✗) III. (✗)

अत: केवल निष्कर्ष I सत्य है।

33. (a) दी गई आकृति शृंखला में निम्न पैटर्न का अनुसरण हो रहा है।

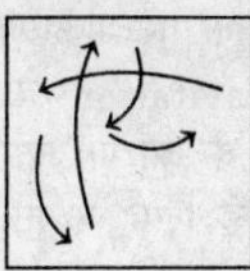

34. (b) जिस प्रकार,

$7 : 40 \Rightarrow 7^2 - 9 \Rightarrow 49 - 9 \Rightarrow 40$

और $39 : 1512 \Rightarrow 39^2 - 9 \Rightarrow 1521 - 9$

$\Rightarrow 1512$

उसी प्रकार, $x : 667 \Rightarrow x^2 - 9 \Rightarrow 26^2 - 9$

(विकल्प (c) से)

$\Rightarrow 676 - 9 \Rightarrow 667$

यहाँ, 26 प्रश्नचिह्न को प्रतिस्थापित करेगा।

35. (b) दी गई शृंखला का क्रम निम्न प्रकार है,

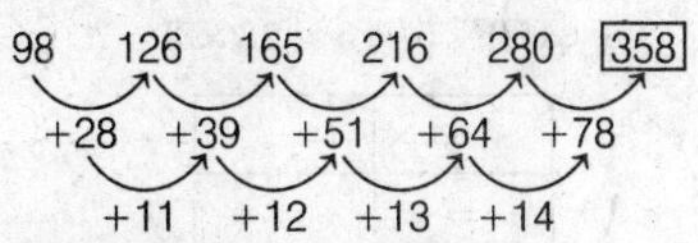

36. (b) जिस प्रकार,

$(6, 15, 1) \Rightarrow (6 - 1) \times 3 = 5 \times 3 = 15$

और $(5, 6, 3) \Rightarrow (5 - 3) \times 3 = 2 \times 3 = 6$

उसी प्रकार,

$(15, 21, 8) \Rightarrow (15 - 8) \times 3 = 7 \times 3 = \boxed{21}$

37. (d) दी गई शृंखला का क्रम निम्न प्रकार है,

F $\xrightarrow{-2}$ D $\xrightarrow{-2}$ B $\xrightarrow{-2}$ Z $\xrightarrow{-2}$ X

M $\xrightarrow{-3}$ J $\xrightarrow{-3}$ G $\xrightarrow{-3}$ D $\xrightarrow{-3}$ A

Q $\xrightarrow{+2}$ S $\xrightarrow{+2}$ U $\xrightarrow{+2}$ W $\xrightarrow{+2}$ Y

X $\xrightarrow{+3}$ A $\xrightarrow{+3}$ D $\xrightarrow{+3}$ G $\xrightarrow{+3}$ J

38. (b) दी गई आकृति का सही दर्पण प्रतिबिम्ब है।

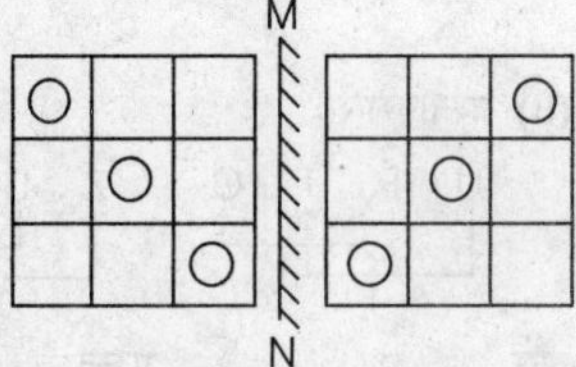

39. (a) यहाँ '*' चिह्न घड़ी की दिशा में एक स्थान आगे बढ़ रहा है, '+' चिह्न घड़ी की विपरीत दिशा में एक स्थान आगे बढ़ रहा है तथा 'T' चिह्न घड़ी की दिशा में एक स्थान आगे बढ़ रहा है। इस प्रकार, विकल्प (a) शृंखला में 5वें स्थान पर रखे जाने पर पहली चार आकृतियों द्वारा निर्मित शृंखला को जारी रखेगी।

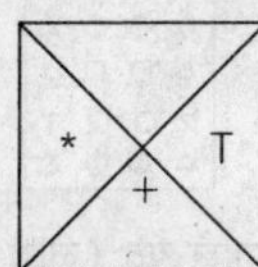

40. (c) जिस प्रकार,

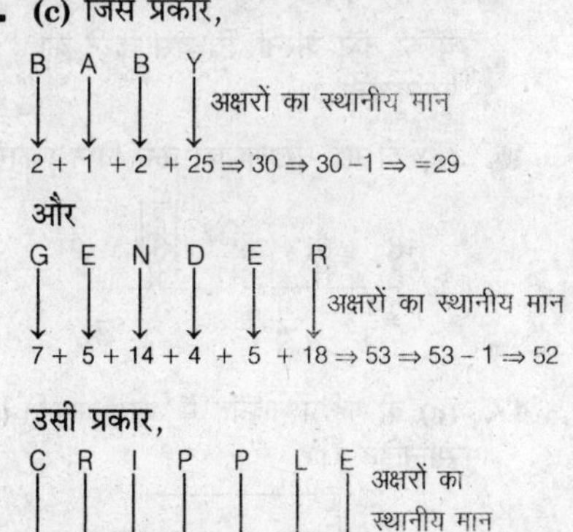

41. **(d)** दिया है,

$150 - 5 + 3 \div 23 \times 3 = ?$

$+ \Rightarrow \times$	$\times \Rightarrow -$
$- \Rightarrow \div$	$\div \Rightarrow +$

प्रश्नानुसार, चिह्नों को परिवर्तित करने पर,

$150 \div 5 \times 3$

$+ 23 - 3 = ?$

$\Rightarrow \quad 30 \times 3 + 20 = ?$

$\Rightarrow \quad 90 + 20 = ?$

$\therefore \quad 110 = ?$

42. **(c)** दी गई आकृति का सही दर्पण प्रतिबिम्ब विकल्प आकृति (c) है।

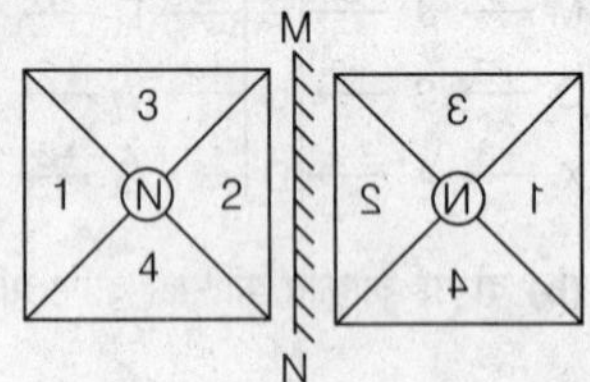

43. **(b)** प्रश्नानुसार,

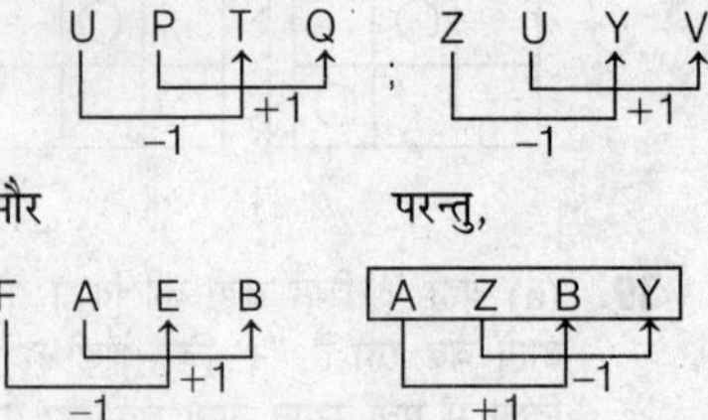

44. **(d)** दिए गए कागज को मोड़े एवं काटे जाने पर, कागज की तह खुलने पर यह निम्न प्रकार से प्रदर्शित होगा।

45. **(b)** यहाँ पहले पद (लाड़-प्यार करना-सन्तुष्ट करना) में दिए गए शब्द परस्पर पर्याय हैं। चूँकि, नष्ट करना, विध्वंस करने का पर्यायवाची है।

46. **(a)** दी गई श्रृंखला का क्रम निम्न प्रकार है,

$18 \xrightarrow{\times\frac{1}{3}} 6 \xrightarrow{\times\frac{1}{3}} 2 \xrightarrow{\times\frac{1}{3}} \boxed{\frac{2}{3}} \xrightarrow{\times\frac{1}{3}} \frac{2}{9}$

47. **(c)** दी गई प्रश्नाकृति में उत्तर आकृति (c) सन्निहित है।

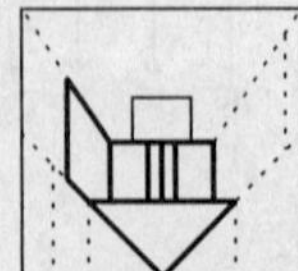

48. **(a)** दी गई श्रृंखला का क्रम निम्न प्रकार है,

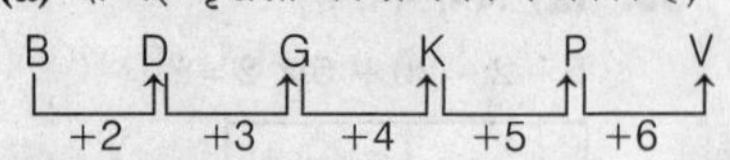

49. **(c)** जिस प्रकार,

$98 : 115 \Rightarrow 98 + 17$

$\Rightarrow 115$

और $67 : 84 \Rightarrow 67 + 17$

$\Rightarrow 84$

उसी प्रकार, $74 : ? \Rightarrow 74 + 17$

$\Rightarrow \boxed{91}$

50. **(a)** शब्दकोश के क्रम के अनुसार, दिए गए शब्दों का सही क्रम है

Chamber (5) → Chance (6) → Channel (1) → Chapel (4) → Charcoal (3) → Chariot (2)

$\Rightarrow 5, 6, 1, 4, 3, 2$

51. **(c)** एम. बालमुरलीकृष्ण का सम्बन्ध कर्नाटक संगीत से है।

- एम. बालमुरलीकृष्ण एक महान कर्नाटक संगीत गायक, बहु-वाद्ययन्त्र वादक और पार्श्व गायक थे।
- उन्होंने तेलुगु, संस्कृत और तमिल जैसी विभिन्न भाषाओं में 400 से अधिक संगीत रचनाएँ की हैं। उनकी सबसे बड़ी उपलब्धि सभी मूलभूत **72 रागों** में की गईं रचनाएँ हैं।
- हवेली संगीत, जिसे 'मन्दिर संगीत' के रूप में भी जाना जाता है, भारतीय शास्त्रीय संगीत की एक शैली है, जो मुख्य रूप से राजस्थान और गुजरात के मन्दिरों में भगवान कृष्ण की स्तुति में गाई जाती है।
- हिन्दुस्तानी संगीत के कुछ प्रमुख रूप ध्रुपद, ख्याल, ठुमरी आदि है।

52. **(b)** सार्वत्रिक गुरुत्वाकर्षण नियम (universal law of gravitation) के सम्बन्ध में तारों और पृथ्वी के कारण ज्वार-भाटा उत्पन्न करने वाला बल है । यह कथन असत्य है। अन्य सभी कथन सार्वत्रिक गुरुत्वाकर्षण नियम के सन्दर्भ में सही हैं।

- ज्वार-भाटा मुख्य रूप से चन्द्रमा और सूर्य के गुरुत्वाकर्षण बल के कारण होता है, न कि तारों के कारण। हालाँकि, तारों का गुरुत्वाकर्षण बल बहुत कम होता है और ज्वार-भाटा को प्रभावित नहीं करता है।
- सार्वत्रिक गुरुत्वाकर्षण नियम, जिसे न्यूटन का गुरुत्वाकर्षण नियम भी कहा जाता है, भौतिकी का एक मौलिक नियम है, जो दो वस्तुओं के बीच गुरुत्वाकर्षण बल का वर्णन करता है।

53. **(c)** 1398 ई. में तैमूर ने भारत पर आक्रमण किया था, उस समय दिल्ली का शासक नासिरुद्दीन महमूदशाह तुगलक था।

- बाबर का दिल्ली पर आक्रमण 1526 ई. में हुआ था। यह आक्रमण पानीपत की पहली लड़ाई के नाम से भी जाना जाता है। इस लड़ाई में बाबर ने दिल्ली सल्तनत के सुल्तान इब्राहिम लोदी को हराया था।
- हुमायूँ की पर्शिया (फारस) के लिए उड़ान ऐतिहासिक रूप से एक महत्त्वपूर्ण घटना थी। यह घटना 1540 ई. में हुई थी, जब हुमायूँ शेरशाह सूरी से कन्नौज के युद्ध में हार गया था।
- हल्दीघाटी का युद्ध 18 जून, 1576 को मेवाड़ के महाराणा प्रताप और मुगल बादशाह अकबर की सेना के बीच लड़ा गया था। अकबर की सेना का नेतृत्व मानसिंह प्रथम ने किया था।

54. **(a)** फोटोइलेक्ट्रिक प्रभाव की खोज जर्मन भौतिक विज्ञानी हेनरिक रुडोल्फ हर्ट्ज़ ने 1887 ई. में की थी। उन्होंने रेडियो तरंगों पर काम करते हुए यह खोज की।

- फोटोइलेक्ट्रिक प्रभाव वह परिघटना है, जिसमें किसी धातु की सतह से प्रकाश पड़ने पर इलेक्ट्रॉन उत्सर्जित होते हैं।
- इसका उपयोग कई तकनीकों में किया जाता है; जैसे कि सौर पैनल, डिजिटल कैमरे और लाइट सेंसर।
- अल्बर्ट आइंस्टीन ने वर्ष 1905 में प्रकाश प्रभाव की व्याख्या की।
- प्रकाश प्रभाव के लिए आइंस्टीन को वर्ष 1921 में नोबेल पुरस्कार मिला।

55. **(c)** उगादी तेलुगू नव वर्ष है, जो मार्च के महीने में मनाया जाता है।

- गादी का शाब्दिक अर्थ है 'युग की शुरुआत'। यह हिन्दू चन्द्र कैलेण्डर के अनुसार, नए वर्ष की शुरुआत का प्रतीक है।
- यह पर्व वसन्त ऋतु के आगमन का भी प्रतीक है और इसे नई शुरुआत और समृद्धि का समय माना जाता है।
- पौराणिक कथाओं के अनुसार, भगवान ब्रह्मा ने उगादी के दिन सृष्टि की रचना की थी, इसलिए यह पर्व सृष्टि के प्रारम्भ का प्रतीक भी माना जाता है।

56. **(c)** नौरोज़/नवरोज़ (Nauroz) भारत में पारसी समुदाय द्वारा मनाया जाता है।

- यह फारसी नव वर्ष है तथा त्योहार वसन्त विषुव के दिन मनाया जाता है, जो सामान्यत: 21 मार्च को होता है।
- गुरुनानक जयन्ती, बुद्ध पूर्णिमा, महावीर जयन्ती क्रमश: सिख धर्म, बौद्ध धर्म तथा जैन धर्म से जुड़े प्रमुख त्योहार है।

57. (d) सरकारिया आयोग की रिपोर्ट मौलिक अधिकारों से सम्बन्धित नहीं है। जबकि अन्य सभी मौलिक अधिकार से सम्बन्धित हैं।
- सरकारिया आयोग वर्ष 1983 में केन्द्र और राज्यों के बीच सम्बन्धों की समीक्षा के लिए गठित किया गया था।
- मोतीलाल नेहरू रिपोर्ट वर्ष 1928 में मोतीलाल नेहरू की अध्यक्षता में गठित समिति द्वारा तैयार की गई थी।
- तेज बहादुर सप्रू रिपोर्ट वर्ष 1945 में तेज बहादुर सप्रू की अध्यक्षता में गठित समिति द्वारा तैयार की गई थी।
- संविधान सभा की सलाहकार समिति की उप-समिति ने जे. बी. कृपलानी की अध्यक्षता में मौलिक अधिकारों पर रिपोर्ट प्रस्तुत की।

58. (a) 9 अक्टूबर, 2022 में जम्मू और कश्मीर के उपराज्यपाल मनोज सिन्हा थे।
- एन.एन. वोहरा एक सेवानिवृत्त भारतीय प्रशासनिक सेवा (आईएएस) अधिकारी हैं।
- सत्यपाल मलिक एक भारतीय राजनीतिज्ञ हैं। उन्होंने विभिन्न राज्यों के राज्यपाल के रूप में कार्य किया है, जिनमें बिहार, जम्मू और कश्मीर, गोवा और मेघालय शामिल हैं।
- गिरीश चन्द्र मुर्मू एक सेवानिवृत्त आईएएस अधिकारी हैं। वह भारत के नियन्त्रक और महालेखा परीक्षक (CAG) हैं।

59. (b) दिए गए विकल्पों में से, वेलांचल (The Littoral Zone) को प्रचुर मात्रा में घुलित ऑक्सीजन, सूर्य के प्रकाश, पोषक तत्त्वों, सामान्यत: उच्च तरंग ऊर्जाओं और जल की गति और अन्तर्ज्वारीय उपक्षेत्र (intertidal subzone) में, बारी-बारी से जलमग्नता (submergence) और अनावृत्तता (exposure) के आधार पर वर्णित किया जाता है।
- सरोजीवी क्षेत्र शान्त जल वाले क्षेत्रों को सन्दर्भित करता है; जैसे झीलें, तालाब और दलदल।
- नितलस्थ क्षेत्र जल निकाय का सबसे निचला क्षेत्र है, जिसमें तलछट और तल शामिल हैं।

60. (b) आर.के.नारायण ने **द डार्क रूम** लिखी थी, जो एक भारतीय महिला की कहानी है, जो पुरुष प्रधान समाज के विरुद्ध अपनी आवाज उठाती है।
- आर.के. नारायण 20वीं सदी के सबसे प्रसिद्ध भारतीय लेखकों में से एक हैं। उनके अन्य प्रसिद्ध कार्यों में **मालगुडी डेज़**, 'द गाइड' और 'स्वामी एण्ड फ्रेंड्स' शामिल हैं।
- कुलदीप नैयर की प्रमुख पुस्तकें 'इण्डिया आफ्टर नेहरू', **इमरजेंसी रीटोल्ड** है, जबकि **मुल्कराज आनन्द अनटचेबल** 'कुली' और टू लीव्स एण्ड ए बड' है।
- काज़ी नज़रुल इस्लाम की कृति 'अग्नि वीणा', 'विश्वेही', 'बन्धन हारा', 'दरिद्र' और सिन्धु-हिन्दोल' है।

61. (b) दिए गए विकल्पों में से, लेह में सर्दियों में अत्यधिक ठण्ड और गर्मियों में सुहावने मौसम का अनुभव होता है।
- लेह, लद्दाख में स्थित एक उच्च ऊँचाई वाला शहर है। यहाँ सर्दियों में तापमान -30 डिग्री सेल्सियस तक गिर सकता है और गर्मियों में तापमान 20-30 डिग्री सेल्सियस के बीच रहता है।
- लेह का सूखा और पहाड़ी इलाका इसे गर्मियों में एक सुखद पर्यटन स्थल बनाता है।

62. (c) जलभूतों को भू-पृष्ठीय जल (surface water) नहीं माना जाता है।
- भू-पृष्ठीय जल वह जल है, जो पृथ्वी की सतह पर पाया जाता है; जैसे नदियाँ, झीलें, महासागर और आर्द्र भूमि।
- जलभूतों भूमिगत चट्टानों और मिट्टी की परतें हैं, जो जल धारण करती हैं। यह जल वर्षा के भूमि में रिसने से आता है।
- जलभूतों भूमिगत जल निकाय हैं और भू-पृष्ठीय जल का हिस्सा नहीं हैं।
- नदियाँ भूमि पर बहने वाले जल के प्राकृतिक चैनल हैं और भू-पृष्ठीय जल का हिस्सा हैं।

63. (d) दिए गए विकल्पों में से, टैरिफ में वृद्धि उदारीकरण की दिशा में एक कदम नहीं है, जबकि अन्य सभी नीतिगत उपाय उदारीकरण की दिशा में एक कदम हैं।
- उदारीकरण एक आर्थिक नीति है, जिसका उद्देश्य अर्थव्यवस्था को अधिक खुला और प्रतिस्पर्धी बनाना है। इसके लिए, सरकार व्यापार बाधाओं को कम करती है, निजी क्षेत्र को प्रोत्साहित करती है और विदेशी निवेश को आकर्षित करती है।
- टैरिफ में वृद्धि एक व्यापार बाधा है, जो आयातित वस्तुओं की लागत को बढ़ाती है। यह घरेलू उद्योगों को विदेशी प्रतिस्पर्धा से बचाने के लिए किया जाता है।

64. (d) उस्ताद असद अली खान ध्रुपद की खण्डार वाणी शैली के वादक के रूप में प्रसिद्ध हैं।
- उस्ताद असद अली खान एक प्रसिद्ध रुद्र वीणा वादक थे। उन्हें वर्ष 2008 में पद्म भूषण से सम्मानित किया गया था।

65. (a) कनक राजू को गुसाड़ी लोकनृत्य के लिए वर्ष 2021 में पद्मश्री से सम्मानित किया गया था।
- कनक राजू गुसाड़ी नृत्य विद्यालय के मुख्य नृत्य मास्टर हैं।
- यह राजस्थान का एक प्रमुख त्योहार है, जो चैत्र महीने में मनाया जाता है।
- फुगड़ी गोवा का एक पारम्परिक लोकनृत्य है।
- भवाई यह गुजरात और राजस्थान का एक पारम्परिक लोकनाट्य है।

66. (c) अलूना काबुइनी मणिपुरी नृत्य से सम्बन्धित हैं।
- मणिपुर नृत्य से सम्बोधित अन्य कलाकार गुरू विपिन सिंह, राजकुमार सिंह, सिंहजीत, चारू, सिजा माथुरी आदि हैं।

67. (c) राष्ट्रीय सांख्यिकी कार्यालय (NSO) के आँकड़ों के अनुसार, 2021 में भारत की औसत साक्षरता दर 77.70% थी।
- राष्ट्रीय सांख्यिकी कार्यालय (NSO) भारत सरकार के सांख्यिकी और कार्यक्रम कार्यान्वयन मन्त्रालय के अन्तर्गत आने वाला एक संगठन है।
- राष्ट्रीय प्रतिदर्श सर्वेक्षण कार्यालय (NSSO) और केन्द्रीय सांख्यिकी कार्यालय (CSO) के विलय के बाद वर्ष 2019 में राष्ट्रीय सांख्यिकी कार्यालय (NSO) की स्थापना की गई थी।
- इसका मुख्यालय नई दिल्ली में स्थित है।

68. (d) जीवाणु कोशिका की लम्बाई 3 से 5 μm होती है।
- जीवाणु कोशिका की लम्बाई को मापने के लिए विभिन्न तकनीकों का उपयोग किया जाता है, जैसे कि माइक्रोस्कोपी और फ्लो साइटोमेट्री।

69. (d) शर्करा में मौजूद खाद्य घटक कार्बोहाइड्रेट होता है।
- कार्बोहाइड्रेट शरीर को ऊर्जा प्रदान करने का मुख्य स्रोत है। शर्करा कार्बोहाइड्रेट का एक सरल रूप है, जिसे मोनोसैकराइड या डिसैकराइड कहा जाता है।
- वसा शरीर को ऊर्जा प्रदान करता है और विटामिन के अवशोषण में मदद करता है।
- विटामिन शरीर के लिए आवश्यक पोषक तत्व हैं, जो विभिन्न कार्यों में मदद करते हैं।
- प्रोटीन शरीर के ऊतकों के निर्माण और मरम्मत के लिए आवश्यक है।

70. (c) गुरुत्वाकर्षण के बारे में सही कथन यह है: गुरुत्वाकर्षण (g) की इकाई त्वरण की इकाई के समान है।
- गुरुत्वाकर्षण एक त्वरण है, जो पृथ्वी या किसी अन्य खगोलीय पिण्ड द्वारा वस्तुओं पर लगाया जाता है। पृथ्वी की सतह पर गुरुत्वाकर्षण का मान लगभग 9.8 मीटर/सेकण्ड^2 है।
- गुरुत्वाकर्षण की इकाई मीटर प्रति सेकण्ड वर्ग (m/s^2) है, जो त्वरण की इकाई के समान है।

71. (b) जब नदियाँ किसी झील या गर्त में सभी दिशाओं से अपने जल का निर्वहन करती हैं, जैसा कि मणिपुर में लोकटक झील के मामले में होता है, ऐसी स्थिति में बनने वाले अपवाह तन्त्र को अभिकेन्द्री (centripetal) कहा जाता है।

- जालयुक्त अपवाह तन्त्र तब बनता है, जब नदियाँ समानान्तर घाटियों में बहती हैं और समकोण पर मिलती हैं।
- रेडियल अपवाह तन्त्र तब बनता है, जब नदियाँ एक केन्द्रीय बिन्दु से सभी दिशाओं में बाहर की ओर बहती हैं।
- द्रुमाकृतिक अपवाह तन्त्र पेड़ की शाखाओं के समान होता है, जिसमें छोटी नदियाँ एक बड़ी नदी में मिलती हैं।

72. (b) भरतनाट्यम पारम्परिक रूप से कर्नाटक संगीत के लिए किया जाता है।

- भरतनाट्यम भारत के सबसे पुराने शास्त्रीय नृत्यों में से एक है। इसकी उत्पत्ति तमिलनाडु में हुई थी।
- संगीत भरतनाट्यम का संगीत कर्नाटक शास्त्रीय संगीत पर आधारित है। इस नृत्य में ताल, लय और भावों का विशेष महत्त्व है।
- भरतनाट्यम में सामान्यतः धार्मिक और पौराणिक कथाओं का चित्रण किया जाता है। इसमें भगवान शिव, विष्णु और देवी पार्वती की स्तुति की जाती है।
- भरतनाट्यम से जुड़े कलाकार रुक्मिणी देवी अरुंडेला, यामिनी कृष्णमूर्ति,मृणालिनी साराभाई, पद्मजा सुब्रह्मण्यम आदि है।

73. (d) भारतीय संविधान में मौलिक अधिकार संयुक्त राज्य अमेरिका (यूएसए) के 'अधिकार-पत्र (Bill of Rights)' से प्रेरित हैं।

- इसके अतिरिक्त U.S.A. के संविधान से प्रस्तावना, न्यायिक पुनरावलोकन, संविधान की सर्वोच्चता न्यायपालिका की स्वतन्त्रता निर्वाचित राष्ट्रपति पर महाभियोग उप-राष्ट्रपति, उच्चतम एवं उच्च न्यायालयों के न्यायाधीशों को हटाने की विधि ली गई है।

74. (b) 'विंग्स ऑफ फायर' ए. पी. जे. अब्दुल कलाम की आत्मकथा है।

- ए.पी.जे. अब्दुल कलाम वर्ष 2002 से 2007 तक भारत के राष्ट्रपति रहे। उन्होंने वर्ष 1992 और 1997 के बीच रक्षा मन्त्री के वैज्ञानिक सलाहकार के रूप में कार्य किया।
- उनकी जयन्ती को राष्ट्रीय नवाचार दिवस के रूप में मनाया जाता है।
- वह एक भारतीय वैज्ञानिक और राजनीतिज्ञ थे, जिन्होंने भारत के मिसाइल और परमाणु हथियार कार्यक्रमों के विकास में अग्रणी भूमिका निभाई। उनका उपनाम 'मिसाइल मैन' था।

75. (a) बिना अनुमति के संसद से 60 दिनों तक लगातार अनुपस्थित रहने पर कोई सांसद अयोग्य हो जाएगा।

- भारतीय संविधान के अनुच्छेद 101 (4) के तहत, यदि कोई सदस्य संसद की बैठक से बिना किसी अनुमति के लगातार 60 दिन तक अनुपस्थित रहता है, तो उसे अयोग्य घोषित किया जा सकता है।
- संसद लोकसभा के सदस्यों को अयोग्य घोषित करने की शक्ति लोकसभा अध्यक्ष के पास है। राज्यसभा में यह शक्ति सभापति को है।

76. (a) बास्केटबॉल खेल में, किसी भी समय एक टीम के 5 खिलाड़ी कोर्ट पर खेलते हैं।

- बास्केटबॉल कोर्ट की लम्बाई 28 मीटर (92 फीट) और चौड़ाई 15 मीटर (49 फीट) होती है।
- एक बास्केटबॉल खेल में सामान्यतः चार क्वार्टर होते हैं, प्रत्येक क्वार्टर 10 या 12 मिनट का होता है, जो खेल के स्तर पर निर्भर करता है।

77. (c) भारतीय संविधान के अनुच्छेद 36 से 51 का सम्बन्ध राज्य के नीति-निदेशक तत्त्व से है।

- ये तत्त्व देश के शासन में मौलिक हैं और कानून बनाते समय इन तत्त्वों को लागू करना राज्य का कर्त्तव्य होगा।
- आयरलैण्ड के संविधान से राज्य के नीति-निदेशक तत्त्व को लिया गया है।

78. (b) दिए गए विकल्पों में से, सीमा शुल्क (Customs) कर राजस्व का स्रोत है।

- कर राजस्व के अन्य स्रोत: आयकर, निगम कर, वस्तु एवं सेवा कर (जीएसटी),उत्पाद शुल्क है।

79. (d) वर्ष 2021 में भारत से निर्यात होने वाली प्रमुख वस्तु पेट्रोलियम उत्पाद थी।

- इसके अतिरिक्त, कुछ अन्य प्रमुख वस्तुएँ भी थीं, जिनका भारत ने निर्यात किया था; जैसे रत्न और आभूषण, औषधीय उत्पाद, ऑटोमोबाइल इंजीनियरिंग सामान आदि

80. (d) दिए गए आँकड़ों के अनुसार, उपादान लागत पर जीडीपी (GDP) की गणना इस प्रकार की जाएगी

- उपादान लागत पर जीडीपी (GDP) = बाजार मूल्य पर GDP - अप्रत्यक्ष कर + सब्सिडी
- बाजार मूल्य पर GDP = 600 करोड़
- अप्रत्यक्ष कर = 200 करोड़
- सब्सिडी = 50 करोड़
- अब, इन आँकड़ों को सूत्र में रखने पर:
- उपादान लागत पर जीडीपी (GDP) = 600 करोड़ - 200 करोड़ + 50 करोड़
- उपादान लागत पर जीडीपी (GDP) = 400 करोड़ + 50 करोड़
- उपादान लागत पर जीडीपी (GDP) = 450 करोड़

81. (c) दिल्ली सल्तनत के संस्थापक कुतुबुद्दीन ऐबक की मृत्यु 1210 ईस्वी में चौगान (पोलो) खेलते समय घोड़े से गिरने के कारण हुई थी।

- कुतुबुद्दीन ऐबक मुहम्मद गोरी का गुलाम था और उसने ही भारत में गुलाम वंश की स्थापना 1206 ईस्वी में की थी।
- बलबन गुलाम वंश का एक शक्तिशाली शासक था, जिसने सल्तनत को मजबूती प्रदान की।
- बेहरामशाह इल्तुतमिश का पुत्र था, जिसने दिल्ली सल्तनत पर शासन किया था।
- इल्तुतमिश कुतुबुद्दीन ऐबक का दामाद था और उसने ऐबक की मृत्यु के बाद शासन सम्भाला।

82. (c) केन्द्र में लोक कार्मिकों की भर्ती और सेवा शर्तों से सम्बन्धित विवादों को निपटाने के लिए केन्द्रीय प्रशासनिक न्यायाधिकरण (Central Administrative Tribunal) उत्तरदायी है।

- केन्द्रीय प्रशासनिक न्यायाधिकरण की स्थापना वर्ष 1985 में हुई थी।
- यह भर्ती और इसके अन्तर्गत आने वाले लोक सेवकों के सभी सेवा मामलों के सम्बन्ध में मूल अधिकार क्षेत्र का प्रयोग करता है।
- केन्द्रीय प्रशासनिक न्यायाधिकरण का अधिकार क्षेत्र अखिल भारतीय सेवाओं, केन्द्रीय सिविल सेवाओं, केन्द्र के तहत सिविल पदों और रक्षा सेवाओं के नागरिक कर्मचारियों तक फैला हुआ है।

83. (d) 2 सितम्बर, 1946 को बनी अन्तरिम सरकार में लियाकत अली खान को वित्त मन्त्रालय का प्रभार दिया गया था।

- उन्होंने वर्ष 1947 में भारत के विभाजन के बाद पाकिस्तान के पहले प्रधानमन्त्री के रूप में भी कार्य किया।
- अन्तरिम सरकार में जवाहरलाल नेहरू उपाध्यक्ष और विदेश मामलों तथा राष्ट्रमण्डल सम्बन्धों के प्रभारी थे।
- सरदार वल्लभभाई पटेल गृह मामलों, सूचना और प्रसारण विभाग को सम्भाल रहे थे।
- राजेन्द्र प्रसाद के पास कृषि और खाद्य विभाग था।

84. (a) मुर्शिद कुली खान को 1700 ई. में औरंगजेब ने बंगाल का दीवान नियुक्त किया था। 1717 ईस्वी में, उन्हें बंगाल का सूबेदार बनाया गया।

- सिराजुद्दौला 1756 ई. में बंगाल का नवाब बना, लेकिन उसका शासनकाल बहुत छोटा रहा। 1757 ई. में प्लासी के युद्ध में ब्रिटिश ईस्ट इण्डिया कम्पनी ने उसे हरा दिया और मीर जाफर को बंगाल का नवाब बना दिया।

- मीर जाफर का दामाद मीर कासिम था और उसने मीर जाफर के बाद बंगाल पर शासन किया।
- मीर जाफ़र सिराजुद्दौला का सेनापति था, जिसने प्लासी के युद्ध में ब्रिटिश ईस्ट इण्डिया कम्पनी का साथ दिया था।
- शौकत जंग पूर्णिया का नवाब था और सिराजुद्दौला का रिश्तेदार नहीं था।

85. **(b)** वाडीवाश के युद्ध के बाद, ब्रिटेन और फ्रांस के बीच 1763 ई. में हस्ताक्षरित पेरिस की सन्धि द्वारा भारत में फ्रांसीसी स्वामित्व को बहाल कर दिया गया था।

- यह सन्धि सात वर्ष के युद्ध के अन्त में हुई थी, जिसनें ब्रिटेन और फ्रांस दुनिया के विभिन्न हिस्सों में लड़े थे।
- पेरिस की सन्धि के परिणामस्वरूप, फ्रांस ने भारत में अपने कुछ क्षेत्रों को वापस पा लिया, लेकिन उन्हें भारत में किलेबन्दी करन या सैनिकों को रखने की अनुमति नहीं थी।
- वाडीवाश का युद्ध 22 जनवरी, 1760 को ब्रिटिश और फ्रांसीसी सेनाओं के बीच लड़ा गया था। यह युद्ध दक्षिण भारत के वाडीवाश (अब वन्दवासी) नामक स्थान पर हुआ था।

86. **(b)** रासायनिक रूप से, जंग जलयोजित (Hydrated) **फेरिक ऑक्साइड** होता है।

- जिंक ऑक्साइड, जंग का एक रूप है: यह कथन गलत है। जंग लोहे का एक उत्पाद है, जबकि जिंक ऑक्साइड एक अलग यौगिक है।
- रासायनिक रूप से, जंग गैर-जलयोजित (Non-Hydrated) फेरिक ऑक्साइड होता है: यह कथन भी **गलत है**। जंग में जल के अणु होते हैं, इसलिए यह जलयोजित होता है।
- कॉपर भी जलयोजन (Hydration) होने पर जंग में बदल सकता है: यह कथन गलत है। कॉपर जंग नहीं खाता है, हालाँकि यह ऑक्सीकरण से गुजर सकता है, जिससे इसकी सतह पर एक हरी परत बन जाती है।

87. **(c)** छठी पंचवर्षीय योजना (1980-1985) पहली ऐसी पंचवर्षीय योजना थी, जिसने लैंगिक मुद्दों, महिला सशक्तिकरण और राज्यों के बीच बढ़ती असमानताओं और अन्तर-क्षेत्रीय असमानताओं पर ध्यान केन्द्रित किया।

- चौथी पंचवर्षीय योजना की अवधि वर्ष 1969 से 1974 तक थी। जिसका मुख्य उद्देश्य स्थिरता के साथ विकास और आत्मनिर्भरता की प्रगतिशील उपलब्धि।
- पाँचवी पंचवर्षीय योजना की अवधि वर्ष 1974 से 1978 तक थी।
- इस योजना का मुख्य उद्देश्य गरीबी उन्मूलन और आत्मनिर्भरता प्राप्त करना था।
- तीसरी पंचवर्षीय योजना की अवधि वर्ष 1961 से 1966 तक थी। उद्देश्य: आत्मनिर्भर अर्थव्यवस्था का निर्माण करना और कृषि और उद्योग दोनों का विकास करना था।

88. **(d)** भारत में 13 प्रमुख बन्दरगाह हैं, जिनमें से 12 सरकारी स्वामित्व वाले हैं और 1 निजी स्वामित्व वाला है। इसके अतिरिक्त, भारत में 200 से अधिक छोटे और मध्यवर्ती बन्दरगाह भी हैं।

- तूतीकोरिन बन्दरगाह: इसे वी.ओ. चिदम्बरनार पोर्ट ट्रस्ट के नाम से भी जाना जाता है। यह **तमिलनाडु** में स्थित है।
- हल्दिया बन्दरगाह:यह पश्चिम बंगाल में स्थित है। यह कोलकाता बन्दरगाह परिसर का हिस्सा है।
- मंगलौर बन्दरगाह: इसे न्यू मंगलौर पोर्ट ट्रस्ट के नाम से भी जाना जाता है। यह कर्नाटक में स्थित है।

89. **(c)** इल्तुतमिश का मकबरा 1235 ईस्वी में बनवाया गया था।

- इल्तुतमिश दिल्ली सल्तनत के एक शक्तिशाली शासक थे। उन्होंने 1211 से 1236 ई. तक शासन किया। उन्होंने दिल्ली सल्तनत को मजबूत करने और उसका विस्तार करने में महत्त्वपूर्ण भूमिका निभाई।
- इल्तुतमिश ने अपने मकबरे को खुद बनवाया था। यह मकबरा कुतुबमीनार परिसर में स्थित है।

90. **(b)** हरित क्रान्ति के सन्दर्भ में निम्नलिखित में से कथन 2 इसे वर्षा-पोषित क्षेत्रों में लागू किया गया था। यह कथन गलत गलत है।

- भारत में हरित क्रान्ति की शुरुआत 1960 के दशक के मध्य में हुई थी।
- इसका मुख्य उद्देश्य देश में कृषि उत्पादन को बढ़ाना था, ताकि खाद्यान्न की कमी को दूर किया.जा सके।

91. **(b)** एलिल ब्रोमाइड (Allyl bromide) का मुख्य IUPAC नाम 2-ब्रोमोप्रोपीन है। एलिल ब्रोमाइड का रासायनिक सूत्र C_3H_5Br है।

- इसका उपयोग पॉलिमर, फार्मास्यूटिकल्स और अन्य कार्बनिक यौगिकों के संश्लेषण में एक अल्काइलेटिंग एजेण्ट के रूप में किया जाता है।

92. **(d)** वर्ष 2011 की जनगणना के अनुसार, भारत में बिहार राज्य की साक्षरता दर सबसे कम है।

- वर्ष 2011 की जनगणना के अनुसार, बिहार की साक्षरता दर 61.8% है।
- बिहार में पुरुष साक्षरता दर 71.2% और महिला साक्षरता दर 51.5% है।
- भारत की औसत साक्षरता दर 74.04% है।
- वर्ष 2011 की जनगणना के अनुसार, केरल में सबसे अधिक साक्षरता दर है

93. **(c)** हर्षचरित संस्कृत में बाणभट्ट द्वारा लिखा गया था।

- बाणभट्ट द्वारा लिखी गई अन्य पुस्तक कादाम्बिरी भी है।
- नागसेन एक बौद्ध भिक्षु थे, जो लगभग 150 ईसा पूर्व में रहते थे। उनकी सबसे प्रसिद्ध रचना मिलिन्दपन्हो है, जो इण्डो-ग्रीक राजा मेनेण्डर प्रथम और नागसेन के बीच बौद्ध धर्म पर एक संवाद है।

94. **(d)** अन्तर-उष्णकटिबन्धीय अभिसरण क्षेत्र (ITCZ) के सम्बन्ध में कथन 1, 2 और 4 सही हैं।

- अन्तर-उष्णकटिबन्धीय अभिसरण क्षेत्र (ITCZ) भूमध्य रेखा के पास का वह क्षेत्र है, जहाँ उत्तरी और दक्षिणी गोलार्द्ध की व्यापारिक हवाएँ एकसाथ आती हैं।
- ITCZ की स्थिति मौसम के साथ बदलती रहती है और पृथ्वी की सतह के ऊपर सूर्य की सापेक्ष स्थिति से लगभग 1 से 2 महीने पीछे रह जाती है और सामान्यत: उष्ण भूमध्यरेखा से सम्बन्धित होती है।
- ITCZ की स्थिति में बदलाव कई भूमध्यरेखीय देशों में वर्षा को काफी प्रभावित करते हैं, जिसके परिणामस्वरूप उच्च अक्षांशों के ठण्डे और गर्म मौसम उष्णकटिबन्धीय के गीले और शुष्क मौसम होते हैं।
- ITCZ में लम्बे समय तक बदलाव के परिणामस्वरूप आस-पास के क्षेत्रों में गम्भीर सूखा या बाढ़ आ सकती है।

95. **(b)** दिए गए विकल्पों में से, गहरे समुद्र में पाया जाने वाला जल-तापीय पारिस्थितिकी तन्त्र (Deep sea hydro-thermal ecosystem) एकमात्र पारिस्थितिकी तन्त्र है, जो सौर ऊर्जा पर नहीं पनपता है।

- गहरे समुद्र में स्थित जल-तापीय पारिस्थितिकी तन्त्र पृथ्वी की सतह के नीचे ज्वालामुखी गतिविधियों द्वारा निर्मित होते हैं। ये पारिस्थितिकी तन्त्र रसायनों पर पनपते हैं, जो जल-तापीय छिद्रों से निकलते हैं, न कि सूर्य के प्रकाश पर।

96. **(c)** टेस्ट मैच क्रिकेट में, एक टीम एक दिन में न्यूनतम 90 ओवर खेल सकती है।

- टेस्ट मैच क्रिकेट में अन्तर्राष्ट्रीय क्रिकेट परिषद् (ICC) के नियमों के अनुसार, प्रत्येक घण्टे में कम से कम 15 ओवर होने चाहिए।

- एक टेस्ट मैच पाँच दिनों तक चलता है। प्रत्येक टीम को दो पारियाँ खेलने का अवसर मिलता है।
- आईसीसी विश्व टेस्ट चैम्पियनशिप टेस्ट क्रिकेट का सबसे बड़ा टूर्नामेण्ट है।
- एशेज, ऑस्ट्रेलिया और इंग्लैण्ड के बीच खेली जाने वाली एक ऐतिहासिक टेस्ट शृंखला है।

97. (a) दिए गए विकल्पों में से, कवकीय एन्जाइम (Fungal Enzymes) अपरद (detritus) को सरल अकार्बनिक पदार्थों में निम्नीकृत कर सकता है।

- कवकीय एंजाइम कवक (fungi) अपरदभोजी (detritivores) होते हैं, जिसका अर्थ है कि वे मृत कार्बनिक पदार्थों का सेवन करते हैं। वे एंजाइमों का स्राव करते हैं, जो अपरद को सरल अकार्बनिक पदार्थों में विघटित करते हैं, जिन्हें बाद में पौधों द्वारा अवशोषित किया जा सकता है।

98. (b) मध्य प्रदेश सरकार ने चेन्नई के एक प्रसिद्ध भरतनाट्यम, धनंजयन दम्पत्ति को वर्ष 2019-2020 के लिए प्रतिष्ठित राष्ट्रीय कालिदास सम्मान से सम्मानित किया।

- यह पुरस्कार वन्नाडिल पुदियावीटिल धनंजयन और शांता धनंजयन को दिया गया था, जिन्हें धनंजयन के नाम से जाना जाता है।

99. (b) विश्व एथलेटिक्स चैम्पियनशिप में पदक जीतने वाले पहले भारतीय नीरज चोपड़ा हैं। उन्होंने वर्ष 2022 में पुरुषों के भाला फेंक में रजत पदक जीता था।

- नीरज चोपड़ा एक भारतीय ट्रैक और फील्ड एथलीट हैं, जो भाला फेंक में प्रतिस्पर्धा करते हैं।
- उन्होंने टोक्यो वर्ष 2020 ओलम्पिक में स्वर्ण पदक भी जीता था।
- उन्हें भारत सरकार द्वारा अर्जुन पुरस्कार और मेजर ध्यानचन्द खेल रत्न पुरस्कार से सम्मानित किया गया है।
- वर्ष 2023 में नीरज चोपड़ा ने विश्व एथलेटिक्स चैम्पियनशिप में स्वर्ण पदक जीता।

100. (b) वर्ष 1909 में इम्पीरियल क्रिकेट कॉन्फ्रेंस (ICC) के गठन के साथ ही क्रिकेट एक अन्तर्राष्ट्रीय खेल बन गया। वर्ष 1965 में, इसका नाम बदलकर अन्तर्राष्ट्रीय क्रिकेट सम्मेलन कर दिया गया।

- आईसीसी का मुख्यालय दुबई, संयुक्त अरब अमीरात में स्थित है।
- यह प्रमुख अन्तर्राष्ट्रीय क्रिकेट टूर्नामेण्टों का आयोजन और संचालन करता है, जिसमें क्रिकेट विश्व कप भी शामिल है।

101. (c) दिया है, $\angle CAB = 55°$

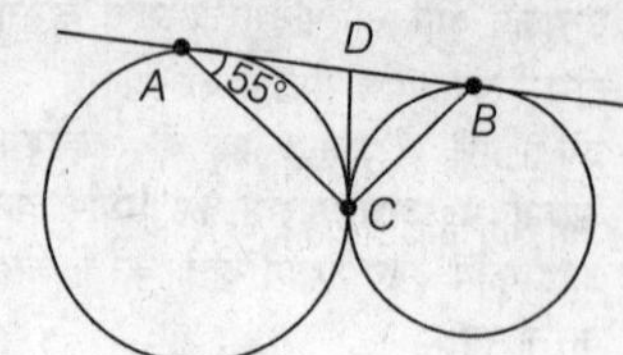

$AD = CD =$
(बाह्य बिन्दु D से स्पर्श रेखाएँ)
तो $\angle CAD = \angle ACD = 55°$
इसी प्रकार, $DB = CD$
(बाह्य बिन्दु D से स्पर्श रेखाएँ)
माना $\angle DCB = \angle DBC = x°$
त्रिभुज ABC से,

$$\angle CAD + \angle ACD + \angle DCB + \angle DBC = 180°$$

$$\Rightarrow 55° + 55° + x° + x° = 180°$$

$$\Rightarrow 110° + 2x° = 180°$$

$$\Rightarrow x = \frac{180° - 110°}{2} = \frac{70°}{2} = 35°$$

$$\angle ACB = \angle ACD + \angle DCB = 55° + 35° = 90°$$

102. (a) दिया है,
बेलन की ऊँचाई = 15 समी
तथा वक्रपृष्ठीय क्षेत्रफल = 660 समी^{2}
माना बेलन की त्रिज्या = r समी
हम जानते हैं,
बेलन का वक्र पृष्ठीय क्षेत्रफल = $2\pi rh$
प्रश्नानुसार,

$$2 \times \frac{22}{7} \times r \times 15 = 660$$

$$r = \frac{660 \times 7}{44 \times 15} = 7 \text{ समी}$$

बेलन का आयतन $= \pi r^2 h$

$$= \frac{22}{7} \times 7 \times 7 \times 15$$

$$= 2310 \text{ समी}^3$$

103. (b) $\sin(50° + A) - \cos(40° - A)$
$= \sin(50° + A) - \sin(90 - 40° + A)$
$= \sin(50° + A) - \sin(50° + A)$ $[\because \sin A = \cos(90° - A)]$
$= 0$

104. (a) प्रश्नानुसार,
45 संख्याओं का योग = $45 \times 39 = 1755$

$$\text{सही औसत} = \frac{1755 + 65 - 56}{45} = 39.2$$

105. (b) दिया है, $\frac{x}{4y} = \frac{3}{4} \Rightarrow \frac{x}{y} = \frac{3}{1}$

माना $x = 3k$ तथा $y = k$

$$\therefore \frac{2x + 3y}{x - 2y} = \frac{2 \times 3k + 3k}{3k - 2k} = \frac{6k + 3k}{k} = \frac{9k}{k} = 9$$

106. (a) दिया है, केन्द्र P और Q वाले दो वृत, जिनकी त्रिज्याएँ क्रमश: 6 सेमी और 4 सेमी हैं, एक-दूसरे को आन्तरिक रूप से स्पर्श करते हैं।
तो, $PQ = 6 - 4 = 2$ सेमी
माना लम्ब समद्विभाजक PQ को O पर समद्विभाजित करता है।

$$PO = \frac{PQ}{2} = \frac{2}{2} = 1 \text{ सेमी}$$

ΔPOA, एक समकोण त्रिभुज है।

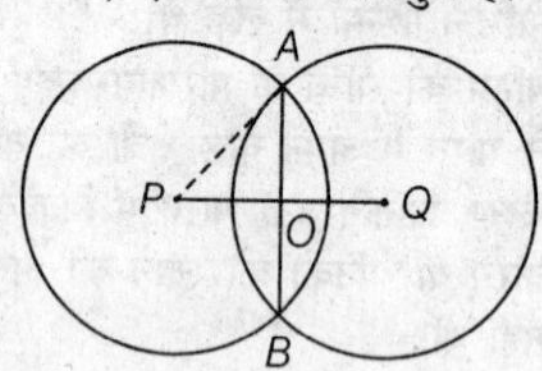

पाइथागोरस प्रमेय से,

$$PA^2 = PO^2 + AO^2$$
$$6^2 = 1^2 + AO^2$$
$$\Rightarrow AO^2 = 36 - 1 = 35$$
$$\Rightarrow AO = \sqrt{35}$$
$$\therefore AB = 2 \times AO = 2 \times \sqrt{35} = 2\sqrt{35} \text{ सेमी}$$

107. (c) $x^2 - 8x + 15$
$= x^2 - 5x - 3x + 15$
$= x(x - 5) - 3(x - 5)$
$= (x - 3)(x - 5)$
तथा $x^2 - 5x + 6$
$= x^2 - 3x - 2x + 6$
$= x(x - 3) - 2(x - 3)$
$= (x - 2)(x - 3)$
$x^2 - 8x + 15$ और $x^2 - 5x + 16$ का ल.स.
$= (x - 3)(x - 2)(x - 5)$

108. (c) दिया है,
मेज का विक्रय मूल्य = ₹ 1596
हानि प्रतिशत = 24%

$$\text{मेज का क्रय मूल्य} = ₹ \left(\frac{1596}{(100 - 24)} \times 100\right)$$

$$= \left(\frac{1596 \times 100}{76}\right) = ₹ 2100$$

24% लाभ पर मेज का विक्रय मूल्य

$$= \left(\frac{2100 \times 124}{100}\right) = ₹ 2604$$

109. (c) कुल मतों की संख्या
$= 1136 + 7636 + 11628 = 20400$

$$\text{अभीष्ट प्रतिशत} = \frac{11628}{20400} \times 100 = 57\%$$

110. (d) दिया है,

कर्मचारी की मासिक आय = ₹ 26500

तथा मासिक व्यय = ₹ 22000

तो, वार्षिक आय

= (26500 × 12) = ₹ 318000

वार्षिक व्यय (22000 × 12) = ₹ 264000

वार्षिक बचत = (318000 − 264000)

= ₹ 54000

अगले वर्ष की आय

$= \left(318000 \times \frac{120}{100}\right)$ = ₹ 381600

अगले वर्ष का व्यय

$= \left(264000 \times \frac{115}{100}\right)$ = ₹ 303600

अगले वर्ष का बचत

= (381600 − 303600) = ₹ 78000

बचत में वृद्धि

= (78000 − 54000) = ₹ 24000

अभीष्ट प्रतिशत $= \frac{24000}{54000} \times 100$

$= \frac{400}{9} = 44\frac{4}{9}\%$

111. (d) प्रश्नानुसार,

रॉबर्ट : टॉम

कार्य समय → 2 : 1

रॉबर्ट : जार्ज

कार्य समय → 3 : 1

रॉबर्ट : टॉम : जार्ज

कार्य समय → 6 : 3 : 2

माना रॉबर्ट, टॉम तथा जार्ज को कार्य करने में लगा समय क्रमशः $6x$, $3x$ तथा $2x$ घण्टे हैं।

तो, $\frac{1}{6x} + \frac{1}{3x} + \frac{1}{2x} = \frac{1}{23}$

$\Rightarrow \frac{1+2+3}{6x} = \frac{1}{23}$

$\Rightarrow \frac{6}{6x} = \frac{1}{23}$

$\Rightarrow x = 23$

टॉम को कार्य पूरा करने में लगा समय

= 3 × 23 = 69 घण्टे

112. (b) $0.15 = \frac{15}{100}$

$0.18 = \frac{18}{100}$

$0.45 = \frac{45}{100}$

$\frac{15}{100}, \frac{18}{100}$ तथा $\frac{45}{100}$ का ल. स.

$= \frac{15, 18 \text{ और } 45 \text{ का ल.स.}}{100, 100 \text{ और } 100 \text{ का म.स.}}$

$= \frac{2 \times 3 \times 3 \times 5}{100} = \frac{90}{100} = 0.9$

113. (b) माना गेंद P की त्रिज्या = $4r$ इकाई

तो, Q की त्रिज्या = r इकाई

$\frac{\text{गेंद } P \text{ का आयतन}}{\text{गेंद } Q \text{ का आयतन}} = \frac{\frac{4}{3}\pi \times (4r)^3}{\frac{4}{3}\pi r^3}$

$= \frac{64}{1}$

अतः अभीष्ट अनुपात = 64 : 1

114. (b) 20 = 2 × 2 × 5

30 = 2 × 3 × 5

45 = 3× 3 × 5

65 = 5 × 13

अभीष्ट ल. स. = 2 × 2 × 3 × 3 × 5 × 13

= 2340

115. (d) कुल उत्तरदाताओं की संख्या = 200

उत्तरदाताओं जिनके पास कार नहीं है की संख्या = 30 + 20 + 50 + 45 = 145

अभीष्ट प्रतिशत $= \frac{145}{200} \times 100 = 72.5\%$

116. (b) माना B और C द्वारा मिलकर कार्य करने में लगा समय = x

A द्वारा कार्य पूरा करने में लगा समय = $2.4x$

B और C की दक्षता = $2.4x$

तो, A की दक्षता = x

$A + B + C$ की कुल दक्षता

$= 2.4x + x = 3.4x$ ...(i)

कुल कार्य = 27 और 75 का ल.स. = 675

$A + B$ की दक्षता $= \frac{675}{27} = 25$

C की दक्षता $= \frac{675}{75} = 9$

$A + B + C$ की कुल दक्षता

= 25 + 9 = 34 ...(ii)

समी (i) = (ii)

$3.4x = 34$

$x = 10$ (A की दक्षता)

जब $A + B$ की दक्षता = 25, तो,

B की दक्षता = 25 − 10 = 15

B द्वारा अकेले पूरा कार्य करने में लगा समय

$= \frac{675}{15}$ = 45 दिन

117. (c) विपिन का 1 दिन का कार्य $= \frac{1}{2}$

वैभव का 1 दिन का कार्य $= \frac{1}{3}$

चिराग का 1 दिन का कार्य $= \frac{1}{6}$

अभीष्ट समय

$= \frac{1}{2} + \frac{1}{3} + \frac{1}{6} = \frac{3+2+1}{6} = \frac{6}{6}$ = 1 दिन

118. (c) दिया है, मूलधन = ₹ 6500

अर्द्धवार्षिक ब्याज दर $= \frac{10}{2} = 5\%$

समय = 2 × 2 = 4

मिश्रधन $= 6500\left(1 + \frac{5}{100}\right)^4$

$= 6500 \times \frac{21}{20} \times \frac{21}{20} \times \frac{21}{20} \times \frac{21}{20}$

= ₹ 7900 (लगभग)

119. (c) 30% छूट पर,

राशि $= \left(5000 \times \frac{70}{100}\right)$ = ₹ 3500

15% और 25% की दो क्रमिक छूट पर

राशि = ₹ $\left(5000 \times \frac{85}{100} \times \frac{75}{100}\right)$

= ₹ 3187.5

अभीष्ट अन्तर = (3500 − 3187.5)

= ₹ 312.5

120. (c) दिया है,

$\sin\theta + \cos\theta = \frac{\sqrt{11}}{3}$

दोनों पक्षों का वर्ग करने पर,

$(\sin\theta + \cos\theta)^2 = \left(\frac{\sqrt{11}}{3}\right)^2$

$\Rightarrow \sin^2\theta + \cos^2\theta + 2\sin\theta\cos\theta = \frac{11}{9}$

$\Rightarrow 1 + 2\sin\theta\cos\theta = \frac{11}{9}$

$\Rightarrow 2\sin\theta\cos\theta = \frac{11}{9} - 1 = \frac{2}{9}$

$(\sin\theta - \cos\theta)^2 = \sin^2\theta + \cos^2\theta - 2\sin\theta\cos\theta$

$\Rightarrow (\sin\theta - \cos\theta)^2 = 1 - \frac{2}{9} = \frac{7}{9}$

$(\sin\theta - \cos\theta) = \frac{\sqrt{7}}{3}$

121. (d) राम के पास, $\frac{\text{मुर्गी}}{\text{गाय}} = \frac{12}{5} = 2.4$

श्याम के पास, $\frac{\text{मुर्गी}}{\text{गाय}} = \frac{18}{9} = \frac{2}{1} = 2$

प्रीतम के पास, $\frac{\text{मुर्गी}}{\text{गाय}} = \frac{4}{8} = \frac{1}{2} = 0.5$

विनय के पास, $\frac{\text{मुर्गी}}{\text{गाय}} = \frac{10}{7} = 1.42$

अतः राम के पास मुर्गियों और गायों का सबसे बड़ा अनुपात है।

122. (a) प्रश्न में दिए गए तालिका डाटा से स्पष्ट है, संस्था 'A' में कर्मचारियो की संख्या सर्वाधिक है।

संस्था A में कर्मचारियों की संख्या = 5825

123. (b) दिया है,

$\tan\theta + \cot\theta = 2$

$\because$ $\theta = 45°$ पर $\tan\theta = \cot\theta = 1$

$\therefore$ $Q = 45°$

अत: $2\tan^{25}\theta + 3\cot^{20}\theta + 5\tan^{30}\theta\cot^{15}\theta$

$= 2\times 1 + 3\times 1 + 5\times 1\times 1$

$= 2 + 3 + 5 = 10$

124. (d) माना गोले की त्रिज्या = R इकाई

तथा अर्द्धगोले की त्रिज्या = r इकाई

प्रश्नानुसार, $4\pi R^2 = 3\pi r^2$

$\Rightarrow \frac{R^2}{r^2} = \frac{3}{4} \Rightarrow \frac{R}{r} = \frac{\sqrt{3}}{2}$

$\frac{\text{गोले का आयतन}}{\text{अर्द्धगोले का आयतन}} = \frac{\frac{4}{3}\pi R^3}{\frac{2}{3}\pi r^3}$

$= \frac{2\times(\sqrt{3})^3}{2\times 2\times 2}$

$= \frac{3\sqrt{3}}{4} = 3\sqrt{3} : 4$

125. (d) समतुल्य छूट

$= \left(100 - \left[30 + 20 + \frac{30\times 20}{100}\right]\right)\%$

$= (100 - 56)\% = 44\%$

126. (b) अभीष्ट प्रतिशत $= \frac{(20-10)}{10}\times 100$

$= \frac{10}{10}\times 100 = 100\%$

127. (a) $9\times 2 \div 3$का

$24 - 3 \div 2\times(6-7)\times 2 + 3\div 3$का5

$= 9\times 2 \div 72 - 3\div 2\times(-1)\times 2 + 3\div 15$

$= \frac{9\times 2}{72} - \frac{3}{2}\times(-2) + \frac{3}{15}$

$= \frac{1}{4} + 3 + \frac{1}{5} = \frac{5+60+4}{20} = \frac{69}{20}$

128. (a) आयुष का कुल प्राप्त अंक

$= 88 + 80 + 90 + 82 + 85 = 425$

129. (d) 2019 में संगठन D और E में कर्मचारियों की कुल संख्या

$= 7000 + 6600 = 13600$

2021 में संगठन D और E में कर्मचारियों की कुल संख्या $= 8000 + 7600 = 15600$

अभीष्ट अनुपात $= 13600 : 15600$

$= 34 : 39$

130. (b) दिया है,

ट्रेन की लम्बाई = 180 मी

तथा सुरंग की लम्बाई = 500 मी

कुल दूरी = (180 + 500) मी = 680 मी

ट्रेन की चाल $= \frac{\text{दूरी}}{\text{समय}} = \frac{680}{40} = 17$ मी/से

$= 17\times\frac{18}{5}$ किमी/घण्टा

$= 612$ किमी/घण्टा

131. (a) $96 = 2\times 2\times 2\times 2\times 2\times 3$

$132 = 2\times 2\times 3\times 11$

$438 = 2\times 3\times 73$

ल. स. $= 2^5\times 3\times 11\times 73 = 77088$

132. (a) $\frac{\sin^2 39° + \sin^2(90° - 39°)}{\cos^2 35° + \cos^2(90° - 35°)} + 3\tan 25°\tan 65°$

$= \frac{\sin^2 39° + \cos^2 39°}{\cos^2 35° + \sin^2 35} + 3\tan 25°\tan(90° - 25°)$

$= 1 + 3\tan 25°\cot 25°$

$= 1 + 3 = 4$

133. (b) धावक की चाल $= \frac{\text{दूरी}}{\text{समय}}$

$= \frac{750}{54}\times\frac{18}{5} = 50$ किमी/घण्टा

134. (a) विकर्ण AC चतुर्भुज को दो त्रिभज में विभाजित करता है।

$BM = 18$ मी और $DN = 12$ मी

ΔABC का क्षेत्रफल

$= \frac{1}{2}\times 20\times 18 = 180$ मी^{2}

ΔABC का क्षेत्रफल

$= \frac{1}{2}\times 20\times 12 = 120$ मी^{2}

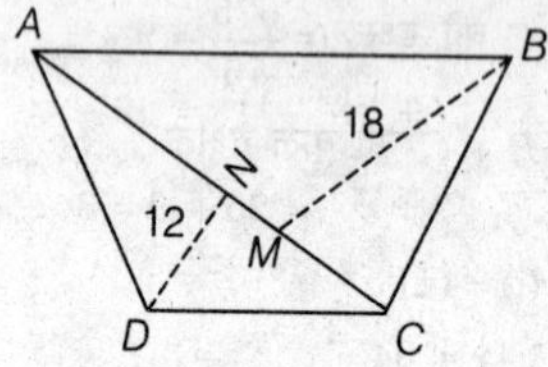

चतुर्भुज का क्षेत्रफल

$= (180 + 120) = 300$ मी^{2}

135. (c) वाहन A, 2011 $\rightarrow$ 580000

वाहन A, 2010 $\rightarrow$ 560000

वाहन B, 2010 $\rightarrow$ 540000

वाहन B, 2015 $\rightarrow$ 550000

$580000 > 560000 > 550000 > 540000$

अत: विनिर्माता B, 2010 में वाहनों की बिक्री न्यूनतम है।

136. (a) स्कूल U' में पढ़ने वाले सभी विद्यार्थियों की संख्या

$= 150 + 160 + 162 + 160 + 161 + 140$

$= 933$

स्कूल U' में कक्षा VII में पढ़ने वाले विद्यार्थियों की संख्या = 162

अभीष्ट प्रतिशत $= \frac{162}{933}\times 100 = 17.36\%$

137. (c) कुल लड़कों की संख्या $= 25 + 20 = 45$

अभीष्ट प्रतिशत $= \frac{20}{45}\times 100 = 44.44\%$

138. (d) ΔPQR एक समबाहु त्रिभुज है, तो $PQ = QR = PR = 9$ सेमी।

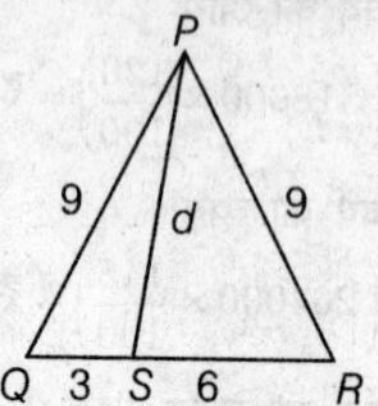

प्रश्नानुसार, $QR = 3QS$

$QS = \frac{9}{3} = 3$ सेमी

$\therefore$ $SR = 6$ सेमी

तो, $[((PQ)^2\times SR) + (PR^2 + QS)]$

$= QR(d^2 + QS\times SR)$

$\Rightarrow (9^2\times 6) + (9^2 + 3) = 9(d^2 + [3\times 6]$

$\Rightarrow 81\times(6+3) = 9(d^2 + 18)$

$81 = d^2 + 18$

$d^2 = 81 - 18 = 63$

$\Rightarrow$ $d = \sqrt{63}$ सेमी

139. (c) 3 मी 15 सेमी = 315 सेमी

6 मी 85 सेमी = 685 सेमी

$315 = 3\times 3\times 5\times 7$

$685 = 5\times 137$

315 तथा 685 का म. स. = 5

अत: लम्बाई को पूर्णत: मापने के लिए बड़ी-से-बड़ी सम्भव लम्बाई = 5 सेमी

140. (c) दिया है,

4 वर्षों का मिश्रधन = ₹ 7656

5 वर्षों का मिश्रधन = ₹ 8120

1 वर्ष का ब्याज = (8120 − 7656) = ₹ 464

4 वर्ष का ब्याज = (4 × 464) = ₹ 1856

मूलधन = (7656 − 1856) = ₹ 5800

ब्याज दर $= \frac{100\times 464}{5800} = 8\%$

141. (d) $\frac{7}{10} = 0.7$

$\frac{1}{3} = 0.33$

$\frac{2}{5} = 0.4$

$\frac{5}{6} = 0.83$

अत: 5 : 6 सबसे बड़ा अनुपात है।

142. (b) दिया है, $a - \frac{1}{a} = 4$

दोनों तरफ वर्ग करने पर, $\left(a - \frac{1}{a}\right)^2 = 4^2$

$\Rightarrow a^2 + \frac{1}{a^2} - 2 = 16$

$\Rightarrow a^2 + \frac{1}{a^2} = 18$

$\because \left(a + \frac{1}{a}\right)^2 = a^2 + \frac{1}{a^2} + 2 \times a \times \frac{1}{a}$

$\Rightarrow \left(a + \frac{1}{a}\right)^2 = 18 + 2 = 20$

$\Rightarrow a + \frac{1}{a} = \sqrt{20} = 2\sqrt{5}$

143. (c) दिया है,

दोनों कारों का विक्रय मूल्य ₹ 60000 है।

कुल विक्रय मूल्य

= ₹ (2 × 60000) = ₹ 120000

कुल क्रय मूल्य

$= ₹\left[\left(60000 \times \frac{100}{80}\right) + \left(60000 \times \frac{100}{120}\right)\right]$

= ₹ (75000 + 50000) = ₹ 125000

हानि = ₹ (125000 − 120000) = ₹ 5000

अभीष्ट हानि % $= \frac{5000}{125000} \times 100 = 4\%$

144. (c) माना सीमा की गति = x किमी/घण्टा

तथा, जूली की गति = $(x + 4)$ किमी/घण्टा

सापेक्ष गति = $(x + x + 4)$ किमी/घण्टा

= $2x + 4$ किमी/घण्टा

प्रश्नानुसार,

$40 = (2x + 4) \times 4$

$\Rightarrow 2x + 4 = 10$

$\Rightarrow 2x = 6$

$\Rightarrow x = 3$ किमी/घण्टा

अत: सीमा की गति = 3 किमी/घण्टा

जूली की गति = (3 + 4) = 7 किमी/घण्टा

145. (a) दिया है,

परिवार की आय = ₹ 75000

तो, परिवार का बचत

$= \left(75000 \times \frac{10}{100}\right) = ₹\ 7500$

परिवार का खर्च = (75000 − 7500)

= 67500

शिक्षा पर खर्च

$= \left(67500 \times \frac{30}{100}\right) = ₹\ 20250$

स्वास्थ्य पर खर्च = ₹ 30375

भोजन पर खर्च

= [67500 − (20250 + 30375)] = 16875

अभीष्ट प्रतिशत $= \frac{16875}{75000} \times 100 = 22.5\%$

146. (c) $12 = 2 \times 2 \times 3$

$14 = 2 \times 7$

$16 = 2 \times 2 \times 2 \times 2$

$18 = 2 \times 3 \times 3$

ल. स. = $2 \times 2 \times 2 \times 2 \times 3 \times 3 \times 7$

= 1008

अभीष्ट संख्या $= \frac{1008}{2} = 504$

147. (a) माना 1 किग्रा गेहूँ का क्रय मूल्य ₹ 1 है।

माना 9% लाभ पर बेचे गए गेहूँ की मात्रा

= x किग्रा

19% लाभ पर बेचे गए गेहूँ की मात्रा

= $(650 - x)$ किग्रा

प्रश्नानुसार,

$\left(x \times \frac{109}{100}\right) + \left(\frac{650 - x}{100} \times 119\right) = 650 \times \frac{115}{100}$

$\Rightarrow \frac{109x}{100} + \frac{77350 - 119x}{100} = \frac{74750}{100}$

$\Rightarrow 109x - 119x + 77350 = 74750$

$\Rightarrow 10x = 77350 - 74750$

$\Rightarrow 10x = 2600$

$\Rightarrow x = 260$

अत: 9% लाभ पर बेचे गए गेहूँ की मात्रा

= 260 किग्रा

148. (a) दिया है,

शंकु की त्रिज्या = 3 सेमी

तथा ऊँचाई = 4 सेमी

शंकु का सम्पूर्ण पृष्ठीय क्षेत्रफल

$= \pi r (r + l)$

$l = \sqrt{3^2 + 4^2} = \sqrt{9 + 16}$

$= \sqrt{25} = 5$ सेमी

अभीष्ट सम्पूर्ण पृष्ठीय क्षेत्रफल

$= \frac{22}{7} \times 3 \times (3 + 5)$

$= \frac{22}{7} \times 3 \times 8$

$= \frac{528}{7}$ सेमी^{2}

149. (d) प्रश्नानुसार, $OQ = OP = 6$ सेमी

चूँकि वृत्त की त्रिज्या, जीवा पर लम्ब समद्विभाजक है।

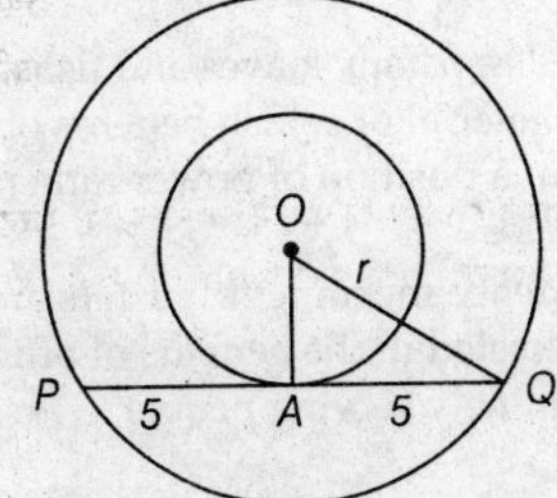

$PA = AQ = 5$ सेमी

ΔOAQ से,

$OQ^2 = OA^2 + AQ^2$

$\Rightarrow OA^2 = 6^2 - 5^2$

$\Rightarrow OA^2 = 36 - 25 = 11$

$\Rightarrow OA = \sqrt{11}$ सेमी

150. (a) दिया है,

कुल फल = 1200 किग्रा

अंगूर और सन्तरें की बिक्री के बीच का अन्तर

$= 1200 \times \frac{(15 - 10)}{100}$

= 12 × 5= 60 किग्रा

151. (d) The word 'spurious' means false, fake, or not genuine.
So, the antonym is 'genuine', which means authentic or real.

152. (b) 'Kleptomania' is a psychological condition where a person has an irresistible urge to steal items, even if they're not needed.
This exactly matches the underlined description.

153. (d) The phrase 'straight from the horse's mouth' means to get information directly from the source.
Since, the speaker heard the facts directly from him,' this idiom is the most appropriate fit.

154. (c) The one-word substutition for the 'study of coins' is numismatics.

155. (b) The sentence says 'The teacher asked the students to be quite during the exam'.
'Quite' is incorrect here. The correct word is 'quiet' (not noisy).
So, the correct substitution is 'be quiet'.

156. (d) 'Insipid' means bland, dull or lacking in flavour.
So, the correct substitution for the underlined segment is 'lacking taste'.

157. (b) 'Hue and cry' means a loud public outcry or protest, especially about an issue or injustice.
In the sentence, doctors are protesting against the RTH bill, so protest is the correct choice.

158. (d) 'Part and parcel' means an essential or inseparable part of something.
So, 'an integral part' is the most appropriate meaning.

159. **(c)** 'Major' means important, significant or large in scope.
'Considerable' means large in amount or extent, making it a suitable synonym.

160. **(a)** The correct sentence is 'Being courteous costs you nothing'.
The gerund being courteous acts as a general concept here and does not require an article.

161. **(a)** The idiom 'hear someone out' means to allow a person to speak without interruption until they've fully expressed their thoughts.
This is about patience and attentiveness in conversation.

162. **(d)** 'Ethical' means morally right or virtuous.
The opposite of that is 'immoral', which means lacking moral principles or being unethical.

163. **(c)** 'Vagrancy' refers to the state of living without a settled home, often wandering and being homeless.
'Vagabond' means a person who wanders without a home, making it the closest synonym.

164. **(c)** 'Build castles in the air' refers to making unrealistic or fanciful plans that are not grounded in reality.
Hence, 'To make imaginary schemes' is the most appropriate meaning.

165. **(c)** The idiom 'bite your tongue' means to stop yourself from saying something that you might regret, often to avoid conflict or being rude.
So, 'To avoid saying something' is the correct interpretation.

166. **(d)** The original sentence uses the present perfect form incorrectly.
'Lily has dedicate' is grammatically incorrect. The correct past participle of 'dedicate' is 'dedicated'.
So, the correct sentence is 'Lily has dedicated her life towards becoming a doctor'.

167. **(a)** 'Diabolical' means extremely evil or wicked, often associated with the devil.
'Malicious', meaning having the intention to harm, is the closest synonym.

168. **(b)** The correct spelling is 'exaggerate' (with a double 'g').

169. **(a)** The word 'absolved' means to be declared free from guilt or blame. The most direct antonym is 'accused', which refers to someone who has been formally charged with wrongdoing.

170. **(a)** 'The country's GDP bloomed despite the ongoing war situation' is the only sentence with correct spelling throughout 'despite' is correctly spelled and 'war situation' is also correct.

171. **(a)** The word 'calm' refers to a state of peace or tranquility. Its antonym would be 'turbulent', which indicates disorder, chaos or agitation - the opposite of calm.

172. **(b)** The sentence 'The cat climbed a tree and perched itself on a branch.' is correct.

173. **(d)** The correct spelling is 'persistence.
'Persistancy' is an incorrect or obsolete form.
The other words - inconceivable, convictions, and deductions - are all correctly spelled.

174. **(a)** The correct form should be 'would pass', not 'would passes'.
'Would' is a modal verb and should be followed by the base form of the verb (pass).
So, the error lies in the verb form used.

175. **(c)** The word 'discrepancy' means a lack of compatibility or similarity, typically between facts or figures.
'Major difference' is the most accurate substitute.

176. **(c)** The phrase 'Despite of' is incorrect.
It is a common grammatical error.
The correct usage is either
'Despite an injury...'
or
'In spite of an injury...'.

177. **(d)** The subject 'My teacher' is third person singular and the sentence is in the present tense.
Therefore, the verb should be in the simple present form with -s: 'forgets'.

178. **(b)** The idiom 'loaves and fishes' refers to material or selfish benefits obtained from a position of power rather than service.
Sentence meaning 'Ministers are more interested in the benefits of office than genuinely serving people'.

179. **(d)** The idiom 'to let the cat out of the bag' means to disclose a secret or a surprise unintentionally.
Example, He let the cat out of the bag about the surprise party.

180. **(c)** 'Sluggish' means slow-moving or lacking energy.
The antonym is 'swift', which means quick or fast.

181. **(c)** The idiom 'pull yourself together' means to regain control of your emotions, especially after being upset or disturbed.
Example, After hearing the bad news, she needed a moment to pull herself together.

182. **(c)** There is a subject-verb agreement error. The correct form is 'He is very thirsty' (not are).
'He' is singular, so it should be followed by 'is', not 'are.'

183. **(c)** The idiom 'talking through his hat' means talking nonsense or saying things without knowing the facts.
It implies that the person is speaking in a silly or meaningless way.
While 'ignorantly' is close, 'nonsense' is the more accurate and commonly accepted interpretation.

184. **(a)** A 'glutton' is a person who eats or consumes excessively, especially food.

185. **(c)** 'Profane' means not sacred, disrespectful to religion or the sacred.
The opposite is 'divine', which relates to godliness or sacredness.

186. **(d)** Fifty rupees seems too much' is the correct usage. Even though 'fifty rupees' is plural in form, it refers to a single amount of money and hence takes a singular verb - 'seems' fits grammatically and contextually.
'Feels' is not the right verb for expressing judgement of value here.

187. **(a)** The word 'hideous' means extremely ugly or unpleasant.
The opposite would be 'attractive', which refers to something pleasing or beautiful.

188. **(c)** The correct spelling is 'Mountaineering', which refers to the sport of climbing mountains.
The underlined word 'Mountainering' is incorrect.

189. (d) The article 'a' is incorrect before a proper noun or specific name like 'Neptune' if it refers to a named ship or spacecraft.
Correct usage would be 'the Neptune', not 'a Neptune'.

190. (b) The correct spelling is 'commuter', referring to someone who travels regularly. 'Comutter' is incorrectly spelt.

191. (d) The word 'motivation' best fits in blank number 1.

192. (a) The word 'behaviour' best fits in blank number 2.

193. (b) The word 'predictions' best fits in blank number 3.

194. (a) The word 'achievements' best fits in blank number 4.

195. (d) The word 'determinants' best fits in blank number 5.

196. (b) The word 'accurate' means correct, precise or free from error. Its antonym is 'inexact', which means not accurate or not precise.

197. (b) The passage discusses how social media contributes to the spread of misinformation, its effects (such as during COVID-19), historical parallels and possible solutions like education and platform accountability.

198. (d) The passage attributes the spread of misinformation to factors like lack of fact-checking, poor critical thinking skills, inability to distinguish credible sources, and lack of platform accountability. It does not mention people's desire for sensational or controversial content as a cause, making this the correct answer to the 'NOT' question.

199. (c) The author acknowledges the benefits of social media, such as global connectivity and giving a voice to the unheard.
However, the bulk of the passage focuses on its negative consequences, especially the rapid and harmful spread of misinformation.
This balanced viewpoint is best reflected in option 3.

200. (a) The passage outlines the negative impact of misinformation, gives historical context and suggests solutions like education and platform responsibility.
The author's tone is cautionary, aiming to raise awareness and warn readers about the consequences of unchecked misinformation in the digital age.

CPO SI P-1 SP 13

पेपर-1

SSC CPO SI
सॉल्वड पेपर

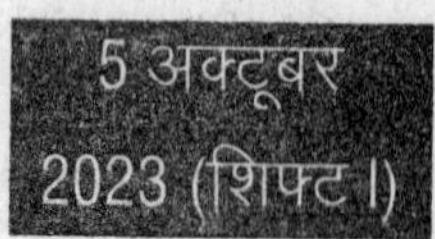

निर्देश

1. इस पेपर में 200 प्रश्न हैं।
2. इसमें 4 भाग हैं, **भाग 1** सामान्य बुद्धि एवं तर्कशक्ति, **भाग 2** सामान्य ज्ञान एवं सामान्य जागरुकता, **भाग 3** मात्रात्मक योग्यता और **भाग 4** अंग्रेजी
3. प्रत्येक प्रश्न **1 अंक** का है।

अधिकतम अंक : 200 **समय : 2 घण्टे**

भाग 1

सामान्य बुद्धि एवं तर्कशक्ति

1. यदि दर्पण को नीचे दिखाए गए अनुसार रेखा MN पर रखा गया हो, तो दी गई आकृति के सही दर्पण प्रतिबिम्ब का चयन कीजिए।

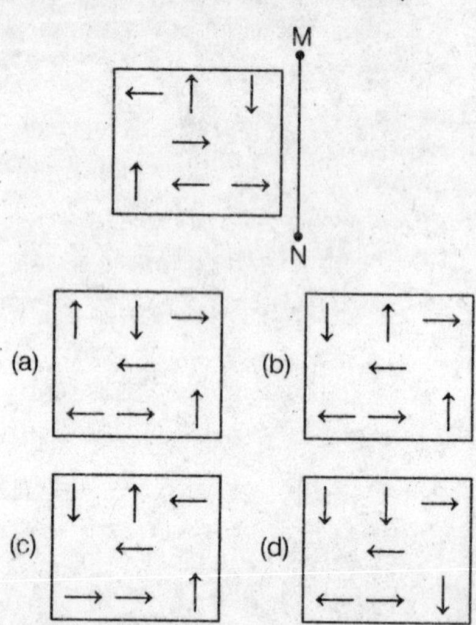

2. गणितीय चिह्नों के निम्नलिखित संयोजनों में से सही संयोजन का चयन कीजिए, जिसे निम्नलिखित समीकरण को सन्तुलित करने के लिए दिए गए कोष्ठक में भरा जा सकता है।

86 ◯ 42 ◯ 12 ◯ 3 ◯ 12 ◯ 3 ◯ 4

(a) −, −, ÷, =, ×, + (b) −, +, ×, =, ÷, +
(c) −, +, ÷, ×, =, + (d) ÷, −, +, ×, =, +

3. यदि दी गई शीट को मोड़कर एक घन बनाया जाए, तो दी गई आकृतियों में से कौन-सी आकृति बनना सम्भव है?

(एलिमेण्ट केवल फलकों को इंगित करने के लिए दिखाए गए हैं।)

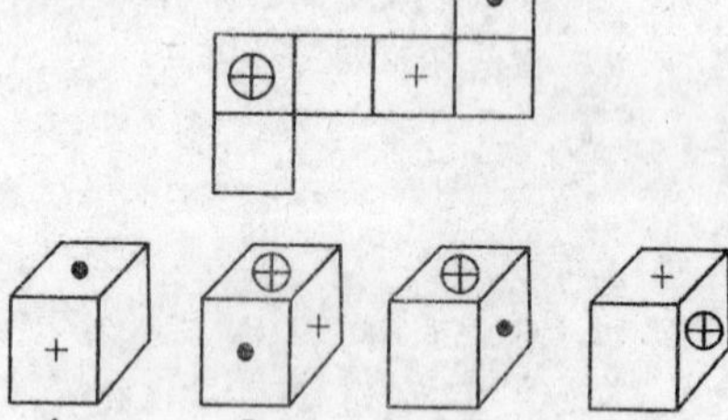

(a) केवल 1 और 3 (b) केवल 2 और 3
(c) केवल 2 और 4 (d) केवल 1 और 4

4. P, Q के उत्तर में है। T, Q के पूर्व में है और S, P के पूर्व में है। S, T के उत्तर-पूर्व में और R के दक्षिण-पश्चिम में है। Q के सापेक्ष R की स्थिति क्या है? (सभी स्थितियों को ग्रिड पैटर्न में व्यवस्थित किया गया है)

(a) उत्तर-पूर्व (b) पूर्व
(c) दक्षिण (d) दक्षिण-पश्चिम

5. उस विकल्प का चयन करें, जो तीसरे शब्द से उसी प्रकार सम्बन्धित है, जिस प्रकार दूसरा शब्द पहले शब्द से सम्बन्धित है।

(शब्दों को अर्थपूर्ण शब्दों के रूप में माना जाना चाहिए और इन्हें शब्द में अक्षरों की संख्या/व्यंजनों की संख्या/स्वरों की संख्या के आधार पर एक-दूसरे से सम्बन्ध नहीं किया जाना चाहिए।)

पेडल : साइकिल : : चप्पू : ?

(a) कार (b) डोंगी
(c) मोटरसाइकिल (d) टेलीविजन

6. विकल्पों में से कौन-सी संख्या दी गई शृंखला में प्रश्नचिह्न (?) को प्रतिस्थापित करेगी?

32, 32, 32, 34 ?, 106, 530

(a) 96 (b) 38
(c) 34 (d) 102

7. यदि '+' का अर्थ '−' है, '−' का अर्थ '÷' है, '÷' का अर्थ '×' है और '×' का अर्थ '+' है, तो दिए गए समीकरण में प्रश्नचिह्न (?) के स्थान पर क्या आएगा?

$15 \times 30 + 15 - 3 \div 2 = ?$

(a) 35 (b) 30 (c) 15 (d) 40

8. एक पासे के अलग-अलग फलकों पर छ: अक्षर/अंक A, B, C, 1, 2 और 3 लिखे गए हैं। इस पासे की दो स्थितियाँ दी गई आकृति में दिखाई गई हैं। C अक्षर वाले फलक के विपरीत फलक पर कौन-सा अक्षर/अंक है?

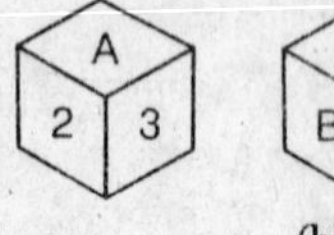

(a) 3 (b) B
(c) 2 (d) 1

9. निम्नलिखित में से कौन-सी संख्या दी गई शृंखला में प्रश्नचिह्न (?) के स्थान पर आएगी?

473, 517, 561, ?, 649, 693

(a) 598 (b) 607
(c) 603 (d) 605

10. एक निश्चित कूटभाषा में "GRAPE" को 21-54-3-48-15 के रूप में कूटबद्ध किया जाता है और 'MELON' को 39-15-36-45-42 के रूप में कूटबद्ध किया जाता है। उसी कूटभाषा में "PEACH" को किस प्रकार कूटबद्ध किया जाएगा?

(a) 48-15-3-9-24
(b) 49-15-3-9-27
(c) 45-16-3-9-24
(d) 48-15-3-8-27

11. यदि दर्पण को नीचे दर्शाए अनुसार रेखा 'MN' पर रखा जाता है, तो दिए गए पैटर्न का सही दर्पण प्रतिबिम्ब कौन-सा होगा?

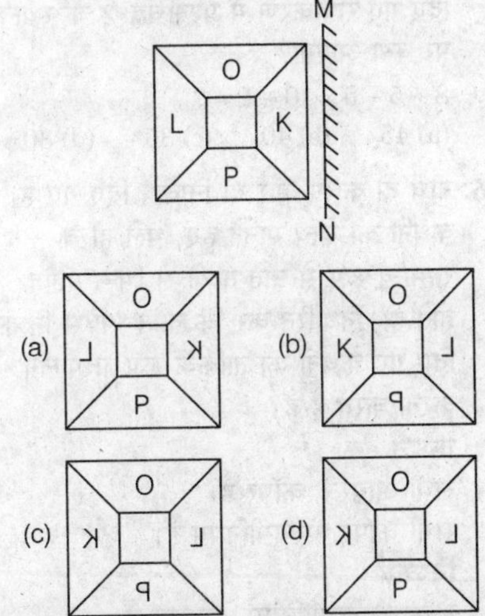

12. नीचे दो कथन और दो निष्कर्ष दिए गए हैं। कथनों को सत्य मानते हुए, भले ही वे सामान्य रूप से ज्ञात तथ्यों से भिन्न प्रतीत होते हों, निर्धारित करें कि कौन-सा निष्कर्ष दिए गए कथनों का तार्किक रूप से पालन करता/करते है/हैं?

कथन
कुछ खजूर, हेजलनट हैं।
सभी हेजलनट अखरोट हैं।

निष्कर्ष
I. कुछ खजूर, अखरोट हैं।
II. कुछ अखरोट, हेजलनट हैं।

(a) केवल निष्कर्ष I पालन करता है
(b) दोनों निष्कर्ष पालन करते हैं
(c) न तो निष्कर्ष I और न ही II पालन करता है
(d) केवल निष्कर्ष II पालन करता है

13. निम्नलिखित शृंखला में प्रश्नचिह्न (?) के स्थान पर कौन-सी संख्या आएगी?

6, 20, 42, ?, 110, 156

(a) 80 (b) 72
(c) 50 (d) 64

14. यदि A का अर्थ '+' हो, B का अर्थ '×' हो, C का अर्थ '–' हो और D का अर्थ '÷' हो, तो निम्नलिखित समीकरण का मान कितना होगा?

94 C 12 B 6 A 216 D 9 = ?

(a) 47 (b) 46
(c) 68 (d) 52

15. निम्नलिखित में से कौन-सी आकृति दी गई शृंखला में 5वें स्थान पर रखे जाने पर पहली चार आकृतियों द्वारा निर्मित शृंखला को जारी रखेगी?

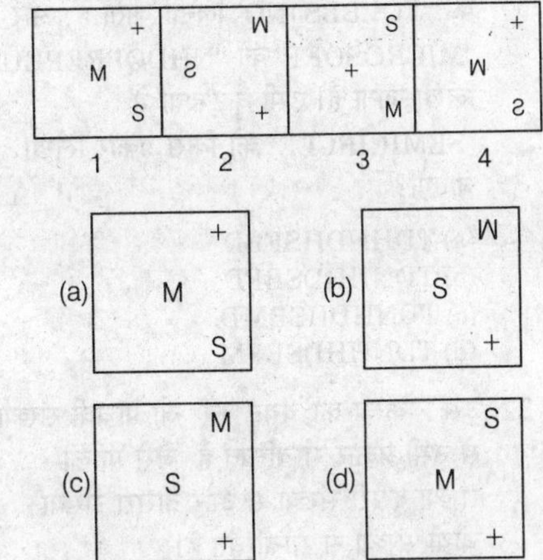

16. निम्नलिखित में से कौन-सा विकल्प दी गई शृंखला में प्रश्नचिह्न (?) के स्थान पर आएगा?

HKOE, KNOE, ?, QTOE, TWOE

(a) QNOE (b) NQEO
(c) NOQE (d) NQOE

17. F, J का भाई है। E, D की बहन है। K, L की बहन है। D, L का पुत्र है। J, E का पिता है। D का F से क्या सम्बन्ध है?

(a) भतीजी (b) पत्नी
(c) भतीजा (d) बहनोई

18. कौन-सा अक्षर-समूह प्रश्नचिह्न (?) के स्थान पर आकर दी गई शृंखला को पूर्ण करेगा?

ZFKQ, BCMN, ?, FWQH, HTSE

(a) DZPJ (b) DZOK
(c) DBOM (d) DAOL

19. उस सही विकल्प का चयन कीजिए, जो दिए गए शब्दों के उसी क्रम में व्यवस्थापन को दर्शाता है, जिस क्रम वे अंग्रेजी शब्दकोश में मौजूद होते हैं।

1. Desperate 2. Desolate
3. Destruction 4. Desire
5. Descend 6. Destination

(a) 5, 4, 1, 2, 6, 3 (b) 5, 4, 1, 6, 2, 3
(c) 5, 4, 2, 1, 6, 3 (d) 5, 4, 2, 1, 3, 6

20. Z@A का अर्थ है Z, A का पुत्र है।
Z * A का अर्थ है Z, A का भाई है।
Z × A का अर्थ है Z, A के पिता है।
Z # A का अर्थ है Z, A की बहन है।
Z $ A का अर्थ है Z, A की पुत्री है।
Z = A का अर्थ है Z, A की माता है।
निम्नलिखित व्यंजक में A का Y से क्या सम्बन्ध है? A * S = J@M×Y

(a) A, Y का भाई है
(b) A, Y की माता का भाई है
(c) A, Y का चचेरा/ममेरा/फुफेरा/मौसेरा भाई/बहन है
(d) A, Y के पिता है

21. पूजा बिन्दु A से पूर्व की ओर 4 किमी ड्राइव करती है। वह दाएँ मुड़ती है, और 2 किमी ड्राइव करती है। फिर वह बाएँ मुड़ती है, और 3 किमी ड्राइव करती है। वह पुनः बाएँ मुड़ती है, और बिन्दु B तक पहुँचने के लिए 2 किमी ड्राइव करती है। बिन्दु A पर पुनः पहुँचने के लिए अब उसे कितनी दूर और किस दिशा में ड्राइव करना चाहिए?

(a) उत्तर की ओर 5 किमी
(b) पूर्व की ओर 4 किमी
(c) पश्चिम की ओर 7 किमी
(d) दक्षिण की ओर 4 किमी

22. यदि '+' का अर्थ '–' है, '–' का अर्थ '×' है, '×' का अर्थ '÷' है और '÷' का अर्थ '+' है, तो निम्नलिखित समीकरण में प्रश्नचिह्न (?) के स्थान पर क्या आएगा?

$42 \times 6 - 7 \div 13 + 28 = ?$

(a) 39 (b) 27 (c) 43 (d) 34

23. निम्नलिखित में से तीन अक्षर-समूह किसी-न-किसी तरह से संगत हैं, और एक असंगत है। असंगत अक्षर समूह का चयन करें।

(a) HDGE (b) JQAZ
(c) OKNL (d) FBEC

24. यदि '+' का अर्थ '–' है, '–' का अर्थ '×' है, '×' का अर्थ '÷' है और '÷' का अर्थ '+' है, तो निम्नलिखित समीकरण में प्रश्नचिह्न '(?)' के स्थान पर क्या आएगा?

$45 - 3 \div 144 \times 12 + 38 = ?$

(a) 91 (b) 123 (c) 95 (d) 109

25. किसी निश्चित कूटभाषा में, 'COLD' को '6428' के रूप में कूटबद्ध किया जाता है और 'TIDE' को '9673' के रूप में कूटबद्ध किया जाता है। दी गई उस कूटभाषा में 'D' के लिए कूट क्या है?

(a) 6 (b) 2
(c) 3 (d) 9

26. उस विकल्प का चयन करें, जो उन अक्षरों को निरूपित करता है, जिन्हें नीचे दिए गए रिक्त स्थानों में क्रमिक रूप से बाएँ से दाएँ रखे जाने पर दी गई अक्षर-शृंखला पूरी हो जाएगी।

_L__KS_TU_SL__K

(a) KTULUTS
(b) STULKTU
(c) UTSKTLU
(d) LUSKTUK

27. निम्नलिखित आकृति शृंखला में आगे आने वाली आकृति का चयन करें।

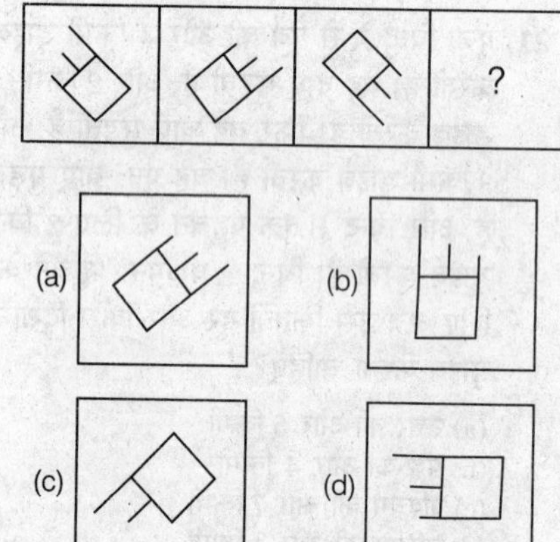

28. उस विकल्प का चयन कीजिए, जो दिए गए शब्दों के उस सही क्रम को दर्शाता है, जिस क्रम में वे अंग्रेजी शब्दकोश में मौजूद होते हैं।

1. Flint 2. Flec
3. Flaw 4. Fleet
5. Flight

(a) 3, 5, 4, 2, 1 (b) 3, 2, 4, 5, 1
(c) 2, 3, 4, 5, 1 (d) 3, 4, 2, 5, 1

29. जब दर्पण को रेखा MN पर रखा जाता है, तो दी गई आकृति का सही दर्पण प्रतिबिम्ब ज्ञात कीजिए।

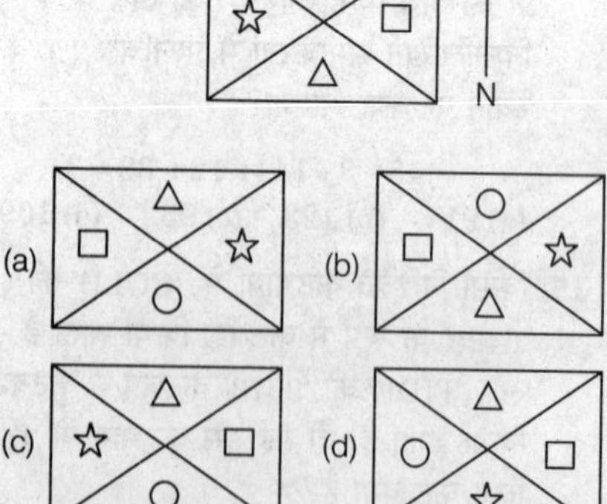

30. छः विद्यार्थी एक वृत्ताकार मेज के परित: केन्द्र की ओर मुख करके बैठे हैं। A, E और D दोनों के ठीक बगल में बैठा है। E, C के दाईं ओर तीसरे स्थान पर बैठा है। D,F के बाईं ओर तीसरे स्थान पर बैठा है। E, F के ठीक बगल में है। B, E के बाईं ओर दूसरे स्थान पर बैठा है। A और C, दोनों के ठीक बगल में कौन बैठा है?

(a) E (b) F (c) B (d) D

31. एक निश्चित कूटभाषा में "EDUCATION" को "FCVBBSJNO" लिखा जाता है, और "MICROSOFT" को "NHDQPREPEU" लिखा जाता है। उसी कूटभाषा में "SEMICIRCLE" को किस प्रकार लिखा जाएगा?

(a) TDHNDHSFBD
(b) TDNHHDSBFD
(c) TDNHDHSBMD
(d) TDNHHDSBFM

32. उस विकल्प का चयन करें, जो पाँचवीं संख्या से उसी प्रकार सम्बन्धित है, जैसे पहली संख्या दूसरी संख्या से और तीसरी संख्या चौथी संख्या से सम्बन्धित है।

32 : 10 :: 24 : 12 :: 98 : ?

(a) 43 (b) 34
(c) 24 (d) 25

33. उस समुच्चय का चयन कीजिए, जिसमें संख्याएँ आपस में उसी प्रकार सम्बन्धित हैं जिस प्रकार निम्नलिखित समुच्चयों की संख्याएँ आपस में सम्बन्धित हैं।
(**नोट** संख्याओं को उसके घटक अंकों में विभाजित किए बिना, पूर्ण संख्याओं पर गणितीय संक्रियाएँ की जानी चाहिए। उदाहरण के लिए 13– गणितीय संक्रियाएँ जैसे कि जोड़ना/घटाना/गुणा करना इत्यादि 13 में किया जा सकता है। 13 को 1 और 3 में विभाजित करना और फिर 1 और 3 पर गणितीय संक्रियाएँ करने की अनुमति नहीं है।)

(23, 6, 35)
(13, 5, 23)

(a) (16, 4, 20) (b) (24, 5, 33)
(c) (25, 8, 41) (d) (13, 7, 28)

34. यदि दी गई शीट को मोड़कर एक घन बनाया जाए, तो निम्न में से कौन-सी आकृति/आकृतियाँ बनना सम्भव है?
(संख्या केवल घनों के फलकों को इंगित करने के लिए दी गई हैं)

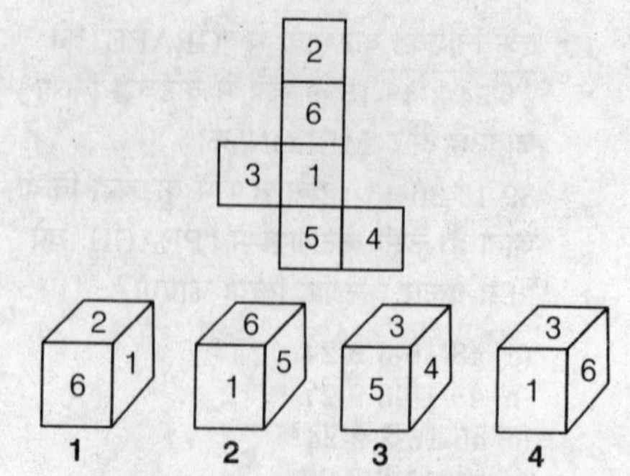

(a) केवल 4 (b) केवल 2
(c) केवल 3 (d) केवल 1 और 4

35. यदि '+' का अर्थ '÷' है, '–' का अर्थ '+' है, '×' का अर्थ '–' है और '÷' का अर्थ '×' है, तो दिए गए समीकरण में प्रश्नचिह्न '?' के स्थान पर क्या आएगा?

$8 \div 5 - 5 \times 10 + 2 = ?$

(a) 45 (b) 40 (c) 35 (d) 30

36. नीचे दो कथन और दो निष्कर्ष दिए गए हैं। कथनों को सत्य मानते हुए, भले ही वे सामान्य रूप से ज्ञात तथ्यों से भिन्न प्रतीत होते हों, निर्धारित करें कि कौन-सा/से निष्कर्ष दिए गए कथनों का तार्किक रूप से पालन करता/करते है/हैं?

कथन
सभी आयरन, कॉपर हैं।
सभी कॉपर, एल्युमीनियम हैं।

निष्कर्ष
I. कुछ एल्युमीनियम, आयरन हैं
II. कुछ एल्युमीनियम, कॉपर हैं

(a) केवल निष्कर्ष I पालन करता है
(b) न तो निष्कर्ष I और न ही II पालन करता है
(c) दोनों निष्कर्ष पालन करते हैं
(d) केवल निष्कर्ष II पालन करता है

37. दिए गए समीकरण को सही बनाने के लिए किन दो चिह्नों को आपस में बदल देना चाहिए?

$729 \times 9 - (56 - 6) \times 5 \div 2 + 152 \times 19 = 69$

(a) × और + (b) ÷ और –
(c) + और – (d) × और ÷

38. छः मित्र एक वृत्ताकार स्थिति में केन्द्र की ओर मुख करके बैठे हुए हैं। सुमित, अमित के दाईं ओर दूसरे स्थान पर बैठा है। करण, परम के ठीक बगल में है। टोनी, अमित के दाईं ओर तीसरे स्थान पर बैठा है। धरम, अमित और सुमित के ठीक बगल में बैठा है। कारण, सुमित के दाईं ओर दूसरे स्थान पर बैठा है। परम के दाईं ओर चौथे स्थान पर कौन बैठा है?

(a) सुमित (b) धरम (c) टोनी (d) करण

39. उस समुच्चय का चयन कीजिए, जिसमें संख्याएँ आपस में उसी प्रकार सम्बन्धित हैं, जिस प्रकार निम्नलिखित समुच्चयों की संख्याएँ आपस में सम्बन्धित है।
(**नोट** संख्याओं को उसके घटक अंकों में विभाजित किए बिना, पूर्ण संख्याओं पर गणितीय संक्रियाएँ की जानी चाहिए। उदाहरण के लिए 13- संख्या 13 पर गणितीय संक्रियाएँ जैसे कि जोड़ना/घटाना/गुणा करना आदि को 13 से किया जा सकता है। 13 को 1 और 3 में विभाजित करना और फिर 1 और 3 पर गणितीय संक्रियाएँ करने की अनुमति नहीं है।)
(2, 5, 341)
(1, 7, 510)
(a) (8, 2, 140) (b) (1, 2, 25)
(c) (3, 6, 64) (d) (2, 5, 56)

40. निम्नलिखित में से तीन अक्षर-समूह किसी-न-किसी तरह से संगत हैं और एक असंगत है। असंगत अक्षर समूह का चयन करें।
(a) KPLO (b) LOKP
(c) HMIL (d) SXTW

41. उस वेन आरेख का चयन करें, जो निम्नलिखित वर्गों के बीच के सम्बन्ध को सर्वोत्तम ढंग से दर्शाता है।
यूरोप, यूनाइटेड किंगडम, लन्दन

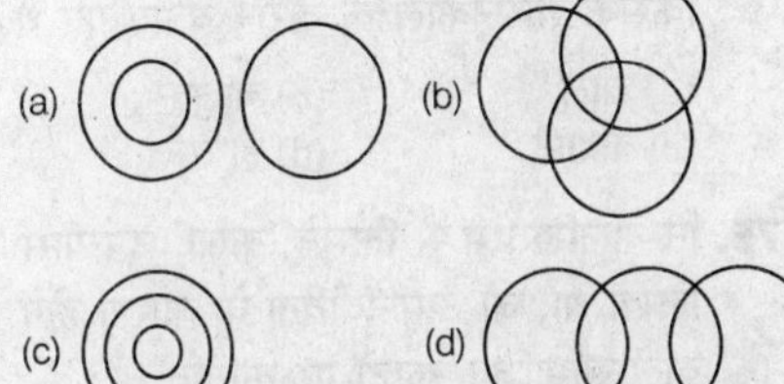

42. उस विकल्प आकृति का चयन कीजिए, जो दी गई आकृति में उसके एक भाग के रूप में अन्तर्निहित है।
(आकृति को घुमाने की अनुमति नहीं है)

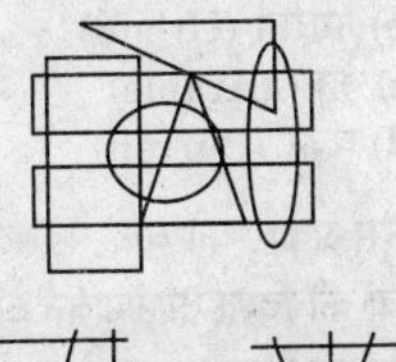

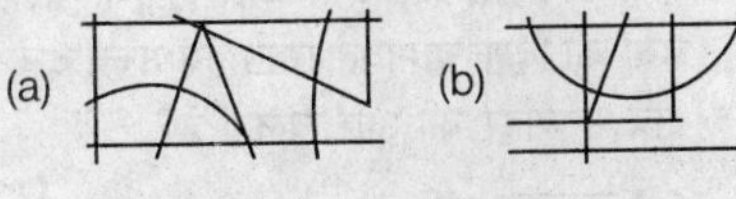

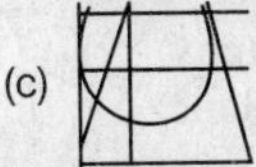
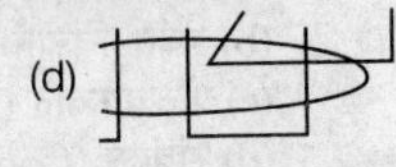

43. उस विकल्प का चयन करें, जो तीसरे शब्द से उसी प्रकार सम्बन्धित है, जिस प्रकार दूसरा शब्द, पहले शब्द से सम्बन्धित है।
(शब्दों को अर्थपूर्ण शब्दों के रूप में माना जाना चाहिए और इन्हें शब्द में अक्षरों की संख्या/व्यंजनों /स्वरों की संख्या के आधार पर एक-दूसरे से सम्बन्ध नहीं किया जाना चाहिए।)
इच्छा करना : लालसा करना : : फुर्ती : ?
(a) विलम्ब (b) विश्राम
(c) तत्परता (d) तरसना

44. एक निश्चित कूटभाषा में, "YATCH" को 67 और "DINE" को 40 के रूप में कूटबद्ध किया जाता है।
उसी कूटभाषा में, "MANGO" को किस प्रकार कूटबद्ध किया जाएगा?
(a) 57 (b) 65
(c) 60 (d) 62

45. एक निश्चित कूटभाषा में "STORY" को "97" और "PULL" को "61" के रूप में कूटबद्ध किया जाता है। उसी कूटभाषा में "INCOME" को किस प्रकार कूटबद्ध किया जाएगा?
(a) 47 (b) 59
(c) 54 (d) 49

46. उस समुच्चय का चयन कीजिए, जिसमें संख्याएँ आपस में उसी प्रकार सम्बन्धित हैं, जिस प्रकार निम्नलिखित समुच्चयों की संख्याएँ आपस में सम्बन्धित हैं।
(**नोट** संख्याओं को उसके घटक अंकों में विभाजित किए बिना, पूर्ण संख्याओं पर गणितीय संक्रियाएँ की जानी चाहिए। उदाहरण के लिए 13 संख्या 13 पर गणितीय संक्रियाएँ जैसे कि जोड़ना/घटाना/गुणा करना इत्यादि 13 में किया जा सकता है। 13 को 1 और 3 में विभाजित करना और फिर 1 और 3 पर गणितीय संक्रियाएँ करने की अनुमति नहीं है।)
(7, 52), (9, 84)
(a) (11, 125) (b) (8, 65)
(c) (13, 172) (d) (14, 196)

47. एक पासे की तीन अलग-अलग स्थितियाँ दर्शाई गई है। '6' दर्शाने वाले फलक के विपरीत फलक पर कौन-सी संख्या होगी?

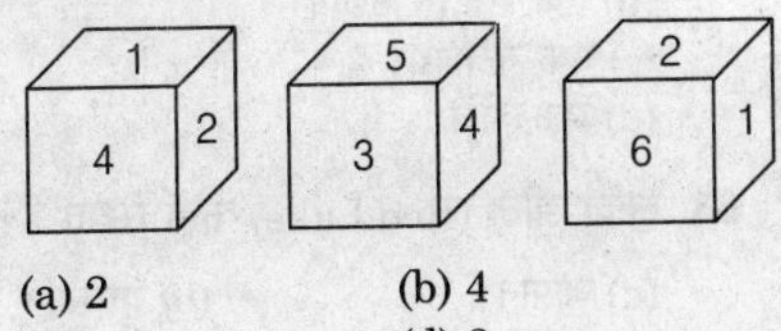

(a) 2 (b) 4
(c) 1 (d) 3

48. निम्नलिखित में से कौन-सी संख्या दी गई शृंखला में प्रश्नचिह्न (?) का स्थान लेगी?
42, 53, 46, ?, 53, 66
(a) 58 (b) 51
(c) 55 (d) 48

49. यदि निम्नलिखित आकृति शृंखला को जारी रखा जाए, तो दिए गए विकल्पों में से कौन-सी आकृति प्रश्नचिह्न (?) को प्रतिस्थापित करेगी?

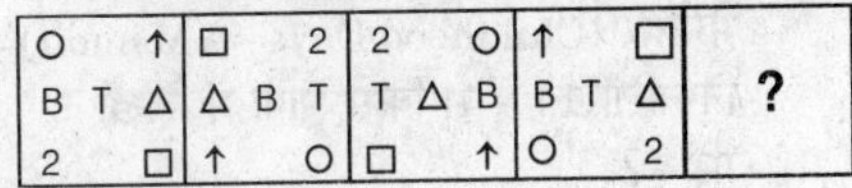

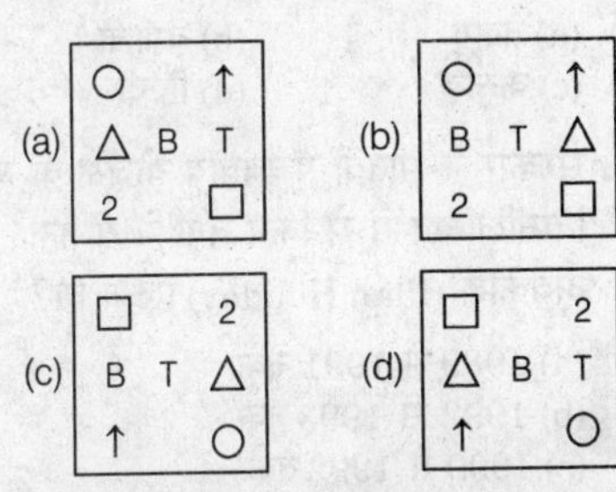

50. इस प्रश्न में, तीन कथन और उसके बाद दो निष्कर्ष I और II दिए गए हैं। कथनों को सत्य मानते हुए, भले ही वे सामान्यत: ज्ञात तथ्यों से भिन्न प्रतीत होते हों, निर्णय लें कि कौन-सा/से निष्कर्ष तार्किक रूप से कथनों का पालन करता/करते है/हैं?
कथन
सभी चाय, कॉफी हैं।
सभी कॉफी, पेय पदार्थ हैं।
कुछ चाय, ड्रिंक हैं।
निष्कर्ष
I. सभी चाय, पेय पदार्थ हैं।
II. कोई ड्रिंक, कॉफी नहीं है।
(a) दोनों निष्कर्ष I और II पालन करते हैं
(b) केवल निष्कर्ष I पालन करता है
(c) केवल निष्कर्ष II पालन करता है
(d) न तो निष्कर्ष I और न ही II पालन करता है

भाग 2

सामान्य ज्ञान एवं सामान्य जागरुकता

51. निम्नलिखित में से कौन-सा भारत के गौण औद्योगिक क्षेत्र (minor industrial region) का उदाहरण नहीं है?
(a) अम्बाला-अमृतसर क्षेत्र
(b) हुगली क्षेत्र
(c) उत्तरी मालाबार क्षेत्र
(d) दुर्ग-रायपुर क्षेत्र

52. अकबर द्वारा खानदेश का मुगल साम्राज्य में विलय कब किया गया था?
(a) 1605 में (b) 1595 में
(c) 1597 में (d) 1601 में

53. हरिशंकर भट्टाचार्य ··· के उस्ताद (maestro) हैं।
(a) वायलिन (b) सारंगी
(c) सितार (d) सन्तूर

54. सत्यजित रे की कृति 'चाइल्डहुड डेज – ए मेमोयर (Childhood Days - A Memoir) निम्नलिखित में से किस भाषा में लिखी गई है?
(a) तेलुगू (b) बंगाली
(c) कन्नड़ (d) हिन्दी

55. सरकार ने सातवीं पंचवर्षीय योजना के बाद निम्नलिखित में से किन वर्षों में योजना अवकाश (Plan Holiday) लिया था?
(a) 1989 से 1991 तक
(b) 1992 से 1993 तक
(c) 1990 से 1992 तक
(d) 1991 से 1993 तक

56. वर्ष 2016 के विश्व बैंक आँकड़ों के अनुसार, भारत में कितने प्रतिशत नौकरियों पर ऑटोमेशन का खतरा है?
(a) 69% (b) 55%
(c) 77% (d) 40%

57. निम्नलिखित में से किस नृत्य शैली की उत्पत्ति दक्षिणपूर्वी भारत में हुई थी?
(a) कथक (b) छऊ
(c) कुचिपुड़ी (d) सत्रीया

58. भारत ने क्रिकेट में आईसीसी T20 (ICC T20) पुरुष विश्व कप कितनी बार जीता है?
(a) 2 (b) 4 (c) 3 (d) 1

59. हिमालय को पश्चिमी से पूर्व तक क्षेत्रों के आधार पर विभाजित किया गया है। पश्चिम से पूर्व तक के क्षेत्रों का सही क्रम क्या है?
(a) पंजाब हिमालय, नेपाल हिमालय, कुमाऊँ हिमालय और असम हिमालय
(b) पंजाब हिमालय, कुमाऊँ हिमालय, नेपाल हिमालय और असम हिमालय
(c) पंजाब हिमालय, कुमाऊँ हिमालय, असम हिमालय और नेपाल हिमालय
(d) पंजाब हिमालय, नेपाल हिमालय, असम हिमालय और कुमाऊँ हिमालय

60. निम्नलिखित में से कौन-सा पद लॉर्ड कॉर्नवालिस द्वारा बंगाल में लागू की गई एक प्रणाली/व्यवस्था को इंगित करता है, जिसके तहत जमींदारों को एक निश्चित तिथि तक एक निश्चित राजस्व प्राप्त करने के लिए भूमि का कानूनी स्वामित्व प्रदान किया जाता था?
(a) तालुकदारी व्यवस्था
(b) महलवाड़ी व्यवस्था
(c) स्थायी बन्दोबस्त
(d) रैयतवाड़ी व्यवस्था

61. भारतीय संविधान में वर्णित मूल कर्त्तव्यों का प्रावधान निम्नलिखित में से किससे प्रेरित है?
(a) यूएसएसआर (USSR) के संविधान से
(b) फ्रांस के संविधान से
(c) कनाडा के संविधान से
(d) संयुक्त राज्य अमेरिका के संविधान से

62. ममिता (aimate) निम्नलिखित में से किस राज्य का लोकप्रिय लोकनृत्य है?
(a) उत्तराखण्ड (b) पंजाब
(c) हरियाणा (d) त्रिपुरा

63. अष्टध्यायी, व्याकरण पर एक संस्कृत ग्रन्थ है, जिसकी रचना छठी से पाँचवीं शताब्दी ईसा पूर्व में ··· द्वारा की गई थी।
(a) पाणिनी (b) अगस्त्य
(c) पतंजलि (d) विश्वामित्र

64. निम्नलिखित में से किस देश के राष्ट्रपति को 26 जनवरी, 2020 को गणतन्त्र दिवस परेड में मुख्य अतिथि के रूप में आमन्त्रित किया गया था?
(a) ब्राजील (b) न्यूजीलैण्ड
(c) इण्डोनेशिया (d) ऑस्ट्रेलिया

65. हिन्दू धर्म के भीतर बुराइयों पर प्रहार करने के लिए आत्मीय सभा की स्थापना कब की गई थी?
(a) 1839 ई. (b) 1845 ई.
(c) 1828 ई. (d) 1814 ई.

66. आवर्त सारणी के समूह 18 का कौन-सा रासायनिक तत्त्व मृदा और चट्टानों में यूरेनियम के प्राकृतिक रेडियोधर्मी क्षय से उत्पन्न होता है?
(a) क्रिप्टॉन (Krypton)
(b) रेडॉन (Radon)
(c) नियॉन (Neon)
(d) ओगनेसन (Oganesson)

67. हिमालय में सियाचिन ······· है।
(a) एक झील
(b) एक राष्ट्रीय उद्यान
(c) एक ग्लेशियर
(d) एक बाँध

68. लाल झील (Red Lake) कहाँ स्थित है?
(a) जापान (b) यूएसए
(c) यूके (d) चीन

69. प्रशुल्क एवं व्यापार पर सामान्य समझौता (GATT) का 8वाँ राउण्ड, जिसे 'उरुग्वे राउण्ड' भी कहा जाता है, कब हुआ था, जिसके परिणामस्वरूप विश्व व्यापार संगठन (WTO) की स्थापना हुई थी?
(a) वर्ष 1994 में (b) वर्ष 1993 में
(c) वर्ष 1992 में (d) वर्ष 1991 में

70. निम्नलिखित में से कौन-सा नृत्य रूप, अपनी उत्पत्ति को प्राचीन नृत्य सादिर अट्टम से जोड़ता है?
(a) कथकली (b) कुचिपुड़ी
(c) भरतनाट्यम (d) मोहिनीअट्टम

71. पूर्वी घाट ··· से लेकर दक्षिण में नीलगिरि तक फैला हुआ है।
(a) महानदी घाटी (b) गोदावरी घाटी
(c) सोन घाटी (d) दामोदर घाटी

72. भारतीय संविधान द्वारा अनुच्छेद 368 के अनुसार, कितने प्रकार के संशोधनों का उल्लेख किया गया है?
(a) दो (b) पाँच (c) चार (d) तीन

73. भारत के संविधान के किस अनुच्छेद में कहा गया है कि प्रधानमन्त्री की नियुक्ति भारत के राष्ट्रपति द्वारा की जाती है?
(a) अनुच्छेद 73 (b) अनुच्छेद 75
(c) अनुच्छेद 76 (d) अनुच्छेद 74

74. तारानुमा मन्दिर (star-shaped temples) किसके शासनकाल के दौरान बनाए गए थे?
(a) चोल (b) चालुक्य
(c) बादामी (d) होयसल

75. निम्नलिखित में से किसने 'कुली' उपन्यास लिखा था, जो अमानवीयता के कारण होने वाले सामाजिक कष्टों पर केन्द्रित था?
(a) मुल्क राज आनन्द (b) वी. एस. नायपॉल
(c) विजय तेन्दुलकर (d) आर. के. नारायण

76. ······ भूमि नियमित रूप से फसल के लिए उपयुक्त है।
(a) सीमान्त (Marginal)
(b) नगरीय (Urban)
(c) कृष्य (Arable)
(d) बंजर (Barren)

77. किस प्रकार की वर्षा में, हवाएँ, उत्तरी गोलार्द्ध में हवा की दिशा दक्षिणावर्त और दक्षिणी गोलार्द्ध में हवा की दिशा वामावर्त रखते हुए उच्च दाब वाले क्षेत्र से बाहर की ओर चलती है?
(a) चक्रवात (Cyclones)
(b) पर्वत-विज्ञान (Orography)
(c) प्रतिचक्रवात (Anticyclone)
(d) संवहन (Convection)

78. आधुनिक आवर्त सारणी में परमाणु संख्या 43 वाला कौन-सा रेडियोधर्मी तत्त्व अस्थिर है और इसके सभी समस्थानिकों की अर्द्ध आयु अपेक्षाकृत छोटी है, जो 4.2 मिलियन वर्ष से 5.0 सेकण्ड तक है?

(a) नॉबेलियम (Nobelium)
(b) नेप्टूनियम (eptunium)
(c) प्रोमेथियम (Promethium)
(d) टेक्नेटियम (Technetium)

79. 16वीं शताब्दी के दौरान बहमनी साम्राज्य के विघटन के परिणामस्वरूप निम्नलिखित में से कौन-सा अस्तित्व में नहीं आया?

(a) गौर (b) बीदर
(c) अहमदनगर (d) गोलकुण्डा

80. निम्नलिखित में से कौन-सा गोलकृमि है?

(a) टीनिया (Taenia)
(b) प्लैनेरिया (Planaria)
(c) यकृत पर्णकृमि (Liver fluke)
(d) एस्केरिस (Ascans)

81. बास्केटबॉल कोर्ट की आकृति ··· होती है।

(a) त्रिभुजाकार (b) वृत्ताकार
(c) वर्गाकार (d) आयताकार

82. गिद्ध ······ होते हैं।

(a) अपघटक (b) शाकाहारी
(c) मांसाहारी (d) सर्वहारी

83. सर्वेंट्स ऑफ इण्डिया सोसायटी निम्नलिखित में से किस नेता का मौलिक विचार था?

(a) गोपाल कृष्ण गोखले
(b) चितरंजन दास
(c) लाला लाजपत राय
(d) बी. आर. अम्बेडकर

84. वर्ष 2022 तक प्राप्त जानकारी के अनुसार, भारतीय संविधान में कितने मूल कर्त्तव्यों को सूचीबद्ध किया गया है?

(a) 12 (b) 11 (c) 10 (d) 13

85. अम्मनूर माधव चाकियार को निम्नलिखित में से किस नृत्य शैली में उनके योगदान के लिए पद्मश्री से सम्मानित किया गया था?

(a) कुचिपुड़ी (b) कथकली
(c) यक्षगान (d) कुटियाट्टम

86. निम्नलिखित में से कौन-सा उद्योग, औद्योगिक नीति 1956 की अनुसूची A में शामिल नहीं था?

(a) नमक का खनन (b) लौह एवं इस्पात
(c) खनिज तेल (d) हवाई परिवहन

87. राष्ट्रीय आय की गणना करते समय, निम्नलिखित में से किसे इनवेण्टरी निवेश (inventory investment) में शामिल नहीं किया जाता है?

(a) अर्द्ध-निर्मित माल के स्टॉक में परिवर्तन (Change in stock of semi-finished goods)
(b) वर्ष के दौरान बिक्री में परिवर्तन (Change in sales during the year)
(c) कच्चे माल के स्टॉक में परिवर्तन (Change in stock of raw material)
(d) निर्मित माल के स्टॉक में परिवर्तन (Change in stock of finished goods)

88. 1 किलोवाट ··· के समतुल्य है।

(a) 3600 कैलोरी (b) 3600 KJ/h
(c) 7200 जूल (d) 7200 KJ/h

89. दिए गए विकल्पों में से उस विकल्प का चयन कीजिए, जो लेड नाइट्रेट की अपघटन अभिक्रिया का एक उत्पाद नहीं है।

(a) ऑक्सीजन
(b) नाइट्रोजन
(c) नाइट्रोजन डाइऑक्साइड
(d) लेड ऑक्साइड

90. निम्न में से कौन-सा विकल्प लघु बचतों का उदाहरण नहीं है?

(a) राष्ट्रीय बचत प्रमाण-पत्र (National Savings Certificates)
(b) डाकघर जमा (Post Office Deposits)
(c) किसान विकास पत्र (Kisan Vikas Patras)
(d) म्युचुअल फण्ड (Mutual Funds)

91. भारतीय संविधान के किस अनुच्छेद के तहत संघ की कार्यपालिकीय शक्ति राष्ट्रपति में निहित होगी?

(a) अनुच्छेद 55 (b) अनुच्छेद 53
(c) अनुच्छेद 58 (d) अनुच्छेद 56

92. आइस हॉकी के खेल में, सामान्य खेल के दौरान प्रतिस्पर्द्धा करने के लिए किसी भी एक समय पर, प्रत्येक टीम में कितने खिलाड़ी बर्फ (आइस) पर होते हैं?

(a) 5 (b) 10
(c) 15 (d) 6

93. चाद शुक्र (Chad Sukra) त्योहार ... की जयन्तिया जनजाति द्वारा मनाया जाता है।

(a) झारखण्ड (b) मेघालय
(c) पंजाब (d) असम

94. केन्द्र द्वारा राज्यपाल की नियुक्ति भारत के संविधान की किस विशेषता से सम्बन्धित है?

(a) एकात्मक प्रणाली (Unitary System)
(b) संघीय विशेषता (Federal feature)
(c) निदेशक सिद्धान्त (Directive Principles)
(d) संविधान की सर्वोच्चता (Supremacy of the Constitution)

95. ... जन्म दर, वर्ष के मध्य में आकलित प्रति 1000 जनसंख्या पर वर्ष के दौरान जीवित जन्म लेने वाले बच्चों की संख्या को इंगित करती है।

(a) धनात्मक
(b) अशोधित
(c) ऋणात्मक
(d) उदासीन

96. आप उस प्रकार की दवाओं को क्या कहते हैं, जो ग्राही (receptor) को स्विच ऑन करके प्राकृतिक संदेशवाहक (natural messenger) की प्रतिकृति करती हैं?

(a) एगोनिस्ट (Agonist)
(b) प्रति-अवसादक (Antidepressants)
(c) एण्टागोनिस्ट (Antagonist)
(d) अवसादक (Depressants)

97. एक आनत तल पर वस्तुओं की गति का अवलोकन करके, ··· ने यह निष्कर्ष निकाला कि जब वस्तुओं पर कोई बल कार्य नहीं करता है, तो वस्तुएँ नियत गति से गतिमान रहती है।

(a) आर्किमिडीज (b) माइकल फैराडे
(c) जोहान्स केप्लर (d) गैलीलियो

98. निम्नलिखित में से कौन-सा कोशिकांग इलेक्ट्रॉन माइक्रोस्कोपी में गोल या तश्तरी (sausage) के आकार की संरचनाओं के रूप में दिखाई देता है, जिसका व्यास लगभग 0.5-1.0 μm और लम्बाई 2-8 μm होती है?

(a) प्लास्टिड (b) लाइसोसोम
(c) माइटोकॉण्ड्रिया (d) राइबोसोम

99. 'पारी/इनिंग (inning)' शब्द निम्नलिखित में से किस खेल से सम्बन्धित है?

(a) बास्केटबॉल (b) खो-खो
(c) वालीबॉल (d) हॉकी

100. जगजीत सिंह गायन की किस विधा से सम्बन्धित है?

(a) टप्पा (b) ठुमरी
(c) गजल (d) ध्रुपद

भाग 3

मात्रात्मक योग्यता

101. यदि $\sin A = \frac{2}{3}$ है, तो

$(7 - \tan A)(3 + \cos A)$ का मान ज्ञात कीजिए।

(a) $\frac{61}{3} - \frac{17}{3\sqrt{5}}$ (b) $\frac{61}{3\sqrt{5}} + \frac{17}{3}$

(c) $\frac{61}{3} + \frac{17}{3\sqrt{5}}$ (d) $\frac{61}{3} + \frac{17}{\sqrt{5}}$

102. एक लड़का 30 किमी/घण्टा की चाल से घर से स्कूल जाता है और 70 किमी की चाल से वापस लौटता है। पूरी यात्रा के लिए उसकी औसत चाल ज्ञात करें।

(a) 38 किमी/घण्टा (b) 48 किमी/घण्टा
(c) 36 किमी/घण्टा (d) 42 किमी/घण्टा

103. $\dfrac{1\frac{1}{2} \div 3\frac{1}{4} + \frac{1}{2} \div \frac{13}{14} + \frac{1}{5}}{\frac{1}{5} \times 3\frac{1}{2} - \frac{1}{3} \div 1\frac{3}{4} \times 3\frac{1}{2}}$ का मान ज्ञात कीजिए।

(a) 33 (b) 38 (c) 36 (d) 40

104. यदि 2 पुरुष या 4 महिलाएँ एक दीवार को 34 दिनों में बना सकते हैं, तो 6 पुरुष और 5 महिलाएँ उसी दीवार को कितने दिनों में बना सकते हैं?

(a) 12 (b) 16
(c) 8 (d) 24

105. यदि $\sin A = \frac{\sqrt{3}}{2}$, $0 < A < 90°$ है, तो

$2(\operatorname{cosec} A + \cot A)$ का मान क्या होगा?

(a) $\frac{2}{\sqrt{3}}$ (b) $\sqrt{3}$

(c) $\frac{1}{\sqrt{3}}$ (d) $2\sqrt{3}$

106. 7 : 30 pm पर साइकिल के मालिक ने देखा कि एक चोर उसकी साइकिल को उसके घर से चुराकर एक विशेष दिशा में ले जा रहा है, और लगभग 10 किमी/घण्टा की चाल से साइकिल चल रहा है। उसने पुलिस को चोरी की सूचना दी, और पुलिसकर्मी ने चोरी के समय से आधे घण्टे बाद, लेकिन 12 किमी/घण्टे की चाल से उसी बिन्दु से चोर का पीछा करना शुरू किया। पुलिसकर्मी चोर को कितने बजे पकड़ लेगा?

(a) 10 : 45 pm (b) 10 : 00 pm
(c) 9 : 30 pm (d) 10 : 30 pm

107. ΔABC में, $\angle ABC$ और $\angle ACB$ के समद्विभाजक एक-दूसरे को बिन्दु O पर प्रतिच्छेदित करते हैं। यदि $\angle BOC$ का मान 125° है, तो $\angle BAC$ का मान किसके बराबर है?

(a) 78° (b) 75° (c) 70° (d) 82°

108. वह छोटी-से-छोटी संख्या ज्ञात कीजिए, जो 20, 28, 34, 60 और 75 से पूर्णत: विभाज्य हो।

(a) 35900 (b) 34500
(c) 35700 (d) 36220

109. एक ठोस अर्धगोले का सम्पूर्ण क्षेत्रफल 4158 सेमी^{2} है। इसका आयतन (सेमी^{3}) ज्ञात कीजिए।

(a) 1848 (b) 19404
(c) 9702 (d) 462

110. 78, 84, 90 और 112 का महत्तम समापवर्तक (HCF) ज्ञात कीजिए।

(a) 1 (b) 7 (c) 5 (d) 2

111. 12.25% वार्षिक साधारण ब्याज की दर पर तीन वर्ष में देय ₹9429 के ऋण का भुगतान करने के लिए वार्षिक किश्त (₹ में) कितनी होगी? डनोट : किश्तों का भुगतान पहले वर्ष दूसरे वर्ष और तीसरे वर्ष के अन्त में किया जाएगा।

(a) 2800 (b) 2840
(c) 2700 (d) 2760

112. एक आयत की भुजाओं का अनुपात 3 : 8 है और इसका क्षेत्रफल 1944 सेमी^{2} है। इसका परिमाप कितना होगा?

(a) 208 सेमी (b) 198 सेमी
(c) 308 सेमी (d) 189 सेमी

113. A और B प्रतिदिन 10 घण्टे कार्य करते हुए एक कार्य को क्रमश: 24 और 30 दिनों में पूरा करते हैं। कार्य दो पालियों में किया जाना है। सुबह की पाली 6 घण्टे की, और शाम की पाली 4 घण्टे की है। पहले दिन, A सुबह कार्य करता है और B शाम को कार्य करता है और वे प्रतिदिन अपनी पाली परस्पर बदल लेते हैं। कार्य किस दिन पूरा होगा?

(a) 30वें दिन (b) 24वें दिन
(c) 27वें दिन (d) 21वें दिन

114. एक वृत्त में, जीवाएँ AB और CD आन्तरिक रूप से E पर प्रतिच्छेदित करती हैं। यदि CD = 18 सेमी, DE = 5 सेमी., AE = 13 सेमी है, तो BE की लम्बाई ज्ञात कीजिए।

(a) 4 सेमी (b) 3 सेमी
(c) 5 सेमी (d) 7 सेमी

115. दी गई तालिका का अध्ययन कीजिए और नीचे दिए गए प्रश्न का उत्तर दीजिए।

दी गई तालिका तीन अलग-अलग गाँवों की जनसंख्या में, जनसंख्या और साक्षरता/निरक्षरता दर के आँकड़े दर्शाती है।

गाँव	पुरुष और महिलाओं की संख्याओं का क्रमश: अनुपात	कुल जनसंख्या में से साक्षरों (पुरुष और महिलाओं) का प्रतिशत	कुल जनसंख्या में से निरक्षरों (पुरुष और महिलाओं) की संख्या
P	2 : 5	45	380
Q	3 : 7	65	270
R	1 : 3	80	150

गाँव R में निरक्षरों की संख्या, गाँव P में निरक्षरों की संख्या से कितने प्रतिशत कम है?

(a) $60\frac{9}{19}\%$ (b) $60\frac{10}{19}\%$

(c) $60\frac{11}{19}\%$ (d) $60\frac{8}{19}\%$

116. 0.03 और 0.0003 का मध्यानुपाती कितना है?

(a) 0.033
(b) 0.003
(c) 0.0003
(d) 0.0013

117. एक लम्ब वर्गाकार पिरामिड का पार्श्व पृष्ठीय क्षेत्रफल 624 सेमी^{2} है। यदि उस वर्ग के विकर्ण की लम्बाई $24\sqrt{2}$ हो, तो पिरामिड का आयतन ज्ञात कीजिए।

(a) 780 सेमी^{3} (b) 1150 सेमी^{3}
(c) 1083 सेमी^{3} (d) 960 सेमी^{3}

118. मिहिर एक किताब ₹ 625 में खरीदता है। हालाँकि, कुछ अत्यावश्यकता के कारण, वह इसे ₹ 550 में बेच देता है। उसकी प्रतिशत हानि ज्ञात कीजिए।

(a) 14% (b) 15%
(c) 12% (d) 10%

119. 42 सेमी त्रिज्या वाले एक वृत्त में, एक चाप केन्द्र पर 60° का कोण अन्तरित करता है। चाप की लम्बाई ज्ञात कीजिए।

$\left(\pi = \frac{22}{7} \text{ लीजिए}\right)$

(a) 44 सेमी
(b) 42 सेमी
(c) 22 सेमी
(d) 21 सेमी

120. एक दुकानदार किसी वस्तु के क्रय मूल्य में 50% की वृद्धि करके मूल्य अंकित करता है, और इसके अंकित मूल्य पर 40% की छूट प्रदान करता है। उसकी प्रतिशतता हानि ज्ञात करें।

(a) 20% (b) 10%
(c) 15% (d) 5%

121. दी गई तालिका का अध्ययन करें और नीचे दिए गए प्रश्न का उत्तर दें।

निम्न तालिका 6 अलग-अलग स्कूलों की 6 अलग-अलग कक्षाओं में पढ़ने वाले विद्यार्थियों की संख्या को दर्शाती है।

स्कूल	V	VI	VII	VIII	IX	X
P	152	160	145	156	147	144
Q	148	166	150	155	157	143
R	161	152	140	145	143	165
S	159	142	149	140	142	168
T	147	144	158	163	154	150
U	150	160	162	160	160	140
कुल	917	924	904	919	903	910

सभी स्कूलों में मिलाकर किस कक्षा में विद्यार्थियों की संख्या न्यूनतम है?

(a) X (b) VIII (c) VII (d) IX

122. यदि ब्याज की गणना अर्द्ध-वार्षिक चक्रवृद्धि आधार पर की जाती है, तो ₹ 8000 की राशि पर 20% वार्षिक की दर से 1 वर्ष का चक्रवृद्धि ब्याज ज्ञात करें।

(a) ₹ 1675 (b) ₹ 1680
(c) ₹ 1690 (d) ₹ 1685

123. दिए गए आलेख का अध्ययन कीजिए और नीचे दिए गए प्रश्न का उत्तर दीजिए।

आलेख तीन वर्षों के दौरान दो संस्थानों (X और Y) में व्यावसायिक पाठ्यक्रम के लिए नामांकित छात्रों की संख्या से सम्बन्धित डेटा दिखाता है।

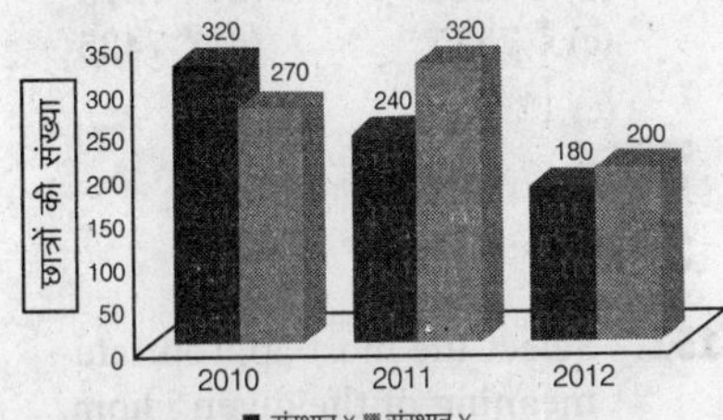

2010 और 2011 में संस्थान X में नामांकित छात्रों की औसत संख्या तथा 2011 और 2012 में संस्थान Y में नामांकित छात्रों की औसत संख्या के बीच कितना अन्तर है?

(a) 22 (b) 20 (c) 15 (d) 18

124. एक बेलन में 16 सेमी की ऊँचाई तक पानी भरा है। यदि 9 सेमी त्रिज्या का एक गोला इसमें डाला जाता है, तो बेलन की त्रिज्या 12 सेमी होने पर उसमें पानी की ऊँचाई में हुई वृद्धि ज्ञात कीजिए।

(a) 8.75 सेमी (b) 6 सेमी
(c) 8 सेमी (d) 6.75 सेमी

125. निम्नलिखित तालिका विभिन्न क्षेत्रों से एक वर्ष में हुई किसी कम्पनी की आय को दर्शाती है।

क्षेत्र	वित्त	संचार	उत्पादन	बिक्री	परिवहन
राशि (लाख ₹ मे)	85	60	67	115	75

अधिकतम कमाई वाले क्षेत्र और न्यूनतम कमाई वाले क्षेत्र से होने वाली आय के बीच का अन्तर (लाख ₹ मे) कितना है?

(a) 30 (b) 55 (c) 40 (d) 48

126. तीन संख्याएँ 5 : 7 : 9 के अनुपात में हैं और उनका लघुत्तम समापवर्त्य (LCM) 34650 है। उनका महत्तम समापवर्तक (HCF) ज्ञात कीजिए।

(a) 55 (b) 99 (c) 110 (d) 315

127. निकुंज, धारा के विपरीत दिशा में 1 घण्टे में 4 किमी और धारा की दिशा में 15 मिनट में 2 किमी की दूरी तय करता है। शान्त जल में 7 किमी की दूरी तय करने में उसे कितना समय लगेगा?

(a) 1 घण्टा 5 मिनट (b) 1 घण्टा 20 मिनट
(c) 1 घण्टा 10 मिनट (d) 1 घण्टा 15 मिनट

128. एक लम्बवृत्तीय शंकु की ऊँचाई और उसके आधार की त्रिज्या का अनुपात 12 : 5 है। यदि इसका आयतन 314 सेमी^{3} है, तो शंकु की तिर्यक ऊँचाई क्या है?

($\pi = 3.14$ का प्रयोग करें)

(a) 14 सेमी (b) 13 सेमी
(c) 12 सेमी (d) 11 सेमी

129. यदि $\cos A = \frac{1}{2}, 0 \le A \le 90°$ है, तो $\sin(180° - A)$ का मान क्या होगा?

(a) 1 (b) $\frac{\sqrt{3}}{2}$ (c) $\frac{1}{2}$ (d) $\frac{1}{\sqrt{3}}$

130. महेश चावल को 24% हानि पर बेचने हेतु सहमत हो गया, क्योंकि चावल खराब हो गया था। हालांकि, उसने ग्राहकों को धोखा दिया और 50 ग्राम चावल के स्थान पर केवल 19 ग्राम चावल दिए। उसके लाभ या हानि का प्रतिशत कितना है?

(a) $\frac{100}{3}$% लाभ (b) $\frac{100}{3}$% हानि
(c) 100% लाभ (d) 100% हानि

131. नीचे दिए गए पाई चार्ट में एक विशेष वर्ष के दौरान विभिन्न खेलों पर राज्य द्वारा किए गए व्यय को दर्शाया गया है।

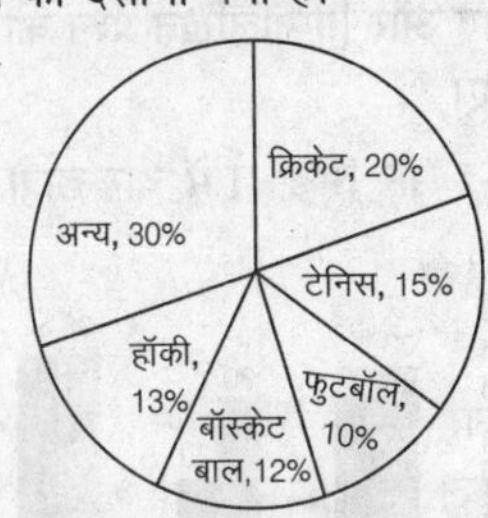

यदि वर्ष के दौरान खेलों पर व्यय की गई कुल राशि ₹ 7500000 थी, तो क्रिकेट और हॉकी पर कुल मिलाकर कितनी राशि (₹ में) व्यय की गई थी?

(a) ₹ 2475000 (b) ₹ 2680000
(c) ₹ 2155000 (d) ₹ 1875000

132. 850 मी और 700 मी लम्बी दो रेलगाड़ियाँ मुम्बई राजधानी और किसान एक्सप्रेस एक-दूसरे से 1050 मी दूर हैं और एक-दूसरे की ओर समानान्तर पटरियों पर चल रही हैं। मुम्बई राजधानी 62 किमी/घण्टा की रफ्तार से चल रही है और किसान एक्सप्रेस 55 किमी/घण्टा की रफ्तार से चल रही है। कितने समय (सेकण्ड में) में रेलगाड़ियाँ एक-दूसरे को पार करेंगी?

(a) 70 (b) 75 (c) 80 (d) 45

133. वह बड़ी से बड़ी संख्या कौन-सी है, जिससे 1036, 1813 और 3885 में से प्रत्येक को विभाजित करने पर कुछ भी शेष न रहे?

(a) 111 (b) 37 (c) 259 (d) 333

134. 73 और 657 का लघुत्तम समापवर्त्य (LCM) ज्ञात कीजिए।

(a) 657 (b) 365 (c) 73 (d) 146

135. दिया गया पाई-चार्ट युवा लोगों के एक समूह के पसन्दीदा खेलों पर सर्वेक्षण रिपोर्ट को दर्शाता है।

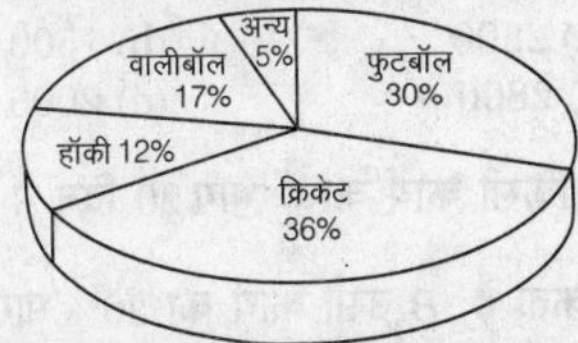

यदि कुल 4980 लोगों का सर्वेक्षण किया गया, तो फुटबॉल को दर्शाने वाले क्षेत्र द्वारा निर्मित केन्द्रीय कोण क्या है?

(a) 108° (b) 100° (c) 105° (d) 90°

136. $(x^6 + 1)$ और $(x^4 - 1)$ का महत्तम समापवर्तक (HCF) क्या है?

(a) 1 (b) $(1 - x^2)$
(c) $(1 + x^2)$ (d) $(1 + x)$

137. दिए गए बार-ग्राफ का ध्यानपूर्वक अध्ययन कीजिए और निम्नलिखित प्रश्न का उत्तर दीजिए।

मिड-I और मिड-II में चार छात्रों द्वारा प्राप्त अंक

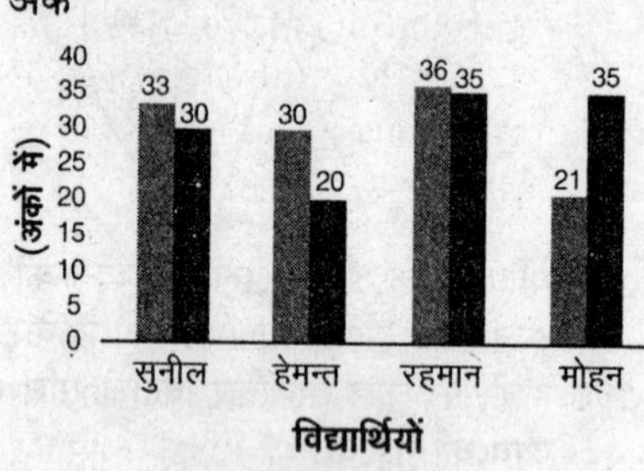

मिड-I में हेमन्त द्वारा प्राप्त अंक, मिड-I में सभी छात्रों द्वारा प्राप्त कुल अंकों के कितने प्रतिशत के बराबर हैं?

(a) 15% (b) 25% (c) 30% (d) 20%

138. निम्नलिखित व्यंजक का मान क्या होगा?

$(1 - 2x)^2 - (1 + 2x)^2$

(a) $-(2 + 8x^2)$ (b) $-8x$
(c) $8x$ (d) $2 + 8x^2$

139. यदि दो वृत्तों की त्रिज्याएँ 6 सेमी और 9 सेमी है और अनुप्रस्थ उभयनिष्ठ स्पर्श रेखा की लम्बाई 20 सेमी है, तो दोनों केन्द्रों के बीच की दूरी ज्ञात कीजिए।

(a) 25 सेमी (b) 22 सेमी
(c) 24 सेमी (d) 27 सेमी

140. दो उम्मीदवारों के बीच हुए एक चुनाव में, मतदान सूची के 20% मतदाताओं ने मतदान नहीं किया और 80 मतदाताओं ने अपने मतपत्र खाली छोड़ दिए। विजेता उम्मीदवार ने मतदाता सूची में दर्ज कुल मतदाताओं के 45% मत प्राप्त किए और उसे अपने विरोधी उम्मीदवार से 280 मत अधिक मिले। सूची में मतदाताओं की संख्या कितनी थी?

(a) 2500 (b) 1500
(c) 2800 (d) 2000

141. A किसी कार्य का $\frac{1}{5}$ भाग 20 दिन में कर सकता है, B उसी कार्य का 30% भाग 36 दिन में कर सकता है, जबकि C उसी कार्य का 80% भाग 160 दिन में कर सकता है। B और C ने मिलकर कार्य करना शुरु किया और X दिनों तक कार्य किया। X दिनों के बाद B ने कार्य छोड़ दिया और A ने C के साथ मिलकर कार्य करना शुरु किया और दोनों ने शेष कार्य $(x - 41)$ दिनों में कार्य पूरा किया। यदि $(B + C)$ द्वारा एकसाथ मिलकर किए गए कार्य तथा $(A + C)$ द्वारा एकसाथ मिलकर किए गए कार्य का अनुपात 19 : 6 है, तो अकेले C द्वारा $2x$ दिनों में उसी कार्य का कितना भाग पूरा किया जा सकता है?

(a) $\frac{19}{25}$ (b) $\frac{57}{100}$ (c) $\frac{6}{25}$ (d) $\frac{13}{25}$

142. रूपू की आय, मधु की आय से 20% अधिक है। मधु की आय रूपू की आय से कितने प्रतिशत कम है?

(a) $16\frac{2}{3}\%$ (b) 20%
(c) $18\frac{2}{3}\%$ (d) $17\frac{2}{3}\%$

143. खराब प्रदर्शन के कारण अर्पित का वेतन 1 वर्ष के बाद 5% कम हो गया और दूसरे वर्ष के बाद 8% और कम हो गया। प्रारम्भ में, उसका वेतन ₹ 80000 था। उसका वर्तमान वेतन (₹ में) कितना है?

(a) 69920 (b) 70920
(c) 69620 (d) 65720

144. यदि $a + b + c = 5$ और $ab + bc + ca = 7$ है, तो $a^3 + b^3 + c^3 - 3abc$ का मान क्या होगा?

(a) 20 (b) 30 (c) 15 (d) 25

145. 0.48, 0.84 और 32 का चतुर्थानुपाती ज्ञात करें।

(a) 34 (b) 43 (c) 65 (d) 56

146. नीचे दी गई तालिका 4 विक्रेताओं द्वारा बेचे गए लैपटॉप की संख्या तथा बेचे गए ब्राण्ड 1 लैपटॉप और बेचे गए ब्राण्ड 2 लैपटॉप का अनुपात दर्शाती है।

विक्रेता	बेचे गए कुल लैपटॉप	बेचे गए ब्राण्ड 1 लैपटॉप : बेचे गए ब्राण्ड 2 लैपटॉप
A	4000	3 : 1
B	6000	2 : 1
C	8000	5 : 3
D	5000	1 : 4

A विक्रेता द्वारा बेचे गए ब्राण्ड 1 लैपटॉप की संख्या B विक्रेता द्वारा बेचे गए ब्राण्ड 2 लैपटॉप की संख्या से कितनी अधिक है?

(a) 800 (b) 600
(c) 1000 (d) 1200

147. 8 छात्रों का औसतन वजन 48 किग्रा है। यदि 44 किग्रा औसत वजन वाले चार छात्रों और 58 किग्रा औसत वजन वाले चार छात्रों को भी शामिल कर लिया जाए, तो 16 छात्रों का औसत वजन ज्ञात करें।

(a) 48.5 किग्रा (b) 49 किग्रा
(c) 48 किग्रा (d) 49.5 किग्रा

148. दिए गए ग्राफ का अध्ययन कीजिए और उसके बाद पूछे गए प्रश्न का उत्तर दीजिए। निम्नांकित ग्राफ विभिन्न वस्तुओं के लागत प्रतिशत के वितरण को दर्शाता है।

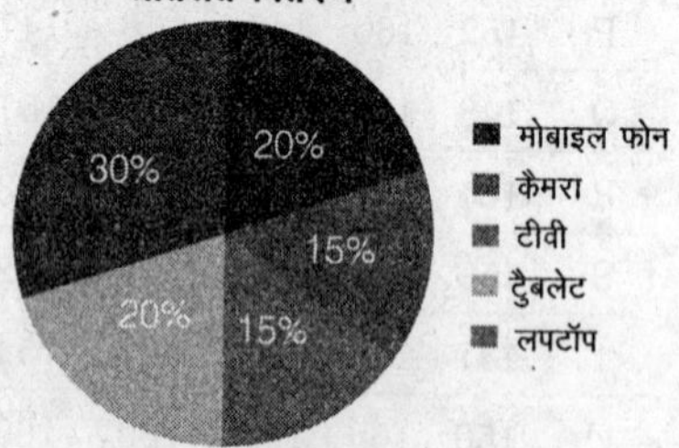

यदि किसी व्यक्ति ने सभी वस्तुएँ ₹ 300000 में खरीदी, तो एक टी.वी. की लागत, लैपटॉप के लागत की तुलना में ...... कम है।

(a) ₹ 45000 (b) ₹ 40000
(c) ₹ 55000 (d) ₹ 50000

149. यदि $\sin\beta = \frac{1}{3}$ है, तो $(\sec\beta - \tan\beta)^2$ किसके बराबर है?

(a) $\frac{2}{3}$ (b) $\frac{1}{2}$
(c) $\frac{1}{3}$ (d) $\frac{3}{4}$

150. ₹ z के अंकित मूल्य वाली एक वस्तु को 12% की छूट देने के बाद ₹ 6622 में बेचा गया। z का मान कितना था?

(a) ₹ 7500 (b) ₹ 7575
(c) ₹ 7525 (d) ₹ 7425

भाग 4

अंग्रेजी

151. Select the most appropriate meaning of the given idiom.

Fit as a fiddle

(a) To be extremely excited and energetic
(b) To be in good health
(c) Something is perfect
(d) A good and useful invention

152. Select the most appropriate meaning of the underlined word.
She has become a familiar figure in the world of politics.
(a) Known (b) Legend
(c) Elevated (d) Fancy

153. Select the most appropriate antonym of the given word.
Authentic
(a) Genuine (b) Fake
(c) Basic (d) Different

154. Select the most appropriate antonym of the given word.
Inquisitive
(a) Innocent (b) Indifferent
(c) Curious (d) Studious

155. Select the incorrectly spelt word from the underlined words in the following sentence.
It is important to see school holistically, it is not a set of atomic items of rooms, library,assembly halls, canteen and playgrounds; it is all of these but in symbiotic relationship with each other, the contors of which are often far too obvious and often simply mysterious.
(a) mysterious (b) symbiotic
(c) contors (d) holistically

156. The following sentence has been split into four segments. Identify the segment that contains an error.
Will Ramya / had completed / that work / by 2025?
(a) by 2025
(b) that work
(c) had completed
(d) Will Ramya

157. Select the most appropriate meaning of the given idiom.
Apple of discord
(a) Practical
(b) Distant love
(c) Bone of contention
(d) Centre of attraction

158. Fill in the blank by selecting the meaningful and correctly spelt word from the given options.
They knew that the stock of the food was getting reduced and the fund .... for that was not enough for the next week.
(a) asserted (b) allotted
(c) alerted (d) abandoned

159. Select the most appropriate option that can substitute the underlined segment in the given sentence. If there is no need to substitute it, select 'No substitution required'
The unexpected turn beside the project put the company in a big financial crisis.
(a) in the project
(b) until the project
(c) No substitution required
(d) between the project

160. Select the most appropriate option that can substitute the underlined segment in the given sentence.
We all should respect each other.
(a) every other
(b) all other
(c) one another
(d) all of us

161. Select the most appropriate one-word substitution of the given group of words.
A form of government in which the supreme power is vested in the people and exercised by their elected agents under a free electoral system.
(a) Democracy
(b) Anarchy
(c) Monarchy
(d) Autocracy

162. Select the most appropriate meaning of the given idiom.
Come what may
(a) To be among the latest
(b) No matter what happens
(c) To get frightened
(d) Meeting someone

163. Select the most appropriate option that can substitute the underlined segment in the given sentence.
The decision to engage in an armed conflict is tacit.
(a) incomprehensible for some
(b) ineffective completely
(c) regretted by everyone
(d) implied without being stated

164. The following sentence has been divided into parts. One of them may contain an error.Select the part that contains the error from the given options. If you don't find any error, mark 'No error' as your answer.
My elder brother / yesterday had took / my Facebook password.
(a) my Facebook password
(b) yesterday had took
(c) My elder brother
(d) No error

165. Select the option that can be used as a one-word substitute for the given group of words.
To tell the nature of a disease by its symptoms.
(a) Design
(b) Diagnosis
(c) Decisive
(d) Dosage

166. Select the most appropriate meaning of the given idiom.
Fit as a fiddle
(a) At the last moment
(b) To ignore what someone is saying
(c) To betray a close person
(d) In good health

167. The following sentence has been split into four segments. Identify the segment that contains a grammatical error.
The students / are expected / to come / in the right time.
(a) in the right time
(b) The students
(c) to come
(d) are expected

168. Select the option that best expresses the meaning of the underlined idiom.
Christy should discuss this with her face to face.
(a) With another person in their presence rather than, say, by phone or letter
(b) Come to fully accept or understand something
(c) Remained normal and realistic
(d) Almost always

169. Select the most appropriate option that can substitute the underlined segment in the given sentence.
The book narrated the athlete's prowess in a lucid manner.
(a) refined arguments
(b) exceptional mastery
(c) difficult situation
(d) affluent days

170. Select the most appropriate meaning of the underlined word.
She has no desire for money.
(a) Disgust (b) Despise
(c) Care (d) Wish

171. Select the most appropriate meaning of the underlined phrase.
She can't make up her mind where to go for her summer vacation.
(a) Decide between alternatives or come to a decision
(b) Decide on a suitable parlour
(c) Decide how to do her makeup
(d) Engage her mind in creative activities

172. Select the most appropriate antonym of the underlined word.
He is so stingy that I have never seen him spending money on basic necessities.
(a) Wicked
(b) Extravagant
(c) Obnoxious
(d) Indecent

173. Select the option that can be used as a one-word substitute for the given group of words.
A book published after author's death.
(a) Posthuman publication
(b) Posthumous publication
(c) Supernatural publication
(d) Predecessor publication

174. Select the most appropriate synonym of the given word.
Rehabilitate
(a) Reinstall (b) Develop
(c) Absolve (d) Decline

175. Select the most appropriate option that can substitute the underlined segment in the given sentence.
You can become confident to speak English within one year.
(a) convinced to speaking
(b) reassured of speaking
(c) assured of speaking
(d) confident in speaking

176. Select the option that can be used as a one-word substitute for the given group of words.
Centre of public attention
(a) Ambiguity
(b) Obscurity
(c) Fuzziness
(d) Limelight

177. The following sentence has been divided into parts. One of them may contain an error.Select the part that contains the error from the given options. If you don't find any error, mark 'No error' as your answer.
We will / have been know the result / of the CAT exam by next week.
(a) of the CAT exam by next week
(b) We will
(c) have been know the result
(d) No error

178. Select the most appropriate meaning of the given idiom.
Break a leg
(a) To hurt someone
(b) To avoid someone
(c) To wish someone good luck
(d) To love someone

179. Select the most appropriate meaning of the given idiom.
To hit the nail on the head
(a) To hit something accurately
(b) To be indecisive
(c) To miss an opportunity
(d) To express an idea with great precision

180. Select the most appropriate option that can substitute the underlined segment in the given sentence.
Rajib's habit of sneering at the beliefs of others often hurts others' sentiments.
(a) manipulation (b) cynicism
(c) certainty (d) cleverness

181. Select the most appropriate option that can substitute the underlined segment in the given sentence. If there is no need to substitute it, select 'No substitution required'.
Politics and money go together in this country.
(a) go arm in arm
(b) go holding hands
(c) go hand in hand
(d) No substitution required

182. Select the most appropriate antonym of the underlined word in the given sentence.
After losing his job and his home, he found himself destitute and living on the streets.
(a) glorious (b) disturbed
(c) affluent (d) ridiculous

183. Select the most appropriate synonym of the highlighted word in the given sentence.
The plane crash was a **harrowing** experience for everyone involved.
(a) Exterminate
(b) Excruciating
(c) Awesome
(d) Sad

184. Identify the option that rectifies the spelling of the incorrectly spelt word in the given sentence.
Students should have a good vocabulary to write an essay efectively.
(a) Gud (b) Effectively
(c) Wriite (d) Voicabulary

185. Select the most appropriate synonym of the word 'factual' in the given sentence and choose the correct option.
The scientist's hypothesis was based on empirical evidence and rigorous experimentation.
(a) Rigorous (b) Hypothesis
(c) Evidence (d) Empirical

186. Select the incorrectly spelt word in the given sentence.
It is beyond my cognative capacity to solve the mathematical problems.
(a) problems (b) cognative
(c) mathematical (d) capacity

187. Select the most appropriate option that can substitute the underlined word which has been incorrectly spelt.
Mrs. Lal taught me English gramar.
(a) grammar (b) gramarr
(c) gramerr (d) gramer

188. Select the most appropriate meaning of the underlined idiom.
Sanchit stands by his friends through thick and thin.
(a) In winter and summer
(b) In favourable situations
(c) In crowded areas
(d) Under all circumstances

189. Select the option that can be used as a one-word substitute for the given phrase.
One who goes from place to place, begging
(a) Misogamist (b) Malleable
(c) Meticulous (d) Mendicant

190. Select the most appropriate synonym of the given word.
Reminiscence
(a) Harsh (b) Remembrance
(c) Benevolence (d) Oblivion

Directions (Q.Nos. 191-195) *In the following passage, some words have been deleted. Read the passage carefully and select the most appropriate option to fill in each blank.*

Swigspans are large waterbirds that ...(1)... to the family Anatidae, which also includes ducks and geese. They ...(2)... for their beauty and grace and are often used as symbols of love, fidelity, and elegance. They are also famous for their ...(3)... features,such as their long necks, large wings p, and striking white feathers. ...(4)... not all swan species are white; the Black Swans, ...(5)..., has black feathers with a red bill. Swans are found on every continent and are known for their strong pair bonds. They mate for life and can live up to 20 years.

191. Select the most appropriate option to fill in blank number 1.
(a) belonged (b) belonging
(c) belong (d) belongs

192. Select the most appropriate option to fill in blank number 2.
(a) were known
(b) have knowing
(c) had know
(d) are known

193. Select the most appropriate option to fill in blank number 3.
(a) finite (b) similar
(c) popular (d) distinctive

194. Select the most appropriate option to fill in blank number 4.
(a) Consequently (b) Because
(c) Formerly (d) However

195. Select the most appropriate option to fill in blank number 5.
(a) for example (b) of course
(c) after all (d) in addition

Directions (Q.Nos. 196-200) *Read the given passage carefully and answer the questions that follow.*

As the world's population approaches 8 billion and resource use intensifies, pollution is ever more extensive, pervasive and persistent. It affects our health through the food we eat, the water we drink and the air we breathe. By 2025, the world's cities will produce 2.2 billion tonnes of waste every year, more than three times the amount produced in 2009. That said,pollution is not a new phenomenon and is largely controllable and often avoidable, as shown in some countries and cities that have succeeded in decoupling economic growth from pollution and waste accumulation.

With the end goal to eradicate all forms of pollution by 2030, the UN Environment Programme was tasked by the UN Environment Assembly to coordinate the implementation of a global plan reiterating that pollution is not only an environmental priority, it's a priority for the achievement of the Sustainable Development Goals.

196. Which is the best description of the tone of the passage?
(a) Technical
(b) Sarcastic
(c) Dogmatic
(d) Humanistic

197. Which of the following most accurately states the central idea of the passage?
(a) United Nations
(b) Pollution free planet
(c) Population explosion
(d) Economic growth

198. Which of the following represents the structure of the passage?
(a) Definition (b) Cause-effect
(c) Critique (d) Chronology

199. What is the antonym for the word 'pervasive' from the passage?
(a) Clear (b) Emotional
(c) Limited (d) Offensive

200. What is the antonym for the word 'priority' from the passage?
(a) Factor (b) Last
(c) Part (d) Task

जानें सही उत्तर

1 (b)	2 (a)	3 (a)	4 (a)	5 (b)	6 (d)	7 (a)	8 (a)	9 (d)	10 (a)
11 (c)	12 (b)	13 (b)	14 (b)	15 (c)	16 (d)	17 (c)	18 (b)	19 (c)	20 (b)
21 (c)	22 (d)	23 (b)	24 (d)	25 (a)	26 (b)	27 (c)	28 (b)	29 (b)	30 (d)
31 (c)	32 (b)	33 (c)	34 (a)	35 (b)	36 (c)	37 (d)	38 (c)	39 (b)	40 (b)
41 (c)	42 (a)	43 (c)	44 (c)	45 (b)	46 (c)	47 (b)	48 (a)	49 (d)	50 (b)
51 (b)	52 (d)	53 (c)	54 (b)	55 (c)	56 (a)	57 (c)	58 (a)	59 (b)	60 (c)
61 (a)	62 (d)	63 (a)	64 (a)	65 (d)	66 (b)	67 (c)	68 (b)	69 (a)	70 (c)
71 (a)	72 (d)	73 (b)	74 (d)	75 (a)	76 (c)	77 (c)	78 (d)	79 (a)	80 (d)
81 (d)	82 (c)	83 (a)	84 (b)	85 (d)	86 (a)	87 (b)	88 (b)	89 (b)	90 (d)
91 (b)	92 (d)	93 (b)	94 (a)	95 (b)	96 (a)	97 (d)	98 (c)	99 (b)	100 (c)
101 (c)	102 (d)	103 (c)	104 (c)	105 (d)	106 (d)	107 (c)	108 (c)	109 (b)	110 (d)
111 (a)	112 (b)	113 (c)	114 (c)	115 (b)	116 (b)	117 (d)	118 (c)	119 (a)	120 (b)
121 (d)	122 (b)	123 (b)	124 (d)	125 (b)	126 (c)	127 (c)	128 (b)	129 (b)	130 (c)
131 (a)	132 (c)	133 (c)	134 (a)	135 (a)	136 (c)	137 (b)	138 (b)	139 (a)	140 (d)
141 (b)	142 (a)	143 (a)	144 (a)	145 (d)	146 (c)	147 (d)	148 (a)	149 (b)	150 (c)
151 (b)	152 (a)	153 (b)	154 (b)	155 (c)	156 (c)	157 (c)	158 (b)	159 (a)	160 (c)
161 (a)	162 (b)	163 (d)	164 (b)	165 (b)	166 (d)	167 (a)	168 (a)	169 (b)	170 (d)
171 (a)	172 (b)	173 (b)	174 (a)	175 (d)	176 (d)	177 (c)	178 (c)	179 (d)	180 (b)
181 (c)	182 (c)	183 (b)	184 (b)	185 (d)	186 (b)	187 (a)	188 (d)	189 (d)	190 (b)
191 (c)	192 (d)	193 (d)	194 (d)	195 (a)	196 (d)	197 (b)	198 (b)	199 (c)	200 (b)

प्रश्नों के सही हल

1. (b) दी गई आकृति का सही दर्पण प्रतिबिम्ब विकल्प (b) आकृति है।

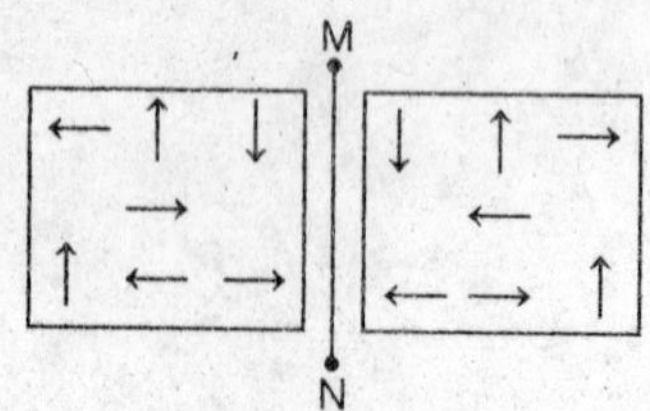

2. (a) दी गई समीकरण में विकल्प (a) में दिए गए चिह्नों को प्रतिस्थापित करने पर,

$86 - 42 - 12 \div 3 = 12 \times 3 + 4$

$44 - 4 = 36 + 4$

$40 = 40$

बायाँ पक्ष = दायाँ पक्ष

3. (a) दी गई शीट का घन बनाने पर,

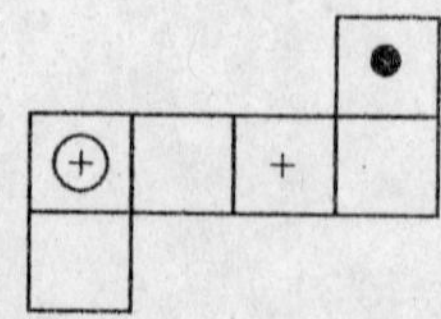

बनने वाली आकृतियाँ है।

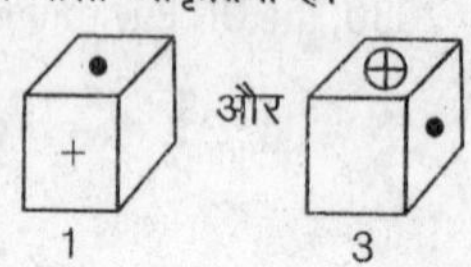

यहाँ, आकृति 1 एवं आकृति 3 बनाना सम्भव है।

अत: विकल्प (a) सही है।

4. (a) प्रश्नानुसार,

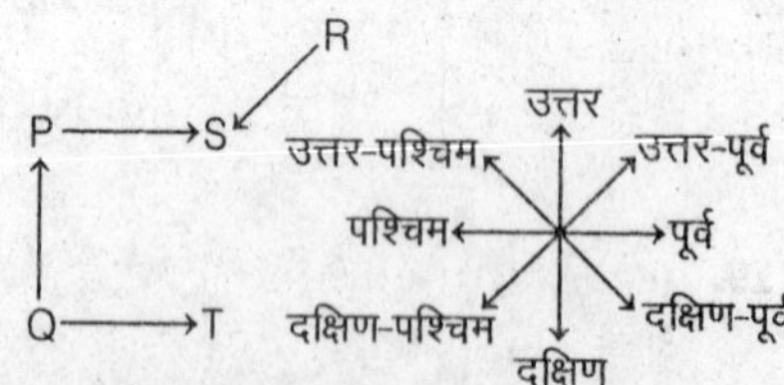

यहाँ, Q के सापेक्ष R उत्तर-पूर्व दिशा में है।

∵ विकल्प (a) सही है।

5. (b) जिस प्रकार, पेडल (Pedal) के द्वारा साइकिल (Bicycle) को धकेला जाता है। उसी प्रकार, चप्पू (Car) के द्वारा डोंगी (canoe) को धकेला जाता है।

6. (d) यहाँ दी गई संख्या शृंखला का पैटर्न निम्नवत् है

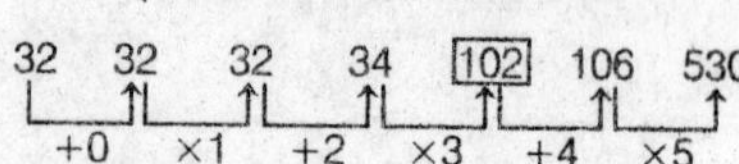

उपरोक्त शृंखला में संख्या 102 प्रश्नवाचक चिह्न को प्रतिस्थापित करेगी।

7. (a) दिया गया है

$15 \times 30 + 15 - 3 \div 2 = ?$

प्रश्नानुसार,

दिए गए चिह्नों को प्रतिस्थापित करने पर,

$- \Rightarrow \div$	$+ \Rightarrow -$
$\times \Rightarrow +$	$\div \Rightarrow \times$

$15 + 30 - 15 \div 3 \times 2 = ?$

$45 - 10 = ?$

$35 = ?$

8. (a) दिए गए दोनों पासों से,

पासा I → A 3 2

पासा II → A C B

यहाँ, C के विपरीत फलक पर आने वाला अक्षर/अंक '3' है।

9. **(d)** दी गई शृंखला का क्रम निम्न प्रकार है,

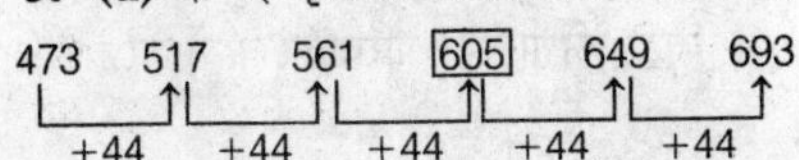

10. **(a)** जिस प्रकार,

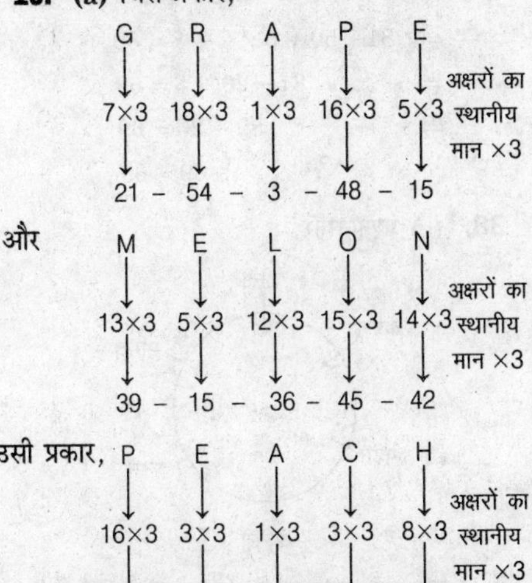

11. **(c)** दी गई आकृति का सही दर्पण प्रतिबिम्ब विकल्प (c) सही है।

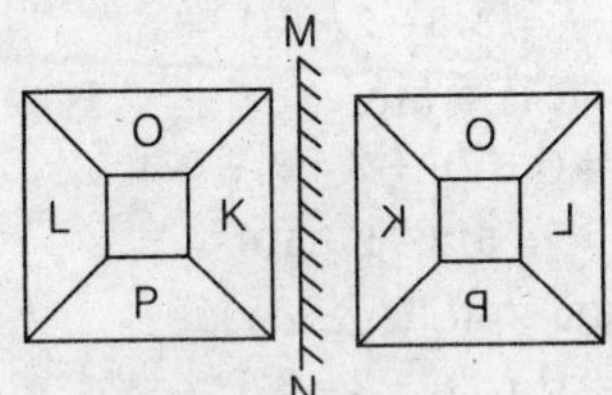

12. **(b)** कथनानुसार,

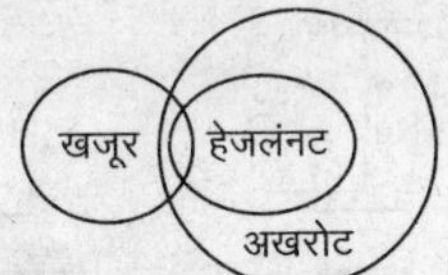

निष्कर्ष I. (✓) II. (✓)

अत: दोनों निष्कर्ष अनुसरण करते हैं।

13. **(b)** दी गई शृंखला का क्रम निम्न प्रकार है,

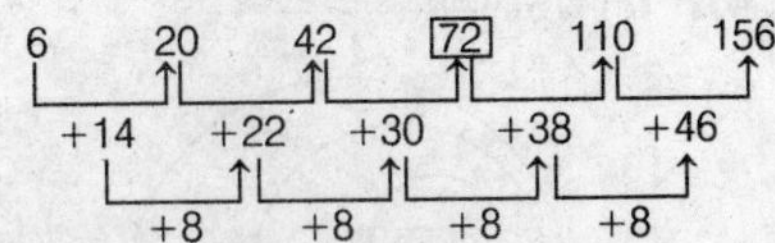

14. **(b)** दिया है, 94C12B6A216D9 = ?

A ⇒ +	C ⇒ –
B ⇒ ×	D ⇒ ÷

दी गई समीकरण में चिह्नों को प्रतिस्थापित करने पर,

$94 - 12 \times 6 + 216 \div 9 = ?$

$\Rightarrow \quad 94 - 72 + 24 = ?$

$\Rightarrow \quad 118 - 72 = ?$

$\therefore \quad 46 = ?$

15. **(c)** दी गई आकृति शृंखला में, प्रत्येक अगली आकृति में सभी चिह्न घड़ी की दिशा में ठीक अगले स्थान पर जल प्रतिबिम्ब के रूप में प्रतिस्थापित हो रहा है। इस प्रकार, निम्न आकृति दी गई शृंखला में 5वें स्थान पर रखे जाने पर पहली चार आकृतियों द्वारा निर्मित शृंखला को जारी रखेगी।

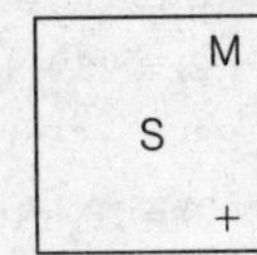

16. **(d)** दी गई शृंखला का क्रम निम्न प्रकार है,

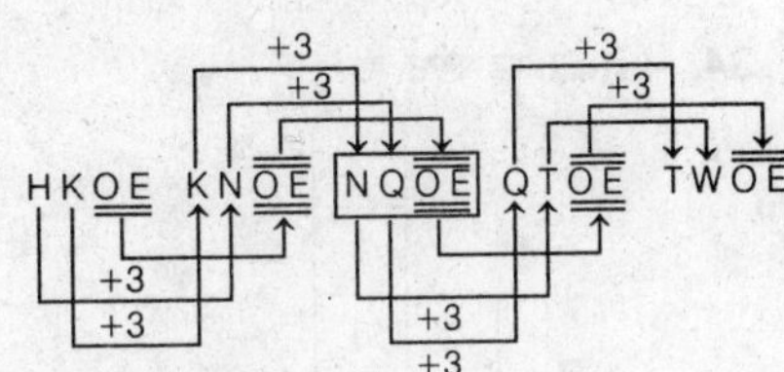

17. **(c)** प्रश्नानुसार,

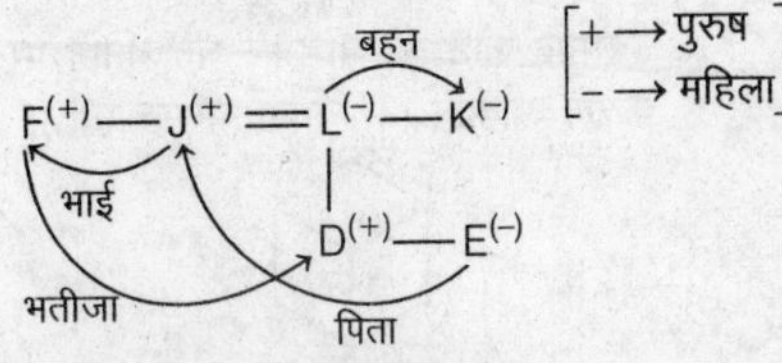

यहाँ, D, F का भतीजा है।

18. **(b)** दी गई शृंखला का क्रम निम्न प्रकार है,

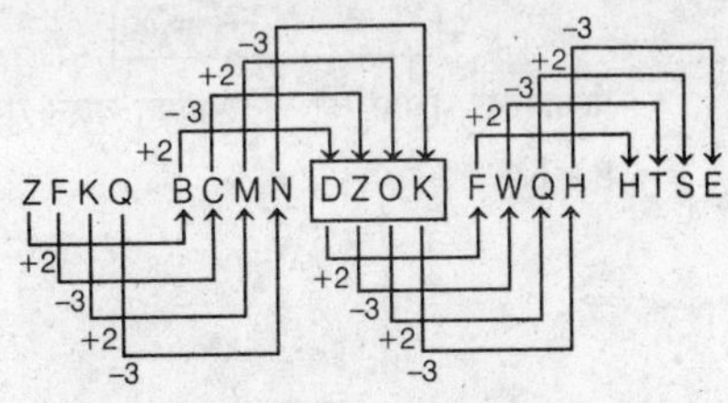

19. **(c)** शब्दकोश के क्रम के अनुसार, दिए गए शब्दों का सही क्रम है

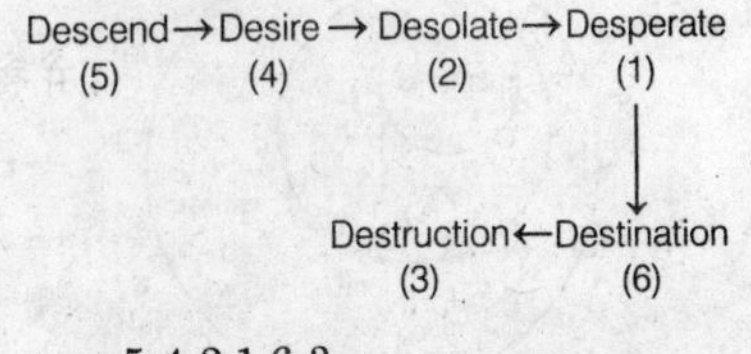

⇒ 5, 4, 2, 1, 6, 3

20. **(b)** दिया है, A* S = J @ M × Y

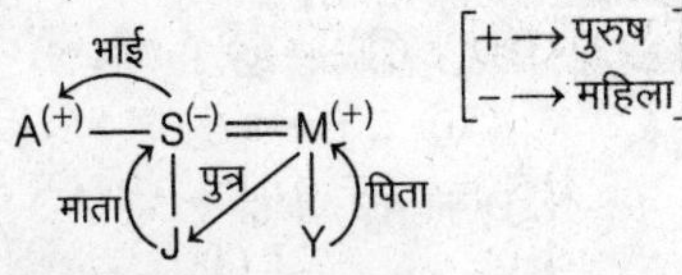

उपरोक्त, आरेख से ज्ञात होता है कि A, Y की माता का भाई है।

21. **(c)** पूजा के द्वारा तय की गई दिशा व दूरी का आरेख निम्नवत् है

A ⟵ 4 किमी X .... B, 2 किमी, 2 किमी, Y 3 किमी Z; उ., द., प., पू.

पूजा के द्वारा बिन्दु A पर पहुँचने के लिए तय की जाने वाली दूरी

(AB) = (AX) + (XB)

= 4 किमी + 3 किमी

= 7 किमी पश्चिम की ओर

अत: पूजा को पुन: बिन्दु A पर पहुँचने के लिए उसे 7 किमी (पश्चिम की ओर) ड्राइव करना होगा।

22. **(d)** दिया है, 42 × 6 – 7 ÷ 13 + 28 = ?

+ ⇒ –	× ⇒ ÷
– ⇒ ×	÷ ⇒ +

प्रश्नानुसार, चिह्नों को प्रतिस्थापित करने पर,

$42 \div 6 \times 7 + 13 - 28 = ?$

$\Rightarrow \quad 7 \times 7 + 13 - 28 = ?$

$\Rightarrow \quad 49 + 13 - 28 = ?$

$\Rightarrow \quad 62 - 28 = ?$

$\therefore \quad 34 = ?$

23. **(b)** प्रश्नानुसार,

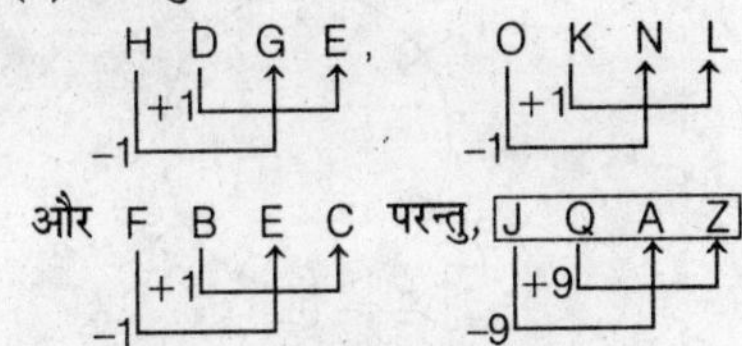

24. **(d)** दिया है, 45 – 3 ÷ 144 × 12 + 38 = ?

+ ⇒ –	× ⇒ ÷
– ⇒ ×	– ⇒ +

प्रश्नानुसार, चिह्नों को प्रतिस्थापित करने पर,

$45 \times 3 + 144 \div 12 - 38 = ?$

$\Rightarrow \quad 135 + 12 - 38 = ?$

$\Rightarrow \quad 147 - 38 = ?$

$\therefore \quad 109 = ?$

25. (a) प्रश्नानुसार,

C O L Ⓓ ⟶ ⑥ 4 2 8

T I Ⓓ E ⟶ 9 ⑥ 7 3

$\therefore$ D का कूट $\Rightarrow 6$

26. (b) दी गई अक्षर शृंखला में, रिक्त स्थानों में विकल्प (b) को क्रमिक रूप से बाएँ से दाएँ रखने पर,

SLTUK / SLTUK / SLTUK

$\Rightarrow$ S, T,U, L, K, T, U

27. (c) दी गई आकृति शृंखला में प्रत्येक अगले वर्ग में आकृति 90° घूम रही है। तीसरी आकृति को 90° घुमाने पर हमें निम्न आकृति प्राप्त होगी।

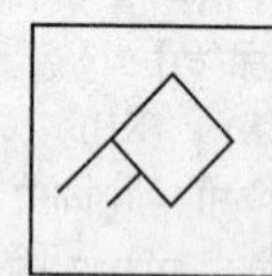

28. (b) शब्दकोश के क्रम के अनुसार, दिए गए शब्दों का सही क्रम है

Flaw → Flec → Fleet → Flight → Flint
(3) (2) (4) (5) (1)

$\Rightarrow$ 3, 2, 4, 5, 1

29. (b) दी गई आकृति का सही दर्पण प्रतिबिम्ब विकल्प आकृति (b) है

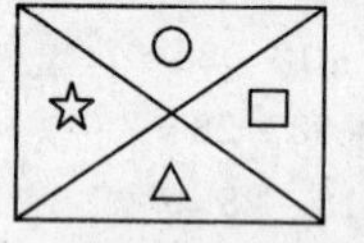 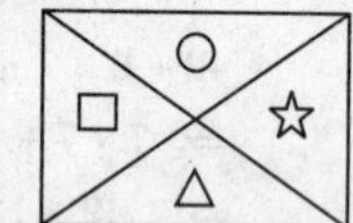

30. (d) प्रश्नानुसार,

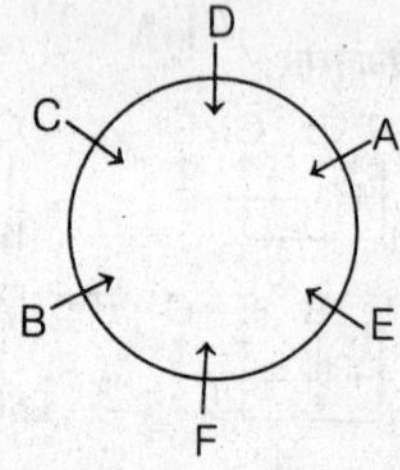

इस प्रकार, A और C, दोनों के ठीक बगल में 'D' बैठा है।

31. (c) जिस प्रकार,

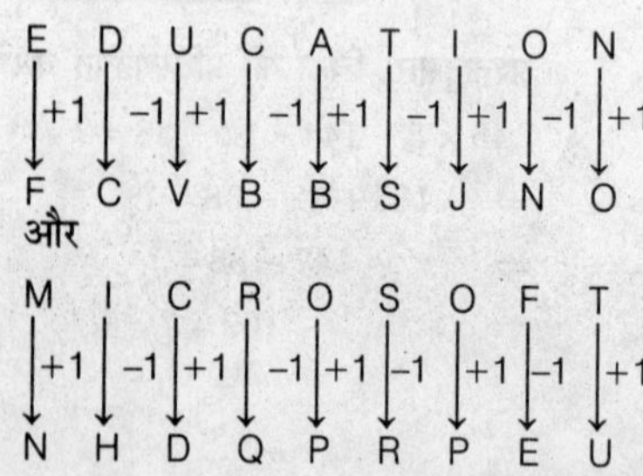

उसी प्रकार,

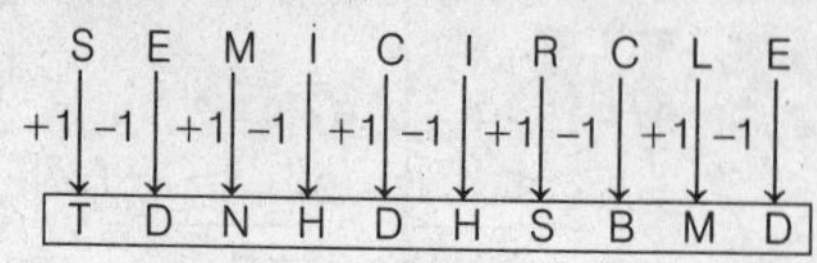

32. (b) जिस प्रकार, 32 : 10

$\Rightarrow (3 + 2) \times 2 = 5 \times 2 \Rightarrow 10$

और 24 : 12

$\Rightarrow (2 + 4) \times 2 = 6 \times 2 \Rightarrow 12$

उसी प्रकार, $98 : X = (9 + 8) \times 2$

$= 17 \times 2 \Rightarrow 34$

X का मान 34 है।

33. (c) जिस प्रकार, (23, 6, 35)

$\Rightarrow 23 + (6 \times 2) = 23 + 12 = 35$

और (13, 5, 23)

$\Rightarrow 13 + (5 \times 2) = 13 + 10 = 23$

उसी प्रकार, (25, 8, 41)

$\Rightarrow 25 + (8 \times 2) = 25 + 16 = 41$

34. (a) दी गई शीट है

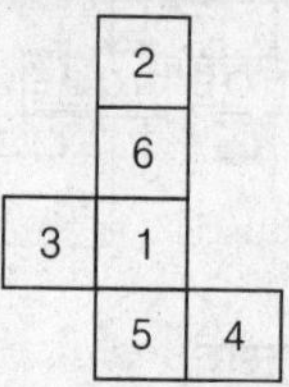

उपरोक्त शीट को मोड़कर घन बनाने पर केवल आकृति (4) बनना सम्भव है।

35. (b) दिया है, $8 \div 5 - 5 \times 10 + 2 = ?$

$+ \Rightarrow \div$	$\times \Rightarrow -$
$- \Rightarrow +$	$\div \Rightarrow \times$

प्रश्नानुसार, चिह्नों को प्रतिस्थापित करने पर,

$8 \times 5 + 5 - 10 \div 2 = ?$

$\Rightarrow \quad 40 + 5 - 5 = ?$

$\Rightarrow \quad 45 - 5 = ?$

$\therefore \quad 40 = ?$

36. (c) कथनानुसार,

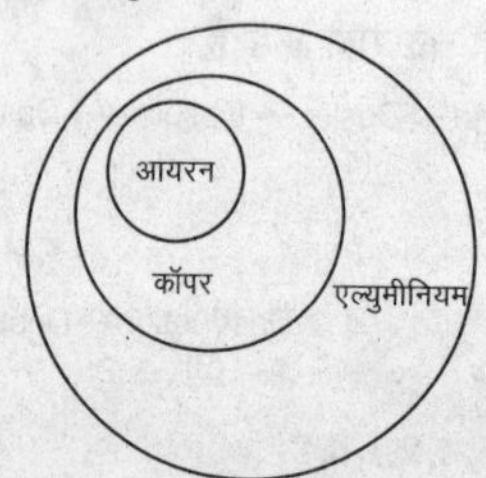

निष्कर्ष I. (✓) II. (✓)

उपरोक्त दोनों निष्कर्ष अनुसरण करते हैं।

37. (d) दिया है,

$729 \times 9 - (56 - 6) \times 5 \div 2 + 152 \times 19 = 69$

चिह्नों को परस्पर परिवर्तित करने पर,

$\times \Leftrightarrow \div$

$729 \div 9 - (56 - 6) \div 5 \times 2 + 152 \div 19 = 69$

$\Rightarrow \quad 81 - 50 \div 5 \times 2 + 8 = 69$

$\Rightarrow \quad 81 - 20 + 8 = 69$

$\Rightarrow \quad 89 - 20 = 69$

$\therefore \quad 69 = 69$

38. (c) प्रश्नानुसार,

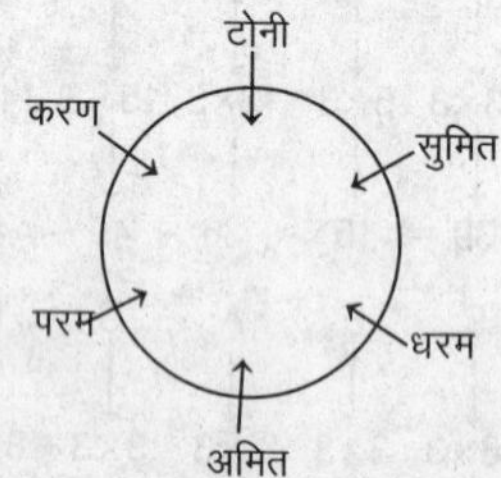

उपरोक्त व्यवस्था से ज्ञात होता है कि टोनी, परम के दाईं ओर चौथे स्थान पर बैठा है।

39. (b) जिस प्रकार, (2, 5, 341)

$\Rightarrow (2 + 5)^3 - 2 = 7^3 - 2$

$= 343 - 2 = 341$

और (1,7, 510)

$\Rightarrow (1 + 7)^3 - 2 = 8^3 - 2$

$= 512 - 2 = 510$

उसी प्रकार, (1, 2, 25)

$\Rightarrow (1 + 2)^3 - 2 = 3^3 - 2$

$= 27 - 2 = 25$

40. (b) प्रश्नानुसार ,

K P L O (+1, −1) ; H M I L (+1, −1)

तथा परन्तु,

S X T W (+1, −1) ; L O K P (−1, +1)

41. (c) प्रश्नानुसार,

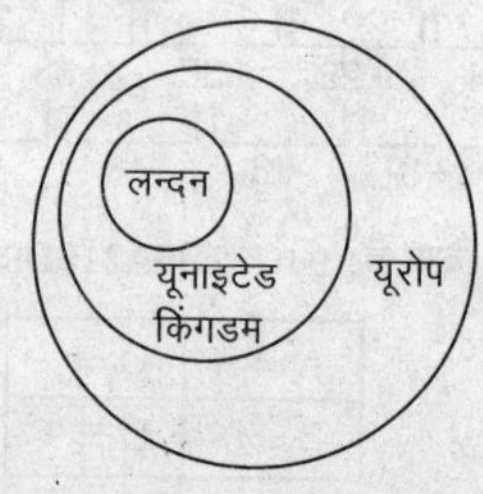

लन्दन, यूनाइटेड किंगडम में है, यूनाइटेड किंगडम यूरोप में है।

42. (a) दी गई प्रश्नाकृति में अन्तर्निहित भाग है

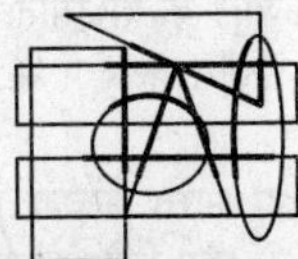

43. (c) जिस प्रकार, इच्छा करना, लालसा करने का समानार्थी शब्द है।
उसी प्रकार, फुर्ती तत्परता का समानार्थी शब्द है।

44. (c) जिस प्रकार, YATCH
$\Rightarrow 25 + 1 + 20 + 3 + 8 = 57$
$= 57 +$ (शब्दों में अक्षरों की संख्या × 2)
$= 57 + (5 \times 2)$
$= 57 + 10 = 67$
और DINE $\Rightarrow 4 + 9 + 14 + 5 = 32$
$= 32 +$ (शब्दों में अक्षरों की संख्या × 2)
$= 32 + (4 \times 2)$
$= 32 + 8 = 40$
उसी प्रकार, MANGO
$\Rightarrow 13 + 1 + 14 + 7 + 15$
$= 50 +$ (अक्षरों की संख्या × 2)
$= 50 + (5 \times 2)$
$= 50 + 10 = 60$

45. (b) जिस प्रकार, STORY
$\Rightarrow 19 + 20 + 15 + 18 + 25 = 97$
और PULL $\Rightarrow 16 + 21 + 12 + 12 = 61$
उसी प्रकार, INCOME
$\Rightarrow 9 + 14 + 3 + 15 + 13 + 5 = 59$

46. (c) जिस प्रकार, 7, 52
$\Rightarrow 7^2 + 3 = 49 + 3 = 52$
और 9, 84 $\Rightarrow 9^2 + 3 = 81 + 3 = 84$
उसी प्रकार, 13, 172
$\Rightarrow 13^2 + 3 = 169 + 3 = 172$
अत:, 13, 172 समान पैटर्न का अनुसरण करता है।

47. (b) दिए गए पासे हैं

यहाँ, तीनों पांसों को देखने पर ज्ञात होता है कि '6' दर्शाने वाले के विपरीत फलक पर संख्या '4' होगी।

48. (a) दी गई श्रृंखला का क्रम निम्न प्रकार है,

42 → 53 → 46 → [58] → 53 → 66
+11, −7, +12, −5, +13

49. (d) दी गई श्रृंखला का क्रम निम्नवत् है।

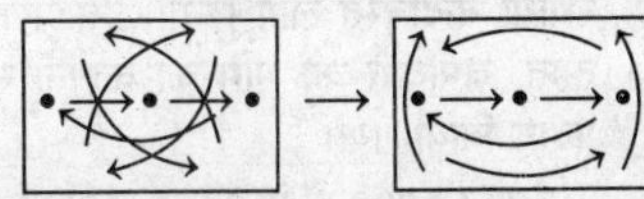

आकृति (i) से (ii) तथा आकृति (iii) से (iv) में
आकृति (ii) से (iii) तथा आकृति (iv) से (v) में

अत: विकल्प (d) सही आकृति होगी।

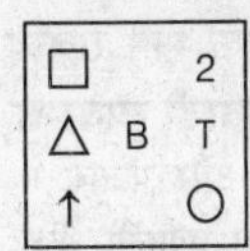

50. (b) कथनानुसार,

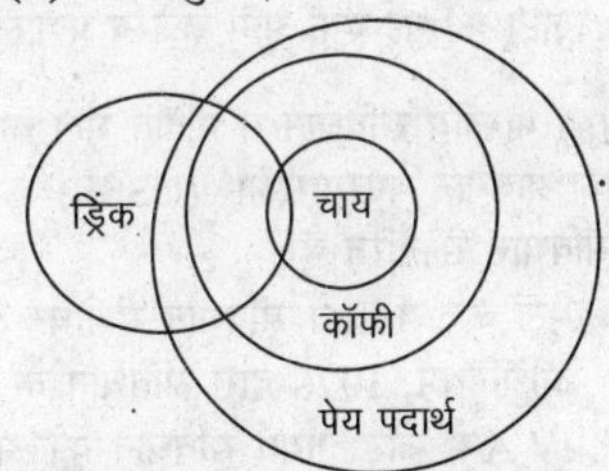

निष्कर्ष I. (✓) II. (✗)
केवल निष्कर्ष I अनुसरण करता है।

51. (b) हुगली क्षेत्र भारत के गौण औद्योगिक क्षेत्र (minor industrial region) का उदाहरण नहीं है।

- हुगली क्षेत्र भारत के प्रमुख औद्योगिक क्षेत्रों में से एक है। यह पश्चिम बंगाल में स्थित है और जूट, कपास, इंजीनियरिंग और रसायन जैसे उद्योगों के लिए जाना जाता है।
- **अम्बाला-अमृतसर क्षेत्र** यह पंजाब और हरियाणा में स्थित एक गौण औद्योगिक क्षेत्र है। यह कृषि आधारित उद्योगों के लिए जाना जाता है।
- **उत्तरी मालाबार क्षेत्र** यह केरल में स्थित एक गौण औद्योगिक क्षेत्र है। यह कृषि आधारित उद्योगों और मत्स्य पालन के लिए जाना जाता है।
- **दुर्ग-रायपुर क्षेत्र** यह छत्तीसगढ़ में स्थित एक गौण औद्योगिक क्षेत्र है। यह लौह और इस्पात उद्योगों के लिए जाना जाता है।

52. (d) अकबर द्वारा खानदेश का मुगल साम्राज्य में विलय 1601 ई. में किया गया था।

- 1601 ई. में, एक लम्बी घेराबन्दी के बाद, अकबर ने असीरगढ़ के किले पर सफलतापूर्वक कब्ज़ा कर लिया, जिसके परिणामस्वरूप खानदेश का मुगल साम्राज्य में विलय हो गया।
- इस विजय ने अकबर के दक्कन अभियानों में एक महत्त्वपूर्ण कदम चिह्नित किया और भारत भर में अपने शासन को मजबूत करने के लिए उसकी सैन्य रणनीति और महत्त्वाकांक्षा को प्रदर्शित किया।
- अकबर ने भारतीय उपमहाद्वीप के अधिकांश हिस्से को शामिल करने के लिए मुगल साम्राज्य का विस्तार किया।
- बैरम खान (अकबर के सैन्य जनरल) के समय, ग्वालियर, जौनपुर, बनारस, अजमेर और मालवा जैसे राज्यों को मुगल साम्राज्य में जोड़ा गया था।

53. (c) पण्डित हरिशंकर भट्टाचार्य, एक प्रसिद्ध सितारवादक हैं।

- हरिशंकर भट्टाचार्य सितारवादन की 'मैहर' शैली से सम्बन्धित हैं और उन्होंने इस शैली को लोकप्रिय बनाने में महत्त्वपूर्ण भूमिका निभाई है।
- हरि शंकर भट्टाचार्य का संगीत भारतीय शास्त्रीय संगीत की समृद्ध परम्परा का एक महत्त्वपूर्ण हिस्सा है।
- प्रमुख सितारवादक पण्डित रविशंकर, उस्ताद विलायत खान, पण्डित निखिल बनर्जीशाहिद परवेज खान आदि है।

54. (b) सत्यजित रे की कृति 'चाइल्डहुड डेज़-ए मेमोयर' बंगाली भाषा में लिखी गई है।

- सत्यजित रे की कृति 'चाइल्डहुड डेज़ ए मेमोयर' बंगाली भाषा में लिखी गई है।
- सत्यजित रे एक भारतीय फिल्म निर्देशक, पटकथा लेखक, संगीतकार, गीतकार और लेखक थे। उन्हें 20वीं सदी के सबसे महान फिल्म निर्देशकों में से एक माना जाता है।
- उन्होंने 36 फिल्मों का निर्देशन किया, जिनमें पाथेर पांचाली, अपराजितो और अपूर संसार जैसी क्लासिक्स शामिल हैं।
- उन्हें अपने काम के लिए कई पुरस्कार मिले, जिनमें वर्ष 1992 में सिनेमा में उनकी आजीवन उपलब्धि के लिए अकादमी मानद पुरस्कार भी शामिल है।

55. (c) सातवीं पंचवर्षीय योजना (1985-1990) के बाद, भारत में राजनीतिक अस्थिरता और आर्थिक संकट के कारण वर्ष 1990 से 1992 तक योजना अवकाश लिया गया था।

- सातवीं पंचवर्षीय योजना का मुख्य उद्देश्य आर्थिक विकास को बढ़ावा देना था।

योजना अवकाश के निम्न कारण थे।

- **राजनीतिक अस्थिरता** वर्ष 1989 में केन्द्र में, कांग्रेस सरकार गिर गई और एक गठबन्धन सरकार बनी। इसके बाद, वर्ष 1991 में, एक और राजनीतिक संकट आया।
- **आर्थिक संकट** वर्ष 1991 में, भारत एक गम्भीर आर्थिक संकट का सामना कर रहा था। विदेशी मुद्रा भण्डार लगभग समाप्त हो गया था और मुद्रास्फीति बहुत अधिक थी।

56. (a) वर्ष 2016 के विश्व बैंक के आँकड़ों के अनुसार, भारत में लगभग 69% नौकरियों पर ऑटोमेशन का खतरा है।
- चीन में यह 77 % है और इथियोपिया में स्वचालन से खतरे में पड़ी नौकरियों का 85% है।
- विश्व बैंक एक अन्तर्राष्ट्रीय संगठन है, जो देशों को आर्थिक विकास के लिए ऋण और अनुदान प्रदान करता है।
- इसकी स्थापना वर्ष 1944 में हुई थी और इसका मुख्यालय वाशिंगटन, डी.सी. में है।
- विश्व बैंक विकासशील देशों को विभिन्न प्रकार की वित्तीय सहायता प्रदान करता है, जिसमें ऋण, अनुदान और तकनीकी सहायता शामिल हैं।

57. (c) कुचिपुड़ी नृत्य शैली की उत्पत्ति दक्षिणपूर्वी भारत में आन्ध्र प्रदेश राज्य के कुचिपुड़ी गाँव में हुई थी। यह एक शास्त्रीय नृत्य शैली है, जो नृत्य, नाटक और संगीत का मिश्रण है।
- कुचिपुड़ी नृत्य शैली की प्रमुख कलाकार यामिनी कृष्णमूर्ति, राजा और राधा रेड्डी, स्वप्न सुन्दरी, यामिनी रेड्डी आदि है।
- **कथक** नृत्य शैली की उत्पत्ति उत्तरी भारत में हुई थी।
- **छऊ** नृत्य शैली की उत्पत्ति पूर्वी भारत में हुई थी।
- **सत्रीया** नृत्य शैली की उत्पत्ति असम में हुई थी।

58. (a) भारत ने आईसीसी T20 पुरुष विश्व कप दो बार जीता है। वर्ष 2024 में भारत ने दूसरी बार आईसीसी, T20 विश्व कप दक्षिण अफ्रीका को हराकर जीता।
- भारत ने पहली बार वर्ष 2007 में महेन्द्र सिंह धोनी के नेतृत्व में T20 विश्व कप जीता था और दूसरी बार वर्ष 2024 में रोहित शर्मा के नेतृत्व में भारत ने T20 विश्व कप जीता हैं।

59. (b) हिमालय को पश्चिम से पूर्व तक क्षेत्रों के आधार पर विभाजित सही क्रम पंजाब हिमालय, कुमाऊँ हिमालय, नेपाल हिमालय और असम हिमालय है।
- हिमालय को पश्चिम से पूर्व तक क्षेत्रों के आधार पर चार भागों में विभाजित किया गया है:
- **पंजाब हिमालय** यह सिन्धु और सतलुज नदियों के बीच स्थित है।
- कुमाऊँ हिमालय यह सतलुज और काली नदियों के बीच स्थित है।
- नेपाल हिमालय यह काली और तिस्ता नदियों के बीच स्थित है।
- असम हिमालय यह तिस्ता और ब्रह्मपुत्र नदियों के बीच स्थित है।

60. (c) लॉर्ड कॉर्नवालिस ने 1793 ई. में बंगाल में स्थायी बन्दोबस्त लागू किया। इस प्रणाली के तहत, जमींदारों को भूमि का कानूनी स्वामित्व प्रदान किया गया।
- उन्होंने 1793 ई. में प्रसिद्ध कॉर्नवालिस कोड का निर्माण करवाया, जो शक्तियों के पृथक्करण के सिद्धान्तों पर आधारित था।
- **तालुकदारी व्यवस्था** यह अवध में लागू की गई एक भूमि राजस्व प्रणाली थी।
- **महलवाड़ी व्यवस्था** यह उत्तर प्रदेश, मध्य प्रदेश और पंजाब में लागू की गई एक भूमि राजस्व प्रणाली थी।
- **रैयतवाड़ी व्यवस्था** यह मद्रास और बॉम्बे में लागू की गई एक भूमि राजस्व प्रणाली थी।

61. (a) भारतीय संविधान में वर्णित मूल कर्त्तव्यों का प्रावधान यूएसएसआर (USSR) के संविधान से प्रेरित है।
- मूल कर्त्तव्य 42वें संविधान संशोधन अधिनियम, 1976 द्वारा संविधान के भाग IV-A में जोड़ा गया। संविधान का अनुच्छेद 51A मूल कर्त्तव्यों से सम्बन्धित है।
- 86वें संविधान संशोधन अधिनियम, 2002 द्वारा एक और कर्त्तव्य जोड़ा गया, जिससे इनकी कुल संख्या 11 हो गई।
- मूल कर्त्तव्य गैर-न्यायसंगत हैं, जिसका अर्थ है कि उनके उल्लंघन के लिए कानूनी रूप से लागू नहीं किया जा सकता है।

62. (d) ममिता त्रिपुरा राज्य का लोकप्रिय लोकनृत्य है।
- यह नृत्य त्रिपुरा के कलोई समुदाय का एक लोकप्रिय नृत्य है। जिसे सामान्यत: फसल उत्सव, ममता महोत्सव में किया जाता है।
- इस नर्तक पारम्परिक आदिवासी वेशभूषा पहनते हैं, जो प्राय: रंगीन होती है और स्थानीय रूप से बुने हुए कपड़ों से बनी होती है।
- यह नृत्य खुशी, एकता और भक्ति को व्यक्त करने के लिए त्योहारों और सामाजिक समारोहों के दौरान किया जाता है।

63. (a) अष्टाध्यायी, व्याकरण पर एक संस्कृत ग्रन्थ है, जिसकी रचना छठी से पाँचवीं शताब्दी ईसा पूर्व में पाणिनि द्वारा की गई थी।
- अष्टाध्यायी में आठ अध्याय हैं और प्रत्येक अध्याय में चार पद हैं। इसमें लगभग 4,000 सूत्र हैं।
- पाणिनि ने अष्टाध्यायी के अतिरिक्त अन्य ग्रन्थ भी लिखे; जैसे कि धातुपाठ और गणपाठ।
- **अगस्त्य** एक प्राचीन भारतीय ऋषि थे।
- **पतंजलि** एक प्राचीन भारतीय दार्शनिक थे।
- **विश्वामित्र** एक प्राचीन भारतीय ऋषि थे।

64. (a) 26 जनवरी, 2020 को गणतन्त्र दिवस परेड में ब्राजील के राष्ट्रपति जायर बोल्सोनारो को मुख्य अतिथि के रूप में आमन्त्रित किया गया था।
- प्रत्येक वर्ष भारत सरकार गणतन्त्र दिवस समारोह में एक विदेशी राष्ट्राध्यक्ष को मुख्य अतिथि के रूप में आमन्त्रित करती है।
- 26 जनवरी, 1950 को भारत का संविधान लागू हुआ था, जिसके बाद भारत एक सम्प्रभु गणराज्य बन गया।
- गणतन्त्र दिवस समारोह 29 जनवरी को बीटिंग द रिट्रीट समारोह के साथ समाप्त होता है।
- यह समारोह विजय चौक पर आयोजित किया जाता है, जिसमें भारतीय सेना, नौसेना और वायु सेना के बैण्ड भाग लेते हैं।

65. (d) हिन्दू धर्म के भीतर बुराइयों पर प्रहार करने के लिए आत्मीय सभा की स्थापना 1814 ई. में राजा राममोहन राय ने की थी।
- आत्मीय सभा की स्थापना को कलकत्ता में आधुनिक युग की शुरुआत माना जाता है। इसका उद्देश्य विभिन्न धार्मिक आस्थाओं में बटी हुई जनता को एकजुट करना और समाज में फैली कुरीतियों को दूर करना था।
- 1828 ई. में, राजा राममोहन राय ने ब्रह्म सभा की स्थापना की, जो बाद में ब्रह्म समाज के नाम से जानी गई।
- राजा राममोहन राय से जुडी रचनाएँ तुहफ़ात-उल-मुवाहिदीन संवाद कौमुदी, मिरात-उल-अखबार है।

66. (b) आवर्त सारणी के समूह 18 का रेडॉन रासायनिक तत्त्व मृदा और चट्टानों में यूरेनियम के प्राकृतिक रेडियोधर्मी क्षय से उत्पन्न होता है।
- रेडॉन एक रंगहीन, गंधहीन और स्वादहीन रेडियोधर्मी गैस है। यह यूरेनियम के प्राकृतिक रेडियोधर्मी क्षय से उत्पन्न होती है, जो मिट्टी और चट्टानों में पाया जाता है।
- रेडॉन का प्रतीक Rn है और परमाणु संख्या 86 है।
- रेडॉन आवर्त सारणी के समूह 18 में स्थित है, जिसे उत्कृष्ट गैसों के रूप में भी जाना जाता है।
- रेडॉन का उपयोग चिकित्सा और औद्योगिक उद्देश्यों के लिए किया जाता है।

67. (c) हिमालय में सियाचिन एक ग्लेशियर है।
- सियाचिन ग्लेशियर हिमालय के पूर्वी काराकोरम रेंज में स्थित है। यह भारत और पाकिस्तान के बीच नियन्त्रण रेखा के पास स्थित है।
- यह काराकोरम के पाँच बड़े ग्लेशियरों में सबसे बड़ा और विश्व का दूसरा सबसे लम्बा ग्लेशियर है।

68. **(b)** रेड लेक संयुक्त राज्य अमेरिका के उत्तरी मिनेसोटा में बेल्ट्रामी काउण्टी में स्थित एक झील है।

- यह झील मिनेसोटा के अन्दर पूरी तरह से स्थित सबसे बड़ी प्राकृतिक मीठे पानी की झील है।
- बिवा झील, कासुमिगौरा झील, नकाउमी झील जापान में स्थित है।
- पैंगोंग त्सो झील ट्रांस-हिमालय में लद्दाख में 14,000 फीट से अधिक की ऊँचाई पर स्थित एक लम्बी, संकरी, गहरी, अन्तर्देशीय झील है।

69. **(a)** प्रशुल्क एवं व्यापार पर सामान्य समझौता (GATT) का 8वाँ राउड, जिसे 'उरुग्वे राउड' भी कहा जाता है, वर्ष 1994 में हुआ था, जिसके परिणामस्वरूप विश्व व्यापार संगठन (WTO) की स्थापना हुई थी।

- उरुग्वे राउण्ड वर्ष 1986 में उरुग्वे के पुण्टा डेल एस्टा में शुरू हुआ था और वर्ष 1994 में समाप्त हुआ था। यह GATT के इतिहास में सबसे व्यापक व्यापार वार्ता थी।
- विश्व व्यापार संगठन (WTO) एक अन्तर्राष्ट्रीय संगठन है, जो देशों के बीच व्यापार के नियमों को नियन्त्रित करता है।
- इसका मुख्यालय जिनेवा, स्विट्जरलैण्ड में है। डब्ल्यूटीओ के 164 सदस्य देश हैं।
- डब्ल्यूटीओ का उद्देश्य व्यापार बाधाओं को कम करना और निष्पक्ष व्यापार को बढ़ावा देना है।

70. **(c)** भरतनाट्यम नृत्य रूप की उत्पत्ति प्राचीन नृत्य सादिर अट्टम से जुड़ी हुई है।

- सादिर अट्टम एक प्राचीन मन्दिर नृत्य था, जो देवदासियों द्वारा किया जाता था। भरतनाट्यम ने सादिर अट्टम से कई तत्त्व लिए हैं और इसे एक शास्त्रीय नृत्य शैली के रूप में विकसित किया है।
- भरतनाट्यम तमिलनाडु का एक शास्त्रीय नृत्य रूप है। यह नृत्य अपनी भावपूर्ण और लयबद्ध गतिविधियों के लिए जाना जाता है।
- कथकली केरल का एक शास्त्रीय नृत्य रूप है।
- कुचिपुड़ी आन्ध्र प्रदेश का एक शास्त्रीय नृत्य रूप है।
- मोहिनीअट्टम केरल का एक शास्त्रीय नृत्य रूप है।

71. **(a)** पूर्वी घाट महानदी घाटी से लेकर दक्षिण में नीलगिरि तक फैला हुआ है।

- पूर्वी घाट भारत के पूर्वी तट के समानान्तर चलने वाली पर्वत शृंखला है,जो ओडिशा, आन्ध्र प्रदेश, तमिलनाडु और कर्नाटक राज्यों से होकर गुजरता है।
- पूर्वी घाट की औसत ऊँचाई 600 मीटर है तथा इसकी सबसे ऊँची चोटी अरमाकोण्डा है।
- पूर्वी घाट कई नदियों का स्रोत है, जिनमें महानदी, गोदावरी, कृष्णा और कावेरी शामिल हैं।

72. **(d)** भारतीय संविधान के अनुच्छेद 368 के अनुसार, संविधान में तीन प्रकार के संशोधनों का उल्लेख किया गया है।

- **साधारण बहुमत द्वारा संशोधन** संसद के साधारण बहुमत द्वारा संशोधन किए जा सकते हैं।
- इसमें उपस्थित और मतदान करने वाले सदस्यों का 50% से अधिक बहुमत चाहिए।
- **संसद के विशेष बहुमत द्वारा संशोधन** संसद के प्रत्येक सदन में उपस्थित और मतदान करने वाले सदस्यों के दो-तिहाई बहुमत द्वारा संशोधन किए जा सकते हैं। साथ ही, सदन की कुल सदस्यता का 50% से अधिक बहुमत चाहिए।
- **संसद के विशेष बहुमत और राज्यों के अनुसमर्थन द्वारा संशोधन** कुछ संशोधनों के लिए, संसद के विशेष बहुमत के अतिरिक्त, कम से कम आधे राज्य विधानमण्डलों के अनुमोदन की भी आवश्यकता होती है।
- अनुच्छेद 368 भारतीय संविधान के भाग XX में निहित है और यह संविधान में संशोधन की प्रक्रिया और परिधि को परिभाषित करता है।

73. **(b)** भारतीय संविधान के अनुच्छेद 75 में कहा गया है कि प्रधानमन्त्री की नियुक्ति भारत के राष्ट्रपति द्वारा की जाती है।

- राष्ट्रपति लोकसभा में बहुमत प्राप्त दल के नेता को प्रधानमन्त्री नियुक्त करता है। यदि लोकसभा में किसी भी दल को स्पष्ट बहुमत नहीं मिलता है, तो राष्ट्रपति प्रधानमन्त्री के चयन में अपने विवेक का प्रयोग कर सकता है।
- भारतीय संविधान का अनुच्छेद 73 संघ की कार्यकारी शक्ति के विस्तार से सम्बन्धित है।
- भारतीय संविधान का अनुच्छेद 76 भारत के महान्यायवादी (Attorney General of India) से सम्बन्धित है।
- भारतीय संविधान का अनुच्छेद 74 राष्ट्रपति की सहायता और सलाह देने के लिए मन्त्रिपरिषद् से सम्बन्धित है।

74. **(d)** तारानुमा मन्दिर (स्टार-आकार के मन्दिर) 12वीं और 13वीं शताब्दी ईस्वी के दौरान होयसल शासकों के द्वारा बनाए गए थे।

- होयसल मन्दिर 12वीं और 13वीं शताब्दी ईस्वी के दौरान बनाए गए थे। ये मन्दिर होयसल साम्राज्य की अद्वितीय वास्तुकला और कलात्मक प्रतिभा को प्रदर्शित करते हैं।
- होयसल मन्दिर अपनी जटिल मूर्तियों, तारे के आकार की योजनाओं और नरम साबुन के पत्थर के उपयोग के लिए जाने जाते हैं। यह शैली चालुक्य और द्रविड़ वास्तुकला का एक मिश्रण है।
- होयसल मन्दिर के कुछ उदाहरणों में बेलूर में चन्नाकेशव मन्दिर, हालेबीडु में होयसलेश्वर मन्दिर और सोमनाथपुरा में केशवा मन्दिर शामिल हैं।

75. **(a)** 'कुली' उपन्यास मुल्क राज आनन्द द्वारा लिखा गया है, जो वर्ष 1936 में प्रकाशित हुआ था।

- यह उपन्यास एक 14 वर्षीय लड़के, मुनू की कहानी है, जो सामाजिक और आर्थिक असमानता के कारण पीड़ित है।
- ए हाउस फॉर मिस्टर बिस्वास उपन्यास नायपॉल का सबसे प्रसिद्ध उपन्यास है, जो एक भारतीय आप्रवासी के जीवन की कहानी बताता है।
- घासीराम कोतवाल विजय तेन्दुलकर की एक नाटक है, यह ऐतिहासिक व्यक्ति के जीवन पर आधारित है और राजनीतिक शक्ति के दुरुपयोग को दर्शाता है।
- स्वामी एण्ड फ्रेण्ड्स आर.के. नारायण की कृति है यह मालगुडी नामक एक काल्पनिक शहर में स्थापित कहानियों की एक शृंखला का पहला उपन्यास है।

76. **(c)** कृष्य (Arable) भूमि वह भूमि है, जो नियमित रूप से फसल के लिए उपयुक्त है।

- इस भूमि में खेती के लिए आवश्यक सभी पोषक तत्त्व और जलवायु परिस्थितियाँ होती हैं।
- कृष्य भूमि का उपयोग खाद्यान्न, तिलहन, दलहन, फल और सब्जियों जैसी विभिन्न प्रकार की फसलों को उगाने के लिए किया जाता है।
- **सीमान्त भूमि** (Marginal Land) यह वह भूमि है, जो कृषि के लिए उपयुक्त नहीं है या कम उपयुक्त है।
- **नगरीय भूमि** (Urban Land) यह वह भूमि है, जो शहरों और कस्बों में स्थित है।
- **बंजर भूमि** (Barren Land) यह वह भूमि है, जो बंजर है और कृषि के लिए बिल्कुल भी उपयुक्त नहीं है।

77. **(c)** प्रतिचक्रवात में,हवाएँ, उत्तरी गोलार्द्ध में हवा की दिशा दक्षिणावर्त और दक्षिणी गोलार्द्ध में हवा की दिशा वामावर्त रखते हुए उच्च दाब वाले क्षेत्र से बाहर की ओर चलती हैं।

- **प्रतिचक्रवात** (Anticyclone) उच्च वायुदाब वाले क्षेत्र होते हैं, जहाँ हवाएँ केन्द्र से बाहर की ओर चलती हैं। ये चक्रवात के विपरीत होते हैं, जो निम्न वायुदाब वाले क्षेत्र होते हैं, जहाँ हवाएँ केन्द्र की ओर चलती हैं।
- **चक्रवात** (Cyclones) चक्रवात निम्न दाब वाले क्षेत्र होते हैं, जहाँ हवाएँ केन्द्र की ओर चलती हैं। चक्रवात तूफानी मौसम लाते हैं।
- **पर्वत - विज्ञान** (Orography) पर्वतीय वर्षा तब होती है, जब नम हवाएँ पहाड़ों से टकराती हैं और ऊपर उठती हैं।
- **संवहन** (Convection) संवहन वर्षा तब होती है, जब गर्म हवा ऊपर उठती है और ठण्डी होती है।

78. (d) आधुनिक आवर्त सारणी में परमाणु संख्या 43 वाला टेक्नेटियम रेडियोधर्मी तत्त्व अस्थिर है और इसके सभी समस्थानिकों की अर्द्ध आयु अपेक्षाकृत छोटी है, जो 4.2 मिलियन वर्ष से 5.0 सेकण्ड तक है।

- टेक्नेटियम एक रासायनिक तत्व है, जिसका प्रतीक Tc और परमाणु क्रमांक 43 है। यह सबसे हल्का तत्व है, जिसके सभी समस्थानिक रेडियोधर्मी हैं।
- टेक्नेटियम की खोज वर्ष 1937 में कार्लो पेरियर और एमिलियो सेग्रे ने की थी।
- टेक्नेटियम का नाम ग्रीक शब्द 'टेकनेटोस' से लिया गया है, जिसका अर्थ है 'कृत्रिम'।

79. (a) 16वीं शताब्दी में बहमनी साम्राज्य का विघटन हो गया था। इसके विघटन के परिणामस्वरूप, पाँच दक्कन सल्तनतों का उदय हुआ, जिनमें अहमदनगर, बीजापुर, बीदर, बरार और गोलकुण्डा शामिल थे। गा एक स्वतन्त्र सल्तनत था, जो बंगाल में स्थित था।

- बहमनी साम्राज्य की स्थापना 1347 ईस्वी में अलाउद्दीन बहमनशाह (हसन गंगू) ने की थी।
- यह साम्राज्य दक्षिण भारत के दक्कन क्षेत्र में फैला हुआ था। इसकी पहली राजधानी गुलबर्गा थी, जिसे बाद में बीदर स्थानान्तरित कर दिया गया।
- बहमनी साम्राज्य का विजयनगर साम्राज्य के साथ दक्कन पर नियन्त्रण के लिए लगातार संघर्ष होता रहा।

80. (d) एस्केरिस एक गोलकृमि है, जो मनुष्यों और अन्य जानवरों की आँतों में परजीवी के रूप में रहता है।

- यह गोलकृमि एस्केरियासिस नामक बीमारी का कारण बनता है।
- एस्केरिस के अण्डे मल के माध्यम से उत्सर्जित होते हैं और मिट्टी या पानी में जीवित रहते हैं।
- मनुष्य दूषित भोजन या पानी के माध्यम से एस्केरिस से संक्रमित हो सकते हैं।
- टीनिया एक फीताकृमि है, जो मनुष्यों और अन्य जानवरों की आँतों में परजीवी के रूप में रहता है।
- प्लेनेरिया एक चपटा कृमि है, जो मीठे पानी में रहता है।
- यकृत पर्णकृमि एक चपटा कृमि है, जो मनुष्यों और अन्य जानवरों के यकृत में परजीवी के रूप में रहता है।

81. (d) बास्केटबॉल कोर्ट की आकृति आयताकार होती है।

- बास्केटबॉल का आविष्कार 1891 ई. में डॉ. जेम्स नाइस्मिथ द्वारा किया गया था।
- बास्केटबॉल में प्रत्येक टीम में पाँच खिलाड़ी होते हैं। खेल का उद्देश्य विपक्षी टीम के हूप में गेंद डालकर अंक अर्जित करना है।
- अन्तर्राष्ट्रीय खेलों में बास्केटबॉल कोर्ट 28 × 15 मीटर का होता है और एनबीए में, कोर्ट 94 x 50 फीट (29 x 15 मीटर) का होता है।

82. (c) गिद्ध एक मांसाहारी पक्षी है, जो मृत जानवरों के माँस को खाता है।

- यह पक्षी प्राकृतिक रूप से सफाई का काम करता है, क्योंकि यह मृत जानवरों के शवों को खाकर पर्यावरण को साफ रखता है।
- गिद्धों की कुछ प्रजातियाँ खतरे में हैं। उनकी आबादी घट रही है, क्योंकि वे मनुष्यों द्वारा किए गए परिवर्तनों के प्रति संवेदनशील हैं। गिद्धों को बचाने के लिए कई संरक्षण प्रयास किए जा रहे हैं।

83. (a) 12 जून, 1905 को पुणे, महाराष्ट्र में सर्वेंट्स ऑफ इण्डिया सोसायटी गोपालकृष्ण गोखले द्वारा स्थापित किया गया था।

- सर्वेंट्स ऑफ इण्डिया सोसायटी ने स्वच्छता, स्वास्थ्य देखभाल और शिक्षा को बढ़ावा देने के लिए कई अभियान चलाए तथा भेदभाव, गरीबी, महिलाओं के उत्पीड़न और घरेलू शोषण से लड़ने के लिए भी काम किया।
- चितरंजन दास ने मोतीलाल नेहरू के साथ मिलकर वर्ष 1923 में स्वराज पार्टी की स्थापना की।
- लाला लाजपत राय भारतीय राष्ट्रीय कांग्रेस के गरम दल के प्रमुख नेताओं में से एक थे। उन्हें 'पंजाब केसरी' के नाम से भी जाना जाता था।

84. (b) वर्ष 2022 तक प्राप्त जानकारी के अनुसार, भारतीय संविधान में 11 मूल कर्त्तव्यों को सूचीबद्ध किया गया है।

- मूल रूप से, भारतीय संविधान में कोई मूल कर्त्तव्य नहीं थे। वर्ष 1976 में 42वें संविधान संशोधन अधिनियम द्वारा भारतीय संविधान के भाग IV-ए में अनुच्छेद 51ए के तहत 10 मूल कर्त्तव्य जोड़े गए।
- ये नैतिक दायित्व हैं, जिन्हें भारतीय नागरिकों से स्वेच्छा से पालन करने की अपेक्षा की जाती है।
- मूल कर्त्तव्यों का उद्देश्य नागरिकों में देशभक्ति और राष्ट्रीय एकता की भावना को बढ़ावा देना है।

85. (d) अम्मनूर माधव चाकियार को कुटियाट्टम नृत्य शैली में उनके योगदान के लिए पद्मश्री से सम्मानित किया गया था।

- कुटियाट्टम केरल का एक शास्त्रीय नृत्य रूप है। यह संस्कृत नाटकों पर आधारित है।
- कुचिपुड़ी नृत्य की उत्पति आन्ध्र प्रदेश में हुई है। यह नृत्य-नाटक की एक लम्बी परम्परा से विकसित हुआ है।
- कथकली नृत्य की उत्पत्ति केरल राज्य में 17वीं शताब्दी के आस-पास अस्तित्व में आया।
- यक्षगान नृत्य कर्नाटक के तटीय जिलों और केरल के कुछ हिस्सों में लोकप्रिय है। इसकी उत्पत्ति वैष्णव भक्ति आन्दोलन से मानी जाती है।

86. (a) वर्ष 1956 की औद्योगिक नीति की अनुसूची A में हथियार और गोला-बारूद, परमाणु ऊर्जा, लोहा और इस्पात, भारी मशीनरी, खनिज तेल, कोयला जैसे उद्योग शामिल थे। जबकि, नमक खनन एल्युमीनियम और अन्य अलौह धातुएँ इस अनुसूची में शामिल नहीं थे।

- औद्योगिक नीति प्रस्ताव वर्ष 1956 की अनुसूची B में उर्वरक उद्योगों को शामिल किया गया है।
- अनुसूची C में दो अनुसूचियों में शामिल नहीं किए गए अन्य सभी उद्योगों ने तीसरी श्रेणी का गठन किया, जिसे निजी क्षेत्र के लिए खुला छोड़ दिया गया।
- वर्ष 1956 के औद्योगिक नीति कथन को 'भारत का आर्थिक संविधान' या 'राज्य पूँजीवाद की बाइबिल' के रूप में माना गया था।

87. (b) राष्ट्रीय आय की गणना करते समय, वर्ष के दौरान बिक्री में परिवर्तन (Change in sales during the year) इन्वेन्टरी निवेश (inventory investment) में शामिल नहीं किया जाता है।

- अर्द्ध-निर्मित माल के स्टॉक में परिवर्तन, कच्चे माल के स्टॉक में परिवर्तन, निर्मित माल के स्टॉक में परिवर्तन शामिल किया जाता है।

- इन्वेण्टरी निवेश से तात्पर्य वस्तुओं के स्टॉक में परिवर्तन से है। इसमें कच्चे माल, अर्द्ध-निर्मित माल और निर्मित माल के स्टॉक में परिवर्तन शामिल हैं।
- राष्ट्रीय आय की गणना में इन्वेण्टरी निवेश को शामिल किया जाता है, क्योंकि यह उत्पादन का एक महत्त्वपूर्ण हिस्सा है।
- वर्ष के दौरान बिक्री में परिवर्तन को इन्वेण्टरी निवेश में शामिल नहीं किया जाता है, क्योंकि यह उत्पादन का हिस्सा नहीं है।

88. **(b)** 1 किलोवाट 3600 KJ/h के समतुल्य है।

- 1 किलोवाट 1000 वाट के बराबर होता है।
- वाट (W) शक्ति की इकाई है, जो ऊर्जा के हस्तान्तरण की दर को मापती है।
- 1 वाट 1 जूल प्रति सेकण्ड (J/s) के बराबर होता है।
- इसलिए, 1 किलोवाट 1000 जूल प्रति सेकण्ड (1000 J/s) के बराबर है।
- 1 घण्टे में 3600 सेकण्ड होते हैं।
- इसलिए, 1 किलोवाट 3600 किलो जूल प्रति घण्टा (3600 KJ/h) के बराबर है।

89. **(b)** नाइट्रोजन लेड नाइट्रेट की अपघटन अभिक्रिया का एक उत्पाद नहीं है।

- लेड नाइट्रेट (Pb(NO3)2) को गर्म करने पर, यह लेड ऑक्साइड (PbO), नाइट्रोजन डाइऑक्साइड (NO2) और ऑक्सीजन (O2) में अपघटित हो जाता है।
- लेड नाइट्रेट के अपघटन की सन्तुलित रासायनिक समीकरण इस प्रकार है
- 2Pb(NO3)2(s) $\rightarrow$ 2PbO(s) + 4NO2(g) + O2(g)
- इस अभिक्रिया में, लेड नाइट्रेट एक ठोस है, लेड ऑक्साइड भी एक ठोस है, नाइट्रोजन डाइऑक्साइड एक गैस है और ऑक्सीजन भी एक गैस है।

90. **(d)** म्यूचुअल फण्ड (Mutual Funds) लघु बचतों का उदाहरण नहीं है, जबकि राष्ट्रीय बचत प्रमाणपत्र, डाकघर जमा, किसान विकास पत्र लघु बचत का उधारन है।

- लघु बचत योजनाएँ सरकार द्वारा समर्थित बचत योजनाएँ हैं। इन योजनाओं का उद्देश्य लोगों को छोटी मात्रा में बचत करने के लिए प्रोत्साहित करना है।
- लघु बचत योजनाएँ सामान्यत: बैंकों और डाकघरों द्वारा पेश की जाती हैं।
- म्यूचुअल फण्ड एक प्रकार का निवेश है, जिसमें कई निवेशकों से पैसा जमा किया जाता है और फिर इसे स्टॉक, बॉण्ड या अन्य सम्पत्तियों में निवेश किया जाता है। म्यूचुअल फण्ड सरकार द्वारा समर्थित नहीं होते हैं।

91. **(b)** भारतीय संविधान के अनुच्छेद 53 के तहत संघ की कार्यपालिकीय शक्ति राष्ट्रपति में निहित होगी।

- अनुच्छेद 53(1) संघ की कार्यपालिका शक्ति राष्ट्रपति में निहित होगी और उसका प्रयोग वह इस संविधान के अनुसार, प्रत्यक्षत: या अपने अधीनस्थ अधिकारियों के माध्यम से करेगा।
- अनुच्छेद 53(2) पूर्वगामी प्रावधान की व्यापकता पर प्रतिकूल प्रभाव डाले बिना, संघ के रक्षा बलों की सर्वोच्च कमान राष्ट्रपति में निहित होगी और उसके प्रयोग को कानून द्वारा विनियमित किया जाएगा।
- किसी भी राज्य या अन्य प्राधिकरण की सरकार पर किसी मौजूदा कानून द्वारा प्रदत्त किसी भी कार्य को राष्ट्रपति को हस्तान्तरित करने के लिए समझा जाएगा; या
- संसद को राष्ट्रपति के अतिरिक्त अन्य प्राधिकारियों को कानून द्वारा कार्य करने से रोकें।

92. **(d)** आइस हॉकी के खेल में, सामान्य खेल के दौरान प्रतिस्पर्द्धा करने के लिए किसी भी एक समय पर प्रत्येक टीम में छः खिलाड़ी बर्फ पर होते हैं। इन छः खिलाड़ियों में एक गोलकीपर और पाँच स्केटर शामिल होते हैं।

- आइस हॉकी एक आयताकार बर्फ की रिंक पर खेला जाता है।
- प्रत्येक टीम में छः खिलाड़ी होते हैं: एक गोलकीपर और पाँच स्केटर। खेल का उद्देश्य विपक्षी टीम के गोल में पक डालकर अंक अर्जित करना है।
- खिलाड़ी पक को हिट करने और पास करने के लिए हॉकी स्टिक का उपयोग करते हैं।
- आइस हॉकी कनाडा, संयुक्त राज्य अमेरिका, रूस और उत्तरी यूरोप के कई देशों में एक लोकप्रिय खेल है।
- नेशनल हॉकी लीग (NHL) दुनिया की सबसे प्रमुख पेशेवर आइस हॉकी लीग है।

93. **(b)** चाद शुक्र (Chad Sukra) त्योहार मेघालय की जयन्तिया जनजाति द्वारा मनाया जाता है।

- यह त्योहार कृषि से जुड़ा हुआ है और अच्छी फसल के लिए मनाया जाता है।
- यह त्योहार जयन्तिया जनजाति की समृद्ध सांस्कृतिक विरासत का एक महत्त्वपूर्ण हिस्सा हैं।
- बैसाखी, लोहड़ी, माघी पंजाब के प्रमुख फसल त्योहार है।
- यह झारखण्ड की आदिवासी जनजातियों का एक महत्त्वपूर्ण त्योहार है। यह वर्ष के नए फसल की कटाई के समय मनाया जाता है।

94. **(a)** केन्द्र द्वारा राज्यपाल की नियुक्ति भारतीय संविधान की एकात्मक प्रणाली की विशेषता से सम्बन्धित है।

- भारतीय संविधान में, राज्यपाल की नियुक्ति राष्ट्रपति द्वारा की जाती है, जो केन्द्र सरकार के प्रतिनिधि होते हैं।
- यह प्रावधान भारत के संविधान में एकात्मक प्रणाली के तत्त्व को दर्शाता है, जिसमें केन्द्र सरकार राज्यों पर कुछ नियन्त्रण रखती है।
- एकात्मक प्रणाली के अन्य तत्त्व एकल नागरिकता,एकल संविधान,सशक्त केन्द्र, एकीकृत न्यायपालि अखिल भारतीय सेवाएँ आदि है।
- भारत का संविधान संघीय और एकात्मक दोनों विशेषताओं का मिश्रण है।
- संघीय विशेषताओं में शक्तियों का विभाजन, लिखित संविधान, संविधान की सर्वोच्चता और स्वतन्त्र न्यायपालिका शामिल हैं।

95. **(b)** अशोधित जन्म दर, वर्ष के मध्य में आकलित प्रति 1000 जनसंख्या पर वर्ष के दौरान जीवित जन्म लेने वाले बच्चों की संख्या को इंगित करती है।

- अशोधित जन्म दर को प्रभावित करने वाले कारकों में प्रजनन क्षमता, गर्भनिरोधक उपयोग और सामाजिक-आर्थिक कारक शामिल हैं। यह जनसंख्या वृद्धि का एक महत्त्वपूर्ण संकेतक है।
- अशोधित जन्म दर का उपयोग जनसंख्या वृद्धि और जनसांख्यिकीय रुझानों का विश्लेषण करने के लिए किया जाता है

96. **(a)** एगोनिस्ट ऐसे रसायन होते हैं, जो ग्राही (रिसेप्टर) से जुड़ते हैं और प्राकृतिक सन्देशवाहक की तरह ही प्रतिक्रिया उत्पन्न करते हैं।

- ये प्राकृतिक संदेशवाहकों की नकल करते हैं और ग्राही को सक्रिय करते हैं, जिससे कोशिका में एक विशेष प्रतिक्रिया होती है।
- एगोनिस्ट का उपयोग विभिन्न चिकित्सा स्थितियों के इलाज के लिए किया जाता है; जैसे कि दर्द, अस्थमा और हृदय रोग।
- एण्टागोनिस्ट ऐसे रसायन होते हैं, जो ग्राही से जुड़ते हैं, लेकिन प्राकृतिक सन्देशवाहक की तरह प्रतिक्रिया उत्पन्न नहीं करते हैं।
- वे प्राकृतिक सन्देशवाहक के प्रभाव को अवरुद्ध करते हैं।

97. **(d)** एक आनत तल पर वस्तुओं की गति का अवलोकन करके, गैलीलियो ने यह निष्कर्ष निकाला कि जब वस्तुओं पर कोई बल कार्य नहीं करता है, तो वस्तुएँ नियत गति से गतिमान रहती हैं।

- गैलीलियो गैलीली एक इतालवी खगोलशास्त्री, भौतिक विज्ञानी और गणितज्ञ थे, जिन्हें आधुनिक विज्ञान के जनक के रूप में जाना जाता है।
- गैलीलियो ने दूरबीन का आविष्कार किया और इसका उपयोग खगोलीय अवलोकन करने के लिए किया।
- उन्होंने सौरमण्डल के हेलियोसेन्ट्रिक मॉडल का समर्थन किया, जिसमें सूर्य केन्द्र में है और ग्रह उसके चारों ओर घूमते हैं।
- आर्किमिडीज एक प्राचीन यूनानी गणितज्ञ, भौतिक विज्ञानी और इंजीनियर थे।
- माइकल फैराडे एक अंग्रेजी वैज्ञानिक थे, जिन्होंने विद्युत चुम्बकत्व और इलेक्ट्रोकैमिस्ट्री के क्षेत्र में महत्त्वपूर्ण योगदान दिया।
- जोहान्स केप्लर एक जर्मन खगोलशास्त्री और गणितज्ञ थे, जिन्होंने ग्रहों की गति के नियमों की खोज की।

98. (c) माइटोकॉण्ड्रिया गोल या तश्तरी के आकार की संरचनाओं के रूप में दिखाई देता है, जिसका व्यास लगभग 0.5-1.0 μm और लम्बाई 2-8 μm होती है।

- माइटोकॉण्ड्रिया एक कोशिकांग है, जो यूकेरियोटिक कोशिकाओं में पाया जाता है।
- यह कोशिका का 'पावरहाउस' है, क्योंकि यह कोशिका के लिए ऊर्जा का उत्पादन करता है।
- माइटोकॉण्ड्रिया में दो झिल्लियाँ होती हैं: एक बाहरी झिल्ली और एक आन्तरिक झिल्ली। आन्तरिक झिल्ली में कई सिलवटें होती हैं, जिन्हें क्रिस्टे कहा जाता है।
- प्लास्टिड पौधे की कोशिकाओं में पाए जाने वाले कोशिकांग हैं।
- लाइसोसोम कोशिकांग हैं, जो अपशिष्ट उत्पादों को तोड़ते हैं।
- राइबोसोम कोशिकांग हैं, जो प्रोटीन का उत्पादन करते हैं।

99. (b) पारी/इनिंग (inning)' शब्द खो-खो खेल से सम्बन्धित है।

- खो-खो आयताकार मैदान पर खेला जाता है। प्रत्येक टीम में 12 खिलाड़ी होते हैं, लेकिन मैदान पर केवल 9 खिलाड़ी ही खेलते हैं।
- बास्केटबॉल एक टीम खेल है, जो एक आयताकार कोर्ट पर खेला जाता है।
- वॉलीबॉल एक टीम खेल है, जो एक जाल से विभाजित कोर्ट पर खेला जाता है।
- हॉकी एक टीम खेल है, जो एक क्षेत्र पर खेला जाता है।

100. (c) जगजीत सिंह गायन की गजल विधा से सम्बन्धित हैं।

- जगजीत सिंह एक प्रसिद्ध भारतीय गजल गायक, संगीतकार और संगीत निर्देशक थे। उन्हें गजल गायन को लोकप्रिय बनाने और उसे सामान्य लोगों तक पहुँचाने का श्रेय दिया जाता है।
- उन्होंने कई लोकप्रिय गजलें गाईं, जिनमें 'होठों से छू लो तुम', 'ये दौलत भी ले लो' और 'तुम इतना जो मुस्कुरा रहे हो' शामिल हैं।

101. (c) $\sin A = \frac{2}{3} \begin{matrix} \to P \\ \to h \end{matrix}$

यहाँ, $P = 2, h = 3$

तो $b = \sqrt{h^2 - P^2}$

$= \sqrt{3^2 - 2^2}$

$= \sqrt{9-4} = \sqrt{5}$

$\therefore (7 - \tan A)(3 + \cos A)$

$= \left(7 - \frac{2}{\sqrt{5}}\right)\left(3 + \frac{\sqrt{5}}{3}\right)$

$= \left(\frac{7\sqrt{5}-2}{\sqrt{5}}\right)\left(\frac{9+\sqrt{5}}{3}\right)$

$= \frac{63\sqrt{5} - 18 + 35 - 2\sqrt{5}}{3\sqrt{5}}$

$= \frac{61\sqrt{5} + 17}{3\sqrt{5}}$

$= \frac{61\sqrt{5}}{3\sqrt{5}} + \frac{17}{3\sqrt{5}}$

$= \frac{61}{3} + \frac{17}{3\sqrt{5}}$

102. (d) $v_1 = 30$ किमी/घण्टा

$v_2 = 70$ किमी/घण्टा

औसत चाल $= \frac{2v_1v_2}{v_1 + v_2}$

$= \frac{2 \times 30 \times 70}{30 + 70}$

$= \frac{2 \times 30 \times 70}{100} = 42$

किमी/घण्टा

103. (c) $\dfrac{1\frac{1}{2} \div 3\frac{1}{4} + \frac{1}{2} \div \frac{13}{14} + \frac{1}{5}}{\frac{1}{5} \times 3\frac{1}{2} - \frac{1}{3} \div 1\frac{3}{4} \times 3\frac{1}{2}}$

$= \dfrac{\frac{3}{2} \div \frac{13}{4} + \frac{1}{2} \div \frac{13}{14} + \frac{1}{5}}{\frac{1}{5} \times \frac{7}{2} - \frac{1}{3} \div \frac{7}{4} \times \frac{7}{2}}$

$= \dfrac{\frac{3}{2} \times \frac{4}{13} + \frac{1}{2} \times \frac{14}{13} + \frac{1}{5}}{\frac{1}{5} \times \frac{7}{2} - \frac{1}{3} \times \frac{4}{7} \times \frac{7}{2}}$

$= \dfrac{\frac{6}{13} + \frac{7}{13} + \frac{1}{5}}{\frac{7}{10} - \frac{2}{3}}$

$= \dfrac{\frac{30 + 35 + 13}{65}}{\frac{21 - 21}{30}} = \dfrac{\frac{78}{65}}{\frac{1}{30}}$

$= \frac{78}{65} \times \frac{30}{1} = 36$

104. (c) 2 पुरुष = 4 महिला

∴ 1 पुरुष = 2 महिला

प्रश्नानुसार,

6 पुरुष और 5 महिला

= 12 महिला + 5 महिला

= 17 महिला

∵ 4 महिला किसी कार्य को करने में लिया समय = 34 दिन

∴ 17 महिला द्वारा उसी कार्य को करने में लिया समय $= \frac{34 \times 4}{17} = 8$ दिन

105. (d) $\sin A = \frac{\sqrt{3}}{2}$

$\because \sin 60^\circ = \frac{\sqrt{3}}{2}$

$\therefore A = 60^\circ$

अत: $2 (\text{cosec } A + \cot A)$

$= 2 (\text{cosec } 60^\circ + \cot 60^\circ)$

$= 2\left(\frac{2}{\sqrt{3}} + \frac{1}{\sqrt{3}}\right)$

$= 2 \times \frac{3}{\sqrt{3}}$

$= 2\sqrt{3}$

106. (d) $\frac{1}{2}$ घण्टे में चोर द्वारा तय की गई दूरी $= \frac{10}{2} = 5$ किमी

पुलिस द्वारा लिया गया समय

$= \frac{\text{चोर द्वारा तय की दूरी}}{\text{पुलिस की चाल} - \text{चोर की चाल}}$

$= \frac{5}{12 - 10} = \frac{5}{2}$

= 2.5 घण्टे

कुल समय = 0.5 + 2.5

= 3 घण्टे बाद पुलिस पकड़ेगी।

उस वक्त समय = 7 : 30 + 3 : 00

= 10 : 30

107. (c) ΔBOC में,

$\angle DBC + \angle DCB + \angle BOC = 180°$

$\angle OBC + \angle OCB + 125° = 180°$

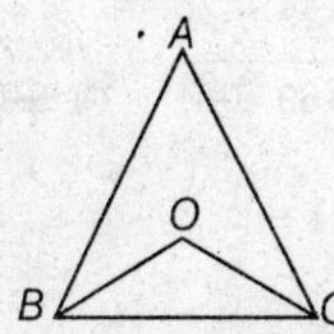

$\angle OBC + \angle OCB = 55°$

$\because \quad \angle ABC = 2\angle OBC$

तथा $\angle ACB = 2\angle OCB$

$\therefore \quad \angle ABC + \angle ACB + \angle BAC = 180°$

$\Rightarrow 2(\angle OBC + \angle OCB) + \angle BAC = 180°$

$\Rightarrow 2 \times 55° + \angle BAC = 180°$

$\Rightarrow 110° + \angle BAC = 180°$

$\Rightarrow \angle BAC = 180° - 110° = 70°$

स्पीडी विधि

$\because \angle BOC = 90° + \dfrac{\angle BAC}{2}$

$\Rightarrow \dfrac{\angle BAC}{2} = 125° - 90° = 35°$

$\Rightarrow \angle BAC = 2 \times 35° = 70°$

108. (c) $20 = 2^2 \times 5$

$28 = 2^2 \times 7$

$34 = 2 \times 17$

$60 = 2^2 \times 3 \times 5$

$75 = 3 \times 5^2$

$\text{LCM} = 2^2 \times 3 \times 5^2 \times 7 \times 17$

$= 35700$

संख्या = 35700

109. (b) अर्द्धगोला का सम्पूर्ण पृष्ठ क्षेत्रफल = $3\pi r^2$

$\Rightarrow 4158 = 3 \times \dfrac{22}{7} \times r^2$

$\Rightarrow r^2 = \dfrac{4158 \times 7}{3 \times 22}$

$\Rightarrow r^2 = 441$

$\Rightarrow r = 21$ सेमी

अर्द्धगोला का आयतन = $\dfrac{2}{3}\pi r^3$

$= \dfrac{2}{3} \times \dfrac{22}{7} \times (21)^3$

$= 19404$ सेमी^{3}

110. (d) $78 = 2 \times 3 \times 13$

$84 = 2 \times 2 \times 3 \times 7$

$90 = 2 \times 3^2 \times 5$

$112 = 2^4 \times 7$

अत: म.स. = 2

111. (a) $r = 12.25\%$

माना कि वार्षिक किस्त = 100

तो प्रथम वर्ष का किस्त = 100%

2nd वर्ष का किस्त = 112.25%

3rd वर्ष का किस्त = 124.50%

कुल किस्त = 336.75%

$\Rightarrow$ 336.75% = 9429

$\Rightarrow 100\% = \dfrac{9429}{336.75} \times 100 =$ ₹ 2800

112. (b) माना कि आयत की भुजा = $3x$ तथा $8x$ है। तो क्षेत्रफल = $3x \times 8x$

$\Rightarrow \quad 1944 = 24x^2$

$\Rightarrow \quad x^2 = \dfrac{1944}{24}$

$\Rightarrow \quad x^2 = 81$

$\Rightarrow \quad x = 9$

तो आयत की भुजाएँ = $3 \times 9 = 27$ सेमी

तथा $8 \times 9 = 72$ सेमी

तो आयत का परिमाप = $2(l + b)$

$= 2(72 + 27)$

$= 2 \times 99 = 198$ सेमी

113. (c) A द्वारा कार्य करने में लगने वाला समय = 24 दिन

B द्वारा कार्य करने में लगने वाला समय = 30 दिन

कुल कार्य = ल. स. = 120

A की क्षमता = $\dfrac{120}{24} = 5$

B की क्षमता = $\dfrac{120}{30} = 4$

$\because$ पहले दिन A सुबह में कार्य करता है तथा दूसरे दिन A शाम को कार्य करता है।

$\therefore$ 2 दिन में A द्वारा किया गया समय = 10 घण्टे

उसी प्रकार, 2 दिन में B द्वारा किया गया समय = 10 घण्टे

2 दिन में A तथा B, द्वारा किया गया कार्य = 5 + 4 = 9

26 दिनों में A और B द्वारा किया गया कार्य = 9 × 13 = 117

बचा कार्य = 120 − 117 = 3

$\because$ 2 दिनों में A और B, 9 कार्य पूरा करते हैं।

$\Rightarrow$ 9 = 2 दिन

$\Rightarrow 3 = \dfrac{2}{3}$ दिन

अत: कार्य को पूरा करने में लगा समय = 26 दिन + $\dfrac{2}{3}$ दिन = $26\dfrac{2}{3}$ दिन

अर्थात् 27वें दिन कार्य सम्पन्न होगा।

114. (c)

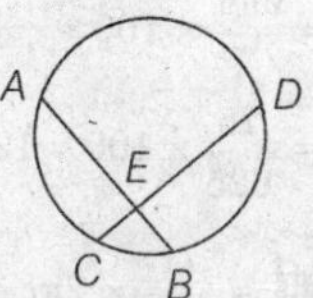

$\dfrac{AE}{EB} = \dfrac{CE}{DE} = \dfrac{13}{EB} = \dfrac{13}{5}$

$\Rightarrow \quad EB = \dfrac{13 \times 5}{13} = 5$ सेमी

115. (b) R गाँव में निरक्षरों की संख्या = 150

P गाँव में निरक्षरों की संख्या = 380

अन्तर = 380 − 150 = 230

% अन्तर = $\dfrac{230}{380} \times 100$

$= \dfrac{1150}{19} = 60\dfrac{10}{19}\%$

116. (b) मध्यानुपाती

$= \sqrt{\text{पहली संख्या} \times \text{तृतीय संख्या}}$

$= \sqrt{0.03 \times 0.0003}$

$\Rightarrow = 0.003$

117. (d) माना कि पिरामिड की तिर्यक ऊँचाई = I

वर्ग की भुजा = $\dfrac{24\sqrt{2}}{\sqrt{2}} = 24$ सेमी

तो पार्श्व क्षेत्रफल = $\dfrac{1}{2} \times$ आधार का परिमाप × तिर्यक ऊँचाई

$624 = \dfrac{1}{2} \times 4 \times 24 \times I$

$\Rightarrow \quad I = \dfrac{624 \times 2}{4 \times 24}$

$\Rightarrow \quad I = 13$

ऊँचाई $(h) = \sqrt{I^2 - \left(\dfrac{\text{भुजा}}{2}\right)^2}$

$= \sqrt{13^2 - \left(\dfrac{24}{2}\right)^2}$

$= \sqrt{169 - 144}$

$= \sqrt{25} = 5$ सेमी

पिरामिड का आयतन = $\dfrac{1}{3} \times$ आधार का क्षेत्रफल × पिरामिड की ऊँचाई

$= \dfrac{1}{3} \times (24)^2 \times 5$

$= \dfrac{1}{3} \times 24 \times 24 \times 5$

$= 960$ सेमी^{3}

118. (c) दिया है, CP = 625

SP = 550

हानि = CP – SP

= 625 – 550 = 75

हानि % = $\frac{\text{हानि}}{CP} \times 100$

$= \frac{75}{625} \times 100 = 12\%$

119. (a) लम्बाई = $\frac{Q}{360} \times 2\pi r$

$= \frac{60^\circ}{360} \times 2 \times \frac{22}{7} \times 42$ सेमी

= 44 सेमी

120. (b) माना CP = 100

तो MP = $100 \times \frac{150}{100} = 150$

छूट = 40%

SP = $150 \times \frac{60}{100} = 90$

हानि = CP – SP

= 100 – 90 = 10

% हानि = $\frac{10}{100} \times 100 = 10\%$

121. (d) सभी स्कूलों में कक्षा IX में सबसे कम विद्यार्थियों की संख्या (903) है।

122. (b) $R = 20\%$, समय = 1 वर्ष

∵ ब्याज अर्द्धवार्षिक संयोजित होती है। तो

$R = \frac{20}{2} = 10\%$

$T = 1 \times 2 = 2$ वर्ष

चक्रवृद्धि ब्याज = मूलधन $\left(1+\frac{\text{दर}}{100}\right)^{\text{समय}}$ – मूलधन

$= 8000\left(1+\frac{10}{100}\right)^2 - 8000$

$= 8000\left(\frac{11}{10}\right)^2 - 8000$

= 9680 – 8000 = 1680

123. (b) 2010 और 2011 में संस्थान X में नामांकित छात्रों की औसत संख्या

$= \frac{320+240}{2} = 280$

2011 और 2012 में संस्थान Y में नामांकित छात्रों की औसत संख्या

$= \frac{320+200}{2} = 260$

अन्तर = 280 – 260 = 20

124. (d) बेलन की ऊँचाई = 16 सेमी

बेलन की त्रिज्या = 12 सेमी

गोले की त्रिज्या = 9 सेमी

माना कि पानी की ऊँचाई में वृद्धि = h' है,

तो बेलन का आयतन = गोले का आयतन

$\pi \times (12)^2 \times h' = \frac{4}{3}\pi \times (9)^3$

$\Rightarrow \quad h' = \frac{4\pi \times 729}{3 \times \pi \times 144}$

$h' = 6.75$ सेमी

∴ जल की ऊँचाई में वृद्धि = 6.75 सेमी

125. (b) अधिकतम कमाई = 115

न्यूनतम कमाई = 60

अन्तर = 115 – 60 = 55

126. (c) मानाकि तीन संख्या क्रमशः $5x$, $7x$ तथा $9x$ है,

ल.स. = $(5 \times 7 \times 9)x$

प्रश्नानुसार, $(5 \times 7 \times 9)x = 34650$

$\Rightarrow \quad x = \frac{34650}{5 \times 7 \times 9}$

$\Rightarrow \quad x = 110$

संख्या, $5x = 5 \times 110$

$7x = 7 \times 110$

$9x = 9 \times 110$

तो HCF = 110

127. (c) मानाकि स्थिर जल में नाव की चाल = x किमी/घण्टा

तथा धारा की चाल = y किमी/घण्टा

प्रश्नानुसार, $x - y = 4$

तथा $x + y = 8$

$\Rightarrow \quad 2x = 12$

$\Rightarrow \quad x = 6$

स्थिर जल में 7 किमी जाने में लगा समय

$= \frac{7}{6} \times 60$ मिनट

= 70 मिनट = 1 घण्टा 10 मिनट

128. (b) मानाकि शंकु की ऊँचाई = $12x$

तथा शंकु की त्रिज्या = $5x$

तो शंकु का आयतन = $\frac{1}{3}\pi r^2 h$

$\Rightarrow 314$ सेमी$^3 = \frac{1}{3} \times 3.14 \times (5x)^2 \times 12x$

$\Rightarrow 314$ सेमी$^3 = \frac{1}{3} \times 3.14 \times 25x^2 \times 12x$

$\Rightarrow x^3 = \frac{314 \times 3}{3.14 \times 25 \times 12}$

$\Rightarrow x^3 = 1$

∴ $x = 1$ सेमी

शंकु की ऊँचाई = 12 × 1 = 12 सेमी

शंकु की त्रिज्या = $5x$ = 5 सेमी

∴ शंकु की तिर्यक ऊँचाई

$= \sqrt{(12 \text{ सेमी})^2 + (5 \text{ सेमी})^2}$

$= \sqrt{144 + 25 \text{ सेमी}^2}$

$= \sqrt{169 \text{ सेमी}^2} = 13$ सेमी

129. (b) $\cos A = \frac{1}{2}$

∴ $\cos 60^\circ = \frac{1}{2}$

∴ $A = 60^\circ$

अब, $\sin(180^\circ - A) = \sin(180 - 60^\circ)$

$= \sin 120^\circ$

$= \sin(90^\circ + 30^\circ)$

$= \cos 30^\circ$

$= \frac{\sqrt{3}}{2}$

130. (c) मानाकि 1 किग्रा चावल का CP = 100

24% हानि पर SP = 76

∵ 50 ग्राम चावल के स्थान पर दिया 19 ग्राम

∴ 1000 ग्राम चावल के स्थान पर दिया

$\frac{19}{50} \times 1000 = 380$ ग्राम

अत: 380 ग्राम चावल का CP = 38

लाभ = SP – CP

= 76 – 38

= 38

% लाभ = $\frac{\text{लाभ}}{CP} \times 100$

$= \frac{38}{38} \times 100 = 100\%$

131. (a) क्रिकेट तथा हॉकी में मिलाकर कुल व्यय

$= 7500000 \times \frac{33}{100}$

= 2475000

132. (c) मुम्बई राजधानी की लम्बाई = 850 मी

किसान एक्सप्रेस की लम्बाई = 700 मी

दोनों ट्रेनों के बीच की दूरी = 1050 मी

मुम्बई राजधानी की गति = 62 किमी/घण्टा

किसान एक्सप्रेस की गति = 55 किमी/घण्टा

∵ दोनों ट्रेन विपरीत दिशा में चलती हैं तो सापेक्ष गति = 62 + 55 = 117 किमी/घण्टा

समय = $\frac{\text{दूरी}}{\text{चाल}} = \frac{(850+750+1050)}{117}$

$= \frac{2600}{117 \times \frac{5}{18}} = \frac{2600 \times 18}{117 \times 5}$

= 80 सकेण्ड

133. (c) $1036 = 2^2 \times 259$

$1813 = 7 \times 259$

$3885 = 3 \times 5 \times 259$

अभीष्ट संख्या = 259

134. (a) $73 = 73 \times 1$

$659 = 3^2 \times 73$

ल.स. $= 73 \times 3^2 = 657$

135. (a) कुल वृत्त का केन्द्रीय कोण = 360°

तो फुटबॉल द्वार निर्मित केन्द्रीय कोण

$= 360 \times 30\% = 108°$

136. (c) $(x^6 + 1) = (x^2)^3 + (1)^3$

$= (x^2 + 1)(x^4 - x^2 - 1)$ तथा $(x^4 - 1)$

$= (x^2)^2 - 1^2 = (x^2 + 1)(x^2 - 1)$

∴ म.स. $= (x^2 + 1)$

137. (b) मिड-1 में सभी छात्रों द्वारा प्राप्त कुल अंक = 33+ 30 + 36 + 21 = १२०

मिड-I में हेमन्त द्वारा प्राप्त अंक = 30

तो, हेमन्त द्वारा प्राप्त अंक %

$= \frac{30}{120} \times 100 = 25\%$

138. (b) $(1 - 2x)^2 - (1 + 2x)^2$

$= (1 + 4x^2 - 4x) - (1 + 4x^2 + 4x)$

$\Rightarrow 1 + 4x^2 - 4x - 1 - 4x^2 - 4x$

$= -8x$

139. (a) मानाकि, अनुप्रस्थ भनिष्ठ स्पर्श रेखा की लम्बाई = l

तथा दोनों वृत्त के केन्द्रों की दूरी = d

तो $l^2 = d^2 - (R + r)^2$

$\Rightarrow 20^2 = d^2 - (9 + 6)^2$

$\Rightarrow 400 = d^2 - 225$

$\Rightarrow d^2 = 400 + 225$

$\Rightarrow d = \sqrt{625}$

$\Rightarrow d = 25$ सेमी

दोनों वृत्त के केन्द्र की दूरी = 25 सेमी

140. (d) मानाकि मतदाताओं की कुल संख्या $100x$ है।

मत न डालने वाले मतदाता = $20x$

वैध मतों की संख्या = $80x - 80$

विजेता के मतों की संख्या = $45x$

हारने वाले के मतों की संख्या = $35x - 280$

विजेता और हारने वाले के बीच मतों का अन्तर $45x - (35x - 80) = 280$

$\Rightarrow 45x - 35x + 80 = 280$

$\Rightarrow 10x = 200$

$x = 20$

∴ पंजीकृत मतदाताओं की संख्या = $100x$

$= 100 \times 20 = 2000$

141. (b) A कार्य को पूर्ण करता है $= \frac{20}{\frac{1}{5}}$

$= 20 \times 5 = 100$ दिन

B कार्य को पूर्ण करता है

$= \frac{36}{3} \times 100 = 120$ दिन

C कार्य को पूर्ण करता है

$= \frac{160}{8} \times 100 = 200$ दिन

कुल कार्य = ल.स. = 600

प्रश्नानुसार,

$600 = (B + C)x + (A + C)(x - 41)$

$\Rightarrow 600 = 8x + 9(x - 41)$

$\Rightarrow 600 = 17x - 369$

$\Rightarrow 17x = 969$

$\Rightarrow x = \frac{969}{17}$

$\therefore x = 57$

अब $2x$ दिनों में, C प्रतिदिन कार्य पूरा करता है।

$\frac{2x}{600} \times$ क्षमता $= \frac{2 \times 57}{600} \times 3 = \frac{57}{100}$

∴ C, 22 दिनों में कार्य का $\frac{57}{100}$ पूर्ण करता है।

142. (a) माना कि मधु की आय = 100

तो रूपू की आय $= 100 \times \frac{120}{100} = 120$

% अन्तर $= \frac{20}{120} \times 100 = 16\frac{2}{3}\%$

143. (a) प्रारम्भ में वेतन = ₹ 80000

प्रथम वर्ष में कमी = 5%

दूसरी वर्ष में कमी = 8%

वर्तमान वेतन

$= 80000 \times \frac{(100 - 5)}{100} \times \frac{(100 - 8)}{10}$

$= 80000 \times \frac{95}{100} \times \frac{92}{100} =$ ₹ 69920

144. (a) दिया है,

$a + b + c = 5$

तथा $ab + bc + ca = 7$

तो, $a^3 + b^3 + c^3 - 3abc$

$= (a + b + c)[(a + b + c)^2 - 3(ab + bc + ca)]$

$\Rightarrow a^3 + b^3 + c^3 - 3abc = (5)[(5)^2 - 3 \times 7]$

$\Rightarrow a^3 + b^3 + c^3 - 3abc = 5[25 - 21]$

$\Rightarrow a^3 + b^3 + c^3 - 3abc = 5 \times 4$

$\Rightarrow a^3 + b^3 + c^3 - 3abc = 20$

145. (d) a, b, c अनुपाती हैं तो चतुर्थानुपाती

$d = (b \times c) \div a$

$= (.84 \times 32) \div 0.48$

$= 56$

146. (c) A विक्रेता द्वारा बेचे गए ब्राण्ड 1 लैपटॉप की संख्या $= 4000 \times \frac{3}{4} = 3000$

B विक्रेता द्वारा बेचे गए ब्राण्ड 2 लैपटॉप की संख्या $= 6000 \times \frac{1}{3} = 2000$

अतः अन्तर = 3000 − 2000 = 1000

147. (d) 16 छात्रों का औसत वजन

$= \frac{8 \times 48 + 44 \times 4 + 58 \times 4}{16}$

$= \frac{384 + 176 + 232}{16}$

$= \frac{792}{16} = 49.5$ किग्रा

148. (a) लैपटॉप की लागत = 30%

TV की लागत = 15%

% कमी = 30 − 15 = 15%

अभीष्ट कमी $= 300000 \times \frac{15}{100} = 45000$

149. (b) $\sin^2\beta + \cos^2\beta = 1$

$\Rightarrow \cos^2\beta = 1 - \sin^2\beta$

$\Rightarrow \cos^2\beta = 1 - \left(\frac{1}{3}\right)^2 = \frac{8}{9}$

अब, $(\sec\beta - \tan\beta)^2$

$= \sec^2\beta - 2 \times \sec\beta \times \tan\beta + \tan^2\beta$

$= \frac{1}{\cos^2\beta} - 2 \cdot \frac{1}{\cos\beta} \times \frac{\sin\beta}{\cos\beta} + \frac{\sin^2\beta}{\cos^2\beta}$

$= \frac{(1 - \sin\beta)^2}{\cos^2\beta} = \frac{\left(1 - \frac{1}{3}\right)^2}{\frac{8}{9}} = \frac{4}{9} \Big/ \frac{8}{9} \Rightarrow \frac{1}{2}$

∴ सरलीकृत मान 1/2 है।

150. (c) माना अंकित मूल्य = z

छूट = 12%

$\therefore SP = \frac{z \times (100 - 12)}{100}$

$\Rightarrow 6622 = z \times \frac{88}{100}$

$\Rightarrow z = \frac{6622 \times 100}{88}$

$\Rightarrow z = 7525$

∴ अंकित मूल्य 7525 है।

151. (b) The idiom 'fit as a fiddle' means to be in good health.

152. (a) The word 'familiar' in the sentence refers to someone who is well-known or recognisable. In this context, it means that she has become a well-known figure in the world of politics.

153. (b) The word 'authentic' means genuine, real or true. The opposite of authentic, in this case, is 'fake', which refers to something that is not real or is made to deceive.

154. (b) The word 'Inquisitive' means eager to learn or curious, especially about things that are not one's immediate concern. The antonym of inquisitive is 'Indifferent', which means having little or no interest or concern.

155. (c) The word 'contors' is incorrectly spelt. The correct spelling is 'contours', which refers to the outlines or shapes of something.

156. (c) The error lies in the phrase 'had completed'. The sentence is in the future tense because of 'Will Ramya', so it should use 'will have completed' instead of 'had completed'. The past perfect tense ('had completed') is not appropriate here.
Corrected sentence
Will Ramya have completed that work by 2025?

157. (c) The idiom 'Apple of discord' refers to something that causes disagreement or conflict. It is similar in meaning to 'bone of contention,' which refers to a subject or issue that causes prolonged dispute or argument.

158. (b) The correct word here is 'allotted', which means to assign or distribute something (in this case, funds) for a particular purpose. The sentence suggests that the funds assigned for food were insufficient for the upcoming week.

159. (a) 'In the project' could indeed work depending on the context you're aiming for. If the unexpected turn is something that happened within the project itself (for example, a key event or decision within the project led to the financial crisis), then 'in the project' would make sense. 'In the project' suggests that the issue arose directly within the project, which might indeed be a more precise expression depending on the situation described.

160. (c) The phrase 'respect each other' is most appropriately substituted with 'respect one another'. The phrase 'one another' is used when referring to mutual actions or feelings between two or more people, which fits the context of respect between individuals.

161. (a) The description provided refers to 'democracy', which is a form of government where supreme power is vested in the people and is exercised by their elected representatives under a free electoral system.

162. (b) The idiom 'come what may' is a phrase that expresses determination and resilience. It means that regardless of the challenges, difficulties or unforeseen circumstances, the person will continue on their path or will take action as planned. It conveys a sense of persistence, suggesting that whatever happens, the individual will not back down or change course.
For example, if someone says, 'I will finish my project, come what may,' they are saying that they will complete the project no matter what obstacles or difficulties they face.

163. (d) The word 'tacit' means something that is understood or implied without being directly stated. It refers to a situation where something is conveyed through actions or mutual understanding rather than being explicitly mentioned. In this case, 'tacit' is describing the decision to engage in armed conflict, which suggests that the decision is implied or understood, even if not directly spoken out loud.

164. (b) The error is in the phrase 'yesterday had took.' The correct form should be 'yesterday took'. The verb 'took' is the simple past tense, and when referring to an action completed in the past, we do not need the auxiliary verb 'had' unless we're using the past perfect tense. Since the sentence talks about an action that happened 'yesterday,' the simple past tense 'took' is correct.
Corrected sentence
My elder brother yesterday took my Facebook password.

165. (b) The correct one-word substitute for 'to tell the nature of a disease by its symptoms' is 'diagnosis'. Diagnosis refers to the identification or determination of the nature of a disease based on the symptoms presented.

166. (d) The idiom 'Fit as a fiddle' means to be in good health or physically well. The phrase refers to someone who is healthy, energetic, and physically capable, much like a well-maintained violin (a fiddle) that produces good music.

167. (a) The error lies in the phrase 'in the right time.' The correct expression should be 'on time', which refers to being punctual or arriving at the correct time. The phrase 'in the right time' is incorrect because 'in' is not the appropriate preposition when talking about punctuality.

168. (a) The idiom 'face to face' refers to meeting or discussing something directly with someone in person, rather than through other means like phone calls, letters or digital communication. It suggests having a personal, direct interaction.

169. (b) The word 'prowess' refers to exceptional skill or ability, especially in a particular area. In the context of the sentence, it is describing the athlete's exceptional abilities or mastery in their field. The most suitable substitution for 'prowess' would be 'exceptional mastery', as it conveys the same meaning of extraordinary skill.

170. (d) The word 'desire' in the sentence refers to a strong feeling of wanting something or a wish. In this context, it indicates that the person does not wish or long for money.

171. (a) The phrase 'make up her mind' means to come to a decision after considering choices.

172. (b) The antonym of 'Stingy' (which means unwilling to spend money) is extravagant, meaning someone who spends lavishly.

173. (b) A posthumous publication is a work published after the author's death.

174. **(a)** Rehabilitate means to restore to a former state or condition, often used in the context of health, status or function. Reinstall fits best in this context.

175. **(d)** The correct preposition with 'confident' in this context is 'in', making the phrase 'confident in speaking English' grammatically accurate.

This question tests knowledge of correct adjective-preposition collocations. Certain adjectives are commonly followed by specific prepositions. The adjective 'confident' is typically followed by the preposition 'in' when used before a gerund (verb ending in -ing).

The correct structure is

confident in + gerund/noun

176. **(d)** 'Limelight' refers to the center of attention or focus, especially in a public setting. Originally a type of stage lighting, it now metaphorically describes someone or something that is receiving a lot of attention or praise. It fits perfectly as a one-word substitute for 'centre of public attention'.

177. **(c)** This part is grammatically incorrect. The sentence intends to express that the result will be known by a future time (next week), so it requires the future perfect tense:

'Will have known' (Subject + will have + past participle).

'Have been know' is incorrect:

'Know' should be in its past participle form 'known'.

The helping verbs are misused - 'have been' implies a present perfect continuous or passive structure, which doesn't fit here.

178. **(c)** 'Break a leg' is an idiom used mainly in the context of performing arts to wish someone good luck, especially before a performance. It's based on theatrical superstition where saying 'good luck' directly is believed to bring bad luck, so performers say 'break a leg' instead.

179. **(d)** 'To hit the nail on the head' means to say or do exactly the right thing. It's used when someone gives an accurate or precise explanation or insight into a situation, especially when identifying the core issue.

180. **(b)** The sentence describes someone who sneers at others' beliefs, showing contempt or lack of respect.

'Cynicism' accurately captures this attitude - it reflects a general distrust of others' motives and often involves sarcasm or ridicule.

181. **(c)** The phrase 'Go hand in hand' is a commonly used idiom that means two things are closely related or happen together. In this context, 'Politics and money go hand in hand' accurately conveys the idea that both are deeply interconnected in the country.

182. **(c)** The word 'destitute' means extremely poor and lacking the basic necessities of life.

Its antonym is 'affluent', which means having a lot of wealth and financial resources.

183. **(b)** The word 'harrowing' describes something extremely distressing or painful. The closest synonym is 'excruciating', which means intensely painful or emotionally distressing.

184. **(b)** The sentence contains the spelling error 'efectively'.

The correct spelling is 'effectively', meaning in a way that produces the desired result.

185. **(d)** In the sentence, the word 'empirical' is used to describe evidence based on observation or experience rather than theory or pure logic - in other words, based on facts. Hence, the word 'empirical' is the synonym for 'factual'.

186. **(b)** The incorrect spelling here is 'cognative'. The correct spelling is 'cognitive', which refers to mental processes such as thinking, knowing, remembering, and problem-solving. All other words - problems, mathematical, and capacity - are spelled correctly.

187. **(a)** The misspelt word in the sentence is 'gramar'. The correct spelling is 'grammar', which refers to the rules and structure of a language.

188. **(d)** The idiom 'through thick and thin' means to remain loyal and supportive in all situations, whether good or bad. So, 'Under all circumstances' is the most appropriate meaning.

189. **(d)** A mendicant is a person who lives by begging from place to place.

190. **(b)** Reminiscence means the act of recalling past experiences or memories. The closest synonym is 'remembrance', which also relates to remembering or thinking back on past events.

191. **(c)** The sentence is in the present tense and refers to a general fact about swans. 'Belong' is the base form of the verb, appropriate for the relative clause beginning with 'that.' 'Belongs' (Option d) is incorrect because the subject 'swans' is plural. 'Belonged' (past tense) and 'Belonging' (present participle) do not fit grammatically here.

192. **(d)** This is again a general truth or fact. The passive voice 'are known' is used to indicate what swans are generally recognised for they are known for their beauty and grace.

193. **(d)** The passage is highlighting the unique features of swans.

'Distinctive' means characteristic or unique, which fits perfectly with 'such as their long necks, large wingspans...'

194. **(d)** The sentence introduces a contrast - not all swans are white. So, the appropriate linking word is 'However':

195. **(a)** This sentence gives a specific example of a swan species that isn't white.

196. **(d)** The tone of the passage is concerned with human well-being and the environment, emphasising the effects of pollution on health, the planet and efforts being made to control it.

197. **(b)** The central idea of the passage revolves around pollution, its growing threat and efforts to eradicate it by 2030 under UN coordination. Hence, 'Pollution free planet' is the most accurate reflection of the core message.

198. **(b)** The passage begins with the cause - increasing population and resource use and then explains the effects - pollution and its impacts. It also talks about the solution via the UN's global plan. So, the cause-effect structure best represents the organisation of ideas.

199. **(c)** Pervasive means widespread or present everywhere. The opposite of that is limited something that is restricted in extent or presence.

200. **(b)** Priority means something of high importance or urgency.

The antonym would be 'last', as in something of least importance.

पेपर-1

SSC CPO SI सॉल्वड पेपर

4 अक्टूबर 2023 (शिफ्ट III)

अधिकतम अंक : 200

समय : 2 घण्टे

निर्देश

1. इस पेपर में 200 प्रश्न हैं।
2. इसमें 4 भाग हैं, **भाग 1** सामान्य बुद्धि एवं तर्कशक्ति, **भाग 2** सामान्य ज्ञान एवं सामान्य जागरुकता, **भाग 3** मात्रात्मक योग्यता और **भाग 4** अंग्रेजी
3. प्रत्येक प्रश्न **1** अंक का है।

भाग 1

सामान्य बुद्धि एवं तर्कशक्ति

1. छः विद्यार्थी श्री, दयाल, शारदा, तृप्ति, सृष्टि और मन्जू एक वृत्ताकार मेज के परितः केन्द्र की ओर मुख करके बैठे हैं (उनका इसी क्रम में होना अनिवार्य नहीं है)। श्री, दयाल और तृप्ति दोनों के ठीक बगल में है। मन्जू, दयाल के दाईं ओर दूसरे स्थान पर बैठी है। सृष्टि, मन्जू और तृप्ति दोनों के ठीक बगल में है। शारदा के ठीक बगल में कौन है?

(a) सृष्टि (b) तृप्ति
(c) श्री (d) दयाल

2. यदि A का अर्थ '+' हो, B का अर्थ '×' हो, C का अर्थ '–' हो और D का अर्थ '÷' हो, तो निम्नलिखित समीकरण का मान कितना होगा?

16 B 5 A 112 D 8 C 32 = ?

(a) 57 (b) 65
(c) 72 (d) 62

3. एक निश्चित कूटभाषा में, 'ACTION' को 'TXANLI' और 'DEBATE' को 'BVDEGA के रूप में लिखा जाता है। उसी कूटभाषा में 'CHANGE' को किस प्रकार लिखा जाएगा?

(a) BJDLER (b) ATHFN
(c) HRPEIU (d) ASCETN

4. नीचे तीन कथन और उसके बाद I, II और III क्रमांक वाले तीन निष्कर्ष दिए गए हैं। यह मानते हुए कि कथनों में दी गई जानकारी सत्य है, भले ही ये कथन सामान्य रूप से ज्ञात तथ्यों से भिन्न प्रतीत होते हों, यह निर्णय कीजिए कि कौन से निष्कर्ष इन कथनों का तार्किक रूप से पालन करते हैं?

कथन
सभी मैदान, पहाड़ हैं।
कोई समुद्र, पहाड़ नहीं है।
कुछ घाटियाँ, समुद्र हैं।

निष्कर्ष
I. कुछ घाटियाँ, मैदान हैं।
II. कोई घाटी, पहाड़ नहीं है।
III. कोई समुद्र, मैदान नहीं है।

(a) केवल निष्कर्ष II पालन करता है।
(b) केवल निष्कर्ष I पालन करता है।
(c) निष्कर्ष I और II दोनों पालन करते हैं।
(d) केवल निष्कर्ष III पालन करता है।

5. उस विकल्प का चयन करें, जो चौथे पद से उसी प्रकार सम्बन्धित है जिस प्रकार पहला पद, दूसरे पद से सम्बन्धित है और पाँचवाँ पद, छठे पद से सम्बन्धित है।

5 : 24 :: ? : 143 :: 4 : 15

(a) 7 (b) 12
(c) 11 (d) 8

6. यदि दी गई शीट को मोड़कर एक घन का आकार दिया जाता है, तो विकल्पों में से कौन-सी आकृति सम्भव है?

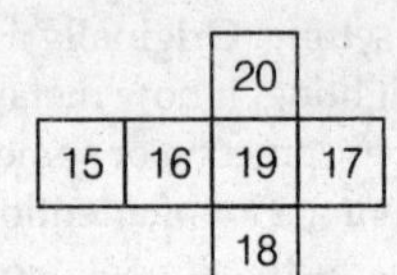

(a) 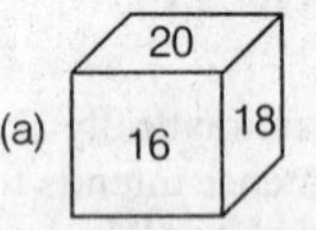

(b) 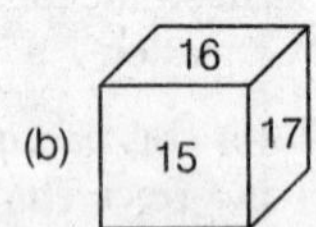

(c) 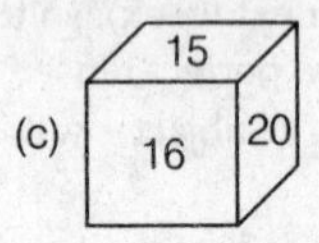

(d) 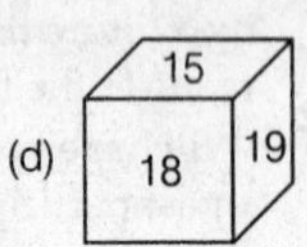

7. एक निश्चित कूट भाषा में "GBTA" को "24" के रूप में कूटबद्ध किया जाता है और "ZWQVI" को "30" के रूप में कूटबद्ध किया जाता है। उसी कूटभाषा में "DLUCPR" को किस प्रकार कूटबद्ध किया जाएगा?

(a) 28 (b) 24
(c) 30 (d) 36

8. "P $ Q" का अर्थ है "P, Q की पुत्री है"
"P ? Q" का अर्थ है "P, Q का पुत्र है"
"P * Q" का अर्थ है "P, Q की बहन है"
"P = Q" का अर्थ है "P, Q का पिता है"
यदि 'D $ G * U ? F' है, तो G का F से क्या सम्बन्ध है?

(a) पुत्री (b) मौसी
(c) भाई (d) बुआ

9. उस विकल्प आकृति का चयन करें, जिसमें उसके भाग के रूप में दी गई आकृति सन्निहित है (आकृति को घुमाने की अनुमति नहीं है)।

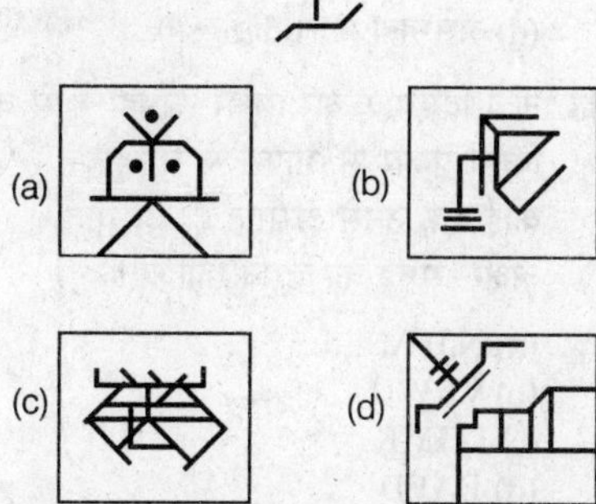

10. उस विकल्प का चयन कीजिए, जो दिए गए शब्दों के उस सही क्रम को दर्शाता है, जिस क्रम में वे अंग्रेजी शब्दकोश में मौजूद होते हैं।

1. Puritan 2. Purpose
3. Purge 4. Purgatory
5. Purify

(a) 3, 4, 5, 1, 2 (b) 4, 3, 5, 1, 2
(c) 5, 4, 3, 1, 2 (d) 4, 5, 3, 1, 2

11. यदि '+' का अर्थ '–' है, '–' का अर्थ '×' है, '×' का अर्थ '÷' है और '÷' का अर्थ '+' है, तो दिए गए समीकरण में प्रश्नचिह्न (?) के स्थान पर क्या आएगा?

$83 \div 12 - 65 \times 13 + 47 = ?$

(a) 96 (b) 92
(c) 79 (d) 108

12. निम्नलिखित आकृतियों में कागज के एक टुकड़े को मोड़ने का क्रम और मुड़े हुए कागज को काटने का तरीका दर्शाया गया है। कागज की तह खुलने पर यह कैसा दिखाई देगा?

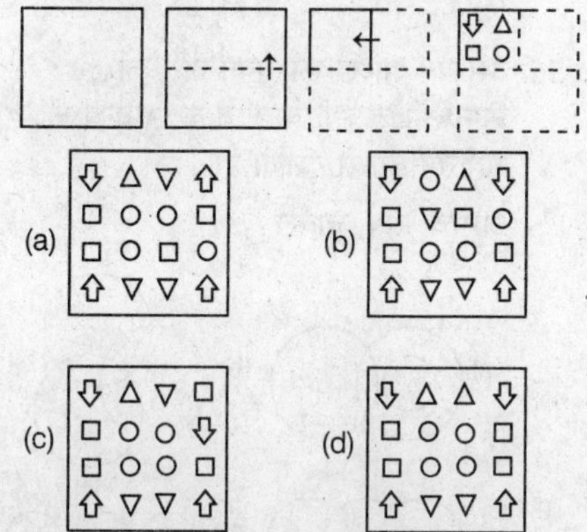

13. उस समुच्चय का चयन कीजिए जिसमें संख्याएँ एक-दूसरे से उसी प्रकार सम्बन्धित हैं जिस प्रकार निम्नलिखित समुच्चय की संख्याएँ आपस में सम्बन्धित हैं। (नोट : संख्याओं को उसके घटक अंकों में विभाजित किए बिना, पूर्ण संख्याओं पर गणितीय संक्रियाएँ की जानी चाहिए। उदाहरण के लिए 13 -संख्या 13 पर गणितीय संक्रियाएँ जैसे कि जोड़ना/घटाना/गुणा करना इत्यादि को 13 से किया जा सकता है। 13 को 1 और 3 में तोड़ना और फिर 1 और 3 पर गणितीय संक्रियाएँ करने की अनुमति नहीं है।)

(1, 16, 3) (21, 529, 2)

(a) (5, 189, 8) (b) (7, 364, 12)
(c) (11, 429, 2) (d) (8, 100, 2)

14. दिए गए विकल्पों में से उस आकृति का चयन करें, जो निम्नलिखित शृंखला में प्रश्नचिह्न (?) को प्रतिस्थापित करेगी।

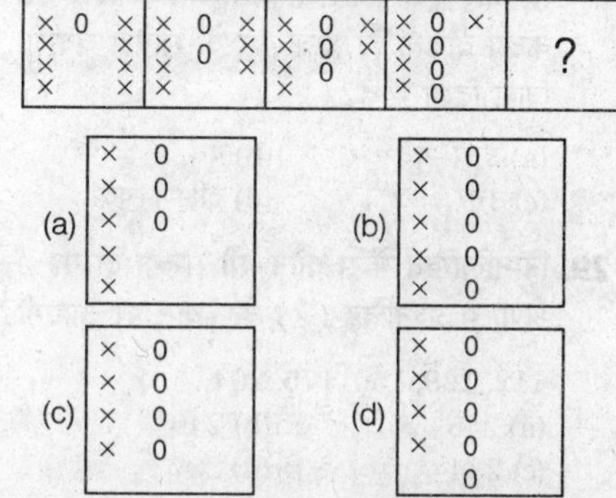

15. सात छात्र A, B, C, D, E, F और G किसी वृत्ताकार मेज के परित: केन्द्र की ओर मुख करके बैठे हैं। C, E और F के ठीक बगल में है। D, C के बाईं ओर तीसरे स्थान पर और A के दाईं ओर ठीक बगल में है। A, E के दाईं ओर दूसरे स्थान पर बैठा है। B, E और A दोनों के ठीक बगल में है। G, F के बाईं ओर ठीक बगल में है। C और G दोनों के ठीक बगल में कौन है?

(a) A (b) D
(c) E (d) F

16. दो कथन दिए गए हैं, जिसके बाद दो निष्कर्ष I और II दिए गए हैं। कथनों को सत्य मानते हुए, भले ही वे सामान्य रूप से ज्ञात तथ्यों से भिन्न प्रतीत होते हों, निर्णय ले कि कौन-से निष्कर्ष दिए गए कथनों का तार्किक रूप से पालन करते हैं?

कथन
सभी बच्चे, छोटे हैं।
कुछ मजाकिया, बच्चे हैं।

निष्कर्ष
I. कुछ मजाकिया, छोटे हैं।
II. कुछ छोटे, बच्चे हैं।

(a) केवल निष्कर्ष II पालन करता है।
(b) केवल निष्कर्ष I पालन करता है।
(c) निष्कर्ष I और II दोनों पालन करते हैं
(d) न तो निष्कर्ष I और न ही निष्कर्ष II पालन करता है।

17. एक निश्चित कूटभाषा में, "HUSTLE" को 'SFHEOT' और 'BRIGHT' को 'IIBTSG' के रूप में लिखा जाता है। उसी कूटभाषा में 'TUNNEL' को किस प्रकार लिखा जाएगा?

(a) RNLPED (b) NGTYPN
(c) NRTPEN (d) NFTLVN

18. निम्नलिखित में से तीन अक्षर-समूह किसी न किसी तरह से संगत हैं, और एक असंगत है। असंगत अक्षर समूह का चयन करें।

(a) DYUR (b) QLHE
(c) JEAX (d) WDXC

19. उस विकल्प का चयन कीजिए, जो उन अक्षरों को निरूपित करता है, जिन्हें निम्न रिक्त स्थानों में बाएँ से दाएँ रखे जाने पर, वे अक्षर शृंखला को पूरा कर देंगे।

P _ RR _ PQ _ _ S _ QR_SP _ RRS

(a) R Q P Q R S Q (b) Q S R R P R Q
(c) S Q R R Q P R (d) S Q Q R R P Q

20. यदि '+' का अर्थ '–' है, '–' का अर्थ '×' है, × का अर्थ '÷' है और '÷' का अर्थ '+' है, तो दिए गए समीकरण में प्रश्नवाचक चिह्न (?) के स्थान पर क्या आएगा?

$121 \times 11 \div 28 - 3 + 46 = ?$

(a) 71 (b) 43 (c) 49 (d) 65

21. निम्नलिखित में से कौन-सा पद दी गई शृंखला में प्रश्नवाचक चिह्न (?) का स्थान लेगा?

LDEA NGIF ? RMQP, TPUU

(a) PJMK (b) PMIK
(c) PIMK (d) PMJK

22. एक कागज को नीचे दिखाए गए अनुसार मोड़ा और काटा जाता है। खोले जाने पर यह कैसा दिखाई देगा?

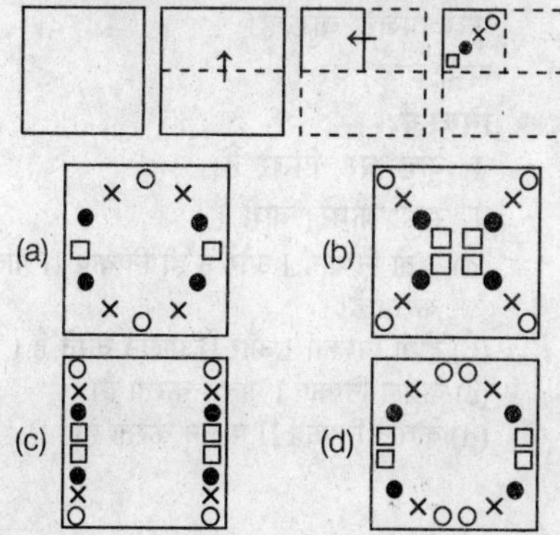

23. एक निश्चित कूटभाषा में "COACH" को XAOHC के रूप में कूटबद्ध किया जाता है, और 'BERTH' को WREHT के रूप में कूटबद्ध किया जाता है। उसी कूटभाषा में "TRAIN" को किस प्रकार कूटबद्ध किया जाएगा?

(a) PARIN (b) ONIAR
(c) PARNI (d) OARNI

24. उस विकल्प का चयन कीजिए, जो उन अक्षरों को निरूपित करता है, जिन्हें क्रमिक रूप से नीचे दिए गए रिक्त स्थानों में रखे जाने पर वे अक्षर-श्रृंखला का पूर्ण करेंगे।

P _ _ O N _ L B _ N P L _ O _ P L _ _ N

(a) L B P B O N B O
(b) L B P O N B O
(c) L P B O B N N O
(d) L B P O B B N O

25. उस विकल्प का चयन करें, जो तीसरे शब्द से उसी प्रकार सम्बन्धित है, जिस प्रकार दूसरा शब्द पहले शब्द से सम्बन्धित है।

(शब्दों को अर्थपूर्ण शब्दों के रूप में माना जाना चाहिए, और इन्हें शब्द में अक्षरों की संख्या/व्यंजनों स्वरों की संख्या के आधार पर एक-दूसरे से संम्बधित नहीं किया जाना चाहिए।)

व्हेल (Whale) : स्तनपायी (Mammal) :: मगरमच्छ (Crocodile) : ?

(a) समुद्र (Sea)
(b) कृंतक (Rodent)
(c) सरीसृप (Reptile)
(d) उभयचर (Amphibian)

26. इस प्रश्न में, तीन कथन और उसके बाद दो निष्कर्ष I और II दिए गए हैं। कथनों को सत्य मानते हुए, भले ही वे सामान्यत: ज्ञात तथ्यों से भिन्न प्रतीत होते हों, निर्णय लें कि कौन-से निष्कर्ष तार्किक रूप से कथनों का पालन करते हैं?

कथन

कुछ कमरे, पिंजरे हैं।
कुछ पिंजरे, बाड़े हैं।
सभी बाड़े, घर हैं।

निष्कर्ष

I. कुछ घर, पिंजरे हैं।
II. सभी कमरे, बाड़े हैं।

(a) न तो निष्कर्ष I और न ही निष्कर्ष II पालन करता है।
(b) दोनों निष्कर्ष I और II पालन करते हैं।
(c) केवल निष्कर्ष I पालन करता है।
(d) केवल निष्कर्ष II पालन करता है।

27. निम्नलिखित में से कौन-सी संख्या दी गई शृंखला में प्रश्नचिह्न (?) के स्थान पर आएगी?

261, 232, 203, ?, 145, 116

(a) 186 (b) 192
(c) 174 (d) 188

28. X अपने घर से पूर्व की ओर 200 कदम दौड़ता है, और फिर एक मठ तक पहुँचने के लिए अपनी दाईं ओर मुड़कर 30 कदम दौड़ता है। फिर वह अपनी दाईं ओर 30 कदम दौड़ता है, और एक बिन्दु W पर पहुँचता है। वहाँ से वह फिर से अपनी दाईं ओर मुड़ता है, और 30 कदम दौड़ता है। वहाँ से अपनी दाईं ओर मुड़कर वह 130 कदम दौड़ता है। फिर वह अपनी बाईं ओर मुड़ता है, और एक बेकरी तक पहुँचने के लिए 10 कदम दौड़ता है। X के घर के सापेक्ष बेकरी किस दिशा में है?

(a) उत्तर-पूर्व (b) पूर्व
(c) उत्तर (d) दक्षिण-पूर्व

29. निम्नलिखित में से कौन-सी संख्या दी गई श्रेणी में प्रश्नचिह्न (?) के स्थान पर आएगी?

112, 129, 150, 175, 204, ?

(a) 245 (b) 240
(c) 234 (d) 237

30. निम्नलिखित में से कौन-सी संख्या दी गई शृंखला में प्रश्नचिह्न (?) को प्रतिस्थापित करेगी?

3, 5, 7, 12, 37, 69, 357, ?

(a) 645 (b) 665 (c) 656 (d) 654

31. एक ही पासे की दो अलग-अलग स्थितियाँ दिखाई गई हैं, जिनमें छ: फलकों को 1 से 6 तक संख्यांकित किया गया है। उस संख्या का चयन करें, जो '4' को दर्शाने वाले फलक के विपरीत फलक पर होगी।

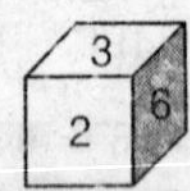

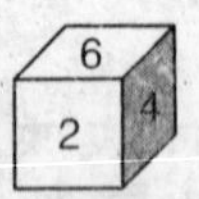

(a) 1 (b) 3 (c) 6 (d) 5

32. उस विकल्प का चयन कीजिए, जो तीसरे शब्द से उसी प्रकार सम्बन्धित है, जिस प्रकार दूसरा शब्द पहले शब्द से सम्बन्धित है। (शब्दों को अर्थपूर्ण शब्दों के रूप में माना जाना चाहिए, और वह शब्द में अक्षरों की संख्या/व्यंजनों/स्वरों की संख्या के आधार पर एक-दूसरे से सम्बन्धित नहीं होना चाहिए।

आह (Alas) : शोक (Woe) :: सुन्दरता (Beauty) : ?

(a) असुरूपता (Inelegance)
(b) आकर्षण (Charm)
(c) मिटाना (Expunge)
(d) असभ्यता (Crudeness)

33. नीचे दिए गए चार अक्षर-समूहों में से तीन किसी प्रकार से आपस में सम्बन्धित हैं और कोई एक उनसे असंगत है। असंगत अक्षर-समूह का चयन कीजिए।

(a) NJPM
(b) VRWU
(c) LHMK
(d) EAFD

34. उस विकल्प आकृति का चयन कीजिए, जिसमें उसके एक भाग के रूप में दी गई आकृति सन्निहित है।

(आकृति को घुमाने की अनुमति नहीं है)

(a)  (b) 

(c) 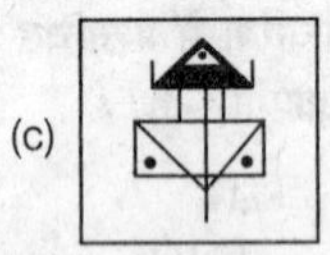 (d) 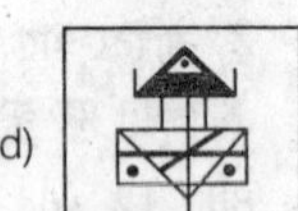

35. यदि '+' का अर्थ 'भाग देना' है, '–' का अर्थ 'जोड़ना' है, '×' का अर्थ 'घटाना' है और '÷' का अर्थ 'गुणा करना' है, तो निम्नलिखित व्यंजक का मान क्या होगा?

$[\{(23 \times 15) - (2 \div 2)\} + (2 - 4)] \div 2$

(a) 6 (b) 8
(c) 4 (d) 2

36. उस वेन आरेख का चयन करें, जो निम्नलिखित वर्गों के बीच के सम्बन्ध को सर्वोत्तम ढंग से दर्शाता है।

चम्मच, सूप, चावल

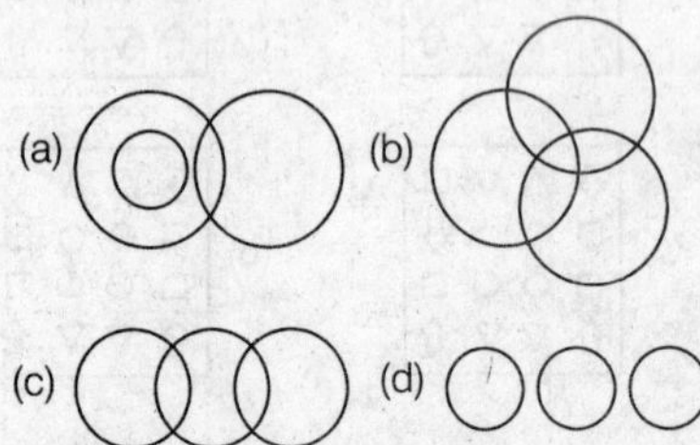

37. यदि दी गई शीट को मोड़कर एक घन बनाया जाए, तो निम्न में से कौन-सी आकृति/आकृतियाँ बनना सम्भव है? (संख्या केवल घनों के फलकों को इंगित करने के लिए दी गई है)

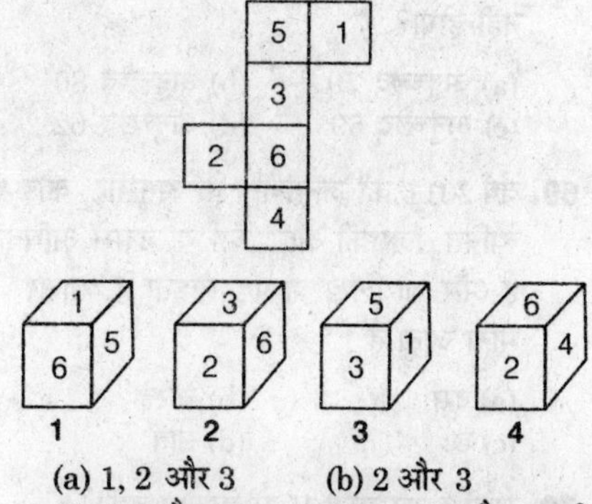

(a) 1, 2 और 3 (b) 2 और 3
(c) 2, 3 और 4 (d) 1, 2, 3 और 4 सभी

38. उस समुच्चय का चयन कीजिए जिसमें संख्याएँ आपस में उसी प्रकार सम्बन्धित हैं जिस प्रकार निम्नलिखित समुच्चयों की संख्याएँ आपस में सम्बन्धित हैं। (**नोट** संख्याओं को उसके घटक अंकों में विभाजित किए बिना, पूर्ण संख्याओं पर गणितीय संक्रियाएँ की जानी चाहिए। उदाहरण के लिए 13 - गणितीय संक्रियाएँ जैसे कि जोड़ना/घटाना/गुणा करना इत्यादि 13 में किया जा सकता है। 13 को 1 और 3 में विभाजित करना और फिर 1 और 3 पर गणितीय संक्रियाएँ करने की अनुमति नहीं है।)

(13, 18, 21) (11, 25, 8)

(a) (8, 16, 23) (b) (4, 12, 24)
(c) (6, 10, 12) (d) (14, 33, 9)

39. A @ B का अर्थ है "A, B का पति है"
A & B का अर्थ है "A, B की माता है"
A # B का अर्थ है "A, B की पुत्री है"
यदि L @ M & K @ J # P है, तो J का L से क्या सम्बन्ध है?

(a) पुत्र (b) दामाद (c) पुत्रवधू (d) माता

40. उस आकृतियों में से उस उपयुक्त आकृति का चयन कीजिए जो प्रश्नचिह्न (?) को प्रतिस्थापित कर सके

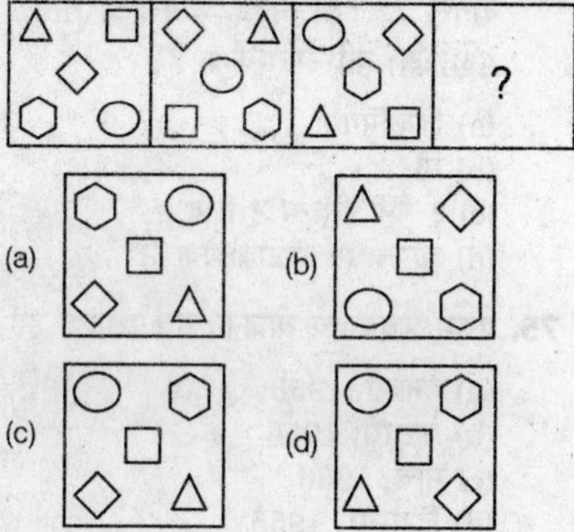

41. वह आकृति चुनें, जो नीचे दी गई आकृति शृंखला में प्रश्न चिह्न (?) के स्थान पर आएगी।

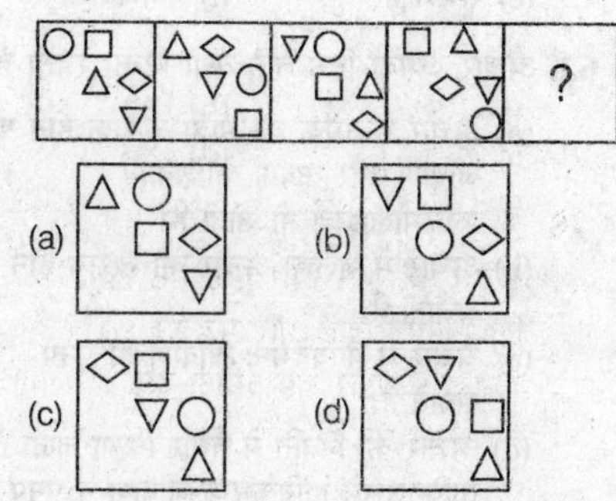

42. एक कागज को नीचे दिखाए गए अनुसार मोड़ा और काटा जाता है। खोले जाने पर यह कैसा दिखाई देगा?

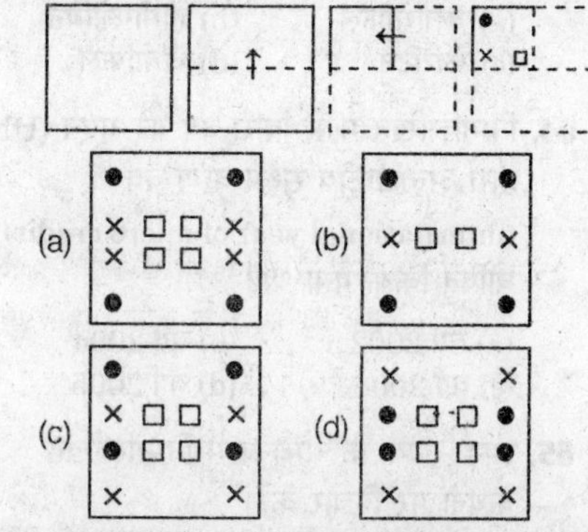

43. उस सही विकल्प का चयन कीजिए, जो दिए गए शब्दों के उसी क्रम में व्यवस्थापन को दर्शाता है, जिस क्रम में अंग्रेजी शब्दकोश में मौजूद होते हैं।

1. Stoop 2. Stoke
3. Storage 4. Stock
5. Storey 6. Stomach

(a) 4, 2, 6, 3, 1, 5 (b) 4, 2, 6, 1, 3, 5
(c) 2, 4, 6, 1, 3, 5 (d) 2, 4, 6, 3, 1, 5

44. चिह्न (?) के स्थान पर क्या आएगा?

$14 - 7 \div 42 \times 6 + 33 = ?$

(a) 68 (b) 64
(c) 56 (d) 72

45. सोना प्रतिदिन पार्क में टहलने जाती है। एक सुबह, वह अपने घर से टहलना आरम्भ करती है, और उत्तर की ओर 40 किमी चलती है। फिर वह दाईं ओर मुड़ती है, और 60 किमी चलती है। वह फिर से दाईं ओर मुड़ती है, और 40 किमी चलती है। अन्त में, वह बाईं ओर मुड़ती है और 60 किमी चलती है। वह अपने घर से किस दिशा में और कितनी दूरी पर है?

(a) पश्चिम, 120 किमी
(b) पश्चिम, 60 किमी
(c) पूर्व, 90 किमी
(d) पूर्व, 120 किमी

46. एक निश्चित कूटभाषा में, "HORSE" को 75 और "MOVE" को 63 के रूप में कूटबद्ध किया जाता है। उसी कूट भाषा में "RACE" को किस प्रकार कूटबद्ध किया जाएगा?

(a) 35 (b) 48 (c) 32 (d) 46

47. उस विकल्प का चयन करें जो चौथे पद से उसी प्रकार सम्बन्धित है जिस प्रकार पहला पद, दूसरे पद से सम्बन्धित है और पाँचवाँ पद, छठे पद से सम्बन्धित है।

2 : 26 :: ? : 152 :: 27 : 1026

(a) 13 (b) 6 (c) 24 (d) 8

48. निम्नलिखित में से कौन-सी संख्या दी गई शृंखला में प्रश्नवाचक चिह्न (?) का स्थान लेगी?

38, 57, 40, 59, 42, ?

(a) 61 (b) 59 (c) 62 (d) 60

49. यदि '+' का अर्थ '–' है, '–' का अर्थ '×' है, '×' का अर्थ '÷' है और '÷' का अर्थ '+' है, तो निम्नलिखित समीकरण में '?' के स्थान पर क्या आएगा?

$30 + 5 - 2 \times 10 \div 2 = ?$

(a) 50 (b) 60
(c) 31 (d) 80

50. दिए गए समीकरण को सही बनाने के लिए किन दो चिह्नों को आपस में बदला जाना चाहिए?

$31 \div 48 \times 7 - 322 + 23 = 353$

(a) – और × (b) ÷ और –
(c) × और + (d) ÷ और +

भाग 2

सामान्य ज्ञान एवं सामान्य जागरुकता

51. निम्नलिखित में से किस राज्य ने वर्ष 2023 पुरुष हॉकी विश्व कप की मेजबानी की?

(a) छत्तीसगढ़ (b) ओडिशा
(c) महाराष्ट्र (d) झारखण्ड

52. निम्नलिखित में से किस कर का भुगतान करने का दायित्व और वास्तविक भार, दो अलग-अलग व्यक्तियों पर होता है?

(a) पूँजी लाभ कर (b) आयकर
(c) वस्तु एवं सेवा कर (d) निगम कर

53. भारत के प्रमुख जूट उत्पादक राज्यों के समूह की पहचान करें।

(a) केरल, तमिलनाडु, तेलंगाना, मध्य प्रदेश
(b) राजस्थान, महाराष्ट्र, कर्नाटक, गुजरात
(c) पश्चिम बंगाल, बिहार, असम, उड़ीसा
(d) पंजाब, हरियाणा, उत्तराखण्ड, हिमाचल प्रदेश

54. किस मणिपुरी नृत्य विशेषज्ञ ने इम्फाल में महिलाओं के लिए गोविन्दजी नर्तनालय नृत्य विद्यालय की स्थापना की थी?

(a) गुरू बिपिन सिंह (Guru Bipin Singh)
(b) राजकुमार सिंहजीत सिंह (Rajkumar Singhajit Singh)
(c) फांजौबम इबोटन सिंह (Phanjoubam Iboton Singh)
(d) गुरू अमुबी (Guru Amubi)

55. वर्तमान में पृथ्वी की आयु ...... मानी जाती है।

(a) 4 अरब वर्ष (b) 3.5 अरब वर्ष
(c) 4.5 अरब वर्ष (d) 5 अरब वर्ष

56. विष्णु राभा पुरस्कार, 2019 प्रख्यात ...... नृत्य प्रतिपादक (exponent) कुमारी लैतोंजम एबम्पिसोक देवी (Kumari Laltonjam Ebampisok Devi) को प्रदान किया गया।

(a) ओडिसी (b) मणिपुरी
(c) कथकली (d) कुचिपुड़ी

57. पद्म भूषण पुरस्कार से सम्मानित कुमुदिनी लाखिया निम्नलिखित में से किस नृत्य शैली के लिए प्रसिद्ध हैं?

(a) ओडिसी (b) कुचिपुड़ी
(c) कथक (d) भरतनाट्यम

58. निम्नलिखित में से किस अधिकार को 44वें संविधान संशोधन अधिनियम द्वारा मूल अधिकारों की सूची से हटा दिया गया था?

(a) सम्पत्ति का अधिकार
(b) समानता का अधिकार
(c) स्वतन्त्रता का अधिकार
(d) धार्मिक स्वतन्त्रता का अधिकार

59. निम्न में से कौन-सा सुमेलित नहीं है?

(a) चालकत्व - सीमेंस
(b) संधारित्र -डाइन
(c) वोल्टेज - वोल्ट
(d) प्रतिरोध - ओम

60. मुहम्मद-बिन-तुग़लक़ के सिंहासन का उत्तराधिकारी निम्नलिखित में से कौन था?

(a) नसीरुद्दीन महमूद शाह तुगलक
(b) अबू बक्र शाह तुगलक
(c) गयासुद्दीन तुगलक शाह द्वितीय
(d) फिरोज शाह तुगलक

61. प्रसिद्ध संगीतकार तानसेन के गुरू कौन थे?

(a) स्वामी हरिदास (b) सूरदास
(c) रविदास (d) कालिदास

62. अचार ज्यादा दिन तक क्यों टिका रहता है?

(a) अचार में नमक की मात्रा अधिक होने पर जीवाणु और कवक कोशिकाएँ प्लास्मोलाइज्ड हो जाती है।
(b) अचार में जलांश अचार को खराब होने से बचाती है।
(c) अचार में फायदेमन्द जीवाणु ही पनप सकते हैं।
(d) अचार को निर्वात में तैयार किया जाता है, ताकि उसमें हानिकारक जीवाणु न पनप सकें।

63. उस वर्णक की पहचान कीजिए, जो रक्त को उसका रंग देता है।

(a) क्लोरोफिल (b) हीमोग्लोबिन
(c) फेरिटिन (d) जैथोफिल

64. निम्नलिखित में से किस वर्ष को यूएन (UN) द्वारा अन्तर्राष्ट्रीय सूक्ष्म ऋण वर्ष (international year of micro credit) घोषित किया गया था?

(a) वर्ष 2002 (b) वर्ष 2004
(c) वर्ष 2008 (d) वर्ष 2005

65. इण्डो-ग्रीक के सम्बन्ध में निम्नलिखित कथनों पर विचार करें।

(a) सबसे प्रसिद्ध इण्डो-ग्रीक शासक मिनाण्डर था।
(b) मिनाण्डर की पहचान प्रसिद्ध बौद्ध ग्रन्थ मिलिन्दपन्ह में वर्णित राजा मिलिन्द के साथ की गई है।
(c) मिलिन्दपन्ह में दार्शनिक प्रश्न हैं, जो मिलिन्द ने आम्रपाली से पूछे थे।
(d) उत्तरों से प्रभावित होकर राजा मिलिन्द ने बौद्ध धर्म को अपना धर्म मान लिया।

उपरोक्त में से कौन-से कथन सही हैं?

(a) 1, 2 और 3 (b) 3,2 और 4
(c) 1, 3 और 4 (d) 1, 2 और 4

66. मुख्य नहर के जल स्तर के नीचे की कृषि भूमि, ... का निर्माण करती है।

(a) वारबन्दी (warebandi)
(b) कमाण्ड क्षेत्र (command area)
(c) प्रवाह प्रणाली (flow system)
(d) लिफ्ट प्रणाली (lift system)

67. आकाशगंगाओं के बीच की दूरी के सम्बन्ध में कौन-सा रूझान (trend) पाया गया है?

(a) स्थिर
(b) बढ़ते क्रम में
(c) घटते क्रम में
(d) अनुनमेय

68. भारतीय संविधान का कौन-सा अनुच्छेद यह मार्त निर्धारित करता है कि राष्ट्रपति, एक बार चुने जाने के बाद, संसद या राज्य विधानमण्डल के किसी भी सदन का सदस्य नहीं होगा?

(a) अनुच्छेद 79 (b) अनुच्छेद 80
(c) अनुच्छेद 59 (d) अनुच्छेद 62

69. वर्ष 2011 की जनगणना के अनुसार, कोई भी व्यक्ति, जिसकी आयु, वर्ष या उससे अधिक है और जो लिख या पढ़ सकता है, साक्षर माना जाता है

(a) दस (b) बारह
(c) छः (d) सात

70. सूची I का सूची II से मिलान करें।

	सूची I	सूची II
A	दूसरी पंचवर्षीय योजना	1. 1974-1979
B	पाँचवीं पंचवर्षीय योजना	2. 1956-1961
C	आठवीं पंचवर्षीय योजना	3. 1992-1997

A B C A B C
(a) 1 2 3 (b) 3 1 2
(c) 1 3 2 (d) 2 1 3

71. भारत के संविधान का कौन-सा अनुच्छेद बलात् श्रम (forced labour) को प्रतिषिद्ध करता है?

(a) अनुच्छेद 22 (b) अनुच्छेद 20
(c) अनुच्छेद 21 (d) अनुच्छेद 23

72. बाबर के चार पुत्रों में सबसे बड़ा कौन था?

(a) हिन्दाल (b) अस्करी
(c) कामरान (d) हुमायूँ

73. निम्नलिखित में से कौन 'प्रार्थना सभा' से सम्बन्धित नहीं था?

(a) आत्माराम पाण्डुरंग
(b) गोविन्द रानाडे
(c) आर.जी. भण्डारकर
(d) मोतीलाल नेहरू

74. निम्नलिखित में से कौन-सी अन्तर्राष्ट्रीय टेनिस खिलाड़ी आन्द्रे अगासी (Andre Agassi) की आत्मकथा है?

(a) बिकमिंग
(b) मी
(c) टू मैनी रीज़न्स टू लिव
(d) ओपन एन ऑटोबायोग्राफी

75. प्रथम पंचवर्षीय योजना कब समाप्त हुई?

(a) जनवरी, 1956
(b) फरवरी, 1956
(c) मार्च, 1956
(d) दिसम्बर, 1955

76. निम्नलिखित में से कौन-सी पुस्तक बुकर पुरस्कार विजेता किरण देसाई द्वारा लिखी गई है?
(a) ए फाइन बैलेंस
(b) द इनहेरिटेंस ऑफ़ लॉस
(c) शान्ताराम
(d) द इयर ऑफ़ रनवेज़

77. अर्नस्ट हेकेल (Ernst Haeckel) ने जीवित रूपों की इकॉनमी का वर्णन करने के लिए 'इकोलॉजी (ecology)' शब्द किस वर्ष में पेश किया था?
(a) 1884 ई. (b) 1888 ई.
(c) 1887 ई. (d) 1866 ई.

78. प्रसिद्ध वादक पण्डित राम नारायण निम्नलिखित में से किस वाद्ययन्त्र को बजाने के लिए जाने जाते हैं?
(a) सारंगी (b) घटम्
(c) सरोद (d) वीणा

79. निम्नलिखित में से कौन-से विकल्प में समांगी मिश्रण हैं?
(a) विलयन, कोलॉइड, निलम्बन, दूध, टूथपेस्ट, लवणीय जल, पीतल
(b) कोलॉइड, निलम्बन, दूध, टूथपेस्ट
(c) विलयन, लवणीय जल, पीतल
(d) विलयन, कोलॉइड दूध, टूथपेस्ट, लवणीय जल, पीतल

80. कुचिपुड़ी की उत्पत्ति निम्नलिखित में से किस राज्य में हुई?
(a) तमिलनाडु (b) केरल
(c) गुजरात (d) आन्ध्र प्रदेश

81. भारत के संविधान की किस अनुसूची में दल-बदल के आधार पर विधायक की निरर्हता के प्रावधान हैं?
(a) अनुसूची X (b) अनुसूची XI
(c) अनुसूची IX (d) अनुसूची VIII

82. निम्नलिखित में से किसे भारत के भू-आकृतिक विभाजन के तहत समूहीकृत नहीं किया जा सकता है?
(a) अप्लेशियन पर्वत
(b) हिमालय
(c) द्वीप
(d) भारतीय मरूस्थल

83. फुटबॉल में, जब किसी खिलाड़ी ने फाउल किया होता है, तब विपक्षी खिलाड़ी को एक किक पारितोषिक स्वरूप प्रदान की जाती है। उस किक को क्या कहते है?
(a) फ्री किक (b) बाईसाइकिल किक
(c) वाइड किक (d) गोल किक

84. निम्नलिखित में से कौन-सा एक प्राथमिक एरिलऐमीन (arylamine) है, जिसमें बेंजीन हाइड्रोजन में से किसी एक के स्थान पर एक एमिनो क्रियात्मक समूह (amino functional group) प्रतिस्थापित हो जाता है?
(a) पिरिडीन (Pyridine)
(b) टोल्यूडीन (Toluidine)
(c) किनालिन (Quinoline)
(d) एनिलीन (Aniline)

85. दक्कन के पठार (Deccan Plateau) की काली मिट्टी में निम्नलिखित में से किस खनिज की कमी है?
(a) चूना (b) फॉस्फोरस
(c) पोटाश (d) आयरन

86. निम्नलिखित में से किस राज्य ने जनजातियों के बीच अन्त:क्रियता (Interaction) को प्रोत्साहित करने और राज्य की सांस्कृतिक विरासत के संवर्द्धन हेतु हॉर्नबिल महोत्सव की शुरुआत की?
(a) असम (b) छत्तीसगढ़
(c) नागालैण्ड (d) पश्चिम बंगाल

87. चापचर कुट त्योहार मुख्य रूप से ..... में मनाया जाता है।
(a) मेघालय (b) मणिपुर
(c) मिजोरम (d) नागालैण्ड

88. किस वैज्ञानिक ने एक अकार्बनिक यौगिक, अमोनियम साइनेट से एक कार्बनिक यौगिक, यूरिया का संश्लेषण किया?
(a) एफ. वोहलर (b) बर्थेलॉट
(c) कोल्बे (d) बर्जीलियस

89. मन्दिर और उसकी स्थिति वाले राज्य के सही संयोजन का चयन कीजिए।
(a) महाकालेश्वर ज्योतिर्लिंग-उत्तराखण्ड
(b) सोमनाथ ज्योतिर्लिंग मन्दिर-महाराष्ट्र
(c) कामाख्या मन्दिर-असम
(d) जगन्नाथ मन्दिर-पश्चिम बंगाल

90. संविधान का कौन-सा अनुच्छेद स्पष्ट करता है कि आरक्षण (reservation) जैसी नीतियाँ समानता के अधिकार का उल्लंघन नहीं है?
(a) अनुच्छेद 15 (2) (b) अनुच्छेद 14 (1)
(c) अनुच्छेद 21 (d) अनुच्छेद 16 (4)

91. भारत के संविधान के अनुच्छेद 361 के अनुसार, निम्नलिखित में से कौन अपने पद की शक्तियों के प्रयोग और कर्त्तव्यों के पालन के लिए किसी भी अदालत के प्रति उत्तरदाई नहीं होगा?
(a) मुख्यमन्त्री (b) प्रधानमन्त्री
(c) सचिव (d) राज्यपाल

92. वर्ल्ड वेटलिफ्टिंग फेडरेशन द्वारा लन्दन, यू. के. में पहली विश्व भारोत्तोलन चैम्पियनशिप (World Weightlifting Championship) कब आयोजित की गई थी?
(a) मार्च, 2000 (b) मार्च, 1991
(c) मार्च, 1895 (d) मार्च, 1891

93. क्रिकेट में एक ओवर में कितनी गेंदें होती हैं?
(a) 5 (b) 6 (c) 4 (d) 7

94. एल्डिहाइड समूह का रासायनिक सूत्र क्या है?
(a) —COOH (b) —OH
(c) $—CH_2O$ (d) —CHO

95. 1773 ई. के रेग्यूलेटिंग एक्ट के तहत, किंग-इन-काउंसिल ने निम्नलिखित में से किस स्थान पर सर्वोच्च न्यायालय की स्थापना की?
(a) मद्रास (b) बॉम्बे
(c) दिल्ली (d) कलकत्ता

96. लैण्डहोल्डर्स सोसाइटी (Landholder's Society) की स्थापना किस वर्ग के हितों की देखभाल के लिए की गई थी?
(a) किसान (b) जमींदार
(c) श्रमिक (d) व्यापारी

97. 1950 के दशक के मध्य में सर्वप्रथम बार किसने राइबोसोम (ribosomes) का अवलोकन किया और उन्हें कोशिकाद्रव्य में छोटे कणों के रूप में वर्णित किया, जो अधिमान्य रूप से अन्तर्द्रव्यी जालिका झिल्ली (endoplasmic reticulum membrane) से जुड़े थे?
(a) कार्ल जीस (Carl Zeiss)
(b) अल्बर्ट कोलिकर (Albert Kolliker)
(c) जॉर्ज ई. पलाडे (George E Palade)
(d) अर्न्स्ट अब्बे (Ernst Abbe)

98. निम्नलिखित में से गलत कथन का चयन कीजिए।
(a) तमिलनाडु तट जैसे कुछ हिस्सों में अधिकांश वर्षा अक्टूबर और नवम्बर के दौरान होती है।
(b) देश के अधिकांश भागों में जून से सितम्बर तक वर्षा होती है।
(c) उत्तरी मैदानी भागों में सामान्यत: पूर्व से पश्चिम की ओर वर्षा में वृद्धि होती है।
(d) मेघालय में 400 cm से अधिक वार्षिक वर्षा होती है।

99. कायाकल्प और शहरी परिवर्तन के लिए अटल मिशन (AMRUT) योजना के तहत कितने शहर शामिल हैं?
(a) 500 (b) 200
(c) 400 (d) 300

100. प्रधानमन्त्री रोजगार सृजन कार्यक्रम (PMEGP) कब शुरू किया गया था?

(a) 2009 (b) 2012 (c) 2006 (d) 2008

भाग 3

मात्रात्मक योग्यता

101. AB एक वृत्त की जीवा है, जिसकी त्रिज्या 1.7 सेमी है। यदि वृत्त के केन्द्र से इस जीवा AB की दूरी 0.8 सेमी है, तो जीवा AB की लम्बाई (सेमी में) कितनी है?

(a) 1 (b) 2 (c) 4 (d) 3

102. ΔPQR में, $\angle P = 90°$, $\angle R = 47°$ और $PS \perp QR$ हैं। $\angle QPS$ का मान ज्ञात कीजिए।

(a) 47° (b) 40°
(c) 43° (d) 45°

103. एक वस्तु पर, ₹ 26000 के अंकित मूल्य पर 18% की छूट है। अतिरिक्त सीजन छूट देने के बाद, वस्तु ₹ 16000 में बेची जाती है। सीजन छूट का मान दो दशमलव स्थानों तक ज्ञात कीजिए।

(a) 24.65% (b) 24.95%
(c) 35.25% (d) 22.45%

104. दिए गए आलेख का अध्ययन कीजिए और नीचे दिए गए प्रश्न का उत्तर दीजिए।

आलेख, चार अलग-अलग स्कूलों में कक्षा 5 में पढ़ने वाले लड़कों और लड़कियों की संख्या से सम्बन्धित डेटा दिखाता है।

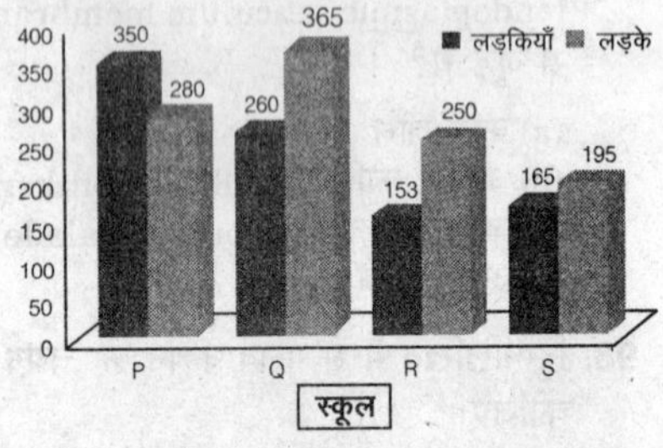

स्कूल P और Q में एकसाथ मिलाकर पढ़ने वाले लड़कों की कुल संख्या और उन्हीं स्कूलों में एकसाथ मिलाकर पढ़ने वाली लड़कियों की कुल संख्या के बीच कितना अन्तर है?

(a) 35 (b) 45
(c) 38 (d) 40

105. यदि एक लम्बवृत्तीय शंकु के आधार की त्रिज्या और ऊँचाई में 10% की वृद्धि की जाती है, तो इसके आयतन में होने वाली प्रतिशत वृद्धि ज्ञात कीजिए।

(a) 33.1% (b) 22.1%
(c) 30.2% (d) 20.2%

106. यदि $\cos A = \frac{1}{11}$ है, तो $\cot A$ का मान ज्ञात कीजिए।

(a) $\frac{1}{2\sqrt{30}}$ (b) $2\sqrt{30}$
(c) $\frac{11}{2\sqrt{30}}$ (d) $\frac{2\sqrt{30}}{11}$

107. जिमी को 88 किमी की दूरी 16 घण्टे में पूरी करनी है। यदि वह आधी यात्रा $\frac{3}{4}$ समय में तय करती है, तो शेष दूरी को शेष समय में तय करने के लिए उसकी चाल क्या होनी चाहिए?

(a) 10 किमी/घण्टा (b) 12 किमी/घण्टा
(c) 11 किमी/घण्टा (d) 13 किमी/घण्टा

108. वह छोटी-से-छोटी संख्या ज्ञात कीजिए, जिसे 4, 9, 12 और 15 से विभाजित करने पर प्रत्येक स्थिति में शेषफल 3 प्राप्त होता है।

(a) 183 (b) 180 (c) 360 (d) 193

109. $16 \operatorname{cosec}^2\theta + 25\sin^2\theta$ का न्यूनतम मान ज्ञात कीजिए।

(a) 42 (b) 38 (c) 40 (d) 35

110. 36 समान रूप से दक्ष कर्मचारी 48 दिनों में 25 एक जैसी दीवारों को पेंट कर सकते हैं। ऐसे 45 कर्मचारी कितने दिनों में ऐसी 60 दीवारों को पेंट कर सकते हैं?

(a) 92.36 (b) 91.96
(c) 91.16 (d) 92.16

111. किसी व्यक्ति का मासिक वेतन ₹ 50000 है। वह अपने वेतन का 40% घरेलू खर्च पर, 25% किराए पर, और 15% परिवहन पर खर्च करता है, और शेष राशि की बचत करता है। उसकी वार्षिक बचत कितनी है?

(a) ₹ 110000 (b) ₹ 120000
(c) ₹ 100000 (d) ₹ 90000

112. यदि 45 और 55 के महत्तम समापवर्तक (HCF) को $55 \times 5 + 45\,m$ के रूप में व्यक्त किया जा सकता है, तो m का मान क्या है?

(a) –5 (b) –6 (c) 6 (d) 5

113. त्रिभुज LMN में, OP, भुजा MN के समानान्तर खींचा गया एक रेखाखण्ड है। OP, भुजाओं LM और LN को क्रमशः O और P पर प्रतिच्छेदित करता है। यदि LM = 15 सेमी, OM = 4 सेमी और PN = 5 सेमी है, तो भुजा LN की लम्बाई (सेमी में) कितनी है?

(a) 18.75 (b) 22.75
(c) 16.25 (d) 20.25

114. 12, 18 और 27 का लघुत्तम समापवर्त्य क्या है?

(a) 27 (b) 216
(c) 54 (d) 108

115. दालों का क्रय मूल्य, विक्रय मूल्य से 12% कम है। एक खराब तौल मशीन का उपयोग करके दुकानदार 25% लाभ अर्जित करने में सक्षम है। दोषपूर्ण मशीन वास्तविक वजन की तुलना में कितने प्रतिशत अधिक वजन दिखाती है (निकटतम पूर्णांक तक पूर्णांकित)?

(a) 10% (b) 13%
(c) 15% (d) 14%

116. विजय 42 मी कपड़ा बेचकर 7 मी कपड़े के विक्रय मूल्य के बराबर लाभ प्राप्त करता है। प्रतिशत लाभ ज्ञात कीजिए।

(a) 25% (b) 15% (c) 20% (d) 30%

117. यदि $\operatorname{cosec}A + \cot A = 3$, जहाँ $0 \le A \le 90°$ है, तो $\cos A$ का मान क्या होगा?

(a) $\frac{3}{4}$ (b) $\frac{3}{5}$ (c) $\frac{2}{5}$ (d) $\frac{4}{5}$

118. यदि किसी वृत्त का परिमाप 13.2 सेमी है, तो वृत्त की त्रिज्या ...... है।

$\left(\pi = \frac{22}{7} \text{ लीजिए}\right)$

(a) 2.1 सेमी. (b) 6.6 सेमी
(c) 4.2 सेमी (d) 3.3 सेमी

119. x^3y और xy^3 का मध्यानुपाती (mean proportion) ज्ञात कीजिए।

(a) xy (b) x^3y^3
(c) x^4y^4 (d) x^2y^2

120. दिए गए बार-ग्राफ का अध्ययन कीजिए और दिए गए प्रश्न का उत्तर दीजिए।

निम्न बार-ग्राफ 1998 से 2002 तक किसी कारखाने में उत्पादित साइकिलों की संख्या को दर्शाता है।

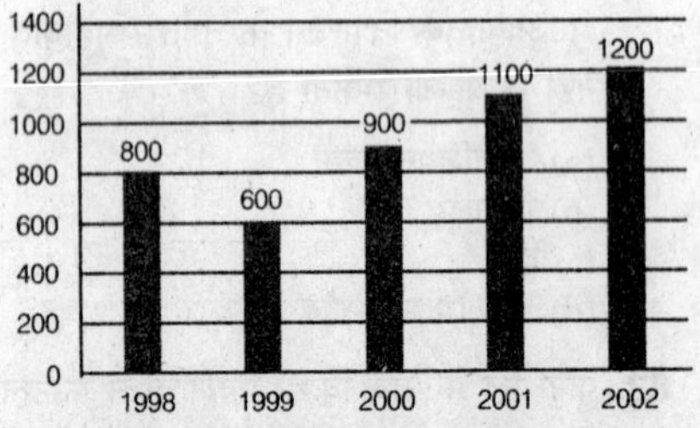

1998-2002 के दौरान कारखाने में प्रतिवर्ष उत्पादित साइकिलों की औसत संख्या कितनी थी?

(a) 940 (b) 880
(c) 920 (d) 960

121. $\sqrt{\dfrac{1+\sin A}{1-\sin A}}$ का मान क्या होगा?

(a) $\sec A - \tan A$ (b) $\operatorname{cosec} A + \cot A$
(c) $\sec A + \tan A$ (d) $\operatorname{cosec} A - \cot A$

122. 350 मी लम्बी एक मालगाड़ी 1250 मी लम्बी सुरंग को 80 सेकण्ड में पार करती है। मालगाड़ी की चाल कितनी है?

(a) 64 किमी/घण्टा (b) 78 किमी/घण्टा
(c) 72 किमी/घण्टा (d) 56 किमी/घण्टा

123. दी गई तालिका का अध्ययन करें, और नीचे दिए गए प्रश्न का उत्तर दें।

निम्न तालिका पाँच अलग-अलग संस्थाओं A, B, C, D और E में विभिन्न विभागों में कर्मचारियों की संख्या को दर्शाती है।

विभाग / संस्था	A	B	C	D	E
एचआर	1050	1015	976	888	1004
वित्त	1017	960	786	1025	963
विपणन	1382	1384	1275	1300	1290
उत्पादन	1542	1545	4550	1570	1580
लेखा	786	745	801	800	735
विधि	48	54	36	30	53
कुल	5825	5703	5424	5613	5625

प्रत्येक संस्था में किस विभाग में कर्मचारियों की संख्या न्यूनतम है?

(a) लेखा (b) विधि
(c) विपणन (d) उत्पादन

124. संजय और रोहन एक कार्य को क्रमश: 8 दिन और 12 दिन में पूरा कर सकते हैं। संजय से आरम्भ करके, वे बारी-बारी से एक-एक दिन छोड़कर कार्य करते हैं। कार्य कितने दिनों में पूरा होगा?

(a) $9\frac{1}{2}$ (b) $9\frac{1}{3}$ (c) $8\frac{1}{2}$ (d) $9\frac{2}{3}$

125. वह छोटी-से-छोटी पूर्ण वर्ग संख्या कौन-सी है, जो 4, 6, 9, 12 और 15 से पूर्णत: विभाज्य है?

(a) 784 (b) 961
(c) 900 (d) 841

126. दो उम्मीदवारों के बीच हुए एक चुनाव में जीतने और हारने वाले उम्मीदवारों के बीच 2,500 मतों का अन्तर था। जीतने वाले उम्मीदवारों को 75% मत मिले। चुनाव में अमान्य मतों की संख्या शून्य थी। हारने वाले उम्मीदवार को मिले मतों की कुल संख्या कितनी थी?

(a) 3750 (b) 1250 (c) 1875 (d) 5000

127. दो उम्मीदवारों के बीच हुए एक चुनाव में, 30% मतदाताओं ने मतदान नहीं किया। डाले गए मतों में से 20% मत अमान्य पाए गए। जीतने वाले उम्मीदवारों को वैध मतों के 64% मत प्राप्त हुए और वह 3136 मतों के साथ बहुमत से विजयी हुआ। मतदाता सूची में नामांकित मतदाताओं की संख्या ज्ञात करें।

(a) 30000 (b) 25000
(c) 24000 (d) 20000

128. चक्रवृद्धि ब्याज पर दी गई एक राशि, 2 वर्षों में ₹ 1200 और 3 वर्षों में ₹ 1260 हो जाती है, जबकि ब्याज की गणना वार्षिक चक्रवृद्धि आधार पर की जाती है। चक्रवृद्धि ब्याज की वार्षिक दर कितनी है?

(a) 4% (b) 3% (c) 5% (d) 6%

129. एक अर्धगोले का व्यास, 4 सेमी लम्बाई और 3 सेमी चौड़ाई वाले आयत के विकर्ण के बराबर है। अर्धगोले का सम्पूर्ण पृष्ठीय क्षेत्रफल (सेमी^{2} में) ज्ञात कीजिए।

(a) $\frac{50\pi}{4}$ (b) $\frac{75\pi}{4}$ (c) 25π (d) $\frac{25\pi}{4}$

130. दिया गया पाई-चार्ट विभिन्न खाद्य फसलों के अन्तर्गत भूमि के वितरण को दर्शाता है। इन खाद्य फसलों पर निवेश किया गया व्यय ₹ 25,000 प्रति वर्ष है। पाई चार्ट का ध्यानपूर्वक अध्ययन कीजिए और निम्नलिखित प्रश्न का उत्तर दीजिए।

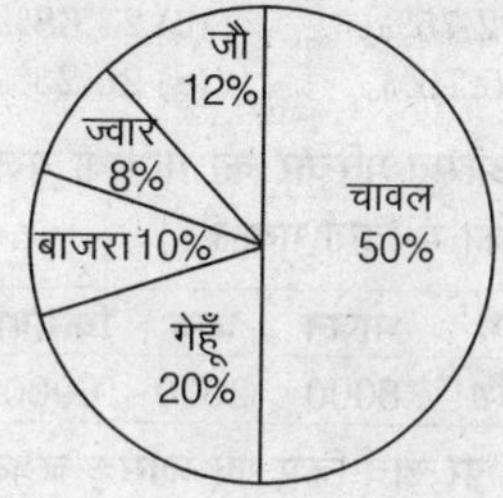

चावल और जौ में निवेश किया गया व्यय, गेहूँ और बाजरा में निवेश किए गए व्यय के कितने प्रतिशत के बराबर है (दशमलव के 2 स्थानों तक पूर्णांकित कीजिए)?

(a) 206.66% (b) 206.55%
(c) 260.66% (d) 260.55%

131. दो पाइप एक टंकी को क्रमश: 12 घण्टे और 16 घण्टे में भर सकते हैं। पाइपों को एक साथ खोल दिया जाता है और यह पाया जाता है कि टंकी की तली में एक रिसाव के कारण, टंकी को भरने में 90 मिनट अधिक लगते हैं। इस रिसाव द्वारा पूरी तरह से भरे टैंक को खाली करने में कितना समय लगेगा?

(a) $39\frac{13}{49}$ घण्टे (b) $38\frac{10}{49}$ घण्टे
(c) $36\frac{29}{49}$ घण्टे (d) $37\frac{15}{49}$ घण्टे

132. एक वाहन अपनी सामान्य चाल से एक चौथाई चाल से चल रहा है और उसे अपने गंतव्य तक पहुचने में 45 मिनट का अतिरिक्त समय लगता है। उसी दूरी को तय करने हेतु इसका सामान्य समय ...... है।

(a) 10 मिनट (b) 20 मिनट
(c) 15 मिनट (d) 30 मिनट

133. निम्नलिखित बार ग्राफ में 4 वर्षों में तीन ब्राण्डो (P, Q, R) के दूध उत्पादन (मिलियन टन में) का विवरण दर्शाया गया है

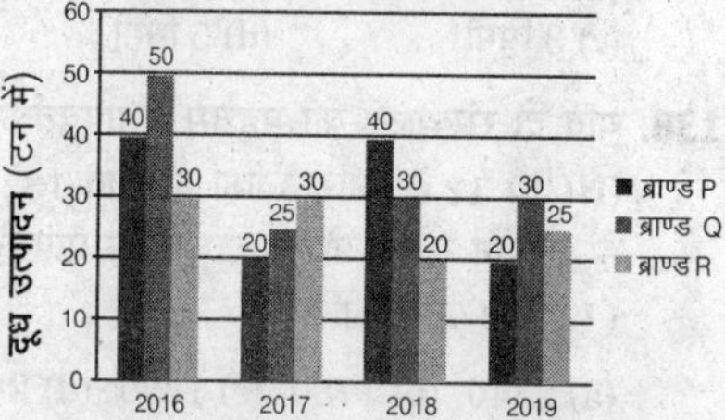

4 वर्षों की अवधि में प्रतिवर्ष दूध का औसत उत्पादन (मिलियन टन में) कितना था?

(a) 70 (b) 50
(c) 30 (d) 90

134. यदि $1\frac{1}{3} \div \frac{2}{5} \times \frac{x}{5} = 1\frac{1}{4} \times \frac{2}{3} \div \frac{1}{6}$, तो x का मान ...... होगा।

(a) 7.0 (b) 7.5 (c) 5.5 (d) 15

135. दी गई तालिका का अध्ययन कीजिए और नीचे दिए गए प्रश्न का उत्तर दीजिए।

तालिका गरीबी रेखा से नीचे चार राज्यों की प्रतिशत जनसंख्या तथा पुरुष और महिला का अनुपात दर्शाती है।

राज्य	गरीबी रेखा से नीचे जनसंख्या का प्रतिशत	पुरुष और महिला का अनुपात	
		गरीबी रेखा से नीचे	गरीबी रेखा से ऊपर
		पुरुष : महिला	पुरुष : महिला
P	28	3 : 2	7 : 3
Q	15	4 : 7	6 : 5
R	24	5 : 3	3 : 3
S	13	2 : 5	1 : 3

यदि राज्य R की कुल जनसंख्या 26000 है, तो राज्य R में गरीबी रेखा से ऊपर महिलाओं की संख्या कितनी है?

(a) 9780 (b) 9560 (c) 9950 (d) 9880

136. दो मिश्रणों A और B की संरचनाएं इस प्रकार हैं, मिश्रण A में कॉपर और टिन का अनुपात 1 : 2 है मिश्रण B में कॉपर और टिन का अनुपात 1 : 3 है यदि मिश्रण A और B की समान मात्राओं का उपयोग करके मिश्रण C बनाया जाता है, तो मिश्रण C में कॉपर और टिन का अनुपात ज्ञात करें।

(a) 7 : 12 (b) 2 : 5 (c) 7 : 17 (d) 1 : 5

137. व्यास 2 सेमी और लम्बाई 45 सेमी वाली किस बेलनाकार धातु की छड़ को पिघलाया जाता है, और इससे एकसमान मोटाई और 5 मी वाले तार के रूप में रूपान्तरित किया जाता है। तार का व्यास ज्ञात कीजिए।

(a) 2 मिमी (b) 6 मिमी
(c) 3 मिमी (d) 5 मिमी

138. यदि दो संख्याओं का महत्तम समापवर्तक (HCF) 12 है, और उनका अनुपात 13 : 15 है, तो उन संख्याओं का लघुत्तम समापवर्त्य (LCM) ज्ञात कीजिए।

(a) 2340 (b) 1780 (c) 1890 (d) 2450

139. कंचन ने साधारण ब्याज की समान दर पर 2 वर्ष के लिए ₹ 10000 और 4 वर्ष के लिए ₹ 5000 उधार दिए। यदि कंचन को प्राप्त कुल ब्याज ₹ 2000 है, तो ब्याज की दर कितनी थी?

(a) 2% (b) 4% (c) 5% (d) 3%

140. यदि एक गोले का आयतन 38808 सेमी^{3} है, तो इसका पृष्ठीय क्षेत्रफल कितना है?

(a) 5574 सेमी^{2} (b) 5544 सेमी^{2}
(c) 5554 सेमी^{2} (d) 5564 सेमी^{2}

141. उस समचतुर्भुज का क्षेत्रफल क्या होगा, जिसकी एक भुजा का माप 17 सेमी और एक विकर्ण की माप 16 सेमी है?

(a) 180 सेमी^{2} (b) 210 सेमी^{2}
(c) 240 सेमी^{2} (d) 280 सेमी^{2}

142. निम्नलिखित व्यंजक का मान क्या होगा?

$(1+x)^3 + (1-x)^3 + (-2)^3$

(a) $-3(1-x)^2$ (b) $3(1-x^2)$
(c) $6(1-x^2)$ (d) $-6(1-x^2)$

143. नीचे दी गई तालिका में सरकार द्वारा 4 अलग-अलग वर्षों में लगाए गए पेड़ों की संख्या को दर्शाया गया है।

वर्ष	नीम	बलूत	सनोबर
2019	2000	3000	4000
2020	3000	4000	5000
2021	5000	6000	7000
2022	7000	8000	9000

वर्ष 2021 में लगाए गए नीम के पेड़ों की संख्या और वर्ष 2022 में लगाए गए सनोबर के पेड़ों की संख्या का अनुपात ज्ञात कीजिए।

(a) 5 : 8 (b) 3 : 7 (c) 3 : 8 (d) 5 : 9

144. 49 विद्यार्थियों का औसत वजन 53 किग्रा है। जब एक नए विद्यार्थी को कक्षा में प्रवेश दिया जाता है, तो इस औसत में 500 ग्राम की कमी होती है। नए विद्यार्थी का वजन ज्ञात कीजिए।

(a) 48 किग्रा (b) 18 किग्रा
(c) 38 किग्रा (d) 28 किग्रा

145. निम्नलिखित में से किस संख्या को 6, 8 और 9 से विभाजित किए जाने पर 6, 8 और 9 के महत्तम समापवर्तक के बराबर शेषफल प्राप्त होता है?

(a) 291 (b) 506 (c) 433 (d) 575

146. एक मेगास्टोर में, निम्नलिखित डेटा दिए गए वर्षों के दौरान खरीदी गई इकाइयों को दर्शाता है। 2015 से 2020 तक खरीदी गई कुल इकाइयों (तीनों उत्पादों में) में प्रतिशत वृद्धि कितनी है?

वर्ष	चाय	कॉफी	कोल्ड ड्रिंक
2015	650	450	1008
2016	730	402	1092
2017	710	354	770
2018	570	438	812
2019	820	390	1043
2020	830	501	1330

(a) 22.75% (b) 21.68%
(c) 25.76% (d) 26.23%

147. एक औसत परिवार का मासिक बजट निम्न तालिका में दिया गया है।

वर्ग	भोजन	वस्त्र	किराया	बचत
राशि	8000	2000	6000	4000

वस्त्रों पर खर्च किए गए मासिक बजट का प्रतिशत .... है।

(a) 8% (b) 10% (c) 12% (d) 4%

148. A, B और C का औसत वजन 77 किग्रा है। यदि A और B का औसत वजन 68 किग्रा है, तथा B और C का औसत वजन 83 किग्रा है, तो B का वजन (किग्रा में) कितना होगा?

(a) 71 (b) 74 (c) 73 (d) 67

149. रमेश एक सोफा सेट के अंकित मूल्य पर 25% की छूट के साथ पन्द्रह प्रतिशत की अतिरिक्त छूट देता है। यदि सोफा सेट का विक्रय मूल्य ₹ 12750 है, तो उस सोफा सेट का अंकित मूल्य ज्ञात कीजिए।

(a) ₹ 23000 (b) ₹ 20000
(c) ₹ 22000 (d) ₹ 24000

150. $\frac{a^2-(b-c)^2}{(a+c)^2-b^2} + \frac{b^2-(a-c)^2}{(a+b)^2-c^2} + \frac{c^2-(a-b)^2}{(b+c)^2-a^2}$ का मान क्या होगा?

(a) 1 (b) −1 (c) 2 (d) 3

भाग 4

अंग्रेजी

151. Select the option that can be used as a one-word substitute for the given group of words.
A collection of historical documents or records providing information about a place, institution or group of people.

(a) Museum (b) Apostate
(c) Asylum (d) Archive

152. Select the most appropriate idiom for the given situation focusing on the underlined segment.
The modern era statistics data <u>provides useful</u> <u>advantage</u> to the players at competent level.

(a) Cost an arm and a leg
(b) Grist to the mill
(c) Put something on ice
(d) Play it by ear

153. The following sentence has been divided into parts. One of them may contain an error. Select the part that contains the error from the given options. If you don't find any error, mark 'No error' as your answer.
We should/not make an noise/in the class.

(a) in the class (b) We should
(c) No error (d) not make an noise

154. Identify the antonym of the following word in the given sentence.
Languid
The animated infantry was marching forward for another rehearsal.

(a) infantry (b) rehearsal
(c) forward (d) animated

155. Select the most appropriate meaning of the given idiom.
Steer clear of

(a) Loose temper and react furiously to someone
(b) Avoid someone or something because it is dangerous for you
(c) Show someone how to do a job or activity
(d) Be kind and empathetic to someone

156. Select the most appropriate antonym for the highlighted word.
The **malice** he developed for all caused a lot of damage.
(a) avarice (b) grace
(c) oppression (d) sympathy

157. The following sentence has been divided into parts. One of them may contain an error.
Select the part that contains the error from the given options. If you don't find any error, mark 'No error' as your answer.
I was wish/to meet her/on her birthday.
(a) I was wish (b) No error
(c) to meet her (d) on her birthday

158. The following sentence has been split into four segments. Identify the segment that contains a grammatical error.
It is take/a couple of minutes/for the computer/to boot up.
(a) for the computer
(b) to boot up
(c) a couple of minutes
(d) It is take

159. You are preparing a speech for an upcoming function. Select a synonym for the highlighted word to make it better.
Sexual assault is a severe and **pervasive** issue that can have a significant impact on a victim's life.
(a) Retrospective (b) Longitudinal
(c) Widespread (d) Equatorial

160. Select the incorrectly spelt word.
(a) Adjourn (b) Addict
(c) Abdact (d) Advise

161. Choose the option which means the same as the underlined segment.
The boss wanted to finish the case before the arrival of the Inspection team.
(a) be over and done with
(b) be over one's head
(c) be over and over
(d) be over a barrel

162. Select the most appropriate synonym of the given word.
Cruise
(a) Bounce (b) Fall
(c) Distance (d) Voyage

163. Select the most appropriate meaning of the highlighted idiom in the given sentence.
Nancy held a grudge against her teacher for a long time, but she finally decided to let **bygones be bygones.**
(a) Change the past (b) Take revenge
(c) Flatter someone (d) Ignore the past

164. Select the option that will improve the underlined part of the given sentence.
Farmers have harvested wheat by using whatever labour that was available to them.
(a) by using amalgamated labour
(b) by using limited labour
(c) by using dispersed labour
(d) by using united labour

165. Select the most appropriate meaning of the underlined idiom in the following sentence.
Rahim had to eat a humble pie in starting a row with his neighbour over a trifle.
(a) To remain without food
(b) To be punished for doing something wrong
(c) To take simple food
(d) To feel sorry and apologise for a mistake

166. Select the most appropriate option that can substitute the underlined segment in the given sentence.
Malati has a difficult job, but she does it good.
(a) better (b) well
(c) best (d) nice

167. Select the most appropriate synonym of the given word.
Fierce
(a) Lame (b) Lavish
(c) Strange (d) Furious

168. Select the most appropriate synonym of the given word.
Faithful
(a) Daring (b) Unfaithful
(c) Cheerful (d) Loyal

169. Select the most appropriate meaning of the underlined idiom.
Yamini is a great singer. She will make it big one day.
(a) Succeed and become famous
(b) Become financially sound
(c) Educated and rich
(d) Migrate and settle

170. Select the most appropriate antonym of the given word.
Malice
(a) Torsion (b) Haughtiness
(c) Kindness (d) Tremor

171. Select the most appropriate option that can substitute the underlined segment in the given sentence. If there is no need to substitute it, select 'No substitution required'.
He travelled the whole world, but found piece at home.
(a) peach
(b) No substitution required
(c) prize
(d) peace

172. Select the most appropriate meaning of the given word.
Trousseau
(a) Being true to oneself
(b) The clothes, linen and other belongings collected by a bride for her marriage
(c) A large cabinet full of expensive clothes
(d) Single leg side of a trouser

173. Select the option that can be used as a one-word substitute for the underlined group of words.
Since God is an all-powerful creator, he has absolute control over those whom he has created.
(a) Voracious
(b) Omnipotent
(c) Incorrigible
(d) Omniscient

174. Select the most appropriate option to substitute the underlined segment in the given sentence.
At some point in the past, there were rows of temporary shops that used to display various cooking utensils.
(a) One upon a time
(b) Before now
(c) In the past few years
(d) Long ago

175. Select the option that can be used as a one-word substitute for the given group of words.
A structure in the garden where climbing plants can grow and people can walk under
(a) Tomb
(b) Outhouse
(c) Pergola
(d) Treehouse

176. Select the most appropriate option that can substitute the underlined segment in the given sentence.
She was <u>yearning for</u> a trip to the mountains.
(a) leaving for
(b) deeply repenting
(c) keenly desiring
(d) saving money for

177. Select the most appropriate idiom for the given situation.
You wanted to speak but you controlled yourself and became patient. What have you done?
(a) Pin drop silence
(b) Dragged your feet
(c) Herculean task
(d) Hold your horses

178. Select the most appropriate meaning of the given idiom.
Step up to the plate
(a) Think about a crisis
(b) Plan for better performance
(c) Implement a plan
(d) Take control of a situation

179. Select the most appropriate meaning of the underlined idiom.
He ate the whole bunch of grapes <u>under the nose</u> of all of us.
(a) After much persuasion
(b) In full view of somebody
(c) Sharing equally
(d) Secretly

180. Select the incorrectly spelt word.
(a) Prefered (b) Revered
(c) Answered (d) Reference

181. Select the option that can be used as a one-word substitute for the given group of words.
Extremely beautiful, elaborate or impressive
(a) Proficient (b) Magnificent
(c) Transient (d) Deficient

182. Select the most appropriate meaning of the given idiom.
To burn the midnight oil
(a) To waste time
(b) To stay up late working or studying
(c) To overthink
(d) To be relaxed and calm

183. Select the most appropriate synonym of the underlined word.
It was <u>inevitable</u> that the team management would sack him after his rude behaviour.
(a) impassionate
(b) amiable
(c) measurable
(d) unavoidable

184. Select the incorrectly spelt word from the underlined words in the following sentence.
As <u>affidevit</u> is a statement or declaration in writing an oath or <u>affirmation</u>, sworn before a person having <u>authority</u> to <u>administer</u> oath.
(a) affidevit (b) administer
(c) authority (d) affirmation

185. The following sentence has been split into four segments. Identify the segment that contains a grammatical error.
We have being / arranged the stay / for the guests at / a hillside resort.
(a) a hillside resort
(b) We have being
(c) arranged the stay
(d) for the guests at

186. Select the most appropriate synonym of the given word.
Extravagance
(a) Simplicity
(b) Love
(c) Fortune
(d) Self-indulgence

187. Select the most appropriate synonym of the given word.
Antique
(a) Ancient (b) New
(c) Gothic (d) Modern

188. Select the incorrectly spelt word in the given sentence.
The Egyptian Pharohs were the Kings of ancient Egypt and were considered as the literal embodiment of God himself.
(a) literal (b) ancient
(c) pharohs (d) embodiment

189. Select the incorrectly spelt word.
(a) Isle (b) Braed
(c) Achieve (d) Amicable

190. Select the most appropriate option that can substitute the underlined segment in the given sentence.
Naina is leaving and I am <u>think to apply</u> for her job.
(a) thinking in applying
(b) thinking about applying
(c) thinking about apply
(d) thinking on applying

Directions (Q. Nos.191-195) *In the following passage, some words have been deleted. Read the passage carefully and select the most appropriate option to fill in each blank.*

Discrimination refers to the inequitable or ...(1)... treatment of individuals or collectives on the basis of attributes such as ethnicity, sex, age and sexual orientation. Studies have indicated that the perception of discrimination can ...(2)... a series of stress-induced alterations in an individual's mental, physiological and behavioural responses. The experience of stress is known to elicit unfavourable emotional reactions, including but not limited to ...(3)..., despair and resentment. Furthermore, anxiety has been linked to a rise in health-compromising behaviours such as smoking, drinking and ...(4)... drug use, while simultaneously causing a ...(5)... in health-promoting activities such as quality sleep and vigorous exercise.

191. Select the most appropriate option to fill in blank no. 1.
(a) systematic (b) biased
(c) pathetic (d) tragic

192. Select the most appropriate option to fill in blank no. 2.
(a) support (b) inspire
(c) trigger (d) motivate

193. Select the most appropriate option to fill in blank no. 3.
(a) death (b) anxiety
(c) deafness (d) impairment

194. Select the most appropriate option to fill in blank no. 4.
(a) prescribed (b) mandatory
(c) illicit (d) legitimate

195. Select the most appropriate option to fill in blank no. 5.
(a) rise (b) unfruitful
(c) decline (d) upheaval

Directions (Q. Nos. 196-200) *Read the given passage carefully and answer the questions that follow.*

The world of social media is a strange and wondrous place. It's a world where you can connect with people from all over the globe, share your thoughts and opinions, and maybe even go viral if you're lucky. But let's be real, it's also a world filled with endless cat videos, oversharing, and drama.

One of the most interesting things about social media is the way it's changed the way we communicate. We ve gone from long, thoughtful emails to quick, abbreviated messages with emojis and acronyms. And don't even get me started on the whole hashtag phenomenon. It's like we're all speaking a different language now.

But there are also some downsides to this constant connection. It's easy to get sucked into the world of social media and forget about the real world around us. We're so busy scrolling through our feeds that we forget to enjoy the little moments in life. And let's not forget about the pressure to present the perfect life online. It's like we're all in a competition to see who can be the most popular, the most successful, the most enviable.

Despite all of this, I have to admit, I'm still a fan of social media. It's a great way to stay connected with friends and family, and I've even made some new friends through various online communities. Plus, let's face it, sometimes you just need a good laugh at a ridiculous meme.

196. What is the antonym of the word 'perfect', as used in the passage?
(a) Troublesome (b) Limited
(c) Unsatisfactory (d) Laughable

197. Which of the following is not mentioned as a way social media has changed the way we communicate?
(a) Quick, abbreviated messages with emojis and acronyms.
(b) Video conferencing for more meaningful conversations.
(c) Connecting with people from all over the world.
(d) The use of hashtags.

198. Which of the following would be the most appropriate title for this passage?
(a) The Joys and Sorrows of Social Media
(b) The Benefits of Social Media
(c) The Dark Side of Social Media
(d) Mastering the Art of Social Media

199. What is one of the downsides of social media mentioned in the passage?
(a) It can help connect with people all over the globe.
(b) It's a great way to stay connected with friends and family.
(c) It encourages people to enjoy the little moments in life.
(d) It can lead to pressure to present a perfect life online.

200. What is the theme of the passage?
(a) The dangers of spending too much time online.
(b) The importance of social media for businesses.
(c) The positive and negative effects of social media.
(d) The history of social media.

जानें सही उत्तर

1 (d)	2 (d)	3 (d)	4 (d)	5 (b)	6 (c)	7 (d)	8 (a)	9 (c)	10 (b)
11 (a)	12 (d)	13 (d)	14 (d)	15 (d)	16 (c)	17 (d)	18 (d)	19 (b)	20 (c)
21 (a)	22 (d)	23 (d)	24 (b)	25 (c)	26 (c)	27 (c)	28 (a)	29 (d)	30 (c)
31 (b)	32 (b)	33 (a)	34 (a)	35 (c)	36 (d)	37 (c)	38 (d)	39 (c)	40 (a)
41 (d)	42 (a)	43 (b)	44 (d)	45 (d)	46 (a)	47 (d)	48 (a)	49 (c)	50 (d)
51 (b)	52 (c)	53 (c)	54 (a)	55 (c)	56 (b)	57 (c)	58 (a)	59 (b)	60 (d)
61 (a)	62 (a)	63 (b)	64 (d)	65 (d)	66 (c)	67 (b)	68 (c)	69 (d)	70 (d)
71 (d)	72 (d)	73 (d)	74 (d)	75 (c)	76 (b)	77 (d)	78 (a)	79 (c)	80 (d)
81 (a)	82 (a)	83 (a)	84 (d)	85 (b)	86 (c)	87 (c)	88 (a)	89 (c)	90 (d)
91 (d)	92 (d)	93 (b)	94 (d)	95 (d)	96 (b)	97 (c)	98 (c)	99 (a)	100 (d)
101 (d)	102 (a)	103 (b)	104 (a)	105 (a)	106 (a)	107 (c)	108 (a)	109 (c)	110 (d)
111 (b)	112 (b)	113 (a)	114 (d)	115 (a)	116 (c)	117 (d)	118 (a)	119 (d)	120 (c)
121 (c)	122 (c)	123 (b)	124 (a)	125 (c)	126 (b)	127 (d)	128 (c)	129 (b)	130 (a)
131 (b)	132 (c)	133 (d)	134 (b)	135 (d)	136 (c)	137 (b)	138 (a)	139 (c)	140 (b)
141 (c)	142 (d)	143 (d)	144 (d)	145 (c)	146 (d)	147 (b)	148 (a)	149 (b)	150 (a)
151 (d)	152 (b)	153 (d)	154 (d)	155 (b)	156 (d)	157 (a)	158 (d)	159 (c)	160 (c)
161 (a)	162 (d)	163 (d)	164 (b)	165 (d)	166 (b)	167 (d)	168 (d)	169 (a)	170 (c)
171 (d)	172 (b)	173 (b)	174 (d)	175 (c)	176 (c)	177 (d)	178 (d)	179 (b)	180 (a)
181 (b)	182 (b)	183 (d)	184 (a)	185 (b)	186 (d)	187 (a)	188 (c)	189 (b)	190 (b)
191 (b)	192 (c)	193 (b)	194 (c)	195 (c)	196 (c)	197 (b)	198 (a)	199 (d)	200 (c)

प्रश्नों के सही हल

1. (d) प्रश्नानुसार,

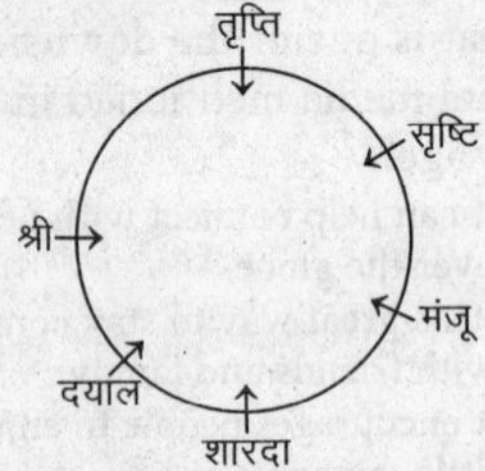

शारदा के ठीक बगल में दयाल और मन्जू बैठे हैं। परन्तु यहाँ विकल्पों में केवल दयाल दिया गया है। अत: दयाल सही उत्तर है।

2. (d) दिया गया है,

16 B 5 A 112 D 8 C 32 = ?

A ⇒ +	C ⇒ −
B ⇒ ×	D ⇒ ÷

प्रश्नानुसार, चिह्नों को प्रतिस्थापित करने पर,

$16 \times 5 + 112 \div 8 - 32 = ?$

$\Rightarrow \quad 80 + 14 - 32 = ?$

$\Rightarrow \quad 62 = ?$

3. (d) जिस प्रकार,

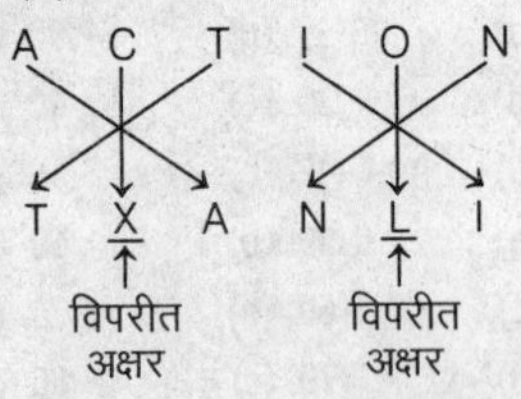

और,

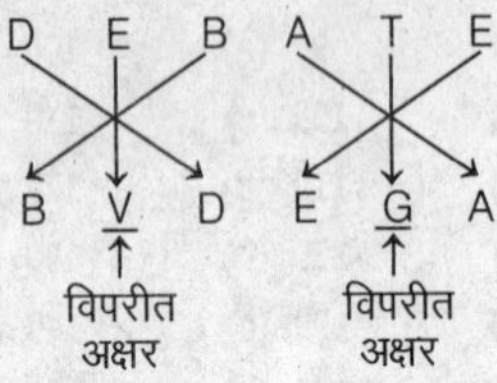

उसी प्रकार,

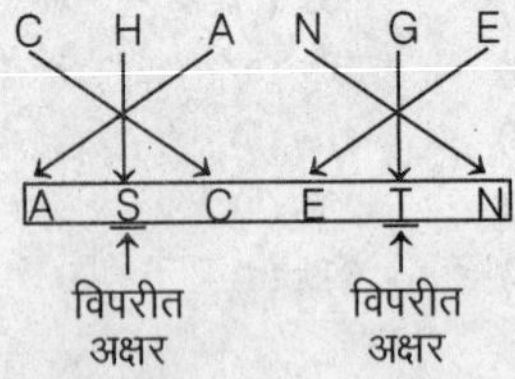

4. (d) प्रश्नानुसार,

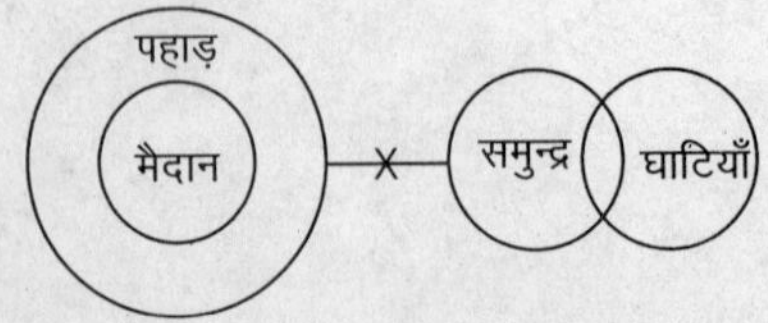

निष्कर्ष I. (✗) II. (✗) III. (✓)

अत: केवल निष्कर्ष III सत्य है।

5. (b) जिस प्रकार,

$5 : 24 \Rightarrow (5^2) - 1 = 25 - 1 = 24$

और $4 : 15 \Rightarrow (4^2) - 1 = 16 - 1 = 15$

उसी प्रकार,

$x : 143 \Rightarrow (x^2) - 1 = 143$

$x^2 = 143 + 1$

$x^2 = 144$

$x = 12$

6. (c) प्रश्नानुसार,

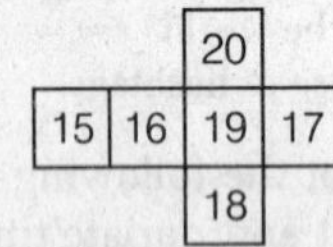

उपरोक्त शीट को घन के रूप में मोड़ने पर निम्न आकृति बनना सम्भव है

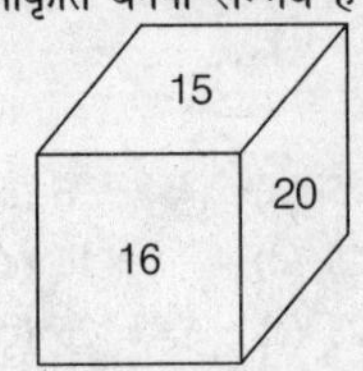

7. (d) जिस प्रकार,

GBTA ⇒ अक्षरों की संख्या, × 6

$= 4 \times 6 = 24$

और ZWQVI ⇒ अक्षरों की संख्या × 6

$= 5 \times 6 = 30$

उसी प्रकार,

DLUCPR ⇒ अक्षरों की संख्या × 6

$= 6 \times 6 = 36$

8. (a) दिया गया है, D $ G * U ? F

प्रश्नानुसार, चिह्नों को प्रतिस्थापित करने पर,

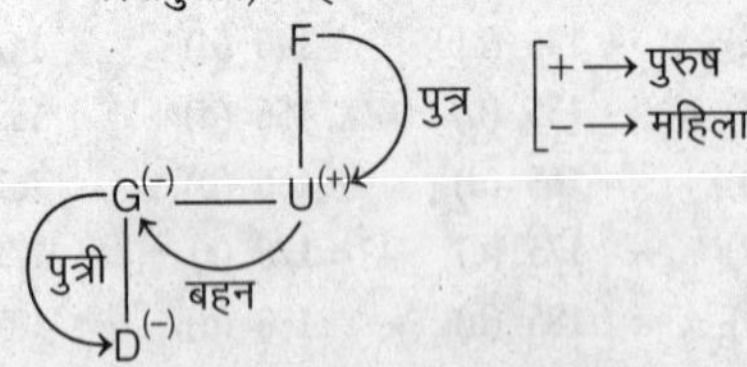

उपरोक्त आरेख से ज्ञात होता है। कि G, F की पुत्री है।

9. (c) दी गई प्रश्नाकृति, विकल्प आकृति (c) में सन्निहित है।

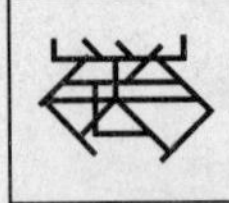

10. (b) शब्दकोश के क्रम के अनुसार, दिए गए शब्दों का सही क्रम है

Purgatory → Purge → Purify →
(4) (3) (5)

Puritan → Purpose
(1) (2)

⇒ 4, 3, 5, 1, 2

11. (a) दिया गया समीकरण है,

$83 \div 12 - 65 \times 13 + 47 = ?$

+ ⇒ −	× ⇒ ÷
− ⇒ ×	÷ ⇒ +

प्रश्नानुसार, चिह्नों को प्रतिस्थापित करने पर,

$83 + 12 \times 65 \div 13 - 47 = ?$

$\Rightarrow \quad 83 + 60 - 47 = ?$

$\Rightarrow \quad 143 - 47 = ?$

$\Rightarrow \quad 96 = ?$

12. (d) दिए गए कागज के टुकड़े को मोड़ने व काटने के पश्चात्, कागज की तह खुलने पर यह निम्न प्रकार से प्रदर्शित होगा।

13. (d) जिस प्रकार, (1, 16, 3)

$\Rightarrow \quad (1 + 3)^2 = 4^2 = 16$

और (21, 529, 2)

$\Rightarrow \quad (21 + 2)^2 = 23^2 = 529$

उसी प्रकार, (8, 100, 2)

$\Rightarrow \quad (8 + 2)^2 = 10^2 = 100$

14. (d) दी गई आकृति श्रृंखला में, चिह्न '0' में प्रत्येक अगली आकृति में एक चिह्न की वृद्धि हो रही है तथा चिह्न 'X' में प्रत्येक अगली आकृति में एक चिह्न की कमी हो रही है। इस प्रकार, श्रृंखला में विकल्प आकृति (d) श्रृंखला को पूर्ण करेगी।

×	0
×	0
×	0
×	0
	0

15. (d) प्रश्नानुसार,

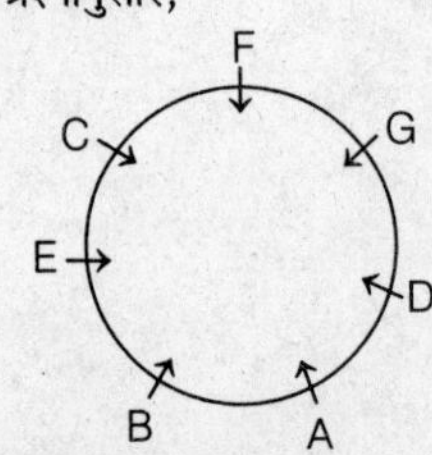

उपरोक्त व्यवस्था से ज्ञात होता है, कि 'F', 'C' और 'G' दोनों के ठीक बगल में बैठा है।

16. (c) कथनानुसार,

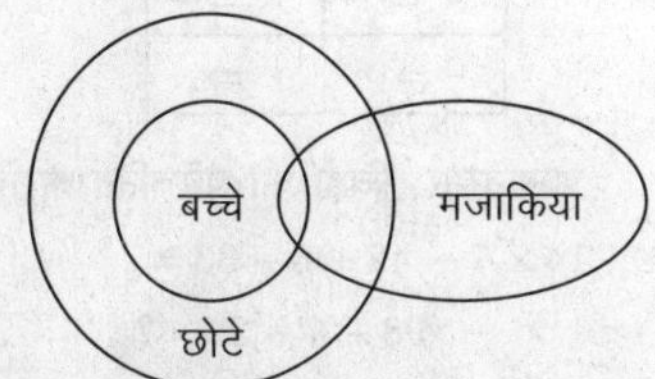

निष्कर्ष I. (✓) II. (✓)

अत: निष्कर्ष I और II दोनों पालन करते हैं।

17. (d) जिस प्रकार,

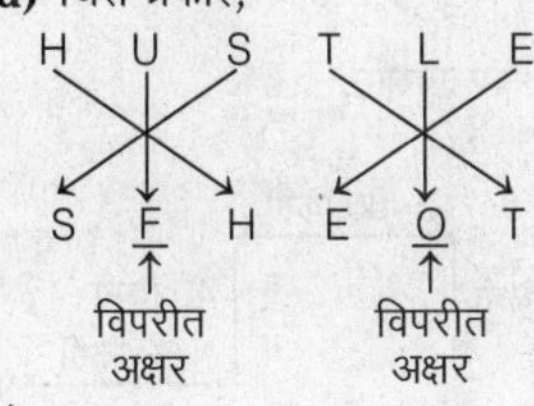

और

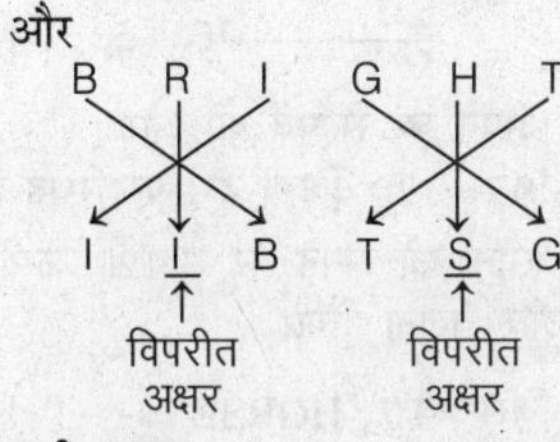

उसी प्रकार,

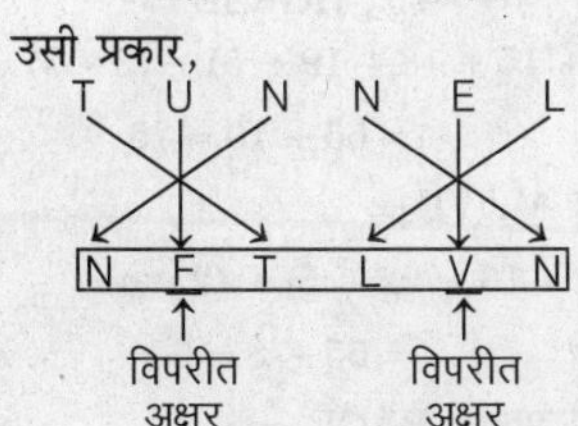

18. (d) प्रश्नानुसार,

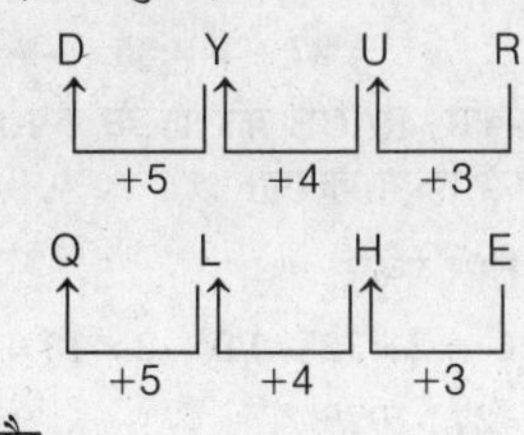

और,

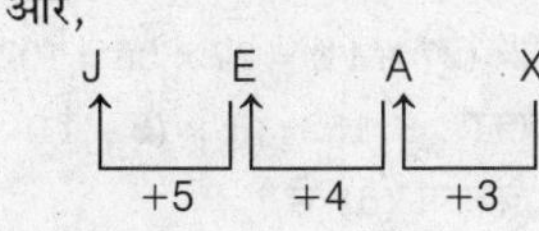

परन्तु,

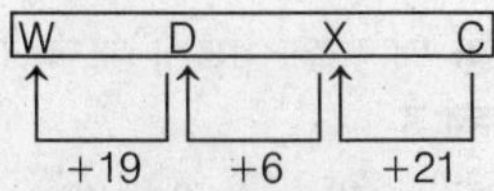

19. (b) दी गई अक्षर शृंखला में रिक्त स्थानों में विकल्प (b) को क्रमिक रूप से बाएँ से दाएँ रखने पर,

PQRR<u>S</u>/PQRRS/PQR<u>R</u>S/P<u>Q</u>RRS

20. (c) दिया है,

$$121 \times 11 \div 28 - 3 + 46 = ?$$

$+ \Rightarrow -$	$\times \Rightarrow \div$
$- \Rightarrow \times$	$\div \Rightarrow +$

प्रश्नानुसार, चिह्नों को परिवर्तित करने पर,

$121 \div 11 + 28 \times 3 - 46 = ?$

$\Rightarrow \quad 11 + 84 - 46 = ?$

$\Rightarrow \quad 95 - 46 = ?$

$\therefore \quad 49 = ?$

21. (a) दी गई शृंखला का क्रम निम्न प्रकार है,

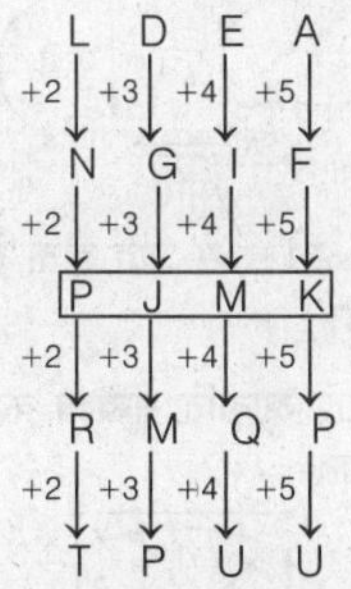

22. (d) दिए गए कागज को प्रश्नानुसार, मोड़े एवं काटे जाने पर, खोलने पर यह निम्नवत् प्रदर्शित होगा।

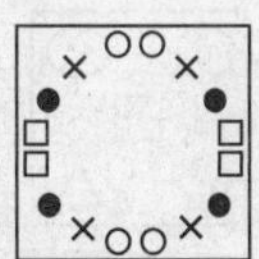

23. (d) जिस प्रकार,

उसी प्रकार,

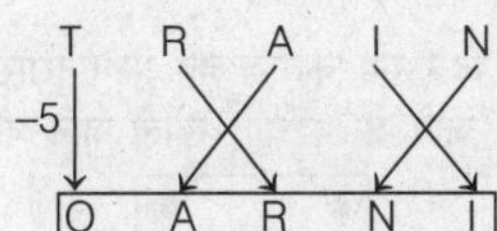

24. (b) दी गई अक्षर शृंखला में रिक्त स्थानों में विकल्प (b) को क्रमिक रूप से बाएँ से दाएँ रखने पर,

P<u>L</u><u>B</u>ON/<u>P</u>LBON/PLB<u>O</u><u>N</u>/PL<u>B</u><u>O</u>N

25. (c) जिस प्रकार, व्हेल, स्तनपायी जीव है। उसी प्रकार, मगरमच्छ एक सरीसृप है।

26. (c) कथनानुसार,

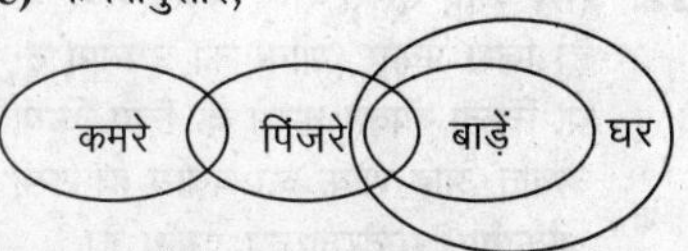

निष्कर्ष I. (✓) II. (✗)

यहाँ, केवल निष्कर्ष I सत्य है।

27. (c) दी गई शृंखला का क्रम निम्न प्रकार है,

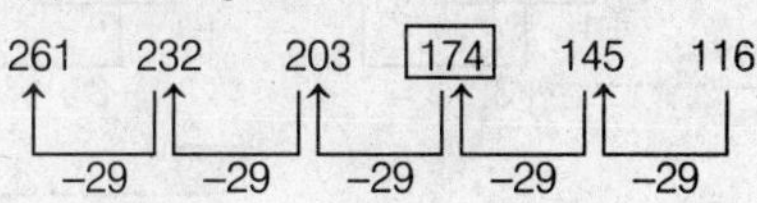

28. (a) प्रश्नानुसार,

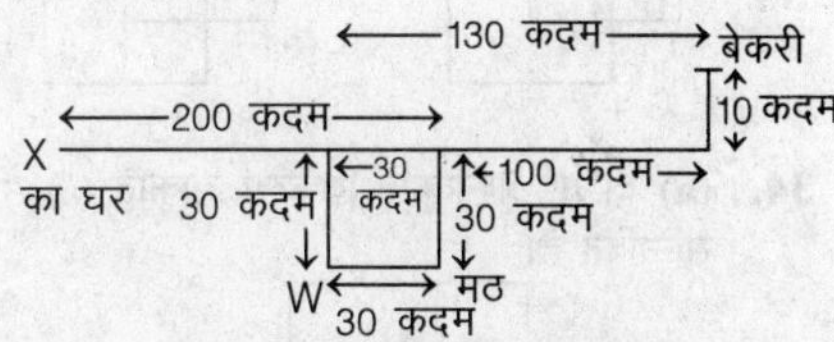

उपरोक्त आरेख से ज्ञात होता है कि घर के सापेक्ष, बेकरी, उत्तर-पूर्व दिशा में है।

जहाँ,

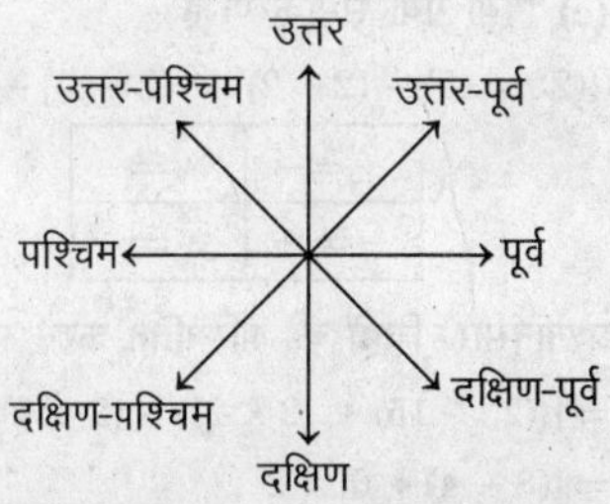

29. (d) दी गई शृंखला का क्रम निम्न प्रकार है,

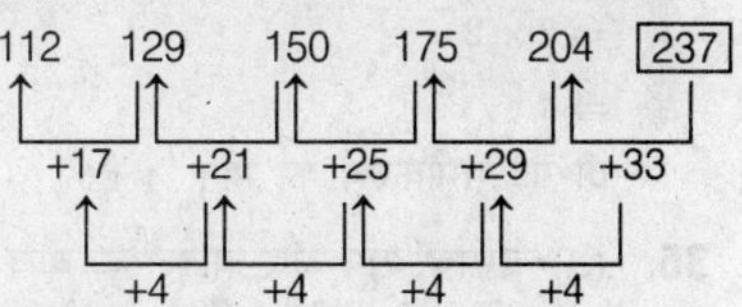

30. (c) दी गई शृंखला का क्रम निम्न प्रकार है,

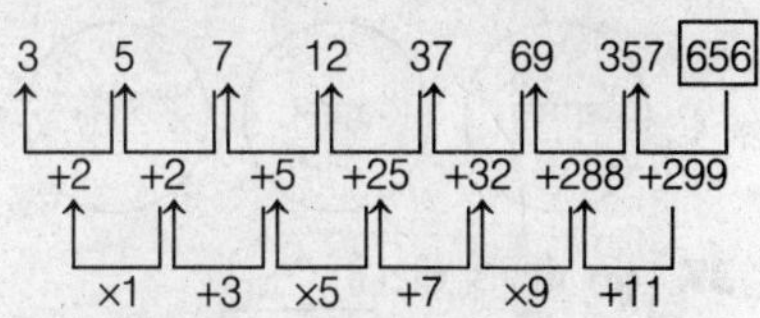

31. (b) यहाँ दिए गए दोनों पासों में दो समान अंक दिए गए हैं।

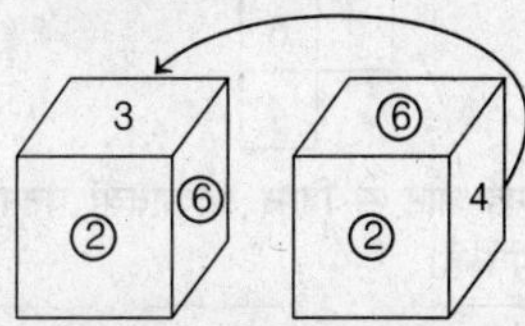

अत: 4 को दर्शाने वाले फलक के विपरीत फलक पर '3' होगा।

32. **(b)** यहाँ, दूसरा शब्द पहले शब्द का पर्याय है। जिस प्रकार, शोक का उपयोग दु:ख, दया या चिन्ता व्यक्त करने के लिए किया जाता है। अर्थात् आह शोक का पर्याय है। उसी प्रकार आकर्षण, सुन्दरता का पर्याय है।

33. **(a)** यहाँ,

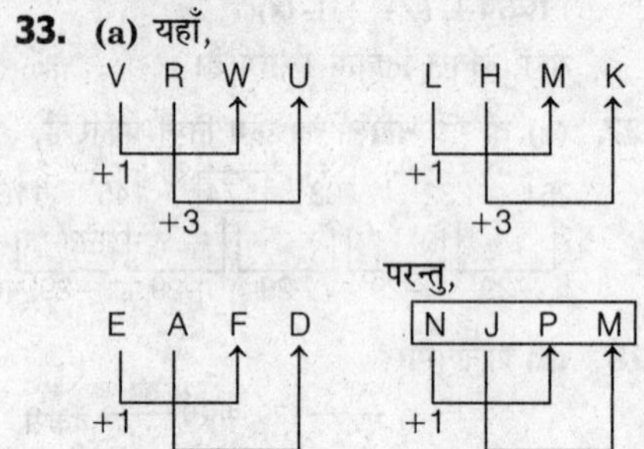

34. **(a)** दी गई प्रश्नाकृति विकल्प आकृति (a) में सन्निहित है।

35. **(c)** दिया गया समीकरण है

$[\{(23 \times 15) - (2 \div 2)\} + (2 - 4)] \div 2$

$+ \Rightarrow \div$	$\times \Rightarrow -$
$- \Rightarrow +$	$\div \Rightarrow \times$

प्रश्नानुसार, चिह्नों को परिवर्तित करने पर,

$\Rightarrow [\{(23 - 15) + (2 \times 2)\} \div (2 + 4)] \times 2$

$\Rightarrow [(8 + 4) \div 6] \times 2$

$\Rightarrow [12 \div 6] \times 2$

$\Rightarrow 2 \times 2$

$\Rightarrow 4$

दी गई समीकरण का मान '4' है।

36. **(d)** चम्मच, सूप और चावल के बीच सम्बन्ध को सर्वोत्तम रूप से दर्शाने वाला वेन आरेख निम्नवत् है

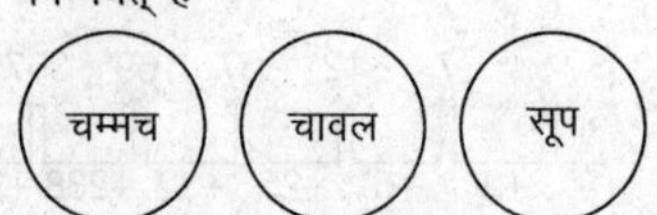

37. **(c)** दी गई शीट है।

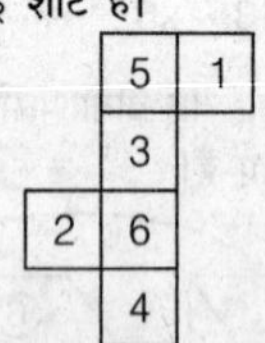

दी गई शीट से निम्न आकृतियाँ बनना सम्भव है।

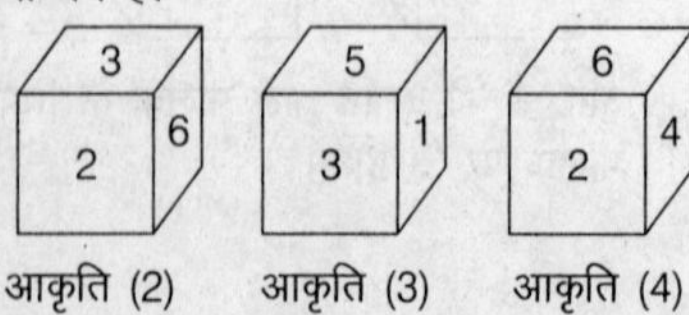

38. **(d)** जिस प्रकार, (13, 18, 21)

$\frac{18 + 21}{3} \Rightarrow \frac{39}{3} = 13$

और, $(11, 25, 8) \Rightarrow \frac{25 + 8}{3} \Rightarrow \frac{33}{3} = 11$

उसी प्रकार, विकल्प (d) से

$(14, 33, 9) \Rightarrow \frac{33 + 9}{3} = 14$

39. **(c)** दिया है, L @ M & K @ J # P

प्रश्नानुसार,

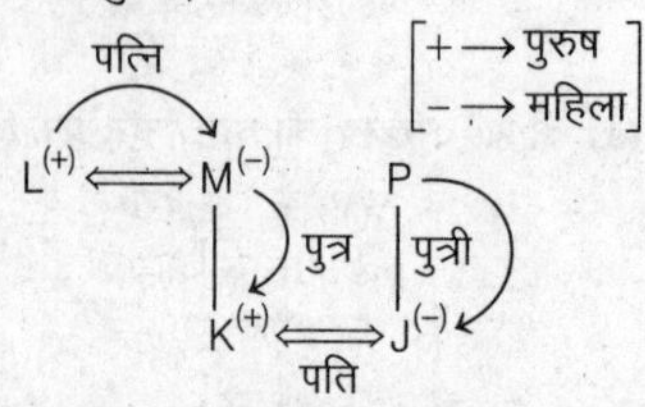

उपरोक्त आरेख से ज्ञात होता है, J, L की पुत्रवधु है।

40. **(a)** दी गई आकृति श्रृंखला का सही क्रम निम्न होगा।

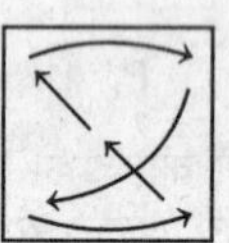

अत: विकल्प आकृति (a) अगली आकृति होगी।

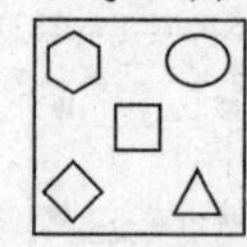

41. **(d)** दी गई आकृति श्रृंखला का सही क्रम निम्न होगा।

अत: विकल्प आकृति (d) अगली आकृति होगी

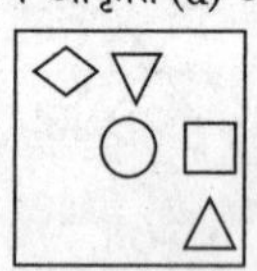

42. **(a)** दिए गए कागज को प्रश्नानुसार मोड़े एवं काटे जाने के पश्चात् खोले जाने पर

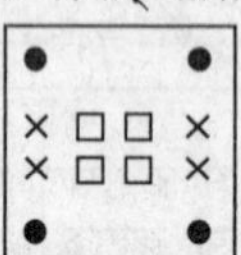

43. **(b)** शब्दकोश के क्रम के अनुसार, दिए गए शब्दों का सही क्रम है।

Stock → Stoke → Stomach
(4) (2) (6)

Stoop → Storage → Storey
(1) (3) (5)

⇒ 4, 2, 6, 1, 3, 5

44. **(d)** दिया गया समीकरण,

$14 - 7 + 42 \times 6 + 33 = ?$

$+ \Rightarrow -$	$\times \Rightarrow \div$
$- \Rightarrow \times$	$\div \Rightarrow +$

प्रश्नानुसार, चिह्नों को परिवर्तित करने पर,

$14 \times 7 + 42 \div 6 - 33 = ?$

$98 + 7 - 33 = ?$

$105 - 33 = ?$

$72 = ?$

उपरोक्त समीकरण में प्रश्नवाचक चिह्न के स्थान पर, '72' आएगा।

45. **(d)** प्रश्नानुसार,

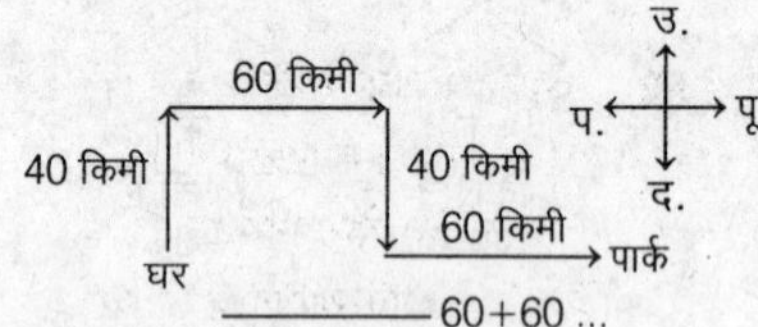

अत: अपने घर से पूर्व की ओर 60 + 60 = 120 किमी दूरी पर स्थित है।

अत: सोना को अपने घर से 120 किमी, पूर्व की ओर चलना होगा।

46. **(a)** जिस प्रकार, HORSE ⇒

$(8 + 15 + 18 + 19 + 5) + (2 \times 5)$

$= 65 + 10 = 75$

और MOVE ⇒

$(13 + 15 + 22 + 5) + (2 \times 4)$

$= 55 + 8 = 63$

उसी प्रकार, RACE ⇒

$(18 + 1 + 3 + 5) + (2 \times 4)$

$= 27 + 8 = 35$

इस प्रकार, RACE को 35 के रूप में कूटबद्ध किया जाएगा।

47. **(d)** जिस प्रकार,

$2 : 26 \Rightarrow 2 \times (2 + 11) = 2 \times 13 = 26$

और 27 : 1026

$\Rightarrow 27 \times (27 + 11) = 27 \times 38 = 1026$

उसी प्रकार, $x : 152 \Rightarrow x \times (x + 11)$

अब, विकल्प (d) से,

$8 \times (8 + 11) = 8 \times 19 = 152$

48. **(a)** दी गई संख्या श्रृंखला का पैटर्न निम्नवत् है

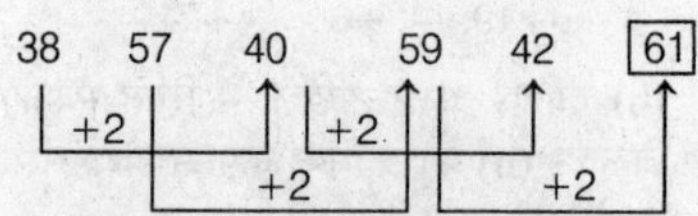

इस प्रकार, 61 प्रश्नवाचक चिह्न को प्रतिस्थापित करेगा।

49. (c) दिया है,

$30 + 5 - 2 \times 10 \div 2 = ?$

+ ⇒ −	× ⇒ ÷
− ⇒ ×	÷ ⇒ +

प्रश्नानुसार, चिह्नों को प्रतिस्थापित करने पर,

$30 - 5 \times 2 \div 10 + 2 = ?$

$\Rightarrow 30 - 5 \times \frac{1}{5} + 2 = ?$

$30 - 1 + 2 = ?$

$32 - 1 = ?$

$\boxed{31 = ?}$

यहाँ, 31 प्रश्नवाचक चिह्न को प्रतिस्थापित करेगा।

50. (d) दिया गया समीकरण है

$31 \div 48 \times 7 - 322 + 23 = 353$

विकल्प (d) के अनुसार,

चिह्नों को प्रतिस्थापित करने पर,

$31 + 48 \times 7 - 322 \div 23 = 353$

$31 + 336 - 14 = 353$

$367 - 14 = 353$

$353 = 353$

51. (b) वर्ष 2023 पुरुष हॉकी विश्व कप की मेजबानी ओडिशा राज्य ने की। यह प्रतियोगिता 13 से 29 जनवरी, 2023 तक ओडिशा के भुवनेश्वर और राउरकेला में आयोजित हुई थी।

- इस टूर्नामेण्ट के लिए, ओडिशा सरकार ने राउरकेला में देश का सबसे बड़ा हॉकी स्टेडियम, बिरसा मुण्डा अन्तर्राष्ट्रीय हॉकी स्टेडियम बनाया था।
- जर्मनी ने FIH पुरुष हॉकी विश्व कप, 2023 में बेल्जियम को हराकर अपना तीसरा खिताब जीता।
- भारत ने FIH पुरुष हॉकी विश्व कप, 2023 की अन्तिम रैंकिंग में 9वाँ स्थान हासिल किया।

52. (c) जीएसटी में, कर का भुगतान करने का दायित्व और वास्तविक भार, दो अलग-अलग व्यक्तियों पर होता है।

- वस्तु एवं सेवा कर (GST) भारत में 1 जुलाई, 2017 को लागू किया गया था।
- जीएसटी एक गन्तव्य-आधारित कर है, जिसका अर्थ है कि कर उस राज्य में लगाया जाता है, जहाँ वस्तुओं और सेवाओं का उपभोग किया जाता है।
- **पूँजी लाभ कर** (Capital Gains Tax) यह कर पूंजीगत सम्पत्तियों की बिक्री से होने वाले लाभ पर लगाया जाता है।
- **आयकर** (Income Tax) यह कर व्यक्तियों और व्यवसायों की आय पर लगाया जाता है।
- **निगम कर** (Corporate Tax) यह कर कम्पनियों के लाभ पर लगाया जाता है।

53. (c) भारत के प्रमुख जूट उत्पादक राज्यों का समूह पश्चिम बंगाल, बिहार, असम, उड़ीसा है।

- जूट एक प्राकृतिक फाइबर है, जो भारत के पूर्वी भाग में मुख्य रूप से उगाया जाता है।
- जूट की खेती के लिए गर्म और आर्द्र जलवायु की आवश्यकता होती है, जो इन राज्यों में पाई जाती है।
- पश्चिम बंगाल भारत में जूट का सबसे बड़ा उत्पादक राज्य है, जो देश के कुल जूट उत्पादन का 50% से अधिक उत्पादन करता है।

54. (a) मणिपुरी नृत्य विशेषज्ञ गुरू बिपिन सिंह ने इम्फाल में महिलाओं के लिए गोविन्दजी नर्तनालय नृत्य विद्यालय की स्थापना वर्ष 1972 की थी।

- गुरू बिपिन सिंह को योगदान के लिए उन्हें कई पुरस्कारों से सम्मानित किया गया, जिनमें वर्ष 1966 में संगीत नाटक अकादमी पुरस्कार और मध्य प्रदेश सरकार द्वारा कालिदास सम्मान शामिल हैं।
- **राजकुमार सिंहजीत सिंह** मणिपुरी नृत्य के एक प्रसिद्ध नर्तक, कोरियोग्राफर और शिक्षक हैं।
- **फांजौबम इबोटन सिंह** मणिपुरी नृत्य के एक प्रसिद्ध नर्तक और शिक्षक हैं।
- **गुरू अमुबी** मणिपुरी नृत्य के एक प्रसिद्ध नर्तक और शिक्षक थे।

55. (c) पृथ्वी की आयु लगभग 4.5 अरब वर्ष मानी जाती है।

- पृथ्वी की आयु की गणना करने के लिए, वैज्ञानिक रेडियोमेट्रिक डेटिंग नामक एक विधि का उपयोग करते हैं। इस विधि में, चट्टानों और खनिजों में रेडियोधर्मी तत्वों की मात्रा को मापा जाता है।
- रेडियोधर्मी तत्व समय के साथ स्थिर तत्वों में विघटित होते हैं और विघटन की दर ज्ञात होती है। इस जानकारी का उपयोग करके, वैज्ञानिक चट्टान या खनिज की आयु निर्धारित कर सकते हैं।
- पृथ्वी की आयु ब्रह्माण्ड की आयु का लगभग एक-तिहाई है।
- पृथ्वी पर जीवन लगभग 3.5 अरब वर्ष पहले विकसित हुआ था।
- मनुष्य लगभग 200,000 वर्ष पहले विकसित हुए थे।

56. (b) विष्णु राभा पुरस्कार, 2019 प्रख्यात मणिपुरी नृत्य प्रतिपादक कुमारी लैतोंजम एबम्पिसोक देवी को प्रदान किया गया।

- विष्णु रामा के असम संस्कृति को स्थापित करने एंव इनके द्वारा दिए गए योगदान के लिए जाना जाता है।
- लैतोंजम एबम्पिसोक देवी मणिपुरी नृत्य की विभिन्न शैलियों में कुशल हैं, जिनमें रासलीला, संकीर्तन और थांगता शामिल हैं।

57. (c) पद्म भूषण पुरस्कार से सम्मानित कुमुदिनी लाखिया कथक नृत्य शैली के लिए प्रसिद्ध हैं।

- कुमुदिनी लाखिया एक प्रख्यात कथक नृत्यांगना और कोरियोग्राफर हैं।
- उन्होंने वर्ष 1967 में अहमदाबाद में 'कदम्ब सेण्टर फॉर डांस एण्ड म्यूजिक' की स्थापना की।
- उन्होंने कथक को एकल नृत्य से समूह नृत्य में परिवर्तित किया और कथक प्रदर्शनों में समकालीन कहानियों को जोड़ा। उन्हें वर्ष 2010 में पद्म भूषण पुरस्कार से सम्मानित किया गया।

58. (a) 44वें संविधान संशोधन अधिनियम द्वारा सम्पत्ति के अधिकार को मूल अधिकारों की सूची से हटा दिया गया था।

- सम्पत्ति का अधिकार पहले अनुच्छेद 31 के तहत सूचीबद्ध था, लेकिन 44वें संशोधन के बाद इसे अनुच्छेद 300A के तहत एक कानूनी अधिकार बना दिया गया।
- **समानता का अधिकार** यह अधिकार भारतीय संविधान के अनुच्छेद 14-18 में दिया गया है।
- **स्वतन्त्रता का अधिकार** यह अधिकार भारतीय संविधान के अनुच्छेद 19-22 में दिया गया है।
- **धार्मिक स्वतन्त्रता का अधिकार** यह अधिकार भारतीय संविधान के अनुच्छेद 25-28 में दिया गया है।

59. (b) संधारित्र (Capacitor): संधारित्र की SI इकाई फैराड (Farad) है, न कि डाइन। डाइन बल की इकाई है।

- संधारित्र एक विद्युत घटक है, जो विद्युत आवेश को संगृहीत करता है।
- डाइन बल की CGS इकाई है।
- **वोल्टेज** (Voltage) वोल्टेज की SI इकाई वोल्ट (Volt) है।
- **प्रतिरोध (Resistance)** प्रतिरोध की SI इकाई ओम (Ohm) है।
- **चालकत्व (Conductance)** चालकत्व की SI इकाई सीमेंस (Siemens) है।

60. (d) मुहम्मद-बिन-तुगलक के सिंहासन का उत्तराधिकारी फिरोजशाह तुगलक था।
- मुहम्मद-बिन-तुगलक की मृत्यु के बाद, फिरोजशाह तुगलक को दिल्ली सल्तनत का सुल्तान बनाया गया।
- मुहम्मद-बिन-तुगलक, गयासुद्दीन तुगलक का पुत्र था। उसने 1325 से 1351 ई. तक दिल्ली पर शासन किया।
- उसने अपनी राजधानी को दिल्ली से दौलताबाद स्थानान्तरित करने का प्रयास किया, जो एक महँगा और असफल प्रयोग था।
- उसने ताँबे और पीतल के सिक्कों को चाँदी के सिक्कों के बराबर मूल्य पर चलाकर एक सांकेतिक मुद्रा प्रणाली शुरू की, जो भी असफल रही।

61. (a) प्रसिद्ध संगीतकार तानसेन के गुरू स्वामी हरिदास थे।
- स्वामी हरिदास एक महान सन्त, कवि और संगीतकार थे। वे ध्रुपद शैली के संगीत के विशेषज्ञ थे और उन्होंने कई रागों की रचना की।
- स्वामी हरिदास का जन्म 1478 ई. में उत्तर प्रदेश के अलीगढ़ जिले में हुआ था। उन्होंने संगीत की शिक्षा अपने गुरू आशुधीर से प्राप्त की थी।
- सूरदास 15वीं-16वीं शताब्दी के एक महान सन्त कवि और संगीतकार थे। वे भगवान कृष्ण के भक्त थे और उनकी भक्ति में उन्होंने कई भजन और कविताएँ लिखीं।
- विदास 15वीं-16वीं शताब्दी के एक प्रसिद्ध सन्त और समाज सुधारक थे। वे जातिवाद और सामाजिक भेदभाव के खिलाफ थे।
- कालिदास संस्कृत भाषा के महान कवि और नाटककार थे।

62. (a) अचार में नमक की मात्रा अधिक होने पर जीवाणु और कवक कोशिकाएँ प्लास्मोलाइज्ड हो जाती हैं। यह कथन बिल्कुल सही है।
- अचार में नमक और तेल की उच्च सान्द्रता एक ऐसा वातावरण बनाती है, जो अधिकांश हानिकारक सूक्ष्मजीवों (जैसे बैक्टीरिया और कवक) के लिए प्रतिकूल होता है।
- उच्च नमक सान्द्रता के कारण, सूक्ष्मजीवों की कोशिकाओं से पानी बाहर निकल जाता है, जिससे वे सिकुड़ जाते हैं और मर जाते हैं। इस प्रक्रिया को प्लास्मोलाइसिस कहा जाता है।

63. (b) हीमोग्लोबिन में मौजूद आयरन ही रक्त को उसका विशिष्ट लाल रंग देता है।
- हीमोग्लोबिन एक आयरन युक्त प्रोटीन है, जो लाल रक्त कोशिकाओं में पाया जाता है।
- यह ऑक्सीजन को फेफड़ों से शरीर के अन्य हिस्सों तक ले जाने और कार्बन डाइऑक्साइड को शरीर के अन्य हिस्सों से वापस फेफड़ों तक ले जाने के लिए जिम्मेदार होता है।
- **क्लोरोफिल** यह वह वर्णक है, जो पौधों में पाया जाता है और प्रकाश संश्लेषण की प्रक्रिया में मदद करता है। यह हरा रंग का होता है।
- **फेरिटिन** यह एक प्रोटीन है, जो शरीर में आयरन को संगृहीत करने का काम करता है।
- **जैंथोफिल** यह एक पीला वर्णक है, जो पौधों और कुछ जानवरों में पाया जाता है।

64. (d) संयुक्त राष्ट्र (UN) द्वारा वर्ष 2005 को अन्तर्राष्ट्रीय सूक्ष्म ऋण वर्ष (International Year of Micro Credit) घोषित किया गया था।
- इसका मुख्य उद्देश्य सूक्ष्म वित्त और गरीबी उन्मूलन में इसके योगदान के बारे में जागरुकता बढ़ाना था।
- संयुक्त राष्ट्र (UN) वर्तमान में 193 सदस्य देश हैं।
- नवीनतम सदस्य देश दक्षिण सूडान है, जिसने वर्ष 2011 में सदस्यता ग्रहण की।
- 51 संस्थापक सदस्य थे, जिन्होंने वर्ष 1945 में संयुक्त राष्ट्र चार्टर पर हस्ताक्षर किए थे। इनमें भारत भी शामिल हैं।

65. (d) कथन (1) सबसे प्रसिद्ध इण्डो-ग्रीक शासक मिनाण्डर था। यह कथन सही है। मिनाण्डर (लगभग 165-135 ईसा पूर्व) एक शक्तिशाली और प्रसिद्ध इण्डो-ग्रीक राजा था, जिसने एक विस्तृत क्षेत्र पर शासन किया। उसकी राजधानी साकल (आधुनिक सियालकोट, पाकिस्तान) थी।
- कथन (2) मिनाण्डर की पहचान प्रसिद्ध बौद्ध ग्रन्थ मिलिन्दपन्ह में वर्णित राजा मिलिन्द के साथ की गई है। यह कथन सही है। ऐतिहासिक और साहित्यिक साक्ष्यों से पता चलता है कि मिलिन्दपन्ह में वर्णित राजा मिलिन्द वास्तव में इण्डो-ग्रीक राजा मिनाण्डर ही थे।
- कथन (3) मिलिन्दपन्ह में दार्शनिक प्रश्न हैं, जो मिलिन्द ने आम्रपाली से पूछे थे। यह कथन गलत है। मिलिन्दपन्ह में मिलिन्द (मिनाण्डर) और बौद्ध भिक्षु नागसेन के बीच दार्शनिक संवादों का वर्णन है, न कि आम्रपाली के साथ। आम्रपाली एक प्रसिद्ध गणिका थीं, जो बुद्ध के समय में वैशाली में रहती थीं।
- कथन (4) उत्तरों से प्रभावित होकर राजा मिलिन्द ने बौद्ध धर्म को अपना धर्म मान लिया। यह कथन सही है। मिलिन्दपन्ह के अनुसार, नागसेन के तर्कों और उत्तरों से प्रभावित होकर राजा मिलिन्द ने बौद्ध धर्म को स्वीकार कर लिया था।

66. (c) मुख्य नहर के जल स्तर के नीचे की कृषि भूमि प्रवाह प्रणाली (flow system) का निर्माण करती है।
- इस प्रणाली में, गुरुत्वाकर्षण के कारण नहर का पानी स्वाभाविक रूप से खेतों तक पहुँचता है,
- वारबन्दी (warebandi) यह एक जल वितरण प्रणाली है, जिसमें किसानों को सिंचाई के लिए पानी का निश्चित हिस्सा और समय चक्र मिलता है। यह मुख्य नहर के जल स्तर से स्वतन्त्र है।
- **कमाण्ड क्षेत्र** (command area) यह वह सम्पूर्ण क्षेत्र है, जिसकी सिंचाई एक विशेष सिंचाई परियोजना (जैसे कि एक नहर प्रणाली) द्वारा की जा सकती है। इसमें वे क्षेत्र भी शामिल हो सकते हैं, जो प्रवाह प्रणाली के अन्तर्गत नहीं आते हैं।
- लिफ्ट प्रणाली (lift system) इस प्रणाली में, पानी को नहर या जलाशय से ऊपर उठाकर खेतों तक पहुँचाया जाता है, सामान्यत: पम्पों का उपयोग करके।
- यह उन क्षेत्रों के लिए आवश्यक है, जो मुख्य नहर के जल स्तर से ऊँचे हैं।

67. (b) आकाशगंगाओं के बीच की दूरी में बढ़ते क्रम का रूझान पाया गया है। यह ब्रह्माण्ड के विस्तार के कारण है।
- एडविन हबल और अन्य खगोलविदों के अवलोकनों से पता चला है कि अधिकांश आकाशगंगाएँ एक-दूसरे से दूर जा रही हैं और जितनी दूर वे हैं, उतनी ही तेजी से वे दूर जा रही हैं। इसे हबल का नियम कहा जाता है।
- एक आकाशगंगा गुरुत्वाकर्षण द्वारा एकसाथ बंधे हुए तारों, तारकीय अवशेषों, इण्टरस्टेलर गैस, धूल और डार्क मैटर का एक विशाल संग्रह है।
- आकाशगंगाओं का अध्ययन खगोल विज्ञान का एक महत्त्वपूर्ण क्षेत्र है, जो हमें ब्रह्माण्ड की संरचना, विकास और उसमें मौजूद पदार्थों के बारे में जानकारी प्रदान करता है।

68. (c) भारतीय संविधान का अनुच्छेद 59 राष्ट्रपति के पद की शर्तों से सम्बन्धित है।
- इस अनुच्छेद का खण्ड (1) स्पष्ट रूप से यह शर्त निर्धारित करता है कि राष्ट्रपति, यदि संसद के किसी सदन या किसी राज्य के विधानमण्डल के किसी सदन का सदस्य है, तो राष्ट्रपति के रूप में अपने पद ग्रहण की तारीख से उस सदन में अपना स्थान रिक्त कर देगा।
- **अनुच्छेद** 79 यह संसद के गठन से सम्बन्धित है, जिसमें राष्ट्रपति, राज्यसभा और लोकसभा शामिल हैं।

- **अनुच्छेद 80** यह राज्यसभा की संरचना से सम्बन्धित है।
- **अनुच्छेद 62** यह राष्ट्रपति के पद में रिक्ति को भरने के लिए चुनाव कराने के समय आ आकस्मिक रिक्तियों को भरने के लिए निर्वाचित व्यक्ति के कार्यकाल से सम्बन्धित है।

69. (d) वर्ष 2011 की जनगणना के अनुसार, सात वर्ष या उससे अधिक आयु का कोई भी व्यक्ति जो किसी भी भाषा में समझ के साथ लिख या पढ़ सकता है, साक्षर माना जाता है।

- 2011 की जनगणना के अनुसार:
- कुल साक्षरता दर: 74.04%
- पुरुष साक्षरता दर: 82.14%
- महिला साक्षरता दर: 65.46%

70. (d) दूसरी पंचवर्षीय योजना (1956-1961) भारत की स्वतन्त्रता के बाद की दूसरी विकास योजना थी। यह योजना प्रोफेसर पी.सी. महालनोबिस के विकास मॉडल पर आधारित थी, जिसे महालनोबिस मॉडल के नाम से भी जाना जाता है।

- **पाँचवीं पंचवर्षीय योजना** (1974-1979) भारत की एक महत्त्वपूर्ण विकास योजना थी, जिसे राजनीतिक और आर्थिक दोनों दृष्टियों से कई चुनौतियों का सामना करना पड़ा।
- **आठवीं पंचवर्षीय योजना (1992-1997)** भारत के आर्थिक इतिहास में एक महत्त्वपूर्ण मोड़ थी। यह योजना ऐसे समय में शुरू हुई जब भारत एक गम्भीर आर्थिक संकट से जूझ रहा था और उसने उदारीकरण, निजीकरण और वैश्वीकरण (LPG) की दिशा में बड़े नीतिगत बदलाव किए थे।

71. (d) भारतीय संविधान का अनुच्छेद 23 बलात् श्रम (forced labour) को प्रतिषिद्ध करता है। यह अनुच्छेद मानव के दुर्व्यापार और बेगार तथा इसी प्रकार के अन्य बलात् श्रम के रूपों को प्रतिबन्धित करता है। इस प्रावधान का उद्देश्य व्यक्तियों को शोषण से बचाना और उनकी गरिमा सुनिश्चित करना है।

- अनुच्छेद 20 अपराधों के लिए दोषसिद्धि के सम्बन्ध में संरक्षण प्रदान करता है।
- अनुच्छेद 21 प्राण और दैहिक स्वतन्त्रता का संरक्षण करता है।
- अनुच्छेद 22 कुछ दशाओं में गिरफ्तारी और निरोध से संरक्षण प्रदान करता है।

72. (d) बाबर के चार पुत्रों में सबसे बड़ा हुमायूँ था।

- बाबर के अन्य तीन पुत्र कामरान मिर्ज़ा, अस्करी मिर्ज़ा और हिन्दाल मिर्ज़ा थे। हुमायूँ बाबर का उत्तराधिकारी बना और मुगल साम्राज्य का दूसरा बादशाह था।
- हुमायूँ (1508-1556) मुग़ल साम्राज्य का दूसरा बादशाह था, जिसने दो अलग-अलग अवधियों (1530-1540 और 1555-1556) में शासन किया।
- उसका जन्म 6 मार्च, 1508 को काबुल में हुआ था। उसका पूरा नाम नासीररुद्दीन मुहम्मद हुमायूँ था। उसने दिसम्बर 1530 ई. में आगरा में सिंहासन सम्भाला।

73. (d) मोतीलाल नेहरू 'प्रार्थना सभा' से सम्बन्धित नहीं थे। वे एक प्रमुख स्वतन्त्रता सेनानी और भारतीय राष्ट्रीय कांग्रेस के अध्यक्ष थे।

- प्रार्थना सभा 1867 ई. में बम्बई (अब मुम्बई) में स्थापित एक सामाजिक-धार्मिक सुधार आन्दोलन था। इसके प्रमुख संस्थापक सदस्य: आत्माराम पाण्डुरंग गोविन्द रानाडे आर.जी. भण्डारकर केशव चन्द्र सेन (जिन्होंने इसकी स्थापना में महत्त्वपूर्ण भूमिका निभाई) एन.जी. चन्दावरकर थे।
- प्रार्थना सभा का मुख्य उद्देश्य एकेश्वरवाद का प्रचार करना, जाति व्यवस्था का विरोध करना, महिलाओं की शिक्षा को बढ़ावा देना और सामाजिक बुराइयों को दूर करना था।

74. (d) ओपन एन ऑटोबायोग्राफी आन्द्रे अगासी की आत्मकथा है। यह पुस्तक उनके जीवन, करियर और टेनिस जगत के उनके अनुभवों के बारे में विस्तृत जानकारी देती है।

- **बिकमिंग** (Becoming) यह मिशेल ओबामा (Michelle Obama), संयुक्त राज्य अमेरिका की पूर्व प्रथम महिला की आत्मकथा है।
- **मी** (Me) यह एल्टन जॉन (Elton John), प्रसिद्ध ब्रिटिश गायक, गीतकार और पियानोवादक की आत्मकथा है।
- **टू मैनी रीज़न्स टू लिव** (Too Many Reasons to Live) यह रॉबिन विलियम्स (Robin Williams), दिवंगत अमेरिकी अभिनेता और हास्य कलाकार की जीवनी नहीं है। यह केविन ब्रूक्स (Kevin Brooks) द्वारा लिखित एक युवा वयस्क उपन्यास है, जो आत्महत्या के विचारों से जूझ रहे एक किशोर के बारे में है।

75. (c) प्रथम पंचवर्षीय योजना मार्च, 1956 में समाप्त हुई। यह योजना अप्रैल, 1951 में शुरू हुई थी और इसकी अवधि पाँच वर्ष थी।

- इस योजना का मुख्य उद्देश्य कृषि विकास, सिंचाई परियोजनाओं का विस्तार और बिजली उत्पादन क्षमता में वृद्धि करना था।
- यह योजना मुख्य रूप से हैरॉड-डोमर मॉडल पर आधारित थी और इसका लक्ष्य खाद्यान्न के मामले में आत्मनिर्भरता हासिल करना और अर्थव्यवस्था की नींव रखना था।
- दूसरी पंचवर्षीय योजना भारत की स्वतन्त्रता के बाद की दूसरी विकास योजना थी, जिसकी अवधि वर्ष 1956 से 1961 तक थी। यह योजना प्रोफेसर पी.सी. महालनोबिस के विकास मॉडल पर आधारित थी।

76. (b) किरण देसाई को उनकी पुस्तक द इनहेरिटेन्स ऑफ़ लॉस के लिए वर्ष 2006 में बुकर पुरस्कार मिला था।

- **ए फाइन बैलेंस** यह पुस्तक रोहिण्टन मिस्त्री द्वारा लिखी गई है।
- **शान्ताराम** यह पुस्तक ग्रेगरी डेविड रॉबर्ट्स द्वारा लिखी गई है।
- **द इयर ऑफ़ रनवेज़** यह पुस्तक सुनील खिल्लानी द्वारा लिखी गई है।

77. (d) अर्नस्ट हेकेल ने जीवित रूपों की इकॉनामी का वर्णन करने के लिए 'इकोलॉजी (ecology)' शब्द 1866 ई. में पेश किया था। उन्होंने इस शब्द का प्रयोग अपनी पुस्तक 'Generelle Morphologie der Organismen' में किया था।

- अर्नेस्ट हेकेल एक जर्मन जीवविज्ञानी, प्रकृतिवादी, दार्शनिक, चिकित्सक, प्रोफेसर, समुद्री जीवविज्ञानी और कलाकार थे।
- उन्होंने विवादास्पद पुनरावर्तन सिद्धान्त (Recapitulation Theory) विकसित किया, जिसे 'ओण्टोजेनी फ़ाइलोजेनी को दोहराता है' (Ontogeny recapitulates phylogeny) के रूप में भी जाना जाता है।
- हेकेल ने हजारों नई प्रजातियों की खोज की, उनका वर्णन किया और उनका नामकरण किया, जिनमें रेडिओलेरियन, स्पंज और एनीलिड शामिल हैं।

78. (a) पण्डित राम नारायण एक प्रसिद्ध भारतीय सारंगी वादक थे। उन्हें 20वीं शताब्दी में सारंगी को एक एकल शास्त्रीय वाद्ययन्त्र के रूप में स्थापित करने का श्रेय दिया जाता है।

- उनका जन्म 25 दिसम्बर, 1927 को उदयपुर, राजस्थान में हुआ था। उन्होंने बचपन में ही अपने पिता पण्डित नाथूजी बियावत और बाद में उस्ताद मैनुद्दीन खान से सारंगी की शिक्षा प्राप्त की।
- उन्हें संगीत नाटक अकादमी पुरस्कार, पद्म भूषण और पद्म विभूषण जैसे कई प्रतिष्ठित राष्ट्रीय और अन्तर्राष्ट्रीय पुरस्कारों से सम्मानित किया गया।
- उस्ताद सुल्तान खान पण्डित राम नारायण के समकालीन और एक और महान सारंगी वादक, जिन्हें अपनी भावपूर्ण शैली और गायन के साथ सारंगी वादन के लिए जाना जाता है।

79. (c) विलयन, लवणीय जल, पीतल समांगी मिश्रण के उदाहरण है।

- **समांगी मिश्रण** (Homogeneous Mixture) वह मिश्रण होता है, जिसके घटक पूरे मिश्रण में समान रूप से वितरित होते हैं और मिश्रण का संगठन एक जैसा होता है। समांगी मिश्रण में घटकों के बीच कोई स्पष्ट सीमा रेखा दिखाई नहीं देती है।

- **विलयन** (Solution) यह एक समांगी मिश्रण होता है, जिसमें विलेय विलायक में पूरी तरह से घुल जाता है। उदाहरण के लिए, चीनी का पानी में घोल।
- **लवणीय जल** (Saline water) यह पानी में नमक का विलयन होता है, जो एक समांगी मिश्रण है। नमक पानी में पूरी तरह से घुल जाता है और पूरे घोल में समान रूप से वितरित होता है।
- **पीतल** (Brass) यह ताँबे और जस्ता धातुओं का एक मिश्र धातु है। मिश्र धातुएँ ठोस विलयन होती हैं और इनके घटक परमाण्विक स्तर पर समान रूप से मिश्रित होते हैं, इसलिए पीतल एक समांगी मिश्रण है।

80. (d) कुचिपुड़ी भारतीय शास्त्रीय नृत्य की आठ प्रमुख शैलियों में से एक है। इसकी उत्पत्ति भारत के आन्ध्र प्रदेश में हुई थी।

- यह नृत्य-नाट्य प्रदर्शन अपनी जटिल पदचाप, सुन्दर चाल और सूक्ष्म चेहरे के भावों के लिए जाना जाता है।
- शोभा नायडू एक प्रतिष्ठित कुचिपुड़ी नृत्यांगना थीं। उनका निधन वर्ष 2020 में हो गया।
- **राजा और राधा रेड्डी** यह एक प्रसिद्ध कुचिपुड़ी नर्तक युगल, गुरु और कोरियोग्राफर हैं। उन्हें इस नृत्य शैली को विश्व स्तर पर पहचान दिलाने का श्रेय दिया जाता है।

81. (a) भारत के संविधान की अनुसूची X में दल-बदल के आधार पर विधायक की निरर्हता के प्रावधान हैं।

- यह अनुसूची संविधान में 52वें संशोधन अधिनियम, 1985 द्वारा जोड़ी गई थी, जिसे सामान्य: दल-बदल विरोधी कानून (Anti-Defection Law) के रूप में जाना जाता है।
- इसका उद्देश्य राजनीतिक दलों के विधायकों द्वारा दल-बदल को रोकना था।
- अनुसूची XI (ग्यारहवीं अनुसूची): वर्ष 1992 में 73वें संविधान संशोधन अधिनियम द्वारा भारतीय संविधान में जोड़ा गया था। यह पंचायतों के अधिकारों, प्राधिकार और जिम्मेदारियों से सम्बन्धित है।
- अनुसूची VIII (आठवीं अनुसूची): यह अनुसूची भारत गणराज्य की आधिकारिक भाषाओं से सम्बन्धित है।

82. (a) अप्लेशियन पर्वत को भारत के भू-आकृतिक विभाजन के तहत समूहीकृत नहीं किया जा सकता है।

- भारत का भू-आकृतिक विभाजन मुख्य रूप से भारत की भौतिक विशेषताओं और संरचना के आधार पर किया जाता है। इसके अन्तर्गत आने वाले प्रमुख क्षेत्र-
- हिमालय पर्वत शृंखला यह भारत की उत्तरी सीमा **पर स्थित युवा वलित** पर्वतों की शृंखला है।
  - **उत्तरी मैदान** यह हिमालय और प्रायद्वीपीय पठार के बीच स्थित उपजाऊ मैदान है।
  - प्रायद्वीपीय पठार यह भारत का प्राचीनतम और सबसे बड़ा भूभाग है, जो कठोर चट्टानों से बना है।
  - भारतीय मरुस्थल यह भारत के पश्चिमी भाग में स्थित शुष्क और अर्द्ध-शुष्क क्षेत्र है।
  - तटीय मैदान यह भारत के पूर्वी और पश्चिमी तटों पर स्थित मैदान है।
  - **द्वीप** इसमें बंगाल की खाड़ी में अण्डमान और निकोबार द्वीप समूह तथा अरब सागर में लक्षद्वीप समूह शामिल हैं।

83. (a) फुटबॉल में, जब किसी खिलाड़ी द्वारा फाउल किया जाता है, तो विपक्षी टीम को पारितोषिक के रूप में जो किक मिलती है, उसे फ्री किक कहते हैं।

- **डायरेक्ट फ्री किक** इस किक से सीधे गोल किया जा सकता है। यह सामान्यत: गंभीर फाउल के लिए दी जाती है।
- **बाईसाइकिल किक** यह एक कलात्मक किक है, जिसमें खिलाड़ी हवा में उछलकर अपने सिर के ऊपर से गेंद को पीछे की ओर मारता है। यह फाउल के बाद दी जाने वाली किक नहीं है।
- **वाइड किक** यह कोई आधिकारिक शब्द नहीं है। इसका मतलब हो सकता है कि खिलाड़ी ने गोल पोस्ट से दूर किक मारी।
- **गोल किक** यह तब दी जाती है जब विपक्षी टीम का कोई खिलाड़ी अन्तिम बार गेंद को छूता है और गेंद गोल लाइन के बाहर चली जाती है, बिना गोल हुए।

84. (d) एनिलीन वह प्राथमिक एरिलऐमीन है, जिसमें बेंजीन हाइड्रोजन में से किसी एक के स्थान पर एक एमिनो क्रियात्मक समूह प्रतिस्थापित हो जाता है।

- एनिलीन वह प्राथमिक एरिलऐमीन है, जिसमें बेंजीन रिंग के एक हाइड्रोजन परमाणु को सीधे एक एमिनो समूह (-NH2) द्वारा प्रतिस्थापित किया जाता है। इसका रासायनिक सूत्र $C_6H_5NH_2$ है।
- पिरिडीन एक विषमचक्रीय एरोमेटिक यौगिक है, जिसमें बेंजीन रिंग के एक कार्बन परमाणु के स्थान पर एक नाइट्रोजन परमाणु होता है।
- टोल्यूडीन एनिलीन का एक व्युत्पन्न है, जिसमें बेंजीन रिंग पर एक मिथाइल समूह (-CH3) भी प्रतिस्थापित होता है।
- क्विनोलिन एक द्विचक्रीय एरोमेटिक यौगिक है, जिसमें एक बेंजीन रिंग एक पिरिडीन रिंग के साथ जुड़ी होती है।

85. (b) दक्कन के पठार की काली मिट्टी में सामान्यत: **फॉस्फोरस**, नाइट्रोजन और **कार्बनिक** पदार्थों (ह्यूमस) की कमी होती है।

- दक्कन के पठार की काली मिट्टी, जिसे **रेगर** मिट्टी या काली कपास मिट्टी भी कहा जाता है, कई खनिजों से भरपूर होती है, जिनमें लोहा, चूना, मैग्नीशियम, पोटाश और एल्यूमिना शामिल हैं। यह मिट्टी ज्वालामुखी बेसाल्ट चट्टानों के अपक्षय से बनी है।
- यह त्रिकोणीय आकार का है और तीन पर्वत शृंखलाओं से घिरा हुआ है।
- यह आठ भारतीय राज्यों (मुख्य रूप से तेलंगाना, महाराष्ट्र, आन्ध्र प्रदेश, कर्नाटक केरल और तमिलनाडु) में फैला हुआ है।

86. (c) नागालैण्ड राज्य ने जनजातियों के बीच अन्त: क्रियता को प्रोत्साहित करने और राज्य की सांस्कृतिक विरासत के सम्वर्द्धन हेतु हॉर्नबिल महोत्सव की शुरुआत की।

- यह महोत्सव प्रत्येक वर्ष 1 से 10 दिसम्बर तक आयोजित किया जाता है और इसमें नागालैण्ड की विभिन्न जनजातियों की संस्कृति और परम्पराओं का प्रदर्शन किया जाता है।
- **सेक्रेनी** यह अंगामी जनजाति का सबसे महत्त्वपूर्ण त्योहार है, जो फरवरी के महीने म मनाया जाता है।
- **मोआत्सु मोंग** (Moatsu Mong) यह आओ जनजाति द्वारा मई के पहले सप्ताह में मनाया जाने वाला फसल बुवाई के बाद का त्योहार है।
- **ओलिएंग** यह मोन जिले की कोन्यक जनजाति का प्रमुख त्योहार है, जो अप्रैल के पहले सप्ताह में मनाया जाता है। यह वसन्त ऋतु के आगमन और नए फसल चक्र की शुरुआत का प्रतीक है।
- **तोखू इमोंग** यह लोथा जनजाति द्वारा नवम्बर के पहले सप्ताह में मनाया जाने वाला फसल कटाई के बाद का धन्यवाद ज्ञापन का त्योहार है। यह समुदाय में एकता और सद्भाव को बढ़ावा देता है।

87. (c) चापचर कुट त्योहार मुख्य रूप से मिजोरम में मनाया जाता है।

- चापचर कुट का अर्थ उस अवधि के दौरान आयोजित होने वाला त्योहार है, जब काटे गए बांस और पेड़ों को झूम खेती के लिए जलाने के लिए सूखने का इंतजार किया जाता है।
- यह प्रत्येक वर्ष मार्च के महीने में मनाया जाता है।
- इस उत्सव की शुरुआत 1450-1700 ईस्वी में सुईपुई नामक गाँव में होने का अनुमान लगाया गया है।

88. (a) एफ. वोहलर ने एक अकार्बनिक यौगिक अमोनिया साइनेट से एक कार्बनिक यौगिक, यूरिया का संश्लेषण किया।
- 1828 ई. में जर्मन रसायनज्ञ, फ्रेडरिक वोहलर ने अमोनिया साइनेट को गर्म करके यूरिया का संश्लेषण किया, जो कि एक अकार्बनिक यौगिक से कार्बनिक यौगिक का पहला प्रयोगशाला संश्लेषण था।
- यह एक कार्बनिक यौगिक है, जिसका रासायनिक सूत्र NH_2CONH_2 है।

89. (c) कामाख्या मन्दिर असम राज्य में स्थित है।
- महाकालेश्वर मन्दिर भारत के बारह ज्योतिर्लिंगों में से एक है। यह मध्य प्रदेश के इन्दौर में स्थित है।
- सोमनाथ मन्दिर एक हिन्दू मन्दिर है, जो भारत के गुजरात राज्य के वेरावल में प्रभास पाटन में स्थित है।
- जगन्नाथ मन्दिर ओडिशा राज्य के पुरी में स्थित है।

90. (d) संविधान का अनुच्छेद 16(4) स्पष्ट करता है कि आरक्षण जैसी नीतियाँ समानता के अधिकार का उल्लंघन नहीं है, क्योंकि यह राज्य की नागरिकों के किसी भी पिछड़े वर्ग के पक्ष में नियुक्तियों या पदों के आरक्षण के लिए प्रावधान की अनुमति देता है।
- भारत के सर्वोच्च न्यायालय ने वास्तव में कई निर्णयों में यह माना है कि भारतीय संविधान के अनुच्छेद 16(4) में व्यक्त आरक्षण नीतियाँ अनुच्छेद 335 के अधीन है।

91. (d) भारत के संविधान के अनुच्छेद 361 के अनुसार, राज्यपाल अपने पद की शक्तियों के प्रयोग और कर्त्तव्यों के पालने के लिए किसी भी अदालत के प्रति अन्तर उत्तरदायी नहीं होगा।
- यह अनुच्छेद राष्ट्रपति और राज्यपालों को उनके पद के दौरान की गई कार्रवाई के लिए किसी भी अदालत में मुकदमा चलाने से सुरक्षा प्रदान करता है।
- राष्ट्रपति या राज्य के राज्यपाल के खिलाफ अपने कार्यकाल के दौरान किसी भी अदालत में कोई भी आपराधिक कार्यवाही शुरू या जारी नहीं की जा सकती है।
- कोई भी अदालत राष्ट्रपति या राज्यपाल के लिए गिरफ्तारी वारण्ट नहीं दे सकती है।

92. (d) वर्ल्ड वेटलिफ्टिंग फेडरेशन द्वारा पहली विश्व भारोत्तोलन चैम्पियनशिप 28 मार्च, 1891 को लन्दन, यू.के. में आयोजित की गई थी।
- पहली विश्व चैम्पियनशिप 1891 ई. में लन्दन में हुई, जिसमें 9 देशों के 7 एथलीटों ने हिस्सा लिया था।
- वर्ल्ड वेटलिफ्टिंग फेडरेशन का मुख्यालय स्विट्जरलैण्ड के लौजने में है।

93. (b) क्रिकेट में एक ओवर में 6 गेंदे होती हैं।
- क्रिकेट के मैदान की लम्बाई 22 गज और चौड़ाई 10 फीट होती है।

94. (d) एल्डिहाइड समूह का रासायनिक सूत्र CHO है, जहाँ, C कार्बन, H हाइड्रोजन और O ऑक्सीजन को दर्शाता है।
- यह एक कार्यात्मक समूह है, जो कार्बनिक यौगिकों में पाया जाता है।
- इस समूह में एक कार्बन परमाणु होता है, जो एक हाइड्रोजन परमाणु से और एक ऑक्सीजन परमाणु से जुड़ा होता है, जिसमें ऑक्सीजन परमाणु कार्बन के साथ एक दोहरा बन्धन बनाता है।
- फॉर्मेल्डिहाइड और एसीटेल्डिहाइड एल्डिहाइड के उदाहरण है।

95. (d) 1773 ई. के रेग्यूलेटिंग एक्ट के तहत किंग-इन-काउंसिल ने कलकत्ता में सर्वोच्च न्यायालय की स्थापना की थी।
- इसने कलकत्ता के मेयर कोर्ट का स्थान लिया। सर एलियाजा इम्पे इस अदालत के पहले न्यायाधीश थे। लेमिस्टर कलकत्ता के सुप्रीम कोर्ट के एक प्यूजेन जज भी थे।

96. (b) लैण्डहोल्डर्स सोसाइटी की स्थापना 1838 ई. में कलकत्ता में जमींदारी के हितों की रक्षा के लिए की गई थी।
- राजा राधाकान्ता देव, द्वारकानाथ टैगोर, प्रसन्न कुमार टैगोर, राजकमल सेन आदि इसके संस्थापक सदस्य थे।
- इस सोसाइटी का समाचार-पत्र हिन्दू देशभक्त था, जिसके संस्थापक हरीशचन्द्र मुखर्जी थे।

97. (c) 1950 के दशक में जॉर्ज ई. पलाडे ने पहली बार राइबोसोम को कोशिका द्रव्य में छोटे कणों के रूप में देखा और उन्हें अन्तर्द्रव्यी जातिका झिल्ली से जुड़े हुए पाया।
- वे राइबोन्यूक्लिक अम्ल (RNA) और प्रोटीन से बने होते हैं और किसी झिल्ली से घिरे नहीं होते हैं।
- यूकेरियोटिक राइबोसोम 80 S है, जबकि प्रोकैरियोटिक राइबोसोम 70 S हैं।

98. (c) उत्तरी मैदानी भागों में सामान्यत: पूर्व से पश्चिम की ओर वर्षा की मात्रा घटती जाती है, न कि बढ़ती है।
- उत्तर भारत में वर्षा का मुख्य काल दक्षिण-पश्चिमी मानसून है, जो बंगाल की खाड़ी और अरब सागर से नमी लेकर आता है।
- जैसे-जैसे ये हवाएँ हिमालय की ओर बढ़ती हैं, वे नमी छोड़ती हैं, जिससे पूर्वी क्षेत्रों में अधिक वर्षा होती है।
- पश्चिमी विक्षोभ के कारण उत्तर-पश्चिमी भारत में वर्षा होती है, लेकिन यह वर्षा भी पूर्व की जोन के साथ कम हो जाती है।

99. (a) कायाकल्प और शहरी परिवर्तन के लिए अटल मिशन (AMRVT) योजना के तहत 500 शहर शामिल किए गए हैं।
- AMRVT योजना का उद्देश्य शहरों को कायाकल्प और शहरी परिवर्तन के लिए बुनियादी ढाँचे में सुधार करना है।
- जैसे कि जल आपूर्ति, सीवेज प्रबन्धन आदि।
- यह योजना 1 अक्टूबर, 2021 को शुरू की गई थी, जिसमें 5 वर्ष की अवधि अर्थात् वित्तीय वर्ष 2021-22 से वित्तीय वर्ष 2025-26 तक के लिए अमृत 1.0 को शामिल किया गया है।
- योजना 25 जून, 2015 को शुरू की गई थी। यह सार्वजनिक-निजी भागीदारी के अनुपालन में भारत सरकार के आवास और शहरी मामलों के मन्त्रालय के अन्तर्गत आती हैं।

100. (d) प्रधानमन्त्री रोजगार सृजन कार्यक्रम (पीएमई जीपो), वर्ष 2008 में शुरू किया गया था।
- यह एक क्रेडिट-लिंक्ड सब्सिडी योजना है, जिसे सूक्ष्म, लधु और मध्यम उधम मन्त्रालय द्वारा प्रशासित किया जाता है।
- पीएमईजीपी का मुख्य उद्देश्य ग्रामीण और शहरी क्षैत्रों में रोजगार के अवसर पैदा करना है।
- प्रधानमन्त्री रोजगार योजना और ग्रामीण रोजगार सृजन कार्यक्रम, इन दोनों योजनाओं का विलय (पीएमईजीपी) प्रधानमन्त्री रोजगार सृजन कार्यक्रम में किया गया है।

101. (d) दिया है,

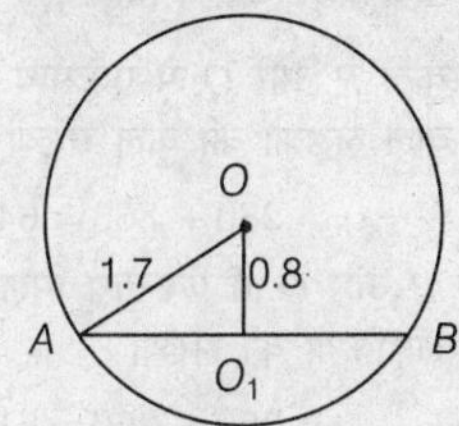

त्रिज्या = 1.7 सेमी

केन्द्र से जीवा की दूरी = 0.8 सेमी

ΔAOC से,

$$AO_1 = \sqrt{(1.7)^2 - (0.8)^2}$$

$$= \sqrt{\left(\frac{17}{10}\right)^2 - \left(\frac{8}{10}\right)^2}$$

$$= \sqrt{\frac{289 - 64}{100}}$$

$$= \sqrt{\frac{225}{100}} = 15 \text{ सेमी}$$

तब $AB = AO_1 \times 2$

$= 15 \times 2 = 3$ सेमी

102. (a) दिया है,

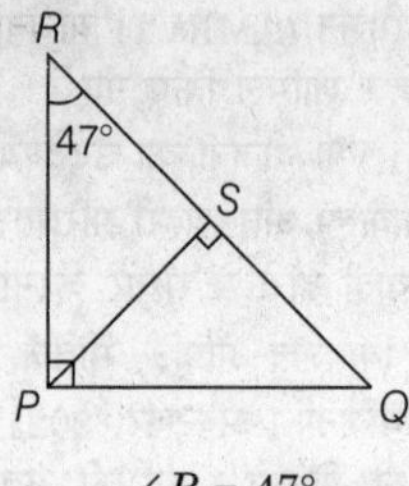

$\angle R = 47°$

$PS \perp QR$

ΔPQR से,

$\angle Q = 180° - 90° - 47° = 43°$

ΔPQS से,

$\Rightarrow \angle QPS = 180° - 90° - 43° = 47°$

103. (b) दिया है,

वस्तु का अंकित मूल्य = ₹ 26000

18% छूट पर वस्तु का विक्रय मूल्य

$= ₹\left(26000 \times \frac{82}{100}\right)$

= ₹ 21320

माना सीजन छूट % = x

प्रश्नानुसार,

$21320 \times \frac{(100 - x)}{100} = ₹16000$

$\Rightarrow 100 - x = \frac{16000 \times 100}{21320}$

$\Rightarrow 100 - x = 75.05$

$\Rightarrow x = 100 - 75.05 = 24.95$

अत: सीजन छूट = 24.95%

104. (a) स्कूल P और Q में एकसाथ मिलाकर पढ़ने वाले लड़कों की कुल संख्या

$= 280 + 365 = 645$

स्कूल P और Q में एकसाथ मिलाकर पढ़ने वाली लड़कियों की संख्या

$= 350 + 260 = 610$

अभीष्ट अन्तर = 645 − 610 = 35

105. (a) माना शंकु की त्रिज्या = r इकाई

शंकु की ऊँचाई = h इकाई

आयतन $= \frac{1}{3}\pi r^2 h$ घन इकाई

10% वृद्धि के बाद,

त्रिज्या $= r \times \frac{110}{100} = \frac{11r}{10}$ इकाई

ऊँचाई $= h \times \frac{110}{100} = \frac{11h}{10}$ इकाई

आयतन $= \frac{1}{3}\pi \times \left(\frac{11r}{10}\right)^2 \times \frac{11h}{10}$

$= \frac{1}{3}\pi \times \frac{1331r^2h}{1000}$ घन इकाई

आयतन में वृद्धि

$= \frac{1}{3}\pi \times \frac{1331r^2h}{1000} - \frac{1}{3}\pi r^2 h$

$= \frac{1331r^2h\pi - 1000\pi r^2 h}{3000}$

$= \frac{331r^2h\pi}{3000}$

अभीष्ट वृद्धि % $= \frac{331r^2h\pi}{3000} \times \frac{3}{\pi r^2 h} \times 100$

$= \frac{331}{10} = 33.1\%$

106. (a) $\cos A = \frac{1}{11} = \frac{\text{आधार}}{\text{कर्ण}}$

लम्ब $= \sqrt{(11)^2 - 1^2} = \sqrt{121 - 1}$

$= \sqrt{120} = 2\sqrt{30}$

$\Rightarrow \cot A = \frac{\text{आधार}}{\text{लम्ब}} = \frac{1}{2\sqrt{30}}$

107. (c) दिया है,

कुल दूरी = 88 किमी

समय = 16 घण्टे

आधी यात्रा यानि 44 किमी दूरी तय करने में लगा समय

$= 16 \times \frac{3}{4} = 12$ घण्टे

शेष समय = (16 − 12) घण्टे = 4 घण्टे

$\therefore$ अभीष्ट चाल $= \frac{\text{शेष दूरी}}{\text{शेष समय}}$

$= \frac{44}{4} = 11$ किमी/घण्टा

108. (a) $4 = 2 \times 2$

$9 = 3 \times 3$

$12 = 2 \times 2 \times 3$

$15 = 3 \times 5$

ल. स. $= 2 \times 2 \times 3 \times 3 \times 5 = 180$

$\therefore$ अभीष्ट संख्या $= 180 + 3 = 183$

109. (c) हम जानते हैं,

$a \operatorname{cosec}^2\theta + b \sin^2\theta$ का न्यूनतम मान

$= 2\sqrt{ab}$

$\therefore 16 \operatorname{cosec}^2\theta + 25 \sin^2\theta$ का न्यूनतम मान

$= 2\sqrt{16 \times 25}$

$= 2 \times 4 \times 5 = 40$

110. (d) माना अभीष्ट समय = x दिन

हम जानते हैं,

$\frac{M_1 D_1}{W_1} = \frac{M_2 \times D_2}{W_2}$

$\Rightarrow \frac{36 \times 48}{25} = \frac{45 \times x}{60}$

$\Rightarrow x = \frac{36 \times 48 \times 60}{45 \times 25} = 92.16$ दिन

111. (b) दिया है,

व्यक्ति का मासिक वेतन = ₹ 50000

वार्षिक वेतन = ₹ 50000 × 12 = ₹ 600000

व्यक्ति का बचत %

= (100 − (40 + 25 + 15))%

= (100 − 80)%

= 20%

वार्षिक बचत

$= ₹\left(600000 \times \frac{20}{100}\right) = ₹\ 120000$

112. (b) 45 और 55 का म. स. = 5

प्रश्नानुसार, $55 \times 5 + 45m = 5$

$\Rightarrow 275 + 45m = 5$

$\Rightarrow 45m = -270$

$\Rightarrow m = -\frac{270}{45} = -6$

113. (a) दिया है,

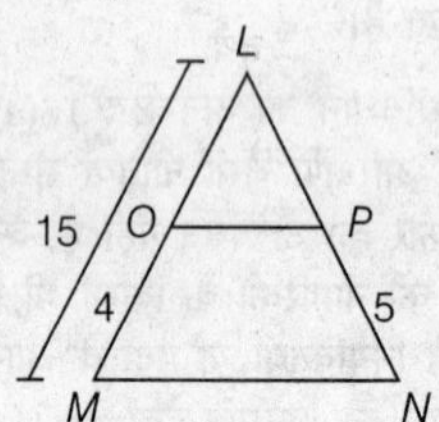

$LM = 15$ सेमी

$OM = 4$ सेमी

$PN = 5$ सेमी

$\Delta LOP \sim \Delta LMN$

$\frac{LM}{OM} = \frac{LN}{PN}$

$\Rightarrow \frac{15}{4} = \frac{LN}{5}$

$\Rightarrow LN = \frac{15 \times 5}{4} = 18.75$ सेमी

114. (d) $12 = 2 \times 2 \times 3$

$18 = 2 \times 3 \times 3$

$27 = 3 \times 3 \times 3$

ल. स. $= 2 \times 2 \times 3 \times 3 \times 3 = 108$

115. (a) माना 100 ग्राम दाल का विक्रय मूल्य = ₹ 100

तब 100 ग्राम दाल का क्रय मूल्य

$= ₹\left(100 \times \frac{88}{100}\right) = ₹\ 88$

25% लाभ पर विक्रय मूल्य

$= ₹\left(88 \times \frac{125}{100}\right) = ₹\ 110$

विक्रय मूल्य तथा क्रय मूल्य का अन्तर

= ₹ (110 − 100) = ₹ 10

$\therefore$ अभीष्ट प्रतिशत $= \frac{10}{100} \times 100 = 10\%$

116. (c) माना 1 मी कपड़े का विक्रय मूल्य = ₹ x
तब, 42 मी कपड़े का विक्रय मूल्य = ₹ $42x$
7 मी कपड़े का विक्रय मूल्य = ₹ $7x$
42 मी कपड़े का क्रय मूल्य
$= ₹ (42x - 7x) = ₹ 35x$
लाभ % $= \frac{7x}{35x} \times 100 = 20\%$

117. (d) $\cot A + \operatorname{cosec} A = 3$
$\Rightarrow \frac{\cos A}{\sin A} + \frac{1}{\sin A} = 3$
$\Rightarrow \cos A + 1 = 3 \sin A$
दोनों पक्षों का वर्ग करने पर,
$(\cos A + 1)^2 = 9 \sin^2 A$
$\Rightarrow \cos^2 A + 2\cos A + 1 = 9(1 - \cos^2 A)$
$\Rightarrow 10\cos^2 A + 2\cos A - 8 = 0$
$\Rightarrow 5\cos^2 A + \cos A - 4 = 0$
$\Rightarrow (5\cos A - 4)(\cos A + 1) = 0$
$\Rightarrow \cos A = \frac{4}{5}$ तथा -1
$\because 0 \le A \le 90°$
$\therefore \cos A = \frac{4}{5}$

118. (a) दिया है,
वृत्त का परिमाप = 13.2 सेमी
प्रश्नानुसार, $2\pi r = 13.2$ सेमी
$\Rightarrow 2 \times \frac{22}{7} \times r = 13.2$ सेमी
$\Rightarrow r = \frac{13.2 \times 7}{44} = 2.1$ सेमी

119. (d) x^3y और xy^3 का मध्यानुपाती
$= \sqrt{x^3y \times xy^3}$
$= \sqrt{x^4y^4} = x^2y^2$

120. (c) अभीष्ट औसत
$= \frac{800 + 600 + 900 + 1100 + 1200}{5}$
$= \frac{4600}{5} = 920$

121. (c) $\sqrt{\frac{1 + \sin A}{1 - \sin A}}$
$= \sqrt{\frac{(1 + \sin A)(1 + \sin A)}{(1 - \sin A)(1 + \sin A)}}$
$= \sqrt{\frac{(1 + \sin A)^2}{1 - \sin^2 A}} = \sqrt{\frac{(1 + \sin A)^2}{\cos^2 A}}$
$= \frac{1 + \sin A}{\cos A} = \frac{1}{\cos A} + \frac{\sin A}{\cos A}$
$= \sec A + \tan A$

122. (c) दिया है,
मालगाड़ी की लम्बाई = 350 मी
सुरंग की लम्बाई = 1250 मी
पार करने में लगा समय = 80 सेकण्ड
मालगाड़ी की चाल $= \frac{350 + 1250}{80}$ मी/से
$= \frac{1600}{80} = 20$ मी/से
$= 20 \times \frac{18}{5} = 72$ किमी/घण्टा

123. (b) लेखा विभाग में कर्मचारियों की संख्या
$= 786 + 745 + 801 + 800 + 735$
$= 3867$
विधि विभाग में कर्मचारियों की संख्या
$= 48 + 54 + 36 + 30 + 53 = 221$
विपणन विभाग में कर्मचारियों की संख्या
$= 1382 + 1384 + 1275 + 1300 + 1290 = 6631$
उत्पादन विभाग में कर्मचारियों की संख्या
$= 1542 + 1545 + 4550 + 1570 + 1580$
$= 10787$
$\therefore$ विधि विभाग में कर्मचारियों की संख्या न्यूनतम है।

124. (a) संजय का 1 दिन का कार्य $= \frac{1}{8}$
रोहन का 1 दिन का कार्य $= \frac{1}{12}$
संजय और रोहन का 2 दिन का कार्य
$= \frac{1}{8} + \frac{1}{12} = \frac{3 + 2}{24} = \frac{5}{24}$
दोनों का 8 दिन का कार्य
$= \frac{5}{24} \times 4 = \frac{20}{24} = \frac{5}{6}$
शेष कार्य $= 1 - \frac{5}{6} = \frac{1}{6}$
9वें दिन संजय द्वारा कार्य करने के बाद शेष बचा कार्य
$= \frac{1}{6} - \frac{1}{8} = \frac{4 - 3}{24} = \frac{1}{24}$
रोहन को $\frac{1}{24}$ कार्य करने में लगा समय
$= \frac{1}{24} \times 12 = \frac{1}{2}$
कुल समय $= 9\frac{1}{2}$ दिन

125. (c) $4 = 2 \times 2$
$6 = 2 \times 3$
$9 = 3 \times 3$
$12 = 2 \times 2 \times 3$
$15 = 3 \times 5$
ल. स. $= 2 \times 2 \times 3 \times 3 \times 5 = 180$
$180 \times 5 = 900$ (पूर्ण वर्ग संख्या)
$\therefore$ 900 वह छोटी पूर्ण वर्ग संख्या है जो 4, 6, 9, 12 और 15 से पूर्णत: विभाज्य है।

126. (b) माना कुल मतों की संख्या = x
जीतने वाले उम्मीदवार को प्राप्त मत
$= x \times \frac{75}{100} = \frac{3x}{4}$
हारने वाले उम्मीदवार को प्राप्त मत
$= x - \frac{3x}{4} = \frac{x}{4}$
प्रश्नानुसार, $\frac{3x}{4} - \frac{x}{4} = 2500$
$\Rightarrow \frac{2x}{4} = 2500$
$\Rightarrow x = 2500 \times 2 = 5000$
हारने वाले उम्मीदवार को प्राप्त मत
$= 5000 \times \frac{25}{100} = 1250$

127. (d) माना नामांकित मतदाताओं की संख्या $= 100x$
कुल डाले गए मतों की संख्या
$= 100x \times \frac{70}{100} = 70x$
कुल मान्य मतों की संख्या
$= 70x \times \frac{80}{100} = 56x$
तो जीतने वाले उम्मीदवार को प्राप्त मत
$= 56x \times \frac{64}{100} = 35.84x$
हारने वाल उम्मीदवार को प्राप्त मत
$= 56x - 35.84x = 20.16x$
प्रश्नानुसार,
$35.84x - 20.16x = 3136$
$\Rightarrow 15.68x = 3136$
$\Rightarrow x = \frac{3136}{15.68} = 200$
तो कुल नामांकित मतदाताओं की संख्या
$= 200 \times 100 = 20000$

128. (c) दिया है,
चक्रवृद्धि ब्याज पर 2 वर्षों का मिश्रधन = ₹ 1200
तथा 3 वर्षों का मिश्रधन = ₹ 1260
1 वर्ष का ब्याज
= ₹ (1260 − 1200) = ₹ 60
$\Rightarrow$ ब्याज दर $= \frac{60 \times 100}{1200} = 5\%$

129. (b) दिया है,
आयत की लम्बाई = 4 सेमी
तथा चौड़ाई = 3 सेमी
तो विकर्ण $= \sqrt{4^2 + 3^2} = \sqrt{16 + 9}$
$= \sqrt{25} = 5$ सेमी
अर्द्धगोले का व्यास = 5 सेमी
तो त्रिज्या $= \frac{5}{2}$ सेमी

अर्द्धगोले का सम्पूर्ण पृष्ठीय क्षेत्रफल

$= 3\pi r^2 = 3 \times \pi \times \frac{5^2}{2^2}$

$= \frac{3\pi \times 25}{4}$

$= \frac{75\pi}{4}$ सेमी^{2}

130. (a) चावल और जौ में निवेश किया गया व्यय प्रतिशत = (50 + 12)% = 62%

गेहूँ और बाजरा में निवेश किया गया व्यय प्रतिशत = (20 + 10)% = 30%

अभीष्ट प्रतिशत $= \frac{62}{30} \times 100$

$= 206.66\%$

131. (b) भरे जाने वाले पानी की कुल इकाई = 12, 16 का ल. स. = 48 इकाई

पाइप A द्वारा 1 घण्टे में पानी की भरी गई मात्रा $= \frac{48}{12} = 4$ इकाई

पाइप B द्वारा 1 घण्टे में पानी की भरी गई मात्रा $= \frac{48}{16} = 3$ इकाई

दोनों पाइप द्वारा 1 घण्टे में पानी भरी गई मात्रा = 4 + 3 = 7 इकाई।

रिसाव के कारण टंकी को भरने में लगा समय

$= \left(\frac{48}{7} + \frac{90}{60}\right)$ घण्टे

$= \left(\frac{48}{7} + \frac{3}{2}\right)$ घण्टे

माना रिसाव 1 घण्टे में पानी की x इकाई खाली कर सकता है।

$\Rightarrow \quad (4 + 3 - x) \times \left(\frac{48}{7} + \frac{3}{2}\right) = 48$

$\Rightarrow \quad (7 - x) \times \frac{117}{14} = 48$

$\Rightarrow \quad 117x = 819 - 672$

$\Rightarrow \quad x = \frac{147}{117}$

रिसाव $\frac{117}{147}$ घण्टे में 1 इकाई पानी खाली कर सकता है।

तो टैंक खाली करने में लगा समय

$= \frac{117}{147} \times 48 = \frac{1872}{49}$

$= 38\frac{10}{49}$ घण्टे

132. (c) सामान्य : बदलाव के बाद

चाल अनुपात = 4 : 1

समय अनुपात = 1 : 4

: (4 − 1) = 45 मिनट

: 3 = 45 मिनट

: 1 = 15 मिनट

सामान्य समय = 15 मिनट

133. (d) अभीष्ट औसत

$= \frac{(40 + 50 + 30) + (20 + 25 + 30) + (40 + 30 + 20) + 20 + 30 + 25)}{4}$

$= \frac{120 + 75 + 90 + 75}{4}$

$= \frac{360}{4} = 90$ मिलियन टन

134. (b) $1\frac{1}{3} \div \frac{2}{5} \times \frac{x}{5} = 1\frac{1}{4} \times \frac{2}{3} \div \frac{1}{6}$

$\Rightarrow \frac{4}{3} \div \frac{2}{5} \times \frac{x}{5} = \frac{5}{4} \times \frac{2}{3} \div \frac{1}{6}$

$\Rightarrow \frac{4}{3} \times \frac{5}{2} \times \frac{x}{5} = \frac{5}{4} \times \frac{2}{3} \times 6$

$\Rightarrow \frac{2x}{3} = 5 \Rightarrow x = \frac{5 \times 3}{2} = 7.5$

135. (d) राज्य R में गरीबी रेखा के ऊपर जनसंख्या $= 26000 \times \frac{(100 - 24)}{100}$

$= 260 \times 76 = 19760$

राज्य R में गरीबी रेखा से ऊपर महिलाओं की संख्या $= \frac{19760}{3 + 3} \times 3$

$= \frac{19760}{6} \times 3 = 9880$

136. (c) दिया है,

कॉपर : टिन

मिश्रण $A \rightarrow 1 : 2$

मिश्रण $B \rightarrow 1 : 3$

माना मिश्रण A तथा B प्रत्येक की मात्रा = 12

$\because$ (1 + 2) तथा (1 + 3) का ल.स.)

मिश्रण A में कॉपर की मात्रा $= \frac{1}{3} \times 12 = 4$

मिश्रण A में टिन की मात्रा $= \frac{2}{3} \times 12 = 8$

मिश्रण B में कॉपर की मात्रा $= \frac{1}{4} \times 12 = 3$

मिश्रण B में टिन की मात्रा $= \frac{3}{4} \times 12 = 9$

दोनों मिश्रण से समान मात्रा (6 + 6) लेकर मिश्रण C बनाया जाता है।

तो मिश्रण C में कॉपर की मात्रा

$= \frac{1}{3} \times 6 + \frac{1}{4} \times 6 = 2 + 1.5 = 3.5$

मिश्रण C में टिन की मात्रा

$= \frac{2}{3} \times 6 + \frac{3}{4} \times 6$

$= 4 + 4.5 = 8.5$

$\therefore$ अभीष्ट अनुपात = 3.5 : 8.5 = 7 : 17

137. (b) दिया है,

बेलनाकार धातु का व्यास = 2 सेमी

तो त्रिज्या = 1 सेमी = 10 मिमी

लम्बाई = 45 सेमी = 450 मिमी

तार की लम्बाई = तार की ऊँचाई = 5 मी = 5000 मिमी

छड़ का आयतन $= \pi \times 10^2 \times 450$

$= 45000\pi$ मिमी^{3}

छड़ का आयतन = तार का आयतन

तार का आयतन $= 45000\pi$

$\pi r^2 \times 5000 = 45000\pi$

$\Rightarrow \quad r^2 = 9$

$\Rightarrow \quad r = 3$ मिमी

तार का व्यास = 2 × 3 = 6

138. (a) दिया है तो संख्याओं का म. स. = 12

संख्याओं का अनुपात = 13 : 15

तो ल.स. = (13 × 15) × 12 = 2340

139. (c) दिया है,

2 वर्ष के लिए उधार ली गई राशि = ₹ 10000

तथा 4 वर्ष के लिए उधार ली गई राशि = ₹ 5000

माना ब्याज दर = r%

प्रश्नानुसार,

$\frac{10000 \times r \times 2}{100} + \frac{5000 \times r \times 4}{100} = 2000$

$\Rightarrow \quad 200r + 200r = 2000$

$\Rightarrow \quad 400r = 2000$

$r = 5\%$

140. (b) दिया है,

गोले का आयतन = 38808 सेमी^{3}

प्रश्नानुसार, $\frac{4}{3}\pi r^3 = 38808$

$r^3 = \frac{38808 \times 3 \times 7}{4 \times 22} = 9261$

$r = \sqrt[3]{9261} = 21$ सेमी

गोले का पृष्ठीय क्षेत्रफल $= 4\pi r^2$

$= 4 \times \frac{22}{7} \times 21 \times 21$

$= 5544$ सेमी^{2}

141. (c) दिया है,

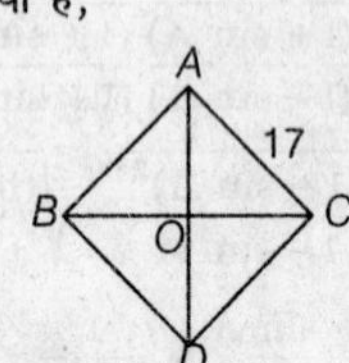

समचतुर्भुज की एक भुजा = 17 सेमी

तथा विकर्ण = 16 सेमी

यदि, AD = 16 सेमी

तो $AO = \frac{16}{2} = 8$ सेमी

ΔAOC से,

$$OC = \sqrt{(17)^2 - 8^2} = \sqrt{289 - 64}$$
$$= \sqrt{225} = 15 \text{ सेमी}$$
$$BC = 15 \times 2 = 30 \text{ सेमी}$$

समचतुर्भुज का क्षेत्रफल $= \frac{1}{2} \times d_1 \times d_2$

$$= \frac{1}{2} \times 16 \times 30$$
$$= 240 \text{ सेमी}^2$$

142. **(d)** $(1 + x)^3 + (1 - x)^3 + (-2)^3$

$$= 1 + 3x + 3x^2 + x^3 + 1 - 3x + 3x^2 - x^3 - 8$$
$$= 6x^2 + 2 - 8 = 6x^2 - 6$$
$$= 6(x^2 - 1) = -6(1 - x^2)$$

143. **(d)** वर्ष 2021 में लगाए गए नीम के पेड़ों की संख्या = 5000

वर्ष 2022 में लगाए गए सनोबर के पेड़ों की संख्या = 9000

$\therefore$ अभीष्ट अनुपात = 5000 : 9000

= 5 : 9

144. **(d)** दिया है,

49 विद्यार्थियों का औसत वजन = 53 किग्रा

माना नए विद्यार्थी का वजन = x किग्रा

प्रश्नानुसार,

$$49 \times 53 + x = 50 \times \left(53 - \frac{500}{1000}\right)$$
$$\Rightarrow 2597 + x = 2625$$
$$\Rightarrow x = 2625 - 2597 = 28 \text{ किग्रा}$$

145. **(c)** 6, 8 और 9 का ल.स. = 72

6, 8 और 9 का म.स. = 1

विकल्प से, 433 = 72 × 6 + 1

अत: 433 को 6, 8 और 9 से विभाजित किए जाने पर 6, 8 और 9 के महत्तम समापवर्तक के बराबर शेषफल प्राप्त होता है।

146. **(d)** 2015 में खरीदी गई कुल इकाइयों की संख्या = 650 + 450 + 1008 = 2108

2020 में खरीदी गई कुल इकाईयों की संख्या

= 830 + 501 + 1330 = 2661

$\therefore$ अभीष्ट प्रतिशत वृद्धि

$$= \frac{2661 - 2108}{2108} \times 100$$
$$= \frac{553 \times 100}{2108} = 26.23\%$$

147. **(b)** मासिक बजट

= 8000 + 2000 + 6000 + 4000

= 20000

$\therefore$ अभीष्ट प्रतिशत $= \frac{2000}{20000} \times 100 = 10\%$

148. **(a)** दिया है,

$A + B + C$ का औसत वजन = 77 किग्रा

$A + B$ का औसत वजन = 68 किग्रा

$B + C$ का औसत वजन = 83 किग्रा

$A + B + C$ का वजन = 231 किग्रा ...(i)

तथा $A + B$ का वजन = 136 किग्रा ...(ii)

तथा $B + C$ का वजन = 166 किग्रा ...(iii)

समी (ii) + (iii) – (i) से

$B = 136 + 166 - 231 = 71$ किग्रा

$\because B$ का वजन = 71 किग्रा

149. **(b)** दिया है,

सोफा सेट का विक्रय मूल्य = ₹ 12750

छूट = 25% तथा 15%

अंकित मूल्य = ₹ $\left(12750 \times \frac{100}{75} \times \frac{100}{85}\right)$

= ₹ 20000

150. **(a)** $\frac{a^2 - (b-c)^2}{(a+c)^2 - b^2} + \frac{b^2 - (a-c)^2}{(a+b)^2 - c^2} + \frac{c^2 - (a-b)^2}{(b+c)^2 - a^2}$

$$= \frac{(a+b+c)(a-b+c)}{(a+c-b)(a+c+b)} + \frac{(b+a-c)(b-a+c)}{(a+b+c)(a+b-c)} + \frac{(c-a-b)(c-a+b)}{(b+c+a)(b+c-a)}$$
$$= \frac{(a+b-c)}{(a+c+b)} + \frac{(b-a+c)}{(a+b+c)} + \frac{(c+a-b)}{(b+c+a)}$$
$$= \frac{(a+b-c+b-a+c+c+a-b)}{(a+c+b)}$$
$$= \frac{(a+b+c)}{(a+b+c)} = 1$$

151. **(d)** The phrase describes a collection of historical documents or records. An Archive fits this exactly, as it stores important records.

152. **(b)** The phrase 'provides useful advantage' matches the idiom grist to the mill, which means something that can be used to your benefit or advantage.

153. **(d)** The error lies in the phrase 'an noise'. The word 'noise' begins with a consonant sound, so it should be preceded by 'a' instead of 'an'.

154. **(d)** The word 'languid' means weak, sluggish, or lacking energy. The antonym of 'languid' would be something that conveys liveliness or energy, which in this case is 'animated'. The word 'animated' means full of life, energy, or excitement, making it the opposite of 'languid.'

155. **(b)** The idiom 'Steer clear of' means to avoid someone or something, especially because it is dangerous or harmful. It suggests consciously staying away from a situation or person to prevent trouble or harm.

156. **(d)** The word 'malice' refers to the desire to cause harm or ill will towards others. The antonym of malice would be 'sympathy', which means feeling compassion or concern for others.

157. **(a)** The error is in the phrase 'I was wish'. The correct expression should be 'I wished'because the past tense of the verb 'wish' is used here. The sentence should be in the past tense to maintain proper subject-verb agreement.

Corrected sentence

I wished to meet her on her birthday.

158. **(d)** The error lies in the phrase 'It is take'. The correct phrase should be 'It takes'. The verb 'take' should be in the third-person singular form to agree with the subject 'it.'

Corrected sentence

It takes a couple of minutes for the computer to boot up.

159. **(c)** The word 'pervasive' means something that is spreading widely throughout an area or affecting many people. The synonym 'widespread' fits perfectly in this context as it also means something that is broadly distributed or commonly occurring.

160. **(c)** The word 'Abdact' is incorrectly spelt. The correct spelling is 'Abduct', which means to take someone away illegally, especially by force.

161. **(a)** The phrase 'be over and done with' means to complete or finish something in a straightforward manner. It aligns perfectly with the context of the boss wanting to finish the case before the arrival of the inspection team.

162. **(d)** The word 'cruise' refers to a journey, typically by sea, or moving smoothly and at a steady pace. The synonym 'voyage' also refers to a long journey, especially by sea or in space, making it the most appropriate choice.

163. **(d)** The idiom 'let bygones be bygones' means to forgive and forget past mistakes or grievances and move on, without holding onto resentment or anger. It suggests ignoring the past and not letting it affect the present or future.

164. (b) The phrase 'whatever labour that was available to them' indicates that farmers had to make do with the available or limited resources. The most appropriate improvement is to use 'limited labour', which clearly conveys the idea that the amount of labor they had access to was restricted or not abundant.

165. (d) The idiom 'eat humble pie' means to admit one's mistakes and apologise for them. It conveys the idea of being humble and recognising that one's actions were wrong.

166. (b) The correct word here is 'well', as it is the appropriate adverb to describe how someone performs a task. In this case, Malati does her job in a good manner, so the adverb 'well' is the correct choice.

167. (d) The word 'fierce' typically refers to something intensely aggressive, violent, or passionate. It's often used to describe emotions like anger, or behaviour that is intense and forceful.

168. (d) The word 'Faithful' means remaining loyal and steadfast, especially in relationships, duties or beliefs.

Loyal directly reflects this meaning, indicating support, devotion or allegiance.

169. (a) The idiom 'make it big' means to achieve great success or fame in a particular field.

In the context, 'Yamini is a great singer' implies her talent will help her rise to success, hence the idiom refers to achieving recognition and popularity.

170. (c) The word 'malice' means the intention or desire to cause harm, ill will, or spite.

The opposite of that is Kindness, which involves benevolence, goodwill and a desire to do good to others.

171. (d) The word 'piece' (a portion or part) is incorrect in this context.

The correct word is 'peace', which refers to a state of calmness, tranquility, or contentment.

He found peace at home - not a physical 'piece'.

172. (b) 'Trousseau' is a French-origin word meaning the collection of clothes and personal possessions a bride brings for her marriage.

173. (b) The term 'omnipotent' means all-powerful. In the sentence, God is described as having absolute control, which perfectly matches the meaning of 'omnipotent'.

174. (d) 'Long ago' fits best because it refers to something that happened a significant time black matching the idea of ' some point in the past'.

175. (c) A 'pergola' is a garden structure made with vertical posts and an open lattice, often covered with climbing plants, providing a shaded walkway or sitting area.

176. (c) The phrase 'yearning for' means longing for or keenly desiring something.

177. (d) The idiom 'hold your horses' means to wait or be patient, especially when you're eager to act or speak.

In the given situation, the person controlled themselves and remained patient, which perfectly fits the idiom.

178. (d) The idiom 'step up to the plate' originates from baseball and means to take responsibility or to take charge of a situation, especially when action is needed. It doesn't mean merely planning or thinking, but actively taking initiative.

179. (b) The idiom 'under the nose' means doing something right in front of someone, usually without them noticing or stopping it.

In the sentence, eating the grapes 'under the nose of all of us' implies he did it openly and in full view.

180. (a) The correct spelling is 'Preferred', with double 'r'.

181. (b) 'Magnificent' refers to something that is extremely beautiful, elaborate, or impressive, which matches the given description.

182. (b) The idiom 'to burn the midnight oil' means to work or study late into the night, often used in academic or professional contexts to describe dedication or last-minute effort.

183. (d) The word 'inevitable' means something that is certain to happen; unavoidable.

184. (a) The correct spelling is 'affidavit'.

185. (b) The correct form should be 'We have been', as 'have been' is the proper present perfect continuous auxiliary.

'Being' is incorrect in this structure.

186. (d) 'Extravagance' means excessive or unnecessary spending, often linked to luxury or indulgence.

Self-indulgence' refers to excessive gratification of one's own desires, making it the closest synonym.

187. (a) The word 'antique' refers to something old and often valuable due to its age, especially in the context of art or furniture.

'Ancient' is the closest synonym as it relates to something from a very long time ago.

188. (c) The correct spelling is 'pharaohs'.

189. (b) The correct spelling is 'bread', not 'braed'.

190. (b) The correct structure is 'thinking about applying', which uses the preposition 'about' followed by a gerund (applying).

191. (b) The word ' biased' fits best in blank no. 1

192. (c) The word 'trigger' fits best in blank no. 2

193. (b) The word ' anxiety' fits best in blank no. 3

194. (c) The word 'illicit' fits best in blank no. 4

195. (c) The word 'decline' fits best in blank no. 5

196. (c) The word 'perfect' in the passage refers to an ideal or flawless life portrayed online. The opposite of perfect in this context would be unsatisfactory, which implies something flawed or lacking.

197. (b) The passage mentions quick messages, emojis, acronyms, and hashtags as changes in communication, but it does not mention video conferencing at all.

198. (a) The passage reflects both the positives (global connection, memes, friendships) and negatives (pressure, distraction, oversharing) of social media.

199. (d) One of the explicit downsides mentioned in the passage is the pressure of portraying an idealised version of life on social media.

200. (c) The overall theme of the passage explores both the advantages (connection, laughter, friendships) and drawbacks (distraction, pressure, unrealistic expectations) of social media use.

पेपर-1

SSC CPO SI
सॉल्वड पेपर

4 अक्टूबर 2023 (शिफ्ट II)

निर्देश

1. इस पेपर में 200 प्रश्न हैं।
2. इसमें 4 भाग हैं, **भाग 1** सामान्य बुद्धि एवं तर्कशक्ति, **भाग 2** सामान्य ज्ञान एवं सामान्य जागरुकता, **भाग 3** मात्रात्मक योग्यता और **भाग 4** अंग्रेजी
3. प्रत्येक प्रश्न **1 अंक** का है।

अधिकतम अंक : 200 **समय :** 2 घण्टे

भाग 1

सामान्य बुद्धि एवं तर्कशक्ति

1. निम्नलिखित में से कौन-सी संख्या दी गई शृंखला में प्रश्नचिह्न (?) का स्थान लेगी?

$\frac{1}{121}, \frac{1}{11}, 1, ?, 121$

(a) 1 (b) 12
(c) 24 (d) 11

2. निम्नलिखित में से कौन-सी आकृति दी गई शृंखला में 5वें स्थान पर रखे जाने पर पहली चार आकृतियों द्वारा निर्मित शृंखला को जारी रखेगी?

प्रश्न आकृतियाँ

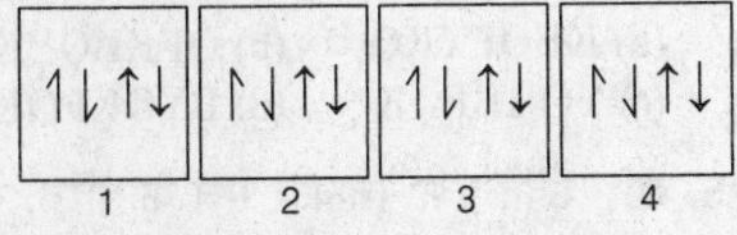

उत्तर आकृतियाँ

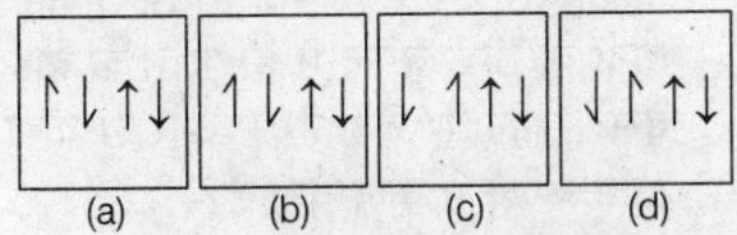

3. एक निश्चित कूटभाषा में, 'PAINT' को 'ODYTN' और 'BRUSH' को 'CMMOZ' के रूप में लिखा जाता है। उसी कूटभाषा में 'HOUSE' को किस प्रकार लिखा जाएगा?

(a) WPMOC (b) PHYWS
(c) PBOMS (d) WDNOS

4. यदि '+' का अर्थ '×', '–' का अर्थ '÷', '×' का अर्थ '+' और '÷' का अर्थ '–' है, तो निम्नलिखित व्यंजक का मान क्या होगा?

$42 \times 168 - 8 \div 4 + 3 = ?$

(a) 51 (b) 45 (c) 62 (d) 56

5. एक पासे के अलग-अलग फलकों पर छ: अक्षर/अंक A, B, C, 1, 2 और 3 लिखे गए हैं। इस पासे की दो स्थितियाँ दी गई आकृति में दिखाई गई हैं। A अक्षर वाले फलक के विपरीत फलक पर कौन-सा अक्षर/अंक है?

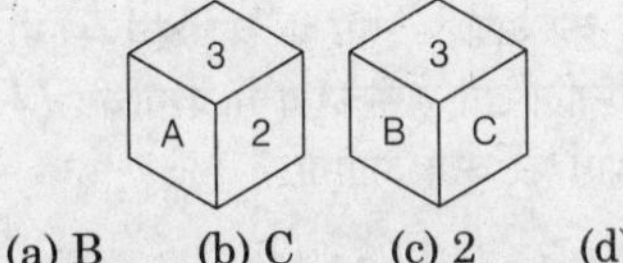

(a) B (b) C (c) 2 (d) 1

6. उस समुच्चय का चयन कीजिए, जिसमें संख्याएँ आपस में उसी प्रकार सम्बन्धित हैं, जिस प्रकार निम्नलिखित समुच्चयों की संख्याएँ आपस में सम्बन्धित हैं। (**नोट** संख्याओं को उसके घटक अंकों में विभाजित किए बिना, पूर्ण संख्याओं पर गणितीय संक्रियाएँ की जानी चाहिए। उदाहरण के लिए 13- गणितीय संक्रियाएँ जैसे कि जोड़ना/घटाना/गुणा करना इत्यादि 13 में किया जा सकता है। 13 को 1 और 3 में विभाजित करना और फिर 1 और 3 पर गणितीय संक्रियाएँ करने की अनुमति नहीं है।)

(7, 2, 70)
(6, 4, 120)

(a) (3, 8, 120) (b) (11, 6, 143)
(c) (13, 4, 208) (d) (5, 9, 270)

7. दो कथन दिए गए हैं, जिसके बाद दो निष्कर्ष I और II दिए गए हैं। कथनों को सत्य मानते हुए, भले ही वे सामान्य रूप से ज्ञात तथ्यों से भिन्न प्रतीत होते हों, निर्णय लें कि कौन-सा/कौन-से निष्कर्ष कथनों का तार्किक रूप से पालन करता है/करते हैं?

कथन
कुछ सेब, सन्तरे हैं।
सभी सन्तरे, फल हैं।

निष्कर्ष
I. सभी सेब, फल हैं।
II. कुछ फल, सन्तरे हैं।

(a) केवल निष्कर्ष II पालन करता है
(b) न तो निष्कर्ष I और न ही निष्कर्ष II पालन करता है
(c) निष्कर्ष I और II दोनों पालन करते हैं
(d) केवल निष्कर्ष I पालन करता है

8. दो कथन दिए गए हैं, जिसके बाद दो निष्कर्ष I और II दिए गए हैं। कथनों को सत्य मानते हुए, भले ही वे सामान्य रूप से ज्ञात तथ्यों से भिन्न प्रतीत होते हों, निर्धारित करें कि कौन-सा/कौन-से निष्कर्ष कथनों का तार्किक रूप से पालन करता है/करते हैं?

कथन
कुछ मूवी, ड्रामा हैं।
कुछ ड्रामा, फिक्शन हैं।

निष्कर्ष
I. कुछ मूवी, फिक्शन हैं।
II. सभी फिक्शन, मूवी हैं।

(a) केवल निष्कर्ष I पालन करता है
(b) केवल निष्कर्ष II पालन करता है
(c) न तो निष्कर्ष I और न ही II पालन करता है
(d) निष्कर्ष I और II दोनों पालन करते हैं

9. एक निश्चित कूटभाषा में, 'SUGAR' को '81' और 'FILL' को '51' के रूप में कूटबद्ध किया जाता है। उसी कूटभाषा में 'CREAM' को किस प्रकार कूटबद्ध किया जाएगा?
(a) 57 (b) 55
(c) 52 (d) 60

10. निम्नलिखित में से कौन-सी संख्या दी गई शृंखला में प्रश्नचिह्न (?) को प्रतिस्थापित करेगी?
76, 99, 135, 185, 250, ?
(a) 315 (b) 331
(c) 330 (d) 328

11. निम्नलिखित आकृति शृंखला में आगे आने वाली आकृति का चयन करें।

प्रश्न आकृतियाँ

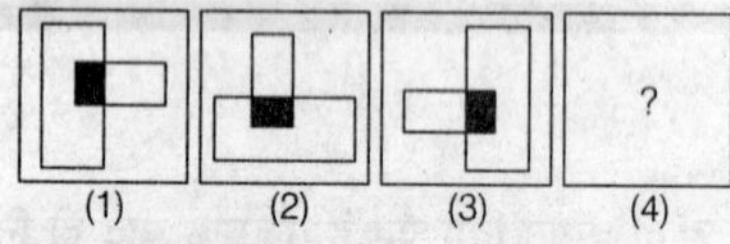

उत्तर आकृतियाँ

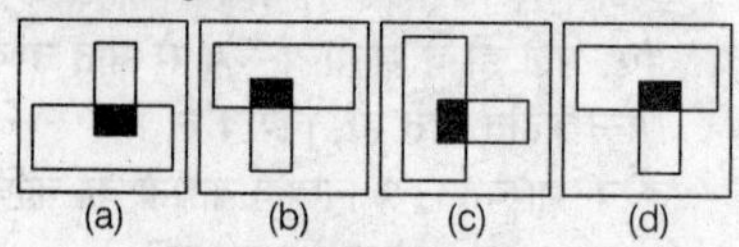

12. उस विकल्प आकृति का चयन करें, जिसमें उसके भाग के रूप में दी गई आकृति सन्निहित है (आकृति को घुमाने की अनुमति नहीं है।)

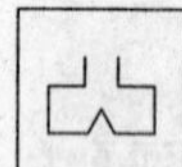

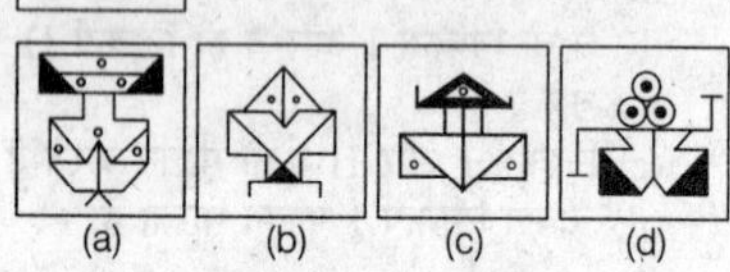

13. 'A@ B' का अर्थ है A, B का पति है,
'A & B' का अर्थ है A, B की माता है
'A # B' का अर्थ है A, B की पुत्री है।
यदि Z # L @ P & K @ J # X है, तो K का Z से क्या सम्बन्ध है?
(a) भाई (b) माता (c) भाभी (d) बहन

14. उस विकल्प का चयन कीजिए, जो दिए गए शब्दों के उस सही क्रम को दर्शाता है, जिस क्रम में वे अंग्रेजी शब्दकोश में मौजूद होते हैं।
1. Wrist 2. Wrangle
3. Workable 4. Wrongful
5. Woodland
(a) 3, 2, 5, 1, 4 (b) 5, 3, 2, 1, 4
(c) 3, 5, 2, 1, 4 (d) 5, 2, 3, 1, 4

15. मनोहर पश्चिम की ओर X किमी साइकिल चलाता है और फिर दाएँ मुड़ता है और अपने कार्यालय पहुँचने के लिए Y किमी साइकिल चलाता है। अब प्रारम्भिक बिन्दु और उसके कार्यालय के बीच की न्यूनतम दूरी 13 किमी है। X और Y का मान क्रमश: (किमी में) कितना हो सकता है?
(a) 8 और 5 (b) 12 और 5
(c) 6 और 7 (d) 11 और 6

16. कौन-सा अक्षर-समूह प्रश्नचिह्न (?) के स्थान पर आकर दी गई शृंखला को पूर्ण करेगा ?
AXFN, GCJQ, MHNT, ?, YRVZ
(a) SMRW (b) SWMR
(c) RLQV (d) QRLV

17. उस विकल्प का चयन कीजिए, जो तीसरे शब्द से उसी प्रकार सम्बन्धित है, जिस प्रकार दूसरा शब्द, पहले शब्द से सम्बन्धित है। (शब्दों को अर्थपूर्ण शब्दों के रूप में माना जाना चाहिए और इन्हें शब्द में अक्षरों की संख्या/व्यंजनों की संख्या/स्वरों की संख्या के आधार पर एक-दूसरे से सम्बद्ध नहीं किया जाना चाहिए।)
कलाकार : पेण्ट करना :: मोची : ?
(a) कपड़े सिलना
(b) विद्युतीय मरम्मत कार्य करना
(c) जूतों की मरम्मत करना
(d) लकड़ी सम्बन्धी मरम्मत कार्य करना

18. यदि '+' का अर्थ '–', '–' का अर्थ '×', '×' का अर्थ '÷' और '÷' का अर्थ '+' हो, तो निम्नलिखित समीकरण में प्रश्नचिह्न (?) के स्थान पर क्या आएगा ?
$23 - 5 \div 240 \times 8 + 14 = ?$
(a) 145 (b) 119 (c) 131 (d) 124

19. उस विकल्प का चयन कीजिए, जो तीसरे पद से उसी प्रकार सम्बन्धित है जिस प्रकार, दूसरा पद, पहले पद से और छठा पद, पाँचवें पद से सम्बन्धित है।
16 : 106 :: 11 : ? :: 10 : 22
(a) 42 (b) 40 (c) 36 (d) 31

20. दी गई शीट को मोड़कर एक घन बनाया जाता है। निर्मित घन में 'F' वाले फलक के विपरीत फलक पर कौन-सा अक्षर होगा?

E
A D
B
F C

(a) E (b) B (c) D (d) A

21. यदि निम्नलिखित आकृति शृंखला को जारी रखा जाए, तो दिए गए विकल्पों में से कौन-सी आकृति प्रश्नवाचक चिह्न (?) को प्रतिस्थापित करेगी?

प्रश्न आकृतियाँ

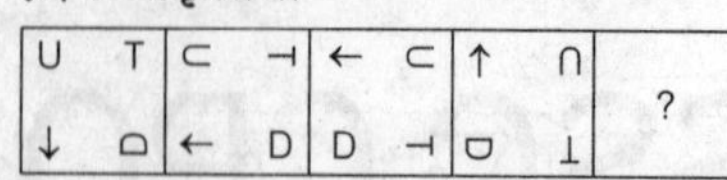

उत्तर आकृतियाँ

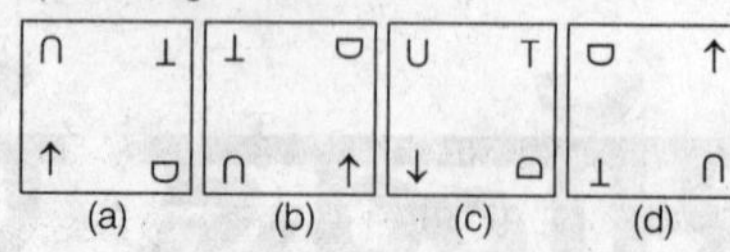

22. उस सही विकल्प का चयन कीजिए, जो दिए गए शब्दों के उसी क्रम में व्यवस्थापन को दर्शाता है, जिस क्रम में वे अंग्रेजी शब्दकोष में मौजूद होते हैं।
1. Doctor 2. Doctorate
3. Docile 4. Documentary
5. Dock 6. Doctrine
(a) 3, 4, 5, 1, 2, 6, (b) 3, 5, 2, 1, 6, 4
(c) 3, 5, 1, 2, 6, 4 (d) 3, 5, 1, 6, 2, 4

23. एक निश्चित कूटभाषा में 'ACTOR' को 'ROYCA' के रूप में कूटबद्ध किया जाता है और 'NURSE' को 'ESWUN' के रूप में कूटबद्ध किया जाता है। उसी कूटभाषा में 'JUDGE' को किस प्रकार कूटबद्ध किया जाएगा?
(a) EGUIJ (b) GEIUJ
(c) EGJUI (d) EGIUJ

24. उस विकल्प का चयन करें, जो उन अक्षरों को निरूपित करता है, जिन्हें नीचे दिए गए रिक्त स्थानों में क्रमिक रूप से बाएँ से दाएँ रखे जाने पर दी गई अक्षर शृंखला पूरी हो जाएगी।
F__Y__KB_OF_BY_
(a) KBOFYKO (b) OFKBOYK
(c) YOKBFOK (d) BYOKFOK

25. छः व्यक्ति एक वृत्ताकार मेज के परित: केन्द्र की ओर मुख करके बैठे हैं। P, Q के बाईं ओर दूसरे स्थान पर बैठा है। S, Q और U दोनों के ठीक बगल में हैं। T, R के बाईं ओर दूसरे स्थान पर बैठा है। P और U दोनों के ठीक बगल में कौन बैठा है?
(a) T (b) Q (c) R (d) S

26. दिए गए समीकरण को सही बनाने के लिए किन दो गणितीय चिह्नों को आपस में बदला जाना चाहिए?
$15 \times 3 \div 15 - (45 \times 3) - 10 + (13 \div 2) = 76$
(a) ÷ और + (b) ÷ और ×
(c) × और ÷ (d) × और –

27. जब दर्पण को रेखा MN पर रखा जाता है, तो दी गई आकृति का सही दर्पण प्रतिबिम्ब ज्ञात कीजिए।

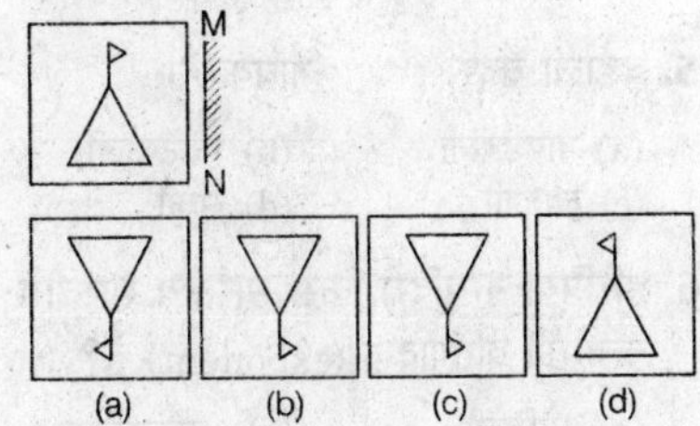

28. नीचे दिए गए चार अक्षर-समूहों में से तीन किसी प्रकार से आपस में सम्बन्धित हैं और कोई एक उनसे असंगत है। असंगत अक्षर-समूह का चयन कीजिए।

(a) XOTP (b) UQYR
(c) NJRK (d) GCKD

29. आण्टी ग्लोरिया अपने घर से निकलती है और पूर्व की ओर 65 मी चलती है। वह बाएँ मुड़ती है और 28 मी चलती है। वह फिर से बाएँ मुड़ती है और एक सार्वजनिक पुस्तकालय तक पहुँचने के लिए 110 मी चलती है। आण्टी ग्लोरिया के घर से पुस्तकालय कितनी दूर (न्यूनतम दूरी) और किस दिशा में है?

(a) 53 मी, उत्तर-पश्चिम
(b) 48 मी, उत्तर-पूर्व
(c) 53 मी, उत्तर-पूर्व
(d) 48 मी, उत्तर-पश्चिम

30. 'F \$ G' का अर्थ है कि F, G की माता है
'F # G' का अर्थ है कि F, G का पिता है
'F @ G' का अर्थ है कि F, G का पति है
'F % G' का अर्थ है कि F, G की पुत्री है।
यदि J @ C\$B # R है, तो J का R से क्या सम्बन्ध है?

(a) बुआ (b) दादा (c) मामा (d) पिता

31. उस विकल्प का चयन करें, जो पाँचवें अक्षर-समूह से उसी प्रकार सम्बन्धित है, जिस प्रकार दूसरा अक्षर- समूह पहले अक्षर-समूह से सम्बन्धित है और चौथा अक्षर-समूह तीसरे अक्षर-समूह से सम्बन्धित है।

INDIA : FKAFX :: ESTONIA: BPQLKFX :: MALAYSIA :?

(a) JXIXFXVP (b) JXVPFXXI
(c) JPFXXIXV (d) JXIXVPFX

32. छ: विद्यार्थी प्रतीक, समीर, कबीर, जिया, जोसेफ, किरण एक वृत्ताकार मेज के परित: केन्द्र की ओर मुख करके बैठे हैं (उनका इसी क्रम में होना अनिवार्य नहीं है।) प्रतीक, समीर और कबीर दोनों के ठीक बगल में है। जिया, समीर के दाईं ओर दूसरे स्थान पर बैठी है। किरण, कबीर के बाईं ओर तीसरे स्थान पर बैठी है। जोसेफ, जिया और कबीर दोनों के ठीक बगल में है। जिया के ठीक बगल में कौन है?

(a) कबीर (b) समीर (c) किरण (d) प्रतीक

33. दो कथन दिए गए हैं, जिसके बाद दो निष्कर्ष I और II दिए गए हैं। कथनों को सत्य मानते हुए, भले ही वे सामान्य रूप से ज्ञात तथ्यों से भिन्न प्रतीत होते हों, निर्धारित करें कि कौन-सा/कौन-से निष्कर्ष कथनों का तार्किक रूप से पालन करता है/करते हैं?

कथन
कुछ नदियाँ, महासागर हैं।
सभी महासागर, समुद्र-तट हैं।

निष्कर्ष
I. कुछ नदियाँ, समुद्र तट हैं।
II. सभी महासागर, नदियाँ हैं।

(a) निष्कर्ष I और II दोनों पालन करते हैं
(b) न तो निष्कर्ष I और न ही II पालन करता है।
(c) केवल निष्कर्ष II पालन करता है
(d) केवल निष्कर्ष I पालन करता है

34. दी गई शीट को मोड़कर एक घन बनाया जाता है। निर्मित घन में विपरीत फलकों पर अक्षरों का कौन-सा युग्म होगा?

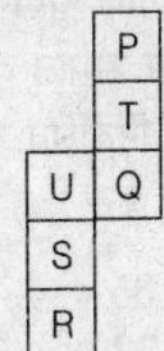

(a) T और S (b) U और T
(c) P और U (d) R और P

35. दो कथनों के बाद दो निष्कर्ष I और II दिए गए हैं। कथनों को सत्य मानते हुए, भले ही वे सामान्य रूप से ज्ञात तथ्यों से भिन्न प्रतीत होते हों, यह निर्णय लीजिए कि कौन-सा/कौन-से निष्कर्ष कथनों का तार्किक रूप से पालन करता है/करते हैं?

कथन
सभी चाय, जूस हैं।
सभी जूस, कॉकटेल हैं ।

निष्कर्ष
I. सभी चाय, कॉकटेल हैं।
II. सभी कॉकटेल, निश्चित रूप से जूस हैं।

(a) केवल निष्कर्ष II पालन करता है
(b) केवल निष्कर्ष I पालन करता है
(c) निष्कर्ष I और II दोनों पालन करते हैं
(d) न तो निष्कर्ष I और न ही निष्कर्ष II पालन करता है

36. निम्नलिखित में से कौन-सा अक्षर-समूह दी गई शृंखला में प्रश्नचिह्न (?) के स्थान पर आकर शृंखला को पूर्ण करेगा?

PJVG, VBZB, BTDW, HLHR, ?

(a) NDLM (b) MDLM
(c) NDLN (d) MDLN

37. यदि A का अर्थ '+' हो, B का अर्थ '×' हो, C का अर्थ '–' हो और D का अर्थ '÷' हो, तो निम्नलिखित समीकरण का मान क्या होगा?

21 B 14 C 154 D 14 A 42 = ?

(a) 342 (b) 352 (c) 325 (d) 357

38. यदि A का अर्थ '+' है, B का अर्थ '×' है, C का अर्थ '–' है और D का अर्थ '÷' है, तो निम्नलिखित व्यंजक का मान क्या होगा?

89 A 94 C 35 D 8 B 8 = ?

(a) 148 (b) 169 (c) 135 (d) 189

39. निम्नलिखित आकृतियों में कागज के एक टुकड़े को मोड़ने का क्रम और मुड़े हुए कागज को काटने का तरीका दर्शाया गया है। कागज की तह खुलने पर यह कैसा दिखाई देगा?

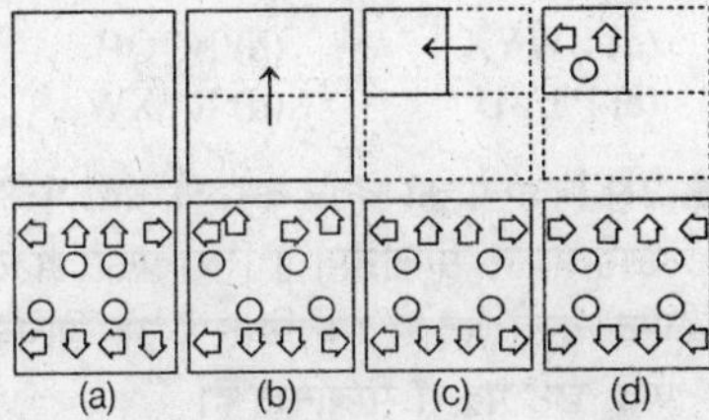

40. यदि A का अर्थ '+' है, B का अर्थ '×' है, C का अर्थ '–' है और D का अर्थ '÷' है, तो निम्नलिखित समीकरण में '?' के स्थान पर क्या आएगा ?

56 D 8 B 7 = ? B7

(a) 12 (b) 8
(c) 7 (d) 9

41. यदि दी गई शीट को मोड़कर एक घन का आकार दिया जाता है, तो विकल्पों में से कौन-सी आकृति सम्भव है?

प्रश्न आकृति

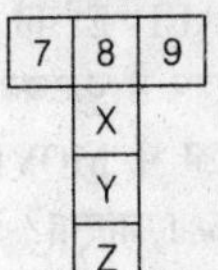

उत्तर आकृतियाँ

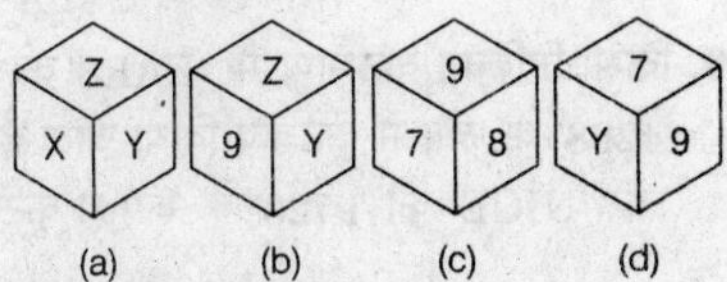

42. निम्नांकित में से कौन-सी संख्या दी गई शृंखला में प्रश्नचिह्न (?) के स्थान पर आएगी?

4, 11, 19, 31, 52, 89, ?

(a) 151 (b) 105
(c) 150 (d) 115

43. निम्नलिखित में से कौन-सी संख्या दी गई शृंखला में प्रश्नचिह्न (?) का स्थान लेगी?

134, 129, 122, ?, 102, 89

(a) 111 (b) 117
(c) 113 (d) 115

44. यदि A का अर्थ '+' हो, B का अर्थ '×' हो, C का अर्थ '–' हो और D का अर्थ '÷' हो, तो निम्नलिखित समीकरण का मान कितना होगा?

22 B 7 C 288 D 12 A 27 = ?

(a) 103 (b) 160
(c) 130 (d) 157

45. अंग्रेजी वर्णमाला क्रम में स्थिति के आधार पर, निम्नलिखित में से तीन अक्षर-समूह किसी न किसी प्रकार से संगत हैं और एक असंगत है। असंगत अक्षर-समूह का चयन करें।

(a) SWYX (b) LOQP
(c) PTVU (d) RVXW

46. उस विकल्प का चयन करें जो चौथे पद से उसी प्रकार सम्बन्धित है जिस प्रकार पहला पद, दूसरे पद से सम्बन्धित है और पाचवाँ पद, छठे पद से सम्बन्धित है।

12 : 64 : : ? : 116: : 32 : 144

(a) 25 (b) 35
(c) 14 (d) 46

47. दर्पण को चित्र में दिखाए अनुसार, MN पर रखे जाने पर दी गई आकृति के सही दर्पण प्रतिबिम्ब का चयन करें।

8BEYTK@8 | M–N

(a) 8@ꓘ⊥⅄ƎB8 (b) 8 @ꓘ⊥⅄ƎB8
(c) 8 @ꓘTYƎB8 (d) 8@ꓘTYƎB8

48. एक निश्चित कूटभाषा में, 'ALIVE' को 64 और 'HALL' को 45 के रूप में कूटबद्ध किया जाता है। उसी कूटभाषा में 'MOVIE' को किस प्रकार कूटबद्ध किया जाएगा?

(a) 71 (b) 79
(c) 58 (d) 80

49. किसी निश्चित कूटभाषा में, 'EARS' को '4268' के रूप में कूटबद्ध किया जाता है और 'NICE' को '9723' के रूप में कूटबद्ध किया जाता है। दी गई उस कूटभाषा में 'E' के लिए कूट क्या है?

(a) 9 (b) 4 (c) 2 (d) 3

50. उस समुच्चय का चयन कीजिए, जिसमें संख्याएँ एक-दूसरे से उसी प्रकार सम्बन्धित हैं, जिस प्रकार निम्नलिखित समुच्चय की संख्याएँ आपस में सम्बन्धित हैं।

(**नोट** संख्याओं को उसके घटक अंकों में विभाजित किए बिना, पूर्ण संख्याओं पर गणितीय संक्रियाएँ की जानी चाहिए। उदाहरण के लिए 13 - संख्या 13 पर गणितीय संक्रियाएँ, जैसे कि जोड़ना / घटाना / गुणा करना आदि को 13 से किया जा सकता है। 13 को 1 और 3 में तोड़ना और फिर 1 और 3 पर गणितीय संक्रियाएँ करने की अनुमति नहीं है।)

(9, 1, 19) (5, 2, 14)

(a) (4,7,37) (b) (3,2,10)
(c) (3,5,56) (d) (2,5,12)

भाग 2

सामान्य ज्ञान एवं सामान्य जागरुकता

51. भारतीय संविधान का निम्नलिखित में से कौन-सा अनुच्छेद संसद को सशस्त्र बलों, अर्द्ध-सैन्य बलों, पुलिस बलों, खुफिया एजेन्सियों और समान बलों के सदस्यों के मूल अधिकारों को निर्बंधित या निराकृत करने का अधिकार देता है?

(a) अनुच्छेद 35 (b) अनुच्छेद 31
(c) अनुच्छेद 33 (d) अनुच्छेद 37

52. कोशिका चक्र के किस चरण के दौरान उपापचय परिवर्तन, समसूत्रण (mitosis) और कोशिकाद्रव्य विभाजन (cytokinesis) के लिए आवश्यक कोशिकाद्रव्यिक सामग्री को एकत्र करते हैं?

(a) G2 चरण (b) M चरण
(c) S चरण (d) G1 चरण

53. विजयनगर राज्य की स्थापना 1336 ई. में····· द्वारा की गई थी।

(a) हरिहर और बुक्का (b) कृष्णदेवराय
(c) देवराय द्वितीय (d) वेंकट द्वितीय

54. 73वें संविधान संशोधन की मुख्य विशेषताओं के बारे में निम्नलिखित में से कौन-सा गलत है?

(a) इस अधिनियम के द्वारा भारतीय संविधान में ग्यारहवीं अनुसूची जोड़ी गई है।
(b) इसमें पंचायतों के 29 कार्यात्मक विषय हैं और इनका सम्बन्ध अनुच्छेद 243 से 243 (O) तक है।
(c) इस अधिनियम का सम्बन्ध भारतीय संविधान के भाग III से है।
(d) यह अधिनियम पंचायती राज संस्थाओं को संवैधानिक दर्जा प्रदान करता है।

55. वडाली ब्रदर्स ······· गायक है।

(a) पाण्डवानी (b) भाटियाली
(c) लावणी (d) सूफी

56. हरिप्रिया नम्बूदिरी किस भारतीय शास्त्रीय नृत्य की प्रतिपादक (exponent) हैं?

(a) ओडिसी (b) भरतनाट्यम
(c) कुचिपुड़ी (d) कथकली

57. स्वास्थ्य सुविधाओं, शिक्षा और अचल सम्पत्ति अधिग्रहण पर सरकार का व्यय कहा जाता है

(a) पूँजीगत व्यय
(b) गैर-योजना राजस्व व्यय
(c) राजस्व व्यय
(d) योजना व्यय

58. निम्नलिखित में से कौन-सा मिलान गलत है?

(a) दाब-पास्कल
(b) किया गया कार्य-जूल
(c) आयतन-मीटर
(d) बल-न्यूटन

59. वर्ष 2011 की जनगणना के अनुसार, भारत में ग्रामीण साक्षरता दर कितनी थी?

(a) 67.77% (b) 69.00%
(c) 66.77% (d) 67.00%

60. निम्नलिखित में से कौन-सा नीतिगत उपाय, उदारीकरण की दिशा में एक कदम है?

(a) टैरिफ बढ़ाना
(b) पूँजी संचय पर सीमाएँ आरोपित करना
(c) अधिकांश वस्तुओं/माल के आयात के लिए लाइसेन्स समाप्त करना
(d) बैंक आरक्षित निधियों के लिए आवश्यकताओं और ब्याज़ दरों पर प्रतिबन्धों को बढ़ाना

61. निम्नलिखित में से कौन-सा विनिर्माण गतिविधि का उदाहरण नहीं है?

(a) लकड़ी से बना कागज
(b) गन्ने से बनी चीनी
(c) ऋण और इक्विटी फण्डों को मिलाकर बनाया गया म्यूचुअल फण्ड उत्पाद
(d) कपास से बना सूत

62. स्विट्जरलैण्ड में आयोजित प्रतिष्ठित ज्यूरिख डायमण्ड लीग फाइनल, 2022 जीतने वाले पहले भारतीय कौन बने?

(a) रमेशबाबू प्रज्ञानानन्द
(b) पीवी सिन्धु
(c) मैरी कॉम
(d) नीरज चोपड़ा

63. हड़प्पा सभ्यता का मोहनजोदड़ो स्थल किस नदी के तट पर स्थित है?
(a) घाघरा नदी (b) व्यास नदी
(c) झेलम नदी (d) सिन्धु नदी

64. निम्नलिखित में से कौन-सी भारत के प्रथम राष्ट्रपति डॉ. राजेन्द्र प्रसाद की आत्मकथा है?
(a) आत्मकथा
(b) आत्मवृत्तान्त
(c) माई कण्ट्री माई लाइफ
(d) ए शॉर्ट एट हिस्ट्री

65. पंचवर्षीय योजनाओं में से एक के दौरान, निम्नलिखित में से किस राजनेता ने 'गरीबी हटाओ' का नारा दिया था?
(a) इन्दिरा गाँधी (b) मोरारजी देसाई
(c) ज्ञानी जैल सिंह (d) चरण सिंह

66. भारत की जनगणना, 2011 के अनुसार, भारत में तीसरी सर्वाधिक बोली जाने वाली भाषा की पहचान कीजिए।
(a) तमिल (b) मराठी
(c) बंगाली (d) हिन्दी

67. प्रोटीन की संरचना की व्याख्या किसने की?
(a) आर.एफ.रोज (b) पॉलिंग और कोरी
(c) एमिल फिशर (d) जॉनसन और क्रिस्टी

68. आम्र बौछार/आम्र वर्षा (Mango showers) क्या है?
(a) चक्रवात (b) जेट प्रवाह
(c) पूर्व-मानसूनी वर्षा (d) तूफान

69. उत्तर-पश्चिमी यूरोप, उत्तरी अमेरिका के पश्चिमी तट, कैलिफोर्निया के उत्तर, दक्षिणी चिली, दक्षिण-पूर्वी ऑस्ट्रेलिया और न्यूजीलैण्ड में किस प्रकार की जलवायु पाई जाती है?
(a) उष्णकटिबन्धीय आर्द्र और शुष्क जलवायु (Tropical wet and dry climate)
(b) शीत बर्फीली वन जलवायु (Cold snow forest climate)
(c) उपोष्णकटिबन्धीय स्टेपी जलवायु (Subtropical steppe climate)
(d) समुद्री पश्चिमी तट जलवायु (Marine west coast climate)

70. गंगा के मैदान में बाढ़ द्वारा जमा किया गया नया जलोढ़ निम्न में से कौन-सा है?
(a) कछार (b) रेगुर
(c) खादर (d) भांगर

71. लाल रक्त कणिकाओं का व्यास कितना होता है?
(a) 1.2.0 μm (b) 2.40.0 μm
(c) 3.4.0 μm (d) 4.7.5 μm

72. निम्नलिखित में से किस खेल के शीर्ष राष्ट्रीय शासी निकाय का मुख्यालय नई दिल्ली में नहीं है?
(a) हॉकी इण्डिया (Hockey India)
(b) बैडमिण्टन एसोसिएशन ऑफ इण्डिया (Badminton Association of India)
(c) भारतीय वॉलीबॉल संघ (Volleyball Federation of India)
(d) भारतीय एथलीट संघ (Athletes Federation of India)

73. उस विसंगति तत्त्व (anomaly element) की पहचान कीजिए, जो समूह 1 और समूह 17 दोनों से सम्बन्धित हो।
(a) नाइट्रोजन (b) हाइड्रोजन
(c) क्लोरीन (d) ऑक्सीजन

74. प्रतिनिधि सरकार के लिए गठबन्धन में काम करने के लिए कांग्रेस और मुस्लिम लीग द्वारा ...... में लखनऊ समझौते पर हस्ताक्षर किए गए थे।
(a) वर्ष 1914 (b) वर्ष 1916
(c) वर्ष 1918 (d) वर्ष 1920

75. निम्नलिखित में से किस मौर्य राजा ने कलिंग युद्ध के बाद बौद्ध धर्म और उसके अहिंसा के सिद्धान्त को अपना लिया था?
(a) अशोक (b) दशरथ
(c) बिन्दुसार (d) चन्द्रगुप्त मौर्य

76. आयनन ऊर्जा के बारे में दिए गए सही या गलत कथनों की पहचान कीजिए।
कथन A किसी परमाणु की आयनन ऊर्जा, ऊर्जा की वह मात्रा है, जो गैस प्रावस्था में परमाणुओं के एक मोल से एक इलेक्ट्रॉन को निकालने के लिए आवश्यक होती है।
कथन B आयनन ऊर्जा, समूहों में शीर्ष से नीचे की ओर जाने पर बढ़ती है और आवर्त में बाएँ से दाएँ जाने पर घटती है।
(a) केवल कथन A सही है
(b) कथन A और B दोनों गलत हैं
(c) कथन A और B दोनों सही हैं
(d) केवल कथन B सही है

77. पं. जवाहरलाल नेहरू के अधीन भारत की राष्ट्रीय अन्तरिम सरकार का गठन कब किया गया था?
(a) 2 सितम्बर, 1945
(b) 20 सितम्बर, 1946
(c) 2 सितम्बर, 1946
(d) 2 सितम्बर, 1947

78. भारत का शास्त्रीय नृत्य मोहिनीअट्टम निम्नलिखित में से किस राज्य से सम्बन्धित है?
(a) आन्ध्र प्रदेश (b) केरल
(c) मणिपुर (d) उत्तर प्रदेश

79. निम्नलिखित में से कौन-सी एक बंगाली अनपढ़ महिला की आत्मकथा है, जिसने उस समय पवित्र ग्रन्थों को पढ़ने के लिए गुप्त रूप से साक्षरता कौशल हासिल किए थे, जब लड़कियों और महिलाओं को शिक्षा से वंचित रखा गया था और केवल घर के कामों के लिए उपयुक्त समझा जाता था?
(a) लक्ष्मीबाई तिलक द्वारा लिखित स्मृतिचित्र (Smritichitre by Lakshmibai Tilak)
(b) कमला दास द्वारा लिखित एंते कथा (Ente Katha by Kamala Das)
(c) बेबी काम्बले द्वारा लिखित जीना अमुचा (Jina Amucha by Baby Kamble)
(d) रससुन्दरी देवी द्वारा लिखित अमार जीबन (Amar Jiban by Rassundari Devi)

80. भारतीय संविधान के निम्नलिखित में से किस अनुच्छेद में यह प्रावधान है कि राज्यपाल मुख्यमन्त्री की नियुक्ति करता है और बाद में मुख्यमन्त्री राज्यपाल से मन्त्रियों की नियुक्ति की अनुशंसा करता है?
(a) अनुच्छेद 165 (b) अनुच्छेद 164
(c) अनुच्छेद 167 (d) अनुच्छेद 163

81. गोपिका वर्मा ने वर्ष 2019 में निम्नलिखित में से किस नृत्य शैली में संगीत नाटक अकादमी पुरस्कार जीता?
(a) कथक (b) भरतनाट्यम
(c) कुचिपुड़ी (d) मोहिनीअट्टम

82. भारतीय संविधान का कौन-सा भाग राज्य के नीति-निदेशक सिद्धान्तों से सम्बन्धित है?
(a) भाग IV (b) भाग V
(c) भाग VII (d) भाग VI

83. बोरॉन परिवार के किस तत्त्व का क्वथनांक उच्च होता है, जो इसे उन तापमानों को रिकॉर्ड करने के लिए आदर्श बनाता है, जिन पर अन्यथा थर्मामीटर वाष्पीकृत हो जाएगा?
(a) थैलियम (b) इण्डियम
(c) गैलियम (d) एल्युमीनियम

84. वर्ष 1983 में इसरो (ISRO) द्वारा लॉन्च किए गए भूस्थिर उपग्रह का नाम क्या है, जो उच्च शक्ति टीवी प्रसारण और दूरसंचार राष्ट्रीय कवरेज ट्रान्सपोण्डर प्रदान करता है?
(a) RISAT-1 (b) GSAT-7
(c) भास्कर 1 (d) इनसैट-1B

85. यूरोपीय लोग केवल व्यापार की मानसिकता से भारत आए थे। यह प्रवृत्ति निम्नलिखित में से किस यूरोपीय राष्ट्र द्वारा आरम्भ की गई थी?
(a) पुर्तगाली (b) डच
(c) ब्रिटेन (d) फ्रेंच

86. उस विशाल महाद्वीप का क्या नाम है, जो 200 मिलियन वर्ष पहले अस्तित्व में था, जब सभी महाद्वीप एकसाथ थे?
(a) पैंजिया (b) भारत
(c) एशिया (d) अमेरिका

87. विश्व एथलेटिक्स चैम्पियनशिप वर्ष 2022 में भारत ने कितने पदक जीते?
(a) 3 (b) 1 (c) 4 (d) 2

88. निम्नलिखित में से कौन-सा कर समानुपातिक (proportional) प्रकृति का होता है?
(a) पूँजी लाभ कर (b) आयकर
(c) वस्तु एवं सेवा कर (d) निगम कर

89. निम्नलिखित में से कौन-सा विटामिन D का सबसे महत्त्वपूर्ण स्वास्थ्य लाभ है?
(a) किशोर आयु के बाद तीव्र वृद्धि
(b) हृदय की धड़कन में वृद्धि करना
(c) अस्थियों और माँसपेशियों को मजबूत बनाना
(d) रक्तचाप कम करना

90. दक्षिण भारत का निम्नलिखित में से कौन-सा सांस्कृतिक उत्सव राजा महाबली की लोककथाओं से जुड़ा है?
(a) पोंगल (b) उगादी
(c) गुड़ी पड़वा (d) ओणम

91. मोहिनीअट्टम निम्नलिखित में से किस राज्य से सम्बन्धित है?
(a) छत्तीसगढ़ (b) केरल
(c) झारखण्ड (d) कर्नाटक

92. भारतीय संविधान का कौन-सा अनुच्छेद राज्य के अधीन नियोजन के मामले में सभी नागरिकों के लिए समान अवसर प्रदान करता है?
(a) अनुच्छेद 18 (b) अनुच्छेद 15
(c) अनुच्छेद 16 (d) अनुच्छेद 17

93. भारत के निम्नलिखित में से किस स्थान पर दिन और रात्रि के तापमान में अधिकतम अन्तर हो सकता है?
(a) जैसलमेर (b) तिरुवनन्तपुरम
(c) पोर्ट ब्लेयर (d) कन्याकुमारी

94. भारत के राष्ट्रपति, संसद सदस्यों की निरहता के प्रश्न पर ………. के परामर्श से निर्णय लेते हैं।
(a) उप-राष्ट्रपति
(b) संसद
(c) भारत के उच्चतम न्यायालय
(d) भारत के निर्वाचन आयोग

95. तैमूर का दिल्ली पर आक्रमण किस वर्ष में हुआ था?
(a) 1221 ई. में (b) 1492 ई. में
(c) 1526 ई. में (d) 1398 ई. में

96. मध्यकालीन भारत की भक्ति परम्परा से सम्बन्धित वह राजपूत राजकुमारी निम्नलिखित में से कौन थी, जिसके गीत भगवान श्रीकृष्ण को समर्पित थे?
(a) मीराबाई (b) मुदुपलानी
(c) अक्का महादेवी (d) लाल देव

97. चित्र में दर्शाए गए कार्बनिक यौगिक का IUPAC नाम क्या है?

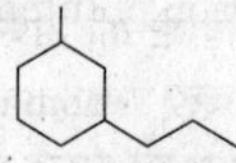

(a) 1-मेथिल-2-प्रोपिलसाइक्लोहेक्सेन
(b) 1-मेथिल-1- प्रोपिलसाइक्लोहेक्सेन
(c) 1-मेथिल-4-प्रोपिलसाइक्लोहेक्सेन
(d) 1 मेथिल 3- प्रोपिलसाइक्लोहेक्सेन

98. फीफा महिला विश्व कप (FIFA Women's World Cup), 2023 की मेजबानी …… द्वारा की जाएगी।
(a) ऑस्ट्रेलिया और न्यूजीलैण्ड (Australia and New Zealand)
(b) फ्रांस और जर्मनी (France and Germany)
(c) यूएसए और कनाडा (USA and Canada)
(d) ब्राजील और अर्जेण्टीना (Brazil and Argentina)

99. निम्न में से कौन-सा सरकारी विभाग भारत में बुनियादी ढाँचे के विकास से जुड़ा है?
(a) आर्थिक एजेण्डा का विभाजन
(b) विद्युत एजेण्डा का विभाजन
(c) ऊर्जा मामलों का विभाग
(d) आर्थिक मामलों का विभाग

100. रोंगकर उत्सव निम्नलिखित में से किस जनजाति द्वारा मनाया जाता है?
(a) आओ (b) गोण्ड
(c) कार्बी (d) भील

भाग 3

मात्रात्मक योग्यता

101. दो संख्याओं का लघुत्तम समापवर्त्य 660 है और महत्तम समापवर्तक 5 है। यदि इनमें से एक संख्या 55 है, तो दूसरी संख्या ज्ञात कीजिए।
(a) 60 (b) 12 (c) 275 (d) 110

102. यदि $\sec A - \tan A = P$ है, तो $\sec A$ का मान ज्ञात कीजिए ।
(a) $\dfrac{P^2-1}{P^2+1}$ (b) $\dfrac{P^2+1}{2P}$
(c) $\dfrac{P^2+1}{P}$ (d) $\dfrac{P^2+1}{P^2-1}$

103. निम्नलिखित व्यंजक का मान क्या होगा?
$$\frac{(3.254\times3.254\times3.254)-(0.746\times0.746\times0.746)}{(3.254\times3.254)+(0.746\times0.746)+(3.254\times0.746)}$$
(a) 2.146 (b) 3.156
(c) 2.508 (d) 4.508

104. वह छोटी से छोटी प्राकृत संख्या कौन-सी है जो 96, 108 और 144 में से प्रत्येक से पूरी तरह से विभाज्य है?
(a) 864 (b) 1728
(c) 2592 (d) 1296

105. नीचे दी गई तालिका 2001 से 2005 के दौरान दो कम्पनियों P और Q द्वारा किए गए जूट के कपड़े के उत्पादन (लाख मीटर में) को दर्शाती है।

वर्ष	कम्पनी P	कम्पनी Q
2001	100	96
2002	120	130
2003	108	100
2004	190	180
2005	240	275

किस वर्ष/किन वर्षों में, कम्पनी Q ने, कम्पनी P की तुलना में, अधिक कपड़े का उत्पादन किया?
(a) 2005 (b) 2002
(c) 2003, 2005 (d) 2002, 2005

106. $\sqrt{\dfrac{1-\tan A}{1+\tan A}}$ का मान ज्ञात कीजिए।
(a) $\sqrt{\dfrac{1-\sin 2A}{\cos 2A}}$ (b) $\sqrt{\dfrac{1-\sin A}{\cos A}}$
(c) $\sqrt{\dfrac{1+\sin A}{\cos A}}$ (d) $\sqrt{\dfrac{1+\sin 2A}{\cos 2A}}$

107. एक आयताकार मैदान का क्षेत्रफल 480 मी^{2} है। यदि इसकी लम्बाई, चौड़ाई से 20% अधिक हो, तो आयताकार मैदान की लम्बाई ज्ञात कीजिए।
(a) 30 मी (b) 24 मी
(c) 27 मी (d) 20 मी

108. दी गई तालिका का अध्ययन कीजिए और नीचे दिए गए प्रश्न का उत्तर दीजिए।
तालिका उन लोगों की संख्या को दर्शाती है जिन्होंने संगीत की अपनी पसंदीदा शैली के बारे में एक सर्वेक्षण में प्रतिक्रिया दी है।

आयु	8-20	21-30	31+
शास्त्रीय	8	5	15
पॉप	5	11	10
हिप-हॉप	6	9	8
रॉक	9	7	13
कुल	28	32	46

सर्वेक्षण किए गए कुल लोगों के कितने प्रतिशत ने संकेत दिया है कि उनकी पसंदीदा शैली रॉक संगीत है
(दो दशमलव स्थान तक पूर्णांकित)?

(a) 29.65% (b) 18.25%
(c) 22.35% (d) 27.36%

109. निम्नलिखित का मान ज्ञात कीजिए।

$19 \div 5(27-15-21)+37$

(a) $\frac{6124}{165}$ (b) $\frac{6142}{165}$
(c) $\frac{37}{165}$ (d) $\frac{19}{165}$

110. एक विक्रेता ने एक मेज के क्रय मूल्य में 35% लाभ जोड़ने के बाद उसका विक्रय मूल्य ₹5670 अंकित किया। चूँकि इस मूल्य स्तर पर बिक्री बहुत कम थी, इसलिए उसने मेज को 12% लाभ पर बेचने का फैसला किया। नया विक्रय मूल्य (₹ में) ज्ञात कीजिए।

(a) 4810 (b) 4750
(c) 4608 (d) 4704

111. बादाम के मूल्य में 10% की वृद्धि होने पर, बादाम की खपत में कितने प्रतिशत की कमी की जानी चाहिए, ताकि उस पर होने वाला खर्च पूर्ववत ही रहे?

(a) $8\frac{1}{11}\%$ (b) $5\frac{3}{11}\%$
(c) $10\frac{3}{11}\%$ (d) $9\frac{1}{11}\%$

112. तीन कारों को समान दूरी तय करने में लगने वाले समय का अनुपात 12 : 15 : 10 है। तीनों कारों की चालों का अनुपात ज्ञात करें।

(a) 4 : 5 : 6 (b) 5 : 6 : 4
(c) 5 : 4 : 6 (d) 4 : 6 : 5

113. दो शंकुओं की ऊँचाई 7 : 5 के अनुपात में है और उनके व्यास का अनुपात 10 : 21 है। उनके आयतन का अनुपात ज्ञात करें।
(जहाँ $\pi = \frac{22}{7}$,)

(a) 26 : 47 (b) 17 : 21
(c) 14 : 19 (d) 20 : 63

114. रमेश ने एक बैंक से साधारण ब्याज की एक निश्चित दर पर ₹15000 उधार लिए। उसने 5 वर्षों के बाद ₹6000 (मूलधन है, लेकिन ब्याज नहीं होगा) चुकाए और इसके बाद 5 और वर्षों के बाद उसने ₹18600 का भुगतान किया और अपना खाते का निपटान किया, तो साधारण ब्याज की वार्षिक दर ज्ञात कीजिए।

(a) 12% (b) 8%
(c) 10% (d) 6%

115. एक व्यक्ति के पास लोहे की तीन छड़ें हैं, जिनकी लम्बाइयाँ क्रमश: 20 मी, 30 मी और 40 मी हैं। वह तीनों छड़ों में से प्रत्येक से समान लम्बाई के टुकड़े काटना चाहता है। यदि वह बिना किसी अपव्यय के टुकड़े काटता है, तो कुल टुकड़ों की न्यूनतम संख्या कितनी है?

(a) 8 (b) 11 (c) 9 (d) 10

116. एक कार, 5 घण्टे की अपनी पूरी यात्रा के दौरान, पहले 45 मिनट एक निश्चित चाल से, अगले 75 मिनट 85 किमी/घण्टा की चाल से और अन्तिम 3 घण्टे 70 किमी/घण्टा की चाल से तय करती है। अपनी पूरी यात्रा के दौरान, कार की औसत चाल 73 किमी/घण्टा पाई जाती है। पहले 45 मिनट के दौरान कार की चाल (किमी/घण्टा में) ज्ञात करें।

(a) 72 (b) 65
(c) 68 (d) 62

117. 0.3, 0.8 और 0.108 का चतुर्थानुपाती क्या होगा?

(a) 0.124 (b) 0.482
(c) 0.144 (d) 0.288

118. पीटर ने 10% वार्षिक साधारण ब्याज देने वाली एक योजना में एक निश्चित राशि का निवेश किया, जबकि रेचल ने वार्षिक चक्रवृद्धि ब्याज के आधार पर गणनीय 10% वार्षिक ब्याज दर वाली एक योजना में पीटर से आधी राशि का निवेश किया। पीटर ने 2 वर्ष के लिए निवेश किया तथा रेचल ने 3 वर्ष के लिए निवेश किया। यदि उनके द्वारा अर्जित ब्याजों में ₹897 का अन्तर था, तो रेचल ने कितनी राशि का निवेश किया था?

(a) ₹12900 (b) ₹12960
(c) ₹13100 (d) ₹13000

119. 200 मी और 250 मी लम्बी दो ट्रेनें समानान्तर रेल पटरियों पर क्रमश: 68 किमी/घण्टा और 50 किमी/घण्टा की चाल से चल रही हैं। यदि वे एक ही दिशा में चल रही हैं, तो वे एक-दूसरे को कितने समय में (सेकण्ड में) पार करेंगी?

(a) 75 (b) 90
(c) 80 (d) 85

120. दो संख्याओं का लघुत्तम समापवर्त्य और महत्तम समापवर्तक 1105 और 5 है। यदि लघुत्तम समापवर्त्य पहली संख्या का 17 गुना है, तो दोनों संख्याएँ ज्ञात कीजिए।

(a) 65 और 85 (b) 60 और 80
(c) 55 और 85 (d) 65 और 75

121. निम्न तालिका गरीबी रेखा से नीचे के चार शहरों की प्रतिशत जनसंख्या और पुरुषों एवं महिलाओं का अनुपात दर्शाती है

शहर	गरीबी रेखा से नीचे वाली जनसंख्या का प्रतिशत	गरीबी रेखा से नीचे	गरीबी रेखा से ऊपर
		पुरुषः महिला	पुरुषः महिला
A	10	1 : 3	3 : 2
B	15	3 : 4	1 : 2
C	20	2 : 3	5 : 3
D	25	4 : 5	5 : 4

यदि शहर C की कुल जनसंख्या 8000 है, तो शहर C में गरीबी रेखा से ऊपर वाली महिलाओं की संख्या कितनी है?

(a) 2600 (b) 2400
(c) 2200 (d) 2000

122. एक ट्रेन दो स्टेशनों के बीच 540 किमी की दूरी 240 मिनट में तय करती है। यह 90 किमी/घण्टा की चाल से 5 घण्टे में एक अन्य स्टेशन तक की यात्रा तय करती है। ट्रेन की औसत चाल (किमी/घण्टा में) कितनी है?

(a) 100 (b) 110
(c) 120 (d) 112

123. एक कार्यालय में, 75 कर्मचारी एक परियोजना को 60 दिनों में पूरा कर सकते हैं। कुछ दिनों के बाद, 15 कर्मचारियों ने कार्य छोड़ दिया और परियोजना 65 दिनों में पूर्ण हुई। 15 कर्मचारियों ने कितने दिनों के बाद कार्य छोड़ दिया था?

(a) 40 (b) 30
(c) 50 (d) 45

124. निम्नांकित पाई-चार्ट एक परीक्षा में विभिन्न विषयों में अनुत्तीर्ण छात्रों की संख्या को दर्शाता है। चार्ट का अवलोकन कीजिए और निम्नलिखित प्रश्न का उत्तर दीजिए। अनुत्तीर्ण होने वाले छात्रों की कुल संख्या 350 है।

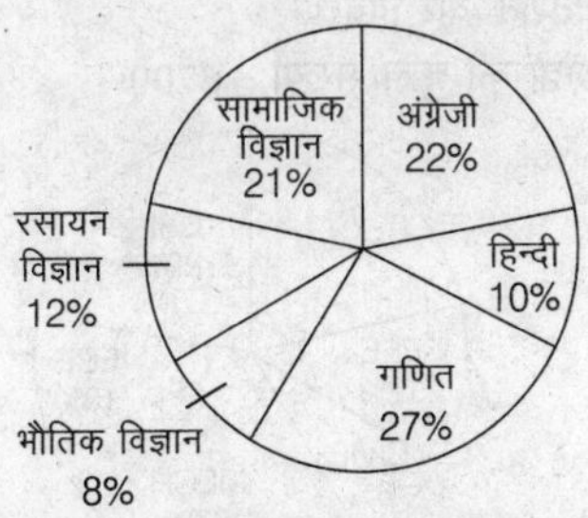

गणित में अनुत्तीर्ण छात्रों की संख्या, अन्य सभी विषयों में अनुत्तीर्ण छात्रों की संख्या से कितनी कम है?

(a) 190 (b) 95
(c) 256 (d) 161

125. अक्षिता और रैना एक किताब टाइप कर रहे हैं, लेकिन उनके पास कार्य करने के लिए केवल एक लैपटॉप है। उन्होंने तय किया कि वे बारी-बारी से कार्य करेंगे, जैसे कि अक्षिता पहले दिन कार्य करती है, रैना दूसरे दिन कार्य करती है, अक्षिता तीसरे दिन और इसी तरह आगे कार्य चलता रहता है। अक्षिता अकेले इस टाइपिंग कार्य को 16 दिनों में पूरा कर सकती है, जबकि रैना को अकेले पूरी किताब का कार्य करने के लिए 24 दिन लगेंगे। यदि वे बारी-बारी से कार्य करती हैं, तो उन्हें टाइपिंग का कार्य पूरा करने में कितने दिन लगेंगे?

(a) 17 (b) 19 (c) 15 (d) 18

126. उस त्रिभुज का क्षेत्रफल ज्ञात कीजिए, जिसकी दो भुजाओं की लम्बाइयाँ 4 सेमी और 5 सेमी हैं और उनके का कोण 45° है।

(a) $6\sqrt{2}$ सेमी^{2} (b) $7\sqrt{2}$ सेमी^{2}
(c) $5\sqrt{2}$ सेमी^{2} (d) $4\sqrt{2}$ सेमी^{2}

127. निम्न तालिका चार अलग-अलग वर्षों में चार अलग-अलग स्टोर द्वारा बेचे गए मोबाइल फोन की संख्या को दर्शाती है।

स्टोर	2012	2013	2014	2015
P	178	183	205	225
Q	133	198	220	235
R	284	250	220	198
S	225	243	199	205

वर्ष 2013 में स्टोर Q द्वारा बेचे गए मोबाइल फोन की संख्या और वर्ष 2015 में स्टोर S द्वारा बेचे गए मोबाइल फोन की संख्या के बीच का अन्तर ज्ञात करें।

(a) 10 (b) 12 (c) 8 (d) 7

128. नीचे दिए गए पाई-चार्ट का अध्ययन कीजिए और निम्नलिखित प्रश्न का उत्तर दीजिए।
बीटेक में विशेषज्ञता के सन्दर्भ में छात्रों का प्रतिशत-वार विवरण
छात्रों की कुल संख्या = 6700

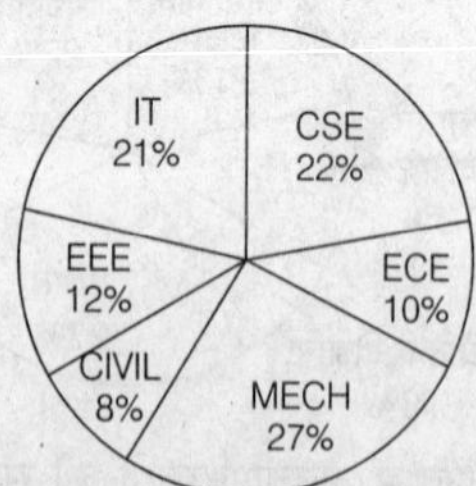

छात्रों की कुल संख्या CSE, ECE और CIVIL में विशेषज्ञता रखने वाले छात्रों की कुल संख्या कितनी है?

(a) 2840 (b) 2680 (c) 2480 (d) 2860

129. दिए गए पाई-चार्ट का अध्ययन करें और निम्नलिखित प्रश्न का उत्तर दें।
निम्न पाई-चार्ट एक दुकान में एक दिन में विभिन्न फलों की बिक्री को दर्शाता है।

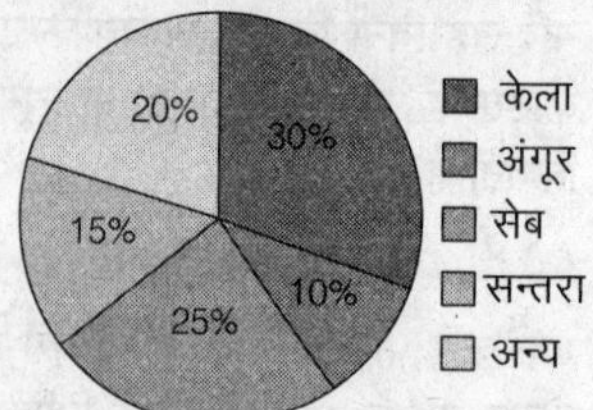

यदि एक दिन में कुल 1200 किग्रा फल बेचे गए, तो बेचे गए केलों की मात्रा (किग्रा में) की गणना कीजिए।

(a) 260 (b) 330 (c) 290 (d) 360

130. $\dfrac{(157\times157)+(157\times133)+(133\times133)}{(157\times157\times157)-(133\times133\times133)}$

का मान क्या ………… होगा?

(a) 24 (b) 290
(c) $\dfrac{1}{24}$ (d) $\dfrac{1}{290}$

131. ΔPQR में, $\angle P : \angle Q : \angle R = 3 : 4 : 8$ है। त्रिभुज की सबसे छोटी भुजा और सबसे बड़ी भुजा क्रमश: ……… हैं।

(a) QR और PQ (b) QR और PR
(c) PQ और PR (d) PQ और QR

132. यदि किसी गोले का व्यास घटाकर आधा कर दिया जाए, तो उसके आयतन पर क्या प्रभाव पड़ेगा?

(a) पूर्व आयतन से $\frac{1}{8}$ घट जाएगा
(b) पूर्व आयतन से $\frac{1}{8}$ बढ़ जाएगा
(c) पूर्व आयतन से $\frac{1}{4}$ घट जाएगा
(d) पूर्व आयतन से $\frac{1}{4}$ बढ़ जाएगा

133. यदि एक दुकानदार अपने ग्राहकों को 10% की छूट देता है और फिर भी 30% का लाभ कमाता है, तो उस वस्तु का अंकित मूल्य ज्ञात करें, जिसका क्रय मूल्य ₹450 है।

(a) ₹750 (b) ₹650 (c) ₹500 (d) ₹700

134. टॉम किसी कार्य को 7 दिनों में कर सकता है, जबकि जय उसी कार्य को 14 दिनों में कर सकता है। यदि दोनों एक साथ कार्य करते हैं, तो वे कार्य को पूरा करने में कितना समय लेंगे?

(a) $2\frac{2}{3}$ दिन (b) $4\frac{2}{3}$ दिन
(c) $7\frac{2}{3}$ दिन (d) $5\frac{2}{3}$ दिन

135. निम्न पाई-चार्ट में एक छात्र द्वारा विभिन्न गतिविधियों में बिताए गए घण्टों की संख्या को दिखाया गया है

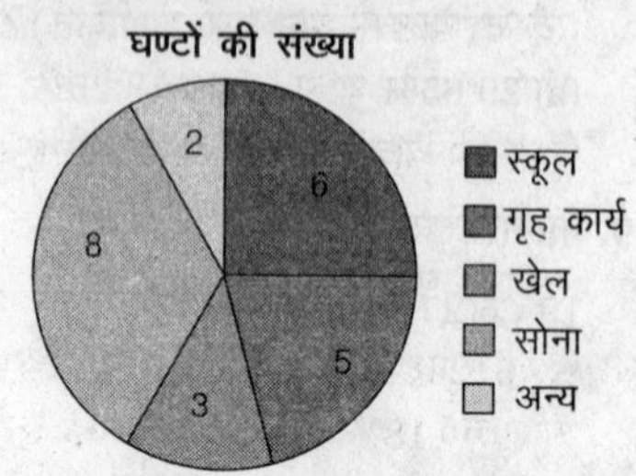

सोने के समय का संगत केन्द्रीय कोण, पूरे केन्द्रीय कोण का कितना प्रतिशत है?

(a) 66.66% (b) 55%
(c) 33.33% (d) 50%

136. 36 सेमी व्यास वाले एक अर्द्धगोलाकार कण्टेनर में द्रव रूप में एक दवा तैयार की जाती है। जब कण्टेनर दवा से पूरा भरा होता है, तो दवा को 6 सेमी व्यास और 6 सेमी ऊँचाई वाली छोटी बेलनाकार बोतलों में स्थानान्तरित किया जाता है। कण्टेनर को खाली करने के लिए ऐसी कितनी बोतलो की आवश्यकता होगी?

(a) 72 (b) 75
(c) 70 (d) 76

137. दिए गए पाई-चार्ट का अध्ययन कीजिए और निम्नलिखित प्रश्न का उत्तर दीजिए।
पाई-चार्ट, विभिन्न स्कूलों (A, B, C) के प्ले ग्रुप में पढ़ने वाले लड़कों की संख्या को दर्शाता है।

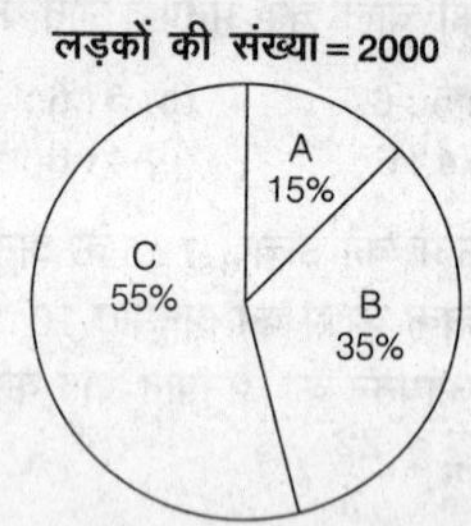

स्कूल A और C में पढ़ने वाले लड़कों की औसत संख्या कितनी हैं?

(a) 560 (b) 740
(c) 920 (d) 680

138. O केन्द्र वाले एक वृत्त में बिन्दु P पर एक स्पर्श रेखा PQ है। इसके अलावा, AB वृत्त की जीवा है, और इसे Q तक बढाया गया है। यदि $PQ = 12$ सेमी और $QB = 8$ सेमी है, तो AB की लम्बाई बराबर है।

(a) 8 सेमी (b) 4 सेमी
(c) 20 सेमी (d) 10 सेमी

139. 1000 किमी की दूरी तय करने के बाद, पटरियों की मरम्मत की वजह से एक ट्रेन धीमी हो गई। इस यात्रा के लिए इसकी औसत चाल में 75 किमी/घण्टा की कमी हो जाती है और यात्रा का समय 3 घण्टे बढ़ जाता है। यात्रा की मूल अवधि कितनी है?
(a) 6.5 घण्टे (b) 5 घण्टे
(c) 5.5 घण्टे (d) 6 घण्टे

140. ₹ 700 पर 35% की एकल छूट और समान राशि पर 18% और 12% की दो क्रमिक छूटों के बीच का अन्तर ज्ञात कीजिए (दशमलव के दो स्थानों तक पूर्णांकित करें)।
(a) ₹52.10 (b) ₹50.12
(c) ₹49.80 (d) ₹51.20

141. 3888 और 3969 का महत्तम समापवर्तक ज्ञात कीजिए।
(a) 83 (b) 81
(c) 73 (d) 71

142. तीन विक्रेताओं से गुज़रने वाली एक ज़मीन का मूल्य में कुल मिलाकर 65% की वृद्धि होती है। पहले और दूसरे विक्रेता ने क्रमश: 20% और 25% लाभ अर्जित किया। तीसरे विक्रेता द्वारा अर्जित प्रतिशत लाभ ज्ञात कीजिए।
(a) 10% (b) 20%
(c) 25% (d) 15%

143. एक संख्या में पहले 28% की कमी की जाती है और फिर 28% वृद्धि की जाती है। इस प्रकार प्राप्त संख्या, मूल संख्या से 784 कम है। मूल संख्या ज्ञात करें।
(a) 15000 (b) 1500
(c) 1000 (d) 10000

144. यदि $7\sin^2 A + 3\cos^2 A = 4$ है, तो $\cot A$ का मान ज्ञात कीजिए।
(a) $\frac{1}{\sqrt{3}}$ (b) $\sqrt{3}$ (c) $\frac{1}{\sqrt{2}}$ (d) $\sqrt{2}$

145. धारा की विपरीत दिशा में एक नाव की चाल 8 किमी/घण्टा है और धारा की दिशा में उस नाव की चाल 15 किमी/घण्टा है। शान्त जल में नाव की चाल और धारा की चाल (किमी/घण्टा में) क्रमशः ज्ञात कीजिए।
(a) 11.5 और 3.5 (b) 3 और 11
(c) 3.5 और 11.5 (d) 11 और 3

146. $2(\sin 1^\circ \times \sec 89^\circ) + 3(\cos 11^\circ \times \text{cosec } 79^\circ) + 5(\tan 21^\circ \times \tan 69^\circ) = ?$
(a) 10 (b) 12
(c) 11 (d) 20

147. एक स्टॉक का मूल्य पहले वर्ष में 30% बढ़ जाती है और दूसरे वर्ष में 20% घट जाता है। यदि एक निवेशक ने ₹ 1000 में उस स्टॉक के 100 शेयर खरीदे, तो 2 वर्ष बाद निवेश का अन्तिम मूल्य कितना होगा?
(a) ₹ 960 (b) ₹ 1040
(c) ₹ 1020 (d) ₹ 1400

148. त्रिभुज ABC में, यदि $\angle B = 90^\circ$, $\angle C = 45^\circ$ और $AC = 4$ सेमी है, तो BC का मान ..... है।
(a) $2\sqrt{2}$ सेमी (b) $4\sqrt{2}$ सेमी
(c) $\sqrt{2}$ सेमी (d) 4 सेमी

149. मान लीजिए ABC और PQR दो सर्वांगसम त्रिभुज इस प्रकार हैं कि $\angle A = \angle P = 90^\circ$ है। यदि $BC = 17$ सेमी, $PR = 8$ सेमी है, तो AB का मान (सेमी में) ज्ञात कीजिए।
(a) 12 (b) 15
(c) 14 (d) 9

150. 240, 280 और 560 का महत्तम समापवर्तक ज्ञात कीजिए।
(a) 30 (b) 40
(c) 10 (d) 20

भाग 4

अंग्रेजी

151. Select the most appropriate antonym of the given word.
Transparent
(a) Crossover (b) Linger
(c) Opaque (d) Oppress

152. Select the most appropriate meaning of the underlined idiom.
The office management was in <u>dire straits</u> after the financial crash.
(a) To be extremely happy
(b) In a very bad situation
(c) Being direct or fair
(d) To walk on already trodden paths

153. Select the incorrectly spelt word.
(a) Puzzled (b) Nasal
(c) Councel (d) Embezzlement

154. Select the option that can be used as a one-word substitute for the given group of words.
Lasting for a very short time
(a) Eternal (b) Ephemeral
(c) Blasphemy (d) Chronology

155. Select the most appropriate idiom that can substitute the underlined segment in the given sentence.
Do you believe that you <u>have a possibility</u> of getting that job?
(a) spill the beans
(b) snow job
(c) stand a chance
(d) shoot the breeze

156. Select the most appropriate synonym of the given word.
Aggravate
(a) Annoy (b) Mitigate
(c) Enhance (d) Satisfy

157. Choose the idiom that can best substitute the underlined part of the given sentence.
Shelley <u>ignored her</u> father's wish of studying arts and instead took admission in commerce.
(a) Blew over
(b) Big fish
(c) Bid defiance to
(d) Beyond the pale

158. Select the most appropriate meaning of the given idiom.
Get your act together
(a) To ruin one's plans
(b) To organise yourself so, that you can do something properly
(c) To get the conversation going
(d) To understand something complicated

159. Identify from the given options the word most similar in meaning to the underlined word according to its meaning in the following sentence.
He is a person who holds <u>old fashioned</u> opinions.
(a) obsolete (b) ancient
(c) antique (d) senior citizen

160. Select the most appropriate option that can substitute the underlined words in the given sentence.
Kiran's teacher was <u>doubtful on</u> her success.
(a) doubtful beyond
(b) doubtful in
(c) doubtful off
(d) doubtful of

161. Select the correct spelling for the incorrectly spelt word in the given sentence.
The Eustachian tube and vestubular complex in the middle and inner ear, respectively, have an important role to play.
(a) vestibular (b) midle
(c) respictevely (d) importent

162. Select the most appropriate idiom to fill in the blank.
There are others waiting to grab an opportunity, if you don't act fast, you are going to ....
(a) be in the same boat
(b) a full boat
(c) push the boat out
(d) miss the boat

163. The following sentence has been split into four segments. Identify the segment that contains a grammatical error.
Mr. Khanna and family / have visit / Manali during / the summer vacation.
(a) have visit
(b) Mr. Khanna and family
(c) the summer vacation.
(d) Manali during

164. Select the most appropriate idiom for the given situation.
He started with an online company and became a millionaire. Then, he sold it and invested in the share market and earned more money. Now, he has invested in the transportation industry and is generating huge wealth. What does he have?
(a) As genuine as a three-dollar bill
(b) Midas touch
(c) Rule of thumb
(d) Sticky fingers

165. The following sentence has been divided into parts. One of them may contain an error.
Select the part that contains the error from the given options. If you don't find any error, mark 'No error' as your answer.
There was no other book / in the English language / which is as interesting as this one.
(a) There was no other book
(b) in the English language
(c) No error
(d) which is as interesting as this one

166. Select the option that can be used as a one-word substitute for the given group of words.
Very attractive and easy to feel love for
(a) Flamboyant
(b) Adorable
(c) Mysterious
(d) Laudable

167. Select the most appropriate meaning of the underlined word.
He uses one of the finest ingredients in his cooking.
(a) components (b) mixtures
(c) culinary (d) preparations

168. Select the most appropriate antonym of the given word.
Abhor
(a) Occupy (b) Despise
(c) Danger (d) Love

169. Select the option that can be used as a one-word substitute for the underlined words.
He was not willing to attend the technical session of the conference.
(a) dejecting (b) reluctant
(c) curious (d) comprehensive

170. Select the option that can be used as a one-word substitute for the given group of words.
A disease prevalent in a community or a specific region at a specific time, affecting a large area.
(a) Pandemic (b) Eradicate
(c) Epidemic (d) Endemic

171. Select the most appropriate antonym of the given word.
Apex
(a) Pinnacle (b) Bottom
(c) Farthest (d) Watchful

172. Select the most appropriate meaning of the underlined word.
Ram was abandoned by his parents at a very early age.
(a) loved (b) left
(c) hated (d) disgraced

173. Select the most appropriate meaning of the given idiom.
Part and parcel
(a) Passing blame to someone else
(b) Agreement with someone
(c) A payment system for parcels
(d) Basic or essential element

174. Choose the most appropriate meaning of the underlined phrase.
What we need is skilled and energetic planning and elbow grease.
(a) The grease that is earned through labour.
(b) Hard work that one puts into cleaning one's elbow.
(c) Hard work that one puts into removing grease.
(d) Hard work that one puts into doing something.

175. Select the most appropriate synonym of the given word.
Robe
(a) Robbery (b) Mishap
(c) Success (d) Cloak

176. Select the most appropriate meaning of the given idiom.
A snowball effect
(a) An accelerating growth of magnitude
(b) Trick someone completely
(c) Cold and uncomfortable
(d) Slow movement

177. Some words in the following sentence have been underlined and given as options.
Select the option that contains a spelling error.
Roshni does a fabulouous job at her company and has been offered a promotion.
(a) fabulouous (b) company
(c) promotion (d) offered

178. The following sentence has been split into four segments. Identify the segment that contains a grammatical error.
I have never / come to / such a kind person / like my friend.
(a) such a kind person
(b) like my friend
(c) come to
(d) I have never

179. Select the most appropriate option that can substitute the underlined word in the given sentence.
The Board of Film Analysts vituperated the novice Indonesian film-maker and cancelled its nomination for the 'Golden Globe Award'.
(a) lamented the untimely death of
(b) censured with harsh and abusive language
(c) dealt in a delicate and polite manner
(d) recognised and praised the talent of

180. Select the most appropriate idiom to substitute the underlined segment in the given sentence.
My final round of Spell Bee competition is coming up and to win this event, I need to study hard from today.
(a) burn the books
(b) hit the books
(c) cut to the chase
(d) pour my heart out

181. Select the option that can be used as a one-word substitute for the given group of words.
To have a strong emotional effect on
(a) To forfeit (b) To overwhelm
(c) To smoother (d) To yield

182. Select the incorrectly spelt word.
(a) Ocassion (b) Agreeable
(c) Formulae (d) Waitress

183. Select the most appropriate option that can substitute the underlined segment in the given sentence. If there is no need to substitute it, select 'No substitution required'.
Harry is the one sitting on the corner.
(a) No substitution required
(b) upon
(c) onto
(d) in

184. Select the incorrectly spelt word from the underlined words in the following sentence.
Communities must build their resileince, including adopting appropriate technologies while making the most of traditional knowledge and diversifying their livelihoods to cope with current and future climate stress.
(a) livelihoods (b) diversifying
(c) appropriate (d) resileince

185. The following sentence has been split into four segments. Identify the segment that contains a grammatical error.
The university has putting off / the semester examination / for the second time now / due to technical issues.
(a) the semester examination
(b) due to technical issues
(c) for the second time now
(d) The university has putting off

186. Select the correct option to substitute the underlined segment in the given sentence. If no substitution is required, select 'No substitution'.
Her smile is similar to her mother.
(a) No substitution
(b) her mother's
(c) mother
(d) the mother

187. Select the most appropriate antonym of the given word.
Inquisitive
(a) Careful (b) Dull
(c) Uninterested (d) Indolent

188. Parts of the following sentence have been given as options. One of them may contain an error. Select the part that contains the error from the given options. If you don't find any error, mark 'No error' as your answer.
Anant was telling a story about his most recent exploits when a tree branch break the living room window.
(a) about his most recent exploits
(b) when a tree branch break the living room window
(c) Anant was telling a story
(d) No error

189. Select the option that can be used as a one-word substitute for the given group of words.
An animal or a person that eats all types of food, especially plants and meat
(a) Vegetarian (b) Herbivore
(c) Omnivore (d) Carnivore

190. Select the most appropriate antonym of the given word.
Bombastic
(a) Essential (b) Sarcastic
(c) Plain (d) Rhythmic

Directions (Q. Nos. 191-195) *In the following passage some words have been deleted. Read the passage carefully and select the most appropriate option to fill in each blank.*

Among the largest species of cats in the world, tigers are powerful hunters with ...(1)... teeth, strong jaws and agile bodies. They range across Asia from Russia all the way to Sumatra and mainland South-East Asia. Researchers still have much to learn ...(2)... these beautiful, endangered ...(3)... .

There is currently one recognised species of tiger, Panthera tigris. Scientists have further ...(4)... the tiger into nine sub-species: the extinct Bali, Caspian and Javan sub-species, and the living Malayan, Sumatran, South China, Indochinese, Bengal and Amur (or Siberian) sub-species. Of these six sub-species AZA-accredited zoos currently manage three: Amur, Malayan and Sumatran. The Smithsonian's National Zoo and Conservation Biology Institute is home to Sumatran and Amur tigers, Sumatran tigers are ...(5)... as Critically Endangered on the International Union for Conservation of Nature's Red List and Amur tigers have been classified as Endangered.

191. Select the most appropriate option to fill blank no. 1.
(a) long (b) small
(c) blunt (d) sharp

192. Select the most appropriate option to fill blank no. 2.
(a) with (b) into
(c) about (d) along

193. Select the most appropriate option to fill blank no. 3.
(a) rabbits (b) cats
(c) elephants (d) dogs

194. Select the most appropriate option to fill blank no. 4.
(a) declared (b) restricted
(c) generalised (d) classified

195. Select the most appropriate option to fill blank no. 5.
(a) numerated (b) detailed
(c) recorded (d) listed

Directions (Q. Nos. 196-200) *Read the given passage and answer the questions that follow.*

What if globally designed products could radically change how we work, produce and consume? Several examples across continents show the way we are producing and consuming goods could be improved by relying on globally shared digital resources, such as design, knowledge and software.

Imagine a prosthetic hand designed by geographically dispersed communities of scientists, designers and enthusiasts in a collaborative manner via the web. All knowledge and software related to the hand is shared globally as a digital commons. People from all over the world who are connected online and have access to local manufacturing machines (from 3D printing and CNC machines to low-tech crafts and tools) can, ideally with the help of an expert, manufacture a customised hand. This is the case of the Open Bionics project, which produces designs for robotic and bionic devices.

There are no patent costs to pay for. Less transportation of materials is needed, since a considerable part of the manufacturing takes place locally, maintenance is easier, products are designed to last as long as possible and costs are thus, much lower.

196. Identify the most suitable title for the given passage.
(a) Knowledge Explosion
(b) Customised Hand
(c) Shared Information
(d) Digital Globalisation

197. What is the term used in the passage for globally shared digital things?
(a) Digital commons
(b) Digital information
(c) Digital resources
(d) Digital world

198. What is the tone of the author?
(a) Speculative
(b) Caustic
(c) Acerbic
(d) Belligerent

199. Which of the following is not a globally shared digital resource?
(a) Knowledge
(b) Design
(c) Automobile
(d) Software

200. Select the most suitable word from the passage which means 'Scattered'.
(a) Collaborative
(b) Shared
(c) Customised
(d) Dispersed

जानें सही उत्तर

1 (d)	2 (b)	3 (a)	4 (a)	5 (a)	6 (a)	7 (a)	8 (c)	9 (b)	10 (b)
11 (d)	12 (a)	13 (a)	14 (b)	15 (b)	16 (a)	17 (c)	18 (c)	19 (d)	20 (c)
21 (d)	22 (c)	23 (d)	24 (a)	25 (a)	26 (b)	27 (d)	28 (a)	29 (a)	30 (b)
31 (d)	32 (c)	33 (d)	34 (a)	35 (b)	36 (a)	37 (c)	38 (a)	39 (c)	40 (c)
41 (b)	42 (a)	43 (c)	44 (d)	45 (b)	46 (a)	47 (d)	48 (b)	49 (c)	50 (b)
51 (c)	52 (a)	53 (a)	54 (c)	55 (d)	56 (d)	57 (a)	58 (c)	59 (c)	60 (c)
61 (c)	62 (d)	63 (d)	64 (a)	65 (a)	66 (b)	67 (b)	68 (c)	69 (d)	70 (c)
71 (*)	72 (c)	73 (c)	74 (b)	75 (a)	76 (a)	77 (c)	78 (b)	79 (d)	80 (b)
81 (d)	82 (a)	83 (c)	84 (d)	85 (a)	86 (a)	87 (b)	88 (c)	89 (c)	90 (d)
91 (b)	92 (c)	93 (a)	94 (d)	95 (d)	96 (a)	97 (d)	98 (a)	99 (d)	100 (c)
101 (a)	102 (b)	103 (c)	104 (a)	105 (d)	106 (a)	107 (b)	108 (d)	109 (a)	110 (d)
111 (d)	112 (c)	113 (d)	114 (b)	115 (c)	116 (b)	117 (d)	118 (d)	119 (b)	120 (a)
121 (b)	122 (b)	123 (a)	124 (d)	125 (b)	126 (c)	127 (d)	128 (b)	129 (d)	130 (c)
131 (a)	132 (a)	133 (b)	134 (b)	135 (c)	136 (a)	137 (d)	138 (d)	139 (b)	140 (b)
141 (b)	142 (a)	143 (d)	144 (b)	145 (a)	146 (a)	147 (b)	148 (a)	149 (b)	150 (b)
151 (c)	152 (b)	153 (c)	154 (b)	155 (c)	156 (a)	157 (c)	158 (b)	159 (a)	160 (d)
161 (a)	162 (d)	163 (a)	164 (b)	165 (a)	166 (b)	167 (a)	168 (d)	169 (b)	170 (c)
171 (b)	172 (b)	173 (d)	174 (d)	175 (d)	176 (a)	177 (a)	178 (c)	179 (b)	180 (b)
181 (b)	182 (a)	183 (d)	184 (d)	185 (d)	186 (b)	187 (c)	188 (b)	189 (c)	190 (c)
191 (d)	192 (c)	193 (b)	194 (d)	195 (d)	196 (d)	197 (c)	198 (a)	199 (c)	200 (d)

प्रश्नों के सही हल

1. (d) दी गई श्रृंखला का क्रम निम्न प्रकार है,

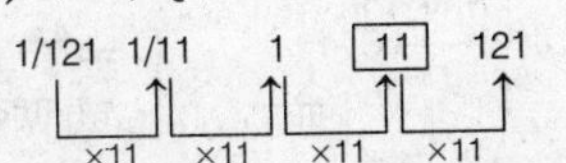

2. (b) दी गई आकृति श्रृंखला में पहली और तीसरी आकृति समान हैं तथा दूसरी और चौथी आकृति समान हैं। इसलिए श्रृंखला में अगली आकृति तीसरी आकृति के समान होगी।

3. (a) जिस प्रकार,

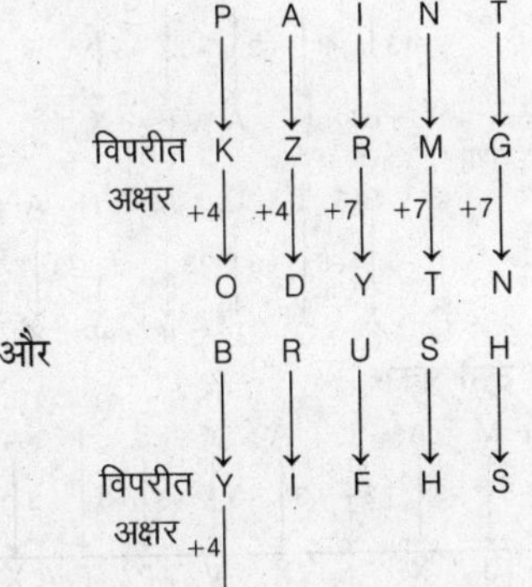

उसी प्रकार,

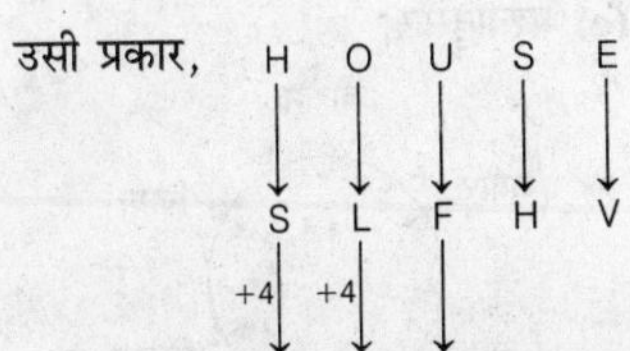

4. (a) दिया है,

$$42 \times 168 - 8 \div 4 + 3 = ?$$

प्रश्नानुसार, चिह्नों को बदलने पर,

+ → ×	× → +
− → ÷	÷ → −

$$? = 42 + 168 \div 8 - 4 \times 3$$

BODMAS नियम द्वारा,

$$= 42 + 21 - 12$$

$$= 63 - 12 = 51$$

5. (a) प्रश्नानुसार, पासों की दोनों स्थितियों में अंक 3 वाली फलक उभयनिष्ठ है और समान फलक पर स्थित है इसलिए अन्य संगत फलक एक-दूसरे के विपरीत होगा।

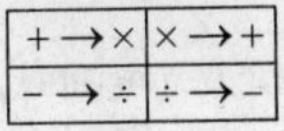

अत: A के विपरीत अक्षर B आएगा।

6. (a) जिस प्रकार, (7, 2, 70)

$\Rightarrow (7 \times 2) \times 5 = 70$

और (6, 4, 120)

$\Rightarrow (6 \times 4) \times 5 = 120$

उसी प्रकार, (3, 8, 120)

$\Rightarrow (3 \times 8) \times 5 = 120$

7. (a) कथनानुसार,

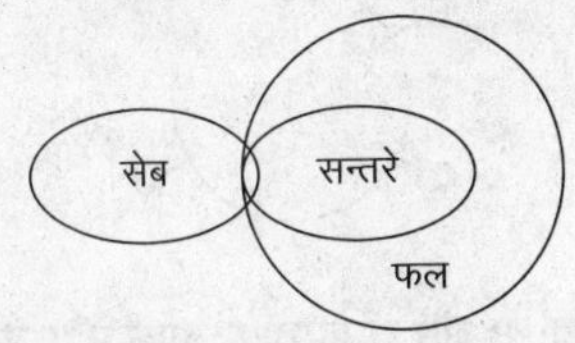

निष्कर्ष I. (✗) II. (✓)

अत: केवल निष्कर्ष II पालन करता है।

8. (c) कथनानुसार,

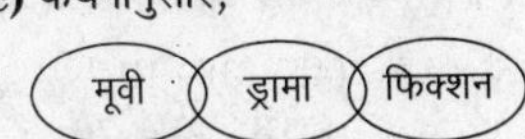

निष्कर्ष I. (✗) II. (✗)

अत: न तो निष्कर्ष I और न ही II पालन करता है।

9. (b) जिस प्रकार,

19 21 7 1 18 (अक्षरों की संख्या)

S U G A R

$\Rightarrow (19 + 21 + 7 + 1 + 18) + 5 \times 3$

$= 66 + 15 = 81$

तथा 6 9 12 12

F I L L

$\Rightarrow (6 + 9 + 12 + 12) + 4 \times 3$ (अक्षरों की संख्या)

$= 39 + 12 = 51$

उसी प्रकार,

3 18 5 1 13

C R E A M

$\Rightarrow (3 + 18 + 5 + 1 + 13) + 5 \times 3$ (अक्षरों की संख्या)

$= 40 + 15 = \boxed{55}$

10. (b) दी गई श्रृंखला का क्रम निम्न प्रकार है,

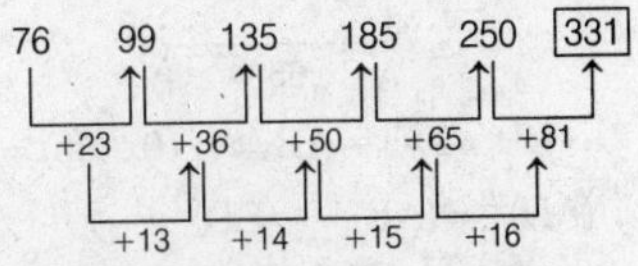

11. (d) दी गई आकृति श्रृंखला के प्रत्येक अगले पद में सम्पूर्ण आकृति वामावर्त दिशा में 90° घूम जाती है।

अत: विकल्प (d) आकृति अगली आकृति होगी।

12. (a)

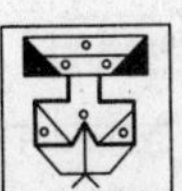

अत: विकल्प (a) में प्रश्न आकृति सन्निहित है।

13. (a) प्रश्नानुसार,

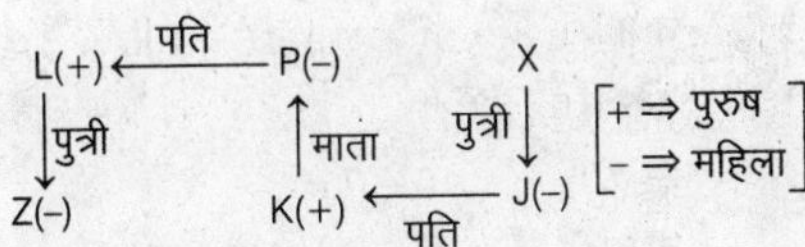

अत: K, Z का भाई है।

14. (b) प्रश्नानुसार, शब्दों को अंग्रेजी शब्दकोश के अनुसार क्रम निम्न प्रकार है,

Woodland (5) → Workable (3) → Wrangle (2) → Wrist (1) → Wrongful (4)

सही क्रम 5, 3, 2, 1, 4 है।

15. (b) प्रश्नानुसार,

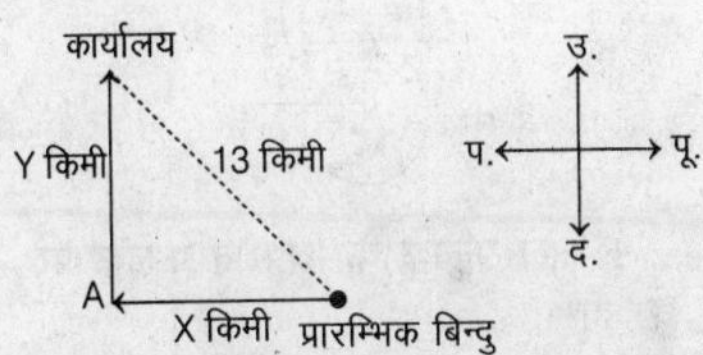

ΔOAB में पाइथागोरस प्रमेय से,

$$(X)^2 + (Y)^2 = (13)^2$$

जब X = 12 और Y = 5 [विकल्प (b) से]

$$(12)^2 + (5)^2 = 169$$

$$144 + 25 = 169$$

$$169 = 169$$

अत: विकल्प (b) सही उत्तर है।

16. (a) दी गई श्रृंखला का क्रम निम्न प्रकार है,

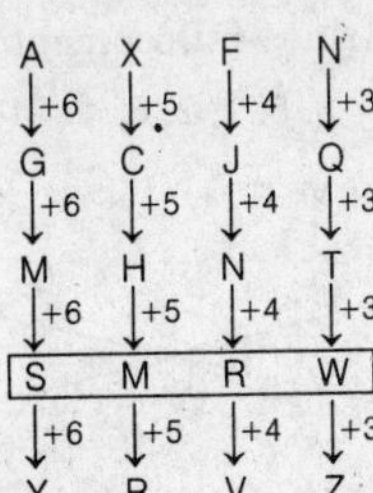

17. (c) जिस प्रकार, कलाकार का कार्य पेण्ट करना है। उसी प्रकार, मोची का कार्य जूतों की मरम्मत करना है।

18. (c) दिया गया समीकरण,

$23 - 5 \div 240 \times 8 + 14 = ?$

प्रश्नानुसार,

+ → −	× → ÷
− → ×	÷ → +

चिह्नों को आपस में बदलने पर,

BODMAS नियम द्वारा,

$? = 23 \times 5 + 240 \div 8 - 14$

$= 115 + 30 - 14$

$= 145 - 14 = 131$

19. (d) जिस प्रकार, 16 : 106

$\Rightarrow \quad 16 - 7 = 9$

तथा $\quad 9^2 + 9 + 16 = 106$

और 10 : 22

$\Rightarrow \quad 10 - 7 = 3$

तथा $\quad 3^2 + 3 + 10 = 22$

उसी प्रकार, 11 : ?

$11 - 7 = 4$

तथा $\quad ? = 4^2 + 4 + 11 = \boxed{31}$

20. (c) प्रश्नानुसार, घन की स्थिति निम्न प्रकार होगी।

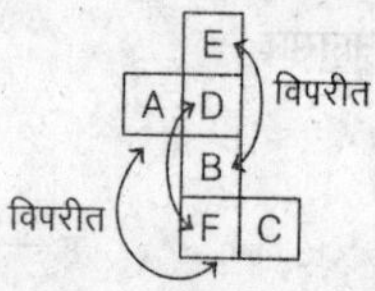

∴ F वाले फलक के विपरीत फलक पर D होगा।

21. (d) दी गई आकृति शृंखला के पहले से दूसरे पद में सभी छोटी आकृतियाँ अपने स्थान पर दक्षिणावर्त दिशा में 90° घूम जाती है और दूसरे से तीसरे पद में सभी छोटी आकृतियाँ दक्षिणावर्त दिशा में एक स्थान आगे जाती है। आगे यही क्रम जारी रहता है

22. (c) प्रश्नानुसार शब्दों का अंग्रेजी शब्दकोष के अनुसार क्रम निम्न प्रकार से है,

Docile → Dock → Doctor → Doctorate → Doctrine → Documentary

सही क्रम 3, 5, 1, 2, 6, 4 है।

23. (d) जिस प्रकार,

तथा

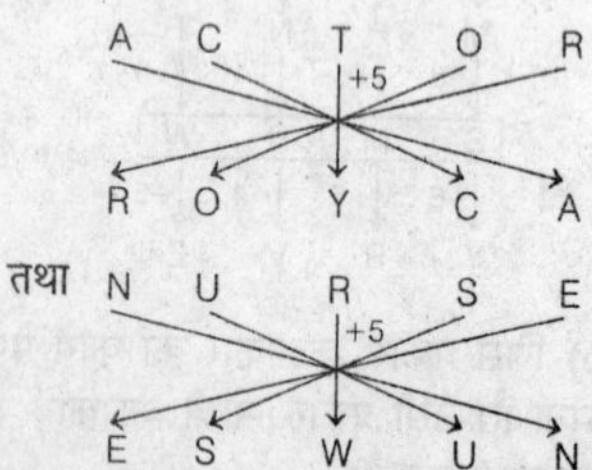

उसी प्रकार,

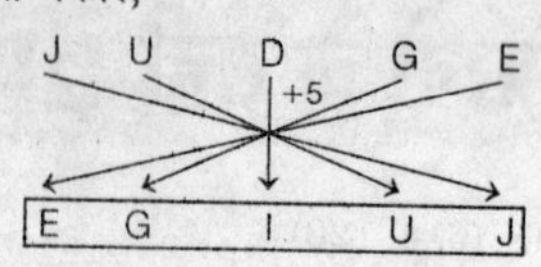

24. (a) अक्षर शृंखला का क्रम निम्न प्रकार है,

FKBYO/FKBYO/FKBYO

25. (a) प्रश्नानुसार,

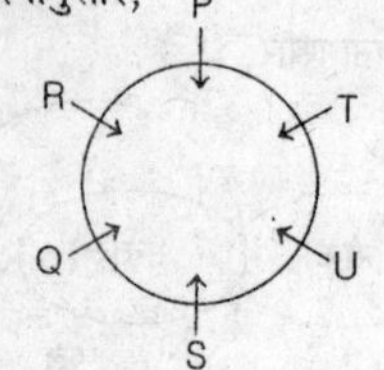

अत: P और U के ठीक बगल में T बैठा है।

26. (b) दिया गया समीकरण

$15 \times 3 + 15 - (45 \times 3) - 10 + (13 \div 2) = 76$

विकल्प (b) से, चिह्न को आपस में बदलने पर,

$15 \div 3 \times 15 - (45 \div 3) - 10 + (13 \times 2) = 76$

$\Rightarrow \quad 75 - 15 - 10 + 26 = 76$

$\Rightarrow \quad 101 - 25 = 76$

$\Rightarrow \quad 76 = 76$

$(\because \text{LHS} = \text{RHS})$

27. (d) प्रश्नानुसार,

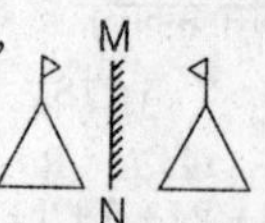

अत: विकल्प (d) सही उत्तर है।

28. (a) जिस प्रकार,

$U \xrightarrow{-4} Q \xrightarrow{+8} Y \xrightarrow{-7} R$

तथा $N \xrightarrow{-4} J \xrightarrow{+8} R \xrightarrow{-7} K$

$G \xrightarrow{-4} C \xrightarrow{+8} K \xrightarrow{-7} D$

परन्तु $\boxed{X \xrightarrow{-9} O \xrightarrow{+5} T \xrightarrow{-4} P}$

29. (a) प्रश्नानुसार,

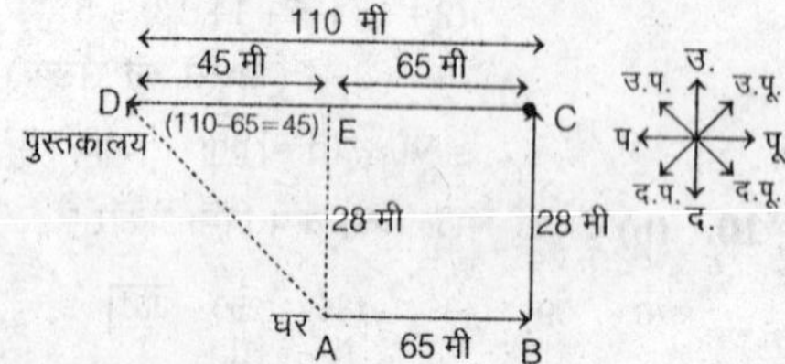

$ED = DC - AB = (110 - 65) = 45$ मी

$(AD)^2 = (AE)^2 + (ED)^2$

$(AD)^2 = (28)^2 + (45)^2$

$(AD)^2 = 784 + 2025$

$(AD)^2 = 2809 \Rightarrow AD = 53$

अत: आण्टी ग्लोरिया के घर से पुस्तकालय 53 मी, उत्तर-पश्चिम में है।

30. (b) प्रश्नानुसार,

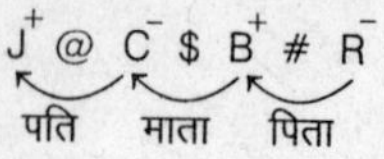

$\overset{+}{J}$ @ $\overset{-}{C}$ \$ $\overset{+}{B}$ # $\overset{-}{R}$

पति माता पिता

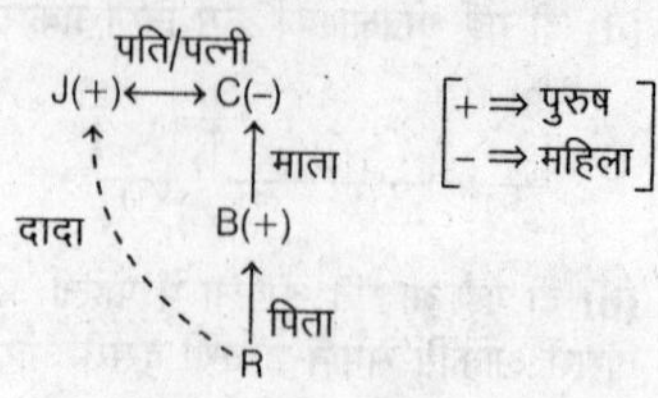

अत: J, R का दादा हैं।

31. (d) जिस प्रकार,

तथा

उसी प्रकार,

32. (c) प्रश्नानुसार,

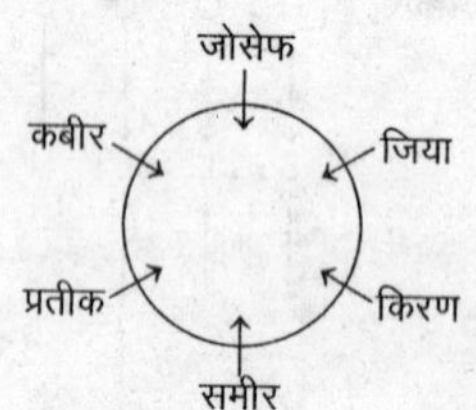

अत: जिया के ठीक बगल में किरण है।

33. (d) कथनानुसार,

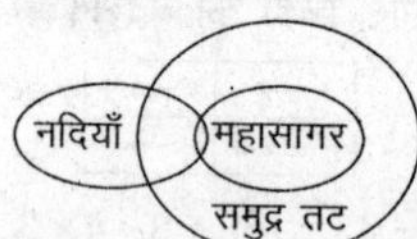

निष्कर्ष I. (✓) II. (✗)

अत: केवल निष्कर्ष I पालन करता है।

34. (a) प्रश्नानुसार, घन की स्थिति निम्न प्रकार है

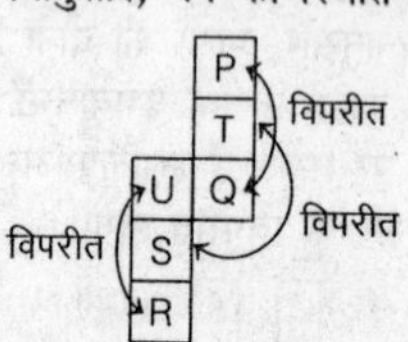

यहाँ T, S के विपरीत है।

U, R के विपरीत है।

P, Q के विपरीत है।

अत: विकल्प (a) सही उत्तर है।

35. (b) कथनानुसार,

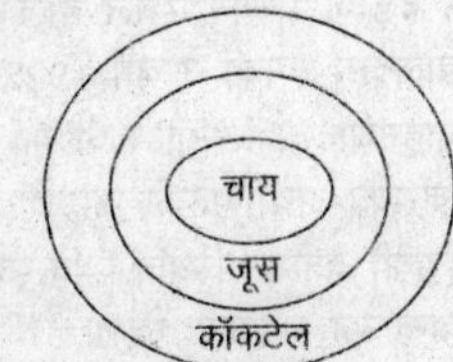

निष्कर्ष I. (✓) II. (✗)

अत: केवल निष्कर्ष I पालन करता है।

36. (a) दी गई शृंखला का क्रम निम्न प्रकार है,

P J V G
↓+6 ↓−8 ↓+4 ↓−5
V B Z B
↓+6 ↓−8 ↓+4 ↓−5
B T D W
↓+6 ↓−8 ↓+4 ↓−5
H L H R
↓+6 ↓−8 ↓+4 ↓−5
N D L M

37. (c) दिया गया समीकरण,

21 B 14 C 154 D 14 A 42 = ?

A ⇒ +	B ⇒ ×
C ⇒ −	D ⇒ +

चिह्नों को प्रतिस्थापित करने पर,

$? = 21 \times 14 - 154 \div 14 + 42$
$= 294 - 11 + 42$
$= 336 - 11 = 325$

38. (a) दिया गया समीकरण,

89 A 94 C 35 D 8 B 8 = ?

A ⇒ +	B ⇒ ×
C ⇒ −	D ⇒ ÷

चिह्नों को प्रतिस्थापित करने पर,

$? = 89 + 94 - 35 \div 8 \times 8$
$= 89 + 94 - 35 \times \frac{1}{8} \times 8$
$= 183 - 35 = 148$

39. (c) दी गई प्रश्न आकृति के अनुसार कागज को मोड़कर काटने के पश्चात खोलने पर उत्तर आकृति (c) के समान दिखाई देगा।

40. (c) दिया गया समीकरण,

56 D 8 B7 = ? B7

A ⇒ +	B ⇒ ×
C ⇒ −	D ⇒ ÷

चिह्नों को प्रतिस्थापित करने पर,

$56 \div 8 \times 7 = ? \times 7$
$\Rightarrow 7 \times 7 = ? \times 7$
$\Rightarrow 49 = ? \times 7$
$\Rightarrow 7 = ?$

41. (b) प्रश्नानुसार, घन की स्थिति निम्न प्रकार है

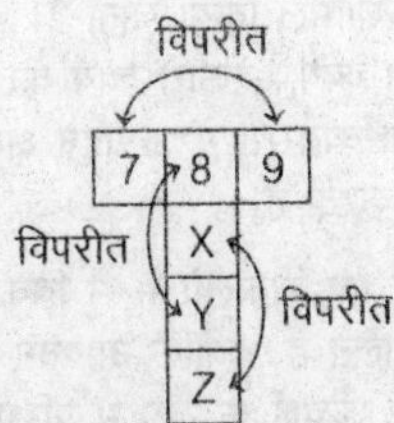

यहाँ, 8 के विपरीत Y है।
X के विपरीत Z है।
7 के विपरीत 9 है।
अत: विकल्प (b) में दिया गया घन सम्भव है।

42. (a) दी गई शृंखला का क्रम निम्न प्रकार है,

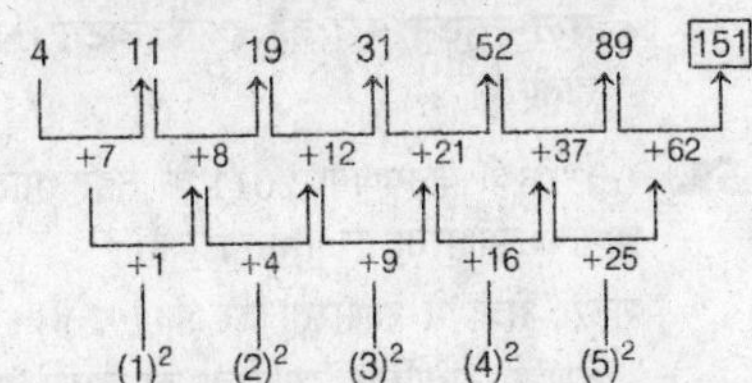

43. (c) दी गई शृंखला का क्रम निम्न प्रकार है,

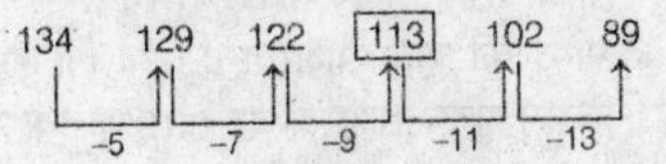

44. (d) दिया गया समीकरण,

22 B 7 C 288 D 12 A 27 = ?

A ⇒ +	B ⇒ ×
C ⇒ −	D ⇒ ÷

चिह्नों को प्रतिस्थापित करने पर,

$? = 22 \times 7 - 288 \div 12 + 27$
$= 154 - 24 + 27 = 157$

45. (b) जिस प्रकार,

$S \xrightarrow{+4} W \xrightarrow{+2} Y \xrightarrow{-1} X,$

$P \xrightarrow{+4} T \xrightarrow{+2} V \xrightarrow{-1} U$

तथा $R \xrightarrow{+4} V \xrightarrow{+2} X \xrightarrow{-1} W$

परन्तु, $L \xrightarrow{+3} O \xrightarrow{+2} Q \xrightarrow{-1} P$

46. (a) जिस प्रकार, 12 : 64

$\Rightarrow 12 \times 4 + 16 = 64$

तथा 32 : 144

$\Rightarrow 32 \times 4 + 16 = 128 + 16 = 144$

उसी प्रकार, 25 : 116

$\Rightarrow 25 \times 4 = 100$

तथा $100 + 16 = 116$

अत: $? = 25$

47. (d) विकल्प (d) आकृति का सही दर्पण प्रतिबिम्ब होगा)

M
8BEYTK@8 | 8@KTYEB8
N

48. (b) जिस प्रकार, 1 12 9 22 5
A L I V E

$\Rightarrow (1 + 12 + 9 + 22 + 5)$ (5 अक्षरों की संख्या × 3

अक्षरों की संख्या $= 49 + 15 = 64$

तथा 8 1 12 12
H A L L

$\Rightarrow (8 + 1 + 12 + 12) + (4 \times 3)$ (4 अक्षरों की संख्या × 3)

अक्षरों की संख्या $= 33 + 12 = 45$

उसी प्रकार, 13 15 22 9 5
M O V I E

$\Rightarrow (13 + 15 + 22 + 9 + 5)$ (5 अक्षरों की संख्या × 3)

अक्षरों की संख्या $= 64 + 15 = \boxed{79}$

49. (c) प्रश्नानुसार, [E] A R S = 4[2]68

और N I C [E] = 97[2]3

दोनों शब्दों में अक्षर E और संख्या 2 सामान है, तब उसी कूटभाषा में 'E' को '2' से कूटबद्ध किया जाएगा।

50. (b) जिस प्रकार, (9, 1, 19)

$\Rightarrow (9 \times 2) + 1^2 = 18 + 1 = 19$

तथा (5, 2, 14)

$\Rightarrow (5 \times 2) + 2^2 = 10 + 4 = 14$

उसी प्रकार, (3, 2, 10)

$\Rightarrow (3 \times 2) + 2^2 = 6 + 4 = 10$

अत: विकल्प (b) सही उत्तर है।

51. (c) **अनुच्छेद 33** संसद को सशस्त्र बलों, अर्द्ध-सैन्य बलों, पुलिस बलों, खुफिया एजेन्सियों और समान बलों के सदस्यों के मूल अधिकारों को निराकृत करने का अधिकार देता है। इस अनुच्छेद के सैन्य बलों के तहत कानून बनाने की शक्ति सिर्फ संसद को है, संसद द्वारा बनाए गए कानून को किसी भी अदालत में मौलिक अधिकारों के उल्लंघन के आधार पर चुनौती नहीं दी जा सकती है।

- **अनुच्छेद 31** द्वारा गारण्टीकृत सम्पति के अधिकार को 44वें संविधान संशोधन, 1978 द्वारा मौलिक अधिकार से हटा दिया गया है।
- **अनुच्छेद 35** केवल कुछ विशेष मौलिक अधिकारों को प्रभावी बनाने की शक्ति प्रदान करता है।
- **अनुच्छेद 37** के अनुसार, राज्य के नीति-निदेशक तत्त्व सम्बन्धी प्रावधानों को किसी भी न्यायालय द्वारा प्रवर्तित नहीं किया जा सकता है।

52. (a) कोशिका चक्र के G_2 चरण के दौरान, कोशिका उपापचय परिवर्तन, समसूत्रण और कोशिकाद्रव्य विभाजन के लिए आवश्यक कोशिकाद्रव्यी सामग्री को एकत्रित करती है।
- यह समसूत्री विभाजन के पूर्व की अवस्था है, जिसमें RNA प्रोटीन व नए कोशिकांगों का संश्लेषण होता है।
- इस अवस्था में मानव कोशिका 3-4 घण्टे तक रहती है।

53. (a) विजयनगर राज्य की स्थापना 1336 ई. में हरिहर और बुक्का द्वारा की गई थी।
- इनके पिता संगम के नाम पर इस वंश का नाम पड़ा।
- इस वंश का प्रथम शासक हरिहर प्रथम (1336-1356) हुआ। हरिहर प्रथम को एक समुद्र का अधिपति कहा गया है। इसने अपनी राजधानी हम्पी को बनाया।

54. (c) नीति-निदेशक तत्त्व के अनुच्छेद 40 के तहत् सिंघवी समिति की अनुशंसा पर पंचायती राज संस्थान का गठन 73वें संविधान संशोधन अधिनियम, 1992 के तहत् किया गया।
- इसके अन्तर्गत संविधान में एक नया भाग-9 तथा 11वीं अनुसूची जोड़ी गई।
- इसमें पंचायतों के 29 कार्यात्मक विषय शामिल हैं। इसमें अनुच्छेद- 243 से 243 (0) तक के प्रावधान हैं।
- भारतीय संविधान के भाग-3 में मौलिक अधिकारों का वर्णन किया गया है।

55. (d) पूरन चन्द वडाली और प्यारेलाल वडाली (वडाली ब्रदर्स) पंजाब के अमृतसर जिले के गुरू की वडाली के सूफी गायक और संगीतकार हैं।
- इन्हें वर्ष 1988 में तुलसी पुरस्कार तथा वर्ष 2005 में पूरनचन्द वडाली को पद्मश्री पुरस्कार से सम्मानित किया गया।
- इन्होंने इश्क मुसाफिर, याद पिया की जैसे बॉलीवुड गीत गाए हैं।

56. (d) हरिप्रिया नम्बूदिरी कथकली शास्त्रीय नृत्य की प्रतिपादक हैं।
- इन्होंने कथकली की शिक्षा गुरू कलामण्डलम वासु पिशारोडी से ली है।
- कथकली एक कहानी खेल शैली है।
- कथकली-कृष्ण नायर, शान्ता राव, मृणालिनी साराबाई, आनन्दा, शिवशमन, कृष्णन कुट्टी।

57. (a) सरकार द्वारा स्वास्थ्य सुविधाओं, शिक्षा तथा निश्चित अधिग्रहण पर व्यय को पूँजीगत व्यय कहा जाता है।
- यह एक ऐसा व्यय होता है, जो या तो सम्पत्ति सृजित करता है या देयता को कम करता है।
- पूँजीगत व्यय में मशीनरी उपकरण भवन स्वास्थ्य सुविधाएँ, शिक्षा वगैरह के विकास पर खर्च किया गया धन शामिल है।
- गैर-योजनागत राजस्व व्यय में ब्याज भुगतान, सब्सिडी, वेतन, विदेशी सरकारों को अनुदान आदि शामिल किया जाता है।
- योजना व्यय सरकारी व्यय का वह घटक है, जो अर्थव्यवस्था में उत्पादन क्षमता बढ़ाने में मदद करता है।

58. (c) दिए गए विकल्पों में से विकल्प (c) का मिलान गलत है, क्योंकि आयतन को लम्बाई × चौड़ाई × ऊँचाई के रूप में परिभाषित किया जाता है, जिसका SI मात्रक घन मीटर होता है।
- **दाब-पास्कल** दाब की इकाई पास्कल (Pa) होती है, जो न्यूटन गति वर्ग मीटर (N/m^2) के बराबर होती है।
- **कार्य-जूल** किया गया कार्य या ऊर्जा की इकाई जूल (J) होती है।
- **बल-न्यूटन** बल की इकाई न्यूटन (N) होती है।

59. (c) 15वीं जनगणना 2011 के तहत् भारत में ग्रामीण साक्षरता दर 66.77% है।

शहरी क्षेत्रों में साक्षरता दर 84.1% है।
- देश में सर्वाधिक साक्षरता दर वाला राज्य केरल (94%) तथा सबसे कम साक्षरता दर वाला राज्य बिहार (61.8%) है।
- भारत की कुल साक्षरता दर 74.4% है, जिसमें पुरुष साक्षरता दर 80.9% तथा महिला साक्षरता दर 64.6% है।

60. (c) अधिकांश वस्तुओं के आयात के लिए लाइसेन्स समाप्त करना उदारीकरण को बढ़ावा देता है।
- भारत में वर्ष 1991 में लाइसेन्स व्यवस्था को समाप्त करके उदारीकरण, निजीकरण और वैश्वीकरण लाया गया था।
- टैरिफ बढ़ाना, पूँजी संचय पर सीमाएँ आरोपित करना, ब्याज दरों एवं बैंक आरक्षित निधियों को बढ़ाने से महँगाई बढ़ेगी, जो निर्यात को कम कर देगा।

61. (c) ऋण और इक्विटी फण्डों को मिलाकर बनाया गया म्यूचुअल फण्ड सेवा क्षेत्र का हिस्सा है।
- विनिर्माण कम नहीं लकड़ी से बना कागज, गन्ने से बनी चीनी तथा कपास से बना सूत जैसे कच्चे माल को तैयार माल में परिवर्तित करना विनिर्माण कहलाता है।

62. (d) स्विट्जरलैण्ड में आयोजित प्रतिष्ठित ज्यूरिख डायमण्ड लीग, 2022 नीरज चोपड़ा ने जीती है।
- नीरज ने 87.58 मीटर भाला फेंककर टोक्यो ओलम्पिक, 2020 में गोल्ड मेडल जीता था।
- ज्यूरिख डायमण्ड लीग, 2022 विश्व एथलेटिक्स द्वारा आयोजित आउटडोर ट्रैक और फील्ड बैठकों की वार्षिक श्रृंखला का 15वाँ सीजन है।
- वर्ष 2025 में इसका आयोजन ज्यूरिख में होगा।

63. (d) मोहनजोदड़ो सिन्धु नदी के किनारे स्थित एक हड़प्पा सभ्यता स्थल है। इसकी खोज राखालदास बनर्जी ने वर्ष 1922 में की।
- मोहनजोदड़ो सिन्धी भाषा का शब्द है, जिसका अर्थ 'मृतकों का टीला' है।
- इसकी वर्तमान स्थिति पाकिस्तान के सिन्ध प्रान्त का लरकाना जिला है।
  - हड़प्पा-रावी नदी
  - कालिबंगन-घग्घर नदी
  - रंगपुर-माहर नदी
  - लोथल-भोगवा नदी

64. (a) डॉ. राजेन्द्र प्रसाद ने वर्ष 1946 में अपनी आत्मकथा को 'आत्मकथा' शीर्षक से लिखा है।
- इनकी अन्य किताबें इण्डिया डिवाइडेड (1946), सत्याग्रह ऐट चम्पारण (1922) हैं।
- जबकि 'माई कण्ट्री माई लाइफ' लालकृष्ण आडवाणी की आत्मकथा है।
- 'ए शॉट एट हिस्ट्री' अभिनव बिन्द्रा की आत्मकथा है।

65. (a) वर्ष 1971 में चौथी पंचवर्षीय योजना के दौरान इन्दिरा गाँधी ने 'गरीबी हटाओ' का नारा दिया था। इसे पाँचवीं पंचवर्षीय योजना में शामिल किया गया था। पाँचवीं पंचवर्षीय योजना में रोजगार बढ़ाने और गरीबी उन्मूलन पर बल दिया गया।

66. (b) भारत में तीसरी सबसे ज्यादा बोली जाने वाली भाषा मराठी (8.3) करोड़ लोग) है।
- भारत में सर्वाधिक हिन्दी (52.83 करोड़ लोग) भाषा बोली जाती है, जबकि बांग्ला (9.27 करोड़) दूसरी सर्वाधिक बोली जाने वाली भाषा है।
- भारत में बोली जाने वाली दस प्रमुख भाषाएँ हिन्दी, बांग्ला, मराठी, तेलुगू, तमिल, गुजराती, उर्दू, कन्नड़, उड़िया तथा मलयालम हैं।
- भारत की तीसरी सबसे ज्यादा बोली जाने वाली भाषा मराठी है, जो 6.86% लोग बोलते हैं।
- भारत में सर्वाधिक हिन्दी जो 43.63% लोग बोलते हैं, जबकि बंगला 8.03% लोग बोलते हैं।

67. (b) वर्ष 1951 में लिनस पॉलिंग और रॉबर्ट कोरी ने प्रोटीन की द्वितीयक संरचना α-हैलिक्स व β-शीट की व्याख्या की थी।
- प्रोटीन अमीनो अम्लों के बहुलक (पॉलीपेप्टाइड) होते हैं।
- α-हैलिक्स व β-शीट पॉलीपेप्टाइड श्रृंखला में हाइड्रोजन बन्धों के बनने के कारण निर्मित द्वितीयक संरचनाएँ होती हैं।

68. (c) मानसून पूर्व वर्षा को बोलचाल की स्थानीय भाषा में आम्र बौछार या आम्र वर्षा कहते हैं। इस वर्षा को सामान्यत: ''अप्रैल की वर्षा या ग्रीष्मकालीन वर्षा कहा जाता है।''
- यह भारत, कम्बोडिया तथा दक्षिण-पूर्व एशिया में प्रमुख रूप से पाई जाती है।
- इसे बंगाल में काल बैसाखी, असम में **बोर्डोइसिला** और कर्नाटक में **चेरी ब्लॉसम** या कॉफी शावर के नाम से जाना जाता है।

69. (d) समुद्री पश्चिमी तट की जलवायु महाद्वीपों के पश्चिमी तट पर भूमध्यसागरीय जलवायु में ध्रुव की ओर स्थित है।

- इसका मुख्य क्षेत्र उत्तर पश्चिमी यूरोप, उत्तरी अमेरिका के पश्चिमी तट, कैलिफोर्निया के उत्तर, दक्षिणी चिली, दक्षिण-पूर्वी ऑस्ट्रेलिया और न्यूजीलैण्ड हैं।
- समुद्री पश्चिमी तट जलवायु में समुद्र के प्रभाव के कारण, तापमान मध्यम होता है और सर्दियों में अक्षांश की तुलना में अधिक गर्म होता है।

70. (c) गंगा द्वारा हिमालय से नीचे लाए गए मलबे से बनने वाले जलोढ़ को 'खादर' कहा जाता है।

- खादर प्रतिवर्ष बाढ़ द्वारा जमा की जाती है, जो महीन गाद जमा करके मिट्टी को समृद्ध करती है। इसमें अशुद्ध कैल्शियम कार्बोनेट या कंकड के पिण्ड होते हैं। जबकि भांगर बाढ़ के मैदानों से दूर जमा होता है।
- रेगुर मिट्टी (काली मिट्टी) बेसाल्ट चट्टान के टूटने से बनती है।

71. (*) मानव की लाल रक्त कणिकाओं का औसत व्यास 7-8 μm होता है। ये लाल रंग की केन्द्रकविहीन एवं द्विअवतल रक्त कणिकाएँ होती हैं, जो हीमोग्लोबिन वर्णक की उपस्थिति के कारण रक्त में O_2 एवं CO_2 गैसों का परिवहन करती हैं।

- RBCs की मोटाई 1.7-2.2 μm तथा जीवनकाल 120 दिन होता है।
- अस्थि मज्जा में RBC का निर्माण होता है और इसका क्षय यकृत और प्लीहा में होता है।
- तिल्ली को RBC का कब्रिस्तान कहा जाता है।

72. (c) भारतीय वॉलीबॉल संघ की स्थापना वर्ष 1951 में की गई थी।

- इसका मुख्यालय चेन्नई तमिलनाडु में है।
- वर्ष 1951 से पहले यह भारतीय ओलम्पिक संघ द्वारा नियन्त्रित किया जाता था।
- हॉकी इण्डिया, बैडमिण्टन एसोसिएशन ऑफ इण्डिया, भारतीय एथलीट संघ का मुख्यालय नई दिल्ली में है।

73. (c) H का इलेक्ट्रॉनिक विन्यास $1s^2$ है। यह स्थायी विन्यास ग्रहण करने के लिए एक इलेक्ट्रॉन त्याग कर समूह 1 से समानता दर्शाता है। इसके अतिरिक्त e एक इलेक्ट्रॉन ग्रहण कर (H^{-1}) समूह 17 (हैलोजनों) से समानता दर्शाता है।

- क्लोरीन समूह 17 का तत्त्व है, जिसके द्रव्यमान 35 और 37 amu के दो समस्थानिक है।
- क्लोरीन का परमाणु क्रमांक 17 है और इसका रासायनिक प्रतीक CI है।
- क्लोरीन कमरे के तापमान पर एक तीखी, हरी पीली गैस है और पृथ्वी की परत का लगभग 0.0018% है।

74. (b) प्रतिनिधि सरकार के लिए गठबन्धन में काम करने के लिए कांग्रेस और मुस्लिम लीग द्वारा दिसम्बर, 1916 में लखनऊ समझौते पर हस्ताक्षर किए गए।

- मोहम्मद अली जिन्ना इस समझौते में मुस्लिम लीग के अध्यक्ष थे।
- इस बैठक में कांग्रेस के उदारवादी तथा उग्रवादी नेताओं का मेल हुआ।
- इस समझौते के प्रमुख निर्माता मोहम्मद अली जिन्ना और बालगंगाधर तिलक थे।

75. (a) अशोक ने कलिंग युद्ध के बाद बौद्ध धर्म और अहिंसा के सिद्धान्त को अपनाया।

- अशोक का शासनकाल 269 ई.पू. से 232 ई.पू. था।
- अशोक, बिन्दुसार के पुत्र थे तथा इनके उत्तराधिकारी दशरथ मौर्य हुए।
- चन्द्रगुप्त मौर्य ने 345 ई.पू. में मौर्य वंश की स्थापना की।
- अशोक ने बौद्ध भिक्षु उपगुप्त के प्रभाव में बौद्ध धर्म ग्रहण किया।
- कलिंग युद्ध अशोक के 13वें शिलालेख में मिलता है।

76. (a) कथन (A) किसी परमाणु की आयनन ऊर्जा, ऊर्जा की वह मात्रा है, जो गैसीय प्रावस्था में परमाणुओं के एक मोल से एक इलेक्ट्रॉन को निकालने के लिए आवश्यक होती है।

- कथन (B) आयनन ऊर्जा, समूहों में शीर्ष से नीचे की ओर जाने पर घटती है और आवर्त में बाएँ से दाएँ जाने पर घटती है।

77. (c) पं. जवाहरलाल नेहरू के नेतृत्व में 2 सितम्बर, 1946 को देश की पहली अन्तरिम सरकार का गठन हुआ। इस समय लॉर्ड वेवल भारत के वायसराय थे।

- इस अन्तरिम सरकार का गठन वर्ष 1946 में आई कैबिनेट मिशन योजना के आधार पर किया गया। 26 अक्टूबर, 1946 को इसमें मुस्लिम लीग शामिल हुई।
- अन्तरिम मन्त्री और विकास
- जवाहरलाल नेहरू - कार्यकारी परिषद् के उपाध्यक्ष, विदेशी मामले
- वल्लभभाई पटेल - गृह, सूचना तथा प्रसारण
- बलदेव सिंह - रक्षा
- जान मथाई - उद्योग एवं आपूर्ति
- आसफ अली - रेलवे
- लियाकत अली खाँ - वित

78. (b) मोहिनीअट्टम, भारत के केरल राज्य के दो शास्त्रीय नृत्यों (कथकली) में से एक है।

- इसमें मोहिनी के रूप में भगवान विष्णु के पुनर्जन्म की याद में महिलाओं द्वारा नृत्य किया जाता है।
- डॉ. सुनन्दा नायर मोहनीअट्टम में मास्टर डीग्री हासिल करने वाली भारत की पहली महिला बनी। (मुम्बई विश्वविद्यालय) यह नाट्यशास्त्र की लास्य शैली पर आधारित है। जबकि आन्ध्र प्रदेश में कुचिपुड़ी, मणिपुर में मणिपुरी तथा उत्तर प्रदेश में कथक नृत्य किया जाता है।

79. (d) उपरोक्त कथन रससुन्दरी देवी द्वारा लिखित उनकी आत्मकथा अमार जीबन का है। इसका प्रकाशन 1876 ई. में किया गया।

यह बंगाली में प्रकाशित हुई थी, जो एक भारतीय महिला द्वारा लिखी गई पहली आत्मकथा है।

इसका अनुवाद इनाक्षी चटर्जी ने किया।

80. (b) **अनुच्छेद** 164 मुख्यमन्त्री की नियुक्ति राज्यपाल द्वारा की जाएगी और अन्य मन्त्रियों की नियुक्ति राज्यपाल द्वारा मुख्यमन्त्री की सलाह पर।

- **अनुच्छेद** 163 राज्यपाल को सहायता और सलाह देने के लिए मन्त्रिपरिषद्।
- **अनुच्छेद** 165 राज्यपाल द्वारा राज्य में महाधिवक्ता की नियुक्ति।
- **अनुच्छेद** 167 राज्यपाल को सूचना देने आदि के सम्बन्ध में मुख्यमन्त्री के कर्त्तव्य।

81. (d) गोपिका वर्मा केरल में जन्मी मोहिनीअट्टम नृत्यांगना एवं नृत्य शिक्षिका हैं। उन्होंने कवलम नारायण पणिक्कर के तहत सोपना शैली में मोहिनीअट्टम प्रस्तुत किया है। इन्हें वर्ष 2019 में संगीत नाटक अकादमी पुरस्कार दिया गया।

- मोहिनीअट्टम की उत्पत्ति केरल राज्य से हुई है। मोहिनीअट्टम भगवान विष्णु के महिला अवतार मोहिनी से लिया गया है।
- मोहिनीअट्टम दक्षिण भारत के कर्नाटक में किया जाता है। मोहिनीअट्टम के मुख्य प्रतिपादक, कलामण्डलम कलयाण कुटी अम्मा, सुनंदा नायर, पल्लवी कृष्णन।

82. (a) भारतीय संविधान के भाग-4 में राज्य के नीति-निदेशक सिद्धान्तों को शामिल किया गया है।

- इसे आयरलैण्ड के संविधान से लिया गया है।
- इन सिद्धान्तों का कार्य एक जनकल्याणकारी राज्य की स्थापना करना है।
- इसमें अनुच्छेद 36 से 51 तक शामिल किए गए हैं।

83. (c) गैलियम (Ga) तत्व का क्वथनांक उच्च होता है, जो इसे उन तापमानों को रिकॉर्ड करने के लिए आदर्श बनाता है, जिन पर थर्मामीटर वाष्पीकृत हो जाते हैं।

- बोरॉन का क्रिस्टल परमाणुओं के नीच सहसंयोजी बंध स्थापित होकर बनता है।
- बोरॉन 2 परमाणु मिलकर इकोसेहेड्रॉन नेटवर्क तैयार करते हैं, जिसके 20 त्रिभुजाकार फलक तथा 12 कोने होते हैं।
- यह बोरॉन को अत्यधिक कठोर बनाता है, इसलिए बोरॉन के गलनांक तथा क्वथनांक अत्यधिक उच्च होते हैं।

84. (d) इनसैट-1B, इनसैट शृंखला का दूसरा उपग्रह है।
- इसे वर्ष 1983 में यूएसए के स्पेस शटल द्वारा सफलतापूर्वक प्रक्षेपित किया गया।
- इसे फोर्ड एयरोस्पेस द्वारा निर्मित किया गया।
- यह उच्च शक्ति टीवी प्रसारण और दूरसंचार राष्ट्रीय कवरेज ट्रान्सपोण्डर प्रदान करता है।
- यह भारतीय राष्ट्रीय उपग्रह प्रणाली शृंखला का पहला परिचालन उपग्रह था।
- इसका निर्माण फोर्ड एयरो स्पेस द्वारा किया गया था।
- यह जुलाई, 1990 तक चालू था।

85. (a) सर्वप्रथम भारत आने वाला यूरोपीय पुर्तगाली यात्री वास्कोडीगामा था।
- यह 1498 ई. में भारत के कालीकट (केरल) तट पर पहुँचा था।
- 1503 ई. में कोचीन में प्रथम पुर्तगाली फैक्ट्री स्थापित की गई।
- डच ईस्ट इण्डिया कम्पनी 1602 ई. तथा ब्रिटेन ईस्ट इण्डिया कम्पनी 1600 ई. में भारत आई। जबकि फ्रांसीसी कम्पनी ने 1674 ई. में पाण्डिचेरी में अपना पहला कारखाना खोला।

86. (a) पैंजिया विशाल एकीकृत महाद्वीप था।
- इसका अस्तित्व लगभग 250 मिलियन वर्ष पहले पैल्योजोइक और मेसोजोइक युग के दौरान था।
- पैंजिया नाम अल्फ्रेड वेगनर के महाद्वीपीय सिद्धान्त में बताया गया है। पैंजिया ही बाद में 7 महाद्वीपों में विखण्डित हुआ।

87. (b) विश्व एथलेटिक्स चैम्पियनशिप, 2022 में भारत के नीरज चौपड़ा ने सिल्वर मेडल जीता।
- इस एक मेडल के साथ भारत इस इवेण्ट में 33वें स्थान पर रहा। इस चैम्पियनशिप की शुरुआत वर्ष 1983 में हुई।
- यह एक द्विवार्षिक प्रतियोगिता है। विश्व एथलेटिक्स परिषद् ने विश्व एथलेटिक्स चैम्पियनशिप, 2025 की मेजबानी टोक्यो (जापान) को दी है।

88. (c) वस्तु एवं सेवा कर एक समानुपातिक प्रकृति का अप्रत्यक्ष कर है, जो सभी लोगों पर समान अनुपात में लगाया जाता है। जबकि पूँजी लाभ कर, आयकर, निगम कर सभी व्यक्तियों पर समान न होकर अलग-अलग होते हैं।
- वस्तु एवं सेवा कर की शुरुआत 1 जुलाई, 2017 में की गई। इसे चार श्रेणी 5%, 12%, 18%, 28% में विभाजित किया गया है।
- **आनुपातिक कर** सभी उपभोक्ता, चाहे उनकी आय कितनी भी हो, एक निश्चित दर का भुगतान करते हैं। जैसे-बिक्री कर।
- **प्रगतिशील कर** एक ऐसी कर प्रणाली है, जो कर योग्य आय बढ़ने पर दरों में वृद्धि करती है; जैसे-निवेश, आयकर, अर्जित ब्याज कर, किराए की आय, सम्पत्ति कर आदि।
- GST का सुझाव विजय केलकर समिति (2002) ने दिया था।
- GST का स्वरूप असीम दास गुप्ता समिति ने दिया था।
- असम राज्य नें सबसे पहले GST को स्वीकार कर कानून बना दिया।

89. (c) विटामिन-D आँतों में कैल्शियम के अवशोषण को बढ़ाता है और अस्थियों व माँसपेशियों में Ca^{2+} के जमाव/निक्षेपण द्वारा इनकी मजबूती बढ़ाता है। वसा में घुलनशील यह विटामिन सूर्य के प्रकाश में त्वचा द्वारा संश्लेषित होता है। इस विटामिन की कमी से व्यस्कों में हड्डियाँ कमजोर (ऑस्टियोमैलेशिया), जबकि बच्चों में विकृत (रिकेट्स) हो जाती हैं तथा पेशियों में टिटेनी रोग हो जाता है।

90. (d) ओणम का उत्सव चिंगम मास में भगवान वामन की जयन्ती और राजा बलि के स्वागत में प्रतिवर्ष आयोजित किया जाता है। यह त्रिक्काकरा उत्सव केरल के वामन मन्दिर से प्रारम्भ होता है।
- यह उत्सव 10 दिनों तक चलता है।
- त्रिक्काकरप्पन, राजा बलि तथा उसके अंग रक्षकों की प्रतिष्ठा होती है।

91. (b) मोहिनीअट्टम, केरल राज्य का शास्त्रीय नृत्य है।
- इस नृत्य की संरचना त्रावणकोर राजा कार्तिक तिरूनल और उनके उत्तराधिकारी महाराज स्वाति तिरूनल द्वारा आज के स्वरूप में आई।
- इसके प्रमुख कलाकार सुनन्दा नायर, कलामण्डलम अम्मा, पल्लवी कृष्णन हैं।

92. (c) **अनुच्छेद** 16 राज्य के अधीन नियोजन के मामले में सभी नागरिकों के लिए समान अवसर।
- **अनुच्छेद** 15 नागरिक के विरुद्ध केवल धर्म, मूल वंश, जाति, लिंग, जन्म स्थान पर कोई विभेद नहीं।
- **अनुच्छेद** 17 अस्पृश्यता को समाप्त करना।
- **अनुच्छेद** 18 उपाधियों का अन्त।

93. (a) जैसलमेर राजस्थान का पहला रेतीला जिला है। यह थार मरुस्थल का भाग है।
- रेगिस्तान होने के कारण यहाँ दिन व रात के तापमान में अधिकतम अन्तर हो सकता है।
- थार रेगिस्तान में दिन का तापमान 50 डिग्री सेल्सियस और रात में 15° सेल्सियस तक रहता है।
- दिन और रात के तापमान में अन्तर समुद्र के निकटता और जलवायु पर निर्भर करता है।

94. (d) राष्ट्रपति, संसद सदस्यों की निरर्हता के प्रश्न पर भारत के निर्वाचन आयोग के परामर्श से निर्णय लेता है। इसका वर्णन अनुच्छेद 103 में है।
- अनुच्छेद 102, 103 और 104 संसद सदस्यों की अयोग्यता से सम्बन्धित हैं।
- अनुच्छेद 105 में संसद सदस्यों के विशेषाधिकार का वर्णन किया गया है।

95. (d) तैमूर ने 1398 ई. में दिल्ली पर आक्रमण किया।
- इस समय (तुगलक वंश का) नसीरुद्दीन महमूद शाह दिल्ली का शासक था।
- तैमूर मंगोल वंश का राजा था।
- तैमूर ने खिज्र खाँ के नेतृत्व में भारत में सैय्यद राजवंश की स्थापना की।
- आहया-बिन-अहमद-बिन-अकुल्ला सरहिन्दी ने तारिख ए मुबारकशाही (सैयद वंश के मुहम्मद शाह का इतिहास) लिखा।

96. (a) मीराबाई (1498-1547 ई.) एक कृष्ण भक्त और कवयित्री थीं।
- सन्त रविदास इनके गुरु थे।
- यह राणा सांगा के पुत्र भोजराज सिंह सिसोदिया की पत्नी थीं।

97. (d) [संरचना: साइक्लोहेक्सेन वलय, कार्बन 1 पर मेथिल, कार्बन 3 पर प्रोपिल]

1 मेथिल 3-प्रोपिलसाइकलोहेक्सेन
- यौगिकों के नाम IUPAC (इण्टरनेशनल यूनियन ऑफ प्योर एण्ड ऐप्लाइड केमिस्ट्री) के मुताबिक तय किए जाते हैं।
- IUPAC रसायन विज्ञान में डिजिटल मानकों, रासायनिक नामकरण और शब्दावली का विश्व प्राधिकरण है।

98. (a) फीफा महिला विश्व कप, 2023 की मेजबानी ऑस्ट्रेलिया और न्यूजीलैण्ड ने संयुक्त रूप से की थी।
- यह एक से अधिक मेजबान देशों तथा दक्षिणी गोलार्द्ध में आयोजित होने वाला पहला महिला विश्व कप है।
- FIFA महिला विश्व कप 2023 का विजेता स्पेन महिला राष्ट्रीय फुटबॉल टीम ने जीता।
- 2027 महिला फीफा विश्व कप का आयोजन संयुक्त राज्य अमेरिका और मेक्सिको में किया जाएगा।

99. (d) आर्थिक मामलों का विभाग देश में बुनियादी ढाँचा विकास से जुड़ा है। यह वित्त मन्त्रालय के पाँच विभागों में से एक है।
- वित्त मन्त्रालय के पाँच विभाग
  - आर्थिक कार्य विभाग
  - व्यय विभाग
  - राजस्व विभाग
  - वित्तीय सेना विभाग
  - विनिवेश विभाग
- यह आर्थिक नीति के साथ-साथ केन्द्रीय बजट के विकास और फाइलिंग का प्रभारी है।

100. (c) रोंगकर कार्बी जनजाति द्वारा प्रतिवर्ष मनाया जाता है। यह असम राज्य का जनजातीय नृत्य है। इसे स्थानीय देवता को प्रसन्न करने के लिए मनाया जाता है।

- यह देवता समुदाय के रक्षक तथा फसल की कटाई के लिए जिम्मेदार होते हैं।
- यह 5 फरवरी को कार्बी नववर्ष की शुरुआत में (3 दिन तक) मनाया जाता है।

101. (a) हम जानते हैं, ल. स. × म. स. = पहली संख्या × दूसरी संख्या

$\Rightarrow 660 \times 5 = 55 \times$ दूसरी संख्या

$\Rightarrow$ दूसरी संख्या $= \frac{660 \times 5}{55} = 60$

102. (b) दिया है, $\sec A - \tan A = P$ ...(i)

हम जानते हैं, कि $\sec^2 A - \tan^2 A = 1$

$\Rightarrow (\sec A - \tan A)(\sec A + \tan A) = 1$

$\Rightarrow \sec A + \tan A = \frac{1}{P}$ ...(ii)

समी (i) और समी (ii) को जोड़ने पर,

$2\sec A = P + \frac{1}{P} \Rightarrow \sec A = \frac{P^2 + 1}{2P}$

103. (c) $\frac{(3.254 \times 3.254 \times 3.254) - (0.746 \times 0.746 \times 0.746)}{(3.254 \times 3.254) + (0.746 \times 0.746) + (3.254 \times 0.746)}$

$[\because a^3 - b^3 = (a-b)(a^2 + b^2 + ab)]$

$= \frac{(3.254)^3 - (0.746)^3}{(3.254)^2 + (0.746)^2 + (3.254) \times (0.746)}$

$= \frac{(3.254 - 0.746)[(3.254)^2 + (0.746)^2 + 3.254 \times 0.746]}{(3.254)^2 + (0.746)^2 + 3.254 \times 0.746}$

$= 3.254 - 0.746 = 2.508$

104. (a) $\because$ $96 = 12 \times 2 \times 2 \times 2$

$108 = 12 \times 3 \times 3$

$144 = 12 \times 2 \times 2 \times 3$

ल.स. $= 12 \times 2 \times 2 \times 2 \times 3 \times 3 = 432$

96, 108 और 144 की छोटी से छोटी प्राकृत संख्या = 96, 108, 144 का ल.स. = 432

अब प्रश्न में दिए गए विकल्प के अनुसार 864 पूर्णत: विभाजित है।[$\because 864 = 2 \times 432$]

105. (d) दी गई तालिका से, वर्ष 2002 और 2005 में कम्पनी Q द्वारा कम्पनी P की तुलना में अधिक कपड़े का उत्पादन किया।

106. (a) $\sqrt{\frac{1 - \tan A}{1 + \tan A}}$

$= \sqrt{\frac{1 - \frac{\sin A}{\cos A}}{1 + \frac{\sin A}{\cos A}}} = \sqrt{\frac{\cos A - \sin A}{\cos A + \sin A}}$

$= \sqrt{\frac{(\cos A - \sin A)(\cos A - \sin A)}{(\cos A + \sin A)(\cos A - \sin A)}}$

$= \sqrt{\frac{\cos^2 A + \sin^2 A - 2\sin A.\cos A}{\cos^2 A - \sin^2 A}}$

$= \sqrt{\frac{1 - 2\sin A.\cos A}{\cos^2 A - \sin^2 A}} = \sqrt{\frac{1 - \sin 2A}{\cos 2A}}$

107. (b) माना आयत की चौड़ाई = $5x$ मी

आयत की लम्बाई = $5x \times \frac{120}{100} = 6x$ मी

$\therefore$ आयत का क्षेत्रफल = लम्बाई × चौड़ाई

$5x \times 6x = 480 \Rightarrow x = 4$

आयत की लम्बाई = $6 \times 4 = 24$ मी

108. (d) पसन्दीदा शैली रॉक संगीत का प्रतिशत

$= \frac{\text{रॉक शैली पसंद करने वाले}}{\text{कुल लोग}} \times 100$

$= \frac{9 + 7 + 13}{28 + 32 + 46} \times 100$

$= \frac{29}{106} \times 100 = 27.36\%$

109. (a) $19 \div 5(27 - \overline{15 - 21}) + 37$

$19 \div 5(27 - (-6) + 37$

$= 19 \div 5(33) + 37 = \frac{19}{165} + 37$

$= \frac{19 + 6105}{165} = \frac{6124}{165}$

110. (d) माना वस्तु का क्रय मूल्य = ₹ x

वस्तु का विक्रय मूल्य = $x \times \frac{135}{100}$ = ₹ $135x$

दिया है, विक्रय मूल्य = ₹ 5670

$\therefore \frac{135x}{100} = 5670 \Rightarrow x =$ ₹ 4200

$\therefore$ वस्तु का क्रय मूल्य = 4200

12% लाभ पर बेचने पर वस्तु का नया विक्रय मूल्य = $4200 \times \frac{112}{100}$ = ₹ 4704

111. (d) बादाम का मूल्य = ₹ 100

बादाम के मूल्य में वृद्धि = ₹ 110

बादाम की खपत में प्रतिशत की कमी

$= \frac{10}{110} \times 100 = 9\frac{1}{11}\%$

112. (c) माना कुल दूरी x है

तीनो कारों को लगने वाला समय क्रमश: $= 12y, 15y$ और $10y$ है।

$\therefore$ तीनों कारों की चाल का अनुपात

$= \frac{x}{12y} : \frac{x}{15y} : \frac{x}{10y}$

$= \frac{60}{12y} : \frac{60}{15y} : \frac{60}{10y}$

[$\because$ 12, 15, 10 का ल.स. = 60]

$= 5 : 4 : 6$

113. (d) दिया है, शंकुओं की ऊँचाइयों का अनुपात $(h_1 : h_2) = 7 : 5$

शंकुओं की त्रिज्याओं का अनुपात $(r_1 : r_2) = \left(\frac{10}{2} : \frac{21}{2}\right)$

शंकुओं के आयतनों का अनुपात $= \frac{\frac{1}{3}\pi r_1^2 h_1}{\frac{1}{3}\pi r_2^2 h_2}$

$= \frac{\left(\frac{10}{2}\right)^2 \times 7}{\left(\frac{21}{2}\right)^2 \times 5} = \frac{20}{63} = 20 : 63$

114. (b) दिया है, मूलधन = ₹ 15000

पहले 5 वर्ष का साधारण ब्याज

$= \frac{15000 \times 5 \times r}{100} = 750r$

दूसरे 5 वर्ष का साधारण ब्याज

$= \frac{(15000 - 6000) \times 5 \times r}{100} = 450r$

प्रश्नानुसार,

शेष मूलधन + पहले 5 वर्ष का साधारण ब्याज + दूसरे 5 वर्ष का साधारण ब्याज = 18600

$\therefore 9000 + 750r + 450r = 18600$

$\Rightarrow 1200r = 9600$

$\Rightarrow r = 8\%$

115. (c) $\because$ 20, 30 और 40 का म.स. = 10

प्रश्नानुसार,

छड़ों को समान लम्बाई के टुकड़ों में काटा जाता है तब,

कुल टुकड़ों की संख्या $= \frac{20}{10} + \frac{30}{10} + \frac{40}{10}$

$= 2 + 3 + 4 = 9$

116. (b) दिया है, कुल समय = 5 घण्टे

$\text{समय} = \frac{\text{दूरी}}{\text{चाल}}$

75 मिनट में 85 किमी घण्टा में तय दूरी

$= \frac{75}{60} \times 85 = 106.25$ किमी

3 घण्टे में 70 किमी/घण्टा से तय दूरी

$= 3 \times 70 = 210$ किमी

माना पहले 45 मिनट में तय दूरी x है।

औसत चाल $= \frac{\text{कुल दूरी}}{\text{कुल समय}}$

$73 = \frac{x + 106.25 + 210}{5}$

$\Rightarrow x + 316.25 = 365 \Rightarrow = 48.75$

$\therefore$ अभीष्ट चाल $= \frac{\text{दूरी}}{\text{समय}} = \frac{48.75}{45} \times 60$

= 65 किमी/घण्टा (लगभग)

117. (d) 0.3, 0.8 और 0.108 का चतुर्थानुपाती = x

$0.3 : 0.8 :: 0.108 : x$

$x \times 0.3 = 0.8 \times 0.108 \Rightarrow x = 0.288$

118. (d) माना पीटर की राशि = ₹100x
तब, रेचल की राशि = ₹ 50x
पीटर द्वारा अर्जित साधारण ब्याज
$$= \frac{P \times R \times T}{100}$$
$$= \frac{100x \times 10 \times 2}{100} = 20x$$
रेचल द्वारा अर्जित चक्रवृद्धि ब्याज (CI)
$$= P\left[\left(1 + \frac{r}{100}\right)^t - 1\right]$$
$$= 50x\left[\left(1 + \frac{10}{100}\right)^3 - 1\right]$$
$$= 16.55x$$
प्रश्नानुसार, उनके द्वारा अर्जित ब्याजों का अन्तर = 897
$\because \quad 20x - 16.55x = 897$
$3.45x = 897$
$\therefore \quad x = \frac{897}{3.45}$
$\therefore$ रचेल द्वारा निवेशित राशि $= 50 \times \frac{897}{3.45}$
= ₹ 13000

119. (b) प्रश्नानुसार,
दोनों ट्रेनें समान्तर रेल पटरियों पर एक ही दिशा में चल रही हैं।
$\therefore$ एक-दूसरे को पार करने में लगा समय
$$= \frac{\text{दोनों रेलगाडियों की कुल लम्बाई}}{\text{उनकी सापेक्ष चाल}}$$
$$= \frac{200 + 250}{(68 - 50) \times \frac{5}{18}}$$
$$= \frac{450}{18 \times \frac{5}{18}} = 90 \text{ सेकण्ड}$$

120. (a) माना पहली संख्या = x
तब, ल. स. $= x \times 17 = 17x$
प्रश्नानुसार, $17x = 1105 \Rightarrow x = 65$
$\therefore$ पहली संख्या = 65
हम जानते हैं,
पहली संख्या × दूसरी संख्या
= ल. स. × म. स.
$\therefore$ 65 × दूसरी संख्या = 1105 × 5
$\therefore$ दूसरी संख्या = 85

121. (b) दी गई तालिका से, शहर C में गरीबी रेखा के ऊपर वाली महिला की संख्या
$$= 8000 \times \frac{80}{100} \times \frac{3}{8} = 2400$$

122. (b) 90 किमी/घण्टे से 5 घण्टे में तय दूरी = चाल × समय
= 90 × 5 = 450 किमी
$\therefore$ कुल तय दूरी = 450 + 540 = 990 किमी
तथा कुल लगा समय
$$= \frac{240}{60} + 5 = 4 + 5 = 9 \text{ घण्टे}$$
$$\therefore \text{ औसत चाल} = \frac{\text{कुल तय दूरी}}{\text{कुल लगा समय}}$$
$$= \frac{990}{9} = 110 \text{ किमी/घण्टा}$$

123. (a) माना 15 कर्मचारियों ने d दिन बाद कार्य छोड़ा $m_1 \times d_1 = m_2 \times d_2$
$75 \times 60 = (15 \times d) + (60 \times 65)$
$\Rightarrow -15d = 3900 - 4500$
$\Rightarrow -15d = -600 \Rightarrow d = 40$ दिन

124. (d) गणित में अनुत्तीर्ण छात्रों की संख्या
$$= 350 \times \frac{27}{100} = \frac{35 \times 27}{10}$$
अन्य सभी विषयों में अनुत्तीर्ण छात्रों की संख्या
$$= \frac{350 \times 73}{100} = \frac{35 \times 73}{10}$$
$$\therefore \text{ अभीष्ट अन्तर} = \frac{35 \times 73}{10} - \frac{35 \times 27}{10}$$
$$= \frac{35}{10} \times (73 - 27)$$
$$= \frac{7}{2} \times 46 = 7 \times 23 = 161$$

125. (b) $\because$ 16 और 24 का ल.स. = 48
अब, माना अक्षिता एक दिन में 3 पेज टाइपिंग करती है तथा रैना एक दिन में 2 पेज टाइपिंग करती है तथा कुल पेज = 48
तब, अक्षिता तथा रैना द्वारा टाइप किए गए पेजों की संख्या 2 दिन में करेंगे = 3 + 2 = 5
अगर अक्षिता पहले, दिन तथा रैना दूसरे दिन कार्य करती है तब,
इसी तरह, 18 दिन में टाइप किए गए पेजों की संख्या = 5 × 9 = 45 पेज
शेष बचे हुए पेज = 48 − 45 = 3 पेज
अब अगले दिन अक्षिता टाइप करेगी।
$\therefore$ कुल दिन = 18 + 1 = 19 दिन

126. (c) प्रश्नानुसार,

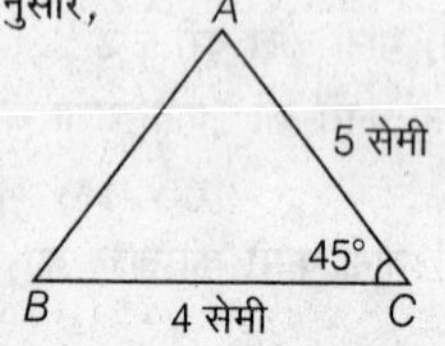

यदि दो भुजाओं के बीच का कोण दिया है, तब त्रिभुज का क्षेत्रफल $= \frac{1}{2} ab \sin\theta$
जहाँ $a = 4, b = 5$ तथा $\theta = 45°$
तब, क्षेत्रफल $= \frac{1}{2} \times 4 \times 5 \times \sin 45°$
$$= 10 \times \frac{1}{\sqrt{2}} = 5\sqrt{2} \text{ सेमी}^2$$

127. (d) वर्ष 2013 में स्टोर Q द्वारा बेचे गए मोबाइल फोन की संख्या = 198
वर्ष 2015 में स्टोर S द्वारा बेचे गए मोबाइल फोन की संख्या = 205
अभीष्ट अन्तर = 205 − 198 = 7

128. (b) दिया है, कुल छात्र = 6700
CSE, ECE तथा CIVIL में विशेषता रखने वाले छात्रों की कुल संख्या = 6700 का
$$(22 + 10 + 8)\% = 6700 \times \frac{40}{100} = 2680$$

129. (d) दिया है, कुल फल = 1200 किग्रा
तब, केलों की मात्रा = 1200 किग्रा का 30%
$$= 1200 \times \frac{30}{100} = 360 \text{ किग्रा}$$

130. (c) दिया है,
$$\frac{(157 \times 157) + (157 \times 133) + (133 \times 133)}{(157 \times 157 \times 157) - (133 \times 133 \times 133)}$$
हम जानते हैं,
$a^3 - b^3 = (a - b)(a^2 + ab + b^2)$
यदि $a = 157$ तथा $b = 133$
$$= \frac{a^2 + ab + b^2}{a^3 - b^3}$$
$$= \frac{a^2 + ab + b^2}{(a - b)(a^2 + ab + b^2)}$$
$$= \frac{1}{a - b} = \frac{1}{157 - 133} = \frac{1}{24}$$
$[\because a = 157 \text{ और } b = 133]$

131. (a) दिया है, ΔPQR में
$\angle P : \angle Q : \angle R = 3 : 4 : 8$
माना $\angle P, \angle Q$ और $\angle R$ क्रमश: $3x°$, $4°x$ और $8x°$ हैं।

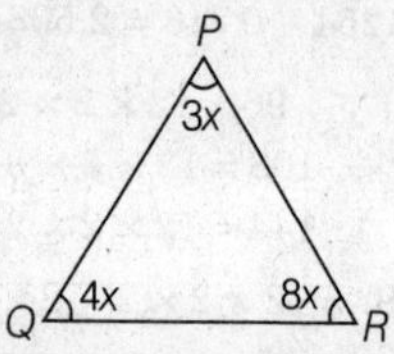

हम जानते हैं कि, छोटे कोण के सामने वाली भुजा छोटी होती है तथा बड़े कोण के सामने वाली भुजा बड़ी होती है।
तब, $\angle P$ के सामने सबसे छोटी भुजा = QR
तथा $\angle R$ के सामने सबसे बड़ी भुजा = PQ

132. (a) माना गोले की त्रिज्या r है।
तब, आयतन $= \frac{4}{3}\pi r^3$
यदि गोले का व्यास आधा होगा तो, त्रिज्या भी आधी हो जाएगी तब, नई त्रिज्या $= \frac{r}{2}$
तब, नया आयतन $= \frac{4}{3}\pi\left(\frac{r}{2}\right)^3 = \frac{1}{8}\left[\frac{4}{3}\pi r^3\right]$
अत: नया आयतन से पूर्व आयतन से $\frac{1}{8}$ घट जाएगा।

133. (b) दिया है, वस्तु का क्रय मूल्य = ₹ 450

तथा लाभ = 30%

तब, वस्तु का विक्रय मूल्य = ₹ $450 \times \frac{130}{100}$

$\left[\because \text{विक्रय मूल्य} = \left(\text{क्रय मूल्य} \times \frac{100 + \text{लाभ\%}}{100}\right)\right]$

= ₹ 585

प्रश्नानुसार, यदि वह 10% की छूट देता है।

तब, अंकित मूल्य

$= \text{विक्रय मूल्य} \times \frac{100}{(100 - \text{छूट})}$

$= ₹\left(585 \times \frac{100}{90}\right) = ₹\ 650$

134. (b) टॉम का 1 दिन का कार्य = $\frac{1}{7}$

जय का 1 दिन का कार्य = $\frac{1}{14}$

दोनों का 1 दिन का कार्य = $\frac{1}{14} + \frac{1}{7} = \frac{3}{14}$

तब, कुल कार्य को दोनों के द्वारा पूरा करने में लिया गया समय = $\frac{14}{3} = 4\frac{2}{3}$ दिन

135. (c) कुल घण्टों की संख्या = 24

तथा सोने के घण्टों की संख्या = 8

तब, सोने के समय का संगत केन्द्रीय कोण,

$= \frac{8}{24} \times 100 = 33.33\%$

136. (a) दिया है, अर्द्धगोलाकार कण्टेनर का व्यास = 36 सेमी

तो, त्रिज्या = $\frac{36}{2} = 18$ सेमी

तथा बेलनाकार बोतल की ऊँचाई (h) = 6 सेमी

बोतल की त्रिज्या (r) = $\frac{\text{व्यास}}{2} = \frac{6}{2} = 3$ सेमी

तब, कुल बोतल की संख्या

$= \frac{\text{अर्द्ध गोलाकार कण्टेनर का आयतन}}{\text{बेलनाकार बोतल का आयतन}}$

$= \frac{\frac{2}{3}\pi r^3}{\pi r^2 h} = \frac{\frac{2}{3}(18)^3}{(3)^2 \times 6}$

$= \frac{2 \times 18 \times 18 \times 18}{3 \times 3 \times 3 \times 6} = 72$

137. (d) दिया है, कुल लड़कों की संख्या = 2000

स्कूल A में लड़कों की संख्या 13% का 2000

$= \frac{13}{100} \times 2000 = 260$

स्कूल C में लड़कों की संख्या 55% का 2000

$= \frac{55}{100} \times 2000 = 1100$

$\therefore$ औसत $= \frac{1100 + 260}{2} = \frac{1360}{2} = 680$

138. (d) प्रश्नानुसार,

माना $AB = x$

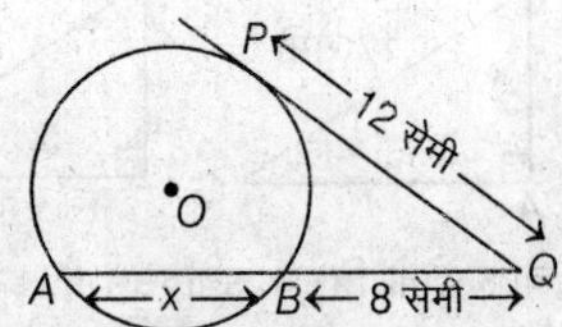

हम जानते हैं, कि

$$PQ^2 = AQ \times QB$$

$\Rightarrow \quad 12 \times 12 = (8 + x) \times 8$

$\Rightarrow \quad 8 + x = \frac{12 \times 12}{8}$

$\Rightarrow \quad x = 18 - 8$

$\Rightarrow \quad x = 10$ सेमी

अत: $AB = 10$ सेमी

139. (b) दिया है, कुल दूरी = 1000 किमी

तथा माना ट्रेन की औसत चाल = x किमी/घण्टा

प्रश्नानुसार

$\frac{1000}{x - 75} - \frac{1000}{x} = 3 \quad \left[\because \text{समय} = \frac{\text{दूरी}}{\text{चाल}}\right]$

$\Rightarrow 1000\left[\frac{x + 75 - x}{x(x - 75)}\right] = 3$

$\Rightarrow \quad \frac{75 \times 1000}{3} = x(x - 75)$

$\Rightarrow \quad x^2 - 75x - 25000 = 0$

$\Rightarrow x^2 - 200x + 125x - 25000 = 0$

$\Rightarrow x(x - 200) + 125(x - 200) = 0$

$\Rightarrow \quad (x - 200)(x + 125) = 0$

तब, $x = 200, \quad x = -125$ (नगण्य)

अत: ट्रेन की औसत चाल = 200 किमी/घण्टा

$\therefore$ यात्रा की मूल अवधि = $\frac{\text{दूरी}}{\text{चाल}}$

$\Rightarrow \quad = \frac{1000}{200} = 5$ घण्टे

140. (b) दिया है, अंकित मूल्य = ₹ 700

35% की छूट के बाद मूल्य

$= 700 \times \frac{(100 - \text{छूट})}{100}$

$= 700 \times \frac{(100 - 35)}{100} = 7 \times 65 = ₹\ 455$

तथा समान राशि पर 18% और 12% की क्रमिक छूट के बाद मूल्य

$= 700 \times \frac{100 - 18}{100} \times \frac{100 - 12}{100}$

= ₹ 505.12

$\therefore$ अभीष्ट अन्तर = 505.12 − 455 = ₹ 50.12

141. (b)

$3888 = 2 \times 2 \times 2 \times 2 \times 3 \times 3 \times 3 \times 3 \times 3$

$3969 = 3 \times 3 \times 3 \times 3 \times 7 \times 7$

म. स. (3888, 3969)

$= 3 \times 3 \times 3 \times 3 = 81$

142. (a) माना जमीन का मूल्य = ₹ 100

यदि मूल्य 65% वृद्धि के बाद मूल्य

$= 100 \times \frac{165}{100} = ₹\ 165$

अब, पहले विक्रेता का विक्रय मूल्य

$= 100 + \left(100 \times \frac{20}{100}\right) = ₹\ 120$

दूसरे विक्रेता का विक्रय मूल्य

$= 120 + \frac{25}{100} \times 120$

= ₹ 150

तब, तीसरे विक्रेता का लाभ प्रतिशत

$= \frac{165 - 150}{150} \times 100$

$= \frac{15}{150} \times 100 = 10\%$

143. (d) माना मूल संख्या = x

तब, 28% की कमी के बाद = $x - x \times \frac{28}{100}$

$\Rightarrow \quad = \frac{72}{100}x$

तथा 28% की वृद्धि करने पर,

$\Rightarrow \quad = \frac{72}{100}x \times \frac{128}{100} = \frac{576x}{625}$

प्रश्नानुसार, $x - \frac{576x}{625} = 784$

$\Rightarrow \frac{625x - 576x}{625} = 784$

$\Rightarrow \quad x = \frac{784 \times 625}{49}$

$\Rightarrow \quad x = 10000$

अत: मूल संख्या 10000 है।

144. (b) दिया है, $7\sin^2 A + 3\cos^2 A = 4$

$7\sin^2 A + 3(1 - \sin^2 A) = 4$

$[\because \cos^2 A = 1 - \sin^2 A]$

$\Rightarrow 7\sin^2 A + 3 - 3\sin^2 A = 4$

$\Rightarrow \quad 4\sin^2 A + 3 = 4$

$\Rightarrow \quad \sin^2 A = \frac{1}{4}$

$\Rightarrow \quad \sin A = \frac{1}{2}$

$\Rightarrow \quad \sin A = \sin 30°$

$\therefore \quad A = 30°$

तब, $\cot A = \cot 30° = \sqrt{3}$

145. (a) दिया है, धारा की विपरीत दिशा में नाव की चाल = 8 किमी/घण्टा
धारा की दिशा में नाव की चाल = 15 किमी/घण्टा
अब माना शान्त जल में नाव की चाल = B किमी/घण्टा
तथा धारा की चाल = W किमी/घण्टा

$$B - W = 8 \quad ...(i)$$
$$\underline{B + W = 15} \quad ...(ii)$$

समी (i) + (ii) से,

$$2B = 23 \Rightarrow B = 11.5$$

नाव की चाल = 11.5 किमी/घण्टा
तथा धारा की चाल = 11.5 − 8 = 3.5 किमी/घण्टा

146. (a) $2(\sin 1° \times \sec 89°) + 3(\cos 11° \times \text{cosec } 79°) + 5(\tan 21° \times \tan 69°)$

$= (\sin 1° \times \sec(90° - 1°) + 3[\cos 11° \times \text{cosec } (90° - 11°)] + 5(\tan 21° \times \tan(90° - 21°))$

$= 2(\sin 1° \times \text{cosec } 1°) + 3[\cos 11° \times \sec 11°] + 5(\tan 21° \times \cot 21°)$

$= 2 \times 1 + 3 \times 1 + 5 \times 1 = 10$

147. (b) दिया है, निवेश राशि = ₹ 1000
प्रश्नानुसार, पहले वर्ष के बाद मूल्य

$$= 1000 \times \frac{130}{100} = ₹\ 1300$$

तथा दूसरे वर्ष के बाद $= 1300 \times \frac{80}{100}$

$$= ₹\ 1040$$

अत: 2 वर्ष बाद निवेश का अन्तिम मूल्य ₹ 1040 है।

148. (a) दिया है, ΔABC में
$AC = 4$ सेमी
$\angle B = 90° \Rightarrow \angle C = 45°$
$\therefore \angle A = 45°$

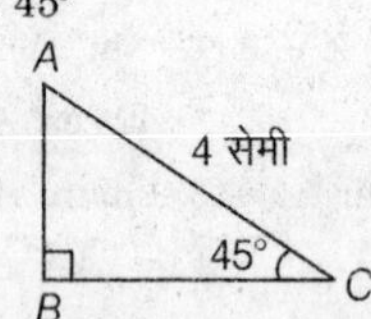

पाइथागोरस प्रमेय से, $AC^2 = AB^2 + BC^2$
दिया है,

$\Rightarrow AB = BC \quad [\because \angle C = \angle A = 45°]$

$\Rightarrow AC^2 = 2BC^2$

$\Rightarrow 4^2 = 2BC^2$

$\Rightarrow BC = \sqrt{\frac{16}{2}} = \sqrt{8}$

$\therefore BC = 2\sqrt{2}$

149. (b)

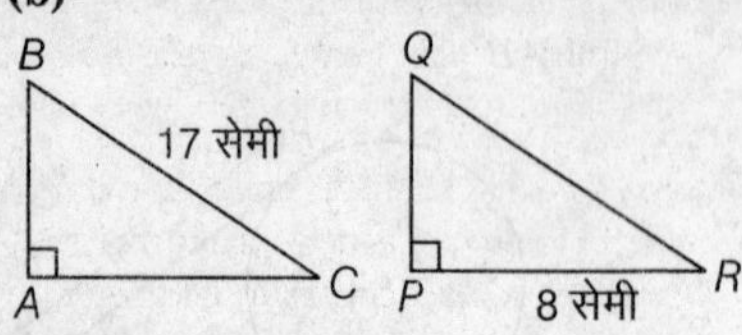

चूँकि दोनों त्रिभुज सर्वांगसम है, इसलिए उनके संगत कोण और भुजाएँ हमेशा बराबर होगी।
ΔABC में, $BC = 17$ सेमी
$AC = PR = 8$ सेमी
पाइथागोरस प्रमेय से $BC^2 = AB^2 + AC^2$

$\Rightarrow (17)^2 = AB^2 + 8^2$

$\Rightarrow AB^2 = 289 - 64 = 225$

$\Rightarrow AB = 15$ सेमी

150. (b) $\therefore 240 = 2 \times 2 \times 2 \times 2 \times 3 \times 5$
$280 = 2 \times 2 \times 2 \times 5 \times 7$
$560 = 2 \times 2 \times 2 \times 2 \times 5 \times 7$
240, 280, 560 का म.स.
$= 2 \times 2 \times 2 \times 5 = 40$

151. (c) The word 'transparent' means clear and penetrable by light. The word 'opaque' means not transparent or translucent, impenetrable to light. Therefore, 'opaque' is the opposite of 'transparent'.

152. (b) The phrase 'dire straits' is an idiomatic expression that refers to a very difficult or desperate situation. It comes from the nautical term straits, which are narrow, difficult-to-navigate passages of water. So, being in dire straits means being in a state of serious trouble or adversity.

153. (c) The incorrectly spelled word is 'Councel'. The correct spelling is 'Counsel'.

154. (b) 'Ephemeral' means lasting for a very short time or fleeting.

155. (c) The idiom 'stand a chance' means to have a possibility or likelihood of success in a particular situation.

156. (a) The word 'aggravate' means to irritate or annoy.

157. (c) The idiom 'Bid defiance to' means to openly resist or challenge someone's authority or wishes.

158. (b) The idiom 'Get your act together' essentially means to gather oneself, become organised, or prepare oneself to perform effectively.

159. (a) Both old-fashioned and obsolete refer to something that is no longer in widespread use or that is considered outdated or outmoded.

160. (d) The underlined segment is incorrect. The preposition 'of' is commonly used after the adjective 'doubtful' to indicate the object of doubt or skepticism.

161. (a) The incorrectly spelt word is 'vestubular', The correctly spelt word is 'Vestibular'.

162. (d) The idiom 'miss the boat' means to fail to take advantage of an opportunity because one did not act in time or was not prepared. In the given sentence, the context suggests that there are other people waiting to seize an opportunity and if the person being addressed doesn't act quickly, they will fail to capitalise on it.

163. (a) The correct form should be 'have visited' instead of 'have visit' as we use third form of erb with 'has/have'.

164. (b) The phrase 'Midas touch' refers to the ability to be successful in all endeavors, especially those related to wealth and business. In the given scenario, the person has consistently succeeded in various ventures and amassed significant wealth, akin to the legendary King Midas, who was able to turn everything he touched into gold. Therefore, Midas touch accurately describes the person's remarkable success and ability to generate wealth.

165. (a) Part (a) 'There was no other book' is incorrect as the presence of the word 'other' is unnecessary. Remove 'other' to correct the sentence.

166. (b) 'Adorable' means inspiring great affection or delightful, it implies something or someone that is charming, attractive and easily evokes feelings of love or affection.

167. (a) The most appropriate meaning of the underlined word ingredients is 'components'.

168. (d) The word 'abhor' means to regard with disgust and hatred so, its opposite would be to feel affection or positive regard towards something, which is represented by Love.

169. (b) Reluctant describes being unwilling or hesitant to do something.

170. (c) An epidemic is a widespread occurrence of a disease in a community or a specific region at a particular time, affecting a large number of people.

171. (b) The word 'apex', refers to the highest point or peak of something. The word 'Bottom' represents the lowest point or base, making it the suitable antonym in this context.

172. **(b)** 'Abandoned' in this context means to leave someone or something behind, especially in a situation where one has responsibility or an obligation to stay or care for them. Therefore, 'left' accurately conveys the meaning of 'abandoned' in this sentence.

173. **(d)** Part and parcel refers to something that is an essential or integral component of a whole, something that cannot be separated from the whole. Therefore, it signifies a fundamental or indispensable element of something.

174. **(d)** The phrase 'elbow grease' means to put hard work into doing something.

175. **(d)** A 'robe' and a 'cloak' are both garments worn over other clothing, typically for warmth or ceremonial purposes.

176. **(a)** 'A snowball effect' refers to a situation in which something starts small and then grows or increases at an accelerating rate, similar to a snowball rolling down a hill and getting larger as it picks up more snow.

177. **(a)** The incorrectly spelt word is 'fabulouous'. The correct spelling should be 'fabulous'.

178. **(c)** The use of preposition 'to is incorrect in the sentence. Use preposition 'across' is correct in the context of the sentence.

179. **(b)** 'Vituperated' means to criticise or rebuke someone harshly and with abusive language. Therefore, option (b) accurately captures the meaning conveyed by the word 'vituperated' in the sentence.

180. **(b)** The idiom 'hit the books' means to study diligently or intensively.

181. **(b)** To overwhelm means to have a strong emotional effect on someone, typically causing them to feel intense emotions or to be deeply affected by something.

182. **(a)** The incorrectly spelled word is: 'Ocassion'. The correct spelling is 'Occasion'.

183. **(d)** The preposition 'on' is incorrect in the sentence. The correct preposition for the sentence is 'in'.

184. **(d)** The incorrectly spelled word is 'resileince'. The correct spelling is 'resilience'.

185. **(d)** Part (d) 'the university has putting off' is incorrect as the structure of present perfect continuous tense is has/have+ been+ -ing form of verb. Hence, add 'been' after 'has'.

186. **(b)** The underlined segment 'her mother' in the given sentence is incorrect. In the context of the sentence, the possessive case of the noun must be used- her mother's.

187. **(c)** 'Inquisitive' means showing curiosity or interest in learning new things. So, its antonym would be someone who is not interested or curious, which is represented by 'uninterested'.

188. **(b)** The part that contains the error is 'when a tree branch break the living room window'.
The correct form should be when a tree branch broke the living room window as the given sentence is in past tense.

189. **(c)** An omnivore is an organism that consumes both plants and animals as part of its diet.

190. **(c)** 'Bombastic' means high-sounding but with little meaning, inflated. Therefore, its opposite would be something plain or simple in style or expression, which is represented by 'plain'.

191. **(d)** The word 'sharp' emphasises the idea that tigers have teeth that are keen or capable of causing injury, which aligns with their role as hunters.

192. **(c)** The word 'about' indicates the direction of learning or the topic being studied, which fits the context of researchers seeking knowledge about tigers.

193. **(b)** Among the largest species of cats in the world, tigers are powerful hunters with sharp teeth, strong jaws and agile bodies. Therefore, the word 'cats' accurately describes the subject of the passage which is about tigers.

194. **(d)** The word 'classified' is used here to indicate the categorisation or grouping of the tiger into different sub-species.

195. **(d)** The word 'listed' here indicates the status of Sumatran tigers as being officially recognised as critically endangered.

196. **(d)** The passage discusses how globally shared digital resources, such as design, knowledge and software, can impact how goods are produced and consumed worldwide. It highlights the collaborative nature of design projects and the benefits of relying on shared digital resources for manufacturing processes. Therefore, Digital Globalisation accurately captures the overarching theme of the passage.

197. **(c)** The passage refers to globally shared digital resources, such as design, knowledge, and software, as a digital commons. This term emphasises the idea of shared ownership and accessibility of digital assets across geographical boundaries.

198. **(a)** The author discusses the potential impact of globally shared digital resources on how goods are produced and consumed, presenting examples and highlighting the benefits of such a model. The tone is forward-looking and exploratory rather than critical or confrontational, indicating a speculative approach to the topic. Therefore, Speculative is the most appropriate choice for describing the author's tone.

199. **(c)** In the passage, the author discusses globally shared digital resources such as knowledge, design and software. However, 'automobiles' are physical objects and not digital resources.

200. **(d)** In the passage, the term 'geographically dispersed communities' refers to communities that are spread out or scattered across different geographic locations. Therefore, dispersed accurately conveys the idea of being scattered.

पेपर-1

SSC CPO SI

सॉल्वड पेपर

4 अक्टूबर 2023 (शिफ्ट I)

निर्देश

1. इस पेपर में 200 प्रश्न हैं।
2. इसमें 4 भाग हैं, **भाग 1** सामान्य बुद्धि एवं तर्कशक्ति, **भाग 2** सामान्य ज्ञान एवं सामान्य जागरुकता, **भाग 3** मात्रात्मक योग्यता और **भाग 4** अंग्रेजी
3. प्रत्येक प्रश्न **1 अंक** का है।

अधिकतम अंक : 200 **समय : 2 घण्टे**

भाग 1

सामान्य बुद्धि एवं तर्कशक्ति

1. दिए गए विकल्पों में से उस आकृति का चयन करें, जो निम्नलिखित शृंखला में प्रश्नचिह्न (?) को प्रतिस्थापित करेगी।

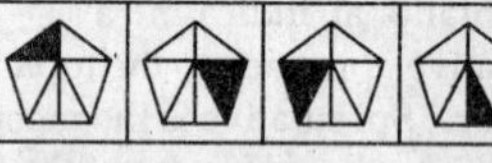

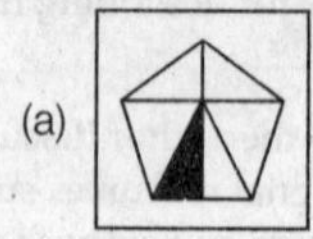

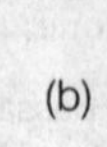

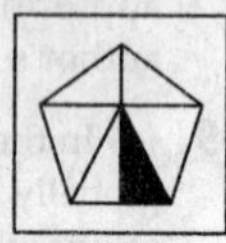

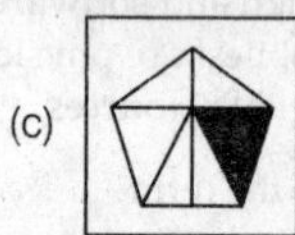

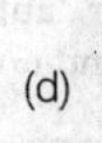

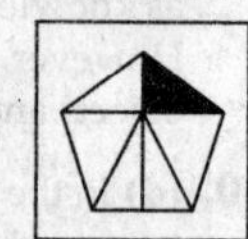

2. नीचे दिए गए चार अक्षर-समूहों में से तीन किसी प्रकार से आपस में सम्बन्धित हैं और कोई एक उनसे असंगत है। असंगत अक्षर-समूह का चयन कीजिए।

(a) ZSNK (b) WNDD
(c) VOJG (d) TMHE

3. "D @ G" का अर्थ है - "D, G का पिता है", "D # G" का अर्थ है - "D, G की पुत्री है", "D * G" का अर्थ है - "D, G की माता है" और "D – G" का अर्थ है - "D, G का पति है"। यदि A – Q * B @ R है, तो A का R से क्या सम्बन्ध है?

(a) पिता (b) दादा (c) पुत्र (d) पति

4. निम्नलिखित में से कौन-सी संख्या दी गई शृंखला में प्रश्नचिह्न (?) का स्थान लेगी?

25, 26, 28, 32, 40, ?

(a) 58 (b) 56
(c) 52 (d) 50

5. निम्नलिखित में से कौन-सा अक्षर-समूह दी गई शृंखला में प्रश्नचिह्न (?) के स्थान पर आकर शृंखला को पूर्ण करेगा ?

GOWB, MVEK, SCMT, ?, EQCL

(a) YJUC (b) YKUC
(c) YKCU (d) YJCU

6. यदि दी गई शीट को मोड़कर एक घन बनाया जाए,तो निर्मित घन में संख्या '1' वाले फलक के विपरीत फलक पर कौन-सी संख्या होगी?

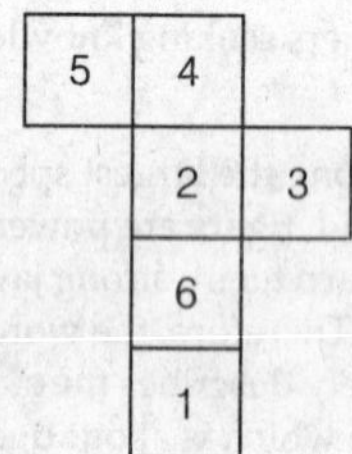

(a) 2 (b) 4
(c) 5 (d) 3

7. यदि '+' का अर्थ '×' है, '×' का अर्थ '–' है, '–' का अर्थ ÷ है और '÷' का अर्थ '+' है, तो दिए गए समीकरण में प्रश्न चिह्न (?) के स्थान पर क्या आएगा?

$9 + 3 \div 2 \times 135 - 15 = ?$

(a) 22 (b) 20
(c) 25 (d) 18.5

8. छ: मित्र एक वृत्ताकार स्थिति में बैठे हुए हैं। वे सभी केन्द्र की ओर मुख करके बैठे हैं। कनक, सोना के दाईं ओर तीसरे स्थान पर बैठी है। कपिल, मणि के ठीक बगल में है। गोल्डी, मणि के दाईं ओर दूसरे स्थान पर है। सोना, कपिल और सुरेश के ठीक बगल में है। कनक के बाईं ओर दूसरे स्थान पर कौन बैठा है?

(a) सुरेश (b) गोल्डी
(c) कपिल (d) मणि

9. उस विकल्प का चयन करें, जो तीसरे शब्द से उसी प्रकार सम्बन्धित है, जिस प्रकार दूसरा शब्द पहले शब्द से सम्बन्धित है।

(शब्दों को अर्थपूर्ण शब्दों के रूप में माना जाना चाहिए, और इन्हें शब्द में अक्षरों की संख्या/व्यंजनों की संख्या/स्वरों की संख्या के आधार पर एक-दूसरे से सम्बन्ध नहीं किया जाना चाहिए।

कुश्ती (Wrestling) : अखाड़ा (Arena) :: आइस-स्केटिंग (Ice-Skating) : ?

(a) बर्फ का मैदान (Rink)
(b) ट्रैक (Track)
(c) मैदान (Ground)
(d) स्टेडियम (Stadium)

10. दो कथन दिए गए हैं, जिसके बाद दो निष्कर्ष I और II दिए गए हैं। कथनों को सत्य मानते हुए, भले ही वे सामान्य रूप से ज्ञात तथ्यों से भिन्न प्रतीत होते हों, निर्धारित करें कि कौन-से निष्कर्ष दिए गए कथनों का तार्किक रूप से पालन करते हैं?

कथन

सभी कार वाहन हैं।

सभी वाहन ट्रक हैं।

निष्कर्ष

I. सभी कार ट्रक हैं।

II. सभी ट्रक वाहन हैं।

(a) निष्कर्ष I और II दोनों पालन करते हैं
(b) न तो निष्कर्ष I और न ही निष्कर्ष II पालन करता है
(c) केवल निष्कर्ष I पालन करता है
(d) केवल निष्कर्ष II पालन करता है

11. B, E के पश्चिम में है। A, B के उत्तर-पश्चिम में है। F, B के उत्तर-पूर्व में है। D, F के दक्षिण-पूर्व में इस प्रकार है कि F, E के उत्तर-पश्चिम में है और D, E के दक्षिण-पूर्व में भी है। यदि C, E के दक्षिण-पश्चिम में है, तो E के सापेक्ष A की स्थिति क्या है? (सभी स्थितियों को ग्रिड पैटर्न में व्यवस्थित किया गया है)

(a) उत्तर-पश्चिम (b) दक्षिण-पूर्व
(c) उत्तर-पश्चिम (d) दक्षिण-पूर्व

12. उस सही विकल्प का चयन कीजिए, जो दिए गए शब्दों के उसी क्रम में व्यवस्थापन को दर्शाता है, जिस क्रम में अंग्रेजी शब्दकोश में मौजूद होते हैं।

1. Realistic 2. Readily
3. Reach 4. Really
5. Reactor 6. Realize

(a) 3, 5, 2, 1, 6, 4
(b) 3, 5, 6, 1, 2, 4
(c) 3, 5, 1, 2, 6, 4
(d) 3, 2, 6, 1, 5, 4

13. उस विकल्प आकृति का चयन कीजिए, जो दी गई आकृति में उसके एक भाग के रूप में अन्तर्निहित है

(आकृति को घुमाने की अनुमति नहीं है)।

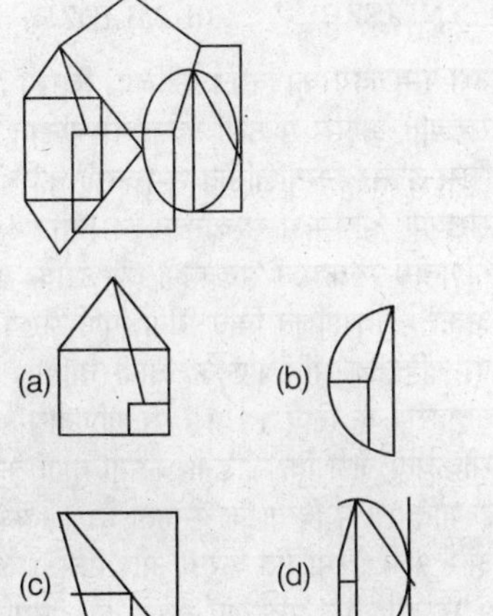

14. निम्नलिखित में से कौन-सी संख्या दी गई श्रेणी में प्रश्नचिह्न (?) के स्थान पर आएगी?

239, 274, 309, 354, 399, 454, ?

(a) 474 (b) 499
(c) 509 (d) 539

15. "A ? B" का अर्थ है कि "A, B का पुत्र है"। "A $ B" का अर्थ है कि "A, B की पुत्री है"। "A * B" का अर्थ है कि "A, B का भाई है"। "A = B" का अर्थ है कि "A, B का पिता है"। यदि H$Q*Y*N है, तो Y का H से क्या सम्बन्ध है?

(a) पिता (b) चाचा/ताऊ
(c) दादा (d) भाई

16. किसी निश्चित कूटभाषा में, 'LIFE' को '9351' के रूप में कूटबद्ध किया जाता है और 'NEAR' को '4692' के रूप में कूटबद्ध किया जाता है। दी गई उस कूटभाषा में 'E' के लिए कूट क्या है?

(a) 1 (b) 3
(c) 4 (d) 9

17. उस समुच्चय का चयन कीजिए, जिसमें संख्याएँ आपस में उसी प्रकार सम्बन्धित हैं, जिस प्रकार निम्नलिखित समुच्चयों की संख्याएँ आपस में सम्बन्धित हैं।

(**नोट** संख्याओं को उसके घटक अंकों में विभाजित किए बिना, पूर्ण संख्याओं पर गणितीय संक्रियाएँ की जानी चाहिए। उदाहरण के लिए 13 - गणितीय संक्रियाएँ जैसे कि जोड़ना/घटाना/गुणा करना इत्यादि 13 में किया जा सकता है। 13 को 1 और 3 में विभाजित करना और फिर 1 और 3 पर गणितीय संक्रियाएँ करने की अनुमति नहीं है।)

(329, 145, 184), (567, 221, 346)

(a) (464, 264, 206)
(b) (308, 205, 192)
(c) (676, 225, 451)
(d) (506, 302, 224)

18. यदि A, B, C, D और E क्रमश: +, −, ×, ÷ और = को निरूपित करते हैं, तो निम्नलिखित में से कौन-सा विकल्प सही है?

(a) 4A9C6D2E40B9
(b) 4A9C6D2E40A9
(c) 4A9E6D2C40B9
(d) 4A9C6D2B40E9

19. निम्नलिखित में से तीन अक्षर-समूह किसी न किसी तरह से संगत है और एक असंगत है। असंगत अक्षर समूह का चयन करें।

(a) SVXY (b) NQST
(c) PSUV (d) GTHS

20. वह आकृति चुनें, जो नीचे दी गई आकृति श्रृंखला में प्रश्नचिह्न (?) के स्थान पर आएगी।

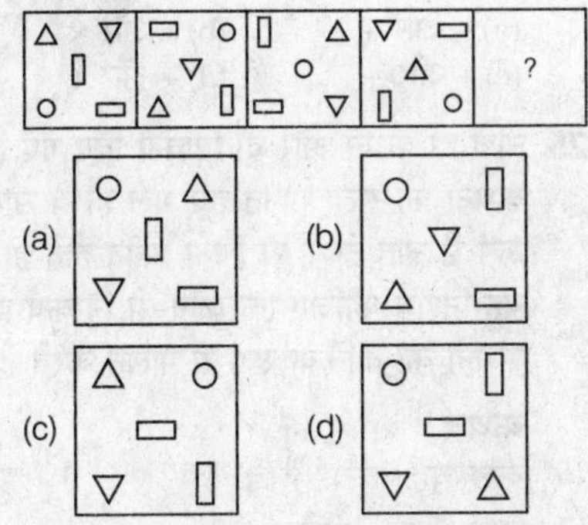

21. यदि '+' का अर्थ '−' है, '−' का अर्थ '×' है, '×' का अर्थ '÷' है और '÷' का अर्थ '+' है, तो समीकरण में प्रश्नचिह्न (?) के स्थान पर क्या आएगा?

$36 - 5 \div 240 \times 6 + 17 = ?$

(a) 218 (b) 237
(c) 203 (d) 221

22. दर्पण को चित्र में दिखाए अनुसार, MN पर रखे जाने पर दी गई आकृति के सही दर्पण प्रतिबिम्ब का चयन करें।

(a) XHG6$KB (b) ЯHG9$KB
(c) XHG9$KB (d) ЯHG6$KB

23. उस आकृति का चयन कीजिए, जो निम्न श्रृंखला में प्रश्नचिह्न (?) के स्थान पर आएगी।

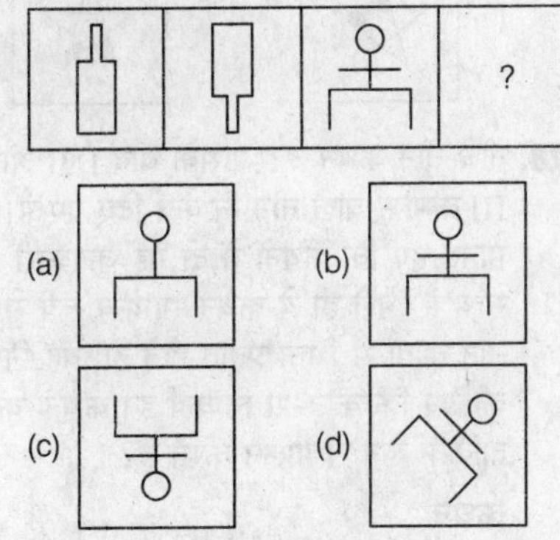

24. दिए गए अक्षर-समूहों में से कौन-सा विकल्प दी गई श्रृंखला में प्रश्नचिह्न (?) के स्थान पर आकर श्रृंखला को पूर्ण करेगा?

VQSN, ?, ROOL, PNMK, NMKJ

(a) PQMN (b) PTMQ
(c) TQRN (d) TPQM

25. दिए गए समीकरण को सही बनाने के लिए किन दो चिह्नों को आपस में बदला जाना चाहिए?

114 ÷ 85 + 5 × 4 − 33 = 149

(a) − और + (b) ÷ और ×
(c) ÷ और − (d) ÷ और +

26. नीचे दो कथन और दो निष्कर्ष दिए गए हैं। कथनों को सत्य मानते हुए भले ही वे सामान्य रूप से ज्ञात तथ्यों से भिन्न प्रतीत होते हों, यह निर्णय कीजिए कि कौन-से निष्कर्ष इन कथनों का तार्किक रूप से पालन करते हैं?

कथन

कुछ चूहे, चटाई हैं।
सभी चटाई, चींटियाँ हैं।

निष्कर्ष

I. कुछ चूहे, चींटियाँ हैं।
II. कुछ चींटियाँ, चटाई हैं।

(a) दोनों निष्कर्ष पालन करते हैं
(b) केवल निष्कर्ष I पालन करता है
(c) केवल निष्कर्ष II पालन करता है
(d) न तो निष्कर्ष I और न ही II पालन करता है

27. जब दर्पण को रेखा MN पर रखा जाता है, तो दी गई आकृति का सही दर्पण प्रतिबिम्ब ज्ञात कीजिए।

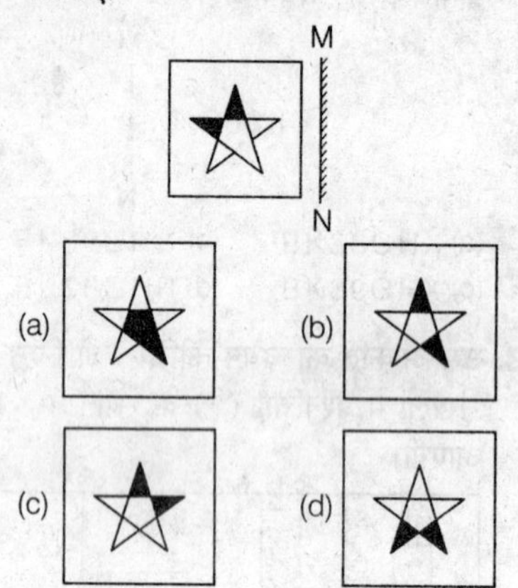

28. नीचे तीन कथन और उसके बाद I, II और III क्रमांक वाले तीन निष्कर्ष दिए गए हैं। यह मानते हुए कि कथनों में दी गई जानकारी सत्य है, भले ही ये कथन सामान्य रूप से ज्ञात तथ्यों से भिन्न प्रतीत होते हों, यह निर्णय कीजिए कि कौन-से निष्कर्ष इन कथनों का तार्किक रूप से पालन करते हैं?

कथन

कुछ हाथी, मछलियाँ हैं।
कोई मछली बाघ, नहीं है।
सभी हिरण, बाघ हैं।

निष्कर्ष

I. कुछ हाथी, हिरण हैं।
II. कोई हाथी, बाघ नहीं है।
III. कोई हिरण, मछली नहीं है।

(a) केवल निष्कर्ष III पालन करता है
(b) केवल निष्कर्ष II पालन करता है
(c) निष्कर्ष I और II दोनों पालन करते हैं
(d) निष्कर्ष I और III दोनों पालन करते हैं

29. यदि '+' का अर्थ '−' है, '−' का अर्थ '×' है, '×' का अर्थ '÷' है और '÷' का अर्थ '+' है, तो दिए गए समीकरण में प्रश्नचिह्न (?) के स्थान पर क्या आएगा?

124 × 4 ÷ 13 − 3 + 36 = ?

(a) 45 (b) 42 (c) 34 (d) 31

30. नीचे आकृति में दिखाए गए अनुसार, एक कागज को मोड़ा और काटा जाता है। खोले जाने पर यह कैसा दिखेगा?

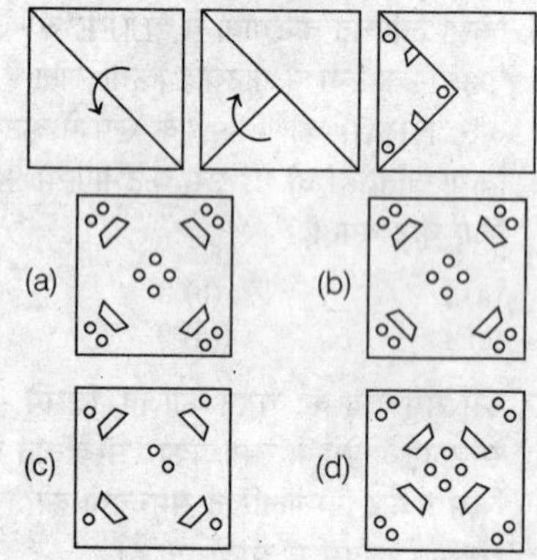

31. एक निश्चित कूटभाषा में, "good morning" को "mu du" के रूप में कूटबद्ध किया जाता है, "early morning tea" को "du tu se" के रूप में कूटबद्ध किया जाता है और "tea is early" को "se re tu" के रूप में कूटबद्ध किया जाता है। शब्द "is" के लिए कूट किया होगा?

(a) mu (b) du
(c) tu (d) re

32. एक कागज को नीचे दिखाए गए अनुसार, मोड़ा और काटा जाता है। खोले जाने पर यह कैसा दिखाई देगा?

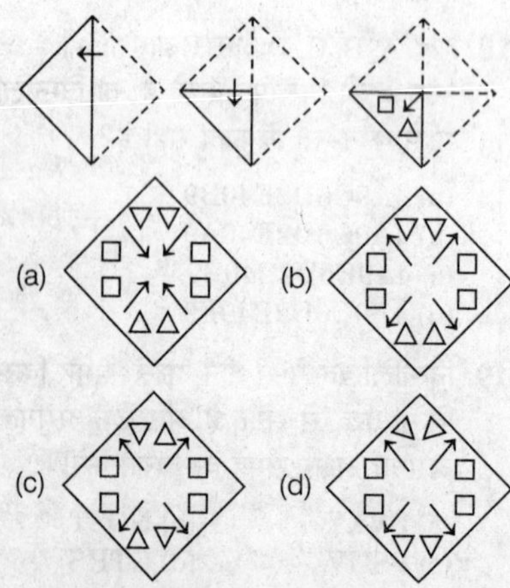

33. निम्नलिखित में से कौन-सी संख्या दी गई शृंखला में प्रश्नचिह्न (?) का स्थान पर प्रतिस्थापित करेगी?

352, 326, 284, 225, 148, ?

(a) 50 (b) 52 (c) 54 (d) 71

34. इस प्रश्न में, तीन कथन और उसके बाद दो निष्कर्ष I और II दिए गए हैं। कथनों को सत्य मानते हुए, भले ही ये कथन सामान्य रूप से ज्ञात तथ्यों से भिन्न प्रतीत होते हों, यह निर्णय कीजिए कि कौन-से निष्कर्ष इन कथनों का तार्किक रूप से पालन करते हैं?

कथन

सभी बिल्डिंग, टॉवर हैं।
कोई टॉवर, दुकान नहीं है।
कुछ दुकानें, कार्यालय हैं।

निष्कर्ष

I. कुछ कार्यालय, टॉवर हैं।
II. कोई बिल्डिंग, दुकान नहीं है।

(a) केवल निष्कर्ष I पालन करता है
(b) न तो निष्कर्ष I और न ही निष्कर्ष II पालन करता है
(c) केवल निष्कर्ष II पालन करता है।
(d) दोनों निष्कर्ष I और II पालन करते हैं

35. उस विकल्प का चयन कीजिए, जो दिए गए शब्दों के उस सही क्रम को दर्शाता है, जिस क्रम में वे अंग्रेजी शब्दकोश में मौजूद होते हैं।

1. Voice 2. Vocalist
3. Vivisection 4. Void
5. Vogue

(a) 3, 2, 5, 1, 4 (b) 5, 2, 3, 1, 4
(c) 2, 3, 5, 1, 4 (d) 4, 2, 3, 1, 5

36. एक निश्चित कूटभाषा में "ASIA" को "ZHRZ" और 'IRELAND" को "RIVOZMW" के रूप में कूटबद्ध किया जाता है। उसी कूटभाषा में "NORWAY" को किस प्रकार कूटबद्ध किया जाएगा?

(a) MJIDZB (b) NJIDZB
(c) NLISZB (d) MLIDZB

37. उस समुच्चय का चयन कीजिए, जिसमें संख्याएँ आपस में उसी प्रकार सम्बन्धित हैं, जिस प्रकार निम्नलिखित समुच्चयों की संख्याएँ आपस में सम्बन्धित है। (**नोट** गणितीय संक्रियाएँ संख्याओं को उसके घटक अंकों में विभाजित किए बिना, पूर्ण संख्याओं पर गणितीय संक्रियाएँ की जानी चाहिए। उदाहरण के लिए 13 -13 पर गणितीय संक्रियाएँ जैसे कि जोड़ना/घटाना/गुणा करना इत्यादि 13 में किया जा सकता है। 13 को 1 और 3 में विभाजित करना और फिर 1 और 3 पर गणितीय संक्रियाएँ करने की अनुमति नहीं है।)

(13, 14, 54)
(15, 18, 66)
(a) (11, 13, 52) (b) (15, 17, 66)
(c) (13, 19, 64) (d) (12, 34, 90)

38. सात मित्र A, B, C, D, E, F और G उत्तर की ओर मुख करके एक सीधी पंक्ति में बैठे हैं (उनका इसी क्रम में होना अनिवार्य नहीं है)। D की दाईं ओर केवल 2 व्यक्ति बैठे हैं। G, D के ठीक बगल में बैठा है। A और G के बीच में केवल 3 व्यक्ति बैठे हैं। B और C के बीच में केवल 2 व्यक्ति बैठे हैं। E, C के ठीक बगल में नहीं है। F, G के दाईं ओर ठीक बगल में बैठा है।

E और D के बीच में कितने व्यक्ति बैठे हैं?
(a) 0 (b) 2
(c) 3 (d) 1

39. उस समुच्चय का चयन कीजिए, जिसमें संख्याएँ आपस में उसी प्रकार सम्बन्धित हैं, जिस प्रकार निम्नलिखित समुच्चयों की संख्याएँ आपस में सम्बन्धित है।
(**नोट** संख्याओं को उसके घटक अंकों में विभाजित किए बिना, पूर्ण संख्याओं पर गणितीय संक्रियाएँ की जानी चाहिए। उदाहरण के लिए 13 - गणितीय संक्रियाएँ जैसे कि जोड़ना/घटाना/गुणा करना इत्यादि 13 में किया जा सकता है। 13 को 1 और 3 में विभाजित करना और फिर 1 और 3 पर गणितीय संक्रियाएँ करने की अनुमति नहीं है।)
(21, 5, 120)
(2, 7, 8)
(a) (3, 4, 10) (b) (2, 6, 21)
(c) (4, 7, 34) (d) (3, 4, 16)

40. उस विकल्प का चयन करें, जो तीसरे शब्द से उसी प्रकार सम्बन्धित है, जिस प्रकार दूसरा शब्द पहले शब्द से सम्बन्धित है। (शब्दों को अर्थपूर्ण शब्दों के रूप में माना जाना चाहिए, और इन्हें शब्द में अक्षरों की संख्या/व्यंजनों की संख्या/स्वरों की संख्या के आधार पर एक-दूसरे से सम्बन्ध नहीं किया जाना चाहिए।)
व्युत्पन्न होना (Derive) : निष्कर्ष निकालना (Infer) : गुहार लगाना (Urge) : ?
(a) विरोध करना (Protest)
(b) आग्रह करना (Exhort)
(c) बाधा डालना (Hinder)
(d) दोष लगाना (Censure)

41. दिए गए विकल्पों में से वह संख्या चुनिए, जो निम्नलिखित श्रृंखला में प्रश्नचिह्न (?) को प्रतिस्थापित कर सके।
61, 95, 138, 197, 279, ?
(a) 391 (b) 397 (c) 395 (d) 389

42. उस विकल्प का चयन करें, जो उन अक्षरों को निरूपित करता है, जिन्हें नीचे दिए गए रिक्त स्थानों में क्रमिक रूप से बाएँ से दाएँ रखे जाने पर दी गई अक्षर श्रृंखला पूरी हो जाएगी।

P _ _ H _ _ C E _ Z P _ E H _
(a) H Z C Z P E C
(b) Z C H P Z C E
(c) E P Z C H E C
(d) C E Z P H C Z

43. एक व्यक्ति पार्क में उत्तर की ओर अभिमुख होकर खड़ा है। वह बायीं ओर 90° मुड़ता है और 40 किमी चलता है। वह फिर से दाहिनी ओर 90° मुड़ता है और 50 किमी चलता है। वह फिर से 90° दाहिनी ओर मुड़ता है और 60 किमी चलता है।
अन्त में, वह दाईं ओर 90° मुड़ता है और 50 किमी चलता है। वह आरम्भिक बिन्दु से कितनी दूरी पर है?
(a) 40 किमी (b) 50 किमी
(c) 60 किमी (d) 20 किमी

44. दर्पण को नीचे चित्र के अनुसार, 'MN' पर रखे जाने पर दिए गए संयोजन के सही दर्पण प्रतिबिम्ब का चयन करें।

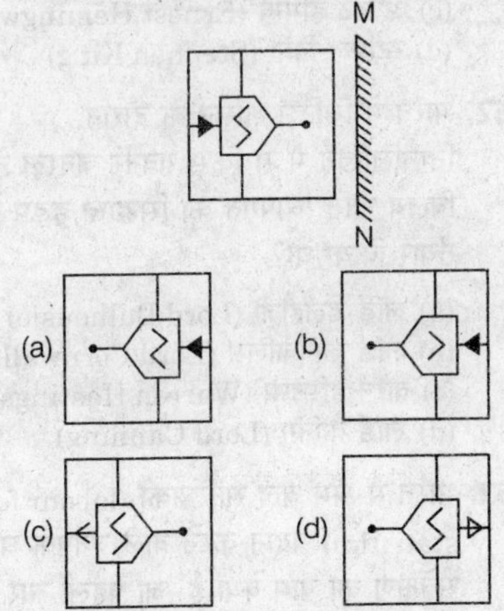

45. यदि A का अर्थ '+' है, B का अर्थ '×' है, C का अर्थ '–' है और D का अर्थ '÷' है, तो निम्नलिखित समीकरण में प्रश्नचिह्न '?' के स्थान पर क्या आएगा?

145 A 27 D 3 B ? = 163
(a) 1 (b) 3 (c) 2 (d) 6

46. एक निश्चित कूटभाषा में "TRAUMA" को "36" और "STIL" को "24" के रूप में कूटबद्ध किया जाता है। उसी कूटभाषा में "OBEIDEINT" को किस प्रकार कूटबद्ध किया जाएगा?
(a) 72 (b) 54 (c) 44 (d) 84

47. यदि '+' का अर्थ '–' है, '–' का अर्थ '×' है, '×' का अर्थ '÷' है और '÷' का अर्थ '+' है, तो निम्नलिखित समीकरण में (?) के स्थान पर क्या आएगा?

61 ÷ 9 × 3 – 8 + 5 = ?
(a) 72 (b) 75 (c) 89 (d) 80

48. यदि दी गई शीट को मोड़कर एक घन का आकार दिया जाता है, तो विकल्पों में से कौन-सी आकृति सम्भव नहीं है?

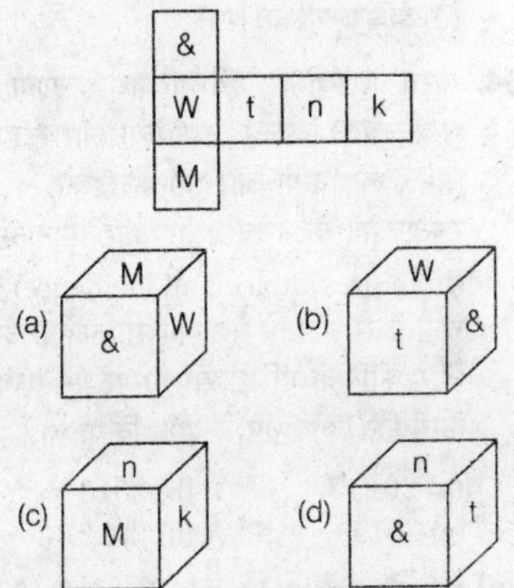

49. उस विकल्प का चयन कीजिए, जो तीसरे पद से उसी प्रकार सम्बन्धित है, जैसे दूसरा पद, पहले पद से और छठा पद, पाँचवें पद से सम्बन्धित है।

142 : 108 :: 185 : ? :: 169 : 135
(a) 162 (b) 151
(c) 148 (d) 157

50. किसी निश्चित कूटभाषा में, 'FIRE' को '7391' के रूप में कूटबद्ध किया जाता है और 'AGED' को '8247' के रूप में कूटबद्ध किया जाता है। दी गई उस कूटभाषा में 'E' के लिए कूट क्या है?
(a) 3 (b) 2 (c) 7 (d) 4

भाग 2

सामान्य ज्ञान एवं सामान्य जागरुकता

51. बीटिंग रिट्रीट (Beating Retreat) समारोह निम्नलिखित में से किस स्थान पर आयोजित किया जाता है?
(a) चाँदनी चौक (b) इण्डिया गेट
(c) विजय चौक (d) कनॉट प्लेस

52. जून ...... में, भारतीय रिजर्व बैंक ने 'माइक्रोफाइनेंस के विनियमन पर परामर्शी दस्तावेज (Consultative Document on Regulation of Microfinance) प्रकाशित किया था।

(a) 2019 (b) 2021
(c) 2020 (d) 2022

53. कौन-सी पवनें एशियाई महाद्वीप में हिमालय के उत्तरी अक्षांशों पर तिब्बती उच्चभूमि के लगभग समानान्तर में चलती है?

(a) उत्तर पश्चिमी पवनें
(b) जेट धाराएँ
(c) व्यापारिक पवनें
(d) दक्षिण पश्चिम पवनें

54. भारत के स्वास्थ्य एवं परिवार कल्याण मन्त्रालय ने किशोर लड़कियों और लड़कों (56% लड़कियों और 30% लड़को) रक्ताल्पता के उच्च प्रसार और घटनाओं (high prevalence and incidence) की चुनौती से निपटने के लिए साप्ताहिक आयरन और फोलिक एसिड सप्लीमेण्टेशन (WIFS) कार्यक्रम किस वर्ष में शुरू किया था?

(a) 2011 (b) 2013
(c) 2014 (d) 2012

55. पूर्व की ओर बहने वाली किस नदी की द्रोणी (river basin) झारखण्ड, छत्तीसगढ़ और उड़ीसा राज्यों को कवर करती है और इसका जलग्रहण क्षेत्र 39,033 किमी है?

(a) ब्राह्मणी (b) शारदा
(c) नागावली (d) बैतरणी

56. भारतीय संविधान को अंगीकृत किए जाने के समय इसमें कितने मूल अधिकार थे?

(a) सात (b) पाँच
(c) छः (d) आठ

57. भारतीय मानसून के सम्बन्ध में निम्नलिखित में से कौन-सा कथन सत्य नहीं है?

(a) मानसूनी वर्षा जेट प्रवाह से प्रभावित होती है
(b) हिमालय मानसूनी वर्षा में महत्त्वपूर्ण भूमिका निभाता है
(c) मानसूनी वर्षा देश की उच्चावच विशेषताओं (relief features) से प्रभावित नहीं होती है
(d) मानसूनी वर्षा भारतीय कृषि की जीवन रेखा है

58. निम्नलिखित में से कौन वर्ष 1946 में कांग्रेस द्वारा गठित अन्तरिम सरकार के उपाध्यक्ष थे?

(a) बलदेव सिंह
(b) वल्लभभाई पटेल
(c) जॉन मथाई
(d) जवाहरलाल नेहरू

59. तारककेन्द्र (centriole) का मुख्य कार्य क्या है?

(a) पादप कोशिका में दृढ़ता बनाए रखना
(b) गुणन के लिए पादप कोशिका की मदद करना
(c) जन्तु कोशिका में कोशिका विभाजन में मदद करना
(d) जीवाणु कोशिका में खनिज संरचना को बनाए रखना

60. वर्ष 1957 में, किसने उस मॉडल को पुनर्परिभाषित किया, जिस मॉडल ने इलेक्ट्रॉन-युग्म स्थिरवैद्युत प्रतिकर्षण की सीमा के आधार पर अलग-अलग अणुओं के आकार को पूर्वानुमानित किया था?

(a) मार्केट और पॉलिंग (Marcet and Pauling)
(b) न्योहोम और गिलेस्पी (Nyholm and Gillespie)
(c) हाइटलर और लन्डन (Heiller and London)
(d) स्टौडिजंर और पेरी (Staudinger and Perey)

61. 'ऑन राइटिंग: ए मेमॉयर ऑफ द क्राफ्ट (On Writing: A Memoir of the Craft)' पुस्तक के लेखक कौन हैं?

(a) एफ स्कॉट फिट्जगेराल्ड (F Scott Fitzgerald)
(b) क्लाइव स्टेपल्स लुईस (Clive Staples Lewis)
(c) अर्नेस्ट हेमिंग्वे (Ernest Hemingway)
(d) स्टीफन किंग (Stephen King)

62. भारत में ब्रिटिश शासन के दौरान, निम्नलिखित में से किस गवर्नर जनरल ने विलय नीति 'व्यपगत का सिद्धान्त हड़प नीति तैयार किया था?

(a) लॉर्ड डलहौजी (Lord Dalhousie)
(b) लॉर्ड कॉर्नवालिस (Lord Cornwallis)
(c) वारेन हेस्टिंग्स (Warren Hastings)
(d) लॉर्ड कैनिंग (Lord Canning)

63. भारत में श्रम बल सांख्यिकी (labour force statistics) प्रदान करने वाले व्यापक घरेलू सर्वेक्षण का नाम क्या है, जो पहली बार वर्ष 1955 में आयोजित किया गया था?

(a) क्षेत्र फ्रेम स्थापना सर्वेक्षण (AFES)
(b) रोजगार-बेरोजगारी सर्वेक्षण (EUS)
(c) आवधिक श्रम बल सर्वेक्षण (PLFS)
(d) तिमाही रोजगार सर्वेक्षण (QES)

64. असद अली खान निम्नलिखित में से किस भारतीय वाद्ययन्त्र को बजाने के लिए जाने जाते थे?

(a) वायलिन (b) सितार
(c) रुद्र वीणा (d) तबला

65. 1772 ई. में डेनियल रदरफोर्ड ने किस गन्धहीन, रंगहीन, स्वादहीन और रासायनिक रूप से अक्रिय गैस का आविष्कार किया था और उसी समय सी. डब्ल्यू, शीले (CW Scheele) और एच. कैवेंडिश (H Cavendish) ने इसे स्वतन्त्र रूप से पृथक किया था?

(a) ऑर्गन (b) ऑक्सीजन
(c) फ्लोरीन (d) नाइट्रोजन

66. निम्नलिखित में से कौन मुगल सम्राट शाहजहाँ के सिंहासन का उत्तराधिकारी था?

(a) शाह शुंजा (b) दारा शिकोह
(c) औरगंजेब (d) मुराद बख्श

67. वर्ष 2005 को 'काम का अधिकार' कहा जाता है, क्योंकि इसमें भारत सरकार द्वारा उन लोगों को प्रतिवर्ष 100 दिन रोजगार की गारण्टी दी जाती है, जिन्हें काम की आवश्यकता है और जो काम करने में सक्षम हैं।

(a) मोहन गाँधी क्षेत्रीय गारण्टी अधिनियम
(b) महात्मा गाँधी राष्ट्रीय ग्रामीण रोजगार गारण्टी अधिनियम
(c) महात्मा गाँधी क्षेत्रीय रोजगार गारण्टी अधिनियम
(d) महात्मा गाँधी ग्रामीण रोजगार अधिनियम

68. मूल कर्त्तव्य संविधान के किस भाग में जोड़े गए हैं?

(a) भाग I-A (b) भाग III-B
(c) भाग II-B (d) भाग IV-A

69. कौन-से बन्दरगाह भारत के पश्चिमी तट पर स्थित है?

(a) कण्डला बन्दरगाह, मोरमुगाओ बन्दरगाह चेन्नई बन्दरगाह
(b) कण्डला बन्दरगाह, मोरमुगाओ बन्दरगाह, कोलकाता बन्दरगाह
(c) कण्डला बन्दरगाह, हल्दिया बन्दरगाह, कोच्चि बन्दरगाह
(d) कण्डला बन्दरगाह, मोरमुगाओं बन्दरगाह, कोच्चि बन्दरगाह

70. ऋणों और अग्रिमों, उधार राशियों की वसूली का एक उदाहरण है।

(a) गैर-कर प्राप्तियों (non-tax receipts)
(b) राजस्व प्राप्तियों (revenue receipts)
(c) कर प्राप्तियों (tax receipts)
(d) पुंजीगत प्राप्तियों (capital receipts)

71. निम्नलिखित में से किस प्रक्रिया में एक ठोस पदार्थ को गर्म करके वाष्पीकृत किया जाता है और उसकी वाष्प को ठण्डी सतह पर वापस ठोस के रूप में संघनित किया जाता है?

(a) आसवन (b) वर्णलेखन
(c) ऊर्ध्वपातन (d) निस्यंदन

72. थुल्लल नृत्य (Thullal dance) की उत्पत्ति निम्नलिखित में से किस राज्य में हुई?

(a) उत्तराखण्ड (b) मणिपुर
(c) केरल (d) गुजरात

73. पुरुषों के लिए कबड्डी के मैदान की विमाएँ (लम्बाई-चौड़ाई) क्या होती हैं?

(a) 14 मी × 10 मी
(b) 12.50 मी × 10 मी
(c) 13 मी × 10 मी
(d) 14 मी × 8 मी

74. भारतीय भौतिक विज्ञानी सत्येन्द्रनाथ बोस द्वारा दिए गए क्वांटम फॉर्मूलेशन के आधार पर अल्बर्ट आइंस्टीन ने किस वर्ष में पदार्थ की एक नई अवस्था, बोस-आइंस्टीन कण्डेन्सेट (BEC) का अनुमान लगाया था?

(a) 1924 (b) 1919
(c) 1935 (d) 1930

75. RIDF (आरआईडीएफ) का पूर्ण रूप क्या है?

(a) Rural Infrastructure Development Forum (रूरल इंफ्रास्ट्रक्चर डेवलपमेण्ट फोरम)
(b) Road Infrastructure Development Fund (रोड इंफ्रास्ट्रक्चर डेवलपमेण्ट फण्ड)
(c) Rural Infrastructure Development Fund (रूरल इण्फ्रास्ट्रक्चर डेवलपमेण्ट फण्ड)
(d) Rural Industries Development Fund (रूरल इंडस्ट्रीज़ डेवलपमेण्ट फण्ड)

76. कितने ग्रह स्थलीय ग्रह (terrestrial planets) हैं?

(a) 3 (b) 5 (c) 6 (d) 4

77. निम्नलिखित में से किसने लोक और आदिवासी नृत्य के साथ भारतीय शास्त्रीय नृत्य में यूरोपीय रंगमंच तकनीकों (European theatrical techniques) का उपयोग किया?

(a) केलूचरण महापात्र (b) बिरजू महाराज
(c) गुरू बिपिन सिंह (d) उदय शंकर

78. राज्यसभा का पदेन सभापति कौन होता है?

(a) राष्ट्रपति
(b) प्रधानमन्त्री
(c) उप-राष्ट्रपति
(d) भारत के महान्यायवादी

79. बोनालू उत्सव (Bonalu festival) निम्न में से किस राज्य में मनाया जाता है?

(a) झारखण्ड (b) गुजरात
(c) तेलंगाना (d) उत्तर प्रदेश

80. निम्नलिखित में से किसने एक अभियान की रूपरेखा तैयार की जिसे रॉलेट सत्याग्रह' के नाम से जाना गया?

(a) फिरोजशाह मेहता
(b) बालगंगाधर तिलक
(c) महादेव गोविन्द रानाडे
(d) महात्मा गाँधी

81. सोपारकर और उनकी विश्वव्यापी पहल 'डांस फॉर ए कॉज' का लोगो' .... सरकार द्वारा जारी एक आधिकारिक डाक टिकट पर मुद्रित किया जा रहा है।

(a) नेपाल (b) श्रीलंका
(c) बांग्लादेश (d) भूटान

82. दिए गए कथनों को पढ़िए और सही विकल्प का चयन कीजिए।

(i) राज्यपाल, राज्य सरकार का वास्तविक प्रमुख (Real Head) होता है।
(ii) मुख्यमन्त्री, राज्य सरकार के कानूनों और नीतियों को बनाने में महत्त्वपूर्ण भूमिका निभाता है।
(iii) राज्य के राज्यपाल की नियुक्ति राष्ट्रपति द्वारा की जाती है।

(a) केवल I (b) केवल II
(c) I और II दोनों (d) II और III दोनों

83. 'ए ग्रेन ऑफ सैण्ड इन दि ऑवरग्लास ऑफ टाइम (A Grain Of Sand In The Hourglass of Time)' किस भारतीय राजनेता की आत्मकथा है?

(a) मनमोहन सिंह (b) आई. के. गुजराल
(c) अर्जुन सिंह (d) एल. के. आडवाणी

84. निम्नलिखित में से किस मामले में उच्चतम न्यायालय ने संविधान के 'आधारभूत संरचना (basic structure)' को स्थापित करते हुए कहा कि राज्य-व्यवस्था (polity) की लोकतान्त्रिक प्रकृति आधारभूत संरचना (basic structure)' का अनिवार्य घटक है?

(a) ए. के.. गोपालन बनाम मद्रास राज्य
(b) सज्जन सिंह बनाम राजस्थान राज्य
(c) केशवानन्द भारती बनाम केरल राज्य
(d) रोमेश थापर बनाम मद्रास राज्य

85. दूसरी पंचवर्षीय योजना में भारतीय अर्थव्यवस्था की लक्ष्यित वृद्धि दर क्या थी?

(a) 5.4% (b) 2.8%
(c) 6.7% (d) 4.5%

86. लिंथोई चनंबम (Linthol Chanambam) निम्नलिखित में से किस खेल से सम्बन्धित है?

(a) क्रिकेट (b) शतरंज
(c) जूडो (d) बैडमिण्टन

87. प्रधानमन्त्री सूक्ष्म खाद्य प्रसंस्करण उद्योग उन्नयन योजना के तहत एक स्वयं-सहायता समूह को सहायता के रूप में 'सीड कैपिटल (प्रारम्भिक पूँजी)' के रूप में कितनी राशि प्रदान की जाती है?

(a) ₹ 30,000 (b) ₹ 4,000
(c) ₹ 20,000 (d) ₹ 5,000

88. किस यौगिक की संरचना में 4-कार्बन अणुओं से युक्त एक संतृप्त लघु-शृंखला वसा अम्ल शामिल होता है, जो सामान्यत: पशु वसा और वनस्पति तेलों में ईस्टरीफाइड (esterified) रूप में पाया जाता है?

(a) प्रोपियोनिक अम्ल (Propionic acid)
(b) लैक्टिक अम्ल (Lactic acid)
(c) सक्सीनिक अम्ल (Succinic acid)
(d) ब्यूटिरिक अम्ल (Butyric acid)

89. करेवा निर्माण (Karewa formations) ...... में पाए जाते हैं।

(a) कश्मीर हिमालय (b) उत्तर पूर्वी पहाड़ियों
(c) तराई क्षेत्र (d) उत्तरांचल हिमालय

90. वर्ष 1950 में भारतीय संविधान द्वारा मूल रूप से कितने मूल अधिकार प्रदान किए गए थे?

(a) नौ (b) पाँच (c) सात (d) छः

91. भारत में पंचवर्षीय योजनाओं में न केवल योजना के पाँच वर्षों में प्राप्त किए जाने वाले विशिष्ट उद्देश्य निर्धारित किए गए, बल्कि यह भी निर्धारित किया गया कि 20 वर्षों की अवधि में क्या हासिल किया जाना है। इस दीर्घकालिक योजना को .... कहा जाता है।

(a) सतत योजना
(b) परिप्रेक्ष्य योजना
(c) बीस-वर्षीय योजना
(d) दो-दशकीय योजना

92. निम्नलिखित में से किस बहमनी सुल्तान ने अपनी राजधानी गुलबर्गा से बीदर स्थानान्तरित की थी?

(a) मुज़ाहिद शाह
(b) अहमदवलीशाह
(c) फिरोजशाह
(d) हुमायूँ

93. आप उन दवाओं को क्या कहते हैं, जो ग्राही साइट (receptor site) से जुड़ती है और इसकी प्राकृतिक कार्यप्रणाली को नियन्त्रित करती हैं?

(a) अवसादक (Depressants)
(b) एंटागोनिस्ट (Antagonist)
(c) एगोनिस्ट (Agonist)
(d) प्रति-अवसादक (Antidepressa

94. संगीत के दिग्गज तानसेन, अकबर से पूर्व निम्नलिखित में से किस दरबार में दरबारी गायक थे?

(a) गान्धार (b) मगध
(c) रीवा (d) बनारस

95. निम्नलिखित में से किसने बुद्ध की जीवनी, बुद्धचरित्र लिखीत थी?

(a) वसुमित्र (b) अश्वघोष
(c) चरक (d) नागार्जुन

96. कोशिका में भरे हुए तरल मैट्रिक्स (Fluid matrix) को क्या कहा जाता है?

(a) गॉल्जीकाय (b) प्लज्मिड
(c) राइबोसोम (d) कोशिका द्रव्य

97. ऐहोल में रावण फाड़ी गुफा (Ravana Phadi cave) और दुर्गा मन्दिर (Durga Temple) किस राजवंश की स्थापत्य शैली को चित्रित करते हैं?

(a) विजयनगर (b) पल्लव
(c) चालुक्य (d) होयसल

98. वर्ष 2015 में प्रख्यात नृत्यांगना (danseuse) और प्रतिपादक (exponent) पद्म सुब्रह्मण्यम को राज्य पर्यटन विभाग द्वारा स्थापित केरल के प्रतिष्ठित कोरियोग्राफी पुरस्कार निशागन्धी पुरस्कार (Nishagandhi Puraskaram)' के लिए चुना गया था।

(a) भरतनाट्यम (b) कथकली
(c) कुचिपुड़ी (d) सत्रीया

99. ओलम्पिक शीतकालीन खेल, वर्ष 2026 .... में खेले जाएँगे।

(a) ब्रिस्बेन (BriWane)
(b) मिलानो कॉर्टिना (Milano Cortina)
(c) लॉस एंजेल्स (Los Angeles)
(d) पेरिस (Paris)

100. निम्न में से कौन अन्तर्राष्ट्रीय ओलम्पिक समिति (IOC) के प्रथम अध्यक्ष थे?

(a) लॉर्ड किलेनिन (Lord Killanin)
(b) पियरे, बैरन डे कोबेर्टिन (Pierre, Baron de Coubertin)
(c) एवरी ब्रूण्डेज (Avery Brundage)
(d) डेमेट्रियोस विकेलस (Demetrius Vikelas)

भाग 3

मात्रात्मक योग्यता

101. दी गई तालिका का अध्ययन करें और नीचे दिए गए प्रश्न का उत्तर दें।

निम्न तालिका 6 अलग-अलग स्कूलों की 6 अलग-अलग कक्षाओं में पढ़ने वाले विद्यार्थियों की संख्या को दर्शाती है।

स्कूल	V	VI	VII	VIII	IX	X
P	152	160	145	156	147	144
Q	148	166	150	155	157	143
R	161	152	140	145	143	165
S	159	142	149	140	142	168
T	147	144	158	163	154	150
U	150	160	162	160	160	140
कुल	917	924	904	919	903	910

सभी स्कूलों में मिलाकर किस कक्षा में विद्यार्थियों की संख्या सर्वाधिक है?

(a) X (b) VI
(c) V (d) VII

102. दी गई तालिका 2022-2023 के दौरान 4 स्कूलों के विद्यार्थियों की संख्या को दर्शाती है।

स्कूल	विद्यार्थियों की कुल संख्या	लड़के	लड़कियाँ
A	2060	1339	721
B	1880	1034	846
C	2200	990	1210
D	1680	924	756

स्कूल B में लड़कियों का प्रतिशत कितना है?

(a) 55% (b) 65% (c) 60% (d) 45%

103. अवि ने भार्गव को एक घर 10% के लाभ पर बेचा, और भार्गव ने इसे चेतन को 20% के लाभ पर बेच दिया। यदि चेतन ने इसके लिए ₹ 26400,000 का भुगतान किया, तो अवि ने इसे किस मूल्य पर खरीदा होगा?

(a) ₹ 23000000 (b) ₹ 17500000
(c) ₹ 20000000 (d) ₹ 25000000

104. एक इनलेट पाइप एक खाली टैंक को 3.6 घण्टे में भर सकता है, जबकि एक आउटलेट पाइप पूरी तरह से भरे टैंक को 6.3 घण्टे में खाली कर सकता है। यदि टैंक खाली होने पर दोनों पाइप एकसाथ खोले जाते हैं, तो टैंक कितने घण्टे में पूरी तरह से भर जाएगा?

(a) 8.1 (b) 8.7 (c) 8.4 (d) 9.0

105. जब A अकेले किसी कार्य को करता है, तो उसे A और B द्वारा एकसाथ मिलकर उस कार्य को करने में लगने वाले समय से 25 दिन अधिक लगते हैं। दूसरी ओर B को अकेले उसी कार्य को करने में A और B द्वारा एकसाथ मिलकर उसी कार्य को करने में लगने वाले समय से 16 दिन अधिक लगते हैं। A और B एकसाथ मिलकर कार्य करते हुए उस कार्य को कितने दिनों में पूरा करेंगे?

(a) 23 (b) 20 (c) 22 (d) 24

106. PQR एक त्रिभुज है। अन्त: कोण $\angle Q$ और बाह्य कोण $\angle R$ के समद्विभाजक परस्पर S पर प्रतिच्छेदित करते हैं। यदि $\angle QSR = 40°$ है, तो $\angle P$ का मान ज्ञात कीजिए।

(a) 40° (b) 80°
(c) 60° (d) 30°

107. यदि हवा भरने के कारण एक अर्द्धगोलाकार गुब्बारे की त्रिज्या 4 सेमी से बढ़कर 7 सेमी हो जाती है, तो नए गुब्बारे के पृष्ठीय क्षेत्रफल और मूल गुब्बारे के पृष्ठीय क्षेत्रफल का अनुपात ज्ञात कीजिए।

(a) 49 : 16 (b) 16 : 21
(c) 20 : 49 (d) 21 : 12

108. निम्न का मान ज्ञात कीजिए।

$$5\frac{1}{3}-\left\{4\frac{1}{3}+\left(3\frac{1}{3}\div 2\frac{1}{3}-\frac{1}{3}\right)\right\}$$

(a) $\frac{2}{3}$ (b) $-\frac{2}{3}$
(c) $\frac{1}{3}$ (d) $-\frac{1}{3}$

109. एक नाव धारा की दिशा में 72 किमी की दूरी 6 घण्टे में तय करती है, जबकि धारा की विपरीत दिशा में इतनी ही दूरी तय करने में उसे 12 घण्टे लगते हैं। शान्त जल में नाव की चाल ज्ञात कीजिए।

(a) 8 किमी/घण्टा (b) 10 किमी/घण्टा
(c) 9 किमी/घण्टा (d) 6 किमी/घण्टा

110. एक गोले का आयतन 130977 सेमी^{3} दिया गया है। इसका पृष्ठीय क्षेत्रफल (सेमी^{2} में) कितना होगा?

(a) 16847 (b) 14274
(c) 17424 (d) 12474

111. $\dfrac{1-\frac{3}{7}\div\frac{9}{49}\times\frac{3}{14}}{1+\frac{3}{5}\div\frac{1}{25}\times\frac{1}{30}}$ का मान ज्ञात कीजिए।

(a) $\frac{1}{3}$ (b) $\frac{1}{7}$ (c) $\frac{1}{5}$ (d) $\frac{1}{6}$

112. दो संख्याओं का गुणनफल 20000 है। यदि उनका लघुत्तम समापवर्त्य (LCM) 800 है, तो उनका महत्तम समापवर्तक (HCF) क्या है?

(a) 30 (b) 25
(c) 35 (d) 20

113. एक वृत्त की त्रिज्या 1.75 सेमी है। वृत्त की परिधि ज्ञात कीजिए।

$\left(\pi = \frac{22}{7}\text{ लीजिए}\right)$

(a) 11 सेमी (b) 9.63 सेमी
(c) 22 सेमी (d) 5.5 सेमी

114. $\left(\frac{1}{4}\right) \times \left(\frac{1}{9}\right) \times \left(\frac{1}{25}\right) \times \left(\frac{1}{49}\right) \div \left(\frac{36}{121}\right)$ का वर्गमूल ...... है।

(a) $\frac{1}{1260}$ (b) $\frac{1260}{11}$
(c) $\frac{11}{1260}$ (d) $\frac{11}{12.60}$

115. दिए गए पाई-चार्ट का अध्ययन कीजिए और निम्नलिखित प्रश्न का उत्तर दीजिए।

पाई-चार्ट वर्ष 2022 में विभिन्न स्कूलों (X, Y, Z) के कक्षा 10 में पढ़ने वाले छात्रों (लड़के और लड़कियाँ) की संख्या को दर्शाता है।

छात्रों की कुल संख्या
(लड़के और लड़कियाँ) = 3600

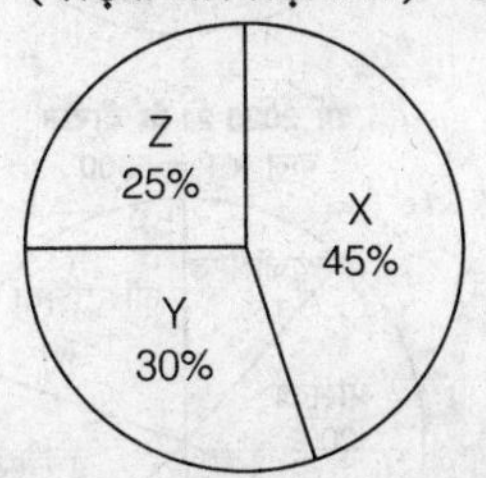

स्कूल Y और Z में एकसाथ मिलाकर छात्रों (लड़कों और लड़कियों) की कुल संख्या और स्कूल X और Y में एकसाथ मिलाकर छात्रों (लड़कों और लड़कियों) की कुल संख्या के बीच कितना अन्तर है?

(a) 720 (b) 840
(c) 820 (d) 780

116. दो संख्याएँ 12 : 7 के अनुपात में है। यदि उनका महत्तम समापवर्तक (HCF) 25 है, तो संख्याएँ ज्ञात कीजिए।

(a) 175, 120 (b) 300, 175
(c) 300, 50 (d) 225, 135

117. यदि $x^4 + y^4 = x^2y^2$ है, तो $x^6 + y^6$ का मान क्या होगा?

(a) 1 (b) 3
(c) 2 (d) 0

118. यदि $a + \frac{1}{a} = 3$ है, तो $a^4 + \frac{1}{a^4}$ का मान क्या होगा?

(a) 48 (b) 81
(c) 47 (d) 27

119. यदि $k(\tan 45^\circ \sin 60^\circ) = \cos 60^\circ \cot 30^\circ$ है, तो k का मान क्या है?

(a) $\sqrt{3}$ (b) 1
(c) $\frac{1}{\sqrt{3}}$ (d) 2

120. निम्न तालिका चार अलग-अलग शहरों हैदराबाद, मुम्बई, चेन्नई और पुणे की मोबाइल-व्यसनी जनसंख्या और उनके बीच पुरुषों एवं महिलाओं का अनुपात दर्शाती है।

शहर	मोबाइल-व्यसनी जनसंख्या	पुरुष : महिला
हैदराबाद	220000	7 : 8
मुम्बई	350000	12 : 13
चेन्नई	200000	11 : 9
पुणे	150000	9 : 11

चेन्नई में व्यसनी पुरुषों की कुल संख्या ज्ञात करें।

(a) 100000 (b) 80000
(c) 120000 (d) 110000

121. $\frac{\cos 37^\circ}{\sin 53^\circ} - \cos 47^\circ \operatorname{cosec} 43^\circ$ का मान ज्ञात कीजिए।

(a) 0 (b) −1 (c) 1 (d) 2

122. एक धनराशि को अर्द्ध-वार्षिक चक्रवृद्धि आधार पर सीमा गणनीय 10% वार्षिक ब्याज की दर पर 18 महीने के लिए निवेश किया गया। यदि परिपक्वता पर देय राशि ₹ 64827 थी, तो निवेश की गई राशि ज्ञात कीजिए।

(a) ₹ 55600 (b) ₹ 56000
(c) ₹ 56800 (d) ₹ 56500

123. एक इन्स्पेक्टर, एक चोर से 288 मी पीछे है। इन्स्पेक्टर एक मिनट में 42 मी दौड़ता है और चोर एक मिनट में 30 मी दौड़ता है। इन्स्पेक्टर कितने समय में चोर को पकड़ लेगा?

(a) 24 मिनट (b) 21 मिनट
(c) 20 मिनट (d) 19 मिनट

124. E, F, G और H की किसी वृत्त की परिधि पर स्थित चार बिन्दु हैं। यदि $\angle FGH = 57^\circ$ है, तो $\angle HEF$ का माप कितना होगा?

(a) 93° (b) 33° (c) 143° (d) 123°

125. नीचे दी गई तालिका परिवहन के विभिन्न साधनों द्वारा स्कूल आने वाले विद्यार्थियों की संख्या को दर्शाती है

परिवहन के साधन	स्कूल बस	साइकिल	पैदल	अन्य वाहन
लड़कों की संख्या	80	280	130	200
लड़कियों की संख्या	140	190	90	250

विद्यार्थियों की अधिकतम संख्या द्वारा परिवहन के किस साधन का उपयोग किया जाता है?

(a) अन्य वाहन (b) साइकिल
(c) पैदल (d) स्कूल बस

126. 32 और 162 का मध्यानुपाती (mean proportion) ज्ञात करें।

(a) 97 (b) 72
(c) 65 (d) 99

127. एक पंसारी को ₹ 12 प्रति किग्रा और ₹ 25 प्रति किग्रा के मूल्य वाले गेहूँ को किस अनुपात में मिलाना चाहिए, ताकि प्राप्त मिश्रण का मूल्य ₹ 20 प्रति किग्रा हो?

(a) 5 : 8 (b) 3 : 5
(c) 5 : 7 (d) 8 : 3

128. ΔABC में, $\angle B = 90^\circ$ और $AB : BC = 1 : 2$ है। $\cos A + \tan C$ का मान ...... है।

(a) $\frac{2+\sqrt{5}}{2\sqrt{5}}$ (b) $\frac{1+\sqrt{5}}{2\sqrt{5}}$
(c) $\frac{5+\sqrt{5}}{2\sqrt{5}}$ (d) $\frac{2\sqrt{5}}{2+\sqrt{5}}$

129. A और B, ₹ 36,000 में एक प्रोजेक्ट को पूरा करने की जिम्मेदारी लेते हैं। A अकेला उस कार्य को 25 दिनों में कर सकता है। उन्होंने 5 दिनों तक एकसाथ कार्य किया। अगले पाँच दिनों तक, B ने अकेले कार्य किया। उसके बाद, A ने B को हटाकर स्वयं शेष कार्य को 5 दिनों में पूरा किया। आय में A का हिस्सा कितना है?

(a) ₹ 14600 (b) ₹ 21400
(c) ₹ 14400 (d) ₹ 21600

130. दो उम्मीदवारों के बीच हुए एक चुनाव में, 80% मतदाताओं ने मतदान किया, जिनमें से 5% मत अमान्य घोषित कर दिए गए। एक उम्मीदवार को 9500 मत मिले, जो वैध मतों के 80% के बराबर थे। उस चुनाव में नामांकित मतदाताओं की कुल संख्या ज्ञात कीजिए।

(a) 16100 (b) 15625
(c) 15100 (d) 14780

131. आनन्दी ने एक इलेक्ट्रॉनिक स्टोर से ₹ 4400 में एक स्मार्ट घड़ी खरीदी। चूँकि उसके पास कम पैसे थे, उसने डाउन पेंमेण्ट के लिए ₹ 2000 का भुगतान किया और दुकानदार ने उसे 1 महीने के बाद ₹ 2440 का भुगतान करने का विकल्प दिया। इस किश्त विकल्प में दुकानदार किस दर से साधारण ब्याज वसूल करेगा?

(a) 10% (b) 20%
(c) 15% (d) 22%

132. शान्त जल में एक नाव की चाल 6 किमी/घण्टा है और धारा की चाल 2.5 किमी/घण्टा है। एक व्यक्ति नाव से 59.5 किलोमीटर की दूरी पर स्थित एक स्थान पर जाता है और प्रारम्भिक बिन्दु पर वापस आता है। उसके द्वारा लिया गया कुल समय कितना होगा?

(a) 16 घण्टे (b) 24 घण्टे
(c) 22 घण्टे (d) 18 घण्टे

133. निम्न में से कौन-सा $\frac{1}{5}$% के समतुल्य भिन्न है?

(a) $\frac{1}{200}$ (b) $\frac{1}{125}$
(c) $\frac{1}{500}$ (d) $\frac{1}{40}$

134. एक वर्गाकार-आधार वाले एक समकोणीय पिरामिड का सम्पूर्ण पृष्ठीय क्षेत्रफल 1536 मी^{2} है, जिसमें से 37.5% पिरामिड के आधार का क्षेत्रफल है। इस पिरामिड का आयतन (मी^{3} में) ज्ञात करें।

(a) 3048 (b) 3108
(c) 3144 (d) 3072

135. एक लम्बवृत्तीय शंकु के आधार की त्रिज्या 5 सेमी है। उसकी तिर्यक ऊँचाई 13 सेमी है। उसका आयतन (सेमी^{3} में, 1 दशमलव स्थान तक पूर्णांकित ज्ञात कीजिए।) $\pi = \frac{22}{7}$ लें।

(a) 314.3 (b) 323.4
(c) 328.6 (d) 340.5

136. उस गोले का कुल पृष्ठीय क्षेत्रफल ज्ञात कीजिए, जिसका आयतन $\frac{256}{3}\pi$ सेमी^{3} है।

(a) 38π सेमी^{2} (b) 56π सेमी^{2}
(c) 48π सेमी^{2} (d) 64π सेमी^{2}

137. माना C एक वृत्त है, जिसका केन्द्र O और त्रिज्या 5 सेमी है। माना कि PQ इस वृत्त की एक स्पर्श रेखा है और A इसका स्पर्श बिन्दु है। माना B, PQ पर इस प्रकार स्थित एक अन्य बिन्दु है कि AB की लम्बाई 12 सेमी है। यदि O और B को मिलाने वाली रेखा वृत्त को R पर काटती है, तो BR की लम्बाई (सेमी में) ज्ञात कीजिए।

(a) 6 (b) 2 (c) 8 (d) 13

138. दिए गए ग्राफ का अध्ययन कीजिए और निम्नलिखित प्रश्न का उत्तर दीजिए।

दिया गया ग्राफ किसी व्यक्ति के पुस्तकालय में विभिन्न विषयों से सम्बन्धित पुस्तकों का प्रतिशत दर्शाता है।

विभिन्न विषयों से सम्बन्धित पुस्तकों का प्रतिशत विवरण

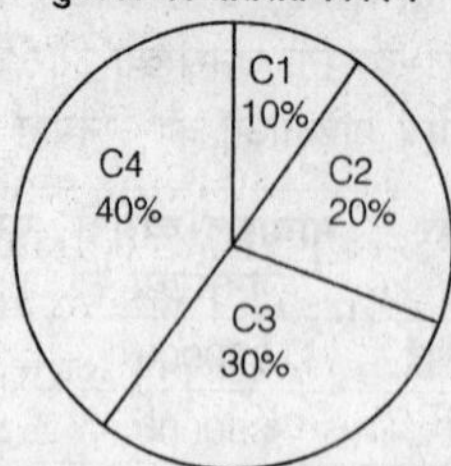

यदि पुस्तकों की कुल संख्या 60 है, तो विषय C1 की पुस्तकों की संख्या का, प्रति विषय पुस्तकों की औसत संख्या से अनुपात कितना है?

(a) 2 : 3 (b) 3 : 7
(c) 3 : 5 (d) 2 : 5

139. तीन लड़कों की औसत आयु 25 वर्ष है और उनकी आयु का अनुपात 3 : 5 : 7 है। सबसे छोटे लड़के की आयु ज्ञात कीजिए।

(a) 15 वर्ष (b) 21 वर्ष
(c) 12 वर्ष (d) 24 वर्ष

140. एक व्यापारी अपने माल को क्रय मूल्य से 10% हानि पर बेचता है, लेकिन 25% कम वजन के बांट (वजन) का उपयोग करता है। उसका प्रतिशत लाभ कितना होगा?

(a) 25% (b) 20%
(c) 35% (d) 15%

141. दी गई तालिका का अध्ययन कीजिए और नीचे दिए गए प्रश्न का उत्तर दीजिए।

निम्न तालिका में दिया गया डेटा दिसम्बर, 2022 महीने के लिए है।

कम्पनी	कर्मचारियों की कुल संख्या	महिला कर्मचारियों की संख्या
P	4560	2210
Q	4258	1650
R	3052	1280
S	4350	1920

कम्पनी P में पुरुष कर्मचारियों की संख्या और कम्पनी R में पुरुष कर्मचारियों की संख्या के बीच अन्तर कितना है?

(a) 605 (b) 578
(c) 580 (d) 592

142. 20% का कमीशन काटने के बाद, एक डीवीडी सेट का क्रय मूल्य ₹ 9080 होता है। इसका अंकित मूल्य क्या है?

(a) ₹ 11350 (b) ₹ 10100
(c) ₹ 11200 (d) ₹ 10000

143. नीचे दिए गए पाई-चार्ट 1 में किसी खिलाड़ी द्वारा वर्ष 2019-20 के दौरान 6 अलग-अलग देशों के विरुद्ध बनाए गए रनों को दर्शाया गया है। पाई चार्ट 2 में उसी खिलाड़ी द्वारा वर्ष 2020-21 के दौरान उन्हीं 6 देशों के विरुद्ध बनाए गए रनों को दर्शाया गया है।

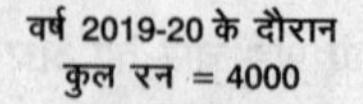

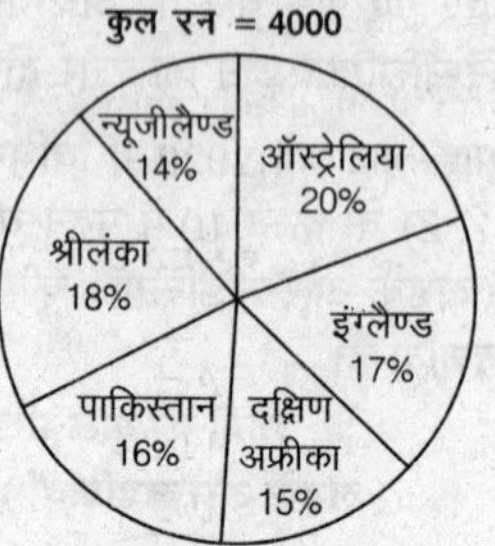

वर्ष 2020-21 के दौरान
कुल रन = 5000

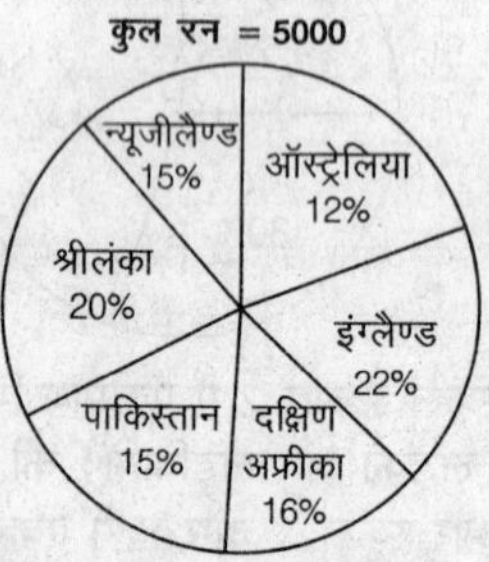

वर्ष 2019-20 के दौरान न्यूजीलैण्ड और पाकिस्तान के विरुद्ध बनाए गए कुल रनों और वर्ष 2020-21 के दौरान श्रीलंका और पाकिस्तान के विरुद्ध बनाए गए कुल रनों के बीच का अन्तर ज्ञात कीजिए।

(a) 500 (b) 600 (c) 650 (d) 550

144. माना m और n का महत्तम समापवर्तक (HCF) 'a' है और $n = ab$ है, तो m और n के लघुत्तम समापवर्त्य (LCM) को निम्न में से किसके द्वारा दर्शाया जाएगा?

(a) ab (b) am (c) mn (d) bm

145. राखी ने एक टोकरी, एक पर्स और एक बेल्ट खरीदा। उसने टोकरी, पर्स और बेल्ट के क्रमशः ₹ 80, ₹ 150 और ₹ 350 के अंकित मूल्यों पर क्रमशः 5%, 8% और 10% की छूट प्राप्त की। उसने कुल कितनी राशि (₹ में) का भुगतान किया?

(a) 529 (b) 580 (c) 51 (d) 519

146. $1\frac{2}{5} - \left[3\frac{3}{4} \div \left\{1\frac{1}{4} \div \frac{1}{2}\left(1\frac{1}{2} \times 3\frac{1}{3} \div 1\frac{1}{3}\right)\right\}\right]$ का मान कितना होगा?

(a) 0 (b) 3 (c) 2 (d) 1

147. एक दुकानदार की 4 क्रमागत दिनों की बिक्री ₹ 5445, ₹ 5937, ₹ 5865 और ₹ 6562 है। यदि उसको 5 दिनों की औसत बिक्री ₹ 6050 हो, तो उसकी पाँचवें दिन की बिक्री ज्ञात कीजिए।

(a) ₹ 6231 (b) ₹ 6341
(c) ₹ 6131 (d) ₹ 6441

148. एक कम्पनी द्वारा विगत कुछ वर्षों में निर्मित बैटरियों की बिक्री (लाख में) दी गई तालिका में दशाई गई है।

वर्ष	बैटरियों के प्रकार					कुल
	4 AH	7 AH	32 AH	35 AH	55 AH	
1992	75	144	114	102	108	543
1993	90	126	102	84	126	528
1994	96	114	75	105	135	525
1995	105	90	150	90	75	510
1996	90	75	135	75	90	465
1997	105	60	165	45	120	495
1998	115	85	160	100	145	605

पिछले सात वर्ष में किस प्रकार की बैटरी की कुल बिक्री सबसे अधिक थी?

(a) 35 AH (b) 55 AH
(c) 32 AH (d) 4 AH

149. यदि $\sin A + \sin^2 A = 1$ है, तो $\cos^4 A + \cos^6 A$ का मान क्या होगा?

(a) 0 (b) 1
(c) $\sin A$ (d) $\cos A$

150. एक कम्पनी तीन प्रकार के बक्सों का निर्माण करती है-प्लास्टिक, लकड़ी और काँच। प्लास्टिक, लकड़ी और काँच के बक्सों की संख्या का अनुपात 2 : 3 : 5 है। लकड़ी और काँच के बक्सों की संख्याओं के बीच का अन्तर 144 है। यदि प्लास्टिक के बक्सों की संख्या में 25% की वृद्धि की जाए, तो अब प्लास्टिक के बक्सों की संख्या कितनी होगी?

(a) 360 (b) 144 (c) 216 (d) 180

भाग 4

अंग्रेजी

151. Select the most appropriate synonym of the given word.
Spontaneous

(a) Attractive (b) Exhaustive
(c) Instinctive (d) Acquisitive

152. Some words in the following sentence have been underlined and given as options.Select the option that contains a spelling error.

The rolling waves on the beach were so trainquil and soothing.

(a) beach (b) trainquil
(c) soothing (d) rolling

153. Parts of the following sentence have been given as options. Select the option that contains an error.
Rani was extreme upset with her results this year.

(a) extreme upset (b) this year
(c) with her results (d) Rani was

154. Four words have been underlined in the given sentence of which one word has a spelling error. Identify the incorrectly spelt word.
The tiger thrshed (A) against his chains (B) in the cage at the circus (C) but nobody paid him any heed (D).

(a) thrshed (b) circus
(c) chains (d) heed

155. Select the most appropriate meaning of the underlined idiom.
We' ve sent a very strong protest letter. That should make them sit up and take notice.

(a) Follow (b) Attend
(c) Observe (d) Consider

156. Select the most appropriate antonym of the given word.
Defunct

(a) Stoicism (b) Extant
(c) Convoluted (d) Redundant

157. You are preparing a speech for the upcoming function. Select a synonym for the highlighted word to make it better.
The education system must evolve to keep pace with the rapid changes in the job market.

(a) Emanate (b) Censor
(c) Demolish (d) Conceal

158. Select the option that will improve the underlined part of the given sentence.
The village Seoni is located 113 km away from the capital city of MP, Bhopal .

(a) adjacent from city capital of MP, Bhopal
(b) far from the capital city of MP, Bhopal
(c) near from the city capital of MP, Bhopal
(d) proximate from capital of MP, Bhopal

159. Select the sentence that has a spelling error.

A. Keeping cities clean and free of germs is particularly essential for keeping their residents healthy.
B. Our health depends not just on our nutrition and personal hygeine but also on how we clean our cities and surroundings.
C. The spread of various diseases is intricately linked to the deteriorating state of public health condition.
D. The good news is that waste management, to keep cities clean, is now getting attention through the Swachh Bharat Mission.

(a) The good news is that waste management, to keep cities clean, is now getting attention through the Swachh Bharat Mission.
(b) The spread of various diseases is intricately linked to the deteriorating state of public health condition.
(c) Keeping cities clean and free of germs is particularly essential for keeping their residents healthy.
(d) Our health depends not just on our nutrition and personal hygeine but also on how we clean our cities and surroundings.

160. Select the most appropriate option that can substitute the underlined word in the given sentence.
The new professor is liked by his students for his amiable approach.

(a) simple (b) strict
(c) academic (d) friendly

161. Select the option that can be used as a one-word substitute for the given group of words.
Spoken or done without any previous thought or preparation

(a) Inaugural (b) Maiden
(c) Extempore (d) Initiative

162. Select the option that can be used as a one-word substitute for the given group of words.
A place where coins are made

(a) Trough (b) Post Office
(c) Grove (d) Mint

163. Select the most appropriate antonym of the given word.
Vague

(a) Elegant (b) Regal
(c) Definite (d) Dwarf

164. Select the option that can be used as a one-word substitute for the given group of words.
Something of monstrous size or power
(a) Bulk (b) Amazon
(c) Heavyweight (d) Behemoth

165. Select the most appropriate idiomatic expression to fill in the blank.
Our Director took a meeting and asked us to express our views on .... of the new HR policy.
(a) the bandwagon
(b) the pros and cons
(c) the hook
(d) the ups and downs

166. Select the most appropriate idiom that can substitute the underlined segment in the given sentence.
He got a <u>burst of energy</u> and started digging again.
(a) took bull by the horns
(b) a fancy of someone
(c) second wind
(d) heart on the sleeve

167. Select the most appropriate antonym of the given word.
Brave
(a) Elegant (b) Cordial
(c) Cowardly (d) Courageous

168. Select the most appropriate synonym of the given word.
Behold
(a) Look (b) Burden
(c) Fortunate (d) Predict

169. Select the most appropriate option that can substitute the underlined segment in the given sentence.
A gust of wind came abruptly and our sand castle <u>toppled</u> .
(a) tumbled down (b) ran after
(c) turned up (d) blew out

170. Parts of the following sentence have been given as options. One of them may contain an error. Select the part that contains the error from the given options. If you don't find any error, mark 'No error' as your answer.
Luckily, I managed to get a room in the college hostel and I move in there.
(a) and I move in there
(b) Luckily, I managed to get a room
(c) in the college hostel
(d) No error

171. Select the most appropriate meaning of the given idiom.
Open your heart
(a) Immediately think of something
(b) Share your deepest feelings
(c) Feel relieved because the stress is removed
(d) Could do something very easily

172. Select the most appropriate one-word substitution of the given group of words.
A list of source materials that are used or consulted in the preparation of a work or that are referred to in the text.
(a) Bibliography (b) Bibliophile
(c) Bibliotheca (d) Bibliomemoir

173. Select the most appropriate idiom to fill in the blank.
The company had some initial problems, but now it is ....
(a) flying like a rock
(b) flying the nest
(c) flying a kite
(d) flying high

174. Select the most appropriate meaning of the given idiom.
Burn one's bridges
(a) Working very hard
(b) Impossible to return to an earlier state
(c) Having an overnight success
(d) Attack on one's enemy

175. Select the option that can be used as a one-word substitute for the given group of words.
An ability to do several things at the same time.
(a) Indictment (b) Blasphemy
(c) Unit asking (d) Multi-tasking

176. Select the most appropriate meaning of the underlined idiom that can be substituted in the following sentence.
Right now, <u>my hands are full</u>.
(a) My hands are filled up
(b) My hands are swollen
(c) I'm very tired
(d) I'm very busy

177. Select the incorrectly spelt word.
(a) Click (b) Caricature
(c) Cumbersome (d) Cumolative

178. Select the most appropriate antonym of the given word.
Credit
(a) Litigate (b) Install
(c) Debit (d) Impute

179. Select the most appropriate meaning of the given idiom.
Boil the ocean
(a) Something very big
(b) Something which gets hot gradually
(c) Try to do something impossible
(d) To make someone very angry

180. The following sentence has been split into four segments. Identify the segment that contains a grammatical error.
"You look so young!/When did you completed your graduation?"/ asked Rekha/to her neighbour.
(a) to her neighbour
(b) When did you completed your graduation?
(c) asked Rekha
(d) You look so young!

181. Select the correct spelling of the incorrectly spelt word.
Diplomats believe that buraucratic delays are inevitable.
(a) invitable (b) burocratic
(c) beleave (d) bureaucratic

182. Select the option that can be used as a one-word substitute for the given group of words.
The compulsion to tell lies
(a) Pyromania
(b) Nymphomania
(c) Megalomania
(d) Mythomania

183. Select the most appropriate antonym of the word 'hinderance' in the given sentence and choose the correct option.
The refreshing breeze blew through the open window, bringing relief from the summer heat.
(a) Bringing (b) Blew
(c) Refreshing (d) Relief

184. The following sentence has been divided into parts. One of them may contain an error.Select the part that contains the error from the given options. If you don't find any error, mark 'No error' as your answer.
Neem tastes / a little bitterly, / but is very useful.
(a) a little bitterly
(b) Neem tastes
(c) but is very useful
(d) No error

185. Select the option that can be used as a one-word substitute for the given group of words.
Someone who pretends to have certain moral standards while secretively that person practices those very moral lapses.
(a) Sinner (b) Actor
(c) Spy (d) Hypocrite

186. Select the most appropriate idiomatic expression to substitute for the underlined segment in the given sentence.
I had to work late in the night for nearly three months to write my first book.
(a) to take a back seat
(b) to burn the midnight oil
(c) to blow a fuse
(d) to look through coloured glasses

187. Select the option that can be used as a one-word substitute for the given group of words.
A person who does not eat any animal product
(a) Vegetarian
(b) Veggie
(c) Vegan
(d) Non-vegetarian

188. Select the most appropriate meaning of the underlined idiom.
You must lie in the bed you have made .
(a) Face the unpleasant consequences of your own acts
(b) Sleep on the bed you made yourself
(c) Sleep in your own bed
(d) Be contended always

189. The following sentence has been split into four segments. Identify the segment that contains a grammatical error.
The postman/delivers the letters/ through hand,/door to door.
(a) The postman
(b) delivers the letters
(c) door to door
(d) through hand

190. Select the most appropriate antonym of the given word.
Demolish
(a) Inferior
(b) Annihilate
(c) Unmethodical
(d) Fabricate

Directions (Q. Nos. 191-195) *In the following passage, some words have been deleted. Read the passage carefully and select the most appropriate option to fill in each blank.*

It is said that everyone lives ...(1)... selling something. What you can ...(2)... from this statement is that teachers live by selling knowledge, philosophers live by selling wisdom and priests earn their living by selling spiritual comfort. Though it may be possible to measure the value of material goods in terms of money, it is extremely difficult to ...(3)... the true value of the services which people perform for us. There are times when we would ...(4)... give everything we possess to save our lives, yet we might grudge paying a surgeon a high fee for offering us precisely the same service. The ...(5)... of society are such that skills have to be paid for in the same way that goods are paid for at a shop.

191. Select the most appropriate option to fill in blank no. 1.
(a) by (b) over
(c) of (d) into

192. Select the most appropriate option to fill in blank no. 2.
(a) separate (b) derive
(c) revive (d) choose

193. Select the most appropriate option to fill in blank no. 3.
(a) extort (b) mock
(c) conceal (d) estimate

194. Select the most appropriate option to fill in blank no. 4.
(a) willingly (b) thoroughly
(c) perfectly (d) thoughtfully

195. Select the most appropriate option to fill in blank no. 5.
(a) obstacles (b) interferences
(c) conditions (d) connections

Directions (Q. Nos. 196-200) *Read the given passage carefully and answer the questions that follow.*

As a society, we have come a long way in terms of progress and development. We have eradicated diseases, explored space and created technological wonders that were once thought impossible. Yet, there is still one issue that continues to plague us: stupidity.

Yes, stupidity. The thing that seems to be contagious and has been spreading faster than the common cold. It's everywhere you look - on social media, in politics, in the workplace. You can't escape it.

It's as if we've all collectively decided that intelligence and common sense are no longer important. Why bother using your brain when you can just rely on your gut feelings and conspiracy theories?

Take politics, for example. It used to be that political were expected to be knowledgeable and well-informed about the issues they were dealing with. Now, it seems that all you need is a catchy slogan and some empty promises to win an election.

And don't even get me started on social media. It's a breeding ground for stupidity. People will believe anything they read as long as it confirms their preconceived biases. And don't even think about trying to present them with actual facts and evidence. That's just a waste of time.

But it's not just individuals who are to blame for this epidemic of stupidity. Our education system is failing us as well. We're teaching our kids how to pass tests instead of how to think critically and solve problems. It's no wonder we have a generation of adults who can't even find their way around a basic math problem.

Of course, there are some who would argue that stupidity is just a different way of thinking.That it's a valid perspective that deserves to be respected. To those people, I say this: if you want to be stupid, go ahead. Just don't expect the rest of us to respect your opinions when they're based on nothing but ignorance and misinformation.

It's time for us to take a stand against stupidity. We need to start valuing intelligence and critical thinking again. We need to hold our leaders accountable for their actions and demand that they be knowledgeable and well-informed. We need to teach our children how to think,not just how to memorise.

It won't be easy, but it's a fight worth fighting. Because if we don't, we'll be stuck in a world where stupidity reigns supreme and there's no telling what kind of damage that could do. Solet's all do our part and start using our brains again. It's time to put an end to the epidemic of stupidity once and for all.

196. Which of the following techniques has been used by the author of the passage to convey the message?
(a) Examples and anecdotes
(b) Factual and chronological account
(c) Humour and exaggeration
(d) Parody and mimicry

197. According to the passage, what is the solution to the issue of stupidity in society?
(a) Embracing ignorance and misinformation
(b) Teaching students how to pass tests
(c) Electing politici with catchy slog
(d) Encouraging critical thinking and problem-solving skills

198. What is the tone of the passage?
(a) Sarcastic
(b) Serious
(c) Melancholic
(d) Joyful

199. According to the author of the passage, who among the following is not responsible for the spread of stupidity?
(a) Politici (b) Education system
(c) Individuals (d) Children

200. What could be a suitable title for the passage?
(a) The Evils of Social Media
(b) The Benefits of Stupidity
(c) The Joy of Living in a World of Ignorance
(d) The Importance of Critical Thinking

जानें सही उत्तर

1 (c)	2 (b)	3 (b)	4 (b)	5 (a)	6 (a)	7 (b)	8 (c)	9 (a)	10 (c)
11 (a)	12 (a)	13 (b)	14 (c)	15 (b)	16 (d)	17 (c)	18 (a)	19 (d)	20 (d)
21 (c)	22 (a)	23 (c)	24 (d)	25 (d)	26 (a)	27 (c)	28 (a)	29 (c)	30 (a)
31 (d)	32 (b)	33 (b)	34 (c)	35 (a)	36 (d)	37 (c)	38 (d)	39 (a)	40 (b)
41 (a)	42 (d)	43 (d)	44 (a)	45 (c)	46 (b)	47 (d)	48 (a)	49 (b)	50 (c)
51 (c)	52 (b)	53 (b)	54 (d)	55 (a)	56 (a)	57 (c)	58 (d)	59 (c)	60 (b)
61 (d)	62 (a)	63 (b)	64 (c)	65 (d)	66 (c)	67 (b)	68 (d)	69 (d)	70 (d)
71 (c)	72 (c)	73 (c)	74 (a)	75 (c)	76 (d)	77 (d)	78 (c)	79 (c)	80 (d)
81 (d)	82 (d)	83 (c)	84 (c)	85 (d)	86 (c)	87 (b)	88 (d)	89 (a)	90 (c)
91 (b)	92 (b)	93 (b)	94 (c)	95 (b)	96 (d)	97 (c)	98 (a)	99 (b)	100 (d)
101 (b)	102 (d)	103 (c)	104 (c)	105 (b)	106 (b)	107 (a)	108 (b)	109 (c)	110 (d)
111 (a)	112 (b)	113 (a)	114 (c)	115 (a)	116 (b)	117 (d)	118 (c)	119 (b)	120 (d)
121 (a)	122 (b)	123 (a)	124 (d)	125 (b)	126 (b)	127 (a)	128 (a)	129 (c)	130 (b)
131 (b)	132 (b)	133 (c)	134 (d)	135 (a)	136 (d)	137 (c)	138 (d)	139 (a)	140 (b)
141 (b)	142 (a)	143 (d)	144 (d)	145 (a)	146 (d)	147 (d)	148 (c)	149 (c)	150 (d)
151 (c)	152 (b)	153 (a)	154 (a)	155 (d)	156 (b)	157 (a)	158 (b)	159 (d)	160 (d)
161 (c)	162 (d)	163 (c)	164 (d)	165 (b)	166 (c)	167 (c)	168 (a)	169 (a)	170 (a)
171 (b)	172 (a)	173 (d)	174 (b)	175 (d)	176 (d)	177 (d)	178 (c)	179 (c)	180 (b)
181 (d)	182 (d)	183 (d)	184 (a)	185 (d)	186 (b)	187 (c)	188 (a)	189 (d)	190 (d)
191 (a)	192 (b)	193 (d)	194 (a)	195 (c)	196 (c)	197 (d)	198 (a)	199 (d)	200 (d)

प्रश्नों के सही हल

1. (c) दी गई पंचभुजाकार आकृति में त्रिभुज में छायांकित भाग स्थानान्तरित हो रहा है।
(जैसे-1 त्रिभुज छोड़कर, 2. त्रिभुज छोड़कर, 3 त्रिभुज छोड़कर, 4 त्रिभुज छोड़कर, 5वें स्थान पर आने वाली आकृति

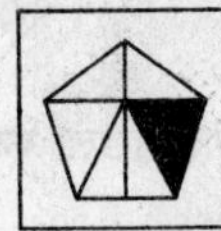

अतः विकल्प आकृति (c) सही है।

2. (b) जिस प्रकार,

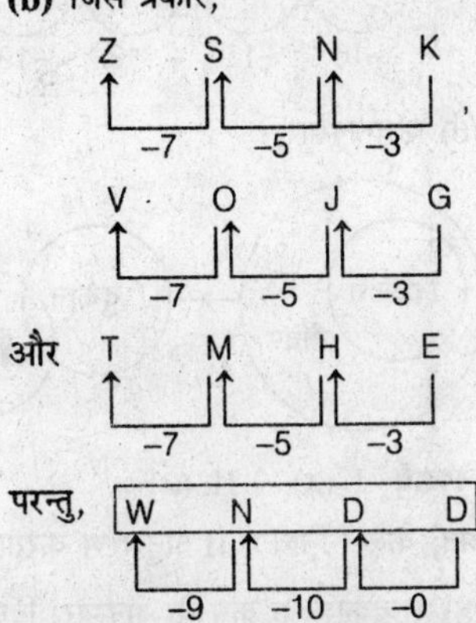

3. (b) प्रश्नानुसार, A−Q*B@R

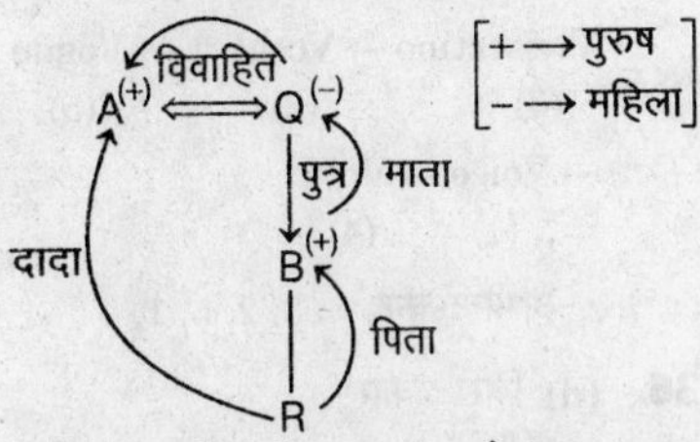

उपरोक्त आरेख से ज्ञात होता है कि 'A', 'R' का दादा है।

4. (b) दी गई श्रृंखला निम्न प्रकार है,

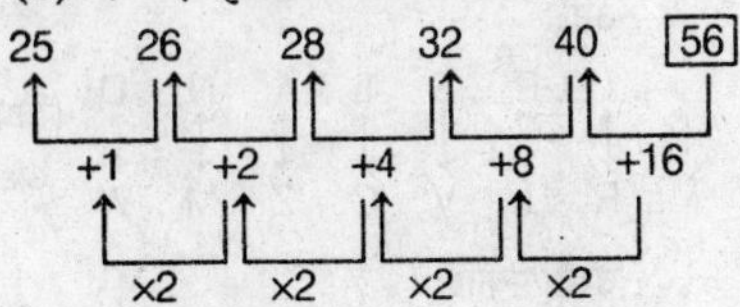

5. (a) दी गई श्रृंखला निम्न प्रकार है,

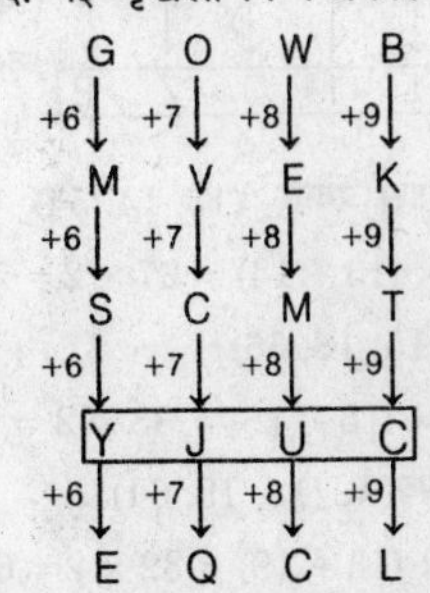

6. (a) प्रश्नानुसार,

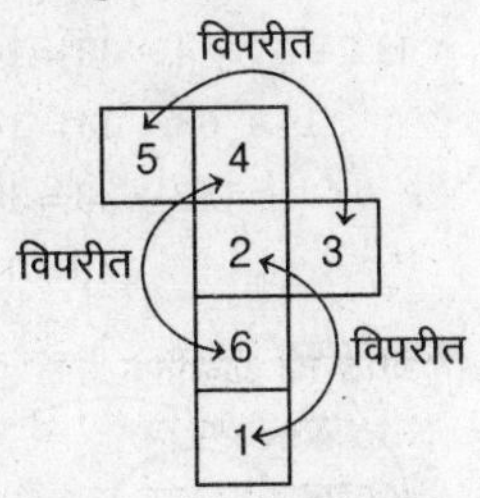

अतः उपरोक्त, शीट को मोड़कर, घन बनाने पर संख्या '1' वाले फलक के विपरीत फलक पर संख्या '2' आएगी।

7. (b) दिया है,

+ ⇒ ×	× ⇒ −
− ⇒ ÷	÷ ⇒ +

$= 9 + 3 \div 2 \times 135 - 15$

प्रश्नानुसार, चिह्नों को प्रतिस्थापित करने पर,

$= 9 \times 3 + 2 - 135 \div 15$
$= 27 + 2 - 9$
$= 29 - 9$
$\therefore \quad = 20$

8. (c) प्रश्नानुसार,

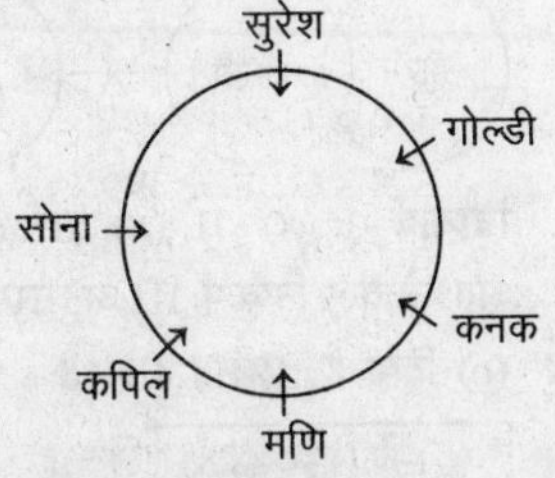

अतः उपरोक्त व्यवस्था से ज्ञात होता है कि, कनक के बाईं ओर दूसरे स्थान पर कपिल बैठा है।

9. (a) कुश्ती जोकि एक पारम्परिक भारतीय खेल है, अखाड़े में खेली जाती है।
उसी प्रकार, आइस स्केटिंग बर्फ के मैदान में खेली जाती है।

10. (c) कथनानुसार,

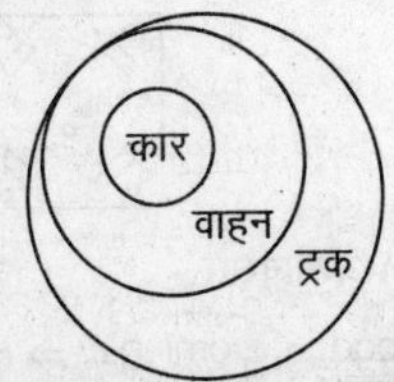

निष्कर्ष I. (✓) II. (✗)

अतः केवल निष्कर्ष I अनुसरण करता है।

11. (a) प्रश्नानुसार,

A, F, B, E, C, D
उ., उ.प., उ.पू., प., पू., द.प., द., द.पू.

अतः A, E के उत्तर-पश्चिम दिशा में है।

12. (a) शब्दकोश के क्रम के अनुसार, दिए गए शब्दों का सही क्रम है

Reach → Reactor → Readily →
(3) (5) (2)
Realistic → Realize → Really
(1) (6) (4)
⇒ 3, 5, 2, 1, 6, 4

13. (b) दी गई प्रश्न आकृति में विकल्प आकृति (b) अन्तर्निहित है।

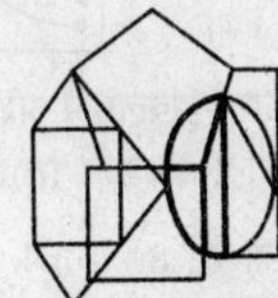

14. (c) दी गई श्रृंखला निम्न प्रकार है,

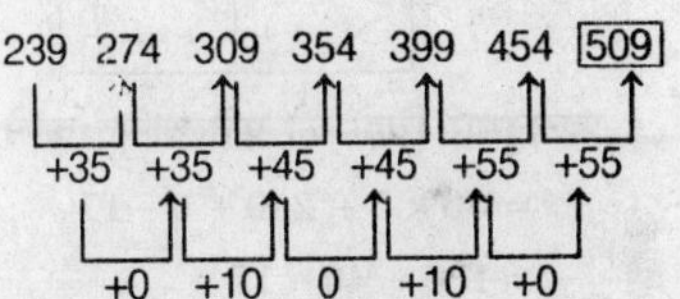

15. (b) प्रश्नानुसार, $\overset{-}{H}$ \$ $\overset{+}{Q}$ * $\overset{+}{Y}$ * N
पुत्री भाई भाई

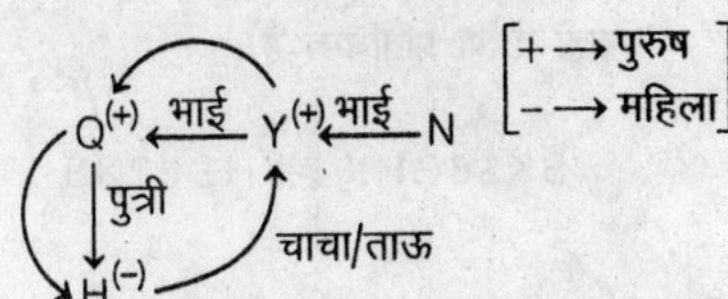

उपरोक्त आरेख से ज्ञात होता है कि 'Y', 'H' का चाचा/ताऊ है।

16. (d) प्रश्नानुसार,

LIF [E] ⇒ [9] 351 ...(i)
N [E] AR ⇒ 46 [9] 2 ...(ii)

अतः समीकरण (i) तथा (ii) से E का कूट 9 होगा।

17. (c) जिस प्रकार,

(329, 145, 184) ⇒ 329 − 145 = 184
और (567, 221, 346) ⇒ 567 − 221 = 346
उसी प्रकार, विकल्प (c) से,
(676, 225, 451) ⇒ 676 − 225 = 451

18. (a) दिया है, 4 A 9 C 6 D 2 E 40 B 9
प्रश्नानुसार, परस्पर चिह्न बदलने पर,
$A \to +, B \to -, C \to \times,$
$D \to \div, E \to =$
$4 + 9 \times 6 \div 2 = 40 - 9$
$\Rightarrow \quad 4 + 27 = 31$
$\Rightarrow \quad 31 = 31$

19. (d) जिस प्रकार,

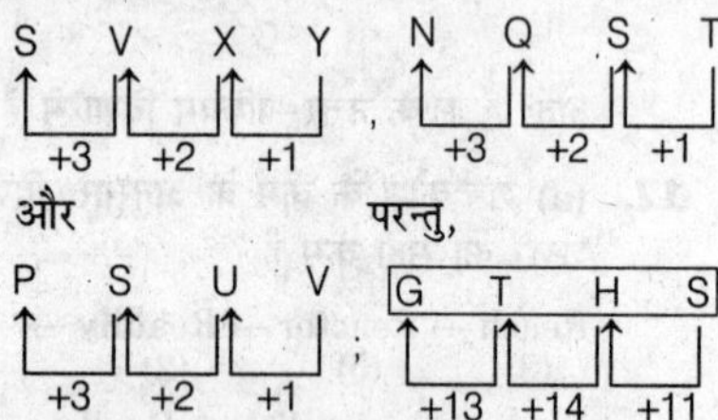

20. (d) दी गई आकृति श्रृंखला प्रत्येक अगली आकृति में निम्न क्रम है,

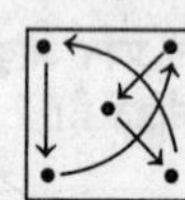

इस प्रकार श्रृंखला में प्रश्नचिह्न (?) के स्थान पर विकल्प आकृति (d) आएगी।

21. (c) दिया है, $36 - 5 \div 240 \times 6 + 17 = ?$

$+ \Rightarrow -$	$- \Rightarrow \times$
$\times \Rightarrow \div$	$\div \Rightarrow +$

प्रश्नानुसार चिह्नों को प्रतिस्थापित करने पर
$= 36 \times 5 + 240 \div 6 - 17$
$= 180 + 40 - 17$
$= 220 - 17$
$\therefore \quad = 203$

22. (a) विकल्प आकृति (a) दी गई आकृति का सही दर्पण प्रतिबिम्ब है।

BK$6GHX | XHG6$KB

23. (c) जिस प्रकार, आकृति 1 का जल प्रतिबिम्ब आकृति 2 में है। उसी प्रकार, आकृति 3 का जल प्रतिबिम्ब आकृति 4 में होगा।

24. (d) दी गई अक्षर-श्रृंखला का पैटर्न निम्न प्रकार है,

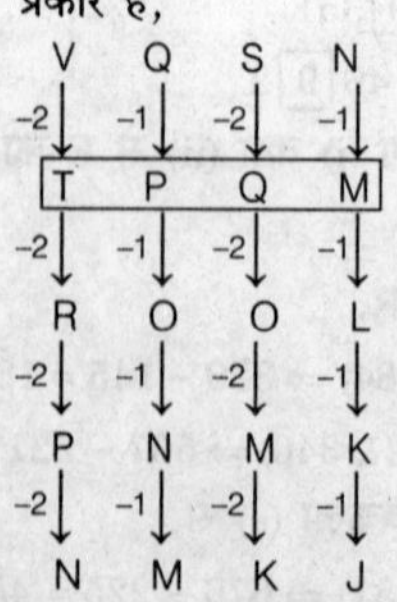

25. (d) दी गई समीकरण,
$114 \div 85 + 5 \times 4 - 33 = 149$
विकल्प (d) से, चिह्नों को प्रतिस्थापित करने पर
$\Rightarrow 114 + 85 \div 5 \times 4 - 33 = 149$
$\Rightarrow \quad 114 + 17 \times 4 - 33 = 149$
$\Rightarrow \quad 114 + 68 - 33 = 149$
$\Rightarrow \quad 182 - 33 = 149$
$\Rightarrow \quad 149 = 149$

26. (a) कथनानुसार,

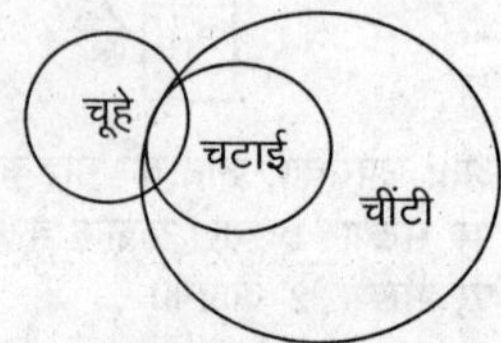

निष्कर्ष I. (✓) II. (✓)
अत: निष्कर्ष I तथा II दोनों अनुसरण करते हैं।

27. (c) विकल्प आकृति (c) दी गई आकृति का सही दर्पण प्रतिबिम्ब है।

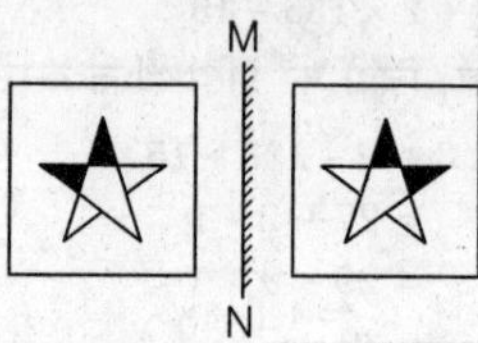

28. (a) कथनानुसार,

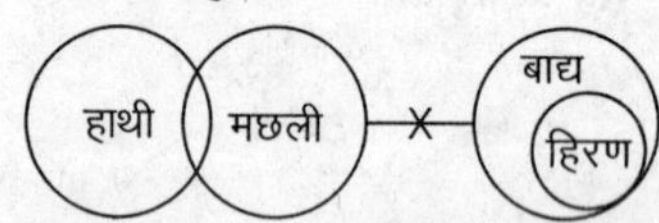

निष्कर्ष I. (✗) II. (✗) III. (✓)
अत: केवल निष्कर्ष III अनुसरण करता है।

29. (c) दिया है, $124 \times 4 + 13 - 3 + 36 = ?$

$+ \Rightarrow -$	$- \Rightarrow \times$
$\times \Rightarrow \div$	$\div \Rightarrow +$

प्रश्नानुसार चिह्नों को प्रतिस्थापित करने पर,
$\Rightarrow 124 \div 4 + 13 \times 3 - 36 = ?$
$\Rightarrow \quad 31 + 39 - 36 = ?$
$\Rightarrow \quad 70 - 36 = ?$
$\therefore \quad ? = 34$

30. (a) दिए गए कागज को मोड़कर काटने तथा खोलने के पश्चात् विकल्प आकृति (a) प्राप्त होगी।

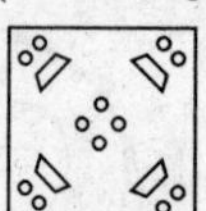

31. (d) प्रश्नानुसार,

good (morning) ⇒ mu (du)
[early] (morning) [tea] ⇒ (du) [tu] [se]
[tea] is [early] ⇒ [se] re [tu]

उपरोक्त अक्षरों एवं कूटों से ज्ञात होता है कि 'is' का कूट 're' है।

32. (b) दिए गए कागज को मोड़कर काटने तथा खोलने के पश्चात् विकल्प आकृति (b) प्राप्त होगी।

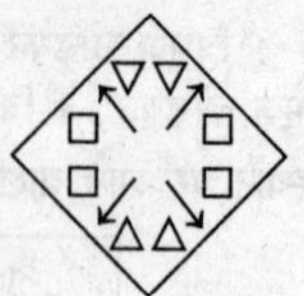

33. (b) दी गई श्रृंखला का क्रम निम्न प्रकार है,

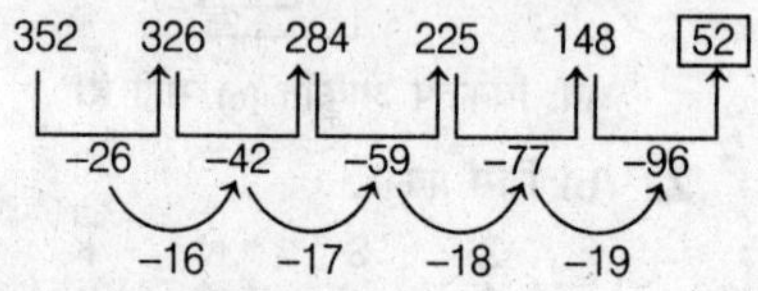

34. (c) कथनानुसार,

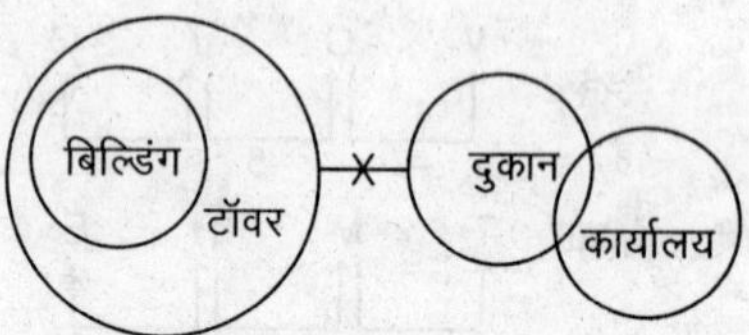

निष्कर्ष I. (✗) II. (✓)
अत: केवल निष्कर्ष II अनुसरण करता है।

35. (a) शब्दकोश के क्रम के अनुसार, दिए गए शब्दों का सही क्रम है

Vivisectino → Vocalist → Vogue
(3) (2) (5)
→ Voice → Void
(1) (4)
∴ अभीष्ट कूट ⇒ 3, 2, 5, 1, 4

36. (d) जिस प्रकार,

A S I A
↕ ↕ ↕ ↕ (विपरीत अक्षर)
Z H R Z

और

I R E L A N D
↕ ↕ ↕ ↕ ↕ ↕ ↕ (विपरीत अक्षर)
R I V O Z M W

उसी प्रकार,

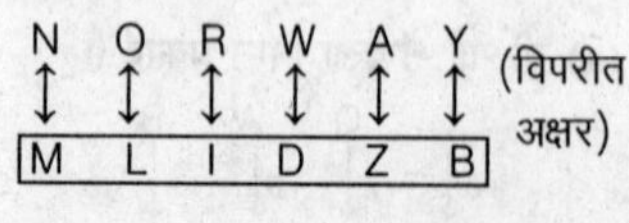

37. (c) जिस प्रकार, (13, 14, 54)
$\Rightarrow 2 \times (13 + 14) = 27 \times 2 = 54$
और (15, 18, 66)
$\Rightarrow 2 \times (15 + 18) = 33 \times 2 = 66$
उसी प्रकार, (13, 19, 64)
$\Rightarrow 2 \times (13 + 19) = 32 \times 2 = 64$

38. (d) प्रश्नानुसार,

↑ ↑ ↑ ↑ ↑ ↑ ↑ (उत्तर की ओर)
C A E B D G F
केवल एक व्यक्ति

अत: उपरोक्त व्यवस्था से ज्ञात होता है कि, E और D के बीच केवल एक व्यक्ति B बैठा है।

39. (a) जिस प्रकार, (21, 5, 120)
$\Rightarrow (21-1)\times(5+1) = 20\times 6 = 120$
और (2, 7, 8)
$\Rightarrow (2-1)\times(7+1) = 1\times 8 = 8$
उसी प्रकार, विकल्प (a) से (3,4,10)
$= (3-1)\times(4+1) = 2\times 5 = 10$

40. (b) यहाँ दिए गए शब्द परस्पर एक-दूसरे के पर्याय हैं
जिस प्रकार, व्युत्पन्न होने का अर्थ है, निष्कर्ष निकालना। उसी प्रकार, गुहार लगाने का अर्थ है, आग्रह करना।

41. (a) दी गई संख्या-श्रृंखला निम्न प्रकार है,

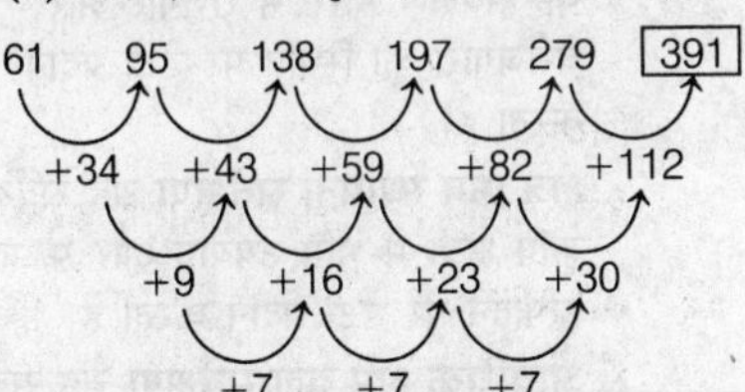

42. (d) दी गई श्रृंखला का क्रम निम्न प्रकार है।
P C E H Z/P C E H Z/P C E H Z
∴ अभीष्ट संयोजन ⇒ CEZPHCZ

43. (d) व्यक्ति द्वारा तय की गई दूरी एवं दिशा का आरेख निम्न प्रकार है

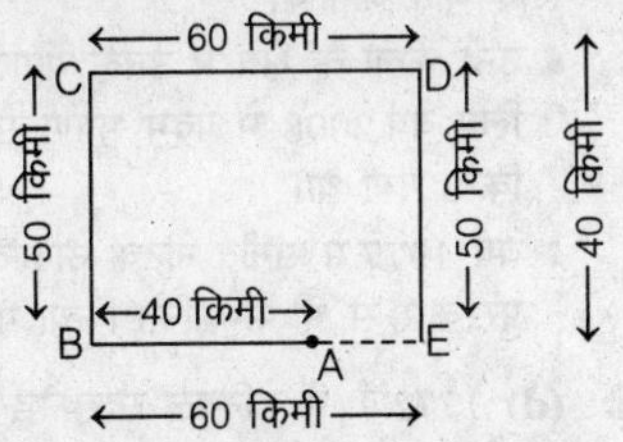

आरम्भिक बिन्दु से अन्तिम बिन्दु तक की दूरी $(AE) = BE - BA = 60 - 40 = 20$ किमी
अत: वह व्यक्ति आरम्भिक बिन्दु से 20 किमी की दूरी पर है।

44. (a) दी गई आकृति का सही दर्पण प्रतिबिम्ब विकल्प आकृति (a) है।

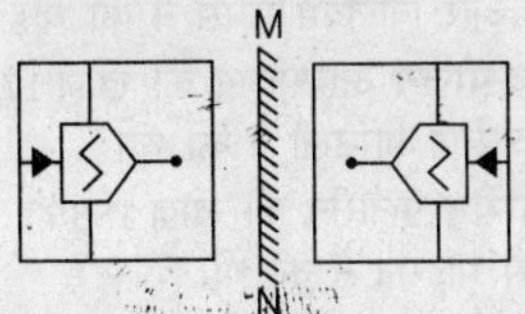

45. (c) दिया है, 145A27D3B? = 163

A ⇒ +	B ⇒ ×
C ⇒ −	D ⇒ ÷

प्रश्नानुसार, चिह्नों को प्रतिस्थापित करने पर,
$145 + 27 \div 3 \times ? = 163$
$\Rightarrow 145 + 9 \times ? = 163$
$\Rightarrow 9 \times ? = 163 - 145$
$\Rightarrow 9 \times ? = 18$
$\Rightarrow ? = 18 \div 9$
$\therefore ? = 2$

46. (b) जिस प्रकार,
TRAUMA = अक्षरों की संख्या × 6
= 6 × 6 = 36
और STIL = अक्षरों की संख्या × 6
= 4 × 6 = 24
उसी प्रकार,
OBEIDEINT = अक्षरों की संख्या × 6
= 9 × 6 = 54

47. (d) दिया है, $61 \div 9 \times 3 - 8 + 5 = ?$

+ ⇒ −	− ⇒ ×
× ⇒ ÷	÷ ⇒ +

प्रश्नानुसार, चिह्नों को प्रतिस्थापित करने पर
$61 + 9 \div 3 \times 8 - 5 = ?$
$\Rightarrow 61 + 3 \times 8 - 5 = ?$
$\Rightarrow 61 + 24 - 5 = ?$
$\Rightarrow 85 - 5 = ?$
$\therefore ? = 80$

48. (a) प्रश्नानुसार,

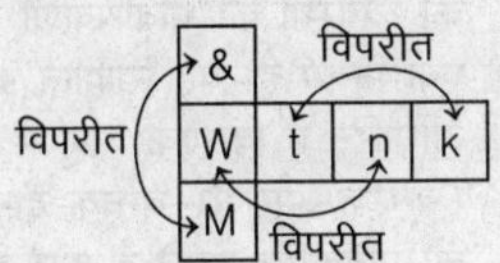

उपरोक्त शीट को मोड़कर घन का आकार देने पर निम्न आकृति सम्भव नहीं है।

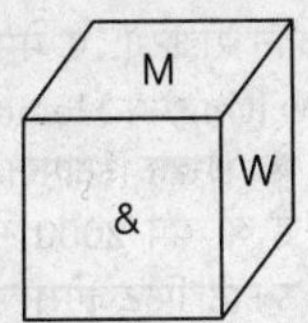

49. (b) जिस प्रकार,
$142 : 108 \Rightarrow 142 - 108 = 34$
और $169 : 135 \Rightarrow 169 - 135 = 34$
उसी प्रकार,
$185 : ? \Rightarrow 185 - ? = 34$
$\therefore ? = 185 - 34 = 151$

50. (c) प्रश्नानुसार,
FIR E ⇒ 7 391 ...(i)
AG E D ⇒ 824 7 ...(ii)
अत: समी (i) तथा (ii) से E का कूट 7 होगा।

51. (c) बीटिंग रिट्रीट समारोह विजय चौक पर आयोजित किया जाता है।

- यह समारोह प्रत्येक 29 जनवरी को विजय चौक, नई दिल्ली में आयोजित किया जाता है।
- यह गणतन्त्र दिवस समारोह के समापन का प्रतीक है।
- इस समारोह में भारतीय सेना, नौसेना और वायु सेना के बैण्ड भाग लेते हैं।
- भारत में पहली बार बीटिंग रिट्रीट समारोह 1950 के दशक में ब्रिटेन की महारानी एलिजाबेथ और प्रिंस फिलिप के सम्मान में आयोजित किया गया था।

52. (b) जून, 2021 में, भारतीय रिज़र्व बैंक ने 'माइक्रोफाइनेंस के विनियमन पर परामर्शी दस्तावेज (Consultative Document on Regulation of Microfinance)' प्रकाशित किया था।

- यह दस्तावेज माइक्रोफाइनेंस क्षेत्र के लिए एक नए नियामक ढाँचे का प्रस्ताव करता है, जिसका उद्देश्य उधारकर्ताओं की सुरक्षा को मजबूत करना और सूक्ष्म वित्त संस्थानों (एमएफआई) के लिए एकसमान प्लेटफॉर्म उपलब्ध करना है।
- भारतीय रिजर्व बैंक (RBI) भारत का केन्द्रीय बैंक है, जिसे 1 अप्रैल, 1935 को भारतीय रिजर्व बैंक अधिनियम, 1934 के तहत स्थापित किया गया था।

53. (b) हिमालय के उत्तरी अक्षांशों पर तिब्बती उच्चभूमि के लगभग समानान्तर में चलने वाली पवनें पछुआ पवनें (Westerly Winds) हैं, जिन्हें जेट स्ट्रीम के रूप में भी जाना जाता है।

- जेट स्ट्रीम संकीर्ण, तेज़ हवा की धाराएँ हैं, जो सामान्यत: दुनिया भर में पश्चिम से पूर्व की ओर बहती हैं। यह पृथ्वी की सतह से 11 से 13 किमी की ऊँचाई पर पाई जाती हैं।
- उत्तरी गोलार्द्ध में इन धाराओं की औसत स्थिति 20°N से 50°N अक्षांशों के बीच है तथा ध्रुवीय धाराएँ 30° से 70° उत्तरी अक्षांश के बीच बहती हैं।

54. (d) भारत के स्वास्थ्य और परिवार कल्याण मन्त्रालय ने वर्ष 2012 में किशोर लड़कियों और लड़कों (56% लड़कियों और 30% लड़कों) में रक्ताल्पता के उच्च प्रसार और घटनाओं की चुनौती से निपटने के लिए साप्ताहिक आयरन और फोलिक एसिड सप्लीमेण्टेशन (WIFS) कार्यक्रम शुरू किया था।

- यह कार्यक्रम देश भर के सरकारी और सरकारी सहायता प्राप्त स्कूलों में लागू किया गया है।

- कार्यक्रम के तहत, किशोर लड़कियों और लड़कों को साप्ताहिक आयरन और फोलिक एसिड की गोलियाँ दी जाती हैं।
- कार्यक्रम में किशोरों को रक्ताल्पता (एनीमिया) के बारे में जानकारी और शिक्षा भी प्रदान की जाती है।

55. (a) ब्राह्मणी नदी (Brahmani River) की द्रोणी झारखण्ड, छत्तीसगढ़ और उड़ीसा राज्यों को कवर करती है। इस नदी का जलग्रहण क्षेत्र 39,033 वर्ग किमी है।

- ब्राह्मणी नदी, ओडिशा में बैतरणी और महानदी नदियों के बाद तीसरी सबसे बड़ी नदी है। यह नदी ओडिशा में बहने वाली प्रमुख नदियों में से एक है।
- शारदा नदी उत्तराखण्ड और उत्तर प्रदेश राज्यों में बहती है।
- नागावली नदी ओडिशा और आन्ध्र प्रदेश राज्यों में बहती है।
- बैतरणी नदी ओडिशा और झारखण्ड राज्यों में बहती है।

56. (a) भारतीय संविधान को अंगीकृत किए जाने के समय इसमें सात मूल अधिकार थे।

- सात मौलिक अधिकार इस प्रकार थे;
- समानता का अधिकार (अनुच्छेद 14-18)
- स्वतन्त्रता का अधिकार (अनुच्छेद 19-22)
- शोषण के विरुद्ध अधिकार (अनुच्छेद 23-24)
- धर्म की स्वतन्त्रता का अधिकार (अनुच्छेद 25-28)
- सांस्कृतिक और शैक्षिक अधिकार (अनुच्छेद 29-30)
- सम्पत्ति का अधिकार (अनुच्छेद 31)
- संवैधानिक उपचारों का अधिकार (अनुच्छेद 32)
- 44वें संशोधन अधिनियम, 1978 के तहत, सम्पत्ति के अधिकार को मौलिक अधिकारों की सूची से हटा दिया गया था, इसलिए वर्तमान में भारतीय संविधान में छ: मौलिक अधिकार हैं।

57. (c) भारतीय मानसूनी वर्षा देश की उच्चावच विशेषताओं (relief features) से प्रभावित नहीं होती है।

- भारतीय मानसून सामान्यत: जून की शुरुआत में केरल के तट पर आता है। मानसून की अवधि जून से सितम्बर तक रहता है।
- भारतीय मानसून को प्रभावित करने वाले कारक जेट धाराएँ, एल नीनो, हिमालय पर्वत आदि है।
- भारतीय मानसून हिन्द महासागर और अरब सागर से उत्पन्न होता है।
- यह एक मौसमी हवा है, जो गर्मियों में दक्षिण-पश्चिम से उत्तर-पूर्व की ओर सर्दियों में उत्तर-पूर्व से दक्षिण-पश्चिम की ओर चलती है।

58. (d) वर्ष 1946 में कांग्रेस द्वारा गठित अन्तरिम सरकार के उपाध्यक्ष जवाहरलाल नेहरू थे।

- अन्तरिम सरकार का गठन 2 सितम्बर, 1946 को हुआ था तथा सरकार 15 अगस्त, 1947 तक अस्तित्व में रही।
- अन्तरिम सरकार के अन्य महत्त्वपूर्ण सदस्यों में वल्लभभाई पटेल, बलदेव सिंह और जॉन मथाई शामिल थे।

59. (c) तारककेन्द्र (Centriole) का मुख्य कार्य जन्तु कोशिका में कोशिका विभाजन में मदद करना है।

- यह कोशिका विभाजन के दौरान स्पिंडल फाइबर (spindle fibers) बनाने में मदद करता है, जो गुणसूत्रों को अलग करने में मदद करते हैं।
- पादप कोशिका में दृढ़ता बनाए रखना: यह कोशिका भित्ति (cell wall) का कार्य है।
- गुणन के लिए पादप कोशिका की मदद करना: पादप कोशिकाओं में तारककेन्द्र नहीं होते हैं।
- जीवाणु कोशिका में खनिज संरचना को बनाए रखना: जीवाणु कोशिकाओं में तारककेन्द्र नहीं होते हैं।

60. (b) वर्ष 1957 में, रोनाल्ड गिलेस्पी और रोनाल्ड सिडनी न्योहोम ने मिलकर संयोजकता कोश इलेक्ट्रॉन युग्म प्रतिकर्षण (VSEPR) सिद्धान्त को विस्तृत किया था। यह सिद्धान्त बताता है कि एक अणु में परमाणुओं की व्यवस्था कैसे होती है।

- VSEPR सिद्धान्त के अनुसार, एक अणु में परमाणुओं की व्यवस्था इस तरह से होती है कि इलेक्ट्रॉन जोड़े (बन्धक और गैर-बन्धक दोनों) एक-दूसरे से यथासम्भव दूर रहें।
- VSEPR सिद्धान्त एक अणु में परमाणुओं की व्यवस्था की भविष्यवाणी करने के लिए एक नियम है। यह सिद्धान्त इस विचार पर आधारित है कि एक अणु में इलेक्ट्रॉन जोड़े (बन्धक और गैर-बन्धक दोनों) एक-दूसरे को प्रतिकर्षित करते हैं और इसलिए वे एक-दूसरे से यथासम्भव दूर रहने की कोशिश करते है।

61. (d) 'ऑन राइटिंग: ए मेमॉयर ऑफ द क्राफ्ट (On Writing: A Memoir of the Craft)' पुस्तक के लेखक स्टीफ़न किंग (Stephen King) हैं,जो वर्ष 2000 में प्रकाशित हुई थी।

- एफ स्कॉट फिट्ज़गेराल्ड एक अमेरिकी उपन्यासकार और लघु कथाकार थे। उन्होंने 'द ग्रेट गैट्सबी' (The Great Gatsby), 'द ब्यूटीफुल एण्ड डैम्ड' (The Beautiful and Damned) और 'टेण्डर इज द नाइट' (Tender Is the Night) जैसे कई प्रसिद्ध उपन्यास लिखे।
- क्लाइव स्टेपल्स लुईस (Clive Staples Lewis) एक ब्रिटिश लेखक और विद्वान थे, उन्होंने 'द क्रॉनिकल्स ऑफ नार्निया' (The Chronicles of Narnia) नामक एक प्रसिद्ध काल्पनिक शृंखला लिखी।

62. (a) भारत में ब्रिटिश शासन के दौरान, निम्नलिखित में से लॉर्ड डलहौजी गवर्नर जनरल ने विलय नीति 'व्यपगत का सिद्धन्तया हड़प नीति' तैयार किया था।

- लॉर्ड डलहौजी ने 1848 से 1856 ई. तक भारत के गवर्नर-जनरल के रूप में कार्य किया।
- लॉर्ड डलहौजी को भारत में रेलवे के विकास का जनक माना जाता है।
- लॉर्ड डलहौजी वुड्स डिस्पैच की स्थापना की, जिसने भारत में आधुनिक शिक्षा प्रणाली की नींव रखी।

63. (b) रोजगार-बेरोजगारी सर्वेक्षण (EUS) भारत में श्रम बल सांख्यिकी प्रदान करने वाला एक व्यापक घरेलू सर्वेक्षण है। यह सर्वेक्षण पहली बार वर्ष 1955 में आयोजित किया गया था।

- यह सर्वेक्षण राष्ट्रीय नमूना सर्वेक्षण कार्यालय (NSSO) द्वारा आयोजित किया जाता है।
- यह सर्वेक्षण भारत में रोजगार और बेरोजगारी की स्थिति पर डेटा प्रदान करता है।
- **क्षेत्र फ्रेम स्थापना सर्वेक्षण** यह सर्वेक्षण कृषि क्षेत्रों में भूमि उपयोग और फसल उत्पादन पर डेटा प्रदान करता है।
- **आवधिक श्रम बल सर्वेक्षण** यह सर्वेक्षण भारत में श्रम बल की स्थिति पर त्रैमासिक और वार्षिक डेटा प्रदान करता है।
- **तिमाही रोजगार सर्वेक्षण** यह सर्वेक्षण संगठित क्षेत्र में रोजगार की स्थिति पर त्रैमासिक डेटा प्रदान करता है।

64. (c) असद अली खान रुद्र वीणा बजाने के लिए जाने जाते थे।

- उन्हें कला के क्षेत्र में उनके योगदान के लिए वर्ष 2008 में पद्म भूषण से सम्मानित किया गया था।
- वर्ष 1977 में संगीत नाटक अकादमी पुरस्कार से भी सम्मानित किया गया।

65. (d) 1772 ई. में डेनियल रदरफोर्ड ने नाइट्रोजन गन्धहीन, रंगहीन, स्वादहीन और रासायनिक रूप से अक्रिय गैस का आविष्कार किया था और उसी समय सी.डब्ल्यू, शीले (CW Scheele) और एच. कैवेडिश (H Cavendish) ने इसे स्वतन्त्र रूप से पृथक किया था।

- **ऑर्गन** ऑर्गन की खोज 1894 ई. में लॉर्ड रेले और विलियम रामसे ने की थी।
- **ऑक्सीजन** ऑक्सीजन की खोज 1774 ई. में जोसेफ प्रीस्टली ने की थी।
- **फ्लोरीन** फ्लोरीन की खोज 1886 ई. में हेनरी मोइसन ने की थी।

66. **(c)** शाहजहाँ दारा शिकोह को अपना उत्तराधिकारी बनाना चाहता था, लेकिन औरंगजेब ने अपने भाइयों को हराकर सिंहासन पर कब्जा कर लिया।
- औरंगजेब, जिसे आलमगीर के नाम से भी जाना जाता है, 1658 ई. में मुगल सम्राट बना और 1707 ई. में अपनी मृत्यु तक शासन किया।
- औरंगजेब का पहला राज्याभिषेक 31 जुलाई, 1658 को आगरा में हुआ।

67. **(b)** महात्मा गाँधी राष्ट्रीय ग्रामीण रोजगार गारण्टी अधिनियम, 2005 (मनरेगा) पारित किया गया, जो भारत सरकार द्वारा उन लोगों को एक वर्ष में 100 दिन के रोजगार की गारण्टी देता है, जिन्हें काम की ज़रूरत है और जो काम करने में सक्षम हैं।
- वर्ष 2005 में नरेगा योजना शुरू की गई थी। वर्ष 2009 में इस योजना का नाम मनरेगा हो गया।
- यह योजना 2 फरवरी, 2006 को 200 जिलों में शुरू की गई थी और बाद में वर्ष 2008 में पूरे भारत में लागू की गई।

68. **(d)** मूल कर्त्तव्य भारतीय संविधान के भाग **IV-A** में जोड़े गए हैं। मूल रूप से, भारतीय संविधान में मूल कर्त्तव्यों का उल्लेख नहीं था।
- 42वें संशोधन अधिनियम, 1976 के तहत, मूल कर्त्तव्यों को संविधान में जोड़ा गया था।
- मूल कर्त्तव्यों को स्वर्ण सिंह समिति की सिफारिशों के आधार पर जोड़ा गया था। वर्तमान में मूल कर्त्तव्यों की कुल संख्या 11 है।
- मूल कर्त्तव्य नागरिकों के लिए नैतिक दायित्व हैं। यह कानूनी रूप से लागू करने योग्य नहीं हैं।

69. **(d)** ये तीनों बन्दरगाह कण्डला बन्दरगाह (गुजरात) मोरमुगाओ बन्दरगाह (गोवा), कोच्चि बन्दरगाह (केरल) भारत के पश्चिमी तट पर स्थित हैं।
- भारत के पश्चिमी तट पर अन्य महत्त्वपूर्ण बन्दरगाहों में मुम्बई बन्दरगाह, जवाहरलाल नेहरू बन्दरगाह और न्यू मंगलौर बन्दरगाह शामिल हैं।
- भारत के पूर्वी तट पर अन्य महत्त्वपूर्ण बन्दरगाहों में विशाखापत्तनम बन्दरगाह, पारादीप बन्दरगाह और तूतीकोरिन बन्दरगाह शामिल हैं।

70. **(d)** ऋणों और अग्रिमों, उधार राशियों की वसूली पूँजीगत प्राप्तियों का एक उदाहरण है।
- ऋणों और अग्रिमों की वसूली सरकार के लिए एक पूँजीगत प्राप्ति है, क्योंकि यह सरकार की परिसम्पत्तियों को कम करती है।
- पूँजीगत प्राप्तियाँ सरकार द्वारा प्राप्त धन हैं, जो या तो सरकार की देनदारियाँ (liabilities) बनाती हैं या इसकी परिसम्पत्तियों (assets) को कम करती हैं।
- **गैर-कर प्राप्तियाँ** ये राजस्व प्राप्तियों का हिस्सा हैं, जो करों के अतिरिक्त अन्य स्रोतों से प्राप्त होती हैं, जैसे कि लाभांश, ब्याज और शुल्क।
- **राजस्व प्राप्तियाँ** ये सरकार द्वारा प्राप्त धन हैं, जो न तो सरकार की देनदारियाँ बनाती हैं और न ही इसकी परिसम्पत्तियों को कम करती हैं।
- **कर प्राप्तियाँ** ये सरकार द्वारा करों के माध्यम से प्राप्त धन हैं।

71. **(c)** ऊर्ध्वपातन वह प्रक्रिया है, जिसमें एक ठोस पदार्थ को गर्म करके सीधे वाष्प में परिवर्तित किया जाता है और फिर उस वाष्प को ठण्डी सतह पर वापस ठोस के रूप में संघनित किया जाता है।
- इस प्रक्रिया में, ठोस पदार्थ तरल अवस्था से गुजरे बिना सीधे गैसीय अवस्था में परिवर्तित हो जाता है।
- ऊर्ध्वपातन का उपयोग शुद्ध पदार्थों को अलग करने और शुद्ध करने के लिए किया जाता है।

72. **(c)** थुल्लल नृत्य की उत्पत्ति केरल राज्य में हुई थी। यह एक एकल व्यंग्यात्मक नृत्य शैली है।
- एलेलाक्कराडी केरल राज्य का आदिवासी नृत्य है।
- ओट्टमथुलाल केरल, भारत का एक नृत्य और काव्यात्मक प्रदर्शन है।
- इसे अठारहवीं शताब्दी में प्राचीन कवित्रयम में से एक कुंचन नांबियार द्वारा पेश किया गया था।

73. **(c)** पुरुषों के लिए कबड्डी के मैदान की विमाएँ (लम्बाई-चौड़ाई) 13 मी x 10 मी होती है।
- महिलाओं की स्पर्धा में मैट की लम्बाई 12 मी और चौड़ाई 8 मी होती है।
- कबड्डी दो टीमों के बीच खेला जाता है और प्रत्येक टीम में सात-सात खिलाड़ी मैट पर होते हैं।
- कबड्डी का खेल कुल 40 मिनट का होता है, जिसमें दो हाफ होते हैं, जो 20-20 मिनट के होते हैं और दोनों हाफ के बीच पाँच मिनट का ब्रेक लिया जाता है। ब्रेक के बाद दोनों टीमें अपना पाला बदलती हैं।

74. **(a)** भारतीय भौतिक विज्ञानी सत्येन्द्रनाथ बोस द्वारा दिए गए क्वांटम फॉर्मूलेशन के आधार पर अल्बर्ट आइंस्टीन ने वर्ष 1924 में पदार्थ की एक नई अवस्था, बोस-आइंस्टीन कण्डेन्सेट (BEC) का अनुमान लगाया था।
- बोस-आइंस्टीन कण्डेन्सेट पदार्थ की एक अवस्था है, जिसमें बोसॉन की एक तनु गैस को परम शून्य (0 K या -273.15 °C) के बहुत करीब तापमान तक ठण्डा किया जाता है।
- इस अवस्था में, बोसॉन का एक बड़ा अंश सबसे कम क्वांटम अवस्था में आ जाता है और क्वांटम प्रभाव स्थूल पैमाने पर दिखाई देने लगते हैं।

75. **(c)** RIDF का पूरा नाम 'ग्रामीण अवसंरचना विकास निधि' है।
- ग्रामीण अवसंरचना विकास निधि (RIDF) भारत सरकार द्वारा वर्ष 1995-96 में स्थापित एक महत्त्वपूर्ण पहल है।
- इसका उद्देश्य देश के ग्रामीण क्षेत्रों में बुनियादी ढाँचे के विकास को बढ़ावा देना है।
- इस कोष का संचालन राष्ट्रीय कृषि और ग्रामीण विकास बैंक (NABARD) द्वारा किया जाता है।

76. **(d)** स्थलीय ग्रह बुध,शुक्र,पृथ्वी और मंगल है।
- स्थलीय ग्रह (Terrestrial planets) वे ग्रह होते हैं, जिनकी सतह चट्टानी होती है।
- यह मुख्य रूप से चट्टानों और धातुओं से बने होते हैं। इनकी सतह ठोस होती है और इनमें घाटियाँ, ज्वास्थलीय ग्रहों में पतला वायुमण्डल होता है, जो मुख्य रूप से नाइट्रोजन, कार्बन डाइऑक्साइड और अन्य गैसों से बना होता है।

77. **(d)** उदय शंकर एक भारतीय नर्तक और कोरियोग्राफर थे, जिन्हें भारतीय शास्त्रीय और लोकनृत्य रूपों के साथ यूरोपीय नाट्य तकनीकों को मिलाकर नृत्य की एक संलयन शैली बनाने के लिए जाना जाता है।
- उन्होंने नृत्य की एक नई शैली विकसित की, जिसे 'शंकर शैली' के नाम से जाना जाता है।
- उन्हें वर्ष 1960 में संगीत नाटक अकादमी पुरस्कार से और वर्ष 1971 में पद्म विभूषण से सम्मानित किया गया।
- उदय शंकर को भारत में आधुनिक नृत्य के जनक के रूप में जाना जाता है। उनकी विरासत भारत और विदेशों में नर्तकों और कोरियोग्राफरों की पीढ़ियों को प्रेरित करती रहती है।

78. **(c)** राज्यसभा का पदेन सभापति भारत का उप-राष्ट्रपति होता है।
- राज्यसभा भारतीय संसद का उच्च सदन है। यह एक स्थायी सदन है, जिसे भंग नहीं किया जा सकता है।
- भारतीय संविधान के अनुच्छेद 63 के अनुसार, भारत का एक उप-राष्ट्रपति होगा। भारत के उप-राष्ट्रपति का पद देश का दूसरा सर्वोच्च संवैधानिक पद है।
- उप-राष्ट्रपति का चुनाव संसद के दोनों सदनों के सदस्यों से मिलकर बनने वाले निर्वाचक मण्डल द्वारा किया जाता है। उप-राष्ट्रपति राज्यसभा के पदेन सभापति के रूप में कार्य करते हैं।

79. (c) बोनालू उत्सव तेलंगाना राज्य में मनाया जाता है।

- बोनालू एक हिन्दू त्योहार है, जिसमें देवी महाकाली की पूजा की जाती है।
- इस उत्सव की उत्पत्ति 19वीं शताब्दी में हुई थी, जब हैदराबाद की सेना की एक बटालियन ने देवी से उस प्लेग को समाप्त करने के लिए प्रार्थना की थी, जिसने शहर को तबाह कर दिया था।
- वर्ष 2014 में, जब तेलंगाना राज्य का गठन हुआ, तो बोनालू को राज्य उत्सव घोषित किया गया।

80. (d) रॉलेट सत्याग्रह महात्मा गाँधी द्वारा शुरू किया गया एक आन्दोलन था। यह आन्दोलन वर्ष 1919 में रॉलेट एक्ट के खिलाफ शुरू किया गया था।

- रॉलेट एक्ट ने ब्रिटिश सरकार को बिना किसी कारण के किसी भी व्यक्ति को गिरफ्तार करने और बिना किसी मुकदमे के जेल में रखने का अधिकार दिया।
- गाँधीजी ने रॉलेट एक्ट को 'ब्लैक एक्ट' कहा। इसके खिलाफ लड़ने का फैसला किया है और वह अप्रैल, 1919 को सत्याग्रह के लिए एक कॉल दे दी है।

81. (d) सोपारकर और उनकी विश्वव्यापी पहल 'डांस फॉर ए कॉज' का लोगो भूटान सरकार द्वारा जारी एक आधिकारिक डाक टिकट पर मुद्रित किया जा रहा है।

- संदीप सोपारकर एक प्रसिद्ध भारतीय कोरियोग्राफर हैं।
- डांस फॉर ए कॉज' के तहत, उन्होंने विभिन्न सामाजिक मुद्दों जैसे कि बाल श्रम, कन्या भ्रूण हत्या और एचआईवी/एड्स के बारे में जागरुकता बढ़ाने के लिए नृत्य प्रदर्शन किए हैं।
- उनके काम के लिए कई पुरस्कारों से सम्मानित किया गया है, जिनमें राष्ट्रीय नृत्य शिरोमणि पुरस्कार और पद्मश्री पुरस्कार शामिल हैं।

82. (d) सही उत्तर II और III दोनों है।

- **कथन** I राज्यपाल, राज्य सरकार का वास्तविक प्रमुख नहीं होता है। राज्यपाल राज्य का संवैधानिक प्रमुख होता है, लेकिन वास्तविक प्रमुख मुख्यमन्त्री होता है।
- **कथन** II मुख्यमन्त्री, राज्य सरकार के कानूनों और नीतियों को बनाने में महत्त्वपूर्ण भूमिका निभाता है। मुख्यमन्त्री राज्य सरकार का वास्तविक प्रमुख होता है और राज्य सरकार के कानूनों और नीतियों को बनाने में महत्त्वपूर्ण भूमिका निभाता है।
- **कथन** III राज्य के राज्यपाल की नियुक्ति राष्ट्रपति द्वारा की जाती है। यह कथन सही है। राज्य के राज्यपाल की नियुक्ति राष्ट्रपति द्वारा की जाती है, इसलिए कथन II और III दोनों सही है।
- राज्यपाल की नियुक्ति राष्ट्रपति द्वारा 5 वर्ष की अवधि के लिए की जाती है। राज्यपाल राज्य सरकार के कानूनों और नीतियों को लागू करने में महत्त्वपूर्ण भूमिका निभाता है।

83. (c) ए ग्रेन ऑफ सैण्ड इन दि ऑवरग्लास ऑफ टाइम' अर्जुन सिंह की आत्मकथा है।

- अर्जुन सिंह वर्ष 1980-85 में मध्य प्रदेश के मुख्यमन्त्री भी रहे थे।

84. (c) केशवानन्द भारती बनाम केरल राज्य मामले में उच्चतम न्यायालय ने संविधान के 'आधारभूत संरचना (basic structure)' को स्थापित करते हुए कहा कि राज्य-व्यवस्था (polity) की लोकतान्त्रिक प्रकृति 'आधारभूत संरचना (basic structure) का अनिवार्य घटक है।

- इस मामले में, उच्चतम न्यायालय ने संविधान की 'आधारभूत संरचना' के सिद्धान्त को प्रतिपादित किया।
- न्यायालय ने राज्य-व्यवस्था की लोकतान्त्रिक प्रकृति को 'आधारभूत संरचना' का अनिवार्य घटक माना।

85. (d) दूसरी पंचवर्षीय योजना में भारतीय अर्थव्यवस्था की लक्ष्यित वृद्धि दर 4.5% थी। यह योजना वर्ष 1956 से 1961 तक चली थी।

- इस योजना का मुख्य उद्देश्य भारी उद्योगों का विकास करना था। इस दौरान, भिलाई, दुर्गापुर और राउरकेला में इस्पात संयन्त्र स्थापित किए गए थे।
- दूसरी पंचवर्षीय योजना की रूपरेखा तैयार करने और नियोजन का कार्य पी.सी. महालनोबिस के नेतृत्व में किया गया।
- इस योजना के तहत सरकार ने घरेलू उद्योगों की रक्षा के लिए आयात पर शुल्क अधिरोपित किया।

86. (c) लिंथोई चनंबम एक भारतीय जूडो खिलाड़ी हैं, जिन्होंने विश्व कैडेट जूडो चैम्पियनशिप, 2022 में स्वर्ण पदक जीता। उन्होंने महिलाओं के -57 किग्रा वर्ग में ब्राजील की बियांका रीस को हराया।

- वह विश्व कैडेट जूडो चैम्पियनशिप में स्वर्ण पदक जीतने वाली पहली भारतीय हैं।
- उन्होंने वर्ष 2022 में एशियाई कैडेट और जूनियर जूडो चैम्पियनशिप में भी स्वर्ण पदक जीता था।
- उन्हें वर्ष 2024 में खेल के क्षेत्र में उत्कृष्टता के लिए प्रधानमन्त्री राष्ट्रीय बाल पुरस्कार से सम्मानित किया गया।

87. (b) प्रधानमन्त्री सूक्ष्म खाद्य प्रसंस्करण उद्योग उन्नयन योजना (PMFME) के तहत, एक स्वयं सहायता समूह को सहायता के रूप में 'सीड कैपिटल (प्रारम्भिक पूँजी)' के रूप में ₹ 40,000 की राशि प्रदान की जाती है।

- यह योजना खाद्य प्रसंस्करण उद्योग के असंगठित क्षेत्र में मौजूदा अलग-अलग सूक्ष्म उद्यमों की प्रतिस्पर्धात्मकता को बढ़ाना तथा क्षेत्र के औपचारिककरण को बढ़ावा देना है।
- यह योजना वर्ष 2020-21 से 2024-25 तक पाँच वर्षों की अवधि के लिए है।
- इस योजना का उद्देश्य खाद्य प्रसंस्करण उद्योग के असंगठित क्षेत्र में मौजूदा अलग-अलग सूक्ष्म उद्यमों की प्रतिस्पर्धात्मकता को बढ़ाना तथा क्षेत्र के औपचारिककरण को बढ़ावा देना है।

88. (d) ब्यूटिरिक अम्ल एक संतृप्त लघु-शृंखला वसा अम्ल है, जिसमें 4 कार्बन परमाणु होते हैं। यह सामान्यतः पशु वसा और वनस्पति तेलों में एस्टर के रूप में पाया जाता है।

- ब्यूटिरिक अम्ल एक रंगहीन तरल है, जिसमें एक तीखी गन्ध होती है। यह दूध और पनीर में पाया जाता है।
- **प्रोपियोनिक अम्ल** एक 3-कार्बन वसा अम्ल है, जो डेयरी उत्पादों में पाया जाता है।
- **लैक्टिक अम्ल** एक 3-कार्बन अम्ल है, जो माँसपेशियों में बनता है, जब वे जोरदार गतिविधि के दौरान ऑक्सीजन से वंचित होते हैं।
- **सक्सीनिक अम्ल** एक 4-कार्बन अम्ल है, जो कुछ पौधों और जानवरों में पाया जाता है।

89. (a) करेवा कश्मीर घाटी में पाए जाने वाले हिमनदी जलोढ़ मिट्टी के मोटे निक्षेप हैं। ये निक्षेप घाटियों और पहाड़ियों पर पाए जाते हैं।

- करेवा मिट्टी केसर की खेती के लिए बहुत उपजाऊ होती है। ये मिट्टी सेब, बादाम, अखरोट और अन्य फलों के पेड़ों की खेती के लिए भी अच्छी होती है।
- वे कृषि के लिए महत्त्वपूर्ण हैं और वे पुरातत्व में महत्त्वपूर्ण कलाकृतियों के स्रोत भी हैं।
- करेवा कश्मीर की सांस्कृतिक विरासत का एक महत्त्वपूर्ण हिस्सा हैं।

90. (c) वर्ष 1950 में भारतीय संविधान द्वारा मूल रूप से सात मौलिक अधिकार प्रदान किए गए थे। वर्ष 1950 में प्रदान किए गए सात मौलिक अधिकार निम्न हैं

- समानता का अधिकार (अनुच्छेद 14-18)
- स्वतन्त्रता का अधिकार (अनुच्छेद 19-22)
- शोषण के विरुद्ध अधिकार (अनुच्छेद 23-24)
- धर्म की स्वतन्त्रता का अधिकार (अनुच्छेद 25-28)
- सांस्कृतिक और शैक्षिक अधिकार (अनुच्छेद 29-30)
- सम्पत्ति का अधिकार (अनुच्छेद 31)
- संवैधानिक उपचारों का अधिकार (अनुच्छेद 32)
- इनमें से सम्पत्ति के अधिकार को बाद में वर्ष 1978 में 44वें संशोधन द्वारा मौलिक अधिकारों की सूची से हटा दिया गया।

91. (b) भारत में पंचवर्षीय योजनाओं में न केवल योजना के पाँच वर्षों में प्राप्त किए जाने वाले विशिष्ट उद्देश्य निर्धारित किए गए, बल्कि यह भी निर्धारित किया गया कि 20 वर्षों की अवधि में क्या हासिल किया जाना है। इस दीर्घकालिक योजना को परिप्रेक्ष्य योजना (perspective plan) कहा जाता है।
- परिप्रेक्ष्य योजना एक दीर्घकालिक योजना है, जो 15 से 20 वर्षों की अवधि को कवर करती है।
- परिप्रेक्ष्य योजना में, दीर्घकालिक लक्ष्यों और उद्देश्यों को निर्धारित किया जाता है और इन लक्ष्यों को प्राप्त करने के लिए रणनीति तैयार की जाती है।
- परिप्रेक्ष्य योजना पंचवर्षीय योजनाओं के लिए एक मार्गदर्शक के रूप में कार्य करती है। भारत में, पहली परिप्रेक्ष्य योजना तीसरी पंचवर्षीय योजना (1961-1966) के दौरान तैयार की गई थी।

92. (b) बहमनी सल्तनत के नौवें सुल्तान अहमदवलीशाह ने अपनी राजधानी गुलबर्गा से बीदर स्थानान्तरित की थी। उन्होंने 1422 से 1436 ई. तक शासन किया।
- बहमनी सल्तनत एक दक्कन सल्तनत थी जो 1347 से 1527 ई. तक अस्तित्व में थी।
- इसकी स्थापना अलाउद्दीन हसन बहमन शाह ने की थी।
- बहमनी सल्तनत ने दक्कन में इस्लामी संस्कृति और वास्तुकला को बढ़ावा दिया।

93. (b) एंटागोनिस्ट एक प्रकार की दवा है, जो ग्राही साइट से जुड़ती है और प्राकृतिक प्रतिक्रिया को अवरुद्ध करती है।
- एंटागोनिस्ट का उपयोग विभिन्न प्रकार की चिकित्सा स्थितियों के इलाज के लिए भी किया जाता है; जैसे कि मतली, उल्टी और माइग्रेन।
- एगोनिस्ट एक प्रकार की दवा है, जो ग्राही साइट से जुड़ती है और एक प्रतिक्रिया उत्पन्न करती है।

94. (c) संगीत के दिग्गज तानसेन, अकबर से पूर्व रीवा के राजा रामचन्द्र सिंह के दरबार में दरबारी गायक थे।
- तानसेन का जन्म ग्वालियर के पास बेहट गाँव में 1493 ई. में हुआ था। उनके पिता का नाम मकरंद पाण्डे था।
- तानसेन के संगीत गुरू स्वामी हरिदास थे। तानसेन ने ध्रुपद शैली में कई रागों की रचना की थी।
- उन्हें अकबर के नवरत्नों में से एक माना जाता है। उन्होंने संगीत की दुनिया में महत्त्वपूर्ण योगदान दिया था।

95. (b) बुद्धचरित अश्वघोष द्वारा लिखी गई बुद्ध की जीवनी है।
- अश्वघोष एक भारतीय कवि, नाटककार और दार्शनिक थे, जिन्होंने पहली शताब्दी ईस्वी में कुषाण राजा कनिष्क के दरबार में निवास किया था।
- वह बौद्ध धर्म के सबसे महान लेखकों में से एक माने जाते हैं।

96. (d) कोशिका में भरे हुए तरल मैट्रिक्स को कोशिका द्रव्य (Cytoplasm) कहा जाता है।
- कोशिका द्रव्य एक जैली जैसा पदार्थ है, जो कोशिका झिल्ली और केन्द्रक के बीच मौजूद होता है। यह पानी, लवण और विभिन्न कार्बनिक अणुओं से बना होता है।
- यह कोशिका के विभिन्न कार्यों के लिए एक स्थान प्रदान करता है; जैसे कि प्रोटीन संश्लेषण, ऊर्जा उत्पादन और अपशिष्ट निपटान।
- कोशिका द्रव्य में कई अंगक होते हैं; जैसे कि माइटोकॉण्ड्रिया, राइबोसोम और गॉल्जीकाय।

97. (c) ऐहोल में रावण फाड़ी गुफा और दुर्गा मन्दिर चालुक्य राजवंश की स्थापत्य शैली को चित्रित करते हैं।
- चालुक्य राजवंश ने 6वीं से 12वीं शताब्दी तक इस क्षेत्र पर शासन किया।
- ऐहोल में चालुक्य काल के कई मन्दिर और गुफाएँ हैं, जो उनकी स्थापत्य शैली का उत्कृष्ट उदाहरण हैं।
- ऐहोल को भारतीय वास्तुकला का पालना भी कहा जाता है।

98. (a) पद्म सुब्रह्मण्यम भरतनाट्यम की प्रख्यात नृत्यांगना और प्रतिपादक हैं।
- वह एक शोध विद्वान, कोरियोग्राफर, शिक्षक, इण्डोलॉजिस्ट और लेखक भी हैं।
- वह भारत में और विदेशों में भी प्रसिद्ध हैं; जापान, ऑस्ट्रेलिया और रूस जैसे देशों द्वारा उनके सम्मान में कई फिल्में और डाक्यूमेण्ट्री लिखी गई हैं।
- पद्मश्री को वर्ष 1981 में पद्मश्री और वर्ष 2003 में पद्म भूषण मिला, जो भारत के सर्वोच्च नागरिक पुरस्कारों में से एक हैं।

99. (b) ओलम्पिक शीतकालीन खेल वर्ष 2026, 6 से 22 फरवरी, 2026 मिलानो कॉर्टिना में खेले जाएँगे।
- यह खेल इटली के मिलानो और कॉर्टिना डी' अम्पेज्जो में आयोजित किए जाएंगे।
- इन खेलों में 15 खेल होंगे, जिनमें अल्पाइन स्कीइंग, क्रॉस-कण्ट्री स्कीइंग, फिगर स्केटिंग, आइस हॉकी और स्नोबोर्डिंग शामिल हैं। इन खेलों में लगभग 3,500 एथलीटों के भाग लेने की उम्मीद है।
- लॉस एंजिल्स वर्ष 2028 ग्रीष्मकालीन ओलम्पिक खेलों की मेजबानी करेगा।
- ब्रिस्बेन वर्ष 2032 ग्रीष्मकालीन ओलम्पिक खेलों की मेजबानी करेगा।
- पेरिस वर्ष 2024 ग्रीष्मकालीन ओलम्पिक खेलों की मेजबानी करेगा।

100. (d) अन्तर्राष्ट्रीय ओलम्पिक समिति (आईओसी) के प्रथम अध्यक्ष डेमेट्रियोस विकेलस थे।
- विकेलस को आधुनिक ओलम्पिक खेलों के पुनरुद्धार में उनके योगदान के लिए जाना जाता है।
- आईओसी एक अन्तर्राष्ट्रीय संगठन है, जो ओलम्पिक खेलों का आयोजन करता है। इसकी स्थापना 1894 ई. में पियरे डी कोबर्टिन द्वारा की गई थी।
- आईओसी का मुख्यालय स्विट्जरलैण्ड के लुसाने में स्थित है। आईओसी के वर्तमान अध्यक्ष थॉमस बाच है।

101. (b) दिए गए तालिका से स्पष्ट है, सभी स्कूलों में मिलाकर कक्षा VI में विद्यार्थियों की संख्या सर्वाधिक है जोकि 924 है।

102. (d) स्कूल B में लड़कियों का प्रतिशत

$$= \frac{846}{1880} \times 100 = 45\%$$

103. (c) दिया है,

चेतन के लिए घर का क्रय मूल्य

$$= ₹\ 2,64,00,000$$

तो भार्गव के लिए घर का क्रय मूल्य

$$= ₹\left(2,64,00,000 \times \frac{100}{120}\right)$$

$$= ₹\ 2,20,00,000$$

अवि के लिए घर का क्रय मूल्य

$$= ₹\left(2,20,00,000 \times \frac{100}{110}\right)$$

$$= ₹\ 2,00,00,000$$

104. (c) इनलेट पाइप का 1 घण्टा का कार्य

$$= \frac{1}{3.6} = \frac{10}{36} = \frac{5}{18}$$

आउटलेट पाइप का 1 घण्टा का कार्य

$$= \frac{1}{6.3} = \frac{10}{63}$$

दोनों पाइप द्वारा टंकी का भरा गया भाग

$$= \frac{5}{18} - \frac{10}{63}$$

$$= \frac{35-20}{126} = \frac{15}{126}$$

टैंक भरने में लगा समय

$$= \frac{126}{15} = 8.4 \text{ घण्टे}$$

105. (b) यदि A अकेले कार्य पूरा करने में $(A + B)$ द्वारा लिए गए समय में 'X' दिन अधिक लेता है और B को अकेले कार्य पूरा करने में $(A + B)$ द्वारा लिए गए समय से 'y' दिन अधिक लगते है, तो $A + B$ द्वारा मिलकर कार्य समाप्त करने में लगा समय $= \sqrt{x \times y}$

प्रश्नानुसार,
यहाँ, $x = 25$ दिन और $y = 16$ दिन

$A + B$ द्वारा मिलकर कार्य पूरा करने में लगा समय $= \sqrt{16 \times 25} = 4 \times 5 = 20$ दिन

106. (b)

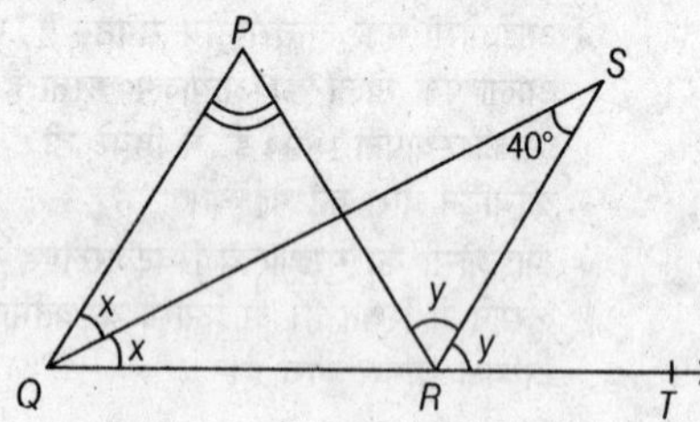

ΔPQR में,
$\angle PRT = \angle PQR + \angle QPR$
(त्रिभुज के बाह्य कोण का गुण)

$2y = 2x + \angle QPR$ ...(i)

ΔSRT में,
$\angle SRT = \angle SQR + \angle QSR$
(बाह्य कोण गुण)

$y = x + 40$ ...(ii)

समी (i) तथा (ii) से,
$2(x + 40) = 2x + \angle QPR$
$\Rightarrow 2x + 80° = 2x + \angle QPR$
$\Rightarrow \angle QPR = 80°$

107. (a) हम जानते हैं,
अर्द्धगोले का पृष्ठीय क्षेत्रफल $= 3\pi r^2$
नए गुब्बारे का पृष्ठीय क्षेत्रफल $= 3\pi \times 7^2$
मूल गुब्बारे का पृष्ठीय क्षेत्रफल $= 3\pi \times 4^2$
अभीष्ट अनुपात $= 3\pi \times 49 : 3\pi \times 16$
$= 49 : 16$

108. (b) $5\frac{1}{3} - \left\{4\frac{1}{3} + \left(3\frac{1}{3} \div 2\frac{1}{3} - \frac{1}{3}\right)\right\}$

$= \frac{16}{3} - \left\{\frac{13}{3} + \left(\frac{10}{3} \div \frac{7}{3} - \frac{1}{3}\right)\right\}$

$= \frac{16}{3} - \left\{\frac{13}{3} + \left(\frac{10}{3} \div \frac{6}{3}\right)\right\}$

$= \frac{16}{3} - \left\{\frac{13}{3} + \left(\frac{10}{3} \times \frac{3}{6}\right)\right\}$

$= \frac{16}{3} - \left\{\frac{13}{3} + \frac{5}{3}\right\} = \frac{16}{3} - \frac{18}{3}$

$= \frac{16 - 18}{3} = -\frac{2}{3}$

109. (c) माना शान्त जल में नाव की चाल $= x$ किमी/घण्टा
तथा धारा की चाल $= y$ किमी/घण्टा

प्रश्नानुसार,
$x + y = \frac{72}{6} = 12$ ...(i)

तथा $x - y = \frac{72}{12} = 6$ ...(ii)

समी (i) + (ii) से,
$2x = 18$
$x = \frac{18}{2} = 9$

अत: शान्त जल में नाव की चाल $= 9$ किमी/घण्टा

110. (d) दिया है,
गोले का आयतन $= 130977$ सेमी^{3}
हम जानते हैं, गोले का आयतन $= \frac{4}{3}\pi r^3$
प्रश्नानुसार, $\frac{4}{3}\pi r^3 = 130977$

$\Rightarrow r^3 = \frac{130977 \times 3 \times 7}{22 \times 4} = 31255.875$

$\Rightarrow r = \sqrt[3]{31255.875} = 315$

गोले का पृष्ठीय क्षेत्रफल
$= 4 \times \frac{22}{7} \times 315 \times 315$
$= 12474$ सेमी^{2}

111. (a) $\frac{1 - \frac{3}{7} \div \frac{9}{49} \times \frac{3}{14}}{1 + \frac{3}{5} \div \frac{1}{25} \times \frac{1}{30}}$

$= \frac{1 - \frac{3}{7} \times \frac{49}{9} \times \frac{3}{14}}{1 + \frac{3}{5} \times 25 \times \frac{1}{30}}$

$= \frac{1 - \frac{1}{2}}{1 + \frac{1}{2}} = \frac{\frac{2-1}{2}}{\frac{3}{2}} = \frac{1}{2} \times \frac{2}{3} = \frac{1}{3}$

112. (b) दिया है,
दोनों संख्याओं का गुणनफल $= 20000$
ल. स. $= 800$
हम जानते है,
दो संख्याओं का गुणनफल = ल. स. × म. स.
प्रश्नानुसार, $20000 = 800 \times$ म. स.
$\Rightarrow$ म. स. $= \frac{20000}{800} = 25$

113. (a) दिया है,
वृत्त की त्रिज्या $= 175$ सेमी
तब, वृत्त की परिधि $= 2\pi r$
$= 2 \times \frac{22}{7} \times 175$
$= 11$ सेमी

114. (c) $\left(\frac{1}{4}\right) \times \left(\frac{1}{9}\right) \times \left(\frac{1}{25}\right) \times \left(\frac{1}{49}\right) \div \left(\frac{36}{121}\right)$
का वर्गमूल लेने पर,

$= \sqrt{\frac{1}{4} \times \frac{1}{9} \times \frac{1}{25} \times \frac{1}{49} \div \frac{36}{121}}$

$= \sqrt{\frac{1}{4} \times \frac{1}{9} \times \frac{1}{25} \times \frac{1}{49} \times \frac{121}{36}}$

$= \frac{1}{2} \times \frac{1}{3} \times \frac{1}{5} \times \frac{1}{7} \times \frac{11}{6} = \frac{11}{1260}$

115. (a) स्कूल Y और Z में एकसाथ मिलाकर छात्रों की कुल संख्या $= 3600 \times \frac{(30 + 25)}{100}$
$= 36 \times 55 = 1980$

स्कूल X और Y में एकसाथ मिलाकर छात्रों की कुल संख्या $= 3600 \times \frac{(45 + 30)}{100}$
$= 36 \times 75 = 2700$

$\therefore$ अभीष्ट अन्तर $= 2700 - 1980 = 720$

116. (b) दिया है,
दो संख्याओं का अनुपात $= 12 : 7$
म. स. $= 25$
पहली संख्या $= 12 \times 25 = 300$
दूसरी संख्या $= 7 \times 25 = 175$

117. (d) दिया है,
$x^4 + y^4 = x^2y^2$
$\Rightarrow x^4 + y^4 - x^2y^2 = 0$ ...(i)
अब, $x^6 + y^6 = (x^2)^3 + (y^2)^3$
$= [(x)^2 + (y)^2][(x^4) + (y^4) - (x^2)(y^2)]$
$= [x^2 + y^2] \times 0$ (समी (i) से)
$= 0$

118. (c) दिया है, $a + \frac{1}{a} = 3$
दोनों ओर वर्ग करने पर,
$a^2 + \frac{1}{a^2} + 2 = 9$
$\Rightarrow a^2 + \frac{1}{a^2} = 7$
$\Rightarrow \left(a^2 + \frac{1}{a^2}\right)^2 = a^4 + \frac{1}{a^4} + 2$
$\Rightarrow 7^2 = a^4 + \frac{1}{a^4} + 2$
$\therefore a^4 + \frac{1}{a^4} = 49 - 2 = 47$

119. (b) $k(\tan 45° \sin 60°) = \cos 60° \cot 30°$
$\Rightarrow k\left(1 \times \frac{\sqrt{3}}{2}\right) = \frac{1}{2} \times \sqrt{3}$
$\Rightarrow k \times \frac{\sqrt{3}}{2} = \frac{\sqrt{3}}{2}$
$\therefore k = 1$

120. (d) चेन्नई में व्यसनी पुरूषों की कुल संख्या

$= 200000 \times \frac{11}{20} = 110000$

121. (a) $\frac{\cos 37^\circ}{\sin 53^\circ} - \cos 47^\circ \operatorname{cosec} 43^\circ$

$\frac{\sin (90-37)^\circ}{\sin 53^\circ} - \sin (90-47)^\circ \operatorname{cosec} 43^\circ$

$= \frac{\sin 53^\circ}{\sin 53^\circ} - \sin (43)^\circ \operatorname{cosec} (43)^\circ$

$= 1 - \sin (43)^\circ \times \frac{1}{\sin (43)^\circ}$

$= 1 - 1 = 0$

122. (b) दिया है,

मिश्रधन = ₹ 64827

ब्याज दर $= \frac{10}{2} = 5\%$ अर्द्धवार्षिक

समय $= \frac{18}{6} = 3$ अर्द्धवार्षिक

प्रश्नानुसार,

$64827 = P\left(1 + \frac{5}{100}\right)^3$

$\Rightarrow 64827 = P \times \frac{21}{20} \times \frac{21}{20} \times \frac{21}{20}$

$\therefore P = \frac{64827 \times 20 \times 20 \times 20}{21 \times 21 \times 21}$

= ₹ 56000

123. (a) चोर और इंस्पेक्टर के बीच की दूरी

= 288 मी

दोनों की गति में 1 मिनट का अन्तर

= (42 − 30) मी = 12 मी

$\therefore$ अभीष्ट समय $= \frac{288}{12} = 24$ मिनट

124. (d) दिया है,

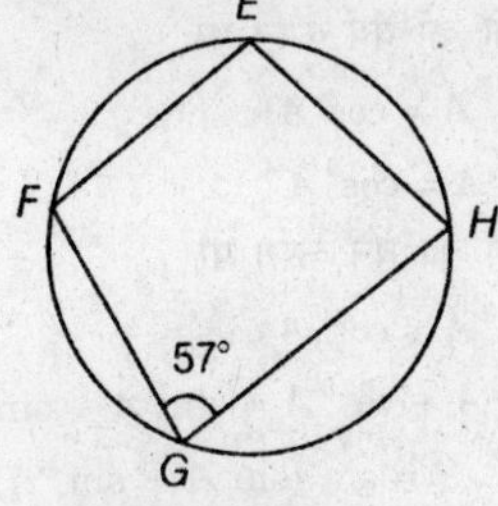

$\angle FGH = 57^\circ$

$\angle HEF + \angle FGH = 180^\circ$

(चक्रीय चतुर्भुज के कोण)

$\angle HEF + 57^\circ = 180^\circ$

$\therefore \angle HEF = 180^\circ - 57^\circ = 123^\circ$

125. (b) बस का उपयोग करने वाले विद्यार्थियों की संख्या = 80 + 140 = 220

साइकिल का उपयोग करने वाले विद्यार्थियों की संख्या = 280 + 190 = 470

पैदल जाने वाले विद्यार्थियों की संख्या

= 130 + 90 = 220

अन्य वाहन का उपयोग करने वाले विद्यार्थियों की संख्या = 200 + 250 = 450

$\therefore$ विद्यार्थियों की अधिकतम संख्या द्वारा साइकिल का उपयोग किया जाता है।

126. (b) मध्यानुपाती $= \sqrt{32 \times 162}$

$= \sqrt{2 \times 4 \times 4 \times 2 \times 9 \times 9}$

$= \sqrt{4^2 \times 2^2 \times 9^2}$

$= 4 \times 2 \times 9 = 72$

127. (a) प्रश्नानुसार,

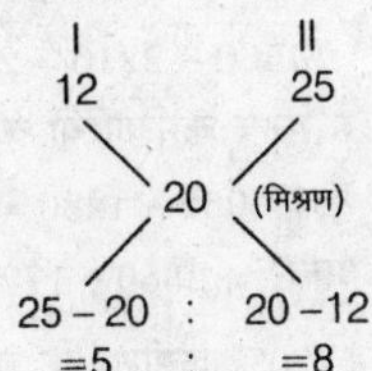

$\therefore$ अभीष्ट अनुपात = 5 : 8

128. (a) माना $AB = x$, $BC = 2x$

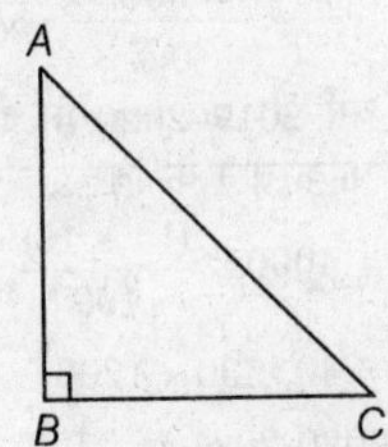

तब, $AC = \sqrt{4x^2 + x^2} = \sqrt{5}x$

$\cos A + \tan C = \frac{AB}{AC} + \frac{AB}{AC}$

$= \frac{x}{\sqrt{5}x} + \frac{x}{2x}$

$= \frac{1}{\sqrt{5}} + \frac{1}{2}$

$= \frac{2 + \sqrt{5}}{2\sqrt{5}}$

129. (c) माना कुल कार्य = 100

तो A का एक दिन का कार्य $= \frac{100}{25} = 4$

A का 10 दिन का कार्य $= 4 \times 10 = 40$

A को प्राप्त राशि $= 36000 \times \frac{40}{100} =$ ₹ 14400

130. (b) वैध मतों का 80% = 9500

वैध मतों की संख्या $= 9500 \times \frac{100}{80} = 11875$

कुल मतदान का वैध मत = (100 − 5)% = 95%

कुल मतदान $= 11875 \times \frac{100}{95} = 12500$

अत: कुल नामांकित मतदाताओं की संख्या

$= 12500 \times \frac{100}{80} = 15625$

131. (b) घड़ी का क्रय मूल्य = ₹ 4400

डाउन पेमेंट = ₹ 2000

शेष राशि = ₹ (4400 − 2000) = ₹ 2400

भुगतान की गई राशि = ₹ 2440

ब्याज = ₹ (2440 − 2400) = ₹ 40

अब, 1 माह का ब्याज = ₹ 40

मूलधन = ₹ 2400, समय $= \frac{1}{12}$ वर्ष

$\therefore$ ब्याज दर $= \frac{40 \times 100 \times 12}{2400} = 20\%$

132. (b) दिया है, नाव की चाल = 6 किमी/घण्टा

धारा की चाल = 2.5 किमी/घण्टा

प्रश्नानुसार, समय $= \frac{59.5}{(6+2.5)} + \frac{59.5}{6-2.5}$

$= \frac{59.5}{8.5} + \frac{59.5}{3.5}$

= 7 + 17 = 24 घण्टे

133. (c) $\frac{1}{5}\% = \frac{1}{5} \times \frac{1}{100} = \frac{1}{500}$

134. (d) दिया है,

पिरामिड का सम्पूर्ण पृष्ठीय क्षेत्रफल = 1536 मी^{2}

तो आधार का क्षेत्रफल

$= 1536 \times \frac{37.5}{100} = 576$ मी^{2}

आधार की भुजा $= \sqrt{576} = 24$ मी

पार्श्व पृष्ठीय क्षेत्रफल

= कुल पृष्ठीय क्षेत्रफल − आधार का क्षेत्रफल

= 1536 − 576 = 960 मी^{2}

पिरामिड का पार्श्व पृष्ठीय क्षेत्रफल

$= \frac{1}{2} \times$ आधार का परिमाप $\times$ तिर्यक ऊँचाई

$= \frac{1}{2} \times 4 \times 24 \times$ तिर्यक ऊँचाई = 960

$\Rightarrow$ तिर्यक ऊँचाई $= \frac{960}{48} = 20$ मी

$\therefore$ ऊँचाई $= \sqrt{(\text{तिर्यक ऊँचाई})^2 - \left(\frac{\text{भुजा}}{2}\right)^2}$

$= \sqrt{(20)^2 - \left(\frac{24}{2}\right)^2} = \sqrt{400 - 144}$

$= \sqrt{256} = 16$ मी

पिरामिड का आयतन

$= \frac{1}{3} \times$ आधार का क्षेत्रफल $\times$ ऊँचाई

$= \frac{1}{3} \times 576 \times 16 = 3072$ मी^{2}

135. (a) दिया है,

लम्बवृत्तीय शंकु की त्रिज्या = 5 सेमी

तिर्यक ऊँचाई = 13 सेमी

तो ऊँचाई $= \sqrt{(\text{तिर्यक ऊँचाई})^2 - (\text{त्रिज्या})^2}$

$= \sqrt{13^2 - 5^2} = \sqrt{169 - 25}$

$= \sqrt{144} = 12$ सेमी

शंकु का आयतन $= \frac{1}{3}\pi r^2 h$

$= \frac{1}{3} \times \frac{22}{7} \times 5 \times 5 \times 12$

$= 314.3$ सेमी^{3}

136. (d) दिया है, गोले का आयतन $= \frac{256}{3}\pi$ मी^{3}

हम जानते हैं, गोले का आयतन $= \frac{4}{3}\pi r^3$

प्रश्नानुसार, $\frac{4}{3}\pi r^3 = \frac{256}{3}\pi$

$\Rightarrow \quad r^3 = 64$

$\Rightarrow \quad r = \sqrt[3]{64} = 4$ सेमी

∴ गोले का कुल पृष्ठीय क्षेत्रफल

$= 4\pi r^2$

$= 4 \times \pi \times 4^2$

$= 64\pi$ सेमी^{2}

137. (c) ΔOAB एक समकोण त्रिभुज है,

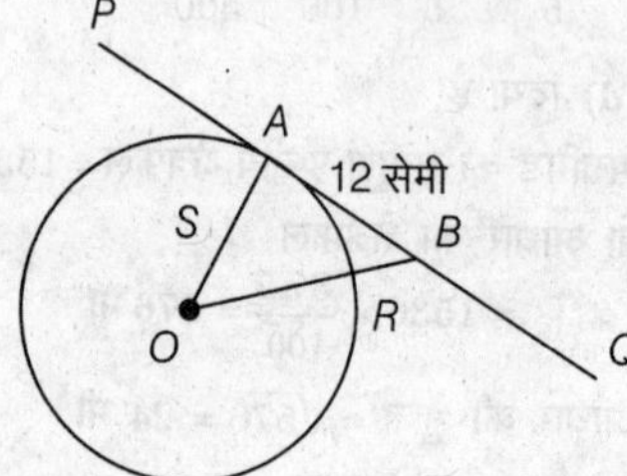

$\angle OAB = 90°$

$OR = OA = 5$ सेमी (त्रिज्या)

पाइथागोरस प्रमेय से,

$OB = \sqrt{OA^2 + AB^2}$

$= \sqrt{5^2 + (12)^2}$

$= \sqrt{25 + 144} = \sqrt{169} = 13$ सेमी

तो $BR = OB - OR = (13 - 5) = 8$ सेमी

138. (d) विषय C_1 के पुस्तकों की संख्या

$= 60 \times \frac{10}{100} = 6$

प्रति विषय पुस्तकों की औसत संख्या

$= \frac{60}{4} = 15$

∴ अभीष्ट अनुपात $= 6 : 15 = 2 : 5$

139. (a) माना तीनों लड़कों की आयु क्रमशः $3x, 5x$ और $7x$ वर्ष हैं।

प्रश्नानुसार, $\frac{3x + 5x + 7x}{3} = 25$

$\Rightarrow \quad 15x = 25 \times 3$

$\Rightarrow \quad x = \frac{25 \times 3}{15} = 5$

∴ सबसे छोटे लड़के की आयु

$= 5 \times 3 = 15$ वर्ष

140. (b) माना 1000 ग्राम वस्तु का क्रय मूल्य = ₹ 1000

1000 ग्राम का विक्रय मूल्य

$= ₹\left(1000 \times \frac{90}{100}\right) = ₹\ 900$

25% कम वजन का उपयोग करने पर वास्तविक क्रय मूल्य

$= ₹\left(1000 \times \frac{75}{100}\right) = ₹\ 750$

$\Rightarrow$ लाभ = ₹ (900 − 750) = ₹ 150

∴ लाभ % $= \frac{150}{750} \times 100 = 20\%$

141. (b) कम्पनी P में पुरुष कर्मचारियों की संख्या

$4560 - 2210 = 2350$

कम्पनी R में पुरुष कर्मचारियों की संख्या

$= 3052 - 1280 = 1772$

∴ अभीष्ट अन्तर $= 2350 - 1772 = 578$

142. (a) दिया है, 20% कमीशन के बाद, डीवीडी का क्रय मूल्य = ₹ 9080

तब, डीवीडी का अंकित मूल्य

$= 9080 \times \frac{100}{80} = ₹\ 11350$

143. (d) वर्ष 2019–2020 के दौरान न्यूजीलैण्ड और पाकिस्तान के विरुद्ध बनाए गए कुल रन

$= 4000 \times \frac{(14 + 16)}{100}$

$= 40 \times 30 = 1200$

वर्ष 2020-2021 के दौरान श्रीलंका और पाकिस्तान के विरुद्ध बनाए गए कुल रन

$= 5000 \times \frac{(20 + 15)}{100}$

$= 5000 \times \frac{35}{100} = 1750$

∴ अभीष्ट अन्तर $= 1750 - 1200 = 550$

144. (d) दिया है, $n = ab$

m और n का म.स. $= a$

तो $m \times n =$ म. स. × ल. स.

$m \times ab = a \times$ ल. स.

ल. स. $= \frac{m \times ab}{a} = mb$

145. (a) दिया है, टोकरी का क्रय मूल्य = ₹ 80

पर्स का क्रय मूल्य = ₹ 150

बेल्ट का क्रय मूल्य = ₹ 350

कुल भुगतान की गई राशि

$= \left(80 \times \frac{95}{100}\right) + \left(150 \times \frac{92}{100}\right) + \left(350 \times \frac{90}{10}\right)$

$= ₹\ (76 + 138 + 315) = ₹\ 529$

146. (d) $1\frac{2}{5} - \left[3\frac{3}{4} \div \left\{1\frac{1}{4} \div \frac{1}{2}\left(1\frac{1}{2} \times 3\frac{1}{3} \div 1\frac{1}{3}\right)\right\}\right]$

$= \frac{7}{5} - \left[\frac{15}{4} \div \left\{\frac{5}{4} \div \frac{1}{2}\left(\frac{3}{2} \times \frac{10}{3} \div \frac{4}{3}\right)\right\}\right]$

$= \frac{7}{5} - \left[\frac{15}{4} \div \left\{\frac{5}{4} \div \frac{1}{2}\left(\frac{3}{2} \times \frac{10}{3} \times \frac{3}{4}\right)\right\}\right]$

$= \frac{7}{5} - \left[\frac{15}{4} \div \left\{\frac{5}{4} \div \frac{1}{2} \times \frac{15}{4}\right\}\right]$

$= \frac{7}{5} - \left[\frac{15}{4} \div \left\{\frac{5}{4} \times 2 \times \frac{15}{4}\right\}\right]$

$= \frac{7}{5} - \left[\frac{15}{4} \div \frac{75}{8}\right] = \frac{7}{5} - \left[\frac{15}{4} \times \frac{8}{75}\right]$

$= \frac{7}{5} - \frac{2}{5} = \frac{5}{5} = 1$

147. (d) माना पाँचवे दिन की बिक्री = ₹ x

प्रश्नानुसार,

$\frac{5445 + 5937 + 5865 + 6562 + x}{5} = 6050$

$\Rightarrow \quad \frac{23809 + x}{5} = 6050$

$\Rightarrow \quad x = 30250 - 23809$

$\therefore \quad x = 6441$

अतः पाँचवे दिन की बिक्री = ₹ 6441

148. (c) विभिन्न प्रकार की बैटरी की कुल बिक्री,

35AH = 102 + 84 + 105 + 90 + 75 + 45 + 100 = 601

55AH = 108 + 126 + 135 + 75 + 90 + 120 + 145 = 799

32AH = 114 + 102 + 75 + 150 + 135 + 165 + 160 = 901

4AH = 75 + 90 + 96 + 105 + 90 + 105 + 115 = 676

अतः 32 AH प्रकार की बैटरी की बिक्री सबसे अधिक थी।

149. (c) दिया है, $\sin A + \sin^2 A = 1$

हम जानते हैं, $\sin A = 1 - \sin^2 A$

$\Rightarrow \sin A = \cos^2 A$

दोनों पक्षों का वर्ग करने पर,

$\sin^2 A = \cos^4 A \quad$ ...(i)

$\Rightarrow \quad \sin A = \cos^2 A$

दोनों पक्षों का घन करने पर,

$\sin^3 A = \cos^6 A \quad$ ...(ii)

$\therefore \quad \cos^4 A + \cos^6 A = \sin^2 A + \sin^3 A$

$= \sin(\sin A + \sin^2 A)$

$= \sin A \times 1 = \sin A$

150. (d) माना प्लास्टिक, लकड़ी और काँच के बक्सों की संख्या क्रमशः $2x, 3x$ और $5x$ हैं।

प्रश्नानुसार, $5x - 3x = 144$

$\Rightarrow \quad 2x = 144$

$\Rightarrow \quad x = 72$

∴ 25% वृद्धि के बाद प्लास्टिक के बॉक्सों की संख्या $= 2 \times 72 \times \frac{125}{100} = 180$

151. **(c)** The word 'spontaneous' refers to something that happens naturally, without premeditation or planning, often driven by instinct or an impulse. The synonym that best matches this meaning is 'instinctive't which also refers to something that occurs naturally or by instinct.

152. **(b)** The word 'trainquil' is incorrectly spelt. The correct spelling is 'tranquil't which means calm or peaceful.

153. **(a)** The phrase 'extreme upset' is incorrect. The correct phrase should be 'extremely upset' because 'upset' is an adjective and it needs to be modified by an adverb (extremely) to indicate the degree of upset.

154. **(a)** The word 'thrshed' is incorrectly spelt. The correct spelling is 'thrashed' which means to move violently or struggle, especially in a way that causes movement.

155. **(d)** The idiom 'sit up and take notice' means to pay attention or take something seriously after being made aware of it. It suggests that the protest letter will prompt the recipients to start considering the issue seriously.

156. **(b)** The word 'defunct' means no longer existing, operating, or functioning. The antonym of 'defunct' would be 'extant't which means still in existence or active.

157. **(a)** The word 'evolve' in the sentence refers to the idea of gradual development or change over time. A synonym for evolve that would fit the context better is 'emanate', which can mean to emerge or develop naturally. Although it is not the most common synonym, it works well in this context as it reflects the natural progression of the education system.

158. **(b)** The phrase '113 km away from' implies a significant distance, so the most appropriate word choice would be 'far'. The word 'far' is commonly used when referring to distance, making it the best fit here.

159. **(d)** The word 'hygeine' is incorrectly spelt. The correct spelling is 'hygiene't which refers to practices or conditions that help maintain health and prevent the spread of diseases.

160. **(d)** The word 'amiable' means friendly, pleasant or good-natured. The most appropriate substitute in this context would be 'friendly't as it conveys the same meaning of being approachable and likable, especially in a social or academic setting.

161. **(c)** The word 'extempore' means spoken or done without preparation, especially in response to an immediate need or situation. It refers to something done off the cuff, spontaneously or impromptu.

162. **(d)** A 'mint' is a place where coins are produced or manufactured. It is specifically the term used for a facility where money, especially coins, are created.

163. **(c)** The word 'vague' means unclear, indefinite or not clearly expressed. The antonym of 'vague' would be 'definite't which means clear, precise or certain.

164. **(d)** The word 'behemoth' refers to something of enormous size or power, often used to describe something very large or powerful, whether it's a creature or an entity.

165. **(b)** The idiomatic expression 'the pros and cons' refers to the positive and negative aspects or arguments regarding a particular situation or decision. In this context, the Director asked to express views on both the benefits and drawbacks of the new HR policy.

166. **(c)** The idiom 'second wind' refers to a renewed burst of energy or strength after feeling fatigued or tired. It fits perfectly in the sentence as it describes someone getting a burst of energy and continuing their work.

167. **(c)** The word 'brave' means having courage or being fearless in the face of danger or difficulty. The opposite of 'brave' is 'cowardly', which means lacking courage or being easily frightened.

168. **(a)** The word 'behold' means to look at or observe something, often with admiration or wonder. The most appropriate synonym for 'behold' is 'look't which means to direct one's gaze at something.

169. **(a)** The phrase 'tumbled down' is an appropriate substitute for 'toppled' because it means to fall suddenly or collapse in a disorderly manner, which fits the context of the sand castle falling due to the gust of wind.

170. **(a)** The error lies in the phrase 'and I move in there'. The sentence is in the past tense ('managed'), so the phrase should also be in the past tense for consistency. The correct phrase would be 'and I moved in there'.

171. **(b)** The idiom 'open your heart' means to share your innermost feelings, emotions or thoughts, especially in an honest and vulnerable manner.

172. **(a)** A bibliography is a list of sources or references that are used or consulted in the preparation of a work, such as books, articles or other research materials.

173. **(d)** The idiom 'flying high' means to be very successful or doing very well. In this context, it suggests that despite initial problems, the company is now thriving and performing successfully.

174. **(b)** The idiom 'burn one's bridges' means to destroy the possibility of returning to an earlier state or situation. It often refers to making a decision or taking an action that leaves no way of going back or reversing it.

175. **(d)** Multi-tasking refers to the ability to perform multiple tasks simultaneously, which is the one-word substitute for the given group of words.

176. **(d)** The idiom 'my hands are full' means that someone is very busy or occupied with tasks and doesn't have time for anything else. It doesn't refer to physical exhaustion or swollen hands, but rather to being engaged or overwhelmed with work or responsibilities.

177. **(d)** The word 'cumolative' is incorrectly spelt. The correct spelling is 'cumulative', which means increasing or growing by accumulation or successive additions.

178. **(c)** The word 'credit' refers to the addition of money to an account or the acknowledgement of something positive. The opposite of credit, in accounting terms, is 'debit', which refers to the subtraction of money from an account or a financial charge.

179. **(c)** The idiom 'boil the ocean' means attempting to do something that is impractical or impossible due to the scale or nature of the task. It refers to a challenge that is overwhelming and unachievable.

180. **(b)** The error lies in the phrase 'When did you completed your graduation?'. The correct structure in indirect or direct questions after 'did' should use the base form of the verb, not the past tense. Therefore, 'completed' should be replaced with 'complete'.

181. **(d)** The word 'buraucratic' is incorrectly spelt. The correct spelling is 'bureaucratic', which refers to the administrative system of government or organisations, often associated with complex rules and procedures.

182. **(d)** Mythomania refers to the compulsion or tendency to tell lies or exaggerate the truth. It is a pathological habit of lying or fabricating stories.

183. **(d)** The word 'hinderance' refers to something that blocks or obstructs progress or movement. The antonym of 'hinderance' would be something that facilitates or provides comfort or relief, which in this case is 'relief'.

184. **(a)** The error lies in the phrase 'a little bitterly'. The word 'bitterly' is an adverb describing the manner of tasting, but it is not used correctly here. Instead, 'bitter' (an adjective) should be used to describe the taste.

185. **(d)** A hypocrite is someone who pretends to have certain moral standards or beliefs but acts in a way that contradicts those standards. This perfectly fits the description of someone who practices the very moral lapses they claim to oppose.

186. **(b)** The idiomatic expression 'to burn the midnight oil' means to stay up late working on something, usually studying or working hard. In this context, it is the most appropriate substitute as it refers to the effort of working late into the night, which aligns with the task of writing a book.

187. **(c)** A vegan is a person who does not eat any animal products, including meat, dairy, eggs, or any other product derived from animals.

188. **(a)** The idiom 'lie in the bed you have made' means that you must face the consequences of your own actions, especially if those actions lead to negative outcomes. It suggests that you are responsible for the situation you find yourself in and you must deal with it.

189. **(d)** The phrase 'through hand' is grammatically incorrect. The correct expression would be 'by hand', which means that something is delivered manually, not by machine or automation.

190. **(d)** The word 'demolish' means to destroy or tear down something. The antonym of 'demolish' would be 'fabricate', which means to create or build something, often from scratch.

191. **(a)** The correct preposition here is 'by'. The phrase 'live by' means to earn a living from a particular activity or profession. In this context, it suggests that everyone earns their livelihood by selling something.

192. **(b)** The correct word is 'derive', which means to obtain or take something from a source. In this context, it implies that what you can obtain or understand from the statement is that various professions, such as teaching, philosophy and priesthood, earn a living by offering their respective services.

193. **(d)** The most appropriate word for blank number 3 is 'estimate'. This word fits the context, as it means to judge or calculate the value, amount or extent of something. In this case, the passage is talking about measuring or assessing the true value of services, which is difficult to do.

194. **(a)** The word 'willingly' means freely, without reluctance or hesitation, which fits perfectly in this context. The passage describes a situation where someone might be ready to give everything to save their life, implying that it would be done willingly.

195. **(c)** The most appropriate word to fill in blank number 5 is 'conditions'. In this context, the phrase refers to the circumstances or factors in society that require skills to be compensated in a similar way as goods in a shop.

196. **(c)** The author of the passage uses humour and exaggeration to convey the message about the rise of stupidity in society. The passage contains a sarcastic tone, especially when referring to 'stupidity' as a contagious epidemic and the criticism of various aspects of society like politics, social media and the education system.

The use of humour and exaggeration helps make the serious topic more engaging and emphasises the absurdity of the situation.

197. **(d)** According to the passage, the solution to the issue of stupidity in society is encouraging critical thinking and problem-solving skills.

The author argues that the education system should focus on teaching children how to think critically and solve problems, rather than just memorising information.

This approach will help combat th spread of ignorance and misinformation.

198. **(a)** The tone of the passage is sarcastic. The author uses irony and mockery to criticise the spread of stupidity in society, especially in areas like politics, social media and the education system. Phrases like 'stupidity is contagious' and sarcastically mentioning 'catchy slogans and empty promises' convey a sarcastic tone while highlighting the seriousness of the issue.

199. **(d)** According to the author, children are not directly blamed for the spread of stupidity. Instead, the passage criticises politicians, the education system and individuals for contributing to the epidemic of stupidity.

The author mentions that the education system is failing, individuals are becoming more ignorant and politicians are no longer knowledgeable, but does not place the blame on children. The focus is on societal structures and behaviours, not the children themselves.

200. **(d)** The passage emphasises the importance of critical thinking and how the lack of it has contributed to the spread of stupidity in various areas of society.

The author argues that intelligence and critical thinking need to be value again, especially in politics, the education system and individual behaviour. The title 'The Importance of Critical Thinking' captures the essence of the passage and its central message.

CPO SI P-1 SP 17

पेपर-1

SSC CPO SI सॉल्वड पेपर

3 अक्टूबर 2023 (शिफ्ट III)

निर्देश

1. इस पेपर में 200 प्रश्न हैं।
2. इसमें 4 भाग हैं, **भाग 1** सामान्य बुद्धि एवं तर्कशक्ति, **भाग 2** सामान्य ज्ञान एवं सामान्य जागरुकता, **भाग 3** मात्रात्मक योग्यता और **भाग 4** अंग्रेजी
3. प्रत्येक प्रश्न **1 अंक** का है।

अधिकतम अंक : 200 **समय : 2 घण्टे**

भाग 1

सामान्य बुद्धि एवं तर्कशक्ति

1. छः विद्यार्थी प्रतीक, समीर, कबीर, जिया, जोसेफ, किरण एक वृत्ताकार मेज के परितः केन्द्र की ओर मुख करके बैठे हैं (उनका इसी क्रम में होना अनिवार्य नहीं है)। प्रतीक, समीर और कबीर दोनों के ठीक बगल में है। जिया, समीर के दाईं ओर दूसरे स्थान पर बैठी है। किरण, कबीर के बाईं ओर तीसरे स्थान पर बैठी है। जोसेफ, जिया और कबीर दोनों के ठीक बगल में है। जोसेफ के बाईं ओर ठीक बगल में कौन बैठा/बैठी है?

(a) जिया (b) किरण (c) कबीर (d) समीर

2. जब दर्पण को रेखा MN पर रखा जाता है, तो दी गई आकृति का सही दर्पण प्रतिबिम्ब ज्ञात कीजिए।

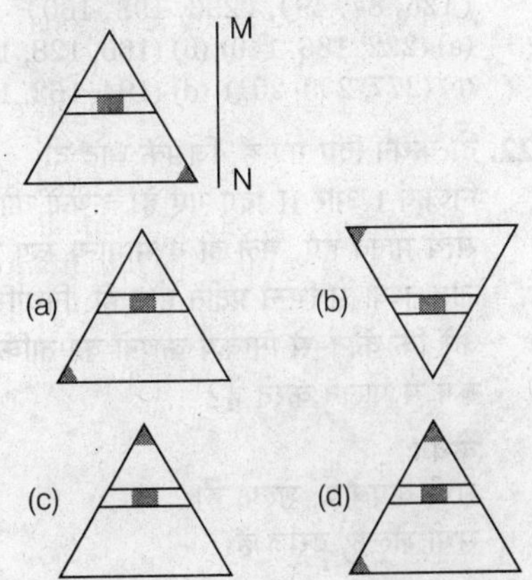

3. "C @ D" का अर्थ है "C, D की माता है।
"C $ D" का अर्थ है "C, D का भाई है'।
"C # D" का अर्थ है - "C, D की बहन है'।
"C * D" का अर्थ है- "C, D का पिता है'।
यदि V$Y@G*F है, तो Y का F से क्या सम्बन्ध है?

(a) भाई (b) बहन (c) बुआ (d) दादी

4. उस विकल्प का चयन करें, जो पाँचवें अक्षर-समूह से उसी प्रकार सम्बन्धित है, जिस प्रकार दूसरा अक्षर-समूह पहले अक्षर-समूह से सम्बन्धित है, और चौथा अक्षर-समूह तीसरे अक्षर-समूह से सम्बन्धित है।

CREATION: ETGCVKQP ::
UNIVERSE: WPKXGTUG ::
PLANET:?

(a) RPCGVN (b) RPGVNC
(c) RCPNGV (d) RNCPGV

5. जब दर्पण को रेखा MN पर रखा जाता है, तो दी गई आकृति का सही दर्पण प्रतिबिम्ब ज्ञात कीजिए।

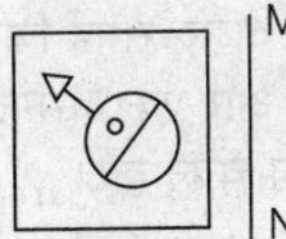

(a)  (b) 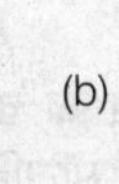

(c) 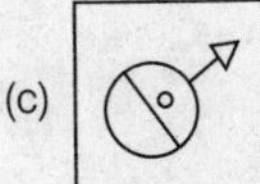 (d) 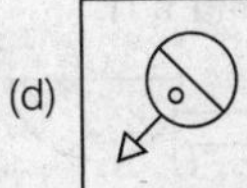

6. यदि '×' का अर्थ '–', '+' का अर्थ '÷', '–' का अर्थ '+' और '÷' का अर्थ '×' है, तो निम्नलिखित व्यंजक का मान क्या होगा?

$40+[\{(24-12)\times(2\div2)\}+(18\times10)]$

(a) 5 (b) 1
(c) 10 (d) 20

7. उस विकल्प आकृति का चयन कीजिए, जो दी गई आकृति में उसके एक भाग के रूप में अन्तर्निहित है (आकृति को घुमाने की अनुमति नहीं है)।

(a) 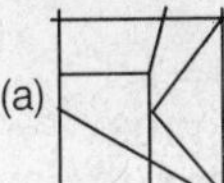 (b) 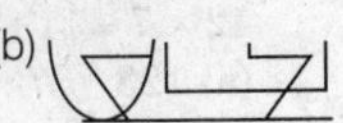

(c) 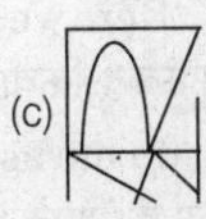 (d) 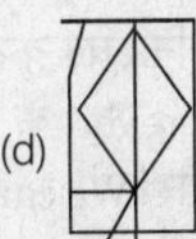

8. उस विकल्प का चयन कीजिए, जो दिए गए शब्दों के उस सही क्रम को दर्शाता है, जिस क्रम में वे अंग्रेजी शब्दकोश में मौजूद होते हैं।

1. Jalopy 2. Jabber
3. Jackpot 4. Jackdaw
5. Jackal

(a) 4,5,2,3,1 (b) 3,2,4,5,1
(c) 2,5,4,3,1 (d) 2,4,3,1,5

9. दो कथनों के बाद दो निष्कर्ष I और II दिए गए हैं। कथनों को सत्य मानते हुए, भले ही वे सामान्य रूप से ज्ञात तथ्यों से भिन्न प्रतीत होते हो, यह निर्णय लीजिए कि कौन-से निष्कर्ष कथनों का तार्किक रूप से पालन करते हैं?

कथन
सभी वस्तुएँ, सेवाएँ हैं।
कोई सेवा, डिलीवरी नहीं है।

निष्कर्ष
I. कोई वस्तु, डिलीवरी नहीं है।
II. कुछ वस्तु, डिलीवरी हैं।

(a) निष्कर्ष I और II दोनों पालन करते हैं
(b) न तो निष्कर्ष I और न ही II पालन करता है
(c) केवल निष्कर्ष II पालन करता है
(d) केवल निष्कर्ष I पालन करता है

10. उस विकल्प का चयन कीजिए, जो दी गई आकृति में इसके भाग के रूप में अन्तर्निहित है (आकृति को घूमाने की अनुमति नहीं है।)

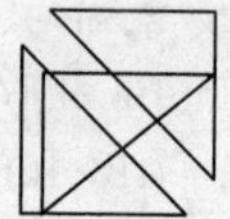

(a) 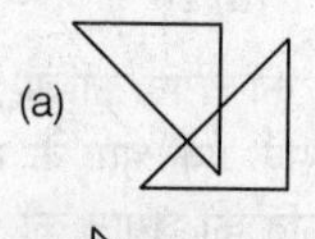 (b) 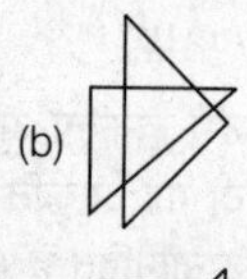

(c) 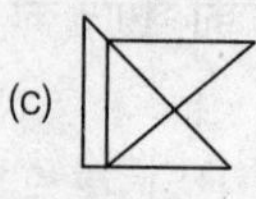 (d) 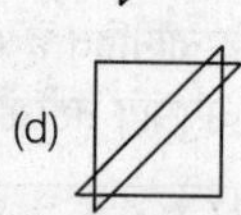

11. यदि '+' का अर्थ '–' है, '–' का अर्थ '×' है '×' का अर्थ '÷' है और '÷' का अर्थ '+' है, तो निम्नलिखित समीकरण में '?' के स्थान पर क्या आएगा?

$42 \times 7 - 11 \div 57 + 10 = ?$

(a) 123 (b) 103
(c) 133 (d) 113

12. एक निश्चित कूटभाषा में, 'Here we go' को 'asa te du' के रूप में कूटबद्ध किया जाता है और 'We can go' को 'du mu asa' के रूप में कूटबद्ध किया जाता है। शब्द 'Here' के लिए कूट क्या होगा?

(a) du (b) mu
(c) asa (d) te

13. उस विकल्प का चयन करें, जो तीसरे शब्द से उसी प्रकार सम्बन्धित है, जिस प्रकार दूसरा शब्द पहले शब्द से सम्बन्धित है। (शब्दों को अर्थपूर्ण शब्दों के रूप में माना जाना चाहिए और इन्हें शब्द में अक्षरों की संख्या/व्यंजनों की संख्या/स्वरों की संख्या के आधार पर एक-दूसरे से सम्बद्ध नहीं किया जाना चाहिए।) बिल्ली (Cat): पंजा (Paw):: कौवा (Crow):?

(a) पंख (Wings) (b) हॉफ (Hoff)
(c) चोंच (Beak) (d) पंजा (Claw)

14. "A @ B" का अर्थ है 'A, B का पति है'।
"A & B" का अर्थ है 'A, B की माता है'।
"A # B" का अर्थ है 'A, B की पुत्री है'।
यदि D & G @ F & E @ H हैं, तो G का H से क्या सम्बन्ध है?

(a) पिता (b) सास
(c) माता (d) ससुर

15. उस विकल्प का चयन कीजिए, जिसमें दी गई आकृति सन्निहित है (घुमाने की अनुमति नहीं है)।

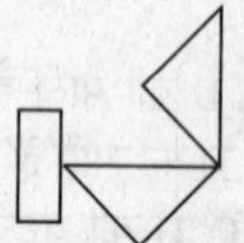

(a) 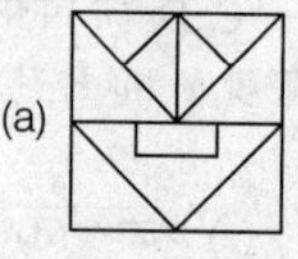 (b) 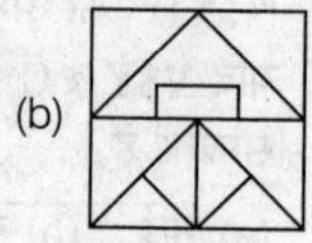

(c) 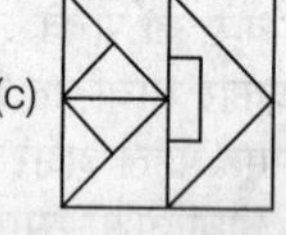 (d) 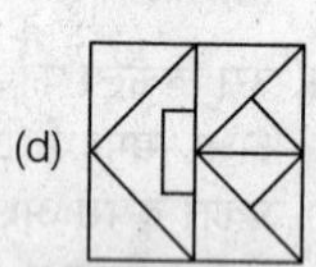

16. चिह्नों को क्रमिक रूप से प्रतिस्थापित करने और दिए गए समीकरण को सन्तुलित करने के लिए गणितीय चिह्नों के सही संयोजन का चयन करें।

42 * 7 * 3 * 2 * 13 * 7

(a) ÷, ×, +, =, +
(b) ÷, ×, –, =, ×
(c) ÷, ×, = +, +
(d) +, =, ÷, ×, +

17. निम्नलिखित में से तीन अक्षर-समूह किसी न किसी तरह से संगत है और एक असंगत है। असंगत अक्षर समूह का चयन करें।

(a) KOLN (b) XBYA
(c) MQNP (d) QJPK

18. उस विकल्प का चयन कीजिए, जिसमें दी गई आकृति सन्निहित है (घुमाने की अनुमति नहीं है)।

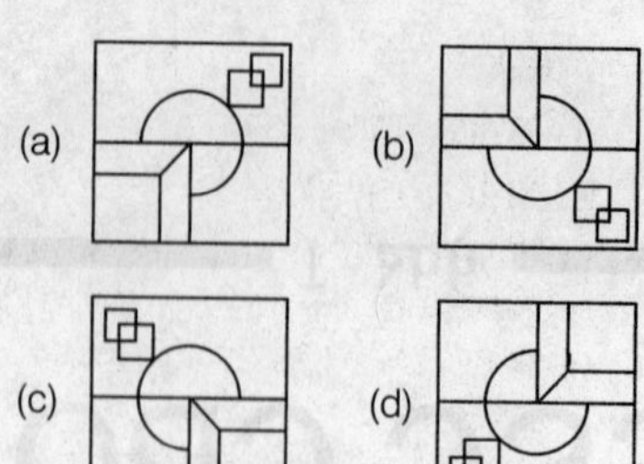

19. मनोज स्थान A से आरम्भ करता है और दक्षिण की ओर X किमी गाड़ी चलाता है और फिर बाएँ मुड़ता है और Y किमी गाड़ी चलाता है। फिर वह दाएँ मुड़ता है और स्थान D पर पहुँचने के लिए 4 किमी गाड़ी चलाता है। यदि मनोज, स्थान A और D के बीच कुल 17 किमी गाड़ी चलाता है और X और Y दोनों पूर्ण वर्ग हैं, जहाँ X > Y है, तो X का मान क्या है?

(a) 11 (b) 4 (c) 5 (d) 9

20. एक निश्चित कूटभाषा में, 'How are you' को 'si de tu' के रूप में कूटबद्ध किया जाता है और 'You are fine' को 'de mu si' के रूप में कूटबद्ध किया जाता है। शब्द 'How' के लिए कूट क्या होगा?

(a) si (b) tu (c) de (d) mu

21. उस समुच्चय का चयन कीजिए, जिसमें संख्याएँ उसी प्रकार सम्बन्धित हैं, जिस प्रकार निम्नलिखित समुच्चयों की संख्याएँ सम्बन्धित हैं।
(**नोट** संख्याओं को उसके घटक अंकों में विभाजित किए बिना, पूर्ण संख्याओं पर संक्रियाएँ की जानी चाहिए। उदाहरण के लिए 13-इसमें 13 पर जोड़ने/घटाने/गुणा करने आदि जैसी संक्रियाओं को 13 में किया जा सकता है। 13 को 1 और 3 में विभाजित करने और फिर 1 और 3 पर गणितीय संक्रियाएँ करने की अनुमति नहीं है)

(125, 87, 49), (236, 198, 160)

(a) (222, 186, 140) (b) (166, 128, 101)
(c) (277, 239, 201) (d) (194, 162, 124)

22. दो कथन दिए गए हैं, जिसके बाद दो निष्कर्ष I और II दिए गए हैं। कथनों को सत्य मानते हुए, भले ही वे सामान्य रूप से ज्ञात तथ्यों से भिन्न प्रतीत होते हों, निर्धारित करें कि कौन-से निष्कर्ष कथनों का तार्किक रूप से पालन करते हैं?

कथन
सभी कपबोर्ड, शेल्फ हैं।
सभी शेल्फ, दराज हैं।

निष्कर्ष
I. सभी कपबोर्ड, दराज हैं।
II. सभी दराज, शेल्फ हैं।
(a) निष्कर्ष I और II दोनों पालन करते हैं
(b) केवल निष्कर्ष I पालन करता है
(c) न तो निष्कर्ष I और न ही II पालन करता है
(d) केवल निष्कर्ष II पालन करता है

23. उस समुच्चय का चयन कीजिए, जिसमें संख्याएँ एक-दूसरे से उसी प्रकार सम्बन्धित हैं, जिस प्रकार निम्नलिखित समुच्चय की संख्याएँ आपस में सम्बन्धित है।
(**नोट** संख्याओं को उसके घटक अंकों में विभाजित किए बिना, पूर्ण संख्याओं पर गणितीय संक्रियाएँ की जानी चाहिए। उदाहरण के लिए 13 संख्या 13 पर गणितीय संक्रियाएँ जैसे कि जोड़ना / घटाना / गुणा करना आदि को 13 से किया जा सकता है। 13 को 1 और 3 में तोड़ना और फिर 1 और 3 पर गणितीय संक्रियाएँ करने की अनुमति नहीं है)
(5, 4, 405)
(7, 3, 500)
(a) (3, 2, 145) (b) (4,1,125)
(c) (4, 5, 850) (d) (5, 8, 789)

24. एक निश्चित कूटभाषा में 'BED' को 9 के रूप में कूटबद्ध किया जाता है और 'TABLE' को 25 के रूप में कूटबद्ध किया जाता है। उसी कूटभाषा में 'RECLINER' को किस प्रकार कूटबद्ध किया जाएगा?
(a) 36 (b) 58
(c) 72 (d) 64

25. छ: विद्यार्थी एक वृत्ताकार मेज के परित केन्द्र की ओर मुख करके बैठे हैं। A, E और D दोनों के ठीक बगल में है। E, C के दाईं ओर तीसरे स्थान पर बैठा है। D, F के बाईं ओर तीसरे स्थान पर बैठा है। E, F के ठीक बगल में है। B, E के बाईं ओर दूसरे स्थान पर बैठा है। C के बाईं ओर ठीक बगल में कौन बैठा है?
(a) B (b) E
(c) A (d) D

26. नीचे दो कथन और दो निष्कर्ष दिए गए हैं। कथनों को सत्य मानते हुए, भले ही वे सामान्य रूप से ज्ञात तथ्यों से भिन्न प्रतीत होते हों, निर्धारित करें कि कौन-से निष्कर्ष दिए गए कथनों का तार्किक रूप से पालन करते हैं?

कथन
सभी कुत्ते, बिल्लियाँ हैं।
कुछ बिल्लियाँ, गुड़िया नहीं है।
निष्कर्ष
I. सभी गुड़िया, बिल्लियाँ हैं।
II. कुछ बिल्लियाँ, कुत्ते हैं।
(a) केवल निष्कर्ष II पालन करता है
(b) न तो निष्कर्ष I और न ही II पालन करता है
(c) दोनों निष्कर्ष पालन करते हैं
(d) केवल निष्कर्ष I पालन करता है

27. यदि निम्नलिखित आकृति श्रृंखला को जारी रखा जाए, तो दिए गए विकल्पों में से कौन-सी आकृति प्रश्नचिह्न (?) को प्रतिस्थापित करेगी?

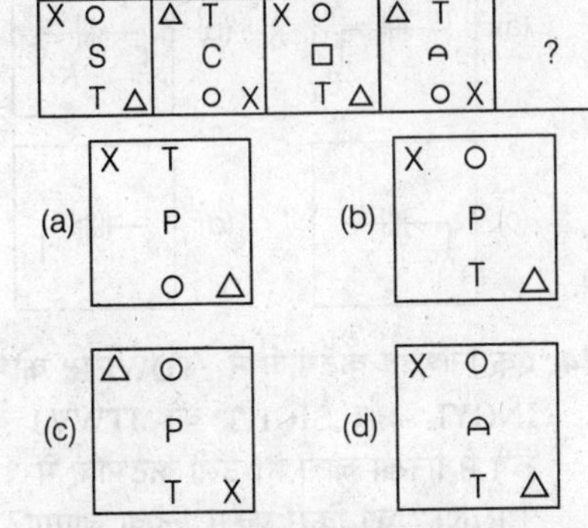

28. निम्नलिखित में से कौन-सी संख्या दी गई श्रृंखला में प्रश्नचिह्न (?) का स्थान लेगी?
1024, 256, 64, ?, 4
(a) 32 (b) 34
(c) 16 (d)36

29. जब कोई दर्पण प्रदर्शित किए गए MN पर रखा जाए, तो प्रस्तुत आकृति के सही दर्पण प्रतिबिम्ब का चयन कीजिए।

(a) ɘɒ45mႱ (b) ɘɒƼ4mႱ
(c) ɘɒƼ4ɯႱ (d) ᒍm4Ƽɒɘ

30. एक लड़का 15 मी उत्तर की ओर चलता है, दाएँ मुड़ता है और 20 मी चलता है। वह फिर से दाएँ मुड़ता है और 15 मी चलता है। अन्त में, वह अपने बाईं ओर मुड़ता है और 20 मी चलता है। अब वह अपने मूल स्थान से कितनी दूरी पर है?
(a) 40 मी (b) 50 मी
(c) 45मी (d) 46 मी

31. उस सही विकल्प का चयन कीजिए, जो दिए गए शब्दों के उसी क्रम में व्यवस्थापन को दर्शाता है, जिस क्रम में वे अंग्रेजी शब्दकोश में मौजूद होते हैं।
1. Glory 2. Glossary
3. Globe 4. Gloss
5. Glow 6. Gloomy
(a) 3,6, 1,4, 2,5 (b) 6,3,1,4,2,5
(c) 3, 6, 1,2,4,5 (d) 3, 1, 6,4 ,2,5

32. निम्नलिखित में से कौन-सी संख्या, दी गई श्रृंखला में प्रश्नचिह्न (?) को प्रतिस्थापित करेगी?
13, 14, –2, 79, –177 ?
(a) 608 (b) 424
(c) 448 (d) 528

33. उस विकल्प आकृति का चयन करें, जिसमें दी गई आकृति निहित है (घुमाने की अनुमति नहीं है)।

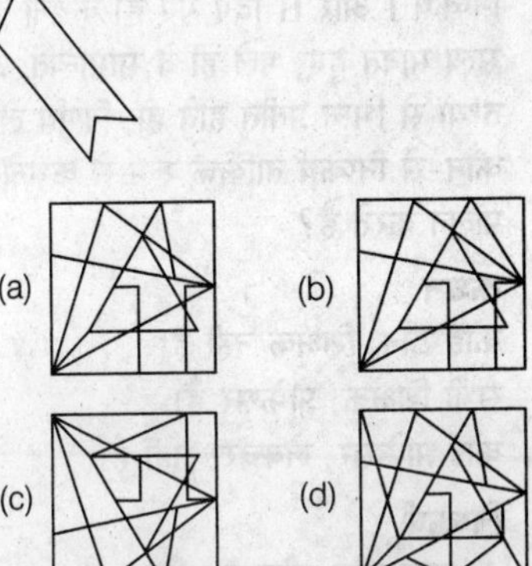

34. यदि '+' का अर्थ '–' है, '–' का अर्थ '÷' है, '÷' का अर्थ '×' है और '×' का अर्थ '+' है, तो दिए गए समीकरण में प्रश्नचिह्न (?) के स्थान पर क्या आएगा?
$15 \div 405 - 3 + 25 \times 5 = ?$
(a) 2000 (b) 2005
(c) 1889 (d) 1890

35. उस विकल्प का चयन कीजिए, जो उन अक्षरों को निरूपित करता है, जिन्हें नीचे दिए गए रिक्त स्थानों में क्रमिक रूप से बाएँ से दाएँ रखे जाने पर अक्षर श्रृंखला पूर्ण हो जाएगी।
L_ _A_ _S_ _K_ _L_ _A
(a) KSLKALSAKA
(b) KSKKALSAKA
(c) KSLKALSAKS
(d) ASLKALSAKA

36. उस विकल्प का चयन करें, जो चौथे पद से उसी प्रकार सम्बन्धित है, जिस प्रकार पहला पद, दूसरे पद से सम्बन्धित है और पाँचवाँ पद, छठे पद से सम्बन्धित है।

5 : 21 :: ? : 252 :: 27 : 725

(a) 26 (b) 10
(c) 16 (d) 12

37. निम्नलिखित में से कौन-सी संख्या दी गई शृंखला में प्रश्नचिह्न (?) का स्थान लेगी?

38, 64, 98, 140, ?

(a) 192 (b) 190
(c) 186 (d) 188

38. निम्नलिखित में से कौन-सा पद दी गई शृंखला में प्रश्नचिह्न (?) का स्थान लेगा?

PMRO, NKTQ, LIVS, ?, HEZW

(a) JGVU (b) GJXU
(c) JGXU (d) JGUX

39. इस प्रश्न में, तीन कथन और उसके बाद दो निष्कर्ष I और II दिए गए हैं। कथनों को सत्य मानते हुए, भले ही वे सामान्यत: ज्ञात तथ्यों से भिन्न प्रतीत होते हों, निर्णय लें कि कौन-से निष्कर्ष तार्किक रूप से कथनों का पालन करते हैं?

कथन

कोई डीन, शिक्षक नहीं है।
सभी शिक्षक, प्रोफेसर हैं।
कोई प्रोफेसर, लेक्चरर नहीं है।

निष्कर्ष

I. कुछ डीन, लेक्चरर हैं।
II. कुछ शिक्षक, लेक्चरर हैं।

(a) केवल निष्कर्ष II पालन करता है
(b) केवल निष्कर्ष I पालन करता है
(c) न तो निष्कर्ष I और न ही निष्कर्ष II पालन करता है
(d) दोनों निष्कर्ष I और II पालन करते हैं

40. निम्नलिखित में से कौन-सी संख्या दी गई शृंखला में प्रश्नचिह्न (?) का स्थान लेगी?

93, ?, 102, 111, 123, 138

(a) 97 (b) 98
(c) 96 (d) 95

41. यदि '+' का अर्थ '÷', '–' का अर्थ '×', '×' का अर्थ, '–' और '÷' का अर्थ '+' है, तो निम्नलिखित व्यंजक का मान क्या होगा?

108 × 343 + 7 – 2 ÷ 13 = ?

(a) 44 (b) 19
(c) 28 (d) 23

42. किसी निश्चित कूटभाषा में, 'CARD' को '3597' के रूप में कूटबद्ध किया जाता है, और 'DOGS' को '8346' के रूप में कूटबद्ध किया जाता है। दी गई उस कूटभाषा में 'D' के लिए कूट क्या है?

(a) 9 (b) 5 (c) 3 (d) 4

43. निम्नलिखित में से कौन-सी आकृति दी गई शृंखला में 5वें स्थान पर रखे जाने पर पहली आकृतियों द्वारा निर्मित शृंखला को जारी रखेगी?

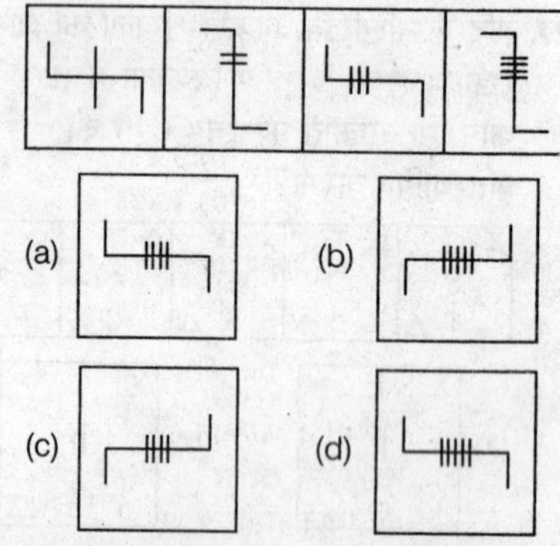

44. एक निश्चित कूटभाषा में, 'TOWER' को INGYL' और 'SIGHT' को 'JTWVJ' के रूप में लिखा जाता है। उसी कूटभाषा में 'BRING' को किस प्रकार लिखा जाएगा?

(a) ACTBE (b) KRPJS
(c) LWYDE (d) AKUPW

45. निम्नलिखित में से कौन-सा विकल्प दी गई शृंखला में प्रश्नचिह्न (?) के स्थान पर आएगा?

WWVU, USTQ, ?, QKPI, OGNE

(a) SQRM (b) SROM
(c) SORW (d) SORM

46. उस समुच्चय का चयन करें जिसमें संख्याएँ उसी प्रकार सम्बन्धित हैं, जिस प्रकार दिए गए समुच्चय की संख्याएँ हैं।

(**नोट** गणितीय संक्रियाएँ संख्याओं को उसके घटक अंकों में विभाजित किए बिना, पूर्ण संख्याओं पर की जानी चाहिए। उदाहरण के लिए 13-13 पर गणितीय संक्रियाएँ जैसे कि जोड़ना/घटाना/गुणा करना आदि की जा सकती हैं। 13 को 1 और 3 के रूप में अलग करने और फिर 1 और 3 पर गणितीय संक्रियाएँ करने की अनुमति नहीं है।)

(6, 8, 106)
(7, 11, 177)

(a) (8, 7, 119) (b) (9,8 154)
(b) (5, 9, 101) (d) (7, 9 , 136)

47. दिए गए समीकरण को सही बनाने के लिए किन दो गणितीय चिह्न को आपस में बदला जाना चाहिए?

(63 × 21) + 8 + 99 × 11 ÷ 16 + (12 × 4) = 158

(a) × और – (b) × और +
(c) + और – (d) ÷ और ×

48. निम्नलिखित आकृति शृंखला में आगें आने वाली आकृति का चयन करें।

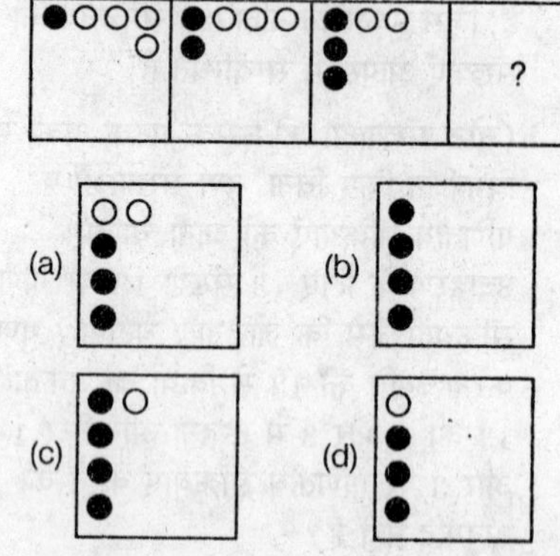

49. यदि A का अर्थ '+' हो, B का अर्थ '×' हो, C का अर्थ '–' हो और D का अर्थ '÷' हो, तो निम्नलिखित समीकरण का मान कितना होगा?

80 C 16 B 4 A 96 D4 = ?

(a) 37 (b) 120
(c) 54 (d) 40

50. नीचे दिए गए चार अक्षर-समूहों में से तीन किसी प्रकार से आपस में सम्बन्धित हैं और कोई एक उनसे असंगत है। असंगत अक्षर-समूह का चयन कीजिए।

(a) SUPT (b) PRMQ
(c) EHBG (d) JLGK

भाग 2

सामान्य ज्ञान एवं सामान्य जागरुकता

51. दाब की मीट्रिक इकाई क्या है, जो 0.986923 atm के बराबर होती है?

(a) बार (Bar) (b) क्वार्ट (Quart)
(c) गैलन (Gallon) (d) यार्ड (Yard)

52. किस वर्ष 44वें संशोधन द्वारा सम्पत्ति के अधिकार को मूल अधिकारों की सूची से हटा दिया गया?

(a) वर्ष 1973 (b) वर्ष 1981
(c) वर्ष 1975 (d) वर्ष 1978

53. शास्त्रीय नृत्य और नर्तक के सही युग्म का चयन कीजिए।

(a) झेलम परांजपे - कुचिपुड़ी
(b) मल्लिका साराभाई - कथक
(c) पद्म सुब्रह्मण्यम-भरतनाट्यम
(d) के. उमा रामा राव-ओडिसी

54. 'द ग्रेट इण्डियन नॉवेल ...... द्वारा लिखित है, जिसमें उन्होंने अपने व्यंग्य उपन्यास के लिए 'महाभारत' को एक फ्रेमवर्क के रूप में लिया है।

(a) खुशवन्त सिंह (b) कुलदीप नैय्यर
(c) शशि थरूर (d) सरोजिनी नायडू

55. दक्षिण भारत में स्थित बाँध की पहचान करें।

(a) तिलैया बाँध (b) मेट्टूर बाँध
(c) रिहन्द बाँध (d) गांधी सागर बाँध

56. कबड्डी में प्रथम अर्जुन पुरस्कार विजेता कौन थे?

(a) मंजीत छिल्लर (Manjeet Chhillar)
(b) भोलानाथ गुइन (Bholanath Guin)
(c) बीसी रमेश (BC Ramesh)
(d) सदानन्द महादेव शेट्टी (Sadanand Mahadev Shatty)

57. त्रिकोरकी प्राणियों (Triploblastic Animals) में पाए जाने वाले तीसरे जनन स्तर (Third Germinal Layer) की पहचान करें।

(a) बाह्यर्जन स्तर (Ectoderm)
(b) प्रगुहा (Coelom)
(c) अन्तर्जनसार (Endoderm)
(d) मध्यर्जन स्तर (Mesoderm)

58. भारतीय संविधान के निम्नलिखित में से किस अनुच्छेद में यह उल्लेख है कि भारत सरकार की समस्त कार्यपालिकीय कार्रवाइयाँ राष्ट्रपति के नाम से की हुई कही जाएँगी?

(a) अनुच्छेद 77 (b) अनुच्छेद 81
(c) अनुच्छेद 48 (d) अनुच्छेद 67

59. पाँचवीं शताब्दी ईस्वी का एक नाटक, मालविकाग्निमित्र ...... द्वारा रचित है।

(a) हरिषेण (b) भवभूति
(c) कालिदास (d) पिंगला

60. 1920 के दशक में इको-ट्रॉफिक इण्टरैक्शन की उस विशिष्ट आकृति का वर्णन करने वाला पहला पारिस्थितिकीविद् कौन था, जिसे उन्होंने संख्याओं का पिरामिड कहा था?

(a) अर्नस्ट हेकेल (Ernast Haeckel)
(b) चार्ल्स एल्टन (Charles Elton)
(c) एडवर्ड ओ. विल्सन (Edward Wilson)
(d) हावर्ड थॉमस ओड्ड (Howard Thomas Odum)

61. निम्नलिखित में से किस भारतीय राज्य में दक्षिण-पश्चिम मानसून सबसे पहले वर्षा लाता है?

(a) आन्ध्र प्रदेश (b) गोवा
(c) तमिलनाडु (d) केरल

62. लोसर (नववर्ष का महोत्सव) निम्नलिखित में से किस राज्य में मनाया जाता है?

(a) हिमाचल प्रदेश (b) अरुणाचल प्रदेश
(c) उत्तराखण्ड (d) झारखण्ड

63. भारत की जनगणना 2011 के अनुसार, भारत की कुल जनसंख्या में सिख समुदाय का प्रतिशत कितना था?

(a) 79.8% (b) 0.4%
(c) 14.2% (d) 1.7%

64. किस भारतीय संविधान संशोधन अधिनियम द्वारा भारतीय संविधान में 11वाँ मूल कर्त्तव्य जोड़ा गया था?

(a) 88वाँ संविधान संशोधन अधिनियम
(b) 86वाँ संविधान संशोधन अधिनियम
(c) 85वाँ संविधान संशोधन अधिनियम
(d) 87वाँ संविधान संशोधन अधिनियम

65. एस्पिरिन के कारण किस रसायन का संश्लेषण सन्दमित हो जाता है?

(a) प्रोस्टाग्लैंडीन (Prostaglandins)
(b) हिस्टामाइन (Histamines)
(c) पाइराइट (Pyntes)
(d) एनाल्जेसिक (Analgesics)

66. बंगाल में स्थित सिद्धेश्वर महादेव मन्दिर किस राजवंश की वास्तुकला को दर्शाता है?

(a) शुंग राजवंश (b) पाल राजवंश
(c) चालुक्य राजवंश (d) हुसैन शाही राजवंश

67. किस नोबेल पुरस्कार विजेता ने 19 वीं शताब्दी के अन्त में एक प्रयोग किया और पाया कि दो धातु की प्लेटों के बीच वोल्टेज आरोपित करने पर, निम्न दाबयुक्त गैस से भरी हुई काँच की नली विकिरण उत्सर्जित करती है?

(a) हिदेकी युकावा (Hideki Yukawa)
(b) फिलिप लेनार्ड (Philipp Lenard)
(c) विक्टर फ्रांसिस हेस (Victor Francis Hess)
(d) पॉल डिराक (Paul Dirac)

68. निम्नलिखित में से कौन-सा एक खाद्य परिरक्षक (Food Preservative) नहीं है?

(a) विनेगर (Vinegar)
(b) अम्लराज (Aqua regia)
(c) सोडियम नाइट्राइट (Sodium nitrite)
(d) सोडियम क्लोराइड (Sodium chloride)

69. निम्नलिखित में से कौन-सा अधिनियम राष्ट्रीय ध्वज और राष्ट्रगान के अनादर को रोकता है?

(a) नागरिक स्वतन्त्रता अधिनियम, 2001
(b) राष्ट्रीय सम्मान संरक्षण अधिनियम, 1996
(c) राष्ट्रीय गौरव अपमान निवारण अधिनियम, 1971
(d) गैरकानूनी गतिविधियाँ (रोकथाम) अधिनियम, 2006

70. जब भारत के राष्ट्रपति किसी विधेयक (धन विधेयक और संविधान संशोधन विधेयक को छोड़कर) अनिश्चितकाल के लिए लम्बित रखते हैं, तो इसे .... कहते हैं।

(a) राष्ट्रपति का संशोधनकारी निषेधाधिकार (amendatory veto of the President)
(b) राष्ट्रपति का पूर्ण निषेधाधिकार (absolute veto of the President)
(c) राष्ट्रपति का पॉकेट वीटो (pocket vato of the President)
(d) राष्ट्रपति का निलम्बन निषेधाधिकार (suspensive veto of the President)

71. वर्ष 2010 में, इसके उत्कृष्ट मूल्य और भेद्यता को देखते हुए, यूनेस्को (UNESCO) ने ... के एक सदियों पुराने अनुष्ठान-नाटक 'मुदियेट्टू (Mudiyettu)' को 'मानवता की अमूर्त सांस्कृतिक विरासत' के रूप में मान्यता दी।

(a) तमिलनाडु (b) केरल
(c) कर्नाटक (d) तेलंगाना

72. शतरंज में प्यादों की संख्या ... होती है।

(a) 15 (b) 17 (c) 16 (d) 14

73. ब्रिटिश संसद द्वारा अधिनियमित निम्नलिखित में से कौन-सा अधिनियम भारतीय कानूनों के समेकन और संहिताकरण के लिए एक विधि आयोग की स्थापना के लिए प्रदान किया गया?

(a) भारत सरकार अधिनियम, 1919
(b) भारतीय परिषद् अधिनियम, 1909
(c) चार्टर अधिनियम, 1833
(d) चार्टर अधिनियम, 1813

74. हुक्का जलप्रपात (Huka Falls) कहाँ स्थित हैं?

(a) ऑस्ट्रेलिया (b) न्यूजीलैण्ड
(c) स्पेन (d) जर्मनी

75. प्रसिद्ध संगीतकार तलवीन सिंह .... वादन से सम्बन्धित हैं।

(a) बाँसुरी (b) तबला
(c) शहनाई (c) वीणा

76. निम्नलिखित नेताओं में से किसने वर्ष 1940 में कांग्रेस की महिला विंग की स्थापना की थी?

(a) सुचेता कृपलानी (b) अरुणा आसफ अली
(c) लक्ष्मी सहगल (d) सरोजिनी नायडू

77. मानसून के सम्बन्ध में गलत कथन का चयन कीजिए।

(a) दक्षिण पश्चिम मानसूनी पवनें, उष्ण महासागरों के ऊपर से बहती है, आर्द्रता को एकत्रित करती हैं और भारत के मुख्य भू-भाग पर व्यापक वर्षा लाती है।
(b) मानसूनों की तीव्रता का अनुमान लगाने के लिए ताहिती (प्रशान्त महासागर) और उत्तरी ऑस्ट्रेलिया (हिन्द महासागर) में डार्विन पर दाब के अन्तर की गणना की जाती है।
(c) मेडागास्कर के पूर्व में स्थित उच्च दाब वाले क्षेत्र की तीव्रता और स्थिति भारतीय मानसून को प्रभावित करती है।
(d) पश्चिमी चक्रवातीय विक्षोभ मानसून की वापसी या निवर्तन के कारण उत्पन्न होते हैं।

78. निम्नलिखित में से किस योजना में इनपुटों की खरीद, सामान्य सेवाओं का लाभ उठाने और उत्पादों के विपणन की दृष्टि से बड़े पैमाने पर उत्पादन का लाभ उठाने के लिए एक जिला एक उत्पाद (ODOP) दृष्टिकोण अपनाया जाता है?

(a) खाद्य प्रसंस्करण उद्योग के लिए उत्पादन लिंक्ड प्रोत्साहन योजना (PLISFPI)
(b) प्रधानमन्त्री किसान सम्पदा योजना
(c) सूक्ष्म और लघु उद्यम क्लस्टर विकास कार्यक्रम (MSE-CDP)
(d) प्रधानमन्त्री सूक्ष्म खाद्य प्रसंस्करण उद्योग उन्नयन योजना (PMFME)

79. भारत में ब्रिटिश शासन के तहत, निम्नलिखित में से किस गवर्नर जनरल ने ईस्ट इण्डिया कम्पनी के प्रशासन को पेशेवर, नौकरशाही और यूरोपीयकृत किया?

(a) लॉर्ड डलहौजी (Lord Dalhousie)
(b) लॉर्ड कॉर्नवालिस (Lord Cornwalis)
(c) लॉर्ड कैनिंग (Lord Canning)
(d) वारेन हेस्टिंग्स (Warren Hastings)

80. पाँचवें खेलो इण्डिया यूथ गेम्स, 2022 का मेजबान कौन-सा राज्य था?

(a) हरियाणा (b) मध्य प्रदेश
(c) उत्तराखण्ड (d) झारखण्ड

81. अलार्मेल वल्ली (Alarmel Valli) एक भारतीय शास्त्रीय नृत्यांगना और कोरियोग्राफर हैं और भरतनाट्यम की ····· नृत्य शैली की सर्वप्रथम प्रतिपादक (Foremost Exponent) हैं।

(a) पण्डनल्लूर शैली (Pandanallur style)
(b) वजुवूर शैली (Vazhuvoor style)
(c) तरंगम शैली (Tarangam style)
(d) मेलत्तूर शैली (Melattur style)

82. किस प्रकार के कर में सीमान्त कर दर औसत कर दर से अधिक होती है।

(a) प्रगतिशील (b) अवनतिशील
(c) आनुपातिक (d) प्रतिगामी

83. निम्नलिखित में से कौन-सी मस्जिद दिल्ली सल्तनत के लोदी वंश के शासनकाल में बनाई गई थी?

(a) लाल मस्जिद, दिल्ली
(b) बेगमपुरी मस्जिद, दिल्ली
(c) मोठ की मस्जिद, दिल्ली
(d) कुव्वत-अल-इस्लाम, दिल्ली

84. निम्नलिखित में से किस प्रक्रिया मे पोषक तत्व या संदूषक पानी द्वारा बहा दिया जाते हैं या मिट्टी की निचली परत में चले जाते हैं?

(a) बुवाई (b) जुताई
(c) निक्षालन (d) विरंजन

85. निम्नलिखित में से किसे 'भारत में कर्नाटक संगीत का जनक' माना जाता है?

(a) कृष्णा भारती (b) गोपाल
(c) नारायण तीर्थ (d) पुरन्दर दास

86. स्थलीय ग्रह (Terrestrial planets) से बने होते हैं।

(a) धातुओं और वायु (b) चट्टानों और गैस
(c) धातुओं और गैस (d) चट्टानों और धातुओं

87. जुलाई, 2018 में, अन्तर्राष्ट्रीय अन्तरिक्ष स्टेशन पर हुए एक प्रयोग में, किस रासायनिक तत्व के परमाणुओं के एक क्लाउड को परम शून्य तापमान (Absolute Zero) से एक केल्विन के एक-बटे-दस मिलियनवें (one ten-millionth of one Kelvin) हिस्से के बराबर ऊपर ठण्डा किया गया, जिसके परिणामस्वरूप अन्तरिक्ष में बोस-आइंस्टीन कण्डेनसेट निर्मित हुआ?

(a) थोरियम (b) प्लूटोनियम
(c) रेडियम (d) रुबीडियम

88. कीमिया (Alchemy) में एक्वा फोर्टिस (aqua fortis) किस रासायनिक यौगिक का प्राचीन नाम (Classical Name) है, जिसका उपयोग मुख्य रूप से विस्फोटकों और उर्वरकों के निर्माण और कार्बनिक संश्लेषण में किया जाता है?

(a) फॉर्मिक अम्ल
(b) हाइड्रोब्रोमिक अम्ल
(c) क्लोरिक अम्ल
(d) नाइट्रिक अम्ल

89. भारतीय लघु उद्योग विकास बैंक (SIDBI) की स्थापना किस वर्ष की गई थी?

(a) 1989 (b) 1990 (c) 1988 (d) 1987

90. 'बिफोर वी विज़िट द गॉडेस (Before We Visit the Goddess)' उपन्यास के लेखक/लेखिका कौन हैं?

(a) चित्रा बैनर्जी दिवाकरूणी
(b) किरण दोशी
(c) झुम्पा लाहिड़ी
(d) अरुधन्ति रॉय

91. निम्नलिखित में से किसे पूँजीगत व्यय माना जाता है?

(a) पेन्शन
(b) सब्सिडी
(c) स्कूल की इमारत का निर्माण
(d) वेतनों का भुगतान

92. भारत की प्राकृतिक वनस्पति व्यापक रूप से ···· समूहों में विभाजित है।

(a) 6 (b) 27 (c) 9 (d) 5

93. निम्नलिखित में से कौन-सा तत्व एक्टिनाइड श्रेणी का सदस्य है?

(a) थोरियम (Thorium)
(b) लैथेनम (Lanthanum)
(c) मैग्नीशियम (Magnesium)
(d) ल्यूटीशियम (Lutetium)

94. वर्ष 1991-92 के दौरान, औद्योगिक उत्पादन में ·········· की ·········· वृद्धि दर्ज की गई।

(a) 1.1 प्रतिशत, धनात्मक
(b) 0.9 प्रतिशत, ऋणात्मक
(c) 1.1 प्रतिशत, ऋणात्मक
(d) 0.6 प्रतिशत, धनात्मक

95. मध्य और पश्चिमी भारत में मनाया जाने वाला गणगौर उत्सव, किस देवी से सम्बन्धित है?

(a) देवी सरस्वती (b) देवी पार्वती
(c) देवी काली (d) देवी लक्ष्मी

96. भारत के संविधान के अनुच्छेद 111 के तहत, कोई धन विधेयक, जो राष्ट्रपति के समक्ष अनुमति के लिए प्रस्तुत किया जाता है ······ द्वारा हस्ताक्षरित एक पृष्ठांकित प्रमाण-पत्र द्वारा समर्थित होना चाहिए कि यह एक धन विधेयक है।

(a) लोकसभा के महासचिव
(b) लोकसभा अध्यक्ष
(c) राज्यसभा के महासचिव
(d) राज्यसभा के उप-सभापति

97. बैडमिण्टन नेट की ऊँचाई कितनी होती है?

(a) 6.5 फुट (b) 5.5 फुट
(c) 6 फुट (d) 5.1 फुट

98. वर्ष 2011 की जनगणना के अनुसार, निम्न में से किस केन्द्रशासित प्रदेश की साक्षरता दर सबसे कम है?

(a) दमन और दीव
(b) दादरा और नगर हवेली
(c) दिल्ली
(d) लक्षद्वीप

99. सत्रीया को .... में संगीत नाटक अकादमी द्वारा शास्त्रीय नृत्य के रूप में मान्यता दी गई थी।

(a) वर्ष 2000 (b) वर्ष 2005
(c) वर्ष 2020 (d) वर्ष 2010

100. शत्रुओं को परास्त करने के लिए उत्तर भारत में बारूद के प्रयोग को किसने प्रचलित किया?

(a) इब्राहिम लोदी (b) बाबर
(c) राणा सांगा (d) दौलत खान लोदी

भाग 3

मात्रात्मक योग्यता

101. मयूर ने एक घड़ी को 7% लाभ पर बेचा। यदि वह इसे ₹ 1,329 अधिक में बेचता, तो उसे 57% का लाभ होता। घड़ी का क्रय मूल्य (₹ में) ज्ञात कीजिए।

(a) 2580 (b) 2856
(c) 2420 (d) 2658

102. यदि एक गोले की त्रिज्या दोगुनी कर दी जाए, तो उसका पृष्ठीय क्षेत्रफल कितना बढ़ जाएगा?

(a) 300% (b) 100%
(c) 400% (d) 200%

103. ΔPQR और ΔABC में, $\angle P = \angle A$ और $AC = PR$ है। त्रिभुज PQR और ABC के सर्वांगसम होने के लिए निम्नलिखित में से कौन-सी स्थिति सत्य है?

(a) $AB = PQ$ [भुजा-भुजा-भुजा (SSS) द्वारा]
(b) $BC = QR$ [कोण-भुजा-भुजा (ASS) द्वारा]
(c) $\angle Q = \angle B$ (कोण-कोण-कोण (AAA) द्वारा]
(d) $AB = PQ$ [भुजा-कोण-भुजा (SAS) द्वारा]

104. 12, 18 और 42 का महत्तम समापवर्तक (HCF) क्या है?

(a) 60 (b) 12
(c) 123 (d) 6

105. यदि $\tan A = \frac{2}{5}$ है, तो $\frac{\sec^2 A}{\text{cosec}^2 A}$ का मान ज्ञात कीजिए।

(a) $\frac{2}{5}$ (b) $\frac{4}{25}$ (c) $\frac{3}{5}$ (d) $\frac{9}{25}$

106. एक समबाहु त्रिभुज का क्षेत्रफल 173.2 सेमी^{2} है। इसकी भुजा ....होगी।

(a) 21.32 सेमी (b) 20 सेमी
(c) 17.32 सेमी (d) 22 सेमी

107. उस समचतुर्भुज का क्षेत्रफल ज्ञात कीजिए, जिसका परिमाप 52 सेमी है और उसके एक विकर्ण की लम्बाई 10 सेमी है।

(a) 144 सेमी^{2} (b) 160 सेमी^{2}
(c) 164 सेमी^{2} (d) 120 सेमी^{2}

108. 7 सेमी त्रिज्या वाले एक अर्द्धगोले के वक्रपृष्ठीय क्षेत्रफल (CSA) और सम्पूर्ण पृष्ठीय क्षेत्रफल (TSA) ज्ञात कीजिए।

(a) CSA-320 सेमी^{2}, TSA-480 सेमी^{2}
(b) CSA-412 सेमी^{2}, TSA-544 सेमी^{2}
(c) CSA-308 सेमी^{2}, TSA-462 सेमी^{2}
(d) CSA-350 सेमी^{2}, TSA-500 सेमी^{2}

109. एक स्पीडबोट, जिसकी चाल शान्त जल में 20 किमी/घण्टा है, को धारा की दिशा में 35 किमी जाने और वापस लौटकर आने में कुल 8 घण्टे लगते हैं। धारा की चाल कितनी है?

(a) 15 किमी/घण्टा
(b) 10 किमी/घण्टा
(c) 20 किमी/घण्टा
(d) 5 किमी/घण्टा

110. निम्नलिखित तालिका अलग-अलग वर्षों में विभिन्न फर्मों की कमाई (₹ करोड़ में) दर्शाती है।

फर्म/वर्ष	2012	2013	2014	2015	2016
P	50	45	49	56	57
Q	46	48	50	55	62
R	70	65	63	68	73
S	38	47	56	60	69

वर्ष 2015 में किस फर्म की कमाई (₹ करोड़ में) सबसे अधिक थी?

(a) S (b) R
(c) Q (d) P

111. दी गई तालिका का अध्ययन कीजिए और नीचे दिए गए प्रश्न का उत्तर दीजिए।

तालिका तीन दिनों में चार प्रिण्टरो द्वारा प्रिण्ट किए गए पृष्ठों की संख्या दर्शाती है।

दिन	प्रिण्टर			
	A	B	C	D
शुक्रवार	350	451	412	206
शनिवार	420	325	365	251
रविवार	238	198	258	326

शुक्रवार और रविवार को प्रिण्टर D द्वारा एकसाथ मिलाकर प्रिण्ट किए गए कुल पृष्ठों की संख्या और शुक्रवार और शनिवार को प्रिण्टर A द्वारा एकसाथ मिलाकर प्रिण्ट किए गए पृष्ठों की कुल संख्या के बीच क्रमशः अनुपात कितना है?

(a) 34 : 51
(b) 55 : 38
(c) 38 : 55
(d) 51 : 34

112. यदि 4 पुरुष या 6 लड़के किसी कार्य को 20 दिन में पूरा कर सकते हैं, तो 6 पुरुष और 11 लड़के उसी कार्य को कितने दिन में पूरा कर सकते हैं?

(a) 6 (b) 7
(c) 8 (d) 5

113. दी गई तालिका का अध्ययन कीजिए और नीचे दिए गए प्रश्न का उत्तर दीजिए।

तालिका निम्नलिखित वर्षों के दिए गए समूह में, खाद्यान्न की दैनिक खपत (ग्राम में) को दर्शाती है।

वर्ष	चावल	गेहूँ	मोटे अनाज	दलहन
1960-62	161	62	131	61
1970-72	197	81	116	64
1980-82	187	116	103	46
1990-92	189	124	101	44
2000-02	201	137	86	64

वर्षों के दिए गए समूह के दौरान किस खाद्यान्न की खपत में क्रमिक वृद्धि हुई है?

(a) चावल
(b) मोटे अनाज
(c) गेहूँ
(d) दलहन

114. एक दुकानदार एक वस्तु पर 15% की छूट देता है और फिर भी 20% का लाभ कमाता है। दुकानदार उस वस्तु के लिए कितना भुगतान करेगा, जिसका अंकित मूल्य ₹ 7,200 है?

(a) ₹ 5100 (b) ₹ 5120
(c) ₹ 6100 (d) ₹ 6120

115. एक व्यक्ति 8 किमी/घण्टा की चाल से चलते हुए 28 किमी की दूरी तय करता है। यदि वह 6 किमी/घण्टा की चाल से चलता है, तो वह समान समय में कितनी दूरी (किमी में) तय करेगा?

(a) 36 (b) 32
(c) 21 (d) 28

116. दिए गए पाई-चार्ट का अध्ययन करें और निम्नलिखित प्रश्न का उत्तर दें।

पाई-चार्ट में वर्ष 2021 के दौरान विभिन्न मदों में एक परिवार द्वारा किए गए खर्च उनकी बचत को दर्शाया गया है

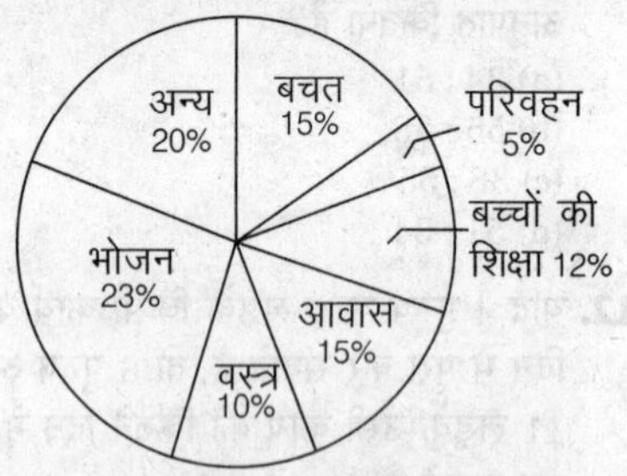

यदि परिवार की कुल आय ₹ 100000 थी, तो बच्चों की शिक्षा पर कितना पैसा (₹ में) खर्च किया गया।

(a) 13500 (b) 13000
(c) 12500 (d) 12000

117. दिए गए ग्राफ का अध्ययन कीजिए और निम्नलिखित प्रश्न का उत्तर दीजिए।

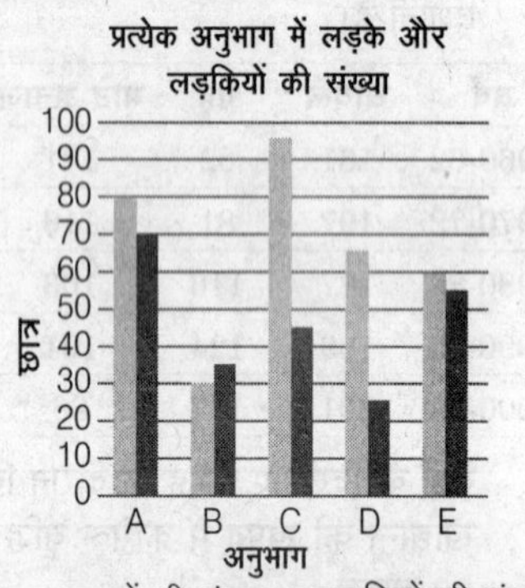

अनुभाग B में लड़कों की संख्या, अनुभाग E में लड़कियों की संख्या की लगभग कितने प्रतिशत है?

(a) 25% (b) 55% (c) 45% (d) 15%

118. रमेश $\frac{4}{5}$ समय में पारुल से आधा काम करता है। यदि रमेश और पारुल मिलकर कार्य को पूरा करने में 24 दिन लेते हैं, तो पारूल इसे पूरा करने में कितना समय लेगी?

(a) 41 दिन (b) 37 दिन
(c) 39 दिन (d) 38 दिन

119. 16 और 20 का तृतीयानुपाती (third proportional) ज्ञात कीजिए।

(a) 25 (b) 26 (c) 23 (d) 24

120. निम्न तालिका चार वर्षों में चार कॉलेजों A, B, C और D से उत्तीर्ण होने वाले विद्यार्थियों का प्रतिशत दर्शाती है। तालिका का अध्ययन कीजिए और दिए गए प्रश्न का उत्तर दीजिए।

वर्ष	कॉलेज A	कॉलेज B	कॉलेज C	कॉलेज D
2019	68	78	56	78
2020	72	86	78	82
2021	78	91	82	85
2022	80	87	84	87

दिए गए चार वर्षों में किस कॉलेज में उत्तीर्ण विद्यार्थियों का औसत प्रतिशत सबसे कम है?

(a) कॉलेज B (b) कॉलेज C
(c) कॉलेज A (d) कॉलेज D

121. यदि $\sin\theta + \cos\theta = \frac{\sqrt{11}}{3}$ है, तो $(\cos\theta - \sin\theta)$ का मान ज्ञात कीजिए।

(a) $\frac{5}{3}$ (b) $\frac{7}{3}$
(c) $\frac{\sqrt{5}}{3}$ (d) $\frac{\sqrt{7}}{3}$

122. दिए गए पाई-चार्ट का अध्ययन कीजिए और निम्नलिखित प्रश्न का उत्तर दीजिए।

पाई-चार्ट, देश-वार वैश्विक निर्यात प्रस्तुति से सम्बन्धित है।

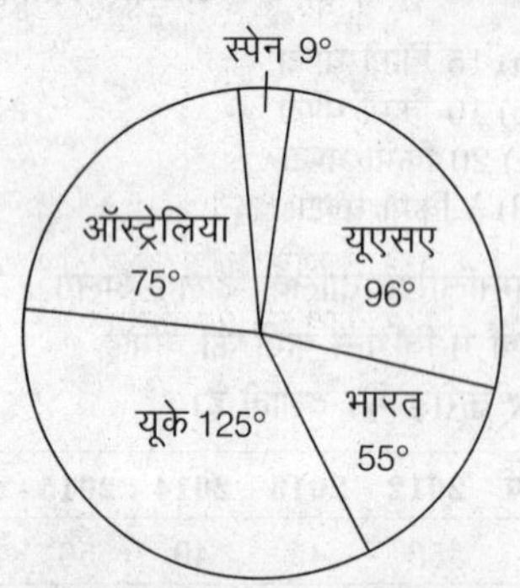

कुल निर्यात = ₹14400 बिलियन

यूके (UK) के निर्यात का मूल्य ऑस्ट्रेलिया के निर्यात का मूल्य से कितना अधिक (₹ बिलियन में है?)

(a) 2000 (b) 1440
(c) 2550 (d) 1500

123. $7\frac{5}{8} + \frac{5}{8}$ का $184 \times 15 \div 5 - (?) = 0$ में (?) के स्थान पर क्या मान होना चाहिए?

(a) $-352\frac{5}{8}$ (b) $152\frac{1}{8}$
(c) $352\frac{5}{8}$ (d) $-152\frac{1}{8}$

124. P और Q के बीच हुए एक चुनाव में, P को कुल मतों के 40% मत प्राप्त होते हैं और इस प्रकार वह 10 मतों से हार जाता है। मतों की कुल संख्या कितनी है?

(a) 80 (b) 90
(c) 70 (d) 50

125. एक चुनाव में, अजय और मोहन 9000 श्रमिकों के एक व्यापार संघ में सचिव पद के लिए चुनाव लड़ रहे हैं। 80% श्रमिकों ने अपना मत दिया, जिसमें से 20% मत अमान्य पाए गए। अजय ने मोहन को 1152 मतों से हराया। अजय को कितने मत मिले?

(a) 3456 (b) 3546 (c) 4480 (d) 2304

126. रमेश ने पहले चार वर्षों के लिए 5% वार्षिक दर से, अगले छ: वर्षों के लिए 8% वार्षिक दर से और दस वर्ष से आगे की अवधि के लिए 12% वार्षिक दर से कुछ धनराशि उधार ली। यदि बारह वर्षों की समाप्ति पर उसके द्वारा भुगतान किया गया कुल ब्याज ₹ 9016 हो, तो रमेश द्वारा उधार ली गई धनराशि ज्ञात कीजिए।

(a) ₹ 9,816 (b) ₹ 9,800
(c) ₹ 9,016 (d) ₹ 9,616

127. दो संख्याएँ 4 : 3 के अनुपात में हैं। उनके महत्तम समापवर्तक (HCF) और लघुत्तम समापवर्त्य (LCM) का गुणनफल 2700 है। संख्याओं के बीच का अन्तर ज्ञात कीजिए।

(a) 105 (b) 25 (c) 15 (d) 30

128. वह छोटी -से- छोटी संख्या ज्ञात करें, जिसे 1351 में जोड़े जाने पर प्राप्त परिणामी योग 2, 4, 6 और 8 से पूर्णत: विभाजित हो जाए।

(a) 17 (b) 11 (c) 13 (d) 15

129. यदि $\sin 2A = \cos 15°$ है, तो A का सबसे छोटा धनात्मक मान क्या है?

(a) 7.5° (b) 37.5° (c) 75° (d) 47.5°

130. दी गई तालिका का अध्ययन करें और नीचे दिए गए प्रश्न का उत्तर दें।

निम्न तालिका पाँच अलग-अलग संस्थाओं A, B, C, D और E में विभिन्न विभागों में कर्मचारियों की संख्या को दर्शाती है।

विभाग ↓ संस्था →	A	B	C	D	E
एचआर	1050	1015	976	888	1004
वित्त	1017	960	86	1025	963
विपणन	1382	1384	1275	1300	1290
उत्पादन	1542	1545	4550	1570	1580
लेखा	786	745	801	800	735
विधि	48	54	36	30	53
कुल	5825	5703	5424	5613	5625

किस संस्था में कर्मचारियों की संख्या न्यूनतम है?

(a) C (b) E (c) B (d) D

131. 15 व्यक्तियों का औसत वजन तब 3.2 किलो बढ़ जाता है, जब उनमें से 52 किलो वजन वाले एक व्यक्ति के स्थान पर नया व्यक्ति आ जाता है। नए व्यक्ति का वजन ....है।

(a) 52 किलो (b) 48 किलो
(c) 96 किलो (d) 100 किलो

132. यदि $(48 \div 72 \times 3) - [15 \div 8 \times (40 - 32) - 10] + 2P = 6 \div 2$ है, तो P का मान ज्ञात कीजिए।

(a) 3 (b) 1
(c) 4 (d) 2

133. O और O' केन्द्रों वालों दो वृत्तों में, दोनों वृत्तों के केन्द्रों के बीच की दूरी 17 सेमी है। वृत्तों के बीच एक सीधी उभयनिष्ठ स्पर्श रेखा के सम्पर्क बिन्दु P और Q हैं। यदि दोनों वृत्तों की त्रिज्याएँ क्रमश: 7 सेमी और 15 सेमी हैं, तो PQ की लम्बाई किसके बराबर है?

(a) 17 सेमी (b) 10 सेमी
(c) 22 सेमी (d) 15 सेमी

134. यदि $x\left(5 - \frac{2}{x}\right) = \frac{5}{x}$ है, तो $x^2 + \frac{1}{x^2}$ का मान कितना है?

(a) $\frac{54}{23}$ (b) $\frac{53}{27}$
(c) $\frac{54}{25}$ (d) $\frac{53}{28}$

135. यदि $A + \cfrac{1}{1 + \cfrac{1}{2 + \cfrac{1}{3}}} = \frac{9}{10}$ है, तो A का मान क्या होगा?

(a) $\frac{3}{10}$ (b) $\frac{1}{5}$
(c) $\frac{1}{10}$ (d) $\frac{2}{5}$

136. यदि 60 लीटर दूध के एक मिश्रण में 40% दूध है, तो मिश्रण में दूध की मात्रा 60% करने के लिए इसमें और कितना दूध मिलाना होगा?

(a) 30 लीटर (b) 25 लीटर
(c) 35 लीटर (d) 20 लीटर

137. 8 सेमी त्रिज्या वाले वृत्त के एक त्रिज्यखण्ड, जो 4.6 सेमी लम्बाई के एक चाप द्वारा बना है, का क्षेत्रफल.........है।

(a) 18.4 सेमी^{2}
(b) 6.3 सेमी^{2}
(c) 9.2 सेमी^{2}
(d) 12.6 सेमी^{2}

138. एक विक्रेता ने ₹ 850 अंकित मूल्य वाली एक पुस्तक क्रमश: 20% और 10% की क्रमिक छूटों पर खरीदी। उसने इसके परिवहन पर ₹ 55 खर्च किए और पुस्तक को ₹ 980 में बेच दिया। उसका प्रतिशत लाभ (दो दशमलव स्थान तक पूर्णांकित) क्या होगा?

(a) 46.93% (b) 48.25%
(c) 45.65% (d) 50.65%

139. शान्त जल में एक नाव की चाल 20 किमी/घण्टा है, जबकि नदी की धारा 8 किमी/घण्टा की चाल से बह रही है और धारा के विपरीत दिशा में एक निश्चित दूरी को तय करने में लगा समय, धारा की दिशा में उतनी ही दूरी को तय करने में लगने वाले समय से 6 घण्टे अधिक है। दूरी ज्ञात कीजिए।

(a) 126 किमी (b) 336 किमी
(c) 125 किमी (d) 120 किमी

140. ₹ 25000 की राशि पर 12% वार्षिक दर से तीन वर्ष बाद चक्रवृद्धि ब्याज कितना होगा, जबकि ब्याज वार्षिक रूप से चक्रवृद्धि होता है?

(a) ₹ 9956.86 (b) ₹ 10520.00
(c) ₹ 9824.00 (d) ₹ 10123.20

141. जीवन अकेले किसी कार्य को 42 दिनों में कर सकता है, जबकि ऋषि और जीवन मिलकर उसी कार्य को 27 दिनों में कर सकते हैं। ऋषि अकेले उसी कार्य को कितने दिनों में पूरा करेगा?

(a) $75\frac{4}{5}$ (b) $75\frac{1}{5}$ (c) $74\frac{3}{5}$ (d) $75\frac{3}{5}$

142. यदि $A + B = 90°$ है, तो व्यंजक $\frac{\cot A}{\cot B} + \cos^2 A + \cos^2 B$ किसके बराबर है?

(a) $\operatorname{cosec}^2 B$ (b) $\cot^2 B$
(c) $\cot^2 A$ (d) $\operatorname{cosec}^2 A$

143. निम्न आरेख एक स्टेशनरी की दुकान की विभिन्न वस्तुओं की बिक्री को दर्शाता है। किस उत्पाद ने 2020 से 2021 तक उच्चतम प्रतिशत परिवर्तन दर्ज किया?

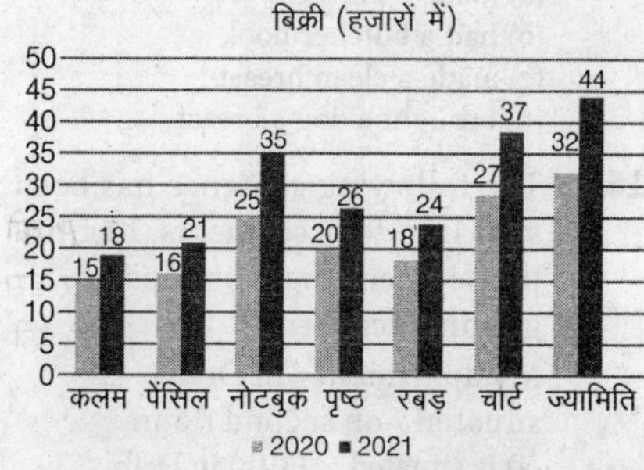

(a) चार्ट (b) ज्यामिति
(c) नोटबुक (d) पृष्ठ

144. 23 और 31 का तृतीयानुपाती (third proportional) ज्ञात करें।

(a) $\frac{23}{961}$ (b) $\frac{31}{23}$
(c) $\frac{961}{23}$ (d) $\frac{23}{31}$

145. एक ट्रेडमिल का अंकित मूल्य ₹ 1250 है। अंकित मूल्य पर 14% की छूट देने के बाद, एक दुकानदार इस पर 14% का लाभ अर्जित करता है। ट्रेडमिल का क्रय मूल्य निकटतम रुपये में ज्ञात करें।

(a) ₹ 845 (b) ₹ 943
(c) ₹ 1043 (d) ₹ 840

146. एक समबाहु त्रिभुज का क्षेत्रफल $4\sqrt{3}$ सेमी^{2} है। त्रिभुज की भुजा (सेमी में) ज्ञात कीजिए।

(a) 4 (b) 2
(c) $2\sqrt{3}$ (d) $\sqrt{3}$

147. एक आयताकार हॉल के फर्श की लम्बाई और चौड़ाई क्रमश: 126 फीट और 90 फीट है। उस बड़ी से बड़ी एकसमान आकार की वर्गाकार टाइलों से प्रत्येक का क्षेत्रफल वर्ग फुट में क्या होगा, जिसका उपयोग इस फर्श पर इस तरह से टाइल लगाने के लिए किया जा सकता है, कि फर्श का कोई भी हिस्सा खुला न रहे?

(a) 196 (b) 256
(c) 324 (d) 484

148. आदित्य ने वस्तु X को 23% के लाभ पर और वस्तु Y को 13% की हानि पर बेचा। उसने पूरे सौदे में ₹ 180 का लाभ कमाया। यदि वस्तु X का मूल्य, वस्तु Y से ₹ 90 कम है, तो वस्तु Y का मूल्य (₹ में) ज्ञात कीजिए।

(a) 2050
(b) 2100
(c) 2020
(d) 2007

149. मोम से बने 12 सेमी त्रिज्या वाले एक ठोस गोले को पिघलाया जाता है और प्रत्येक 4 सेमी त्रिज्या वाले ठोस अर्द्धगोलों के रूप में ढाला जाता है। इस प्रकार बने ठोस अर्द्धगोलों की संख्या ज्ञात कीजिए।

(a) 27 (b) 14
(c) 28 (d) 54

150. दो अभाज्य संख्याओं x और $y (x > y)$ का लघुत्तम समापवर्त्य (LCM) 533 है। $4y - x$ का मान ज्ञात कीजिए।

(a) 21 (b) 23
(c) 11 (d) 18

भाग 4

अंग्रेजी

151. Select the most appropriate option that can substitute the underlined idiom/phrase in the given sentence.
You cannot throw dust into my eyes.
(a) terrify me
(b) hurt me
(c) abuse me
(d) mislead or deceive me

152. Select the most appropriate option that can substitute the underlined segment in the given sentence.
O' Henry's short stories are read all over the world till now because they are pithy.
(a) fascinating and lengthy
(b) elusive and unreal
(c) exaggerated yet short
(d) concise and expressive

153. Select the most appropriate meaning of the given idiom.
A plum job
(a) An easy and pleasant job
(b) A rare job
(c) A difficult job
(d) A job involving extensive travelling

154. Select the most appropriate option that can substitute the underlined segment in the given sentence. If there is no need to substitute it, select 'No substitution'.
I like to read books, but my brother prefers to watching movies.
(a) in watching
(b) to watch
(c) on watching
(d) No substitution

155. Select the most appropriate antonym of the given word.
Glad
(a) Keen (b) Loyal
(c) Sad (d) Pleased

156. The following sentence has been split into four segments. Identify the segment that contains a grammatical error.
There is a spectrum / of seas around that / land which attracts / tourists of all aging.
(a) tourists of all aging.
(b) There is a spectrum
(c) land which attracts
(d) of seas around that

157. Select the most appropriate meaning of the underlined word.
Saurabh imitates his boss perfectly.
(a) Admires (b) Worships
(c) Copies (d) Hates

158. Select the most appropriate synonym of the given word.
Unequivocal
(a) Complete (b) Articulate
(c) Unambiguous (d) Doubted

159. In the following sentence, four words are underlined, out of which one word is incorrectly spelt. Identify the incorrectly spelt word.
Traffic accidents are increasing steadily, and large cities are plaged by traffic congestion. Worst of all is the air pollution caused by internal combustion engine, uninterruptedly.
(a) plaged (b) uninterruptedly
(c) congestion (d) combustion

160. Select the most appropriate meaning of the given idiom.
Keep count of
(a) To remind of a deadline
(b) To act more politely
(c) To remember a total
(d) To accept an invitation

161. Select the most appropriate one-word substitution of the given group of words.
A pretence of having a virtuous character, moral or religious beliefs or principles, etc., that one does not really possess.
(a) Shrewdness (b) Naivety
(c) Gullibility (d) Hypocrisy

162. Select the most appropriate idiom that can substitute the underlined segment in the given sentence.
He made a mess of that bookcase he was supposed to be repairing.
(a) made a pig's ear
(b) had a butcher hook
(c) made a clean breast
(d) brought a dog's breast

163. The following sentence has been split into four segments. Identify the segment that contains a grammatical error.
My apartment / in Delhi / is situated / on second floor.
(a) is situated (b) in Delhi
(c) My apartment (d) on second floor

164. Select the most appropriate option that can substitute the underlined segment in the given sentence. If there is no need to substitute it, select 'No substitution'.
This case is serious. You need to look into this matter; otherwise, the situation will get out of control soon.
(a) look up (b) look at
(c) No substitution (d) look after

165. Select the most appropriate meaning of the given idiom.
Keep a straight face
(a) Become very confused
(b) Get on extremely well with someone
(c) Not laugh or change your expression even though you want to laugh
(d) Make more of an effort

166. Select the option that can be used as a one-word substitute for the given group of words.
Huge fire for celebration
(a) Campaign (b) Bonfire
(c) Agenda (d) Crossfire

167. Identify the option that rectifies the spelling of the incorrectly spelt word in the given sentence.
The disadvantages of listening to music at a loud voluume include loss of hearing.
(a) Lissening (b) Lose
(c) Heering (d) Volume

168. Select the most appropriate synonym of the word 'disclosed' in the given sentence and choose the correct option.
The linguist's analysis of the language revealed patterns and structures that were previously unknown.
(a) Linguist (b) Patterns
(c) Revealed (d) Unknown

169. Select the incorrectly spelt word.
(a) Gllider (b) Airplane
(c) Helicopter (d) Ladybug

170. Select the most appropriate meaning of the underlined word.
We shouldn't blame or envy anyone.
(a) Love (b) Jealousy
(c) Curse (d) Reap

171. Select the option that can be used as a one-word substitute for the given group of words.
Minimum people needed for a meeting
(a) Forum (b) Quorum
(c) Addendum (d) Decorum

172. Select the option that can be used as a one-word substitute for the given group of words.
Detailed list of goods dispatched with quantity and price to the purchaser.
(a) Ledger (b) Sales
(c) Receipt (d) Invoice

173. Select the grammatically correct sentence.
(a) The simple mistake which was committed by the boy haunted her for years.
(b) An simple mistake which was committed by the boy haunted her for years.
(c) A simple mistake which was committed by an boy haunted her for years.
(d) The simple mistake which was committed by an boy haunted her for years.

174. Select the most appropriate synonym of the given word.
Vulnerable
(a) Susceptible (b) Guarded
(c) Amiable (d) Delectable

175. Select the most appropriate synonym of the given word.
Benevolent
(a) Generous (b) Innocent
(c) Cruel (d) Wicked

176. In the following sentence, four words are underlined, out of which one word is incorrectly spelt. Identify the incorrectly spelt word.
The ruins of many structures that still stand tall in their grander are testimony to the fact that Mewar was not only the land of the courageous .
(a) testimony (b) courageous
(c) granduer (d) ruins

177. Select the option that can be used as a one-word substitute for the given group of words.
To criticise someone severely
(a) Rate (b) Remonstrate
(c) Chastise (d) Scoff

178. Select the most appropriate one-word substitution of the given group of words.
A state of intense happiness and self-confidence.
(a) Euphoria
(b) Intoxication
(c) Touche
(d) Oblivion

179. Select the option that can be used as a one-word substitute for the given group of words.
To make a low continuous vibratory sound expressing contentment (of a cat).
(a) To meow (b) To purr
(c) To buzz (d) To roar

180. Select the most appropriate meaning of the given idiom.
Face the music
(a) To work every possible way to succeed
(b) To accept punishment for some mistakes which you have done
(c) To be cheated by someone you trust
(d) To have the problems with money

181. Select the most appropriate idiom to fill in the blank.
I was going to mention it, but it ....
(a) brought to mind
(b) changed my mind
(c) bore in mind
(d) slipped my mind

182. Select the most appropriate phrasal verb to fill in the blank.
Though Pradeep .... for Jamaica, he landed up in Nigeria.
(a) set aside (b) set about
(c) set out (d) set up

183. Select the most appropriate antonym of the given word.
Specific
(a) Topple (b) Lawful
(c) Random (d) Stroll

184. Select the most appropriate antonym of the given word.
Beneficent
(a) Cruel (b) Lethargic
(c) Soft (d) Friendly

185. Select the most appropriate meaning of the given idiom.
Grasping at straws
(a) Trying to find the best way to compete with others when nothing you choose is likely to work
(b) Trying to find some way to succeed when you see others are also doing the same
(c) Trying to find some way to succeed when nothing you choose is likely to work
(d) Trying to find manipulative ways to succeed

186. Select the most appropriate antonym of the given word.
Contempt
(a) Mockery (b) Deny
(c) Regard (d) Immoral

187. Select the option that can be used as a one-word substitute for the given group of words.
No longer used because something new has been invented
(a) Classic (b) Ancient
(c) Ornamental (d) Obsolete

188. Select the most appropriate idiom or phrase to complete the given sentence.
I like her because she never likes to make ....
(a) a slap on the wrist
(b) a drop in the bucket
(c) a bed of roses
(d) a quick buck

189. Select the sentence that has a spelling error.
A. A fisherman, enfeebled with age, could no longer go out to sea so he began fishing in the river.
B. Every morning he would go down to the river and sit there fishing the whole day long.
C. In the evening, he would sell whatever he had caught, buy food for himself and go home.
D. One hot afternoon, while he was bemoaning his fate, a large bird alited near him.
(a) One hot afternoon, while he was bemoaning his fate, a large bird alited near him.
(b) In the evening, he would sell whatever he had caught, buy food for himself and go home.
(c) A fisherman, enfeebled with age, could no longer go out to sea so he began fishing in the river.
(d) Every morning he would go down to the river and sit there fishing the whole day long.

190. Choose the most appropriate meaning of the underlined phrase.
Ram could not go to Delhi for vacation since he was banking on his arrears of pay which he did not get in time.
(a) Sloping on
(b) Depending on his bank
(c) Calling on
(d) Relying on

Directions (Q. Nos. 191-195) *In the following passage, some words have been deleted. Read the passage carefully and select the most appropriate option to fill in each blank.*

When another old cave is discovered in the south of France, it is not ...(1)... in news. Rather, it is an ordinary event. Such discoveries are so ...(2)... these days that hardly anybody pays heed to them. However, when the Lascaux cave complex was discovered in 1940, the world was ...(3).... Painted directly on its walls were hundreds of scenes showing how people lived thousands of years ago. The scenes show people hunting animals, such as bison or wild cats. Other images ...(4)... birds and, most noticeably, horses, which appear in more than 300 wall images, by far ...(5)... all other animals.

191. Select the most appropriate option to fill in blank number 1.
(a) suitably (b) nearly
(c) merrily (d) usually

192. Select the most appropriate option to fill in blank number 2.
(a) disorderly (b) frequent
(c) ghastly (d) delusional

193. Select the most appropriate option to fill in blank number 3.
(a) baffled (b) overthrown
(c) encouraged (d) crushed

194. Select the most appropriate option to fill in blank number 4.
(a) imprint (b) depict
(c) require (d) determine

195. Select the most appropriate option to fill in blank number 5.
(a) outnumbering (b) outsourcing
(c) outlasting (d) outreaching

Directions (Q.Nos. 196-200) *Read the given passage and answer the questions that follow.*

Climate policy must now put health at the centre and promote climate change mitigation policies that bring health benefits simultaneously. Health-focused climate policy would help bring about a planet that has cleaner air, more abundant and safer freshwater and food, more effective and fairer health and social protection systems and, as a result, healthier people.

Investment in clean energy will yield health gains that repay those investments twice over. There are proven interventions able to reduce emissions of short-lived climate pollutants, for instance applying higher standards for vehicle emissions, which have been calculated to save approximately 2.4 million lives per year, through improved air quality and reduce global warming by about 0.5°C by 2050. The cost of renewable sources of energy has decreased significantly in the last few years, and solar energy is now cheaper than coal or gas in most major economies.

196. What is the antonym for the word 'intervention', from the passage?
(a) Specific
(b) Evidence
(c) Non-involvement
(d) Data

197. What is the antonym for the word 'promote', from the passage?
(a) Conduct (b) Obstruct
(c) Invade (d) Exclude

198. Which of the following represents the structure of the passage?
(a) Chronology
(b) Critique
(c) Problem-solution
(d) Definition

199. Which of the following most accurately states the central idea of the passage?
(a) Greenhouse gases
(b) Pollution
(c) Climate policy for health
(d) Fossil fuels

200. Which is the best description of the tone of the passage?
(a) Biased
(b) Cynical
(c) Technical
(d) Humanistic

जानें सही उत्तर

1 (a)	2 (a)	3 (d)	4 (d)	5 (c)	6 (c)	7 (a)	8 (c)	9 (d)	10 (c)
11 (d)	12 (d)	13 (d)	14 (d)	15 (d)	16 (a)	17 (d)	18 (d)	19 (d)	20 (b)
21 (c)	22 (b)	23 (b)	24 (d)	25 (d)	26 (a)	27 (b)	28 (c)	29 (b)	30 (a)
31 (a)	32 (c)	33 (b)	34 (b)	35 (c)	36 (c)	37 (b)	38 (c)	39 (c)	40 (c)
41 (d)	42 (c)	43 (d)	44 (d)	45 (d)	46 (b)	47 (d)	48 (c)	49 (d)	50 (c)
51 (a)	52 (d)	53 (c)	54 (c)	55 (b)	56 (d)	57 (d)	58 (a)	59 (c)	60 (b)
61 (d)	62 (b)	63 (d)	64 (b)	65 (a)	66 (b)	67 (b)	68 (b)	69 (c)	70 (c)
71 (b)	72 (c)	73 (c)	74 (b)	75 (b)	76 (a)	77 (d)	78 (d)	79 (b)	80 (b)
81 (a)	82 (a)	83 (c)	84 (c)	85 (d)	86 (d)	87 (d)	88 (d)	89 (b)	90 (a)
91 (c)	92 (d)	93 (a)	94 (d)	95 (b)	96 (b)	97 (d)	98 (b)	99 (a)	100 (b)
101 (d)	102 (a)	103 (d)	104 (d)	105 (b)	106 (b)	107 (d)	108 (c)	109 (a)	110 (b)
111 (c)	112 (a)	113 (c)	114 (a)	115 (c)	116 (d)	117 (b)	118 (c)	119 (a)	120 (c)
121 (d)	122 (a)	123 (c)	124 (d)	125 (a)	126 (b)	127 (c)	128 (a)	129 (b)	130 (a)
131 (d)	132 (a)	133 (d)	134 (c)	135 (b)	136 (a)	137 (a)	138 (a)	139 (a)	140 (d)
141 (d)	142 (d)	143 (c)	144 (c)	145 (b)	146 (a)	147 (c)	148 (d)	149 (d)	150 (c)
151 (d)	152 (d)	153 (a)	154 (b)	155 (c)	156 (a)	157 (c)	158 (c)	159 (a)	160 (c)
161 (d)	162 (a)	163 (d)	164 (c)	165 (c)	166 (b)	167 (d)	168 (c)	169 (a)	170 (b)
171 (b)	172 (d)	173 (a)	174 (a)	175 (a)	176 (c)	177 (c)	178 (a)	179 (b)	180 (b)
181 (d)	182 (c)	183 (c)	184 (a)	185 (c)	186 (c)	187 (d)	188 (d)	189 (a)	190 (d)
191 (d)	192 (b)	193 (a)	194 (b)	195 (a)	196 (c)	197 (b)	198 (c)	199 (c)	200 (d)

प्रश्नों के सही हल

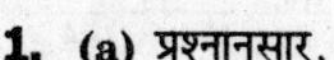

1. (a) प्रश्नानुसार,

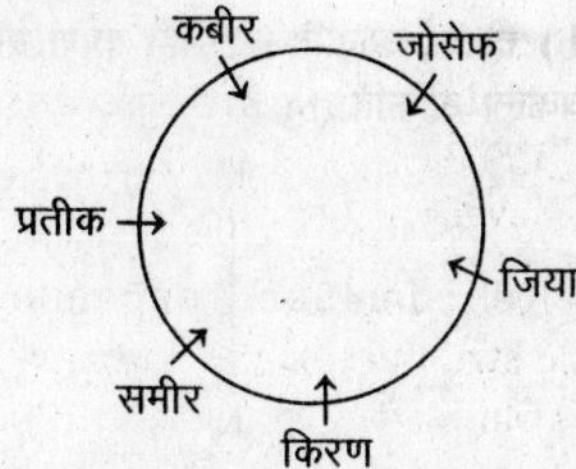

यहाँ, जोसेफ के ठीक बाईं ओर बगल में जिया बैठी है।

2. (a) दी गई आकृति का सही दर्पण प्रतिबिम्ब विकल्प आकृति (a) है।

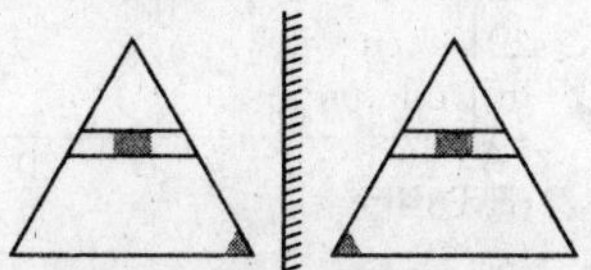

3. (d) दिया है, V $ Y @ G * F

प्रश्नानुसार,

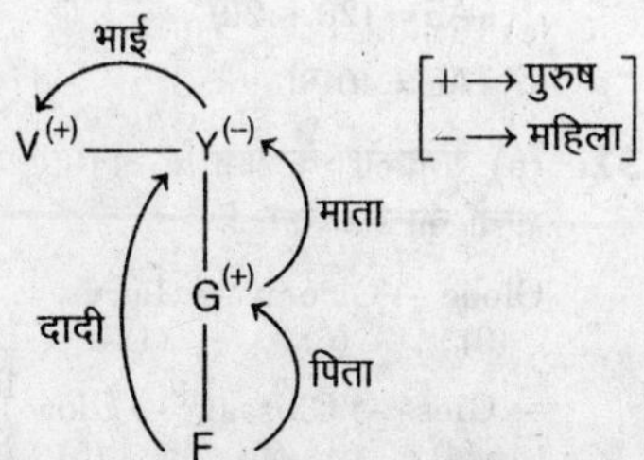

उपरोक्त आरेख से ज्ञात होता है कि, Y, F की दादी है।

4. (d) जिस प्रकार,

C R E A T I O N

+2 +2 +2 +2 +2 +2 +2 +2

E T G C V K Q P

और

U N I V E R S E

+2 +2 +2 +2 +2 +2 +2 +2

W P K X G T U G

उसी प्रकार,

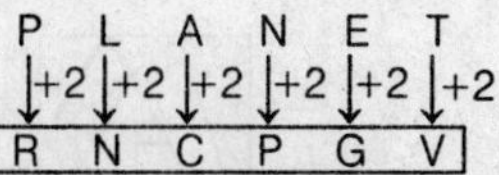

5. (c) दी गई आकृति का सही दर्पण प्रतिबिम्ब विकल्प आकृति (c) है।

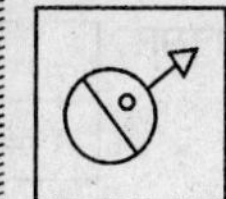

6. (c) दिया है,

40 + [{(24 − 12) × (2 ÷ 2)} + (18 × 10)]

प्रश्नानुसार,

− ⇒ +	× ⇒ −
÷ ⇒ ×	+ ⇒ ÷

40 ÷ [{(24 + 12) − (2 × 2) ÷ (18 − 10)]

⇒ 40 ÷ [32 ÷ 8]

⇒ 40 ÷ 4 = 10

7. (a) दी गई प्रश्नाकृति, विकल्प आकृति (a) में अन्तर्निहित है

8. (c) शब्दकोश के क्रम के अनुसार, दिए गए शब्दों का सही क्रम है

Jabber → Jackal → Jackdaw
(2) (5) (4)

→ Jackpot → Jalopy
(3) (1)

⇒ 2, 5, 4, 3, 1

9. (d) कथनानुसार,

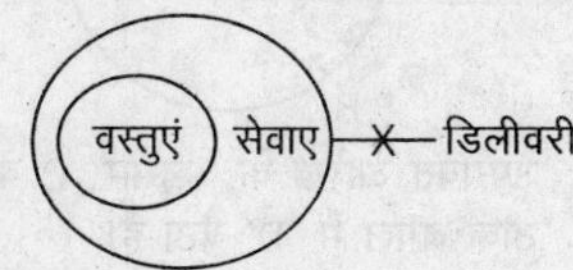

निष्कर्ष I. (✓) II. (✗)

अत: केवल निष्कर्ष I अनुसरण करता है।

10. (c) दी गई प्रश्नाकृति, विकल्प आकृति (c) में अन्तर्निहित है

11. (d) दिया है,

42 × 7 − 11 ÷ 57 + 10 = ?

− ⇒ ×	+ ⇒ −
÷ ⇒ +	× ⇒ ÷

प्रश्नानुसार,

42 ÷ 7 × 11 + 57 − 10 = ?

⇒ 6 × 11 + 47 = ?

⇒ 66 + 47 = ?

∴ 113 = ?

12. (d) दी गई जानकारी के अनुसार,

Here we go ⟶ asa te du

we can go ⟶ du mu asa

यहाँ, शब्द 'Here' के लिए कूट 'te' है।

13. (d) जिस प्रकार, बिल्ली (cat) के पैर को पंजा (paw) कहा जाता है।

उसी प्रकार, कौवें (crow) के पैर को पंजा (claw) कहा जाता है।

14. (d) दिया है, D & G @ F & E @ H

प्रश्नानुसार,

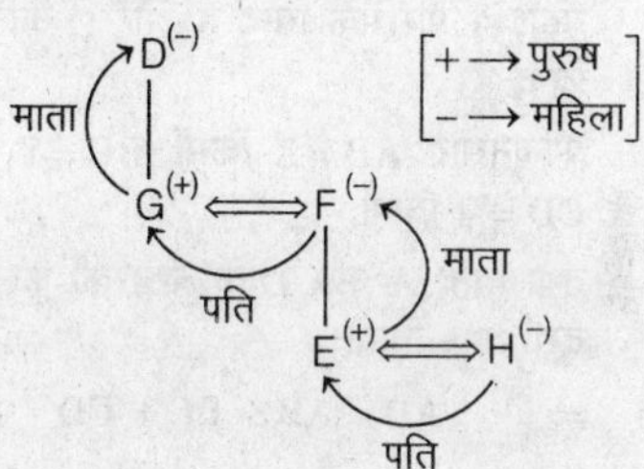

अत: G, H का ससुर है।

15. (d) दी गई प्रश्नाकृति, विकल्प आकृति (d) में अन्तर्निहित है

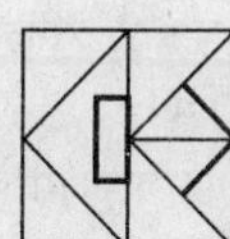

16. (a) दिया गया समीकरण,

42 * 7 * 3 * 2 * 13 * 7

विकल्प (a) से,

* चिह्नों को क्रमिक रूप से प्रतिस्थापित करने पर,

42 ÷ 7 × 3 + 2 = 13 + 7

⇒ 6 × 3 + 2 = 20

⇒ 18 + 2 = 20

⇒ 20 = 20

17. (d) प्रश्नानुसार,

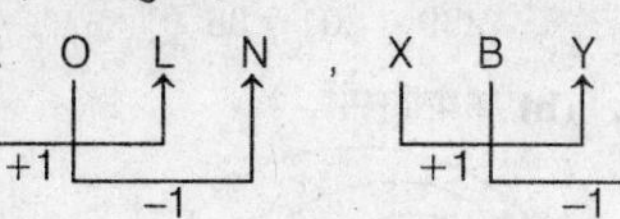

और परन्तु,

M Q N P

+1 −1

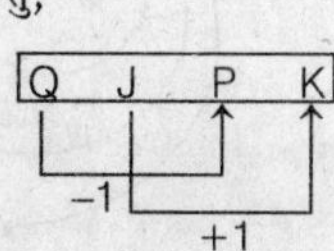

18. **(d)** दी गई प्रश्नाकृति विकल्प (d) में सन्निहित है।

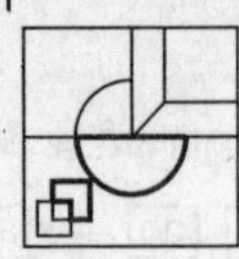

19. **(d)** दी गई जानकारी के अनुसार,

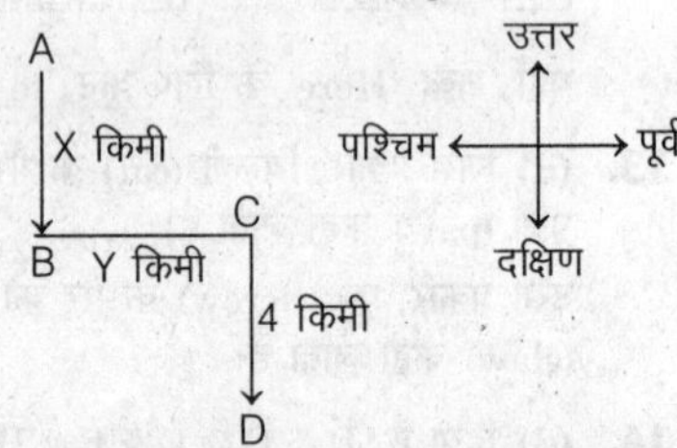

अब, हमें X और Y का मान ज्ञात करना है।
यहाँ, A प्रारंभिक बिन्दु है और D अन्तिम बिन्दु है।
प्रश्नानुसार, AB = X किमी, BC = Y किमी; CD = 4 किमी
तथा बिन्दु A और D के बीच की कुल दूरी 17 = किमी

$\Rightarrow \quad AD = AB + BC + CD$

$\Rightarrow \quad 17 = X + Y + 4$

$\Rightarrow \quad 17 - 4 = X + Y$

$\Rightarrow \quad 13 = X + Y$

यहाँ, दिया गया है X और Y दोनों पूर्ण वर्ग है। जहाँ X > Y, इसलिए X = 9 किमी और Y = 4 किमी।

20. **(b)** दी गई जानकारी के अनुसार,

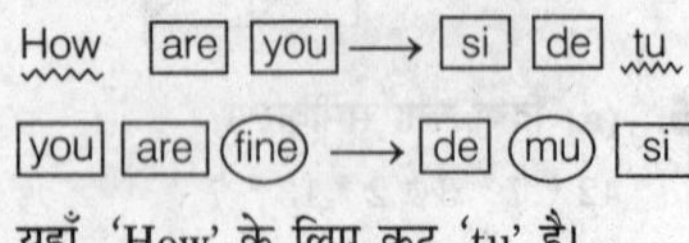

यहाँ, 'How' के लिए कूट 'tu' है।

21. **(c)** जिस प्रकार,

$(125, 87, 49) \Rightarrow 125 - 87 = 38;$

$87 - 49 = 38$

और $(236, 198, 160) \Rightarrow 236 - 198 = 38;$

$198 - 160 = 38$

उसी प्रकार,

$(277, 239, 201) \Rightarrow 277 - 239 = 38;$

$239 - 201 = 38$

22. **(b)** कथनानुसार,

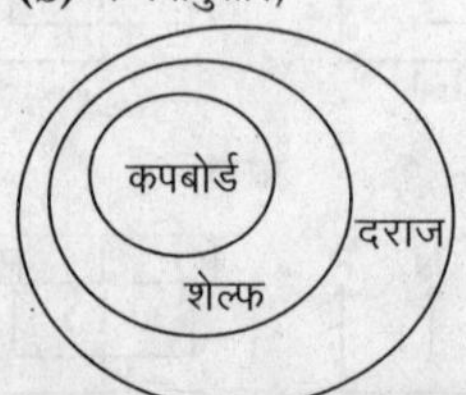

निष्कर्ष I. (✓) II. (✗)

अत: केवल निष्कर्ष I अनुसरण करता है।

23. **(b)** जिस प्रकार, (5, 4, 405)

$\Rightarrow (5+4)^2 \times 5 = 9^2 \times 5$

$= 81 \times 5 = 405$

और (7, 3, 500)

$\Rightarrow (7+3)^2 \times 5 = 10^2 \times 5$

$= 100 \times 5 = 500$

उसी प्रकार, (4, 1, 125)

$\Rightarrow (4+1)^2 \times 5 = 5^2 \times 5$

$= 25 \times 5 = 125$

24. **(d)** जिस प्रकार,

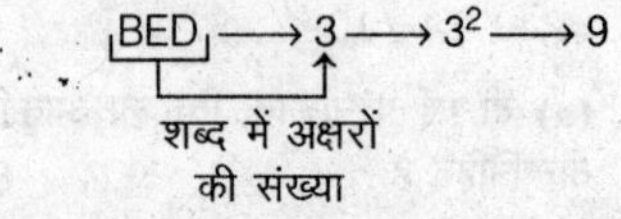

और

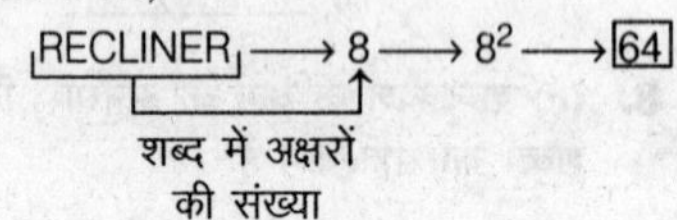

उसी प्रकार,

RECLINER ⟶ 8 ⟶ 8^2 ⟶ 64

शब्द में अक्षरों की संख्या

25. **(d)** प्रश्नानुसार,

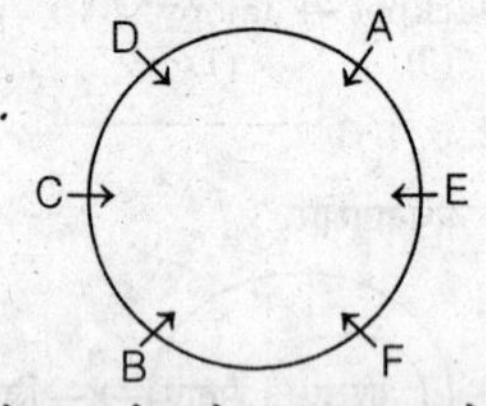

उपरोक्त आरेख के अनुसार, C के बाईं ओर ठीक बगल में 'D' बैठा है।

26. **(a)** कथनानुसार,

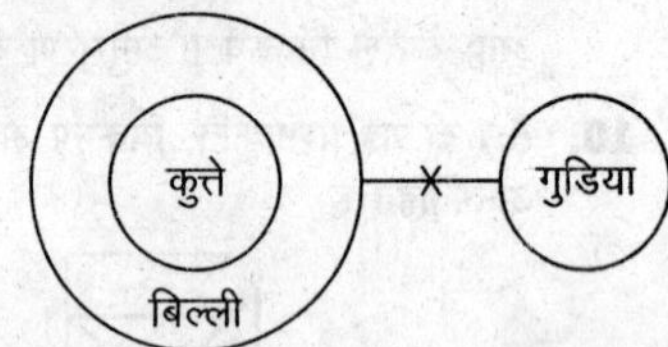

निष्कर्ष I. (✗) II. (✓)

अत: केवल निष्कर्ष II पालन करता है।

27. **(b)** दी गई शृंखला आकृति में निम्न पैटर्न का अनुसरण हो रहा है।

अत: अगली आकृति विकल्प (b) के समान होगी।

28. **(c)** दी गई शृंखला का क्रम निम्न प्रकार है,

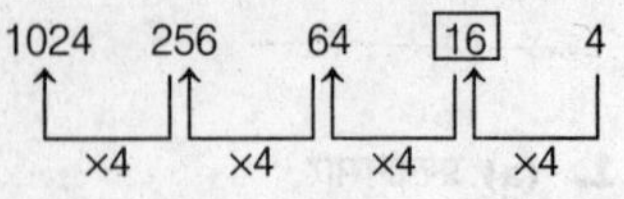

29. **(b)** दी गई आकृति का सही दर्पण प्रतिबिम्ब विकल्प आकृति (b) है।

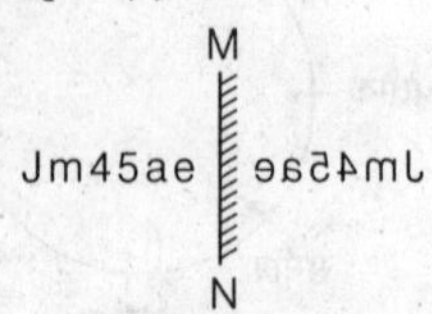

30. **(a)** दी गई जानकारी के अनुसार, लड़के की दिशा व दूरी का आरेख

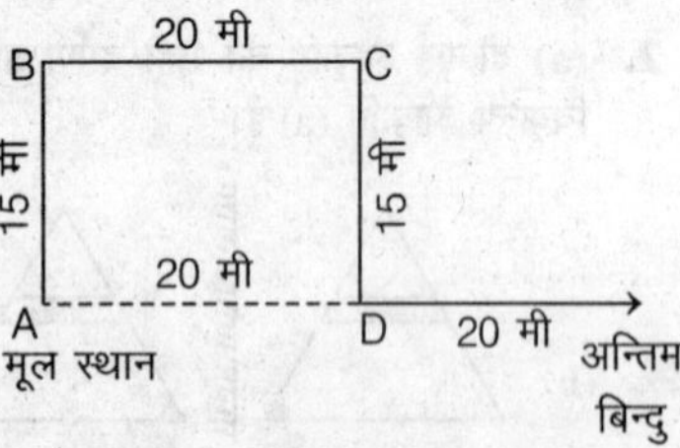

मूल स्थान से अन्तिम बिन्दु तक की दूरी

$(AE) = AD + DE$

$AE = (20 + 20)$

$AE = 40$ मी

31. **(a)** शब्दकोश के क्रम के अनुसार, दिए गए शब्दों का सही क्रम है

Globe → Gloomy → Glory
(3) (6) (1)
→ Gloss → Glossary → Glow
(4) (2) (5)

⇒ 3, 6, 1, 4, 2, 5

32. **(c)** दी गई शृंखला का क्रम निम्न प्रकार है,

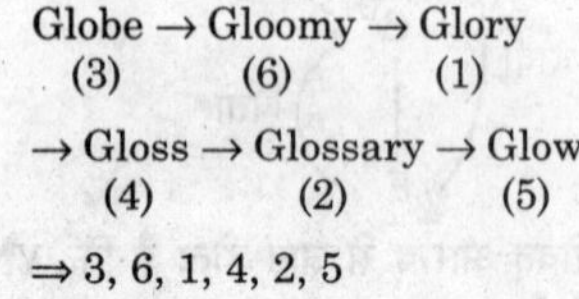

$1^2 \quad 4^2 \quad 9^2 \quad 16^2 \quad 25^2$

+3 +5 +7 +9

33. **(b)** दी गई प्रश्नाकृति विकल्प (b) में सन्निहित है।

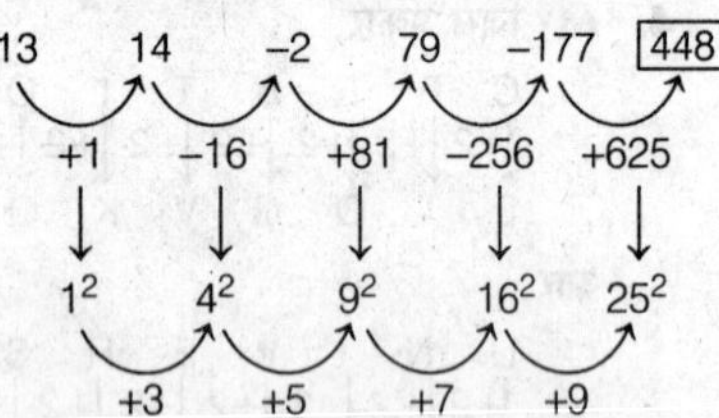

34. **(b)** दिया है, $15 \div 405 - 3 + 25 \times 5 = ?$

प्रश्नानुसार,

$- \Rightarrow \div$	$+ \Rightarrow -$
$\times \Rightarrow +$	$\div \Rightarrow \times$

$15 \times 405 \div 3 - 25 + 5 = ?$

$\Rightarrow$ $15 \times 135 - 25 + 5 = ?$

$\Rightarrow$ $2025 - 25 + 5 = ?$

$\therefore$ $2005 = ?$

35. (c) दी गई अक्षर शृंखला में, रिक्त स्थानों में विकल्प (c) को क्रमिक रूप से बाएँ से दाएँ रखने पर,

LK SA/L KSA/LKS A/LK SA

36. (c) जिस प्रकार,

$5 : 21 \Rightarrow 5^2 - 4$

$= 25 - 4 = 21$

और $27 : 725 \Rightarrow 27^2 - 4$

$= 729 - 4 = 725$

उसी प्रकार,

$X^2 - 4 = 252$

$X^2 = 252 + 4$

$X^2 = 256$

$X = 16$

37. (b) दी गई शृंखला का क्रम निम्न प्रकार है,

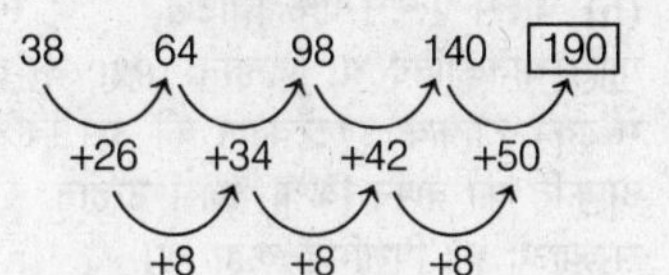

38. (c) दी गई शृंखला का क्रम निम्न प्रकार है,

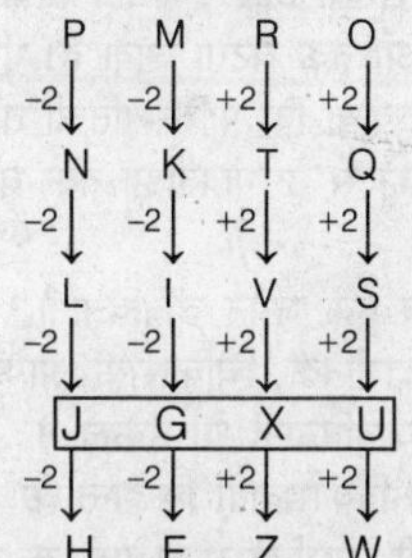

39. (c) कथनानुसार,

निष्कर्ष I. (✗) II. (✗)

अत: न तो निष्कर्ष I और न ही II पालन करता है।

40. (c) दी गई शृंखला का क्रम निम्न प्रकार है,

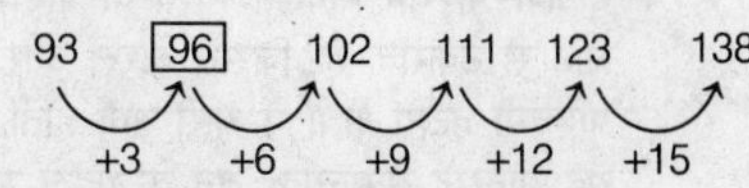

41. (d) दिया है,

$108 \times 343 + 7 - 2 \div 13 = ?$

प्रश्नानुसार,

× ⇒ −	− ⇒ ×
÷ ⇒ +	+ ⇒ ÷

$108 - 343 \div 7 \times 2 + 13 = ?$

$\Rightarrow$ $108 - 49 \times 2 + 13 = ?$

$\Rightarrow$ $108 - 98 + 13 = ?$

$\Rightarrow$ $121 - 98 = ?$

$23 = ?$

42. (c) दिया है,

C A R [D] ⇒ [3] 5 9 7

[D] O G S ⇒ 8 [3] 4 6

इस प्रकार, 'D' का कूट '3' होगा।

43. (d) दी गई आकृति शृंखला में प्रत्येक अगली आकृति में, मध्य भाग में दी गई रेखा में एक रेखा की बढ़ोत्तरी होती है तथा ⌐ चिह्न प्रत्येक दूसरी आकृति में, समान रहता है (जैसे-1, 3, 5, ... में समान; 2, 4, 6, ... में समान)

इस प्रकार निम्न आकृति प्रश्नचिह्न को प्रतिस्थापित करेगी।

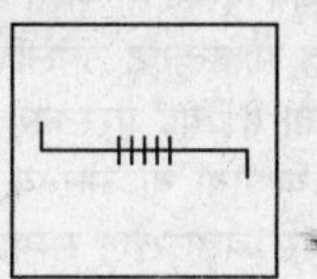

44. (d) जिस प्रकार,

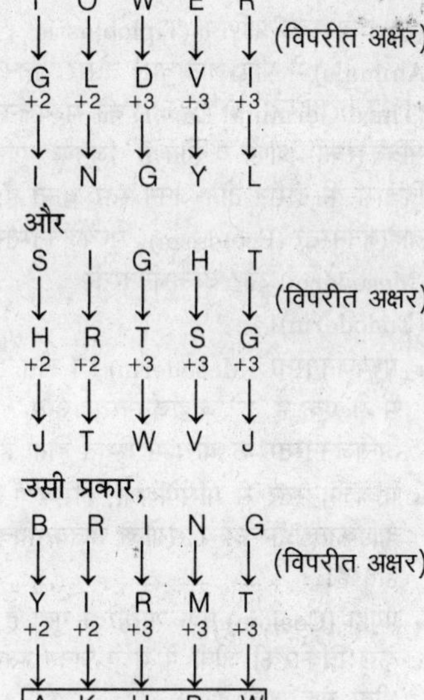

45. (d) दी गई शृंखला का क्रम निम्न प्रकार है,

W $\xrightarrow{-2}$ U $\xrightarrow{-2}$ [S] $\xrightarrow{-2}$ Q $\xrightarrow{-2}$ O

W $\xrightarrow{-4}$ S $\xrightarrow{-4}$ [O] $\xrightarrow{-4}$ K $\xrightarrow{-4}$ G

V $\xrightarrow{-2}$ T $\xrightarrow{-2}$ [R] $\xrightarrow{-2}$ P $\xrightarrow{-2}$ N

U $\xrightarrow{-4}$ Q $\xrightarrow{-4}$ [M] $\xrightarrow{-4}$ I $\xrightarrow{-4}$ E

46. (b) जिस प्रकार,

(6, 8, 106)

$\Rightarrow (6^2 + 8^2) + 6 = 36 + 64 + 6 = 106$

और (7, 11, 177)

$= (7^2 + 11^2) + 7 = 49 + 121 + 17 = 177$

उसी प्रकार, (9, 8, 154)

$= 9^2 + 8^2 + 9 = 81 + 64 + 9 = 154$

47. (d) दिए गए चिह्नों को परस्पर परिवर्तित करने पर, ÷ ⇔ ×

$(63 \div 21) + 8 + 99 \div 11 \times 16 + (12 \div 4) = 158$

$3 + 8 + 9 \times 16 + 3 = 158$

$158 = 158$

48. (c) दी गई आकृति शृंखला में छायांकित गोले की संख्या एक बढ़ रही है तथा रिक्त गोले की संख्या एक कम हो रही है।

अत: आकृति शृंखला को पूर्ण करेगी।

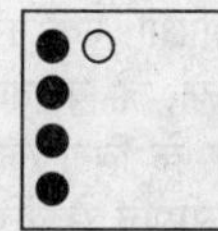

49. (d) दिया है,

80 C 16 B 4 A 96 D 4 = ?

जहाँ,

A ⇒ +	B ⇒ ×
C ⇒	D ⇒ ÷

प्रश्नानुसार, चिह्नों को प्रतिस्थापित करने पर,

$80 - 16 \times 4 + 96 \div 4 = ?$

$\Rightarrow$ $80 - 64 + 24 = ?$

$\Rightarrow$ $40 = ?$

दी गई समीकरण का मान '40' है।

50. (c) विकल्प (a) से,

SUPT → S + 2 = U;

→ U − 5 = P;

→ P + 4 = T

विकल्प (b) से,

PRMQ → P + 2 = R;

→ R − 5 = M;

→ M + 4 = Q

विकल्प (c) से,

EHBG → E + 3 = H;

→ H − 6 = B

→ B + 5 = G

विकल्प (d) से,

JLGK → J + 2 = L

→ L − 5 = G

→ G + 4 = K

यहाँ, EHBG अन्य सभी अक्षर समूहों से भिन्न है।

51. (a) बार दाब की एक मीट्रिक इकाई है। एक बार लगभग 0.986923 वायुमण्डलीय दाब (atm) के बराबर होता है।
- बार का उपयोग सामान्यत: मौसम विज्ञान और औद्योगिक अनुप्रयोगों में दाब को मापने के लिए किया जाता है।
- **क्वार्ट** यह आयतन की एक इकाई है।
- **गैलन** यह भी आयतन की एक इकाई है।
- **यार्ड** यह लम्बाई की एक इकाई है।

52. (d) 44वें संशोधन अधिनियम, 1978 के तहत, सम्पत्ति के अधिकार को मौलिक अधिकारों की सूची से हटा दिया गया।
- इस संशोधन के बाद, सम्पत्ति का अधिकार अब एक कानूनी अधिकार है, न कि मौलिक अधिकार।
- इस संशोधन ने भारतीय संविधान के अनुच्छेद 19(1)(f) और अनुच्छेद 31 को निरस्त कर दिया, जो सम्पत्ति के अधिकार से सम्बन्धित थे।
- इसके अपेक्षा, एक नया अनुच्छेद 300A जोड़ा गया, जो कहता है कि 'कानून के अधिकार के बिना किसी भी व्यक्ति को उसकी सम्पत्ति से वंचित नहीं किया जाएगा'।
- इस संशोधन ने सरकार को भूमि सुधार कानूनों को लागू करने और सार्वजनिक उद्देश्यों के लिए सम्पत्ति का अधिग्रहण करने में मदद की।

53. (c) पद्म सुब्रह्मण्यम एक भारतीय शास्त्रीय भरतनाट्यम नृत्यांगना हैं।
- **झेलम परांजपे** ओडिसी नृत्य से सम्बन्धित है।
- **मल्लिका साराभाई** कुचिपुड़ी और भरतनाट्यम दोनों नृत्य करती है।
- **के. उमा रामा राव** कुचिपुड़ी नृत्य से सम्बन्धित है।
- भारत में संगीत नाटक अकादमी द्वारा मान्यता प्राप्त शास्त्रीय नृत्यों की कुल संख्या 8 है, जिनमें भरतनाट्यम, कथक, कथकली, मोहिनीअट्टम, ओडिसी, मणिपुरी, कुचिपुड़ी और सत्रिया शामिल हैं।

54. (c) द ग्रेट इण्डियन नॉवेल शशि थरूर का व्यंग्यात्मक उपन्यास है। इसे पहली बार वर्ष 1989 में वाइकिंग प्रेस द्वारा प्रकाशित किया गया था।
- **खुशवन्त सिंह** एक प्रसिद्ध भारतीय लेखक थे, जिन्होंने कई प्रसिद्ध पुस्तकें लिखीं। जिनमें ट्रेन टू पाकिस्तान: यह उनकी सबसे प्रसिद्ध पुस्तकों में से एक है, जो वर्ष 1947 में भारत के विभाजन की पृष्ठभूमि पर आधारित है।
- **कुलदीप नैय्यर** एक प्रसिद्ध भारतीय पत्रकार, लेखक और मानवाधिकार कार्यकर्ता थे। उन्होंने कई पुस्तकें लिखीं, जिनमें से इण्डिया आफ्टर नेहरू, 'द जजमेण्ट इनसाइड स्टोरी ऑफ द इमरजेंसी इन इण्डिया आदि प्रमुख है।
- **सरोजिनी नायडू** एक प्रसिद्ध भारतीय कवयित्री, स्वतन्त्रता सेनानी और राजनीतिज्ञ थीं। उन्हें 'भारत कोकिला' के नाम से भी जाना जाता है।

55. (b) मेट्टूर बाँध दक्षिण भारत के तमिलनाडु राज्य में कावेरी नदी पर स्थित है। यह दक्षिण भारत के सबसे बड़े बाँधों में से एक है और तमिलनाडु के लिए सिंचाई और बिजली उत्पादन का एक महत्त्वपूर्ण स्रोत है।
- **तिलैया बाँध** यह बाँध झारखण्ड राज्य में बराकर नदी पर स्थित है।
- **रिहन्द बाँध** यह बाँध उत्तर प्रदेश राज्य में रिहन्द नदी पर स्थित है।
- **गाँधी सागर बाँध** यह बाँध मध्य प्रदेश राज्य में चम्बल नदी पर स्थित है।

56. (d) कबड्डी में अर्जुन पुरस्कार प्राप्त करने वाले प्रथम व्यक्ति सदानन्द शेट्टी थे, जिन्हें वर्ष 1972 में इस पुरस्कार से सम्मानित किया गया था।
- अर्जुन पुरस्कार भारत सरकार द्वारा खेल के क्षेत्र में उत्कृष्ट उपलब्धि के लिए दिया जाता है। यह पुरस्कार वर्ष 1961 में स्थापित किया गया था और यह भारत में दूसरा सबसे बड़ा खेल सम्मान है।
- मंजीत छिल्लर,भोलानाथ गुइन एवं बीसी रमेश कबड्डी खेल से सम्बन्धित है।

57. (d) त्रिकोरकी प्राणियों (Tiploblastic Animals) में पाए जाने वाले तीसरे जनन स्तर (Third Germinal Layer) को मध्यर्जननस्तर मत्रिकोरकी प्राणी व होते है, जिनके भ्रूण विकास के दौरान तीन जनन स्तर बनते हैं: बाह्यर्जननस्तर (Ectoderm), मध्यर्जननस्तर (Mesoderm) और अन्तर्जननस्तर (Endoderm)।
- मध्यर्जननस्तर (Mesoderm) इन तीन स्तरों में से एक है, जो बाह्यर्जननस्तर और अन्तर्जननस्तर के बीच में स्थित होता है।
- मध्यर्जननस्तर से माँसपेशियां, हड्डियाँ, रक्त वाहिकाएँ और अन्य संयोज़ी ऊतक विकसित होते हैं।
- प्रगुहा (Coelom) एक शारीरिक गुहा है, जो कुछ त्रिकोरकी जीवों में मध्य जनन स्तर के भीतर पाई जाती है।

58. (a) भारतीय संविधान के अनुच्छेद 77 में यह उल्लेख है कि भारत सरकार की समस्त कार्यपालिकीय कार्रवाइयाँ राष्ट्रपति के नाम से की हुई कही जाएँगी।
- भारतीय संविधान के अनुच्छेद 81 में लोकसभा की संरचना का उल्लेख किया गया है।
- भारतीय संविधान के अनुच्छेद 48 में कृषि और पशुपालन के संगठन के बारे में बताया गया है।
- भारतीय संविधान के अनुच्छेद 67 में उप-राष्ट्रपति के कार्यकाल का उल्लेख किया गया है।

59. (c) पाँचवीं शताब्दी ईस्वी का नाटक, मालविकाग्निमित्र, कालिदास द्वारा रचित एक संस्कृत नाटक है।
- हरिषेण गुप्त वंश के एक प्रसिद्ध कवि थे। उन्होंने समुद्रगुप्त के दरबारी कवि के रूप में कार्य किया। हरिषेण की सबसे प्रसिद्ध रचना प्रयाग प्रशस्ति है।
- भवभूति एक प्रसिद्ध संस्कृत कवि और नाटककार थे। उनकी कुछ प्रमुख रचनाएँ उत्तररामचरितम् मालतीमाधव आदि है।
- पिंगला एक प्राचीन भारतीय गणितज्ञ और छन्दशास्त्री थे। उन्होंने छन्दसूत्र नामक ग्रन्थ लिखा, जो संस्कृत छन्दों के अध्ययन के लिए एक महत्त्वपूर्ण स्रोत है।

60. (b) चार्ल्स एल्टन एक ब्रिटिश पारिस्थितिकीविद् थे, जिन्होंने 1920 के दशक में इको-ट्रॉफिक इण्टरैक्शन की उस विशिष्ट आकृति का वर्णन किया, जिसे उन्होंने संख्याओं का पिरामिड कहा था।
- उन्होंने दिखाया कि एक पारिस्थितिकी तन्त्र में जीवों की संख्या और द्रव्यमान उत्पादकों से उपभोक्ताओं तक घटता जाता है। एल्टन ने यह भी दिखाया कि पारिस्थितिकी तन्त्र में ऊर्जा उत्पादकों से उपभोक्ताओं तक घटती जाती है।
- अर्नस्ट हेकेल एक जर्मन जीवविज्ञानी, प्रकृतिवादी, दार्शनिक, चिकित्सक, प्रोफेसर और समुद्री जीवविज्ञानी थे। हेकेल ने जीवविज्ञान में विकासवादी सिद्धान्त के सबसे उत्साही समर्थकों में से एक के रूप में काम किया।
- एडवर्ड ओ. विल्सन, जिन्हें प्राय ई.ओ. विल्सन के नाम से जाना जाता है, एक अमेरिकी जीव-विज्ञानी, प्रकृतिवादी और लेखक थे। उन्हें 'सामाजिक जीव-विज्ञान के पिता' और 'जैव विविधता के पिता' के रूप में जाना जाता है।

61. (d) भारत के केरल राज्य में दक्षिण-पश्चिम मानसून सबसे पहले वर्षा लाता है।
- भारत के केरल राज्य में दक्षिण-पश्चिम मानसून सबसे पहले वर्षा लाता है।
- दक्षिण-पश्चिम मानसून भारत के पश्चिमी घाट से टकराता है, जिससे केरल और पश्चिमी तटीय क्षेत्रों में भारी वर्षा होती है। यह मानसून सामान्यत: जून के पहले सप्ताह में केरल में प्रवेश करता है और फिर धीरे-धीरे उत्तर की ओर बढ़ता है, जिससे पूरे देश में वर्षा होती है।

- केरल में मानसून की शुरुआत को मानसून का आगमन कहा जाता है। यह राज्य के लिए एक महत्त्वपूर्ण घटना है, क्योंकि यह कृषि, अर्थव्यवस्था और लोगों के जीवन को प्रभावित करता है।
- तमिलनाडु में मुख्य रूप से उत्तर-पूर्वी मानसून से वर्षा होती है, जो अक्टूबर से दिसम्बर के बीच होती है। इसके अतिरिक्त, राज्य को दक्षिण-पश्चिम मानसून से भी कुछ वर्षा प्राप्त होती है, जो जून से सितम्बर के बीच होती है।

62. (b) लोसर (नव वर्ष का महोत्सव) मुख्य रूप से अरुणाचल प्रदेश और लद्दाख में मनाया जाता है।
- लोसर राज्य के मोनपा समुदाय का प्रमुख त्योहार है। यह त्योहार तिब्बती चन्द्र-सौर कैलेण्डर के अनुसार, मनाया जाता है।
- लोसर तिब्बती बौद्ध धर्म का एक महत्त्वपूर्ण त्योहार है और इसे तिब्बत, भूटान, नेपाल और भारत में भी मनाया जाता है।
- मनाली विण्टर कार्निवाल, साजो, गोची त्योहार हिमाचल प्रदेश के प्रमुख त्योहार है।
- उत्तराखण्ड में कई प्रसिद्ध लोक त्योहार मनाए जाते हैं, जिनमें हरेला, फुलदेई, सातों-आठों और मकर सक्रान्ति प्रमुख हैं।

63. (d) भारत की 2011 की जनगणना के अनुसार, भारत की कुल जनसंख्या में सिख समुदाय का प्रतिशत 1.7% था।
- वर्ष 2011 की जनगणना के अनुसार, भारत में विभिन्न समुदायों का प्रतिशत इस प्रकार है;
  – हिन्दू: 79.8% – मुसलमान: 14.2%
  – ईसाई: 2.3% – सिख: 1.7%
  – बौद्ध: 0.7% – जैन: 0.4%
- अन्य धर्म/कोई धर्म नहीं: 0.9%
- 2011 की जनगणना के अनुसार, भारत की कुल जनसंख्या 1.21 अरब है।

64. (b) 86वें संविधान संशोधन अधिनियम द्वारा भारतीय संविधान में 11वाँ मूल कर्त्तव्य जोड़ा गया था।
- 11वाँ मूल कर्त्तव्य 6 से 14 वर्ष तक के बच्चों के माता-पिता या अभिभावकों के लिए है कि वे अपने बच्चों को शिक्षा के अवसर प्रदान करें।
- भारतीय संविधान में मूल कर्त्तव्य संविधान के भाग IVA में अनुच्छेद 51A के तहत सूचीबद्ध हैं।
- मूल रूप से, संविधान में मूल कर्त्तव्यों का उल्लेख नहीं था, लेकिन वर्ष 1976 में 42वें संशोधन अधिनियम द्वारा 10 मूल कर्त्तव्यों को जोड़ा गया।
- वर्ष 1976 में, इन्दिरा गाँधी सरकार ने भारतीय संविधान में मूल कर्त्तव्यों की सिफारिश करने के लिए स्वर्ण सिंह समिति का गठन किया।

65. (a) एस्पिरिन प्रोस्टाग्लैडीन (Prostaglandins) नामक रसायन के संश्लेषण को सन्दर्भित करती है। प्रोस्टाग्लैण्डीन ऐसे रसायन होते हैं, जो शरीर में दर्द, सूजन और बुखार के लिए जिम्मेदार होते हैं।
- **एस्पिरिन** साइक्लोऑक्सीजिनेज (COX) नामक एक एंजाइम को अवरुद्ध करके काम करती है, जो प्रोस्टाग्लैण्डीन के उत्पादन के लिए आवश्यक है।
- **हिस्टामाइन** एक कार्बनिक नाइट्रोजनयुक्त यौगिक है, जो प्रतिरक्षा प्रतिक्रियाओं, सूजन और तन्त्रिका संचार में शामिल होता है।
- **पाइराइट** एक प्राकृतिक रूप से पाया जाने वाला आयरन डाइसल्फ़ाइड खनिज है। इसका रासायनिक सूत्र FeS2 है।
- **एनाल्जेसिक** (Analgesic) एक प्रकार की दवा है, जिसका उपयोग दर्द से राहत पाने के लिए किया जाता है।

66. (b) बंगाल में स्थित सिद्धेश्वर महादेव मन्दिर पाल राजवंश की वास्तुकला को दर्शाता है।
- पाल राजवंश की स्थापना गोपाल ने 750 ईस्वी में की थी।
- पाल राजवंश ने 8वीं से 12वीं शताब्दी तक बंगाल और बिहार पर शासन किया।
- पाल राजवंश का साम्राज्य बंगाल, बिहार और कुछ पड़ोसी क्षेत्रों तक फैला हुआ था।
- पाल शासक बौद्ध धर्म के अनुयायी थे और उन्होंने बौद्ध धर्म को संरक्षण दिया।
- उन्होंने नालन्दा और विक्रमशिला जैसे महत्त्वपूर्ण बौद्ध विश्वविद्यालयों को संरक्षण दिया।

67. (b) फिलिप लेनार्ड ने 19वीं शताब्दी के अन्त में एक प्रयोग किया और पाया कि जब दो धातु की प्लेटों के बीच वोल्टेज आरोपित किया जाता है, तो निम्न दाबयुक्त गैस से भरी हुई काँच की नली विकिरण उत्सर्जित करती है। उन्होंने कैथोड किरणों पर अपने शोध के लिए वर्ष 1905 में भौतिकी का नोबेल पुरस्कार जीता।
- फिलिप लेनार्ड फोटोइलेक्ट्रिक प्रभाव की खोज की और परमाणु भौतिकी में महत्त्वपूर्ण योगदान दिया।
- **हिदेकी युकावा** (Hideki Yukawa) एक जापानी सैद्धान्तिक भौतिक विज्ञानी थे, जिन्होंने परमाणु नाभिक में प्रोटॉन और न्यूट्रॉन के बीच प्रबल अन्त: क्रिया के सिद्धान्त का प्रस्ताव रखा था। उन्हें वर्ष 1949 में भौतिकी का नोबेल पुरस्कार मिला।
- **विक्टर फ्रांसिस हेस** (Victor Francis Hess): एक ऑस्ट्रियाई-अमेरिकी भौतिक विज्ञानी थे जिन्होंने ब्रह्माण्डीय किरणों की खोज की। उन्हें वर्ष 1936 में भौतिकी का नोबेल पुरस्कार मिला।
- **पॉल डिराक (Paul Dirac)**: एक ब्रिटिश सैद्धान्तिक भौतिक विज्ञानी थे, जिन्होंने क्वाण्टम यान्त्रिकी और क्वाण्टम इलेक्ट्रोडायनामिक्स के विकास में महत्त्वपूर्ण योगदान दिया। उन्हें वर्ष 1933 में भौतिकी का नोबेल पुरस्कार मिला।

68. (b) अम्लराज खाद्य परिरक्षक नहीं है। यह एक अत्यधिक संक्षारक और धुएँदार पीला-नारंगी तरल है। यह नाइट्रिक एसिड और हाइड्रोक्लोरिक एसिड का मिश्रण है।
- **अम्लराज** का उपयोग सोने और प्लैटिनम जैसी महान धातुओं को घोलने के लिए किया जाता है।
- **विनेगर** सिरका एक प्राकृतिक परिरक्षक है। यह एसीटिक एसिड होता है और भोजन में बैक्टीरिया के विकास को रोकता है।
- सोडियम नाइट्राइट यह माँस उत्पादों में एक सामान्य परिरक्षक है। यह बैक्टीरिया के विकास को रोकता है और माँस को लाल रंग देता है।
- **सोडियम क्लोराइड** यह टेबल नमक है और एक प्राकृतिक परिरक्षक है। यह भोजन से पानी को निकालता है, जिससे बैक्टीरिया के विकास को रोका जाता है।

69. (c) राष्ट्रीय गौरव अपमान निवारण अधिनियम, 1971 भारत में एक कानून है, जो राष्ट्रीय ध्वज, राष्ट्रगान और संविधान सहित राष्ट्रीय प्रतीकों के अपमान को रोकता है। यह अधिनियम 23 दिसम्बर, 1971 को लागू हुआ।
- यह अधिनियम राष्ट्रीय प्रतीकों के अपमान के लिए तीन वर्ष तक की कैद या जुर्माना या दोनों का प्रावधान करता है।
- नागरिक स्वतन्त्रता अधिनियम, 2001 भारत में नागरिकों की स्वतन्त्रता की रक्षा करता है।
- गैरकानूनी गतिविधियाँ (रोकथाम) अधिनियम, 2006 भारत में आतंकवादी गतिविधियों और अन्य गैरकानूनी गतिविधियों को रोकता है।

70. (c) जब भारत के राष्ट्रपति किसी विधेयक (धन विधेयक और संविधान संशोधन विधेयक को छोड़कर) अनिश्चितकाल के लिए लम्बित रखते हैं, तो इसे राष्ट्रपति का पॉकेट वीटो कहा जाता है।
- पॉकेट वीटो में राष्ट्रपति विधेयक पर कोई कार्रवाई नहीं करते हैं, न तो सहमति देते हैं और न ही इसे पुनर्विचार के लिए वापस भेजते हैं।
- भारतीय संविधान के अनुच्छेद 111 के अनुसार, राष्ट्रपति संसद द्वारा पारित विधेयक पर अपनी सहमति देने या रोकने की शक्ति रखता है।
- राष्ट्रपति का पूर्ण निषेधाधिकार राष्ट्रपति की वह शक्ति है, जिसके द्वारा वह संसद द्वारा पारित किसी विधेयक पर अपनी सहमति रोक सकता है।

- राष्ट्रपति का निलम्बन निषेधाधिकार राष्ट्रपति की वह शक्ति है, जिसके द्वारा वह धन विधेयक को छोड़कर संसद द्वारा पारित किसी विधेयक को पुनर्विचार के लिए लौटा सकता है।
- राष्ट्रपति का संशोधनकारी निषेधाधिकार भारतीय संविधान में राष्ट्रपति को संशोधनकारी निषेधाधिकार की शक्ति नहीं दी गई है।

71. (b) वर्ष 2010 में, इसके उत्कृष्ट मूल्य और भेद्यता को देखते हुए, यूनेस्को (UNESCO) ने केरल के एक सदियों पुराने अनुष्ठान-नाटक 'मुदियेट्टू (Mudiyettu)' को 'मानवता की अमूर्त सांस्कृतिक विरासत' के रूप में मान्यता दी।

- मुदियेट्टु केरल का एक पारम्परिक अनुष्ठानिक रंगमंच और लोक नृत्य नाटक है, जो देवी काली और दानव दारिका के बीच पौराणिक लड़ाई की कहानी को दर्शाता है।
- यूनेस्को (UNESCO) संयुक्त राष्ट्र का एक विशेष संगठन है, जो शिक्षा, विज्ञान और संस्कृति के माध्यम से अन्तर्राष्ट्रीय सहयोग को बढ़ावा देता है।
- इसकी स्थापना 16 नवम्बर, 1945 को हुई थी।
- इसका मुख्यालय पेरिस, फ्रांस में स्थित है।

72. (c) शतरंज में प्यादों की संख्या 16 होती है। प्रत्येक खिलाड़ी के पास 8 प्यादे होते हैं, इसलिए दोनों खिलाड़ियों के पास कुल 16 प्यादे होते हैं।

- शतरंज एक 8x8 ग्रिड वाले बोर्ड पर खेला जाता है, जिसमें 64 वर्ग होते हैं।
- प्रत्येक खिलाड़ी 16 मोहरों से शुरू होता है: एक राजा, एक रानी, दो हाथी, दो घोड़े, दो ऊँट और आठ प्यादे।
- खिलाड़ी बारी-बारी से चलते हैं और प्रत्येक मोहरे की अपनी चालें होती हैं।
- खेल का उद्देश्य प्रतिद्वन्द्वी के राजा को 'चेकमेट' करना है, जिसका अर्थ है कि राजा को पकड़ लिया जाता है और उसके पास बचने का कोई तरीका नहीं है।
- विश्व शतरंज दिवस प्रत्येक वर्ष 20 जुलाई को मनाया जाता है।

73. (c) चार्टर अधिनियम, 1833 ब्रिटिश संसद द्वारा भारतीय कानूनों के समेकन और संहिताकरण के लिए एक विधि आयोग की स्थापना का प्रावधान किया।

- इसने बंगाल के गवर्नर-जनरल को भारत का गवर्नर-जनरल बना दिया।
- इसने भारत के लिए गवर्नर जनरल इन काउंसिल में एक चौथे साधारण सदस्य को शामिल करने का प्रावधान किया गया था, जो कानून बनाने में कानूनी विशेषज्ञ था।
- इसने ईस्ट इण्डिया कम्पनी के वाणिज्यिक एकाधिकार को समाप्त कर दिया।
- चार्टर अधिनियम, 1813 ई. में ईसाई मिशनरियों को भारत में धार्मिक गतिविधियों का संचालन करने की अनुमति दी।

74. (b) हुक्का जलप्रपात (Huka Falls) न्यूजीलैण्ड में स्थित हैं। ये जलप्रपात वाइकाटो नदी पर बने हैं, जो न्यूजीलैण्ड के उत्तरी द्वीप की सबसे लम्बी नदी है।

- न्यूजीलैण्ड के अन्य महत्त्वपूर्ण जलप्रपात सदरलैण्ड जलप्रपात, ब्राउन जलप्रपात, डेविल्स पंचबोल जलप्रपात है।
- ऑस्ट्रेलिया में महत्त्वपूर्ण वॉलमैन जलप्रपात, फिट्ज़रॉय जलप्रपात, मैकेंज़ी जलप्रपात आदि है।
- स्पेन महत्त्वपूर्ण जलप्रपात मोनटेडो जलप्रपात , सोतो डे लिनेरेस जलप्रपात,आदि है।
- जर्मनी में महत्त्वपूर्ण जलप्रपात विक्टोरिया पार्क झरना, ज़ेल्स जलप्रपात, कुहफ्लो जलप्रपात आदि है।

75. (b) प्रसिद्ध संगीतकार तलवीन सिंह तबला वादन से सम्बन्धित हैं।

- उन्होंने वर्ष 1997 में अपना पहला एल्बम 'ओके' जारी किया, जिसे समीक्षकों द्वारा सराहा गया। तथा वर्ष 1999 में तलवीन सिंह का जन्म इंग्लैण्ड में हुआ था, लेकिन उनकी जड़ें भारतीय संगीत में गहरी हैं।
- उन्होंने कम आयु में ही तबला बजाना शुरू कर दिया था और उन्होंने भारतीय शास्त्रीय संगीत का अध्ययन किया। मरकरी पुरस्कार जीता।

76. (a) सुचेता कृपलानी एक भारतीय स्वतन्त्रता सेनानी और राजनीतिज्ञ थीं।

- उन्होंने वर्ष 1940 में कांग्रेस की महिला विंग की स्थापना की।
- वर्ष 1946 में, उन्हें संविधान सभा के सदस्य के रूप में चुना गया। वर्ष 1963 में, वह उत्तर प्रदेश की मुख्यमन्त्री बनीं और वह भारत में पहली महिला मुख्यमन्त्री थीं।
- अरुणा आसफ अली एक भारतीय स्वतन्त्रता सेनानी थीं, जिन्हें वर्ष 1942 में भारत छोड़ो आन्दोलन के दौरान बॉम्बे के गोवालिया टैंक मैदान में भारतीय राष्ट्रीय ध्वज फहराने के लिए जाना जाता है।
- लक्ष्मी सहगल भारतीय स्वतन्त्रता आन्दोलन में एक क्रान्तिकारी थीं। वह आजाद हिन्द फौज की महिला रेजिमेण्ट की कमाण्डर थीं।
- सरोजिनी नायडू एक भारतीय स्वतन्त्रता सेनानी और कवयित्री थीं। वह भारतीय राष्ट्रीय कांग्रेस की पहली भारतीय महिला अध्यक्ष थीं।

77. (d) यह कथन (d) गलत है कि पश्चिमी चक्रवातीय विक्षोभ मानसून की वापसी या निवर्तन के कारण उत्पन्न होते हैं।

- पश्चिमी चक्रवातीय विक्षोभ पश्चिमी विक्षोभ (Western DistuRances) के कारण उत्पन्न होते हैं, जो भूमध्यसागरीय क्षेत्र से उत्पन्न होते हैं और भारत में सर्दियों के दौरान वर्षा लाते हैं।
- मानसून की वापसी या निवर्तन (Retreat of Monsoon) दक्षिण-पश्चिम मानसून की वापसी की प्रक्रिया है, जो अक्टूबर से नवम्बर के बीच होती है।
- इसलिए, पश्चिमी चक्रवातीय विक्षोभ मानसून की वापसी या निवर्तन के कारण उत्पन्न नहीं होते हैं।
- दक्षिण-पश्चिम मानसूनी पवनें, उष्ण महासागरों के ऊपर से बहती है, आर्द्रता को एकत्रित करती है और भारत के मुख्य भू-भाग पर व्यापक वर्षा लाती हैं।
- मानसूनों की तीव्रता का अनुमान लगाने के लिए ताहिती (प्रशान्त महासागर) और उत्तरी ऑस्ट्रेलिया (हिन्द महासागर) में डार्विन पर दाब के अन्तर की गणना की जाती है।
- मेडागास्कर के पूर्व में स्थित उच्च दाब वाले क्षेत्र की तीव्रता और स्थिति भारतीय मानसून को प्रभावित करती है।

78. (d) प्रधानमन्त्री सूक्ष्म खाद्य प्रसंस्करण उद्योग उन्नयन योजना (PMFME) एक जिला एक उत्पाद (ODOP) दृष्टिकोण अपनाती है।

- इस योजना का उद्देश्य सूक्ष्म खाद्य प्रसंस्करण उद्योगों को बढ़ावा देना और उन्हें प्रतिस्पर्धी बनाना है।
- ODOP दृष्टिकोण के तहत, प्रत्येक जिले में एक विशिष्ट उत्पाद की पहचान की जाती है और उस उत्पाद से सम्बन्धित सूक्ष्म खाद्य प्रसंस्करण उद्योगों को सहायता प्रदान की जाती है।
- इस योजना के तहत, इनपुटों की खरीद, सामान्य सेवाओं का लाभ उठाने और उत्पादों के विपणन के लिए सहायता प्रदान की जाती है।
- खाद्य प्रसंस्करण उद्योग के लिए उत्पादन लिंक्ड प्रोत्साहन योजना (PLISFPI): यह योजना बड़े खाद्य प्रसंस्करण उद्योगों को उत्पादन बढ़ाने के लिए प्रोत्साहन प्रदान करती है।
- प्रधानमन्त्री किसान सम्पदा योजना: यह योजना कृषि-समुद्री प्रसंस्करण और कृषि-प्रसंस्करण समूहों के विकास के लिए है।
- सूक्ष्म और लघु उद्यम क्लस्टर विकास कार्यक्रम (MSE-CDP): यह योजना सूक्ष्म और लघु उद्यमों के समूहों के विकास के लिए है।

79. (b) भारत में ब्रिटिश शासन के तहत, निम्नलिखित में से लॉर्ड कॉर्नवालिस गवर्नर जनरल ने ईस्ट इण्डिया कम्पनी के प्रशासन को पेशेवर, नौकरशाही और यूरोपीयकृत किया।
- लॉर्ड कॉर्नवालिस, जिनका पूरा नाम चार्ल्स कॉर्नवालिस था। ब्रिटिश भारत के गवर्नर-जनरल थे।
- 1793 ई. में, कॉर्नवालिस ने बंगाल और बिहार में स्थायी बन्दोबस्त लागू किया।
- इस प्रणाली ने जमींदारों को भूमि का स्थायी स्वामित्व प्रदान किया और उन्हें सरकार को एक निश्चित राजस्व का भुगतान करने के लिए बाध्य किया।
- कॉर्नवालिस को भारत में सिविल सेवा की नींव रखने का श्रेय दिया जाता है।
- उन्होंने कम्पनी के कर्मचारियों के लिए एक स्थायी सिविल सेवा की स्थापना की, जिससे प्रशासन को अधिक कुशल और संगठित बनाया गया।

80. (b) पाँचवें खेलो इण्डिया यूथ गेम्स, 2022 का मेजबान राज्य मध्य प्रदेश था।
- यह आयोजन मध्य प्रदेश के आठ शहरों में हुआ था, जिनमें भोपाल, इन्दौर, उज्जैन, ग्वालियर, जबलपुर, मंडला, बालाघाट और महेश्वर शामिल हैं।
- इस खेल आयोजन में आठ हजार पाँच सौ से अधिक एथलीटों और खिलाड़ियों ने भाग लिया।
- खेलो इण्डिया यूथ गेम्स भारत सरकार की एक पहल है, जिसका उद्देश्य देश में खेल संस्कृति को बढ़ावा देना और युवा प्रतिभाओं को निखारना है।

81. (a) अलार्मेल वल्ली (Alarmel Valli) एक भारतीय शास्त्रीय नृत्यांगना और कोरियोग्राफर हैं और भरतनाट्यम की नृत्य पण्डनल्लूर शैली की सर्वप्रथम प्रतिपादक हैं।
- उन्हें उनकी कला के लिए कई प्रतिष्ठित पुरस्कारों से सम्मानित किया गया है, जिनमें शामिल हैं, पद्मश्री (1991), संगीत नाटक अकादमी पुरस्कार (2001), पद्म भूषण (2004), शेवेलियर ऑफ आर्ट्स एण्ड लेटर्स अवॉर्ड (2004, फ्रांस सरकार द्वारा) शामिल है।
- अलार्मेल वल्ली ने वर्ष 1984 में चेन्नई में दीपशिखा नृत्य फाउण्डेशन की स्थापना की, जहाँ वे भरतनाट्यम सिखाती हैं।

82. (a) प्रगतिशील कर वह कर है, जिसमें जैसे-जैसे करदाता की आय बढ़ती है, वैसे-वैसे कर की दर भी बढ़ती जाती है।
- इस प्रकार के कर में, सीमान्त कर की दर (अतिरिक्त आय पर लगने वाला कर) औसत कर की दर से अधिक होता है।
- प्रगतिशील कर प्रणाली का उद्देश्य आय के वितरण को अधिक न्यायसंगत बनाना है। भारत में आयकर एक प्रगतिशील कर है।
- अवनतिशील कर में सामान्यत : कर की दर घटती जाती है।
- आनुपातिक आय के स्तर के बावजूद, आनुपातिक कर में सभी करदाताओं के लिए एक समान कर दर होती है।
- प्रतिगामी कर में, जैसे-जैसे आय बढ़ती है, कर की दर घटती जाती है।

83. (c) मोठ की मस्जिद दिल्ली सल्तनत के लोदी वंश के शासनकाल में बनाई गई थी।
- इसे 1505 ई. में लोदी वंश के सिकन्दर लोदी के शासनकाल (1489-1517) के दौरान वज़ीर मिया भोइया को प्रधानमन्त्री द्वारा बनाया गया था। यह मध्य सल्तनत के दिल्ली सल्तनत के चौथे शहर में लोदियों द्वारा विकसित एक नई प्रकार की मस्जिद थी।
- लाल मस्जिद, दिल्ली: यह मस्जिद मुगल काल में बनाई गई थी।
- बेगमपुरी मस्जिद, दिल्ली: यह मस्जिद तुगलक वंश के शासनकाल में बनाई गई थी।
- कुव्वत-अल-इस्लाम, दिल्ली: यह मस्जिद दिल्ली सल्तनत के कुतुबुद्दीन ऐबक द्वारा बनाई गई थी।

84. (c) निक्षालन (Leaching) वह प्रक्रिया है, जिसमें पानी मिट्टी से पोषक तत्वों या संदूषकों को घोलता है और उन्हें मिट्टी की निचली परतों या भूजल में ले जाता है।
- यह प्रक्रिया तब होती है, जब वर्षा या सिंचाई का पानी मिट्टी से गुजरता है और घुलनशील पदार्थों को बुवाई यह बीज बोने की प्रक्रिया है।
- जुताई यह मिट्टी को खोदने और उलटने की प्रक्रिया है।
- विरंजन यह रंग हटाने या हल्का करने की प्रक्रिया है।

85. (d) पुरन्दर दास को 'कर्नाटक संगीत का जनक' माना जाता है।
- वे एक महान संगीतकार, गायक और कर्नाटक संगीत के विकास और संरचना में एक प्रमुख व्यक्ति थे।
- उन्होंने भगवान विष्णु की स्तुति में हजारों भक्ति गीतों की रचना की, जिन्हें 'देवरनाम' के नाम से जाना जाता है।
- पुरन्दर दास का जन्म 1484 ई. में कर्नाटक में हुआ था।
- वे एक धनी व्यापारी थे, जिन्होंने बाद में अपना जीवन संगीत को समर्पित कर दिया।
- उन्हें कर्नाटक संगीत के पितामह के रूप में जाना जाता है।

86. (d) स्थलीय ग्रह (Terrestrial planets) ठोस सतह वाले ग्रह होते हैं, जो मुख्य रूप से चट्टानों और धातुओं से बने होते हैं।
- हमारे सौरमण्डल में चार स्थलीय ग्रह बुध, शुक्र, पृथ्वी और मंगल हैं।
- स्थलीय ग्रहों का निर्माण सौरमण्डल के शुरुआती दिनों में हुआ था।
- माना जाता है कि वे प्रोटोप्लेनेटरी डिस्क (Protoplanetary disk) में धूल और गैस के कणों के टकराने और आपस में चिपक जाने से बने हैं।
- स्थलीय ग्रह सौरमण्डल के आन्तरिक भाग में पाए जाते हैं, जबकि गैस बाहरी भाग में पाए जाते हैं।

87. (d) जुलाई, 2018 में, अन्तर्राष्ट्रीय अन्तरिक्ष स्टेशन पर हुए एक प्रयोग में, रुबिडियम रासायनिक तत्व के परमाणुओं के एक क्लाउड को परम शून्य तापमान से एक केल्विन के एक-बटे-दस मिलियनवें हिस्से के बराबर ऊपर ठण्डा किया गया, जिसके परिणामस्वरूप अन्तरिक्ष में बोस-आइंस्टीन कण्डेनसेट निर्मित हुआ।
- रुबिडियम एक क्षार धातु है, जो आवर्त सारणी के समूह 1 में स्थित है।
- यह एक नरम, चाँदी-सफेद धातु है, जो हवा में तेजी से ऑक्सीकरण करती है।
- रुबिडियम का उपयोग विभिन्न प्रकार के अनुप्रयोगों में किया जाता है, जिसमें परमाणु घड़ियाँ, वैक्यूम ट्यूब और लेजर शामिल हैं।
- रुबिडियम का उपयोग बोस-आइंस्टीन कण्डेनसेट बनाने के लिए भी किया जाता है, जो पदार्थ की एक ऐसी अवस्था है, जिसमें सभी परमाणु एक ही क्वाण्टम अवस्था में होते हैं।

88. (d) एक्वा फोर्टिस (aqua fortis) नाइट्रिक एसिड (Nitric Acid) का प्राचीन नाम है।
- नाइट्रिक एसिड एक मजबूत एसिड है, जिसका उपयोग विभिन्न प्रकार के अनुप्रयोगों में किया जाता है, जिसमें उर्वरक, विस्फोटक और रंग बनाना शामिल है।
- यह एक संक्षारक तरल है, जो त्वचा और आँखों को जला सकता है।
- नाइट्रिक एसिड का उपयोग सोने और प्लैटिनम जैसी महान धातुओं को भंग करने के लिए भी किया जाता है।
- फॉर्मिक अम्ल एक कार्बनिक अम्ल है, जो चीटियों और अन्य कीड़ों में पाया जाता है।
- हाइड्रोब्रोमिक अम्ल एक काल्पनिक अम्ल है, जिसका कोई ज्ञात रासायनिक सूत्र नहीं है।
- क्लोरिक अम्ल एक मजबूत ऑक्सीडाइज़र है, जिसका उपयोग ब्लीच और अन्य रसायनों के उत्पादन में किया जाता है।

89. (b) भारतीय लघु उद्योग विकास बैंक (SIDBI) की स्थापना 2 अप्रैल, 1990 में हुई थी।
- यह भारत में सूक्ष्म, लघु और मध्यम उद्यमों (एमएसएमई) के संवर्द्धन, वित्तपोषण और विकास के लिए प्रमुख विकास वित्तीय संस्थान है।
- सिडबी भारत सरकार के वित्त मन्त्रालय के तहत कार्य करता है।
- सिडबी का मुख्यालय लखनऊ, उत्तर प्रदेश में स्थित है।
- सिडबी का उद्देश्य एमएसएमई क्षेत्र को मजबूत बनाना और उन्हें प्रतिस्पर्धी बनाना है।

90. (a) बिफोर वी विज़िट द गॉडेस (Before We Visit the Goddess)' उपन्यास की लेखिका चित्रा बैनर्जी दिवाकरूणी हैं।
- चित्रा बैनर्जी दिवाकरुणी एक भारतीय-अमेरिकी लेखिका और कवयित्री हैं।
- उनकी प्रमुख कृतियों में 'द मिस्ट्रेस ऑफ़ स्पाइसेस', 'सिस्टर ऑफ़ माय हार्ट', 'क्वीन ऑफ़ ड्रीम्स' और 'द पैलेस ऑफ़ इल्यूज़न्स' शामिल हैं।
- उन्होंने अपनी कविताओं के लिए गेरबोड पुरस्कार, बारबरा डेमिंग मेमोरियल पुरस्कार और एलेन गिन्सबर्ग पुरस्कार जैसे कई पुरस्कार जीते हैं।
- किरण दोशी एक सेवानिवृत्त भारतीय राजनयिक और लेखिका हैं। उनके उपन्यास 'जिन्न प्राय: हमारे घर आते थे' को वर्ष 2016 में द हिन्दू पुरस्कार मिला।
- झुम्पा लाहिड़ी एक भारतीय-अमेरिकी लेखिका हैं। उन्होंने अपनी लघु कहानी संग्रह 'इण्टरप्रेटर ऑफ मैलेडीज' के लिए वर्ष 2000 में पुलित्जर पुरस्कार जीता।
- अरुधन्ति रॉय एक भारतीय लेखिका और कार्यकर्ता हैं। उन्होंने अपने उपन्यास 'द गॉड ऑफ स्मॉल थिंग्स' के लिए, वर्ष 1997 में मैन बुकर पुरस्कार जीता।

91. (c) स्कूल की इमारत का निर्माण पूँजीगत व्यय माना जाता है।
- पूँजीगत व्यय (Capital Expenditure - CapEx) वह धनराशि है, जिसे कोई कम्पनी दीर्घकालिक परिसम्पत्तियों (Long-term Assets) को खरीदने, सुधारने या बनाए रखने के लिए खर्च करती है। ये परिसम्पत्तियाँ, जैसे सम्पत्ति, उपकरण या प्रौद्योगिकी, कई लेखा अवधि तक लाभ देने की उम्मीद की जाती हैं।
- सब्सिडी भी एक राजस्व व्यय है, क्योंकि यह सरकार द्वारा कुछ वस्तुओं या सेवाओं की लागत को कम करने के लिए दी जाती है।
- पेंशन एक राजस्व व्यय है, क्योंकि यह कर्मचारियों को उनके सेवाकाल के दौरान किए गए योगदान के लिए दिया जाता है।

92. (d) भारत की प्राकृतिक वनस्पति को व्यापक रूप से 5 समूहों में विभाजित किया गया है।
- उष्णकटिबन्धीय वर्षा वन पश्चिमी घाट, अण्डमान और निकोबार द्वीप समूह और उत्तर-पूर्वी भारत के कुछ हिस्सों में पाए जाते हैं।
- उष्णकटिबन्धीय पर्णपाती वन भारत के अधिकांश हिस्सों में पाए जाते हैं।
- ये वन मानसून के मौसम में अपनी पत्तियाँ गिरा देते हैं और शुष्क मौसम में नंगे हो जाते हैं।
- उष्णकटिबन्धीय कॅटिदार वन भारत के शुष्क क्षेत्रों में पाए जाते हैं; जैसे कि राजस्थान, गुजरात और मध्य प्रदेश के कुछ हिस्से।
- इन वनों में काँटेदार पेड़ और झाड़ियाँ पाई जाती हैं, जो शुष्क परिस्थितियों में जीवित रहने के लिए अनुकूलित होती हैं।
- पर्वतीय वन हिमालय और अन्य पर्वतीय क्षेत्रों में पाए जाते हैं। इन वनों में ऊँचाई के साथ-साथ वनस्पति में परिवर्तन होता है।
- मैंग्रोव वन तटीय क्षेत्रों में पाए जाते हैं, जहाँ खारा पानी और ज्वार होता है। इन वनों में विशेष प्रकार के पेड़ और झाड़ियाँ पाई जाती हैं, जो खारे पानी में जीवित रहने के लिए अनुकूलित होती हैं।

93. (a) थोरियम (Th) एक्टिनाइड शृंखला का एक सदस्य है।
- एक्टिनाइड शृंखला में 15 रेडियोधर्मी तत्व होते हैं, जिनमें एक्टिनियम (Ac) से लेकर लॉरेन्शियम (Lr) तक शामिल हैं।
- थोरियम एक प्राकृतिक रूप से पाया जाने वाला एक्टिनाइड है, जो पृथ्वी की परत में पाया जाता है।
- लैंथेनम यह लैंथेनाइड शृंखला का एक सदस्य है।
- मैग्नीशियम यह एक क्षारीय पृथ्वी धातु है, जो आवर्त सारणी के समूह 2 में स्थित है।
- ल्यूटेशियम यह लैंथेनाइड शृंखला का एक सदस्य है।

94. (d) वर्ष 1991-92 के दौरान, औद्योगिक उत्पादन में 0.6 प्रतिभात, 'धनात्मक की वृद्धि दर्ज की गई।
- वर्ष 1991 में, भारत सरकार ने आर्थिक उदारीकरण की नीति अपनाई।
- इस नीति के तहत, निजी क्षेत्र पर लगे प्रतिबन्धों को हटाया गयां और विदेशी निवेश को प्रोत्साहित किया गया।
- इन सुधारों के परिणामस्वरूप, भारतीय अर्थव्यवस्था में धीरे-धीरे सुधार हुआ।
- वर्ष 1992-93 में, औद्योगिक उत्पादन में 2.3 प्रतिशत की धनात्मक वृद्धि दर्ज की गई। जबकि यह वर्ष 1993-94 में वृद्धि दर बढ़कर 6.0 प्रतिशत हो गई।

95. (b) मध्य और पश्चिमी भारत में मनाया जाने वाला गणगौर उत्सव, देवी पार्वती से सम्बन्धित है।
- गणगौर एक महत्त्वपूर्ण हिन्दू त्योहार है, जो मुख्य रूप से राजस्थान, मध्य प्रदेश, गुजरात और हरियाणा राज्यों में मनाया जाता है।
- यह त्योहार देवी पार्वती को समर्पित है, जिन्हें गणगौर माता के नाम से भी जाना जाता है।
- गणगौर का अर्थ है 'गण' (शिव) और 'गौरी' (पार्वती)। यह त्योहार शिव और पार्वती के दिव्य मिलन का प्रतीक है।
- यह त्योहार मुख्य रूप से महिलाओं द्वारा मनाया जाता है।
- विवाहित महिलाएँ अपने पति की लम्बी आयु और सुखद वैवाहिक जीवन के लिए देवी पार्वती की पूजा करती हैं।

96. (b) भारतीय संविधान के अनुच्छेद 111 के अनुसार, जब कोई धन विधेयक राष्ट्रपति के समक्ष अनुमति के लिए प्रस्तुत किया जाता है, तो उस पर लोकसभा अध्यक्ष द्वारा हस्ताक्षरित एक पृष्ठाकित प्रमाण-पत्र होना चाहिए, जिसमें यह प्रमाणित किया गया हो कि यह एक धन विधेयक है।
- यह प्रावधान यह सुनिश्चित करने के लिए है कि राष्ट्रपति को पता चले कि विधेयक एक धन विधेयक है और इसलिए वह इसे पुनर्विचार के लिए संसद को वापस नहीं भेज सकते हैं।
- धन विधेयक केवल लोकसभा में पेश किए जा सकते हैं।
- राज्यसभा धन विधेयक को संशोधित नहीं कर सकती है, लेकिन वह संशोधनों की सिफारिश कर सकती है। लोकसभा राज्यसभा की सिफारिशों को स्वीकार या अस्वीकार कर सकती है।
- राष्ट्रपति धन विधेयक को स्वीकार या अस्वीकार कर सकते हैं, लेकिन वह इसे पुनर्विचार के लिए संसद को वापस नहीं भेज सकते हैं।

97. (d) बैडमिण्टन नेट की ऊँचाई किनारों पर 1.55 मीटर (5 फीट 1 इंच) और बीच में 1.524 मीटर (5 फीट) होती है।
- पोस्ट का व्यास 10 सेमी और लम्बाई 1.55 मीटर से अधिक नहीं होनी चाहिए।
- बैडमिण्टन पोस्ट को सफेद रंग से रंगा जाना चाहिए और उसकी सतह चिकनी होनी चाहिए।
- बैडमिण्टन पोस्ट को डबल्स साइडलाइन से 0.76 मीटर की दूरी पर रखा जाना चाहिए।
- बैडमिण्टन खेल से जुड़े मुख्य शब्दावली शटलकॉक, रैकेट, सर्विस, स्मैश, क्लियर आदि है।

98. (b) वर्ष 2011 की जनगणना के अनुसार, दादरा और नगर हवेली केन्द्रशासित प्रदेश की साक्षरता दर सबसे कम है।

- दादरा और नगर हवेली की साक्षरता दर 77.65% है, जो अन्य केन्द्रशासित प्रदेशों की तुलना में सबसे कम है।
- अन्य केन्द्रशासित प्रदेश :दमन और दीव: 87.07%, दिल्ली: 86.34%, लक्षद्वीप: 92.28% की साक्षरता दरें हैं।

99. (a) सत्रीया नृत्य को वर्ष 2000 में संगीत नाटक अकादमी द्वारा शास्त्रीय नृत्य के रूप में मान्यता दी गई थी।

- सत्रीया नृत्य असम का शास्त्रीय नृत्य है और आठ मुख्य भारतीय शास्त्रीय नृत्य परम्पराओं में से एक है। इस नृत्य के संस्थापक महान संत श्रीमन्त शंकरदेव हैं। शंकरदेव ने सत्रीया नृत्य को 'अंकिया नाट' (शंकरदेव द्वारा तैयार किया गया असमिया एकांकी नाटकों का एक रूप) के लिए एक संगत के रूप में बनाया था।
- यह नृत्य सत्र नामक असम के मठों में प्रदर्शित किया गया था। यह परम्परा सत्रों के भीतर बढ़ी तथा विकसित हुई और यह नृत्य रूप सत्रीया नृत्य कहा जाने लगा।
- सत्रीया नृत्य के साथ सामान्य: खोल्स (ड्रम), झांझ और बाँसुरी जैसे वाद्ययन्त्रों का उपयोग किया जाता है।

100. (b) शत्रुओं को परास्त करने के लिए उत्तर भारत में बारूद के प्रयोग को बाबर ने प्रचलित किया।

- उसने अपनी सेना में तोपों और बारूद का उपयोग किया, जिससे उसे युद्धों में जीत हासिल करने में मदद मिली।
- बाबर का जन्म 14 फरवरी, 1483 को फरगना घाटी (वर्तमान उज्बेकिस्तान) में हुआ था। वह तैमूर और चंगेज खान दोनों के वंशज थे।
- उसने 1526 में पानीपत की पहली लड़ाई में इब्राहिम लोदी को हराया और मुगल साम्राज्य की स्थापना की।
- बाबर ने अपनी आत्मकथा 'बाबरनामा' लिखी, जो तुर्की भाषा में है।
- बाबर की मृत्यु 26 दिसम्बर, 1530 को आगरा में हुई थी।

101. (d) माना घड़ी का क्रय मूल्य = ₹ x

प्रश्नानुसार,

$$x \times \frac{107}{100} + 1329 = \frac{x \times 157}{100}$$

$$\Rightarrow \frac{157x}{100} - \frac{107x}{100} = 1329$$

$$\Rightarrow \frac{50x}{100} = 1329$$

$$\Rightarrow x = \frac{1329 \times 100}{50} = ₹\ 2658$$

102. (a) माना गोले की त्रिज्या = r

गोले का पृष्ठीय क्षेत्रफल = $4\pi r^2$

गोले की नई त्रिज्या = $2r$

नए गोले का पृष्ठीय क्षेत्रफल = $4\pi \times (2r)^2 = 16\pi r^2$

पृष्ठीय क्षेत्रफल में वृद्धि = $16\pi r^2 - 4\pi r^2 = 12\pi r^2$

$\therefore$ अभीष्ट वृद्धि प्रतिशत = $\frac{12\pi r^2}{4\pi r^2} \times 100 = 300\%$

103. (d) दिया है,

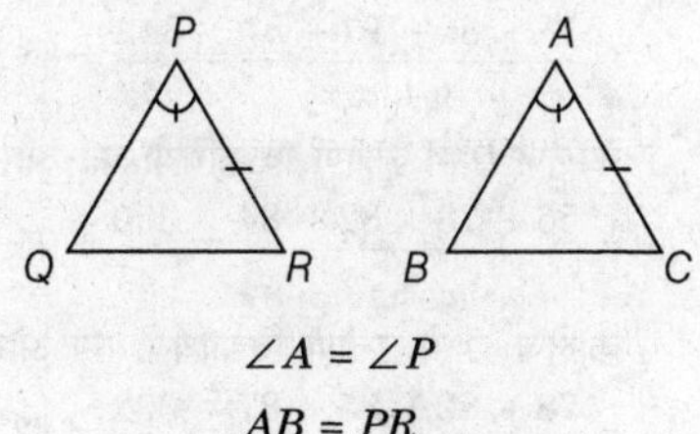

$$\angle A = \angle P$$

$$AB = PR$$

अब, ΔPQR और ΔABC में,

यदि $AB = PQ$ हो जाए, तब SAS सर्वांगसमता के नियम से ΔPQR तथा ΔABC सर्वांगसम हो जाएँगे।

104. (d) $12 = 2 \times 2 \times 3$

$18 = 2 \times 3 \times 3$

$42 = 2 \times 3 \times 7$

म. स. = $2 \times 3 = 6$

105. (b) दिया है,

$$\tan A = \frac{2}{5} = \frac{\text{लम्ब}}{\text{आधार}}$$

कर्ण $= \sqrt{5^2 + 2^2} = \sqrt{25 + 4} = \sqrt{29}$

$$\frac{\sec^2 A}{\text{cosec}^2 A} = \frac{(\text{कर्ण/आधार})^2}{(\text{कर्ण/लम्ब})^2}$$

$$= \left(\frac{\sqrt{29}}{5}\right)^2 \times \left(\frac{2}{\sqrt{29}}\right)^2$$

$$= \frac{29}{25} \times \frac{4}{29} = \frac{4}{25}$$

106. (b) दिया है,

समबाहु त्रिभुज का क्षेत्रफल = 173.2 सेमी^{2}

माना त्रिभुज की भुजा = x सेमी

प्रश्नानुसार, $\frac{\sqrt{3}}{4} \times x^2 = 173.2$

$$\Rightarrow x^2 = \frac{173.2 \times 4}{1.732}$$

$$\Rightarrow x^2 = 100 \times 4 = 400$$

$$\Rightarrow x = \sqrt{400} = 20 \text{ सेमी}$$

107. (d) दिया है,

समचतुर्भुज का परिमाप = 52 सेमी

तथा विकर्ण d_1 = 10 सेमी

समचतुर्भुज की प्रत्येक भुजा = $\frac{52}{4}$ = 13 सेमी

यदि AD = 10 सेमी

तब, $AO = \frac{10}{2}$ = 5 सेमी

ΔAOC से, $OC = \sqrt{13^2 - 5^2}$

$= \sqrt{169 - 25} = \sqrt{144}$

= 12 सेमी

तब, $d_2 = 12 \times 2 = 24$ सेमी

समचतुर्भुज का क्षेत्रफल

$= \frac{1}{2} \times d_1 \times d_2$

$= \frac{1}{2} \times 10 \times 24 = 120$ सेमी^{2}

108. (c) दिया है,

अर्द्धगोले की त्रिज्या = 7 सेमी

तो, अर्द्धगोले का वक्र पृष्ठीय क्षेत्रफल = $2\pi r^2$

$= 2 \times \frac{22}{7} \times 7 \times 7 = 308$ सेमी^{2}

अर्द्धगोले का सम्पूर्ण पृष्ठीय क्षेत्रफल = $3\pi r^2$

$= 3 \times \frac{22}{7} \times 7 \times 7 = 462$ सेमी^{2}

109. (a) दिया है,

स्पीडबोट की चाल = 20 किमी/घण्टा

दूरी = 35 किमी, समय = 8 घण्टे

माना धारा की चाल = y किमी/घण्टा

प्रश्नानुसार, $\frac{35}{(20 + y)} + \frac{35}{(20 - y)} = 8$

$$\Rightarrow \frac{35(20 - y) + 35(20 + y)}{(20 + y)(20 - y)} = 8$$

$$\Rightarrow \frac{700 - 35y + 700 + 35y}{400 - y^2} = 8$$

$$\Rightarrow 1400 = 8(400 - y^2)$$

$$\Rightarrow 1400 = 3200 - 8y^2$$

$$\Rightarrow 8y^2 = 1800$$

$$\Rightarrow y^2 = \frac{1800}{8} = 225$$

$$\Rightarrow y = \sqrt{225} = 15 \text{ किमी/घण्टे}$$

110. (b) 2015 में फर्म 'S' की कमाई = 60

2015 में फर्म 'R' की कमाई = 68

2015 में फर्म 'Q' की कमाई = 55

2015 में फर्म 'P' की कमाई = 56

अत: फर्म 'R' की कमाई सबसे अधिक है।

111. (c) शुक्रवार और रविवार को प्रिण्टर D द्वारा का एकसाथ मिलाकर प्रिण्ट किए गए कुल पृष्ठों की संख्या = 206 + 326 = 532

शुक्रवार और शनिवार को प्रिण्टर A द्वारा एकसाथ मिलाकर प्रिण्ट किए गए पृष्ठों की कुल संख्या = 350 + 420 = 770

$\therefore$ अभीष्ट अनुपात = 532 : 770 = 38 : 55

112. (a) दिया है, $4M = 6B$

$\Rightarrow \quad 1B = \frac{4M}{6} = \frac{2}{3}M$

$\Rightarrow \; 11B = \frac{2}{3} \times 11M = \frac{22}{3}M$

6 पुरुष + 11 लड़के

$= 6M + \frac{22}{3}M = \frac{40M}{3}$

माना 6 पुरुष और 11 लड़के उस कार्य को d दिन में पूरा करते हैं।

तब, $4 \times 20 = \frac{40}{3} \times d$

$\Rightarrow \quad d = \frac{4 \times 20 \times 3}{40} = 6$ दिन

113. (c) गेहूँ की खपत,

$62 < 81 < 116 < 124 < 137$

अत: गेहूँ की खपत में क्रमिक वृद्धि हुई है।

114. (a) दिया है,

वस्तु का अंकित मूल्य = ₹ 7200

15% छूट पर विक्रय मूल्य

= ₹ $\left(7200 \times \frac{85}{100}\right)$ = ₹ 6120

20% लाभ पर, क्रय मूल्य

= ₹ $\left(6120 \times \frac{100}{120}\right)$ = ₹ 5100

115. (c) दिया है,

व्यक्ति की चाल = 8 किमी/घण्टा

तथा दूरी = 28 किमी

समय = $\frac{28}{8} = \frac{7}{2}$ घण्टे

अत: 6 किमी/घण्टा की चाल से $\frac{7}{2}$ घण्टे में तय की गई दूरी = $\frac{7}{2} \times 6 = 21$ किमी

116. (d) बच्चों की शिक्षा पर व्यय

= ₹ $\left(100000 \times \frac{12}{100}\right)$ = ₹ 12000

117. (b) अनुभाग B में लड़कों की संख्या = 30

अनुभाग E में लड़कियों की संख्या = 55

अभीष्ट प्रतिशत = $\left(\frac{30}{55} \times 100\right)\%$

= 55% लगभग

118. (c) माना पारूल द्वारा कार्य पूरा करने में लगा समय = x दिन

तो रमेश द्वारा कार्य पूरा करने में लगा समय

$= 2 \times \frac{4x}{5} = \frac{8x}{5}$

पारूल का 1 दिन का कार्य = $\frac{1}{x}$

तथा रमेश का 1 दिन का कार्य = $\frac{5}{8x}$

प्रश्नानुसार,

$\frac{1}{x} + \frac{5}{8x} = \frac{1}{24} \Rightarrow \frac{8+5}{8x} = \frac{1}{24}$

$\Rightarrow x = \frac{13 \times 24}{8} = 39$

∴ पारूल 39 दिन में कार्य पूरा करेगी।

119. (a) तृतीयानुपाती = $\frac{20 \times 20}{16} = 25$

120. (c) कॉलेज A में उत्तीर्ण विद्यार्थियों का औसत

$= \frac{68 + 72 + 78 + 80}{4} = \frac{298}{4} = 74.5$

कॉलेज B में उत्तीर्ण विद्यार्थियों का औसत

$= \frac{78 + 86 + 91 + 87}{4} = \frac{342}{4} = 85.5$

कॉलेज C में उत्तीर्ण विद्यार्थियों का औसत

$= \frac{56 + 78 + 82 + 84}{4} = \frac{300}{4} = 75$

कॉलेज D में उत्तीर्ण विद्यार्थियों का औसत

$= \frac{78 + 82 + 85 + 87}{4} = \frac{332}{4} = 82$

∵ कॉलेज A में उत्तीर्ण विद्यार्थियों का औसत प्रतिशत सबसे कम है।

121. (d) $\sin\theta + \cos\theta = \frac{\sqrt{11}}{3}$

दोनों पक्षों का वर्ग करने पर,

$(\sin\theta + \cos\theta)^2 = \frac{11}{9}$

$\Rightarrow \; \sin^2\theta + \cos^2\theta + 2\sin\theta\cos\theta = \frac{11}{9}$

$\Rightarrow \; 2\sin\theta\cos\theta = \frac{11}{9} - 1 = \frac{2}{9}$

$\therefore (\cos\theta - \sin\theta)^2 = \sin^2\theta + \cos^2\theta - 2\sin\theta\cos\theta$

$\Rightarrow (\cos\theta - \sin\theta)^2 = 1 - \frac{2}{9}$

$\Rightarrow (\cos\theta - \sin\theta)^2 = \frac{7}{9}$

$\Rightarrow \quad \cos\theta - \sin\theta = \frac{\sqrt{7}}{3}$

122. (a) यूके के निर्यात का मूल्य

= ₹ $\left(14400 \times \frac{125}{360}\right)$ बिलियन

= ₹ 5000 बिलियन

ऑस्ट्रेलिया के निर्यात का मूल्य

= ₹ $\left(14400 \times \frac{75}{360}\right)$ बिलियन

= ₹ 3000 बिलियन

अभीष्ट अन्तर = ₹ (5000 − 3000) बिलियन

= ₹ 2000 बिलियन

123. (c) $7\frac{5}{8} + \frac{5}{8}$ of $184 \times 15 \div 5 - (?) = 0$

$\Rightarrow \frac{61}{8} + 5 \times 23 \times 15 \div 5 - (?) = 0$

$\Rightarrow \frac{61}{8} + 5 \times 23 \times 3 - (?) = 0$

$\Rightarrow \frac{61}{8} + 345 - (?) = 0$

$\Rightarrow ? = \frac{2821}{8} = 352\frac{5}{8}$

124. (d) माना कुल मतों की संख्या = x

तो P को प्राप्त मतों की संख्या

$= x \times \frac{40}{100} = \frac{2x}{5}$

Q को प्राप्त मतों की संख्या

$= x \times \frac{60}{100} = \frac{3x}{5}$

प्रश्नानुसार, $\frac{3x}{5} - \frac{2x}{5} = 10$

$\Rightarrow \; x = 10 \times 5 \Rightarrow x = 50$

125. (a) कुल श्रमिकों की संख्या = 9000

तब, मत दिए गए, श्रमिकों की संख्या

$= 9000 \times \frac{80}{100} = 7200$

कुल मान्य मतों की संख्या

$= 7200 \times \frac{80}{100} = 5760$

माना, मोहन को प्राप्त मतों की संख्या = x

तथा अजय को प्राप्त मतों की संख्या

$= x + 1152$

$\Rightarrow x + x + 1152 = 5760$

$\Rightarrow \; 2x = 5760 - 1152$

$\Rightarrow \; 2x = 4608$

$\Rightarrow \; x = 2304$

अजय को प्राप्त मतों की संख्या

$= 2304 + 1152 = 3456$

126. (b) माना उधार ली गई धनराशि = ₹ x

प्रश्नानुसार,

$\frac{x \times 5 \times 4}{100} + \frac{x \times 6 \times 8}{100} + \frac{x \times 12 \times 2}{100} = 9016$

$\Rightarrow \; \frac{20x}{100} + \frac{48x}{100} + \frac{24x}{100} = 9016$

$\Rightarrow \quad \frac{92x}{100} = 9016$

$\Rightarrow \quad x = \frac{9016 \times 100}{92}$ = ₹ 9800

127. (c) माना दोनों संख्याएँ $4x$ और $3x$ है।

प्रश्नानुसार,

$4x \times 3x = 2700 \Rightarrow 12x^2 = 2700$

$\Rightarrow \quad x^2 = \frac{2700}{12} = 225$

$\Rightarrow \quad x = 15$

दोनों संख्याओं के बीच का अन्तर

$= (4x - 3x) = x = 15$

128. (a) 2, 4, 6 और 8 का ल. स. = 24

$$24)\overline{1351}(56$$
$$\frac{120}{151}$$
$$\frac{144}{7}$$

जोड़ी जाने वाली संख्या = 24 − 7 = 17

129. (b) $\sin 2A = \cos 15°$

$\Rightarrow \sin 2A = \sin(90° - 15°)$

$\Rightarrow \sin 2A = \sin 75°$

$\Rightarrow 2A = 75°$

$\Rightarrow A = \frac{75°}{2} = 37.5°$

130. (a) तालिका से स्पष्ट है, संस्था C में कर्मचारियों की संख्या न्यूनतम है।

131. (d) नए व्यक्ति का वजन

= (व्यक्तियों की संख्या) × औसत वृद्धि + पुराने व्यक्ति का वजन

= (15 × 3.2) + 52 = 48 + 52 = 100 किग्रा

132. (a) $(48 \div 72 \times 3) - [15 \div 8 \times (40 - 32) - 10] + 2P = 6 \div 2$

$\Rightarrow \left(\frac{48}{72} \times 3\right) - [15 \div 8 \times 8 - 10] + 2P = 3$

$\Rightarrow 2 - [15 - 10] + 2P = 3$

$\Rightarrow 2 - 5 + 2P = 3 \Rightarrow 2P = 6$

$\Rightarrow P = \frac{6}{2} = 3$

133. (d) दिया है,

PO = 7 सेमी, O_1Q = 15 सेमी

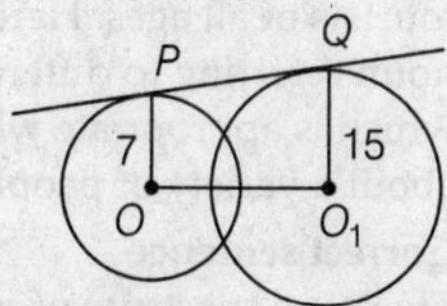

हम जानते हैं, उभयनिष्ठ स्पर्श रेखा की लम्बाई $= \sqrt{D^2 - (r_1 - r_2)^2}$

यहाँ, D = 17 सेमी, r_1 = 15 सेमी, r_2 = 7 सेमी

PQ की लम्बाई $= \sqrt{(17)^2 - (15-7)^2}$

$= \sqrt{289 - 8^2} = \sqrt{289 - 64}$

$= \sqrt{225} = 15$ सेमी

134. (c) $x\left(5 - \frac{2}{3}\right) = \frac{5}{x}$

$\Rightarrow 5x - \frac{2x}{x} = \frac{5}{x} \Rightarrow 5x - 2 = \frac{5}{x}$

$\Rightarrow 5x - \frac{5}{x} = 2$

दोनों पक्षों को 5 से विभाजित करने पर,

$x - \frac{1}{x} = \frac{2}{5}$

दोनों पक्षों का वर्ग करने पर,

$\left(x - \frac{1}{x}\right)^2 = \left(\frac{2}{5}\right)^2$

$\Rightarrow x^2 + \frac{1}{x^2} - 2 = \frac{4}{25}$

$\Rightarrow x^2 + \frac{1}{x^2} = \frac{4}{25} + 2 = \frac{54}{25}$

135. (b) $A + \cfrac{1}{1 + \cfrac{1}{2 + \cfrac{1}{3}}} = \frac{9}{10}$

$\Rightarrow A + \cfrac{1}{1 + \cfrac{1}{\frac{7}{3}}} = \frac{9}{10}$

$\Rightarrow A + \cfrac{1}{1 + \frac{3}{7}} = \frac{9}{10}$

$\Rightarrow A + \cfrac{1}{\frac{7+3}{7}} = \frac{9}{10}$

$\Rightarrow A + \frac{7}{10} = \frac{9}{10}$

$A = \frac{9}{10} - \frac{7}{10} = \frac{2}{10} = \frac{1}{5}$

136. (a) दिया है,

मिश्रण की मात्रा = 60 लीटर

मिश्रण में दूध की मात्रा

$= 60 \times \frac{40}{100} = 24$ लीटर

माना, मिलाई गई दूध की मात्रा = x लीटर

$(60 + x) \times \frac{60}{100} = 24 + x$

$\Rightarrow 180 + 3x = 5(24 + x)$

$\Rightarrow 180 + 3x = 120 + 5x$

$\Rightarrow 2x = 60 \Rightarrow x = 30$ लीटर

137. (a) दिया है,

वृत्त की त्रिज्या = 8 सेमी

चाप की लम्बाई = 4.6 सेमी

क्षेत्रफल $= \frac{1}{2} \times$ चाप की लम्बाई × त्रिज्या

$= \frac{1}{2} \times 4.6 \times 8 = 18.4$ सेमी^{2}

138. (a) दिया है, पुस्तक का अंकित मूल्य = ₹ 850

क्रमिक छूट 20% और 10% है।

पुस्तक का विक्रय मूल्य

$= ₹\left[\left(850 \times \frac{80}{100} \times \frac{90}{100}\right) + 55\right]$

= ₹ (612 + 55) = ₹ 667

∴ पुस्तक का विक्रय मूल्य = ₹ 980

तो लाभ प्रतिशत $= \frac{(980 - 667)}{667} \times 100$

$= \frac{313 \times 100}{667} = 46.93\%$

139. (a) दिया है,

शांत जल में नाव की चाल = 20 किमी/घण्टे

नदी की धारा की चाल = 8 किमी/घण्टे

माना दूरी = d किमी

प्रश्नानुसार, $\frac{d}{(20-8)} - \frac{d}{(20+8)} = 6$

$\Rightarrow \frac{d}{12} - \frac{d}{28} = 6 \Rightarrow \frac{7d - 3d}{84} = 6$

$\Rightarrow \frac{4d}{84} = 6 \Rightarrow d = \frac{6 \times 84}{4} \Rightarrow d = 126$ किमी

140. (d) दिया है,

धनराशि = ₹ 25000

वार्षिक ब्याज दर = 12%

समय = 3 वर्ष

चक्रवृद्धि ब्याज

$= ₹\left[25000\left(1 + \frac{12}{100}\right)^3 - 25000\right]$

$= ₹\left[25000 \times \left(1 + \frac{3}{25}\right)^3 - 25000\right]$

$= ₹\left[25000 \times \frac{28}{25} \times \frac{28}{25} \times \frac{28}{25} - 25000\right]$

= ₹ [35123.2 − 25000] = ₹ 10123.2

141. (d) जीवन का एक दिन का कार्य $= \frac{1}{42}$

ऋषि और जीवन का एक दिन का कार्य $= \frac{1}{27}$

ऋषि का एक दिन का कार्य $= \frac{1}{27} - \frac{1}{42}$

$= \frac{14 - 9}{378} = \frac{5}{378}$

ऋषि द्वारा अकेले कार्य पूरा करने में लगा समय $= \frac{378}{5} = 75\frac{3}{5}$ दिन

142. (d) दिया है, $A + B = 90°$

$\Rightarrow A = 90° - B°$

$\Rightarrow \cot A = \cot(90° - B)$

$\Rightarrow \cot A = \tan B$

इसी तरह $\cot B = \tan A$

$= \frac{\cot A}{\cot B} + \cos^2 A + \cos^2(90° - A)$

$= \frac{\cot A}{\tan A} + \cos^2 A + \sin^2 A$

$= \frac{\left(\frac{\cos A}{\sin A}\right)}{\left(\frac{\sin A}{\cos A}\right)} + \cos^2 A + \sin^2 A$

$= \frac{\cos^2 A}{\sin^2 A} + \cos^2 A + \sin^2 A$

$= \frac{\cos^2 A}{\sin^2 A} + \cos^2 A + \sin^2 A$

$= \frac{1 - \sin^2 A}{\sin^2 A} + \cos^2 A + \sin^2 A$

$= \frac{1}{\sin^2 A} - 1 + 1$

$= \frac{1}{\sin^2 A} = \text{cosec}^2 A$

143. (c) 2020 से 2021 तक में प्रतिशत परिवर्तन चार्ट में

$= \frac{37 - 27}{27} \times 100$

$= \frac{10}{27} \times 100 = 37.03\%$

ज्यामिति में $= \frac{44 - 32}{32} \times 100$

$= \frac{12}{32} \times 100 = 37.5\%$

नोटबुक में $= \frac{35 - 25}{25} \times 100$

$= \frac{10}{25} \times 100 = 40\%$

पृष्ठ में $= \frac{26 - 20}{20} \times 100$

$= \frac{6}{20} \times 100 = 30\%$

अत: नोटबुक ने 2020 से 2021 तक उच्चतम प्रतिशत परिवर्तन दर्ज किया।

144. (c) तृतीयानुपाती $= \frac{31 \times 31}{23} = \frac{961}{23}$

145. (b) दिया है,

ट्रेडमिल का अंकित मूल्य = ₹ 1250

ट्रेडमिल का विक्रय मूल्य

$= ₹\left(1250 \times \frac{86}{100}\right) = ₹\ 1075$

ट्रेडमिल का क्रय मूल्य

$= ₹\left(1075 \times \frac{100}{(100 + 14)}\right)$

$= ₹\left(1075 \times \frac{100}{114}\right) = ₹\ 943$ लगभग

146. (a) दिया है, समबाहु त्रिभुज का क्षेत्रफल $= 4\sqrt{3}$ सेमी

माना त्रिभुज की भुजा = x सेमी

तब $\frac{\sqrt{3}}{4} \times x^2 = 4\sqrt{3}$

$\Rightarrow x^2 = 4 \times 4$

$\Rightarrow x = 4$ सेमी

147. (c) दिया है,

आयत की लम्बाई = 126 फीट

तथा चौड़ाई = 90 फीट

126 और 90 का म. स. = 18

वर्गाकार टाइल की भुजा = 18 फीट

वर्गाकार टाइल का क्षेत्रफल $= (18)^2$ फीट^2

$= 324$ फीट^2

148. (d) माना वस्तु x का मूल्य = ₹ a

तथा वस्तु y का मूल्य = ₹ $(a + 90)$

x और y का कुल क्रय मूल्य

$= ₹\ (a + a + 90) = ₹\ (2a + 90)$

कुल विक्रय मूल्य

$= a \times \frac{123}{100} + (a + 90) \times \frac{87}{100}$

$= \frac{123a}{100} + \frac{87a + 7830}{100}$

$= \frac{210a + 7830}{100}$

प्रश्नानुसार,

$\frac{210a + 7830}{100} - (2a + 90) = ₹\ 180$

$\Rightarrow \frac{210a + 7830 - (200a + 9000)}{100} = 180$

$\Rightarrow 210a + 7830 - 200a - 9000 = 18000$

$\Rightarrow 10a - 1170 = 18000$

$\Rightarrow 10a = 19170 \Rightarrow a = 1917$

वस्तु, y का मूल्य = ₹ (1917 + 90)

= ₹ 2007

149. (d) दिया है,

बड़े गोले की त्रिज्या = 12 सेमी

तथा अर्द्धगोले की त्रिज्या = 4 सेमी

अर्द्धगोलों की संख्या $= \frac{\text{गोले का आयतन}}{\text{अर्द्धगोले का आयतन}}$

$= \frac{\frac{4}{3}\pi \times 12 \times 12 \times 12}{\frac{2}{3}\pi \times 4 \times 4 \times 4}$

$= 54$

150. (c) दिया है, ल. स. = 533

x और y अभाज्य संख्याएँ हैं, जहाँ $x > y$

$x \times y = 533$

$x \times y = 13 \times 41$

$x = 41$ और $y = 13$ $(\because x > y)$

$4y - x = 4 \times 13 - 41 = 52 - 41 = 11$

151. (d) The idiom 'throw dust into someone's eyes' means to 'deceive or mislead someone intentionally', often by hiding facts or presenting false appearances. Just as dust obstructs clear vision, this idiom refers to preventing someone from seeing the truth.

152. (d) The word 'pithy' refers to language or writing that is brief, concise and full of meaning. It is often used to describe statements or expressions that are short yet impactful. O. Henry's short stories are admired for their brevity and depth, which aligns perfectly with the meaning of concise and expressive.

153. (a) The idiom 'A' plum job refers to a highly desirable job that is well-paid, easy to do, or has many advantages. It is often used to describe a position that many people would want because of its comfort, prestige, or benefits.

154. (b) The correct grammatical structure after the verb prefers when followed by another verb is either:

- prefers + verb-ing (e.g., prefers watching)
- prefers + to + base verb (e.g., prefers to watch)

In the given sentence, the incorrect phrase is prefers to watching, which mixes both patterns incorrectly. The correct form should be: my brother prefers to watch movies

This follows the structure: prefers + to + base verb = prefers to watch.

155. (c) The word 'Glad' is an adjective that means happy, pleased, or delighted. It expresses a feeling of joy or satisfaction.

The word 'Sad' directly expresses the opposite feeling of being glad, making it the correct antonym.

156. (a) The error lies in the phrase tourists of all aging. The word 'aging' is a verb form or gerund, meaning the process of growing old and it is incorrect in this context.

The correct expression should be: tourists of all ages. Here, ages is a noun referring to different age groups, which is appropriate when talking about a variety of people.

Correct sentence

There is a spectrum of seas around that land which attracts tourists of all ages.

157. (c) The word imitates is a verb that means to copy someone's actions, speech, behaviour or mannerisms, often in order to resemble them or mock them. In the sentence, it suggests that Saurabh behaves in the same way as his boss, indicating mimicry or replication.

158. (c) The word 'Unequivocal' is an adjective that means leaving no doubt, clear, or unambiguous. It refers to something stated in a way that is definite and cannot be misunderstood or misinterpreted.

'Unambiguous' is the direct synonym as it also means clear and not open to multiple interpretations.

159. (a) The word 'plaged' is incorrectly spelt. The correct spelling is plagued, which means to trouble or afflict persistently, often with problems or difficulties.

160. (c) The idiom 'Keep count of' means to keep a record or remember the number or amount of something, such as occurrences, people, items, etc.

Example She kept count of the number of books she read last year.

161. (d) The correct one-word substitution for a pretence of having a virtuous character, moral or religious beliefs or principles that one does not really possess is hypocrisy. It refers to the act of pretending to have moral standards or beliefs which one's own behaviour does not conform to.

162. (a) The idiom 'made a pig's ear' (of something) means to do something very badly or to mess it up completely. In the sentence, the person was supposed to repair the bookcase but instead ruined it, which fits the meaning of this idiom perfectly.

163. (d) The error lies in the phrase on second floor. In English grammar, when using ordinal numbers like first, second, third, etc., an article (the) is required before the noun.

The correct phrase should be: on the second floor

164. (c) The phrasal verb 'look into' means to investigate or examine a matter carefully, which is perfectly appropriate in the context of the sentence. The sentence talks about a serious case that requires attention and investigation, so look into is the correct usage.

165. (c) The idiom 'keep a straight face' means to avoid laughing or showing amusement, especially in a situation where it is difficult to control laughter. It refers to maintaining a serious or neutral expression even when something is funny or ridiculous.

Example He told such a ridiculous story, but I somehow managed to keep a straight face.

166. (b) A bonfire is a large open-air fire, typically built for celebration, festive events, or ceremonial purposes. It is often associated with traditional celebrations like festivals, camp gatherings, or historical commemorations.

167. (d) The word 'voluume' in the sentence is incorrectly spelt. The correct spelling is volume, which refers to the loudness or intensity of sound.

168. (c) The word 'disclosed' means made known, uncovered, or revealed something that was previously hidden or secret.

Hence, the synonym of 'disclosed' in the sentence is 'revealed'.

169. (a) The word 'Gllidder' is incorrectly spelt. The correct spelling is Glider, which refers to a type of aircraft that does not have an engine and is designed to glide through the air.

170. (b) The word 'envy' means a feeling of jealousy towards someone who has something that one desires or lacks. It indicates a negative emotional response to someone else's success or possessions.

171. (b) The term 'quorum' refers to the minimum number of members required to be present for a meeting or decision-making process to be valid. It is often used in the context of formal meetings, such as in legislative bodies or board meetings.

172. (d) An invoice is a detailed list of goods or services provided, along with the quantity and price for each item. It is typically issued by the seller to the purchaser as a record of the transaction.

173. (a) The sentence is grammatically correct when using 'The simple mistake' because:

- 'The' is the correct article to use before 'simple mistake' when referring to a specific mistake.
- 'The boy' is also correct, as 'boy' refers to a specific individual who committed the mistake.

174. (a) The word 'Vulnerable' means susceptible to harm or damage, or easily hurt or affected. 'Susceptible' is the closest synonym as it also means likely to be influenced or harmed by something.

175. (a) The word 'Benevolent' means kind, charitable, or showing goodwill. It refers to someone who is generous and caring towards others. Therefore, generous is the most appropriate synonym.

176. (c) The word 'Granduer' is incorrectly spelt. The correct spelling is grandeur, which means greatness or magnificence, especially in terms of appearance or scale.

177. (c) The term 'Chastise' means to criticise or rebuke someone severely for their actions or behaviour. It implies a strong reprimand or correction, which is the most fitting one-word substitute for the given group of words.

178. (a) The word 'Euphoria' refers to a state of intense happiness, excitement, or self-confidence. It captures the idea of a positive emotional state of joy and well-being, which fits the description provided in the question.

179. (b) The word 'purr' refers to the low, continuous, vibratory sound that cats make, typically when they are content or relaxed. It is a distinctive sound that expresses a state of satisfaction, commonly heard when a cat is happy.

180. (b) The idiom 'Face the music' means to accept the consequences or punishment for something you have done wrong or for a mistake you made. It is used when someone must confront the unpleasant outcome of their actions.

181. (d) The idiom 'Slipped my mind' means to forget something. In this context, it indicates that the speaker intended to mention something but forgot to do so.

182. (c) The phrasal verb 'set out' means to begin a journey or endeavor with a specific goal or destination in mind. In this context, Pradeep began his journey with the intention of going to Jamaica, but ended up in Nigeria.

183. (c) The word 'Specific' means clear, definite, or precise in detail. The antonym of 'Specific' would be random, which refers to something without a particular pattern, order, or purpose.

184. (a) The word 'Beneficent' means doing good or being charitable; it refers to a person or action that is kind and helpful. The antonym of beneficent would be cruel, which refers to being unkind, harsh, or causing pain or suffering.

185. **(c)** The idiom 'Grasping at straws' refers to making desperate attempts to find a solution or trying to achieve something when all options seem unlikely to work or are inadequate. It conveys the idea of clinging to any possibility, no matter how unlikely, in times of desperation.

186. **(c)** The word 'Contempt' refers to a feeling of disdain, disrespect, or scorn toward someone or something.
The antonym of 'Contempt' would be regard, which means to respect, honour, or have positive feelings toward someone or something.

187. **(d)** The word 'Obsolete' refers to something that is no longer in use because it has been replaced by something newer or more efficient. It perfectly fits the description of something that is no longer used due to the invention of something new.

188. **(d)** The sentence is referring to the person's character and behaviour. 'A quick buck' refers to making money in a quick, often unscrupulous way. So, the sentence 'She never likes to make a quick buck' would suggest that she doesn't like to engage in opportunistic or dishonest ways to make money, emphasizing integrity and ethics.

189. **(a)** The word 'alited' is incorrectly spelt. The correct spelling is 'alighted', which means to land or descend, usually referring to birds.

190. **(d)** The phrase 'banking on' means relying on or depending on something, often used to express the expectation that something will happen or provide support. In this sentence, Ram is depending on the arrears of pay to go to Delhi but did not receive it in time.

191. **(d)** The word 'usually' fits best in blank number 1.

192. **(b)** The word 'frequent' means occurring often or regularly fits best in blank number 2.

193. **(a)** The word 'baffled' means confused or astonished fits best in blank number 3.

194. **(b)** The word 'depict' fits best in blank number 4.

195. **(a)** The word 'outnumbering' fits perfectly in blank number 5.

196. **(c)** The word 'intervention' refers to the act of taking action to influence or change a situation. The antonym of this would be 'non-involvement', which means not participating or taking action in a particular situation.

197. **(b)** The word 'promote' means to encourage, advance or support something.
The antonym of promote would be 'obstruct', which means to block or hinder progress or development.

198. **(c)** The passage presents a problem-solution structure. It first discusses the issue of climate change and its impact on health and then suggests a solution by focusing on health-centered climate policies, clean energy investments and proven interventions to mitigate climate pollutants.

199. **(c)** The central idea of the passage focuses on the importance of health-centered climate policies that not only address climate change but also bring health benefits simultaneously. The passage emphasises the need to invest in clean energy and interventions to improve air quality and reduce global warming, which directly impacts health.

200. **(d)** The tone of the passage is humanistic, as it focuses on health, well-being and the positive impacts of climate policy on people's lives. It emphasises how climate change mitigation can benefit people by providing cleaner air, safer water, better health systems and ultimately healthier lives, which reflects a concern for human welfare.

CPO SI P-1 SP 18

पेपर-1

SSC CPO SI
सॉल्वड पेपर

3 अक्टूबर 2023 (शिफ्ट II)

निर्देश

1. इस पेपर में 200 प्रश्न हैं।
2. इसमें 4 भाग हैं, **भाग 1** सामान्य बुद्धि एवं तर्कशक्ति, **भाग 2** सामान्य ज्ञान एवं सामान्य जागरुकता, **भाग 3** मात्रात्मक योग्यता और **भाग 4** अंग्रेजी
3. प्रत्येक प्रश्न **1 अंक** का है।

अधिकतम अंक : 200 **समय : 2 घण्टे**

भाग 1

सामान्य बुद्धि एवं तर्कशक्ति

1. एक कागज को नीचे दिखाए गए अनुसार मोड़ा और काटा जाता है। खोले जाने पर यह कैसा दिखाई देगा?

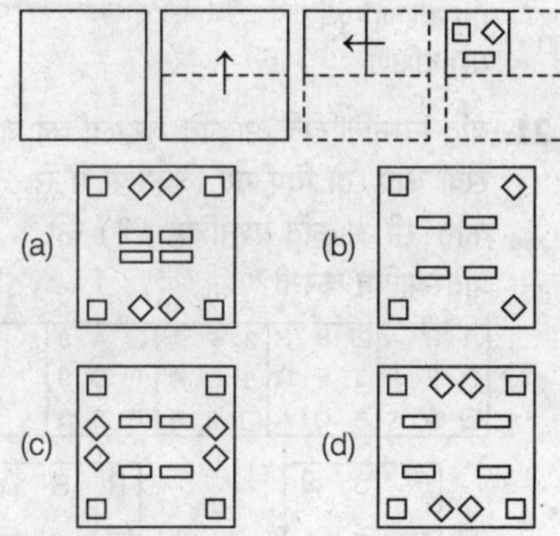

2. एक निश्चित कूटभाषा में, 'COUNTY' को 'ULCYGN' और 'FOREST' को 'RLFTHE' के रूप में लिखा जाता है। उसी कूटभाषा में 'MARGIN' को किस प्रकार लिखा जाएगा?

(a) RJMDSZ (b) ZMMRGI
(c) ZMTPRH (d) RZMNRG

3. यदि M का अर्थ '–' है, N का अर्थ '÷' है, O का अर्थ '×' है और P का अर्थ '+' है, तो निम्नलिखित समीकरण में प्रश्नचिह्न '?' के स्थान पर क्या आएगा?

255 N 5 O 4 P 16 O 3 M 29 = ?

(a) 211 (b) 216 (c) 230 (d) 223

4. उस समुच्चय का चयन कीजिए, जिसमें संख्याएँ आपस में उसी प्रकार सम्बन्धित हैं जिस प्रकार निम्नलिखित समुच्चयों की संख्याएँ आपस में सम्बन्धित है। (**नोट** संख्याओं को उसके घटक अंकों में विभाजित किए बिना, पूर्ण संख्याओं पर गणितीय संक्रियाएँ की जानी चाहिए। उदाहरण के लिए 13 - गणितीय संक्रियाएँ जैसे कि जोड़ना/घटाना/गुणा करना इत्यादि 13 में किया जा सकता है। 13 को 1 और 3 में विभाजित करना और फिर 1 और 3 पर गणितीय संक्रियाएँ करने की अनुमति नहीं है।)

(11, 33, 17)
(18, 44, 21)

(a) (12, 40, 18) (b) (16, 43, 22)
(c) (15, 34, 19) (d) (7, 32, 9)

5. दिए गए समीकरण को सही बनाने के लिए किन दो गणितीय चिह्न को आपस में बदला जाना चाहिए?

(75 + 15) × 27 × 1 – 9 ÷ 7 × (135 + 3) – 10 ÷ (189 + 63) = 434

(a) × और ÷ (b) + और ÷
(c) ÷ और – (d) ÷ और –

6. दर्पण को नीचे चित्र के अनुसार 'MN' पर रखे जाने पर दिए गए संयोजन के सही दर्पण प्रतिबिम्ब का चयन करें।

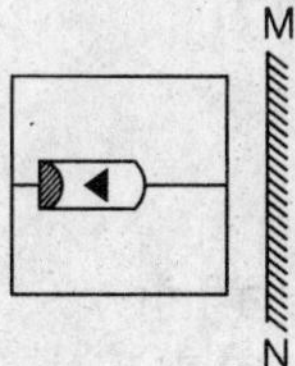

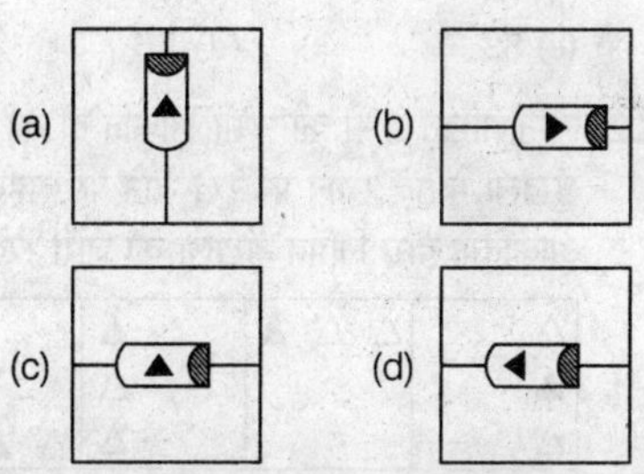

7. उस विकल्प आकृति का चयन कीजिए, जो दी गई आकृति में उसके एक भाग के रूप में अन्तर्निहित है (आकृति को घुमाने की अनुमति नहीं है)।

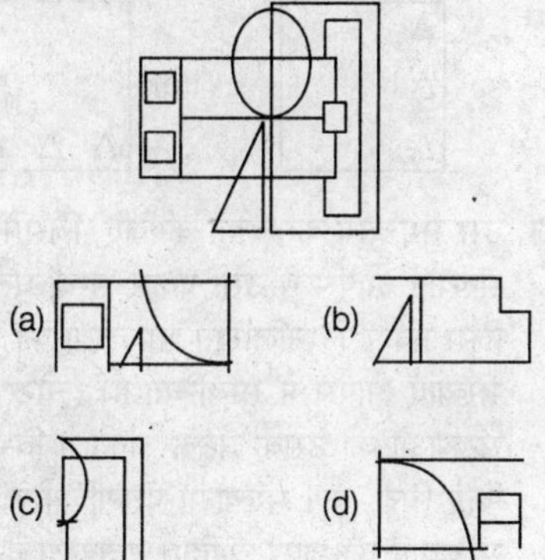

8. एक निश्चित कूटभाषा में 'OIL' को 27 के रूप में कूटबद्ध किया जाता है और 'CREAM' को 125 के रूप में कूटबद्ध किया जाता है। उसी कूटभाषा में 'POWDER' को किस प्रकार कूटबद्ध किया जाएगा?

(a) 169 (b) 198
(c) 225 (d) 216

9. विकल्पों में दी गई कौन-सी संख्या निम्न श्रेणी में प्रश्नचिह्न (?) के स्थान पर आकर उसे पूर्ण करेगी?

15, 19, 21, 25, 27, ?

(a) 32 (b) 30
(c) 31 (d) 29

10. एक निश्चित प्रकार से 'PRO 5' का सम्बन्ध 'OSQ 15' से है। उसी प्रकार 'OPO 10' का सम्बन्ध 'NQQ 30' से है। उसी तर्क का उपयोग करते हुए बताइए कि निम्नलिखित में से किसका सम्बन्ध 'MAC 9' से है?

(a) NZA 3 (b) NZA 27
(c) NZB 3 (d) OZA 3

11. यदि A का अर्थ '+' हो, B का अर्थ '×' हो, C का अर्थ '–' हो और D का अर्थ '÷' हो, तो निम्नलिखित समीकरण का मान कितना होगा?

13 B 7 A 64 D 4 C 23 = ?

(a) 84 (b) 86
(c) 82 (d) 76

12. निम्नलिखित में से कौन-सी आकृति दी गई श्रृंखला में 5वें स्थान पर रखे जाने पर, पहली चार आकृतियों द्वारा निर्मित श्रृंखला को जारी रखेगी?

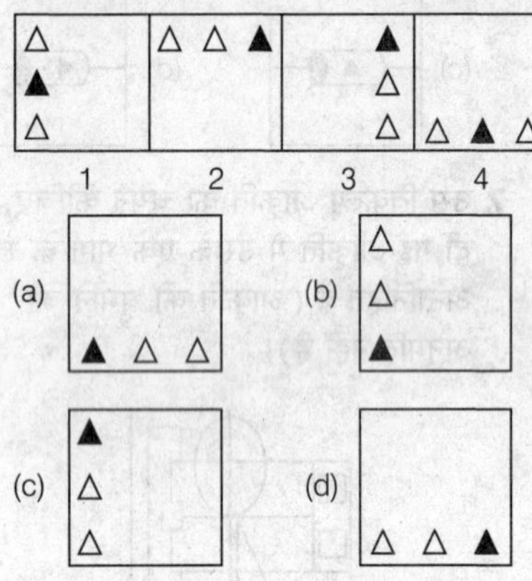

13. उस समुच्चय का चयन कीजिए, जिसमें संख्याएँ आपस में उसी प्रकार सम्बन्धित हैं। जिस प्रकार निम्नलिखित समुच्चयों की संख्याएँ आपस में सम्बन्धित है। (**नोट** संख्याओं को उसके घटक अंकों में विभाजित किए बिना, पूर्ण संख्याओं पर गणितीय संक्रियाएँ की जानी चाहिए। उदाहरण के लिए 13 - गणितीय संक्रियाएँ जैसे कि जोड़ना/घटाना/गुणा करना इत्यादि 13 में किया जा सकता है। 13 को 1 और 3 में विभाजित करना और फिर 1 और 3 पर गणितीय संक्रियाएँ करने की अनुमति नहीं है।)

(15, 21, 66) (9, 17, 44)

(a) (5, 37, 52) (b) (11, 13, 35)
(c) (2, 4, 12) (d) (7, 9, 86)

14. एक निश्चित कूटभाषा में, "FRIGHT" को "FOCQED" लिखा जाता है और "SHREDS" को "OEPPAB" लिखा जाता है। उसी कूटभाषा में "UPSETS" को किस प्रकार लिखा जाएगा?

(a) PMRPQB (b) PMROQB
(c) PMRSQB (d) PMSPQB

15. यदि दर्पण को नीचे दिखाए गए अनुसार रेखा MN पर रखा गया हो, तो दी गई आकृति के सही दर्पण प्रतिबिम्ब का चयन कीजिए।

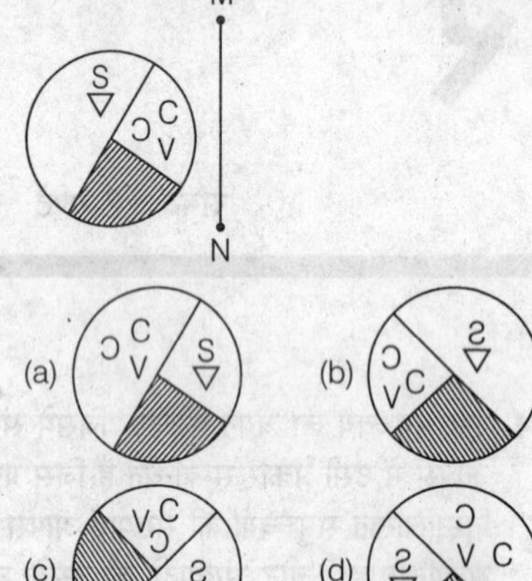

16. उस विकल्प का चयन करें, जो उन अक्षरों को निरूपित करता है, जिन्हें नीचे दिए गए रिक्त स्थानों में क्रमिक रूप से बाएँ से दाएँ रखे जाने पर, दी गई अक्षर श्रृंखला पूरी हो जाएगी।

A _ _ DF _ K _ _ FA _ L _ _

(a) L A L K D F D K
(b) F D L A K F D L
(c) K L A L D K D F
(d) D L K L F A L D

17. नीचे तीन कथन और उसके बाद I, II और III क्रमांक वाले तीन निष्कर्ष दिए गए हैं। यह मानते हुए कि कथनों में दी गई जानकारी सत्य है, भले ही ये कथन सामान्य रूप से ज्ञात तथ्यों से भिन्न प्रतीत होते हों, यह निर्णय कीजिए कि कौन- से निष्कर्ष इन कथनों का तार्किक रूप से पालन करते हैं?

कथन

सभी घाटियाँ, पहाड़ हैं।
कोई समुद्र, पहाड़ नहीं है।
कुछ मैदान, समुद्र हैं।

निष्कर्ष

I. कुछ घाटियाँ, मैदान हैं।
II. कोई मैदान, पहाड़ नहीं है।
III. कोई समुद्र, घाटी नहीं है।

(a) केवल निष्कर्ष I पालन करता है
(b) निष्कर्ष I और II दोनों पालन करते हैं
(c) केवल निष्कर्ष II पालन करता है
(d) केवल निष्कर्ष III पालन करता है

18. "M $ K" का अर्थ है कि "M, K की माता है"।
"M # K" का अर्थ हैं कि "M, K का पिता है"।
'M @ K" का अर्थ है कि "M, K का पति है"।
"M % K" का अर्थ है कि "M, K की पुत्री है"।
यदि A $ C @ R है, तो R का A से क्या सम्बन्ध है?

(a) माता (b) बहू
(c) पुत्री (d) ससुर

19. निम्नलिखित में से कौन-सी संख्या दी गई श्रेणी में प्रश्नचिह्न (?) के स्थान पर आएगी?

18, 27, 31, 43, 44, 59, 57, ?

(a) 75 (b) 83
(c) 82 (d) 74

20. शहर Q, शहर P के उत्तर में है। शहर R, शहर Q के पश्चिम में है। शहर S, शहर R के उत्तर में है। शहर T, शहर S के पूर्व में है। शहर R के सापेक्ष, शहर T की स्थिति क्या है? (सभी स्थितियों को ग्रिड (GRID) पैटर्न में व्यवस्थित किया गया है।

(a) पूर्व
(b) उत्तर-पूर्व
(c) दक्षिण-पूर्व
(d) दक्षिण

21. यदि निम्नलिखित आकृति श्रृंखला को जारी रखा जाए, तो दिए गए विकल्पों में से कौन-सी आकृति प्रश्नचिह्न (?) को प्रतिस्थापित करेगी?

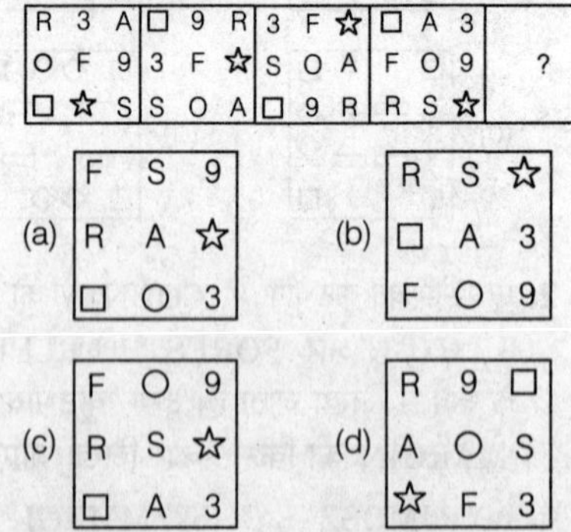

22. यदि '+' का अर्थ 'भाग देना' है, '–' का अर्थ 'जोड़ना' है, '×' का अर्थ 'घटाना' है और '÷' का अर्थ गुणा करना है, तो निम्नलिखित व्यंजन का मान क्या होगा?

$[\{(25 \times 13) - (3 \div 3)\} + (3 - 4)] \div 5$

(a) 10 (b) 20
(c) 15 (d) 5

23. नीचे दिए गए चार अक्षर-समूहों में से तीन किसी प्रकार से आपस में सम्बन्धित हैं और कोई एक उनसे असंगत है। असंगत अक्षर-समूह का चयन कीजिए।

(a) FIEU (b) KNJZ
(c) MJLO (d) SVRH

24. दिए गए अक्षर-समूहों में से कौन-सा, दी गई श्रृंखला में प्रश्नचिह्न (?) के स्थान पर आकर श्रृंखला को पूर्ण करेगा?

MMNO, OKPM, ?, SGTI, UEVG

(a) POKI (b) PQIJ
(c) QRIL (d) QIRK

25. उस समुच्चय का चयन कीजिए, जिसमें संख्याएँ उसी प्रकार सम्बन्धित हैं, जिस प्रकार निम्नलिखित समुच्चयों की संख्याएँ आपस में सम्बन्धित है। (**नोट** संख्याओं को उसके घटक अंकों में विभाजित किए बिना, पूर्ण संख्याओं पर गणितीय संक्रियाएँ की जानी चाहिए। उदाहरण के लिए 13 - गणितीय संक्रियाएँ जैसे कि जोड़ना/घटाना/गुणा करना आदि को 13 से किया जा सकता है। 13 को 1 और 3 में विभाजित करना और फिर 1 और 3 पर गणितीय संक्रियाएँ करने की अनुमति नहीं है।)

(13, 104, 16) (9, 63, 14)

(a) (23, 204, 26) (b) (12, 85, 15)
(c) (10, 92, 17) (d) (8, 60, 15)

26. नीचे दो कथन और दो निष्कर्ष दिए गए हैं। कथनों को सत्य मानते हुए, भले ही ये सामान्य रूप से ज्ञात तथ्यों से भिन्न प्रतीत होते हों, यह निर्णय कीजिए कि कौन- से निष्कर्ष इन कथनों का तार्किक रूप से पालन करते हैं?

कथन
कुछ केक, बिस्कुट हैं।
कुछ बिस्कुट, चॉकलेट हैं।

निष्कर्ष
I. कुछ बिस्कुट, केक हैं।
II. कुछ केक, चॉकलेट हैं।

(a) केवल निष्कर्ष I पालन करता है
(b) केवल निष्कर्ष II पालन करता है
(c) न तो निष्कर्ष I और न ही II पालन करता है
(d) दोनों निष्कर्ष पालन करते हैं

27. दिए गए समीकरण को सही बनाने के लिए किन दो चिह्नों को आपस में बदला जाना चाहिए?

$13 + 145 \div 29 \times 52 - 11 = 106$

(a) ÷ और + (b) × और +
(c) – और × (d) ÷ और –

28. निम्नलिखित आकृति श्रृंखला में आगे आने वाली आकृति का चयन करें।

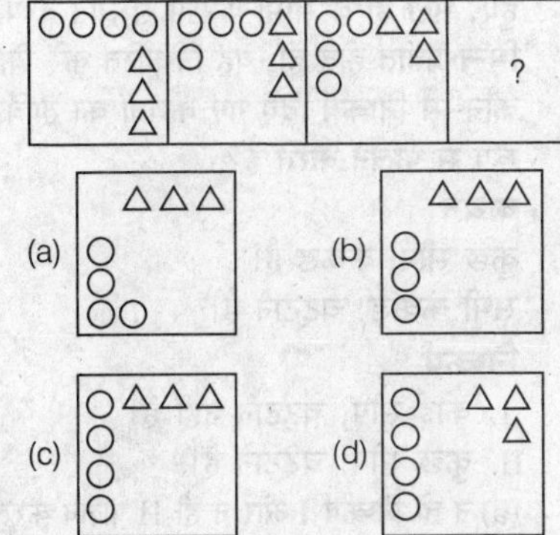

29. सात मित्र A, B, C, D, E, F और G एक वृत्ताकार मेज के परित: केन्द्र की ओर मुख करके बैठे हैं (उनका इसी क्रम में होना अनिवार्य नहीं है)। D, B और C के ठीक बगल में है। A, C के दाईं ओर तीसरे स्थान पर बैठा है। E, A और F के ठीक बगल में है। G, C के बाईं ओर ठीक बगल में बैठा है। B, G के दाईं ओर तीसरे स्थान पर बैठा है। A के दाईं ओर से गिनने पर, A के सापेक्ष G का स्थान क्या है?

(a) दाईं ओर दूसरा (b) बाईं ओर दूसरा
(c) बाईं ओर तीसरा (d) दाईं ओर तीसरा

30. कौन-सा अक्षर-समूह दी गई श्रृंखला को पूर्ण करेगा?

BHERZ, DGHTX, FFKVV, ...

(a) HENWT (b) HENXT
(c) GGNXU (d) HGMWU

31. एक ही पासे की तीन अलग-अलग स्थितियाँ दशाई गई हैं। '5' दर्शाने वाले फलक के विपरीत फलक पर कौन-सी संख्या होगी?

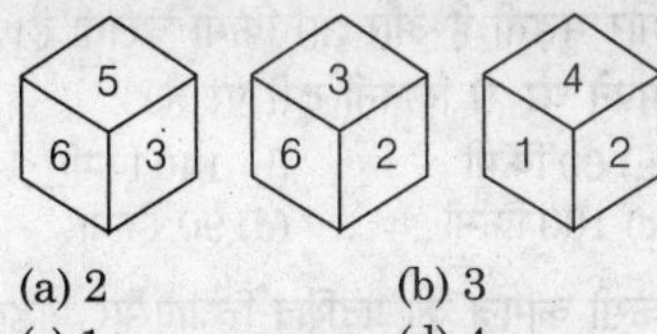

(a) 2 (b) 3
(c) 1 (d) 4

32. उस समुच्चय का चयन कीजिए, जिसमें संख्याएँ एक-दूसरे से आपस में उसी प्रकार सम्बन्धित हैं, जिस प्रकार निम्नलिखित समुच्चयों की संख्याएँ आपस में सम्बन्धित है। (**नोट** संख्याओं को उसके घटक अंकों में विभाजित किए बिना, पूर्ण संख्याओं पर गणितीय संक्रियाएँ की जानी चाहिए। उदाहरण के लिए 13 संख्या 13 पर गणितीय संक्रियाएँ जैसे कि जोड़ना/घटाना/गुणा करना आदि को 13 से विभाजित किया जा सकता है। 13 को 1 और 3 में विभाजित करना और फिर 1 और 3 पर गणितीय संक्रियाएँ करने की अनुमति नहीं है।)

(25, 3, 150) (13, 7, 182)

(a) (5, 8, 184) (b) (6, 13, 234)
(c) (10, 5, 100) (d) (3, 4, 45)

33. छ: विद्यार्थी मीरा, जिज्ञासा, तरुण, नैना, शाम्भवी और अवनी एक वृत्ताकार मेज के परित: केन्द्र की ओर मुख करके बैठे हैं (उनका इसी क्रम में होना अनिवार्य नहीं है) शाम्भवी, जिज्ञासा और अवनी दोनों के ठीक बगल में है। तरुण, जिज्ञासा के बाईं ओर तीसरे स्थान पर बैठा है। मीरा, अवनी के दाईं ओर दूसरे स्थान पर बैठी है। मीरा के दाईं ओर तीसरे स्थान पर कौन बैठा/बैठी है?

(a) अवनी (b) नैना
(c) शाम्भवी (d) जिज्ञासा

34. दिए गए समीकरण को सही बनाने के लिए किन दो संख्याओं (अंक नहीं) को आपस में बदला जाना चाहिए?

$(18 \times 2) - 24 + 10 \times 160 \div 16 + (10 \times 4) = 170$

(a) 16 और 18 (b) 2 और 24
(c) 2 और 4 (d) 24 और 18

35. यदि I का अर्थ '÷' है, J का अर्थ '×' है, K का अर्थ '–' है और L का अर्थ '+' है, तो निम्नलिखित समीकरण में '?' के स्थान पर क्या आएगा?

(35 I 5) J 9 K 23 L 39 K (3 J 8) = ?

(a) 60 (b) 51
(c) 55 (d) 59

36. एक निश्चित कूटभाषा में, 'HIGHLY' को 'GRHYOH' और 'CLEVER' को 'EOCRVV' के रूप में लिखा जाता है। उसी कूटभाषा में 'HORROR' को किस प्रकार लिखा जाएगा?

(a) RKJPED (b) JPRDER
(c) RLHRLR (d) JRLPDB

37. उस विकल्प का चयन करें, जो तीसरे शब्द से उसी प्रकार सम्बन्धित है, जिस प्रकार दूसरा शब्द पहले शब्द से सम्बन्धित है। (शब्दों को अर्थपूर्ण शब्दों के रूप में माना जाना चाहिए और इनको शब्द में अक्षरों की संख्या/व्यंजनों /स्वरों की संख्या के आधार पर एक-दूसरे से सम्बन्धित नहीं किया जाना चाहिए।

नन : कॉन्वेंट :: राजा : ?

(a) कारागार (b) झोपड़ी
(c) महल (d) मठ

38. A @ B का अर्थ है "A, B का पति है"
A & B का अर्थ है "A, B की माता है"
A # B का अर्थ है "A, B की पुत्री है"
यदि Q @ M & Y @ J # R & Z है, तो Y का Z से क्या सम्बन्ध है?
(a) भाभी (b) बुआ (c) पिता (d) बहनोई

39. उस विकल्प आकृति का चयन करें, जिसमें दी गई आकृति निहित है (घुमाने की अनुमति नहीं है)।

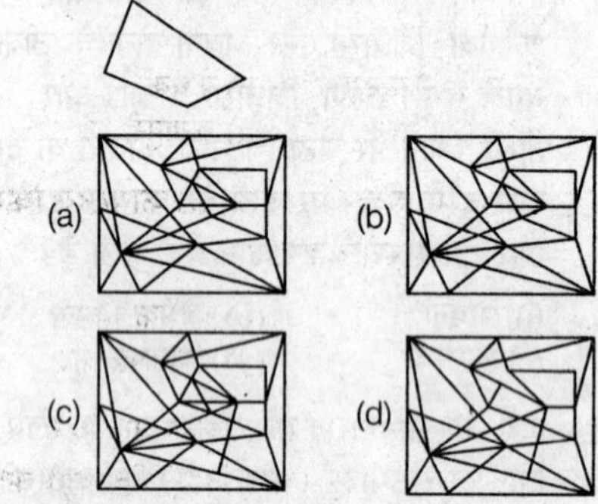

40. उस वेन आरेख का चयन करें, जो निम्नलिखित वर्गों के बीच के सम्बन्ध को सर्वोत्तम ढंग से दर्शाता है।
पशु, बिल्ली, कुत्ते

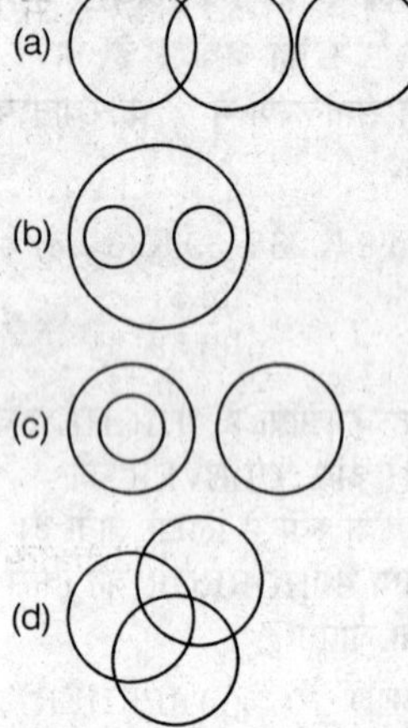

41. निम्नलिखित में से तीन अक्षर-समूह किसी न किसी तरह से संगत है और एक असंगत है। असंगत अक्षर-समूह का चयन करें।
(a) GLPS (b) NSWZ
(c) MRVY (d) TGQJ

42. निम्नलिखित में से कौन-सी संख्या दी गई शृंखला में प्रश्नचिह्न (?) के स्थान पर आएगी?
91, 111, 133, ?, 183, 211
(a) 167 (b) 157
(c) 156 (d) 149

43. दो कथन दिए गए हैं, जिसके बाद दो निष्कर्ष I और II दिए गए हैं। कथनों को सत्य मानते हुए, भले ही वे सामान्य रूप से ज्ञात तथ्यों से भिन्न प्रतीत होते हों, यह निर्धारित करें कि कौन-से निष्कर्ष दिए गए कथनों का तार्किक रूप से पालन करते हैं?

कथन
कुछ सीप, कंकड है।
सभी कंकड़, चट्टानें हैं।

निष्कर्ष
I. कोई सीप, चट्टान नहीं हैं।
II. कुछ सीप, चट्टानें हैं।
(a) न तो निष्कर्ष I और न ही II पालन करता है
(b) केवल निष्कर्ष II पालन करता है
(c) निष्कर्ष I और II दोनों पालन करते हैं
(d) केवल निष्कर्ष I पालन करता है

44. उस सही विकल्प का चयन कीजिए, जो दिए गए शब्दों के उसी क्रम में व्यवस्थापन को दर्शाता है, जिस क्रम में वें अंग्रेजी शब्दकोश में मौजूद होते हैं।
1. Formal 2. Foreign
3. Forest 4. Forgotten
5. Forge 6. Forlorn
(a) 2, 3, 5, 6, 4, 1 (b) 2, 3, 5, 4, 6, 1
(c) 2, 3, 4, 5, 6, 1 (d) 2, 3, 6, 1, 5, 4

45. विकल्पों में से कौन-सी संख्या दी गई शृंखला में प्रश्नचिह्न (?) को प्रतिस्थापित करेगी?
90, 110, 132, ?, 182
(a) 146 (b) 148 (c) 156 (d) 169

46. शिल्पा प्रतिदिन एक पार्क में टहलने जाती है। एक सुबह, वह अपने घर से टहलना आरम्भ करती है और उत्तर की ओर 40 किमी चलती है। फिर वह दाईं ओर मुड़ती है और 60 किमी चलती है। वह फिर से दाईं ओर मुड़ती है और 40 किमी चलती है। अन्त में, वह बाईं ओर मुड़ती है और 30 किमी चलती है। वह अपने घर से कितनी दूरी पर है?
(a) 60 किमी (b) 140 किमी
(c) 100 किमी (d) 90 किमी

47. किसी कागज को प्रदर्शित चित्रानुसार मोड़ा और काटा गया है। खोलने पर यह कैसा दिखाई देगा?

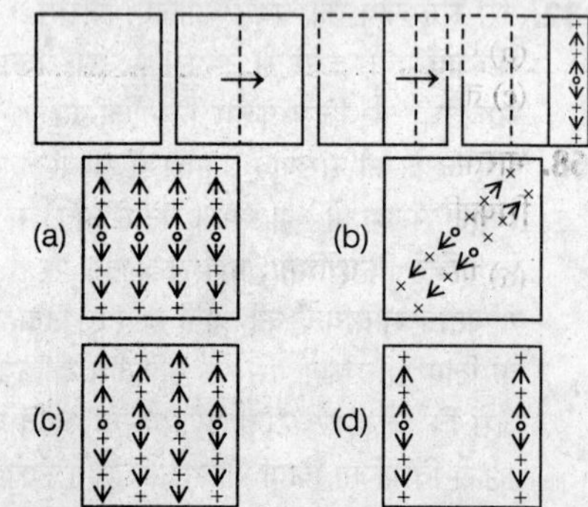

48. उस विकल्प का चयन कीजिए, जो दिए गए शब्दों के उस सही क्रम को दर्शाता है, जिस क्रम में वे अंग्रेजी शब्दकोश में मौजूद होते हैं।
1. Authority 2. Automate
3. Authentic 4. Auspicious
5. Aureole
(a) 3, 4, 5, 1, 2 (b) 5, 4, 3, 1, 2
(c) 4, 5, 3, 1, 2 (d) 5, 3, 4, 1, 2

49. एक कागज को नीचे दिखाए गए अनुसार मोड़ा और काटा जाता है। खोले जाने पर यह कैसा दिखाई देगा?

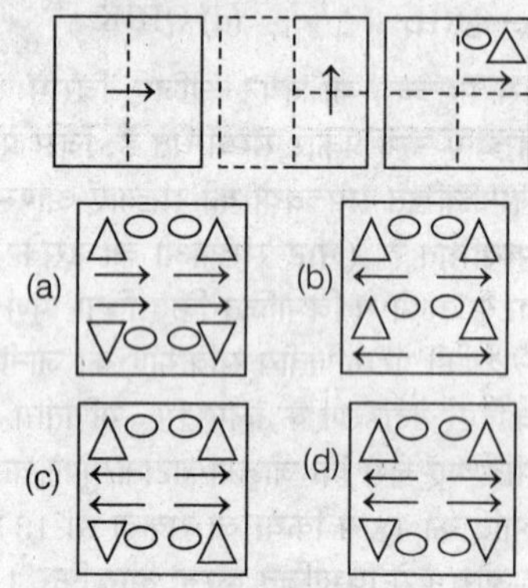

50. एक निश्चित कूटभाषा में 'DOING' को 'BQTOV' और ZEBRA को FAAKS के रूप में लिखा जाता है। उसी कूट भाषा में STORM को किस प्रकार लिखा जाएगा?
(a) PETBK (b) MLNKP
(c) PRYSK (d) MKYTS

भाग 2

सामान्य ज्ञान एवं सामान्य जागरुकता

51. केर और गरिया पूजा (Ker and Garia Puja) किस राज्य के पारम्परिक आदिवासी त्योहार हैं?
(a) झारखण्ड (b) मणिपुर
(c) त्रिपुरा (d) ओडिशा

52. भारत में, निम्नलिखित में से परिवहन का कौन-सा साधन पेट्रोलियम और गैस की आपूर्ति में वाहनान्तरण (trans-shipment) की हानियों तथा देरी को कम करता है?
(a) जलमार्ग (b) पाइपलाइन
(c) सड़क मार्ग (d) रेलवे

53. व्यापार उदारीकरण (Trade Liberalisation) ने मध्यम से उच्च प्रौद्योगिकी सामग्री वाले उद्योगों में अपने ··· में सुधार करने में भारत की मदद की है।
(a) तुलनात्मक लाभ (b) आयात
(c) श्रम तीव्रता (d) ईंधन दक्षता

54. संगीत नाटक अकादमी पुरस्कार प्राप्त करने वाले प्रभात सरमा असम के एक ··· वादक थे।

(a) बाँसुरी (b) तबला
(c) घटम् (d) सारंगी

55. निम्नलिखित में से कौन वर्ष 1984 में नृत्य में पद्म विभूषण पुरस्कार प्राप्त करने वाले सबसे कम आयु के व्यक्ति थे?

(a) राजेन्द्र गंगानी
(b) एहसान हिलाल
(c) अभिमन्यु लाल
(d) पण्डित बिरजू महाराज

56. सरकारी बजट में ₹ 6900 करोड़ कर प्राथमिक घाटा दर्शाया गया है। ब्याज भुगतान पर राजस्व व्यय ₹ 400 करोड़ है। राजकोषीय घाटा बराबर है।

(a) ₹ 6,900 करोड़
(b) ₹ 7,300 करोड़
(c) ₹ 7,100 करोड़
(d) ₹ 6,500 करोड़

57. भारतीय संविधान का निम्नलिखित में से कौन-सा अनुच्छेद प्रधानमन्त्री और राष्ट्रपति के बीच के सम्बन्धों से सम्बन्धित है?

(a) अनुच्छेद 35 (b) अनुच्छेद 25
(c) अनुच्छेद 35 (d) अनुच्छेद 75

58. भारत की जनगणना 2011 के अनुसार, किस महानगर की जनसंख्या सबसे अधिक है?

(a) पटना (b) कोलकाता
(c) चेन्नई (d) मुम्बई

59. निम्नलिखित में से कौन-सा भारत का नागरिक बनने की शर्त के रूप में तरीके से सूचीबद्ध किया गया है?

(a) वंश द्वारा नागरिकता
(b) जन्म से नागरिकता
(c) सम्पत्ति के अधिग्रहण के माध्यम से नागरिकता
(d) देशीयकरण द्वारा नागरिकता

60. कोशिका झिल्ली में प्रोटीन का प्रतिशत कितना होता है?

(a) 60-80% (b) 40-60%
(c) 20-40% (d) 80-100%

61. किस ब्रिटिश वैज्ञानिक को वर्ष 1947 में इलेक्ट्रॉन सूक्ष्मदर्शी की विभेदन क्षमता में सुधार हेतु होलोग्राफी के सिद्धान्त को विकसित करने के लिए जाना जाता है?

(a) लॉयड क्रॉस (Lloyd Cross)
(b) डेनिस गैबोर (Dennis Gabor)
(c) वर्नर हाइजनबर्ग (Werner Heisenberg)
(d) चार्ल्स टाउन्स (Charles Towsn)

62. एक राज्यपाल अपने कार्यकाल की समाप्ति के बावजूद, कब तक पद पर बना रहेगा?

(a) विधायी सचिव के कार्यभार ग्रहण करने तक
(b) जब तक उसे मुख्यमन्त्री की सहायता और सलाह प्राप्त है
(c) राष्ट्रपति की सहमति तक
(d) उसके उत्तराधिकारी द्वारा उसका पद ग्रहण करने तक

63. निम्नलिखित में से किस पंचवर्षीय योजना को पहली बार मुख्य उद्देश्य के रूप में गरीबी उन्मूलन के मुद्दे पर केन्द्रित किया था?

(a) चौथी पंचवर्षीय योजना
(b) तीसरी पंचवर्षीय योजना
(c) पाँचवीं पचंवर्षीय योजना
(d) छठीं पंचवर्षीय योजना

64. गुरू बिपिन सिंह, जिन्हें वर्ष 1966 में संगीत नाटक अकादमी पुरस्कार और मध्य प्रदेश सरकार द्वारा कालिदास सम्मान से सम्मानित किया गया था, निम्नलिखित में से किस भारतीय शास्त्रीय नृत्य के प्रतिपादक (exponent) थे?

(a) ओडिसी (b) कुचिपुड़ी
(c) कथक (d) मणिपुरी

65. भारत सरकार द्वारा, तापमान, वर्षा, पवन आदि से सम्बन्धित डेटा एकत्र करने और मौसम का पूर्वानुमान लगाने के लिए जिम्मेदार, भारतीय मौसम विभाग की स्थापना कब की गई थी?

(a) 1879 ई.
(b) 1875 ई.
(c) 1873 ई.
(d) 1876 ई.

66. विश्व में सर्वाधिक वर्षा वाला स्थान मासिनराम किस पहाड़ी पर स्थित है?

(a) मिश्मी पहाड़ी
(b) खासी पहाड़ी
(c) राजमहल पहाड़ी
(d) पटकाई पहाड़ी

67. पण्डित रविशंकर ने प्रमुखत: निम्न में से किस वाद्ययन्त्र को पूरी दुनिया में लोकप्रिय बनाया?

(a) वीणा (b) हारमोनियम
(c) तबला (d) सितार

68. भारतीय संविधान में मूल कर्त्तव्यों को किसकी सिफारिश पर शामिल किया गया था?

(a) एल. एम. सिंघवी समिति
(b) सरदार स्वर्ण सिंह समिति
(c) बलवन्त राय मेहता समिति
(d) विवेक देवराय समिति

69. निम्नलिखित में से किस वर्ष में मुस्लिम लीग का गठन किया गया था?

(a) 1906 (b) 1909
(c) 1915 (d) 1912

70. पृथ्वी का उपसौर ··· में घटित होता है।

(a) अक्टूबर (b) जनवरी
(c) सितम्बर (d) जुलाई

71. निम्नलिखित में से कौन-सा नृत्य राधा और कृष्ण की रासलीला विषय वस्तु पर आधारित है?

(a) मोहिनीअट्टम (b) कथक
(c) सत्रीया नृत्य (d) मणिपुरी नृत्य

72. प्रशासन में दीवान-ए-इंशा का कार्यालय किस मामले से सम्बन्धित था?

(a) सैन्य (b) धार्मिक मामले
(c) वित्त (d) राज्य पत्राचार

73. हॉकी के खेल के दौरान, किसी उल्लंघन (Offence) के बाद, यदि किसी खिलाड़ी को पीला कार्ड (Yellow Card) दिखाया जाता है, तो उसे ···के लिए पिच से बाहर भेज दिया जाएगा।

(a) 4 मिनट (b) 5 मिनट
(c) 6 मिनट (d) 3 मिनट

74. 12वीं पंचवर्षीय योजना की अवधि ...से ...तक थी।

(a) 1987-1992 (b) 1990-1995
(c) 2007-2012 (d) 2012-2017

75. निम्नलिखित में से कौन-सा सही कथन है?

(a) जूल/सेकण्ड भी ऊर्जा की एक इकाई है।
(b) शक्ति की इकाई जूल/न्यूटन है।
(c) ऊर्जा की इकाई वाट है।
(d) कार्य की इकाई जूल है।

76. गोवा की किस नृत्य शैली को 'योद्धा नृत्य' के नाम से भी जाना जाता है?

(a) लावणी (b) रऊफ
(c) घोड़े मोदनी (d) बिहू

77. कोपाकबाना समुद्र तट (Copacabana beach) ··· में स्थित है।

(a) ऑस्ट्रेलिया (b) पेरू
(c) ब्राजील (d) मैक्सिको

78. उत्तर भारत में गुर्जर प्रतिहार, पूर्वी भारत में पाल और दक्षिण भारत में ··· के बीच 'त्रिपक्षीय संघर्ष' था।

(a) राष्ट्रकूट (b) मराठा
(c) चेरा (d) चोल

79. हजीरा-विजयपुर-जगदीशपुर (HVJ) पाइपलाइन परियोजना के निर्माण, संचालन और रख-रखाव की जिम्मेदारी किस कम्पनी को दी गई है?

(a) तेल और प्राकृतिक गैस निगम (ONGC)
(b) टाटा पेट्रोडाइन लिमिटेड (TPL)
(c) भारतीय गैस प्राधिकरण (GAIL)
(d) रिलायन्स इण्डस्ट्रीज लिमिटेड (RIL)

80. निम्नलिखित में से कौन-सी अशुद्ध धातुओं के शोधन के लिए सर्वाधिक व्यापक रूप से उपयोग की जाने वाली विधि है?

(a) वाष्प प्रावस्था परिष्करण (Vapour-Phase Refining)
(b) द्रवीकरण परिष्करण (Liquidation Reflining)
(c) दण्ड-विलोडन परिष्करण (Poling Reflining)
(d) विद्युत-अपघटनी परिष्करण (Electrolytic Reflining)

81. पूना, सतारा और महाराष्ट्र के अन्य शहरों में निम्नलिखित में से कौन-सा संगठन स्थापित किया गया था, जिसने ब्राह्मणवादी रूढ़िवाद के खिलाफ कार्य किया और हिन्दू धर्म में सुधार का प्रयास किया।

(a) परमहंस मण्डली (b) रामकृष्ण मिशन
(c) आर्य समाज (d) ब्रह्म समाज

82. निम्नलिखित कथनों में से कौन-सा कथन सही है?

(a) ब्रायोफाइटों और टेरिडोफाइटों में नर युग्मकों का परिवहन जल के माध्यम से होता है।
(b) आवृत्तबीजियों में नर युग्मकों का परिवहन जल के माध्यम से होता है।
(c) अनावृत्तबीजियों में नर युग्मकों का परिवहन जल के माध्यम से होता है।
(d) ब्रायोफाइटों और टेरिडोफाइटों में नर युग्मकों का परिवहन वायु के माध्यम से होता है।

83. मेहरानगढ़ किला निम्नलिखित में से किस शहर में स्थित है?

(a) कोटा (b) बीकानेर
(c) जयपुर (d) जोधपुर

84. 'द मूर्स लास्ट साई (The Moor's Last Sigh)' उपन्यास के लेखक कौन हैं?

(a) सलमान रुश्दी (b) जॉन की
(c) किरण दोशी (d) वीएस नायपॉल

85. मार्शल लॉ की अवधारणा, जो मूल अधिकारों को प्रतिबन्धित करती है, किस देश से ली गई है?

(a) यूके (UK)
(b) जापान
(c) यूएसएसआर (USSR)
(d) चीन

86. वृक्ष किस स्तर के अन्तर्गत आते हैं?

(a) सर्वोपरि ऊर्ध्वाधर (Top vertical)
(b) मध्य ऊर्ध्वाधर (Middle vertical)
(c) द्वितीय ऊर्ध्वाधर (Second vertical)
(d) निचला ऊर्ध्वाधर (Bottom vertical)

87. जब न्यायालय को पता चलता है कि किसी व्यक्ति की गैर-कानूनी गिरफ्तारी हुई है, तब कौन-सी रिट जारी की जाती है?

(a) बन्दी प्रत्यक्षीकरण (Habeas corpus)
(b) परमादेश (Mandamus)
(c) अधिकार पृच्छा (Quo warranto)
(d) निषेध/प्रतिषेध (Prohibition)

88. टोक्यो ओलम्पिक, 2020 में भारत की रैंक कितनी है?

(a) 49 (b) 46 (c) 47 (d) 48

89. भारत में निम्नलिखित में से किस सूक्ष्म वित्त संस्थान की स्थापना स्वतन्त्रता के समय की गई थी?

(a) स्वयं सहायता समूह (Self Help Group)
(b) संयुक्त देयता समूह (Joint Liability Group)
(c) ग्रामीण सहकारी (Rural Cooperatives)
(d) ग्रामीण मॉडल बैंक (Grameen Model Bank)

90. निम्नलिखित में से कौन-सा अन्तिम मौर्य शासक था, जिसकी हत्या उसके सेनापति ने कर दी थी?

(a) शतधन्वन (b) दशरथ
(c) बिन्दुसार (d) बृहद्रथ

91. निम्नलिखित में से कौन-सा जड़त्व आघूर्ण के लिए सही सूत्र है?

(a) $I = rm^2$ (b) $I = mr^2$
(c) $I = 2mr$ (d) $I = m/r^2$

92. निम्नलिखित में से किसने वर्ष 1920 में ताशकन्द में एक प्रवासी भारतीय कम्युनिस्ट पार्टी की स्थापना की थी?

(a) पी. सी. जोशी (b) श्रीपाद अमृत डांगे
(c) एम. एन. रॉय (d) जॉली कौल

93. चम्बलु, हिण्डन और टोंस (Chambal, Hindon and Tons) नदियाँ निम्न में से किस नदी की सहायक नदियाँ हैं?

(a) महानदी (b) तापी
(c) यमुना (d) कावेरी

94. 'द रेस ऑफ माई लाइफ' निम्नलिखित में से किस खिलाड़ी की आत्मकथा है?

(a) पी. टी. उषा (b) मिल्खा सिंह
(c) सौरव गांगुली (d) मैरी कॉम

95. 1784 ई. में, हाइड्रोजन और ऑक्सीजन के साथ अपने प्रयोग की मदद से जल की संरचना की खोज किसने की थी?

(a) जॉन डाल्टन
(b) जोसेफ प्रीस्टली
(c) हेनरी कैवेंडिश
(d) हर्बट सी. ब्राउन

96. दिए गए संकेतों के आधार पर सांस्कृतिक उत्सव की पहचान करें।

(i) यह उत्सव पूरे भारत के कुम्हार, कढ़ाई करने वाले, बुनकर, लकड़ी पर नक्काशी करने वाले, धातु के काम करने वाले, पत्थर की वस्तु बनाने वाले और चित्रकारों जैसे शिल्पकारों को हरियाणा में एक मंच पर लाता है।
(ii) यह शिल्प मेला प्रत्येक वर्ष फरवरी में आयोजित किया जाता है और राज्य की सांस्कृतिक विरासत और हाल ही की उपलब्धियों की एक झलक प्रदान करता है।

(a) कपिल मुनि मेला
(b) शामलाजी मेला
(c) सूरजकुण्ड मेला
(d) चित्र विचित्र मेला

97. मनीषा कल्याण निम्नलिखित में से किस खेल से सम्बन्धित है?

(a) हॉकी (b) क्रिकेट
(c) फुटबॉल (d) शतरंज

98. निम्नलिखित में से कौन-सा 1897 ई. में खोजा गया पहला विटामिन B था, जो अमीनो अम्ल और कार्बोहाइड्रेट उपापचय में अनिवार्य होता है और ऊर्जा उत्पादन अभिक्रियाओं में सक्रिय होता है?

(a) थायमीन (Thiamine)
(b) राइबोफ्लोविन (Riboflavin)
(c) बायोटिन (Biotin)
(d) फोलेट (Folate)

99. सैयद मोदी इण्डिया इण्टरनेशनल किस खेल में आयोजित किया जाता है?

(a) बैडमिण्टन (b) शतरंज
(c) कबड्डी (d) वॉलीबॉल

100. 2011 की जनगणना के अनुसार, किस केन्द्रशासित प्रदेश में सर्वाधिक पुरुष साक्षरता दर दर्ज की गई?

(a) दिल्ली
(b) दमन और दीव
(c) लक्षद्वीप
(d) अण्डमान एवं निकोबार द्वीप समूह

भाग 3

मात्रात्मक योग्यता

101. 300 मी की दूरी से एक पुलिसकर्मी ने एक चोर को देखा। पुलिस को देखते ही चोर भागने लगता है और पुलिसकर्मी उसका पीछा करने लगता है। चोर और पुलिसकर्मी क्रमशः 11 किमी/घण्टा और 13 किमी/घण्टा की चाल से दौड़ते हैं। कितने किमी दौड़ने के बाद पुलिसकर्मी चोर को पकड़ पाएगा?

(a) 1.65 (b) 1.95
(c) 1.75 (d) 1.85

102. ₹ 1940 के अंकित मूल्य वाली एक वस्तु को 15% की छूट पर बेचा गया। वस्तु किस मूल्य पर (₹ में) बेची गई?

(a) 1659 (b) 1654
(c) 1649 (d) 1639

103. वह बड़ी-से-बड़ी सम्भावित लम्बाई (मी में) ज्ञात कीजिए। जिसका उपयोग 6 मी, 5 मी, 25 सेमी और 12 मी 50 सेमी की लम्बाइयों को पूर्णतः मापने के लिए किया जा सकता है।

(a) 0.75 मी (b) 0.35 मी
(c) 0.90 मी (d) 0.25 मी

104. दिए गए पाई-चार्ट का अध्ययन कीजिए और निम्नलिखित प्रश्न का उत्तर दीजिए।

पाई-चार्ट वर्ष 2019 में राष्ट्रीय बजट व्यय को दर्शाता है।

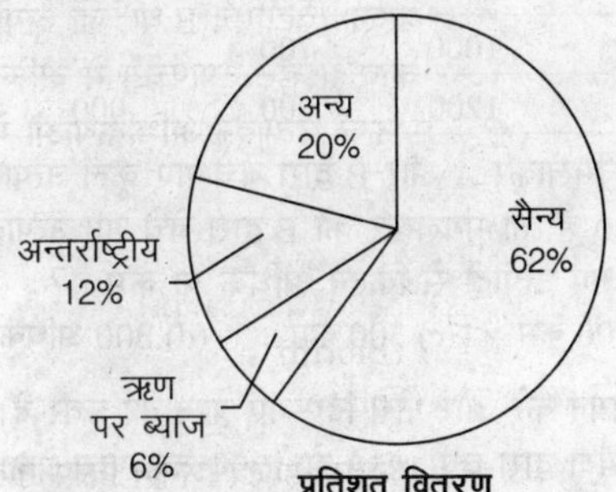

प्रतिशत वितरण

यदि वर्ष 2019 में ऋण पर ब्याज और सेना के लिए ₹ 850 बिलियन खर्च किए गए होते, तो उस वर्ष के लिए कुल व्यय (₹ बिलियन में) कितना होगा?

(a) 1250 (b) 1300
(c) 1700 (d) 1400

105. एक त्रिभुज ABC के लिए, D और E, AB और AC पर दो बिन्दु है जो इस प्रकार है कि, $AD = \frac{1}{6}AB, AE = \frac{1}{6}AC$ होता है।

यदि $BC = 22$ सेमी है, तो DE ज्ञात कीजिए। (दो दशमलव स्थान तक विचार करें)

(a) 3.67 सेमी (b) 1.33 सेमी
(c) 1.67 सेमी (d) 3.33 सेमी

106. दिए गए पाई-चार्ट का अध्ययन करें और निम्नलिखित प्रश्न का उत्तर दें।

निम्न पाई-चार्ट एक स्कूल में विभिन्न हॉबी कक्षाओं में नामांकित 3600 विद्यार्थियों के प्रतिशत को दर्शाता है।

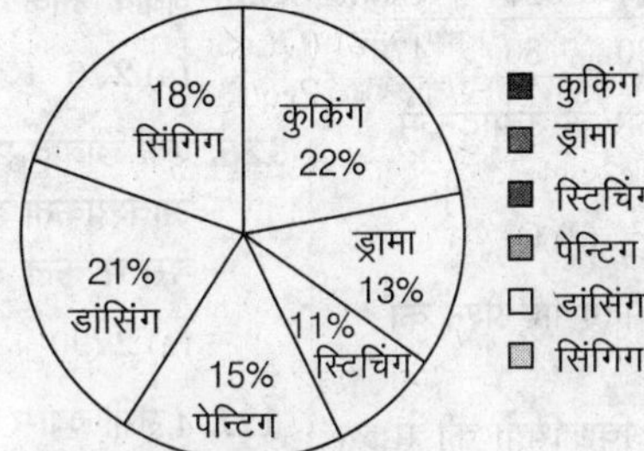

पेंटिंग कक्षाओं में नामांकित विद्यार्थियों की संख्या, सिंगिग कक्षाओं में नामांकित विद्यार्थियों की संख्या के लगभग कितने प्रतिशत के बराबर है?

(a) 98% (b) 83%
(c) 108% (d) 78%

107. निम्नलिखित व्यंजक का मान क्या है?

$$\frac{a^2 - b^2 - 2bc - c^2}{a^2 + b^2 + 2ab - c^2}$$

(a) $\frac{a-b-c}{a+b-c}$ (b) $\frac{a+b-c}{a-b-c}$
(c) $\frac{a+b+c}{a-b-c}$ (d) $\frac{a-b+c}{a+b-c}$

108. यदि $a \propto b, b \propto \frac{1}{c}$ और $c \propto d$ है, तो a और d के बीच क्या सम्बन्ध है?

(a) $a \propto d$ (b) $a \propto \sqrt{d}$
(c) $a \propto d^2$ (d) $a \propto \frac{1}{d}$

109. दी गई तालिका चार छात्रों द्वारा चार विषयों में प्राप्त अंकों को दर्शाती है।

विषय / छात्र	गणित (100)	अंग्रेजी (100)	विज्ञान (100)	हिन्दी (100)
A	75	80	75	85
B	80	70	70	80
C	70	85	85	75
D	85	75	80	70

सभी छात्रों द्वारा हिन्दी में प्राप्त अंकों का औसत प्रतिशत कितना है?

(a) 77.6% (b) 77.8%
(c) 77.5% (d) 77.0%

110. दिए गए व्यंजक का मान क्या है?

$$\frac{1}{12} + \frac{1}{16} + \frac{1}{8}$$

(a) $\frac{3}{48}$ (b) $\frac{13}{18}$ (c) $\frac{10}{72}$ (d) $\frac{13}{48}$

111. P और Q मिलकर एक कार्य को 30 दिनों में पूरा कर सकते हैं। Q और R मिलकर उसी कार्य को 24 दिनों में पूरा कर सकते हैं तथा R और P मिलकर उसी कार्य को 20 दिनों में पूरा कर सकते हैं। उन्होंने एकसाथ कार्य करना शुरु किया, लेकिन Q और R ने 10 दिनों के बाद कार्य छोड़ दिया। शेष कार्य को पूरा करने में P को और कितने दिनों का समय लगेगा?

(a) 21 (b) 18 (c) 23 (d) 19

112. सुखवीर ने बिक्री के लिए कुछ खराब होने वाली चीजें खरीदीं, लेकिन उनमें से 30% चीजें बेची नहीं जा सकीं और खराब हो गई। हालाँकि सुखवीर बाकी वस्तुओं को उस मूल्य पर बेचने में कामयाब रहा, जिससे उसे 19% का समग्र लाभ अर्जित करने में मदद मिली। सुखवीर ने खरीदी गई प्रत्येक वस्तु के क्रय मूल्य की तुलना में, खराब नहीं हुई प्रत्येक वस्तु को कितने प्रतिशत अधिक मूल्य पर बेचा?

(a) 75% (b) 49%
(c) 70% (d) 63%

113. एक लम्बवृत्तीय शंकु का आयतन 196π सेमी^{3} है और इसके आधार का व्यास 14 सेमी है। इसकी लम्बवत् ऊँचाई (Perpendicular height) ज्ञात कीजिए।

(a) 8 सेमी (b) 12 सेमी
(c) 10 सेमी (d) 14 सेमी

114. ट्रेन 'A को 36 किमी/घण्टा की चाल से सम्मुख दिशा में चल रही 300 मी. लम्बाई वाली ट्रेन 'B' को पार करने में 15 सेकण्ड का समय लगता है। इसके अतिरिक्त, ट्रेन 'A' को 500 मी लम्बी एक स्थिर ट्रेन 'C' को पार करने में 30 सेकण्ड का समय लगता है। ट्रेन 'A' की लम्बाई (मी में) ज्ञात करें।

(a) 250 (b) 300
(c) 200 (d) 275

115. A एक कार्य को 8 दिन में कर सकता है, जबकि B इसे 7 दिन में कर सकता है। यदि वे A से शुरु करते हुए बारी-बारी से कार्य करते हैं, तो कार्य कितने दिनों में पूरा हो जाएगा?

(a) 8 (b) $7\frac{1}{2}$
(c) $8\frac{1}{2}$ (d) 7

116. दी गई तालिका का अध्ययन कीजिए और नीचे दिए गए प्रश्न का उत्तर दीजिए।

दी गई तालिका एक कम्पनी द्वारा वर्ष 1989 से 1994 तक पाँच प्रकार की कारों P, Q, R, S और T के उत्पादन को दर्शाती है।

कार के प्रकार	1989	1990	1991	1992	1993	1994	कुल
P	8	20	16	17	21	6	88
Q	16	10	14	12	12	14	78
R	21	17	16	15	13	8	90
S	4	6	10	16	20	31	87
T	25	18	19	30	14	27	133
कुल	74	71	75	90	80	86	476

1989-94 की अवधि के दौरान, किस प्रकार की कार के उत्पादन में लगातार वृद्धि हुई है?

(a) R (b) S (c) P (d) Q

117. दी गई तालिका का अध्यन कीजिए और उसके बाद दिए गए प्रश्न का उत्तर दीजिए।

तालिका विभिन्न शहरों में विभिन्न कोर्स करने वाले विद्यार्थियों की संख्या दर्शाती है।

शहर	MBA	MCA	M.Sc.	M.Com.	M.A	Total
अहमदाबाद	1234	1384	1440	1289	1332	6679
बेंगलुरू	1156	1783	1874	1003	1340	7156
भोपाल	1187	1347	1532	1321	1486	6873
चेन्नई	1342	1473	1129	1765	1666	7375
नई दिल्ली	1230	1098	1128	1865	1777	7098
हैदराबाद	1456	1234	1556	1653	1789	7688
कोलकाता	1239	1785	1865	1504	1762	8155

चेन्नई में, MBA के विद्यार्थियों की संख्या M.A के विद्यार्थियों की संख्या लगभग कितना प्रतिशत है? (दशमलव के 2 स्थानों तक पूर्णांकित)

(a) 76.25% (b) 99.23% (c) 80.55% (d) 92.21%

118. यह देखते हुए कि मतदाताओं की कुल संख्या 146000 है, यदि चुनाव में किसी उम्मीदवार को कुल वैध मतों के 75% मत प्राप्त हुए और कुल मतों के 5% मत अमान्य घोषित किए गए, तो चुनाव में उम्मीदवार के पक्ष में डाले गए वैध मतों की संख्या ज्ञात कीजिए।

(a) 104025 (b) 108850 (c) 106650 (d) 110250

119. वह बड़ी से बड़ी संख्या ज्ञात कीजिए, जिससे 261, 853 और 1221 को विभाजित करने पर प्रत्येक स्थिति में 5 शेषफल बचता है।

(a) 17 (b) 19 (c) 18 (d) 16

120. $\frac{\cos 65^\circ}{\sin 25^\circ}+\frac{5\sin 19^\circ}{\cos 71^\circ}-\frac{3\cos 28^\circ}{\sin 62^\circ}$ का मान ज्ञात कीजिए।

(a) 2 (b) 3 (c) 0 (d) 1

121. $\frac{1}{3}, \frac{3}{5}, \frac{4}{7}$ और $\frac{9}{16}$ का लघुत्तम समापवर्त्य (LCM) क्या है?

(a) 81 (b) 38 (c) 49 (d) 36

122. रीमा, रेखा से $\frac{5}{4}$ गुना तेज दौड़ती है। इसे देखते हुए रीमा एक मैत्रीपूर्ण रेस प्रतियोगिता में रेखा को 50 मी की बढ़त देती है। प्रारम्भिक बिन्दु से उस स्थान की दूरी ज्ञात कीजिए जहाँ रीमा और रेखा दोनों मिलेंगी?

(a) 225 मी (b) 240 मी (c) 250 मी (d) 200 मी

123. यदि $\cos A=\frac{15}{17}, 0\le A\le 90^\circ$ है, तो $\cos(90^\circ - A)$ का मान क्या होगा?

(a) $\frac{7}{15}$ (b) $\frac{\sqrt{2}}{15}$ (c) $\frac{8}{15}$ (d) $\frac{2\sqrt{2}}{15}$

124. 7 सेमी आधार त्रिज्या और 10 सेमी तिर्यक ऊँचाई वाले शंकु का वक्र पृष्ठीय क्षेत्रफल ज्ञात कीजिए।

(a) 300 सेमी^{2} (b) 280 सेमी^{2} (c) 250 सेमी^{2} (d) 220 सेमी^{2}

125. 6 सेमी और 4 सेमी त्रिज्याओं वाले दो वृत्तों के बीच की अनुप्रस्थ उभयनिष्ठ स्पर्श रेखा (transverse common tangent) की लम्बाई (सेमी में) ज्ञात करें, जबकि उनके केन्द्रों के बीच की दूरी 14 सेमी दी गई है।

(a) $2\sqrt{6}$ (b) $5\sqrt{6}$ (c) $4\sqrt{6}$ (d) $3\sqrt{6}$

126. एक छात्रावास के मेस में एक सप्ताह के लिए 217 अण्डों की आवश्यकता होती है। जुलाई, अगस्त और सितम्बर के महीनों के लिए मेस में कुल अण्डों की आवश्यकता होगी?

(a) 2790 (b) 2821 (c) 2852 (d) 2883

127. 4 सेमी व्यास वाले एक अर्द्धगोले के सम्पूर्ण पृष्ठीय क्षेत्रफल और वक्रपृष्ठीय क्षेत्रफल का अन्तर ज्ञात करें।

(a) 4.4π सेमी^{2} (b) 4π सेमी^{2} (c) 5π सेमी^{2} (d) 8π सेमी^{2}

128. एक दुकानदार को ₹ 55 प्रति किग्रा और ₹ 70 प्रति किग्रा मूल्य वाले दो प्रकार के चावल को किस अनुपात में मिलाना चाहिए, ताकि मिश्रण की औसत लागत ₹ 65 प्रति किग्रा हो?

(a) 2 : 3 (b) 1 : 2 (c) 1 : 3 (d) 3 : 2

129. नीचे दी गई तालिका 4 दुकानदारों A, B, C और D द्वारा चार अलग-अलग दिनों में बेचे गए उत्पादों की संख्या दर्शाती है।

दिन/व्यक्ति	A	B	C	D
सोमवार	1000	800	-	750
मंगलवार	500	-	900	650
बुधवार	800	1000	700	-
गुरुवार	-	1200	800	900

यदि सभी चार दिनों को मिलाकर A और B द्वारा बेचे गए कुल उत्पाद क्रमशः 3000 और 3500 हैं, तो मंगलवार को B द्वारा बेचे गए उत्पाद गुरुवार को A द्वारा बेचे गए उत्पादों से कितने अधिक या कम हैं?

(a) 200 अधिक (b) 200 कम (c) 300 कम (d) 300 अधिक

130. दी गई तालिका का अध्ययन करें और नीचे दिए गए प्रश्न का उत्तर दें।

दी गई तालिका एक कम्पनी द्वारा वर्ष 1989 से 1994 तक पाँच प्रकार की कारों, P, Q, R, S और T के उत्पादन को दर्शाती है।

कार के प्रकार	1989	1990	1991	1992	1993	1994	कुल
P	8	20	16	17	21	6	88
Q	16	10	14	12	12	14	78
R	21	17	16	15	13	8	90
S	4	6	10	16	20	31	87
T	25	18	19	30	14	27	133
कुल	74	71	75	90	80	86	476

1989-94 की अवधि के दौरान, किस प्रकार की कार के उत्पादनय में लगातार कमी हुई है?

(a) R (b) S (c) P (d) Q

131. यदि $\cot\theta = \frac{4}{3}, 0 < \theta < \frac{\pi}{2}$, और $5p\cos^2\theta\sin\theta = \cot^2\theta$, तो p का मान होगा

(a) $\frac{7}{27}$ (b) $\frac{5}{27}$ (c) $\frac{125}{27}$ (d) $\frac{25}{27}$

132. एक ग्रामीण चुनाव में, शारुक को कुल वैध मतों के 80% मत प्राप्त हुए। 10% मत अमान्य थे। यदि मतों की कुल संख्या 4500 थी, तो दूसरे उम्मीदवार को प्राप्त वैध मतों की संख्या ज्ञात कीजिए।

(a) 810 (b) 450 (c) 530 (d) 620

133. एक वृत्त के त्रिज्यखण्ड का परिमाप 24 सेमी और त्रिज्या 3 सेमी है। त्रिज्यखण्ड का क्षेत्रफल (सेमी² में) ज्ञात करें।

(a) 27 (b) 30 (c) 24 (d) 33

134. $\frac{3}{2}, \frac{81}{16}$ और $\frac{9}{8}$ का लघुत्तम समापवर्त्य (LCM) ज्ञात करें।

(a) $\frac{91}{2}$ (b) $\frac{101}{2}$

(c) $\frac{81}{2}$ (d) $\frac{111}{2}$

135. जॉन अकेले किसी कार्य को 20 दिनों में कर सकता है, जबकि रवि अकेले उसी कार्य को 28 दिनों में कर सकता है। यदि वे एकसाथ कार्य करते हैं, तो दोनों मिलकर उस कार्य को कितने दिनों में पूरा कर सकते हैं?

(a) $12\frac{1}{3}$ (b) $11\frac{2}{3}$

(c) $11\frac{1}{3}$ (d) $12\frac{2}{3}$

136. यदि $\frac{A}{L} + \frac{M}{B} = 1$ और $\frac{B}{M} + \frac{N}{C} = 1$ है, तो $\frac{L}{A} + \frac{C}{N}$ का मान क्या होगा?

(a) $\frac{B}{M}$ (b) 0 (c) 1 (d) $\frac{M}{B}$

137. एक बैंक से ₹ 100000 की राशि 7% वार्षिक चक्रवृद्धि ब्याज की दर से 5 वर्ष के लिए उधार ली गई, जहाँ ब्याज की गणना वार्षिक चक्रवृद्धि आधार पर की जाती है। चक्रवृद्धि ब्याज की गणना कीजिए।

(a) ₹ 40000 (b) ₹ 20963
(c) ₹ 40567 (d) ₹ 40255

138. यदि अंकित मूल्य, क्रय मूल्य से 75% अधिक है और अंकित मूल्य पर 40% की छूट दी जाती है, तो प्रतिशत लाभ ज्ञात करें।

(a) 5% (b) 8%
(c) 7% (d) 6%

139. ₹ 25 प्रति मी² की दर से एक 30 मी ऊँचे ठोस लम्बवृत्तीय बेलन के सम्पूर्ण पृष्ठीय क्षेत्रफल को पेंट करने की लागत ₹ 18425 है। इस बेलन का आयतन (मी³ में) क्या होगा $\left[\pi = \frac{22}{7} \text{ का प्रयोग करें}\right]$?

(a) 1145 (b) 1155
(c) 1210 (d) 1122

140. $(1+\sin^4 A - \cos^4 A)\operatorname{cosec}^2 A$ का मान क्या होगा?

(a) 1 (b) –2 (c) 2 (d) –1

141. 210, 336 और 504 का लघुत्तम समापवर्त्य क्या है?

(a) 4560 (b) 3360
(c) 5040 (d) 2100

142. दिए गए पाई-चार्ट का अध्ययन कीजिए और निम्नलिखित प्रश्न का उत्तर दीजिए।

पाई-चार्ट, एक कस्बे में एक फ्लैट के निर्माण के लिए विभिन्न मदों पर ₹ 30000000 के कुल व्यय को दर्शाता है।

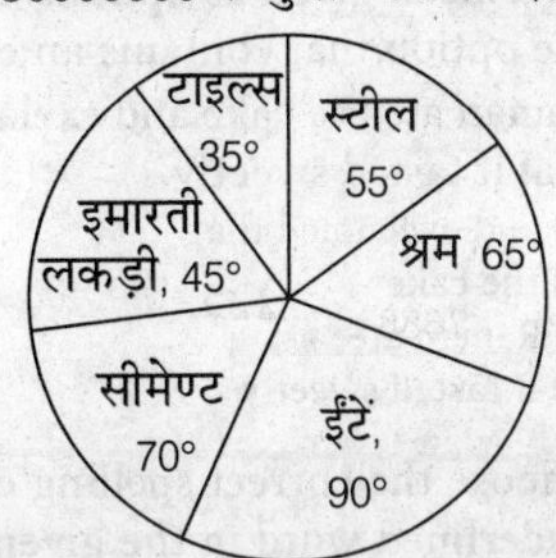

श्रम और इमारती लकड़ी पर कुल व्यय का प्रतिशत ज्ञात कीजिए।

(a) $30\frac{1}{3}\%$ (b) $30\frac{5}{9}\%$

(c) $30\frac{1}{9}\%$ (d) $30\frac{7}{9}\%$

143. 6.9 – [8.6 – {6.5 – (5.4 – 4.3 – 2)}] का मान ज्ञात कीजिए।

(a) 1.6 (b) 1.8 (c) 1.9 (d) 1.7

144. एक वृत्त के त्रिज्यखण्ड के केन्द्रीय कोण 45° और चाप की लम्बाई 22 सेमी है। वृत्त की त्रिज्या ज्ञात कीजिए। $\left(\pi = \frac{22}{7} \text{ का उपयोग करें}\right)$

(a) 32 सेमी (b) 35 सेमी
(c) 36 सेमी (d) 28 सेमी

145. एक कूरियर शॉप पर, 8 पार्सलों का वजन 1.5 किग्रा, 1.25 किग्रा, 1.35 किग्रा, 750 ग्राम, 950 ग्राम, 0.7 किग्रा, 0.4 किग्रा और 0.5 किग्रा पाया गया। उनका औसत वजन ज्ञात किजिए।

(a) 875 ग्राम (b) 925 ग्राम
(c) 900 ग्राम (d) 700 ग्राम

146. एक शंक्काकार बर्तन की त्रिज्या 21 सेमी. और तिर्यक ऊँचाई 25 सेमी है। यदि बर्तन के वक्रीय भाग को सफेद रंग से पेण्ट किया जाना है, तो ₹ 1.5 प्रति सेमी² की दर से पेंटिंग की लागत (₹ में) ज्ञात कीजिए।

(a) 1250 (b) 2475
(c) 1650 (d) 825

147. यदि साधारण वार्षिक ब्याज देने वाले किसी बैंक खाते में ₹ 80 की राशि 2 वर्षों में ₹ 96 हो जाती है, तो उसी खाते में ₹ 62000 की राशि 5 वर्ष बाद ... हो जाएगी।

(a) ₹ 93000 (b) ₹ 82400
(c) ₹ 84600 (d) ₹ 88200

148. यदि किसी वस्तु के 10% लाभ पर और 7% लाभ पर विक्रय मूल्यों के बीच का अन्तर ₹ 6 है, तो वस्तु का क्रय मूल्य (₹ में) क्या है?

(a) 150 (b) 100
(c) 175 (d) 200

149. स्वास्तिक अपनी आय का 20% बचाता है, जबकि शेष राशि भोजन, किराए, शिक्षा और खरीदारी पर खर्च करता है। आय का 15% भोजन पर खर्च किया जाता है, जबकि ₹ 12800 किराए पर ₹ 32000 शिक्षा पर और ₹ 7200 खरीदारी पर खर्च किए जाते हैं। खरीदारी पर खर्च की गई राशि, कुल खर्च की 11.25% है। भोजन पर कितना धन (₹ में) खर्च किया जाता है?

(a) 10800 (b) 12000
(c) 9600 (d) 15000

150. दी गई तालिका का अध्ययन कीजिए और नीचे दिए गए प्रश्न का उत्तर दीजिए।

तालिका 4 अलग-अलग महीनों में चार अलग-अलग बेकरियों द्वारा बेचे गए केक की संख्या दर्शाती है।

बेकरी/महीना	अगस्त	सितम्बर	अक्टूबर	नवम्बर
P	250	241	213	168
Q	175	189	201	122
R	164	145	129	168
S	254	154	184	209

सितम्बर में बेकरी Q और S द्वारा एकसाथ मिलाकर बेचे गए केक की कुल संख्या और नवम्बर में बेकरी P और R द्वारा एकसाथ मिलाकर बेचे गए केक की कुल संख्या के बीच कितना अन्तर है?

(a) 7 (b) 9
(c) 8 (d) 10

भाग 4

अंग्रेजी

151. Select the most appropriate option to substitute the underlined segment in the given sentence.
Any sort of unfair conduct is not tolerated in international sports tournaments as it can completely ruin an athlete's career.
(a) straw in the eye
(b) hand in the mud
(c) red handed
(d) foul play

152. Select the most appropriate antonym of the given word.
Placid
(a) Pristine (b) Turbulent
(c) Pensive (d) Destined

153. Select the option that can be used as a one-word substitute for the given group of words.
A person who believes that God does not exist
(a) Hedonistic (b) Fanatic
(c) Epicurean (d) Atheist

154. Select the correct idiom that can substitute the italicised group of words in the given sentence.
He really stinks and smells foul after a hard session at the gym.
(a) an iron will (b) pen and ink
(c) lame excuse (d) an old flame

155. Select the most appropriate option that can substitute the underlined segment in the given sentence. If there is no need to substitute it, select 'No substitution required'.
The Taj Mahal is one of the much popular seven wonders of the world.
(a) No substitution required
(b) more
(c) much more
(d) most

156. Select the correct option to substitute the underlined segment in the given sentence. If no substitution is required, select 'No substitution'.
He is faster than smarter.
(a) faster than being smart
(b) more fast than smart
(c) fast than smart
(d) No substitution

157. Select the most appropriate antonym of the given word.
Rejoinder
(a) Expedite (b) Request
(c) Ordinary (d) Reply

158. Select the most appropriate option that can substitute the underlined segment in the given sentence.
Payal's father was seen desperately searching for the medicine that can counteract the effect of a venomous snakebite in Parul's left hand.
(a) remedy (b) antiseptic
(c) anti-serum (d) antidote

159. Select the option that can be used as a one-word substitute for the given group of words.
The capacity for being useful for some purpose.
(a) Gain (b) Utility
(c) Desirability (d) Aid

160. Parts of the following sentence have been given as options. Select the option that contains an error.
Raman ate the cake and exclaimed that it tasted sweetly.
(a) and exclaimed that
(b) the cake
(c) Raman ate
(d) it tasted sweetly

161. Choose the correct spelling of the underlined word in the given sentence.
He has won the medal for the twelth time.
(a) Twelfth (b) Tweltth
(c) Twwelfth (d) Twellth

162. Identify the sentence that correctly uses the indefinite article.
(a) There are three cars parked outside: an Mercedes, a Jaguar and a Fiat.
(b) There are three cars parked outside: a Mercedes, an Jaguar and a Fiat.
(c) There are three cars parked outside: a Mercedes, a Jaguar and a Fiat.
(d) There are three cars parked outside: a Mercedes, an Jaguar and an Fiat.

163. Select the incorrectly spelt word.
(a) Zenith (b) Merriment
(c) Yearn (d) Miniture

164. Select the most appropriate idiom to fill in the blank.
Choosing not to pursue a degree in computer engineering was ..., as the market for them is extremely limited nowadays.
(a) a cut above
(b) a blessing in disguise
(c) airy fairy
(d) an elevator pitch

165. Select the option that can be used as a one-word substitute for the given group of words.
One who settles in another country
(a) Refugee (b) Traveller
(c) Immigrant (d) Resident

166. Select the most appropriate antonym of the given word.
Asset.
(a) Liability (b) Mole
(c) Refuge (d) Wealth

167. Select the most appropriate antonym of the given word.
Leniency
(a) Sternness (b) Favour
(c) Discard (d) Penalty

168. Select the option that can be used as a one-word substitute for the given group of words.
A keeper or custodian of a museum or other collection.
(a) Curator (b) Calligrapher
(c) Chauffeur (d) Cartographer

169. Select the most appropriate antonym of the given word.
Apathy
(a) Interest (b) Interruption
(c) Ignorance (d) Sincerity

170. Select the correct idiom to replace the underlined segment in the given sentence.
We should ask Emily to join our team. She is as keen as butter.
(a) as keen as a bee
(b) as keen as mustard
(c) as keen as sugar
(d) as keen as salt

171. Select the most appropriate synonym of the 'wordviable' in the given sentence and choose the correct option.
The engineer's design was optimised for efficiency and scalability, with a focus on sustainability.
(a) Scalability (b) Efficiency
(c) Sustainability (d) Optimised

172. Select the most appropriate idiom to fill in the blank.
All my efforts went in vain. The project on which I was working for the last two months has failed and we are ....
(a) back to square one
(b) around the bend
(c) on the fly
(d) all in the seventh heaven

173. Select the most appropriate meaning of the given idiom.
Crack someone up
(a) To make someone laugh
(b) To criticise someone
(c) To make someone angry
(d) To force someone to commit a mistake

174. Choose the most suitable idiom for the given situation.
Ravi has a strong desire to be in college hockey team this year and he is working hard to gain such skills to fulfill his goal of life. He has clearly made up his mind to achieve his target.
(a) To rise to the occasion
(b) Set sights on
(c) To move the goal posts
(d) To make the cut

175. Select the correct idiom to substitute the underlined word segment in the following sentence.
She trusted her husband but he stabbed her in the neck when he usurped her inheritance.
(a) stabbed her in the back
(b) snapped her in the neck
(c) stabbed her with a fork
(d) stabbed her prospects

176. Select the sentence that has a spelling error.
A. The art of living is learnt easily by those who are positive and optimistic.
B. We can learn a lot about the art of living by having a peep into the lives of great men.
C. The daily routines of these great men dissiminate that they are different.
D. Their unique lifestyles help us learn certain habits and practices that they followed.
(a) The art of living is learnt easily by those who are positive and optimistic.
(b) The daily routines of these great men dissiminate that they are different.
(c) Their unique lifestyles help us learn certain habits and practices that they followed.
(d) We can learn a lot about the art of living by having a peep into the lives of great men.

177. Select the most appropriate antonym of the given word.
Denounce
(a) Dainty (b) Praise
(c) Relieve (d) Criticise

178. Parts of the following sentence have been given as options. One of them may contain an error. Select the part that contains the error from the given options. If you don't find any error, mark 'No error' as your answer.
You arrived two days ago. By the time you leave, you will have spent nine days here.
(a) you will have spent nine days here
(b) You arrived two days ago
(c) By the time you leave
(d) No error

179. You are preparing a speech for an upcoming function. Select a synonym for the highlighted word to make it better.
Effective public transportation networks may greatly alleviate traffic congestion and enhance inhabitants' quality of life in general.
(a) Amplification (b) Diversion
(c) Laxity (d) Gridlock

180. Select the incorrectly spelt word from the given sentence.
Gandhiji considered untouchability to be one of India's major social ills.
(a) major (b) considered
(c) untouchability (d) social

181. Select the most appropriate antonym of the word 'discordant' in the given sentence and choose the correct option.
The sweet melodious symphony of the piano filled the room, transporting the listeners to a world of beauty and emotion.
(a) Transporting (b) Melodious
(c) Filled (d) Emotion

182. The following sentence has been divided into parts. One of them may contain an error.
Select the part that contains the error from the given options. If you don't find any error, mark 'No error' as your answer.
I wanted to buy a candle holder, / but the store didn't have one. / So, I got a cake.
(a) I wanted to buy a candle holder
(b) but the store didn't have one
(c) No error
(d) So, I got a cake

183. Select the most appropriate idiom to fill in the blank.
I think we should ...... before buying this car.
(a) stop to change horses
(b) eat like a horse
(c) hold our horses
(d) get off our high horse

184. Select the option that can be used as a one-word substitute for the given group of words.
Happening repeatedly
(a) Rapport
(b) Recurrent
(c) Recuperate
(d) Regression

185. Select the option that can be used as a one-word substitute for the given group of words.
The study of the human mind
(a) Microbiology
(b) Anthropology
(c) Psychology
(d) Epidemiology

186. Select the most appropriate synonym of the given word.
Captivate
(a) Arrest (b) Study
(c) Allure (d) Envelope

187. Select the option that can be used as a one-word substitute for the given group of words.
Study of science of insects
(a) Entomology
(b) Anthropology
(c) Microbiology
(d) Ecology

188. Select the incorrectly spelt word.
(a) Noodle (b) Pitza
(c) Pasta (d) Bread

189. The following sentence has been split into four segments. Identify the segment that contains a grammatical error.

A Prime Minister of India / will address / the nation today / on the occasion of Independence Day.

(a) will address
(b) the nation today
(c) A Prime Minister of India
(d) on the occasion of Independence Day

190. Select the most appropriate meaning of the given idiom.

What a small world!

(a) What a beautiful place!
(b) What a coincidence!
(c) The world is great.
(d) The world is a village.

Directions (Q. Nos. 191-195) *In the following passage, some words have been deleted. Read the passage carefully and select the most appropriate option to fill in each blank.*

South Korea is the most cosmetically ...(1)... country on Earth. Beauty editors estimate that it is because of the government's heavy investment ...(2)... industry. It is ahead of its competitors, and its citizens ...(3)... twice as much on skincare products as consumers in the United States, the UK, and France. Korean shoppers are ...(4)... the world's most discerning. Eight out of 10 Korean women in their 20s and 30s use an app that ...(5)... like a cosmetics-specific, to debate the merits of various common ingredients.

191. Select the most appropriate option to fill in blank number (1).

(a) ancient (b) early
(c) advanced (d) primitive

192. Select the most appropriate option to fill in blank number (2).

(a) in the (b) from the
(c) of the (d) by the

193. Select the most appropriate option to fill in blank number (3).

(a) spend (b) propagate
(c) cherish (d) comply

194. Select the most appropriate option to fill in blank number (4).

(a) though (b) perhaps
(c) although (d) maybe

195. Select the most appropriate option to fill in blank number (5).

(a) dissolves (b) functions
(c) malfunctions (d) stops

Directions (Q.Nos. 196-200) *Read the given passage carefully and answer the questions that follow.*

Throughout history, the intricacies of the human mind have been the subject of fascination and inquiry. From ancient philosophers to modern-day neuroscientists, the workings of the brain have been studied and analysed in an attempt to unravel its mysteries. However, despite centuries of research, much remains unknown about the complexities of human cognition and consciousness.

One of the most fascinating aspects of the human mind is its ability to create and imagine.

The human mind has the capacity to conceptualise and bring into being ideas that were previously unknown or unimaginable, from artistic expression to scientific discovery. The process of creativity has captured the attention of scholars and lay people alike and is both enigmatic and awe-inspiring.

There have been many theories proposed to explain the process of creativity. Some suggest that it is a purely subconscious process, while others argue that creativity is a result of conscious effort and intentional problem-solving. Still others suggest that creativity arises from a combination of conscious and subconscious processes.

Despite the ongoing debate over the nature of creativity, one thing is clear: it is a multifaceted and complex phenomenon. Creativity can manifest in a wide range of human activities, from the creation of art and literature to the development of scientific theories and inventions. It can occur in both individual and collective contexts and can be driven by a variety of factors such as curiosity, passion, or the desire for recognition.

Creativity also has the potential to bring about positive change in the world. Throughout history, creative individuals and groups have used their talents to address social, political, and environmental challenges, often inspiring others to take action and make a difference. From the abolitionist movement to the civil rights movement to the environmental movement, creativity has played a crucial role in promoting social justice and positive change. Despite the many benefits of creativity, it is not without its challenges.

The process of creative expression can be fraught with obstacles, from self-doubt and insecurity to external pressures and constraints. Moreover, not all creative ideas are successful or well-received, and many artists and innovators face rejection and criticism as they seek to bring their ideas to fruition.

Despite these challenges, however, the human drive to create and imagine persists. Individuals and groups continue to harness the power of creativity to make a difference inthe world. From the humblest amateur artist to the most celebrated innovator, the human capacity for creativity remains one of our greatest strengths and sources of inspiration.

196. Select an appropriate title for the passage.

(a) The Role of the Human Mind in Promoting Positive Change
(b) The Power of Creativity
(c) The History of the Human Mind
(d) The Complexities of Human Cognition

197. According to the passage, what is one of the challenges of creative expression?

(a) The over emphasis on conscious problem-solving.
(b) The lack of appreciation for creative ideas.
(c) The limited capacity of the human mind.
(d) The absence of external pressures and constraints.

198. What is the main focus of the passage?

(a) The mysteries of the human mind.
(b) The nature of creativity, its benefits and challenges.
(c) The complexities and challenges of cognitive processes.
(d) The nature of fancy and imagination.

199. Select the most appropriate antonym for the word 'fraught.'

(a) Beset
(b) Tranquil
(c) Devoid
(d) Calm

200. Which of the following factors can drive creativity?

(a) External pressures and constraints
(b) Fancy and imagination
(c) Self-doubt and insecurity
(d) Curiosity and passion

जानें सही उत्तर

1 (d)	2 (d)	3 (d)	4 (b)	5 (b)	6 (b)	7 (b)	8 (d)	9 (c)	10 (a)
11 (a)	12 (c)	13 (a)	14 (a)	15 (b)	16 (c)	17 (d)	18 (b)	19 (a)	20 (b)
21 (c)	22 (c)	23 (c)	24 (d)	25 (d)	26 (a)	27 (b)	28 (c)	29 (d)	30 (b)
31 (a)	32 (c)	33 (c)	34 (d)	35 (c)	36 (c)	37 (c)	38 (d)	39 (b)	40 (b)
41 (d)	42 (b)	43 (b)	44 (b)	45 (c)	46 (d)	47 (a)	48 (b)	49 (d)	50 (b)
51 (c)	52 (b)	53 (a)	54 (a)	55 (d)	56 (b)	57 (d)	58 (d)	59 (c)	60 (b)
61 (b)	62 (d)	63 (c)	64 (d)	65 (b)	66 (b)	67 (d)	68 (b)	69 (a)	70 (b)
71 (d)	72 (d)	73 (b)	74 (d)	75 (d)	76 (c)	77 (c)	78 (a)	79 (c)	80 (d)
81 (a)	82 (a)	83 (d)	84 (a)	85 (a)	86 (a)	87 (a)	88 (d)	89 (c)	90 (d)
91 (b)	92 (c)	93 (c)	94 (b)	95 (c)	96 (c)	97 (c)	98 (a)	99 (a)	100 (c)
101 (b)	102 (c)	103 (d)	104 (a)	105 (a)	106 (b)	107 (a)	108 (d)	109 (c)	110 (d)
111 (b)	112 (c)	113 (b)	114 (c)	115 (b)	116 (b)	117 (c)	118 (a)	119 (d)	120 (b)
121 (d)	122 (c)	123 (c)	124 (d)	125 (c)	126 (c)	127 (b)	128 (b)	129 (b)	130 (a)
131 (d)	132 (a)	133 (a)	134 (c)	135 (b)	136 (c)	137 (d)	138 (a)	139 (b)	140 (c)
141 (c)	142 (b)	143 (d)	144 (d)	145 (b)	146 (b)	147 (a)	148 (d)	149 (b)	150 (a)
151 (d)	152 (b)	153 (d)	154 (b)	155 (d)	156 (b)	157 (b)	158 (d)	159 (b)	160 (d)
161 (a)	162 (c)	163 (d)	164 (b)	165 (c)	166 (a)	167 (a)	168 (a)	169 (a)	170 (b)
171 (c)	172 (a)	173 (a)	174 (b)	175 (a)	176 (b)	177 (b)	178 (d)	179 (d)	180 (b)
181 (b)	182 (c)	183 (c)	184 (b)	185 (c)	186 (c)	187 (a)	188 (b)	189 (c)	190 (b)
191 (c)	192 (a)	193 (a)	194 (b)	195 (b)	196 (b)	197 (b)	198 (b)	199 (c)	200 (b)

प्रश्नों के सही हल

1. **(d)** दिए गए कागज को प्रश्नानुसार मोड़कर काटने के बाद खोलने पर यह विकल्प आकृति (d) की तरह दिखाई देगी।

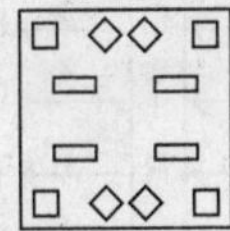

2. **(d)** जिस प्रकार,

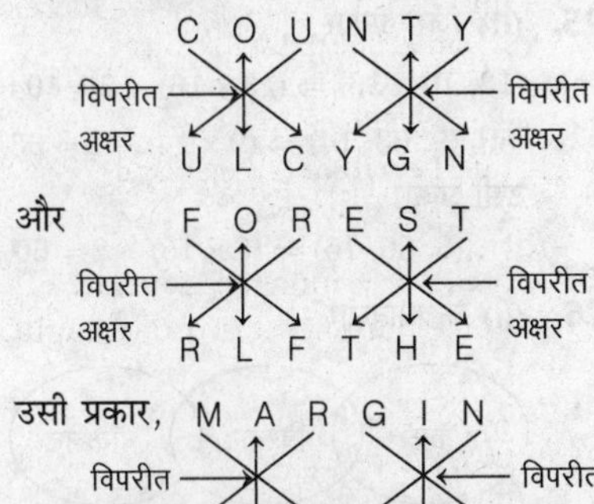

3. **(d)** प्रश्नानुसार,

255N5O4P16O3M29 = ?

M ⇒ −	N → ÷
O ⇒ ×	P ⇒ +

अक्षर के स्थान पर चिह्न को रखने पर,

$255 \div 5 \times 4 + 16 \times 3 - 29 = ?$

$\therefore \quad ? = 51 \times 4 + 48 - 29$

$= 204 + 48 - 29$

$= 252 - 29$

$= 223$

4. **(b)** जिस प्रकार, (11, 33, 17)

$\Rightarrow (11 + 17) + 5 = 33$

और (18, 44, 21)

$\Rightarrow (18 + 21) + 5 = 44$

उसी प्रकार, (16, 43, 22)

$\Rightarrow (16 + 22) + 5 = 43$

5. **(b)** $(75 + 15) \times 27 \times 1 - 9 \div 7 \times (135 + 3) - 10 \div (189 + 63) = 434$

विकल्प (b) के अनुसार चिह्नों को बदलने पर,

$\Rightarrow (75 \div 15) \times 27 \times 1 - 9 + 7 \times (135 \div 3) - 10 + (189 \div 63) = 434$

$\Rightarrow 5 \times 27 \times 1 - 9 + 7 \times 45 - 10 + 3 = 434$

$\Rightarrow 135 - 9 + 315 - 10 + 3 = 434$

$\Rightarrow 453 - 19 = 434$

$\Rightarrow 434 = 434$

6. **(b)** प्रश्न में दिए गए संयोजन का सही दर्पण प्रतिबिम्ब विकल्प (b) की आकृति होगी।

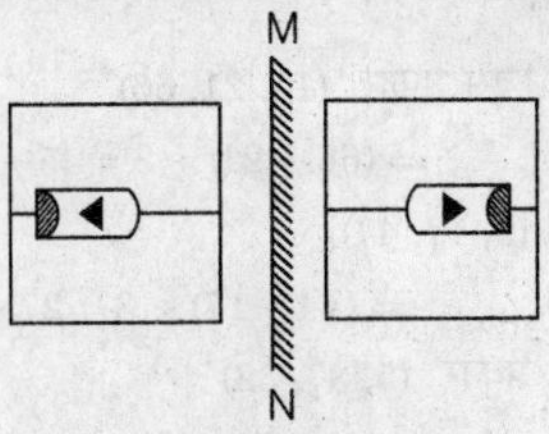

7. **(b)** दी गई प्रश्न आकृति में विकल्प (b) की आकृति उसके भाग के रूप में अन्तर्निहित है।

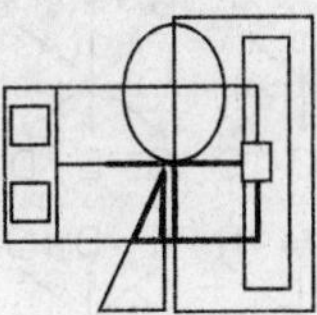

8. **(d)** जिस प्रकार OIL

$\Rightarrow$ (अक्षरों की संख्या)$^3 = 3^3 = 27$

और CREAM

$\Rightarrow$ (अक्षरों की संख्या)$^3 = 5^3 = 125$

उसी प्रकार, POWDER

$\Rightarrow$ (अक्षरों की संख्या)$^3 = 6^3 = \boxed{216}$

9. (c) दी गई शृंखला का क्रम निम्न प्रकार है,

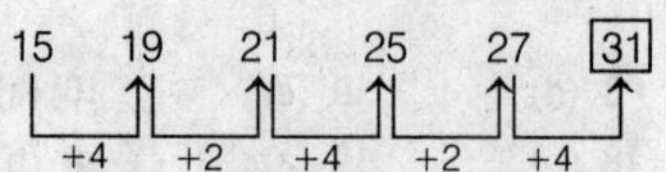

10. (a) जिस प्रकार

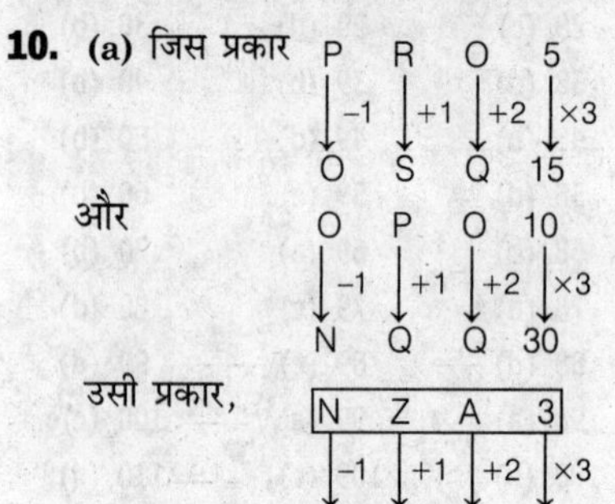

11. (a) प्रश्नानुसार,

A → +	B → ×
C → −	D → ÷

1 3 B 7 A 6 4 D 4 C 23 = ?

अक्षर के स्थान पर चिह्न रखने पर,

$13 \times 7 + 64 \div 4 - 23$

$= 13 \times 7 + 16 - 23$

$= 91 + 16 - 23$

$= 107 - 23 = 84$

12. (c) दी गई आकृति शृंखला के प्रत्येक अगली आकृति में पहला त्रिभुज अपने स्थान पर ही रहता है तथा अन्य दो त्रिभुज 135° दक्षिणावर्त दिशा में आगे बढ़ रही है। इस प्रकार शृंखला के 5वें स्थान पर विकल्प (c) की आकृति होगी।

13. (a) जिस प्रकार, (15, 21, 66)

$\Rightarrow (66 - 21) \div 3 = 45 \div 3 = 15$

और (9, 17, 44)

$\Rightarrow (44 - 17) \div 3 = 27 \div 3 = 9$

उसी प्रकार, (5, 37, 52)

$\Rightarrow (52 - 37) \div 3 = 15 \div 3 = 5$

14. (a) जिस प्रकार

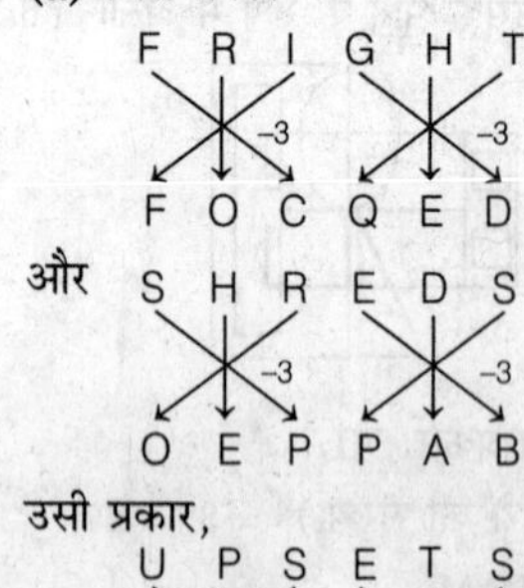

15. (b) दी गई प्रश्न आकृति का दर्पण प्रतिबिम्ब विकल्प (b) की आकृति होगी।

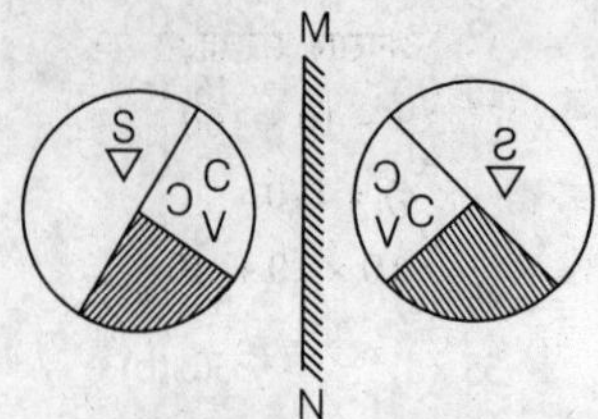

16. (c) दी गई शृंखला का क्रम निम्न प्रकार है

A K L D F/A K L D F/A K L D F

अभिष्ट संयोजन ⇒ KLALDKDF

17. (d) कथनानुसार,

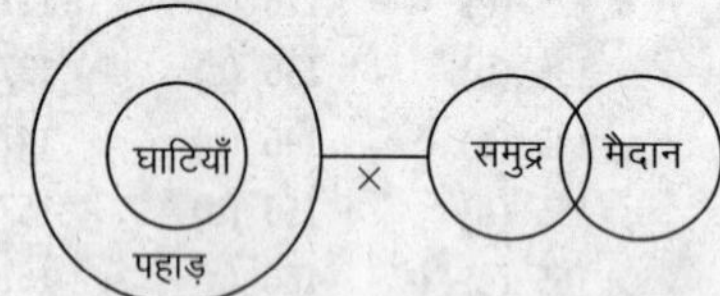

निष्कर्ष

I. (✗) II. (✗) III. (✓)

अत: केवल निष्कर्ष III पालन करता है।

18. (b) प्रश्नानुसार,

A $ C @ R

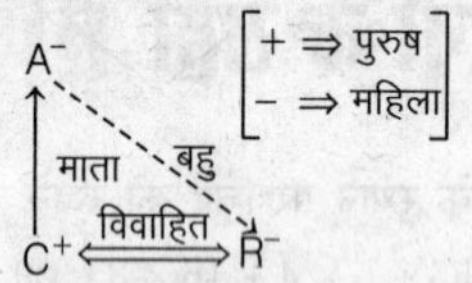

अत: R, A की बहू है।

19. (a) दी गई शृंखला का क्रम निम्न प्रकार है,

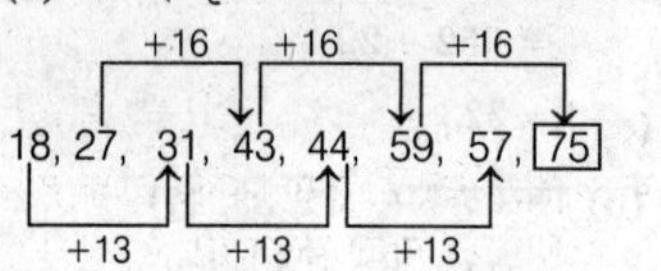

20. (b) प्रश्नानुसार,

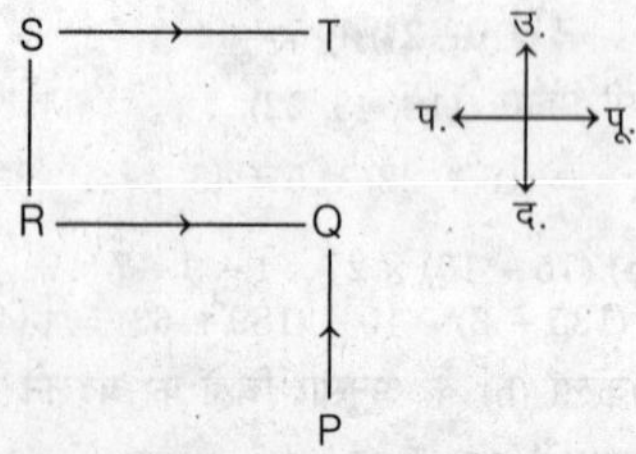

अत: शहर T, शहर R के सापेक्ष में उत्तर-पूर्व दिशा में है।

21. (c) दी गई आकृति शृंखला में एकान्तर में निम्न पैटर्न है।

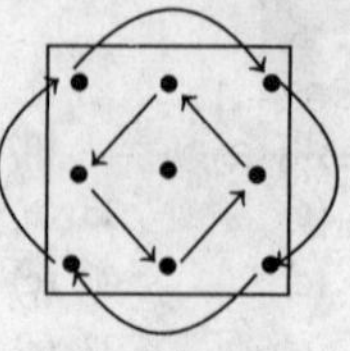

आकृति (i) से (ii) तथा (iii) से (iv) में

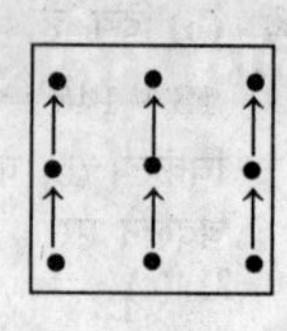

आकृति (ii) से (iii) तथा (iii) से (iv) में

इस प्रकार शृंखला की अगली आकृति विकल्प (c) की आकृति होगी।

22. (c) प्रश्नानुसार,

+ → ÷	− → +
× → −	÷ → ×

$[\{(25 \times 13) - (3 \div 3)\} + (3 - 4)] \div 5$

चिह्न बदलने पर,

$[\{(25 - 13) + (3 \times 3)\} \div (3 + 4)] \times 5$

$= [\{12 + 9\} \div 7] \times 5$

$= [21 \div 7] \times 5 = 3 \times 5 = 15$

23. (c) प्रश्नानुसार,

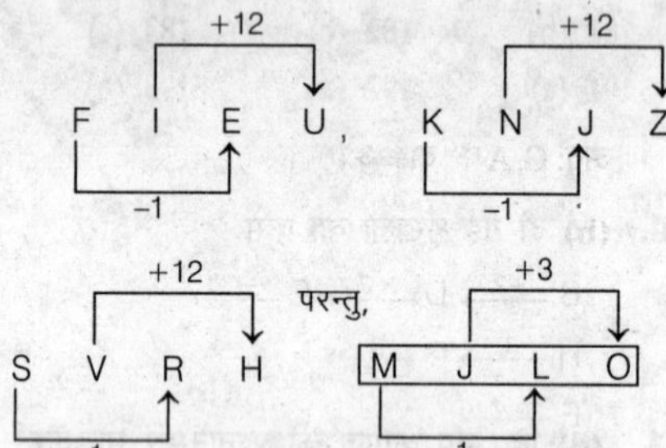

24. (d) दी गई शृंखला का क्रम निम्न प्रकार है

M —+2→ O —+2→ Q —+2→ S —+2→ U

M —−2→ K —−2→ I —−2→ G —−2→ E

N —+2→ P —+2→ R —+2→ T —+2→ V

O —−2→ M —−2→ K —−2→ I —−2→ G

25. (d) जिस प्रकार,

$(13, 104, 16) \Rightarrow (13 \times 16) \div 2 = 104$

और $(9, 63, 14) \Rightarrow (9 \times 14) \div 2 = 63$

उसी प्रकार,

$(8, 60, 15) \Rightarrow (8 \times 15) \div 2 = 60$

26. (a) कथनानुसार

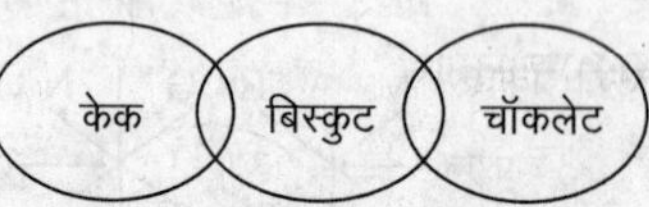

निष्कर्ष

I. (✓) II. (✗)

अत: केवल निष्कर्ष I पालन करता है।

27. (b) दिया है,

$13 + 145 \div 29 \times 52 - 11 = 106$

विकल्प (b) के अनुसार चिह्नों को आपस में बदलने पर,

$13 \times 145 \div 29 + 52 - 11 = 106$

$\Rightarrow 13 \times 5 + 52 - 11 = 106$

$\Rightarrow 65 + 52 - 11 = 106$

$\Rightarrow 117 - 11 = 106$

$\Rightarrow 106 = 106$

बायाँ पक्ष = दायाँ पक्ष

28. (c) दी गई आकृति शृंखला के प्रत्येक अगली आकृति में सभी डिजाइन वामावर्त दिशा में एक स्थान आगे बढ़ रही है। इस प्रकार शृंखला की अगली आकृति विकल्प (c) की आकृति होगी।

29. (d) प्रश्नानुसार,

A, B, D, C, G, F, E

अत: G, A के दाईं ओर तीसरे स्थान पर बैठा है।

30. (b) दी गई शृंखला का क्रम निम्न प्रकार है

B $\xrightarrow{+2}$ D $\xrightarrow{+2}$ F $\xrightarrow{+2}$ H

H $\xrightarrow{-1}$ G $\xrightarrow{-1}$ F $\xrightarrow{-1}$ E

E $\xrightarrow{+3}$ H $\xrightarrow{+3}$ K $\xrightarrow{+3}$ N

R $\xrightarrow{+2}$ T $\xrightarrow{+2}$ V $\xrightarrow{+2}$ X

Z $\xrightarrow{-2}$ X $\xrightarrow{-2}$ V $\xrightarrow{-2}$ T

31. (a) पासे की स्थिति I तथा II में संख्या 6 और 3 उभयनिष्ठ हैं।

∴ दोनों स्थिति में तीसरी संख्या एक-दूसरे के विपरीत होंगी।

अत: '5' दर्शाने वाले फलक के विपरीत फलक पर संख्या '2' होगी।

32. (c) जिस प्रकार, (25, 3, 150)

$\Rightarrow 25 \times 3 \times 2 = 150$

और (13, 7, 182) $\Rightarrow 13 \times 7 \times 2 = 182$

उसी प्रकार (10, 5, 100)

$\Rightarrow 10 \times 5 \times 2 = \boxed{100}$

33. (c) प्रश्नानुसार,

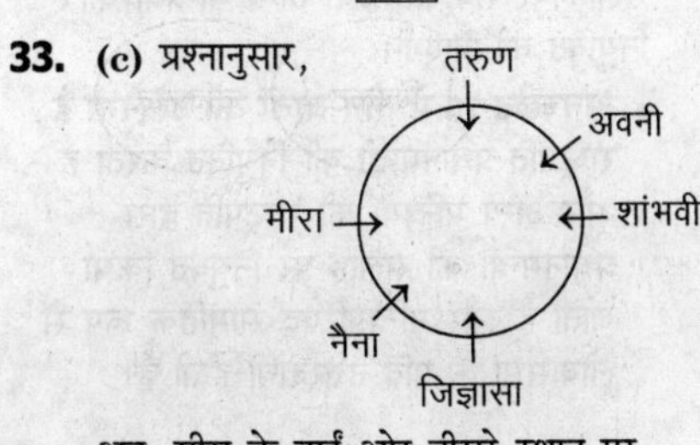

अत: मीरा के दाईं ओर तीसरे स्थान पर शाम्भवी बैठी है।

34. (d) दिया है, $(18 \times 2) - 24 + 10 \times 160 \div 16 + (10 \times 4) = 170$

विकल्प (d) के अनुसार संख्याओं को बदलने पर,

$(24 \times 2) - 18 + 10 \times 160 \div 16 + (10 \times 4) = 170$

$\Rightarrow 48 - 18 + 10 \times 10 + 40 = 170$

$\Rightarrow 48 - 18 + 100 + 40 = 170$

$\Rightarrow 188 - 18 = 170$

$\Rightarrow 170 = 170$

35. (c) दिया है,

(35 I 5) J 9 K 23 L 39 K (3 J 8) = ?

प्रश्नानुसार अक्षर के स्थान पर चिह्न रखने पर,

I → ÷	J → ×
K → –	L → +

$(35 \div 5) \times 9 - 23 + 39 - (3 \times 8)$

$= 7 \times 9 - 23 + 39 - 24$

$= 63 - 23 + 39 - 24$

$= 102 - 47 = 55$

36. (c) जिस प्रकार,

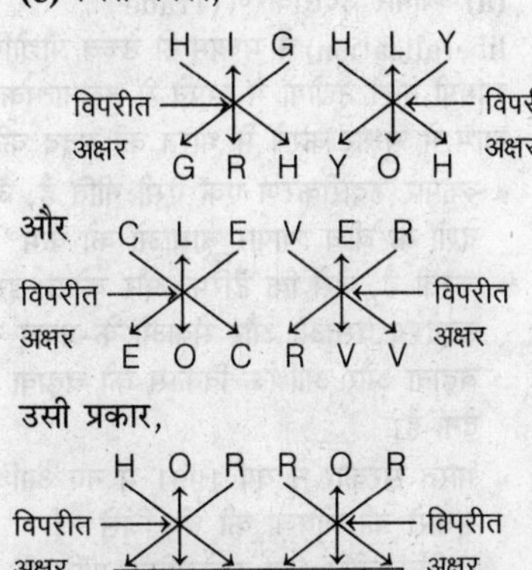

37. (c) जिस प्रकार, नन के रहने की जगह को कॉन्वेण्ट कहते हैं। उसी प्रकार, राजा के रहने की जगह को महल कहते हैं।

38. (d) प्रश्नानुसार,

Q @ M & Y @ J # R & Z

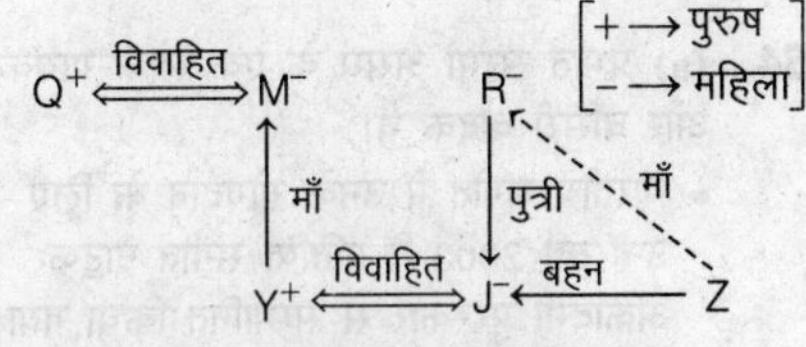

अत: Y, Z का बहनोई (बहन का पति) है।

39. (b) दी गई आकृति विकल्प (b) की आकृति में निहित है।

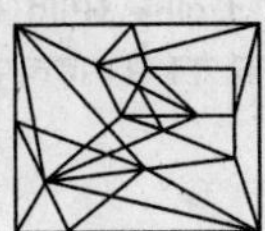

40. (b) प्रश्नानुसार,

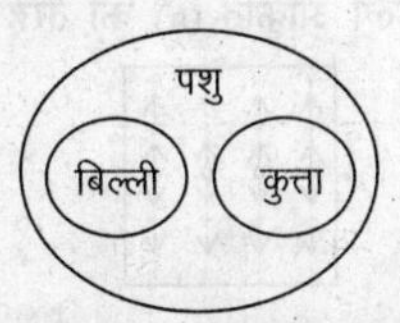

बिल्ली और कुत्ता दोनों पशु है लेकिन एक-दूसरे से अलग है।

41. (d) प्रश्नानुसार,

G $\xrightarrow{+5}$ L $\xrightarrow{+4}$ P $\xrightarrow{+3}$ S

N $\xrightarrow{+5}$ S $\xrightarrow{+4}$ W $\xrightarrow{+3}$ Z

M $\xrightarrow{+5}$ R $\xrightarrow{+4}$ V $\xrightarrow{+3}$ Y

परन्तु, T $\xrightarrow{\text{विपरीत अक्षर}}$ G $\xrightarrow{+10}$ Q $\xrightarrow{\text{विपरीत अक्षर}}$ J

42. (b) दी गई शृंखला का क्रम निम्न प्रकार है,

91, 111, 133, 157, 183, [211]

+20, +22, +24, +26, +20

43. (b) कथनानुसार,

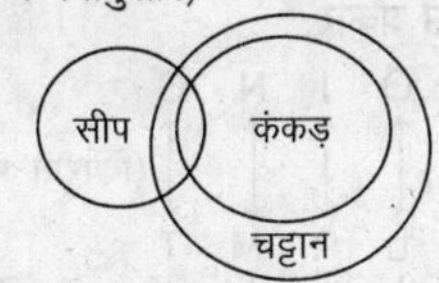

निष्कर्ष I. (✗) II. (✓)

अत: केवल निष्कर्ष II पालन करता है।

44. (b) दिए गए शब्द का अंग्रेजी शब्दकोश के अनुसार क्रम निम्न है

Foreign → Forest → Forge →
(2) (3) (5)

Forgotten → Forlorn → Formal
(4) (6) (1)

∴ अभीष्ट कूट ⇒ 2, 3, 5, 4, 6, 1

45. (c) दी गई शृंखला का क्रम निम्न प्रकार है,

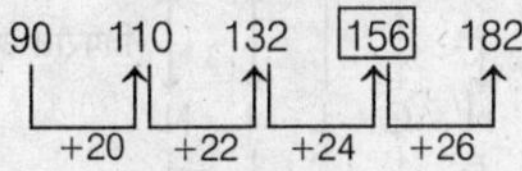

46. (d) प्रश्नानुसार,

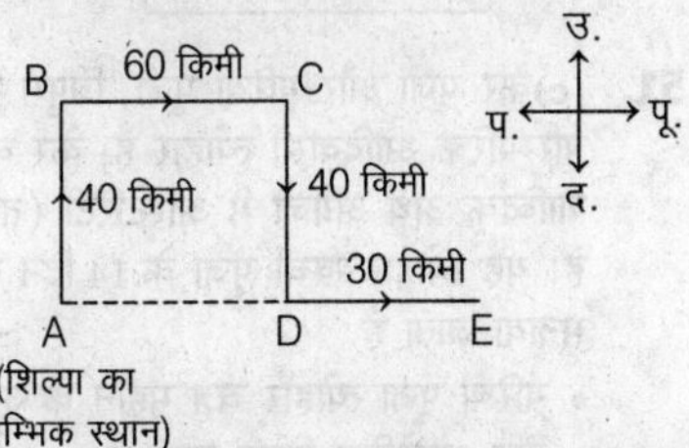

∴ अभीष्ट दूरी (AE) = BC + DE (∵ BC = AD)

= 60 + 30 = 90 किमी

47. **(a)** प्रश्न में दिए गए कागज को खोलने पर यह विकल्प आकृति (a) की तरह दिखाई देगा।

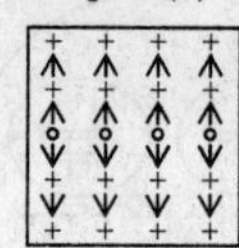

48. **(b)** दिए गए शब्द का अंग्रेजी शब्दकोश के अनुसार क्रम निम्न है,

Aureole → Auspicious → Authentic
(5) (4) (3)
Authority → Automate
(1) (2)

∴ अभीष्ट कूट ⇒ 5, 4, 3, 1, 2

49. **(d)** दिए गए कागज को प्रश्नानुसार मोड़कर काटने के बाद खोलने पर यह विकल्प आकृति (d) की तरह दिखाई देगा।

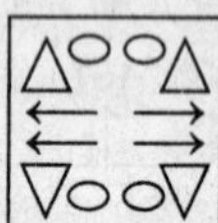

50. **(b)** जिस प्रकार,

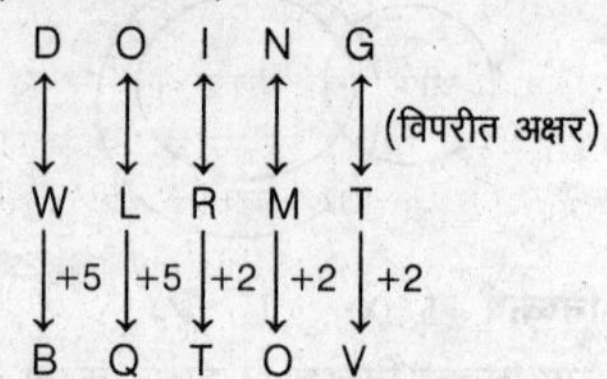

और

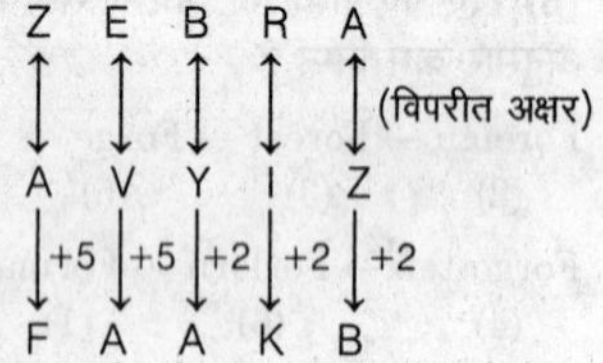

उसी प्रकार,

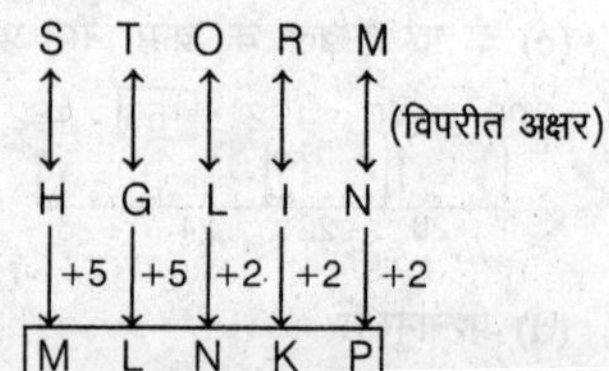

51. **(c)**केर पूजा और गरिया पूजा, त्रिपुरा राज्य के पारम्परिक आदिवासी त्योहार हैं, केर का शाब्दिक अर्थ अंग्रेजी में ऑस्टेरिटी (तपस्या) है। यह त्योहार खर्ची पूजा के 14 दिन बाद मनाया जाता है

- गरिया पूजा त्योहार चैत्र महीने के अन्तिम दिन आयोजित किया जाता है।
- मणिपुर के अन्य प्रमुख त्योहार याओशांग, पोरग, चवांग कुट है।
- ओडिशा में कई प्रमुख त्योहार मनाए जाते हैं, जिनमें रथ यात्रा, नुआखाई, दुर्गा पूजा और कोणार्क नृत्य महोत्सव शामिल हैं।
- झारखण्ड में सरहुल, करम, सोहराई, टुसू और छठ पूजा प्रमुख हैं।

52. **(b)** भारत में, पाइपलाइन परिवहन का वह साधन है, जो पेट्रोलियम और गैस की आपूर्ति में वाहनान्तरण की हानियों तथा देरी को कम करता है।

- भारत में पाइपलाइन परिवहन के उदाहरण:
- हजीरा-विजयपुर-जगदीशपुर (HVJ) पाइपलाइन: यह पाइपलाइन हजीरा (गुजरात) से विजयपुर (मध्य प्रदेश) और जगदीशपुर (उत्तर प्रदेश) तक प्राकृतिक गैस का परिवहन करती है।
- सलाया-मथुरा पाइपलाइन: यह पाइपलाइन सलाया (गुजरात) से मथुरा (उत्तर प्रदेश) तक कच्चे तेल का परिवहन करती है।
- काण्डला-भटिण्डा पाइपलाइन: यह पाइपलाइन काण्डला (गुजरात) से भटिण्डा (पंजाब) तक कच्चे तेल का परिवहन करती है।

53. **(a)** व्यापार उदारीकरण (Trade liberalisation) ने मध्यम से उच्च प्रौद्योगिकी सामग्री वाले उद्योगों में अपने में तुलनात्मक लाभ में सुधार करने में भारत की मदद की है।

- व्यापार उदारीकरण एक ऐसी नीति है, जो देशों के बीच व्यापार बाधाओं को कम करती है, जैसे कि टैरिफ और कोटा। इसका उद्देश्य वस्तुओं और सेवाओं के प्रवाह को बढ़ाना और आर्थिक विकास को बढ़ावा देना है।
- भारत सरकार ने वर्ष 1991 में नए आर्थिक सुधारों की घोषणा की थी, जिसे नई आर्थिक नीति (न्यू इकोनामिक पॉलिसी) के नाम से जाना जाता है।
- नई आर्थिक नीति को उदारीकरण , निजीकरण एवं वैश्वीकरण के 3 माध्यमों से लागू किया गया।
- नई आर्थिक नीति की जब घोषणा की गई तब देश के प्रधानमन्त्री पी.वी.नरसिम्हा राव तथा वित्त मन्त्री मनमोहन सिंह थे।

54. **(a)** प्रभात सरमा असम के एक लोक गायक और बाँसुरी वादक थे।

- भारतीय संगीत में उनके योगदान के लिए उन्हें वर्ष 2003 में प्रतिष्ठि संगीत नाटक अकादमी पुरस्कार से सम्मानित किया गया।
- उन्हें वर्ष 2001 में असम सरकार द्वारा असम शिल्पी दिवस पुरस्कार से सम्मानित किया गया।
- प्रभात शर्मा ने लोक संगीत मण्डली देवोगांधार के गन में महत्त्वपूर्ण भूमिका निभाई थी।
- प्रभात सरमा ने कई असमिया फिल्मों के लिए संगीत का निर्देशन भी किया, जिनमें भबेन्द्र नाथ सैकिया की सारथी और अमरेन्द्र पाक की सन्तान शामिल हैं।

55. **(d)** पण्डित बिरजू महाराज वर्ष 1984 में नृत्य में पद्म विभूषण पुरस्कार प्राप्त करने वाले सबसे कम आयु के व्यक्ति थे।

- पण्डित बिरजू महाराज: कथक नृत्य के एक प्रसिद्ध कलाकार हैं।
- पण्डित बिरजू महाराज एक भारतीय नर्तक, संगीतकार, गायक और लखनऊ के 'कालका-बिंदादीन' घराने के प्रतिपादक थे।
- वह कथक नर्तकों के महाराज परिवार के वंशज थे, जिसमें उनके दो चाचा, शम्भू महाराज और लच्छू महाराज और उनके पिता और गुरू, अचन महाराज शामिल हैं।
- राजेन्द्र गंगानी एक भारतीय कथक नर्तक हैं, जो अपनी नवीन शैली और तकनीकी जादूगरी के लिए जाने जाते हैं।
- एहसान हिलाल एक भारतीय बेली डांसर हैं।
- अभिमन्यु लाल एक भारतीय शास्त्रीय कथक नर्तक, कोरियोग्राफर और तालवादक हैं।

56. **(b)** सरकारी बजट में ₹ 6,900 करोड़ का प्राथमिक घाटा और ₹ 400 करोड़ का ब्याज भुगतान होने पर, राजकोषीय घाटा ₹ 7,300 करोड़ (₹ 6,900 + ₹ 400) होगा।

- राजकोषीय घाटा प्राथमिक घाटा और शुद्ध ब्याज देनदारियों के योग के बराबर होता है।
- राजकोषीय घाटा = प्राथमिक घाटा + शुद्ध ब्याज देनदारियाँ
- प्राथमिक घाटा = ₹ 6,900 करोड़
- शुद्ध ब्याज देनदारियाँ = ₹ 400 करोड़
- राजकोषीय घाटा = ₹ 6,900 करोड़ + ₹ 400 करोड़ = ₹ 7,300 करोड़
- **प्राथमिक घाटा** सरकार के कुल व्यय (ब्याज भुगतान को छोड़कर) और कुल राजस्व के बीच का अन्तर है।
- **राजकोषीय घाटा** सरकार के कुल व्यय और कुल राजस्व के बीच का अन्तर है, जिसमें ब्याज भुगतान भी शामिल है।

57. **(d)** भारतीय संविधान के अनुच्छेद 75 में कहा गया है कि प्रधानमन्त्री को राष्ट्रपति द्वारा नियुक्त किया जाएगा और प्रधानमन्त्री की सलाह पर राष्ट्रपति द्वारा अन्य मन्त्रियों की नियुक्ति की जाएगी।

- **अनुच्छेद 75 में तीन बातों का उल्लेख है** राष्ट्रपति प्रधानमन्त्री की नियुक्ति करता है और अन्य मन्त्रियों को राष्ट्रपति द्वारा प्रधानमन्त्री की सलाह पर नियुक्त किया जाता है और मन्त्रिपरिषद् सामूहिक रूप से लोकसभा के प्रति उत्तरदायी होती है।

- भारतीय संविधान के अनुच्छेद 35 के तहत, संसद को मौलिक अधिकारों से जुड़े मामलों में कानून बनाने का अधिकार है।
- भारतीय संविधान के अनुच्छेद 25 में धर्म की स्वतन्त्रता का अधिकार की गारण्टी दी गई है।
- भारतीय संविधान का अनुच्छेद 45, जिसे 86वें संविधान संशोधन (2002) के बाद संशोधित किया गया है, छ: वर्ष से कम आयु के बच्चों के लिए प्रारम्भिक बाल्यावस्था देखभाल और शिक्षा के प्रावधान से सम्बन्धित है।

58. (d) वर्ष 2011 की जनगणना के अनुसार, मुम्बई महानगर की जनसंख्या सबसे अधिक थी।
- वर्ष 2011 की जनगणना के अनुसार, मुम्बई महानगर क्षेत्र की जनसंख्या 18,394,392 थी, जो इसे भारत का सबसे अधिक आबादी वाला महानगर बनाती है।
- 1.6 करोड़ से अधिक लोगों की जनसंख्या के साथ दिल्ली दूसरा सबसे अधिक जनसंख्या वाला महानगर था, इसके बाद 1.4 करोड़ से अधिक लोगों की जनसंख्या वाला कोलकाता था।
- भारत में 8 महानगर दिल्ली, मुम्बई, कोलकाता, चेन्नई, बेंगलुरु, हैदराबाद, अहमदाबाद और पुणे हैं।

59. (c) भारत का नागरिक बनने की शर्त के रूप में 'सम्पत्ति के अधिग्रहण के माध्यम से नागरिकता' गलत तरीके से सूचीबद्ध किया गया है।
- वर्ष 1955 का नागरिकता अधिनियम, नागरिकता प्राप्त करने के पाँच तरीकों का उल्लेख करता है, जिसमें जन्म, वंश, पंजीकरण, देशीयकरण और क्षेत्र का समावेश शामिल है।
- भारतीय नागरिकता के अधिग्रहण को भारत के संविधान के अनुच्छेद 11 और नागरिकता अधिनियम, वर्ष 1955 द्वारा विनियमित किया जाता है।
- यह अधिनियम यह संसद को कानून द्वारा नागरिकता के अधिकार को विनियमित करने की शक्ति प्रदान करता है।

60. (b) कोशिका झिल्ली में प्रोटीन की मात्रा 40 से 60% के बीच होती है।
- कोशिका झिल्ली, जिसे प्लाज्मा झिल्ली भी कहा जाता है, लिपिड, प्रोटीन और कार्बोहाइड्रेट से बनी होती है।
- प्रोटीन भी कोशिका झिल्ली का एक महत्त्वपूर्ण घटक हैं और वे फॉस्फोलिपिड द्विसतह में अन्तः स्थापित होते हैं या इसकी सतह से जुड़े होते हैं
- ये प्रोटीन विभिन्न प्रकार के कार्य करते हैं, जिसमें झिल्ली के पार अणुओं का परिवहन, रासायनिक संकेतों के लिए ग्राही के रूप में कार्य करना और संरचनात्मक सहायता प्रदान करना शामिल है।
- कोशिका झिल्ली की खोज रॉबर्ट हुक ने नहीं की थी।

61. (b) डेनिस गैबोर वह ब्रिटिश वैज्ञानिक थे, जिन्हें वर्ष 1947 में इलेक्ट्रॉन सूक्ष्मदर्शी की विभेदन क्षमता में सुधार हेतु होलोग्राफी के सिद्धान्त को विकसित करने के लिए जाना जाता है।
- होलोग्राफी एक ऐसी तकनीक है, जो त्रि-आयामी (3D) छवियों को रिकॉर्ड और पुनर्निर्माण करने के लिए प्रकाश तरंगों के हस्तक्षेप का उपयोग करती है।
- इलेक्ट्रॉन सूक्ष्मदर्शी जो एक प्रकार का सूक्ष्मदर्शी है, जो लक्ष्य की एक छवि बनाने के लिए इलेक्ट्रॉनों का उपयोग करता है।
- इलेक्ट्रॉन सूक्ष्मदर्शी की विभेदन क्षमता या आवर्द्धन सामान्य प्रकाश सूक्ष्मदर्शी की तुलना में बहुत अधिक होता है।

62. (d) एक राज्यपाल अपने कार्यकाल की समाप्ति के बाद भी, तब तक पद पर बना रहता है, जब तक कि उसका उत्तराधिकारी अपना पद ग्रहण नहीं कर लेता है।
- भारतीय संविधान के अनुच्छेद 156 में प्रावधान है कि राज्यपाल राष्ट्रपति की इच्छा पर ही पद धारण करता है, जिसका सामान्य कार्यकाल पद ग्रहण करने की तिथि से पाँच वर्ष का होता है।
- राज्यपाल को प्रधानमन्त्री की अध्यक्षता वाली मन्त्रिपरिषद् की सलाह पर राष्ट्रपति द्वारा बर्खास्त किया जा सकता है।
- राज्यपाल की नियुक्ति अनुच्छेद 155 के अनुसार, किसी राज्य के राज्यपाल की नियुक्ति राष्ट्रपति द्वारा की जाती है।

63. (c) पाँचवीं पंचवर्षीय योजना (1974-1978) में रोजगार , गरीबी उन्मूलन (गरीबी हटाओ) और न्याय पर बल दिया गया।
- इस योजना में कृषि क्षेत्र पर सबसे अधिक ध्यान दिया गया। इसके बाद औद्योगिक और खनन क्षेत्रों का स्थान रहा।
- कुल मिलाकर यह योजना एक सफलता थी, जिसने 4.4% के लक्ष्य के मुकाबले 4.8% की वृद्धि प्राप्त की।
- इस योजना का प्रारूप डी.पी. धर द्वारा बनाया और जारी किया गया था। इस योजना को वर्ष 1978 में समाप्त किया गया था।
- चौथी पंचवर्षीय योजना भारत की एक आर्थिक योजना थी। जिसकी अवधि वर्ष 1969 से 1974 थी।

64. (d) गुरू बिपिन सिंह, जिन्हें वर्ष 1966 में संगीत नाटक अकादमी पुरस्कार और मध्य प्रदेश सरकार द्वारा कालिदास सम्मान से सम्मानित किया गया था। वह मणिपुरी शास्त्रीय नृत्य के प्रतिपादक थे।
- गुरू बिपिन सिंह मणिपुरी नृत्य के एक निर्देशक, नृत्य-प्रशिक्षक और शिक्षक थे।
- इनका जन्म 23 अगस्त, 1918 को एक बिश्नुप्रिया मणिपुरी परिवार में हुआ था। इन्हें मणिपुरी नृत्य का जनक माना जाता है।
- ओडिसी, कुचिपुड़ी और कथक भारत के तीन प्रमुख शास्त्रीय नृत्य रूप हैं, जिनमें ओडिसी ओडिशा से, कुचिपुड़ी आन्ध्र प्रदेश से और कथक उत्तर भारत से सम्बन्धित है।

65. (b) भारतीय मौसम विज्ञान विभाग की स्थापना 1875 ई. में हुई थी और इसका मुख्यालय कलकत्ता में था।
- भारत मौसम विज्ञान विभाग (IMD) भारत सरकार के पृथ्वी विज्ञान मन्त्रालय की एक एजेंसी है।
- यह मौसम सम्बन्धी अवलोकन, मौसम पूर्वानुमान और भूकम्प विज्ञान के लिए जिम्मेदार प्रमुख एजेंसी है।
- IMD विश्व मौसम विज्ञान संगन के छ: क्षेत्रीय विशिष्ट मौसम विज्ञान केन्द्रों में से एक है।

66. (b) विश्व में सर्वाधिक वर्षा वाला स्थान, मासिनराम मेघालय राज्य में पूर्वी खासी पहाड़ियों के दक्षिणी ढलानों पर स्थित है।
- खासी पहाड़ियाँ गारो-खासी-जयन्तिया पर्वतश्रेणी का एक हिस्सा हैं और पूर्वांचल पर्वतश्रेणी और बड़ी पटकाई पर्वतश्रेणी से आगे पूर्व में जुड़ती हैं।
- जयन्तिया पर्वतमाला जयन्तिया पहाड़ियाँ मेघालय राज्य में खासी पहाड़ियों के पूर्व में स्थित हैं। यह पटकाई पहाड़ी शृंखला का एक हिस्सा है, जो भारत-म्यांमार सीमाओं के पार है।
- राजमहल पहाड़ियाँ भारत के झारखण्ड राज्य के सन्थाल परगना में स्थित एक पर्वतमाला है।

67. (d) पण्डित रविशंकर ने प्रमुख रूप से सितार वाद्ययन्त्र को पूरी दुनिया में लोकप्रिय वर्ष 1999 में पण्डित रविशंकर को भारत रत्न से सम्मानित किया गया था। उन्होंने प्रसिद्ध बैण्ड 'द बीटल्स' के साथ भी सहयोग किया।
- वर्ष 1967 में, पण्डित रविशंकर को पद्म भूषण नागरिक पुरस्कार से सम्मानित किया गया।
- वर्ष 1962 में, उन्हें भारत के संगीत, नृत्य और नाटक के राष्ट्रीय अकादमी द्वारा नाटक अकादमी पुरस्कार से सम्मानित किया गया।
- भारत का दूसरा सर्वोच्च नागरिक सम्मान पद्म विभूषण उन्हें वर्ष 1981 में दिया गया।
- पण्डित रविशंकर ने अपने जीवनकाल में पाँच ग्रैमी पुरस्कार जीते।

68. **(b)** केन्द्र सरकार ने सरदार स्वर्ण सिंह समिति की सिफारिशों के आधार पर भारत के संविधान में मौलिक कर्त्तव्यों की सूची को शामिल करने का निर्णय लिया।

- वर्ष 1976 में 42वें संविधान संशोधन अधिनियम को अधिनियमित किया गया, जिससे संविधान में एक नया भाग मौलिक कर्त्तव्य के रूप में IVA जोड़ा गया।
- 42वें संविधान संशोधन अधिनियम, 1976 द्वारा दस मौलिक कर्त्तव्यों (51A) को संविधान में समाविष्ट किया गया।
- 11वें मौलिक कर्त्तव्य को बाद में वर्ष 2002 के 86वें संविधान संशोधन अधिनियम द्वारा एक और मौलिक कर्त्तव्य (छ: से चौदह वर्ष की आयु के बीच अपने बच्चे को शिक्षा के अवसर प्रदान करना) जोड़ा गया।
- मौलिक कर्त्तव्य का विचार रूस के संविधान से लिया गया है। यह प्रकृति में गैर-न्यायिक है।

69. **(a)** अखिल भारतीय मुस्लिम लीग का गठन 30 दिसम्बर, 1906 को ढाका में हुआ।

- इसमें मुख्य रूप से आगा खाँ तथा नवाब सलीमुल्ला के नेतृत्व में मुस्लिम लीग की स्थापना हुई।
- इसका उद्देश्य मुसलमानों में ब्रिटिश सत्ता के प्रति राज्य-भक्ति बढ़ाना और उनके अधिकारों तथा हितों की रक्षा करना था।
- अखिल भारतीय मुस्लिम लीग के प्रथम अधिवेशन की अध्यक्षता आगा खाँ ने की थी। मुहम्मद अली जिन्ना वर्ष 1913 में मुस्लिम लीग में शामिल हुए।

70. **(b)** पृथ्वी का उपसौर प्रत्येक वर्ष 2 जनवरी के आस-पास घटित होता है।

- उपसौर एक ग्रह की कक्षा में एक बिन्दु है, जिस पर ग्रह सूर्य के सबसे नजदीक होता है। उपसौर के दौरान पृथ्वी सूर्य से 152 मिलियन किमी दूर होती है।
- अपसौर का तात्पर्य पृथ्वी की कक्षा में उस बिन्दु से हैं, जहाँ सूर्य से उसकी दूरी सर्वाधिक होती है, जो प्रत्येक वर्ष 3 से 6 जुलाई के बीच घटित होता है।
- पृथ्वी की कक्षा की उत्केन्द्रता में अन्तर के कारण इसकी उपसौर और अपसौर तिथियाँ निश्चित नहीं हैं।

71. **(d)** मणिपुरी नृत्य राधा और कृष्ण की रासलीला विषय वस्तु पर आधारित है।

- मणिपुरी नृत्य का प्रमुख विषय भक्ति, विशेषकर भगवान कृष्ण और राधा के प्रति है।
- इस नृत्य शैली की उत्पत्ति पूर्वोत्तर राज्य मणिपुर में हुई और यह अपनी सुन्दर गतिविधियों, जटिल कदमताल और अभिव्यंजक हाव भावों के लिए जाना जाता है।
- मणिपुरी नृत्य के दो प्रमुख भाग जागोई (Jagoi) और चोलोम (Cholam) हैं, जो क्रमश: लास्य (कोमल) और ताण्डव (जोरदार) तत्वों को दर्शाते हैं।
- मणिपुरी नृत्य के प्रमुख कलाकारों में गुरू बिपिन सिंह, दर्शना झावेरी, नयना, रंजना, सुवर्णा, चारु माथुर और देवयानी चालिया शामिल हैं।

72. **(d)** दीवान-ए-इंशा यह शाही पत्र व्यवहार का विभाग था, जिसका संचालन दबीरनामक सचिव करते थे। इस विभाग का प्रधान दबीर -ए-खास होता था।

- यह विभाग सुल्तान और अन्य देशों के बीच तथा सुल्तान और प्रान्तीय शासकों के बीच पत्राचार पर नियन्त्रण रखता था।
- इसी विभाग द्वारा फरमान (शाही आदेश) जारी किए जाते थे और अधीनस्थ अधिकारियों के पत्र प्राप्त किए जाते थे। उसकी सहायता कई दबीर करते थे।
- सुल्तान के निजी पत्र व्यवहार का प्रबन्ध करने वाले को कातिब-ए-खास कहा जाता था।
- बारिद-ए मूमालिक राज्य के सामचार विभाग का प्रमुख था। उसे पूरी सल्तनत में होने वाली घटनाओं का लेखा- जोखा रखना होता था।

73. **(b)** यदि किसी खिलाड़ी को पीला कार्ड मिलता है, तो उसे कम से कम पाँच मिनट के लिए खेल से अस्थायी रूप से निलम्बित कर दिया जाता है।

- हॉकी में पीला कार्ड एक खिलाड़ी को मामूली अपराध के लिए दी गई चेतावनी को सन्दर्भित करता है। वहीं, रेड कार्ड मिलने पर खिलाड़ी को मैदान के बाहर भेज दिया जाता है।
- फील्ड हॉकी मैच खेलने की अवधि 60 मिनट होती है, जिसे चार क्वार्टर में खेला जाता है। इस दौरान पहले और तीसरे क्वार्टर के बाद दोनों टीमों को दो मिनट का ब्रेक मिलता है।
- पेनल्टी कॉर्नर, पेनल्टी स्ट्रोक फ्री हिट, लॉन्ग कॉर्नर जैसी शब्दावली का उपयोग हॉकी खेल में किया जाता है।

74. **(d)** 12वीं पंचवर्षीय योजना की अवधि वर्ष 2012-2017 है।

- इस योजना की विषयवस्तु 'तीव्र, अधिक समावेशी और धारणीय विकास' थी।
- इसका उद्देश्य स्कूल में प्रवेश के सन्दर्भ में लैंगिक और सामाजिक अन्तराल को दूर करना तथा उच्च शिक्षा तक पहुँच में सुधार करना है।
- इसके अतिरिक्त, प्रत्येक वर्ष 1 मिलियन हेक्टेयर तक हरित क्षेत्र को बढ़ाना और गैर-कृषि क्षेत्र में नए अवसर सृजित करना भी इसके उद्देश्यों में शामिल था।
- 12वीं पंचवर्षीय योजना में लक्षित वृद्धि दर 9% थी, लेकिन वर्ष 2012 में, राष्ट्रीय विकास परिषद् ने इस बारहवीं योजना के लिए 8% की वृद्धि दर को मंजूरी दी।

75. **(d)** कार्य (work) की SI इकाई जूल (Joule) है, जिसे J से दर्शाया जाता है।

- कार्य और ऊर्जा की SI इकाई जूल है, जिसे एक न्यूटन बल द्वारा एक मीटर की दूरी तक विस्थापित करने में किए गए कार्य के बराबर माना जाता है।
- जूल प्रति सेकण्ड (J/s) शक्ति की इकाई है, जिसे वाट (W) भी कहा जाता है।
- ऊर्जा की SI इकाई जूल है और आयामी इकाई [ML2T-2] है।

76. **(c)** गोवा की घोड़े मोदनी (घोड़े पर सवार योद्धाओं का नृत्य) नृत्य शैली को 'योद्धा नृत्य' के नाम से भी जाना जाता है।

- यह एक पारम्परिक नृत्य है, जो वार्षिक शिग्मो उत्सव के दौरान किया जाता है, जो वसन्त ऋतु के दौरान गोवा में मनाया जाता है।
- इस नृत्य की उत्पत्ति गोवा के ग्रामीण इलाकों में हुई थी और यह मनोरंजन का एक लोकप्रिय रूप है, जिसका आनन्द सभी आयु के लोग लेते हैं।
- इस नृत्य शैली में नर्तक अपने गले में नकली घोड़े लटकाते हैं और अपने हाथों में तलवारें रखते हैं, जो बहादुरी का प्रतीक है।
- गोवा के कुछ प्रमुख लोकनृत्य फुगड़ी, गोफ, शिग्मो, घोड़ेमोदनी, झागोर और कुनबी है।

77. **(c)** कोपाकबाना समुद्र तट (Copacabana beach) ब्राज़ील के रियो डी जेनेरो शहर में स्थित है।

- कोपाकबाना दक्षिण अमेरिका के समुद्र तटों में से एक है, जो सुन्दर 'गोल्डन सैण्ड' के लिए प्रसिद्ध है।
- ब्राज़ील के रियो डि जेनेरो राज्य की राजधानी एवं देश का दूसरा सबसे बड़ा नगर है। यह शहर दक्षिण अमेरिका का तीसरा सबसे अधिक जनसंख्या वाला शहर है।
- पेरू दक्षिणी अमेरिका महाद्वीप में और मेक्सिको उत्तरी अमेरिका महाद्वीप में स्थित है।

78. **(a)** 8वीं से 10वीं शताब्दी तक उत्तर भारत में त्रिपक्षीय संघर्ष में भाग लेने वाले दक्षिण के राष्ट्रकूट बंगाल के पाल वंश और मालवा से शासन करने वाले गुर्जर प्रतिहार वंश थे।

- इन तीन राजवंशों के बीच कन्नौज पर नियन्त्रण के लिए संघर्ष को त्रिपक्षीय संघर्ष के रूप में जाना जाता है।
- इस संघर्ष में धर्मपाल (पाल), नागभट्ट द्वितीय (प्रतिहार) और राष्ट्रकूट शासक (ध्रुव और गोविन्द तृतीय) शामिल थे। सभी का उद्देश्य उत्तरी भारत में एक रणनीतिक शहर कन्नौज पर नियन्त्रण करना था।

- 750 ईस्वी में गोपाल प्रथम पाल वंश के संस्थापक थे।
- नागभट्ट प्रथम, गुर्जर-प्रतिहार वंश के संस्थापक थे. उनका शासनकाल 730 से 760 ईस्वी तक शासन किया।
- राष्ट्रकूट राजवंश के संस्थापक दन्तिदुर्ग थे। जिन्होंने 735 ई. से 756 ई. तक शासन किया।

79. (c) हजीरा-विजयपुर-जगदीशपुर (HVJ) पाइपलाइन परियोजना के निर्माण, संचालन और रख-रखाव की जिम्मेदारी गेल (GAIL) को दी गई है।

- गेल (इण्डिया) लिमिटेड की स्थापना अगस्त, 1984 में पेट्रोलियम और प्राकृतिक गैस मन्त्रालय के तहत HVJ गैस पाइपलाइन के निर्माण, संचालन और रख-रखाव के लिए की गई थी।
- यह भारत के लिए महत्त्वपूर्ण है, क्योंकि यह मुम्बई और बसायन को पश्चिमी और उत्तरी भारत से जोड़ता है।
- HVJ पाइपलाइन भारत की पहली अन्तर्राज्यीय गैस पाइपलाइन है। इस परियोजना का पहला चरण, जिसमें 1,750 किलोमीटर की गैर-शाखाओं वाली ग्रिड शामिल है।
- भारत में निर्मित पहली कच्चे तेल पाइपलाइन नहरकटिया-नुनमति-बरौनी पाइपलाइन है।
- मुम्बई हाई-मुम्बई-अंकलेश्वर-कायली पाइपलाइन एक 210 किमी लम्बी डबल-पाइपलाइन है, जो मुम्बई को मुम्बई हाई से जोड़ती है।

80. (d) विद्युत-अपघटनी परिष्करण (Electrolytic Refining) एक प्रक्रिया है, इसमें अशुद्ध धातुओं को शुद्ध करने के लिए एक व्यापक रूप से उपयोग की जाने वाली विधि है, जिसमें अशुद्ध धातु को एनोड (Anode) और शुद्ध धातु को कैथोड (Cathode) के रूप में उपयोग किया जाता है।

- यह प्रक्रिया विद्युत अपघटन के सिद्धान्त पर आधारित है, जिसमें विद्युत धारा का उपयोग करके एक रासायनिक प्रतिक्रिया को प्रेरित किया जाता है।
- विद्युत अपघटनी परिष्करण का उपयोग ताँबा, चाँदी, सोना, एल्यूमीनियम, निकेल जैसी धातुओं को शुद्ध करने के लिए किया जाता है।

81. (a) परमहंस मण्डली की स्थापना 1849 ई. में महाराष्ट्र में दादोबा पाण्डुरंग और रामचन्द्र जयकर ने की थी।

- इसका उद्देश्य जाति व्यवस्था को तोड़ना, महिला शिक्षा को बढ़ावा देना और विधवा पुनर्विवाह की वकालत करना था।
- रामकृष्ण मिशन एक हिन्दू धार्मिक और आध्यात्मिक संगन है, जिसकी स्थापना 1 मई, 1897 को स्वामी विवेकानन्द द्वारा की गई थी।
- स्वामी दयानन्द ने 7 अप्रैल, 1875 को आर्य समाज की स्थापना की।
- राजा राममोहन राय ने 1828 ईं. में कलकत्ता में ब्रह्म समाज की स्थापना की थी

82. (a) ब्रायोफाइटों और टेरिडोफाइटों में नर युग्मकों का परिवहन जल के माध्यम से होता है।

- ब्रायोफाइट्स तथा टेरिडोफाइट्स नम एवं छायादार स्थलों पर पाए जाते हैं। इनमें निषेचन जल की उपस्थिति में होता है।
- ब्रायोफाइट और टेरिडोफाइट में, नर युग्मक (शुक्राणु) गतिशील होते हैं और उन्हें मादा युग्मक (अण्डाणु) तक पहुँचने के लिए जल की आवश्यकता होती है। यही कारण है कि ये पौधे सामान्यत: नम वातावरण में पाए जाते हैं।
- आवृत्तबीजी (एंजियोस्पर्म) में, नर युग्मकों का परिवहन परागकणों के माध्यम से होता है, जो वायु, जल या जानवरों द्वारा मादा युग्मक तक पहुँचाए जाते हैं।
- अनावृतबीजी (जिम्नोस्पर्म) में, नर युग्मकों का परिवहन वायु द्वारा होता है। इनमें परागकण हवा के द्वारा मादा युग्मक तक पहुँचते हैं।

83. (d) मेहरानगढ़ किला, जो कि एक ऐतिहासिक किला है, राजस्थान राज्य के जोधपुर शहर में स्थित है।

- प्रसिद्ध मोती महल मेहरानगढ़ किले के अन्दर स्थित है।
- इस किले का निर्माण राजाराव जोधा ने 1459 ईस्वी में करवाया था।
- जूनागढ़ का किला राजस्थान के बीकानेर शहर में एक किला है।
- जयगढ़ किला, नाहरगढ़ किला, आमेर किला राजस्थान के जयपुर शहर में स्थित है।

84. (a) 'द मूर्स लास्ट साई (The Moor's Last Sigh)' उपन्यास के लेखक सलमान रुश्दी है। इनकी अन्य पुस्तकें ग्रिमस (1975), मिडनाइट्स चिल्ड्रन (1981) शेम (1983), द सैटेनिक वर्सेज (1988) आदि है।

- जिन्ना ऑफन केमटू ऑवर हाउस' नामक पुस्तक पूर्व भारतीय विदेश अधिकारी किरण दोशी द्वारा लिखी गई है।
- अमंग द बिलीवर्स वी. एस. नायपॉल द्वारा लिखी गई है। इस पुस्तक के प्रकाशन के बाद नायपॉल की जेरूसलम पुरस्कार से सम्मानित किया गया।

85. (a) मार्शल लॉ की अवधारणा, जो मूल अधिकारों को प्रतिबन्धित करती है, ब्रिटिश कानून से ली गई है।

- भारतीय संविधान का अनुच्छेद 34 बताता है कि किसी निश्चित क्षेत्र में मार्शल लॉ घोषित होने पर मौलिक अधिकार कैसे सीमित हो जाते हैं।
- भारतीय संविधान में 'विधि द्वारा स्थापित प्रक्रिया' को जापान के संविधान से लिया गया है।
- यूएसएसआर (तत्कालीन सोवियत संघ) से भारतीय संविधान में मौलिक कर्तव्यों और न्याय के आदर्श (सामाजिक, आर्थिक और राजनीतिक) की अवधारणा ली गई है।

86. (a) वृक्ष वनस्पति समुदाय में ऊर्ध्वाधर स्तरीकरण के अन्तर्गत आते हैं। वनस्पति समुदाय में विभिन्न प्रकार के पौधे होते हैं, जो अपनी ऊँचाई और संरचना के आधार पर विभिन्न स्तरों में व्यवस्थित होते हैं।

- ऊर्ध्वाधर स्तरीकरण के कुछ मुख्य स्तर दिए गए हैं;
- **सर्वोपरि ऊर्ध्वाधर** (Top vertical) यह वनस्पति समुदाय का सबसे ऊँचा स्तर होता है, जिसमें वृक्ष होते हैं।
- **मध्य ऊर्ध्वाधर** (Middle vertical) इस स्तर में झाड़ियाँ और छोटे पेड़ होते हैं।
- **निचला ऊर्ध्वाधर** (Bottom vertical) इस स्तर में जड़ी-बूटियाँ, घास और अन्य छोटे पौधे होते हैं।

87. (a) बन्दी प्रत्यक्षीकरण (Habeas Corpus) रिट अन्तर्गत गिरफ्तारी का आदेश जारी करने वाले अधिकारी को आदेश देता है कि वह बन्दी को न्यायाधीश के सामने उपस्थिति दर्ज करें और उसके कैद करने की वजह बताए।

- **परमादेश (Mandamus)** यह रिट किसी सार्वजनिक अधिकारी को अपने कर्त्तव्य का पालन करने का आदेश देने के लिए जारी की जाती है।
- **उत्प्रेषण** (Certiorari) यह रिट किसी निचली अदालत या न्यायाधिकरण के आदेश को रद्द करने के लिए जारी की जाती है।
- **निषेध** (Prohibition) यह रिट किसी उच्चतर न्यायालय द्वारा किसी निचली अदालत को उसके अधिकार क्षेत्र से बाहर जाने से रोकने के लिए जारी की जाती है।
- **अधिकार-पृच्छा** (Quo Warranto) यह रिट किसी व्यक्ति के सार्वजनिक पद के दावे की वैधता की जाँच करने के लिए जारी की जाती है।
- सर्वोच्च न्यायालय (अनुच्छेद 32 के तहत) एवं उच्च न्यायालय (अनुच्छेद 226 के तहत) रिट जारी कर सकते हैं।

88. (d) टोक्यो ओलम्पिक वर्ष 2020 भारत सर्वश्रेष्ठ प्रदर्शन के साथ 48वें स्थान पर रहा।

- भारत ने टोक्यो ओलम्पिक वर्ष 2020 में 7 पदक जीते, जिसमें 1 स्वर्ण, 2 रजत और 4 कांस्य पदक शामिल हैं।
- संयुक्त राज्य अमेरिका टोक्यो ओलम्पिक वर्ष 2020 में पदक तालिका में शीर्ष पर रहा, क्योंकि उसने कुल 113 पदक जीते।

- दुसरे स्थान पर चीन ने कुल 88 पदक जीते, जिनमें से 38 स्वर्ण थे।
- जापान, मेजबान देश, पदक तालिका में तीसरे स्थान पर रहा, क्योंकि उन्होंने कुल 58 पदक जीते, जिनमें से 27 स्वर्ण थे।

89. (c) स्वतन्त्रता के समय भारत में, ग्रामीण सहकारी समितियों की स्थापना की गई थी, जो कि एक प्रकार का सूक्ष्म वित्त संस्थान है, जिसका उद्देश्य ग्रामीण क्षेत्रों में वित्तीय सेवाएँ प्रदान करना था।

- स्वयं सहायता समूह के अन्तर्गत छोटे उद्यमी एक छोटी अवधि के लिए एकसाथ आते हैं और अपनी व्यावसायिक जरूरतों हेतु एक सामान्य फण्ड बनाते हैं। इन समूहों को गैर-लाभकारी संगनो के रूप में वर्गीकृत किया गया है।
- **संयुक्त देयता समूह** यह सामान्यत: एक अनौपचारिक समूह है, जिसमें 4-10 व्यक्ति शामिल होते हैं, जो आपसी गारण्टी पर ऋण प्राप्त करते हैं।
- **ग्रामीण मॉडल बैंक** वर्ष 1970 के दशक में एक बांग्लादेशी नोबेल विजेता प्रोफेसर मुहम्मद यूनुस द्वारा प्रतिपादित किया गया।

90. (d) अन्तिम मौर्य शासक बृहद्रथ की हत्या 185 ईसा पूर्व में उनके सेनापति पुष्यमित्र शुंग ने की थी तथा पुष्यमित्र शुंग ने शुंग वंश की स्थापना की।

- चन्द्रगुप्त मौर्य मौर्य, वंश के संस्थापक थे उन्होंने 322 ईसा पूर्व में मौर्य साम्राज्य की स्थापना की थी।
- चन्द्रगुप्त का उत्तराधिकार उसके पुत्र बिन्दुसार ने किया। उसने लगभग 25-26 वर्षों तक शासन किया।
- मौर्य वंश के महानतम शासकों में अशोक का महत्त्वपूर्ण स्थान था। इन्हें अशोकवर्द्धन भी कहा जाता है।

91. (b) जड़त्व आघूर्ण (Moment of Inertia) के लिए सही सूत्र $I = mr^2$ है, जहाँ 'I' जड़त्व आघूर्ण है, 'm' द्रव्यमान है और 'r' घूर्णन अक्ष से दूरी है।

- जड़त्व आघूर्ण एक घूर्णन करने वाले निकाय का जड़त्व है, जो इसके घूर्णन से सम्बन्धित है। जड़त्व आघूर्ण को घूर्णी जड़त्व के रूप में भी जाना जाता है।
- जड़त्व आघूर्ण किसी वस्तु की घूर्णी गति में परिवर्तन का विरोध करने की प्रवृत्ति का माप है।
- यह द्रव्यमान और घूर्णन अक्ष से दूरी के वर्ग के गुणनफल के बराबर होता है।
- इसका उपयोग घूर्णी गति के अध्ययन में किया जाता है; जैसे कि पहियों, गियर और अन्य घूमने वाली वस्तुओं की गति।

92. (c) भारतीय कम्युनिस्ट पार्टी की स्थापना वर्ष 1920 में ताशकन्द (अब उज्बेकिस्तान की राजधानी) में एम. एन. रॉय ने की थी।

- भारतीय कम्युनिस्ट पार्टी औपचारिक स्थापना 1925 में कानपुर में भारतीय कम्युनिस्ट सम्मेलन में हुई थी।
- इसने घोषणा की कि क्रान्ति का उपयोग भारत में समाजवाद के निर्माण के लिए किया जाएगा।
- इसके संस्थापकों में एम.एन. रॉय, उनकी पत्नी एवलिन ट्रेन्ट, एम.पी.टी. आचार्य और अबानी मुखर्जी शामिल थे।

93. (c) चम्बल, हिण्डन और टोंस नदियाँ यमुना नदी की सहायक नदियाँ हैं।

- यमुना नदी की महत्त्वपूर्ण सहायक नदियाँ चम्बल, सिन्ध, बेतवा और केन हैं।
- यह मध्य भारत में यमुना नदी की एक प्रमुख सहायक नदी है, जो मध्य प्रदेश के महू के पास विंध्य पर्वतमाला से निकलती है।
- यह यमुना नदी की एक महत्त्वपूर्ण सहायक नदी है, जो शिवालिक पहाड़ियों में सहारनपुर जिले से निकलती है और नोएडा में यमुना में मिलती है।

94. (b) 'द रेस ऑफ माई लाइफ' मिल्खा सिंह की आत्मकथा है, जो कि वर्ष 2013 में प्रकाशित हुई थी।

- फ्लाइंग सिख के नाम से जाने जाने वाले पद्मश्री मिल्खा सिंह एक भारतीय क्षेत्र धावक और ट्रैक धावक थे।
- राकेश ओमप्रकाश मेहरा द्वारा निर्देशित और फरहान अख्तर और सोनम कपूर 'भाग मिल्खा भाग' में मिल्खा सिंह की जीवनी को चित्रित किया गया है।
- पी. टी. उषा के जीवन की आत्मकथा का नाम गोल्डन गर्ल है, जो वर्ष 1987 में लिखी गई थी।
- मैरी कॉम की आत्मकथा का नाम 'अनब्रेकेबल: एन ऑटोबायोग्राफी' है।

95. (c) 1784 ई. में, हाइड्रोजन और ऑक्सीजन के साथ प्रयोग करके जल की संरचना की खोज हेनरी कैवेंडिश ने की थी।

- हाइड्रोजन के दो परमाणु पानी बनाने के लिए ऑक्सीजन के एक परमाणु के साथ आबन्ध बनाते हैं।
- हाइड्रोजन की खोज हेनरी कैवेंडिश ने 1766 ई. में की थी।
- ऑक्सीजन की खोज कार्ल विल्हेम शेहले ने 1771 ई. में की थी।
- 1777 ई. में एण्टोनी लवॉज़ियर द्वारा ऑक्सीजन का नाम रखा गया था।

96. (c) दिए गए संकेतों के आधार पर सांस्कृतिक उत्सव सूरजकुण्ड मेला है।

- सूरजकुण्ड मेला हरियाणा में प्रत्येक वर्ष फरवरी में आयोजित किया जाता है।
- यह हरियाणा के फरीदाबाद जिले में मनाया जाता है।
- यह विश्व का सबसे बड़ा शिल्प मेला और भारत का सबसे बड़ा सांस्कृतिक मेला है।
- यह प्रत्येक वर्ष पन्द्रह दिनों के लिए आयोजित किया जाता है।
- यह देश में उत्पादित बेहतरीन हथकरघा और हस्तशिल्प को उजागर करता है।
- यह सूरजकुण्ड मेला प्राधिकरण और हरियाणा पर्यटन द्वारा पर्यटन, कपड़ा, संस्कृति और विदेश मामलों के केन्द्रीय मन्त्रालयों के सहयोग से आयोजित किया जाता है।

97. (c) मनीषा कल्याण फुटबॉल खेल से सम्बन्धित हैं।

- यह एक भारतीय पेशेवर फुटबॉलर हैं, जो साइप्रस फर्स्ट डिविजन क्लब अपोलोन और भारत की महिला राष्ट्रीय टीम के लिए फॉरवर्ड के रूप में खेलती हैं।
- वह UEFA महिला चैंपियन्स लीग में खेलने वाली पहली भारतीय फुटबॉलर हैं।
- मनीषा एक आक्रामक मिडफील्डर हैं और अपनी रचनात्मकता और शारीरिक बनावट दोनों के लिए जानी जाती हैं।

98. (a) थायमिन (विटामिन बी1) वह पहला विटामिन था, जिसे 1897 ई. में खोजा गया था। यह अमीनो एसिड और कार्बोहाइड्रेट के उपापचय में ज़रूरी होता है और ऊर्जा उत्पादन में भी अहम भूमिका निभाता है।

- विटामिन B1 को थायमिन भी कहा जाता है।
- बेरी-बेरी विटामिन B1 की कमी से होने वाला रोग है।
- विटामिन B1 शरीर की कोशिकाओं को कार्बोहाइड्रेट को ऊर्जा में बदलने और हृदय, माँसपेशियों और पाचन तन्त्र के समुचित कार्य को बनाए रखने में मदद करता है।
- विटामिन B1 भोजन में पाया जा सकता है और इसे आहार पूरक और दवा के रूप में निर्मित किया जा सकता है।

99. (a) सैयद मोदी भारत में प्रतिवर्ष आयोजित होने वाला एक अन्तर्राष्ट्रीय बैडमिण्टन टूर्नामेण्ट है, इसकी शुरुआत वर्ष 2009 में हुई थी।

- यह टूर्नामेण्ट लखनऊ में बाबू बनारसी दास इण्डोर स्टेडियम में प्रतिवर्ष आयोजित किया जाता है।

100. (c) वर्ष 2011 की जनगणना के अनुसार, केन्द्रशासित प्रदेशों में लक्षद्वीप में सबसे अधिक पुरुष साक्षरता दर (96.11%) दर्ज की गई थी।

- वर्ष 2011 की जनगणना के अनुसार, लक्षद्वीप में पुरुष साक्षरता दर 95.56% और महिला साक्षरता दर 87.95% थी।
- केरल राज्य में पुरुष साक्षरता दर 96.11% और महिला साक्षरता दर 92.07% थी, जो इसे साक्षरता दर के मामले में शीर्ष पर रखता है।
- 2011 की जनगणना के अनुसार, केन्द्रशासित प्रदेशों में लक्षद्वीप में सबसे अधिक साक्षरता दर (91.85%) दर्ज की गई थी।
- जनगणना 2011 के अनुसार, सबसे कम जनसंख्या वाला केन्द्र शासित प्रदेश लक्षद्वीप है, जिसकी जनसंख्या 64,429 थी।

101. (b) दिया है,

पुलिस और चोर के बीच की दूरी = 300 मी

चोर की चाल = 11 किमी/घण्टा

पुलिसकर्मी की चाल = 13 किमी/घण्टा

सापेक्ष चाल $= (13-11) \times \frac{5}{18}$

$= 2 \times \frac{5}{18} = \frac{5}{9}$ मी/से

चोर को पकड़ने के लिए पुलिस को लगा समय

$= \frac{300}{5} \times 9 = 60 \times 9 = 540$ सेकण्ड

पुलिसकर्मी द्वारा तय दूरी

$= 13 \times \frac{5}{18} \times 540 = 1950$ मी

$= \frac{1950}{1000} = 1.95$ किमी

102. (c) दिया है,

वस्तु का अंमिकत मूल्य = ₹ 1940

तथा छूट = 15%

वस्तु का विक्रय मूल्य $= 1940 \times \frac{85}{100}$

= ₹ 1649

103. (d) 6 मी =600 सेमी

5 मी 25 सेमी =525 सेमी

12 मी 50 सेमी =1250 सेमी

$60 = 25 \times 24$

$525 = 25 \times 21$

$1250 = 25 \times 50$

म. स. = 25 सेमी $= \frac{25}{100} = 0.25$ मी

अत: पूर्णत: मापने के लिए सबसे बड़ी लम्बाई = 0.25 मी

104. (a) ऋण और सेना पर व्यय प्रतिशत

= 62 + 6 = 68%

$\because$ 68% = ₹ 850 बिलियन

$\therefore$ 100% $= \frac{850 \times 100}{68}$ = ₹ 1250 बिलियन

105. (a) दिया है, $AD = \frac{1}{6}AB$

$\Rightarrow \frac{AD}{AB} = \frac{1}{6}$ ...(i)

तथा $AE = \frac{1}{6}AC$

$\Rightarrow \frac{AE}{AC} = \frac{1}{6}$ ...(ii)

A, D, E, B, C

और BC = 22 सेमी

समी (i) व (ii) से,

$\frac{AD}{AB} = \frac{AE}{AC} = \frac{DE}{BC}$

$\Rightarrow \frac{AD}{AB} = \frac{DE}{BC}$

$\Rightarrow \frac{1}{6} = \frac{DE}{22}$

$\Rightarrow DE = \frac{22}{6} = 3.67$ सेमी

106. (b) अभीष्ट प्रतिशत $= \frac{15}{18} \times 100 = 83\%$ (लगभग)

107. (a) $\frac{a^2 - b^2 - 2bc - c^2}{a^2 + b^2 + 2ab - c^2}$

$= \frac{a^2 - (b^2 + 2bc + c^2)}{a^2 + b^2 + 2ab - c^2}$

$= \frac{a^2 - (b^2 + 2bc + c^2)}{(a+b)^2 - c^2}$

$= \frac{a^2 - (b+c)^2}{(a+b)^2 - c^2}$

$= \frac{a^2 - (b+c)^2}{(a+b-c)(a+b+c)}$

$= \frac{(a-b-c)(a+b+c)}{(a+b-c)(a+b+c)}$

$= \frac{a-b-c}{a+b-c}$

108. (d) दिया है,

$a \propto b \Rightarrow a = kb$ ...(i)

{जहाँ, k एक नियतांक है}

तथा $b \propto \frac{1}{c} \Rightarrow b = \frac{l}{c}$ ...(ii)

{जहाँ, l एक नियतांक है}

तथा $c \propto d \Rightarrow c = md$ ...(iii) {जहाँ, m एक नियतांक है}

समी (i) में समी (ii) से b का मान रखने पर,

$a = \frac{kl}{c}$

उपरोक्त समीकरण में, समी. (iii) से c का मान रखने पर,

$a = \frac{kl}{md}$

माना $K = \frac{kl}{m}$ एक नियतांक है।

$\Rightarrow a = \frac{k}{d} \Rightarrow a \propto \frac{1}{d}$

109. (c) हिन्दी में सभी छात्रों को प्राप्त कुल अंक

= 85 + 80 + 75 + 70 = 310

$\therefore$ अभीष्ट औसत $= \frac{310}{4} = 77.5\%$

110. (d) $\frac{1}{12} + \frac{1}{16} + \frac{1}{8} = \frac{4+3+6}{48} = \frac{13}{48}$

111. (b) $(P+Q)$ का एक दिन का कार्य $= \frac{1}{30}$

$(Q+R)$ का एक दिन का कार्य $= \frac{1}{24}$

$(R+P)$ का एक दिन का कार्य $= \frac{1}{20}$

$2(P+Q+R)$ का एक दिन का कार्य

$= \frac{1}{30} + \frac{1}{24} + \frac{1}{20}$

$= \frac{4+5+6}{120} = \frac{15}{120} = \frac{1}{8}$

$(P+Q+R)$ का 1 दिन का कार्य $= \frac{1}{16}$

P का एक दिन का कार्य $= \frac{1}{16} - \frac{1}{24}$

$= \frac{3-2}{48} = \frac{1}{48}$

$(P+Q+R)$ का 10 दिन का कार्य

$= \frac{1}{16} \times 10 = \frac{5}{8}$

शेष कार्य $= 1 - \frac{5}{8} = \frac{3}{8}$

P द्वारा शेष कार्य करने में लगा समय

$= 48 \times \frac{3}{8} = 6 \times 3 = 18$ दिन

112. (c) माना सुखबीर द्वारा खरीदी गई वस्तु का मूल्य = ₹ 100

जो वस्तु खराब नहीं हुई उनका मूल्य

= ₹ $\left(100 \times \frac{(100-30)}{100}\right)$

= ₹ $\left(100 \times \frac{70}{100}\right)$ = ₹ 70

₹ 70 की वस्तु का विक्रय मूल्य

= ₹ $\left(100 \times \frac{119}{100}\right)$ = ₹ 119

$\therefore$ अभीष्ट प्रतिशत $= \frac{119-70}{70} \times 100$

$= \frac{49}{70} \times 100 = 70\%$

113. (b) दिया है, शंकु का आयतन = 196π सेमी^{3}

आधार की त्रिज्या $= \frac{14}{2} = 7$ सेमी

माना ऊँचाई = h सेमी

प्रश्नानुसार, $\frac{1}{3}\pi \times 7^2 \times h = 196\pi$

$\therefore h = \frac{196\pi \times 3}{49\pi} = 12$ सेमी

114. (c) दिया है,

ट्रेन B की चाल $= 36 \times \frac{18}{5} = 10$ मी/से

ट्रेन B की लम्बाई = 300 मी

माना ट्रेन 'A' की लम्बाई $= x$ मी

तथा चाल $= y$ मी/से

प्रश्नानुसार, $\frac{x + 300}{y + 10} = 15$

$\Rightarrow \quad x + 300 = 15y + 150$

$\Rightarrow \quad 15y = x + 150 \quad$ ...(i)

तथा $\quad \frac{x + 500}{y} = 30$

$\Rightarrow \quad 30y = x + 500$

$2(x + 150) = x + 500$

$\Rightarrow \quad x + 300 = 500$

$\Rightarrow \quad x = 200$

अत: ट्रेन A की लम्बाई = 200 मी।

115. (b) A का एक दिन का कार्य $= \frac{1}{8}$

B का एक दिन का कार्य $= \frac{1}{7}$

$(A + B)$ का 2 दिन का कार्य $= \frac{1}{8} + \frac{1}{7}$

$= \frac{7 + 8}{56} = \frac{15}{56}$

$(A + B)$ का 6 दिन का कार्य

$= \frac{15}{56} \times 3 = \frac{45}{56}$

शेष कार्य $= 1 - \frac{45}{56} = \frac{11}{56}$

7 वें दिन 'A' के कार्य के बाद शेष कार्य

$= \frac{11}{56} - \frac{1}{8} = \frac{11 - 7}{56} = \frac{4}{56} = \frac{1}{14}$

B द्वारा शेष कार्य करने में लगा समय

$= \frac{1}{14} \times 7 = \frac{1}{2}$ दिन

कुल समय $= 6 + 1 + \frac{1}{2} = 7\frac{1}{2}$ दिन

116. (b) 'S' प्रकार के कार के उत्पादन में लगातार वृद्धि हुई है।

$4 < 6 < 10 < 16 < 20 < 31$

117. (c) चेन्नई में MBA के विद्यार्थियों की संख्या = 1342

चेन्नई में M.A. के विद्यार्थियों की संख्या = 1666

अभीष्ट प्रतिशत $= \frac{1342}{1666} \times 100 = 80.55\%$

118. (a) दिया है,

कुल मतदाताओं की संख्या = 146000

कुल वैध मतों की संख्या $= 146000 \times \frac{95}{100}$

$= 138700$

चुनाव में उम्मीदवार के पक्ष में डाले गए वैद्य मतों की संख्या $= 138700 \times \frac{75}{100} = 104025$

119. (d) $261 - 5 = 256$

$853 - 5 = 848$

$1221 - 5 = 1216$

```
256)848(3
    768
    ---
     80)256(3
        240
        ---
         16)80(5
            80
            --
             ×
```

848 और 256 का म.स. = 16

```
16)1216(76
   112
   ---
    96
    96
    --
     ×
```

16 और 216 का म.स. = 16

$\therefore$ 261, 853 और 1221 को 16 से विभाजित करने पर 5 शेषफल बचता है।

120. (b) $\frac{\cos 65^\circ}{\sin 25^\circ} + \frac{5 \sin 19^\circ}{\cos 71^\circ} - \frac{3 \cos 28^\circ}{\sin 62^\circ}$

$= \frac{\cos (90 - 25^\circ)}{\sin 25^\circ} + \frac{5 \sin (90^\circ - 71^\circ)}{\cos 71^\circ} - \frac{3 \cos (90^\circ - 62^\circ)}{\sin 62^\circ}$

$= \frac{\sin 25^\circ}{\sin 25^\circ} + \frac{5 \cos 71^\circ}{\cos 71^\circ} - \frac{3 \sin 62^\circ}{\sin 62^\circ}$

$= 1 + 5 - 3$

$= 6 - 3 = 3$

121. (d) $\frac{1}{3}, \frac{3}{5}, \frac{4}{9}$ और $\frac{9}{16}$ का ल. स.

$= \frac{1, 3, 4 \text{ और } 9 \text{ का ल.स.}}{3, 5, 9 \text{ और } 6 \text{ का म.स.}} = \frac{9 \times 4}{1} = 36$

122. (c) रीमा रेखा से $\frac{5}{4}$ तेज दौड़ती है।

	रीमा	:	रेखा
चाल →	5	:	4
समय →	4	:	5

समय अन्तर = 5– 4 = 1 सेकण्ड

अत: 1 सेकण्ड में 1 मी की दूरी का अन्तर कम होगा।

$\therefore$ अभीष्ट दूरी $= \frac{50}{1} \times 5 = 250$ मी।

123. (c) दिया है, $\cos A = \frac{15}{17} = \frac{\text{आधार}}{\text{कर्ण}}$

लम्ब $= \sqrt{(17)^2 - (15)^2} = \sqrt{289 - 225}$

$= \sqrt{64} = 8$

$\therefore \cot (90^\circ - A) = \tan A$

$= \frac{\text{लम्ब}}{\text{आधार}} = \frac{8}{15}$

124. (d) दिया है,

शंकु का आधार त्रिज्या = 7 सेमी

तथा तिर्यक ऊँचाई 10 सेमी

हम जानते हैं,

शंकु का वक्रपृष्ठीय क्षेत्रफल $= \pi rl$

$= \frac{22}{7} \times 7 \times 10$

$= 220$ सेमी^{2}

125. (c) अनुप्रस्थ उभयनिष्ठ स्पर्श रेखा

$= \sqrt{d^2 - (r_1 + r_2)^2}$

यहाँ, $r_1 = 6, r_2 = 4$ तथा $d = 14$

$= \sqrt{14^2 - (6 + 4)^2}$

$= \sqrt{196 - 10^2} = \sqrt{196 - 100}$

$= \sqrt{96} = 4\sqrt{6}$ सेमी

126. (c) 7 दिन के लिए आवश्यक अण्डों की संख्या = 217

1 दिन के लिए आवश्यक अण्डों की संख्या

$= \frac{217}{7} = 31$

जुलाई, अगस्त तथा सितम्बर में कुल दिनों की संख्या = 31 + 31 + 30 = 92

कुल आवश्यक अण्डों की संख्या

= 92 × 31 = 2852

127. (b) दिया है,

अर्द्धगोले की त्रिज्या $= \frac{4}{2} = 2$ सेमी

अर्द्धगोले के सम्पूर्ण पृष्ठीय क्षेत्रफल – वक्रपृष्ठीय क्षेत्रफल $= 3\pi r^2 - 2\pi r^2$

$= 3 \times \pi \times 4 - 2\pi \times 4$

$= 12\pi - 8\pi = 4\pi$ सेमी^{2}

128. (b)

I		II
55		70
	65 (मिश्रण)	
70 – 65	:	65 – 55
= 5	:	10
= 1	:	2

$\therefore$ अभीष्ट अनुपात = 1: 2

129. (b) गुरुवार को A द्वारा बेचा गया कुल उत्पाद

$= 3000 - (1000 + 500 + 800)$
$= 3000 - 2300 = 700$

मंगलवार को B द्वारा बेचा गया कुल उत्पाद

$= 3500 - (800 + 1000 + 1200)$
$= 3500 - 3000 = 500$

$\therefore$ अभीष्ट अन्तर $= 700 - 500 = 200$

अत: मंगलवार को B द्वारा बेचे गए उत्पाद गुरुवार को A द्वारा बेचे गए उत्पादों से 200 कम है।

130. (a) उत्पाद R, $21 > 17 > 16 > 15 > 13 > 8$

अत: 1989-94 की अवधि के दौरान R प्रकार की कार के उत्पादन में लगातार कमी हुई है।

131. (d) दिया है, $\cot\theta = \frac{4}{3} = \frac{\text{आधार}}{\text{लम्ब}}$

कर्ण $= \sqrt{4^2 + 3^2} = \sqrt{16 + 9} = \sqrt{25} = 5$

$5P\cos^2\theta\sin\theta = \cot^2\theta$

$\Rightarrow \quad 5 \times P \times \left(\frac{4}{5}\right)^2 \times \frac{3}{5} = \left(\frac{4}{3}\right)^2$

$\Rightarrow \quad 5 \times P \times \frac{16}{25} \times \frac{3}{5} = \frac{16}{9}$

$\Rightarrow \quad \frac{48P}{25} = \frac{16}{9}$

$\therefore \quad P = \frac{16 \times 25}{48 \times 9} = \frac{25}{27}$

132. (a) दिया है,

मतों की कुल संख्या = 4500

वैध मतों की कुल संख्या

$= 4500 \times \frac{90}{100} = 4050$

शारुक को प्राप्त मतों की संख्या

$= 4050 \times \frac{80}{100} = 3240$

दूसरे उम्मीदवार को प्राप्त वैध मतों की संख्या

$= 4050 - 3240 = 810$

133. (a) दिया है, त्रिज्या = 3 सेमी

त्रिज्यखण्ड का परिमाप

$= 2 \times r +$ चाप की लम्बाई

चाप की लम्बाई $= 24 - 2 \times 3 = 18$

अत: $\frac{2\pi r\theta}{360} = 18$

$\Rightarrow \quad 2 \times \frac{22 \times 3}{7} \times \frac{\theta}{360} = 18$

$\Rightarrow \quad \frac{\theta}{360} = \frac{18 \times 7}{44 \times 3}$

त्रिज्यखण्ड का क्षेत्रफल $= \frac{\pi r^2\theta}{360}$

$= \frac{22}{7} \times 3 \times 3 \times \frac{18 \times 7}{44 \times 3}$

$= 9 \times 3 = 27$ सेमी^{2}

134. (c) $\frac{3}{2}, \frac{81}{16}$ और $\frac{9}{8}$ का ल. स.

$= \frac{3, 81 \text{ और } 9 \text{ का ल.स.}}{2, 16 \text{ और } 8 \text{ का म.स.}} = \frac{81}{2}$

135. (b) जॉन का 1 दिन का कार्य $= \frac{1}{20}$

रवि का 1 दिन का कार्य $= \frac{1}{28}$

दोनों का 1 दिन में किया गया कार्य

$= \frac{1}{20} + \frac{1}{28} = \frac{7 + 5}{140}$

$= \frac{12}{140} = \frac{3}{35}$

दोनों द्वारा कार्य पूरा करने में लगा समय

$= \frac{35}{3} = 11\frac{2}{3}$ दिन

136. (c) दिया है, $\frac{A}{L} + \frac{M}{B} = 1$

माना $A = 1, M = 1, L = 2, B = 2$

$\frac{1}{2} + \frac{1}{2} = \frac{1+1}{2} = \frac{2}{2} = 1$

तथा $\frac{B}{M} + \frac{N}{C} = 1$

$\Rightarrow \quad \frac{2}{1} + \frac{N}{C} = 1$

$\Rightarrow \frac{N}{C} = 1 - \frac{2}{1} = -1$

$\therefore \quad \frac{L}{A} + \frac{C}{N} = \frac{2}{1} - 1 = 2 - 1 = 1$

137. (d) दिया है, मूलधन = ₹ 100000

चक्रवृद्धि ब्याज दर = 7% वार्षिक

समय = 5 वर्ष

ब्याज = ₹ $\left[100000\left(1 + \frac{7}{100}\right)^5 - 100000\right]$

= ₹ $\left[100000 \times \left(\frac{107}{100}\right)^5 100000\right]$

= ₹ [140255 − 100000] (लगभग मान)

= ₹ 40255

138. (a) माना क्रय मूल्य = ₹ 100

तो अंकित मूल्य = ₹ $\left(100 \times \frac{175}{100}\right)$

= ₹ 175

40% छूट पर,

विक्रय मूल्य = ₹ $\left(175 \times \frac{60}{100}\right)$ = ₹ 105

लाभ = ₹ (105 − 100) = ₹ 5

लाभ % $= \frac{5}{100} \times 100 = 5\%$

139. (b) दिया है, बेलन की ऊँचाई = 30 मी

25 मी^{2} की लागत से पेंट करने की लागत = ₹ 18425

बेलन का सम्पूर्ण पृष्ठीय क्षेत्रफल

$= \frac{18425}{25} = 737$ मी^{2}

$2\pi r(r + h) = 737$

$\Rightarrow \quad 2 \times \frac{22}{7} \times r(r + 30) = 737$

$\Rightarrow \quad 4r^2 + 120r - 469 = 0$

$\Rightarrow \quad (2r + 67)(2r - 7) = 0$

$\Rightarrow \quad 2r = 7$

$\Rightarrow \quad r = 3.5$

$\therefore \quad r \neq -\frac{67}{2}$

बेलन का आयतन $= \pi r^2 h$

$= \frac{22}{7} \times 3.5 \times 3.5 \times 30$

$= 1155$ मी^{3}

140. (c) $(\sin^4\theta - \cos^4\theta + 1)\operatorname{cosec}^2\theta$

$= [\{(\sin^2\theta)^2 - (\cos^2\theta)^2\} + 1]\operatorname{cosec}^2\theta$

$= [\{(\sin^2\theta + \cos^2\theta)(\sin^2\theta - \cos^2\theta)\} + 1]\operatorname{cosec}^2\theta$

$= [1 + (\sin^2\theta - \cos^2\theta)]\operatorname{cosec}^2\theta$

$= [\sin^2\theta + (1 - \cos^2\theta)]\operatorname{cosec}^2\theta$

$= [\sin^2\theta + \sin^2\theta]\operatorname{cosec}^2\theta$

$= 2\sin^2\theta \times \operatorname{cosec}^2\theta$

$= 2\sin^2\theta \times \frac{1}{\sin^2\theta} = 2$

141. (c) $210 = 2 \times 3 \times 5 \times 7$

$336 = 2 \times 2 \times 2 \times 2 \times 3 \times 7$

$504 = 2 \times 2 \times 2 \times 3 \times 3 \times 7$

ल. स. $= 2^4 \times 3^2 \times 5 \times 7$

$= 16 \times 9 \times 5 \times 7$

$= 5040$

142. (b) श्रम और इमारती लकड़ी का कुल कोण

$= 65° + 45° = 100°$

अभीष्ट प्रतिशत

$= \frac{110°}{360°} \times 100 = \frac{275}{9}$

$= 30\frac{5}{9}\%$

143. (d)

$6.9 - [8.6 - \{6.5 - (5.4 - \overline{4.3 - 2})\}]$

$= 6.9 - [8.6 - \{6.5 - (5.4 - 2.3)\}]$

$= 6.9 - [8.6 - \{6.5 - 3.1\}]$

$= 6.9 - [8.6 - 3.4]$

$= 6.9 - 5.2 = 1.7$

144. (d) दिया है, $\theta = 45°$

चाप की लम्बाई = 22 सेमी

हम जानते हैं,

चाप की लम्बाई $= \frac{\theta}{360} \times 2\pi r$

$\Rightarrow \frac{45°}{360°} \times 2 \times \frac{22}{7} \times r = 22$

$\Rightarrow \frac{1}{8} \times \frac{44}{7} \times r = 22$

$\Rightarrow r = \frac{22 \times 8 \times 7}{44} = 28$ सेमी

145. (b) अभीष्ट औसत वजन

$= \frac{15 \times 1000 + 125 \times 1000 + 135 \times 1000 + 750 + 950 + 700 + 400 + 500}{8}$

$= \frac{1500 + 1250 + 1350 + 750 + 950 + 700 + 400 + 500}{8}$

$= \frac{7400}{8} = 925$ ग्राम

146. (b) दिया है,

बर्तन की त्रिज्या = 21 सेमी

तथा तिर्यक ऊँचाई = 25 सेमी

हम जानते हैं,

शंकु का वक्रपृष्ठीय क्षेत्रफल $= \pi rl$

तब, बर्तन का वक्रपृष्ठीय क्षेत्रफल

$= \frac{22}{7} \times 21 \times 25$

$= 1650$ सेमी^{2}

पेंटिंग की लागत = ₹ (1650 × 15)

= ₹ 2475

147. (a) दिया है, मूलधन = ₹ 80,

मिश्रधन = ₹ 96

तब, 2 वर्ष का ब्याज = ₹ (96 − 80) = ₹ 16

ब्याज दर $= \frac{16 \times 100}{80 \times 2} = 10\%$

₹ 62000 का 5 वर्ष का ब्याज $= \frac{P \times r \times t}{100}$

$=$ ₹ $\left(\frac{62000 \times 10 \times 5}{100}\right) =$ ₹ 31000

मिश्रधन = ₹ (62000 + 31000)

= ₹ 93000

148. (d) माना वस्तु का क्रय मूल्य = ₹ x

प्रश्नानुसार, $x \times \frac{110}{100} - \frac{x \times 107}{100} = 6$

$\Rightarrow \frac{110x - 107x}{100} = 6$

$\Rightarrow 3x = 6 \times 100 \Rightarrow x =$ ₹ 200

149. (b) माना कुल आय = ₹ x

तो कुल व्यय = ₹ $\left(x \times \frac{80}{100}\right) =$ ₹ $\frac{4x}{5}$

प्रश्नानुसार, $\frac{4x}{5} \times \frac{11.25}{100} = 7200$

$\Rightarrow x = \frac{7200 \times 5\ 100}{4 \times 11.25} =$ ₹ 80000

भोजन पर खर्च $= 80000 \times \frac{15}{100} =$ ₹ 12000

150. (a) सितम्बर में बेकरी Q और S द्वारा एकसाथ मिलाकर बेचे गए केक की कुल संख्या = 189 + 154 = 343

नवम्बर में बेकरी P और R द्वारा एकसाथ मिलाकर बेचे गए केक की कुल संख्या

= 168 + 168 = 336

अभीष्ट अन्तर = 343 − 336 = 7

151. (d) The phrase 'foul play' refers to dishonest, unfair or unethical behaviour, especially in sports or competitions. Since the sentence is about unfair conduct in sports tournaments, 'foul play' is the most suitable replacement.

152. (b) **Placid** Calm, peaceful and serene; not easily disturbed.

Turbulent Characterised by conflict, disorder, or confusion; chaotic and unstable. (Correct antonym)

153. (d) An Atheist is a person who does not believe in the existence of God or gods. This fits perfectly as the one-word substitute for a person who believes that God does not exist.

154. (b) The idiom 'pen and ink' typically refers to writing or drawing, but when used figuratively, it can describe something being 'freshly prepared' or 'newly done,' much like how a smell can be fresh or new after an intense activity like a gym session.

155. (d) The phrase 'one of the' is always followed by a superlative adjective to indicate that the subject belongs to a group of the highest-ranked items. Most popular' is the correct answer because 'one of the' requires a superlative adjective (most popular).

156. (b) The sentence 'He is faster than smarter' involves a comparison between two adjectives. When making such comparisons, the comparative form of 'fast' is 'faster' and the comparative form of 'smart' is 'smarter'. However, in English, when comparing two adjectives with different forms of comparison, it's grammatically more natural to say 'more fast' in this context.

So, the correct form is 'more fast than smart' rather than 'faster than smarter'.

157. (b) **Rejoinder** A quick, often witty, or sharp reply to a remark or statement.

Request A polite or formal act of asking for something, which is the opposite of a rejoinder (a sharp reply). (Correct antonym)

158. (d) The word 'antidote' refers to a substance that counteracts the effects of a poison or venom, especially after a snakebite. This makes it the most appropriate choice for the sentence.

159. (b) **Utility** The state of being useful, beneficial, or serving a purpose. (Correct answer)

160. (d) The error is in 'it tasted sweetly.' The word 'sweetly' is an adverb, but the verb 'tasted' here is a linking verb. Linking verbs describe a state or condition and should be followed by an adjective, not an adverb.

The correct word should be 'sweet' (an adjective), not 'sweetly.'

Correct sentence: Raman ate the cake and exclaimed that it tasted sweet.

161. (a) The correct spelling is 'twelfth', which refers to the ordinal number for 12th.

162. (c) There are three cars parked outside a Mercedes, a Jaguar and a Fiat.

The indefinite article 'a' is used before words that begin with a consonant sound, and 'an' is used before words that begin with a vowel sound.

163. (d) The correct spelling of the word is 'Miniature', not 'Miniture.' 'Miniature' refers to something in a very small form or a detailed, small-scale model.

164. (b) The idiom 'a blessing in disguise' means that something which initially appears to be a negative situation turns out to have positive consequences in the long run. In this context, choosing not to pursue a degree in computer engineering, despite the market being limited, could turn out to be a positive decision, as the person might have avoided potential challenges or limitations in that field.

165. (c) Immigrant A person who moves to another country to settle there permanently.

166. (a) Asset An item of value or a resource that is useful or beneficial.

Liability A responsibility or obligation, often involving a burden or something that poses a disadvantage. (Correct antonym)

167. (a) The word 'Leniency' refers to mercy, tolerance, or being forgiving in judgement or punishment. The opposite of Leniency is strictness or severity, which is best represented by 'Sternness.'

168. (a) A curator is a person who is responsible for managing, preserving, and organising a museum, gallery, or any other collection of valuable items. They oversee exhibitions and ensure that artifacts and artworks are properly maintained.

169. (a) Apathy Lack of interest, enthusiasm, or concern.

Interest A feeling of curiosity or concern about something. (Correct antonym)

170. (b) The correct idiom is 'as keen as mustard', which means to be very eager, enthusiastic, or interested in something.

171. (c) The word 'viable' means capable of working successfully, feasible, or sustainable in the long run. In the given sentence, the engineer's design focuses on efficiency, scalability and sustainability, but the word that best matches 'viable' is 'sustainability,' as it directly refers to something being practical and able to last over time.

172. (a) The idiom 'back to square one' means to start over again after a failure or setback.
In the context of the sentence, the project has failed, and the speaker needs to restart the process, making 'back to square one' the most appropriate choice.

173. (a) The idiom 'Crack someone up' means to make someone laugh very hard. It is commonly used in informal conversations when something is extremely funny.

Example Sentences

His jokes always crack me up.
The comedian's performance was so hilarious that it cracked up the entire audience.

174. (b) The idiom 'set sights on' means to focus one's attention and efforts on achieving a particular goal or target. It fits perfectly with Ravi's clear determination and hard work to achieve his goal of being in the college hockey team.

175. (a) The correct idiom is 'stabbed her in the back.' This phrase means to betray someone who trusted you. In the given sentence, the woman trusted her husband, but he betrayed her by taking her inheritance.

176. (b) The word 'dissiminate' is incorrectly spelled. The correct spelling is 'disseminate', which means to spread or distribute information, ideas, or knowledge.

177. (b) The word 'Denounce' means to publicly declare something as wrong or evil or to strongly criticise someone or something.

The opposite of denounce would be to speak positively or approve of something, which is best represented by 'Praise.'

178. (d) The sentence is grammatically correct and logically coherent. Here's the breakdown:

You arrived two days ago Correct past tense usage to describe an action that happened in the past.

By the time you leave Correct use of the future perfect tense to describe a time in the future when the action will be completed.

you will have spent nine days here The future perfect tense is correctly used to describe the completion of spending nine days by the time the person leaves.

179. (d) In this sentence, the word 'congestion' refers to the overcrowding or traffic jams that are commonly experienced in urban areas. To improve the sentence, we need a synonym that specifically conveys the idea of traffic jams or a standstill in traffic.

Gridlock Refers to severe traffic congestion where vehicles are unable to move, perfectly fitting the context of traffic congestion in the sentence.

180. (b) The correct spelling of 'considared' should be 'considered'.

181. (b) The word 'discordant' refers to something that is harsh, jarring, or unpleasant to the ear, especially in music. The sentence describes a 'sweet melodious symphony', where 'melodious' means pleasant or harmonious, which is the opposite (antonym) of discordant.

182. (c) Let's examine the sentence:

I wanted to buy a candle holder This part is grammatically correct. It properly uses the past tense for expressing a desire in the past.

but the store didn't have one. This part is also correct. It correctly uses 'didn't have' to indicate the past tense of the store not having the item.

So, I got a cake This part is also correct. It logically follows the previous sentence, explaining what the speaker did instead of buying the candle holder.

183. (c) The idiom 'hold your horses' means to be patient or to wait before making a decision. Since the sentence suggests caution before buying a car, this idiom fits best.

184. (b) The phrase 'happening repeatedly' describes something that occurs over and over again. **The correct one-word** substitute would be **'recurrent,' which** means occurring repeatedly or regularly.

185. (c) Psychology is the scientific study of the human mind and behavior. It deals with understanding mental processes, emotions, cognition, and how individuals behave in various situations.

186. (c) Captivate means to attract and hold the attention of someone; to charm or fascinate.

Allure means to attract or entice someone in a very appealing way, which is similar to captivate. (Correct answer)

187. (a) Entomology - The scientific study of insects. (Correct answer)

188. (b) The correct spelling is 'Pizza', not 'Pitza.'

189. (c) The phrase 'A Prime Minister of India' is incorrect because India has only one Prime Minister at a time. The correct phrase should be 'The Prime Minister of India' since the definite article 'The' is used when referring to a specific position that is unique within a country.

190. (b) The idiom 'What a small world!' is used to express surprise or amazement when two people discover that they know each other or have something in common in an unexpected way. It suggests that the world feels smaller because of the surprising coincidence.

191. (c) The word 'advanced' fits best in blank no. 1.

192. (a) The option 'in the' fits best in blank no. 2.

193. (a) The word 'spend' fits best in blank no. 3.

194. (b) The word 'perhaps' fits best in blank no. 4.

195. (b) The word ' function' fits best in blank no. 5.

196. (b) The passage discusses various aspects of creativity, including its ability to inspire positive change, the challenges that come with it, and how it has been an important part of human history and development. Therefore, the most fitting title is 'The Power of Creativity' because it emphasizes the central theme of creativity's influence and potential.

197 (b) The passage mentions that creative expression can be fraught with obstacles such as self-doubt, insecurity, external pressures, and constraints. Additionally, it notes that not all creative ideas are successful or well-received, and many artists and innovators face rejection and criticism as they seek to bring their ideas to fruition. This indicates that the lack of appreciation for creative ideas is one of the challenges of creative expression. Therefore, option (b) is the correct answer.

198. (b) The passage primarily discusses the concept of creativity, its multifaceted nature, the ongoing debates around its origins (whether subconscious or conscious), and how it can bring positive changes in the world. It also highlights the challenges faced by individuals in the creative process.

The passage doesn't solely focus on cognitive processes, the mysteries of the human mind, or just fancy and imagination, making option (b) the most appropriate choice.

199. (c) Fraught' means something filled with or causing distress or anxiety.

So, the opposite of something being 'fraught' would be something that is lacking or free from such negative qualities or challenges.

'Devoid' means lacking or without something, making it the most fitting antonym to 'fraught.' Thus, Devoid is the correct answer.

200. (b) In the passage, it is mentioned that creativity can be driven by factors such as curiosity, passion, or the desire for recognition.

These factors are positive drivers of creativity. On the other hand, self-doubt, insecurity, external pressures, and constraints are described as obstacles to creativity, while 'fancy and imagination' are more about the result or expression of creativity rather than the driving factors.

Therefore, option (b) is the correct answer.

CPO SI P-1 SP 19

पेपर-1

SSC CPO SI सॉल्वड पेपर

3 अक्टूबर 2023 (शिफ्ट I)

अधिकतम अंक : 200 समय : 2 घण्टे

निर्देश

1. इस पेपर में 200 प्रश्न हैं।
2. इसमें 4 भाग हैं, **भाग 1** सामान्य बुद्धि एवं तर्कशक्ति, **भाग 2** सामान्य ज्ञान एवं सामान्य जागरुकता, **भाग 3** मात्रात्मक योग्यता और **भाग 4** अंग्रेजी
3. प्रत्येक प्रश्न **1 अंक** का है।

भाग 1

सामान्य बुद्धि एवं तर्कशक्ति

1. उस विकल्प का चयन कीजिए, जिसमें दी गई आकृति सन्निहित है (घुमाने की अनुमति नहीं है)।

प्रश्न आकृति

उत्तर आकृतियाँ

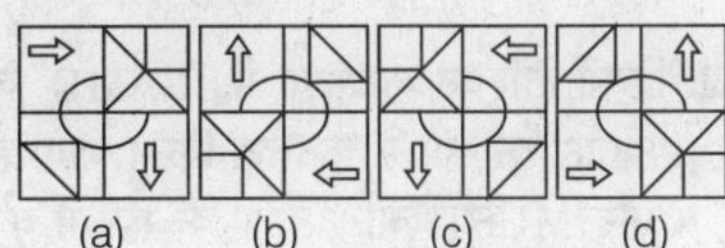

2. निम्नलिखित आकृति शृंखला में आगे आने वाली आकृति का चयन करें।

प्रश्न आकृतियाँ

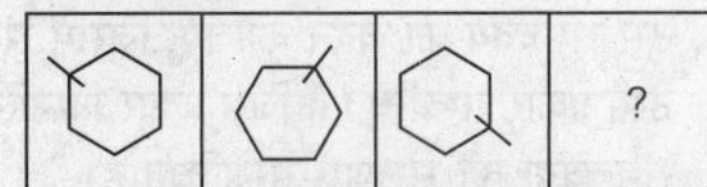

उत्तर आकृतियाँ

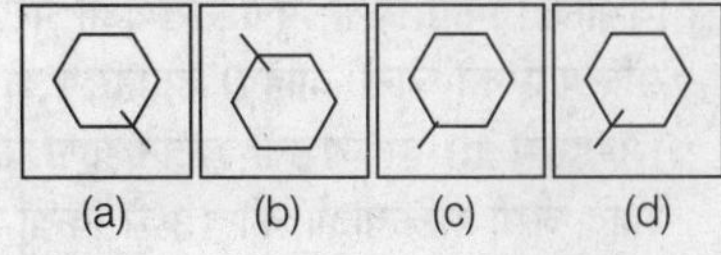

3. उस आकृति का चयन करें, जो निम्न आकृति शृंखला में प्रश्नचिह्न (?) के स्थान पर आएगी।

प्रश्न आकृतियाँ

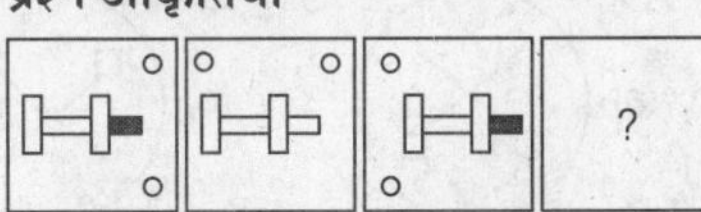

उत्तर आकृतियाँ

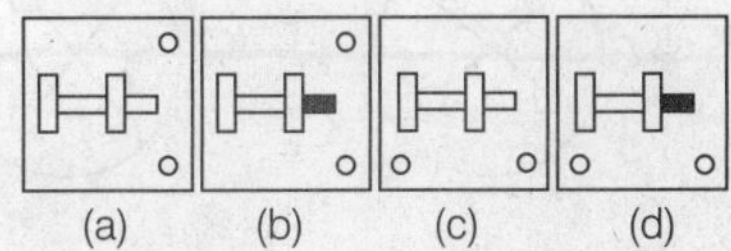

4. यदि '+' का अर्थ '×' है, '×' का अर्थ '–' है, '–' का अर्थ '÷' है, और '÷' का अर्थ '+' है, तो दिए गए समीकरण में प्रश्नचिह्न (?) के स्थान पर क्या आएगा?

$250 - 10 + 10 \times 5 \div 2 = ?$

(a) 167
(b) 247
(c) 320
(d) 234

5. यदि दी गई शीट को मोड़कर एक घन बनाया जाए, तो निम्न में से कौन-सी आकृति/आकृतियाँ बनना सम्भव है?

(अक्षर केवल घनों के फलकों को इंगित करने के लिए दिए गए हैं)

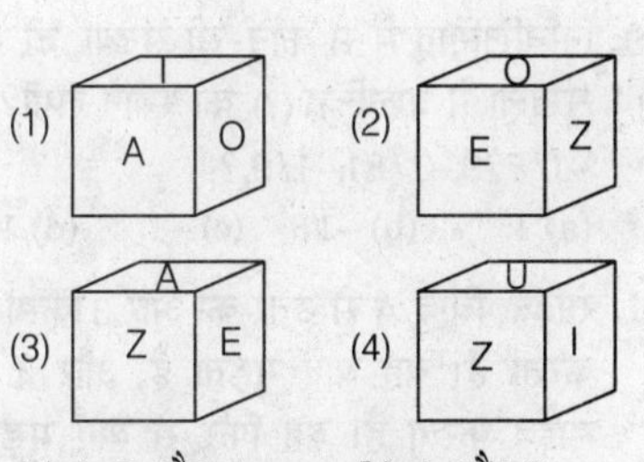

(a) 1, 2 और 4 (b) 1 और 2
(c) केवल 3 (d) 2 और 3

6. यदि '+' का अर्थ '÷', '–' का अर्थ '+', '×' का अर्थ '–' और '÷' का अर्थ '×' है, तो निम्नलिखित व्यंजक का मान क्या होगा?

$[\{(14 \times 6) - (4 \div 3)\} + (6 - 4)] \div 3$

(a) 1 (b) 9 (c) 3 (d) 6

7. यदि '+' का अर्थ '–', '–' का अर्थ '×', '×' का अर्थ '÷', '÷' का अर्थ '+' हो, तो निम्नलिखित समीकरण में प्रश्नचिह्न (?) के स्थान पर क्या आएगा?

$137 \div 56 \times 7 - 6 + 31 = ?$

(a) 149 (b) 154 (c) 145 (d) 163

8. एक ही पासे की दो अलग-अलग स्थितियाँ दिखाई गई हैं, जिनमें छः फलकों को 1 से 6 तक संख्यांकित किया गया है। उस संख्या का चयन करें, जो 1 को दर्शाने वाले फलक के विपरीत फलक पर होगी।

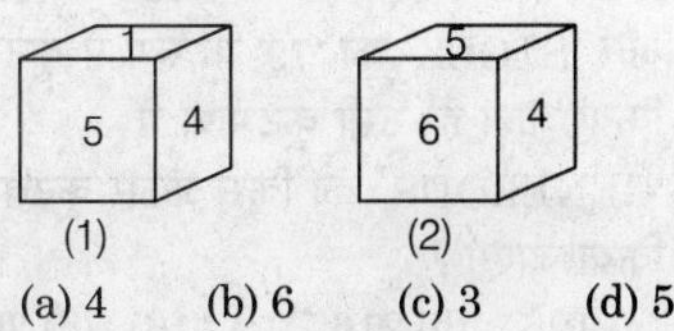

(a) 4 (b) 6 (c) 3 (d) 5

9. यदि दर्पण को नीचे दिखाए गए अनुसार रेखा MN पर रखा गया हो, तो दी गई आकृति के सही दर्पण प्रतिबिम्ब का चयन कीजिए।

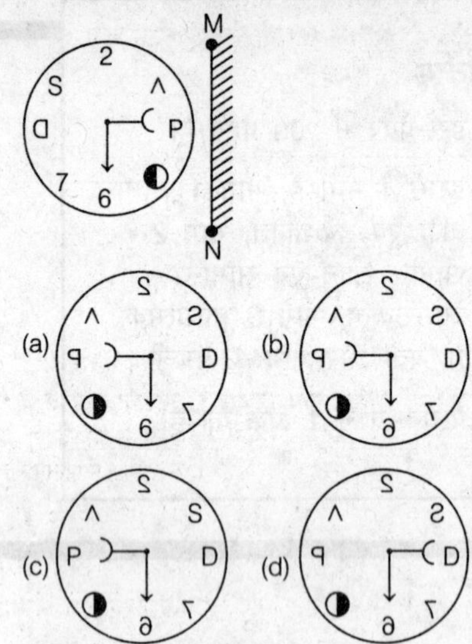

10. निम्नलिखित में से कौन-सी संख्या, दी गई शृंखला में प्रश्नचिह्न (?) का स्थान लेगी?
$-1/729, -1/81, -1/9, ?$
(a) 1 (b) $-1/3$ (c) -1 (d) $1/3$

11. रोहित, बिन्दु A से उत्तर की ओर 3 किमी ड्राइव करता है। वह बाएँ मुड़ता है, और 4 किमी ड्राइव करता है। वह फिर से बाएँ मुड़ता है, और 6 किमी ड्राइव करता है। अन्त में, वह बाएँ मुड़ता है, और बिन्दु B तक पहुँचने के लिए 4 किमी ड्राइव करता है। फिर से बिन्दु A पर पहुँचने के लिए उसे कितनी दूर और किस दिशा में ड्राइव करना चाहिए?
(a) 3 किमी उत्तर की ओर
(b) 4 किमी दक्षिण की ओर
(c) 3 किमी पूर्व की ओर
(d) 2 किमी पश्चिम की ओर

12. उस वेन आरेख का चयन करें, जो निम्नलिखित वर्गों के बीच के सम्बन्ध को सर्वोत्तम ढंग से दर्शाता है।
विद्युत उपकरण, रेफ्रिजरेटर, फ्रीजर

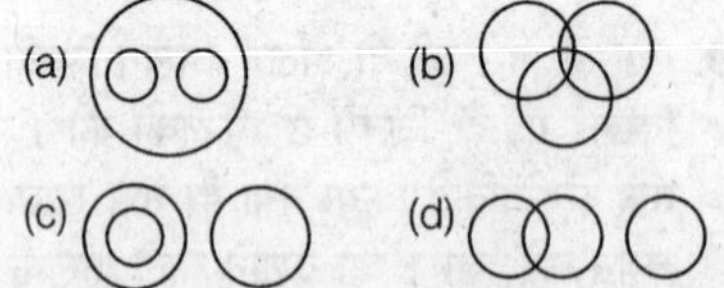

13. एक निश्चित कूटभाषा में 'VATT' को '65' और 'STOLK' को '79' के रूप में कूटबद्ध किया जाता है। उसी कूटभाषा में 'GENEROUS' को किस प्रकार कूटबद्ध किया जाएगा?
(a) 106 (b) 216 (c) 116 (d) 204

14. यदि निम्नलिखित आकृति शृंखला को जारी रखा जाए, तो दिए गए विकल्पों में से कौन-सी आकृति प्रश्नचिह्न (?) को प्रतिस्थापित करेगी?

प्रश्न आकृतियाँ

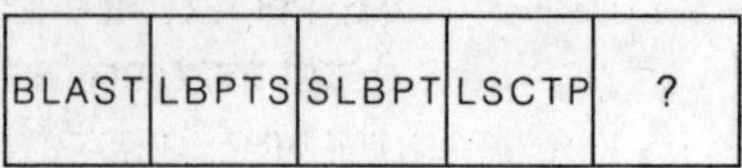

उत्तर आकृतियाँ

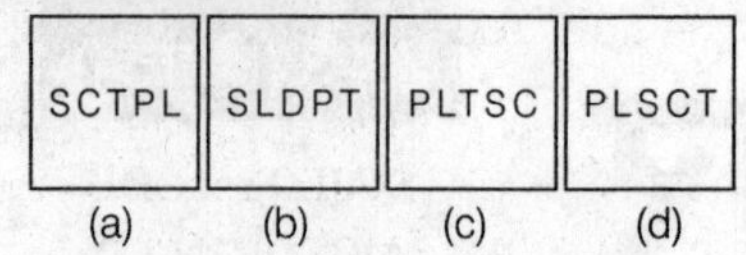

15. जब दर्पण को रेखा MN पर रखा जाता है, तो दी गई आकृति का सही दर्पण प्रतिबिम्ब ज्ञात कीजिए।

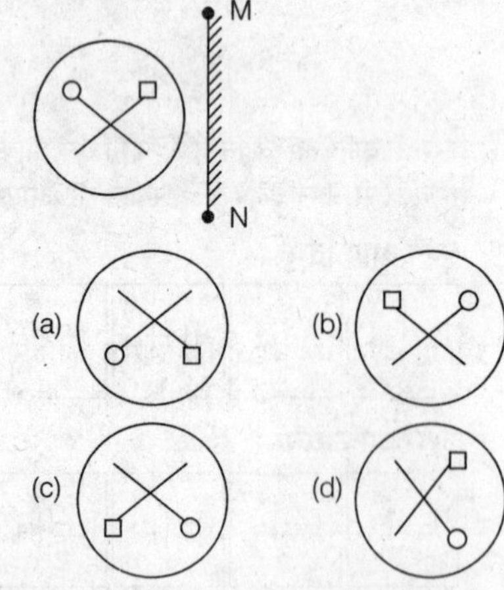

16. उस विकल्प का चयन करें, जो तीसरें शब्द से उसी प्रकार सम्बन्धित है, जिस प्रकार दूसरा शब्द पहले शब्द से सम्बन्धित है। (शब्दों को अर्थपूर्ण शब्दों के रूप में माना जाना चाहिए, और इनको शब्द में अक्षरों की संख्या/व्यंजनों/स्वरों की संख्या के आधार पर एक-दूसरे से सम्बन्धित नहीं किया जाना चाहिए।)
तितली : इल्ली : : कीट : ?
(a) रोगाणु
(b) निंफ
(c) लार्वा
(d) सिग्नेट

17. यदि A का अर्थ '+' है, B का अर्थ '×' है, C का अर्थ '–' है, और D का अर्थ '÷' है, तो निम्नलिखित समीकरण में '?' के स्थान पर क्या आएगा?
2B ? D 2 = 4 B 32 D 8
(a) 8 (b) 30
(c) 16 (d) 12

18. सात व्यक्ति, A, B, C, D, E, F और G उत्तर की ओर मुख करके एक सीधी पंक्ति में बैठे हैं (उनका इसी क्रम में होना अनिवार्य नहीं है) D के बाईं ओर केवल एक व्यक्ति बैठा है। A, D के ठीक बगल में बैठा है। F और D के बीच में केवल दो व्यक्ति बैठे हैं। C और G के बीच में केवल तीन व्यक्ति बैठे हैं। B, G के ठीक बगल में नही है। E और A के बीच में केवल दो व्यक्ति बैठे हैं। पंक्ति के बिल्कुल दाएँ सिरे पर कौन बैठा है?
(a) A (b) B
(c) C (d) G

19. निम्नलिखित में से कौन-सा पद दी गई शृंखला में प्रश्नचिह्न (?) का स्थान लेगा?
ABEG, FFHI, KJKK, PNNM, ?
(a) UROQ (b) VRQO
(c) RUQO (d) URQO

20. विकल्पों में से दिए गए अक्षर-समूहों में से कौन-सा, प्रश्नवाचक चिह्न (?) के स्थान पर आकर दी गई शृंखला को पूर्ण करेगा?
ELSV, FJVR, GHYN, ?, IDEF
(a) GHFJ (b) HFBJ
(c) HFJB (d) HBJF

21. एक ही पासे की तीन अलग-अलग स्थितियाँ दर्शाई गई हैं। '4' दर्शाने वाले फलक के विपरीत फलक पर कौन-सी संख्या होगी?

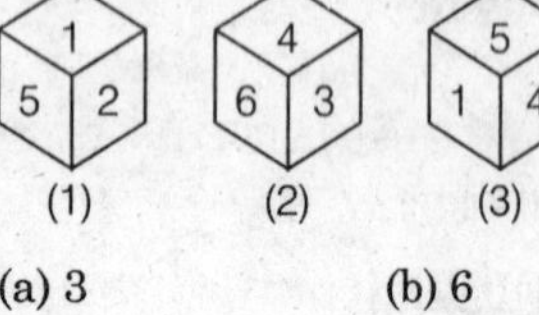

(a) 3 (b) 6
(c) 1 (d) 2

22. किसी निश्चित कूटभाषा में, 'GAME' को '8426' के रूप में कूटबद्ध किया जाता है, और 'MUST' को '7853' के रूप में कूटबद्ध किया जाता है। दी गई उस कूटभाषा में 'M' के लिए कूट क्या है?
(a) 7 (b) 3
(c) 2 (d) 8

23. उस समुच्चय का चयन कीजिए, जिसमें संख्याएँ उसी प्रकार सम्बन्धित है जिस प्रकार निम्नलिखित समुच्चयों की संख्याएँ सम्बन्धित हैं।
(**नोट** संख्याओं को उसके घटक अंकों में विभाजित किए बिना, पूर्ण संख्याओं पर संक्रियाएँ की जानी चाहिए। उदाहरण के लिए 13-इसमें 13 पर जोड़ने/ घटाने/गुणा करने आदि जैसी संक्रियाओं को 13 में किया जा सकता है। 13 को 1 और 3 मे विभाजित

करने और फिर 1 और 3 पर गणितीय संक्रियाएँ करने की अनुमति नहीं है)
(7, 35, 42), (4, 20, 24)
(a) (6, 36, 48) (b) (8, 56, 72)
(c) (9, 45, 54) (d) (12, 60, 48)

24. एक निश्चित कूटभाषा में, 'FLORA' को 'WQOLC' और 'MONEY' को 'PNPYE' के रूप में लिखा जाता है। उसी कूटभाषा में 'GOING' को किस प्रकार लिखा जाएगा?
(a) RHKSR (b) VBUDP
(c) VNUPW (d) RMWEH

25. उस समुच्चय का चयन कीजिए, जिसमें संख्याएँ उसी प्रकार सम्बन्धित हैं, जिस प्रकार निम्नलिखित समुच्चयों की संख्याएँ सम्बन्धित हैं।
(**नोट** संख्याओं को उसके घटक अंकों में विभाजित किए बिना, पूर्ण संख्याओं पर संक्रियाएँ की जानी चाहिए। उदाहरण के लिए 13–इसमें 13 पर जोड़ने/घटाने/गुणा करने आदि जैसी संक्रियाओं को 13 में किया जा सकता है। 13 को 1 और 3 में विभाजित करने और फिर 1 और 3 पर गणितीय संक्रियाएँ करने की अनुमति नहीं है)
(264, 462), (132, 330)
(a) (211, 340) (b) (282, 496)
(c) (188, 378) (d) (386, 584)

26. एक निश्चित कूटभाषा में, 'FRIEND' को 'IIFDME' और 'DEMAND' को 'MVDDMA' के रूप में लिखा जाता है। उसी कूटभाषा में 'GROUND' को किस प्रकार लिखा जाएगा?
(a) OIGDMU (b) OFTSBU
(c) DOTENC (d) PXKRYS

27. उस सही विकल्प का चयन कीजिए, जो दिए गए शब्दों के उसी क्रम में व्यवस्थापन को दर्शाता है, जिस क्रम में वे अंग्रेजी शब्दकोश में मौजूद होते हैं।
1. Desire 2. Destination
3. Descend 4. Destructive
5. Desolate 6. Desperate
(a) 3, 1, 2, 6, 5, 4 (b) 3, 1, 5, 6, 4, 2
(c) 3, 1, 5, 6, 2, 4 (d) 3, 1, 6, 5, 2, 4

28. यदि A का अर्थ '+' है, B का अर्थ '×' है, C का अर्थ '–' है, और D का अर्थ '÷' है, तो निम्नलिखित समीकरण में '?' के स्थान पर क्या आएगा?
7 A 3 B 24 D 2 = 20 B ? A 3
(a) 7 (b) 14
(c) 20 (d) 2

29. निम्नलिखित चार अक्षर-समूहों में से तीन किसी निश्चित तरीके से संगत हैं और एक असंगत है। असंगत का चयन कीजिए।
(a) KLNP (b) SRPH
(c) WVTD (d) JIGQ

30. उस विकल्प का चयन करें, जो पांचवें अक्षर-समूह से उसी प्रकार सम्बन्धित है, जिस प्रकार दूसरा अक्षर-समूह पहले अक्षर-समूह से सम्बन्धित है, और चौथा अक्षर-समूह तीसरे अक्षर-समूह से सम्बन्धित है।
TEMPLE : SCJLGY :: CHURCH : BFRNXB :: MOSQUE : ?
(a) LMPYMP (b) LMPMPY
(c) LMPYPM (d) LPYMPM

31. छह मित्र एक वृत्ताकार स्थिति में बैठे हुए हैं, वे सभी केन्द्र की ओर मुख करके बैठे हैं। कनक, सोना के दाईं ओर तीसरे स्थान पर है। कपिल, मणि के ठीक बगल में है। गोल्डी, मणि के दाईं ओर दूसरे स्थान पर बैठी है। सोना, कपिल और सुरेश के ठीक बगल में है। गोल्डी के दाईं ओर ठीक बगल में कौन बैठा है?
(a) कपिल (b) सोना (c) कनक (d) सुरेश

32. 'A = B' का अर्थ है कि 'A, B का पिता है'।
'A $ B' का अर्थ है कि 'A, B की बहन है'।
'A * B' का अर्थ है कि 'A, B की माता है'।
'A ? B' का अर्थ है कि 'A, B का पुत्र है'।
यदि M ? C $ J * Z है, तो J का M से क्या सम्बन्ध है?
(a) मौसी (b) बहन
(c) भाई (d) नानी

33. उस वेन आरेख का चयन करें, जो निम्नलिखित वर्गों के बीच के सम्बन्ध को सर्वोत्तम ढंग से दर्शाता है।
पेंसिल, रबड़, शार्पनर
(a)  (b)
(c)  (d)

34. एक निश्चित कूटभाषा में 'COURT' को OCRTR के रूप में कूटबद्ध किया जाता है, और 'JUDGE' को UJAEG के रूप में कूटबद्ध किया जाता है। उसी कूटभाषा में 'ORDER' को किस प्रकार कूटबद्ध किया जाएगा?
(a) LDRRE (b) REARO
(c) ROARE (d) ROBRE

35. दो कथन दिए गए है, जिसके बाद दो निष्कर्ष I और II दिए गए हैं। कथनों को सत्य मानते हुए, भले ही वे सामान्य रूप से ज्ञात तथ्यों से भिन्न प्रतीत होते हों, निर्णय लें कि कौन-से निष्कर्ष कथनों का तार्किक रूप से पालन करते हैं?
कथन
सभी फूल, पेड़ हैं।
सभी पत्ते, फूल हैं।
निष्कर्ष
I. सभी पेड़ फूल हैं।
II. सभी पत्ते पेड़ हैं।
(a) केवल निष्कर्ष II पालन करता है
(b) निष्कर्ष I और II पालन करते हैं
(c) केवल निष्कर्ष I पालन करता है
(d) न तो निष्कर्ष I और न ही II पालन करता है

36. यदि A का अर्थ '+' है, B का अर्थ है '×' है, C का अर्थ '–' है और D का अर्थ '÷' है, तो निम्नलिखित व्यंजक का मान क्या होगा?
39 D 13 B 2 C 6 A 8
(a) 9 (b) 12 (c) 10 (d) 8

37. कौन-सा अक्षर-समूह प्रश्नचिह्न (?) के स्थान पर आकर दी गई श्रृंखला को पूर्ण करेगा?
MKPN, LMOP, ?, JQMT, ISLV
(a) KOLT (b) KNMR
(c) KONR (d) KNNQ

38. यदि A का अर्थ '+' हो, B का अर्थ '×' हो, C का अर्थ '–' हो और D का अर्थ '÷' हो, तो निम्नलिखित समीकरण का मान कितना होगा?
96 D 3 B 8 C 25A 14 = ?
(a) 217 (b) 245 (c) 234 (d) 254

39. उस विकल्प का चयन कीजिए, जो दिए गए शब्दों के उस सही क्रम को दर्शाता है, जिस क्रम में वे अंग्रेजी शब्दकोश में मौजूद होते हैं।
1. Lollipop 2. Loincloth
3. Longways 4. Logician
5. Lonely
(a) 3, 2, 1, 5, 4 (b) 4, 2, 1, 5, 3
(c) 4, 3, 1, 5, 2 (d) 3, 4, 1, 5, 2

40. उस विकल्प का चयन कीजिए, जो दी गई आकृति में इसके भाग के रूप में अन्तर्निहित है। (आकृति को घुमाने की अनुमति नहीं है)।
प्रश्न आकृति

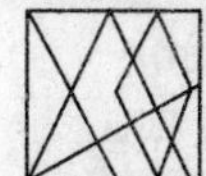

उत्तर आकृतियाँ

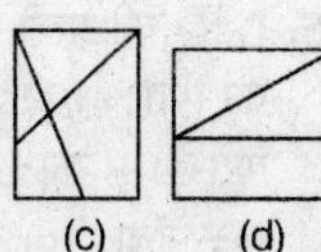

(a) (b) (c) (d)

41. उस समुच्चय का चयन कीजिए, जिसमें संख्याएँ आपस में उसी प्रकार सम्बन्धित हैं, जिस प्रकार निम्नलिखित समुच्चयों की संख्याएँ आपस में सम्बन्धित हैं।

(**नोट** संख्याओं को उसके घटक अंकों में विभाजित किए बिना, पूर्ण संख्याओं पर गणितीय संक्रियाएँ की जानी चाहिए। उदाहरण के लिए 13- गणितीय संक्रियाएँ जैसे कि जोड़ना/घटाना/गुणा करना इत्यादि 13 में किया जा सकता है। 13 को 1 और 3 में विभाजित करना और फिर 1 और 3 पर गणितीय संक्रियाएँ करने की अनुमति नहीं है।)

(7, 91, 98), (4, 52, 56)

(a) (3, 36, 42) (b) (12, 156, 168)
(c) (5, 25, 60) (d) (8, 80, 96)

42. दो कथन दिए गए हैं, जिसके बाद दो निष्कर्ष I और II दिए गए हैं। कथनों को सत्य मानते हुए, भले ही वे सामान्य रूप से ज्ञात तथ्यों से भिन्न प्रतीत होते हों, निर्धारित करें कि कौन-से निष्कर्ष कथनों का तार्किक रूप से पालन करते हैं?

कथन

सभी पौधे, सब्जियाँ हैं।
कुछ पौधे, जहरीले हैं।

निष्कर्ष

I. सभी सब्जियाँ जहरीली हैं।
II. कुछ सब्जियाँ पौधे हैं।

(a) केवल निष्कर्ष II पालन करता है
(b) केवल निष्कर्ष I पालन करता है
(c) न तो निष्कर्ष I और न ही II पालन करता है
(d) निष्कर्ष I और II दोनों पालन करते हैं

43. एक ही पासे की तीन अलग-अलग स्थितियाँ दर्शाई गई हैं। '1' दर्शाने वाले फलक के विपरीत फलक पर कौन-सी संख्या होगी?

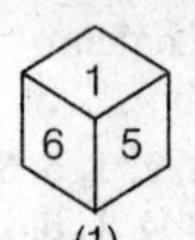

(1)

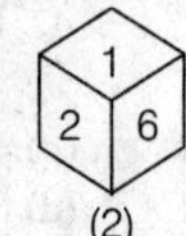

(2)

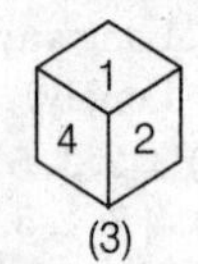

(3)

(a) 4 (b) 6 (c) 3 (d) 2

44. उस विकल्प का चयन कीजिए, जो उन अक्षरों को निरूपित करता है, जिन्हें निम्न रिक्त स्थानों में बाएँ से दाएँ रखे जाने पर, वे अक्षर श्रृंखला को पूरा कर देंगे।

(a) PSJK (b) PRKL
(c) WYRS (d) FHAB

45. L, Q की पत्नी है। P, M की माता है। J, L का पिता है। M, H की बहन है। J, H का पति है। P का L से क्या सम्बन्ध है?

(a) भाँजा (b) बहनोई (c) नानी (d) मौसी

46. निम्नलिखित में से कौन-सी संख्या दी गई श्रृंखला में प्रश्न चिह्न (?) का स्थान लेगी?

35, ?, 40, 47, 45, 53

(a) 41 (b) 37 (c) 42 (d) 43

47. निम्नलिखित में से कौन-सी संख्या दी गई श्रृंखला में प्रश्नचिह्न (?) का स्थान लेगी?

115, 130, 122, 137, 129, ?

(a) 150 (b) 148
(c) 142 (d) 144

48. उस समुच्चय का चयन कीजिए, जिसमें संख्याएँ एक-दूसरे से उसी प्रकार सम्बन्धित है जिस प्रकार निम्नलिखित समुच्चय की संख्याएँ आपस में सम्बन्धित है।

(**नोट** संख्याओं को उसके घटक अंकों में विभाजित किए बिना, पूर्ण संख्याओं पर गणितीय संक्रियाएँ की जानी चाहिए। उदाहरण के लिए 13- संख्या 13 पर गणितीय संक्रियाएँ जैसे कि जोड़ना/घटाना/गुणा करना आदि को 13 से किया जा सकता है। 13 को 1 और 3 में तोड़ना और फिर 1 और 3 पर गणितीय संक्रियाएँ करने की अनुमति नहीं है)

(6, 2, 96)
(5, 6, 240)

(a) (12, 3, 45) (b) (4, 1, 6)
(c) (1, 2, 16) (d) (8, 3, 28)

49. दिए गए पैटर्न का ध्यानपूर्वक अध्ययन कीजिए और उस संख्या का चयन कीजिए, जो उसमें प्रश्न चिह्न (?) को प्रतिस्थापित कर सके।

19	6	37
21	8	45
72	14	?

(**नोट** संख्याओं को उसके घटक अंकों में विभाजित किए बिना, पूर्ण संख्याओं पर गणितीय संक्रियाएँ की जानी चाहिए। उदाहरण के लिए 13- गणितीय संक्रियाएँ जैसे कि जोड़ना/घटाना/गुणा करना इत्यादि 13 में किया जा सकता है। 13 को 1 और 3 में विभाजित करना और फिर 1 और 3 पर गणितीय संक्रियाएँ करने की अनुमति नहीं है।)

(a) 114 (b) 144
(c) 124 (d) 134

50. एक व्यक्ति बिन्दु Z से चलना शुरु करता है, और दक्षिण की ओर 7 किमी चलता है। वह दाएँ मुड़ता है, और 5 किमी चलता है, दाएँ मुड़ता है और 3 किमी चलता है, फिर दाएँ मुड़ता है, और 1 किमी चलता है। फिर वह बाएँ मुड़ता है, और बिन्दु X पर पहुँचने के लिए 4 किमी चलता है। बिन्दु Z पर पहुँचने के लिए अब उसे कितना और किस दिशा में चलना होगा?

(a) 4 किमी, पूर्व (b) 4 किमी, दक्षिण
(c) 4 किमी, पश्चिम (d) 6 किमी, पूर्व

भाग 2

सामान्य ज्ञान एवं सामान्य जागरुकता

51. किस जर्मन रसायनज्ञ ने सर्वप्रथम परमाणु भार की तुलना में खींचे गए परमाणु आयतन की आवर्तिता का ग्राफीय निरूपण प्रदर्शित किया था?

(a) जॉन न्यूलैण्ड्स (John Newlands)
(b) विलियम रामसे (William Ramsay)
(c) लोथर मेयर (Lothar Meyer)
(d) ग्लेन टी. सीबोर्ग (Glenn T Seaborg)

52. निम्नलिखित में से किसे आर्थिक विकास का एक अच्छा संकेतक माना जाता है?

(a) अन्तर्राष्ट्रीय व्यापार में स्थिर वृद्धि
(b) जनसंख्या में स्थिर वृद्धि
(c) सकल घरेलू उत्पाद (GDP) में स्थिर वृद्धि
(d) ऋण में स्थिर वृद्धि

53. पद्मश्री, पद्म भूषण और पद्म विभूषण पुरस्कार से सम्मानित डॉ. तीजनबाई निम्नलिखित में से किस कला शैली में उनके योगदान के लिए विश्व प्रसिद्ध हैं?

(a) राउत नाच (b) गेण्डी
(c) पण्डवानी (d) झिरलिटि

54. खरीफ फसलों के लिए उच्च, आर्द्रता और ……… सेमी से अधिक वार्षिक वर्षा के साथ खेती के लिए आवश्यक तापमान 25 डिग्री सेल्सियस से अधिक होता है।

(a) 35 (b) 16
(c) 100 (d) 50

55. चाहमान (चौहान) वंश के किस शासक ने अजमेर को अपनी राजधानी बनाया?

(a) अर्णोराज (b) पृथ्वीराज III
(c) पृथ्वीराज II (d) अजयराज

56. आरुषि मुद्गल को ……… नृत्य के लिए गुरु केलुचरण महापात्र युवा प्रतिभा सम्मान, 2021 से सम्मानित किया गया।

(a) ओडिसी
(b) मोहिनीअट्टम
(c) कथक
(d) कुचिपुड़ी

57. निम्नलिखित में से किस भारतीय लेखक ने 'माई स्टोरी' नामक आत्मकथा लिखी है?
(a) किरण देसाई (b) कमला दास
(c) शोभा डे (d) अरुन्धति राय

58. तीसरे गोलमेज सम्मेलन में प्रतिनिधियों के विचार-विमर्श किस वर्ष के आखिरी महीनों में हुए थे?
(a) 1930 (b) 1929 (c) 1931 (d) 1932

59. सामान्य तापमान और वायुमण्डलीय दाब पर, ······· का घनत्व 1.87 किग्रा/मी^{3} होता है, जो वायु से 1.5 गुना भारी होता है और यह 31°C के क्रान्तिक तापमान से नीचे द्रव अवस्था में मौजूद होता है।
(a) नाइट्रोजन
(b) कार्बन-डाइऑक्साइड
(c) हाइड्रोजन
(d) लीथियम

60. वल्लभभाई पटेल और ········ ने खेड़ा में गाँधीजी के गाँवों के दौरे की व्यवस्था करके तथा किसानों को सरकार के खिलाफ मजबूती से खड़े होने के लिए प्रोत्साहित करके गाँधीजी की सहायता की।
(a) इन्दुलाल याग्निक
(b) मोहम्मद अली जिन्ना
(c) जमनालाल बजाज
(d) मोतीलाल नेहरू

61. राष्ट्रीय महिला आयोग की स्थापना निम्नलिखित में से किस अधिनियम के तहत की गई थी?
(a) राष्ट्रीय महिला आयोग अधिनियम, 1988
(b) राष्ट्रीय महिला आयोग अधिनियम, 1989
(c) राष्ट्रीय महिला आयोग अधिनियम, 1987
(d) राष्ट्रीय महिला आयोग अधिनियम, 1990

62. निम्नलिखित में से कौन-सी घुड़सवारी प्रतियोगिता नहीं है?
(a) वॉल्टिंग (Vaulting)
(b) स्प्रिण्ट (Sprint)
(c) ड्रेसेज (Dressage)
(d) शो जम्पिंग (Show Jumping)

63. समुद्र के सबसे उथले हिस्से, महाद्वीपीय शेल्फ की औसत ढाल ········· होती है।
(a) 1.5° या उससे भी कम
(b) 2.8° या उससे भी कम
(c) 3.1° या उससे भी कम
(d) 4.2° या उससे भी कम

64. निम्नलिखित में से किसने चेन्नई में कलाक्षेत्र फाउण्डेशन की स्थापना की, जो ललित कलाओं में अध्ययन और प्रदर्शन के लिए एक महत्त्वपूर्ण केन्द्र है?
(a) मृणालिनी साराभाई (Mrinalini Sarabhai)
(b) रुक्मिणी देवी अरुण्डेल (Rukmini Devi Arundale)
(c) अलार्मेल वल्ली (Alarmel Valli)
(d) यामिनी कृष्णमूर्ति (Yamini Krishnamurthy)

65. 12वीं शताब्दी के भारतीय राजा पृथ्वीराज चौहान के जीवन पर लिखित महाकाव्य पृथ्वीराज रासो की रचना ·········· ने की थी।
(a) भारवि (b) अश्वघोष
(c) बाणभट्ट (d) चन्दबरदाई

66. निम्नलिखित पुस्तकों में से कौन-सी पूर्व अमेरिकी राष्ट्रपति बिल क्लिण्टन की आत्मकथा है?
(a) माई कण्ट्री माई लाइफ
(b) बिकमिंग
(c) माई लाइफ
(d) लॉन्ग वॉक टू फ्रीडम

67. निम्नलिखित में से किसे आपातकाल के दौरान असाधारण शक्तियाँ प्रदान की गई हैं?
(a) मुख्य न्यायाधीश (b) राष्ट्रपति
(c) प्रधानमन्त्री (d) राज्यपाल

68. भारतीय अर्थव्यवस्था ने हरित क्रान्ति की सफलता का अनुभव कितने चरणों में किया?
(a) पाँच (b) तीन
(c) चार (d) दो

69. कालबैसाखी क्या है?
(a) शीत लहर और वर्षा
(b) गरम हवाएँ और लू
(c) मानसून से पहले की वर्षा और तड़ित झंझावात
(d) हिमपात और ओलावृष्टि

70. भारत में ·········· से कम के सभी ऋणों को सूक्ष्मऋण (micro loans) माना जाता है।
(a) ₹ 1 लाख (b) ₹ 2 लाख
(c) ₹ 4 लाख (d) ₹ 3 लाख

71. वॉलीबॉल खेल में प्रत्येक टीम में कितने खिलाड़ी होते हैं?
(a) 6 (b) 7 (c) 8 (d) 5

72. नागालैण्ड का मोत्सु त्योहार (Moatsu Festival) निम्नलिखित में से किस जनजाति द्वारा मनाया जाता है?
(a) माओ जनजाति (b) मुण्डा जनजाति
(c) बोड़ो जनजाति (d) भील जनजाति

73. वैश्विक भुखमरी सूचकांक (Global Hunger Index), 2022 के अनुसार, इनमें से कौन-सा एकमात्र पड़ोसी देश 121 देशों में से 109 रैंक के साथ भारत से पीछे है?
(a) पाकिस्तान (b) नेपाल
(c) बांग्लादेश (d) अफगानिस्तान

74. भारत में औद्योगिक क्षेत्र के विनियमन को लागू करने के लिए निम्नलिखित में से कौन-सा नियामक तन्त्र अस्तित्व में नहीं था?
(a) औद्योगिक लाइसेन्सिंग, जिसके तहत प्रत्येक उद्यमी को कोई फर्म शुरू करने, फर्म को बन्द करने या उत्पादित किए जा सकने वाले माल/वस्तुओं की मात्रा तय करने के लिए सरकारी अधिकारियों से अनुमति लेनी पड़ती थी।
(b) सभी उद्योगों में निजी क्षेत्र को अनुमति दी गई थी।
(c) कुछ माल/वस्तुओं का उत्पादन केवल लघु उद्योगों में ही किया जा सकता था।
(d) चुनिन्दा औद्योगिक उत्पादों के मूल्य निर्धारण और वितरण पर नियन्त्रण।

75. मेथिल एथिल कीटोन (Methyl ethyl ketone) को ······· के नाम से भी जाना जाता है।
(a) प्रोपेनोन (b) मेथिल पेण्टानोन
(c) ब्यूटेनोन (d) 2-ब्यूटेनॉल

76. नवम्बर, 2020 में ·········· ने विश्व का अब तक का सबसे तेज पियानो वादक होने का रिकॉर्ड बनाया।
(a) गौरी मिश्रा (b) अनिल श्रीनिवासन
(c) लिडियन नादस्वरम (d) शिखा चौरसिया

77. प्रसिद्ध संगीतकार तानसेन प्राय: किस शासक के दरबार में गाया करते थे?
(a) फिरोजशाह तुगलक
(b) अलाउद्दीन खिलजी
(c) शेरशाह सूरी
(d) अकबर

78. ध्रुवसेन द्वितीय निम्नलिखित में से किस शासक राजवंश से सम्बन्धित है?
(a) वाकाटक (b) पुष्यभूति
(c) मौखरि (d) मैत्रक

79. प्रथम राष्ट्रमण्डल खेलों का आयोजन निम्नलिखित में से किस वर्ष किया गया था?
(a) 1920 (b) 1922
(c) 1930 (d) 1926

80. मामल्लपुरम का तटीय मन्दिर (Shore temple of Mamallapuram) किसके द्वारा बनवाया गया था?
(a) पल्लव (b) नाग
(c) चोल (d) चालुक्य

81. p-ब्लॉक के तत्त्वों के बारे में दिए गए सही या गलत कथनों की पहचान कीजिए।
कथन A p-ब्लॉक तत्त्वों में अन्तिम इलेक्ट्रॉन बाह्यतम p कक्षक में प्रवेश करता है।
कथन B अधातुएँ और उपधातुएँ केवल आवर्त सारणी के p-ब्लॉक में मौजूद होती हैं।

कूट
(a) कथन A और B दोनों गलत हैं।
(b) केवल कथन A सही है।
(c) केवल कथन B सही है।
(d) कथन A और B दोनों सही हैं।

82. भूटिया नृत्य (Bhutia dance) निम्नलिखित में से किस राज्य में किया जाता है?
(a) नागालैण्ड (b) ओडिशा
(c) सिक्किम (d) पश्चिम बंगाल

83. भारतीय उपमहाद्वीप की जलवायु के सम्बन्ध में निम्नलिखित में से कौन-से कथन सही हैं?
A. उत्तर भारत की जलवायु वर्ष भर एक समान रहती है।
B. हिमालय, मध्य एशिया से आने वाली अत्यधिक ठण्डी हवाओं से उपमहाद्वीप की रक्षा करता है।

कूट
(a) कथन A और B दोनों गलत हैं।
(b) केवल कथन A सही है।
(c) केवल कथन B सही है।
(d) कथन A और B दोनों सही हैं।

84. बैक्टीरिया के सम्बन्ध में PPLO का पूर्ण रूप क्या है?
(a) निमोनिया प्लेटलेट लाइक ऑर्गेनिज्म Pneumonia Platelet Like Organisms
(b) प्लुरो निमोनिया लाइक ऑर्गेनिज्म Pleuro Pneumonia Like Organisms
(c) प्लेटलेट प्रोन लाइक ऑर्गेनिज्म Platelet Prone Like Organisms
(d) प्लुरो प्लेटलेट लाइक ऑर्गेनिज्म Pleuro Platelet Like Organisms

85. ब्रायोफाइटा (गैर-संवहनी पौधों) और फर्न में शुक्राणु कोशिकाओं का निर्माण और उन्हें होल्ड करने वाली सरंचना क्या कहलाती है?
(a) मेगास्पोरेन्जिया (megasporangia)
(b) एन्थेरिडियम (antheridium)
(c) आर्कगोनियम (archegonium)
(d) प्रोटोनिमा (protonema)

86. राजकोषीय क्षेत्र में सरकार की प्राथमिकताओं तथा उससे सम्बन्धित नीतियों एवं विचलनों का उल्लेख बजट दस्तावेज के किस भाग में किया जाता है?
(a) राजकोषीय नीति कार्य योजना विवरण
(b) मध्यावधिक राजकोषीय नीति विवरण
(c) विनियोग विधेयक
(d) वृहद आर्थिक रूपरेखा विवरण

87. भारत ने किस पड़ोसी देश के साथ वर्ष 1996 में गंगा जल को साझा करने (बँटवारे) और इसके प्रवाह को बढ़ाने के लिए फरक्का सन्धि पर हस्ताक्षर किए थे?
(a) नेपाल (b) बांग्लादेश
(c) अफगानिस्तान (d) भूटान

88. वर्ष 2020 के ओलम्पिक खेलों में सुपर हैवीवेट बॉक्सिंग स्पर्द्धा में भाग लेने वाले/वाली प्रथम भारतीय कौन थे/थीं?
(a) अमित पंघाल (b) सतीश कुमार
(c) मनीष हर्षित (d) साक्षी चौधरी

89. साओ जोआओ त्योहार (Sao joao festival) मुख्य रूप से निम्नलिखित में से किस भारतीय राज्य में कैथोलिक ईसाइयों द्वारा मनाया जाता है?
(a) असम (b) मणिपुर
(c) नागालैण्ड (d) गोवा

90. निम्नलिखित में से कौन-सा कार्बनिक यौगिकों के परिवार से सम्बन्धित नहीं है?
(a) नोनेन (Nonane)
(b) डेकेन (Decane)
(c) अमोनिया (Ammonia)
(d) फ्यूरान (Furan)

91. 17वीं लोकसभा में पंजाब से कितने सांसद (Members of Parliament) चुने गए?
(a) 15 (b) 14
(c) 13 (d) 17

92. ज्योतिराव गोविन्दराव फुले ने 1873 ई. में मूर्तिपूजा और जाति व्यवस्था के खिलाफ लड़ने के लिए निम्नलिखित में से किसकी स्थापना की थी?
(a) आर्य समाज
(b) श्री नारायण गुरु धर्म परिपालन (SNDP) आन्दोलन
(c) सत्यशोधक समाज
(d) यंग बंगाल आन्दोलन

93. भारत के वित्त आयोग के पहले अध्यक्ष (Chairman) कौन थे?
(a) के.सी. नियोगी
(b) अशोक कुमार चन्दा
(c) पी.वी. राजमन्नार
(d) के. सन्थानम

94. सौरमण्डल के निर्माण (Formation) और निरूपण (Evaluation) की व्याख्या करने के लिए सर्वाधिक व्यापक रूप से स्वीकृत मॉडल कौन-सा है?
(a) सौर परिकल्पना (Solar hypothesis)
(b) निहारिका परिकल्पना (Nebular hypothesis)
(c) क्लाउड परिकल्पना (Cloud hypothesis)
(d) गैसीय परिकल्पना (Gas hypothesis)

95. भारतीय संविधान का कौन-सा भाग मूल अधिकारों से सम्बन्धित है?
(a) भाग-V (b) भाग-II
(c) भाग-III (d) भाग-IV

96. निम्नलिखित में से किस शैवाल को केल्प (kelp) भी कहा जाता है और यह गहरे समुद्र में पाया जाता है?
(a) फ्यूकस (Fucus)
(b) नॉसटॉक (Nostoc)
(c) क्लैमाइडोमोना (Chlamydomona)
(d) लैमिनारिया (Lamanaria)

97. पौधों में रन्ध्रों (Stomata) की स्थिति की पहचान कीजिए।
(a) तने की नोक पर
(b) पत्तियों की सतह पर
(c) जड़ों के भीतर
(d) पुष्प के भीतर

98. विश्व स्तर पर कितने नियन्त्रण हैं, जो किसी विशेष क्षेत्र की जलवायु को प्रभावित करते हैं?
(a) 5 (b) 6
(c) 8 (d) 3

99. अटल सुरंग किन दो स्थानों को जोड़ती है?
(a) शिमला और नैनीताल
(b) मनाली और लाहौल-स्पीति घाटी
(c) शिमला और मसूरी
(d) मनाली और नैनीताल

100. निम्नलिखित में से कौन-सा कथन भारतीय संविधान में मूल कर्त्तव्यों के सम्बन्ध में सही नहीं है?
(a) इन्हें उन महान आदर्शों को सँजोने और उनका पालन करने के लिए बनाया गया है, जिन्होंने स्वतन्त्रता के लिए हमारे राष्ट्रीय संघर्ष को प्रेरित किया।
(b) वे हमारी मिश्रित संस्कृति की समृद्ध विरासत को महत्त्व देने और संरक्षित करने के लिए बने हैं।
(c) इन्हें न्यायोचित प्रकृति का बनाया गया है।
(d) इन्हें वैज्ञानिक सोच, मानवतावाद और अन्वेषण एवं सुधार की भावना विकसित करने के लिए बनाया गया है।

भाग 3

मात्रात्मक योग्यता

101. एक व्यक्ति एक 900 मी लम्बी सड़क को 6 मिनट में पार करता है। व्यक्ति की चाल (किमी/घण्टा) में ज्ञात कीजिए।
(a) 9 (b) 10
(c) 5 (d) 8

102. उस त्रिभुज का क्षेत्रफल कितना होगा, जिसकी भुजाओं की लम्बाइयाँ 12 सेमी, 13 सेमी और 5 सेमी है?
(a) 30 सेमी^{2} (b) 15 सेमी^{2}
(c) 40 सेमी^{2} (d) 70 सेमी^{2}

103. दिए गए दण्ड आरेख का अध्ययन करें और निम्नलिखित प्रश्न का उत्तर दें। नीचे दिए गए दण्ड आरेख में एक स्कूल के वर्ष 2008, 2009 और 2010 के उच्च माध्यमिक-विद्यार्थियों को दिखाया गया है।

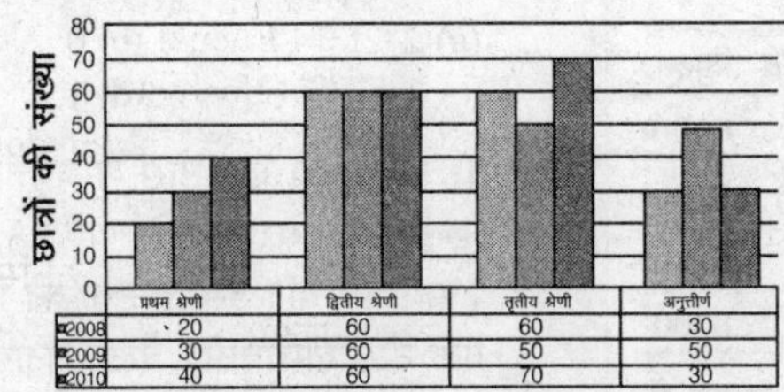

वर्ष 2010 में द्वितीय श्रेणी में उत्तीर्ण होने वाले विद्यार्थियों का प्रतिशत कितना था?

(a) 30% (b) 32% (c) 25% (d) 28%

104. दिए गए डेटा का अध्ययन कीजिए और नीचे दिए गए प्रश्न का उत्तर दीजिए।

डेटा, यूएसए (USA) में वर्ष 2020, 2021, 2022 में सिविल सेवा (CS) और इंजीनियरिंग सेवा (ES) परीक्षाओं के लिए उपस्थित होने वाले उम्मीदवारों की संख्या (हजार में) दर्शाता है।

वर्ष	सिविल सेवा (CS)		इंजीनियरिंग सेवा (ES)	
	उपस्थित हुए उम्मीदवारों की कुल संख्या	कुल उपस्थित हुए उम्मीदवारों में से स्नातक (% में)	उपस्थित हुए उम्मीदवारों की कुल संख्या	कुल उपस्थित हुए उम्मीदवारों में से स्नातक (% में)
2020	75	60	89	57
2021	110	64	118	65
2022	120	80	135	78

वर्ष 2022 में CS और ES दोनों के लिए उपस्थित हुए स्नातकों की कुल संख्या कितनी है?

(a) 201200 (b) 201000 (c) 201100 (d) 201300

105. यदि 3 बकरियाँ या 5 भेड़ें एक खेत को 54 दिनों में चर सकती हैं, तो 6 बकरियाँ और 8 भेड़ें उसी खेत को कितने दिनों में चर सकती हैं?

(a) 10 (b) 12 (c) 15 (d) 8

106. निम्न तालिका में चार अलग-अलग क्षेत्रों की जनसंख्या और उनमें से पुरुषों, महिलाओं एवं बच्चों का प्रतिशत दर्शाती है।

क्षेत्र	जनसंख्या	पुरुष	महिलाएँ	बच्चे
P	10000	40%	40%	20%
Q	20000	30%	40%	30%
R	16000	50%	30%	20%
S	18000	45%	35%	20%

क्षेत्र P और Q मिलाकर बच्चों की कुल संख्या कितनी है?

(a) 9000 (b) 8000 (c) 6000 (d) 7000

107. दिए गए ग्राफ़ का ध्यानपूर्वक अध्ययन कीजिए और निम्नलिखित प्रश्न का उत्तर दीजिए।

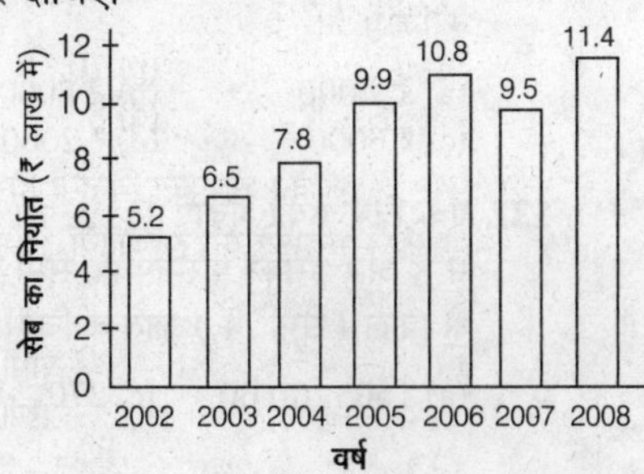

किस वर्ष सेब के निर्यात में पिछले वर्ष सेब के निर्यात की तुलना में अधिकतम प्रतिशत वृद्धि हुई?

(a) 2008 (b) 2006 (c) 2003 (d) 2005

108. यदि $\tan A = \frac{4}{3}, 0 \le A \le 90°$ है, तो $\sin A$ का मान क्या होगा?

(a) $\frac{3}{4}$ (b) $\frac{3}{5}$ (c) $\frac{4}{5}$ (d) 1

109. एक टूरिस्ट वैन देहरादून से मसूरी तक 35 किमी की दूरी 36 किमी/घण्टा की औसत चाल से तय करती है और 60 किमी/घण्टा की चाल से वापस आती है। इस पूरी यात्रा के लिए टूरिस्ट वैन की लगभग औसत चाल (किमी/घण्टा में) कितनी है?

(a) 50 (b) 48 (c) 42 (d) 45

110. यदि एक ट्रक 1 किमी के लिए 30 किमी/घण्टा की स्थिर चाल से चलता है, और अगले 1 किमी के लिए 45 किमी/घण्टा की स्थिर चाल से चलता है। ट्रक की औसत चाल ज्ञात कीजिए।

(a) 32 किमी/घण्टा (b) 36 किमी/घण्टा
(c) 34 किमी/घण्टा (d) 36 किमी/घण्टा

111. किसी संख्या में पहले 10% की वृद्धि की जाती है, और फिर 20% की वृद्धि की जाती है। इस प्रकार प्राप्त संख्या में अब 12% की कमी की जाती है। मूल संख्या में निवल वृद्धि या कमी का प्रतिशत कितना है?

(a) 12.12% वृद्धि (b) 11.11% कमी
(c) 16.16% वृद्धि (d) 14.14% कमी

112. 13 सेमी और 15 सेमी त्रिज्या वाले दो वृत्त, बिन्दुओं, A और B पर एक-दूसरे को प्रतिच्छेदित करते है। यदि उभयनिष्ठ जीवा की लम्बाई 12 सेमी हो, तो उनके केन्द्रों के बीच की दूरी कितनी है?

(a) $\sqrt{145}+\sqrt{169}$ (b) $\sqrt{145}+\sqrt{184}$
(c) $\sqrt{131}+\sqrt{181}$ (d) $\sqrt{133}+\sqrt{189}$

113. एक व्यक्ति अपने वेतन का 72% खर्च कर देता है और प्रति महीने ₹ 5740 की बचत करता है। उसके वार्षिक वेतन का 10% कितना होगा?

(a) ₹ 20500 (b) ₹ 28400 (c) ₹ 21600 (d) ₹ 24600

114. A, B और C एक कार्य को क्रमशः 20 दिन, 30 दिन और 60 दिन में पूरा कर सकते है। यदि A प्रतिदिन कार्य करता है और प्रत्येक तीसरे दिन B और C भी A के साथ कार्य करते हैं, तो कार्य कितने दिनों में पूरा हो जाएगा?

(a) 15 (b) 12 (c) 21 (d) 18

115. यदि दो संख्याओं का गुणनफल 726 है, और उनका महत्तम समापवर्तक (HCF) 11 है, तो उनका लघुत्तम समापवर्त्य (LCM) क्या होगा?

(a) 76 (b) 66 (c) 68 (d) 58

116. 15, 24, 35 और 54 का लघुत्तम समापवर्त्य (LCM) ज्ञात कीजिए।

(a) 5670 (b) 7650 (c) 6570 (d) 7560

117. यदि θ कोण एक न्यूनकोण है और $\sin\theta + \operatorname{cosec}\theta = 2$ है, तो $\sin^5\theta + \operatorname{cosec}^5\theta$ का मान ज्ञात कीजिए।

(a) 4 (b) 2 (c) 10 (d) 5

118. चार अंकों की वह बड़ी-से-बड़ी संख्या ज्ञात कीजिए, जो 17 और 36 से पूर्णतः विभाज्य है।

(a) 7956 (b) 9180 (c) 9792 (d) 8568

119. यदि किसी समानुपात के पहले तीन पद 42, 36, और 35 हैं, तो चौथा पद क्या होगा?

(a) 30 (b) 32 (c) 27 (d) 28

120. दो संख्याएँ 5 : 3 के अनुपात में है और इन दोनों संख्याओं के बीच का अन्तर 34 है। दोनों संख्याओं में से छोटी संख्या ज्ञात कीजिए।

(a) 34 (b) 68 (c) 85 (d) 51

121. एक वस्तु के मूल्य में 70% की वृद्धि की जाती है, और फिर इस अंकित मूल्य पर 5% और 20% की योजनागत छूट प्रदान की जाती है। यदि मूल्य का भुगतान नकद में किया जाता है और 20% की अतिरिक्त छूट दी जाती है, तो उसका प्रतिशत लाभ कितना होगा?

(a) 3.25% (b) 2.25%
(c) 3.36% (d) 4.36%

122. $(\tan^2\theta + \tan^4\theta)$ का मान ज्ञात कीजिए।

(a) $\sec^2\theta - \sec^4\theta$ (b) $\sec^4\theta - \sec^2\theta$
(c) $\sec^4\theta + \sec^2\theta$ (d) $\cot^2\theta - \tan^2\theta$

123. दार्जिलिंग में दो देशों A और B से पर्यटक आते हैं। वर्ष के पहले छह महीनों में पर्यटकों के आगमन का प्रतिशत-वार वितरण नीचे दिया गया है।

पर्यटकों की कुल संख्या = 60000

माह	अनुपात (A : B)
जनवरी	5 : 7
फरवरी	6 : 7
मार्च	3 : 2
अप्रैल	8 : 7
मई	4 : 5
जून	3 : 4

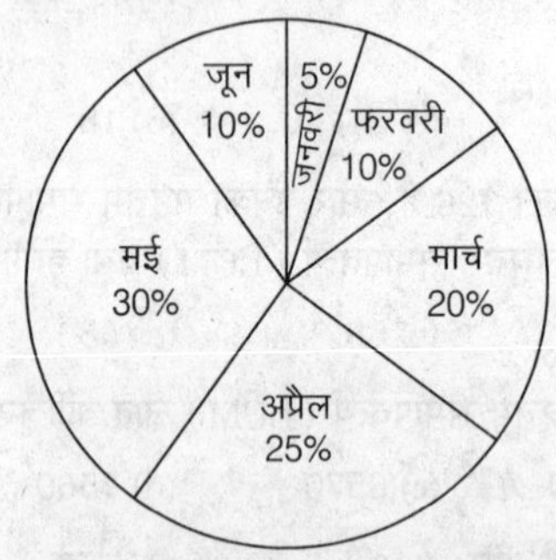

मार्च और अप्रैल माह के दौरान देश A से आने वाले पर्यटकों की संख्या का अनुपात ज्ञात कीजिए।

(a) 4 : 7 (b) 7 : 10
(c) 3 : 7 (d) 9 : 10

124. निम्न आँकड़े एक राज्य की एक निश्चित 4-वर्षीय योजना (2018-2022) में वर्ष वार परिव्यय (लाख रुपये में) प्रदान करते हैं।

वर्ष	स्वास्थ्य	आवास	परिवहन	शिक्षा
2018-2019	6200	6500	7100	8000
2019-2020	7000	6600	7200	8100
2020-2021	7300	6800	7400	8200
2021-2022	7400	7000	7500	8400

शिक्षा परिव्यय में 2018-2019 की तुलना में 2020-2021 के दौरान प्रतिशत वृद्धि कितनी थी?

(a) 3.2% (b) 2.5%
(c) 2.8% (d) 2.0%

125. यदि $\cos\theta - \sin\theta = \sqrt{2}\sin\theta$ है, तो $(\cos\theta + \sin\theta)$ का मान ज्ञात कीजिए।

(a) $-\sqrt{2}\sin\theta$ (b) $\sqrt{2}\tan\theta$
(c) $\sqrt{2}\cos\theta$ (d) $-\sqrt{2}\cos\theta$

126. यदि किसी समकोण त्रिभुज का कर्ण 29 सेमी है और अन्य दो भुजाओं का योग 41 सेमी हो, तो अन्य दो भुजाओं के बीच अन्तर ज्ञात कीजिए।

(a) 2 सेमी (b) 5 सेमी
(c) 1 सेमी (d) 10 सेमी

127. एक बेईमान डीलर अपने सामान को 22% हानि पर बेचने की घोषणा करता है, लेकिन 35% हल्के बाटों का उपयोग करता है। उसके लाभ या हानि का प्रतिशत ज्ञात कीजिए।

(a) 13% हानि (b) 13% लाभ
(c) 20% हानि (d) 20% लाभ

128. किसी शहर की जनसंख्या 352314 है। यह प्रतिवर्ष 15% वार्षिक दर से बढ़ती है। 2 वर्ष पूर्व इसकी जनसंख्या ज्ञात करें।

(a) 256400 (b) 266400
(c) 306360 (d) 302400

129. ₹ 3800 के अंकित मूल्य वाली एक वस्तु को y% की छूट देने के बाद ₹3496 में बेचा गया। y का मान क्या था?

(a) 8% (b) 7%
(c) 8.5% (d) 7.5%

130. दो संख्याएँ 3 : 4 के अनुपात में हैं। उनके महत्तम समापवर्तक (HCF) और लघुत्तम समापवर्त्य (LCM) का गुणनफल 2700 है। उन संख्याओं का योगफल ज्ञात कीजिए।

(a) 45 (b) 60
(c) 105 (d) 15

131. यदि $\frac{x}{y} + \frac{y}{x} = 1$ और $x + y = 2$ है, तो $x^3 + y^3$ का मान क्या होगा?

(a) 2 (b) 0
(c) 3 (d) 1

132. 45 सेमी ऊँचे एक ठोस लम्बवृत्तीय शंकु के छिन्नक के सिरों की त्रिज्याएँ 28 सेमी और 7 सेमी हैं। यदि इस छिन्नक को पिघलाकर एक ठोस लम्बवृत्तीय बेलन बनाया जाता है, जिसके आधार की त्रिज्या और ऊँचाई का अनुपात 3 : 5 है, तो इस बेलन का वक्रपृष्ठीय क्षेत्रफल (सेमी^{2} में) ज्ञात करें।

$\left[\pi = \frac{22}{7} \text{ का प्रयोग करें}\right]$

(a) 4640 (b) 4580 (c) 4620 (d) 4610

133. यदि एक शंकु की ऊँचाई 7 सेमी है और इसके वृत्ताकार आधार का व्यास 12 सेमी है, तो इसका आयतन क्या होगा? (निकटतम पूर्णांक तक)

(a) 264 सेमी^{3} (b) 284 सेमी^{3}
(c) 274 सेमी^{3} (d) 254 सेमी^{3}

134. दो संख्याओं के महत्तम समापवर्तक (HCF) और लघुत्तम समापवर्त्य (LCM) क्रमश: 5 और 175 है। यदि दोनों संख्याओं का अनुपात 5 : 7 हैं, तो दोनों संख्याओं में से बड़ी संख्या है।

(a) 25 (b) 75 (c) 35 (d) 45

135. PQR, एक वृत्त के अन्तर्गत खींचा गया (inscribed) एक समबाहु त्रिभुज है। S चाप QR पर स्थित कोई बिन्दु है। $\frac{1}{2}\angle PSQ$ का मान ज्ञात कीजिए।

(a) 15° (b) 30° (c) 60° (d) 20°

136. राजेश ने ₹10000 की राशि को विभाजित करके क्रमश: 8% और 10% की साधारण ब्याज दरों पर दो अलग-अलग निवेश योजनाओं, A और B में निवेश किया। यदि 2 वर्षों में अर्जित कुल ब्याज ₹1680 है, तो योजना A में निवेश की गई राशि ज्ञात कीजिए।

(a) ₹ 4000 (b) ₹ 8000
(c) ₹ 6000 (d) ₹ 2000

137. एक त्रिभुज की भुजाएँ 5 : 12 : 13 के अनुपात में हैं और इसका परिमाप 90 सेमी है। इसका क्षेत्रफल (सेमी^{2} में,) ज्ञात कीजिए।

(a) 150 (b) 60 (c) 270 (d) 30

138. दो बेलनों की त्रिज्याओं का अनुपात 4 : 5 है और उनकी ऊँचाइयों का अनुपात 5 : 2 है। उनके आयतनों का अनुपात क्या है?

(a) 2 : 1 (b) 9 : 4
(c) 9 : 7 (d) 8 : 5

139. एक व्यक्ति 40 किमी दौड़ता है। पहले 10 किमी में उसके द्वारा लिया गया समय, दूसरे 10 किमी में उसके द्वारा लिए गए समय से दोगुना है। तीसरे 10 किमी में लिया गया समय, चौथे 10 किमी में लिए गए समय का आधा है, और चौथे 10 किमी में लिया गया समय, पहले 10 किमी में लिए गए समय के बराबर है। यदि पहले 10 किमी में उसकी चाल 40 किमी/घण्टा है, तो 40 किमी के लिए उसकी औसत चाल कितनी होगी

(a) $\frac{70}{3}$ किमी/घण्टा
(b) 40 किमी/घण्टा
(c) $\frac{160}{3}$ किमी/घण्टा
(d) 50 किमी/घण्टा

140. जोनाथन ने 3 वर्ष पहले वार्षिक चक्रवृद्धि के आधार पर गणनीय 10% वार्षिक ब्याज की दर पर एक राशि 5 वर्षों के लिए उधार ली। इस अवधि के अन्त में भुगतान की जाने वाली ₹ 161051 थी। हालाँकि, कोई पूर्व भुगतान दण्ड (प्री-पेमेण्ट पेनल्टी) नही था, और जोनाथन को अभी कुछ बोनस भुगतान प्राप्त हुआ, जिससे उसने अपना ऋण चुकाने का फैसला किया है। जोनाथन को अभी कितना भुगतान करना होगा?

(a) ₹ 133200
(b) ₹ 133000
(c) ₹ 132900
(d) ₹ 133100

141. $11\times11+11\div11-11\times11+11+11\times11-11-11\times11$ का मान क्या है?

(a) 0 (b) 121
(c) 11 (d) 1

142. दो त्रिभुजों के क्षेत्रफलों का अनुपात 4 : 3 है और उनकी ऊँचाइयों का अनुपात 6 : 5 है। उनके आधारों का अनुपात ज्ञात कीजिए।

(a) 9 : 10
(b) 6 : 5
(c) 5 : 6
(d) 10 : 9

143. पहली कमीज को दूसरी कमीज के विक्रय मूल्य के दोगुने पर बेचा जाता है। पहली कमीज को 8% लाभ पर और दूसरी कमीज को 3% हानि पर बेचा जाता है। कमीजों पर कुल प्रतिशत लाभ कितना है (दो दशमलव स्थान तक पूर्णांकित)?

(a) 4.86% (b) 4.07%
(c) 4.60% (d) 3.86%

144. निम्न पाई-चार्ट राम द्वारा पाँच अलग-अलग विषयों में प्राप्त अंकों का (प्रतिशत में) बंटन दर्शाता है।

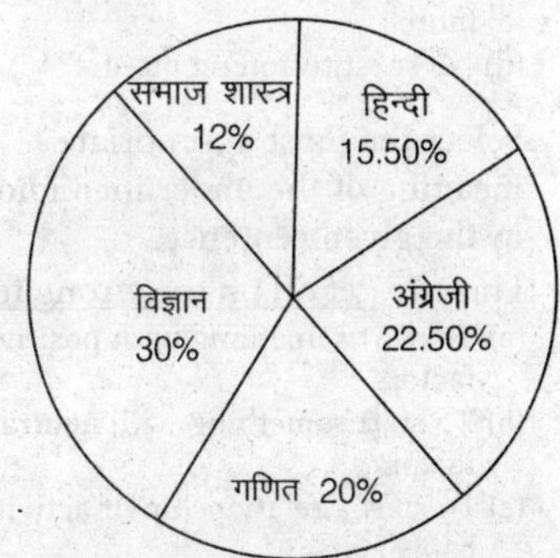

गणित के केन्द्रीय कोण और विज्ञान के केन्द्रीय कोण का अनुपात क्या है?

(a) 3 : 5 (b) 2 : 3
(c) 5 : 2 (d) 4 : 3

145. दिए गए डेटा का अध्ययन कीजिए और नीचे दिए गए प्रश्न का उत्तर दीजिए।

तालिका चार अलग-अलग शहरों से एक प्रवेश परीक्षा में उपस्थित होने वाले उम्मीदवारों की संख्या (लाख में) और उसमें उत्तीर्ण और अनुत्तीर्ण हुए उम्मीदवारों का अनुपात दर्शाती है।

शहर	A	B	C	D
उम्मीदवारों की संख्या	2.15	1.14	1.56	2.35

शहर के भीतर उत्तीर्ण और अनुत्तीर्ण हुए उम्मीदवारों का अनुपात

शहर	उत्तीर्ण	अनुत्तीर्ण
A	4	2
B	5	3
C	6	4
D	4	6

शहर D में अनुत्तीर्ण हुए उम्मीदवारों की संख्या (लाख में) कितनी है?

(a) 1.70 (b) 1.41
(c) 1.25 (d) 1.85

146. दिए गए पाई-चार्ट में शिक्षा पर खर्च किए गए व्यय का संगत केन्द्रीय कोण क्या हैं?

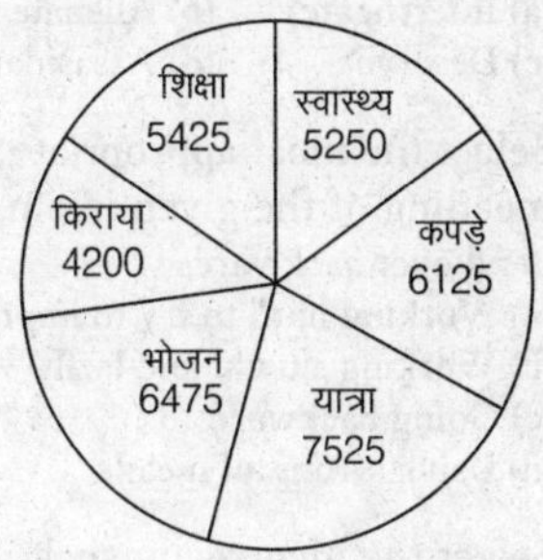

(a) 55.8° (b) 52°
(c) 42° (d) 55.2°

147. यदि $a+b=10$ और $ab=6$, तो a^3+b^3 का मान क्या होगा?

(a) 820 (b) 800
(c) 840 (d) 860

148. P, Q और R जब अलग-अलग कार्य करते हैं, तो किसी कार्य को क्रमश: 36 दिन, 48 दिन और 144 दिन में पूरा कर सकते हैं। P, Q और R एक साथ मिलकर कार्य करना शुरू करते हैं। P कार्य पूरा होने से 12 दिन पहले कार्य छोड़ देता है, और Q कार्य पूरा होने से 8 दिन पहले कार्य छोड़ देता है। R कार्य के आरम्भ से अन्त तक कार्य करता है। कार्य पूरा करने में लगने वाले दिनों की कुल संख्या ज्ञात करें।

(a) 24 (b) 27
(c) 25 (d) 30

149. शान्त जल में नाव की चाल 17 किमी/घण्टा और धारा की चाल 5 किमी/घण्टा है। नाव को धारा की दिशा में 110 किमी/घण्टा जाने में कितना समय लगता है?

(a) 5 घण्टे
(b) 5.5 घण्टे
(c) 4.5 घण्टे
(d) 6 घण्टे

150. $\frac{0.04}{0.05}$ का $\dfrac{\left(3\frac{1}{3}-2\frac{1}{2}\right)\div\frac{1}{2} \text{ का } 1\frac{1}{4}}{\frac{1}{3}+\frac{1}{5} \text{ का } \frac{1}{9}}$ का मान ज्ञात कीजिए।

(a) 5 (b) 0.3
(c) 3 (d) 0.03

भाग 4

अंग्रेजी

151. Select the incorrectly spelt word.
(a) Interrogate (b) Alienate
(c) Deserve (d) Assasinate

152. Select the most appropriate meaning of the given idiom.
Bend over backwards
(a) Working hard to try to impress
(b) Working slowly and lazily
(c) Going backward
(d) Using wrongful means

153. Select the incorrectly spelt word from the underlined words in the following sentence.
This was a blatent disregard to the advisory. By the host against it and in violation of norms of the meeting.
(a) advisory (b) blatent
(c) disregard (d) violation

154. Parts of the following sentence have been given as options. Select the option that contains an error.
The dancers swayed dainty on the stage last night.
(a) last night (b) on the stage
(c) The dancers (d) swayed dainty

155. Select the most appropriate one-word substitution of the given group of words.
A notice of the death of a person, often with a biographical sketch, as in a newspaper.
(a) Obituary (b) Oblivion
(c) Elegy (d) Advertisement

156. Select the incorrectly spelt word.
(a) Adjacent (b) Accomplish
(c) Agregate (d) Allure

157. Select the most appropriate idiomatic expression that can substitute the underlined segment in the given sentence.
Both Nitin and Uday are of the same interests.
(a) under the weather
(b) birds of the same feather
(c) blowing smoke without fire
(d) different kettles of fish

158. Select the most appropriate Antonym of the word 'moving' in the given sentence and choose the correct option.
The old grandfather clock chimed loudly, marking the passage of time with its steady tick-tock.
(a) Steady (b) Marking
(c) Chimed (d) Passage

159. Select the most appropriate option that can substitute the underlined segment in the given sentence. If there is no need to substitute it, select 'No substitution required'.
Her paintings are way better then her sketches.
(a) off (b) than
(c) more
(d) No substitution required

160. Select the most appropriate meaning of the underlined idiom in the given sentence.
I hate to get off on the wrong foot.
(a) To start something with positive factors
(b) To start something with neutral factors
(c) To start a relationship or activity badly
(d) To start something with an injury on the wrong foot

161. Select the most appropriate phrasal verb to fill in the blank.
Arunima .... a lot during her vacation time.
(a) gets on (b) gets after
(c) gets about (d) gets along

162. Select the most appropriate meaning of the given idiom.
The best of both worlds
(a) Good things come after bad things
(b) An ideal situation
(c) Better to show than tell
(d) Make people comfortable

163. Select the option that can be used as a one-word substitute for the underlined group of words.
How did you become interested in learning the art of producing beautiful handwriting?
(a) Lexicography (b) Demography
(c) Calligraphy (d) Graphology

164. Select the most appropriate synonym of the given word.
Haphazard
(a) Random (b) Sociable
(c) Aggressive (d) Confident

165. Parts of the following sentence have been given as options. One of them may contain an error. Select the part that contains the error from the given options. If you don't find any error, mark 'No error' as your answer.
We feed the horse oats for a week because it had eaten all the hay.
(a) No error
(b) it had eaten all the hay
(c) We feed the horse oats
(d) for a week because

166. The following sentence has been split into four segments. Identify the segment that contains a grammatical error.
They will not attend / the event / as they're going / away at end of April.
(a) away at end of April.
(b) as they're going
(c) the event
(d) They will not attend

167. Select the option that can be used as a one-word substitute for the underlined group of words.
Ms. Scarlet was indifferent to pain and pleasure, she never complained.
(a) Hypocrite (b) Stoic
(c) Versatile (d) Amateur

168. You are preparing a speech for the upcoming function. Select a synonym for the highlighted word to make it better.
Despite the advancement in technology, many Rural areas in developing countries still lack access to basic necessities.
(a) Desist (b) Disguise
(c) Avenue (d) Apathy

169. Select the most appropriate meaning of the underlined idiom.
Students often burn the midnight oil to qualify for competitive examinations.
(a) put the things on fire at night
(b) want to be at a place full of light
(c) work until late at night
(d) sleep well

170. Select the most appropriate meaning of the underlined idiom.
More people in Turkey are on the breadline now than thirty years ago.
(a) Be very poor
(b) Are well educated
(c) Be very expensive
(d) Earn a lot of money

171. Select the most appropriate synonym of the given word.
Justifiable
(a) Indefensible (b) Neutral
(c) Maintainable (d) Reasonable

172. Select the most appropriate meaning of the given idiom.
Left out in the cold
(a) To serve stale and cold food
(b) To leave in hurry
(c) To bear extreme weather condition
(d) To be ignored

173. Select the option that can be used as a one-word substitute for the given group of words.
Fear of water
(a) Hydrophobia (b) Bibliophobia
(c) Microphobia (d) Botanophobia

174. Select the option that can substitute the bracketed word segment correctly and complete the following sentence meaningfully.
Lots of kids (was visualised) crossing the road when the bus arrived.
(a) were seen (b) have been seen
(c) are seen (d) was seen

175. Select the most appropriate synonym of the given word.
Dreadful
(a) Feeble (b) Terrible
(c) Auspicious (d) Propitious

176. Select the most appropriate meaning of the underlined idiom.
We <u>dodged a bullet</u> when we didn't fall for the agents' words.
(a) To give something a try
(b) To narrowly avoid situation
(c) To be out of your comfort zone
(d) To start performing better

177. Select the word which means the same as the group of words underlined in the given sentence.
The pandemic deeply affected small business owners, as <u>they have no means of livelihood left.</u>
(a) Pauper (b) Worker
(c) Unemployed (d) Mason

178. Select the option that will improve the underlined part of the given sentence.
<u>The use of chemicals, insecticides and pesticides</u> began after the Green Revolution.
(a) A practice of chemicals, insecticides and pesticides
(b) The custom of chemicals, insecticides and pesticides
(c) Consumption of chemicals, insecticides and pesticides
(d) The usage of chemicals, insecticides and pesticides

179. Select the most appropriate antonym of the given word.
Catastrophic
(a) Calamity (b) Fortuitous
(c) Fiasco (d) Sabotage

180. Select the most appropriate meaning of the given idiom.
An arm and a leg
(a) To ask for too much
(b) A large amount of money
(c) Everything is ready
(d) To be lost and bewildered

181. The following sentence has been split into four segments. Identify the segment that contains a spelling error.
He wrote his dairy / in code / so, that nobody / could understand it.
(a) so, that nobody
(b) could understand it
(c) in code
(d) He wrote his dairy

182. Select the most appropriate antonym for the highlighted word.
The **negligent** attitude of the cops was criticised.
(a) attentive (b) reluctant
(c) amplify (d) bored

183. Select the most appropriate one-word substitution of the given group of words.
A person engaged in or trained for spaceflight.
(a) Astute (b) Astronomer
(c) Astronaut (d) Atrocious

184. Select the most appropriate synonym of the given word.
Site
(a) Lap (b) Location
(c) Globe (d) Pull

185. Select the incorrectly spelt word.
(a) Serene (b) Triumph
(c) Comparsion (d) Unveil

186. The following sentence has been split into four segments. Identify the segment that contains a grammatical error.
She will have participate / in the dance competition / by the time her father / returns from the tour.
(a) in the dance competition
(b) She will have participate
(c) by the time her father
(d) returns from the tour

187. Select the option that can be used as a one-word substitute for the given group of words.
Working or operating quickly and effectively in an organised way.
(a) Efficient (b) Extensive
(c) Excellent (d) Effusive

188. Select the most appropriate synonym of the given word.
Abandon
(a) Perish (b) Desert
(c) Prolong (d) Retain

189. Select the most appropriate antonym of the given word.
Damp
(a) Misty (b) Arid
(c) Tropical (d) Soaked

190. Select the most appropriate meaning of the given idiom.
A leopard can't change his spots
(a) Someone who is cherished above all others
(b) A visual presentation is far more descriptive than words
(c) Something good that isn't recognised at first
(d) You cannot change who you are

Directions *(Q. Nos. 191-195) In the following passage, some words have been deleted. Read the passage carefully and select the most appropriate option for each blank.*

The Amazon rainforest is an awe-inspiring natural wonder that ...(1)... across several South American countries, including Brazil, Peru, Colombia, and Ecuador. Covering an ...(2)...area of 5.5 million square kilometres, it is the largest tropical rainforest on Earth. The Amazon jungle is ...(3)... for its remarkable biodiversity, harbouring an astonishing array of plant and animal species that are still being discovered and studied. The dense vegetation of the jungle creates a ...(4)... and complex ecosystem, supporting countless species and providing crucial ecosystem services such as carbon sequestration and climate regulation. It is also home to ...(5)... communities that have thrived within its rich confines for centuries, preserving their traditions and deep connection to the land.

191. Select the most appropriate option to fill in blank number 1.
(a) reaches (b) lengths
(c) amounts (d) spans

192. Select the most appropriate option to fill in blank number 2.
(a) gauged (b) rated
(c) estimated (d) evaluated

193. Select the most appropriate option to fill in blank number 3.
(a) great (b) acclaimed
(c) renowned (d) pre-eminent

194. Select the most appropriate option to fill in blank number 4.
(a) vigour (b) spirited
(c) vibrant (d) lavish

195. Select the most appropriate option to fill in blank number 5.
(a) late (b) ancient
(c) indigenous (d) organic

Directions (Q. Nos. 196-200) *Read the given passage and answer the question that follows.*

We started our research into organisational and personal excellence by studying a slightly different topic. We figured that if we could learn why certain people were more effective than others, then we could learn exactly what they did, clone it and pass it on to others. We asked people to identify who they thought were their most effective colleagues. In fact, over the past twenty-five years, we have asked over twenty thousand people to identify the individuals in their organisations who could really get things done. We wanted to find those who were not just influential but who were far more influential than the rest.

196. Which real life situation can be the most appropriate to be inferred from the passage?
(a) Inflation has direct influence on the morals and ethics of an individual.
(b) If we do something wrong to decent people, the same comes to haunt us even after many years.
(c) People nowadays do not have patience and want quick success and does not matter what path they choose to obtain their targets.
(d) Jassie is an efficient employee whose work ethics can be a case study to learn more about organisational and personal excellence.

197. Select the most suitable structure for the above passage.
(a) Chronological
(b) Cause and effect
(c) Pragmatic
(d) Compare and contrast

198. Select the most appropriate antonym of the given word.
Effective
(a) Deniable (b) Harmonious
(c) Fruitless (d) Courteous

199. Select the most appropriate title to the given passage.
(a) Research Grants in Organisations
(b) Learn, Clone and Pass
(c) The Most Effective Colleagues
(d) Different Topics

200. Select the statement that most appropriately sums up the passage given.
(a) Some people cannot be identified due to their most effective ways in 25 years.
(b) Research grants in an organisation should be increased for personal excellence.
(c) It takes 25 years of research to make people more effective and influential.
(d) Some people are more effective and more influential than others to get things done.

जानें सही उत्तर

1 (d)	2 (d)	3 (c)	4 (b)	5 (c)	6 (d)	7 (b)	8 (b)	9 (b)	10 (c)
11 (a)	12 (a)	13 (a)	14 (d)	15 (b)	16 (c)	17 (c)	18 (c)	19 (d)	20 (b)
21 (d)	22 (d)	23 (c)	24 (c)	25 (d)	26 (a)	27 (c)	28 (d)	29 (a)	30 (b)
31 (d)	32 (a)	33 (b)	34 (c)	35 (a)	36 (d)	37 (c)	38 (b)	39 (b)	40 (a)
41 (b)	42 (a)	43 (c)	44 (a)	45 (c)	46 (a)	47 (d)	48 (c)	49 (a)	50 (a)
51 (c)	52 (c)	53 (c)	54 (c)	55 (d)	56 (a)	57 (b)	58 (d)	59 (b)	60 (a)
61 (d)	62 (b)	63 (c)	64 (b)	65 (d)	66 (c)	67 (b)	68 (d)	69 (c)	70 (a)
71 (a)	72 (a)	73 (d)	74 (b)	75 (c)	76 (c)	77 (d)	78 (d)	79 (c)	80 (a)
81 (d)	82 (c)	83 (c)	84 (b)	85 (b)	86 (a)	87 (b)	88 (b)	89 (d)	90 (c)
91 (c)	92 (c)	93 (a)	94 (b)	95 (c)	96 (d)	97 (b)	98 (b)	99 (b)	100 (c)
101 (a)	102 (a)	103 (a)	104 (d)	105 (c)	106 (b)	107 (d)	108 (c)	109 (d)	110 (b)
111 (c)	112 (d)	113 (d)	114 (a)	115 (b)	116 (d)	117 (b)	118 (c)	119 (a)	120 (d)
121 (c)	122 (b)	123 (d)	124 (b)	125 (c)	126 (c)	127 (d)	128 (b)	129 (a)	130 (c)
131 (b)	132 (c)	133 (a)	134 (c)	135 (b)	136 (b)	137 (c)	138 (d)	139 (c)	140 (d)
141 (d)	142 (d)	143 (b)	144 (b)	145 (b)	146 (a)	147 (a)	148 (b)	149 (a)	150 (c)
151 (d)	152 (a)	153 (b)	154 (d)	155 (a)	156 (c)	157 (b)	158 (a)	159 (b)	160 (c)
161 (c)	162 (b)	163 (c)	164 (a)	165 (c)	166 (a)	167 (b)	168 (c)	169 (c)	170 (a)
171 (d)	172 (d)	173 (a)	174 (a)	175 (b)	176 (b)	177 (a)	178 (d)	179 (b)	180 (b)
181 (d)	182 (a)	183 (c)	184 (b)	185 (c)	186 (b)	187 (a)	188 (b)	189 (b)	190 (d)
191 (d)	192 (c)	193 (c)	194 (c)	195 (c)	196 (d)	197 (c)	198 (c)	199 (c)	200 (d)

प्रश्नों के सही हल

1. (d) दी गई प्रश्न आकृति उत्तर आकृति (d) में सन्निहित है।

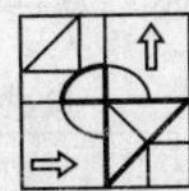

2. (d) दी गई आकृति श्रृंखला के प्रत्येक अगली आकृति में ये षष्टभुज घड़ी की दिशा में आकृति 90° घूम जाती है। इस प्रकार प्रश्न चिह्न के स्थान पर उत्तर आकृति (d) आएगी।

3. (c) दी गई आकृति श्रृंखला के प्रत्येक अगले पद में छोटे वृत्त घड़ी की विपरीत दिशा में अगले कोने पर चले जाते हैं तथा मध्य आकृति का सबसे दायीं ओर का आयत एकान्तर आकृति में छायांकित हो जाता है। इस प्रकार श्रृंखला में प्रश्नचिह्न के स्थान पर उत्तर आकृति (c) आएगी।

4. (b) दी गई समीकरण,

$$250 - 10 + 10 \times 5 \div 2 = ?$$

चिह्नों को आपस में बदलने पर,

+ ⇒ ×	− ⇒ ÷
× ⇒ −	÷ ⇒ +

$$? = 250 \div 10 \times 10 - 5 + 2$$
$$= 25 \times 10 - 5 + 2$$
$$= 250 - 5 + 2$$
$$= 252 - 5 = 247$$

5. (c) प्रश्नानुसार,

यहाँ, A के विपरीत I है।

E के विपरीत O है।

Z के विपरीत U है।

अत: विकल्प (c) सही उत्तर है।

6. (d) दिया गया व्यंजक है,

$$[\{(14 \times 6) - (4 \div 3)\} + (6 - 4)] \div 3$$

चिह्नों को आपस में बदलने पर,

+ ⇒ ÷	− ⇒ +
× ⇒ −	÷ ⇒ ×

$$[\{(14 - 6) + (4 \times 3)\} \div (6 + 4)] \times 3$$
$$= [\{8 + 12\} \div 10] \times 3$$
$$= [20 \div 10] \times 3 = 2 \times 3 = 6$$

7. (b) दी गई समीकरण

$$137 \div 56 \times 7 - 6 + 31 = ?$$

चिह्नों को आपस में बदलने पर,

+ ⇒ −	× ⇒ ÷
− ⇒ ×	÷ ⇒ +

$$? = 137 + 56 \div 7 \times 6 - 31$$
$$= 137 + 8 \times 6 - 31$$
$$= 137 + 48 - 31$$
$$= 185 - 31 = 154$$

8. (b) दोनों पासों में 5 और 4 उभयनिष्ठ हैं। अत: दोनों पासे पर शेष बची संख्या एक-दूसरे के विपरीत फलक पर होगी। 1 को दर्शाने पर फलक के विपरीत फलक पर '6' होगी।

9. (b) दी गई प्रश्न आकृति का सही दर्पण प्रतिबिम्ब उत्तर आकृति (b) है।

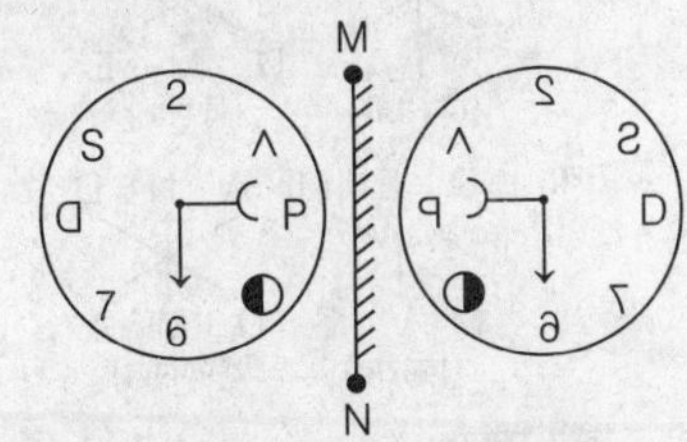

10. (c) दी गई श्रृंखला का क्रम निम्न प्रकार है,

$$\frac{-1}{729}, \frac{-1}{81}, \frac{-1}{9}, \boxed{-1}$$

×9 ×9 ×9

11. (a) प्रश्नानुसार,

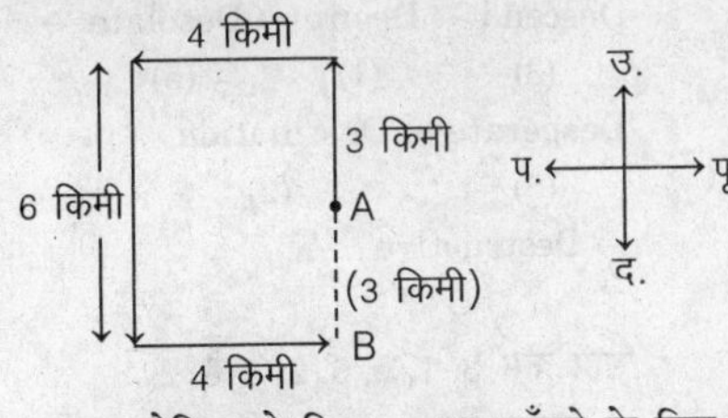

अत: रोहित को बिन्दु A पर पहुँचने के लिए 3 किमी उत्तर की ओर जाना है।

12. (a) प्रश्नानुसार,

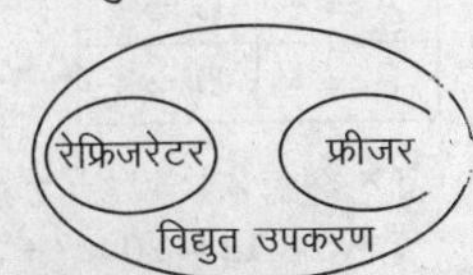

रेफ्रिजरेटर और फ्रीजर दोनों ही विद्युत उपकरण हैं तथा रेफ्रिजरेटर और फ्रीजर में कोई सम्बन्ध नहीं है।

13. (a) जिस प्रकार,

22 1 20 20
V A T T

$\Rightarrow (22 + 1 + 20 + 20) = 63$

$\Rightarrow \quad 63 + 2 = 65$

और, 19 20 15 12 11
S T O L K

$\Rightarrow (19 + 20 + 15 + 12 + 11) = 77$

$\Rightarrow \quad 77 + 2 = 79$

उसी प्रकार,

7 5 14 5 18 15 21 19
G E N E R O U S

$(7 + 5 + 14 + 5 + 18 + 15 + 21 + 19)$
$= 104$

$\Rightarrow \quad 104 + 2 = \boxed{106}$

14. (d) दी गई आकृति श्रृंखला में पहली से दूसरी, तीसरी से चौथी आकृति में निम्न प्रकार परिवर्तन होता है।

दूसरी से तीसरी और चौथी से पाँचवी आकृति में निम्न प्रकार परिवर्तन होता है।

इस प्रकार श्रृंखला में प्रश्नचिह्न (?) के स्थान पर उत्तर आकृति (d) आएगी।

15. (b) दी गई प्रश्न आकृति का सही दर्पण प्रतिबिम्ब उत्तर आकृति (b) है।

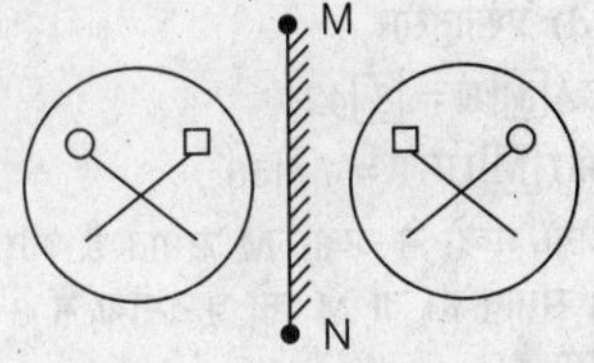

16. (c) जिस प्रकार, इल्ली, तितली की युवावस्था है। उसी प्रकार, लार्वा, कीट की युवावस्था है।

17. (c) 2 B ? D 2 = 4 B 3 2 D 8

A	B	C	D
+	×	−	÷

$$2 \times ? \div 2 = 4 \times 32 \div 8$$

$$\Rightarrow \quad 2 \times \frac{?}{2} = 4 \times \frac{32}{8}$$

$$\Rightarrow \quad 2 \times \frac{?}{2} = 4 \times 4$$

$$\therefore \quad ? = 16$$

18. (c) प्रश्नानुसार,

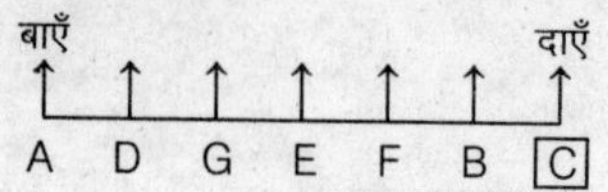

अत: पंक्ति के बिल्कुल दाएँ सिरे पर 'c' बैठा है।

19. (d) दी गई शृंखला का क्रम निम्न प्रकार है,

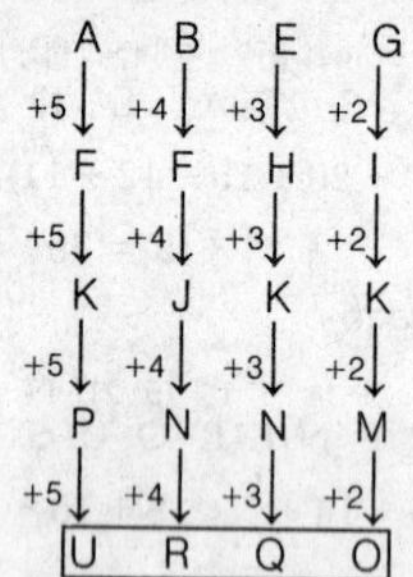

20. (b) दी गई शृंखला का क्रम निम्न प्रकार है,

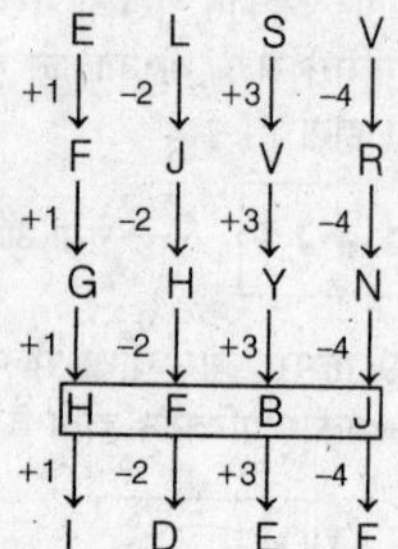

21. (d) पासा 1 तथा 3 में संख्या 1 और 5 उभयनिष्ठ है। दोनों पासे पर शेष बचे हुए संख्याएँ एक-दूसरे के विपरीत होंगे। अत: 4 दर्शाने वाले फलक के विपरीत फलक पक्ष संख्या '2' होगी।

22. (d) प्रश्नानुसार,

GA[M]E = [8]426

और [M]UST = 7[8]53

दोनों शब्दों में अक्षर M समान है और संख्या 8 समान है। तो M को कूटभाषा में 8 लिखा गया है।

23. (c) जिस प्रकार, (7, 35, 42)

$7 \times 5 = 35,\ 7 \times 6 = 42$

तथा (4, 20, 24)

$4 \times 5 = 20,\ 4 \times 6 = 24$

उसी प्रकार, विकल्प (c) से, (9, 45, 54)

$9 \times 5 = 45,\ 9 \times 6 = 54$

24. (c) जिस प्रकार,

विपरीत
F L O R A
U O L I Z
+2 +2 +3 +3 +3
W Q O L C

तथा

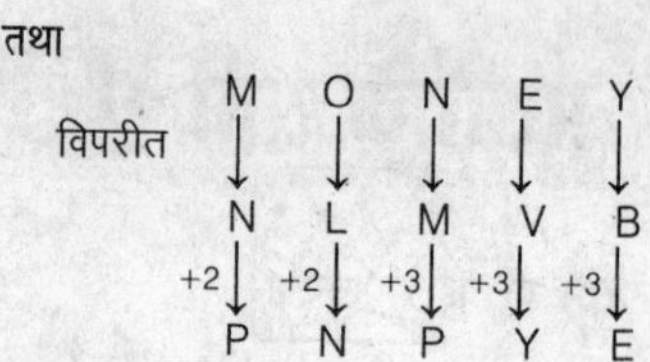

उसी प्रकार,

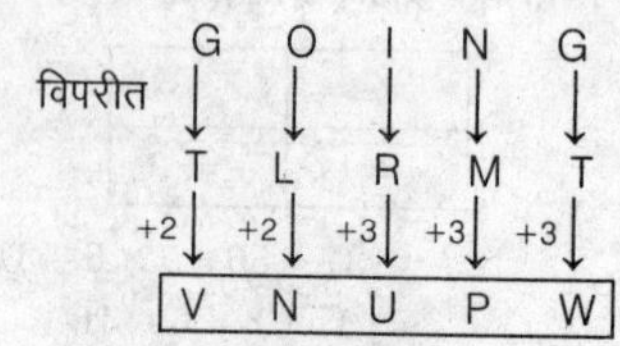

25. (d) जिस प्रकार, (264, 462)

$\Rightarrow\quad 264 + 198 = 462$

तथा (132, 330)

$\Rightarrow\quad 132 + 198 = 330$

उसी प्रकार, विकल्प (d) से, (386, 584)

$\Rightarrow\quad 386 + 198 = 584$

26. (a) जिस प्रकार,

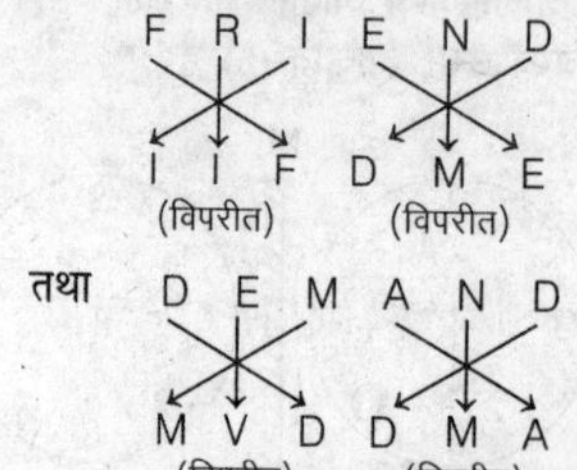

उसी प्रकार,

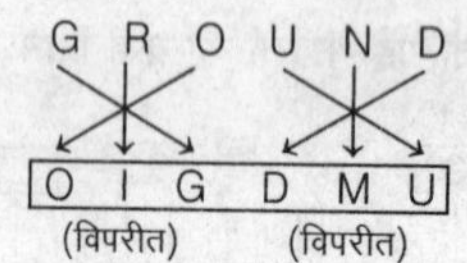

27. (c) अंग्रेजी शब्दकोश के अनुसार,

Descend → Desire → Desolate →
(3) (1) (5)
Desperate → Destination
(6) (2)
→ Destructive
(4)

सही क्रम 3, 1, 5, 6, 2, 4 है।

28. (d) 7A 3B 24D 2 = 20 B ? A3

चिह्नों को प्रतिस्थापित करने पर,

A ⇒ +	C ⇒ −
B ⇒ ×	D ⇒ ÷

$\Rightarrow\quad 7 + 3 \times 24 \div 2 = 20 \times ? + 3$

$\Rightarrow\quad 7 + 3 \times 12 = 20 \times ? + 3$

$\Rightarrow\quad 7 + 36 = 20 \times ? + 3$

$\Rightarrow\quad 43 = 20 \times ? + 3$

$\Rightarrow\quad 40 = 20 \times ?$

$\therefore\quad ? = 2$

29. (a) जिस प्रकार,

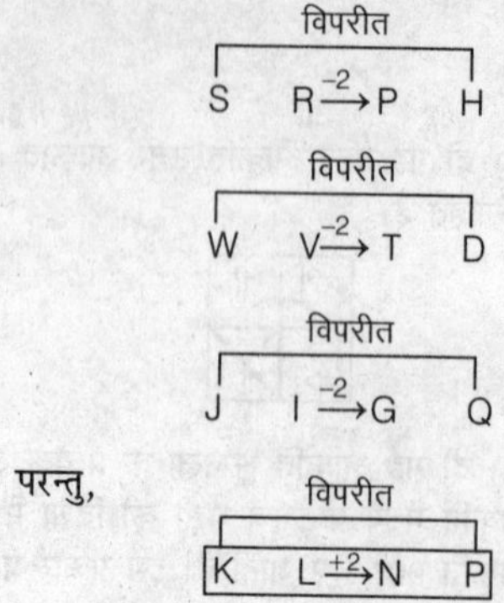

परन्तु,

30. (b) जिस प्रकार,

उसी प्रकार,

31. (d) प्रश्नानुसार,

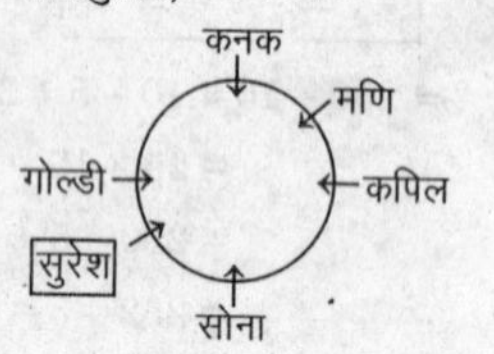

आकृति से, गोल्डी के दाईं ओर ठीक बगल में सुरेश बैठा है।

32. (a) प्रश्नानुसार,

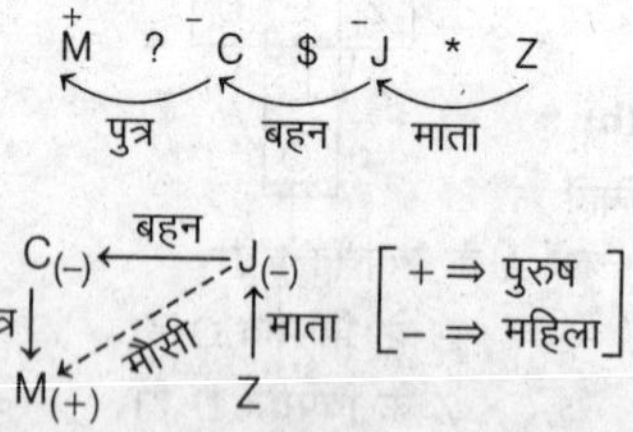

M ? C $ J * Z
पुत्र बहन माता

C(−) बहन J(−)
पुत्र मौसी माता
M(+) Z

[+ ⇒ पुरुष, − ⇒ महिला]

अत: J, M की मौसी है।

33. (b) पेंसिल, रबड़ और शार्पनर तीनों स्टेशनरी वस्तुएँ हैं और तीनों भिन्न-भिन्न हैं।

34. (c) जिस प्रकार,

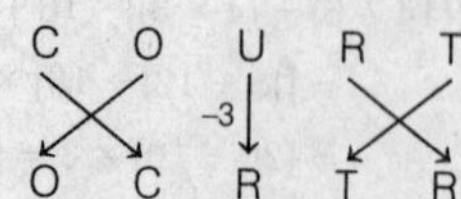

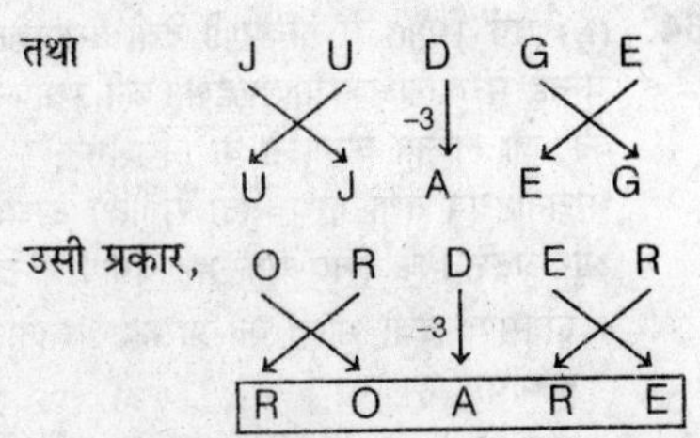

35. (a) कथनानुसार,

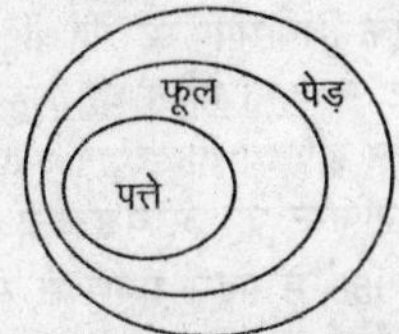

निष्कर्ष I. (✗) II. (✓)

अत: केवल निष्कर्ष II पालन करता है।

36. (d) 39 D 13 B 2 C 6 A 8

चिह्न को प्रतिस्थापित करने पर,

A ⇒ +	C ⇒ −
B ⇒ ×	D ⇒ ÷

$39 \div 13 \times 2 - 6 + 8$
$= 3 \times 2 - 6 + 8$
$= 6 - 6 + 8 = 8$

37. (c) दी गई श्रृंखला निम्न प्रकार है

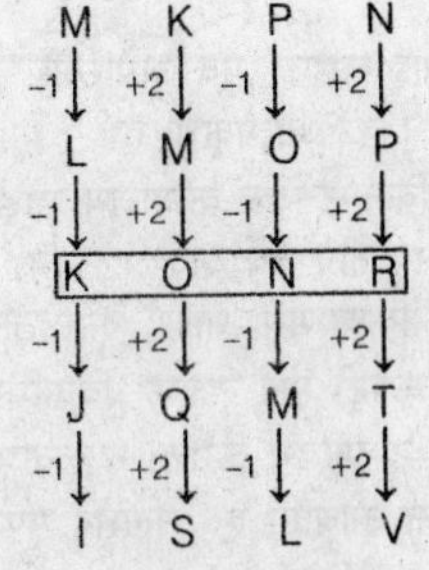

38. (b) 96 D 3 B 8 C 25 A 14 = ?

चिह्नों को आपस में बदलने पर,

A ⇒ +	C ⇒ −
B ⇒ ×	D ⇒ ÷

$? = 96 \div 3 \times 8 - 25 + 14$
$= 32 \times 8 - 25 + 14$
$= 256 - 25 + 14$
$= 270 - 25 = 245$

39. (b) अंग्रेजी शब्दकोश के अनुसार शब्दों का क्रम,

Logician → Loincloth → Lollipop
(4) (2) (1)
→ Lonely → Longways
(5) (3)
⇒ 4,2,1,5,3

40. (a) उत्तर आकृति (a) प्रश्नाकृति में अन्तर्निहित है।

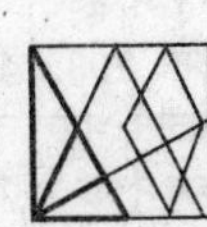

41. (b) जिस प्रकार, (7, 91, 98)

⇒ $7 \times \boxed{13} = 91; 91 + 7 = 98$

तथा (4, 52, 56)

⇒ $4 \times \boxed{13} = 52; 52 + 4 = 56$

उसी प्रकार, (12, 156, 168)

⇒ $12 \times \boxed{13} = 156; 156 + 12 = 168$

42. (a) कथनानुसार,

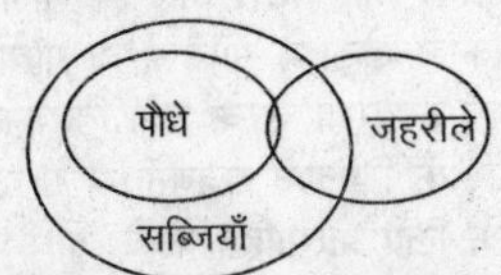

निष्कर्ष

I. (✗) II. (✓)

अत: केवल निष्कर्ष II पालन करता है।

43. (c) तीनों ही पासों में (1) उभयनिष्ठ है।

अत: 1 के संलग्न संख्याएँ 2, 4, 5, 6 कभी भी 1 के विपरीत नहीं हो सकती।

तो 1 दर्शाने वाले फलक के विपरीत फलक पर संख्या 3 होगी।

44. (a) यहाँ, $P \xrightarrow{+2} R \xrightarrow{-7} K \xrightarrow{+1} L$

$W \xrightarrow{+2} Y \xrightarrow{-7} R \xrightarrow{+1} S$

$F \xrightarrow{+2} H \xrightarrow{-7} A \xrightarrow{+1} B$

परन्तु, $P \xrightarrow{+3} S \xrightarrow{-9} J \xrightarrow{+1} K$

अत: PSJK अन्य सभी से भिन्न है।

45. (c) प्रश्नानुसार,

[+ ⇒ पुरुष
− ⇒ महिला]

$P_{(-)}$ ↑ माता; $M_{(-)}$ ←बहन— $H_{(-)}$ —पति→ $J_{(+)}$; पिता ↑ $L_{(-)}$ ←पत्नी— $Q_{(+)}$; नानी (M—L)

अत: P, L की नानी है।

46. (a) दी गई श्रृंखला का क्रम निम्न प्रकार है,

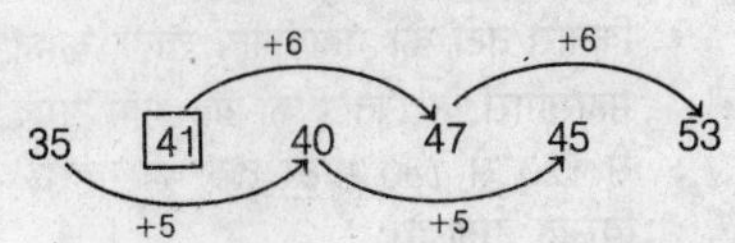

47. (d) दी गई श्रृंखला का क्रम निम्न प्रकार है,

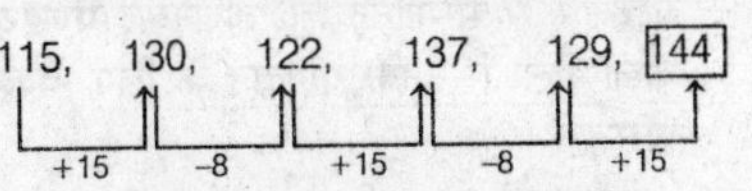

48. (c) जिस प्रकार, (6, 2, 96)

⇒ $6 \times 2 = 12; 12 \times 8 = 96$

और (5, 6, 240)

⇒ $5 \times 6 = 30; 30 \times 8 = 240$

उसी प्रकार, विकल्प (c) से, (1, 2, 16)

⇒ $1 \times 2 = 2; 2 \times 8 = 16$

49. (a) जिस प्रकार,

पहली पंक्ति, $19 + 6 + (2 \times 6)$
$= 19 + 6 + 12 = 37$

दूसरी पंक्ति, $21 + 8 + (2 \times 8)$
$= 21 + 8 + 16 = 45$

उसी प्रकार,

तीसरी पंक्ति, $72 + 14 + (2 \times 14)$
$? = 72 + 14 + 28$
$? = 114$

50. (a) प्रश्नानुसार,

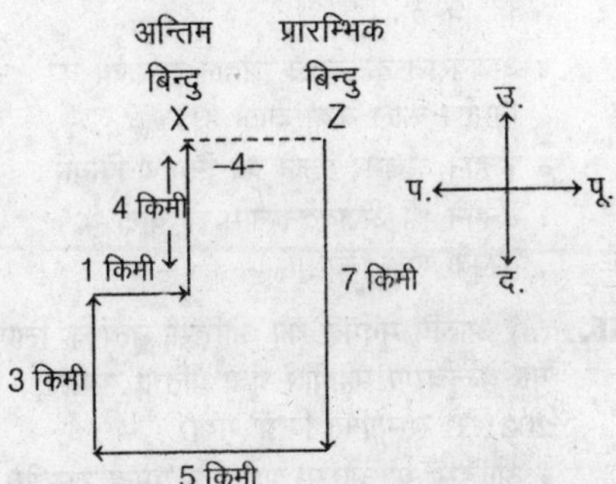

$XZ = (5 - 1)$ किमी = 4 किमी

अत: बिन्दु Z तक पहुँचने के लिए उसे 4 किमी, पूर्व दिशा की ओर चलना होगा।

51. (c) लोथर मेयर ने तत्वों के परमाणु भार और परमाणु आयतन की आवर्तिता का ग्राफीय निरूपण प्रदर्शित किया था।

- उन्होंने यह स्पष्ट किया कि समान गुणों वाले तत्त्व, इस वक्र को समान स्थिति एवं उतार-चढ़ाव को प्रदर्शित करते हैं।
- लोथर मेयर ने यह अवधारणा 1869 ई. में प्रस्तुत की थी।

52. (c) सकल घरेलू उत्पाद (GDP) में स्थिर वृद्धि, आर्थिक विकास का एक अच्छा संकेतक माना जाता है।

- सकल घरेलू उत्पाद, किसी देश की सीमाओं के भीतर एक विशिष्ट समय में सामान्यत: एक वर्ष में उत्पादित सभी अन्तिम वस्तुओं और सेवाओं का मौद्रिक मूल्य है।

53. (c) पद्मश्री, पद्म भूषण और पद्म विभूषण पुरस्कार से सम्मानित डॉ. तीजनबाई **पण्डवानी** कला शैली में उनके योगदान के लिए विश्व प्रसिद्ध हैं।
- पण्डवानी का शाब्दिक अर्थ 'पाण्डवों के गीत' एक लोक रंगमंच का स्वरूप है।
- इस स्वरूप में एक हाथ में एकतारा या तानपुरा तथा दूसरे हाथ में खड़ताल के साथ अभिनय और गायन शामिल होता है।

54. (c) खरीफ फसलों के लिए, उच्च आर्द्रता और 100 सेमी से अधिक वार्षिक वर्षा के साथ खेती के लिए आवश्यक तापमान 25 डिग्री सेल्सियस से अधिक होता है।
- खरीफ फसलें देश के विभिन्न क्षेत्रों में मानसून के आगमन के साथ बोई जाती हैं और सितम्बर-अक्टूबर में काट ली जाती हैं।
- धान, मक्का, ज्वार, बाजरा, गन्ना, सोयाबीन आदि प्रमुख खरीफ फसलें हैं।

55. (d) चहमान (चौहान) वंश के शासक अजयराज ने अजमेर को अपनी राजधानी बनाया था।
- अजयराज चौहान वंश का शासक 1113 ई. में बने थे।
- अजयराज का काल चौहान साम्राज्य का निर्माण काल कहा जाता है।
- उन्होंने अजमेर किले का निर्माण किया।
- उन्होंने श्री अजयदेन नाम से चाँदी के सिक्के शुरू किए।

56. (a) आरुषि मुद्गल को ओड़िसी नृत्य के लिए गुरु केलुचरण महापात्र युवा प्रतिभा सम्मान, 2021 से सम्मानित किया गया।
- ओडिसी या ओरसी भारत के प्रमुख शास्त्रीय नृत्य रूपों में से एक है, जिसकी उत्पत्ति भारत के पूर्वी तटीय राज्य ओडिशा के हिन्दू मन्दिरों में हुई थी।
- वर्ष 2024 को श्रीमति 'कुमकुम लाल को ओडिशी नृत्य में अपार योगदान के लिए गुरू केलुचरण महापात्र युवा सम्मान प्रदान किया गया।

57. (b) भारतीय लेखक कमला दास ने **माई स्टोरी** नामक आत्मकथा लिखी है।
- 'माई स्टोरी' यथार्थवादी शैली में लिखी गई एक कालानुक्रमिक, रैखिक कथा है।
- सम्पूर्ण वृत्तान्त एक उपन्यास के प्रारूप में लिखा गया है।

58. (d) तीसरे गोलमेज सम्मेलन में प्रतिनिधियों के विचार-विमर्श वर्ष 1932 के आखिरी महीने में हुए थे।
- यह सम्मेलन समय-समय पर नियुक्त विभिन्न उप-समितियों की रिपोर्ट पर विचार करने के लिए किया गया था, जिसकी परिणति अन्तत: भारत शासन अधिनियम, 1935 के रूप में हुई।
- वर्ष 1930 और 1932 के बीच आयोजित गोलमेज सम्मेलन भारत के संवैधानिक भविष्य के रूप रेखा के लिए उच्च स्तरीय चर्चाओं की एक श्रृंखला थी।

59. (b) सामान्य तापमान और वायुमण्डलीय दाब पर CO_2 का घनत्व 1.87 किग्रा/मी^{3} होता है। कार्बन डाइऑक्साइड 31°C के क्रान्तिक तापमान से नीचे द्रव अवस्था में होती है।
- कार्बन डाइऑक्साइड एक रंगहीन तथा गन्धहीन गैस है, जो पृथ्वी पर जीवन के लिए आवश्यक है।
- वायुमण्डल में यह गैस आयतन के अनुसार 0.03% होती है।

60. (a) वल्लभभाई पटेल और इन्दुलाल याग्निक ने खेड़ा में गाँधीजी के गाँवों के दौरे की व्यवस्था करके तथा किसानों को सरकार के खिलाफ मजबूती से खड़ा होने के लिए प्रोत्साहित करके गाँधीजी की सहायता की।
- खेड़ा में आपदा के बावजूद सरकार ने राहत देने से इनकार कर दिया।
- गाँधीजी के नेतृत्व में आन्दोलन ने गति पकड़ी, हालाँकि सरकार ने सभी माँगे पूरी नहीं कि, लेकिन उसने भुगतान करने में असमर्थ लोगों की सम्पत्ति जब्त न करने का निर्णय लिया गया।

61. (d) राष्ट्रीय महिला आयोग की स्थापना राष्ट्रीय महिला आयोग अधिनियम, 1990 के तहत की गई थी।
- राष्ट्रीय महिला आयोग, भारत सरकार का एक सांविधिक निकाय है, जो सामान्यत: महिलाओं को प्रभावित करने वाले सभी नीतिगत मामलों पर सरकार को सलाह देता है।
- इसका गठन जनवरी, 1992 में भारतीय संविधान के प्रावधानों के तहत किया गया था।

62. (b) स्प्रिण्ट घुड़सवारी प्रतियोगिता नहीं है, बल्कि एथलेटिक्स व ट्रैक और फील्ड में, स्प्रिण्ट (या डैश) कम दूरी की दौड़ है। वॉल्टिंग, ड्रेसेज और शो जम्पिंग घुड़सवारी प्रतियोगिताएँ हैं।

63. (c) समुद्र के सबसे उथले हिस्से, महाद्वीपीय शेल्फ की औसत ढाल 3.1° या उससे भी कम होती है।
- समुद्र के जल में डूबे महाद्वीपीय किनारों/तटों को महाद्वीपीय शेल्फ कहते हैं।
- महासागरों के नितल का यह भाग समुद्र तल से 120 से 180 मीटर तक की गहराई तक विस्तृत होता है।

64. (b) वर्ष 1936 में रुक्मिणी देवी अरुण्डेल ने चेन्नई में कलाक्षेत्र फाउण्डेशन की स्थापना की, जो ललित कलाओं के (विशेषत: भरतनाट्यम तथा गन्धर्ववेदा संगीत) अध्ययन और प्रदर्शन के लिए एक महत्त्वपूर्ण केन्द्र है।
- रुक्मिणी देवी भारत की प्रसिद्ध भरतनाट्यम नृत्यांगना हैं।
- उन्हें नृत्य की एक विद्या 'साधिर' के लिए जाना जाता है।
- वह एक थियोसोफिस्ट भी थी, जो ऐनी बेसेण्ट से बहुत प्रेरित थी। वह वर्ष 1923 में ऑल इण्डिया फेडरेशन ऑफ यंग थियोसाफिस्ट की अध्यक्ष बनी थी।
- वर्ष 1956 में पद्म भूषण से सम्मानित किया गया था।

65. (d) 12वीं शताब्दी के भारतीय राजा पृथ्वीराज चौहान के जीवन पर लिखित महाकाव्य 'पृथ्वीराज रासो' की रचना चन्दबरदाई ने की थी।
- पृथ्वीराज रासो हिन्दी भाषा में लिखा एक महाकाव्य है, जिसमें 69 समय (सर्ग या अध्याय) हैं।
- पृथ्वीराज रासो में आबू के यज्ञकुण्ड से क्षत्रिय कुलों की उत्पत्ति तथा चौहान के अजमेर में राजस्थान से लेकर पृथ्वीराज के पकड़े जाने तक विस्तार से वर्णन है।

66. (c) 'माई लाइफ' पूर्व अमेरिकी राष्ट्रपति बिल क्लिण्टन की आत्मकथा है।
- इसे क्लिण्टन के कार्यालय छोड़ने के लगभग तीन वर्ष बाद 22 जून, 2004 को जारी किया गया था।
- माई कण्ट्री माई लाइफ, बिकमिंग एवं लॉग वॉक टू फ्रीडम क्रमश: लालकृष्ण आडवानी मिशेल ओबामा एवं नेलसन मण्डेला की प्रसिद्ध कृतियाँ है।

67. (b) आपातकाल के दौरान राष्ट्रपति को असाधारण शक्तियाँ प्रदान की गई हैं।
- ये शक्तियाँ राष्ट्रपति को राष्ट्रीय आपातकाल की स्थिति में देश की सुरक्षा और अखण्डता को बनाए रखने के लिए कार्यवाही करने की अनुमति देती हैं।
- आपातकालीन प्रावधान भारतीय संविधान के भाग XVIII में अनुच्छेद 352 से 360 तक निहित है।

68. (d) भारतीय अर्थव्यवस्था ने हरित क्रान्ति की सफलता का अनुभव दो चरणों में किया।
- हरित क्रान्ति 1960 के दशक में नॉर्मन बोरलॉग द्वारा शुरू की गई थी।
- भारत में हरित क्रान्ति का नेतृत्व मुख्य रूप से एम.एस. स्वामीनाथन ने किया था।

69. (c) कालबैसाखी मानसून से पहले की वर्षा और तड़ित झंझावात है।
- यह गर्मी के मौसम के दौरान भारत के पूर्वी हिस्से में बहने वाली शुष्क स्थानीय हवा है। यह घटना सामान्यत: अप्रैल-मई के दौरान बैसाख के महीने में होती है, इसलिए इसे कालबैसाखी कहा जाता है।
- ये असम में चाय की फसलों को भी लाभ पहुँचाती हैं।
- इसे नॉरवेस्टर भी कहते हैं।

70. (a) भारत में ₹ 1 लाख से कम के सभी ऋणों को सूक्ष्म ऋण (Micro loans) माना जाता है।
- सामान्यत: सूक्ष्म ऋण सूक्ष्म वित्त संस्थानों द्वारा उपलब्ध कराया जाता है।
- सूक्ष्म वित्त संस्थाओं का नियमन RBI के गैर-बैंकिंग वित्तीय कम्पनी—माइक्रो फाइनेंस इंस्टीट्यूशंस (रिजर्व बैंक) निर्देश, 2011 द्वारा किया जाता है।

71. (a) वॉलीबॉल खेल में प्रत्येक टीम में 6 खिलाड़ी होते हैं।
- वॉलीबॉल का आविष्कार 1895 ई. में किया गया था।
- इस खेल को मूलरूप से 'मिटोनेट' कहा जाता है।
- वॉलीबॉल की उत्पति संयुक्त राज्य अमेरिका में हुई थी।
- इसके जनक विलियम जी मॉर्गन थे।
- बॉलीबॉल का वर्ष 1924 में ओलम्पिक में प्रर्दशन किया गया था।

72. (a) नागालैण्ड का मोत्सु त्योहार, माओ जनजाति द्वारा मनाया जाता है।
- यह महोत्सव खेतों में बुआई के बाद मनाया जाता है।
- मोत्सु त्योहार प्रत्येक वर्ष मई के पहले सप्ताह में मनाया जाता है।
- हॉर्नबिल त्योहार नागालैण्ड का प्रसिद्ध त्योहार है।

73. (d) वैश्विक भुखमरी सूचकांक, 2022 के अनुसार, अफगानिस्तान एकमात्र पड़ोसी देश है, जो 121 देशों में से 109 रैंक के साथ भारत से पीछे है।
- वैश्विक भुखमरी सूचकांक, 2024 के वैश्विक सूचकांक में, भारत 127 देशों में 105वें स्थान पर है।
- वैश्विक भुखमरी सूचकांक, 2024 में पड़ोसी देश पाकिस्तान (109) और अफगानिस्तान की रैंकिंग में भारत से पीछे है।

74. (b) भारत में औद्योगिक क्षेत्र के विनियमन को लागू करने के लिए सभी उद्योगों में निजी क्षेत्र को अनुमति, नामक नियामक तन्त्र अस्तित्व में नहीं था।
- औद्योगिक क्षेत्र में उच्चतर दर पर और खपत के आधार पर वृद्धि देश के समग्र आर्थिक विकास का निर्धारक है
- वर्ष 1991 में उदारीकरण कई पश्चात् कं उद्योगों को निजी क्षेत्र के लिए धीरे-धीरे खोला गया।

75. (c) मेथिल एथिल कीटोन को ब्यूटेनॉन (Butanone) नाम से भी जाना जाता है। ब्यूटेनॉन का उपयोग पैराफिन मोम, पेंट रिमूवर और प्लास्टिक जैसे उत्पाद निर्मित करने के लिए एक विलायक के रूप में करते हैं।

76. (c) नवम्बर, 2020 में लिडियन नादस्वरम ने विश्व का अब तक का सबसे तेज पियानो वादक होने का रिकॉर्ड बनाया है।
- 'द वर्ल्ड्स बेस्ट' शो के दौरान लिडियन नादस्वरम ने दो पियानों को एकसाथ बजाकर कीर्तिमान रच दिया।
- पियानों का आविष्कार 18वीं शताब्दी में इटली के बार्टोलोमो क्रिस्टोफरी ने किया था।

77. (d) प्रसिद्ध संगीतकार तानसेन प्राय: अकबर के दरबार में गाया करते थे।
- तानसेन का असली नाम राम तनु पाण्डेय था।
- उन्हें सम्राट अकबर के नवरत्नों में गिना जाता है।
- तानसेन ने स्वामी हरिदास से संगीत की शिक्षा प्राप्त की थी।
- तानसेन को सम्राट अकबर ने **मियाँ** उपसर्ग से सम्मानित किया।

78. (d) ध्रुवसेन द्वितीय मैत्रक राजवंश से सम्बन्धित हैं।
- मैत्रक राजवंश की स्थापना भर्थक ने की थी।
- इस वंश की राजधानी वल्लभी थी।
- ध्रुवसेन द्वितीय ने 627-641 ई. तक शासन किया था।

79. (c) प्रथम राष्ट्रमण्डल खेलों का आयोजन वर्ष 1930 को किया गया था।
- ये खेल सर्वप्रथम कनाडा के हेमिल्टन, ओटोरियो शहरों में आयोजित किए गए।
- प्रत्येक चार वर्ष में राष्ट्रमण्डल खेलों का आयोजन किया जाता है।
- राष्ट्रमण्डल खेल, 2026 ग्लासगो (स्कॉटलैण्ड) में आयोजित किए जाएँगे।

80. (a) मामल्लपुरम का तटीय मन्दिर पल्लव द्वारा बनवाया गया था।
- मामल्लपुरम को महाबलीपुरम भी कहा जाता है।
- इसकी स्थापना 7वीं शताब्दी में पल्लव राजा नरसिंह वर्मन प्रथम ने की थी।
- तटीय मन्दिर को स्थानीय रूप से अलाइवय-के-कोविल के नाम से जाना जाता है।

81. (d) **कथन** A p-ब्लॉक तत्त्वों में अन्तिम इलेक्ट्रॉन बाह्यतम p कक्षक में प्रवेश करता है।
कथन B अधातुएँ और उपधातुएँ केवल आवर्त सारणी के p-ब्लॉक में मौजूद होती हैं।

82. (c) भूटिया नृत्य सिक्किम राज्य में किया जाता है।
- इस नृत्य में नर्तक यार्खा, ड्रम, बाँसुरी और यांगजे जैसे संगीत वाद्ययन्त्रों की मधुर धुनों पर नृत्य करते हैं।
- सिक्किम में अन्य महत्त्वपूर्ण लोकनृत्य—मास्क नृत्य, लूखंगटामो, रेचुंगमा, मारुनी और लिम्बो या सुब्बा आदि हैं।

83. (c) हिमालय, मध्य एशिया से आने वाली अत्यधिक ठण्डी हवाओं से भारतीय उपमहाद्वीप की रक्षा करता है।
- यहाँ तापमान के वितरण में पर्याप्त विविधता देखने को मिलती है।
- उत्तर भारत की जलवायु वर्षभर एक समान नहीं रहती है।

84. (b) PPLO का पूरा नाम प्लुरो निमोनिया लाइक ऑर्गेनिज्म (Pleuro Pneumonia Like Organisms) है।
- यह मोने जगत का माइकोप्लाज्म है, जो प्रोकैरियोटिक, अवायवीय व कोशिका भित्ति विहीन होता है।
- PPLO सजीव जगत की सबसे छोटी ज्ञात कोशिका है।

85. (b) ब्रायोफाइटा (गैर-संवहनी पौधों) और फर्न में शुक्राणु (पुंमणु) कोशिकाओं का निर्माण और उन्हें धारण (होल्ड) करने वाली संरचना को पुंधानी या एन्थेरिडियम कहते हैं।
- यह नर जननांग होता है, जो चल पुंमणुओं का निर्माण कर लैंगिक जनन में भाग लेता है।

86. (a) राजकोषीय क्षेत्र में सरकार की प्राथमिकताओं तथा उनसे सम्बन्धित नीतियों एवं विचलनों का उल्लेख बजट दस्तावेज के राजकोषीय नीति कार्य योजना वितरण भाग में किया जाता है।
- भारतीय संविधान के अनुच्छेद-112 के अनुसार, एक वर्ष के केन्द्रीय बजट को वार्षिक वित्तीय वितरण कहा जाता है।
- राजकोषीय नीति उदाहरण-कर, कटौती, सरकारी व्यय में वृद्धि, कर वृद्धि।
- **उद्देश्य**—आर्थिक स्थिरता, आर्थिक विकास रोजगार मुद्रास्फीति, आय का वितरण

87. (b) भारत ने अपने पड़ोसी देश बांग्लादेश के साथ वर्ष 1996 में गंगाजल को साझा करने (बँटवारे) और इसके प्रवाह को बढ़ाने के लिए फरक्का सन्धि पर हस्ताक्षर किए थे।
- फरक्का बैराज गंगा नदी पर बनाया गया है। यह पश्चिम बंगाल के मुर्शिदाबाद जिले में स्थित है।

- फरक्का बैराज भारत द्वारा वर्ष 1975 में गंगा नदी प्रणाली से पानी हटाने के लिए बनाया गया था।
- भारत और नेपाल के महाकाली नदी पर केन्द्रित महाकाली सन्धि (1996) पर हस्ताक्षर किए थे।

88. **(b)** वर्ष 2020 के ओलम्पिक खेलों में सुपर हैवीवेट बॉक्सिंग स्पर्द्धा में भाग लेने वाले प्रथम भारतीय सतीश कुमार थे।

- सतीश कुमार ने पहला गोल्ड मेडल वर्ष 2010 में उत्तर भारत एरिया चैम्पियनशिप में जीता था।
- अमित पंघाल, सेना में जूनियर कमीशन अधिकारी है और प्रसिद्ध मुक्केबाज है।

89. **(d)** साओ जोआओ त्योहार (Sao Joao Festival) मुख्य रूप से गोवा राज्य में भारतीय कैथोलिक ईसाइयों द्वारा मनाया जाता है।

- गोवा में साओ जोआओ पर्व 24 जून को मनाया जाता है।
- यह उत्सव सेण्ट जॉन द बैपटिस्ट के जन्मदिवस के रूप में मनाया जाता है।
- यह 24 जून को आयोजित किया जाता है।
- सेण्ट जॉन मदर मैरी के रिश्तेदार थे।

90. **(c)** अमोनिया (NH_3) यौगिक कार्बनिक यौगिकों के परिवार से सम्बन्धित नहीं है।

- यह एक अकार्बनिक यौगिक है।
- अमोनिया एक तीक्ष्ण गन्ध वाली रंगहीन गैसें होती है। इसके जलीय विलयन को लिकर अमोनिया कहते हैं।
- सर्वप्रथम जोसेफ प्रिस्टले ने चूने के साथ अमोनिया क्लोराइड (NH_3Cl) को गर्म करके अमोनिया गैस का पृथक्करण किया था।
- नोनेन एक हाइड्रोकार्बन है, जिसका रासायनिक सूत्र C_9H_{20} है।
- डेकेन एक रंगहीन, ज्वलनशील हाइड्रोकार्बन है, जिसका रासायनिक सूत्र $C_{10}H_{22}$ है।
- फ्यूरान एक हेट्रोसाइक्लिक कार्बनिक यौगिक होता है, जो एक रंगहीन, ज्वलनशील पदार्थ होता है।

91. **(c)** 17वीं लोकसभा में पंजाब से 13 सांसद चुने गए थे।

- लोकसभा सदस्यों की अधिकतम संख्या 550 निर्धारित की गई है, जिसमें 530 सदस्य राज्यों और 20 सदस्य केन्द्रशासित प्रदेशों के प्रतिनिधि होते हैं।
- राज्यों के प्रतिनिधि सीधे राज्यों के क्षेत्रीय निर्वाचन क्षेत्रों के लोगों द्वारा चुने जाते हैं।
- 18 वीं लोकसभा वर्ष 2024 में पंजाब से 13 सांसद जिसमें 7 सीट कांग्रेस, 3 आम आदमी पार्टी, शिरोमणि अकालीपन 1 और 2 निर्दल्यि जीता है।

92. **(c)** ज्योतिराव गोविन्दराव फुले ने 1873 ई. में मूर्तिपूजा और जाति व्यवस्था के खिलाफ लड़ने के लिए सत्यशोधक समाज की स्थापना की थी, जिसका अर्थ था 'सत्य के साधक'। ताकि महाराष्ट्र में निम्न वर्गों को समान सामाजिक और आर्थिक लाभ प्राप्त हो सके।

- आर्य समाज एक हिन्द सुधार आन्दोलन था, जिसकी स्थापना स्वामी दयानन्द सरस्वती ने 1857 ई. में की थी।
- यंग बंगाल आन्दोलन, 19वीं सदी की शुरुआत में बंगाल में चला एक बौद्धिक और सामाजिक सुधार आन्दोलन था।
- श्री नारायण गुरू धर्म परिपालन (SHDP) आन्दोलन श्री नारायण गुरू द्वारा केरल में सामाजिक रूप से हाशिए पर पड़े एझावा समुदाय में सुधार के लिए शुरू किया था।

93. **(a)** भारत के वित्त आयोग के पहले अध्यक्ष के.सी. नियोगी थे।

- वित्त आयोग, संविधान के अनुच्छेद 280 के तहत प्रत्येक पाँच वर्ष पर गठित किए जाने वाला संवैधानिक निकाय है, जो संघ और राज्यों के बीच वित्तीय संसाधनों के वितरण पर अनुशंसाएँ प्रस्तुत करता है।
- वर्तमान में 16वें वित्त आयोग के अध्यक्ष डॉ. अरविन्द पनगढ़िया है।

94. **(b)** सौरमण्डल के निर्माण और निरूपण की व्याख्या करने के लिए सार्वधिक व्यापक रूप से स्वीकृत मॉडल निहारिका परिकल्पना है। फ्रांसीसी विद्वान लाप्लास ने काण्ट के सिद्धान्त को संशोधित कर 'निहारिका परिकल्पना' प्रस्तुत की थी।

- बिग-बैंग विस्फोट सिद्धान्त आधुनिक समय में ब्रह्माण्ड की उत्पत्ति में सर्वमान्य सिद्धान्त है।
- सौर परिकल्पना, हमारे सौरमण्डल के निर्माण की व्याख्या करने वाला प्रचलित सिद्धान्त है। इस सिद्धान्त के अनुसार, सौरमण्डल का निर्माण गैस और धूल के एक विशाल घूमते हुए बादल से हुआ है।
- गैसीय परिकल्पना एवोगैड्रो की परिकल्पना को सन्दर्भित करता है।
- गैसीय परिकल्पना से तात्पर्य बुलर परिकल्पना हसे है।

95. **(c)** भारतीय संविधान का भाग-III (अनुच्छेद 12-35 तक) मूल अधिकारों से सम्बन्धित है।

- संविधान के भाग-III को भारत का 'मैग्नाकार्टा' की संज्ञा दी गई है।
- भारतीय संविधान के भाग-2 में नागरिकता के सम्बन्ध प्रावधान शामिल है।
- भारतीय संविधान का भाग-4 जिसमें नीति निदेशक तत्त्वों का समावेशन अनुच्छेद 36 से 51 तक विस्तृत है।
- संविधान के भाग 5 में केन्द्र सरकार के लिए प्रावधान है।

96. **(d)** *लैमिनारिया* भूरा शैवाल है, जिसे केल्प कहा जाता है।

- यह गहरे व ठण्डे समुद्रों में पाया जाता है। यह समुद्री खरपतवार एक जटिल शैवाल है, जो आयोडीन का अच्छा स्रोत होता है।
- फ्यूकस, भूरे रंग का एक शैवाल है, जो लगभग पूरे विश्व में चट्टानी समुद्री तटों के अन्त: ज्वारीय क्षेत्रों में पाया जाता है।
- नॉसटॉक, विभिन्न जलीय एवं स्थलीय वातावरण में पाए जाने साइलोबैक्टीरिया है, जो पौधों के ऊतकों के भीतर सहजीवी के रूप में विकसित हो सकता है।

97. **(b)** पादपों में पत्तियों की सतह पर अनेक रन्ध्र पाए जाते हैं, जो गैसों के विनिमय एवं वाष्पोत्सर्जन का नियमन करते हैं।

- ये प्राय: पत्ती की निचली सतह पर अधिक पाए जाते हैं।
- रन्ध्रों का खुलना व बन्द होना एक जोड़ी द्वार कोशिकाओं द्वारा नियन्त्रित होता है।

98. **(b)** विश्व स्तर पर 6 नियन्त्रण हैं, जो किसी विशेष जलवायु को प्रभावित करते हैं।

- ये नियन्त्रक अक्षांश, ऊँचाई, दबाव, पवन प्रणाली, समुद्र से दूरी, महाद्वीपीयता, महासागरीय धाराएँ और उच्चावच लक्षण हैं।

99. **(b)** अटल सुरंग मनाली और लाहौल-स्पीति घाटी को जोड़ती है।

- यह 9.02 किमी लम्बी यह सुरंग 3000 मीटर की ऊँचाई से अधिक दुनिया की सबसे लम्बी राजमार्ग सुरंग है।
- यह सुरंग हिमालय के पीरपंजाल रेंज में अवस्थित है।

100. **(c)** भारतीय संविधान में मूल कर्त्तव्यों के सम्बन्ध में सही नहीं है कि इन्हें न्यायोचित प्रकृति का बनाया गया है।
संविधान के अनुसार, मौलिक कर्त्तव्य गैर-न्यायोचित या गैर-परिवर्तनीय होते हैं अर्थात् उनके उल्लंघन के मामले में सरकार द्वारा कोई कानूनी प्रतिबन्ध लागू नहीं किया जा सकता है।

101. **(a)** दिया है, सड़क की लम्बाई = 900 मी
सड़क पार करने में लगा समय = 6 मिनट

$$\therefore \text{ व्यक्ति की चाल} = \frac{\text{दूरी}}{\text{समय}} = \frac{\frac{900}{1000}}{\frac{6}{60}}$$

$$= \frac{900 \times 60}{6 \times 1000}$$

= 9 किमी/घण्टा

102. (a) दिया है, त्रिभुज की भुजाएँ $a = 12$ सेमी, $b = 13$ सेमी, $c = 5$ सेमी

$$s = \frac{a + b + c}{2} = \frac{12 + 13 + 5}{2} = 15$$

त्रिभुज का क्षेत्रफल

$$= \sqrt{s(s-a)(s-b)(s-c)} = \sqrt{15(15-12)(15-13)(15-5)} = \sqrt{15 \times 3 \times 2 \times 10} = 30 \text{ सेमी}^2$$

103. (a) वर्ष 2010 में द्वितीय श्रेणी में उत्तीर्ण होने वाले छात्र = 60

तथा कुल छात्र = 40 + 60 + 70 + 30 = 200

∴ द्वितीय श्रेणी में उत्तीर्ण होने वाले छात्रों का प्रतिशत

$$= \frac{60}{200} \times 100 = 30\%$$

104. (d) वर्ष 2022 में CS में उपस्थित हुए स्नातक

$$= 120 \times \frac{80}{100} = 96 \times 1000 = 96000$$

वर्ष 2022 में ES में उपस्थित हुए स्नातक

$$= 135 \times \frac{78}{100} \times 1000 = 105300$$

∴ उपस्थित हुए स्नातकों की कुल संख्या

$$= 96000 + 105300 = 201300$$

105. (c) प्रश्नानुसार, 3 बकरियाँ = 5 भेड़ें

∴ 6 बकरियाँ = 10 भेड़ें

∴ 6 बकरियाँ और 8 भेड़ें = (10 + 8) = 18 भेड़ें

अब, 5 भेड़ों को खेत चरने में लगा समय = 54 दिन

∴ 18 भेड़ों को खेत चरने में लगा समय

$$= \frac{54 \times 5}{18} = 15 \text{ दिन}$$

अतः 6 बकरियाँ और 8 भेड़ें उसी खेत को 15 दिन में चर सकती हैं।

106. (b) क्षेत्र P में बच्चों की संख्या

$$= 10000 \times \frac{20}{100} = 2000$$

क्षेत्र Q में बच्चों की संख्या

$$= 20000 \times \frac{30}{100} = 6000$$

∴ अभीष्ट कुल संख्या

$$= 2000 + 6000 = 8000$$

107. (d) सेब के निर्यात में पिछले वर्ष की तुलना में वृद्धि %

वर्ष 2008 में $= \frac{1.9}{9.5} \times 100 = 20\%$

वर्ष 2006 में $= \frac{0.9}{9.9} \times 100 = 9.09\%$

वर्ष 2003 में $= \frac{1.3}{5.2} \times 100 = 25\%$

वर्ष 2005 में $= \frac{2.1}{7.8} \times 100 = 26.92\%$ (अधिकतम वृद्धि)

अतः वर्ष 2005 में पिछले वर्ष की तुलना में अधिकतम वृद्धि हुई।

108. (c) $\tan A = \frac{4}{3} = \frac{\text{लम्ब}}{\text{आधार}}$

∴ $\text{कर्ण} = \sqrt{\text{लम्ब}^2 + \text{आधार}^2} = \sqrt{4^2 + 3^2} = \sqrt{25} = 5$

अतः $\sin A = \frac{\text{लम्ब}}{\text{कर्ण}} = \frac{4}{5}$

109. (d) प्रश्नानुसार,

देहरादून से मसूरी तक जाने और वापस आने में समान दूरी तय की जाती है।

$x = 36$ किमी/घण्टा

तथा $y = 60$ किमी/घण्टा

$$\text{औसत चाल} = \frac{2xy}{x+y} = \frac{2 \times 36 \times 60}{60 + 36} = \frac{2 \times 36 \times 60}{96} = 45 \text{ किमी/घण्टा}$$

110. (b) यहाँ, $x = 30$ किमी/घण्टा

$y = 45$ किमी/घण्टा

$$\text{औसत चाल} = \frac{2xy}{x+y} = \frac{2 \times 30 \times 45}{30 + 45} = \frac{2 \times 30 \times 45}{75} = 36 \text{ किमी/घण्टा}$$

111. (c) माना मूल संख्या x है

प्रश्नानुसार क्रमशः 10% वृद्धि, 20% वृद्धि और फिर 12% कमी के बाद प्राप्त नई संख्या

$$= x \times \frac{110}{100} \times \frac{120}{100} \times \frac{88}{100} = \frac{726}{625}x$$

∴ अभीष्ट प्रतिशत वृद्धि

$$= \frac{\frac{726}{625}x - x}{x} \times 100 = \frac{726 - 625}{625} \times 100 = \frac{101 \times 4}{25} = 16.16\%$$

112. (d) प्रश्नानुसार, वृत्त की त्रिज्याएँ $O_1A = 13$ सेमी और $O_2A = 15$ सेमी

उभयनिष्ठ जीवा की लम्बाई, $AB = 12$ सेमी

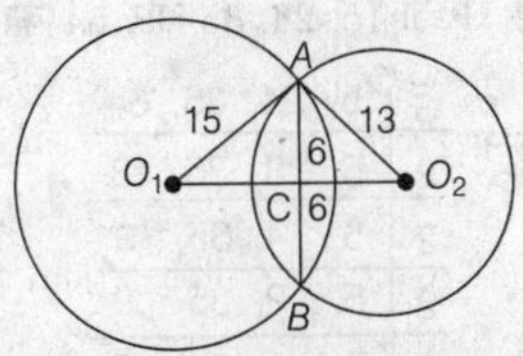

ΔACO_1 में पाइथागोरस प्रमेय से,

$$CO_1^2 = AO_1^2 - AC^2$$
$$CO_1 = \sqrt{225 - 36}$$
$$CO_1 = \sqrt{189}$$

ΔACO_2 में,

$$CO_2^2 = AO_2^2 - AC^2$$
$$CO = \sqrt{169 - 36}$$
$$CO = \sqrt{133}$$

∴ केन्द्रों के बीच की दूरी $= O_1C + CO_2 = \sqrt{189} + \sqrt{133}$

113. (d) माना वेतन = ₹100

तब, खर्च = ₹72 तथा बचत = ₹28

प्रश्नानुसार, प्रति महीने बचत = ₹ 5740

∴ कुल मासिक वेतन

$$= \frac{5740}{28} \times 100 = ₹20500$$

वार्षिक वेतन = 20500 × 12 = ₹ 246000

∴ वार्षिक वेतन का 10%

$$= 246000 \times \frac{10}{100} = ₹\ 24600$$

114. (a) A किसी कार्य को करता है = 20 दिन में

B किसी कार्य को करता है = 30 दिन में

C किसी कार्य को करता है = 60 दिन में

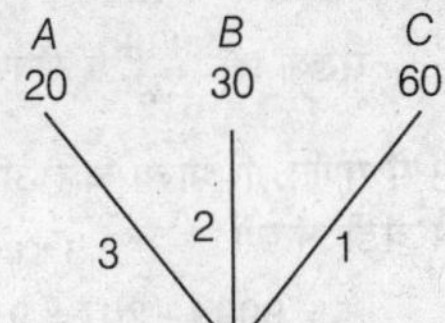

माना कुल कार्य = 60 यूनिट

प्रश्नानुसार, 3 दिन में किया गया कार्य

$(A, A, A + B + C) = 3 + 3 + 6 = 12$

∴ कार्य पूरा होने में लगा समय

$$= \frac{60}{12} \times 3 = 15 \text{ दिन}$$

115. (b) दिया है, दो संख्याओं का गुणनफल = 726

दो संख्याओं का म.स. = 11

म.स. × ल.स. = पहली संख्या × दूसरी संख्या

⇒ 11 × ल.स. = 726

∴ ल.स. = 66

116. (d) संख्या 15, 24, 35 और 54 का ल.स.=

3	15, 24, 35, 54
2	5, 8, 35, 18
2	5, 4, 35, 9
2	5, 2, 35, 9
5	5, 1, 35, 9
7	1, 1, 7, 9
9	1, 1, 1, 9

$= 3 \times 2 \times 2 \times 2 \times 5 \times 7 \times 9 = 7560$

117. (b) दिया है, $\sin\theta + \text{cosec}\,\theta = 2$ ...(i)

समी (i) में दोनों तरफ वर्ग करने पर,

$(\sin\theta + \text{cosec}\,\theta)^2 = (2)^2$

$\Rightarrow \sin^2\theta + \text{cosec}^2\theta + 2\sin\theta \times \frac{1}{\sin\theta} = 4$

$\Rightarrow \sin^2\theta + \text{cosec}^2\theta = 2$ ...(ii)

समी (i) में दोनों तरफ घन करने पर,

$(\sin\theta + \text{cosec}\,\theta)^3 = (2)^3$

$\sin^3\theta + \text{cosec}^3\theta + 3(\sin\theta + \text{cosec}\,\theta) = 8$

$\Rightarrow \sin^3\theta + \text{cosec}^3\theta = 8 - 6 = 2$ ...(iii)

समी (ii) और समी (iii) की गुणा करने पर,

$(\sin^2\theta + \text{cosec}^2\theta)(\sin^3\theta + \text{cosec}^3\theta)$

$= 2 \times 2$

$\Rightarrow \sin^5\theta + \sin^2\theta.\text{cosec}^3\theta + \text{cosec}^2\theta.\sin^3\theta + \text{cosec}^5\theta = 4$

$\Rightarrow \sin^5\theta + \text{cosec}^5\theta + \sin\theta + \text{cosec}\,\theta = 4$

$\therefore \sin^5\theta + \text{cosec}^5\theta = 4 - 2 = 2$

118. (c) चार अंकों की बड़ी-से-बड़ी संख्या

$= 9999$

17, 36 का ल.स. = 612

$\therefore$ संख्या $= \frac{9999}{612}$ में शेषफल = 207

17, 36 से पूर्णत: विभाज्य चार अंकों की बड़ी से बड़ी संख्या

$= 9999 - 207 = 9792$

119. (a) माना चौथा पद x है।

प्रश्नानुसार, चारों पद समानुपात में है

तब, $42 : 36 :: 35 : x$

$\Rightarrow 42 \times x = 36 \times 35$

$\Rightarrow x = \frac{36 \times 35}{42} = 30$

$\therefore$ चौथा पद = 30

120. (d) माना पहली संख्या = $5x$

तथा दूसरी संख्या = $3x$

प्रश्नानुसार,

$5x - 3x = 34$

$\therefore x = 17$

$\therefore$ पहली संख्या $= 5 \times 17 = 85$

तथा दूसरी संख्या $= 3 \times 17 = 51$

$\therefore$ छोटी संख्या = 51

121. (c) माना वस्तु का क्रय मूल्य = ₹100

वस्तु के क्रय मूल्य में 70% वृद्धि के बाद अंकित मूल्य = 170

अब, 5% और 20% के समतुल्य छूट

$= 20 + 5 - \frac{20 \times 5}{100} = 24\%$

$\left(\therefore \text{समतुल्य छूट} = x + y - \frac{xy}{100}\right)$

20% की अतिरिक्त छूट के बाद कुल छूट

$= 24 + 20 - \frac{24 \times 20}{100}$

$= 44 - 4.8 = 39.2\%$

वस्तु का विक्रय मूल्य

$= 170 \times \frac{(100 - 39.2)}{100} = ₹103.36$

$\therefore$ अभीष्ट प्रतिशत लाभ

$= \frac{103.36 - 100}{100} \times 100$

$= 3.36\%$

122. (b) $(\tan^2\theta + \tan^4\theta)$

$= \frac{\sin^2\theta}{\cos^2\theta} + \frac{\sin^4\theta}{\cos^4\theta}$

$= \frac{\sin^2\theta.\cos^2\theta + \sin^4\theta}{\cos^4\theta}$

$= \frac{\sin^2\theta\cdot(\sin^2\theta + \cos^2\theta)}{\cos^4\theta}$

$= \frac{\sin^2\theta}{\cos^4\theta} = \frac{1 - \cos^2\theta}{\cos^4\theta} = \sec^4\theta - \sec^2\theta$

123. (d) मार्च माह के दौरान देश A से आने वाले पर्यटकों की संख्या

$= 60000 \times \frac{3}{3+2} \times \frac{20}{100}$

$= 7200$

अप्रैल माह के दौरान देश A से आने वाले पर्यटकों

की संख्या $= 60000 \times \frac{8}{8+7} \times \frac{25}{100}$

$= 8000$

$\therefore$ मार्च और अप्रैल के दौरान देश A से आने वाले पर्यटकों की संख्या का अनुपात

$= 7200 : 8000 = 9 : 10$

124. (b) 2018-19 की तुलना में 2020-21 के दौरान

प्रतिशत वृद्धि $= \frac{8200 - 8000}{8000} \times 100$

$= \frac{200}{80} = 2.5\%$

125. (c) $\cos\theta - \sin\theta = \sqrt{2}\sin\theta$

$\Rightarrow \cos^2\theta + \sin^2\theta - 2\sin\theta\cdot\cos\theta$

$= 2\sin^2\theta$

$\Rightarrow \cos^2\theta - 2\sin\theta\cdot\cos\theta = \sin^2\theta$

$\Rightarrow \cos^2\theta - \sin^2\theta = 2\sin\theta\cdot\cos\theta$

$\Rightarrow (\cos\theta - \sin\theta)(\cos\theta + \sin\theta)$

$= 2\sin\theta\cdot\cos\theta$

$\Rightarrow \sqrt{2}\sin\theta(\cos\theta + \sin\theta) = 2\sin\theta\cdot\cos\theta$

$\therefore \cos\theta + \sin\theta = \frac{2}{\sqrt{2}} \times \frac{\sqrt{2}}{\sqrt{2}}\cos\theta$

$= \sqrt{2}\cos\theta$

126. (c) प्रश्नानुसार,

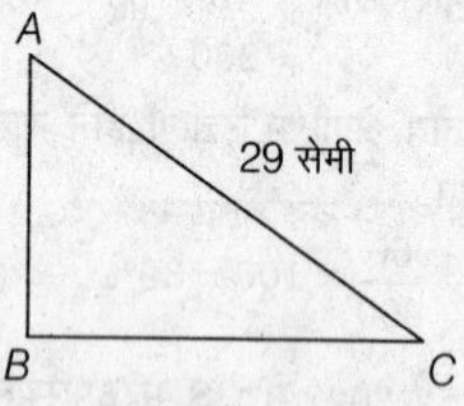

$\because AB + BC = 41$

$\therefore AB^2 + BC^2 = (AC)^2$

(पाइथागोरस प्रमेय से)

$\Rightarrow AB^2 + BC^2 = (29)^2$ ...(i)

तथा $AB^2 + BC^2 + 2AB\cdot BC = (41)^2$ ...(ii)

समी (i) और समी (ii) से,

$2AB\cdot BC = (41)^2 - (29)^2$

$AB\cdot BC = \frac{70 \times 12}{2} = 420$

$(AB - BC)^2 = AB^2 + BC^2 - 2AB\cdot BC$

$= (29)^2 - 2 \times 420$

$= 841 - 840 = 1$ सेमी

127. (d) माना 1000 ग्राम वस्तु का क्रय मूल्य

= ₹ 100

वस्तु को 22% हानि पर बेचता है,

तब विक्रय मूल्य = ₹ 78

$\because$ 35% हल्के बाटों का प्रयोग करके 1000 ग्राम के स्थान पर 650 ग्राम देता है।

तब, 650 ग्राम का विक्रय मूल्य = ₹ 65

इस प्रकार वह ₹ 65 की वस्तु को ₹ 78 में बेचता है।

$\therefore$ अभीष्ट प्रतिशत लाभ

$= \frac{78 - 65}{65} \times 100 = 20\%$

128. (b) माना 2 वर्ष पूर्व जनसंख्या = x

प्रश्नानुसार, वर्तमान जनसंख्या = 352314

$\Rightarrow x \times \frac{115}{100} \times \frac{115}{100} = 352314$

$\therefore x = \frac{352314 \times 100 \times 100}{115 \times 115}$

$= 266400$

129. (a) प्रश्नानुसार,

$$3800\times\frac{100-y}{100}=3496$$

$\Rightarrow$ $100-y=92$

$\therefore$ $y=8\%$

130. (c) दिया है, दो संख्याओं का अनुपात $=3:4$

दोनों संख्याओं के ल.स. और म.स. का गुणनफल $=2700$

$\because$ ल.स. $\times$ म.स. = पहली संख्या $\times$ दूसरी संख्या

माना म.स. $=x$

$\Rightarrow$ $2700=3x\times 4x$

$\Rightarrow$ $x^2=\frac{900}{4}$

$\therefore$ $x=15$

$\therefore$ संख्याओं का योगफल $=3x+4x=7x$

$=7\times 15=105$

131. (b) दिया है, $\frac{x}{y}+\frac{y}{x}=1$

$\Rightarrow$ $x^2+y^2=xy$

$\Rightarrow$ $(x+y)^2-2xy=xy$

$\Rightarrow$ $4=3xy$ $[\because x+y=2]$

$\Rightarrow$ $xy=\frac{4}{3}$

$\because$ $(x+y)^3=x^3+y^3+3xy(x+y)$

$\Rightarrow$ $(2)^3=x^3+y^3+3\times\frac{4}{3}\times 2$

$\therefore$ $x^3+y^3=8-8=0$

132. (c) दिया है,

छिनक की $h=25$ सेमी

$r_1=28$ सेमी, $r_2=7$ सेमी

माना बेलन की त्रिज्या तथा ऊँचाई क्रमशः $3x$ और $5x$ सेमी है।

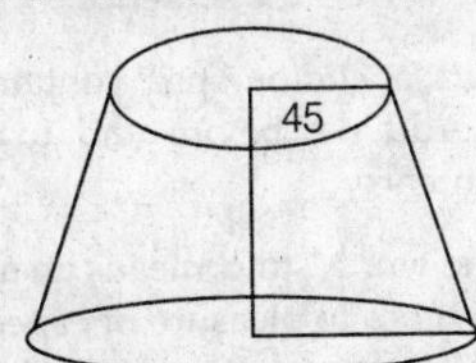

प्रश्नानुसार,

$$\frac{1}{3}\pi(r_1^2+r_2^2+r_1\times r_2)h=\pi R^2H$$

$$\frac{1}{3}\pi\{(7)^2+(28)^2+7\times 28\}45=\pi\times 9x^2\times 5x$$

$$\Rightarrow \frac{1}{3}(49+784+196)45=45x^3$$

$$x^3=343\Rightarrow x=7$$

बेलन का वक्रपृष्ठीय क्षेत्रफल $=2\pi rh$

$$=2\times\frac{22}{7}\times 35\times 21$$

$=4620$ सेमी^{2}

133. (a) दिया है, शंकु की ऊँचाई, $h=7$ सेमी तथा आधार का व्यास $=12$ सेमी

$\therefore$ त्रिज्या, $r=6$ सेमी

$\therefore$ शंकु का आयतन $=\frac{1}{3}\pi r^2h$

$$=\frac{1}{3}\times\frac{22}{7}\times 6\times 6\times 7$$

$=264$ सेमी^{3}

134. (c) माना संख्याएँ क्रमशः $5x$ और $7x$ हैं।

ल.स. $\times$ म.स. = पहली संख्या $\times$ दूसरी संख्या

$\Rightarrow$ $5\times 175=5x\times 7x$

$x^2=25\Rightarrow x=5$

बड़ी संख्या $=7\times 5=35$

135. (b) प्रश्नानुसार,

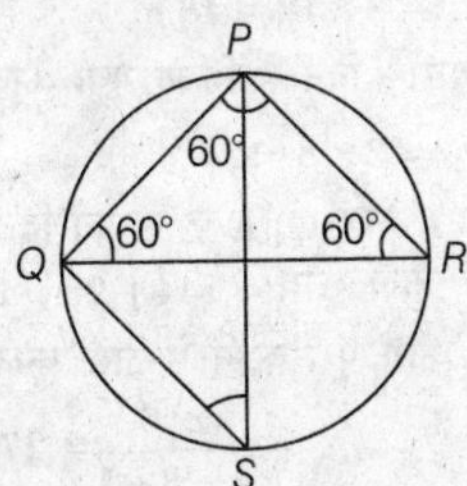

हम जानते हैं कि वृत्त में किसी जीवा द्वारा समान वृत्तखण्ड पर बनाए गए कोण समान होते हैं।

$\therefore$ $\angle PRQ=\angle PSQ=60°$

$\therefore$ $\frac{1}{2}\angle PSQ=\frac{60}{2}=30°$

136. (b) योजना A में निवेश की गई राशि = ₹ x

योजना B में निवेश की गई राशि = ₹ $10000-x$

प्रश्नानुसार,

$$1680=\frac{x\times 8\times 2}{100}+\frac{(10000-x)\times 10\times 2}{100}$$

$$\Rightarrow 1680=\frac{16x}{100}+\frac{20\times 10000}{100}-\frac{20x}{100}$$

$$\Rightarrow 1680-2000=\frac{-4x}{100}\Rightarrow 320=\frac{4x}{100}$$

$\therefore$ $x=8000$

$\therefore$ A द्वारा निवेश की गई राशि = ₹ 8000

137. (c) माना त्रिभुज की भुजाएँ क्रमशः $5x$, $12x$ और $13x$ है।

त्रिभुज का परिमाप = भुजाओं का योग $(a+b+c)$

$\therefore 5x+12x+13x=90$

$\Rightarrow$ $30x=90$

$\therefore$ $x=3$

चूँकि भुजाओं का अनुपात $5:12:13$ है, इसलिए यह एक समकोण त्रिभुज है।

$\therefore$ त्रिभुज का क्षेत्रफल $=\frac{1}{2}\times$ आधार $\times$ ऊँचाई

$$=\frac{1}{2}\times 5x\times 12x$$

$$=\frac{1}{2}\times 5\times 3\times 12\times 3=270$$

138. (d) बेलनों की त्रिज्याओं का अनुपात $=r_1:r_2=4:5$

बेलनों की ऊँचाई का अनुपात, $h_1:h_2=5:2$

$\because$ बेलन का आयतन $=\pi r^2h$

$\therefore$ अभीष्ट अनुपात

$$=\frac{\text{पहले बेलन का आयतन}}{\text{दूसरे बेलन का आयतन}}$$

$$=\frac{\pi r_1^2h_1}{\pi r_2^2h_2}=\frac{16\times 5}{25\times 2}=\frac{8}{5}=8:5$$

139. (c) प्रश्नानुसार, पहले 10 किमी में उसकी चाल = 40 किमी/घण्टा

$\therefore$ पहले 10 किमी में लगा समय

$=\frac{10}{40}=\frac{1}{4}$ घण्टा

$\therefore$ दूसरे 10 किमी में लगा समय $=\frac{1}{8}$ घण्टा

इसी प्रकार, तीसरे और चौथे 10 किमी में लगा समय क्रमशः $\frac{1}{8}$ और $\frac{1}{4}$ घण्टे है।

$\therefore$ 40 किमी तय करने में लगा कुल समय

$$=\frac{1}{4}+\frac{1}{8}+\frac{1}{8}+\frac{1}{4}=\frac{3}{4}$$

औसत चाल $=\frac{\text{कुल दूरी}}{\text{कुल समय}}=\frac{40}{3/4}$

$=\frac{160}{3}$ किमी/घण्टा

140. (d) माना उधार ली गई राशि = ₹ P

हम जानते हैं,

$$A=P\left(1+\frac{r}{100}\right)^t$$

प्रश्नानुसार, 5 वर्ष में 10% वार्षिक ब्याज दर से भुगतान राशि = ₹ 161051

$$\therefore\ P\left(1+\frac{10}{100}\right)^5=161051$$

$$\Rightarrow\ P\left(1+\frac{10}{100}\right)^3\times\left(\frac{11}{10}\right)^2=161051$$

$\therefore$ 3 वर्ष बाद भुगतान राशि

$$P\left(1+\frac{10}{100}\right)^3=\frac{161051}{121}\times 100$$

= ₹ 133100

141. (d) $11\times 11+11\div 11-11\times 11+11+11\times 11-11-11\times 11$

$=121+1-121+11+121-11-121$

$=1$

142. (d) त्रिभुजों के क्षेत्रफलों का अनुपात

$= A_1 : A_2 = 4 : 3$

ऊँचाइयों का अनुपात $= 6 : 5$

$\because$ त्रिभुज का क्षेत्रफल

$A = \frac{1}{2} \times$ आधार $\times$ ऊँचाई

$\Rightarrow \frac{A_1}{A_2} = \frac{\text{आधार}_1 \times \text{ऊँचाई}_1}{\text{आधार}_2 \times \text{ऊँचाई}_2}$

$\Rightarrow \frac{4}{3} = \frac{\text{आधार}_1}{\text{आधार}_2} \times \frac{6}{5}$

आधार का अनुपात $= \frac{4}{3} \times \frac{5}{6}$

$= 10 : 9$

143. (b) माना पहली कमीज का क्रय मूल्य = ₹ x

दूसरी कमीज का क्रय मूल्य = ₹ y

प्रश्नानुसार,

पहली कमीज का विक्रय मूल्य = दूसरी कमीज का विक्रय मूल्य × 2

$\Rightarrow x \times \frac{108}{100} = y \times \frac{97}{100} \times 2$

$\Rightarrow \frac{x}{y} = \frac{97 \times 2}{108} = \frac{97}{54}$

अब, पुनः माना $x = 97a$ और $y = 54a$

नेट कुल लाभ %

$= \frac{97a \times \frac{8}{100} - 54a \times \frac{3}{100}}{97a + 54a} \times 100$

$= \frac{776 - 162}{151} = \frac{614}{151} = 4.0662 \approx 4.07\%$

144. (b) दिए गए पाई चार्ट से,

गणित का केन्द्रीय कोण $= 20 \times \frac{360}{100} = 72$

विज्ञान का केन्द्रीय कोण $= 30 \times \frac{360}{100} = 108$

$\therefore$ गणित और विज्ञान के केन्द्रीय कोण का अनुपात $= 72 : 108 = 2 : 3$

145. (b) दिया है, शहर D में उत्तीर्ण और अनुत्तीर्ण हुए उम्मीदवारों की संख्या $= 4 : 6$

शहर D में उम्मीदवारों की संख्या = 2.35 लाख

$\therefore$ अनुत्तीर्ण हुए उम्मीदवारों की संख्या

$= \frac{235000 \times 6}{4 + 6}$

$= 141000 = 1.41$ लाख

146. (a) दिए गए पाई चार्ट से कुल खर्च

$= 5250 + 6125 + 7525 + 6475 + 4200 + 5425 = 35000$

शिक्षा पर खर्च का केन्द्रीय कोण

$= \frac{5425}{35000} \times 360 = 55.8° \approx 55.8°$

147. (a) दिया है, $a + b = 10$ तथा $ab = 6$

$(a + b)^3 = (10)^3$

$\Rightarrow a^3 + b^3 + 3ab(a + b) = 1000$

$\Rightarrow a^3 + b^3 + 3 \times 6 \times 10 = 1000$

$\Rightarrow a^3 + b^3 = 1000 - 180$

$\Rightarrow = 820$

148. (b)

P 36, Q 48, R 144 ; 4, 3, 1 ; 144 कुल यूनिट (कुल कार्य)

P द्वारा 12 दिन में किया गया कार्य

$= 4 \times 12 = 48$

Q द्वारा 8 दिन में किया गया कार्य

$= 3 \times 8 = 24$

यदि P और Q, R के समान दिन कार्य करते तब, कुल कार्य $= 144 + 28 + 24 = 216$

$\therefore$ कार्य पूरा करने में लगा कुल समय

$= \frac{216}{4 + 3 + 1} = 27$ दिन

149. (a) $\because$ शान्त जल में नाव की चाल

= 17 किमी/घण्टा

धारा की चाल = 5 किमी/घण्टा

$\Rightarrow$ धारा की दिशा में 110 किमी जाने में लगा समय $= \frac{110}{17 + 5} = 5$ घण्टे

150. (c) $\frac{0.04}{0.05}$ का $\frac{\left(\frac{10}{3} - \frac{5}{2}\right) \div \frac{1}{2} \text{ का } \frac{5}{4}}{\frac{1}{3} + \frac{1}{5} \text{ का } \frac{1}{9}}$

$= \frac{0.04}{0.05} \times \frac{\frac{5}{6} \times \frac{8}{5}}{\frac{1}{3} + \frac{1}{45}} = \frac{4}{5} \times \frac{\frac{40}{30}}{\frac{16}{45}}$

$= \frac{4}{5} \times \frac{40 \times 45}{30 \times 16} = 3$

151. (d) The incorrectly spelt word is 'assasinate'. The correct spelling is 'assassinate'.

152. (a) The idiom 'bend over backwards' means to make every effort to achieve something, especially to be fair or helpful.

153. (b) The incorrectly spelt word is 'blatent'. The correct spelling is 'blatant'.

154. (d) Part 'swayed dainty' contains the error. The verb is followed by an adjective. Hence, we need to replace it by an adverb- 'swayed gracefully' to correct the sentence.

155. (a) An obituary is an piece of writing, often published in newspapers, that gives the news of someone's death.

156. (c) The incorrectly spelt word is 'agregate'. The correct spelling is 'aggregate'.

157. (b) The idiom 'birds of the same feather' means beings (typically humans) of similar type, interest, personality, character, or other distinctive attributes that tend to mutually associate. It fits the situation as the boys have similar interests.

158. (a) The word 'steady' meaning stable is the antonym of 'moving'.

159. (b) The word 'then' is contextually incorrect in the given sentence. Replace it with 'than' to correct the sentence.

160. (c) The underlined idiom 'to get off on the wrong foot' means to make a bad start at something, especially a task or relationship.

161. (c) The correct filler for the given blank is 'gets about'. It means to be socially active .

162. (b) The idiom 'the best of both worlds' means a situation that is ideal from all sides.

163. (c) Calligraphy is the art of producing beautiful handwriting.

164. (a) The word 'haphazard' means lacking any obvious principle of organisation. Its antonym is 'random' which means made, done, or happening without method or conscious decision.

165. (c) Part 'we feed the horse oats' contains an error. We need to replace 'feed' with 'fed' to correct the sentence.

166. (a) Part 'at end of April' contains an error. Add 'the' before 'end' to correct the sentence.

167. (b) The word 'stoic' means an apparent indifference to pleasure or especially to pain often as a matter of principle or self-discipline.

168. (c) None of the given options is synonymous to the word in the given sentence.

169. (c) The underlined idiom 'burn the midnight oil' means 'to work till late'.

170. (a) The underlined idiom 'on the breadline' means 'to be very poor'.

171. (d) The word 'justifiable' means 'that which can be explain with reason or logic'.

172. (d) The idiom 'left out in the cold' means to be excluded and ignored.

173. (a) Hydrophobia is the fear of water.

174. (a) The bracketed part of the sentence is contextually incorrect. Replace it with were 'seen' to correct the sentence.

175. (b) The word 'dreadful' refers to something that is horrible and terrible.

176. (b) The underlined idiom 'dodged a bullet' means 'to have escaped a bad situation'.

177. (a) A pauper is a person who has no proper means of livelihood or earning money.

178. (d) The underlined part of the sentence is grammatically correct. Both the words 'use' and 'usage' is correct for the sentence.

179. (b) The word 'catastrophic' means 'involving or causing sudden great damage or suffering.' Hence, its antonym is 'fortuitous' which means happening by a lucky chance; fortunate.

180. (b) The underlined word 'an arm and leg' means 'very expensive'.

181. (d) Part 'He wrote his dairy' contains the error of tense. As the sentence presents a general statement, simple present tense, 'writes', should be used.

182. (a) The highlighted word 'negligent' means 'uncaring or ignoring'. Hence, its antonym is 'attentive'.

183. (c) An astronaut is a person engaged or trained for spaceflight.

184. (b) The word 'site' means 'location'.

185. (c) The incorrectly spelt word is 'comparsion'. The correctly spelt word is 'comparison'.

186. (b) Part 'she will have participate' contains the error of form of verb. We use 'past participle' form of the verb with 'has/have'. Hence, use 'participated' to correct the sentence.

187. (a) The word 'efficient' means working and operating quickly and effectively in an organised way.

188. (b) The word 'abandon' means 'to leave someone behind or desert someone'.

189. (b) The word 'damp' means 'wet'. Hence, its antonym is 'arid' which means 'dry'.

190. (d) The phrase 'a leopard can't change his spots' means a person cannot change who he/she is.

191. (d) The correct filler for the given blank is 'spans'.

192. (c) The correct filler for the given blank is 'estimated'.

193. (c) The correct filler for the given blank is 'renowned'.

194. (c) The correct filler for the given blank is 'vibrant'.

195. (c) The correct filler for the given blank is 'indigenous'.

196. (d) As the author of the passage states that they want people who work efficiently, from the given options, Jassie can be their case study. This is because she is an efficient employee with a great work ethics.

197. (c) The approach of the author of the given passage is practical and pragmatic.

198. (c) The antonym of the word 'effective' which means 'fruitful' is 'fruitless'.

199. (c) As the given passage talks about a case study conducted by the organisation to find the most effective employee, the most appropriate title of the passage would be 'the Most Effective Colleagues'.

200. (d) The given passage states that some people are more effective than the others while getting things done.

CPO SI P-2 SP 20

PAPER-2

SSC CPO SI SOLVED PAPER

8 January 2024 (Shift I)

Instructions

1. This paper contains **200** questions.
2. This paper is based on **English Language and Comprehension.**
3. Each question carries **1 marks.**
4. There will be a negative marking of **0.25 marks** for each wrong answer.

MM : 200 **Time : 2 hr**

1. Sentences of a paragraph are given below. While the first (1) and the last (6) sentences are in the correct order, the sentences in between (A-D) are jumbled up. Arrange the sentences in the correct order to form a meaningful and coherent paragraph.

1. During the colonial rule in India, Robert Bruce was the first who noticed tea plants growing near Rangpur in 1823.

A. The species was found to be similar to that grown in Chinese tea gardens.

B. By 1862, the Assam tea industry comprised around 160 gardens.

C. The leaves of the plants were examined and the consequence was something fruitful.

D. Mr. Maniram Dewan was the first Indian tea planter who established the commercial plantation that we know today as the Assam tea.

6. Today the region has grown to become one of the world's largest tea-producing belts.

(a) DCBA (b) BDAC
(c) CADB (d) ADCB

2. Select the correct direct form of the given sentence.
The ticket collector asked the passenger why he had not purchased a full ticket for his daughter.

(a) The ticket collector said to the passenger, "Why haven't you purchase a full ticket for your daughter?"
(b) The ticket collector said to the passenger, "Why didn't you purchase a full ticket for your daughter?"
(c) The ticket collector said to the passenger, "Why he had not purchased a full ticket for his daughter?"
(d) The ticket collector said to the passenger, "Why haven't you purchased a full ticket for his daughter?"

3. Select the correct active form of the given sentence.
I am often invited by them to join their club.

(a) I often invite them to join the club.
(b) The club often invites me to join them.
(c) They often invite me to join their club.
(d) They have often invited me to join their club.

4. Select the correct indirect form of the given sentence.
You said, "Priya kept watching television till her mother exploded at her."

(a) You said that Priya kept watching television till her mother exploded at her.
(b) You said that Priya had kept watching television till her mother exploded at her.
(c) You said that Priya kept watching television till her mother had exploded at her.
(d) You said that Priya had kept watching television till her mother had exploded at her.

5. Select the antonym of the given word.
Deplore

(a) Mourn
(b) Praise
(c) Dislike
(d) Hate

6. Identify the segment in the sentence which contains a grammatical error.
Two elderly gentlemen told the rather improbable story to mislead the police personnel.

(a) Two elderly gentlemen
(b) story to mislead
(c) told the rather improbable
(d) the police personnel

7. Select the correct passive form of the given sentence.
Why didn't your father accompany you?

(a) Why didn't you be accompanied by your father?
(b) Why were you not accompanied by your father?
(c) Why wasn't your father accompanied by you?
(d) Why have you not been accompanied by your father?

8. Given below are six sentences of a paragraph.
Sentence A is the beginning whereas sentence F is the last sentence of the para. The middle four sentences are jumbled up. Select the option that gives their correct order forming a meaningful and coherent paragraph.

A. It was midday.

B. Voldyrev, a tall country gentleman with a cropped head and prominent eyes, took off his overcoat, mopped his brow with his handkerchief and went into the government office.

C. "Where can I make an inquiry here?" he said, addressing a porter who was bringing a trayful of glasses from the furthest recesses of the office.

D. Voldyrev coughed and went towards the window.

E. "To that one sitting near the window!" said the porter, indicating with the tray the furthest window.

F. There, at a green table spotted like typhus, was sitting a young man with his hair standing up in four tufts on his head, with a long pimply nose, and a long faded uniform.

(a) BCED (b) BDEC
(c) ECDB (d) CBED

9. Select the most appropriate synonym of the given word.
Mundane
(a) Abnormal (b) Ordinary
(c) Wonderful (d) Exciting

10. Select the antonym of the given word.
Taciturn
(a) Laconic
(b) Reticent
(c) Withdrawn
(d) Loquacious

11. Given below are four jumbled sentences. Select the option that gives their correct order forming a meaningful and coherent paragraph.

A. "Your cauldron gave birth," replied the Hodja.

B. "What's this?" asked the neighbour, pointing to the pot.

C. One day Nasreddin Hodja borrowed a cauldron from his neighbour.

D. A few days later, when he had finished with it, he sent it back with a pot inside it.

(a) ACBD (b) BDAC
(c) CBAD (d) CDBA

12. Given below are four sentences. Pick the option that gives the correct order.

A. The Egyptians believed that the body and soul were important to human existence, in life and in death.

B. This ensured the soul's return to the body so that the deceased would live happily ever after.

C. Their funerary practices, such as mummification and burial in tombs, were designed to assist the deceased find their way in the after world.

D. The tombs were thus, filled with food, tools, domestic wares, treasures- all the necessities of life.

(a) ADCB (b) ABCD
(c) ACDB (d) ABDC

13. Given below are four jumbled sentences. Select the option that gives their correct order forming a meaningful and coherent paragraph.

A. A fine carriage with rubber tyres, a fat coachman and velvet on the seats, rolled up to the house of a landowner called Gryabov.

B. A drowsy footman met him in the hall.

C. "Are the family at home?" asked the Marshal.

D. Fyodor Andreitch Otsov, the district Marshal, jumped out of the carriage.

(a) ADBC (b) DBAC
(c) ACBD (d) CBAD

14. Select the most appropriate option to fill in the blank.
Gautam .... all the documents by the time his senior advocate reached the court.
(a) will be examining
(b) examines
(c) had examined
(d) is examining

15. Parts of the given sentence have been given as options. One of them may contain a grammatical error. Select the option that has the error. If there is no error, select 'No error'.
Your mother prepares delicious food, did she?
(a) prepares delicious food
(b) No error
(c) Your mother
(d) did she?

16. Identify the segment in the sentence which contains a grammatical error.
She decided to marry him in spite his habit of spending recklessly.
(a) to marry him
(b) in spite his habit
(c) She decided
(d) of spending recklessly

17. Given below are four jumbled sentences. Select the option that gives their correct order forming a meaningful and coherent paragraph.

A. I have seen a great many houses in my time, little and big, new and old, built of stone and of wood, but of one house I have kept a very vivid memory.

B. It was, properly speaking, rather a cottage than a house - a tiny cottage of one story, with three windows, looking extraordinarily like a little old hunchback woman with a cap on.

C. The cottage was lost to sight among the mulberry-trees, acacias and poplars planted by the grandfathers and great-grandfathers of its present occupants.

D. It had white stucco walls, tiled roof and a dilapidated chimney.

(a) BDAC (b) ACBD
(c) ABDC (d) CDBA

18. Parts of the given sentence have been given as options. One of them may contain a grammatical error. Select the option that has the error. If there is no error, select 'No error'.
I will definitely accept the responsibility while the time comes.
(a) I will definitely accept
(b) while the time comes
(c) the responsibility
(d) No error

19. Select the most appropriate option that can substitute the underlined segment in the given sentence to improve it. If no improvement is required, select 'No improvement required'.

She <u>has given</u> a brilliant dance performance last week.

(a) had been given
(b) was giving
(c) No improvement required
(d) gave

20. Sentences of a paragraph are given below. While the first (1) and the last (6) sentences are in the correct order, the sentences in between (A-D) are jumbled up. Arrange the sentences in the correct order to form a meaningful and coherent paragraph.

1. A vacation is looked forward to as a time to relax.
A. But, destiny had other plans for me.
B. I was very excited to go on a vacation to Goa.
C. My bags were packed and I decided to retire early for the night.
D. It is a welcome break from the daily routine which is often monotonous.
6. I fell off the bed and fractured my foot!

(a) DBCA (b) ABDC
(c) BCDA (d) CBAD

21. Select the most appropriate option to improve the underlined segment in the given sentence. If there is no improvement required, select 'No improvement'.

Passengers travelling by air <u>are prohibited to carry</u> sharp objects in cabin baggage.

(a) No improvement
(b) are prohibit to be carrying
(c) are prohibit for carrying
(d) are prohibited from carrying

22. Select the correct indirect form of the given sentence.

Ankit said to Ashna, "Do you know that the annual meeting has been postponed?"

(a) Ankit asked Ashna that do you know that the annual meeting has been postponed.
(b) Ankit asked Ashna if she had known that the annual meeting was postponed.
(c) Ankit asked Ashna if she knew that the annual meeting had been postponed.
(d) Ankit asked Ashna if she would be knowing that the annual meeting had been postponed.

23. Select the meaning of the given idiom.

Bring to book

(a) Support someone
(b) Punish someone
(c) Calm someone
(d) Teach someone

24. Select the correct active form of the given sentence.

The workers will not be satisfied with empty promises.

(a) Empty promises cannot satisfy the workers.
(b) Empty promises do not satisfy the workers.
(c) Empty promises will not satisfy the workers.
(d) Empty promises would not satisfy the workers.

25. Select the correct indirect form of the given sentence.

She said, "If only I could relive my past!"

(a) She said that she could relive her past.
(b) She wished that if she could relive her past.
(c) She wished that she could relive her past.
(d) She wished if she could relive my past.

26. Fill in the blank with the most appropriate option.

He gazed around the room ...... lay hidden a treasure chest.

(a) whereof (b) whereas
(c) whereby (d) wherein

27. Select the correct active form of the given sentence.

The test flight of Gaganyaan was successfully carried out by the scientists of ISRO.

(a) The test flight of Gaganyaan successfully carried out the scientists of ISRO.
(b) The scientists of ISRO successfully carried out the test flight of Gaganyaan.
(c) The scientists of ISRO will successfully carry out the test flight of Gaganyaan.
(d) The scientists of ISRO are successfully carrying out the test flight of Gaganyaan.

28. Fill in the blank with the most appropriate option.

Each one of the participants in the annual function .... an applause.

(a) is deserving (b) have deserved
(c) deserve (d) deserves

29. Select the correct passive form of the given sentence.

The Election Commission announced the election dates for different states.

(a) The election dates for different states have been announced by the Election Commission.
(b) The Election Commission has been announced the election dates by the different states.
(c) The election dates for different states were announced by the Election Commission.
(d) The election dates for different states will be announced by the Election Commission.

30. Given below are six sentences of a paragraph. Sentence A is the beginning whereas sentence F is the last sentence of the para. The middle four sentences are jumbled up. Select the option that gives their correct order forming a meaningful and coherent paragraph.

A. When I studied Engineering thirty-five years back, I was the only girl in the course.
B. People often ask me how I managed.
C. I could only see boys and more boys everywhere.
D. But when I look back I feel it was not very difficult.
E. Having a girl in the class was unusual for the boys, and initially I was the target for a lot of teasing.
F. But over a period of time they became my best friends.

(a) ECDB
(b) CBDE
(c) BDEC
(d) CBED

31. Select the correct direct form of the given sentence.

The old man prayed to God to help him in his hour of sorrow.

(a) The old man said, "O God, help me in my hour of sorrow."
(b) The old man said, "God must help him in his hour of sorrow."
(c) The old man said, "O God, help him in my hour of sorrow."
(d) The old man said, "O God, help me in his hour of sorrow."

32. Select the correct active form of the given sentence.
May you be blessed with good health.
(a) You should be blessed with good health.
(b) May good health bless you.
(c) May God bless you with good health.
(d) God should bless you with good health.

33. Select the meaning of the given idiom.
Lose your marbles
(a) Lose respect
(b) Miss an opportunity
(c) Be nervous
(d) Go insane

34. Select the correct direct form of the given sentence.
She exclaimed with regret that she had acted very foolishly.
(a) "Ah! Have I acted foolishly?" she said.
(b) "I have acted foolishly," she said.
(c) "Alas! How foolishly I have acted," she said.
(d) "Oh! I regret having acted foolishly," she said.

35. Select the most appropriate option to improve the underlined segment in the given sentence. If there is no improvement required, select 'No improvement'.
Sherpas have prospered and <u>come along the way</u> from being just porters to becoming mountaineers.
(a) come all along
(b) are coming along
(c) No improvement
(d) come a long way

36. Parts of the given sentence have been given as options. One of them contains a grammatical error. Select the option that has the error.
The captain along with all the sailors were warmly welcomed back home by the town people.
(a) by the town people.
(b) along with all the sailors were
(c) warmly welcomed back home
(d) The captain

37. Select the most appropriate option to fill in the blank.
If I go to Bangalore, I ...... with my nephew.
(a) have stayed (b) will stay
(c) stay (d) stayed

38. Identify the segment in the sentence which contains a grammatical error.
The two buses moving side by side gave the illusion of been stationary.
(a) moving side by side
(b) gave the illusion
(c) The two buses
(d) of been stationary

39. Select the correct active form of the given sentence.
By whom have these facts been verified?
(a) Who has verified these facts?
(b) Who is verifying these facts?
(c) Who had verified these facts?
(d) Who have verified these facts?

40. Select the correct direct form of the given sentence.
Looking at his watch Barin Babu observed that they were running more or less on time.
(a) Looking at his watch Barin Babu said, "They had been running more or less on time."
(b) Looking at his watch Barin Babu said, "They were running more or less on time."
(c) Looking at his watch Barin Babu said, "We are running more or less on time."
(d) Looking at his watch Barin Babu said, "We have been running more or less on time."

41. Given below are six sentences of a paragraph.
Sentence A is the beginning whereas sentence F is the last sentence of the para. The middle four sentences are jumbled up. Select the option that gives their correct order forming a meaningful and coherent paragraph.
A. We soon ran into a nomad's tent, where we were well received and allowed to graze our yak to his heart's content.
B. She quickly made us cups of butter tea, and for the first time I drank this brew with relish.
C. This time our hostess was a young woman.
D. Only then did we notice what a picturesque figure our young hostess made.
E. The warmth ran through our frozen bodies and brought us to life again.
F. She wore a sheepskin cloak reaching down to the ground and in her long black pigtail she wore mussel shells, silver coins and various cheap ornaments imported from abroad.
(a) CBED (b) CBDE
(c) BDEC (d) ECDB

42. Select the most appropriate option to fill in the blank.
She was so busy .... writing that when the maid came .... she didn't hear her.
(a) with, by (b) to, in
(c) in, in (d) at, up

43. Select the meaning of the given idiom.
Bad blood
(a) Poor blood circulation
(b) Family of ill-repute
(c) Felling of brotherhood
(d) Hostility between people

44. Select the correct passive form of the given sentence.
His mother accompanies him wherever he goes.
(a) He has accompanied his mother wherever she has gone.
(b) He was accompanied by his mother wherever he went.
(c) He is accompanied by his mother wherever he goes.
(d) He accompanies his mother wherever she goes.

45. Identify the segment in the sentence which contains a grammatical error.
Mona took a little time for thought before she gave her consent to the proposal.
(a) before she gave her consent
(b) Mona took a little
(c) time for thought
(d) to the proposal

46. Select the most appropriate meaning of the given idiom.
A mare's nest
(a) A new situation
(b) A confused situation
(c) A familiar situation
(d) A refreshing situation

47. Select the misspelt word.
(a) Immense (b) Incence
(c) Enhance (d) Elegance

48. Select the correct indirect form of the given sentence.

The airhostess said to the passengers, "This is our inaugural flight starting today."

(a) The airhostess informed the passengers that it was their inaugural flight starting today.
(b) The airhostess told to the passengers that it was their inaugural flight starting that day.
(c) The airhostess said to the passengers that this is our inaugural flight starting today.
(d) The airhostess informed the passengers that it was their inaugural flight starting that day.

49. Select the correct direct form of the given sentence.

He told her that he could not marry her then but he would surely do so the following year.

(a) He said to her, "He cannot marry you now but he will surely do so next year."
(b) He said to her, "I cannot marry you now but I will surely do so next year."
(c) He said to her, "I could not marry you then but I will surely do so next year."
(d) He said to her, "I cannot marry her then but I will surely do so next year."

50. Select the most appropriate antonym of the given word.

Fastidious

(a) Difficult
(b) Fussy
(c) Critical
(d) Indifferent

51. Select the most appropriate option that can substitute the underlined segment in the given sentence to improve it. If no improvement is required, select 'No improvement required'.

You have a lot of coconut trees in your village, <u>do you</u>?

(a) have you?
(b) don't you?
(c) No improvement required
(d) don't they?

52. Select the correct active form of the given sentence.

It was decided by Salim Ali to devote his life to the preservation of Indian birds.

(a) Salim Ali decided to devote his life to the preservation of Indian birds.
(b) Salim devoted his life to the preservation of Indian birds.
(c) Salim Ali has decided to devote his life to the preservation of Indian birds.
(d) Salim Ali had decided to devote his life to the preservation of Indian birds.

53. Select the most appropriate option to substitute the given group of words.

A person who has excessive admiration of themselves

(a) Egotist (b) Egocentric
(c) Narcissist (d) Fanatic

54. Select the most appropriate option that can substitute the underlined segment in the given sentence to improve it. If no improvement is required, select 'No improvement required'.

The pollution level <u>ought to keep</u> under control.

(a) ought to be kept
(b) ought to have kept
(c) No improvement required
(d) ought to be keeping

55. Select the correct option to substitute the given set of words.

One who cannot be corrected

(a) Vulnerable
(b) Versatile
(c) Indefatigable
(d) Incorrigible

56. Select the correct indirect form of the given sentence.

Umesh said to his father, "Can you give me more money?"

(a) Umesh asked his father if he can give him more money.
(b) Umesh asked his father that if he could give him more money.
(c) Umesh asked his father could he give him more money.
(d) Umesh asked his father if he could give him more money.

57. Select the correct indirect form of the given sentence.

He said to his friend, "Let us leave for the trek tomorrow."

(a) He suggested to his friend to leave for the trek the next day.
(b) He told his friend to leave for the trek the next day.
(c) He suggested his friend that let us leave for the trek tomorrow.
(d) He suggested to his friend that they should leave for the trek the next day.

58. Select the correct direct form of the given sentence.

He says that he will clear all his dues by the following month.

(a) He said, "I will clear all my dues by next month."
(b) He said, "I would clear all my dues by next month."
(c) He says, "I will clear all my dues by next month."
(d) He says, "I will clear all his dues by next month."

59. Select the incorrectly spelt word.

(a) Particularly (b) Betrayal
(c) Dilligence (d) Vacation

60. Select the most appropriate option to improve the underlined segment in the given sentence. If there is no improvement required, select 'No improvement'.

Some students think that if they cram a few chapters, they can <u>pass in the exam</u>.

(a) pass the exam
(b) No improvement
(c) be passed in the exam
(d) pass in an exam

61. Select the correct indirect form of the given sentence.

The teacher said to Kavya, "You need a new notebook for English."

(a) The teacher told to Kavya that she needs a new notebook for English.
(b) The teacher told Kavya that she needed a new notebook for English.
(c) The teacher told Kavya that you needed a new notebook for English.
(d) The teacher said to Kavya that you need a new notebook for English.

62. Select the meaning of the given idiom.

Cut from the same cloth

(a) Belong to the same family
(b) To be of a similar nature
(c) To come from the same source
(d) To share resources

63. Select the most appropriate option to improve the underlined segment in the given sentence. If there is no improvement required, select 'No improvement'.

My sister <u>resembles</u> to my mother a lot in looks and in temperament.

(a) No improvement
(b) resembles
(c) has resemblance to
(d) is resembling to

64. Select the most appropriate option to improve the underlined segment in the given sentence. If there is no improvement required, select 'No improvement'.

When he was falsely accused of embezzlement, he was beside himself in anger.

(a) No improvement
(b) he were beside himself
(c) he was besides himself
(d) he went beside himself

65. Select the most appropriate option that can substitute the underlined segment in the given sentence to improve it. If no improvement is required, select 'No improvement required'.

As bombs keep falling on Gaza, hundreds of thousands of children have been order to flee their homes.

(a) has been ordered to flee
(b) have been ordered to flee
(c) have been ordered fleeing
(d) No improvement required

66. Select the correct passive form of the given sentence.

We had repaired the roads before the monsoon set in.

(a) The roads were repaired before the monsoon set in.
(b) The roads had been repaired before the monsoon set in.
(c) The roads have been repaired before the monsoon set in.
(d) The roads are repaired before the monsoon set in.

67. Select the synonym of the given word.

Vitiate

(a) Annihilate (b) Facilitate
(c) Validate (d) Propagate

68. Select the correct indirect form of the given sentence.

He said to me, "I have done my duty."

(a) He told me that I had done my duty.
(b) He told me that he had done his duty.
(c) He told me that he have done his duty.
(d) He told me that he did his duty.

69. Given below are six sentences of a paragraph.

Sentence A is the beginning whereas sentence F is the last sentence of the para. The middle four sentences are jumbled up. Select the option that gives their correct order forming a meaningful and coherent paragraph.

A. When Tarun failed in his terminal examinations, his father was very angry with him.
B. It was a day he wanted to erase from his life and so he took to running.
C. His friends too made fun of him.
D. The Sun beat down to check his rage but nothing could stop Tarun.
E. He ran all around the park.
F. After about an hour, he was fully exhausted and his fury having subsided, he threw himself on a bench and started to pant.

(a) BDEC (b) CEBD
(c) CBED (d) ECDB

70. Given below are four sentences. Pick the option that gives the correct order.

A. The invention of the airplane was no exception.
B. However, the idea of flying an aircraft was quite repulsive to some people.
C. Many great inventions are initially greeted with ridicule and disbelief.
D. Most people who heard about the first powered flight on 17th December, 1903 were excited and impressed.

(a) DABC (b) DBCA
(c) CDAB (d) CADB

71. Identify the segment in the sentence which contains a grammatical error.

The innocent clerk was accused with misappropriating funds of the company.

(a) misappropriating funds
(b) was accused with
(c) of the company
(d) The innocent clerk

72. Select the most appropriate option to substitute the given group of words.

A wooden frame for holding an artist's work while it is being painted or drawn

(a) Easel
(b) Lectern
(c) Platform
(d) Podium

73. Select the most appropriate option to improve the underlined segment in the given sentence. If there is no improvement required, select 'No improvement'.

He felt like a fish out of water as he was not accustomed for living in a large city.

(a) accustom for
(b) accustomed by
(c) accustomed to
(d) No improvement

74. Select the correct passive form of the given sentence.

Everybody wants others to respect them.

(a) Everybody wanted to be respected by others.
(b) Everybody wants to be respected by others.
(c) They want others to be respected by everybody.
(d) Everybody wants to respect others.

75. Select the most appropriate option that can substitute the underlined segment in the given sentence to improve it. If no improvement is required, select 'No improvement required'.

I would love fly a fighter jet one day.

(a) No improvement required
(b) would love to flying
(c) would to love fly
(d) would love to fly

76. Select the correct passive form of the given sentence.

Take these two pills with warm water.

(a) You may take these two pills with warm water.
(b) You are ordered to take these two pills with warm water.
(c) These two pills should be taken with warm water.
(d) Warm water should be taken with these two pills.

77. Select the correct active form of the given sentence.

A party was organised by Rayan on his 40th Birthday.

(a) Rayan organised a party on his 40th Birthday.
(b) A party organised Rayan on his 40th Birthday
(c) Rayan will be organising a party on his 40th Birthday.
(d) Rayan has organised a party on his 40th Birthday.

78. Select the most appropriate option to substitute the given group of words.
One who is skilled and eloquent in public speaking
(a) Lecturer
(b) Orator
(c) Spokesperson
(d) Actor

79. Select the correct option to substitute the given set of words.
A statement open to more than one interpretation
(a) Explicit (b) Palpable
(c) Tangible (d) Ambiguous

80. Select the most appropriate option to substitute the given group of words. The husks of corn or other grains separated by winnowing or threshing.
(a) Chaff (b) Peel
(c) Hay (d) Fodder

81. Select the correct passive form of the given sentence.
Pay that bill today.
(a) That bill will be paid today.
(b) That bill is going to be paid today.
(c) That bill should be paid today.
(d) Let that bill to be paid today.

82. Fill in the blank with the most appropriate option.
I trust him completely. His conduct is .... suspicion.
(a) over (b) under
(c) below (d) above

83. Parts of the given sentence have been given as options. One of them may contain a grammatical error. Select the option that has the error. If there is no error, select 'No error'.
Are you yet afraid of going out in the dark?
(a) No error
(b) afraid of going out
(c) in the dark
(d) Are you yet

84. Given below are six sentences of a paragraph.
Sentence A is the beginning whereas sentence F is the last sentence of the para. The middle four sentences are jumbled up. Select the option that gives their correct order forming a meaningful and coherent paragraph.
A. In the course of my education at MIT, three teachers shaped my thinking.
B. Their combined contributions formed the foundation on which I later built my professional career.
C. Prof. Sponder taught me technical aerodynamics.
D. These three teachers were Prof. Sponder, Prof. KAV Pandalai and Prof. Narasingha Rao.
E. Each one of them had very distinct personalities, but they shared a common impulse—the capacity to feed their students' intellectual hunger by sheer brilliance and untiring zeal.
F. He was an Austrian with rich practical experience in aeronautical engineering.
(a) CBED (b) BCED
(c) BDEC (d) ECDB

85. Select the correct indirect form of the given sentence.
You said to me, "I shall reach in time for the concert."
(a) You told me that I should reach in time for the concert.
(b) You told me that you shall reach in time for the concert.
(c) You told me that you would reach in time for the concert.
(d) You told me that I would reach in time for the concert.

86. Parts of the given sentence have been given as options. One of them may contain a grammatical error. Select the option that has the error. If there is no error, select 'No error'.
Specialists say that this method speeds up language learning tremendously.
(a) No error
(b) language learning tremendously
(c) this method speeds up
(d) Specialists say that

87. Select the most appropriate option that can substitute the underlined segment in the given sentence to improve it. If no improvement is required, select 'No improvement required'.
Tomorrow, they <u>will be take a flight</u> to their dream vacation destination.
(a) be taking a flight
(b) will be taking a flight
(c) will taking a flight
(d) No improvement required

88. Select the correct passive form of the given sentence.
She held the child's hand firmly.
(a) The child's hand is held firmly.
(b) The child's hand has been held firmly.
(c) The child's hand held firmly.
(d) The child's hand was held firmly.

89. Select the most appropriate option that can substitute the underlined segment in the given sentence to improve it. If no improvement is required, select 'No improvement required'.
It seems that these walls <u>have not been painted since years.</u>
(a) have not been paint since years.
(b) have not being painted for years.
(c) have not been painted for years.
(d) No improvement required

90. Select the most appropriate option to improve the underlined segment in the given sentence. If there is no improvement required, select 'No improvement'.
The captain as well as the entire crew <u>have reached</u> the harbour safely.
(a) has reached
(b) have been reaching
(c) are reaching
(d) No improvement

91. Select the correct passive form of the given sentence.
Why do we have to accept these conditions?
(a) Why do these conditions have to be accepted?
(b) Why should these conditions be accepted?
(c) These conditions do not have to be accepted.
(d) Why are these conditions needed to be accepted?

92. Identify the segment in the sentence which contains a grammatical error.
My sister and me have a keen interest in learning classical music.
(a) classical music
(b) have a keen interest
(c) My sister and me
(d) in learning

93. Select the correct option to substitute the given set of words.
To skip about playfully
(a) Scramble (b) Amble
(c) Gambol (d) Trundle

94. Select the synonym of the given word.
Entice
(a) Dissuade (b) Beguile
(c) Repulse (d) Entreat

95. Select the most appropriate option that can substitute the underlined segment in the given sentence to improve it. If no improvement is required, select 'No improvement required'.
I will definitely <u>return your notes at</u> Saturday evening.
(a) return your notes by
(b) returned your notes on
(c) returning your notes at
(d) No improvement required

96. Identify the segment in the sentence which contains a grammatical error.
Hold my hand lest you should not get lost in the huge crowd at the fair.
(a) crowd at the fair
(b) lest you should not
(c) get lost in the huge
(d) Hold my hand

97. Select the correct passive form of the given sentence.
One can achieve nothing without hard work.
(a) Nothing is achieved without hard work.
(b) Nothing will be achieved without hard work.
(c) Nothing has been achieved without hard work.
(d) Nothing can be achieved without hard work.

98. Identify the segment in the sentence which contains a grammatical error.
None than you deserve credit for the success of this project.
(a) for the success (b) deserve credit
(c) of this project (d) None than you

99. Identify the segment in the sentence which contains a grammatical error.
She use to learn fabric painting when she was in middle school.
(a) in middle school
(b) She use to
(c) learn fabric painting
(d) when she was

100. Select the most appropriate option to improve the underlined segment in the given sentence. If there is no improvement required, select 'No improvement'.
The shopping mall is <u>more farther</u> from my house than from my office.
(a) farther (b) more far
(c) far (d) No improvement

101. Select the meaning of the given idiom.
Split one's sides
(a) Be extremely amused
(b) Meet with an accident
(c) Scream in pain
(d) Undergo a surgery

102. Fill in the blank with the most appropriate option.
Hurry up ! There's still .... work left to do.
(a) many (b) much (c) whole (d) lot

103. Select the correct passive form of the given sentence.
Bhavna saw him carrying your suitcase.
(a) Your suitcase carried by him was seen by Bhavna.
(b) He was seen by Bhavna carrying your suitcase.
(c) He had been seen by Bhavna carrying your suitcase.
(d) Your suitcase was seen by Bhavna carrying him.

104. Parts of the given sentence have been given as options. One of them may contain a grammatical error. Select the option that has the error. If there is no error, select 'No error'.
Rohit Sharma's century was very acclaimed in the media.
(a) No error
(b) in the media
(c) very acclaimed
(d) Rohit Sharma's century

105. Select the correct direct form of the given sentence.
Praveen told his mother that he had completed his homework.
(a) Praveen said to his mother, "I have been completing my homework."
(b) Praveen said to his mother, "I have completed my homework."
(c) Praveen said to his mother, "I am completing my homework."
(d) Praveen said to his mother, "He had completed my homework."

106. Parts of the given sentence have been given as options. One of them may contain a grammatical error. Select the option that has the error. If there is no error, select 'No error'.
The food was not as delicious as we had expected.
(a) we had expected
(b) No error
(c) The food was not
(d) as delicious as

107. Select the most appropriate option to improve the underlined segment in the given sentence. If there is no improvement required, select 'No improvement'.
She <u>is married with</u> a rich businessman and has enough money to splurge on luxuries.
(a) No improvement.
(b) is married to
(c) has marriage with
(d) has married with

108. Select the meaning of the given idiom.
Forty winks
(a) A deep sleep (b) A secret signal
(c) A long leave (d) A short sleep

109. Select the most appropriate option to fill in the blank.
The air quality is so bad .... it becomes difficult to breathe.
(a) when (b) that
(c) as (d) since

110. Given below are six sentences of a paragraph.
Sentence A is the beginning whereas sentence F is the last sentence of the para. The middle four sentences are jumbled up. Select the option that gives their correct order forming a meaningful and coherent paragraph.
A. The first hour passed off quietly.
B. In the second, they had Arithmetic.
C. Swaminathan was terribly bored.
D. Vedanayagam went out and returned in a few minutes in the role of an Arithmetic teacher.
E. He droned on monotonously.
F. His teacher's voice was beginning to get on his nerves.
(a) BCDE (b) ECDB
(c) BDEC (d) CBED

111. Given below are four sentences. Pick the option that gives the correct order.

A. She was a busy person and had no time to visit her mother.

B. It was Mothers' Day.

C. She thought her mother would be pleased to receive the flowers.

D. A woman stopped at a flower shop to order some flowers to be sent to her mother.

(a) BCDA (b) BDAC
(c) DABC (d) CADB

112. Select the correct passive form of the given sentence.

Humayun built a city named Dinpanah in 1533 in Delhi.

(a) A city named Dinpanah was built by Humayun in 1533 in Delhi.
(b) A city named Dinpanah had been built by Humayun in 1533 in Delhi.
(c) A city named Humayun was built by Dinpanah in 1533 in Delhi.
(d) A city named Dinpanah was being built by Humayun in 1533 in Delhi.

113. Select the most appropriate option to substitute the given group of words.

Natural talent for something

(a) Flair (b) Feeling
(c) Favour (d) Flavour

114. Select the most appropriate meaning of the given idiom.

Have your heart in your mouth

(a) To be extremely jealous
(b) To behave in a foolish manner
(c) To get worse and worse
(d) To be extremely frightened

115. Select the most appropriate option to substitute the given group of words.

Irrational fear of water

(a) Cacophobia (b) Claustrophobia
(c) Hydrophobia (d) Acrophobia

116. Select the correct active form of the given sentence.

Let the fire be kept burning at night.

(a) You must burn the fire at night.
(b) Let the fire burning at night.
(c) The fire should be burnt at night.
(d) Keep the fire burning at night.

117. Select the most appropriate meaning of the given idiom.

Rock the boat

(a) Pester and irritate someone
(b) Overcome a difficult situation
(c) Divert someone's attention
(d) Disturb a stable situation

118. Select the correct direct form of the given sentence.

I asked my friend how one could be merry when everything was so messed up.

(a) I said to my friend, "How can one be merry when everything is so messed up?"
(b) I asked to my friend, "How can one be merry when everything was so messed up?"
(c) I said to my friend, "How one could be merry when everything was so messed up?"
(d) I said to my friend, "Could one be merry when everything is so messed up?"

119. Select the correct indirect form of the given sentence.

I said to him, "Please stay here tonight."

(a) I requested him to please stay there tonight.
(b) I asked him if he would stay there that night.
(c) I asked him to please stay here that night.
(d) I requested him to stay there that night.

120. Select the correct direct form of the given sentence.

He asked me if anybody had been rude to me.

(a) He said to me, "Anybody has been rude to you?"
(b) He said to me, "Has anybody been rude to you?"
(c) He said to me, "Had has been rude to me?"
(d) He said to me, "Anybody has been rude to me?"

121. Identify the segment in the sentence which contains a grammatical error.

Let us work out the details of our endeavour, shouldn't we?

(a) shouldn't we (b) Let us work out
(c) our endeavour (d) the details of

122. Select the misspelt word.

(a) Iminent (b) Temperament
(c) Reticent (d) Pertinent

123. Select the correct direct form of the given sentence.

Amanda asked Mohit how she had offended his friend.

(a) Amanda said to Mohit, "How did I offended his friend?"
(b) Amanda said to Mohit, "How have I offended your friend?"
(c) Amanda said to Mohit, "How she had offended his friend?"
(d) Amanda said to Mohit, "How have I offend your friend?"

124. Select the correct active form of the given sentence.

A party is being given by her on the occasion of her sixteenth birthday.

(a) She will give a party on the occasion of her sixteenth birthday.
(b) She is giving a party on the occasion of her sixteenth birthday.
(c) She was giving a party on the occasion of her sixteenth birthday.
(d) She has given a party on the occasion of her sixteenth birthday.

125. Parts of the given sentence have been given as options. One of them contains a grammatical error. Select the option that has the error.

You can take a horse to the water but you cannot make it to drink.

(a) to the water (b) make it to drink.
(c) You can take a horse
(d) but you cannot

126. Identify the segment in the sentence which contains a grammatical error.

It is time someone takes concrete steps to alleviate the problem of unemployment in the country.

(a) concrete steps to alleviate
(b) the problem of unemployment
(c) in the country
(d) It is time someone takes

127. Select the most appropriate option to improve the underlined segment in the given sentence. If there is no improvement required, select 'No improvement'.

He refrained from visiting his friend as he <u>had the urgent</u> assignment to complete.

(a) has urgent (b) No improvement
(c) had an urgent (d) had a urgent

128. Select the most appropriate option that can substitute the underlined segment in the given sentence to improve it. If no improvement is required, select 'No improvement required'.

We have received no information <u>so far to</u> the main island.

(a) so farther from
(b) No improvement required
(c) such far from
(d) so far from

129. Select the most appropriate option to complete the given idiom.
Cool as ....
(a) air (b) ice
(c) a cucumber (d) a river

130. Fill in the blank with the most appropriate option.
The small coffee shop at the end of the road is ....
(a) their (b) mine
(c) my (d) our

131. Identify the incorrectly spelt word in the given sentence and select the option that rectifies the spelling error.
It is difficult to describe the pandemonium kicked up by various animals when they spot or suspectt a panther around.
(a) Suspect (b) Dificuult
(c) Panthar (d) Kickd

132. Select the most appropriate option that rectifies the error(s) in the following sentence.
One must do his/her duty proparly.
(a) One must do once duty proparly.
(b) One must do ones duty properly.
(c) One must do one's duti proprly.
(d) One must do one's duty properly.

133. Select the correct direct form of the given sentence.
Isha told Shivani that they didn't need to buy tickets for the match as she had been given free passes for two.
(a) Isha said to Shivani, "They didn't need to buy tickets for the match as I am given free passes for two."
(b) Isha said to Shivani, "They didn't need to buy tickets for the match as she was given free passes for two."
(c) Isha said to Shivani, "We don't need to buy tickets for the match as I have been given free passes for two."
(d) Isha said to Shivani, "We didn't need to buy tickets for the match as I am given free passes for two."

134. Given below are six sentences of a paragraph.
Sentence A is the beginning whereas sentence F is the last sentence of the para. The middle four sentences are jumbled up. Select the option that gives their correct order forming a meaningful and coherent paragraph.
A. The month was January.
B. On the first morning of the festival the mejhi would be set alight invoking the blessings of Agni, the god of fire.
C. There would be much feasting and merriment during the festival.
D. Each household would build a mejhi - a pile of firewood stacked neatly together in their backyard.
E. The Bihu festival was fast approaching.
F. "Let's build a champion mejhi this year." Ricky suggested a few days before the festival.
(a) CBDE (b) CBED
(c) ECDB (d) EDBC

135. Sentences of a paragraph are given below. While the first (1) and the last (6) sentences are in the correct order, the sentences in between(A-D) are jumbled up. Arrange the sentences in the correct order to form a meaningful and coherent paragraph.
1. Nicholas Chorier is not a usual photographer.
A. He uses a kite to hoist his camera into the skies and clicks photographs while the camera dangles mid–air.
B. He is a kite aerial photographer.
C. Fascinated, he literally tied his two hobbies ,kite flying and photography ,together for a living.
D. During a trip to India to make a photo report on kite making, he learnt about this unique style of photography.
6. Today he is one of the most well–known kite aerial photographers in the world.
(a) BADC (b) BCDA
(c) ACDB (d) DABC

136. Select the correct direct form of the given sentence.
I suggested to my brother that we should go to the hills for a change.
(a) I said to my brother, "Shall we go to the hills for a change?"
(b) I said to my brother, " We shall go to the hills for a change."
(c) I said to my brother, " Let us go to the hills for a change."
(d) I requested to my brother, " We should go to the hills for a change."

137. Select the correct active form of the given sentence.
It is said that Einstein was a genius.
(a) People are saying that Einstein was a genius.
(b) People have said that Einstein was a genius.
(c) People say that Einstein was a genius.
(d) People said that Einstein was a genius.

138. Select the correct indirect form of the given sentence.
He said to me, " I am going to France next week."
(a) He said to me that he will go to France next week.
(b) He told me that I am going to France the following week.
(c) He said to me that he were going to France next week.
(d) He told me that he was going to France the following week.

139. Parts of the given sentence have been given as options. One of them may contain a grammatical error. Select the option that has the error. If there is no error, select 'No error'.
We cannot postpone discussion on this issue although it is urgent.
(a) We cannot postpone
(b) No error
(c) discussion on this issue
(d) although it is urgent.

140. Given below are four jumbled sentences. Select the option that gives their correct order forming a meaningful and coherent paragraph.
A. My mother, Vimala Kulkarni, told me similar words when I got married.
B. They were usually like: 'You must adjust to your new house and in-laws, try to learn how they eat and cook their food, go out of your way to be friendly and helpful to everybody,' etc.
C. When I was young, before a girl got married, her mother would give her some words of advice.
D. But along with this, she said something which helped me immensely in later life.
(a) BDAC (b) CBAD
(c) CDBA (d) ACBD

141. Select the misspelt word.
(a) Facetious (b) Exhilerated
(c) Officious (d) Conspicuous

142. Select the most appropriate option to improve the underlined segment in the given sentence. If there is no improvement required, select 'No improvement'.
Scarcely he see his opponent than he went numb with fear.
(a) No improvement
(b) As soon as
(c) Hardly did
(d) No sooner did

143. Select the correct active form of the given sentence.
The meal will have been made ready by the cook by the time you reach the guest house.
(a) The cook will have made the meal ready by the time you reach the guest house.
(b) The cook will be making the meal ready by the time you reach the guest house.
(c) The cook will make the meal ready by the time you reach the guest house.
(d) The cook have made the meal ready by the time you reach the guest house.

144. Select the correct passive form of the given sentence.
Grow more trees.
(a) Let more trees be grown.
(b) You should grow more trees.
(c) More trees should be growing.
(d) More trees should grow.

145. Select the most appropriate option that can substitute the underlined segment in the given sentence to improve it. If no improvement is required, select 'No improvement required'.
By next summer, I will have completed my internship and will have returned to school.
(a) No improvement required
(b) returned to school
(c) will return to school
(d) have returned to school

146. Select the correct passive form of the given sentence.
Our rivals must have spread this rumour.
(a) This rumour must have been spread by our rivals.
(b) This rumour must be spread by our rivals.
(c) This rumour may have been spread by our rivals.
(d) This rumour has been spread by our rivals.

147. Select the most appropriate option to substitute the given group of words.
A legal document authorising the police or another body to make an arrest or search premises
(a) Permit (b) Licence
(c) Decree (d) Warrant

148. Select the correct indirect form of the given sentence.
Rani said to her boss, "I am going to visit Kashmir and Ladakh next month."
(a) Rani informed her boss that she was going to visit Kashmir and Ladakh the following month.
(b) Rani told her boss that I am going to visit Kashmir and Ladakh next month.
(c) Rani informs her boss that she is going to visit Kashmir and Ladakh the next month.
(d) Rani asked her boss that she wanted to visit Kashmir and Ladakh the following month.

149. Select the most appropriate option that can substitute the underlined segment in the given sentence to improve it. If no improvement is required, select 'No improvement required'.
Effective communication is a skill that can significant enhance your personal and professional life.
(a) which can significant enhanced
(b) which can significantly enhancing
(c) No improvement required
(d) which can significantly enhance

150. Select the correct indirect form of the given sentence.
I said to Prachi, "I visited Maldives last week ."
(a) I told Prachi that I had visited Maldives last week.
(b) I told Prachi that I have visited Maldives the previous week.
(c) I told Prachi that I had visited Maldives the previous week.
(d) I told Prachi that I visited Maldives last week.

Directions (Q. Nos. 151-160) *In the following passage, some words have been deleted. Fill in the blanks with the help of the alternatives given. Select the most appropriate option for each number.*

Days after Prime Minister Narendra Modi inaugurated the Ghaziabad priority ...(1).... of the Delhi-Meerut Rapid Rail Transit System (RRTS), the ...(2) of high-rise societies in the National Capital Region called for direct ...(3)... to the public transport service points. The residents in ...(4)... areas of Noida and Ghaziabad said they would be forced to continue ...(5) .... on private vehicles without proper connectivity to the RRTS and ...(6)...public transport modes. "The RRTS is a great development; we want ...(7)... connectivity to key points like Metro stations, railway stations, Delhi, and the RRTS. ...(8)... any proper public transport, many residents are forced to opt ...(9) a personal car," the President of the New Era Flat Owners Welfare Association, Abhishek Kumar, ...(10) .... The 17-km priority section of the Delhi-Ghaziabad-Meerut RRTS corridor was inaugurated by PM Modi on 7th October and it started commercial operations on the next day.

151. Select the most appropriate option to fill in the blank no. 1.
(a) piece (b) fragment
(c) system (d) section

152. Select the most appropriate option to fill in the blank no. 2.
(a) tenants (b) people
(c) residents (d) landlords

153. Select the most appropriate option to fill in the blank no. 3.
(a) connecting (b) connected
(c) connect (d) connectivity

154. Select the most appropriate option to fill in the blank no. 4.
(a) lot (b) very (c) much (d) many

155. Select the most appropriate option to fill in the blank no. 5.
(a) depended (b) depend
(c) depending (d) depends

156. Select the most appropriate option to fill in the blank no. 6.
(a) further (b) other
(c) extra (d) another

157. Select the most appropriate option to fill in the blank no. 7.
(a) successive (b) upright
(c) consecutive (d) direct

158. Select the most appropriate option to fill in the blank no. 8.
(a) In spite of (b) Without
(c) With (d) Despite

159. Select the most appropriate option to fill in the blank no. 9.
(a) for (b) of
(c) to (d) on

160. Select the most appropriate option to fill in the blank no. 10.
(a) said (b) professed
(c) assumed (d) replied

Directions (Q. Nos. 161-170) *In the following passage, some words have been deleted. Fill in the blanks with the help of the alternatives given. Select the most appropriate option for each blank.*

The door behind them was ...(1)... . There was no escape. A strange light was ...(2)... from a corner, one that did not ...(3)... the room but made darkness visible. ...(4).... alien voice was heard which sounded like jargon, ...(5)... to the hapless friends. They went down ...(6)... their knees sobbing, pleading for their lives but the ...(7)... sounds continued. Slowly, a form seemed to ...(8)... right before their eyes which ...(9)... their blood and chilled their ...(10)... It was formless mass with no face!

161. Select the most appropriate word to fill in blank no. 1.
(a) unbolted (b) sealed
(c) vacant (d) ajar

162. Select the most appropriate word to fill in blank no. 2.
(a) emanating (b) commencing
(c) preceding (d) reclining

163. Select the most appropriate word to fill in blank no. 3.
(a) ignite (b) extinguish
(c) kindle (d) illuminate

164. Select the most appropriate word to fill in blank no. 4.
(a) A (b) An (c) Any (d) The

165. Select the most appropriate word to fill in blank no. 5.
(a) invincible (b) indelible
(c) incomprehensible
(d) incorrigible

166. Select the most appropriate word to fill in blank no. 6.
(a) at (b) in (c) on (d) by

167. Select the most appropriate word to fill in blank no. 7.
(a) bizarre (b) familiar
(c) customary (d) regular

168. Select the most appropriate word to fill in blank no. 8.
(a) assume (b) derive
(c) extract (d) emerge

169. Select the most appropriate word to fill in blank no. 9.
(a) curdled (b) spilled
(c) locked (d) flowed

170. Select the most appropriate word to fill in blank no. 10.
(a) bones (b) eyes
(c) head (d) skin

Directions (Q. Nos. 171-180) *Read the passage and answer the questions that follow.*

My path to the house was by no means an easy one. After confused wanderings through tangled hedges, struggling with obstacles that looked strange to me in the surrounding gloom, I arrived in front of a long, low building. There, to my astonishment, I found doors and windows open to the pervading mist, except for one square window through which a light shone from a row of candles on a long mahogany table.

The quiet and apparent emptiness of this odd and picturesque building made me pause. I am not much affected by the appearance of things, but this silent place, with its sinister atmosphere, made me feel uneasy. I was about to reconsider and go back to the road, when a second look at the comfortable interior I was leaving, convinced me that I was being foolish and sent me straight back to the door which stood open so invitingly.

But half-way up the path, my progress was halted by the sight of a man coming out of the house that I had wrongly assumed to be empty. He seemed to be in a hurry and, at the moment when I first saw him, was busy putting his watch back in his pocket. He did not shut the door behind him, which I thought odd, especially as he had been looking behind him. He seemed to take in all the details of the place he was so hurriedly leaving.

As we met, he raised his hat. This also struck me as unusual, for he displayed more respect than that usually shown to strangers. I was further puzzled that he showed little surprise at bumping into another person in these remote, misty surroundings. Indeed, he was so little impressed by my being there that he nearly passed me without a word or any other hint of greeting, except the raising of his hat. But this did not satisfy me. I was hungry, cold and eager for creature comforts and the house before me offered not only warmth, but gave out an inviting smell of food being cooked which was difficult to ignore.

171. Which of these can be inferred about the narrator?
(a) He was thankful.
(b) He was foolish.
(c) He was a coward.
(d) He was observant.

172. Why was the narrator shocked when he reached the building?
(a) The house was gloomy and seemed haunted.
(b) The narrator was welcomed by a stranger.
(c) The doors and windows were open in the misty weather.
(d) The interiors were inviting despite the ominous atmosphere.

173. The given extract is
(a) a travelogue (b) a report
(c) a narrative (d) a biography

174. Select the most appropriate meaning of the word 'pervading' as used in the passage.
(a) Spreading (b) Receding
(c) Eerie (d) Immortal

175. Which of these statements is not true?
(a) The narrator first contemplated going back to the road.
(b) The stranger was in a hurry to leave the building.
(c) The narrator was seeking food and shelter.
(d) The stranger leaving the house was its owner.

176. Select the correct meaning of 'implement' as used in the passage.
(a) Inculcate (b) Coordinate
(c) Enforce (d) Commence

177. The new education system has shifted focus on
(a) social and aesthetic development
(b) intellectual development
(c) academic development
(d) spiritual development

178. What is the passage mainly about?
(a) Preparing students for survival in the real world.
(b) Importance of teaching soft skills to students.
(c) The need to change the education system in 21st century.
(d) Participation of students in extra-curricular activities.

179. What has hindered the development of students?
(a) Expanding academics to the outside world.
(b) Getting out into the field.
(c) Not gaining practical experience.
(d) Indulging in co-curricular activities.

180. Which of these does not provide industry exposure to students of business schools?
(a) Text books (b) Conferences
(c) Industrial visits (d) Guest lectures

Directions (Q.Nos. 181-190) *Read the following passage and answer the questions given after it.*

In the pre-dawn tranquillity of the Andaman Sea, a seismic tremor struck, momentarily agitating the ocean's placid surface. The Andaman and Nicobar Islands, an archipelago in the Bay of Bengal, felt the Earth beneath them shudder at 5:50 a.m. on Friday. According to the National Centre for Seismology (NCS), a 4.2 magnitude earthquake occurred at a depth of 10 km, its epicentre originating from a seismically active region beneath the sea. No casualties or damages have been reported.

Earthquakes, like the one experienced in the Andaman Sea, are stark reminders of the Earth's ever-shifting tectonic plates. These seismic events result from the sudden release of energy in the Earth's crust, creating seismic waves that cause the ground to shake. The intensity and impact of an earthquake depends on various factors, including its magnitude, depth and proximity to populated areas. The Andaman and Nicobar Islands are located in a region where several tectonic plates converge, including the Indian Plate, the Burma Plate and the Sunda Plate. The interaction of these plates leads to frequent earthquakes and volcanic activity. With its 4.2 magnitude, the recent earthquake is considered moderate, but its occurrence in this seismically active region serves as a reminder of the unpredictable and potentially devastating nature of such events.

The NCS, the nodal agency of the Government of India, is responsible for monitoring earthquake activity in the country. Using a network of seismographs, the NCS collects and analyses data from seismic events to provide accurate information to the public and relevant authorities.

This data helps scientists understand patterns and trends, leading to a better understanding of earthquake behaviour and potential risks. Earlier this week, Maharashtra's Satara district was also shaken by a 3.3 magnitude earthquake. While these events seem isolated, they form part of a broader pattern of seismic activity across the region. The Andaman and Nicobar Islands have experienced several significant earthquakes in the past, including a 5.8 magnitude earthquake in 2021. The potential consequences of earthquakes can be devastating, causing loss of life and extensive damage to infrastructure. It is therefore vital to have effective early warning systems and disaster management strategies in place.

While the 2.2 magnitude earthquake in the Andaman Sea did not result in any casualties or damages, it underscores the importance of continued investment in earthquake preparedness and resilience measures, particularly in seismically active regions like the Andaman and Nicobar Islands.

181. Which of the following is not one of the themes of the above passage?
(a) Loss of life in Andaman and Nicobar
(b) Unannounced tremors and tangible risks
(c) Seismic tremors in Andaman Sea
(d) Tracking seismic activity

182. "It underscores the importance of continued investment in earthquake preparedness" Here 'underscores' means
(a) emphasises (b) mitigates
(c) undermines (d) extenuate

183. When were the tremors felt in the Andaman and Nicobar Islands?
(a) Before the sunrise
(b) In the afternoon
(c) At night
(d) After the sunset

184. Which of the following is an odd-man out regarding the tectonic plates in Andaman region?
(a) Burma Plate (b) Satara Plates
(c) Sunda Plates (d) India Plates

185. Which of the following is a necessity in Andaman and Nicobar region?
(a) To make the people aware of the tectonic plates and their impact.
(b) To evacuate people from the islands.
(c) To collect and analyse data from seismic events.
(d) To install early warning systems and have disaster management strategies in place.

186. What did the early Roman historians use to fill up details in the historical accounts of events?
(a) Roman and Greek folklore
(b) Texts of laws and treaties
(c) Religious records
(d) List of annual magistrates

187. The passage is mainly about
(a) the ancient documentation of Roman history
(b) the ancient Roman and Greek histories
(c) Rome's first native historian
(d) the use of myths and folklore in ancient Roman history

188. "extant are also Books 21 to 45" here the word 'extant' means
(a) partially lost (b) lost forever
(c) still existing (d) enlarged

189. After reading the passage, it can be inferred that it is an extract from
(a) a news report
(b) an encyclopaedic entry on ancient Rome
(c) a report on Roman conquests
(d) a book on archaeology

190. Which period in ancient Roan history is most poorly documented?
(a) 27 BC- AD 14 (b) 218 BC to 167 BC
(c) 218–201 BC (d) 509–280 BC

Directions (Q. Nos. 191-195) *Read the passage and answer the questions that follow.*

A fact that draws our attention is that, according to his position in life, an extravagant man is either admired or loathed. A successful business man does nothing to increase his popularity by being prudent with his money. A person who is wealthy is expected to lead a luxurious life and to be lavish with his hospitality. If he is not so, he is considered mean, and his reputation in business may even suffer in consequence. The paradox remains that he had not been careful with his money in the first place; he would never have achieved his present wealth.

Among the low income group, a different set of values exists. The young clerk, who makes his wife a present of a new dress when he has not paid his house rent, is condemned as extravagant. Carefulness with money to the point of meanness is applauded as a virtue.

Nothing in his life is considered more worthy than paying his bills. The ideal wife for such a man separates her housekeeping money into joyless little piles – so much for rent, for food, for the children's shoes, she is able to face the milkman with equanimity every month, satisfied with her economising ways and never knows the guilt of buying something she can't really afford.

As for myself, I fall neither of these categories. If I have money to spare I can be extravagant, but when, as is usually the case, I am hard up and then I am the meanest man imaginable.

191. Select the antonym of 'loathed' as used in the passage.
(a) cursed (b) shunned
(c) adored (d) despised

192. Which of these is not true?
(a) People who lead a luxurious life are expected to entertain lavishly.
(b) A low-income person is considered worthy if he pays bills on time.
(c) The author is at liberty to be extravagant at all times.
(d) The rich amass wealth by spending money economically.

193. The word 'equanimity' in the passage means
(a) tranquillity (b) frustration
(c) anxiety (d) agitation

194. If a successful businessman is judicious with his money
(a) his business flourishes
(b) his reputation suffers
(c) his popularity rises
(d) his prestige improves

195. Which of these can be inferred from the passage?
(a) Extravagance is applauded in some and condemned in others.
(b) Wealthy people are stingy as far as philanthropy is concerned.
(c) For the wealthy, prudence with money is considered a virtue.
(d) People who have a meagre income are expected to be spendthrifts.

Directions (Q.Nos. 196-200) *In the following passage, some words have been deleted. Fill in the blanks with the help of the alternatives given. Select the most appropriate option for each number.*

The Statue of Unity, a towering tribute to India's Iron Man, Sardar Vallabhbhai Patel, 1. ....on the banks of the majestic Sardar Sarovar Dam in Gujarat's Kevadia, has 2. ....a remarkable surge in its annual footfall. In less than five years 3. ....its inauguration, this colossal monument has welcomed nearly 16 crore 4. .... In the first two months after the monument's inauguration in 2028, the world's 5. ....statue witnessed a whopping 4,53,020 visitors followed by over 2.7 crore visitors in 2019. Even in 2020, the year tourism sector was battered by a once-in-a-century pandemic and subsequent movement restrictions, nearly 1.3 crore tourists flocked to the Statue of Unity. While the country was still recovering from the Covid-19 pandemic, the Statue of Unity saw a footfall of over 3.4 crores.

196. Select the most appropriate option to fill in blank no. 1.
(a) situated (b) appeared
(c) found (d) established

197. Select the most appropriate option to fill in blank no. 2.
(a) witnessing (b) witness
(c) witnesses (d) witnessed

198. Select the most appropriate option to fill in blank no. 3.
(a) before (b) since
(c) when (d) on

199. Select the most appropriate option to fill in blank no. 4.
(a) guests (b) visitors
(c) invitees (d) callers

200. Select the most appropriate option to fill in blank no. 5.
(a) tall (b) tallest
(c) most tallest (d) taller

Know Correct Answers

1. (c)	2. (b)	3. (c)	4. (a)	5. (b)	6. (c)	7. (b)	8. (a)	9. (b)	10. (d)
11. (d)	12. (c)	13. (a)	14. (c)	15. (d)	16. (b)	17. (c)	18. (b)	19. (d)	20. (a)
21. (d)	22. (c)	23. (b)	24. (c)	25. (c)	26. (d)	27. (b)	28. (d)	29. (c)	30. (b)
31. (a)	32. (c)	33. (d)	34. (c)	35. (d)	36. (b)	37. (b)	38. (d)	39. (a)	40. (c)
41. (a)	42. (c)	43. (d)	44. (c)	45. (c)	46. (b)	47. (b)	48. (d)	49. (b)	50. (d)
51. (b)	52. (a)	53. (c)	54. (a)	55. (d)	56. (d)	57. (d)	58. (c)	59. (c)	60. (a)
61. (b)	62. (b)	63. (b)	64. (c)	65. (b)	66. (b)	67. (a)	68. (b)	69. (c)	70. (d)
71. (b)	72. (a)	73. (c)	74. (b)	75. (d)	76. (c)	77. (a)	78. (b)	79. (d)	80. (a)
81. (c)	82. (d)	83. (d)	84. (c)	85. (c)	86. (a)	87. (b)	88. (b)	89. (c)	90. (a)
91. (a)	92. (c)	93. (c)	94. (b)	95. (a)	96. (b)	97. (d)	98. (d)	99. (b)	100. (a)
101. (a)	102. (b)	103. (b)	104. (c)	105. (b)	106. (b)	107. (b)	108. (d)	109. (b)	110. (c)
111. (b)	112. (a)	113. (a)	114. (d)	115. (c)	116. (d)	117. (d)	118. (a)	119. (d)	120. (b)
121. (a)	122. (a)	123. (b)	124. (b)	125. (b)	126. (d)	127 (c)	128. (d)	129. (c)	130. (b)
131. (a)	132. (d)	133. (c)	134. (c)	135. (a)	136. (c)	137 (c)	138. (d)	139. (d)	140. (b)
141. (b)	142. (d)	143. (a)	144. (a)	145. (b)	146. (a)	147. (d)	148. (a)	149. (d)	150. (c)
151. (d)	152. (c)	153. (d)	154. (d)	155. (c)	156. (b)	157. (d)	158. (b)	159. (a)	160. (a)
161. (b)	162. (a)	163. (d)	164. (b)	165. (c)	166. (c)	167. (a)	168. (d)	169. (a)	170. (a)
171. (d)	172. (c)	173. (c)	174. (a)	175. (d)	176. (c)	177. (a)	178. (a)	179. (c)	180. (a)
181. (a)	182. (a)	183. (a)	184. (b)	185. (d)	186. (a)	187. (a)	188. (c)	189. (b)	190. (d)
191. (c)	192. (c)	193. (a)	194. (b)	195. (a)	196. (a)	197. (d)	198. (b)	199. (b)	200. (b)

Answer & Solutions

1. (c) The sentences should follow a historical timeline that builds upon the previous sentence. Understanding cause-effect relationships (discovery → examination → establishment → growth) is key to arranging the sentences properly and CADB follows this.

2. (b) To convert the indirect speech into direct speech, follow these steps

(i) **Identify the reporting verb** In indirect speech, 'asked' is the reporting verb. In direct speech, we use quotation marks and the question mark at the end.

(ii) **Tense change** The past perfect tense (had not purchased) in indirect speech changes to the simple past tense ('didn't purchase') in direct speech.

(iii) **Pronoun change** The pronoun 'he' (referring to the passenger) in indirect speech changes to 'you' in direct speech because the ticket collector is speaking directly to the passenger.

(iv) **Correct word order** Maintain the question word (why) and ensure the structure is in the form of a question.

3. (c) In the given sentence, the structure is in Passive Voice:

'I am often invited by them to join their club'.

Active Voice In Active Voice, the subject of the sentence performs the action of the verb. The focus is on the subject performing the action.

- **Passive Voice** 'I am invited by them'
- **Active Voice** 'they invite me'.

When converting passive voice to active voice

- Identify the subject (in passive voice, this is the object of the sentence).
- Swap the subject and object positions.
- Adjust the verb tense if needed, while ensuring subject-verb agreement.

Correct Active Voice 'they often invite me to join their club'.

4. (a) Direct Speech involves quoting the exact words of a speaker, while Indirect Speech involves reporting what someone said without using the exact words, usually with some changes in tense, pronouns and structure.

Key Rules for Conversion to Indirect Speech

(i) **Tense Change**

- Present Simple → Past Simple
- Present Continuous → Past Continuous
- Present Perfect → Past Perfect
- Future Tense → Conditional

(ii) **Pronoun Changes** Pronouns in direct speech change based on the reporting subject.

- 'I' changes to 'she' in the indirect speech and so on.

(iii) **Punctuation** The quotation marks are removed and 'that' is added after the reporting verb.

Direct 'Priya kept watching television till her mother exploded at her'.

Indirect 'You said that Priya kept watching television till her mother exploded at her'.

Tense change from 'had kept' (Past Perfect) to 'kept' (Past Simple) because 'said' is in the past tense.

5. (b) 'Deplore' means to express strong disapproval or regret, especially about something negative. The opposite of 'deplore' is 'praise,' which means to express admiration or approval, usually for something good.

6. (c) The error lies in the use of the article 'the' before the adjective 'improbable'.

- **Correct Usage** We usually don't use the article 'the' before an adjective that is used to describe a noun in general terms unless we're referring to a specific instance. The phrase should be 'told rather improbable story' without 'the'.

Concept Article Usage

- Definite Article 'the' is used to refer to specific, identified nouns.
- Indefinite Articles 'a' or 'an' are used when referring to something general or not yet specified.

7. (b) To convert a question in Active Voice into Passive Voice

(i) Identify the subject and object in the active sentence.

(ii) Swap the subject and object.

(iii) Change the verb to its appropriate form in the passive (using the verb 'to be' + past participle).

Active Voice 'Why didn't your father accompany you?'

Passive Voice 'Why were you not accompanied by your father?'

- The subject 'you' becomes the subject in the passive.
- 'Accompany' becomes 'accompanied,' which is the past participle form.

8. (a) The correct and logical sequence will be BCED.

9. (b) Ordinary (Vocabulary)

- Mundane means something that is dull, ordinary or lacks excitement or interest.
- Ordinary is the correct synonym as it refers to something that is typical or unremarkable, aligning with the meaning of 'mundane'.

10. (d) Taciturn refers to a person who is reserved or quiet, typically someone who speaks very little.

- Loquacious is the correct antonym, meaning talkative or chatty.

11. (d) The correct and logical sequence will be CDBA.

12. (c) The correct and logical sequence will be ACDB.

13. (a) The correct and logical sequence will be ADBC.

14. (c) 'Had examined' The sentence requires the past perfect tense. When an action is completed before another action in the past, the past perfect tense is used. The phrase 'by the time' indicates that one action was completed before another action happened. Therefore, 'had examined' is the correct form.

Grammar Concept: Past Perfect Tense

- The past perfect tense is used to describe an action that was completed before another action in the past.
- Structure: had + past participle (e.g., had examined, had gone, had written).
- **Example** 'By the time the train arrived, I had already left'.

15. (d) 'Did she?' The sentence has an error in the use of the tag question. The tag question must agree with the subject and verb in the main sentence. Since the main sentence is positive ('Your mother prepares delicious food'), the tag question should be negative ('doesn't she?'). Therefore, 'did she?' is incorrect here.

Grammar Concept: Tag Questions

- A tag question is a short question added at the end of a statement.
- If the statement is positive, the tag is negative and if the statement is negative, the tag is positive.
- **Example** 'She is coming, isn't she?' (positive statement, negative tag)
- 'She isn't coming, is she?' (negative statement, positive tag)

16. (b) The correct phrase should be 'in spite of his habit'. The preposition 'of' is necessary to make the phrase grammatically correct. 'In spite' must be followed by 'of'.

Grammar Concept: Prepositions in Phrasal Expressions

- Some phrasal expressions require specific prepositions for grammatical accuracy.
- 'In spite of' means 'despite' and it is used to introduce a contrast.

Example 'In spite of the rain, they continued their journey'.

17. (c) The correct and logical sequence will be ABDC.

18. (b) The sentence has a grammatical issue in the phrase 'while the time comes'. The correct expression would be 'when the time comes' instead of 'while the time comes'. The word 'while' is incorrect in this context because 'while' indicates a duration, whereas 'when' refers to a specific point in time, which is what the sentence is trying to convey.

19. (d) The sentence 'She has given a brilliant dance performance last week' contains a tense mismatch. The phrase 'last week' indicates that the action took place in the past and is completed, so the correct tense to use here is the simple past tense. 'Gave' is the correct past tense form to indicate an action that happened at a specific time in the past.

20. (a) The correct and logical sequence will be DBCA.

21. (d) The phrase 'prohibited from' is the correct structure used to indicate something that is not allowed. When we use 'prohibited', we need to follow it with 'from' and the gerund form of the verb (i.e., the verb ending in -ing) to indicate the action that is prohibited. Here, 'carrying' is used as the gerund form of the verb, making the sentence grammatically correct.
Example 'Passengers are prohibited from smoking'.

This structure is fixed and should not be altered.

22. (c) In indirect speech, we report what someone said but change the sentence structure. Key changes are

- **Change in the question form** The direct question 'Do you know?' becomes an indirect question, so we use 'if' or 'whether' instead of the direct 'Do' at the start of the question.
- **Tense changes** The present tense 'has been' changes to the past perfect tense 'had been' because the reporting verb (said) is in the past tense. We also change the pronouns accordingly (from 'you' to 'she').
- **Correct sequence** 'Do you know' → 'if she knew' and 'has been' → 'had been'.
- Example in Indirect Speech
  - **Direct** She said, 'I will go to the market'.
  - **Indirect** She said that she would go to the market.

23. (b) The idiom 'bring to book' means to punish or hold someone accountable for their actions. It is often used in legal or disciplinary contexts where someone is held responsible for wrongdoing or misconduct.
Example The corrupt official was finally brought to book for his actions.

24. (c) In the active voice, the subject performs the action. The sentence is rewritten by focusing on the empty promises (the subject), which will now not satisfy the workers (the object). This construction keeps the meaning of the sentence intact but changes the structure. The future tense 'will not satisfy' is used here to indicate a future event or outcome.

- Active Voice Example
  - **Passive** The ball was kicked by the player.
  - **Active** The player kicked the ball.

25. (c) ' When converting direct speech to indirect speech, we need to follow these steps:

- 'If only' expresses a wish in the past, so it becomes 'wished that' in the indirect speech.
- The modal verb 'could' is retained because it expresses a hypothetical situation.
- The subject pronoun 'I' changes to 'she'.

The correct transformation of a sentence expressing a wish:

- **Direct Speech** 'I wish I could fly'.
- **Indirect Speech** She wished that she could fly.

26. (d) The word 'wherein' means 'in which' and is used to refer to the place or location where something is found. It is commonly used in more formal English. In this sentence, it connects the action (gazing) with the location (the room) where the treasure chest is hidden.

- Example with 'wherein'
  - The box wherein I kept my money is missing.

27. (b) 'The scientists of ISRO successfully carried out the test flight of Gaganyan'. This sentence is rewritten in active voice, where the subject (scientists) comes before the verb and the object (test flight) follows. In the active voice, the doer of the action is emphasised more than in the passive voice.

- **Active Voice** The scientist conducts the experiment.
- **Passive Voice** The experiment is conducted by the scientist.

28. (d) The phrase 'each one' is singular, which means it requires a singular verb form. Therefore, 'deserves' is the correct form to maintain subject-verb agreement.
Example Each of the students deserves a reward.

29. (c) 'The election dates for different states were announced by the Election Commission'.
In passive voice, the object (election dates) becomes the subject of the sentence and the doer (Election Commission) comes at the end with 'by'. The verb 'announced' remains in the past tense but is modified to fit the passive voice construction.

- **Active Voice** The teacher explained the lesson.
- **Passive Voice** The lesson was explained by the teacher.

30. (b) The correct and logical sequence will be CBDE.

31. (a) 'the old man said, ' O God, help me in my hour of sorrow'.

In direct speech, we report the exact words spoken by the person, using quotation marks. Here, the old man's prayer is being quoted exactly, with the expression 'O God' reflecting direct address. In this case, 'help me' is the imperative request and the tense is preserved as it was spoken in the moment.

- In direct speech, we also preserve the punctuation like exclamations, commas and question marks.

So, the correct direct form is 'O God, help me in my hour of sorrow'.

32. (c) 'This sentence is originally in passive voice (May you be blessed with good health). To convert it to active voice, we need to make the subject (God) perform the action. In the active voice, 'God' is the subject and the verb becomes 'bless' in the base form.

- The correct active sentence is 'May God bless you with good health'.

The active voice makes the sentence clearer by focusing on the agent performing the action (God).

33. (d) The idiom 'lose your marbles' is used to describe someone losing their mental stability or becoming mentally unstable. It is an informal figurative way of saying someone is losing their mind or going crazy.

- 'Go insane' is the closest meaning to the idiom.

The other options are unrelated:

- 'Lose respect' refers to a loss of admiration.
- 'Miss an opportunity' means to lose a chance to do something.
- 'Be nervous' refers to anxiety, not mental instability.

34. (c) In direct speech, the speaker's exact words are quoted. When expressing regret, the interjection 'Alas!' is commonly used. The sentence 'How foolishly I have acted' is in the present perfect tense to show that the action was completed in the past but still affects the present.

'Alas!' is an exclamation of regret, commonly used in direct speech. Thus, the direct form of the sentence is: 'Alas! How foolishly I have acted,' she said.

35. (d) The phrase 'come a long way' means to make significant progress or improvement. It's an idiomatic expression used to convey development over time.

36. (b) The phrase 'along with' does not affect the number of the subject. In this sentence, 'the captain' is the main subject and it is singular. Therefore, the verb should agree with the singular subject.

- 'The captain was warmly welcomed' is the correct form.
- The error is in the subject-verb agreement. After 'along with,' the verb should still agree with the singular subject (The captain). So, 'was' should be used instead of 'were'.

37. (b) This sentence is a first conditional sentence, which is used to talk about real or possible situations in the future. The structure for the first conditional is

- If + present simple, then will + base verb.

The sentence 'If I go to Bangalore' uses present simple in the if-clause, so in the main clause, the verb should be in the future simple tense, which is 'will stay'.

38. (d) The phrase 'of been stationary' is incorrect because the preposition 'of' is followed by the gerund form of the verb, which is 'being' (not been).

- The correct form is 'of being stationary'.

This is a common error where 'been' is mistakenly used instead of 'being' after the preposition 'of'.

39. (a) 'The sentence is in passive voice. To change it to active voice, we need to make the subject (who) the doer of the action. The verb 'has verified' should be in the present perfect tense.

- The correct active form is 'Who has verified these facts?' This keeps the structure of the sentence in the present perfect while making 'who' the subject.

40. (c) In direct speech, the exact words spoken are quoted. The sentence expresses the present continuous action of running on time. Since Barin Babu is referring to the current situation, the correct direct form is 'We are running more or less on time'.

41. (a) The correct and logical sequence will be CBED.

42. (c) The correct prepositions for this sentence are 'in' and 'in'

- 'Busy in' is the correct expression for being occupied or involved in an activity.
- 'Came in' indicates arrival or entering a place.

43. (d) 'The idiom 'bad blood' refers to hostility or animosity between people. It means a situation where there is ill-feeling, resentment or conflict.

44. (c) In passive voice, the object of the action (in this case, 'he') becomes the subject of the sentence. The structure of passive voice uses the verb 'is accompanied' and 'by' the agent performing the action (the mother).

Thus, the correct passive form is 'He is accompanied by his mother wherever he goes'.

45. (c) The phrase 'time for thought' is incorrect. The correct phrase is 'time to think', which indicates time for reflection or contemplation.

- 'Time to think' is the correct idiomatic expression, meaning an opportunity to reflect.

46. (b) The idiom 'a mare's nest' refers to a confused or misunderstood situation.

- It is not related to the other options, which do not convey the figurative meaning of a confused situation.

47. (b) The correct spelling of the word is 'incense', which refers to a substance burned for its fragrant aroma.

- 'Incence' is the misspelled word.

48. (d) In indirect speech, we change the tense and adjust pronouns. The phrase 'today' changes to 'that day,' and the verb 'is' changes to 'was' in indirect speech.

Thus, the indirect form is 'the airhostess informed the passengers that it was their inaugural flight starting that day'.

49. **(b)** In direct speech, the exact words spoken by the person are quoted. The tense changes and the pronouns are adjusted accordingly.

- 'I cannot marry you now' reflects the present tense and 'I will surely do so next year' is the future plan.

50. **(d)** The word 'fastidious' refers to someone who is very particular or hard to please, while 'indifferent' means someone who shows no interest or concern, which is the opposite of being fastidious.

51. **(b)** 'The sentence is a tag question that follows the statement 'You have a lot of coconut trees in your village'. In tag questions, if the main sentence is in the affirmative (positive), the tag question should be negative and *vice-versa*.

- The statement 'You have a lot of coconut trees in your village' is affirmative, so the tag question should be negative: 'don't you?'

Thus, the correct sentence is 'You have a lot of coconut trees in your village, don't you?'

52. **(a)** The sentence is in the passive voice and the question asks for the active form. In the passive voice, the subject Salim Ali is receiving the action, whereas in the active voice, Salim Ali is performing the action.

In the passive voice, the sentence is 'It was decided by Salim Ali to devote his life...'

To convert it into the active voice, we change the focus to Salim Ali doing the action. The active voice sentence would be 'Salim Ali decided to devote his life to the preservation of Indian birds'.

53. **(c)** The word 'narcissist' refers to someone who has an excessive admiration or self-love. It comes from the Greek myth of Narcissus, who fell in love with his own reflection.

54. **(a)** The phrase 'ought to' is used to express obligation or duty and it is followed by 'be + past participle' in passive voice constructions.

The sentence 'the pollution level ought to keep under control' is incorrect because 'keep' should be changed to the past participle form 'kept' to maintain passive voice. The correct form is 'the pollution level ought to be kept under control'.

55. **(d)** The word 'incorrigible' refers to a person who cannot be corrected or reformed. It perfectly fits the description of someone who cannot be corrected.

56. **(d)** This is a direct to indirect speech conversion. The direct speech is a yes/no question, so we use 'if' or 'whether' in the indirect speech. The verb 'could' is used in indirect speech because it is a past request.

57. **(d)** In indirect speech, 'let us' is reported as 'suggested that we should' (or 'suggested to [someone] that [they] should'). The phrase 'Let us leave' becomes 'suggested that they should leave' in indirect speech.

58. **(c)** The sentence is in the direct speech form and expresses a future action, so the verb 'says' is used in the present tense and the future tense 'will clear' is retained.

59. **(c)** The word 'Dilligence' is incorrectly spelled. The correct spelling is 'Diligence', which refers to careful and persistent work or effort.

60. **(a)** The phrase 'pass the exam' is the correct and idiomatic expression. The word 'in' should be omitted because 'pass the exam' is the standard construction used.

61. **(b)** In the indirect form, we change the direct speech into reported speech. The pronoun 'you' changes to 'she' to maintain consistency with the subject of the reporting verb (the teacher). The verb 'need' is in the present tense in direct speech, but when reporting it in the past, it should be changed to the past tense 'needed'.

62. **(b)** The idiom 'cut from the same cloth' means to be very similar in nature or character. It's used when two people or things share similar qualities.

63. **(b)** The phrase 'resembles to' is grammatically incorrect. The verb 'resemble' is not followed by 'to'. The correct construction is 'resembles'.

Example 'My sister resembles my mother' is the correct form.

64. **(c)** The expression 'beside oneself' means to be in a state of extreme emotion (such as anger, grief, etc.). The use of 'besides himself' is incorrect because the correct phrase is 'beside oneself'.

65. **(b)** The correct passive construction is 'have been ordered to flee,' which maintains the correct tense and meaning of the sentence.

- 'Have been ordered' is the appropriate passive form when referring to a past action with current relevance.

66. **(b)** In passive voice, the verb 'had repaired' changes to 'had been repaired' to reflect the past perfect tense. The action of repairing the roads was completed before the monsoon, hence the use of the past perfect tense in passive voice is correct.

67. **(a)** The word 'vitiate' means to spoil, impair or make ineffective, which is most closely related to 'annihilate', meaning to destroy or render something completely ineffective. Both words convey the sense of damaging or ruining something.

68. **(b)** In reported speech, the tense of the verb changes. The sentence 'I have done my duty' (present perfect) becomes 'he had done his duty' (past perfect) when reporting the statement in indirect speech.

69. **(c)** The correct and logical sequence will be CBED.

70. **(d)** The correct and logical sequence will be CADB.

71. **(b)** The correct phrase should be 'accused of' instead of 'accused with'. The verb 'accuse' is always followed by 'of' when referring to the crime or action someone is being accused of. The structure should be

- 'The innocent clerk was accused of misappropriating funds of the company'.

So, the error lies in the use of 'with,' and the correct preposition to use here is 'of'.

72. **(a)** An easel is a wooden frame used by artists to hold their canvas while painting or drawing, which matches the description in the sentence.

73. **(c)** The correct phrase is 'accustomed to,' which means being familiar or used to something.

74. **(b)** The passive voice of the sentence is formed by changing 'wants' into 'is wanted' and making the object of the verb (others) the subject of the sentence.

The correct passive form is

- 'Everybody wants to be respected by others'.

This is the correct way to express the sentence in the passive voice, as the subject 'everybody' is still the doer, but the focus is on the action they want to happen to them.

75. (d) The correct phrase is 'would love to fly,' where 'to' is necessary after 'would love' in this infinitive form.

76. (c) To convert the imperative sentence into passive voice, we need to focus on the object of the sentence (two pills) and place it at the beginning. The correct passive form is

- ' These two pills should be taken with warm water'.

This structure emphasises the action of taking the pills rather than the person who is supposed to take them.

77. (a) Rayan organised a party on his 40th Birthday.

The active form of the sentence is created by shifting the focus from the object (the party) to the subject (Rayan). The correct active form is:

- 'Rayan organised a party on his 40th Birthday'.

This version eliminates the use of 'was organised' and makes it a simple active sentence.

78. (b) An orator is a person who is skilled and eloquent in public speaking, which fits the given definition.

79. (d) The word ambiguous refers to something that is open to more than one interpretation.

80. (a) Chaff refers to the husks of corn or other grains separated by winnowing or threshing. It is the part of the grain that is discarded.

81. (c) The original sentence 'Pay that bill today' is in the imperative mood, which is used to give orders, commands or instructions. In active voice, imperative sentences typically have a subject that is implied (the listener or reader) but is not explicitly stated.

To convert an imperative sentence into the passive voice, we generally follow these rules

(i) The object of the active sentence becomes the subject in the passive sentence.

(ii) The verb 'pay' is changed to 'be paid,' and the auxiliary verb 'should' is added to indicate the requirement or suggestion.

(iii) The original sentence's subject (the implied 'you') is omitted in passive constructions.

(iv) The structure becomes 'Subject + auxiliary verb + past participle'.

82. (d) The correct idiomatic phrase is 'His conduct is above suspicion,' which means that his conduct is beyond doubt or free from suspicion.

83. (d) The sentence 'Are you yet afraid of going out in the dark?' is grammatically incorrect because the phrase 'Are you yet' is not commonly used in questions. The correct way to phrase it is

- 'Are you afraid of going out in the dark yet?'

This structure is more natural and correct for asking if someone is afraid.

84. (c) The correct and logical sequence will be BDEC.

85. (c) When reporting a sentence with 'shall' in the future tense, 'would' is used in indirect speech.

- **Direct speech** 'I shall reach in time for the concert'.
- **Indirect speech** You told me that you would reach in time for the concert.

86. (a) The given sentence is 'Specialists say that this method speeds up language learning tremendously'.

This sentence is grammatically correct. Here's why

- 'Specialists say' is a simple present tense phrase where 'say' is the verb.
- 'This method speeds up language learning' uses the verb 'speeds up' to describe the action performed by the subject 'this method'.
- 'Tremendously' is an adverb modifying the verb 'speeds up,' correctly placed after the verb.

87. (b) The phrase 'will be taking a flight' correctly uses the future continuous tense, which expresses an ongoing action that will happen in the future.

'Tomorrow, they will be taking a flight to their dream vacation destination'.

This tense structure is appropriate here, indicating an action in progress in the future.

88. (b) The original sentence is 'She held the child's hand firmly'.

This sentence is in the past tense, where 'held' is the past form of the verb 'hold'. Now, to change this sentence to passive voice, we follow these steps

(i) The object of the sentence ('the child's hand') becomes the subject in the passive voice.

(ii) The verb 'held' becomes the passive form 'has been held' to reflect the present perfect tense (indicating an action that occurred in the past, but has relevance to the present).

(iii) The adverb 'firmly' remains in place to describe how the action was performed.

89. (c) The phrase 'have not been painted for years' is the correct usage because the word 'for' is used to indicate the duration of time.

- 'Since' is used to refer to the starting point of time and 'for' is used to refer to the length of time.

The correct sentence is 'It seems that these walls have not been painted for years'.

90. (a) The subject of the sentence is 'the captain as well as the entire crew,' which is considered singular. Therefore, the correct verb should agree with the singular subject and be in the singular form.

- The correct sentence would be 'The captain as well as the entire crew has reached the harbour safely'.

91. (a) The sentence 'Why do we have to accept these conditions?' is in the active voice, with 'we' as the subject.

- To convert this into the passive voice, the subject 'we' is replaced by the object 'these conditions'. The verb 'have to accept' becomes 'have to be accepted'.
- The correct passive form is 'Why do these conditions have to be accepted?'

92. (c) The error is in 'My sister and me'.

- The correct form should be 'My sister and I,' because 'I' is the subject form, and when the subject is compound (i.e., involving 'my sister and I'), 'I' is grammatically correct instead of 'me'.

93. (c) 'Gambol' means to skip or jump about playfully, which is the most appropriate fit for the given definition.

94. (b) 'Entice' means to attract or tempt someone to do something, often by offering something desirable.

95. (a) The correct phrase is 'return your notes by Saturday evening'. The preposition 'by' is used to indicate the latest time something will happen.

- 'At Saturday evening' is incorrect because 'at' is used for specific times, not for indicating a deadline.

96. (b) lest you should not

- The phrase 'lest you should not' is incorrect. The correct structure should be 'lest you get lost,' which expresses a negative consequence in conditional sentences.
- 'Lest' is used with subjunctive forms, and the verb 'should' is unnecessary in this context.

97. (d) The original sentence 'One can achieve nothing without hard work' is in the active voice with 'one' as the subject.

- To convert it into the passive voice, the subject 'one' becomes the object, and 'nothing' becomes the subject.
- The correct passive voice form is 'Nothing can be achieved without hard work'.
- 'Can be achieved' reflects the passive construction appropriately, indicating that 'nothing' is the subject being acted upon.

98. (d) The error lies in the phrase 'None than you'. The correct phrase should be 'None but you,' which means only you deserve credit.

- 'None than you' is not grammatically correct in this context.

99. (b) The error lies in the phrase 'She use to'. The correct form should be 'She used to'.

- 'Used to' is the correct phrase to indicate a past habit or action that no longer happens.

100. (a) The phrase 'more farther' is incorrect because 'farther' is already in its comparative form.

- The correct sentence should be 'the shopping mall is farther from my house than from my office'.
- 'Farther' already expresses the comparison, so no need for 'more'. The correct comparative form is simply 'farther'.

101. (a) The idiom 'split one's sides' means to laugh uncontrollably or be extremely amused.

It is often used to describe a situation where something is so funny that it causes one to laugh so hard that it feels like your sides might split.

This is the most fitting option, as 'be extremely amused' directly conveys the meaning of the idiom.

102. (b) In this sentence the correct word is 'much'. 'Much' is used for uncountable nouns and since 'work' is uncountable, 'much' is the right choice. On the other hand, 'many' is used for countable nouns.

Thus, the correct form is 'much work' rather than 'many work'.

103. (b) To form the passive voice, the object of the action becomes the subject of the sentence and the verb is modified accordingly. In the sentence 'Bhavna saw him carrying your suitcase,' the passive form would be 'He was seen by Bhavna carrying your suitcase'. This keeps the meaning intact and changes the sentence to passive voice.

104. (c) The error in this sentence lies in the use of 'very acclaimed'. The word 'acclaimed' already conveys the idea of praise or admiration, so it does not require an intensifier like 'very'. The sentence should be 'Rohit Sharma's century was highly acclaimed in the media' or just 'Rohit Sharma's century was acclaimed in the media'.

105. (b) The sentence 'Praveen told his mother that he had completed his homework' is in indirect speech. The correct direct speech for this would be 'I have completed my homework,' as the action of completing the homework is in the present perfect tense.

106. (b) The sentence 'the food was not as delicious as we had expected' is grammatically correct. The structure 'as...as' is used for comparisons. The verb 'had expected' is in the past perfect tense, which correctly conveys that the expectation was formed prior to the situation described in the sentence. This makes the sentence accurate and there is no error in it.

107. (b) The correct expression is 'married to' when referring to the person someone is married to. The incorrect phrase is 'married with,' which is not used in this context. So, the correct sentence would be 'She is married to a rich businessman'.

108. (d) The idiom 'forty winks' refers to a short nap or a brief period of sleep, often during the day. It's commonly used to describe a quick, refreshing sleep, typically lasting around 20-30 minutes. Therefore, 'a short sleep' is the correct meaning of this idiom.

109. (b) In this sentence, 'that' is used to introduce a result clause. The phrase 'so bad that it becomes difficult to breathe' shows cause and effect: the bad air quality makes it difficult to breathe. The word 'that' properly connects the cause (the air quality) with the effect (difficulty breathing), so 'that' is the correct choice.

110. (c) The correct and logical sequence will be BDEC.

111. (b) The correct and logical sequence will be BDAC.

112. (a) A city named Dinpanah was built by Humayun in 1533 in Delhi.

The given sentence is in active voice and the task is to convert it into the passive voice.

- In the passive voice, the object of the action becomes the subject.
- The sentence 'Humayun built a city' becomes 'A city was built by Humayun'.
- **Passive form** 'A city named Dinpanah was built by Humayun in 1533 in Delhi'.
- The correct passive form uses 'was built' (past tense) to maintain the correct tense.

113. (a) The phrase 'Natural talent for something' is best described by the word flair, which refers to a special ability or talent, especially one that is natural or instinctive.

- Flair perfectly fits this context because it refers to an innate ability or gift for something, such as art or music.

114. (d) The idiom 'have your heart in your mouth' means to feel extreme fear or anxiety. It refers to a feeling of panic or fear where the person feels that their heart is racing.

115. **(c)** Hydrophobia is an irrational fear of water. The word is made up of hydro (water) and phobia (fear).

116. **(d)** This is a command that needs to be converted from a passive voice construction into an active one. In active voice, the subject directly performs the action.

- The passive construction 'Let the fire be kept burning' is incorrect because it's a request. In the active voice, the construction is 'Keep the fire burning at night'.

117. **(d)** The idiom 'rock the boat' means to disturb a stable situation or cause trouble where there was previously peace or balance.

118. **(a)** In direct speech, the sentence should directly quote what was said without changing the tense or structure.

- The original sentence uses a question structure, so the direct speech should maintain that.
- The indirect form involves a reporting verb (I asked) and in direct speech, it retains the interrogative structure.

119. **(d)** The indirect form of a sentence like 'Please stay here tonight' is I requested because it conveys a polite request. The sentence must use requested instead of asked in this context.

- 'Please' becomes part of the indirect reporting and the sentence follows a polite tone.

120. **(b)**In direct speech, we retain the question form as it was originally stated.

- The indirect form modifies 'had' to the present perfect 'Has' in the direct speech to make the question grammatically correct.

121. **(a)** The error here lies in the use of 'shouldn't we' at the end of the sentence. In English, when making a suggestion or a statement followed by a question tag like 'shouldn't we?', the subject should be 'we' in this case, but the verb 'should' should also be consistent in its form. The correct form here is 'Let us work out the details of our endeavour, shall we?' because the use of 'shall' is more appropriate when the speaker is suggesting an action. 'Should' is typically used for expressing obligation or advice, whereas 'shall' is used for suggestions, making it the right choice in this context.

Concept Question tags are used to confirm or verify something and they need to follow a specific structure. For example

- If the main sentence is positive, the question tag will be negative 'You are coming, aren't you?'
- If the main sentence is negative, the question tag will be positive 'You aren't coming, are you?'

The use of 'shall we' after a suggestion is grammatically correct in this case.

122. **(a)** The word 'iminent' is a misspelling of the word 'imminent', which means something about to happen soon. The correct spelling is 'imminent'.

123. **(b)** Amanda said to Mohit, 'How have I offended your friend?'

In the original sentence, we have an indirect speech in the form 'Amanda asked Mohit how she had offended his friend'. The reported speech needs to be converted into the direct speech format.

To convert it

- The direct speech of a question is usually framed in the form of a direct query, starting with the subject (Amanda), followed by the verb (asked) and then the reported speech.
- In indirect speech, the past perfect tense 'had offended' is used. To convert it to direct speech, the tense changes to the present perfect ('have offended') to indicate that the action is being questioned in the present.

124. **(b)** The sentence is in passive voice, and we need to convert it to active voice. In active voice, the subject (she) performs the action and the verb needs to be in the present continuous tense:

- 'She is giving a party' fits the context, indicating the ongoing nature of the action.

125. **(b)** The correct idiom is 'You can lead a horse to water, but you can't make it drink,' meaning you can offer opportunities, but you can't force someone to take them. The error in this sentence is the incorrect usage of 'make it to drink'. The correct phrasing is 'make it drink'.

126. **(d)** The phrase 'It is time' is followed by the subjunctive mood. The correct structure requires the verb to be in the base form, so 'someone takes' should be 'someone take'. This follows the rule for sentences beginning with 'It is time,' where the subjunctive form is used to indicate something that should happen in the present or future.

127. **(c)** The phrase 'had an urgent assignment' is correct because 'assignment' is a countable noun and 'an' is needed before it. The phrase 'the urgent assignment' was incorrect because the article should be indefinite, not definite.

128. **(d)** The correct phrase is 'so far from,' which is used to show the extent or degree of something.

129. **(c)** The idiomatic expression is 'cool as a cucumber,' meaning calm, especially in stressful situations.

130. **(b)** The correct possessive pronoun here is 'mine,' which indicates that the coffee shop belongs to the speaker.

131. **(a)** Suspect The correct word is 'suspect' (to suspect, meaning to doubt or consider something likely) rather than 'suspectt,' which is a misspelling.

132. **(d)** The sentence contains errors in both the possessive pronoun and the spelling. The correct form is 'one's duty properly' with the possessive pronoun 'one's' and the correct spelling 'properly'.

133. **(c)** The correct direct speech form would be

- 'We don't need to buy tickets for the match as I have been given free passes for two'.
- The direct speech keeps the verb 'have' for present tense.

134. **(c)** The correct and logical sequence will be ECDB.

135. **(a)** The correct and logical sequence will be BADC.

136. **(c)** 'Let us go to the hills for a change'.

- The sentence 'I suggested to my brother that we should go to the hills for a change' is in indirect speech. When converting it to direct speech, the suggestion in indirect speech (we should go) becomes a direct offer or suggestion in the form of 'Let us' for more immediacy.
- **Direct Speech** 'Let us go to the hills for a change'.

137. **(c)** The sentence 'It is said that Einstein was a genius' is in passive voice, and to convert it into the active voice, we change the subject of the sentence ('People') and use 'say' as the verb.

- **Active Voice** 'People say that Einstein was a genius'.
- **Concept** In passive voice, the subject receives the action, whereas in active voice, the subject performs the action.

138. **(d)** The direct speech 'I am going to France next week' changes to indirect speech by shifting the present continuous tense (am going) to past continuous (was going) and changing 'next week' to 'the following week'.

- **Indirect Speech** 'He told me that he was going to France the following week'.
- **Concept** When converting from direct to indirect speech, we change the tense and time expressions.

139. **(d)** The error lies in the phrase 'although it is urgent'. The correct usage would be 'though it is urgent' or 'because it is urgent,' as 'although' is unnecessary and too formal here.

- **Correct Sentence** 'We cannot postpone discussion on this issue, though it is urgent'.
- **Concept** 'Although' is a conjunction used to show contrast, but here 'though' or 'because' is more appropriate.

140. **(b)** The correct and logical sequence will be CBAD.

141. **(b)** The correct spelling of the word is 'exhilarated', not 'exhilerated'.

Exhilarated means feeling very happy, thrilled or energised and is commonly used, when referring to an intense feeling of joy or excitement.

142. **(d)** The error is in the phrase 'Scarcely he see'. The correct construction would use inversion with phrases like 'No sooner' or 'Hardly'.

The correct sentence is 'No sooner did he see his opponent than he went numb with fear'.

Concept When using 'scarcely,' 'hardly,' or 'no sooner' at the beginning of a sentence, inversion is required (subject and auxiliary verb swap places).

143. **(a)** The original sentence is in passive voice (the meal will have been made ready). To convert it into active voice, we need to bring the subject (the cook) to the front and keep the future perfect tense ('will have made').

- **Active Voice** 'the cook will have made the meal ready by the time you reach the guest house'.
- **Concept** Converting from passive to active voice often requires shifting focus from the receiver of the action (the meal) to the doer (the cook).

144. **(a)** The sentence 'Grow more trees' is an imperative sentence. In passive voice, we use 'Let' with the verb in the base form (be grown) to convey the same meaning in a passive construction.

- **Passive Voice** 'Let more trees be grown'.
- **Concept** In imperative sentences, passive voice is often formed with the verb 'let'.

145. **(b)** The sentence given is 'By next summer, I will have completed my internship and will have returned to school'.

- The phrase 'will have returned' is correct because it uses future perfect tense (will have returned), which refers to an action that will be completed by a certain time in the future (next summer).
- The error lies in the phrase 'will return to school'. This should be changed to 'will have returned' to match the future perfect tense used in the first part of the sentence.
- **Correct sentence** 'By next summer, I will have completed my internship and will have returned to school'.
- **Concept** The future perfect tense (will have + past participle) is used to express actions that will be completed before a certain point in the future.

146. **(a)** The sentence 'Our rivals must have spread this rumour' is in active voice. To convert it into passive voice, we switch the object (this rumour) to the subject and adjust the auxiliary verb accordingly.

- **Passive Voice** 'This rumour must have been spread by our rivals'.
- **Concept** In passive voice, the focus shifts from the subject performing the action to the object receiving the action.

147. **(d)** The given description refers to a legal document that authorises the police or another body to make an arrest or search premises. This description corresponds to the word 'warrant'.

- Warrant is a legal term for a document that gives someone the authority to perform a specific action (such as an arrest or search).
- **Concept** Knowing specific legal terms is important to identify correct synonyms. Other terms like 'permit' and 'licence' are related to permissions, but they don't apply to the specific legal context of arrest or search.

148. **(a)** The direct speech is 'I am going to visit Kashmir and Ladakh next month'.

- In indirect speech, the present continuous (am going) becomes past continuous (was going) and 'next month' changes to 'the following month'.
- **Indirect Speech** 'Rani informed her boss that she was going to visit Kashmir and Ladakh the following month'.
- **Concept** In indirect speech, we adjust tenses and time expressions according to reporting rules.

149. **(d)** The phrase 'significant enhance' is grammatically incorrect because the adjective 'significant' cannot be used in this context. The correct form would be the adverb 'significantly' to modify the verb 'enhance'.

- **Correct Sentence** 'Effective communication is a skill that can significantly enhance your personal and professional life'.
- **Concept** Adjectives and adverbs must be used correctly depending on whether they modify nouns (adjectives) or verbs (adverbs).

150. **(c)** The direct speech 'I visited Maldives last week'. changes in indirect speech by shifting the tense from simple past (visited) to past perfect (had visited) and 'last week' is changed to 'the previous week' in indirect speech.

- **Indirect Speech** 'I told Prachi that I had visited Maldives the previous week'.
- **Concept** In indirect speech, we follow the rules of tense backshift, where simple past becomes past perfect and time expressions like 'last week' change to 'the previous week'.

151. **(d)** The term 'section' refers to a distinct part or subdivision of something, making it the most appropriate word for the blank. The passage talks about a '17-km priority section' of the RRTS corridor.

152. **(c)** The term 'residents' refers to the people who live in a particular place, in this case, the high-rise societies of the National Capital Region. It fits logically with the context, which talks about the people who are calling for improvements in transport connectivity.

153. **(d)** 'Connectivity' refers to the quality or state of being connected, and in this case, it refers to how easily people can access transportation points. This word best completes the idea of calling for direct connectivity to transport service points.

154. **(d)** 'Many' is used to describe a large number of countable items, in this case, the residents in Noida and Ghaziabad who are being referred to. The phrase 'many residents' makes the most sense in this context.

155. **(c)** 'Depending' is the correct choice here. The phrase 'continue depending' refers to an ongoing reliance on private vehicles because of the lack of proper connectivity. In this context, the verb 'continue' requires the present participle (gerund) form of the verb, which is 'depending'.

156. **(b)** 'Other' fits best in this context, referring to additional forms of public transport modes beyond the ones already mentioned. It conveys the idea of additional modes that people might need.

157. **(d)** 'Direct' is the correct adjective here, describing the type of connectivity the residents are requesting. They are asking for direct connectivity, meaning the ability to travel straight to important locations like Metro stations, without unnecessary detours or complexity.

158. **(b)** The phrase 'Without any proper public transport' makes sense, implying that, in the absence of proper public transport, residents are forced to rely on personal cars.

159. **(a)** The phrase 'opt for a personal car' is a standard collocation in English. 'Opt for' means to choose or decide on something, which fits perfectly in this context.

160. **(a)** 'Said' is the correct verb to use in reported speech when referring to someone expressing an opinion or statement. In this case, Abhishek Kumar is quoted as saying something, so 'said' fits appropriately.

161. **(b)** The phrase 'the door behind them was sealed' indicates that the door was shut tightly, leaving no way of escaping. The word 'sealed' implies that the door is not just closed but is securely fastened, making it impossible to open.

162. **(a)** 'Emanating' means something that is emitting or flowing out from a source. In this context, a strange light coming from a corner suggests that the light is emanating from there.

163. **(d)** 'Illuminate' means to light up or make something visible, which fits the context of the strange light making darkness visible.

164. **(b)** 'An' is the correct article to use before the vowel sound in 'alien'. When the following word begins with a vowel sound, we use 'an' instead of 'a'.

165. **(c)** 'Incomprehensible' means something that is difficult or impossible to understand, which fits the context of the voice sounding like jargon, making it hard to understand.

166. **(c)** 'On' is the correct preposition in this case. The phrase 'go down on their knees' is a common expression used to describe someone kneeling down.

167. **(a)** 'Bizarre' means something strange or out of the ordinary, which fits the description of unusual and disturbing sounds.

168. **(d)** 'Emerge' means to come into view or appear, which fits the context of a form seemingly appearing right before their eyes.

169. **(a)** 'Curdled' fits in this context as it refers to something that coagulates or turns thick, especially in the context of fear, implying a reaction where the blood congeals in response to terror or dread. It creates a vivid image of the chilling effect fear can have on someone.

170. **(a)** 'Bones' is the correct choice here, as the chilling effect described in the passage would most likely affect someone's bones, evoking a deep, physical fear.

171. **(d)** From the passage, it is evident that the narrator is keenly observing his surroundings. He takes notice of the details, such as the man raising his hat, the open door, and the peculiar atmosphere. The narrator's attention to these subtleties shows that he is observant rather than being overly emotional or fearful. His observations also help him understand the strange situation around him.

172. **(c)** The narrator was shocked because despite the misty and eerie surroundings, the doors and windows of the building were wide open. This unusual sight in the midst of such gloomy weather added to the mysterious and unsettling atmosphere of the place, which left him feeling uneasy.

173. **(c)** The passage is written as a personal narrative, describing the narrator's journey and experience in reaching a mysterious house. The narrative recounts the events and observations of the narrator, making it a narrative rather than a report, biography or travelogue.

174. **(a)** The word 'pervading' means spreading throughout or filling an area. In the passage, it is used to describe the mist that filled the environment around the building. The mist 'pervades' or spreads through, the area, creating a sense of eerie atmosphere.

175. **(d)** The passage does not provide any clear indication that the stranger leaving the house was its owner. While the narrator notices that the man did not shut the door behind him and was in a hurry, there is no mention of the man being the owner. This statement is not supported by the text, making it the false statement.

176. **(c)** In this context, 'implement' means to put into action or enforce. The passage talks about co-curricular activities providing opportunities to 'implement' what is learned in the classroom. It refers to students using their classroom knowledge in real-life scenarios, thereby applying what they've learned.

177. **(a)** The passage highlights the shift in education towards the overall development of students, including social and aesthetic growth, which encompasses skills such as team-building and character-building. This development is seen as essential alongside intellectual development, moving away from purely academic education.

178. (a) The passage is centered around the shift in the education system, especially in the 21st century. It talks about moving away from a purely academic focus to a more holistic approach that emphasises overall student development. This change aims to provide students with practical experience, soft skills and exposure to real-world scenarios, alongside academic learning.

179. (c) The passage points out that the traditional focus on academic learning alone has hindered students' development. The lack of practical experience, such as fieldwork and real-life exposure, prevented students from developing fully. The new education system now recognises the importance of practical experience in overall student development.

180. (a) Textbooks are used in the classroom to provide theoretical knowledge, but they do not offer industry exposure. In contrast, conferences, industrial visits, and guest lectures provide practical exposure and insights into how industries work, helping students gain real-world experience and apply their classroom knowledge.

181. (a) The theme of 'loss of life in Andaman and Nicobar' is not part of the passage. The themes of seismic tremors, tracking seismic activity and earthquake preparedness are addressed in the passage.

182. (a) In this context, the word 'underscores' means to highlight or emphasise something. It indicates that the importance of continued investment in earthquake preparedness is being emphasised in the passage.

183. (a) The tremors were felt at 5:50 a.m., which is before sunrise. This is mentioned in the passage in the phrase 'In the pre-dawn tranquillity of the Andaman Sea,' which directly refers to the time before the sun rose.

184. (b) The passage mentions the Indian Plate, Burma Plate and Sunda Plate as the tectonic plates involved in the seismic activity in the Andaman region. 'Satara Plates' is not mentioned in the passage, making it the odd option out.

185. (d) The passage emphasises the importance of earthquake preparedness and resilience measures in seismically active regions like the Andaman and Nicobar Islands. This includes installing early warning systems and having disaster management strategies in place to mitigate the potential consequences of earthquakes.

186. (a) The passage states that early Roman historians used native and Greek folklore to fill in the gaps in their historical accounts. This was done because the factual records available at the time were meagre and the folklore helped to flesh out these accounts.

187. (a) The passage discusses the challenges early Roman historians faced in documenting the history of early Rome, particularly focusing on the use of folklore and the scarce factual records. It is about the historical documentation of ancient Rome, making this the most appropriate theme.

188. (c) In this context, the word 'extant' means still existing or surviving. The passage refers to the first 10 books of Livy and also mentions that Books 21 to 45 are extant, meaning they have survived or are still available.

189. (b) The passage provides a detailed and factual account of early Roman history, discussing the challenges faced by historians in documenting events and the use of folklore. This style is consistent with that of an encyclopaedic entry, which is typically informative and objective.

190. (d) The passage specifically states that the regal period (753-509 BC) and the early republic (509-280 BC) are the most poorly documented periods of Roman history due to the lack of written historical accounts during those times. Therefore, the correct answer is 509-280 BC.

191. (c) In the passage, 'loathed' refers to being intensely disliked or hated. The opposite, or antonym, of loathed would be 'adored,' meaning to be greatly loved or admired.

192. (c) The passage explains that the author can be extravagant when money allows, but it also mentions that the author is typically 'hard up,' meaning he often doesn't have the financial freedom to be extravagant.

193. (a) 'Equanimity' refers to mental calmness, composure and evenness of temper, especially in difficult situations. In the passage, the wife is described as facing the milkman with equanimity, indicating she remains calm and untroubled, which is best captured by the word 'tranquillity'.

194. (b) The passage clearly states that if a wealthy person, such as a businessman, is too prudent or careful with his money, he risks being seen as 'mean' and his reputation in business may suffer.

195. (a) The passage draws a contrast between the expectations for extravagance based on one's income group. While a wealthy person is expected to be extravagant, a low-income individual is expected to be careful with money.

196. (a) The Statue of Unity is described as being placed or located on the banks of the Sardar Sarovar Dam, which makes 'situated' the most appropriate choice for this context.

197. (d) The correct verb tense in this sentence is the past tense to describe an event that has already happened. 'Witnessed' fits the context of an event that occurred, specifically the surge in footfall.

198. (b) 'Since' indicates the time elapsed from a particular point. In this case, it refers to the period after the monument's inauguration, making it the appropriate choice.

199. (b) The word 'visitors' is the most suitable here, referring to people who come to see the Statue of Unity. 'Guests' would imply a more formal invitation, which doesn't fit the context of the passage.

200. (b) The phrase 'the world's tallest statue' refers to the Statue of Unity being the tallest in comparison to all other statues globally. The superlative 'tallest' is the correct form here, indicating that it holds the position of the highest statue in the world.